中国公路学会桥梁和结构工程分会

2010年 全国桥梁学术会议 论文集

主办单位 中国公路学会桥梁和结构工程分会
南京长江第四大桥建设协调指挥部

协办单位 中交公路规划设计院有限公司
中交第二航务工程局有限公司
中交第二公路工程局有限公司
中铁大桥局集团有限公司

人民交通出版社
China Communications Press

内 容 提 要

本书为中国公路学会桥梁和结构工程分会2010年全国桥梁学术会议论文集。全书共分四个部分:规划与设计、施工与控制、结构分析与试验研究、检测与加固。

本书可供国内外桥梁专业人员工作和学习时参考使用。

图书在版编目(CIP)数据

中国公路学会桥梁和结构工程分会2010年全国桥梁学术会议论文集/中国公路学会桥梁和结构工程分会编. —北京:人民交通出版社,2010.10

ISBN 978-7-114-08719-6

Ⅰ.①中… Ⅱ.①中… Ⅲ.①桥梁工程—学术会议—文集 Ⅳ.①U44-53

中国版本图书馆CIP数据核字(2010)第197225号

书　　名:**中国公路学会桥梁和结构工程分会2010年全国桥梁学术会议论文集**
著 作 者:中国公路学会桥梁和结构工程分会
责任编辑:张征宇
出版发行:人民交通出版社
地　　址:(100011)北京市朝阳区安定门外外馆斜街3号
网　　址:http://www.ccpress.com.cn
销售电话:(010)59757969、59757973
总 经 销:北京中交盛世书刊有限公司
经　　销:各地新华书店
印　　刷:北京市凯鑫彩色印刷有限公司
开　　本:880×1230　1/16
印　　张:62
字　　数:1800千
版　　次:2010年10月第1版
印　　次:2010年10月第1次印刷
书　　号:ISBN 978-7-114-08719-6
定　　价:168.00元

中国公路学会桥梁和结构工程分会

2010年全国桥梁学术会议论文集

编 委 会

目 录

I 规划与设计

1. 南京长江第四大桥工程建设及关键技术 …… 娄学全(3)
2. 南京长江第四大桥科研总体计划 …… 武焕陵(12)
3. 深覆盖层地基上悬索桥锚碇基础的设计与施工控制 …… 周世忠(22)
4. 南京长江第四大桥主桥设计概述 …… 崔 冰 董 萌 宋颖彤 刘泽欣 常志军(25)
5. 南京长江第四大桥钢桥面铺装设计方案 …… 娄学全 武焕陵 章登精(31)
6. 南京长江第四大桥北接线滁河大桥的设计与施工 …… 王宏翔 罗明秋(41)
7. 波形钢腹板桥梁在南京长江第四大桥中的应用 …… 彭更生 钟 瑶(47)
8. 嘉绍大桥工程建设综述 …… 钟 海 桂炎德 宋卫国(53)
9. 嘉绍大桥总体设计 …… 王仁贵 孟凡超 吴伟胜(58)
10. 嘉绍大桥多塔斜拉桥结构体系及其性能研究 …… 王仁贵 林道锦 孟凡超 吴伟胜 林 昱(68)
11. 渤海湾跨海工程简介和方案探讨(一) …… 王伯惠(72)
12. 渤海湾跨海工程简介和方案探讨(二)全隧道方案 …… 王伯惠(83)
13. 青岛海湾大桥设计创新技术 …… 杨晓滨 陈文明 王 麒(97)
14. 鄂东长江公路大桥索塔锚固区抗裂设计 …… 詹建辉 彭晓彬(106)
15. 我国多塔斜拉桥 …… 楼庄鸿 王国亮 项星赟(111)
16. 吉林松原松花江大桥设计与施工 …… 高东明 马大明(115)
17. 吉林宁江松花江特大桥总体设计 …… 刘义河 胡雪峰 杨 忠 陈 维(123)
18. 某自锚式悬索桥总体设计与分析 …… 田 芳 雷俊卿(129)
19. 重庆朝阳复建桥关键技术研究 …… 曹正洲 冯玉涛 赵进锋 张清海(133)
20. 武汉江汉六桥方案征集中的桥梁景观设计 …… 胡斯彦 周安娜(139)
21. 钢桁腹—混凝土组合梁桥的发展与应用 …… 张建东 刘 钊 陈 扬 黄华琪(144)
22. 轻型高速公路桥梁汽车荷载标准前期研究 …… 刘晓娣 赵君黎(147)
23. 梁拱组合体系桥梁的受力特点与美学效果 …… 马文刚 任 远 黄 侨(153)
24. 山岭重丘区高速公路桥梁标准化设计浅见 …… 王 剑 于利存 陈金涛 成 超(158)
25. 长大公路桥梁紧急停车带的设计 …… 于利存 王 剑 陈金涛(162)
26. 现代桥梁钢结构防腐涂层体系设计 …… 李运德 张 亮 姜小刚 杨振波(167)
27. 群桩基础的等效墩设计方法 …… 龚维明 于清泉 程 晔(174)
28. 中国公路与铁路桥梁抗震规范比较与分析 …… 刘 舟 戴公连(181)
29. 海南南渡江大桥延性抗震设计 …… 田 卿 戴公连(185)
30. 海南南渡江大桥减隔震分析 …… 刘从新 戴公连(192)
31. 具有特殊功能的液体黏滞阻尼器的设计与使用 …… 马良喆 曹铁柱 陈永祁(198)
32. 桥梁工程的风险及风险分析方法 …… 项贻强 张婷婷(207)
33. 高速铁路简支箱梁的设计与施工 …… 陈 玥 戴公连(212)
34. 介绍一种新型桥梁—悬带拱桥 …… 冯 阅 陈宝春(221)

35. 某道路立交桥有限元模型计算分析 …………………………………………………… 冯同同　雷俊卿(225)
36. PC 连续梁桥腹板裂缝的防治 ………………………………………… 付书林　戴广鹏　上官兴(229)

II　施工与控制

37. 南京长江第四大桥"∞"字形地连墙设计施工技术创新研究
……………………………………………………… 娄学全　武焕陵　章登精　崔　冰　钟永新(249)
38. 南京长江第四大桥南锚碇基础深基坑施工 ………………………………………… 彭更生　沈　斌(258)
39. 南京长江第四大桥南锚碇基础地下连续墙施工 …………………………………… 王　超　周晓华(261)
40. 复杂地质条件下"∞"型地连墙成槽施工技术研究 …………………………………………… 高　飞(264)
41. "∞"字形深基坑地连墙"Y"形槽施工技术研究 ………………………………… 田雨金　钟　瑶(269)
42. 地连墙接头施工工艺 ……………………………………………………………………… 田雨金(275)
43. 德国宝峨 BC-32 型液压铣槽机在南京长江第四大桥南锚碇地连墙施工中的应用
…………………………………………………………………………………… 周晓华　郁　犁(281)
44. 南京长江第四大桥南锚锚固钢板吊装定位施工 …………………………………… 汤叶帅　郁　犁(285)
45. 南京长江第四大桥南锚碇深基坑施工监控技术 …………………………………… 陈富强　刘　毅(289)
46. 南京长江第四大桥北锚沉井关键技术研究 ……………………… 武焕陵　章登精　荆刚毅　董　萌(295)
47. 南京长江第四大桥北锚沉井施工技术措施 ………………………………………… 武焕陵　沈　斌(304)
48. 南京长江第四大桥北锚碇沉井降排水下沉施工期江堤沉陷量控制技术
……………………………………………………………… 彭更生　荆刚毅　朱文军　匡朋权(308)
49. 南京长江第四大桥北锚碇沉井空气幕助沉施工技术概述 …………………………… 濮　卫　王承江(313)
50. "组合式助沉"技术在南京四桥北锚沉井基础施工中的应用
……………………………………………………………… 田　欣　郝胜利　荆刚毅　蒋能世(317)
51. PBL 键在大跨径悬索桥锚固系统中的应用 ………………………………………… 王承江　高　飞(323)
52. 锚固板测量放样 ……………………………………………………………… 余时民　庹立新　李家辉(327)
53. 南京长江第四大桥索塔混凝土质量控制措施 ……………………………………… 戚兆臣　曲洪春(332)
54. 南京长江第四大桥北塔墩索塔施工技术 ……………………………………………………… 胡　勇(339)
55. 南京长江第四大桥北塔防撞钢围堰设计及吊装浅析 ……………………………… 周晓陵　张兆青(346)
56. 南京长江四桥北主塔双壁吊箱钢围堰施工技术 ……………………………………………… 杨党国(350)
57. 南京长江第四大桥北塔钻孔桩基础施工技术 ………………………………………………… 季袁飞(353)
58. 南京长江第四大桥 A2 标大体积混凝土施工技术 …………………………………………… 杨衍振(359)
59. 南京四桥锚体及索塔大体积混凝土有害裂缝防控措施 …… 殷　扬　章登精　濮　卫　赵顺增(365)
60. 南京四桥南主塔夏季混凝土温控防裂措施 ………………………………………… 关　羽　王　超(372)
61. 南京长江第四大桥钢箱梁制造工艺及关键技术研究 ……………………………… 王　毅　冯　斌(378)
62. 南京长江第四大桥主索鞍及散索鞍的制造工艺研究 ……………………………… 王　毅　冯　斌(382)
63. 连续梁桥钢箱梁成桥全断面焊接技术施工实践 ……………………………………………… 杨　永(387)
64. 南京长江第四大桥节段预制拼装桥梁的技术特色
……………………………………………………… 武焕陵　崔　冰　李宗平　孟少平　刘　钊(391)
65. 南京四桥节段预制拼装桥梁的耐久性提升技术 ……………… 王　超　仝　腾　濮　卫　刘　钊(395)
66. 南京四桥节段预制拼装连续刚构桥的合理施工顺序研究

…………周　剑　王景全　刘　钊(399)
67.节段预制箱梁预制关键工序及安装风险分析…………冯　斌　杨树荣(403)
68.南京长江第四大桥E标节段箱梁预制质量控制…………张　翼　夏　辉　种艾秀(408)
69.南京长江第四大桥E标高墩架桥机拼装技术研究…………刘国义　刘立海　种艾秀(416)
70.北引桥预制箱梁施工技术…………石小龙(421)
71.曲线钢箱梁桥顶推施工新方法…………杜亚江　宗　海(425)
72.特殊地质段钻孔灌注桩施工技术…………奚林胜(430)
73.碎石土层钻孔灌注桩施工质量控制…………黄杨凯(433)
74.南京四桥总体工程建设计划研究及关键线路控制…………戚兆臣　魏玉莲(435)
75.南京长江第四大桥建设工程安全生产管理工作中的创新思路与举措…………罗明秋　葛宝翔(441)
76.重大建设工程中现场安全生产目标定位与安全管理方式的探讨…………葛宝翔　罗明秋(446)
77.嘉绍大桥Φ3.8m超大直径深长钻孔桩施工技术
…………曾平喜　于长海　唐　衡　徐生根　陈宏宝(450)
78.嘉绍跨江大桥主航道桥主塔承台施工…………谭立心　张　敏　罗超云　曹宗勇(457)
79.节段箱梁短线匹配预制施工技术…………杨　晖　王加升　吴　楠　张　牧　高　博(465)
80.三塔悬索桥施工全过程结构理想状态分析…………张新军　李明贵　郭　辉(473)
81.悬索桥主缆缠丝拉力计算方法的研究…………徐风云　陈德荣(480)
82.马鞍山大桥北锚碇沉井降水施工对长江大堤的影响分析…………刘　毅　杨炎华　陈富强(489)
83.大跨径混合梁斜拉桥合龙技术研究与实践…………刘明虎　谭　皓　徐国平　赵灿辉(494)
84.弹性悬链线解答在混凝土斜拉桥无应力状态法施工控制中的应用
…………张琪峰　王景全　许　嵩　陆　军(500)
85.灰色系统理论在斜拉桥施工控制中的应用…………马　俊(505)
86.系杆拱桥吊杆改革的新构思…………李俊伟　徐锡燕　安鸣晓　冯泉钧(508)
87.中山市长江路蝴蝶拱桥安装关键技术研究…………周翰斌(514)
88.大跨度连续组合拱桥整体顶推施工辅助抗风缆索设计…………邹小洁(521)
89.京沪高铁跨锡澄运河先拱后梁系杆拱施工技术…………谢文祥　赵　战　孙艳鹏　王孝勇(526)
90.高墩大跨PC连续刚构桥施工监控研究…………吴　美　袁　明　颜东煌(532)
91.高墩大跨弯梁桥的施工监控技术研究…………吴　美　向学建(538)
92.跨南五环桥转体施工…………任自放　周天涯　颜　勇(544)
93.北京轨道亦庄线预制箱梁运架技术…………任自放　葛绍群　朱文平(548)
94.北京亦庄线预制梁厂模板设计与应用…………徐永玲　陈兴慧(552)
95.福建樟林大桥主桥V形墩施工及受力分析…………吴　云(557)
96.节段预制拼装桥墩的技术进展…………陈志文　刘　钊(564)
97.移动模架高墩整体吊装技术…………姚应洪　黄成伟　李赤谋(569)
98.预制混凝土底板吊箱围堰在海上桥梁承台施工中的应用…………蒲少杰(575)
99.南京胥河大桥水压爆破拆除施工及安全评估…………金广谦　龙　源　徐全军(579)
100.大型潮汐河道桥梁的基础施工风险评估…………吴天真　张婷婷　项贻强　吴强强(585)
101.桥梁工程高强混凝土强度无损检测技术的试验研究…………国天逵　张荣成(592)
102.《公路工程质量检验评定标准》中桥涵工程部分的演变与发展…………楼庄鸿　王国亮(597)
103.松原大桥建设管理…………马大明(599)

104. 上海长江隧桥运营养护管理信息化的几点探索 …… 董 敏 孙胜君(606)
105. 大跨度桥梁养护管理系统设计及评估方法研究 …… 黄 侨 任 远 黄志伟(614)
106. 印尼苏拉马都大桥结构健康监测系统设计 …… 杨小刚(619)
107. 宁波市外滩大桥前塔柱"竖拼竖转"施工技术 …… 全 军 廖德川 鄢 伟(625)
108. 斜拉桥长期声学健康监测系统 …… 李发明 刘斯琴(629)

III 结构分析与试验研究

109. 南京长江四桥主缆锚固结构模型试验 …… 娄学全 李 乔 崔 冰 赵灿辉(637)
110. 基于ANSYS的悬索桥总体分析方法 …… 董 萌 崔 冰(643)
111. 埋入式组合结构PBL剪力键力学行为试验研究
…… 李 乔 崔 冰 夏 嵩 赵灿晖 张育智(647)
112. 南京长江第四大桥黏滞阻尼器参数研究 …… 董正方 王君杰(654)
113. 大跨桥梁钢桥面铺装病害调查及分析 …… 章登精 杜亚江 王 晓 凌 晨(659)
114. 南京四桥钢桥面浇筑式沥青铺装高温稳定性研究 …… 吴 俊 陈 研(665)
115. 大跨径悬索桥钢桥面浇筑式沥青铺装试验研究 …… 潘友强 杨树荣 张志祥(670)
116. 新型环氧沥青混合料性能研究 …… 宗 海 魏玉莲 王建伟(674)
117. 时温因子对环氧沥青混合料影响分析 …… 魏玉莲 宗 海(679)
118. 节段预制拼装桥梁的模型试验研究综述
…… 聂永福 朱小康 王建超 郑开启 惠 卓 刘 钊(684)
119. 南京四桥48m节段预制拼装箱梁足尺模型试验 …… 武焕陵 刘 钊 童育强 种艾秀(690)
120. 节段预制拼装桥梁键齿接缝试验研究综述 …… 殷 扬 王建超 李甲丁 惠 卓(693)
121. 南京四桥预制拼装箱梁的现浇横隔梁水化热分析 …… 朱小康 王承江 刘 钊(700)
122. 体内、体外混合配束设计若干问题探讨 …… 郑开启 钟 瑶 孟少平 王景全(705)
123. 长曲线索预应力摩擦损失的实测研究 …… 濮 卫 曹文生 翟可为 赵启林(708)
124. 鄂东大桥主梁钢—混结合部研究与设计 …… 刘明虎 徐国平 刘 峰(713)
125. 基于模态频率测试的桥塔有限元模型修正 …… 张兴标 沈锐利(719)
126. 桥梁拉索的寿命与安全问题 …… 雷雨宏 石文学 汤国栋(724)
127. 基于拉压杆模型的斜拉桥索塔锚固区预应力设计 …… 孟 杰 吴后伟 刘帮俊(732)
128. 无背索混凝土索塔斜拉桥施工控制参数敏感性分析 …… 孙全胜 张清晨 郭晓光(736)
129. 大跨径钢—混凝土组合拱桥设计与节段模型试验研究 …… 王邵锐 周志祥(742)
130. 拱轴线偏差对拱桥承载能力和稳定安全度的影响 …… 徐风云 李向科(746)
131. 拱轴线线形对上承式劲性骨架拱桥结构内力影响分析 …… 李 林 马 奎 李忠评(753)
132. 轻集料钢管混凝土轴压刚度的研究 …… 周 宇 吉伯海 傅中秋 王晓亮(758)
133. 大跨径钢—混凝土拱桥新技术探索 …… 王 彬 周志祥 蔡景毅(762)
134. 双钢管混凝土构件承载力计算公式分析 …… 于 洋 李向科 陈德荣(767)
135. 钢筋混凝土箱形截面拱桥静动力性能的分析与试验研究 …… 项贻强 李春辉 赵 阳(774)
136. 关于桥梁结构计算分析 …… 黎志忠(780)
137. 折线配筋预应力混凝土先张梁的研究与应用 …… 李 磊 邓军会(785)
138. 大跨度预应力混凝土连续刚构桥温度效应分析 …… 张 坤 雷俊卿 张云必 闫燕红(791)
139. 考虑弹塑性发展的混凝土D区拉压杆模型 …… 刘 钊 林 波(796)
140. 用等效荷载模拟实体有限元中的预应力 …… 黄克超 张永辉 窦新航(800)
141. 基于横张增量法的混凝土桥梁有效预应力检评技术研究 …… 郭 琦 贺拴海(805)

142. 刚构—连续组合单箱室桥剪力滞效应分析 …… 孙全胜　郑　宇(812)
143. 基于实测挠度修正的横向分布系数计算与应用 …… 常　丁　岳振民　董　旭　成　超(818)
144. 温度对混凝土结构长期效应的影响分析 …… 许　航　李　飞　于佳玉(821)
145. 箱形桥梁日照温度效应理论及降低温度应力技术研究 …… 田　帅　于天来(826)
146. 混凝土桥梁温度应力的梁端效应 …… 彭友松　蒋自强　刘　泉　漆小军(832)
147. 支承方式对小半径连续曲线箱形梁桥受力性能的影响研究 …… 李茂奇(836)
148. 预应力混凝土连续箱梁底板崩裂问题研究 …… 俞　胜　陈德伟(840)
149. 预应力混凝土梁管道摩阻试验和研究 …… 陈海浪　胡　蒙　蔡金标(850)
150. 恒载作用下墩的不同高差对结构性能的影响分析 …… 蔡景毅　周志祥　王　彬(855)
151. 桥墩的计算长度系数计算方法研究 …… 谢　晖　周志祥(863)
152. 桥墩刚度对高墩连续梁桥抗震特性的影响 …… 王江胜　蔺鹏臻　刘凤奎　王根会(868)
153. 墩底约束的模拟方式对高墩连续梁桥动力特性的影响 …… 蔺鹏臻　王根会　王江胜(870)
154. 孤山大桥大跨度斜腿刚构铰支承的设计研究 …… 冯刚宪　杨卫锋　宋建平　王　勇(873)
155. 梁式桥结构承载安全状态综合评估方法研究 …… 罗　韧　冯　莹(878)
156. 地震作用下混凝土桥梁倒塌破坏机理的研究 …… 许慧荣　罗　韧(885)
157. 基于混凝土耐久性的粗集料技术指标及控制研究 …… 赵尚传(892)
158. 基于 LS-DYNA 公路桥梁三维重车耦合振动有限元模型研究
…… 赵　辉　陈水生　桂水荣　任永明(897)
159. 连续钢桁架—桁拱组合桥节点的焊接残余应力分析 …… 周　良　陈　玮　杨允表(903)
160. 杭州九堡大桥 3×210m 组合拱桥顶推方案探讨 …… 周光强　詹光善　舒大勇(907)
161. 深水、大流速条件下大型沉井下沉河床防护技术研究 …… 张　鸿　刘　鹏(911)

IV　检测与加固

162. 基于有限元和虚拟现实的桥梁垮塌事故场景模拟初探 …… 许　镇　卢　啸　陆新征(921)
163. 山西风陵渡黄河公路大桥加固设计 …… 贾界峰　赵井卫　刘延芳　涂金平　周泳涛(928)
164. 有黏结预应力筋加固法的试验研究 …… 马　莹　叶见曙　曹光伦　傅晨曦(933)
165. 有黏结预应力加固法对梁抗弯性能影响的研究 …… 孙全胜　王家伟(938)
166. 箱梁体外预应力加固效果的分析 …… 李俊波　张向波　崔振山(941)
167. 预应力碳纤维板加固梁正截面抗弯性能分析 …… 吴　美　徐振立　许宏元(946)
168. 高速公路桥梁拓宽设计拼接时机优化研究 …… 杨　斌　周新平　赵力国(952)
169. 混凝土连续箱梁桥拓宽拼接方式研究 …… 林国辉　林　晶　周新平　叶见曙(956)
170. 桥梁顶升过程中不均匀位移的数值分析与施工控制
…… 瞿　涛　汤修华　章宇强　徐声亮　陈冬华　吉伯海(960)
171. 太原漪汾桥 7 跨同步顶升桥面系拆除技术 …… 刘喜勇　王奇峰　李　松(964)
172. 旧桥拆除安全性分析及对策 …… 沈永林(970)
173. 寒区桥梁破损现象和原因分析 …… 孙全胜　戚元博(975)
174. 静压桩加固桥梁基础设计 …… 曾　丁　王国亮　杜金生(979)

I　规划与设计

1. 南京长江第四大桥工程建设及关键技术

娄学全
（南京长江第四大桥建设协调指挥部）

摘 要 南京长江第四大桥是1995年国务院批复的南京市城市总体规划中过江通道“五桥一隧”布局之一，在南京长江第二大桥下游约11km处，距长江入海口约320km，对于形成南京市“沿江成束、跨江成环、南北放射、内外沟通”的公路交通总体构架具有非常重要的意义。南京长江第四大桥的建设将进一步完善南京节点的国家级干线公路网，对加强江苏省与邻近省份的联系，促进江苏省、南京市的改革开放和区域经济发展将发挥重要作用。南京四桥跨江大桥采用主跨1 418m三跨悬索桥，其中锚碇基础、锚固系统及上部施工等存在多项关键技术及创新。本文对南京四桥的建设工作和关键技术、创新点和建设过程中的一些做法作一介绍，供同行参考。

关键词 桥梁工程 悬索桥 关键技术

一、工 程 概 况

南京长江第四大桥是南京市绕越高速公路的重要组成部分。南京市绕越高速公路，位于现有南京绕城公路外围，也可称为“南京高速公路外环”，沿线经过江宁区、栖霞区、六合区、浦口区，路线全长约147.1km。该公路横跨长江南、北两岸，将南京市南、北市区快速、便捷地联系在一起。它两次跨越长江天险，在长江上形成两个重要的跨江通道节点，其一便是在上游的南京长江第三大桥，另一个便是本项目——南京长江第四大桥(图1)。目前，南京市绕越高速公路上已经开工建设的有西南段，即南京长江第三大桥及两岸接线，2005年建成通车；西北段，与宁淮高速公路共线建设，2005年建成通车；东南段将于2010年10月通车；东北段已开工建设。本项目的早日建成对南京市绕越高速公路整体贯通，充分发挥跨江成环的交通优势起着决定性的作用，对南京市城市及经济发展具有极大的作用。

1. 桥型方案比选成果

工可拟定了三个悬索桥方案，即：主跨1 650m双塔单跨悬索桥方案，南北锚碇距离2 790m；主跨1 420m双塔三跨悬索桥方案，对于斜拉桥方案而言，按主跨980m斜拉桥进行方案比选。工可报告推荐主跨1 420m双塔三跨吊悬索桥方案(图2)。

初步设计对于主跨1 418m两塔三跨悬索桥方案和主跨1 620m两塔单跨悬索桥方案进行了同等深度的比选，见表1、表2。

南京长江第四大桥主引桥桥跨布置 表1

方 案	北 引 桥	主 桥	南 引 桥	总桥长
双塔三跨悬索桥	(7×30)+(7×30)+(52+4×65+37)+(6×50)+(6×50)+(7×52)=1 733m PC连续刚构、PC连续梁、组合连续梁	166+409+1418+364+119m 钢箱梁悬索桥	(7×52)+(5×50)+(6×50)+(6×52)(6×50)=1 524m PC连续刚构	5 448m
双塔单跨悬索桥	(7×30)+(7×30)+(52+4×65+37)+(6×50)+(6×50)+(6×50)+(5×50)+(5×50)=2 169m PC连续刚构、PC连续梁、组合连续梁	600+1620+550m 钢箱梁悬索桥	(5×50)+(5×50)+(5×50)+(5×52)+(5×52)+(4×52)+(4×50)=1 668m PC连续刚构	5 457m

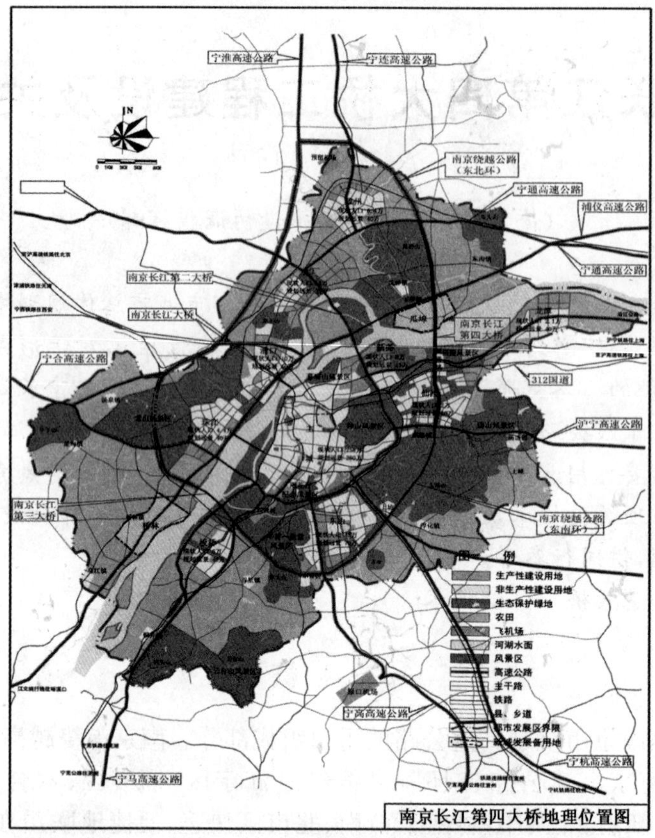

图 1　南京四桥位置图

图 2　南京四桥效果图

双塔三跨与双塔单跨悬索桥方案综合比较　　表 2

方　案	双塔三跨悬索桥方案	双塔单跨悬索桥方案
桥跨布置	583m＋1 418m＋479m 三跨连续	600m＋1 620m＋550m 单跨简支
结构受力及工程规模	主缆受力相对小，降低锚碇、桥塔及主缆工程规模	主缆受力较大，锚碇、桥塔及主缆工程规模相对较大
行车舒适性	好	较好
通航适用性	不占用通航线路及锚地，满足通航要求，且边跨具备一定通航能力	不占用通航线路及锚地，满足通航要求
对河势的影响	水中墩仅两主墩，对河势影响较小，对南北岸线基本无影响	北边跨引桥增加较多水中墩，其冲刷对下游一定影响；对南岸港池口门河床有一定影响
施工条件	水域施工，钢箱梁具备浮运吊装条件，但边跨部分区域需搭设少量栈桥	北大提内引桥处于水域，施工难度相对较高
对环境的影响	相对较小	水域混凝土施工较多，对环境有一定影响

续上表

方　案	双塔三跨悬索桥方案	双塔单跨悬索桥方案
景观效果	结构基本对称，线条流畅，与周围环境协调	气势雄伟，与该地区已建悬索桥造型相似
施工工期	54 个月	57 个月
建安费/经济指标	17.654 2 亿元/24 406 元/m^2	18.148 1 亿元/33 947 元/m^2
推荐意见	推荐方案	比较方案

通过综合比较，初步设计选择双塔三跨悬索桥方案作为跨江大桥主桥推荐方案。

施工图按照初步设计推荐方案进行设计，采用主跨 1 418m 三跨悬索桥方案其跨径布置为(166＋410.2)＋1 418＋(363.4＋118.4)＝2 476m。

2. 主要技术标准

(1)公路等级：高速公路。

(2)行车道数：双向六车道。

(3)设计行车速度：跨江大桥设计行车速度采用 100km/h。

(4)车辆荷载等级：公路—Ⅰ级。

(5)大桥桥面宽度：33.0m(不含吊索区及风嘴)。

(6)桥面最大纵坡：<3%。

(7)桥面横坡：2%。

(8)通航净空：最高水位以上 50m。

3. 建设规模

(1)全长约 28.996km，其中：跨江大桥长约 5.437km；南北接线长约 23.559km。

(2)设横梁、龙袍、栖霞、麒麟 4 处互通立交，预留浦仪、仙林 2 处互通立交。

(3)项目总投资为 68.57 亿元。

(4)建设工期 5 年。

二、项目审批情况

2003 年正式筹建南京四桥，并于同年完成了项目预可行性研究报告和市内审查。2007 年 11 月 19 日国家发改委正式批复了南京四桥工程可行性研究报告。2008 年 1 月 6 日，省委、省政府隆重举行了南京四桥奠基仪式；2008 年 6 月 26 日，交通运输部批复了南京四桥初步设计；2008 年 11 月 27 日交通运输部正式批复南京四桥施工许可，标志着南京四桥开工前的所有审批手续全部完成，具备了正式开工建设的条件。2008 年 12 月 28 日，省交通厅、南京市联合举行了南京四桥开工仪式，大桥建设全面启动。

三、南京四桥关键技术及施工概要

由于南京四桥特殊的建设条件和工程规模，存在着许多关键技术特点和难点，主要体现在建设条件复杂，地质条件差；结构控制因素多，设计难度大；工程规模大，外界影响因素多，施工技术复杂。结合南京四桥设计方案的特点，建设关键技术及概要情况主要有如下几点：

1. 三跨吊悬索桥跨径为国内最大，上部结构施工技术复杂

南京四桥采用主跨 1 418m 三跨悬索桥，目前该跨度在同类桥型中居国内第一，世界第三。桥梁跨径的大小，直接反映了该桥梁建设技术难度的大小。其桥梁结构形式决定了其施工工艺复杂，工序连接繁琐，施工工期较长。三跨悬索桥在主缆架设施工控制和主梁架设顺序有特殊要求，设计文件专门明确了各节段梁的架设顺序。为了在有限的工期内优质完成浩大的工程任务，需要在施工过程中实现有效控制，合理适度的安排施工进度，总体把握施工内容，使施工得以顺利进行(图 3)。

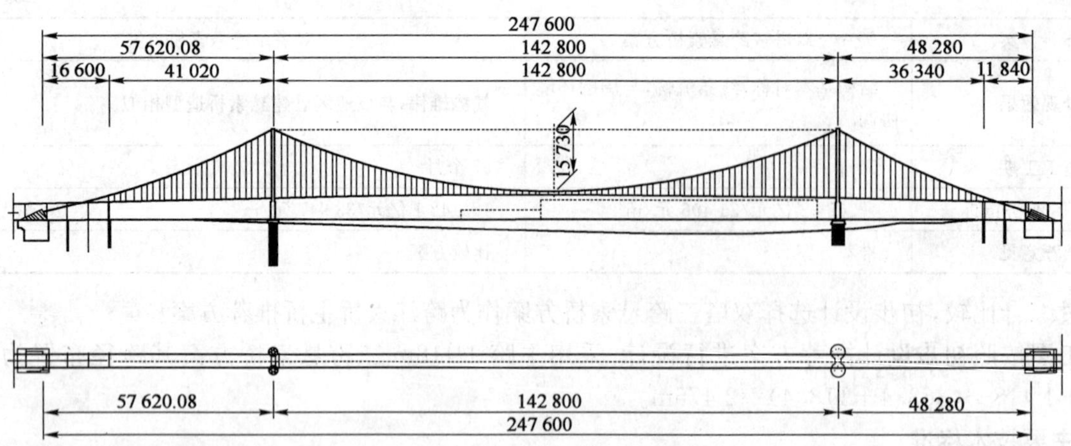

图3 总体布置图(尺寸单位:cm)

施工概要:针对南京四桥为大跨度三跨吊悬索桥的特点,指挥部在做好各工序衔接的基础上,提前组织了上部施工方案征集,提前研究上下部施工统筹,并专门招标确定了上部施工监控单位。监控单位作为上部施工控制的指令中心,重点通过对主缆线性的控制,确保达到设计预期目标。目前,上部结构施工各主要技术方案已经编制完成并通过总监办审查,施工关键设备如跨缆吊机、缠丝机、紧缆机等已经开始加工制造。

2. 北锚碇采用大体积整体沉井基础

南京四桥北锚碇设计推荐采用超大规模沉井,沉井外轮廓尺寸 69m×58m 的矩形,沉井标准段壁厚 1.5m,基础底高程设置在−48.5m 圆砾层,下沉深度 52.8m,分 11 节,封底厚度 10m,顶板厚 6~12m,混凝土总方量达 189 000m³(图 4)。如此规模庞大的基础除必须解决沉井下沉顺利就位外,沉井封底施工、锚体大体积混凝土浇筑施工质量控制和岸坡稳定研究等都是施工中必须解决的难题。

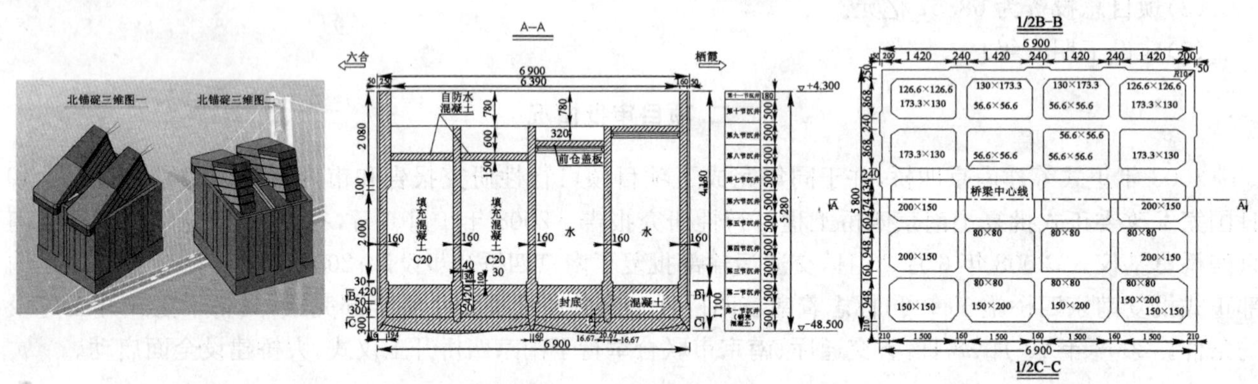

图4 北锚沉井基础构造

施工概要:南京长江第四大桥北锚碇沉井其平面尺寸(69m×58m)为目前国内最大的陆地桥梁沉井。由于沉井所处位置濒临长江大堤最近约 80m,地质条件极为复杂,沉井基础底部支撑在层厚很薄的圆砾石层上,都给北锚碇沉井的下沉施工带来诸多不确定因素。面临的主要问题有:

(1)针对北锚碇沉井结构设计凹凸 50cm 齿坎状,并结合北锚碇工程地质条件,在施工过程中,需做哪几方面的监控及如何埋设监控元器件,需要提前研究确定。

(2)由于沉井降排水下沉施工功效高,如何在长江汛期来临之前,尽可能多的采取降排水下沉施工方法,首次接高几节后采取降排水下沉施工尤为关键。

(3)在沉井下沉后期,需穿过较厚的密实砂层,地基承载力较大,最终沉井支撑在密实的圆砾石层,仅靠自重下沉困难。需要提前研究确定具体可行的助沉措施,以确保沉井安全、顺利地下沉到位。

(4)沉井下沉施工过程不可见,下沉过程中抽水对长江大堤及附近结构物有不同程度影响,必须采用先进的监控措施和施工控制手段。

为解决上述诸多问题,南京长江第四大桥建设协调指挥部通过定期组织国内知名专家召开技术会议,对关键技术进行讨论。同时还联合参与单位积极调研相关项目、查阅大量资料、认真采集现场监控数据、严谨地进行科学分析,提出了以下对策:

(1)在南京四桥北锚碇沉井中采取"加厚沉井井壁增大重度系数"、"预设空气幕"的助沉措施;同时涉及在沉井井壁采用创新的凹凸型齿坎设计,其对沉井下沉起导向和助沉作用。

(2)委托长江勘测规划设计院有限责任公司对南京四桥北锚碇沉井降排水下沉施工期对江堤的影响进行分析并制订防护预案。

(3)确定了超大规模沉井信息化施工监控总体方案,并在具体施工过程中进行了优化完善。

(4)通过对沉井分节、分次下沉情况的计算分析,确定了前4节采用整体降排水下沉施工,同时第5、6节部分采取降排水下沉施工,部分采取半排水下沉施工,保证了在长江汛期来临之前尽可能多的采取下沉效率高的降排水下沉施工方法,保证了长江大堤的安全营运,为整个南京四桥的施工赢得了先机。

(5)为保证首次降排水沉井结构安全,采用了先6个井孔的小锅底,根据对监控数据分析,在下沉到一定深度时扩大到大锅底的开挖方案。

2009年2月26日,顺利完成了北锚基础首节钢壳沉井的拼装合拢(前4节沉井采用排水下沉)。11月10日完成沉井最后一次,即第9至第11节的接高施工。此后借助空气幕助沉措施,12月17日顺利实现了北锚碇沉井下沉就位。实施过程中,特别是最后6m不排水下沉中,作为施工预案的空气幕助沉措施发挥了关键作用(图5)。借助空气幕,北锚成功避免了底部翻砂的风险,并高效、高精度地提前完成了下沉就位工作。

a)

b)

图5 空气幕助沉

根据检测结果,沉井终沉几何姿态为:顺桥向倾斜度1/1511,横桥向倾斜度1/289 88,扭转角度4′15″,顶底口最大位移分别为5.2cm、5.4cm,远小于设计及标准要求。统计表明,南京四桥沉井有效下沉时间内平均每天下沉速度达1.03m,创造了大规模沉井下沉就位的新纪录。

3. 南锚基础采用"∞"形地下连续墙结构

南锚碇基础处覆盖层为第四系土层,主要有淤泥质亚黏土,松散～中密状粉、细、中砂,砂层北侧厚、南侧基本缺失,分布不稳定。下伏基岩地层为白垩系葛村组砂岩、砂砾岩,局部夹泥岩,由北向南基岩面起伏－38.120～－29.230m,岩石强度高,胶结性能好,无明显断裂形成的破碎带,裂隙不发育,自上而下岩石强度逐渐增加。

南锚碇分为锚碇基础和锚体两部分。南锚碇基础采用井筒式地连墙结构形式,平面形状为"∞"形,长82.00m,宽59.00m,由两个外径59m的圆和一道隔墙组成,壁厚为1.50m(图6)。地连墙顶高程为5.00m,底高程为－35.00～－45.00m,嵌入中风化砂岩约3.00m,总深度40.00～50.00m。地连墙施工槽段分I、II期两种槽段。地连墙I期槽段共32个,其中外墙I期槽段26个;隔墙I期槽段6个。II期槽33个;II期槽段长均为2.80m。

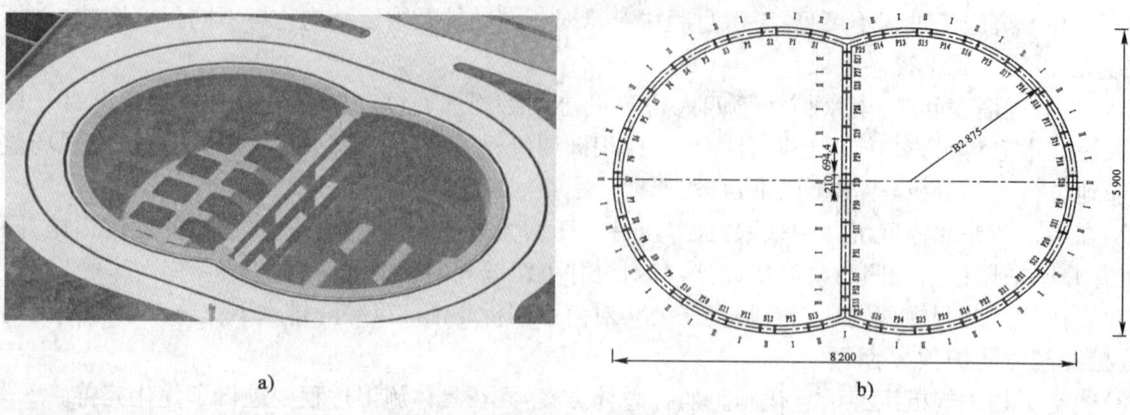

a) b)

图6 南锚地连墙基础构造

施工概要:南京四桥南锚除必须解决地下连续墙和大体积混凝土浇筑施工外,由于南锚周边建筑多,施工场地小,距离长江大堤近,附近有输油管线的高危险源等,大面积开挖防水处理、岸坡稳定施工控制和风险非常大,还面临着不可预见的地质风险。

施工中面临的主要问题有:

①如此大规模"∞"字形基础国内第一,世界罕见,无成功设计、施工经验可借鉴;

②"∞"字形两个非完整圆之间的支撑对结构受力至关重要,传统的逆作支撑形式难以满足结构受力需要;

③"∞"形地连墙空间特性显著,在不均匀地质、两圆内土体不对称开挖等特殊情况下受力复杂;

④软弱土层中"Y"形槽段施工难度大;

⑤锚区周围构造物复杂,特别是紧邻的输油管廊、长江大堤,对基坑封水和变形要求高;

⑥岩土工程的复杂性,导致基坑受力的不确定因素较多,因此必须有可靠的监控措施及信息化施工分析手段;

⑦"∞"形深基础受力的复杂性,要求地连墙的施工精度极高,要求基坑开挖步骤及方式必须适应基坑的受力特性要求;

⑧"∞"形深基础施工存在较大的施工风险,在施工前必须研究制订可靠的预案措施。

施工单位中交二航局引进了一台目前最先进的德国产BC32型铣槽机国内自主施工,经试验槽段试验与摸索,并在施工不断总结中,形成了适用于南京四桥地质的冲击钻与液压铣配合成槽、"Y"形槽5铣成槽、"Y"形槽钢筋笼分节制作吊装等配套工艺,解决了"∞"形的地连墙成墙的难题。在基坑开挖施工中,运用采取了信息化施工技术,运用采取正反演分析等技术手段,指导基坑按"快挖快撑"的原则合理优化开挖与内衬施工工艺。事实表明,地连墙的设计与施工质量优良,封水效果良好,创造了整个基坑干开挖的奇迹(图7)。

a)

b)

图7 南锚地连墙施工及基坑开挖

南京长江第四大桥南锚碇地连墙基础2009年8月南锚碇开始开挖,2009年12月顺利完成底板浇筑,墙体累计最大变形为12mm,相对位移仅为0.03%,与国内外同类基坑变形相比非常小,围护结构各控制断面的应力和周边土体的沉降也小于预警值，整个开挖过程中围护体系始终处于正常运行状态，无异常突变；与国内已实施的锚碇地连墙结构相比，最大变形远远小于矩形基坑，与圆形基坑相近；周边环境无明显沉降，确保了周围管廊带和民居的安全。

4. 创新采用了锚碇预应力混凝土榫锚固系统施工

本次设计锚固系统推荐采用 PBL 剪力键传力结构，不同于传统的钢框架后锚梁系统。通过布置在锚固钢板后部的钢筋混凝土榫剪力键将索股上的力逐次相对均匀地传入锚体混凝土中，一定程度上降低了钢材消耗，且避免了传统锚固体系索股钢丝防腐的难题(图 8)。设计钢筋混凝土榫剪力连接键钢筋居于钢板开孔中心，剪力钢筋通过定位桁架进行定位，以保证剪力连接键充分发挥其性能。锚固构件是全桥关键部件，为最大限度降低定位偏差产生的附加应力，确保系统安全度，锚固钢板必须精确定位并可靠固定。锚固钢板施工定位精度应满足：

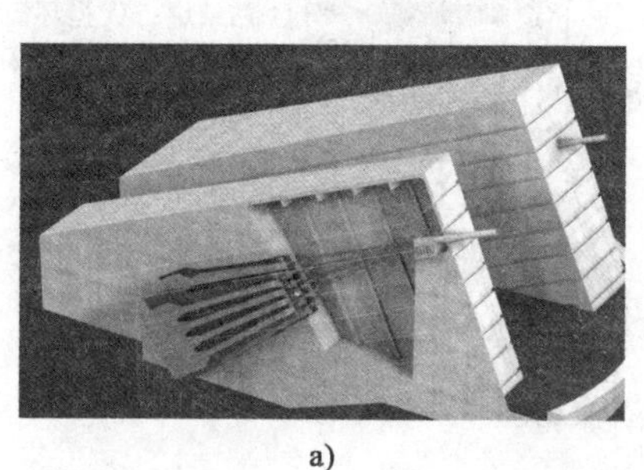
a)

b)

图 8 锚固系统

(1)前锚面测量定位点误差±3mm；

(2)钢板面与竖直面和水平面面面夹角误差±0.05°。

应制订合理科学的测量方案，最大限度降低测量系统误差(上述定位精度要求包含测量系统误差)。

南、北锚碇单侧锚体设计各采用 9 块锚固板，锚固板厚度 28mm，采用 Q345D 材质。其中 B1 分 4 个单元块，B2、B3 均分 3 个单元块，B4 分 2 个单元块，B5 分 1 个单元块，南锚共 48 个单元块，北锚碇共 44 个单元块，最大单元块重约 27.8t。

施工概要：指挥部将锚固钢板通过招标由专业钢结构加工单位中铁宝桥承担，并在加工完成后进行了整体预拼，确保加工精度满足要求。

在施工中采用了锚固钢板分层安装，混凝土分层浇筑。先利用支架精确定位锚固钢板，然后安装剪力钢筋定位桁架，绑扎钢筋，最后浇筑混凝土。实施中单块锚固钢板定位共布置 4 处临时支架。锚固钢板分 5 阶段进行吊装施工，各阶段锚固钢板安装后，绑扎其所在锚块相应层钢筋并浇筑混凝土。

5 月底，南锚全部 48 块锚固钢板安装就位，7 月初，北锚 44 块锚固钢板顺利安装完成，定位精度符合设计要求(图 9)。

a)

b)

图 9 锚固钢板安装图片

5. 大跨度悬索桥钢桥面铺装技术要求高

由于目前国内在大跨度悬索桥桥面铺装上尚无成功经验，桥面铺装技术将是一个关键的技术难题。虽然我们在南京二桥、三桥环氧沥青铺装中取得成功，但由于结构体系不同，环氧沥青铺装是否适合悬索桥有待研究。如采用日本浇筑式铺装技术，更将是一项全新的巨大挑战。指挥部从2006年起就超前组织了南京四桥桥面铺装研究，目前指挥部正在委托日本长大公司和美国林同炎公司就浇筑式沥青和环氧沥青进行同步分析试验研究(图10)。

目前进展：目前钢桥面铺装室内研究比对工作已经完成，指挥部即将开始着手试验桥浇筑式沥青铺装，进一步研究施工工艺，为主桥铺装积累经验，力争形成完整成套的施工工艺。

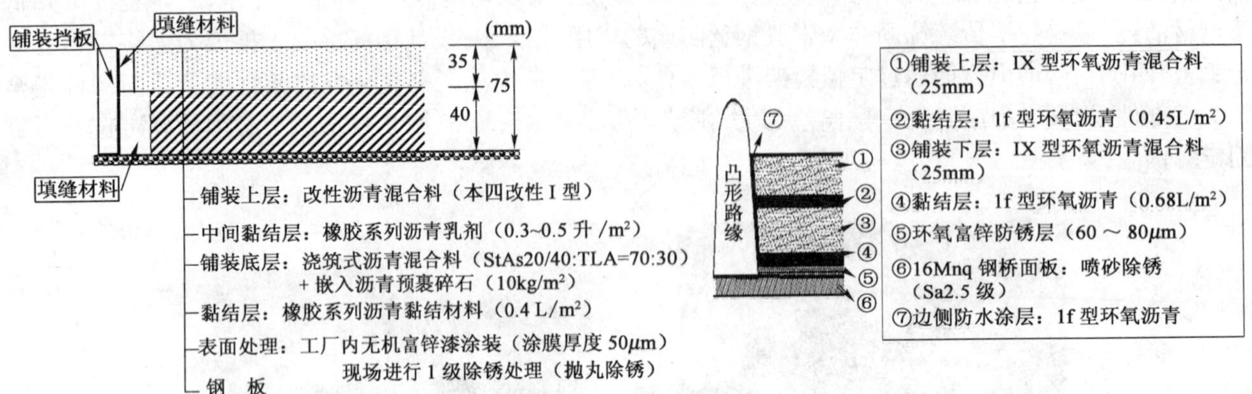

图10 钢桥面铺装方案比选

6. 大跨度悬索桥主桥与节段预制梁引桥组合，工序复杂

节段预制拼装技术立足于通过工厂标准化施工，最大限度地解决混凝土质量通病，从而提高混凝土耐久性。目前该技术已在国内多座大桥上成功应用。南京四桥南北引桥设计中采用了体内体外预应力共同作用的受力体系，为日后换索提供了可能。但节段预制梁与大跨度悬索桥组合在国内尚属首次，由于存在码头、栈桥等资源共用和施工工序交叉等，工序衔接和组织异常困难，在南京四桥引桥上部施工进度已成为全桥的关键线路，直接影响工程的总体建设计划。

施工概要：结合引桥上部施工成为全桥关键线路的情况，指挥部及时调整了建设时序，紧紧围绕节段梁架设这一关键线路，加快了引桥下部结构的施工组织和锚上墩身的施工，从各方面为引桥架设创造条件，目前引桥架设工作正在按计划推进(图11)。

a)

b)

图11 节段梁及架桥机安装

7. 其他

另外，大体积混凝土浇筑施工裂纹控制及外观质量控制、复杂水上施工环境的施工安全等也是施工过程中需要研究解决的难点。这些关键技术的研究直接关系工程建设成本，关系到能否有效防范工程风险，确保工程结构安全、施工安全、运营安全。

四、工程总体计划安排及目前工程进展

1. 总体建设计划

根据交通运输部对南京长江第四大桥初步设计审查意见，南京四桥建设工期为5年。根据南京四桥双塔三跨钢箱梁悬索桥的实际情况，在参照江阴长江大桥、润扬长江大桥施工工期基础上，结合南京四桥

主桥招标文件工期要求和现场实际工程进展情况，内部按照工程建设工期 54 个月控制，建设工期按照 2008 年 12 月 1 日北锚沉井砂桩打设起算，对南京四桥总体建设各年度进度计划安排如下：

2008 年为主桥开工之年：年底正式开工建设跨江大桥北锚碇基础，开始南、北主塔和南锚碇施工；完成投资 9 亿元。

2009 年为全面建设之年：重点建设南京四桥主桥下部工程。年内实现南北引桥及接线全面开工；完成投资 10 亿元。

2010 年为攻坚之年：全面建设跨江大桥及南北接线。力争完成主塔施工；南北引桥、引线结构物完成 50%墩身施工，完成 50%路基施工；完成投资 14 亿元。

2011 年为大干之年：下半年完成主缆架设及主缆吊机安装架设，年底力争开始完成钢箱梁架设；接线完成路面基层和结构物 80%上部结构施工，开始沿线其他房建设施建设；完成投资 14 亿元。

2012 年为决战之年：力争上半年完成钢箱梁桥面吊装焊接工作，实现全桥贯通；下半年完成主桥钢桥面铺装；全面开始交通工程、绿化和附属工程建设；完成投资 13.5 亿元。

2013 年为通车之年：上半年完成荷载试验和工程交工验收，具备通车条件；完成投资 8 亿元。

2. 目前工程进展情况

在指挥部强有力的组织下，南京四桥自 2008 年 12 月 28 日开工至今，经过全体建设者一年多的努力，各项建设工作进展顺利，至去年底，主桥南北主塔顺利完成承台，转入索塔施工；南锚完成基坑开挖和底板清基，北锚提前实现沉井下沉就位，标志着南京四桥顺利渡过了风险最大的施工事情，成功解决了工程成败问题(图 12)。截至 2010 年 7 月底，南京四桥工程建设形象进度为：南京四桥开工建设至今，全线各项建设工作按期顺利推进。2008年底南京四桥正式动工，2009年7月，完成了南北主塔桩基施工；

a)

b)

图 12 目前工程进展

2009 年 12 月 11 日，南锚碇地下连续墙基坑顺利完成清基和底板浇筑，比原计划工期提前约 1 个半月；作为全桥关键线路的北锚沉井于 12 月 17 日下沉就位，比原定计划提前 2 个月以上。北锚沉井提前下沉就位，标志着南京四桥工程的关键线路由北锚施工转为南北主塔施工。去年年底在抓好主桥建设的同时，指挥部按计划启动全线施工工作，全线施工全面展开。截至 9 月底，跨江大桥南北主塔已分别完成 47 节塔柱施工(共 51 节)，即将于 10 月底正式封顶；南北锚碇已完成关键的锚固系统施工，正式开始地面以上锚体施工，预计 9 月底基本完成。主桥上部上部结构架设单位已经确定，正在进行技术准备工作；南北引桥已基本完成桩基施工和约 50%桩基施工，即将开始上部结构架设。南接线已提前完成跨沪宁城际铁路施工、跨沪宁路施工及地铁二号线等关键制约点的施工，目前真正全面铺开，抓紧组织桩基施工；北接线目前已完成 50%路基土方填筑和 75%以上桥梁结构物下部结构施工，基本完成全部小型结构物施工；钢箱梁制造、主缆制造等配套钢结构已完成技术准备，即将正式开始生产制造。目前现场各项建设工作都在有条不紊的按计划顺利推进中。

五、结　　语

南京四桥作为南京市长江上又一座特大型桥梁，是继南京二桥、三桥之后的又一项里程碑式的宏伟工程。全体建设者将坚持科学管理和技术创新，严格质量、安全、节能环保和文明施工管理，强化现场管理，精心组织，注重细节，确保优质、安全、高效地完成南京四桥的各项建设任务，再建精品工程。

2. 南京长江第四大桥科研总体计划

武焕陵
（南京长江第四大桥建设指挥部）

摘　要　本文介绍了南京长江第四大桥工程技术特点，系统阐述了围绕本工程项目建设开展技术研究工作总体指导思想和技术路线，所开展关键技术研究项目主要内容和各项科研工作计划和目标。

关键词　科研　总体思想　研究内容　总体计划

为确保南京长江第四大桥工程安全和工程质量，有效控制工程规模，落实工程建设总体计划要求，立足于深入开展工程质量及安全关键技术、工艺、工法和检测技术的研究，推广交流先进的工艺、工法以及节能型材料，兼顾交通行业内相关项目的科学研究工作情况，南京四桥指挥部结合南京四桥工程技术特点、工程地质水文及场地环境等自然条件和工程设计施工技术及设备的现状，编制南京长江第四大桥科研总体计划。

一、项目基本情况

南京四桥是国道主干线和国家高速公路网在南京结点上的一座重要过江通道（图1），距长江入海口约320km；位于南京长江第二大桥下游约10km处，路线全长约29km。其中：跨江大桥长5.448km，南接线长约10.5km，北接线长约13.1km。全线设互通立交4座，2座特大桥；设置主线收费站一处，设置交通、通信、收费等监控系统。设计车速：跨江大桥为100km/h，两岸接线为120km/h，六车道高速公路；荷载标准：车辆荷载为公路—I级，设计基本风速为31.2m/s，地震作用按50年和100年超越概率5%地震动峰值加速度分别为0.118 g和0.141g。船舶撞击力南塔横桥向120MN，顺桥向60MN；北塔横桥向50MN，顺桥向25MN。

图1　南京长江第四大桥主桥效果图

主桥为主跨1 418m的双塔三跨悬索桥方案，主桥全长2 192m，桥跨布置为166m+417m+1 418m+357m+122m=2 480m；索塔为混合式混凝土索塔（图2），基础采用高桩承台方案；锚体采用墙式造型，上下游锚体分离，北锚基础采用整体矩形沉井基础方案，南锚基础采用地连墙基础方案，主缆锚固系统采用钢筋混凝土榫后锚梁锚固体系(图 3)。加劲梁采用流线型扁平钢箱梁,主塔位置设置弹性支座;全桥共设两根主缆,采用预制平行钢丝索股(PPWS);主缆防护采用 ϕ4mm 镀锌钢丝缠绕+腻子涂装防护;主桥过渡墩处设主缆限位装置,主缆限位装置采用销铰连接的钢链杆构造。引桥为预应力混凝土箱梁,采用节段预制拼装施工+简支变刚构的施工工艺。滁河大桥为三跨变截面连续梁结构,采用波纹钢腹板预应力混凝土箱梁方案。

图 2 索塔效果图

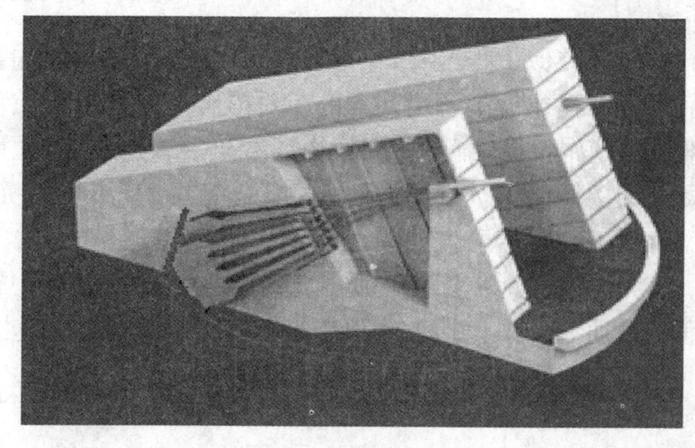

图 3 锚体效果图

2007 年 11 月 19 日,国家发改委批准同意建设南京四桥。2008 年 6 月 26 日,中国交通运输部批准确定了南京四桥的建设规模、技术标准和总投资,核定总概算 68.569 亿元,总工期 5 年。

二、总 体 思 路

按照指挥部确定的“科研成果共享,科研资源共享,产、学、研一体化”科研工作要求,重点突出关键技术和工程质量通病的研究,结合工程建设需要进行技术创新,确保工程技术方案的可靠性,以有效规避工程建设的风险。坚持科学发展观,超前研究,结合工程现场实践开展技术创新,力争解决钢桥面铺装等工程难题;消化吸收成熟的工程技术,力争克服特大桥工程存在的工程质量通病。

积极接受行业主管部门的管理,力争纳入相关科研攻关计划;规范科学研究工作,重视科研工作日常管理,科研项目要做到有计划、有检查、有成果、有应用。认真开展基础资料研究、设计验证研究、施工技术及施工控制研究、建设及营运管理技术研究、工程经验总结性研究等各项工作,服务于南京四桥工程建设,重点突出关键技术的科学攻关和工程质量通病的有效根治。

三、关键技术项目

分析南京四桥工程特点,落实最新科研成果应用于工程实践的办法;找出工程实施的难点和重点,确定南京四桥关键科研项目。指挥部重点做好以下几个方面工作:

(1)在充分吸收成熟科研技术基础上,开展基础性科学研究和设计验证研究,确保工程设计的质量。

(2)组织科研和施工单位以工程建设为依托,开展施工技术及施工控制研究,加强对防范工程质量通病的措施研究,确保建成“精品工程、品牌工程”。

(3)结合工程项目的特点,开展以主缆锚固体系和钢桥面铺装为重点的技术创新研究,力争在特大桥桥梁耐久性方面取得突破。

(4)按照“全寿命周期成本最低”的要求,组织开展建设及营运管理专题技术的研究。

根据交通运输部批准的南京四桥初步设计文件,组织设计、咨询、科研单位进行调查研究,拟定的关键技术研究包括以下 7 项:

(1)钢筋混凝土榫锚固体系设计施工技术研究;

(2)悬索桥钢桥面铺装技术及铺装耐久性研究;

(3)大型整体沉井施工技术研究;

(4)特大型地下连续墙工程施工技术研究;

(5)三跨悬索桥上部构造安装技术研究;

(6)大体积混凝土有害裂缝的防控研究;

(7)预应力混凝土箱梁质量控制研究。

四、工程质量通病问题

结合类似工程经验,积极开展工程质量通病问题的调查并进行分析研究,找出问题关键所在,制定南京四桥工程建设中解决问题的应对措施。这些工程质量通病包括:①悬索桥钢桥面铺装病害问题;②悬索桥主缆锚固防腐问题;③索塔混凝土裂缝问题;④通航区域桥墩防撞问题;⑤箱梁腹板裂缝问题;⑥混凝土结构钢筋保护层离散性大的问题;⑦路基不均匀沉降问题;⑧沥青路面局部油污染和水损问题;⑨沿线附属工程财产防盗问题。

为了有效地克服工程质量通病问题,在工程设计、施工、监理工作中,给与高度重视的同时,还针对工程质量通病开展包括大体积混凝土有害裂缝控制及施工工艺研究等专题研究。

五、主要科研项目计划

1. 悬索桥钢桥面铺装技术及铺装耐久性研究专题

德国、法国、日本、美国等国家早期开展钢桥面铺装研究和实践,并制定了相应的技术规范。各国的钢桥面铺装基本上均采用沥青混合料体系。它具有良好的行驶性能,重量轻,适合于大跨径桥梁桥面铺装。按照选用的材料和施工方法的不同,国外桥面铺装方案主要有以下四大类:

(1)以德国为代表的高温拌和浇筑式沥青混合料(Gussasphalt)方案;

(2)以英国为代表的沥青玛蹄脂混合料(Mastic asphalt)方案;

(3)以美国为代表的环氧树脂沥青(Epoxy asphalt)混合料方案;

(4)以日本为代表的上层高性能改性沥青+下层浇筑沥青混凝土方案(TLA 掺量 25%)方案。

随着国内大跨径桥梁的发展,越来越多地采用了钢箱梁结构,钢桥面铺装的研究工作也取得了丰硕的成果。目前实施的钢桥面铺装方案主要有环氧沥青混凝土、改性沥青 SMA、浇筑式沥青混凝土和 EBCL+RA05 组合铺装。特别是南京二桥采用的环氧沥青铺装,自 2001 年 3 月正式通车后,在承受最大交通量达 7.09 万辆/日(折合中型车约 8.5 万辆/日,设计通行能力为 6 万辆/日)的情况下,使用状态仍然良好。

然而,国内大跨径钢箱梁悬索桥钢桥面铺装一直未能获得圆满地解决。同样的钢桥面铺装方案,在不同桥梁上的应用效果存在离散性。钢桥面铺装的病害问题已经越来越突出,一定程度上已经或即将直接影响桥梁的正常运营。如何解决南京四桥钢桥面铺装问题,是能否圆满完成南京四桥工程建设目标任务的关键之一。

为确保选择可靠的钢桥面铺装方案,开展了悬索桥钢桥面铺装技术及铺装耐久性研究项目专题研究,利用研究成果从使用性能、施工质量可控性、铺装耐久性、工程经济性、运营期病害及可修复性等方面进行综合比较,最终择优选择钢桥面铺装方案。

悬索桥钢桥面铺装技术及铺装耐久性研究项目,由指挥部直接组织科研、设计、施工单位完成。项目除围绕确定设计方案开展的研究外,还包括施工工艺研究、养护工艺研究。计划 2011 年 10 月完成第一批成果评审验收,2013 年完成第二批成果评审验收(图 4)。通过本项研究取得以下成果:

(1)南京四桥钢桥面浇筑沥青铺装耐久性设计指导意见;

(2)南京四桥钢桥面浇筑沥青铺装设计标准;

(3)南京四桥钢桥面浇筑沥青铺装试验规程及作业指导书;

(4)南京四桥钢桥面浇筑沥青铺装施工技术标准(或工法);

(5)南京四桥钢桥面浇筑沥青铺装工程养护指南。

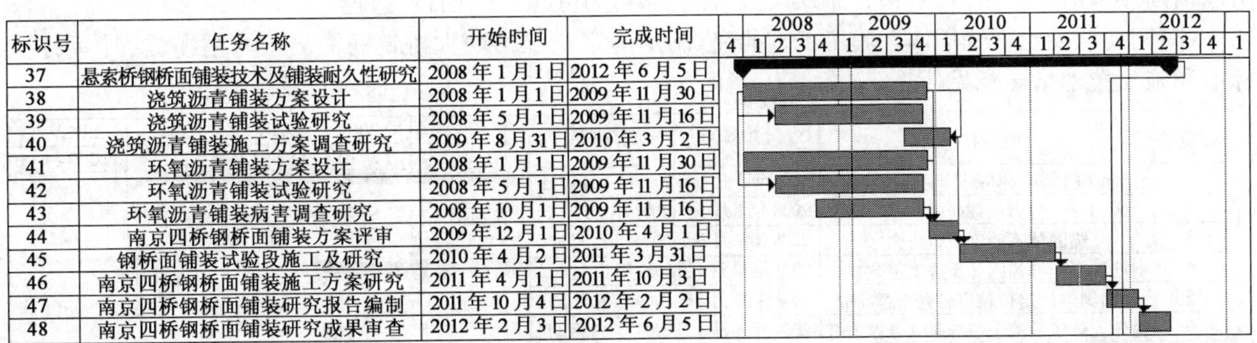

标识号	任务名称	开始时间	完成时间
37	悬索桥钢桥面铺装技术及铺装耐久性研究	2008年1月1日	2012年6月5日
38	浇筑沥青铺装方案设计	2008年1月1日	2009年11月30日
39	浇筑沥青铺装试验研究	2008年5月1日	2009年11月16日
40	浇筑沥青铺装施工方案调查研究	2009年8月31日	2010年3月2日
41	环氧沥青铺装方案设计	2008年1月1日	2009年11月30日
42	环氧沥青铺装试验研究	2008年5月1日	2009年11月16日
43	环氧沥青铺装病害调查研究	2008年10月1日	2009年11月16日
44	南京四桥钢桥面铺装方案评审	2009年12月1日	2010年4月1日
45	钢桥面铺装试验段施工及研究	2010年4月2日	2011年3月31日
46	南京四桥钢桥面铺装施工方案研究	2011年4月1日	2011年10月3日
47	南京四桥钢桥面铺装研究报告编制	2011年10月4日	2012年2月2日
48	南京四桥钢桥面铺装研究成果审查	2012年2月3日	2012年6月5日

图4 钢桥面铺装研究专题指导性计划

2. 钢筋混凝土榫锚固体系设计施工技术研究专题

随着国内桥梁工程技术的发展，桥梁钢混结构设计由偏重使用栓钉向钢筋混凝土榫剪力键转移。钢筋混凝土榫剪力键在南京三桥钢塔钢混结合段得到了成功应用，随着研究的深入，这种剪力键形式会越来越多地应用在桥梁领域。南京四桥将钢筋混凝土榫剪力键应用在锚固系统（图5），在传统的后锚梁锚固形式有所突破，形成钢筋混凝土榫后锚梁锚固体系。

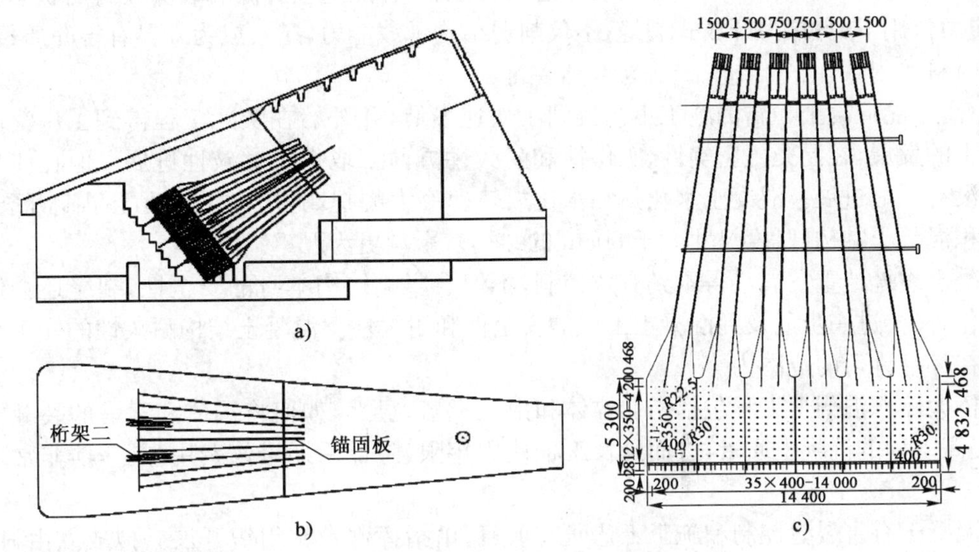

图5 南京四桥主缆锚固体系

钢筋混凝土榫锚固体系有别于传统的后锚梁锚固，具有连续传力、传力路径长、传力范围大等特点。钢筋混凝土榫剪力键个体具有各项同性的受力特点，但剪力键群与钢板及混凝土组成的结构体系受力复杂，与混凝土强度等级、钢板厚度、剪力键布置、钢筋直径及钢板开孔尺寸等主要结构因素关系密切。开展必要的设计研究，可以对剪力键布置、钢筋直径等要素进行合理优化，使得缆索传力路径和传力范围更加合理，确保结构体系安全可靠。

由于钢筋混凝土榫锚固体系自身的特点，对混凝土浇筑及锚固板的整体定位有较高的要求。对锚固板加工制造、运输、锚固板吊装、锚固板精确定位、混凝土浇筑、测量方法等全套施工工艺开展必要的研究是整个系统成功实施的关键。钢筋混凝土榫锚固体系设计施工技术研究项目，由指挥部牵头组织科研、设计、施工单位完成。具体研究内容包括：

(1)传力机理研究，开展"南京长江四桥锚碇传剪器承载力及滑移量试验研究"，掌握钢筋混凝土榫、剪力栓钉等传剪器在拔出受力情况下的力学特性和混凝土榫和芯棒钢筋直径的匹配特性。

(2)"主缆锚固单元足尺模型验证试验研究"，对设计的改进后锚梁锚固体系的承载能力进行验证，找出该锚固体系的传力机理、滑移分布及发展、传剪器剪力分布等结构行为特点。

(3)钢筋混凝土榫锚固体系施工工艺研究，制定南京长江第四大桥钢筋混凝土榫主缆锚固体系技术标准和施工技术指导意见(图6)。

标识号	任务名称	开始时间	完成时间
1	钢筋混凝土榫锚固体系设计施工技术研究	2008年1月1日	2011年4月14日
2	传力机理研究	2008年1月1日	2008年7月2日
3	锚固体系验证试验研究	2008年7月3日	2008年12月3日
4	钢筋混凝土榫锚固体系施工工艺研究	2008年12月4日	2009年12月8日
5	锚固钢结构定位精度研究专题研究	2008年12月4日	2009年6月5日
6	锚体大体积混凝土裂缝研究专题研究	2009年6月8日	2009年12月8日
7	钢筋混凝土榫锚固体系施工应用	2009年12月9日	2010年10月12日
8	总研究报告编制	2010年10月13日	2011年1月12日
9	研究成果评审	2011年1月13日	2011年4月14日

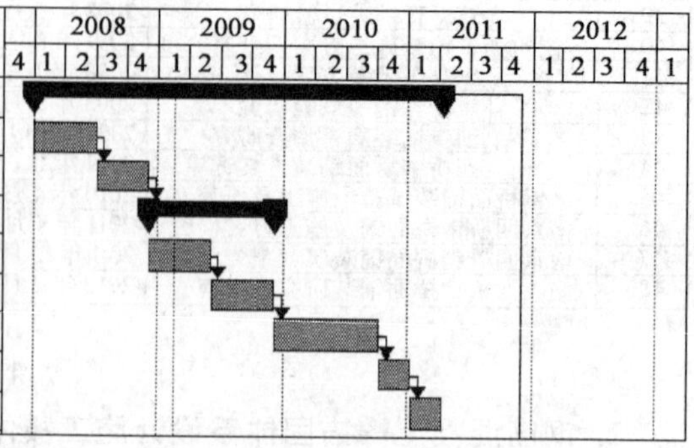

图6　钢筋混凝土榫锚固体系设计施工技术专题研究指导性计划

3. 大体积混凝土有害裂缝控制和施工工艺研究专题

混凝土是一种多孔、多相复合材料，其微观结构组成之间主要的结合力是范德华力，所以抗拉强度远低于抗压强度，断裂能与抗弯强度均比较低。混凝土材料有裂缝是绝对的，无裂缝是相对的，在混凝土内部，骨料界面、胶凝材料内部存在大量连通或非连通孔隙和裂隙，这些孔隙和裂隙在封闭状态下一般是无害的，但在应力作用下，贯穿为开放式裂缝，不仅削弱结构承载能力，还会成为外界有害介质侵入的通道，降低结构和材料的耐久性。

近年来，高性能混凝土和新的施工工艺得到了快速发展，并开始在实际工程得到了广泛应用。随着高性能混凝土的发展，在混凝土密实性、工作性和耐久性方面都取得了突破性进展。但在体积稳定性和抗裂方面却没有明显进展。混凝土水化热和水化放热速率大幅提高，增大了混凝土早期开裂的风险，特别是对大体积混凝土结构(厚度尺寸大于80cm的结构)，影响更为严重。

如果混凝土裂缝严重发展且得不到有效控制，不但会影响结构本身的安全性，裂缝还会使材料整体性能产生劣化，又会进一步危及到混凝土工程的安全性和耐久性。混凝土结构耐久性的一个重要工作是将裂缝控制在环境许可的范围内。

南京四桥大体积混凝土工程包括南北锚体和南北索塔，显然，如何将锚体和索塔的裂缝控制在无害的范围内，提高工程的混凝土质量，进而延长工程使用年限、降低后期维修费用，是一项非常现实而有意义的工作。

大体积混凝土有害裂缝控制和施工工艺研究项目，由指挥部牵头组织开展。拟成立由科研单位(中国建材研究院)、设计、施工、监理单位参与，由混凝土材料研究、结构设计和工程施工等方面的工程技术人员组成研究组，充分利用以往工程高性能混凝土成熟的技术研究成果，重点对南京四桥锚体及索塔大体积混凝土裂缝控制技术、锚固区域混凝土结构自防水技术进行研究，揭示大体积混凝土收缩开裂机理，提出指导南京长江第四大桥工程施工的混凝土材料标准和大体积混凝土工程施工技术措施。计划2011年6月完成成果评审(图7)。初步拟定的具体研究内容和方法如下：

标识号	任务名称	开始时间	完成时间
22	大体积混凝土裂缝研究	2008年10月1日	2011年6月13日
23	大体积混凝土裂缝研究专题工作大纲编制	2008年10月1日	2009年1月30日
24	锚体大体积混凝土裂缝机理研究专题研究	2009年2月2日	2009年6月3日
25	索塔大体积混凝土裂缝机理研究专题研究	2009年2月2日	2009年7月3日
26	锚体混凝土裂缝控制施工工艺研究	2009年6月4日	2010年4月7日
27	索塔混凝土裂缝控制施工工艺研究	2009年7月6日	2010年10月8日
28	锚体混凝土裂缝控制研究报告编制	2010年4月8日	2010年8月9日
29	索塔混凝土裂缝控制研究报告编制	2010年10月11日	2011年2月9日
30	大体积混凝土裂缝控制研究成果审查	2011年2月10日	2011年6月13日

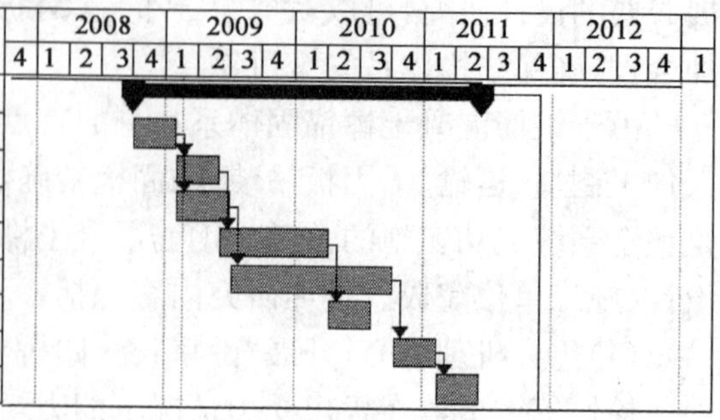

图7　大体积混凝土裂缝研究专题研究计划

1)锚固区域混凝土结构自防水技术

(1)混凝土温度裂缝控制技术研究；

(2)有效补偿混凝土收缩应力的研究；

(3)大体积混凝土温度预警系统的研究；

(4)设计优化的防水节点，释放变形。

2)大体积混凝土裂缝控制技术

(1)优化混凝土配合比；

(2)混凝土温度裂缝控制技术研究；

(3)减少混凝土干燥收缩的施工技术措施；

(4)混凝土干燥收缩开裂评价。

4. 特大型地下连续墙工程施工技术研究专题

南锚碇基础工程采用“∞”字形地连墙结构，长 82.00m，宽 59.00m，深度达 43m。南锚碇处覆盖层为第四系土层，主要有淤泥质亚黏土，松散～中密状粉、细、中砂；下伏基岩地层为白垩系葛村组砂岩、砂砾岩，局部夹泥岩。地下水可分为松散岩类孔隙水和基岩裂隙水：孔隙水主要为承压水；基岩孔隙不发育，裂隙仅少量发育，赋水性和透水性均较差。距离长江防洪大堤只有 80m，防洪安全要求高。周围建有国家粮库和输油管线，大大增加了工程的难度和风险。

考虑深基坑工程的施工特点：①是一项复杂的土体力学变化过程；②具有较强的时效性，开挖方式及开挖步骤的不同直接影响着施工效率、基坑受力变形和安全；③计算分析受岩土工程复杂性和不确定性的制约。而且桥梁首次采用“∞”形大型深基坑，无论其结构受力还是其施工控制，均没有成功经验可以借鉴，因此很有必要结合施工监测，组织科学研究项目，可靠地分析预测施工中的结构内力和变形，指导工程设计和施工，以确保工程安全和质量。

特大型地下连续墙工程施工技术研究项目，以承建单位为主体，指挥部、设计、监理单位参加，共同开展研究工作。2010 年 12 月完成成果评审(图 8)。结合类似工程的经验，计划在南锚基坑施工控制及信息化施工过程中，开展以下几个方面研究：

(1)“∞”基坑结构受力模型及特性的研究；

(2)“∞”基坑变形和受力敏感性参数体系的研究；

(3)“∞”基坑结构监测预警系统的研究；

(4)“∞”形深基坑动态施工反演分析模型的研究；

(5)“∞”形深基坑最高施工效率分析模型的研究；

(6)探索圆形基坑“拱效应”在基坑围护结构受力中的作用；

(7)“∞”形深基坑信息化施工控制程序和流程的研究。

标识号	任务名称	开始时间	完成时间
16	特大型地下连续墙工程施工技术研究	2008年11月20日	2010年10月15日
17	分专题立项申请	2008年11月20日	2010年2月19日
18	分专题批复	2009年2月20日	2010年3月23日
19	分专题实施	2009年3月24日	2010年2月11日
20	研究总报告编制	2010年2月12日	2010年6月15日
21	研究成果评审	2010年6月16日	2010年10月15日

图 8 “∞”形基坑工程施工技术研究专题研究计划

5. 大型整体沉井施工技术研究专题

北锚位于长江漫滩，采用整体沉井基础方案，平面尺寸 69.0m×58.0m 的矩形，高度为 52.8m(混凝土近 20 万 m^3，达 40 多万吨)。如何确保施工过程中结构安全、如何精确定位、如何按要求安全地下沉到设计高程、如何有效减少对周围建筑物的影响，都是一桥四方必须面对的问题。

北锚位于漫滩地貌，地层分布较稳定。北锚碇沉井基础底高程为－48.5m，为密实的卵砾石层。其上为覆盖有亚黏土、淤泥质亚黏土、亚砂土、中密的粉砂、中密或密实的细砂和中砂，总厚度约52m。其下分布有密实的细砂、中砂或砾砂层，厚度为1.4～7.0m；密实的卵砾石层，厚度为3.0～5.2m；强风化粉砂岩，厚度为2.0～4.5m；以下为弱风化粉砂岩。

北锚碇基础为超大陆上沉井，结构规模庞大，其平面尺寸是目前国内最大的。沉井施工过程中各工况的结构分析表明，在下沉初期沉井局部拉应力偏大，结构安全问题突出。根据类似工程施工经验，北锚施工必须开展施工监测工作，确保沉井结构安全，落实有效、安全的施工控制措施来完成施工任务，同时重视施工对沉井周边建筑物的影响。

大型整体沉井施工技术研究项目，以承建单位为主体，指挥部、设计、监理单位参加，共同开展研究工作。2011年3月完成成果评审（图9）。课题拟开展以下工作：沉井下沉过程中降、排水设计；下沉过程中的助沉、纠偏设计；沉井下沉降排水对江堤及周围土体沉陷的影响分析；复杂环境下大型沉井基础的施工监控等方面进行超前研究。通过对本科研项目的研究，所实现的科研目标和成果如下：

（1）确保沉井顺利下沉就位，保证沉井下沉过程中结构安全；

（2）指导制定合理的施工技术方案，减小施工风险；

（3）找出有效措施，节约成本，缩短工期，降低工程造价；

（4）建立南京四桥信息化施工指标体系和预警模型；

（5）为沉井设计验证和运营期监测收集基础资料。

标识号	任务名称	开始时间	完成时间
10	特大型整体沉井施工技术研究	2008年9月1日	2011年4月21日
11	分专题立项申请	2008年9月1日	2009年1月9日
12	分专题批复	2009年1月12日	2009年2月10日
13	分专题实施	2009年2月11日	2010年10月19日
14	研究总报告编制	2010年10月20日	2011年1月19日
15	研究成果评审	2011年1月20日	2011年4月21日
7	钢筋混凝土榫锚固体系施工应用	2009年12月9日	2010年10月12日
8	总研究报告编制	2010年10月13日	2011年1月12日
9	研究成果评审	2011年1月13日	2011年4月14日

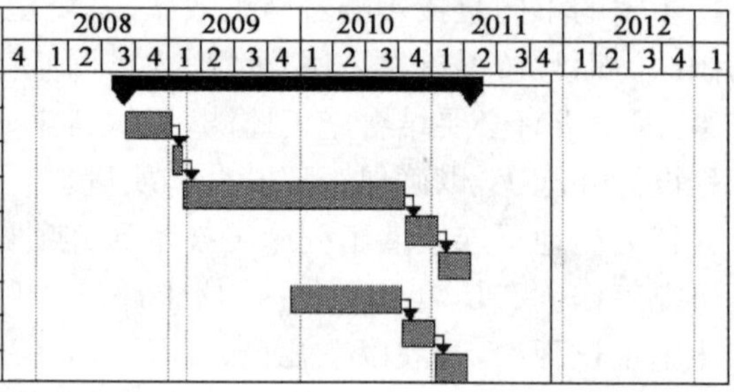

图9　整体沉井施工技术专题研究计划

6. 三跨悬索桥上部构造安装技术研究

南京四桥为主跨1 418m双塔三跨悬索桥方案，桥跨布置为166＋417＋1 418＋357＋122＝2 480m。其工程建设规模与已建成的世界大跨度桥梁相比，位于前10位（表1）。国内已建成的三跨钢箱梁悬索桥主跨最大跨径仅648m，可借鉴的国外大跨径钢箱梁加劲梁三跨悬索桥也寥寥无几，而且直接获得成熟的技术并加以应用很难，要成功必须依靠参与南京四桥建设的一桥四方。

大跨径桥梁情况一览表　　表1

序号	桥　　名	国别	建成年代	跨度组成(m)	结构特点	加劲梁	开工时间	工期
1	明石海峡大桥	日本	1998	960＋1 991＋960	三跨悬索桥	钢桁梁	1988年5月	10年
2	舟山西堠门大桥	中国	在建	1 650＋578	两跨悬索桥	钢箱梁	2003年	计划54个月
3	大贝尔特海峡大桥	丹麦	1998	535＋1 624＋535	三跨悬索桥	钢箱梁	1991年10月	6年
4	润扬长江公路大桥	中国	2005	1 490	单跨悬索桥	钢箱梁	2000年12月	54个月
5	南京长江第四大桥	中国	在建	575＋1 418＋483	三跨悬索桥	钢箱梁	2008年12月	部审5年
6	恒贝尔桥	英国	1981	530＋1 410＋280	三跨悬索桥	钢箱梁	1974年	7年
7	江阴长江大桥	中国	2005	1 385	单跨悬索桥	钢箱梁	1994年11月	58个月
8	香港青马大桥	中国香港	1997	1 377＋455	两跨悬索桥	钢箱梁	1992年5月	62个月
9	维拉扎诺桥	美国	1964	370＋1 298＋370	三跨悬索桥	钢桁梁	1959年8月	63个月
10	金门桥	美国	1937	343＋1 280＋343	三跨悬索桥	钢桁梁	1933年1月	52个月

南京四桥索塔处设置横向抗风支座、竖向弹簧限位支撑和纵向限位阻尼装置，过渡墩处设置竖向拉压支座和横向抗风支座(图10)。这些因素都是上部构造安装必须妥善处理的问题。

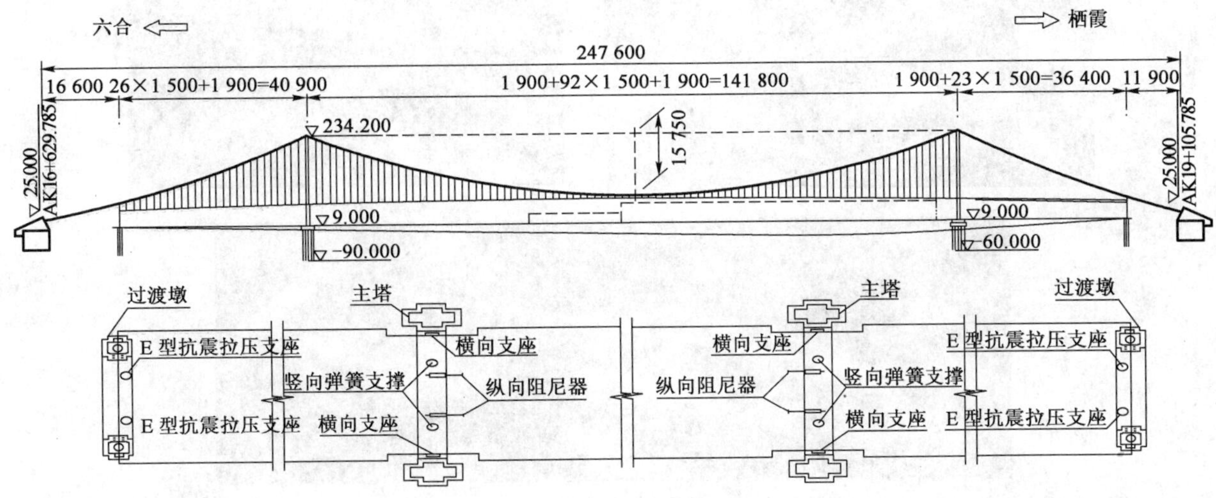

图10 主桥上部构造支撑设计图(尺寸单位:cm)

三跨悬索桥上部构造安装技术研究项目，计划以承建单位为主体，指挥部、设计、监理单位参加，共同开展研究工作，2011年11月完成成果评审(图11)。

标识号	任务名称	开始时间	完成时间
31	三跨悬索桥上部构造安装技术研究	2010年1月1日	2011年10月10日
32	分专题立项申请	2010年1月1日	2010年5月4日
33	分专题批复	2010年5月5日	2010年6月3日
34	分专题实施	2010年6月4日	2011年4月7日
35	研究总报告编制	2011年4月8日	2011年7月8日
36	研究成果评审	2011年7月11日	2011年10月10日

2008 2009 2010 2011 2012
4 1 2 3 4 1 2 3 4 1 2 3 4 1 2 3 4 1 2 3 4 1

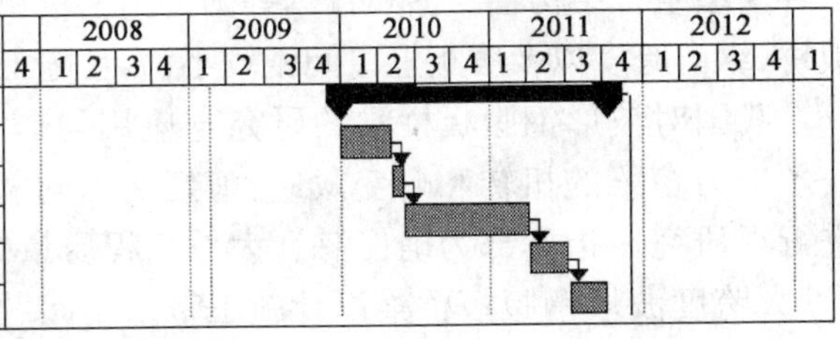

图11 三跨悬索桥上部构造安装技术专题研究计划

7. 预应力混凝土箱梁质量控制专题研究

北岸滁河大桥采用初步设计推荐的变截面波纹钢腹板预应力混凝土连续箱梁(图12)，单幅桥采用单箱单室截面，梁宽16.75m，底宽8.05m，梁高按照二次抛物线从2.8m变化到6m。引桥为节段预制拼装的连续刚构钢筋混凝土(图13)，主梁采用纵横双向预应力体系，纵向采用体内预应力和体外预应力相结合的布置方式。

图12 滁河大桥效果图

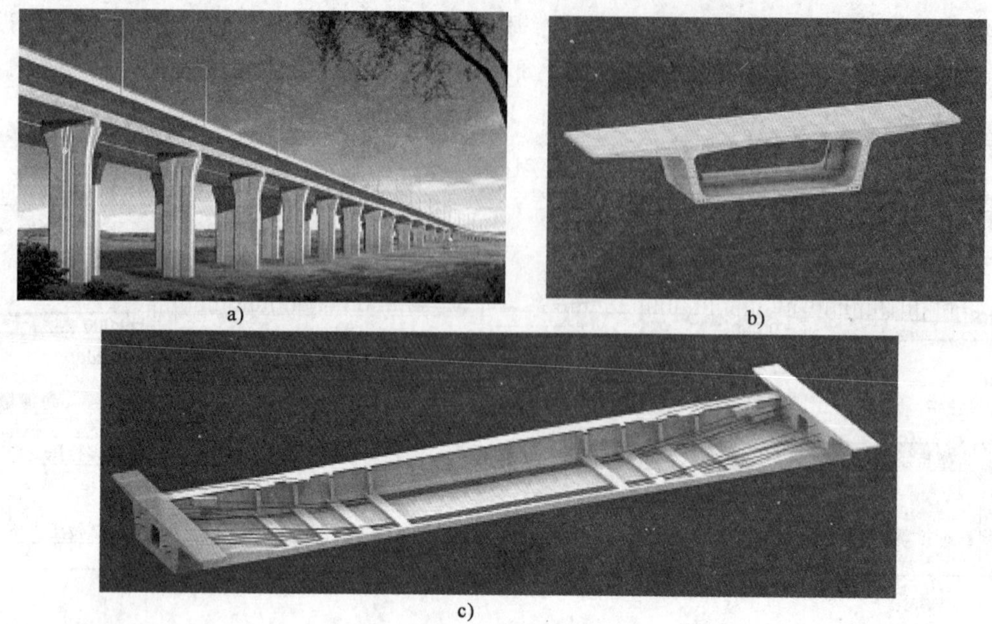

图13　引桥节段预制混凝土箱梁

(1)变截面波纹钢腹板桥梁研究项目的考虑

自1986年世界上第一座波形钢腹板桥——法国的Cognac桥建成以来，波形钢腹板组合箱梁桥作为一种新型组合结构在欧洲和日本等国得到了较快的发展，其研究和应用较多。国内已建成几座波形钢腹板桥，纵向跨度以及腹板上口间距较小，而且施工方法均为支架法施工。

我国对波形钢腹板桥梁的研究与应用与国外相比，存在不小的差距。目前主要在波形钢腹板体外预应力箱梁的扭转和畸变效应、剪切变形对箱梁挠度的影响、剪力滞效应、波形钢腹板稳定等方面进行了研究。指挥部为确保滁河大桥工程质量得到有效控制，拟计划对采用"变截面"与"悬臂施工技术"大跨度波形钢腹板桥梁设计施工带来的问题进行研究。目前相关科研单位提出，结合滁河大桥变截面、悬臂施工波形钢腹板连续箱梁桥的技术特点及设计施工中可能出现的问题，开展以下几方面研究：

①桥梁合理结构形式研究。包括主梁截面形式的优化研究及建议；桥面板横向受力性能研究；变截面波形钢腹板组合箱梁抗剪性能及体外预应力配置研究。

②关键部位构造细节研究。包括墩顶附近梁段的组合腹板及其过渡区构造，体外预应力锚固区与转向块的构造及配筋设计研究，波形钢腹板与横隔板的连接形式研究，波形钢腹板与顶底板连接节点部位构造及耐久性。

③悬臂施工关键技术及施工控制。包括悬臂施工中波形钢腹板的连接及精度管理，悬臂施工阶段线形控制，施工挂篮及其悬臂施工工艺建议。

(2)节段预制拼装箱梁研究项目的考虑

世界上第一座采用节段匹配预制、悬臂拼装施工的预应力混凝土桥梁，巴黎塞纳河上Choisy-Le-Roi桥建成于1962年。20世纪80年代起，欧美国家开始将体外预应力技术运用于预制节段拼装施工的桥梁中，美国佛罗里达州的Long Key桥就是这方面的成功案例。2000年，在用体外索施加预应力等方法的指导下，泰国曼谷建成了世界上最长及最大预制作业的曼纳高速公路桥。相比国外的广泛运用，预制节段拼装、体内—体外混合配束桥梁在我国还属于设计新理念。

"体外预应力"以及"节段预制拼装"在经济和技术上的优势，已开始受到我国桥梁工程界的重视，特别是体内一体外混合配束节段预制拼装桥梁已在苏通长江大桥引桥工程中成功运用。但与已建成的桥梁相比，南京四桥引桥具有以下特点：

①体外预应力筋用量大。采用体内一体外混合配束，体外束占总预应力用量的比例超过了50%。

②结构形式不同。引桥为连续刚构，而已建成的都为多跨连续梁。

③拼装施工方法不同。采用了节段预制逐跨整孔拼装，将一跨梁段全部吊装后再张拉预应力筋，存在着湿接头和体系转换等问题。

④转向块及锚固块的数量、形式多，受力大。转向块及锚固块为应力集中部位，受力复杂，需要精细化的分析。

指挥部拟计划结合上述特点开展必要的研究，以确保引桥工程质量得到有效控制，同时为桥梁运营期的耐久性、换索及体外预应力的补张拉提供参考意见。目前研究单位提出具体的研究内容有：

(1)桥梁关键部位的构造分析研究，包括转向块和锚固块的配筋设计及性能研究、接缝抗剪性能的分析研究、接缝质量对结构性能的影响研究。

(2)若干关键施工技术研究，包括湿接头的结构性能及施工质量控制、节段在预制拼装过程中的受力与变形分析、体外预应力损失测定及分析研究、提高桥梁耐久性的若干建议。

(3)运营期体外预应力索的再张拉与更换技术，包括体外预应力补张拉及更换时机的研究、体外预应力补张拉及更换技术研究。

(4)40m 节段拼装梁桥使用性能的试验研究。

预应力混凝土箱梁质量控制专题研究项目，以承建单位或科研单位为主体，指挥部、设计、监理单位参加，共同开展研究工作。2011 年 7 月完成成果评审(图 14)。取得的科研成果直接用于工程建设和运营管理。

标识号	任务名称	开始时间	完成时间
49	预应力混凝土箱梁质量控制研究	2009 年 1 月 1 日	2011 年 7 月 13 日
50	分专题立项申请	2009 年 1 月 1 日	2009 年 4 月 2 日
51	分专题批复	2009 年 4 月 3 日	2009 年 5 月 4 日
52	分专题实施	2009 年 5 月 5 日	2011 年 1 月 10 日
53	研究总报告编制	2011 年 1 月 11 日	2011 年 4 月 12 日
54	研究成果评审	2011 年 4 月 13 日	2011 年 7 月 13 日

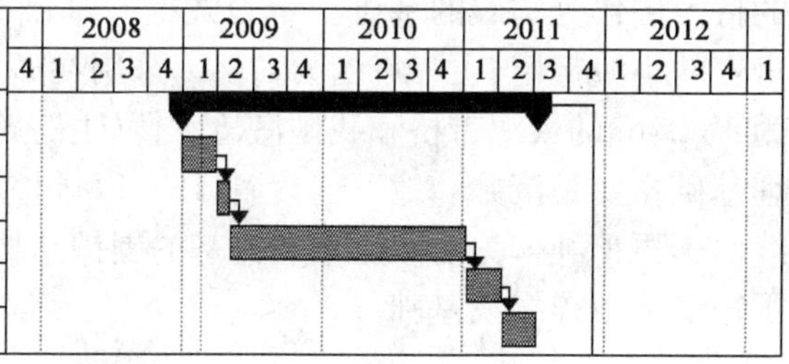

图 14 预应力混凝土箱梁质量控制专题研究计划

六、结 束 语

南京长江第四大桥科学研究项目指导性计划主要节点时间是：2011 年 9 月底以前完成专题科研项目研究和部分应用工作，2012 年 6 月底前完成总报告的编制工作，2013 年 3 月底前完成总科研项目的成果审查(图 15)。

标识号	任务名称	开始时间	完成时间
1	钢筋混凝土榫锚固体系设计施工技术研究	2008 年 1 月 1 日	2011 年 4 月 14 日
10	特大型整体沉井施工技术研究	2008 年 9 月 1 日	2011 年 4 月 21 日
16	特大型地下连续墙工程施工技术研究	2008 年 11 月 20 日	2010 年 10 月 15 日
22	大体积混凝土裂缝研究	2008 年 10 月 1 日	2011 年 6 月 13 日
31	三跨悬索桥上部构造安装技术研究	2010 年 1 月 1 日	2011 年 10 月 10 日
37	悬索桥钢桥面铺装技术及铺装耐久性研究	2008 年 1 月 1 日	2012 年 6 月 5 日
49	预应力混凝土箱梁质量控制研究	2009 年 1 月 1 日	2011 年 7 月 13 日
55	基于全寿命周期成本最低的措施研究	2009 年 1 月 1 日	2012 年 5 月 1 日
62	南京四桥科研总报告编制	2011 年 12 月 5 日	2012 年 9 月 5 日
64	南京四桥科研成果审查	2012 年 9 月 6 日	2013 年 3 月 11 日

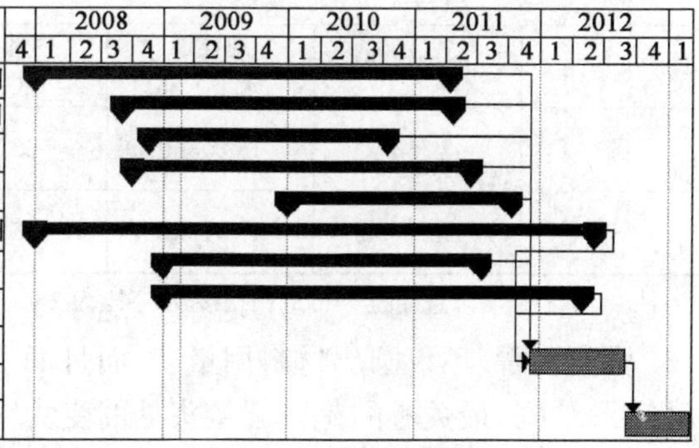

图 15 南京四桥科研总体计划

目前南京四桥工程进展顺利，各项科研专题也同步顺利进行，取得的初步成果很好地支持了工程设计、施工和建设管理工作。

3. 深履盖层地基上悬索桥锚碇基础的设计与施工控制

周世忠
（江苏省交通运输厅）

摘　要　针对深履盖层地基上悬索桥锚碇基础的设计与施工难点问题分别对地下连续墙结构提出了改进意见；对沉井结构设计提出建议，一方面提高结构稳定性，降低造价，另一方面也便于施工。同时，对沉井基础锚碇的施工控制提出建议，保证主缆传力的精准性。

关键词　悬索桥　锚碇　深履盖层地基　地下连续墙　沉井

悬索桥锚碇是整个悬挂系统中最重要的结构，如果锚碇发生水平位移将会导致塔顶水平位移（产生塔根很大的弯矩）和在跨中桥面有较大的竖向挠度。所以建桥人十分重视锚碇基础的设计与施工。为此尽量利用岩层作为持力层，以减小锚碇的体积和锚碇可能发生的位移。常用锚碇有隧道锚、岩锚和重力式锚，嵌岩锚；还有桩基础和复合基础。2003 年建成的跨度为 147m＋728m＋181m 的美国卡金斯悬索桥，采用了 1∶3 钢斜桩和直桩组合的锚碇基础。

重力式锚碇基础是当施工中基础无法达到岩层，或为达到岩层要付出的代价过于昂贵，选用满足要求的持力层作为锚碇的基础。重力式锚碇基础主要分浅埋和深埋两种。浅埋式就一般称为扩大基础。如丹麦的小海带桥、主跨跨度为 600m，采用在砂层上利用砂的摩阻系数大做成拖板式扩大基础。主跨跨度为 1 624m 的大海带桥和我国海沧大桥（主跨跨度为 648m）由于表层地质条件好都做成箱式扩大基础。深埋基础主要是沉井和地下连续墙，还有以排桩和钢板桩等为围护结构的重力式锚碇基础。可考虑地下连续墙不再单纯作为防渗防水和深基的围护结构，可直接用作刚性基础，如润扬长江公路桥北锚碇就采用了矩形地下连续墙基础。

一、对地下连续墙结构的改进

目前地下连续墙在平面上采用矩形或圆形布置，它们各有优缺点：矩形的更适合锚碇的受力条件，截面效率高，但施工增加支撑结构，比较复杂；而圆形的自身能抵抗水土压力的变形不需要支撑结构，但截面效率较低，特别在中部左右两侧多余面积较大，为此南京长江四桥南锚碇开发了平面呈“8”字形的地下连续墙，它兼顾了矩形和圆形的优点。表 1 比较了圆形和“8”字形材料用量。

两种地连墙材料用量比较　　表 1

形　状	平面尺寸	混凝土（m^3）地连墙（水下 C25）	内部结构（C30）	填芯混凝土（C25）	混凝土总方	钢筋（t）	挖土（m^3）
圆	ϕ75m	15 203m^3	68 108	72 891	156 202	5 626	164 306
“8”	87m×59m	17 517m^3	15 962	107 657	141 136	4 147	149 106

注“8”字形是两个直径为 59m 的圆相接，圆心矩为 28m。

从表 1 看，不仅圆形材料用量多，而且两侧无用宽度大，锚固体还要后悬长 12.9m，难以施工。采用“8”字形结构，最关心的是两圆接头处的受力。设计不仅加强了接头断面而且增加两接头间的横撑，在施工中最不利工况下，实际井壁变形小于 1cm，结构足够安全的。为此“8”字形地下连续墙无支撑，施工速度快，又保证质量，是一个上选的基础方案。

地下连续墙的入土深度比基础的底板要深，一般是考虑到地下连续墙要干挖取土并浇筑一个钢筋混凝土的底板，为了杜绝渗水常常将地下连续墙嵌岩。但当覆盖层很深时，用地下连续墙费用太高，可在底板以下一定嵌固深度后按防渗墙要求设置，增加一定长度，保证基坑内达到干施工的条件也是可以的。

前面提到的润扬大桥北锚碇中将地下连续墙直接计入刚性基础内，对其受力分析仍按整体计算，略显粗糙。地下连续墙在外缘受力最大，而它嵌岩单位面积的承载能力也比中间基础的大，粗看起来是安全的。但是，两者刚度不同，各自分别承受多大荷载，地下连续墙能满足承载力要求吗？地下连续墙与内部填芯混凝土之间会有较大的剪力，能否满足抗剪要求？地下连续墙有内衬混凝土相助，在钢筋构造上是否要加强？特别是最下几层的内衬混凝土传力最大。诸多的问题值得我们进一步地去研究和分析，采取必要措施，确保安全。利用地下连续墙直接参与受力还能进一步缩小基础面积，节省投资也是必要的。

二、对沉井结构设计的建议

目前沉井设计与施工中存在两个主要难点：一是沉井施工中下沉较困难；二是沉井在全桥施工中的不均匀沉降造成散索鞍偏位以及沉井内部各部分相对位置的控制。后一个问题将在下一节详细讨论，但如何减少这不均匀沉降可从设计谈起。

沉井不仅以它的基底摩阻力抵抗主缆传来的水平拉力，而且要调整它的重心产生向后的抗倾力矩来平衡主缆水平力带来的倾覆力矩。为此对沉井上的锚体位置和配重就要十分的讲究。

首先要设法减小这种倾覆力矩，主要是主缆力作用点（散索鞍附近的主缆转折点 IP）到基底面的高度 H 乘以主缆在 IP 点处水平分力。在设计沉井时，主缆的拉力变化不大，主缆力在 IP 点的倾角一般在 20°～30°。水平分力变化也很小，IP 点的高度位置很重要，要尽量压低 IP 点的高度，也就可以减小了倾覆力矩的力臂和力矩值。但为了保持索塔在恒载作用下塔根基本不受弯矩，边中跨两侧主缆的水平分力基本相当，边跨主缆的倾角和主跨主缆的倾角相差不大，这不大的倾角差，产生的不平衡水平力可通过边缆增设数量不多的背索来调整。为此 IP 点高度越低，边跨的长度也就越长，同时主缆锚固区也就越下降，对混凝土的防水要求越高，所以 IP 点的高度，也不是可以无限制地减小（表 2）。

几座桥主缆进锚碇高程和基底高程比较　表 2

项　目	江阴大桥	泰州大桥		南京四桥	
主跨跨度（m）	1 385	2×1 080		1 418	
主缆在散索鞍处 IP 点高程（m）	北 34.5	北 26.5	南 26.5	北 25.0	南 25.0
基底高程（m）	−55.6	−55.0	−39.0	−48.5	−35.0

为了加强沉井与封底混凝土之间的连接，进行力的传递，在江阴大桥的钢壳沉井壁上焊了几道角钢成为锯齿状；在泰州大桥和南京四桥进一步改进为在封底混凝土上层位置沉井壁上增设混凝土齿坎，相当于缩小井孔尺寸，传力更有效果。

目前设计的几个大型锚碇都存在着下沉难的问题，解决这问题的基本途径是加大自重和减小摩阻力。泰州桥和南京四桥都采用了在井壁上增加的齿坎一直做到顶，相当加厚了隔墙和井壁，加大重力，使沉井重度系数加大到 6.5～7t/m。

但到沉井下沉到离设计高程差几米时，地质较好，摩阻力也很大，下沉特别困难。在设计中，对第二层的混凝土沉井外壁缩进去 20cm，形成台阶，破坏了井壁面上的土体，据实测可减小 15%左右的土压力，有助于减小摩阻力。不妨在第三层混凝土沉井再后退 20cm，形成第二个台阶进一步减小土压力。这样做现在是有条件的，因为已经加厚了井壁。

然而对砂质土地质条件而言，最有效的仍是空气幕助沉。江阴大桥最后的 1m 下沉开动空气幕 5 次，顺利地完成下沉并且还纠偏了好几厘米。南京四桥最后也采用了空气幕助沉，效果良好。在 2009 年 12 月 9 日前几天，几乎无法下沉了，从 2009 年 12 月 9 日～17 日，9 天时间启动空气幕 6 次，下沉了 3.313m，纵横偏位由 33mm 与 88mm 减为 27mm 与 60mm，穿过了密实粉细砂与卵砾石层，并基本完成扫床清基任务。从这效果来看，可不要加厚井壁，采用空气幕助沉也能完成下沉任务（如江阴大桥）。加厚井壁方法扣除减少回填混凝土方时还要增加近 2000m^3 混凝土。对亚黏土质而言，由于沉井壁上的坎已破坏了土体，为空气幕的使用创造了条件。为了提高效率，也可以在沉井下沉过程中，在井壁和土体之间灌砂，以便使用空气幕时砂土液化而减小摩阻力。

采用沉井底压浆进行地基加固的方法也是可行的。在江阴大桥由于浇筑水下封底混凝土时，井内外有水头差，渗流造成混凝土不密实。后采用地基和封底混凝土压注水泥浆使得封底混凝土基本密实，地基沉降大大减少的效果，但是在设计中无法量化去应用这成果。

同时，我们也要注意到尽量合理布置锚体位置，使锚体挑出沉井的后悬部分减小。后悬混凝土施工比较复杂。在架设主缆以前，为了减小锚体重心与沉井中心的偏心矩以减小后倾力矩，故江阴大桥后悬混凝土在架设主梁时才浇筑，既减小了架梁前的后倾覆力矩，又使架梁时产生的倾覆力矩产生抗倾覆作用。

在施工中特别要注意总体施工方案的确定与下沉过程计算，如首节钢壳沉井的拼装与地基加固处理、沉井降排水下沉中的水位控制与整个施工过程中沉井偏位控制、以及最终的清基与封底混凝土浇筑。有关内容详见有关书籍。

三、沉井基础锚碇的施工控制

采用沉井基础的锚碇结构在整个大桥施工过程中，由于受力的变化，沉井发生了不均匀沉降，坐落在沉井上的散索鞍与锚体也随之发生水平与垂直向的位移。主缆在散索鞍处的转折点（以下简称IP点）位置也是变化的，造成了边跨径也在变化，而且很难预测IP点最终可能的位置。这IP点的位移通过主缆传递到相邻的边塔顶上产生大小相当的水平位移，造成边塔根部较大的弯矩和中跨跨中挠度加大，在前面述说了适当减少散索鞍高度和合理布置锚体与沉井相对位置来减小对沉井的倾覆力矩，讲了地基压浆以提高地基承载力、减少沉降和后悬锚体延迟主梁安装时再浇筑，但都不能克服不均匀沉降。为此只能尽可能地去预测并提供一个预偏量，可采用有限元法去分析，至少可以知道可能发生多大位移。如果利用施工过程中的沉井的后倾量，修改参数反演前倾值可能比较准确。但应注意沉降的发生有一定的滞后性，当沉降相对稳定后的测量值才比较准，利用这IP点的可能平位移作为施工控制中的预偏量，可以减少对塔根弯矩和跨中挠度的影响。

对于锚跨结构，从传力要求上是比较严格的，不允许束股与锚固系统发生设计以外的偏折，产生过大的二次应力。为此锚体与散索鞍座混凝土浇筑时，要采用全桥整体坐标体系和以沉井顶某些点为基准的局部坐标体系相结合的测量控制方法，即横桥向以整体坐标体系为主，保证全桥一致性；顺桥向以局部坐标为主的测量控制方法，可以保证锚固体系中各部的相对位置不变，确保主缆传力的精准性，不受附加力。

总之，随着我国桥梁事业的发展，在非岩地基上悬索桥经常会遇到锚碇基础中沉井是最有竞争力的结构形式，做好设计与施工中严格控制是至关重要的，愿我们共同努力，继承过去的经验并创新技术，对桥梁事业做出贡献。

参考文献

[1] 周世忠. 江阴长江公路大桥工程技术总结. 北京：人民交通出版社，2005.
[2] 吴胜东. 润扬长江公路大桥建设第三册悬索桥. 北京：人民交通出版社，2006.
[3] 南京四桥指挥部等. 超大“∞”形地连墙深基础设计与施工成套技术研究项目技术报告. 2010.
[4] 南京四桥指挥部等. 超大规模沉井关键技术研究项目技术报告. 2010.
[5] 周畅. 悬索桥的锚碇沉井基础施工关键技术. 中国公路学会全国桥梁学术会议（2009年）论文集. 北京：人民交通出版社，2009.

4. 南京长江第四大桥主桥设计概述

崔 冰 董 萌 宋颖彤 刘泽欣 常志军
（中交公路规划设计院有限公司）

摘 要 南京长江第四大桥主桥为主跨1 418m三跨连续悬索桥，结构特点鲜明。本文简要概述其主要结构形式及特点。

关键词 设计 南京长江第四大桥

一、工 程 背 景

南京长江第四大桥位于长江江苏南京区段内，在南京长江第二大桥下游约10km处，距长江入海口约320km，为南京城市总体规划二环线（绕城高速公路）重要组成部分，承担国道主干线和国家高速公路网过境功能，是国道主干线和国家高速公路网的重要组成部分；为江苏省规划的"五纵九横五联"高速公路网和交通运输部组织编制的《长江三角洲地区现代化公路水路交通规划纲要》中重要的过江通道工程，并已列入《长江干流桥梁（隧道）建设规划》，在国家和区域高速公路网中具有重要地位。

南京长江第四大桥主桥为主跨1 418m三跨连续悬索桥，南北锚碇IP点距离2 476m，其中北边跨166m＋410.2m＝576.2m，南边跨118.4m＋363.4m＝481.8m。中跨矢高157.5m，矢跨比1/9（图1）。过渡墩处设置限位装置，约束主缆位移；南北锚碇均为重力式锚碇，北锚碇基础形式为陆地沉井，南锚碇采用地连墙开挖支护；锚固系统在传统钢框架后锚梁基础上引入钢筋混凝土榫剪力键，采用改进后锚梁锚固体系；加劲梁采用扁平钢箱梁；索塔采用混合式结构形式，主体结构为混凝土材料，上横梁下设置钢结构拱梁。

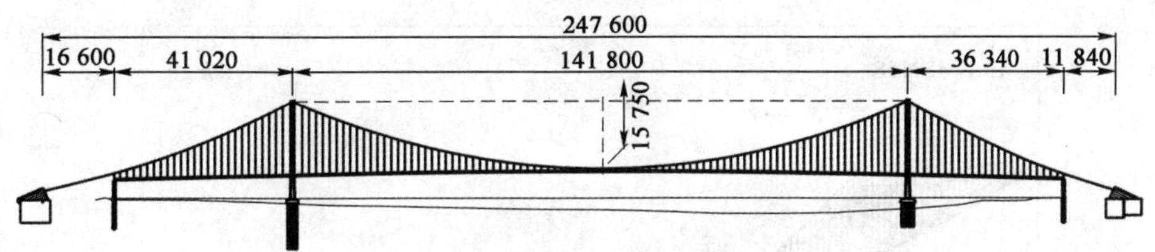

图1 主桥总体布置图（尺寸单位：cm）

二、总体结构分析

南京长江第四大桥主桥总体结构分析采用大型通用有限元分析元件Ansys，设计组在通用软件的基础上，进行了深度二次开发，解决了悬索桥分析找形、非线性活载、施工控制分析等诸多难题，并与专用分析软件进行了综合比对，结果精确可靠。利用Ansys进行悬索桥精确分析的前提是基础模型的建立，图2、图3表示出了基础模型建立的基本过程，在此基础上，可以进行非线性活载、施工控制分析等其他总体结构计算分析。

三、锚 碇

1. 北锚碇沉井基础

北锚碇基础场地属于漫滩地貌，地势平坦，地面高程3.93～4.32m，下伏基岩面平缓，覆盖层厚63.00～64.70m。根据北锚碇地质条件，选择沉井基础作为北锚碇基础形式；综合考虑北锚碇结构受力及经济因素，选择更新统密实状卵砾石层、砾砂作为沉井基础持力层。

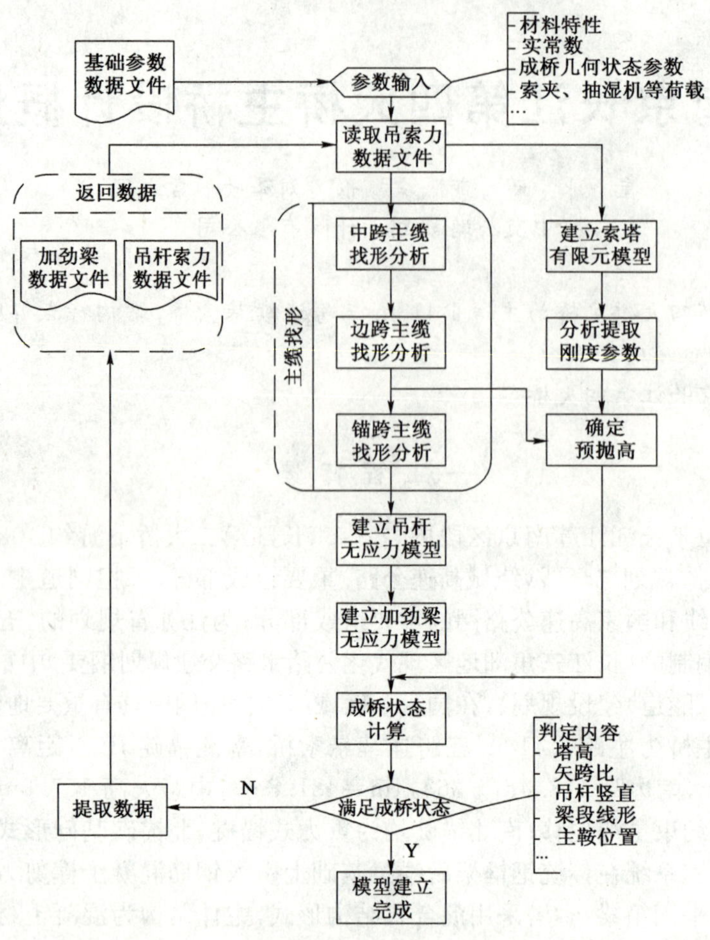

图2 基础模型建立流程

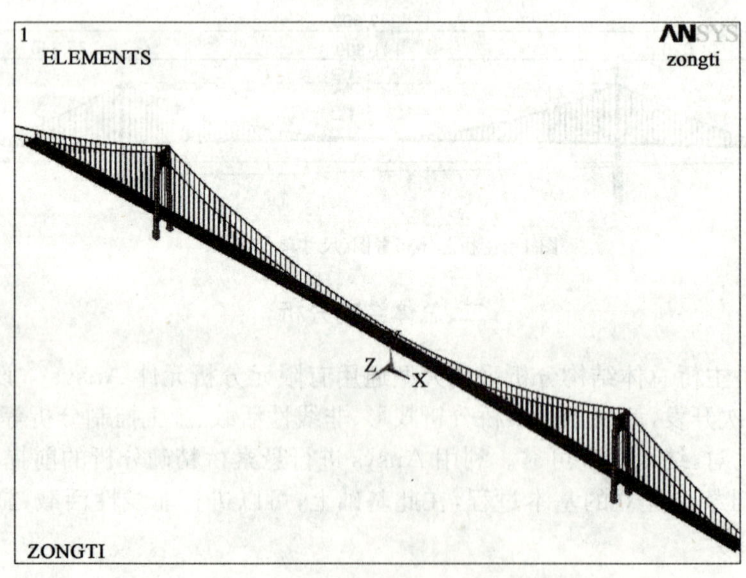

图3 总体结构模型

最不利工况下北锚碇承受单根大缆拉力为 2.71×10^5kN,对应入射角 14.2°。综合考虑地基承载能力、基础抗滑和抗倾覆安全,沉井基础埋深 52.8m,顺桥长度 69m,横桥向长度 58m(图 4)。

南京长江第四大桥北锚碇沉井基础终沉姿态为顺桥向倾斜度 1/1 511、横桥向倾斜度 1/289 88、平面扭转角 4′35″、顶底口最大位移分别为 5.2cm 和 5.4cm,终沉状态刃脚底高程 −48.434m,泥面高

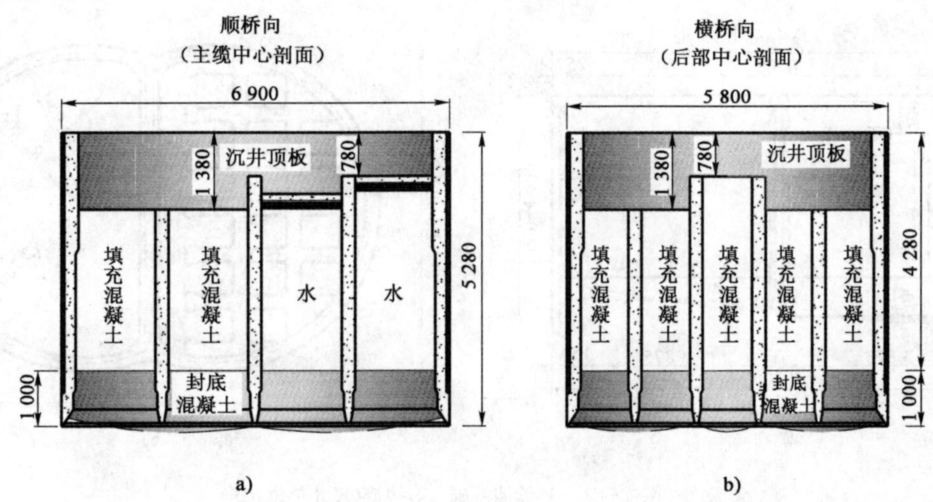

图 4 沉井基础总体构造（尺寸单位：cm）

程－47.6～－49.1m，平均泥面高程－48.3m 左右，基本平整，远远高于设计和规范控制精度要求，且下沉顺利，日均下沉 1.01m。除科学合理的施工组织外，助沉设计起到了至关重要的作用。

助沉设计主要采取的方法是砂套助沉，其设计原理是：通过设置在井壁四周的齿坎构造，使堆放在沉井四周的砂随沉井下沉逐步回填，松散的回填砂在井壁凹槽范围内隔绝井壁与原状土的直接接触，有效减小井周摩阻力。与传统的全断面内凹相比，既保证了砂的有效回填，又便于控制沉井下沉姿态（图 5）。其主要作用为：

（1）置换井周黏性土，减小产生井周摩阻力的有效土压力。

（2）井壁凹槽处充分内凹（>50cm），隔绝井壁与原状土的直接接触，降低井周土压力。

（3）松散的回填砂形成了沿井周的薄弱层，限制了压缩空气的上升通道，使空气幕墙紧贴井壁形成，避免了压缩空气沿无规律薄弱通道四散逸出，提高了空气幕使用效率。

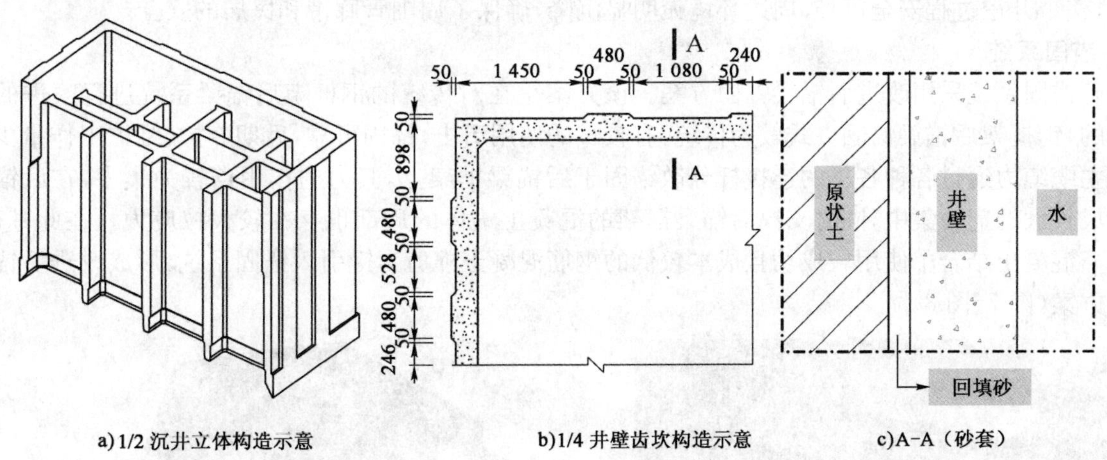

图 5 沉井井壁砂套原理示意

2. 南锚碇地连墙基础

根据南锚碇场区分布状况及基岩埋深浅且起伏大等地质特点，选择地下连续墙作为基础施工开挖支护结构。地下连续墙结构刚度大、整体性和抗渗性好；施工对周边环境影响小，对邻近建筑物和地下管线影响较小，且对施工场地范围要求小；墙体可适应基岩起伏形态。南锚碇为重力式锚碇，持力层为强风化砂岩，结构整体稳定性不控制基础设计。在综合对比的基础上，最终提出一种全新锚碇地连墙结构形式——“∞”形地连墙，如图 6 所示。

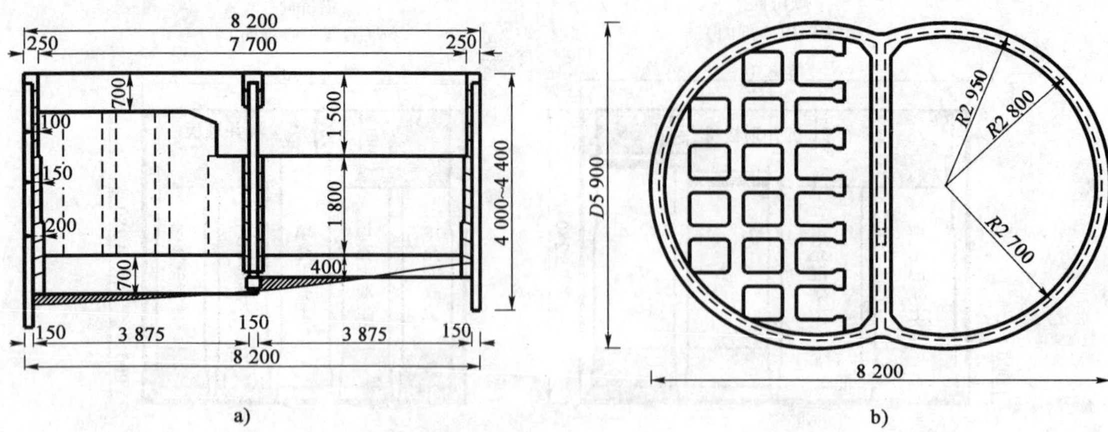

图6 南锚碇地下连续墙基础一般构造(尺寸单位:cm)

"∞"形地连墙具有以下优点:

(1)单圆半径小,径向应力小,支护能力强;

(2)墙内采用内衬支护,较为简单;

(3)断面面积小,惯矩大;

(4)周边场地利用效率高。

结合总体结构分析,确定地连墙结构尺寸长82m,宽59m,由两个外径59m的非完整圆和一道隔墙组成,壁厚为1.5m。地连墙顶高程5.000m,底高程-35.000～-45.000m,嵌入中风化砂岩约3m,总深度40.0～50.0m。

"∞"形地连墙作为一种全新的结构形式首次在大跨径悬索桥锚碇基础中应用,设计组选择PAROI2、Ansys及ABAQUS等多个程序进行分析,综合分析研究了结构及土体相互作用、不均匀地层、不均匀开挖等多种关键技术问题。南锚碇基础至开挖完成墙体累计最大变形为12mm,相对位移仅为0.03%,整个开挖过程安全可控;周边环境无明显沉降,确保了周围管廊带和民居的安全。

3. 锚固系统

锚碇锚固系统采用改进后锚梁锚固方案。该方案是在对传统的钢框架后锚梁系统进行改进的基础上形成的,钢框架后锚梁锚固方式较为传统,有较长的使用历史,锚固可靠,后期养护、维护工作量少。但巨大的主缆缆力通过各种各样的连接杆分散锚固于后锚梁框架上,其力的作用点较为集中,在后锚梁框架上形成较大的应力集中,同时支撑后锚梁框架的混凝土锚体的局部也存在较大拉应力。在此基础上,将在钢—混凝土结合中使用较成功且成本较低的钢筋混凝土榫剪力键引入锚固系统,形成改进后锚梁锚固系统方案(图7、图8)。

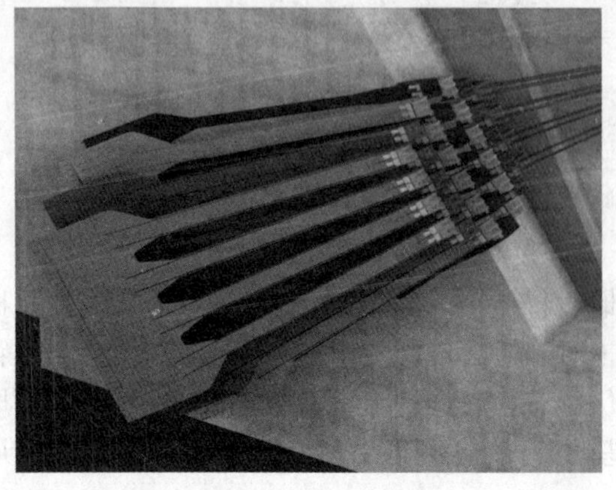

图7 改进后锚梁锚固系统效果图

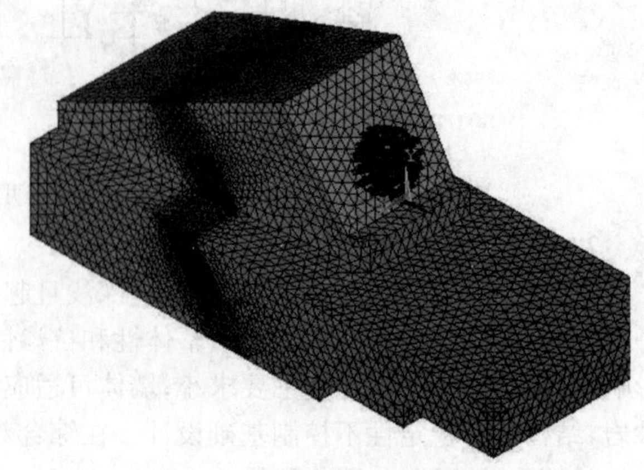

图8 有限元计算分析模型

设计中结合专题研究不断优化，采用试验数据拟合出的剪力键荷载滑移曲线建立实体模型，综合研究剪力传递规律、钢板应力分布、锚体应力等。

四、索塔及基础

索塔采用混合式结构形式。主梁以上为刚构式索塔的优化形，构造成拱形造型，拱梁高度设在高程174.3m处，通过竖杆与上横梁连为一体共同受力。主梁以下设一道下横梁。塔柱为钢筋混凝土结构，上、下横梁为预应力混凝土结构，拱梁、竖杆为钢结构。塔底设计高程7.000m，塔顶设计高程230.600m，塔冠顶设计高程236.400m。塔顶左右塔柱中心线间距34m，塔底左右塔柱中心线间距45.5m。根据主缆间距及加劲梁宽度，索塔两塔柱横桥向内倾，倾斜率为1/38.92。塔柱顺桥向宽度自塔底至高程93.000m处，由12.0m按圆弧过渡到8.8m，圆弧半径为2 312.1m；高程93.000m至塔顶均为8.8m。塔柱壁厚自下而上分别为1.35m、1.25m、1.1m、1.0m，结合塔壁厚度变化设置9道横隔板（图9）。

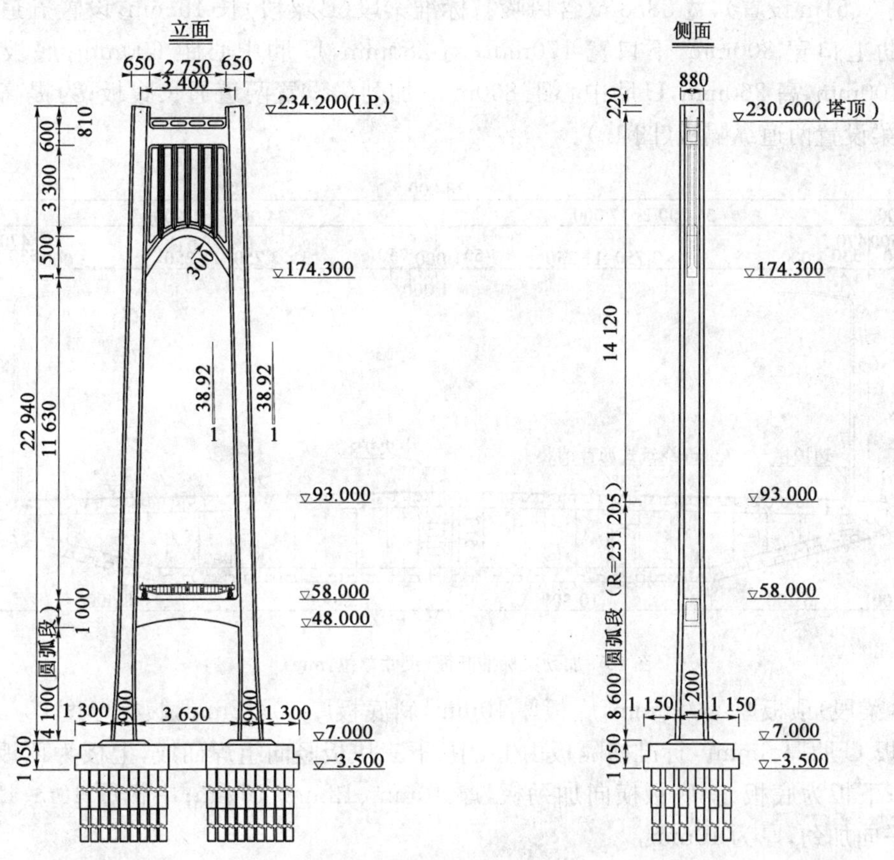

图9 索塔一般构造（尺寸单位：cm）

南塔基础采用48根D3.2～D2.8m变直径钻孔灌注桩基础，梅花式布置，按端承桩设计，桩底高程－60m，桩尖持力层为微风化砂砾岩。承台为哑铃形，平面尺寸80.5m×35m，厚9.0m。北塔基础采用38根D2.8m钻孔灌注桩基础，梅花式布置，按摩擦桩设计，桩底高程－110m，桩尖持力层为微风化粉砂岩。承台为哑铃形，平面尺寸72.5m×27m，厚8.5m。

五、缆 索 系 统

根据国内制造、安装等方面的经验和设备条件，主缆采用预制平行钢丝索股（PPWS），采用公称直径为ϕ5.35mm、公称抗拉强度为1 770MPa的高强度镀锌钢丝。每根主缆中，从北锚碇到南锚碇的通长索股有135股，北边跨另设6根背索，在北主索鞍上锚固；南边跨设8根背索，在南主索鞍上锚固。每根索股由127根直径为5.35mm的高强度镀锌钢丝组成。主缆采用送干燥风除湿防腐系统。

根据吊索受力特点，并综合考虑材料性能、制造加工、安装维护、后期更换等因素，本桥采用平行钢丝吊索，每侧吊点设2根吊索。吊索与索夹、钢箱梁(过渡墩)为销铰式连接。吊索分为三类：第一类为限位装置吊索，锚固于过渡墩顶，采用PES7-295成品斜拉索，钢丝公称抗拉强度为1 670MPa；第二类为特殊吊索，受力较大和变形有特殊要求的塔侧长吊索和邻近限位装置吊索；其余为第三类为普通吊索。普通吊索和特殊吊索采用公称直径为ϕ5.0mm、公称抗拉强度为1 670MPa的高强度镀锌钢丝，普通吊索每根吊索含103根钢丝，特殊吊索每根含211跟钢丝。

主索鞍鞍体采用铸焊结合的混合结构；鞍槽用铸钢铸造，底座由钢板焊成。散索鞍鞍体采用铸焊结合的结构方案。鞍槽用铸钢铸造，鞍体由钢板焊成。

六、加 劲 梁

加劲梁采用流线型扁平钢箱梁，梁高3.5m(为保证成桥状态桥面2%横坡，横隔板在桥梁轴线位置预抛1cm，按梁高3.51m设置)，宽38.8m(含风嘴)；标准梁段(B梁段)长15.6m，设置五道横隔板，间距3.12m；顶板U肋上口宽300mm，下口宽170mm，高280mm，U肋中心距600mm；底板U肋上口宽250mm，下口宽400mm，高260mm，U肋中心距800mm；加劲梁设置两道通长腹板；为提高结构整体性，索塔附近的加劲梁设置两道纵隔板(图10)。

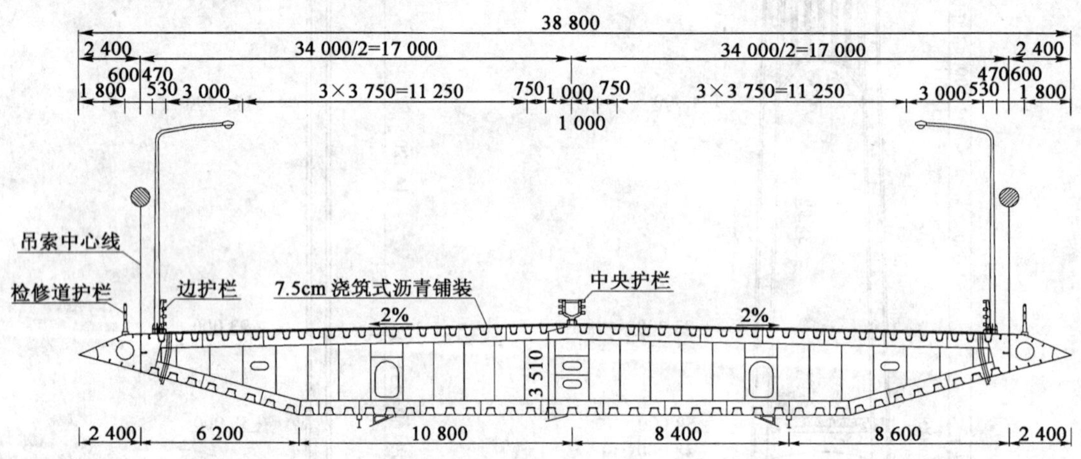

图10　加劲梁标准断面(尺寸单位：mm)

标准梁段(B梁段)顶板厚14/16mm，底板厚10mm，斜底板厚10/12mm，腹板厚度20/30mm，顶板U肋厚6/8mm，底板U肋厚6mm。标准横隔板由上、中、下三块板竖向组焊而成，上板为顶板横向加劲板，厚12mm、14mm；下板为底板、斜底板横向加劲板，厚10mm、12mm、16mm；中板厚10m、12m、16mm，表面设有竖向、水平向加劲，厚为10mm。

检修道及风嘴主要作用是优化加劲梁气动外形，除此之外，根据涡激振动抑制措施试验，调整了梁外检修车轨道布置并在内侧增设了导流板。

梁外采取涂装防护，梁内除涂装防护外，布置除湿机14台，确保梁内相对湿度低于55%。

设计过程中除进行大量有限元分析进行结构优化外，着重控制桥面板变形，采用两点评判指标：①一道纵肋范围(300mm)或两道纵肋间(300mm)顶板局部的相对变形不超过0.4mm；②顶板最小弯曲半径不小于20m。

七、结 构 体 系

过渡墩布设竖向拉压支座和横向抗风支座；索塔下横梁处布设纵向阻尼器和横向抗风支座，另外，为改善局部受力条件，设置竖向弹性支座；为限制梁体纵向荡移，减小伸缩缝规模，设置纵向限位约束，释放温度位移，约束活载纵向荡移(图11)。

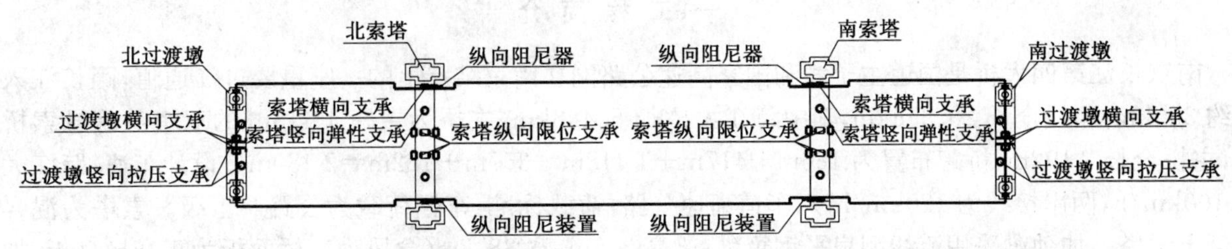

图 11 约束系统布置

八、结　语

北锚碇沉井基础规模庞大，平面尺寸 69m×58m，下沉深度 52.8m。通过有效的助沉设计，有效减小了沉井下沉过程中井周摩阻力，为今后大规模陆地沉井的设计提供了有益的借鉴。南锚碇地连墙支护结构在充分考虑地质、场地条件等基础上，创造性地采用"∞"形结构形式，结构新颖，受力安全合理。

传统钢框架后锚梁锚固体系有较长使用历史，结构稳定可靠，在此基础上，引入钢筋混凝土榫剪力键改善后锚区域结构受力，形成改进后锚梁锚固体系，结构更加安全可靠，且运营管理维护工作量极少。

加劲梁采用类似斜拉桥的双腹板钢箱形式，结构传力明确可靠，细节处理简单有效。在结构体系和约束系统的设计上，充分考虑了结构特点；设置塔下纵向限位约束有效限制了梁体纵向荡移，大大减小了伸缩缝规模。

参考文献

[1] 周履．大贝尔特东桥及其主缆工程的详细设计[J]. 国外桥梁，1995，(03).

[2] 沈锐利．悬索桥主缆系统设计及架设计算方法研究[J]. 土木工程学报，1996，(02).

[3] 金增洪．1823～1940 年悬索桥的设计理论与历史(上)[J]. 国外公路，1995，(03).

[4] 金增洪．1823～1940 年悬索桥的设计理论与历史(下)[J]. 国外公路，1995，(04).

[5] 刘明虎．悬索桥重力式锚碇设计的基本思路[J]. 公路，1999，(07).

[6] 刘明虎，徐国平，刘化图．武汉阳逻长江大桥锚碇设计[A]. 中国公路学会桥梁和结构工程分会 2004 年全国桥梁学术会议论文集[C]，2004.

[7] 吉林，冯兆祥，周世忠．江阴大桥北锚沉井基础变位过程实测研究[J]. 公路交通科技，2001，18(3)：33～35.

5. 南京长江第四大桥钢桥面铺装设计方案

娄学全　武焕陵　章登精
（南京长江第四大桥建筑协调指挥部）

摘　要　本文简要介绍了南京长江第四大桥钢桥面铺装设计方案，系统介绍了复合浇筑式沥青混凝土铺装设计技术标准、浇筑式沥青混合料和改性沥青混合料配合比设计试验，初步探讨了复合浇筑式沥青混凝土铺装的路用性能试验研究。

关键词　复合浇筑式　沥青混合料　铺装结构　配合比设计　试验研究

一、工 程 简 介

南京长江第四大桥是国道主干线和国家高速公路网在南京结点上的一座重要过江通道，距长江入海口约320km；路线全长28.996km，其中跨江大桥长5.448km，主桥为主跨1 418m的双塔三跨悬索桥方案，主桥全长2 192m，桥跨布置为166m＋417m＋1 418m＋357m＋122m＝2 480m。设计车速：跨江大桥为100km/h，两岸接线为120km/h，六车道高速公路；荷载标准：车辆荷载为公路—Ⅰ级。索塔为混合式混凝土索塔。加劲梁采用流线型扁平钢箱梁，梁高3.5m，宽38.8m（含风嘴），桥面板为正交异型板，加劲梁中心线两侧4 993mm范围内板厚为14mm，其他为16mm，见图1。

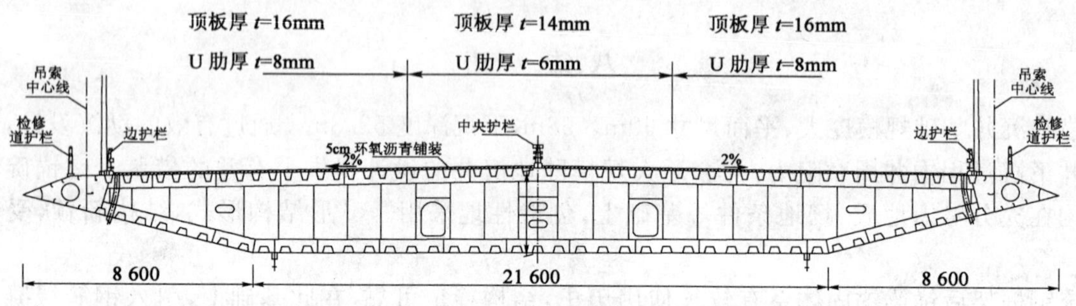

图1　南京四桥钢箱梁断面图

二、设 计 条 件

1. 气象条件

南京属于从北亚热带向中亚热带过渡气候带，具有过渡性、季风性以及湿润性的特点。春季以温和安定的天气较多，6月中旬前后为梅雨季节，夏季多为高温多雨天气。大雨主要受梅雨和台风影响，一般集中在6月到9月之间。秋高气爽，温差较大；冬季以晴天为主，干燥寒冷。南京市的气象特征见表1。

南京气象特征数据表　　表1

最高气温	43℃（1934年7月13日）	年平均降水量	1 031.3mm
最低气温	−14℃（1935年1月6日）	年间平均降水日	118.8天
月平均最高/最低气温	32.5℃/−1.5℃	10min内最大平均风速	25.0m/s（1974年6月17日）
年平均气温	15.3℃	最大瞬间风速	38.8m/s
年间持续高温天气	51天（1934年）	7月平均最高相对湿度	81%
年间最大/最小降水量	1 825.8mm/534.6mm	1月平均最低相对湿度	72%

影响铺装最大的环境因素主要是气温，因此根据气温条件设计决定桥面铺装的使用温度极其重要。南京四桥建设地点月气温见表2。

南京四桥建设地点的气温条件　　表2

月份	1	2	3	4	5	6	7	8	9	10	11	12
最高气温（℃）	19.6	23	29.4	34	36	35	43	40.7	39	34	28.1	24.1
最低气温（℃）	−14	−11	−7.11	−0.2	5.8	14.3	16.8	18.3	10.3	1.4	6	−12
月平均（℃）	1.72	4.11	3.7	14.87	20.1	24.6	28.15	27.81	23.02	17.11	11.03	4.83
三个月平均（℃）		3.2			19.9			26.3			11.0	

2. 交通条件

虽然近年交通管理部门越来越重视治理超载，但汽车超载现象仍然十分严重，详见表3。南京四桥建设工期，2013 年建成通车，交通量预测结果见表 4。

国内超载车辆比率 表 3

日　期	超载 30%以内	超载 30%～50%	超载 50%～100%	超载 100%以上
2003 年 12 月	30.25%	8.57%	16.25%	5.43%
2004 年 9 月	16.73%	8.53%	7.38%	0.82%
2005 年 5 月	13.68%	8.91%	4.48%	0.29%
南京二桥 2007 年	21.40%	2.12%	0.50%	0.01%
南京三桥 2007 年	20.93%	1.03%	0.16%	0.01%

南京长江第四大桥交通量预测结果 表 4

年　度	2012	2015	2020	2025	2030
交通量（辆/天）	19 948	25 505	33 198	40 812	47 899
大型货车的比率（%）	24.00	24.00	23.70	23.70	24.00
大型货车的数量（辆）	4 787	6 121	7 868	9 672	11 496
标准车辆的换算（pcu/d）	26 152	33 591	43 888	54 240	64 280

注：大型车包括大型卡车，集装箱车与大型公共汽车。

3. 桥面板以及铺装体的温度

南京四桥为钢箱梁截面构造，根据南京地区以往观测数据，预计夏季的铺装层表面温度最高可高达 70℃左右，为此铺装表面温度使用范围设定为－15℃到＋70℃，其中铺装体内温度按由表往里递减至 60℃考虑。在混合料试验研究中，动稳定度试验采用 65℃实施并进行验证。

三、铺 装 结 构

采用“浇筑式沥青混合料 40mm＋改性沥青混合料 35mm”(图 2)。

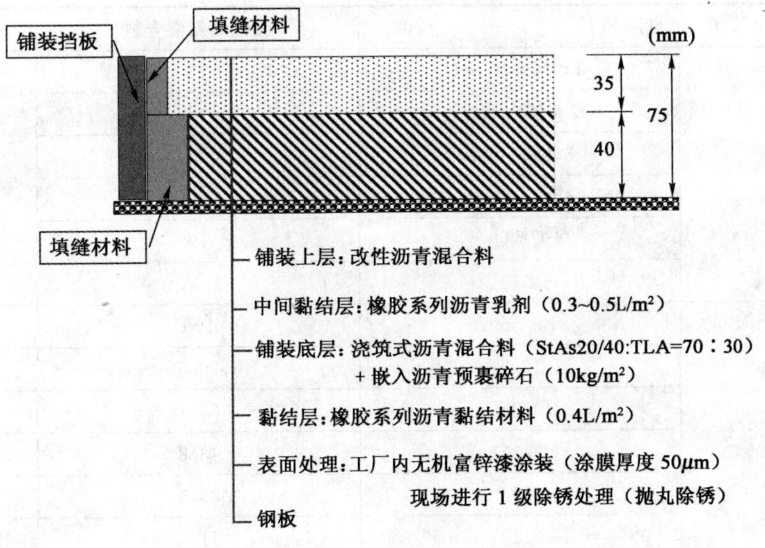

图 2　铺装结构

四、配合比设计

浇筑式沥青混合料采用不连续级配(设计配合比见表5),沥青用量8.3%,,基质沥青为针入度20~40的直馏沥青,掺入30%的特里尼达湖沥青。混合料性能试验见表6和图3。

下层浇筑式沥青配合比以及合成级配 表5

配合比种类		配合比以及级配	级配范围
集料配合比(%)	2#10~5mm	23	
	3#5~3mm	30	
	天然砂	15	
	矿粉	32	
通过质量百分比(%)	13.2mm	100	100
	4.75	72.6	65~85
	2.36	52.2	45~62
	0.6	40.2	35~50
	0.3	30.6	28~42
	0.15	27.9	25~34
	0.075	23.5	20~27

浇筑式沥青混合料的性能试验结果 表6

项　目	试验结果	标准值
刘埃尔流动性(240℃)(S)	18	20以下
贯入度(40℃)(mm)	1.06	1~4
动稳定度(次/mm)	464	350以上
弯曲破坏应变	9.4	8.0×10^{-3}以上

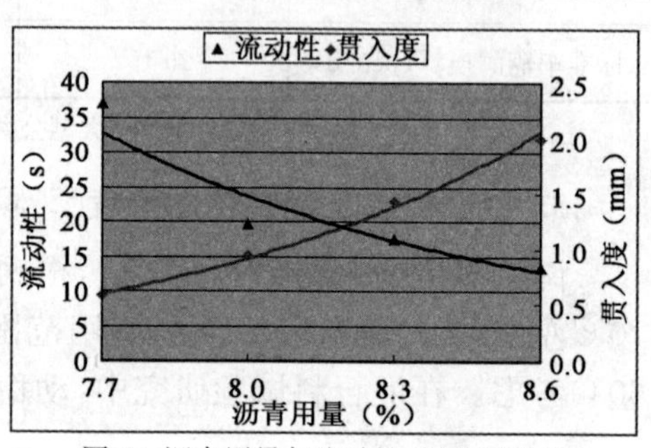

图3 沥青用量与流动性、贯入度关系

改性沥青混合料采用中级配(设计配合比见表7),沥青用量6.3%(表8),沥青采用高弹改性沥青。动稳定度DS为3 470次/mm,弯曲破坏应变为15.3×10^{-3}。

集料配合比以及级配 表7

项　目		改性沥青混合料	级配范围
集料配比(%)	1#15~10mm	13	
	2#10~5mm	18	
	3#5~3mm	24	
	4#3~0mm	19	
	天然砂	19	
	矿粉	7	
通过质量百分比(%)	19.0mm	100	100
	13.2	96.6	95~100
	4.75	64.7	55~70
	2.36	43.8	35~50
	0.60	23.0	18~30
	0.30	11.5	10~21
	0.15	8.5	6~16
	0.075	6.4	4~8

沥青用量以及马歇尔性能值 表 8

最佳沥青用量(%)		6.3	5.0～7.0
马歇尔性能值	密度(g/cm³)	2.465	—
	空隙率(%)	3.8	3～5
	饱和度(%)	79.9	75～85
	稳定度(kN)	10.65	10 以上
	流值(1/10mm)	30	20～40
	残留稳定度(%)	98.5	80 以上

五、排水构造的设计

雨水易聚集处设置排水孔，原则考虑设置铺装挡板；未设置铺装挡板处需使用导流水管将积水导流至排水漏斗，排水漏斗高度 65mm(图 4)。

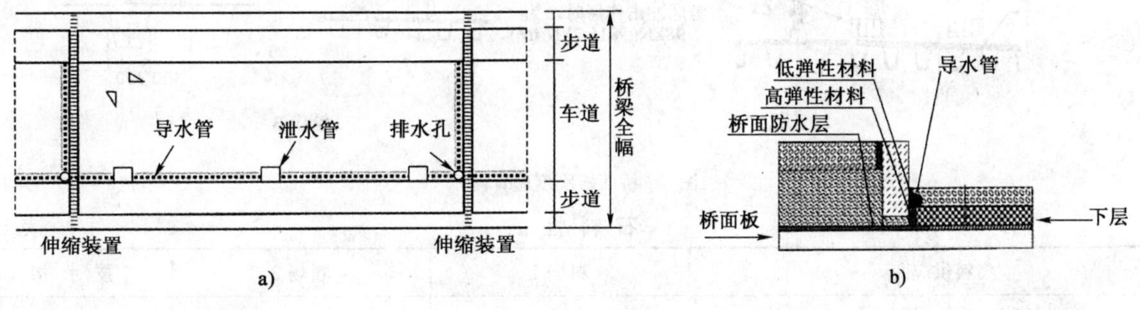

图 4 排水设计

六、桥面板刚度验算

为保证钢桥面板和铺装合成为一体状态，铺装面的最小曲率要大于 20m，纵肋间的相对位移要在 0.4mm 以下。轮压荷载的作用位置取板厚较薄、纵肋间的挠度最大的顶板厚度为 14mm 的范围，顺桥向采用横隔板间隔的跨中以及正上方两种工况进行布载，详见图 5。按荷载 A、荷载 B 分别计算，验算结果见表 9。

验算结果(铺装弹性模量 2 000MPa) 表 9

项 目	纵肋间挠度(mm)	挠度曲率半径(m)
轮载 A	0.2	36
轮载 A 超载 30%	0.26	28
轮载 B	0.3	20
容许值	0.4 以下	20 以上

七、原材料试验

1. 集料

对于粗集料的选用，主要从是否适合于浇筑式沥青混合料来判断，集料间隙率 18%以下可在浇筑式沥青中适用。集料技术指标及试验结果见表 10。矿粉的流动性要求为：流动值斜率在 1.0 以上，流动值在 35%以下；试验结果见图 6。

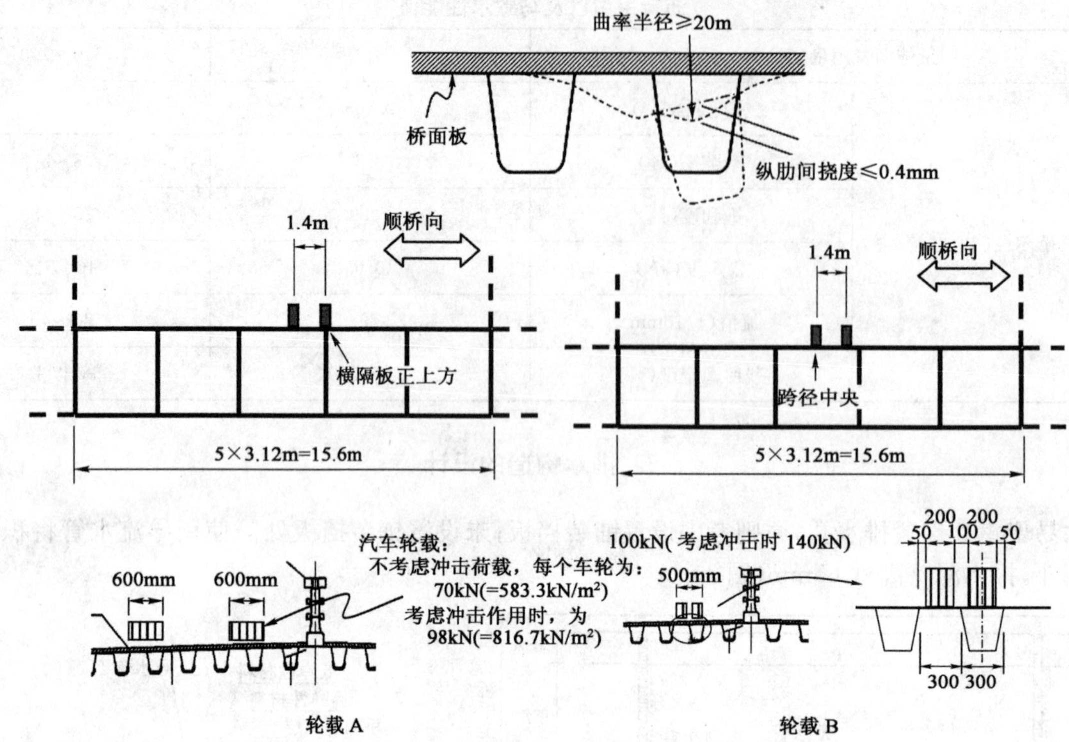

图5　桥面板刚度验算图示

石料性能　　表10

集料供应商		料场1	料场2	技术指标
洛杉矶磨耗值(%)		11.8	11.6	30以下
黏附性(改性沥青)		5级	5级	
级针片状含量(%)	大于9.5mm	1	0	10以下
	小于9.5mm	1.2	0.7	
坚固性(%)(扁平颗粒含量)	粗集料	2	1	12以下
	细集料	2	3	
软弱颗粒含量(%)		0.1	0.9	5以下
粗集料压碎值(%)		7.0	10.5	
细集料砂当量(%)		96.1	83	
细集料亚甲蓝值(MBV)		1.1	2.5	
细集料棱角性(流动时间)(s)		41.1	51.1	
黏土含量(%)				0.25以下
表干密度(g/cm³)				2.45以上
吸水率(%)				3.0以下
岩性		玄武岩	玄武岩	玄武岩

2. 沥青材料

南京四桥钢桥面铺装试验项目所有试验用沥青类材料全部由日本进口，各项检测结果见表11。

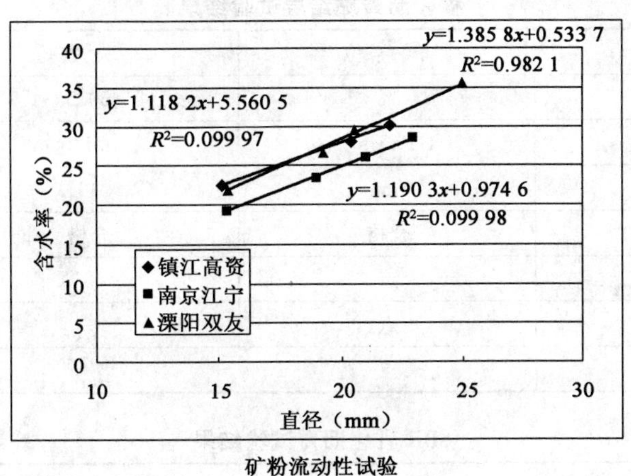

图 6 矿粉流动性试验

浇筑沥青材料试验结果 表 11

20～40 号沥青				TLA			
试验项目	单位	试验数值	技术要求	试验项目	单位	试验数值	技术要求
软化点	℃	59.5	55～60	软化点	℃	96.0	93～98
针入度(25℃)	0.1mm	31.9	20～40	针入度(25℃)	0.1mm	0.9	1～4
延度(25℃)	cm	＞100	≥50	—	—	—	—
溶解度	%	99.83	≥99	—	—	—	—
闪点	℃	302	≥260	闪点	℃	243	≥240
密度(15℃)	g/cm³	1.037	≥1.0	密度(15℃)	g/cm³	1.395	1.38～1.42
薄膜加热	%	－0.01	≤0.3	灰分	%	36.07	

混合后筑注沥青材料

试验项目	20～40 号:TLA＝75：25		20～40 号:TLA＝70：30		技术要求
	单位	试验数值	单位	试验数值	
软化点	℃	63.2	℃	63.8	58～68
针入度(25℃)	0.1mm	22.0	0.1mm	20.6	15～30
延度(25℃)	cm	17.6	cm	15.3	≥10
闪点	℃	300	℃	294	≥240
密度(15℃)	g/cm³	1.105	g/cm³	1.122	1.07～1.13
薄膜加热	%	－0.37	%	－0.45	≤0.5

改性沥青试验结果

试验项目	单位	试验数值	技术要求	试验项目	单位	试验数值	技术要求
软化点	℃	88.9	55～65	脆点	℃	—	—
针入度	0.1mm	73.6	60～100	黏韧性	N·m	17.3	≥12
延度(10℃)	cm	85.8	≥50	韧性	N·m	11.0	≥10
密度	g/cm³	1.022	≥1.000	灰分	%	0.07	≤1.0
60℃黏度	Pa·s	＞13 000	≥4 000	质量损失	%	－0.04	≤0.3
160℃黏度	Pa·s	1.300	—	针入度比	%	90.2	≥55
200℃黏度	Pa·s	0.365	—	软化点比	%	96.6	80～110
闪点	℃	348	≥280				

3. 联结材料

铺装下层与钢板的黏结采用橡胶沥青黏结层，铺装上层与下层的黏结采用 SBR 改性乳化沥青，在铺装和路缘石之间采用了接缝材料。各材料严格按照日本试验方法进行，试验结果见表 12、表 13。

橡胶沥青黏结层试验结果 表12

试验项目	单位	试验数值	技术要求
不挥发部分	%	50.5	≥50
黏度(25℃)	Pa·s	0.145	≤0.5
手触干燥时间	min	40	90
低温弯曲试验(−10℃,3mm)	合格	合格	
网格试验	点	8	≥10
耐湿后的网格试验	点	—	≥8
盐水喷雾试验后的网格试验	点	—	≥8

SBR乳化沥青试验结果 表13

试验项目	单位	试验数值	技术要求
恩格拉黏度(25℃)	—	1.4	1～10
筛分残留	%	0.2	≤0.3
附着度	—	>2/3	≥2/3
粒子电荷	—	阳离子	阳离子
蒸发残留率	%	42.6	≥50
针入度(25℃)	0.1mm	64.5	60～150
软化点	℃	52.3	≥42.0
黏韧性	N·m	4.2	≥3.0
韧性	N·m	3.0	≥1.5
灰分	%	0.47	≤1
残留稳定性	%	42.24	≤1

八、混合料试验研究

浇筑式沥青混合料用刘埃尔流动性来评价施工特性。沥青用量8.3%的混合料在240℃时刘埃尔流动性都为18s左右,满足小于20s的要求。TLA30%时的混合料比较坚硬,沥青用量8.3%时满足1mm的贯入度要求。TLA30%混合料的动稳定度呈现出高于TLA25%的趋势,沥青用量在8.5%以下时能够满足动稳定度350次/mm的标准。TLA30%混合料,能够满足弯曲破坏应变标准值8.0×10^{-3}的是沥青用量在8.0%以上(图7、图8)。

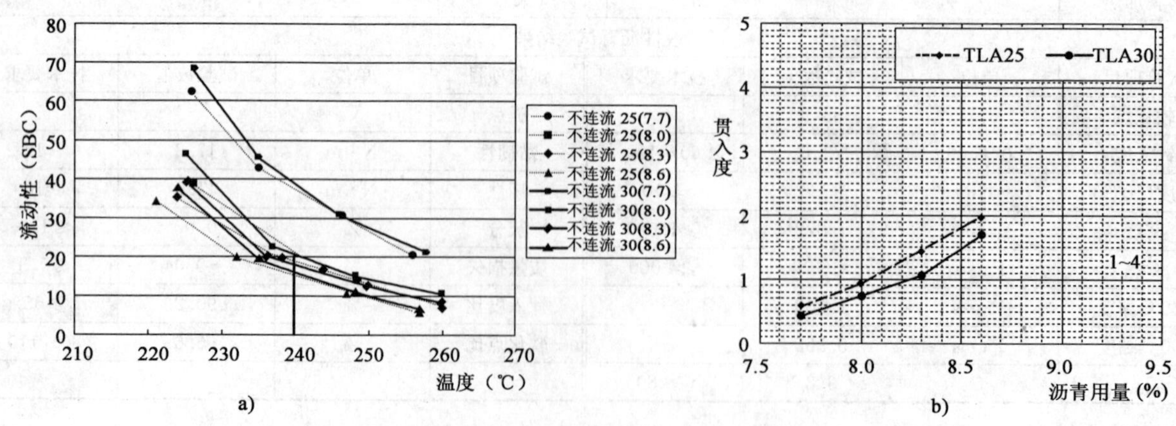

图7 各种配合比中的刘埃尔流动性试验、贯入度试验

图例说明:不连续25(7.7)代表不连续级配、TLA25%、沥青用量7.7%

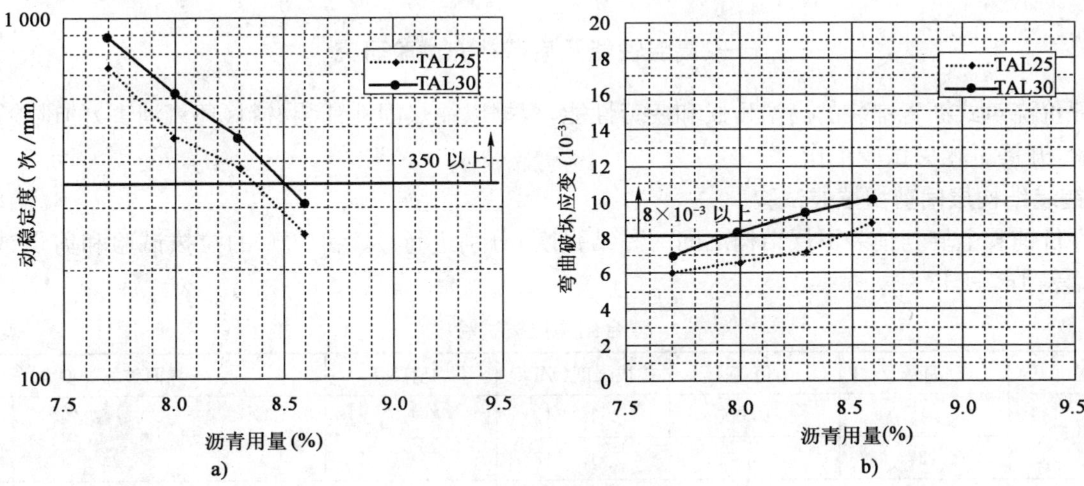

图 8 各个配合比中的动稳定度与弯曲破坏应变

九、混合料的疲劳试验研究

疲劳试验荷载方式两端固定 2 点加载。浇筑式沥青混合料试件尺寸 4cm×4cm×40cm,支点跨径 30cm,试验温度－10℃,荷载频率 5Hz,荷载波形正弦波,应变 400$\mu\varepsilon$。改性沥青混合料试件尺寸为 63mm×50mm×354mm,试验频率为 10Hz,试验温度为 15℃,加载形式按控制应变(正弦加载)。疲劳试验结果见表 14。

混合料疲劳试验结果 表 14

浇筑式沥青混合料			
试件条件	初始刚度(MPa)	疲劳寿命(次)	破坏类型
15℃,400$\mu\varepsilon$	2 275	＞100 万	未破坏
0℃,400$\mu\varepsilon$	9 000	＞100 万	未破坏
0℃,600$\mu\varepsilon$	7 200	＞20 万	未破坏
－15℃,400$\mu\varepsilon$	14 000	108 000	开裂
改性沥青混合料			
试件条件	破坏寿命(次)	破坏应力(MPa)	破坏弹性模量(MPa)
0℃,400$\mu\varepsilon$	40 300	5.33	13 311
－15℃,400$\mu\varepsilon$	274 000	6.65	16 420

十、铺装体的试验研究

上层改性下层浇筑的组合试件在 60℃条件下动稳定度为 2 955 次/mm,65℃条件下为 1 764 次/mm,满足 1 500 次/mm 的指标要求。规定浇筑式沥青混合料的弯曲应变在为 8×10^{-3}(－10℃),改性沥青混合料为 6×10^{-3}(－10℃)。黏结层拉拔强度试验黏结强度在 1.4MPa 以上(20℃以下)满足要求。试验结果见表 15。

复合件试验结果 表 15

低温弯曲试验				拉拔强度试验		
试验温度	跨中挠度(mm)	弯曲应力(MPa)	弯曲应变($\times10^{-3}$)	试验温度(℃)	拉拔强度(MPa)	界面破坏类型
－15℃	1.45	17.925	16.4	－10	1.70	黏结层从钢板整体脱开
0℃	1.54	13.670	17.4	20	1.46	黏结层从钢板整体脱开
20℃	3.94	11.800	44.5	50	0.33	黏结层从钢板整体脱开
				60	0.18	黏结层从钢板整体脱开

十一、高温性能及疲劳补充试验研究

为评价浇筑式沥青铺装的高温耐候和疲劳性能，根据以往热固性铺装材料（环氧沥青）的试验研究方法和经验，开展了相关试验工作。

1. 铺装结构层间剪切拉拔试验

为评价铺装上层与铺装下层结构之间的黏结强度，分别进行0℃和20℃的拉拔试验和剪切试验，试验结果见表16、表17。

复合结构拉拔试验　表16

试验温度	编号	力值(N)	拉拔强度(MPa)	平均值(MPa)	界面破坏类型
0℃	1	>10 000	>1.274	—	—
	2	>10 000	>1.274		
20℃	1	4 756	0.606	0.59	浇筑沥青层与上层改性沥青层之间脱开
	2	4 578	0.583		

复合结构剪切试验　表17

试验温度	编号	力值(N)	剪切强度(MPa)	平均值(MPa)	界面破坏类型
0℃	1	>10 000	>1.274	—	—
	2	>10 000	>1.274		
20℃	1	6 430	0.819	0.82	浇筑沥青层与上层改性沥青层之间脱开
	2	6 463	0.823		

2. 铺装结构疲劳试验

开展了0℃、20℃和60℃条件下的带钢板复合件疲劳试验，试验荷载采用5kN和7.5kN，首次出现疲劳裂缝试验结果见表18。疲劳试验破坏标准参照热固性材料为铺装层与钢板脱开或跨中开裂。

复合件疲劳试验结果　表18

序　号	温度(℃)	荷载(kN)	作用次数(万次)	初始动挠度(mm)	铺装表面初始应变(με)	破坏类型
1	0	5	1 500	0.22～0.26	360～470	未破坏
2	20	5	1 280	0.30	580	跨中开裂

3. 铺装结构破坏性试验

试件尺寸为钢板（钢板厚14mm）＋3.8cm浇筑式＋3.7cm改性沥青（实测）。试验温度15℃，加载过程中控制按5kN一级进行加载，然后卸载，在加载到35kN时试件未发生破坏，但钢板已经开始发生塑性破坏；当加载到40kN时，试件表面一侧出现开裂，钢板已经发生较大的屈服变形，试验停止（图9）。

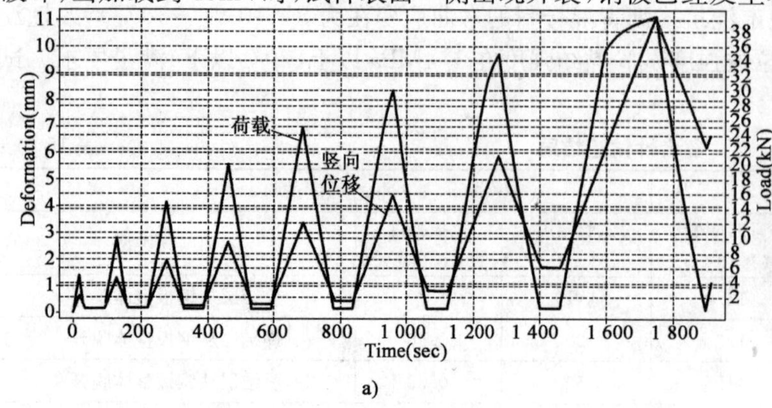

a)

b)

图9　铺装结构破坏性试验

十二、结 束 语

南京四桥钢桥面铺装方案设计借鉴国内外成熟铺装技术和经验，开展了方案研究、实地调查和室内实验工作，历时3年初步完成了复合浇筑式沥青混凝土钢桥面铺装方案设计工作。该项设计方案仍需通过现场试验工作来进一步给予确认，并结合试验段和施工技术研究进一步修改完善。此文整理相关资料，供同行分享，不足之处请批评指正。

6. 南京长江第四大桥北接线滁河大桥的设计与施工

王宏翔 罗明秋
（南京长江第四大桥建设协调指挥）

摘 要 南京长江四桥北接线滁河大桥主桥上部结构为主跨96m的波纹钢腹板预应力混凝土连续箱梁。本文介绍了主桥的总体情况及重点介绍了钢波纹腹板的构造特点和施工工艺。

关键词 预应力混凝土连续箱梁 波纹钢腹板 设计 施工

波纹钢腹板预应力混凝土连续箱梁就是采用波纹钢腹板替代预应力混凝土连续箱梁的混凝土腹板的箱形梁。最明显的特点就是采用10～18mm左右厚度的钢板代替30～80cm厚的混凝土腹板，大大降低了预应力混凝土连续箱梁的整体重量；钢腹板不受轴向力的影响，在纵向可以自由伸缩，在施加预应力时钢腹板也几乎不产生抵抗，可大大提高预应力的施加效果。其中钢波纹板的加工制造，是重中之重，本文着重介绍滁河大桥刚波纹板的设计与施工。

一、工 程 概 况

南京长江第四大桥北接线路线全场13.063km，起点位于长江北岸宁通高速横梁镇东侧的横梁互通，于玉带镇附近跨越长江。其中滁河大桥主桥起点桩号K8＋924，终点桩号K9＋126，箱梁总长202m，上部结构为主跨96m的波纹钢腹板预应力混凝土连续箱梁，跨径布置为53m＋96m＋53m（图1）。滁河为Ⅴ级航道，通行净空为75m×5m。

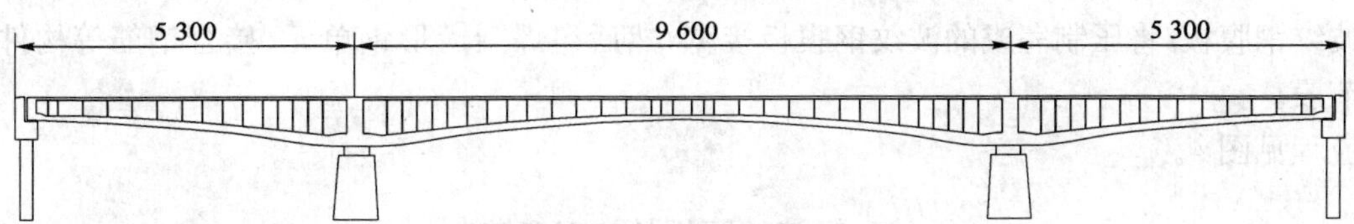

图1 南京长江第四大桥北接线滁河大桥全貌（尺寸单位：cm）

二、技 术 标 准

（1）公路等级：高速公路；
（2）计算行车速度：120km/h；
（3）行车道数：双向六车道；
（4）车辆荷载等级：公路一级；
（5）大桥桥面宽度：大桥标准横断面宽度为34.5m；
（6）桥面最大纵坡：＜3％；

(7)桥面最大横坡:2%;

(8)地震设防烈度:地震设防烈度为7度,设计基本地震加速度值为0.1g;

(9)设计洪水频率:1/100。

三、钢波纹板的设计要点

(1)滁河大桥上部结构波纹钢腹板波长1.6m,波高0.22m,水平板面宽0.43m,水平折叠角度为30.7°,弯折半径为15t(t为波纹钢腹板厚度)。波纹钢腹板厚度采用10mm、14mm、16mm和18mm4种型号(图2)。

(2)波纹钢腹板采用钢筋混凝土榫的形式与顶板连接,波纹钢腹板顶部焊接倒"Π"形开孔钢板,兼作箱梁顶板加腋处混凝土浇筑时的底模;与底板的连接采用嵌入式,波纹钢腹板进入底板混凝土部分设置2行直径60mm的圆孔,并贯通横桥向钢筋(图3)。

(3)节段之间的波纹钢腹板在现场焊接完成,采用贴脚焊,确保钢板之间密贴,间隙小于0.5mm。单独节段内的波纹钢腹板与倒"Π"形开孔钢板、底部接合钢筋的焊接在工厂完成。

(4)桥位地处化工区,波纹钢腹板必须进行涂装,涂装产品应严格遵守《建筑用钢结构防腐涂料》的规定,确保涂装质量,保证桥梁耐久性,防腐设计寿命不低于25年。

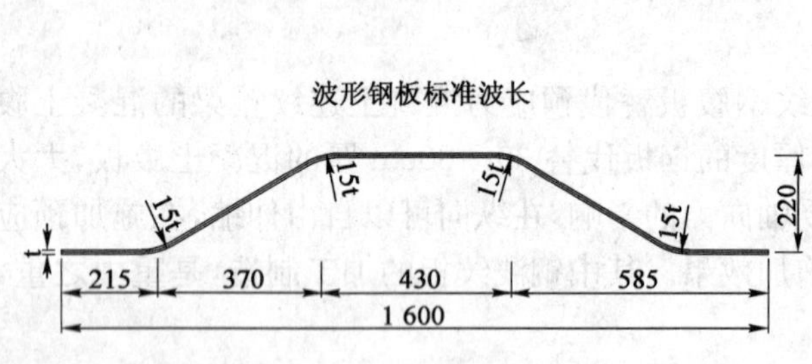

图2　波形钢板标准断面(尺寸单位:mm)

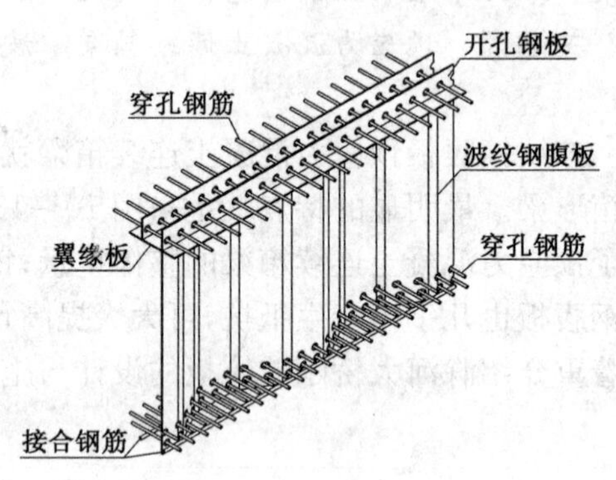

图3　波形钢腹板连接示意图

四、施工工艺流程

根据该桥波纹钢腹板的设计特点,结合国内钢板供应状况,以及波纹钢腹板制作工艺,将波纹钢腹板节段划分为1至2.5个波形进行制作。钢板进厂后滚平预处理,按单个波长的展开长度下料,利用专用模具压制波纹钢腹板,将压制完成的波纹钢腹板接宽,然后组焊"Π"形钢单元、接合钢筋等构件,构成波纹钢腹板节段。

具体流程见图4。

五、钢波纹腹板的施工工艺

1. 波纹钢腹板的制作

单个波纹钢腹板的压制成型,是钢波纹腹板整个制作过程的难点和关键点,过程中需严格控制,相关工艺及要点如下:

(1)波纹钢腹板加工应按《钢结构工程施工及验收规范》(GB 50205—2001)和本设计有关要求进行。钢板的板厚负偏差不得大于0.4mm,其尺寸、外形、重量应符合《热轧钢板和钢带的尺寸、外形、重量及允许偏差》(GB/T 709—2006)。钢板弯折处的圆弧弯曲半径为15倍钢板厚度。

(2)波纹钢腹板的弯曲加工可采用折弯法和模压法进行加工制作。利用折弯法制作时,钢板需要多次反复折弯搬动,钢板放置位置、加载角度的变化都易造成波纹的明显变化,波纹板的成型精度较难控制,折弯时对操作人员的要求较高,且制作效率较低。采用模压法制作,对设备要求较高,需要根据波纹

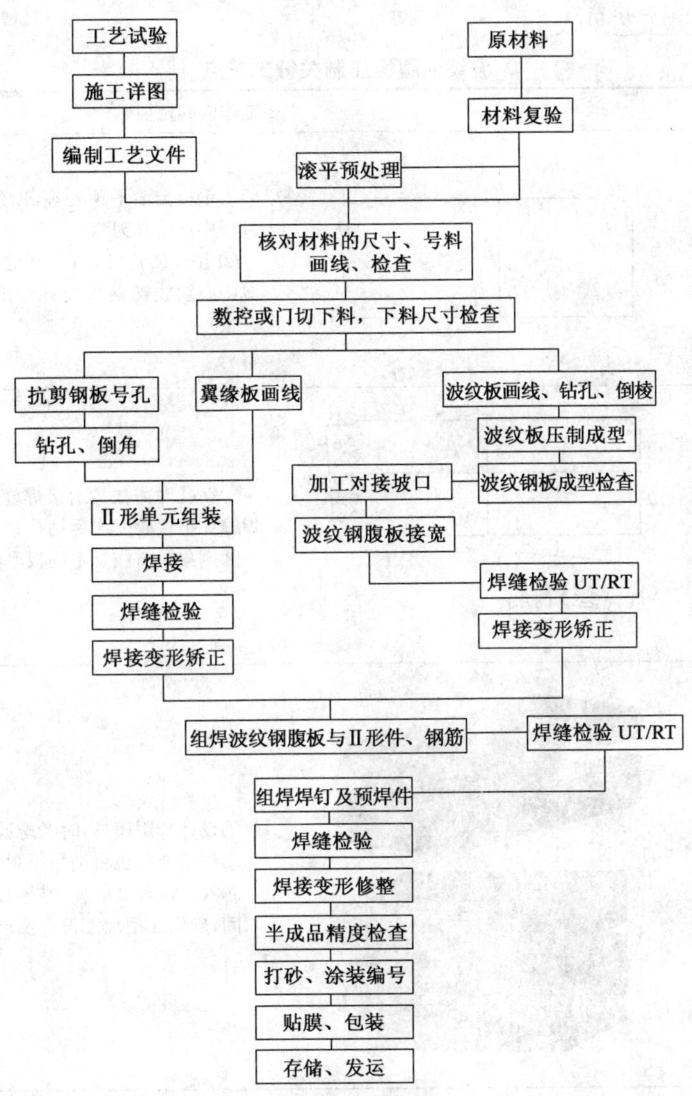

图 4　波纹板加工工艺流程

钢腹板的波形设计制作相应的模具。由于模压法利用专用的压制设备和模具,波纹板的成型精度较好,工作效率高。考虑到钢波纹板厚度、制作精度等要求,结合本桥波纹钢腹板的结构特点,此次波纹钢腹板全部采用模压法压制成型。

①钢板复验合格后滚平,按照波纹钢腹板一个波长的展开长度进行数控精切下了,需注意波纹钢腹板节段桥位搭接处的加量。

②对下完料的钢板画线,画波纹钢腹板的横竖基线,采用数控钻床钻制钢筋孔,要求对接焊缝两侧的钢筋孔在对接缝焊接后钻孔,打磨钢筋孔的倒角。

③对于半个波长的波纹钢腹板,按 1 个波长的波纹钢腹板进行画线钻孔、倒角,波纹钢腹板压制完成后,采用小车精切一分为二。

④根据该桥波纹钢腹板的波长、波高、板厚、折弯半径等参数,及工厂现有液压机相关参数,设计制作波纹钢腹板压制模具。

⑤波纹钢板压制前先检测模具折弯角度是否正确,利用简易运输胎架,将需要压制的钢板平移至模具内,调整钢板位置,使钢板边缘与模具上的靠挡紧贴。

⑥采用 2 100t 的大型液压机利用模具对钢板进行成型压制,使波纹钢腹板一次成型。

⑦波纹钢腹板压制完成后,用简易运输胎架将需要压制成型的波纹钢腹板移出模具。

⑧检测波纹钢腹板的波长、波高、折弯角度,转角处圆弧是否平滑,有无纤维状暗筋出现。

波纹钢腹板压制关键工艺见表1。

波纹钢腹板压制关键工艺点 表1

项　目	主要工作内容及要领
(1)钢板预处理数控下料	①钢板需滚平预处理，以便释放钢板内应力，防止压制过程中产生马刀弯； ②由于 $R/t \geqslant 13.3$，中性层位置系数 $k=0.49$，故可按板厚中心线放样钢板展开长度 L，在长度方向上预留加工余量
(2)画横竖基线，钻制钢筋孔	①钻孔时需注意对接焊缝两侧的孔可先不钻，待在对接焊缝无损检验完成后钻孔并倒角； ②倒角时需注意不同板厚倒角不同
(3)波纹钢腹板压制	①设计专用模具，时考虑波纹钢腹板压制后的反弹量； ②利用液压机将钢板压制成波纹钢腹板； ③液压过程要缓慢，在液压行程结束后应维持压力一段时间，确保成型尺寸符合要求
(4)修整检测波纹钢腹板	①检测波纹钢腹板的波高、波长和折弯角度等关键项点； ②修整时重点控制纹钢腹板的波高和折弯角度

(3)"Ⅱ"形单元件的制作

①钢板滚平后预处理，根据翼缘板和抗剪钢板的规格采用门式切割机精切下料。

②对下完料的钢板画线，画横基线和钻孔位置线。

③开孔钢板上的 ϕ60mm 的钢筋孔采用数控钻床钻制，钻孔后倒棱。

④拼装翼缘板和抗剪钢板成"Ⅱ"形单元件，安装时需注意两块抗剪钢板的钢筋孔同心。

⑤焊接"Ⅱ"形单元件，采用半自动药芯焊丝 CO_2 气体保护焊进行焊接。

⑥修整"Ⅱ"形单元件的焊接变形，重点修整旁弯变形。

(4)波纹钢腹板的组装过程

波纹钢腹板节段是指若干单位波长的波纹钢腹板和翼缘板合件单元等零件组焊而成单元件。

①修正波纹钢腹板的横竖基线，以横竖基线为基准画焰切边和坡口位置线，采用小车精切波纹钢腹板的边。

②以横竖基线为基准拼装若干波长的波纹钢腹板，拼装时需严格控制接宽后的节段长度。

③对接焊缝要求双面埋弧自动焊，以减小焊接引起的变形，对焊接后的波纹钢腹板进行修整，可采用丝杠、拉杆等拉伸件固定在波纹钢腹板的斜面上调整波长。

④在波纹钢腹板上组装接合钢筋，然后采用倒装法组装"Ⅱ"形单元件和波纹钢腹板，对波纹钢腹板进行修整。

⑤在波纹钢腹板节段上组焊预焊件和焊钉，对焊接变形进行修整。

波纹钢腹板的组装过程见表2。

腹板组装过程 表2

项 目	主要工作内容及要领
(1)波纹钢腹板切边	波纹钢腹板压制修整完成后，修正横竖基线，以竖基线为基准，画切边线(含坡口切割线)，焰切边和坡口
(2)波纹钢腹板接宽	①以横竖基线为基准拼装波纹钢腹板，拼装时重点控制波纹钢腹板接宽后的总宽度； ②采用埋弧自动焊双面焊接成型，以减小焊接变形； ③焊接变形修整时，利用丝杠类拉伸件调整波纹板变形，重点控制波高和接宽长度
(3)组焊波纹钢腹板、"Ⅱ"形单元件和接合钢筋	①首先采用平位法组装接合钢筋，再采用倒装法在"Ⅱ"形单元件画线组装波纹钢腹板，重点控制波纹钢腹板的垂直度以及波高到翼缘板中心线距离；组装时两侧增加临时支撑，防止倾倒； ②焊接时采用多人分段对称施焊，焊缝两端不许熄弧，采用绕焊包头处理，焊后将端部修磨匀顺； ③修整焊接变形，并对焊缝进行UT/MT探伤
(4)组焊焊钉及预焊件	①焊接焊钉时，可在波纹钢腹板另一侧焊钉对应位置增设临时刚性约束； ②修整波纹钢腹板的焊接变形

(5)波纹钢腹板制造过程中，在保证焊缝质量的前提下，应尽量采用焊接收缩变形小的焊接方法及措施，例如采用CO_2焊或者半自动焊等成熟的技术。所有类型的焊接在施焊前，应做相关焊接工艺评定试验以确定正式的施焊工艺。焊缝的各项指标如屈服强度、抗拉强度、低温冲韧性等不应低于母材规定值，并符合现行国家标准。在焊接完毕后，应及时清理刺屑、焊渣等残留物，并进行相关的防腐处理。

(6)图纸中波纹钢腹板尺寸未考虑预拱度，需监控单位对全桥进行分析计算后，提供施工预拱度。尔后根据施工预拱度调整波纹钢腹板尺寸，尤其是波纹钢腹板之间临时固结的开孔位置必须要经过验算，以保证波纹钢腹板之间贴脚焊服帖，且板面缝隙不大于5mm。

(7)由于波纹钢腹板刚度小，在制作运输过程中应注意边角的保护。钢板外表面涂装宜采用长效高性能的防腐涂装材料。钢板表面涂装未干透时不得进行搬运，在运输过程中应对防腐涂装采取保护措施，避免损伤。

(8)运输、储存时波形钢腹板可以多层叠放,要求层数一般不超过5层,每底层波纹钢腹板应支撑与其外形相同的木存放垫上,避免波形钢腹板的整体变形。当上下对应的支座数量达到每 $5m^2$ 一个时且确保不发生变形时,波形钢腹板的叠放数量可相应增加。运输安装中应对涂装层严格保护,避免损伤。

2. 波纹钢腹板的现场施工

(1)波纹钢腹板与箱梁顶板、底板的连接是关乎波纹钢腹板与预应力混凝土箱梁整体性的重要构造,波纹钢腹板与箱梁顶板采用钢筋混凝土榫的形式连接,底板的连接采用了埋入式。顶、底板与波纹钢腹板之间的剪力传递借埋入混凝土中的波纹钢腹板斜腹中的混凝土,穿过波纹板孔洞的贯穿钢筋和焊接于波纹板上、下缘的纵向连接钢筋实现。施工中必须重视这些部件的施工质量,从而确保波纹钢腹板预应力混凝土连续箱梁的整体稳定性(图5)。

(2)波形梁腹板的桥位焊接主要为波形梁腹板立位搭接焊缝的焊接,其余为连接钢筋的搭接焊缝。由于桥位工地施焊环境较差,安装焊缝为立位搭接焊缝,焊接工作量和焊接难度大,对焊工的技术水平要求高。工地安装时构件刚度大,设计要求相邻腹板之间搭接缝隙小于0.5mm,这给现场焊接增加了很大的难度。控制波纹钢腹板搭接焊缝的组装间隙及焊接变形是桥位工地焊接难点。

波纹钢腹板之间的纵向连接采用双面搭接贴脚焊,先用螺栓做临时固结,并确保板面之间的缝隙不超过0.5mm。图纸中悬浇段落长度都是1.6m的倍数,故同一节段内的波纹钢板可在梁下进行连接,节段之间的连接在悬浇施工的过程中完成。波形梁腹板之间搭接长度为100mm,在相邻波纹钢腹板节段吊装前在其搭接部位每隔500mm焊接"T"形马板,然后吊装到位后调整其组装间隙至设计要求标准,打入事先准备的斜铁,以控制其组装间隙(波形梁腹板之间搭接缝隙控制示意图见图6)。

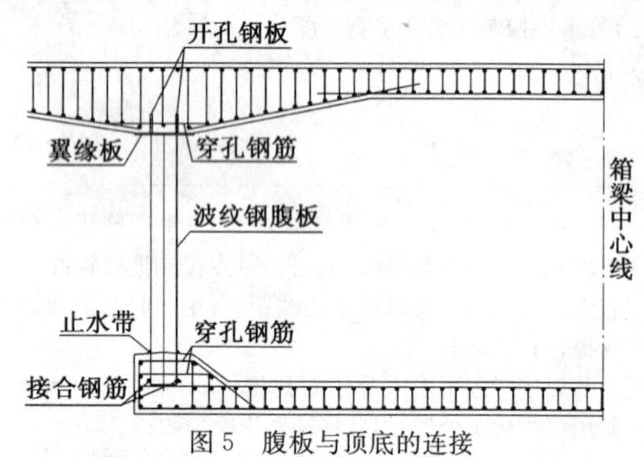

图5 腹板与顶底的连接

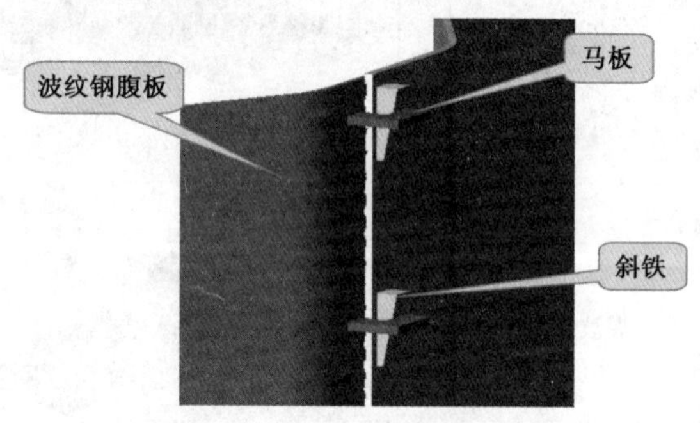

图6 腹板连接

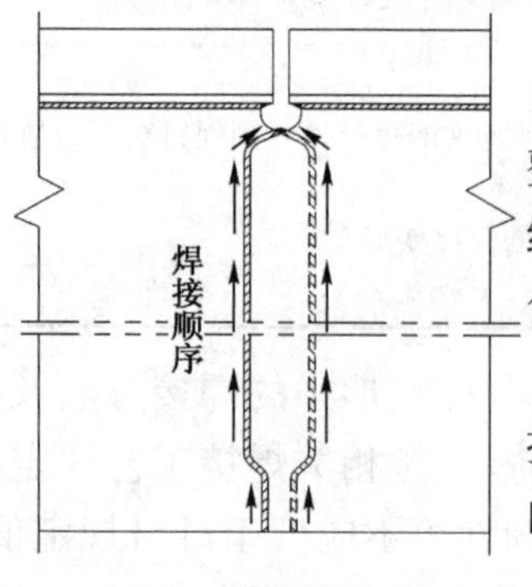

图7 焊接顺序

波纹钢腹板节段之间的工地焊缝为立位焊缝,全部采 CO_2 气体保护半自动焊进行焊接,焊接材料采用E501T-1ϕ1.2,在相邻腹板之间组装间隙调整到位后,两侧焊缝要求同时焊接(图7),焊接方向为立向上焊接,焊接至翼缘板附近时两腹板搭接交叉部位要求不停弧绕焊完成,焊接后对该部位(红色标识)进行打磨匀顺,防止产生应力集中。

波纹钢腹板的制作和现场施工是本桥的重中之重,必须按照过程中监控提出的修正数据结合设计意图对施工过程作出相应的调整,以确保全桥的整体线性和结构的整体性。尺寸误差控制在±2mm。

六、结　　语

波纹钢腹板预应力混凝土连续箱梁结构具有经济效益显著、提高预应力效率、改善桥梁结构性能、提高材料适用效率、自重小、抗震性能好、便于维修保养和耐久性能好等一系列的优点。但这一切的前提是提供合格优质的钢波纹板。目前滁河大桥刚波纹板在有效的控制下各项技术参数都在受控范围内。下一步在后续施工中,应加强监控,注意收集相关数据,合理地分析过程中出现的各种状况,与设计相印证,确保高品质的完成此项目。

7. 波形钢腹板桥梁在南京长江第四大桥中的应用

彭更生 钟 瑶
（南京长江第四大桥建设协调指挥部）

摘 要 南京长江第四大桥项目中的滁河大桥，是一座53m＋96m＋53m的三跨变截面波形钢腹板连续梁桥。波形钢腹板桥梁具有受力合理、施工方便、经济指标好的优点，是一种新型的桥梁结构形式，具有很好的发展前景。我国波形钢腹板桥梁的研究、设计、制造等正处于起步阶段，本文以滁河大桥为背景，阐述大跨度变截面波形钢腹板PC连续梁桥的总体设计及关键技术，以期为今后波形钢腹板桥梁的设计建造提供有益的建议。

关键词 波形钢腹板 总体设计 关键技术

自1986年法国建成第一座波形钢腹板桥梁（Cognic桥）以来，它的突出优点逐渐被桥梁界所关注。波形钢腹板桥梁符合现代桥梁“轻质、高强、大跨径”的发展趋势，目前波形钢腹板组合箱梁桥在中、法、日、德、挪威、委内瑞拉等国均有修建。

国内的波形钢腹板桥梁已初现发展应用前景，但已建成或者在建的桥梁却有限，在理论积累和实践经验上仍显不足。另外根据法国的技术经济比较，波形钢腹板箱梁的优势只有在跨度大于50m时才会明显体现，跨径超过100m后，其经济性更为明显。目前国内已建成的桥梁基本都属于实验探索性小跨径桥梁，因此在南京长江第四大桥北接线上建造一座大跨度变截面波形钢腹板桥梁（滁河大桥），不仅充分吻合桥址的建造条件，也对该桥型的发展提供了设计、建设和维护等多方面的经验。

表1列出了国内部分已建成通车的波形钢腹板梁桥，在建的大跨度波形钢腹板梁桥有南京滁河大桥和鄄城黄河公路大桥等。

国内部分建成通车的波形钢腹板梁桥 表1

桥 名	桥 址	桥跨布置(m)	桥 宽	结构形式	施工方法	通车年份
泼河大桥[3]	河南光山	4×30	16m(单片梁宽4m)	先简支后连续	装配式	2005
长征桥[4]	江苏淮安	18.5＋30＋18.5	7m	连续梁(人行桥)	支架现浇	2005
大堰河桥[5]	重庆	25	9m	简支梁桥	支架现浇	2006
甬新河桥[6]	宁波	24＋40＋24	9.5m	3跨连续梁	支架现浇	2007
三道河桥[7]	青海	50	12m	简支梁桥	支架现浇	2007

一、结构与建造特色

波形钢腹板桥梁以波形钢板代替混凝土作为箱梁的腹板，巧妙地将钢、混凝土结合起来，解决了混凝土腹板梁桥可能出现的腹板裂缝问题，实现了主梁的轻型化，减少了下部结构的工程量。此外，该桥型还具有以下优点和特色：

(1)波形钢腹板纵向刚度低，既能使轴向预应力更多的传递到顶、底板，也不约束混凝土顶、底板的徐变和收缩，缓解了大跨度混凝土梁桥由于长期收缩徐变导致的开裂和下挠的现象。

(2)波形钢腹板的波形形状，使得腹板不用做加劲肋便具有较高的局部稳定性，受力简洁合理，板件构造简单，只要制造设备配套、成熟，便可快速高质地完成制作和安装。

(3)波形钢腹板桥梁中，虽然钢板较混凝土的造价要高，但是由于其自重轻，平衡自重的预应力用量可以明显减少，下部结构的规模也可相应减小，因此总体造价要优于混凝土腹板桥梁，对于抗震设防烈度较高区域更具有优势。

(4)简化了施工设备,加快了施工进度,尤其是在采用节段施工方法的桥梁中,可以利用先安装的波形钢腹板作为后浇筑混凝土顶、底板的承力构件。在建的国内外大跨度波形钢腹板梁桥都与成熟高效的悬臂施工或顶推施工方式相结合,使得其适用性大大扩展。

(5)在大跨度节段施工桥梁中,减少了高空混凝土作业量,现场浇筑质量易保障。顶、底板亦可做成预制结构,提高结构的工厂化程度及构件质量。

(6)波形钢腹板桥梁结构轻盈美观,钢板可以涂装不同颜色以适应周围环境,具有较高的观赏性。

波形钢腹板桥梁也存在一些认识和经验上的不足,如耐久性细节处理、疲劳问题等。

二、设计流程

波形钢腹板桥梁的设计,主要包括4个部分:总体设计(结构一般构造等)、细节设计(连接与局部受力等)、深入设计(动力特性等)和耐久性设计(图1)。

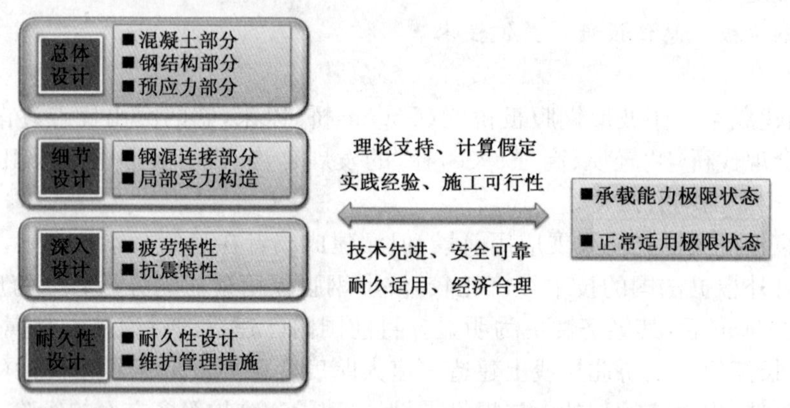

图1 波形钢腹板桥梁设计流程

波形钢腹板桥梁的特殊性,就在于其波折腹板的风琴效应,以及与混凝土顶、底板组成的截面拉、压、弯、剪、扭特性,同时其钢混连接部位的强度、疲劳、耐久性等也是需要特别重视的地方。设计过程中还要兼顾施工的可行性。

三、总体设计

总体设计的主要内容主要包括材料、截面形式、混凝土构造、波形钢腹板结构和预应力配束设计等5个方面。

(1)在材料的选择方面,其混凝土强度等级相对于普通大跨度混凝土腹板梁桥可以持平。桥梁用钢结构一般可选取Q345或Q370等,其钢材型号类比于日本的SM490Y、SM520或德国的St52。

(2)波形钢腹板梁桥区别于混凝土桥梁的一个结构特征,就是其梁高的增加对桥梁自重的增加影响很小,而由此带来的截面抗弯和抗剪能力的提高却是相对比较显著的。但梁高的选择还需综合考虑经济性和净空的要求。

图2给出了152座波形钢腹板梁桥的高跨比统计,在统计数据中可以得到3个特征:一是在相同跨度下波形钢腹板梁桥的梁高要设计得略高于混凝土腹板桥梁(混凝土腹板梁桥的常规高跨比:跨中1/30~1/50,根部1/16~1/20)。二是随着跨度的增加,跨中和根部的高跨比都逐渐减小。三是100m跨度附近的根部梁高有不少高于拟合均值,即根部梁高取得偏大。

(3)由于波形钢板的面外抗弯能力较小,因此对于桥面板和底板来说,其提供的支撑趋向于简支结构,所以混凝土板件的厚度和横向配筋设计应适当加强。

混凝土加腋的尺寸要满足连接构造、预应力束锚固的空间需求。加腋尺寸影响了顶、底板板件在抗弯计算时的剪力滞效应和有效宽度,也影响了桥梁横向计算时的面板跨度。

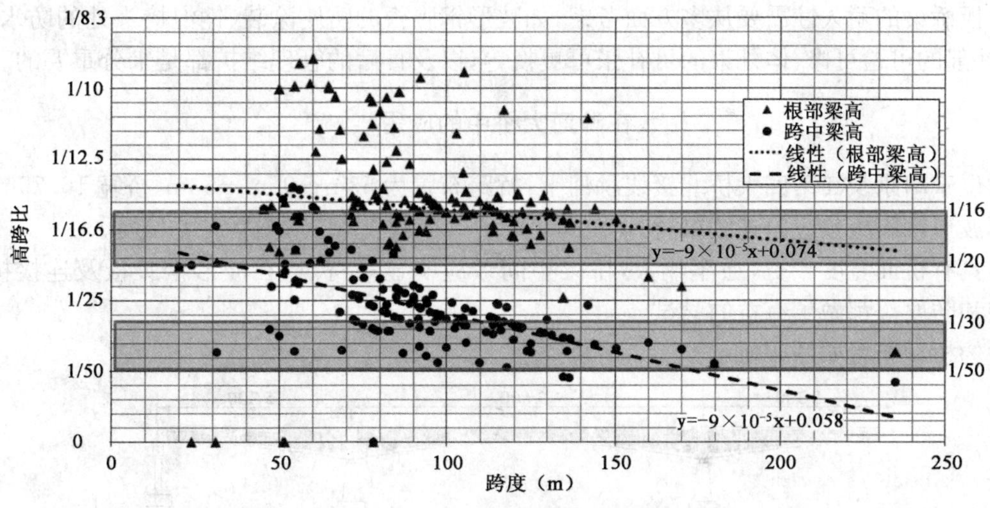

图2 波形钢腹板桥梁梁高统计

(4)波形钢腹板波高、波长等的选择，除要考虑波形钢腹板的强度问题，还应注重其结构稳定性，可以选用目前应用较多的型号(如波高220mm、波长1 600mm)。

(5)在配束设计上，可以采用全体外预应力或体内外混合配束方案。体外束能够提供平衡外荷载剪力的竖向力，同时具有可检查、可补张和可更换、截面削弱小的优势。

四、细节设计

波形钢腹板桥梁的细节处理主要体现在各种连接接头和局部受力区域等各种构造上。

(1)波形钢腹板桥梁与顶、底板的连接是截面整体工作的关键，通常的有嵌入式和翼缘式两种。带开孔钢板的钢筋混凝土榫翼缘形连接，其抗剪能力高，能够在大跨度桥梁中胜任，滁河大桥的顶板连接即采用了这种连接形式。

波形钢腹板的嵌入式连接构造简单，施工方便，波形形状能够提供较大的抗剪能力，也是大跨度桥梁中的一种常用连接形式(滁河大桥的底板连接采用了这种方式)。

目前也有很多新颖的连接方式出现，如图3所示。

a) 花瓶形开孔

b) π形开孔钢板

c) 钢板“托”于底板下方

图3 波形钢腹板与顶底板新颖的连接方式

(2)节段间的波形钢腹板连接可以采用栓接、焊接和栓焊。在大跨度悬臂施工桥梁中，焊接对于施工误差具有更大的适应性，因此被更多地采用。采用的接头形式应能缓解焊接局部应力以及不削弱波形钢腹板的风琴效应。

(3)在波形钢腹板桥梁中，预应力锚固区域和转向块的设计还需要考虑其对波形钢腹板的影响，避免钢板局部失稳或强度超标。另外连接处的局部应力、应力幅或相对变形过大都可能使连接处的防水措施失效，产生耐久性问题。

五、深入设计和耐久性设计

深入设计主要反映在钢腹板与顶底板的连接部位的疲劳和桥梁的塑性研究和延性设计等动力特性上。

波形钢腹板桥梁的耐久性需要从多方面考虑，如波形钢腹板的防腐涂装、钢混接头处的防水、桥面的防水、桥梁内外部的可检可修、体外束的可补张可更换等，以及日后的管理维护都是十分重要的。

六、在滁河大桥中的应用

滁河大桥位于南京长江第四大桥北接线滁河上，桥跨布置为53m+96m+53m，桥宽16.75m，是一座大跨度变截面波形钢腹板预应力连续梁桥。

桥梁结构具有桥面宽度较宽，通车辆大，桥梁空间效应明显等特点，在波形钢腹板及连接接头的设计、制造、安装和防腐等都做了有益的尝试。

滁河大桥的桥型布置如图4所示。

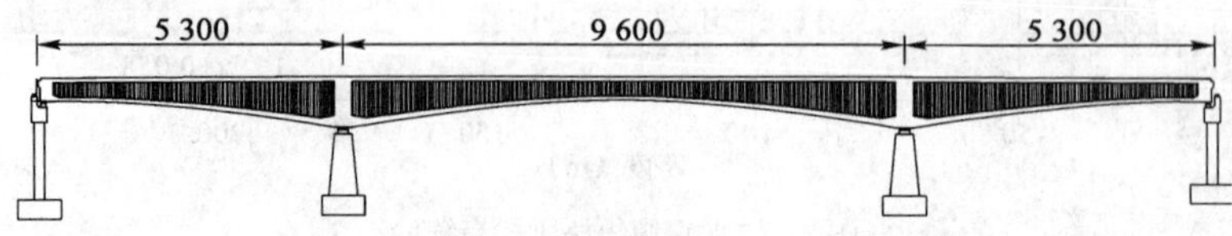

图4　滁河大桥桥型布置图(尺寸单位:cm)

1. 总体设计

单箱单室截面，底板宽度8.0m，腹板采用直腹板形式，中心间距为7.5m。跨中梁高3m，根部梁高6.5m，箱梁梁高以1.6次抛物线过渡。预应力配束采用体内体外混合配束。

滁河大桥的混凝土采用C50，混凝土顶板厚30cm，跨中底板厚28cm，根部底板70cm；波形钢腹板采用Q345，钢板厚度为10～18mm，波长1 600mm，波高220mm(图5)。

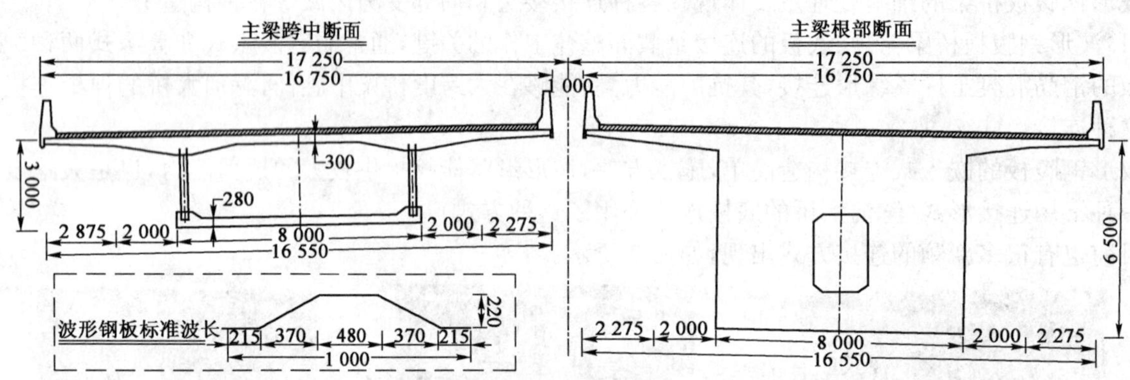

图5　滁河大桥断面及波形钢板图(尺寸单位:mm)

桥梁采用先悬臂拼装波形钢腹板再悬臂浇筑混凝土顶底板的节段悬臂施工方法。

在总体分析中，主要为波形钢腹板桥梁的弯、剪、扭分析。

(1)抗弯分析

波形钢腹板抗弯分析及设计内容主要涉及梁高、混凝土顶底板板厚和预应力配束设计，在抗弯计算中忽略波形钢腹板对截面抗弯惯性矩的贡献。

滁河大桥跨中梁高的高跨比为1/32，根部梁高的高跨比为1/15。对于纵向预应力的配置，滁河大桥采用了体内体外混合配束。

波形钢腹板梁桥的抗弯计算仍然可按照普通预应力混凝土梁桥来计算，其混凝土部分的验算依据《公路钢筋混凝土及预应力混凝土桥涵设计规范》(JTG D62—2004)进行。

(2)抗剪设计

波形钢腹板的抗剪设计，其中包括了强度和稳定性两方面的设计内容。

抗剪强度计算采用了3种计算方法，一是只考虑波形钢腹板抗剪，二是考虑混凝土顶、底板参与抗剪以及考虑轴力和弯矩在变截面梁中产生附加剪力的影响，三是采用实体仿真分析。通过多种分析方式的对比，进一步了解了变截面波形钢腹板的剪应力分布规律，常规的只考虑波形钢腹板承受剪力和不考虑变截面轴力、弯矩对竖向剪力的影响是过于保守的。大跨度波形钢腹板梁桥必定是按照变截面设计的，而弄清变截面的剪应力分布及计算，对几乎只承受剪力的波形钢腹板的设计，和剪切挠度的计算是十分重要的(图6)。

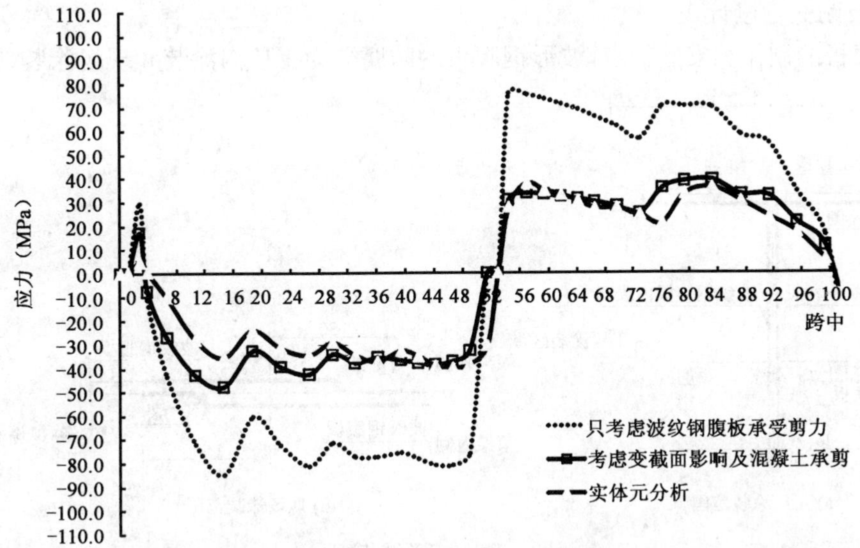

图6 滁河大桥剪应力分布图(恒载)

波形钢腹板的稳定计算，主要包括局部屈曲、整体屈曲和复合屈曲验算。稳定计算可以借鉴中、欧、美、日等规范和学者的研究。

(3)扭转特性分析

波形钢腹板的横向抗扭刚度比混凝土腹板的小，因此常在主梁的适当位置增加横隔板以提高主梁的抗扭刚度，并兼作体外预应力转向块。

滁河大桥在边跨和中跨分别设置了3道和7道隔板，为减轻隔板自重，部分隔板为半隔板。隔板平均间距约为12m(图7)。

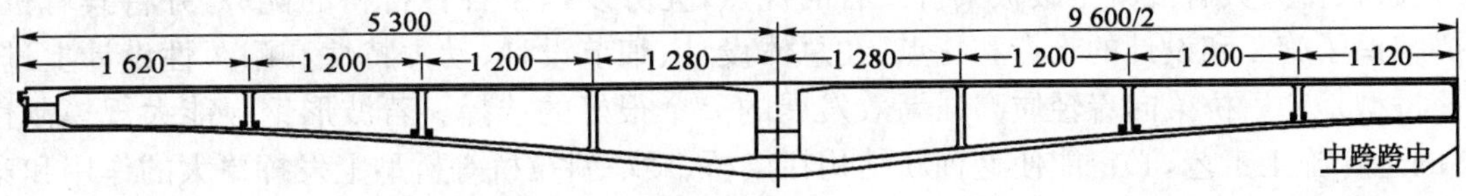

图7 滁河大桥隔板布置图

为考察偏载情况下宽箱室的扭转效应，采用实体分析得到滁河大桥的扭转变形和偏载应力。

定义偏载正应力放大系数为:(偏载下弯曲正应力＋扭转正应力＋畸变正应力)/(对称加载下弯曲正应力)。经实体模型分析，滁河大桥偏载系数大致控制在1.15～1.20之间(除去弯矩反弯点和隔板附近的区域)。

定义偏载剪应力放大系数为:(偏载下腹板剪应力)/(对称加载下腹板剪应力)。滁河大桥的偏载剪应力放大系数大致在1.25左右(除去靠端部附近的剪力零点和横隔板附近的区域)。

2. 细部设计

波形钢腹板与混凝土顶、底板的剪力连接件是箱形截面整体工作的重要传力构件，综合比较各种连接形式在剪力传

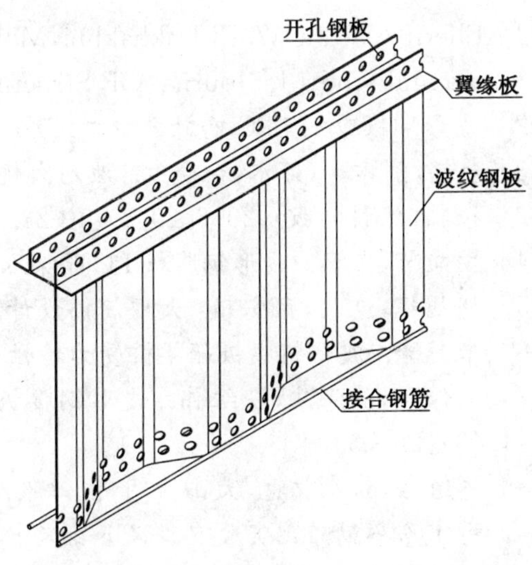

图8 滁河大桥的剪力连接件

递、施工特性和疲劳特性后，滁河大桥在底板处采用了嵌入式连接，并在底部开设两排钢筋混凝土榫；在顶板处采用倒π形的翼缘形连接，其中翼缘可兼做施工时顶板加腋处混凝土浇筑时的底模。

滁河大桥在端部波形钢腹板采用了嵌入式的连接形式，在横隔板(转向块)处采用了柔性剪力键(焊钉)进行连接(图8)。

4. 深入设计及耐久性设计

根据波形钢腹板的制作和安装特点，波形钢腹板的防腐分为工厂内涂装和现场涂装(图9)。

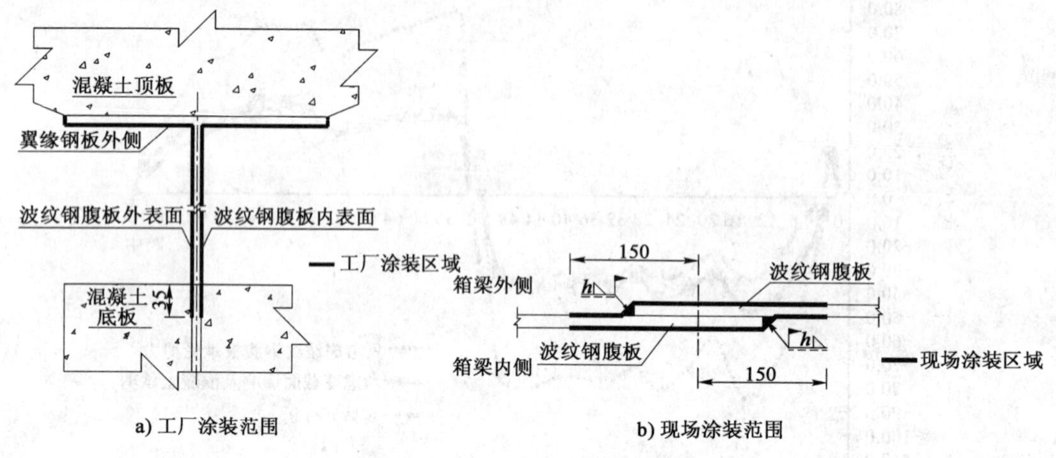

图9 滁河大桥涂装范围

波形钢腹板与底板的交界处通常会设置防水胶或其他阻水措施，值得注意的是这种措施通常在二期恒载铺设完毕后再进行，以避免施工期间由于荷载的反复施加和桥梁挠度的不断变化等造成的接头错动，使防水措施失效。

七、结　　语

滁河大桥采用了波形钢腹板结构，在新结构各方面特性的研究上做了更深入的研究，为今后大跨度变截面波形钢腹板桥梁的设计建造积累了经验。

波形钢腹板桥梁具有混凝土腹板梁桥没有的优点，充分发挥了各种材料的优势，并将其有机连接成整体，只要掌握了施工和设计的难点和特点，在总体设计、细节设计、动力特性和耐久性设计上进行充分的考虑，该桥型是今后桥梁向着轻质高强高效发展的一个很好的选择。若波形钢板能大规模制作后，并结合成熟的悬臂施工工艺，必定能使这种新结构在梁桥、矮塔斜拉桥等桥型上发挥更大的作用和竞争力。

参考文献

[1] Sherif A, Wael W. El-Dakhakhni, Mohamed Elgaaly. Fatigue of corrugated-web plate girders-Experimental study[J]. Journal OF Structural Engineering, September 2006:1371～1380.

[2] 波形鋼板ウェブPC橋計画マニュアル(案)[M]. 波形鋼板ウェブ合成構造研究会，1998.

[3] 李超，陆孝如，万水，余晓红. 泼河大桥的波形钢腹板PC箱梁的构造与施工[J]. 黑龙江工程学院学报(自然科学版)，2006，20(2):19-22.

[4] 孟文节，万水. 波形钢腹板PC箱梁人行桥的设计与施工[J]. 施工技术，2006，35(3):59～61.

[5] 胡旭辉，包飞，顾安邦. 大堰河桥设计和施工[J]. 施工技术，2008，(1):46～49.

[6] 朱越峰. 波形钢腹板箱梁桥受力特性分析和计算方法研究[D]. 浙江大学硕士学位论文，2007.

[7] 刘保东，陈海波，任红伟. 波形钢腹板混凝土箱梁动力特性改善研究[J]. 中国铁道科学，2008，29(3):29～33.

[8] 志道昭郎，森拓也，大山博明，依田照彦. 波形鋼板と下床版の新接合方法の提案とずれせん断力に対する挙動確認実験プレストレストコンクリートの発展に関するシンポジウム論文集，2006，15:167～172.

[9] 奥隅 豊栄.新しい構造および架設工法による波形鋼板ウェブ箱桁橋の設計・施工—新名神 杉谷川橋—[J]. Technology,EXTEC,84:16-19.
[10] 波形鋼板ウェブPC 橋設計実例集[M]. 波形钢腹板组合结构研究会, 2006.
[11] Elgaaly M,Hamilton R,Seshadri A.. Shear Strength of Beams with Corrugated Webs[J]. Journal of the Structural Division ,1996,122(4):390～398.
[12] Robert G. Driver,Hassan H. Abbas,Richard Sause. Shear Behavior of Corrugated Web Bridge Girders[J],Journal of Structural Engineering,2006, 132(2):195-203.
[13] Investigation of Two Bridge Alternatives for Low Volume Roads. Volume 2 of 2. Concept 2: Beam In Slab Bridge[R],Lowa:Lowa Department of Transportation Project Development Division and the Lowa Highway Research Board,1997.
[14] Ezzeldin Yazeed Sayed-Ahmed. Design aspects of steel I—girders with corrugated steel webs[J]. Electronic Journal of Structural Engineering,7(2007):27-40.
[15] 波形鋼板ウェブPC 橋 計画マニュアル(案)[M]. 波形鋼板ウェブ合成構造研究会,1998.
[16] 柴昶,宋曼华. 钢结构设计与计算(第 2 版)[M],北京:机械工业出版社,2006.
[17] 高橋功,内田 雅人,松本 正之,小西 哲司. PC 箱桁橋の自重低減に向けて 波形鋼板ウェブPC 橋設計施工の現況[J],川田技報,2002,21:82-85.

8. 嘉绍大桥工程建设综述

钟 海 桂炎德 宋卫国
(嘉绍跨江大桥建设指挥部)

摘 要 嘉绍大桥位于杭州湾的尖山河段并跨越强涌潮区,建设条件恶劣、施工难度大。为了不影响钱江涌潮奇观、尽量减少阻水面积,6km 的水中区引桥采用了 3.8m 直径、110 余米长的深桩基础。为适应河床深槽摆动幅度大的水文条件,主桥采用了总长 2 680m 的六塔独柱四索面分幅钢箱梁斜拉桥。结合工程实践,全面介绍了嘉绍大桥自然环境、设计、施工新技术、大桥关键技术研究等应用和实施情况,总结了强涌潮区域施工控制要素及保证措施。

关键词 嘉绍大桥 强涌潮 设计 研究 创新

一、项 目 概 况

1. 项目背景

嘉绍大桥是嘉兴至绍兴跨江公路通道项目跨越天然屏障钱塘江河口段的一座特大型桥梁。嘉兴至绍兴跨江公路通道工程是《国家高速公路网规划》"7918"网中的"一纵"——沈阳至海口国家高速公路常熟至台州并行线的主要路段,也是浙江省公路水运交通规划(2003～2020 年)"两纵、两横、十八连、三绕、三通道"中的第二个通道(见图 1)。项目起自沪杭甬高速和乍嘉苏高速交叉处的南湖枢纽,终于杭甬高速和上三高速交叉处的沽渚枢纽,全长 69.462km,其中嘉绍大桥长 10.137km,北岸接线长 42.948km,南岸接线长 16.306km。设计基准期预测交通量达 81 546 辆/日,全线按双向 8 车道高速公路标准建设。概算总投资 139.8 亿元。

嘉绍大桥东距杭州湾跨海大桥约 50km,西距杭州下沙大桥(钱江六桥)约 60km,处于杭州湾经济带的中部,北起海宁凤凰山脚的尖山围垦区,横跨钱塘江河口尖山河段,直达上虞九六丘围垦区,大桥连接浙江省嘉兴、绍兴两市以及苏锡常和浙东南地区。大桥的建设对于进一步完善我国干线公路网络,加快我国和浙江省高速公路网的建设,促进长江三角洲交通一体化等具有重要意义;同时必将对长江三角洲

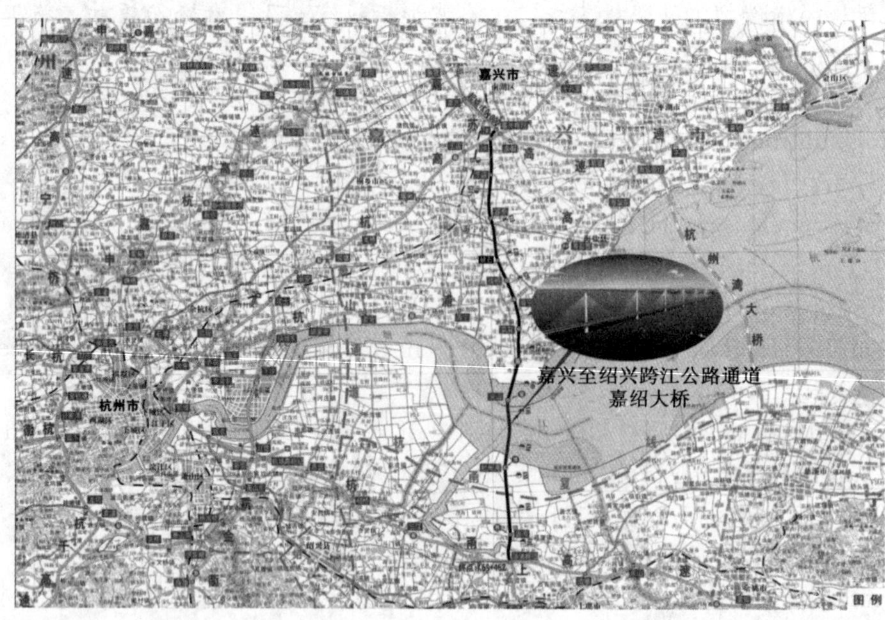

图1　嘉绍大桥地理位置图

经济一体化和产业结构调整升级起到极大的促进作用，具有显著的社会经济效益。

项目前期工作始于1993年，2000年浙江省政府第37次常务会议做出建设嘉兴至绍兴跨江公路通道工程的决定。2005年11月，国家发改委批复项目建议书；2007年12月，国家发改委批复了项目工程可行性研究；2008年10月，交通运输部批复了嘉绍大桥初步设计；项目总工期4年，于2008年12月14日开工建设，计划2012年年底建成通车。

2. 桥梁设计概况

嘉绍大桥是继杭州湾大桥后，跨越杭州湾的又一座特大型桥梁，也是嘉兴至绍兴跨江公路通道项目的关键控制性工程。桥区河床宽浅，潮强流急，涌潮汹涌，主槽摆幅大，河床冲淤变化剧烈，自然条件复杂，工程规模浩大。

大桥采用双向八车道高速公路标准建设，设计速度100km/h，设计荷载等级为公路－Ⅰ级，设计基准期100年，设计通航等级为双向通行3 000t级集装箱船。大桥主航道桥采用了70m＋200m＋5×428m＋200m＋70m＝2 680m独柱四索面六塔斜拉桥；北副航道桥采用主跨为120m变截面连续刚构桥；水中区引桥采用70m预应力混凝土箱梁，基础采用单桩独柱；陆地区引桥采用50m等截面预应力连续箱梁。概算总投资139.8亿元。建成后将成为世界最长、最宽的多塔斜拉桥(图2、图3)。

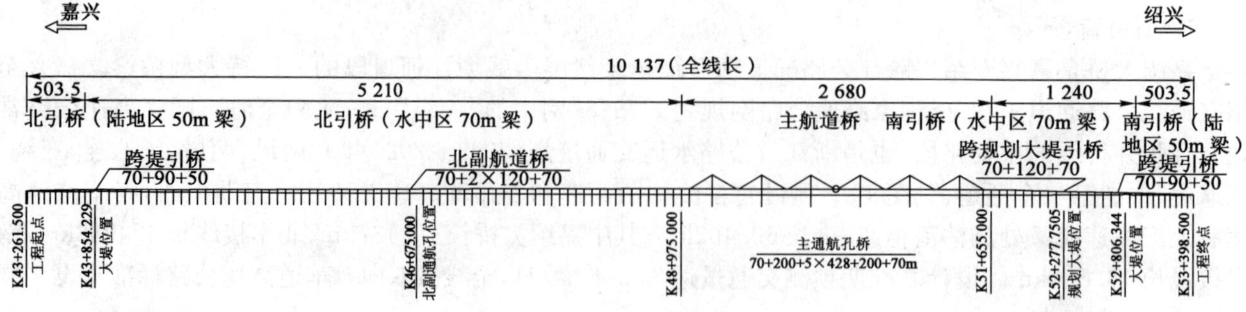

图2　桥型布置概略图(尺寸单位：m)

3. 自然条件

根据桥位区工程地质勘察、工程物探勘察、近场区与桥址区地震构造及地震危险性分析、水下地形图测绘、气象观测与风参数研究、河床演变分析、水文测验涌潮观测、潮流泥沙数模计算、水文分析计算、涌

图3　嘉绍大桥总体布置鸟瞰图

潮试验分析、桥墩局部冲刷试验、地震动参数、涌潮作用力模型试验研究、定床模型试验和通航净空标准论证、船撞力与防撞研究等专题研究成果，控制大桥建设、运营管理方面的主要自然条件特点如下：

(1)桥址区水文、地形、地质等条件十分复杂，尤其钱塘江涌潮影响特别大。涌潮汹涌，最大涌潮潮头高达2.6m；潮强流急，断面设计最大流速7.5m/s；涨落潮流路分歧，河床质为易冲易淤的细粉砂，造成河床冲淤变化剧烈，主槽摆幅达2.3km；而且高低潮位相差大，达9m左右。

(2)中、下部工程地质条件较好，有较好的持力层，基岩埋深88～129m，但浅部亚砂土易发生潜蚀和液化作用，承载力和稳定性差，易冲易淤。

(3)两岸滩涂发育，低潮位时两岸滩涂较宽、水浅(水深0～2.0m)，大型施工船机设备无法进入施工现场，施工作业条件受到限制。

(4)桥长达10km，水域作业受涌潮和水深浅影响大。

(5)为不影响举世闻名的钱塘潮，水利部门要求桥梁阻水比例需控制在5%以下。

(6)海洋性环境，受海水影响，结构容易受到腐蚀。

二、主要技术难点与特点

嘉绍大桥处于世界上建桥条件最为恶劣环境中，具有工程规模大、建设标准高、桥梁结构复杂、建设周期短、工程质量要求高等特点。大桥的主要技术难点与特点有：

(1)为有效保护钱塘潮，尽可能降低桥梁阻水面积，在水中区引桥大规模采用以ϕ3.8m超大直径钻孔灌注桩为基础的单桩独柱墩身；同时在群桩基础中采用了大埋深水下承台。

(2)为适应深槽宽达2.3km的摆幅，确保航道畅通，主航道桥采用了跨径428m的六塔斜拉桥方案，总长达2 680m；为解决长主梁温度应力问题，在跨中设置了刚性铰。

(3)北岸长达5km的水中区引桥采用了70m跨径“短线法”预制拼装连续刚构形式，为国内首创。

(4)主航道桥钢箱梁节段体积大、重量重，无法通过栈桥进行运输，只能通过船舶运输到吊装位置进行吊装。桥位处水浅流急，运输船舶必须趁潮进趁潮出，可供运梁船舶定位起吊的高平潮时间短，且六塔同时进行钢箱梁吊装作业，最多时将达到12条运梁船只同时进场定位，交通组织复杂，定位作业时间短、要求高，国内外均无先例。

1. ϕ3.8m超大直径钻孔灌注桩

在水中区引桥大规模采用的ϕ3.8m超大直径钻孔灌注桩，最长桩长超过115m，单桩最大混凝土浇筑量超过1300m^3，是目前世界一次成孔规模最大的单桩基础。同时由于采用了单桩独柱的桥墩形式，为保证结构安全，设计提出了垂直度小于1/200的严苛要求。为保证工程质量，组织了KTY-4000型钻机、APE400型振动打桩锤及200t履带吊等一批达到国际先进水平的机械设备；在消化吸收3.8m超大直径钻孔桩试桩成果的基础上，优化施工方案，调整施工工艺参数，确保了施工的顺利进行。截至目前，全桥150根桩已完成136根，已完工桩经检测均为Ⅰ类桩(图4)。

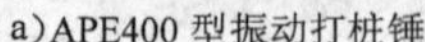

a)APE400型振动打桩锤

b)KTY-4000型钻机

图4　ϕ3.8m超大直径钻孔桩施工

2. 大埋深水下承台

同样为满足结构阻水面积不大于5%的要求，主塔直径40.6m、厚6m的承台设计顶面高程为−4.5m，处于水深10m左右的河床泥面以下。承台施工的成败取决于能否将直径43m、高26m的钢围堰准确、顺利沉放到位。面对实测最大流速达到6.65m/s的钱江涌潮，通过选择合适的下沉时机、依托施工平台和先期完成的桩基建立强大的定位导向装置、配备8台350t连续千斤顶同步下放，使围堰施工顺利完成。目前，6个主塔承台的围堰全部下放到位，并成功封底(图5)。

a)

b)

图5　主塔承台施工

3. 刚性铰

嘉绍大桥主桥长达2 680m，为解决索塔及基础的温度受力问题，在主桥跨中设置了刚性铰，通过释放主梁两端的纵向相对线位移，约束主梁转角和剪切位移，在满足受力要求的同时提高了行车的舒适性。设置刚性铰有利于减小索塔及基础的规模，控制造价，提高结构的安全度，同时又避免了在跨中设置过渡墩，降低船舶撞击的风险(图6)。

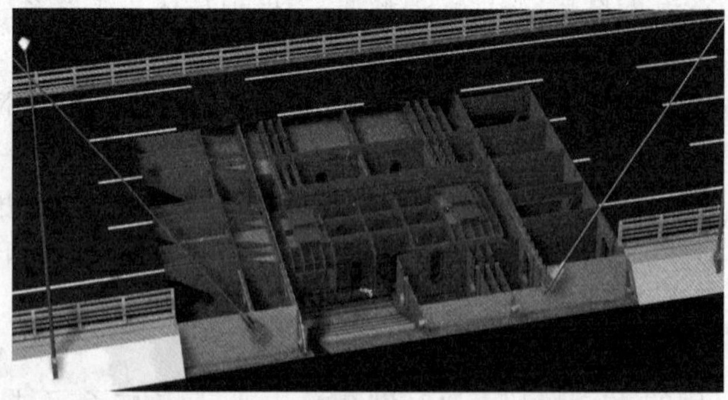

图6　主梁刚性铰构造

4. 70m"短线法"预制拼装连续刚构

北岸水中区引桥采用的70m跨径"短线法"预制拼装连续刚构，共13联66跨，2 878个预制节段，工程量大，桥型为国内首创。该方案结构复杂，标准"T"构11个节段的内部构造无一相同；施工工艺复杂，墩顶0号块安装后需二次浇筑混凝土实现墩梁固接，由于桥面较宽，0号块安装后的箱梁结构变形需采取临时施工措施加以控制；预制、安装精度要求高。为此，投入了13套全液压高精度定型钢模板，2台

JQJ2000 型架桥机，多台 0.5″级全站仪和 0.3mm 级电子水准仪，并委托了专业的施工监控单位进行精度控制，确保了工程质量(图 7)。

a)

b)

图 7 70m“短线法”预制拼装连续刚构箱梁施工

三、专题研究及科研工作情况

项目前期共完成了《嘉绍大桥安全性评估与风险评估》等 48 项专题研究。工程实施前，完成了“3.8m 大直径钻孔灌注桩工艺试桩”、“船舶适航试验”、“刚性铰模型试验”和“高性能混凝土研究”等多项试验研究，制定了《嘉绍大桥专用施工技术规范》及《嘉绍大桥专项工程质量检验评定标准》，为后续施工积累了宝贵的经验。

(1)“3.8m 大直径钻孔灌注桩工艺试桩”：研究了大直径超长桩的关键施工设备、关键施工组织和关键技术参数；通过承载力试桩确定单桩极限承载力、获得各土层及桩端持力层有关参数、测定桩基沉降和变形、验证桩端后注浆效果，为确定 3.8m 直径桩基础桩基相关设计参数提供依据。

(2)“船舶适航试验”：根据钢箱梁悬臂吊装架设要求，结合桥位处潮汐、涌潮、水流和水下地形特点，研究钢箱梁节段进行船舶运输的适航条件和时机规律，解决钢箱梁节段运输的关键技术问题，编制完成了“嘉绍大桥钢箱梁节段船舶运输定位作业指导书”，为运梁作业选择候潮锚地、航行线路、起航时机、定位方法、吊装方案和返航安排等关键技术进行验证和指导。

(3)“刚性铰模型试验”：通过 1∶4 大比例模型试验及仿真计算分析，检验刚性铰的使用性能、结构的安全性；探明在多工况下刚性铰各个构件力的传递途径和规律、刚性铰支座及伸缩缝的受力变形特点；刚性铰整体纵向变形性能、刚性铰顶板在最不利弯矩以及桥面车轮荷载组合作用下的应力分布规律；研究在往复荷载作用下刚性铰的工作性能以及支座的磨损情况。通过专题试验研究优化刚性铰构设计。

(4)“高性能混凝土研究”：重点开展强涌区混凝土配制技术和耐久性研究、桥梁超大体积混凝土温控防裂技术研究，重点关注提高混凝土施工质量的若干关键技术问题。

目前，正在开展“嘉绍大桥关键技术研究”、“刚性铰专用支座研究与开发”和“基于 GIS 的大桥测量信息动态管理系统”等课题研究。作为交通运输部行业联合科技攻关项目的“嘉绍大桥关键技术研究”，包括多塔超长斜拉桥结构体系与力学性能关键技术研究、刚性铰结构的关键技术研究、强涌潮急流河段大型桥梁下部结构关键技术研究、全寿命期安全减灾及耐久性关键技术研究等四大子课题。

四、结　语

嘉绍大桥自 2008 年 12 月开工建设以来，工程进展顺利。截至 2010 年 9 月底，全桥钻孔灌注桩已浇筑 681 根，占 97.3%(其中 3.8m 大直径钻孔桩浇筑 136 根，占 150 根总桩的 90.7%)；陆地区引桥桩基、墩身、承台已全部完成；水中区引桥已完成墩身 92 个，完成节段预制箱梁 436 个节段；桥塔已进入塔身施工阶段。

由于大桥前期论证工作充分，关键工艺控制得当；并得到了省部专家组的技术支撑，不断优化完善技术方案。目前已成功破解 3.8m 超大直径深桩施工、主墩钢围堰沉放、箱梁节段预制和安装精度控制、大体积混凝土控制等一系列施工难题，为复杂建设条件下建设特大型桥梁积累了宝贵经验。

在大桥前期论证和建设过程中得到了各级主管部门领导的热诚帮助和各有关专家的大力支持，在此一并表示诚挚的感谢！

9. 嘉绍大桥总体设计

王仁贵　孟凡超　吴伟胜
（中交公路规划设计院有限公司）

摘　要　嘉绍大桥长10.137km，其中主桥长2.68km，是世界上最大规模的多塔斜拉桥。受河床宽浅、涌潮汹涌、潮强流急、主槽摆幅大、冲淤剧烈等特殊建设条件制约，大桥在总体设计过程中采用多项新结构、新技术、新材料、新工艺，实现了桥梁技术的多项创新与突破。

关键词　嘉绍大桥　总体设计

一、工程概况

嘉绍大桥是嘉兴至绍兴跨江公路通道跨越天然屏障钱塘江河口段的一座特大型桥梁，是《国家高速公路网规划（草案）》中沈阳至海口高速公路常熟至台州并行线的重要组成部分；也是浙江省公路水运交通规划（2003～2020年）“两纵、两横、十八连、三绕、三通道”中的第二个通道（图1）。

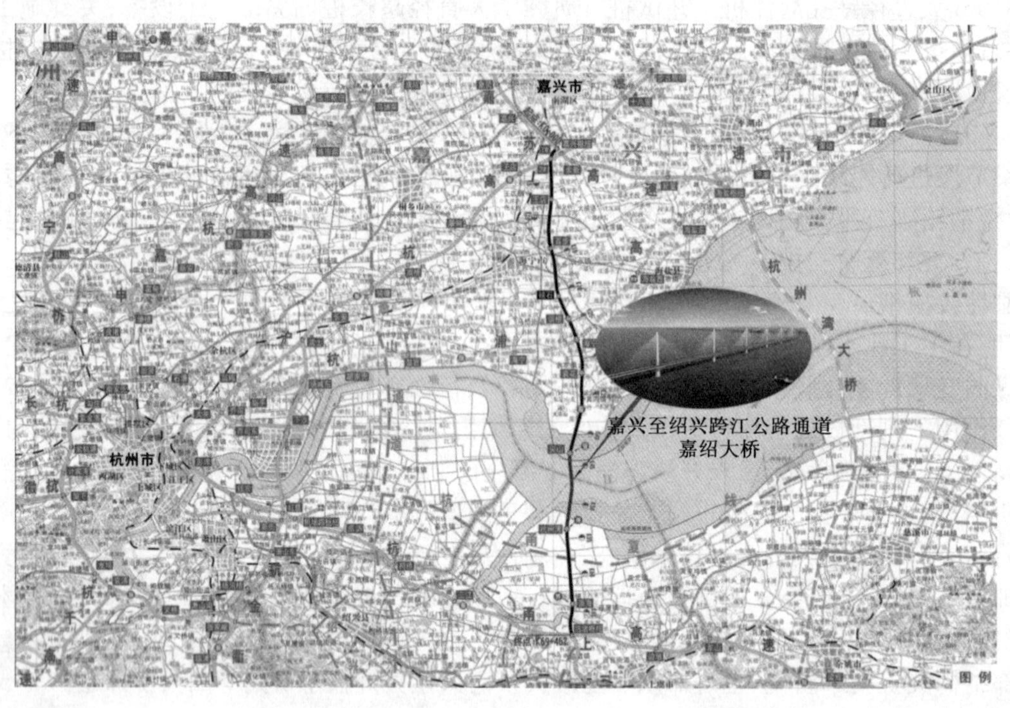

图1　嘉绍大桥地理位置图

嘉绍大桥向北接嘉兴至苏州高速公路、沪杭高速公路、杭浦高速公路，向南接上虞至三门高速公路、杭甬高速公路等，是纵贯长江三角洲南北的重要通道之一，在国家高速公路网中占有重要地位。

嘉绍大桥东距杭州湾跨海大桥约50km，西距杭州下沙大桥（钱江六桥）约60km，处于杭州湾经济带的中部，北起海宁凤凰山脚的尖山围垦区，横跨钱塘江河口尖山河段，直达上虞九六丘围垦区，总长10.137km，包括北岸陆地区引桥、北岸跨堤引桥、北岸水中区引桥、北副航道桥、中引桥、主航道桥、南岸水中区引桥、南岸跨堤引桥、南岸陆地区引桥及交通工程等。

大桥前期工作过程中，围绕建设条件、施工方案、关键构造、关键工艺、水上运输方案等开展了40多项专题研究和论证，为大桥建设方案的确定提供了科学依据和奠定了坚实的基础。

二、主要技术标准

嘉绍大桥采用的主要技术标准如下：

(1)公路等级：双向八车道高速公路，桥梁宽度为 40.5m，即右侧护栏 2×0.5m，紧急停车带 2×3.00m，行车道 2×(4×3.75)m，左侧路缘带 2×0.75m，中央分隔带 2.0m。

(2)设计速度：100km/h。

(3)最大纵坡：≤ 4%，桥面横坡：2%。

(4)汽车荷载等级：公路—Ⅰ级。

(5)地震基本烈度为Ⅵ度。

(6)抗风设计标准：常水位 10m 高处百年一遇 10min 最大平均风速为 39.3m/s。

(7)最高通航水位高潮位 7.36m(1985 国家高程基准)。通航净空尺度见表 1。

通航净空尺度一览表 表 1

航道名称		代表船型	航道类型	通航净空尺度	
				净宽(m)	净高(m)
主航道	主通航孔	3 000t 级集装箱船	双向	335	32.5
			单向	180	32.5
	边通航孔	1 000t 级集装箱船	单向	160	25.5
北副航道		500t 级杂货船	单向	66	13.5

(8)船舶撞击力标准：大桥船舶撞击力见表 2。

船舶撞击力标准 表 2

桥墩	横桥向船撞力(MN)	桥墩	横桥向船撞力(MN)
主通航孔主墩	35.0	副通航孔主墩	9.5
主通航孔辅助墩	14.9	副通航孔过渡墩	8.8
主通航孔过渡墩	12.3	非通航孔	3.52

注：①表中为未设置防撞设施前的船舶撞击力；
②顺桥向船舶撞击力取横桥向的 50%。

(9)设计基准期：100 年。

(10)其他技术指标按交通部颁《公路工程技术标准》(JTG B01—2003)执行。

三、自 然 条 件

1. 气象特征

桥址处的气象特征为四季分明、雨量充沛、温暖湿润。年均气温 16℃左右，极端最高气温 40.0℃左右，极端最低气温−12.4℃，最冷月(1 月)平均气温 3.8℃，最热月(7 月)平均气温 28.7℃。年均降雨量为1 485mm，年最大降水1 949mm，年最少降水 975mm。年平均相对湿度约 80%。年平均风速 2.7m/s，实测最大风速为 19m/s，桥位处离常水位 10m 高处百年一遇最大风速 39.3m/s。主要灾害性天气有热带气旋、台风、冰雹、龙卷风、雾、雷、暴雪、暴雨等。

2. 水文特征

钱塘江河口尖山河段河床宽浅、潮强流急、涌潮汹涌。桥区水域涨落潮流路分歧，河床底质颗粒较细，加上上游来水丰、枯变化，河床变化剧烈。钱塘江河口潮汐属半日潮港性质。2003 年 5 月桥址断面短期观测情况，观测期实测最高潮位 5.45m，平均高潮位 4.02m；最低潮位−3.15m，平均低潮位−2.41m；最大潮差 8.59m，平均潮差 6.44m。2007 年 9 月桥位断面连续半个月段多点观测表明，测点最大涨潮流速为6.65m/s,垂线平均最大流速为5.37m/s,测点最大落潮流速为4.40m/s,垂线平均最大流速为3.70m/s;落潮流历时又显著地长于涨潮流历时,落潮流历时在7小时29分至8小时39分之间,涨潮流历时仅在3小时28分至4小时56分之间;桥址断面流速的平面分布总体上以涨潮流北强南弱、落潮流南强北弱为特征。

尖山河段是举世闻名的钱塘江涌潮生成、成长的水域。在现势地形条件下,桥址断面上涌潮出现的时间呈先北后南的特征,在大潮汛时,涌潮潮高可达2.6m。桥址断面水体含盐度高低随潮汛大小相应发生变化,大潮期断面含盐度最高为7.408‰,中潮期最高为7.225‰,小潮期为6.348‰。

桥址南岸规划线实施后,南股涨潮流会沿南岸上溯,预测在走南河势下的桥位断面形态见图2;当桥位上游河势发生分汊时,深泓会有所摆动,桥位断面预测形态见图2。

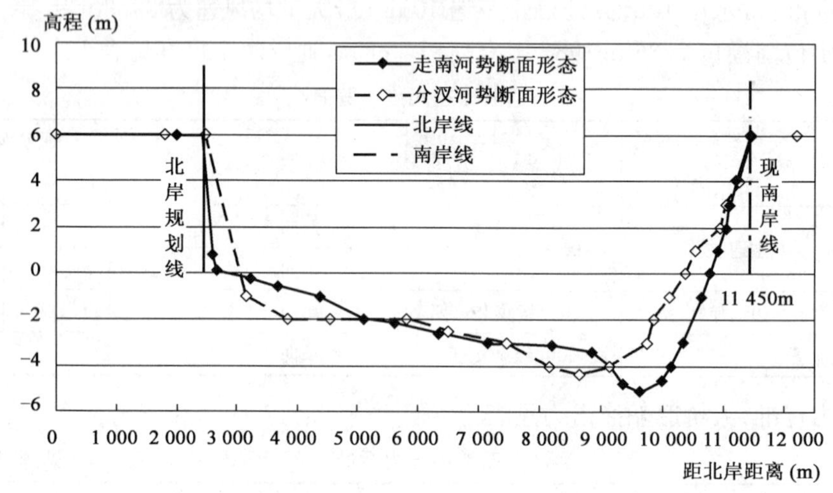

图2 预测南岸实施规划线后桥位断面形态图

3. 工程地质及地质构造

(1)桥址处两岸均有滩涂发育,北岸滩涂宽约3km,南岸滩涂宽约1.5km,河床呈不对称U形分布,河床底最低高程约−5m。

(2)桥位区域、场地稳定性较好,未发现全新活动断裂发育迹象,适宜建桥。

(3)桥位区抗震设防烈度为6度,设计基本地震加速度值为0.05g;场地土类型为软弱场地土,建筑场地类别为Ⅳ类。

(4)桥址区地层岩性上部为较厚的第四纪松散沉积物地层,下伏白垩系下统(K_1)泥质粉砂岩、砂砾岩风化层,自上而下为:冲海积黄色~黄灰色亚砂土、粉砂,松散~中密,厚度10.90~26.50m。冲湖积、冲海积淤泥质亚黏土、软塑状亚黏土,厚度16.20~23.00m。灰黄色粉砂、细砂夹亚黏土、亚砂土,厚度4.50~17.20m。冲湖积亚黏土、黏土、冲积相灰色密实粉细砂,厚2.00~17.60m。冲积相细砂、中粗砂、圆砾、卵石,厚度24.40~45.00m。白垩系下统(K1)岩性为泥质粉砂岩、砂砾岩风化层,顶板埋深101.40~129.20m,顶板高程−131.52~−102.31m,南浅北深。

四、主要工程特点

(1)工程规模大、建设标准高。桥长达10km多,按双向8车道高速公路标准建设。

(2)自然条件差。水文、气象和工程地质条件复杂,尤其是桥区水文条件十分复杂,钱塘江涌潮影响特别大。涌潮汹涌,最大涌潮潮头高达2.6m;潮强流急,断面设计平均流速7.5m/s;涨落潮流路分歧,河床质为易冲易淤的细粉砂,造成河床冲淤变化剧烈,主槽摆幅达2.3km;而且高低潮位相差大,达9m左右。中、下部工程地质条件较好,有较好的持力层,基岩埋深88~129m,基岩面以上普遍存在一层9.2~29m厚的卵石层;但浅部亚砂土易发生潜蚀和液化作用,承载力和稳定性差,易冲易淤,其下分布有一薄层含有机质的密实粉细砂。

(3)施工条件差,制约因素多。两岸滩涂发育,低潮位时两岸滩涂较宽、水深不到 2m,水域作业受涌潮和水深浅影响大。大型施工船机设备无法进入施工现场,施工作业条件受到限制。

(4)建设工期紧。根据工可批复,工期仅 4 年,而桥区水域年有效作业时间仅 120 天,北岸 5km 水中区引桥仅一个工作面。

(5)结构耐久性要求高。大桥处于海洋性环境,受海水影响,结构容易受到腐蚀。

五、总体设计原则

由于大桥建设环境十分特殊,大桥技术含量高,建设难点多,因此,在大桥总体设计时,尤其是桥型方案选择时,充分考虑大桥的建设条件和工程特点,提出以下总体设计原则:

(1)贯彻“安全、实用、美观、经济、环保”的技术方针,积极采用新技术、新工艺、新材料和先进设备,因地制宜地选择工程方案,最大限度地减小下部及基础规模,简化施工工序,减小结构阻水面积,降低施工风险和工程造价。

(2)将大型化、工厂化、装配化的预制安装方案作为研究、确定大桥桥型方案的指导思想,有针对性地开发或引进适合本桥建设特点的大型起吊及安装架设设备。

(3)重视景观设计,力求总体平、纵线形完美结合、结构造型新颖独特,对涌潮的影响降到最低限度。

(4)工程方案选择应充分考虑施工条件,充分重视施工方案研究和施工组织设计,以提高工效,缩短施工工期。

(5)根据桥位处特定的建设条件,采取相应的结构安全措施和施工安全对策,确保大桥建设安全和桥梁使用期间安全。

六、总 体 设 计

嘉绍大桥总体设计时须考虑以下控制因素:主航道与北副航道的通航要求、深槽宽度与摆幅、结构阻水率≤5%、对涌潮影响降到最低、海堤、桥台填土高度等。同时须解决好以下技术难点:(1)克服恶劣水文条件给大桥施工带来的影响,降低施工风险。(2)建设工期 4 年,建设环境特殊,滩涂和涌潮加大了施工组织难度。(3)保护钱江涌潮,结构阻水面积≤5%,给设计、施工带来了很大难度。(4)深槽摆幅很大,需要采用 428 m 跨中带刚性铰的六塔斜拉桥方案,以满足通航要求。

1. 平面线形设计

大桥平面线形设计主要控制因素:与两岸接线的衔接点、两岸现状及规划大堤、北副航道的习惯航道、主航道、水域流场分布、路线线形指标等。

根据嘉绍大桥水文数值模型补充计算的涨、落急流矢图以及测流成果,对桥轴线进行了适当调整,以使其与水流基本垂直,见图 3。

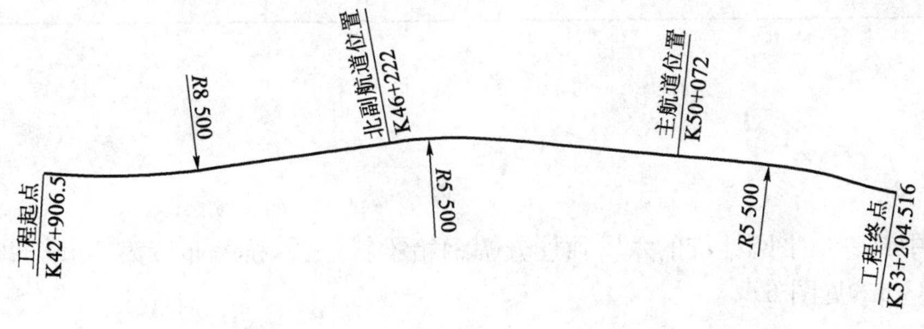

图 3 大桥平面线形

2. 纵断面线形设计

大桥纵断面线形设计的主要控制因素有：两岸接线路基填土高度、两岸规划大堤堤顶行车净空、主航道通航净高、北副航道通航净高、水域设计高潮位、波浪高度、涌潮的潮头高度等，同时在主航道桥考虑到河床变迁带来主槽摆动的幅度和主槽宽度等因素，见图4。

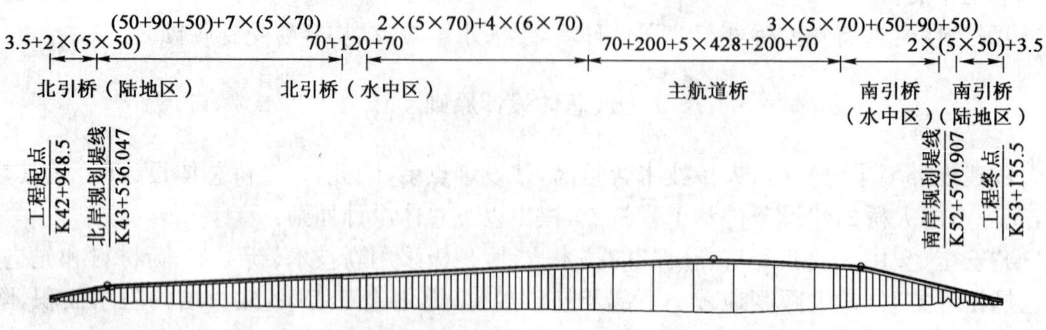

图4 大桥纵断面线形

3. 大桥桥跨布置

综合考虑各控制因素和功能要求，大桥桥跨布置见图5和表3。

嘉绍大桥桥型总体布置一览表 表3

位 置	起讫桩号(m)	工程长度(m)	桥跨布置(m)	结构形式	规 模
北引桥(陆地区)	K43+261.500～K43+765.000	503.5	3.5+2×(5×50)	预应力混凝土连续箱梁	10孔50m梁
北引桥(水中区)	K43+765.000～K48+975.000	5 210	(50+90+70)+4×(5×70)+3×(5×70)+(70+2×120+70)+5×(5×70)+(6×70)	预应力混凝土连续刚构	66孔70m梁+跨堤引桥+北副航道桥
主航道桥	K48+975.000～K51+655.000	2 680	70+200+5×428+200+70	分幅独柱型六塔斜拉桥	六塔斜拉桥
南引桥(水中区)	K51+655.000～K52+895.000	1 240	7×70+(70+120+70)+(4×70)+(70+90+50)	预应力混凝土连续刚构	11孔70m梁+跨规划大堤引桥+跨大堤引桥
南引桥(陆地区)	K52+895.000～K53+398.500	503.5	2×(5×50)+3.5	预应力混凝土连续箱梁	10孔50m梁

七、结 构 设 计

1. 主航道桥

(1)桥型布置

主航道桥采用中跨跨中带刚性铰的六塔独柱分幅钢箱梁斜拉桥，桥跨布置为70m+200m+5×428m+200m+70m=2 680m，见图6。

(2)索塔及基础

独柱型索塔总高度为169.964～173.174 m。为增加索塔景观效果，索塔顶部设置塔冠，高9.00m。根据受力和总体刚度需要，索塔设置箱形 断面"X"形支承托架见图7。

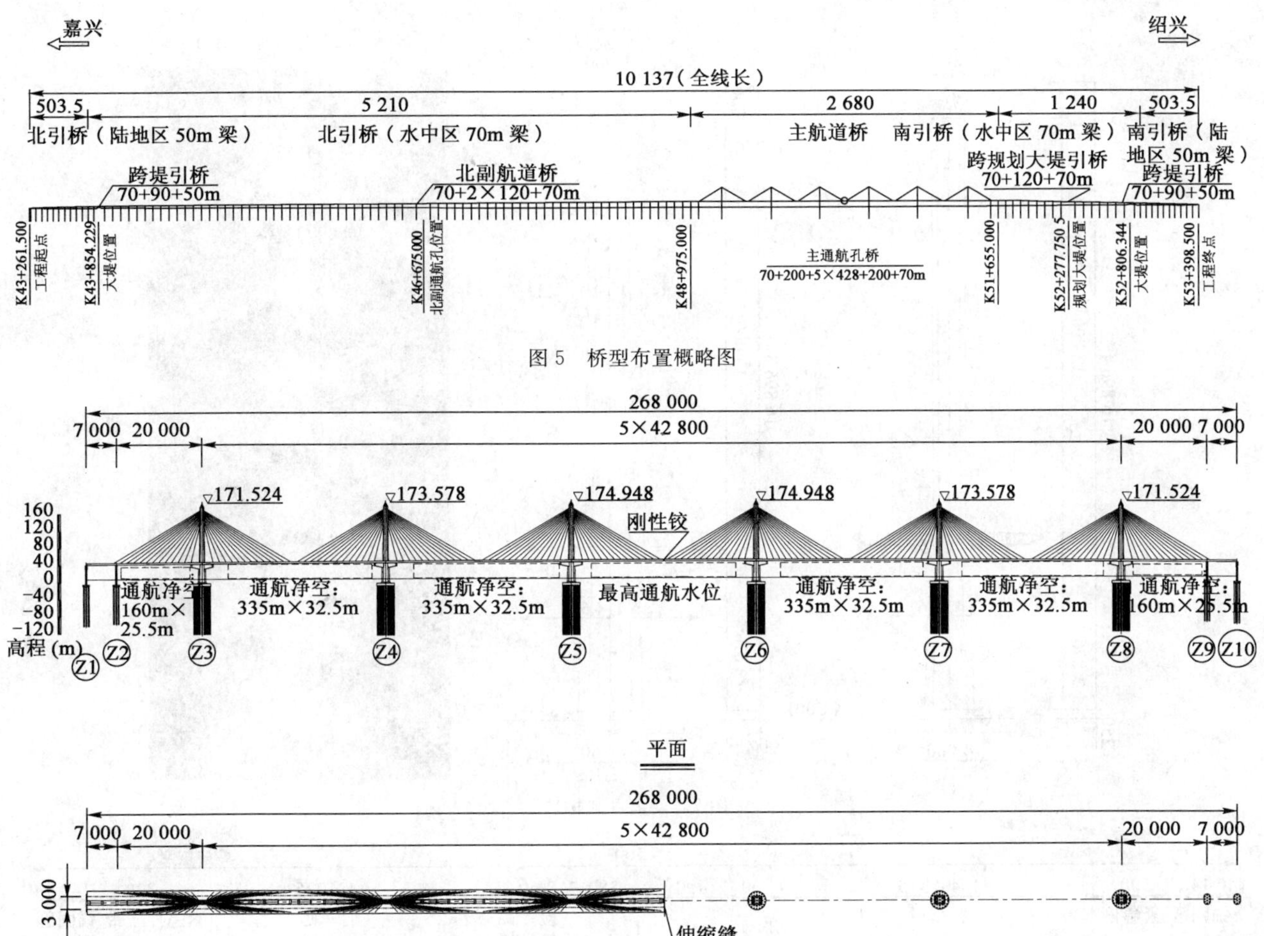

图 5　桥型布置概略图

图 6　主航道桥桥型布置图(尺寸单位:cm)

(3)过渡墩与辅助墩

过渡墩与辅助墩均采用独柱形墩身,墩顶设横梁的 T 字形结构,以提高抗船撞能力和景观效果。

(4)主梁

主梁采用分幅形式,单幅主梁为抗风性能好、整体性强、造型美观的封闭式流线形钢箱梁,两幅主梁中心间距 30m,净距 9.8m。箱梁外侧设置风嘴,内侧设置斜拉索检修道。梁高 4.0m,单幅梁宽 24m,两幅梁总宽 55.6m。全桥每隔 60m 设置一道 3m 宽的箱形横梁,箱形横梁之间对应横隔板位置设置一道工字形小横梁,见图 8。

嘉绍大桥主梁连续长度达 2 680m,为解决长主梁的温度变形问题,全桥在两个中塔之间的主梁跨中位置设置伸缩缝,伸缩缝处钢箱梁内部设置刚性铰构造。刚性铰释放钢箱梁两端的纵向相对位移,约束主梁两端的竖向、横向及转角相对变形。受力上刚性铰不承受两端主梁的轴力,但是能承受主梁竖向弯矩剪力、侧向弯矩剪力以及扭矩,见图 9。

(5)斜拉索

斜拉索为四索面,采用 1 670MPa 平行钢丝,塔端和梁端均采用钢锚箱构造。张拉端设在梁端,但为了便于调索,塔端亦具备张拉条件。在塔端四索面共用一个锚箱,见图 10。

(6)主航道桥效果图

独柱索塔方案整体立意新颖且富有丰富的文化内涵,造型美观、独具一格,整体造型气势磅礴,建筑风格与江南水乡独有的地域情怀相呼应,见图 11。

2. 北副航道桥

(1)桥型布置

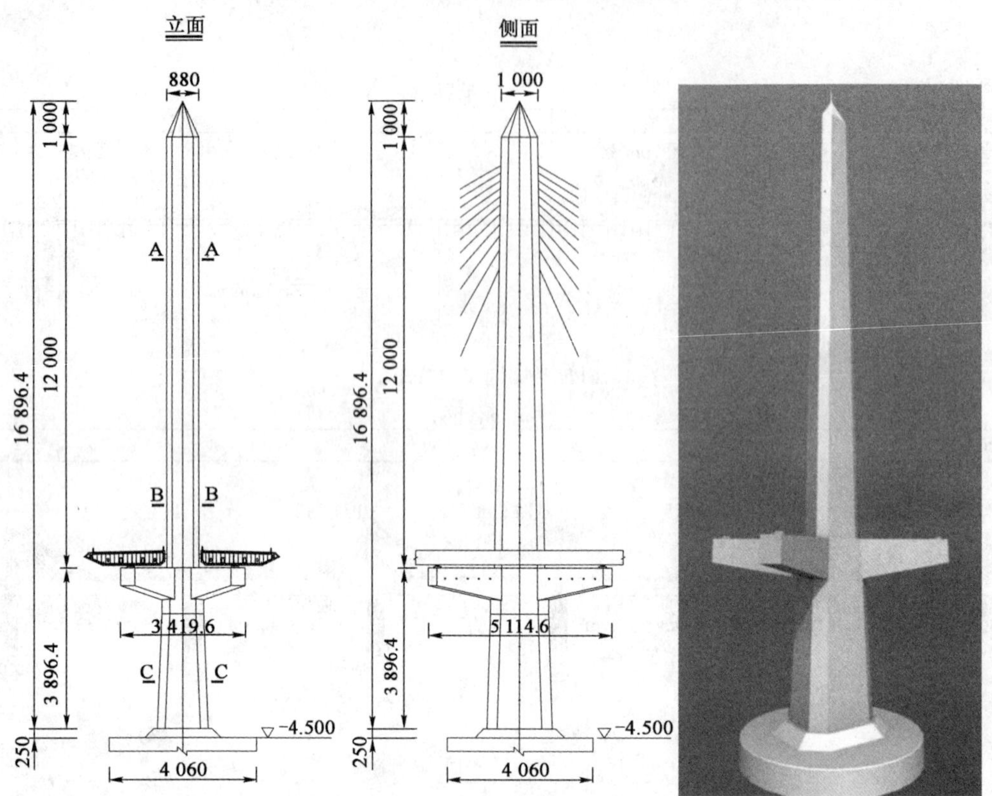

图7 索塔一般构造

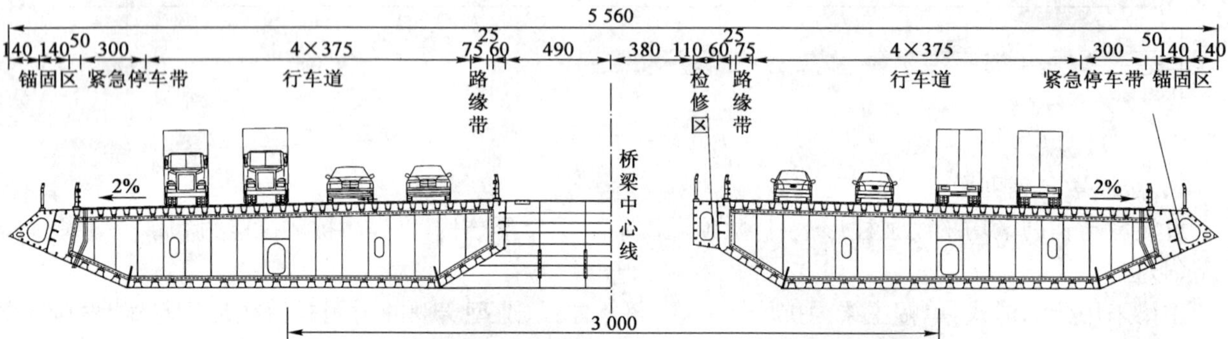

图8 分幅钢箱梁一般构造(尺寸单位:cm)

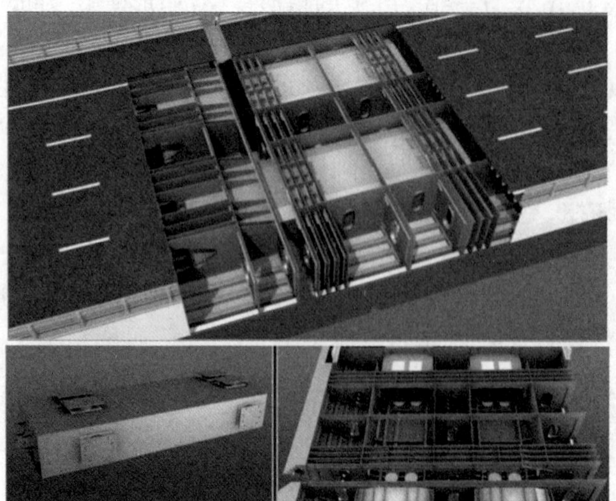

图9 刚性铰效果图

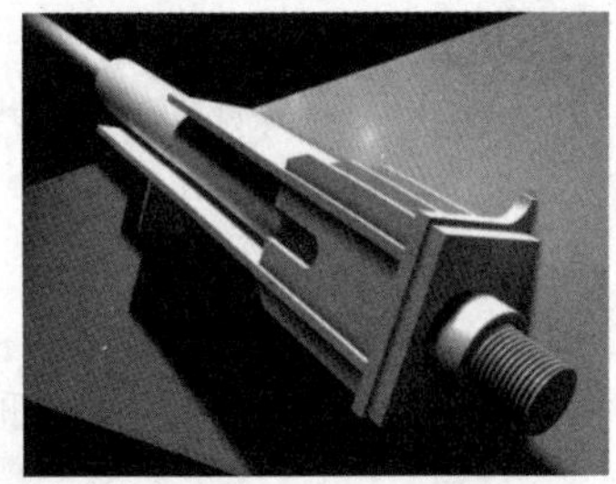

图 10　斜拉索塔端与梁端钢锚箱构造

图 11　主航道桥效果图

在水中区北引桥区间设置北副航道桥。为与两侧的 70m 跨径水中区引桥协调相接，并满足 66×13.5m 的双向通航净空，同时亦考虑经济性等方面的要求，桥跨布置设计为 70m＋2×120m＋70m 变截面预应力混凝土连续刚构，见图 12。

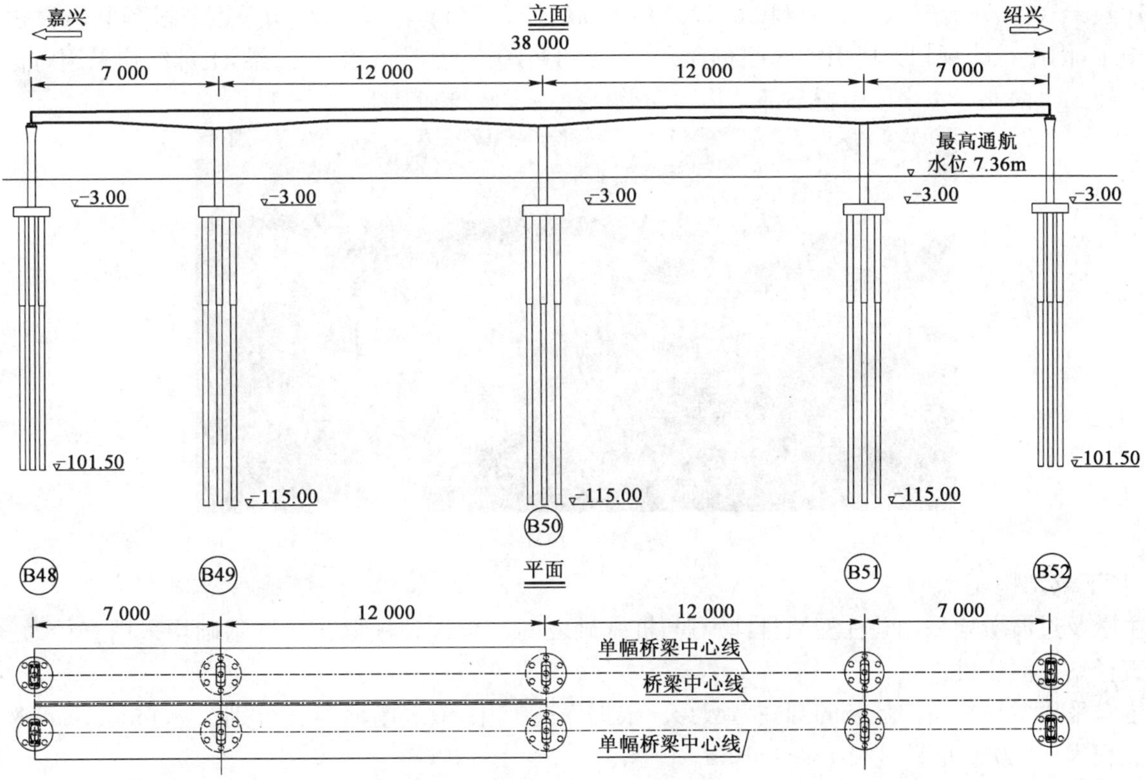

图 12　北副航道桥桥型布置图(尺寸单位:cm)

(2)下部结构

主墩采用墩顶横桥向展开的实心片墩,墩身断面为倒圆角的矩形断面。过渡墩采用墩顶双向展开的实心片墩,墩身断面为倒圆角的矩形断面。

(3)上部结构

上部结构为变截面预应力混凝土连续刚构,箱梁横向采用单箱双室斜腹板截面型式,分左右两幅布置。每幅箱梁顶宽为19.8m。箱梁由主墩墩顶处6.8m梁高过渡到跨中或梁端附近4.0m梁高,见图13。

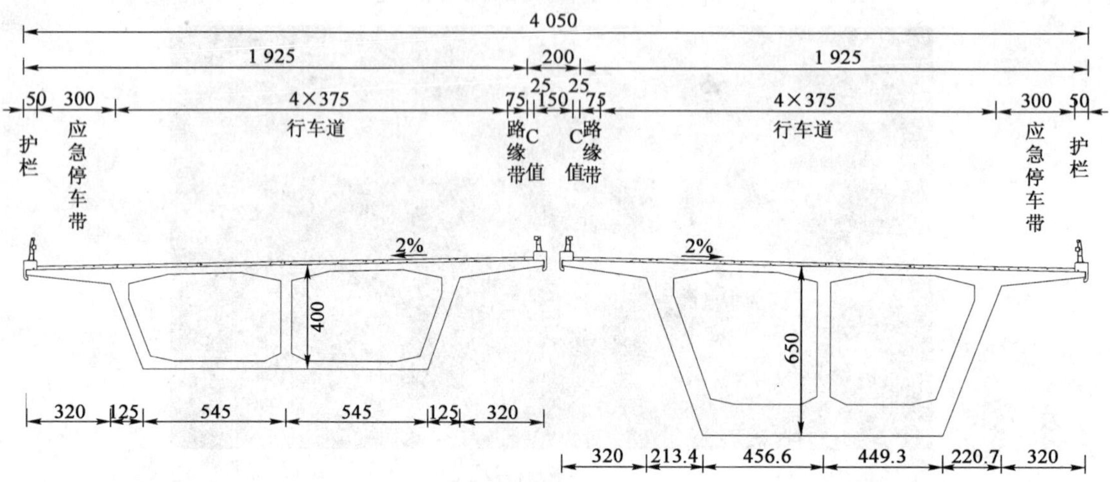

图13 北副航道桥上部结构一般构造

3. 水中区引桥

南、北岸水中区引桥为70m跨径的等截面预应力混凝土连续刚构,北岸在北副航道桥两侧布置4×(5×70)、3×(5×70)、5×(5×70)和(6×70)共13联66孔70m梁,上部结构采用节段预制悬臂拼装法进行施工,南岸在跨规划大堤引桥两侧布置7×70和4×70共两联11孔70m梁,上部结构采用对称悬臂现浇法施工。南北岸水中区引桥下部结构均为单桩独柱式墩身和基础,见图14。

图14 水中区引桥效果图

(1)下部结构

主墩及过渡墩均采用独柱型墩身,墩身与桩基础之间为单桩独柱形式。桩基础均采用直径为3.8m的大直径钻孔灌注桩。

主墩采用墩顶横桥向展开的圆柱型墩身。根据墩高变化,墩底断面直径分别为3.6m、3.4m、3.1m。桩顶高程为−3.0m,单桩桩长114~110m。

过渡墩采用墩顶双向展开的圆柱型墩身,根据墩高变化,墩底断面直径分别为3.6m、3.4m、3.1m。单桩桩长112~110m,见图15。

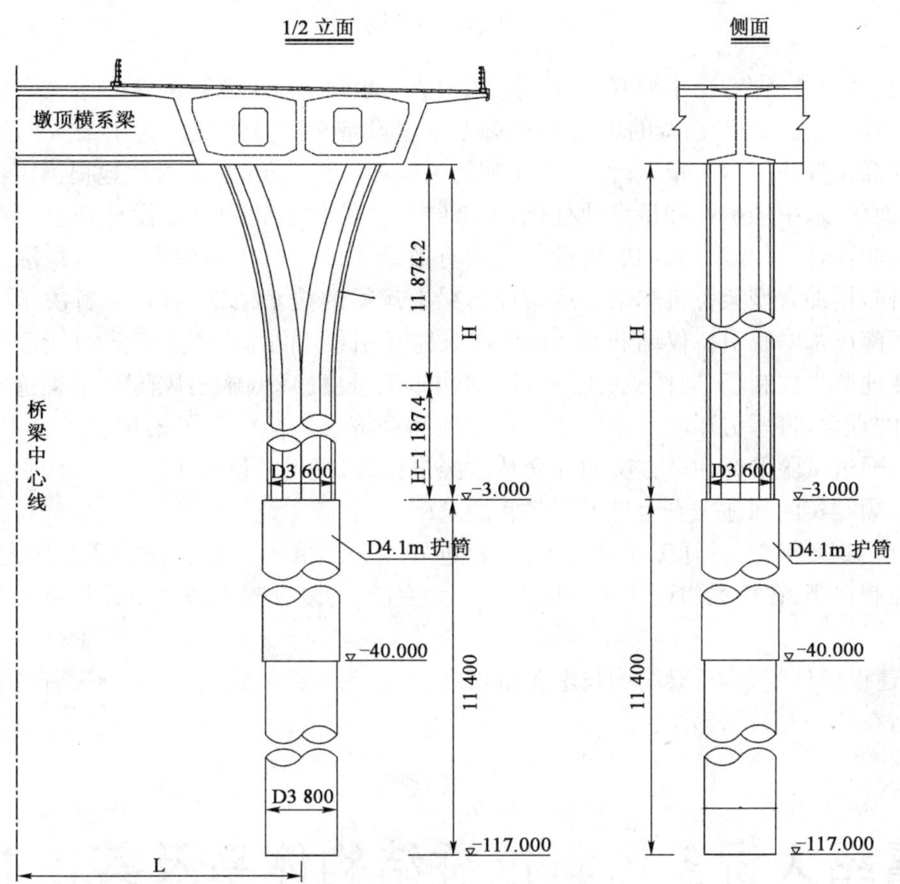

图 15 水中区引桥单桩独柱下部结构一般构造

(2)上部结构

箱梁采用单箱双室斜腹板箱梁形式。梁高为 4.0m,箱梁顶板宽 19.80m,底板宽 10.9m。在两幅桥中间墩墩顶处箱梁间设置横向系梁连接,使两幅桥形成横向横框架,以增加桥梁上下部整体结构的横向整体性和稳定性。

4. 陆地区引桥

在南、北岸大堤外设置陆地区引桥,考虑经济性等方面的要求,桥跨布置设计为 2 联 5×50m 等截面预应力混凝土连续梁型式,见图 16。

图 16 陆地区引桥效果图

八、结　　语

嘉绍大桥自然条件复杂，受水域潮大、流急、风浪大、汹涌澎湃涌潮等特殊的水文、气象条件制约，水域年有效作业时间不到120d，独特的水文条件对大桥建设带来严重挑战。为了最大限度地减少水上作业的工作量，提高工效和工程质量，降低工程实施的风险和工程造价，有针对性地提出了借助施工栈桥实现水上施工陆地化、水中区引桥和桥塔独柱化、上部结构尽量预制化的总体设计理念。对北岸长达5km的浅滩区，似水非水，似岸非岸，大型船机设备无法有效地为该区域桥梁建设服务，采取了借助栈桥施工基础和下部结构，借助大型架桥机和梁上运梁设备梁上运梁的技术措施，有效地解决了控制大桥建设的瓶颈难题；对于南岸水中区引桥仅两联共11跨70m跨径引桥，采用了经济成熟的挂篮对称悬臂拼装的方案，最大限度地减少预制场、架桥机的投入，以加快施工进度、降低施工风险和工程造价。总体贯彻了施工决定设计的理念，将恶劣环境下结构的可实施性和经济合理性放到了结构设计之上，牢牢树立了风险控制的意识，通过试验研究和多方案的综合技术经济比较，提出并设计了因地制宜、切实可行的桥梁方案，为确保工程顺利实施和施工安全打下了坚实的基础。

嘉绍大桥自2008年12月开工建设以来，工程进展顺利。由于大桥前期论证工作充分，设计原则正确，关键工艺控制得当，在桥梁建设技术上取得了重大突破，为复杂建设条件下建设特大型桥梁积累了宝贵经验。

嘉绍大桥建设条件复杂，桥梁结构技术含量很高，能走到今天的程度，无不凝聚着各方面专家和领导的智慧和心血，在此一并表示感谢！

10. 嘉绍大桥多塔斜拉桥结构体系及其性能研究

王仁贵　林道锦　孟凡超　吴伟胜　林　昱

（中交公路规划设计院有限公司）

摘　要　嘉绍大桥主航道桥采用分幅四索面六塔钢箱梁斜拉桥方案，桥跨布置为70m＋200m＋5×428m＋200m＋70m＝2 680m，按双向八车道高速公路标准设计，是目前世界上规模最大的多塔斜拉桥。如何提高整体竖向刚度和满足索塔受力要求是结构设计的关键。通过索塔设置X托架，索塔两侧主梁设置双支座，提高了多塔斜拉桥主梁竖向刚度及改善了索塔受力。通过主梁设置刚性铰构造，解决了长主梁温度变形引起的索塔受力问题。

关键词　多塔斜拉桥　刚性铰　X形托架　纵向双支座

一、概　　述

嘉绍大桥所处的钱塘江水域建设条件特殊，为适应河床摆幅的要求，主航道桥采用70m＋200m＋5×428m＋200m＋70m＝2 680m的六塔斜拉桥，见图1。

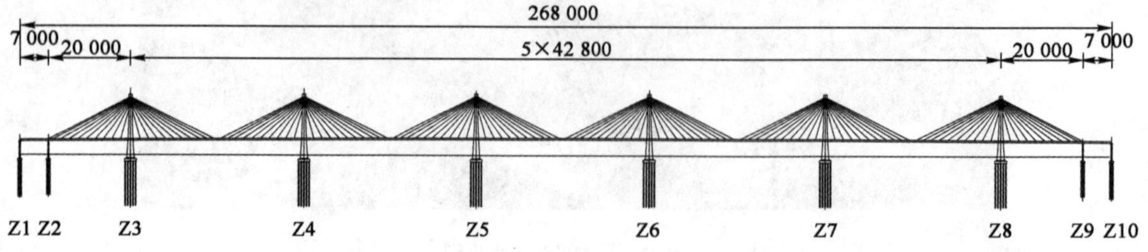

图1　嘉绍大桥桥跨布置示意图（尺寸单位：cm）

多塔斜拉桥与常规斜拉桥结构受力的不同主要表现为中间塔两侧均无辅助墩和过渡墩，不能对主梁和索塔刚度提供有效帮助，并使结构各个响应的活载影响线幅度和范围增大，各个构件的活载效应变大。另外，嘉绍大桥按双向八车道高速公路标准建设，多塔斜拉桥活载受力问题显得更加突出。如何提高主梁竖向刚度是嘉绍大桥多塔斜拉桥结构设计的关键之一。

嘉绍大桥主航道桥主梁连续长度达 2 680m，同时为尽可能减小基础规模，减少阻水面积，采用独柱型索塔，塔底截面尺寸为 18m×14m，主梁中心到承台顶的距离 50m 左右。在本桥特定的结构体系和索塔形式下，主梁和斜拉索等构件较大的温度变形将影响结构的合理性与安全性。

针对上述特点和建设条件的特殊性，嘉绍大桥主航道桥方案设计对多塔斜拉桥结构体系进行了深入的研究。

二、提高多塔斜拉桥主梁竖向刚度措施

传统提高多塔斜拉桥主梁竖向刚度的途径主要有以下几种：采用大尺度索塔形式，提高索塔自身承载力，并提高主梁竖向刚度；索塔之间张拉辅助索，将索塔联动起来，协同受力。

1. 采用大尺度索塔形式

采用大尺度索塔形式可直接改善多塔斜拉桥的结构体系，但索塔和基础规模的增加势必增加整座桥梁的造价，因此，这种方式经济合理性较差。另外由于嘉绍大桥桥位处建设条件特点是“河床宽浅、潮强流急、涌潮汹涌”，大规模的索塔和基础结构不仅给施工带来困难，而且对水文环境的影响也较大，不符合嘉绍大桥结构设计的基本原则。

2. 设置辅助索

索塔之间设置辅助索是提高多塔斜拉桥刚度和稳定性的方法之一，例如我国香港的汀九桥。嘉绍大桥施加塔间辅助索效果并不理想，其主要原因：①辅助索只能对中间部分索塔提供约束，不能对全部索塔进行约束；②辅助索两端均固定在内侧刚度较小的索塔上，不能给辅助索提供有效的刚度支持；③斜拉索提供的刚度和索塔自身刚度相比较很小；④由于垂度效应，斜拉索的刚度要通过初张力来保证，而辅助索初张力需要由索塔自身来平衡，索塔的承载能力决定了辅助索初张力上限，因此，辅助索提供的刚度受到限制而难以满足要求。

3. 索塔处设置纵向双排支座

根据嘉绍大桥的结构特点，提出索塔采用 X 形托架，并对主梁设置纵向双排支座，将主梁和索塔之间的相对转动自由度加以约束来改善多塔斜拉桥受力，见图 2。

图 2 主梁纵向双排支座

传统半漂浮体系斜拉桥主梁在索塔处仅设置单排支座，提供对梁的竖向支撑，主梁采用纵向双排支座后，塔不仅对梁提供了竖向约束，还对梁提供了转动约束。两种受力体系相比，采用纵向双排支座体系在活载作用下由主梁传递到上塔柱的荷载比例下降了，因此，上塔柱的受力可得到缓解，同时主梁的刚度也得到了显著提高。具体比较情况见表 1 和表 2。

单排支座体系和双排支座体系主梁竖向刚度比较　　表 1

荷载	结构响应	模型	正挠度	负挠度	挠度和	
活载	主梁跨中竖向变形(m)	双排支座	0.334	0.530	0.864	$L/495$
		单排支座	0.458	0.669	1.127	$L/379$

单排支座体系和双排支座体系索塔内力对比(单位：10^6kN·m)　　表 2

塔编号	1 号塔		2 号塔		3 号塔	
结构体系	单排支座	双排支座	单排支座	双排支座	单排支座	双排支座
中塔柱根部纵向弯矩	2.16	1.96	2.26	1.62	2.17	1.96
塔底纵向弯矩	3.02	2.77	3.20	2.59	3.11	2.82

注：①表中最不利组合不考虑恒载内力；
②塔编号 1～3 为从外侧向内侧编号。

三、长主梁温度受力问题

1. 主梁不设刚性铰的结构分析

表 3 给出了主梁连续不设置刚性铰结构体系下，外侧索塔控制截面的持久状况承载能力极限状态强度验算结果见表 4。

正常使用状态短期作用下最不利组合裂缝验算表　　表 3

控制截面	$N(10^5$kN)	$M_y(10^6$kN·m)	$M_z(10^4$kN·m)	束筋排数	计算裂缝(mm)	$[w_f]$(mm)
托架以上 20m	−3.12	−2.20	−3.80	7/3	0.185	0.20
中塔根部	−3.47	−2.69	−4.48	7/3	0.188	
塔底	−5.90	−3.36	−1.01	6/4	0.138	0.15

承载能力极限状态最不利组合承载力验算表　　表 4

控制截面	成分	$N(10^5$kN)	$M_y(10^6$kN·m)	$M_z(10^4$kN·m)	束筋排数	抗力(10^5kN)	安全系数
托架以上 20m	M_{ymax}	−3.86	−2.42	−7.98	7/3	6.66	1.57
中塔根部	M_{ymax}	−4.28	−2.95	−9.41	7/3	9.49	2.02
塔底	M_{ymax}	−6.63	−3.89	−21.2	6/4	25.3	3.47

由表 3 计算结果可见，由于外侧索塔控制在最不利荷载组合下存在较大的内力，在放宽索塔控制截面裂缝控制要求，即上塔柱裂缝宽度不大于 0.2mm，下塔柱裂缝宽度不大于 0.15mm 情况下，塔柱即使采用 ϕ40 束筋，索塔控制截面上缘受力钢筋配筋也要求达到 7 排束筋，结构构造上难以实现。

2. 主梁设置刚性铰

为解决索塔及基础的温度受力问题，嘉绍大桥设计提出在全桥主梁跨中设置刚性铰构造，见图 3，将解决方案由下部结构转变到上部结构。

图 3　主梁刚性铰构造

刚性铰释放主梁两端的纵向相对线位移，约束主梁转角和剪切位移，在满足受力要求的同时又确保了行车的舒适性。与前面几种构造处理方法相比，设置刚性铰有利于减小索塔及基础的规模，控制造价，提高结构的安全度。同时又避免了在跨中设置过渡墩，降低船舶撞击的风险。

由于刚性铰释放了主梁在主桥跨中处的相对纵向变形，使得外侧索塔的温度受力大大降低，具体计算结果见表5、表6。

设置刚性铰与不设置刚性铰最不利组合下索塔内力应力对比 表5

塔号	控制截面	是否设铰	内力和应力值比较			
			纵向剪力 F_z(10^4kN)	纵向弯矩 M_y(10^6kN·m)	名义拉应力(MPa)	名义压应力(MPa)
1	托架以上20m	设铰	1.70	1.44	3.51	−15.15
		不设	2.71	2.40	9.10	−21.05
2	托架以上20m	设铰	1.49	1.31	2.76	−13.70
		不设	2.16	1.90	5.97	−17.85
3	托架以上20m	设铰	1.79	1.57	4.28	−15.35
		不设	1.65	1.46	3.09	−15.15

刚性铰对索塔内力及主梁变形的影响 表6

荷载	结构响应	设刚性铰	无刚性铰	无铰/设铰
升温组合	梁端纵向变形(m)	−0.266	−0.482	1.81
	(外侧)索塔塔底剪力(kN)	6.40×10^3	1.26×10^4	1.97
	(外侧)索塔塔底弯矩(kN·m)	8.52×10^5	1.55×10^6	1.82
降温组合	梁端纵向变形(m)	0.318	0.584	1.84
	(外侧)索塔塔底剪力(kN)	7.98×10^3	1.91×10^4	2.40
	(外侧)索塔塔底弯矩(kN·m)	1.06×10^6	2.36×10^6	2.22
活载	梁端纵向变形(m)	0.07/−0.08	0.058/−0.046	0.83
	3号索塔塔底剪力(kN)	7.88×10^3	8.72×10^3	1.11
	3号索塔塔底弯矩(kN·m)	-1.64×10^6	1.73×10^6	1.06

从表6中可以看出，若在跨中不设置刚性铰，在温度荷载组合作用下，外侧塔塔底内力是设置刚性铰后塔底内力的两倍左右。从表5中可以看出，若在跨中不设置刚性铰，在最不利组合作用下，1、2号塔索塔内力增加26%～75%，名义拉应力增加70%～160%，名义压应力增加30%左右。其中1、2号塔托架以上20m范围内塔名义拉应力分别达到9MPa、6MPa左右。因此，设置刚性铰能有效地降低索塔内力，提高索塔的安全度，减少基础规模。

四、结　　论

多塔斜拉桥中间塔两侧均无辅助墩和过渡墩，主梁竖向刚度难以满足规范要求。采用传统的辅助索措施或大尺度索塔方式均不适合于嘉绍大桥。通过索塔设置X托架，索塔两侧主梁设置双支座，可提高主梁竖向刚度达30%。

嘉绍大桥主梁连续长度达2 680m，同时采用独柱型索塔，在本桥特定的结构体系和索塔形式下，主梁和斜拉索等构件较大的温度变形使最外侧索塔受力不满足要求。通过主梁设置刚性铰构造，可以减小最外侧索塔温度内力一半以上，有效解决了长主梁温度变形引起的索塔受力问题，效益显著，意义深远。

参考文献

[1] 胡建华．廖建宏．多塔斜拉桥关键技术研究．中外公路，2002年03期．

[2] Michel Virlogeux, Recent Evolution of Cable-stayed bridges, Engineering Structures 21 ,pp 737-725, 1999.

11.渤海湾跨海工程简介和方案探讨(一)

王伯惠
(辽宁省交通科学研究院)

前　言

1993年,交通部公布的国道主干线两纵两横中的同(江)三(亚)线途中跨越渤海海峡、长江口、杭州湾、珠江口、琼州海峡5个水域。随着近20年来我国国民经济的急速腾飞和交通建设迅猛发展,其中跨长江口、杭州湾工程早已开建并部分完成,去年欣闻跨珠江口和琼州海峡工程亦已决定上马,唯独跨渤海工程以其规模大、技术复杂、造价高,迄今尚未着手调研。作为长期在辽宁工作的一个技术人员当然对此工程十分关心,因此去年初曾上函有关领导部门建议对此工程先立项进行前期工可工作,并对有关跨海方案进行初步探讨。现在作为抛砖引玉,在桥梁学会上作一介绍,以供国内有兴趣的同行们参考,并参与研讨,共同努力,促其早日实现。

一、工 程 概 况

渤海湾南北最长480km,东西最宽300km,水域面积$7.8\times10^4km^2$,辽宁旅顺老铁山至山东蓬莱角之间形成海峡,海上最短距离105.56km,建成桥或隧在130~140km之间(接近台湾海峡的145km),约为世界目前最长的跨海工程英法海峡隧道(长50km)和日本青函隧道(长53.85km)的2.6倍(图1)。海峡南段山东省管辖的蓬莱至北隍城岛段,长约75km,水深4~25m,分布有30余个岛礁,路线经过7个岛屿,工程较易。而北段辽宁省管辖的北隍城岛至旅顺老铁山之间的老铁山水道,长约45km,水深65~75m,最深86m,无论建桥或建隧,皆为世界有数的规模宏伟、技术困难、投资巨大的跨海工程之一。

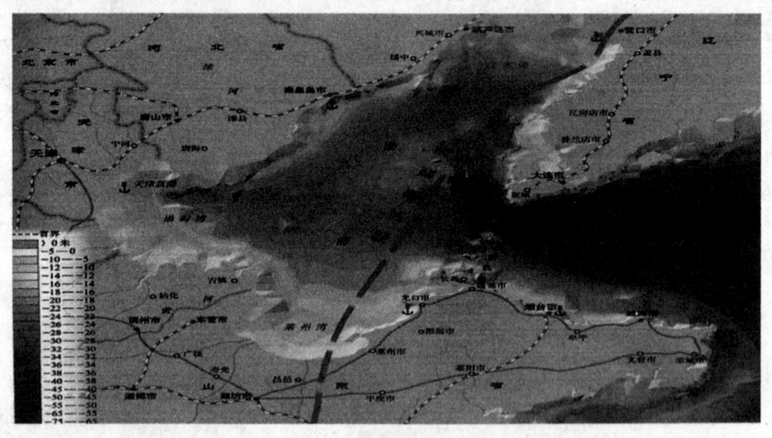

图1　渤海海峡地形

渤海海峡自然情况,迄今尚无详细的调查资料,在我们所看到的为数不多的文献中,以1992至2003年的12年时间,山东省烟台市和国家计委、科委先后进行的两个阶段的调查研究,提出的报告[1]较为完备,该报告重点对本工程的政治、经济、国防意义作了详细论证,主要为:

(1)完善了我国北方地区主要路网结构,提高了运输效率。

(2)使东北重工业地区和华东轻工业地区交通更为便捷,沈阳至上海运距可缩短416km,大连至烟台可缩短1 519km,经济效益显著。

(3)跨海长大桥隧的修建当使我国桥隧建设攀升世界领先水平。

报告[1]在其第一阶段研究结论中推荐"南桥北隧方案",南桥(山东段)总长76km,造价255亿元,北隧(辽宁段)总长 58km,造价 345 亿元,全部总长 134km,造价 600 亿元。而在其第二阶段研究结论中,又另推荐"全隧道方案",主要采用设计者提出并申请专利的"水下隧道桥"形式。报告有两章由两位专家分别撰写介绍这个方案的情况,前者提出工程总长 117.828km,总造价 955.37 亿元;后者无总数,叙述有漏项,经笔者整理补充后总长 122.071km,造价 1546.464 亿元。

上述报告出版于 2003 年,迄今 7 年,我们尚未看见有任何单位或个人在继续从事这方面的调研、探讨工作。

二、首先立项开展前期工可研究工作的建议

由于我国经济建设的蓬勃发展,10 多年前在渤海湾上即已实现了旅顺—蓬莱之间的滚装船运输和大连—烟台之间的火车轮渡,缓解了当时公、铁运输的燃眉之急。但船渡运量小,受天候影响严重,风险大,已曾发生数次海难,为满足日益发展的运输需要,后期的固定通道建设必须及早提到议事日程上来。

国际上投资超过 10 亿美元(70 亿人民币)工程皆称为超级工程(Super infra-structure),本工程投资预估将超过一千亿元,相当于又一个三峡大坝,是一个特大的超级工程,尤以本工程因跨越深海、远海施工,客观条件十分恶劣,不同的跨越方案对投资的影响十分巨大。为了做到方案的科学决策,确保尽可能设计先进、施工便利、营运安全、造价经济等,必须加强前期工作,事前对基本自然条件作全面、详细地调查研究,对工程作多方案的探索和对比,为此前期工作须耗用相当长的时间,一般都要十数年甚至数十年。中国广东琼州海峡桥,全长 34.6km,在两省省委、省政府和交通厅积极领导和交通部大力支持下,集中精力快速运作,也花了 9 年时间(1994～2002)。这之后进行设计施工又需要数年、十数年甚至数十年。

我国基本建设的管理体制一直是一次立项制,即工程一经立项批准,就按"预可－工可－初设－技设－施工图设计－施工－交工验收"的程序按部就班地进行,一直至建完交付使用,这对超级工程是不适合的,原因主要是:

(1)超级工程规模宏大,投资巨大,考虑到筹资困难,而且对工程的迫切性(例如交通量的压力)尚不是十分紧迫时一般总是不急于立项上马。

(2)超级工程从调研到修建一般需要甚长的时间,如十数年甚至数十年。我国政府每届 5 年,各届政府对本届任内的政绩十分重视,对多届以后才能完成的工程自然是往后放,不那样关心和积极。

这样如不及早开展工作,就会带来严重的后果。以本工程为例,如要一直等到若干年之后交通发展到必须修建的时候才临渴掘井,仓促上马,将会形成客观情况不清、基本资料不全、设计方案失误、浪费国家大量资金和人力物力,甚至形成旷日持久、骑虎难下的局面。

为此,广东省在研究琼州海峡通道工程时,就参考国外超级工程的做法,打破"立项就得上马建成"的做法,采用分期立项,第一期先立项开展前期工作,利用充裕的时间详细调查场地客观资料和自然条件,作出可行性研究和本项目所含各类工程的设计指引和概念设计(包括基准设计、其深度高于初步设计),得出比较可靠的工程总预算,以供日后第二期立项"上马建设"时设计施工、国际招标之用。这样做的优点有:

(1)前期工作时间充裕,确保质量。

(2)所用资金较少,容易筹措。

(3)能深入发现工程项目难点,提前进行研究。

(4)能较准确的预计工程投资(通胀和物价因素在外),避免"钓鱼"现象。

这个意见提出之后,得到广东、海南两省有关领导的支持和交通部的批准,经过 9 年的工作和花费 4 千万经费(约为工程投资的千分之一),胜利完成了前期工作(2001 年)[3]。8 年之后,2009 年,这项工程决定上马。有了这样优质的前期工程做基础,后期工程进行就便捷、顺利得多了。

根据以上,建议本工程学习广东琼州海峡工程的做法,分阶段立项,先立项开展前期工作。考虑到报告[1]的范围和深度已远超过"预可"的要求,因此,目前需立即开展的工作已经不应是再耗费时间、精力和资金去反复论证其重要性、必要性那些属于"预可"方案的问题,而应是立即开展"工可"——工程可行性研究,

进行深入、具体的技术资料搜集和选定比较路线，提出基准设计等工作。有关具体内容请详见资料[2]。

三、建议技术标准

为了研讨方案的需要，根据本工程的情况和目前所掌握的技术资料提出建议的技术标准如下，其中一些待将来工可过程获得更多的资料后再作修订。为节省篇幅，这里着重提出标准的结果，其采用的理由和根据请详见资料[4]。通行主要考虑汽车，同文献[1]。

1. 总体设计寿命

总体设计寿命为120年。

2. 路线标准

(1)全封闭、全立交、全控制出入的高速公路。

(2)计算行车速度为120km/h/。

(3)车道数2×3=6车道，每车道宽3.75m，同文献[1]。

(4)路基宽度35m，路面宽度2×15.25m。

(5)地震基本烈度：暂按7度考虑。

(6)路基设计洪水频率：1/100。

3. 桥梁标准

(1)行车道宽度：同路线，按2×3车道高速公路标准。

(2)计算行车速度：100km/h。

(3)桥面坡度：纵坡≤3%，横坡2%。

(4)竖曲线半径：凸形≥10 000m，凹形≥4 500m。

(5)通航标准：渤海湾南、北为军事禁区，中间只有部分水域开放民用商船通航。北部老铁山水道是最主要的通航水道，全宽42.22km(22.8n mile)，北以老铁山西角灯塔为中心，18.5km为半径，南以北隍城灯塔为中心，13km为半径的范围内为禁航区，中间开放水域10.74km。南部一系列小岛(图3)之间形成14条水道，只有长山水道(北长山岛至猴矶岛)、登州水道(南长山岛与大陆蓬莱角之间，又称庙岛水道)开放，只许通行200t以下船只(据文献[1]107～108页，但其文字叙述与列表12～10有出入)。我国军舰不受上述限制。

①最高通航水位

北部老铁山水道：按大连港历年最高潮位定为4.6m；

南部长山、登州水道：按烟台港历年最高潮位为3.36m。

②通航净空

a. 老铁山水道

船舶吨位：暂建议按20万吨计，吨位越大，船体长、宽变化越缓，对通航净高、净宽的影响甚小，只是对船撞力影响较大。

通航净高：按20万吨船舶考虑应为65m，1999年香港昂船洲桥考虑到21世纪集装箱高度的发展，将净高提高8.5m，达到73.5m，为此投资需增加1.4亿港元，占全桥总造价的3%～4%，认为是可以接受的。本工程也参照昂船洲桥的做法计算得所需桥下净高73.8m。

通航净宽：根据[5]的研究，按照“船只辖区”理论，船只航行净空C为其长度L_D的适当倍数，20万吨船长按310m计[6]，通航净宽应为：

单向：992m(自由)～496m(限速)；

双向：2 077～2 542m(自由)～992m～1 550m(限速)。

b. 长山水道、登州水道

船舶吨位：商船200t，军船不详。

通航净高：200t船按文献[7]属于Ⅵ级航道，通航净高10m。

通航净宽:按文献[7]为:

单向:55m(自由);

双向:110m(自由)~45m(限速)。

(6)荷载标准

①车辆荷载:公路Ⅰ级。

②人群荷载:老铁山航道桥:1.0kN/m^2(考虑特长桥)。

长山、登州水道桥:2.5kN/m^2。

③风荷载:文献[1]只有一般的风速介绍,个别地方提到10min平均最大风速30m/s,未注明高度和重现期,目前暂时以此作为"基本风速",则设计风速取:

施工验算:采用10年一遇基本风速,0.84×30=25.2m/s;

使用期间:采用120年一遇基本风速,1.01×30=30.3m/s。

计算使用的系数见文献[8]表3.3.1,1.01为外插得出。

海上大桥,基本风速建议暂按上述提高25%计。

④船撞力:文献[5]介绍和分析了世界各国提出的计算公式并进行了比较,其中德国专家Woison提出的公式较为适中,选用较多。广东琼州海峡20万吨海轮以限制航速4m/s航行时算得的船撞力可参考采用。

横桥向:234.6MN。

顺桥向:117.3MN(为横桥向之半)。

至于南部通行200t船只的水道,船撞力可按文献[7]取船长=50m,由Woison公式算得船撞力横桥向5.7MN,顺桥向2.85MN。

⑤地震力:按基本烈度Ⅶ度[1]。

4. 隧道标准

高速公路特长类。

(1)结构类型:同意[1],水下沉管隧道。

(2)计算行车时速:隧道内80km/h。

(3)行车道数:6车道。

(4)净宽度:每车道3.75m;

左侧余宽1.0m(考虑墙效应);

步廊净宽≥2.0m;

右侧余宽1.0m。

(5)净高:5.0m

(6)纵坡:≥0.3%,≤3.0%

(7)不设超高平曲线半径:40 00m。

(8)竖曲线半径:凸形3 000~4 500m(文献[1]700~800m,偏小);

凹形2 000~3 000m(文献[1]600~800m,偏小);

最小长度>70m。

(9)荷载标准:公路Ⅰ级,同桥梁。

四、"南桥北隧"方案评介

一般跨海工程都有桥、隧、桥隧结合三种最基本的形式。文献[1]的第一阶段报告已推荐了"南桥北隧"的桥隧结合方案,第二阶段报告则推荐了"伏贴式隧道""隧道桥"的全隧道方案,下面就将以此作为基础进行一些技术讨论,并补充一个全桥方案,供大家探讨。

本节先谈"南桥北隧"方案。

1. 原方案简介

详见资料[9]。渤海湾的自然地形在山东蓬莱角以北有一连串的小岛和礁石一直向北延伸达63.4km,称为庙岛群岛,共有岛屿32个(其中10个有居民),明礁66个,暗礁16处,长滩2处,这是得天独厚的建桥条件,用桥梁把这些岛、礁串连起来,简便而轻易。经文献[1]调查研究,如建桥梁,只需通过其中9+2(小)个岛屿,建2条大坝,7座桥梁,即可连通,见表1、图2。

跨渤海湾通道"南桥"方案(由南向北排序)[1] 表1

岛、岸		其间水域		桥(坝)建筑		附注
名称	长×宽(km²)	宽(km),其中深水宽(km)×水深(m)	包含岛、礁	名称	长×净高(宽)(m)	
蓬莱岸						
		7km,2km×(12~25)m		1号大桥	1 200×25	通航200t商船
南长山岛	7.22×.4/12.8					
		1.1km		1号大坝		已有公路大坝相连,宽15m
北长山岛	5.1×2.6/7.87					
		7.5km×(20~25)m	2暗礁2小岛	2号大桥	1 200×35	通航200t商船
猴矶岛	1.1×0.47/0.28					
		7.5km×(20~24)m	2明礁1暗礁	3号大桥	1 500×40	禁航
高山岛	1.3×0.7/0.46					
		8.5km×(20~25)m	近岛处有1暗礁	4号大桥	1 500×40	禁航
砣矶岛	4.75×3.9/7.05					
		10.5km×(30~40)m	中部暗礁群:北礁	5号大桥	2 000×40	禁航
大钦岛	4.9×2/6.44					
		2.15km×(30~45)m	无名暗礁1处	6号大桥	800×30	禁航
小钦岛	2×0.85/1.11					
		4.5km×(40~50)m	近岛处有1暗礁	7号大桥	1 500×20	禁航
南隍城岛	3.1×1.6/1.83					
		1.2km×(19~40)m	1处暗礁及多处明礁	2号大坝		坝上建海流发电站向北隧道由此入海
北隍城岛	2.85×1.9/2.62					
		42km×(42~78)m		隧道	58km	中部10.74km通航
旅顺老铁山岸						

以上共通过11个小岛,2处明礁,6处暗礁。工程规模,南桥:7座大桥,长49km,单价5亿/km,合245亿元;2座大坝和岛上路线27km,单价0.37亿/km,合10亿元;共255亿元。北隧:长58km,单价5.95亿/km,合345亿元。全部134km,600亿元。

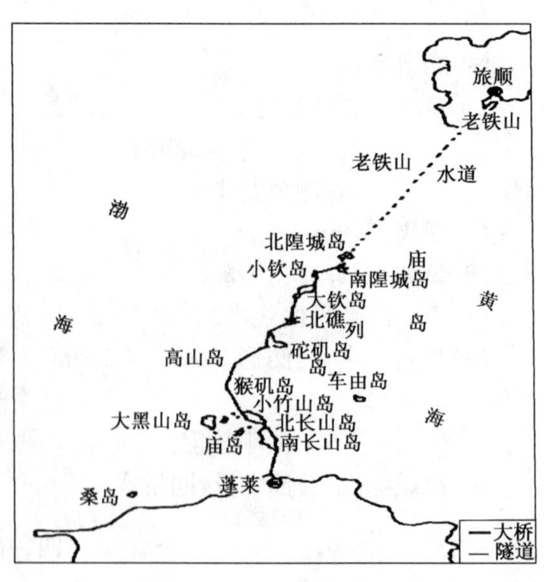

图2 南桥北隧方案示意[1]

2. 方案的优点

(1)充分利用当地岛礁线状密布的自然条件,建桥串联,深入远海达76km,几占整个渤海湾宽度之3/5,施工简易,管理养护便利,投资节省,岛上居民出入方便,应属首选方案。

(2)线路避开了该地区特有野生动、植物栖息生长的岛屿,如车由岛(候鸟100万余支,又名万鸟岛),大、小竹山岛(竹林),大小黑山岛(蝮蛇)等,对环保有利。

(3)南、北长山岛之间水域1.1km,原来已有宽15m的公路大坝联结,利用拓宽达到新的标准要求是合理的。南、北隍城岛之间水域1.2km,其间筑坝,优点更为明显:①中有多处明礁和一处暗礁,填坝通过当无困难;②再往北即入隧道,正好利用隧道挖掘废方坝筑,一举两得;③从陆地进入海下隧道需要一长段下降长度,通常要建人工岛,如果通过筑坝把两岛连成一体就代替了人工岛,经济合理;④原方案利用筑坝修建海流发电站，是很好的设想。一般海流速度 1.5m/s 即可利用发电，这里流速 3.5m/s，十分优越。

(4)深海岛屿风光给蓬莱景区锦上添花，带来更多的旅游资源。

3. 存在问题和意见

(1)线路优化。线路经过各岛除南、北长山岛略大外，其余皆为小岛，有两座面积不足 1km^2(猴矶岛、高山岛，各仅 0.28km^2、0.46km^2)。路线经过时应根据各岛实际情况，采用岛上通过、擦边通过、离岛而过等不同做法，以少占耕地，少破坏或不破坏植被景观，保护生态环境。

(2)线路标准。原建议方案南北长山岛之间大坝按 6 车道修建，再往北交通量较小，可减为 4 车道。笔者意见：全线仍应按 6 车道高速公路标准统一修建。

(3)高速公路为出入口控制型，因而通过各岛时应建立交(通常为喇叭形)与岛上道路连接以便利岛上机动车出入。如有居民拟步行或骑自行车至邻岛则仍应通过渡船来往。

(4)桥梁合理跨径。原建议 7 座大桥，通航孔跨径有一座为 800m，其余 6 座皆为 1 200～2 000m，过大；非通航孔引桥跨径未提。全桥总长 49km 以上。跨径和桥型是否合理，影响投资十分巨大，必须视通航船只吨位和水深反复比较决定。

(5)桥型选择。根据国内外经验有：

跨径 50～70m：采用装配式 PC 简支梁，先简支后连续；

跨径 70～250(≯300m)：采用装配式 PC 连续梁或连续刚构；

跨径 250～500m：可用混凝土斜拉桥，主梁预制安装；远海深水施工，为求安装快速，也可采用钢梁。

(6)施工方案。深海施工条件恶劣，应尽量考虑预制化、工厂化、装配化，为此：

①设计应采用标准化跨径和桥型，减少预制块件品类和规格，充分发挥大块吊装的效率和优势。

②宜在蓬莱岸或海中某岛上设预制厂集中预制。

③应配备或订制适当的大型吊装设备。

(7)基础形式。远海施工，要求快速，根据国内外成熟经验，中等跨径桥梁，以钢管桩为宜。参照琼州海峡工程，跨径 50m 者可用 2ϕ2.5m 钢管桩，125m 者 3 排 13 根 ϕ2.5m，250m 者 4 排 32 根 ϕ2.5m。钢管桩壁厚 25mm(已考虑腐蚀)，用吊箱围堰内插打，然后封底浇筑承台混凝土，墩身亦分块预制安装。

以上主要讨论“南桥”，至于“北隧”，原方案未详述，留待另文“隧道方案”一并讨论。

五、全 桥 方 案

仅凭现有不完备的基本自然条件资料和初步建议标准，尚不足以制订较细致的桥梁方案。但初步方案是可以研究的，关键之点是北段：

(1)如文献[10]所述，即使将来详细勘探后桥位定线可以绕过 70m 以上水深区域，但水深仍在 65～70m 之间，而且深水宽达 50km，多座特深深水基础将不可避免。

(2)结合通航要求和减少修建昂贵深水基础的困难，多跨 2～3km 以上特大跨桥梁，势所必须。

以上两点都是对我国桥梁建设的重大挑战，详见资料[10]。

渤海湾跨海工程的北段总长约 50km，允许通航范围 10km，合理的做法是暂按 10km 为一联布置多孔大跨悬索桥或斜拉桥。一联过长易致一孔损坏全联倒塌。

1. 跨海线路的优选

1)北段老铁山水道

关键在躲开东部 70～85m 的深槽，因此线路应适当向西绕移，力争在 65～70m 水深以内通过。此点和广东琼州海峡相似，在海底地形物探的基础上先后选择了 10 条跨海线路进行细致探测，最后选得靠西的新Ⅶ线，水深只 45m，最为理想，见图 3。

2)南段连岛线

(1)蓬莱—长岛之间填海筑路，应尽量利用长岛南端的浅滩以节省填方。

(2)北长山岛—砣矶岛之间公路干线应当直达，不必绕远通过猴矶岛和高山岛，两岛极小，居民来往邻岛可用渡船。

(3)砣矶岛—大钦岛之间线路宜通过北礁区，以节省工程量。

(4)大钦岛—南隍城岛之间宜靠小钦道东南部浅滩通过，可减少工程量和缩短线路。

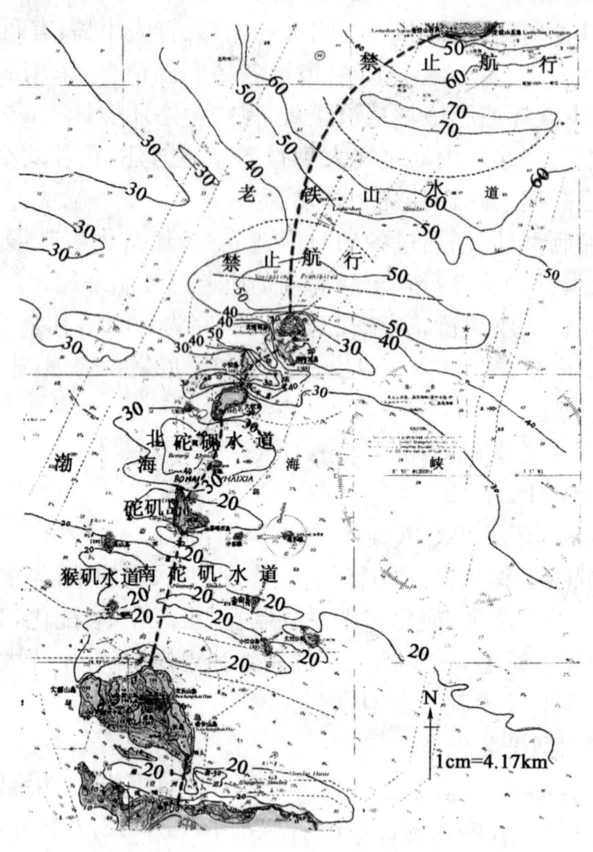

图3　全桥方案跨海路线示意图

2. 悬索桥方案

1)有关问题

(1)极限跨径。悬索桥是依靠主缆承重的，桥跨越长，主缆和加劲梁也越长，主缆就越粗越重，其承受的恒载应力就越大。当主缆的许用应力已为主缆自重和加劲梁重耗用殆尽时，就无力提供与支承活载，这就到了其极限跨径。这个跨径经研究按90年代常用钢丝强度计算为3 600m左右，有的研究则认为可达5 800m。通常情况桥梁材料强度应有20%左右提供给活载才是较经济的设计，从这个概念出发我们可以以活载占用的缆索应力比例来衡量悬索桥跨径接近极限跨径的程度。日本在设计明石海峡大桥时，曾研究两个跨越6 000m海峡的悬索桥方案，一个双主跨2 000m，一个单主跨3 000m，计算得出，活载应力分别只占缆索容许应力的7.14和5%。可以估计，目前正在修建的意大利墨西拿海峡桥，主跨3 300m，这个比例当在4%甚至以下。

(2)造价问题。悬索桥加劲梁尤其主缆用钢量将随跨径增大而急速增大，缆索钢丝材料单价一般比梁用钢材超过一倍以上，因而跨径增大，对造价影响十分显著。

意大利墨西拿海峡大桥就是一个实际例证。该悬索桥主跨3 300m，边跨183m，总长3 666m，2002年价格55.7亿美元，2005～2011年建成，计入物价上涨和贷款，总投资72.3亿美元。其中，公路和铁路引线费用占32%，桥梁费用占68%，为49.164亿美元。桥总宽60m，由分离式3箱组成，中箱两行轨道交通，两边箱各2个汽车通道，外加紧急停车道和养护通道，中、边箱之间有7.65m宽的空隙。如按整宽计算桥梁每千平方米造价达0.223 5亿美元，如人民币汇率按6.81元计，合每平方米15.22万元。按资料[10]提供的资料计，我国近年修建的6座跨径大于1 100m斜拉桥，每平方米造价最高为江阴长江大桥，

3.626 万元/m^2，最低为江苏润扬南汉大桥，1.70 万元/m^2，6 座平均 2.48 万元/m^2。墨西拿桥造价为我国之 6.14 倍，相差如此巨大，除了我国各桥为内河桥梁和工费较低之外，最主要的原因是跨径的增大。如果按墨西拿桥单价计算，渤海湾北段长 50km，桥宽 50m 计，费用需 3 805 亿元，显然是过高的。

(3)由前述日本对跨径 2×2 000m 和 3 000m 两座悬索桥方案的比较，还可看到，在水深 50m 情况下，上部和下部构造造价之比两种方案各为 2.41∶1 和 3∶1。如果常规中、小型桥梁上、下部造价比 1∶1 时为最经济的概念能大体适用于特大型桥梁的话，则跨径小一些哪怕下部费用再增加一些还是更经济的。

2)可供比选的悬索桥方案

根据上述，本工程的悬索桥方案见图 4。

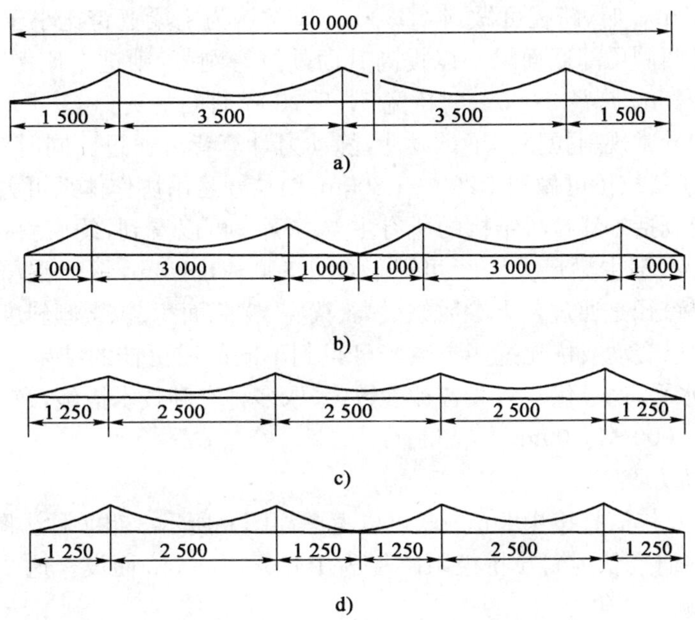

图 4 跨渤海湾北段深海槽悬索桥方案(10km一联计需 5 联)(尺寸单位:m)

综上考虑，当下部水深 65～70m，在现有技术可以解决的情况下，不宜追求已接近极限的最大跨径，徒耗资金。在图 4 所示各方案中，推荐优先考虑 d)方案。该方案 10km 一联有 7 个深水基础，全长 50km 有 31 个深水基础。

3. 斜拉桥方案

1)有关问题

极限跨径。斜拉桥在我国修建得最多，跨径也最大，设计施工经验最多，但目前只做到不足1 100m。如果就按这个跨径来控制，一座双塔斜拉桥可跨越 2 200m，多联时每联 3 个基础，则“北桥”50km 约需 67 座深水基础，显然过多。因此，如欲采用斜拉桥，必先扩大跨径，为此应考虑斜拉桥的极限跨径问题。

研究表明，斜拉桥的极限跨径受多个因素所制约，从不同的因素出发，可得出不同的极限跨径；同一因素，不同作者采用的有关参数(如梁高、梁宽、拉索倾角、材料强度、结构措施等)不同，结果也不同。择要略述如下：

①从拉索的材料强度考虑，可作到 3 600m 或 5100m，或 6 900m，如果控制拉索实际面积在 150cm^2(拉力 10kN)以内，可做到 2 300m。

②斜拉索在自重作用下发生垂弛，拉索越长，垂弛度越大，下端的切线倾角将越小，当小到接近于零(切线水平)时，索力的垂直分力将接近于零，即将丧失吊重能力。对于常用的最小弦线，倾角 2.5∶1，拉索的极限长度为 4 900m 或 4 700m，相当于斜拉桥跨径 9 800m 或 9 400m。有的资料认为在实用范围内只能达到 2 300m。

③斜拉索的水平分力将由主梁承受作为轴向压力由跨中逐渐传达至主梁塔根断面，在那里索塔两侧主梁积累的轴向压力基本平衡，同时达到最大。桥跨越大时轴向压力越大，当达到主梁断面的承压能力

时就达到了桥跨的极限。笔者研究结果，当半跨长：塔高＝2∶1，梁上索距 $\lambda_1=20$m，钢主梁断面积 $2m^2$，混凝土主梁断面积 $19m^2$ 时，可做到的极限跨径为：钢主梁，1 820m，钢—混凝土组合主梁，2 125m。有的专家认为钢主梁 1 500m，超过此跨径则跨中部分主梁即需另设悬索主缆（两端设锚碇）吊装施工，昂贵而繁琐。另有专家提出可将钢箱梁两侧风嘴部分内填混凝土提高其抗压能力。

④风动稳定性。理论和实践都表明，斜拉桥较悬索桥有大得多的风稳性。桥梁弯振频率 ω_6，悬索桥为 $22/\sqrt{L}$（L 为跨长），斜拉桥为 $42/\sqrt{L}$，为前者之 1.91 倍。斜拉桥当用 A 形塔时，扭振模式和弯振截然不同，极难耦合。采用倾斜索面，增大桥宽和主梁截面重量等，皆可提高临界风速。在当前技术、经济条件下风速不构成对跨径的障碍。当桥宽控制在 60m 左右时，极端临界风速 110m/s 时跨径可做到 2 700m，中等临界风速 80m/s 时，跨径可做到 4 200m。通常认为主梁宽跨比小于 40 时即可确保风载下的横向稳定，如加强主梁两侧局部截面尺寸以提高其面外抗弯刚度，则这个比例可提高到 50～55，即跨径2 000m 时桥宽 36.5～40m，跨径 3 000m 时桥宽 54.5～60m 即可。

⑤有的专家对 1 400m 常规斜拉桥作了试设计，静动力计算皆可通过。同时对另两种改进形式也作了计算，结果是：部分地锚斜拉桥可做到 1 200～1 800m；斜拉一悬吊协作体系可大于 1 600m。

上述各家研究，已经概括了斜拉桥结构的所有主要方面。可以看到，约束斜拉桥跨径发展的头一个关口是主梁的轴向压力：对钢主梁最大跨径可以做到 1 500～1 820m，钢一混凝土混合主梁可以做到 2 125m。其次，一种极限跨径是通过若干参数如梁高、梁宽、横断面积、拉索倾斜度、材料强度以及有关技术措施等估算出来的，如果变动或优化这些参数当可得到不同的或更佳的结果。因此有理由相信，根据当前斜拉桥技术的发展水平，通过优化有关各种参数、采取多种有利技术措施，在现今的材料强度下当可争取将斜拉桥跨度做到 2 000～2 500m。

2)可供比选的斜拉桥方案

这样，斜拉桥方案的总体安排按 10km 一联可以考虑如图 5 所示 3 组 7 种。图中：

(1)e)、f)为考虑一些研究认为斜拉桥极限跨径为 1 400～1 500m 而设。这个方案需深水基础 e)为 36 个，f)为 41 个，过多，缺少竞争力。

(2)c)、d_1)、d_2)为可以做到的主跨 2 000m 方案，为避免一联过长，推荐 d_2)，需深水基础 35 个。

(3)a)、b)为争取做到的主跨 2 500m 方案，推荐 b)，需深水基础 31 个。

4. 超大跨径斜拉桥的主要技术措施

为了努力争取实现主跨 2 000～2 500m 斜拉桥，首先要克服主梁轴向压力过大问题，其次是风稳性问题。在当前的实践经验和材料强度基础上，我们拟采用如下主要技术措施：

(1)分离式钢主梁，宽度和高度按风稳性要求拟定。

(2)V 形索塔，其每一肢采用倒 Y 形(或宝塔形)，用空心钢管混凝土建造。具体布索发现：斜塔肢上的拉索到某一节段将接近垂直，超过此节段的拉索将在水平方向反向张拉，从而可抵消大量轴向压力。

(3)跨径达 2 500m 时边跨采用 2×250m 混凝土 T 构与斜拉桥协作的体系，采用笔者建议的“他锚法”将顶端诸索锚固在 T 构的悬臂上，以承受过大的水平力。

有关结构细节和计算结果将在另文介绍。

六、深水基础方案

本工程水深 65～70m，即使更深一些，沉井皆可认为是最适宜的大型深海桥梁的基础方案，其优点是：

(1)可以在岸边船坞内分段预制、浮运就位，逐段接高下沉至基底，灌注压浆混凝土或水下混凝土与基岩固结和封底，形成稳固的基础。就这一点来说，水深增加无非预制节段的增加，是不会造成困难或限制的。我国江苏泰州长江大桥(双主孔 1 080m 悬索桥)水深 30m，沉井总高已做到 76m。

(2)硕大沉重的混凝土身躯在深海中形成一座稳重可靠的基础，既可承受大跨桥梁上部构造及各种活载的作用力，同时又可承受大吨位海轮的撞击力，一举两得。需要时还易于在基底加设支承桩(如插打钢管桩等，称为“沉井加桩”基础)。

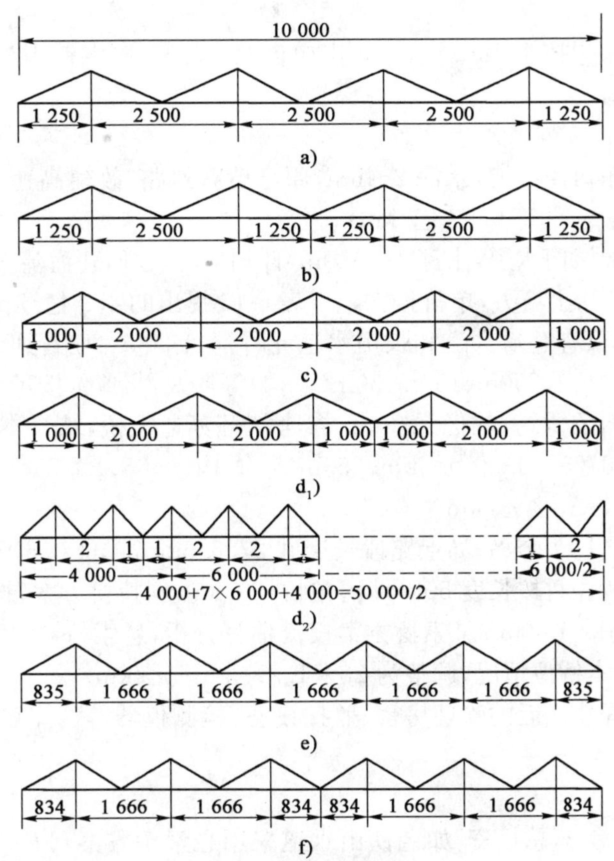

图 5 跨渤海湾北段深槽斜拉桥方案(10km一联计,需 5 联)(尺寸单位:m)

(3)岸边预制沉井节段时,即可同时在墩位开挖海底基槽,平行作业,节省工期。

(4)沉井完成、顶部封顶后,即可形成一个海上的广阔工作平台,便于下一步施工的开展。

(5)作业工序比较单纯,可以充分利用大型机具设备进行,施工快速、尤其下沉就位时间很短,这都十分适宜于深海远洋条件下的施工。

由于以上原因,国外重大跨海桥梁,丹麦大、小带桥、日本南赞备、明石、多多罗桥,我国琼州海峡跨海大桥(计划)皆采用沉井基础。本工程建议采用沉井基础,对于斜拉桥方案初拟尺寸见表 2,有关结构细节当在另文介绍。

斜拉桥沉井基础初拟尺寸 表 2

水　道	主跨(m)	水深(m)	船撞力(MN)	横长×长×高(嵌岩+水深+余高)*
小钦	500	40～50	5.7	65×30×61(10+45+6)
老铁山	2 000	65～70	234.6	115×75×90(10+70+10)
老铁山	2 500	65～70	234.6	125×85×90(10+70+10)

注:余高包括涨潮、浪高。

深海大型沉井的施工对我国桥梁工程是又一个重大的挑战,在技术上应当研究开发的有:开挖海床基槽;沉井浮运、定位、下沉;深水(70～80m)潜水;电子监控管理等方面诸多细节问题。当海洋流速很高及湧潮、风浪严重、开挖基槽等工作船只难于稳定时即需先建移动式海洋平台作为靠舷设施或工作平台。

七、工程量和投资估算

由于自然情况、数据等皆不完备,目前只能作粗略的估算。各段水道和陆上路线长度按文献[1]提供的数据局部加以修改。桥梁单价以广东省琼州海峡跨海工程(水深 45m)为基础,按本工程实际情况并参考近期一些实际的造价水平适当调整。

1. 工程量和单价

(1)两岸引线长度。蓬莱岸按1.5km计,旅顺岸应自旅顺算起,到老铁山海边按20km计。6车道高速公路,单价按0.6亿/km计。

(2)填海筑路

①南、北长山岛之间的东口湾线槽,水深2～6m,原已填海筑路,改建高速公路,长0.926km,单价按1.0亿/km计(文献[1]表6－16,估算0.37亿/km)。

②南、北隍城岛之间的隍城门水道,水深19～40m,计划填海筑坝,建海流发电站,坝顶为高速公路长1.2km,海底有众多暗礁可节约土石方,单价按文献[1]表6-16提出的4.2亿/km计(似包含电站费用)。

(3)岛间连络桥。四处,只有登州水道和长山水道允许通行200t商船,其余禁航。桥跨按通航和水深条件选定,可有500m(斜拉桥)、250m、150m、50m(T构)等形式[9],单价按琼州海峡跨海工程2×800m斜拉桥方案投资估算分析,斜拉桥约20亿元/km。参考江苏苏通大桥,结合本桥位各岛密连的条件,调整为:500m跨斜拉桥,20×0.65＝13亿元/km;250m跨T构,8.65×0.75＝6.5亿元/km;150m跨T构,5亿元/km;50m跨T构,3.0亿元/km。

(4)岛上高速公路。共通过7个岛,岛上路段长度共27.875km,单价0.6亿元/km。

(5)老铁山航道深水主桥。暂按长度50km计,单价:2 000m斜拉桥方案,按20×1.25＝25亿元/km计;2 500m悬索桥,按琼州海峡1 600m悬索桥方案投资估算分析,悬索桥约25亿元/km,参考江苏泰州大桥和香港昂传洲大桥结合本桥位情况,调整为25×1.2＝30亿元/km。

(6)其他费用。考虑工程建成后的管理房舍、监控设备、检测仪器等两岸各安排1.0亿元,电站设备另案处理。

2. 投资估算

按上述工程量和单价见表3,总投资:如老铁山水道采用悬索桥方案,为1 786.20亿元,斜拉桥方案为1 536.20亿元。

跨渤海工程全桥方案造价估算 表3

省别	地名	项目	长度(km)/水深(m)	工程内容	单价(亿元/km)	合计(亿元)
山东省(南段)	蓬莱	岸上引道	1.817/—	高速公路	0.6	1.09
	南长山岛	登州水道① 浅滩	2.0/(12～25) 5.0/(2～5)	跨径150m连络桥跨径50m	5.0 3.0	10.00 15.00
	长山岛北	东口湾浅槽	0.926/(2～6)	填海路堤	1.0	0.93
	砣矶岛	长山水道① 南砣矶水道	19.042/(20～25)	跨径150m连络桥	5.0	95.21
	大钦岛	北砣矶水道	11.089/(30～40)	跨径250m连络桥	6.5	72.08
	小钦岛	大钦水道	1.975/(30～45)	跨径250m连络桥	6.5	12.84
	南隍城岛	小钦水道	3.332/(40～50)	跨径500m斜拉桥	13.0	43.32
	北隍城岛	隍城门水道	1.2/(19～40)	大坝(海流发电站)	4.2	5.0
	上列七岛	岛上道路	27.875/—	高速公路	0.6	16.73
	其他			管理房舍、监控设备、检测仪器等	1.0	1.0
	合计		74.256km			273.20

续上表

省别	地名	项目	长度(km)/水深(m)	工程内容	单价(亿元/km)	
辽宁省(北段)	老铁山	老铁山水道②	50/(65～70)	方案图 4d),2 500m 悬索桥	30.0	1 500.0
				方案图 5d$_2$),2 000m 斜拉桥	25.0	1 250.0
	旅顺	岸上引道	20/—	高速公路	0.6	12.0
	其他			前	1.0	1.0
	合计		70km	悬索桥方案		1 513.0
				斜拉桥方案		1 263.0
	总计		144.256km	悬索桥方案		1 786.2
				斜拉桥方案		1 536.20

注:①允许通航 200t 船只;

②通航 20 万吨海轮。

八、小　结

渤海湾跨海工程南段山东省范围内密岛相连部分,技术和投资皆较易解决,关键是北段辽宁省范围内的老铁山水道部分,水深 65～70m,长达 42～50km,无论桥梁或隧道方案,工程都十分艰巨,技术上都需有新的突破,其中,2 000～2 500m 超大跨径斜拉桥问题尤为重点。为了造福人民和推进我国和世界桥、隧技术进一步发展提高,希工程界有识之士都来关心这个工程,促进及早开展工可工作,提出技术上更先进、经济上更合理的解决方案来!

参考文献

[1]《渤海海峡跨海通道研究》课题组. 渤海海峡跨海通道研究. 北京:中国计划出版社,2003.11.

[2] 王伯惠. 渤海湾跨海工程的现状和对策. 桥梁杂志,2009.4.

[3] 广东虎门技术咨询公司. 琼州海峡跨海公路通道工程. 前期工作第二阶段研究报告,2002.11.

[4] 王伯惠. 渤海湾跨海工程基本方案探讨(一)——跨海线路和技术标准. 桥梁,2009.6.

[5] O. D. Larsen. 船舶与桥梁的碰撞. 广东虎门技术咨询公司. 1995.

[6] 广东虎门技术咨询公司. 伶仃洋大桥通航孔船舶碰撞的说明. 1997.

[7] 中华人民共和国国家标准. GB 50139—2004 内河通航标准. 北京:中国计划出版社,2004.

[8] 中华人民共和国行业标准. JTG/T D60-01—2004 公路桥梁抗风设计规范. 北京:人民交通出版社,2004.

[9] 王伯惠. 渤海湾跨海工程基本方案探讨(二)——南桥北隧方案. 桥梁,2009.8.

[10] 王伯惠. 渤海湾跨海工程基本方案探讨(四)——全桥方案. 桥梁,2009.10.

[11] 中国公路学会桥梁和结构工程学会. 面向创新的现代中国桥梁. 北京:人民交通出版社,2009.

12. 渤海湾跨海工程简介和方案探讨(二)全隧道方案

王伯惠

(辽宁交通科学研究所)

文献[1]的"第一阶段研究成果"推荐"南桥北隧方案",其中对"南桥"作了较细介绍(见上文),而对"北隧"只提了一句"可考虑沉埋式与悬浮式相结合的方案"。其"第二阶段研究成果"则另推荐南、北两段皆建隧道的方案,而且南段不仅岛与岛之间的水域要建隧道,当通过岛上时亦要凿山开隧道(因此本文称之为"全隧道方案"),除了一般隧道做法外,还提出了"水下隧道桥"的做法,报请了创新专利。为了便于读者了解,本文将简单介绍国内外现有隧道的做法,再介绍文献[1]推荐方案的内容及其创新的要点,最后作一些探讨。

一、现有水下隧道做法简介

国内外水下隧道大体可分为三种形式:

1. 暗挖法

在水底岩层中挖孔穿过,按具体做法可分为:

1)钻孔爆破法

是最传统的穿岩施工法,和陆上隧道相同,一般采用奥地利腊布希维奇教授改进的新奥法。在地下岩层中将隧道横断面分为若干小区,逐区钻孔,用光面爆破、毫秒爆破法炸破岩层,用锚杆加喷射混凝土临时支护围岩,逐段前进,后期衬砌。此法不需特殊施工设备,造价较低,但进度较慢,月进尺150～200m。日本1988年建成通车的青函隧道即采用钻爆法施工。该隧道总长53.86km,迄今为世界最长的双轨铁路隧道,最低处海水深140m,隧顶覆盖层厚100m,隧道净空9.7(宽)m×7.85(高)m,隧道最深约在海面以下250m,水下长23.3km。1964年开工,由于发生3次淹水、坍塌等事故,施工耗时24年。我国于20世纪70年代初建成的第一条跨黄河水下隧道采用此法。

2)掘进机(TBM, Tunnel Boring Machine)法

美国Robbins公司1952年最先开发了机械钻岩的隧道全断面开挖机,采用钻进圆盘,上沿数条直径安装多架滚刀,在推力下转动破碎岩石,边开挖边前进,边出渣,锚喷支护,连续作业,使隧道开挖达到高度机械化自动化。后几经改进,目前国外已有4家公司生产此种机械,开挖直径6.4～12.4m,总推力达21 400kN,硬岩月进600m,最高1500m。优点是超、欠挖少,围岩松动范围<200mm,操作稳定,施工安全。视岩层情况,如优质不透水基岩可用敞开式,即后部出渣、衬砌等都敞开,无遮挡地工作;如透水和较破碎基岩,则用封闭式。

1987年开工的著名的英法海峡隧道即用此法(图1)。该隧道长50km,略短于日本青函隧道,有2条ϕ7.6m主隧道,内通火车,一条ϕ4.5m服务隧道,经45个月全部打通,1994年5月正式通车。我国水下隧道尚未闻采用TBM者,但陆上隧道则有西安—安康铁路的秦岭隧道,1995年开工,曾引进两台德国Wirth公司生产的TB880E掘进机,刀盘直径8.8m,转速2.7r/min和5.4r/min,掘进行程1.8m,最大推力21 000kN。整机长254m,重2 000t,月进尺最高528m,两个隧洞长18.5km,分别用22和19个月贯通。

图1 Robinson—川崎掘进机

3)盾构(Shield)法

适用于穿越松散覆盖层、破碎、软地层的掘进机,使水下隧道无须深入到很深的基岩,因而可以大大减小水下隧道的埋深,减少施工困难,缩短隧道长度,节省施工时间和工程投资。自1897年英国在伦敦穿越泰晤士河以此法建成黑墙隧道以来,盾构至今已有百余年历史,几经发展改进,世界许多国家尤其日本、英国,皆已能生产各种型式的盾构机,其断面除单圆外,还可以做成复圆(二圆、三圆)、椭圆、半圆、马蹄形以及矩形。目前用于水下者基本有两种形式:第一,敞胸式,正面支撑,泥水平衡或土压平衡,液压挖掘机开挖,后部用预制铸铁或钢筋混凝土块件或管片自动衬砌,全机械化施工。第二,闭胸式,用于粉土、软土等在气压支护条件下也不能稳定自立的地层,在正前面需用钢钣密闭支护,留出小孔(一般为隧道断面的1%～3%,也有高达50%者),以便机器在千斤顶推进器作用下顶推挤压前进时,土壤由孔口挤入机腔内,由皮带运输机运至机后部,再由电瓶车运至竖井处排出。国外用此法建成隧道规模较大者为日本1989～1997年建成的横跨东京湾的跨海工程中的隧道部分,长10km,共有双孔(含一预备孔,后期施

工),间距28m,用盾构机直径14.14m,为世界当前最大直径,在海底软土淤泥层10m以下穿过,水深平均20m,最深28m,隧道最大水头压力60m,用RC管片衬砌,每隧道内为汽车双车道宽7m。我国1971年建成的上海黄浦江打浦路隧道,第一次采用闭胸挤压式盾构,外径10.2m,内汽车双车道宽7.07m,高4.10m,全长2 700m,地层为粉沙,亚粉土,用钢筋混凝土管片衬砌。推进时改进为将土全部挤压到盾构上方的方法,节省了机腔后出土的工作,简化了施工。接着1988年、1996年又相继完成了延安东路两条黄浦江隧道长2 261m和2 207m。由于盾构机的优越性能,目前已不局限用于软弱地层,而已发展为在前端安设削刀或刀盘,以适用于复合地层和岩石地层。我国沈阳重型机械集团于2005年3月与德国Wirth公司、法国NFM技术公司三方共同投资成立沈阳—Wirth隧道工程机械成套设备公司(2007年6月NFM公司已由沈重并购),在2007年已批量生产各种盾构机10余台(其中国际中标1台)。2006年底沈阳地铁开工,地质为砂砾,松散而坚硬,含水量大,且需下穿浑河,就使用了4台沈重制造的复合地层土压平衡式盾构机,直径6.28m。较大者如为武汉过江隧道制造的直径11.38m。盾构机造价一般0.4～1.5亿元/台。

图2a)示沈重—Wirth为青海省调水工程订制的大型硬岩双护盾隧道掘进机,长160m,重710t,开挖直径5.93m,前端装有51把滚刀,由6台调速变频电机驱动,每小时可进尺6m;b)示盾体和配套系统,其中刀盘切削泥土,前盾驱动,中盾推进(内有二、三十余台千斤顶),后盾管片衬砌分装(配有机械手);c)则为工作流程图。

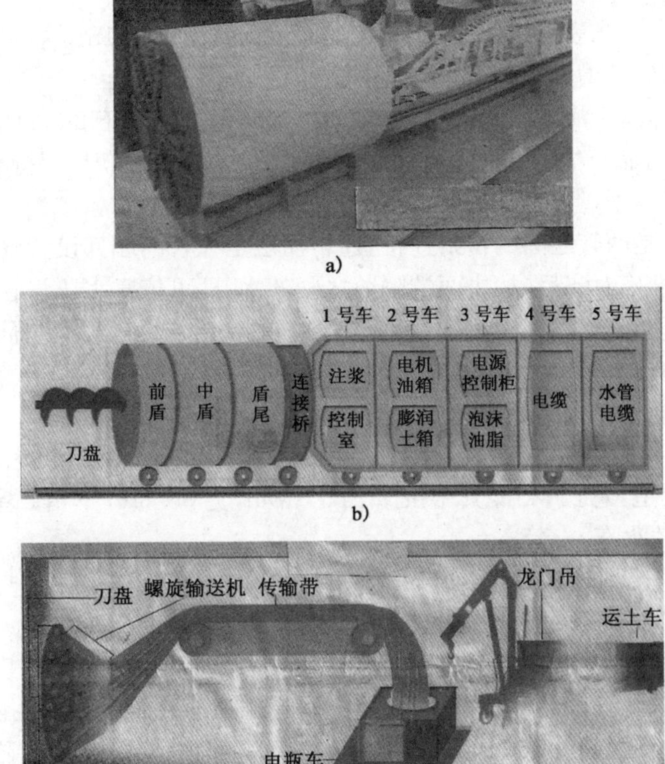

图2 盾构机

2. 沉管法

在岸上制造管段,沉埋于水底事先挖好的槽中,接长,回填覆盖,形成隧道,称为沉管法。此法不需在水底地层中挖洞,大量工作变成在岸上进行,安全、省事而又快速。自1910年在美国建成第一座沉管隧道以后,沉管法发展很快,至今世界各地已建成100余座。其主要优点除上述外,还有:

(1)可设计制造成多车道不同型式和宽度的断面,一次下放成洞,无须多洞排列,省时省事。

(2)要求地基承载力不大于5N/cm²(因有浮力),适用于不同的尤其软弱的地质条件。

(3)管段预制和水底开槽可同步进行,施工快速。

(4)隧道埋设水平只在海床表面附近,无须深入基岩,因而隧道长度和陆地引道长度皆较短;

(5)造价较低。

沉管隧道管段基本上有两种形式:

(1)钢壳式。主要在美国采用,有单层和双层两种,优点有:

①可利用钢板作外模,用导管在水下灌注混凝土,视浮运、沉放和后期受力需要,分期灌注,安全稳当;

②钢板可保护内灌混凝土防海水侵蚀,确保混凝土使用寿命;

③钢板外壳有利于浮运、沉放和使用后期遭受碰撞;

④可利用造船厂船台制造,不需另做船坞。

缺点:①沉管整体断面大,外表面积大,用钢量大,还需防腐,造价较高;

②现场焊接工作量大;

(2)混凝土式。欧洲和我国普通采用,优点有:

①易于制作任意断面,尤其多车道,大宽度矩形断面管段,节省钢材,造价低廉;

②可利用预应力技术,减小混凝土断面,提高抗裂能力。

缺点:①需建临时船坞在其中制作;

②混凝土表面应作防海水侵蚀处理。

沉管隧道埋放深度基本上可分以下3种:

(1)全埋式。全管埋于海床表面以下,其上的覆盖厚度保持不小于1m,这可以不影响海床断面,海流和生态环境,不干扰航运,但挖槽深,软弱土层有困难。

(2)半埋式。部分管体露于海床之上,但管体顶面以上应保持不小于2m的覆盖层以作保护。

(3)平置式。管体平置于海床之上,适用于平整的海床;同上,管顶以上仍应保持不小于2m的覆盖保护层。

后两种可减少挖槽工程量,但对海流、航运有一定影响。

沉管隧道的关键技术是两管之间的密封连接,通常做法是在管的端部设置临时端隔舱,当浮运、注水加载沉放就位,每段接口准确对齐后,抽去两端隔舱之间的水,即可依靠水压将管段连接。芬兰首创专利的吉那(Jina)止水胶带置于两段之间的接缝处能起到很好的密封作用,已为世界各国广泛采用。

沉管隧道迄今达到的技术指标:

(1)管段长度:一般100～200m,最长268m(芬兰赫姆斯浦尔铁路隧道)。

(2)沉管总长度:5 827m/57节,美国旧金山巴特隧道;欧洲则为2000年7月建成通车的丹麦瑞典之间跨厄勒海峡西航道的隧道,总长4km,其中沉管长3 510m,宽38.8m,单箱5室,其中两室各通单向双车道汽车,另两室各通单轨火车。

(3)沉管最宽:53.1m,比利时亚珀尔隧道。

(4)最大水深:40.5m,美国旧金山湾地铁隧道。

(5)最大流速:3.0m/s,比利时海尔德特隧道,流速影响管段沉放施工。

我国也已建成4条沉管隧道,最早者为1995年广州跨珠江的公路地铁两用隧道,长1 238m;最长者为2001年宁波长洪甬江隧道,长3 366m;最宽者为上海跨黄浦江吴松口公路隧道,8车道,宽43m,高9.55m,最大埋深33m。

3. 潜浮法[12]

当水深和水面宽皆特大的海峡,建桥或深埋隧道皆困难而昂贵时,国外又曾研究了悬浮在水中的管式隧道的方法。首先为意大利墨西拿海峡,水深达150m,宽3.3～13.5km,1971年在设计中曾出现潜浮隧道的方案,如图3a),三根内衬钢板的钢筋混凝土圆管,内径10.5m,外径12.3m,下管通双轨铁路,上两管各通单向双车道公路,管节长90～120m,用斜拉锚绳锚于海底,将隧道稳定在海平面以下40m深度处,顶部填以石渣压重,以减轻锚绳的拉力,锚距90～120m。施工方法:先建隧道两端水下桥台,再用自升式平台在海底埋置拉力锚,锚绳上端先系于水面浮标上,待预制管段(两端临时封闭)

浮运到位后，系上锚绳，上压石渣沉到预定高程以下，收紧锚绳，再部分卸载，管段略上浮，锚绳即被张紧。下节同样定位，与前节在水下电焊对接，打开临时封口，两节即连通。这个方案以后经深入研究，又经过多次改进，直到20世纪90年代，一个公司提出将集中的三个隧道分为三个间距500m的分离式隧道，其中的一个透视图如图3b)，这样设计、施工较简易，安全性、可靠性亦提高，且可分期修建，锚着间距50m。以后又有几个方案，在管圈构造、尺寸、管上锚着方式(管两侧设双耳或外加轭式横梁)、拉力构件材料(纤维复合材料锚绳或钢管 ϕ1.8～2.1m)、锚着间距(50m扩大为72m)等都有不同做法。这个创新的构思是很好的，但由于这种新结构、新材料、新工艺都还未经过从小到大的实践证明其可靠性，而且存在沉船、海损、抛锚等的损害危险，因而在1992年最后定案时，采用了技术比较成熟的主跨3 300m悬索桥方案，一跨跨越海峡。

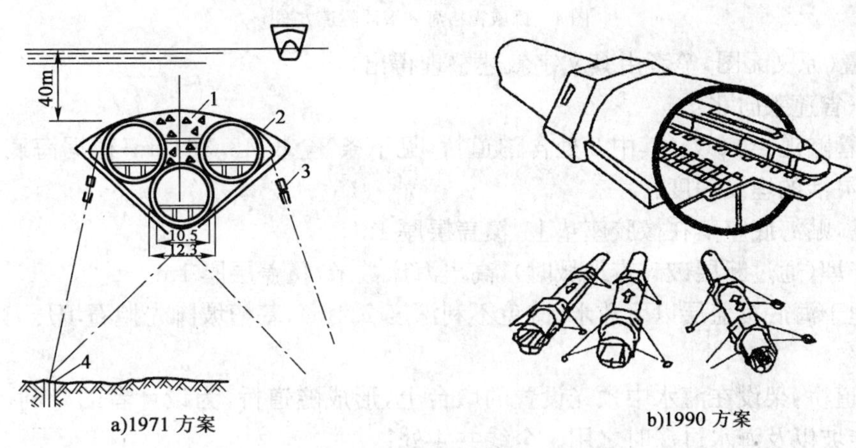

图3 意大利墨西拿海峡潜浮隧道方案[12]

1-石渣；2-混凝土内衬钢板隧道；3-钢绳调节器；4-海底拉力锚

挪威在考虑首都奥斯陆以西的霍格海峡(Hogsfjord)固定通道时也曾组织国内外咨询公司研究过潜浮隧道问题。那里水深150m，水道宽1.4km，通航船只密度较低，潜浮隧道定位于水面下20m，1991年得出了4个方案：

(1)单圆管(汽车双车道)隧道，顶部用一组两根横轭梁通过垂直锚绳锚固于海底，整个隧道在水中呈水平弧形(水平拱)，锚梁间距400m，隧身受力有如弹性支承连续梁。隧身承受的浮力必须大于隧身和活载等的总重力，见图4a)。

(2)单圆管弧形隧道如前，但不用锚绳锚于海底而用浮筒悬吊于水面，见图4b)，此时隧道最小重力(不包括活载)应大于浮力，因而在隧道横断面的行车道面以下需填压重。这个方案变深水海底锚碇为海面悬吊，可简化施工和易于后期营运检修。

(3)将方案1均匀布置的垂直拉锚改为集中布置在隧道长1/3处的两组斜拉锚，隧身相当于三跨连续梁。由于水道宽为1.4km，因此每跨跨长只不过由400m增大到470m左右。

(4)同方案(2)，但浮筒处设与隧道连接在一起的竖井筒露出海面，因而浮筒的形状亦有所改变。

此外，地中海出口、欧、非两洲之间的直布罗陀海峡跨越工程亦曾研究过潜浮隧道方案，但皆未实施。

二、文献[1]推荐的全隧道方案及其创新专利

文献[1]的“第二阶段研究成果(1994～2003)”中推荐的方案，在其第十二章中称为“伏贴式海底隧道方案”，第十三章中称为“海底隧道桥方案”，前者着重于整体方案叙述，后者着重于创新专利优点的介绍。对整个工程采用不同名称，是因为两章分别由不同的作者执笔。现将有关情况简介如下：

1. 主要标准

6车道一级公路，设计速度80～100km/h，汽车荷载—超20，挂—120级，地震烈度7度，纵坡0.3%～3%；引线：专用公路，路基宽31m。

a) 方案1

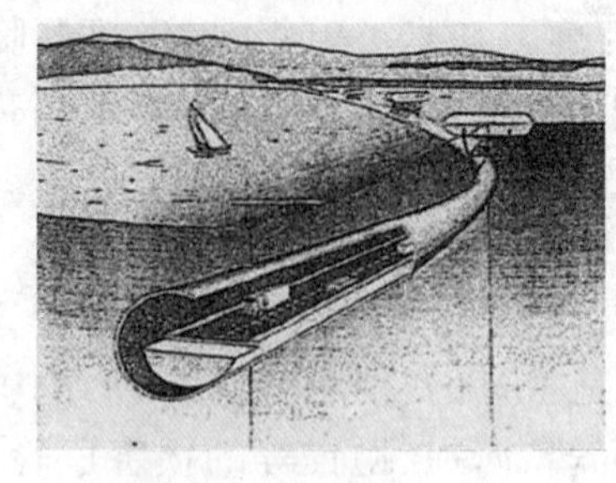

b) 方案2

图4 挪威霍格海峡潜浮隧道方案[12]

2. 工程布置(原文无图,笔者由其文字叙述整理得出)

从南端山东省蓬莱向北:

(1)水下沉管隧道:共6处(其中3处含隧道桥,见下条)全长43.364km;根据海底地形、地质和隧道纵坡需要,采用灵活的埋设深度:

①不挖基槽,贴海底座落在橡胶座垫上,覆盖层厚1m。

②浅基槽半埋(通过断层破碎带地域时),高出海床数米,覆盖层厚1m。

③深基槽埋于海底覆盖层以下数米(避免不利深度2.4m),基槽坡脚先抛石填压,其余覆盖层借海水自然冲淤回填。

(2)水下隧道桥:架设在海水中预光设置的墩台上,形成隧道桥,为设计者的专利,详见后述,适用于海床地貌突遇陡坡以及海水过深时之用。全线共4处:

①通过南砣基水道,上升到砣机岛陆上一段(长度不详)。

②砣基岛陆上下降到北砣机水道一段(长度不详)。

③通过大钦水道段,长1.97km。

④北城隍以北到旅顺段沿直线定线,长约41.466km(即"北隧")。

(3)水下暗挖隧道:通过南北城隍岛门水道,因浪高、浪急并考虑为今后利用海流和潮汐发电,采用暗挖隧道,水底下覆盖层厚>30m(笔者按:该处水深约35m,隧道高按10m计,则挖深约在海面以下75m),施工方法新奥法,长6.135km。

以上3种水下隧道共长95.654km。

(4)陆上部分,岛上隧道通过南北长山岛,砣矶岛,大、小钦岛等5个岛,全部采用山岭公路隧道形式,总长27.426km,新奥法施工。

(5)陆上部分:南北岸斜坡引道明挖段,南侧篷莱岸1.817km,北侧旅顺岸2.103km,共3.923km,洞口高程15m,高于高潮位加风浪高。

以上总长127.003km,原设计有A、B线之分,长度差别不大(文献[1],127页)。

3. 隧道横断面

共设计有穿过水道的W型5种,穿过岛屿的I型3种,南北两岸连接的L型5种,共13种,简介如下:

(1)沉管隧道:W1~4型,外形尺寸皆相同,如图5a),内为双孔3车道,净空12m×5m。中隔墙设自动启闭通风活门和密闭安全门,管身为钢筋混凝土,纵横向部分预应力,顶部覆盖层1m,每节标准长200m,按水深不同各型做法有差异:

1型,水深≤30m,用C80钢筋混凝土。

2型,水深30~50m,用C100钢筋混凝土。

3型,水深50~70m,内外皆采用钢钣壳体,内灌≥C150混凝土。

4型,水深>70m,同3型,内灌C180混凝土。

(2)隧道桥:W5 型,如图 5b),双孔内部尺寸和主要外形尺寸皆和图 a)同,只是底板为曲线形,多一个椭圆孔。下面的支撑墩台也为曲线形,与之适配。墩为圆端形,下有 2×4 根圆形拉锚桩,并用抗腐玻璃钢锚索锚固在海底。沉管内外为钢钣壳体,内灌混凝土视水深用 C150、C180。

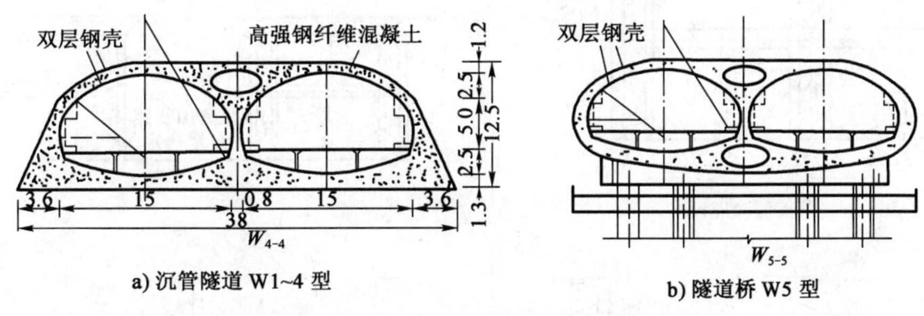

图 5 沉管隧道和隧道桥横断面(W 型)[1]

(3)水下暗挖隧道:南北城隍岛门下穿用,I3 型,如图 6a),双孔单洞,净间隔 10.0m,复合式衬砌,外部尺寸如图,内部各为 3 车道净宽 12m,净高 5~7.55m。两洞间在纵向一定距离设横向联系通道(宽 1.8m,高 2.0m,平时密闭)和横向安全通风道(出现事故时自动送风)。隧道剖面用耐腐蚀的楔管式预应力锚杆,管内压浆作固结防渗,钢纤维混凝土喷射一次支护,再模注 C80、S12 刚性自防水混凝土加设钢筋二次支护。两层之间夹合成树脂防水卷材,厚度>1.2mm,并附聚乙稀泡沫缓冲导水层刚柔结合,以确保防排水。顶部覆盖层厚≥2D(D 为隧道横宽 15m),即厚度>30m。

(4)陆上穿岛隧道:有 I1、I2 两型,外形和内部尺寸皆同,如图 6b),单孔双洞,中隔墙为 C100 钢筋混凝土,厚 0.5m,顶拱厚 0.5m,底拱(倒拱)厚 0.6m,每洞 3 车道,净宽 12m,净高 5~9.56m。中隔墙设事故通风道和密闭安全门。

I1 型:用于动载段和岩体软弱破碎段,锚杆和一次支护,同上 I3 型,二次模筑 S8 混凝土。

I2 型:用于静载段,一次支护用 S8 喷射混凝土,二次衬砌用 C80 钢筋混凝土。

图 6 中隧洞内虚线示新奥法施工时的爆破分区。

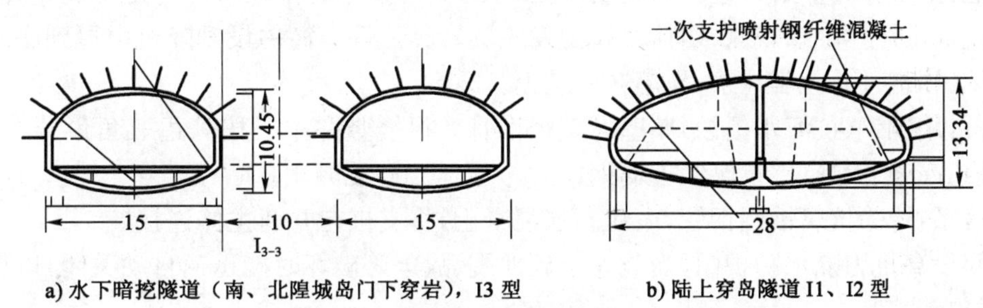

图 6 水下暗挖和陆上穿岛隧道横断面,I 型[1]

(5)两岸斜坡段:有 L1~L5 五种形式,皆为钢筋混凝土箱形或槽形结构,如图 7 所示南端蓬莱岸由海中登陆后各段的断面变化,图中:

①L1 型,深埋式,单箱 5 室,两个 3 车道室净空 12m×5m,中间净空 2.2m×6m 隔离间,两侧为管线间。为了平衡侧向土压和浮力,箱体两侧钻孔桩旋喷桩头,两侧和底板土层锚杆。用 C60 抗渗自防水钢筋混凝土,再加三道抗渗能力≥1.2μPa 柔性防水层。

②L2 和 L4 型,过渡到地面适应公路路线需要的分离式双箱和双槽式。L3 为单槽式,略。

③L5 型为北端老铁山岸用,同 L2(原文"同 L3",疑有误),但两箱间不设横向联系和通风洞,因高程不同。用新奥法钻爆施工。

4. 通风竖井

全线有 23 个通风竖井,最主要的是 5 个水中竖井,穿越长山、南砣矶水道一个,老铁山水道 4 个,间

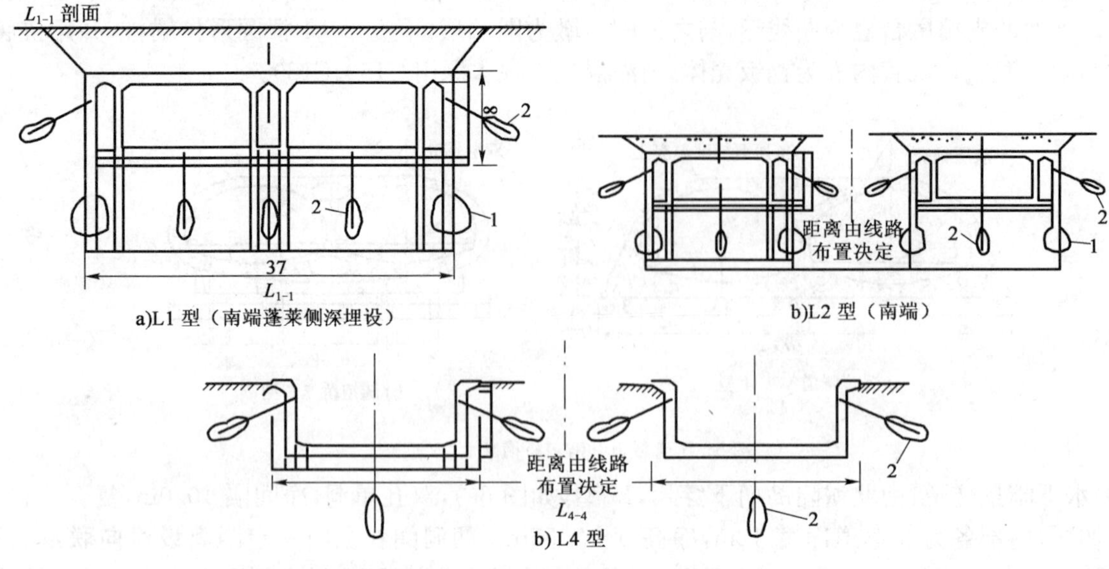

图7 两岸斜坡段横断面，L型[1]

1-钻孔桩旋喷扩大桩头；2-土层锚杆

距10km左右，其余为陆上。

通风是确保汽车隧道安全营运的前提。水中通风竖井要防渗漏、抗风浪，条件尤为严峻，是一个十分复杂而庞大的建筑。设计的水中通风竖井构造如图8所示，图中：

①井筒主体：内膛有横隔板分为进、排风两孔腔，用高强、高弹性、高抗渗、耐疲劳、耐腐蚀新材料制作（何种新材料未说明）。

②井筒隧道连体：材料同井筒，与井筒间设弹性沉降缝。二者皆为双层钢壳，拖运水下就位、水下螺栓连接、后灌C150混凝土。

③井筒上冠：上有排、进风口，进风口高出海面≥15m，与其上的排风口应有足够高差，防止串风。冠顶可设计安装航标灯塔，导航、观测、通信及风力发电旋转翼片等。筒内设升降机由冠到底。

④井筒基础：用桩基并化学注浆，坐落在岩基上。

⑤稳定支桩：用铜钢（抗海水侵蚀）厚壁大直径钢管3根绕竖井中心按等边三角形分布斜15°打入基岩层，管内安设超高强、大吨位、抗腐蚀玻璃钢锚索，并灌C180混凝土。

⑥稳定连接系：皆为抗腐蚀圆钢管，内注高强混凝土，将支桩与井筒主体连接。

①与②之间设高抗力隔水防护门，当竖井遭到地震、战争等破坏时能迅速自动关闭，以保证隧道内人员、车辆安全撤出。

5. “水下隧道桥”发明或实用的核心新技术

按文献[1]第二阶段报告158～163页所述共7项，内容简述如下：

(1)用水垫法导引推拉就位施工。利用隧道口外3～5km直线段路基，建成坡度3.5%路面伸向海中，将隧道管段在其上预制长120～150m一段，连续浇筑8～10段(1 000～1 500m)；除内部设备预留管线孔腔外，所有刚柔活接头、复合衬砌、防水层、防碰撞钢钣层、内外预应力等皆进行完毕，养护，全面质检，封堵第一节端头，启动水泵进行“水垫法”(利用高压水柱悬浮力)和坡道下滑导引推拉，按导轨方位进入海床位置，并按升降水舱法调整管段离海床面高度。当按设计要求就位后，用地脚粗螺栓弹性固定在基岩上，如此重复进行。优点：①少用机械设备；②省去干船坞或浮码头；③水中少挖土石方；④95%以上工作在地上进行。这是第一分专利项目。

(2)管段结构断面外形、厚度及内幅尺寸的确定。考虑仿生(文内有的地方提“梭子蟹”，有的地方提“甲壳虫”)结构，参考潜水艇外形，管段断面一般采用对称梯形、菱形、梭形等流线形。梯形高度≤0.618

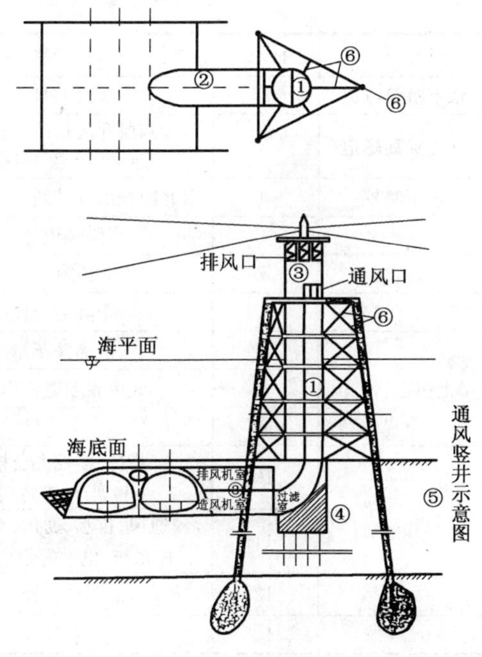

图 8 海水中通风竖井

底宽，顶宽＝0.618 底宽，能始终处于稳定状态。计算机详细计算获知，如椭圆拱最大净跨度为 L，则拱顶厚度 $H_o=\frac{1}{12}L$，底板厚度＝$1/0.618H_o$，侧墙（斜边墙）厚度＝H_o，内隔墙厚度＝0.618 侧墙厚度，则防灾、防水、防各种地动参数最优。内幅尺寸，多车道取双洞大椭圆形，如双洞 6～8 车道，椭圆形长轴 8～11.5m，短轴 4～4.5m，较经济合理，经静、动力试验、光弹试验和实测，锚喷支护动应力集中系数最小。

(3)12 种防护措施。经试验仿生优化结构有利于防原子冲击波；设计允许管段三维浮动 5cm，对抗地震、战争产生的地运动特别有利；结构梯形、梭形的外形可产生弹跳效应，减轻实弹危害；复合防护层可抗高科技武器如鱼雷、航弹等的破坏；节段两端的弹性座垫和刚柔活接头除防水外还起隔振、减灾、耗能等复合作用；此外还设内部屏蔽措施，设隐形洞和隐形防护门，防核电磁脉冲，内部每 1 000～1 500m 设耐火密闭门，起隔仓效应；纵隔墙设排风、排烟、排水、抢修的多功能自启动密闭闸阀等。

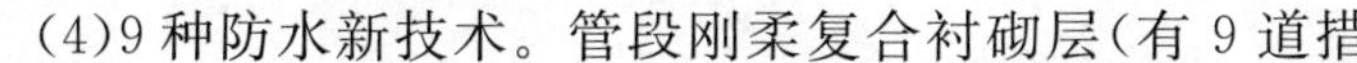

(4)9 种防水新技术。管段刚柔复合衬砌层（有 9 道措施）；管段间刚柔活接头；管段外表层纵向、内表层横向预施应力；允许管段三向位移和蠕动一定距离；管段两端软垫弹性支座（厚可达 20～30cm）；顶拱上覆盖层和底板下回填层皆有一定厚度软层；管段外表面增设耐老化、耐海水腐蚀的喷涂防水层和粘贴有弹性防水层；管段下半部以船用 6～12mm 钢板作防撞碰层；顶部设钢丝网水泥硬壳保护层（防下锚和沉船等）。

上述管段刚柔复合衬砌层 9 道措施为：粘贴柔性防水层；喷涂防水层；钢纤维混凝土层；预应力混凝土层；主体密实防水混凝土层（特殊水泥）；防水板夹层；内支撑层或预制构件层（供设备安装）；底部及侧墙半高钢钣防撞防水层；局部注浆密闭加固防水补救措施。

(5)刚柔活接头新措施。管段两端头设厚弹性座垫（在软土地层中设承垫厚钢钣），两管段端头之间设 7 道防水防线：i. 两道 Ω 形氯丁橡胶圈（或 Gina 圈，外国专利产品，价昂贵，而防水、浮动效果不如前者）；ii. 大圆孔活动不锈钢螺杆，螺孔直径＝10 倍螺杆直径，内填塞倒锥形橡胶塞和钢螺旋弹簧浇注在一起，可在孔内有控制地浮动，产生垂直、水平、前后移动；iii. 两道折叠式大伸缩量（≥100mm）橡胶软板，外圈封口为能防海水腐蚀和外水压力的钢胶板；iv. 必要时两 Ω 型橡胶圈之间的空隙压注氰凝防水软体或放置泡沫橡胶软体甚至硅橡胶管等柔性防水材料。

(6)长距离送排风系统新技术。老铁山水道宽 42km，中间必须修建人口岛设置通风竖井（图 8）。大型人工岛，如海水深 30m 以上，水上排风口和送风口高出水面 30～60m，则风井建筑总高 100m，一座造价估计约 3.5 亿元，甚为昂贵，不宜多设，可与旅游等结合考虑多用途。初步考虑设两处，间距 14km，则送、排风距离长达 7km，考虑多车道、双洞、大车流量、高车速的要求，采用混合法：①利用活塞风——自然风；②全横向通风系统；③增设射流风机；④接力通风；⑤静电除尘等多种有效措施。

(7)人工岛通风竖井新技术。1994 年 6 月辽河油田葵花一号人工岛直径 ϕ64m，高 12m、面积3 217m^2 钢模运抵渤海定位，除高度外，均已满足本工程通风时竖井要求，因此利用其结构构造，但将平面断面形状改变成梭子蟹形，并采用复合外壳或箱体空隙层防护体先进措施，达到抗台风、抗涌浪、抗海啸、抗高烈度地震、抗浮冰及水中冲击波、抗水中兵器破坏、增强稳定性等目的。

6. 工程量及投资估算

如表 1 所示（文献[1]，P150～P152，表列总长度与前文引用 P127 的数据有出入）。

全隧道方案投资估算 表1

项目	序号	名称	长度(km)	单价(亿元/km)	合价(亿元)	备注
水下沉管隧道	1	南段6水道	43.364	8.630*	366.60	含部分隧道桥和竖井及设备
陆上穿岛隧道	2	南段穿南长山、砣矶、大钦、小钦5个岛	22.940	1.155	26.5	含竖井及设备
水下暗挖	3	南北隍城岛及其间隍城门水道	6.135	2.430	14.91	含超前探水注浆费
	4	南段隧道合计	72.439		408.01	
隧道桥	5	北段隧道桥	41.466	13.0	539.06	含竖井及设备
	6	全隧道合计	113.905		947.07	
岸上引道斜坡段	7	南侧蓬莱岸	1.817	0.85	1.54	
	8	北侧旅顺老铁山岸	2.106	1.01	2.13	
	9	岸上合计	3.923		3.67	
其他	10	指挥、监控办公楼、售票厅、车库等			0.842	
	11	通风、排水、通信、水泵、自控系统、电站等设备及安装			3.800	
	12	其他合计			4.624	
	13	总计	117.828		955.37	

注:此为平均价,各段水道长度/单价分别为:登州7.0/6.58,东口湾0.926/3.89,长山和南砣矶19.042/8.15,北砣矶11.089/9.50,大钦1.975/10.0,小钦3.332/11.0。

三、方案的优点

(1)本方案提出的如图5b)所示的隧道桥,相对国外曾经提出过的潜浮隧道(图3、图4)来说,是一个前进和创新。潜浮隧道受水流流速变动、波动、活载运行等影响,尤其在海水中受涨、落潮影响,水流方向一日数变,在水中是不稳定的,而隧道桥可作成一个稳定结构,对营运、行车等皆大为有利。

(2)由于采用隧道桥,可以将隧道稳定在海中某一深度范围,而不受或少受海底地形、地质、水深的限制,因而可以简化设计和施工,并按原作者所说可按直线方向定线,以做到隧道长度最短,节省投资。

(3)用水垫法导引推拉就位施工法可将隧道大量施工工作由水下改变成水上,对简化施工、提高质量、节约资金皆大有裨益。

(4)原作者利用多年从事国防工程尤其隧道工程的丰富经验,对隧道采用椭圆断面、复合衬砌、刚柔接头、柔性垫板等多项措施,提高了水下隧道抵抗地震灾害和战争(包括核战争)破坏的能力。

四、存在问题和意见

文献[1]隧道部分两章(12、13章)分由两位专家执笔,内容包括数据有互不一致之处,甚至每一章也有前后不一致之处,对一些技术问题的叙述也存在矛盾,再加没有附图,因而使笔者对一些做法尚未能全部理解或弄清。下面仅就看到的一些问题提出意见或质疑。

(1)方案名称。文献[1]12章对本方案称为“伏贴式隧道”,实质上就是具有不同埋深(包括零埋深)的沉管隧道;13章称为“隧道桥”应属于前文所述潜浮式隧道的一个新品种。这两种命名皆不能准确地表达全工程的性质,因为它还有穿越陆上5个岛的暗挖隧道和穿越隍城门水下深达70m的暗挖隧道。由于陆上和水下通通采用隧道,因而命名为“全隧道方案”较为贴切。

其次,笔者直到写此文时,还未弄清究竟“伏贴式”管段两端是否也设支承桩?报告[1]第147页第七节第1条提出:“管段连接后,端接头坐落在四周有覆盖层约束的分离承台上,承台下有旋喷桩支承和预应力拉锚……成了海底伏贴式隧道结构”;第159页“跨越宽的破碎带时,可在管段两端(破碎带边缘处)设桩基承台,弹性固定隧道桥管段”。当“伏贴”在土层(哪怕是破碎带)上时,还需设具有8根旋喷桩的桩基承台吗?已是“伏贴”了,还应称为“隧道桥”吗?因此,笔者认为,只有管段两端设承台桩基的部分才能称为“隧道桥”使名副其实，不致引起混乱。

(2)“南隧”方案的技术、经济合理性。本方案和“报告”[1]第一阶段推荐的“南桥北隧”方案(见本文系列第二篇[13])的原则区别在通过南段一串岛屿时不建桥，不但岛间的水域建隧道，岛上陆地也建隧道。历来跨水工程就有所谓“桥、隧之争”，研究桥梁的专家力主建桥，研究隧道的专家力主建隧，各自强调自己所偏爱的方案的优点，这是常有的事。但在这里，把一连串岛屿的优越条件弃之不顾，不但水下“建隧”，岛上也要“建隧”，这种“一刀切”的方案，确是一个十分罕见的个案。笔者认为：

①迄今国内、外跨越深海、远海工程，凡是有岛礁者无不视为珍贵条件，充分利用，以减少施工困难，节约投资。日本跨濑户内海的本(州)四(国)联络工程，三条跨海线路，都利用途中岛屿以桥连络在一起。哪怕桥梁规模再大，也建桥跨越，如其中神户—鸣门线上的明石海峡大桥，主跨1 900m悬索桥，为迄今已建成的世界最大跨径悬索桥；本四连络工程全部完成之后，受到举世的赞扬。我国近期建成的浙江舟山连岛工程，全长40.96km，用5座大桥把途中各岛串连起来，其中的西堠门桥为主跨1 650m，仅次于明石海峡大桥的世界第二大跨。这些工程都经过多次方案比选和技术经济对比，由于当地水深、通航等自然条件，仍然以建桥方案为优越。本工程南段各岛之间的水深仅20～30m，只有登州、猴矶两水道允许通航200t商船，其余皆禁航，如建桥主跨150～250m即可满足(见文献[13]论证)，与隧道相比，施工较易，投资尤省，更有竞争力。

②南段岛上隧道孔口高程>15m(最高潮位)，水下隧道孔口高程平均35m(水深25～45m)，高差50m，以3%的极限纵坡升降也需4km，在60余公里的距离内要大起大落7次，对线路的纵断质量、行车安全、营运效率皆有不良影响。尤其大、小钦岛、南隍城岛之间，水面很窄(2.15～4.5km)布线几乎是不可能的。

③南、北长山岛之间的东口湾皆为浅水区和滩涂，早已由当地填海筑成宽15m的4车道公路，将两岛连成一起。如建新线应当继续利用浅水区的优势筑堤开路，而无须去修建昂贵的隧道。

④南、北隍城岛之间的隍城门水道，水最深20m，报告[1]第12章有筑坝利用海潮水流发电的方案，第13章则同意后期筑坝发电，但先期要穿过南、北隍城岛海底水面以下深达70m处建暗挖式穿岩隧道，长6.135km，造价14.91亿。本工程前期工作即需十余年，开工兴建亦需十余年。如果经论证筑坝发电方案合理，则在这样长时间内就应同时完成该方案设计，施工筑坝，坝上通公路，一次完成，无须先建隧、后筑坝，重复建设，浪费时间资财。

⑤通过各岛时皆穿山做隧道是为了节省土地，这需视各岛和岛间线路具体情况而定，请参见文献[13]。

因此，南段通过各岛和岛间水域，应当逐岛根据其具体客观条件进行技术经济对比然后分别确定方案，不宜“一刀切”，更不应通通建成隧道。

(3)隧道桥

①承台支承力。隧道桥的特点是管段两端有桩基承台支承。沉管隧道由于管内空腔很大，承受很大浮力，在水中必须注水压载才能下沉，就位后必须靠拉锚锚于海底才会不上浮，图3、图4所示的潜浮隧道就清楚地说明了这点。如果在潜浮隧道管段两端再加支承墩使与管身密贴，则在初始状态下支承墩受力理论上可以为零，只有管内通过活载时才会受力。如果在初始状态下就要让其受力，则必须加大拉锚的拉力使管段压紧在支承墩上。这个初始压力是无须很大的，过大毫无意义，徒然浪费拉锚费用和支承墩费用。现设计采用双排4根共8根支承桩，似无必要。本工程“北隧”直线长41.5km，如管段长120～150m，则将耗用多达2 113～2 767根桩。此外，为了减少拉锚数量，还可采用图3、图4b)所示在沉管行车道面以下空腔内适当加载的方法。

②设置高程。隧道桥设置高程不清楚，从图3～图5隧道桥断面W5型的说明来看，内灌C150～C180超强混凝土，与其他断面比照，应在水深50～70m及>70m的深度处。支承桩、拉锚、承台等的施工和沉管准确就位与承台紧密接合等工序则需要潜水员进行工作或质量检查是困难的。一般正常潜水只能下潜到35m水深处，再深则需采取特殊措施，代价十分昂贵。

③隧道桥管段长120～150m，则管段相当于120～150m长的简支梁(因管段间的刚柔接头允许转动)桥，应当核算在通过活载时管身的内力，且应考虑在出现事故(如火灾或遭到地震、战争等破坏)停车时的车辆密集效应。

④原设计者特别强调防战争破坏问题，隧道桥架设在海水中不但易受沉船、海损、抛锚等撞击，而且会和潜水艇相互碰撞，这在平时、战时，对敌、我潜艇皆可能发生，同时也能受到水雷的袭击，如何考虑？

⑤一些地方叙述欠清楚或相互矛盾。如报告[1]第158页，海中段就位后“用地脚粗螺栓弹性固定在基岩”，与前述支承墩不符；第159页“跨越一定深度和宽度的海沟，隧道桥稳定固定在边沟设置的墩上”；疑为刊误，海水中何来“边沟”？墩台沿“边沟”设置，管身岂不变成横向支承了吗？

(4)水垫法导引推拉就位施工法

①长千余米的管段逐段以刚柔接头连接推拉到海水中后，在水流冲击下平面上必然形成弧形，要想拉直在理论上是不可能的(除非拉力达到无穷大)，见图4。流速不同，弯曲度也不同。海水流速沿横断面水平方向和沿深度竖直方向都是变化的，再加一日两潮张落，随着时间也在变化，甚至水流方向也在反复变化，要想事前准确确定其弯曲形状几乎是不可能的，要把它注水准确地压沉到事前按直线布置好的海床挖槽表面的支承垫板上和海水中的支承墩上去也是十分困难的，除非反水流方向施加极大的拉力将它拉直。为了避免这个困难，似可考虑推拉出来一个管段，就注水压沉就位一个管段，先浮置在两端的支承垫板或支承墩上，并在其上设横向水平约束以承受相当大的水平力，而且必须表面光滑，允许以后管段继续推拉时沿其侧面滑行。此法对较短隧道，或许可用，对直线长达42km的“北隧”是否可行，实属疑问。

②从一侧岸上斜坡段接长各管段推拉入水必须靠对岸的管段先入水，一直推拉到对岸。由于海底地形变化，有的段落采用“伏贴式”，有的段落采用“隧道桥”，相互错间。而设计上这两种形式的断面是不完全相同的，“伏贴式”底面平而宽，“隧道桥”底面弧形而窄，这就出现了两个问题：断面不同管段之间的刚柔接头如何接？能否确保不漏水？平底管段要推拉通过支承墩的弧形支承墩面多次，弧底管段要通过支承垫板的平面支承面多次，是否可行，需进一步研究。

③“北隧”南端接南、北隍城岛门海面以下75m的暗挖段，双洞断面，没有岸上斜坡段，北端接老铁山岸的陡岸，也是暗挖双洞断面，然后才北接斜坡段，不但双洞断面与水中隧道单椭圆断面无法联结，而且两端皆无法开展水垫推拉法的施工。

(5)沉管(伏贴式)隧道

①管段两端刚柔结合垫板的刚度和设置高程如何确定？原则上其顶面高程应与挖槽(或海床)顶面相平。当管段放置在挖槽内时，其受力一般按弹性地基梁考虑，这个地基由松软覆盖层到破碎带，其垂直变形系数(按文克尔理论)是不同的。两端设垫板处的刚度应是垫板刚度和地基刚度串联之后的刚度，又与中间各处不同，理论上应按这种受力模式核算“伏贴式”管段在活载下的应力。

②管顶回填覆盖层厚原则上1m，当槽深时待后期海底冲淤自然填平，则管身恒载应力亦应按先后的两种情况分别检算。

③由“伏贴式”过渡到隧道桥式的长度未必是预制管段长120～150m的整倍数，因而过渡段长度应个别考虑。

④如果设沉管隧道的水深处海水不是常年恒温，则长达40余公里的混凝土沉管的温度位移和内力如何考虑应论证。

(6)通风竖井

①通风竖井间距和数量不明确。报告[1]第12章12页“水岸交接处都设有通风竖井。水道宽度超过10km时必须在水道中设竖井(采用10km的另一原因是允许通航的水道宽度为10km，竖井可不干扰航道)。方案A初步共设置23个竖井。……老铁山水道宽42km，共设4个竖井。……长山水道和南砣矶水道中间设一个竖井”。第13章未谈陆上数量，只提到水中5个，老铁山水道修建多用途“人工岛”通风竖井2个，“最大间距目前取14km为宜”。

国内外水下隧道通风竖井间距一般5km，偶见8km，本工程采用10km，甚至14km，而且是6车道汽车高速公路，车行快，耗油量大，废气多，能否确保通气安全，是水下隧道的第一关键问题，必须有可靠根据。

②图8所示通风竖井的做法问题：a.井筒与井隧连体之间在水下就位后用螺栓连接。设计北隧路线为直线，过老铁山水道时水深在70m以上，潜水连接螺栓困难，似宜改为管段之间靠水压自动压密的那

种连接。b.“当竖井遭到破坏时自动隔水防护门能迅速启闭”，其可靠性如何确保？如自控系统先已遭到破坏是否还有备用系统？

③在水下隧道工程中的“人工岛”一般指用沙石料填筑用于桥、隧之间连接的真正意义上的岛屿。图8所示的通风竖井是一个特殊工程结构，不宜称为人工岛，以免混淆误导。

(7)其他

①标准问题。报告[1]全隧方案采用公路Ⅰ级标准，6车道，如按文献[14]建议采用高速公路4车道，则两侧尚需有2.5m宽的紧急停车道，否则如一辆车出现事故占用一个车道时，该路段该侧只能提供两车道服务。由于一个车道宽只有3.75m，比紧急停车道2.5m宽出不多，因此广东省考虑琼州海峡桥隧工程时，直接按8车道设计，当有车辆出现事故时仍能确保6车道服务。

②平战结合问题。报告[1]明确本工程为“民用工程，兼顾国防”，建成“军民共用、平战灾三结合”，却又能“大量掩蔽歼击机、坦克、火炮，可存放战略机动重装备”，可“防常规武器3000磅炸弹直接命重”，还可“防原子武器冲击波超压力(2.2MPa)”，“达到超级、特级人防工程防护抗力”。尽量提高抗战争破坏能力是很重要的，但应注意，毕竟是民用工程，这里的“兼顾”、“结合”，就如防地震灾害一样，从技术政策上来说，是应当有个“度”的。对于某一可能发生地震的地区来说，如果将该地区所有工程都设防到很高烈度都损坏不了的程度，当然最为安全，但如在该工程使用期内地震没有发生，无异积压和浪费国家资金。这个“度“是需要由国家按照政治、经济实力等条件来制定的，不能随意要求。

为了强调预防战争包括对核战争的抗力，因而采用了许多措施，包括前述对全部水下、地下隧道采用的12道结构防护措施，9道防水措施，其中仅管段结构防水一项又有9道措施，管段接头之间又有7道防水防线等等，必须花费巨额的资金，其中一些是必要的，而许多是重复叠累，似无必要。如文献[1]160页提到的软回填“鱼钩效应”，实弹试验得知：炮弹穿过软介质后遇到硬介质(砾石、硬块石)就要发生偏转成鱼钩状，减低破坏力。因此，水下隧道“从洞口起，引道段可采用软回填措施：表层为钢筋混凝土、块石混凝土或干砌块石层，下铺一定厚度的粗粒砂掺精细橡胶粉末辗压成的橡胶板，或用沥青混凝土抗海水腐蚀材料软板等”。问题在于，战争期间真有炮弹从海底由下向上打来穿透隧道最下面的软垫层再向上到硬垫层的吗？

工程技术上有一个水桶效应：许多块木板箍成一个水桶，决定水桶盛水量的是最短的那块木板。在战争期间，海中隧道工程最脆弱的是海上分布的那些极为显著醒目、已被综合开发、打缀成“海中海市蜃楼”旅游景观“幻景”的通风竖井，只要一个遭到破坏，即使能自动紧急封闭不漏水，但两边两个竖井相距28km，即使未遭破坏，也是不能保证隧道正常通风换气的，隧道的交通功能也将陷于瘫痪。把长达数十公里的隧道水下和海底管段统统都加设复杂的过多的昂贵的防护措施，其必要性和实际效益是可疑的。

③工程所用混凝土强度等级。从管段断面图来看，低者C80，长达40多公里的隧道桥用C150和C180。目前公路桥梁设计规范使用的最高强度等级为C80，特殊超高强达C150和C180混凝土施工的可靠性和现实性值得考虑。

(8)造价和经济问题

①工程总造价。报告[1]第12章估价956亿元，见表1，第13章估价无总数，分别为：

第一期工程：登州水道隧道桥，水深约20m，长7km，80亿元，合11.43亿元/km。

第二期工程：大钦岛至南北城隍岛一线水下隧道桥，水深约40m，长约20km，150亿元，合7.5亿元/km。

第三期工程：老铁山水道，水深最大86m，宽42km，包括两个超大型“人工岛”通风竖井，1 000亿元，合23.81亿元/km。

以上共长69km，1 230亿元。

这里显然有如下漏项：

a.长山和南砣基水道，水深约20m，长19.042km，北砣矶水道水深约30m，长11.089km，两者共长30.131m隧道桥，单价按一、二期工程平均计为9.47亿元/km，合计285.34亿元。

b.南段5个岛上的陆上隧道，长22.940km，取用表1数据，单价1.155亿元/km，合计26.50亿元。

c.两岸引道斜坡段，取用表1数据，长3.923km，3.67亿元。

d. 其他(地面建筑和设备),取用表 1 数据,4.624 亿元。

以上合计,工程总长 122.071km,与表 1 近似(略大 4.243km),总造价 1 546.464 亿元。同一研究报告前、后两章工程估价差 590 亿元,达 61%。

如与 2001 年广东琼州海峡跨海工程按国家规定的《公路基本建设工程投资估算办法》等文件编制的全沉管隧道方案概算相比照,全长 34.647km,水深约 45m,造价 485.47 亿元,平均 13.247 亿元/km,可见以后者 1 546.5 亿元较为可取。

②营运后期费用。工程经济比较除了建设费用外还必须计入后期养护营运费用。深水隧道的漏水、换气、防火问题为确保安全通行的关键,经常养护工作十分繁重。世界两大最长隧道之一的日本青函隧道(长 53.9kn)1988~1994 年统计,7 年平均年养护费用 10 亿日元,按当前汇价折合人民币 7 千万元[12];据报刊记载,当隧道开足通风照明设施时,两岸城市需停电才能满足其电力需要(该隧道还只是双轨铁路);通车以来不但原有投资回收无望,而且每年新增赤字 20 亿日元。另一是英法海峡隧道(长 50km),虽然通过运输形式的多样化在效率上取得一定成绩,但车辆故障和隧道故障使得运行计划经常变更,正点率不高,再加发生一些重大事故(火灾等),结果总的营运效率不理想,由于原始投资过巨,至今仍是亏本[12]。

五、小　　结

(1)本方案因南段庙岛列岛区和北段老铁山水道区全部采用隧道通过,故应定名为全隧道方案。方案中包含了陆上穿岛、水中穿岩、不同埋深于海床的沉管和在水中支承于墩台上的沉管多种形式。最后一种为本方案提出者新创,宜专门定名为隧道桥,以兹区别,而免混乱。

(2)隧道桥是国外提出的潜浮隧道的一种改进,后者在意大利、瑞典、荷兰等国提出之后,引起了不断深入的研究。但由于在设计、施工、保养等各个环节尚存在不少问题,故未见实施。本方案隧道桥与之类似,存在的一些问题已见前述,希望能进一步优化,并先找一适当工程位置小规模试验,取得成功经验之后再运用到本工程上来。原方案建议就以登州水道 7km 水下隧道作试点,造价 80 亿元,笔者认为不甚适宜。因为:①本工程方程并未最后确定,根据登州水道自然条件,南部有长约 2km 的登州浅滩,水深 3~5m,北部有长约 1.75km 的长山尾滩,水深 2~4m,中部 2km 的海沟水深 12~25m,修建跨径 250m 以下的钢筋混凝土桥梁即可解决问题,技术经济上更具竞争力;②即使方案确定了修建隧道,用作初期试验,规模仍然过大;③海中深水隧道桥是一个十分复杂的工程,如在别处尚无小规模试验就贸然决定在本工程全线铺开,设计使用,有欠稳妥慎重。如开始试验段出现问题,势必影响全线工程,甚至从头改变方案,浪费时间财力。本工程规模太大,以采用较成熟的技术为宜。

(3)国内外各种形式隧道已修建三百多座以上,如先进的盾构机,国内沈阳等地已能批量生产,既可用于软土,还可用于硬岩。我们希望能够看到更多的不同形式的隧道方案,提出来以利比较。

参考文献

[1]《渤海海峡跨海通道研究》课题组. 渤海海峡跨海通道研究. 北京:中国计划出版社,2003.11.
[2] 王伯惠. 渤海湾跨海工程的现状和对策. 桥梁杂志,2009.4.
[3] 广东虎门技术咨询公司. 琼州海峡跨海公路通道工程. 前期工作第二阶段研究报告,2002.11.
[4] 王伯惠. 渤海湾跨海工程基本方案探讨(一)——跨海线路和技术标准. 桥梁,2009.6.
[5] O. D. Larsen. 船舶与桥梁的碰撞. 广东虎门技术咨询公司. 1995.
[6] 广东虎门技术咨询公司. 伶仃洋大桥通航孔船舶碰撞的说明. 1997.
[7] 中华人民共和国国家标准. GB 50139—2004 内河通航标准. 北京:中国计划出版社,2004.
[8] 中华人民共和国行业标准. JTG/T D60-01—2004 公路桥梁抗风设计规范. 北京:人民交通出版社,2004.
[9] 王伯惠. 渤海湾跨海工程基本方案探讨(二)——南桥北隧方案. 桥梁,2009.8.
[10] 王伯惠. 渤海湾跨海工程基本方案探讨(四)——全桥方案. 桥梁,2009.10.
[11] 中国公路学会桥梁和结构工程学会. 面向创新的现代中国桥梁. 北京:人民交通出版社,2009.
[12] 戚筱俊. 台湾海峡通道工程的必要性和可行性初探. 岩土钻掘矿业工程. 1999.3.

13. 青岛海湾大桥设计创新技术

杨晓滨 陈文明 王 麒
（中交公路规划设计院有限公司）

摘 要 本文介绍了青岛海湾大桥项目概况、主要技术标准、总体设计概述、设计创新技术。

关键词 青岛海湾大桥 总体设计 设计创新技术

一、项 目 概 况

青岛海湾大桥位于胶州湾北部，是青岛市交通规划中东西岸跨海通道的"一路、一桥、一隧"中的"一桥"，是青岛市道路交通网络布局中胶州湾东、西岸跨海通道和山东省"五纵四横一环"公路网主框架的重要组成部分。

青岛海湾大桥是我国北方寒冷海域第一座超大型海上桥梁集群工程，大桥主线全长约 26.707 km，其中跨海大桥长 25.881km，黄岛侧接线长 0.827km，红岛连接线长 1.3 km。本项目包括沧口、红岛、大沽河三座航道桥，海上非通航孔桥，陆域引桥，黄岛接线，红岛连接线，李村河互通，红岛互通以及青岛、红岛和黄岛三个主线收费站及管理设施等。

二、主要技术标准

本项目的主要技术标准为：

(1)道路等级：双向六车道城市快速路兼高速公路。

(2)设计行车速度：80km/h。

(3)标准路基宽度：35m(图 1)。

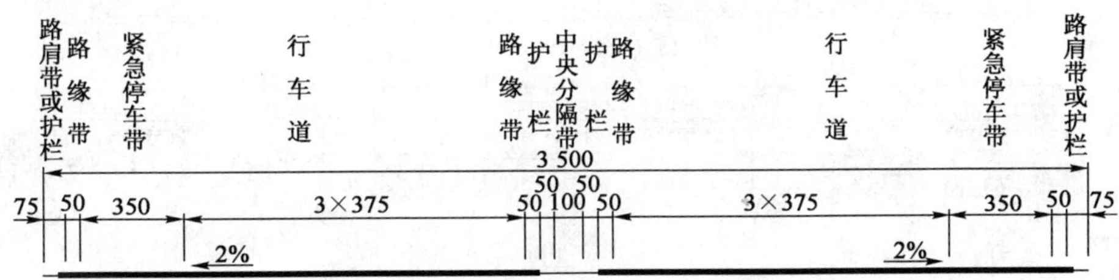

图 1 路基标准横断面(尺寸单位：cm)

(4)设计荷载：城－A 级；公路－Ⅰ级。

(5)地震基本烈度：Ⅵ度。

(6)设计风速：34.8m/s。

(7)通航等级：沧口、大沽航道 10 000t 级杂货船，红岛航道 300GT 渔船。

(8)设计基准期：100 年。

三、总体设计概述

青岛海湾大桥是一座现代化桥梁集群工程，经过多种桥型、桥跨方案及总体方案的比选，沧口航道桥采用主跨 260m 双幅分离双塔双索面钢箱梁斜拉桥，红岛航道桥采用主跨 120m 双幅分离双塔双索面钢箱梁斜拉桥，大沽河航道桥采用主跨 260m 独塔自锚式钢箱梁悬索桥，海上非通航孔桥采用跨径 60m 整孔预制吊装施工的预应力混凝土连续箱梁桥，西岸滩涂区采用跨径 50m 移动模架浇筑施工的预应力混凝土连续箱梁桥，基础均采用钻孔灌注桩(图 2)。

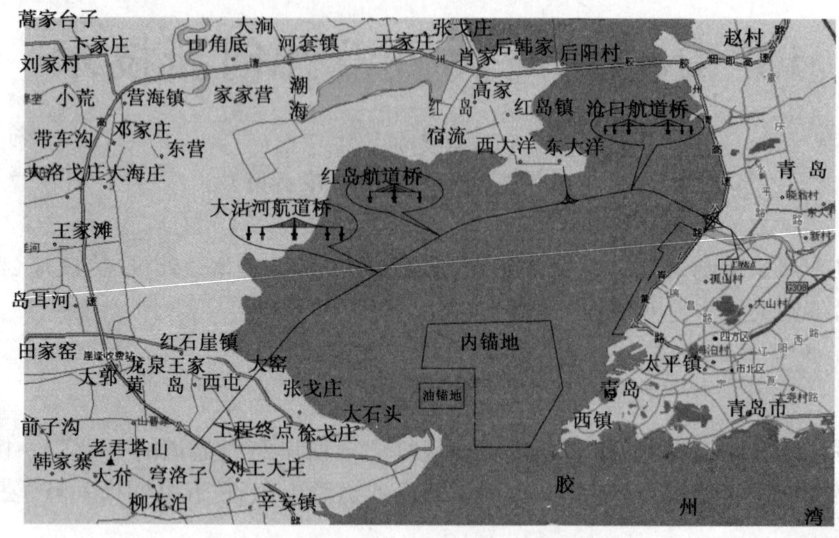

图 2　全桥总体平面布置

沧口航道桥为双幅分离双塔双索面钢箱梁斜拉桥，桥跨布置为 80m＋90m＋260m＋90m＋80m＝600m，采用五跨连续半漂浮结构体系。索塔采用 H 形混凝土索塔，主梁采用扁平流线型封闭钢箱梁，斜拉索采用高强平行钢丝拉索，平行索布置。鉴于本桥太宽，故采用了双幅分离的设计方案，有效改善了结构受力性能和景观效果(图 3)。

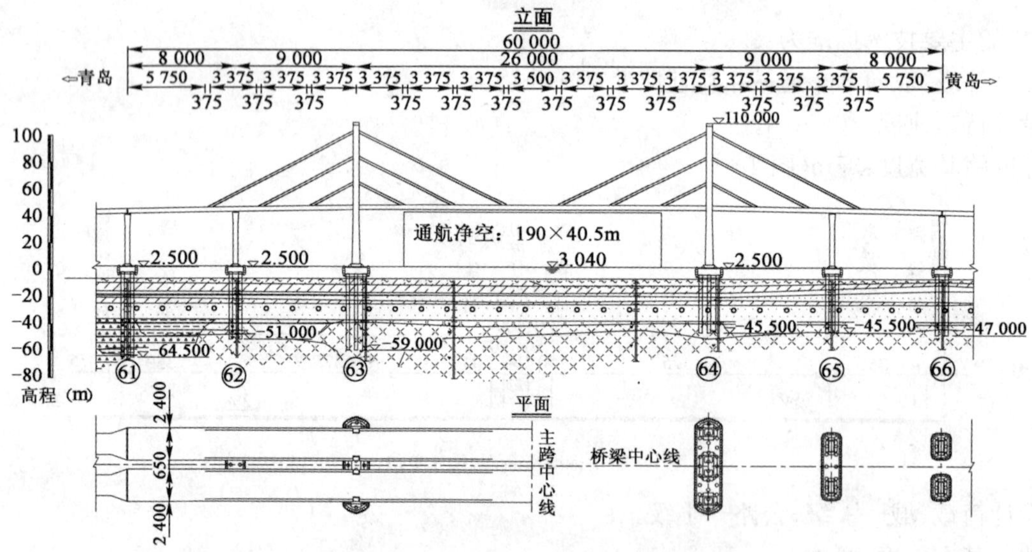

图 3　沧口航道桥桥型布置(尺寸单位：cm)

大沽河航道桥为独塔自锚式钢箱梁悬索桥，桥跨布置为 80m＋190m＋260m＋80m＝610m，采用 4 跨连续半漂浮结构体系。索塔采用独柱式混凝土索塔，主梁采用分离式钢箱梁，主跨和边跨为悬吊体系，主跨矢跨比为 1/12.53，边跨矢跨比为 1/18.04。大沽河航道桥是青岛海湾大桥三座航道桥中规模最大、设计和施工难度最高的一座特大桥(图 4)。

海上非通航孔桥采用跨径 60m 整孔预制吊装施工的预应力混凝土连续箱梁桥。非通航孔桥为分离式双幅桥，单幅主梁采用单箱单室截面，主梁顶宽 17.0m，底宽 6.6m，梁高 3.5m(图 5)。箱梁采用整孔预制、整孔吊装方案施工，相邻的预制梁通过在墩顶设置湿接缝实现结构连续。中跨预制梁段重量为 1 935t，边跨预制梁段重量为2 021t。

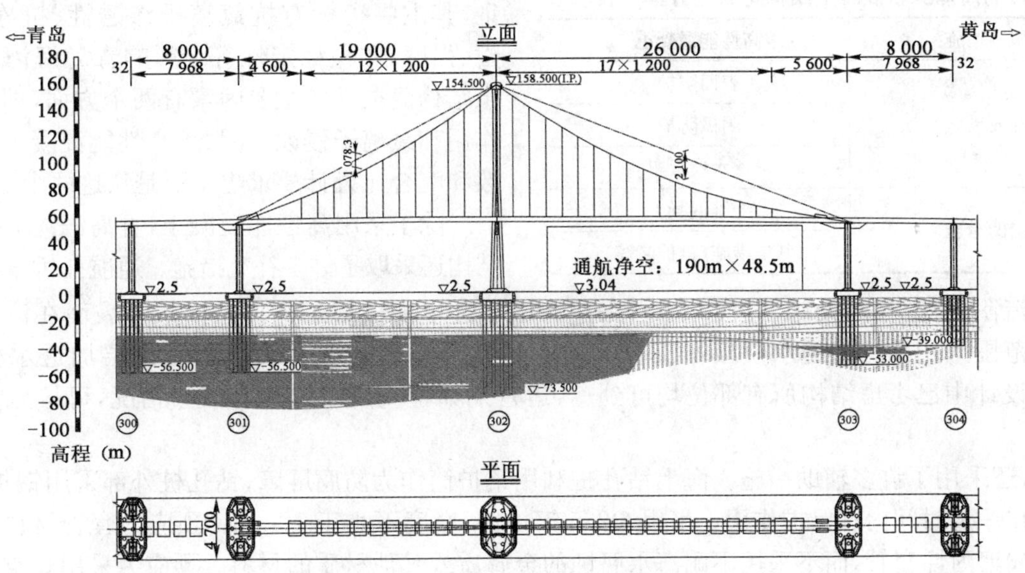

图4 大沽河航道桥桥型布置(尺寸单位:cm)

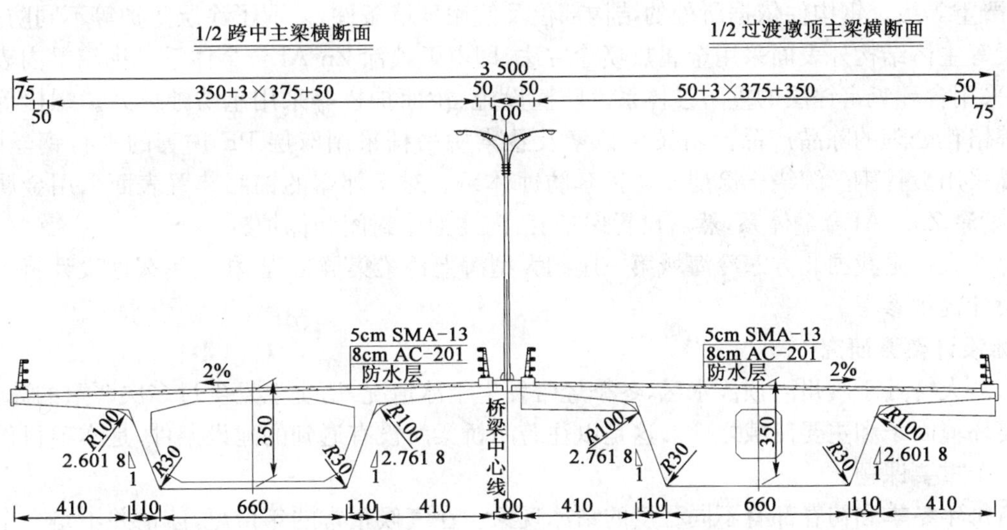

图5 海上非通航孔桥标准横断面(尺寸单位:cm)

四、设计创新技术

1. 桥梁结构耐久性设计

青岛海湾大桥位于胶州湾北部,处于北方寒冷海域,不仅海水和大气环境腐蚀严重,而且冻融循环作用对混凝土力学性能影响显著。青岛海湾大桥设计过程中,在总结已往跨海大桥的实际经验基础上,吸取经验教训,去粗取精,采用国内外最新防腐技术成果,依据最新耐久性设计规范和设计指南,并进行了大量的科学研究试验,提出了创新的耐久性设计方案,并运用到了桥梁设计之中。

混凝土结构耐久性采用根本措施、补充措施和辅助措施有机结合。首先,混凝土结构耐久性的根本措施是采用高性能混凝土。同时,依据混凝土构件所处结构部位及使用环境条件,采取必要的补充措施,如混凝土表面防护技术、阴极保护技术或透水模板布等。另外,施加必要的辅助措施,如纤维混凝土等(表1)。

青岛海湾大桥混凝土结构耐久性方案　表1

根本措施	高性能混凝土
补充措施	表面防护
	阴极防护
	透水模板布
辅助措施	纤维混凝土
	其他措施(钢护筒等)

高性能混凝土可对混凝土耐久性性能予以保证,其主要指标有抗氯离子渗透性、抗冻性、工作性、强度、体积稳定性等。影响青岛海湾大桥混凝土结构耐久性的主要因素有两个方面,即冻融循环作用和氯离子侵蚀。因此,高性能混凝土的性能参数和配合比设计要求也主要是从这两个方面入手。

除了采用高性能混凝土,青岛海湾大桥混凝土结构还采取了许多补充措施。通航孔桥索塔承台采用外加电流阴极保护;辅助墩、过渡墩承台采用涂层加透水模板布工艺;塔身、墩身表面在浪溅区和水位变动区范围采用涂层加透水模板布工艺。非通航孔桥承台和墩身表面采用涂层加透水模板布工艺。结构设计中已考虑结构所有部位均可到达,运营期如检查发现涂层有破损情况,可按原方案进行维修。

另外,还采用了许多辅助措施。海上钻孔桩利用钢护筒作为防腐屏障,钻孔桩外部采用钢护筒,对内部混凝土在一定时间内有保护作用。采用Q235钢护筒,厚度不小于12mm。预应力套管材料采用高密度聚乙烯或聚丙烯套管,而不采用不耐海水腐蚀的金属质或其他材质的材料。预应力采用真空辅助压浆工艺进行管道压浆,并对灌浆材料和浆体性能提出了明确要求。

按照标准金属材料在青岛地区的腐蚀速度等级,青岛海湾大桥大气环境的腐蚀严酷性等级属于4级,属腐蚀严重等级。钢构件依据所处的结构部位及使用环境条件,采取了涂层防护等不同防护措施。

钢箱梁等主体结构外表面采用金属热喷涂方法,即电弧喷涂Zn-Al合金体系。钢箱梁内表面采用除湿系统,并采用含环氧富锌层的重防蚀体系。防撞设施、桥面护栏等采用重防蚀体系。螺栓等紧固件采用渗锌或锌铬化处理的陈品产品。斜拉桥拉索及悬索桥吊杆采用双层PE护套的平行钢丝陈品产品。悬索桥主缆采用镀锌钢丝缠绕+涂层+防护套防蚀体系。对于外露的锚固装置表面采用金属热喷涂方法,即电弧喷涂Zn－Al合金体系,然后设置保护套,内注油脂封闭和保护。

青岛海湾大桥是我国北方寒冷海域第一座超大型海上桥梁集群工程,相关耐久性设计将为我国北方地区桥梁设计提供参考。

2. 海冰设计要素研究

青岛海湾大桥处于胶州湾顶浅水区,冬季经常发生结冰情况,历史上发生过多次严重的冰情,海冰是大桥的主要环境因子和主要荷载之一。这是以往跨海桥梁所没有遇到的建设条件,是本项目设计中需认真研究的一个重要课题。

胶州湾每年冬季和初春都有不同程度的结冰现象。在气候正常的年份里,冰情并不是一个严重的问题,但在特别严寒的年份里,冰情将对桥梁构筑物造成较大影响。

海冰厚度是冰荷载计算中的一个重要参数,由于其时空上的特殊性和获取极端条件实测数据的困难,对其设计值的研究至今仍是我国海冰界人士和工程设计部门极为关注的一项课题。根据胶州湾海区冰的特征和特征冰型,工程上主要关心的平整冰厚度的确定。目前胶州湾海域虽然有少量的海冰实测数据,但远远不能满足工程设计上的需要。因此,只能通过由日平均气温计算海冰冻冰度日和融冰度日,从而推算历年平整冰冰厚的方法,再采用PⅢ型概率分布确定海冰不同重现期的设计厚度。

根据历年冰厚,由Pearson III型曲线推算的一百年一遇的平整冰厚度,大沽河口附近海区为27.60cm,沿岸区域为25.15cm,沧口水道深槽区为19.34cm。

根据工程设计冰温和平整冰盐水体积等参数计算了海冰的抗压强度和剪切强度等力学参数。

由于青岛海湾大桥工程海区的流速较小,波浪作用程度较弱,作用在大桥桥墩上的冰荷载主要就是大面积冰场运动时产生的静冰压力。

青岛海湾大桥包含3座通航孔桥,其余均为非通航孔桥。通航孔桥桥墩尺度大,顺桥向宽度一般不小于 20m，横桥向宽度不小于 40m。非通航孔的桥墩尺度较小，承台顶面在平均海面以下，但低潮时可部分出露，桥墩、承台都将受到冰荷载的作用。钻孔灌注桩基本不受海冰荷载作用。

冰与垂直结构物的主要破坏模式包括：挤压、屈曲、弯曲、剪切及断裂等。冰的特性与形态的多样性使冰与直立式结构物作用的破坏模式错综复杂，对于宽体的垂直结构更是如此，几种破坏模式可能同时存在。

我国《公路桥涵设计通用规范》(JTG D60—2004)和《港口工程荷载规范》(JTJ 215—98)中给出了对具有竖向前棱的桥墩的冰压力计算公式：

$$F_i = m \cdot C_t \cdot b \cdot t \cdot R_{ik}$$

式中：F_i——冰压力标准值(kN)；

m——桩或墩迎冰面形状系数；

C_t——冰温系数；

b——桩或墩迎冰面投影宽度(m)；

t——计算冰厚(m)；

R_{ik}——冰的抗压强度标准值(kPa)。

世界各国特别是德国、日本、前苏联、美国、加拿大等国对海冰作用力开展了大量的研究，冰作用力计算方法多种多样，一般根据海冰破坏模式不同采用不同的计算模式。

按破坏形式分类的静冰压力的计算方法比较复杂，在破坏模式难以确定的情况下，在计算模式选用上，采用尽量简单的模式。具体来说，对非通航孔桥墩，桥墩尺度小，适用于我国《公路桥涵设计通用规范》(JTG D60—2004)和《港口工程荷载规范》(JTJ 215—98)中的条件，因此选用上述规范方法进行冰荷载计算。而对于通航孔桥墩，其平面尺度较大，我国规范中未有明确的计算方法，日本《冰海域海岸、海洋建筑物设计手册》中宽幅建筑物海冰计算方法考虑比较合理，因此采用此方法进行冰荷载计算。其计算公式如下：

$$F = C \cdot D \cdot h \cdot \sigma_c$$

式中：F——冰压力标准值(kN)；

C——修正系数；

D——桩或墩迎冰面投影宽度(m)；

h——计算冰厚(m)；

σ_c——冰的抗压强度标准值(kPa)。

通过对冰情的研究，提出了海冰的相关设计要素。结合国内外相关规范，针对不同构造，提出了不同的冰荷载计算方法。在桥墩等的设计中，迎冰面采用圆弧形或多边形，以减小冰荷载，同时，对相关部位混凝土提出了抗冻性要求。

3. 通航孔桥钢箱梁大节段吊装施工

本项目三座航道桥的主梁均为钢箱梁，针对桥型结构的特点，设计中，对钢箱梁架设方案进行了两种方案即小节段吊装和大节段吊装的比较研究(表 2)。

钢箱梁架设方案比较 表 2

吊装方案	小节段吊装	大节段吊装	吊装方案	小节段吊装	大节段吊装
浮吊要求	较低	较高	施工风险	较高	较低
临时支架工程量	较大	较少	质量保证	较难	较易
海上工作量	较大	较少	安装造价	较高	较低
施工速度	较慢	较快			

小节段吊装方案，需要在水中搭设满堂支架，作为钢箱梁段的支撑。钢箱梁段制作完成后，利用浮吊吊装钢箱梁梁段至满堂支架上，并完成焊接，形成主梁。小节段吊装方案的优点是梁段仅需要中小型浮

吊即可吊装就位，但各钢箱梁制造梁段间环焊缝均需在海上施工，且需搭设满堂支架，海上工作量大，施工风险高，施工速度慢，工程质量较难保证，费用也较高。

大节段吊装方案，不需要搭设满堂支架，仅在水中搭设临时墩，作为安装梁段的支撑。钢箱梁段制作完成后，几个制造梁段在拼装场焊接形成安装梁段，利用大型浮吊吊装安装梁段至临时墩上，并完成焊接，形成主梁。大节段吊装方案充分利用了吊装非通航孔桥预制箱梁的大型浮吊，极大地减少了海上工作量，保证了工程质量，加快了施工速度，确保了海上施工安全，同时，也极大地减少了海中临时支架的工程量，降低了造价。

综合考虑施工安全、工程质量、工期控制和经济性等因素，确定钢箱梁架设方案采用大节段吊装(图6、图7)。特大桥钢箱梁架设全部采用大节段吊装施工方法为国内首次采用。

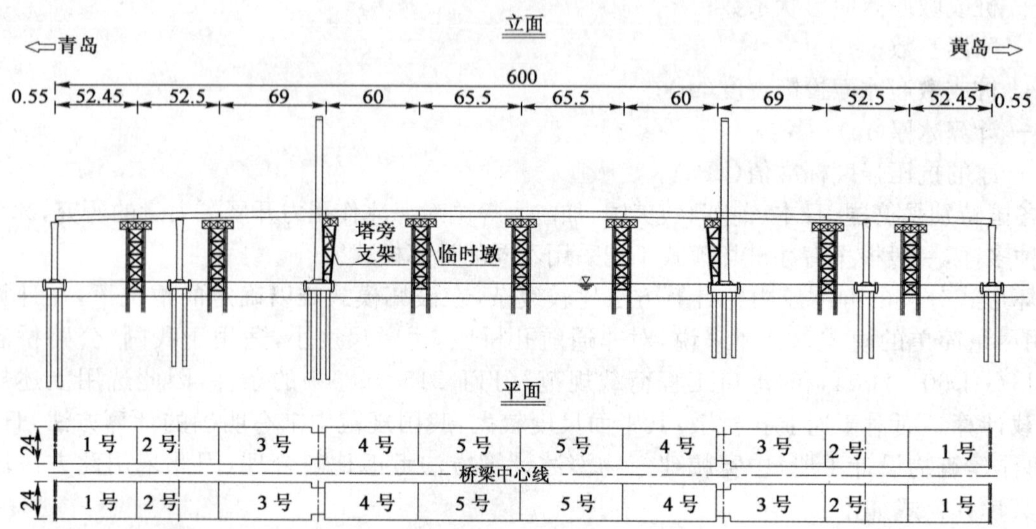

图6　沧口航道桥钢箱梁大节段划分示意(尺寸单位:m)

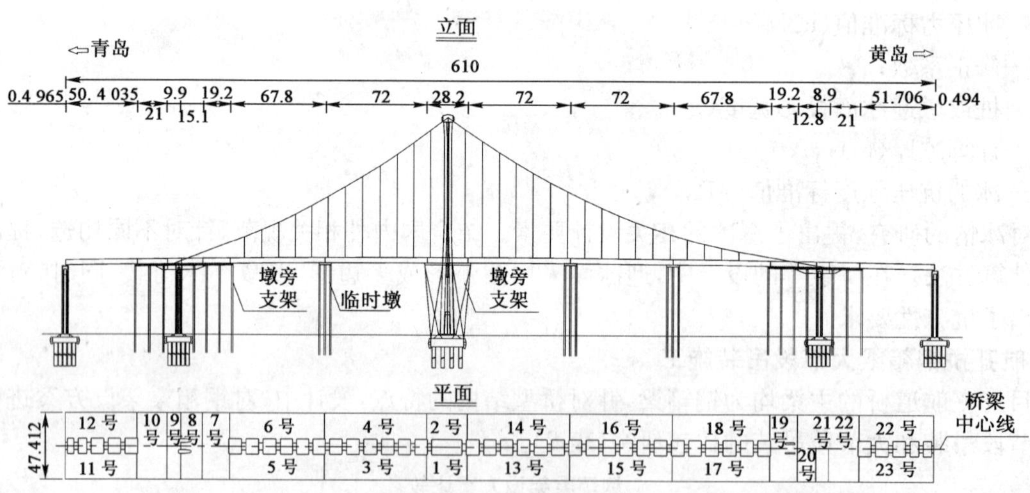

图7　大沽河航道桥钢箱梁大节段划分示意(尺寸单位:m)

青岛海湾大桥航道桥钢箱梁大节段最大重量约为1 000t，其梁长为72m，梁宽为21.206m，梁高为3.6m，桥面标高约为59.3m。

4. 大沽河航道桥主缆锚固构造

自锚式悬索桥主缆锚固于主梁上，巨大的缆力通过主缆锚固构造传递给钢箱梁，主缆锚固构造承受很大的集中荷载，其在钢箱梁内的传力机制非常复杂，是自锚式悬索桥最为关键和复杂的受力构件之一。对于这种复杂的锚固构造，如何计算和设计在现有规范中没有相关的条文可以参考，目前对此尚缺乏成熟可靠的计算和设计方法。为保证桥梁结构的安全，设计中，对本桥的主缆梁内锚固构造进行了深入、细致的 ANSYS 计算分析，并通过 1∶3.5 缩尺的模型试验加以对比和验证。

通过对全钢和钢混结合锚固方案进行研究和比较，从结构受力安全、施工可行等方面综合考虑，采用了全钢主缆锚固构造。

全钢主缆锚固构造采用格构式钢结构形式。两根主缆的索股通过散索套散开，分别锚固于梁内两块垂直于主缆轴线的厚 100mm 的钢锚板上，钢锚板横向穿过主缆锚固传力纵隔板并与纵隔板焊接。对应于每根主缆，钢锚板上设置厚度 30mm 的 2 道竖向加劲板和 10 道横向加劲板，横向加劲板与梁内两道纵隔板焊接，竖向加劲板与加劲梁顶、底板焊接，主缆的轴力直接作用在钢锚板上，并通过横、竖向加劲板与顶、底、纵隔板的焊缝逐渐传递至整个箱梁断面（图 8～图 12）。

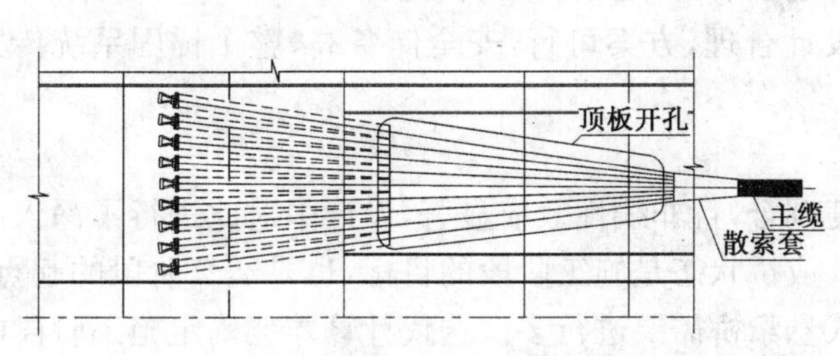

图 8 主缆锚固平面示意

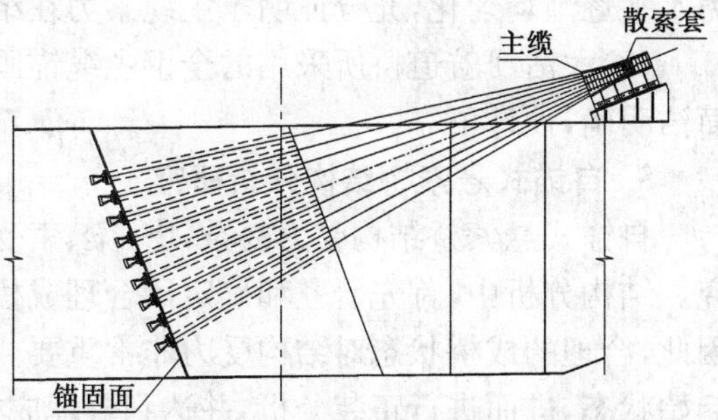

图 9 主缆锚固立面示意

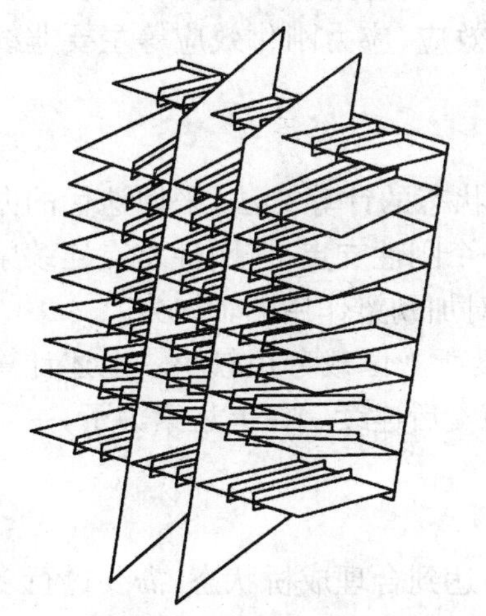

图 10 大沽河航道桥主缆锚固构造立体图

图 11 大沽河航道桥主缆锚固试验照片

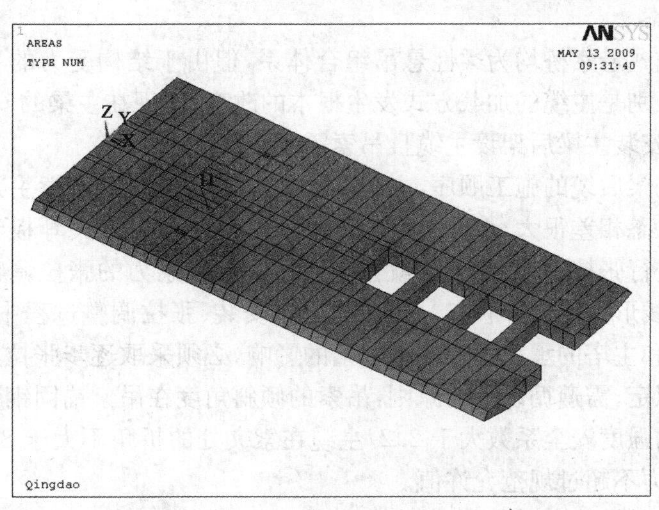

图 12 大沽河航道桥主缆锚固 ANSYS 分析模型

通过将精细化有限元分析和缩尺模型试验的结果进行充分的对比，有限元分析结果和实测结果吻合良好。精细化的有限元方法具有较高的可靠性与准确性，该方法可为类似工程复杂钢结构的分析设计提供有力支持。

通过精细化有限元分析和缩尺模型试验，可以得到如下结论：

(1)主缆锚固区在设计索力以及1.7倍设计索力的作用下，均处于弹性阶段，外荷载与应变的关系总体上呈良好的线性关系。试验中，未发现有锚固区破坏、失稳等现象的发生。

(2)在设计索力作用下，除个别点外，应力均在130MPa以下，应力水平适宜，结构安全可靠。

(3)在1.7倍设计荷载作用下，除个别点外，应力均在250MPa以下，结构具备充分的安全度。

(4)主缆锚固构造能够保证主缆索力迅速在结构中分散，降低钢板的应力水平，使分体箱各部件的应力水平逐渐均匀化，充分证明了主缆索力在结构中传递顺畅，传递机制明确简洁。

(5)大沽河航道桥所采用的全钢主缆锚固方案设计合理，方案可行，安全储备高，整个锚固系统传力简洁明确，设计可靠。

5. 自锚式悬索桥结构分析研究

自锚式悬索桥结构受力复杂，塔、梁、索受力高度耦合，且非线性效应显著，设计中对此进行了深入研究。结构分析中，首先研究和确定了合理成桥状态。成桥状态是施工阶段的目标，也是运营阶段的起点，因此，合理的成桥状态对结构受力非常重要。自锚式悬索桥需要进行多次迭代计算才能确定施工阶段的起始状态，进而进行正装分析，并达到合理成桥状态。自锚式悬索桥缆索体系施工与地锚式悬索桥截然不同，需要综合考虑多方面的因素来确定主梁体系转换方案。完成施工过程分析后，进行了成桥运营阶段的结构受力分析。分析中考虑了拉索垂度效应、$P—\Delta$效应、大变形效应、应力刚化效应等主要非线性因素，很好地反映了结构实际受力情况。

(1)合理成桥状态

对于自锚式悬索桥的合理成桥状态，可借鉴斜拉桥合理成桥受力状态的计算方法，采用迭代的办法确定。本桥的计算中，假定在恒载状态下，加劲梁吊索作用点相当于一个刚性支点，按刚性支点连续梁来确定各吊索的索力。计算时考虑了梁的竖曲线、梁的形心偏心和主缆对加劲梁作用的轴向力。

通过上述方法迭代计算得到的吊索索力较均匀，分布合理，且主梁所受恒载弯矩较小。上述计算方法假设主梁一次落架，而青岛海湾大桥主梁采用大节段吊装施工，先简支后连续。在上述索力下，主梁承受了一定的恒载弯矩，但其值不大，因此该组索力是合理的。

(2)施工阶段起始状态

由于自锚式悬索桥塔、梁、索受力高度耦合，且非线性效应显著，为达到合理成桥状态，需要进行多次迭代计算才能确定施工阶段的起始状态。

(3)主梁体系转换方案

自锚式悬索桥与地锚式悬索桥均为柔性悬吊组合体系，但由于结构受力的不同，使得两者的施工过程截然不同。最主要的区别是主缆的加载方式发生根本的改变，表现在主梁的安装时间和吊索的安装方式：自锚式悬索桥需要先安装主梁后架设主缆且吊索需要张拉。

自锚式悬索桥采用先梁后缆的施工顺序，主缆架设前就已完成的全连续主梁基本处在成桥状态，而主缆的空缆状态与成桥状态相差很大，多数吊索长度小于空缆状态时索夹耳板到主梁锚固点的距离，安装过程需要对吊索接长进行张拉引伸，使吊索就位。通过对吊索索力的张拉调整，将主梁重力通过吊索全部传递到主缆，使主缆线形达到设计状态。在进行吊索安装、张拉调整过程中，受吊索的承载力、张拉设备的数量和能力、主梁和主塔的承载力等各种因素的影响，必须采取逐步张拉加载。

对吊索张拉过程的拟定，需遵循以下的原则：吊索的倾斜角度在吊索锚固钢套管允许的转角范围内；吊索在整个施工过程中的强度安全系数大于2.2，主缆在索夹处的折角不大于8°；吊索张拉过程中主缆、加劲梁、桥塔结构中的应力不超过规范允许值。

吊索张拉的设计方案采用8台千斤顶，从索塔向散索套方向分批分次张拉吊索，每根吊索最多张拉

4次。

6. 斜拉桥拉索断索效应研究

拉索是斜拉桥的主要受力构件，其尺寸小、应力高，且直接布置在索塔和主梁的外部，车辆冲击、疲劳、腐蚀和破坏等均可能严重损伤斜拉索。单根拉索的损坏，其索力将重分配至其他拉索和索塔及主梁上，剩余结构在重分配后的内力状态下也有可能会被损坏，在此情况下，整体结构就有可能逐渐崩溃。因此，从结构的牢固性考虑，在局部拉索突然断裂时，需保证剩余结构在内力重分配后的状态下不被损坏，防止整体结构的崩溃。沧口航道桥为稀索体系斜拉桥，单根拉索的重要性远大于普通的密索体系斜拉桥，因此，采用合理的方法计算拉索断裂效应对本桥的设计具有重要意义。

斜拉索突然断裂，其索力将重分配至剩余结构上，且会引起剩余结构的振动，亦即拉索断裂效应包含静态和动态两部分效应。目前，国内外关于斜拉桥拉索断裂效应计算的文献很少，沧口航道桥的设计采用了静力分析和时程分析两种方法进行计算和比较。

(1)静力分析

根据"欧洲规范3，钢结构设计第2篇钢桥附录A，高强钢索"第A.2.5条进行静力分析。规范中说明，在缺少更精确分析的条件下，对于突然去掉一根或多根拉索产生的效应，可保守地按下列步骤来考虑：

①计算所有拉索都完好时的设计效应 $E_{d,1}$；

②计算去掉一根或多根拉索时的设计效应 $E_{d,2}$；

③按下式估算突然去掉一根或多根拉索时总的设计效应(静态的和动态的)E_d 为：

$$E_d = E_{d,1} + 2 \cdot (E_{d,2} - E_{d,1}) = 2 \cdot E_{d,2} - E_{d,1}$$

(2)时程分析

时程分析是用于确定承受任意的随时间变化荷载的结构的动力学响应的一种方法。可以用时程分析确定结构在静荷载、瞬态荷载和简谐荷载的随意组合作用下的随时间变化的位移、应变、应力、及力。荷载和时间的相关性使得惯性力和阻尼作用比较重要。

时程分析的求解的基本运动方程是：

$$[M]\{\ddot{u}\} + [C]\{\dot{u}\} + [K]\{u\} = \{F(t)\}$$

式中：$[M]$——质量矩阵；

$[C]$——阻尼矩阵；

$[K]$——刚度矩阵；

$\{\ddot{u}\}$——节点加速度矢量；

$\{\dot{u}\}$——节点速度矢量；

$\{u\}$——节点位移矢量；

$\{F(t)\}$——荷载矢量。

基于沧口航道桥的特点，设计中考虑任何一根拉索突然断裂的可能。拉索断裂为偶然状况，荷载组合为恒载+活载，活载按最不利位置施加。静力分析和时程分析均采用通用有限元软件 ANSYS 进行计算(图13)。

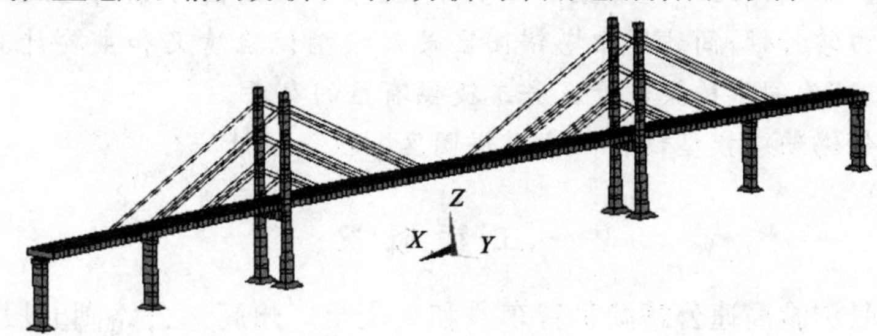

图13 沧口航道桥 ANSYS 有限元模型

拉索断裂会引起结构的振动，其设计控制效应是振动的峰值效应。图14为中跨外侧长索断裂时，其相邻中跨长索索力的静态效应及时程分析效应。

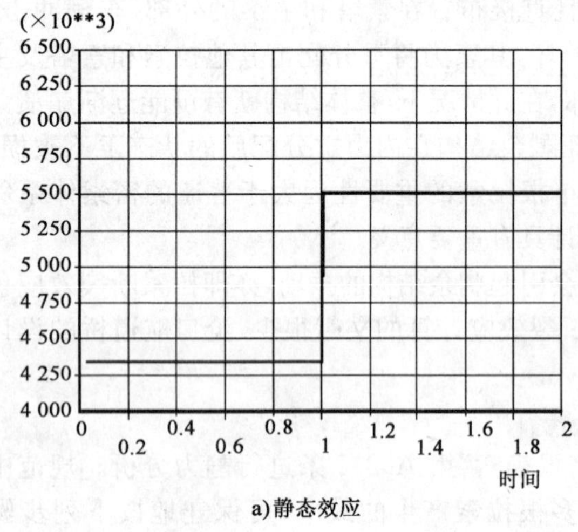

a)静态效应

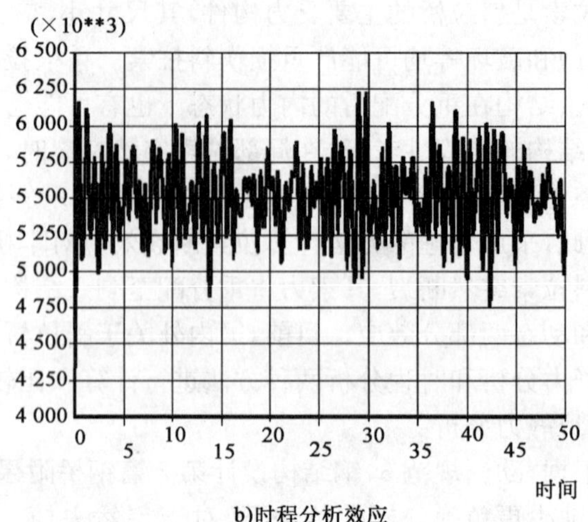

b)时程分析效应

图14 中跨外侧长索断裂时相邻中跨长索索力(单位:kN)

通过两种方法的计算分析，可以得到如下结论：

(1)由于动态效应的存在，斜拉桥(尤其是稀索体系斜拉桥)拉索断裂总效应比其静态效应显著增大，设计中应予以考虑。

(2)静力分析的原理是将剩余结构视为一个单自由度自由振动体，拉索断裂时，在效应终值与初值之差的激励下振动，其振幅为效应终值与初值之差的2倍。而实际桥梁结构是多自由度体系，其振动效应不能一概而论。时程分析反映了结构的实际情况，其结果相比静力分析更为精确。

(3)沧口航道桥在任何一根拉索突然断裂情况下，剩余结构在内力重分配后的状态下是安全的。

五、结　束　语

青岛海湾大桥是我国北方寒冷海域第一座超大型海上桥梁集群工程，造型独特，设计新颖，建成后将成为青岛市的又一标志性建筑，并为我国桥梁建设再添辉煌的一页。

14. 鄂东长江公路大桥索塔锚固区抗裂设计

詹建辉　彭晓彬
(湖北省交通规划设计院)

摘　要　鄂东长江公路大桥为主跨926m的九跨连续半漂浮体系双塔混合梁斜拉桥，斜拉索塔端锚固方式采用钢锚箱结构。简要介绍了大桥主桥桥型布置、索塔锚固区方案构思及钢锚箱构造设计，分析了钢锚箱的工程应用及力学特性；简述了索塔锚固区足尺模型试验情况和主要计算结果，并对索塔锚固区抗裂设计进行了阐述，可为同类桥梁设计及施工提供有益的参考。

关键词　斜拉桥　钢锚箱　模型试验　索塔锚固区　抗裂设计

一、工 程 概 况

鄂东长江公路大桥是沪渝高速公路湖北省东段和大庆至广州高速公路湖北段的共用过江通道。桥址位于黄石长江公路大桥上游约1.3km处。主桥为主跨926m的九跨连续半漂浮体系双塔混合梁斜拉桥,主跨跨径居斜拉桥世界第三。大桥主梁全宽 38m(含斜拉索锚固区),梁高 3.8m(梁中心线处),采用钢—混凝土结合箱梁,钢箱梁外形与混凝土箱梁一致,均为分离式双箱单室结构。钢—混凝土结合段位于主跨侧,距桥塔中心线 12.5m。边跨设置三个辅助墩和一个过渡墩,主桥长 1 476m,其桥跨布置见图 1。

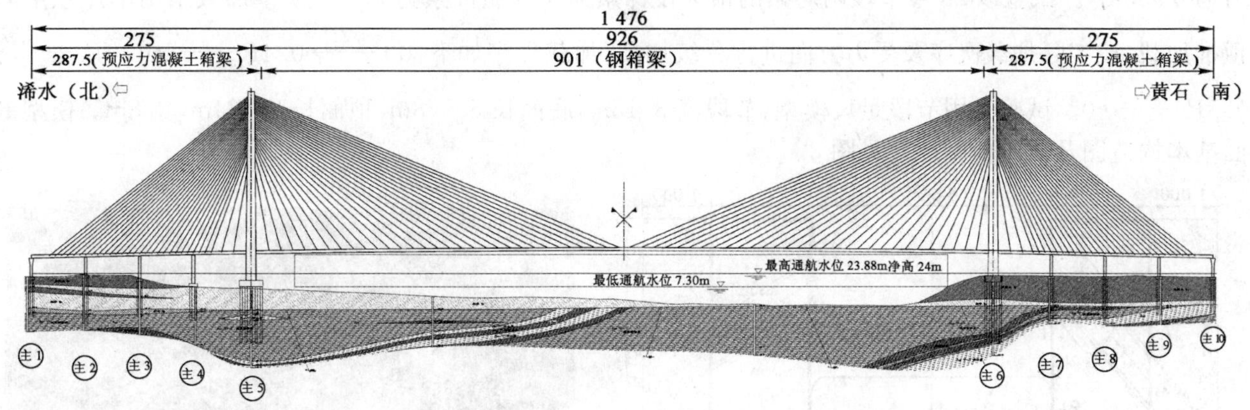

图 1 主跨 926m 双塔混合梁斜拉桥桥型布置图(尺寸单位:m)

二、索塔锚固区设计

索塔拉索锚固区是斜拉桥中的关键部位,拉索的局部集中力将通过这一部位安全、均匀地传递到塔柱中。受拉索的局部强大集中力、预应力筋的锚固力以及孔洞削弱等因素影响,该区域受力状态十分复杂。近年来混凝土索塔锚固方式多采用以下 3 种方式:①钢锚梁(钢横梁):将锚固钢横梁置于混凝土塔壁的牛腿上,拉索锚固在横梁两端的锚固梁上;②钢锚箱:斜拉索锚固在钢锚箱上,钢锚箱通过连接件与混凝土索塔连接;③井字形(环向)预应力锚固:将拉索锚固在混凝土索塔内壁的齿板上,在锚固区施加井字形(环向)预应力。上述 3 种锚固方式各有优缺点,本桥经综合比选,选用内置式钢锚箱锚固方式。

钢锚箱设置于上塔柱,分 26 节,宽 2.4m,高 2.5～3.6m。钢锚箱节段之间采用高强螺栓连接,钢锚箱总体布置图见图 2。钢锚箱由侧面拉板、端部承压板、腹板、锚板、锚垫板、横隔板、连接板、加劲肋等组成空间箱形结构。侧面拉板主要承受斜拉索水平拉力,两侧表面设置竖向人孔,外侧焊有竖向加劲肋。端部承压板与混凝土壁用剪力钉连接。索力通过腹板传递至竖向拉板上,高度随斜拉索角度不同而变化,腹板两侧焊有加劲肋;两侧面拉板之间设置水平横隔板,上面开有人孔,在斜拉索张拉时作为施工平台使用。钢锚箱与索塔混凝土壁之间的连接构件是剪力钉。

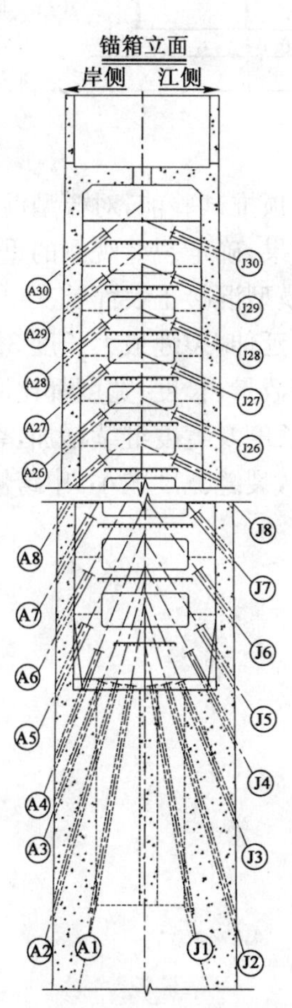

图 2 钢锚箱总体布置图

索塔锚固区段为钢—混凝土组合结构,设计按钢锚箱和混凝土作为组合构件共同受力计算。钢锚箱承受斜拉索的水平分力由钢锚箱和混凝土塔柱共同承受,斜拉索竖向分力则主要通过剪力钉传递至混凝土塔柱。由于混凝土塔柱承受部分钢锚箱传递的水平分力,塔壁存在拉应力。为了研究锚固区的受力特性,大桥指挥部委托科研单位进行斜拉索塔端锚固区足尺模型试验,通过节段 1∶1 模型试验研究,模拟索力加载,确定结构开裂荷载和可能的破坏荷载,以及裂缝分布情况。设计根据试验结果、结构的开裂荷载、安全度和裂缝宽度及分布情况,并结合计算分析,进行抗裂设计。

三、索塔锚固区模型试验

模型选取上塔柱 29 号斜拉索对应节段为试验研究对象，该节段是斜拉索索力最大的典型索塔节段，其受力性能具有一定的代表性。斜拉索的最大设计索力：A29(边跨侧)索力为 6 799kN，J29(中跨侧)索力为 6 935kN。试验以 29 号节段两对索的最大设计索力作为验证索力 1.0P，模型加载采用千斤顶空间顶推加载，按实际加载次序及受力方向进行分级加载，加载程序如下：$0 \xrightarrow{0.2P} 0.4P \xrightarrow{0.1P} 1.0P \xrightarrow{-0.25P} 0.5P \xrightarrow{-0.5P} 0$。试验采用节段足尺模型，节段高 3.15m，底面长 8.723m，顶面长 8.664m，宽 8m。模型剖面基本构造图及试验模型照片见图 3。

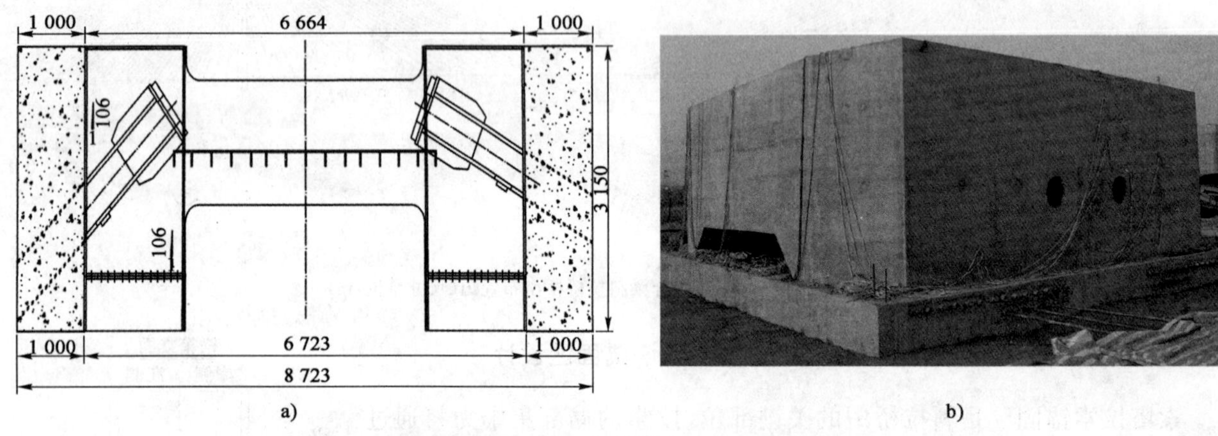

图 3　钢锚箱节段足尺模型图(尺寸单位：mm)

顶推试验前，对模型混凝土表面裂缝进行全面检查。根据有限元计算分析结果，并结合现场应力测试结果，确定裂缝观测的重点区域。实际顶推加载至 $0.6P$ 荷载(边跨索力 4 079kN，中跨索力 3 561kN)时，模型混凝土表面首次出现因顶推加载而产生的裂缝，位于斜拉索导管出口位置，裂缝方向从管口竖向往上延伸，裂缝最大长度 39cm，最大宽度 0.08mm；顶推加载至 $0.8P$ 时，两边导管的上下方均出现裂缝，裂缝数量、长度、宽度都比原先增加，裂缝最大长度 76cm，最大宽度 0.13mm；顶推加载至 $1.0P$，裂缝数量、长度及宽度继续增加，裂缝最大长度 110cm，最大宽度 0.15mm。加载结束后，原来的裂缝基本没有闭合，裂缝宽度减小，中跨侧和边跨侧的最大裂缝宽度均为 0.07mm，裂缝见图 4。

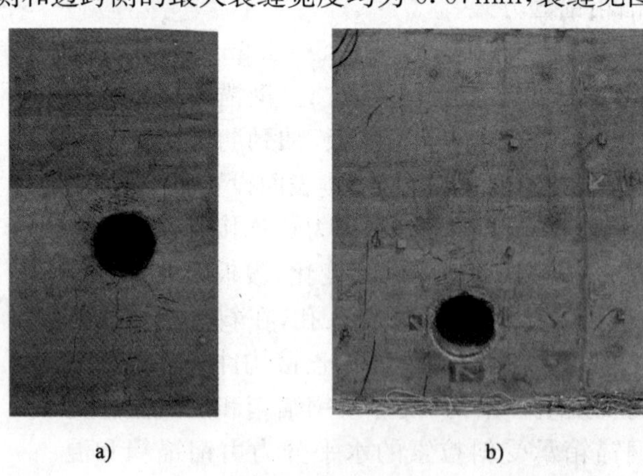

图 4　中跨侧壁混凝土裂缝(边跨侧壁混凝土裂缝)

由于混凝土塔壁在 $0.6P$ 荷载下已经开裂，为了便于将测试应力值与计算值进行相互对比，主要对混凝土未开裂前的测试应力值进行分析，即主要分析 $0.5P$ 荷载下的应力实测值。

边跨侧混凝土外壁索导管上方横向主拉应力的计算值与实测对比见图 5，图 5a)表示所对应点位置和测点编号。由图 5 可知，边跨侧混凝土外壁横桥向实测和计算的主拉应力分布均基本呈“双峰”状，在两个索导管出口位置分别达到最大，塔壁中心线附近应力稍小，靠近索导管和中心线的实测值与计算值比较吻合，远离索塔中心测点实测值与计算值差异稍大。

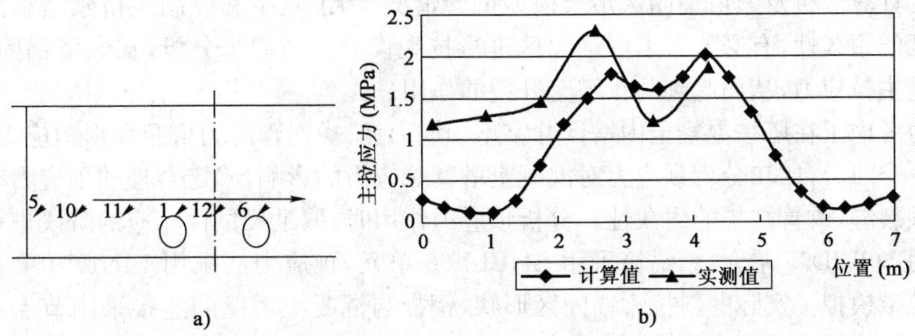

图 5 边跨侧索塔外壁沿横向测点主拉应力值对比分析

中跨侧混凝土外壁竖向主拉应力的计算值与实测对比如图 6 所示。由图 6 可知，中跨侧水平荷载中心靠近模型中心，因此混凝土外壁竖向主拉应力值呈向下递增趋势，但在靠近底部 1.5m 范围内应力增加不显著，且靠近顶部的测点应力与计算值差异较大。

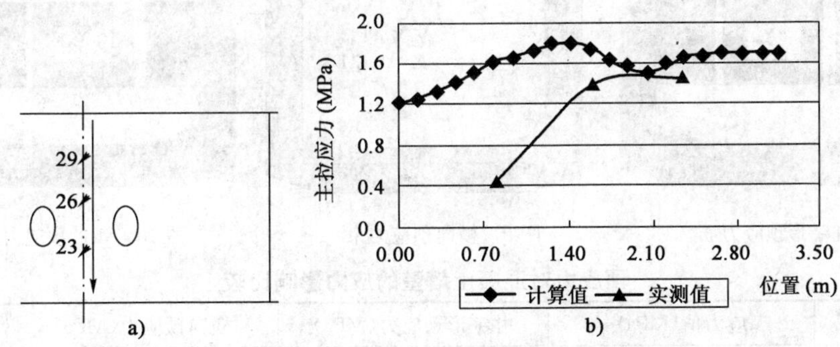

图 6 中跨侧索塔外壁沿竖向测点竖向应力值对比分析

中跨侧和边跨侧 N8 板和 N1 板连接焊缝的 Von Mises 应力对比如图 7 所示，实测值与计算值在变化趋势和应力值方面基本吻合。有限元计算结果显示，N8 板和 N1 板连接焊缝上的 Von Mises 应力呈沿高度方向往下递增的趋势。

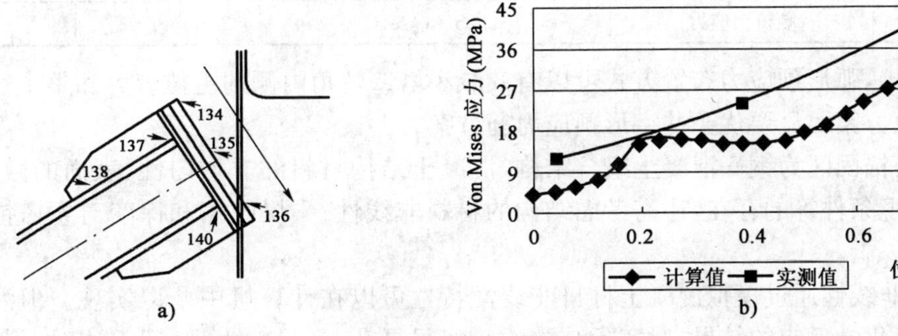

图 7 中跨侧和边跨侧 N8 板和 N1 板连接焊缝的 Von Mises 应力对比分析

从试验结果，可以得出以下结论：

(1)通过对比混凝土和钢结构关键点位置的应力变化趋势和应力值可知，有限元分析值和模型实测值基本吻合。

(2)加载过程中，所有裂缝都分布在索导管出口面处，说明斜拉索水平力引起了索导管布置侧混凝土塔壁的弯曲变形，塔壁开孔在一定程度上削弱了混凝土的抗裂能力。

(3)在 1.0P 荷载作用下裂缝最大宽度 0.15mm，小于设计容许裂缝宽度限值 0.2mm。

四、索塔锚固区抗裂设计

根据有限元计算分析及索塔锚固区足尺模型试验情况，为了减少和控制主桥索塔锚固区外壁裂缝，确保索塔锚固区的耐久性，有必要对索塔锚固区进行抗裂设计。经初步分析，在索塔锚固区设置预应力可有效降低塔壁主拉应力，从而起到防止塔壁开裂的作用。

塔壁预应力考虑了在塔柱混凝土内增设井字型预应力筋、横向预应力束及弧形预应力筋三类预应力布置方案(图8～图10)，比较分析预应力对混凝土塔壁拉应力的影响，确定合理的预应力布置方案，以期控制索塔锚固区裂缝，改善结构的耐久性。分析预应力作用时，取足尺试件相应的阶段进行有限元分析，索塔混凝土采用SOLID65单元，钢锚箱采用SHELL63单元，预应力筋采用LINK10单元，不考虑普通钢筋的作用。模型模拟了实际的斜拉索锚固区形状，钢板与混凝土塔壁的连接采用节点共用，通过节点耦合的方式模拟钢锚箱和混凝土作为组合构件共同受力。计算为线弹性分析，考虑了混凝土塔壁里的预应力的影响，计算结果比较见表1。

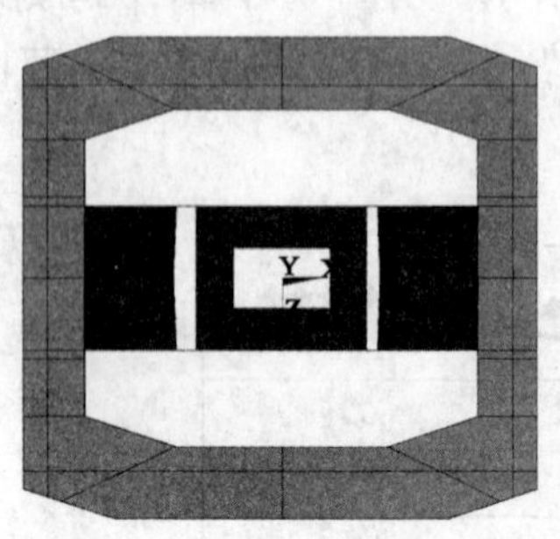

图8　井字形预应力筋

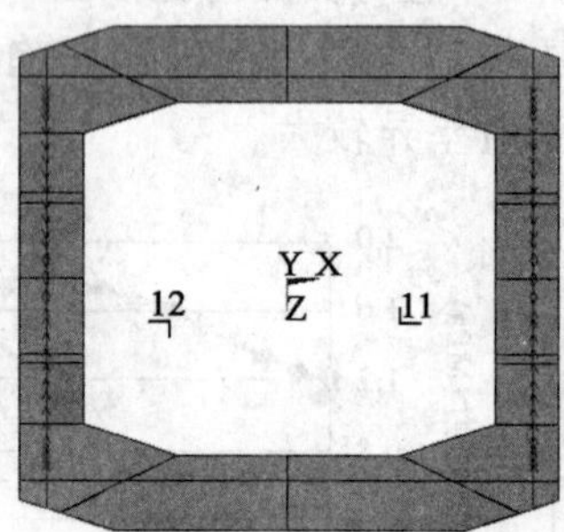

图9　横向预应力束

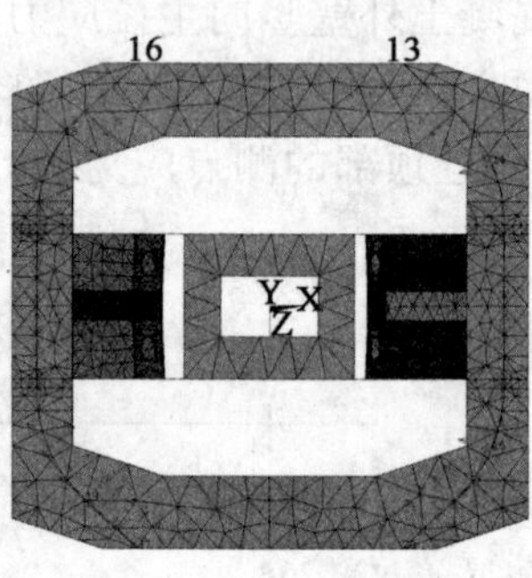

图10　弧形预应力筋

预应力对混凝土塔壁的应力影响比较　　表1

部　位	应力值(MPa)	井字形预应力(MPa)	横向预应力(MPa)	弧形预应力(MPa)
边跨混凝土外壁	主拉应力	3.75	3.70	3.77
	横桥向应力	3.46	3.38	3.61
	顺桥向应力	2.36	2.16	1.75
塔壁转角内侧	主拉应力	3.57	3.28	2.21
	横桥向应力	1.96	1.76	1.66
	顺桥向应力	2.25	2.07	1.70

由表1可以看出，弧形预应力布置方式可以有效减小塔壁转角内侧的主拉应力和整个桥塔顺桥向的应力，横向预应力束方案明显要优于井字形预应力筋方案。

此外，由于索塔锚固区为钢—混凝土组合结构，混凝土结构材料的非均匀性、表面的微裂缝、过渡区薄弱环节及外界环境条件等的存在，还需考虑结构的材料非线性、干燥收缩和徐变对索塔锚固区受力特性的影响。

混凝土材料的非线性通过模拟混凝土材料非线性特性可以在计算机中予以实现。但混凝土的收缩徐变是一系列物理、化学反应的结果，对实际结构的影响很复杂，到目前为止，还无法对混凝土的收缩和徐变进行准确预测，一般通过试验长期观测后得到，本文对收缩徐变对结构的影响规律进行分析。

计算分析时，混凝土采用ANSYS材料库中Concr＋Miso模型模拟材料非线性，但不考虑压碎。从计算结果可知，边跨混凝土外壁和塔壁转角内侧的应力比弹性计算的应力结果要略小，差值在±0.3MPa内。混凝土的收缩徐变将引起斜拉索水平分力和竖向分力的重新分配，徐变效应从长期看可认为是混凝土的一种“自愈”功能。时间越长徐变效应越明显，钢锚箱将承担更多的水平分力，因而从长期来看徐变效应对混凝土的抗裂性有利。混凝土收缩效应使结构整体受拉，混凝土塔壁在无外力(索力)作用下，混凝土收缩效应将造成塔壁1.5MPa左右的拉应力，其发生裂缝的趋势是顺桥向内壁→塔壁转角→横桥向塔壁。

根据以上分析，设计确定在塔壁设置横向预应力筋，并采取以下辅助措施防止裂缝的产生和开展：①在应力集中的部位（混凝土横桥向外表面、塔壁转角内壁等）增设普通防裂钢筋网；②精心设计混凝土配合比，在混凝土中适当掺入纤维物质；③严格控制混凝土原材料的质量和技术标准，选用低水化热水泥；④根据钢筋腐蚀环境条件和抗裂要求，合理设置索塔锚固区混凝土钢筋保护层厚度。

参考文献

[1] 中铁大桥局集团武汉桥梁科学研究院有限公司.湖北鄂东长江公路大桥特大跨径混合梁斜拉桥拉索塔端锚固区安全、可靠、耐久性能研究及足尺模型试验研究报告.2008.6.

15. 我国多塔斜拉桥

楼庄鸿　王国亮　项星赟
（北京公科固桥技术有限公司）

摘　要　本文在回顾我国早期多塔斜拉桥的基础上，简述了近年来我国一些多塔斜拉桥的状况，并对保证多塔斜拉桥整体刚度的措施作了介绍。

关键词　多塔斜拉桥　混凝土梁　钢梁　组合梁　混合梁　矮塔斜拉桥　刚度

一、概　况

所谓多塔斜拉桥，是指塔数在3个或3个以上，且相应有2个以上主跨的斜拉桥。这3个或3个以上的主塔可以是等高，也可以是中塔更高一些，2个以上的主跨可以是等跨，也可是不等跨。在满足水利和通航要求的前提下，多塔斜接桥往往可以使桥跨布置合理、造价较经济，为斜接桥的应用又展开了一幅更为广阔的前景。目前已建成和正在建设的多塔斜拉桥已达18座，见表1。

我国多塔斜拉桥　表1

序号	桥名	跨径（m）	加劲梁类型	塔数	备　注
1	武汉二七长江大桥	90＋160＋2×616＋160＋90	（组合－混）混合梁	3	
2	香港汀九大桥	127＋448＋475＋127	组合梁	3	
3	浙江嘉绍大桥	70＋200＋5×428＋200＋70	钢梁	6	半漂浮，塔山双排支座
4	湖南宜章赤石大桥[5]	165＋3×380＋165	混凝土梁	4	中塔塔墩固结，边塔半漂浮
5	宜昌夷陵大桥	2×38＋43.5＋2×348＋43.5＋2×38	混凝土梁	3	中央索面，中塔固结，边塔漂浮
6	岳阳洞庭湖大桥	130＋2×310＋130	混凝土梁	3	
7	山东滨州黄河大桥	2×42＋2×300＋2×42	混凝土梁	3	
8	济南建邦黄河公路大桥	53.5×56.5＋2×300.56.5＋53.5	混凝土梁	3	中塔塔梁墩固结，边塔半漂浮，中塔高
9	马鞍山长江公路大桥右汊主桥	38＋82＋2×260＋82＋38	混凝土梁	3	半漂浮体系，椭圆拱形塔，中塔高
10	港珠澳大桥 江海直达船航道桥	129＋2×258＋129	钢梁	3	中央索面
11	昆明草海大桥	107＋2×238＋107	上层：钢梁， 下层：混凝土梁	3	中央索面，双层上层行人，下层行车
12	郑州黄河公铁两用桥	120＋5×168＋120	钢桁组合梁	6	矮塔
13	开封黄河二桥	85＋6×140＋85	混凝土梁	7	矮塔
14	台湾斗山2号高架桥	85＋4×140＋85	混凝土梁	5	矮塔，两座桥靠紧

续上表

序号	桥名	跨径(m)	加劲梁类型	塔数	备　注
15	台湾光复大桥	67+2×134+67	混凝土梁	3	主跨中设铰
16	山西禹门口 黄河大桥	75+2×125+75	混凝土梁	3	两座分列斜拉桥主桥两侧,矮塔
17	北京潮白河大桥	72+2×120+72	混凝土梁	3	矮塔
18	澳门第二跨海桥	35+112+35+112+35	混凝土梁	4	两紧靠斜拉桥共用中间35m作边跨

我国的多塔斜拉桥主要在20世纪末、21世纪初得到了发展,先从台、澳、港开始(先于大陆),然后发展迅速。1976年,台湾建成了光复大桥(淡水河桥),是一座三塔混凝土梁斜拉桥,跨径布置67m+2×134m+67m,塔梁固结,主跨中部设铰。主塔每侧仅设两对索,属稀索体系;塔也较矮;梁采用6片T梁,刚度较大。

20世纪90年代,澳门修建了第二跨海大桥,也是一座混凝土梁斜拉桥,设置了四塔,跨径35m+112m+35m+112m+35m,实际上是两座主跨112m的斜拉桥并列在一起,共用中间的35m边跨,该跨中有交叉的斜拉桥索,塔每侧仅一对拉索。这样的布置,不存在一般多塔斜拉桥具有的刚度降低的问题,但跨径布置较为杂乱,而且主跨跨径也较少[1]。

真正属于大跨径多塔斜拉桥的是1997年建成的香港汀九大桥,为三塔组合梁斜拉桥,跨径127m+448m+475m+127m,属当时世界最大跨径的多塔斜拉桥,其主跨跨径根据地址条件而不全相等,中塔也高于边塔。最主要的特点是:在中塔顶部纵向向两边塔的根部拉长斜索,以提高中塔的刚度,控制塔顶水平变形,从而保证了斜拉桥的整体刚度。该桥采用独柱塔,横向在墩处设钢横梁,用类似花瓶形的横向拉索,锚固在塔墩上,以增强其横向刚度[1]。其设计是大胆、先进的。

我国本土上修建的多塔斜拉桥最早的是岳阳洞庭湖大桥和宜昌夷陵长江大桥。岳阳洞庭湖大桥是座三塔混凝土斜拉桥,跨径130m+2×310m+130m,漂浮体系,梁采用肋板式断面,通过适当增大塔、梁截面,减小边跨背索的间距,以及加大背索截面面积,来保证刚度[1]。

宜昌夷陵长江大桥也是一座三塔混凝土斜拉桥,跨径38m+38.5m+43.5m+2×348m+43.5m+38.5m+38m,中央索面,中塔稍高,中塔采用塔梁墩固结,边塔加劲梁为漂浮。确保主跨刚度的措施是梁采用刚度较大的箱形截面,边跨设两个辅助墩,减小边跨背索的间距,以及中塔的固结。该桥的加劲梁采用悬臂拼装施工[1]。

上述各桥已于文献[1]中介绍,这里只作简要介绍。

二、近年几座有特色的多塔斜拉桥

多塔斜拉桥与通常的双塔斜拉桥相比,由于至少在主跨的一侧(在三塔斜拉桥时),甚至主跨的两侧(在四塔及以上的斜拉桥时)缺少边跨背索的约束,其刚度有所减小。因此,多跨斜拉桥技术难点之一就是要确保其刚度,使其符合规范以及运营的需要。以下介绍最近几座有特色的多塔斜拉桥。

1. 武汉二七长江大桥

这是座三塔混合梁斜拉桥,跨径90m+160m+2×616m+160m+90m,其中616m主跨及160m次边跨的极大部分采用组合梁,由钢工字梁及厚26cm的混凝土板组成;而90m边跨用混凝土梁。2011年建成后,将超过希腊的Rion Antirion桥的560m主跨,成为世界上最大跨径的多塔斜拉桥(图1)。

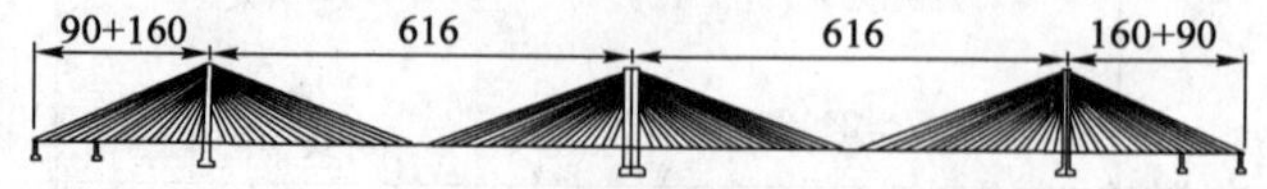

图1　武汉二七长江大桥(尺寸单位:m)

中塔为塔梁墩固结,边塔加劲梁为半漂浮。梁高3.5m,宽31.4m,梁上标准索距13.5m。通过边跨设辅助墩并用混凝土梁、中塔的固结来确保所需的刚度。

2. 浙江嘉绍大桥

此桥为六塔钢梁斜拉桥，跨径 70m＋200m＋5×428m＋200m＋70m，半漂浮体系。在塔柱两侧设桥面，4 索面，每侧桥面宽 22.2m，梁高 4m，是我国首座多塔钢梁斜拉桥(图 2)。

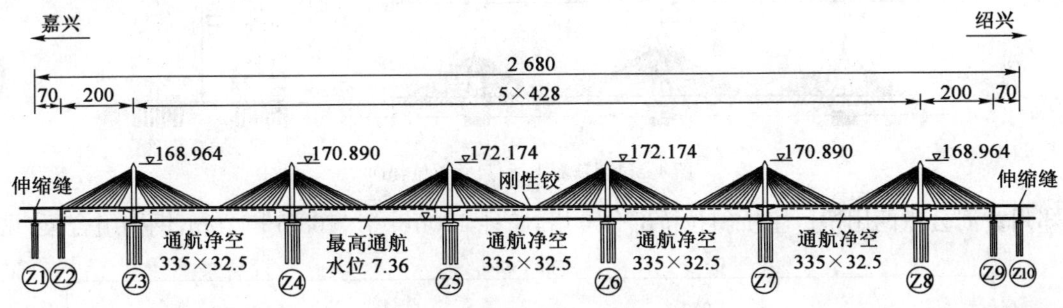

图 2 浙江嘉绍大桥(尺寸单位:m)

该桥的主跨及塔数较多，主要是为了适应钱塘江入海湾处河床摆动剧烈所致。桥长 2 680m，建成后将是世界最长的多塔斜拉桥。

为了减小温度应力，在正中间的主跨中部设刚性铰。刚性铰不约束纵向变形，使两个各具三塔的结构可具有相对水平变位，但铰处能传递剪力及弯矩。这一装置是通过在斜拉桥主箱梁内安设小箱来实现，其上设置伸缩缝。

为了确保在正常运营荷载下，索塔支座不出现上拔力，在六个索塔两侧钢箱梁支座附近以及辅助墩墩顶附近梁段内施加压重。由于主梁在悬臂施工过程中，第 2～5 个中间塔两侧无辅助墩和过渡墩可利用，因此在第 2 主跨及第 4 主跨与跨中合龙段相邻的梁上设置压重构造，以调整内力；同时使索力加大，拉索截面面积增大，保证了桥梁的刚度。

3. 山东滨州黄河大桥

该桥是一座三塔混凝土斜拉桥，跨径 2×42m＋2×300m＋2×42m，中塔塔梁墩固结，边塔上主梁为半漂浮，中塔高于边塔。加劲梁采用边箱中板截面，梁高 3m，宽 32.8m，梁上索距 7.5m，通过适当加大梁高、中塔固结和边跨设辅助墩的方法来确保刚度(图 3)。

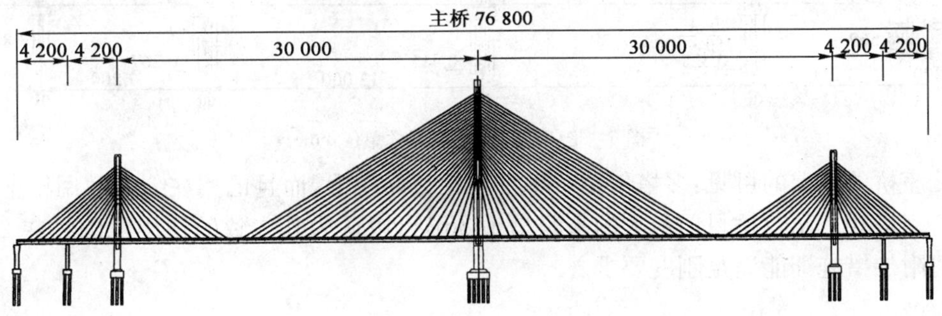

图 3 山东滨州黄河大桥(尺寸单位:cm)

4. 昆明草海大桥[6]

该桥位于滇池内海，是一座三塔分离式双层主梁斜拉桥，跨径 107m＋2×238m＋107m，上层行人，用高 2m、宽 14m 的钢箱梁；下层行车，用高 3.2m、宽 2.8m 的混凝土箱梁。塔采用四柱式构造，中央索面。梁上索距：钢梁约 14m，混凝土箱梁 8m。

该桥采用刚度较大的箱形梁及四柱塔，保证了所需的刚度(图 4)。

5. 多塔矮塔斜拉桥[8-11]

矮塔斜拉桥往往采用塔梁固结、设支座的结构体系。由于其加劲梁的刚度相对较大，索的贡献相对较低，非常适宜用于多塔斜拉桥，往往并不需要任何附加的措施，即能满足刚度的要求。

从表 1 可见，现有 5 座多塔矮塔斜拉桥，它们是：

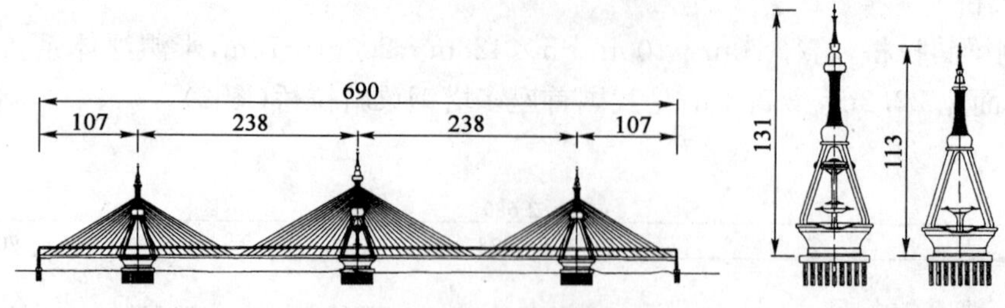

图4 昆明草海大桥(尺寸单位:m)

(1)郑州黄河公铁两用桥。主桥斜拉桥部分6塔,跨径120m+5×168m+120m,钢桁组合梁,见图5。

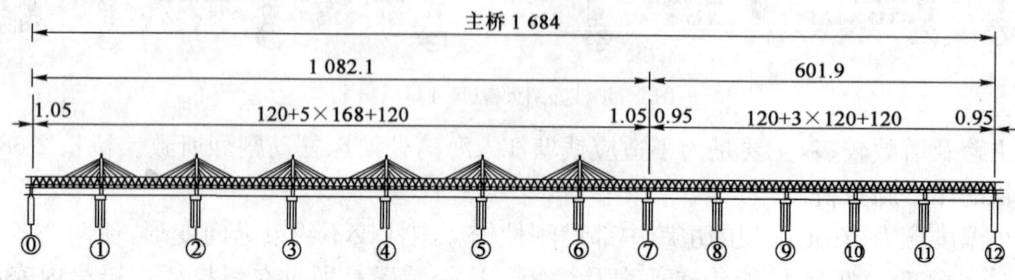

图5 郑州黄河公铁两用桥(尺寸单位:m)

(2)开封黄河二桥,7塔,跨径85m+6×140m+85m,混凝土梁。

(3)台湾斗山2号高架桥,5塔,跨径85m+4×140m+85m,混凝土梁。由于是两座同样的桥紧靠在一起,从外观看,有10个塔。但两桥连接处,有一个桥墩。

(4)山西禹门口黄河大桥,3塔,跨径75m+2×125m+75m,混凝土梁。同样跨径的桥有两座,分列在该桥主斜拉桥(174m+352m+174m)的两侧,与主桥一起组成了"山"字的塔形。

(5)北京潮白河大桥,3塔,72m+2×120m+72m,混凝土梁,见图6。

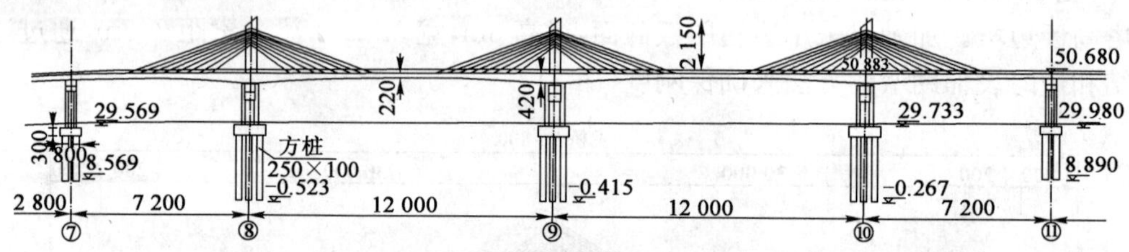

图6 北京潮白河大桥(尺寸单位:cm)

由上面几座桥的情况的可见:多塔斜拉桥不仅用在公路桥上,而且已用在公铁两用桥上,当然也能用在铁路桥上。多塔矮塔斜拉桥目前最大的主跨是168m,可以认为其大致的适用范围约在200m以下,基本不采取任何附加措施即能满足刚度要求。

三、结 束 语

(1)多塔斜拉桥是一种跨径布置相对合理也较经济的桥型,已不仅用作公路桥梁,而且用于公铁两用桥,因此还会得到相当的发展。

(2)多塔斜拉桥的梁,从材料上来讲,可用混凝土梁、组合梁、钢梁及混合梁多种类型;从截面形式上讲,混凝土梁可采用肋板式或箱形,形式多样,可根据实际情况和要求灵活选用。

(3)多塔斜拉桥设计重点内容之一是提供足够的桥梁刚度,这可以通过采用下列措施来达到:适当增大塔梁的截面尺寸与刚度;对三塔斜拉桥适当减小边跨背索间距,增大边跨背索截面积,增设辅助墩;用附加索约束塔的水平变位;中塔塔梁墩固结;对钢梁采取必要的压重等。

(4)长多塔斜拉桥可通过中央设刚性铰,来减小温度力。

(5)采用塔梁固结、下设支座的矮塔斜拉桥,是实现多塔斜拉桥的一个良好的、非常实用的途径。

参考文献

[1] 楼庄鸿. 多孔斜拉桥[M]. 楼庄鸿桥梁论文集，北京：人民交通出版社，2004.

[2] 中国公路学会桥梁和结构工程分会[M]. 面向创新的中国现代桥梁. 北京：人民交通出版社，2009.

[3] 金立新等．多塔斜拉桥发展综述．公路，2010(7).

[4] 孔德军等. 大跨度三塔斜拉桥设计构思[C]. 中国公路学会桥梁和结构工程分会 2008 年全国桥梁学会议论文集，北京：人民交通出版社，2009.

[5] 陈明宪. 金融危机背景下湖南桥梁建造技术的创新与发展[C]. 中国土木学会桥梁及结构工程分会第十九届全国桥梁学术会议论文集，北京：人民交通出版社，2010.

[6] 孔德军等. 昆明草海大桥三塔双层分离主梁中央索面斜拉桥方案设计构思[C]. 中国公路学会桥梁和结构工程分会 2009 年全国桥梁学术会议文集，北京：人民交通出版社 2010.

[7] 楼庄鸿等. 我国已建、在建大跨径斜拉桥、悬索桥[C]. 中国公路学会桥梁和结构工程分会 2008 年全国桥梁学术会议议论文集，北京：人民交通出版社，2009.

[8] 陈宝春等. 部分斜拉桥发展综述[J]. 华东公路，2004(3).

[9] 楼庄鸿. 黄河上的桥梁[C]. 桥梁杂志精选本(2004—2009 年)关注篇，2009.

[10] 肖海珠等. 郑州黄河公铁两用桥主桥结构设计[C]. 纪念武汉长江大桥通车 50 周论文集锦(上)，2007.

[11] 惠斌等. 北京潮白河大桥的结构体系[C]. 中国公路学会桥梁和结构工程分会 2005 年全国桥梁学会议文集，北京：人民交通出版社，2006.

16. 吉林松原松花江大桥设计与施工

高东明[1]　马大明[2]

(1. 中交公路规划设计院有限公司；2. 松原大桥建设指挥部)

摘　要　松原松花江大桥为城市桥梁，主桥采用独塔双索面预应力混凝土斜拉桥，引桥采用预应力混凝土连续箱梁桥。本桥地处严寒地区，结构耐久性、使用寿命要求较高，桥位场地烈度高，抗震设计十分重要。本文结合桥位建设条件，介绍了大桥设计与施工的经验。

关键词　松原大桥　设计　施工

一、概　　述

松原大桥是松原市连接两岸市区的城市桥梁，桥梁长度 2 546.5m，两岸接线长度 1 629.947m，南接线起点——沿江东路与乌兰大街交叉口，北接线终点——江北文化路与临江路交叉口，接线和桥梁总长 4 176.447m，见图 1。

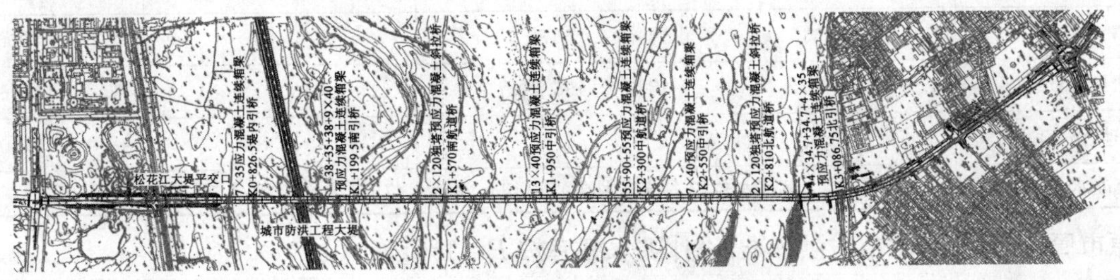

图 1　桥梁、接线方案平面总体布置

二、主要技术标准

(1)道路等级:城市主干道路Ⅱ级。

(2)设计荷载:城市桥梁设计荷载城—A级,参考公路—Ⅰ级设计荷载。

(3)设计时速:40km/h。

(4)抗震设防标准:地震峰值加速度0.2g,抗震设防标准采用不同概率水平进行设计。

(5)设计洪水频率:主桥、引桥$P=1/300$,路基、涵洞$P=1/100$。

(6)通航净空标准:设计通航净空见表1。

通航净空尺度一览表 表1

代表船型	航道位置	通航孔数	通航净空尺度(m)	
			净高	净宽
272kW+(1+1)×500t(船队为双排一列式)	南(汊)航道	2	8	80
	中(汊)航道	1	8	75
	北(汊)航道	2	8	75

三、桥位建设条件

1. 地质条件

(1)工程地质 从阶地性质、沉积物岩性及厚度,反映出本区新构造运动有如下特点:中生代晚期地壳台升,使白垩纪地层出露地表,至全新世早更新统地壳开始震荡下沉,先后接受Q_1砂砾沉积,Q_2黏性土、粉细砂沉积,Q_3中细砂及黏性土沉积。现在正处在缓慢下沉时期,因此形成现在的辫状水系及广阔漫滩沉积,沉积厚度达45~55m。

(2)不良地质灾害 本工程场地土层砂土液化按15m内判别公式进行判别,将本次工程场地细砂层分为三层对其液化深度和液化指数进行详细判定,液化土层深度在5.55~7.80m之间。

(3)地震 地震烈度:Ⅷ度,对应设计基本地震峰值加速度值为0.2g。

区域主要处在东北地震区内,主要发震构造有:盆地中央的扶余—肇东断裂和北西向第二松花江断裂、松辽盆地东缘断裂、依兰—伊通断裂等。2003年以来小震活动频繁,发生数次震群活动,最大地震为3.5级。近25年区域上存在发生6级左右地震的地质构造条件。

2. 桥位河流水文特征、防洪要求

(1)水文特征 第二松花江属于季节性封冻河流,一般11月中旬结冻封江,翌年4月中旬解冻,封冻期160天左右,畅流期200天左右。桥区河段属于典型的分汊散乱型河道,主支汊易位周期短,而且不稳定。

(2)桥位设计洪水 桥位的设计洪水为丰满放流加丰满至扶余区间洪水。洪水设计参数见表2。

松原市松花江大桥洪水计算成果 表2

洪水频率	P(%)			
	0.3	5	10	20
流量(m^3/s)	12 030	7 130	4 420	3 900
水位(m)	137.00	136.20	135.00	134.62
流速(m/s)	1.62	1.50	1.38	1.30
流冰水位	解冻水位(3月末4月中)133.1m,淌凌水位(11月10日~11月下旬)132.7m			

松原市属中等城市,城市防洪标准:设计洪水频率按$P=1\%$设防。

3. 气象

年平均气温4.5℃,低温出现在一月,最低气温-36.6℃;高温出现在七月,最高气温37.3℃。

年平均日照 2879.8h，无霜期 135～140 天。最大冻深为 203cm。

根据松原市气象局统计资料的研究成果，桥位 10m 高度处 100 年一遇基准风速为 30m/s。

桥位处雷暴天气较多，雷暴灾害性天气年平均雷暴日天数为 28.3 天，主要集中在 5～9 月份。

4. 航道规划

按照《松花江航运规划报告》中确定的航道等级为Ⅳ级，通航孔数与通航净宽方案见表 1。

四、设计难点与特点

(1)本桥是松原市规划的第二过江通道，桥梁起、终点设置位置、连接规划道路方式、城市防洪、管网、城市规划、建筑景观配套设施等综合考虑是本项目总体设计重点之一。

(2)场地地震烈度为Ⅷ度，存在砂土液化问题，主、引桥结构抗震设计是本项目新课题，攻关难点之一。

(3)桥位地处严寒地区，属Ⅱ类环境，反复冻融、城市桥梁冬季使用融雪剂等，桥梁结构耐久性设计十分重要。

(4)主河道水文条件复杂，斜拉桥采用支架分段施工，集中挂索方案，施工工期短，施工程序、斜拉索索力调整均得到简化，是本项目特点之一。

(5)本桥桥梁长度较长，结构形式种类较较多，现浇结构施工工艺复杂，加之工期紧，在宽浅江面考虑多工作面施工组织是本工程难点之一。

(6)钻孔桩采用旋挖桩施工工艺，桩基局部直径加大，设钢护筒，解决桩基抗震、流沙、塌孔等问题，工艺先进、合理，钻孔进度快，人力成本低。

(7)考虑非机动车、人行分驶，冰雪天行车安全，景观、盲道等人性化、安全性设计，满足城市桥梁使用功能是本工程又一重要特点。

五、总 体 设 计

1. 平、纵面设计

1)路线平面设计原则

本项目是松原市区连接松花江两岸的第二通道，路线起点为城市主干道乌兰大街与沿江东路交点，起点至大桥南桥台段为南接线。其主要功能是保证安全、方便、快捷地集散交通，满足过江交通的需要。在确定路线方案时，要充分考虑交通流量特点、城市规划、道路运营安全、城市配套设施协调等各种因素，确定切合实际、经济可行、满足使用功能的路线方案。

2)桥梁、接线横断面设计

桥梁、接线横断面布置考虑机动车、非机动车及行人通行要求，并结合近期、远期桥梁横断面布置要求。

2015 年以前横断面布置见图 2。

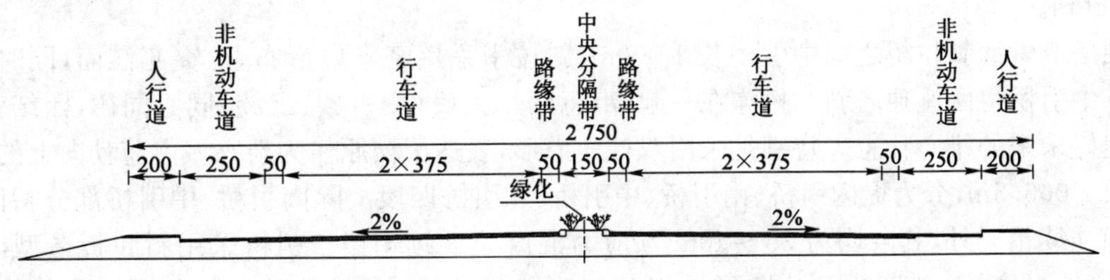

图 2 四车道横断面图(尺寸单位：cm)

2015 年以后横断面布置见图 3。

3)南、北接线平交口方案

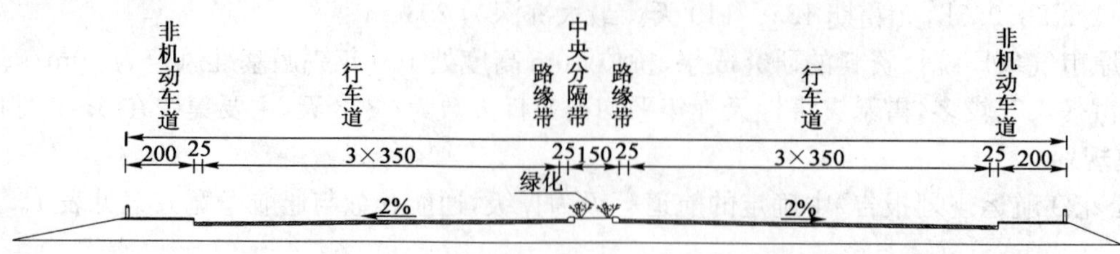

图 3 六车道横断面图(尺寸单位:cm)

根据《城市道路交通规划设计规范》(GB 50220—95)规定本项目南接线平交口、北接线平交口属城市主干路与城市主干路相交,应采用 A、B 交叉形式,即采用立体交叉或展宽式信号灯管理平面交叉口,近期不考虑采用立体交叉形式。

2. 主、引桥总体布置

(1)桥梁长度设计

桥位处原有堤防之间宽 2 700m,新建城市防洪大堤之间水域宽度约为 2 000m,新建大堤外侧坡脚之间间距约为 2 200m,桥长控制不宜压缩河道行洪断面,同时考虑城市规划、土地利用和城市景观,桥长确定为 2 546.5m(图 4)。

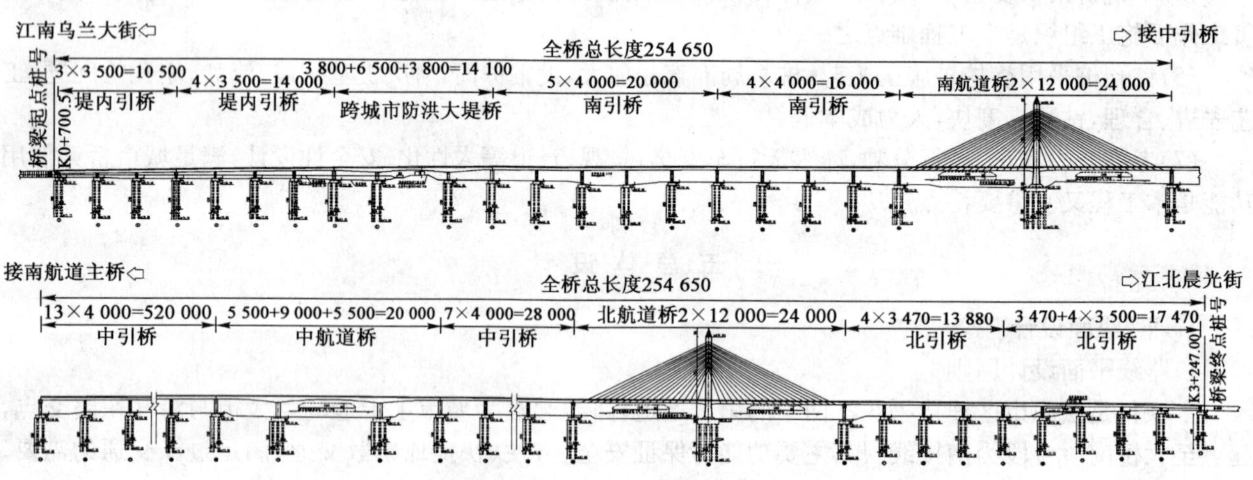

图 4 全桥总体布置(尺寸单位:cm)

(2)主、引桥总体布置及景观特点

桥梁总长 2 546.50m。其中主桥长 2-2×120m,共 480m,为两座分离式独塔预应力混凝土双索面斜拉桥,分别设在南、北主航道上,南、北航道桥相距 1 000m。两座主桥均为单向纵坡,考虑两座斜拉桥景观视觉和排水要求,南航道桥纵坡为+0.4%,北航道桥纵坡为-0.4%。横坡为双向坡,坡度为 2%。主桥宽度 31.30m。

两座独塔双索面斜拉桥之间中引桥长 1 000m,斜拉索采用密索扇形布置,突兀江面,同时形成两岸视觉效果。中引桥将两座独塔斜拉桥连在一起,寓意两岸人民(蒙古族、汉族)同心同德,团结一致,携手共创松原美好未来的雄心壮志。特别是采用双柱式塔形,表达了松原作为新兴城市蓬勃向上的气势。

引桥长 2 066.5m,分为堤内引桥、南引桥、中引桥、北引桥四段。除南引桥、中引桥部分桥段为 65m、90m 变截面连续箱梁外,其余均为 35~40m 预应力混凝土连续箱梁。引桥采用斜腹板造型,外侧设挂板,全桥箱梁外形高度、斜度一致。墩形采用薄壁花瓶式结构,全桥线形流畅自然。堤内引桥纵坡为 1.63%,其他引桥纵坡为 0.4%,坡度较小,突出两座斜拉桥视觉连续、美观、开阔的效果。

3. 主桥结构设计

主桥为南、北航道桥桥型为独塔双索面预应力混凝土斜拉桥,根据结构受力特点要求采用塔、梁、墩固结体系。主桥结构由基础、桥塔、横梁、主梁、斜拉索、桥面系结构等组成。为满足结构抗震要求，主桥在过渡墩设减振阻尼装置。

(1)主梁构造

主梁采用预应力钢筋混凝土肋板式梁，梁宽(含锚索区宽度)31.3m，主梁由主肋、横隔梁、顶板、纵梁组成。主肋外缘处梁高2.2m。主梁结构采用C55高性能混凝土，施加双向预应力。

(2)桥塔构造

桥塔作为斜拉桥的主要组成部分，是体现地域民族特色主体结构，本桥南北各设一座斜拉桥，适应了平原区宽江面的特点。桥塔外形为曲面双柱式，突出了大桥壮丽挺拔的景观效果。在桥塔与人行道相交处设置了人行观景平台，主桥两端为桥位江心洲公园留有衔接位置。

双柱桥塔高为87.1m，其中下塔柱高16.0m，上塔柱高63.1m，塔冠外形为棱锥形，高8.0m。桥塔正面、侧面设置上下贯通的线条，塔冠为不锈钢尖顶。桥塔造型刚劲有力，夜间辅以射灯照明，更显得美观、简约、大方。桥塔基础顶面增设2m高塔座，主要表现大桥基础稳定，牢靠，安全。

塔柱采用空心薄壁断面，桥塔下塔柱根部断面为5m×8m，上塔柱锚索区横断面3.5m×6.5m。塔壁厚100cm。为提高结构耐久性，桥塔外侧设置钢筋网；锚索区采用环向预应力锚固方式。桥塔采用滑模施工。

(3)基础构造

主桥基础由承台、塔座与32根直径200cm钻孔灌注桩组成。

两塔柱承台由系梁连接。承台采用钢套箱法施工，封底混凝土设计考虑150cm厚。承台混凝土浇筑体积较大，为防止水化热引起的收缩裂缝，浇筑混凝土时设置冷却钢管并采用循环水进行冷却，施工过程进行温度场监控。

(4)斜拉索

本桥斜拉索采用平行钢丝成品索，塔上张拉。斜拉索根据索力不同分为4种。斜拉索由锚头、锚箱、斜拉索等部件组成，张拉设备有张拉千斤顶等。成品索根据设计要求、长度进行工厂预制，成品运至施工现场安装。

塔上锚固区斜拉索索距除1号至2号索间距采用2.5m外，其余索距均为1.5m。主梁理论索距为6m。斜拉索在塔内张拉。

(5)主、引桥过渡墩

主、引桥过渡墩为实体墩，墩顶设盖梁，采用分离式墩身、分离式承台。过渡墩顶设置有限抗剪支座及减振阻尼装置。

4. 引桥桥型

引桥受两座斜拉桥施工控制，且为城市规划、桥梁美观要求，均采用预应力混凝土连续箱梁，结构联长一般控制在200m之内。每联设1～2个制动墩，制动墩上设阻尼装置。引桥共分为4段，桥孔布置见表3。

引桥桥孔布置及结构形式 表3

桥 段	桥长(m)	孔径布置(m)	上部结构形式	下部结构形式
堤内引桥	245	7×35	等截面预应力混凝土连续箱梁	薄壁花瓶墩、桩基础
南引桥	501	38+65+38+9×40	38m+65m+38m跨为变截面、40m跨为等截面预应力混凝土连续箱梁	薄壁花瓶墩、桩基础
中引桥	1 000	13×40+55+90+55+7×40	55m+90m+55m跨为变截面、40m跨为等截面预应力混凝土连续箱梁	薄壁花瓶墩、桩基础
北引桥	313.5	5×34.7+4×35	等截面预应力混凝土连续箱梁	薄壁花瓶墩、桩基础

5. 相关试验研究

主梁、桥塔均采用C55级混凝土结构。结构环境地处严寒地区，结构较复杂，施工难度较大，混凝土性能、质量、耐久性要求高，所以施工前必须进行下述相关试验研究，满足设计要求，控制主桥施工质量，保证设计目标实现。

(1)主梁、索塔高性能混凝土的材料配合比试验、泵送工艺试验研究;

(2)满堂支架制造、拼装、预压试验研究;

(3)索塔施工变形控制与观测;

(4)桩基础旋挖钻机施工工艺试验研究;

(5)高烈度区结构抗震设计。

6. 结构耐久性设计要点

(1)结构耐久性设计依据

本项目结构耐久性设计依据中国土木工程学会标准(CC ES01—2004)《混凝土结构耐久性设计与施工指南》提出的标准、要求进行设计。

(2)结构环境

本项目地处东北严寒地区,环境作用等级为Ⅱ－C级,即反复冻融、城市桥梁除雪剂引起混凝土冻融腐蚀环境。由于桥梁地处严寒地区,桥面除雪、除冰,所以桥梁耐久性设计应考虑除冰盐对桥梁的影响。

(3)结构使用年限

由于本桥为松原市标志性建筑物,设计使用年限为100年。

(4)结构用高性能混凝土(HPC)基本要求

根据本项目建设环境要求,主、引桥结构应采用高性能混凝土(HPC),对结构混凝土不但要求高强度,而且还要求具有高耐久性:即高弹性模量、低干缩率、低徐变、冻融循环低温应变、高抗渗性能,同时要求高工作性能(高流动性、黏聚性、可浇筑性能等),保证混凝土结构使用寿命。

7. 桥梁抗震设计要点

本桥为高烈度区桥梁,桥位场地地震动峰值加速度为0.2g,桥梁抗震设计按两阶段设计法进行设计。设计要点如下:

(1)结构抗震设计标准

结构抗震设计标准根据不同概率水平进行设计,设防标准见表4、表5。

抗震设防标准 表4

设防标准	主通航孔桥
水准Ⅰ:50年超越概率10%	主塔、边墩、桩基保持弹性;支座保持正常使用功能。施工阶段主结构完好无损
水准Ⅱ:50年超越概率2%	主塔容许进入塑性,震后轻微破坏;边墩应具有足够的延性以满足变形要求,保证不倒塌;桩基保持弹性;支座允许破坏

构件性能指标的量化 表5

项目	保持弹性	水准Ⅰ	水准Ⅱ
钢筋应变	钢筋不发生屈服	不超过0.015	不超过0.04
混凝土应变	—	不超过0.004	不超过0.01

(2)抗震设计方法

由于本桥规模较大,工程场地近些年地震频繁,城市桥梁结构安全性要求较高,本项目抗震设计按A类桥梁进行抗震设计。采用两阶段法进行设计,抗震分析方法采用时程法进行计算分析。

(3)抗震设计结论

计算表明,在50年10%超越概率地震动作用下,主桥桥塔、过渡墩、桩基础的抗震满足预期性能要求,塔顶最大纵向位移11.1cm、最大横向位移13.8cm,主梁最大纵向位移8.2cm、最大横向位移4.6cm。

在50年2%超越概率地震动纵向＋竖向输入时,主塔进入屈服,损伤程度控制在"轻微损伤";过渡墩、桩基础均未进入屈服,满足预期性能要求。

在50年2%超越概率地震动横向＋竖向输入时,主塔抗震满足预期性能要求。建议在过渡墩墩顶与主梁之间采用横桥向滑动支座与剪力销或采用横桥向有限抗剪能力的支座，以释放强震时墩顶与主梁之间的横桥向刚性约束。为了对主梁与过渡墩墩顶的横桥向相对位移有所控制，建议在过渡墩墩顶与主梁之间设置横桥向钢阻尼器(屈服力取为 1 200kN)。时程计算结果表明，采取上述措施后，过渡墩、桩基础均未进入屈服，满足预期性能要求。

从结构抗震角度考虑，建议墩底 0～3.6m 高度区域内适当加密箍筋。箍筋形式宜采用闭合箍筋，且纵筋搭接宜避开此区域。

8. 桥梁与城市、防洪道路交叉桥下净高

南接线城市防洪工程大堤顶净高为 3.5m，堤防马道顶为防洪车辆通道，行车净高为 4.5m。

六、施工组织设计

1. 施工组织设计特点

(1)本项目工期为 3 年，冬季近 5 个月无法施工，有效工期十分紧张。主、引桥不同结构形式相间布置，设计考虑了引桥多联、多工作面施工程序设计，控制施工工期。

(2)根据地质条件可知桩基础适宜采用旋挖法施工工艺，加快下部、基础施工进度，为主桥上部施工争取时间。

(3)主桥采用满堂支架分段现浇、集中挂索法施工，确保主桥施工工期在一个年度有效工作日内完成。

2. 主桥施工

(1)基础施工

主桥基础为超长钻孔灌注桩基础，经研究和试验认为对该桥位覆盖层较厚的地质条件，采用悬挖钻机钻孔是最优方案。主要优点是该种钻机进尺快(两天一孔)，保证质量，满足施工质量及进度要求，节约大量人工工时，适应桥位处季节性施工要求。

本桥桥宽达 30 多米，承台横桥向较宽，体积较大，施工套箱采用长方形双壁钢围堰，内侧采用钢管支护，钢套箱在简易筑岛基础上现场预制拼装，精确定位后边开挖边下沉。由于施工季节为 4～5 月份，地下仍有厚层大块冰体未融化，给施工带来一定麻烦。套箱沉至设计高程后，开始封底，封底厚度为 100cm。承台钢筋量大，为降低水化热，混凝土浇筑时布置了循环冷却水管，承台表面设防裂钢筋网片。

考虑地质条件、抗震需要，桩基上部 15m 范围直径加大到 230cm，并增设 15m 长钢护筒。钢护筒壁厚 16mm，钢护筒顶部加工成梳形构造，与钢筋一同浇筑在承台内。

(2)桥塔施工

桥塔分塔座、下塔柱、上塔柱、横梁、塔冠等五个部分。下塔柱高 16m，变截面空心柱式结构，外观为曲面流线形，两面均设有线槽，是主桥承重构件；下塔柱配筋十分复杂，是抗震设计关键部位，墩柱下塔柱采用双排双支 ϕ32 螺纹钢筋；施工定位精度要求高，施工采用滑模施工。为了两座斜拉桥外观线形一致，模板采用钢模板，为了定位准确、稳定，塔柱内设有劲性骨架。为了保证塔柱表面平顺，保证混凝土浇筑过程中不开裂，塔柱表面增设了钢筋网。

上塔柱是锚固斜拉索主要构件，结构构造和钢筋构造均很复杂。上塔柱高度为 63.1m，施工稳定问题突出，塔内设有定位骨架，便于上塔柱采用滑模施工。锚固区是斜拉桥关键施工部位，精度要求高，施工时将锚固区制作成定位钢模板，再对钢模板进行精确放样，确保上塔柱斜拉索锚固区构造准确。

横梁是塔柱重要组成部分，是连接主梁的重要构件，纵横向预应力构造复杂，施工精度要求高，现场采用钢管柱组成组合刚性支架，支承于主桥承台顶面。为了避免与主塔竖向主筋矛盾，横梁预应力筋采用了深埋锚技术，横梁预应力张拉、锚固施工较为便捷。

塔冠要求重量轻，便于整体安装，设计采用钢结构，配合全桥景观设计，考虑了造型、景观要求，便于维修养护要求等，主结构采用白色不锈钢板焊接成组块，分块吊装施工。

(3)主梁施工

主梁采用满堂支架分段施工。南、北航道主桥分别为2×120m独塔双索面斜拉桥，主梁长240m，分为8段，每段30m。为防止洪水、流冰冲刷，采用钢管插打水下15m，确保水中支架不变形、不沉降。

主梁施工精度要求较高，结合相关试验参数，加强了现场施工监控。根据满堂支架施工特点，加强了主梁结构分析，进行了多方案高程控制计算，确保了成桥设计高程、线形、索力等控制目标。

主梁采用满堂支架施工风险较大，主要是松花江洪水对支架安全构成威胁。为此，施工方案确定前进行了调查分析，提出了防洪应急预案。通过施工实践，认为支架施工方案是合理可行的。

(4)斜拉索施工

拉索采用镀锌低松弛高强钢丝，标准强度为1 670MPa。锚头采用冷铸镦头锚。拉索采用双层热挤PE护套防护，表层颜色设计推荐采用银灰色。塔上锚固区斜拉索索距除1号索采用2.5m外，其余均为1.5m。主梁索距为6m。斜拉索在主梁内设有钢锚箱，施工时钢锚箱固定在主梁劲性骨架上。斜拉索锚端设套管、减振器及防水罩。

本桥斜拉索采用平行钢丝成品索，塔上张拉。斜拉索根据索力不同分为4种。斜拉索由锚头、锚箱、斜拉索等部件组成，张拉设备有张拉千斤顶等。成品索根据设计要求设计尺寸、长度进行工厂预制，成品运至施工现场安装。本桥斜拉索长度不大，安装、运输方便。

3. 引桥施工

(1)引桥上部结构

①引桥上部采用斜腹板现浇连续箱梁，65m、90m跨径箱梁变截面腹板斜率与40m跨径箱梁一致，便于模板制作及立模放样施工。

②引桥分联充分考虑了结构抗震、行车舒适性、预应力钢束布置等要求，引桥与主桥相接梁段还考虑了主、引桥预应力张拉位置要求。

③引桥分联与施工工作面确定、工期要求、预应力张拉程序等密不可分，适应本桥施工的主要特点就是多工作面施工作业才能满足业主对工期的要求。

(2)引桥下部结构施工

①现浇箱梁引桥下部为花瓶墩，桥墩采用倒角、线槽等措施，增加景观效果。为了达到上述要求，施工模板采用钢制模板。从施工考虑墩形由变截面和等截面两段组成，便于钢模板制作及统一，节约施工费用。

②引桥部分桥墩临水，冬季流冰问题突出，必须设置破冰体。施工时先将桥墩主干部分完成，预留防冰构造设计钢筋，待墩主体混凝土浇筑完成后再浇筑破冰体混凝土。

③为了墩柱颜色一致，墩柱混凝土应尽量一次浇注完成。由于花瓶墩头重脚轻，墩柱钢筋绑扎施工中曾遇到大风，致使墩柱钢筋发生严重变形。后续浇高桥墩施工改变一次浇注施工方法，采用两阶段施工，保证了施工质量与安全。

(3)引桥基础施工

①桩基采用桩径为1.5～1.8m，桩长55m左右，400多根桩基础全部采用旋挖钻机成孔，设备、工艺符合基础地质条件，钻孔进度快，赢得了施工工期，保证了工程进度及质量，未发生卡钻、塌孔等意外。

②引桥承台施工采用筑岛、草袋围堰、混凝土围堰等有效施工方法施工。对于经过沙滩、滩地、岸边地下水位较低的35～40m跨径桥位处桥墩承台施工采用草袋围堰的办法施工。个别墩位透水严重，流沙难以控制时采用简易的混凝土围堰。

③为防止裂缝，承台表面增设了钢筋网，并加强了养护，确保承台浇筑质量。

④为了保证桩基础受力、抗震、适应地质水文条件要求，桩基础施工设置了10m长钢护筒。护筒直径比桩基直径增加30cm，顶端直接深入承台，提高了桩基成孔工艺，确保了成孔质量，改善了桩基抗震性能。

⑤桩基钢筋笼绑扎采用套筒连接施工措施，加快了施工进度，保证了钢筋笼连接有效。

⑥桩基础检测工作量较大，桩基钢筋笼就位施工的同时预先埋设检测钢管，并控制好钢管检测前必

须密闭,不得进水。经检测,本桥所有桩基均符合规定的质量标准。

⑦全线桥位 GPS 控制网按二级精度指标执行,控制点共设置 11 个,控制点标石埋置精度、质量均进行了严格控制,深度符合防冻、防震、防冲刷要求。桩基放样、桥梁预制构件及附属设施安装等测量精度符合规范要求。

七、结　　语

两座独立的双索面斜拉桥矗立在江面,十分壮观,工程方案满足了河道通航、防洪、城市规划、景观要求。

松原大桥结构设计采用了一系列新技术,特别是高寒地区城市桥梁混凝土耐久性设计,高烈度地震区桥梁抗震设计方法,城市桥梁设计的民族文化、建筑景观元素的体现等诸方面均进行了深入研究与探讨。

松原大桥施工采用了多工作面支架现浇施工方案,有效解决了寒冷地区施工工期短的问题。斜拉桥主梁采用满堂支架现浇法施工,分段较长,混凝土养生、挂索时间集中,加快了施工进度。

本桥桥位覆盖层较厚,桩长较长,基础施工控制工期,钻孔桩采用旋挖钻机成孔,速度快、工期短,节约了大量人力成本。

松原市由蒙、汉两个民族组成,大桥工程方案设计充分体现了松原市地域、民族文化特点,提升了松原作为新兴城市总体规划理念,为松原市经济腾飞起到了积极推动作用。

17. 吉林宁江松花江特大桥总体设计

刘义河　胡雪峰　杨　忠　陈　维
(吉林省公路勘测设计院)

摘　要　宁江松花江特大桥是跨越松花江的一座特大桥,本文简要介绍了该桥的总体设计情况。主桥方案比较作了较详细的介绍,对于寒冷地区宽浅河流且有通航要求的河流,如何选择经济合理的桥型以及桥梁连续长度,具有一定的实际意义。

关键词　特大桥　总体设计　桥型方案　方案比选

一、工 程 概 况

大庆至广州国家高速公路(G45)为国家高速公路网"7918 网"规划南北纵向线中的第 5 纵,经过黑龙江、吉林、内蒙古、河北、北京、河南、湖北、江西、广东九省(区),全长 3 550km。解放至二莫段是大庆至广州高速公路绕越松原市区部分,北起松原市大洼镇解放村,接肇源至松原段高速公路,南到前郭县兴原乡二莫村,与松原至双辽段高速公路对接,路线全长 27.148km。该段公路建成后,将与松原东绕越线、珲乌高速(G12)松原过境段形成松原环城高速公路(G1202),对实现国道主干线在松原联网,强化松原作为吉林省西部中心城市的交通枢纽功能,完善对外交通体系,缓解城市道路交通拥挤,促进社会经济发展具有重要意义。同时是黑龙江省部分地区进关出海的公路运输大通道,对加速东北老工业基地的改造,加快区域经济跨越式发展具有非常重要的意义。

宁江松花江特大桥为本项目的重要节点工程,位于吉林省西北部,第二松花江下游,在松原市前扶松花江大桥桥位下游 7km 跨越第二松花江。第二松花江属黑龙江流域松花江水系,为吉林省第一大河流,发源于吉林省东南部的长白山主峰白头山天池的西北麓,自上游的头道松花江和二道松花江的两江汇合口以下直至嫩江汇合处称为第二松花江。第二松花江流域全长 958km,总流域面积 77 800km^2。

结合两岸的实际景观，建设单位及当地政府对本桥主桥桥型的设计提出了很高的要求。

二、设计技术标准

(1)道路等级：双向四车道高速公路，计算行车速度100km/h。

(2)设计荷载：公路—I级。

(3)设计洪水频率：特大桥1/300。

(4)桥面横坡：单向横坡，同路面横坡。

(5)桥梁宽度：主线桥梁采用上下行分离断面，半幅桥宽为12.50m(0.50m+净−11.50m+0.50m)。

(6)通航标准：黑龙江水系Ⅳ级航道，航道尺度为水深1.6m，单向通航孔尺度为50m(净宽)×8m(净高)，双向通航孔尺度为100m(净宽)×8m(净高)。

(7)抗震设防标准：地震烈度为Ⅷ度区，地震动峰值加速度0.20g。

(8)环境类别：II类。

三、建 设 条 件

1. 桥位区域工程地质

桥位区属于吉黑褶皱系松辽中断陷中央凹陷，与东南隆起相邻。桥址区地层主要为三层：第一层为第四系全新统的冲积层，以细砂为主，厚度16～22m；第二层为第四系上更新统的半成岩内陆湖盆相沉积层，以粉质黏土层及砂层呈互层状产出，厚度40～50m；第三层为白垩系泥岩，埋深65～90m，全风化层4～6m厚，其下为弱风化泥岩。

工程范围位于东北断块区，其中第二松花江断裂带、依兰—伊通断裂和扶余—肇东断裂等地震构造段中仍有发生中强地震的构造背景，是发生中强地震的潜在危险段。近场区位于东北断块区松辽断块拗陷之上，总体地势较低，地形北低南高，几乎整个近场区均为第四系所覆盖，近场的3条断裂地震构造段中仍有发生中强地震的构造背景。区内中强地震活动频次较低，预测东北地震区未来百年内有发生6级以上地震的可能；小地震主要发生在近场区的北部地区，地震较为密集地发生在松原市、伯都一带，并沿北东向扶余一肇东断裂、北西向第二松花江断裂附近及其交汇处附近分布。

本工程两岸桥址处地势比较平坦，不存在岩体崩塌、开裂、滑坡、边坡失稳和泥石流等地震地质灾害问题。

2. 水文条件

第二松花江流域的径流主要靠雨水补给，径流过程与降水过程相似，具有明显的季节性和区域性。

宁江松花江特大桥桥位河段属于平原区分汊型河段，河道蜿蜒曲折，江汊交织，沙滩密布，河槽较浅，江心岛上生长着杂草、柳丛。河床、河岸均由中细砂组成，近30年来，河床虽有滚动，但主槽滚动不大，只有前郭岸的边槽滚动较大。

设计流量：10 300m^3/s；设计水位：135.02m。

3. 气象条件

该地区的气象条件，多风少雨，多年平均降雨量为460mm，且时空分布不均，其中6～9月降雨量占全年总降雨量的78%，而且暴雨集中，强度大。

平均气温为4.5℃，极端最低气温达−37.8℃，极端最高气温达37.5℃；年平均风速为3.5m/s，最大风速为29m/s，最大冻深为203cm。

4. 地震

依据国家地震局和建设部发布的《中国地震动参数区划图》(GB 18306—2001)，吉林省地震局与吉林省建设厅编制的《吉林省地震动参数区划工作图》，桥位处地震烈度为Ⅷ度。

《宁江松花江特大桥工程场地地震安全性评价报告》确定了桥址场地的地震动特性，并确定了不同超越概率下对应不同阻尼比的地震动参数和设计反应谱。

四、方案总体设计

1. 桥型方案构思原则

桥型方案的选择在满足使用功能和经济适用的前提下，力求技术先进，结构新颖，行车舒适安全，同时考虑泄洪、通航、地质、地震条件以及城市交通发展的要求，富有时代气息，考虑和地形、地貌和周围环境景观的协调配合，充分体现现代化桥梁建设新水平。

(1)松花江特大桥在满足使用要求的前提下，结构形式的确定以符合技术先进、安全可靠、适用耐久、经济合理的要求。标准化、系列化、因地制宜、方便施工和养护为原则，注重环保设计，并考虑美观，使其富有时代气息。

(2)桥孔划分考虑因素，一般为桥位处地形、地质、水文以及通航要求等，诸如地质条件、水面宽度、水深、流速、河床断面变化及堤防、通航净空等。充分考虑桥孔的合理配置，尽量达到结构受力合理、造型美观。

(3)尽量使桥梁上、下部结构工程造价总和最小；全寿命造价最小。

(4)本桥总长主要受第二松花江河道宽度、航道通航净高、桥下被交叉道路通行净高、河堤堤顶高程、桥台填土高度等控制。上述条件是选择适当的桥梁结构形式及构件类型的基本依据。

2. 引桥桥梁方案比选

引桥的主要功能是满足泄洪和跨越桥下被交叉道路，桥孔不通航。依据本路段的特点，结合上下游已有桥梁孔径布置情况，考虑主引桥桥梁孔径协调、建筑高度协调，选取跨径 30m 预应力混凝土简支转连续箱梁(组合箱梁)、跨径 30m 预应力混凝土简支转连续 T 梁(组合 T 梁)、跨径 40m 预应力混凝土简支转连续 T 梁(组合 T 梁)、跨径 50m 预应力混凝土简支转连续 T 梁(组合 T 梁)，对引桥进行经济、技术方案比较。

经综合比较，跨径 40m 组合 T 梁桥造价高于跨径 30m 组合 T 梁桥和跨径 30m 组合箱梁桥。主桥因通航要求，最小孔径为 100m，考虑主桥与引桥孔径比例协调，建议采用较大跨径桥梁。采用较大跨径的桥梁，阻水面积相对较小，有利于泄洪；桥墩数量减少，减少了临时施工场地和挖基工程数量，减少对环境破坏，有利于环保；同时也加快引桥的施工进度，保证全桥施工周期。推荐引桥采用跨径 40m 装配式预应力混凝土简支转连续 T 梁。

3. 主桥桥梁方案比选

主桥跨径对于桥型选择、工程规模、工期、造价有重要影响，应依据通航宽度、通航净空、水利、防洪规划的有关要求确定。在技术合理的前提下，适当减小主桥长度，降低工程造价。

考虑到桥位汊流情况，航道易变迁的问题，应按多孔通航选择主桥桥孔。考虑桥梁的桥墩、桥塔等下部结构尺寸要求及通航论证提出的技术要求，主桥主跨以大于 95m 为宜。对于本桥适宜的桥型主要有三种结构类型，即预应力混凝土连续刚构或连续梁桥、钢管混凝土拱桥、斜拉桥。

松花江特大桥为该段的控制性工程，在桥型方案选择上，根据地质、地震、通航、水文等要求提出 5 个方案，主桥桥长均为 630m。初步设计主桥提出了 100m 主跨连续箱梁桥、330m 主跨斜拉桥、150m 主跨矮塔斜拉桥、150m 主跨连续箱梁桥和 110m 跨径中承式钢管混凝土拱桥共 5 种桥型方案(表 1)。

主桥还可采用大跨径(主跨 500～600m)自锚式悬索桥方案。大跨径自锚式悬索桥方案，跨径较大，造型宏伟，技术先进，主梁采用扁平钢箱梁，主桥锚碇采用重力式锚，施工复杂，该方案造价最高。初步设计中大跨径自锚式悬索桥方案不进行经济、技术比较。

主桥桥型方案表 表 1

方　案	桥孔布置(m)	上部结构形式	下部结构形式
方案一	65＋5×100＋65	预应力混凝土连续箱梁桥	矩形柱式墩、矩形墩
方案二	150＋330＋150	双塔双索面预应力混凝土斜拉桥	圆柱式墩、倒 Y 形塔

续上表

方　案	桥孔布置(m)	上部结构形式	下部结构形式
方案三	90＋3×150＋90	四塔单索面预应力混凝土矮塔斜拉桥	矩形柱式墩、矩形墩
方案四	90＋3×150＋90	预应力混凝土连续箱梁桥	矩形柱式墩、矩形墩
方案五	40＋5×110＋40	中承式钢管混凝土拱桥	矩形柱式墩、重力式墩

(1)第一方案

本方案主桥上部结构采用(70＋5×100＋70)m七跨预应力混凝土连续箱梁，主墩采用双薄壁墩身，群桩基础。上部结构采用变截面预应力混凝土连续箱梁，采用单箱单室断面。主梁采用悬臂浇筑和支架浇筑相结合的施工方法。

该方案造型简洁、线条明快，结构刚度较大。为了满足桥梁的抗震要求，主桥需采用一个固接桥墩，桥墩台横向均设置横向防震挡块和减振装置。主梁截面采用分离式单箱单室断面，三向预应力结构。预应力混凝土连续箱梁的设计及施工技术成熟，后期维护工程量小。

(2)第二方案

本方案主桥采用(54＋96＋340＋96＋54)m五跨预应力混凝土斜拉桥，漂浮体系，花瓶形索塔，双肋板梁断面，群桩基础。

该方案跨径大、主塔高，造型宏伟美观，景观效果好，技术先进，体现时代精神和现代气息，结构采用全飘浮体系，抗震性能大大提高。主塔采用倒Y形，拉索为空间双索面，主梁采用双主肋断面，主塔采用爬模施工，主梁采用悬臂浇筑施工，设计、施工及控制复杂、要求高，造价高。

(3)第三方案

本方案主桥为(95＋3×150＋95)m四塔单索面预应力混凝土矮塔斜拉桥，整体式断面，箱梁采用单箱三室，主桥主墩采用单薄壁式墩，主桥边墩采用柱式墩。其中1个桥墩与主梁固接，其他桥墩梁墩之间采用支座。为使桥墩在横向地震作用下多个桥墩共同承担上部结构的地震力，桥墩横桥向与主梁采用弹塑性阻尼装置连接。基础采用钻孔灌注桩基础。

矮塔斜拉桥的施工方法与连续梁桥基本相同，可采用悬浇法施工。施工中不必进行斜拉索二次索力调整。部分斜拉桥桥塔较矮，桥塔施工也没有斜拉桥桥塔施工复杂。该种结构由于预应力的偏心距较大，主梁混凝土和预应力钢材用量较省，每延米造价略高于连续梁方案，但低于斜拉桥方案。

该方案与周围环境相互协调，线形优美，富有动感。

(4)第四方案

本方案主桥采用(95＋3×150＋95)m变截面预应力混凝土连续箱梁，双薄壁主墩，群桩基础。

该方案造型简洁、线条明快，结构刚度较大，对固接墩下部的抗震性能要求高。为了满足桥梁的抗震要求，主桥需采用一个固接桥墩，由于桥墩高度不高，因此由于温度变形对主梁及桥墩受力均不利，中孔合龙前需对两侧主梁进行顶压，以降低收缩、徐变、降温与升温的不对称程度。主梁截面采用分离式单箱单室断面，三向预应力结构。主梁采用悬臂浇筑方法施工，设计及施工技术成熟，景观效果一般。

(5)第五方案

本方案主桥采用(45＋5×110＋45)m中承式钢管混凝土拱桥，主拱圈采用三角形桁架，主墩采用群桩基础。

该方案桥型新颖，主桥主梁高度小，与桥高配合协调。拱桥整体性能差，结构抗震性能较差；设计及施工工艺复杂，四跨或五跨中承式的刚架系杆拱，系杆长，作用在两边跨的系杆张力对各跨水平推力的平衡传力路径长，结构受力复杂。施工时由于各跨之间恒载要基本保持平衡，因此作业面多，施工组织相当困难。且引道路基需加宽2m。主桥方案综合比较见表2，效果图见图1～图5。

主桥方案综合比较表　　表 2

项　目	方案一	方案二	方案三	方案四	方案五
技术指标	无创新，技术成熟	有创新，设计施工难度大	有创新，设计施工难度较大	无创新，技术成熟	施工复杂，技术难度大
通航条件	较好	较好	最优	较好	较好
造型效果	整体结构简洁纤细，景观效果一般	整体结构宏伟，景观效果流畅，斜拉索过细，有些凌乱	桥型新颖、独特，气势宏伟，配合主梁曲线变化，外形令人赏心悦目	整体效果简洁流畅，景观效果一般	整体桥型美观，与周围环境较协调
后期维护	养护容易、费用低	养护较困难、费用较高	养护较困难、费用较高	养护容易、费用低	养护困难、费用高
工期	一般	较慢	稍慢	一般	较慢
经济性	很少	适中	较高	一般	很高
总建安费比（方案三为 1）	0.90	1.15	1.00	0.96	1.04
综合评述	一般	良好	优	一般	良好

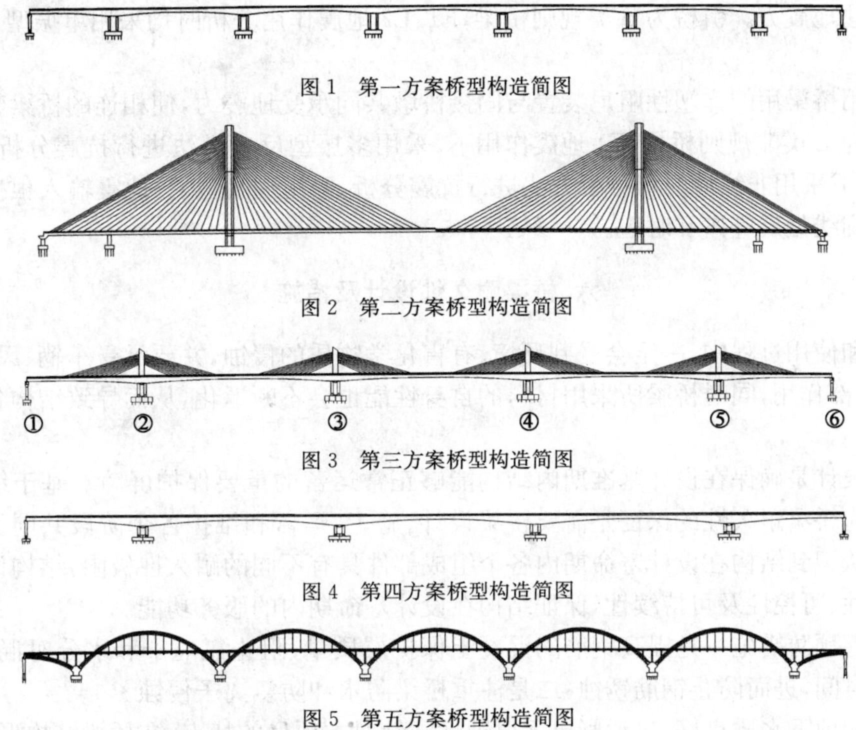

图 1　第一方案桥型构造简图

图 2　第二方案桥型构造简图

图 3　第三方案桥型构造简图

图 4　第四方案桥型构造简图

图 5　第五方案桥型构造简图

通过表 2 可以看出，第三方案采用主跨 150m 的四塔单索面预应力混凝土矮塔斜拉桥，共五跨跨越主河槽，通航条件较好，造价略高于同等跨径的变截面预应力混凝土连续箱梁桥，但技术先进，抗震性能好于连续梁桥。单索面预应力混凝土矮塔斜拉桥方案，技术成熟先进，造型美观，景观效果较好，能与城市周围的景观相协调，又能表达当地人的审美需求及思想品位，同时地方政府强烈要求在城市附近修建景观效果好的桥型，既能体现出当代桥梁的技术水平，又能蕴涵未来桥梁发展方向与趋势。因此将三方案作为推荐方案。

本工程桥梁全长 2 228m。起点岸引桥为 9×40m 简支转连续 T 梁，主桥为（95＋3×150＋95）m 四塔单索面预应力混凝土矮塔斜拉桥，终点岸引桥为 28×40m 简支转连续 T 梁＋（30＋48＋30）m 预应力混凝土箱梁。

五、抗 震 设 计

桥位地区地震基本烈度为Ⅷ度区，该段宏观上具备砂土液化趋势。松原市区有关工程地质勘察资料表明，本区可液化深度6～9m，液化程度属轻微～中等。

在桥位选择上，尽量避开地震时可能发生崩塌、滑坡的地段。对于桥下基础在软弱黏性土层、液化土层和不稳定的河岸处建桥时，通过合理布置桥孔，使墩、台避开地震时可能发生滑动的岸坡或地形突变的不稳定地段，同时将基础穿过液化等土层，桩端置于下部稳定地层内。

在高烈度地震区尽可能采用整体性和规则性好的桥梁结构，结构的布置要力求几何尺寸、质量和刚度均匀、对称、规则，避免突然变化。从几何线形上看，尽量选用直线桥梁。

选择合理的上部连接形式，对桥梁抗震性能十分重要。对于矮墩桥梁，上部结构和下部结构联结采用支座连接方式，并合理设置梁墩的搭接长度。

宁江松花江特大桥引桥在构造上，上部采用先简支后连续T梁结构，下部采用圆柱墩，肋板式或轻型桥台，基础采用桩基础。桥墩按照桩柱抗震箍筋加密处理，当柱高大于7m时设置横系梁，桥墩抗震挡块加高、加大。采用板式橡胶支座可以有效减小下部结构所受地震力。但对于这种类型的桥梁抗震设计，其关键怎样采用合理的梁体限位装置、设置足够的梁墩合理搭接长度控制梁体位移在不发生落梁的范围又不增加墩柱地震力。引桥为B类规则桥梁，E1、E2地震作用分析时均采用单振型反应谱法进行抗震分析。

主桥桥墩采用桥梁用的弹塑性阻尼装置与固接桥墩共同承受地震力，使相连的桥梁整体足以抵抗该地震荷载。主桥为B类非规则桥梁，E1地震作用下，采用多振型反应谱法进行抗震分析，结构阻尼比取5%；E2地震作用下采用非线性时程分析方法进行抗震分析，采用瑞利阻尼，地震输入根据地震安全评价结果采用一般冲刷线处反应谱和时程。

六、桥梁耐久性设计及措施

桥梁在建造和使用过程中，一定会受到环境、有害化学物质的侵蚀，并要承受车辆、风、地震、疲劳、超载、人为因素等外部作用，同时桥梁所采用材料的自身性能也会不断退化，从而导致结构各部分不同程度的损伤和劣化。

结构耐久性设计是确保在设计基准期内结构能够正常运营的重要保护屏障。基于结构耐久性设计的新设计理念认为桥梁耐久性的保证是需要桥梁设计、施工、运营和维护各个阶段共同努力的结果。工程设计者应充分认识到结构在设计寿命期内各个组成部件具有不同的耐久性极限，结构设计应做到可修性、可换性、可强性、可控性及可持续性，保证结构在设计寿命期内的服务功能。

桥梁腐蚀病害预防措施一是提高钢筋的混凝土保护层质量，阻止氯离子和水分对混凝土的侵蚀，延长混凝土的碳化时间，进而防止钢筋锈蚀；二是注重桥梁防水和防氯离子侵蚀。

本项目地表和地下水质良好，对混凝土无腐蚀性。针对本项目的特点，在桥梁结构形式的选择上，主要采用预制预应力混凝土简支转连续T梁及现浇预应力混凝土连续箱梁等结构。尽量避免大型复杂的桥梁结构形式，为后期养护提供便利。

本项目地处东北严寒地区，结构所处环境类别为II类，即反复冻融引起混凝土冻融腐蚀环境。环境作用考虑对钢筋混凝土、预应力混凝土结构侵蚀的程度为D和E级，即中度作用影响。环境作用等级属严寒地区，即环境作用等级为II-D(E)级。桥梁设计基准期为100年。

七、结 语

本文所介绍的宁江松花江特大桥，其地形、通航、地质条件相对复杂，在桥孔布置、桥型选择以及方案比选方面的工作，具有一定的工程参考价值。宁江松花江特大桥建成后，将成为松原地区松花江上一道美丽的风景。

参考文献

[1] 中华人民共和国行业标准.JTG D60—2004 公路桥涵设计通用规范[S].北京:人民交通出版社,2004.

[2] 中华人民共和国行业推荐性标准.JTG/T D65-01—2007 公路斜拉桥设计细则[S].北京:人民交通出版社,2007.

[3] 范立础.桥梁工程[M].北京:人民交通出版社,2001.

[4] 张师定.桥梁建筑的结构构思与设计技巧[M].北京:人民交通出版社,2002.

18. 某自锚式悬索桥总体设计与分析

田 芳 雷俊卿

(北京交通大学土木建筑工程学院)

摘 要 本文论述了在某市建造城市桥梁的构想。计划建造的桥位于该市市中心,主桥为平行双索面自锚式悬索桥,主跨为260m,边跨为190m。文章重点论述了该桥的工程背景、桥型方案、总体设计以及主桥设计与计算,并进行了结构体系和细部设计的受力分析。

关键词 自锚式悬索桥 钢加劲梁 桥梁设计 结构分析 计算与验算

一、工程背景

某市地处我国东部长江下游,是承东启西、融接南北的交通要冲,是我国沿海与沿江"T"形发展轴的关键连接点。在国务院刚刚颁布的长三角区域规划中,该市是唯一一座被定位于"科技创新中心"和"长三角辐射带动中西部地区发展重要门户"的长三角城市。城市要实现转型发展、创新发展、跨越发展战略确定的各项任务,就要大力发展城市交通系统。交通是城市的引擎、是城市竞争力的重要元素,是城市活力、城市文明的重要体现。该市计划在未来3~5年内加大投入建设铁路、公路、航空、水运、管道五种运输方式齐全的立体化交通运输网络,使其成为承接南北的国际化大都市。

二、桥型方案

由于该自锚式悬索桥位于城市中心,构成城市景观的一部分,应充分考虑与城市的已有建筑保持风格一致,建成后的桥梁既是某市交通的重要组成部分,并将成为城市的又一个标志性建筑。

本次设计共进行了斜拉桥、连续刚构桥、自锚式悬索桥三个方案的比较和选取。

1. 斜拉桥方案

主桥跨度组成144m+322m+144m,为双塔空间双索面漂浮体系钢加劲梁斜拉桥(图1)。主梁拟采用鱼腹式箱梁断面,箱梁顶宽47m,梁高3.6m。主梁标准索距8m,全桥共采用64对斜拉索。由于采用空间斜拉索漂浮体系,大桥整体稳定性及抗风、抗震性能较好,但主桥下净空较低。

2. 连续刚构桥方案

主桥跨径组合85m+4×120m+85m,为分离式双幅预应力混凝土连续刚构方案。主梁采用变截面单箱梁,根部梁高11m,跨中梁高3.5m,单幅桥宽20.5m。两幅桥间距1m,可设置一搭板,作为绿化或布置管线之用。由于无需拉索锚固区,桥面较其他桥型稍窄,可降低工程造价。该方案设计施工技术成熟,质量及工期均有保证。后期养护费用较低,而且主、引桥线条平顺,造型简洁明快,雄伟壮观。但主墩均位于深水区,影响通航,并有壅水现象。而且由于桥面较高,需要引桥较长,墩亦高,与其他方案相比,造价不会有大幅度降低(图2)。

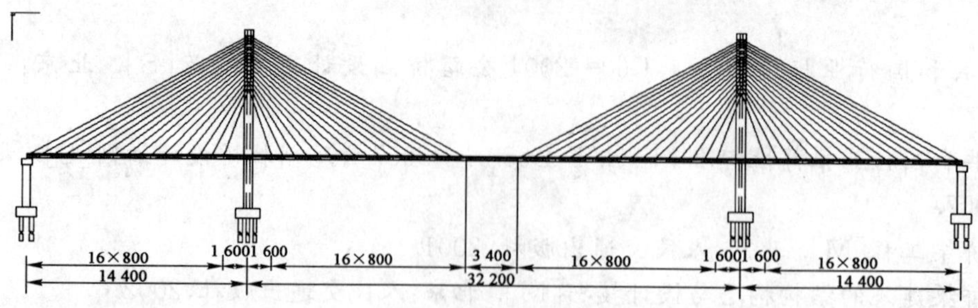

图1　斜拉桥立面布置图(尺寸单位:cm)

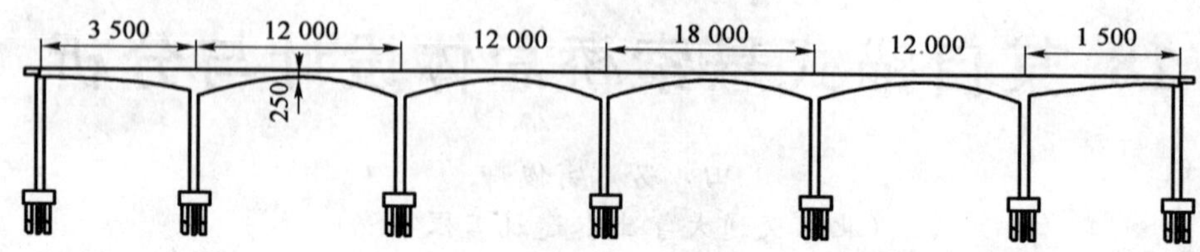

图2　连续刚构桥立面布置图(尺寸单位:cm)

3. 自锚式悬索桥方案

自锚式悬索桥省略了桥两端的两个或四个庞大的锚碇,使斜拉桥相对于传统悬索桥的经济优势不复存在,这既节省了昂贵的锚碇费用,也避免了庞大的锚碇工程。并且从美观等综合指标上考虑,选择自锚式悬索桥可以体现桥梁结构设计和景观设计的有机结合,达到功能与形式的完美统一。

三、总 体 设 计

1. 主要技术标准

(1)道路功能:城市道路兼有公路功能;

(2)道路等级:城市快速路兼高速公路;

(3)行车道数:双向六车道;

(4)设计行车速度:80km/h;

(5)行车道宽度:2×3×3.75m;

(6)路基宽度:35m;

(7)设计基准期:100年;

(8)设计荷载:城—A级;公路—I级;

(9)地震基本烈度:IV度。

2. 桥跨布置

悬索桥总体结构分跨布置应根据桥址处地形、地质、水文、河势、通航等条件及结构受力合理性综合确定,同时应充分重视桥梁美学设计及与环境的协调。其边中跨比一般为0.25～0.45。某城市自锚式悬索桥桥型为主跨260m的四跨连续独塔自锚式钢箱梁悬索桥,跨径布置为:80m+190m+260m+80m,主跨及边跨为悬吊结构(图3)。

3. 结构体系

主体结构采用四跨连续半漂浮体系:在索塔两侧三角横撑上和主跨侧辅助墩顶设置竖向支座,以增加全桥的抗扭刚度;在索塔两侧三角横撑上和主跨侧辅助墩顶设置水平横向抗风支座,以共同承受横桥向风力作用;在索塔两侧三角横撑上和主跨侧辅助墩顶设置纵桥向非线性阻尼装置,在温度、平均风和活载作用下梁可自由伸缩,而在车辆制动、阵风和地震等快速荷载作用下,阻尼装置发生作用,可限制加劲梁的纵向位移并改善伸缩装置的受力状态;另外,为保护梁端的伸缩装置,在两个过渡墩顶设置了横向限位挡块,以限制梁端在横风和侧向温差作用下横向位移,保证伸缩装置不因受较大的横向剪切而破坏。

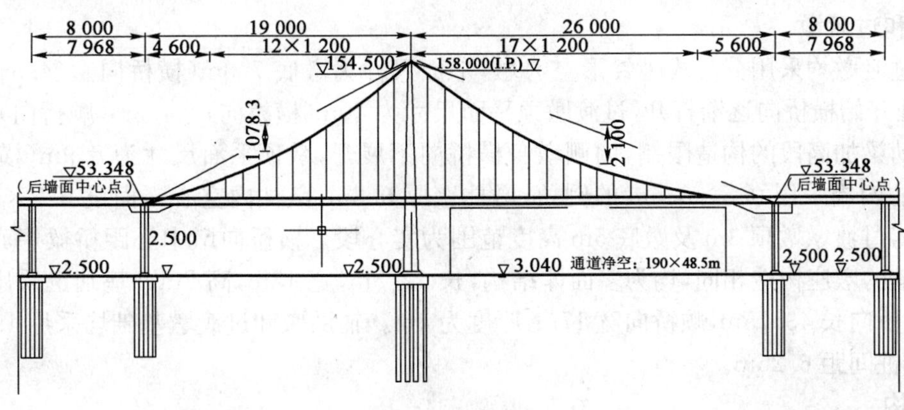

图 3　立面布置图(尺寸单位：cm)

四、主桥结构设计

1. 加劲梁

本桥加劲梁采用分离式双箱流线形扁平钢箱梁截面，抗风性能好，具有“高、大、薄、新”的特点。两个封闭钢箱梁之间用横向连接箱连接，横向连接箱顺桥向间距为 12m，宽度为 3m。加劲梁梁段划分必须同时考虑吊索的受力情况、规格选用以及加劲梁运输和安装架设时的起吊能力，设计采用 12m 的标准吊索间距，标准梁段长度为 12m，全桥共划分 55 个梁段，标准梁段重量约为 350t。加劲梁标准节段全宽 47m(外到外，含中央横向连接箱)，梁高 3.6m，主缆在梁上锚固区域加劲梁采用整体式箱梁，因锚固面的构造要求，在横向中间位置梁高加高到 8.0m。加劲梁沿纵向每隔 3m 设置一道板式横隔板，另外在梁内设置两道板式纵隔板。根据受力计算，加劲梁在不同区段采用了不同的钢板厚度，标准梁段顶板采用 30mm 板厚，底板采用 20mm 板厚，其他位置根据受力需要进行局部加强(图 4)。

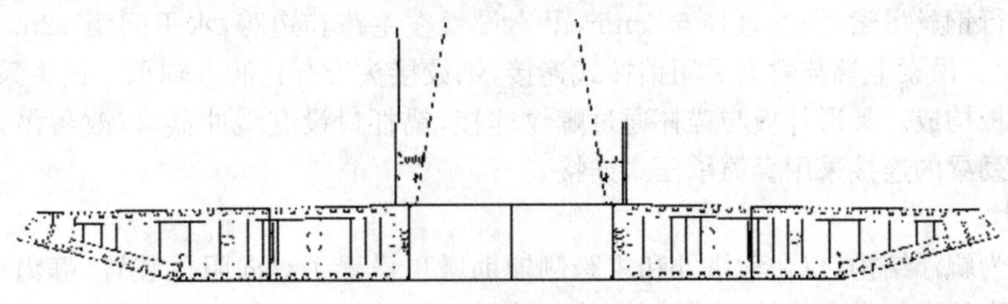

图 4　横截面

2. 桥塔

塔身为独柱形塔，截面采用哑铃形，线条明快、简洁，结构轻盈、挺拔，强烈的折射出现代桥梁的美感。独柱塔使得桥梁空间通透，行车顺畅，视野非常开阔，给人以挺拔的力感。根部尺寸为 10m×10m，从下向上截面尺寸逐渐缩小，至 93m 高度处截面尺寸缩减为 5m×5m，等截面向上至离塔顶 15m 处逐渐打开，至塔顶截面尺寸为 7m×7m，以满足塔顶主索鞍构造尺寸的要求。塔身总高 149m。索塔在高度 5～35m 范围内采用空心截面，壁厚 2.0m，其余各段塔柱均为实心截面。索塔塔座为多面体结构，长 37.5m，宽 18.75m，高 3m。索塔基础为群桩基础，采用 24 根钻孔灌注桩，行列式布置，按摩擦桩设计。桩径 2.5m，桩中心间距 6.25m，承台为八边形，顺桥向宽 23.25m，横桥向长 42m，厚 6m。为提高全桥的抗扭刚度，改善结构带动力特性，在索塔两侧设置三角撑以对加劲梁提供竖向约束。考虑到景观效果，三角撑采用轻型的钢结构桁架，桁架的直杆及斜杆都采用焊接箱形结构，箱形结构高 1.2m，宽 2m，板厚采用 40mm。塔侧三角撑与预埋在塔身内的由钢板和型钢组成的桁架结构在塔身外侧通过高强螺栓加以连接。

3. 辅助墩和过渡墩

辅助墩和过渡墩均采用分离式哑铃形空心墩，平面尺寸为墩底7.8m(横桥向)×4.5m(顺桥向)，向上距墩顶7m处开始横桥向逐渐打开，过渡墩顶平面尺寸为10m(横桥向)×4.5m(顺桥向)。辅助墩顶由于受到上部加劲梁加高段的构造限制，内侧墩身横桥向不展开，墩顶平面尺寸为8.9m(横桥向)×4.5m(顺桥向)。墩柱四周采用0.5×0.5m的倒角，墩柱壁厚0.8m，墩柱内空心断面设0.5×0.5m的倒角。辅助墩墩顶4m，过渡墩墩顶3m及墩底5m高度范围为实心段。横桥向墩中心距桥梁中心线13.975m。辅助墩和过渡墩的墩座构造相同，均为多面体结构，长12.5m，宽12m，高2m。基础也采用相同的构造，均为八边形，横桥向长43.75m，顺桥向宽17m，厚度为4m。辅助墩和过渡墩基础均采用19根直径2.5m的钻孔灌注桩，桩间距6.25m。

4. 缆索结构

全桥两根主缆，主缆矢跨比为1/12.53，边跨矢跨比为1/18.0。主缆在塔顶横桥向间距2.5m，主缆后锚面中心间距在主跨侧为6.5m，边跨侧为7.8m。主缆由工厂预制的高强镀锌平行钢丝索股(ppws)组成。主缆钢丝的直径为5.1mm，抗拉强度不小于1 670MPa。每根索股含127根钢丝，每根主缆共61股，主缆在架设时竖向排列成尖顶的近似正六边形，紧缆后为圆形，主缆索夹内直径为496mm，索夹外直径为502mm。主缆索股两端的锚具为锌铜合金灌注的热铸锚，锚具的结构形式采用套筒式，材料采用ZG310-570。锚具经过叉形垫板支撑与加劲梁内钢锚板上，并用推力关节轴承调节，使索股与锚头端面垂直。

塔顶设有格栅，以安装全铸式主索鞍。两个主鞍相对倾斜地安装在塔顶格栅上，倾斜角度为1.925°，横桥向两个索鞍上IP点间的距离为2.5m。增加主缆与安槽间的摩擦力，并方便索股定位，鞍槽内设竖向隔板，在索股全部就位并调股后，在顶部用锌块填平，在将鞍槽侧壁用螺栓加紧，隔板端部减薄并倒圆弧以适应施工中的索股偏转。主索鞍材料采用ZG270-500。两个索鞍内侧横肋上采用9对钢板将两个索鞍连接成一体，通过螺栓将连接钢板与索鞍肋板连接。

吊索采用平行钢丝吊索，钢丝直径5.0mm，吊索设置在主跨和边跨，水平间距12m，每一吊点(一个索夹)设2根吊索。吊索上端与索夹采用销接式连接，销铰接头带有自润滑轴承。锚头采用叉形热锚铸，由锚杯与叉形耳板构成。叉形耳板与锚杯通过螺纹连接，锚杯口设有缓冲器，以改善吊索的抗弯折疲劳性能。吊索与加劲梁的连接采用套筒承压式连接。

5. 伸缩装置

因本桥纵向为飘浮结构，仅在索塔处和主跨侧辅助墩顶设置了纵向阻尼装置，静力计算下的纵向风荷载将在梁端产生较大的纵向位移，为限制风载下的梁端位移并减小伸缩装置的规模，将阻尼装置的自由行程设计为正负20cm，使阻尼装置同时起到限位挡块的作用，由此，经过计算确定的南京城市自锚式悬索桥的伸缩量为正负24cm，过渡墩顶引桥的梁端伸缩量为正负8cm，二缝合一，最终的伸缩装置规格为正负32cm。

五、主桥结构计算分析

主桥结构计算分析，包括整体受力计算和局部受力计算分析。整体受力采用有限位移理论法，用MIDAS软件进行计算，由于本桥主缆为空间索面，考虑荷载的空间效应，本次设计中采用了三维有限元模型计算(图5)，主缆和吊索采用杆单元，索塔、加劲梁和索塔侧三角撑采用梁单元，见图5。结构的约束条件是：主塔塔底、辅助墩墩底和过渡墩墩底为固结，主缆在塔顶和主塔的连接按刚性连接考虑，加劲梁梁端和边跨侧辅助墩墩顶处，主梁纵向位移、横向位移和纵向转角均为自由，仅有竖向约束；加劲梁在主塔三角撑处和主

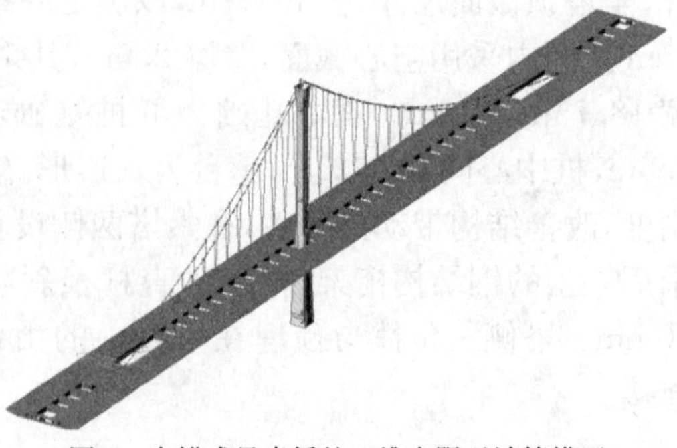

图5 自锚式悬索桥的三维有限元计算模型

跨侧辅助墩墩顶处设置横向约束和竖向约束，纵向位移和纵向转角均为自由。结构主要计算主桥结构在各种不利荷载组合下的应力、位移和加劲梁的压曲稳定性等。局部受力计算主要对正交异性钢桥面板在车轮荷载作用下的应力状况进行分析，此外还对索鞍、索夹、吊索锚箱等构件的局部应力进行了验算。经过计算和验算，结构均符合规范要求。

六、结　语

自锚式悬索桥结构造型优美，经济性能好，对地形和地质状况适应性强，在城市桥梁中成为很有竞争力的桥型。本文介绍了某城市自锚式悬索桥的设计和必选的桥型方案，希望对以后同类桥梁的设计有一定的参考意义。

参考文献

[1] 雷俊卿，郑明珠，徐恭义．悬索桥设计．北京：人民交通出版社．2002.

[2] 张哲，混凝土自锚式悬索桥．北京：人民交通出版社．2005.

[3] 周孟波，刘自明，王邦楣．悬索桥手册．北京：人民交通出版社．2003.

[4] 徐岳．悬索桥设计[M]. 北京：人民交通出版社，2003.

[5] 彭春阳，陆绍辉，蒋业东．自锚式悬索桥．桥梁结构．2003.

[6] 张哲，窦鹏，石磊，刘春城．自锚式悬索桥的发展综述．自锚式悬索桥的发展综述．2003.

[7] 张元凯，肖汝诚，金成棣．自锚式悬索桥的设计．桥梁建设．2002.

[8] 列小飞，郑凯锋，自锚式悬索桥吊索张拉过程计算分析．施工技术．2006.

19. 重庆朝阳复建桥关键技术研究

曹正洲[1]　冯玉涛[1]　赵进锋[2]　张清海[1]

（1. 重庆市交通规划勘察设计院；2. 中交桥梁技术有限公司）

摘　要　重庆市北碚区朝阳复建桥是一座主跨 274m 的中承式飘带形钢箱提篮拱桥。其功能定位为跨江公路大桥，替代负荷运营 40 多年、病害较多的朝阳吊桥；同时该桥是重庆市规划的两江四岸城市景观桥梁，兼有城市功能，所以总体设计具有比较突出的特色和新颖性。结合该桥特点，本文重点介绍大桥的设计构思、总体布置、工程特点、结构设计和施工方案等内容，旨在增进桥梁设计人员对结构与自然环境协调的认识和了解。

关键词　朝阳复建桥　变截面钢箱梁　结构特点　总体设计

一、河道概况及桥位

嘉陵江北碚江段有沥鼻峡、温塘峡、观音峡，俗称小三峡。嘉陵江水出温塘峡后，由北向南偏东，顺直微弯流至朱家沱，随后，江水流向急转向西，经毛背沱转南流入观音峡。

观音峡处主泓偏右，河床几乎无淤积；峡口上游 200m 处有一条小河——龙凤河自右汇入嘉陵江。U 形峡口是嘉陵江水流的瓶颈位置，其上游水域宽阔，江面宽约 380m，汛期宽度可达 530m，峡口区域河床断面及水流形态几十年无明显变化，枯水季节水面宽约 220m，河床边滩怪石林立，形态各异，行洪条件差。

观音峡因其交通地理位置重要，江面狭窄，地质条件好，所以在短短 2km 的江段范围内，布置了多处大型跨江构造物。已建和待建的桥梁有朝阳吊桥、襄渝铁路桥、渝遂铁路桥、兰渝铁路桥（已经启动）、渝遂二期铁路桥(已经启动),另有5组跨江高压输电线路。北碚朝阳复建桥可选择的桥位,只有北碚区毛背沱观音峡峡口处(桥位如图1所示),其下游距离朝阳吊桥约100m,自南向北跨越嘉陵江。

图1　重庆市北碚区朝阳复建桥桥位概况图

二、桥址自然条件

桥址区所在的嘉陵江河段,位于观音峡口,河谷成U形,河床无淤积,宽度约220m。

(1)地形地貌

桥址区两岸地形陡峻,起伏较大;地貌类型为褶皱抬升地貌,北碚岸为抬升低山;东阳岸为抬升中山,具有圆丘、塔状丘、脊状丘等多种形态。

(2)气象水文

桥址区温暖湿润,雨量充沛,冬暖多雾,属亚热带气候。年平均降雨量约1 100mm,年最大降雨量近1 400mm;年均相对湿度80%,年均雾日30～40天;年均风速1.3m/s,瞬时最大风速27.5m/s;年平均气温约18℃,极端最高气温超过42℃,极端最低气温低于－3℃;月平均最高气温32℃,月平均最高气温8℃。桥址区河床纵坡较小,水流平缓,年均流速2.0m/s,洪水期最大流速4.3m/s,100年设计洪水位208m(黄海高程),设计流量48 300m^3/s。

(3)工程地质

桥址区第四系覆盖层较浅,基岩多出露,地层岩性主要为三叠系上统须家河组砂岩,裂隙较发育。

三、技 术 标 准

根据本项目前期工可研究结论和重庆市发改委的批复,北碚区朝阳复建桥采用双向4车道的技术标准,兼有城市桥梁功能。

(1)计算行车速度:60km/h。

(2)桥面宽度:双向4车道,总宽22.5m,其中行车道宽4×3.5m,中间带宽度2.0m,硬路肩2×0.75m,人行道宽2×2.5m。

(3)设计荷载:公路Ⅰ级,人群荷载3.0kN/m^2。

(4)设计洪水频率:1/100。

(5)设计风速:10年重现期基本风速20.5m/s,100年重现期基本风速27.5m/s。

(6)设计基准期:100年。

(7)地震烈度:基本烈度为VI,按VII设防。

(8)通航标准:采用III－(3)级航道标准,最高通航水位按10年一遇洪水重现值,通航净高不小于10m,宽度为双向航宽200m。

(9)船舶撞击力:顺桥向700kN,横桥向900kN。

四、总 体 设 计

1. 设计构思

朝阳复建桥南岸于北碚观景台与国道G212线相交,北岸于北碚玻璃器皿厂外的隧道处与省道S204线衔接,其主要功能是替代朝阳吊桥,成为国、省道的联系枢纽和北碚城区与江东片区联系的重要跨江通道。

在桥型方案选择中,两岸陡峻的山坡和较低的接线高程,限制了连续刚构桥和斜拉桥两边跨的伸臂长度,吊桥方案则与现有的朝阳吊桥雷同,故合适的结构只有拱桥。同时,在重庆市两江四岸规划中，要求在规划范围内跨越长江、嘉陵江的大桥应具有鲜明特色。拱桥结构虽然其主拱圈线条优美柔和，但其拱脚接地却稍显生硬[3]，因而，如何依山就势，使拱脚与结构总体形成流线便成为本桥思维的重点。

根据桥位两岸坡体卸荷裂隙发育情况，考虑岸坡防护需要，在拱脚接地设计时，拱座与桥台之间采用流线形变截面钢筋混凝土带状结构支护岩体，不仅避免了岩石卸荷后撞击主拱圈，而且还巧妙地将附属工程与主体结构融为一体，形成拱脚的反向流线，形式极为美观。若以北碚城作为主视点，其结构宛如一条飘浮的彩带，如图2所示，故将其形象的定义为飘带形钢箱中承式提篮拱桥，既示出了与一般拱桥的区别，又突出了桥位自然环境与桥型相合为一的景观特点。

图2 重庆市北碚区朝阳复建桥景观效果图

此外，根据行洪评价，长江委要求河床边滩内除主拱座外，不允许布置其他任何桥墩，所以设计时将拱桥跨径布置为56.5m（钢叠合梁）+274m（变截面钢箱中承式提篮拱）+45.5m（钢叠合梁），以避开1/100洪水频率在边滩的水压线。

2. 总体布置

重庆市北碚区朝阳复建桥即要满足最高通航水位下船舶的行驶安全、1/100洪水频率条件下的行洪安全，也要满足城市景观要求。因此，桥型方案布置除考虑一跨过江而外，需力求体现技术先进、安全可靠、适用耐久、经济合理、施工方便可行、人文景观协调的设计理念，以便使结构的安全性、实用性、经济性及景观效果得以自然合一。

基于上述构思及理念，结合桥位区域的地质条件、地形地貌特点，朝阳复建桥主桥采用中承式变截面钢箱提篮拱方案，总体布置为钢筋混凝土岸坡防护带+56.5m（钢叠合梁）+274m（钢箱拱）+45.5m（钢叠合梁）+钢筋混凝土岸坡防护带，纵桥向设双吊杆，吊杆间距10m；吊杆横梁采用闭合钢箱梁，装饰板与钢横梁采用高强螺栓连接，兼作纵梁；主梁采用先简支后结构连续的预应力混凝土空心板，引桥采用叠合梁方案。两岸拱座之后的岩体采用变截面钢筋混凝土线性结构进行支护，以增加桥梁的景观效果。桥跨总体布置如图3所示。

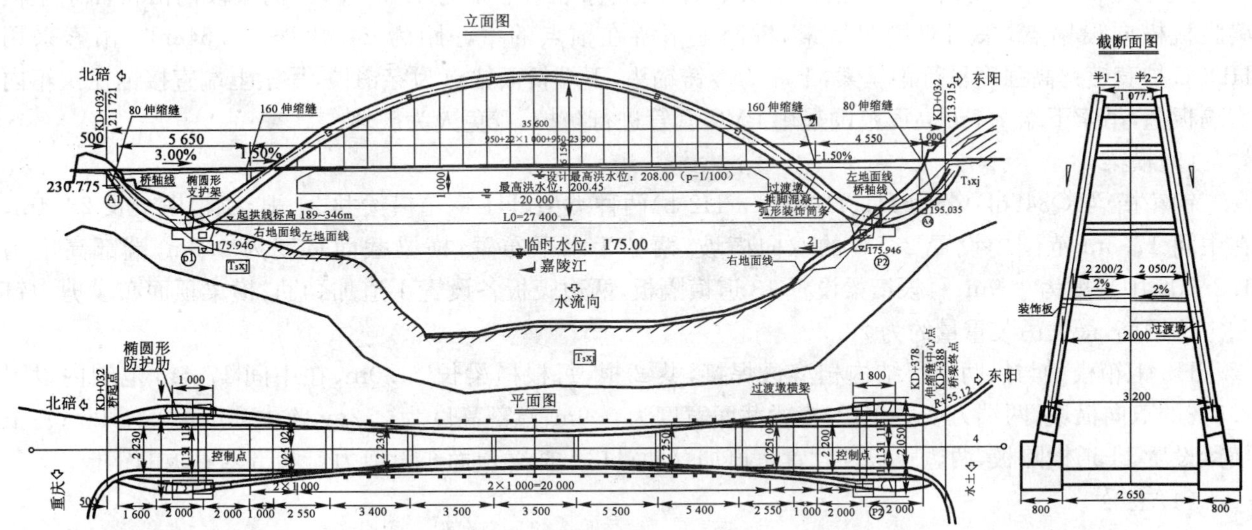

图3 重庆市北碚区朝阳复建桥总体布置图

五、结构设计要点

1. 主桥

(1)主拱结构

主拱圈为双肋单箱单室变截面悬链线钢箱拱，主拱结构为提篮式，主跨为274m，拱轴线在拱肋平面内为悬链线，矢跨比为1/4.4，矢高为62.3m，拱轴系数为$m=1.3$，主拱肋竖向与水平面的夹角为81°，内倾角为9°。两拱肋之间用6个钢箱横撑连为一个整体。

主拱肋为箱形截面，尺寸从拱顶的2.4m×3.5m渐变到拱脚的2.4m×9.1m。拱肋主材(Q420qD, Q345qD)钢板厚分别为40mm、30mm、24mm、20mm。上下游拱肋沿着桥轴立面内水平线各分为29节段，其中包括起拱段、标准段(分有横撑段和无横撑段两类)、合拢段，单肋最大节段吊重约为94.5t。各节段拱肋重量详见表1。

主拱肋各节段重量一览表　表1

节段号	单　位	S0	S1	S2	S3	S4	S5	S6	S7
重量	t	59.4	91.2	93.1	78.7	68.2	67.5	59.7	57.2
节段号	单位	S8	S9	S10	S11	S12	S13	S14	
重量	t	54.1	56.4	49.1	46.4	49.0	43.8	43.1	

标准段在桥轴立面内水平线上的投影为10m，与吊索的水平位置对应。节段内拱轴线由数段直线组成。根据节段的位置与长度，标准节段内设3～5个横隔板，纵向加劲肋在吊索横隔处断开，并以十字形焊接接头连接，而在普通隔板处则穿过所设的"V"形口不与隔板连接。节段内双吊索吊点以钢箱断面竖向中心线为对称线横向布置。锚圈通过扭偏垫块，座在内径为273mm(299mm)的锚管上，锚管与隔板间熔透焊接。拱肋节段间的连接采用全段面熔透焊接，纵向加劲肋采用高强度螺栓连接，以方便施工和拼装定位。

6个箱形横撑的外尺寸分别为1.6m×2.4m。横撑与拱肋间设整体节点，整体节点与横撑连接为全段面熔透对接。加劲肋为高强度螺栓栓接。

(2)吊索

全桥共采用42对84根吊索，沿桥轴水平向，吊点标准中心距为10m。横桥向梁段内沿桥面系主横梁腹板横向设锚点，采用双侧双吊索，桥面上下游在锚点的中心距为24.438～24.548m。吊索采用HDPE护套镀锌高强度平行钢丝索，上端为冷铸锚头，下端桥面锚点为穿销铰，吊索上端直接锚在拱箱内横隔板上，吊索下端2.5m高度范围采用PVC套管进行防护，避免人为破坏。

(3)横梁

钢箱横梁(Q345qD)分为H1、H2(H2-a H2-b)两种类型，H1钢箱横梁共21根，每根横梁长26.4m，在中间17.5m范围内设置2.5%的双向横坡，两端为水平布置；横梁截面宽度为0.9m，端部高度为1.2m，跨中高度为1.9m；每根横梁设置13道横隔板，两边腹板各设置1道加劲肋；横梁顶面布设剪力钉和定位钢筋，最大吊装重量约为26.3t。

H2钢箱横梁与拱肋预留结构相溶透焊接，共2根，每根横梁长21.0m，在中间17.5m范围内设置2.5%的双向横坡，两端为水平布置；横梁截面宽度为0.9m，端部高度为2.2m，跨中高度为2.419m；每根横梁设置11道横隔板，两边腹板各设置1道加劲肋；H2-a横梁顶面布设剪力钉和带四氟板的钢板。

(4)主梁

主梁采用后张法预应力空心板，共分为中跨板、中跨板a、中跨板b、边跨板a、边跨板b共5种类型。主梁跨径为10m，梁高0.45m，跨中板宽1.24m，边板宽1.395m，并设限位孔。纵桥向相邻梁每端各预留0.25m的接缝，吊装到位后，进行各板的钢筋焊接，再浇注接缝混凝土。中跨板、中跨板a、边跨板a等通过剪力钉与钢箱横梁(H1、H2-a)实现连接，中跨板b和边跨板b可在钢箱横梁(H2-b)横面顺桥向自由滑动。桥面板预制梁最大吊装重量约为 8.4t。

(5)过渡墩

过渡墩是设置在拱肋上的钢立柱，立柱与钢拱箱共同制作，其横桥向与主拱肋统一采用 9°的倾角。盖梁采用等截面形式，截面尺寸为 1.6m×3.5m。

(6)拱座基础

拱座 P1、P2 采用 18m×8m×9.5m 的扩大基础，沿高度方向设置成 2m+3.5m+4m 的阶梯形式，基础顶面顺桥向分为 9m+9m，底面顺桥向分为 5m+7m+6m。

拱座基础采用实体混凝土结构。为满足钢箱拱的连接需要，拱座顶面与拱肋 S0 段正交，其顶面为 R=31m 的圆弧形，尺寸为 11.92m×3.6m，横桥向为等宽度，倾角 9°，顺桥向为渐变宽度，拱座与拱肋 S0 节段通过高强精轧螺纹钢筋连接。

为抵抗拱座横桥向的水平分力，在拱座之间设置了横桥向水平钢筋混凝土系梁，其尺寸为 3m×2.6m。

2. 引桥

(1)56.5m 跨叠合梁(北碚岸)

叠合梁是由工字钢纵梁(Q370qD)、工字钢横隔梁(Q370qD)，预制桥面板、现浇湿接缝、预应力体系等五部分组成。主梁是由钢主梁与混凝土共同受力的结合梁，中间通过剪力钉将两者结合。结合梁边梁高 2.09m，跨中高 2.436m。

北碚岸钢主梁长 56.38m，计算跨径 55.27m。钢主梁横截面由 7 片工字型钢组成，横桥向每片工字钢的中心距 3.6m。钢横隔梁在纵桥向由 15 道工字钢组成，除梁端间距为 3.45m 外，其余钢横隔梁的间距为 4m。钢主梁在主桥端设置牛腿，用于支承主桥边板。

北碚岸主梁分为标准梁段和非标准梁段，标准梁段长为 12.0m，每片纵梁有 3 段，非标准段梁长 9.94m、10.44m，每片纵梁各 1 段。标准梁段的顶面截面为□50mm×1 000mm，底板截面为□80mm×1 000mm，腹板厚 t=28mm。4 条纵向加劲肋均为□22mm×260mm，非标准段在支座附近的腹板加厚。

工字钢横隔梁由顶板、底板、腹板组成。工字钢的高度与纵梁相同，横隔梁的标准间距为 4m，标准横隔板的顶板截面为□28mm×700mm，底板截面为□32mm×700mm，腹板厚 t=16mm。在横隔板的纵、横向设置有加劲肋，横隔板和主梁之间的连接采用剪力接头。

北碚岸引桥梁段平面划分为 84 个单元，3 种桥面板预制类型，分别为标准板 340cm×270cm、边板 340cm×270cm、端板 295cm×270cm。预制桥面板厚 26cm，边主梁顶部加厚至 40cm。预制板安装后，用现浇混凝土整体化。为使现浇湿接缝混凝土与纵、横梁很好结合，在纵横梁的顶板上面焊接剪力键。主梁全宽 22.6m，在梁端桥面宽度变化处，采用湿接缝现浇混凝土挑出。钢构件在工厂加工，现场采用临时支架法施工，纵梁采用高强度螺栓现场分段对接拼装，要求钢结构安装过程内力为零。

(2)45.5m 跨叠合梁(东阳岸)

东阳岸钢主梁长 45.38m，计算跨径 44.27m。钢主梁横截面由 7 片工字型钢组成，横桥向每片工字钢的中心距 3.6m。钢横隔梁在纵桥向由 12 道工字钢组成，除梁端间距为 3.95m 外，其余钢横隔梁的间距为 4m。钢主梁在主桥端设置牛腿，用于支承主桥边板。

东阳岸主梁分为标准梁段和非标准梁段。标准梁段长为 12.0m，每片纵梁有 2 段，非标准段梁长 10.94m、10.44m，每片纵梁各 1 段。标准梁段的顶面截面为□50mm×1 000mm，底板截面为□80mm×1 000mm，腹板厚 t= 28mm。4 条纵向加劲肋的均为□22mm×260mm，非标准段在支座附近的腹板加厚。

工字钢横隔梁的截面尺寸与北碚岸引桥相同。

东阳岸引桥梁段平面划分为 66 个单元，3 种桥面板预制类型，分别为标准板 340cm×270cm、边板 340cm×270cm、端板 340cm×270cm。预制桥面板厚 26cm，边主梁顶部加厚至 40cm。预制板安装后，用现浇混凝土整体化。为使现浇湿接缝混凝土与纵、横梁很好结合，在纵横梁的顶板上面焊接剪力键。主梁全宽 22.6m，在梁端桥面宽度变化处，采用湿接缝现浇混凝土挑出，湿接缝钢筋一并延长。

3. 装饰板

大桥采用外挂装饰板来实现纵梁功能，不仅提高了桥面系的整体刚度，还从侧面增加了结构的景观效果。装饰板采用圆弧形，用16mm的钢板在工厂同期制作，安装在吊索横梁及叠合梁的外侧。

4. 钢筋混凝土防护带

由于景观和岸坡卸荷裂隙防护的需要，依山就势，在两岸拱脚后的岸坡上设置变截面的钢筋混凝土矩形防护带，使桥梁总体结构形成"飘带"的形状，不仅有效地消除了岸坡卸荷裂隙发育对主拱圈的潜在威胁，而且还从一定程度上增加结构的美观性。

5. 支座、伸缩缝及桥面铺装

在主梁两段设置支座，采用单向聚四氟乙烯滑板支座，使其顺桥向位移量在桥台和过渡墩处均满足设计要求。

伸缩缝分别采用SSFB80和SSFB160型。

主桥桥面后浇层采用10cm厚C40防水混凝土，内设*D*12焊接网，并掺入微膨胀剂和优质聚丙烯纤维，上铺8cm厚沥青混凝土面层。叠合梁处引桥桥面铺装由AMP-100防水膜和8cm厚沥青混凝土组成。

6. 钢结构防腐

由于大桥钢结构各部位所处的环境不同，因而其防腐措施也有所差别。大桥钢结构防腐部位主要有：钢箱梁外表面、钢箱梁内表面、钢叠合梁、高强螺栓摩擦面及连接处外表面和工地焊接接头区域，各部位的防腐方案详见表2。

钢结构防腐方案一览表　　表2

防腐部位	工号	涂装要求	设计值	场地	参照标准
钢箱梁外表面	1.1	表面净化	无油、干燥	厂内	GB 11373—89
	1.2	喷砂除锈Sa3级	Rz40-80μm	厂内	GB 8923—88
	1.3	喷锌铝伪合金	150μm	厂内	GB/T 9793—1997
	1.4	乙烯基环氧封闭涂料1道	不增加厚度	厂内	GB/T 9793—1997 JIS H 8300
	1.5	环氧云铁1道	120μm	厂内	
	1.6	氟碳涂料2道	2×40μm	厂内、现场	
钢箱梁内表面	2.1	喷砂除锈Sa3级	Rz40-80μm	厂内	GB 8923—88 GB 6463—86
	2.2	环氧漆2道	2×80μm	厂内	
钢叠合梁	3.1～3.6	涂装要求3.1～3.6同1.1～1.6	同1.1～1.6	同1.1～1.6	同1.1～1.6
高强螺栓摩擦面	4.1	高摩擦性能专用无机富锌涂料	80μm	厂内	
高强度螺栓连接处外表面	5.1	环氧富锌底漆1道	80μm	厂内	GB 8923—88 GB/T 9286—1998 GB 6463—86
	5.2	环氧云铁1道	120μm	厂内	
	5.3	氟碳涂料2道	2×40μm	厂内、现场	
工地焊接接头区域	6.1	环氧富锌底漆1道	80μm	现场	GB 8923—88 GB/T 9286—1998 GB 6463—86
	6.2	环氧云铁1道	150μm	现场	
	6.3	氟碳涂料2道	2×40μm	现场	

此外，为保证钢箱拱的耐久性，特在钢箱拱内各布置2台抽湿机，使钢箱拱处于干燥的工作环境。

六、总体施工方案

重庆市北碚区朝阳复建桥总体施工方案由5大部分组成：拱座基础及桥台施工方案，钢箱拱施工方案，吊杆索体施工方案，预制板及主梁空心板施工方案，叠合梁施工方案。其中钢箱拱施工方案为核心方案(图4)。

大桥总体施工流程如下：

(1)拱座基础施工；

(2)缆索架设；

(3)预制钢结构至施工现场，缆索吊装主拱圈，工地连接吊装节段、施加临时扣索、调整扣索索力、控制主拱内力及线形、施工临时风撑；

(4)完成S0节段安装，浇注该节段混凝土，完成预应力束的张拉；

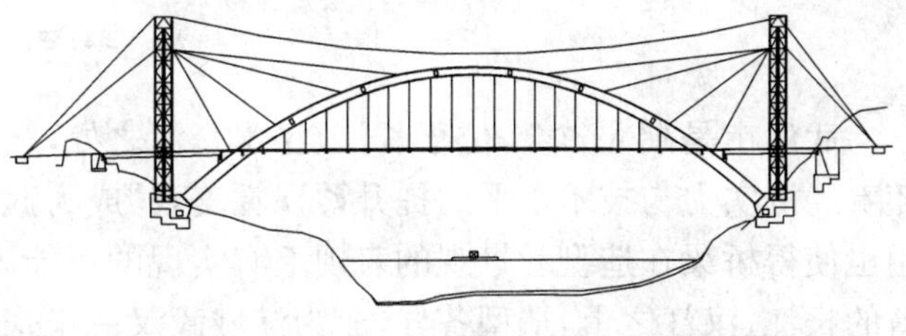

图4 重庆市北碚区朝阳复建桥总体施工方案

(5)完成S1、S2节段拱肋安装，浇注肋内混凝土；

(6)逐节段施工，调整扣索索力、施工合拢段，完成主拱肋施工；

(7)完成吊索安装；

(8)安装叠合梁；

(9)使用缆索吊吊装主桥预制空心板，完成主梁施工并调整索力；

(10)完成桥面铺装、桥面系及其他附属设施，进行荷载试验。

七、结 语

重庆市北碚区朝阳复建桥作为重庆市的重点建设项目，其取代曾有“亚洲第一吊桥”美誉的朝阳吊桥的功能定位和满足城市景观且与桥位自然地理环境融合为一的景观理念，使得大桥在安全、经济、实用的前提下，其设计思想、设计理念和结构优化上具有较大的特色和创新性。主要表现在：

(1)桥位上游嘉陵江江面宽阔，下游为观音峡，桥位正处在河段变化的观音峡口，采用大跨径拱桥方案，不仅满足城市景观的要求，而且恰好和桥位周边自然环境浑然合一。

(2)主拱肋采用变截面钢箱提篮拱，使得桥型更加轻盈美观，且降低了工程造价。

(3)依山就势，在两岸拱脚后的岸坡上设置变截面的钢筋混凝土矩形防护带，不仅有效地防止了岸坡卸荷裂隙发育对主拱圈的潜在威胁，而且还使桥梁总体结构形成“飘带”的形状，提升了结构的美观性。

(4)大桥最高通航水位为200.45m(黄海高程)，两岸引桥采用叠合梁，不仅解决了断面行洪问题，而且还减轻了主拱圈的结构受力问题，使主体结构更加安全、轻盈美观。

参考文献

[1] 重庆市北碚区朝阳复建桥初步设计文件[Z].2008.

[2] 重庆市北碚区朝阳复建桥两阶段施工图文件[Z].2009.

[3] 孙峻岭，邓文中，刘晓辉．重庆菜园坝长江大桥主桥设计理念与实践[A]．第十七届全国桥梁会议论文集[C]．北京：人民交通出版社，2006.

20.武汉江汉六桥方案征集中的桥梁景观设计

胡斯彦[1] 周安娜[2]

(1.湖北省交通规划设计院；2.中交第二公路勘察设计研究院有限公司)

摘 要 本文介绍了武汉江汉六桥方案征集中的桥梁景观设计，主张以城市的历史文化和地域特色为依托，围绕桥梁设计理念和创意构思的主题进行方案设计，从而达到桥梁景观与城市环境和谐统一的效果。

关键词 汉江 桥型方案 桥梁造型 景观设计

一、引　　言

武汉市是湖北省会，位于长江、汉水交汇之处，素有江城之称，桥梁成为联系武汉两江三镇间的纽带。随着经济实力与技术水平的提升，“视觉美观”成为武汉桥梁建设的新追求，新结构、新工艺、新材料的应用也使得桥梁在造型和景观的表现上有实现的可能。从梁桥到斜拉桥，从拱桥到悬索桥，密布于武汉三镇的长江、汉江之上，造型各异，成为江城武汉一张张靓丽的城市“名片”。

《汉江(武汉段)旅游总体规划》中提出在滨江带打造八大重点旅游项目，让汉江成为武汉的塞纳河，这对武汉汉江上新建的桥梁有了更高的景观要求。其桥梁设计，必须与城市环境和谐统一，并符合湖北武汉的文化内涵。

二、项 目 概 况

2010年，武汉市将建设武汉江汉六桥，年初即邀请各设计单位开展了该桥的桥型方案征集。该桥远期规划为双向八车道的城市主干道，是武汉中心城区规划的第六座跨汉江通道，位于城市二环线的江汉二桥和三环线的长丰桥之间，连接汉口的古田片区与汉阳的琴断口片区。

江汉六桥桥位处水面开阔、平坦，通航净高10m，通航净宽180m，从景观和通航安全角度考虑，确定桥型方案采用主跨大于200m的桥型结构，即一跨跨过汉江通航水域。作为汉江上的标志性建筑应充分突出滨江滨湖特色，体现武汉历史文化，提升人居环境品质，彰显城市的鲜明个性。其建筑造型应当流畅、富有变化而有韵律，空间的体量应大小适中、不突兀，线条应当简洁、明快，结构上应当刚柔相济，具有历史文化魅力和现代气息，体现一种奋发向上的时代精神。

为了增强景观效果和满足使用功能，需要选择合理可行的桥梁结构形式。因武汉三环线以内的中心城区目前汉江上已有五座公路桥和一座铁路桥(详见表1)，江汉六桥桥型方案应注重城市景观和市民审美要求，尽量避免与相邻桥梁结构形式雷同。笔者在参与该方案征集中共比选了三类桥型，分别为矮塔斜拉桥、自锚式悬索桥和钢桁架拱桥，均为汉江上还未曾实施的桥型方案，拉索体系、悬吊体系及桁架拱体系各有亮点，景观上也能取得良好的效果。

武汉三环线以内已建成汉江桥一览表　　表1

汉江桥名称	结构类型	汉江桥名称	结构类型
武汉江汉一桥(公路桥)	预应力混凝土连续梁桥	月湖桥(公路桥)	独塔斜拉桥
武汉江汉二桥(公路桥)	预应力混凝土T型刚构桥	长丰桥(公路桥)	中承式钢管砼混凝土系杆拱桥
晴川桥(公路桥)	下承式钢管混凝土系杆拱桥	武汉汉江铁路桥	钢桁梁桥

三、方 案 设 计

方案设计首先要提出设计概念，通过创意构思来确定桥梁景观的主题，其后每一步具体设计都应围绕这个主题，来进行桥梁整体造型及各细部构造的景观设计。

1. 矮塔斜拉桥方案

(1)创意构思

该桥桥型为双塔双索面矮塔斜拉桥，主桥布置为123m+200m+123m，边中跨比接近黄金分割，整桥布置比例和谐、均衡稳定、韵律优美。主塔造型取意于中国古代的青铜爵，见图1。青铜器是楚文化的代表，而湖北正是楚文化的发祥地。整个塔柱外轮廓呈弧形向外张开，上塔柱有如青铜爵的杯口，下塔柱有如青铜爵的杯足，造型简洁、清晰，见图2。

(2)结构设计

矮塔斜拉桥又称部分斜拉桥是介于预应力混凝土梁桥和斜拉桥之间的一种桥型，是连续梁桥和斜拉桥的完美组合。大桥融合了梁式桥与现代斜拉桥的主要特点，造型简洁，气势雄浑，同时也贯穿了力与美的神韵。

①索塔。矮塔斜拉桥主塔采用钢筋混凝土结构，清水混凝土塔壁表面的机理效果凸显出了青铜器的古朴的质感。汉口侧主塔总高为56m，汉阳侧主塔总高为58m，塔梁固结。主梁以上高度为25m，上塔柱向外侧倾斜，倾斜角度12°，有开放向上的力度感。

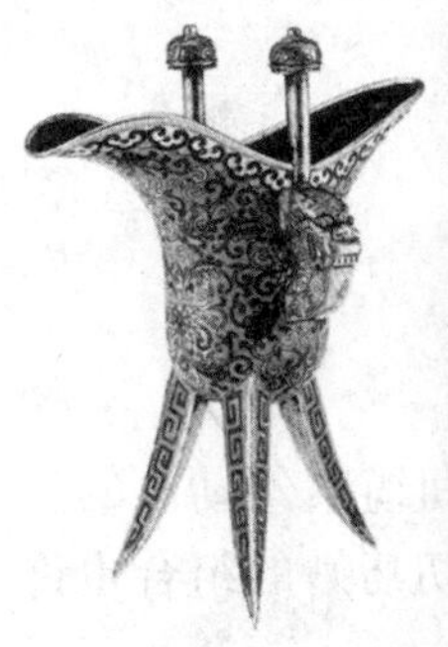

图1 矮塔斜拉桥方案构思过程

图2 矮塔斜拉桥方案效果图

②主梁。矮塔斜拉桥比同等跨径连续梁桥的主梁高度要小，而这正符合主梁强调水平方向的延伸感的美学要求。主梁采用大展翅梁结构，展翅梁桥轻盈精致，使桥下视野通透，梁底的形状有流水的韵律变化，与江水的波纹相呼应。

③拉索。拉索采用高强平行钢绞线，钢束外设双层PE护套。桥位的汉阳岸正是琴断口地区，由俞伯牙摔琴谢知音的故事而得名，斜拉索有如一根根琴弦，仿佛二人正举爵对酌，弹奏着高山流水的天籁之音。

2. 自锚式悬索桥方案

(1)创意构思

该桥桥型为双塔空间索面自锚式悬索桥，主桥布置为105m+220m+105m。空间缆索勾勒出了“汉江帆影”的主题景观(图3)，有“孤帆远影碧空尽”的诗情画意。

(2)结构设计

自锚式悬索桥保留了传统悬索桥的外形，主缆锚固于加劲主梁上，无需设置锚碇，突破了锚碇对悬索桥桥式适应性的限制，可结合地形灵活布置。

①索塔。设计方案不仅能在桥型上有多种选择，在索塔的造型上也能千变万化。

塔形方案一：桥塔造型取意于帆船的桅杆(图4)，主塔采用椭圆形截面独柱塔桥塔，钢筋混凝土结构。独柱的桥塔修长挺拔，有如桅杆伫立江中，体现了武汉九省通衢、水路交通发达的地域特色。

图3 自锚式悬索桥方案构思过程

图4 自锚式悬索桥塔型方案一效果图及寓意图示

塔形方案二：桥塔造型取意于越王勾践剑(见图5)。该剑出土于湖北省江陵县望山1号墓，现藏于湖北省博物馆。桥塔横桥向为独柱形，布置于桥面中央，钢筋混凝土结构。顺桥向在上塔柱段合成整体，下塔柱为双柱，在塔底逐渐合为单柱。桥塔外轮廓以剑形进行勾勒，中塔柱部分根据结构需要进行挖孔，整体比例协调，造型简洁，寓意武汉人锐意进取、勇于突破传统束缚的创新精神。

图 5　自锚式悬索桥塔型方案二效果图及寓意图示

塔形方案三：桥塔造型取意于《渔舟唱晚》。江汉平原素有"鱼米之乡"的美称，空间缆索勾勒出的船形，斜吊索编织出的渔网，菱形索塔在汉江碧波中倒映出的鱼的形状（图 6、图 7），这一切巧妙的组合也许只有古曲《渔舟唱晚》最能诠释其唯美的意境。

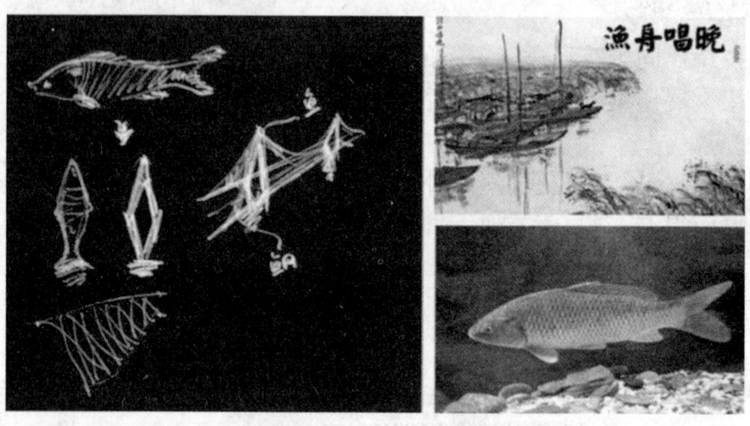

图 6　自锚式悬索桥塔型方案三构思过程

图 7　自锚式悬索桥塔型方案三效果图

②主梁。主梁采用流线形扁平钢箱梁，线条平顺流畅，结构轻盈，风阻较小，夜景照明效果好。

③主缆。主缆矢高 44m，矢跨比为 1/5，采用两根主缆空间线型布置。空间缆索不仅增强了横向抗风稳定性，而且勾勒出船的轮廓，增强了桥梁的景观效果。空间缆索又如两江汇合奔流，表现着江城文化的融合，使桥梁的景观与城市的定位相吻合。

3. 钢桁架拱桥方案

(1)创意构思

该桥桥型为中承式钢桁架拱桥，主桥布置为 60m＋220m＋60m。为纪念大禹治水的功绩，晴川阁建于武汉市龟山东麓的禹功矶上，是江城的名片和地标（图 8）。传说中，大禹降服了巨龙，治理了水患。钢桁架拱如同一条过江的巨龙，被禹王镇服，变害为利，化作一道长虹，成为跨越天堑的虹桥。"禹王降龙"为主题的钢桁架拱桥方案体现了武汉人改天换地的精神风貌。

(2)结构设计

图 8 钢桁架拱桥方案构思过程(右图为晴川阁和大禹治水雕塑)

钢桁架拱桥的拱顶线型由三段二次抛物线组合而成,线形流畅,稳重又不失轻盈(图 9)。由于该桥位汉江两岸地势平缓,因此采用无推力拱,主梁平面内设水平钢系杆,以抵消主拱产生的水平力。

图 9 钢桁架拱桥方案效果图

(1)桁架拱肋。桁架体系由弦杆、斜杆、竖杆和平联、横梁、桥门架组成,结构通透,视觉效果好。

(2)吊杆。吊杆采用柔性吊杆,外层螺旋形 PU 防护套的颜色可根据景观要求选用。

(3)主梁。主梁行车道板采用钢筋混凝土小 T 梁,梁高较小,搁置于钢横梁上,显轻巧。

四、整体景观设计

由于江汉六桥处于武汉市中心城区,对景观要求较高,因此桥梁景观设计需与沿江地区的绿地建设有机的结合,形成连贯统一的景观带。

大桥景观设计涵盖白天色彩设计和夜景照明设计。在结构设计的同时将大桥的景观造型构思进行有机的整合,重点对桥梁主体、桥梁护栏、桥梁立柱、人行道铺装、雕塑等几方面进行造型及搭配方式的比选,衬托出武汉市的历史文化主题。通过夜景灯光勾勒大桥轮廓,充分表现出桥梁优美的轮廓曲线和雄浑的气势,并在色彩上设置同步静态变色等效果,为桥梁增添几分现代动感;桥墩、桥塔作为桥梁的支撑点,应设置点光源以突出重点,充分体现桥梁的个性与本质。

总之,要充分注重桥位、线形、桥型方案与地形条件、地质条件、人文环境、生态环境相协调,充分体现出力与美的有机结合,充分表达和谐、创新的城市精神。

五、结　　语

武汉江汉六桥作为江城的新地标,将承载着武汉市的历史文化内涵和勇于创新的人文精神,为桥梁的景观设计献计献策,丰富汉江上的桥文化是我们设计者光荣的职责。

参考文献

[1] 陈艾荣,盛 勇,钱锋. 桥梁造型. 北京:人民交通出版社,2005.

[2] 樊凡．桥梁美学．北京:人民交通出版社,1987.
[3] 陈小佳．滨水城市桥梁景观刍议．武汉交通科技大学学报(社会科学版),2000(3).
[4] 张涛．浅析城市桥梁景观中的结构造型设计．工程与建设,2006(4).

21. 钢桁腹—混凝土组合梁桥的发展与应用

张建东[1]　刘　钊[2]　陈　扬[2]　黄华琪[2]
(1. 江苏省交通科学研究院有限公司;2. 东南大学土木工程学院)

摘　要　钢桁腹—混凝土组合梁桥是近年来发展起来的一种新型钢—混组合结构桥梁,具有受力明确、造型美观等优点,结合其他新技术可取得较好的经济效益。本文叙述该种桥梁的国内外应用与研究现状,给出工程设计实例,并展望了今后的研究方向。

关键词　组合梁桥　钢桁腹　节点　体外预应力

一、钢桁腹—预应力混凝土组合梁桥的特点及技术优势

钢桁腹—混凝土组合梁桥是近30年出现的一种新型钢—混组合结构桥梁,在构造上采用钢桁式腹杆代替混凝土箱梁中的混凝土腹板,将腹杆端部节点直接嵌固在混凝土顶、底板承托中,形成由混凝土顶板、钢桁腹杆、混凝土底板、体外和体内预应力钢束共同工作的组合结构体系。

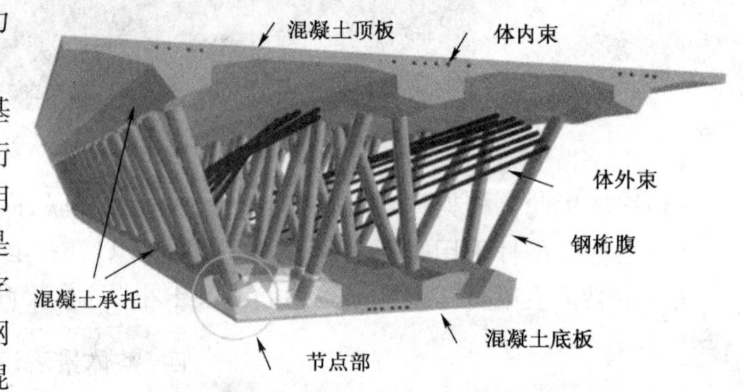

图1　钢桁腹—混凝土组合梁桥的基本构造

钢桁腹—混凝土组合梁桥构造简洁,其基本构造如图1所示。从世界各国已建成的钢桁腹—混凝土组合梁桥来看,横截面形式可采用两主桁和多主桁,腹杆可以是直腹杆也可以是斜腹杆;纵立面钢桁腹组成形式可设计成V字形、八字形和N字形;钢桁腹的形式可分为钢管桁架和型钢桁架,有的在局部还使用钢管混凝土加强;从纵断面布置形式上看,根据截面高度变化情况可分为等截面和变截面,等截面一般用于跨径不大的桥梁或大跨径缆索体系桥梁,变截面一般用于大跨径连续梁桥、连续刚构桥等。

钢桁腹—混凝土组合梁桥与传统的混凝土箱梁桥以及其他形式的组合梁桥相比,有其自身的技术优势:

(1)同传统的预应力混凝土箱梁桥相比,在采用钢桁腹替代混凝土腹板后,桥梁自重明显降低,同时也避免了混凝土腹板的开裂等问题,随着制造工业化技术的发展,可以取得良好的经济效益。

(2)与波纹钢腹板梁桥相比,钢桁腹杆节点集中,制造安装方便,现场安装的工作量小;型钢或钢管的屈曲临界荷载一般也大于波纹钢腹板。从日本的经验来看,波纹钢腹板梁桥的适宜跨径为60～100m,而桁腹—混凝土组合梁桥的适宜跨径为80～150m,因此后者更适合于中等跨径与大跨径的桥梁结构。

(3)与钢箱—混凝土组合梁桥相比,现场安装的工作量大大减少,且能避免使用厚钢板带来的技术问题。另外,桁式腹杆构造的通透性,既可以减少风力作用、提高结构的抗风性能,也能给体外预应力钢束的张拉、检测、维护、更换带来方便。

(4)与板桁混凝土组合梁桥相比,钢桁腹—混凝土组合梁桥无上、下弦杆,混凝土顶底板通过与桁腹杆件节点的连接,实现全截面共同工作,故一般需要配置体外预应力。而板桁混凝土组合梁桥中的混凝

土面板常用来分担部分荷载作用，受力性能更接近于桁架结构。

二、钢桁腹—混凝土组合梁桥的应用及研究现状

1. 已建钢桁腹—混凝土组合梁桥

自 1985 年世界上第一座钢桁腹—混凝土组合梁桥 Arbois 桥在法国建成以来[1]，随后在日本、加拿大等国家得到了一些应用。表 1 列出了世界知名的已建的同类桥梁。

已建成的钢桁腹—混凝土组合梁桥 表 1

桥　名	结构形式与桥跨布置	施工方式	建成年份
法国 Arbois 桥	(29.85+40.4+29.85)m 连续梁	支架法	1985 年
法国 Boulonnais 高架桥	Quegen 高架：(44.5+5×77+44.5)m 连续梁 Herquelingue 高架：(52.5+5×77+52.5)m 连续梁 Echinghen 高架：(44.5+3×77+93.5+5×110+93.5+3×77)m 连续梁	节段悬拼	1997 年
法国 Bras de la Plaine 桥	280m 单跨桥	悬臂浇筑	2001 年
日本木之川高架桥	(51.85+2×85.0+43.85)m 连续梁	悬臂浇筑	2003 年
日本志津见大桥	(65+75+60+45+35)m 连续梁	悬臂浇筑	2005 年
日本第二东名高速公路：猿田川桥、巴川桥	猿田川桥：(48.5+2×90+100.0+2×110+58.5)m 连续梁 巴川桥：(59.5+3×119+59.5)m 连续梁	悬臂浇筑	2008 年

从已建成的桥梁来看，施工方法可以采用支架法、悬臂浇筑法和预制拼装法。图 2 为日本猿田川桥采用悬臂浇筑法施工，图 3 为法国 Boulonnais 高架桥正在节段悬拼。

图 2　悬臂浇筑法施工

图 3　节段悬拼法施工

2. 国内外研究现状

日本近年来对钢桁腹—混凝土组合梁桥的设计和施工方法开展了一些研究。日本鹿岛建设公司承担了其国内第一座钢桁腹—混凝土组合梁桥——木之川高架桥的设计和施工，对钢盖箱节点（图 4a）的静力和疲劳性能、该类桥梁的悬臂浇筑施工方法进行了研究，在上部结构计算时，分别用平面桁架模型及空间模型进行桥梁的纵向及桥面板分析。日本大林组技术研究所以第二东名高速公路上的两座组合桁架桥为工程依托，开展了双套管节点（图 4b）的试验和理论研究，并探讨了该类桥梁的适宜跨径和合理高跨比。日本九州大学通过缩尺模型试验和非线性有限元分析，研究了 PBL 节点（图 4c）的受力机理和极限承载力计算方法。还有一些关于钢桁—混凝土组合梁桥的振动特性和抗震性能的研究。日本预应力

混凝土技术协会在2005年颁布的《组合桥梁设计施工规程》中，也包含了组合桁架桥的相关内容。

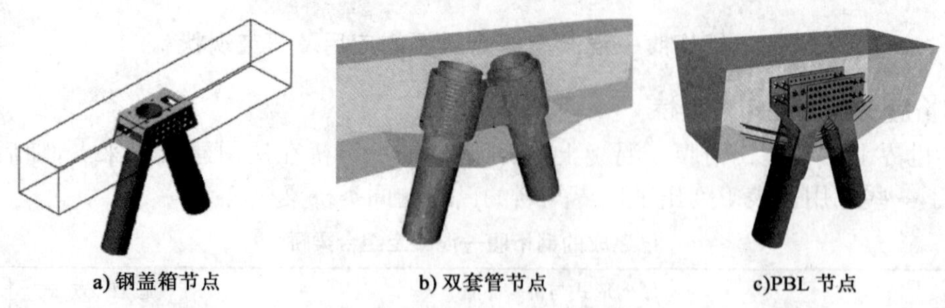

图4　几种典型的节点构造

韩国结合规划中的钢桁腹—混凝土组合梁桥，对一座70m跨径的简支试验梁桥进行了静力荷载试验，并研究了腹杆的合理倾角、节点的合理构造以及不同形式节点的性能。

目前我国对钢桁腹—混凝土组合梁桥的应用研究尚处于起步阶段，但对类似形式的结构，比如板桁组合梁、钢管混凝土空间桁架组合梁等已有一些借鉴的成果。

三、工 程 实 例

南京市某跨线公路桥，在方案比选中决定采用桁腹—混凝土组合结构形式，这一方案可增强桥跨结构的通透性和景观效果，缩短工期，减轻自重，同时，体外索体系具有便于维护管理的特点。该桥布置为两跨(35m＋35m)等高连续梁桥(图5)，上部结构采用钢桁腹—混凝土组合形式。下部结构中墩为独柱墩，桥台为桩柱式台，钻孔灌注桩基础。该桥采用满堂支架现场浇筑混凝土顶底板，钢结构工厂预制、现场安装的施工方法。桥面按两车道设计宽8.5m，设置双向斜坡，道路中心梁高2.38m，混凝土顶底板采用C55混凝土，顶板厚28cm，底板厚22cm。钢桁腹杆采用Q420E级钢管，直接插入顶底板的承托中，钢管外径351mm，壁厚16mm。采用新型节点形式，每个节点处用两片钢板与钢管连接，通过高强螺栓固定，钢管交接处也用螺栓连接。

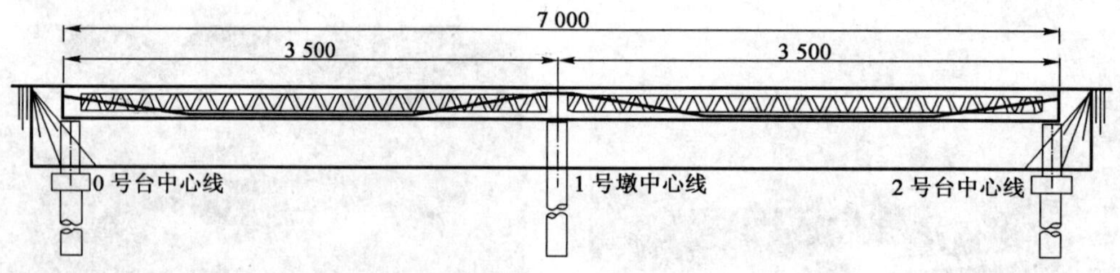

图5　桁腹—混凝土组合梁桥立面图(尺寸单位：cm)

在预应力布置方式上，同时采用了体内、体外配束的方式。综合考虑结构受力要求和施工便捷程度，顶板配置了4束$15\phi^{s}15.2$通长体内束，锚固在梁端顶板处。同时，配置了通长体外束：4束$19\phi^{s}15.2$。共设置4个转向块，在中墩横隔板中设置弧形套管转向器，体外束锚固在梁端部的横梁上。此外，在底板上配置了6束$15\phi^{s}15.2$，锚固在梁端底板处。

四、结　　语

钢桁腹—混凝土组合梁桥具有受力明确、自重轻、造型美、施工方便等特点，并可结合腹杆的工厂化制造、节段预制拼装、体外预应力等新技术的运用，取得良好的经济技术效益，是中等跨径与大跨径桥梁中一种有竞争力的桥型。

相比其他形式组合结构梁桥，虽然钢桁腹—混凝土组合梁桥在国际上还处于初期发展阶段，但其技术经济优势正日益得到广泛认同和重视，是未来中等跨径与大跨径桥梁的又一新的发展方向。因此，在借鉴国外既有研究成果的基础上，对这种新型桥梁结构的力学行为进行分析，开展深入系统的设计理论、施工技术、节点构造的研究是十分迫切和必要的。

参考文献

[1] 勝保徹．ヨーロッパの合成・複合橋梁の調査報告(A report on composite bridges in Europe)[J]．佐藤鉄工技報，1999(12)：99-106.

[2] 梅原秀哲，南浩郎．那智勝浦道路木ノ川高架橋工事[J]．プレストレストコンクリート，2003，45(6)：50-55.

[3] 野村敏雄，大野了，加藤敏明．PC複合トラス橋格点部の構造特性に関する研究(A Study on Structural Performance of Joint in PC Hybrid Truss Bridge)[J]．大林組技術研究所報，2004.

[4] 左東有次，日野伸一，園田佳巨，山口浩平，千盛鳳．複合トラス橋の格点構造の応力伝達機構に関する研究(Study on load transfer mechanism of the joint in hybrid truss bridge)[J]．構造工学論文集，2008(54A)：778-785.

[5] プレストレストコンクリート技術協会．複合橋設計施工規準[S]．技報堂出版(株)，2005.

[6] Kwang Soo Kim，Kwang Hoe Jung，Chung Wook Sim. Behavior of prestressed concrete hybrid girder bridge with steel web according to connection system [R]. 2008.

[7] 陈开利．法国 Boulonnais 高架桥简介[J]．国外桥梁，1999(1)：15-17.

[8] 刘玉擎．组合结构桥梁[M]．北京：人民交通出版社，2005.

[9] 欧阳平，李成林，杨红成．钢桁式腹板组合截面在桥梁工程中的应用[J]．现代交通技术，2005(5)：39-41.

22. 轻型高速公路桥梁汽车荷载标准前期研究

刘晓娣　赵君黎

(中交公路规划设计院有限公司)

摘　要　目前我国大、重、慢型载货车与小、轻、快型小客车共用的混合式交通对于高速公路来说，在某种程度上一方面使小客车的行车速度受到了大货车的限制，另一方面，为满足大货车的要求而规定的各设计技术指标对小客车而言就造成了很大的浪费，为此提出了只供轻型车辆行驶的轻型高速公路概念。本文对轻型高速公路桥梁汽车荷载设计指标进行了探讨，通过调查研究初步提出了轻型高速公路桥梁的汽车荷载标准。

关键词　轻型高速公路　桥梁　汽车荷载　标准

引　言

日本从 2002 年提出了小客车专用的公路技术标准。其中，各等级公路工程技术标准水平比普通高速公路均有提高；并且桥梁设计荷载，仅是标准汽车公路桥梁设计荷载的 13%。根据研究结论，由于各技术标准降低，同比就可节约工程造价 20%～40%。

根据我国 2003～2005 年高速公路交通量调查数据统计，小客车和小货车占交通量总数的 51%～56%。也就是说，小客车、小货车已经占据了交通总量的主体地位。那么，现在按照大、中客货车宽度、重量、动力性能设计的高速公路，对宽度小、重量轻、动力性能好的小客车和小货车来说，各项设计指标都过于富裕了。因此，在保证小客车、小货车服务水平的基础上，从节约土地、节约投资、保护环境的角度出发，研究能够减少行车道宽度、降低荷载标准、增加纵坡指标，并且具有占地少、造价低、对环境影响小特点，专供小客车、小货车行驶的轻型高速公路是必要的，是与我国公路工程建设行业的“坚持可持续发展，树立节约能源的理念”完全相符的，也是公路行业落实“科学发展观”的重要措施之一。

一、轻型高速公路桥梁设计荷载研究

1. 车辆荷载定位

目前，我国对轻型高速公路的研究尚属探索阶段，对轻型高速公路没有非常严格和明确的定义，一般认为轻型高速公路是指专门服务于轻型车辆荷载的高速公路。这里的轻型车辆即为本文所研究的桥涵车辆荷载，在本课题中确定为相当于《公路工程技术标准》(JTG B01—2003)中规定的小客车概念，即私人小轿车、座位数少于19座的中型客车以及载质量小于2t的小型货车(表1、图1)。

小客车设计车辆外廓尺寸 表1

车 辆 类 型	总长(m)	总宽(m)	总高(m)	前悬(m)	轴距(m)	后悬(m)
小客车	6	1.8	2	0.8	3.8	1.4

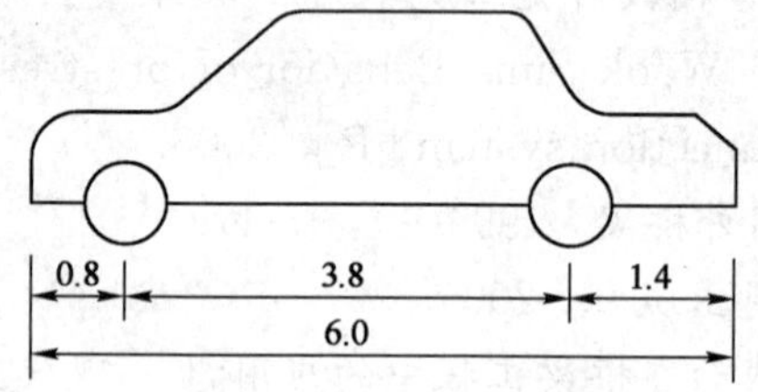

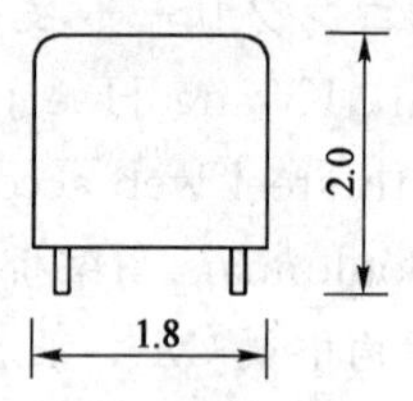

图1 小客车外廓尺寸图(尺寸单位:m)

2. 考虑因素

由于轻型高速公路与普通高速公路的根本区别在于其所服务车辆对象不同。所以，在制定轻型高速公路桥梁设计荷载标准时应考虑到以下因素：

(1)轻型高速公路主要服务于那些载重较小、行驶速度较快、行驶安全灵活的轻型车辆。

(2)轻型高速公路车辆与公路和城市交通系统紧密联结。

(3)轻型高速公路内部运输车辆之间的差异不大，就车辆组成和车辆总量而言是基本稳定的。

(4)不同路段出现极端荷载工况不同。如收费站前、进城匝道高架桥上等位置容易出现车队排列状况，而正常运营状况下则车辆间距较大。所以宜根据不同路段的车辆运营状况制定不同的荷载水平。

3. 制定原则

充分考虑轻型高速公路内部交通荷载的特点及发展趋势，对轻型高速公路桥涵汽车荷载的拟定提出以下原则：

(1)汽车荷载仍采用与现行公路桥梁规范一致的车道荷载形式，见图2。

P
q

图2 车道荷载

(2)鉴于不同路段出现极端荷载工况的概率相差较大，本着安全、经济的原则，将轻型高速公路汽车荷载等级设为轻型—I级和轻型—II级两个级别(表2)，来满足不同路段和不同行车状况下的设计要求。

汽 车 荷 载 等 级 表2

公路运营状况	密 集 运 营	正 常 运 营
汽车荷载等级	轻型—I级	轻型—II级

(3)轻型高速公路汽车荷载标准制定主要采用分析引用法。即在实测的基础上确定轻型公路车辆布载模型，针对车队模型对不同跨径桥梁的效应，与现行公路桥涵规范的荷载标准规定，确定轻型公路桥梁的汽车荷载水平。

(4)除汽车荷载以外，其他永久荷载、可变荷载、偶然荷载以及地震荷载、施工荷载等均按现行规范执行。

(5)桥涵结构计算时的荷载组合规定、抗力计算规定等均按现行规范执行。

二、轻型高速公路桥梁汽车荷载的确定

通过对国内外桥梁汽车荷载模型的研究表明，需要通过一定的交通调查资料和数据，才能建立汽车荷载模型，从而确定轻型高速公路桥梁汽车设计荷载标准。

1. 车队数据调查

为了能够较为近似地模拟轻型高速公路上的车辆行驶情况，应分别对轻型车辆的轴载和轴距进行调查研究，并选取能够代表轻型高速公路路况的实际路段进行调研。

1)轴载的确定

通过对近50种小货车、小客车和轿车类型的调查，分别得到了小型客、货车的前、后轴轴载的一般统计数据(表3、表4)。

轻型车辆前轴轴载的分布概率(%) 表3

车 型	≤10kN	10～15 kN	15～20 kN	20～25 kN	25～30kN	≥30kN
货车	23.1	53.8	15.4	7.7	—	—
客车	27.6	51.7	10.4	6.9	3.4	—
客货混合	26.2	52.4	11.9	7.1	2.4	—

轻型车辆后轴轴载的分布概率(%) 表4

车 型	≤10kN	10～15 kN	15～20 kN	20～25 kN	25～30kN	≥30kN
货车	—	7.7	23.1	7.7	53.8	7.7
客车	48.3	34.5	—	10.4	3.4	3.4
客货混合	33.3	26.2	7.2	9.5	19.0	4.8

由表3和表4可知，对于轻型高速公路所服务的主要车辆对象来说，前轴轴重小于25kN的车辆比例达97.6%，后轴轴重小于30kN的车辆比例占95.2%。所以，可以分别取25kN和30kN作为模拟车队的车辆前、后轴轴载。

2)轴距

对92种类型的小货车和小客车的车辆轴间距调查结果如表5。

轻型车辆轴距的分布概率(%) 表5

轴间距(mm)	≤2 500	2 500～3 000	3 000～3 500	≥3 500
货车	38.5	38.5	15.3	7.7
客车	24.0	63.3	12.7	0
客货混合	26.1	59.8	13	1.1

由表5可知，对于客车，轴距绝大部分小于3 000mm；而对货车，绝大部分轴距不超过3 500mm。对轻型客车和轻型货车综合而言，表中轴距小于3 000mm的车型基本占到统计数据的85.9%，因此对于轻型高速公路行驶的标准车型轴距可选择为3 000mm。

3)车辆间距

为能够较真实地模拟轻型高速公路上行车状况，本课题选取了与轻型高速公路交通车辆组成较为近似的北京机场路段进行了实地调查。主要调查内容为车辆密集行驶状况下的车辆间距，为模拟轻型高速公路车对布置准备必要的数据资料(图3)。

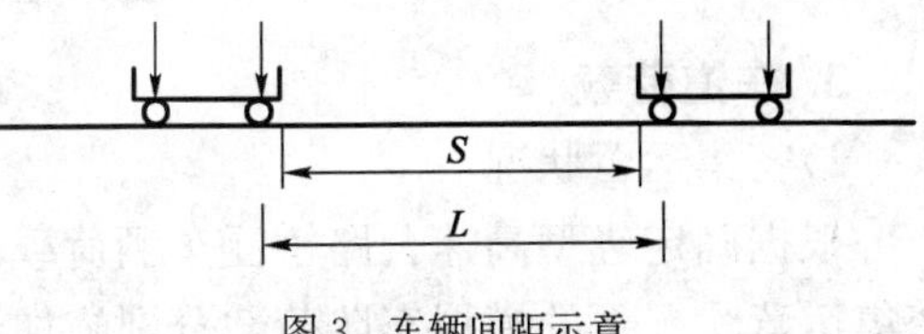

图3 车辆间距示意

通过对首都机场天竺收费站处排队车辆调查得到的800组数据进行分析得到表6。

车辆间轴距分布 表6

两车轴距 L(m)	<2	2.5	3	3.5	4	4.5	5	>5
车辆数	28	82	174	130	194	28	52	12
比率(%)	3.5	10.3	34.2	16.3	24.2	3.5	6.5	1.5

由表6可知,相邻两车前后轴距间距离小于等于4m的比例占到了所有调查数据的88.5%,很具有代表和普遍性。并且车辆间轴距包含了前车的后悬和后车的前悬,扣除这两部分长度后,车辆净间距应在1~1.5m之间,这是驾驶人的视线死角和车辆安全净距报警距离。所以可以选取4m作为车辆布置的车间轴距。

2. 纵向车队模拟

根据本课题车辆荷载等级划分原则,将桥涵车辆荷载分为对应的两个等级,应分别对应于车辆的密集运营状况和正常运营状况进行研究。

(1)密集运营状况

当行驶车辆遭遇道路交通事故、交通管制、道路维修、收费排队及恶劣天气影响行车时,都会处于停车状况或小间距密集运营状况。这时的车辆几乎是首尾相连的,调查结果表明,车辆净间距一般在1~3m之间。

根据以上分别对轻型车辆代表车型轴重、轴间距、行驶车距的研究和统计分析结果,本课题研究取轻型高速公路轻型车辆标准车队的主要参数分别为:车辆轴距为3m,前后相邻两车轴间距为4m,车辆前、后轴重分别为25kN和30kN。纵向车队模拟如图4,并以此作为制定轻型高速公路车辆荷载的校定标准。

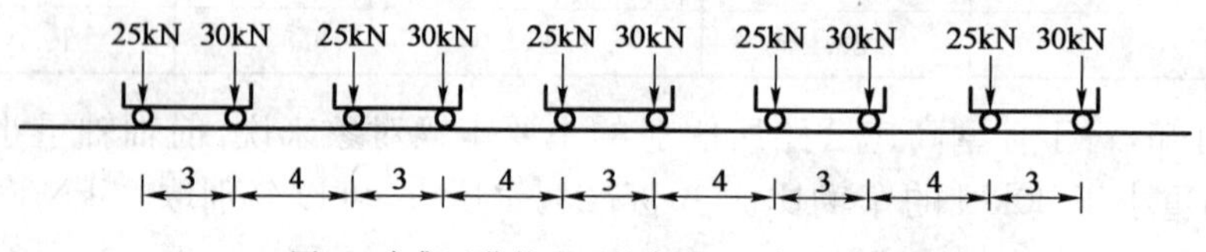

图4 密集运营状况下的车队(尺寸单位:m)

(2)正常运营状况

对于车辆正常运营状况而言,根据公路工程技术标准中高速公路每条车道的基本通行能力表7,按照最小设计速度80km/h进行推导,得到的最小车辆间距应为40m。

高速公路基本通行能力 表7

设计速度(km/h)	120	100	80
基本通行能力(pcu/h/ln)	2 200	2 100	2 000

按照此间距布置的车队荷载如图5所示。车辆间距和轴载与密集运营状况下相同。

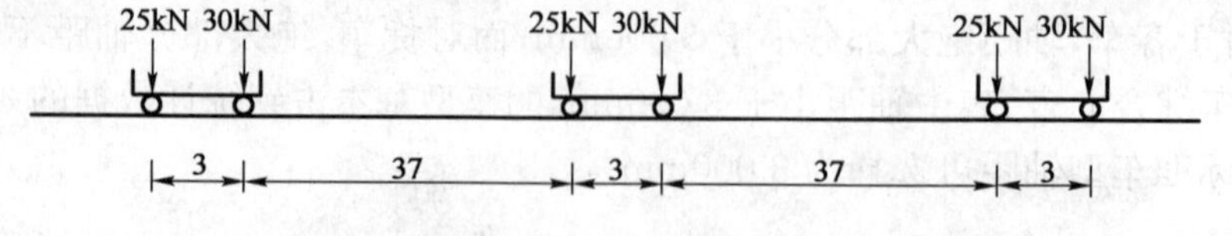

图5 正常运营状况下的车队(尺寸单位:m)

3. 车道荷载

1)密集运营状况

根据确定轻型高速公路桥涵车辆荷载的计算原则,轻型高速公路桥梁标准车队荷载效应计算采取将密集运营状况下的模拟车队荷载分别施加于不同跨径桥梁上,计算各跨径桥梁的最不利跨中弯矩 M_q,并将其与现行规范的桥涵车道荷载的均布载弯矩 M_b 比较,从而得到轻型高速公路密集运营状况下桥涵车辆荷载效应与现行桥涵规范车道荷载效应的数值关系(表 8)。

密集运营状况下模拟车队荷载产生的最不利弯矩效应 表 8

序 号	计算跨径 L(m)	车队荷载产生的跨中弯矩 M_q(kN·m)	现行规范均布荷载跨中弯矩 M_b(kN·m)	M_q/M_b
1	8	72.5	84.00	0.86
2	10	112.5	131.25	0.86
3	13	172.5	221.81	0.78
4	16	262.5	336.00	0.78
5	20	402.5	525.00	0.77
6	25	627.5	820.31	0.76
7	30	895.0	1 181.25	0.76
8	35	1 213.75	1 607.81	0.75
9	40	1 582.5	2 100.00	0.75
10	45	2 002.5	2 657.81	0.75
11	50	2 465.0	3 281.25	0.75
12	60	3 550.0	4 725.00	0.75
13	70	4 812.5	6 431.25	0.75
14	80	6 300.0	8 400.00	0.75
15	90	7 965.0	10 631.25	0.75
16	100	9 832.5	13 125.00	0.75

由表 8 及图 6 可以看出,对单车道简支梁桥来说,轻型高速公路标准车队荷载与现行公路桥梁荷载产生的跨中弯矩效应的比值和车队均布重力与现行规范均布荷载的比值均随跨径的增大而趋于稳定,跨径从 8m 到 100m 变化时比值从 0.86 逐渐减小趋向于 0.75。由此分析可知:在跨径较小时,本文研究得到的模拟轻型高速公路标准车队荷载对桥梁的作用还相当于集中荷载,但是,随着跨径的增大,标准车队布置在桥梁纵向长度也增加,对桥梁的作用也逐渐显示出接近于均布荷载的特性,其作用弯矩效应与现行规范均布荷载部分的作用效应的比值逐渐稳定。故我们可以取现行规范车辆荷载标准均布荷载部分的 0.75 倍作为轻型高速公路桥梁车辆荷载的均布荷载部分 q 的取值。

2)正常运营状况

同密集运营状况相同,根据与现行规范汽车荷载效应比较的计算原则,来确定正常运营状况下轻型高速公路桥梁的荷载标准(表 9)。

由表 9 及图 7 可以看出,与轻型高速公路正常运营状况下的车队荷载产生效应相当的均布荷载 q_e 与现行公路桥涵规范对车道均布荷载 q_K 之间的比例关系随桥梁跨径的增大而趋于稳定,并接近于 0.14。同密集运营状况类似,可以取 $0.14q_K$ 作为轻型高速公路正常运营状况下车道均布荷载。

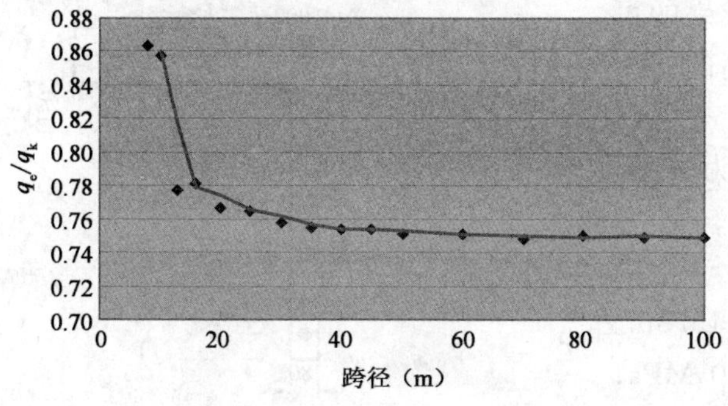

图 6 q_e/q_k 随桥梁跨径的变化(密集运营)

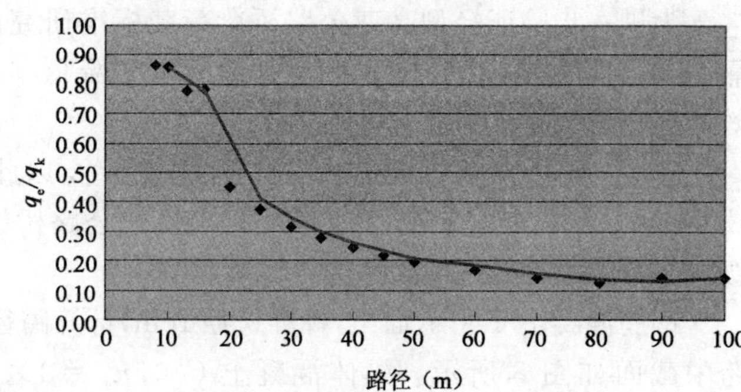

图 7 q_e/q_k 随桥梁跨径的变化(正常运营)

正常运营状况下车队荷载最不利弯矩效应计算　　表9

序　　号	计算跨径 L(m)	车队荷载产生的跨中弯矩 M_q(kN·m)	产生同等弯矩效应的均布荷载 q_e(kN/m)	q_e/q_K
1	8	72.5	9.06	0.86
2	10	112.5	9.00	0.86
3	13	172.5	8.17	0.78
4	16	262.5	8.20	0.78
5	20	237.5	4.75	0.45
6	25	306.25	3.92	0.37
7	30	375	3.33	0.32
8	35	443.75	2.90	0.28
9	40	512.5	2.56	0.24
10	45	581.25	2.30	0.22
11	50	650	2.08	0.20
12	60	787.5	1.75	0.17
13	70	925	1.51	0.14
14	80	1 062.5	1.33	0.13
15	90	1 475	1.46	0.14
16	100	1 887.5	1.51	0.14

4. 集中荷载 *P* 取值

由于车道荷载是个虚拟荷载。其均布和集中载是由汽车车队(车重和车间距)的测定和效应分析得到的。在计算过程中,均布荷载 q 为加载基数,根据 q 加载的计算结果再取 P 作补充加载,以求车道荷载和集中加载的计算效应与按模拟车队的计算效应间的比例关系。

考虑到轻型高速公路桥梁荷载标准与现行规范标准的协调,建议轻型高速公路车辆荷载标准的集中力 P 也分别取与现行规范规定 P_K 相应的比值关系(表10)。

集中荷载 *P* 取值　　表10

跨径 L(m) / P(kN) / 等级	$L \leqslant 5$	$5 < L < 50$	$L \geqslant 50$
轻型—I	135	3(L+40)	270
轻型—II	25.2	0.56(L+40)	50.4

三、轻型高速公路桥梁荷载分析

为进一步验证轻型高速公路桥梁荷载标准研究成果的可靠性和合理性,本文以T梁为例,对该标准对降低梁高的作用效果进行了分析计算。

图8为按照现行标准进行设计的截面尺寸,以此为基础,梁高减小25%,其他不变,作为根据轻型高速公路桥梁轻型—I级汽车荷载设计的截面尺寸。

钢筋混凝土T形截面梁,标准跨径16m,计算跨径15.5m。跨中截面如图8所示。梁体混凝土C30,$E_c = 3 \times 10^4$MPa;HRB335钢筋,$E_s = 2 \times 10^5$MPa;$E_s/E_c = 6.667$。抗弯能力验

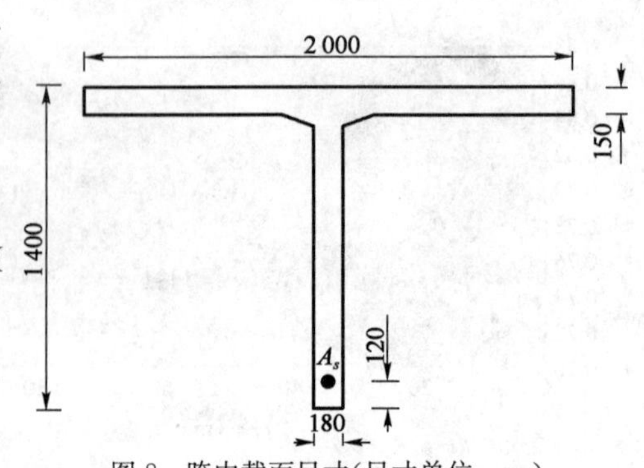

图8　跨中截面尺寸(尺寸单位:mm)

算见表11。

截面抗弯能力验算 表11

项　目	公路—Ⅰ级荷载	轻型—Ⅰ级荷载
梁高	1 400	1 050
h_0(mm)	1 280	930
汽车荷载(kN)	982.237	736.678
恒载(kN)	702.521	654.544
基本组合作用效应(kN)	2 241.693	1 840.337
截面抗弯力矩(kN)	2 804.105	2 011.98
是否符合规定	是	是

由表11计算数据可知,按照现行公路桥梁荷载标准设计的桥梁,根据梁高减小25%的原则设计轻型高速公路桥梁断面尺寸,能够满足截面的抗弯承载能力的要求。若按此标准进行轻型高速公路桥梁设计,则能够大大降低梁高、减小恒载重力,节省材料,节约工程造价等等,并且能够进一步降低路基高度,减少路基占地面积。

四、结　语

轻型高速公路的概念在我国尚属首次提出,其有关研究也是首次开展。本文对轻型车辆的划分进行了初步界定,并在此基础上进行了轻型高速公路桥梁汽车荷载标准。本文重点在于提供确定轻型高速公路桥梁汽车荷载标准的研究方法和过程,有关车辆调查和效应计算内容尚显粗糙。文中有关研究内容和步骤在目前正在开展的《轻型高速公路节地关键技术研究》(西部交通建设科技项目,编号2008 318 223 12—4)项目中,通过采用结构可靠性分析的方法分别对其进行了深化。

参考文献

[1] 中华人民共和国行业标准.公路桥涵设计通用规范(JTG D60—2004)[S].北京:人民交通出版社,2004.

[2] 中华人民共和国行业标准.公路钢筋混凝土及预应力混凝土桥涵设计规范(JTG D63—2004)[S].北京:人民交通出版社,2004.

[3] 范立础.桥涵工程(上册)[M].北京:人民交通出版社,1996.

[4] 金辉.小城镇桥涵设计技术标准研究,长安大学硕士论文,2006.

[5] 余丹如,公路桥梁活载与活载模型[J].中国公路工程.1992(3).

[6] "公路桥梁车辆荷载研究"课题组,公路桥梁车辆荷载研究[J].公路,1997(3).

[7] 张士铎.城市桥涵的设计荷载标准的编制[J].江西科技,2000(2).

23. 梁拱组合体系桥梁的受力特点与美学效果

马文刚　任　远　黄　侨

(东南大学交通学院桥梁工程系)

摘　要　本文介绍了梁拱组合体系桥梁的受力特点和常用梁拱组合体系桥梁形式及其新发展。伴随经济的飞速发展、钢结构大量应用于桥梁建设及人们对桥梁美学的追求,使得美学在桥梁建设中日显突出。桥梁美是环境美的一部分,然而桥梁美的作用却远远超越了所在环境那有限的范围。基于桥梁美学,梁拱组合体系桥梁得到了长足的发展,使其不仅仅在公路桥梁建设中得到广泛应用,更使其在城市桥梁建设中发挥重要作用。在城市桥梁建设中,梁拱组合体系桥梁不断有新的结构形式涌现出来,使其受力更为复杂,计算难度更大。

关键词 梁拱组合体系桥梁 受力特点 美学

一、概 述

梁拱组合体系桥梁是一种特殊形式的桥梁,是对传统拱桥的发展,是梁桥和拱桥的结合体,集合了两者的优点[1]。梁拱组合体系不仅在公路桥梁中得到广泛应用,而且以其优美的造型,在城市桥梁中越来越受到青睐。梁拱组合体系桥梁通常采用内部超静定或内外部均为超静定的结构体系,计算比较复杂,但伴随着计算机辅助设计的不断更新,基于梁拱组合体系的新桥型不断涌现。在60～200m跨径范围内,梁拱组合体系造价较低、施工难度及风险相对较小、对通航基本无阻碍,是最具有竞争力的桥型之一。

从美学的角度来看,拱的曲线孕育着强大的力量,产生着一跃而过的动感和跨越感,加上柔美的拱曲线与直线梁的结合,呈现出刚柔并济、韵律优美的绰约丰姿。在几千年的桥梁发展中,拱始终充满了旺盛的活力,时至今天,梁拱组合体系桥梁在形式上已多姿多彩[2](表1)。

国内已建成梁拱组合体系桥梁 表1

序 号	桥 名	所 在 地	主跨跨径(m)	结 构 形 式
1	龙城大桥	江苏常州	114	斜拉悬索体系
2	荆邑大桥	江苏宜兴	108	拱塔斜拉桥
3	九堡大桥	浙江杭州	188	蝴蝶拱
4	钱塘江四桥	浙江杭州	190	系杆拱
5	卢浦大桥	上海	550	钢结构拱桥
6	菜园坝长江大桥	重庆	420	钢拱桥
7	朝天门长江大桥	重庆	552	中承式钢桁系杆拱桥
8	丫髻沙大桥	广州	360	中乘式钢管混凝土拱桥
9	猎德大桥	广州	219	独塔自锚式悬索桥
10	乌日大桥	台湾台中县	179	独塔斜拉桥

二、梁拱组合体系桥梁的常见形式

1. 预应力混凝土梁拱组合体系桥梁

预应力混凝土梁拱组合体系桥梁具有建筑结构低、桥型美观、施工便捷的优点,拱的水平推力由预应力混凝土梁承担,与采用体外系杆的拱桥相比具有刚度大、变位小的优点,并且耐久性大大提高。

同时从美观的角度出发,可以采用单拱肋形式,拱肋设于中间,可以很好地解决桥面布置及梁体线形美观的问题。该类型桥梁跨度已能达到120m。施工可以采用转体施工或顶推法。

连续梁拱组合式桥梁使梁与拱在受力方面的优点得以充分发挥,具有结构轻巧、外形美观、对地基要求低、适应性强、施工工艺简单等优点,是一种很有发展潜力的桥型。

2. V形连续刚构梁拱组合桥[3]

V形连续刚构梁拱组合体系一般主梁采用等高度混凝土连续箱梁,桥墩采用V形刚构,横向布置两片拱肋,拱肋间不设横撑;主梁在端部及与V撑、加劲拱、吊杆连接处设有横梁,横梁尺寸随连接部位的不同而不同。

拱、V撑和梁固结的结构体系,属于多次超静定结构,其结构的受力比较复杂。同一般薄壁墩刚构桥和连续梁桥相比,受力状态发生了很大的变化;在结构自重、预应力、温度荷载、活载、混凝土收缩、徐变等共同作用下,V撑区域会产生较大的水平力和弯矩,当V撑竖直高度较小时,影响更为严重。

如图1所示为V形连续刚构梁拱组合体系桥梁,该桥位于宁夏回族自治区中西部,宁、甘、内蒙古三省区交界点处中卫市新城区主干道上的跨铁路立交桥(图1)。桥梁全长261m,为满足城市景观要求,主桥采用(25 + 56 + 25)m,V形连续刚构梁拱组合体系。主梁采用等高度混凝土单箱五室连续箱梁,桥墩采用V形刚构,横向布置两片钢筋混凝土拱肋,居中置于两侧分隔带内。拱肋间不设横撑,吊杆间距6m。双向六车道;按照城市-A级荷载设计。

三、梁拱组合体系桥梁的新发展

近年来,随着国家经济水平的飞速发展,桥梁的发展在"安全,经济、适用"的前提下,越来越多地关注桥梁的美学效果,特别城市桥梁。这使得原有的梁拱组合体系桥梁发展出新的非对称的桥梁结构形式:基于梁拱组合的斜拉—悬索组合体系桥梁、拱塔斜拉桥等新型结构不断涌现出来。

1. 斜拉-悬索组合体系——龙城大桥

龙城大桥采用自锚式悬索斜拉协作体系,结构新颖,造型优美,但体系、构造复杂,设计、制造、施工的难度较大。主桥采取自锚式悬索斜拉协作体系,中跨采用悬索结构,主缆锚固于纵梁端部,另一端经过次塔后散成7根次缆锚固于主塔。主桥跨径组合为72m+114m+30m。主塔采用拱形结构,宽度与厚度沿高度方向变化。主梁采用箱形结构,主跨跨中部分采用混凝土—钢组合梁,其余部分采用预应力混凝土箱梁。主塔边跨设置5根斜拉背索,用以平衡主缆的拉力(图2)。

图1 宁夏中卫市新城跨线立交桥

图2 龙城大桥成桥效果图

2. 拱塔斜拉桥-宜兴荆邑大桥

江苏省宜兴荆邑大桥主桥采用拱塔斜拉桥形式,跨径为28m+39m+106m。主塔塔高73.6m,倾角8°,副塔塔高61.7m,倾角17°,主塔与副塔之间用钢拉杆连接,全桥共设16对斜拉索,主跨钢箱梁上的索距为9m,边跨混凝土箱梁上的索距为6m,拱塔上的索距2.2~2.6m;钢箱梁侧桥面顶板宽51m,底板宽45.5m(图3)。

3. 结合梁—钢拱组合体系连续拱桥——九堡大桥[4]

九堡大桥主桥下部结构采用V形薄壁墩,V墩顶纵向横梁配预应力用来平衡水平力,墩身线形顺接梁上拱轴曲线。对应主梁截面V墩分为两个独立V撑,两个独立V撑通过统一的V墩台座与单幅承台相接。主桥各墩承台均为哑铃形截面;主桥上部结构采用结合梁—钢拱组合体系拱桥,支承跨径组合为188m+22m+188m+22m+ 188m,是一连续结构(图4)。拱桥主梁为等截面钢—混凝土结合梁结构。钢

图3 宜兴荆邑大桥成桥图

图4 九堡大桥成桥效果图

拱跨径188m，拱肋系统由主拱肋、副拱肋、主副拱肋之间的横向连杆以及拱顶横撑等构件组成。主拱肋外倾12°，立面矢高43.784m，是主要承重构件。副拱肋轴线为空间曲立面矢高33m，主副拱肋之间的横向连杆采用圆钢管。

四、梁拱组合体系桥梁受力特点与美学分析

梁拱组合体系桥梁是将主要承受压力的拱肋和主要承受弯矩的行车道梁组合起来共同承受车辆荷载，是充分发挥被组合的简单体系的特点和组合作用的桥型。拱与梁的组合形成了新的结构体系，使拱与梁在受力方面的优点得以充分发挥[5]。从结构内部受力情况看，荷载在拱与梁中产生的内力大部分转变为它们之间所形成的自平衡体系的相互作用力。拱的水平推力与梁的轴向拉力相互作用，使拱与梁截面的总弯矩等效为主要呈拱受压、梁受拉的受力形式，剪力则主要成为拱压力的竖向分力。从其外部结构看，拱梁组合体系桥梁在构造上又可处理成完全无水平多余力或在成桥后才形成多余约束两种方式。因此，即使有水平多余约束也在桥梁建成后起作用，而大部分永久荷载并不引起水平推力，故又反映出梁桥的外部静定的受力特点[5,6]。

1. V形墩连续刚构梁拱组合

V形墩连续刚构梁拱组合具有以下特点[3]：

(1)与同等跨度的连续梁和连续刚构相比，采用V撑连续刚构缩短了计算跨径，加之与拱的共同作用，使梁与拱在受力方面的优点得以充分发挥，大大削减了跨中和支点部位的负弯矩峰值；同时V形墩显得非常轻快而有韵味，与优美的环境相协调，非常自然顺畅[2]；作为跨线桥，V形墩连续刚构梁拱组合桥型可以有效地减小主梁跨度，减小梁高、降低建筑高度，节省投资。

(2)V撑连续刚构梁拱组合桥具有造型活泼、美观、富有动感的特点，桥梁景观效果较好，可与周围环境和谐融为一体，丰富了人们的美观享受，提升了城市的建筑艺术内涵。

(3)桥面宽度较宽时，在拱脚处设计刚度较大的中横梁与拱肋刚性连接，巧妙地解决了主梁横向刚度和拱肋稳定性问题。

(4)采取先修筑主梁并释放一期自重荷载变形再成拱、调整吊杆拉力的施工方法，不仅可以实现拱肋仅协助主梁承担二期恒载及活载的设计思想，也是实现单拱肋横向稳定性的有利措施。

(5)V撑连续刚构墩底水平力和弯矩较大，通过模拟合理的边界条件、调整V撑厚度，特别是采用分阶段施工等手段，可以有效消除大部分混凝土收缩、徐变及预应力次内力对结构的不利影响。

2. 龙城大桥

龙城大桥造型独特，具有很好的景观效果，是国内首座自锚式悬索斜拉协作体系桥。龙城大桥同时具有空间结构、柔性缆索体系、协作体系等特点，是国内目前桥梁结构体系创新的代表。

(1)结构特点

龙城大桥塔采用拱形结构，塔向边跨倾斜30°，并且采用横桥向倾斜的主缆以及纵、横桥向倾斜的吊杆，斜拉索自上而下具有变化的横向倾角，即缆索面为复杂的空间曲面，故龙城大桥为典型的空间结构。尤其在施工阶段，其主缆线形呈严重的非线性变化。龙城大桥上部结构采用自锚式悬索斜拉协作体系，纵梁为混凝土一钢组合梁和预应力混凝土箱梁两种结构形式，使得该桥结构受力变得更为复杂。

(2)技术难点——初始平衡状态优化分析

缆索承重桥梁的初始平衡状态包括几何状态和在恒载、索力和预应力作用下的内力状态。由于存在结构自平衡内力系统，缆索承重桥梁的初始几何形状和内力分布互相影响，它们不能像常规桥梁那样单独确定。因此，在分析桥梁前必须正确确定初始平衡状态。

缆索承重桥梁的几何构形确定后，必须求出与这一构形相应的结构自平衡内应力系统，这是进行使用荷载作用下结构分析的基础，这就是初始平衡状态所要解决的问题，它是缆索承重桥梁设计中的关键问题之一。悬索桥主缆的竖直坐标不能直接由设计者指定，而必须根据力的平衡条件确定。而主缆竖直坐标直接影响到吊杆的下料长度。

初始平衡状态分析是力的平衡分析的逆问题，即在满足一定拓扑和几何初始形态的前提下，寻找满足平衡条件的受力合理并且尽可能理想的结构形态。而传统的结构分析是寻求符合变形协调条件的平衡，所要解决的是在荷载作用下的结构变形和内力问题。

龙城大桥是悬索与斜拉的组合自锚结构，还存在斜拉桥部分的索力优化问题。再加上采用横桥向倾斜的主缆以及顺、横桥向倾斜的吊杆，大大增加了确定初始平衡状态的难度。

3. 荆邑大桥

从受力的角度来看，荆邑大桥索塔由两个相互交叉的主、副拱塔组成，主塔与副塔之间用钢拉杆连接，钢拉杆的安全可靠是整个桥梁结构安全的基础。为保证主副拱塔之间的强有力连接，钢拉杆采用U形不锈钢钢拉杆，其强度等级为835MPa。在塔梁相交处，以塔和梁固结的形式来处理，一方面，使梁在此形成支撑，减小其跨径；另一方面，塔间的加劲梁对塔来说提供了横向连接，增加了塔的整体稳定性。

从美学的角度来看，斜拉桥造型极富魅力就在于它的极度轻巧，即桥面有极其纤柔的长细比和极细的斜拉索，尤其是主梁的纵向线条简洁、舒展和连续流畅，形成极强的跨越感。同时，该拱塔斜拉桥通过两片弧形的拱塔形成空间的交角，其间采用杆件连接，杆件形成了连续变化的空间曲面，整体造型充满现代感，而拱形的桥塔则融入了古老的建筑元素，使整个设计在建筑概念上与传统文化的充分结合，实现了古老与现代的和谐统一。

荆邑大桥的空间密索体系形成较强的韵律感，从远处看索面似薄纱，虚实相生，近看则纤细而有力。其空间索面不仅外观美观，而且极大地提高了斜拉桥的刚度和抗风性能。该桥的造型新颖美观，富有时代风貌，充分体现了当今世界桥梁建设的新理念、新技术、新水平。

4. 九堡大桥

九堡大桥主要特点[4]有：

(1)结构体系。九堡大桥采用的大跨度连续组合拱桥和组合箱梁桥，充分利用混凝土造价低、耐久性好和钢结构自重轻、施工快、塑性好等优点。由于其结构特点、受力特点以及施工过程的多样性，表现出明显的空间与过程受力的复杂性。结构整体受力性能、施工过程的力学行为、横向加劲系统空间受力问题以及传统的计算分析与设计方法的适用性、组合结构的混凝土板与钢结构之间的连接件之间存在滑移现象与受力剥离趋势等，都需要从设计方法和技术措施角度加以研究和解决。

(2)施工工艺。九堡大桥在国内首次提出采用大跨度组合拱桥和连续组合箱梁顶推的施工新技术。为实现顺利顶推，新研制开发了一系列工艺和施工机具：大跨度组合拱桥和组合箱梁桥的顶推施工与设备成套技术、无临时墩和少临时墩条件下顶推施工工艺、复杂拱肋及拱梁节点高精度制造与安装技术、施工监控理论方法及软硬件系统等。主桥采用顶推施工技术，210m跨间仅设置1座临时墩。这是一次新的尝试，为拱桥的施工发展提供有益的经验。

从美学的角度来考虑，九堡大桥这种外倾拱桥给人的感觉与传统的平行拱或提篮拱的稳重朴实感完全相反，它给人的是一种奇特、变异、新颖的不平衡感，符合现代的思想和风尚，同样也给人以美感——满意、愉快、欣赏、舒畅、振奋；外倾拱桥的外倾拱肋及吊杆，好似振翅欲飞的蝴蝶，又似高山流水的竖琴，对称、韵律、张扬、动感，是古典与现代的有机结合，视觉效果时尚、活泼、赏心悦目。而且这种半起半卧的姿态，很能令人怦然心动[7]。

五、结　　语

梁拱组合体系桥梁，作为一种古老而现代的桥梁形式，其在当今的发展中呈现出以下特点：

(1)结构形式日益多样化，使其受力更为复杂，结构呈现高次超静定。为了精确计算其受力特性，必须借助不断更新的计算机辅助设计软件。

(2)其使用范围不断扩大。梁拱组合体系桥梁，以其优美的造型，使其不仅仅应用在公路桥梁的建造中，更受到城市桥梁的青睐。

(3)美学在桥梁建造中所占比重越来越大。随着人们对不对称美得追求,近年来,国内外桥梁建设也呈现了很多大胆尝试,出现了别具一格、造型新颖、令人叹服的杰作。

从美学的角度来看,对称处理得当,具有对称美。然而它只是多元美中的一元,并非仅只有对称才美,若不分场合、不分功能一味追求对称,则会流于平庸呆板。而非对称结构形态具有明显的动态感,且非对称结构尽管外形多变,但在力学和视觉上仍需保持均衡,因而在构图上比对称结构更需明确均衡中心,更需要体现出杠杆原理的应用,力感明确而稳定。随着现代建筑中新技术、新工艺、新结构的不断发展,人们的建筑观点已自发地倾向于不对称结构,冲破对称模式的约束,不拘一格自由多变,追求新、奇、巧、变,充分发挥非对称的自由、灵活、生动、经济、轻快、活泼的优点及动态的美感,突出个性,适应多层次审美心理要求,以显示现代人类现代文明生活中的丰富多彩[2]。

伴随美学在桥梁中日显突出、钢结构的大量使用及新材料应用于桥梁结构,梁拱组合结构以其合理的受力,优美的造型,将会得到进一步发展。相信会有更多新型的梁拱组合结构桥梁作为城市的地标屹立于我国的江、河、湖、海之上。

参考文献

[1] 金成棣.预应力混凝土梁拱组合体系桥梁设计研究与实践[M].北京:人民交通出版社,2001.
[2] 和丕壮.桥梁美学[M].北京:人民交通出版社,1999.
[3] 刘世忠,任万敏.V形连续刚构梁拱组合桥内力分析[J].振动与冲击,2009(2).
[4] 俞菊虎,傅翼.杭州九堡大桥的建设理念与技术创新.2010组合结构桥梁和顶推技术应用学术会议.2010.
[5] 吕向明,李国宏.混凝土梁拱组合桥拆架时对结构的受力分析[J].中外公路,2009(4).
[6] 王瑞峰,王明龙.京津城际跨环线连续梁拱组合桥施工应力控制分析[J].铁道建筑技术.2008.
[7] 辛丽华.中承式外倾拱桥的美学与力学[J].公路,2007(2).

24. 山岭重丘区高速公路桥梁标准化设计浅见

王 剑 于利存 陈金涛 成 超
(中交第一公路勘察设计研究院有限公司)

摘 要 文中结合高速公路山岭重丘区(以下简称山区)设计、施工实践,简要介绍了山区高速公路桥梁布设的原则,并对克服桥位处路线平曲线半径较小、路线纵坡较大、地形及地质情况复杂等问题采取的相应措施进行了简单的论述,为山区高速公路桥梁建设提供更加合理的设计思路。

关键词 山区 桥梁 布设 设计

一、引 言

山区高速公路地形、地质情况复杂,主要表现为地面高差较大,横坡较陡,岩溶、滑坡、不稳定斜坡、崩塌、陡崖、煤层等不良地质现象比比皆是。受此影响,路线布设时平面、纵面、横断面这三个方面都受到相互约束,相应地,山区高速公路桥梁中处于小半径曲线的桥梁多,跨越V形沟谷的墩台形式多。为保证高速公路建设的投资、工期等因素,针对山区高速公路的特点,绝大多数的桥梁设计时均可采用预制结构,标准化设计可以有效地提高设计质量、提高设计和施工效率、降低工程造价降低管理维护成本等。结合以上特点在桥梁的设计中必须充分考虑到路线、地形、地质等因素对桥梁上下部结构布设的影响。

二、桥型选择与上部结构布设

1. 一般设计原则

桥型选择的基本原则是:安全、适用、经济、美观。其具体上部构造设计主要涉及到桥孔跨径选择及桥孔梁板布置。山区高速公路桥梁为设计质量及提高施工效率,常采用标准化、装配化设计,其常用梁、板式结构跨径有16m、20m、25m、30m、40m、50m。山区高速公路一般位于交通欠发达地区,交通运输、预制场地条件均较差,大型吊装设备一般难以进入施工现场,宜采用的常用标准跨径为20m、25m、30m、40m。

2. 上部结构布置

为便于设计及施工组织管理,根据桥梁所处平曲线半径大小,常分为以下两种情况设计。平曲线半径小指的是布梁时需要调整预制梁长而采用非标准预制梁长,结合调整现浇中横梁宽度所对应的曲线半径;平曲线半径大指的是不需调整预制梁长而采用标准预制梁长,仅需调整现浇中横梁宽度所对应的曲线半径。

(1)平曲线半径较小(采用非标准预制梁长)

对处于平曲线半径较小的山区高速公路桥梁,墩台宜采用径向布设(与交点处法线所成角度完全相同),如图1所示。其特征为:上部各片梁长度不同(或部分梁长度相同),各桥墩中心线、桥台背墙线与交点处法线所成角度完全相同;各桥墩中心线、桥台背墙线互不平行;各个桥墩盖梁长度完全相同;桥台盖梁长度完全相同。

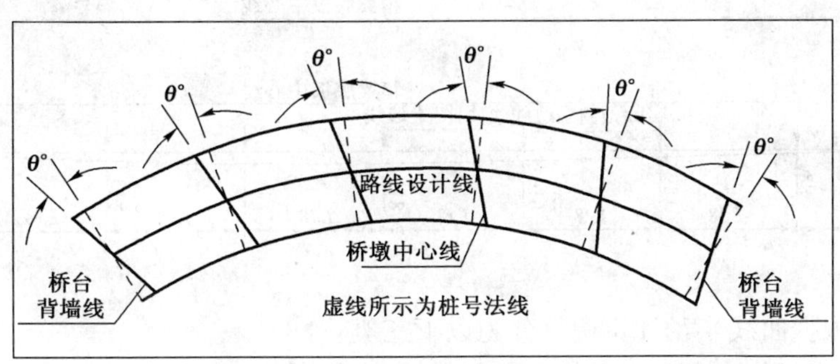

图 1

(2)平曲线半径较大(采用标准预制梁长)

对处于平曲线半径较大的山区高速公路桥梁,桥墩宜采用径向布设(与交点处法线所成角度完全相同),为适应伸缩缝安装,桥台采用与相邻桥墩中心线平行布设(绕交点处法线旋转一个角度与相邻桥墩中心线平行),如图2所示。其特征为:上部各片梁长度相同,各桥墩中心线、桥台背墙线与交点处法线所成角度完全相同;各桥墩中心线互不平行,桥台中心线与相邻桥墩中心线平行;各个桥墩盖梁长度完全相同;桥台盖梁长度完全相同。

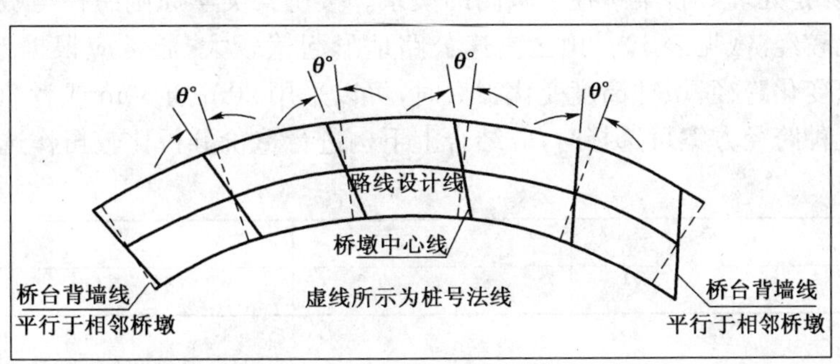

图 2

3. 预制梁长度与平面曲线半径关系

平曲线半径大小对桥梁跨径的选择及平面布置有较大影响，其主要问题有以下两个方面：一是预制梁外边梁与路线线形间的弦弧差；二是由于曲率半径的影响，内外梁梁长不等，半径越小，内外梁梁长差越大。解决此问题一般有两种途径：一是无论平曲线半径大小均根据平面半径调整各片梁长；二是根据曲率半径计算调整梁长是否可行(原则为：调整后梁长不超过标准梁长 50cm，不短于标准梁长 100cm)，然后通过采用一种或多种梁长结合加大帽梁，加长现浇连续段处理。

第一种方法是无论平曲线半径大小均根据平面半径调整各片梁长，这种方法设计简单，帽梁尺寸较小、规格统一，但会给施工单位带来较大的施工组织管理困难，全线预制梁长度种类较多，频繁调整模板难度较大，但每片梁都需要准确编号，并且根据施工进度分类堆放，这对山区预制场地是难以解决的问题。因此在曲线半径允许的条件下一般不采用变梁长方案，而采用等梁长方案。对于预制梁外边梁与路线线形间的弦弧差小于 15cm 的，可将边梁悬臂翼缘设计成圆弧线，并给出八分点处的弓高，如图 3。

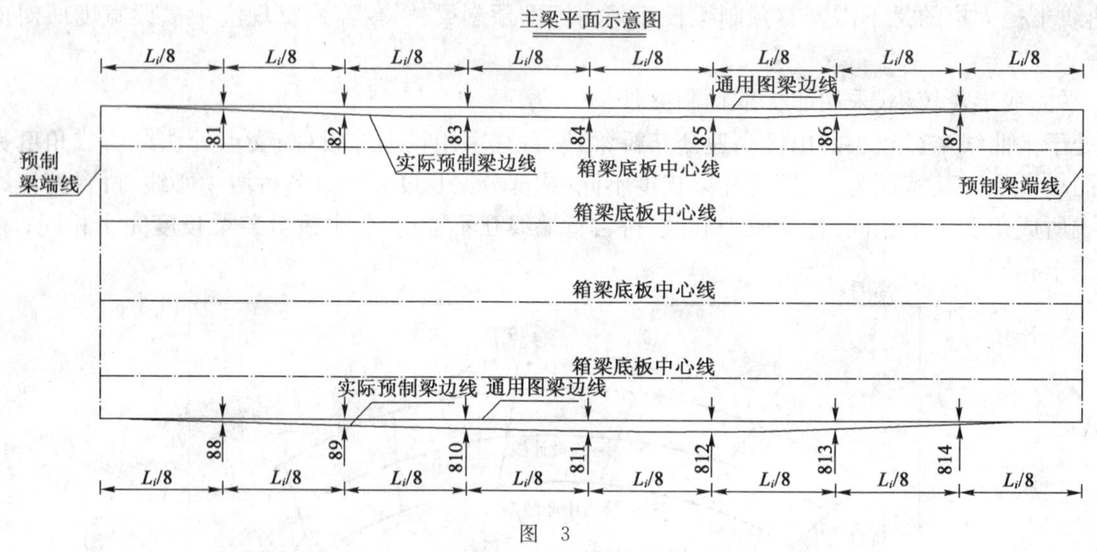

图 3

预制梁长度如何根据曲线半径计算调整分为以下三类：

(1)对处于平曲线半径较大处的桥梁将采用左右幅各片梁长相等的做法。

(2)对处于平曲线半径较小处的桥梁将采用左幅各片梁长相等，右幅各片梁长相等的做法(左右幅梁长不相等)。

(3)对处于平曲线半径较小处的桥梁(无法采用法 2 进行调整的)将采用各片梁长均不相等的做法。

三、下部结构布设

1. 一般设计原则

桥梁纵面布置只要是处理好桥梁跨径与墩高的关系。按桥梁美学原则跨径与墩高的关系，一般应选择比值为 0.618～1 比较经济(见表 1)。山区高速公路地形起伏较大，通常应根据地形归并选择一种跨径，不宜根据墩高频繁变化跨径，墩柱高度变化很大时，可以采用 20m 与 30m 或者 30m 与 40m 的组合跨径。当一座桥梁，有几种跨径方案可选择时，应结合上下构进行造价分析比较再作选择。

表 1

跨径(m) / 适用墩高(m)	20	25	30	40
适用墩高(m)	12～20	16～25	18～30	24～40

2. 桥墩的布设

对于墩高($h<35$m)时综合考虑设计、施工、造价等因素通常采用柱式墩。柱式墩分圆柱式桥墩和方柱式桥墩。圆柱式桥墩施工中外观质量易控制，且与桩基衔接性较好。从受力特性上分析，截面积相等

的方柱式桥墩和圆柱式桥墩，方柱式桥墩抗弯刚度大于圆柱式桥墩，受力也优于圆柱式桥墩。当体系为连续刚构时，方柱式桥墩可以方便地通过调整两个方向的尺寸来调整墩柱的刚度，从而达到调整墩柱受力的目的。圆柱式桥墩为各向同性，调整起来效果差一些。方柱式桥墩的缺点是墩柱与桩基之间需通过桩帽连接，增加了工程量，并且山区桥梁地面横坡都较陡，增加柱帽构造还会增加挖方工程量，引起边坡不稳，设计中应根据地形、上构结构形式、墩高综合考虑选用方柱式桥墩或圆柱式桥墩。

当墩高($h \geqslant 35$m)时宜采用空心薄壁墩截面。采用空心薄壁墩，墩高超过 65m 左右时顺桥向应考虑放坡，因为采用等宽尺寸时施工虽然方便，但为了保证桥墩的稳定，墩柱和帽梁尺寸必将加大很多，这样材料浪费较大。

山区桥梁应尤其注意对于桥墩横系梁的位置(图 4、图 5)，减少开挖量及对原边坡的影响，以免山体过度开挖失稳，破坏环境。

图 4

图 5

3. 桥台的布设

桥台一般采用肋板式台、桩柱式台。若地质情况较好则可采用 U 形桥台(重力式桥台)。根据《墩台与基础》规定，U 形桥台适应的台后填土高度范围为 4～10m，所以 U 形台控制台后填土高度按不大于 10m 控制。U 形台设计时必须根据地形合理分台阶设置基础。但重力式桥台圬工量大，开挖量较大，对环境破坏影响较大，近几年设计中已逐渐不采用。对处于 V 形峡谷地段的桥梁，桥孔布设时可适当增加桥长，可适当伸入挖方，采用桩柱式桥台。桩柱式桥台由于抗推刚度小，当联长较长、台后填土高度较高时不宜使用。台后填土高度宜控制在 5m 以下，联长宜控制在 150m 以内。埋置式肋板台适应范围广一些，但也不宜超过 12m。山区高速公路桥梁纵横向地形陡峭，对于肋板式桥台承台的埋置深度在设计时应尤其注意，对于横向地面较陡的，桥台承台埋置位置过深则施工时挖方量、防护量较大，同时会引起边坡不稳定等因素(图 6、图 7)。

图 6

图 7

4. 基础的布设

根据山区高速公路桥梁的特点，通常采用扩大基础与桩基础。山区一般地质情况较好，若持力层承载力满足设计要求，则可采用扩大基础以减少工程量，节省费用。对于处于横向地面较陡的扩大基础与桩基础必须考虑基础扩散角和覆盖层厚度以及施工时的相互影响。桩基础多为嵌岩桩和端承桩，地质情况较差地段宜采用摩擦桩或DX三叉多节挤扩桩。

桩基础施工方法多设计为挖孔灌注桩、钻孔灌注桩。当遇到软弱夹层多，卵石、漂石等容易造成塌孔的地质情况、地下水位较高、地层含有煤气、瓦斯等有害气体时则不宜设计为挖孔桩，宜改用钻孔施工。

四、小　　结

山区高速公路设计应坚持以"技术先进、安全可靠、耐久适用、经济合理"的要求，同时结合"安全、环保、舒适、和谐"的设计新理念做到以人为本，安全至上，人与自然相和谐，尊重自然，保护环境，可持续发展，节约资源的目的。山区高速公路设计中的桥梁设计宜根据项目所处地区实际情况，灵活创新，选用最合适的方案，不断优化细部，以求达到"设计质量优、施工进度快、工程投资小、环境破坏小"的结果。

参考文献

[1] 公路桥涵设计通用规范　JTG D62—2004. 北京:人民交通出版社,2004.
[2] 公路钢筋混凝土及预应力混凝土桥涵设计规范　JTG D62—2004. 北京:人民交通出版社,2004.
[3] 霍明. 山区高速公路勘察设计指南. 北京:人民交通出版社,2003.
[4] 交通部公路司. 降低造价公路设计指南. 北京:人民交通出版社,2005.
[5] 江祖铭,王崇礼. 墩台与基础. 北京:人民交通出版社,1994.
[6] 邵旭东. 桥梁工程. 北京:人民交通出版社,2004.

25. 长大公路桥梁紧急停车带的设计

于利存　王　剑　陈金涛
(中交第一公路勘察设计研究院有限公司)

摘　要　考虑到紧急停车带在整个交通系统运营中的重要作用，本文研究了桥上紧急停车带的合理设计方法。对两种不同形式的紧急停车带在长大公路桥梁上应用的优缺点进行了对比分析，并结合实际工程，给出了桥上紧急停车带的推荐形式——直接式紧急停车带，供相关技术人员参考。

关键词　长大公路桥梁　紧急停车带　结构形式　合理设计

引　　言

近年来，随着经济的发展和桥梁修建技术水平的提高，以及在"保护环境，自然和谐"的绿色设计理念下，桥梁在公路里程中所占的比例越来越高。平原高速公路上的高架桥、山区高速公路桥梁、海上公路长桥也越来越多。然而高速路上的桥梁在给人们带来无限快捷方便的同时，由于其车辆行驶速度快、车流量大、封闭性强、离地较高、下地困难，一旦发生交通事故或车抛锚，就很容易造成车辆拥堵，不仅不易快速恢复交通，进行紧急救援，而且此时桥梁承受的车辆荷载会大大超过正常运营状态时的车辆荷载，对桥梁的安全运营将是个很大的隐患。

长大公路桥梁需要紧急停车带来减少偶发事件对整个交通系统的影响。在高速公路交通管理实践中，由于没有设置紧急停车带，缺乏路侧空间，出现前面车辆抛锚后占用行车道，造成后面车辆追尾相撞的交通事故比比皆是。有关资料显示，大型货车违章占用行车道停放引发的交通事故占我国高速公路事故总起数的 19%，造成的死亡人数占总数的 21%，受伤人数占总数的 27%[1]。因此，有必要设置紧急停车带来保证交通畅通，减少事故车、故障车对整个交通的干扰。

一、我国高速公路紧急停车带的设置现状

《公路工程技术标准》(JTG B01—2003)[2]第 3.0.6 条规定"高速公路、一级公路的右侧硬路肩宽度小于 2.50m 时，应设置紧急停车带。紧急停车带宽度应为 3.50m，有效长度不应小于 30m，间距不宜大于 500m"。而高速公路设计行车速度在大多数情况下为 120km/h 或 100km/h，根据《公路工程技术标准》(JTG B01—2003)的要求，其右侧硬路肩最小为 2.5m，因此对高速公路而言，本规范已不满足紧急停车带的设置现状。

我国在 2000 年以前建成通车的高速公路，大多是直接将道路右侧硬路肩作为紧急停车带，供机动车临时停车检修时使用。根据《公路工程技术标准》(JTJ 001—97)的要求，硬路肩宽度的设置以 2.5m 宽的居多。而在我国高速公路大多行驶货车的情况下，货车的宽度一般为 2.5m 左右，为了使停车后右侧车门能开至一定开度或进行侧向车辆维修工作，停靠车辆右侧需和路侧护栏之间留有一定间隙，这样必然影响到相邻行车道上通行的车辆的行车安全。

《公路路线设计规范》(JTG D20—2006)[3]规定："高速公路、一级公路的特长桥梁、隧道，根据需要设置紧急停车带，其间距不宜大于 750m。"但规范对桥上紧急停车带设置形式、尺寸等并未作明确说明，为确保车辆行驶安全和桥梁结构安全，有必要对长大公路桥梁进行合理紧急停车带设置。

二、紧急停车带的设计

1. 间距的选取

《公路工程技术标准》(JTG B01—2003)规定："高速公路路肩宽度不够设置紧急停车带时，停车带之间的间距不宜大于 500m。"《公路路线设计规范》(JTG D20—2006)规定："高速公路、一级公路的右侧路肩宽度小于 2.5m 时，应设置紧急停车带。停车带的间距不宜大于 2km。"紧急停车带的间距，必须考虑故障车辆可能行驶的距离和人力可能推动的距离，同时考虑到桥上紧急停车带设置复杂、工程造价高和影响美观等方面原因，紧急停车带的间距可以适当增大，紧急停车带的长度也适当增长。

根据国内桥梁匝道之间距离的设计要求为了使桥梁具有较高的服务水平，应尽可能提高桥梁基本路段的比例，使其保证交通系统以较高速度持续运行而不受干扰。一般匝道间距推荐值为：快速路一般为 2.0～2.5km，主干路一般为 1.5～2.0km[4]。考虑到匝道的车流量分离作用与紧急停车带防堵的效果一致，故取两紧急停车带之间的间距为 S，假设桥梁总长为 L，紧急停车带设置的个数为 N：

当 $L \leqslant 2\,000$m，不设置紧急停车带；

当 $L > 2\,000$m，设置 $N = L/2\,000$ 个紧急停车带(取整)，等间距设置(紧急停车带设置可以根据桥梁布跨形式进行适当调整)，$S = L/N$。

当高速公路桥梁采用整幅双向断面、中间设分隔带时，紧急停车带宜对称布置，以确保结构稳定和方便施工；当为分幅双幅的单向断面布置形式时，紧急停车带可以根据桥梁实际结构形式进行对称布置或相对错开布置。

2. 紧急停车带的形式设计和比较分析

(1)紧急停车带的形式设计

目前，国内在高速公路上对紧急停车带设计的形式除与行车道平行的右侧硬路肩直接作为紧急停车带使用，就是采用港湾式紧急停车带。

港湾式紧急停车带包括减速过渡段、停车带和加速过渡段三部分。港湾式紧急停车带示意图见图 1，实景图见图 2。

港湾式紧急停车带虽然形式美观、过渡自然，但只适合高速公路路基段使用。如果长大桥梁上使用港湾式紧急停车带，势必要求桥梁梁体采用变宽度结构，采用现浇施工方法，导致桥梁施工难度大，成本

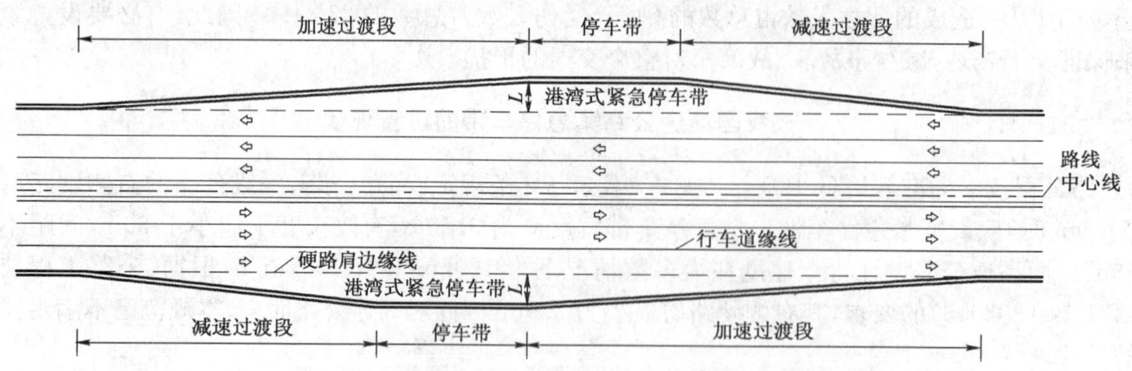

图1 港湾式紧急停车带示意图

图2 港湾式紧急停车带实景图

也高。故提出桥上采用直接式紧急停车带的设置形式。直接式紧急停车带把减速段、停车带和加速段连为一体，桥梁横断面采用等截面形式，有利于预制标准梁片，现场拼装施工。直接式紧急停车带示意图见图3。

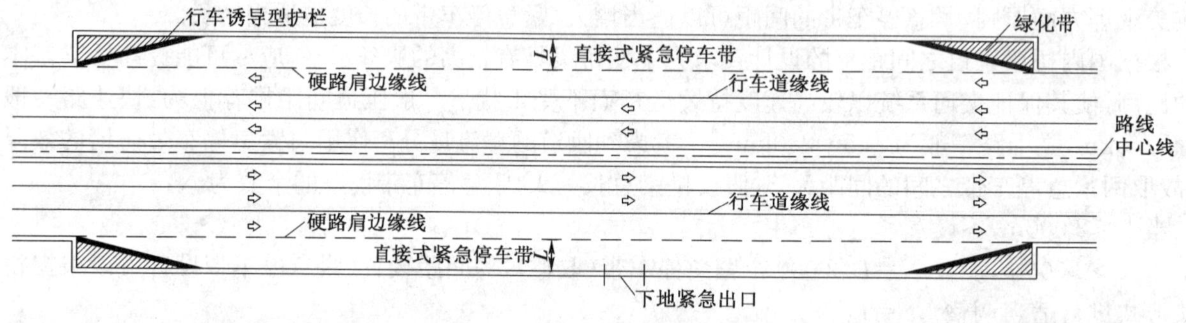

图3 直接式紧急停车带示意图

(2)两种形式紧急停车带的比较分析

对比港湾式紧急停车带和直接式紧急停车带，在高速公路路基段上，港湾式紧急停车带有明显的优势，其优点是美观、变化自然、行车舒适度高、占地少造价低。

两种不同形式紧急停车带在桥梁段上各有优缺点，对比结果见表1。

两种形式紧急停车的比较

表1

形　式	梁体断面形式	施工难度	施工工期	占地面积	行车适应性	利用面积	美观程度	总造价
港湾式	复杂	难度大	长	相当	较好	稍小	美观	高
直接式	简单	难度小	短	相当	较差	稍大	一般	低

高速公路长大桥梁大于 2km 才设置紧急停车带，这完全可以避开大跨径主桥，在采用预制拼装的引桥上设置紧急停车带。由表 1 可见，高速公路长大桥梁上设置直接式紧急停车带具有明显优势，适用于常规预制的正交、斜弯桥梁。

3. 紧急停车带的尺寸设计

《公路工程技术标准》(JTG B01—2003)规定："高速公路和一级公路，紧急停车带的宽度包括硬路肩在内为 3.5m，有效长度不小于 30m，过渡段长度为 10～20m。"《公路路线设计规范》(JTG D20—2006)规定："高速公路和一级公路，紧急停车带的宽度一般为 5.0m，有效长度一般为 50m，并设置 100m 和 150m 左右的过渡段。"

紧急停车带是与车道平行设置的，驶入时需有一个斜的缓和长度。车辆按 100km/h 行车速度，驾驶员的反应时间为 0.5s，加上车辆的减速段，认为减速段在 100m 较为合理。停车带有效长度的确定，应考虑车辆的最大长度。在高速公路上经常会出现大型货车、拖挂车，车辆外轮廓尺寸取 15m×2.5m，考虑车辆的维修长度和两辆车同时停放的可能性，停车带有效长度取 50m。一般认为车辆启动加速度在 3～5m/s^2，设计行车速度取最大 120km/h，则加速过渡段大致为 150m。因此高速公路桥上紧急停车带总长度取 $L=100+50+150=300$m。

紧急停车带宽度，仅供故障车辆临时停放时不致侵占行车道宽度，不影响行车道上的车辆正常行驶，考虑高速公路大型货车宽度大，加上维修宽度，其紧急停车带宽度采用 5.0m。紧急停车带尺寸示意见图 4。

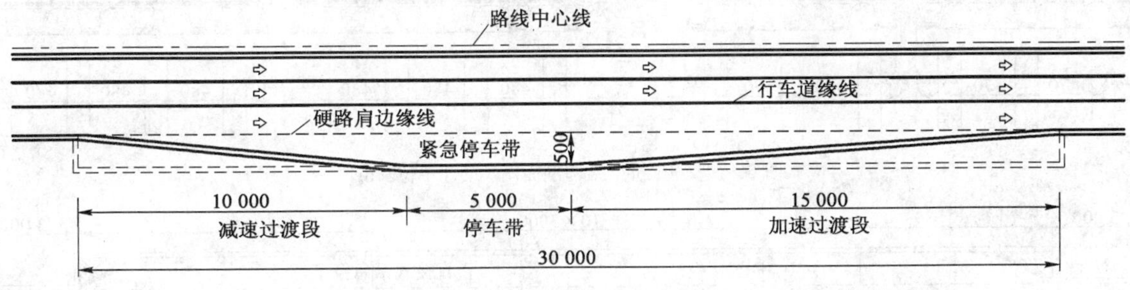

图 4 紧急停车带尺寸示意图(尺寸单位：cm)

4. 紧急停车带附属设施设计

(1)护栏。为了使港湾式紧急停车带能够被驾驶员预先发现，可以对停车带区域的防撞墙进行一些加高设计，使其位置更加突出，也可以提高下车人员的安全。现行高速公路桥梁的防撞墙的高度为 1.0m 左右。维持它底部结构形式不变，在保证结构安全的情况下，用防护网将其高度直接增加 0.5m。

(2)标志。设置相应的指路标志与停车带配合使用。根据相关标准，高速公路的指路标志的衬底色为绿色，其他道路的指路标志为蓝色。采用尺寸为 60cm×120cm 的紧急停车带标志。标志可以直接附着于紧急停车带之前的防撞墙上[5]。

(3)直接式紧急停车带附属设施。为避免直接式紧急停车带突变段对驾驶员造成较大视觉冲击，对突变段采用行车诱导型护栏，护栏长 10m，与外侧护栏形成的空缺处以绿化带处理，并设置标识牌，具体见图 3。

三、直接式紧急停车带设计实例

现对某高速公路上一特大桥梁进行直接式紧急停车带设计。

特大桥总长为 10 905m，跨径组合为 66×30m＋6×40m＋7×30m＋3×25m＋148×30m＋3×40m＋111×30m＋(40＋70＋40)m＋12×30m，上部结构除(40＋70＋40)联为变截面现浇连续箱梁外，其他均为装配预应力连续箱梁，先简支，后结构连续；3×25m 联为斜转正联，之前为斜桥，右偏角为 135°，之后为正桥。下部采用柱式墩、肋式台、钻孔灌注桩。采用全封闭、全立交、设计双向四车道高速公路标准。设计速度采用120km/h,采用分离式路基,路基宽度28.5m。

紧急停车带个数为N=10 905/2 000,取5个。紧急停车带对称设置,宽5.0m。紧急停车带上桥梁结构均采用10×30m的装配式预应力混凝土箱梁,桥梁上部结构采用增加1片箱梁拓宽,通过调整湿接缝长度,使原有的5片箱梁,间距为2.90m,调整为6片梁,间距为3.32m。桥梁下部结构,盖梁在紧急停车带侧延长加宽5.0m,分别增加1根柱和桩基,间距平均分配。斜交45°紧急停车带设置平面图见图5,桥梁结构剖面见图6。正交紧急停车带设置平面图见图7,桥梁结构剖面见图8。

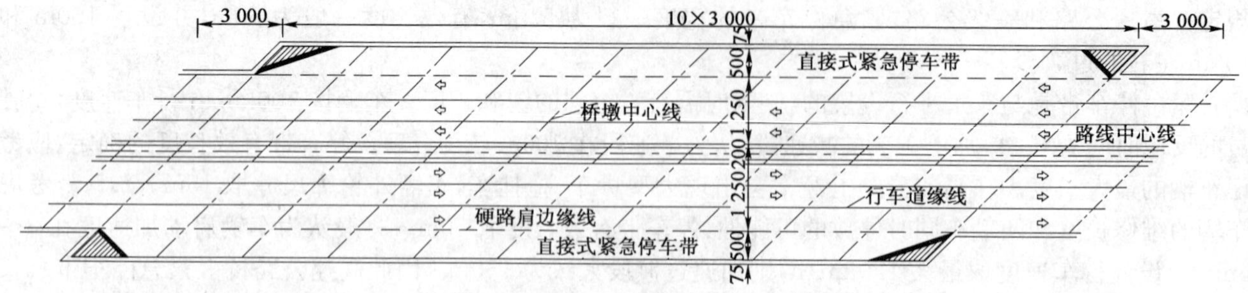

图5 斜交45°紧急停车带平面图(尺寸单位:cm)

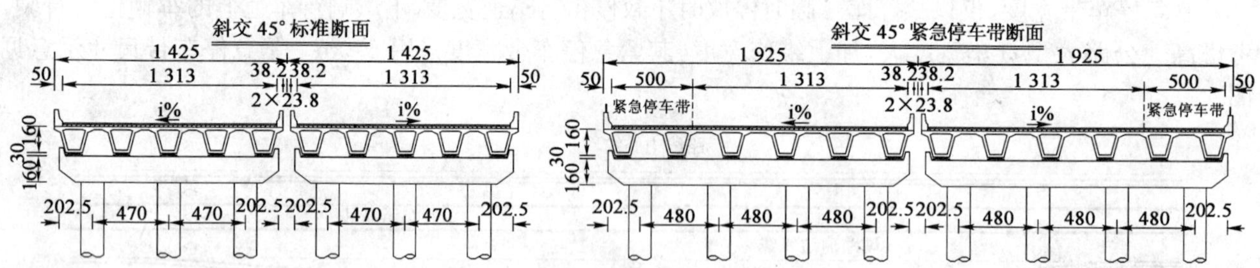

图6 斜交45°桥梁结构剖面图(尺寸单位:cm)

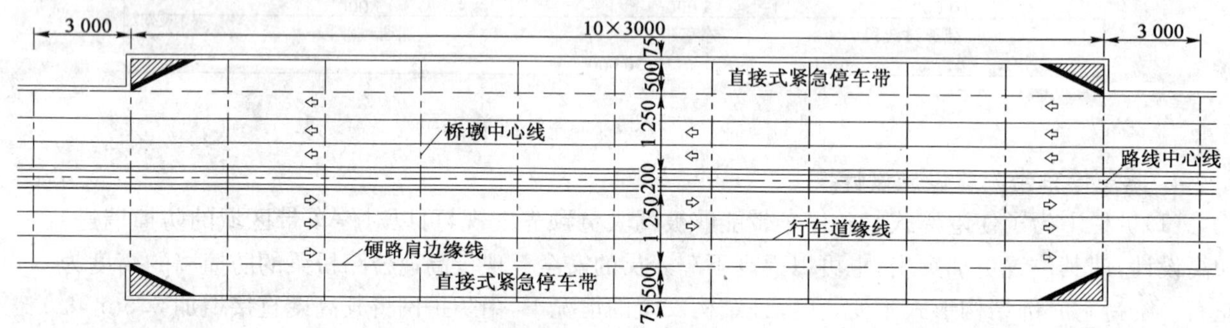

图7 正交紧急停车带平面图(尺寸单位:cm)

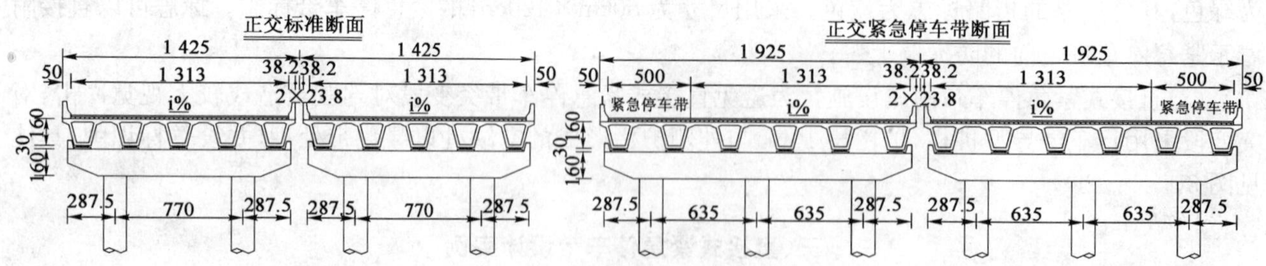

图8 正交紧急停车带剖面图(尺寸单位:cm)

四、结 语

我国高速公路上长大桥梁发展迅猛,为确保桥梁结构安全,同时保证桥上交通畅通,本文通过分析了国内高速公路紧急停车带的设置情况,结合长大桥梁的结构形式和施工特点,对桥上紧急停车带的设置间距、形式、尺寸进行了研究,提出了桥上采用直接式紧急停车带的设置形式,并进行了实例设计。但其具体应用的效果还需要进一步研究。

参考文献

[1] 刘浩学,雷鸿等. 高速公路紧急停车带设置的工效学分析[J]. 人类工效学,2000.12,6(4)57-59.

[2] JTG B01—2003 公路工程技术标准[S]. 北京:人民交通出版社,2004.

[3] JTG D20—2006 公路路线设计规范[S]. 北京:人民交通出版社,2006.

[4] 刘光贞. 城市高架桥梁快速疏散系统设置初步研究[J],公路,2009.10,10,167-170.

[5] JTG/T D81—2006 公路交通安全设置设计细则[S]. 北京:人民交通出版社,2006.

26. 现代桥梁钢结构防腐涂层体系设计

李运德 张 亮 姜小刚 杨振波

(北京航材百慕新材料技术工程股份有限公司)

摘 要 介绍了现代桥梁钢结构防腐涂层体系设计的基本原则:根据钢结构所处腐蚀环境、涂装部位、预期使用寿命,设计相应的涂层配套体系。并且介绍了高性能桥梁用防腐涂料的品种及性能特点。

关键词 桥梁钢结构 防腐 涂层体系 设计

引 言

近年来随着大规模基础设施建设的发展,我国建设了一系列大型桥梁,如苏通长江公路大桥、舟山西堠门大桥、江苏润扬长江大桥、南京大胜关大桥、武汉天兴洲大桥、杭州湾跨海大桥、青岛海湾大桥等。这些大型桥梁的建设对防腐涂装技术提出了更高的要求,也为桥梁防腐涂装技术的发展提供了实践基础。

为规范桥梁防腐涂装,相关部门和单位也制定了一系列标准和规范[1-4]。2004 年修订了铁道行业标准(TB/T 1527—2004)《铁路钢桥保护涂装》,该标准首次将氟碳涂料引入桥梁领域;2008 年制订的交通行业标准(JT/T 722—2008)《公路桥梁钢结构防腐涂装技术条件》,借鉴了 ISO 12944 防腐涂层设计理念,归纳总结了现代化桥梁防腐涂装的最新成果,涂层材料的设计达到国际先进水平。2007 年国内首次制定了桥梁混凝土结构和悬索桥主揽防腐系统交通行业标准,即(JT/T 694—2007)《悬索桥主揽系统防腐涂装技术条件》和(JT/T 695—2007)《混凝土桥梁结构表面防腐涂装技术条件》,有力地推动了桥梁防腐技术的发展。

一、桥梁钢结构防腐涂层体系设计

1. 基本设计原则

桥梁钢结构防腐涂层体系设计基本原则:根据钢结构所处腐蚀环境、涂装部位、预期使用寿命,设计相应的涂层配套体系。涂层体系设计中还要考虑经济性,不仅考虑首次涂装的经济性,而且更要考虑桥梁结构全寿命防腐周期的经济性,同时要考虑维修涂装给环境和桥梁运行造成的不利影响。

(1)腐蚀环境

绝大部分桥梁钢结构处于大气区。钢铁的大气区腐蚀行为主要是电化学腐蚀,腐蚀过程发生在金属表面水分薄膜中(这层水份薄膜非常薄,以至于肉眼可能看不到它的存在)。

导致腐蚀速率增加的因素包括:

①相对湿度的增加;

②冷凝的发生(当表面温度小于或等于露点);

③大气污染的增加(腐蚀性污染物与钢发生作用并且在表面形成沉积物)。

某个特定地区的大气温度和湿度取决于该地区的主要气候。考虑腐蚀因素时,除了关注该地区的气候特征外,还应该更加关注钢结构所处的局部环境和微环境。局部环境是指一个结构的组成部件周围的大气条件,微环境是指在一个结构的组成部件和它周围交界的环境。明确的微环境的例子有桥梁的内侧(尤其在水上),室内游泳池的房顶和建筑物的阴阳面。

腐蚀环境的分类见(JT/T 722—2008)的附录A(等效采用ISO12944-2:1998[5])。其中大气区腐蚀环境分类见表1。目前桥梁涂层设计主要参考表1的定性描述,并且设计涂层体系时考虑的腐蚀环境类型比一般的定量测试结果腐蚀环境类型要高。

大气区腐蚀种类 表1

腐蚀种类	单位面积质量损失/厚度损失(一年曝晒)				温和气候下典型环境实例	
	低碳钢		锌			
	质量损失(g/m^2)	厚度损失(μm)	质量损失(g/m^2)	厚度损失(μm)	外部	内部
C1很低	≤10	≤1.3	≤0.7	≤0.1	—	加热的建筑物内部,空气洁净。如办公室、商店、学校和宾馆等
C2低	10～200	1.3～25	0.7～5	0.1～0.7	污染水平较低。大部分是乡村地区	未加热的地方,冷凝有可能发生,如库房、体育馆等
C3中等	200～400	25～50	5～15	0.7～2.1	城市和工业大气,中等二氧化硫污染。低盐度沿海区	具有高湿度和一些空气污染的生产车间,如食品加工厂、洗衣店、酿酒厂、牛奶场
C4高	400～650	50～80	15～30	2.1～4.2	中等盐度的工业区和沿海区	化工厂、游泳池、沿海船舶和造船厂
C5-I很高(工业)	650～1 500	80～200	30～60	4.2～8.4	高湿度和恶劣气氛的工业区	总是有冷凝和高污染的建筑物和地区
C5-M很高(海洋)	650～1 500	80～200	30～60	4.2～8.4	高盐度的沿海和近岸区域	总是有冷凝和高污染的建筑物和地区

注:在沿海区的炎热、潮湿地带,质量或厚度损失值可能超过C5-M种类的界限。

(2)涂装部位

一个结构组成部分所处位置也会影响腐蚀。当结构暴露于户外时,如雨水、日照和以气体或气溶胶形式存在的污染物等气候因素都影响腐蚀。在结构内部,虽然通风差,湿度高或冷凝引起的局部高腐蚀速率可能发生,但大气污染物的作用降低了。

(JT/T 722—2008)标准将桥梁钢结构涂装部位分为7类:

①外表面;

②非封闭环境内表面;

③封闭环境内表面;

④钢桥面;

⑤干湿交替区和水下区;

⑥防滑摩擦面;

⑦附属钢构件,包括防撞护栏、扶手护栏及底座、灯座、泄水管、钢路缘石等。

外表面的典型结构为钢箱梁外壁,除了防腐性能设计满足要求外,还要考虑面涂层的耐候性。非封闭环境内表面,如风嘴部位主要考虑防腐蚀要求,不一定采用耐候面漆。钢桁架梁主结构分类较复杂,但主体上类似于结构外表面，也有非封闭环境内表面的特征，涂层体系设计上一般采用与钢结构外表面相同的体系。封闭环境内表面的典型部位为钢箱梁内壁，如果配置除湿系统，腐蚀环境大大降低（相当于C2腐蚀环境），没有除湿系统的腐蚀环境较恶劣，但一般会等同或略低于结构外表面的腐蚀情况。干湿交替区和水下区的代表结构有钢管桩，腐蚀环境特别恶劣，尤其是在海洋腐蚀环境下更为严重。

（3）防腐寿命

①ISO12944 对涂层体系耐久性（防腐寿命）的解释[6]。

耐久性是指某防护涂层体系从涂装后到第一次大修时的预期时间。一旦涂层腐蚀达到 ISO4628.3 定义的 Ri3 级（锈蚀面积 1%，见图 1），则通常需要第一次大修。基于此前提条件，ISO12944 将涂层配套体系规定的耐久性分为以下三个范围：

a. 低（L）2～5 年；

b. 中（M）5～15 年；

c. 高（H）15 年以上。

涂层保护体系的耐久性取决于以下几种因素，主要有：

a. 涂层体系类型；

b. 钢结构设计；

c. 涂装前基体状态；

d. 表面处理质量；

e. 施工标准；

f. 施工条件；

g. 施工后的暴露条件。

耐久性范围不是“保证时间”。耐久性是为业主制定维修程序时提供技术上的参考。保证时间属于合同条款，不在 ISO12944 标准考虑的范围，二者之间没有联系规则。保证时间通常比耐久性要短。

②（JT/T 722—2008）对涂层体系防腐寿命的界定。

标准（JT/T 722）规定在涂层体系保护年限内，涂层 95%以上区域的锈蚀等级不大于 ISO 4628 规定的 Ri2 级（锈蚀面积 0.5%，见图 2），无气泡、剥落和开裂现象。界定防腐年限要明确涂层体系使用寿命的定义，否则界定的防腐寿命类型将失去意义。由于结构原因或施工难以完全避免的因素，钢结构的小部分区域（不大于 5%）可能会在使用寿命终结前出现较大程度的劣化，因此标准考虑的主体为大部分区域，规定钢结构 95%的区域达到 ISO4628-3 规定的 Ri2 级。

图 1 锈蚀等级 Ri3 级

图 2 锈蚀等级 Ri2 级

涂层体系按保护年限分为两类：

a. 普通型，10～15 年；

b. 长效型，15～25 年。

随着高性能富锌底漆、热喷锌、喷铝技术、高性能氟碳面漆、聚硅氧烷面漆的出现，以及涂装工艺技术的发展，市场对桥梁涂层防腐设计寿命趋向于更高要求，可达20～25年。实际上现代化大型桥梁防腐涂装设计均按照长效型涂层体系设计，实践中许多桥梁的防腐涂层设计寿命已达到25年。现代桥梁高性能防腐涂层体系经过1～2次大的维修涂装，可以达到30～50年的寿命。但是有些涂料供应商采取了极端不负责任态度，鼓吹涂层体系防腐年限可达30～50年，甚至提出与桥梁同寿命的防腐概念(这分为两个方面，一方面是纯粹的概念性炒作，另一方面是把重新涂装作为防腐寿命的定义，而不是把第一次大修作为防腐寿命的定义)。

2. 涂层配套体系设计

涂层配套体系设计的选择一般包括涂层配套体系的选择和涂层厚度(含涂装道数)的设计。现代化桥梁钢结构主体一般采用底—中—面配套的长寿命防腐涂层体系，底涂层选用具有电化学保护功能的涂层(包括富锌底漆和热喷金属涂层)，中间涂层选用环氧云铁中间漆，面涂层选用高性能耐候面漆(包括丙烯酸聚氨酯、FEVE氟碳)。在涂层配套体系选定的情况下，涂层厚度与涂层防腐年限正相关。单纯选用好的涂层材料，而涂层厚度不够，防腐年限不可能达到要求。

(JT/T722)标准给出了在相应腐蚀环境下的涂层配套及厚度设计值，并指出用于高腐蚀等级的涂层方案也可用于较低的腐蚀等级，并可适当降低厚度值。厚度的设计还可参考ISO 12944-5，表2给出了腐蚀环境、防腐寿命和漆膜厚度的关系。

腐蚀环境、防腐寿命和漆膜厚度的关系　　表2

腐 蚀 环 境	防腐寿命(年)	漆膜厚度(μm)
C2	低(2～5) 中(5～15) 高(>15)	80 150 200
C3	低(2～5) 中(5～15) 高(>15)	120 160 200
C4	低(2～5) 中(5～15) 高(>15)	160 200 240(含锌粉) 280(不含锌粉)
C5-I,C5-M	低(2～5) 中(5～15) 高(>15)	200 280 320

涂层厚度设计时，有两点需要说明：

(1)富锌底漆的厚度问题。我国桥梁钢结构富锌底漆的厚度一般在80μm或75μm，按照2007版ISO12944标准，富锌底漆的厚度设计值范围为(40～80)μm，因此对桥梁钢结构富锌底漆厚度设计值并非越高越好。特别是对一些中等以下的腐蚀环境下，可适当降低富锌层的设计厚度，降低的富锌层厚度可用中间层厚度弥补，这样设计符合国家节能减排的产业政策。

(2)每道涂层厚度。每道涂层膜厚大，施工效率高，但是涂膜过厚时，增加了涂层出现针孔等缺陷的危险，并且导致涂层内应力增加。在ISO12944-5的设计原则中，为达到同样的防腐年限，多道涂层总干膜厚度的设计值要远低于道数少的涂层。如C5-M环境下的环氧一聚氨酯体系，2道400μm只能达到中等防腐年限，而4～5道总干膜厚度320μm可达到长寿命体系，3道体系涂膜厚度达到500μm才能达到长寿命体系。

对于桥梁富锌底漆，目前大多采用1道涂装方式，但2道涂装也是可以接受的。中间漆一般采用厚浆型的，当涂膜厚度小于100μm时，可一道涂装；大于100μm可采用1道或2道涂装，但是涂层厚度达到150μm时，采用2道涂装更好；涂层涂装道数的选择还与涂料自身的工艺性能有一定关系。面漆一般为两道涂装，工厂涂装1道，现场涂装1道；如果是现场维修或重涂涂装，可以采用高固体份耐候面漆，1道完成。

表3是(JT/T 722)标准给出的钢结构外表面长寿命防腐涂层体系，适用于大部分钢梁主体结构。氟碳面涂层设计为氟碳涂层第一道、氟碳涂层第二道。这样设计主要是考虑第一道面漆和第二面漆承担不同的功能[7]。①第一道面涂层采用丙烯酸脂肪族聚氨酯面漆或过渡氟碳树脂漆，保证涂层体系更好的匹配性、更好的附着力、重涂性；而第二道氟碳面涂层在配方设计中主要考虑耐候性、自洁性和装饰性；②采用过渡的丙烯酸脂肪族聚氨酯面漆每平方米可节约4～8元，节省社会资源；而高性能氟碳面漆粉化减薄速度为0.5μm/年，30～40μm的面涂层足以保证25年的保护寿命；③日本《钢质公路桥梁涂装便览》和《铁路桥涂装及防腐蚀便览》以及日本在桥梁领域20多年的涂装实践，将氟碳面涂层设计为氟碳中涂和氟碳面涂。

桥梁钢结构外表面涂层配套体系(长效型) 表3

配套编号	腐蚀环境	涂　　层	涂料品种	道数/最低干膜厚(μm)
S04	C3	底涂层	环氧富锌底漆	1/60
		中间涂层	环氧(厚浆)漆	(1～2)/100
		面涂层	丙烯酸脂肪族聚氨酯面漆	2/80
		总干膜厚度		240
S05	C4	底涂层	环氧富锌底漆	1/60
		中间涂层	环氧(云铁)漆	(1～2)/140
		面涂层	丙烯酸脂肪族聚氨酯面漆	2/80
		总干膜厚度		280
S06	C5-I	底涂层	环氧富锌底漆	1/80
		中间涂层	环氧(云铁)漆	(1～2)/120
		面涂层	聚硅氧烷面漆	(1～2)/100
		总干膜厚度		300
S07	C5-I	底涂层	环氧富锌底漆	1/80
		中间涂层	环氧(云铁)漆	(1～2)/150
		面涂层(第一道)	丙烯酸脂肪族聚氨酯面漆/氟碳树脂漆	1/40
		面涂层(第二道)	氟碳面漆	1/30
		总干膜厚度		300
S08	C5-M	底涂层	无机富锌底漆	1/75
		封闭涂层	环氧封闭漆	1/25
		中间涂层	环氧(云铁)漆	(1～2)/120
		面涂层	聚硅氧烷面漆	(1～2)/100
		总干膜厚度		320
S09	C5-M	底涂层	无机富锌底漆	1/75
		封闭涂层	环氧封闭漆	1/25
		中间涂层	环氧(云铁)漆	(1～2)/150
		面涂层(第一道)	丙烯酸脂肪族聚氨酯面漆/氟碳树脂漆	1/40
		面涂层(第二道)	氟碳面漆	1/40
		总干膜厚度		330

续上表

配套编号	腐蚀环境	涂　层	涂 料 品 种	道数/最低干膜厚(μm)
S10	C5-M	底涂层	热喷铝或锌	1/150
		封闭涂层	环氧封闭漆	(1～2)/50
		中间涂层	环氧(云铁)漆	(1～2)/120
		面涂层	聚硅氧烷面漆	(1～2)/100
		总干膜厚度(涂层)		270
S11	C5-M	底涂层	热喷铝或锌	1/150
		封闭涂层	环氧封闭漆	(1～2)/50
		中间涂层	环氧(云铁)漆	(1～2)/150
		面涂层(第一道)	丙烯酸脂肪族聚氨酯面漆/氟碳树脂漆	1/40
		面涂层(第二道)	氟碳面漆	1/40
		总干膜厚度(涂层)		280

二、桥梁用高性能防腐涂料

1. 底漆

现代化桥梁钢结构主体基本上采用电化学保护类型底涂层,分为富锌底涂层和热喷涂金属底涂层。富锌底涂层分为环氧富锌底漆和无机富锌底漆,而无机富锌底漆又分为醇溶型无机富锌底漆和水性无机富锌底漆。电化学保护类底涂层依靠电化学保护机理保护钢铁基材避免锈蚀发生。

这几类电化学保护底涂层的特点比较如下:

(1)环氧富锌涂料对表面处理及施工环境的要求相对宽松,涂料涂层的力学性能好,具有良好的电化学保护性能;湿度高不适用,尤其是高温高湿和低温高湿环境下不适用。

(2)醇溶型无机富锌涂料与水性无机富锌涂料对表面处理、施工环境要求较高,在严格控制施工质量的前提下,可获得比环氧富锌更好的防腐性能,同时具有优良的耐介质腐蚀性能和耐温性能。醇溶型无机富锌底漆需要在较高湿度下(≥60%)、较长时间(1～3d)内完成固化;水性无机富锌涂料对表面处理要求极高,清洁度需达到Sa3级,湿度较高的涂装环境对涂膜固化不利。

(3)热喷金属涂层电化学保护性能优异,与长效型涂层体系配套构成最长效的防腐体系。但热喷金属涂层对表面处理的要求严格,并且热喷金属涂层还存在污染环境、危害职业健康、高耗能等弊端,不符合节能减排的大趋势。同时金属热喷涂复合涂层的性能很大一部分还取决于封闭涂层及配套涂层的性能及施工工艺,配套和施工不到位引起的涂料涂层早期失效的现象时有发生。

这四类底漆在现代化桥梁建设中均有使用。目前,铁路桥梁如武汉天兴洲大桥、南京大胜关大桥等,基本上采用环氧富锌底漆,少量采用水性无机富锌底漆。公路桥梁环氧富锌底漆、醇溶型无机富锌底漆及热喷金属涂层均有采用,也有少量采用水性无机富锌底漆。

对于富锌涂料有以下几点说明:

(1)无机富锌涂料由于孔隙度大,直接喷涂厚浆型环氧云铁中间漆,容易产生针孔等涂层缺陷,所以一般要采用过渡型封闭底漆。

(2)经典的醇溶型无机富锌底漆施工后、漆膜干燥很快,表观上漆膜已经固化,但是涂膜的完全固化需要在相对湿度大于60%的环境下,养护1～3天才能完成。

(3)干膜中锌粉含量和干膜中金属锌含量的区别。干膜中锌粉含量是配方设计值,是锌粉含量与涂料所有成膜组分质量的比值;不挥发份中金属锌含量是试验值,是指配方中单质金属锌与涂料不挥发份的比值,不挥发份中金属锌含量与锌粉的纯度和实验误差有关。通常情况下,环氧富锌涂料干膜中锌粉含量大于80%时,干膜中金属锌含量才能达到70%。

(4)鳞片状富锌底漆的锌粉含量要求。采用鳞片状锌粉制备的富锌底漆比一般纯球型锌粉制备的富锌底漆锌粉含量要低,一般规定:纯鳞片状锌粉,不挥发份中金属锌含量≥40%,球/片结合型,不挥发份中金属锌含量≥65%。虽然鳞片状富锌底漆锌粉含量大大降低,但漆膜的电流导通性大大加强(漆膜表面电阻率$\leqslant 1\times 10^{-5}\Omega$),这是由于在涂膜中鳞片状锌粉的面接触代替了球状锌粉的点接触所致,过高的鳞片状锌粉含量反而使片状锌粉难以平行搭接,孔隙度增大,防腐性能下降。

除了电化学保护底漆外,还有一类钝化缓蚀型底漆,铁路桥上普遍采用醇酸红丹防锈底漆,但由于红丹防锈漆对人体有着极大的危害,在欧美已禁用。我国2009年制订的《石油和化工产业结构调整指导意见》中明确指出要加快淘汰红丹防锈漆。适应环保和职业健康要求,(JT/T 722)推荐了环保型的钝化缓蚀型环氧磷酸锌防腐底漆。

2. 中间漆

目前桥梁用中间涂层基本上都是环氧云铁中间漆。片状云母氧化铁延长了腐蚀介质的渗透路径,提高了涂层的屏蔽效果,并且片状结构填料吸收内应力,增强了涂层的力学性能。与成膜环氧树脂优异的力学性能和防腐性能相匹配形成的环氧云铁中间漆,是目前最常用的长效型防腐涂层体系中间涂层。市场上的环氧云铁中间漆有几个类型:按涂装厚度可分为薄涂型和厚涂型,薄涂型一道40～60μm,厚涂型一道100～150μm;按云铁灰的加入量和制备工艺可分为两大类:一类以云铁灰为主要填料,复配少量的铝粉、硫酸钡等填料,搅拌而成,一类是选择其他颜填料研磨至规定细度后,加入云铁灰搅拌而成。环氧云铁的质量与固化剂的品质,云铁灰、铝粉的含量以及片状结构、颜填料的分散性有关。

3. 面漆

目前国内桥梁钢结构主体工程基本上采用高耐候性面漆。由于氯化橡胶在生产过程中污染环境,国外已逐步被淘汰;虽然丙烯酸面漆单组分施工方便,但固体含量低、VOC含量高,不符合国家环保政策导向。上述两种涂料在现代桥梁钢结构防腐中很少使用。现代化桥梁面漆主要采用丙烯酸聚氨酯面漆,但国内桥梁逐步采用耐候性更加突出的FEVE氟碳面漆代替丙烯酸聚氨酯面漆。大型铁路桥梁的主体结构基本上采用氟碳涂层,有少部分采用灰铝粉石墨醇酸面漆。而大型公路桥梁氟碳漆也占到接近一半的市场份额,并有扩大的趋势。国内也有少部分公路桥梁采用耐候性同样突出、更加环保的聚硅氧烷面漆。虽然氟碳面漆的应用在逐步扩大,但是这并不是说,丙烯酸聚氨酯涂料已经过时,质量优良的丙烯酸聚氨酯涂料也可以维持15年甚至20年以上的使用寿命,这样的实例国外有很多。实际上欧美国家还在普遍采用丙烯酸聚氨酯涂料。

常温固化FEVE氟碳涂料用树脂是由三氟氯乙烯或四氟乙烯与乙烯基醚或乙烯基酯单体共聚而成,并复配带羟基和羧基的乙烯基功能单体。按照单体共聚的类型,目前国内市场化的FEVE产品包括3类:三氟氯乙烯—醋酸乙烯酯共聚物、四氟乙烯—乙烯基醚共聚物、三氟氯乙烯—乙烯基醚共聚物。目前,由于价格问题和市场竞争的不规范导致三氟氯乙烯—醋酸乙烯酯类型用量最大,四氟乙烯—乙烯基醚也有一定的市场,三氟氯乙烯—乙烯基醚的用量较少。

工程聚硅氧烷涂料采用有机改性聚硅氧烷树脂作为成膜物,结构上的显著特点是有机—无机混杂化,有机硅成分最少在50%以上,最好达到70%。以有机硅成分为主体保证其耐候性,掺入一定的丙烯酸或环氧改性树脂以提高其成膜性能和力学性能。工程聚硅氧烷涂料分为环氧聚硅氧烷和丙烯酸聚硅氧烷两大类。聚硅氧烷涂料为外资企业所垄断,在桥梁领域有少量应用,它的最大优势是环保,但是施工环境、施工工艺条件对其涂膜质量的影响较大,使其使用受到一定的限制。

这几类耐候面漆的综合性能比较见表4。乙烯基醚型FEVE氟碳树脂具有最优异的耐候性能,丙烯酸聚硅氧烷的耐候性与醋酸乙烯酯类型FEVE的耐候性相当,而环氧聚硅氧烷的耐候性稍微差一些,但也明显好于丙烯酸聚氨酯面漆。从防腐蚀性能上考察,环氧聚硅氧烷和乙烯基醚FEVE树脂最优,而丙烯酸聚硅氧烷和醋酸乙烯酯FEVE要弱一些。从施工工艺性能上,丙烯酸聚氨酯最优,聚硅氧烷涂料对施工环境的敏感性较高,聚硅氧烷涂料最大的施工优点是厚膜施工,但现代化桥梁一般需要2道施工,其这方面的施工优越性无法体现。从环保性能方面考虑,聚硅氧烷涂料以其高的体积固体含量,不含异氰酸酯固化剂而具有明显的环保优势。

几种耐候面漆的性能比较　表4

品　种	保　光　性	保　色　性	耐 酸 碱 性	防 腐 性 能	施　工　性	环　保　性
乙烯基醚型FEVE	+++++	+++++	+++++	+++++	++++	++++
醋酸乙烯酯型FEVE	++++	++++	+++	++++	++++	+++
丙烯酸聚硅氧烷	++++	+++++	+++	++++	++++	+++++
环氧聚硅氧烷	++++	++++	+++	+++++	++++	+++++
丙烯酸聚氨酯	+++	+++	++++	++++	+++++	++++

三、结　语

桥梁防腐涂层体系设计可按照标准(JT/T 722—2008)《公路桥梁钢结构防腐涂装技术条件》的规定进行。涂层设计的核心思想是分析构件所处腐蚀环境，涂装部位和预期防腐年限设计涂层配套体系。(JT/T 722)已经给出了比较全面的涂层配套体系，涂层厚度的设计还可参照ISO12944-5。

现代化桥梁长效防腐涂层体系均采用高性能防腐涂层体系。底涂层普遍采用电化学类保护底涂层，包括：环氧富锌底漆、醇溶型无机富锌底漆、热喷铝/锌涂层、水性无机富锌底漆。各类底漆有自身特点，可根据施工工艺和施工环境条件作出选择。中间漆普遍采用环氧云铁中间漆。耐候面漆中普遍采用丙烯酸聚氨酯面漆和FEVE氟碳面漆。

参考文献

[1] 中华人民共和国行业标准．JT/T 722—2008 公路桥梁钢结构防腐涂装技术条件[S]. 北京：人民交通出版社，2008.

[2] 中华人民共和国行业标准．TB/T 1527—2004 铁路钢桥保护涂装[S]. 北京：中国铁道出版社，2004.

[3] 中华人民共和国行业标准．JT/T 695—2007 混凝土桥梁结构表面防腐涂装技术条件[S]. 北京：人民交通出版社，2007.

[4] 中华人民共和国行业标准．JT/T 694—2007 悬索桥主揽系统防腐涂装技术条件[S]. 北京：人民交通出版社，2007.

[5] International Organization for Standardization. ISO12944-5：2007 Paints and varnishes—Corrosion protection of steel structures by protective paint systems—Part 2 Classifacation of environment.

[6] International Organization for Standardization. ISO12944-5：2007 Paints and varnishes—Corrosion protection of steel structures by protective paint systems—Part 5 Protective paint systems.

[7] 李运德，杨振波，徐永祥．常温固化氟碳涂层配套体系及施工质量控制[J]. 电镀与涂饰，2009，28(3)：66-69.

27. 群桩基础的等效墩设计方法

龚维明[1]　于清泉[1]　程　晔[1,2]

(1. 东南大学土木学院桥隧与地下工程系；2. 南京航空航天大学土木工程系)

摘　要　本文提出群桩基础的等效墩计算方法，可实现承载力—位移协调的群桩基础设计。该法通过单桩静载试验结果，推算出群桩的荷载—位移关系。本文介绍在竖向荷载和水平荷载作用下，等效墩设计方法的主要原理和计算过程，并对计算结果和试验结果进行对比验证。

关键词　群桩基础　等效墩　静载试验

一、研 究 现 状

对群桩基础进行理想的分析需要考虑很多因素，如群桩的几何尺寸、地基地质条件、荷载大小以及承台形式等。因此，群桩计算远比单桩复杂得多，必须引进一些简化的计算方法。

竖向荷载作用下，群桩基础中各桩顶荷载通过桩侧摩阻力和桩端阻力传递给地基土，由此产生了应力叠加，影响了群桩侧摩阻力和桩端阻力的发挥，使之和单桩不同。

常规的弹性理论得到的相互作用系数、群桩沉降、群桩荷载分布的不均匀性均比实测结果大。这是由于以弹性理论为基础的群桩沉降计算方法，忽略了桩群在土体中的"加筋效应"和"遮幕效应"，从而过高地估计了桩的相互作用。

在水平荷载作用下群桩基础的桩与桩之间会互相影响，其主要因素为桩距，群桩效应系数随桩距的增大而减小。当群桩上部携带承台时，桩顶得到了较好的嵌固，其抗弯刚度大大提高，群桩中每根桩的水平承载力往往高于单桩。考虑群桩效应时必须考虑承台的影响因素。

本文提出了等效墩法，将设有桩的这部分土体当做等效连续体，用一个粗短的墩来代替一个桩群。通过单桩静载试验，该法可推算群桩基础承载力和位移的相对应关系。

二、竖向荷载作用下的群桩等效墩法

在竖向荷载作用下，可采用双曲线传递函数模拟桩的荷载—位移关系。对单桩静载试验得到的传递函数进行参数修正后，采用等效墩法就可分析群桩基础的荷载—位移关系。

1. 计算方法简介

(1)单桩荷载传递法理论模型

设桩长为 L，直径为 d，截面积为 $A=\pi(d/2)^2$，弹性模量为 E，周长为 u_p，把单桩分为 n 段，深度 z 处微单元体上下截面的作用力分别为 Q 和 $Q+\mathrm{d}Q$，桩侧作用着侧摩阻力 $u_p\tau$(设单位摩阻力为 τ)，见图 1。

根据静力平衡条件有：

$$\frac{\mathrm{d}Q}{\mathrm{d}z}=-u_p\tau \tag{1}$$

微单元体的弹性压缩量为：

$$\mathrm{d}s=-\frac{Q}{EA}\mathrm{d}z \tag{2}$$

由式(1)和式(2)得

$$\frac{\mathrm{d}Q}{\mathrm{d}s}=\frac{u_pEA\tau}{Q}\quad \text{或写成增量形式}\quad \Delta Q=\frac{u_pEA\tau}{P}\Delta s \tag{3}$$

考虑桩土共同工作，采用 Seed 和 Reese 的假定，即桩侧摩阻力 τ 与桩身沉降 s 之间、桩端反力 σ 与桩底沉降 s_b 之间均满足双曲线模型：

$$\tau=\frac{s}{a+bs},\sigma=\frac{s_b}{a_b+b_bs_b},R=\frac{As_b}{a_b+b_bs_b} \tag{4}$$

将式(4)代入式(3)得到：

$$\Delta Q=\frac{u_pEAs/(a+bs)}{Q}\Delta s\quad \text{或}\ \Delta Q=\frac{u_pEAs}{P(a+bs)}\Delta s \tag{5}$$

式中：a、b 和 a_b、b_b 分别为桩侧土和桩端土传递参数。

(2)群桩等效墩法分析

群桩基础可按图 2 所示进行等效，作为一个墩体进行整体的竖向荷载—位移分析。

为了评价等效墩法适用范围，Randolph 和 Clancy(1993)提出了等效墩指标 R 系数：对于 n 根桩的方桩：

$$R=\frac{\sqrt{n}s_a}{L_p} \tag{6}$$

式中：n——桩数；

s_a——桩间距；

L_p——桩长。

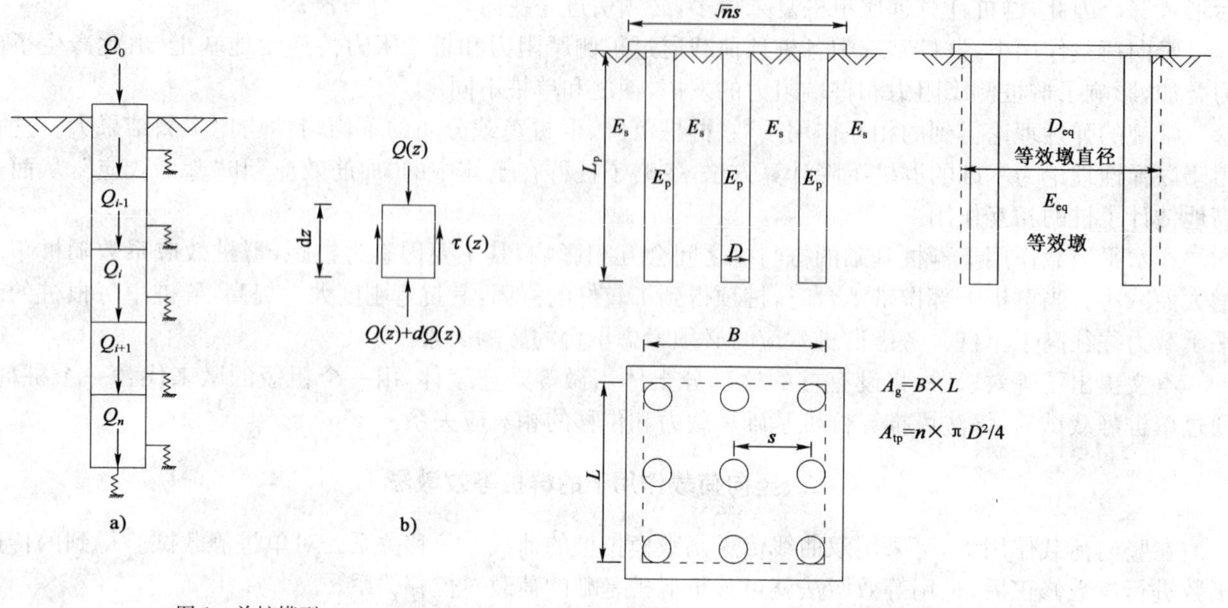

图1 单桩模型　　图2 等效墩法示意图

当R小于4时，等效墩法是适合的，特别是当R小于2时。

(3)等效墩的直径和模量

等效墩的直径D_{ep}和模量E_{ep}由下式计算：

$$D_{eq}=2\sqrt{\frac{A_g}{\pi}}=2\sqrt{\frac{BL}{\pi}} \tag{7}$$

式中：A_g——等效墩的整体平面面积；

B——群桩的外围宽；

L——群桩的外围长。

等效墩的杨氏模量可按下式计算：

$$E_{ep}=E_s+(E_p-E_s)A_{tp}/A_g \tag{8}$$

式中：E_p——桩的杨氏模量；

E_s——设有桩体的土体平均杨氏模量；

A_{tp}——群桩中桩的横截面的面积总和。

(4)桩—土体系的刚度修正

假定等效墩模型的荷载传递也符合双曲线型荷载—传递函数，就可以利用静载试验所得到的单桩的荷载传递函数。考虑桩—土—桩相互作用引起的群桩效应，使单桩的性状和群桩的性状联系起来，荷载—传递函数必须经过修正。

由于群桩中各基桩的相互作用，直接计算所得结果往往与实际相差很大，需要进行修正。群桩中相互作用对桩—土体系影响最大的是桩—土体系的刚度，具体修正可集中在两个参数上，即桩—土体系的初始刚度和沉降变形。

群桩—土体系的初始刚度按下式计算：

$$K_{gi}=K_{si}(D/D_{eq})^{\beta} \tag{9}$$

式中：K_{gi}——群桩等效为墩时桩土体系的初始刚度；

K_{si}——单桩时桩土体系的初试刚度，$K_{si}=1/a$，对于桩端，$K_s=1/a_b$；

β——刚度的折减系数。

和单桩相比，群桩的桩顶沉降有所增加，按下式进行计算：

$$s_g = \omega(D/D_{eq})^{-g} \tag{10}$$

式中：s_g——群桩等效为墩时群桩的桩顶沉降；

g——位移的折减系数。

刚度的折减系数β和位移的折减系数g是两个非常重要的参数，根据已开展的大型室内模型试验，采用遗传算法，通过数据回归分析，得到了如下的表达式：

$$\beta = 0.18\ln\left(\frac{A_{tp}}{A_g}\right) + 0.57 \tag{11}$$

$$g = 0.0188\left(\frac{A_{tp}}{A_g}\right)^{-1.5\left(\frac{\lambda}{50}\right)} \tag{12}$$

式中：λ——长细比。

等效墩方法计算出的群桩沉降只是群桩的平均沉降。对于高承台的群桩，各桩的沉降可以假定相同，所以等效墩方法对于高承台群桩比较适用。

经过对参数的修正，利用已推导的单桩荷载—位移关系迭代计算方法，就可以得到群桩的荷载—位移关系，即群桩的Q—s曲线。

2. 实验验证

苏通大桥主桥墩桩基采用钻孔灌注桩，上、下两段直径分别为2.8、2.5m，长度分别为49m和65m，选用C30水下混凝土。对主墩的一半即64根桩的群桩基础进行竖向荷载作用下的离心模型试验，以桩的抗压刚度相似条件进行模拟。

图3为64桩的采用等效墩法的模拟结果与离心试验结果对比图。从图中可以看出模拟结果与离心试验结果较吻合，表明该法可行。

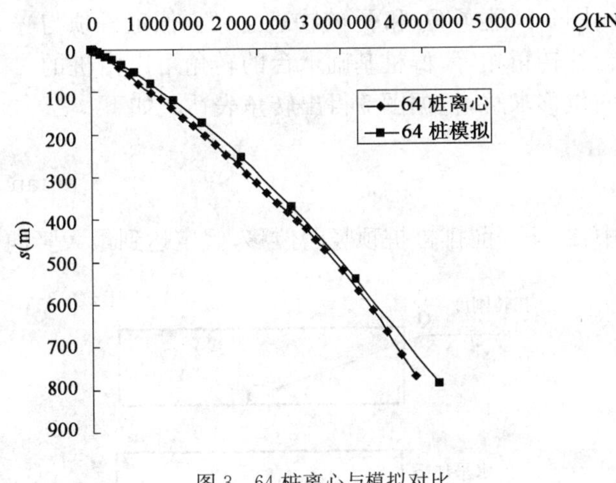

图3 64桩离心与模拟对比

三、水平向荷载作用下的等效墩法

1. 计算方法简介

群桩基础承受水平荷载时也可采用等效墩法计算。通过单桩的水平向静载试验，可以得到单桩的p—y曲线，考虑了群桩的相互影响以及承台的约束作用，可以得到群桩的H—y曲线。

具体的求解步骤如下：

(1)通过静载试验得出单桩的p—y曲线；

(2)利用p-multiplier法考虑群桩效应中，得出等效墩的p—y曲线，见表达式(13)。

$$p_{GEP} = p_{single}\sum_{i=1}^{n} f_{m,i} \tag{13}$$

式中：p_{GEP}——等效墩的周围土体反力；

p_{single}——群桩中单桩桩侧土反力；

$f_{m,i}$——群桩中i桩的折减因子，按图4根据桩间距和群桩中各桩的位置取值。

(3)求解群桩基础的扭转刚度$k_{m\theta}$。

$k_{m\theta}$定义如下：

$$k_{m\theta} = \frac{M}{\theta} \tag{14}$$

式中：M——桩顶的约束弯矩；

θ——桩顶的转角。

当桩顶理想嵌固时，$k_{m\theta}$为无穷大；当桩顶自由时，$k_{m\theta}$为0。

理论上，约束弯矩的极限值是桩侧和承台土抗力的函数。Mokwa 和 Duncan 的计算方法不包括承台土抗力。因此，极限约束弯矩仅仅是群桩中桩侧土抗力的函数，而且，约束弯矩是被认为施加在承台中心位置的（图5）。极限约束弯矩 M_{ult} 定义如下：

$$M_{ult}=\sum_{i}^{n}Q_{si}X_i \tag{15}$$

式中：Q_{si}——群桩基础中 i 桩的桩侧摩阻力；

X_i——群桩基础中 i 桩的力臂。

图5阐述了 Q_{si} 和 X_i 的物理意义。假定桩顶与承台的转角相等，群桩基础承台的转角可以由桩的竖向位移求解，根据图5得出转角表达式如下：

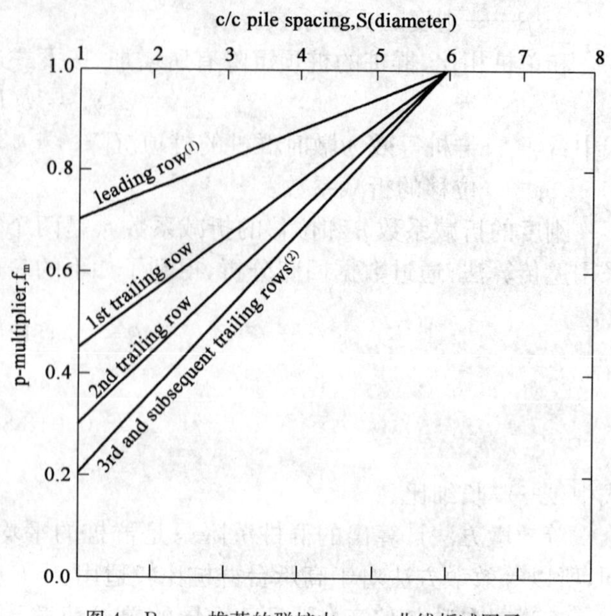

图4　Brown推荐的群桩中 p—y 曲线折减因子

$$\theta=\tan^{-1}\frac{2\Delta_t}{S} \tag{16}$$

式中：Δ_t——前排桩桩顶竖向位移，假定达到最大竖向位移时，桩侧摩阻力达到极限值。

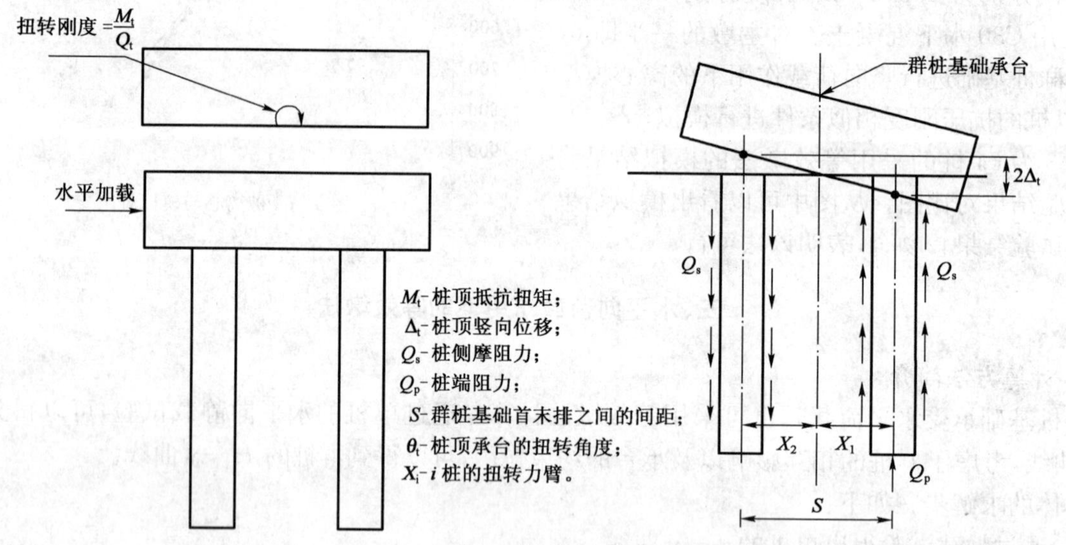

图5　群桩基础承台约束模型示意图

M、θ之间的关系可以用三次抛物线拟合。LPILE程序中 M、θ之间为线性关系。Mokwa 和 Duncan 通过三次抛物线的两点（0,0）和（$0.79M_{ult}$,$0.5\theta_{ult}$）来线性拟合 M、θ之间的关系，得到 $k_{m\theta}$表达式如下：

$$k_{m\theta}=\frac{M}{\theta}=1.6\frac{M_{ult}}{\theta_{ult}}=1.6\frac{\sum_{i=1}^{N}Q_{si}X_i}{\tan^{-1}\left(\frac{2\Delta_t}{S}\right)} \tag{17}$$

（4）获取承台的 p—y 曲线。p—y 曲线的获取需要利用承台的水平极限承载力 P_{ult}，和承台的刚度 k_{max}。P_{ult}推荐采用基于 Ovesen 三维修正系数的对数螺旋法求解。推荐采用 Douglas 和 Davis（1964）荷载—弹性位移曲线获得 k_{max} 值。

(5)等效墩抗弯刚度计算如下：

$$EI_{GEP}=E\sum_{i=1}^{N}I_i \tag{18}$$

式中：E——桩的弹性模量(认为所有桩体的都为常量)；

I_i——群桩基础中 i 桩的惯性矩。

等效墩的承台尺寸与群桩基础承台一致，求解时需按步骤(4)计入扭转刚度的影响。

(6)结合以上步骤，将解出的所有参数输入 LPILE 程序中求解可以得到等效墩的剪力 V_{GEP}、弯矩 M_{GEP}。

(7)计算结果修正。求解群桩中单桩的自身内力并进行修正。

$$V_i=V_{GEP}\left[\frac{p_{m,i}EI_i}{\sum_{i=1}^{N}(p_{m,i}EI_i)}\right]p_{mc} \tag{19}$$

式中：V_i——群桩基础中 i 桩的剪力；

p_{mc}——角桩的折减因子。

$$M_i=M_{GEP}\left[\frac{p_{m,i}EI_i}{\sum_{i=1}^{N}(p_{m,i}EI_i)}\right]p_{mc} \tag{20}$$

式中：M_i——群桩基础中 i 桩的弯矩。

2. 试验验证

江苏省某工程进行了 4 桩带承台水平静载试验 2 组(CT-1、CT-2、CT-3、CT-4)，如图 6 所示。试验承台下试桩的参数如表 1 所示，承台的参数如表 2 所示。

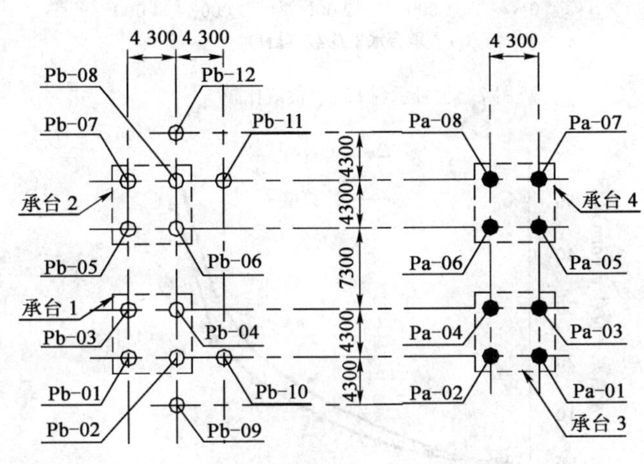

图 6 试验桩位俯视图(尺寸单位：mm)

测试承台底试桩参数 表 1

试 桩 号	桩 长 (m)	桩 径 (m)	桩顶高程(m)	桩底高程(m)
Pa－01～Pa－08	76.8	1.4	＋11.800	－65.000

承 台 试 验 参 数 表 2

测试承台	承台底桩位	混凝土等级	承台尺寸	泥面高程(m)	承台底高程(m)	承台顶高程(m)
承台	Pb-01，Pb-02，Pb-03，Pb-04	C40	6.6m×6.6m	＋10.000	＋11.700	＋12.900

等效墩法(GEP 法)求解步骤如下：

(1)开展现场试验，获得单桩的 $p—y$ 曲线实测值。

(2)根据群桩效应来修正单桩的 $p—y$ 曲线实测值，四组承台的总的折减因子 $\sum_{i=1}^{N}f_{m,i}$ 均为 2.48。

(3)4 个承台旋转刚度 $k_{m\theta}$ 分别如下：

①号承台试验：$k_{m\theta}=2.58\times10^6$ kN·m/rad

②号承台试验：$k_{m\theta}=2.79\times10^6$ kN·m/rad

③号承台试验：$k_{m\theta}=2.44\times10^6$ kN·m/rad

④号承台试验：$k_{m\theta}=2.81\times10^6$ kN·m/rad

(4)等效刚度计算。将群桩基础等效成一超大直径的单桩，其抗弯刚度计算见公式(18)。

(5)计算出等效墩的 $H—y$ 曲线与现场实验所得的 $H—y$ 曲线对比如图7～图10。计算所得的曲线与实测曲线基本接近，在相同荷载作用下，其位移略大于实测值。

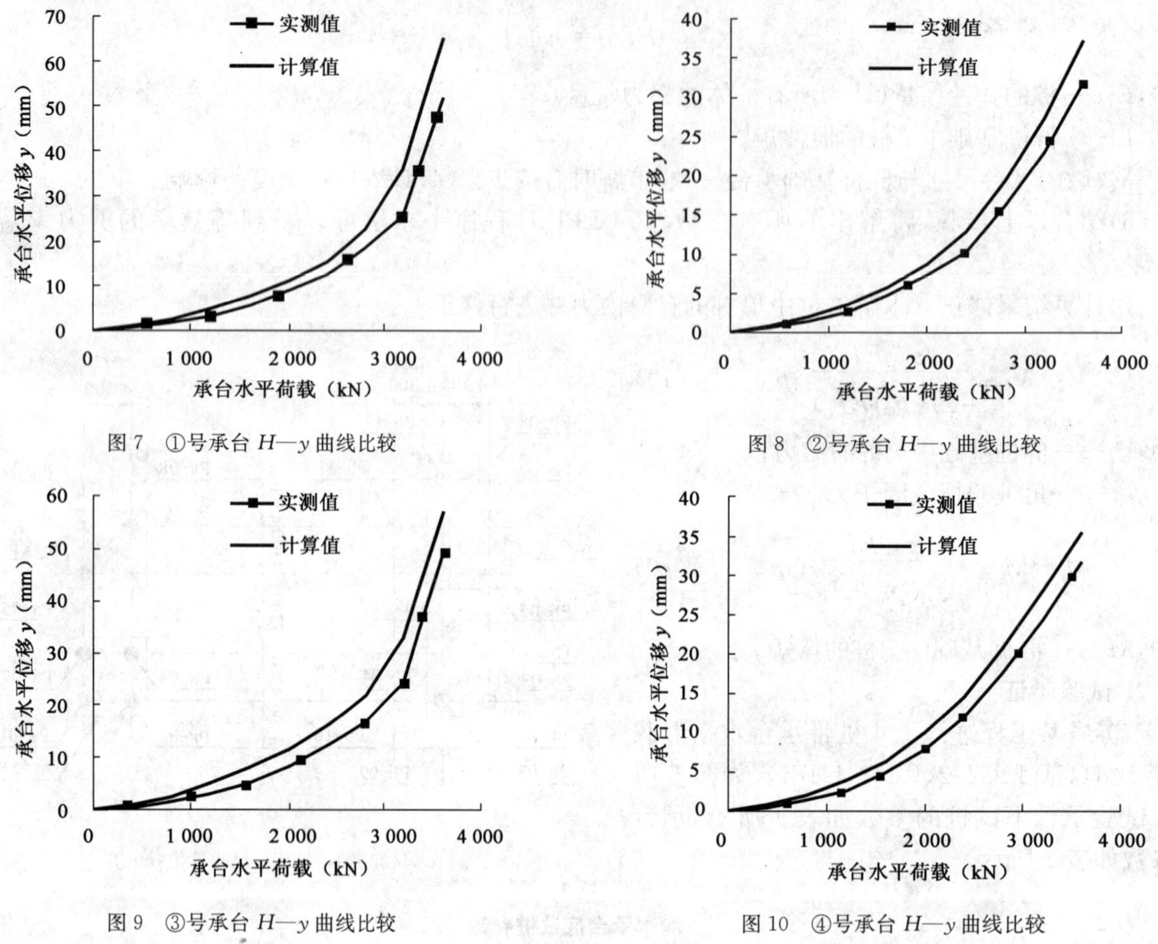

图7 ①号承台 $H—y$ 曲线比较

图8 ②号承台 $H—y$ 曲线比较

图9 ③号承台 $H—y$ 曲线比较

图10 ④号承台 $H—y$ 曲线比较

四、研 究 结 论

(1)无论是竖向荷载作用下还是水平向荷载作用下，采用等效墩法的计算得到的群桩荷载—位移关系与试验的结果均较接近，表明实际设计中可采用等效墩的计算方法进行分析计算。

(2)等效墩法可以通过单桩的静载试验结果，推算群桩的荷载—位移关系，可实现承载力—位移相协调的设计。

参考文献

[1] H G. Poulos. Analysis of Settlement of Pile Groups[J]. Geotechnique, 1968, 18(3): 449-471.

[2] Poulos H. G.. Behavior of laterally loaded piles: I—single piles[J]. J. SMF. Div., ASCE, 1971, 97(5): 711-731.

[3] Brown, D. A., Morrison, C., and Reese, L. C. (1988). Lateral Load Behavior of Pile Groups in Sand. Journal of Geotechnical Engineering, 114(11), 1261-1276.

[4] Mokwa, R. L. and Duncan, J. M. (2000). Investigation of the Resistance of Pile Caps and Integal Abutments to Lateral Loading. Final Contract Report to Virginia Transportation Research Council.

[5] Ovese, N. K. (1964). Anchor Slabs, Calculation Menthods and Modle Tests. Bulletin No. 16. Copenhagen: The Danish Geotechnical Institute.

28. 中国公路与铁路桥梁抗震规范比较与分析

刘 舟 戴公连
（中南大学土木建筑学院）

摘 要 本文从抗震设计的基本要求及设计思想，设计地震动、抗震分析方法、延性设计及减隔震耗能设计这四个方面对我国现行的两部最主要的桥梁抗震设计规范《公路桥梁抗震设计细则》与《铁路工程抗震设计规范》进行了比较与分析，为了解《公路桥梁抗震设计细则》与《铁路工程抗震设计规范》在设计思想及设计计算结果上的差异进行了初步的探讨。

关键词 桥梁 抗震设计 规范

一、前 言

我国现行的铁路与公路桥梁抗震设计规范分别为：2006 年颁布的《铁路工程抗震设计规范》和 2008 年颁布的《公路桥梁抗震设计细则》。《铁路工程抗震设计规范》是一本综合性的抗震设计指南，其包括了铁道工程中关于线路、路基、桥梁以及隧道的抗震设计。我国铁路桥梁抗震设计的主要依据就是其中关于桥梁部分的章节。《公路桥梁抗震设计细则》则是专门为公路桥梁编制的抗震设计指南，用来指导我国公路桥梁的抗震设计。本文通过对此两部规范进行比较与分析，旨在了解我国交通、铁道两大部门在桥梁抗震设计思想与方法上的异同，为我国工程师进行桥梁抗震设计提供参考。

二、抗震设计的基本要求及设计思想

结构抗震设计的基本要求与设计思想是制定规范的重中之重，它直接决定了人们在进行抗震设计时所希望达到的效果，以及进行抗震设计时所采取的地震动水平和具体的地震响应计算方式。

我国《铁路工程抗震设计规范》规定了三个抗震性能要求水准，各性能水准要求见表 1。

《铁路工程抗震设计规范》所规定的性能水准　　表 1

性能要求水准	抗震设防目的
性能要求 I	震后不损坏或轻微损坏，能够保持其正常使用功能；结构处于弹性工作阶段
性能要求 II	地震后可能损坏，经修补，短期内能恢复其正常使用功能；结构整体处于非弹性工作阶段
性能要求 III	地震后可能产生较大破坏，但不出现整体倒塌，经抢修后可限速通车；结构处于弹塑性工作阶段

我国《公路桥梁抗震设计细则》则将桥梁的抗震设防类别依据桥梁的重要性等级分为了 A、B、C、D 四类，针对不同的抗震设防类别提出了不同的两级设防目标，即 E1 地震作用下的桥梁抗震设防目标与 E2 地震作用下的桥梁抗震设防目标。各设防类桥梁抗震设防目标详情见表 2。

《公路桥梁抗震设计细则》各设防类别桥梁的抗震设防目标　　表 2

桥梁抗震设防类别	设防目标	
	E1 地震作用	E2 地震作用
A 类	一般不受损坏或不需修复可继续使用	可发生局部轻微损伤，不需修复或经简单修复可继续使用
B 类	一般不受损坏或不需修复可继续使用	应保证不致倒塌或产生严重结构损伤，经临时加固后可供维持应急交通使用

续上表

桥梁抗震设防类别	设防目标	
	E1地震作用	E2地震作用
C类	一般不受损坏或不需修复可继续使用	应保证不致倒塌或产生严重结构损伤，经临时加固后可供维持应急交通使用
D类	一般不受损坏或不需修复可继续使用	—

由表1、表2可以看出，我国铁路与公路桥梁抗震设计规范从一定意义上讲均引入了基于性能的抗震设计思想，即：采用合理的抗震性能目标和合适的结构抗震措施进行设计，使结构在各种水准地震作用下的破坏损失，能为业主选择和承受，透过对工程项目进行生命周期的费用—效应分析后达到一种安全可靠和经济合理的优化平衡[3]。但是相比公路规范，我国铁路规范在对性能目标的规定上相对笼统，没有像公路那样区分不同的抗震设防类别，而是将所有的铁路桥梁都用一致的三级性能水准进行设计。作者认为，铁路部门采用这种方式，和铁路的连续性及重要性有关。作为国民经济的大动脉，铁路在政治、经济和国防上都有着举足轻重的影响，因此对于铁路桥梁采用单一的抗震设防类别也有其合理性。

此外，铁路规范与公路规范所规定的性能准则也有所差异，铁路规范规定了三个性能水准，而公路则规定了E1与E2两个性能水准。但是其内在的核心思想基本一致，即：针对不同的地震动等级，结构被要求设计得具有不同的性能，对于中小地震，结构应不受损坏，或经简单修复后可正常使用，而对于罕遇的大地震，结构可以发生较大的破坏，但不致发生整体倒塌，经抢修后可维持应急交通。

三、设计地震动

1. 场地分类

我国《铁路工程抗震设计规范》和《公路桥梁抗震设计细则》都考虑了场地因素对设计地震动参数的影响，两部规范都将场地划分为四类，在划分方法上，略有区别。公路及铁路规范对于场地的划分方法见表3、表4。

《铁路工程抗震设计规范》场地类别 表3

I	II	III	IV
$V_{se}>500$	$250<V_{se}\leqslant500$	$150<V_{se}\leqslant250$	$V_{se}\leqslant150$

《公路桥梁抗震设计细则》场地类别 表4

平均剪切波速	场地类别			
	I	II	III	IV
$V_{se}>500$	0			
$250<V_{se}\leqslant500$	<5	$\geqslant5$		
$150<V_{se}\leqslant250$	<3	$\geqslant3,\leqslant50$	>50	
$V_{se}\leqslant150$	<3	$\geqslant3,\leqslant15$	$>15,\leqslant80$	>80

由上表可见，相比铁路规范，公路规范对场地的分类考虑了覆盖土层厚度的影响，这与世界上主要地震国家规范对场地的划分方式相一致。

2. 地震设计谱

我国《铁路工程抗震设计规范》以动力放大系数的方式给出了自振周期小于2s，且阻尼比为0.05的结构的水平设计加速度反应谱，其曲线见图1。

铁路规范谱曲线给出的是动力放大系数β，用其乘以水平地震基本加速度值a，即得到了用于水平抗震计算的水平设计加速度谱。a根据设防烈度和不同的性能水准取不同的值，详情见表5。

《铁路工程抗震设计规范》水平地震基本加速度值 表5

设防烈度	6度	7度		8度		9度
设计地震 A_g	0.05g	0.1g	0.15g	0.2g	0.3g	0.4g
多遇地震	0.02g	0.04g	0.05g	0.07g	0.1g	0.14g
罕遇地震	0.11g	0.21g	0.32g	0.38g	0.57g	0.64g

我国《公路桥梁抗震设计细则》则直接给出了水平设计加速度反应谱，其曲线见图2。

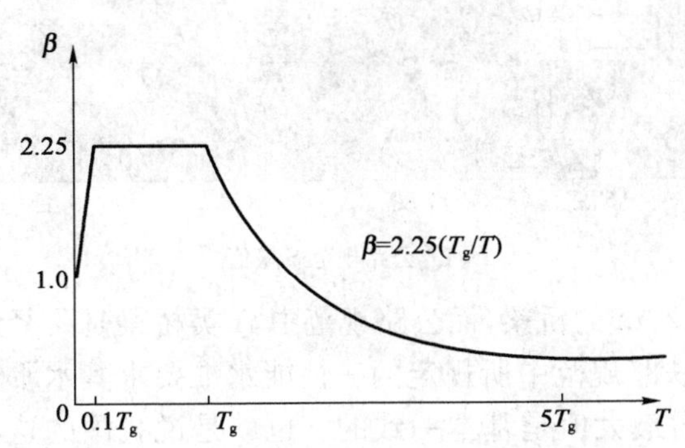

图1 《铁路工程抗震设计规范》动力放大系数曲线

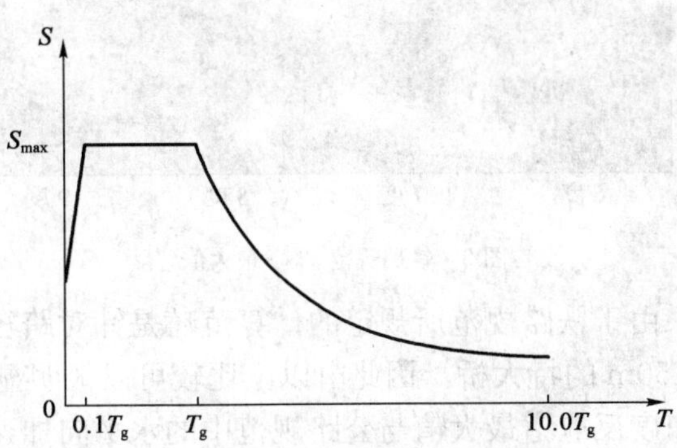

图2 《公路桥梁抗震设计细则》水平设计加速度反应谱

水平设计加速度反应谱 S 表达式为：

$$S=\begin{cases}S_{max}(5.5T+0.45)\cdots\cdots T<0.1s\\S_{max}\cdots\cdots\cdots\cdots\cdots\cdots\cdots\cdots 0.1s\leqslant T\leqslant T_g\\S_{max}(T_g/T)\cdots\cdots\cdots\cdots T>T_g\end{cases}$$

其中 S_{max} 为水平设计加速度反应谱最大值，表达式为 $S_{max}=2.25C_iC_sC_dA$。式中 C_i、C_s、C_d、A 分别代表抗震重要性系数、场地系数、阻尼调整系数和水平向设计加速度峰值。

比较铁路规范与公路规范的反应谱曲线，可以看出2条曲线所考虑的周期范围不同，公路规范所考虑的周期为0s至10s而铁路规范考虑的周期为0s至 $5T_g$，而一般地震动反应谱特征周期均小于1s，因此可以认为铁路规范所考虑的反应谱周期范围为0s至5s的范围内，二者相比较，可以认为公路规范反应谱曲线所考虑的周期范围更广。此外，相比铁路规范的放大系数乘以基本加速度的方法，公路规范直接给出的加速度反应谱曲线将场地系数与阻尼调整系数考虑在内，尤其是阻尼调整系数的引入，使得公路规范反应谱曲线能够适用于阻尼比不为0.05的情况，这是铁路规范反应谱曲线所缺乏的。铁路规范反应谱曲线只适用于阻尼比为0.05的结构。因此从一定意义上来说，公路规范所提供的反应谱曲线其适用范围比铁路规范的更为广泛。

由于两条曲线所代表的物理意义并不一致，因此单纯从坐标数值上去讨论二者的差异显得意义并不大，但是铁路规范反应谱曲线中 β 与水平向基本加速度 a 的乘积与公路规范加速度反应谱 S 的值确具有完全相同的物理意义，它们都代表了水平向加速度反应谱的值。对于一条加速度反应谱曲线，我们往往最为关注其最大平台段所对应的值，因为一般桥梁的特征周期均大于0.1s，即反应谱曲线最大值平台段及下降段的开始部分对结构抗震计算的意义最为重要。因此讨论铁路规范 $a\times\beta$ 最大值与公路规范中 S_{max} 的关系，对于深度比较两规范的异同是有意义的。由于铁路规范没有考虑场地和阻尼的影响，因此在此处计算 S_{max} 时取 C_s 与 C_d 为1。其比较关系见图3、图4。

由于公路规范中对于位于9度区的A、B类桥梁其抗震设防烈度取值应比9度还高，而规范中并未给出9度以上抗震设防烈度所对应的水平向设计基本地震动加速度峰值，因而图4中曲线未对A、B类桥梁9度设防烈度下的水平向加速度反应谱最大值进行计算。从图3可以看出铁路规范中规定的多遇地震性能水准，与公路规范中C类桥梁在E1地震作用下的加速度反应谱最大值曲线相似；铁路规范规定的设计地震水准则与公路规范中C类桥梁E2地震作用下的加速度反应谱最大值曲线相似；铁路规范中规定的罕遇地震性能水准其加速度反应谱最大值略小于公路规范中规定的B类桥梁E2地震作用下的反应谱最大值。

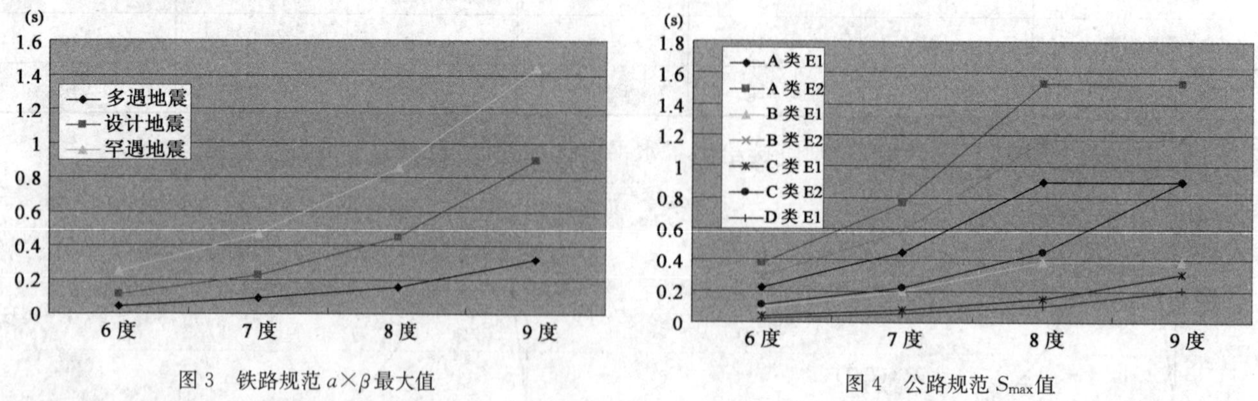

图3　铁路规范 $\alpha\times\beta$ 最大值　　　　图4　公路规范 S_{max} 值

由于铁路规范所规定的计算范畴是针对跨径不超过120m的桥梁，而公路规范中A类桥梁是跨径超过150m的特大桥。因此由以上比较可以很明显地看出，铁路规范中所规定的三性能水准要求其水平向加速度反应谱最大值与公路规范中的水平向加速度反应谱最大值是基本一致的。也就是说我国的这两部主要的桥梁抗震规范，对设计地震动的规定其大小基本一致。

四、抗震分析方法

公路规范所提供的抗震计算方法大致可以分为三类：反应谱法，时程分析方法，功率谱法。而铁路规范只提供了反应谱法这一种抗震计算方法。总的来说公路规范所提供的方法可归纳为线性静力法及线性动力法，铁路规范仅提供线性静力法计算方式。两部规范对抗震分析方法的详细阐述见表6。

铁路规范与公路规范抗震分析方法　　表6

类　别	公 路 规 范	铁 路 规 范
反应谱法	给出了水平向设计加速度反应谱，并按其进行线性静力计算	给出了加速度放大系数谱曲线，并按此进行线性静力计算
时程分析方法	规定设计加速度时程不得少于3组，且应保证任意两组相关系数绝对值小于0.1，按所考虑的地震动时程曲线进行线性动力计算	无相关规定
功率谱法	提供了地面均匀运动以及考虑行波效应时结构响应自功率谱的计算方法，此外还规定了结构响应需求的计算方法	无相关规定

五、延性设计及减隔震耗能设计

1. 延性设计

铁路规范中规定对于钢筋混凝土桥墩应进行延性设计，但是其规定比较笼统，仅从构造上做了一定要求，最后提出了一个容许位移延性比[μ_u]并要求延性桥墩的非线性位移延性比小于该值，以及一个适用于简支梁桥墩的延性设计简化方法。

公路规范中对于墩柱延性设计的规定较铁路规范详细，除了从构造上做了详细规定之外，公路规范提出了 $\theta_p<\theta_u$ 以及对于规则桥梁的 $\Delta_d<\Delta_u$ 两个判别延性能力的公式，式中 Δ_d，Δ_u，θ_p，θ_u 分别代表在E2地震作用下潜在塑性铰区的塑性转角、最大容许塑性转角、墩顶位移以及墩顶容许位移。

关于公路规范与铁路规范关于延性计算的详细比较见表7。

铁路规范与公路规范关于延性设计的方法 表7

类别	公路规范	铁路规范
构造措施	明确规定了7、8度地区的加密箍筋的最小体积含箍率，加密区的长度不应小于墩柱弯曲方向截面宽度的1.0倍或墩柱上弯矩超过最大弯曲80%的范围，当墩柱高度与横截面高度之比小于2.5时，墩柱加密区的长度应取全高，加密箍筋的最大间距不应大于10cm或$6d_s$或$b/4$，箍筋直径不应小于10mm，螺旋式箍筋的接头必须采用对接，矩形箍筋应有135°弯钩，并要求伸入核心混凝土内$6d_s$以上。加密区箍筋肢距不宜大于25cm等。此外公路规范还专门对节点的构造措施进行了阐述	墩身刚度变化均匀，避免出现突变。墩身主筋全截面配筋率不应小于0.5%，并不大于4%。加强区箍筋配置高度不应小于弯曲方向截面高度的2倍，当塑性铰位于墩底时，加强区高度可取截面高。墩高与验算截面方向截面高度比之小于2.5时，应对所有截面加强，并进行抗剪计算。箍筋直径不应小于10mm，配箍率不应低于主筋配筋率的1/4，且不低于0.3%。设防烈度为8度以下地区，加强箍筋间距不应大于10cm，其他部位不应大于15cm；设防烈度大于8度的地区，加强区箍筋不应大于5cm，其他部位不大于10cm。此外对于矩形箍筋及横向拉筋的布置也做了明确规定
计算方法	明确规定了等效塑性铰长度，极限曲率，屈服曲率的计算公式，用严谨的推导过程给出了容许曲率及容许位移的计算公式	容许位移延性比是一个定值，由规范直接给出4.8。简化计算中，由线性弯矩比乘以一个由实验获得的系数来得到非线性位移延性比

2. 减隔震与耗能设计

减隔震技术作为一种比较新型的抗震技术，近年来已经出现在了其他世界主要地震国家的规范中，我国《公路桥梁抗震设计细则》也已经引入了桥梁减隔震设计的相关规定，从一般规定、减隔震装置、减隔震桥梁建模原则与分析方法，性能要求与抗震验算这四个方面对公路桥梁的减隔震设计进行了规定。相比公路规范，我国《铁路工程抗震设计规范》没有相关条款，是我国铁路规范需要补充的一个方面。

六、结　语

《公路桥梁抗震设计细则》与《铁路工程抗震设计规范》作为我国桥梁抗震最主要的两部行业标准，在指导我国工程师进行桥梁抗震设计方面有着决定性的作用。本文通过抗震设计基本要求与思想、设计地震动、抗震分析方法、延性与减隔震耗能设计这四个方面对两部规范进行了比较，为较为深刻地理解两部规范内涵及异同进行了初步地探讨。

参考文献

[1] 重庆交通科研设计院主编．公路桥梁抗震设计细则(JTG/T B02-01—2008)[S]．北京：人民交通出版社，2008.

[2] 中华人民共和国铁道部主编．铁路工程抗震设计规范(GB 50111—2006)[S]．北京：中国计划出版社，2006.

[3] 王克海．桥梁抗震研究[M]．北京：中国铁道出版社，2007.

29. 海南南渡江大桥延性抗震设计

田　卿　戴公连
（中南大学桥梁工程系）

摘　要　本文结合海南南渡江大桥一联连续梁，利用非线性反应谱求解地震作用下结构响应，结合截面弯矩——曲率分析和PUSHOVER分析，系统介绍了延性抗震设计的运用、设计参数选取以及结构延性评价，为类似抗震设计提供一定思路和借鉴。

关键词 延性设计 非线性反应谱 截面曲率分析 PUSHOVER分析

一、概 述

延性抗震设计方法自20世纪70年代首次提出以来，得到了很大发展。与强度理论不同的是，它通过结构选定部位(称为塑性铰)的塑性变形来抵抗地震作用。利用塑性铰，不仅能消耗地震能量，还能延长地震周期，从而减小地震反应。因此，延性设计的目的在于，使结构具有能够适应强震激起的反复弹塑性变形循环的滞回延性，则结构在遭遇设计预期的强震时，尽管可能损伤严重，但却能免于倒塌[1]。

二、结构方案介绍

拟建的海南省中线海口至屯昌高速公路的南渡江特大桥，横跨海南第一大江——南渡江，桥型布置为7×5×30m，全长1 150m。

大桥上部结构为先简支后连续预应力混凝土箱梁，采用部颁标准图，梁高1.6m，采用C50混凝土。大桥分左右两幅，每幅宽13m，全宽26m。每幅4片箱梁。支座采用普通圆形板式橡胶支座，每片梁体下布置一个。支座高度均为0.1m，边墩支座直径0.3m，中墩支座直径0.4m。本文取7联中墩高最矮的一联作为算例。下部结构采用圆截面桩柱式桥墩，墩柱直径采用1.6m，桩基础直径采用1.8m，墩柱顶设盖梁，桩基础顶设横系梁。墩高如表1，桩基长均约45m。墩柱和桩基分别采用C30和C25混凝土。

计算模型桥墩高度 表1

墩 台 号	1号墩	2号墩	3号墩	4号墩	5号墩	6号墩
墩高(m)	8	7	7	6	5.5	5.5

本桥抗震设防类别为B类，设防烈度为8度，水平向设计基本地震动加速度峰值为0.30g，场地类别为II类，设计加速度反应谱特征周期为0.35s。

三、动力计算模型

考虑到计算成本及理论完善程度，全桥均采用梁单元建模。上部结构由分片小箱梁组成，最常用的建模方法是梁格法，无需复杂的修正，每片箱梁均等效为一根单梁，现浇桥面板和横梁等效为横向联系梁即可。梁格法优点是可以考虑空间受力特性，结果准确。

两边墩受到邻跨影响，墩顶对应位置需加上邻跨支反力，及邻跨上部结构根据桥墩抗推刚度分配到本跨边墩的质量。全桥计算模型见图1。

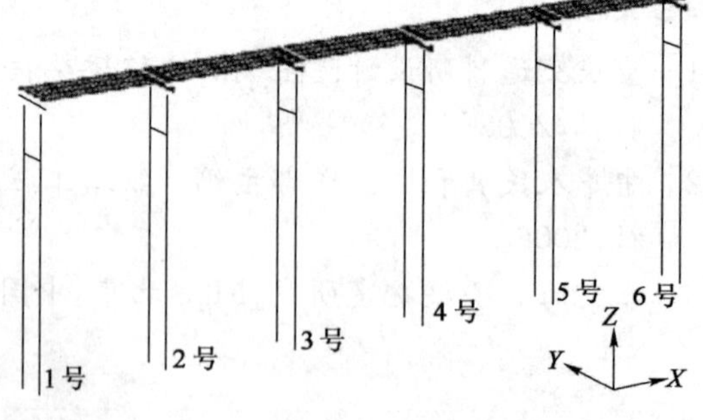

图1 全联计算模型

本桥采用板式橡胶支座。大量的试验结果表明，板式橡胶支座的滞回曲线是狭长形的，其耗能能力可以忽略不计，近似作线性处理[2]。

考虑桩—土—结构共同作用采用m法。与静力计算略有不同的是，考虑土在动力作用下抗力有所增强，土的地基系数m应取为静力计算时m的2~3倍[3]。

本文质量模拟采用集中质量法，阻尼模拟采用Rayleigh阻尼。

四、结构自振特性分析方法

本文采用Ritz向量法求解结构自振特性。此法通过给定初始荷载向量，进而求出的是与激发荷载向量直接相关的振型，显然对于提高计算效率是最有利的。

需注意的是，本桥为直线线形，构造简单，跨径不大，仅需分别考虑顺桥向和横桥向地震作用。结构前 50 阶结构自振频率介于 3.478～766.135 rad/s 之间，周期介于 1.806～0.008 s。顺桥向和横桥向振型参与质量分别达到 97.4%和 92.47%。此外，第 1 阶振型和最后一阶振型都有较大的参与质量，这意味着计算 Rayleigh 阻尼时，1 到 50 阶自振频率均应作为关注频率。

五、延 性 指 标

本文利用非线性反应谱进行延性设计。首先需要确定结构的位移延性水平。选定的延性类型，直接决定了地震力的强度折减系数。可利用的位移延性水平越高，地震力的折减系数越大。

地震力强度折减系数 R_μ，定义为单自由度弹性系统最大地震惯性力 F_E 与相应的延性系统的屈服力 F_y 之比。早在 20 世纪 60～80 年代，Newmark 和 Hall 的研究发现，若单自由振动系统周期极短，则位移延性无论大小，都有：$R_\mu=1$；若系统是中等周期的，根据等能量准则可得：$R_\mu=\sqrt{2\mu_\Delta-1}$；若系统是长周期的，根据等位移准则可得：$R_\mu=\mu_\Delta$。以上述 3 个原则为基础，结合丰富的强震动记录，后来的学者提出了很多通过统计回归得到的经验公式。其中范立础提出的 R_μ 经验公式结合我国的场地分类规定，更符合我国的实际情况。对于前三类场地，表达式如下[1]：

$$R_\mu(T,\mu_\Delta)=1+(\mu_\Delta-1)(1-e^{-4.94T})+\frac{\mu_\Delta-1}{0.80+0.89\mu_\Delta}T\cdot e^{-0.40T}\text{（I 类场地）}$$

$$R_\mu(T,\mu_\Delta)=1+(\mu_\Delta-1)(1-e^{-3.98T})+\frac{\mu_\Delta-1}{0.76+0.09\mu_\Delta-0.003\mu_\Delta^2}T\cdot e^{-0.65T}\text{（II 类场地）}$$

$$R_\mu(T,\mu_\Delta)=1+(\mu_\Delta-1)(1-e^{-1.38T})+\frac{\mu_\Delta-1}{0.41+0.06\mu_\Delta-0.003\mu_\Delta^2}T\cdot e^{-0.87T}\text{（III 类场地）}$$

各国规定的位移延性系数容许值一般不超过 6。例如新西兰规范规定，对完全延性结构，容许值为 6；对有限延性结构，容许值为 3 或 4。欧洲规范规定，对完全延性结构，容许值为 3.5；对有限延性结构，容许值为 1.5[4]。我国范立础也根据试验和理论研究给出建议，对于完全延性结构的容许值最大为 5[1]。据此，本文在区间[1,6]内取多个值作为 μ_Δ，并进行对比。

六、非线性反应谱

1. 非线性反应谱建立

由《公路桥梁抗震设计细则》得到 E2 地震下线性加速度反应谱，然后根据第 5 节的理论进行折减即得到非线性反应谱，如图 2。

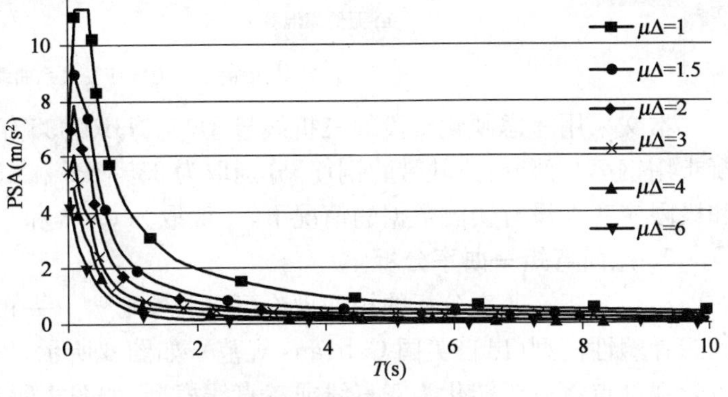

图 2　线性反应谱与折减后的非线性反应谱

反应谱曲线总是在周期 $T=0.1$s 时达到峰值。表 2 给出各 μ_Δ 对应的峰值点折减系数 R_μ，可更直观了解折减程度。

各对应加速度谱峰值点折减系数　　表 2

μ_Δ	1	1.5	2	3	4	6
$R_\mu(0.1s,\mu_\Delta)$	1	1.22	1.43	1.84	2.24	3.02

2. 结构响应

非线性反应谱计算与线性反应谱并无区别，本文采用 CQC 法进行振型组合。

桥墩作为延性构件，各反应谱作用下，相对于弹性反应谱墩底弯矩如表 3。

不同位移延性系数对线性地震响应的平均折减程度　　表 3

位移延性系数 μ_Δ	1	1.5	2	3	4	6
对线性地震响应的折减率(%)	0	37～44	54～61	69～75	77～81	83～87

可见，考虑结构延性将大大减小设计地震力。根据折减后的地震力进行延性构件和能力保护构件的抗弯剪设计可参考相关规范，本文不再赘述。本章余下内容重点阐述延性设计的核心问题：如何保证结构具有设定的位移延性水平。

七、塑性铰延性设计

1. 抗震设计中的材料性能

混凝土的应力—应变关系，需要针对无约束混凝土和约束混凝土分别进行考虑。目前得到最广泛认可的是 1988 年 Mander 等提出的应力—应变曲线，如图 3。该模型适用于任何截面形状和约束水平[1][5]。

本文取无约束混凝土峰值应力为：$30 \times 0.85 = 25.5$MPa，相应于峰值应力时的应变为 0.002，极限应变为 0.004，其应力—应变关系如图 4a)。根据箍筋约束情况，可得到约束混凝土的应力—应变关系如图 4b)。均不考虑混凝土抗拉性能。

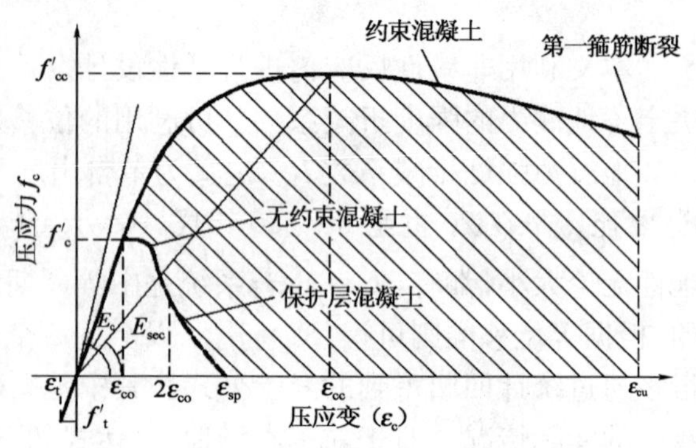

图 3　Mander 等建议的混凝土应力—应变关系

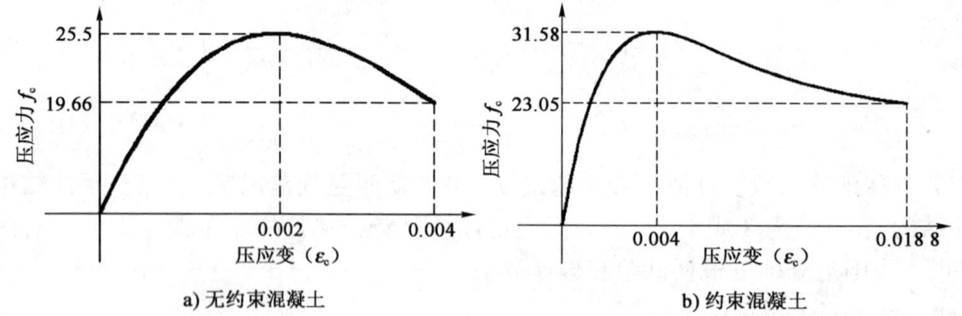

图 4　混凝土应力—应变关系曲线(应力单位：MPa)

本文采用考虑硬化阶段的三折线模型[6]。HRB335 钢筋的屈服强度和极限强度，根据我国《钢筋混凝土用钢第 2 部分：热轧带肋钢筋》分别取为 335MPa 和 455MPa。弹性模量取为 2×10^5MPa。硬化应变和极限应变在没有实测数据的情况下，一般取为 0.01 和 0.15。钢筋应力—应变关系如图 5。

2. 截面弯矩—曲率分析

截面弯矩—曲率分析的相关理论可参见文献[1]。一般将计算得到的不规则弯矩—曲率关系转化为理想弹塑性模型(出自美国 Caltrans 规范)，如图 6 所示，以计算截面曲率延性；或根据开裂点、屈服点和极限强度点将曲线转化为双直线或三直线模型，如图 7 所示，以模拟塑性铰骨架曲线。

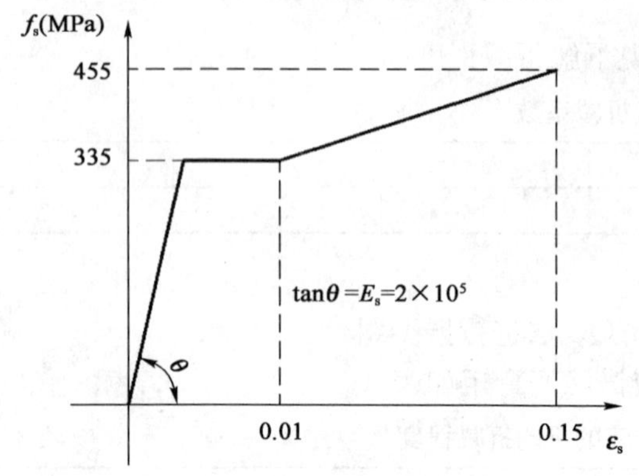

图 5　钢筋应力—应变关系曲线

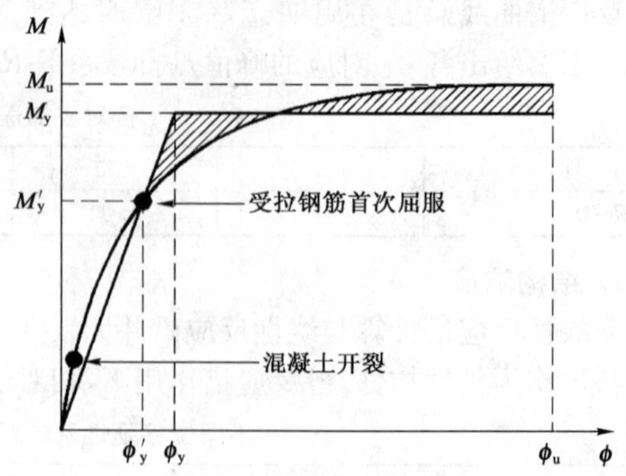

图 6　等能量法确定的理想弹塑性模型

进行截面弯矩—曲率分析时，典型的截面划分方式如图 8。对保护层混凝土(图中阴影部分)、约束混凝土和纵向钢筋，必须分别划分区域。

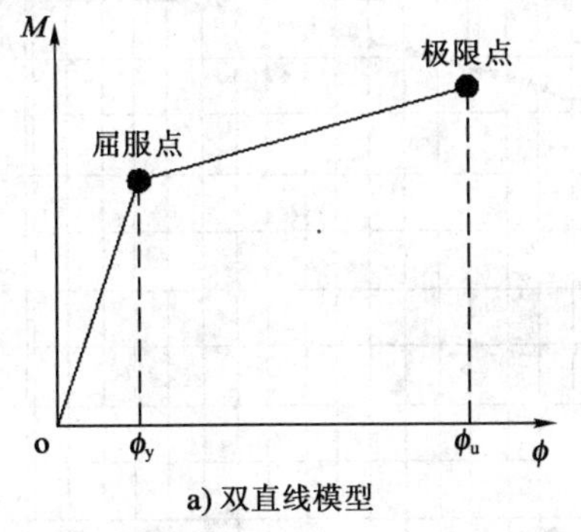

a) 双直线模型

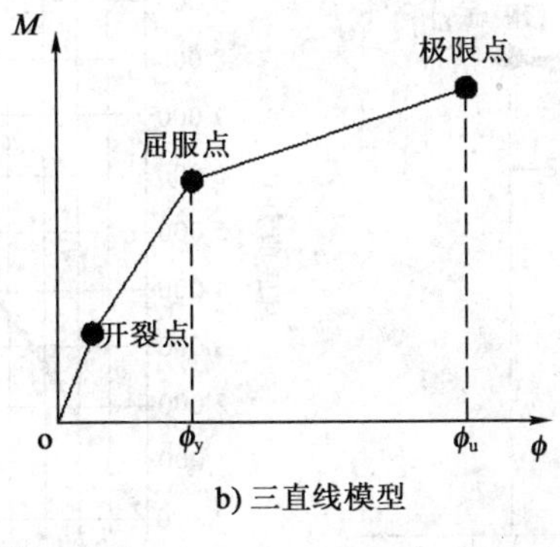

b) 三直线模型

图 7 折线型简化模型

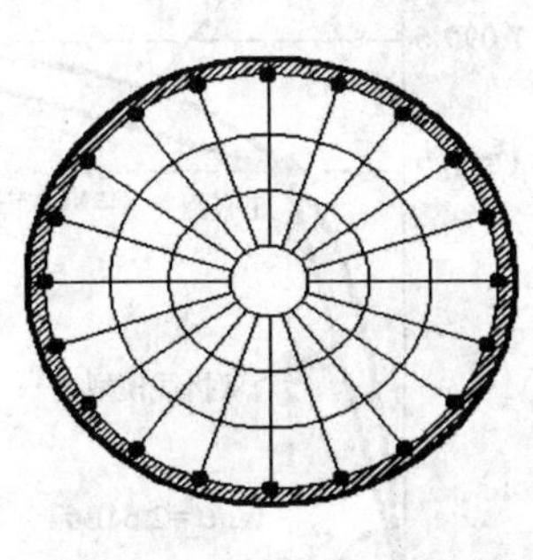

图 8 弯矩—曲率分析中截面分割示意图

本文考虑塑性铰屈服特性时，基于恒定轴力作用，屈服强度为定值。如需考虑变轴力，需利用屈服面概念[7]。但是，虽然屈服面表述更复杂，但计算原理与屈服点相同，仍采用截面弯矩—曲率分析方法，只需求出多组轴力—弯矩相关屈服点，通过拟合即可得到屈服面各参数。本文限于篇幅不再作过多介绍。

八、求解结构位移延性的 PUSHOVER 法

1. PUSHOVER 原理概述

前面讨论了截面的曲率延性的分析方法，但是，非线性反应谱是根据设定的结构位移延性得到的，设计中大多数情况下需要考察的也是结构的整体位移延性。

对于简单结构，可由解析法得到墩顶位移延性系数。但是对于复杂结构，解析法有一定难度，PUSHOVER 法提供了解决问题的另外一条途径。PUSHOVER 法又称非线性静力分析方法，该方法基于结构在预先固定的一种分布侧向力作用下，考虑结构中各种非线性因素，逐步增加结构受力，使结构达到目标位移，从而得到结构在横向静力荷载作用下的弹塑性性能[6]。此处用于确定结构的荷载—位移曲线。

在 PUSHOVER 分析中，首先应确定结构所需考虑的非线性特性，对于本文来说即确定塑性铰特性及位置，由前面内容已可解决。

其次，应确定侧向力$\{P\}$的分布模式，一般有三种取法：①在需关心其位移的质点处施加集中力；②侧向力分布形状与选取的振型相同；③将荷载以惯性力的形式分布于作用加速度为常量的结构，换言之，作用于每个质点的荷载仅与该质点的质量有关。

此外，P—Δ 效应对 PUSHOVER 结果有较大影响，不能忽略。

2. 塑性铰模拟

PUSHOVER 塑性铰特性的模拟，需借助截面弯矩—曲率分析的结果，将塑性铰截面的弯矩—曲率关系转化为双折线或三折线模型[6]。经验证，两种模型结果相差很小。

本文采用双折线模型，屈服点定义为钢筋发生初始屈服。例如对于 3 号墩底截面，轴压比 13.8%、纵筋配筋率 0.98%(40ϕ25)、配箍率 0.63%(ϕ16@80)时，双折线模型如图 9。

3. 实例分析结果

限于篇幅，且为便于描述结构的屈服状态，本文仅以顺桥向为例进行全桥 PUSHOVER 分析。

全桥推覆比单个桥墩推覆结果更准确，因为一个墩底塑性铰屈服后会影响其余桥墩塑性铰的性能。根据塑性铰设置原则，在各墩底设铰。此外，经验证，三种侧向力分布模式的计算结果差别很小，本文给出侧向力按照顺桥向基本振型分布时的结果。

基底剪力—全桥最大位移曲线是典型的 PUSHOVER 曲线。例如当纵筋配筋率 0.98%、配箍率

0.006 3 时，得到全桥基底剪力—控制点位移曲线如图10所示。

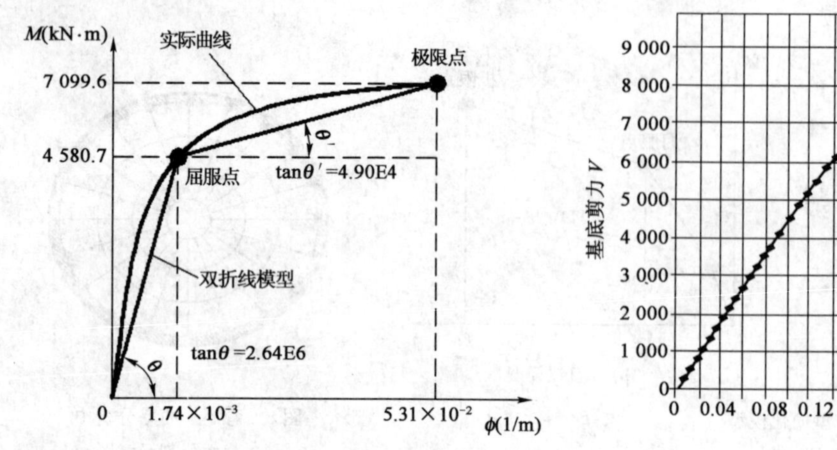

图9　塑性铰截面双折线模型示例

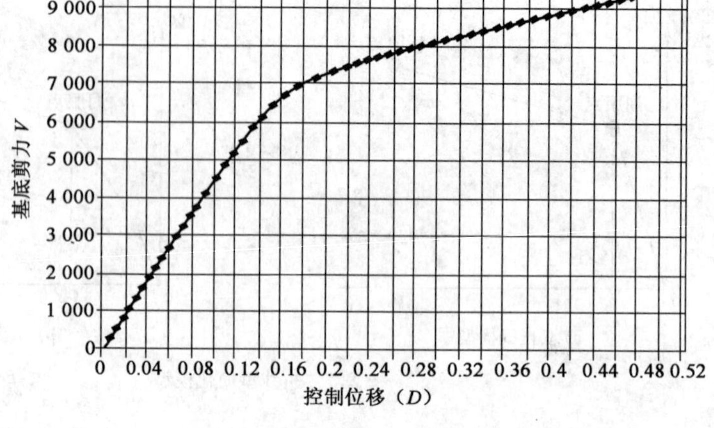

图10　基底剪力—控制点位移曲线

观察基底剪力—控制点位移曲线，可明显看出其开始和结束是两条直线段，中间通过一段曲线过渡。此曲线段是由于多铰相继屈服、刚度逐渐减小导致。

桥梁结构的位移延性系数，通常定义为上部结构质心处的极限位移与屈服位移之比。为使结构位移延性系数含义明确，本文取结构的屈服位移 Δ_y 为首次出现塑性铰屈服时的上部结构质心位移，取极限位移 Δ_μ 为任一塑性铰达到极限点时的上部结构质心位移。

图11给出各墩底截面弯矩随荷载步的变化情况（本计算模型共80个荷载步）。

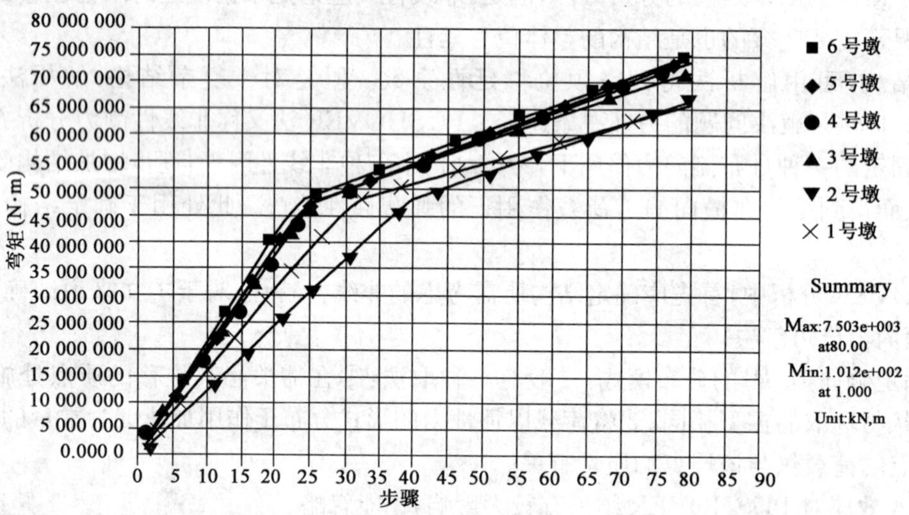

图11　各墩底截面PUSHOVER弯矩

由图11，可知3号墩塑性铰在第22荷载步时最先发生屈服，此时上部结构质心位移为0.137m，即 $\Delta_y=0.137\text{m}$。

双折线模型不能反映塑性铰到达极限点之后的卸载过程，因此计算模型中无法反映塑性铰的极限点，但可以通过塑性铰可承受的最大弯矩得到。5号墩在第71荷载步最先达到承载极限，此时上部结构质心位移为0.444m，即 $\Delta_u=0.444\text{m}$。可见，此时结构位移延性为：$\mu_\Delta=\frac{\Delta_u}{\Delta_y}=\frac{0.444}{0.137}=3.23$。需要说明的是，71步之后的计算其实是失真的，因为5号墩底塑性铰达到极限点后结构已产生破坏，无法继续承载，需要其余桥墩分担此部分荷载。当然，这对于位移延性系数的计算是没有影响的。

据此，即可检验前面设定的位移延性是否满足要求。可见，对于本桥，上述配筋状况下位移延性系数设定在3以下才是可行的。

虽然上部结构位移延性系数并不大，但此时墩顶位移延性系数却为10左右，上部结构位移延性能力比桥墩小的多，说明支座附加柔度很大[1][2]。其原理简单解释如下：当不考虑支座柔度，上部结构位移延性系数与墩顶相同；而若支座柔度越大，上部结构极限位移相应也越大，墩顶屈服位移则相对显得越小，位移延性系数相应就越小。

更进一步，考虑设定不同的位移延性系数，分别给出合适的纵筋配筋率和配箍率，此处“合适”指刚好满足抗弯强度、延性需求以及构造要求，且富余不大。结果如表4所示。

不同结构延性水平所需配筋及对应截面延性 表4

位移延性系数	1	1.5	2	3	4	5	6
配筋率(%)	2	0.98	0.5	0.5	0.5	0.5	0.5
配箍率(%)	0.4	0.4	0.4	0.5	0.8	1.1	1.4
等效屈服曲率(10^{-3}/m)	2.64	2.38	2.26	2.32	2.34	2.50	2.64
极限曲率(10^{-3}/m)	33.12	39.01	46.94	53.95	73.73	90.55	108.5
曲率延性系数	12.54	16.40	20.77	23.25	31.56	36.28	41.04

注：①纵筋配筋率构造要求为0.5%；

②配箍率构造要求为0.4%；

③各墩轴力不同，截面屈服特性也略有差异，但差别很小，表中给出的屈服曲率、极限曲率、曲率延性系数均为各墩平均值。

表4显示，当结构可利用的位移延性系数在2以上时，抗弯强度已不控制设计，纵筋按构造配置即可，可见考虑结构延性后，地震力的折减程度是相当可观的。而当可利用的位移延性系数在2以下时，配箍率按照《公路桥梁抗震设计细则》规定的构造要求即可满足延性要求，可见规范对箍筋的配置要求已经较高。此外，表4还说明，结构位移延性选取不应过大，对于本桥，即使按照完全延性结构设计，μ_Δ 设定为3已经可以折减69%～75%的地震力，折减程度相当可观。若 μ_Δ 取的更大，箍筋配置将有一定困难。例如位移延性取4时配箍率需要0.8%，意味着箍筋直径若为16mm则间距为60mm，已经相当密集，况且箍筋加密到一定程度后对提高约束效果帮助不大，这一点在计算中是无法体现的。归根结底，由于采用板式橡胶支座，支座附加柔度较大，导致本桥位移延性能力很难提高。从安全考虑，μ_Δ 的设定不宜超过3，计算中采用的配箍率一般不应超过1%。

最后，强调很重要的一点：表4仅考虑结构延性需求，并未考虑规范对结构位移的规定。实际上，规范对塑性铰区转角和墩顶位移均给出了限值，一般来说为满足这些要求需提高结构刚度。因此，刚度可能取代强度成为纵筋配置的控制因素。

例如对于本桥，经试算，顺桥向地震作用下，较为合适的结构位移延性系数可取1.5，钢筋配置为：配筋率0.98%(40ϕ25)、配箍率0.63%(ϕ16@80)。此时各桥墩抗弯强度安全系数最小为1.4。另外，根据《公路桥梁抗震设计细则》，各墩底塑性铰区转角位移安全系数最小为7.91，水平位移安全系数最小为3.26，说明结构整体是安全的。

总的来说，延性设计最好的做法是针对各延性水平均进行试算，通过比选得到经济性和安全性俱佳的位移延性水平。

九、结　　语

本文结合实例，重点针对塑性铰的设计，详细阐述了延性设计方法，主要得到以下结论：

考虑了结构位移延性后，地震力能得到很大折减。结构的位移延性水平原则上可在1～6之间取值。但当支座附加柔度较大时，例如采用板式橡胶支座的情况下，本文建议结构位移延性系数取值不宜超过3。

分析截面曲率延性一般采用等能量法，将实际截面弯矩—曲率关系转化为理想弹塑性模型；而进行塑性铰模拟时，一般将实际截面弯矩—曲率关系转化为双折线或三折线模型。不论采用何种模型，需要注意，屈服点定义必须相同。

讨论了由PUSHOVER分析得到结构位移延性的方法，建议了全桥结构PUSHOVER分析中屈服点和极限点的判定方法。

总之，即便如今动力弹塑性时程分析已经逐渐普遍，但利用非线性反应谱进行初步设计仍不失为一种快捷有效的方法。同时，非线性反应谱必须与其他方法结合才能完整评价结构性能。

参考文献

[1] 范立础，卓卫东．桥梁延性抗震设计[M]．北京：人民交通出版社，2001.

[2] 叶爱君．桥梁抗震[M]．北京：人民交通出版社，2002.

[3] 中华人民共和国行业标准，JTG/T B02-01—2008 公路桥梁抗震设计细则[S]．北京：人民交通出版社，2008.

[4] 姜秀娟．高烈度区钢筋混凝土桥墩延性设计与抗震能力评估[D]．西安：长安大学硕士学位论文，2008.

[5] 周文峰，黄宗明，白绍良．约束混凝土几种有代表性应力—应变模型及其比较[J]．重庆建筑大学学报，25(4)：121-127.

[6] 谢旭．桥梁结构地震响应分析与抗震设计[M]．北京：人民交通出版社，2006.

[7] 范立础，胡世德，叶爱君．大跨度桥梁抗震设计[M]．北京：人民交通出版社，2001.

30. 海南南渡江大桥减隔震分析

刘从新　戴公连

（中南大学土木建筑学院）

摘　要　本文对抗震设计的必要性、如何抗震和铅芯橡胶支座的构造与工作原理作了简单介绍。重点以南渡江大桥为背景，建立动力分析模型，加入铅芯橡胶减隔震支座，进行非线性时程分析，对其减隔震效果进行对比研究，发现铅芯橡胶支座对本桥有良好的减隔震效果。

关键词　减隔震　南渡江大桥　铅芯橡胶支座　弯矩　位移

一、引　言

地震是威胁人类安全的主要自然灾害之一，并且我国是世界上地震活动最强烈的国家之一，全国很大一部分地区位于高烈度地震区。近几年来，一些国家和我国部分地区相继发生了强烈地震，造成很大的影响。桥梁作为生命线工程的重要组成部分，一旦在地震中发生破坏，会造成巨大的经济损失和社会影响。桥梁地震震害所带来的教训是深刻的。海南岛处于强震地区，海南公路桥梁的防震抗震工作自然就十分必要且重要。

为了减小地震给桥梁带来的损害，有两种方法可以达到这个目的：一是对桥梁进行延性抗震设计，设置塑性铰，使预期设置的部位屈服，以此来增加构件延性，耗散地震能量；另一种是使用减隔震装置，延长结构周期，增加结构阻尼。延性抗震主要是依靠结构、构件自身具有的强度、延性、耗能能力来抗震，设计是通过增加结构、构件的强度和延性来实现的。该方法中，输入结构的地震力与能量并不减小，只是提高结构的抵抗能力。设计过程是依据地震力进行设计，同时需要对结构允许出现塑性铰的部分进行专门的延性设计。桥梁减隔震设计是通过引入隔震装置改变结构在地震中的动力响应特性，从而减少地震输入，外加耗能机制作为主要的抗震构件，而以结构抗震为辅。该方法的基本目的是要大大减小传递到结构上的地震力和能量，其抗震能力通过延长周期、增加耗能能力来实现[1]。

二、铅芯橡胶支座

1. 铅芯橡胶支座的构造和工作原理

铅芯橡胶支座是将隔离体与阻尼器相结合的一种减隔震装置，其在竖直方向可以承受结构的恒载和活载，在水平方向则具有较好的柔性，以满足较大的变位要求，使桥梁结构的振动周期得以延长；同时，利用滞回阻尼吸收耗散震动能量，提高桥梁结构的阻尼[6]。

铅芯橡胶支座是在板式橡胶支座的基础上，在支座中间加入铅芯以改善支座阻尼性能的一种支座。板式橡胶支座由多层薄板橡胶与薄钢板叠合而成，由于薄钢板对橡胶支座横向变形产生约束，使橡胶支座具有非常大的竖向刚度，足以支承上部结构荷载；在水平刚度方面薄板不影响橡胶板的水平变形，因而保持了橡胶固有的柔韧性，为支座提供了水平向柔性和恢复力的功能，从而达到延长周期的目的。而铅作为一种晶体金属，在一定温度下，变形后可以再结晶，铅再结晶的动力就实现了耗能的功能。由于橡胶支座与铅芯的良好结合，使得铅芯橡胶支座有较低的屈服剪力，具有足够高的初始剪切刚度，性能为理想弹塑性，又具有自复位的功能，因而成为一种比较合适的减隔震支座[1]。

2. 本文采用铅芯橡胶支座的型号及主要参数

本文计算中，参考某品牌铅芯橡胶支座参数，选取5种型号的支座，型号及参数[5]，见表1。

铅芯橡胶支座型号及参数表 表1

支座型号	支座直径 (mm)	橡胶总厚度 H (mm)	铅芯根数	单铅芯直径 (mm)	屈服荷载 (kN)	二次刚度 K_2 (kN/m)	一次刚度 K_1(kN/m)	等价刚度 (kN/m)	等价阻尼比
LRB600	600	172	4	52	94.2	1 550	15500	2 407	0.21
LRB800	800	160	4	80	171	4 395	43 952	6 837	0.21
LRB1000	1 000	162	4	100	267	6 771	67 708	10 532	0.21
LRB1200	1 200	162	4	120	385	9 750	97 500	15 166	0.21
LRB1400	1 400	162	5	116	451	13 085	130 853	19 441	0.20

注：①表中参数按取计剪应变等于50%，按修正双线性模型和等效线性化模型计算。
②硬化比(K_1/K_2)取10。
③橡胶剪切弹性模量为5.5MPa。

本桥在每个双柱墩上均采用四个支座，从而在选择支座时，将有多种型式及布置方式可选。本文在进行分析比较时，采用20种支座布置方案，见表2。

支座布置方案 表2

支座方案	支座型号	每双柱墩上使用铅芯橡胶支座个数						支座方案	支座型号	每双柱墩上使用铅芯橡胶支座个数					
		1号	2号	3号	4号	5号	6号			1号	2号	3号	4号	5号	6号
1a	LRB600	4	4	4	4	4	4	3c	LRB1000	2	2	2	4	2	2
1b		3	3	3	4	3	3	3d		1	1	1	4	1	1
1c		2	2	2	4	2	2	4a	LRB1200	4	4	4	4	4	4
1d		1	1	1	4	1	1	4b		3	3	3	4	3	3
2a	LRB800	4	4	4	4	4	4	4c		2	2	2	4	2	2
2b		3	3	3	4	3	3	4d		1	1	1	4	1	1
2c		2	2	2	4	2	2	5a	LRB1400	4	4	4	4	4	4
2d		1	1	1	4	1	1	5b		3	3	3	4	3	3
3a	LRB1000	4	4	4	4	4	4	5c		2	2	2	4	2	2
3b		3	3	4	4	3	3	5d		1	1	1	4	1	1

三、减隔震桥梁地震响应分析

1. 工程概况

南渡江大桥位于澄迈县永发镇，跨越南渡江，桥梁中心桩号为K30＋145.000，大桥上部结构采用5×30m×7先简支后连续预应力混凝土箱梁，梁高1.6m；桥梁全长1 057.16m；下部结构桥台采用肋板桥台，桥墩采用柱式桥 墩，均为摩擦桩基础，墩的直径均为1.6m，桩的直径为1.8m。桥型如图1。

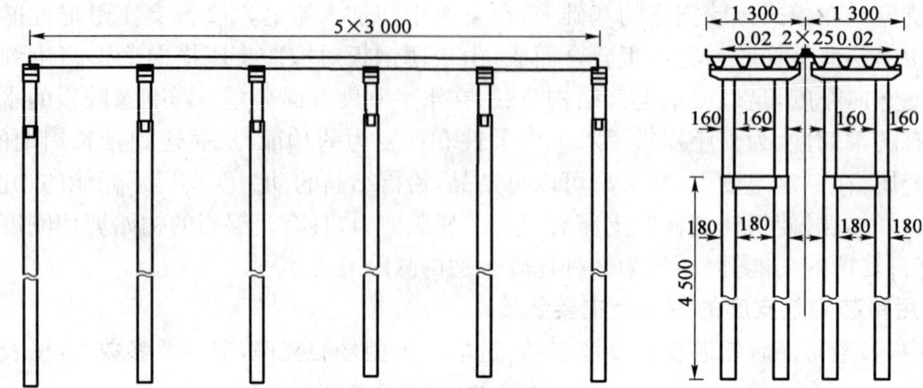

图1 南渡江大桥混凝土连续箱梁桥型布置图(一联)(尺寸单位:cm)

2. 抗震设防标准和地震动输入

南渡江大桥位于强地震活动区，抗震设防类别属于B类桥梁，抗震设防烈度达8度。本文的目的主要是分析加入铅芯橡胶支座后，桥梁的减震效果，故本文输入的地震波是根据特征周期与场地特征周期相近的原则，选用三条实测地震波，以与E2地震作用下规范反应谱相适应为目标，对地震波的峰值加速度进行调整。输入的地震波的特性见表3[2][3]。

地震波特性 表3

地震波记录	地震加速度峰值PGA (g)	有效峰值加速度EPA (g)	有效峰值速度EPV (m/s)	特征周期 T_g (s)	持续时间 T_d (s)	设计加速度峰值 (g)	场地特征周期 (g)
1940, EI Centro Site, 270 Deg	0.357	0.29	0.239	0.529	53.72	0.51	0.35
1971, San Fernando, 159 Deg	0.271	0.218	0.158	0.467	61.88	0.51	0.35
1971, San Fernando, 69 Deg	0.315	0.263	0.094	0.229	61.84	0.51	0.35

3. 地震反应分析模型

本文采用MIDAS/CIVIL有限元软件对桥梁进行动力特性及非线性时程分析。建模时主梁、桥墩、盖梁、桩基均用梁单元模拟，采用梁格模型，桥面系的质量分布于主梁纵梁上，横梁仅作为考虑桥梁横向的刚度，考虑支座的空间作用及利用等效弹簧模拟桩土相互作用。在进行非减隔震分析时，支座采用弹性连接的方式模拟，4号桥墩处的支座采用刚性支座，其他支座均为滑动支座。在进行减隔震分析时，支座采用一般连接方式模拟，为非线性边界条件，力求使所建立的计算如实地反映结构构件的几何、材料特性以及各构件的边界连接条件(图2)。

4. 支座选择及减震效果分析

计算模型如图2所示，考虑桩土共同作用，采用非线性时程分析，在支座的实际位置加上表2所示的铅芯橡胶支座，其中$A=1$，$\alpha=0.9$、$\beta=0.1$[4][5]。选取表3所示的三种实测地震波，分别从x方向和y方向单独输入，不考虑x与y方向的相互作用。选用墩顶横向位移、墩顶纵向位移、墩顶处主梁纵向位移、墩顶处主梁横向位移、墩底纵向弯矩、墩底横向弯矩作为控制指标。图3与图4

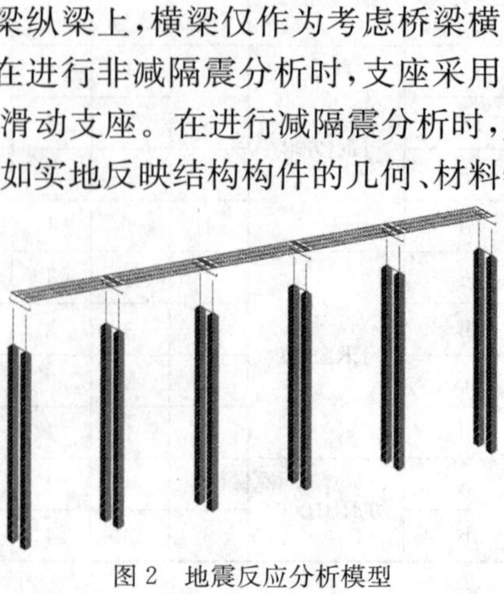

图2 地震反应分析模型

分别列出不同支座布置情况下的弯矩及位移，此处仅列出弯矩效应较大的固定墩4号及两边墩1号、3号的顺桥向弯矩，1号横桥向弯矩及各类位移。

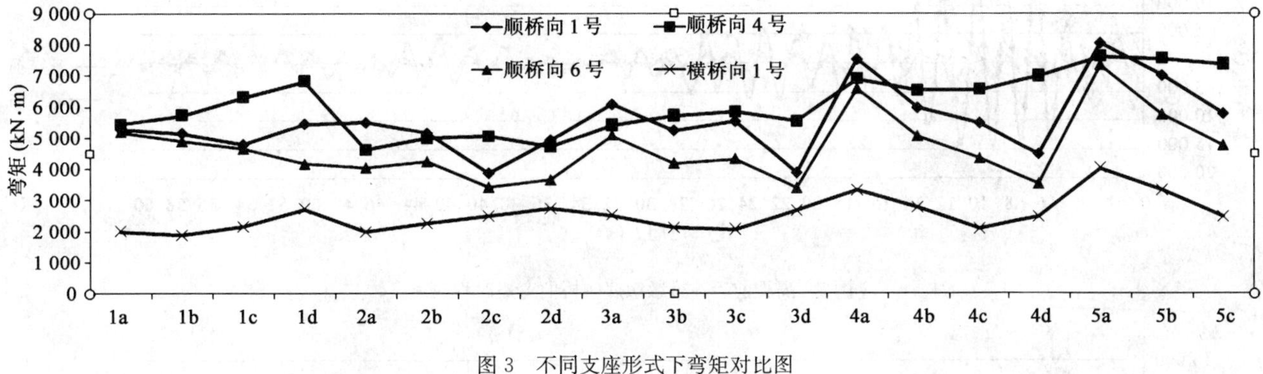

图3 不同支座形式下弯矩对比图

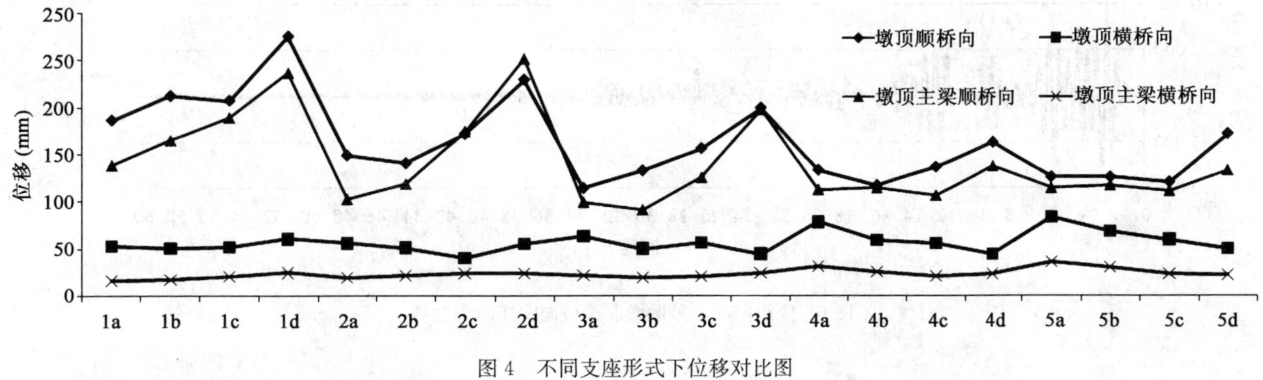

图4 不同支座形式下位移对比图

从分析结果可以看出，减隔震支座对该桥的减隔震效果很明显。随着支座型号的增大，墩顶及主梁在地震作用下产生的位移减小，但内力不断增大。

选择支座时，不仅要考虑弯矩的减小，同时应考虑结构的变形，因为在地震作用下，结构变形不能太大，每种隔震支座都有一个合理的变形范围，否则，过大的变形往往会弱化支座原有的力学特性(竖向刚度、水平刚度等)，最终可能导致落梁的灾难。如果地震中，桥墩被保护完好，但是上部梁体脱落，也不能说这是一种很好的隔震方案。因此，本文经过对弯矩与位移两个方面的比较发现，使用表2中2a、2b或2c支座方案时，墩底的弯矩有大幅度减小，同时结构位移能控制在180mm以内，故采用这三种支座方案时，将对该桥起到很好的减隔震效果。同时，考虑到铅芯橡胶减隔震支座价格昂贵，故本文采用表2中的2c号支座方案，即4号墩采用4个LRB800铅芯橡胶支座，其他5个墩上的4个支座中，2个为LRB800铅芯橡胶支座，布置在中间，另外两个为非减隔震的滑动支座。下面将以具体的图表及数字列出该方案下减隔震桥梁与非隔震桥梁的减震效果(结构响应对比图列出三种地震波下的减震效果，时程图表中仅列出El Centro波作用下墩底的弯矩时程图)见表4、表5和图5～图7。

隔震前后结构周期对比 表4

模态号	隔震前	LRB600	比值	模态号	隔震前	LRB600	比值
1	1.87	1.74	0.93	6	0.44	0.47	1.06
2	0.67	1.52	2.27	7	0.44	0.46	1.05
3	0.58	1.42	2.43	8	0.37	0.34	0.91
4	0.51	0.76	1.49	9	0.37	0.34	0.91
5	0.49	0.38	0.78	10	0.36	0.33	0.93

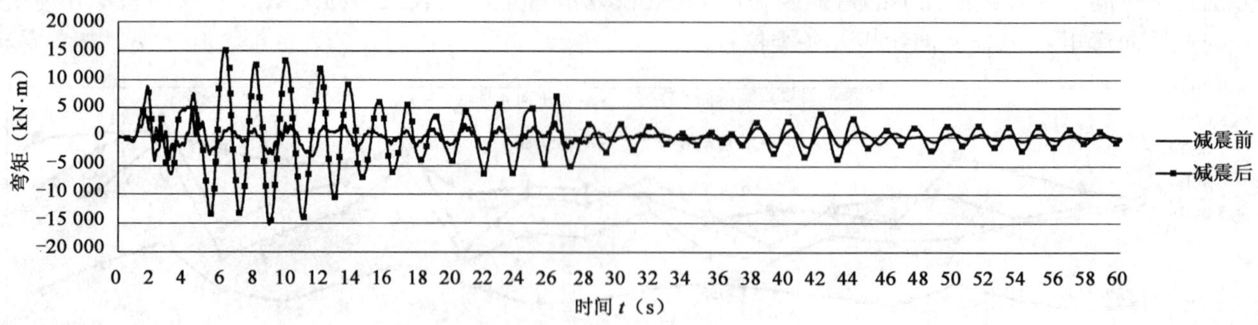

图5　隔震前后6号墩墩底顺桥向弯矩时程曲线

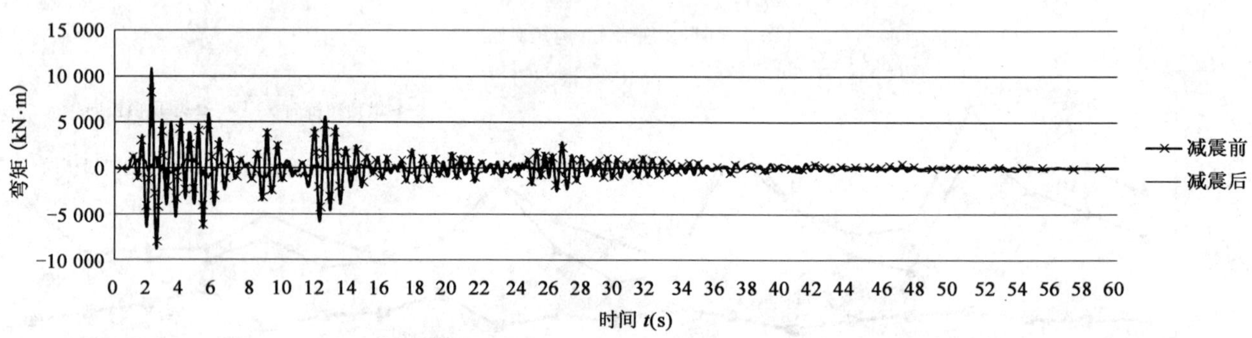

图6　隔震前后6号墩墩底横桥向弯矩时程曲线

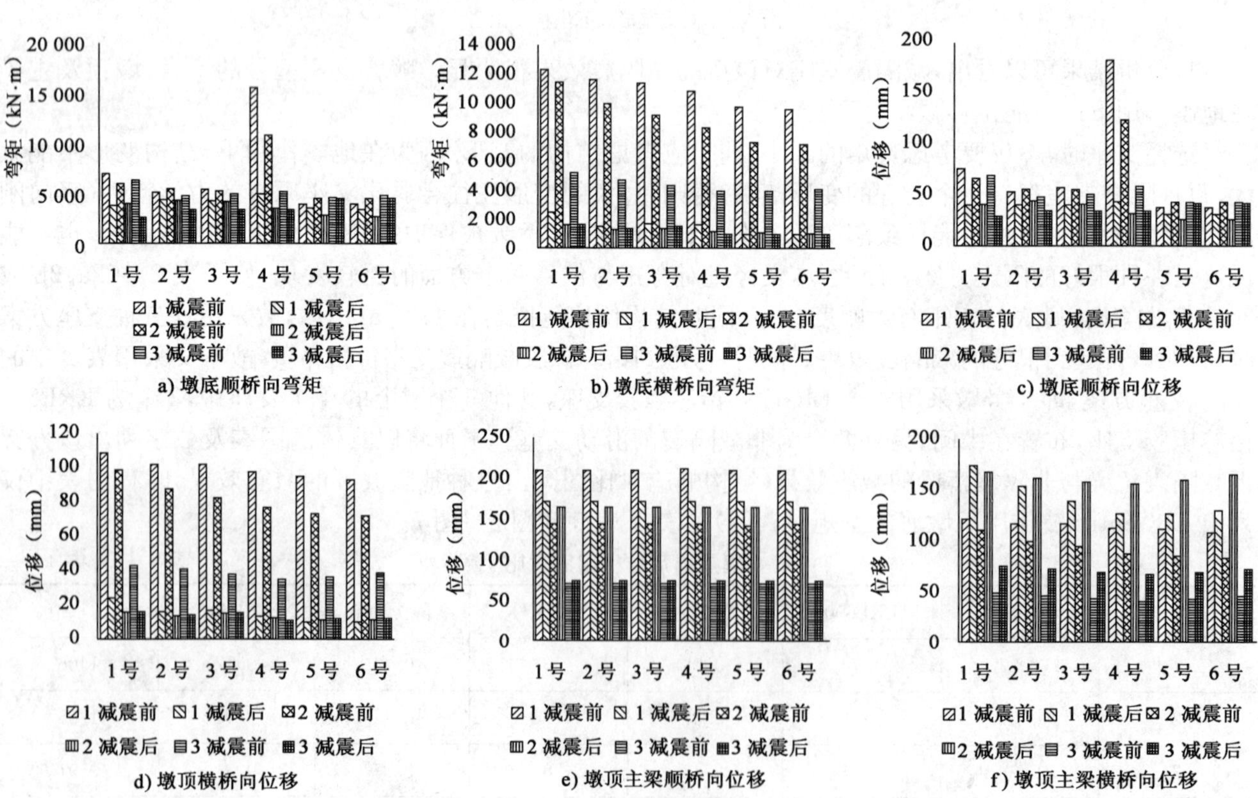

图7　减震前后结构响应对照图

注:图中1代表1940，EI Centro Site，270 Deg波，2代表1971，San Fernando，159 Deg波，3代表1971，San Fernando，69 Deg波

减震前后结构响应对照表 表5

减震率	墩号	顺桥向弯矩	横桥向弯矩	顺桥向位移	横桥向位移	顺桥向位移	横桥向位移
1940，EI Centro Site，270 Deg	1号	44.89%	79.76%	46.86%	77.87%	18.58%	−45.23%
	2号	13.59%	87.41%	22.68%	84.53%	18.64%	−32.13%
	3号	21.93%	85.15%	30.33%	83.33%	18.07%	−20.49%
	4号	67.43%	85.57%	75.89%	86.71%	19.11%	−13.00%
	5号	9.69%	90.05%	18.11%	89.84%	17.90%	−15.73%
	6号	14.28%	89.42%	18.19%	89.56%	18.42%	−20.68%
1971，San Fernando，159 Deg	1号	33.45%	86.07%	37.96%	84.11%	−14.51%	−52.06%
	2号	19.13%	87.19%	20.63%	84.72%	−14.31%	−63.26%
	3号	21.69%	85.22%	24.17%	82.15%	−15.26%	−67.29%
	4号	67.31%	86.84%	74.15%	84.36%	−13.62%	−77.25%
	5号	36.84%	85.82%	39.11%	85.09%	−15.52%	−88.48%
	6号	37.80%	86.06%	39.24%	84.85%	−14.58%	−99.88%
1971，San Fernando，69 Deg	1号	58.52%	69.38%	58.01%	64.09%	−7.52%	−51.35%
	2号	30.54%	70.99%	30.51%	66.84%	−7.47%	−54.15%
	3号	33.16%	65.28%	32.79%	59.89%	−8.25%	−59.44%
	4号	35.29%	73.52%	42.94%	66.83%	−6.75%	−69.10%
	5号	3.87%	77.02%	1.52%	66.87%	−8.38%	−60.41%
	6号	6.19%	77.43%	4.21%	70.55%	−7.68%	−57.68%

注：定义减震率＝（减震前效应－减震后效应）/减震前效应。

由时程曲线图及结构响应对照图表可得出如下结论：

(1)自振周期：从隔震周期可见，第一阶自振周期仅是隔振前的0.93倍，这是由于该阶模态对应振型为顺桥向的平动。在非减隔震桥梁中，只有4号墩上支座为固定约束，其余均为完全滑动支座，在顺桥向约束很弱，而减隔震桥梁中，支座的等效刚度较大，且除4号有约束外，其他各墩均有一定的约束，从而该阶模态对应的周期较小也是正常的。第二、三、四阶阶自振周期分别是隔振前的2.27、2.43、1.49倍，自振周期明显增大，可见减隔震支座使结构在地震作用下变柔，起到减震的效果。由于隔震主要影响低阶平动振型，所以从第五、六阶开始，差异逐渐减小，而对高阶自振周期影响更小。

(2)弯矩：非减隔震桥梁中，在第一、二种地震波作用下，固定墩处弯矩很大，加入减隔震支座后，其减震率高达67.4%和67.3%，同时，其他墩的减震效果也非常明显，为9.7%～44.9%，而在第三种地震波作用下，减震前弯矩不是很大，故减震效果略差于第一、二种地震波作用下效果，为3.9%～58.5%；由于各个墩的横向刚度相似，故非减隔震桥梁中，各墩横向弯矩相差不大，加入减隔震支座后，其减震效果也差不多，各墩的减震率均高达65.3%～90%。由以上分析可以得出，铅芯橡胶减隔震支座对本桥横桥向的减震效果比纵桥向好，对高能量地震减震效果比低能量地震效果好。

(3)位移：加入减隔震支座后，墩顶顺桥向和横桥向的位移均有明显的减少，纵桥向减震率在1.5%～75.94%之间，大部分都在20%以上，横桥向减震率在59.9%～89.9%之间；主梁纵桥向位移变化幅度较小，－15.6%～19.1%之间，横桥向位移有明显增大，增大率在13%～－99.9%之间。总之，加入减隔震支座后，墩顶的大位移得到控制，主梁的位移有一定的变化，但变化后纵桥向最大位移172mm，横桥向最大位移165mm，均在能控制的比较合理的范围之内。

一般来说，加入铅芯橡胶支座后，随着地震力的增大，铅芯逐渐屈服，使得支座变柔，整个结构的刚度减小，结构周期延长，达到减震的效果；同时，由于铅芯橡胶支座的滞回性能，滞回环将消耗地震能量，达到隔震的效果。结构加入铅芯橡胶支座后，结构的周期变化与所选择支座的等效刚度相关，对于短周期结构，其周期会明显加长，对于本来周期较长的结构，其周期可能变化较小，甚至有减小的可能，但是，加入铅芯橡胶支座后，结构的内力应该是有显著减小的。至于结构的位移，与桥梁的结构型式、地震波等多方面因素有关，既有可能增大，也有可能减小。由此，本桥加入 LRB800 铅芯橡胶支座后，结构的内力显著减小，墩顶的位移也有明显减小，结果与理论相符。

四、结　论

本文中，利用有限元空间分析软件 MIDAS/CIVIL，建立了南渡江大桥的分析模型，选用三类不同特性的地震波，对非隔震桥梁以及采用不同型号铅芯橡胶支座的隔震桥梁进行了非线性动力时程分析。经过对比研究，选择了适合本桥的铅芯橡胶支座（LRB800），并分别对结构隔震前后的周期、内力以及位移进行比较，发现减隔震支座对本桥有良好的减隔震作用。得出了以下主要结论：

（1）隔震后，桥墩内力减震效果非常明显，可使得桥梁在较大地震作用下，桥墩保持在弹性范围，有效防止墩柱破坏；

（2）隔震后，桥墩的位移明显减小，从而可降低在地震力作用下，由于桥墩受拉区混凝土的脱落、钢筋的破坏以及墩柱的屈曲破坏而造成的损失；并且主梁的位移也能够控制在合理的范围之内。

参考文献

[1] 范立础，王志强．桥梁减隔震设计[M]．北京：人民交通出版社，2001.

[2] M-J-N 普瑞斯特雷．桥梁抗震设计与加固[M]．北京：人民交通出版社，1977.

[3] 中华人民共和国行业标准．JTG/T B02-01—2008．公路桥梁抗震设计细则[S]．北京：人民交通出版社，2008.

[4] 张辉．大跨度预应力混凝土铁路连续梁桥地震响应及减隔震研究[D]．长沙：中南大学硕士学位论文，2008.

[5] 曾敏．小半径曲线梁桥地震响应分析及减隔震研究[D]．长沙：中南大学硕士学位论文，2009.

[6] 刘军．铅芯橡胶桥梁减震支座的基本力学性能分析[J]．工程结构与施工技术．2008，70-71.

31. 具有特殊功能的液体黏滞阻尼器的设计与使用

马良喆　曹铁柱　陈永祁
（北京奇太振控科技发展有限公司）

摘　要　随着液体黏滞阻尼器在工程中的广泛应用和发展，工程师们经常会提出各种不同减震需求。这些需求带来了适于不同使用功能阻尼器的创新和发展。本文将介绍几种近几年创新的具有特殊功能的液体黏滞阻尼器，供设计者选用时参考选用。

关键词　锁定装置　熔断阻尼器　液体黏弹性阻尼器　位移限位阻尼器　金属密封无摩擦阻尼器　带特殊熔断的锁定装置　变阻尼系数阻尼器　预载流体阻尼器

一、前　言

常规的黏滞阻尼器所具有的工程效果这些年逐渐显现，安置这类阻尼器已经成为建设大跨度桥梁必不可少的一部分。此外，一些具有创新和开拓精神的工程设计者常常不满足于此，希望这些产品能够具有一些特定功能，来完善桥梁在运行过程中的更多动力性能要求。

同时随着生产技术的发展，制造这种能提供特殊功能需要的阻尼器已经成为可能，并逐渐在工程中得到应用。这些特殊功能的阻尼器，有的在前几年就已经生产出并得到广泛应用，也有的是近几年得到研究和发展出并得到应用的新型阻尼器，总体说来这些新型阻尼器可以归纳如下：

①液体锁定装置；

②熔断阻尼器和风限位阻尼器；

③液体黏弹性阻尼器；

④液体位移限位阻尼器；

⑤金属密封无摩擦阻尼器；

⑥新型斜拉锁阻尼器；

⑦带特殊熔断的锁定装置；

⑧带活动磁头检查车阻尼器；

⑨变阻尼系数阻尼器；

⑩预载流体阻尼器。

这些新型阻尼器中，大部分在我国都没有得到应用。介绍这些新型阻尼器，意义在于让桥梁工程师们进一步开阔思路，应用更多不同功能，并进而设计出更多的新型产品，推动我国桥梁和建筑事业的新技术发展。在以下阻尼器类型中，变阻尼系数阻尼器、预载流体阻尼器目前还主要用于科学研究，在工程中并未得到广泛的应用。我们仍想介绍一下，为科研和工程发展留下余地。

二、新型阻尼器

1. 液体锁定装置

锁定装置 LD(Lock-Up Device/Shock Transmission Unit)是内部结构经过简化的液体阻尼器，是以液体阻尼器的基本技术发展产生的。它不同于液体阻尼器，不能耗散能量；相反，在地震和风振发生的瞬时，液体阻尼器通过动态连接杆有效地将质量块锁在一起，所以当瞬间振动出现时安装了锁定装置的多结构体系就会完全像一个独立的整体作出反应。

与普通耗能阻尼器一样，它在温度等慢速作用下可以自由运动。当速度超过其控制值时，它会像汽车中的安全带一样将运动锁住，起到分散和转移受力的作用。确切地说，它仅是一个“0”“1”开关。最初，在缓冲器中的硅质胶泥就被美国 ASSHTO 规程允许用在锁定装置里。后来，欧洲和美国均使用性能稳定的硅油作锁定装置的黏滞材料。

锁定装置如图 1 所示，是一种类似速度开关的限动装置，当桥梁运动到某一速度时启动并锁定装置上两个安置点间的相对位移。它在桥梁上的工作原理就像汽车上的安全带。在慢速运动中它不限制，在急速运动中会起到制动作用。该装置不能耗散能量。用在大桥上的锁定装置，在温度和正常活荷载下可以自由变形；但对于中小地震荷载、较大的风荷载带来的桥梁各部分间的运动，受力和碰撞，可有效地起到减少、转移和限制作用。锁定装置的控制速度通常选择在 0.127～0.25mm/s 之间。

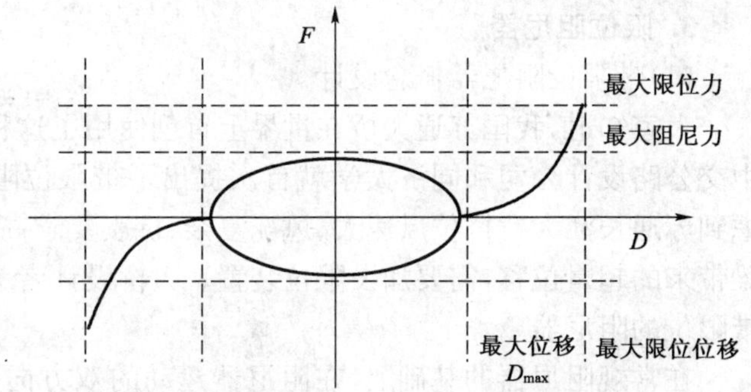

图 1 带限位阻尼器的恢复力模型

锁定装置可以用下列公式来模型化。设计人员要预先设定一个速度开关 V_0，在 $V>V_0$ 时锁定装置可按一个刚性连杆计算，计算出的锁定力为：

$$F=\begin{cases}0 & V\leqslant V_0\\ 0\rightarrow F_{max} & V>V_0\end{cases}\tag{1}$$

式中，F_{max} 为最大锁定力。

2. 熔断阻尼器

根据不同的工程要求，设计工作者有时期望阻尼器具有下面两个阶段的特性：对于风、温度、制动、小地震等常规荷载，阻尼器像刚性连杆一样，不发生两端相对运动。对于大风和大地震超过了一定动力荷载时，阻尼器则开始相对运动，并消耗振动能量。

熔断阻尼器（Fuse Damper）可以很好地实现这一愿望。这种阻尼器比一般的液体黏滞阻尼器多一个金属熔断装置，起到控制开关作用。在美国旧金山附近的 Richmond San Rafael 大桥上（图 2），泰勒公司提供了设计值为 2 270kN 的熔断阻尼器装置，装置上设计了在 1 250kN（F_0）时断裂的金属保险片。如果阻尼器受到风荷载、刹车荷载或者小的地震荷载，受力低于 1 250kN 时，金属片限制了阻尼器两端的相对运动；如果地震导致了 1 250kN 甚至更大的荷载时，金属保险片断裂，阻尼器将像一个一般的 2 270kN 的阻尼器那样耗能工作。保险片断裂以后，只要简单地更换保险片，阻尼器可继续使用。金属熔断阻尼器的计算模型为：

图 2　加州里奇蒙德大桥熔断阻尼器

$$F=\begin{cases}0\sim F_0 & F<F_0\\ CV^{\alpha} & F\geqslant F_0\end{cases}\tag{2}$$

式中：F_0——金属熔断开关力。

当然，这种阻尼器在工作的第一阶段金属熔断片限制了阻尼器的相对位移。桥梁也就限制了风和制动荷载下的位移，进而限制了温度变化下的相对位移。要想在温度变化大的桥梁上使用，可以在桥梁的另一端使用普通阻尼器。放开可能的温度变形。旧金山附近的 Richmond San Rafael 大桥就这样应用的。

工程中，只要我们设计的桥允许单边固定，另一端放开并有抗震要求的情况，就适于应用这种阻尼器。

3. 限位阻尼器

（1）带限位阻尼器概念设计

大家知道，我国苏通大桥在世界上首创使用了这种限位阻尼器。早在苏通大桥设计之初（2004 年），中交公路设计公司和同济大学就首次提出了带限位阻尼器（Limited Displacement Damper）的概念。考虑到苏通长江大桥桥位风速大、风况复杂、抗震要求高，为了防止预想不到的静力荷载、特大风可能给桥梁带来的超量位移，需要加设限位装置。大桥设计者为了减少需要维护管理的装置，设计了一种创新的带限位的阻尼器。

在常规阻尼器的基础上，在阻尼器运动的双方向上加设限位装置。当该阻尼器最大相对位移超过±750mm时，阻尼器进入两端限位阶段。限位由非线性合成弹性单元（用弹簧表示）实现。限位可达最大附加位移±100mm，限位力可达 10000kN。限位阻尼器的计算公式应为：

$$F=\begin{cases}CV^{\alpha} & D\leqslant D_{\max}\\ 0\rightarrow F_{\lim} & D>D_{\max}\end{cases}\tag{3}$$

式中，$F_{\lim}$为最大限位力；$D_{\max}$为阻尼器开始限位前的最大位移。

带限位的阻尼器力—位移的关系曲线如图 2。

以苏通大桥为先例，其后的很多桥梁的设计者都赞成这一理念和做法。当然要实现这一想法并不简单，从设计讨论，阻尼器的概念设计、投标、制作到验收历时两年，终于生产出合格的世界首创带限位的特大阻尼器。

(2)内设弹性单元的液体黏滞阻尼器

带限位的阻尼器,需要在阻尼器内部设置一个弹性单元。这相对于我们结构要用的几十吨、上百吨甚至上千吨的弹性单元要困难许多。我们可以想到的方案也许是普通螺旋状金属弹簧、金属垫片弹簧、橡胶弹性体、液体弹簧和空气弹簧。然而,按我们目前金属弹簧的材料和制造技术,即使几十吨的螺旋或垫片弹簧,其直径也远大于我们阻尼器的所能容纳的尺寸;橡胶类单元同样存在这类安置问题,同时其老化和温度不稳定等问题使它也不是一个合理的选择;液体弹簧或空气弹簧能承受的受力有限,也同样不能满足我们的设计要求。

美国泰勒公司从为希腊和平于友谊体育场馆开始就研发出了阻尼器内设置弹性单元的技术。他们采用了一种研制成功的新复合弹性材料,钢和氨基酸脂的复合体(Steel Plates and Urethane/Elastomer Pads),被称为人造复合弹性材料。它是泰勒公司为美国宇航局航天飞机发明并生产出的产品,在阻尼器内设置大吨位弹性单元获得了成功,并申报了美国生产的专利权。

(3)位移限位的阻尼器产品设计

带弹性单元的液体黏滞阻尼器中的"弹簧"是并联在阻尼器上,所有活塞的运动都带动了弹簧共同作用。限位阻尼器中的弹性单元应该安置在阻尼器的工作末端,当阻尼器运动到设计"满"冲程时,限位装置才开始发生作用。生产限位阻尼器的泰勒公司也是首次尝试,面临很多技术的综合运用和实际的考验。下文给出苏通大桥阻尼器的设计生产过程,也借此让更多人了解抗振动科学的这一发展情况。

①非线性钢和氨基酸脂复合弹簧

为了实现设计者目的并结合阻尼器内的结构,采用的是非线性管状钢和氨基酸脂复合弹性体。这种非线性复合弹性体不仅可以承受上千吨的力,在使用上和线性弹簧相比,在工作的前期,荷载增加的很慢,这段状态可以延长阻尼器的耗能工作。而当它运动到末端时,弹性力相对急速增加,弹性体起到好的限位作用。在使用上不难从其他缓冲装置的原理上去理解到,其效果优于呈直线刚度的金属弹簧。在苏通大桥中所使用的非线性复合弹簧的刚度为近似等于 100MN/m 直线的非线性曲线。当阻尼器附加了±100mm 限位时,阻尼器的最大受力也就达到了 10MN(大于设计要求的 9.8 MN),完全达到了设计要求。图 3 所示为复合弹簧的力与位移曲线,实际产品的性能要达到误差 15%的要求。

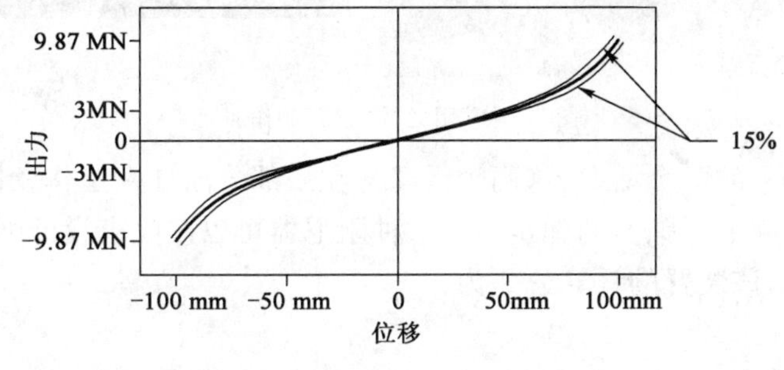

图 3 非线性复合弹簧力—位移曲线

②阻尼器的内部构造

限位装置是在阻尼器的冲程用完之后才发生作用。按照最初概念设计所采用的模型,限位弹簧被设置在活塞杆端部,当位移超过±750mm 正常阻尼器冲程后,限位弹簧开始发生限位作用。通常这样设置之后,阻尼器的缸体活动部分至少要达到长度(750+850)×2=3 200mm 以上。而最终付诸实施的方案是将两部分缸体行程叠加,从而大幅度减小了阻尼器总体长度,提高性能优化结构(图 4)。

③限位阻尼器的生产制造

作为世界首创、超大的限位阻尼器,其生产还遇到加工和起重设备能力的困难,如:最大锻件的生产——因阻尼器的受力大,阻尼器的钢筒绝不能应用现成钢管,需要超大锻造缸体。在美国仅有一家大型锻件厂可以达到这样要求。大型车床,直径接近 1m,6m 多长的阻尼器钢筒加工是对大型加工能力的另一个考验。阻尼器的组装,大型、复杂的限位阻尼器给组装带来很大困难。当然,更为重要的是如何保证参数的准确性(图 5)。

4. 液体黏弹性阻尼器

在实际工程中,许多设计人员希望所加设的阻尼器不但可以提供阻尼,而且需要有一定的刚度,即同

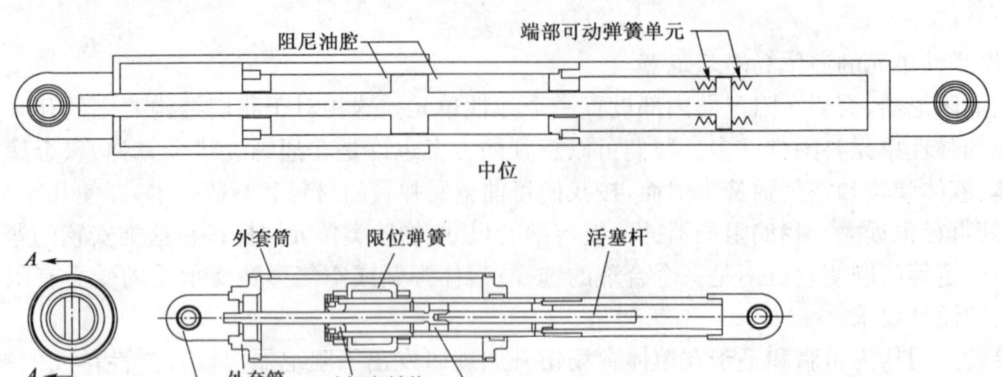

图 4　苏通大桥限位阻尼器概念示意图(上图)及实际模型剖面图(下图)

图 5　限位阻尼器的工厂制作加工

时具有速度型耗能和位移型刚性弹簧的双重作用，这就是我们常说的黏弹性阻尼器(Fluid Viscoelastic Dampers)。但传统的材料黏弹性阻尼器存在着出力较小、耐久性较差、极限温度条件下性能下降较快等缺点，并不适用于桥梁等外界环境条件较为恶劣的土木工程。

为了实现这一目的，美国 Taylor 公司设计和制造了这种新阻尼器，如图 6 所示。黏弹性阻尼器外表跟一般的液体黏滞阻尼器一样，只不过稍微长一些，长度最大可长出约 30cm 左右。这种阻尼器的液压缸分成阻尼和液体弹簧两部分。在阻尼器部分是完全相同于传统的液压黏滞阻尼器，而弹簧部分是一个双向作用的液体弹簧。在缸中运动的是串在一根轴上的两个活塞，这两个活塞各在一部分油缸内工作。阻尼器部分活塞往复运动产生阻尼，另一个活塞引起液体弹簧的弹簧力。这种阻尼器可以按要求设计弹簧刚度，但其最大弹簧力应小于最大阻尼力的一半，该装置的计算公式为：

$$F = K_{\text{eff}} \cdot u + C\dot{u}^{\alpha} \tag{4}$$

式中，F_{eff}为液体弹簧等效刚度；C 为阻尼器的阻尼系数；u 为活塞杆的位移，$\dot{u}$ 为活塞杆的速度，α 为速度指数。

黏弹性阻尼器的本构关系可以用阻尼器部分加上弹簧部分来反映。式(4)可以直接输 SAP2000 或 Midas 等计算机程序中进行分析计算。由于在装置中增加了刚度，对于风和车辆对桥梁的振动有一定抑制作用。

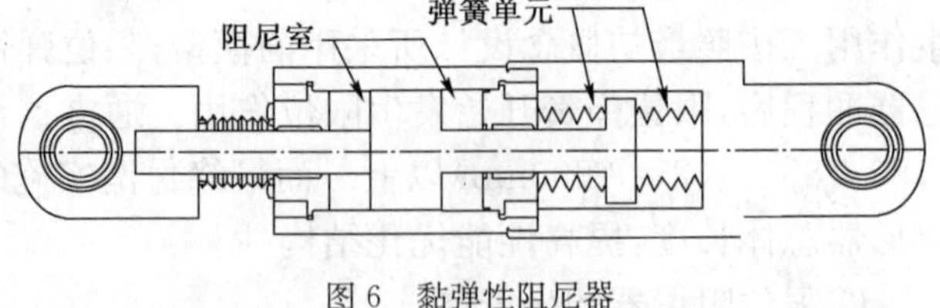

图 6　黏弹性阻尼器

5. 金属密封无摩擦阻尼器

金属密封无摩擦型阻尼器 FHD(FRICTIONLESS HERMETIC DAMPER)是一种具有独特性能的减振产品，是美国泰勒公司的一种专利产品，自从 20 世纪 80 年代开始就一直用于外太空设备装置中，并独家为美国航天局 NASA 以及相关的宇航机构供货。FHD 阻尼器的出现解决了多年困扰美国航天局及军方的难题——如何在太空中应用各种内置油液设备(图 7)。

金属密封无摩擦阻尼器 FHD 区别其他普通抗震阻尼器的特性表现在阻尼器相对运动过程中几乎没

有摩擦力产生。由于金属波纹管密封件的采用，金属密封阻尼器可以提供更大的功率，产生的热量随时平衡消散，可以承受更高的内部温度而不破坏，阻尼器的耐久性、稳定性大幅提高。这类阻尼器可以用于振动幅度很大、频率较高的外界环境下。在土木工程领域已有部分项目采用这类阻尼器，如伦敦千禧桥、芝加哥凯越酒店 TMD 系统等。在这类阻尼器应用过程中，我们也发现对于普通阻尼器有些情况并不适用，而应采用可以提供更高功率的金属阻尼器。

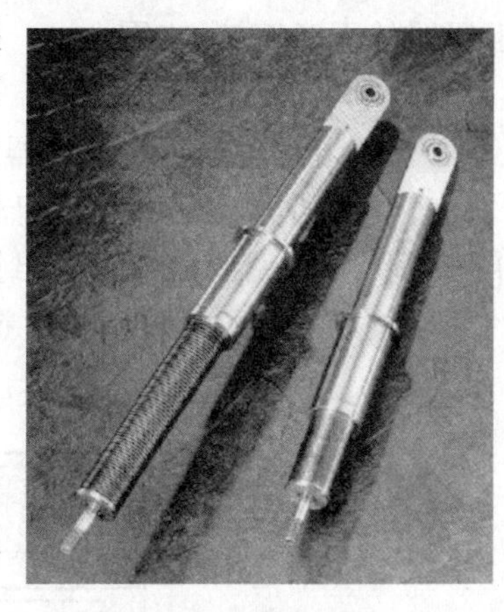

图 7 卫星中采用的 FHD 阻尼器

(1)传统液体黏滞阻尼器应用界限

目前大量在土木工程领域上应用的抗震、抗风及设备用阻尼器均属于传统的油阻尼器。由于在长时间内这些阻尼器位移量很小或基本静止，从而决定传统阻尼器有一定的应用界限。它们的特点是：

①传统阻尼器在启动及运动过程中内部存在大量的摩擦过程，并且大多来自阻尼器的密封装置中。内部摩擦的存在实质上大大减少了阻尼器的工作寿命，降低了阻尼器耗能效率。为限制这种摩擦力，在多数阻尼器技术规程规范中均提出：在慢速位移/运动下阻尼器出力要小于额定阻尼力的 10%。

②存在滞后现象。由于普通阻尼器普遍采用黏弹性材料，导致在阻尼器启动时出力不能与外界输入同步，这样带来的问题是不能抑制较小外部扰动位移，如在斜拉索阻尼器大多要求可以限制拉索微幅振动(如 0.2mm)，而实际上大多数阻尼器不能满足这项要求。

③令人困扰的漏油问题。此处指的仅是由于密封件自身的物理特性引起问题，而排除了大量人为因素、粗制滥造、设计技术因素等原因。实际上抗震用传统密封装置在常年使用后这个问题实际上无法避免。

④无法满足长期服役的高周次循环要求。设计使用的寿命小于或远远小于所服役结构的设计使用年限：大多数建筑结构设计使用年限为 50 年，大多数桥梁结构及少数重要建筑结构设计使用年限为 100 年。在这种情况下如果阻尼器的振动频率较高，特别是当阻尼器安置在长期处于振动状态下时，阻尼器往复循环的次数一般多达几百万次甚至更多，可见这是任何普通阻尼器无法做到的。

⑤在相对高振幅、高频作用等要求较高功率的工作条件下普通阻尼器会因为内部密封温度过高而失效。当然对于普通抗震阻尼器不存在上述情况，而对于应用于调谐质量阻尼器(TMD)系统、振动频繁需要承受高刹车荷载的铁路桥梁中时，普通阻尼器显然不适合采用。

⑥液体黏滞阻尼器作为一种能量吸收装置，在同样尺寸、技术参数的情况下，按照内部构造不同，在相同时间内所能消耗的能量(即功率)有较大差别。如果设金属密封阻尼器所消耗的能量为 M，则双出杆型阻尼器的能量消耗为 $0.5M$，具有补偿器的单出杆型(Damper with a accumulator)阻尼器为 $0.7M$，而 D 系列阻尼器(泰勒公司生产的一种内部构造更为简单的小型线型阻尼器)仅为 $0.3M$。可见金属密封阻尼器在同样的时间内消耗能量更大；在实际应用中设计人应对这个区别给予重视。

(2)FHD 阻尼器的构造介绍

FHD 阻尼器的基本构造与普通阻尼器类似，均包括带包括油缸、通长活塞杆、带小孔活塞头、阻尼器两端的端部盖板等部件。此外，为了配合使用金属波纹管密封件，对局部几个部位进行了改进：

①图 7 所示，在阻尼器活塞杆两端增设金属波纹管状密封件(Metal Bellows Seal)，显而易见，这是 FHD 阻尼器内部最为关键的环节。

②对活塞杆进行改进，增加了交换通道(Crossover port)。其作用是当通过交换通道调节由于内部液体的体积变化；是当一侧波纹管伸长或压缩时，引导内部介质流出或流入另外一侧。

③迷宫式衬套(Labyrinth Bushings)。设置在两端盖板中，从而隔断限制由于活塞头运动时所产生的压强传入波纹管密封件。在衬套与活塞杆之间存在极为细小的缝隙，形成了一层极为细薄的油膜，使金属波纹管腔内油体与主油腔形成回路。由于压力衬套的采用，确保活塞杆的无摩擦接触，保证了 FHD

阻尼器的无摩擦特性(图8)。

(3)金属波纹管密封件

FHD阻尼器与传统阻尼器最大的区别在于密封件的处理。传统阻尼器的密封装置分为静态密封以及动态密封两类,静态密封用于油腔端部等部位,动态密封用于与活动的活塞杆接触面上,静态密封一般采用橡胶O型密封圈,动态密封多采用高强度的高分子聚合物,可以采用的材料包括聚四氟乙烯、稳定的聚酰胺以及乙酰基树脂类材料。

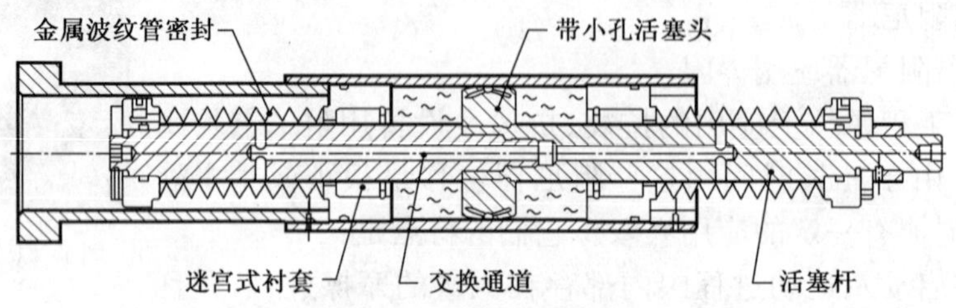

图8　无摩擦金属密封阻尼器构造简图

由于传统阻尼器的密封件性能决定了它在使用中的一些特点,例如:由于动态密封件紧紧地环箍在活塞杆上,从而无法避免产生摩擦;此外,在活塞杆开始运动时,由于密封件的弹性变形产生的黏滑运动(Stick-slip motion)使阻尼器很难处理一些微米级的扰动,在长时间运动后造成的密封件耐久性降低。

泰勒公司很好借鉴了应用于气态密封的金属波纹管密封技术,并成功应用到液体阻尼器上。

图7所示的FHD阻尼器典型构造图,其中金属波纹管密封件由若干不锈钢金属碟片组成,每片厚度不到0.1mm,并采用精密激光熔接组成波纹管形状结构。对于双出杆结构,通常采用两幅波纹管密封件,分别布置在阻尼器油腔两侧。

为了保证零泄漏,波纹管在加工组装后需要进行冲氦气检查——将其放置在真空的容器内,并在内部冲满氦气,通过质谱计对是否产生甚至是氦气分子级别的泄漏进行查找。从构造来看,阻尼器活塞杆在往复运动过程中,两侧金属波纹管进行均匀的弹性变形,没有摩擦过程产生。NASA的测试结果也表明:由于使用了无摩擦的密封件,FHD阻尼器在运动过程中所测到的摩擦力接近于零。

6. 新型带熔断的锁定装置

全漂移的铁路斜拉桥与公路斜拉桥有所不同,它的火车车辆荷载对桥本身的动力影响很大,特别是刹车制动力。世界首例、最大跨度的武汉天兴洲公铁两用斜拉桥桥采用了双重并用阻尼器解决问题,一方面在桥梁纵向采用12个40吨的磁流变阻尼器限制制动引起的小振动,另一方面采用最大出力200t的大型阻尼器控制主桥的未来地震等荷载的漂移。这种减振方案非常独特,全世界尚属首次。

我们在一个新铁路斜拉桥的设计中沿用了这种刹车荷载和地震荷载分开并用阻尼器的办法,同时兼顾装置的可靠性,提出新型带熔断锁定装置的概念(图9)。

(1)设计不同点

①采用控制车辆制动效果要成熟得多的四个"锁定装置"来控制制动制动。按要求把刹车位移控制在±10mm以内。这种锁定装置从台湾高铁的经验可以看出控制刹车荷载的效果好。

②设计试验生产出新型带熔断装置的锁定装置,要求该装置在超过一定地震力时率先熔断,结构的保护全部由并列使用的4个常规阻尼器承担。

③强烈地震过后,四个锁定装置在更换熔断片后仍然可全部使用。

④熔断开关在正常铁路运行和刹车中的一定受力下,熔断器连接,正常工作。此时另一套阻尼器也起作用,但影响很小。只有当较大地震发生时,熔断开关开启,断开锁定装置的连接,全部桥梁的振动由大型抗震阻尼器承担。

考虑到铁路桥梁的特殊性,这种经过改造的限位锁定装置同时附加阻尼器的思路,能很好地解决车辆制动荷载在桥梁动力荷载中和地震区地震荷载的双重控制问题。

(2)控制制动荷载用锁定装置方案

图 9 给出 Lock-Up 装置的速度—力曲线，它是一种类似速度开关的限位装置，当桥梁运动到某一速度时启动。锁定装置两个安置点间的相对位移。它的工作原理就像汽车上的安全带。在慢速运动中它不限制，在急速运动中会起到制动作用。这种装置不能耗散能量。用在大桥上的锁定装置，在温度和正常活荷载下可以自由变形，但对于中小地震荷载、较大的风荷载带来的桥梁各部分间的运动和碰撞，可有效地起到减少、转移和限制作用。我们用它限制铁路刹车给桥梁带来的振动。在台湾高铁上有成功的应用实例。

锁定装置的设计计算比阻尼器简单，主要选择确定的参数有最大冲程、控制的速度和承受的力。在日常情况下，我们要允许装置在温度和常风下桥梁的自由变形。由此来确定 Lock-up 装置的最大冲程(详见下文)，一般的锁定速度在 0.127～0.25mm/s 之间，热膨胀速度在 0.000 254～0.002 54mm/s 之间，而对于主要用于控制地震的作用，控制速度通常选择在 25～50mm/s 的速度上，通常允许的锁定变形 5%行程以内(即从 0 到达到设计力所用的距离)；承受力的设计，在安放 Lock-up 装置的位置上换成一个刚性连杆，通过整体受力计算(反应谱法或时程积分)得到刚性连杆的内力。这一内力就可以作为我们锁定装置的设计力。对于韩家沱的锁定速度，通过比较不同方案锁定装置和原结构的位移区别关系初步选定。

7. 新型斜拉锁阻尼器

在不断技术改进中，泰勒公司研究发展出新型斜拉锁阻尼器。其散热性能有很大提高，也就大大增加了环境的适用能力，见图 10。

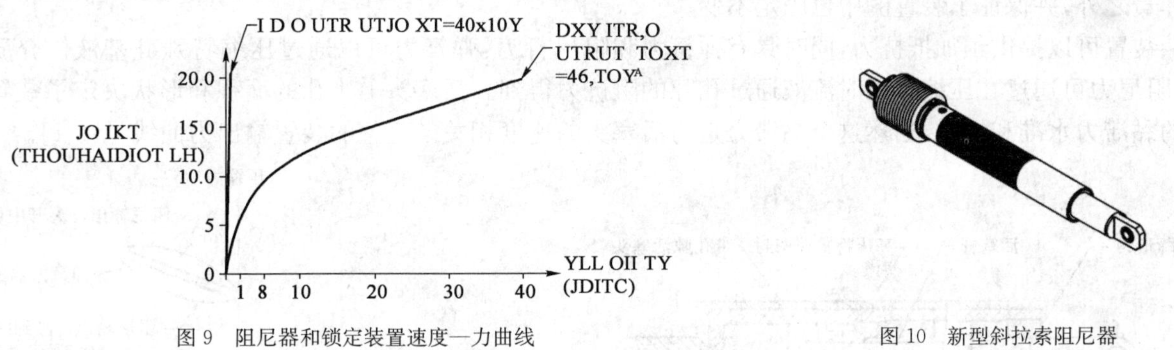

图 9 阻尼器和锁定装置速度—力曲线

图 10 新型斜拉索阻尼器

8. 半主动和手动多阶段阻尼系数阻尼器

在主动控制理论中，曾提出控制结构中应用的阻尼器的半主动的办法。为实现这一半主动控制，相应的二阶段、五阶段甚至连续的多阶段阻尼器被设计和生产出，通常在普通被动阻尼器上另加一个控制器。当我们采集到的基底剪力达到控制要求时，传感器会通过电路通知控制系统。电路启动特殊的“Secondary Orifice”。通过这一控制小孔的阀门，控制阻尼器内部的硅油，从而起到改变阻尼比的目的。如果需要，我们当然可以多分几个阶段。这种阻尼器的构造见图 11。

这种半主动控制的阻尼器真正应用到实际工程中，其外接电源、传感器和控制系统的可靠性被结构工程师所怀疑。就是半主动，也没有被美国的工程界所接受。在芝加哥凯越酒店的 TMD 系统中，设计者提出希望采用改变阻尼比的阻尼器来控制超大风下的位移。业主坚决不同意用电控制，而宁肯采用手控。图 12 中带外接油管和阀门的两个阻尼器即为手控变阻尼比的阻尼器。

9. 预载流体阻尼器

预载流体阻尼器(Pressurized Fluid Dampers)与前文提到的各类阻尼器不同的是其具有自复位功能(Re-centering)，其拥有截然不同的力—变形关系曲线。当外载卸荷后，其将恢复到中位，仅有极少的残余变形。这类阻尼器所具有的功能是在拉压双向阻尼器均设定预加荷载限值，阻尼器必须超过预压力，活塞杆才会开始运动，活塞压缩弹性流体并强迫通过活塞孔，产生阻尼力。而当外荷载消失后，装置可以自动恢复到它的初时设定位置(图 13)。这类装置的操控原理我们可以理解为具有预先设定好荷载或加速度限制的机械动力双向“保险丝”。

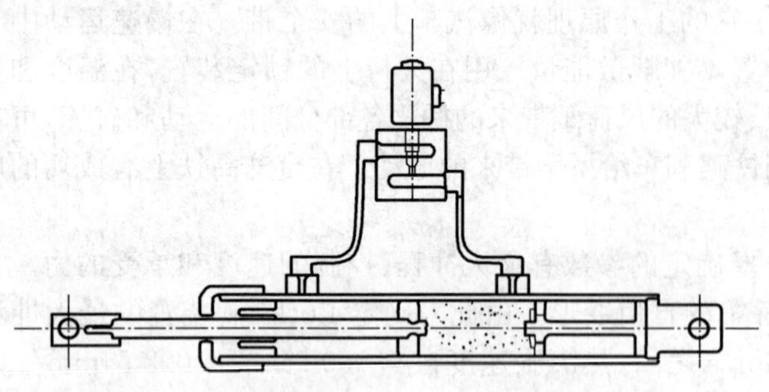

图 11　两阶段半主动液体阻尼器内部构造

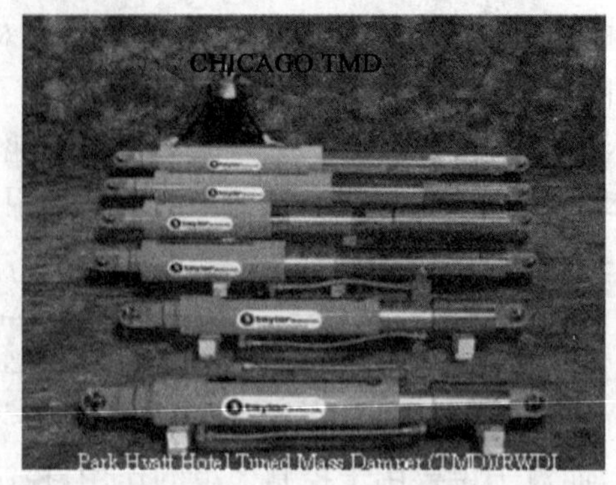

图 12　Taylor 两阶段半主动控制阻尼器

这一概念的实现首先是采用了液体弹簧。由于液体弹簧仅能单方向压缩或拉伸，所以必须附加一个机构使其具有双向功能，这个机械构造必须保证装置在拉伸或压缩状态下使液体弹簧始终处于压缩状态。不管在何温度、冲击振动的密度、振动循环的周数下，装置必须在冲击前后保持中位。

增加到液体弹簧的这个附加部件包括一个有沟槽的外部套管和连接杆。它们与基本液体弹簧相连构成第二缸体。在封装后液体弹簧被连接杆轻微预压。这确保了这个硬性复位机构可以独立于内部液体弹簧之外，并保证了装置的中位固定不变。

装置可以提供预加抵抗力，同时具有弹簧力和阻尼行为：弹簧力可以通过压缩特殊硅基液体介质得到，阻尼力可通过在压缩介质时流液通过孔隙的阻抗力得到。活塞头上小孔的面积和形状决定了装置激发的黏滞力水准和性质，当然这个黏滞力是与活塞头的速度相关。完整的装置输出力曲线见图 14。

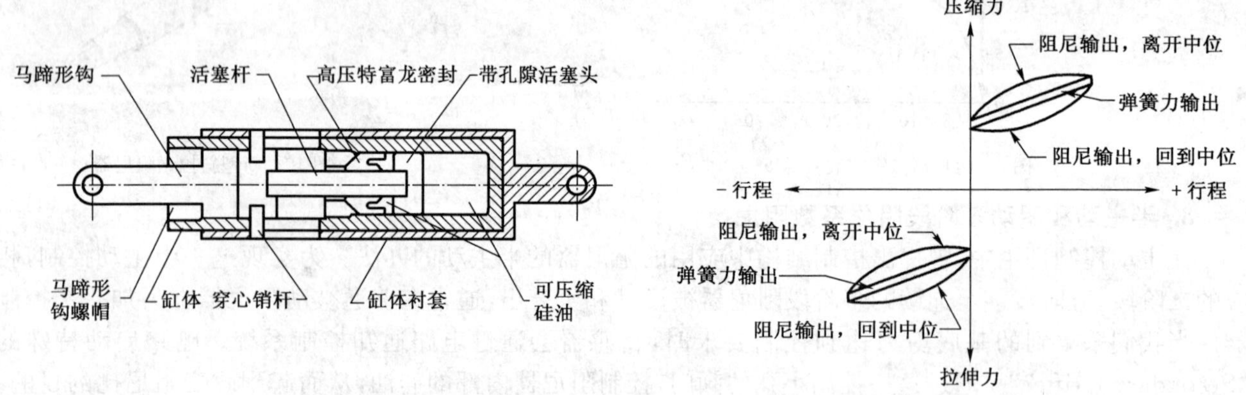

图 13　封装后预载流体阻尼器构造

图 14　装置输出力曲线

预压流体阻尼装置自从 1970 年一直被用于美国军方，应用于搭载洛克希德公司 S-3 维京飞机航母降落中心拦阻钩索上，其他应用包括 NATO MK49 型环形激光陀螺导航仪，船甲板防空导弹以及潜艇等领域。上述装置出力在 1～1500kN。在加拿大魁北克省钢铁熔炼厂两个熔炼车间上设置了 22 套预压流体阻尼装置，吨位分别为 450kN、225kN 和 130kN，用于抗震和抗风。土木工程中，这些设备在使用荷载作用下设计为刚性并在地震荷载条件下提供恢复力以及阻尼。它们可用于由于重力、交通、风荷载和离心力作用而需要高刚度的道路和铁路桥。

三、结　语

文中共提到了 8 种具有特定功能的特殊阻尼器，这几类装置共同的特点是均采用了液体作为内部介质，因此同普通液体阻尼器一样，这些装置也同样具备较高的可靠性，装置出力较大，适于应用于工程结构中。

随着耗能减振技术应用到土木工程领域的深入，这个古老的行业得以更多地借鉴其他行业上已经应用的许多概念和技术，如何更好的利用这些先进理念，依然沿用较为落后的计算方法、粗犷的质量控制手段和简单滞后的测试手段是显然不适合的。包括行业管理者在内，整个行业参与者都应清醒的认识到这一点，并应付诸实施。

参考文献

[1] 马良喆，陈永祁，大型结构使用的锁定装置及其发展．桥梁工程与技术，2010．

[2] 陈永祁，耿瑞琦，马良喆，桥梁用液体黏滞阻尼器的减振设计和类型选择．土木工程学报，2007 第 7 期．55-61.

[3] M. Shinosuka，M. C. Constatinou and R. Ganam Passive and Active Fluid Dampers In Structural Applications，US/China/Japan workshop on Structural Control，Shanghai，China，Oct. 1992.

32. 桥梁工程的风险及风险分析方法

项贻强[1] 张婷婷[1,2]

(1. 浙江大学土木工程系；2. 浙江省温州市交通局)

摘　要　本文给出了桥梁工程风险的定义。研究桥梁工程风险可以全面地反映桥梁工程的安全性与可靠性，加深对所建桥梁工程各个方面、各个阶段的全面认识，从而为预防和控制桥梁可能存在的风险打下良好的基础。桥梁工程风险分析研究的内容主要包括风险识别、风险估计、风险评价、风险控制等。最后根据这些方法的原理和特点各不相同，讨论了桥梁工程风险定性分析法和定量分析法等 20 种分析方法各自的优缺点和适用范围，可供有关工程技术人员参考和借鉴使用。

关键词　桥梁工程　风险分析　风险评估　风险控制　定性分析法　定量分析法

一、桥梁工程风险及风险分析的含义

风险是指在某一特定环境下，在某一特定时间段内，某种损失发生的可能性。风险是由风险因素、风险事故和风险损失等要素组成。

在桥梁工程项目中，由于桥梁投资大、工期长、不可预见因素众多，使得桥梁工程在项目规划、设计、施工、使用、维修、拆除等各个过程中的实现中存在着某些不确定性。这些不确定性包括：

(1)工程项目的目的、内容、范围、组成和性质不确定性。

(2)工程项目成本、工期、功能、安全和环境由于缺少必要的尺度和准则产生的不确定性。

(3)桥梁出现事故，损失大小的不确定性。

这些不确定性构成了桥梁工程项目的风险。桥梁工程风险分析是研究桥梁风险发生规律和风险控制的一门技术。它通过对桥梁工程中存在的各种不确定性进行风险识别，分析风险发生的概率、造成的后果、风险水平及其影响，最后提出规避风险的对策和措施，对桥梁工程风险实施有效的控制和处理，以期达到以最小的成本获得桥梁工程最大的安全保障。

二、桥梁工程风险分析的目的及意义

桥梁工程风险分析的目的在于以最小的成本实现桥梁工程最大的安全保障，并事先给出其风险预报。其中所谓“成本”是指桥梁工程风险分析研究的人力、物力、财力和资源的投入总和；所谓“最大安全保障”是指预期的损失最小，并且一旦出现损失可获得经济补偿的最大保证。

桥梁工程风险分析的意义在于它可以全面地反映桥梁工程的安全性与可靠性，既研究事故的概率，又研究事故的后果。风险分析非常有助于加深对所建桥梁工程各个方面、各个阶段的全面认识，从而为预防和控制桥梁可能存在的风险打下良好的基础。

三、桥梁工程风险分析的内容

桥梁工程风险分析研究的内容主要包括风险识别、风险估计、风险评价、风险控制等4个方面。

1. 风险识别

风险识别就是从系统的观点出发，研究和发现桥梁工程潜在的风险源，在桥梁工程项目所涉及的各个方面，在错综复杂的事物中找出引起桥梁风险的关键因素。但是对于桥梁这类工序复杂、事件跨度比较大，涉及风险因素比较多的工程项目，存在着多层次、多数量的风险。各风险因素的影响和作用不同，同时各风险因素之间也相互影响，人们不可能也没有必要研究所有的风险。需要用科学的方法，对主要的风险源进行研究。目前常用方法有灾害调查、专家咨询、系统分析等方法。

2. 风险估计

风险估计就是对风险识别中的风险源进行量测，给定某一风险发生的概率，用以衡量风险发生的可能性及其造成的后果。一般包括风险概率估计，风险损失估计和风险量测三个方面。在实际工程中，一般先进行定性的估计，再进行定量的估计。

3. 风险评价

风险评价是指应用各种风险分析技术，用定性、定量或两者结合的方式处理不确定的过程。其目的是评价风险的可能结果，同时给出合理的风险对策，为正确的决策提供理论依据。对于桥梁工程来说，需要决策者和风险评估者紧密配合，综合、系统地考虑桥梁工程各阶段之间的风险，使一座桥梁的风险降到最小。

4. 风险预防及控制

风险预防及控制就是针对发生概率比较大的风险源或是损失比较大的风险源，采取一定的措施来预防这种风险的发生或控制发生的风险在可接受的范围内。

四、桥梁工程风险分析的主要方法

目前常用的风险分析方法有很多，这些方法的原理和特点各不相同，在应用中有着各自的优缺点和适用范围，但它们大致可以分为定性分析法、定量分析法两类。

1. 定性分析法

风险定性分析法是主要依靠分析人员的洞察力和分析能力，借助经验、知识、专家意见以及逻辑判断能力对风险进行分析与判断的一类方法，主要有以下几种：

(1)智暴法(Brainstorming)[1]

即所谓头脑风暴法，就是以专家的创造性思维来索取未来信息的一种直观预测和识别方法。此法是由美国人奥斯本于1939年首创的，从20世纪50年代起就得到了广泛应用。头脑风暴法一般是在一个专家小组内进行人以“宏观智能结构”为基础，通过专家会议，发挥专家的创造性思维来获取未来信息。这就要求主持专家会议的人在会议开始时的发言应能激起专家们的思维“灵感”，促使专家们感到急需回答会议提出的问题，通过专家之间的信息交流和相互启发，从而诱发专家们产生“思维共振”，以达到互相补充并产生“组合效应”，获取更多的未来信息，使预测和识别的结果更准确。

(2)德尔斐法(Delphi)[2]

德尔斐是古希腊传说中的神谕之地，城中的阿波罗圣殿可以预测未来，因而借其名作为一种预测方法。

德尔菲法起源于20世纪40年代末，最初由美国兰德公司首先使用。其做法是：首先选定与该项目有关的专家，并与这些适当数量的专家建立直接的函询关系，通过函询收集专家意见，然后加以综合整理，再反馈给各位专家，再次征询意见，再集中，再反馈，这样反复多次，逐步使专家的意见趋于一致，作为最后识别的根据。

(3)外推法(Extrapolation)[3]

外推法包括前推法、后推法和旁推法。前推法是由历史来判断未来可能发生的事件;后推法是在无历史资料的情况下,由可能发生的原因推断结果;旁推法是用别人的结果来推断。外推法的实质是利用某种函数分析描述预测对象的发展趋势。实际常用的函数模型有多项式模型、指数曲线、生长曲线和包络曲线等。

(4)事故树法(Fault Tree Analysis: FTA)[4]

事故树法又称故障树法,是1961年美国贝尔实验室提出来的,之后被广泛应用于工业和其他复杂大型系统之中。该方法是利用图解的形式,将大的故障分解成各种小的故障,或对各种引起故障的原因进行分析。图的形式像树枝一样越分越多,故称故障树。该方法的主要优点是比较全面地分析了所有故障原因,包括人为因素,而且比较形象、直观。不足之处在于,当应用于大系统时,容易产生遗漏和错误。

(5)事件树法(Event Tree Analysis: ETA)[5]

事件树方法是根据一些规则用图形来表示由某些激发事件可能引起的许多事件链,以追踪事件破坏的过程和评价系统的可靠性。随着事件数目的增加,这个图形表示法就像一棵树的枝叶一样展开,这就是事件树名称的由来。

事件树分析是从分析事故的起因事件概率开始,按照系统构成要素的排列次序,每一事件都按成功和失败两种状态,逐步求出因失败而造成事故的发生概率。决策树是一种特殊的事件树。

(6)幕景分析法(Scenarios Analysis)[6]

幕景分析法是一种能在分析中帮助辨识引起风险的关键因素及其影响程度的方法[7]。所谓幕景,是指对一个决策对象,比如,一个项目的未来某种状态的描述,包括用图表、曲线或数据的描述。现代的大型风险决策问题,一般都必须依赖计算机才能完成复杂的计算和分析任务。应用幕景分析,则是在计算机上实现各种状态变化条件下的模拟分析。当某种因素发生不同的变化,它对整个决策问题会发生什么影响?影响程度如何?有哪些严重后果?像电影上的镜头一样可以一幕一幕地展现出来,供分析人员进行比较研究。幕景分析的结果一般可分为两类——对未来某种状态的描述和对目标问题的发展过程的描述。

(7)影响图方法(Influence Diagram)[8]

这是1981年由Howard和Mahteson提出的。影响图是由节点和有向弧组成的无环路的有向图,其中节点代表所研究问题中的主要变量,有向弧表示变量间的各种相互关系,它是概率估计和决策分析的图型表现,是将BAYES概率应用于图论的成果。由于利用影响图作为建模工具,可以解决风险因素之间存在的关联问题,所以它从诞生开始便得到了广泛的关注。但由于该方法技术复杂,目前此种方法还限于理论研究阶段。

(8)风险评价指数矩阵法(Risk Assessment Code: RAC)[9]

RAC法是定性风险估算常用的方法,它是将决定危险事件的风险的两种因素——风险严重度(S)和风险可能性(P),按其特点划分为相应的等级,形成一种风险评价矩阵,并赋与一定的加权值来定性衡量风险大小。根据事故发生后工程的损害程度,将风险事件发生的严重性定性地分为若干等级,称为风险事件的可能性等级。

(9)失效模式和后果分析法(Failure Modes and Effects Analysis: FMEA)[10]

失效模式和后果分析(FMEA)在风险评价中占重要地位,是一种非常有用的方法,主要用于预防失效。但在试验、测试和使用中又是一种有效的诊断工具。这种分析方法的特点是从元件的故障开始逐次分析其原因、影响及应采取的对策措施。它对于一个系统内部每个部件的每一种可能的失效模式或不正常运行模式都可进行详细分析,并推断它对于整个系统的影响、可能产生的后果以及如何才能避免或减少损失。

(10)专家打分法

专家打分法是一种最常用、最简单且易于应用的风险评估方法。首先识别和评价对象相关的风险因素、风险事件或发生风险的环节，列出风险调查表；其次，请有经验的专家对风险因素或风险事件的重要性进行评价；最后，综合整体的风险水平。

2. 定量分析法

风险定量分析法又称为概率风险分析(Probability Risk Analysis, PRA)法，是一种以试验数据或统计数据为依据，通过建立数学模型，运用数学计算或数值分析方法对风险进行量化分析的方法，主要有以下几种：

(1)模糊数学法(Fuzzy Set)[11]

大多数的风险因素是不确定的、模糊的，用经典数学难以计算，而运用模糊数学知识，可以用数学语言去准确地描述风险因素对系统的影响程度，建立数学评价模型，得出其精确解。正是因为这一特点，这一方法目前在工程风险领域中大量被采用。

模糊综合评判(Fuzzy Comprehensive Assessment)[12]是其中的一种重要方法。它首先建立问题的目标集和评定集，分别确定它们的隶属度向量；然后在各个单目标评判的基础上，通过模糊映射得出多目标综合评价结果。我国学者在这方面做了较多的理论探讨与应用研究。除此之外，不少决策问题也采用了结合模糊数学的评价方法。

(2)等风险图法(Equal Risk Curve)[13]

等风险图法包括两个因素：失败的概率和失败的后果。这种方法把已识别的风险分为低、中、高三类。低风险指对项目目标仅有轻微不利影响，发生概率也小(小于 0.3)的风险。中等风险指发生概率大(从 0.3 到 0.7)，且影响项目目标实现的风险。高风险发生概率很大(0.7 以上)，对项目目标的实现有非常不利影响的风险。

(3)CIM 模型法(Controlled Interval and Memory Models，控制区间和记忆模型)[14]

该方法是在 1983 年由 Chapmna 和 Cooper 两人提出的，前者做了大量的系统分析和研究工作，后者在 CMI 模型的推广和实际应用上，特别是在软件研制过程中做出了很大的贡献。

CIM 模型法的特点是进行概率分布叠加的有效方法之一。这种方法用直方图替代变量的概率分布，用和代替概率函数的积分。它是一种较成熟的概率分布处理技术。

所谓“控制区间”，是指为了减小叠加误差，在计算中对叠加变量的直方图加以处理，即缩小其概率区间，将原叠加变量的相应概率区间分解的再小些，可以得出更加精确的结果。

所谓“记忆”，是指当有两个以上的变量需要进行概率分布叠加时，计算就需要“记忆”，即把前两个概率分布叠加的结果记忆下来，再用控制区间即 CIM 方法与下一个变量的概率分布叠加，如此下去，至叠加完最后一个变量为止。

(4)主成分分析法(Principal Component Analysis)[15]

主成分分析法属于多元统计研究范畴，是经济研究中应用最多的多元统计方法之一。在许多研究中，为了全面系统的分析某一个问题，往往会设置许多个统计指标，并尽可能详细地搜集数据资料，这样一来，较多的指标不仅增加了分析问题的复杂性，同时也忽略了指标之间的信息重叠。主成分分析就是将原来的指标重新组合成一组彼此无关，即信息互不重叠的新的综合指标。同时，根据一定原则和实际需要，从中抽取较少的几个综合指标来反映原来指标所携带的较高比例的信息量。所以，主成分分析就是利用降维的思想，把多指标转化为少数几个综合指标的多元统计方法。

(5)蒙特卡罗模拟技术(Monte Carlo Simulation)[16]

蒙特卡罗模拟又称随机模拟或统计试验法，是一种通过对随机变量的统计试验，随机模拟求得近似解的数学方法。特点是用数学方法在计算机模拟实际概率过程，后加以统计处理，是基于对事实或假定的大量数据的反复试验。已知各输入变量的概率分布，用一个随机数发生器来产生具有相同概率的数值，赋值给各个输入变量，计算出各输出变量，50～300 次之后，输出的分布函数就基本收敛了。此法的精度和有效性取决于仿真计算模型的精度和各输入量概率分布估计的有效性，适用于变量较多情况下的风险辨识和估计。此法可用来解决某些具有不确定性的或难以用解析方法求解的复杂问题，具有较大的优越性，已成为当今风险分析的主要工具之一。

(6)层次分析法(Analytic Hierarchy Process：AHP)[17]

美国著名运筹学家，匹兹堡大学教授 T. L. Saaty 于 20 世纪 70 年代中期提出了层次分析法(The analytic hierarchy process，简称 AHP)。层次分析法是建立在系统工程理论基础上的一种解决实际问题的方法。

用层次分析法作系统分析，首先要把问题层次化。根据问题的性质和达到的总目标，将问题分解为不同的组成因素，并按照因素间的相互关联、影响以及隶属关系将因素按不同层次聚集组合，形成一个多层次的分析结构模型，并最终把系统分析归结为最低层(供决策的方案措施等)相对于最高层(总目标)的相对重要性权值的确定或相对优劣次序的排序问题。

(7)人工神经网络方法(Artificial Neural Network：ANN)[18]

人工神经网络(ANN)简称神经网络，是人工智能领域中的一个重要分支，是从微观结构与功能上对人脑神经系统的抽象、简化与模拟而建立起来的一类计算模型，具有模拟人的部分形象思维的能力。其特点主要是具有非线性特性、学习能力和自适应性，是模拟人的智能的一条重要途径。它是由简单信息处理单元(神经元)互联组成的网络，能接受并处理信息。网络的信息处理由处理单元之间的相互作用来实现，它是通过把问题表达成处理单元之间的连接权来处理的。

(8)灰色理论(Gray Theory)[19]

灰色理论以"部分信息已知，部分信息未知"的"小样本"、"贫信息"不确定系统为研究对象，主要通过对"部分"已知的信息的生成、开发，提取有价值的信息，实现对系统行为的正确认识和有效控制。它将说明客观对象现在状态和过去状态的各种时间序列的数据，按某种方式组合到一起，形成白色数据，再将需要预测的时间序群当做灰色模块，然后，寻找这两种数据群间的内在联系和发展规律。

(9)敏感性分析(Sensitivity Analysis)[20]

敏感性分析亦称灵敏度分析，是在投资项目评价和企业其他经营管理决策中常用的一种不确定性分析方法。影响投资决策目标的诸多因素的未来状况处于不确定的变化中，出于决策的需要，测定并分析其中一个或者多个因素的变化对目标的影响程度，以判定各个因素的变化对目标的重要性，就是敏感性分析。具体地说，它是在确定性分析的基础上，重复分析不确定因素变化时，分析对项目经济效益评价影响的程度。例如，当销售量、价格、生产能力、成本等因素发生变动时，将对净现值、内部收益率等发生不同程度的影响。

(10)马尔可夫链分析(Markov)[21]

马尔可夫链分析是利用某一系统的现在状态的状态的转移，预测该系统未来的状态的一种方法。它的特点是不需要连续不断的大量历史资料，只需要现在的动态资料就可以预测。

五、结　　论

通过研究可以得出如下结论：

本文在讨论桥梁工程风险研究的意义和研究内容的基础上，分析对比了桥梁工程风险的定性分析法和定量分析法等 20 种分析方法各自的优缺点和适用范围，可供有关工程技术人员参考和借鉴使用。

桥梁工程风险研究可以全面地反映桥梁工程的安全性与可靠性，加深对所建桥梁工程各个方面、各个阶段的全面认识，从而为预防和控制桥梁可能存在的风险打下良好的基础。必须重视和加强桥梁风险评估，以最大限度减少灾难事故的发生。

参考文献

[1] 王宗让．建筑工程项目风险管理技术[D]．西安：西安建筑科技大学硕士学位论文，2006.

[2] 张胜斌．工程项目风险分析方法研究[D]．吉林：吉林大学硕士学位论文，2008.
[3] 余建星．工程项目风险管理[M]．天津：天津大学出版社，2006.
[4] 肖先波．基于BP神经网络的公路建设项目风险分析[D]．杭州：浙江大学硕士学位论文，2006.
[5] Gregory B，Baecher，John T，Christian. Reliability and statistics in geotechnical engineering [M]. John Wiley & Sons Ltd.，England，2003.
[6] 谢忠辉．长潭西线高速公路特许经营(BOT)项目风险管理研究[D]．长沙：湖南大学硕士学位论文，2006.
[7] 邱苑华．现代项目风险管理方法与实践[M]．北京：科学出版社，2003.
[8] 詹原瑞．影响图理论方法与应用[M]．天津：天津大学出版社，1995.
[9] 林祥金．悬浮隧道风险分析[D]．大连：大连理工大学硕士学位论文，2006.
[10] 韦冠俊．安全原理与事故预测[M]．北京：冶金工业出版社，1995.
[11] Maeda H，Murakami S. The use of fuzzy decision-making method in a large scale computer system choice problem[J]. Fuzzy Set and Systems，1993，54：235-249.
[12] Yager R R. Multiple objective decision-making using fuzzy sets [J]. International Journal of Man-Machine Studies，Volume 9，Issue 4，July 1977，Pages 375-382.
[13] 约翰．拉夫特里．项目管理风险分析[M]．李清立,译．北京：人民邮电出版社，2003.
[14] 谷荻隆嗣．人工神经网络与模糊信号处理[M]．北京：科学出版社，2003.
[15] 赵希男．主成分分析法评价功能简介[J]．系统工程，1995，13(2)：24-27.
[16] 斋藤嘉博．可靠性基础数学[M]．北京：国防工业出版社，1977.
[17] Alam S. S.，Ghosh Shrabonti. Ranking by AHP：a rough approach. ISIF，2002：185-190.
[18] 徐丽娜．神经网络控制[M]．北京：电子工业出版社，2003.
[19] 刘思峰，郭天榜，党耀国．灰色系统理论及应用[M]．北京：科学出版社，1999.
[20] 万君康，蔡希贤．技术经济学[M]．武汉：华中理工大学出版社，1996.
[21] 冯允，成吕，春莲．随机网络及其应用[M]．北京：北京航空学院出版社，1987.
[22] Shichao Fan，Qiping Shen，Gongbo Lin. Comparative Study of Idea Generation between Traditional Value Management Workshops and GDSS-Supported Workshops [J]. Journal of Construction Engineering and Management，2007，11：816-825.
[23] 巩春领．大跨度斜拉桥施工风险分析与对策研究[D]．同济大学博士论文．2006.
[24] 阮欣．桥梁工程风险评估体系及关键问题研究[D]．同济大学博士论文，2006.
[25] 高辉．模糊综合评价方法在工程质量风险分析中的应用[J]．西安科技学院学报，2002，22(1)：21-23.

33. 高速铁路简支箱梁的设计与施工

陈 玥 戴公连
（中南大学土木建筑学院）

摘 要 我国在高速铁路建设方面已进行了大量的实践，并积累了一定的经验和教训。而简支箱梁是高速铁路桥梁中最常用的结构，本文从高速铁路简支梁的应用、设计参数、静力性能、动力性能、施工方法、轨道体系等方面对其设计和施工进行了初步的总结和分析。

关键词 高速铁路 简支梁 设计参数 力学性能 施工 无砟轨道

一、高速铁路概述

国际铁路联盟规定:允许速度达到250km/h的客运专线或允许速度达到200km/h的既有线路均可称之为高速铁路。高速铁路是一个集各项最先进的铁路技术、先进的运营管理方式、市场营销和资金筹措为一体的十分复杂的系统工程。与其他运输方式相比,高速铁路具有行车速度高、运能大、安全性高、能耗低、环境污染轻、舒适度高等优点。

1964年,日本建成了世界上第一条高速铁路——东海道新干线,运营速度达到210km/h,从而引发了世界建设高速铁路的浪潮。根据国际铁路联盟的最新统计,截止到2010年5月,全世界运营中的铁路里程总长达13 413km,除中国大陆外,这些线路分布在日本、法国、德国、意大利、西班牙、比利时、英国、荷兰、俄罗斯、韩国、瑞士、挪威、中国台湾等13个国家和地区。2009年12月26日,我国武广客运专线正式运营通车,最高运营时速达到394km,创下世界之最。目前我国投入运营的高速铁路已达到6 800多公里,我国已成为世界上高速铁路系统技术最全、集成能力最强、运营里程最长、运行速度最高、在建规模最大的国家。

发展高速铁路已是当今世界铁路发展的共同趋势。根据欧盟的规划,到2020年,欧盟将有2.5万公里的高速铁路遍布欧洲。美国、巴西、澳大利亚、摩洛哥等也正在规划和新建高速铁路。在中国大陆,按照《综合交通网中长期发展规划》和《中长期铁路网规划调整方案》,规划新建客运专线12 000km,新建城际铁路6 000km,到2020年,形成以客运专线高速网为核心,快速线为基础,城际铁路为补充的快速客运网络,规划达到50 000km以上。

高速铁路采用全封闭行车模式,线路平纵断面参数严格要求轨道的高平顺性。因此,桥梁的比例显著增大(表1、图1)。在现代高速铁路建设中,桥梁设计与建造技术已成为关键技术之一。

各国高速铁路桥梁比例 表1

国　家	高速铁路总长	最高运营速度	各线桥梁比例
日本	2 459km	300km/h	33.3%～61.5%
法国	1 700km	320km/h	1.3%～32.2%
德国	1 290km	300km/h	2.7%～12.5%
西班牙	1 272.3km	300km/h	3.2%
意大利	814.5km	300km/h	12.5%～19.5%
韩国	240.4km	300km/h	27.1%
中国台北	345km	315km/h	81.5%

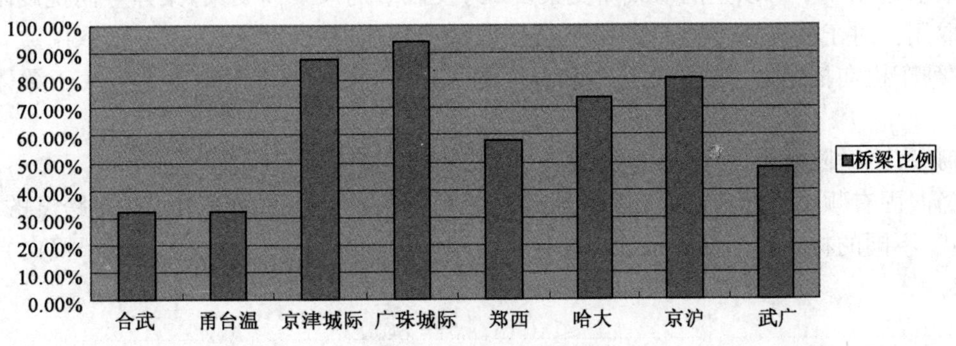

图1 我国各线桥梁比例

尽管各国对高速铁路桥梁的材料不作限制,但90%以上的桥梁都选用混凝土结构。工期、环境、地形、地址等因素决定了桥梁的结构形式多样化,有预应力混凝土连续箱梁,简支箱梁、混凝土刚架、多片式T梁、上承式钢板连续结合梁、下乘式钢桁梁等等。就我国而言,混凝土简支梁结构构造简单,是我国既有铁路桥梁的主要形式,总数占桥梁的90%以上。简支梁构造简单,施工方便,技术成熟。我国客运专线简支梁的主要梁型是32m后张法箱形简支梁，20m、24m梁仅作为调整跨度使用，也有一些新建铁路客运专线采用了40～64m箱形梁。

二、设计原则及技术参数

1. 设计荷载

恒载包括结构自重力及附属设备自重力、预加应力、混凝土收缩和徐变等。列车竖向活载纵向计算采用ZK活载，见图2。

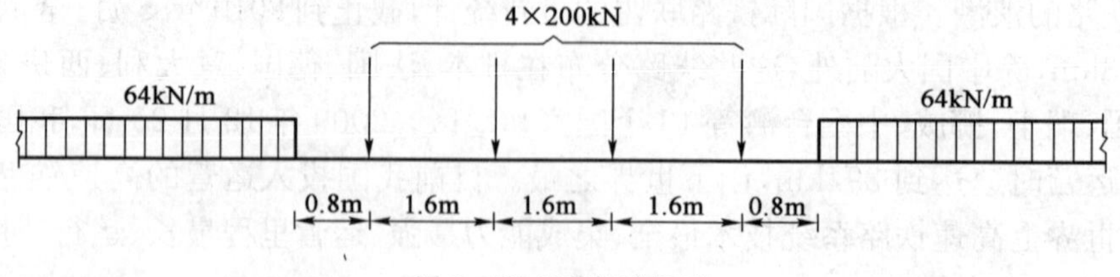

图2　ZK活载标准图示

桥跨结构动力系数：$1+\mu=1+\left(\frac{1.44}{L_{\varphi}^{0.5}-0.2}-0.18\right)$，其中$L_{\varphi}$为梁的跨度。此外，活载还需考虑横向摇摆力、人行道荷载、钢轨挠曲力等。若是曲线桥，列车竖向静活载产生的离心力作用也需进行计算。附加力包括制动力、牵引力、温度应力、风力等。特殊荷载考虑脱轨荷载、地震力等。其中脱轨荷载按两种情况考虑：列车脱轨后一侧车轮仍停留在桥面轨道范围内的情况和列车脱轨后离开轨道范围，但没有坠落桥下，仍停留在桥面边缘的情况。

2. 桥梁刚度的限值标准

(1)挠跨比刚度限值

在桥梁设计时，不可能都作动力响应分析来判断其刚度是否符合要求，竖向及横向挠跨比成为了衡量刚度大小的标准。在《高速铁路设计规范(试行)》中，对桥梁的挠度有明确的要求(表2)。

梁体的竖向挠度限值　　表2

跨度范围(m) 设计速度(km/h)	$L\leqslant40$	$40\leqslant L\leqslant80$	$L\geqslant80$
250	$L/1\,400$	$L/1\,400$	$1/1\,000$
300	$L/1\,500$	$L/1\,600$	$L/1\,100$
350	$L/1\,600$	$L/1\,900$	$L/1\,500$

表2中限值适用于3跨以上的双线简支梁。2跨及以下的双线简支梁，梁体竖向挠度限值按表中数值的1.4倍取用。对于单线简支梁，梁体竖向挠度限值按相应双线桥限值的0.6倍取用。

另外，在列车横向摇摆力、离心力、风力和温度的作用下，梁体的水平挠度不应大于梁体计算跨度的1/4 000。

(2)固有频率刚度限值

桥梁的竖向固有频率是促使桥梁动力系数出现峰值的根本内在原因。对于一定跨度的桥梁，采用不同的结构形式、不同的材料和不同的设计刚度将具有不同的固有频率。我国对简支梁竖向自振频率最小值规定如下：

$$L\leqslant20\text{m},n_0=80/L$$

$$20<L\leqslant96\text{m},n_0=23.58L^{-0.592}$$

式中：n_0——简支梁竖向自振频率；

L——简支梁跨度。

3. 桥梁变形的限值标准

(1)梁体扭转引起的轨面不平顺限值

ZK 静活载作用下，以一段 3m 长的线路为基准，一线两根钢轨的竖向相对变形量不应大于 1.5m。

(2)梁端竖向转角限值

ZK 竖向静活载作用下，桥梁梁端竖向转角限值应符合图 3、表 3 要求。

梁端转角限值 表 3

桥上轨道类型	位　置	限值(rad)	备　注
有砟轨道	桥台与桥梁之间	$\theta \leqslant 2.0‰$	
	相邻两孔梁之间	$\theta_1+\theta_2 \leqslant 4.0‰$	
无砟轨道	桥台与桥梁之间	$\theta \leqslant 1.5‰$	梁端悬出长度≤0.55m
		$\theta \leqslant 1.0‰$	0.55m<梁端悬出长度≤0.75m
	相邻两孔梁之间	$\theta_1+\theta_2 \leqslant 3.0‰$	梁端悬出长度≤0.55m
		$\theta_1+\theta_2 \leqslant 2.0‰$	0.55m<梁端悬出长度≤0.75m

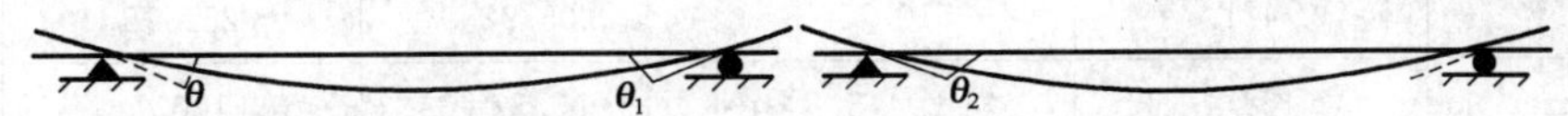

图 3　梁端转角示意图

(3)桥涵基础工后沉降量限值标准

墩台基础的工后沉降按恒载计算，其工后沉降量不应超过表 4 限值。

静定结构墩台基础工后沉降限值 表 4

沉 降 类 型	桥上轨道类型	限值(mm)
墩台均匀沉降	有砟轨道	30
	无砟轨道	20
相邻墩台沉降差	有砟轨道	15
	无砟轨道	5

4. 结构设计参数

(1)箱梁宽度

高速铁路桥梁主要是由刚度而不是强度控制设计，所以尽管高速铁路活载小于普通铁路，但实际应用的高速铁路桥梁，在梁高、梁重上均超过普通铁路。

箱梁宽度取值主要根据箱体本身的受力情况而定。在双线活载作用下，当腹板中心线与线路中心线重合时，梁体腹板受力最均匀；而当桥面较宽时，会造成梁体外悬臂较大，对受力不利，箱宽选择应兼顾腹板间距和悬臂长度。

(2)箱梁高度

对于高速客运箱梁，箱梁高度决定着结构竖向刚度，同时也决定着客运专线的舒适度。而对于 32m 以上整孔箱梁，由于梁高较大，箱内净空构造要求并不控制梁高设计，梁高是以动力性能来控制的，且就整体而言，增大梁高能够改善桥梁的动力效应(图 4、表 5)。

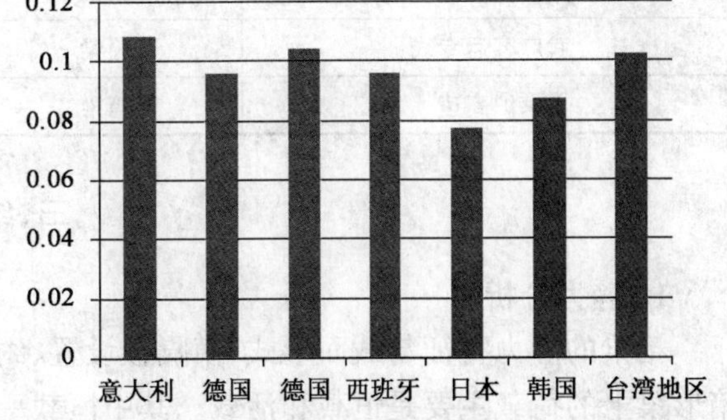

图 4　各国高速铁路常用简支梁高跨比

(3)腹板间距

腹板间距设置的合理性直接影响整个桥梁的横向刚度和顶板、腹板的受力性能，导致钢筋的用量和腹板厚度的变化。腹板的间距越小，箱梁底部越窄，与之相配的桥墩工程量就相应减少，在高墩中则更加显著。若加大腹板间距，横向刚度会大幅度提高，但双线箱梁横向刚度不控制设计。与直腹板相比，斜腹板外型美观，脱模方便，在减小箱梁底部宽度的同时可以减小横向悬臂板的长度，是较好的选择。

秦沈客运专线简支梁结构参数表 表5

类　　型	双线箱梁		单线箱梁		
跨度(m)	20	24	20	24	32
梁长(m)	20.6	24.6	20.6	24.6	32.6
顶宽(m)	12.4	12.4	6.15	6.15	6.15
梁高(m)	1.8	2	1.8	2	2.7
箱梁底宽(m)	6.16	6.12	3	3	3
跨中腹板厚(m)	0.45	0.45	0.3	0.3	0.3
顶板厚(m)	0.3	0.3	0.3	0.3	0.3
底板厚(m)	0.25	0.25	0.25	0.25	0.25
梁重(t)	421	510.75	205.92	251.75	368.5
每孔混凝土方量(m^3)	168.4	204.3	82.37	100.7	147.4
每孔钢绞线用量(t)	4.316	6.25	2.109	3.125	5.439
每孔钢筋用量(t)	29.95	34.78	12.09	14.42	21.14

(4)支座布置

我国普通铁路梁型以T梁为主,相邻梁跨梁端间仅留数厘米的梁缝。秦沈客运专线大量采用了简支箱梁,其相邻支座间距为0.7m,梁缝间距仅为0.1m,为施工及养护人员进出梁端造成了不便。在后来修建的京沪高速及武广客运专线中,都对简支箱梁支座间距进行了加大。国内外简支箱梁支座间距汇总如表6所列:

国内外简支箱梁支座间距汇总 表6

国家及铁路	梁　　型	标准跨度(m)	支座间距(m)
日本北陆新干线	箱梁	23.7、28.7、33.7、45.7	0.8
德国高速铁路箱梁	箱梁	23、42、56	2.0
意大利高速铁路	箱梁	23	2.0
巴黎—布鲁塞尔TGV线	槽形梁	50	3.2
韩国高速铁路	箱梁	25、40	1.8
中国秦沈客运专线	箱梁	20、24、40	0.7
武广客运专线	箱梁	24、32、40	1.2
京沪高速	箱梁	24、32、40	1.6

三、结 构 分 析

1. 静力分析

箱梁的静力特征与截面形式、横隔板设置、约束条件、荷载作用位置和荷载类型等因素有关。作用在箱形梁上的荷载主要是恒载和活载。其中恒载一般是对称的,而活载可以是对称的,也可以是非对称偏心的。箱形梁在偏心荷载作用下,将产生纵向弯曲、扭转、畸变及横向挠曲四种基本变形状态。

箱形梁的纵向弯曲产生竖向变位,因而在横截面上引起正应力和剪应力。对于肋距较大的箱形梁,由于翼板中剪力滞后的影响,其应力分布将是不均匀的,即近肋处翼板中产生应力高峰,而远肋板处产生应力低谷,即"剪力滞效应"。对于肋距较大的宽箱梁,剪力滞效应必须重视(表7)。

预应力混凝土箱梁的跨径越大,恒载占总荷载比例就越大。如果箱壁较厚,或沿梁的纵向布置一定数量的横隔板，限制箱形梁的畸变，则畸变应力也是不大的。但对于少设或不设横隔板的宽箱薄壁梁，畸变应力不可忽视。板的横向应力，对于顶板、肋板及底板的配筋具有重要意义。

箱型梁各种计算方法的适用情况 表7

分析项目 / 分析方法	纵向挠曲	自由扭转	约束扭转翘曲	畸变翘曲	畸变横向挠曲	剪力滞	局部影响
简单梁理论	√	√					
约束扭转理论			√				
剪力滞后理论						√	
弹性地基梁比拟法				√	√		
广义坐标法	√	√	√	√	√		
框架分析法							√
影响面法							√
梁格理论	√	√		√			
折板理论	√	√	√	√	√	√	√
有限元法	√	√	√	√	√	√	√
有限条法	√	√	√	√	√	√	√
有限段法	√	√	√	√	√		
壳理论	√	√	√	√	√	√	√

2. 动力分析

(1)分析方法

动力分析的主要目的是检算铁路桥梁的行车性能。为保证列车高速、舒适、安全行驶，要求高速铁路桥梁必须具有足够大的刚度和良好的整体性，以防止桥梁出现较大挠度和振幅，同时，必须限制桥梁的预应力徐变上拱和不均匀温差引起的结构变形，以保证轨道的高平顺性。德国高速铁路桥梁一般应用数值仿真技术，通过由 Politecnico di Milano 大学开发的列车—钢轨—桥梁数学模型进行动力分析，并根据需要考虑作用于列车和桥梁上的横风效应。而日本在进行车—线—桥耦合振动分析时，使用铁道综合技术研究所的动态耦合分析程序 DIASTARS II。对于法国，时速高于 200km 时，需要进行动力分析以检算结构的动力特性。在我国，相关科研单位和高等院校从 20 世纪 80 年代初就开始从事车桥动力相互作用理论和应用方面的研究，先后建立和发展了各自的分析模型。秦沈客运专线建成后，铁道部组织的桥梁动力性能综合试验表明了秦沈客运专线良好的动力性能，并验证了我国桥梁动力仿真分析方法的有效性。

(2)动力性能检算指标

脱轨系数：$Q/P \leqslant 0.8$

轮重减载率：$\Delta P/P \leqslant 0.6$

轮对横向水平力：$Q \leqslant 10 + p_0/3$

车体竖向振动加速度：$a_x \leqslant 0.13g$

车体横向振动加速度：$a_y \leqslant 0.10g$

斯佩林舒适度指标：$W \leqslant 2.50$ 优

$2.50 < W \leqslant 2.75$ 良

$2.75 < W \leqslant 3.00$ 合格

(3)内在因素

桥梁的固有频率是促使桥梁动力系数出现峰值的根本内在原因。我国《高速铁路设计规范(试行)》

中规定，当预应力混凝土双线简支梁自振频率不低于一定要求时，梁体结构设计可不进行车桥耦合动力影响分析。

从对我国秦沈客运专线综合试验段桥梁的研究中可知，增大梁高可以增加竖向刚度，从而改善梁体的动力性能。在秦沈客运专线中，若梁的高跨比约为1/12，挠跨比为1/4 000左右，则该系列梁舒适度等各项指标在旅客列车运行速度200km/h时为优良，250km/h时为良好。但若是32m梁，梁高取2.4m时，其高跨比为1/13.3，挠跨比为1/3095，此时的舒适度指标在列车时速200km时已接近低限指标。而动力仿真结果还表明，若列车速度提高到250km/h以上，则其舒适度将进一步降低。随着我国高速铁路设计速度的不断提高，动力性能要求渐渐成了控制梁高的主要因素。

四、施工方法

我国高速铁路中小跨度简支梁在客运专线桥梁中占有90%的比重，其架设方法直接影响高速铁路的建设质量、进度和造价。目前我国中小跨度铁路箱型梁主要架设方法有预制架设法、移动模架法、膺架现浇法和节段拼装法。

1. 预制架设法

预制架设就是在梁场采用工厂化生产方式，集中预制箱梁，然后通过运梁车运输到桥位，再通过架桥机进行架设的施工方法。

预制箱梁施工主要包括预制梁场的规划与设置、模板支架工程、钢筋工程、混凝土浇筑与养护工程、预应力工程及箱梁运输架设等。预制梁场的数量和地点主要根据桥梁分布情况、运梁车运梁速度、运梁半径、架梁速度、箱梁上线方式、建设总工期等因素综合考虑确定。根据以往的经验，架梁的合理的运梁半径为20km。例如京沪高速铁路全线32m跨简支梁共计27 937孔，设置了48个梁场，每个梁场的制梁孔数大多在600孔以上。预制梁的模板是施工工程中的临时结构，模板设计分为底模、外侧模、端模和内模四部分。这不仅关系到预制梁的尺寸精度，而且对工程质量、施工进度和工程造价有直接的影响。模板的安装应与钢筋工作配合进行，在底模整平及钢筋骨架安装后，安装侧模板和端模板，也可以先安装端模后安装侧模。模板安装的精度要求要高于预制梁的精度要求。每次模板安装后需要通过验收，合格后方可进入下一道工序(图5)。整体箱梁的发展一直受到运输、架设技术与配套机具的制约。秦沈客运专线整体预应力混凝土箱梁最大重量达560t，郑西客运专线32m双线无砟轨道预应力混凝土简支梁每跨梁重约819.05t，京沪高速铁路32m箱梁重量近900t。目前我国客运专线32m900t箱梁的架桥机和运梁车已形成较为完整的系列。

箱梁集中预制，质量易于保证，制梁台座和模板等设备可重复使用，可提高制梁、架梁效率，节省大量费用。而且由于存梁时间长，便于混凝土梁在架设前完成徐变上拱。

2. 节段拼装法

节段拼装法主要用于解决跨度在40～64m中等跨度简支梁的架设难题。因箱梁质量大、架设困难，往往采取将其分段预制，在桥位处利用造桥机原位拼装成型的施工方法。该方法在包西、温福、郑西、昌九等线得到应用。以温福线白马河特大桥双线64m简支梁为例，全梁分为13个预制梁段，长度分别为5.15m、4.5m、4.4m，全梁共12个湿接缝，每个长度为0.6m(图6)。

3. 移动模架现浇法

移动模架现浇就是采用移动模架造桥机，在桥位上整垮段逐孔向前灌注的施工方法。该法适用于孔跨较多的单个桥梁。该法广泛用于平原和山区铁路的标准梁跨的施工，最大跨度达40m，以32m简支梁为主。移动模架法的特点如下：①施工占用场地小②适用范围广泛，可多工作面展开施工；③作业流程固定，机械化程度高；④制梁周期受气候的影响大；⑤张拉、压浆、封端等作业净空小。

4. 膺架现浇法

膺架现浇就是采用支架作为支撑结构，在桥位上搭设满堂支架，在支架上立模现浇梁体混凝土，以及张拉预应力筋，直接落梁就位的施工方法。膺架现浇法主要用于32m跨及以下跨度桥梁的施工，适合孔

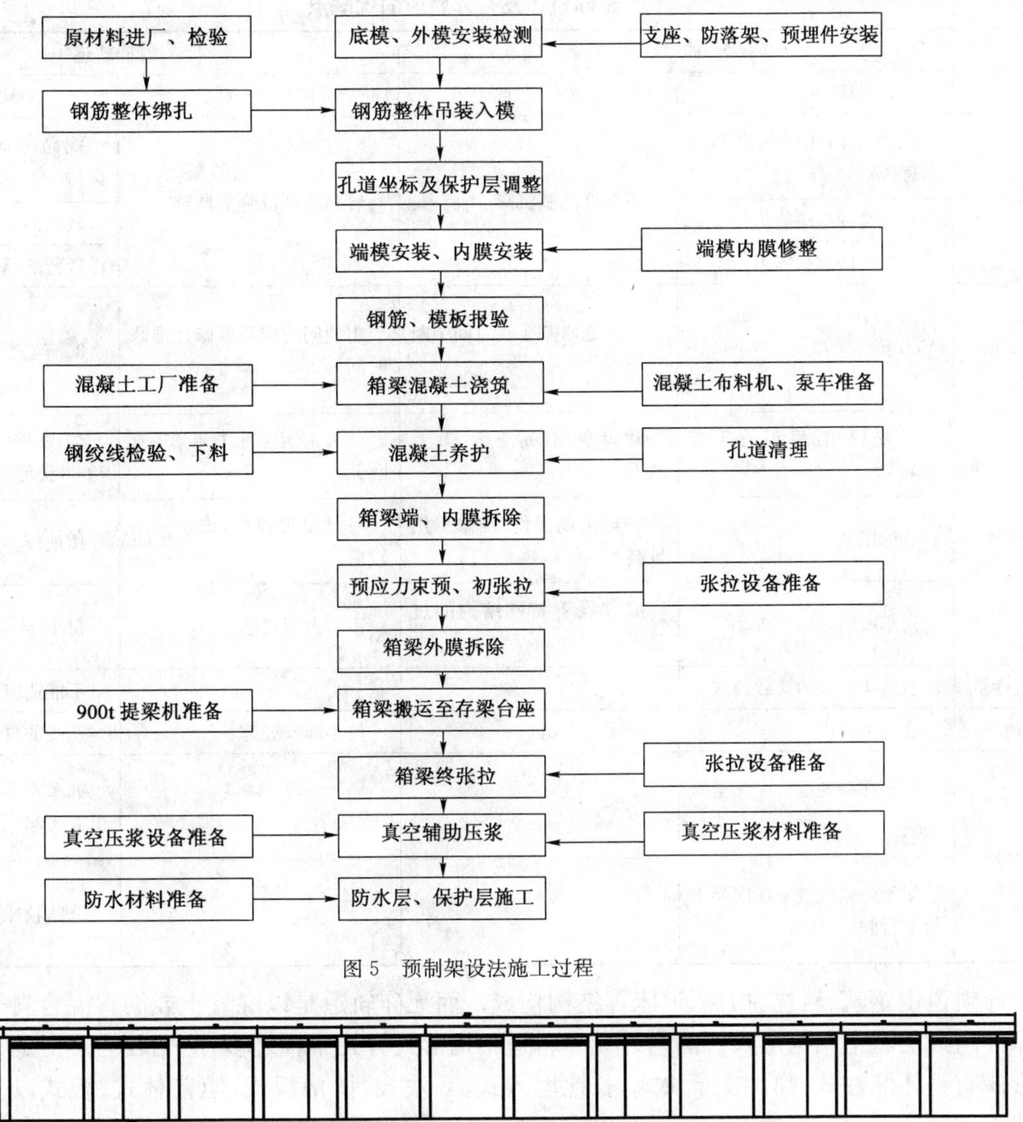

图 5　预制架设法施工过程

图 6　白马河特大桥轮廓图

数不多、地基条件较好或者大型设备难以使用的地段。膺架施工法无需大型设备，几乎不占用土地，但周期较长。支架基础应满足施工对基础强度、稳定性及变形的要求。膺架杆件应力安全系数应大于 1.3，稳定安全系数应大于 1.5。

五、轨 道 体 系

高速铁路的轨道形式主要有有砟轨道和无砟轨道两种形式。有砟轨道是铁路的传统结构形式，其具有建设费用低，噪声传播范围小，建设周期短，破坏时修复时间短，自动化及机械化维修效率高，轨道超高和几何状态调整简单等优点。但是同时随着铁路运营速度的不断提高，其缺点也逐渐显现，特别是维修工作量大，道砟易飞散，桥上道床稳定性差等问题已严重制约其发展。相比而言，无砟轨道具有总体性强，纵向、横向稳定性高，能持久的保持轨道的几何尺寸，养护维修工作量少及使用寿命周期长等特点。随着无砟轨道的大规模应用及工艺工法的不断完善，其造价明显下降。同时，因后期维修次数的减少，无砟轨道的综合经济效益在 10～12 年后便可超过有砟轨道。因此，采用无砟轨道提高在高速运营条件下的轨道结构稳定性，减少维修养护，是今后客运专线及其他高速铁路所采取的主流形式。无砟轨道及有砟轨道的优缺点比较如表 8 所列。

无砟轨道及有砟轨道的优缺点 表8

性　能	无 砟 轨 道		有砟轨道	
	优　点	缺　点	优　点	缺　点
可靠度	线路平面几何状态易于保持	不允许地基沉降	容易实现沉降的调整	线路平面几何形状不易保持
	有较高的运输能力			较低的运输能力
	有较高的承载能力			较低的承载能力
使用寿命	60年	一旦维修需要长时间中断行车	出现问题容易维修且维修时间短	30年
投资成本	维修费用：每年每千米400欧元	建设费用：每千米80万欧元	建设费用：每千米35万欧元	维修费用：每年每千米7 000欧元
	节约用地	一旦出现损伤，维修费用较高	一旦出现损伤，维修费用较低	用地较多
	列车脱轨后损失较小	必须设置特殊结构的过渡段	不需设置过渡段	每15年需要更换道砟
舒适性	能适应较高的荷载要求			不能适应较高的荷载要求
环境	选线更自由	降噪标准高	较小降噪处理	选线的自由度较小
安全性	列车在高速运行中无道砟飞起			列车在高速运行中会出现道砟飞起
	便于公路救援车在混凝土板上行驶			公路救援车无法行驶

有砟轨道由钢轨、轨枕、扣件、道床等结构构成。而无砟轨道是以混凝土或沥青混合料等取代散粒道砟道床而组成的轨道结构形式。国内外无砟轨道结构形式有几十种之多，应用较为广泛的几种无砟轨道结构形式有整体灌注式、弹性支承块式、长枕埋入式、双块式、博格板式、旭普林式、板式以及道岔区轨枕埋入式无砟轨道。目前国内客运专线所确定的无砟轨道主要有CRTS I型板式无砟轨道、CRTS II型板式无砟轨道、CRTS III型板式无砟轨道和CRTS I型双块式无砟轨道等几种轨道形式。

六、结　语

在过去数十年中，中国高速铁路的发展举世瞩目，而在未来的规划中，高速铁路的建设仍占据着举足轻重的地位。高速铁路简支梁制作、架设技术虽已日臻成熟，但仍有很大的提高空间。从已完成的工程项目中总结经验教训，不断地发现问题、解决问题，才能使高速铁路桥梁的建设更经济、美观、安全、适用。

参考文献

[1] 铁道第三勘察设计院．TB 1002.1—2005铁路桥涵设计基本规范[S]. 北京：中国铁道出版社，2005.
[2] 铁道第三勘察设计院，铁道第四勘察设计院，中国铁道科学研究院，TB 10621—2009高速铁路设计规范(试行)[S]。北京：中国铁道出版社，2010.
[3] 郑健．中国高速铁路桥梁[M]. 北京：高等教育出版社，2008.
[4] 李向国．高速铁路技术[M]. 北京：中国铁道出版社，2009.
[5] 邓运清．高速铁路简支箱梁设计研究[J]. 铁道标准设计，2004(7).
[6] 刘锋．我国铁路客运专线中小跨度简支箱梁架设方法综述[J]. 铁道标准设计，2010(6).
[7] 马迪．我国高速铁路无砟轨道经济性研究[D]. 成都：西南交通大学硕士学位论文，2009.

[8] 薛洪卫.32m 高速铁路简支箱梁结构优化设计研究[D].长沙:中南大学硕士学位论文,2008.
[9] 邓运清.客运专线铁路整孔简支箱梁优化设计研究[D].北京:北京交通大学硕士学位论文,2006.

34. 介绍一种新型桥梁—悬带拱桥

冯 阅 陈宝春
(福州大学土木工程学院)

摘 要 近年来出现了一种将以受压为主的拱与受拉的悬带结构结合起来的新型桥梁结构——悬带拱。它巧妙地将拱的推力和悬带的拉力互相平衡,避免了这两种结构所需要的强大抗推或抗拉的桥台及基础,悬带受到拱的支撑增加了刚度,减小了垂度,而拱也由于悬带自重很轻可以做得很纤细,矢跨比做得比较小。二者组合而成的结构轻巧美观,曲线流畅,在对景观有较高要求的人行桥中具有相当强的竞争力。本文在简要介绍了传统的悬带桥的基础上,介绍了悬带拱的概念、结构形式和试验研究概况,重点介绍了几座实际应用的悬带拱人行桥,供我国桥梁工程师参考。

关键词 人行桥 悬带 拱 组合体系 桥例

一、引 言

悬带桥属于悬挂结构,是由悬索组成的带状构造物来承担荷载的一种桥梁结构形式。它由非常薄的混凝土桥面板构件在悬链线形的索上拼装而成。这种桥的特点在于桥梁结构以其连续光滑曲线、轻盈灵巧的结构,跨越障碍,往往能达到与环境融为一体的效果。

悬带桥的历史可追溯到几千年前的原始社会,其早期的形式是悬挂在两端的藤子上铺盖木板,两侧再用藤索编制栏杆。其后又发展成用竹索和铁链做承重索,如我国四川都江堰跨越岷江的钢索桥(原为竹索桥)和著名的泸定桥即为典型的悬带桥的原形。历史上,首次企图把这一原理应用到现代桥梁的尝试是在 1958 年,由德国工程师 Ulrich Finsterwalder(乌里希·劳斯特瓦尔德)提出并定义为悬带桥(Stress-ribbon Bridge)。他应用这一桥型参加博斯普鲁斯海峡大桥的招投标,可惜没有成功。

1965 年,第一座向大众开放的人行悬带桥(Bircherweid 桥)在瑞士建成,该桥由瑞士工程师 Walther 设计,采用现场浇筑法施工,由一跨 48m 的悬带通过施加预应力构成。悬带厚度非常薄,在跨中部分仅为 0.18m,两端桥台处由于受力较大增大到 0.36m,纵向具有一个近 15%的纵坡。预应力索锚固在桥台两端的岩石上,以平衡该桥巨大的水平推力。

瑞士 Bircherweid 桥建成之后,悬带桥凭借其结构轻盈、造型美观、施工简单、造价低廉等优点,引起了工程师们的注意。随后的几十年间,悬带桥在很多国家得到了兴建,特别集中在瑞士、德国、捷克、美国和日本等国,这些国家几十年间分别建立了多座甚至十几座悬带桥。

同时,悬带桥的结构型式也变得多样。早期的悬带桥由悬带张拉预应力直接承重,随后建设的悬带桥有与斜腿刚构组合承重,与斜拉组合承重的悬带桥。如 1974 年在哥斯达黎加建成的科罗拉多桥,桥主跨 180m,悬带跨度 108m,就是悬带与斜腿刚构组合承重的悬带桥;1999 年日本建成的 Ayumi 桥,为一座四跨的悬带桥,跨径布置 16.63+79.5+2×41.0m,是一座斜拉与悬带组合承重的悬带桥。

二、悬带拱桥概念与试验研究

传统的悬带结构缺点在于桥台处需要承受非常大的水平力,这在很多情况下左右了这种结构的经济性。基于这一点,捷克布尔诺科技大学的 Jiri Strasky 教授提出了一种将拱和悬带结合起来的新体系,称之为悬带拱。其基本原理是将悬带结构支承或悬吊于拱上,悬带产生的水平力通过混凝土斜撑传递到基础，与拱的水平分力平衡，结构形成一个自锚体系。

图1是悬带支承于拱上的结构原理与结构形式。拱的水平推力与悬带的水平拉力可以平衡(图1a)。拱充当了悬索的鞍，使得在后张拉期间和降温时，悬带可以从其上上升，温度上升时中间段悬带又可以静止。悬带就像一个马鞍支撑的两跨钢索，两端固定在桥台上(图1b)。拱承受自重、鞍状部分的重量以及承重索的径向力(图2c)。通过后张拉对悬带施加预应力，使其与拱构成一个整体。

悬带的形状以及拱和悬带的初应力可以改变，使得悬带中的水平力 H_{SR} 与拱的水平力 H_A 相等。于是可以采用斜杆来连接悬带和拱脚以平衡水平力。水平力产生的弯矩 $H_{SR}.h$ 可以由 $\Delta V.L_P$ 来抵消。这样就形成了一个只有竖向反力的自锚体系(图1d)。

悬带也可以悬吊在拱上(图2)。图2a)为下承式的悬带拱，类似于系杆拱，但系杆为只受拉不受弯的悬带，且悬吊于拱肋上。图2b为中承式的悬带拱，它与图1d)有着相似的静力特性的三跨结构。图2c)是在图2b)的基础上，对没有悬吊在拱上的悬带部分，加上薄的预应力混凝土块，以增加其抗弯刚度。

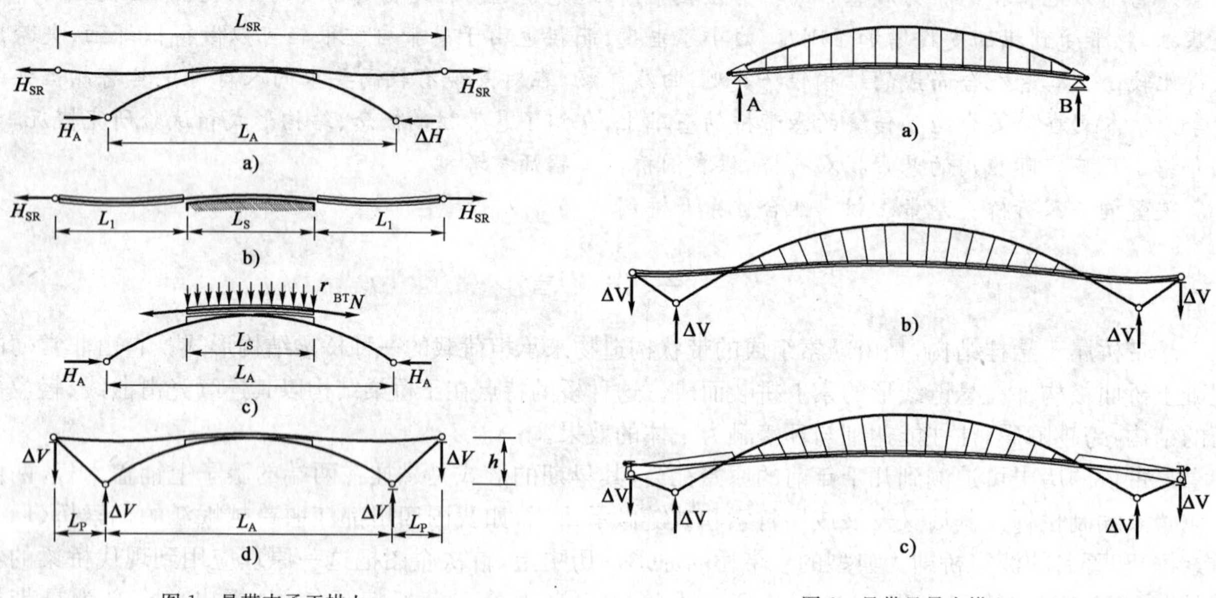

图1 悬带支承于拱上　　　　图2 悬带悬吊在拱上

悬带拱的概念提出来后，在捷克布尔诺科技大学进行了系列的试验研究。以捷克比尔森市拉布萨河上的一座77m的悬带钢管拱人行桥为原型，制作了1∶10的模型，并进行了静力与极限承载力的试验，如图3所示。还进行了全桥气弹模型试验，证实了设计假定以及结构在风载作用下的特性。结果表明风载下的结构特性决定了整个结构的极限承载能力。试验研究和详细的结构静力和动力分析表明，悬带拱结构的应用是可行的。

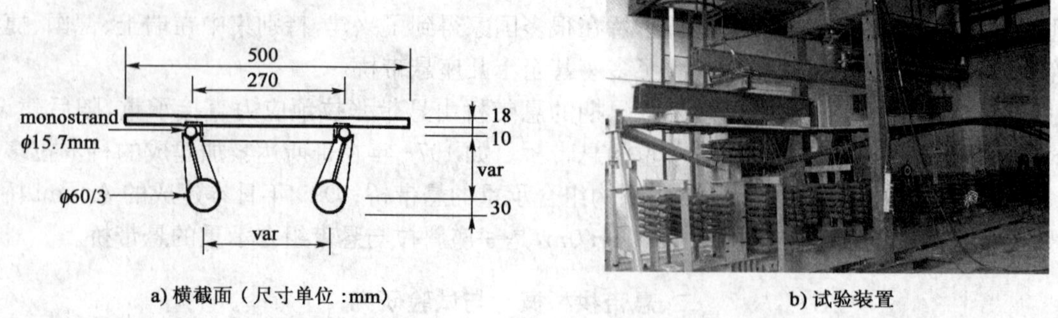

图3 静力试验模型

在研究的基础上，悬带拱结构被应用到捷克4座桥梁的设计当中，同时美国俄勒冈州波特兰市92m长的迈可劳林大桥也采用了悬带拱结构。

三、悬带拱桥桥例介绍

1. 捷克 Olomouc 人行桥

Olomouc 桥是横跨 R3508 高速公路的人行桥，位于捷克奥洛摩茨市附近。该桥是由拱支撑的两跨悬带拱(图 4)。悬带的长度为 76.5m，由 3m 长的预制段拼装而成，预制段由两个承重索支撑并对其施加预应力。

预制的桥面板和尾部斜杆采用抗压强度为 80MPa 的高强度混凝土。现场浇筑的拱肋采用抗压强度为 70MPa 高强度混凝土。体外索由两束 31ϕ6mm 直径钢绞线穿入不锈钢管制成。它们锚固在桥台并偏离由拱顶和短拱肩墙组成的马鞍型部分。

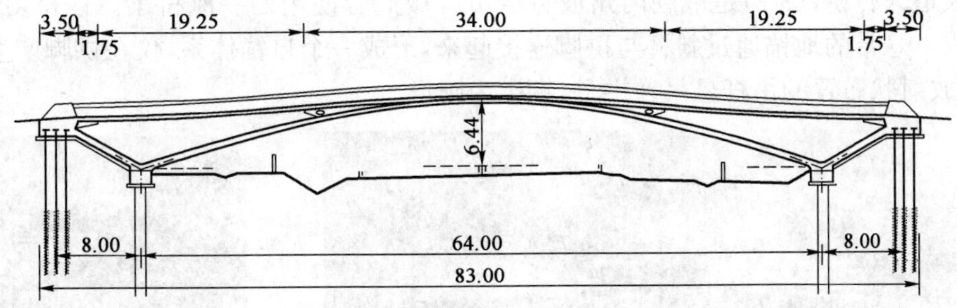

图 4 Olomouc 桥立面图(尺寸单位:m)

钢管通过各预制块相交处的螺栓与桥面连接。在桥台，钢索由地锚伸出的悬臂部分形成的短鞍支撑。悬带和拱在桥跨中彼此连接。拱脚建在钻孔桩井和微型桩基础的地锚上。尽管结构非常柔，但是当站立或行走在桥上时并不会产生不舒适的感觉。该桥建于 2007 年(图 5)。

图 5 建成后的捷克 Olomouc 人行桥

2. 捷克布尔诺拉特卡河上的人行桥

另一座同类型的桥建在捷克布尔诺市的拉特卡河上。临近该桥有一座老的多跨拱桥。要求新桥也应该是拱结构，但却要一跨跨越而没有桥墩在河床里。由于极差的地质条件，传统的拱结构因为要抵抗巨大水平力而非常昂贵。所以悬带与拱结合的自锚体系成了理所当然的选择(图 6)。

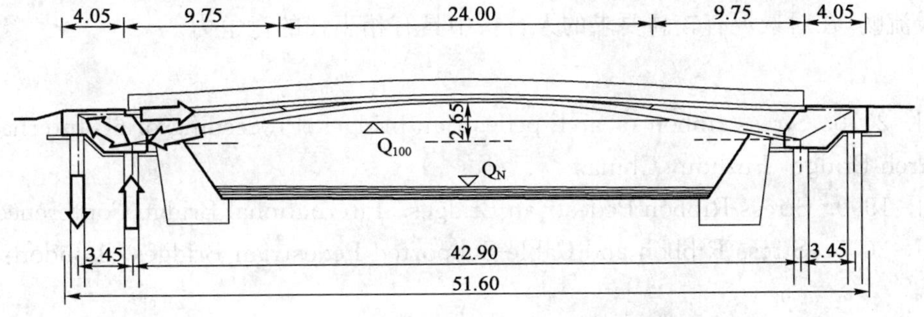

图 6 布尔诺拉特卡桥立面图(尺寸单位:m)

因为河岸是由古老的石墙建成，桥台应建在墙边。桥台由几对钻孔桩井支撑。后轴受拉力作用，前轴受压力作用。这对力平衡了悬带和拱中的一对初始拉压力。拱跨径 $L=42.90\text{m}$，矢高 $f=2.65\text{m}$，矢跨比 $f/L=1/16.19$。拱是由两片距离变化而在拱脚处合拢的拱肋构成。43.50m 长的悬带是由 1.5m 长的预制段拼装而成。在桥的跨中部分，悬带由低的拱肩墙支撑。四根直径为 12Φ6mm 的钢绞线外包 PE 管制成。预制段由于拱腹为弧形而具有不同的高度。悬带和拱均采用抗压强度为 80 MPa 的高强混凝土。

尽管结构非常柔，第一振型频率接近 2 Hz，行人站立或行走在桥上时并不会产生不舒适的感觉。该桥建成于 2007 年(图 7)。

3. 美国俄勒冈州波特兰市迈可劳林大道人行桥

迈可劳林大道人行桥(图 8)是俄勒冈州波特兰市区域混合使用的一座桥梁。该桥由悬带桥面悬挂在提篮拱上构成。悬带的地锚通过斜杆与拱脚连接起来，形成一个自锚体系，仅在拱脚产生竖向反力(图 2c)。桥面通过放射状布置的吊杆悬吊在拱上，钢拱为圆形。

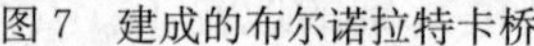

图 7　建成的布尔诺拉特卡桥

图 8　美国迈可劳林大道人行桥

悬带桥面板是由预制段及混合桥面平板拼装而成。在边跨，预制段通过组合梁进行加强。恒载产生桥面拉力由承重索抵抗。对悬带桥面板施加预应力用来抵抗活载产生的拉力。承重索和预应力索都布置在组合梁。承重索由两股直径 12ϕ6mm 钢绞线组成，在施工桥面时进行张拉，钢绞线受现浇平板保护；六股直径 10-06"的钢绞线外包钢管构成桥面预应力索。

多模态分析得到的反应谱证明结构对地震荷载具有很好的抵抗能力。虽然第一振型频率为 1.021Hz，低于行走频率 2Hz，但是根据欧洲标准仍会产生强迫振动，通过人行舒适度评价，得到最大加速度 $a_{\max}=0.104\text{m/s}^2$，比允许的最大加速度 $a_{\lim}=0.505\text{m/s}^2$ 小。站立或行走在桥上时并不会产生不舒适的感觉。桥于 2005 年 3 月开始施工，2006 年 9 月竣工，工程总造价 140 万美元。

四、结　　语

将以受压为主的拱与受拉的悬带结构结合起来而产生的新的结构悬带拱，巧妙地将拱的推力和悬带的拉力互相平衡，避免了这两种结构所需要的强大抗推或抗拉的桥台及基础，悬带受到拱的支撑增加了刚度，减小了垂度，而拱也由于悬带自重很轻可以做得很纤细，矢跨比做得比较小。二者组合而成的结构轻巧美观，曲线流畅，在对景观有较高要求的人行桥中具有相当强的竞争力。

参考文献

[1] Strasky, J. 2010. Stress ribbon & arch pedestrian bridges, Proceeding of 6th International Conference on Arch Bridge, Fuzhou, China.

[2] Strasky, J. 1999. Stress Ribbon Pedestrian Bridges. International Bridge Conference, Pittsburgh.

[3] Strasky, J. 2005. Stress Ribbon and Cable-Supported Pedestrian Bridges. London: Thomas Telford.

[4] Eurocode 2: Design of Concrete Structures-Part: Concrete Bridges. 1995. Brussels: CEN European Committee for Standardization.

35. 某道路立交桥有限元模型计算分析

冯同同 雷俊卿
(北京交通大学 土木建筑工程学院)

摘 要 某道路立交桥为“全苜蓿叶形”立交桥,桥梁结构形式为曲线预应力混凝土连续梁桥。主梁采用了斜腹板预应力混凝土等高度连续箱梁结构,箱梁中心梁高度为 2.0m。本文介绍该桥的设计复核计算分析要点,通过建立桥梁的有限元模型,进行了相应的结构计算分析和验算复核,均符合公路桥梁设计规范要求。

关键词 全苜蓿叶形立交桥 预应力 曲线连续箱梁 有限元 计算分析

一、工 程 概 述

某道路立交设计为“全苜蓿叶形”(图 1),位于某城区西北角,北起北外环路,西南连接西外环路,东南连接双岭路,西北连接 327 国道,占地约 360 亩。该立交桥的设计主要针对北外环、西外环、双岭路和 327 国道等四条主干道形成的节点,进行全互通式立交设计。双岭路为主线地面道路,西外环(M 主线)上跨双岭路,为立交第二层,主线桥标准桥宽 25m,桥跨以标准跨径 30m 为基础,桥型为预应力砼连续箱梁;八根转向匝道与主线衔接,实现全互通,其中四根左转匝道设有匝道桥梁,匝道桥标准宽度 10m,匝道桥采用钢筋混凝土连续箱梁,标准跨径为 22m。

图 1 某道路立交全桥景观

二、技 术 标 准

(1)桥梁设计荷载:公路—I 级。

(2)抗震设防标准:抗震设防烈度为 7 度,设计基本地震加速度值为 0.15g,设计特征周期为 3.5s。

(3)桥梁横断面布置:0.5m(防撞护栏)+11.75m(行车道)+0.5m(中央分隔带)+11.75m(行车道)+0.5m(防撞护栏)

三、结 构 形 式

主线标准梁采用斜腹板预应力混凝土等高度连续箱梁结构,箱梁中心梁高度为 2.0m,为双向预应力体系(纵向、横向)。

1. 细部尺寸布置

(1)横断面箱室布置。箱梁全宽 24.7m,悬臂长 3.35m,单箱四室结构。箱室净宽 3.6～3.95m。

(2)板厚。悬臂端厚 0.23m,悬臂根部厚 0.6m。箱梁顶板厚 0.22m,全桥一致。腹板在跨中 0.40m,中支点、边支点处直线变化至 0.60m,变化长度各为 7.5m 和 6m。底板板厚 0.22m,中支点、边支点处直线变化至 0.40m,变化段长度为:边跨 6m,中跨 7.5m。

(3)横梁。设边墩横梁及中墩横梁,边墩墩顶处横梁厚 1.5m,中墩墩顶处横梁厚 2.5m,为便于施工和养护，横梁上均设有直径0.6m的过人孔洞。

(4)横隔板。跨中不设横隔板。

2. 预应力设计

连续梁预应力采用双向(纵向及横向)，均采用中。Φ^s15.20高强度低松弛预应力钢绞线。

(1)纵向预应力钢束布置。纵向预应力束分为腹板钢束、项板钢束、底板钢束。腹板钢束全长连续布置，每个腹板3束，每束15-Φ^s15.20，边跨近边支点梁顶锚固，双向张拉。

顶板钢束采用短束和长柬两种形式。悬臂根部附近每侧各布置两根通长束，每束9-Φ^s15.20，近端横梁顶板锚固，双向张拉；其余顶板钢束采用短束形式，每束9-Φ^s15.20，墩顶间断布置，交错锚固，双向张拉。

底板钢束采用短束和长束两种形式。长束每束9-Φ^s15.20，交错布置，P形锚固，单端张拉。短束每束9-Φ^s15.20，边跨短束在梁端P形锚固，在跨内单端张拉，中跨短束双向张拉。

(2)横向预应力钢束布置。横向预应力分为墩横梁预应力及桥面板横向预应力。

①墩横梁预应力。中横梁和端横梁横桥向预应力钢束采用12-Φ^s15.20和15-Φ^s15.20两种规格，顺桥向分别布置于2.5m和1.5m宽的横梁实体范围内，横桥向在箱梁两侧双向张拉锚固。

②桥面板预应力。桥面板钢束主要采用3-Φ^s15.20一种规格，顺桥向范围均布，间距为0.5m布置：钢束中心至桥面板顶缘距离为6.5cm，横桥向在桥面板悬臂端两端张拉，扁锚锚固。

四、全桥有限元模型仿真计算分析

利用通用有限元程序MIDAS CIVIL，将梁划分为115节点和114单元，计算单元为梁单元，在中间支座处考虑为双支铰结，其余支座为竖向铰结。建立了桥梁计算的空间结构模型如图2所示。

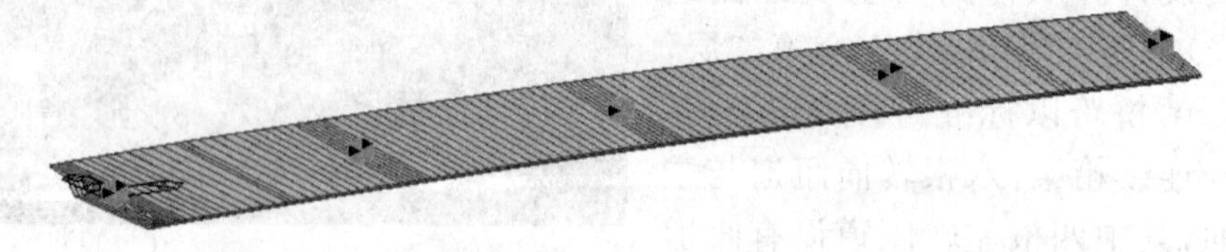

图2　桥梁的空间结构模型

1. 荷载及相关参数

本桥的荷载及相关计算参数如表1所示。

结构计算主要荷载参数　　表1

项　目	取　值	项　目	取　值
容重	26kN/m³	降温温差	−11.1℃
二期恒载	139kN/m	人群荷载	无
活载	标准荷载	基础不均匀沉降	边、中支点基础不均匀沉降按2cm
升温温差	36.5℃		

2. 承载力极限状态荷载组合的应力验算

公路桥涵按承载力极限状态设计时，应采用以下两种作用效应组合：

(1)基本组合。永久作用的设计值效应与可变作用设计值效应相组合。

(2)偶然组合。永久作用标准值效应与可变作用某种代表值效应、一种偶然作用标准值效应相组合。本桥不考虑偶然组合。

参照《公路桥涵设计通用规范》(JTG D60—2004)规定的承载能力极限状态设计下的基本组合，考虑以下几种荷载组合：

荷载组合1：1.2恒载＋0.5基础变位。

荷载组合2：1.2恒载＋0.5基础变位＋1.4车道荷载。

荷载组合 3：1.2 恒载＋0.5 基础变位＋1.4 车道荷载＋1.12 整体升温。

荷载组合 4：1.2 恒载＋0.5 基础变位＋1.4 车道荷载＋1.12 整体降温。

各个荷载组合下桥梁的控制应力如表 2 所示。

主梁的控制应力计算 表 2

荷 载 组 合	最大拉应力值(MPa)	最大压应力值(MPa)
荷载组合 1	$1.010\,27\times10^{-3}$	12.734 9
荷载组合 2	$4.847\,94\times10^{-2}$	13.746 2
荷载组合 3	$4.677\,97\times10^{-2}$	13.612 8
荷载组合 4	$4.899\,63\times10^{-2}$	14.089 1

根据《公路钢筋混凝土及预应力混凝土桥涵设计规范》(JTG D62—2004)规定，C50 混凝土的抗拉强度设计值是：1.83MPa，抗压设计值是 22.4MPa。因此，构件的最大组合应力，梁顶面和底面的组合应力的抗拉强度不得超过 1.83MPa，抗压强度不得超过 22.4MPa。

即$[\sigma_{拉}]\leqslant 1.83$MPa；$[\sigma_{压}]\leqslant 22.4$MPa

经验证此桥应力满足要求。

3. 正常使用极限状态荷载组合的应力验算

公路桥涵按正常使用极限状态设计时，应根据不同的设计要求，采用以下两种组合：

(1)作用短期效应组合。永久作用标准值效应与可变作用频遇值效应相组合。

(2)作用长期效应组合。永久作用标准值效应与可变作用准永久值效应相组合。

①短期效应组合下的应力及其验算。

荷载组合 1：1.0 恒载＋1.0 基础变位。

荷载组合 2：1.0 恒载＋1.0 基础变位＋0.7 车道荷载。

荷载组合 3：1.0 恒载＋1.0 基础变位＋0.7 车道荷载＋1.0 整体升温。

荷载组合 4：1.0 恒载＋1.0 基础变位＋0.7 车道荷载＋1.0 整体降温。

计算出的主梁应力如表 3 所示。

短期效应组合下的主梁应力 表 3

荷 载 组 合	最大拉应力值(MPa)	最大压应力值(MPa)
荷载组合 1	$8.418\,90\times10^{-4}$	10.669 2
荷载组合 2	$2.673\,63\times10^{-2}$	11.174 8
荷载组合 3	1.638 65	11.078 6
荷载组合 4	1.983 03	11.481 1

验算均符合规范要求。

②长期效应组合下的应力及其验算。

MK1-4 孔和 MK5 孔应用 Midas 程序考虑了以下 4 种组合：

荷载组合 1：1.0 恒载＋1.0 基础变位＋0.7 车道荷载。

荷载组合 2：1.0 恒载＋1.0 基础变位＋0.7 车道荷载＋1.0 整体升温。

荷载组合 3：1.0 恒载＋1.0 基础变位＋0.7 车道荷载＋1.0 整体降温。

计算出的主梁应力如表 4 所示。

长期效应组合下的主梁应力 表 4

荷 载 组 合	最大拉应力值(MPa)	最大压应力值(MPa)
荷载组合 1	$1.795\,29\times10^{-2}$	10.958 1
荷载组合 2	$1.643\,53\times10^{-2}$	10.857 3
荷载组合 3	$1.841\,44\times10^{-2}$	11.264 4

验算符合规范要求。

4. 结构变形

《公路钢筋混凝土及预应力混凝土桥涵设计规范》(JTJ D62—2004)规定，钢筋混凝土梁式桥匀许变形值为$L/600=30m/600=0.05m$。计算结果如表5所示。

主梁跨中位移　　表5

荷载工况		位移(mm)
承载能力极限状态	1.2恒载＋0.5基础变位	17.87
	1.2恒载＋0.5基础变位＋1.4车道荷载	20.84
	1.2恒载＋0.5基础变位＋1.4车道荷载＋1.12整体升温	20.59
	1.2恒载＋0.5基础变位＋1.4车道荷载＋1.12整体降温	20.92
短期效应组合	1.0恒载＋1.0基础变位	28.37
	1.0恒载＋1.0基础变位＋0.7车道荷载	29.86
	1.0恒载＋1.0基础变位＋0.7车道荷载＋1.0整体升温	29.63
	1.0恒载＋1.0基础变位＋0.7车道荷载＋1.0整体降温	29.93
长期效应组合	1.0恒载＋1.0基础变位＋0.4车道荷载	29.22
	1.0恒载＋1.0基础变位＋0.4车道荷载＋1.0整体升温	29.00
	1.0恒载＋1.0基础变位＋0.4车道荷载＋1.0整体降温	29.29

验算结果均符合规范要求。

五、结　　语

通过有限元建模计算分析，可得出如下结论：

(1)按照承载力极限状态荷载组合计算所得控制应力为：最大拉应力是0.049MPa，最大压应力是14.09MPa，均符合公路混凝土桥涵规范要求；

(2)在短期效应组合下桥梁最大挠度值为29.93mm，长期效应组合下桥梁最大挠度为29.29mm，根据公路混凝土桥涵规范预应力混凝土桥梁最大挠度限值为50mm，符合要求。

综上所述，该立交桥设计概念新颖，结构构造布置合理，经过相应的计算分析和验算，桥梁结构的力学性能均符合规范要求。

参考文献

[1] 中华人民共和国交通部．公路桥涵设计通用规范(JTG D60—2004).

[2] 中华人民共和国交通部．公路钢筋混凝土及预应力混凝土桥涵设计规范(JTG D62—2004).

[3] 关典，方旭，关世通．辽源市东辽河南大桥设计复核[J]. 辽宁省交通高等专科学校学报，2005.6(2)：4-6.

[4] 郭峰，周国祥．预应力弯梁桥的设计[J]. 铁道建筑，2009.5.

[5] 汪卫东．预应力混凝土弯梁桥设计方法分析．淮北职业技术学院学报，2010年2月：26-28.

[6] 高荣强．预应力混凝土连续曲线箱形梁的受力分析．第一次城市桥梁学术会议论文集，1987.

[7] 范立础．桥梁工程[M]. 北京：人民交通出版社，1996.

36. PC 连续梁桥腹板裂缝的防治

付书林　戴广鹏　上官兴
(华东交通大学土建学院)

摘　要　长期以来,中国 P.C 连续梁普遍存在超出设计许可的结构裂缝问题得不到准确合理的解释,使桥梁工程界十分不安。本文从混凝土固有的缺陷和“桥规”不完善两个基点出发,以安徽省淮南市孔李淮河大桥初步设计为例,提出多项新的防治措施来攻克腹板剪应力和主拉应力裂缝防治的难关。

关键词　竖向预应力缺陷　混凝土拉应变开裂　钢混凝土组合腹板

一、中国梁桥裂缝状况

20 世纪末在改革开放方针指引下,中国国民经济突飞猛进地发展,大规模基础工程如火如荼,截至 2007 年年底中国公路总里程已达 360 万公里(高速公路达 6 万公里),桥梁数量达 60 万余座,2.8 万米均进入世界先列水平。但是 20 世纪 90 年代以来,在桥梁养护普查中,陆续发现 P.C 连续梁普遍存在裂缝。其中 1995 年建成的黄石长江大桥出现跨中 0.34m 下挠($L/731$)和 7000 余条裂缝最为突出。到 2005 年荣获鲁班奖的虎门辅航道 270m 刚构桥(1997 年建成)发现跨中也有 0.30m 下挠($L/900$)和底、腹板裂缝,震惊了桥梁界。随后黄河流域东明大桥三门峡大桥也同样发现“跨中下挠”和“腹板开裂”两大弊病。据不完全统计,广东、湖北、湖南、山东、河南……等省 P.C 连续梁加固费用早已过亿[1]。这些严峻的事实使我们不得不怀疑《桥梁设计规范》(JTJ 023—85)的可靠性。2004 年,交通部发布(JTG D62—2004)新桥规,在荷载组合汽车荷载取值、抗裂验算、混凝土设计强度、梯度温度作用取值等强度验算方面有所改进,但在刚度和变形(挠度、拉应变)控制等方面仍无突破,所幸国内不少专家从实际出发,深思地提出桥梁开裂的主要原因是拉应变超限而不是拉应力的问题的新观点十分有价值[2,3]。众所周知,超出设计许可的裂缝对箱梁的耐久性和营运的安全性构成严重的威胁。“设计是结构安全保障的灵魂”,因此针对《桥规》开展设计理论方面研究和提出新的防裂方法,具有十分重要的现实意义。杭州市公路局朱汉华总工在 2006 年所著《P.C 连续梁裂缝分析与防治》[4]对此已作了全面介绍;本文在其基础上,通过淮南市孔李淮河大桥初设专门针对腹板的剪应力和主拉应力的有关问题抛砖引玉地提出一些新的设想供国内同仁们研究,欢迎批评指正。

本文先对我国桥梁裂缝的状况和特性作一简介。中国桥梁的裂缝特征是普遍性大、规律性强、结构上呈现对称性且与理论上主拉应力有较好的相关性。桥梁裂缝分类有不同的标准,现按裂缝产生的外因、裂缝的力学特性、裂缝发出的部位三大类及其原因进行评述。

1. 外因分类

(1)荷载裂缝。首先是直接应力的裂缝。产生原因是设计计算阶段,计算模型不合理、结构受力假定与实际不符、部分项目漏算、设计截面强度不足、设计构造处理不当、桥梁刚度不足变形过大等等;其次施工阶段由于技术管理水平阶段,质量达不到设计要求;在使用阶段,还有超出设计荷载的超重车(单辆车重 130～200t)等等。另外,还有外荷载引起的次生应力产生的裂缝。例如预应力张拉后,在混凝土徐变中产生的二次应力以及施工洞、锚头和截面突变处因张拉产生劈裂、剪切等裂缝情况。

(2)温度裂缝。除年温差外,南北向的箱梁顶、侧面所受日照暴晒后,引起线性升长如受约束则出现局部拉应力大(可达－1MPa)。此外突降大雨、冷空气侵袭、预埋钢板焊接高温等温度突变也会产生的裂缝。此项过去考虑不周,但在 2004 年桥规中得到补充。

(3)混凝土收缩。发生在混凝土浇筑后 4～5h 的塑性收缩,其时混凝土尚未硬化,但裂缝的量级很大，可达1%；混凝土硬化后的收缩是缩水(干缩)。当构件配筋率较大时(超过3%，且240(kg/m³混凝土)能有效地约束这类混凝土收缩裂缝。

(4)钢筋锈蚀裂缝。混凝土质量不实和保护层不足时，二氧化碳侵蚀碳化至钢筋表面，和水分一起发生锈蚀物产生的氢氧化铁体积增长3~4倍，引起周围混凝土胀裂。要防止锈蚀裂缝的关键是设计要控制裂缝宽度、施工中提高混凝土质量。

(5)混凝土初凝时冻胀裂缝。在北方地区，施工中注意初期的保温。

2. 按裂缝的力学特征

(1)弯曲裂缝 是垂直裂缝，多发生在弯矩最大区。例如支座上缘(负弯矩)、跨中下缘(正弯矩)，其特点是随荷载的增大而产生宽度加大、长度加长、数量增多。由于裂区逐渐向两侧发展，有明显的规律性，是构件强度不足的重要标志。产生原因是设计预应力配置不足或施工质量低下没有达到设计要求或出现超重车等等。

(2)支座剪切裂缝。一般发生在支点附近的剪力最大处，与中性轴25°~45°开裂。钢筋混凝土梁的剪切破坏形态主要决定剪跨比(弯矩与剪力比值$m=M/V\cdot h_0$)。可分为斜拉破坏($m>3$)、剪压破坏($m=1\sim3$)和斜压(或劈裂)破坏($m<3$)三种类型。剪切强度主要依靠钢箍，但是众所周知在预应力混凝土中加大轴向压应力(同时加大纵向钢筋的配筋率)能够推迟斜裂缝的形成和发展，但此种观点未见合适的计算公式(本文将在后面提出)。一旦出现了斜裂缝，构件受拉区混凝土退出工作，主拉应力也会失去物理意义，这是不可恢复的。

(3)弯矩和剪力共同作用引起主拉应力裂缝。一般发生在距支座$L/4$处和腹板变厚区，约呈45°分布(俗称八字裂缝)。应当指出关于PC连续梁的主拉应力计算迄今尚无公认统一和正确的计算方法，也就是说目前以主拉应力超限作为斜裂缝的标准与实际情况不尽相同，在计算中腹板主拉应力并未超过容许主拉应力，但都有规律地大量出现了斜裂缝，这个问题亟待学术界在理论上进一步探讨，特别是《桥规》要抓紧修订。

3. 按裂缝发生的部位

P.C连续梁产生结构裂缝是多方面因素综合的结果，要仔细分析每一因素对裂缝影响程度也是十分困难的。通过调查发现，从裂缝发生位置和形式有一定规律性，因此可以推测产生原因也有一定的稳定性，因此对裂缝产生部位进行分析，也是一种深入了解裂缝的有效方法。

(1)腹板裂缝有下列5个部位(图1)：

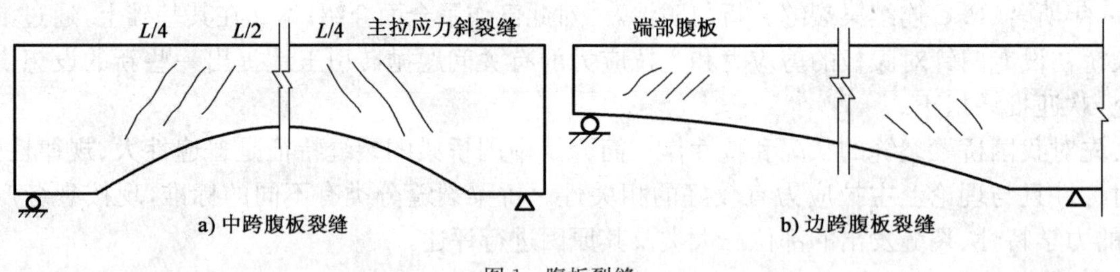

图1 腹板裂缝

①主拉应力产生腹板斜裂缝；

②锚后拉应力产生的腹板斜裂缝；

③连续梁边跨端部腹板斜裂缝；

④竖向正应力产生的腹板水平裂缝(图2)；

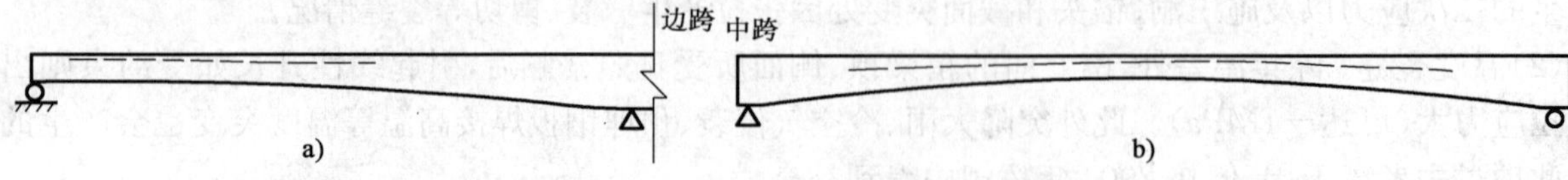

图2 竖向正应力产生的腹板水平裂缝

⑤竖向正应力和主拉应力作用下腹板水平斜向组合裂缝。

20 世纪 90 年代起，为了方便施工减薄腹板减轻自重，文献[5]起提出取消下弯索，顶、底板纵向预应力用平弯方法锚固配合竖向预应力来克服主拉应力。但由于竖向预应力长度短，预应力损失大；加上中国高强粗钢筋质量不过关以及施工的质量达不到设计要求（实测只有设计的 0.4～0.6）。再加上目前设计大多数没有充分考虑箱梁斜截面抗裂能力，普遍钢筋配筋率不足 2%，一旦竖向预应力损失过大，将造成斜截面抗裂承载力的严重不足，从而导致上述腹板出现种种严重斜裂缝。2004 年新《桥规》将竖向预应力乘以 0.6 的拆减系数，情况有所改善，但由于混凝土抗拉性质极差的天然缺陷，在超重车控制不了情况下，PC 连续梁桥腹板斜裂缝问题并没有得到根本性的解决，这也是本文将提出“在腹板上直接施加纵向预应力替代竖向预应力”以及“在大跨径中箱梁腹板采用薄波形钢做内外侧模板”的新构思的原委。

(2)顶、底板裂缝。分析认为是由于箱梁畸变和横向弯曲产生的，在此处剪应力相对较小，所以主应力的方向大致与顶、底板的横向方向相同，因此产生裂缝方向大致与桥轴方向平行。此外，还有不少局部应力使顶、底板开裂。

①齿板裂缝。特别是在桥跨受拉区的底板束由于局部弯曲产生折皱处集中力，导致混凝土崩出破损。在锚后受拉钢筋配置不足，锚固区接缝面极容易开裂。齿板构造十分复杂，施工变困难，质量不容易保证，根据好的经验建议采用钢板齿板，可解难。如图 3 所示。

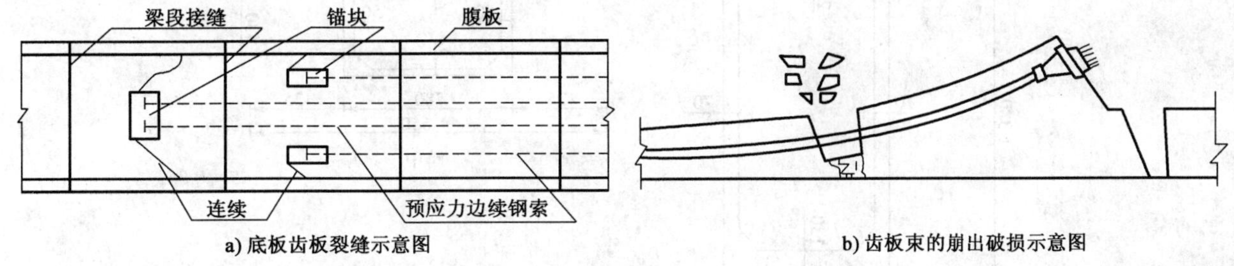

图 3　齿板裂缝

②跨中底板撕裂。跨中底板预应力钢束在平面或纵面上曲线布置时，具有横向或纵向曲率的纵向预应力束在张拉过程中会产生对腹板或底板产生径向压力，当没有布置横向预应力束或底板没有设置平衡箍筋时，会导致底板撕裂。在全桥合龙后，在汽车、温降及混凝土收缩、徐变的作用下，中跨中将产生较大的正弯矩和跨中下挠，进一步加大了底板预应力筋的下崩作用。作者分析，在变截面箱梁中跨中梁高 $D_S=D_K/3$（D_K为支座处梁高）太矮，虽然满足强度需要，但刚度不足，使底板下缘预应力索过多，容易造成底板撕裂。在铁路 PC 连续梁中，跨中梁高 $D_S=D_K/2$，刚度大，挠度小，混凝土的拉应变也小，所以不容易产生崩裂现象。

③横隔板裂缝。主要是孔洞周围应力集中产生的。为了避免该类裂缝发生，作者建议人行孔最好做成圆形，而内圆采用钢板圈，横隔板钢筋焊在钢板圈上，这样既施工方便，受力又好。

4. 梁桥裂缝小结

综上所述，PC 连续梁桥所出现的各种裂缝，在正确的设计、良好的工艺下基本上都可以防治；苏通长江大桥辅航道 268m 连续刚构桥中提出一系列有效的抗裂的对策可以证明[6]。唯有腹板主拉应力斜裂缝问题，至今尚未能有圆满的解决方法，这是本文研究讨论的核心所在。

二、计算方法存在的问题

1. 设计的综合考虑

众所周知，PC 简支 T 梁的结构计算结果与实际比较相符，因此设计的结构应力、挠度都能得到有效的控制。而箱形截面施工采用三向预应力后，其抗剪强度机理目前尚不完全透彻地了解，国际上尚缺乏统一标准的计算方法。国内并没有公认的桥梁设计空间分析软件，国际公认的 SAP、MIDAS、ANSYS 等结构分析软件并不是 PC 连续梁的专用软件。这些程序本身不能自动处理汽车移动荷载、三向预应力和混凝土收缩、徐变等箱梁所具有的特性问题。目前桥梁工程师通常采用平面计算模型进行正截面极限承载力计算，并用空间三维梁段有限元分析模型进行空间分析校核。但是即使进行空间分析时也没有能充分地考虑截面翘曲应力和畸变引起的腹板竖向应力和顶板水平应力以及由竖向偏心荷载和日照等因素引起的腹板竖向应力和顶板水平应力变化。在对二次应力分布特征不清楚的情况进行配筋设计，必然偏低和出现一些漏项的危险，这就是近年来我国PC连续梁出现大量裂缝重要原因之一。为了弥补这种计算方法方面的缺陷，在桥梁设计中要采用加大安全系数、保留一定的压应力储备、增加普通钢筋的含量、讲究合理的结构设计等等措施都是十分必要的。此外，针对PC连续梁设计规范的局限性，在总结国内上千座桥梁加固的经验基础上要加大科研力度，用创新的思维攻克梁桥腹板斜裂缝防治的难关。

2. 仿真分析的应力增大系数λ

2004年广东公路设计院在广州海心沙大桥(138m＋250m＋138m＝526m)连续刚构桥设计中，进行了施工和使用阶段全过程的三维有限元仿真分析。得到了全桥各部位应力的详细分布，对常见的横隔板、跨中底板等开裂病害有深入了解，并制定了相应对策，取得了良好效果[6]。其主梁截面如图4所示。

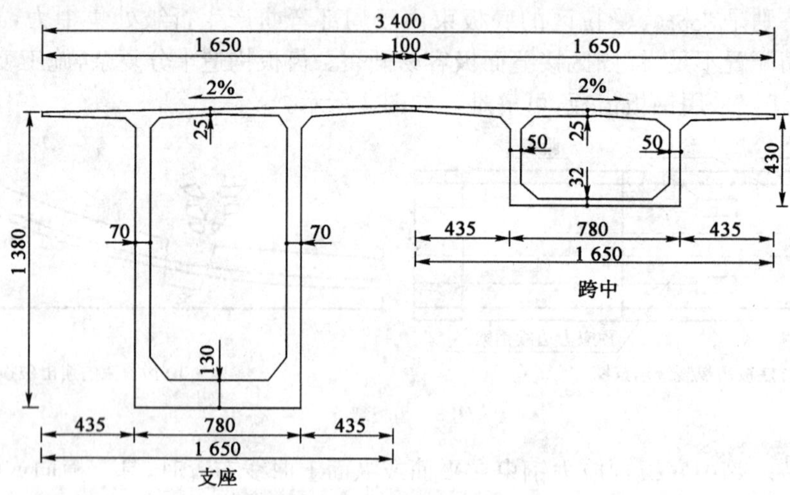

图4　250m连续刚构截面图(尺寸单位:cm)

纵梁顶板、腹板配置(25～27)Φ15.25钢绞线，悬臂索在腹板内竖弯锚固；顶板横向采用4Φ15.25钢绞线，按1m间距交错单端张拉布置。竖向预应力采用Φ32精轧粗螺纹钢，按0.50m间距单排布置在0.50腹板中，双排布置在0.70m腹板中。主梁悬浇施工，最大节段重250t，挂篮按0.4节段重控制。边跨尾段采用吊架施工方案。在0号块用箱形横隔板将左右两幅桥连成整体。全桥主梁混凝土用量1.39(m^3/m^2)。

对比平面杆系程序计算和全桥仿真分析计算结果，可以用应力增大系数来表示如表1。

剪力滞效应力增大系数λ(上缘/下缘)　　表1

荷　载	靠支座2号	L/4截面	L/2跨中	荷　载	靠支座2号	L/4截面	L/2跨中
①恒载	1.29/1.25	1.17/1.14	0.98/0.96	③非对称荷载	1.35/1.32	1.27/1.25	1.06/1.05
②对称荷载	1.25/1.24	1.15/1.14	1.06/1.04	①＋③组合	1.31/1.30	1.20/1.19	1.01/1.00

由表可见，对支座λ＝1.30(最大)，L/4截面λ＝1.20，而跨中λ＝1(最小)。根据仿真计算结果，将部分纵向索由25Φ15.25加大到27Φ15.25，并在全桥设置8对体外索，一旦需要即马可施加预应力。

3. 主拉应力超限

对PC连续梁进行平面分析和空间分析比较[4]，如表2按平面分析计算结果都为压应力，均满足规范要求。但按空间分析得到的结果都为拉应力，且绝大部分拉应力值超过规范容许值σ＝－2.45MPa n倍，可见空间计算的必要性。

主拉应力超过容许值的倍数 表 2

计算 位置	方法	组合一	组合二	组合三	组合四	组合五
支座附近	①空间	0.75	−3.39	−3.18	−3.24	−3.47
	②平面	1.86	1.48	0.78	0.92	0.94
	η=①/⑤	1.40	1.38	1.30	1.32	1.42
$L/4$ 截面	③空间	−0.93	−3.31	−3.75	−4.21	−4.60
	④平面	1.52	0.59	0.46	0.73	0.60
	η=①/⑤	0.38	1.35	1.53	1.72	1.87
⑤允许拉应力$[\sigma_-]=-2.45$(MPa)				$[\sigma_+]=17.5$(MPa)		

4. 宽跨比

偏心荷载作用下截面的扭转与翘曲影响，通常是通过乘以横向分配增大系数 λ 来考虑的。文献[7]对箱梁桥的剪滞系数研究成果如下：

桥梁越宽，λ 越大，开裂越严重，λ 最高达 2.647(表 3)。

宽跨比对剪滞系数 λ 影响 表 3

宽跨比 b/L	(一)0.08	(二)0.10	(三)0.124	(四)0.166	(五)0.167
跨中	1.268	1.398	1.658	2.113	2.124
支座	1.742	1.879	2.154	2.635	2.647

5. 结论

由上分析可见，箱梁腹板的主拉应力在进行空间分析后可证明必将超出规范允许值。显然目前桥梁计算漏项和平面程序的误差等事实表明，设计对主拉应力计算结果偏低，这是我们认识梁桥裂缝问题的一很重要基点。过去常把裂缝问题主因推给施工质量不良是片面的。应当说有规律的、普遍的发生裂缝是设计计算不准的原因。

三、竖向预应力的替代

1. 主拉应力简化计算公式

(1)如前所述，带有共性的问题是腹板的斜裂缝，其主要是由于主拉应力过大引起的，现依据桥梁规范平面程序中主拉应力的计算方法推出腹板(h)主拉应力计算公式如下：

$$hS_{h主}=\frac{S_{hx}+S_{hy}}{2}-\sqrt{\left(\frac{S_{hx}-S_{hy}}{2}\right)^2+(\tau_h-\tau_\mu)^2} \tag{1}$$

式中：S_{hx}——由荷载及纵向预应力产生混凝土纵向(法向)应力；

S_{hy}——竖向预应力引起的竖向压应力；

τ_h——由纵向预应力、自重和荷载在腹板上产生的截面剪应力。

(2)应当指出 S_{hx} 中还应当扣除恒载支座偏心、横向预应力、活载偏心、箱梁内外温差等在箱梁腹板截面(h)产生的竖向拉应力 S_{sy}，即 $S_{hy}=S_{yy}-S_{sy}$。对主拉应力 S_h 用扩大系数 η 来表示。

(3)应当指出 τ_h 中应计入在腹板上施加的直线预应力所产生的竖向摩阻力 τ_μ 产生的剪应力 τ_μ，腹板计算面积 bh，腹板上预应力轴向力 N_h，μ 轴向力摩擦系数(取 0.4)，腹板轴向预应力所产生竖向摩阻力 $\mu N_h=0.4N_h$。

$$预应力剪应力\ \tau_\mu=\mu N_h/bh(b\ 腹板宽;h\ 腹板高度) \tag{2}$$

2. 竖向预应力存在问题

国内许多学者在各种会议和期刊上发表了许多论文，研讨腹板开裂成因统一的看法已接近一致，即 PC 连续梁桥腹板主拉应力计算漏项、偏低和竖向预应力质量得不到保证，因此设计上用两个系数 η 和 ε

来修正主拉应力计算值；对竖向预应力进行改进以及探讨替代竖向预应力的方法也提到议事日程上来。

现以苏通大桥辅航道268m刚构桥为例，介绍竖向预应力加强的措施。

(1)高强粗钢筋长度太短，预应力损失过大。

跨径在100m左右的连续梁梁高 $D=L/18=6$m，拟取用5m长度进行竖向预应力伸长值计算。一般的竖向预应力筋均采用(JL930级32)精轧螺纹粗钢筋，面积为 $A=8.04(\text{cm}^2)$ 弹性模量 $E_p=2.0\times10^5$(MPa)，设计张拉力657(kN)。则其理论伸长值为 ΔL 如下：

$$\text{伸长量 } \Delta L=\frac{P_P L}{A_P E_P}=\frac{657\times500}{804\times0.2\times10^5}=\frac{3.28\times10^5}{1.61\times10^5}=2.04(\text{cm}) \tag{3}$$

式中：P_P——预应力筋的平均张拉力(kN)；

L——预应力筋的长度(cm)；

A_P——预应力筋的截面面积(cm^2)；

E_P——预应力筋的弹性模量(kN/cm^2)。

按公路桥涵施工技术规范规定，预应力张拉应采取应力与伸长值双控，实际伸长值与理论伸长值的误差应控制在6%以内。即粗钢筋伸长值的误差应控制在2.04×0.06=0.12cm左右。以现行的施工工艺，要控制伸长值误差在1.26mm内是十分困难的。(国产粗钢筋与螺母间距已达2mm)如果伸缩量偏差5mm，则其预应力偏差达到了5/20.4=24%程度。

对于那些在实际中取消了下弯束，而竖向预应力钢束又达不到设计要求的桥梁，必能会出现腹板开裂现象。

(2)国产高强精轧螺纹粗钢筋32及其锚具质量不稳定。螺母与螺杆有±5%合不上，所以需要另配大(小)螺母，在追求进度情况下，有很多时候工人没有安装螺母。另外，由于没有专用的千斤顶，张拉读数误差较大，需要多次张拉才能保证安装设计拉力。还有粗钢筋的垫板不平影响张拉力；锚垫板封闭又不严密容易进水导致腐蚀；管道压浆不饱满，影响耐久性等等。

(3)对此，在设计中应引进工艺质量修正系数 ε 来考虑。

$$\varepsilon=\frac{R}{A_h} \tag{4}$$

式中：R——竖向预应力张拉力(kN)；

A_h——腹板横截面积(m^2)；

ε——预应力损失系数，按不少加固桥梁反测推算，在0.3～0.5左右。“2004年桥规”已修正为0.60，系指竖向预应力采用多次张拉方法后的预应力值。

总之，如上所述，在主拉应力计算中引入 η 和 ε 两个系数后，以竖向预应力为主体的腹板的计算主拉应力 σ_h 增大了很多。在混凝土拉应力低下的情况下，斜截面裂缝是很难避免。因此2005年以后，我国PC连续梁又恢复腹板下弯索，并开始考虑以纵向预应力摩阻力为核心的抗剪设计。

3. 苏通大桥竖向预应力的加强[6]

(1)为了确保辅航道268m连续刚构桥的斜截面强度和安全，经反复比选后，苏通大桥决定全面引进德国Dywidag竖向预应力技术，即：

①进口精轧螺纹粗钢筋，以保证螺纹公差。

②采用球面支承式锚具，以改善锚垫板同粗钢筋不垂直时，螺母与垫板的局部支承。

③购买和使用配带数据锚固的专用张拉设备MT110Mp-S03千斤顶。在施工中通过多次张拉保证了设计预应力，据监理工程师检测进口设备和预应力施工质量优秀，全部达到设计要求。

(2)竖向预应力值计算

单肢腹板0.45m宽，间距0.50m范围内，布置2Φ32高强粗钢筋(强度 $R=930$MPa)，张拉力(2×0.9)，竖向预应力 N 为：

$$\left.\begin{array}{l}3.14\times\dfrac{0.032^2}{4}=8.04\times10^{-4}(\mathrm{m})\\2\times0.9\times930\,000=16.74\times10^4(\mathrm{kN/m^2})\end{array}\right\}1\,346(\mathrm{kN})=N$$

竖向预应力面积 $A_h=0.45\times0.50=0.225(\mathrm{m^2})$

极限竖向压应力 $S_{max}=N/A_h=1\,346/0.225=5\,982(\mathrm{kN/m^2})$

预应力损失系数 $\varepsilon=0.60$

竖向预应力效应 $S_{yy}=\varepsilon S_{max}=0.60\times598\,2=3\,590(\mathrm{kN/m^2})=3.60(\mathrm{MPa})$给斜裂缝保留了 2MPa 压应力储备甚为安全。

(3)技术综评

①腹板平均高度 $h=\dfrac{15+4.5}{2}=9.75(\mathrm{m})$

双肢 4 根 Φ32 面积 $A=8.04\times10^{-4}\times4=0.003\,2(\mathrm{m^2})$

重量 $G=9.75\times0.003\,2\times[8\mathrm{t/m^3}]=0.25(\mathrm{t})$

单位重量 $g=0.25(\mathrm{t})/0.50(\mathrm{m})=0.5(\mathrm{t/m})$

全桥长 $L=150+268+150=568(\mathrm{m})$

竖向预应力用量 $G=568\times(0.50)=284(\mathrm{t})$

②重点工程按百年设计寿命的苏通大桥，材料和设备全部进口的方法用以确保竖向预应力施工质量，费用甚高，不可能在全国推广。因此从中国实际要另择新路来解决主拉应力裂缝问题。

4. 竖向预应力的替代

PC 箱梁桥腹板开裂的机理目前尚未彻底搞清，但其中精轧螺纹钢提供的竖向预应力不稳定容易失效是主要原因之一大家取得了共识。湖南大学工程研究所针对这个难题，研制一种《高效二次张拉低回缩钢绞线竖向预应力锚固系统》新技术，能为腹板提供稳定可靠的永存竖向预应力，从而有效降低腹板开裂的风险[10]。

精轧螺纹钢的螺纹与螺母之间隙就达 2mm，超过 YGM 锚具回缩值 1mm 要求；由于粗钢筋短伸长量小所以放张后预应力损失比例很大，放张时螺母经常拧不到位。现采用的钢绞线具有柔性好、强度高、延伸量大的优势，但对于短索由于夹片锚回缩损失大也不宜采用。现在张拉锚杯外加螺纹，另加一支撑螺母来固定，从而补偿了一次张拉钢绞线的回缩量，如图 5。经过试验和实桥测试原一次张拉的损失高达 30%(平均 22%)，而二次张拉用螺母固定损失仅 8%，相当锚具回缩 1mm 进行计算，钢绞线松弛损失基本小于 2%。钢绞线做竖向预应力的新方法目前已在 30 余座大桥使用(跨径 62～260m)，对确保成桥后竖向永存应力稳定可靠达到设计要求起了保证作用，可以向全国推广介绍。

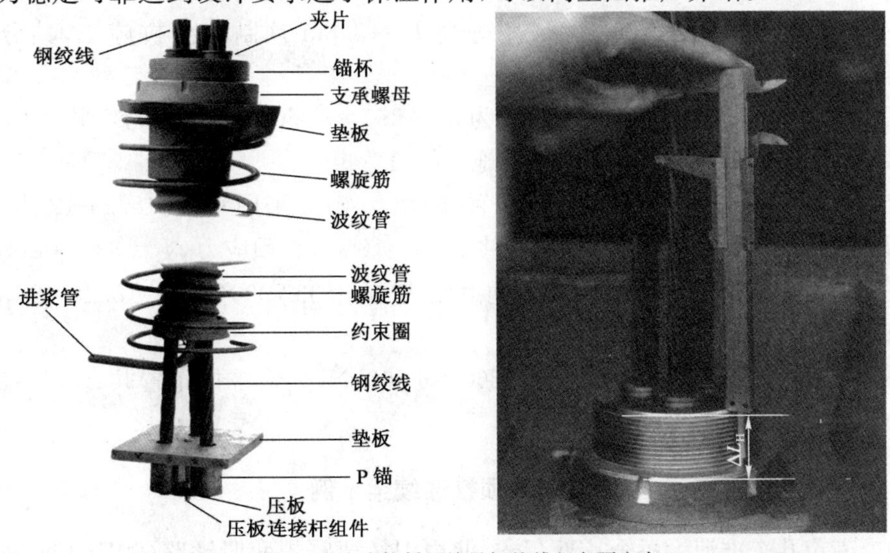

图 5 二次张拉低回缩量钢绞线竖向预应力

5. 无竖向预应力的移动模架逐孔建筑法

无竖向预应力的移动模架逐孔建筑法(Movable Scaffolding System/M. S. S)是一种在移动支架上现浇P. C连续梁桥的成熟工艺。我国于1990年在厦门高集海峡大桥首次引进德国PZ公司设计，瑞士LOSINGER公司生产的LVB移模，完成总长2070m的45m等高P. C连续梁以来，先后有近百余座桥梁成功推广采用。其中最大跨径为广州珠江黄埔大桥(28×62.5m=1 750m)，如图6所示。此类梁桥均无竖向预应力，全长纵向预应力索按恒载压力线方向布置，在反弯点(0.2L)处接长。在腹板中通过时所产生巨大轴向压力，可抵抗竖直截面的剪力和斜截面的主拉应力，效果很好，极少发现斜裂缝。受此启发，在悬臂施工的大跨径PC梁桥中，也有理由认为可以不设竖向预应力筋。

a) 移动模架纵向移动中

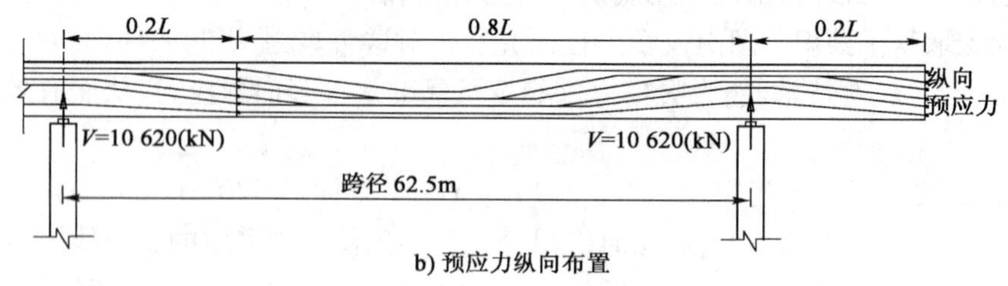

b) 预应力纵向布置

图6 广州珠江黄埔大桥

6. 无竖向预应力的悬臂连续梁

在文献[9]中提出为了减小PC梁桥混凝土徐变挠度，80m跨径以内的连续梁，应当优先采用“等高连续梁”，如图7，江西乐安河大桥优化设计中腹板无竖向预应力全部用直索预应力。

①桥跨$L=70$m，单箱宽$B=13.5$m，采用等高$D=3.8$m预制块悬拼施工，共分20段总重力23 800kN。支座剪力$V=11$ 900kN。

②顶板预应力采用31ϕ15.24大索，破断拉力为31×260=8 060kN，单排布置，共2×10=20孔，有效拉力$N_2=20\times4$ 030=80 600kN。负责平衡悬臂施工的负弯矩。

③腹板预应力，采用直索结构，沿高度均匀布置，间距0.4m。采用OVM15.24-12锚具，破断拉力为12×260=3 120kN，每孔有效拉力$T=1$ 870kN，共2×9=18孔，总预应力$N_1=33$ 700kN。

④在支座截面腹板上总轴向力产生垂直方向摩阻力$N_1=33$ 700×0.4=13.480kN，大于支座剪力$V=11.900$kN，平衡了剪应力。

⑤底板索采用25Φ15.24，破断拉力为25×260=6 500kN，大索单排布置共2×4=8孔，有效拉力$N_3=8\times3$ 250=26 000kN。

四、50m顶推连续梁示例

正在修建的淮南市孔李淮河大桥全长近5km，北岸引桥要跨越两股铁路(相距150m)左右。为了确

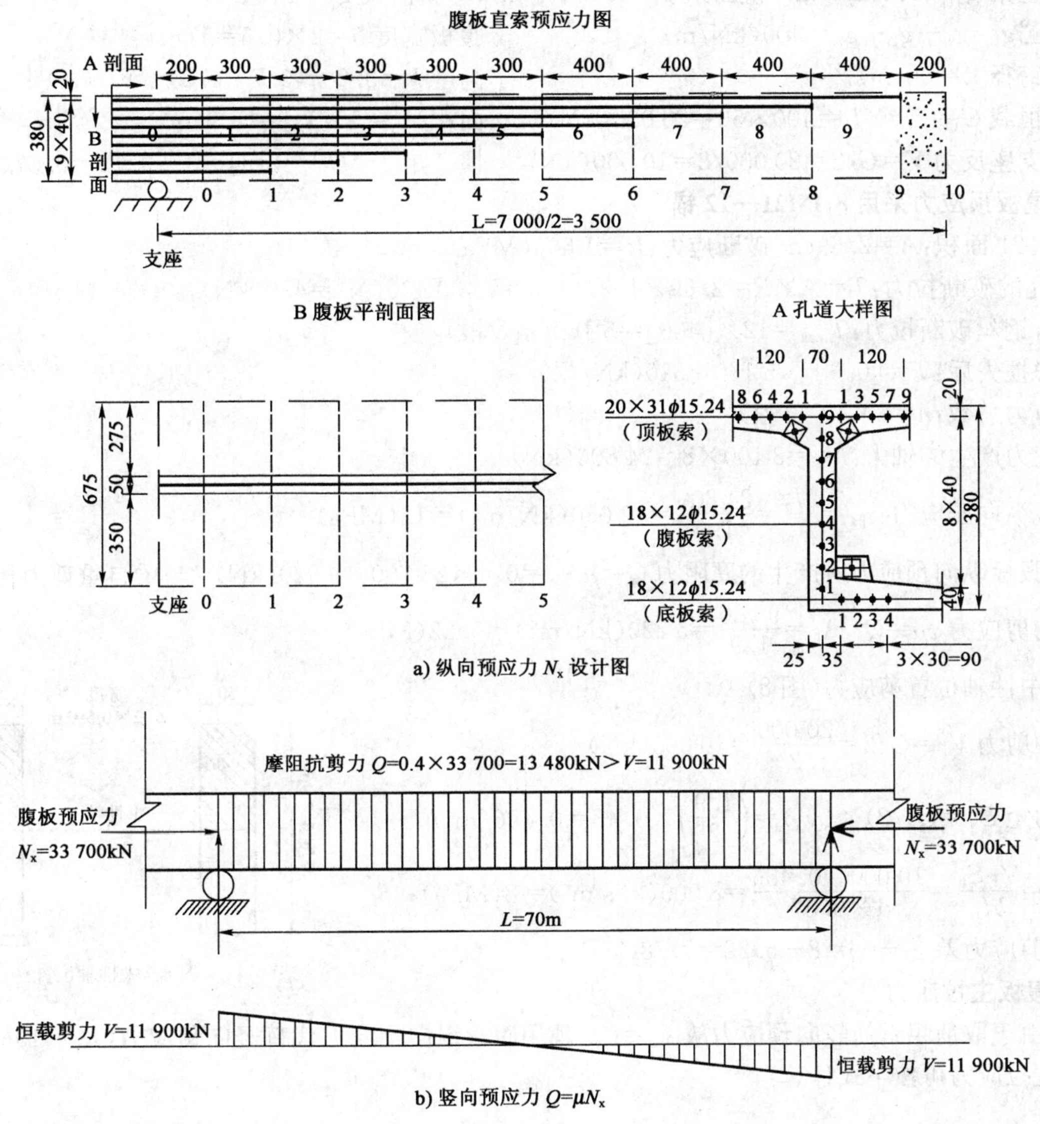

图 7 70m 连续梁预应力设计图(尺寸单位:cm)

保施工对运营的火车造成的影响降低到最小程度，选择多孔 50m 顶推连续梁方案。主梁截面及预应力孔道设计图如图 8 所示。其中，顶板(1～11)、底板(31～36)布置的纵向预应力是用于抵抗弯矩，而腹板(21～24)预应力是代替竖向预应力，对腹板产生轴向压应力的，形成垂直向摩阻力 Q 现将腹板主拉应力计算如下：

1. 截面特性与恒载

(1)跨中截面：$A_s=10.8(m^2)$　　平均厚度 $\overline{D}=\frac{10.8}{15.25}=0.71(m)$

中性轴 $y_上=1.26(m)$　　$W_上=13.02(m^3)$

$y_下=1.94(m)$　　$W_下=8.37(m^3)$

(2)支座截面：$A_K=12.6(m^2)$　　平均厚度 $\overline{D}=\frac{12.6}{15.25}=0.83(m)$

中性轴 $y_上=1.46(m)$　　$W_上=13.36(m^3)$

$y_下=1.74(m)$　　$W_下=11.21(m^3)$

(3)恒载按均布荷载计，质量 g

主梁 $g_1=304$(kN/m)，桥面系 $g_2=63$(kN/m)，均布活载 $g_3=315$(kN/m)

$\sum g=g_1+g_2+g_3=400$(kN/m)　　腹板宽度 $b=2\times0.5=1$(m)

跨径 $L=50$(m)　　高度 $h=3.2-(0.7+0.6)=1.9$(m)

恒载 $G=\sum g\times L=400\times50=20\,000$(kN)　　面积 $A_h=1\times1.9=1.9$(m²)

支座反力 $V=G/2=20\,000/2=10\,000$(kN)　　惯性矩 $J=bh^3/12=1\times1.93/12=0.57$(m⁴)

2. 腹板预应力采用8HM21—12锚

(1)$\Phi21$ 面积：$A=2.69\text{cm}^2$ 破断应力：$R=1\,600$(MPa)

12孔的破断拉力：$T=A\times R=2.69\times102\times1\,600=430\,400(N)=430$(kN)

平行钢丝破断拉力：$T_{max}=12\times[430]=5\,160$(kN/根)

考虑损失后：$T=[0.6]\times5\,160=310$(kN/根)

预应力总数：$n=2\times4=8$(根)

预应力产生的轴力：$N_h=3\,100\times8=24\,800$(kN)

腹板纵向压应力：$s_{hx}=\dfrac{N_h}{A_h}=\dfrac{24\,800}{1.9}=13\,050(\text{kN/m}^2)=13(\text{MPa})$

(2)腹板纵向预应力所产生的摩阻力 $Q=\mu N_h=0.4\times24\,800=9\,920$(kN)（与梁自重剪力相反）

平均剪应力 $\tau\mu=Q/A_h=\dfrac{9\,920}{1.9}=5\,220(\text{kN/m}^2)=5.22(\text{MPa})$

(3)中性轴位置剪应力(图8)

其中剪力 $V_k=G/2=\dfrac{20\,000}{2}=10\,000$(kN)

静力矩 $S_h=(A/2)\times(y_0)=\left(\dfrac{1.9}{2}\right)\times0.48=0.456(\text{m}^3)$

$$\tau_h=\frac{V_K S_h}{bI_h}=\frac{10\,000\times0.456}{1\times0.57}=8\,000(\text{kN/m}^2)=8(\text{MPa})$$

(4)剪应力差 $\tau_h-\tau_m=8-5.22=2.78$(MPa)

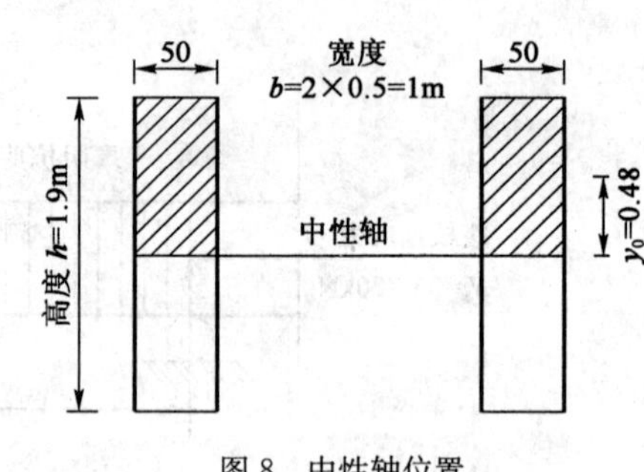

图8　中性轴位置

3. 腹板主拉应力

(1)由于取消粗钢筋竖向预应力故 $s_{hy}=0$。现用腹板纵向预应力代替竖向预应力($s_{hx}=13$MPa)。此时腹板主拉应力可按下式计算：

$$hs_{h主}=\frac{s_{hx}}{2}-\sqrt{\left(\frac{s_{hx}}{2}\right)^2+(\tau_h-\tau_m)^2}$$

$$=\frac{13}{2}-\sqrt{6.5^2+2.78^2}=6.5-7.07=-0.57\ (\text{MPa})$$

(2)空间计算的扩大系数 $\eta=1.20\sim1.40$，由于箱形截面腹板中线与支座重合，故取 $\eta=1.20$。腹板计算主拉应力 $h\sigma_{h主}=-1.2\times0.57=-0.70$ (MPa)。

(3)容许拉应力$[\sigma_-]=0.6f_{tk}$(桥规58页)。箱梁C50采用预制组拼顶推工艺，混凝土抗拉强度 f_{tk} 标准值由规范[表3.1.3]查得 $f_{tk}=-2.65$(MPa)。

(4)$hs_{h主}=-0.70$ MPa$<[-2.65]$ MPa，故安全。

预应力筋布置见图9、图10。

4. 结论

由本例腹板主拉应力计算可以说明，在腹板中取消质量不稳定的竖向预应力(粗钢筋)，以腹板上直接施加纵向预应力来代替，在考虑空间计算应力扩大系数后，腹板主拉应力能得到有效控制，这是腹板抗裂防治工作中一个突破。

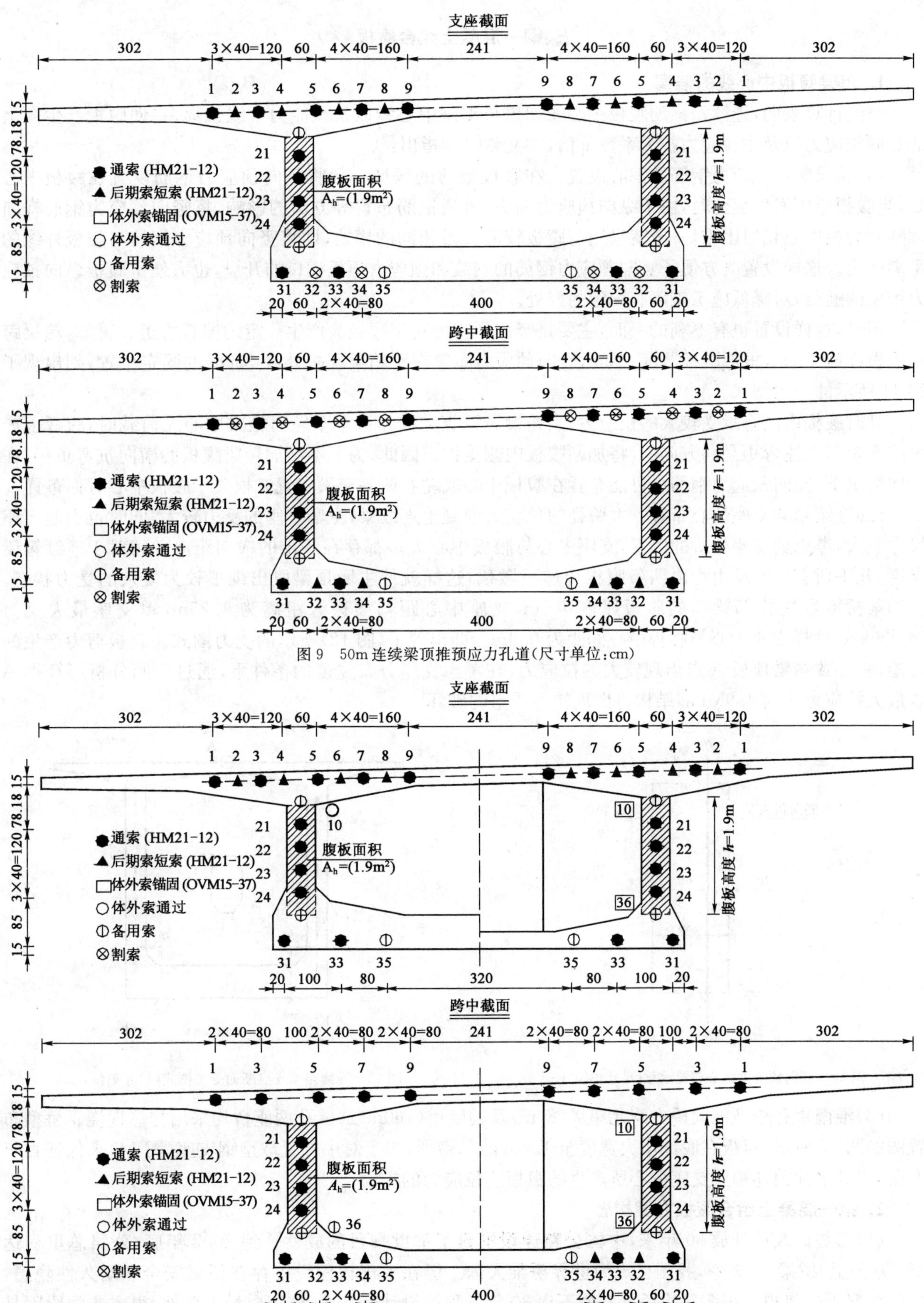

图 9　50m 连续梁顶推预应力孔道(尺寸单位:cm)

图 10　50m 连续梁成桥预应力孔道(尺寸单位:cm)

五、钢—混凝土组合腹板

1. 箱梁腹板中心线的偏离

空间计算表明，连续箱梁的腹板中心线如果与支座中心线以及预应力中线偏离，将使腹板产生向上的竖向拉应力以及主拉应力扩大系数 η 倍，如文献[11]指出：

(1)箱梁竖向预应力钢筋的偏心设置。在腹板最薄的区域一般将竖向预应力钢筋设置在腹板中心处，当腹板厚度发生变化时，由于纵向预应力锚头、普通钢筋布置等方面的影响，将竖向预应力钢筋横向调整到腹板中心相对困难，一般就采用与腹板较薄梁段相同的模式，即将竖向预应力钢筋与腹板外缘的距离固定。这样设置既方便了竖向预应力钢筋的安装和预应力顶板槽口的开设，也方便了腹板纵向预应力钢束的通行，对降低施工难度有一定的好处。

但是，这样设置也有不利的一面，主要是竖向预应力对于腹板会产生一定的偏心力矩。譬如，箱梁跨中腹板厚度40cm，根部腹板厚度80cm，竖向预应力布置在距箱梁腹板外缘20cm的固定位置，则出现了图11所示的受力图式。

其时腹板内侧将承受较大的拉应力，当箱梁悬臂板上满布汽车车轮而箱梁中心无荷载时，腹板上产生的弯矩与上述弯矩是同方向的，将加剧腹板内侧受拉。因此，为了不增加箱梁腹板的横向抗弯负担，在任何情况下，竖向预应力钢筋尽可能布置在腹板中心或左右两侧交叉布置二根关于腹板中心对称布置。

(2)连续箱梁支座偏心布置。大跨径的预应力混凝土连续梁，主墩支座的反力较大，同时也引起支座尺寸变大，考虑到支座构造的因素，支座中心与腹板中心大多都存在一定的横向距离。而对于连续箱梁来说，几乎所有支座反力均由两条腹板传递至墩顶，这样就使主墩顶梁段出现了较为复杂的受力状态。譬如某桥零号块相邻梁段的腹板厚度70cm，支座中心距箱梁边缘距离为1.25m，单支座最大反力34 000kN，这样支座中心与腹板中心间距为0.9m。即出现了(图12)所示的受力图式。腹板剪力产生的力矩，将导致箱梁顶板A点出现较大的拉应力，在考虑支座分布宽度的条件下，通过空间分析可算得A点最大拉应力达到4.9MPa，结构将出现较为严重的破坏。

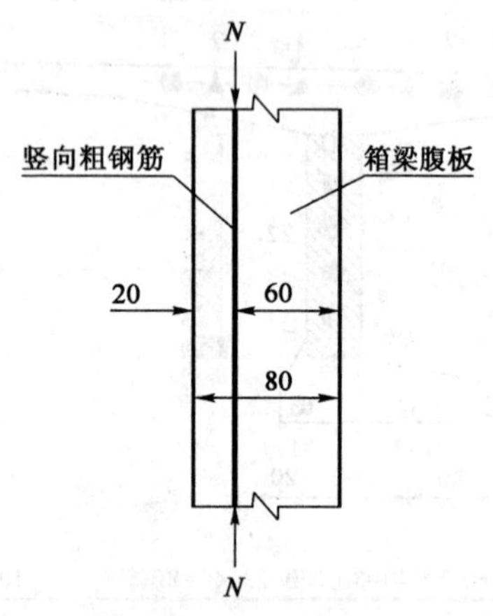

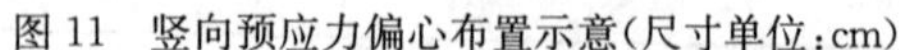
图11　竖向预应力偏心布置示意(尺寸单位：cm)

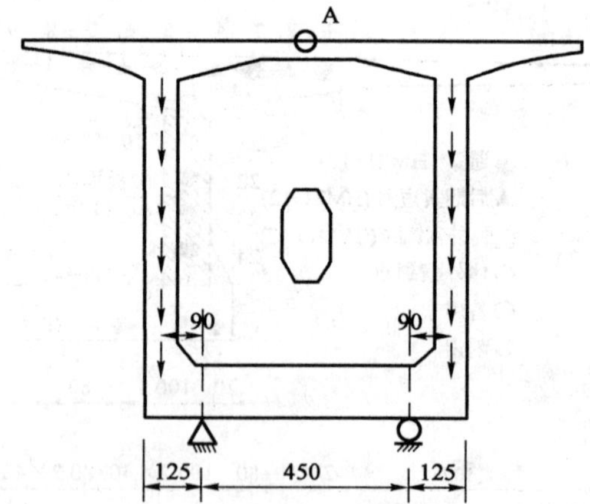

图12　连续箱梁支点断面受力图式(尺寸单位：cm)

(3)淮南市孔李淮河大桥在跨北岸堤(80m)及辅航道(160m)通航孔两座桥均采用挂篮现浇。桥型布置图如图13所示，腹板在底部增大宽度至1.4m的马蹄形，用于对中放置球型钢支座(图14)来保证百年寿命，以及消除前述箱梁支座偏心所产生的腹板主拉应力的扩大。

2. 钢—混凝土组合腹板方案构思

(1)形势。改革开放30年来，中国公路建设取得了举世瞩目的成就。到2007年底，公路总里程达358万公里，桥梁57万座，我国已成为世界桥梁大国。但在大规模建设中存在桥梁安全和耐久性隐患，危险状况不容忽视。很多新建桥梁寿命不到30年。除原设计标准低、施工质量不良外，很主要的原因是

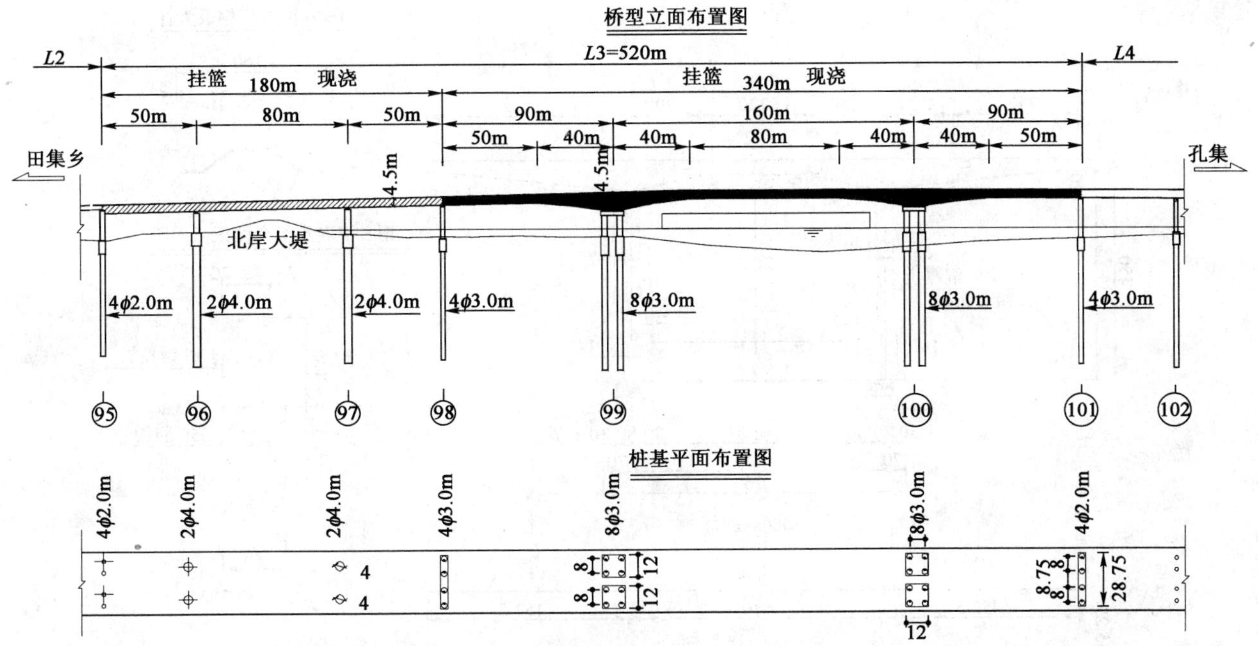

注：①本图尺寸单位为 m。②该标段全长 L_3=520m,80m 跨堤为等高连续梁，采用挂篮悬浇。③160m 辅通航孔采用挂篮悬浇法施工。

图 13 淮南市孔李淮河大桥 L_3段桥型图

超重车的虐行。而对于单车 100t 以上超重车所造成的损害大家都束手无策，因为它超过桥规荷载 55t 的数倍，相当设计荷载的破坏荷载。众所周知混凝土结构的允许剪应力和主拉应力都极低，仅为钢材的(1/30～1/50)，因此继续沿用混凝土结构已经没有能力解决新建桥梁能经受超重车辆的负荷。年轻一代桥梁工程师要与时俱进，转变设计观念，将第一种混凝土材料和第二种钢结构相结合，形成第三种钢一混凝土相组合的新材料和新结构就成为发展的必然。

中国 2002 年钢产量近 2 亿吨，已成为世界第一钢生产大国，这为建筑工程提供了雄厚的物质基础。虽然目前在中小跨径桥梁中，钢结构存在费用高、养护困难等弊病，但在预应力混凝土结构质量和耐久性得不到确切地保证时，钢结构就成为必然的选择。这也是近年来跨径 $L\geqslant$300m 大跨桥梁绝大多数已选择钢结构原因所在。但在大量的中小跨径领域中，将两种材料相结合，充分利用钢材抗剪、抗拉强度高的特性，来弥补混凝土的缺陷，将产生一种技术更新的新局面，可以预见困扰桥梁的“超重车”这个老大难题有望得到恰当地解决。

(2)波形钢腹板 PC 箱梁桥发展情况。

①国外：1986 年法国 Cognac 桥(31m＋43m＋31m＝105m)首次建成波形钢腹板的 PC 箱梁桥，其特点是用高强、轻质的钢来取代剪、拉应力极低的混凝土，终于从根本上解决了 PC 箱梁腹板开裂的难题；达到减轻重量、方便施工、缩短工期、降低成本的良好效果。这项新技术 1993 年起迅速在日本和欧美国家推广，迄今已建成近 200 座波形钢腹板 PC 连续梁，其中最大跨径达 150m(日本朝比奈川桥)。

②中国：2005 年 7 月我国第一座装配式波形钢腹板 PC 连续梁在河南信阳泼河桥(4×30m＝120m)建成。2009 年又建成的河南卫河大桥(47m＋52m＋47m＝146m)为双向六车道，桥面净宽(2×15m)、公路Ⅰ级荷载是我国第一座高速公路波形钢腹板 PC 桥梁。2011 年将竣工的山东鄄城黄河公路大桥(70m＋11×120m＋70m＝1460m)是我国第一座采用悬臂施工的波形钢腹板 PC 组合箱梁桥；目前深圳—南坪快速路南山大桥、平铁大桥两座大桥已完成施工图设计(80m＋130m＋80m＝290m)……总之，波形钢 PC 组合箱梁在我国已成为连续梁桥的热门研究课题。山东鄄城黄河大桥采用波形钢腹板后[12]，上部构造混凝土体积减少 21%，导致下部桩基体积减少 11%，桥梁单位面积造价降低 623(元/m^2)，全桥节省总投资约 2 000 万元，其巨大的经济效益震惊了桥梁界(图 15)。

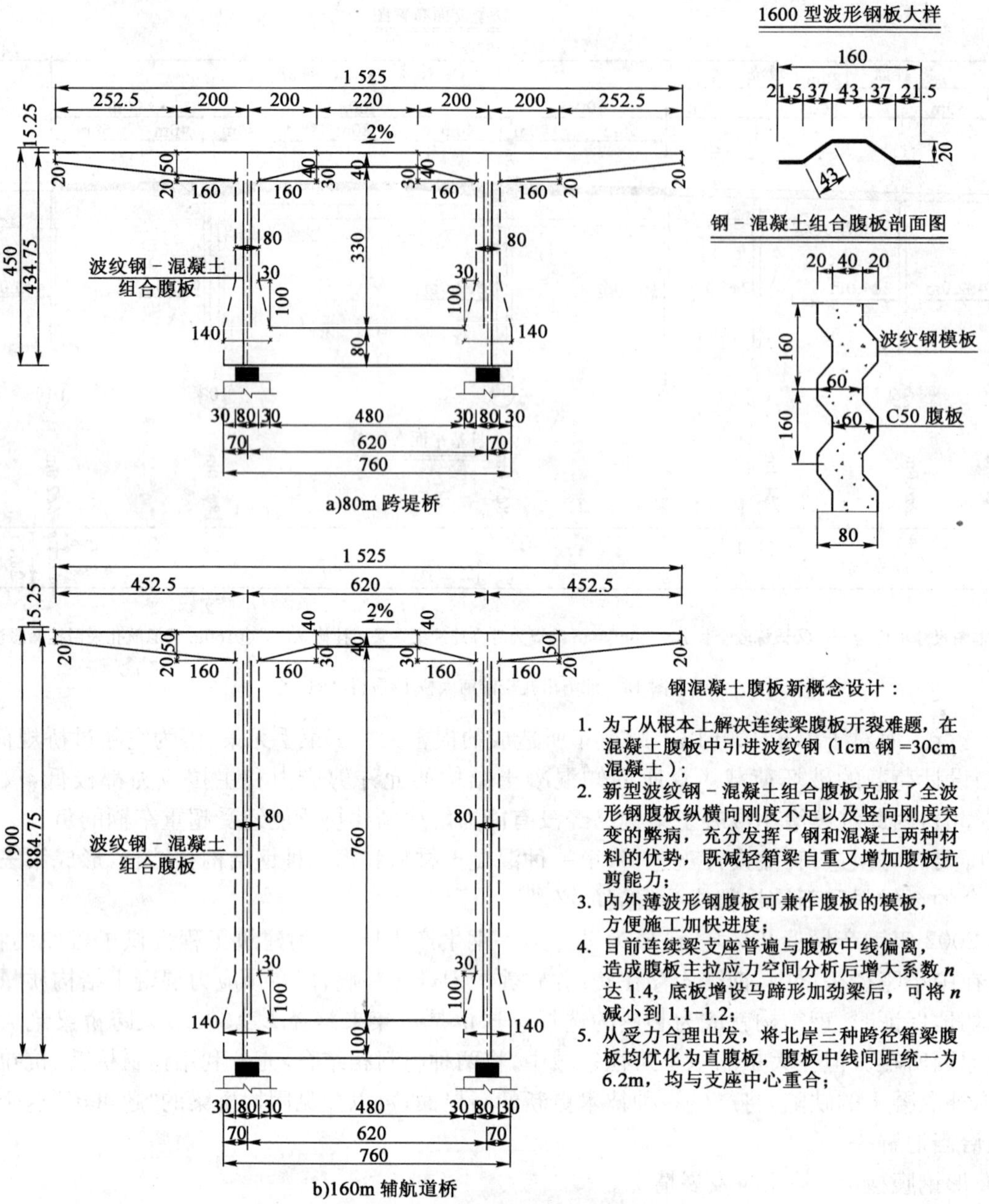
1600型波形钢板大样
160
21.5 37 43 37 21.5
20
43
钢－混凝土组合腹板剖面图
20 40 20
160
波纹钢模板
60
160
60
C50腹板
80
1 525
252.5 200 200 220 200 200 252.5
15.25
2%
波纹钢－混凝土
组合腹板
450
434.75
30|80|30 480 30|80|30
70 620 70
760
a)80m跨堤桥
1 525
452.5 620 452.5
波纹钢－混凝土
组合腹板
900
884.75
760
b)160m辅航道桥
钢混凝土腹板新概念设计：
1. 为了从根本上解决连续梁腹板开裂难题，在混凝土腹板中引进波纹钢（1cm钢＝30cm混凝土）；
2. 新型波纹钢－混凝土组合腹板克服了全波形钢腹板纵横向刚度不足以及竖向刚度突变的弊病，充分发挥了钢和混凝土两种材料的优势，既减轻箱梁自重又增加腹板抗剪能力；
3. 内外薄波形钢腹板可兼作腹板的模板，方便施工加快进度；
4. 目前连续梁支座普遍与腹板中线偏离，造成腹板主拉应力空间分析后增大系数 n 达1.4，底板增设马蹄形加劲梁后，可将 n 减小到1.1-1.2；
5. 从受力合理出发，将北岸三种跨径箱梁腹板均优化为直腹板，腹板中线间距统一为6.2m，均与支座中心重合；

图14 北岸L3双波形钢混凝土腹板箱梁(尺寸单位:cm)

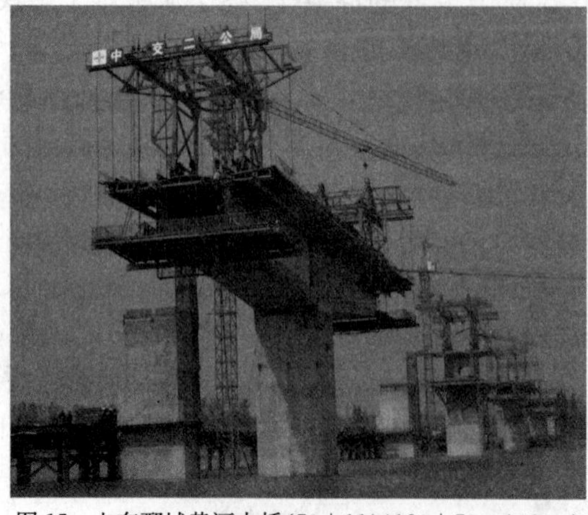

图15 山东鄄城黄河大桥(70＋11×120＋70＝1460m)

3. 孔李淮河桥双波形钢模板方案提出

淮南市郊已有两座建于20年前淮河大桥，限于当时历史条件相继出现不少病害，因此重建孔李淮河大桥是迫不及待的，它肩负解决重载交通下已出现严重病害淮河大桥的通途问题。因此保证绝对安全是概念设计的首要任务。郑皆连院士指出："桥梁工程和科学实验工程不一样，必须一次成功，不能失败"，因此我们在确定设计方案时要选择已有成功实践的技术，还要经过严密的计算和必要的模型试验以及有经验的专家的审定。因此在 L_3＝520m 两座挂篮现浇箱梁中，全面采用全钢波形腹板方案必须谨慎。

(1)对全钢波形腹板方案的考虑

①波形钢腹板是正在研究中的新技术，处于发展中还不完备成熟；特别是耐久性方面尚无30年以上的历史来证明。因此采用它必须要有主管单位的认可，对其可能出现的意外情况要有预案准备。

②波形钢腹板的刚度与PC箱梁顶、底板相比，相差甚大结构突变；对于16m宽桥的变形协调问题理论研究还不透。

③波形钢腹板箱梁的抗弯、抗扭、抗畸变刚度相对PC箱梁大幅度降低(鄄城大桥(120m)跨中下挠9cm，为 $L/1333$ 过大)；对于通过超重载(单车130t)荷载尚无可靠的论证。

④波形钢腹板两端与混凝土的剪力键种类甚多，但对于百年寿命要求而言抗疲劳性及耐久性均缺乏长时间的考验。

⑤从全寿命的角度来核算。如果波形钢腹板桥梁在30年以后由于混凝土的老化而削减与连接件的黏结力，导致桥梁提前丧失承载力的情况发生，则按全寿命100年期间计算，重建费用将提高两倍，这样相对建设期的10％节省是微不足道的。

总之，从实际出发孔李淮河大桥目前采用波形钢腹板的条件尚不成熟。

(2)桥梁加固的反向思维

国内桥梁腹板开裂常用粘贴钢条方法加固(图16)所粘钢板条正好和抗剪钢筋受力一致。总结这些加固桥梁经验，可以提出一种反向思维。例如：在1997年1月建成通车的杭州钱塘江三桥(西兴大桥)。主桥长1280m，主孔2×168m(双向六车道)独塔单索面斜拉桥与多孔80m连续梁协作体系。由于连续梁腹板设计宽度(b＝20)严重不足，在通车前已出现大量腹板斜裂缝，不得不用粘贴钢板加固。10年后情况继续恶化，限荷通行车辆，再次加固后腹板上几乎满布钢板。在这里我们可以反思：如果在修建时腹板两侧是用波形钢做模板(类似开裂后粘贴钢板)，这也可认为是一种钢—混凝土组合腹板的一种形式。由此在孔李大桥两座挂篮现浇的箱梁中，提出采用内外波形钢—混凝土组合腹板的一种新构思。

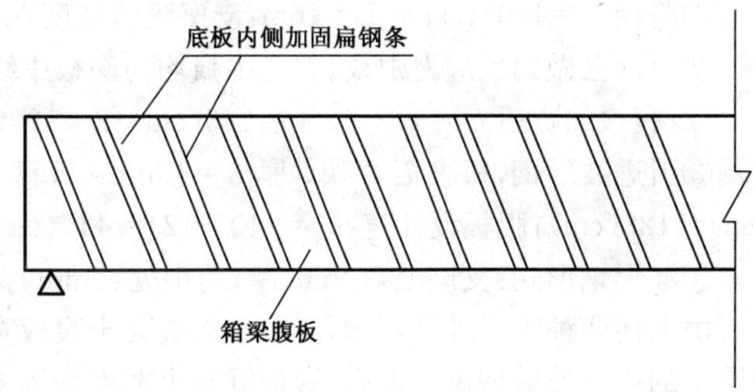

图16 腹板内侧粘贴加固扁钢条布置示意图

(3)两种材料的应力比值

按前桥规有关允许应力的数值，将C50混凝土与A3钢的应力比值作一个比较，以适用于弹性阶段的使用状态。

①直接剪应力 $$\frac{\text{Q245 钢}[\tau_a]=-80(\text{MPa})}{C50\text{ 混凝土}[\tau_b]=-2.70(\text{MPa})}\approx 30\text{ 倍}$$

②主拉应力 $$\frac{\text{Q245 钢}[S_-]=-140(\text{MPa})}{C50\text{ 混凝土}[S_-]=-3.1(\text{MPa})}\approx 45\text{ 倍}$$

③压应力 $$\frac{\text{Q245 钢}[S_+]=135(\text{MPa})}{C50\text{ 混凝土}[S_+]=19.5(\text{MPa})}\approx 7\text{ 倍}$$

④弹性模量 $$\frac{\text{Q245 钢 E}=2.1\times 10^5(\text{MPa})}{C50\text{ 混凝土 E}=0.345\times 10^5(\text{MPa})}\approx 6\text{ 倍}$$

由上可见，厚度1cm波形钢以抗剪能力换算相当30cm混凝土，以主拉应力换算相当45cm混凝土，而以受压能力而言只相当6倍。因此可以说明双层波形钢做内、外模板后能够十分有效地防止腹板的剪力和主拉应力裂缝。1cm厚的钢板重量只相当7.85/2.4=3.3cm混凝土，即只有30cm混凝土的1/9，由此相当多获得30m−3.3m=26.7cm混凝土腹板。这样在大跨径桥梁中能十分有效地减轻箱梁自重。下面以80m和160m两种跨径为例说明效果。

(4)80m跨堤桥腹板宽度

为了桥梁立面线型简化和施工方便80m桥跨采用4.5m等截面梁($L/17.8$)，能较好地增加跨中抗弯刚度，减少下挠。

①跨径$L=80$m，桥宽$B=16$m：支座截面腹板宽度$b_0=L/50=160$cm。

②设计已做到预应力中线、支座中线均与腹板中线相重合，仅考虑局部温差、重载偏心后取主拉应力增大系数$\eta=1.2$；可用腹板的厚度增加表示$b_1=1.2\times160=192$(cm)；单腹板$b_1=\frac{192}{2}=96$(cm)。

③引进波形钢，做内外模，板厚$\delta=5$mm(折算6.5mm)，双腹板共4块波形钢板总厚2.6cm，相当混凝土厚2.6×26.7(cm)=70(cm)；腹板总设计宽：$b_2=192-70=122$(cm)；单腹板设计宽$b_3=b_2/2=61$(cm)(取60mm)。

④波形钢形式：支座处：5mm厚；跨中处：3mm厚。

(5)160m跨辅航道桥腹板宽度

支座梁高9m($L/17.8$)为减小挠度，将跨中梁高加大至$D_S=D_K/2=\frac{9}{2}=4.5$(m)。

①跨径$L=160$m，桥宽B=16m：支座腹板宽度$b_0=L/80=200$(cm)。

②设计已做到预应力中线、支座中线均与腹板中线相重合，仅考虑局部温差、重载偏心后取增大系数$\eta=1.2$；腹板加宽后$b_1=1.2\times200=240$(cm)/2=120(cm)(单肢宽度)。

③引进波形钢，每腹板2块，厚$\delta=10$mm(折算11.5mm)，总厚4.6cm，相当混凝土厚4.6×26.7(cm)=123(cm)；腹板设计宽：$b_2=240-123=117$(cm)；单腹板设计宽$b_3=b_2/2=59$(cm)(取60cm)。

④波形钢形式：支座处：10mm厚；跨中处：5mm厚。

由上述两种跨径计算可知，支座截面混凝土腹板宽度分别为$b=96$(cm)、120(cm)，但采用不同的钢板厚度的内外波形钢做模板后，腹板混凝土宽度均为60(cm)，这样统一两座桥的做法，方便了施工。内外波形钢中的现浇混凝土的直接厚度为60−10−10=40(cm)，考虑波形钢内混凝土实际混凝土宽度为60(cm)。

4. 波形钢—混凝土组合腹板连续梁设计

(1)腹板通过采用波形钢做内外模板后并参与结构受力，它相当腹板混凝土厚度达到96(cm)(和120cm)而实际重量只相当70(cm)和75(cm)，即减轻腹板混凝土重量27%和37%，这是十分可喜的。

(2)顶板预应力可采用下弯索锚固在每一节段的腹板上，索数和索力大小按实现悬臂施工的恒载零弯矩方法，即每一点的弯矩

$$\sum M_i=M_g-M_T=0 \tag{5}$$

式中：M_g——箱梁悬臂施工自重弯矩；

M_T——上缘顶板预应力所产生的弯矩。

(3)底板预应力按跨中正弯矩包络图布置索。

(4)其他设计与常规相同。应当指出，采用波形钢做混凝土腹板的两侧横板做法是十分安全、可靠的，能够从材料性能上刹住腹板开裂愈演愈裂的趋势，有关这种结构的特性和具体做法正在研究中，容后再进行深入讨论。

参考文献

[1] 王景全．全国大型桥梁的病害现状与机理．解放军理工大学工程兵学院,2007.
[2] 王恒、刘剑．桥梁开裂的应变准则初探．[J]. 东南大学土木工程学院,2007.
[3] 戴玮、刘剑．主拉应力超限作为腹板开裂判据的合理性[J]. 东南大学土木工程学院,2007.
[4] 朱汉华．PC 连续梁桥裂缝分析与防治[M]. 北京:人民交通出版社,2006.
[5] 杨高中等．连续刚构桥在我国的应用与发展．公路 1998(61).
[6] 张喜刚、孔海霞．268m 连续刚构桥抗裂对策研究．中交公路规划设计院,2008.
[7] 梁立农．广州海心沙大桥设计．广东省公路勘察规划设计院,2007.
[8] 官华．混凝土连续梁桥大跨径顶推新技术．广州公路桥梁会议论文,2007.
[9] 胡越庆．大跨等高连续梁设计的新技术．华东交通大学硕士论文,2007.
[10] 邵旭东．降低预应力箱梁腹板开裂风险的新技术．湖南大学工程研究所,2010.
[11] 周军生．变截面连梁设计中向个注意问题．北京建达道桥咨询公司,2001.
[12] 王用中．山东鄄城黄河公路桥主桥工程简介．河南大建钢构股份有限公司,2000.

参考文献

II 施工与控制

37. 南京长江第四大桥 “∞”字形地连墙设计施工技术创新研究

娄学全[1] 武焕陵[1] 章登精[1] 崔 冰[2] 钟永新[3]
（1. 南京长江第四大桥建设协调指挥部；2. 中交公路规划设计院；3. 中交第二航务局）

摘 要 本文介绍了南京长江第四大桥南锚地连墙工程设计和施工中的关键技术研究工作，详细阐述了各分项目的研究内容、技术创新点和实施效果。

关键词 “∞”字形地连墙 关键技术 创新成果 实施效果

一、引 言

地下连续墙广泛用于地下室、地铁车站、隧道竖井等基础结构物的建造。20世纪90年代地下连续墙开始应用在我国桥梁深基础工程中，并先后成功实施了润扬长江公路大桥、武汉阳逻大桥、珠江黄埔大桥等锚碇深基础施工。随着我国桥梁事业的发展，地下连续墙其结构形式由整体刚度较弱的矩形结构，逐渐转化成整体刚度较强的圆形结构（表1）。考虑桥位地质、水文和地表建筑物等综合因素，通过研究分析，南京长江第四大桥主桥南锚基础工程采用了“∞”字形地连墙新型结构。

国内外大跨径悬索桥地连墙一览表 表1

序号	桥 名	国 别	建成年代	地连墙形状	墙 厚	开挖深度
1	明石海峡大桥	日本	1998	圆形，直径85m	2.2m	64.5m
2	润扬长江公路大桥	中国	2005	矩形，69m×50m	1.2m	50m
3	阳逻大桥	中国	2006	圆形，直径70m	1.5m	46m
4	珠江黄埔大桥	中国	2008	圆形，直径73m	1.2m	30m
5	南京长江第四大桥	中国	在建	“∞”形	1.5m	45m

二、工程项目简介

南京长江第四大桥主桥为主跨1 418m的三跨连续钢箱梁悬索桥，桥跨布置575m+1 418m+483m；跨度是“中国第一”的三跨悬索桥（表2）。南锚碇基础采用地连墙结构形式，平面形状为“∞”形，长82m，宽59m，由两个外径59m的圆和一道隔墙组成，壁厚为1.5m；墙顶高程为5m，底高程为−35～−45m，嵌入中风化砂岩约3m，总深度40～50m。基坑开挖至基岩面−38.12～−29.23m处，总开挖深度44.62～35.73m。

国内外大跨径桥梁一览表 表2

序号	桥 名	国 别	建成年代	跨度组成(m)	加 劲 梁	结构特点
1	明石海峡桥	日本	1998	960+1 991+960	钢桁梁	三跨悬索桥
2	舟山西堠门大桥	中国	2009	1 650+578	钢箱梁	两跨悬索桥
3	大贝尔特海峡大桥	丹麦	1998	535+1 624+535	钢箱梁	三跨悬索桥
4	e-sunshin Bridge	韩国	在建	357.5+1 545+357.5	钢箱梁	三跨悬索桥
5	润扬长江公路大桥	中国	2005	1 490	钢箱梁	单跨悬索桥
6	南京长江第四大桥	中国	在建	575+1 418+483	钢箱梁	三跨悬索桥

南锚“∞”字形地连墙首次应用于桥梁深基础结构。基础处覆盖层为第四系土层，主要有淤泥质亚黏土，松散～中密状粉、细、中砂，砂层北侧厚、南侧基本缺失，分布不稳定。下伏基岩地层为白垩系葛村组砂岩、砂砾岩，局部夹泥岩，由北向南基岩面起伏－38.120～－29.230m，自上而下岩石强度逐渐增加。地下水可分为松散岩类孔隙水和基岩裂隙水：孔隙水主要为承压水；含水层由粉砂组成，北侧厚，南侧基本缺失；基岩孔隙不发育，裂隙仅少量发育，且裂隙连通性较差，故赋水性和透水性均较差。

地连墙施工槽段分Ⅰ期、Ⅱ期两种槽段。地连墙Ⅰ期槽段共32个，采用三铣成槽；地连墙Ⅱ期槽段共33个。地连墙隔墙处顶部15m范围设计为两道支撑，支撑高度2m，宽3.5m；并设置了帽梁及内衬，帽梁总宽度3m，高2m。内衬层高3m，自上而下厚度依次是1.0m、1.5m、2.0m。底板混凝土厚4m；填芯混凝土后半部分为实心，前半部分设置16个空隔仓(图1)。

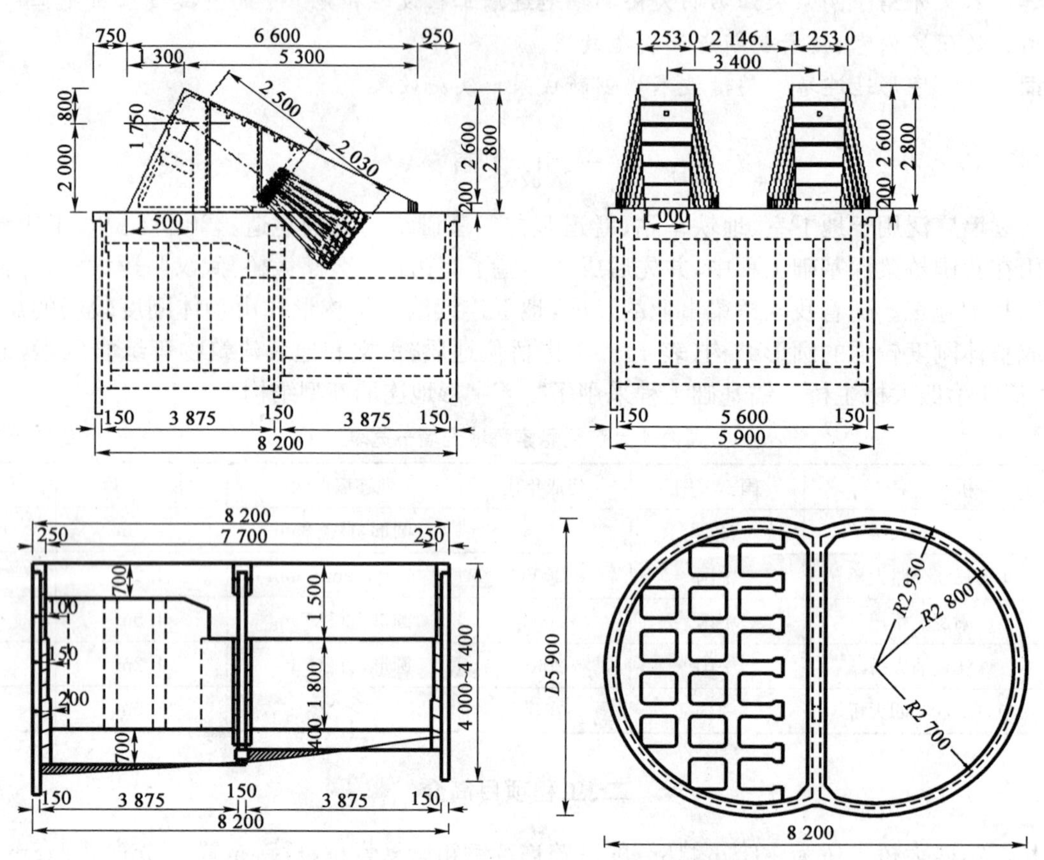

图1　地下连续墙一般构造(尺寸单位：cm)

三、项目研究内容

1. 设计方面的研究

为确保结构安全和施工便捷，确保工程施工安全、质量、工期和投资等能得到有效控制，项目组依据“∞”字形地连墙支护体系的结构特点进行设计方案研究，取得以下成果：

(1)首次完成了“平面形状为‘∞’形，长82m，宽59m”的地连墙支护结构体系基坑设计。南锚碇在最大缆力作用下基础抗滑安全系数2.7；施工阶段前趾最小应力0.85MPa，后趾最大应力1.20MPa；使用阶段前趾最大应力1.60MPa，后趾最小应力0.46MPa。

(2)“∞”字形地连墙结构布置优点有：平面面积最小，截面惯性矩最大；半径小，墙体环向应力小，可实施性高。该结构很好地解决了“南锚碇场地有限，管廊、厂房等构筑物众多”等问题，有效地节约场地布置，减小征地拆迁的范围。其与通常采用的圆形和矩形结构对比见表3。

地下连续墙结构形式对比 表3

对比项	圆形	矩形	"∞"形
平面尺寸(m)	D75	70×59	82×59
平面面积(m^2)	4 417.9	4 130	4 056.2
惯性矩(m^4)	1.55E6	1.69E6	1.80E6
墙体总长度(m)	230.9	252	280.7
受力性能	半径大,墙体应力水平高,实施风险大	矩形围护受力性能差,需要大量内撑	半径小,墙体应力水平相应较低

(3)两个非完整圆支撑结构的隔墙采取地连墙并与外墙同时施工的方案,能保持结构稳定,有效改善墙体受力,最大限度发挥了非完整圆墙体拱形效应,结构受力合理可靠;逆作法施工横撑发挥作用时,墙体变形已经部分形成,抑制了非完整圆墙体的拱形效应,使得"Y"形槽段受力较大,存在较大风险。

2. 施工技术研究

首次采用的"∞"字形地连墙施工,无成熟的成套技术可循,而且结构所在位置水文地质条件较为复杂,离长江防洪大堤只有80m,防洪安全要求高,周围建有国家粮库和输油管线,工程的难度和风险极大。本项目研究形成超大'∞'字形地连墙成套施工技术,取得的关键技术和主要科研成果有:

1)复杂地质条件下成槽施工技术

(1)导墙施工及施工平台布置。设置"L"形导墙,保护槽口及保证槽段位置的准确性,支撑施工设备及钢筋笼,防止槽壁顶部的坍塌等;施工平台布置在导墙内外侧。导墙布置见图2。

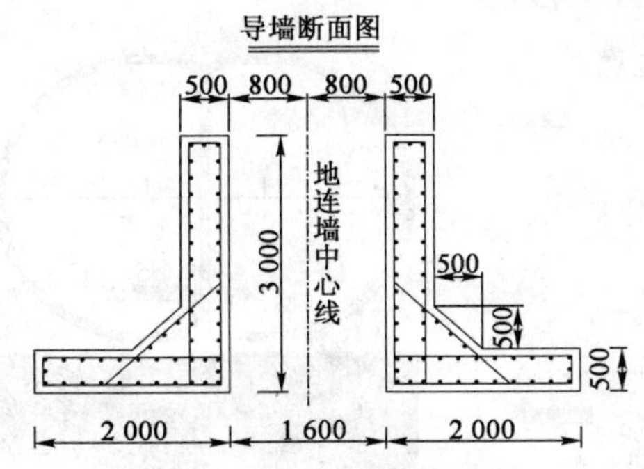

图2 导墙结构图及照片(尺寸单位:mm)

(2)成槽试验方案。选择北侧基岩面相对较深的弧形地连墙P9号槽侧进行地连墙施工试验,探明液压铣对本工程地层的适应性,已达到以下目的:检验成槽质量、清孔质量、钢筋笼的下设速度和刚度等;掌握铣槽机成槽效率、铣齿的适应性和消耗率,综合比较基岩段采用纯铣法和凿铣法的工效和质量;分析地连墙总工期的保障性;优化泥浆性能指标和混凝土浇筑性能指标;改进操作规程及质量控制方法。

(3)地连墙成槽工艺。成槽施工采用1台德国宝峨BC-32液压铣槽机和8台CZ-6型冲击钻机。I期槽段采用三铣成槽方式,并采用8台冲击钻机配合铣槽机成槽;槽孔基岩面以上覆盖层采用铣槽机铣削;第一、第二铣点基岩先采用冲击钻破碎,然后用铣槽机修孔。第三铣点基岩直接用铣槽机铣削。II期槽段采用一铣成槽方式,并采用冲击钻机配合铣槽机成槽。槽孔基岩面以上覆盖层采用铣槽机铣削;基岩先采用冲击钻破碎,然后用铣槽机修孔。槽段清孔换浆直接采用铣槽机进行。

(4)砂岩铣削技术。进行基岩施工时,优先考虑液压铣槽机进行施工。当液压铣槽机施工工效低于0.5m/h或铣齿磨损严重时,宜采用凿铣法。

①宜采用骑墙轨道及平台车等措施,使钻机移动更为迅捷方便,提高冲击钻利用率,以确保整体功效。

②槽孔宜采用"三点"交替钻凿方式进行凿岩施工,图3所示的克服中心位置液压铣修孔效果并不理

想及“两点”钻凿后液压铣的修孔容易跑偏等现象,减少液压铣修孔时间。

冲击钻凿岩方式示意　十字形钻头　改进后的铣齿

图3　砂岩铣削技术

③宜选用带刃角的“十字”钻头解决砂岩钻进功效低及溜钻跑偏现象,以提高施工功效。

④宜采用原铣齿外侧焊接脚齿液压铣槽机修孔作业,解决砂岩对铣齿磨损严重,铣槽功效低,铣齿磨损严重后若不及时更换将磨损铣头,严重危害设备等现象。

2)“Y”形特殊槽段施工技术

“Y”形特殊槽段施工技术包括地基处理技术、Y形槽铣槽技术、泥浆护壁技术、钢筋笼制作及存放技术和混凝土浇注技术等。总体施工工艺为:采用五铣成槽方式,并采用多台冲击钻机配合铣槽机成槽;槽孔基岩面以上覆盖层采用铣槽机铣削;基岩先采用冲击钻破碎,然后用铣槽机修孔。

(1)地基处理技术。槽孔内外侧采用两圈深层搅拌桩进行加固,以加强成槽期间上部淤泥质黏土层槽孔的稳定性及减小设备荷载对成槽的影响。为确保“Y”形槽槽孔的稳定,槽段内侧拐角处土体采用2根直径80cm的塑性混凝土桩进行加固处理,塑性桩与地连墙净间距为20cm,塑性混凝土强度控制在2～3MPa(图4)。

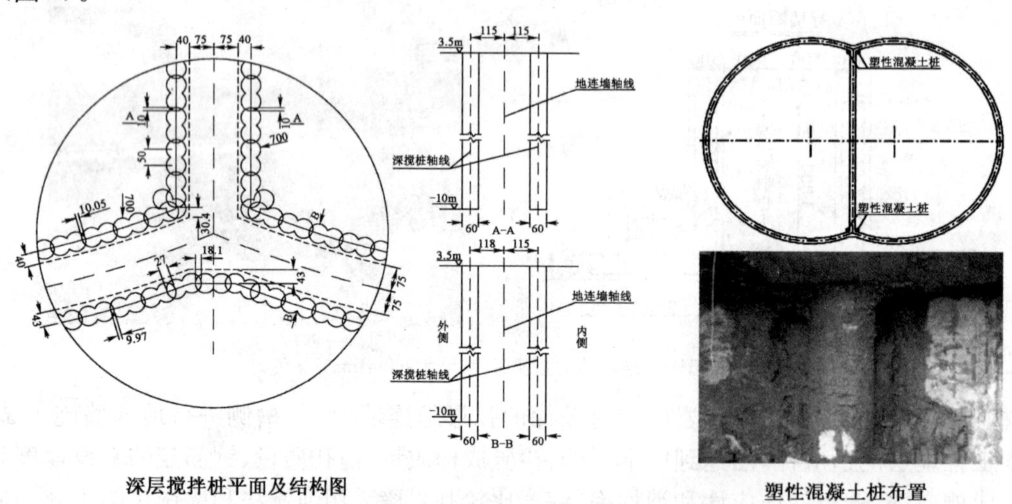

深层搅拌桩平面及结构图　塑性混凝土桩布置

图4　“Y”形槽地基处理技术

(2)Y形槽铣槽技术。“Y”形槽采用五铣成槽方式,按照图5中①～⑤编号顺序进行施工。槽段施工分为三步。第一步,施工第一铣至基岩,布置1台冲击钻机凿除基岩部分,然后用铣槽机将第一铣修孔至设计高程。第二步,施工第二铣、第三铣至基岩,二、三铣点各布置1台冲击钻机同时凿除基岩部分。第三步,铣槽机将第二、三铣修孔至设计高程,然后将第四铣、第五铣至设计高程。

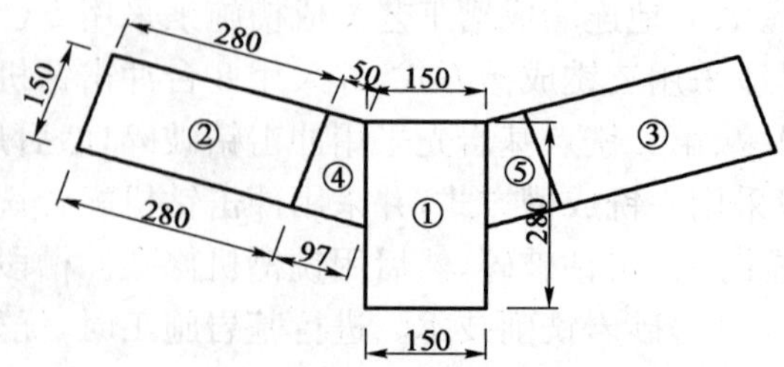

图5　Y形槽平面布置图(尺寸单位:cm)

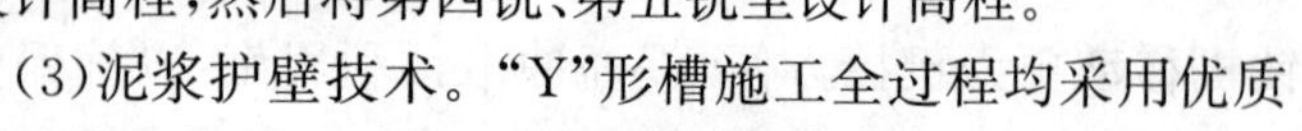

(3)泥浆护壁技术。“Y”形槽施工全过程均采用优质膨润土浆进行护壁,造孔泥浆比重不小于1.3,黏度不小于35s;清孔泥浆比重小于1.2,黏度不小于33s。成槽过程加强对泥浆指标的检测,加强对地下水位的监控,确保槽内泥浆面高于地下水位2m。

(4)钢筋笼制作及存放技术。"Y"形槽钢筋笼重量大,结构形式特殊,根据配备吊机的起吊能力,在特制的同一胎架上分三节制作。钢筋笼沉放采用两台起重吊机进行,即一台150t履带吊和一台50t履带吊,如图6所示。

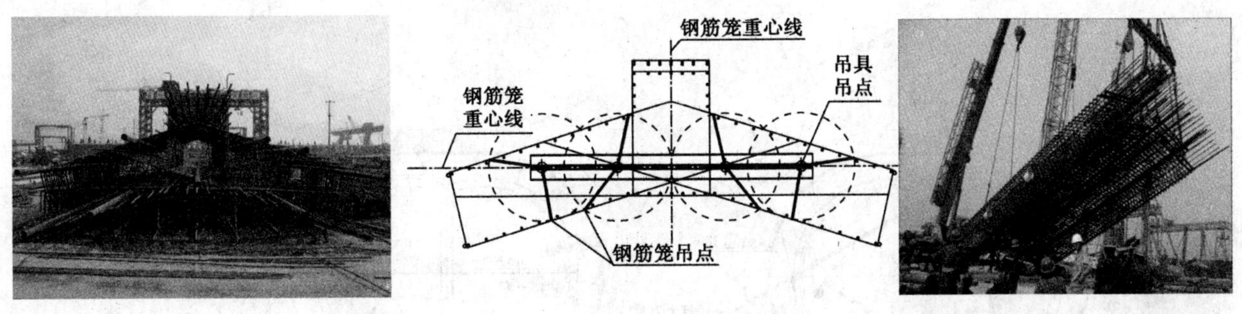

图6 钢筋笼制作及存放技术

(5)混凝土浇筑技术。"Y"形槽混凝土浇注布置三根导管,浇筑过程中将严格控制好三套导管以1∶1.3∶1的速度灌输混凝土时,能有效确保混凝土面同步上升,详见图7。

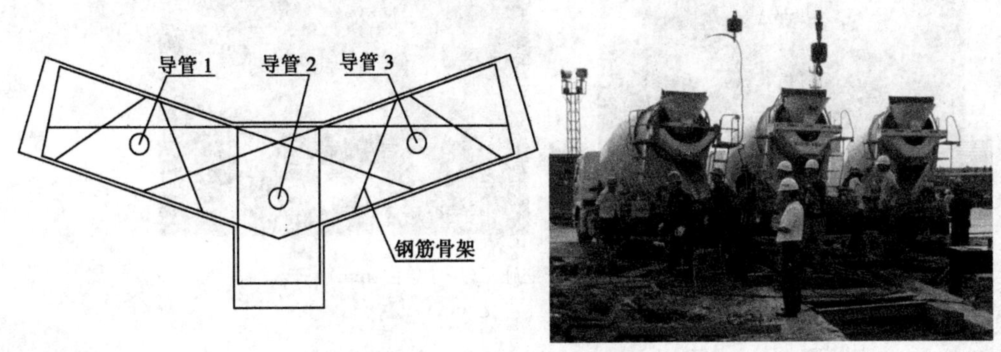

图7 "Y"形槽混凝土浇筑

3)护壁泥浆及清孔换浆技术

选用优质钙基膨润土制备泥浆,分散剂选用工业碳酸钠,并适当添加入增黏剂(CMC)。泥浆中粉细砂含量高,泥浆净化器难以净化,采用铣槽机直接进行清孔,且将槽孔内所有泥浆更换为新制泥浆,确保泥浆指标符合要求,混凝土浇筑前沉渣厚度不大于5cm。

4)铣接头质量控制技术

通过分析铣接头质量影响因素,从Ⅰ期槽段钢筋笼两段保护层厚度设计控制,钢筋笼制作及安装误差控制,铣槽机施工平台稳定性能控制,槽孔定位精度控制,槽段孔斜率控制,相邻Ⅰ期槽槽段混凝土强度差控制,泥皮厚度控制,混凝土浇注质量控制等方面入手,全方面确保铣接头质量。

3. 超大"∞"字形地连墙深基础开挖技术研究

南锚基坑最大开挖深度达46m,开挖总方量达15万m^3。内衬采用逆作法施工,内衬高3.0m,厚度自上而下依次为1.0m、1.5m、2.0m。单层基坑开挖面积为2×1 818m^2,单次开挖深度为3m,单次土方开挖量为2×5 454m^3。本项目研究形成了超大"∞"字形地连墙深基础开挖成套技术研究,并取得以下关键技术和主要新技术研究成果。

1)基坑开挖施工技术

基坑周围布置3台100t履带吊,作为主要的吊土外运设备。基坑南北侧各布置2台斗容量为1m^3与1台斗容量0.2m^3的反铲,1m^3的反铲主要负责开挖、倒运与装土,0.2m^3的反铲主要负责内衬底部土体开挖。

采用反铲挖掘机配其他设备按中心岛法进行分层开挖,如图8所示。各层土方采用放坡开挖先开挖周边 4m 区域内土方，用反铲掘松，履带吊配料斗出坑，周边土方开挖后立即施工内衬体系，内衬施工时开挖中间土方。履带吊采用定点取土方式，通过反铲将基坑中部土方倒运到料斗取土点由吊履带吊运出坑。

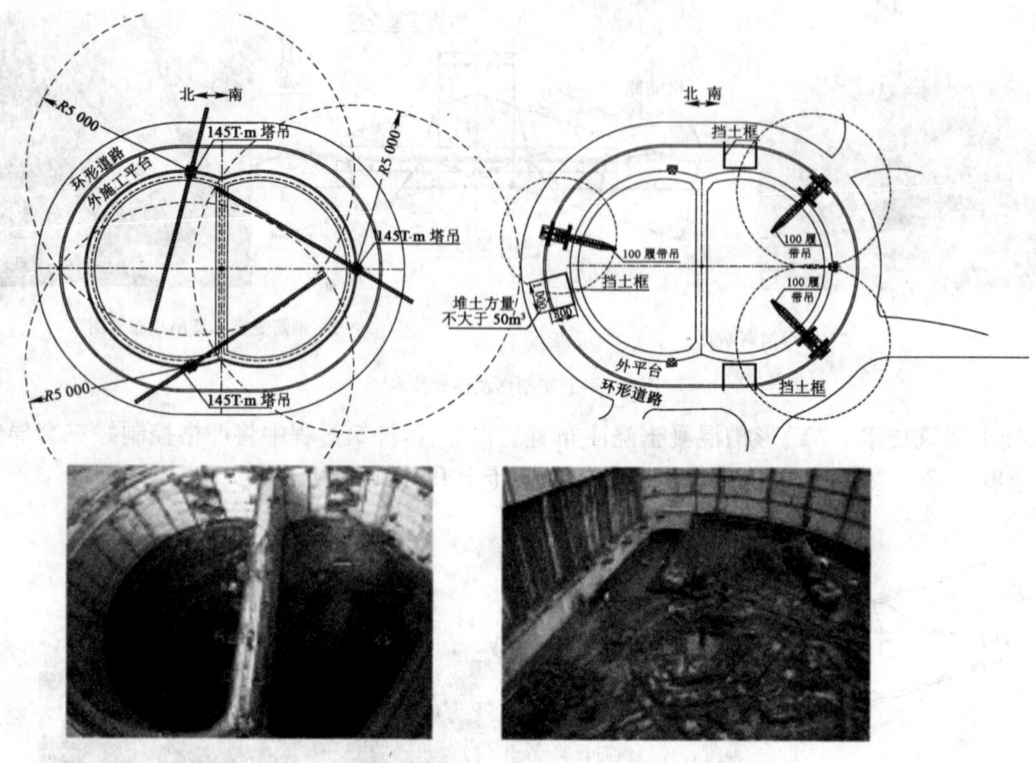

图 8　深基坑开挖施工(尺寸单位：mm)

2)环状内衬大体积混凝土施工控制技术

内衬采用逆作法施工，即开挖一层土体施工一层内衬，当同一层内衬混凝土强度达到 80%后开挖下一层土体。采用防离析导管技术，解决内衬大落差混凝土布料工艺(图 9)。

图 9　环状内衬大体积混凝土施工(尺寸单位：cm)

4. 超大"∞"字型地连墙深基础信息化施工监控技术研究

岩土工程的复杂性导致基坑受力的不确定因素较多，支护结构变形离散性大(从几厘米到十几厘米)，因此必须有可靠的监控措施及信息化施工分析手段；南京四桥"∞"形深基坑风险点较多，施工风险较大，本项目研究取得以下关键技术和主要新技术研究成果：

1)正、反演施工控制分析技术

(1)南北对称同步开挖施工过程弹塑性数值模拟计算分析表明，支护体系整体变形水平较低，结构刚度很好；对称同步开挖条件下是安全的。

(2)围护体系平面形状敏感性分析。圆拱形结构支护体系的受力对平面形状和结构缺陷较敏感，中隔墙的存在长轴方向尺寸加大或短轴方向尺寸减小对结构受力不利。对地连墙长短轴尺寸分别进行+5%和−5%变异，进行模拟计算。

(3)挖土方式影响比较分析。南北两侧不同步开挖，任一侧超挖一层都不会引起结构破坏。考虑到基坑坑底岩面起伏较大，北区超挖一层(3m)是安全可行的。岛式开挖对控制地连墙变形，特别是深层地连墙的变形效果不明显，可以采用平挖方式。见表4。

北侧多挖3m支护体系最大主应力 表4

施工步骤	开挖方式	最大长轴变形(mm)	最大短轴变形(mm)	最大主应力(MPa)	最小主应力(MPa)
第四次开挖	平挖	1.733	2.229	0.393 2	−1.630 0
	岛式开挖	1.400	1.860	0.327 0	−1.297 0
第十次开挖	平挖	4.249	5.388	0.881 6	−4.155 0
	岛式开挖	4.158	5.317	0.921 6	−4.152 0

(4)温度变化对支护结构的影响分析

考虑到本工程夏季施工，冬季开挖，假定极端环境条件下(图10)，分析温度对基坑的影响。

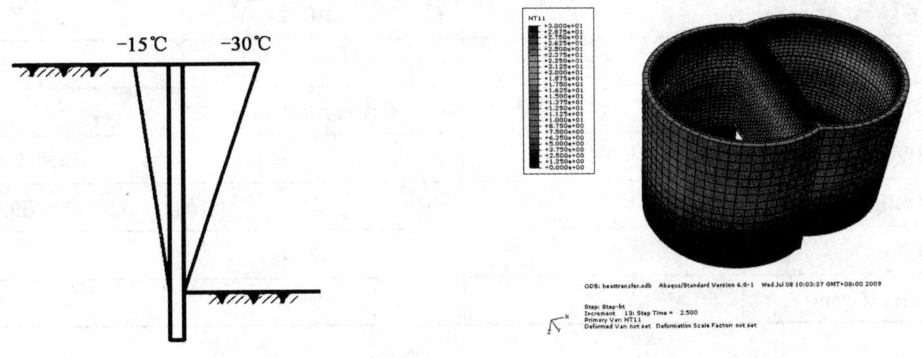

图10 结构温度场示意

(5)参考建筑行业基坑工程设计规范，对支护体系进行受力和变形计算表明：随着挖深的增加，地连墙的变形和内力逐步加大，最大水平位移点和最大内力截面逐步下移；最大内力和最大水平位移点均发生在地表以下约33m附近；最大水平位移为15mm。参考以往类似基坑工程的经验，地连墙水平位移(测斜)累计报警值为20～30mm。

2)反演分析与安全性评估

采用物理反演的方法进行荷载识别，进而与正演计算结合，评价基坑的安全性。荷载识别方法与步骤为：

(1)监测地连墙在当前工况下有限控制点的水平位移；

(2)通过数学拟合方法确定地连墙在当前工况下的变形挠曲线；

(3)将地连墙分解为水平和竖向两个正交方向上的子结构，按照弹性理论，根据荷载与变形的对应关系，分别确定地连墙在当前工况下的水平变形荷载分量和竖向变形荷载分量；

(4)根据叠加原理，将水平变形荷载分量和竖向变形荷载分量叠加即可得到地连墙上的水平法向荷载。

基坑的安全性按以下两种方式评估：

(1)通过荷载水平评价基坑的安全性；

(2)采用“结构—荷载模型”，通过反演计算当前工况体系的内力，或正反演相结合，将反演计算识别的水土压力作为支护体系的外部作用，计算当前工况体系的内力，进而判别基坑的安全性。

根据监测得到的位移和变形反算结构的内力，反演计算结果表明：地连墙Y形结点弯矩较大，应力集中明显；其他各处弯矩很小，内力以轴力为主，说明地连墙整体受压，环向内力分布比较均匀。

3)"∞"字形地连墙深基础监控设计及测点埋设技术

通过建立基坑的空间有限元模型，充分掌握基坑的受力特点和分布情况，确定施工监测项目及元件布置数量和点位。在地连墙施工时布置地连墙深层位移监测元件、地连墙钢筋应力监测元件、坑外土压力监测元件。内衬施工时布置内衬钢筋应力监测埋件。以建立一个立体的监测预警系统为目的，按照经济合理的原则安排监测进程。在基坑开挖阶段，各监测项目每天监测一次。监测结果报警参考值如表5所示。

4)信息化施工组织及控制流程

监测成果以日报和周报(层报)的形式及时提交给相关部门，每月召开一次基坑信息化施工专题会议。现场监测工程师分析当天监测数据及累计数据的变化规律，与报警值比较，并当日发送领导小组和专家顾问组。

监测结果报警参考值　　表5

监测项目	警戒值		备注
	日变量	累计变化值	
墙体位移(mm)	±3	30	
墙顶位移、沉降(mm)	±3	25	
墙体应力(MPa)	±5	设计强度的60%	
温度	—	—	根据季节情况而定
土压力、孔隙水压力(kPa)	±5	−20	设计控制值的60%～80%
水位(m)	±0.5	±3	
周边地表竖向位移(mm)	−3	−20	

四、主要技术创新点

(1)首次成功实践"∞"字形深基坑地连墙支护结构，并成功应用于悬索桥锚碇结构，为深基坑支护结构提供了一种新形式。

(2)通过对结构及受力特性研究，掌握了"∞"字形地连墙深基础的力学性能，施工监控实测数据证实了"∞"字形地连墙深基础设计、施工的合理性。

(3)首次研发了"Y"形特殊槽段成套施工技术。

(4)通过施工过程的数值模拟、荷载识别技术、支护体系受力敏感性分析、合理布置监测点和基坑开挖安全预警预报等技术研究，形成了全过程自适应的施工控制技术。

(5)在大型深基坑开挖施工领域，采用了物理反演与正演计算相结合的方法，评价基坑的安全性，与实际吻合较好。

"∞"字形深基首次成功应用于悬索桥锚碇结构，为深基坑支护结构提供了一种新形式。"Y"形特殊槽施工技术提升了异形槽段整体施工水平。系列成套技术填补了国内空白。

基坑开挖过程中，墙体径向最大变形12mm，槽段间及地连墙底无渗漏，实现了基坑干开挖，确保深基坑工程的安全、优质和高效施工目标，成为桥梁深基础施工典范，是地连墙基础工程建设水平的新跨越。

五、实施效果

(1)前期基岩直接采用铣槽机铣削，其施工效率较低，平均3天成一个Ⅰ期槽段，工期明显滞后，采用冲击钻机配合液压铣槽机成槽方法后，平均1.5天完成一个Ⅰ期槽段。

(2)地连墙65个槽段均通过超声波无损检测，结果均为Ⅰ类槽。

(3)地连墙施工完后，南锚基坑进行了抽水试验，试验结果表明：基坑日渗水量≤150m³，小于以前类似桥梁地连墙基坑日渗水量。

(4)南锚地连墙共65个槽段，于2009年3月21日开工，2009年7月16日完工。比预定工期提前4天完成。地连墙施工过程处于安全、稳定、快速、优质的可控状态。

(5)2009年11月10日南锚完成基坑开挖，从外露地连墙表面表明：地连墙平面位置、垂直度、铣接头质量及混凝土质量良好，基坑几乎无渗水，基坑封水效果良好(图11)。

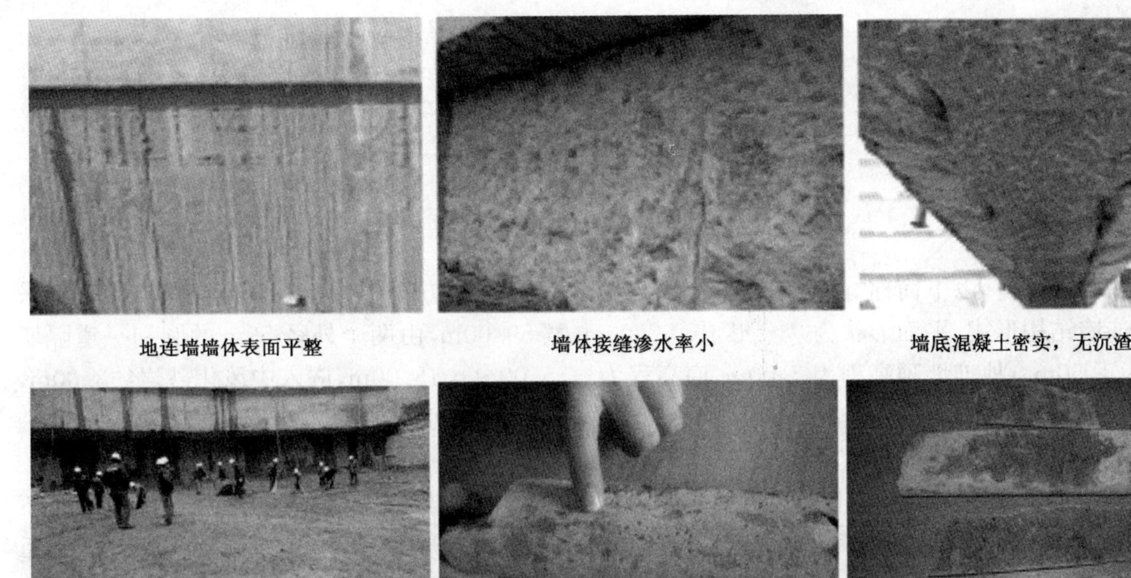

地连墙墙体表面平整　墙体接缝渗水率小　墙底混凝土密实，无沉渣夹层

基底干燥无渗水　接缝混凝土接触紧密　接缝洗刷干净

图11　地连墙施工效果图片

(6)基坑开挖采用3台履带吊配大料斗方式进行取土外吊，平均5～6天开挖完一层土体，内衬施工平均6天施工完一层。整个基坑平均6天施工完一层，达到基坑快速开挖并形成支撑的目的。

(7)南锚基坑开挖于2009年8月21日正式开工，2009年11月17日完成开挖及垫层混凝土浇筑。比预定工期提前1个月完成，节省了大量人工及设备费用。

(8)南锚基坑施工过程中，围护壁累计最大变形为12mm，相对位移仅为0.03%，与国内外同类基坑变形相比非常小，围护结构各控制断面的应力和周边土体的沉降也小于预警值，整个开挖过程中围护体系始终处于正常运行状态，无异常突变。

(9)坑内土体卸载未引起主动区土压力的大幅变化，在侧向土压力的作用下，围护结构应力远小于警戒值。

六、结　语

南京四桥南锚工程于2008年12月28日正式开工建设。2009年3月20日，地连墙铣槽施工正式开始；2009年7月7日，完成铣槽和地连墙混凝土浇筑工作；2009年8月南锚碇开始开挖，2009年12月顺利完成底板浇筑。2010年4月2日，交通运输部南京四桥第二次技术专家组会议对南锚地连墙工程建设工作给予了高度评价，认为“南锚为‘∞’形地连墙基础(长82m、宽59m、深45m)施工组织严密，成功地实施了Y形槽段成槽施工新工艺，墙体径向最大变形12mm，槽段间及地连墙底无渗漏，实现了基坑干开挖，确保深基坑工程的安全、优质和高效施工目标，是地连墙基础工程建设水平的新跨越。”

38. 南京长江第四大桥南锚碇基础深基坑施工

彭更生　沈　斌
（南京长江第四大桥建设协调指挥部）

摘　要　本文围绕南京四桥南锚碇基础地连墙施工和基坑开挖施工实践，重点介绍了与国内类似桥梁相比，南京四桥在地连墙施工、基坑开挖等工序的具体措施和体会。

关键词　地连墙　基坑开挖　措施

一、工 程 概 况

南京长江第四大桥（以下简称"南京四桥"）采用双塔三跨悬索桥方案，主跨1 418m。南锚碇基础采用井筒式地连墙结构形式，平面形状为"∞"形，长82.00m，宽59.00m，由两个外径59m的圆和一道隔墙组成，壁厚为1.50m。地连墙顶高程为5.00m，底高程为－35.00～－45.00m，嵌入中风化砂岩约3.00m，总深度40.00～50.00m。基坑开挖至基岩面－38.120～－29.230m处，总开挖深度44.620～35.730m。南京四桥南锚碇由中交二航局承建。

锚区地层分布上部为软弱黏性土（含填土），下部为含承压水的粉细砂层和粉质黏土层，南北分布不均，再下覆卵石圆砾层与长江相连，离长江防洪大堤只有80m，防洪安全要求高，周围建有国家粮库和重要输油管线，要求基坑必须有封水效果好和变形小的特点。

南锚基坑施工的关键，首先是做好基坑围护结构—地连墙的施工，确保墙体质量，以便在基坑开挖过程中，确保地连墙及附属结构有效发挥挡土、止水的作用，为基坑开挖提供一个无水、安全的施工环境，二是在基坑开挖过程中控制好内衬与开挖的时空关系，以合理的支护与开挖工艺来确保结构安全。

二、基坑围护结构施工

南锚碇基础采用井筒式地连墙结构形式，平面形状为"∞"字形，长82.0m，宽59.0m。地连墙壁厚为1.5m，顶高程为＋3.2m，底高程为－35.0－45.0m，嵌入中风化砂岩约3.0m，总深度40.0～50.0m。I期槽孔32个（含两个特殊槽）、II期槽孔33个。I期槽特殊槽段为"Y"形，I期与II期槽间铣接法搭接。

搭接厚度为外围槽段为27.3cm，隔墙槽段为25cm。

1. 成槽关键设备

要成好槽，首先取决于好的施工设备。南京四桥南锚地连墙接头设计采用铣接头形式，决定了成槽设备必须选用铣槽机。液压铣槽机自身具有槽形、垂直度检测和自我纠偏功能，不仅在软土层、粉砂层可以施工壁面较光滑的槽孔，而且可以在砾石、卵石层以及软弱基岩中直接铣削成槽，具有施工效率高，槽壁面扰动少，成槽形状好，吊放钢筋笼顺利等优点。南锚承建单位选择了葛洲坝集团基础工程公司作为地连墙专业施工单位，葛洲坝基础公司为南京四桥专门从德国宝峨公司新购了1台BC-32液压铣槽机用于地连墙成槽施工，为南京四桥南锚基坑施工提供了有力的设备保障。

润扬大桥施工时因国内仅有一台BC30型液压铣，因设备和铣头的限制，只能铣1.2m厚的槽，为此仅能设计只1.2m厚的地连墙，只能利用多设墙体配筋来抵抗坑外水土合力，但开挖至一定深度后仍出现了较大变形。南京四桥所用的BC32型液压铣，可铣1.5m厚的槽，实现了墙体在较少配筋的情况下，有效抵抗坑外水土合力，既降低了配筋费用，又大大保证了结构安全。

2. 补充勘探

南锚中风化基岩面起伏较大，厚薄不一，变化较快，由于施工图设计阶段提供的质资料并不是逐槽钻探，地连墙成槽施工时，墙底设计高程是否达到入中风化岩层3.0m的标准，需进一步确认。为此，沿地连墙轴线在原未进行勘探的另外26个II期槽进行补充勘探，外围I期槽各增加1个钻孔（特殊一期槽各增加3个钻孔）。勘探孔钻至进入弱风化岩5～8m，对于钻探表明基底岩层破碎区域的钻孔，另进行压水试验，以探明破碎岩层的发育情况及透水性，为最终是否选择采用墙底灌幕注浆等封水方案提供依据。

3. 深搅桩护壁、导墙与施工平台

润扬大桥北锚地连墙、南京四桥南锚地连墙离长江大堤均为80m左右，成槽均经历7、8月长江汛期，地下水水位与长江水位联系密切，成槽期地下水位较高，给成槽时槽壁稳定性带来了一定的风险，如成槽时坍孔还会影响到大堤的安全。

为保证汛期成槽安全，槽孔内泥浆液面必须保证超出地下水位1m以上，从而要求导墙墙顶高程高出地下水经常水位1.5～2m，为防止槽壁顶部的坍塌，同时保护槽口及保证槽段位置的准确性，支撑施工设备及钢筋笼的接长等，南京四桥及国内特大型桥梁锚碇地连墙施工前均设置了导墙和施工平台，这既是南京四桥及国内多座桥梁保证成槽安全性的重要措施，同时又有效提高了地连墙施工的文明施工水平。

南京四桥导墙由两个“L”形钢筋混凝土墙组成，高3m，分别布置在地连墙内外两侧，净距为1.6m。施工平台布置在导墙内外侧，分内施工平台与外施工平台。内施工平台宽8.0m，采用碎石填筑。外施工平台为宽7.0m的钢筋混凝土结构。外施工平台外侧布置7.0m宽混凝土环形施工道路。

值得一提的是南京四桥水文地质报告仅提供了钻探期的地下水位最高为+4.0m，故设计导墙顶高程为+5.5m。施工单位进场后，根据水文补勘资料揭示的地下水位与长江水位联系密切的实际情况以及汛期的水位，专门进行了设计变更，将设计导墙和平台的顶高程变更为+5.5m，有效保证了导墙内泥浆与地下水的水头差。

为加强成槽期间上部淤泥质黏土层槽孔的稳定性及减小设备荷载对成槽的影响，在槽孔内外侧采用两圈深层搅拌桩进行加固。对两处“Y”形槽段，槽型复杂，成槽期长，为确保成槽期间槽孔稳定，在比较薄弱、易坍塌的内侧拐角部位采用2根直径80cm的塑性混凝土桩进行土层加固。

4. 墙体防渗

南锚碇地连墙采用铣接头连接，接头是地连墙最薄弱处，也是基坑封水最关键部位，另外地连墙紧邻长江大堤、石油管线等重要构造物，对地连墙墙体防渗要求高，需确保不出现漏水情况。

槽段倾斜率直接影响基坑受力性能及封水性能。如槽段孔斜率超标，I、II期槽间因“开裤衩”现象减小两幅墙体间的有效搭接面积，既减小了接缝有效抗渗路径，又削弱了铣接头受压及抗剪的有效截面，铣接头受压及抗剪能力削弱，为此必须控制好槽段孔斜率。槽段倾斜率直接影响铣接头接触面积，倾斜率过大，接触面积变小，铣接头受压及抗剪能力削弱，接缝渗水路径短。

成槽时采取的控制槽段倾斜率措施为：采用液压铣槽机成槽，开挖槽段的垂直度可达1‰～3‰；采用高精度的DM604型超声波测井仪精确测定槽孔的倾斜方位和倾斜率，与铣槽机资料对照检查并及时纠偏；利用双轮铣导向架定位铣头，避免因开孔导向不好造成槽孔偏斜。

5. 墙底防渗

在地连墙底部以下中风化基岩面起伏较大，厚薄不一，底部风化砂层存在1mm或小于1mm裂隙，基坑卸载后裂隙容易贯通，形成渗水通道。地连墙底沉渣性质较差，是止水薄弱环节，在基坑内外高水头压力作用下，极易产生造成突涌、流土。地连墙冲击施工，使基岩形成一定深度击碎带、振裂带，透水性强。

在最初的设计中，提出了根据基坑开挖前的抽水试验，确定本工程是否实施墙下帷幕注浆，随着工程的开展，根据南京四桥施工期水文、地质补充勘探资料，结合南锚碇基坑封水降水分析与计算结果，参考润扬大桥北锚碇基坑、武汉阳逻大桥南锚碇基坑等国内外多个深基坑工程封水成功经验，选择了长江水利规划设计院作为南京四桥南锚碇基坑封水方案的专业设计单位，确定了在成槽时采用铣槽机直接清孔换浆，控制混凝土浇筑前沉渣厚度不大于5cm，确定了对地连墙接底沉渣层采用先冲洗再灌浆封堵的方案，对地连墙下中风化基岩裂隙封水采用下接灌浆帷幕的方案。

6. 铣接头的质量保证

地连墙I期槽段共32个,II期槽段共33个。槽段连接采用铣接法连接方式,外墙II期与I期之间交角为175°,轴线处搭接长度为0.273m。

(1)调整并设置合理的I期槽段两端钢筋笼保护层厚度。

槽段间铣接头连接,即铣削II期槽段时,通过铣槽机铣削I期槽段两端的素混凝土,使素混凝土呈锯齿状,II期段混凝土与I期槽段混凝土之间通过锯齿结合。因此I期槽段两端段素混凝土的厚度数值设定比较重要,既要确保结构受力,又要方便铣槽机铣削。

根据南京四桥最初的设计图纸,受各种施工误差影响,II期槽铣孔时铣齿距I期槽钢筋笼最小距离不到2cm初始II期槽铣孔时铣削到I期槽钢筋笼,铣头振动剧烈,成孔后实测孔型偏斜较大,同时影响了接缝处齿状结构。

参照阳逻大桥、黄埔大桥I期槽段钢筋笼净保护层厚度情况进行了设计变更,加大后续I期槽段钢筋笼保护层厚度,使铣齿距离I期槽钢筋笼净距离调整为10cm左右,后续II期槽段铣孔时极少出现铣削到I期槽段钢筋笼现象,确保了槽孔及铣削面质量。

(2)控制钢筋笼制作及安装误差。

I期槽段钢筋笼制作及安装钢筋笼偏差过大,II期槽铣削时铣头会铣削到I期槽钢筋笼,影响II期槽孔倾斜率及铣削面锯齿形状,最终影响接缝受力及封水性能。因此施工中一方面对I期槽段钢筋笼定位精度提出了较高要求,另一方面在I期槽段钢筋笼沉放时采取了在钢筋两端设大直径PVC管(Φ315mm)的定位措施。

(3)槽孔定位精度控制。

导墙施工精度直接影响到槽段位置及钢筋笼存放位置的准确性,从而间接影响到铣接头质量。首先严格控制导墙施工精度。铣槽前,在导墙上精确测量放线。在I期槽浇筑混凝土前,采用接头板定位工艺,在孔口接头位置下设接头板,混凝土浇筑完毕一段时间后将接头板拔出,预留出II期槽孔的准确位置,起到良好的导向作用。

(4)合理设置成槽顺序,控制相邻I期槽段混凝土强度差。

相邻I期槽段混凝土强度差值过大,II期槽段铣削时,铣头会偏向混凝土强度相对较低的I期槽段,影响铣接头受力性能。具体施工时合理设置成槽顺序,先施工I期槽,当相邻两I期槽强度达80%时,开始进行其间的II期槽施工,以免时间太长混凝土强度过高,增加铣削的难度。

(5)控制铣接头泥皮厚度。

II期槽段混凝土浇筑前,I期槽段铣削面泥皮厚度过大,会造成在约45m水压作用下,铣接头泥皮极易压穿漏水、流砂,难以处理。为此在II期槽段混凝土浇筑前,采用铣槽机进行清孔换浆,并将孔内泥浆全部更换。清孔换浆结束前,采用钢丝刷子钻头自上而下分段刷洗I期槽端头的混凝土孔壁,直至刷子钻头上基本不带泥屑,孔底淤积不再增加。

南锚地连墙共65个槽段,于2009年3月21日开工,2009年7月16日完工。65个槽段经超声波无损检测,均为I类槽。基坑抽水试验结果表明:基坑日渗水量≤150m³/d,小于以前类似桥梁地连墙基坑日渗水量。2009年11月10日南锚完成基坑开挖,从基坑开挖外露面表明:地连墙平面位置、垂直度、铣接头质量及混凝土质量良好,基坑几乎无渗水,基坑封水效果非常好。槽段接缝芯样表明,接头处混凝土结合紧密,接缝洗刷干净。

三、基坑开挖施工

基坑开挖分层分区进行,分层厚度3m/层,每层平面上分区进行,各区开挖的先后按照内衬分段的施工顺序确定。基坑开挖前将坑内地下水位降至开挖面以下1m。第1层土方开挖采用自卸车直接开入基坑,反铲挖土装车。第2层~第14层土方采取3台履带吊配10m³料斗从基坑内取土外吊开挖。

南京四桥南锚基坑周围构造物复杂,特别是紧邻的输油管廊、长江大堤,要求基坑必须有变形小的特点。又因"∞"字形两个非完整圆深基坑结构受力的特殊性及岩土工程的复杂性，本基坑施工安全风险较大，要求基坑开挖步骤及方式必须严格受控。

针对基坑施工风险，借鉴润扬大桥、阳逻大桥等国内特大桥梁成功经验，采用了信息化施工手段，选择了上海市政设计院、武汉港湾设计院作为监控承担单位，同济大学作为正反演分析承担单位，对基坑施工全过程进行监控和正反演计算，指导基坑开挖与衬砌施工。

基坑采用物理反演的方法进行荷载识别，运用"结构－荷载模型"，通过反演计算当前工况体系的内力。进而与正演计算结合，将反演计算识别的水土压力作为支护体系的外部作用，计算当前工况体系的内力，评价基坑的安全性。本基坑共进行了第 6 层、第 9 层、第 12 层土方开挖结束及底板浇筑工况共四次反演分析。

基坑施工中主要监控项目如下：地下连续墙深层水平侧向变形监测、墙体钢筋应力监测、帽梁变形监测、内衬应力监测、坑外土压力监测、基坑外侧长江大堤沉降监测基坑外侧土体沉降监测等。

通过对监测数据的归纳整理，及时发现施工过程中的不稳定因素，迅速采取针对性补救措施，确保基坑稳定安全，减少和避免损失；通过将现场监测的数据与理论预测值相比较，用反分析法推导出更为接近实际的理论计算模型，为"∞"形的地下连续墙围护结构的进一步优化提供理论依据和实践参考，进而指导施工。在基坑开挖过程中，各监测项目保证每两天监测一次，部分关键数据每天监测一次。底板浇筑完成后，监测频率调整为每 3 天 1 次。

通过信息化施工分析，确定了基坑开挖采用岛式法方案：每层先开挖周围 4m 区域内土方，形成内衬施工工作面，然后再开挖中间区域土方，待上层内衬混凝土强度达到 80%设计强度后再开挖下一层周边土方。

经分析可知，基坑的变形和受力具有明显时间和空间效应，缩短施工时间特别是内衬的浇筑时间可以大大减小基坑变形。本工程基坑施工采用了一系列施工优化措施，整个基坑平均 5～6 天开挖完一层土体，内衬施工平均 6 天施工完一层，达到基坑快速开挖并形成支撑的目的，从而有效控制了基坑变形。

南锚基坑开挖于 2009 年 8 月 21 日正式开工，至 2009 年 12 月顺利完成底板浇筑。基坑开挖过程表明：基坑几乎无渗水，基坑封水效果非常好，墙体累计最大变形为 12mm，相对位移仅为 0.03%，与国内外同类基坑变形相比非常小，围护结构各控制断面的应力和周边土体的沉降也远小于预警值，与国内已实施的锚碇地连墙结构相比，最大变形远小于矩形基坑(润扬北锚基坑变形约 120mm)，比圆形基坑(阳逻南锚基坑变形约 32mm)小的多。

四、结　语

南京四桥地连墙和基坑开挖施工一方面采取国内类似工程的成功经验，另一方面又有所创新与提高，有效保证的基坑施工的万无一失。地连墙施工中通过本文上述的关键成槽设备、铣接头质量、槽体护壁、墙体防渗等措施实现了基坑的挡土与封水，避免了与国内类似工程采用的墙外帷幕和降水的措施，大大降低了工程成本。通过信息化施工技术，有效地保证了基坑开挖的施工安全。

39. 南京长江第四大桥南锚碇基础地下连续墙施工

王　超　周晓华
(南京长江第四大桥建设协调指挥部)

摘　要　南京四桥南锚碇基础支护结构为"∞"字形地下连续墙，墙厚 1.5m，槽段采用铣接法连接。施工前先进行地质水文详勘与封排水设计，并制订防渗预案。通过试验选择一台 BC-32 铣槽机配多台冲击钻进行成槽施工。通过控制两侧 I 期槽段的混凝土强度，来保证 II 期槽段成槽质量及铣接头质量。

I期槽段采用三铣成槽，II期槽段采用一铣成槽，Y形槽段采用五铣成槽。在外墙预埋钢管进行墙底帷幕灌浆。基坑开挖前，先进行抽水试验，基坑开挖时直接观察，地下连续墙施工质量良好，无渗漏。围护结构变形和周边土体的沉降均小于监测预警值。

关键词　地下连续墙　槽段施工　基础　悬索桥

一、概　况

南京长江第四大桥主桥为双塔三跨悬索桥，其跨度布置为(166＋410.2)m＋1 418m＋(363.4＋118.4)m＝2 476m。南锚碇基础为支护开挖深埋扩大基础，基坑采用地下连续墙支护结构体系，平面形状为“∞”字形，长82m，宽59m，由2个外径59m的非完整圆和1道隔墙组成，壁厚1.5m。地下连续墙顶高程＋5.00m，底高程－35.00～－45.00m，南高北低，墙底嵌入中风化砂岩不小于3m，总深度40.0～50.0m。地下连续墙施工槽段分I、II期两种槽段。地下连续墙I期槽段共32个，其中外墙I期槽段26个，包括24个标准槽段，2个特殊槽段即外墙与隔墙交接处的“Y”形槽段；隔墙I期槽段6个。外墙I期槽段轴线处长6.324m，隔墙I期槽段长5.00m。地下连续墙II期槽段共33个，其中外墙II期槽段26个，隔墙II期槽段7个，II期槽段长均为2.8m，如图1所示。地下连续墙外墙II期与I期之间交角为175°，轴线处搭接长度为0.273m。槽段采用铣接法连接。

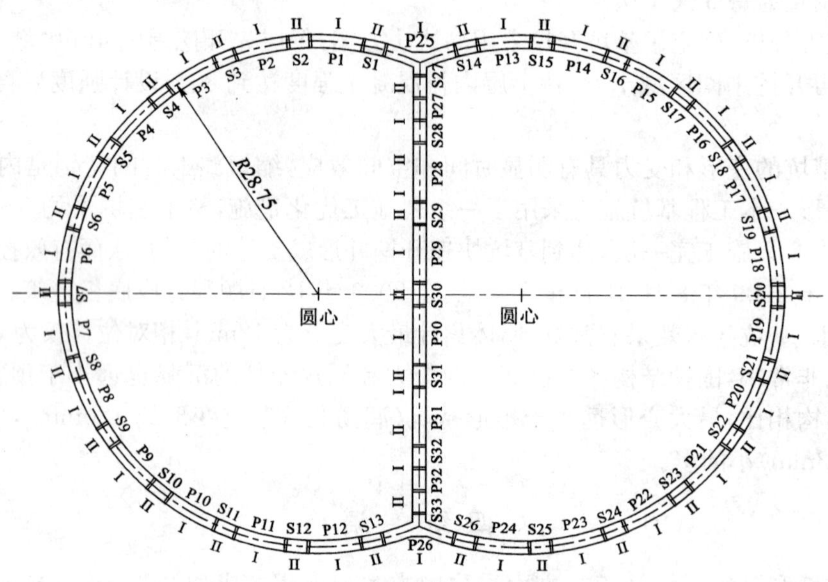

图1　地下连续墙槽段划分(尺寸单位：m)

二、深基坑槽段施工

1. 地基处理

为加强成槽期间上部淤泥质黏土层槽孔的稳定性及减小设备荷载对成槽的影响，在槽孔内外侧进行两圈Φ60cm深层搅拌桩对地基加固，加固深度穿过淤泥质黏土层并进入粉细砂层0.5m。

为增强基坑内上部软土层承载力，满足大型机械进入场地施工，开工前对坑内上层软土采用砂桩进行排水固结。

为确保Y形特殊槽段槽孔的稳定，槽段内侧拐角处土体还采用2根Φ80cm的塑性混凝土桩进行加固处理。

2. 修筑导墙

为保护槽口及保证槽段位置的准确性，支撑施工设备及钢筋笼的接长，防止槽壁顶部的坍塌等，地连墙施工前先修筑导墙。导墙设计由两个较大2个“L”形钢筋混凝土墙组成，净距为1.6m，墙高3.0m，墙宽 2.0m,墙厚 0.5m。导墙顶面高程根据地下水位高程考虑设置为+6.50m,布置在地连墙两侧。

3. 试验槽段施工

为确保地连墙施工质量,新购一台德国产 BC32 液压铣槽机作为成槽关键设备,为检验其施工效率,在墙外试验一个长 2.8m 厚 1.5m 进入中风化砂岩 3m 的槽段。结果表明,液压铣在上部粉砂层及粉质黏土层中进尺很快,但进入中风化砂岩后,进尺极慢,且铣齿磨损严重,工效远不及冲击钻。故选择 1 台 BC-32 液压铣配多台 CZ-6 型冲击钻进行本工程地下连续墙施工。

4. 地下连续墙施工

先施工 I 期槽段,后施工 II 期槽段,I、II 期槽段采用铣接法连接。I 期槽段采用三铣成槽施工(图 2),用挖掘机将槽段开挖至导墙顶面以下 4m 的位置,使液压铣的吸渣泵进入工作位置,然后宝峨 BC-32 型液压铣进行槽孔一铣施工。黏土覆盖层削铣完进入基岩层后,由于岩石硬度大,槽段入岩较深,液压铣难以铣削岩层或削铣功效较低,便采用 CZ-6 型冲击钻机破碎基岩后再用铣槽机进行铣削,根据冲击钻钻进速度和泥浆稠度情况,采用掏渣桶出渣,添加新制泥浆再钻进,直至设计孔底高程。施工过程中随时进行泥浆质量检查,采取措施确保泥浆质量。重复一铣施工工艺进行二铣施工。三铣采用纯铣法施工削铣到设计孔底高程,然后由铣槽机在全槽范围内修槽。清孔换浆可采用气举反循环法,也可直接用铣槽机的吸渣泵清孔换浆,采用铣槽机多点清孔彻底、进度快。在终孔后采用 DM604 型测孔仪对孔形及垂直度检验合格及孔底沉渣厚度符合设计要求后进行钢筋笼下设施工,I 期槽钢筋笼两侧与 II 期槽衔接处竖向布设多道 Φ300mmPVC 短管定位。用双导管同步灌注水下混凝土。为保证 II 期槽开孔位置准确,导向稳定,在 I 期槽浇筑混凝土前,在 I 期槽两侧设置深 10m 左右的钢插板,封堵 I 期槽顶部混凝土,使之固定成形后将插板拔出。

II 期槽段和 Y 形槽段成槽施工与 I 期槽段基本相同。其中 II 期槽段采用一铣成槽,Y 形槽段采用五铣成槽(图 3)。II 期槽清孔换浆结束前,用特制钢丝刷自上而下刷洗 I 期槽的铣接面,钢丝刷下放时略向刷洗面倾斜以增加刷洗压力来增强刷洗效果,直至刷子上基本不带泥屑,孔底淤泥不再增加,然后迅速下放钢筋笼,用单导管灌注水下混凝土。Y 形槽段施工第一铣至基岩,布置 1 台冲击钻机凿除基岩部分,然后用铣槽机将第 1 铣修孔到位;施工第 2 铣、第 3 铣至基岩,第 2 铣、第 3 铣各布置 1 台冲击钻机同时凿除基岩部分;铣槽机将第 2 铣、第 3 铣修孔到位,然后将第 4 铣、第 5 铣到位,最后由铣槽机在全槽范围内再修孔并多点清孔。对于两个 Y 形槽段,槽孔形状复杂,需多次铣削才能成槽,为确保该两槽孔在成槽期间的稳定性,除在成槽过程中加强泥浆质量控制外,在导墙施工前已经对该槽段比较薄弱、易坍塌的内侧拐角部位各采用 2 根直径 80cm 的塑性混凝土桩进行加固处理,另外在 Y 形槽上部 13m 采用深层搅拌桩进行加固。

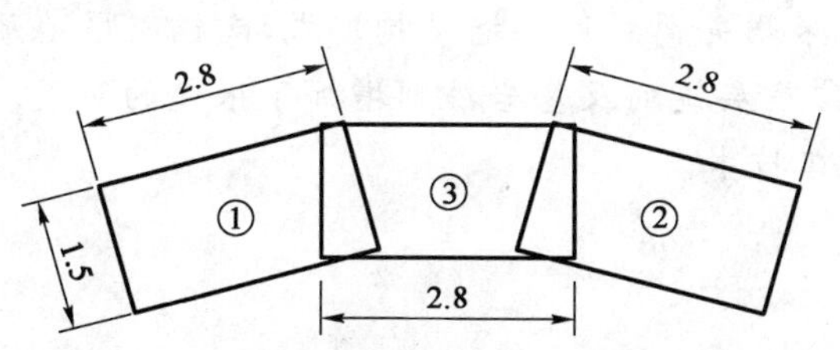

图 2 I 期槽段成槽顺序图(尺寸单位:m)

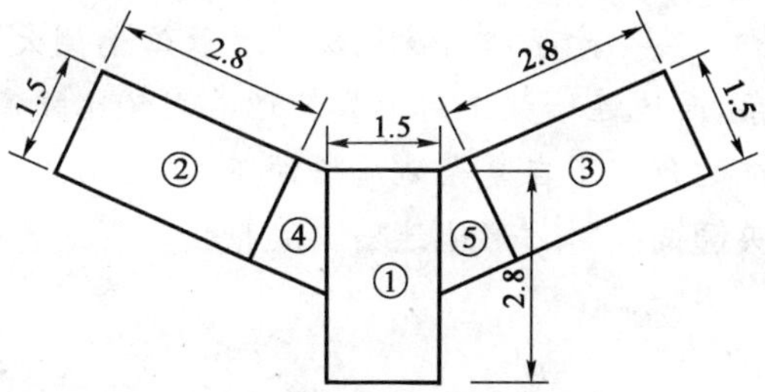

图 3 "Y"形槽段五铣成槽(尺寸单位:m)

全部槽段施工完后,经第三方用超声波检测槽段混凝土施工质量,结果表明全部 65 个槽段施工质量优良。

5. 帷幕灌浆

由于在施工成槽过程中使用了冲击钻钻进,多少都会造成槽段底岩石存有裂隙。另考虑施工期间正处长江主汛期,地下水位高、基坑处岩石不完整等因素,为保证地连墙封水效果和后续基坑开挖作业面干燥,决定采取帷幕灌浆施工。

帷幕灌浆成孔利用地连墙内预埋管(同槽段混凝土检测用声测管)，基岩用地质钻机钻进。灌浆采用两种方法，在岩石比较破碎的地段，采用自上而下分段卡塞纯压式灌浆方法。在基岩比较完整的地段，采用自下而上分段卡塞纯压式灌浆方法。

地连墙内布置两环帷幕注浆孔，按先内环，后外环的顺序进行灌浆施工。各环均分三序进行钻灌，先施工先导孔和 I 序孔，后施工 II 序孔，最后施工 III 序孔和检查孔。

帷幕灌浆深度经压水试验计算分析:压浆孔顶部接地连墙底，各槽段底部高程依据地连墙设计高程确定，底部应达到相对隔水层，即应嵌入透水率小于 1Lu 以下的微风化基岩中。最大灌浆深度 13.5m，最小灌浆深度为 2.5m。

灌浆压力考虑须大于地下水压力，采用高于地下水压力 0.8MPa，在孔底灌浆压力则为 1.3～1.4MPa。据此确定孔口进浆及回浆口压力宜控制在 0.7～0.9MPa。

墙底帷幕灌浆施工后进行基坑抽水试验，试验结果表明基坑日渗水量≤150m^3，远小于以前类似桥梁地下连续墙基坑的日渗水量，因些不需启动槽段间接缝封水高喷桩施工预案。

三、结　语

南京长江第四大桥南锚地下连续墙于 2009 年 3 月 21 日开工，2009 年 7 月 16 日完工，比预定工期提前 4d。在基坑开挖过程中，由专业单位对地下连续墙进行应力与变形监测与监控，实行信息化施工。围护结构累计最大变形为 12mm，相对位移仅为 0.03%，与国内外同类基坑变形相比非常小，围护结构各控制断面的应力和周边土体的沉降也小于监控预警值，整个开挖过程中围护体系始终处于正常运行状态，无异常突变。基坑无渗水，封水效果非常好，保证了南锚碇基础得以安全顺利地施工。

参考文献

[1] 丛蔼森. 地下连续墙的设计施工与应用. 北京:中国水利水电出版社，2001.

40. 复杂地质条件下“∞”型地连墙成槽施工技术研究

高　飞

(中交二航局四公司)

摘　要　南京四桥南锚碇位于长江南侧大堤外，基础采用井筒式地连墙结构形式，南锚碇区地质条件复杂，而地连墙施工对地基处理要求又比较高，因此为覆盖层铣削及基岩铣削增加了很大的难度。本文系统的介绍了在复杂地质条件下，“∞”形地连墙成槽施工技术。

关键词　“∞”形地连墙　成槽技术　地基处理

一、工 程 概 况

1. 工程简介

南锚碇基础采用井筒式地连墙结构形式，平面形状为“∞”形，长 82.00m，宽 59.00m，由两个外径 59m 的圆和一道隔墙组成，墙厚为 1.50m。地连墙施工平台高程为 6.5m，底高程为 −35.00～−45.00m，嵌入中风化砂岩约 3.00m，总深度 40.00～50.00m。地连墙施工槽段分 I、II 期两种槽段。地连墙 I 期槽段共 32 个，其中外墙 I 期槽段 26 个;隔墙 I 期槽段 6 个。外墙 I 期槽段轴线处长 6.324m;隔墙 I 期槽段长 6.943 5m(或 2.8m)。地连墙 II 期槽段 33 个;II 期槽段长均为 2.80m。地连墙外墙 II 期与 I 期之间交角为 175°，轴线处搭接长度为 0.273m。

2. 工程施工条件

1)气象条件

桥位区属北亚热带向中亚热带过渡气候带，具有过渡性、季风性、湿润性的特点，主导风向以偏东方向为主，春夏季主导风向为东～东南风，秋冬季主导风向为东～东北风。南京地区每年受台风影响期为5月下旬到11月下旬，集中期7～9月，占86.2%，6月前后为一年一度的梅雨季节，平均年雨量1 015.3mm，6～8月雨量占年降水量45%。

2)水文条件

长江是区内最大的河流，近东西向流经本区，桥位处江面宽2 000m左右，水下地形呈不对称“V”形，边坡南陡北缓，深泓偏南岸，最大水深约27m。总体上讲，南岸岸坡陡直，为冲蚀岸。

3)地形地貌

南锚碇位于长江南侧大堤外，属于长江下游冲积平原漫滩地。南锚碇北界距江堤及江边分别60多米和200余米，东约600m处为九乡河河口。

南锚碇处地下水可分为松散岩类孔隙水和基岩裂隙水：孔隙水主要为承压水，从目前现场勘察地下水约为+4.5m，含水层由粉砂组成，北侧厚，南侧基本缺失，渗透系数k=4.29m/d，影响半径R=127.34m；基岩孔隙不发育，裂隙仅少量发育，且裂隙连通性较差，故赋水性和透水性均较差。

二、地连墙成槽施工技术

地连墙施工对地基处理要求高，覆盖层铣削时泥浆指标要求高，基岩铣削难度大。另外南锚碇地下水位在汛期时较高，变化大；同时为确保基坑在枯水期实现封底，需在120d时间内完成全部65个槽段的成槽施工，工期较紧，施工组织及管理要求高。

1. 地基处理

1)深层搅拌桩

为加强成槽期间上部淤泥质黏土层槽孔的稳定性及减小设备荷载对成槽的影响，在槽孔内外侧采用两圈深层搅拌桩进行加固。

(1)深层搅拌桩平面及结构如图1所示。

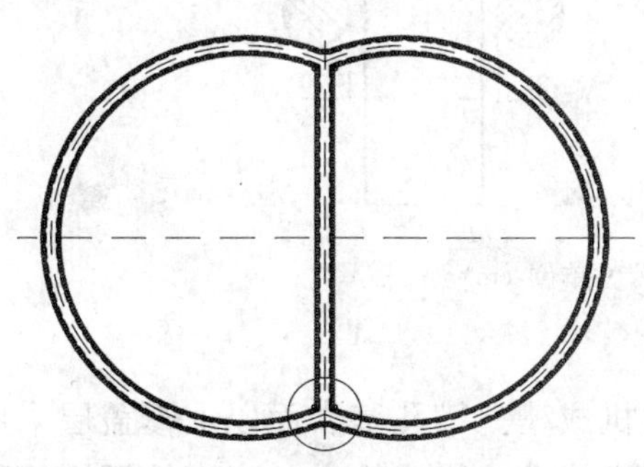

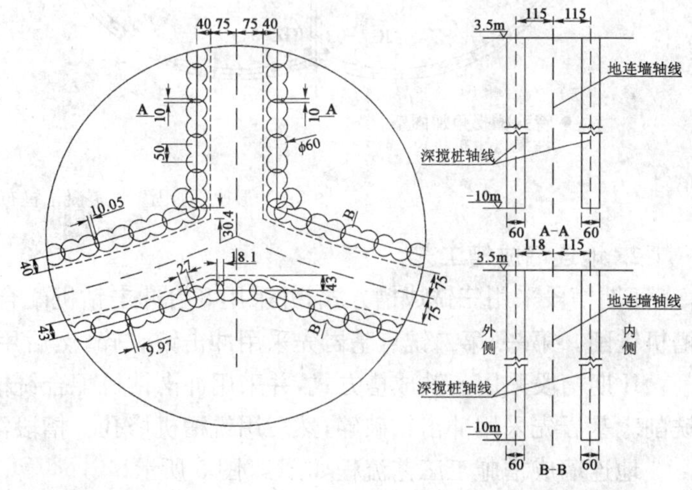

说明：
1. 图中除高程以m计外，其余均以cm计；
2. 图中地连墙内侧深搅桩划分为275个成桩单元，成桩总面积4 308m²；外侧深搅桩划分为238个成桩单元，成桩总面积3 280m²。

图1 南锚碇基础加固深层搅拌桩平面及结构图

(2)施工工艺流程如图2所示。

(3)工艺说明：

①就位对中：步履式深层搅拌机自行就位、对中。

②预搅下沉：启动深层搅拌机电机、放松起吊钢丝绳，使搅拌轴沿导向架搅拌下沉，下沉速度由电器控制装置的电流检测表控制，工作电流不应大于额定值。

③拌制浆液：搅拌机预搅下沉同时，后台拌制水泥浆液，待压浆液倒入集料斗中。

④喷浆搅拌提升：搅拌头下沉到达设计深度后，开启灰浆泵，注浆搅拌15～25s，然后使搅拌头在桩底1m范围内上下活动一次，待浆液到达桩口，再按设计规定的速度提升搅拌头，边持续注浆。

⑤重复搅拌：搅拌机注浆提升至设计顶面高程时，关闭灰浆泵，为使地层和浆液搅拌均匀，再次搅拌下沉并提升。

⑥移位：重复上述五个步骤与下一单元进行搭接施工。

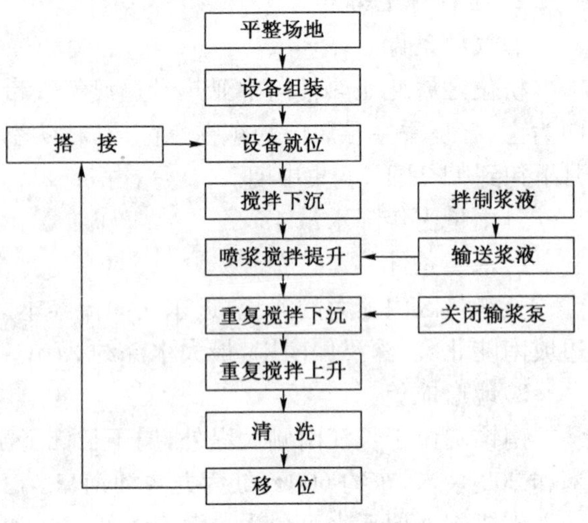

图2　水泥土搅拌桩施工流程图

2）Y形槽段塑性混凝土桩

对于P25、P26两个特殊I期槽段，槽孔形状复杂，需多次铣削才能成槽，为确保该两槽孔在成槽期间的稳定性，除在成槽过程中加强泥浆质量控制外，在导墙施工前已经对该槽段比较薄弱、易坍塌的内侧拐角部位各采用2根直径80cm的塑性混凝土桩进行加固处理，Y形槽段塑性混凝土桩布置见如图3所示。

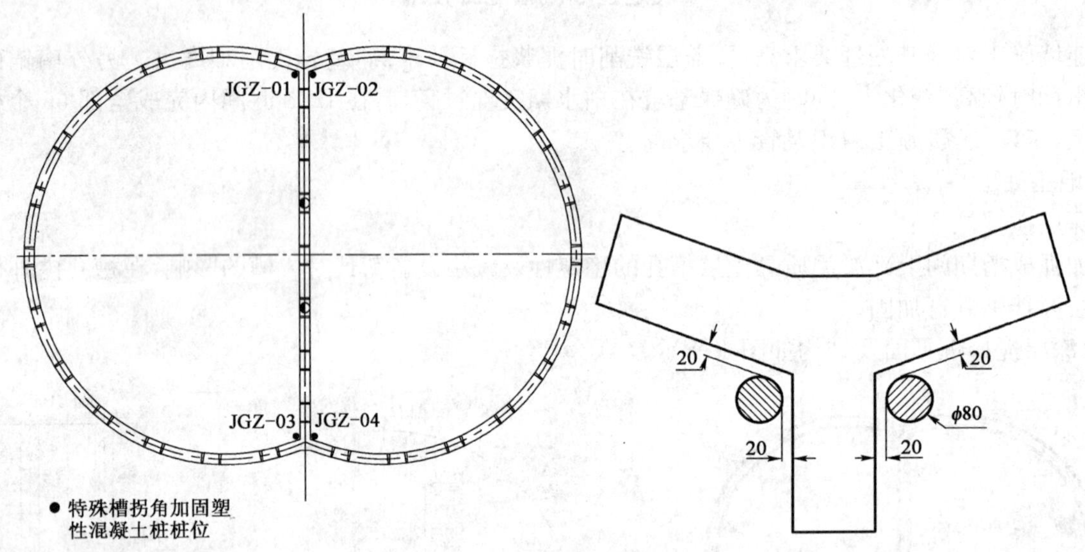

图3　Y形槽段加固塑性混凝土桩布置图（尺寸单位：cm）

2. 地连墙成槽工艺

I期槽段采用三铣成槽方式，并采用8台冲击钻机配合铣槽机成槽。槽孔基岩面以上覆盖层采用铣槽机铣削。第一、第二铣点基岩先采用冲击钻破碎，然后用铣槽机修孔。第三铣点基岩直接用铣槽机铣削。II期槽段采用一铣成槽方式，并采用冲击钻机配合铣槽机成槽。槽孔基岩面以上覆盖层采用铣槽机铣削。基岩先采用冲击钻破碎，然后用铣槽机修孔。槽段清孔换浆直接采用铣槽机进行。

地连墙成槽施工工艺流程如图4、图5所示。

1）覆盖层施工

对于覆盖层的砂壤土、砂层、分砂层采用纯铣法进行施工。

在单元槽段施工前，用挖掘机将槽段开挖至导墙顶面以下3.5～4m的位置，以保证液压铣的吸渣泵进入工作位置。双轮铣孔口设置有导向架（图6），在双轮铣开孔过程中固定铣头，起到一个导向的作用。施工时液压铣槽机垂直槽段，将液压铣成槽机切割轮对准孔位徐徐入槽切削。液压铣成槽机切割轮的切齿将土体或岩体切割成70～80mm或更小的碎块，并使之与泥浆相混合，然后由液压铣成槽机内的离心泵将碎块和泥浆溶液一同抽出开挖槽。

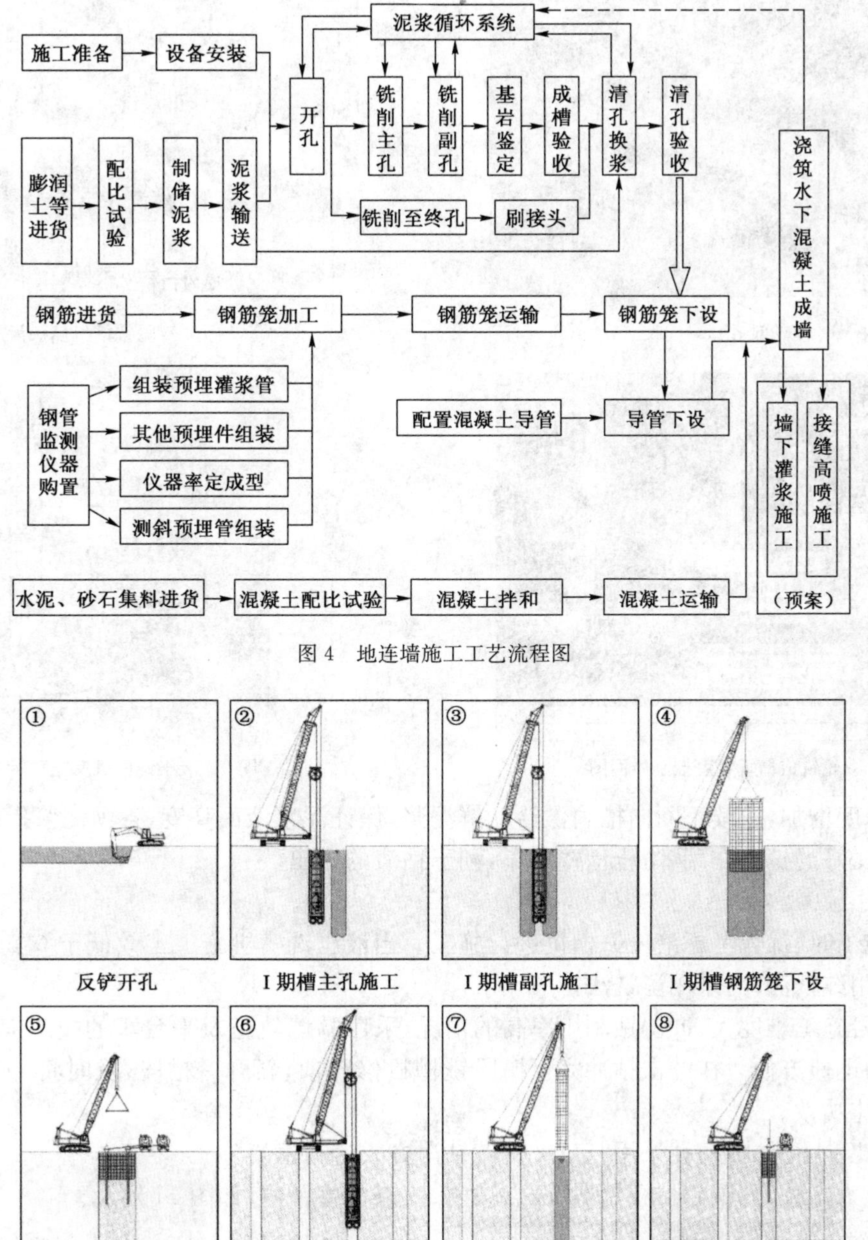

图 4 地连墙施工工艺流程图

图 5 地连墙成槽工艺示意图

为了能够切割到两个切割轮之间在开挖槽底部形成的脊状土，在切割轮上安装偏头齿。这个特殊的偏头齿可以在每次到达开挖槽底部的时候通过机械导向装置向上翻转，切割两个切割轮之间的脊状土，其形式如图 7 所示。

宝峨双轮铣槽机采用两个独立的测斜器沿墙板轴线和垂直与墙板的两个方向进行测量。这些设备提供的数据将由车内的计算机进行处理并显示出来（图 8），操作人员可以连续不断的监测，并在需要的时候对开挖的垂直度加以纠偏。

双轮铣槽机的除渣，由设在成槽机两个切割齿中间的吸渣口，依靠离心泵的吸力将渣土吸出槽段内。首先，切割轮的切齿将土体或岩体切割成小的碎块，并使之与泥浆相混合，然后机内的离心泵将碎块和泥浆溶液一同抽出开挖槽（图 9）。

图6　双轮铣孔口导向架

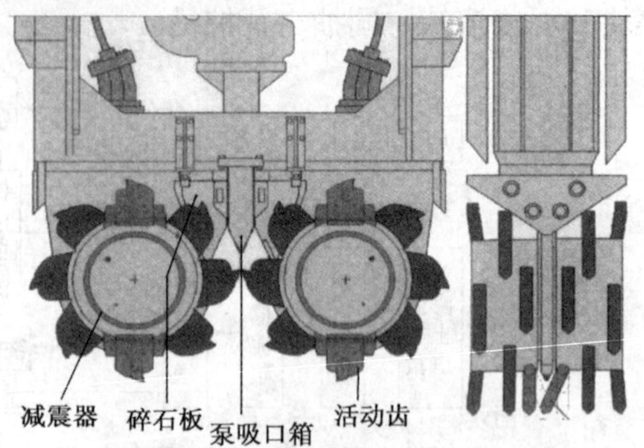

图7　双轮铣槽机偏头齿图

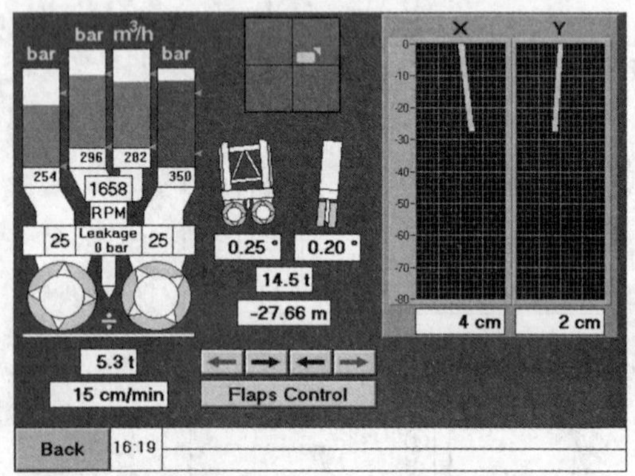

图8　双轮铣成槽垂直度控制界面图

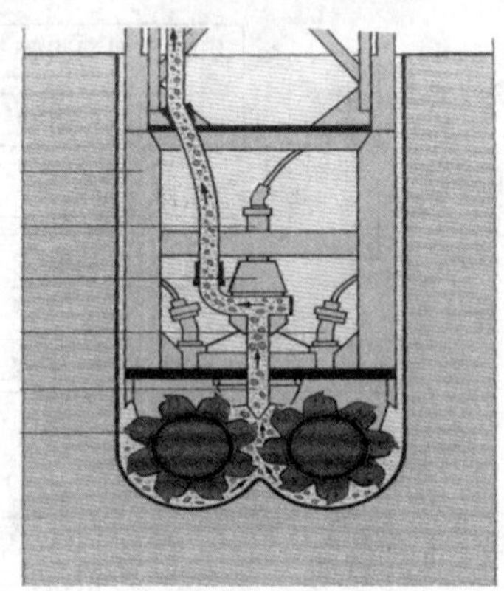

图9　液压铣槽机反循环示意图

随着开挖深度增加，连续不断向槽内供给新鲜泥浆，保证泥浆液面高度，各项泥浆指标要符合技术要求，使泥浆起到良好的护壁作用，防止槽壁坍塌，利于钻渣的排出。

2)基岩施工

进行基岩施工时，优先考虑液压铣槽机进行施工。当液压铣槽机施工工效低于0.5m/h或铣齿磨损严重时，则不采用纯铣法，而采用凿铣法。

(1)针对基岩施工难度大，冲击钻利用率高的情况，采用骑墙轨道及平台车的技术应对措施(图10)，使钻机移动更为迅捷方便。在冲击钻冲完至槽段铣槽机修孔前，新开一槽段，及时将冲击钻移至新开槽凿岩，以确保整体功效。

(2)通过对比钻凿方式，槽孔采用"三点"交替钻凿方式进行凿岩施工。

凿岩方式分为3种：孔中心位置钻凿、两点钻凿、三点交替钻凿，如图11所示。

图10　冲击钻机平台车及轨道图片

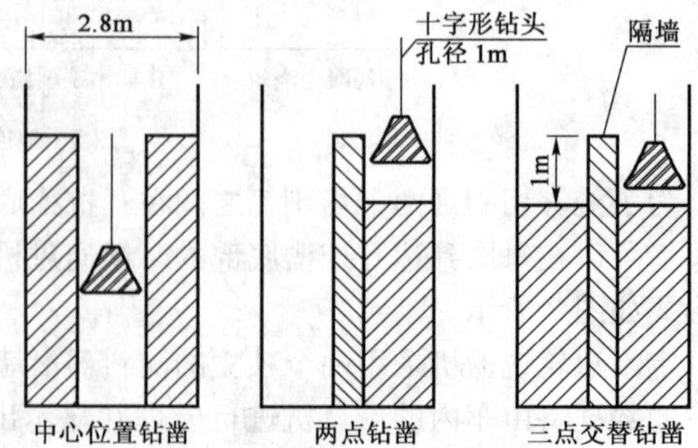

图11　冲击钻凿岩方式示意图

①孔中心位置钻凿：选用直径1m的十字钻头在铣孔中心处分一次凿岩。

②两点钻凿：铣孔分两次钻凿，依次先后凿除两侧基岩。

③三点交替钻凿：铣孔分3次钻凿，两侧基岩交替进行，即一侧钻凿1m后，到另一侧钻凿1m，然后

凿除中间隔墙部分，交替施工至终孔。

中心位置钻孔虽然节约施工时间，但液压铣修孔效果并不理想。“两点”钻凿后液压铣的修孔时间及效果优于中心位置钻孔的方式，但钻头容易跑偏。三点交替钻凿方式可有效解决溜钻跑偏的现象，减少液压铣修孔时间。

(3)通过比较实心平底钻头与带刃角的“十字”钻头施工功效，选用带刃角的“十字”钻头解决砂岩钻进功效低及溜钻跑偏现象。

采用专门应对花岗岩、玄武岩等硬岩的实心平底钻头时，通过实际施工发现，平底钻头对本工程低强度的细砂岩及砂砾岩并不适应。具体表现为：进尺慢，第一点冲砸完后冲砸第二点时溜钻跑偏现象严重。采用带刃角的“十字”钻头(图 12)，进尺速度有所增加，基本解决了第二点溜钻跑偏的现象。

(4)液压铣槽机修孔作业时，砂岩对常用铣齿磨损严重，铣槽功效低，铣齿磨损严重后若不及时更换将磨损铣头，严重危害设备，针对此现象在原铣齿外侧焊接脚齿(图 13)，有效解决上述施工难题。

图 12 十字形钻头图片

图 13 改进后的铣齿图片

三、结　语

地连墙施工完后，65 个槽段均进行了超声波无损检测，结果均为 I 类槽。对南锚基坑进行了抽水试验，试验结果表明：基坑日渗水量≤150m^3，小于以前类似桥梁地连墙基坑日渗水量。2009 年 11 月 10 日南锚完成基坑开挖，从外露地连墙表面表明：地连墙平面位置、垂直度、铣接头质量及混凝土质量良好，基坑几乎无渗水，基坑封水效果非常好。

通过南京四桥南锚地连墙的施工，掌握了复杂地质条件下地连墙成槽施工工艺，为类似地连墙施工提供成功经验。并且形成了一套较全面的铣接头质量控制工艺，从根本上确保了基坑封水性能，可供类似工程参考。

41.“∞”字形深基坑地连墙“Y”形槽施工技术研究

田雨金[1]　钟　瑶[2]

(1. 中交第二航务局；2. 南京长江第四大桥建设协调指挥部)

摘　要　地下连续墙(diaphragm wall panel trench, slurry trench, slurry wall, continuous diaphragm wall, cut-off wall 等)开挖技术起源于欧洲。它是根据打井和石油钻井使用泥浆和水下浇筑混凝土的方法而发展起来的，1950 年在意大利米兰首先采用了护壁泥浆地下连续墙施工，20 世纪 50～60 年代该项技术在西方发达国家及前苏联得到推广，成为地下工程和深基础施工中有效的技术。随着我国经济的发展，民用高层建筑、悬索桥和地铁等各种大型设施日益增多，其基础埋置深度也在加深，再加上城市环境和施工场地的限制，传统的基坑施工方法难以适应，而地下连续墙是深大基坑开挖围护的主要方法.其墙体刚度大,阻水性能好.最近几年地下连续墙在桥梁上的应用越来越广泛。以下通过结合南京四桥南锚地连墙的两个特殊槽段的实践施工经验,分析了地下连续墙的施工要点,为广大路桥人提供参考。

关键词 地连墙 Y形槽 泥浆 钢筋笼

一、概 述

1. 工程简介

南京四桥为双塔三跨悬索桥,主桥桥跨布置为166m+409m+1 418m+364m+119m=2 476m。南锚碇基础采用井筒式地连墙结构形式,是南京四桥的关键性工程,为国内第一。国外罕见的"∞"字形,长82.00m,宽59.00m,深度达43m超深基坑结构,由两个外径59m的圆和一道隔墙组成,墙厚为1.50m。地连墙施工平台高程为6.5m,底高程为-35.00~-45.00m,嵌入中风化砂岩约3.00m,总深度40.00~50.00m。地连墙施工槽段分I、II期两种。Y形槽属于I期特殊槽段,位于隔墙与外墙交接处。本工程Y形槽共有2个,分别为P25、P26槽,其中P25槽深45.5m,P26槽深44.5m。南锚碇平面照片及Y形槽结构尺寸如图1所示。

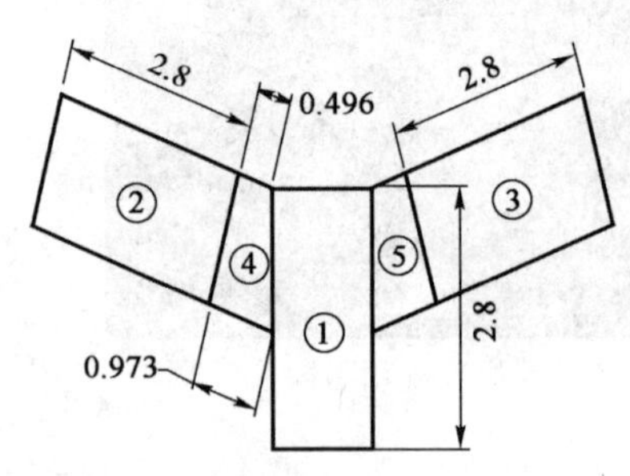

图1 南锚碇平面照片及Y形槽结构尺寸图(尺寸单位:m)

2. 地质条件

P25槽平均入岩深度约为4.5m(其中强风化层厚约1.2m,中风化层厚3.3m,部分入微风化2m),P26槽平均入岩深度约为4.5m(其中强风化层厚约0.5m,中风化层厚4m,部分入微风化1.3m),基岩以上地层地质从上往下依次为:粉质黏土(0~4m),淤泥质粉质黏土夹粉砂(4~4m),粉质黏土(14~41m)以下为基岩层段。

二、Y形槽施工主要特点及难点

(1)槽型复杂,单槽五铣成槽,成槽设备布置困难,施工难度大;

(2)Y形槽为"∞"字形基坑受力关键部位,施工质量要求高;

(3)Y形槽拐点多,特别是两内拐点在上部覆盖层段易塌孔;

(4)成槽周期长,对泥浆性能要求高;

(5)单槽段钢筋笼重量约110t,制作、起吊及下设难度大;

(6)单个槽段断面尺寸大,采用3套导管浇筑,对混凝土质量、浇筑控制要求高。

三、总体施工流程

南锚碇Y形槽地连墙施工与与外墙I期标准槽段总体施工工艺相似,但因Y形槽段的结构特殊性,一些细部的施工工艺与外墙I期标准槽段存在差异,南锚碇Y形槽地连墙施工主要是顺序为:场地平整→土层加固→浇筑导墙→销铣覆盖层→冲击岩石→清孔换浆→超声波检测→下放钢筋笼→下导管→浇筑混凝土。其中前3项工序在地连墙施工前统一布置。

四、关键施工工序

1. 土层加固

1)深层搅拌桩加固

在容易发生塌孔或缩孔的第四系覆盖层上部，采用深层搅拌桩进行加固处理。深层搅拌桩布置在地下连续墙轴线两侧，与地连墙轴线平行，桩柱直径 60cm，单桩中心距 50cm，桩间搭接 10cm。深层搅拌桩布置如图 2 所示。

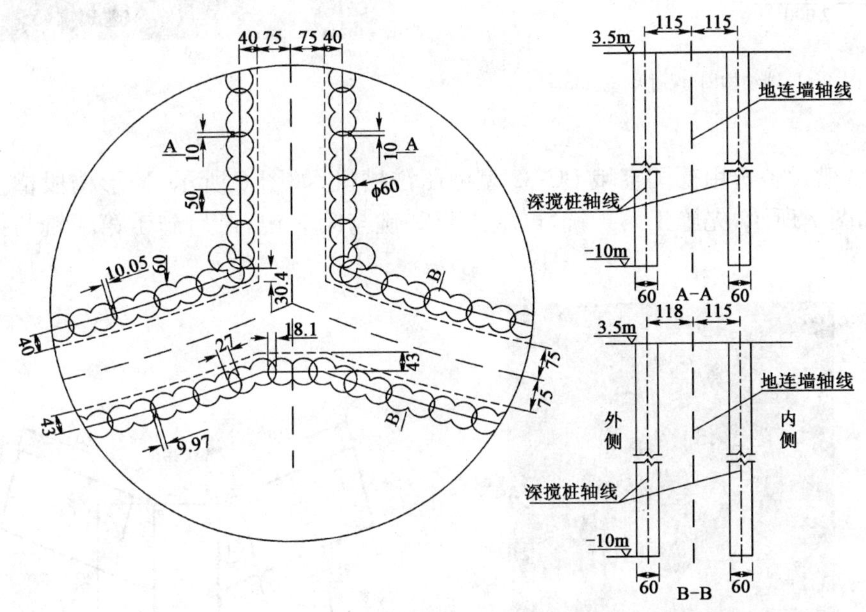

图 2　深层搅拌桩平面及结构图(尺寸单位:cm)

2)塑性桩加固

因 Y 形槽孔形状复杂，需多次铣削才能成孔，为确保槽孔在成槽期间的稳定性，在成槽前对比较薄弱、易坍塌的内侧拐角部位采用 2 根直径 80cm 的塑性混凝土桩进行加固处理。Y 形槽段塑性混凝土桩布置如图 3 所示。

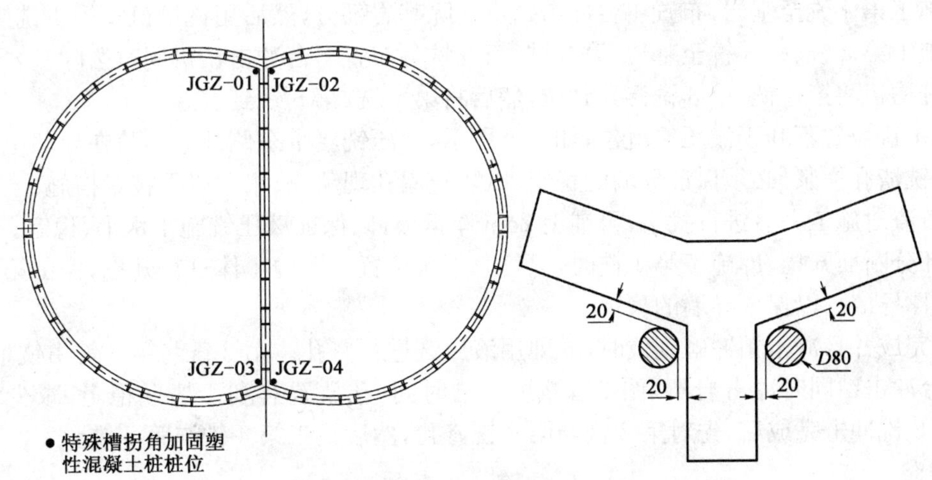

图 3　Y 形槽段塑性混凝土桩布置图(尺寸单位:cm)

2. 导墙施工

为保护槽口及保证槽段位置的准确性，支撑施工设备及焊接钢筋笼的接长，防止槽壁顶部的坍塌等，地连墙两侧设置 L 形导墙如图 4、图 5 所示，导墙净距为 1.6m，墙高 3.0m，墙厚 0.5m，采用 C25 混凝土。

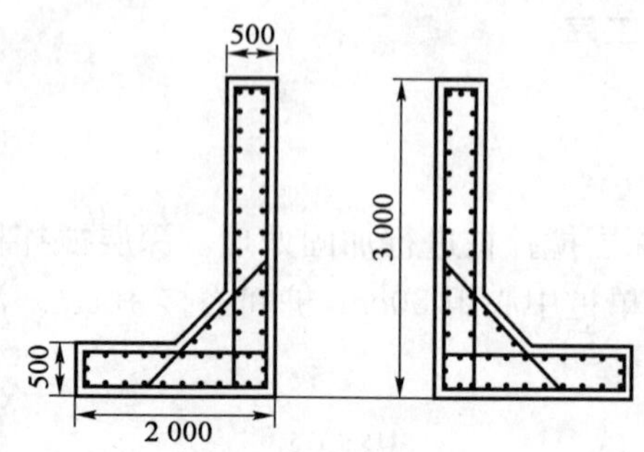

图4 导墙结构图(尺寸单位:mm)

图5 导墙

3. 成槽施工

南锚地连墙铣槽设备选用德国宝峨 BC-32 型液压铣槽机,如图 6 所示,Y 形槽段槽型复杂共分五铣成槽,铣槽划分如图 7 所示,先施工第 1 铣,再施工第 2 铣与第 3 铣,最后施工第 4 铣与第 5 铣。槽段施工步骤如下:

图6 BC-32 型液压铣槽机

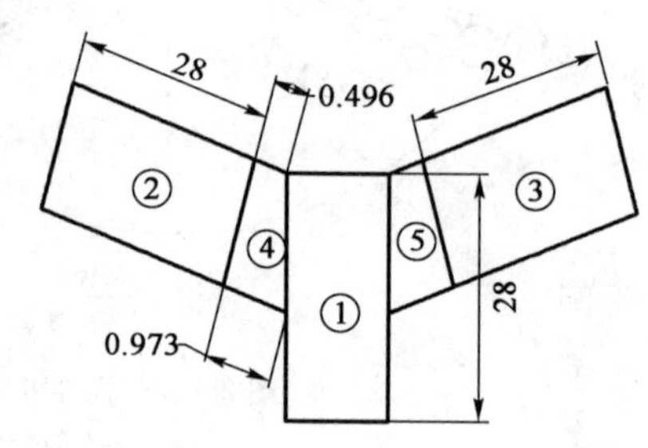

图7 槽型划分平面图(尺寸单位:m)

第一步:施工第 1 铣至基岩,布置 1 台冲击钻机凿除基岩部分,然后用铣槽机将第 1 铣修孔到位;

第二步:施工第 2 铣、第 3 铣至基岩,第 2 铣、第 3 铣各布置 1 台冲击钻机同时凿除基岩部分;

第三步:铣槽机将第 2 铣、第 3 铣修孔到位,然后将第 4 铣、第 5 铣到位。

Y 形槽第 1 铣位置不利于液压铣就位,如图 8 所示,液压铣履带东侧部分须骑在导墙上,并且液压铣要多次对第一铣清孔换浆,必须保证导墙的稳定,以防止塌孔现象,故采取以下技术措施:

(1)利用石渣对施工平台进行找平,再铺上 2cm 厚钢板,以保证液压铣施工水平、稳定。

(2)采取部分断面开挖,即施工第 1 铣时,只将第 1 铣位置导墙内土体进行开挖,保留第 2 铣、第 3 铣位置的土体支撑导墙。以保证导墙的稳定。

在第 1 铣完成并且冲击钻冲砸到位时,立即用液压铣进行修孔。第 2 铣与第 3 铣由铣槽机铣完覆盖层后,并用两台冲击钻同时冲击岩石(图 9),缩短成槽时间,孔放置有利于槽壁稳定,减少塌孔的机率。当第 2 铣与第 3 铣冲击完成后,先对第 2 铣与第 3 铣修孔,然后施工第 4 铣与第 5 铣。

4. 清孔换浆

Y 形槽施工全过程均采用优质膨润土浆进行护壁。造孔泥浆比重不小于 1.3,黏度不小于 35s。清孔泥浆比重小于 1.15,黏度不小于 33s。成槽过程加强对泥浆指标的检测,以及地下水位的监控,确保槽内泥浆面高于地下水位 2m 以上。修孔完后采用液压铣进行清孔换浆,成槽后为保证泥浆指标,换浆采取全部换浆。

图 8 第 1 铣施工

图 9 第 2 铣和第 3 铣凿岩

5. 检孔

铣槽过程中,采用铣槽机上配备的随钻测斜仪对孔斜和孔深进行测量,通过连贯进行检查和观察,可以及时发现钻孔中的异常情况并采取针对措施予以解决,以避免孔斜问题的进一步恶化。终孔后进行槽孔验收,采用日本 KODEN 公司的 DM-604 超声波测井仪测量槽孔的宽度和垂直度见如图 10 所示,若达不到设计要求精度,则进行相应处理合格后再进行下一道工序。

图 10 超声波检孔图片

6. 钢筋笼制作

Y 形槽钢筋笼起吊设备是钢筋笼分节的关键控制因素,开始选择用 250t 汽车吊或 250t 履带吊作为起吊设备,将钢筋笼分成两节。250t 汽车吊性能不及 150t 履带吊性能,并且灵活机动性而很差,250t 履带吊租赁费用高。后来经过计算,选用现场已有的 150t 履带吊作为主吊,50t 履带吊和 35t 汽车吊作为副吊配合完成。这样利用现场原有设备完成了 Y 形槽钢筋笼吊装既节约了成本又又节约了时间,因为综合 150t 履带吊性能,将 Y 形槽钢筋笼分三段在胎架进行制作。各节笼参数如表 1 所示。

Y 形槽钢筋笼节段参数表 表 1

节 段 编 号	节段高度(m)	对接时吊点离地高度(m)	节段重量(t)
第一节(下节)	15.76	14.23	36.39
第二节(中节)	15.76	16.0	32.47
第三节(上节)	14.75	14.65	30.44

7. 钢筋笼下放

1)钢筋笼吊具

主吊具由扁担梁、滑轮组、钢丝绳、卸扣组成。其中扁担梁由 5cm 厚钢板及 2I20 工字钢组成。扁担梁上部采用 4 根 ϕ60mm 钢丝绳,配备 4 个 60t 卸扣与吊钩相连,钢丝绳总高度 2m。扁担梁下部通过 4 个 50t 卸扣悬挂 4 个 35t 单柄滑轮。滑轮下部采用 4 根 ϕ40mm 钢丝绳,配备 8 个 25t 卸扣与钢筋笼相连。

主吊具结构如图11、图12所示。

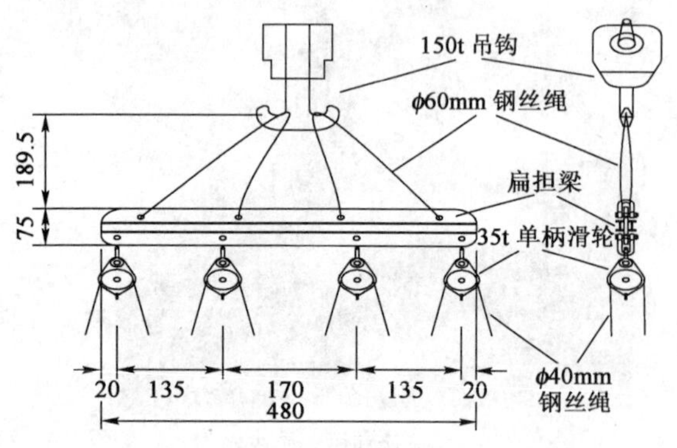

图11　主吊具结构图(尺寸单位:cm)

图12　主吊具图片

2)吊点设置

根据钢筋笼重心位置,合理布置吊点,使吊心与钢筋笼重心重合,以保证钢筋笼起吊的垂直度。当吊具吊心与钢筋笼重心重合后,各钢丝绳在钢筋笼截面上的投影相等,此时所有钢丝绳同步受力,根据此原理来寻找吊点,钢筋笼重心及吊点布置如图13所示。

3)钢筋笼翻身

钢筋笼节段采用150t履带吊吊离胎架并移至施工平台,在50t履带吊和35t汽车吊配合下进行抬吊翻身,钢筋笼翻身如图14所示。

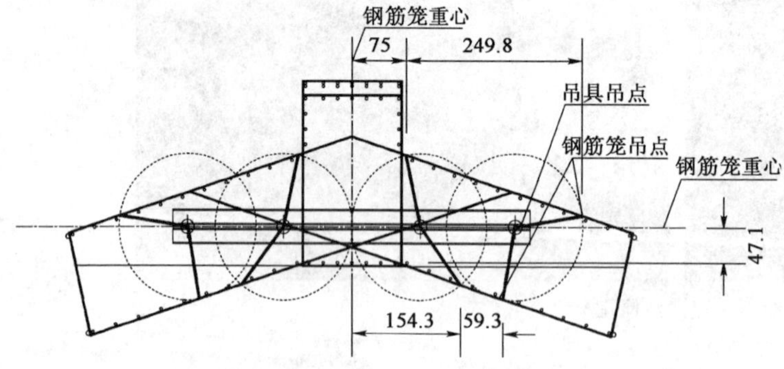

图13　钢筋笼重心及吊点布置图(尺寸单位:cm)

图14　钢筋笼翻身

4)钢筋笼孔口对接及下放

钢筋笼吊起后,先测量垂直度,然后移至孔口对接(图15)。依靠设置在吊具上的10t葫芦完成钢筋笼垂度调整,直螺纹对接及箍筋焊接完后,用150t履带吊起吊钢筋笼,抽出孔口扁担梁,对准钢筋笼平面位置,缓慢下放至孔底(图16)。

图15　钢筋笼孔口对接

图16　钢筋笼下放

8. Y 形槽混凝土导管下设及浇筑

Y 形槽混凝土采用三套导管同时进行浇筑，且每套导管分别配设一个容积为 1.4m^3 的大料斗，3 台搅拌车均布置在外施工平，浇筑工艺同常规槽段浇筑工艺。浇筑过程中将严格控制好三套导管浇筑速度，经计算三套导管以 1∶1.3∶1 的速度灌输混凝土时，确保混凝土面同步上升。混凝土浇筑布置如图 17 所示。

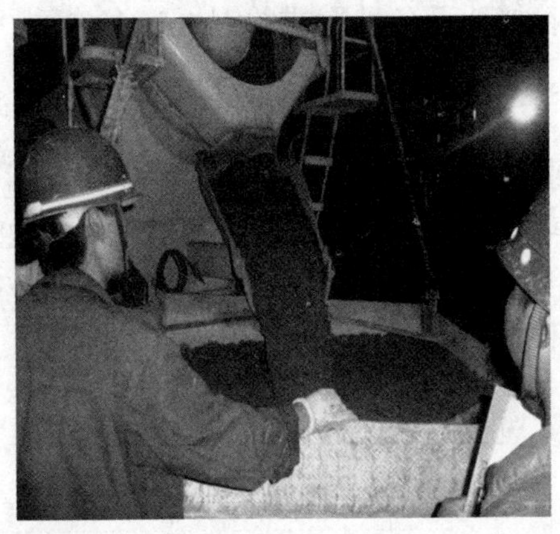

图 17 Y 形槽段混凝土浇筑

五、结 语

南锚是南京四桥施工的难点，而南锚地连墙又是南锚施工的关键，而 Y 形槽施的施工又成了南锚施工的关键部位。Y 形槽施工不仅代表地连墙一期槽施工，而且自身也具有独特的特点，无论是成槽工艺和钢筋笼下放都具有史无前例的特性。南锚 Y 形槽槽型复杂，单槽 5 铣成槽，并且是基坑受力关键部位，施工质量要求高；单槽段钢筋笼重量约 110t，并且形状复杂，制作、起吊及下设难度大；故此选择"Y 形槽"的施工工艺介绍给大家，希望能为类似工程提供借鉴。

42. 地连墙接头施工工艺

田雨金
（中交第二航务局）

摘 要 地下连续墙接头作为地下连续墙单元槽段间的连接结构是地下连续墙体系核心环节，槽段接头形式是地下连续墙施工工艺的核心技术。

关键词 地连墙 接头形式

一、概 述

地下连续墙开挖技术起源于欧洲。1920 年德国首先提出地下连续墙专利，到 1958 年在中国山东青岛月子口水库工程采用地下连续墙技术修建防渗墙。到目前为止全国已建成连续墙越 120～140 万平方米。由于现代技术的发展，地下连续墙深度可达 136m、厚度可达 2.8m。地下连续墙作为地下主体结构的组成部分，必须永久耐用、结构整体无渗、无漏、受力均衡。其中防渗效果的好坏直接与接头质量密切相关，而接头的形式则是提高防渗效果的重要手段，接头作为地下连续墙单元槽段间的连接结构是地下连续墙体系核心环节，槽段接头形式是地下连续墙施工工艺的核心技术。

二、地下连续墙接头的功能和分类

地下连续墙接头的功能有止水、挡混凝土、传递应力、抗剪切等，工程中现在常见的接头类型按受力性能分刚性接头和非刚性接头(柔性接头)，非刚性接头不传递墙体内力，但是可以防渗；刚性接头可将相邻墙段自下而上形成一个整体，相互传递内力并且限制之间相对变形。槽段接头按使用装置不同分为接头管接头、接头箱接头及各种形式的钢板接头。

三、柔性接头施工工艺

1. 铣接头即平接头

铣接头主要工序为：在进行I序槽孔开挖时，超出接头孔中心线10～20cm，II序槽孔开挖时，必须将I序槽孔超出接头孔中心线10～20cm的混凝土用双轮铣铣削干净，形成新鲜的混凝土接触面，然后浇筑二期混凝土。图1是几种平接头形式示意图。

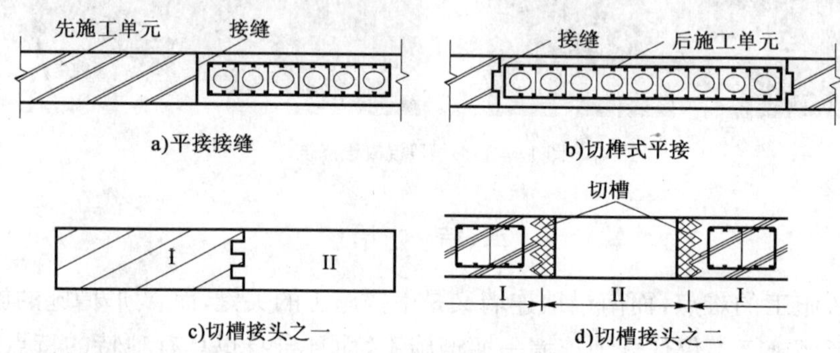

图1 平接头示意图

2. 模具接头

在槽段端头下入直径或宽度与槽段相等(或略小)的管体或箱体起模具作用，阻拦混凝土漏浆并占据体积，如图2所示。

通常在混凝土填灌完成后2～3h内拔起(可重复利用)，并在墙端留下模具形状的混凝土槽，用来与邻接槽段衔接的接头形式。其优点是用钢量少、造价低，但一次性投入较多，对起吊设备及时间控制要求较高，且存在整体刚度和渗漏问题。

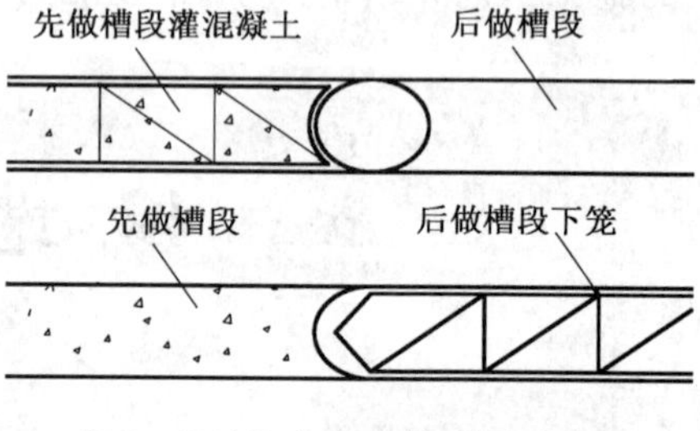

先做槽段灌混凝土　后做槽段

先做槽段　后做槽段下笼

图2 柔性接头(锁扣管)接头示意图

3. 预制接头

当槽段挖掘下笼后在槽段下入与槽段相等(或略小)的事前预制好的比槽深深度高20cm的不同形状的接头，阻挡混凝土填灌时漏浆，混凝土灌注后与墙体成为一体(不能拔除)，留下不同形状的预制接头，与邻槽衔接的接头形式如图3所示。

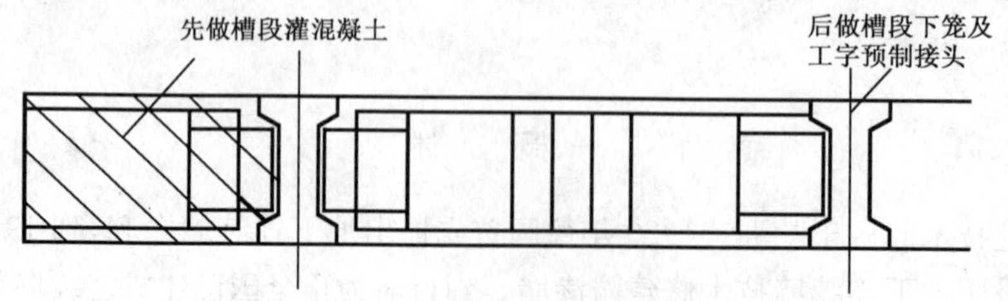

图3 工字预制接头示意图

4. 柔性隔板式接头

柔性隔板式接头是为了解决各槽段水平钢筋搭接而设置的，通常先施工一期槽段混凝土以钢板为端板，水平钢筋则伸出其外，此时端板变成了隔离板。分为平隔板和V形隔板如图4所示。

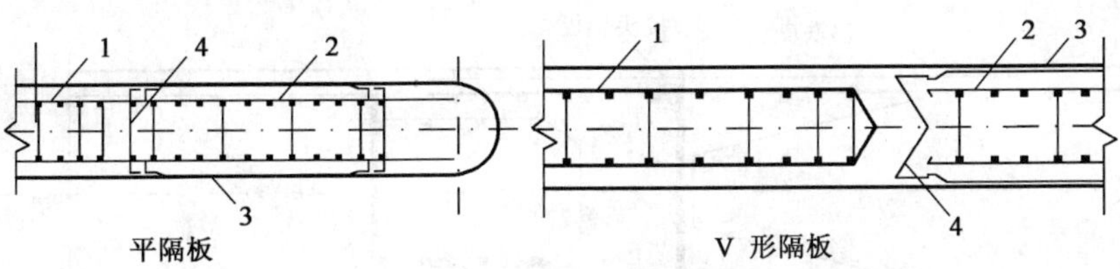

图 4　柔性隔板式示意图

1-在施槽段钢筋；2-已浇槽段钢筋笼；3-罩布（化纤布）；4-钢隔板

四、刚性接头施工工艺

1. 十字钢板接头

十字钢板接头由十字钢板和滑板式接头箱组成，如图 5 所示。当对地下连续墙的整体刚度或防渗有特殊要求时采用。其优点有：①接头处设置了穿孔钢板，增长了渗水途径，防渗漏性能较好；②抗剪性能较好。其缺点有：①工序多，施工复杂，难度较大；②刷壁和清除墙段侧壁泥浆有一定困难；③抗弯性能不理想；④接头处钢板用量较多，造价较高（图 5）。

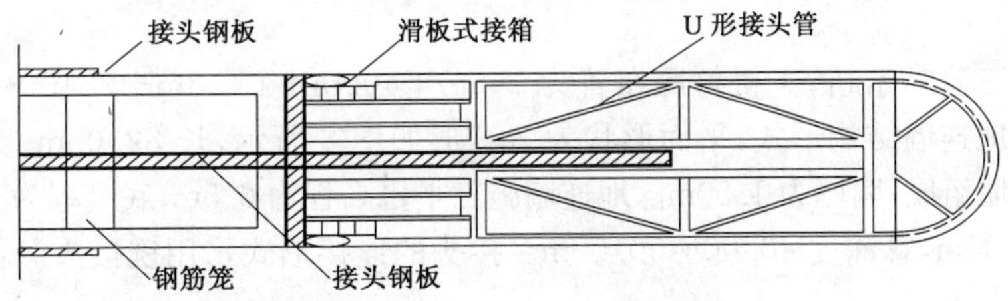

图 5　十字钢板接头（滑板式接头）示意图

2. 刚性隔板式接头

隔板为榫形隔板。与柔性隔板式接头相比，其优点是增设了钢筋笼预留接头筋，提高了接头刚度，变形小，防渗漏性能较好。其缺点是施工难度大，化纤罩布损坏失效较多，墙段侧壁刷壁清浆有一定困难，如图 6 所示。

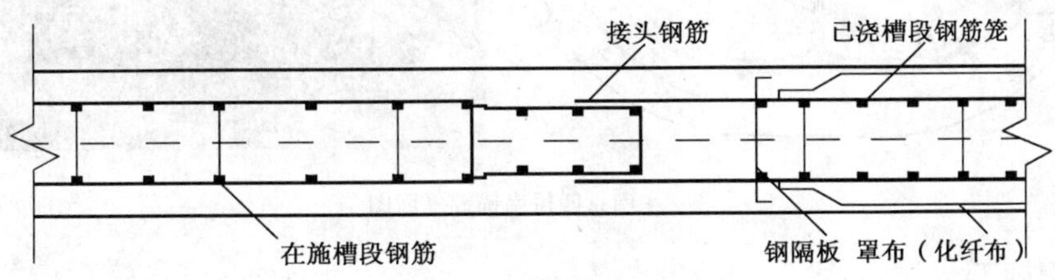

图 6　刚性隔板式接头示意图

3. 改进型刚性隔板式接头

在隔板式接头的基础上，采用平钢板作隔板，将化纤罩布改成 0.15mm 厚马口铁皮。其优点主要有：①刚度好，变形小；②用平钢板作隔板，不仅刷壁和清除泥浆方便，而且比凹槽形隔板接头节省；③马口铁皮不易被损坏，控制混凝土溢入接头效果较好。其缺点：①马口铁皮不易渗滤泥浆，易使已浇筑的混凝土表面夹泥浆。若能将马口铁皮设置适当数量的渗滤泥浆小孔，则可解决此不足；②比接头管接头工序多。

4. 公母刚性接头

在软弱地层中的地下连续墙须考虑不均匀沉降和槽段之间的抗剪能力，当地下连续墙既作为基坑围护构，又作为永久性承重结构时，其接头形式宜采用公母刚性接头，如图 7 所示。其优点是在公槽段钢筋笼增加了凸形钢筋，并将其填入母槽段，增加了墙体整体抗剪弯能力及刚度。其缺点是：①施工难度大，技术要求高；②公母槽段之间止水构造上有一定缺陷；③接头范围内钢筋密，使混凝土浇筑困难，露筋严重。

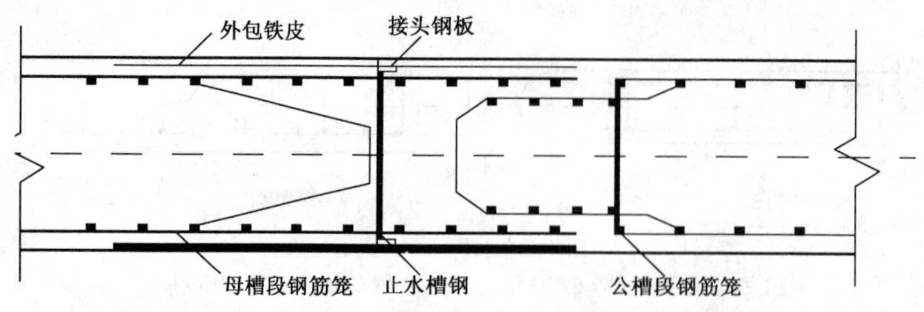

图7　公母刚性接头示意图

五、铣接头工程应用实例

国内目前常用的接头方式主要有两种：双轮铣套铣接头（平接）和工字钢接头，但是铣接头作为一种新的接头形式应用更广泛，主要使用的工程有三峡二期工程防渗墙、小浪底工程、黄沙站、穿黄项目、黄埔大桥、大唐浅湾电站、北京新兴大厦、十三陵蓄能电站和我公司正在建设的南京四桥。下面我以南京四桥为例介绍一下铣接头。

1. 工程简介

南京四桥为双塔三跨悬索桥，主桥桥跨布置为166m＋409m＋1 418m＋364m＋119m＝2 476m。南锚碇基础采用井筒式地连墙结构形式，平面形状为"∞"形如图8所示，长82.00m，宽59.00m，由两个外径59m的圆和一道隔墙组成，墙厚为1.50m。地连墙施工平台高程为6.5m，底高程为－35.00～－45.00m，嵌入中风化砂岩约3.00m，总深度40.00～50.00m。接头的连接形式采用铣接头。

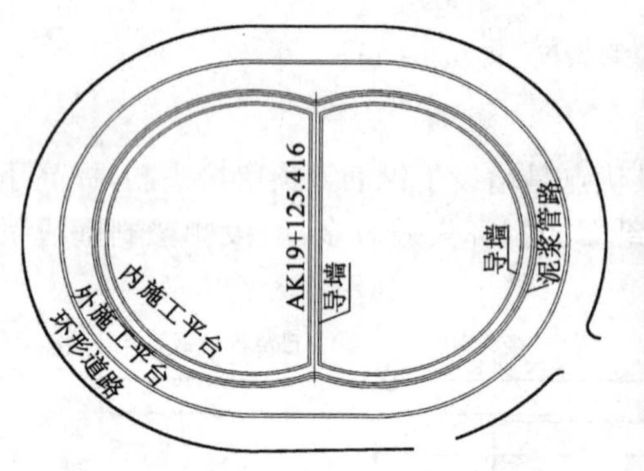

图8　南京四桥南锚锭平面图

2. 地连墙成槽施工

1）覆盖层施工

对于覆盖层的砂壤土、砂层、粉砂层采用纯铣法进行施工，铣槽设备选用德国宝峨BC-32液压铣槽机如图9所示，在单元槽段施工前，用挖掘机将槽段开挖至导墙顶面以下3.5～4m的位置，以保证液压铣的吸渣泵进入工作位置。铣槽机孔口设置有导向架对位如图10所示，在双轮铣开孔过程中固定铣头，起到一个导向的作用。施工时铣槽机垂直槽段，将铣成槽机切割轮对准孔位徐徐入槽切削。液压铣成槽机切割轮的切齿将土体或岩体切割成70～80mm或更小的碎块，并使之与泥浆相混合，然后由铣成槽机内的离心泵将碎块和泥浆溶液一同抽出开挖槽。

2）基岩施工

基岩施工采用纯铣法与冲击反循环法相结合的方式，进行基岩部分时，优先考虑液压铣进行施工。当铣槽机施工工效低于0.5m/h或铣齿磨损严重时，则不采用纯铣法，根据实际施工情况采用冲击反循环法。凿铣法即采用CZ-6型冲击钻机配合液压铣槽机开挖。用冲击钻带4.5t钻头多点冲击破碎基岩，达到基岩标高后再用铣槽机修孔，直到满足孔型要求。

图 9 德国宝峨 BC-32 型液压铣槽机

图 10 双轮铣孔口导向架对位

南京四桥地连墙段连接采用“铣接法”。即在两个 I 期槽中间进行 II 期槽成槽施工时，铣掉 I 期槽端头的部分混凝土形成锯齿形搭接，环形 I、II 期槽孔在防渗墙轴线方向的搭接长度为 27.3cm；隔墙 I、II 期槽孔在防渗墙轴线方向的搭接长度为 25cm。此法在国内外大型地连墙项目中应用广泛，施工工艺成熟。“铣接法”接头施工如图 11 所示。

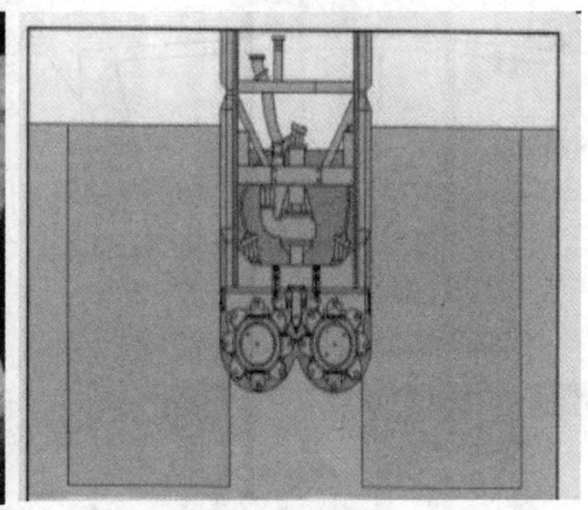

图 11 “铣接法”接头施工示意图

铣接头的施工质量关键在于 II 槽施工，II 槽施工时需铣掉 I 期槽两端的接头混凝土，两端混凝土强度较高，一旦形成偏斜将很难处理，所以开孔时铣头的导向定位十分重要。开孔时铣轮宜采取大扭矩低转速，铣削至一定深度，导向稳定以后再加快铣削速度，避免因开孔过快形成偏斜给下面的施工增加难度。为了保证 II 期槽开孔位置准确，导向稳定，采用接头板定位的施工工艺，即在 I 期槽浇筑混凝土前，在孔口接头位置下设长 6m 的导向板，混凝土浇筑完毕一段时间（由混凝土初凝时间确定，由现场混凝土试验确定）后将导向板拔出，预留出 II 期槽孔的准确位置，起到良好的导向作用如图 12 所示。

为确保在 II 期槽施工过程中不会铣削到 I 期槽段的钢筋笼，影响墙体的质量，一方面 I 期槽段的钢筋笼到 II 期槽的边缘必须预留出足够的空隙，另一方面确保 I 期槽段的钢筋笼在吊放过程及浇筑混凝土时保持在正确的位置；本工程采用在 I 期槽钢筋笼两侧每隔 5m 安装直径 315mm 的 PVC 管（图 13），作为一个固定钢筋笼位置装置。PVC 管定位装置在 II 期槽施工时可以轻易的被双轮铣切除，不会损伤槽段的完整性。通过铣槽过程中铣出的 PVC 管道的碎片判断槽位是否正确。

成槽之后先修孔换浆，然后洗刷一期槽两边的接头，防止槽段接头处滞留沉渣或局部夹泥，清洗接头处泥皮如图 14 所示。洗刷干净后即再一次进行清孔，主要清理洗刷接头过程掉的泥皮。南京四桥南锚碇地下连续墙经过严格控制质量，最后开挖结构安全稳定无任何渗透现象。南京四桥铣接头混凝土接缝如图 15 所示。

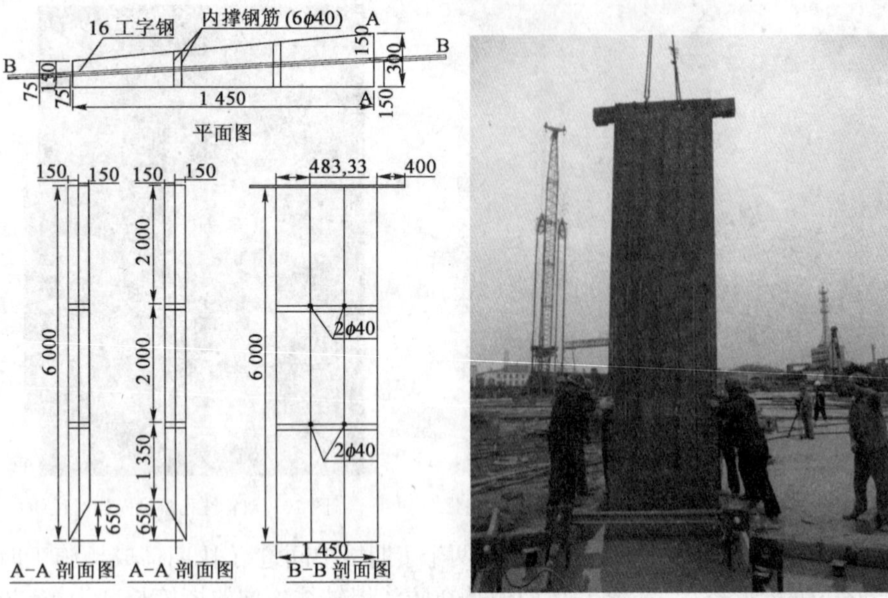

图 12 接头板施工图片(尺寸单位:mm)

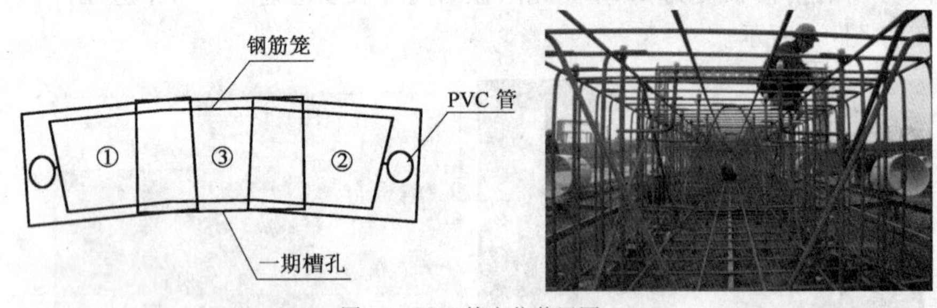

图 13 PVC 管定位装置图

图 14 清洗接头处泥皮

图 15 铣接头混凝土接缝

六、结 语

地下连续墙引进我们已经有半个世纪的时间了,随着科学技术的不断发展,民用高层建筑、悬索桥和地铁等各种大型设施日益增多地下连续墙也得到了迅猛发展,目前地下连续墙施工接头形式多种多样,各自都有一定的长处,也存在着许多不足,都不够完善。如能研制开发出既施工简单又经济合理的接头形式,那么地下连续墙的应用领域将会进一步扩大,以上主要对南京四桥南锚碇地连墙接头的论述,希望能够对广大读者研究地连墙接头有所帮助,同时也为以后地下连续墙施工积累了经验。

43. 德国宝峨 BC-32 型液压铣槽机在南京长江第四大桥南锚碇地连墙施工中的应用

周晓华　郁　犁
（南京长江第四大桥建设协调指挥部）

摘　要　南京长江第四大桥采用德国宝峨 BC-32 型液压铣槽机并组织专门队伍实施铣槽作业，改变了以往在国内主要由国外公司进行桥梁地连墙施工的局面，且节省了工程费用、掌握了专门技术、取得了极大的经济和社会效益。

关键词　南京长江第四大桥　德国宝峨 BC-32 型液压铣槽机

一、南锚碇地连墙的特点与难点

1. 南锚碇概述

在建的南京长江第四大桥（简称“南京四桥”）是国内目前跨径最大的三跨吊悬索桥，主通航孔净空高度 50m，主跨为 1 418m，在同类桥型中居世界第三（图 1）。该桥南锚碇基础采用井筒式地连墙结构形式，平面形状为“∞”形，长 82.00m，宽 59.00m，由两个外径 59m 的圆和一道隔墙组成，壁厚为 1.50m。地连墙顶高程为 5.00m，底高程为－35.00～－45.00m，嵌入中风化砂岩约 3.00m，总深度 40.00～50.00m。地连墙施工槽段分 I、II 期两类，共 65 个槽段（见图 2）：地连墙 I 期槽段共 32 个，即 26 个外墙 I 期槽段＋6个隔墙 I 期槽段；外墙 I 期槽段轴线处长 6.324m、隔墙 I 期槽段长 6.943 5m（或 2.8m）。地连墙 II 期槽段 33 个，II 期槽段长均为 2.80m。地连墙外墙 II 期与 I 期之间交角为 175°，轴线处搭接长度为 0.273m。

图 1　南京四桥跨江主桥效果图

2. 地连墙施工特点和难点

南锚基础平面形状采用“∞”形，长 82m，宽 59m，壁厚 1.5m，由两个外径 59m 的非完整圆和一道隔墙组成。这种规模形式的地连墙基坑在国内第一、世界罕见，其受力较复杂，地连墙施工平台高程为 6.5m，底高程为－35.000～－45.000m，嵌入中风化砂岩约 3.0m，最大深度达 51.5m。因此要求作为主要围护结构的地连墙具有较高的施工精度质量控制。地连墙四周紧邻大堤、石油管线、国家粮库等重要构造物，保护等级高，加之地连墙采用铣接法进行连接，对接缝质量要求高，需确保不出现漏水情况。“Y”形槽的结构形式在国内尚属首次，其施工成槽及钢筋笼的下设为本工程的最大特点和难点。此外，地连墙施工从3月20日～7月20日，经过汛期，地下水位在汛期时较高，变化大；同时为确保基坑在枯水期实现封底，需在120d时间内完成全部65个槽段的成槽施工，工期较紧。

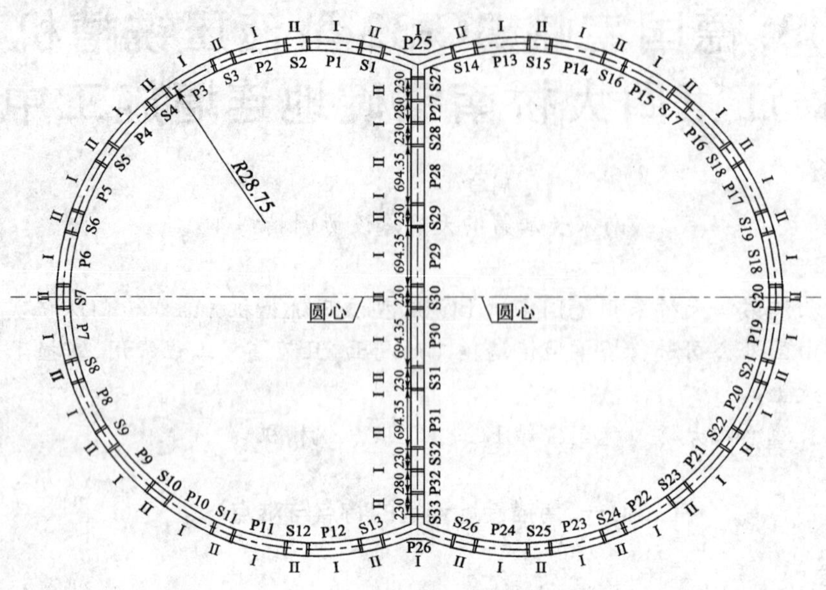

图2　地连墙槽段划分布置图

二、成 槽 设 备

1. 成槽设备的选用

鉴于本项目南锚碇地连墙工程施工的特点及难点，对于基岩面以上的覆盖层采用纯铣法进行施工，即直接用铣槽机铣削；进行基岩施工时，优先考虑液压铣槽机进行施工，当纯铣法效率较低时，改用凿铣法施工。在学习国内类似大型桥梁地连墙施工技术的基础上，为降低工程造价并培养我国自己的施工专业队伍，南京四桥从德国宝峨公司采购了1台BC-32液压铣槽机（图3、图4）进行地连墙的成槽施工，同时，为提高地连墙施工的入岩成槽功效，配备了8台CZ-6型冲击钻机配合液压铣槽机作业。

图3　宝峨BC-32型液压铣槽机

图4　试验槽铣槽作业

2. BC-32型铣槽机的基本性能

德国宝峨BC-32型液压铣槽机主要由铣削系统（即铣头部分）、测量与控制系统、提升系统、泥浆处理系统、主机行走系统等五大部分组成，其中主机行走部分是采用利渤海尔HS885HD吊车底盘，最大输出功率760kW，最高转速1 900r/min；铣削系统铣槽长度2.8m，铣槽最大厚度640mm；BE500-60泥浆处理系统主要包含2个BE250-60和1个GS500，总功率为122kW，泥浆总处理能力500m^3/h，具体参数见表1。

BC-32 型铣槽机的基本性能　　表 1

BC32 型	基本性能参数	BC32 型	基本性能参数
主机型号	利勃海尔 HD885 型履带式起重机	泥浆泵排量	$500m^3/h$
最大开挖深度	60m	泥浆净化设备	处理能力为 $500m^3/h$
开挖尺寸	(0.62～1.5)m×2.8m	铣槽机机体及动力站重量	48t
发动机功率	760kW	履带式起重机整机重量	约 110t
最大起重能力	120t		

三、BC-32 型铣槽机在南京四桥的应用情况

1. 试验槽段施工

1)试验目的

在正式进行地连墙施工前,利用 BC-32 型液压铣槽机进行了一个标准 II 期地连墙槽段的成槽试验,以便摸清 BC-32 型液压铣槽机对本工程地层的适应性,使操作手对本工程地层条件有初步的认知;检验液压铣的成槽质量、清孔质量等;掌握铣槽机在各地层(特别是岩层)中的成槽效率、铣齿的适应性和消耗率,以便确定铣齿的备用数量和规格,对基岩段采用纯铣法和凿铣法从工效和质量等方面进行综合比较;根据试验分析地连墙总工期的保障性,为地连墙大规模生产提供参考依据。同时,培养了国内操作人员和施工队伍。

2)成槽试验

利用锚区外环形道路作为液压铣施工平台,导墙为矩形截面结构,底高程+2.6m,顶高程定为+5.6m,单侧导墙宽 50cm,两导墙间净距为 1.6m,净长定为 3.5m。试验槽段为 1 个 2.8m 槽段,施工工艺为反铲开槽、铣槽机铣削至基岩、硬岩段采用纯铣或凿、铣结合的方式,孔深进入中风化层 3m 终孔。

在液压铣造孔过程中,孔深每隔 25～30m 即进行测斜,使液压铣操作手随时了解孔斜情况,及时利用液压铣铣头上的纠偏板进行纠偏。成槽后,进行槽孔质量检查。孔深测量采用 Φ5mm 钢丝测绳,墙厚及孔形采用日本 KODEN DM608 型超声波测斜仪进行测量。清孔换浆原计划拟采用气举反循环法,考虑到槽壁的稳定性,后采取直接用铣槽机清孔的方式。对浆液的置换数量、达到清孔验收合格标准的用时等进行详细的记录并进行分析。

3)成效分析

在南京四桥南锚碇的特定地质条件下,BC-32 型液压铣槽机在上部粉砂层及粉质黏土层中适应性优良,铣削容易,通过液压铣的测斜系统及 KODON 的 DM608 检查,孔形优良;进入基岩后,液压铣施工较为吃力,进尺缓慢。BC-32 型液压铣槽机铣削效率为:最高纯钻功效为 17.4m/h,最低纯钻功效为 0.21m/h,大平均功效为 3.6m/h。

2. 正式成槽施工

1)总体成槽顺序

总体顺序先施工隔墙地连墙,再施工靠江侧基坑外围地连墙,最后施工背江侧外围地连墙;先施工 I 期槽,再施工 II 期槽,从北侧 P6 号槽开始第一个槽段施工,然后向两侧依次进行 I 期槽施工。当相邻两 I 期槽强度达 80%时,开始进行其间的 II 期槽施工。对于单个槽段,特殊 I 期槽采用五铣成槽,其余 I 期槽采用三铣成槽。

2)I 期槽段施工

I 期槽段采用三铣成槽方式(图 5),并采用 8 台冲击钻机配合铣槽机成槽。槽孔基岩面以上覆盖层采用铣槽机铣削。第 1 铣、第 2 铣点基岩先采用冲击钻破碎,然后用铣槽机修孔。第 3 铣点基岩直接用铣槽机铣削。槽段清孔换浆直接采用铣槽机进行。

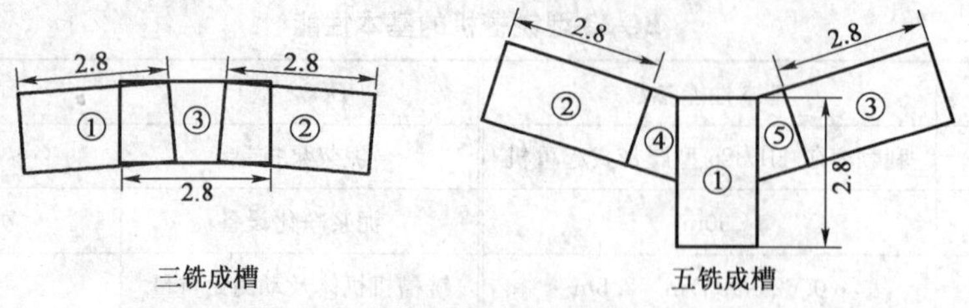

图5　I期槽铣削顺序图(尺寸单位:m)

3)II期槽段施工

II期槽段采用一铣成槽方式,并采用冲击钻机配合铣槽机成槽。槽孔基岩面以上覆盖层采用铣槽机铣削。基岩先采用冲击钻破碎,然后用铣槽机修孔。II期槽段与I期槽段之间采用铣接头连接,即通过铣槽机直接铣削I期槽段两端预留的素混凝土。

4)"Y"形槽段施工

"Y"形槽属于I期特殊槽段,位于隔墙与外墙交接处,"Y"形槽平面形式如图6所示。"Y"形槽段采用五铣成槽方式,并采用多台冲击钻机配合铣槽机成槽。槽孔基岩面以上覆盖层采用铣槽机铣削。基岩先采用冲击钻破碎,然后用铣槽机修孔。

图6　铣槽机在施工Y形槽

3. 地连墙成孔成槽评价

1)成孔评价

南锚地连墙于2009年3月21日开工,2009年7月16日完工,比预定工期提前4天完成65个槽段施工。在整个施工过程中槽壁始终保持稳定,地连墙处于安全、稳定、快速、优质的可控状态。经检测,地连墙槽段轴线偏位、倾斜度、外形尺寸、灌注前沉渣厚度等的控制质量均符合设计和规范要求。成槽指标与设计对比如表2所示。

I、II期成槽指标与设计对比　　表2

I期槽共33个槽段

检查项目	设计值	最大值	最小值	平均值
轴线偏位	30mm	26	0	10.5
倾斜度	≯1/200	1/800	1/4 000	1/1 800
沉渣厚度	≤150mm	100	10	47.3
外形尺寸	+30,0	20	0	7.6
高程	±10mm(3.2m)	9	−9	−1.2

II期槽共32个槽段

检查项目	设计值	最大值	最小值	平均值
轴线偏位	30mm	27	0	10.9
倾斜度	≯1/200	1/1 000	1/4 000	1/2 000
沉渣厚度	≤150mm	120	10	53.7
外形尺寸	+30,0	21	0	9.8
高程	±10mm(3.2m)	8	−9	−0.4

2)成槽总体评价

南锚碇地连墙施工同时，在钢筋笼内预留墙底帷幕灌浆管($\Phi108\times5$mm 钢管)，利用注浆管进行地连墙超声波无损检测。南锚碇地连墙65个槽段经超声波检测，检测表明所有槽段均为Ⅰ类槽段。地连墙施工完后，南锚基坑进行了抽水试验，试验结果表明：基坑日渗水量$\leqslant150m^3$，小于以前类似桥梁地连墙基坑日渗水量。地连墙经帷幕灌浆施工，基坑开挖过程中槽底基本无渗漏现象(图7)。

图7　南锚碇基坑开挖完成后的情景

四、结　　语

成孔成槽作业是地连墙施工的中心环节，是保证后续深基坑安全开挖的基础，是南锚碇工程质量控制的关键工序。地连墙成孔的质量控制主要依靠关键设备的投入和管理，德国宝峨BC-32液压铣槽机在南京四桥南锚碇地连墙施工的成功运用，特别是培养了一支国内熟悉地连墙的专业队伍，改变了以往在国内主要由国外公司进行桥梁地连墙施工的局面，为以后大型桥梁、水利、建筑等工程地连墙施工提供了设备和关键技术保障。

44. 南京长江第四大桥南锚锚固钢板吊装定位施工

汤叶帅[1]　郁　犁[2]

(1. 中交第二航务局;2. 南京长江第四大桥建设协调指挥部)

摘　要　结合南京长江第四大桥锚固钢板吊装施工，简单介绍锚固钢板吊装定位的施工技术。

关键词　施工特点　定位支架　吊装　总体施工工艺

一、工 程 概 述

南锚碇锚固系统采用改进后锚梁锚固系统，单个锚体共9块锚固板，每两根工字梁组成一块，整体放样拼装制作。索股通过锚固箱与锚固板连接，分四索股锚固、双索股锚固和单索股锚固三种锚固方式。为方便索股张拉，锚固箱后部均设置有千斤顶张拉反力架。

B1～B4锚固板后部布置12排0.35m(索股方向)×0.4m(高度方向)间距钢筋混凝土榫剪力连接键。锚固板后端沿板宽方向左右各设一条宽度250mm，板厚28mm的承压板，并设置板厚20mm承压板加劲，以分担部分荷载。

钢筋混凝土榫剪力连接键钢筋居于钢板开孔中心，以保证剪力连接键充分发挥其性能。为此，设计了剪力钢筋定位桁架，定位桁架由40mm×40mm×4mm和75mm×75mm×8mm角钢组成网片并两两连接。

为确保锚固板与混凝土无黏结接触，使索股力顺畅传递至锚固区域，除混凝土榫剪力键锚固区域外，混凝土内锚固板均设置钢板防护设施。南锚锚固系统构造如图1所示。

二、施 工 特 点

(1)南锚体锚固系统在工厂整体放样拼装制作，经工厂预拼后运输至施工现场。受南锚特殊地理环境影响，锚固钢板分块单元宽度不能大于4.8m，按照设计要求分片后最大单元件长23m，宽4.8m，质量约24t(图2)。锚固钢板单件体型大，质量重，且运输过程中存在多次倒运，为确保锚固钢板不变形，其运输及吊装方式极为重要。

(2)锚固钢板分层安装次数多，且安装精度要求高，现场精确定位难度大。

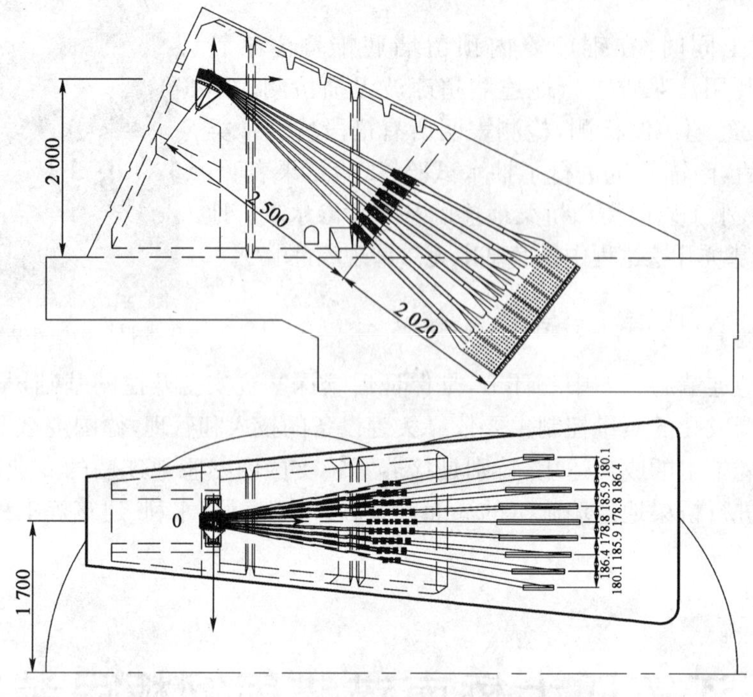

图 1　锚固系统总体构造(尺寸单位:mm)

图 2　南锚体锚固板及运输过程

三、定 位 支 架

为完成锚固钢板精确定位,单片锚固钢板第一层定位共布置 5 处临时支架,具体布置如图 3 所示。第二层及以上锚固钢板直接定位在第一层锚固钢板之上,除支架 5 以外,拟不设置其他临时定位支架。

其中支架 1 与支架 2 设置在锚固钢板底部,并各设置 1 处支撑点,同时支撑点可以实现调整锚固钢板。支架 3 与支架 4 设置在锚固钢板上部,与锚固钢板临时连接支架底端位置对应,支架 3 处支撑点可以实现调整锚固钢板。支架 5 布置在锚固钢板端部,主要用于第一层以上锚固钢板端部定位(图 4)。

锚体①号施工完后,开始安装锚固钢板底部临时定位支架(支架 1、2),同时施工锚体②号块及③号块第一层混凝土,待③号块第一层施工完后,安装锚固钢板上部临时定位支架 3、4、5。

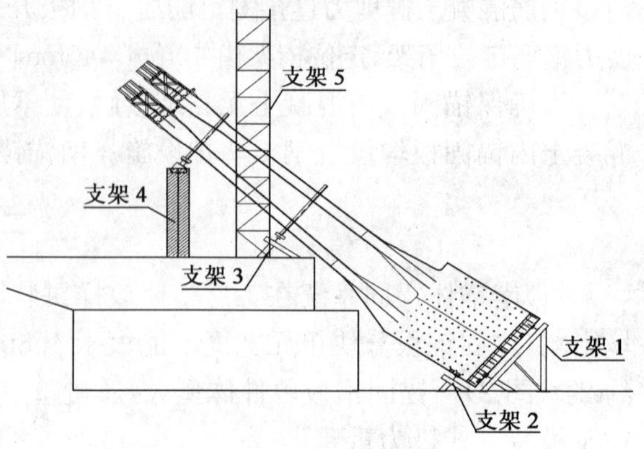

图 3　锚固钢板临时定位支架布置

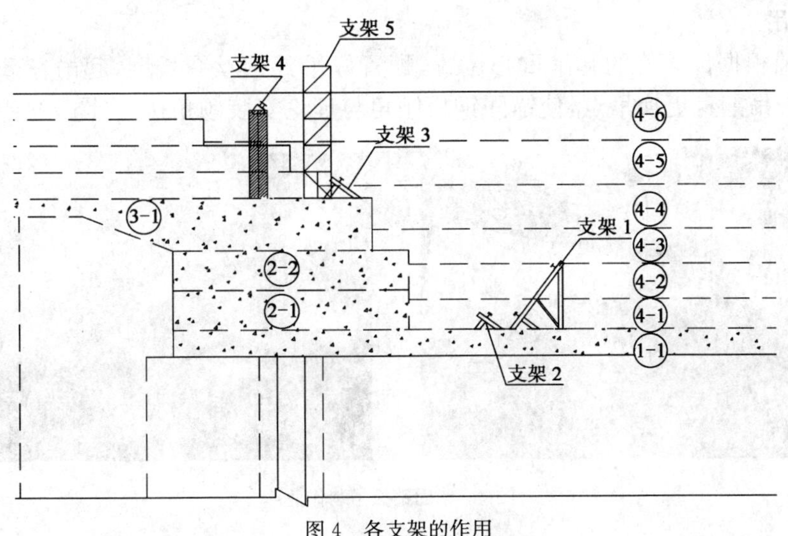

图4 各支架的作用

四、锚固钢板安装

1. 起吊设备

锚固钢板吊装采用150t履带吊做主吊，采用80t龙门吊辅助抬吊。

2. 吊点设置

单片锚固钢板设置4个起吊点，吊点设置在连接支架附近以及锚固钢板刚度较大的位置。吊点布置如图5所示，其中吊点1、2为150t履带吊起吊点，为主吊点。吊点3和吊点4为80t龙门吊起吊点，吊点3、4均为辅助吊点。

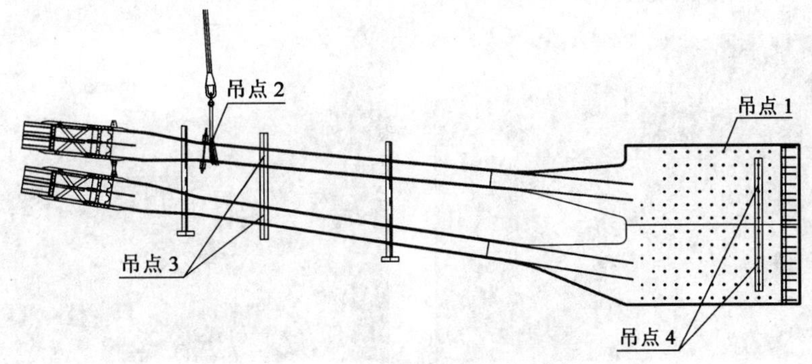

图5 锚固钢板起吊吊点布置图

吊点1利用剪力孔通过销轴与钢板主体相连。吊点2采用软吊索，直接捆绑在工字梁上，为防止软吊索滑移，在工字梁变截面处设置锁口夹具，夹具采用2组双肢槽钢，通过Φ32精轧螺纹钢筋锁定，吊点2设置如图6所示。吊点3与吊点4利用原扁担梁上吊点。

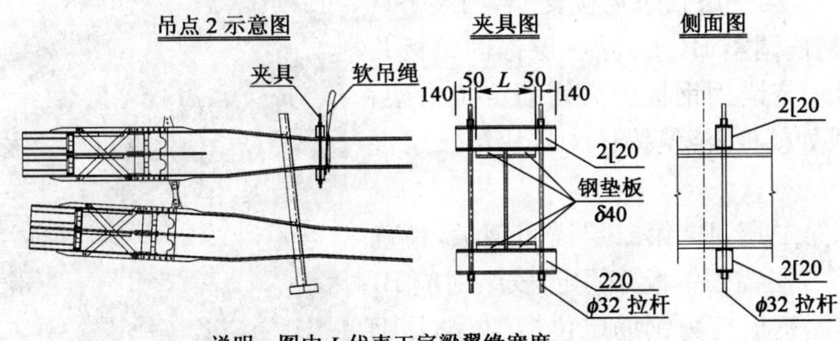

图6 锚固钢板起吊吊点2结构图(尺寸单位：mm)

3. 锚固钢板起吊

锚固钢板吊装前根据计算好的起吊重心位置，配置好吊具钢丝绳长度，起吊在80t龙门吊进行起吊腾空，通过150t履带吊翻身更换吊点，使锚固钢板倾角与理论安装倾角接近(图7)。

图7　锚固钢板吊装作业

五、总体施工工艺

锚固钢板分层安装，混凝土分层进行浇筑。锚固系统在工厂分块制作，并在工厂进行整体预拼装后，运输至南京四桥南锚工地分块进行安装，先利用临时支架精确定位，然后安装钢筋定位桁架，绑扎钢筋，最后分层浇注混凝土。锚固钢板吊装设备采用150t履带吊。

(1)采用150t履带吊依次吊装B1、B2锚固钢板第一节段，并与支架临时固定。

第一步：安装B1、B2、B3第一层临时定位支架，吊装B1、B2、B3第一层锚固钢板，精确调整B1、B2、B3锚固钢板并固定，安装对应B1、B2、B3第一层锚固钢板剪力钢筋定位桁架，绑扎钢筋，安装后浇段处模板，浇筑锚体4号块第一层混凝土(图8)。

图　8

(2)依次精确调整B1、B2、B3锚固钢板并固定，连接各锚固钢板连接支架。安装对应B1、B2、B3锚固钢板剪力钢筋定位桁架(图9)，绑扎锚固系统钢。

第二步：安装B4、B5第一层临时定位支架，吊装B4、B5第一层锚固钢板，精确调整B4、B5第一层锚固钢板并固定，安装对应B3第一节锚固钢板剪力钢筋定位桁架，绑扎钢筋，安装后浇段处模板，浇筑锚体④号块第二层混凝土。

第三步：安装B1第二层、B2第二层锚固钢板，精确调整B1第二层、B2第二层锚固钢板并固定，安装对应B1第二层、B2第二层锚固钢板剪力钢筋定位桁架，绑扎钢筋，安装后浇段处模板，浇注锚体④号块第三层混凝土。

图9　钢筋定位桁架

第四步：安装B3第二层、B4第二层锚固钢板，精确调整 B3 第二层、B4 第二层锚固钢板并固定，安装对应 B3 第二层、B4 第二层锚固钢板剪力钢筋定位桁架，绑扎钢筋，安装后浇段处模板，浇注锚体④号块第四层混凝土。

第五步：安装 B1 第三层、B2 第三层、B3 第三层锚固钢板，精确调整 B1 第三层、B2 第三层、B4 第三层锚固钢板并固定，安装对应 B1 第三层、B2 第三层、B3 第三层锚固钢板剪力钢筋定位桁架，绑扎钢筋，安装后浇段处模板，浇筑锚体④号块第五层混凝土。

第六步：安装 B1 第四层锚固钢板，精确调整 B1 第四层锚固钢板并固定，安装对应 B1 第四层锚固钢板剪力钢筋定位桁架，绑扎钢筋，安装后浇段处模板，浇筑锚体④号块第六层混凝土（图 10）。

图 10 全部锚固件就位

六、结　　语

南京四桥锚固钢板的成功吊装完成，标志着南锚碇最关键的部分已经完成。在整个吊装过程中也遇到各种各样的问题，通过现场勘察及开会讨论，我们一个个把问题解决了。为以后同类型的锚固系统积累了施工经验。

45. 南京长江第四大桥南锚碇深基坑施工监控技术

陈富强[1]　刘　毅[2]

（1. 中交第二航务工程局有限公司；2. 长大桥梁施工技术交通行业重点实验室）

摘　要　结合工程实例介绍深基坑施工监控技术在南京长江第四大桥南锚碇基础施工中的应用，对基坑开挖施工过程的仿真分析、监测系统设计及实施效果进行了阐述。

关键词　深基坑　监测技术　施工监控

一、工 程 概 况

南京长江第四大桥是国内首座三跨吊悬索桥，主跨为 1 418m，大桥南面锚碇基础施工采用地连墙加逆作内衬支撑下的明挖施工，支护体系平面形状似“∞”字形，长 82.00m，宽 59.00m，由两个外径 59m 的圆和一道隔墙组成，壁厚为 1.50m。地连墙顶高程为 5.00m，底高程为－35.00～－45.00m，嵌入中风化砂岩约 3.00m，总深度 40.00～50.00m。南锚基坑支护体系如图 1 所示。

二、基坑开挖过程仿真分析

1. 计算模型

根据支护体系特点并结合实际施工顺序，采用 Midas-GTS 软件，建立有限元模型对基坑开挖全过程进行正演分析（图 2）。

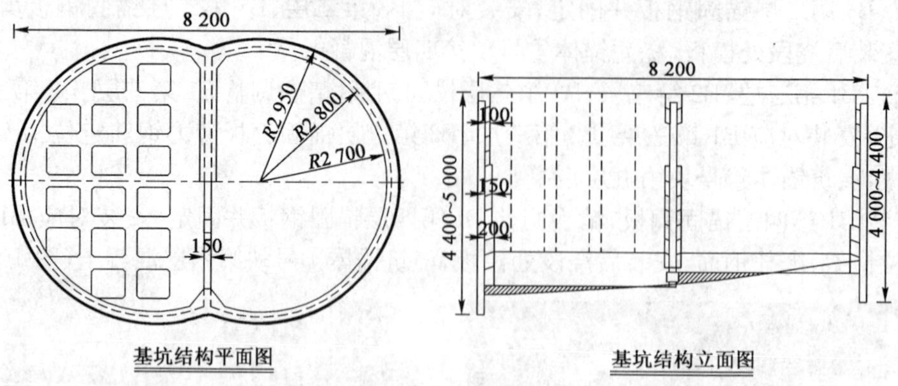

图1 南锚基坑支护体系结构图(尺寸单位:cm)

考虑到分析对象的对称性,取支护体系的一半建立有限元模型,即南北沿桥中轴线将支护结构体系剖开。模型总高度100m,长400m,宽293m。考虑到施工成槽误差使相邻墙段的搭接发生偏差,计算时墙厚折减为130cm,模型中地连墙内径28.0m,外径29.3m。

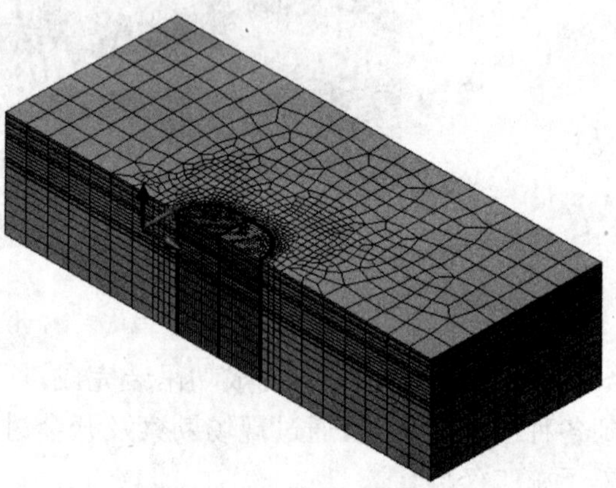

模型中土体采用摩尔库仑本构模型,混凝土采用弹性材料,按规范赋予相应参数。对于地下水,考虑施工过程中内表面水压的调整。模型还考虑了锚碇南北侧土层分布上的差异。

图2 南锚基坑支护的整体有限元计算模型

2. 计算工况

计算模拟了基坑的开挖及支护建造的过程,实际工程中每次的开挖深度为3m,数值模拟计算中按每步的开挖深度3m设置一个荷载步,每层土层开挖与内衬施工同时进行。

3. 参数取值

模型中需要考虑混凝土和岩土两类材料,同时需考虑混凝土的材料参数和锚碇所在区域岩土层的材料参数取值对结构分析结果的影响。岩土层的参数取值主要依据设计方提供的详勘资料,对于详勘资料中没有提供的参数,结合本工程的实际情况,根据经验取值。

4. 计算结果

从计算结果(表1)来看,地连墙的x方向(模型坐标系中,x方向与桥中轴线平行,y方向与桥轴向垂直,z为重力方向坐标轴,下同)位移最大为3.6mm,y方向最大位移约6.1mm,指向坑内。最大位移出现的位置随开挖而不断下移,最终停在距离地面大约24m处(图3)。

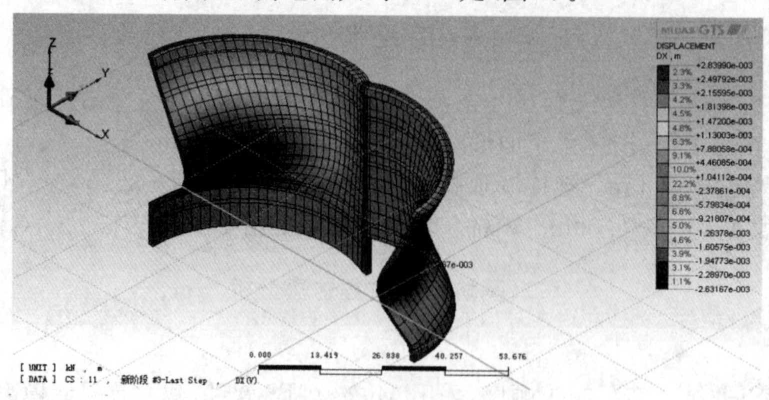

图3 南锚基坑开挖支护体变形计算结果(x方向位移)

支护结构内力及位移分析结果汇总表 表1

部位	最大变形(mm)			最大应力(MPa)						
				Sxx		Syy		Szz		Sxy
	Ux	Uy	Uz	压	拉	压	拉	压	拉	—
地连墙	3.6	6.1	−0.1	−3.9	0.38	−4.5	0.15	−4.8	0.13	1.9
中隔墙	3.5	0	−2.7	0	0	−2.6	0	−4.6	0	0
内衬	—	—	—	−1.3	0.2	−1.2	0.3	−0.6	0.4	0.7
地基	—	—	—	−0.3	—	−0.4	—	−0.6	—	—
地表	0.1	3	−1.1	—	—	—	—	—	—	—

注:地基/地表指开挖深度范围内,地连墙外侧附近区域土体/地面。

墙体周围土层沉降最大值所在区域逐渐远离坑边,最终最大沉降为1.1mm,坑底隆起最大值为0.3mm。

地连墙中x方向的正应力最大值为压应力3.9MPa,平面位置位于弧形地连墙圆弧x方向切线的切点处外侧,深度方向距地面约27m处。地连墙中y方向的正应力最大值为压应力4.5MPa,平面位置为弧形地连墙y方向切线切点处内侧,距离地面约24m。z方向的最大应力出现在墙体嵌入岩层处,约4.8MPa。

地连墙最大主拉应力为0.95MPa,出现在墙体嵌入岩层附近外侧,弧形墙体与y轴向切线切点处附近。另外,与x向切线切点及锚梁层与中隔墙交汇处内侧拉应力也相对较大。

内衬结构最大应力为压应力2.5MPa,多出现在2m厚的衬砌段。

三、信息化施工监测系统

1. 监测项目

根据工程特点,参照相关规范及类似工程经验,对南京四桥南锚碇基础深基坑开挖过程进行10个项目(表2)的监测[1~4]。

基坑开挖监测项目 表2

序号	基坑系统	监测项目	测试手段
1	围护墙体	墙顶水平位移监测	光学测量
2		墙顶竖向位移监测	光学测量
3		墙体深层水平位移	测斜仪
4		墙体内力监测	钢筋应力计
5		内衬内力监测	钢筋应力计
6	支撑系统	隔墙内力监测	钢筋应力计
7	周围环境	地下水位监测	潜水和承压水
8		坑外土压力监测	土压力计
9		长江大堤沉降监测	光学测量
10		周边地表沉降	光学测量

2. 测点布置

1)帽梁垂直及水平位移监测

在连续梁顶部帽梁上布设共计15个监测点,点位用金属标志头埋置在帽梁表面。

2)围护墙体侧向变形监测

在地下连续墙内埋设带导槽的PVC管,跟踪围护结构的侧向位移。选择在可能产生较大变形的部位以及横隔墙中部,在地下连续墙内埋设带导槽PVC塑料管,以跟踪围护结构侧向位移。针对本工程的特点,布设9个测孔,即CX01～CX09,其中CX02、CX04、CX06、CX08为辅助测孔。测斜孔深度同墙深,PVC塑料管外径Φ70mm,管口应高出帽梁顶30cm,并设置防雨罩,防止雨水流入管内。

3)地连墙钢筋应力及隔墙应力监测

在连续墙内布设钢筋应力测孔,每个监测孔分两个剖面埋设,分别为迎土、迎坑面,结合本工程特点,考虑每层开挖深度及内衬施工顺序,北侧测试断面(GJ04～GJ08)在竖向按照6m/4m/2m间距布置8组,南侧岩面较浅处断面(GJ01～GJ03)对应布置6组,每组在迎土面、迎坑面各设一个测点;其中,距离地面36m以上(3组)为环向布置,其余为竖向布置。在中隔墙设置两个应力测试剖面,编号为GJ09～GJ10,每个测试断面在隔墙南北侧均布置测点,竖向按照6m间距布置5组,顶部一组距地面12m(图4)。

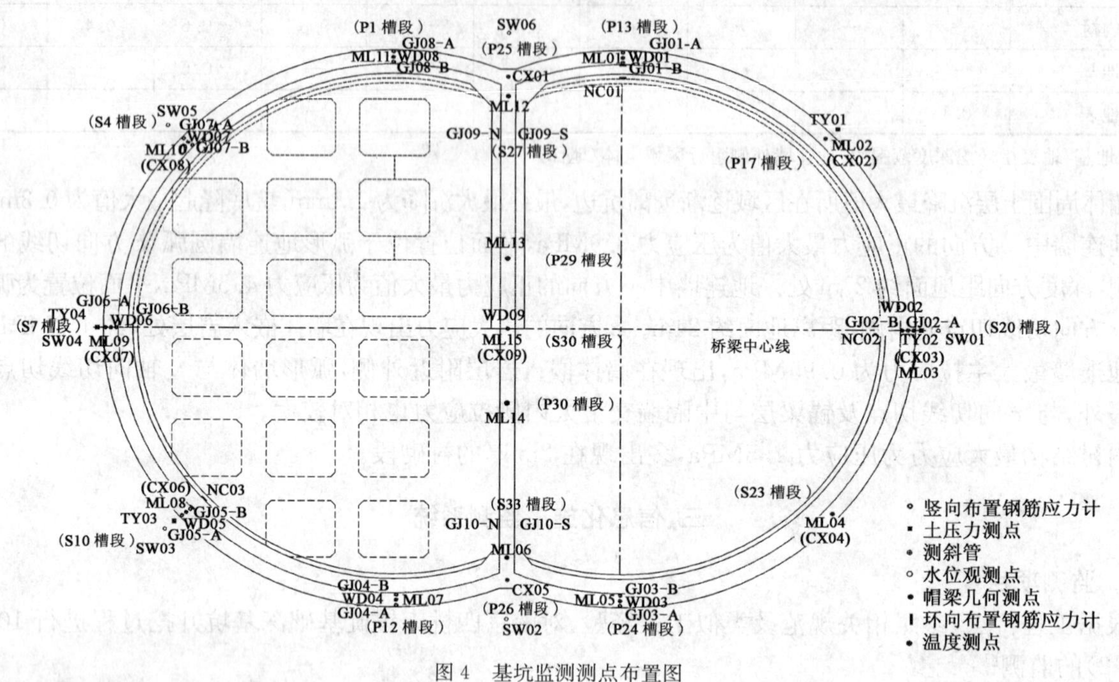

图4　基坑监测测点布置图

4)内衬应力监测

内衬墙内共布设3组应力监测剖面,每个剖面按不同深度埋设3组,其中第1组钢筋应力计布设在帽梁顶向下21m处,以后每隔6m埋设一组,埋设位置均为内衬待浇段的下缘。每组两个钢筋应力计分别布置在迎坑、背坑面的表面,按内衬墙的中轴线对称布置。

5)坑外土压力监测

采用挂布法在地下连续墙迎土面一侧埋设土压力计。安装时,预先将缝有土压力计的帆布挂帘平铺在钢筋笼表面并与钢筋笼绑扎固定,挂帘随钢筋笼一起吊入槽内,在浇筑混凝土时,利用流态混凝土的侧向外挤压力将挂帘连同土压力计一起压向土层,并迫使土压力计与土层垂直表面密贴。在平行与垂直大桥轴线的二个方向、45°角的方向以及隔墙交汇处共布设4条剖面。

6)坑外地下水位监测

在基坑周围5m范围内布置坑外水位观测孔,每孔深度20m。共计6个水位观测孔。

7)坑外重要构筑(建)物地基的沉降观测

本工程基坑周边重要建(构)多分布于基础东侧与北侧,如油管和粮库等。在地连墙周边布置3条地表沉降观测线,每个观测剖面从离坑边10m处按间距10m等距布置,共计13个周边沉降测点(图5)。

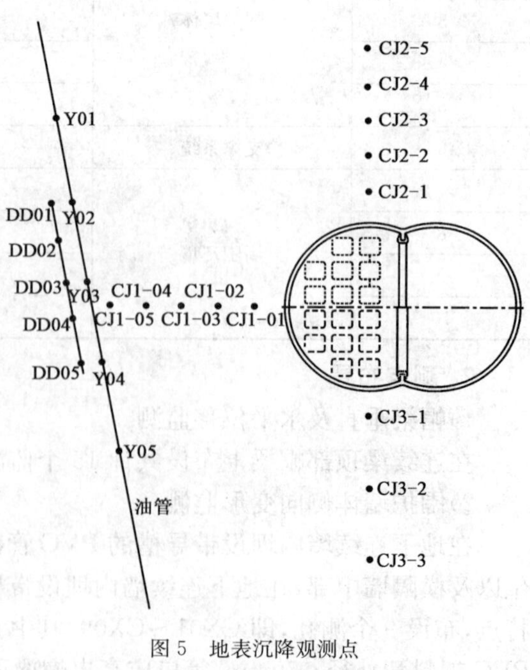

图5　地表沉降观测点

南锚地连墙边缘和长江大堤距离近 65m，施工可能对长江大堤有一定的影响。如采取坑外降水预案，坑外降水对大堤的影响不可忽视。在大堤上大桥纵轴线两侧各约 25m 内布置沉降观测点，点距 10m，共布置 5 个测点。同时在粮库外墙墙角及油管经过处地基等重要构筑物位置布设沉降监测点，对布设测点进行监测。

四、关键监测结果分析

1. 地下连续墙侧向变形

地下连续墙的变形是反映基坑运行状况最直观、最可靠，也是最重要的指标之一[3]，本工程共埋设 CX01-CX09 共九根测斜管进行深层水平侧向变形监测，测斜仪监测结果表明：最大变形值为 12mm，出现在 CX02 测孔，其他测孔位移值均不超过 7mm。最大相对位移仅为开挖深度的 0.03%，远小于常规控制的基坑变形警戒值[1]。实测结果验证了计算分析得出的结论，即在对称半圆拱效应的作用下，地下连续墙整体刚度很大。地连墙体变形总体上随开挖深度加深而不断变大，而在下部基岩的嵌固作用差异、基坑土层力学性质差异及测试误差等因素影响下，墙体的实测变形分布则呈现出一定的无序性(图 6～图 9)。

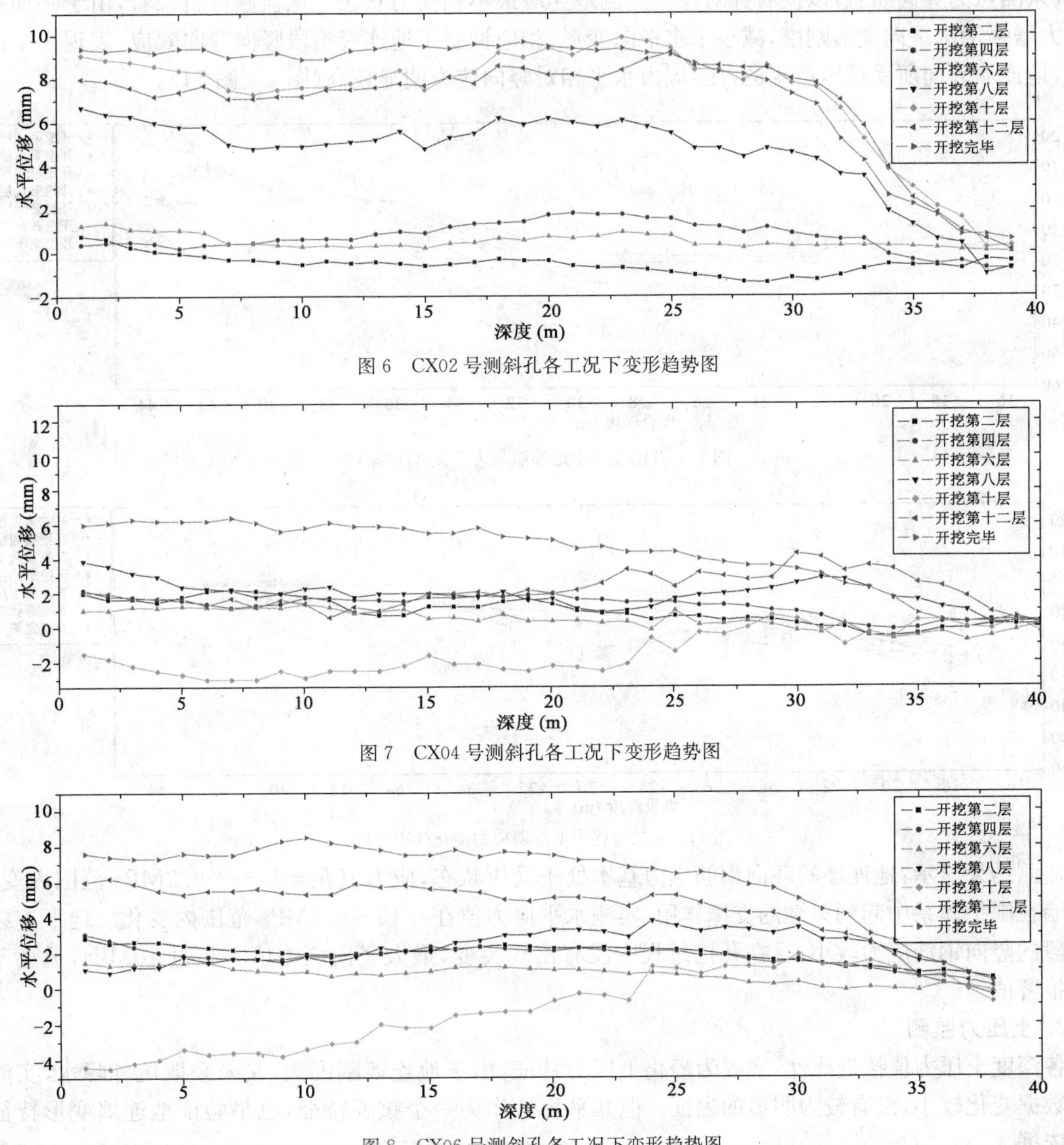

图 6 CX02 号测斜孔各工况下变形趋势图

图 7 CX04 号测斜孔各工况下变形趋势图

图 8 CX06 号测斜孔各工况下变形趋势图

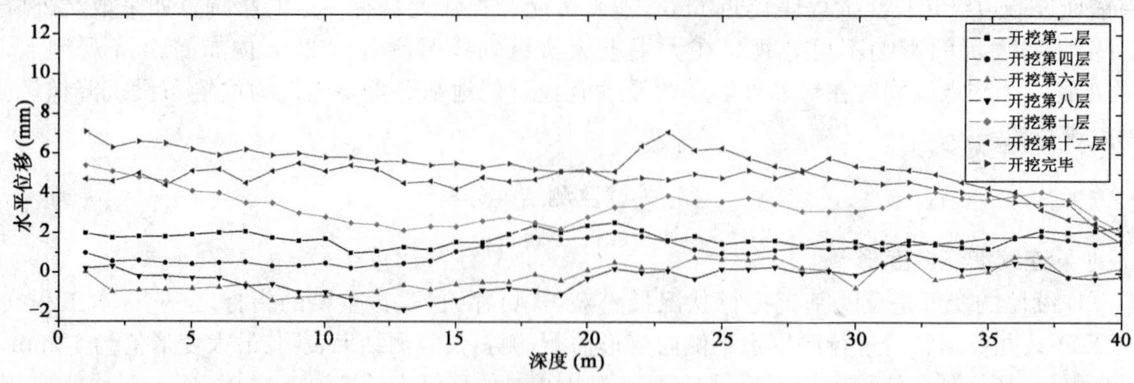

图9 CX08号测斜孔各工况下变形趋势图

2. 地连墙应力

根据地连墙结构特点，应力监测点按照上疏下密的的原则进行，同时深度30m范围内筋计为环向布置，其余测点为竖向布置，以便有针对性的监测地连墙最不利受力状态。从监测资料来看，由于平面拱效应大大增强了水平向变形刚度，减小了水平向变形，相应抑制了地连墙槽段竖向弯曲效应，表现出来的结果是，地连墙环向所受挤压产生的(压)应力水平相对竖向应力明显较高(图10、图11)。

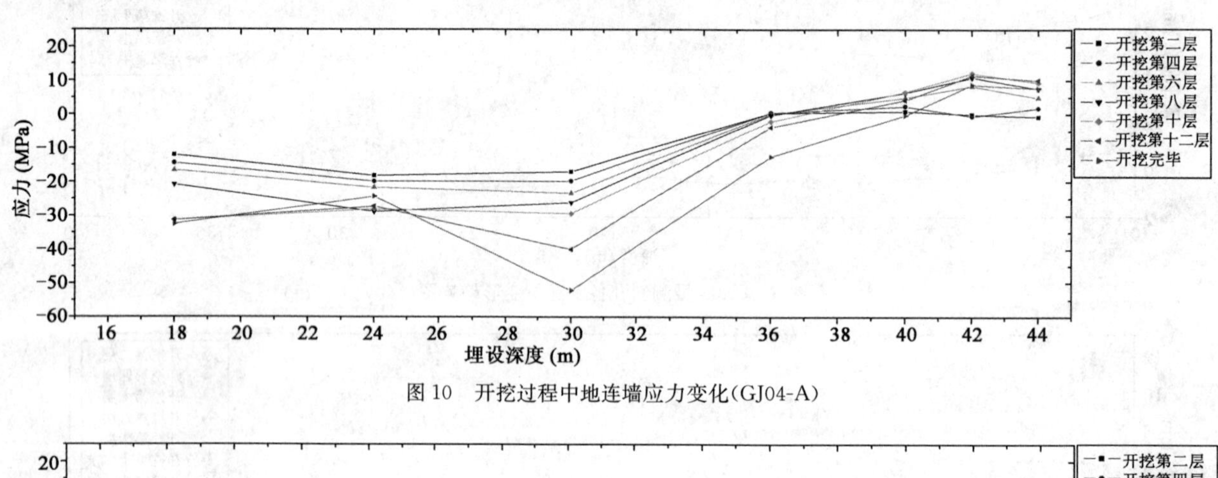

图10 开挖过程中地连墙应力变化(GJ04-A)

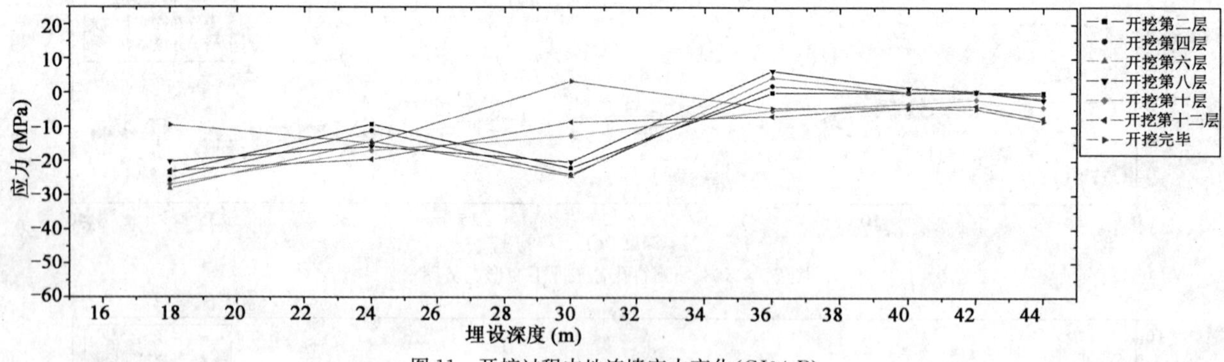

图11 开挖过程中地连墙应力变化(GJ04-B)

监测结果显示：地连墙的环向钢筋应力基本处于受压状态，应力值在－45～－0.2MPa范围内变化，中隔墙在围护体系中起到关键的支撑作用，实测水平应力值在－45～－5MPa范围内变化。地下连续墙嵌岩段的竖向钢筋应力较小，且在开挖过程中没有出现突变，最大竖向应力值不超过10MPa，远小于预设的报警值。

3. 土压力监测

各深度土压力值接近线性，表现为静止土压力特征，由于地连墙刚度大，又未采取坑外降水，实测土压力数据变化较小，没有较为明显的表征。但其平稳性作为一个重要特征，也是验证地连墙变形特征的重要依据。

4. 水位监测

坑内水位在整个开挖过程中基本维持在开挖面1m以下，坑外水位随着开挖进程及长江水位的持续回落，也出现稳步下降，未出现异常涨落。开挖过程也证实地连墙封水效果良好，未发现漏水现象。

5. 坑外土体沉降

基坑开挖完成时坑外地基及长江大堤沉降如表3所示。从表3可知，坑外地基沉降较小且无直观规律，最大沉降量约为坑深的0.02%，可认为基坑开挖对周边土体无明显影响。长江大堤受基坑开挖的影响同样很小。

大堤及坑外地表最终沉降统计表 表3

点名	沉降量(mm)	点名	沉降量(mm)	点名	沉降量(mm)	点名	沉降量(mm)	点名	沉降量(mm)
DD1	-0.7	Y01	-1.3	CJ1-1		CJ2-1		CJ3-1	-1.8
DD2	-0.4	Y02	0.3	CJ1-2	-10	CJ2-2	-6.6	CJ3-2	-3.4
DD3	0.9	Y03	0.8	CJ1-3	-7.2	CJ2-3	-2.1	CJ3-3	-2.6
DD4	-0.5	Y04	0.7	CJ1-4		CJ2-4	-0.8	CJ3-4	
DD5	0.4	Y05	-1.3	CJ1-5	-1.4	CJ2-5	-0.3	CJ3-5	

说明：空白处表示测点损坏。

五、结　语

南锚碇基坑已于2009年11月13日完成开挖，2009年12月11日完成封底，整个过程十分顺利。该工程的支护结构监测结果表明，支护结构的设计方案是合理的，效果是良好的，为我国以后类似工程积累了宝贵的经验。

参考文献

[1] 中华人民共和国行业标准. JGJ 120—99 建筑基坑支护技术规程[S]. 北京：中国建筑工业出版社，1999.

[2] 刘明虎，徐国平，刘化图. 阳逻长江大桥南锚碇基坑支护结构计算分析[J]. 公路，2004(10).

[3] 杨玉泉，吴浩，刘明虎. 武汉阳逻长江公路大桥南锚碇深基坑监测技术研究. 第二届全国岩土与工程学术大会论文集. 武汉：科学出版社，2006.

[4] 林鸣，张鸿，徐伟. 润扬长江大桥南汊悬索桥北索塔、北锚碇施工技术[M]. 北京：中国建筑工业出版社.

46. 南京长江第四大桥北锚沉井关键技术研究

武焕陵[1]　章登精[1]　荆刚毅[2]　董　萌[3]

（1. 南京长江第四大桥建设协调指挥部；2. 中交第二公路局；3. 中交公路规划设计院）

摘　要　本文介绍了南京长江第四大桥北锚沉井工程设计和施工中的关键技术研究情况，详细阐述了各分项目的研究内容、技术创新点和实施效果。

关键词　沉井　关键技术　创新成果　实施效果

一、引　言

沉井基础是以沉井法施工的地下结构物和深基础的一种形式。随着现代经济发展和技术进步，使得在软土等特殊地质条件下的大跨度桥梁建设越来越多，也推动了特大型深基础工程技术的进步，特别是千米跨径以上的悬索桥把我国沉井深基础施工技术研究推到世界沉井技术的最前沿。江阴长江大桥北锚基础首次采用的特大型矩形沉井，沉井长69m，宽51m；下沉深度58m，取土20.6万m^3，耗费了20个月的时间。泰州长江公路大桥北锚碇沉井长67.9m，宽52.0m；下沉入土深度近59m。

以往特大沉井施工技术研究取得很多成熟可靠的技术成果，但对沉井下沉全过程主动有效控制、终沉的效率及精确度、防止沉井结构下沉过程中的受力裂缝、沉井下沉对周边大堤等重要建筑物沉降影响等方面研究，没有系统地介绍和分析报道。南京长江第四大桥研究立足于以往成熟成功的技术成果，按照现代桥梁精细化设计和精细化施工的高标准高要求，进一步开展了一些有益和有效地研究工作，力争实现沉井下沉的高质量和高效率。

二、工程项目简介

南京长江第四大桥主桥为主跨1 418m的三跨连续钢箱梁悬索桥，桥跨布置为575m＋1 418m＋483m，是跨度"世界第六"的大跨径桥梁，也是跨度"中国第一"的三跨悬索桥(表1)。南京四桥北锚碇基础设计采用大型深沉井，平面尺寸69m×58m，下沉深度52.8m，其平面规模目前位居国内陆地桥梁沉井之首(图1、表1)。沉井顶面高程＋4.300m，基底高程－48.500m，置于密实卵砾石层。沉井共分11节，除第1节为钢壳混凝土沉井外，其余10节均为钢筋混凝土沉井。其竖向高度划分为：第1节沉井高6m，第2～10节沉井高5m，第11节沉井高1.8m。

国内外特大型桥梁沉井基础一览表　　表1

序号	桥名	桥梁型式	位置	建成时间	沉井尺寸 长×宽×高(m)	备注
1	江阴长江大桥	悬索桥	中国	1999	北锚：69.0×51.0×58.0	陆上沉井
2	泰州长江大桥	悬索桥	中国	在建	南锚：67.9×52.0×41.0	陆上沉井
					中塔：58.0×44.0×76.0	水中沉井
					北锚：67.9×52.0×57.0	陆上沉井
3	马鞍山长江大桥	悬索桥	中国	在建	南锚：60.2×55.4×41.0	陆上沉井
					北锚：60.2×55.4×41.0	陆上沉井
4	南京长江四桥	悬索桥	中国	在建	北锚：69.0×58.0×52.8	陆上沉井

北锚碇所属区域属于漫滩地貌，地势平坦，地面高程3.93～4.32m，地下水位埋深0.70～1.20m，平均1.01m。地表岩性为第四纪全新世黏性土，近长江水域地表岩性味砂类土，地形微向长江倾斜。由于基底下部为卵砾石、砾砂层，渗透系数大，透水条件好，水量大(根据抽水试验，基坑涌水量达39 230.93m^3/d)，且其与长江相连通，施工时易产生如涌水、涌砂等现象。施工存在以下技术难点：

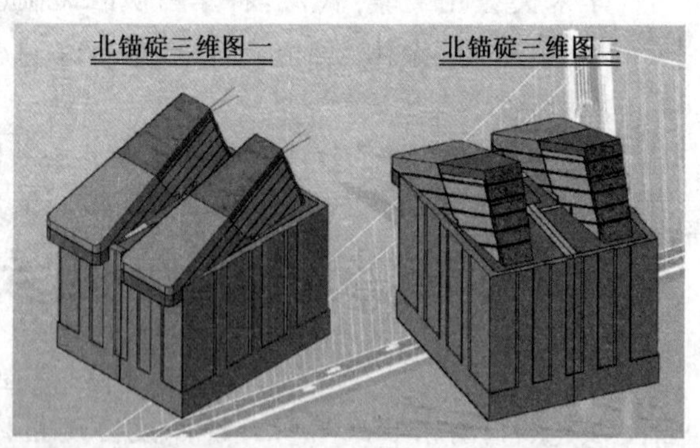

图1　北锚碇效果图

(1)沉井位置处地质以砂层为主，且粉砂和细砂层较厚，易出现涌砂；

(2)沉井支撑在密实的卵砾石上，在沉井下沉后期，地基承载力大，且卵砾石吸出困难，易造成沉井下沉不到位；

(3)沉井所处位置濒临长江大堤约80m，降排水下沉过程中抽水对长江大堤及附近结构物有不同程度影响，存在安全隐患。

三、项目研究内容

1. 超大规模沉井基础设计研究

为了解决以往同类型沉井工程施工中存在的沉井周边建筑物和防洪堤沉降过大、下沉后期进展缓慢、钢筋混凝土结构裂缝等等问题，从沉井设计入手，在南京四桥北锚碇沉井设计中首次提出利用在井壁设置的凹凸不平齿坎（50cm，图2），并在下沉过程中回填砂，形成砂套助沉。通过系统计算分析和现场测试，系统地开展了预加重量、空气幕与砂套组合助沉设计方案研究。取得成果如下：

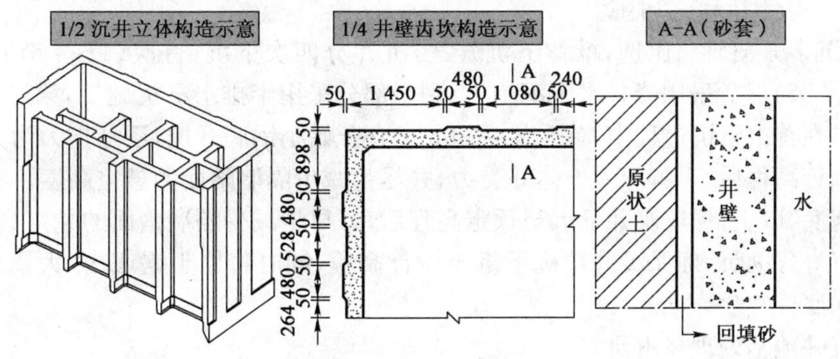

图2　沉井井壁砂套原理示意图（尺寸单位：cm）

（1）砂套凹槽位置的土压力明显小于砂套凸起位置的土压力，减小约35%；砂套凸起位置数据离散性较凹槽位置大，也说明凸起位置土压力更易受沉井姿态变化的影响（图3）。

（2）实测拟合土压力远远小于计算被动土压力，其中土压力的计算对黏性土采用水土合算，对砂性土采用水土分算；砂套凹槽位置拟合土压力与主动土压力十分接近，凸起位置拟合结果大于静止土压力。数据表明，砂套的设置有效减小了井壁侧压力，见图4。

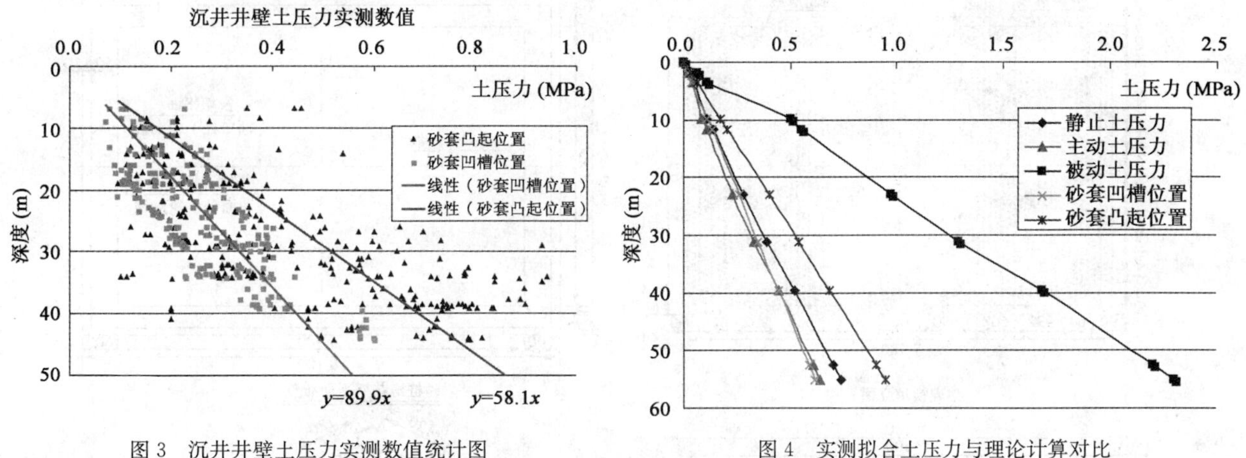

图3　沉井井壁土压力实测数值统计图

图4　实测拟合土压力与理论计算对比

（3）沉井下沉至30m时，考虑端阻的下沉动力基本小于井壁极限侧摩阻力，下沉困难。而在沉井实际下沉过程中（启动空气幕前，刃脚高程至－43.345前），沉井刃脚下土体均未掏空，并最少保持约1m埋深，并保持较快的下沉速度。这说明极限摩阻力理论值比实际作用井壁侧摩阻力要大，也进一步验证了砂套的作用效果。

（4）合理地预加重量是沉井最直接有效的助沉手段之一，将南京四桥北锚沉井下沉重度系数提高到8.0。起到了很好的助沉效果。

2. 超大规模沉井下沉关键技术研究

超大规模沉井下沉关键技术研究课题关键技术和主要创新成果如下：

1）超大规模接高、下沉次数研究

（1）研究结果表明，沉井结构受力安全隐患阶段主要在沉井首次下沉阶段。根据施工工况的沉井受力情况，适当加强隔墙底部配筋及隔墙侧面纵横向抗剪配筋，并要求地基加固至350kPa，以确保结构安全。

（2）排水下沉方案8个工况的结构应力计算分析表明，工况6（接高3节后，首次下沉，限制刃脚处竖向和平行井壁方向的自由度)沉井最大拉应力顺桥向5.1MPa、横桥向7.6MPa。结合工程实际情况，考虑到长江汛期的影响，方案研究成果推荐：北锚碇沉井前四节接高后(横桥向分区隔墙支撑，沉井最大拉应力顺桥向0.07MPa、横桥向2.3MPa)，整体采取降排水下沉施工，后续沉井下沉施工采用常规不排水下沉施工，各阶段结构受力无安全隐患。

(3)经沉井下沉多方案研究比选，推荐下沉方案：沉井分四次下沉，首次(1～4节)采用降排水下沉19.0m；第二次(5、6节)部分采用降排水下沉施工，剩余部分采用半排水下沉施工，第三、四次(7～11节)采用不排水下沉。在首次下沉过程中，首次从中间6个仓开始小锅底开挖，逐渐扩大为大锅底开挖取土，保证沉井下沉至预订高程后，刃脚埋入土体并受力，并尽量减少隔墙踏面的悬空高度。在第二、三次以后的下沉，进行“大锅底”取土，保证沉井下沉至预定高程后，并尽量减少隔墙踏面的悬空高度。在第四次下沉采取空气幕助沉方式助沉，确保沉井精确下沉至设计高程，同时将取土锅底由“大锅底”逐步转换为4个分区的封闭小锅底。

2)超大规模沉井地基处理技术研究

(1)在超大规模沉井地基处理中，根据现场地质条件，通过砂桩试验确定了地基加固处理参数，即砂桩直径0.5m，间距1.2m，砂桩底高程－10.m，桩体材料为中粗砂。

(2)开挖2.5m深进行砂桩打设施工，砂桩完成后超开挖2.0m深，进行砂垫层换填施工，处理后的地基通过平板载荷试验得：承载力≥500kPa，满足设计要求。

(3)复合地基砂桩加固布置见图5。

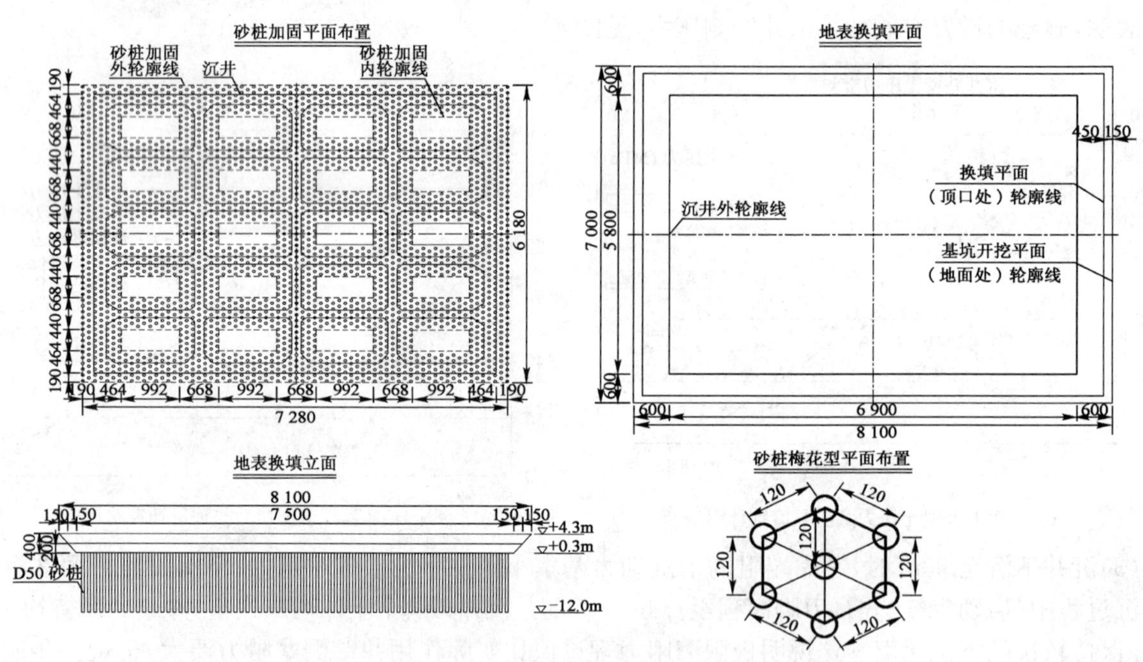

图5　复合地基加固砂桩加固布置图(尺寸单位：cm)

3)超大规模沉井下沉技术研究

立足于以往工程的成功经验和教训，按照高效、优质完成工程建设目标要求，开展了沉井下沉的多方案研究工作。本分项研究取得以下成果：

(1)深井降水方案为：布设32口深水井，沿沉井周围交错布置两圈，井深35m。ϕ325mm孔径的降水管井安装125m^3/h水泵，ϕ273mm孔径的降水管井安装80m^3/h水泵。根据现场沉井内泥面开挖深度，确定水泵开启数量及降水深度。

(2)降排水下沉阶段，先从中间六个井孔开挖小锅底，在下沉过程中逐渐开挖形成大锅底。垫块抽除遵循对称均匀、分段进行的原则，利用高压水枪冲刷垫块处土体，使之自动抽除，详见图6。

(3)首次在超大规模沉井施工中采用了“半排水下沉施工工艺”，成用地应用于北锚碇沉井施工中，提高了功效。第二次下沉后期采用半排水下沉施工，共下沉 5.8m 高，日均下沉 0.97m；同时避免了翻砂、附近江堤及结构物沉陷量过大的风险。

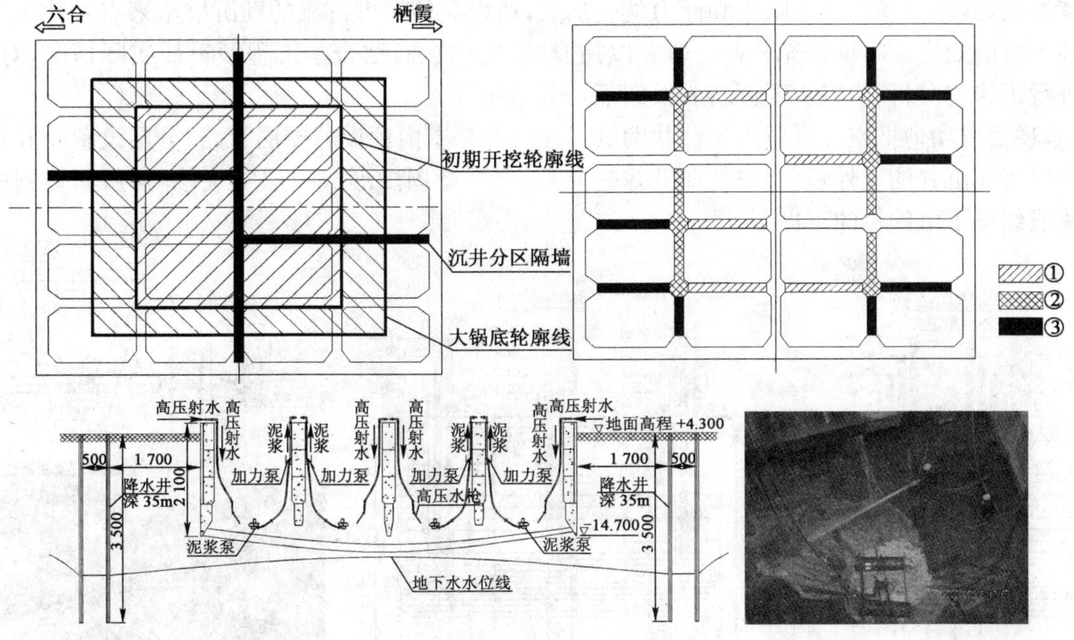

图 6　排水下沉井内设备布置立面图

"半排水下沉施工工艺"见图 7，即往沉井内补水，同时维持沉井外降水深度，在沉井内水面上设置浮箱工作平台。利用浮箱平台进行作业，高压射水枪和泥浆泵悬挂在浮箱平台下方，在泥浆泵吸头处并行布置 2 把高压水枪，使高压射水枪和泥浆泵泵头立于水中泥面上方，利用高压射水冲刷土体形成泥浆，吸泥泵泵头在沉井底面吸泥，有效地提高了下沉效率。

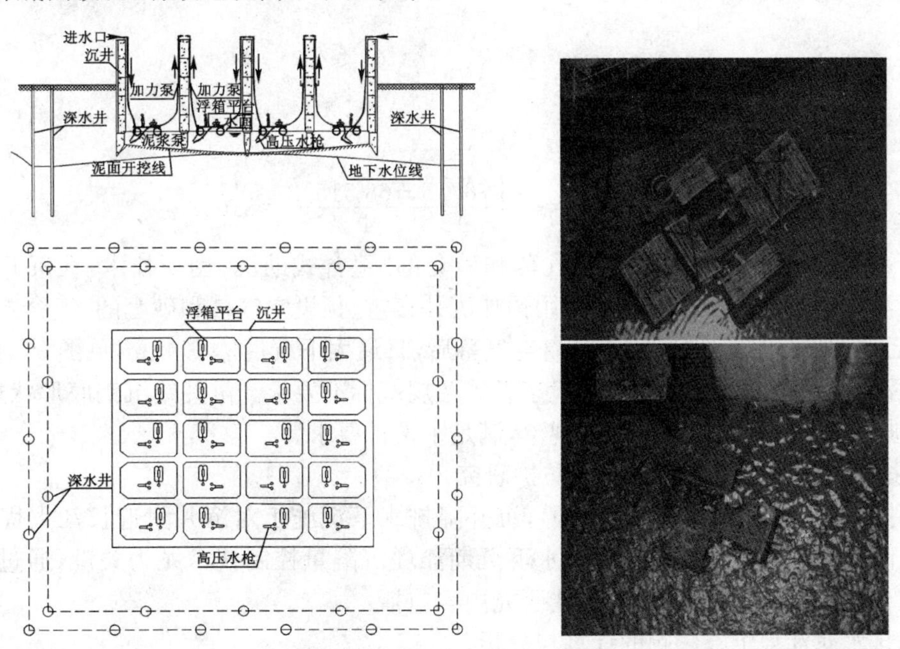

图 7　半排水下沉施工方法的总体工艺布置图

(4)不排水下沉施工关键在于空气吸泥机的选型，本项目共投入 16 台功率为 $22m^3/min$ 空压机、6 个 C12.5/0.8 储气罐。20 台高压水泵、12 台离心泵、10 台龙门吊。该阶段坚持大锅底吸泥，最后 1.5m 以清基为目的下沉采用水平吸泥机清平，最终形成分区隔墙及刃脚为半刃脚支撑状态下的 4 个分区大锅底。

4)超大规模沉井助沉技术研究

沉井在其自重作用下下沉，必须克服作用在沉井上的侧摩阻力、端支撑力和水的浮力。随着沉井的下沉深度加大，其所承受的侧摩阻力和浮力就会加大，所以必须考虑可靠的助沉措施来有效地阻力，才能确保沉井下沉的效率。本项目充分调查研究以往成的经验教训，结合本工程项目的实际情况，对各项助沉措施进行了研究分析，取得主要创新成果如下：

(1)本项目成功地把空气幕应用于沉井助沉。在沉井井壁内预设若干层管路，分层设置小孔，进入管内的压缩空气向沉井的壁外喷射，空气即沿井壁上升，在井壁周围形成一层空气帷幕，从而达到摩阻力，达到加速或纠偏下沉的目的。见图8。

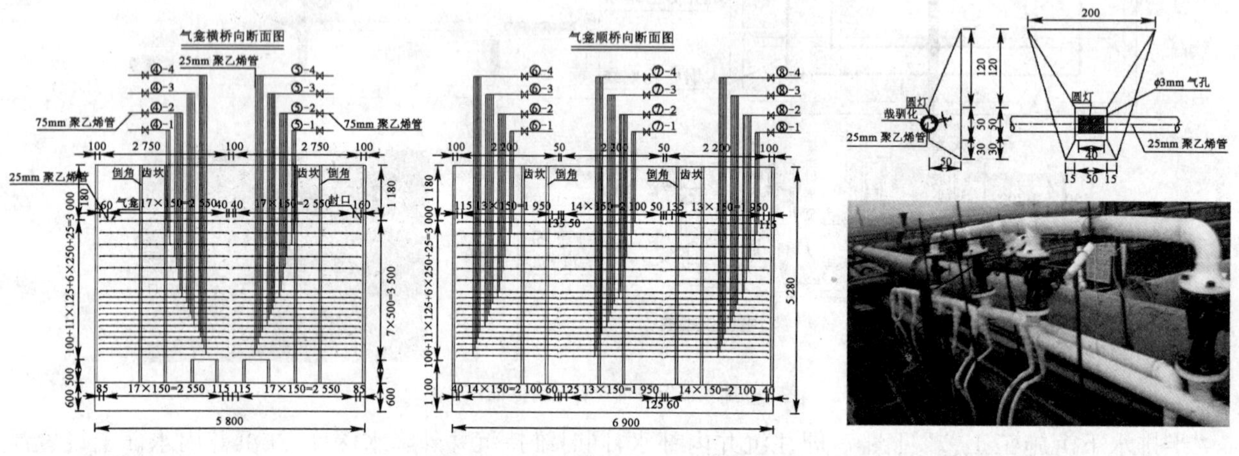

图8 空气幕助沉工艺(尺寸单位:cm)

(2)合理选择沉井重度系数是能否顺利下沉的关键之一，本项目总结以往沉井下沉的经验和教训，加大沉井自重(减少填芯混凝土重量)，将原沉井设计重度系数为6.47增大到8.0，不增加投资而达到助沉目的。

G——沉井自重力，$G=176\,767.5\text{kN}$；

F——沉井所受浮力，$F=68\,515.2\text{kN}$；

S——沉井侧面表面积，$S=13\,495.4\text{m}^2$。

重度系数 $$K=\frac{G-F}{S}=\frac{176\,767.5-68\,515.2}{13\,495.4}=8.0$$

(3)形成了一套预加沉井自重、预设空气幕和砂套的“组合式助沉”创新技术，在沉井下沉施工过程中，主动控制了沉井下沉的效率和精度。采用预加沉井自重、预设空气幕和砂套的“组合式助沉”技术，在北锚碇沉井最后6m下沉困难的情况下，开启空气幕后，日最大下沉量达1.48m，见图9。使得沉井可控、安全、顺利的下沉到位，终沉几何姿态远远优于设计及规范标准要求。沉井终沉锅底形状规则，未出现由于过度吸泥而破坏设计要求卵砾石持力层现象，满足了设计要求。

3. 沉井降排水下沉施工期对江堤影响防护研究

北锚碇沉井距离长江大堤约80m(图10)，沉井降排水下沉施工对沉井附近长江大堤将带来不均匀沉降、开裂等风险，因此，提前做好沉井降排水下沉期江堤沉陷量控制技术尤为关键，通过对以下几方面内容的研究，做到主动控制江堤沉陷量，这些研究内容包括：

(1)沉井降排水对江堤沉降影响的计算与分析；

(2)江堤渗流稳定计算与分析；

(3)沉井排水下沉对江堤影响风险分析；

(4)江堤防护预案措施设计；

(5)施工中可能出现的风险及应对措施。

本分项目关键技术和主要研究成果体现在：

图 9 空气幕助沉施工

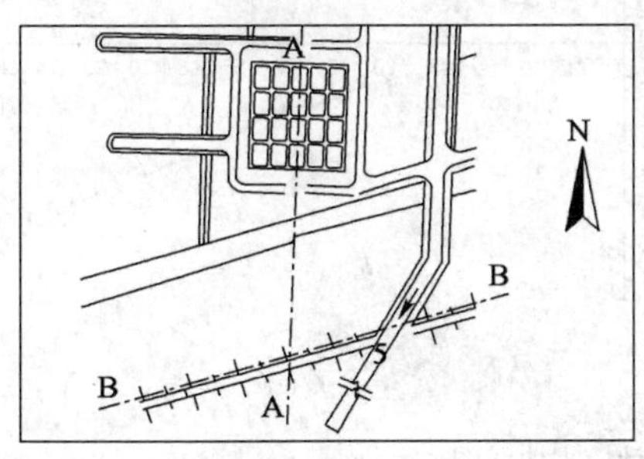

图 10 长江大堤与沉井位置关系图

(1)通过进行沉井降排水对江堤沉降影响的计算与分析,提出影响降排水及江堤防护因素,理论分析出降排水将引起江堤 7.3cm 的沉陷量,制定防护预案;

(2)通过江堤防护预案措施设计研究,制定了局部防渗帷幕+回灌防护预案。

(3)通过对施工中可能出现的风险及应对措施研究,现场严格控制沉井内开挖面高程,始终保持开挖面比稳定的降水水位线至少高 1.0m,以避免由于大量翻砂而致使江堤过度沉陷。

(4)布控了测量控制点,严格按制定的测量监控细则对其实施监控分析。

4. 超大规模沉井信息化施工监控技术研究

沉井的结构安全和施工安全,是沉井工程能否优质高效完成的关键。本项目监控进行了现场监控测量,监控主要内容包括:

(1)沉井几何姿态监控;

(2)沉井下沉过程监控;

(3)沉井结构应力应变监控;

(4)沉井刃脚、隔墙反力监控;

(5)沉井侧壁土压力监控。

通过对监测数据进行及时整理与分析,评判沉井的施工状态,对照目标找出不足,及时改进施工措施,以使目标体系的工作状态更加趋于合理并力求达到预设的标准,并取得以下主要成果在于:

(1)通过信息化施工监控的成功实施,得到了客观反映沉井施工过程中结构本身是否安全的最直观的参数,确保沉井安全、高效下沉,为本次顺利下沉起到有效指导作用,应力监测布置见图 11。

(2)掌握了沉井首次排水下沉期间结构应力的发展规律:上升阶段、峰值阶段、下降阶段,其危险点在第 II 阶段,沉井下沉初期扩大锅底过程中,需密切监控沉井本体结构应力应变。详见图 12、图 13。

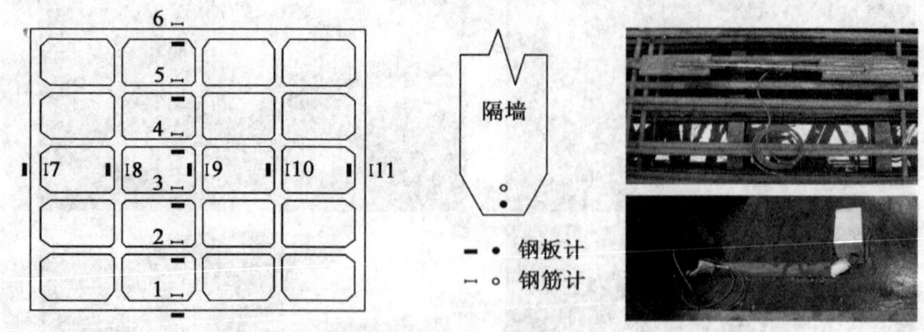

图 11　典型的应力应变测点布设

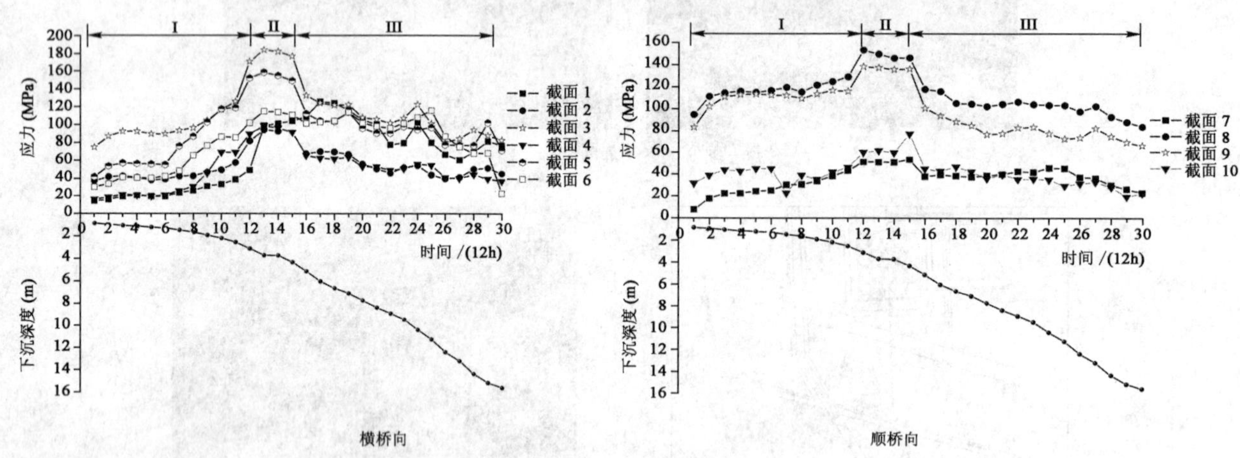

图 12　沉井各截面钢板计应力曲线图

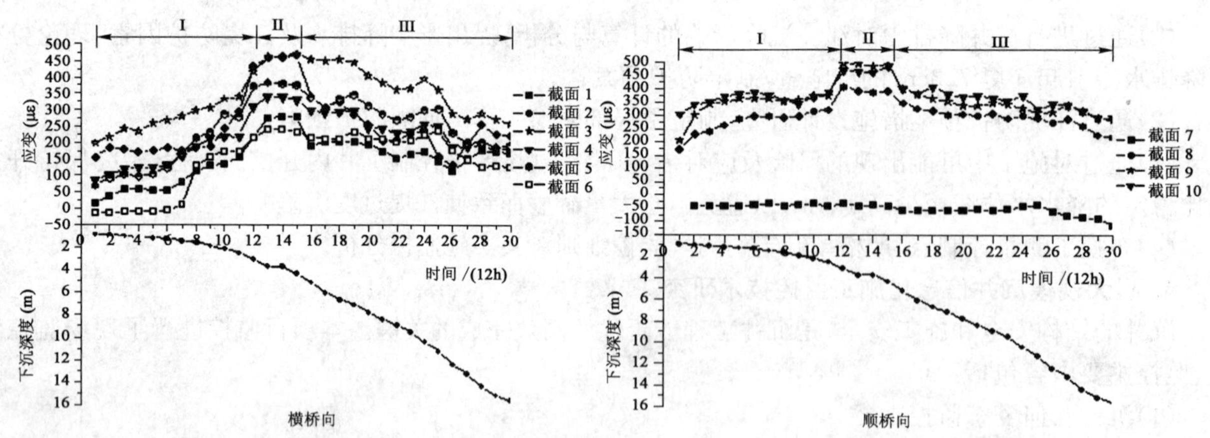

图 13　沉井各截面钢板计应变曲线图

(3)通过现场测试,获得了沉井刃脚和隔墙反力分布情况的直接参数,测试结果同结构应力、应变数据和现场情况相结合后,为开挖方式的选择提供了指导;另外,沉井底部总支承力测试结果为沉井下沉和接高稳定性的计算提供了有效参数。见图 14,由曲线的变化趋势来看,随着下沉深度的增加,土压力的大小仅与土体支撑情况密切相关。

(4)通过信息化的监控表明,凹槽段的平均侧壁压力约为 0.13MPa,凸起段的平均侧壁压力约为 0.2MPa,则得凹槽段的平均摩擦系数约为 0.42,凸起段的平均摩擦系数约为 0.55,综合摩擦系数约为 0.5,见图 15。

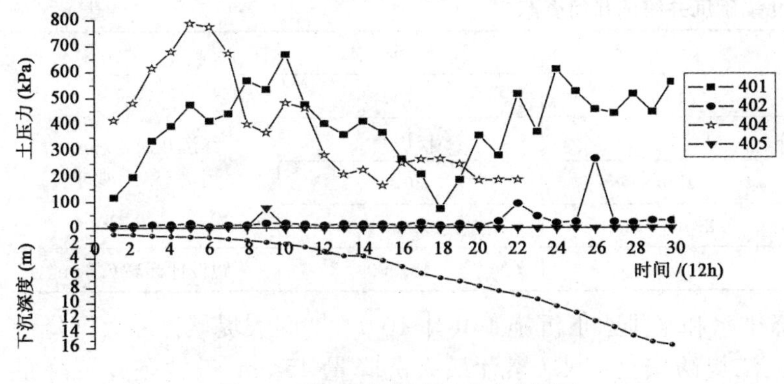

图 14 刃脚和隔墙底部土反力曲线图

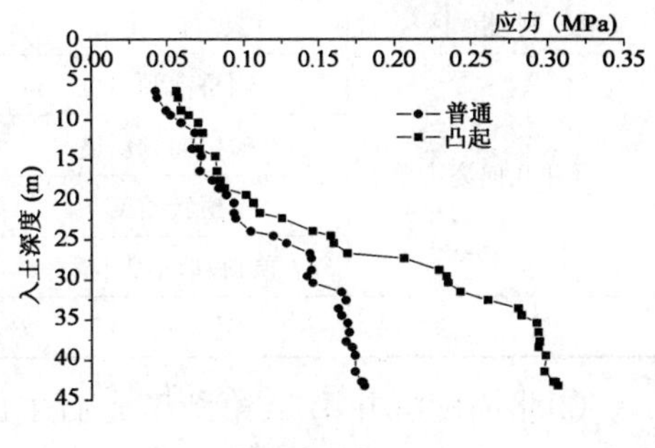

图 15 沉井最后一次下沉侧壁土压力曲线图

四、主要创新点

(1)首次在超大规模沉井井壁外表面采用凹凸齿坎,该设计具有导向和助沉作用,为沉井基础设计提供了一种新的井壁形式。

(2)首次在陆域超大规模沉井施工中应用了“半排水下沉”施工工艺的创新技术,提高了功效。

(3)研发预加沉井自重、预设空气幕和砂套的“组合式助沉”技术,可主动控制沉井下沉的效率和精度。

(4)提出沉井降排水下沉施工期江堤沉陷量控制技术,制定了监控细则,保证了沉井降排水下沉施工期江堤安全。

(5)对沉井几何姿态、结构应力应变、侧壁土压力及施工下沉的预测等实施全过程的监控,确保了沉井沉放精度和结构安全。

五、实 施 效 果

(1)应用了超大规模沉井井壁外表面凹凸齿坎的设计形式,在沉井施工中,起到了很好的导向和助沉作用,确保了北锚碇沉井顺利的下沉到位。

(2)北锚碇沉井施工中应用了“半排水下沉”施工工艺的创新技术,下沉期间日下沉量接近 1m,提高了功效。

(3)采用预加沉井自重、预设空气幕和砂套的“组合式助沉”技术,开启空气幕后,助沉效果明显,日最大下沉量达 1.48m 见表 2。使得沉井可控、安全、顺利的下沉到位,终沉几何姿态远远优于设计及规范标准要求。沉井终沉几何姿态见表 3。

北锚碇沉井空气幕助沉情况统计表 表 2

日 期	空气幕开启前下沉量	空气幕助沉后下沉量	日 期	空气幕开启前下沉量	空气幕助沉后下沉量
12 月 9 日	0	148.2cm	12 月 14 日	0	未开
12 月 10 日	0	126.1cm	12 月 15 日	0	27.2cm
12 月 11 日	5.9cm	未开	12 月 16 日	1.0cm	未开
12 月 12 日	0	47.6cm	12 月 17 日	0	34.0cm
12 月 13 日	0	89.1cm			

(4)通过对北锚碇沉井降排水下沉施工期江堤沉陷量控制技术的研究,采取严格施工质量控制措施和适当长江大堤防护预案措施,沉陷量是可控制的。

①北锚碇沉井前四节 21m 高整体降排水下沉施工共计 10 天,期间大堤累计最大沉降量为 23mm,远小于允许值 45mm(堤坝高度的 1.0%),不均匀沉降最大 10mm,也小于允许值 22.25mm(大堤高度的 0.5%)。

北锚碇沉井终沉几何姿态 表3

控制指标	具体项目	实际情况	设计要求	备注
沉井几何姿态	顺桥向倾斜度	1/1 511	1/100	终沉几何姿态远远优于设计要求
	横桥向倾斜度	1/28 988	1/100	
	扭转角度	4′35″	30′	
	顶、底口最大位移	5.2cm、5.4cm	50cm	
	沉井底高程	−48.432	−48.500	距设计标高6.8cm

②北锚碇沉井第5、第6节先后采用降排水和半排水下沉施工共计10天，期间大堤累计最大沉降量为13mm，最大差异沉降量3mm，均小于长江堤防安全要求(累计最大沉降量45mm，最大差异沉降量22.5mm)。

(5)通过对目前平面尺寸最大的陆地沉井现场信息化施工监控的成功实施，得到了客观反映沉井施工过程中结构本身是否安全的最直观的参数，确保沉井安全、高效下沉，为本次顺利下沉起到有效指导作用，实现了沉井结构下沉中明显裂缝的目标。

(6)通过现场测试，获得了沉井刃脚和隔墙反力分布情况的直接参数，测试结果同结构应力、应变数据和现场情况相结合后，为开挖方式的选择提供了指导；另外，沉井底部总支承力测试结果为沉井下沉和接高稳定性的计算提供了有效参数。

(7)沉井下沉到位至封底混凝土、填芯混凝土和部分锚体混凝土浇筑完成后，沉井累计仅下沉28mm，表明了沉井下沉到位后，锅底形状控制良好，卵砾石层在下沉过程中未被破坏。

六、结　　语

南京四桥北锚工程与2008年12月1日正式开工建设。2009年3月3日，完成了钢壳沉井的拼装焊接工作；2009年5月18日开始首次降排水下沉施工，12月17日北锚碇沉井顺利下沉就位(入土深度51.732m)，共计382d，比计划工期提前了54d；沉井在52d的有效下沉时间内，下沉至设计深度52.8m，日平均下沉量达1.02m。整个北锚碇沉井基础施工过程处于安全、稳定、高效、优质的可控状态，工程质量优良、无安全生产事故发生，为南京四桥北锚碇沉井节省成本支出约2 128万元。

本课题研究是自主创新和自主知识产权的集成创新，取得的外表面采用凹凸齿坎和砂套设计创新成果，推动了沉井基础精细化设计方面的技术进步；所开展的大规模沉井下沉关键技术、降排水下沉施工期江堤沉陷量控制技术和信息化施工监控技术研究工作，全面推动了我国沉井施工技术进步，实现了沉井精细化施工技术管理的目标，实现了主动控制沉井下沉的效率和精度、沉井下沉对江堤的“零影响”、沉井结构安全无裂缝和信息化施工技术管理无缝隙。

47. 南京长江第四大桥北锚沉井施工技术措施

武焕陵　沈　斌

(南京长江第四大桥建设协调指挥部)

摘　要　本文围绕南京长江第四大桥北锚沉井下沉工程实际，介绍了沉井下沉施工中为保证沉井结构安全、顺利下沉所采取的几项重要措施。

关键词　沉井　下沉　措施

一、概　　况

南京长江第四大桥(以下简称南京四桥)采用双塔三跨钢箱梁悬索桥结构，主跨1 418m。其北锚碇基础采用沉井结构，沉井分 20 个井孔，顶面高程＋4.30m，基底高程－48.50m，置于密实卵砾石层。沉井顺桥向长 69.0m，横桥向宽 58.0m，沉井共分 11 节，除第 1 节为钢壳混凝土沉井外，其余 10 节均为钢筋混凝土沉井。其竖向高度划分为：第 1 节沉井高 6m，第 2～10 节沉井高 5m，第 11 节沉井高 1.8m。北锚碇由中交二公局承建。

北锚沉井位置处地质以砂层为主，且粉砂和细砂层较厚，易出现涌砂等不利状况；沉井所处位置濒临长江大堤最近约 80m，下沉过程中抽水和取土影响长江大堤及附近结构物安全。在沉井下沉后期，须穿过较厚的密实砂层，最终沉井支撑在密实的圆砾石层，仅靠自重下沉困难。沉井结构体量大，施工中沉井一旦出现偏斜，纠偏困难。如下沉措施不当，易出现沉井结构安全问题。

二、几 点 做 法

沉井施工的关键就是要下沉到位。为实现沉井的快速下沉，尽量减少对长江大堤的影响，保证沉井的结构安全和终沉的几何姿态，南京四桥在施工过程中采取了一系列的技术措施。

1. 首次下沉高度的确定

经计算分析，沉井结构安全最不利状态为沉井首次下沉阶段。对 3 节、4 节、5 节首次下沉工况进行结构分析结果表明，3 节下沉沉井拉应力大于四节下沉工况，5 节下沉不存在结构安全问题。为尽早在长江汛期前完成首次下沉，可避免汛期降水和下沉对长江大堤的影响；为尽量多地实现排水下沉，可达到下沉速度快，几何姿态易控制的目的。南京四桥对施工单位投标文件中的 2 节接高首次下沉的方案进行了优化，确定采用四节接高首次整体降排水下沉的方案。南京四桥沉井接高、下沉组合见表 1。

南京四桥沉井接高、下沉组合 表 1

下 沉 次 数	阶 段 组 合	接高/总高(m)	单次/累计下沉深度(m)	沉井刃脚底高程(m)
第一次	(1)＋(2)＋(3)＋(4)	21/21	19/19	－14.7
第二次	(5)＋(6)	10/31	10/29	－24.7
第三次	(7)＋(8)	10/41	10/39	－34.7
第四次	(9)＋(10)＋(11)	11.8/52.8	13.8/52.8	－48.5

北锚碇沉井首次四节整体降排水下沉施工，于 5 月 22 日正式开始下沉，6 月 2 日结束，历时 10d，下沉深度 19.6m，日均下沉量达 1.96m，下沉过程监控资料表明：沉井几何姿态良好，结构安全。

2. 沉井封底方案及钢壳沉井结构变更

沉井封底原为 20 个格仓各自封底的方案，参照相关大桥的沉井封底经验，为保证沉井封底质量，指挥部决定将沉井封底方案由原分仓封底方案变更为 4 个分区封底（2×4 仓＋2×6 仓）方案，同时将分区隔墙底部踏面的高程调整为与沉井刃脚底部高程相同，其余隔墙底部踏面的高程高出沉井刃脚底部 2m。

除分区隔墙外的其余隔墙底部踏面抬高 2m 后，为避免在沉井初期下沉（入土深度小于 15m）开挖过程中出现仅刃脚（井壁）支撑，沉井隔墙底部拉应力较大的情况，南京四桥采取了对钢壳沉井相应部位的进行结构加强的措施，将隔墙底钢板厚度由原 16mm 增至 24mm，斜腹板钢板厚度由原 8mm 增至 16mm，在隔墙底板 1m 范围内设置多排 Φ32mm 钢筋作为加强。隔墙底部斜腹板在节点处不断开，作为与填充混凝土组合的受力构件。

3. 地基处理

施工单位原投标方案采用首节、第二节混凝土沉井接高后下沉方案，经优化分析采用四节接高下沉的方案后，对原地基处理方案进一步进行了加强。

地基处理采用砂桩加换填的复合地基加固法，砂桩桩径 D＝50cm，砂桩间距 1.2m，砂桩施工完后，先进行整体 1.4m 厚 50％石屑＋50％粉砂垫层换填，后进行一般隔墙下换填。换填后经平板荷载试验，极限承载力大于 701kPa。

沉井钢壳拼装并焊接完成后，在刃脚外侧仅靠井壁布置两排砂袋，砂袋高出地面约 50cm，砂袋内为中粗砂，砂袋外围也回填中粗砂。刃脚内回填并压实至＋3.8m高程，砂袋内及回填料为50％石屑＋50％粉砂。刃脚处回填处理的目的为抵抗由于刃脚斜面支承时产生的水平反力，减小沉井接高时及首次下沉时刃脚向外结构变形和应力，同时在沉井下沉结构最不利状态时提供对沉井约束，减少隔墙底部的变形和应力。

4. 沉井初次下沉开挖方式

首次下沉采用在下沉过程中逐渐开挖形成扩大到刃脚大锅底的方案。

为确保沉井首次降排水下沉施工过程中沉井结构安全，防止造成沉井倾斜和突沉，根据对六个小锅底和大锅底开挖工况模拟计算结果和相关大桥沉井的施工经验，南京四桥确定南京四桥沉井首次下沉开挖方案为：先中间六个井孔挖成六个小锅底，逐步向四周扩展，对称均衡开挖，在沉井下沉13m后逐渐开挖扩大形成大锅底，然后以大锅底的形式下沉至－14.7m。

5. 沉井加重变更

沉井下沉是一种极限状态，沉井重力必须克服摩阻力实现下沉，而沉井下沉采用的设计摩阻力取值指标，变化范围较大。长江某A大桥北锚沉井设计摩阻力采用了南京大桥沉井下沉时的实测值60kN/m^2，初期下沉顺利，但最后阶段出现下沉困难的情况；某B大桥提高了设计摩阻力指标，现场测得的侧摩阻力为100kN/m^{2}以上，也在最后阶段出现了下沉困难的状况。根据地质资料，南京四桥沉井最后必须下切1m的圆砾层到达－48.5m的设计底高程，由于此层难于吸泥下沉。

南京四桥沉井下沉重度系数[（沉井重力－浮力）/井周总面积]与B大桥相比偏小，B大桥重度系数为6.8，南京四桥原设计重度系数为6.47。

要保证沉井的顺利下沉，最好的助沉措施是加大沉井的重量，吸取B大桥的经验，针对南京四桥北锚沉井重度系数偏低的现状，南京四桥决定采取设计变更，较B大桥再进一步增加沉井的重量，将沉井井壁及隔墙从第3节以上在原设计1.6m厚的基础上加厚，加厚后沉井标准井壁厚2.0m，第7～11节沉井井壁加厚至2.5m，隔墙标准壁厚2.4m，变更后沉井达到8的重度系数。

变更后隔墙或井壁增厚部分不仅可与填芯混凝土相结合，而且避免了下沉困难时对工期的延误及在费用、人力、电力等方面的大量投入，既保证工期，又相对减少了费用投入。同时，避免了因沉井下沉困难时，掏除刃脚下土体引起涌砂，造成地面沉陷，危及大堤的安全。

6. 空气幕、齿坎加砂套组合助沉措施的采用

1）齿坎与砂套组合助沉

沉井设计通常为全截面内凹10～20cm，而南京四桥北锚碇沉井在井壁设置凹凸50cm的齿坎。

首先在沉井四周堆放砂，并随沉井下沉逐步回填补充，在凹槽处回填砂随着沉井下沉被带入地下，松散的回填砂在井壁凹槽范围内隔绝井壁与原状土的直接接触形成砂套，经下沉过程中对砂套凸起和凹槽位置的土压力监测数据统计分析后的结果表明，砂套凹槽位置的土压力明显小于砂套凸起位置的土压力，减小约35％。可见，与传统的全断面内凹相比，凹凸齿坎与砂套的组合，既保证了砂的有效回填，又起到了很好的导向效果，更是有效地降低了沉井摩阻力。

2）空气幕与砂套组合助沉

A大桥北锚沉井设置了空气幕助沉设施，B大桥沉井未设空气幕，南京四桥沉井是否设空气幕，是一个有争议的问题。北锚碇沉井处的地质以砂土为主，适合采用空气幕扰动土体助沉。经认真分析、比较，决定在南京四桥北锚设置空气幕，作为助沉备用措施。

南京四桥北锚沉井空气幕系统主要包括空压机、气包、预埋管、气龛，以及地面供气管路等。气龛水平方向间距1.5m，相邻两层气龛位置交错布置，从第二节开始设置，到第九节为止，高度40m，竖直方向间距按下部1.5m，上部2.0m进行布置。水平方向上分为10组，在立面上，气龛分为24层布置，每1组竖向6层气龛为1区块，则气龛的布置共有40个区块。空气幕使用时，压缩空气通过气龛向土体扩散的过程中，大量气体通过砂套内为回填松散砂紧贴井壁向上扩散，一方面形成气幕，另一方面扰动并液化紧贴井壁的砂套，大大提高了空气幕的助沉效果。

在沉井不排水下沉至刃脚高程－43.345m时，下沉困难，为避免刃脚下开挖引起大范围涌砂，减小对长江大堤的影响，开启了空气幕助沉，助沉实施效果显著。

7. 半排水下沉

第5、第6节沉井接高10m后开始第二次排水下沉，由于地质的强透水性及江堤外长江高水位的影响，当沉井降排水下沉约4m高后，地下水位不能继续、稳定的下降，说明沉井外32口降水深井降水深度不能满足第5、第6节排水下沉施工。为最大限度地利用排水下沉措施，既实现下沉快、姿态可控的目标，又最大限度地避免对周围结构物特别是江堤的影响，指挥部决定启用已准备好的预案，后6m高沉井采用半排水下沉。

在沉井外32口降水井降水深度维持在24m的同时，往沉井内补水，使沉井内水位高于沉井外降水井水位，保持沉井内外6～8m的水头差(水头差以泥浆泵的作业能力为限)不变。在沉井内水面上设置浮箱工作平台，工人在水面浮箱平台上作业，将高压射水枪和泥浆泵悬挂于在浮箱平台下方的水中，利用高压水枪射水冲刷土体形成泥浆和吸泥泵在沉井底面吸泥实现沉井下沉。由于沉井内回灌水，沉井内外具有一定的水头差，避免了刃脚翻砂、附近江堤及周围地面大面积沉陷的风险。

2009年7月16日至2009年7月21日，计6天，采用半排水下沉，半排水下沉5.8m，平均每天下沉0.97m，下沉效率较高，施工中未出现翻砂、地面沉陷现象。

8. 江堤防护及预案

通过分析，南京四桥北锚沉井排水下沉施工期降排水对周边长江大堤的影响，主要表现在堤顶沉降变形和堤基下部渗透变形两个方面。根据水利相关规范将江堤沉陷量控制技术标准设定为：排水下沉施工期堤顶沉降量不大于江堤高度的1%，即45mm。

经过研究分析，南京四桥委托长江水利规划设计院制订了沉井沿长江大堤侧设置隔水帷幕＋回灌井的预案，并征得了水利部门认可。经计算，如采用回灌加隔渗墙等措施，江堤附近地下水位可恢复至自然状况，对减少江堤因降水引起的沉降有明显效果，同时也能满足沉井排水下沉施工要求。当降水管井抽水期长江大堤沉降量累计大于45mm，启动防护预案措施。

沉井下沉施工中做好沉井附近大堤等结构物的监测，在大堤内侧布置一定数量不同深度的观测井，观测大堤附近水位下降情况，根据现场情况研究对策，确保沉井下沉施工和周边长江堤防等重要构筑物安全。

沉井下沉施工中做好各工序质量控制。沉井内排水下沉开挖面应保持比稳定的降水水位线高1.0m，施工中不允许超挖，避免沉井内出现管涌、流沙现象，危及大堤安全。降水井施工时控制施工质量，防止施工过程中管井过滤设施损坏。在首次前四节21m高降排水下沉施工后，发现部分降水深井抽出的水含砂量大，立即在附近补打深水井，有效控制了降水管井出水含砂量。

9. 信息化施工

为确保沉井结构和施工安全，在南京四桥北锚沉井施工中采用了信息化施工技术，选择东南大学土木学院作为沉井施工监控单位，通过对沉井下沉监控信息的采集、整理、分析和及时的反馈，为下沉施工进行有效指导，为结构安全提供有力保障。

北锚沉监控内容为：沉井下沉几何姿态监控；沉井结构应力应变监控；沉井刃脚、隔墙反力监控；沉井侧壁土压力监控等。

通过计算可知，沉井结构最不利状态为沉井接高后首次下沉工况。沉井后续三个阶段下沉施工，已埋入土体较深，沉井结构受力不存在风险，故只对首次降排水下沉施工期沉井结构应力、应变进行监控。指挥部为此成立了由指挥部、指挥部专家、设计单位、施工单位、监控单位、总监办等多方人员组成的监控组，要求首次下沉每天定时2次进行监控数量的测量和分析研究，并将监控报告每天定时上传专用邮箱供各方分析，定时作出安全分析和下步下沉和开挖方式指令的决策。

沉井首次降排水下沉期间，共进行了30期的钢筋计应力监控，每天2期。整个施工过程中沉井结构的最大拉应力未超过240MPa的警戒值。从顺、横方向各截面钢筋、钢板计应力曲线图可知，应力曲线随着沉井下沉深度的增加，经历了上升、达到峰值、下降的三个阶段，沉井结构始终处于受控的安全状态。

三、沉井下沉情况

2008年12月1日，北锚碇沉井基础开始砂桩打设，2009年1月3日完成地基处理施工，5月18日至6月2日完成首次前4节沉井降排水下沉施工，入土深度19.646m；7月12日至7月23日完成沉井第二次（第5、第6节）降排水下沉，入土深度28.742m；9月16日至9月26日完成沉井第一次（第7、第8节）不排水下沉（入土深度37.998m）；11月26日至12月17日完成沉井第二次（第9节～第11节）不排水下沉施工，沉井顺利下沉就位。根据检测结果，南京四桥北锚沉井终沉几何姿态为：顺桥向倾斜度1/1 511，横桥向倾斜度1/28 988，扭转角度4′15″，顶底口最大位移分别为5.2cm、5.4cm，远小于设计及有关标准规范要求。

四、结　　语

南京四桥北锚碇沉井52.8m高分四次接高和下沉，在52d的有效下沉时间内，达到平均每天下沉1.02m的速度，终沉几何姿态远远优于设计及标准规范要求，沉井结构安全始终处于安全可控状态，这是北锚碇沉井参建“一桥四方”智慧的结晶、努力的成果。

48. 南京长江第四大桥北锚碇沉井降排水下沉施工期江堤沉陷量控制技术

彭更生[1]　荆刚毅[2]　朱文军[2]　匡朋权[2]
（1. 南京长江第四大桥建设协调指挥部；2. 中交第二公路工程局有限公司）

摘　要　南京长江第四大桥（以下简称“南京四桥”）北锚碇沉井距离长江大堤约80m，沉井降排水下沉施工必然对沉井附近长江大堤带来不均匀沉降、开裂等风险，因此，沉井降排水下沉期控制好江堤沉陷量尤为关键。本文重点介绍了南京四桥北锚碇沉井降排水下沉施工期江堤沉陷量控制技术，主要包括：沉井排水下沉对江堤影响风险分析、江堤防护预案措施设计、施工中可能出现的风险及应对措施。

关键词　沉井　降排水下沉　江堤沉陷量　控制技术

一、简　　介

南京四桥北锚碇沉井长69m，宽58m，底部高程−48.5m，是目前国内外陆域平面尺寸最大桥梁沉井，沉井先后采用了降排水和不排水施工方法，周围环境与水文地质条件对其影响主要有以下四方面。

（1）沉井前4节21m高采用整体降排水下沉，另外，根据现场实际施工及长江水位情况，第5、第6节（共10m）沉井部分采用了降排水下沉施工。

（2）距离北锚碇沉井约80m为南京长江大堤，系2级重要堤防，是沉井附近最重要构筑物，沉井直接排水下沉施工会引起周边地下水位下降和地面沉降变形，并波及到该长江大堤，因此需对长江大堤采取适当保护措施和防护预案。长江大堤与沉井位置关系如图1所示。

图1　长江大堤与沉井位置关系图

（3）北锚碇沉井附近河网复杂、地下水位高、水源补给充足，因此沉井直接排水下沉超20m深，其单井和总降水量均很大。

（4）北锚碇沉井地质条件复杂，覆盖层松散沉积物厚度达63.00～64.70m，除表层和浅部（15m以下）分布较薄的黏性土层外，绝大部分为强透水砂土层，对沉井降排水及江堤防护不利；降排水施工时段需密切注意南京长江段防汛要求和水汛信息，减少相互影响和干扰。

二、沉井降排水施工期对江堤影响分析

影响降排水及江堤防护因素是多方面的，包括周边环境、工程地质和水文地质、堤防本身结构和特点、施工方法和措施等等。而对江堤直接影响主要表现在堤顶沉降变形和堤基下部渗透变形两个方面，堤顶沉降变形是由于沉井排水下沉施工时，江堤附近地下水的变化引起地面沉降变形而产生的，不论是防汛期还是非防汛期，只要改变堤基附近地下水位，就会引起对堤身和堤基结构的影响，构成长江大堤安全运行隐患，因此控制堤基附近地下水位过大波动是减少对江堤影响的关键。

1)基坑涌水量计算分析

基坑涌水量计算采用了规范法、有限元方法和抽水试验成果，从以上几种方法计算结果看，南京四桥北锚碇沉井排水施工期抽水量很大，达到 36 000～41 000m^3/d，这主要与北锚碇沉井处地层以强透水性的砂土层为主和长江充足的水源补给有关，水位降深超过 21m 也是重要因素，因此对北锚碇沉井排水施工期管井降水需要仔细规划，合理布置。

2)沉降变形影响分析

采用规范法和有限元法，计算所得降深水位线后，分别计算对应的沉降量。两者计算结果：沉井排水施工期降水管井降水引起的江堤最大沉降达 7.3cm 左右。

通过对北锚碇沉井下沉施工期降排水而引起的长江堤防的沉降变形计算分析，可以看出：北锚沉井抽水下沉施工期对周边长江堤防等构筑物是有影响的，抽水引起的沉降量计算结果为 7.3cm 左右。该处堤高按照 4.5m 计，其沉降量约为堤坝高度的 1.6%，略大于 1%的控制标准。但采用回灌加隔渗墙等措施后，江堤附近地下水位可恢复至自然状况，也就是尽量保持江堤附近地下水位不变，这对减少江堤因降水引起的沉降有明显效果，同时也能满足沉井排水下沉施工要求。

补充说明：计算沉降量为最终沉降量，地下水下降引起地基实际沉降是有时间过程的，特别是深厚软土层，其固结快慢也直接影响到地面实际发生的沉降量，若能控制降水时间越短，软土层实际沉降量会越少，这样对江堤的影响也会更小。

三、降排水对江堤影响防护预案研究

通过分析，南京四桥北锚沉井排水下沉施工期降排水对周边长江堤防等重要建筑物的影响，主要表现在堤顶沉降变形和堤基下部渗透变形两个方面，现场合理布设降水深井，另外采用局部防渗帷幕＋回灌防护预案(图 2)。

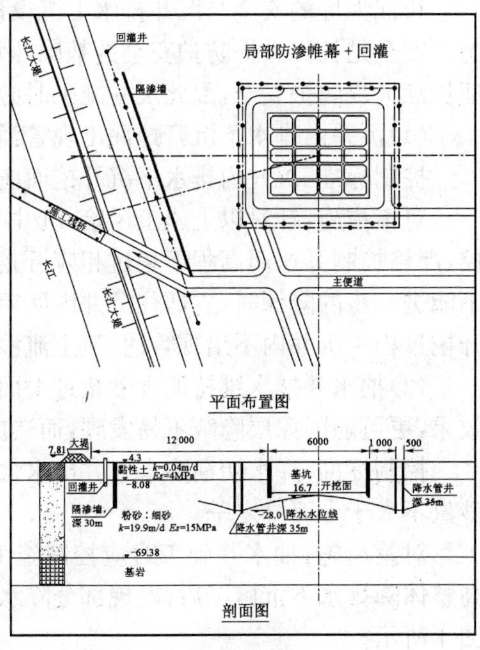

图 2 局部防渗帷幕＋回灌方案示意图

1)降水井设计

在总降水量 36 000～41 000m^3/d 确定后，深水井的数量主要与单井出水量有关，经计算，要保证前四节沉井降排水下沉，其降水管井数量要求不小于 28 口。

最终现场打设了 32 口深水井，沿沉井周围交错布置两圈，内外两排深水井距沉井外边分别为 17m 和 22m。降水管井直径为 325mm、273mm 两种，深度 35m，交错间隔布置。降水深井平面布置见图 3。

ϕ325mm 孔径的降水深井安装 125m^3/h 水泵，ϕ273mm 孔径的降水深井安装 80m^3/h 水泵。根据现场沉井内泥面开挖深度，确定水泵开启数量及降水深度，其中降水深度通过安装在深水井内的自动水位控制器进行控制。

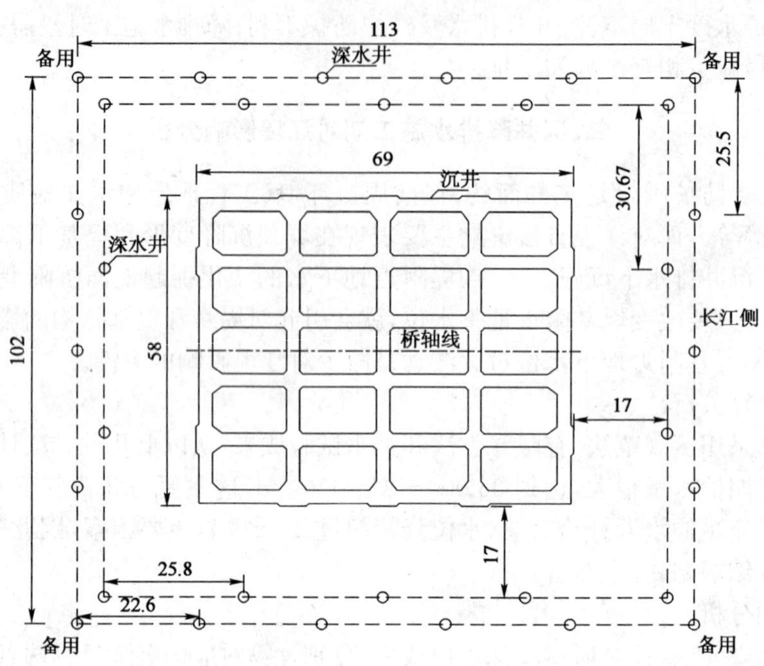

图 3　北锚碇沉井降水深井布置图(尺寸单位:m)

2)防渗墙设计

(1)防渗墙作用:主要是防止或减少南京四桥北锚沉井基础排水下沉期间降水引起的长江大堤沉降变形。因此设计考虑降水管井和长江大堤之间布置一道隔渗墙,降水在隔渗墙内侧进行,同时在隔渗墙外侧设置适量回灌措施,保持长江大堤附近地下水位相对不变,以减少对长江大堤的影响。

(2)防渗墙布置:隔渗墙布置靠近江堤(堤顶内边)35.0m,堤脚约 20m,沿轴线方向布置与堤平行,隔渗墙深度不应小于 30m。根据长江堤防、三峡等已建工程经验,采用自凝灰浆帷幕的一般允许渗透比降 25～30,通过计算,同时结合施工设备条件,选择隔渗墙厚度 0.5m。

四、施工过程中可能出现的风险及应对措施

长江大堤的安全与沉井排水下沉设计措施、施工方法、施工程序、施工质量等有直接关系,沉井下沉施工安全是长江大堤防护安全的基础,因沉井距离长江大堤近,若沉井下沉施工出现质量事故,就难以保证长江大堤防护安全,因此沉井施工时必须严格控制施工质量,不可出现沉井施工严重质量事故。

(1)沉井内排水下沉开挖面出现管涌、流沙等施工风险。

控制标准:沉井内排水下沉开挖面应比稳定的降水水位线高 1.0m,施工中要求不出现超挖现象。

对策措施:针对以上施工风险,沉井下沉施工过程中,对地下水位及井内开挖面高程实时进行测量监控,严格控制开挖面高程不超过相应开挖点地下水位,第 5、第 6 节沉井下沉施工时,在沉井内地下水位不能进一步的降深时,立即往沉井内回灌一定深度的水,转换为半排水下沉施工,以确保沉井在排水下沉开挖过程中沉井内不出现管涌、流土流沙现象;

(2)抽水井抽水维持期含砂量过大而可能引起的深部流土流沙等施工风险。这种风险不仅影响降水效果,更可能因深层隐蔽不易发现,而造成深层掏空。

控制标准:降水初期降水管井出水含砂量不大于五万分之一;维持期控制水位变幅不大于 1.0m,含砂量不大于十万分之一;

对策措施:抽水井施工时应控制施工质量,防止施工过程中管井过滤设施损坏,在首次前 4 节 21m 高整体降排水下沉施工后,发现部分降水深井抽出的水含砂量大,立即在附近进行了补打深水井措施,如图 4 所示。

(3)在抽水过程中因停电停泵等外部因素造成地下水位快速波动而引起沉井内涌砂现象。

对策措施：现场配备了双电源系统，并配备了水泵，以免长时间停电后，堤外江水位通过砂层倒灌从沉井内出逸，造成管涌、流砂等渗流稳定风险。

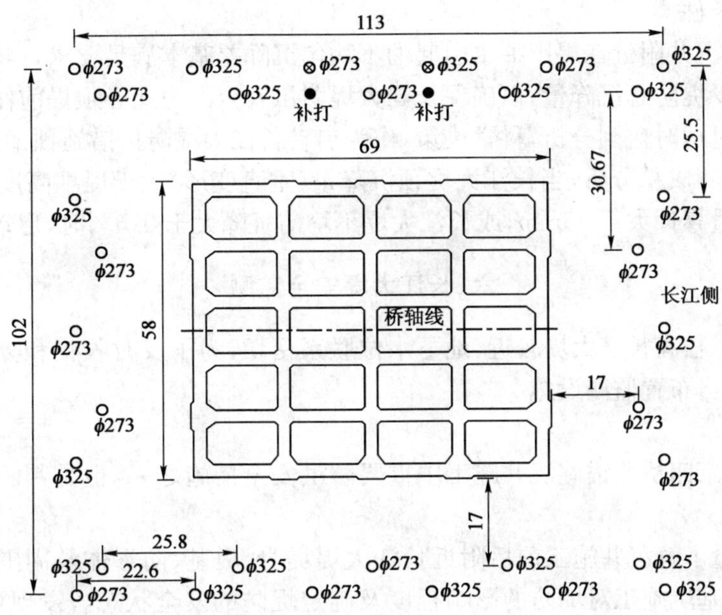

图4 现场补充打设降水深井位置图(尺寸单位：m)

(4)沉井下沉施工扰动而引起的沉井外坍塌、下沉等施工风险。

对策措施：沉井附近地层以砂性土为主，特别是粉砂层，容易扰动和流动，沉井下沉施工时，在沉井能够下沉的情况下，尽量少的扰动沉井刃脚，以避免沉井突沉和外部大面积塌陷。

五、施工过程中实际采取的措施

1. 降水时机选择

为了确保长江大堤防汛安全，施工时应密切关注长江防汛预报，在长江水位(工程区附近)相对较低时期实施。根据南京市长江段防洪特征水位，沉井排水下沉的降水期在长江水位低于设防水位 7.50m(南京下关水位，冻结吴淞高程)。

当降水井运行过程中，长江水位达到设防警戒水位 8.50m(南京下关水位，冻结吴淞高程)后，应及时按程序关停降水井运行。

首次前4节21m高整体降排水下沉期间长江水位平均在＋3.50m；第二次第5、第6节降排水下沉起降长江水位平均在＋4.50m，均低于长江设防水位＋7.50m的要求。

2. 第5、第6节沉井排水下沉深度的控制

第5、第6节沉井目前施工接高约10m，实际排水下沉深度的控制根据现场降水井运行情况，当沉井下沉约4m高时，地下水位不能继续、稳定的下降后，同时，沉井内出现涌砂现象，及时按程序关停降水井，相应沉井施工不能继续采用排水下沉施工方式，而采用了半排水下沉施工方法，确保了长江大堤防汛运行安全。

3. 加强监测预报

监测是沉井下沉安全施工的眼睛，在沉井下沉施工过程中做好沉井附近大堤、便道、泥浆池等结构物的监测，并及时分析和报告监测信息提供给一桥四方及相关专家，根据现场情况而研究对策，确保沉井下沉施工和周边长江堤防等重要构筑物运行安全。

4. 制定安全、经济、可行的防护预案

1)沉井下沉施工期防护预案措施

(1)局部隔渗墙(防渗帷幕);

(2)回灌井。

2)防护措施启动条件

通过计算:北锚碇沉井附近江堤因抽水引起的不均匀沉降差基本满足要求,但总沉降量略偏大,施工时可采取适当措施减少堤防总沉降量,以确保长江大堤防汛安全。为此必须提前作好长江大堤防护措施预案,设置警戒值,通过适时监测分析,科学决策,作为启动长江大堤防护措施预案的依据。

启动条件:通过监测成果分析,当长江大堤顶沉降量(垂直变形)大于堤坝高度的1.0%,或降水管井抽水期长江大堤沉降量累计大于45mm,或长江大堤不均匀沉降大于0.5%时,启动防护预案措施。

六、长江大堤安全监测

由于北锚碇沉井工程离长江大堤较近,地下水位联系密切,为了及时收集和分析长江大堤水位等变化情况和过程,需要适当布置监测设施。

1. 防洪监测目的

(1)防洪监测是南京四桥北锚碇沉井施工中重要防洪安全措施之一,也是判断是否启动预案最重要信息资料。

通过监测可以定量了解沉井施工前后附近长江大堤堤身、堤基、防渗体及周围临近场地的变形状态和渗流状态,及时评价基坑施工对堤防的影响程度及确定堤防的安全状态。发现可能出现的险情因素,及时采取防洪预案措施,确保堤防绝对安全,避免损失。

(2)将现场监测的结果与理论预测值相比较,用反分析法推导接近实际的计算参数,提出控制指标,用于指导后续工程施工。

2. 防洪安全监测内容

沉井抽降水期周边地下水位、地面沉降、涌水量监测。

(1)具体监测内容:

①堤身垂直位移监测(沉降);

②水平位移监测(测斜);

③水位或潮位监测。

(2)表面观测内容:长江大堤堤身裂缝、滑坡、塌陷、隆起、渗透变形及表面侵蚀破坏等。

3. 监测方法

南京四桥北锚沉井施工期不可避免地将使长江大堤产生水平位移和沉降。为了更清楚了解长江大堤处地面沉降情况,分析沉井施工期对长江大堤的变形影响程度,需要进行水平位移及沉降观测。

1)沉降变形观测

沉降变形观测布置如图5所示。

2)地下水位监测

在排水下沉过程中,对井内和周边地下水位的实时监控(图6),能清楚掌握水位的变化,给管井降水提供可供参考的建议,指导降水的施工。

七、结　　语

在降排水下沉期通过现场采取了合理的施工技术方案,采用了创新的半排水下沉方法,另外,在施工过程中,密切关注降水深井的出水情况,沉井附近便道、长江大堤及拌和站等结构物情况,并制定了经济可行的防护预案,主动控制了附近江堤及结构物的沉陷量,使得沉井在降排水下沉施工期沉陷量控制在2～3cm,附近地面及构造物安全。

整个北锚碇沉井降排水施工期江堤沉陷量控制技术的研究成果,将为以后类似工程的施工具有一定的经验参考价值。

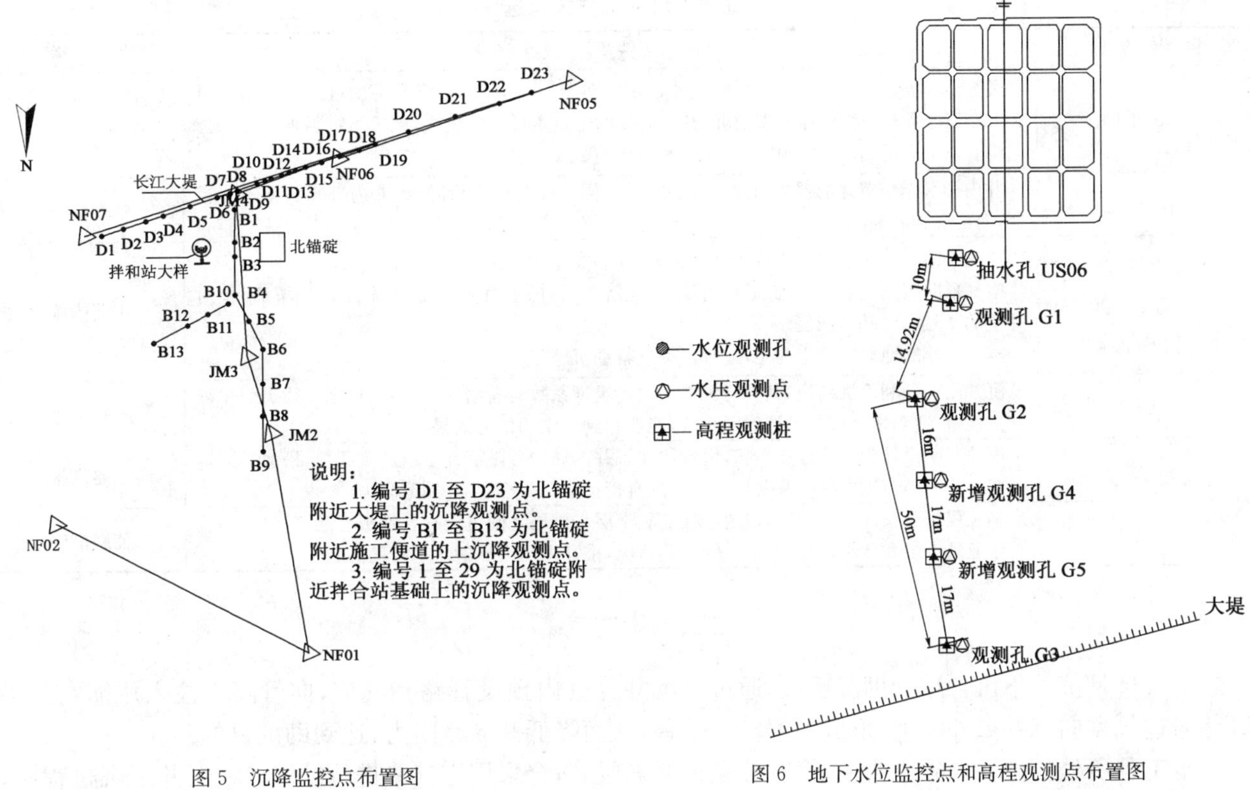

图5 沉降监控点布置图

图6 地下水位监控点和高程观测点布置图

49. 南京长江第四大桥北锚碇沉井空气幕助沉施工技术概述

濮 卫 王承江

（南京长江第四大桥建设协调指挥部）

摘 要 本文概述南京长江第四大桥北锚碇沉井下沉施工中预设空气幕助沉技术。

关键词 沉井 空气幕助沉技术

一、工 程 概 况

南京长江第四大桥北锚碇沉井为矩形结构，其平面尺寸为69m×58m，共分20个井孔，总高度为52.8m，共分为11节，其分节高度分别为6m＋9×5m＋1.8m＝52.8m，除第1节为钢壳混凝土沉井外，其余10节均为钢筋混凝土沉井。采取分次接高，分次下沉的方式进行施工。

北锚碇沉井支撑在密实卵砾石层上，在不排水下沉后期，由于圆砾石清除困难，使得沉井刃脚处的支撑力较大，沉井下沉变得困难。根据北锚碇的特点，以及国内类似大型沉井施工经验，在北锚碇沉井施工过程中采用了预先增大沉井重度系数、预先埋设空气幕、沉井井壁齿坎凹槽处填砂形成砂套的“组合式助沉”技术。本文主要介绍空气幕助沉技术。

二、助 沉 措 施

根据北锚碇工程特点，经方案比选，采用了增大沉井重度系数、砂套结合空气幕的主要措施，见表1。

沉井下沉助沉方式比选 表1

助沉方式	适用条件及优、缺点	推荐
施加配重助沉	适合于小型沉井或沉井接高质量较小的沉井分节,在本工程中沉井一次接高的最小质量为22 327.6t,若采用施加配重助沉,其所需要的配重重量必然庞大,施工组织困难。 综合以上考虑,在该工程中不采用此种助沉方式	不采用
降排水助沉	井内排水减小沉井的浮力,有利于沉井下沉,同时在井外进行降水,井内外水头差不易控制,易出现翻砂现象	辅助措施
空气幕助沉	空气幕助沉适用于地下水位较高的细砂、粉砂类层中的沉井下沉。 空气幕助沉的优点在于:施工设备简单,经济效果好;下沉中容易控制;下沉完毕后,土对井壁的摩阻力可基本恢复。 本工程处的地质以砂土为主,适宜于空气幕助沉施工	主要措施
增大重度系数助沉	沉井能否顺利下沉到位,其中与沉井的设计重度系数有着密切的关系,根据以往类似工程施工经验,适当增大沉井设计重度系数,能够起到事半功倍的效果	主要措施
砂套	沉井井壁设计为凹凸齿坎形状,使堆放在沉井四周的砂随沉井下沉逐步回填,松散的回填砂在井壁凹槽范围内隔绝井壁与原状土的直接接触,有效减小井周摩阻力	主要措施
高压射水助沉	本工程位于长江下游地区,该地区在亚黏土层与砂层之间可能存在铁板砂层,其强度明显高于亚黏土层和砂层,取土困难。针对此情况,推荐采用高压射水进行助沉	辅助措施

三、预设空气幕

空气幕是沉井下沉常用的助沉手段,通过在沉井井壁内预设管路和气龛,向管路内注入压缩空气沿管路通过气龛向沉井壁外喷射,形成一层空气帷幕,从而降低井周摩阻力,达到助沉目的。

本工程所处的地质以砂土为主,含部分黏土覆盖层,适合采用空气幕进行助沉。在沉井下沉过程中,采用空气幕助沉可降低沉井外壁的摩阻力,不仅起到助沉作用,同时还具有纠偏效果。当沉井下放到预定位置后,空气幕停止,沉井外侧的摩阻力会基本恢复。这就使得在沉井接高阶段的下沉量明显减小,有利于沉井的稳定性。

1. 工艺

在沉井井壁内预设若干层管路,每层管路上设置诸多小孔,对管内通入压缩空气,再向沉井的壁外喷射,射出的空气短时存在于井壁上预留的气龛上,多余压气即沿井壁上升,在沉井周围形成一层空气帷幕,从而达到降低沉井井壁与土壤之间的摩擦力,达到下沉的目的。同时可以利用空气幕的不均衡压气减阻来达到纠偏下沉的目的。在一定的环境下,沉井下沉到位后,为防止沉井超沉,还可以通过空气幕管路进行侧壁压浆来达到阻沉,稳定沉井的目的。

1)空气幕设计

空气幕系统主要由压气设备组成的,它包括空压机、气包、井壁内的预埋管、气龛,以及地面供气管路等。

气龛在井壁表面上高20cm、上宽20cm,下宽8cm的梯形,在井壁上是个深5cm呈棱状的凹槽,通过井壁模板上的模具拆模后形成。凹槽底部与水平气管相嵌,在水平管上直接开孔径为3mm的喷气孔,气孔位置以稍微上偏为宜,见图1。气龛布置原则:竖直向底部行间距下部密,上部稀,相邻两层梅花形错位布置。为防止气龛喷气孔堵塞,在安装塑料气管时需注意以下两个方面:

(1)在水平管道两端设置沉砂筒。

(2)在气龛凹槽处(打喷气孔位置)的水平管上外套4cm长的薄橡胶环。

沉井每次下沉施工前,应对空气幕进行压气试验,以检验空气幕管路是否顺畅。

2)空气幕管路布置

根据国内外同类型桥梁经验,一个气龛能克服的摩擦面积,对于ϕ1mm喷气孔而言,井深0~50m内为2.6m^2/个,50m以下为1.3m^2/个。结合北锚碇沉井工程规模大的特点,为减少气龛数量,采用ϕ3mm的喷气孔,此时气龛有效面积可达2.25m^2/个~3m^2/个,按此布置,水平间距取1.5m,竖直行间距下部1.5m,上部2m。空气幕装置布置在第3~8节沉井之间,竖直高度30m。在水平面上,气龛共分为10

组，在立面上，气瓮分为18层布置，相邻两层气瓮错位布置。前3组竖向5层气瓮为1区块，最后1组3层气瓮为1区块，气瓮的布置共有40个区块。见图2～图4。

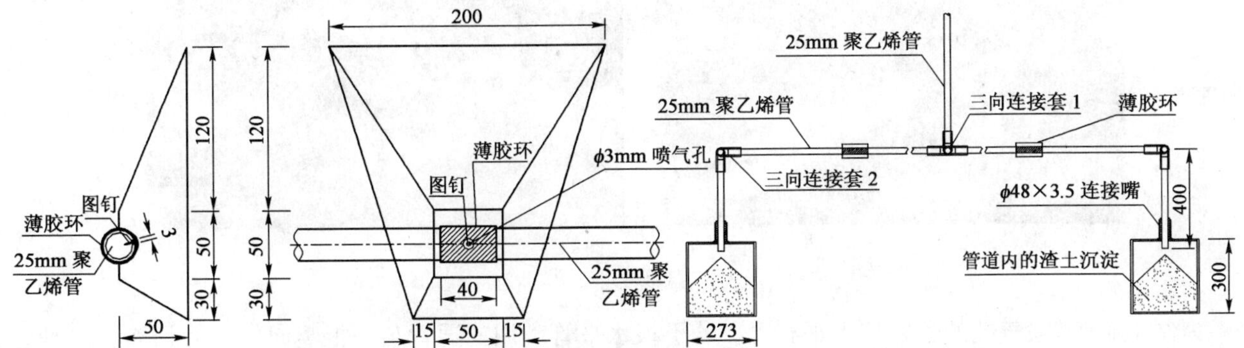

图1 空气幕气瓮及防堵设置示意图(尺寸单位：mm)

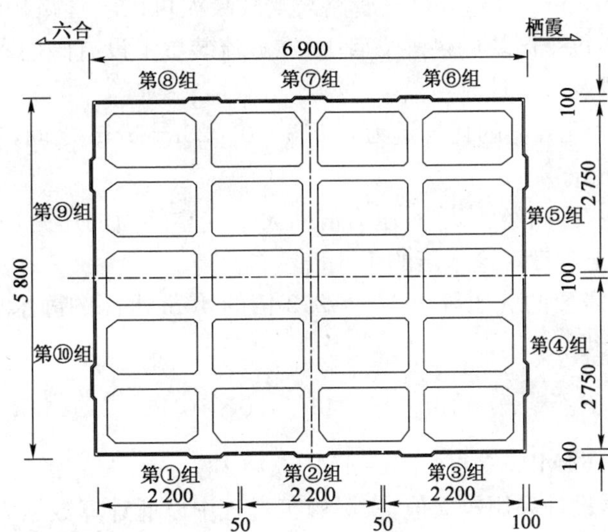

图2 空气幕气瓮布置平面图(尺寸单位：cm)

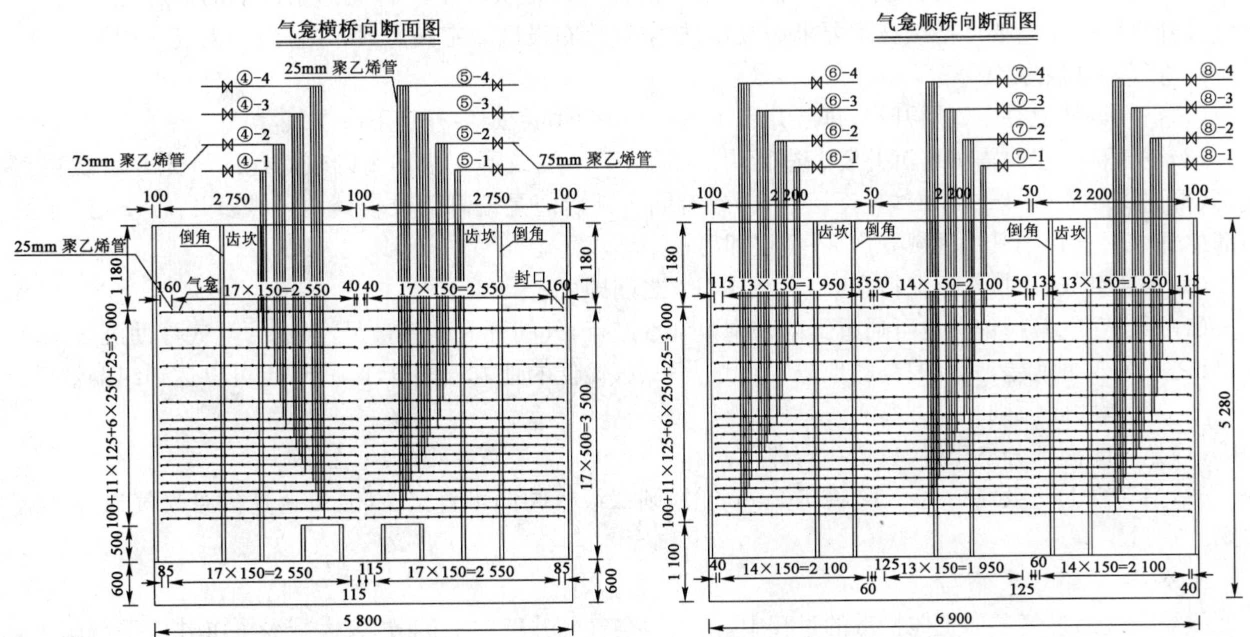

图3 空气幕气瓮布置立面图(尺寸单位：cm)

图4　空气幕管路现场布设

为便于施工，喷气孔的管路按水平布置。若干根水平管利用三通管与一根竖向供气管相连。水平管和竖向管均为ϕ25mm的聚乙烯管。水平管布置在混凝土保护层中，竖向管布设在钢筋层内。每个区块的所有竖向管汇总为一根ϕ75mm，井壁外供气管路与空气吸泥机供气管路相连，空压机的供气总管通过空气分流装置连到空气幕的每个区块的供气支管上，在分流装置上设有阀门和气压表。

3)空气幕供气装置气量及气压计算

根据资料，ϕ3mm的喷气孔气龛的耗气量为0.015～0.023m^3/min之间，考虑到管路漏气损失等，最终取值气量Q=0.023m^3/min。

空气幕压气所需气压值，国内经验认为，压力值稍大于气龛外面的压力（水压力＋土压力＝黏着力）即可，此数值相当于气龛入土深度理论水压的1.6倍左右。

气龛埋深40m，则它所需要的气压等于1.6～2.3倍的40m水深的静水压强，40m的井水压强计算公式为$P_{水}=\gamma gh$，代入数值得：

$$P_{水}=1.0\times10^3\times10\times40=4.0\times10^5\text{Pa}=0.4\text{MPa}$$

则$P_{需}\in$(0.4×1.6＝0.64MPa，0.4×2.3＝1MPa。)

为了更加有效，安全，本设计采用较大值，实际施工过程中以此计算数据为控制标准。

2. 实施

为了达到沉井的最佳助沉效果，开启空气幕的前提条件是沉井半刃脚支撑条件下的锅底悬空状态。空气幕开启和关闭均要严格按技术要求，开启时按空气幕布设区域定岗定人，并且由一人统一指挥。

1)空气幕开启原则

(1)空气幕从上往下逐层开启，每层开启10～15min下沉稳定后开启下一层气龛；

(2)空气幕开启时需根据沉井姿态进行调整纠偏，哪一侧或哪一角偏高则较其他区域先开启该侧空气幕(根据需要先开3～5min)，且逐层开启；或者同步开启但是偏高部位较其他区域多开1～2层，即偏高部位开4层气管则其他区域开启2～3层即可；

(3)开启空气幕时，气压保持在0.5～0.6MPa之间即可；

(4)开启空气幕纠偏时也可通过气阀来调整气量进行，气阀开大则气量足，形成的空气幕助沉效果就好，反之下沉效果就差，所以偏高的地方气阀开大一点，偏低的地方气阀开小一点，也可以达到纠偏效果。

2)空气幕关闭原则

(1)先关闭大部分空压机，只留一台即可；

(2)主气管上一级气阀关一半，稳定2min左右则二级气阀即可直接关闭，以避免气管喷气口砂回灌堵塞。

3. 效果

压缩空气通过气龛向土体扩散的过程中，使压缩空气贴井壁向上扩散，大大减少了沉井侧壁摩阻力，提高了沉井下沉效率，具体见表2开启空气幕助沉情况统计表。

北锚碇沉井空气幕助沉情况统计表 表2

日期	沉井刃脚高程(m)	刃脚泥面高程(m)	隔墙土支撑情况	分隔墙土支撑情况	空气幕开启前下沉量	空气幕助沉后下沉量	纵/横中心偏位(mm)
12月9日	−45.121	−43.31	悬空,无支撑	无支撑	0	148.2cm	33/88
12月10日	−46.382	−44.75	悬空,无支撑	无支撑	0	126.1cm	46/93
12月11日	−46.441	−45.37	悬空,无支撑	无支撑	5.9cm	未开	52/83
12月12日	−46.917	−46.37	悬空,无支撑	极少分隔墙支撑	0	47.6cm	46/88
12月13日	−47.808	−46.45	悬空,无支撑	1/4分隔墙支撑	0	89.1cm	48/66
12月14日	−47.812	−46.92	悬空,无支撑	分隔墙基本支撑	0	未开	51/65
12月15日	−48.084	−47.15	悬空,无支撑	分隔墙基本支撑	0	27.2cm	43/70
12月16日	−48.094	−47.85	悬空,无支撑	分隔墙基本支撑	1.0cm	未开	33/77
12月17日	−48.434	−47.88	悬空,无支撑	分隔墙基本支撑	0	34.0cm	27/60

四、结 语

预设空气幕助沉措施是南京四桥北锚沉井组合助沉工艺中一项重要的措施,在施工中、后期沉井有效下沉和姿态控制等方面起到关键作用。由于和砂套配合实施,高压空气喷出时引起砂土液化,井壁摩阻力瞬时锐减,极大提高了助沉效率。

参考文献

[1] 段良策,殷奇.沉井设计与施工.上海:同济大学出版社,2006.

50."组合式助沉"技术在南京四桥北锚沉井基础施工中的应用

田 欣 郝胜利 荆刚毅 蒋能世
(中交第二公路工程局有限公司)

摘 要 南京长江第四大桥(简称南京四桥)北锚碇沉井支撑在密实卵砾石层上,在不排水下沉后期,由于圆砾石清除困难,使得沉井刃脚处的支撑力较大,沉井下沉变得困难。根据北锚碇的特点,以及国内类似大型沉井施工经验,在北锚碇沉井施工过程中,研发并应用了预加沉井自重、预设空气幕和砂套的"组合式助沉"技术,助沉作用效果明显。本文主要介绍该沉井"组合式助沉"技术的设计、应用及作用效果等。

关键词 沉井 下沉困难 组合式助沉

一、工 程 概 况

南京四桥北锚碇基础为大型深矩形沉井,平面尺寸69.0m×58.0m,共分20个井孔,下沉深度为52.8m,其平面规模为目前世界桥梁陆地沉井之首,其结构如图1所示。

由于北锚碇沉井支撑在高度不均匀的卵砾石层上,这给沉井最后顺利下沉至设计高程带来诸多不确定因素。在充分吸取以往类似大沉井施工经验的基础上,并结合北锚碇工程特点,在南京四桥北锚碇沉井工程中,研发并成功应用了预加沉井自重、预设空气幕和砂套的"组合式助沉"技术。

北锚碇沉井最后一次13.8m高采用不排水下沉施工,下沉至沉井剩余6m高左右时,下沉困难,此时开启空气幕,空气幕减少井壁侧摩阻力效果明显,确保了沉井安全、顺利的下沉至设计高程。

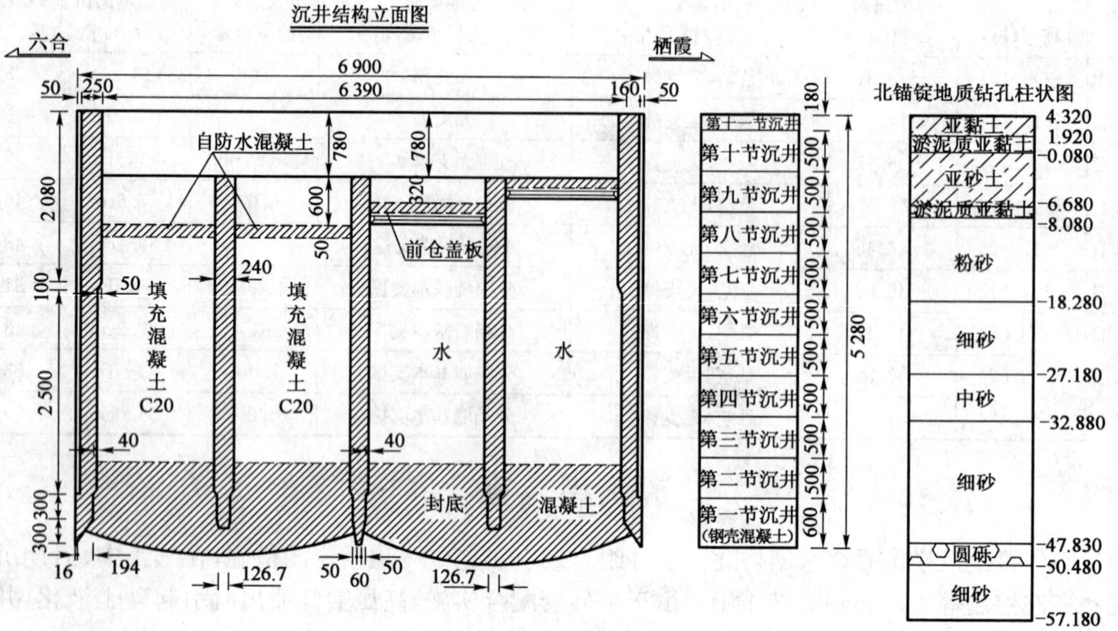

图1 北锚碇沉井基础结构布置图(尺寸单位:cm)

二、助沉措施的比选

沉井在其自重作用下下沉,必须克服作用在沉井上的侧壁摩阻力、端支撑力和水的浮力。随着沉井下沉深度的加大,其所承受的侧摩阻力和浮力就会加大,所以必须考虑可靠的助沉措施来有效地助沉,才能确保沉井下沉的效率。本项目充分调查研究以往类似工程的经验教训,结合本工程的实际情况,对各项助沉措施进行了研究分析,详见表1。

沉井下沉助沉方式比选 表1

助沉方式	适用条件及优、缺点	推荐
施加配重助沉	适合于小型沉井或沉井接高质量较小的沉井分节,在本工程中沉井一次接高的最小质量为22 327.6t,若采用施加配重助沉,其所需要的配重重量必然庞大,施工组织困难。 综合以上考虑,在该工程中不采用此种助沉方式	不采用
降排水助沉	井内排水减小沉井的浮力,有利于沉井下沉,同时在井外进行降水,井内外水头差不易控制,易出现翻砂现象	辅助措施
空气幕助沉	空气幕助沉适用于地下水位较高的细砂、粉砂类层中的沉井下沉。 空气幕助沉的优点在于:施工设备简单,经济效果好;下沉中容易控制;下沉完毕后,土对井壁的摩阻力可基本恢复。 本工程处的地质以砂土为主,适宜于空气幕助沉施工	主要措施
预加沉井自重	沉井能否顺利下沉到位,其中与沉井的设计重度系数有着密切的关系,根据以往类似工程施工经验,通过增大沉井自重提高沉井重度系数,能够起到事半功倍的效果	主要措施
砂套	沉井井壁设计为凹凸齿坎形状,使堆放在沉井四周的砂随沉井下沉逐步回填,松散的回填砂在井壁凹槽范围内隔绝井壁与原状土的直接接触,有效减小井周摩阻力	主要措施
高压射水助沉	本工程位于长江下游地区,该地区在亚黏土层与砂层之间可能存在铁板砂层,其强度明显高于亚黏土层和砂层,取土困难。针对此情况,推荐采用高压射水进行助沉	辅助措施

三、预加沉井自重

沉井重度系数是衡量沉井能否顺利下沉的重要指标，通过预加沉井自重来增大沉井重度系数，以达到助沉的目的。

沉井重度系数：沉井自重减去所受浮力之后与沉井井壁外表面积之比值。北锚碇为重力式锚碇，需要大量的填充混凝土压重，通过增重助沉设计适当增加沉井井壁及隔墙厚度并相应减少压重混凝土数量，在不增加投入的基础上预先增大沉井自重，提高沉井下沉重度系数[（重力—浮力）/井周总面积]，达到8.0，起到了很好的助沉效果。

G——沉井自重力，$G=176\ 767.5\text{kN}$；

F——沉井所受浮力，$F=68\ 515.2\text{kN}$；

S——沉井侧面表面积，$S=13\ 495.4\text{m}^2$。

重度系数
$$K=\frac{G-F}{S}=\frac{176\ 767.5-68\ 515.2}{13\ 495.4}=8.0$$

四、预设空气幕

本工程处的地质以砂土为主，含部分黏土覆盖层，适合采用空气幕进行助沉。在沉井下沉过程中，采用空气幕助沉可降低沉井外壁的摩阻力，不仅起到助沉作用，同时还具有纠偏效果。当沉井下放到预定位置后，空气幕停止，沉井外侧的摩阻力会基本恢复。这就使得在沉井接高阶段的下沉量明显减小，有利于沉井的稳定性。

1. 空气幕助沉总体工艺

空气幕助沉原理：在沉井井壁内预设若干层管路，每层管路上设置诸多小孔，对管内通入压缩空气，再向沉井的壁外喷射，射出的空气短时存在于井壁上预留的气龛上，多余压气即沿井壁上升，在沉井周围形成一层空气帷幕，从而达到降低沉井井壁与土壤之间的摩擦力，达到下沉的目的。同时可以利用空气幕的不均衡压气减阻来达到纠偏下沉的目的。

1)空气幕设计

空气幕系统主要由压气设备组成，它包括空压机、气包、井壁内的预埋管、气龛，以及地面供气管路等。

气龛在井壁表面上高20cm、上宽20cm，下宽8cm的梯形，在井壁上是个深5cm呈棱状的凹槽，通过井壁模板上的模具拆模后形成。凹槽底部与水平气管相嵌，在水平管上直接开孔径为3mm的喷气孔，气孔位置以稍微上偏为宜，如图2所示。

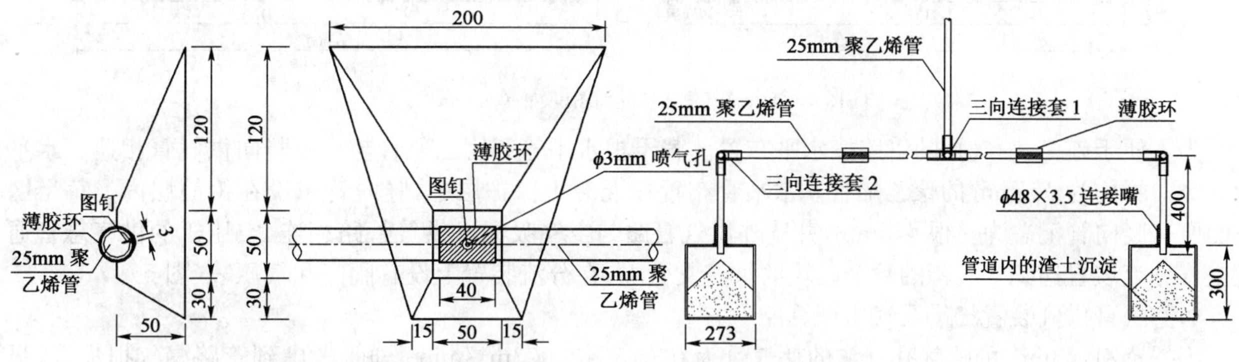

图2　空气幕气龛及防堵设置示意图(尺寸单位:mm)

气龛布置原则：竖直向底部行间距下部密，上部稀，相邻两层梅花形错位布置。为防止气龛喷气孔堵塞，在安装塑料气管时需注意以下两个方面：

(1)在水平管道两端设置沉砂筒，见图2；

(2)在气囊凹槽处(打喷气孔位置)的水平管上外套 4cm 长的薄橡胶环。

沉井每次下沉施工前,应对空气幕进行压气试验,以检验空气幕管路是否畅通。

2)空气幕管路布置

根据国内外同类型桥梁经验,一个气龛能克服的摩擦面积,对于 ϕ1mm 喷气孔而言,井深 0～50m 内为 2.6m²/个,50m 以下为 1.3m²/个。结合北锚碇沉井工程规模大的特点,为减少气龛数量,采用 ϕ3mm 的喷气孔,此时气龛有效面积可达 2.25m²/个～3m²/个,按此布置,水平间距取 1.5m,竖直行间距下部 1.5m,上部 2m。空气幕装置布置在第 3～8 节沉井,竖直高度 30m。在水平面上,气龛共分为 10 组,在立面上,气龛分为 18 层布置,下部 15m 高布置范围竖直行间距 1.25m,上部 15m 高布置范围竖直行间距 2.5m,相邻两层气龛错位布置。前 3 组竖向 5 层气龛为 1 区块,最后 1 组 3 层气龛为 1 区块,气龛的布置共有 40 个区块(图 3、图 4)。

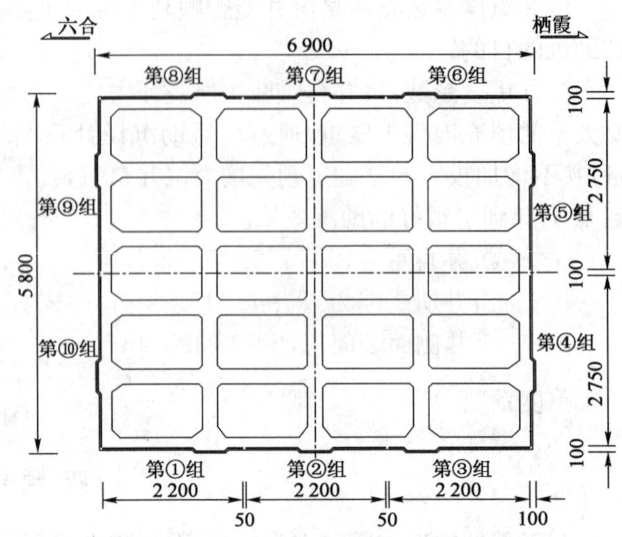

图 3　空气幕气龛布置平面图(尺寸单位:cm)

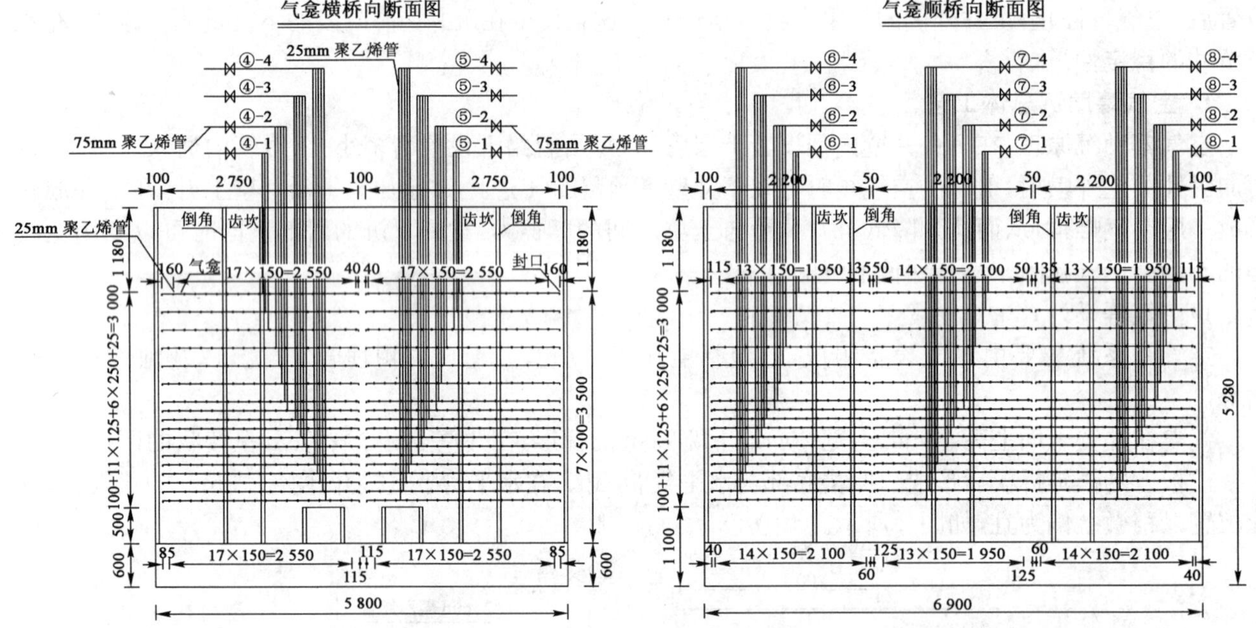

图 4　空气幕气龛布置立面图(尺寸单位:cm)

为了便于施工,喷气孔的管路按水平布置。若干根水平管利用三通管与一根竖向供气管相连。水平管和竖向管均为 ϕ25mm 的聚乙烯管。水平管布置在混凝土保护层中,竖向管布设在钢筋层内。每个区块的所有竖向管汇总为一根 ϕ75mm,井壁外供气管路与空气吸泥机供气管路相连,空压机的供气总管通过空气分流装置连到空气幕的每个区块的供气支管上,在分流装置上设有阀门和气压表(图 5)。

3)空气幕供气装置气量及气压计算

根据资料,ϕ3mm 的喷气孔气龛的耗气量为 0.015～0.023m³/min 之间,考虑到管路漏气损失等,最终取值气量 Q=0.023m³/min。

空气幕压气所需气压值,国内经验认为,压力值稍大于气龛外面的压力(水压力＋土压力＝黏着力)即可,此数值相当于气龛入土深度理论水压的 1.6 倍左右。

气龛埋深 40m,则它所需要的气压等于 1.6～2.5 倍的 40m 水深的静水压强,40m 的井水压强计算

公式为 $P_{水}=\gamma gh$，代入数值得：

$$P_{水}=1.0\times10^{3}\times10\times40=4.0\times10^{5}p=0.4\text{MPa}$$

则 $P_{需}\in(0.4\times1.6=0.64\text{MPa},0.4\times2.5=1\text{MPa}。)$

图 5 空气幕管路现场布设照片

为了更加有效，安全，本设计采用较大值，实际施工过程中以此计算数据为控制标准。

2. 空气幕开启原则

为了达到沉井的最佳助沉效果，开启空气幕的前提条件是沉井半刃脚支撑条件下的锅底悬空状态。空气幕开启和关闭均要严格按技术要求，开启时按空气幕布设区域定岗定人，并且由一人统一指挥。

(1)空气幕从上往下逐层开启，每层开启 10～15min 下沉稳定后开启下一层气龛；

(2)空气幕开启时需根据沉井姿态进行调整纠偏，哪一侧或哪一角偏高则较其他区域先开启该侧空气幕(根据需要先开 3～5min)，且逐层开启；或者同步开启但是偏高部位较其他区域多开 1～2 层，即偏高部位开 4 层气管则其他区域开启 2～3 层即可；

(3)开启空气幕时，气压保持在 0.5～0.6MPa 之间即可；

(4)开启空气幕纠偏时也可通过气阀来调整气量进行，气阀开大则气量足，形成的空气幕助沉效果就好，反之下沉效果就差，所以偏高的地方气阀开大一点，偏低的地方气阀开小一点，也可以达到纠偏效果。

3. 空气幕关闭原则

(1)先关闭大部分空压机，只留一台即可；

(2)主气管上一级气阀关一半，稳定 2min 左右则二级气阀即可直接关闭，以避免气管喷气口砂回灌堵塞。

五、砂　　套

沉井井壁砂套设计原理：通过设置在井壁四周的齿坎构造，使堆放在沉井四周的砂随沉井下沉逐步回填，松散的回填砂在井壁凹槽范围内隔绝井壁与原状土的直接接触，有效减小井周摩阻力。与传统的全断面内凹相比，既保证了砂的有效回填，又便于控制沉井下沉姿态。沉井井壁砂套原理如图 6 所示，回填砂现场如图 7 所示。

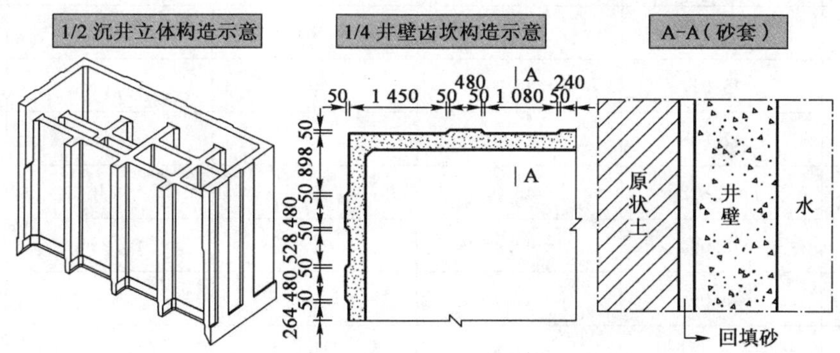

图 6 沉井井壁砂套原理示意

图7 沉井凹槽处回填砂现场照片

六、“组合式助沉”技术实施效果

采用预加沉井自重、预设空气幕和砂套的“组合式助沉”技术，开启空气幕后，压缩空气通过气龛向土体扩散的过程中，总是通过土体最薄弱的通道通向地表，并非完全贴井壁四周上升形成空气帷幕，很难达到理想助沉效果。由于砂套内均为回填松散砂，限制了压缩空气的上升通道，使压缩空气贴井壁向上扩散(图8)，大大提高了空气幕的助沉效果，日最大下沉量达1.48m。使得沉井可控、安全、顺利的下沉到位，终沉几何姿态远远优于设计及规范标准要求。开启空气幕助沉情况汇总见表2，沉井终沉几何姿态见表3。

图8 助沉实施效果图片

北锚碇沉井空气幕助沉情况统计表 表2

日 期	沉井刃脚高程(m)	刃脚泥面高程(m)	空气幕开启前下沉量	空气幕助沉后下沉量	纵/横中心偏位(mm)
2009年12月9日	−45.121	−43.31	0	148.2cm	33/88
2009年12月10日	−46.382	−44.75	0	126.1cm	46/93
2009年12月11日	−46.441	−45.37	5.9cm	未开	52/83
2009年12月12日	−46.917	−46.37	0	47.6cm	46/88
2009年12月13日	−47.808	−46.45	0	89.1cm	48/66
2009年12月14日	−47.812	−46.92	0	未开	51/65
2009年12月15日	−48.084	−47.15	0	27.2cm	43/70
2009年12月16日	−48.094	−47.85	1.0cm	未开	33/77
2009年12月17日	−48.434	−47.88	0	34.0cm	27/60

北锚碇沉井终沉几何姿态 表3

控制指标	具体项目	实际情况	设计要求	备注
沉井几何姿态	顺桥向倾斜度	1/1 511	1/100	终沉几何姿态远远优于设计要求
	横桥向倾斜度	1/28 988	1/100	
	扭转角度	4′35″	30′	
	顶、底口最大位移	5.2cm、5.4cm	50cm	
	沉井底高程	−48.432	−48.500	距设计高程6.8cm

七、结 语

南京四桥北锚施工实践形成了一套预加沉井自重、预设空气幕和砂套的“组合式助沉”创新技术，在沉井下沉施工过程中，主动控制了沉井下沉的效率和精度。采用预加沉井自重、预设空气幕和砂套的“组合式助沉”技术，不但起到助沉效果，同时还起到纠偏作用，确保了北锚碇沉井提前、安全和顺利的下沉至设计高程，既保证了沉井施工质量，也节约了工期，节省了施工成本。相信砂套空气幕助沉措施在南京四桥北锚碇沉井施工中的成功应用，将为以后类似大型沉井设计及施工提供很好的经验参考。

51. PBL键在大跨径悬索桥锚固系统中的应用

王承江[1] 高 飞[2]
(1. 南京长江第四大桥协调指挥部；2. 中交二航局四公司)

摘 要 本文介绍了钢—混凝土组合结构新型剪力连接件的应用，分析了PBL键承载力的影响因素，阐述了南京长江第四大桥(以下简称南京四桥)锚固系统设计施工具体情况。

关键词 PBL键 悬索桥 锚固系统 承载力 影响因素

一、工 程 概 况

南京长江第四大桥采用双塔三跨悬索桥方案，高速公路标准，双向六车道，设计行车速度采用100km/h，车辆荷载等级为公路—I级，大桥桥面宽度为33.00m(不含吊索区及风嘴)。主桥桥跨布置为166m+409m+1 418m+364m+119m=2 476m。

南锚碇分为锚碇基础和锚体两部分。基础采用井筒式地连墙结构形式，平面形状为“∞”形，长82.00m，宽59.00m，由两个外径59m的圆和一道隔墙组成，壁厚为1.50m。

南锚碇锚固系统采用改进后锚梁锚固系统，单个锚体共9块锚固板，每两根工字梁组成一块，整体放样拼装制作。

索股通过锚固箱与锚固板连接，分四索股锚固、双索股锚固和单索股锚固三种锚固方式。B1～B4锚固板后部布置12排0.35m(索股方向)×0.4m(高度方向)间距钢筋混凝土榫剪力连接键(PBL键)。锚固板后端沿板宽方向左右各设一条宽度250mm，板厚28mm的承压板，并设置板厚20mm承压板加劲，以分担部分荷载。

钢筋混凝土榫剪力连接键钢筋居于钢板开孔中心，以保证剪力连接键充分发挥其性能。为此，设计了剪力钢筋定位桁架，定位桁架由40mm×40mm×4mm和75mm×75mm×8mm角钢组成网片并两两连接。

为确保锚固板与混凝土无粘接接触，使索股力顺畅传递至锚固区域，除混凝土榫剪力键锚固区域外，混凝土内锚固板均设置钢板防护设施。南锚锚固系统构造如图1所示。

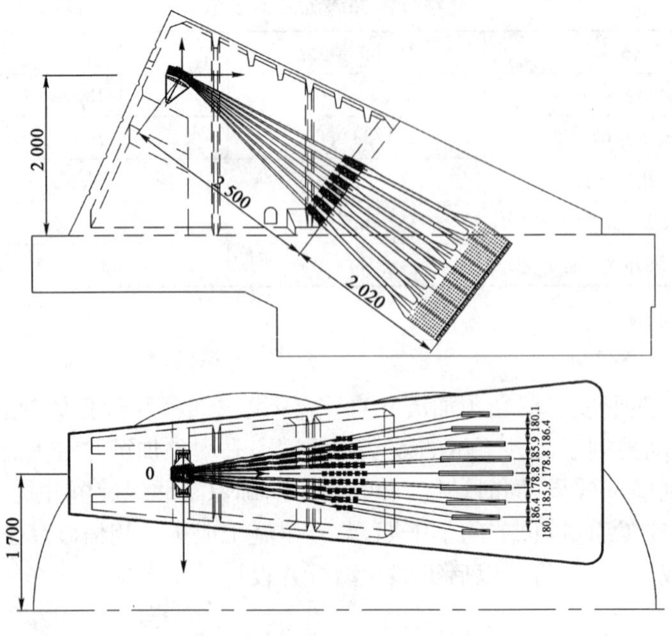

图1 锚固系统总体构造

二、PBL键承载力影响因素分析

目前已有的理论分析和试验研究表明，PBL键承载力的影响因素有很多。除混凝土强度、混凝土榫的面积、贯通钢筋的面积与屈服强度等因素外，单个试件中钢板孔洞和贯通钢筋的个数及排列形式、箍筋配筋率和强度以及试件尺寸等也都对PBL键承载力有影响。

1. 混凝土强度的影响

混凝土强度对PBL键的承载力有明显的影响，相关实验研究表明，PBL键的承载力都由混凝土开裂控制，而混凝土强度对开裂有直接影响。

2. 钢板孔洞和贯通钢筋大小的影响

设置贯通钢筋能显著提高PBL键的承载能力(图2)。贯通钢筋对PBL键承载力的贡献主要在于其抗剪强度。实验研究表明：对于60mm的孔洞(南京四桥锚固钢板PBL键孔洞尺寸1)，当贯通钢筋直径由14mm增至20mm时，由于PBL键受剪钢筋面积增大，其承载力也显著提高；当贯通钢筋直径继续增加至25mm时，由于钢筋与钢板孔洞之间的间隙减少阻碍了混凝土粗集料的进入，故PBL键承载力已不再提高，甚至有所下降。

图2 南京四桥锚固系统

同时，我们做一对比试件，将PBL键的钢板孔洞直径做成26mm，贯通钢筋与钢板孔洞之间几乎没有间隙，二者的单孔最小承载力分别为400kN和215kN，后者仅为前者的54%。这都说明，钢板孔洞与贯通钢筋之间的间隙对PBL键承载力的影响较大。这是因为，钢板孔洞与贯通钢筋之间的间隙大，孔洞中混凝土榫的面积大，且进入钢板孔洞的混凝土粗集料越多，混凝土榫的抗剪能力越强，对PBL键承载力的提高越明显。

3. 普通箍筋配筋率的影响

普通箍筋是通过对孔洞中的混凝土榫提供约束从而提高其承载力。在钢板孔洞直径、贯通钢筋直径相同的情况下，箍筋配筋率大的PBL键，其单孔承载力也高，这主要是因为箍筋对混凝土有着“套箍”作用，这种“套箍”作用能够在某种程度上提高混凝土的承载能力，进而提高了 PBL 键的承载力，箍筋配筋率越大，对 PBL 键承载力的提高越明显。

4. 贯通钢筋在孔洞中放置角度的影响

贯通钢筋在孔洞中位置稍有变化对 PBL 键承载力的影响不大。这是因为贯通钢筋稍稍倾斜一个角度，对粗集料进入孔洞以及混凝土榫的尺寸影响不大。

5. 钢板开坡口与否的影响

钢板开坡口不能提高 PBL 键的承载能力。

6. 钢板孔洞个数和贯通钢筋排列形式的影响

在钢板厚度、孔洞直径、贯通钢筋的直径均相同的情况下，钢板孔洞为 1 排共 2 个，比钢板孔洞为 2 排共 4 个单孔承载力略有下降。这主要是由于钢板孔洞之间的相互影响，使混凝土局部应力有所增大，从而使 PBL 键单孔承载力有所下降。但二者单孔承载力相差不大。

7. 钢板孔洞形式的影响

钢板孔洞形式变化对 PBL 键的承载能力的影响很小，可忽略不计。

综上所述，影响 PBL 键承载力的因素很多，不同规格 PBL 键的极限承载力差别很大。

三、PBL 键承载力计算

考虑到影响 PBL 键极限承载力的几个关键因素，如钢筋的面积和强度、混凝土榫的面积和混凝土强度等，经推导得到 PBL 极限承载力计算公式为：

$$Q_u=\alpha A_{tr}f_y+\beta A'_{tr}f'_y+\gamma A_c f_c^{1/2}$$

式中：Q_u——PBL 键单孔极限承载力；

A_{tr}——贯通钢筋面积；

f_y——贯通钢筋的屈服强度；

A'_{tr}——横向普通钢筋面积；

f'_y——普通钢筋的屈服强度；

A_c——混凝土榫面积；

f_c——混凝土立方体强度；

α——钢筋影响系数；取 $\alpha=1.320\,125$；

β——横向普通钢筋影响系数，当配箍率 $\rho\leqslant0.18\%$ 时，取 $\beta=1.204\,479$，当配箍率 $\rho>0.18\%$ 时，取 $\beta=1.042\,948$；

γ——混凝土榫影响系数，取 $\gamma=1.951\,68$。

该公式物理意义明确，指出 PBL 键破坏模式是剪切破坏，其抗剪承载力由钢筋(包括贯通钢筋和横向普通钢筋)和混凝土榫两部分提供，明确区分了横向普通钢筋和贯通钢筋的作用(图 3)。

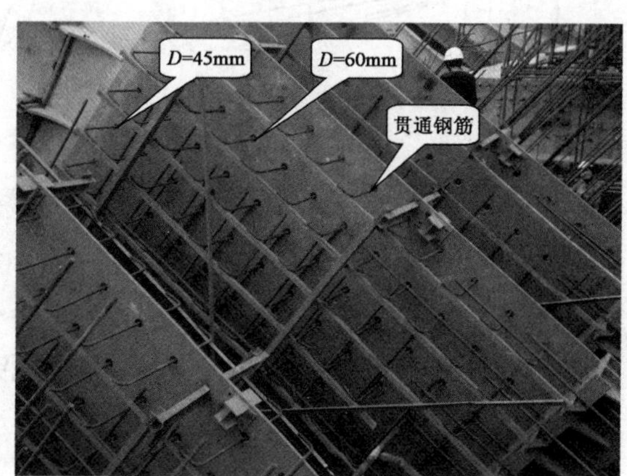

图 3 锚固钢板上两种直径的 PBL 键

南京长江第四大桥南锚锚固钢板直径 60mm 的混凝土榫 1 420 个(上下游共计 2 840 个)，直径 45mm 的混凝土榫 126 个(上下游共计 252 个)混凝土榫直径 60mm，贯通钢筋直径 20mm 的 PBL 键单孔极限承载力：

$$\begin{aligned}Q_u&=1.320\,125\times0.000\,314\,159\text{m}^2\times300\text{N/mm}^2+1.042\,948\times0.000\,490\,87\text{m}^2\times\\&\quad 300\text{N/mm}^2+1.951\,68\times0.002\,827\,43\text{m}^2\times(14.3\text{N/mm}^2)^{1/2}\\&=0.281\,785\,844\,471\times10^6\text{N}\end{aligned}$$

混凝土榫直径 45mm，贯通钢筋直径 16mm 的 PBL 键单孔极限承载力：

$$Q_u' = 1.320\,125 \times 0.000\,201\,062\text{m}^2 \times 300\text{N/mm}^2 + 1.042\,948 \times 0.000\,490\,87\text{m}^2 \times 300\text{N/mm}^2 + 1.951\,68 \times 0.001\,590\,431\text{m}^2 \times (14.3\text{N/mm}^2)^{1/2} = 0.233\,225\,395\,182 \times 10^6\,\text{N}$$

PBL 键极限承载力：

$$Q_u = 281.785\,844\,471\text{kN} \times 1\,420 + 233.225\,395\,182\text{kN} \times 126 = 3.666\,85 \times 10^5\,\text{kN}$$

上下游 PBL 键极限承载力共计 $7.333\,7 \times 10^5$ kN，大于主缆设计拉力 5.32×10^5 kN。

四、PBL 键 施 工

锚固系统处钢筋绑扎工艺同常规钢筋绑扎工艺，钢筋绑扎时先通过桁架定位剪力钢筋，使剪力钢筋定位在锚固钢板开孔中心，然后绑扎其他钢筋。当其他钢筋与剪力钢筋位置存在冲突时，优先考虑剪力钢筋位置。剪力钢筋与桁架及其他交错钢筋间点焊固定，确保钢筋相对尺寸准确、牢固，防止混凝土振捣施工时出现位移。

锚固系统处采用 C30 混凝土，基于确保剪力钢筋和锚固钢板 ϕ60mm 的孔洞形成的 PBL 剪力键的质量，粗集料选用 5～25 级配。

锚固钢板剪力键分布区混凝土浇筑宜采用分区、分层浇筑。由锚固钢板横桥向分割成 10 个区域，以中心处锚固钢板向两侧依次分为 A～F 共 10 个区域(图 4)，根据不同层混凝土浇筑一次取 A～F 中相应区域。混凝土浇筑时按照 A～F 的顺序分层浇筑。

锚固区混凝土采用布料杆布料，混凝土采用小串桶分仓入模，每层布料厚度控制在 20～30cm，相隔仓面混凝土高差控制在 30cm 左右，通过混凝土流动使剪力键内混凝土密实，并将混凝土气泡顺利排出，如图 5 所示。

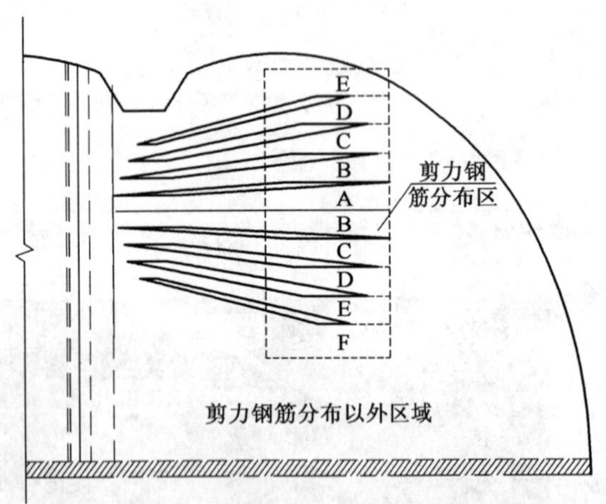

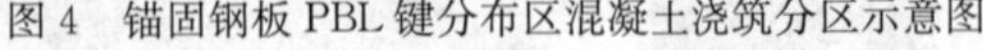

图 4 锚固钢板 PBL 键分布区混凝土浇筑分区示意图

图 5 PBL 剪力键处混凝土浇筑

为避免布料杆挪动过程中对锚固钢板产生污染，布料杆软管端头设置封闭阀门。混凝土振捣时在振捣棒上按 30cm 间距做上记号，夜间浇筑时并配以矿灯(照明)，责任到人，确保振捣质量。

五、结 语

(1)PBL 键承载力高，抗疲劳性能好，且施工方法简单，具有较强的市场竞争力。可用于大跨径斜拉桥、悬索桥结构中的钢-混结合处。

(2)PBL 键承载力的影响因素很多。混凝土榫面积、混凝土强度和钢筋的面积及强度影响最大；贯通钢筋的角度误差、钢板开坡口与否、钢板厚度(需保证在达到极限承载力时钢板不屈曲)等对 PBL 键的承载力影响不大。

(3)本文给出的 PBL 键承载力计算公式较全面地考虑了混凝土榫的面积和强度、贯通钢筋的面积和强度、横向普通钢筋的面积和强度等主要因素;物理意义明确,指出 PBL 键破坏模式是剪切破坏,其抗剪承载力由钢筋(包括贯通钢筋和横向普通钢筋)和混凝土榫两部分提供,明确区分了横向普通钢筋和贯通钢筋的作用。

参考文献

[1] 雷昌龙. 钢-混凝土组合桥中新的剪力连接器的发展与试验[J]. 国外桥梁,1999,(2):64-68.

[2] 刘玉擎,曾明根,陈艾荣. 连接件在桥梁结构中的应用与研究[J]. 哈尔滨工业大学学报,2003,35(8):272-275.

[3] 宗周红,车惠民. 剪力连接件静载和疲劳试验研究[J]. 福州大学学报:自然科学版,1999,27(6):61-66.

[4] 谢红兵,柯在田,林广元,等. 在动载作用下的连续结合梁的设计国外桥梁,1998(4):12-21.

[5] 周浩,张勇. 浅谈钢-混凝土组合梁的剪力连接件[J]. 四川建筑,2004,24(5):50-51,53.

[6] 胡建华,叶梅新,黄琼. PBL 剪力连接件承载力试验[J]. 中国公路学报,2006,19(6):65-72.

[7] 叶梅新,张晔芝,侯文崎,等. 佛山平胜大桥钢—混凝土结合段试验研究[R]. 长沙:中南大学土木建筑学院,2005.

52. 锚固板测量放样

余时民　庹立新　李家辉

(南京长江第四大桥 J1 标总监办)

摘　要　用全站仪对结构物的空间三维坐标定位,很容易实现。要使结构物就位至设计位置,需对结构物的多个特征点,计算出三维坐标,需利用空间直线的方向余弦,对于两相互平行的直线,其方向余弦相等的特点,因此,在选定的两个面上,给出从某一已知点延伸出的空间长度,此点的空间直角坐标就可以算出。

关键词　悬索桥　施工控制网　方向余弦计算　三维坐标　锚固板定位

一、引　　言

南京长江第四大桥为位于长江下游龙潭水道内的石埠桥位附近,上游距长江二桥 12km,设计时速 100km/h,双向六车道高速标准。桥位由北向南横跨长江。主跨 1 418m 三跨连续钢箱梁悬索桥,主缆由五跨组成,由北向南依次为:北锚跨、北边跨、中跨、南边跨、南锚跨。成桥状态时,跨径组成为20.726m+576.200m+1 418m+481.800m+19.966m。塔高 229.400m,南、北锚碇分别采用不同工艺,南锚碇采用地连墙基础,北锚碇采用沉井基础。主缆上、下游侧各一根,每根主缆有 135 根索股,通过散索鞍后,分别锚固于前锚面的锚固板上,9 大块锚固板要承受主缆传来的 540MN 的拉力,即每根索股承受 4 000kN 拉力。一个锚体,左、右幅共有 18 块锚板,南、北两个锚体共 36 块锚固板。必须按设计的空间位置进行精确定位,位置偏差过大,会产生附加应力,影响结构的受力安全。

二、控 制 测 量

南京四桥首级施工控制网分布在桥位长江两岸,受其施工环境的影响,密度满足不了锚固板安装精度和测量要求,针对锚固板施工的特点及锚固板特征点空间位置测量的精度要求,加上通视条件,施工条件的需要,在南、北锚碇施工区域建立一个锚固板施工控制网。

加密施工控制网采用精密导线网布设(图 1、图 2)。主桥首级施工控制网 NF07、NF10 为基准,基岩点 NF13、NF14 作为水准基准。首级网平面控制测量采用 GPS 技术测定，跨江水准采用 EDM 三角高程。并同等精度加密控制网点 L2(南岸)、加密 4(北岸)，分别在南、北锚碇地连墙顶面和沉井顶面采用边角网和精密导线，南锚碇加密点(XJ1、XJ2、XJ3、XJ4)，北锚碇加密点(XJ5、XJ6、XJ7、XJ8)，用 TCA2003 以三等精密导线技术施测，短边方向采用特殊照准装置(如绣花针)，以减少测角时的照准误差。水准采用国家二等，用电子水准仪施测。

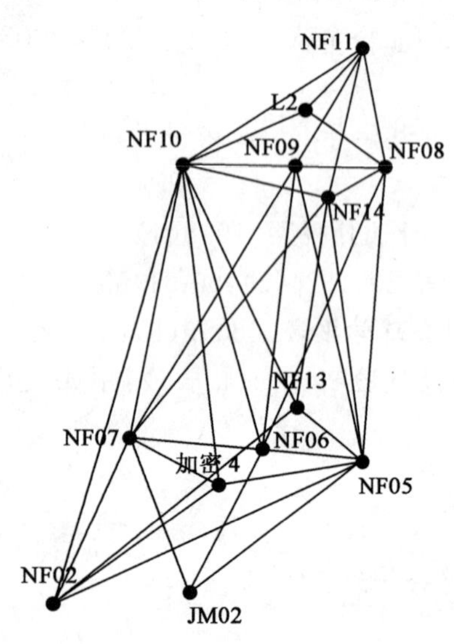

图 1　南京四桥首级控制网及同等加密点平面图

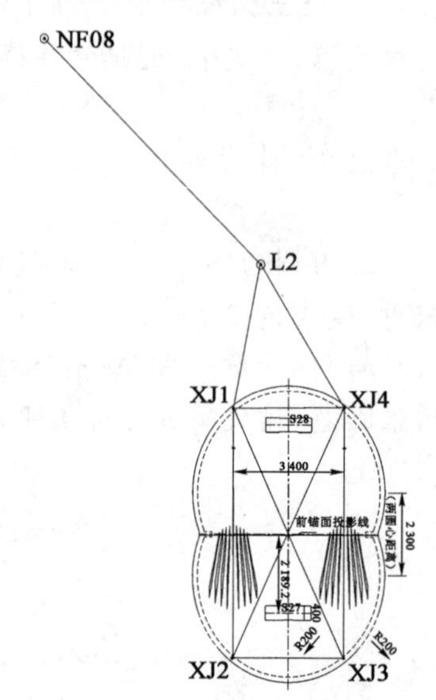

图 2　锚固板定位加密控制网平面图

平面坐标系统采用南京四桥桥轴坐标系统。

高程系统采用 1985 国家黄海高程基准。

三、测量放样数据计算

每幅 9 块锚板(图 3)，从左至右为：

BL5、BL4、BL3、BL2、B1、BR2、BR3、BR4、BR5。

每根主缆的索股数量，主跨与边跨不同，北边跨 141 束、中跨 135 束、南边跨 143 束。

每块锚板，设计给定 4 点，A、B、C、D，并设定以 *IP* 点为原点的局部三维坐标。测量放样时，将给定的局部坐标转换成桥轴坐标，并增设了 163 个测点，以利实地放样。现将每块板增加的测点列于表 1 中。

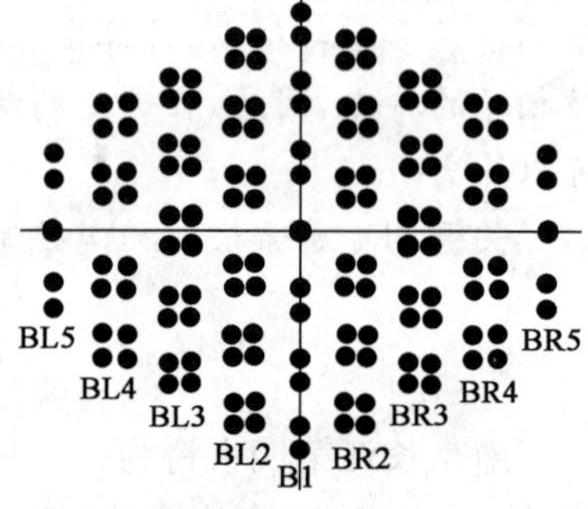

图 3　前锚面

增加测点数　　表 1

项目	距前锚面的距离(m)				
	单位	向后 20.2m	向后 4.7m	向前 0.3m	向前 2.7m
BL5	点数	2	2	2	2
BL4	点数	3	4	4	4
BL3	点数	4	6	6	6
BL2	点数	4	6	6	6
B1	点数	5	8	8	8
BR2	点数	4	6	6	6
BR3	点数	4	6	6	6
BR4	点数	3	4	4	4
BR5	点数	2	2	2	2

方向余弦：$\cos(\alpha_1)=DX_1/S_1$　　$\cos(\beta_1)=DY_1/S_1$　　$\cos(\theta_1)=DZ_1/S_1$

对于向后的 20.2m 和 4.7m 断面的方向余弦取正值，对于向前的 0.3m 和 2.7m 断面的方向余弦取负值。

取 C 至 B 为横向，并按桥轴坐标，计算方向余弦：

坐标增量 $DX_2=XB-XC$　　$DY_2=YB-YC$　　$DZ_2=ZB-ZC$

空间长度为 $S_2=\sqrt{(DX_2^2+DY_2^2+DZ_2^2)}$

方向余弦：

$$\cos(\alpha_2)=DX_2/S_2 \qquad \cos(\beta_2)=DY_2/S_2 \qquad \cos(\theta_2)=DZ_2/S_2$$

对于向后的 D 至 B 段的测点方向余弦取正值，对于 D 至 C 段的测点方向余弦取负值。

每一块板取 A 至 D 为纵向(图 4)，方向余弦取负值，并按桥轴坐标，计算方向余弦：

坐标增量 $DX_1=XD-XA$　　$DY_1=YD-YA$　　$DZ_1=ZD-ZA$

空间长度为 $S_1=\sqrt{(DX_1^2+DY_1^2+DZ_1^2)}$

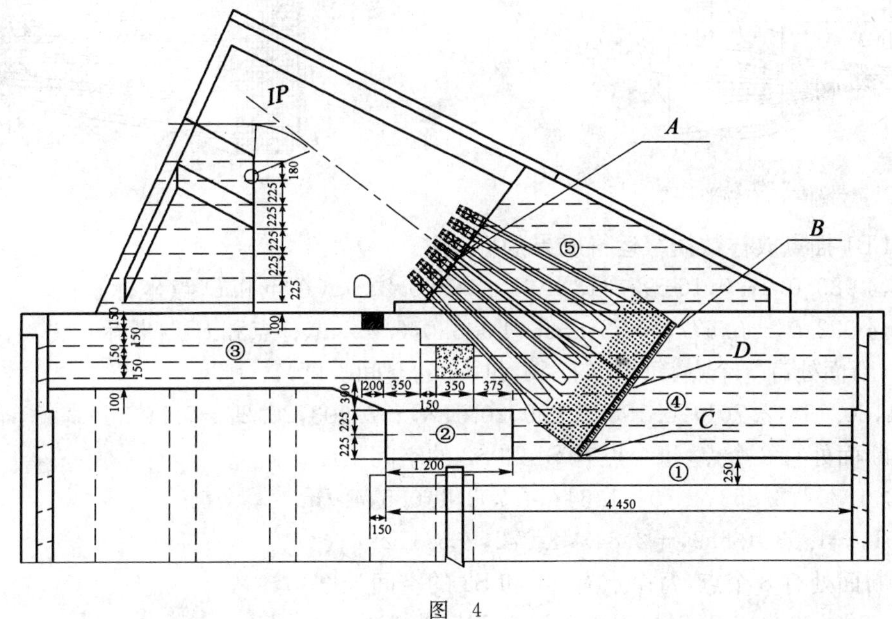

图 4

测量放样数据计算，对于利用高精度全站仪定位，就是三维坐标计算。如给定一点，此点在距前锚面 20.2m，并垂直于 AD 的 CB 面上，距 D 点的距离为 S_2，这是一空间长度，相应在 AD 面上的空间长度为 S_1。所有 9 块锚固板，均有各自的 A、D、C、B 空间坐标，可对相应的方向余弦进行移项处理后得：

$$DX_1=S_1\times\cos(\alpha_1) \qquad DY_1=S_1\times\cos(\beta_1) \qquad DZ_1=S_1\times\cos(\theta_1)$$

$$DX_2=S_2\times\cos(\alpha_2) \qquad \cos(\beta_2)=DY/S_2 \qquad \cos(\theta_2)=DZ/S_2$$

CB 面正是 $S_1=20.2$m，并垂直于 CB 面，其余的断面取值 $S_1=4.7$m、-0.3m、-2.7m 垂直于 AD 的面均平行于 CB 面，即它们的方向余弦均为：$\cos(\alpha_2)=DX_2/S_2$

$$\cos(\beta_2)=DY_2/S_2 \qquad \cos(\theta_2)=DZ_2/S_2$$

起算点均为 A 点，其值为：XA、YA、ZA

则以上各断面上的测点有 163 个，则左、右幅共有板有 326 个，全桥共 652 个加密点。放样坐标计算是从 A 点起算，加纵向增量、再加横向增量即得：

$$X=XA+S_1\times\cos(\alpha_1)+S_2\times\cos(\alpha_2)$$

$$Y=YA+S_1\times\cos(\beta_1)+S_2\times\cos(\beta_2)$$

$$Z=ZA+S_1\times\cos(\theta_1)+S_2\times\cos(\theta_2)$$

全桥36块锚板(图4、图5),均有各自的A、B、C、D坐标和空间长度S_1、S_2等数据。因此,决定用VB编程计算,若用ARRAY函数输入,则要编写36个程序。若用数据文件输入,则只需一个程序即可完成。因VB有面对对像设计的功能,在窗体上设置两个控件:一个为命令控件,另一个为对话框控件。当运行时,点击命令控件,窗体立即出现一个对话框,通过对话框可进入计算机的各个位置,打开数据文件,计算的成果文件立即生成。实地安装时,利用锚体插入的4个控制点XJ1、XJ2、XJ3、XJ4进行精确定位。

四、算 例

(1)数据文件共有18个(图6),全桥共36个,取北锚左幅的LB1板为例,数据文件对应于程序中的INPUT＃1语句,放设在桌面上,其内容为:

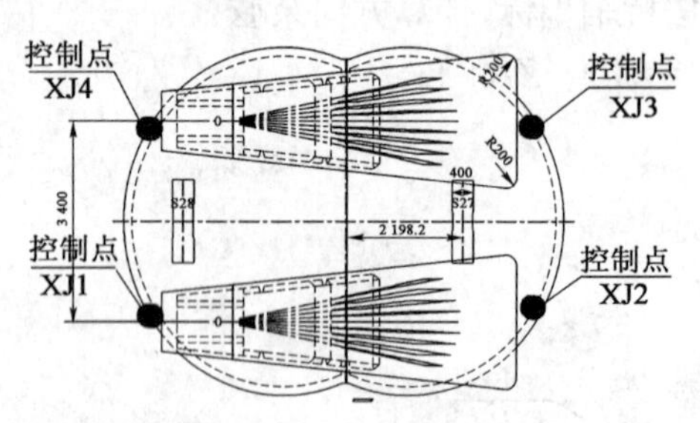

图5 锚体左、右幅平面图

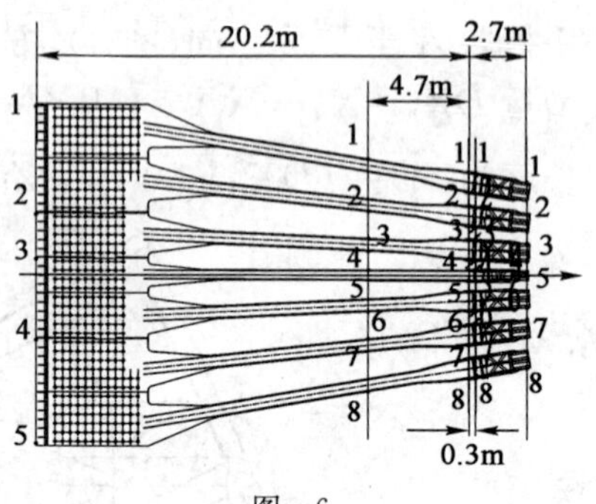

图 6

“北锚左幅LB1插点放样数据”(运行成果的标题)

16 629.785,4 983.0,25.0,16 592.313,4 983.0,−0.276m(A点和D点坐标)

16 596.562,4 983.0,−6.577,16 588.063,4 983.0,6.025m(C点和B点坐标)

5(在20.2m断面处有5个点,每个点有S1和S2的空间长度)

20.2,7.501,20.198,2.701,20.198,0.699,20.198,−2.903,20.2,−7.502m

8(在4.7m断面处有8个点,每个点有S1和S2的空间长度)

4.698,5.18,4.702,2.853,4.701,1.647,4.703,1.085,4.7m

0.245,4.701,−1.63,4.699,−2.843,4.072,−5.172m

8(在0.3m断面处有8个点,每个点有S1和S2的空间长度)

−0.297,4.592,−0.3,2.138,−0.299,1.625,−0.3,0.651m

−0.3,0.295,−0.3,−1.619,−0.299,−2.131,−0.298,−4.585m

8(在2.7m断面处有8个点,每个点有S1和S2的空间长度)

−2.698,4.137,−2.701,1.968,−2.701,1.437,−2.698,0.622m

−2.702,0.206,−2.702,−1.439,−2.7,−1.969,−2.698,−4.13m

(2)运行成果,按F5运行后,点击命令控件,从对话框中进入桌面,打开数据文件,立即在桌面上生成计算成果文件(表2～表5):

板号 北锚左幅LB1插点放样数据

北锚左幅LB1插点放样数据在前锚面后20.2m锚板插入点桥轴坐标 表2

点号	X坐标(m)	Y坐标(m)	Z坐标(m)
1	16 588.119	4 983.000	0 005.943
2	16 590.804	4 983.000	0 001.964
3	16 591.924	4 983.000	0 000.304
4	16 593.938	4 983.000	−0 002.682
5	16 596.507	4 983.000	−0 006.496

板号 北锚左幅 LB1 插点放样数据

北锚左幅 LB1 插点放样数据在前锚面后 4.7m 锚板插入点桥轴坐标 表 3

点号	X 坐标(m)	Y 坐标(m)	Z 坐标(m)
1	16 602.268	4 983.000	0 012.687
2	16 603.566	4 983.000	0 010.756
3	16 604.241	4 983.000	0 009.757
4	16 604.553	4 983.000	0 009.290
5	16 605.026	4 983.000	0 008.595
6	16 606.073	4 983.000	0 007.040
7	16 606.753	4 983.000	0 006.035
8	16 608.575	4 983.000	0 004.455

板号 北锚左幅 LB1 插点放样数据

北锚左幅 LB1 插点放样数据在前锚面前 0.3m 锚板插入点桥轴坐标 表 4

点号	X 坐标(m)	Y 坐标(m)	Z 坐标(m)
1	16 606.738	4 983.000	0 014.993
2	16 608.112	4 983.000	0 012.960
3	16 608.398	4 983.000	0 012.534
4	16 608.944	4 983.000	0 011.727
5	16 609.143	4 983.000	0 011.432
6	16 610.213	4 983.000	0 009.845
7	16 610.498	4 983.000	0 009.420
8	16 611.870	4 983.000	0 007.385

板号 北锚左幅 LB1 插点放样数据

北锚左幅 LB1 插点放样数据在前锚面前 2.7m 锚板插入点桥轴坐标 表 5

点号	X 坐标(m)	Y 坐标(m)	Z 坐标(m)
1	16 608.983	4 983.000	0 015.959
2	16 610.198	4 983.000	0 014.162
3	16 610.495	4 983.000	0 013.722
4	16 610.948	4 983.000	0 013.044
5	16 611.184	4 983.000	0 012.702
6	16 612.104	4 983.000	0 011.338
7	16 612.398	4 983.000	0 010.897
8	16 613.605	4 983.000	0 009.105

五、锚固板安装定位

锚固板定位采用能满足定位精度的设备仪器，徕卡 TCA2003 精密全站仪适用于此项目，仪器精度(测角 0.5″、测距 1+1PPm)，安装定位时使用了两台仪器同时观测。在最短时间测出锚固板的空间姿态，以利调整。

选择有利时间，安装定位时都在夜间 10 点后进行，温度比较恒定，影响小。

锚固板定位分为安装初定位，初定为加固后，检测其空间姿态，按实测的前锚面和后锚面特征点的三维坐标进行调整，待调整至设计要求的精度后，加固，牢固支撑后，再进行复测，如果在加固时有轻微变化,应重新精密定位,直至满足设计要求。

浇筑混凝土后,当达到一定强度时要进行竣工检测,把竣工检测数据与定位数据比对,并进行分析,数据证明方法可行,满足设计要求。

六、结　语

对结构物的测量放样,放样数据计算特别重要,必须有严格的报验程序,监理通过平行计算,核对承包商的报验数据,无误后,才能进行实地放样。曾经因第一环节不到位,就进行放线,出现过一些事故,造成了经济损失。徕卡TCA2003精密全站仪是数字时代的产品,经它放设的每一个点,都有放样精度高的特点,由于数量特别多,一般都是用计算机编程计算。南京长江第四大桥的各种结构物,有成千上万个测量放样数据,都是严格按以上程序完成的,保证南京四桥各结构物的质量,从每一道工序和各个环节抓起,认真做好测量工作的每一个细节,形成完整的测量放样过程,复检制度,做到精益求精,确保万无一失。

参考文献

[1] 张正禄,等.工程测量学[M].武汉:武汉大学出版社,2005.
[2] 陈龙飞.工程测量[M].上海:同济大学出版社,1991.
[3] 胡伍生,潘庆林,黄腾.土木工程施工测量手册[M].人民交通出版社,2005.
[4] 蒋波,岳建平.润扬长江公路大桥施工测量质量控制[J].现代测绘,2002,(02).
[5] 岳建平,刘军.大型桥梁施工测量信息管理系统研制[J].测绘通报,2004,(08).
[6] 王学军,张玉梅主编.VISUAL BASIC程序设计.

53. 南京长江第四大桥索塔混凝土质量控制措施

戚兆臣[1]　曲洪春[2]
(1. 南京长江第四大桥建设协调指挥部;2. 中交第二航务工程局)

摘　要　混凝土质量通病治理和提高混凝土耐久性一直是工程建设者的努力方向。南京四桥建设者高度重视混凝土质量通病治理工作,围绕索塔锚碇大体积混凝土开展了一系列研究工作,重点对混凝土强度的离散性、原材料合格率、保护层厚度、混凝土外观质量、预应力施工质量、有害裂缝控制等方面质量控制提出了明确指标,并在建设过程中付诸实施,取得了非常好的效果。本文总结了前期南京四桥研究和工程实践成果,并拟用于指导后续工程质量通病治理,以全面提高南京长江第四大桥混凝土结构物的耐久性、安全性和可靠性,保证其在设计使用年限内的有效使用。其中有关研究成果和经验可供广大工程建设者参考。

关键词　桥梁工程　索塔混凝土　质量控制

一、工 程 概 况

南京四桥是国务院批准的南京市城市总体规划中“五桥一隧”过江通道之一,是国道主干线的重要组成部分。项目起始于宁通高速公路横梁互通接沪宁高速公路麒麟互通和正在建设的绕越高速公路东南段,全长约28.996km,其中:跨江大桥长约5.437km,南北接线长约23.559km。在横梁、龙袍、栖霞、麒麟4处设置互通立交,预留红光、仙林2处互通立交。全线按六车道高速公路标准建设,其中跨江大桥设计速度为100km/h,桥面宽度为33.0m;两岸接线设计速度为120km/h,路基宽度为34.5m。桥涵设计汽车荷载等级采用公路—Ⅰ级。主桥为主跨1 418m双塔三跨悬索桥;主通航孔设计最高通航水位上的净空高度不低于 50m，单孔双向通航净宽不小于 690m。项目概算投资约 68.57 亿元，建设工期 60 个月。

二、索塔设计及对原材料的要求

南京四桥主桥为双塔三跨悬索桥，其跨径布置为(166m+410.2m)+1 418m+(363.4m+118.4m)=2 476m。南塔基础采用 48 根 D3.2～D2.8m 变直径钻孔灌注桩基础，桩底高程－55m。承台为哑铃形，平面尺寸 80.5m×35m，厚 9.0m。北塔基础采用 38 根 D2.8m 钻孔灌注桩基础，桩底高程－110m。承台为哑铃形，平面尺寸 72.5m×27m，厚 8.5m。

南北索塔采用混合式结构形式。塔底设计高程 7.000m，塔顶设计高程 230.800m，塔冠顶设计高程 236.400m。采用爬升模板法逐段浇筑塔柱。索塔混凝土采用 C50，在混凝土的配合比设计过程中混凝土的设计强度按 f45(或 f60)进行控制，设计对原材料组成提出了明确要求：

①水泥：应选择同厂家同品牌的中、低热水泥，不宜选用早强性水泥。水泥出厂时间不得大于 3 个月且不得受潮结块。

②细集料：应选用石英含量高，颗粒浑圆，具有平滑筛分曲线的中砂，其细度模数控制在 2.7～3.1 之间。

③粗集料：应选用热膨胀较小的石灰岩、玄武岩或花岗岩，并采用连续级配的粗骨料，其最大粒径不大于 25mm(拱梁拱脚段混凝土粗骨料最大粒径不大于 15mm)。

④外加剂：除高效减水剂、缓凝剂外，不得掺加其他任何外加剂。

⑤外掺料：粉煤灰应选用Ⅰ级粉煤灰，对普通硅酸盐水泥其掺量应控制在 10%～15%，对粉煤灰水泥应在了解水泥中粉煤灰含量后按上述掺量控制。

⑥拌和用水：水中氯离子含量超过 $5mg/cm^3$ 的水不得使用。

同时，设计提出，为减少混凝土冷缩对结构造成的损伤，夏天应控制混凝土浇筑温度不超过 30℃。混凝土内外温差应控制不大于 25℃。

三、大体积混凝土耐久性研究意见及执行情况

参考国内外有关混凝土施工技术文献，吸收近年高性能混凝土研究及应用方面成果，结合南京长江第四大桥的结构特点以及初步研究成果，四桥指挥部在工程开工之初即牵头组织了大体积混凝土的科研，编写了《南京长江第四大桥主缆锚固区及索塔混凝土施工指南(基于耐久性研究)》(以下简称《指南》)，在混凝土的原材料、混凝土的性能、施工方法、结构设计措施以及质量检验等方面提出了相应的要求。

1. 原材料

《指南》对主缆锚固区及索塔原材料基本要求为：

水泥：当集料具有碱—硅酸盐反应活性时，水泥的碱含量不应超过 0.60%。宜优先选用中热硅酸盐水泥。

粉煤灰：不得使用高钙粉煤灰，粉煤灰烧失量指标：用于锚碇系统和索塔塔柱的混凝土不应大于 3%，用于其他部位的混凝土不宜大于 5.0%。

减水剂：减水率不应小于 20%，收缩率比不应大于 100%，含气量不应大于 3.0%。优先选用羧酸系减水剂。

细骨料：细度模数应在 2.6～3.1 之间，含泥量应小于 2%。

粗骨料：应为石灰岩或玄武岩碎石，针、片状颗粒含量应小于 5%。含泥量应小于 1%。

2. 原材料选择及配合比设计

按《指南》要求，优先选用中热硅酸盐水泥，施工前采用两种中热硅酸盐水泥样品进行试验，分别是湖北华新(P.MH42.5 水泥)及葛洲坝水泥，再与镇江句容台泥(P.042.5 水泥)、南京中国普通硅酸盐水泥进行水泥水化热试验比对。按照等水泥熟料的试验方法，对四种水泥进行同混凝土配合比进行半绝热温

升、收缩、其他力学性能及工作性能对比试验。通过同条件试验，发现中热水泥温升稍低，到达温峰时间较长，收缩相对偏大，早期强度及弹性模量偏低。与中热水泥同等水泥熟料，普通硅酸盐水泥消耗较多的外加剂，早期强度及弹性模量高(表1、表2)。

南塔塔柱混凝土配合比半绝热温升试验 表1

材料							配合比	水胶比	混凝土入模温度(℃)	混凝土入模后最低温度(℃)	混凝土温峰温度℃)	半绝热温升	恒温室
水泥	粉煤灰	矿粉	砂	碎石	水	外加剂	C∶K∶F∶S∶G∶W∶外					温度(℃)	温度(℃)
P.042.5	Ⅰ级	马钢S95	赣江中砂	5～25碎石	井水	HP 400R	368∶46∶46∶712∶1067∶161∶3.22	0.35	26.5	23.23	42.00	18.9	18～20
P.042.5	Ⅰ级	马钢S95	赣江中砂	5～25碎石	井水	HP 400R	276∶92∶92∶712∶1067∶161∶3.22	0.35	26.5	23	41.44	18.5	18～20
P.MH 42.5	Ⅰ级	马钢S95	赣江中砂	5～25碎石	井水	HP 400R	331∶83∶46∶712∶1067∶161∶2.53	0.35	26.5	22.88	40.25	17.4	18～20
P.MH42.5	Ⅰ级	马钢S95	赣江中砂	5～25碎石	井水	HP 400R	248∶120∶92∶712∶1067∶161∶2.53	0.35	26.5	22.25	37.31	15	18～20

南塔塔柱混凝土配合比强度试验 表2

材料							配合比	水胶比	抗压强度(MPa)				劈裂抗拉强度(MPa)		
水泥	粉煤灰	矿粉	砂	碎石	水	外加剂	C∶K∶F∶S∶G∶W∶外		3d	7d	30d	60d	3d	7d	60d
P.042.5	Ⅰ级	马钢S95	赣江中砂	5～25碎石	井水	HP 400R	368∶46∶46∶712∶1067∶161∶3.22	0.35	35.3	42.2			3.04	3.4	
P.042.5	Ⅰ级	马钢S95	赣江中砂	5～25碎石	井水	HP 400R	276∶92∶92∶712∶1067∶161∶3.22	0.35	30.4	42.3			3.15	3.6	
P.MH 42.5	Ⅰ级	马钢S95	赣江中砂	5～25碎石	井水	HP 400R	331∶83∶46∶712∶1067∶161∶2.53	0.35	20	39.4			2.6	3.71	
P.MH 42.5	Ⅰ级	马钢S95	赣江中砂	5～25碎石	井水	HP 400R	248∶120∶92∶712∶1067∶161∶2.53	0.35	16.8	37.4			1.76	3.87	

3. 材料选用情况及措施

试验结果汇总后，台泥水泥与其他普通硅酸盐水泥比较，水泥热低，经过多方反复讨论，最终确定使用台泥普通硅酸盐水泥。为达到南北索塔外观色泽一致的效果，南北主塔统一粉煤灰、矿粉、碎石、外加剂等索塔混凝土用原材料。南北索塔混凝土选用的原材料为：

(1)水泥 P.042.5水泥　　江苏镇江句容台泥水泥有限公司

(2)粉煤灰　　南京板桥电厂产Ⅰ级F类粉煤灰

(3)磨细矿粉　　马钢嘉华产S95级磨细矿粉

(4) 砂　　江西赣江产中粗砂

(5)碎石　　和县众望5～25mm碎石

(6)水　　工地井水

(7)外加剂　　上海华登产HP400R泵送剂

水泥品种确定后，采用正交分析法进行了大量的混凝土配合比设计及试验工作。试验目的是，使用较低的胶凝材料，较多的外掺料，使混凝土具有较好的工作性能及较低的绝对温升，从而降低索塔结构产生有害裂缝的风险。为了达到结构物美观及内在密实的目的，采取了双掺外掺料的方法，即同时掺加粉煤灰及矿粉；结合设计文件及指挥部“混凝土耐久性施工指南”的要求，严格控制两种外掺料掺量。通过正交试验结果分析得出混凝土理论配合比，采用理论配合比浇筑了6块试验块，目的是检验混凝土配合比外观等，以及选择合适的脱模剂。根据试验块的情况分析，对混凝土配合比进行适当微调，确定了配合比并在索塔足尺模型中进行最终验证。

通过模型试验确定配合比为(以南塔为例)：

(C+K+F)∶S∶G∶W∶外加剂=460∶712∶1 067∶161∶3.22。

混凝土设计坍落度 160～220mm，混凝土初凝时间 11h25min，14d 强度 54.9MPa，60d 强度 69.5MPa，28d 混凝土弹性模量 4.92×10^4～5.41×10^4MPa。

四、足尺模型试验与实体试验对比

1. 足尺模型试验

通过小试验块确定混凝土配合比后，制定详细的索塔足尺模型浇筑计划，模拟索塔工程实体，并对索塔足尺模型进行测温监控，索塔足尺模型分两次浇筑，根据拆模情况及温控数据总结分析，对索塔足尺模型中出现的不足，逐一分析并制定相应的措施，避免在索塔足尺模型中出现的问题再次在索塔施工中产生，根据测温数据，控制混凝土内部温峰，必须尽量降低混凝土入模温度。

工艺块及足尺模型试验如图 1、图 2 所示。

图 1 塔柱工艺块试验

图 2 塔柱足尺模型试验

足尺模型试验过程中，温度传感器的布置按照《指南》中相关要求执行。测量混凝土表面温度的测温点设置在距混凝土表面 50mm 处，同时另设温度传感器测量混凝土入模温度和环境温度值，混凝土实体内共布置了 26 个测温点。具体测温点的布置参见图 3。

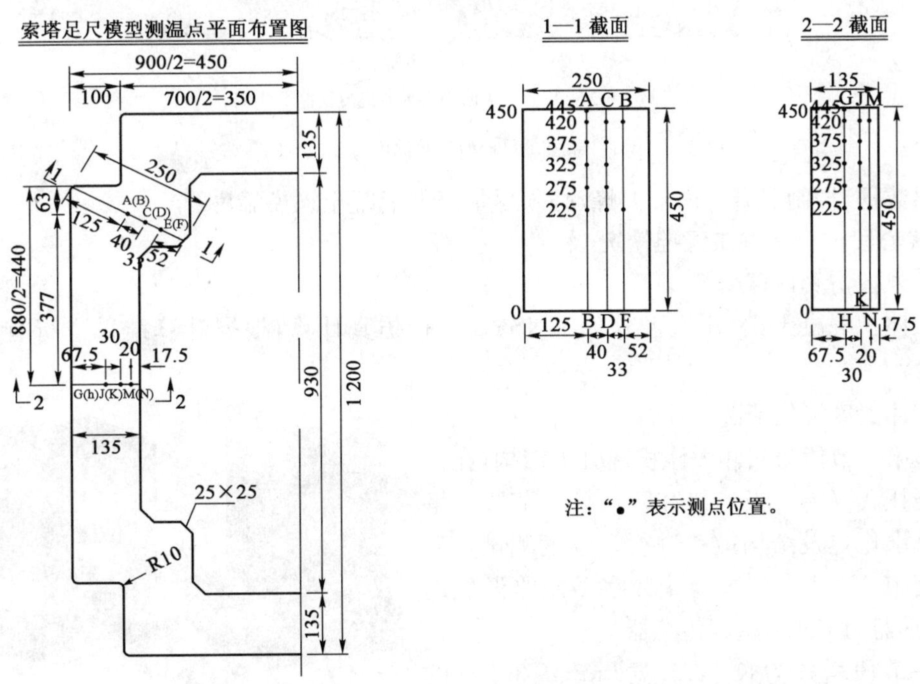

图 3 索塔大体积混凝土足尺模型测温点布置图(尺寸单位：cm)

采用自动测温设备。测试过程中及时描绘出各点的温度变化曲线和断面的温度分布曲线。温度测量从混凝土浇筑时开始，以2h间隔频率记录温度变化，至混凝土中心温度降至环境温度时停止测温。具体见图4，34h到达温峰值60.3℃，最大内表温差27.3℃，平均入仓温度23.6℃。

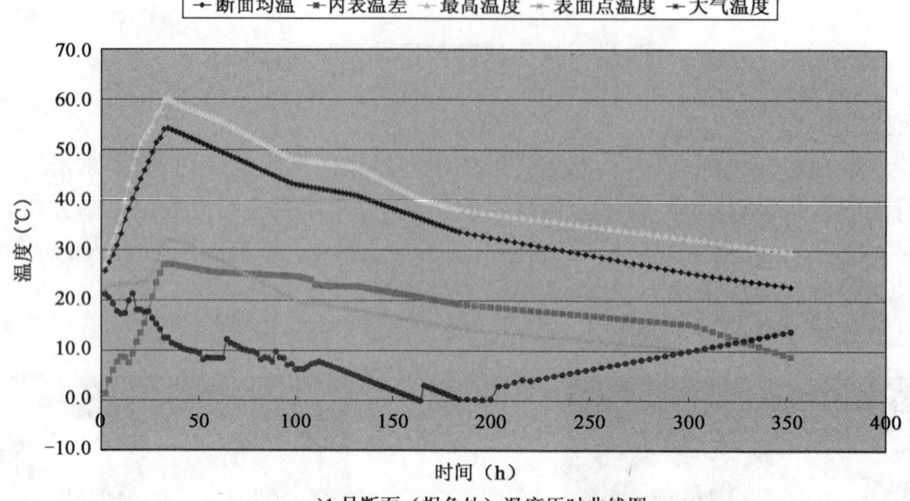

a)1号断面（拐角处）温度历时曲线图

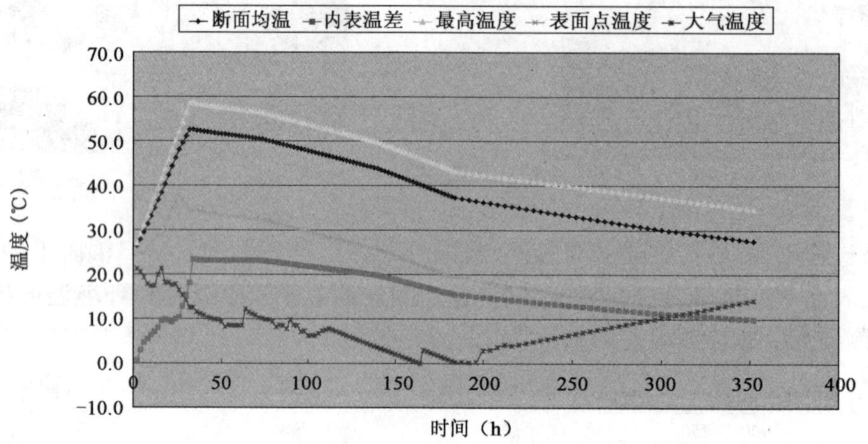

b)2号断面（大面中心处）温度历时曲线图

图4 索塔足尺模型试验温度历时曲线图

根据测温数据，控制混凝土内部温峰，必须尽量降低混凝土入模温度。

2. 索塔实心段混凝土施工温控情况

1)混凝土温控仿真计算

对索塔大体积混凝土，利用大型软件ANSYS进行仿真计算，根据计算结果进行有针对性的控制(图5)。

2)塔柱实体温度测控情况

南塔塔柱第一节段为实体大体积混凝土结构，在混凝土浇筑前委托武汉港湾设计研究院对第一节段的塔柱实体混凝土水化热及结构散热进行了温度测试。温度检测仪采用JGY—100型智能化数字多回路温度巡检仪，温度传感器为PN结温度传感器。

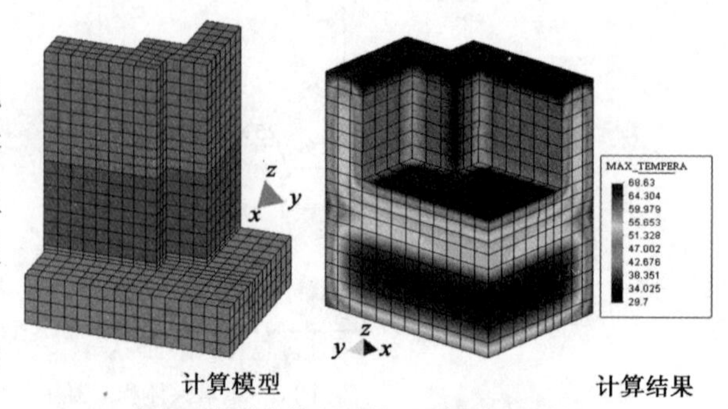

图5 索塔大体积混凝土温控仿真计算图

南塔第一节段塔柱为长12m、宽9m、高3.5m的实心大体积C55混凝土，其中上游塔柱布置1m、2m、

3m三层测温点，每层5个测温元件；下游塔柱布置1.5m、2.5m两层测温点，每层5个测温元件(图6)。为避免塔柱内外温差较大造成混凝土开裂，项目部首次采用了大体积混凝土内部预埋空心管帮助散热等措施，通过对上下游塔柱(上游塔柱使用了普通的冷却水管，下游塔柱在冷却水管的基础上增加了空心散热管)采集的温控数据对比，设置空心管比无空心管能有效降低混凝土内部温度峰值，达到8℃。

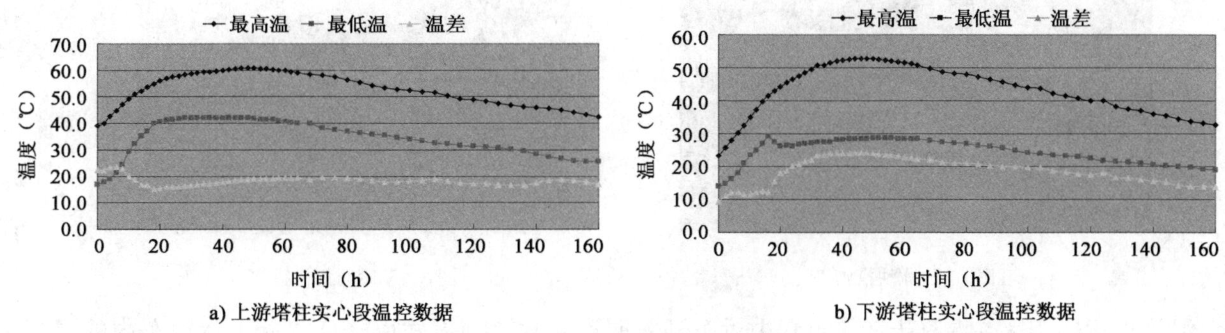

图6 南塔塔柱实心段温控数据图

对南北主塔实心段施工，温控用的测温传感器按照设计布设到位，通过温控设备测出的数据，指导并调整冷却水量，从而有效降低混凝土内壁的水化热。同时，控制好内外温差不高于25℃，以防止裂缝的发生。

五、塔柱混凝土质量保证措施

针对不同的气候条件，指挥部要求南北主塔施工单位分阶段分别制订了《冬季施工生产专项措施》、《索塔春季混凝土施工保证措施》及《索塔夏季、雨期混凝土施工质量保证措施》，并对各个季节的施工情况做出总结，确保索塔混凝土施工质量保证措施，从混凝土原材料存放、混凝土生产、运输及浇筑，混凝土拆模及养护等各个方面保证塔柱混凝土施工质量。

1. 冬季混凝土施工质量保证措施

为保证冬季混凝土施工质量，在气温低于－5℃时严禁浇筑混凝土。混凝土浇筑完成后采取了延时拆模的措施，气温在0℃左右时，脱模时间必须保证在7d以上。脱模后，迅速用塑料薄膜包裹混凝土面，并增设一层彩条布将主塔身包裹严实，在其外侧再挂设阻燃电热保温被以挡风保温。在正常养护过程中，对混凝土浇筑体的里表温差和降温速率进行监测，当实测结果不满足温控指标的要求时，调整保温养护措施。浇筑后，当气温低于5℃时，覆盖保温，不得向混凝土面上洒水。淋注于混凝土表面的养护水温度低于混凝土表面温度时，严格控制二者间的温差。

2. 夏季混凝土施工质量保证措施

混凝土搅拌之前采取冷却措施对拌和用水进行降温，按具体气温条件、施工部位及预期入模温度要求选择更换地下水、加冰块降温等一种或多种措施，加冰块措施如图7所示。

混凝土搅拌之前用地下水对预计使用的粗集料(包括储料斗)进行喷洒降温，使整个拌和过程中粗集料充分湿润、充分降温，并采取局部覆盖防晒措施保持降温效果。

要求水泥厂对进场水泥温度进行控制，确保水泥粉磨入库后散热不得少于7d方可出厂，尽可能降低水泥温度。

砂、石料场搭设防晒棚，要求遮盖面积满足日最高拌和使用数量的需要。防晒防雨棚如图8所示。

通过以上措施严格控制混凝土的入模温度不大于28℃，混凝土拌和用水采用深井水，并采用加冰和制冷方式冷却拌和用水，由于日光直接照射集料，使集料表面温度升高，通过洒水蒸发使集料冷却。一般采用深井水(20℃左右)，可采用洒水方式将集料降低2℃左右。

夏季由于日常气温较高，尽量避免在中午气温较高时浇筑混凝土。一般混凝土浇筑设置在晚上23:00至凌晨6:00左右，即全天最低温度时段。

泵管用土工布进行包裹，每次混凝土浇筑前用水进行浇湿降温。

图7 加冰块措施

图8 防晒防雨棚措施

混凝土运输车辆在混凝土浇筑过程中对车辆采取深井水浇洒方式以降低混凝土运输车内的混凝土温度。

控制混凝土内表温差，塔柱浇筑完毕后，尽量延缓拆模时间，避开混凝土温度峰值。混凝土拆模时间一般在混凝土浇筑48h后。

脱模后，表面立即采用喷淋养护系统，沿塔柱布置水管和喷头，在承台上设置供水系统对塔柱混凝土进行洒水养护，经常洒水，保持潮湿状态最少7d。如图9所示。

图9 喷淋养护系统

3. 外观质量控制措施

在南北塔统一沙石料和配合比的基础上，指挥部要求施工单位选择质量好，标准高的模板，并要求在模板周转一定次数后，必须更换内模。在每次模板安装后，必须要对接缝、拉杆等进行严格检查。同时，对施工一线工人加强培训，使用有经验的工人进行振捣等作业，确保振捣质量。对拆模后局部出现的小缺陷，及时进行修补，确保外观颜色一致，避免出现"疤痕"。

对已经浇筑完成的塔段，指挥部强化成品保护意识，要求承包单位对所有预埋件进行镀锌防腐，同时加强保护并对千斤顶等进行检查维护，确保不对塔柱产生二次污染。

六、结　　语

经过一桥四方的共同努力，南京四桥南北索塔内外在质量完好，有效避免了混凝土索塔易出现裂缝的质量通病，达到了指挥部提出的索塔不涂装的外观质量控制目标。其中针对冬季施工、夏季高温施工采取的措施，实践证明是非常有效的。

54. 南京长江第四大桥北塔墩索塔施工技术

胡 勇
（中铁大桥局集团第四工程有限公司）

摘 要 南京长江第四大桥是国务院批准的南京市城市总体规划中“五桥一隧”过江通道之一，设计为双塔三跨悬索桥。索塔结构新颖，为混合式，主梁以上为刚构式索塔的优化形，构造成拱形城门式。本文即介绍此类新造型索塔结构的施工关键技术。

关键词 索塔 拱形城门式横梁 施工技术

一、工 程 概 况

1. 地理位置

南京长江第四大桥(以下简称南京四桥)是国务院批准的南京市城市总体规划中“五桥一隧”过江通道之一，是沪蓉国道主干线——南京绕城高速公路的过江通道和重要组成部分。南京长江第四大桥位于长江江苏南京区段内，在南京长江第二大桥下游约 10km 处，距长江入海口约 320km。具体桥位如图 1 所示。

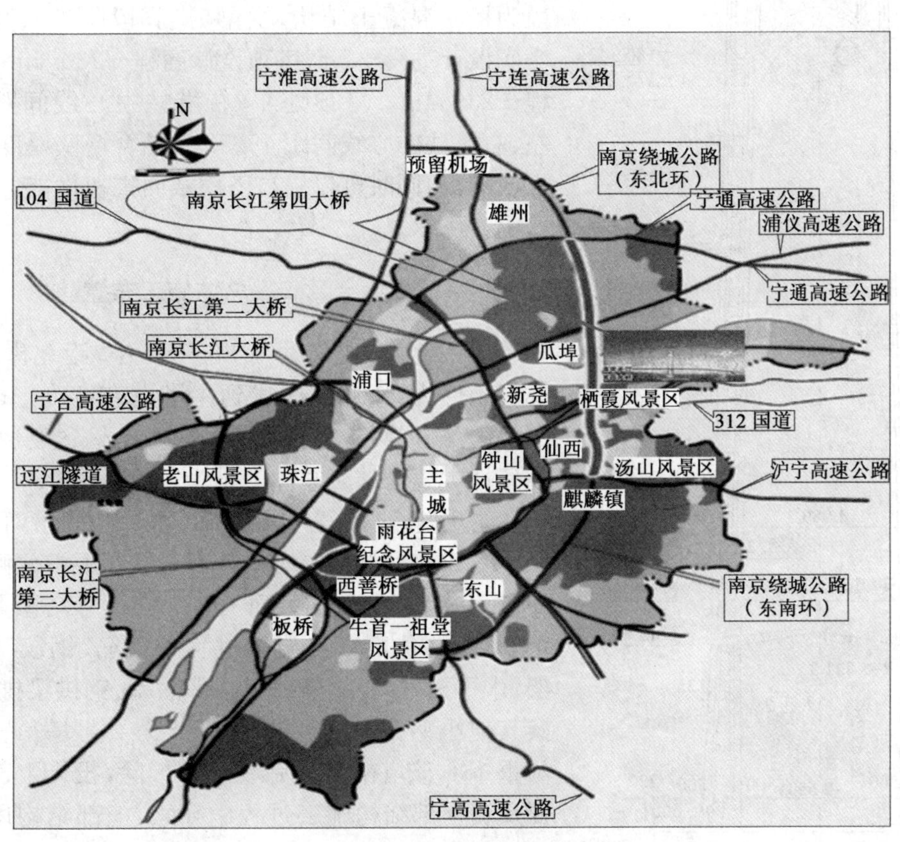

图 1 南京长江第四大桥桥位图

2. 主桥布置

南京四桥全长 28.996km，其中跨江大桥长 5.437km，北接线长 13.078km，南接线长约 10.481km。跨江大桥主桥部分为主跨 1 418m 的双塔三跨悬索桥，高速公路一级标准，双向六车道，设计速度 100km/h。主桥跨径布置为(166m+410.2m)+1418m+(363.4m+118.4m)=2 476m，主桥总体布置图如图 2 所示。

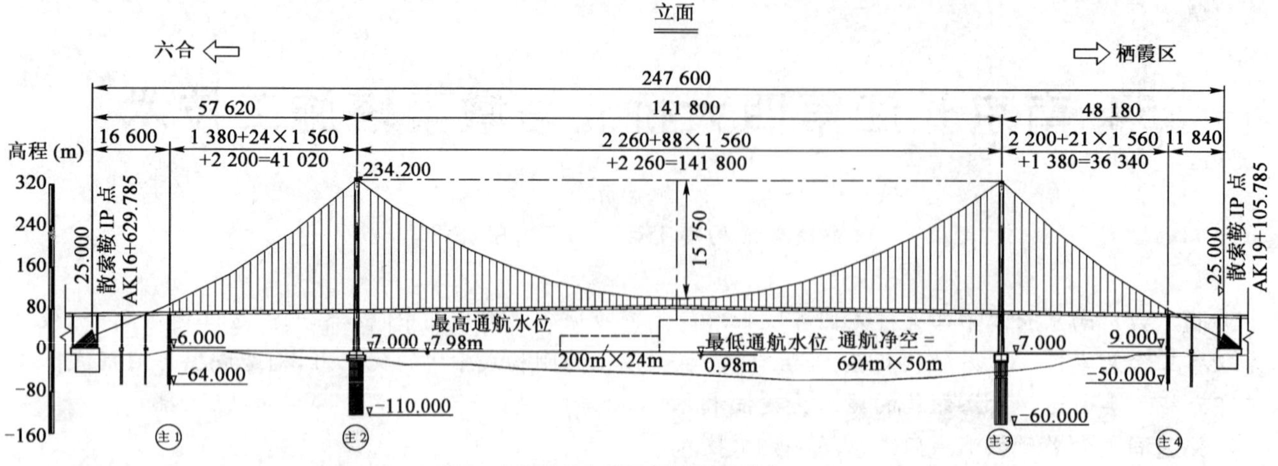

图 2　主桥总体布置示意图(尺寸单位:cm)

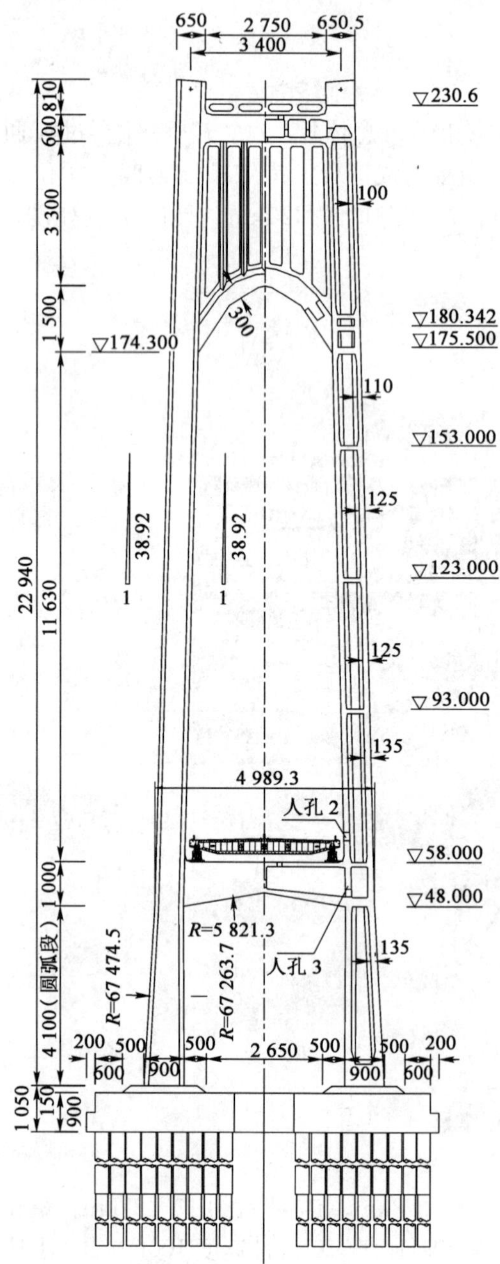

图 3　索塔塔柱构造示意图(尺寸单位:cm)

3. 主塔结构简介

索塔采用混合式结构形式,分为塔座、下塔柱、下横梁、上塔柱、上横梁及拱形城门式结构(以下简称拱式横梁)六部分,其中拱式横梁包括钢箱拱梁和5根竖杆,通过竖杆与上横梁连为一体共同受力。主梁以下设一道下横梁。塔柱为钢筋混凝土结构,上、下横梁为预应力混凝土结构,拱梁拱脚段为钢箱混凝土结构,拱梁(拱脚段除外)、竖杆为钢结构。塔底设计高程+7m,塔顶设计高程+230.6m,塔冠顶设计高程+236.4m。塔顶处左、右塔柱中心线间距34m,塔底处左、右塔柱中心线间距45.5m。结合塔壁厚度变化设置了九道横隔板,同时可以提高塔柱截面抗扭性能。索塔塔身构造如图3所示。

二、总体施工布置

主桥北塔(主2号墩)位于江中,距北岸岸线约430m。现场条件为:从北岸岸线到主塔设有宽度8m的栈桥一座,因此人员、混凝土等材料、施工水、电输送畅通无阻。根据现场条件本索塔施工总体安排为:

主塔施工布置2台STT293型塔吊,两台安利马赫SC200/200型电梯。塔吊分别安装在上游北侧6.5m宽的小面和下游8.8m宽的大面上。上游1号塔吊臂44m,最大吊重9t,主要负责塔柱施工过程中钢筋、钢绞线、上下横梁支架、水平横撑、钢拱竖杆和水平圈墙、钢拱梁拱脚定位预埋件及其他小型钢结构件的吊装;下游2号塔吊臂长54m,最大吊重18t,该塔吊塔柱完成后不拆除,投入上部结构施工,主要负责上部结构施工过程中导索、上部结构用预埋件、北塔塔顶门架、索夹、缆载吊机、挤紧机、缠丝机、猫道门架、猫道面网、槽钢、滚轮及其他小型机具的吊装。电梯分别安装在上游8.8m宽的大面和下游北侧6.5m宽的小面上,上游电梯塔柱完成后不拆除,投入上部结构施工,其安装位置不影响后续上部结构的施工。塔吊和电梯平面布置如图4所示。

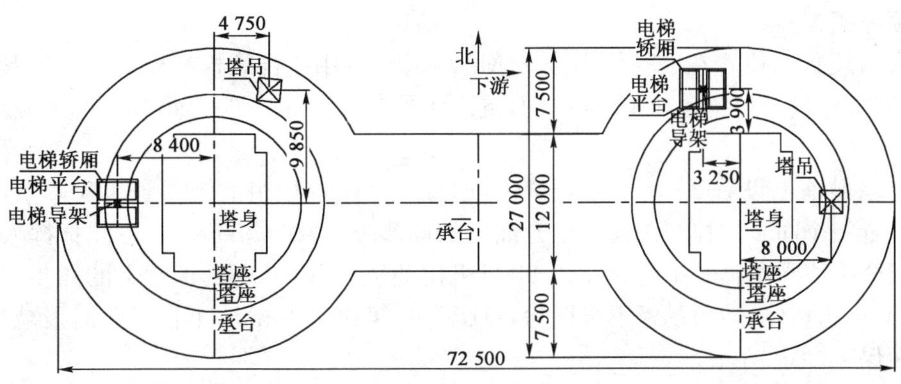

图 4 塔吊与电梯平面布置示意图(尺寸单位:mm)

主塔混凝土由岸边 HZS150 混凝土工厂生产,SLA528 搅拌车运输,垂直输送采用设置在栈桥前端的输送泵供应,型号为 HBT80C 型,垂直输送能力 350m,故塔柱及上横梁混凝土施工时不再安排接力泵。

塔柱采用爬模工艺完成,过程中按设计要求布置横撑,重点是确保拱式横梁拱脚预埋件精确定位。上下横梁与塔柱均采用异步施工工艺。拱式横梁的钢拱梁及竖杆最后吊装。总体施工工艺流程见图 5。

三、施工工艺措施

1. 爬模工艺特色

爬模工艺已广泛应用于高塔结构施工中。针对本桥索塔的特点,本标所用之爬模工艺特别措施如下。

1)面板系统

采用新型钢木组合模板系统,由内至外依次为:进口 WISA+方木+几字钢梁竖肋+2[14 槽横肋。其特点在于轻质、高强,变形小,该系统可周转 40 次。其次是通过几字钢梁替代工字木,模板回收改造价值高,利于成本控制。由于面板系统轻质高强,体系爬升时,混凝土控制强度为 15MPa。该面板如图 6 所示。

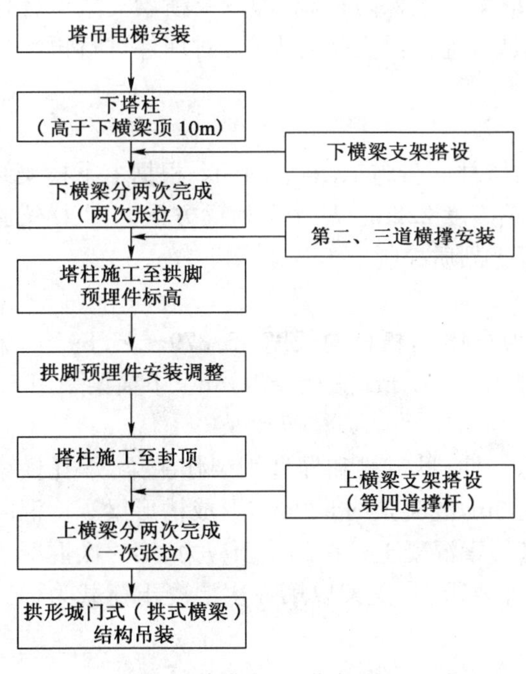

图 5 索塔施工工艺流程图

图 6 几字钢梁模板示意图片

2)反包边预埋爬锥

对应模板底口反包边位置在塔柱体内预埋 M24 爬锥，运用爬锥螺栓将模板底口压紧。这样既可避免漏浆，又可控制塔柱接缝处错台在 1mm 以内，混凝土外观质量通病迎刃而解。

3)同步顶升

本标主塔各塔肢面上设有 2～4 个爬升机位，通过一个电控柜组成统一自爬模体系，电路为并联控制。同一面内设置一个同步阀控制该面内顶升油缸的同步差，要求≤20mm。由此指挥人员在控制台通过对讲机传达指令来协同本爬升系统筒外共 11 只机位油缸升降，实现真正意义的同步爬升。实施爬升时，爬升体系四面仍为整体，转角跳板不必拆除，且爬升时间约为 40min，不仅风险时段减少，而且高空施工安全得到全面保障。

通过上述工艺措施的处理，该爬模体系在修补、爬升等待、实施爬升等关键环节上节约了时间，使得每节塔柱施工的平均周期缩短为 4d，这对塔柱整体的进度控制不无裨益。

2. 塔柱横撑设计与布置

在塔柱施工过程中，通过采取设置横撑装置措施，或主动，或被动，塔柱成塔应力状态和线形均能符合设计要求。结合本桥索塔中拱形城门式结构预埋件在塔柱中的定位问题，本标主塔横撑工艺措施如下。

(1)北主塔共设置四道横撑，高程分别为＋44m、＋113m、＋154m、＋216m，其中前三道为主动型，主动顶力分别为 550kN、630kN、1 620kN，最后一道为被动型。

(2)第一道横撑与下横梁支架一同安装，材料取 ϕ1 200mm，δ＝12mm 钢管。

(3)当塔柱施工至＋123.25m 时，安装第二道横撑。按设计要求，该横撑时程最大受压 2 300kN。故将其设计为鱼腹式桁架，桁高 3m，主弦杆采用 ϕ800×10mm 钢管，下弦杆 2[28a，腹杆 2[20a。

(4)第三道横撑位于拱式横梁拱脚预埋件之下，在埋件定位前安装。为精确埋件定位，撑杆刚度的取值和埋件预偏量应考虑如下因素的综合影响：后续 58.5m 悬臂塔柱施工、上横梁混凝土施工、混凝土收缩、预应力张拉、全部横撑拆除。经计算，三道撑杆时程最大受压 4 000kN，因此撑杆设计为平行桁架，桁高 5m，主弦采用 HW588×300 型钢，直斜腹杆 2[25a。

(5)通过上述三道横撑施工，塔柱受力与线形已能满足设计要求。但为确保拱式横梁埋件定位精准，除采取规定三道横撑刚度和埋件预偏两项措施外，本桥采取第三项保险措施，即以上横梁支架上弦杆做被动横撑，辅助第三道横撑受力。具体做法为：在塔柱封顶后，上横梁支架合龙前，对埋件进行再次精确测量，根据测量结果确定第四道横撑的安装状态。

3. 上下横梁施工

本标横梁施工均采取塔梁异步工艺，因此横梁支架可与塔柱同步施工，缩短周期。根据上下横梁结构尺寸，下横梁 1 030.4m^3，浇筑高度 58m；上横梁 732.6m^3，浇筑高度 222m。鉴于下横梁方量大、上横梁施工高度高的特点，横梁均采用两次混凝土浇筑工艺，便于混凝土品质控制。

1)下横梁施工

下横梁为单箱单室预应力混凝土箱型结构，其底高程为＋48m，横桥向长度 36.379～36.893m，梁高 7.0～10.0m，宽度 6.142～6.492mm，顶板厚 1.0m，底板厚 1.0～2.0m，腹板厚 1.0m。下横梁采用 52 束规格为 15-19 的预应力钢束。

(1)下横梁工艺思路为：支架以 ϕ1 200×12mm 钢管为立柱，贝雷梁和异型钢架作主梁，承托横梁混凝土荷载。第一次施工高度为下横梁与主塔连接根部以上 6m，混凝土约 520m^3，形成槽形梁。待混凝土强度达到设计要求，张拉底板部分预应力。此时，若验算槽形素混凝土梁在部分预应力、第一次混凝土自身荷载、第二次混凝土荷载共同作用下的受力状态满足设计要求时，支架以第一次混凝土荷载为标准进行细部设计。

(2)计算模型。

考虑塔柱与第一次混凝土槽形梁的相互作用，在计算模型中建立 10m 高塔元，已浇筑 6m 高下横梁部分采用梁单元模拟，主塔与槽形梁之间采用刚臂连接。

作用在横梁下的钢管立柱采用仅受压支撑单元模拟，每个支撑的弹性刚度为 47 405kN/m；塔柱下的边界采用拉压的刚性支撑。结构的计算模型如图 7 所示。

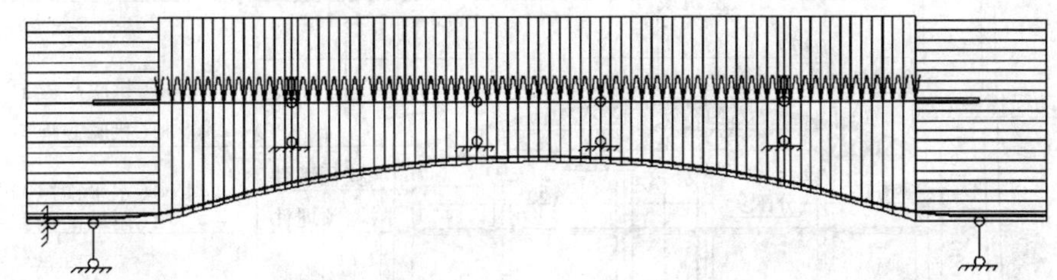

图 7 下横梁第一次混凝土槽形梁计算模型图

(3)计算结果。

已浇筑 6m 槽形梁在自重、6 束 N5 预应力及第二层混凝土荷载共同作用下：最大压应力为 8.06MPa，其值小于《公路桥涵钢筋混凝土及预应力混凝土桥涵结构设计规范》第 7.2.8 条规定的要求 $0.7f_{ck}=24.85$MPa；结构的最大拉应力为1.76MPa，小于上述规范第 7.2.8 条规定的 $0.7f_{tk}=1.92$MPa；结构斜截面的最大主拉应力为 0.73MPa，小于上述规范第 6.3 条规定的 $0.5f_{tk}=1.37$MPa。

(4)下横梁支架。

根据上述计算，下横梁支架为落地支架，主体结构以 ϕ1 200×12mm 钢管柱、牛腿做承载点，以贝雷梁和异型钢架做主梁，跨径布置为 5.8m+9m+6m+9m+5.8m。各分部结构分块以满足塔吊性能为前提。砂顶作为落架措施，单顶受力不小于 4 500kN。

钢管立柱顺桥向布置 2 排，每排 4 根，标准节长度为 10.04m。柱脚焊接于承台顶面预埋件上，管节上下通过法兰用螺栓连接。立柱之间采用缀杆相连，同时通过附墙杆与塔柱相连，以增强支架整体稳定性。缀杆两端采用夹块与立柱焊接固定。

牛腿采用单根 HW588×300mm 型钢，单侧塔身布置 4 个，两个为一组。牛腿与锚板焊接固定，锚板和锚筋预埋在塔肢外壁。

承重梁由贝雷梁和异型钢架组成。贝雷梁为主承重结构，按跨径 9m+6m+9m 布置。6m 跨为双层布置，横断面 21 排。异型钢架既作承重结构也可调整线形，横断面布置 8 片。

支架布置如图 8 所示。经建模计算，支架受力后最大组合应力为 97MPa，跨中的最大挠度为 21mm，结构满足施工要求。

2)上横梁施工

上横梁为预应力混凝土箱型结构，其结构尺寸(长×宽×高)为 28.088m×5.6m×8m，其中 6m 高为钢筋混凝土结构，2m 高圈墙为钢箱混凝土结构。上横梁底高程为+48.0m，梁高 6m，宽度 5.6m，顶、底、腹板均厚 1.0m。上横梁设 28 束 15-19 的预应力钢束，HDPE 塑料波纹管。圈墙截面为矩形，平面尺寸 1.6m×1.0m。

(1)分层计算。

与下横梁类似，上横梁亦采用两次浇注。但设计要求，两次浇筑之间不张拉预应力。按此思路，上横梁支架必须承担第一次混凝土荷载。之后由支架受力产生变形并由此产生的反力平衡第一次混凝土自重荷载，使槽形混凝土梁处于无应力状态。考虑到槽形混凝土梁梁体刚度远大于支架刚度，因此第二次混凝土荷载完全由第一层浇注层即槽形混凝土梁承担。

经计算，第一次浇筑高度 4.7m，第二次 1.3m。

施加后浇荷载后已浇注 4.7m 高上横梁的最大压应力为 0.89MPa，其值小于《公路桥涵钢筋混凝土及预应力混凝土桥涵结构设计规范》第 7.2.8 条规定的要求 $0.7f_{ck}=24.85$MPa，结构的最大拉应力为 1.40MPa，小于上述规范第 7.2.8 条规定的 $0.7f_{tk}=1.92$MPa。

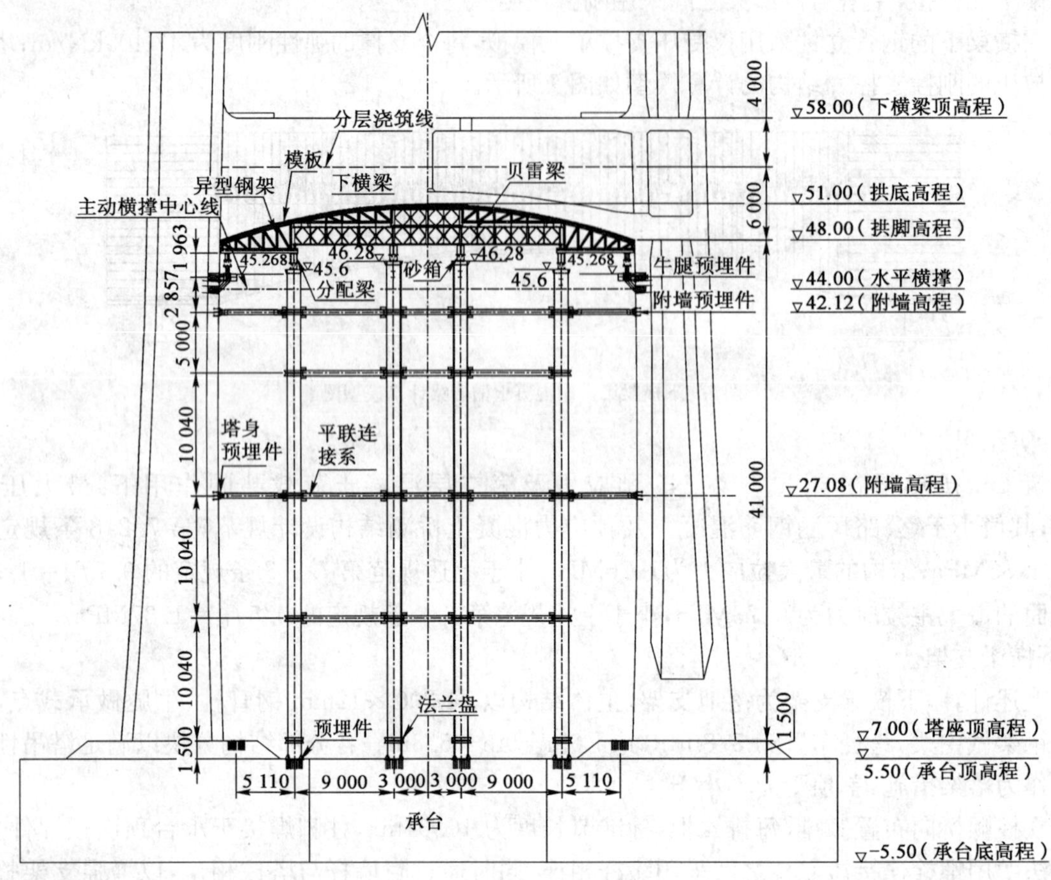

图8　下横梁支架布置示意图(尺寸单位:mm,高程:m)

已浇注4.7m节段在后浇注层荷载作用下的剪力为V_d=2 781.8kN。根据《公路桥涵钢筋混凝土及预应力混凝土桥涵结构设计规范》公式5.2.9:$\gamma_0 V_d \leqslant 0.51\times10^{-3}\sqrt{f_{cu,k}}\times b\times h_0$,结果为3 672.0kN＜34 796.8kN,抗剪截面满足要求。同时根据上述规范公式5.2.10:$\gamma_0 V_d \leqslant 0.51\times10^{-3}\times\alpha_2\times f_{td}\times b\times h_0$,结果为3 672.0kN＜8 867.9kN,即斜截面抗剪亦满足要求。

(2)上横梁支架

根据上述分析,上横梁支架布置如图9所示。支架主体结构由固定于塔身的三角大牛腿和风撑横联组成,牛腿和风撑横联主弦杆均为H800×400×25×18型钢。牛腿上布置贝雷架做受力桁架,跨径布置6m+13.5m+6m,顺桥向布置26排,上横梁腹板下设置双层,余单层布置。牛腿与贝雷架之间通过分配梁和砂顶传力。经建模计算,支架受力后最大组合应力78MPa,跨中的最大挠度为8mm,结构满足施工要求。

4. 拱式横梁吊装

1)安装工序

拱式横梁细部结构及吊装施工阶段如图10所示,其主体由圈墙(编号B和C5)、拱梁(A1、A2、A3)、竖杆(C1～C4\C4a及C6)三部分组成。总体安装顺序分前后两个阶段:

(1)B和C5在上横梁和塔柱施工时混凝土同步预埋,同时在圈墙B下预埋吊点。当塔柱横撑全部拆除后,吊装(C1～C4),之后吊装A1,此时C4下端的C6暂不安装,让A1略高于两边拱脚段A2和A3。A2和A3在地面时螺栓连接成整体,重量94.1t,由滑车组整体吊装至理论位置与塔柱内预埋件临时点焊固结。而后下放A1段与两边匹配。匹配面调整至符合设计要求后焊接形成拱梁整体。

(2)待拱梁焊接后在拱脚段张拉预应力束,完成后灌注拱脚混凝土105.1m^3(单边)。此时拱式横梁中仅竖杆与钢拱的连接段 C4a、C4b、C6 尚未安装。考虑一期恒载的影响,剩余竖杆与拱梁的连接采用预留间隙的工艺进行处理,间隙预留量 2cm。待一期恒载加于塔柱其变形稳定后,根据其实测沉降量对间隙余量进行封填处理。

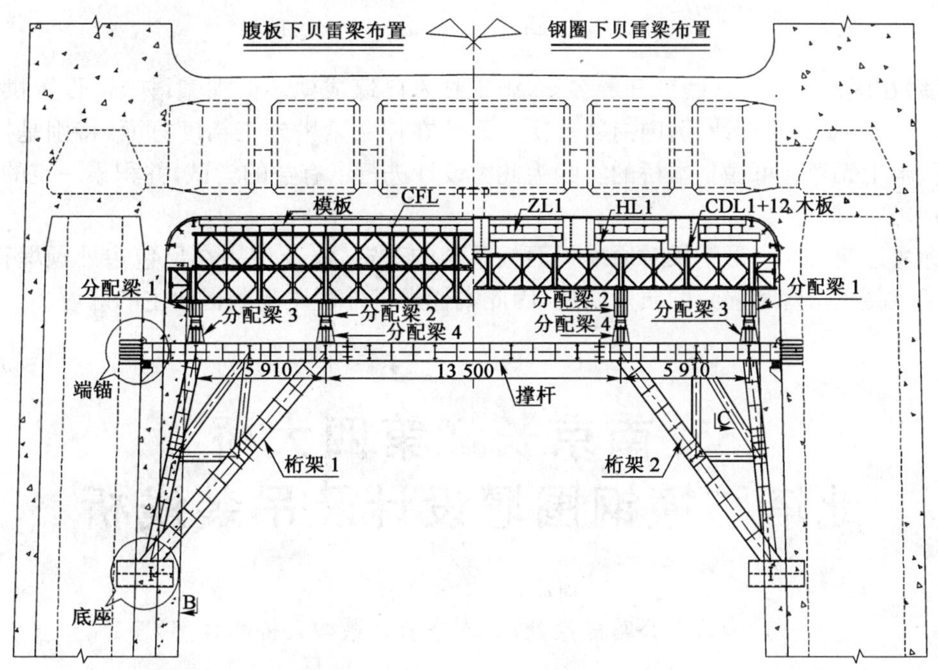

图 9 上横梁支架布置示意图

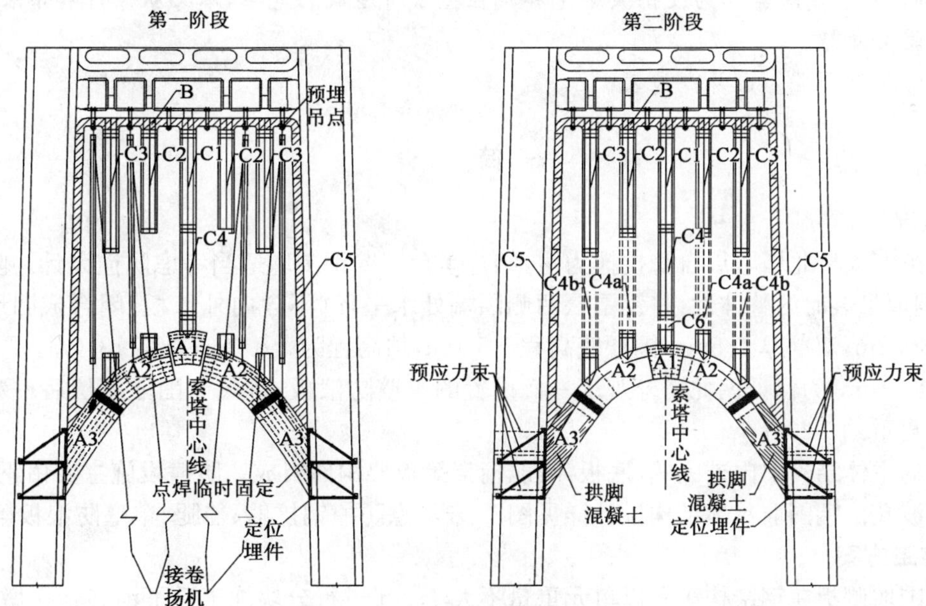

图 10 拱式横梁吊装工序示意图

2)控制措施

(1)如“塔柱横撑设计与布置”所述,通过塔柱第三道和第四道横撑的设计,并结合后续施工重点工序对拱式横梁预埋件的水平位移影响,计算预埋件的偏位,做到事前预控。

(2)拱式横梁在工厂内整体预拼装,记录制造偏差。同时在 A1 段预留 1cm 加长余量,方便现场切配,完成事中复核。

(3)钢拱 A1、A2、A3 吊装前,对预埋件方位再次进行实测,内容包括预埋件端面相对距离和转角。根据数据对拱梁间接缝大样进行分析,检验事前计算的精确性,并根据索塔受力计算确定修正措施,使拱式横梁安装尺寸符合设计理论要求。

四、结　　语

悬索桥索塔在国内的施工实践已开展多年,施工技术已臻成熟。但在索塔上部设置拱式横梁,即拱形城门式结构取代中横梁的设计,国内尚属首次。因此在控制索塔施工精度方面,特别是控制拱式横梁安装精度方面,施工无经验可循。本桥的实践为此类设计进行了有益的尝试,并积累一定的经验,可供后续同类工程借鉴。

其次,本标通过使用几字形钢梁对原模板面板系统的改造,以及使用在反包边处预埋爬锥拉杆的工艺,基本解决了混凝土错台和漏浆的质量通病,因此本标索塔外观质量获得业主的好评。

55. 南京长江第四大桥北塔防撞钢围堰设计及吊装浅析

周晓陵[1]　张兆青[2]

(1. 南京市公路建设处;2. 南京长江第四大桥指挥部)

摘　要　南京长江第四大桥是国内首座三跨吊悬索桥,技术标准高,施工难度大,质量要求严,工程建设面临许多新挑战、新考验。为使桥梁避免和减轻撞击所造成的危害,本文从设计和吊装的角度,对防撞钢围堰作一简要介绍。

关键词　防撞钢围堰　设计　吊装

一、简　　介

1. 工程概况

南京长江第四大桥北塔墩以自身抗撞为主,结合承台双壁钢围堰适当考虑防撞设计。防撞围堰呈哑铃形,为保证围堰吊装时的整体性,将钢围堰两侧圆端处水平环(不含内外壁板)闭合成圆形。吊箱水线长 75.7m,宽 30.2m,双壁厚 1.5m。围堰底高程－5.0m,顶高程为＋8.0m,总高 13.0m。围堰分为 2 节,顶节为单壁,高 1.5m(为保证南北塔外观统一而设置的单壁防浪板,待底节围堰就位后拼装);底节为双壁,高 11.5m,自重约 1 200t。

防撞围堰的主体结构由内外围壁,底板,隔舱桁架等板架构件组成。防撞设施主要由钢护弦组成,外壁板开设有消波孔。钢围堰具体结构设计详见图 1(未示意防撞钢护舷、挂腿、单壁防浪板等)。

2. 总体施工方案

北塔墩钢围堰侧板在钢结构车间以单元重量不大于 20t 进行分块加工后下河转运至墩位处,由 150t 和 50t 浮吊在墩位旁浮式拼装平台上进行焊接拼装,再采用 1 200t“镇航工 818”和 1 000t“苏航工 858”浮吊同步吊装下放就位。施工现场浮式拼装平台由 4 艘 800t 和 3 艘 400t 平板驳组成。

二、防撞钢围堰设计

1. 设计原则

(1)基本原则。根据本工程的重要性和北塔墩承台施工周期长的特点,钢围堰的设计以可实施性和安全性为基本原则,结合中交武汉港湾工程设计研究院有限公司和上海船舶运输科学研究所提供的防撞要求进行设计。

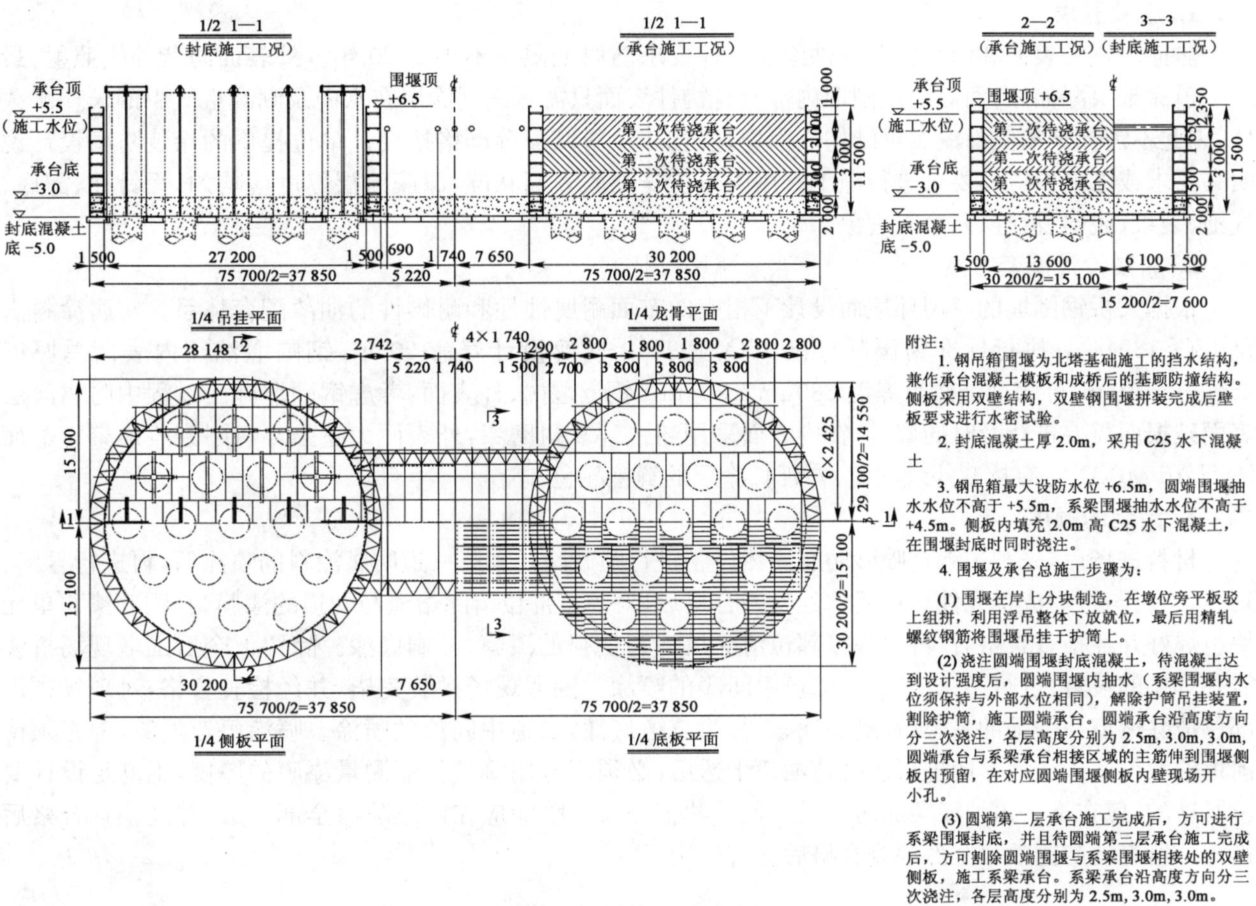

图 1 北塔墩钢围堰总布置图(尺寸单位:mm;高程:)

(2)设计参数取值。承台顶高程:+5.5m,承台底高程:−3.0m,围堰底板顶面高程:−5.0m,围堰双壁顶高程:+6.5m,封底混凝土厚:2.0m,设计高水位:+5.5m,设计低水位:−1.0m,河床高程:−9.5m,考虑冲刷 4m,混凝土容重:素混凝土 2.3t/m^3,钢筋混凝土容重 2.5t/m^3。

(3)设计工况。围堰除作为承台施工的临时防水结构,还将作为承台施工的侧模板,更重要的是作为承台混凝土浇筑时的承托结构,而且壁板将作为永久防撞结构。围堰结构按以下工况进行受力分析:钢围堰整体起吊阶段、封底混凝土施工阶段、封底后钢围堰内抽空水阶段、承台混凝土浇筑阶段。

2. 钢围堰结构布置

钢围堰主要构造系统有:

(1)围堰底板及龙骨:底板由∠75×6mm 的角钢和 6mm 钢板构成,底龙骨由 HM588×300mm 的 H 型梁形成格构式结构,单幅底板总重约 110t。

(2)围堰侧板:钢围堰总高 13.0m,壁厚 1.5m。

(3)吊杆系统:周圈钢护筒采用“十字形”吊挂结构,其余钢护筒采用“一字形”的吊挂结构,吊杆采用 Φ32mm 精轧螺纹钢筋,其下端与底板龙骨上的吊点相连,上端锚固在护筒顶分配梁上。

三、防撞钢围堰涂装

防撞钢围堰作为承台施工围堰的一部分进行制造,对防撞围堰采取防腐措施。围堰钢结构内、外表面防腐寿命不小于 20 年。正常使用条件下承台围堰设计寿命一般为 30～35 年。采取特别的防腐措施和养护措施后,可进一步延长围堰使用寿命。遭受防撞船舶低能量擦碰后,钢围堰表面涂装局部脱落,可在低潮位时现场补涂。在船舶撞击导致较大范围破损后,切除破损变形部分围堰,另外加工围堰分段,运至现场安装。

1. 涂装要求

防撞围堰外表面和内表面及构件涂装设计要求防腐期限均不小于20年。外表面防紫外线照射，最后一道涂聚氨酯面漆，而对防撞围堰内部所有构件表面只需考虑到涂层在水中及潮湿空气中的长期耐久性，因此不需涂聚氨酯面漆。钢结构表面处理情况，涂料调配等严格按设计单位提供的涂装防腐设计说明书要求或涂料供应商要求进行施工。用肉眼检查漆膜表面状况，漆膜涂层厚度应均匀，无针孔、露底、气泡、裂纹、脱落、流挂、漏涂等现象。

2. 涂装设计配套方案

根据大桥钢围堰的应用环境而设计了相应的布面耐腐蚀性和耐候性的油漆配套体系。防腐涂料满足ISO 12944-6，执行标准为国际标准ISO 12944。防腐设计寿命20年，钢围堰油漆内表面总厚度250μm±30μm，外表面油漆总厚度280μm±30μm。钢围堰内、外表面：考虑钢围堰施工过程中防腐涂层表面破损而需要进行及时的修补；在内表面采用超强环氧耐磨漆，外表面为超强环氧耐磨漆加聚氨酯面漆HardtopXP，它有抗紫外线功能，并延长涂层的鲜艳颜色。

3. 涂装的顺序

材料进场后，先利用钢材喷砂防腐一体设备进行喷砂除锈和第一道防腐涂料的喷涂后，再进行号料、划线、下料与拼焊成单元件。单元件经检查合格后，对焊接部位清除熔渣与受损的漆膜，补刷底漆。单元块组焊好并经检查合格后，再对焊接部位清除熔渣与受损的漆膜，补刷底漆。除留下今后围堰现场拼装需要焊接的位置，进行第二道底漆，二道中间漆的喷涂。围堰现场拼装完毕，并经检查合格，对现场拼焊部位清除熔渣与受损的漆膜，补刷底漆、进行第二道底漆，二道中间漆的喷涂。喷涂每道油漆，都必须待前道油漆彻底干透后才能进行。每道油漆干透后，必须用专用测量仪器测量漆膜的厚度，不满足设计要求厚度的，应在下一道油漆喷涂时补足。最后两道油漆的喷涂应在前述喷涂全部完成，并经检查合格后进行。所有的防撞喷涂全部检查合格后交付使用。

四、防撞钢围堰的拼装、运输

1. 围堰单元块的拼装

直线段：将外壁板平铺在刚性的平台上（平台要求进行抄平，以保证围堰的侧板平整度在控制范围内），将拼装好的内桁架放在面板上点焊好后，点焊连接两水平桁架之间的连接角钢。将内壁板盖在其上方，施定位焊后翻身。最后拼装内壁板侧的角钢。

圆弧段：将外壁板铺在刚性圆弧段的胎架上后拼装焊接好的内桁架，方法同直线段的操作。将拼装好的圆弧段单元块吊出进行焊接。

2. 围堰单元块运输

围堰单元块件在钢结构车间分块加工完成后，单元重量不大于20t。制造完成的单元块运至起重码头下河，用船运输至北塔主墩旁，由2艘浮吊直接在平板驳上进行对称组拼焊接。

3. 围堰拼装

围堰侧板采用50t、150t全回转吊船同时对称拼装。现场拼装顺序：先底龙骨、底板，后侧板。

五、防撞钢围堰吊装

1. 吊装设备

防撞钢围堰采用1 200t“镇航工818”和1 000t“苏航工858”浮吊起吊围堰，套入护筒和系梁区支撑桩，下放就位。

2. 钢围堰安装工艺流程

钻孔平台拆除→墩位处河床面清淤疏浚→支承钢护筒顶修正→浮吊锚锭系统检查→浮吊抛锚定位→浮吊起吊系统安装→起吊钢围堰→围堰套入护筒下放→钢护筒顶分配梁安装→注水下沉至设计高程

后安装吊杆→插打中间系梁区支撑桩→支撑桩顶分配梁和吊杆安装→检查盖板封堵情况、高程及平面位置→拧紧钢围堰吊杆后做封底准备。

3. 起吊系统检查

检查各工器具完好情况，检查需吊装构件吊点以及外貌有无受损情况，测量作业区域水深以及流速情况。吊装前先将浮吊移至吊装工作半径以内，松钩将钢索具放下连接钢结构调整垂直度起钩。调整全船的锚位慢慢松钩直至达到吊装要求。

4. 钢围堰吊装

1)围堰起吊阶段

钢围堰在平板驳船上拼装完成，同时通道平台、精轧螺纹钢筋吊杆及分配梁也需安装完成，两艘浮吊进驻指定区域抛锚后准备安装起吊系统。用麻绳将吊装钢丝绳牵引至吊耳处并用卡环连接。每两个吊点共用一根钢丝绳，每个圆端区设置 8 个吊点，4 根钢丝绳。两侧圆端区对称各布置 4 台大功率水泵用于钢围堰注水下沉。起吊时现场指挥站位于围堰顶部，现场副指挥站位于大型浮吊上，测量人员在既有码头测控点及测量控制桩上观测围堰的水平状况，确保两台浮吊提升速度一致。

2)围堰下放定位阶段

钢围堰自重约 1 200t，抗浮面积 288.4m^2，自浮吃水深度 4.2m。在水中采用重力导向下放，下放过程中保证浮吊最大受钢围堰重力的 50%(即 600t)。

浮吊将围堰整体吊起，并同步移至墩位后沿钢护筒下放。套箱底板开洞将要套入护筒顶口时，下放速度要放慢，观测人员在顶部通道平台上仔细观察，同时浮吊上也须安排人员观察，确保顺利套入护筒，不得撞击钢护筒。开始时钢围堰依靠自身重力作用下放，待钢围堰入水 4.2m 自浮在水面上时，调整围堰平面位置后，开启水泵向围堰双壁内注水使其均匀下放。开始向围堰双壁内注水 2.0m，下放围堰 1.0m，使浮吊吊重约 300t；然后注水 1.0m，下放 1.0m 如此反复直至围堰到达设计高程。

3)精轧螺纹钢筋吊杆锚固及拆吊具阶段

沉放至设计高程和平面位置后，解除“一字”扁担和“十字”扁担在通道平台上的吊挂，将其搁置在护筒顶口，并调整其到设计位置，确保精轧螺纹钢筋吊杆的竖直，然后将扁担(吊挂分配梁)与护筒牛腿进行焊接，将精轧螺纹钢筋吊杆的螺帽拧紧。确认所有吊挂分配梁及吊杆均匀受力后，浮吊继续落钩，使钢丝绳不受力，逐个解除钢丝绳在围堰各吊点上的卸扣约束，拆除卸扣及吊具，浮吊做退场准备。

六、结 语

随着桥梁的建设，如何使桥梁避免和减轻撞击所造成的危害越来越得到众多人士的关注。本文从设计和吊装的角度，对防撞钢围堰作简要介绍。期望对防撞钢围堰设计与吊装的探讨能对以后同类施工建设提供有益的参考。

参考文献

[1] 南京长江第四大桥北塔墩防撞钢围堰设计图纸.
[2] 公路桥涵施工技术规范(JTJ 041—2000).
[3] 优质碳素结构钢技术条件(GB/T 699—1988).
[4] 碳素结构钢(GB 700—2006).
[5] 热轧钢板表面质量的一般要求(GB/T 14977—1994).
[6] 气体保护焊用钢丝(GB/T 14958—1994).
[7] 碳钢焊条(GB/T 5117—1995).
[8] 碳素钢埋弧焊用焊剂(GB 5293—85).
[9] 气体、手工气弧焊及气体保护焊焊缝坡口基本形式与尺寸(GB/T 985—1988).
[10] 焊条质量管理规程(JB 3223—1983).
[11] 焊缝超声波探伤检测方法(BS 3923—1986).

[12] 钢结构设计规范(GB 50017—2003).
[13] 南京长江第四公路大桥施工图设计-北塔基础.

56. 南京长江四桥北主塔双壁吊箱钢围堰施工技术

杨党国
(中铁大桥局集团第四工程有限公司)

摘　要　南京长江第四大桥北主塔双壁钢围堰除作为承台施工的临时防水结构,还作为承台施工的侧模板和承台混凝土浇注时的承托结构,而且壁板将作为永久防撞结构。介绍南京长江第四大桥北主塔双壁钢围堰施工方法,总结施工过程控制的重点,并对此施工方法进行简单探讨。

关键词　南京长江四桥　北主塔　双壁　吊箱钢围堰　施工技术

一、引　言

随着我国桥梁技术的发展,越来越多结构设计新颖的大跨径桥梁在长江上耸立,南京长江四桥作为促进南京地域经济发展的重点建设工程,是南京的第一座大跨径悬索桥,跨江大桥主桥部分为主跨1 418m的双塔三跨悬索桥。

二、工 程 概 况

南京长江第四大桥北塔墩以自身抗撞为主,结合承台钢围堰适当考虑防撞设计。承台采用结合防撞要求设计的双壁钢吊箱围堰施工。防撞钢围堰呈哑铃型,围堰水线长75.7m,型宽30.2m,双壁厚1.5m。围堰底高程－5.0m、顶高程为＋8.0m,总高13.0m,总重约1 250t。围堰分为2节,顶节为单壁,高1.5m,自重150t;底节为双壁,高11.5m,自重约1 083t。

防撞围堰的主体结构由内外围壁、底板、隔舱桁架等板架构件组成。防撞设施主要由钢护弦组成,外壁板开设有消波孔。钢围堰具体结构设计详见图1(未示意防撞钢护舷、挂腿、单壁防浪板等)。

三、施 工 方 案

南京长江第四大桥北塔墩吊箱双壁钢围堰施工过程主要分为钢围堰整体拼装和钢围堰吊装施工两大主要步骤。北塔墩钢围堰侧板在钢结构车间以单元重量不大于20t进行分块加工,后转运至起重码头下河,用船运输至墩位处,由150t和50t浮吊在墩位旁浮式拼装平台上进行对称拼装焊接成整体。施工现场浮式拼装平台由4艘800t和3艘400t平板驳组成,位于钻孔平台下游南侧。围堰拼装成整体后,由2台拖轮将浮式平台拖至墩位正南侧,2台大型浮吊(1 200t和1 000t)在围堰正南侧抛锚就位抬吊围堰,然后绞锚横、纵移浮吊将围堰抬吊至墩位后下放就位。施工总平面布置见图2。

1. 钢围堰整体拼装

1)施工现场浮式拼装平台

浮式拼装平台由4艘800t和3艘400t平板驳组成。长度方向上2艘800t平板驳对顶连接,连成2组,宽度方向上3艘400t平板驳顺连在2组800t平板驳之间,通过型钢组将4艘800t平板驳连成整体,通过计算,满足整体稳定性要求。3艘400t平板驳不进行固定连接,作为操作平台使用。

2)钢围堰分块拼装

钢围堰由底龙骨架、底板、侧板、吊挂和附属设施等组成。钢围堰拼装先进行底龙骨拼装,然后进行底板安装、侧板安装、吊挂结构安装和油漆喷涂等工作。

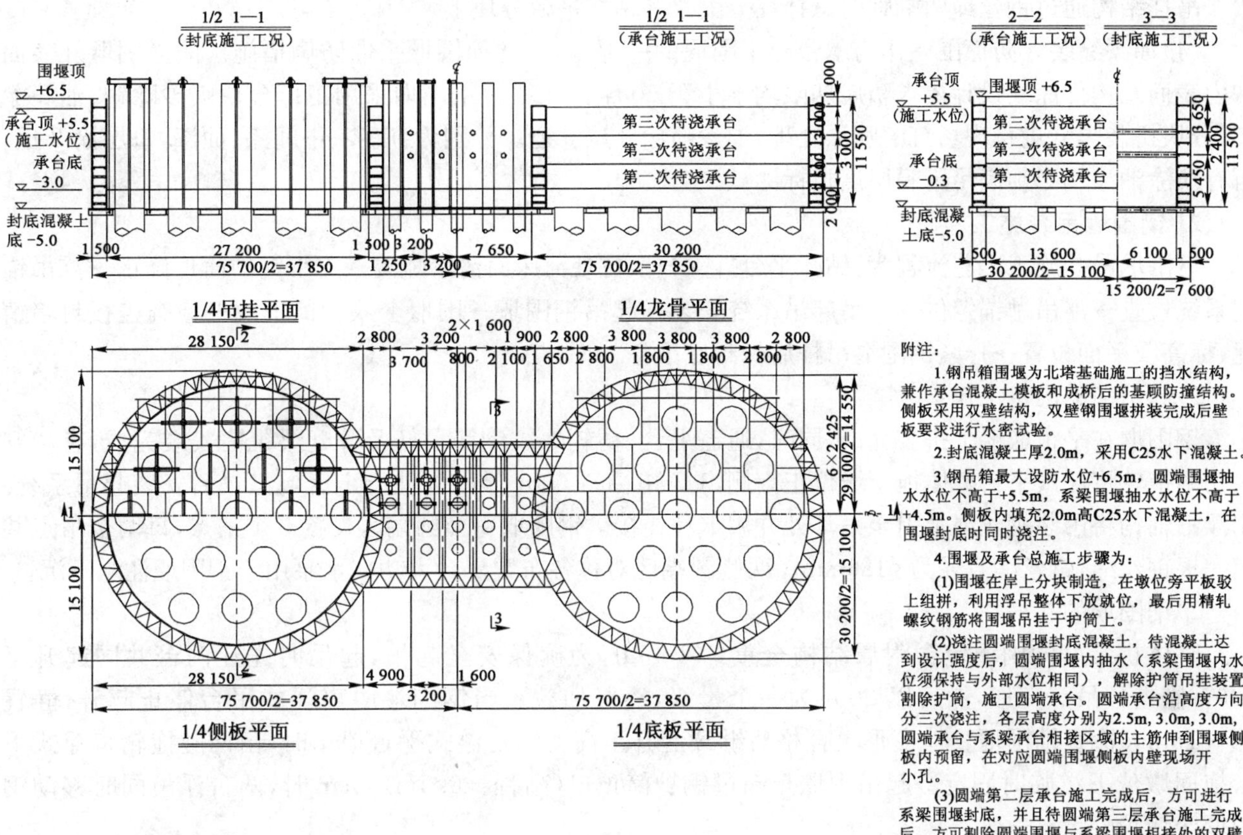

图1 北塔墩钢围堰总布置图（尺寸单位：mm；高程：m）

(1)底龙骨和底板安装。在浮式拼装平台上完成底龙骨架和底板的拼装，底龙骨作为底板的主要受力结构，除承担结构本身自重外，还需承担封底混凝土的荷载。所以，底龙骨拼装完成后，需进行主梁焊缝探伤检测、底板结构尺寸检查、满焊封闭区焊缝检查等工作。底板上对应钢护筒孔位预先开孔，开孔孔位在理论的基础上要结合钢护筒实际偏位和倾斜度。

(2)侧板安装。考虑到施工工期进度，钢围堰制造时在高度方向上不分块，总高13.0m，沿每个钢围堰圆端周长方向分为16块曲线段，围堰系梁区分为8块直线段。首先完成围堰系梁区直线段拼装，并组拼好横向连接系。然后利用两台浮吊依次分块拼装围堰圆端，且需保证浮式平台的整体平衡。

(3)吊挂系统安装。周圈钢护筒采用“十字形”吊挂结构，其余钢护筒采用“一字形”的吊挂结构，吊杆采用Φ32mm精轧螺纹钢筋，其下端与底板龙骨上的吊点相连，上端锚固在护筒顶分配梁上。钢围堰单圆端利用拆除的4块宽1.5m，长28.6m钻孔平台分块和2道分配梁布置在围堰顶口作为钢围堰封底施工通道。围堰系梁区顶口布置5道分配梁作为吊挂结构悬挂

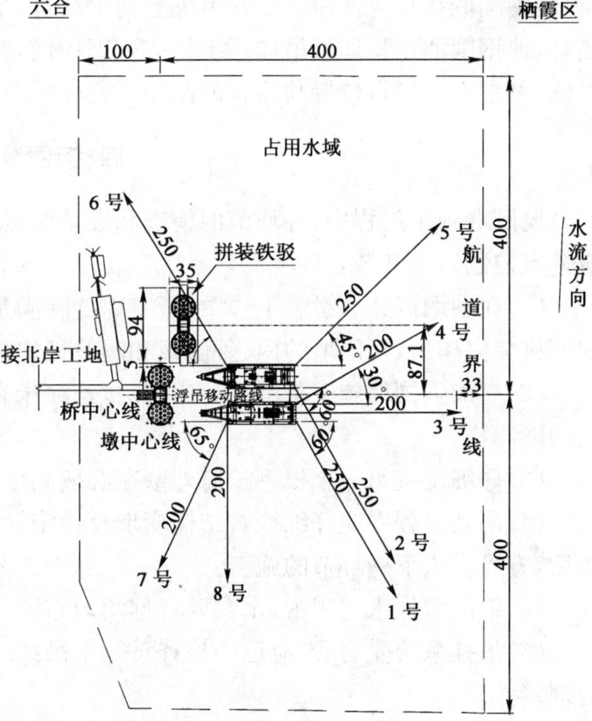

图2 施工总平面布置图（尺寸单位：m）

梁。吊挂结构通过钢丝绳两端临时悬挂在分配梁和钻孔平台分块上。

(4)油漆涂装。防撞围堰作为承台施工围堰的一部分,对防撞围堰采取防腐措施。防撞围堰外表面和内表面及构件涂装设计要求防腐期限均不小于20年。北塔墩钢围堰采用工厂分块喷砂除锈、油漆涂装,分块拼装焊缝进行现场打磨喷涂处理,油漆喷涂3层6道。分别为:底漆、中间漆、面漆,每层涂2道,所有喷涂油漆均必须满足干膜厚度指标测试。

2. 钢围堰吊装施工

钢围堰吊装施工工艺流程为:钻孔平台拆除→墩位处河床面清淤疏浚→支承钢护筒顶修正→浮吊锚锭系统检查→浮吊抛锚定位→浮吊起吊系统安装→起吊钢围堰→围堰套入护筒下放→检查盖板封堵情况、标高及平面位置→拧紧钢围堰吊杆后做封底准备。

1)起吊前的准备工作

钢围堰在平板驳船上拼装完成,同时,通道平台、精轧螺纹钢筋吊杆及分配梁也需安装完成,有两艘大功率拖轮将浮式平台整体拖至墩位正南侧,1 200t和1 000t浮吊进驻指定区域抛锚后安装起吊系统。用浮吊辅钩将吊装钢丝绳牵引至吊耳处并用卡环连接。钢围堰每个圆端区设置8个吊点,每两个吊点共用一根钢丝绳,钢丝绳直径为ϕ120mm。两侧圆端区对称各布置4台大功率水泵用于钢围堰注水下沉。

2)钢围堰的起吊

整体拼装好的围堰包含附属结构全重约1 450t,为确保安全起吊,起吊时先让两台共同起升至400t,检查各吊点变形,然后以200t为一个量级,逐级加载。当钢围堰脱离浮式平台停止起升,静置10～15min检查钢围堰整体变形。合格后继续起升至高度满足浮式平台退出时,由两艘拖轮将浮式平台拖回墩位下游临时固定。起吊围堰至超过钢护筒顶口(高程＋6.5m)50cm时,两台浮吊同时移动钢围堰至墩位。

3)钢围堰的沉放

钢围堰入水后沉放至自浮状态,采用大功率水泵注水法施工下沉,当围堰下沉至侧板壁注水孔底口与江水面平齐时,大功率水泵停止作业,调节钢围堰两个圆端处同一高度后继续下沉,江水注入围堰隔舱,使钢围堰在自重作用下缓慢下沉至施工高程,吊挂结构作用在钢护筒顶口,旋紧旋紧精轧螺纹钢筋的锚具,使钢围堰重量通过吊挂系统传力至钢护筒,完成受力体系转换,通过浮吊船绞锚绳和倒链进行精确对位,测量人员进行位置和高程的监控。合格后及时固定,钢围堰沉放施工完成。

四、钢围堰施工控制重点

钢围堰施工过程中,各环节的检查和准备对最终的顺利沉放都有着至关重要的影响。在过程控制中应重点控制以下环节:

(1)在围堰制造和拼装工作中,所有焊缝除满足设计要求的尺寸外,还应满足密闭性要求,所以在钢围堰拼装完毕后,对围堰的内、外侧板和隔舱板连接处应进行煤油渗透检查焊缝质量。

(2)应加强围堰施工范围内河床探测,若河床高程高于围堰底高程,应进行处理,清除影响钢围堰沉放的障碍物。

(3)仔细检查每一个根钢护筒外壁在沉放高度范围内是否存在影响钢围堰顺利沉放的临时焊接物。

(4)吊装过程中应仔细检查结构变形及稳定性,若听到异常响声应及时停止,待检查出问题并成功处理后,方可进入下一环节的施工。

(5)钢围堰注水过程中,水泵要对称均匀布置,避免因注水不均导致围堰倾斜。

(6)吊挂系统受力后,应逐一检查每一个吊挂结构与钢护筒接触面是否存在空隙,若有,需进行抄垫处理。

(7)钢围堰下沉到位后,要及时对导向系统固定,避免水流冲刷引起的钢围堰晃动,导致围堰偏位和封底混凝土渗漏。

五、结　　语

总结南京长江第四大桥北塔墩双壁吊箱钢围堰施工，认为吊挂系统仅通过精轧螺纹钢筋传力至钢围堰底板，相比于用桁架式吊挂结构将侧板与底板整体连接法要柔性大一些；但此类方法对所有钢护筒承重顶口处于同一高程精度要求比较低，可进行单护筒调节，抗水流稳定性比较低，需通过导向结构牢固固定。

总体而言，本工程所采用的浮式拼装平台法及双浮吊抬吊法施工难度大，环节控制要求高，为此类方法的推广积累了丰富的经验；南京长江第四大桥北塔墩双壁吊箱钢围堰的顺利施工，也为后续工序施工奠定了坚实的基础。

57. 南京长江第四大桥北塔钻孔桩基础施工技术

季袁飞

（中铁大桥局集团第四工程有限公司）

摘　要　介绍南京长江第四大桥北塔墩搭设平台，大直径砂质泥岩带浆钻进等基础关键施工技术。

关键词　砂质泥岩带浆钻进　糊钻　施工

一、工 程 概 述

1. 简述

南京长江第四大桥是国务院批准的南京市城市总体规划中“五桥一隧”过江通道之一，是沪蓉国道主干线——南京绕城高速公路的过江通道和重要组成部分。其位于南京长江第二大桥下游约10km处，距长江入海口约320km。

南京长江第四大桥全长28.996km，其中跨江大桥长5.437km，北接线长13.078km，南接线长约10.481km，跨江大桥主桥部分为主跨1 418m的双塔三跨悬索桥，高速公路标准，双向六车道，设计速度100km/h。主桥跨径布置为(166m＋410.2m)＋1 418m＋(363.4m＋118.4m)＝2 476m。

北塔基础共有38根直径2.80m的钻孔桩。承台呈哑铃形，每个圆形部分各布置有19根桩。钻孔桩桩底高程－110.0m、桩顶高程－3.0m，嵌岩近50m，持力层为微风化砂质泥岩。如图1所示。

2. 水文

南京长江河段受潮汐影响，属感潮河段，潮汐为非正规半日潮型，每日有两次高潮和低潮，年最高潮位多发生在汛期上游来水量最大或较大而又适逢大潮汛的时候。受长江径流和潮汐的共同影响，水流流速过程呈周期性变化，涨潮时流速小、落潮时流速大，汛期流速变化小，枯水期流速变化大。

设计水位依据南京水位站建国以来的实测资料(修正后)以及桥位短期实测水位资料进行推算，成果见表1。

设计水位计算成果表　　表1

位　置	不同频率设计水位(m)			
	300年一遇	100年一遇	50年一遇	10年一遇
南京站(参考站)	9.50	9.18	8.96	8.34
石埠桥桥位	8.71	8.43	8.23	7.68

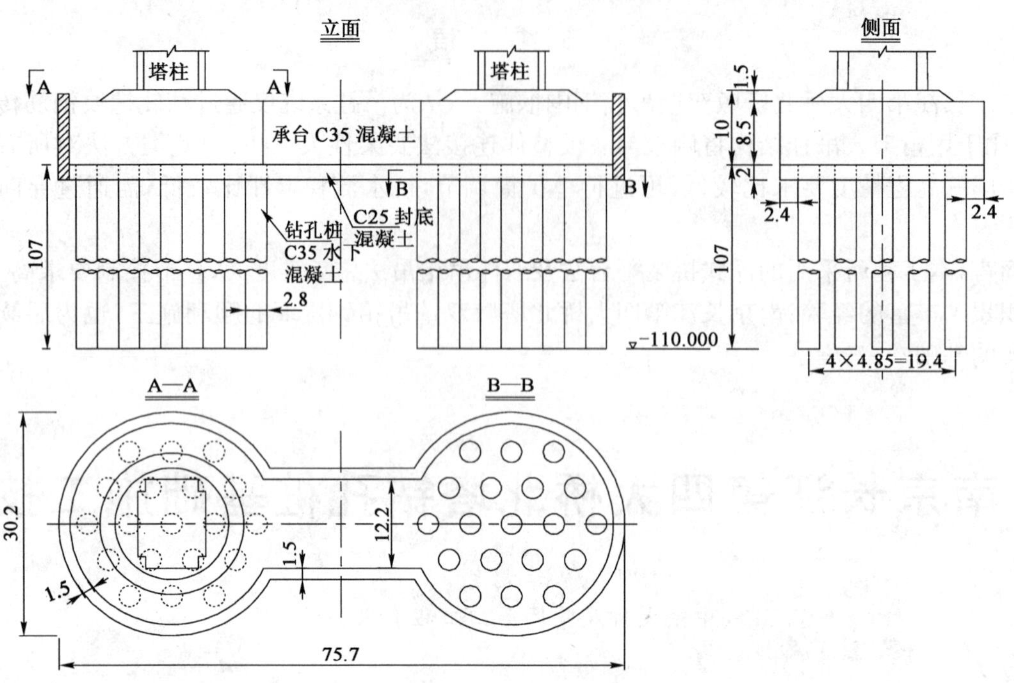

图 1　北塔基础一般构造(尺寸单位:m)

300 年一遇条件下基础冲刷深度见表 2。

主桥 300 年一遇潮流作用下冲刷深度　　表 2

墩位位置	冲刷前河床高程(m)	自然演变和一般冲刷后冲深(m)	局部冲刷深度(m)	冲刷后高程(m)
北塔基础	−5.35	2.0	12.7	−20.05

粉砂 −5.35
粉砂 −10.25
粉砂 −16.35
中砂 −23.35
粉砂 −33.85
细砂 −42.05
中砂 −52.35
砾砂 −57.85
中砂 −60.05
强风化粉砂岩 −63.65
强风化粉砂岩 −65.15
微风化泥质砂岩 −70.95
微风化泥质粉砂岩 −72.15
微风化泥质砂岩 −79.00
微风化粉砂岩 −86.55
微风化砂质泥岩 −90.55
微风化粉砂岩 −92.65
微风化泥质砂岩 −96.95
微风化粉砂岩 −98.25
微风化砂质泥岩 −102.25
微风化粉砂岩 −109.35
−111.47

图 2　地质钻孔柱状图

3. 地质

南京长江第四大桥位于长江下游的龙潭水道,河床断面为不对称 V 形,深泓靠近南岸。北塔河床高程−5.0～−6.0m,由北向南倾斜。北塔处基岩面以上覆盖层厚度 58.3m,由密实的细砂、中砂等构成,以下依次为 1.5m 厚强风化粉砂岩,5.8m 厚弱风化粉砂岩,39.1m 厚微风化砂质泥岩(粉砂岩)。

北塔墩基础处覆盖层从上到下依次为:①$_2$ 层为全新统松散～中密状粉,细砂为可液化土层;①$_3$ 层为流塑状淤泥质亚黏土;②$_1$ 层稍密～中密状粉砂,细砂为可液化土层;②$_2$ 层中密～密实状粉细砂;②$_3$ 层亚黏土,软塑～流塑,局部夹较多粉砂薄层,为软弱土层;上更新统④$_1$ 层和④$_3$ 层砾砂、卵砾石层承载力高,但厚度变化大,层位不稳定;④$_2$ 层粉、细砂,呈断续透镜体分布于④$_1$ 层中;④$_4$ 夹层亚黏土,软塑状;第四系土层无较好的桩基持力层。下伏基岩地层为白垩系浦口组砂岩、泥岩,基岩面起伏小,分布稳定,为软岩～极软岩,岩石强度较低,胶结性差,为较好的桩基持力层。地质情况如图 2 所示。

二、钻孔平台设计与施工

1. 平台设计

根据上述进度安排,施工平台设计时考虑汛期的水流力和河床冲刷等不利因素,设计高水位取 7.98m,最大流速取 1.5m/s,计算河床冲刷深度支撑桩局部冲刷按 3.0m 考虑,钢护筒局部冲刷按 6.0m 考虑。为降低施工成本,同时减少围堰内支撑桩拔除的工作量,单幅钻孔平台中间区域未设置支撑桩,考虑未钻孔施工的钢护筒参与支撑受力。

北塔基础施工平台平面尺寸 74.4m×34.3m，耗材 1 088t。水上施工平台分为左、右两幅钻孔平台和中间的作业平台三部分。根据上面描述的设计水位，结合目前三峡库区蓄水和泄水情况，考虑到长江水位和平台下部联结系的安拆工况，且保证既有栈桥与施工平台顶面高度协调统一，将平台顶面高程定为+8.5m。共布置 43 根 ϕ1 200×12mm 钢管桩，单幅钻孔平台 14 根、作业平台 15 根。平台在高程+4.15m设置下平联。施工平台平面如图 3 所示。钢管桩的设计桩底高程为−26.35m，沉桩以高程和贯入度控制，由双联装 APE400 型柴油锤插打。

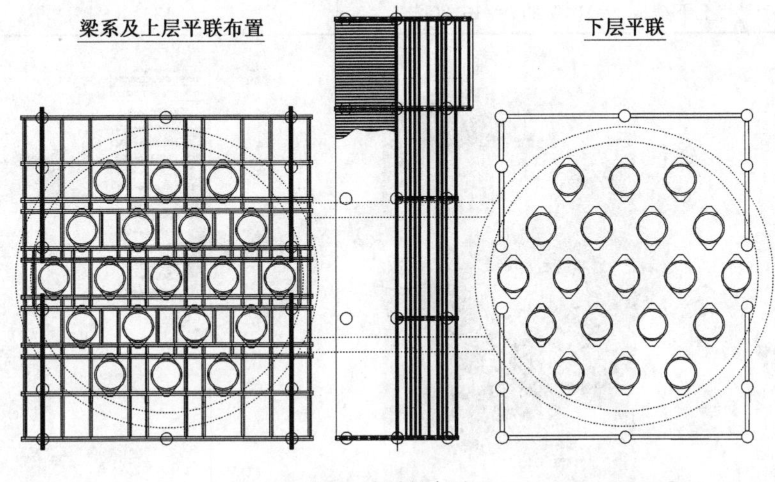

图 3 施工平台平面

2. 平台计算

1)单桩承载力计算

根据地质钻孔柱状图，按照《公路桥涵地基与基础设计规范》(JTG D63—2007)公式(5.3.3-3)计算单桩承载力，桩侧土的摩阻力标准值 q_{ik} 按表 3 取用。

地质钻孔摩阻力表 表 3

高程	土类	层厚 (m)	摩阻力标准值 q_{ik} (kPa)
−5.35			
−10.25	粉砂	4.9	20
−16.35	粉砂	6.1	30
−23.35	粉砂	7	35
−33.85	中砂	10.5	55
−42.05	粉砂	8.2	55
−52.35	细砂	10.3	65

直径 1.2m 支撑桩局部冲刷按 3.0m 考虑，钢护筒局部冲刷按 6.0m 考虑，计算单桩承载力及钢桩入土深度如表 4 所示。

单桩承载力计算表 表 4

钢类型	要求最大承载力 (kN)	入土深度 (m)	桩底高程 (m)	计算单桩承载力 (kN)
钻孔平台下 ϕ1.2m 管桩	1 160+150	18	−26.35	1 542.9
作业平台下 ϕ1.2m 管桩	2 411+150	28	−36.35	2 880.2
钻孔平台下 ϕ3.1m 护筒	2 244+450	18.65	−30.00	2 959.1

2)护筒牛腿计算

护筒最大受力2 244kN,单牛腿受力1 122kN,计算压力面为0.4m×0.64m=0.256m²,4 382.8kN/m²,计算结果如表5和图4所示。

护筒牛腿计算结果表 表5

项目	材料	最大应力(MPa)	变形(mm)
钢护筒	直径3.1m,δ=20mm	85.3	7.1(拉伸)
			6.0(挤压)
牛腿	上下盖板δ=20,竖肋δ=16、20	133	4.4

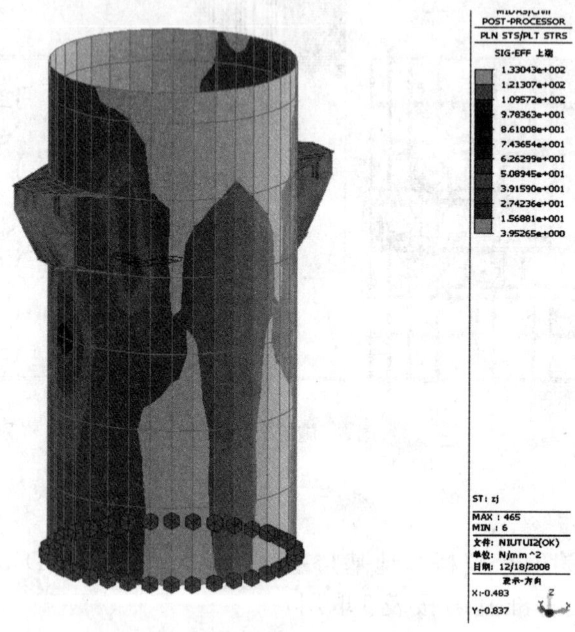

图4 钢护筒牛腿力学模型计算图

3)平台主要杆件计算

计算结果见表6。

平台主要杆件计算表 表6

序号	杆件名称	截面形式(mm)	最大弯矩(kN·M)	最大剪力(kN)	组合应力(MPa)	剪应力(MPa)
1	钻机走道梁	800×300×16×25	258.5	503.7	53	59.4
2	承重梁B1	800×400×18×25 腹板两侧加厚	1 743.4	748.6	160.7	29.7
3	承重梁B2	800×400×18×25	1 093.1	572.3	120.2	44.9
4	承重梁B3	800×400×18×25			60.5	26.1
5	桩顶分配梁	2×I63c			166.7	48.2

3. 平台施工

利用150t水上浮吊配合APE400B打桩锤插打平台支承桩,焊接桩间连接系。钻孔平台在公司基地钢结构车间分块制造,单幅钻孔平台共分为5块,船运至现场后150t浮吊分块吊装,整体组拼;然后在平台上安装导向架,利用导向架插打钢护筒,将平台与钢护筒连接成整体,形成钻孔平台。钻孔平台经荷载试验合格后进行钻孔桩施工。

1)钢护筒施工

考虑到北塔墩处水深较浅,综合起吊设备能力和定位要求,我部将钢护筒设计为两节,其中底节为

22m,顶节为 17.5m,现场水上接长设置一个接头。钢护筒插打至设计高程后,即行焊接护筒牛腿,使钻孔平台梁支撑在护筒牛腿上,为确保钻孔安全,钻孔前需解除施钻钢护筒与平台梁的支撑连接,护筒牛腿示意如图 5 所示。

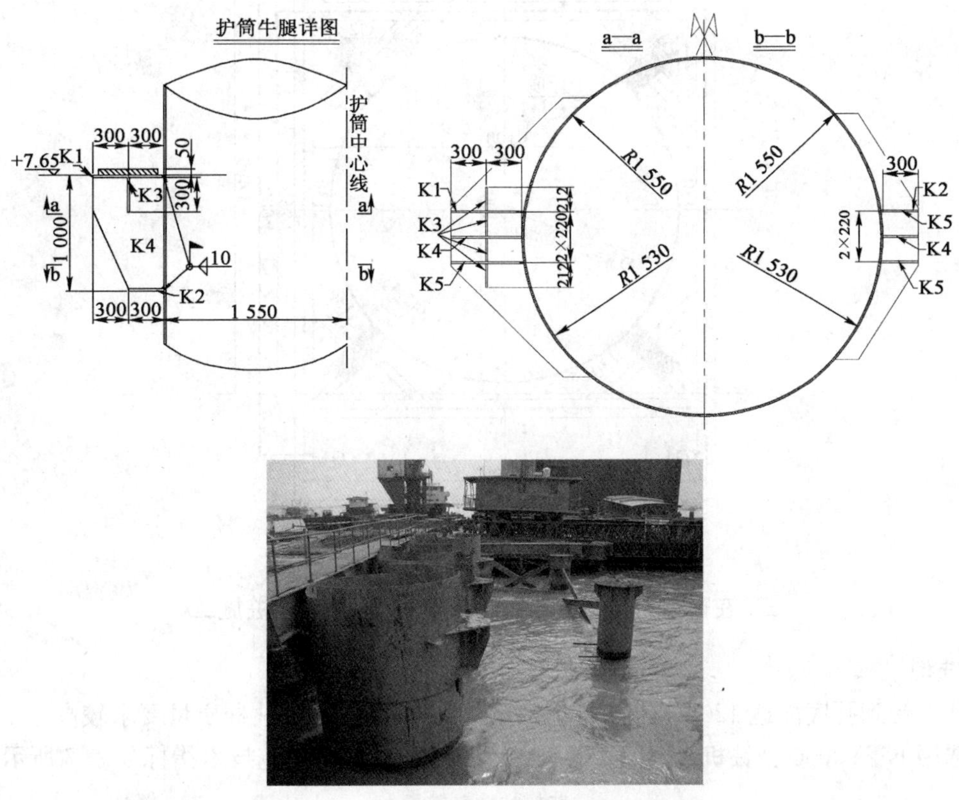

图 5 钢护筒牛腿示意图

根据墩位处水深浅、流速不大的情况,我们采取平面定位导向架定位钢护筒,其示意图如图 6 所示。钢护筒以振动下沉为主,在钢护筒下沉困难时通过在护筒内吸泥的方法使护筒下沉到设计高程。

图 6 平面定位导向架插打钢护筒示意图

2)具体原理

在施工平台的孔口处设置平面导向架,导向架以 I45 或 I56 的型钢焊接成框架,固定在施工平台上,在导向架四个对角设置丝杆调节装置,用以控制钢护筒的平面位置,平面导向架的结构如图 7 所示。钢护筒的总重约 60.5t,APE400B 振动锤的重量约 50t,在钢护筒的插打过程中,以其总重量为竖向导向,大型浮吊主钩钢丝绳受力减压插打,以确保钢护筒的垂直度满足设计要求。在水流流速较大时,在护筒底口(河床面上一定高度)逆水流方向设置钢丝绳作为溜绳,钢丝绳用小吨位卷扬机牵引,控制钢护筒垂直度。

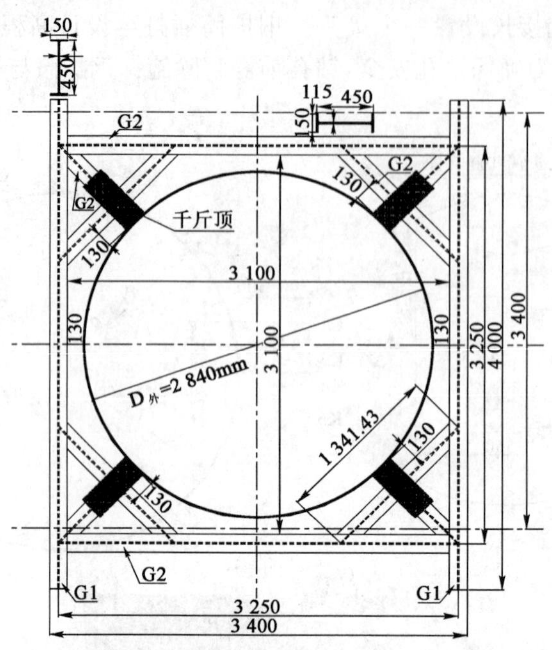

图7　平面定位导向架示意图(尺寸单位:mm)

三、在砂质泥岩/粉砂岩中超长大直径钻孔桩施工

1. 钻机选型

钻孔桩从平台到孔底深达120m,且嵌岩近50m,对钻机的扭矩及钻杆质量要求较高。

本工程选用KTY3000型钻机4台、KPG-3000型钻机4台,其相应技术指标如表7所示。

钻机性能参数表　　表7

钻机型号	最大成孔直径	最大钻孔深度	额定扭矩	提升能力	功率	循环方式	主机重	配备钻杆(外径×壁厚)	钻机工作方式
	(mm)	(m)	(kN·m)	(kN)	(kW)		(kN)	(mm)	
KPG-3000	3 000	130	200	1 200	150	气举	600	351×25	全液压转盘
KTY-3000	3 000	130	210	1 200	195	气举	550	351×25	全液压转盘

2. 成孔

由于钢护筒没有入粉砂岩,还有30多米的砂层,故仍采用带浆钻进,该钻孔桩成孔的难点和重点为砂质泥岩的钻进,在施工中主要采取以下措施:

(1)在不同土层的钻压、转速、钻进速度、泥浆指标的控制参数不一样,见表8。

不同地层钻进参数表　　表8

序号	地质情况	钻压	转速	泥浆指标			
				比重	黏度	pH值	含砂率(%)
1	黏土	中等钻压	中等转速	1.06～1.15	18～22	8～10	≤4
2	砂土	中小钻压	中低速	1.06～1.10	18～28	8～10	≤4
3	泥岩	中等钻压	高等转速	1.03～1.15	17～19	9～10	≤4

(2)在砂层和强风化泥岩层中分别采用刮刀钻头和滚刀钻头,根据两根桩的钻进效率对比在泥岩中采用滚刀钻头钻进,并在强风化泥岩中钻进采取适当提钻上下拉动并反向转动数次等措施,以有效避免糊钻,加快钻进速度。

(3)在进入泥岩后,泥浆黏度控制在17～19Pa·s为宜,同时需要沉淀池将钻渣沉淀,泥浆通过泥浆分离器不停将泥岩中的细颗粒脱离，降低泥浆的黏度和比重，同时重锤高速低压用滚刀钻进的施工工艺，以减小糊钻的可能性。

(4)在接近成孔时，要逐步调制泥浆指标使之符合要求，尤其 pH 值控制在 10 以上，提高胶体率，尽量减小沉渣厚度。

3. 钢筋笼的制作与下沉

北塔钻孔桩钢筋笼主筋为 Φ32mmHRB335 钢筋，不等长两层内外布置，钢筋笼下部变为单层。钻孔桩钢筋笼长度约为 109m，单桩钢筋笼总重约 45t。钢筋笼采用滚压直螺纹接头连接，在后场定型胎模上同槽制作，按照单根钢筋 9～12m 的定尺长度，结合运输条件，分为 9 节吊装入孔对接。经过两根桩钢筋笼的安装下沉，操作熟练后，最快达到 20h 下一根钢筋笼。

4. 水下混凝土灌注

超百米钻孔桩桩身质量的好坏取决于水下混凝土的灌注质量。编制详细的水下混凝土灌注施工作业指导书，严格按工艺操作，每一步均落实到人，做到分工明确，关键工序有详细的记录。经过四个半月的时间完成 38 根钻孔灌注桩的施工。成桩后，38 根桩基经过超声波检测全部为 I 类桩，并对 2 根桩钻芯取样，混凝土质量良好，与基岩胶结紧密，芯样混凝土强度也符合要求。

四、结　语

南京长江第四大桥北塔墩钻孔桩基础从 2009 年 1 月搭设平台到 2009 年 7 月底施工完毕，通过短短 7 个月时间的苦战，圆满完成业主下达的工期目标。成功实施超长大直径桩基在砂质泥岩中的带浆钻进，实现了根根成孔、成桩的目标。取得这样的结果得益于充分详尽的技术准备以及到位的现场组织管理。

58. 南京长江第四大桥 A2 标大体积混凝土施工技术

杨衍振

（中铁大桥局集团第四工程有限公司）

摘　要　南京长江第四大桥是国务院批准的南京市城市总体规划中“五桥一隧”过江通道之一，设计为双塔三跨悬索桥。北索塔承台及北索塔均为大体积混凝土施工，控制大体积混凝土有害裂缝的产生，提高混凝土耐久性是施工重点。本文即介绍 A2 标大体积混凝土的施工技术措施。

关键词　索塔　承台　大体积混凝土　耐久性

一、引　言

南京长江第四大桥（以下简称南京四桥）是国务院批准的南京市城市总体规划中“五桥一隧”过江通道之一，是沪蓉国道主干线——南京绕城高速公路的过江通道和重要组成部分。南京长江第四大桥位于长江江苏南京区段内，在南京长江第二大桥下游约 10km 处，距长江入海口约 320km。南京四桥 A2 标负责北主塔（主 2 号墩）和北过渡墩（主 1 号墩）的施工。本文针对该标结构工程中大体积混凝土的施工关键技术进行论述。

二、大体积混凝土工程概况

南京四桥 A2 标结构中属于大体积混凝土施工范围的有两项：一是北主塔承台，设计强度等级 C35；二是北索塔塔柱，设计强度等级 C55。

北塔墩基础承台为哑铃形，平面尺寸 72.5m×27m，厚 8.5m；塔座厚 1.5m。承台顶、底高程分别为 +5.5m，−3.0m。承台四周设防撞钢结构，并作为承台混凝土浇筑的侧模板。承台混凝土方量为 11 713.9m³，分为圆端区、系梁区和后浇带三部分。单幅圆端方量为 4 866.7m³，单幅圆端单次浇筑最大方量为 1 717.7m³，单幅圆端分三次完成。承台结构如图 1 所示，塔身结构如图 2 所示。

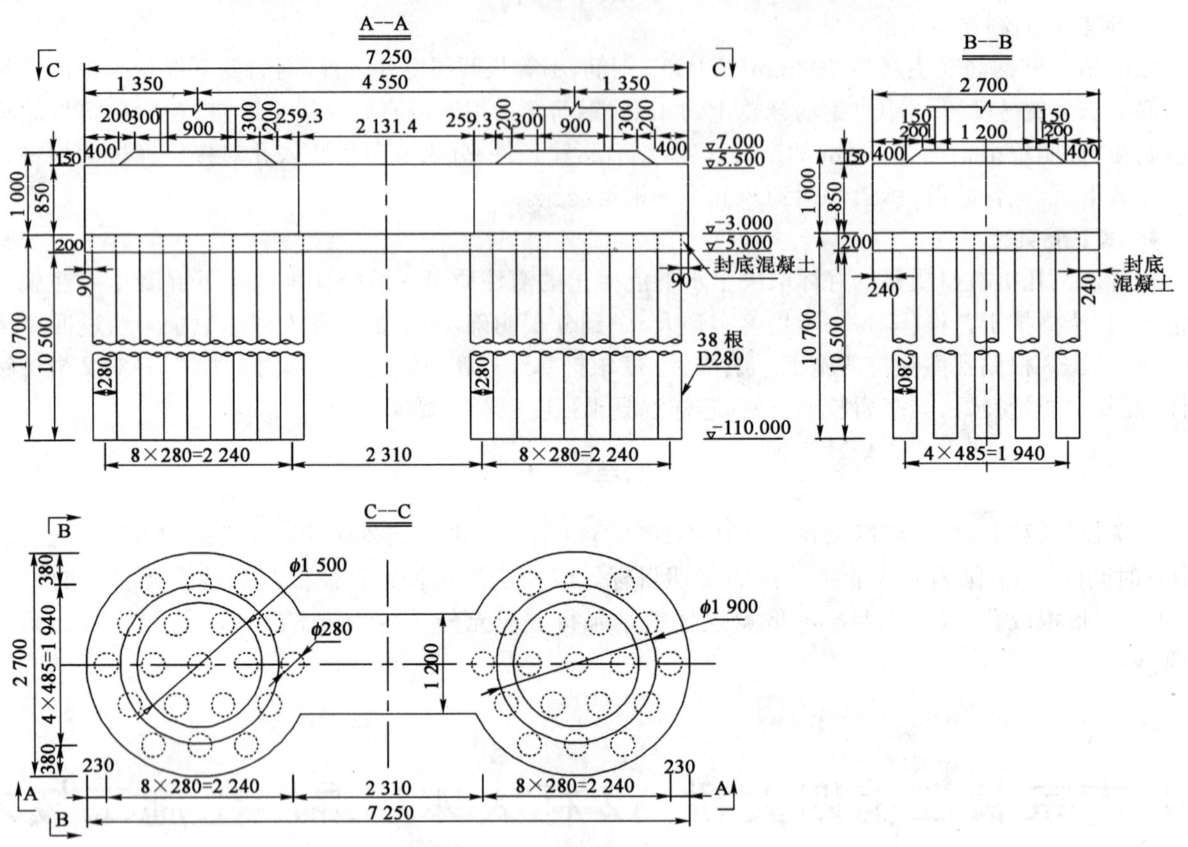

图 1　南京四桥北塔墩承台结构示意图（尺寸单位：cm，高程：m）

三、裂缝成因分析

通常大体积混凝土施工过程中容易产生有害裂缝，这是大体积混凝土施工的通病。如何控制大体积混凝土有害裂缝的产生，提高混凝土耐久性，是大体积混凝土施工的一个难题。就目前的施工水平和环境，大体积混凝土产生裂缝的主要原因分析如下。

1. 温度应力引起的裂缝

混凝土是一种由砂石集料、水泥、水及其他外掺料混合而成的非均质脆性材料。大体积混凝土浇筑后，在水泥硬化过程中产生大量的水化热，由于体积较大，大量的水化热聚积在混凝土内部而不易散发，导致内部温度急剧上升。此时混凝土表面温度与外界环境温度接近，这样就形成了内外较大的温差。较大的温差使混凝土内外热胀冷缩的程度不一致，造成混凝土产生一定的拉应力。而在早期，混凝土抗拉强度通常很低，当拉应力超过混凝土的抗拉强度时，混凝土表面就容易出现裂缝。

2. 干燥收缩

混凝土硬化后，在干燥的环境下，混凝土内部的水分不断向外散发，引起混凝土由内向外的干缩变形裂缝。

3. 塑性变形

水泥活性大，混凝土温度高，或水灰比较小时会加剧引起开裂，这是因为混凝土泌水减少，表面水分不能补充，这时混凝土处于塑性状态，稍微受到一些拉力，表面就会出现不均匀的裂缝，裂缝出现后，混凝土内水分蒸发进一步加大，裂缝进一步扩大。

四、理论对策

通过以上分析，大体积混凝土裂缝主要是由温度和收缩引起的，所以要采取措施最大限度降低内外温差和减少混凝土收缩。而要降低混凝土内外温差，选择合适的原材料、降低每方混凝土的水泥用量及总胶凝材料用量以降低水化热最关键。提高高性能混凝土耐久性，减少混凝土有害裂缝的产生，主要包括几个方面：优选混凝土原材料、优化混凝土配合比、加强施工过程的控制及监测及施工后的混凝土养护工作。

1. 选择合适的原材料

选用中热或低热水泥。温差主要是水化热产生的，为了减小温差，就要尽量降低水化热，使用早期水化热低的水泥。试验表明，水泥水化热主要来自矿物成分中的铝酸三钙和硅酸三钙，在大体积混凝土施工中，要降低水泥水化热应优先考虑采用铝酸三钙和硅酸三钙含量低的水泥，如矿渣水泥或大坝水泥。在水泥选择过程中，对湖北华新中热硅酸盐水泥、葛洲坝中热硅酸盐水泥及镇江句容台泥普通硅酸盐水泥进行了对比试验。湖北华新中热硅酸盐水泥 3d 及 7d 水化热分别为 210.13J/kg、263.63J/kg；葛洲坝中热硅酸盐水泥 3d 及 7d 水化热分别为 211.28J/kg、264.91J/kg；镇江句容台泥普通硅酸盐水泥 3d 及 7d 水化热分别为 216.72J/kg、268.74J/kg。通过水泥水化热试验可以看出，中热水泥与普通硅酸盐水泥相比水化热较低，有利于控制混凝土的水化放热。经过反复论证，综合各种因素，最终选择了镇江句容台泥普通硅酸盐 P. O42.5 水泥。主要原因有：中热水泥在国内还没有使用于特大型桥梁的先例，特别是索塔结构；中热水泥产地离施工区距离远，大大增加运输成本，且带来不确定因素；中热水泥早期强度低，不利于索塔爬模施工，延长施工周期等等。镇江句容台泥普通硅酸盐水泥与中国海螺普通硅酸盐水泥相比，水化热值低，放热速率慢。

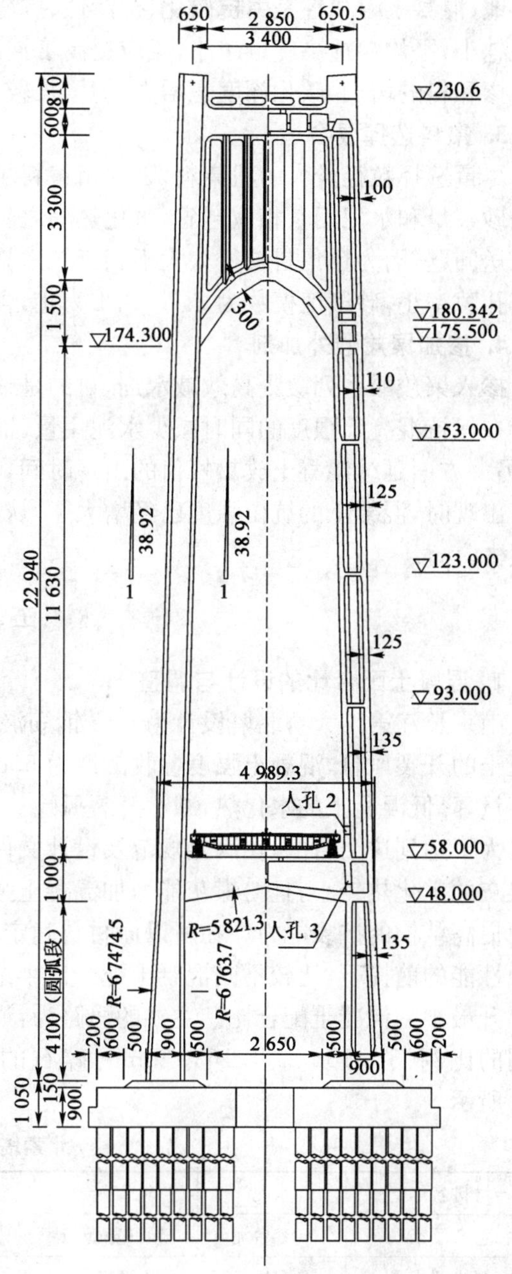

图 2 南京四桥北塔墩塔柱结构示意图（尺寸单位：cm，高程：m）

2. 掺加粉煤灰等外掺料

为了减少水泥用量，降低水化热并改善混凝土的和易性，在混凝土中大量掺加粉煤灰及矿粉。由于粉煤灰中含有大量的硅、铝氧化物，这些硅铝氧化物能够与水泥的水化产物进行二次反应，是其活性的来源，可以取代部分水泥，从而降低水泥的用量；同时，粉煤灰的火山灰反应进一步改善了混凝土内部的孔结构，使混凝土中的孔隙率降低，硬化后的混凝土更加致密，收缩值也减小。掺加矿粉的混凝土早期强度相应较低，后期强度有较大增长，混凝土"强度互补效应"对硬性化混凝土早期发挥矿粉的火山灰效应，改善浆体和集料的界面结构，后期发挥粉煤灰火山灰效应，所带来的孔径细化作用，使混凝土后期强度持续得到提高。矿粉和粉煤灰复合配制混凝土，充分发挥粉煤灰的"形态效应"，粉煤灰对浆体起到"润滑作用"，增大拌和物流动性，减少泵送阻力，能改善由于矿粉的掺入导致混凝土黏度大的特点，使新拌混凝土得到最佳的流动度和黏聚性，使其和易性得到改善。坍落度损失有所延缓，混凝土初凝时间相应延迟。

一般地，混凝土耐久性是由抗碳化、抗渗性、抗冻融性等指标来表示，随着水灰比降低，强度越高，碳化深度也越小，平均渗透高度也越小，相应提高了混凝土的抗渗能力，同时也提高了混凝土的抗冻性能。随着矿物掺和料的增加，碳化深度也增大，但增长较小，不会造成增加混凝土钢筋锈蚀的风险。

3. 集料选择要合适

尽量选择粒径较大的粗集料，因为粗集料越大，级配越好，孔隙率越小，比表面积越小，每方混凝土的水泥砂浆量和水泥用量相应越省，水化热随之降低，对防止混凝土开裂有好处。同时，还要考虑到混凝土的泵送问题，因为粗集料粒径太大不利于泵送施工。细集料宜采用级配良好的中粗砂，石英含量高，中粗砂其孔隙率小，砂细度模数为2.7～3.1为宜，含泥量小于1%。

4. 掺加聚羧酸外加剂

掺入聚羧酸系列缓凝高效减水剂，目的是改善混凝土的性能。一方面降低水灰比，提高混凝土强度，或者在保持混凝土强度的同时减少水泥用量，而水灰比的降低，水泥用量的减少对防止开裂是十分有利的；另一方面延缓混凝土放热峰值的出现时间，由于混凝土的强度会随着龄期的增长而增大，所以等放热峰值出现时，混凝土的抗拉强度已经增大了，从而减小裂缝出现的机率，还可以减小混凝土的坍落度的经时损失。

五、关 键 措 施

1. 混凝土配合比的设计与调整

南京长江第四大桥北塔设计为C55钢筋混凝土结构，由于为大体积高强度等级混凝土结构，为减小混凝土的开裂风险，混凝土强度验收龄期为60d，这样可以利用混凝土后期强度，减少每方混凝土中的水泥用量，降低混凝土的水化热，减小开裂风险。设计混凝土初凝时间为10～12h，终凝时间为14～16h。

为了达到这个目的，在满足规范及设计文件的前提下，在混凝土中大量掺加粉煤灰及矿粉等外掺料，粉煤灰的水化热较小，且粉煤灰能增加混凝土强度的后期强度；在满足施工的前提下，使用较小的砂率，从而提高结构的抗裂能力。在所以原材料确定后，进行了大量的混凝土配合比试验，在满足施工要求的各项性能的前提下，比较不同混凝土配合比半绝热温升，从而推断混凝土浇注过程中产生的绝热温升，选择温升最小的混凝土配合比。主要的思路为：调整每方混凝土中胶凝材料的用量、水泥与粉煤灰及矿粉之间的比例、5～16mm及16～25mm碎石的比例、水胶比等。北索塔C55选择的混凝土配合比如表1所示。

北索塔C55混凝土配合比　　表1

材料名称	水泥	粉煤灰	矿粉	砂	碎石	外加剂	水
生产厂家	句容台泥	镇江苏源	马钢嘉华	江西赣江	安徽和县	上海华登	地下水
规格型号	P. O42.5	Ⅰ级灰	S95	中砂	5～25mm	HP400R	淡水
每方用量(kg)	276	92	92	722	1 083	3.04	152

北塔承台混凝土设计验收龄期为60d，混凝土抗渗等级为W12，混凝土配合比设计思路为大量掺加粉煤灰，掺量为32%，选用较小坍落度，避免大面积施工振捣后出现大量浮浆，增加凿毛难度，同时降低表层混凝土抵抗裂缝的能力。具体试验方法为：调整混凝土胶凝材料用量、调整粉煤灰掺量及水胶比，比较混凝土和易性、抗渗性能、抗压强度及半绝热温升。采用正交试验方法，试验方案如表2所示，试验结果见表3。

C35承台混凝土配合比正交试验方案　　表2

序号	胶凝材料(kg)	砂率	水胶比	粉煤灰掺量	外加剂掺量	配合比(kg)						备　注
						水泥	粉煤灰	砂	碎石	外加剂	水	
1	370	43%	0.40	26%	1.0%	274	96	786	1042	2.22	148	R_7=33.8MPa
2	352	44%	0.42	30%	1.0%	246	106	812	1034	2.11	148	R_7=29.6MPa

续上表

序号	胶凝材料(kg)	砂率	水胶比	粉煤灰掺量	外加剂掺量	配合比(kg)						备　注
						水泥	粉煤灰	砂	碎石	外加剂	水	
3	336	45%	0.44	34%	1.0%	222	114	838	1025	2.02	148	R_7=24.6MPa
4	357	45%	0.42	26%	1.0%	264	93	828	1011	2.14	150	R_7=28.6MPa
5	341	43%	0.44	30%	1.0%	239	102	798	1058	2.05	150	R_7=28.1MPa
6	375	44%	0.40	34%	1.0%	247	128	801	1020	2.25	150	R_7=31.7MPa
7	345	44%	0.44	26%	1.0%	255	90	814	1036	2.07	152	R_7=28.4MPa
8	380	45%	0.40	30%	1.0%	266	114	816	998	2.28	152	R_7=34.1MPa
9	362	43%	0.42	34%	1.0%	239	123	788	1044	2.17	152	R_7=30.5MPa

试验方案与试验结果表　　表 3

序号	A 用水量	B 粉煤灰掺量	C 水胶比	D 砂率	坍落度(mm)	坍落度扩展度(mm)	强度(MPa)	
1	148	26%	0.40	43%	190	445	R_7=33.8MPa	
2	148	30%	0.42	44%	185	425	R_7=29.6MPa	
3	148	34%	0.44	45%	205	500	R_7=24.6MPa	
4	150	26%	0.42	45%	205	485	R_7=28.6MPa	
5	150	30%	0.44	43%	185	470	R_7=28.1MPa	
6	150	34%	0.40	44%	215	435	R_7=31.7MPa	
7	152	26%	0.44	44%	185	460	R_7=28.4MPa	
8	152	30%	0.40	45%	220	530	R_7=34.1MPa	
9	152	34%	0.42	43%	205	485	R_7=30.5MPa	
	坍落度(mm)				坍落度扩展度(mm)			
K1	580	580	625	580	1 370	1 390	1 410	1 400
K2	605	590	595	585	1 390	1 425	1 395	1 320
K3	610	625	575	630	1 475	1 420	1 430	1 515
R	30	45	50	50	105	35	35	195
	最优为 A3B3C1D3,C 和 D 因素影响大				最优为 A3B2C3D3,D 因素影响大			

R_7(MPa)									
K1	88.0	90.8	99.6	92.4	K3	93.0	86.8	81.1	87.3
K2	88.4	91.8	88.7	89.7	R	5.0	5.0	18.5	5.1
最优为 A3B2C1D1,C 因素影响最大									

最后选用的 C35 北塔承台混凝土配合比如表 4 所示。

北塔承台混凝土配合比　　表 4

材料名称	水泥	粉煤灰	砂	碎石	外加剂	水
生产厂家	句容台泥	镇江苏源	江西赣江	安徽和县	上海华登	地下水
规格型号	P.O42.5	II 级灰	中砂	5～25mm	HP400R	淡水
每方用量(kg)	238	112	811	1 033	1.68	154

北塔承台施工为 10 月下旬,气温较低,有利于温度控制。承台分三层浇注,通过合理分层,优选混凝土配合比及布设冷却水管;北塔承台混凝土施工没有出现有害裂缝,保证了结构的耐久性。

2. 施工中的温度控制

1)降低集料入仓温度

降低集料入仓温度是指对将要进行拌和混凝土所用集料采取措施,以降低集料的温度,从而降低混凝土的入模温度。我项目部在混凝土拌和站集料堆场搭置了遮阳棚,防止因阳光直射而引起的温度升高。在夏季施工时,避开中午时间,选择夜间施工。并在浇注混凝土前4h采用井水冲淋碎石,以降低碎石的温度。

2)拌和水冷却

夏季施工,材料及拌和用水温度高,混凝土出机温度也高,为达到混凝土入模温度不高于28℃的目标,采取的方案有:在水池里加入冰块,给拌和水降温;安装冷却机组。

3)加入冰渣

由于夏季外界气温较高,各种原材料的温度也较高,要降低混凝土入模温度,需要多种措施相结合,另外采取了在混凝土搅拌过程中加入冰渣的措施,相应扣除拌和用水,理论上每方混凝土每降低1℃所需要的冰量可按照公式计算:

$$M_{\mathrm{b}}=\frac{\sum M_i c_i}{R_{\mathrm{b}}+c_{\mathrm{w}}\times T_{\mathrm{h}}}$$

式中:M_{b}——冰的使用量,kg;

M_i——各种材料的使用量,kg;

c_i——各种材料的比热容,kJ/kg·K;

R_{b}——冰的融解热,335kJ/kg;

c_{w}——水的比热容,4.2kJ/kg·K;

T_{h}——混凝土出机温度控制值,℃。

设定$T_{\mathrm{h}}=22$℃,根据计算,每方混凝土降低1℃,需要加入5kg冰渣,延长搅拌时间,使冰渣完全融化。

4)水泥及粉煤灰冷却

水泥出厂时温度较高,输送过程的摩擦及压力,使水泥和粉煤灰温度继续升高,为有效降低混凝土温度,采取遮阳布包裹水泥及粉煤灰储存罐,并使用井水喷洒,以降低水泥及粉煤灰的温度;尽量使水泥储存时间长,使水泥充分冷却。

3. 施工过程的监测及混凝土养护

在索塔施工过程中,不定期采用无线测温元件对索塔混凝土结构进行了监测,观测混凝土温峰值、出现温峰的时间及降温速率,尤其是季节转换时,根据观测结果,及时制订调整混凝土施工及养护措施,防止由于冬季气温低,拆模时间早,或拆模后没有及时采取保温措施;没有及时对结构洒水养护,从而使结构出现裂缝。根据大体积混凝土施工指南的要求,混凝土内部温峰不得超过60℃,混凝土入模温度不超过28℃,通过以上措施相结合,在夏季索塔混凝土施工时,能实现混凝土入模温度不超过28℃的目标。

混凝土浇筑完毕初凝后,要及时采取适当的措施对混凝土进行养护,连续养护龄期不少于7d,混凝土初凝后,及时洒水,保持混凝土表面湿润,防止混凝土发生干缩裂缝。混凝土浇筑后,由于表面较内部散热快,会形成内外温差,表面收缩,受内部约束产生拉应力,这种应力通常很小,不至于超过混凝土的抗拉强度而产生裂缝。但如果此时受到冷空气的袭击,或者过分通风散热,使表面温度降温过大就容易产生裂缝,所以在低温季节,混凝土拆模后,采取覆盖土工布的措施,防止表面降温过大,引起裂缝。

六、结　　语

北塔承台已施工完毕,北索塔施工也已接近尾声,通过前期的科学选择原材料、不断优化混凝土配合比及施工过程的控制与监测,南京长江第四大桥北索塔施工达到了预期目标。有效控制了大体积混凝土施工过程中产生的有害裂缝,提高了高性能混凝土耐久性,从而提高了索塔的使用寿命。同时,也为在同类型特大桥梁控制大体积混凝土有害裂缝的产生方面,积累了经验,延长桥梁结构的使用寿命。

59. 南京四桥锚体及索塔大体积混凝土有害裂缝防控措施

殷 扬[1] 章登精[1] 濮 卫[1] 赵顺增[2]
(1. 南京长江第四大桥指挥部;2. 中国建筑材料科学研究总院)

摘 要 本文介绍了南京长江第四大桥锚体和索塔混凝土防控有害裂缝的主导思想,系统阐述了大体积混凝土施工中防控有害裂缝的措施以及相关技术要点。

关键词 锚体和索塔 大体积混凝土 耐久性 有害裂缝 措施

一、引 言

混凝土是一种多孔多相、各向异性的复合材料,其抗拉强度远低于抗压强度,断裂能与抗弯强度均比较低。混凝土材料有裂缝是绝对的,无裂缝是相对的,在混凝土内部的集料界面和胶凝材料内,都存在大量连通或非连通孔隙和裂隙,这些孔隙和裂隙在封闭状态下一般是无害的,但在应力作用下,贯穿为开放式裂缝,不仅削弱结构承载能力,还会成为外界有害介质侵入的通道,降低结构和材料的耐久性。实践表明,大体积混凝土由于水化热导致的温度裂缝很普遍,因此提高大体积混凝土结构耐久性的一个重要工作就是将裂缝控制在环境许可的范围内,即将裂缝控制在无害的范围内。

南京四桥索塔采用混合式结构形式(图 1),高 229.4m,塔柱顶中心间距 34m,塔柱底中心间距 45.5m。

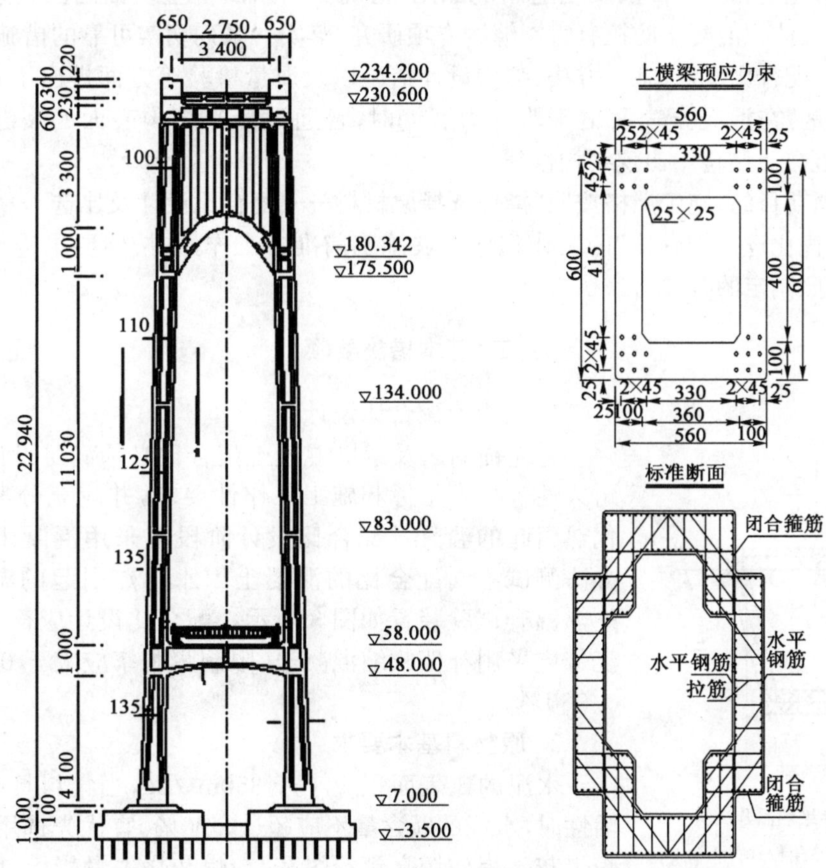

图 1 索塔一般构造(尺寸单位:cm)

塔柱为钢筋混凝土结构，壁厚自下而上分别为1.35m、1.25m、1.1m、1.0m。上下横梁为预应力混凝土结构，下横梁高度7.17～10m，宽度6.14～6.49m，顶板厚1.0～1.167m，底板厚1.0～2.0m，腹板厚1m；上横梁高度6.0～6.12m，宽度5.6m，顶板厚1.0～1.12m，底板、腹板厚1m。塔柱及上下横梁均采用C55混凝土。

锚体采用钢筋混凝土锚固结构（图2），为上下游分离的墙式造型。锚体高32m，长75m，宽10～21m；采用散索鞍墙式支墩，顶面尺寸6×6m，荷载通过两片承重墙传递至基础顶板；前锚室侧墙、前墙及顶板厚度0.6m。散索鞍支墩及前锚室采用C40混凝土，锚块采用C30混凝土。为保证南京四桥锚体混凝土的浇筑质量，锚体浇筑按分区分层划分的顺序进行。

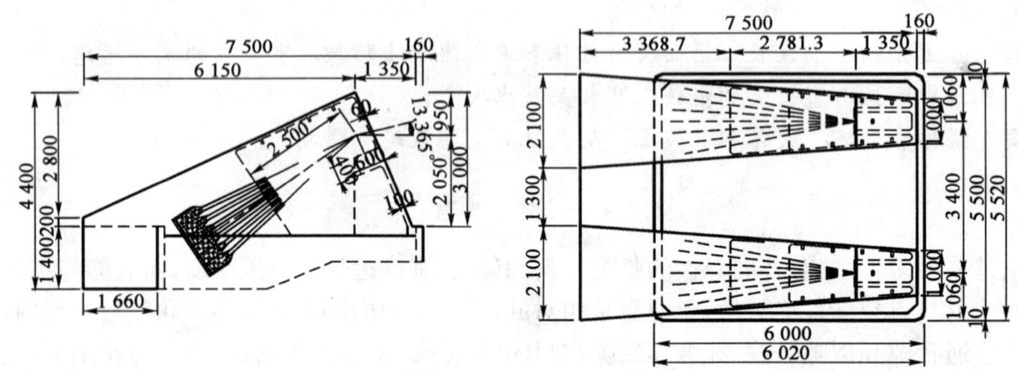

图2　锚碇锚体一般构造(尺寸单位:cm)

二、指 导 思 想

按照符合技术先进、经济合理、安全适用的原则，为确保南京四桥主缆锚固区及索塔混凝土工程质量，指挥部开展了大体积混凝土防控有害裂缝的专项研究，落实一系列切实可靠的措施，在混凝土的原材料、混凝土的性能、配合比设计、施工方法、结构设计措施以及质量检验等方面提出了相应的要求。力争达到的基本目标是：在混凝土表面出现非外力裂缝时，普通混凝土结构表面的裂缝最大宽度不大于0.20mm，预应力混凝土结构不出现结构性裂缝。

为确保达到预期目的，施工严格按照“择优选择原材料——配合比设计及比选——现场模型试验（结合首件认可）——优化选择配合比”的工作程序开展施工前准备工作，并按照要求进行专项施工组织设计，施工中严格按照制定的各项措施执行。

三、基本措施要领

1. 混凝土配合比设计

主缆锚固区及索塔混凝土配合比必须满足设计所需要的强度、耐久性等技术指标和施工工作性要求，并应充分考虑降低混凝土水化热引起的温升。配合比设计阶段应采用混凝土半绝热温升试验方法测试不同配合比的混凝土因水化热引起的温升值。混凝土半绝热温升试验装置如图3所示。配合比设计应符合表1的要求。后浇带应采用补偿收缩混凝土，限制膨胀率应大于0.025%，但应小于0.060%。

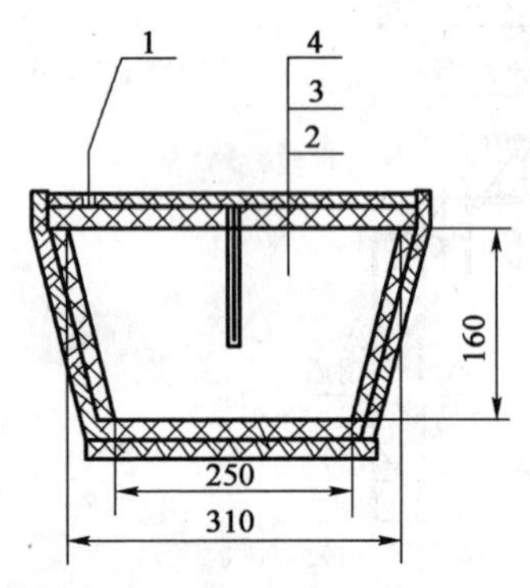

图3　混凝土半绝热温升试验装置(尺寸单位:mm)

1-传感器;2-聚苯板;3-混凝土;4-厚木板

2. 原材料基本要求

水泥的比表面积应小于350m²/kg，当集料具有碱—硅酸盐反应活性时，水泥的碱含量不应超过0.60%。宜优先选用中热硅酸盐水泥。粉煤灰不得使用高钙粉煤灰，粉煤灰烧失量指标：用于锚碇系统和索塔塔柱的混凝土不应大于3%，用于其他部位的混凝土不宜大于

5.0%。减水剂的减水率不应小于20%,收缩率比不应大于100%,含气量不应大于3.0%。优先选用羧酸系减水剂。膨胀剂的限制膨胀率≥0.050%。其他指标满足相关技术规范要求。

主缆锚固区及索塔配合比设计指标 表1

<table>
<tr><th rowspan="2">序号</th><th rowspan="2">项 目</th><th colspan="6">混凝土强度等级</th></tr>
<tr><th>C30</th><th>C30W12</th><th>C35</th><th>C35W12</th><th>C40</th><th>C55</th></tr>
<tr><td>1</td><td>最大胶凝材料用量(kg/m³)</td><td>400</td><td>400</td><td>420</td><td>420</td><td>450</td><td>500</td></tr>
<tr><td>2</td><td>最小胶凝材料用量(kg/m³)</td><td colspan="6">300</td></tr>
<tr><td>3</td><td>最大水胶比</td><td>0.50</td><td>0.50</td><td>0.50</td><td>0.50</td><td>0.45</td><td>0.35</td></tr>
<tr><td>4</td><td>单方最大用水量(kg/m³)</td><td colspan="6">180</td></tr>
<tr><td>5</td><td>含气量(%)</td><td>3.5~4.5</td><td>3.0~4.0</td><td>3.5~4.5</td><td>3.0~4.0</td><td>3.5~4.5</td><td>2.5~3.5</td></tr>
<tr><td>6</td><td>限制膨胀率(%)</td><td>—</td><td>0.015~0.030</td><td>—</td><td>0.015~0.025</td><td>—</td><td>—</td></tr>
<tr><td>7</td><td>适宜的掺和料品种</td><td colspan="4">II级粉煤灰、S95级矿渣粉</td><td colspan="2">I级粉煤灰、S95级以上矿渣粉</td></tr>
<tr><td>8</td><td>最大掺和料掺量(%)</td><td colspan="6">在PI型硅酸盐水泥中,单掺矿渣粉为60%;单掺粉煤灰为40%;两者混掺为55%,且粉煤灰掺量不得大于30%;C55混凝土中,粉煤灰最大掺量为25%。普通硅酸盐水泥中的混合材料含量应按相应成分计入掺合料掺量中</td></tr>
<tr><td>9</td><td>凝结时间</td><td colspan="6">标准条件下,初凝时间不小于18h,不大于48h</td></tr>
<tr><td>10</td><td>混凝土氯离子总含量(%)</td><td colspan="6">一般混凝土≤0.10B,预应力混凝土≤0.06B,(B为胶凝材料用量)</td></tr>
<tr><td>11</td><td>混凝土总碱含量(kg/m³)</td><td colspan="6">≤3.0(当集料砂浆棒膨胀率在0.10%~0.20%时,快速法)</td></tr>
<tr><td>12</td><td>抗碱—集料反应性</td><td colspan="6">采用非活性集料(当集料砂浆棒膨胀率在0.10%~0.20%时,应采取抑制措施,快速法)</td></tr>
<tr><td>13</td><td>抗裂性</td><td colspan="6">应通过对比试验选择抗裂性相对较好的配合比</td></tr>
<tr><td>14</td><td>半绝热温升</td><td colspan="6">应通过对比试验选择温升相对较低的配合比</td></tr>
</table>

细集料优选吸水率低、空隙率小的洁净天然中粗河砂,也可以选用符合要求的人工砂,细度模数宜在2.6~3.1之间,含泥量应小于2%。强度等级C55的混凝土不宜使用人工砂。粗集料,松散堆积密度应大于1 500kg/m³,紧密堆积空隙率应小于40%,吸水率应小于2%,针、片状颗粒含量应小于5%。含泥量应小于1%,泥块含量应小于0.25%。其他指标满足相关技术规范要求。

3. 现场足尺模型试验要求

现场足尺模型试验是为实体工程温控提供标准依据。模型应采用与实体工程原材料、配合比相同的混凝土,与实体工程相同的模板和支撑材料。现场足尺模型应为长方体(图4),其高度应与实体工程一次连续浇筑厚度相同。当模拟实体为大尺寸平板结构时,模型的长宽为一次连续浇筑的实体厚度加1m(即h+1m),且四周用厚度为50mm的泡沫塑料板进行保温;当模拟实体为厚大墙体时,模型高度为一次连续浇筑的实体厚度,宽度与实体墙厚度相同,长度为实体墙厚度加2m,且长度方向的两端用厚度为50mm的泡沫塑料板进行保温。模型内部宜布置少量构造钢筋,用于固定温度传感器。温度传感器的布置可参照图4,测量混凝土表面温度的测温点设置在距混凝土表面50mm处。同时另设温度传感器测量混凝土入模温度和环境温度值。

宜采用自动测温设备;测试过程中宜及时描绘出各点的温度变化曲线和断面的温度分布曲线。温度测量应从混凝土浇筑时开始,以1h间隔频率记录温度变化,至混凝土中心温度降至环境温度时停止测温。

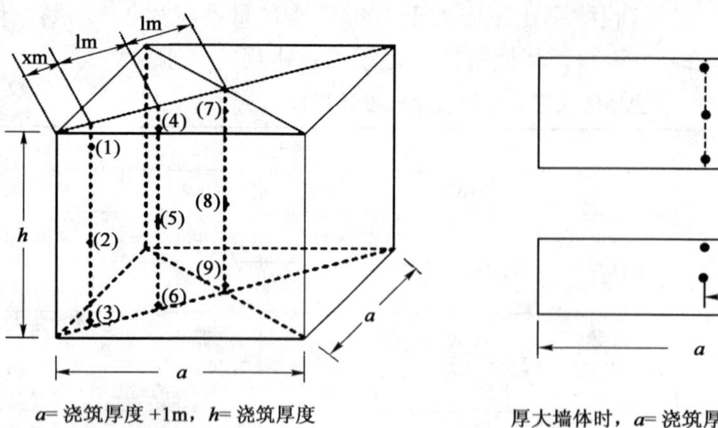

a= 浇筑厚度 +1m，h= 浇筑厚度　　　　厚大墙体时，a= 浇筑厚度 +2m，b=h= 浇筑厚度

图4　大体积混凝土足尺模型布置

4. 混凝土的制备及运输

混凝土的制备除应符合基本规定外，尚应重视以下问题：

制备前应进行如水化热、收缩、泌水量、可泵性等对主缆锚固区及索塔控制裂缝所需的技术参数的试验。混凝土应符合施工工艺对坍落度损失、入模坍落度、入模温度等的技术要求；

当炎热季节浇筑主缆锚固区及索塔时，混凝土搅拌场、站应对集料采取遮阳、降温措施；当冬期极端低温施工期间时，混凝土搅拌站应具备进行集料及拌和用水加热保温的条件。

混凝土拌和物的运输应采用混凝土搅拌运输车，运输车应具有防风、防晒、防雨和防寒设施，运输过程中搅拌罐宜保持 2～6r/min 的慢速转动，以保证运输过程中混凝土的质量均匀性和不离析。当气温小于 25℃时运输持续时间应不大于 120min；当气温大于 25℃时，运输持续时间应小于 90min。运输过程中，坍落度损失或离析严重，通过快速搅拌已无法恢复混凝土拌和物的工作性能时，不得浇筑入模，应改做它用。

5. 混凝土施工的一般规定

主缆锚固区及索塔施工前应进行专项施工组织设计，包括下列主要内容：主缆锚固区及索塔浇筑体温度应力和收缩应力的计算；施工阶段主要抗裂构造措施和温控指标的确定；原材料优选、供应计划和配合比设计；混凝土主要施工设备和现场总平面布置；温控监测设备和测试布置图；混凝土浇筑程序和施工进度计划；混凝土保温和保湿养护方法，其中保温覆盖层的厚度可根据温控指标的要求进行计算；主要应急保障措施；特殊部位和特殊气候条件下的施工措施。

大体积混凝土工程的施工宜采用分层连续施工法或推移式连续施工法。超厚大体积混凝土施工允许设置水平施工缝，水平施工缝的设置除应符合设计要求外，应根据混凝土浇筑过程中温度裂缝控制的要求、混凝土的浇筑能力以方便结构钢筋的绑扎、预埋管件安装等因素确定。超长大体积混凝土施工，应按设计要求留置变形缝，当设计无规定时，宜采用后浇带或跳仓方法分块施工。

主缆锚固区及索塔的施工宜选择合理的工期，应避免在极端不利气候条件下组织施工。施工前，宜进行足尺模型试验，作为实体工程温控的标准依据。

6. 模板工程

模板和支架系统除应按现行国家标准进行强度、刚度和稳定性验算外，还应结合主缆锚固区及索塔的养护方法进行保温构造设计。模板采用保温性能优良的模板，支架采用钢制支撑系统。后浇带或跳仓法留置的竖向施工缝宜用钢板网、铁丝网或小木板拼接支模；后浇带的垂直支架系统宜与其他部位分开，形成独立的支架系统。

主缆锚固区及索塔的拆模时间，应满足现行国家标准对混凝土的强度要求；当混凝土结构未形成设计要求的受力体系时，不得拆除支架系统；当模板作为保温养护措施的一部分时，其拆模时间应根据温控要求确定。有条件时宜适当延迟拆模时间，拆模后，应采取预防寒流袭击、突然降温和剧烈干燥等措施。

7. 混凝土浇筑

主缆锚固区及索塔的浇筑工艺可采用连续浇筑或分层间歇浇筑，一次连续浇筑的混凝土厚度以混凝土中心温升峰值不超过60℃通过计算和足尺模型试验确定。采用分层连续浇筑或推移式连续浇筑（如图5所示，图中的数字为浇筑先后次序），不得随意留施工缝。浇筑过程中，应采取措施防止受力钢筋、定位筋、预埋件等移位和变形，并及时清除混凝土表面的泌水。

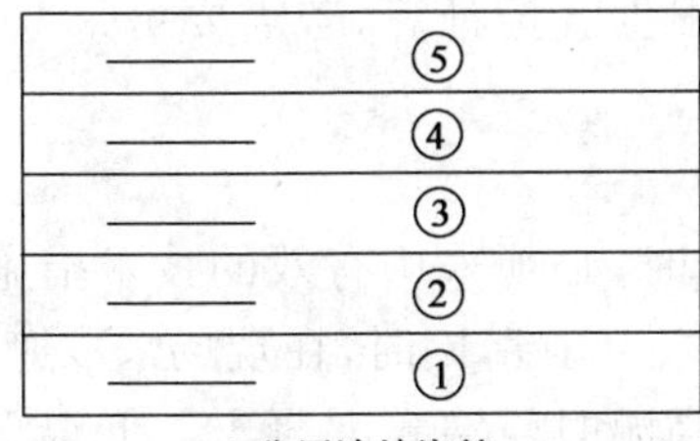

a) 分层连续浇筑

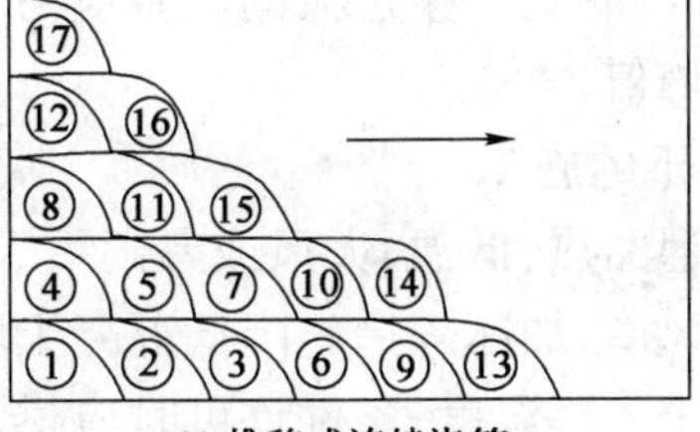

b) 推移式连续浇筑

图5 混凝土浇筑工艺

混凝土浇筑摊铺厚度应根据所用振捣器的作用深度及混凝土的和易性确定，泵送混凝土的摊铺厚度不宜大于600mm；非泵送混凝土的摊铺厚度不宜大于400mm；其层间的间隔时间应尽量缩短，应不大于混凝土的初凝时间。当层间间隔时间超过混凝土的初凝时间时，层面应按施工缝处理。浇筑宜从低处开始，沿长边方向自一端向另一端进行。当混凝土供应量有保证时，亦可多点同时浇筑。宜采用二次振捣工艺，保证振捣的时间和位置，防止漏振、过振和欠振。

水平施工缝的处理应清除浇筑表面的浮浆、软弱混凝土层及松动的石子，并均匀的露出粗集料；在上层混凝土浇筑前，应用压力水冲洗混凝土表面的污物，充分润湿，但不得有积水；对非泵送及低流动度混凝土，在浇筑上层混凝土时，应采取接浆措施。

8. 混凝土养护

主缆锚固区及索塔宜采取保温保湿养护方法，并应及时按温控技术措施的要求进行保温养护。专人负责保温养护工作，并做好测试记录；保温养护措施，应使浇筑体的里表温差及降温速率满足温控指标的要求；混凝土终凝后保湿养护持续时间宜满足表2的要求。保湿养护过程中，应经常检查塑料薄膜或养护剂的完整情况，保持混凝土表面湿润。

不同混凝土湿养护的最低期限 表2

混凝土类型	水胶比	大气潮湿（RH≥50%），无风，无阳光直射		大气干燥（RH<50%），有风，或阳光直射	
		日平均气温 T（℃）	保湿养护期限（d）	日平均气温 T（℃）	保湿养护期限（d）
胶凝材料中掺有矿物掺和料	≥0.45	$5 \leqslant T < 10$	21	$5 \leqslant T < 10$	28
		$10 \leqslant T < 20$	14	$10 \leqslant T < 20$	21
		$20 \leqslant T$	10	$20 \leqslant T$	14
	<0.45	$5 \leqslant T < 10$	14	$5 \leqslant T < 10$	21
		$10 \leqslant T < 20$	10	$10 \leqslant T < 20$	14
		$20 \leqslant T$	7	$20 \leqslant T$	10
胶凝材料中未掺矿物掺和料	≥0.45	$5 \leqslant T < 10$	14	$5 \leqslant T < 10$	21
		$10 \leqslant T < 20$	10	$10 \leqslant T < 20$	14
		$20 \leqslant T$	7	$20 \leqslant T$	10
	<0.45	$5 \leqslant T < 10$	10	$5 \leqslant T < 10$	14
		$10 \leqslant T < 20$	7	$10 \leqslant T < 20$	10
		$20 \leqslant T$	7	$20 \leqslant T$	7

混凝土去除表面覆盖物或拆模后，应对混凝土采取蓄水、浇水或覆盖洒水等措施进行潮湿养护。保温养护过程中，应对混凝土浇筑体的里表温差和降温速率进行监测，当实测结果不满足温控指标的要求时，应调整保温养护措施。淋注于混凝土表面的养护水温度低于混凝土表面温度时，应严格控制二者间的温差。

混凝土养护期间应注意采取保温措施，防止混凝土表面温度受环境因素影响（如曝晒、气温剧降等）而发生剧烈变化。混凝土在冬季和炎热季节拆模后，若天气产生骤然变化时，应采取适当的保温（寒季）隔热（夏季）措施，防止混凝土产生过大的温差应力。根据温控计算，若需要可采取设置循环冷却水管的措施降低混凝土温升峰值。

9. 特殊气候条件下的施工

混凝土浇筑施工遇酷热、低温、大风或者雨雪天气时，必须采用有效的技术措施，保证混凝土浇筑质量。炎热天气宜采用风冷、加冰等措施降低混凝土原材料温度，同时，在现场采取遮盖、洒水等降温措施，最大限度地降低混凝土入模温度；条件许可时应避开高温时段浇筑混凝土。低温天气宜采用热水拌和、加热集料等措施提高混凝土原材料温度，最大限度地保证混凝土入模温度。大风天气应采取挡风措施，降低混凝土表面风速，并增加混凝土表面的抹压次数保持混凝土表面湿润，防止风干。雨雪天施工时，宜搭设雨篷或者分段搭设雨篷，加快浇筑速度，尽快完成混凝土施工，并将浇筑区所积雨水及时排走，严禁雨水直接冲刷新浇筑的混凝土。突遇大雨或大雪天气时，应采用不透水材料遮盖作业面并采用快易收口网或钢丝网在结构合理部位支挡形成施工缝，尽快停止混凝土浇筑。浇筑后应及时用塑料薄膜与保温材料进行覆盖保湿保温养护。

10. 温度控制指标

混凝土的入模温度冬期施工不宜低于5℃，炎热天气不宜超过25℃。任何部位的混凝土中心温升峰值不应超过60℃。养护期间混凝土的芯部与表层、表层与环境之间的温差不宜超过20℃，截面较为复杂时，不宜超过15℃。混凝土浇筑体的降温速率不宜超过2.0℃/d。

采用冰水或冷水拌制混凝土，水温宜控制在10℃以内。采用内部循环冷水降温措施时，应随时监控循环水的温度，循环水的温度比混凝土的温度宜低10℃左右。淋注于混凝土表面的养护水温度低于混凝土表面温度时，二者间温差不得大于15℃。当混凝土芯部与环境温差小于15℃时，方可拆除保温装备。冬期施工时，模板与保温层拆除后混凝土应及时保温覆盖养护，在混凝土冷却到5℃后方可拆除保温覆盖材料。

11. 温控施工的现场监测与试验

主缆锚固区及索塔浇筑体中心温度、表面温度、降温速率及环境温度的测试，在混凝土浇筑后7d内，入模温度进行测量，每台班不少于2次。监测点的布置应能反映出混凝土浇筑体内最高温升、里表温差、降温速率及环境温度，一般以浇筑体平面图对称轴线的半条轴线为测试区，在测试区内监测点按平面分层布置；测试区内经理论计算基本可以确定温度场和应力场规律的，可以将测点沿最不利位置布置；在基础平面对称轴线上，监测点位宜不少于4处，传感器布置应充分考虑结构的几何尺寸；沿混凝土浇筑体厚度方向，每一点位的测点数量，宜不少于5点；混凝土浇筑体的外表、底面温度，应分别以混凝土外表以内、底面上50mm处的温度为准。

测温元件的测温误差应不大于0.3℃（25℃环境下），测试范围为－30～120℃。测试元件安装前，必须在水下1m处经过浸泡24h不损坏；接头安装位置应准确，固定牢固，并与结构钢筋及固定架金属体绝热；出线宜集中布置，并加以保护；测试元件周围应进行保护，混凝土浇筑过程中，下料时不得直接冲击测试测温元件及其引出线；振捣时，振捣器不得触及测温元件及引出线。测试过程中宜及时描绘出各点的温度变化曲线和断面的温度分布曲线。

12. 结构设计基本措施

在结构设计中，应采取释放温度变形的设计措施，如后浇带、跳仓分块浇筑技术等。混凝土宜设计为规则形状块体，不规则块体宜在应力集中部位设置后浇带。在结构截面变化处、构造复杂的突出部位、预留孔洞、高程不同的相邻构件连接处等，宜适当增配附加钢筋。超长的钢筋混凝土构件，宜采用补偿收缩混凝土抵御收缩应力。

13. 混凝土质量检验

1)混凝土施工过程质量检验

(1)原材料检验。混凝土配合比设计阶段应按有关规范要求，对水泥的烧失量、氧化镁含量、三氧化硫含量、凝结时间、安定性、强度、碱含量、比表面积或筛余量、游离氧化钙含量、氯离子含量、石膏名称及掺量、混合材名称及掺量、熟料 C_3A 含量等指标进行检验；对粉煤灰的细度、烧失量、含水率、需水量比、三氧化硫含量、碱含量、氯离子含量、氧化钙含量、游离氧化钙含量、安定性(C类粉煤灰)等指标进行检验控制；对矿渣粉的比表面积、烧失量、氧化镁含量、三氧化硫含量、氯离子含量、含水率、需水量比、碱含量、活性指数等指标进行检验控制。

对细集料的筛分、吸水率、细度模数、含泥量、泥块含量、坚固性、云母含量、轻物质含量、人工砂石粉含量、有机物含量、人工砂压碎指标、硫化物及硫酸盐含量、氯离子含量、碱活性等指标进行检验控制。对粗集料的颗粒级配、岩石抗压强度、吸水率、紧密空隙率、压碎指标、坚固性、针片状颗粒含量、含泥量、泥块含量、氯离子含量、硫化物及硫酸盐含量、有机物含量(碎卵石)、碱活性等指标进行检验控制。

外加剂的水泥净浆流动度、硫酸钠含量、氯离子含量、总碱量、减水率、坍落度保留值、常压泌水率比、压力泌水率比、含气量、抗压强度比、对钢筋的锈蚀作用、相对耐久性指标、收缩率比等指标进行检验控制。对非饮用水的 pH 值、不溶物含量、可溶物含量、氯化物含量、硫酸盐含量、碱含量、凝结时间差、抗压强度比等指标进行检验控制。

(2)混凝土拌和物性能。施工过程中应按有关规范要求，对混凝土拌和物的坍落度、水胶比、入模温度、含气量、泌水率、匀质性等指标进行检验。

(3)混凝土成品。施工过程中应按有关规范要求，对锚碇和索塔混凝土的同条件养护试件脱模抗压强度、同条件养护试件抗压强度、56d 标准养护试件抗压强度等力学性能进行检验；对抗冻性(当有抗冻要求时)、抗渗性(当有抗渗要求时)、限制膨胀率(当有限制膨胀率要求时)耐久性能进行检验。

2)混凝土实体结构质量检验

采用无损检测方法进行保护层厚度的检测。用肉眼或放大镜观察实体结构表面是否存在非外力裂缝。判定标准为：普通混凝土结构表面的裂缝最大宽度不得大于 0.20mm，预应力混凝土结构不得出现结构性裂缝。

四、结　　语

南京长江第四大桥工程建设中，按照“科研成果共享，科研资源共享”的原则，积极消化吸收国内高性能混凝土耐久性方面的成熟工程技术，为了实现“克服特大桥建设中存在的工程质量通病”建设目标要求，在索塔和锚体施工中督促承包商落实以上材料、设计、施工技术措施，开展有特色的系列水化热试验和现场足尺模型试验工作，制定下发了大体积混凝土防控有害裂缝的专项施工指南。通过两年多的持续严格要求，在参与建设的各方共同努力下，基本完成了索塔和锚体施工，未发现有害裂缝，取得了良好的效果。本文对工程施工过程中的控制性资料进行了整理，与同行分享，不足之处也希望批评指正。

参考文献

[1] 游宝坤主编.建筑物裂渗控制新技术[M].中国建材工业出版社.1994.
[2] 游宝坤主编.建筑结构裂渗控制新技术[M].中国建材工业出版社.1998.
[3] 游宝坤，赵顺增主编.混凝土膨胀剂及其应用—混凝土裂渗控制新技术.中国建材工业出版社.2006.
[4] 赵顺增等.掺超细矿渣掺合料水泥混凝土的性能研究.中国建材科技 1998.6.
[5] 赵顺增等.现代建筑工程中混凝土收缩裂缝特点及应对措施，全国第四届膨胀剂学术交流会，2006.
[6] 南京长江第四大桥主缆锚固区及索塔混凝土施工指南 南京长江第四大桥建设指挥部，2009.

60. 南京四桥南主塔夏季混凝土温控防裂措施

关　羽[1]　王　超[2]

(1. 中交二航局;2. 南京长江第四大桥建设协调指挥部)

摘　要　本文以南京长江第四大桥南主塔为背景,对夏季混凝土温控防裂施工技术进行了探讨与分析,为类似工程提供借鉴。

关键词　夏季　混凝土　温控　裂缝

一、引　　言

混凝土:是指由胶凝材料将集料胶结成整体的工程复合材料的统称。通常讲的混凝土一词是指用水泥作胶凝材料,砂、石作集料与水(加或不加外加剂和掺和料)按一定比例配合,经搅拌、成型、养护而得的水泥混凝土,也称普通混凝土,它广泛应用于土木工程。

大体积混凝土指的是最小断面尺寸大于1m以上的混凝土结构,其尺寸已经大到必须采用相应的技术措施妥善处理温度差值,合理解决温度应力并控制裂缝开展的混凝土结构。[1]在现代建筑中其应用广泛,但由于设计、施工技术和施工管理以及外部环境等影响,浇筑完的大体积混凝土会产生一些温度裂缝。大体积混凝土产生温度裂缝的原因,是由于大体积混凝土在连续浇筑和硬化过程中,水泥水化反应产生大量的水化热,由于混凝土热阻很大,热量聚集在内部不易散发,而表面散热较快,这样在混凝土内部和外部形成较大温差。混凝上内表温差、升降温变化加上环境因素的影响,导致不均匀温度变形和温度应力,一旦拉应力超过混凝土的抗拉能力就会在混凝土内部或表面产生裂缝。这种温度变形是混凝土早期开裂的主要原因之一,往往是贯穿性的有害裂缝,对结构的抗渗性、整体性、耐久性甚至承载能力十分不利。因此混凝土的温度控制尤为重要,特别是炎热的夏季,降温防裂是施工单位必须处理的问题。

结合我公司承建的南京长江第四大桥南主塔的建设,对夏季混凝土降温防裂所采取的相关措施向大家作一简单的介绍。

二、工 程 简 介

南京长江第四大桥位于南京长江二桥下游10km处的石埠桥附近,跨江主桥采用双塔三跨悬索桥方案,桥跨布置为(166+410.2)+1 418+(363.4+118.4)=2 476m。桥梁总体布置如图1所示。

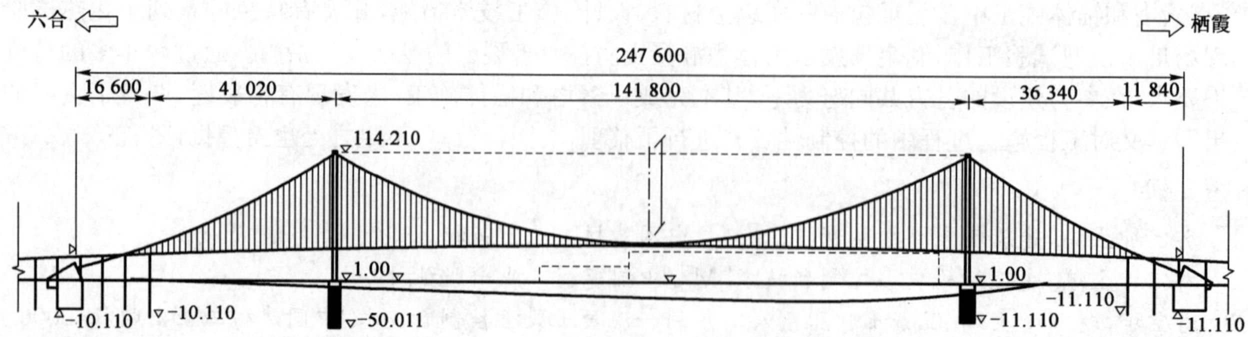

图1　南京长江第四大桥总体布置示意图(尺寸单位:cm,高程:m)

南塔塔柱采用混合式结构形式,塔底设计高程7.000m,塔顶设计高程230.600m,塔冠顶设计高程236.400m。塔柱为矩形切角断面。

三、南京长江第四大桥主塔混凝土的要求

1. 混凝土原材料质量要求

(1)水泥:应选择同厂家同品牌的中、低热水泥,不宜选用早强性水泥。水泥出厂时间不得大于3个月且不得受潮结块。

(2)细集料:应选用石英含量高,颗粒浑圆,具有平滑筛分曲线的中砂,其细度模数控制在2.7～3.1之间。砂中有害杂质应严格按《建筑用砂》(GB/T 14684—2001)控制,特别是含泥量(淤泥和黏土总量)不得超过2%,最好采用同一料场的砂。

(3)粗集料:应选用热膨胀较小的石灰岩、玄武岩或花岗岩,最大粒径不大于25mm(拱梁拱脚段混凝土粗集料最大粒径不大于15mm),尽可能采用多级配或连续级配的粗集料,降低粗集料的空隙率。确定选用的集料前应进行必要的验证,以确保不出现碱集料反应。粗集料中有害杂质应严格按《建筑用卵石、碎石》(GB/T 14685—2001)控制,特别是含泥量不得超过1%,最好采用同一料场的石料,其级配应符合表1要求。

5～25mm连续粒级碎石级配范围(累计筛余%) 表1

方孔筛径(mm)	2.36	4.75	9.50	16.0	19.0	26.5	31.5
累计筛余(%)	95～100	90～100	—	30～70	—	0～5	0

(4)外加剂:除高效减水剂(不宜采用复合多功能减水剂)、缓凝剂外,不得掺加其他任何外加剂。外加剂的品种应与所用水泥相匹配,其质量应符合《混凝土外加剂》(GB 8076—1997)的规定,其使用应符合《混凝土外加剂应用技术规范》(GB 50119—2003)的规定。

(5)外掺料:粉煤灰应选用符合《用于水泥混凝土中的粉煤灰》(GB/T 1596—2005)或《用于水泥混凝土中的粒化高炉矿渣粉》(GB/T 18046—2000)标准的Ⅰ级粉煤灰,对普通硅酸盐水泥其掺量应控制在10%～20%,对粉煤灰水泥应在了解水泥中粉煤灰含量后按上述掺量控制。

(6)拌和用水:除符合《公路桥涵施工技术规范》(JTJ 041—2000)外,水中氯离子含量超过0.5mg/cm^3的水不得使用。

2. 混凝土浇筑温度的要求

夏季应控制混凝土浇筑温度不超过25℃。该地区的炎热高温以7月中旬至8月下旬出现最多。为此应采取有效措施(如采用埋设冷却管等)降低混凝土结构内部由于水泥水化热引起的温升效应,同时对已浇筑完成的混凝土塔柱应采取防风、喷淋和防太阳直射等养护措施,每段塔柱养护时间不宜小于14d,以减小混凝土干缩对结构的影响。

1)混凝土内外温差控制

混凝土内部最高温度与表面温度之差为内外温差。由于混凝土表面温度随时间、气温等变化较大,不易测量,通常采用混凝土内部距表面5cm处的温度测点代表表面温度。混凝土理论开裂极限控制内外温差应不超过25℃。

2)混凝土内部最高温度控制

混凝土内部最高温度为内部最高断面平均温度,而不是某一个点的温度。

四、夏季温控方案研究

大体积混凝土夏季温控施工贯穿了从混凝土的原料材选择、配比设计以及混凝土的拌和、运输、浇筑、振捣到通水、养护、保温等的全过程,是一个系统工程,需要施工各个环节精心组织,紧密配合才能达到良好的控制效果。

1. 混凝土配合比设计

为使大体积混凝土具有良好的抗侵蚀性、体积稳定性和抗裂性能,混凝土配合比设计应遵循如下

原则：

(1)采用低水化热的胶凝材料体系，可采取矿渣硅酸盐水泥加粉煤灰的组合或普通硅酸盐水泥加矿渣、粉煤灰的组合。粉煤灰应选用组分均匀、各项性能指标稳定的低钙灰(F类)。其指标应符合国家标准《用于水泥和混凝土中的粉煤灰》(GB/T 1596)中Ⅰ级粉煤灰的规定。粉煤灰品质应首先注重烧失量和需水量比。磨细矿粉比表面积宜控制在400～450m^2/kg；三氧化硫比不大于4%；烧失量不大于3%；28d活性指数不小于95%；其他指标应符合国家标准《用于水泥和混凝土中的粒化高炉矿渣粉》(GB/T 18046—2008)中S95级矿粉的规定。

(2)应综合考虑混凝土绝热温升、收缩、强度、施工性能等因素，优选绝热温升低、收缩低、抗压强度高、施工性能好的配合比。

(3)选用优质聚羧酸类缓凝高效减水剂。缓凝高效聚羧酸减水剂，兼顾减水、引气和缓凝效果，可以延缓水化热的峰值期并改善混凝土的和易性，降低水灰比以达到减少水化热的目的。

(4)选用级配良好、低热膨胀系数、低吸水率的粗集料，如石灰岩。优质集料体积稳定性好，用水量小，可减小混凝土的收缩变形。粗集料含泥量不得超过1%，细集料含泥量不得超过2%。

配合比设计优化的目标是：采用优质的原材料，在满足强度要求和工作性能的前提下，配制出抗渗性能好、体积收缩小、绝热温升尽可能低的优质混凝土，混凝土绝热温升要求C55低于50℃。

2. 温度控制

降低混凝土的浇筑温度对减少混凝土裂缝非常重要。相同混凝土，入模温度高的温升值要比入模温度低的大许多。在混凝土浇筑之前，可通过测量水泥、粉煤灰、矿粉、砂、石、水的温度，估算浇筑温度，估算方法如下：

混凝土的出机温度T。

$$T=\frac{\sum T_i M_i c_i}{\sum M_i c_i}$$

式中：T——混凝土拌和物的温度，℃；

T_i——各种材料的温度，℃；

M_i——各种材料的使用量，kg；

c_i——各种材料的比热容，kJ/kg·K。

2010年6月份使用材料的温度和配合比，见表2。

混凝土配合比和相关计算参数　　表2

材料名称	重量M(kg)	比热容c(kJ/kg·K)	材料温度T_i(℃)
水泥	276	0.84	65
矿粉	92	0.84	35
粉煤灰	92	0.84	35
砂	748	0.84	28
碎石	1 090	0.84	28
水	125	4.2	10
砂石含水量	30	4.2	28

据此按照上述公式计算混凝土的出机温度约为27.3℃。

根据现场的测试结果，混凝土运输过程中以及经过泵输送，因水泥水化、内外部热交换以及摩擦导致的温升约为5℃，混凝土的温升为35℃，按照最高温度不超过60℃计算，混凝土的出机温度应不超过20℃。

按照四桥指要求，重视高温天气(30℃)的混凝土入模温度的变化，满足入模温度不大于25℃的设计要求。采取降低混凝土入仓温度的措施有：

(1)加强外部控制。

①控制水泥、矿粉等掺和料全部采用散装材料,用密封铁罐存放,并注意防潮。不同种类的材料应储存于不同罐体,严禁混淆。水泥、粉煤灰和矿渣粉罐搭设凉棚。

②外加剂应避光储存。

③砂石料仓搭设活动板房,堆高并底层取料,石子料仓安装自动喷淋装置,抽取深层井水喷淋降温,并安装4台柜式空调。砂石料仓布置如图2、图3所示。

图2 砂石料仓布置示意图(外部)

④采用冷却机组,将井水降温后使用(图4)。

图3 砂石料仓布置示意图(内部)

图4 正在使用中的冷却机组

通过上述外部措施处理后材料的温度变化情况见表3。

外部措施处理后材料温度变化表 表3

材料名称	措施前(6月份)材料温度(℃)	措施后(7月份)材料温度(℃)
水泥	65	60
矿粉	35	30
粉煤灰	35	30
砂	28	20
碎石	28	20
水	10	8

按照上述控制标准,估算可以将浇筑温度控制在20℃左右。

(2)强化技术措施。

①夏季由于日常气温较高,尽量避免在中午气温较高时浇筑混凝土。

避免模板和新浇筑混凝土受阳光直射,入模前的模板与钢筋温度以及附近的局部气温不超过40℃,采取仓面喷水降温措施。此外,合理安排工期,避免在温度超过35℃的条件下浇筑大体积混凝土。严格控制混凝土的入模温度不大于25℃。

②加强对混凝土的温度监控,避免温度裂纹。包括混凝土芯部温度、表面温度、环境温度检测等,掌握温度曲线变化规律,为施工提供基本数据。

③每次混凝土施工前,要求施工的每辆混凝土输送车均应使用油布覆盖(图5),避免车辆因太阳光直射造成车内温度升高,使混凝土温度升高,从而吸收混凝土内的水分,降低混凝土的施工质量。

④混凝土施工均采用泵送施工，要求输送泵管采用土工织物包裹(图6)，并经常性地在泵管表面上洒水，降低泵管因日光照射、混凝土摩擦后温度升高，避免混凝土塌落度的损失与堵管现象的发生。

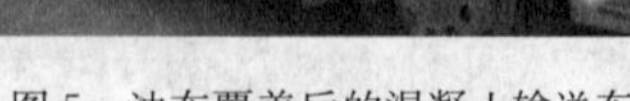
图5　油布覆盖后的混凝土输送车

图6　采用土工织物包裹的输送泵管

⑤严格控制模板温度和混凝土与邻近介质的温差，必要时模板要采取覆盖措施和洒水降温措施，保证模板表面温度不大于35℃。

⑥在混凝土内预埋冷却水管，利用水的循环降低混凝土的温升峰值，每层冷却水管均在混凝土浇筑至其标高后即开始通水，通水流量为25L/min，根据现场测温结果确定通水时间。通水期间，定时记录冷却水管进、出水口温度。

⑦与混凝土接触的各种工具、机具、设备和材料等(例如浇注溜槽、混凝土运输车搅拌仓、泵管、混凝土浇注导管、钢筋等)不要直接受到阳光曝晒，可在使用之前进行适当的湿润冷却并加以遮盖。

⑧加强养护，确保混凝土养护质量。梁体混凝土表面进行二次收浆抹面，在混凝土初凝后立即用毛毡覆盖并洒水养护，墩身表面覆盖薄膜，在墩顶设置环向养护水管，保持墩身混凝土表面湿润，防止裂纹出现，有条件的地方要求尽可能蓄水养护。对于养护比较困难的地方(如混凝土底板、侧板等)要求拆模后立即喷涂养护液养护，并做好养护记录。

(3)加强管理措施。

①加强对混凝土生产、运输、振捣施工操作人员的技术培训工作，对不同的工序均按照“横向到人，纵向到底”的形式进行技术交底，使得每个操作工人掌握混凝土原材料品质、实体工程质量、关键工序控制要点以及试验检验要求等工序操作要领和实施质量标准。

②根据有关标准及规章制订“夏季混凝土施工技术交底和专项作业指导书”。

③质量奖罚措施。

a.在工程施工过程中实行工程质量包保责任制，制定严格的质量奖罚措施。

b.对“夏季混凝土施工专项作业指导书”中的有关质量控制措施，制定专项质量奖罚细则，加强管理，责任落实到人。

五、施 工 控 制

1. 混凝土浇筑

为确保大体积混凝土施工质量，提高混凝土的均匀性和抗裂能力，必须加强对每一环节的施工控制，混凝土施工严格按照《公路桥涵施工技术规范》(JTJ 041—2000)执行，并特别注意以下方面：

(1)混凝土拌至配料前，各种衡器请计量部门进行计量标定，称料误差符合规范要求，严格按确定的配合比拌制。

(2)混凝土按规定厚度、顺序和方向分层浇筑，在下层混凝土初凝前浇筑完上层混凝土。

(3)严格按规范要求进行各层间和各块间水平和垂直施工缝处理，各水平施工缝间铺设防裂钢筋网，防止表面裂缝的产生。

(4)混凝土浇筑遵循"薄层短间歇"的原则,层与层之间混凝土浇筑时间间隔按前次浇筑混凝土核心温度与其表面温度差应小于20℃。

2. 混凝土养护

混凝土养护包括湿度和温度两个方面。结构表层混凝土的抗裂性和耐久性在很大程度上取决于施工养护过程中的温度和湿度养护。因为水泥只有水化到一定程度才能形成有利于混凝土强度和耐久性的微结构。湿养护时间应视混凝土材料的不同组成和具体环境条件而定。特别是低水胶比又掺有大量矿物掺和料的混凝土,为减少早期自收缩,保证表层混凝土有密实的微结构,充分的潮湿养护过程尤其重要。湿养护的同时,还要控制混凝土的温度变化。根据夏季散热的综合措施,保证混凝土内表温差及气温与混凝土表面的温差在控制范围内。暴露于大气中的新浇混凝土表面应及时进行水养护。混凝土上表面尽可能采用蓄水养护。当蓄水或不间断喷水养护有困难时,可采取拆模后喷水、涂养护剂、外表面紧贴包裹塑料布(或者一膜一布型土工布保温保湿)的保湿措施。

六、现场温度监控

根据"南塔墩塔柱足尺模型施工组织设计"中的温度控制点布置图,对塔柱上游38节段进行温控,布置测温点6个,其中一个点是环境温度(图7)。测温仪器设备采用北京安伏电子技术有限公司与中国建筑材料科学研究总院共同研制生产的Anylink-6000无线混凝土温度检测与控制系统。

南索塔上游38节段于2010年7月23日早上6:00浇筑,上午11:45浇筑完毕。混凝土实际浇筑放量132m³。

混凝土温度监控情况如表4所示。

混凝土入模温度在21℃左右,根据实测温控结果,混凝土温峰出现在断面厚度最大的斜面混凝土中间,温峰出现约38h混凝土温峰值为59.2℃,混凝土最低为顶部边侧,为46.3℃,内外温度差最高为12.9℃。混凝土实体内中心温度普遍在46.3℃左右。

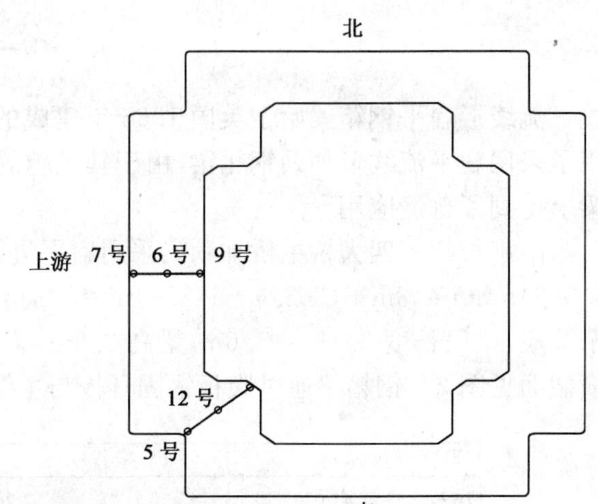

图7 塔柱上游38节段温控测温点布置示意图

主塔混凝土内部温度情况 表4

试验时间	内部最高温度(℃)	最大表面点温度(℃)	最大内表温差(℃)	浇筑温度(℃)	温峰历时(h)
6月份	65.5	52.4	13.1	26.7~28.5	34
7月份	59.2	46.3	12.9	20.1~21.3	38

七、结　　语

随着我国桥梁事业的迅速发展,大体积混凝土被得到越来越广泛的应用,温控防裂是各桥梁施工单位所必须面对的现实问题。本文系统分析了大体积混凝土夏季温控防裂的措施,在确保结构安全的情况下,总结出现场施工时可操作的方法,对夏季温控防裂起到了明显改善作用。

参考文献

[1] 建筑施工手册第三版编写组.建筑施工手册[M].缩印版第2版,北京:中国建筑工业出版社,1991.1.

61. 南京长江第四大桥钢箱梁制造工艺及关键技术研究

王　毅　冯　斌

（南京长江第四大桥建设协调指挥部）

摘　要　国内大跨径悬索桥钢箱梁多为全焊结构，具有结构复杂、熔透焊缝多，制造难度大等特点。以南京长江第四大桥钢箱梁为研究对象，对大跨径悬索桥钢箱梁的制造工艺和板单元的焊接质量、组装精度、合龙段精度及应力消除等关键技术进行了研究。合理的工艺手段保证产品的焊接和总拼质量，取得良好效果。

关键词　桥梁工程　悬索桥　钢箱梁　制造工艺　关键技术

一、引　言

流线形扁平钢箱梁始于英国1966年建成的塞文桥[1]。我国在1996年建成的西陵长江大桥首次采用了采用扁平流线形加劲钢箱梁，由于其优越的抗风性能，随后此种截面形式在我国大跨径缆索支承桥梁上得到了普遍应用[2]。

南京长江第四大桥主桥加劲梁采用扁平流线形钢箱梁，为双塔双索面悬索桥，其跨径布置为（166+410.2）m+1 418m+（363.4+118.4）m=2 476m，钢箱梁总长2 191.6m（图1）。全桥钢箱梁划分成144个节段，梁段长度6.43～15.6m，梁高3.5m，梁宽38.8m（含风嘴），梁段最大吊重282t，钢箱梁标准节段横截面见图2。钢箱梁通过腹板锚固耳板与主缆吊索连接。钢箱梁主体结构采用Q345D低合金高强度

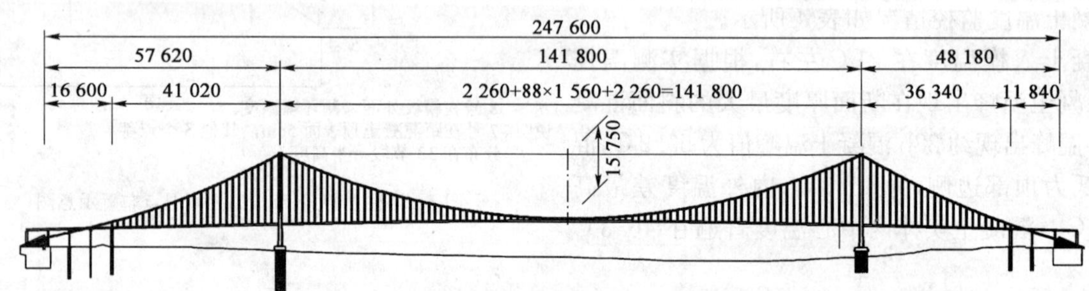

图1　南京长江第四大桥总体布置图（尺寸单位：cm）

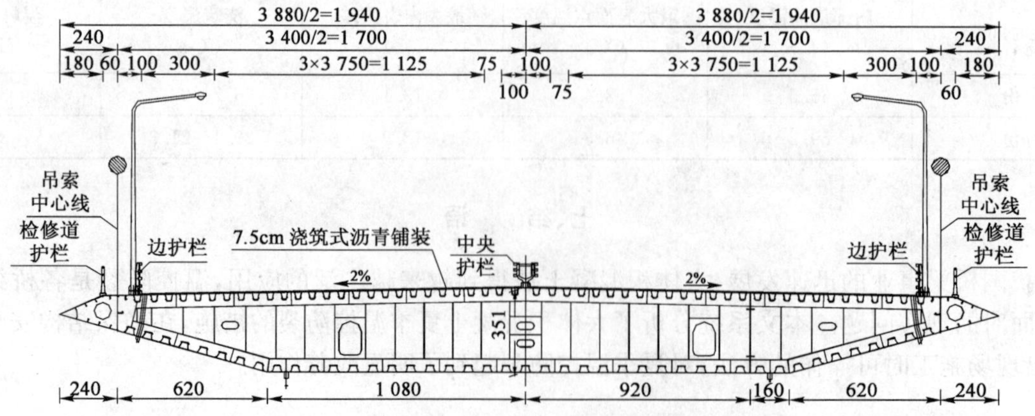

图2　钢箱梁标准横断面图（尺寸单位：cm）

结构钢，梁段接口之间除顶板U形肋和板条肋间采用栓接外，其他部位均采用焊接连接，结构复杂，焊后变形及焊接残余应力较大[3]。

二、钢箱梁制作工艺

1. 板单元划分

根据南京长江第四大桥钢箱梁结构特点，结合国内钢材的供货现状，将每节标准梁段分为44个单元构件，其中包括顶板单元12块，宽度为2.4～3m，;底板单元7块，宽度为2.4～3.2m；斜底板单元6块，宽度为1.702～2.447m；横隔板单元为15块（每片横隔板分3块制作），腹板单元2块，风嘴单元2个。板件实现单元化，避免零散部件参与箱梁整体组装，所有板单元按类型分别在板单元胎架上形成流水作业制造。

2. 板单元制作工艺

板单元制造按照"钢板预处理→零件的下料加工→U形肋的加工→组装U肋→U肋焊接→局部调整"的顺序进行，其关键工艺如下：

1）钢板预处理

钢板进厂复验合格后，下料前先对钢板的材质、炉批号进行移植，再经滚板机矫平后对钢板进行预处理，按Sa2.5级进行抛丸除锈，喷涂一道厚度20～25μm无机硅酸锌车间底漆。

2）零件的下料加工

对较长矩形板件采用多嘴头门式切割机精切下料，对如隔板等形状复杂的板件采用数控切割机精切下料，对较规则的薄板次要零件采用剪切下料。钢板对接坡口采用火焰精密切割、刨边机或铣边机加工，钢板的不等厚对接过渡斜坡采用斜面铣床加工或采用刨边机加工。精确预留后续焊接的收缩量，实现了无余量切割。

3）U肋的加工

南京四桥钢箱梁有三类断面尺寸的U形肋，其中顶板两种，底板一种。顶板U形肋全桥延长米约118 346.4m，总重约4 913t；底板U肋全桥延长米约94 238.8m，重约3 321.9t。

底板U肋采用滚轧工艺成型，即将按U肋宽度切割好的钢卷板通过多道滚轧工序逐渐成型，再按照U肋长度进行切割（图3）。底板U肋不设焊接坡口，与底板的焊接形式为角焊缝。

顶板U肋采用折弯工艺，即采用先孔法工艺，将拼接处的螺栓群钻好后，再在折弯机上直接折弯成U肋形状，其具体加工工艺如下：采用门切机精切下料，两长边留出刨量→在画线平台上画出横基线（长度分中线）及两长边加工线→在铣边机上机加工两长边→用滚剪倒角机对U形肋采用机加工坡口→依据顶板U形肋纵横基准线，卡样板钻制U形肋端部孔群→在数控折弯机上加工U形肋→U形肋整体修整，顶板U形肋画制纵横基准线。

4）U肋的组装

U肋的组装通过厂家专门设计制造的U肋无码组装机（图4）进行，并严格按纵横基准线精确对线就位。从首件板单元的检查结果来看，这种组装方式有精度高，工效高的特点。

图3　底板U肋的滚轧

图4　U肋无码组装机

5)U肋焊接

U肋与顶板和底板的焊接质量是控制钢箱梁正交异形板质量的关键[4]。设计图纸要求顶板U肋开坡口与顶板焊接,其熔透深度达到U肋板厚的75%;底板U肋和底板的连接采用角焊缝。由于焊接热量较大,会使板单元发生较大的变形,而火焰修正又会影响板单元的几何尺寸,因此根据板单元焊接过程中的热量输入、应力分布及变形趋势,总结焊接变形的规律,确定反变形量,设计制作焊接反变形胎架,在胎架上采用"反变形"技术控制板单元的焊接变形。

板单元在胎架上采用机械卡紧固定,避免马板对板材的损伤,施焊时采用线能量较小的CO_2气体保护自动焊机,采用船位同向施焊,以尽量减小焊接变形。焊接时重点控制焊丝角度、工艺参数,保证熔深和焊缝外观成型,避免咬边等缺陷。焊后按要求探伤。

首件板单元检测表明,反变形设计量较为合适,焊缝焊穿的现象较少,满足设计的要求,稳定的控制了焊接质量。

3. 钢箱梁总拼工艺

依据南京四桥钢箱梁的特点,梁段整体组装采用立体、阶梯推进方式生产,在总拼胎架上采取"正装法"依次组焊9+1段钢箱梁。

1)两拼板单元拼接

在两拼板单元拼接胎架上将两板单元拼接成两拼板单元,焊接时将其与胎架马固。对焊缝两侧50mm宽范围除锈,采用背面加陶质衬垫的单面焊双面成型工艺焊接,CO_2气体保护半自动焊进行底层焊缝的焊接,共焊接两道,然后采用埋弧自动焊焊接其余焊缝,在焊缝检验合格后解除马固并采用火焰矫正修整。

2)钢箱梁总拼

钢箱梁的预拼采用长线法制作,即钢箱梁制作胎架的线形为除去二期恒载的桥梁线形。从钢箱梁的预拼和制作一次完成。制作时以预拼装胎架为外胎,横隔板内胎,依次将各梁段的底板单元、斜底板单元、横隔板单元、腹板单元、顶板单元、风嘴单元及其他零部件在胎架上组焊成箱体梁段整体,再模拟桥位吊装的方法进行起拱,通过计算得到配切量后进行配切,以此保证桥位吊装后的钢箱梁之间的组焊间隙。

三、钢箱梁制作的关键工艺项点及控制措施

根据钢箱梁的结构特点、受力状况、装配要素及验收规范,有以下几项关键工艺项点:

1. 锚固腹板单元制作精度和焊缝质量控制

南京四桥钢箱梁结构设计一个亮点是将吊索锚固耳板结构与钢箱梁直腹板单元融为一体。本桥吊索锚固梁段的锚固腹板单元由三部分构成,即中间吊索锚固耳板和两边直腹板,三块板单元纵向对接构成锚固腹板单元整体。吊索锚固腹板单元结构如图5所示。

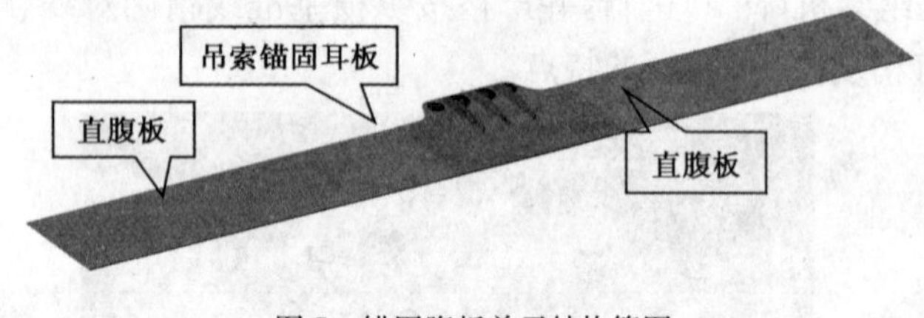

图5　锚固腹板单元结构简图

锚固腹板单元构造是钢箱梁传力的关键部件,其中吊索锚固耳板销孔的加工精度及吊索锚固耳板在钢箱梁上的三维坐标精度是钢箱梁吊装架设顺利的前提,吊索锚固耳板和两边直腹板的纵向对接熔透焊缝为直接传力焊缝,是关键承力区,为此在制作中采取以下主要措施:

(1)吊索锚固耳板主受力方向与钢板轧制方向一致,即钢板轧制方向与吊索轴力方向一致。

(2)吊索锚固耳板销孔补强板与耳板焊接后采用锤击的方法降低焊接应力峰值,之后再加工销孔。

(3)依据基线吊索锚固耳板与两边直腹板纵向对位组装,对接焊缝采用焊接工艺评定的焊接工艺焊接,采用自约束和它约束相结合的方法,并结合翻身焊接工艺减小焊接变形。

2. 顶板单元焊接质量控制

在顶板单元制作时，从顶板到U肋应连续施焊至弧形切口部位，在U肋与顶板交接处80mm范围内，不得起熄弧，焊缝在弧形切口端部应围焊，同时应打磨匀顺，并对40mm长度范围内的焊缝进行超声锤击处理。横隔板接板与闭口肋和顶板间的焊缝有10×10mm的过焊孔，按照设计要求，在U肋与顶板交接处80mm范围内直线运条；焊接到过焊孔时，摆动运条，堵住过焊孔，不在过焊孔处引弧和熄弧。之后从下向上进行立位施焊，焊接闭口肋段焊缝，减小该处焊缝由于引弧、熄弧产生的应力集中和缺陷。顶板单元重点质量控制措施如图6所示。

3. 箱梁整体组装精度及焊接质量控制

钢箱梁的断面尺寸、吊耳间距(即两拉索间距)及接口匹配精度，是保证桥位顺利架设、接口对接焊缝质量的关键，为此在制作中采取以下主要措施：

(1)在钢箱梁整体组装胎架上以胎架为外胎，以横隔板为内胎进行整体组装，采用"三纵一横"基准控制技术，即用三对测量塔(纵向)和与其垂直的一条横基线(横向)控制整个总拼过程，控制箱口几何尺寸和断面垂直度，确保梁段截面的匹配性。

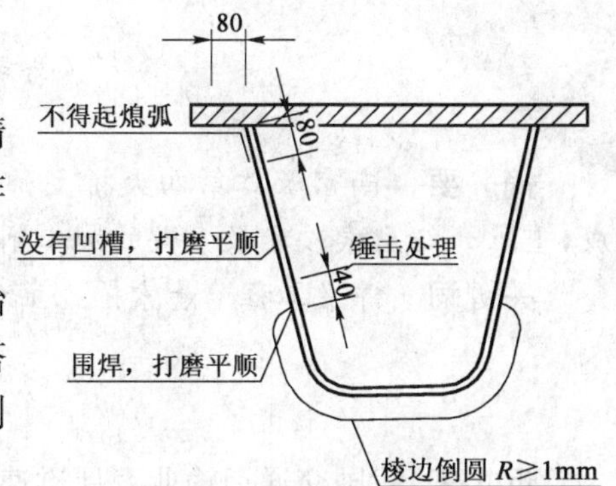

图6 顶板单元重点质量控制措施(尺寸单位：mm)

(2)整体组装胎架设计时根据已有的经验，横向斜底板预设工艺补偿量，来抵消整体组焊解马后箱梁断面的收缩变形，确保2%桥面横坡。

(3)将两个板块单元件组焊成一个两拼板单元件后再参与钢箱梁的整体组装，减少整体焊接的焊缝数量。箱梁横断面预设适当的焊接工艺补偿量，以控制箱梁的整体焊接变形，确保吊耳中心距。

(4)对于大量的纵向对接焊缝，采用V形坡口形式的单面焊双面成形工艺，利用积累的数据对焊接收缩量进行修正，并跟踪检测焊接收缩量情况，及时反馈信息以完善装配过程中的工艺补偿量。为了减小桥位接口对接错边调整的难度，箱口各拐点处预留一定长度的不焊段。

4. 合龙段长度及箱口尺寸精度的控制

合龙段长度及箱口尺寸精度是实现大桥顺利合龙的必要条件，为此在制造中合龙梁段在板块制作时两端预留一定配切量(一端拟取300mm)，在箱梁制造完成后暂不切除，待大桥架设到合龙口时，准确量测合龙口的距离，再对合龙段依据测量统计结果进行配切，确保合龙段的长度。

5. 采用锤击工艺进行应力消除处理

采用锤击工艺，降低桥面板U形肋与横隔板相交处焊缝的应力峰值，均化焊接内应力，保证桥面板疲劳性能，并降低吊索锚固耳板与补强板焊缝的应力峰值，均化焊接内应力，保证加工精度，稳定加工尺寸。

四、结　　语

由于在南京长江第四大桥钢箱梁的制造过程中，采用了先进的技术设备及优化工法，如专用的钢板预处理生产线、精确下料工艺、U肋无码组装技术、反变形焊接技术、焊接自动化技术、先孔法技术、梁段组焊等，钢箱梁制造的质量及进度均得到了保证。2010年9月，南京长江第四大桥首轮钢箱梁制作顺利通过了专家评审。

参考文献

[1] 南京长江第三大桥建设指挥部.南京长江第三大桥主桥技术总结[M].北京：人民交通出版社，2005.

[2] 阮家顺，黄新明.武汉阳逻长江公路大桥钢箱梁制造工艺[J].管理与技术，2009，(2).

[3] 姚志安，张太科，叶觉明，王秀菊.大跨径悬索桥钢箱梁制造关键技术[J].钢结构，2010，25(4).

[4] 方大东，陈策.润扬长江公路大桥斜拉桥钢箱梁制造的关键技术及质量控制[J].铁道标准设计，2003，(3).

62. 南京长江第四大桥主索鞍及散索鞍的制造工艺研究

王 毅 冯 斌
（南京长江第四大桥建设协调指挥部）

摘 要 南京长江第四大桥主桥为双塔双索面三跨吊悬索桥，简述该桥主索鞍和散索鞍的结构组成，重点介绍主索鞍和散索鞍的加工制作工艺以及制作过程中的主要检验指标。

关键词 桥梁工程 悬索桥 主索鞍 散索鞍 制造工艺

一、引 言

近年来，我国交通运输业发展迅速，建造了多座跨越大江大河、海湾和海峡的特大型桥梁，而悬索桥由于其效益比高、单跨跨度大和造型美观等特点，已成为大型桥梁建设的主流方向[1,2]。对于地锚式悬索桥，索鞍有散索鞍和主索鞍两种，既是悬索桥传力的重要构件之一，又是不可更换的部件，一般采用铸焊结构[3]。考虑现场的起重能力和制造方便，索鞍可以分割为几个单体制作，最后用高强螺栓拼接成型[4,5]。

南京长江第四大桥主桥采用双塔双索面三跨吊悬索桥，主桥桥跨布置为(166＋410.2)m＋1 418m＋(363.4＋118.4)m＝2 476m，主索鞍和散索鞍均采用铸焊结构，由铸钢件鞍头和钢板等组件组焊而成。主索鞍总成高约3.6m，桥纵向长约6.31m，桥横向长约3.44m，单件总重约156t；散索鞍总成高约4.5m，桥纵向长约3.5m，桥横向长约4.48m，单件总重约107t。

二、索鞍的结构

1. 主索鞍

主索鞍总成主要由主索鞍鞍体、锚梁、上下承板、隔板、锌填块、拉杆、挡块、及格栅反力架组成。主索鞍采用铸焊结构，鞍头为铸件，纵向壁板、底板及横向肋板均采用焊接结构。为增加主缆与鞍头的摩擦阻力，鞍头内设竖向隔板。在索股全部就位后，顶部用锌块填平，再将鞍头侧壁用螺栓夹紧。为方便加工并减轻吊装、运输重量，主索鞍采用两件鞍体组合结构，吊至塔顶后用高强螺栓和定位销拼接。具体结构见图1。

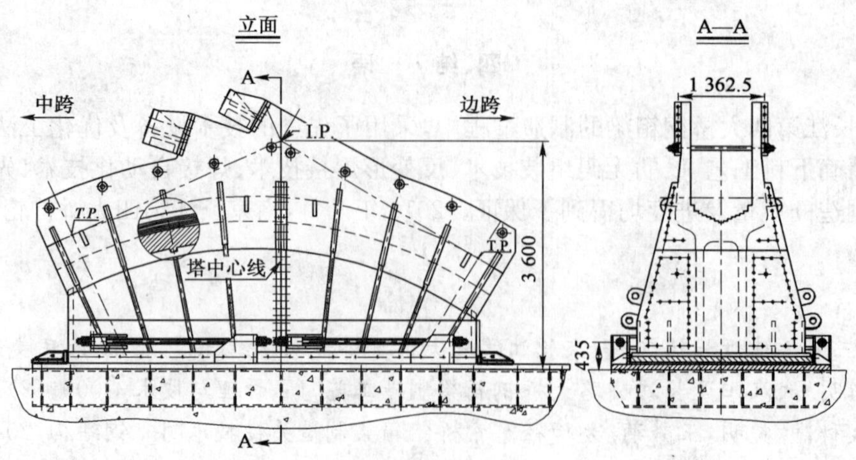

图1 主索鞍总成(尺寸单位:mm)

鞍头铸件材质为ZG275-485H，鞍座材质为16Mng，拉杆和长拉杆材质分别选用40CrNiMoA和40Cr。

2. 散索鞍

散索鞍为摆轴式结构，散索鞍总成主要由散鞍体、底板、底座、拉杆、锌填块、上下承板及压紧梁组成，铸焊结构，全桥4件。鞍头用铸钢制造，鞍座由钢板焊接而成，为增加主缆与鞍头间的摩擦阻力，并方便索股定位，鞍头内设竖向隔板，在索股全部就位并调股后在顶部用锌块填平，上紧压板设施，再将鞍头侧壁用螺杆夹紧。具体结构见图2。

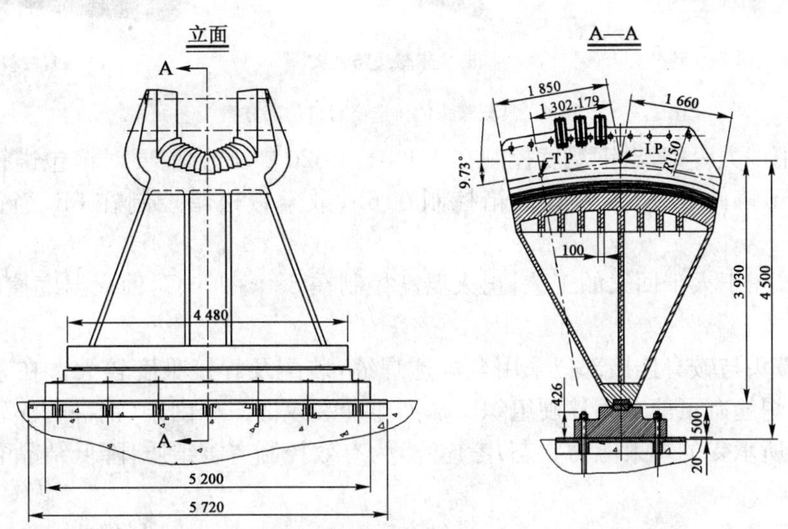

图2 散索鞍总成(尺寸单位:mm)

鞍头铸件材质为ZG275-485H，底板、底座材质为ZG20SiMn，鞍座材质为16Mng，隔板采用Q235B材质，上下承板和拉杆材质采用40Cr。

三、索鞍的制作

索鞍从鞍头的铸造到成品发运，一般需要经过图3所示的几个主要步骤：

图3中，由于主索鞍是分体加工，需要多一道对拼检查的步骤。总体而言，索鞍的制造主要可分为铸造、焊接和机加工三部分。

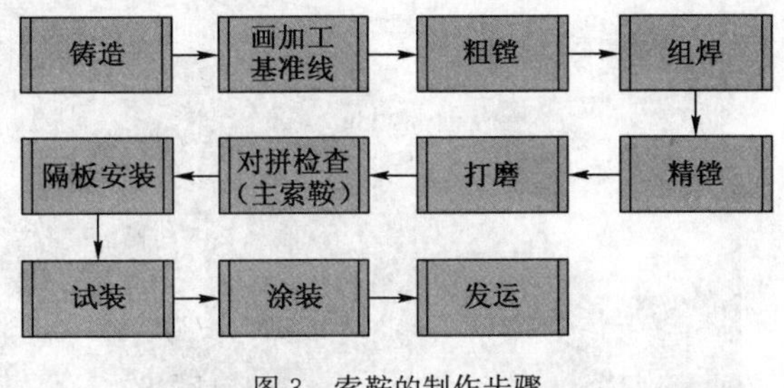

图3 索鞍的制作步骤

1. 铸造工艺

索鞍的鞍头采用整体铸造，其特征为：结构复杂，形体较大，厚度变化梯度大。鞍头的制造工艺流程为：工艺设计→木模制作→造型烘模→钢水冶炼、浇铸→切割冒口、精整→热处理→打磨。

目前大型悬索桥索鞍的铸造工艺中关于铸造浇冒口的设置主要有三种方案，一是将冒口设置在索鞍的索槽部分，可以较少索鞍底部的机加工工作量；二是将冒口设置在鞍头的底部，这种方案可以保证索鞍主要受力面索槽的质量；三是将冒口设置在索鞍的侧面，这种方案既可以减少机加工的工作量，又可以保证索槽的质量，但由于工艺实施难度较大，国内悬索桥采用较少。南京四桥的索鞍鞍头铸造采用了第二种方案，即将冒口放置在索鞍的底部。在工艺设计时将补缩通道做成“V”形，主要是保证铸件组织致密无缩孔、缩松缺陷。索鞍鞍头的铸造浇冒口仿真方案如图4所示。

造型是根据木模制作砂模的过程，其用砂有石英干模砂、铬铁矿砂两种。铸造用铬铁矿砂是天然铬铁矿经破碎筛分等工艺加工的产品，其主要化学成分为Cr_2O_3。这种砂受热体积稳定、热导率高，与熔融金属接触时不仅具有很好的抗碱性渣的作用，不与氧化铁等起化学反应，而且本身具有固相烧结的特点，能很好的防止熔融金属的渗透，避免产生黏砂缺陷[6]。埚芯与钢水接触的表面、铸造圆角处和冒口的根部采用铬铁矿砂，以保证铸件尺寸稳定、精度高、轮廓清晰、表面光滑，无黏砂、无表面气孔、无渣孔等缺陷。

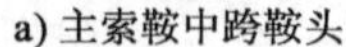

a) 主索鞍中跨鞍头

b) 主索鞍边跨鞍头

c) 散索鞍鞍头

图4　索鞍鞍头的铸造浇冒口仿真方案

钢水的冶炼采用一类废钢，出钢温度控制在1 600～1 620℃，出钢前要对钢包进行烘烤，并让钢水镇静5～10min。为便于铸件收缩，主索鞍松箱控制在6h，散索鞍松箱控制在8h，当铸件本体温度小于250℃时出箱。

鞍头的热处理采用正火＋回火的工艺，正火温度控制在880～900℃，回火温度控制在500～520℃。

2. 焊接工艺

设计图纸要求鞍头与鞍身连接部位采用全焊透焊缝，装配及焊接难度较大。在索鞍的焊接中，由于结构及材质的原因，焊缝有可能产生淬硬组织。从产生冷裂纹的三个因素（钢种的淬硬倾向、焊接接头含氢量及其分布、接头所承受的拘束应力状态）考虑[7]，为有效控制有害杂质，降低结晶裂纹产生的敏感性，选用CO_2气体保护焊。

1）主索鞍的装配焊接

主索鞍的装配焊接采用了侧位安装的工艺，即将鞍头侧卧于平台上放置的支架上，依次装入主筋板、纵筋，将装配好的鞍体组件预热至100～150℃焊接、退火、探伤（图5），再装配底板和横筋。

2）散索鞍的装配焊接

散索鞍的装配焊接采用倒装的工艺，现在装配平台上上支承好鞍头（底面向上），使左右半鞍座的合缝面与平台垂直，依次装配底座、左板和右板组件，并加上工艺支撑，预热并焊接（图6）。

图5　主索鞍的装配焊接

图6　散索鞍的装配焊接

3）焊缝探伤

所有全熔透焊缝在焊后24h进行100％的超声波探伤和100％磁粉探伤，超声波探伤判定标准为铸钢件与钢板的焊缝按GB/T 7233—1987二级合格，钢板与钢板的焊缝按GB 11345—89二级合格。磁粉探伤判定标准为JB 4730—94二级合格。

3. 机加工工艺

由于索鞍的加工精度要求高、制造工期紧等特点，机加工采用了分粗、精加工分开的方法。粗加工工序在索鞍的焊接工序之前，是指去掉铸件毛坯上不规则表皮和表面缺陷，并将铸件简单加工到加工余量为 5～20mm 左右的工序，相对而言，其难度小于精加工工序，在此不再赘述。

1)主索鞍

主索鞍鞍体由边、中跨鞍体通过高强螺栓组装而成，二者组装后重达 156t 左右，若将边、中跨鞍体组装定位为一整体后，整体加工鞍体底面、鞍头内表面，一是工件吨位重、外形尺寸大，加工时装夹、校正工件的难度很大；二是由于组装为整体后，加工鞍头时机床主轴方向行程较大，大大降低了工件的加工精度及加工效率。

为此将边、中跨鞍体分开加工，将单个鞍体的底平面、中分面、鞍头表面在一次装夹的状态下加工出来，减少由装夹、校正带来的误差。

主索鞍的精加工工序如下：以结合面为基准，精加工底平面→精加工各侧面→工作台顺时针回转 90°，以底平面为基准，精加工结合面(图 7)→数控加工结合面的螺栓连接孔→加工索槽和索槽壁→加工拉杆孔→精修结合面的索槽。

2)散索鞍

散索鞍在焊接完成后工件重达 67t，鞍体焊接完成后进行索槽及底座上沉槽的加工。为了便于焊后加工索槽和沉槽时工件的校正，在焊前粗加工鞍头的同时，在鞍头上将鞍头上通过 I. P. 点(图 2)且垂直与鞍头方向的“I. P. 平面”和鞍头中心平面标识出，为整个鞍体装焊提供准确的基准，确保鞍头与底板焊后相对位置的准确性。

散索鞍的鞍头通过大型落地镗铣床数控加工完成。当鞍头加工到还有 2mm 余量时，对鞍头的型值点进行检测，检测合格后进行鞍头的精加工，确保鞍头槽形的正确性。

散索鞍的精加工工序如下：找正 IP 线→精加工底座槽及底平面→加工底平面平行面、绳槽中心平行面→重新装夹，找正 I. P. 平面→加工绳槽和索槽壁(图 8)→加工拉杆孔。

图 7 主索鞍结合面精加工

图 8 散索鞍索槽精加工

四、索鞍的主要检测指标

索鞍是悬索桥重要的受力部件，其主要受力面的加工精度直接影响索鞍的应力分布和主缆的线形，因此设计文件对散索鞍的加工精度要求非常高。索鞍主要检测指标及检测方法见表 1、表 2。

主索鞍主要检验指标及检测方法 表 1

检 测 项 目	设计值或允许偏差	检测方法和频率
主要平面的平面度	0.08mm/1 000 且 0.5mm/全平面	机床检查
鞍座下平面对中心索槽竖直平面的垂直度偏差	≤0.12mm/全长	机床检查
两侧壁距离(涂锌前)	962.8mm±0.1mm	机床检查
对合竖直平面与鞍体下平面的垂直度偏差	≤0.05mm	机床检查

续上表

检 测 项 目	设计值或允许偏差	检测方法和频率
鞍座底面对中心索槽底的高度偏差	±0.1mm	机床检查
鞍槽轮廓的圆弧半径偏差	1/1 000	机床检查
各槽宽度、深度偏差	±0.05mm	游标卡尺、深度尺
各槽对中心索槽的对称度	±0.5mm	机床检查
各槽曲线立面角度偏差	≤±0.2°	机床检查
无损检测	按设计要求探伤合格	查验探伤报告

散索鞍主要检验指标及检测方法　　表2

检 测 项 目	设计值或允许偏差	检查方法和频率
主要平面的平面度	0.08mm/1 000 且0.5mm/全平面	机床检查
支承板平行度	<0.5mm	机床检查
摆轴中心线与索槽中心平面垂直度	<3mm/全长	机床检查
摆轴对接合面到索槽底面的高度差	±2mm	机床检查
加工后鞍槽底部及侧壁厚度误差	±5mm	机床检查
鞍槽轮廓的圆弧半径偏差	±1/1 000	机床检查
各槽宽度、深度偏差	±0.2mm 深度 ±0.15mm 宽度	游标卡尺、深度尺
各槽对中心索槽的对称度	±0.5mm	机床检查
各槽曲线立面角度偏差	≤±0.2°	机床检查
无损检测	按设计要求探伤合格	查验探伤报告

目前南京四桥主索鞍和散索鞍的首件已经制作完成，主要检测指标均小于允许值，超声波和磁粉探伤结果也满足设计要求。

五、结　　语

针对南京长江第四大桥受力特点及各结构功能要求，确定了主索鞍及散索鞍的结构组成，并根据其结构特点，主索鞍的鞍头采用分体制造工艺，散索鞍的鞍头采用整体制造工艺，采用数控机加工。加工过程中对索鞍的各检验指标进行了检验，并对焊缝和铸件质量进行了超声波探伤和磁粉探伤，结果均满足设计要求。

南京长江第四大桥主索鞍和散索鞍的首件已通过专家验收，主、散索鞍首件实物制造精度、焊缝外观和无损检测质量符合技术规范及设计要求。南京长江第四大桥索鞍的设计与制作工艺可以为今后类似桥梁的施工提供经验。

参考文献

[1] Gimsing N.J. 缆索支承桥梁—概念与设计[M]. 第2版. 金增洪译. 北京：人民交通出版社，2002.

[2] 郭玉成，常志军，姬忠彬. 公路悬索桥主索鞍座的装配与焊接工艺探讨[J]. 华北科技学院学报，2004，1(4).

[3] 雷俊卿，郑明珠，徐恭义. 悬索桥设计[M]. 北京：人民交通出版社，2002.

[4] 张日亮，罗志恭，彭春阳，黄家珍. 天津富民桥主索鞍与散索套的制作[J]. 桥梁建设，2008，(5).

[5] 江苏省长江公路大桥建设指挥部. 江阴长江公路大桥工程建设论文集[M]. 北京：人民交通出版社，2000.

[6] 王桂民,杨震华.铬铁矿砂在大型铸钢件上的应用[J].大型铸锻件,2010,(2).
[7] 芮树祥,忻鼎乾.焊接工工艺学[M].哈尔滨:哈尔滨工程大学出版社,1998.

63. 连续梁桥钢箱梁成桥全断面焊接技术施工实践

杨 永
(中交三航局南京分公司)

摘 要 本文以南京市宁溧路快速化改造工程SG1标B匝道桥跨机场高速公路部分钢结构箱梁全断面焊接连接成桥为背景,对钢箱梁桥全断面焊接技术施工实践进行了论述。

关键词 普通梁桥 钢箱梁 全断面焊接 施工 实践

一、引 言

宁溧路快速化改造工程是南京市主城规划“两环八射”路网系统的重要组成部分,是主城与东山新城区沟通的重要通道。该工程SG1标段B匝道桥第五联钢箱梁为三跨双悬臂连续钢箱梁,总长118.5m(34.96m+48.5m+34.94m),共分59节梁段。主体结构钢板采用Q345qD钢材,次结构钢板采用Q235B钢材;

采用工地全断面焊接技术连接成桥。钢箱梁全断面焊接主要包括梁段环缝对接、嵌补段对接。梁段环缝对接系指面板、底板、内侧腹板、中腹板、外侧板、隔舱板等对接焊缝,全桥环缝58条。环缝焊接完成后,再进行结构嵌补段焊接,有U形肋嵌补段、板条肋嵌补段、T形肋嵌补段等。

二、工地全断面焊接的优点及特点

1. 优点

(1)全断面焊接技术的应用,使钢箱梁成桥建造质量及成桥线形满足设计规范要求,焊接质量可靠。

(2)应用了陶质衬垫CO_2气体保护自动焊单面焊双面成形技术。

(3)在用好本国资源的原则上,立足国内完善大温差、高湿度条件下钢箱梁成桥全断面焊接施工技术,保证了桥梁建造周期,降低了制造成本,取得了较高的经济效益。

(4)全断面焊接作为一种科学、先进、可靠的钢结构箱梁桥成桥安装技术,为今后我公司建造同类型桥梁开辟了一条技术新思路,并有效提高了大桥运行的安全性、经济性。

(5)钢箱梁成桥采用全断面焊接无论是技术上还是经济上与全栓接或栓焊混合方式连接相比有较大的技术含量和经济优势。

2. 特点

(1)工地焊接不同于工厂焊接,工地焊接属高空野外作业;

(2)焊接质量受风吹、日晒、雨淋、大雾等不利自然气候因素影响;

(3)钢箱梁箱体内通风差以及高空作业,施工作业环境严酷;

(4)工地焊接直接影响成桥线型和总体质量控制,这就要求必须严格制定工地焊接工艺及其实施细则,采取有效措施,高标准地保证焊接质量。

三、焊接前准备

(1)根据桥上焊接工程总量和施工进度要求,应在每一吊梁焊接作业面配置容量为200kVA的焊接电源。

(2)施工前安装、调试好配电设备、焊接设备、通风排尘设备、CO_2 焊所需防风棚架、除锈机具、气刨工具、火焰切割工具、防水防潮设备、焊接材料烘干箱等施工必备器材器具,并设立专职维护管理人员。

(3)施工前搭设好临时工作平台。

(4)提前采购好施工所用焊接材料并做好复验工作。

(5)建立健全桥上施工岗位责任制度、安全制度、供电制度、通风排尘制度等规章制度,在桥上设置用电安全告示及用电安全设施。将各种制度落实到责任人,保证施工安全。

(6)梁段根据线形要求微调到位。

(7)梁段对接环缝焊接前对焊缝及两侧各 50mm 用手工机械(如钢丝砂轮)除锈,做到不得有水、油、氧化皮等污物,贴陶质衬垫面 120mm 内不得有灰尘、水、油等污物。

(8)检查对钢结构节段接头焊口状况。包括接头坡口角度间隙尺寸、焊接高差等是否符合要求,不符合要求必须进行修补和矫正。

(9)端口粘贴陶质衬垫面应将纵向焊缝余高铲磨,距端口至少 60mm 宽,施焊面至少 90mm 宽,以便粘贴陶质衬垫及探伤,确保焊缝质量及成型。

(10)桥上焊接作业将采取防风、防雨等保护措施。箱内设置有效的通风、除尘及照明设施。雾天或湿度大于 80%时,采取火焰烘烤措施进行除湿,箱内设置必要的脚手架等焊接辅助设施。

四、焊接工艺及焊接顺序

1. 焊接工艺

环形焊缝及内部构件对接焊缝均采用陶质衬垫焊焊接工艺,焊缝间隙可以在一定范围内调节,有利于成桥线形控制。环形焊缝焊接收缩量因受施工状况的影响需要在现场根据实际情况确定。为保证施工质量和施工效率,工地接头焊接大量采用 CO_2 气体保护焊、半自动焊和埋弧自动焊的高效焊接工艺;嵌补段采用手工焊接或 CO_2 气体保护焊的焊接工艺。

1)工艺流程图(图 1)

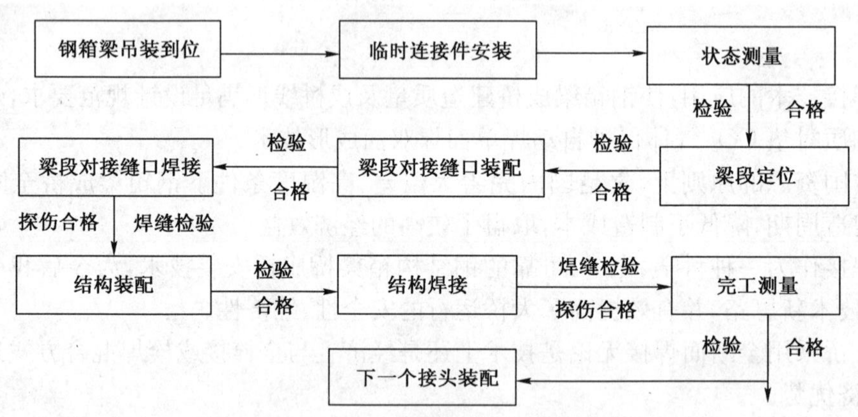

图 1　钢箱梁工地焊接工艺流程图

2)对接环缝装配及焊接工艺流程图(图 2)

首先,按设定的间距装配调整两梁段,保证两梁段间焊缝间隙和相邻梁段的高差,再用大型定位马板点焊固定;二是矫平梁段对接壳板的错边量,用火焰校正,再装定位马板点固;三是清磨焊缝口、焊缝背面贴陶质衬垫,用 CO_2 自动焊打底施焊,再用 CO_2 自动焊进行填充施焊;四是用埋弧自动焊进行表面施焊。

3)合龙段焊接工艺

合龙段的组焊工艺与标准段基本相同,只是在箱段组焊制造中两端各留出一定配切量余量暂不切除,并在该端接口的隔板、腹板与箱体的焊缝预留一定长度的不焊段,以便于现场与相邻梁段的匹配。为了避免出现"平行四边形"误差,箱梁宽度方向的控制,采用钢尺在同一测点,同一温度,同一环境下检测两端箱口及与之连接的另一梁段箱口尺寸,采取措施使其两者匹配。箱梁长度方向的控制,准确量测合龙口的距离(保证等温),对合龙段进行配切割,然后在同条件下吊装合龙,确保合龙一次成功。

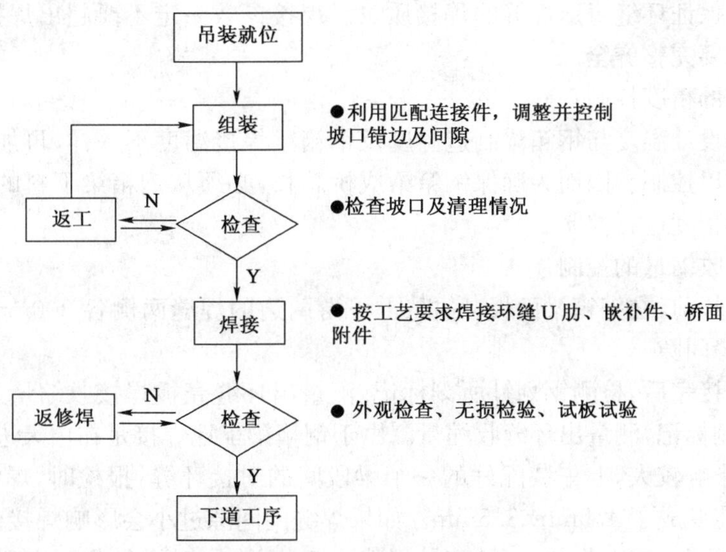

图2 桥环焊缝作业工艺流程图

2. 焊接顺序

桥位环缝的焊接必须对称施焊,即以桥中心线为对称,两边同时、同方向施焊底板、顶板、腹板的对接焊缝,然后再对称施焊嵌补段焊缝。施焊腹板对接焊缝时,应从下至上进行。另外当桥梁线形偏差较大时,可通过临时调整焊接顺序来减小偏差。具体施焊方向及顺序见图3。

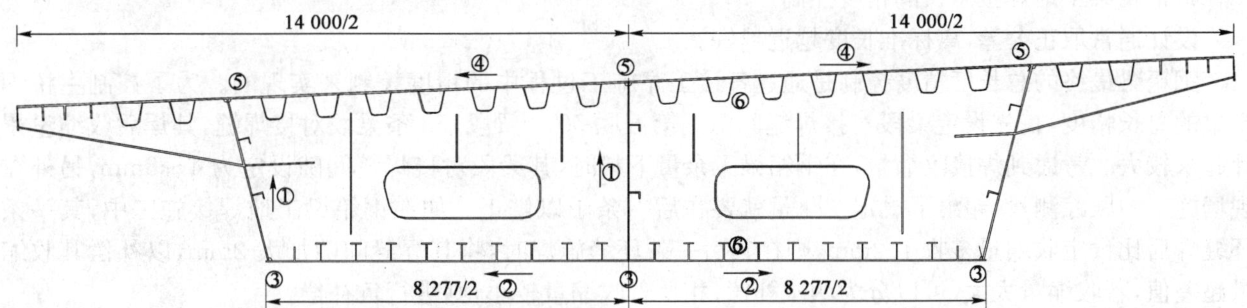

①腹板对接焊缝焊接;②底板对接焊缝焊接;③腹板与底板预留焊缝及拐点处理

④顶板对接焊缝焊接;⑤边腹板与顶板预留焊缝和中腹板与顶底板预留焊缝及拐点处理;

⑥U形肋、板条肋嵌补段焊缝;⑦其他附属设施的焊接

注:1. 图中箭头方向表示焊接方向;

2. 应在顶板、底板、腹板对接焊缝无损检验合格后方可组装U肋和条形肋嵌补段。

图3 宁溧路B匝道钢箱梁桥位施焊方向及顺序示意图(尺寸单位:mm)

五、工地全断面焊接质量控制

1. 焊接精度控制

由于梁段数量多,梁段与梁段对接焊缝收缩量难以控制,变化量累计起来数量较大,所以梁段成桥工地焊接精度控制对钢箱梁焊接成桥总长度显得尤为重要,主要分以下几点:

1)钢箱梁工地接头装焊精度控制

钢箱梁全部吊装成桥后,经检测中心线(桥轴线)高程及长度等实测项目合格以后,工地接头装焊从桥正中向两岸方向逐条环缝进行焊接施工。施工中着重保证三个控制点的精度及质量。

第一点精度控制是调整施工环缝相邻两梁段的间距,按经过微调处理过的本环缝梁段间距,误差≤0.5mm来定位,用定位专用马板固定好相邻梁段。

第二点精度控制是调整梁段接口处的钢板对接平整度。钢箱梁壳板对接拼板平整后,其错边量小于

1mm。对于错边量大的板边,先用火焰校平,再用马板点固。

第三点精度控制是保证环缝每道焊缝的焊接质量。焊接参数一定不要超出焊接评定参数范围。工地焊接的防风防雨设施要完整齐全。

2)钢箱梁成桥总长的精度控制

钢箱梁成桥总长的设计温度与钢箱梁制造温度及钢箱梁焊接温度不一样,再加上钢箱梁数量多,其对接环缝焊接收缩量难以控制。因而为确保钢箱梁成桥总长,必须从钢箱梁下料的长度开始,一直到钢箱梁工地焊接都要对其精度进行控制。

3)钢箱梁对接焊缝收缩量的控制

钢箱梁对接环缝施焊前,在钢箱梁面板、底板、上下游两边的焊缝两侧各300mm处用钢划针刻上距离标记,并测量对接环缝间隙。

钢箱梁对接环缝焊接完后,检测钢划针所刻标记,测量出环缝壳板焊接收缩量。环缝嵌补段焊接完工后,再检查钢划针所刻标记,测量出环缝收缩量。由于钢箱梁工地焊接是在白天进行,钢箱梁受日照时间较长,钢箱梁受温度影响较大,上午装配好的一个梁段间的对接环缝,报检时,焊缝间距为6mm,下午焊接时,焊缝间距有可能变成了4.5mm、3.5mm。如果焊缝间间隙过小会影响焊接的透溶性;间隙过大,则焊接收缩量也变大。为此,在上午装配环缝时,间隙取正公差,同时增加装配定位马板的数量,增大环缝的刚性。

实际操作中,可多次监测焊缝收缩量的实际结果,发现梁段对接环缝焊接间隙与焊后的收缩量的比例关系。掌握了温度对焊缝间隙的影响程度,准确控制焊缝间隙,也就掌握了焊后收缩量的变化规律。

4)钢箱梁工地焊接总长的精度控制

设计通常取正公差,离标准长度越近越好。

钢箱梁最终的总长度精度控制是通过各道工序施工过程中的精度控制来实现的。为了控制主桥钢箱梁的总长精度,首先设定梁段对接焊缝间隙。第五联59个梁段,58条梁段对接焊缝,其焊后收缩量累计起来较大。考虑到焊接收缩量,在钢箱梁无余量下料时,其梁段对接焊缝间隙设定为4～8mm,另外在现场施工中跟踪测量,超出了设定变化量就要在后一条予以修正。如在钢箱梁工地焊接施工中,其一条环缝焊后比设定收缩量多收了2mm,则在其后一条环缝施焊时,将其焊缝间隙加大2mm,以补偿其收缩量超差值,若收缩量太大,可以分为两次补偿;相反若收缩量较小,则进行负补偿。

2. 焊接焊缝质量控制

钢箱梁工地焊接除工厂焊接质量控制措施外,结合工地施工作业条件,尚应注意以下焊接要求:

(1)由于地处苏南,空气湿度较大,阴雨天及早晚应注意防潮。

(2)桥面焊接不宜选择在雨天焊接,如雨天焊接一定要在风雨棚内进行,风雨棚应有足够的强度、刚度且能牢靠地固定在桥面上。

(3)钢箱梁内通风差,温度也比环境温度高的多,加之焊接烟雾不能及时排除,劳动条件严酷必然影响焊接质量,必须采取有效措施创造良好的劳动条件。

(4)正式施焊前,应按焊接工艺评定提供的工艺参数在试板上进行试焊,直至符合规范要求后,才能正式施焊,严禁在母材上随意打弧。

(5)贴置陶质衬垫时,衬垫中心线应与焊缝中心线"重合",衬垫与钢板应贴合紧密、牢靠,焊缝间隙不得小于4mm,否则应修整。

(6)焊接过程中,为了保证桥梁总长和成桥线形,应全过程进行监控,发现异常应及时调整焊接顺序及间隙。

(7)工地焊接环缝中加焊的焊接试板在焊后要进行100%X光射线探伤,并做拉伸、弯曲及-20℃低温冲击试验。

(8)构件的焊接,应采取自然冷却的方法,不得采用浇水、高压吹风等强制冷却。

(9)所有焊缝的检验，必须在焊缝冷却至自然温度后方可进行，焊缝的无损伤探伤检验，必须在焊接完成24h以后方可进行。

六、结　语

钢箱梁工地焊接施工难度大，质量、精度要求高，必须针对性制订工艺规程，采用有效措施，解决高空和野外作业对焊接质量的影响，保证钢箱梁工地焊接精度及焊缝外观和内在质量。

宁溧路钢箱梁桥全断面焊接技术的有效应用，为我公司探索出一种全新的建桥模式同时也为我公司今后建造同类桥梁增添了一种新的工法，增强了我公司在桥梁市场上的竞争能力，其社会、经济效益显著；采用全断面焊接技术进行钢箱梁普通梁桥成桥连接为今后我公司斜拉桥钢箱梁等桥建造奠定了坚实的基础，并提供了可靠的技术保证，对推进我公司建桥技术的发展及占有更广泛的桥梁建设市场有着较深远的现实意义。

参考文献

[1] 宁溧路(主城段)快速化改造工程施工图设计.

[2] 宁溧路钢箱梁施工专项方案.

[3] TB 10212—2009 铁路钢桥制造规范[S]. 北京：中国铁道出版社. 2009.

[4] GB 50205—2001 钢结构工程施工质量验收规范[S].

[5] GB 5117—96 钢结构焊缝外形尺寸[S].

64. 南京长江第四大桥节段预制拼装桥梁的技术特色

武焕陵[1]　崔　冰[2]　李宗平[3]　孟少平[4]　刘　钊[4]

(1. 南京长江第四大桥建设协调指挥部；2. 中交公路规划设计院有限公司；

3. 中交二航局四公司；4. 东南大学)

摘　要　南京长江第四大桥的引桥主要为节段预制拼装箱梁桥，其技术特色包括：标准化的制梁、运梁和架梁工艺，注重耐久性的结构体系与设计施工措施，运用拉压杆模型方法进行锚固区细部构造设计，采用特制的专用架桥机满足多种架梁作业需求。最后，通过足尺模型试验，对节段预制及拼装的施工质量进行预先检验，并通过加载试验开展桥梁使用性能研究。

关键词　南京四桥　节段预制拼装　设计　耐久性　压杆模型　模型试验

一、工 程 概 况

南京长江第四大桥自南向北连接栖霞区和六合区，在南京长江第二大桥下游约12.5km处跨越长江，是南京市绕城高速公路的重要组成部分。桥面为左右箱体分离的双向六车道；行车速度为100km/h；车辆荷载等级为公路Ⅰ级；单方向桥面宽度为15.8m。主桥结构为大跨度的悬索桥，引桥为预应力混凝土箱梁桥，包含南引桥和北引桥两部分，其中南引桥长1 489.6m，北引桥长1 313m，北引桥又分为划子河以北引桥、跨划子河引桥和划子河以南引桥三个部分。

南京四桥的引桥桥型与桥跨布置方案及施工方法见表1。南引桥及北引桥中的划子河以南引桥均采用短线匹配预制、逐孔吊挂安装的施工方法，跨划子河引引桥采用短线匹配预制、悬臂拼装的施工方法。具体布置见图1。

引桥桥型与桥跨布置方案及施工方法　　表1

区段		桥型及桥跨布置	施工方法
北引桥	划子河以北引桥	2联7×30m连续梁	装配式箱梁
	跨划子河桥	(52+4×65+37)m连续梁	节段预制，悬臂拼装
	划子河以南引桥	3联4×50m连续刚构	节段预制，逐跨拼装
		3×52m连续刚构	
		48m简支梁（主桥锚碇部位）	
		(52+54+54)m连续刚构	
南引桥		(54+54+52)m连续梁	节段预制，逐跨拼装
		2孔40m简支梁	
		2联4×50m连续刚构	
		2联4×48m连续刚构	
		左幅：(48+48+52+52)m连续刚构 右幅：(50+52+52+46)m连续刚构	
		5×52m连续梁	

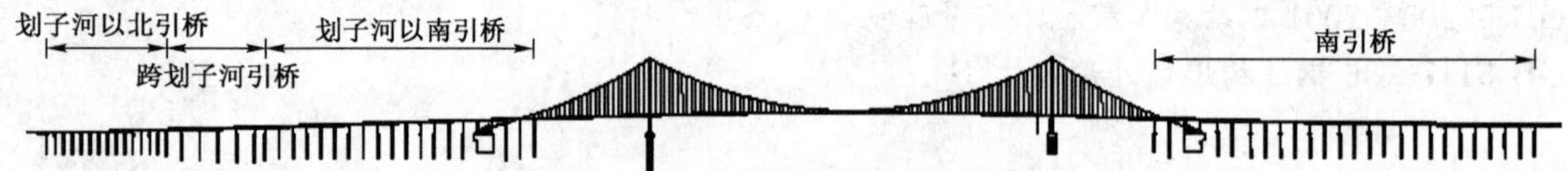

图1　南京四桥总体立面布置图

节段预制拼装和体外预应力技术的综合运用，是现代混凝土桥梁工业化的发展方向之一。在桥梁的发展历程中，随着制造技术的进步、环保意识的提高、对耐久性的重视以及工程经验教训的积累，工程师们对“原位现浇”与“节段预制拼装”、“体内预应力”与“体外预应力”反复进行着实践和探索。“节段预制拼装”和“体外预应力”技术也在经历“肯定—否定—重新肯定”的螺旋式发展过程。近30年来，欧美、日本等国对“节段预制拼装”和“体外预应力技术”的研究十分重视，新建的混凝土梁桥多以这些技术为核心。

然而，由于这一技术目前在国内的研究及应用还较少，国内工程界对这一新技术的认识还存在较大差异，比如在造价、耐久性、技术合理性等方面存在争议。其实，争议的存在，一方面反映了该技术在我国的应用还不普及，造成了认识上存在一些疑虑；另一方面，也反映了需要通过研究，解决其中的关键技术难题，为该技术在我国的推广应用打下良好的基础。

在南京四桥的节段预制拼装技术中，力图体现“技术先进、安全可靠和适用耐久”这些基本原则。其技术特色为：(1)通过规模化、标准化的制梁、运梁和架梁工艺，提升桥梁建设质量。(2)注重耐久性的结构体系与细部设计。(3)运用D区设计理念，细化锚固区构造设计。(4)采用特制的专业架桥机，同时适应满跨悬吊与悬臂拼装，以及桥下喂梁和架桥机后喂梁等多种作业方式。(5)通过一孔节段拼装箱梁和剪力键的足尺模型试验，对设计施工关键技术进行评价。

二、标准化的制梁、运梁和架梁工艺

南京四桥节段梁的预制场位于安徽芜湖裕溪口长江边，设有14个现代化的短线预制台座（图2～图4），生产能力约120榀节段/月，预制场存梁能力约1 000榀节段。节段梁从预制场码头直接装船，沿长江水运至南京四桥工地，全程约120km。在四桥桥位南、北岸栈桥码头处，由龙门吊吊运至运梁车上，并由运梁车沿栈桥运输至相应桥墩或过渡墩处，通过桥面运输至架桥机尾部，由架桥机完成梁段安装。

图 2 设有 14 个制梁台座的芜湖裕溪口制梁厂

图 3 短线匹配预制台座

图 4 裕溪口预制厂的运梁码头

节段箱梁安装采用 TP54 型架桥机，采取整孔悬挂拼装方式，单跨梁段安装完后进行体内及横向预应力施工。体内预应力施工完后架桥机卸载前移过跨，进入下一跨施工。单幅箱梁安装完后，架桥机后退、横移，进入另一幅箱梁施工。单幅箱梁安装完浇筑每联各跨之间墩顶后浇段后，进行体外预应力施工，完成体系转换，最后进行桥面系及附属设施施工。

三、注重耐久性的结构体系与设计施工

南京四桥位于栖霞化工区，耐久性问题值得重视。节段预制拼装混凝土梁桥的耐久性问题涉及面很广，包括：结构体系的选择、抗裂设计、预应力系统的防护、体外预应力筋的可更换性、混凝土材料及环氧胶接缝的配制和施工、桥梁防水及成品保护等环节。除采用高耐久性的混凝土材料之外，还注重耐久性的结构体系与细部设计，主要体现在：

(1)以连续刚构为主要结构形式，连续刚构约占全部节段预制拼装引桥长度的 70%。连续刚构的使用增加了结构的整体性和刚度，减少了日后可能发生的支座更换工作量。

(2)对预应力体系进行多重防护。对体内预应力束，采用塑料波纹管与真空辅助压浆技术，在环氧树脂胶接缝断面对波纹管设有专用密封圈。体外预应力束，自内向外采用防腐油脂、热挤 PE 层和外加 HDPE 套管的 3 重保护措施。

(3)设置了具有可更换性的体外预应力束，预留了换索作业空间，并结合足尺模型试验，对体外预应力的换索施工工艺进行了预演。

(4)加强施工工艺的过程控制，确保净保护层的厚度、孔道精确定位与成型、环氧树脂胶接缝的涂装和压力固化、根据环境条件的室内喷雾养护措施等。

(5)采取多种成品保护措施，例如：为防止雨水影响，在翼缘板悬挑端下侧粘贴一条双面胶海绵条，使梁顶积水能够从此处流下，不对翼缘板及外侧腹板外观造成影响；不开启无须立刻通启的孔洞，如临时预应力孔，泄水孔等；在吊点孔等必须开启的位置，使用砂浆砌筑维护，使雨水无法从孔内流下，污染腹板内侧。

四、运用拉压杆模型设计方法细化锚固区构造设计

针对目前混凝土桥梁设计规范缺乏局部区定量配筋设计方法，在南京四桥引桥的设计及研究中，运用了D区设计的拉压杆模型方法，进行了体内预应力束的三角形齿块锚固区、体外预应力束的矩形齿块锚固区设计复核和配筋建议，从而增强了局部区的抗裂性。

为构建锚固区的拉压杆模型，通过应力场分析、传力路径的拓扑优化找形、裂缝分布的试验验证等手段，揭示了齿块锚固区内的荷载传递机理，在此基础上，提出了三角形齿块以及矩形齿块锚固区的拉压杆模型，如图5和图6所示。

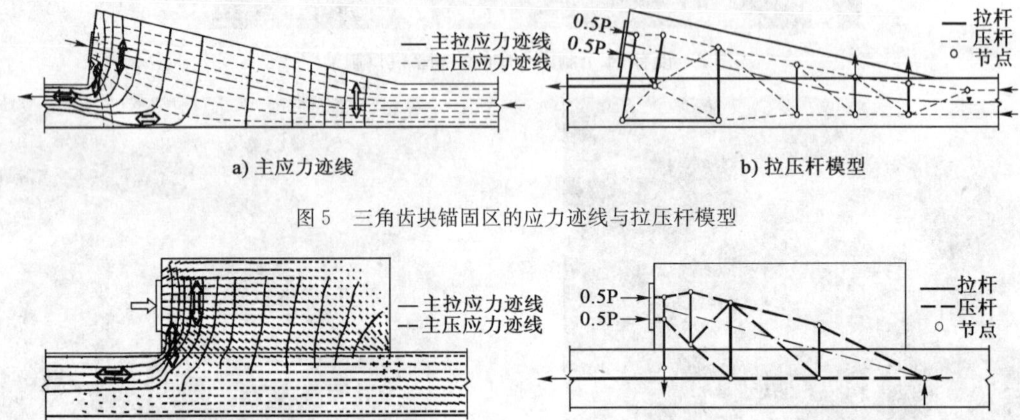

图5　三角齿块锚固区的应力迹线与拉压杆模型

图6　矩形齿块锚固区的应力迹线与拉压杆模型

五、采用特制架桥机实现多种架梁作业方式

本桥对预制梁段的运输和安装作业有多种要求：

(1)南引桥及北引桥的划子河以南部分，采用“梁上喂梁、满跨吊挂、逐孔拼装、先简支后连续”的方法施工，但是，起始跨的预制节段必须从桥下直接起吊安装，后续桥跨采用梁上运梁方式。南引桥左右幅共60跨，划子河以南引桥的左右幅共38跨，计划安装进度平均7d/跨。

(2)北引桥的跨划子河引桥部分，采用“梁上喂梁、悬臂拼装”的方法施工，左右幅共12跨，计划安装进度平均14d/跨。

南、北引桥的节段箱梁拼装，各采用一台武汉通联制造的节段箱梁拼装架桥机施工，北引桥为TP65型，南引桥为TP54型。TP65架桥机设有2台120t的天车和1台10t的行车，全长146m，重达900t。TP54架桥机设置1台120t的天车和1台10t的行车，全长120m。

两台架桥机的左右主框架中心距为7m，满足梁上运梁情况下的喂梁要求，同时通过局部悬挑吊挂构造，解决最后一个预制梁段的旋转空间问题。

喂梁时吊挂安装及预制节段悬臂拼装如图7～图9所示。

图7　桥下喂梁时的满跨吊挂安装

图8　梁上喂梁时的满跨吊挂安装

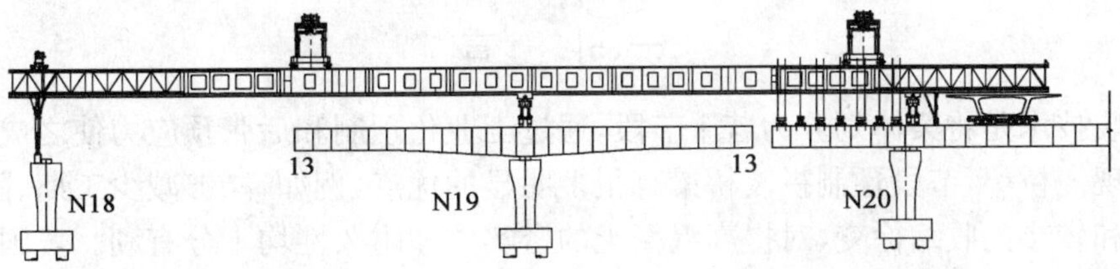

图 9 跨划子河部分的预制节段悬臂拼装

六、通过足尺模型试验，检验施工工艺并研究结构性能

开展 48m 跨径节段预制拼装桥梁的足尺模型试验(图 10)：对节段预制及拼装的施工质量进行预先检验；通过加载试验，对桥梁的设计使用性能进行直接检验和深入研究；测定体内、体外预应力束的孔道摩阻系数，检验体外预应力索的再张拉与更换技术；通过梁上运梁的试验模拟，评定结构的最不利施工受力状况。

图 10 节段预制拼装桥梁的使用阶段性能模拟试验

七、结 语

节段预制拼装是混凝土桥梁的工业化发展方向，与量大面广的现浇混凝土梁桥相比，节段预制拼装和体外预应力技术在我国应用还不普遍。其规模化、标准化的作业方式，要求精心管理、精心设计和精心施工。在南京四桥引桥的建设过程中，通过管理、设计、施工、监理、科研等各方的通力协作，因地制宜地对预制、运输、拼装过程及工艺进行了优化，同时，在江苏省交通科学研究计划项目(09Y11)的资助下，开展了结合设计施工需要的研究工作，研究成果对于确保工程的建设质量起到了积极作用。

65. 南京四桥节段预制拼装桥梁的耐久性提升技术

王 超[1] 仝 腾[2] 濮 卫[1] 刘 钊[2]
(1. 南京长江第四大桥建设协调指挥部；2. 东南大学)

摘 要 针对南京四桥引桥节段预制拼装桥梁的结构特点，从体内、体外预应力体系(预应力筋、锚头和灌浆施工等)防护、环氧树脂接缝施工、结构整体区和局部区的抗裂设计等方面，对节段预制拼装桥梁的耐久性进行探讨，并提出一些耐久性提升的措施和建议。

关键词 节段预制拼装 耐久性 预应力 抗裂

一、引　　言

节段预制拼装技术是将梁体划分为若干节段，通过工业化预制和后张预应力使之成为整体的一种施工方法。相对于现浇桥梁，节段预制拼装桥梁有很多明显的优点，例如，能够减少工期、降低造价，同时工厂化的预制施工和较小的收缩徐变，对提高混凝土的密实性和耐久性均十分有利。美国分段拼装式桥梁学会(ASBI)于1999年对131座节段预制桥梁进行检测评估，其中的99%桥梁的上部结构达到"满意"以上，79%桥梁的上部结构达到"优良"以上。

但是，节段预制拼装技术本身也存在耐久性薄弱环节，例如，对于布置有体内束的情况，也存在预应力灌浆不密实、锚头易锈蚀等问题。1985年，英国Ynys-Y-Gwas桥梁由于体内预应力筋的锈蚀而突然倒塌。2000年Sunshine Skyway Bridge的节段预制拼装桥墩中大量预应力束受严重侵蚀。在我国，节段预制拼装桥梁的大规模应用时间还不长，但是已经发现了较为严重的耐久性问题。1990年建成的福建洪塘大桥在运营9年后就出现了梁体普遍开裂，且横隔板、转向块处开裂情况尤为严重的现象，同时大部分预应力束护套存在不同程度的脆裂、脱落，甚至部分预应力筋外露的现象。

在南京长江第四大桥的引桥中，节段预制拼装箱梁的长度达到5.8km。其南引桥处于栖霞化工园区，而北引桥处于南京化工园区，不可避免地会受到环境侵蚀作用，耐久性问题值得关注。

本文针对南京长江四桥引桥的结构特点，从以下几方面探讨提升节段预制拼装桥梁的耐久性的方法。包括：体内、体外预应力束的防护，预应力锚头防护，环氧树脂接缝处理，体外预应力换索和抗裂设计等。

二、提升耐久性的主要技术措施

1. 预应力筋的防护

预应力筋的防护是保障节段预制拼装桥梁耐久性的重点环节之一，本桥在保证桥梁密水性情况下，对体内、体外预应力筋设置了多重防护保证预应力体系的耐久性，见表1。

预应力筋的三个防护层次　　表1

防护层次		第一层	第二层	第三层
体内束	节段梁体	灌浆	塑料波纹管	混凝土
	节段接缝处	灌浆	塑料波纹管连接套	节段面上的环氧胶
体外束		防腐油脂	外包PE层	HDPE套管

2. 锚头防护

由于灌浆不密实和浆体泌水等原因，易造成锚头锈蚀问题，也需要对锚头采取多重防护措施。体内束锚头主要包括以下几种：齿板锚头、横隔板锚头和端部锚头。本工程对锚头提供了以下四层防护措施：灌浆体、带有O形环密封的永久灌浆帽、施作密封层以及箱梁内腔或封锚混凝土。由于齿板锚头和横隔板锚头具有易于安装、灌浆，方便检修等优点，其耐久性问题不如端部锚头突出。本桥中采用如图1所示的措施保证端部锚头的耐久性，同时要求对锚头处灌浆加大检测力度，在浆体灌入并初凝后，钻开这些出浆口，作为检测孔，放入灌浆密实度检测仪，检测是否存在较大的空洞，如果存在，则采用真空辅助灌浆技术，进行二次灌浆，然后对这些检测孔进行密封处理。

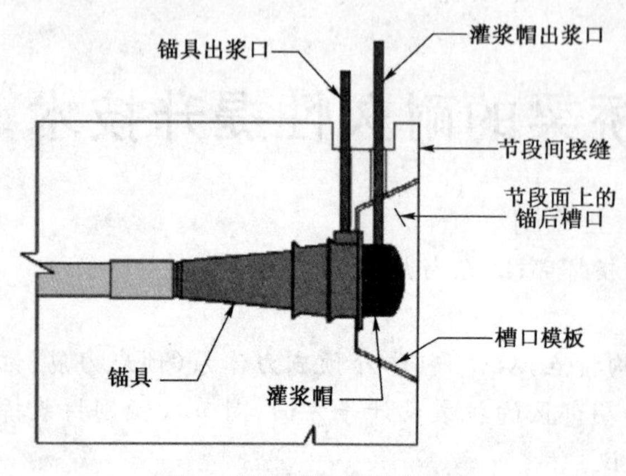

图1　预制节段面上锚头构造

3. 体内束灌浆

灌浆不密实会导致浆体内含有空隙、杂质，为腐蚀介质提供快速入侵的通道,同时灌浆不密实是造成体内束锈蚀的首要原因。四桥引桥中采用塑料波纹管,为体内预应力束提供了较好的保护,同时,为确保灌浆质量,减小空隙率,本工程采用真空辅助压浆工艺。灌浆材料和施工要求如下:体内预应力张拉完成以后,孔道内应尽早压浆(48h内);孔道两侧封闭,压浆前应用压缩空气清除管道杂质。压浆浆体要求水灰比不大于0.35;浆体泌水率在拌和3h后应小于2%,泌水在24h之内应被浆体完全吸收;水泥搅拌及压浆时浆体温度应小于35℃,且大于5℃;浆体稠度13~18s;初凝时间不小于3h,终凝时间应大于17h;浆体体积变化率应小于5%;7d龄期强度应大于25MPa,28d龄期强度应大于60MPa;管道压浆要求密实,需待管道一端饱满连续出浆后方可结束。

4. 节段接缝防护

本桥节段预制拼装采用了环氧树脂胶接缝。相对于水泥接缝和干接缝来说,环氧树脂接缝具有较好的耐久性,然而若环氧树脂接缝涂抹不均匀或在使用过程中出现受拉开裂,均可能会使得节段梁在接缝面处形成新的侵蚀界面,导致接缝处的双向侵蚀。此时,接缝处的腐蚀速率为普通梁端的1.4倍。

要求采用的施工保证措施有:严格控制环氧树脂涂层在不同温度环境下的各性能指标,确保施工质量;环氧树脂胶强度不低于混凝土梁体强度;为确保涂胶、加压等工序在固化之前完成,初步固化时间大于2h,完全固化时间大于24h;环氧树脂接缝在环氧树脂尚未凝固之前,接缝保持一个最小临界压力,不小于0.4MPa;涂抹均匀,梁段挤压后胶体厚度控制在0.5~1mm。

5. 体外预应力的换索考虑

体外束的可更换性是延长结构服役期的有效手段,本桥采用体内、体外混合配束,在体外束锚头的后面,均预留了足够的换索作业空间。并且在梁体预制阶段,就事先开展了换索工艺试验(图2)。

图2 体外束的单根钢绞线换索工艺试验

三、桥梁抗裂设计

裂缝为腐蚀介质提供了侵入通道,对桥梁的耐久性有着极为不利的影响。裂缝可以分为结构性裂缝和非结构性裂缝,结构性裂缝又可分为整体区裂缝和局部区裂缝。

1. 整体区抗裂设计

整体区结构性裂缝的成因有很多,如混凝土收缩徐变、日照温差和箱梁空间效应等。但是毫无疑问,增加箱梁的压应力储备会改善箱梁的受力性能,改善结构性裂缝。但若压应力储备增加太多,则会造成不经济,而且也会造成收缩徐变的急剧增大,带来不利后果。故压应力储备应在一个合理的范围内。

在南京四桥中,采用合理成桥状态的设计思想来改善整体区域裂缝的出现和危害,考虑时效和疲劳等因素,桥梁的内力轴力、弯矩和剪力是一个随着时间变化的量,合理成桥状态的设计思想,简而言之,就是预应力束的布置应使得桥梁关键截面的应力状态变化趋于合理,以连续梁桥为例,合理的应力状态应满足表2的要求。

三跨连续梁的根部截面和跨中截面的合理应力状态　表2

	合　理	较　合　理	不　合　理
根部截面	竣工时,上缘压应力大于下缘压应力,并在设计使用期内,上缘压应力仍大于下缘压应力	竣工时,上缘压应力大于下缘压应力,一段时间后,下缘压应力大于上缘压应力,与活载组合后仍不出现拉应力	竣工时,上缘压应力小于下缘压应力,一段时间后,上缘出现拉应力
跨中截面	竣工时,下缘压应力大于上缘压应力,并在设计使用期内,下缘压应力仍大于上缘压应力	竣工时,下缘压应力大于上缘压应力,一段时间后,上缘压应力大于下缘压应力,与活载组合后仍不出现拉应力	竣工时,下缘压应力小于上缘压应力,一段时间后,下缘出现拉应力

以南京长江四桥中一联4×50m的连续刚构为例,阐述合理成桥状态的设计检验方法。依次其4个施工阶段:桥墩施工→桥跨拼装→合龙施工→二恒铺装,得到成桥应力状态,最大压应力验算考虑如下组合:自重恒载+预应力+收缩徐变+活载+支座沉降+截面升温+整体升温。

由图3可知,在考虑活载作用组合时,跨中截面上翼缘的压应力为6.9MPa,下翼缘的压应力为11.4MPa;支座处截面上翼缘的应力约为7MPa,下翼缘的应力约为3MPa。根据合理成桥状态准则,该桥跨的成桥应力状态能够满足合理成桥状态的设计要求。

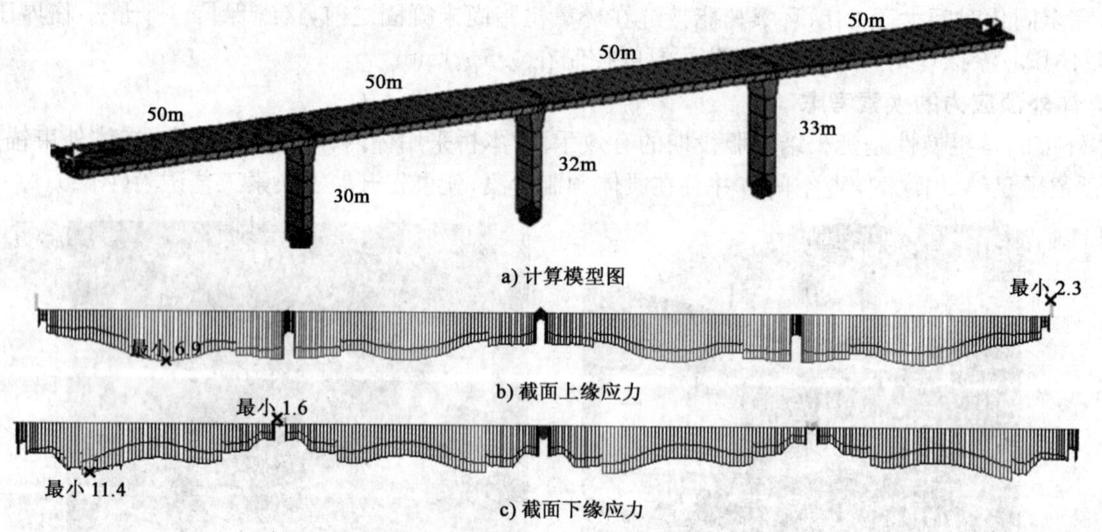

图3　全跨范围截面正应力图(应力单位:MPa)

2. 局部区抗裂设计

针对节段预制拼装桥梁中存在的大量局部区(D区)问题,在本桥设计及科研中,引入了拉压杆模型设计方法,使各种锚固区的配筋更加合理,实现裂缝控制的目标。以下是按照拉压杆方法对齿板配筋的指导步骤:首先通过有限元分析得到在预应力作用下的应力云图;从应力分布中抽象出拉压杆模型(图4a),然后进行内力计算;有各个杆件内力,结合美国规范对齿板完成配筋设计(图4b)。

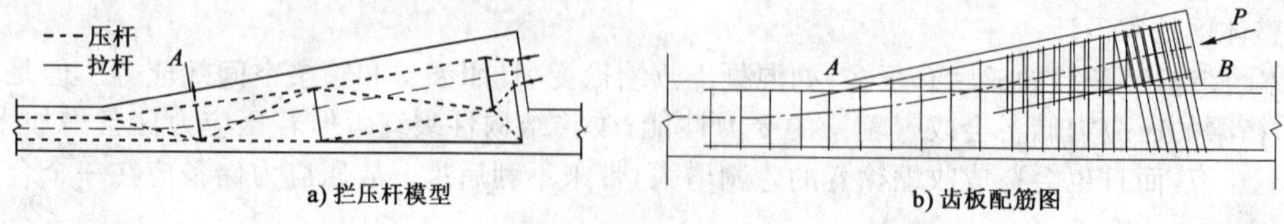

图4　齿板的拉压杆模型及其配筋设计

四、结　语

针对南京四桥节段预制拼装结构的特点,探讨了提高耐久性的如下对策:

(1)重视体内、外预应力筋的防护,在任何位置的体内筋至少设置3层防护体系;重视体内预应力束的锚头处防护,尤其保证不易检查的端部锚头的施工质量;保证灌浆质量,必要时采取真空辅助灌浆工艺。

(2)施工环氧树脂接缝,要注意涂抹的均匀性,以及接缝处压应力的选取,避免接缝处过早开裂而造成梁体的双向侵蚀。

(3)在设计阶段,就要考虑到体外预应力束的更换、重新张拉的可能性,成桥后应注重预留足够的张拉空间,对体外预应力的锚头注意密封和日常检查维护。

(4)重视桥梁的抗裂设计,针对整体区的裂缝可以采用合理成桥状态的设计思想,提高抗裂性能;而针对桥梁中出现较多横隔板、齿板和槽口等的局部区域,可以尝试用拉压杆模型的方法进行配筋设计。

参考文献

[1] M. D. Miller. Durability Survey of Segmental Concrete Bridges[R]. American Segmental Bridge Institute, ASBI, 2000.

[2] 郑振,黄铖.国道316线洪塘大桥结构检测与状态评估[J].福州大学学报,2003.

[3] Michael E. Kreger, James O. Jirsa, Harovel G. Wheat, Kevin J. Folliard. Accelerated Corrosion Testing, Evaluation and Durability Design of Bonded Post-Tensioned Concrete Tendons[D],2004.

[4] 刘钊.桥梁概念设计与分析理论(上册)[M].北京:人民交通出版社,2010.

[5] 南京长江第四大桥建设协调指挥部.南京长江第四大桥空气质量监测报告[R],2008.

[6] 仝腾,濮卫,刘钊.化学腐蚀环境下节段预制拼装混凝土梁桥的耐久性探讨[C]//第十九届全国桥梁学术会议论文集.北京:人民交通出版社,2010.

[7] New Directions for Florida Post-Tensioned Bridges[R]. Florida Department of Transportation, 2002.

[8] J. S. West, J. E. Breen, R. P. Vignos. Evaluation of Corrosion Protection for Internal Prestressing Tendons in Precast Segmental Bridges[J]. PCI Jounal, 1999.

[9] J. S. West. Durability Design of Post-Tensioned Bridge Substructures[D]. The University of Texas at Austin, 1999.

[10] AASHTO LRFD Bridge Specifications. 4th edition. American Association of State Highway and Transportation Officials, 2007.

66. 南京四桥节段预制拼装连续刚构桥的合理施工顺序研究

周 剑 王景全 刘 钊

(东南大学)

摘 要 在南京四桥节段预制拼装连续刚构的施工中,先采用上行式架桥机满跨吊挂的方式,形成临时简支梁,再通过体系转换形成刚构体系,不同的施工顺序对成桥内力状态有一定影响。本文以南京四桥南引桥某一联4×50m连续刚构为工程背景,从合理受力的角度,研究湿接头浇注和张拉的最优工序,可为类似桥梁施工提供参考。

关键词 节段预制拼装 先简支、后连续 湿接头 体外预应力

一、概 述

在节段预制拼装桥梁中,连续梁桥的应用较为普遍。然而,采用节段预制拼装方法所形成的连续刚构,减少了支座的设置,结构的整体性和行车舒适性更好,也是一种值得重视的桥型,在南京四桥的南北

引桥中，节段预制拼装连续刚构得到了较多的应用。

南京四桥连续刚构的施工方法是：利用上行式架桥机满跨吊挂预制节段，采用先简支、后连续的方式施工，在预应力筋的布置方式上，为体内、体外混合配束，体内束设在一跨之内，体外束用作多跨连续钢束。在具体的合龙施工顺序上，还存在多种选择，不同的施工方法会导致不同的结构内力状态。

二、连续刚构的多种合龙方案及优选原则

本文以南京四桥某一联4×50m连续刚构为背景，通过研究不同墩顶湿接头浇筑和体外束张拉工序对结构受力的影响，确定合理的施工顺序。合理的施工工序应该体现在：(1)墩身弯矩小；(2)上部结构的弯矩均匀；(3)预应力张拉引起的临时支座反力相差较小；(4)施工速度快，人力及设备资源利用合理。

对于所考察的四跨连续刚构，在各跨简支梁拼装完成后，其合龙施工工序(墩顶湿接头浇注顺序和体外预应力的张拉顺序)还存在多种选择：

方案1——四跨同步合龙法(图1)：3个墩顶湿接头同步浇筑，在混凝土达到规定强度后张拉体外预应力筋，先张拉贯通四跨范围内的通长束，后张拉每跨范围内的短束。

方案2——逐跨推进合龙法(图2)：先浇筑湿接头①，在混凝土强度达到要求后，张拉穿过湿接头①处的体外预应力。以此类推，逐次推进完成各跨的合龙。

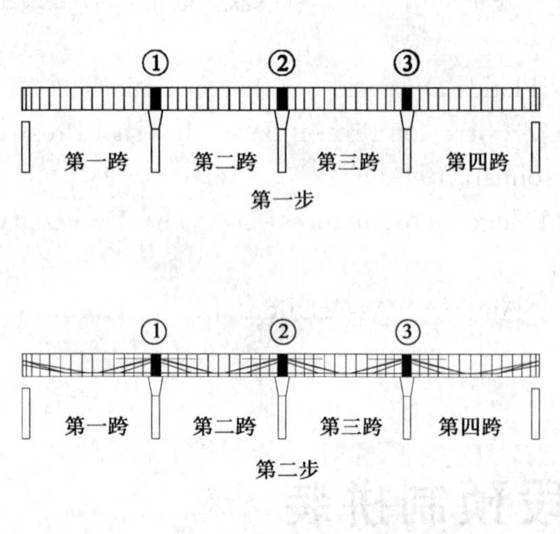

图1　方案1——四跨同步合龙施工工序

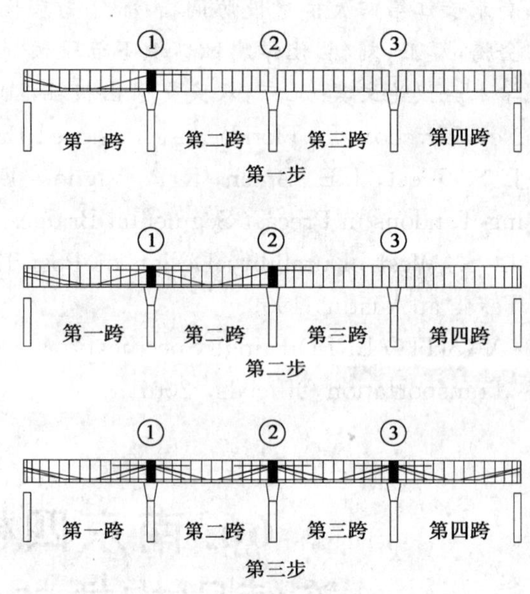

图2　方案2——逐跨推进合龙施工工序

方案3——先两边、后中间合龙法(图3)：先浇筑湿接头①、③，在混凝土达到规定强度后，张拉穿过湿接头①、③处的体外预应力；然后浇筑湿接头②，在混凝土达到规定强度后，张拉穿过湿接头②处的体外预应力；最后张拉贯通四跨范围内的通长束。

方案4——前后半联二次合龙法(图4)：浇筑墩顶湿接头①、②，在混凝土达到规定强度后，张拉穿过湿接头①、②处的体外预应力；然后浇筑湿接头③，在混凝土达到规定强度后，张拉穿过湿接头③处的体外预应力；最后张拉贯通四跨范围内的通长束。

合理的施工方案，应该体现在如下几点：

(1)连续刚构的桥墩分担桥跨结构的弯矩，由于桥墩的线刚度较小，因而对合龙过程中预应力的张拉情况较为敏感。合理的施工工序，应该使墩顶、墩底弯矩的不均匀程度最小。

(2)由于结构受力及配束的对称性，要求成桥后各跨梁体的弯矩均匀程度尽量好。

(3)在体系转换前后，墩顶上的两个临时支座分别给墩顶传递支反力。这两个支反力的均匀程度越好，桥墩受力及施工过程中的稳定性则越好。

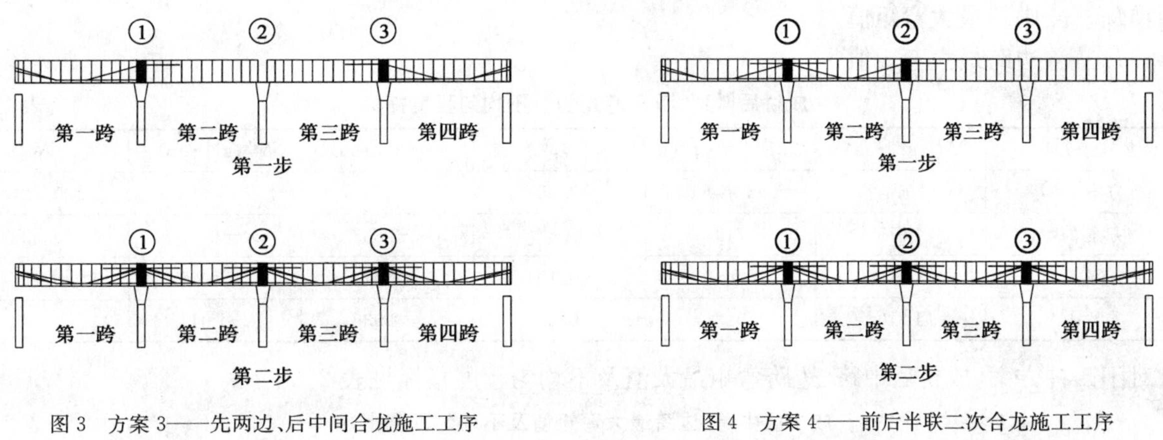

图 3 方案 3——先两边、后中间合龙施工工序

图 4 方案 4——前后半联二次合龙施工工序

三、计算分析及方案比选

针对四种备择方案，采用空间杆系分析程序(MIDAS)对以上各施工过程进行计算，得到成桥内力状态。经过计算，成桥后各方案下的结构弯矩图见图 5～图 8。

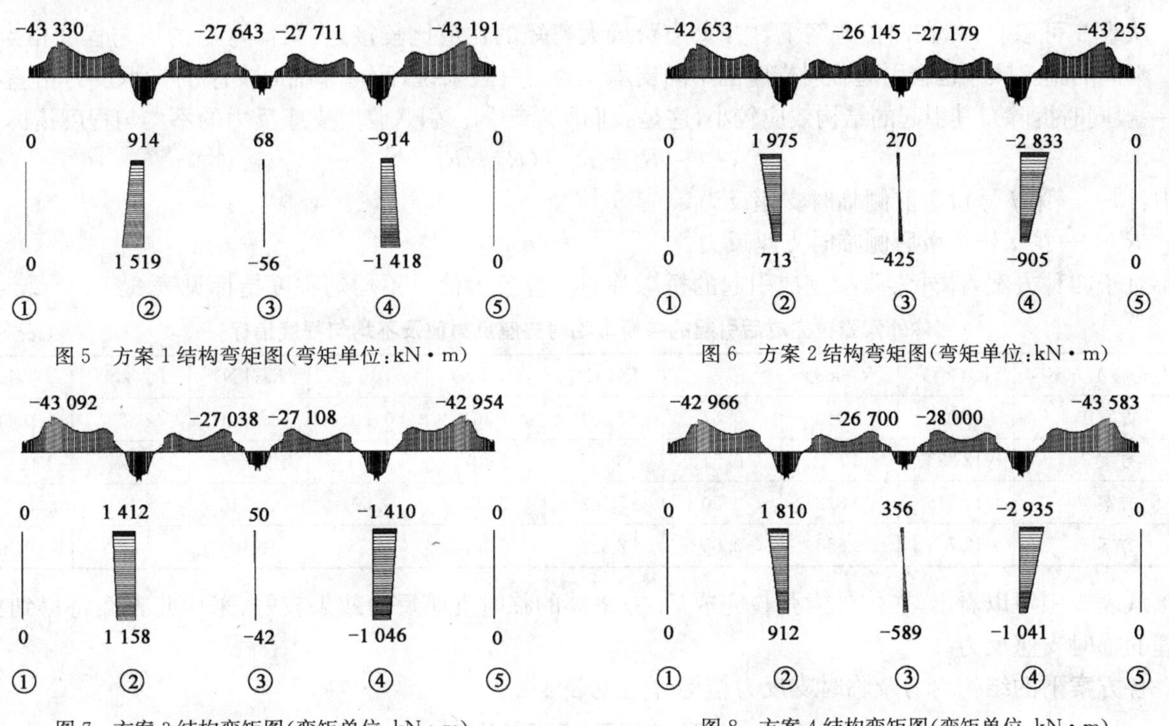

图 5 方案 1 结构弯矩图(弯矩单位：kN·m)

图 6 方案 2 结构弯矩图(弯矩单位：kN·m)

图 7 方案 3 结构弯矩图(弯矩单位：kN·m)

图 8 方案 4 结构弯矩图(弯矩单位：kN·m)

由图 5～图 8 可以看出，当采用不同的施工顺序时，桥墩弯矩会受到较大的影响。

引入墩顶、墩底弯矩的不均匀程度指标：

$$\lambda_{P} = (M_i - M_i')/(M_i + M_i') \tag{1}$$

式中：M_i——第 i 号桥墩的墩顶弯矩；

M_i'——第 i 号桥墩的墩底弯矩。

对于四种方案，成桥后各桥墩的墩顶、墩底弯矩值及不均匀程度指标见表 1。由于③号桥墩弯矩值较小，故不予比较。

从表 1 的计算结果可以看出，方案 3 的桥墩弯矩值更为均匀，受力更合理。

同样，引入梁体弯矩的不均匀程度指标：

$$\lambda_{M} = (M_{中} - M_{边})/(M_{中} + M_{边}) \tag{2}$$

式中：$M_{中}$——中跨最大弯矩值；

$M_{边}$——边跨最大弯矩值。

成桥后墩顶、墩底弯矩值及不均匀程度指标 表1

合龙施工方案	M_2(kN·m)	M_2'(kN·m)	λ_P	M_4(kN·m)	M_4'(kN·m)	λ_P
方案1	914	1 519	0.25	−914	−1 418	0.22
方案2	1 975	713	0.47	−2 833	−905	0.52
方案3	1 412	1 158	0.10	−1410	−1 046	0.15
方案4	1 810	912	0.33	−2 935	−1 041	0.48

对于四种方案，成桥后中跨、边跨弯矩最大值及不均匀程度指标见表2。

成桥后中跨、边跨最大弯矩值及不均匀程度指标 表2

合龙施工方案	$M_{中}$ (kN·m)	$M_{边}$ (kN·m)	λ_M	合龙施工方案	$M_{中}$ (kN·m)	$M_{边}$ (kN·m)	λ_M
方案1	−27 711	−43 330	0.22	方案3	−27 108	−43 092	0.23
方案2	−27 179	−43 255	0.23	方案4	−28 000	−43 583	0.22

从表2可以看出，在四种方案下，中跨、边跨最大弯矩的比值比较接近，梁体弯矩的均匀程度相当。

不同的施工顺序也会引起临时支座的不同支承反力。一般来说，两相邻临时支座的支承反力相差不大时(一般同时拆除)，其引起的结构效应较小，这是我们所希望的。引入临时支座反力的不均匀程度指标：

$$\lambda_R = (R_i - R_i')/(R_i + R_i') \tag{3}$$

式中：R_i——第 i 号桥墩前侧临时支座反力；

R_i'——第 i 号桥墩后侧临时支座反力。

对于四种方案，体外索张拉完成引起的桥墩临时支座反力值及不均匀程度指标见表3。

体外索张拉完成后引起的各桥墩临时支座反力值及不均匀程度指标 表3

合龙施工方案	R_2(kN)	R_2'(kN)	λ_R	R_3(kN)	R_3'(kN)	λ_R	R_4(kN)	R_4'(kN)	λ_R
方案1	12 040	2 412	0.67	7 371	7 361	0.001	12 041	2 323	0.68
方案2	12 235	3 750	0.51	8 237	6 607	0.11	9 835	4 021	0.42
方案3	11 345	3 822	0.50	7 163	7 150	0.001	10 315	3 714	0.47
方案4	12 705	2 656	0.65	8 822	6 395	0.16	10 109	4 072	0.43

从表3中可以看出，在体外索张拉完成后，方案3的临时支座反力效果较好，采用此方案将得到更为合理的临时支座反力。

各方案下的结构内力及临时支反力指标评定见表4。

四种方案下各项指标比选 表4

工序	桥墩弯矩不均匀程度指标		梁体弯矩不均匀程度指标		临时支反力不均匀程度指标		综合指标
	λ_P 平均值	评价	λ_M	评价	λ_R 平均值	评价	
方案1	0.23	良	0.22	良	0.45	中	良
方案2	0.49	中	0.23	优	0.35	良	良
方案3	0.12	优	0.23	良	0.32	优	优
方案4	0.40	中	0.22	优	0.41	中	中

四、结　　语

节段预制拼装连续刚构桥的超静定次数高，当采用不同的施工方案进行合龙及预应力张拉时，就会导致不同的成桥内力状态，因此，对施工工序开展优选是一项十分有意义的工作。

对于本文所研究的南京四桥某一联 4×50m 连续刚构，经过定量的分析比较，推荐采用“先两边、后中间”的合龙顺序，可以更加有效地释放结构的次内力，降低墩身的弯矩，有利于桥墩两侧临时支座反力的均匀性，同时能够保证结构的对称性。

参考文献

[1] 杨万里，项贻强，汪劲丰. 先简支后连续分布式箱梁桥后连续预应力合理张拉顺序研究[J]. 公路交通科技，2008，1(25).

[2] 张建民，岳英龙，王世杰. 简支转连续桥的合理施工体系转换[J]. 东北林业大学学报，2009(4).

[3] 陈强. 先简支后连续结构体系后连续端部施工顺序研究[J]. 铁道标准设计，2004(8).

[4] 王洪超. 先简支后连续结构体系的施工工序优化[J]. 岩土工程界，2005(12).

[5] 成刚. 先简支后连续梁桥体系转换最优化工序的研究[J]. 交通科技与经济，2006(9).

67. 节段预制箱梁预制关键工序及安装风险分析

冯　斌　杨树荣

（南京长江第四大桥建设协调指挥部）

摘　要　本文通过对南京四桥引桥节段预制箱梁预制过程关键工序的分析和计算，明确施工过程控制的关键工序及其控制重点。通过对安装过程的计算分析，找出相应的控制点和控制措施，并总结此类型箱梁的预制安装关键控制点。

关键词　节段预制箱梁　短线匹配　应力

一、概　　况

南京第四大桥引桥含南引桥和北引桥两大部分，合计长 2 802.6m，其中南引桥长 1 489.6m，北引桥长 1 313m，北引桥又分为跨划子河引桥和划子河以南引桥两个部分。南引桥及划子河以南引桥采用短线匹配预制，现场拼装，先简支后连续，跨划子河引桥采用短线匹配预制，悬臂拼装。箱梁共 2 122 榀，其中预制 2 054 榀，现浇 68 榀。

1. 南引桥

南引桥跨径 48～54m 不等，如图 1 所示。

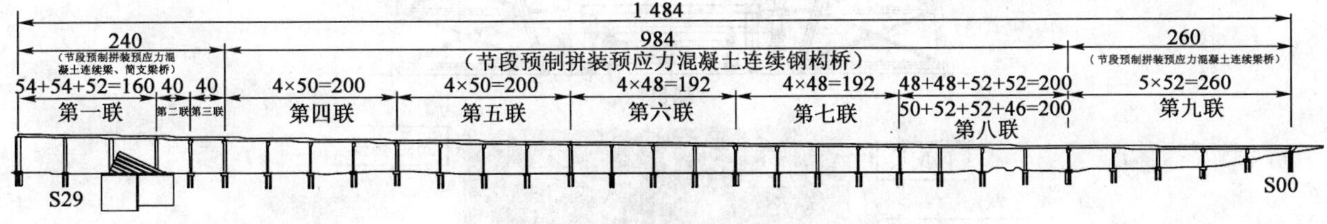

图 1　南引桥布置图(尺寸单位：m)

梁宽 15.8m，高 3m，根据重量和构造要求分节长度 2～3.4m，断面见图 2。

2. 划子河以南引桥部分

划子河以南引桥跨径布置与南引桥相似，箱梁断面相同。

3. 跨划子河引桥部分

该引桥为 6 跨连续梁，左右幅跨径为 37(52)m＋4×65m＋52(37)m，采用短线匹配预制，现场悬臂拼装。断面见图 3。

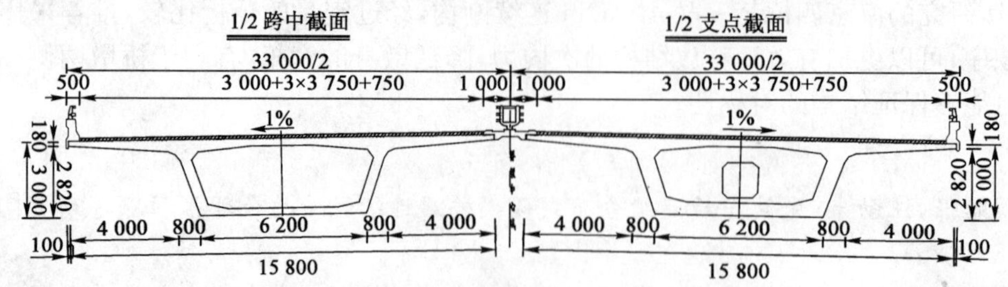

图 2　南引桥标准横断图(尺寸单位:mm)

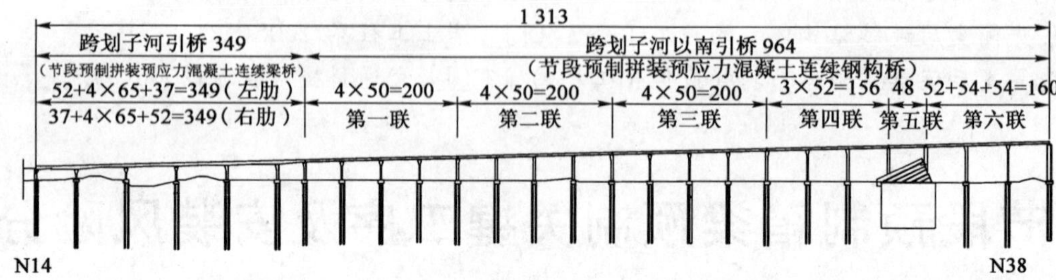

图 3　北引桥布置图(尺寸单位:m)

箱梁梁宽 15.8m,采用变截面设计,跨中底板宽度 6.2m,梁高 3.0m,根部底板宽度 5.56m,梁高 4.0m。

二、箱梁预制关键工序及其过程控制

箱梁预制分为模板系统、钢筋绑扎定位、预应力管道定位、短线匹配线性控制、混凝土浇筑、箱梁修整存放等工序,其中模板系统、预应力管道定位和短线匹配线性控制为关键工序,下面详细介绍其施工控制。

1. 模板系统

箱梁节段预制采用液压式模板系统。短线法箱梁节段预制的模板系统分为固定端模及支架、活动端模(首节段预制)、外侧模及支架、内模及移动支架、底模及底模台车、液压系统等几部分组成。其组成及断面构造见图 4。

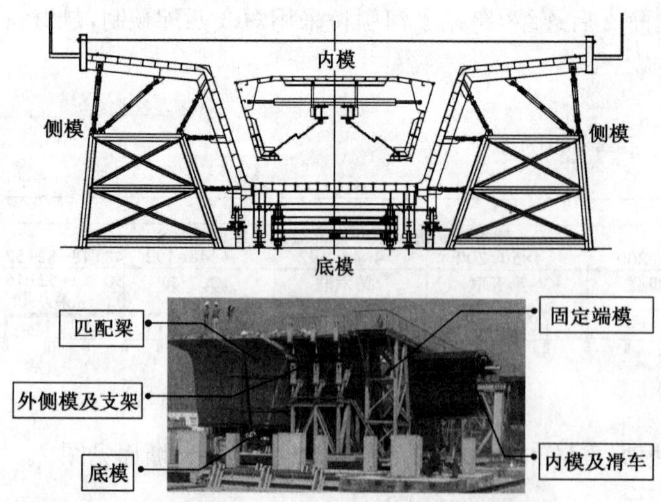

图 4　模板断面及组成示意图

(1)固定端模。在整个模板系统中,固定端模的精度要求最高,宜选用大刚度模板,加劲后与固定在地面的支撑锚固支架连接。

(2)底模及台车。底模设置在底模台车上,底模台车安装有竖、横向液压千斤顶,用于底模和匹配梁段的三维位置调整;台车可在预制台座设置的轨道上滑动,便于匹配和出梁。

(3)侧模。侧模需采用足够刚度的模板，通过螺旋调节系统与支架相连，可进行水平和竖向调整。顶口和底部通过对拉杆对拉。

(4)预制台座。整个模板系统安置在预制台坐上，预制台座按一套模板和两套箱梁重量设计混凝土基础，并且要保证不产生不均匀沉降；为保证冬季、雨季施工，还应修建开启式空调养生房(活动板房)。

2. 预应力管道定位

(1)在钢筋绑扎的同时，进行所有预埋管件的埋设。预应力管道采用"♯"字形钢筋定位，定位筋在直线段按 0.5m 的间距设置，曲线段按 0.3m 的间距设置。

(2)锚垫板要与管道中心线垂直，并且可靠固定在模板上，锚垫板与波纹管接头处用胶带严密包缠防止混凝土浇注时漏浆堵塞管道。

(3)为保证波纹管位置及对接口的准确，在固定端模上按波纹管设计位置钻孔，用硬塑料塞塞住波纹管管口，并用螺栓将硬塑料塞固定在端模上，由此精确控制波纹管口位置。匹配面处待浇梁段与匹配梁段相应波纹管用硬质内衬管确保其连接顺直。见图 5。

(4)根据施工的特点，宜特别注意非预制台坐上操作的预埋件的准确性，如后浇带上管道和锚垫板等的定位精度。

图 5 波纹管堵头、定位

3. 短线匹配

短线匹配法预制箱梁梁段线形控制，主要体现在箱梁模板精度控制和匹配梁段定位两个环节上。

(1)模板精度控制。最重要的是固定端模的精度控制。固定端模模面须保持竖向垂直并与预制单元中线成 90°，端模上缘保持水平。端模标高应以靠近腹板处的测量控制点进行检查，应满足 1mm 的绝对误差。

每次梁段浇筑完成后，在下一梁段浇筑前，均需对固定端模精度进行校核。一般情况下，固定端模是不需移动的，但如果过程中经过测量发现固定端模出现达不到精度要求时，则必须调校合格后方能进行下一道工序施工。

底模和外侧模根据和固定端模的相对位置进行调整。

(2)匹配梁段定位：

①测量塔是短线法节段预制线形控制的关键设施，其施工精度和抗变形能力将对节段梁线形控制精度产生至关重要的影响。

测量塔布置于相应预制台座的中轴线上，必须采用独立桩基，并保证其使用阶段不发生不均匀沉降。其上的操作平台与测量塔相对独立。最后在钢管桩顶精确安装强制对中盘。

匹配梁段的定位主要通过 6 个控制测点来实现的，测点设置见图 6。其沿梁段中心线的两个测点(FH&BH)用来控制平面位置，而沿腹板设置的四个测点(FL,FR,BL&BR)用以控制高程。所有的控制预埋件都在匹配梁段作为浇筑梁段时混凝土凝结前安放在梁段顶板上。预埋件必须尽量设置在所规定的位置，作为相对位置的参考。

②匹配梁段初步定位。匹配梁段的初步定位主要是通过卷扬机和底模台车来完成。定位时，通过导向滑车和设置于底模台座端面上的动滑车牵引底模台车做纵向较长距离的移动，使梁段行至安放处的大致位置。此时梁段的平面位置主要是通过钢卷尺丈量匹配梁匹配端至固定端模的距离来实现。

③匹配梁段精确定位。匹配梁段的精确定位主要是通过测量仪器观察梁段顶面上的 6 个控制点，并通过手拉葫芦和底模台车上的油压千斤顶进行调整来实现的。手拉葫芦精确控制其纵向距离的微调，油压千斤顶精确调整梁段标高和轴线偏角。整个调整过程由专人统一指挥。

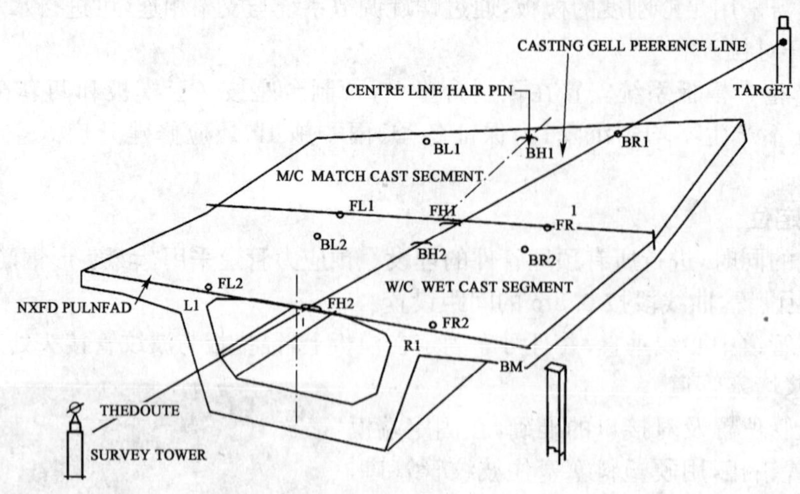

图 6　测量控制点布置示意图

在梁段精确定位后，对梁段的控制点进行两组独立的测量，并取平均值。测量数据按专业软件中的表格填写，测量数据经监理工程师检查复核后，将测量数据的平均值输入到专业软件程序中，电脑自动算出匹配梁段（新浇梁段）的位置。

计算新浇梁段作为匹配梁段时的位置，需测量（新浇梁段混凝土凝固后移动前测量）的数据包括：

XFH，XBH：固定端模和 U 形圆钢之间的 X 方向距离。

XFL，XBL，XFR，XBR：固定端模和镀锌十字头螺栓之间的 X 方向距离。

YI1：端模中线和预制单元中线之间的 Y 方向距离（须保持零）。

YFH，YBH：端模中线和 U 形圆钢之间的 Y 方向距离。

YFL，YBL，YFR，YBR：端模中线和镀锌十字头螺栓之间的 Y 方向距离。

ZLI1，ZRI1：测量控制点高程。

ZFL，ZBL，ZFR，ZBR：测量镀锌十字头螺栓标高。

SL，SR：新浇梁段左右边长度。

测量数据输入专用程序（南京四桥使用的是新加坡耀华开发的 Geompro 程序），程序自动对梁段所达到的精度进行验证判断，如能达到要求，显示通过；对超出精度要求的，程序则要求重新调整定位；对符合精度要求，但偏差值较大的，程序会以红色数字警示，以使在下个梁段时进行更正调整。

三、安装风险分析

节段预制箱梁的拼装阶段，通过检算预制件的受力，分析其发生结构安全风险的阶段，并采取措施，避免风险造成的结构损害。

根据对岸钻杆过程的全面计算分析，确定起吊过程和桥面运梁过程存在结构风险。

1. 节段箱梁预制件的吊装受力状态分析及对策

预制箱梁节段在台座完成预制工作后，需经历预制场地内的移运与堆放、节段的场外运输以及架桥机吊挂拼装等施工阶段，箱梁梁段通过设置在箱梁顶面上的临时吊点，完成各阶段的运输与吊装。考虑到箱梁在施工吊装状态与运营状态在受力上有差异，对箱梁节段在吊装运输过程的应力情况进行检算，以防出现裂缝。

选取 4×50m 典型跨连续刚构的 F2 类梁段进行分析，其中 F2 类梁段节段长 3m，宽 15.8m，预制段重力为 730.6kN。考虑起吊过程中的冲击作用，取 1.2 的质量放大系数。

在标准段，临时吊点的纵向间距为 1.2m，横向间距为 5.6m。如采用如图 7 所示的简单吊点，在 ANSYS 有限元分析程序中选取 soild45 单元模拟箱梁节段，以约束箱梁顶板下缘相应位置的节点自由度模拟临时吊点对箱梁节段的作用。在上述荷载和约束条件下,F2 类箱梁节段的竖向拉应力如图 8 所示。

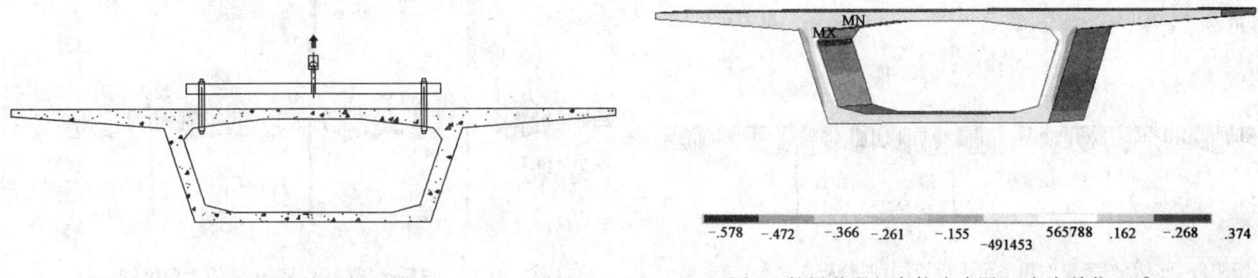

图 7　简单吊点示意

图 8　箱梁节段竖向拉应力图 1(应力单位:10^7Pa)

计算表明吊装时箱梁节段发生微量的变形,最大的变形量值不超过 3mm。腹板与顶板交界处普遍出现大于 2MPa 的竖向拉应力,最大竖向拉应力发生在顶板梗腋转角处,达到 3.7MPa(红色区域)。此拉应力水平下,该区域有潜在开裂的可能性。

对此,通过计算,宜采用如图 9 所示的吊具并将钢结构的扁担梁通过对穿螺栓与箱梁顶板相互夹紧。

对于这一工况进行有限元的分析,考虑扁担梁对箱梁梁段的作用,图 10 中显示,腹板内侧的竖向拉应力普遍在 1.5～1.9MPa,最大竖向拉应力处拉应力为 2.5MPa。该区域的竖向拉应力水平明显减小。

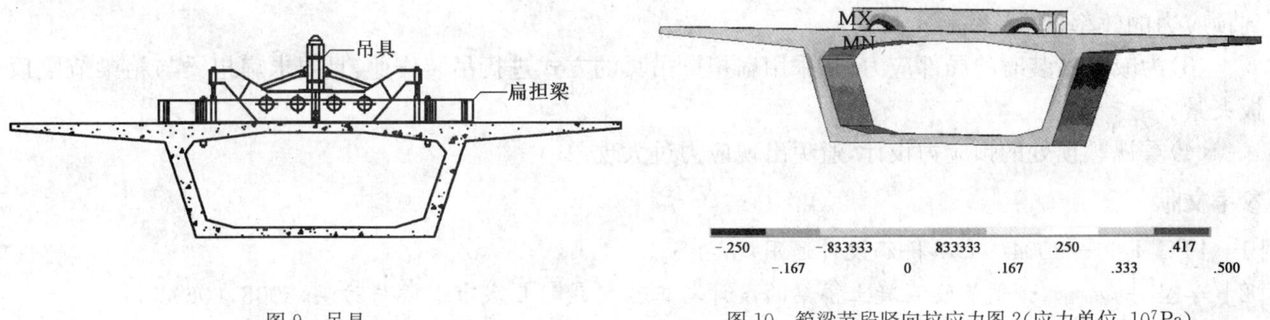

图 9　吊具

图 10　箱梁节段竖向拉应力图 2(应力单位:10^7Pa)

2. 运梁过程时受力状态验算及对策

在施工过程中,采用尾部喂梁方式架设,运梁车在桥上通过,分为两种情况:①简支状态下,运梁车载有节段梁通过,架设本联的主梁;②全桥简支变连续后,二期恒载未加上之前,运梁车通过,架设其他联的主梁。运梁车荷载按运梁平车共有四个轴(纵向间距 1m),运梁状况下单个轴重按 277kN 考虑。选用南引桥第 8 联(50m＋52m＋52m＋46m 连续刚构)进行验算。

根据规范,预应力混凝土受弯构件在预应力和构件自重等施工荷载作用下截面边缘混凝土的法向压应力应满足:

$$\sigma_{cc} \leqslant 0.7 f_{ck} = 22.68\text{MPa}$$

(1)简支运梁阶段应力验算。简支运梁状态下把运梁荷载简化成一个集中荷载 $P=4\times277\text{kN}=1\,108\text{kN}$作用在主梁上,此阶段梁体在运梁车情况下的弯矩图和混凝土正应力包络图如图 11 所示。

由图可知,简支运梁阶段主梁混凝土最大正应力值为 8.9MPa,满足规范要求。

(2)成桥运梁阶段应力验算。成桥运梁阶段梁体在运梁车荷载作用情况下的混凝土正应力包络图如图 12 所示。

简支运梁阶段主梁混凝土最大正应力值为 14.7MPa,满足规范要求。但在墩顶处箱梁截面下缘出现了 1.9MPa,因此在墩顶现浇段下缘需设置适量预应力,或者设置临时预应力。

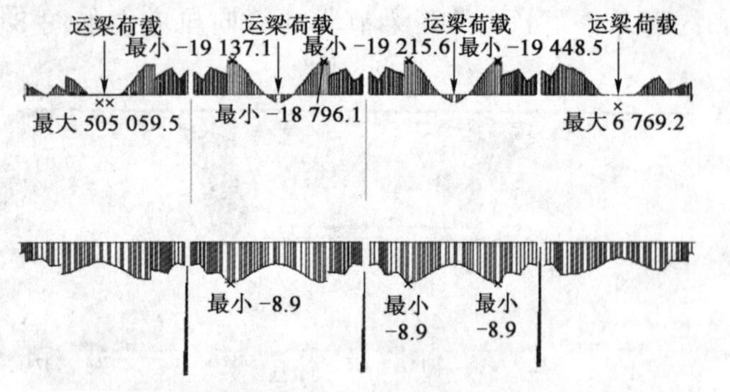

图11　运梁车荷载作用下全桥弯矩图(四跨简支状态)和主梁混凝土正应力包络图(拉为正,应力单位:MPa)

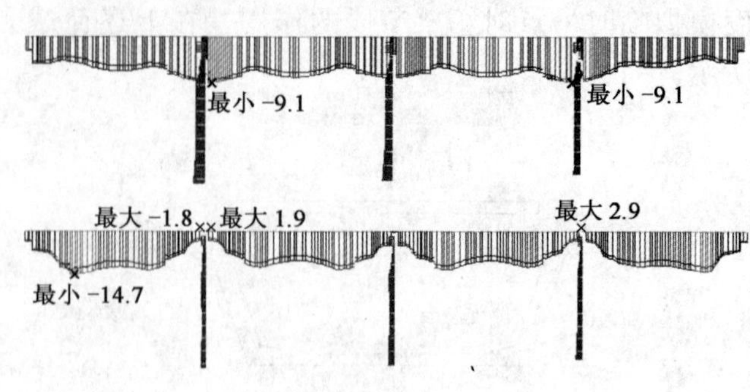

图12　成桥运梁阶段混凝土正应力包络图

四、结　　语

短线匹配制梁工艺在国外发展时间较长,但国内只是近年才比较普及,由于其不占用现场场地、工期比较容易控制且通过后场预制质量容易得到保证等特点,近几年国内公路大桥使用较多,但是由于各方面经验相对较少,希望通过对节段梁预制和安装过程的分析,在以下几方面可以少走弯路:

(1)在预制过程中,重点需要抓好模板、预制台座的制造,特别是端模板的定位;同时短线匹配的精度。

(2)重视预应力管道的定位,特别是端部接头位置以及预应力管道的平顺连接,其准确与否直接关系到预应力的效率。

(3)为减少吊装时的局部应力,宜采用扁担梁吊具的方式进行吊装作业,且要求扁担梁与箱梁节段顶板夹紧。

(4)重视墩顶处的预应力设计,避免出现应力过大现象。

参考文献

[1] JTG D60—2004　公路桥涵设计通用规范[S].

[2] 李坚,陆元春.预制节段混凝土桥梁的设计与工程实践[J].城市道桥与防洪,2003,(06).

[3] 黄立浦.节段施工体外预应力桥梁力学性能及索力分析[D].中国优秀硕士学位论文全文数据库,2008,(12).

[4] 陆元春,李坚,黄锦源,顾强,朱鸿蕾.预制节段混凝土桥梁设计与施工应用研究[J].海威姆预应力技术,2001(6).

[5] 李立军.短线台座法在城轨交通节段梁预制施工中的应用[J].现代城市轨道交通,2006(6).

68. 南京长江第四大桥E标节段箱梁预制质量控制

张　翼　夏　辉　种艾秀

(中交二航局)

摘　要　在当代桥梁设计中采用节段箱梁短线预制的方法已经是一种趋势,南京长江第四大桥E标节段箱梁预制方法虽然采用了传统的施工工艺,但是施工细节上还有许多独特之处,节段箱梁种类多,结构复杂多变,施工质量控制注意细节也较多,本桥预制质量控制总体较为成功,可供以后节段箱梁预制时质量控制参考。

关键词　节段箱梁　短线预制　钢模板　钢筋笼　保护层　混凝土

一、南京四桥引桥节段箱梁特点

本桥引桥施工项目 E 标段包含南引桥和北引桥两大部分的上部结构施工，采用短线匹配法进行节段箱梁预制，引桥合计长 2 802.6m，其中南引桥长 1 489.6m，北引桥长 1 313m，北引桥又分为跨划子河引桥和划子河以南引桥两个部分。

1. 划子河以南引桥和划子河南引桥部分

如图 1 所示，主梁采用单箱单室截面，单幅桥预制箱梁宽度为 15.80m，箱梁底板宽度为 6.20m，梁高 3.0m。箱梁翼缘悬臂 4.0m，悬臂端厚度 18cm，悬臂根部厚 50cm，顶板全部等厚，为 27cm。连续端横隔梁根据固结桥墩的顺桥向宽度不同采用 2.0m 与 2.5m 两种类型，在各跨预制梁简支状态施工完成后现场浇筑，形成刚构体系，非连续端横隔梁厚度采用 2.2m，其中一部分横隔梁采用现场浇筑，另一部分工厂预制，并用作后浇横隔梁的端模板。箱梁除上述部分横隔梁和连续端墩顶梁段需要现浇外，其余均采用分节段在工厂预制完。箱梁在体外预应力钢束转向位置设置转向块，高 40cm，顺桥向宽度 120cm，转向块肋板厚 40cm。预制梁段两端设置了凸凹交替的剪力键，用于传递梁段间的剪切力。

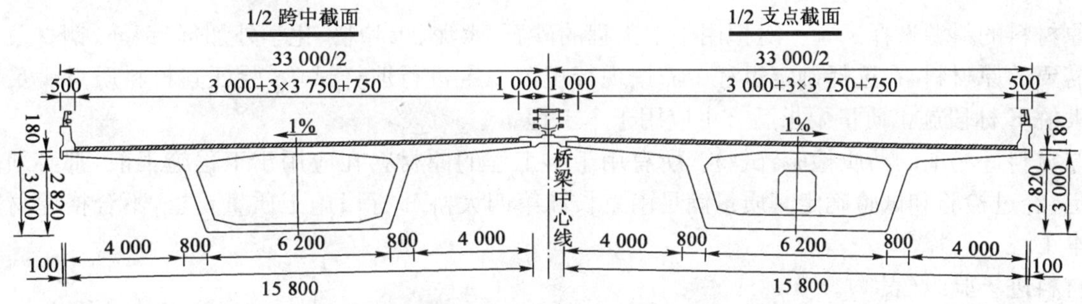

图 1 划子河以南引桥和南引桥截面（尺寸单位：mm）

箱梁平曲线及竖曲线由高精度的折线拟和而成：通过调整顶板顺桥向尺寸形成竖曲线，通过调整两侧翼缘板宽度形成平曲线，单跨的平（竖）曲线拟和误差通过墩顶现浇梁段补偿。

2. 跨划子河引桥部分

如图 2 所示，单幅桥预制箱梁宽度 15.80m。跨中箱梁梁高 3.00m，底板宽度为 6.20m；根部箱梁梁高 4.00m，底板宽度为 5.56m。箱梁梁高在中间墩两侧各 16.25m 范围内直线变化，在箱梁梁高变化范围内，箱梁腹板斜率保持不变，仅变化底板厚度。箱梁翼缘悬臂 4.00m，悬臂端厚度 18cm，悬臂根部厚度 50cm，全桥箱梁顶板厚度均为 27cm。跨中箱梁截面腹板厚 50cm，底板厚 25cm；根部箱梁截面腹板厚 68cm，底板厚 60cm。箱梁底板厚度在箱梁梁高变化范围内线性变化。箱梁在体外预应力钢束转向位置设置转向块，高 40cm，顺桥向宽度 90～120cm，转向块肋板厚 30cm、40cm。预制梁段两端设置了凸凹交替的剪力键，用于传递梁段间的剪切力。

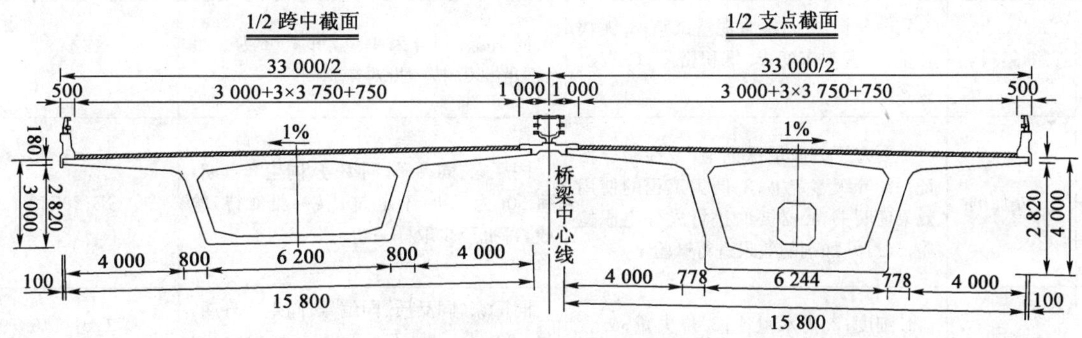

图 2 跨划子河引桥截面（尺寸单位：mm）

箱梁非连续端墩顶箱梁节段和连续端0号梁段采用节段预制、横隔梁后浇结构形式，箱梁其余节段均采用分节段在工厂预制完成，运送至桥位进行现场悬臂拼装。

二、节段箱梁预制施工质量控制

1. 节段箱梁预制施工质量控制的意义

相对于其他的桥梁施工工艺，短线匹配法节段箱梁预制数量多，每榀梁参数不同，各成品梁段具有不可替代的唯一性。因此，对节段箱梁的质量控制显得尤为重要。

2. 节段箱梁质量控制的几个方面

根据节段箱梁生产的工序进行划分，节段箱梁质量控制主要由以下几个方面组成：

第一，原材料；

第二，模板工程；

第三，钢筋及预应力工程；

第四，混凝土工程。

(1)原材料。

①原材料的料源选择试验。对拟用于本工程的砂石、水泥、掺和料、化学外加剂、钢筋、钢材及其他工程施工需要的原材料，在选择确定过程中需按现行规范规定进行取样试验，验证其材料质量满足南京长江第四大桥E标段施工质量要求后方可应用于本工程。

②原材料进场前的品质检验、试验。所有用于本工程的原材料在应用于工程施工前，都必须按现行规范规定，经过检验和试验确定其质量满足南京长江第四大桥E标段施工质量要求，不合格原材料不得应用于本工程。

③材料进场验收(表1)。

材料进场后的检验内容及频率　　表1

序号	材料名称	检验试验内容	频　率	检验状态依据
1	水泥	1. 胶砂强度；2. 安定性；3. 凝结时间；4. 细度；5. 必要时做组成材料分析试验；6. 标准稠度	同厂家、同品质、同编号、同生产日期，每500t为一批(不足500t按一批对待)验收，每批至少取样一组，袋装为200t/批	GB 175—99 GB 1344—99
2	钢筋	1. 屈服强度；2. 极限强度；3. 延伸率；4. 冷弯试验；5. 接头拉力试验	同品种、同等级、同一截面尺寸、同炉号、同生产厂家每60t为一批(不足60t按一批对待)验收每批至少取样一组	GB 1499—98 GB 1013—91
3	粗集料	1. 筛分析试验；2. 表观密度；3. 含泥量；4. 泥块含量试验；5. 针片状含量试验；6. 压碎值试验	同料源、同开采单位、同级配，每700t为一批验收(不足700t按一批对待)每批至少取样一次	
4	细集料	1. 筛分析试验；2. 含泥量试验；3. 泥块含量；4. 表观密度；5. 堆积密度；6. 有机质含量	同料源、同开采单位，每600t为一批(不足600t按一批对待)验收	
5	外加剂	1. 要有厂方质量保证书(或检验合格证)；2. 等级鉴定书；3. 同类工程的使用效果证明书；4. 必要时进行成分组成检验；5. 对外加剂的效果进行试验	同厂家、同品质、同编号、同生产日期，每50t为一批(不足50t按一批对待)验收，每批至少取样一组	GB 8076—1997
6	粉煤灰	1. 细度；2. 需水量比；3. 烧失量；4. 含水量；5. SO_3含量	同厂家、同品质、同编号、同生产日期，每200t为一批(不足200t按一批对待)验收，每批至少取样一组	GBJ 146—90 GB/T 1596—2005

(2)箱梁模板。

①模板构造。模设计考虑模板使用过程的通用性以及模板周转的方便。短线法箱梁节段预制的模板系统分为固定端模及支架、活动端模(首节段预制)、外侧模及支架、内模及移动支架、底模及底模台车、液压系统等几部分组成,见图3。

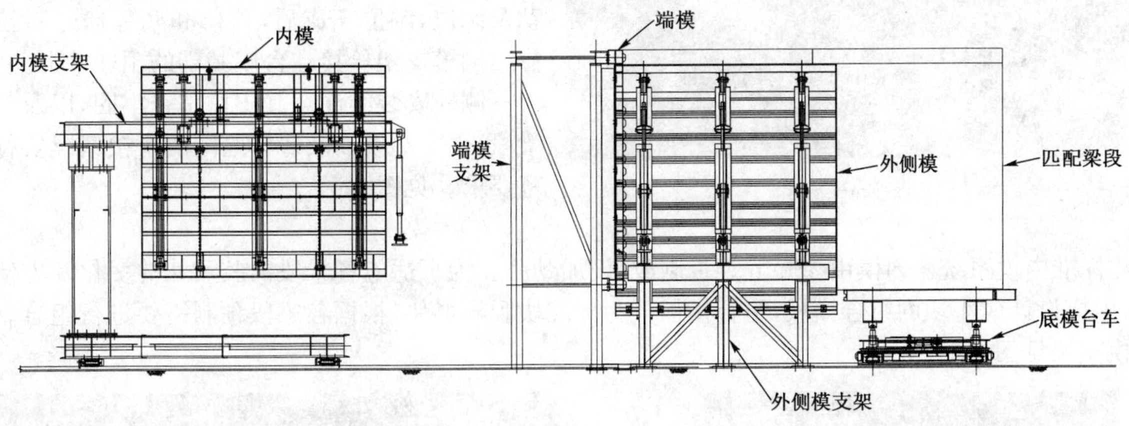

图3 模板结构示意图

②模板加工。所有的模板都必须具备足够的刚度以避免在混凝土浇筑过程中发生变形,为保证预制节段的几何尺寸与线形都符合设计的要求,在加工时要进行精确控制。

整个板面成型以及含剪力键的凹凸端模,主要采用数控加工工艺。由于数控加工柔性好,自动化程度高,特别适宜加工轮廓形状复杂、带有曲线的模板,保证了预制梁的线形控制。

③模板安装。模板的安装顺序为:预埋件埋设→底模安装→侧模安装→吊入钢筋骨架→内模安装。由于固定端模的位置是固定的,每次模板安装时,测量校核其平面位置、水平度及垂直度即可。墩顶块和每跨起始梁段预制时,两端均需端模(固定端模和移动端模),其他梁段的端模为固定端模和匹配梁段的端面。

④端模。待浇梁段的端模包括固定端模和匹配梁段的匹配面(墩顶块和每跨起始梁段除外)。

a. 固定端模。固定端模由δ10mm钢板做面板,与固定在地面的支撑锚固支架连接,其余部分则采用焊接固定。在整个模板系统中,固定端模的精度要求最高,安装固定端模时必须注意端模的竖直度以及与端模架焊接的牢固程度。

测量控制时主要对固定端模的中线、垂直度,以及端模顶面的水平度进行精确控制。

b. 匹配梁段的定位。匹配梁段定位是短线匹配梁施工中的重要一环,其定位步骤如下:

步骤1:测量人员根据新浇梁段测量的数据以及新浇梁段与匹配梁段相互位置关系,通过专业程序计算出下一梁段预制时新浇梁段作为匹配梁段所应处的位置;

步骤2:测量人员提供匹配梁段匹配面与固定端模的位置距离;

步骤3:现场施工技术人员根据测量人员提供的数据,对匹配梁段实行初步定位;

步骤4:测量人员观测匹配梁段,指挥人员操作底模台车上的油压千斤顶进行纵、横向及水平标高精确定位;

步骤5:定位后旋下底模上的四个螺旋撑脚,并使其受力,卸落底模台车千斤顶,完成受力支点的转换;

步骤6:复测匹配梁段控制点坐标,并输入数据至监控程序,精度达到要求并通过误差校核则合拢侧模,如达不到要求,则顶升千斤顶重新定位。

⑤底模及台车。底模面板采用δ10mm厚钢板,纵、横向设加劲肋。每个预制台座配备两套底模(分别用于匹配梁段和待浇梁段),它们之间相互换位,移出时采用底模台车,移进时采用龙门吊。底模台车安装有竖、横向各4台液压千斤顶,可用于底模和匹配梁段的三维位置调整。底模板和底模台车见图4。

图4　底模和底模台车

⑥侧模。侧模采用 δ8mm 厚的优质钢板，配纵、横向肋，通过钢结构支架进行支撑，支架上设螺旋调节系统，可进行水平和竖向调整。

侧模通过支架支撑上的螺旋调节装置进行移动及调位，调位完成后，顶口和底部通过对拉杆对拉。侧模支架栓接在台座基础的预埋件上。

侧模安装须注意其支撑是否牢固，以及与匹配梁段，固定端模以及底模之间的拼接情况要符合规范要求。见图5。

⑦内模：

a.标准内模系统。内模由 δ8mm 钢板制成，设加劲肋。为了适应各梁段内腔尺寸的变化及方便装拆操作，内模设计成小块的组合模板，组合模板分为标准块和异形块，根据各梁段预制需要进行组合。内模和内模支架见图6。

图5　侧模

图6　内模及内模支架

在端模、底模及侧模调校到位后，用龙门吊吊入钢筋骨架并定位。利用卷扬机将内模移入钢筋骨架内腔，用液压系统将内模展开，再调节可调撑杆支撑、固定内模。

b.快易收口网模板。快易收口网模板主要用于墩顶块、转向器、顶板齿块等需二次浇筑梁段的预制。快易收口网模板在钢筋骨架绑扎过程中就安装于钢筋骨架内，在钢筋骨架吊放入模后，以两端的钢模为依托，用脚手管对收口网模板进行加固。

⑧模板拆除。箱梁混凝土同条件养护的试块强度达到50%时，拆除模板。模板拆除顺序为：内模拆除→外侧模拆除→匹配梁段移开→新浇梁段移到匹配梁位置。

(3)钢筋及预应力工程。本工序的主要工作内容有：钢筋骨架绑扎、预埋管件安装及定位、混凝土垫块安装。

钢筋骨架除部分梁段在模板内绑扎外，大部分在钢筋胎具上绑扎。根据进度要求，绑扎台座共设置14个。绑扎台座外围人行走道及箱梁翼缘下方采用脚手管支架，钢筋骨架支撑部分采用型钢支架，其中型钢支架部分严格按箱梁外围尺寸扣除净保护层后尺寸搭设，见图7。

图7　钢筋绑扎台座实例图

①钢筋骨架绑扎。为了加快施工进度，避免钢筋绑扎时对已安装模板的污染，梁段钢筋采取先绑扎成型，再整体吊装入模的施工工艺。钢筋绑扎在固定的钢筋绑扎台座上完成，钢筋绑扎时，在台座上定点放样绑扎，钢筋骨架的几何尺寸、钢筋型号、

数量、规格、等级、间距、搭接长度及接头位置的布置均要满足设计图纸及规范要求。在锚固齿块、转向块和横隔板等需二次浇筑构件的侧模及底模倒角位置，采用预埋滚轧直螺纹套筒的方式进行钢筋连接。

②预埋管件的安装、定位。在钢筋绑扎的同时，进行所有预埋管件的埋设。主要包括：体内预应力波纹管（锚垫板）的埋设、预制梁段临时吊点预埋件、预制梁段临时预应力预埋件、体外预应力束限位装置预埋件、墩顶梁段临时固结预埋件、其他桥面附属设施预埋件及通气孔、泄水孔的埋设。

波纹管进场后应核对其类别、型号、规格及数量，并进行相关的试验检验。安装时，要准确定位，管道线形平顺，按设计给定的曲线要素安设，采用"#"字形钢筋定位，定位筋在直线段按 0.8m 的间距设置，曲线段按 0.4m 的间距设置，若实际钢束的曲线弧长不足 0.4m，则继续加密。锚垫板要与管道中心线垂直。垫板与波纹管接头处用胶带严密包缠，防止浇注混凝土时漏浆堵塞管道。当预埋管（特别是预应力管道）位置与钢筋位置发生冲突时，可以适当移动普通钢筋。波纹管堵头、定位见图 8。

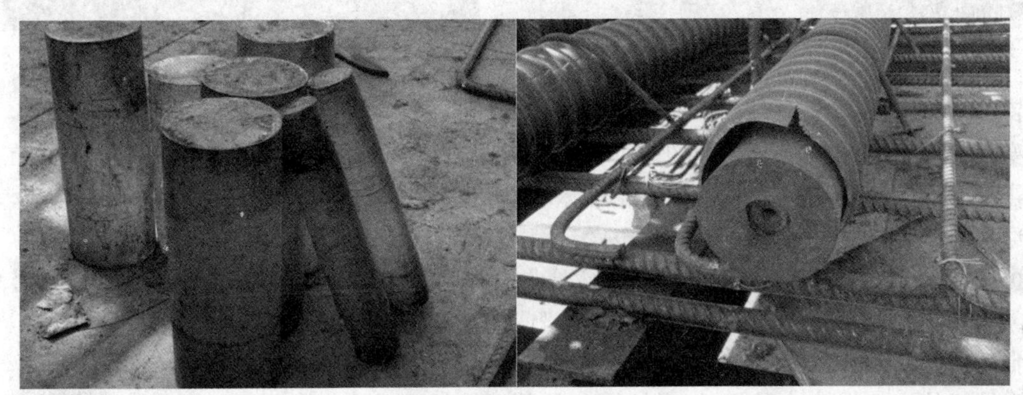

图 8 波纹管定位及堵头、连接棒

为保证波纹管位置及对接口的准确，在固定端模上按波纹管设计位置钻孔，通过螺栓固定硬塑料塞的办法来精确控制波纹管口位置。匹配面处待浇梁段与匹配梁段波纹管用 20cm 长，直径为相应波纹管直径缩小 1cm 的内衬硬质橡胶棒进行连接，确保其连接顺直。钢筋笼入模后，对波纹管的线形进行重新复核，首先复核固定端模端的预应力位置，然后采用"带线法"，从波纹管两端拉线，调整直线段的波纹管。对于曲线段的波纹管，要重点注意起弯点和弯曲半径，以精确地保证波纹管的线形。

预埋件埋设前，检查预埋件的尺寸、规格及其焊缝质量，保证其满足设计图纸和相关技术规范的要求。安装时进行测量放样，确保位置和高程的准确。预埋件固定时要与钢筋骨架可靠地焊接。

③保护层制作与安装：

a. 保护层制作。垫块采用细石混凝土垫块，选用 5～10mm 细石，其他材料均与箱梁使用材料一致。通过试配，得出配合比为：（水泥＋粉煤＋矿粉）：中砂：5～10mm 碎石：水：外加剂＝548（356.2＋82.2＋109.6）：784：959：158.9。

垫块制作选择在房内进行，受外界环境影响较小，生产出来的垫块强度较为稳定。垫块制作选用聚四氟乙烯的模具（图 9），制作误差在 1mm 以内。将模具放置在振动台上，通过四角的螺栓进行固定，填满拌制均匀的混凝土，开动振动平台（图 10），振捣密实后关闭，30～45min 后在垫块内插一孔洞，便于穿入绑扎的扎丝。60min 即可脱模。待 6～7h 后，将垫块全部倒入养护池中（图 11）进行养护。养护天数为 14d 以上。垫块加工好后，即放置在成品池中。不得受到油污污染，颜色与箱梁混凝土基本一致。通过试压与垫块同条件进行养护的试块，达到箱梁设计强度以上时，方可使用。

图 9 保护层垫块模具

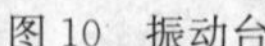
图10 振动台

图11 垫块养护池

b.安装：

垫块按梅花形布置，每平方米不得少于4个，绑扎时将凹槽卡与主筋上，绑扎必须牢固。在底部倒角及上倒角等钢筋笼入模后的承重部位适当加密垫块，防止垫块被压碎。

钢筋笼入模后，对保护层进行仔细检查，发现有不符合要求的，及时调整。

④钢筋骨架入模。绑扎成型的钢筋骨架经验收合格后即可吊装，吊装前清除钢筋上的冰雪及污垢等，吊装由15t龙门吊完成。为防止变形，钢筋骨架采用专用吊具多点平衡起吊。

吊运前，使用紧张器调整钢丝绳使各吊点受力均匀。钢筋骨架上的吊环用ϕ16mm的圆钢弯制而成，吊环与钢筋骨架的主筋焊接。吊装时，保护好各种预埋管件不受损伤。对于不能及时入模的钢筋骨架要用彩条布或其他覆盖物遮盖，防止锈蚀。吊装见图12。

图12 钢筋骨架吊具及入模

(4)混凝土施工。

①混凝土的拌制、运输。所有材料均需取样检验合格后才能投入使用，砂石料由试验人员到船上取样检验合格后才卸船。箱梁预制开工前，对搅拌站的各种计量设备进行标定。在使用过程中要定期检定，经大修或搬迁后，也需重新检定。

混凝土拌制前，试验室对集料含水率进行测定，并计算施工配合比，提交混凝土配料通知单到搅拌站，搅拌站作业人员严格按照试验提供的施工配合比配料通知单配料。雨季施工时，对集料的含水率要经常进行检测，并根据实测情况调整集料和水的用量。严格控制混凝土搅拌时间，每盘混凝土搅拌时间不少于2min，拌和物应均匀，颜色一致，不得有离析、泌水现象。

混凝土通过混凝土搅拌运输车运输至前场，经卸料到吊罐内后，由龙门吊吊送入模。具体见图13混凝土卸料。

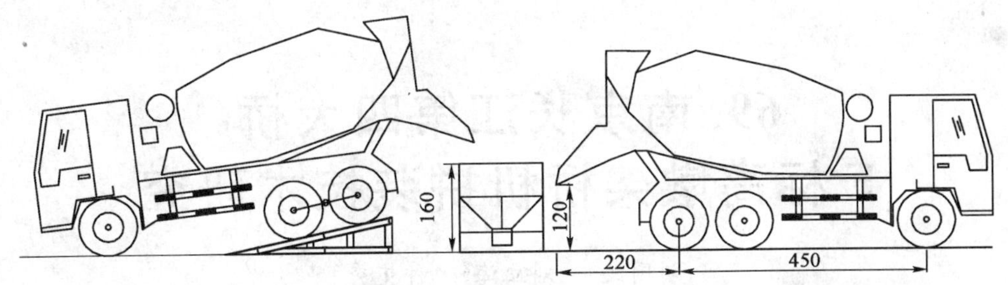

图 13 混凝土卸料示意图(尺寸单位:cm)

②混凝土的浇筑。混凝土浇筑前先测试振动棒、振动器以及门机是否运行正常,准备好料斗爬坡等,推开顶棚至适当位置,即可进行浇筑。浇筑时以插入式振动棒为主,底腹板交接处采用附着式振动器辅助振捣。

浇筑时严格控制分层厚度在 30cm 以内,振捣时严格按“快插慢拔”的技术要领操作,并注意观察混凝土表面气泡排出情况,掌握好振捣时间,确保混凝土的浇筑质量。

在混凝土终凝前,进行顶面混凝土的收面工作,收面做成普通毛面,注意防止顶面混凝土的开裂,见图 14 混凝土浇筑。

图 14 混凝土浇筑

(5)混凝土养护。混凝土浇筑完成后即关闭顶棚,防止受风影响而导致表面失水过快。初凝后及时进行养护,养护方法要适应施工季节的变化。

①一般情况下的养护。一般情况下采用洒水养护,使混凝土表面的潮湿状态保持在 14d 以上。混凝土浇筑完毕初凝后即时覆盖,终凝后开始洒水养护,在箱梁顶板及底板上覆盖土工布,并使土工布保持潮湿,模板未拆除前向模板表面洒水降温。箱梁梁段吊入修整区后,如果养护时间还不足 14d,则需要对其继续洒水养护。

②冬期施工期间的养护。为了减少拆模等待时间,避免因温差过大而产生裂缝,尽快使箱梁梁段达到抗裂所必需的强度,冬期施工期间,梁段预制采用暖棚养护。暖棚采用活动板房结构,顶棚为启闭式活动顶棚。

每个预制台座暖棚内设两台功率为 30 000W 的超大功率工业暖风机,可设置成半功率和全功率加热,暖棚内温度控制在 10℃左右。暖棚内设置电热式热水箱,对养护用水进行加热,保证养护用水温度与室温相近,且温度与梁体表面相差不超过 10℃。并使用温度、湿度表监测室内温度和湿度,满足防风、保温、保湿的养护条件,以确保混凝土冬期施工的需要。

69. 南京长江第四大桥 E标高墩架桥机拼装技术研究

刘国义[1]　刘立海[2]　种艾秀[2]
(1. 南京四桥指挥部;2. 中交二航局)

摘　要　南京长江第四大桥E标架桥机拼装最大安装高度为65m,采用提升支架提升主梁,大型吊车配合安装其余部件,本桥高墩处架桥机拼装的施工工艺是一种新的尝试,类似桥梁架桥机拼装施工,可以此为鉴。

关键词　架桥机　高墩　提升支架　拼装　提升　反拉力

南京长江第四大桥E标分为江北和江南两部分,是主桥的引桥部分。工程主要内容为节段箱梁预制和安装。箱梁在安徽芜湖预制场预制,安装采用两台相似的架桥机安装,架桥机安装位置为高墩区(40m左右),架桥机最大安装高度为65m,架桥机单片主梁重达180t,大型吊车也很难完成主梁的安装。本桥架桥机拼装采用提升支架提升主梁,大型吊车配合安装其余部件的施工工艺,整个架桥机拼装过程比较顺利。

一、工 程 概 况

南京长江第四大桥E标段包含南引桥和北引桥两大部分,合计长2 802.6m,其中南引桥长1 489.6m,北引桥长1 313m,北引桥又分为跨划子河引桥和划子河以南引桥两个部分。南引桥及划子河以南引桥采用短线匹配预制,现场全悬挂拼装,先简支后连续;跨划子河引桥采用短线匹配预制,现场T形对称悬臂拼装。南北引桥箱梁共2 142榀,其中预制2 074榀,现浇68榀。

二、架桥机简介

本桥南、北引桥的节段箱梁拼装采用两台架桥机施工,即南北引桥各一台,北引桥采用TP65节段箱梁拼装架桥机(以下简称"TP65架桥机"),南引桥采用TP54节段箱梁拼装架桥机(以下简称"TP54架桥机")。

由于两台架桥机结构均采用一体化设计,故介绍以功能更多的TP65架桥机为主。TP65架桥机全长146m,重达900t,主框架单边重量约270t,其中主梁重180t,导梁重90t。TP65架桥机设有2台120t的天车和1台16t的行车,TP54架桥机设置1台120t的天车和1台16t的行车。支腿配置相同,由前支腿、后支腿和2个中支腿组成。

1. 主梁

主梁为钢箱梁结构形式,由上、下两层组成。

翼缘板宽	2m
梁高	4.375m
全长	60m(分为2×5个节段,节段长度12m)
总重	360t(单件最大重量约为15t)

2. 导梁

导梁为矩形桁架结构形式,弦杆是由钢板拼焊而成的工字梁,腹杆为槽钢对扣而成的箱形杆件。

导梁高	4.375m

单根导梁长　　　　43m(节段长度 3×10m+1×13m)

总重　　　　180t(单件最大重量约为 12t)

3. 前、后支腿

前、后支腿结构形式相同,均可适应桥面和墩顶两种支撑形式。

前支腿拼装后的外形尺寸　　　　9.2/6.7m×0.8m×8m

支腿总重　　　　18t

4. 中支腿

中支腿用于支承和顶伸整个架桥机,其上设有顶升和横移、纵移油缸,驱动架桥机动作。

四个支撑点的距离　　　　5×1.2m

单个支腿总重　　　　35t

外形尺寸　　　　12m×2.22m×(4.3+3.2)m

5. 起重天车

起重小车是架桥机的主要工作单元,设有 120t 起升机构卷扬机及控制和操作系统,起升机构最大起升高度为 64m。

天车总重　　　　48t

起升小车重量　　　　22.8t

外形尺寸(天车高度×轨距)　　　　9.25m×8.8m

另外,还有 10t 行车、吊具、吊挂、横移变幅机构等。

三、拼 装 场 地

北引桥 TP65 架桥机在 N33(B 类墩,高 37.6m)～N34(B 类墩,高 38.9m)墩拼装,安装跨跨度 52m;南引桥 TP54 架桥机在 S24(B 类墩,高 38.5m)～S25(D 类墩,高 39m)墩安装,安装跨跨度 50m。

安装场地要求:

北引桥场地要求:N33～N34 桥墩之间不小于 70m×30m,路面硬化。在安装桥墩的两边 N32～N33、N34～N35,需要履带吊占位,并需要 50m×15m 的路面硬化以供履带吊占位使用。北引桥架桥机拼装位置示意见图 1。

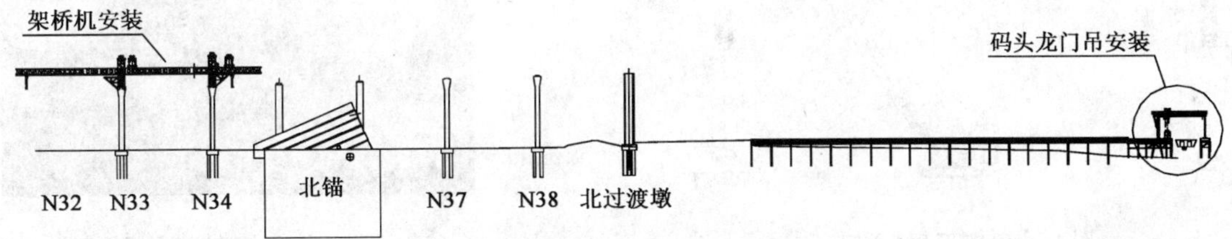

图 1 北引桥架桥机拼装位置示意图

南引桥场地要求:S24～S25 桥墩之间不小于 70m×30m,路面硬化。在安装桥墩的两边 S23～S24、S25～S26,需要履带吊占位,并需要 50m×15m 的路面硬化以供履带吊占位使用。南引桥架桥机拼装位置示意见图 2。

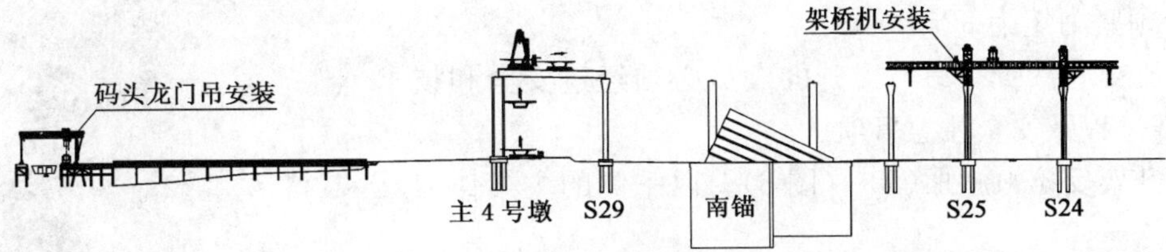

图 2 南引桥架桥机拼装位置示意图

四、架桥机的安装方案

1. 拼装原则和总体方案

在保障安全的前提下，快速、稳妥地进行拼装，绝不允许拼装过程中出现任何安全事故。架桥机主箱梁采用主结构地面拼装、整体提升的方案。

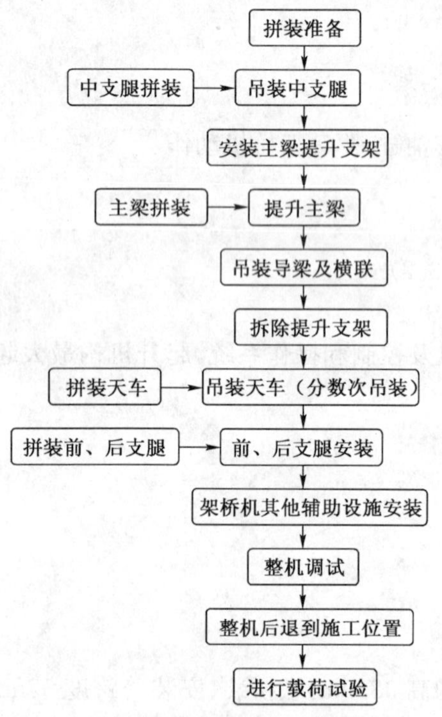

图3　架桥机总体拼装工艺流程

2. 架桥机总体拼装工艺流程

拼装工艺流程见图3。

3. 拼装工序

(1)中支腿安装。

中支腿组装：在安装桥跨附近空地拼装中支腿各部件，包括中支腿横梁、支撑台座、顶升油缸、纵横移装置、中支腿立柱等构件，锁紧各部件之间的约束装置。

中支腿试验：驱动油缸动作，检查是否能正常工作。

中支腿吊装：根据150t履带吊的起重能力，首先把中支腿立柱吊到墩顶，并将立柱与墩顶锚固安装齐全。然后吊装中支腿横梁，安装调整到位，并安装中支腿横梁与中支腿立柱锚固连接。安装见图4。

(2)主梁提升支架安装。在墩顶安装主梁提升支架，提升支架总重约50t，最大起吊高度约60m，根据150t履带吊的起重能力，把提升支架分为3节安装，单节最重不超过18t，每节在安装前焊接成整体。安装时第1节和墩顶预埋件焊接，3节之间通过螺栓连接。见图5、图6。

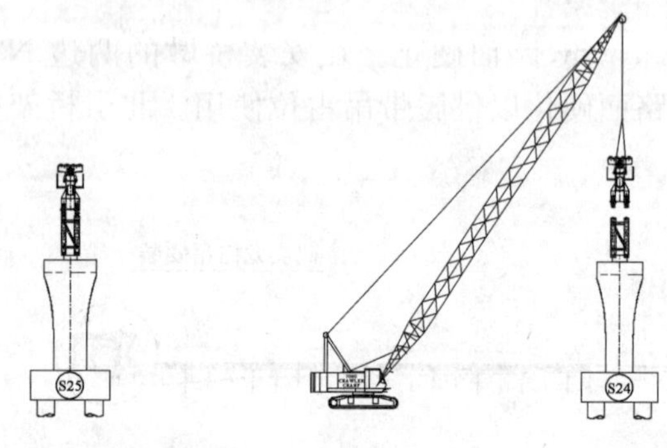

图4　中支腿安装示意图

图5　提升支架分节示意图

(3)主梁的安装。

①主梁拼装(图7)。在安装位桥墩两侧铺设临时支墩，临时支墩间距约为15m，高度约为0.6～1m，单个临时支墩须承载20t以上。两个主箱梁分别位于桥墩两侧，中心间距为14.6m。主梁M24连接螺栓预紧力矩为325N·m。

②提升人员交底。所有参与提升的人员必须经过安全和技术交底，熟悉提升过程及安全注意事项。

③一侧提升架反拉力施加(50t)(图8)。以一侧的主梁作为反拉力的配重。

④提升前持荷试验(图9)。主梁离开支墩1～3cm，持荷一夜，检查焊缝、法兰连接螺栓，提升支架的变形(测量)。

图6　提升支架安装示意图

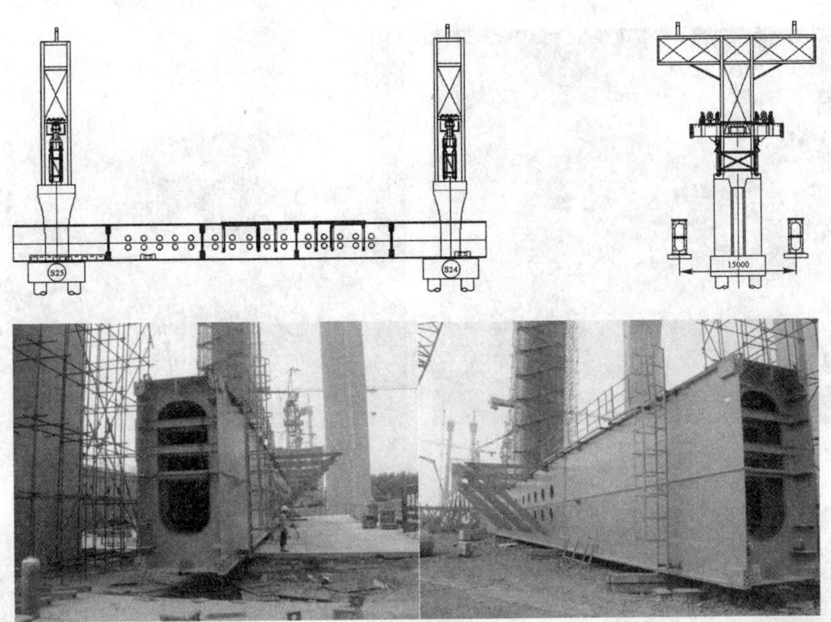

图 7　主梁拼装示意图

⑤提升另一侧主梁(图 10)。利用穿心千斤顶提升一侧主梁,穿心顶为 400t,内穿 17 根普通钢绞线(其中 12 根为提升过程使用,另外 5 根在中支腿对接时临时增加锚固,以增强空中悬停时安全保证),通过穿心顶将主梁提升到超过中支腿的高度约 1.5m。

⑥安装 5m 过幅横梁,见图 11。

⑦移动台车至过幅横梁上、顶推台车至中支腿上锁紧,见图 12。

⑧解除反拉力,见图 13。

⑨另一侧提升架反拉力施加(50t),见图 14。

承台施工时预埋 4 根直径 32 精轧螺纹筋作为预拉力锚筋。

⑩重复以上步骤提升另一侧主梁。

(4)拆除墩顶的提升站。使用 150t 履带吊,把安装位墩顶的提升站分三节拆下来。

(5)起重天车的安装。根据 150t 履带吊的性能参数表,起重天车需要分解为单个部件起吊,在主梁上拼装成型,故将起重天车在

图 8　一侧主梁反拉力示意图

图 9　持荷试验

图 10　主梁提升

图11　安装过幅横梁

图12　台车到位并锁紧

图13　解除反拉力

图14　另一侧反拉力

地面分解为大车走行加金属结构、起重小车车架加卷扬机两大部分，两台150t履带吊抬吊安装，剩余零星部件等分别组装，见图15。

(6)导梁的安装。两台150t履带吊直接抬吊，TP54架桥机每端3节导梁，直接一次安装，TP65架桥机每端4节导梁，分两次安装，每次吊装2节导梁。见图16。

图15　天车安装示意图

图16　导梁安装示意图

(7)前、后支腿的安装。主框架拼装完善后进行前、后支腿的安装。先在地面组装前、后支腿，然后用150t履带吊安装。

(8)待架桥机主要结构件都安装到位后进行其他附属设施(16t行车、梯子平台、液压电气、防风锚固)的安装。

(9)整机调试。一切工作均完成后,进行严格的例行检查,包括各个螺栓、油路、电路,确保无误后进行整机调试工作。测试架桥机的各个动作是否工作正常。

五、结 束 语

在高墩区进行架桥机拼装的施工工艺是一种新的尝试。本文结合南京长江第四大桥 E 标架桥机的拼装施工,对高墩区架桥机拼装的施工工艺和技术措施作一简述,为此项新技术的发展应用积累一些经验,给类似桥梁架桥机拼装施工作为借鉴。从本工程南北两岸 TP54、TP65 两台架桥机拼装情况来看,采用提升支架提升主梁,大型吊车配合安装其余部件的施工工艺保证了高墩区架桥机的顺利拼装。

70. 北引桥预制箱梁施工技术

石小龙
(中铁大桥局集团第四工程有限公司)

摘 要 南京长江第四大桥是国务院批准的南京市城市总体规划中“五桥一隧”过江通道之一,设计为双塔三跨悬索桥。北引桥 0～14 墩设计为小箱梁,采用预制后安装,先简支后连续。本文针对小箱梁预制时的工艺措施进行论述,特别对外观质量所采取的措施予以说明。

关键词 小箱梁 预制 外观质量 施工技术

一、工 程 概 况

南京长江第四大桥北引桥 D 标上部结构 30m 箱梁预制安装起讫桩号为:AK15＋057.185～AK15＋482.785,即 N0 号台～N14 号墩,总长 425.6m,位于半径 R＝2 000m 的平曲线上,跨径布置为(7×30m＋7×30m),设计为装配式预应力混凝土连续箱梁。按照里程前进方向分为左右两幅桥,桥面全宽 33m,单幅桥面宽度为 15.5m,两幅之间净间距为 2.0m。单幅每孔布置 5 榀箱梁,共 14 跨 140 片箱梁。按设计要求,箱梁预制后简支安装,而后现浇连续湿接头,张拉负弯矩预应力后形成连续的结构体系。考虑经济条件,在 0 号台旁边设置一个梁场,梁场内设有 8 个制梁台座,7 个双层存梁台座,两台 100t 门吊配合施工。架梁亦采用门吊实施。门吊下设条形扩大基础,地基承载力不小于 200kPa。

文本即针对箱梁预制的工艺措施进行论述,特别是外观控制措施。

二、常规工艺措施

1. 钢筋下料和绑扎

钢筋原材料进场必须具有出厂质量证明书和试验检验报告单,必须符合规范的规定。钢筋按不同钢种、等级、型号、规格及生产厂家分批验收,试验室根据图纸要求的规范和规程抽取相应数量试样进行试验,经试验质量检验合格的产品方允许进场。钢筋表面应清洁,使用前应将表面油渍、铁锈清除干净,同时避免钢筋在运输中受到污染。加工时钢筋应平直,无局部弯折,盘筋钢筋应采用冷拉方法调直,I 级钢筋的冷拉率不宜大于 2%。钢筋的加工尺寸应符合设计图纸及规范要求。

在台座上做好十字中心线后,钢筋直接在制梁台座上绑扎,箍筋垂直,纵向钢筋保持水平,钢筋间距与图纸一致,钢筋绑扎接头的搭接长度不能小于 35d。钢筋保护层垫块采用塑料垫块,垫块与模板成为线接触,有利于保持梁体外观。垫块呈梅花形均匀布置,间距为 50cm 并保证垫块不少于 4 个/m^2。模板安装和灌注混凝土前,仔细检查保护层垫块的位置、数量及紧固程度,并指定专人做重复性检查以提高保护层厚度尺寸的质量保证率。

2. 波纹管安装

底、腹板钢筋绑扎骨架成型后，将焊接好的井字形钢筋架按照波纹管坐标放入钢筋骨架内，然后穿入波纹管。优点是：便于准确定位波纹管坐标，以免后期固定时电焊烧坏波纹管而使波纹管漏浆。波纹管定位好之后，内穿芯棒，且芯棒直径小于波纹管直径5mm。

混凝土浇筑大约4h时，必须抽拔一次芯棒，而不能在混凝土浇筑完毕之后再抽拔，因为此时受混凝土挤压，芯棒很难活动。

锚垫板安装前，检查其尺寸是否正确；锚垫板与孔道对中状态，同时固定锚垫板与孔道端部垂直，不得错位；锚垫板的灌浆孔向上布置，同时采取封堵措施，以防浆体进入管道。

3. 模板安装

箱梁底模采用6mm钢板，钢板平整度不大于1mm。钢板直接安装在台座上，与台座预埋的槽钢和钢筋焊接固定，防止起梁时钢板脱离台座。箱梁内、外模均采用钢模，钢模刚度足够不易变形，便于循环使用。新制钢模包括底模要求浇筑砂浆除锈，然后打磨直至用手触摸无黑色污物为止。受反拱度2cm的影响，外模与底模拼接时存在间隙。为完全消除间隙，采用修正外侧模竖向边线的工艺，即在外模接缝处沿模板边沿边修正，让外模变成平行四边形。这样外模可圆滑过渡，正好满足反拱的要求。由于反拱的原因，模板安装顺序由台座中间向两端进行。外模采用地托来调节垂直度和线性，也方便拆除。模板拼装完成后，对接缝全部打磨，错台严格控制小于1mm。模板拼缝之间用螺栓连接，并用双面胶粘贴防止漏浆。

在喷脱模剂之前必须清除模板表面的污物。脱模剂必须喷涂均匀，达到不挂不滴、人照见影的效果即可。当脱模剂喷涂后或灌注混凝土前如遇雨天，必须对模板和钢筋进行覆盖，防止雨水冲淡脱模剂和模内积水，影响外观质量。为防止浇筑混凝土时内模上浮和移位，采用槽钢预压。混凝土强度达到不低于设计强度的25%时方可拆除外模。

4. 混凝土

本工程箱梁采用C50高性能混凝土，拟采用如表1所示配合比。

配合比(单位:kg) 表1

厂家材料	句容台泥水泥	镇江苏源粉煤灰	马钢嘉华矿粉	江西赣江砂	安徽和县碎石	上海华登外加剂	水
规格型号	P·O42.5	Ⅰ级	S95	中砂	5～25mm	HP400R	地下水
每方用料	384	48	48	725	1 087	3.744	144

混凝土必须具有较好的和易性，坍落度范围170～210mm，外加剂为聚羧酸系列、高效缓凝减水剂。

混凝土浇注前检查模板安装尺寸、接缝、拉杆螺栓、模板拼接螺栓等，浇注过程中安排专人观察模板。混凝土自由倾落高度控制在2m以内。下料顺序：底板→腹板→顶板。分层厚度不超过30cm，注意两侧对称浇筑，防止两边混凝土高差太大，造成内模偏移。浇注混凝土时滴落在内模及翼缘板上的混凝土应及时清除，以免底部形成干灰或夹渣。混凝土浇注时不得用振动棒推移混凝土以免造成离析，对于堆积在钢筋表面的混凝土应用铁铲散铺在浇筑面上。钢筋密集处、预应力管道、锚垫板处要加强振捣，防止形成空洞。振捣时间以混凝土表面不再下沉，没有气泡逸出和表面开始泛浆为度，不应少于30s。

混凝土振捣采用30型插入式振动棒。30型振动棒的作业半径很小，所以振捣时下棒间距为10cm。混凝土浇注过程中，注意对波纹管等埋件的保护，严防发生位移和漏浆等事故。混凝土浇筑完毕之后，在其表面覆盖土工布并且洒水养护，全天要保持箱梁处于湿润状态。

三、重点控制措施

1. 混凝土外观控制

良好的混凝土外观应具备表面平整、色泽均匀、边角分明等特点。本工程主要从模板、脱模剂、混凝土拌和、运输、浇筑、捣实、养护等环节按上述工艺进行控制，从而达到良好的外观质量。

在满足施工要求坍落度的情况下，尽量减小水胶比，在施工中控制水灰比在0.2～0.3之间，控制混凝土的含气量在2%～3%之间。水灰比越小，产生的气泡会越少。

外加剂中引气剂的质量对混凝土表面产生的气泡有着本质的影响，在外加剂的选用上采用引气气泡小、分布均匀稳定的引气型外加剂。混凝土工厂进行预制梁混凝土搅拌时采用了强制式拌和机搅拌，搅拌的时间控制在180～210s。同时，搅拌的时间越长，产生的气泡也会越大。

水泥选用普通硅酸盐水泥，水泥的强度等级与混凝土配合比相适应，因为采用强度等级过高的水泥，会降低混凝土中水泥的用量，影响混凝土的和易性。

集料的选择：对于粗集料，选择连续级配较好的碎石，使新拌制的混凝土具有良好的工作性能，不易产生离析现象。细集料选用II区（中砂），因II区砂配制的混凝土黏性略大，比较细软且容易插入振捣器，从而能充分浇筑到折曲的棱角部分。成型后的箱梁能够达到饱满充盈。此外，混凝土含砂率不可太大，因为含砂量过多的混凝土气泡很难上升逸出。

采用脱模剂来消除混凝土表面的气泡能够起到很好的效果。先将钢模板基底处理干净（去除油污等），后将脱模漆均匀刷涂在模板上，可以弥补模板的细微缺陷，达到优于抛光处理的效果。采用刷涂脱模漆后表面光滑的模板预制箱梁时产生的气泡少，而采用表面粗糙的模板预制箱梁时产生的气泡就会多一些。

振捣时严格按照“快插慢拔”的原则，振捣时间以混凝土表面不再下沉，没有气泡逸出，表面开始泛浆为度，不应少于30s。模板安装要求精益求精，平整度小于1mm，不能有错台，拼接缝要合死，且拼接缝处贴双面胶。模板表面清洁，在模板安装好后，不允许将杂物落到模板上，浇筑混凝土之前进行清理。脱模剂选用质量较好的液压油。

如果出现气泡，可采用与箱梁混凝土同品种、同强度等级、同配比的水泥、粉煤灰和矿粉配制后，对箱梁表面所产生的细微气泡进行填补，会起到色泽一致、强度相当的效果。但填抹时，应在箱梁刚拆模时或在拆模后对梁体表面洒水后进行，这样当填抹的水泥粉料填入混凝土表面的气泡中时，粉料会吸入混凝土内部的多余水分或是利用给混凝土养护的水分来自身发生水化、固化反应，从而基本达混凝土原设计的强度。

2. 预应力张拉

预制箱梁混凝土达到设计强度和设计弹性模量的90%以后，进行预应力钢束张拉。穿束前清理孔道，保证里面没有污水和杂物，检查梁体是否有缺陷。如有，则修补强度与张拉的梁体等强。钢束采用两端各两台油顶同时对称张拉，张拉顺序为按设计要求进行。张拉时要特别注意锚固面必须要与钢束垂直。安装油表时，务必要使油表和油顶一一对应。

张拉时，以油压表读数为主，伸长量作校核，实际伸长值与理论伸长值误差控制在±6%以内，钢束实际伸长量应扣除钢束的非弹性变形影响。张拉程序为：

0→$0.1\sigma_k$（做伸长量标记）→$0.2\sigma_k$→σ_k（分级张拉）→持荷2min→锚固。

钢绞线伸长量以初张拉应力为$0.1\sigma_k$时为测量起点计算。

张拉时如果发现以下情况要更换重新张拉：

（1）锚具内夹片错牙在4mm以上者；

（2）锚具内夹片断裂在两片以上者（含有错牙的两片断裂）；

（3）锚环裂纹损坏者；

（4）切割钢绞线或者压浆时发现又发生滑丝者；

（5）断丝、滑丝超过钢丝总数的0.5%。

3. 真空辅助压浆

钢绞线张拉完毕24h之内确认无滑丝、断丝并报请现场监理工程师签字认可后方可切断端部多余的预应力钢绞线。要求使用砂轮切断机切割锚板外多余钢绞线（锚板外留3～5cm），切割后用环氧树脂砂浆将锚具上的空隙填充密实，禁止使用明火(如采用乙炔等)切割。待封锚的环氧树脂砂浆强度达到一定强度时，可以进行压浆。清理孔道，用压力水冲洗孔道，过滤的压缩空气吹净积水，使孔道湿润洁净。孔道内有油污等，可采用已知对预应力筋和管道无腐蚀作用的中性洗涤剂或皂液用水稀释后进行冲洗，应使用不含油的压缩空气将孔道内的所有积水吹出后方可进行下一道工序。

浆体的配合比：

水泥：采用P·O42.5低碱普通硅酸盐水泥，水泥不得含有任何结块或杂物。

水：采用清洁的饮用水或经过检测相关指标满足施工技术要求的地下水。

灌浆剂：上海华登建材有限公司GCAD灌浆剂。

浆体配合比为：水泥∶灌浆剂∶水＝1 323∶106∶471。

高性能无收缩防腐蚀压浆料的技术指标应满足以下要求：

(1)浆体水胶比为0.31，水泥浆不得泌水，0.22MPa压力下泌水率小于3.5%；

(2)28d抗压强度≥50MPa，抗折强度≥10MPa。

(3)凝结时间：初凝≥4h，终凝≤24h。

(4)24h自由泌水率为0，3h毛细泌水率小于0.1%。

(5)流动度：出机流动度(18±4)s，30min后流动度≤30s。

(6)24h自由膨胀率0～3%。

压浆前必须要等到真空泵中压力达到－0.092MPa时，方可启动压浆泵开始压浆，待出浆端流出的浆体浓度与压入浆体浓度一样时，才可以关闭出浆端阀门，压浆端以0.7MPa的压力持压3min，然后关闭压浆端阀门，进入自然养护状态。压浆时，必须保证整个通道是密封的，这样可以保证浆体的饱满度。以下是压浆时要注意的事项：

(1)施工中严格控制水胶比。用水量称重或用固定体积的容器计量，禁止随意加水。

(2)采用高速搅拌机拌浆，在控制配比水灰比的前提下，浆体流锥时间宜控制在14～22s。

(3)压浆过程中必须经常检查浆体的稠度，宜2～4h测试一次，防止浆液稠度下降，造成压浆困难甚至堵管。

(4)施工中需做好完备的压浆记录，包括每个管道的压浆日期、水灰比及掺和料、压浆压力、试块强度、障碍事故细节及需要补做的工作。

(5)管道压浆须试验人员和监理工程师在场时进行，搅拌浆体水灰比、流动度、泌水性等指标应达到技术要求的指标。

(6)压浆管应选用高强橡胶管，抗压能力不小于1.5MPa，并注意连接要牢固，不得脱管。

(7)浆体进入压浆泵前应通过筛网过滤。在压浆后拆开锚垫板上压浆阀门检查是否被浆体压满。

(8)压浆宜在浆体流动性下降前进行，对于因延迟使用所导致流动度降低的浆体，不得通过加水来增加其流动度。

(9)压浆应缓慢均匀进行，同一孔道压浆应一次完成，不得中途停压。因故中途停压不能连续一次压满时，应立即用压力水冲干净，研究处理后再压浆。浆体搅拌结束至压入管道的时间间隔一般不得超过40min。

四、施 工 体 会

通过对模板、脱模剂、混凝土拌和、运输、浇注、捣实、养护等各个环节的认真控制，将上面叙述的工艺细节控制措施落实到人，质量责任落实到人，奖勤罚懒，提高作业人员的积极性，积极通过经济手段提高箱梁预制质量，特别是外观质量。

加强过程管理，项目部技术人员不遗余力的为现场服务，不怕得罪人，反复将外观质量的重要性灌输到现场作业人员中，使全体人员明白：良好的外观质量是可靠的内在质量的外在表现，是一个勇于创造精品工程的团队应有的精神。

71. 曲线钢箱梁桥顶推施工新方法

杜亚江 宗 海
(南京长江第四大桥建设协调指挥部)

摘 要 由于正交异性钢箱梁桥具有优异的受力特性,而被越来越多的桥梁所采用,而对于跨越重要公路的桥梁,一般采用顶推施工方法架设钢箱梁。本文结合南京长江第四大桥麒麟互通匝道曲线钢箱梁桥架设,针对钢箱梁顶推施工所采取的顶推工艺进行研究,提出了采用梁体固有结构作为顶推施工的新方法,为我国曲线钢箱梁顶推施工开创了新工艺,具有广阔的应用前景。

关键词 钢箱梁 顶推施工 曲线桥梁

一、概 况

随着我国桥梁建设事业的迅猛发展,桥梁结构不断推陈出新,诸如斜拉桥、悬索桥等新型结构桥梁像雨后春笋般不断被建造出来。造桥的技术也随着桥梁的飞速发展而不断推出新颖的施工方法,而顶推施工技术就是其中的一种。

1959 年,顶推法首次在奥地利安格尔桥(Ager)用于预应力混凝土连续梁的架设,迄今为止,世界各国采用顶推法施工的大桥已经超过 200 座。我国于 1974 年在狄家河铁路桥首次采用了顶推施工技术。目前,我国采用顶推施工技术完成的桥梁最大跨径达到 120m(韶关五里亭大桥),表明了我国连续梁桥顶推技术达到了世界先进水平。

二、南京四桥麒麟互通匝道桥钢箱梁

南京长江第四大桥是国道主干线的重要组成部分,也是南京城市发展规划的重要过江通道之一,起点位于宁通高速公路,在石埠桥跨越长江后继续向南,接沪宁高速麒麟互通枢纽,全长约 29km。根据施工图设计文件,麒麟互通主线桥及 G、H 匝道桥上跨日交通流量超过 10 万辆的沪宁高速公路。

由于扁平正交异性钢箱梁的鲜明结构特点及优良的受力性能优势,而被越来越多的桥梁所采用。G、H 匝道桥上跨沪宁高速段上部结构也采用钢箱梁,G 匝道钢箱梁主梁采用 20m+30m+30m+20m 四跨一联的钢箱梁,H 匝道钢箱梁主梁采用 30m+35m+35m+30m 四跨一联的钢箱梁。麒麟互通枢纽 G 匝道桥既在 $R=160$m 的圆曲线上,又同时在 $R=2\,957$m 的竖曲线上,采用空间曲线顶推施工在江苏省尚属首次,在国内为第二。

G 匝道第三联中部梁高 1.65m,底板宽 6.55m,顶板宽 10.5m,顶面设置单向 6%横坡。箱梁顶板厚 14mm,底板厚 12mm,腹板厚 14mm。顶板下设“U”形加劲肋或板式加劲肋,竖腹板设板式加劲肋,竖曲线半径 2 957.067m。

为保证沪宁高速公路的交通顺畅和行车安全,两条匝道桥的钢箱梁均采用不封闭交通的顶推法架设。顶推梁段处于平纵空间曲线上,曲线半径 160m 在江苏省属第一小半径,在国内顶推施工小曲线半径也极为罕见,本文以 G 匝道钢箱梁顶推施工为例,对采用固有结构作为顶推导梁的曲线钢箱梁顶推施工技术进行了简要论述,以期对今后类似工程的施工提供重要的参考。

三、顶 推 方 法

顶推法的构思来源于钢梁纵向拖拉施工工法,在传统的拖拉拽的施工工法上,用千斤顶取代了卷扬机滑车组,用板式滑动装置取代滚筒,这一取代使顶推施工工法得到了发展和提高,从而改善了用滑车组卷扬机拖拉在启动时造成的冲击，板式滑动装置避免了滚筒支承线接触作用引起的应力集中。

1. 总体思路

根据南京四桥 G 匝道钢箱梁位于平曲线和竖曲线的线性特点，搭设支墩滑道，按照坡度由高到低的方向，从沪宁高速北侧向南实施顶推架设。顶推方案通过逐次拼装、逐次顶推实现，最后采用汽车吊安装沪宁北侧边跨节段。

对 G 匝道钢箱梁，根据顶推及加工制造的需要，将梁体划分为 G1～G7 共计 7 个块体，G1 腹板块体作为导梁，G2、G3、G4、G5、G6 梁段顶推，G7 梁段和 G1 剩余块体采用汽车吊安装，施工流程如图 1 所示。

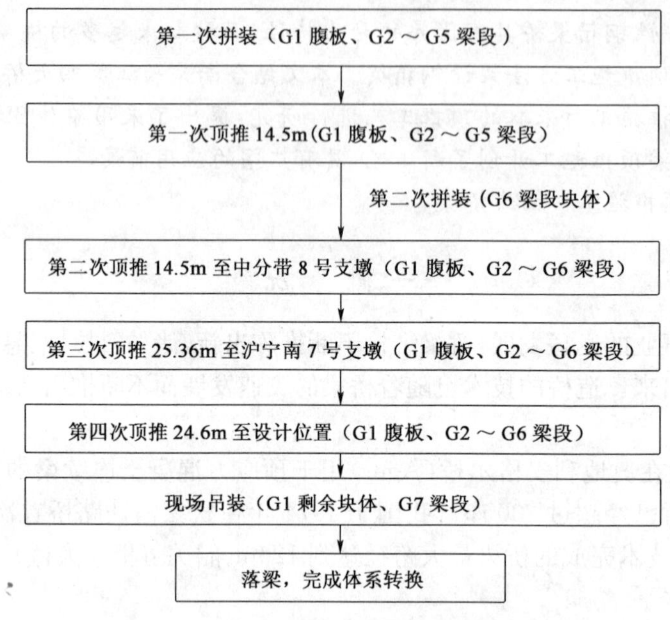

图 1　G 匝道钢箱梁顶推施工流程图

2. 顶推系统

箱梁顶推施工一般采用步距式顶推工艺，该工艺是利用水平千斤顶的工作行程作为一个顶推步距，不断循环，从而实现箱梁顶推的前进过程。该施工方法最典型的特点就是每个顶推步距中，箱梁都将会经历从静止到启动再到前进的过程。南京四桥 G、H 匝道钢箱梁顶推采用了连续式顶推施工方法，避免了传统循环前进的步距式顶推方法带来的高桩柔性支墩遭受反复启动力冲击的弊端，同时提高了顶推效率。

顶推系统主要由顶推平台、牵引装置、拉锚器和中线卡组成。在钢箱梁梁体轴线安装拉锚器和中线卡，钢绞线由拉锚器穿入，经过中线卡与顶推千斤顶连接。顶推千斤顶的活塞移动，牵引钢绞线，带动梁体移动。

G 匝道钢箱梁的顶推平台设置于 8-1 号支墩上，千斤顶在 8-1 号墩中间的钢管柱顶施加水平力。将水平千斤顶设置在墩柱中间，墩柱两侧用 I40 工字钢紧固，千斤顶平台与钢管柱桥墩墩柱连接。根据梁体自重计算启动时需要的顶推牵引力为 54.7t。

直线桥梁顶推中若跨径不长，顶推牵引力方向相对固定，一般设置一个拉锚器。曲线桥梁顶推牵引力主要由作力点切线方向的分力提供，为使切线分力尽可能大，在曲线桥梁顶推系统设置上增加了拉锚器和中线卡。

拉锚器设置在钢箱梁底板中心线处的横隔板部位。拉锚器的尺寸、螺栓孔的直径均通过计算确定。拉锚器与梁体采用栓接结构，便于对栓接孔的修复。若采用焊接结构，在拆除时难以拆除，一般采用气割，对梁体的受力影响较大。G 匝道共设置 3 个拉锚器位置，平均间距在 20m 左右。

中线卡设置在钢箱梁底板中心线内侧的横隔板部位，与钢箱梁底板栓接。中线卡的中心与梁体的轴线一致。设置中线卡的目的是使在顶推牵引过程中，牵引力尽量沿作力点的切线方向，利于梁体的前行。顶推过程中使钢绞线穿入中线卡内。

顶推系统布置如图 2 所示。

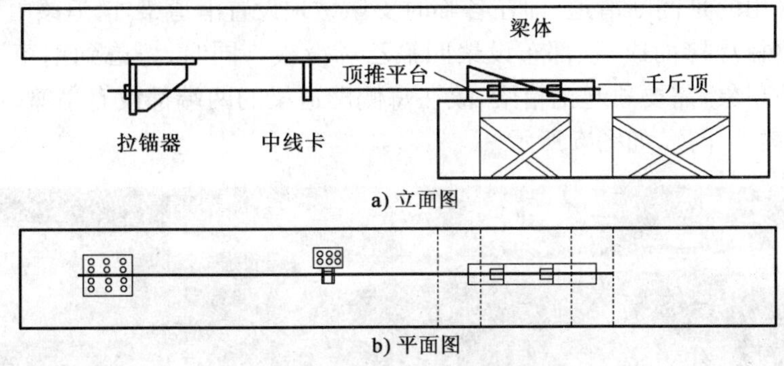

图 2 顶推系统布置示意图

3. 临时支墩

本桥共设置 12 个临时支墩，墩位支墩 5 个(直接用墩位号编号)，跨中支墩 7 个(利用墩位号-1 编号)。一般临时支墩由 1 组 4 根 ϕ610mm×12mm 钢管柱组成，分布在 6-1、7、9、9-1、10、10-1、11、11-1、12-1；个别支墩进行加强，靠沪宁北侧 7-1、8、8-1、9 号支墩每组采用 6 根钢管柱。临时支墩采用钢管设置，规格为 ϕ610mm×12mm，钢支墩之间用[14a 连接，柱顶层用[14a 连接。为保证临时支墩安全，对墩位支墩在浇筑承台时预埋地脚螺栓，在钢管柱底设置法兰盘，与承台基础预埋螺栓进行栓结，同时在法兰盘与钢管间设置加劲板，确保钢管柱基础稳定，如图 3 所示。对跨间支墩，用 6%灰土对地基进行换填处理，再设置混凝土基础，同样在混凝土基础内预埋地脚螺栓与钢管柱进行栓接。如图 4 所示为 G 匝道临时支墩总平面布置示意。

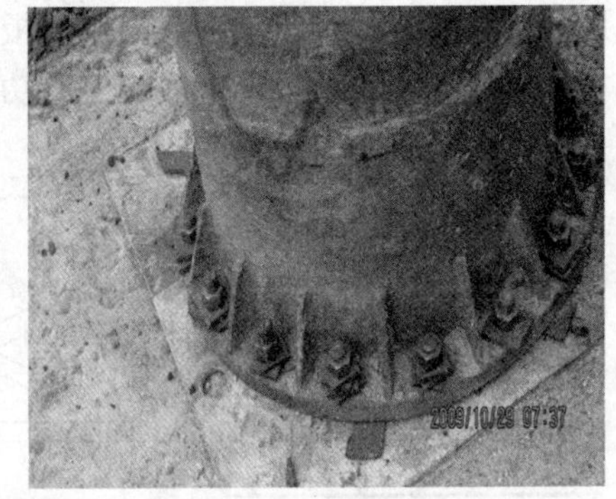

图 3 临时支墩

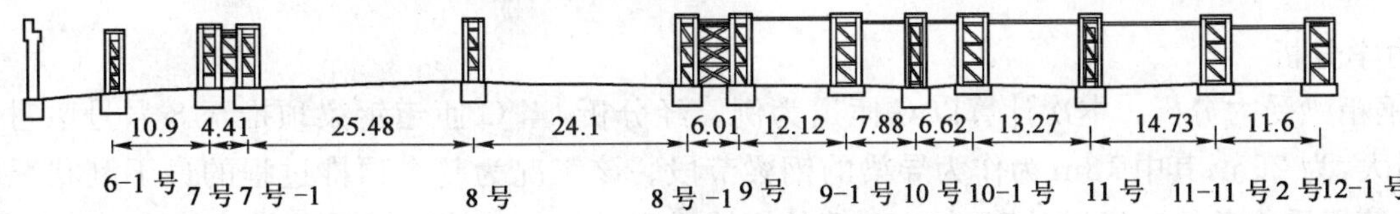

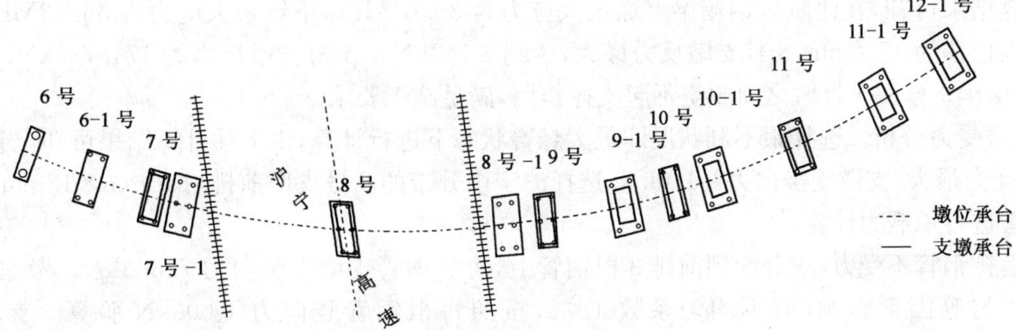

图 4 G 匝道临时支墩布置示意图

4. 滑道梁

此次钢箱梁顶推采用的是间断滑道，即在各临时支墩墩顶设置滑道梁，滑道梁由型钢与5块500mm×500mm×25mm不锈钢板焊接而成，顶部布设聚四氟乙烯滑板。同时，考虑到钢箱梁在顶推过程中滑块可能会出现挤死或卡住现象，需要顶起钢箱梁，故在每侧滑道梁的两端都设有吊篮，吊篮内可安放液压千斤顶以备用，且兼作落梁千斤顶，如图5所示。

图5 滑道梁及滑板

5. 导梁

顶推用的导梁线形设计需与主梁一致且自重较轻，一般采用桁梁结构单独设置导梁，这种形式的导梁施工投入成本大，且使用后利用率较低。

经过多方案对比研究分析，南京四桥麒麟G、H匝道钢箱梁顶推时采用G1梁段腹板作为导梁的施工方案，无论是从经济性还是从施工可行性的角度考虑，均是十分理想的。将G1梁体进行纵向节段划分，将两侧边腹板预先与主体G2～G6梁段焊接成整体，作为顶推施工的导梁。为增加G1腹板(导梁)的稳定性，在两块腹板之间设置横向连接，同时在腹板梁体内侧增焊一道腹板，如图6所示，使之成为整体钢构件，满足结构受力要求，达到顶推导梁的使用功能。

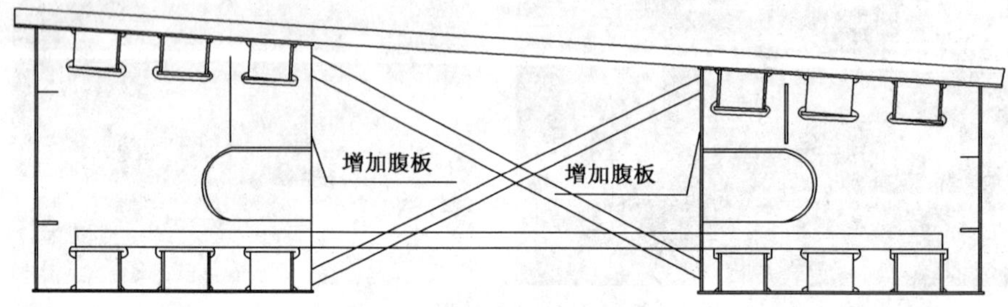

图6 G1导梁加固示意图

6. 力学分析

(1)钢箱梁受力分析。本次计算以G匝道为例。经分析，当G匝道钢梁顶推至8号号墩时，此时悬臂长度最大，为26m，其中13m为作为导梁的钢梁节段。该工况为整个顶推过程的最不利状况，以此状况进行钢箱梁受力验算。经过计算可知，验算的钢箱梁应力与位移情况如图7所示。

由计算结果可知，在此阶段钢箱梁上缘最大应力为38.54MPa，下缘最大应力为36.13MPa，钢箱梁悬臂端最大位移为47.2mm，8号支墩反力最大，达到2 140kN，8-1号支墩反力为174.730kN，10号墩反力为205.9kN，9号、9-1号墩之间脱空不起支撑作用，满足施工要求。

(2)支墩受力分析。选择最不利状况即最大悬臂状态下进行计算，由上述计算结果可知，当悬臂26m时，8号墩受力最大，支墩受竖向力2 140kN，选择沪宁中分带的8号支墩前排ϕ610mm×12mm的钢管临时支墩钢管进行承载力计算。

假设后排钢管不受力，故分配到前排3根钢管上，每个钢管支墩上竖向力713.3kN。考虑施工活载及受力不均匀等因素影响，取不均匀系数1.35，按照每根钢管竖向力1 000kN验算。支墩钢管为ϕ610mm×12mm，截面积$A=22\ 544\text{mm}^2$。

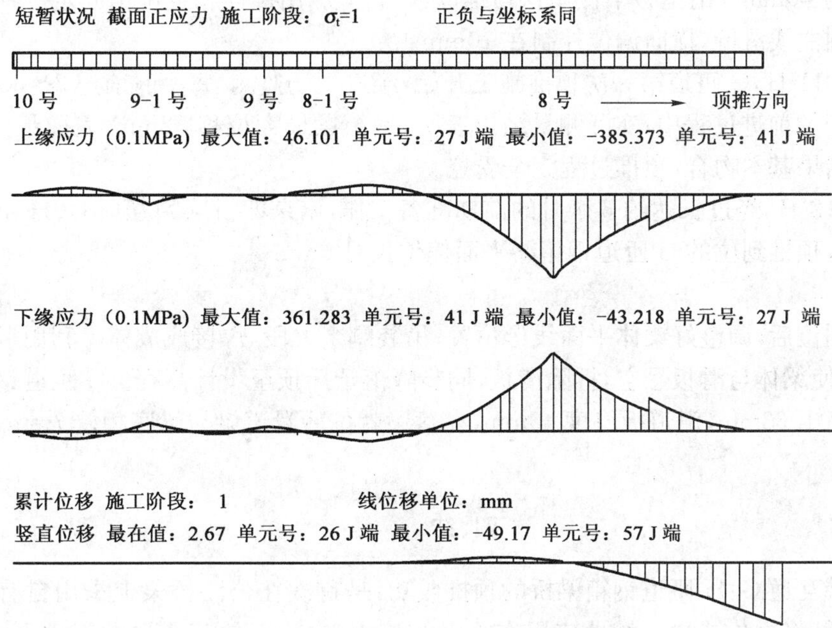

图 7 G 匝道钢箱梁顶推最不利工况下的钢箱梁应力与位移验算

稳定性验算：8 号支墩立柱高取 8m，计算按前排 3 根钢管顶部各施加 1 000kN 竖向力，每根钢管施加水平力 100kN，钢管柱底部刚接，材料为 Q_{235} 钢。

经验算，钢管支墩最大应力位于底部，为 89.6MPa，小于 Q_{235} 的设计允许应力为 140MPa，满足规范要求；钢管最大水平位移 9mm，满足要求；一阶稳定系数 13.7，为局部失稳，满足要求；最大竖向反力为 1 301.6kN。

经过验算，南京四桥麒麟互通 G 匝道钢箱梁顶推施工时，设置跨中临时墩并采用梁体固有结构作为导梁的施工方案，应力满足规范要求，悬臂最大位移小于 $1/300L$，主体结构稳定性满足规范要求，施工方案可行。

7. 顶推过程控制

曲线钢箱梁桥顶推过程控制的关键，是梁体线形与箱梁前进时的导向控制。

顶推施工成功与否，与顶推标高控制有很大关联，这点尤其是在空间曲线桥梁顶推施工中体现较为明显。标高控制不精确，滑道梁受力点不均衡，出现滑道板脱空，受力支点在一个支墩上，结构受力不稳固，安全隐患大。同样，标高控制不准，顶推过后的梁体平面线控制就不准确，梁体在后期牵引修正偏位的过程的纠偏难度增加。本次顶推过程中对滑道标高进行严格控制，相邻墩滑道顶面标高差控制在 ±2mm以内，支墩横向间距控制在 ±10mm 以内，确保顶推安全的同时，保证了梁体线形。

导向控制主要采用设置限位滚轮来控制，在滑道板顶外侧设置，如图 8 所示。限位滚轮主轴直径为

图 8 导向控制系统（限位滚轮）

24mm，滚轮直径为40mm。滑道板下侧用六角螺母紧固，上侧用螺栓和定位销固定。顶推过程中用锲形钢带使钢箱梁沿圆曲线滑行，横向偏位控制在10mm。

2009年12月11日，G匝道第一次顶推施工开始，经过现场监测，每小时前进2～3m。在顶推至最不利阶段(前进26m)的前进过程中，实际测量结果表明，钢箱梁最大位移52mm，表面最大应力47.8MPa，与室内受力分析结果基本吻合，顶推过程完全受控。

2010年1月12日，经过长达约6个月的前期准备工作，南京四桥麒麟互通G、H匝道钢箱梁顺利顶推到位，经过检测，顶推到位的G匝道钢箱梁平面偏位仅月6mm。

8. 落梁

钢箱梁顶推到位后，调整好梁体平面线形位置，吊装剩余梁段，焊接成成体。利用滑道吊篮内的千斤顶同步顶升梁体，使梁体与滑板悬空，拆除滑板，同步降落千斤顶至设计高程。G匝道钢箱梁桥顶推标高比设计梁底标高高出33mm，滑道板厚度40mm，在落梁就位后滑道梁与梁底相差7mm，便于滑道梁及支墩的拆除。

四、结　　语

南京四桥麒麟互通G、H匝道钢箱梁桥的顶推成功，是首次在公路桥梁上采用自有结构作为导梁顶推成功的钢箱梁桥，将永久结构巧妙地应用在临时结构中，在确保施工需要的基础上大大节省了费用。G、H匝道桥顶推的成功既保证了沪宁高速公路的正常通行，创造了良好的经济价值，又开创了公路桥梁顶推施工新的飞跃。

72. 特殊地质段钻孔灌注桩施工技术

奚林胜
（中交第二航工程局四分公司）

摘　要　南京四桥南引桥在钻孔过程中遇到岩面倾斜较大的基岩层、淤泥层及流沙层等特殊地质，并通过不断摸索、总结，得出了一套有效施工方法，本文着重介绍了的这些特殊地质条件下钻孔灌注施工技术以及预防、处理斜孔、塌孔、漏浆的成功经验。

关键词　钻孔灌注桩　岩面倾斜　淤泥层　流沙

一、概　　述

南京长江第四大桥位于南京长江二桥下游10km处的石埠桥附近，距长江入海口320km，是国务院批准的南京市城市总体规划中"五桥一隧"过江通道之一，是沪蓉国道主干线——南京绕越高速公路的过江通道的重要组成部分。

南引桥每个桥墩的承台下布设4根直径为1.60m的钻孔灌注桩，按2m×2m矩形布置，桩长最小为22.3m，最长达57.8m，南引桥共有钻孔灌注桩220根。

1. 工程地质

南引桥下伏基岩主要有砂岩、砾岩、沉火山角砾岩、沉凝灰岩等，基础以下伏基岩作为桩基持力层。

2. 水文地质

桥委区内地表水主要分布于长江水道，施工期间长江水位高程4.20～5.20m，矿化度138～141mg/L，属HCO_3-Ca型水。

测得引桥区地下水位埋深0.85～2.70m，平均1.63m；高程3.59～7.33m，平均4.58m。

二、南引桥钻孔灌注桩施工的主要特点及难点

(1)南引桥跨低漫滩及残丘地貌，地形变化较大、地层岩性较为复杂。

(2)岩层成层状分布，岩面倾斜大，容易造成斜孔，成孔难度非常大。

(3)由于地勘资料每两个墩只进行了一个孔位勘察，地勘资料较少，造成部分墩位处地质资料不准，实际岩石强度比设计岩石高，桩基入岩深，有的进入微风化岩近 20m，造成成孔时间长，成孔难度大，容易掉钻、卡锤。

(4)S12 号墩位于断裂带处；S05、S06、S07 号墩右幅位于淤泥塘中，淤泥层较厚钻孔施工过程中如果控制不当容易出现坍孔；S06 墩位于铁路南侧的坡脚上，与铁路最近距离为 6m 左右，S07 墩位于铁路北侧的排水沟中，与铁路最近距离为 6.5m 左右，两个墩台的钻孔灌注桩施工难度较大，稍有不慎会对铁路造成一定的影响；S00 号桥台处覆盖层仅有 1m 左右，进入岩层后的孔深达 45m，且岩层交替变化，成孔及灌注成桩难度大。

(5)本桥钻孔桩为嵌岩桩，桩底沉渣控制要求严，部分墩位桩基穿过流沙层，给成孔及桩底沉渣控制带来很大难度。

三、特殊地质墩位的钻孔灌注桩施工

1. 倾面岩面地质钻孔灌注桩施工

根据地质报告，S03 墩在－27m 处进入微风化砂岩，实际施工过程中发现左幅 4 根桩与地质资料基本相符，钻孔施工也较为顺利，但右幅四根桩钻至－22m 左右时即进入微风化岩层，且基岩面倾斜较大，岩层裂隙发育，其中以 S03－3 桩最为严重，岩面倾角为 60°～70°。

在此种地质钻孔桩的施工过程中，钻头受力不均匀，因其岩层产生年代不同，强度也不同，这就会使钻孔严重倾斜，甚至出现扭曲形孔。因此，施工过程中，就必须不断的纠偏，尽量保证一次性成孔。最有效的办法，就是在地质强度低的部位抛相应强度的块石及黄土，以减少钻孔过程中钻头冲击的反力差值，达到纠偏的目的。这样反复投石、小行程切削高出的倾斜岩面直到岩面平整。在施工的同时，注意观察孔有没有倾斜现象，若有必须及时纠偏。S03 号墩右幅四根桩在施工过程中都有不同程度的斜孔发生，经过不断地摸索与实践总结出预防处理斜孔、保证钻孔桩质量的一些注意事项：

(1)钻机就位前要将场地平整好，场地要硬化或者铺设钢板、枕木，保证钻机施工时的稳定性，不能左右摇摆；在易发生孔斜位置处不宜冲击过快，适当控制进尺量；钻机操作人员及现场技术人员经常查看主钢丝绳在提升时的摆动情况，一但发现摆动较大就要采取措施纠偏。

(2)为加快钻进，可采用正反循环钻进，此种地质不宜采用回旋钻，因为受力差值较大，在钻杆上产生较大的扭矩，易出现钻杆扭断或掉钻。

(3)当岩石倾斜较大时，钻头易摆动，撞击孔壁，易造成偏孔或塌孔。这时应回填坚硬块石，以低冲程反复冲砸，使孔底出现一个平面后再进入正常冲孔。

(4)发现孔斜须及时纠偏，可将斜孔部分回填硬度较大的块石后重新冲击成孔，如果孔斜较为严重，一般要回填至孔斜起始位置以上 2m 左右 ，以保证在纠偏时不会出现卡钻现象；另外，纠偏时要适当加大钻头直径，可在冲击钻头底端用螺纹钢筋焊接环向箍，如果还是无法纠正过来，须回填至入岩处后重新冲击成孔。

(5)成孔后，须用测斜仪或者采用下放探笼来检测整桩的垂直度，倾斜度应小于 1%，以确保钢筋笼及导管的顺利下放。若使用探笼来检测垂直度，要根据规范制作探笼，即：外径为钻孔桩钢筋笼直径加 100mm(不得大于钻头直径)，长度为 4～6 倍外径，探笼使用前需查看变形情况，变形较大的探笼会影响垂直度检测的准确性。

2. 淤泥层钻孔灌注桩施工

S05 号墩位于淤泥塘中，淤泥层厚 6～10m，且多为黏度较低的流质淤泥，不易成孔，为防止塌孔，施

工前将上层2m左右淤泥换填混凝土碎渣，经挖掘机碾压成型，形成持力层，并埋设直径2m、长4m的护筒，钻机就位时在钻机前后支撑部分各垫一块钢板，钢板上再铺设枕木，钻机安放在枕木上调平后即可正常钻孔施工。

钻机钻进时应注意以下几点：孔内泥浆相对密度可适当加大；钻头不宜放在孔底时间过长，以防止万一塌孔钻头被掩埋；经常关注钻机持力点是否有地层下沉现象，保证钻机水平；关注护筒是否下沉，护筒周边是否有塌方现象，护筒要用钢丝绳与钻机相连，防止塌孔护筒掉入孔内，如果护筒有下沉现象，可在原护筒上焊接另外一个护筒并用振动锤施振将其打入孔内，直至护筒不再下沉并稳定，必要时护筒要接长直至穿过整个淤泥层并进入较好土层1～2m，S05-2桩在施工过程中发现护筒下沉严重，最后护筒接长至11.5m才稳定下来。

判断是否塌孔一般可根据以下几点：孔内泥浆面下降，钻头上提时吃劲较大，孔深异常，孔底高程无故抬高。

为防止淤泥层塌孔，施工中采用片石回填冲击法，利用不规则片石之间的咬合摩擦力和自然形成锥体的现象可以形成非常理想的护壁，从而达到阻止淤泥流动、防止孔壁坍塌的效果。具体施工方法如下：

(1)用正常工艺将孔钻进到淤泥层上表面；

(2)将级配在5～25cm之间的形状不规则片石回填至孔中，待片石面高于淤泥层面2m左右时，继续冲击钻进；

(3)若塌孔，重新回填片石至淤泥面层以上2m左右，继续冲击；

(4)在反复回填、冲击的过程中，利用不规则片石之间较强的咬合力，整个淤泥层会形成一个片石锥体状的护壁，直至无塌孔现象发生为止，淤泥层内已形成一个稳定的锥体；

(5)继续钻进施工，按照正常施工工艺完成灌注工序。

使用这种方法，在施工中应注意以下几点：

(1)备用片石的形状要求在5～25cm之间。小于5cm的石块咬合力较小，大部分随着泥浆泵回流至泥浆池中，不但起不到护壁效果，还容易磨损循环设备；大于25cm的片石在孔壁塌陷时容易卡住钻头，且因其质量、体积较大，不易侧向受力形成护壁，大部分被钻头打碎，也随循环系统排出。

(2)冲击过程中，每钻进0.5～1m时，应在整个已钻进的淤泥层内反复提升钻头数次，以防止上面片石塌孔，将钻头掩埋。

(3)每次回填片石应超过淤泥层面2m左右，重新冲击，起到加固片石锥体的作用。

(4)最好采用下部带有小柱体的空心钻头钻进。小柱体可以给片石一个较好的横向侧冲力，将片石挤到孔壁处，而不易将其击碎。钻头空心可以将孔内冲击出的泥浆提升至已成孔内，循环出孔，加快钻进速度。

(5)混凝土灌注至淤泥层时，应减缓灌注速度，以防混凝土面急剧上升形成的压力将片石锥体冲垮，导致混凝土超灌；甚者，将导致临近桩基串孔，增加下一步施工难度。

由于施工现场混凝土碎渣资源丰富，硬度也基本满足要求，只要稍加筛选就可使用，因此S05号墩在施工过程中采用此方法护壁的较多，并取得了相当好的效果。

3. 流沙层钻孔灌注桩施工

S05号墩钻孔灌注桩在施工中发现有一段流沙层存在，厚度约为2m，根据出现的相关情况，对流沙层做了相应的处理：S05-4桩在－14.5～16m处出现流沙，且比较严重，后将流沙层回填片石及黄黏土重新成孔；S05-6清孔完毕下放钢筋笼之前遭遇流沙，孔底被大量泥沙掩埋，孔底标高异常，由于混凝土浇筑前的泥浆相对密度较小(为1.10左右)，清孔又采用正循环方式，所以此时孔底泥沙难以清除，后回填一车黄土重新造浆，将泥浆相对密度调大至1.3左右时才将孔底流沙清干净。

片石加黏土回填冲击的方法在流沙层具有良好的护壁效果，其中片石的作用机理为：利用钻头冲击能量，将片石挤入孔壁四周，形成一个封闭的环形壁。黏土的作用机理：黏土溶水后形成泥浆，泥浆在孔壁形成一层泥浆膜，将不同土层渗填密实，使孔内漏水减至最低限度，保持孔内有一定的水压，稳定孔壁，延缓砂粒、悬浮状土颗粒的沉降，便于处理沉渣。流沙层增加黏土，做成泥浆结块，使孔壁坚厚、稳固。

在易出现流沙地段，施工过程中应注意以下几点：

(1)钻进过程中加强泥浆质量和相对密度的控制，要提高泥浆的胶体和悬浮能力，性能指标可按表1控制；适当提高清孔后的泥浆相对密度(规范要求为1.03～1.10)，但要保证沉渣厚度。

流沙层钻进过程中泥浆指标 表1

顺　序	流沙层泥浆性能指标控制		备　注
	项目	指标范围	
1	相对密度	1.3～1.5	孔底可达1.6
2	黏度	＞25s	
3	含砂率	＜10%	
4	胶体率	＞90%	
5	塑性指限数	＞17	
6	pH	7～9	

(2)保持孔内水位高于孔外1m以上，要密切关注孔底高程的变化，不断加入片石、碎石及黏土，使护壁坚固直至穿过流沙层。

(3)钻至流沙层时的速度不宜过快，要及时向孔内填入碎石及黏土。

(4)为保证桩的质量，在终孔后关注孔深变化，孔底沉渣清干净后方可下放钢筋笼，混凝土灌注前要保证沉渣厚度不得大于5cm，控制拆除清孔设备至混凝土灌注之间的时间差，不宜等待过长时间。

四、结　语

随着我国交通基础设施建设的快速发展，钻孔桩基础作为一种深基础，因其适应性广，施工方便，而广泛应用于各类基础建设。但是在一些特殊复杂的地质条件下，就需要一些特殊的施工工艺，来保证施工的顺利进行，以上主要以南京第四大桥南引桥钻孔灌注桩施工的成功经验为实例，以倾斜岩面、淤泥地质、流沙地质为切入点，对钻孔桩一些特殊施工工艺做了一些论述，也提出了一些预防斜孔、坍孔以及保证灌注桩质量的相关措施，希望对广大读者研究钻孔灌注桩有一定的帮助，同时也为以后施工钻孔灌注桩积累经验。

参考文献

[1] 龙芳月.倾斜岩面、鹰嘴岩、含流塑层的岩溶地质钻孔桩的施工[J].武汉交通管理干部学院学报，2002,4(1).

[2] 刘洪生.特殊地质条件下的钻孔施工[G].土木建筑学术图库,2007,7.

[3] 胡继明，康力能. 流沙、岩溶地区冲击钻孔灌注成桩施工技术[J].西部探矿工程,2002(6).

[4] 王锡朝，罗绍昌.沙土地层钻孔桩采用片石泥浆护壁简介[J].华东公路,1996(5).

73.碎石土层钻孔灌注桩施工质量控制

黄杨凯

(中交三航局南京长江四桥南接线工程S2标项目部)

摘　要　回旋型钻机在钻孔灌注桩施工中运用广泛，对于一般填土、黏性土、淤泥质土及砂土等，钻进容易，成孔效果较好，而对于碎石土层则较难穿越。但碎石土层如果使用冲击钻成孔往往成本过高，时间过长。本文就采用回旋钻机穿越碎石土层的工程实例进行分析，对穿越该类土的施工提出一些看法，以提高回旋钻机在穿越此类地层时的施工质量，为今后同类型桩基施工提供借鉴。

关键词　回旋钻　碎石土层　灌注桩

一、工 程 介 绍

1. 工程概况

南京四桥第S2标段线路(K23+169.400～K27+015.621)沿九乡河东岸与九乡河东路西侧之间的预留通道布置,依次跨越纬地路、羊山北路、仙林大道、地铁2号线东沿线工程,路线全长3.846km。路线共设平曲线2个,平曲线长度占路线总长度的86.006%,最小平曲线半径2 741.929m,最大平曲线半径5 500.028m。本标段设置中桥1座、互通立交主线桥1座、分离立交2座,桥梁共长3.262km,余下0.584km工程为土方路基。

2. 地质情况介绍

九乡河冲积平原区分布于K23+950～K24+280、K24+500～K27+020路段,由山丘间河谷—九乡河及长江泛滥沉积而成,上部松软层为粉质黏土、淤泥质粉质黏土,底部土层较好,发育一定厚度的碎、砾石层,下伏侏罗系、三叠砂岩、灰岩等。其中跨地铁2号线东沿线的仙林互通主线桥桥梁第1联1～5号桩位K25+605.021～ K25+725.021范围内地形较为平坦,覆盖层厚度大,主要由第四系全新统新近沉积的粉质黏土、淤泥质粉质黏土及更新统黏性土、碎石土构成。

二、碎石土层桩基施工情况和施工难点分析

1. 现场施工情况

项目部先期施工跨地铁2号线桩基,该段桩长58m,在标高-42.3m左右和高程-53.8m左右均遇到碎石土层,碎石粒径为4～6cm为主,个别大于8cm。

根据现场施工结果,现场采用GPS-20型钻机,进入碎石土③$_5$层后钻机出现上抬,钻进困难现象,见图1。同时,循环泵排出的泥浆中出现大量石子,放慢速度,加大扭矩钻进后出现笼式钻头损坏现象,见图2。

图1 笼式钻头在钻入碎石土层后被挤坏

图2 循环泵泥浆中出现大量碎石

2. 施工难点分析

通过现场实际施工情况,同时参考以往在灌注桩施工经验,总结出了四桥灌注桩碎石土层施工中的几个难点:

(1)卡钻。地勘报告不够细致,对于碎石的强度没有准确详细的描述,部分碎石强度极高,钻机无法将其磨碎上漂,钻头被卡住无法钻入或者被挤坏。

(2)置换困难。根据以往施工经验,当碎石粒径不超过15cm时,通过泥浆循环置换可使其上浮,过大则会造成排渣困难,无法达到设计要求的沉渣厚度。

(3)护壁困难。进入碎石土层后,钻孔形成的泥皮护壁不能有效的对碎石土层进行护壁,往往造成孔壁不够光滑,最后造成成孔后局部夹泥夹沙,降低桩身承载力。

三、施工控制措施

针对以上难点，我们仔细研究，采取了针对性措施，在实际的施工中得到了良好的控制效果：

1. 钻头

对于笼式钻头，当进入碎石土层后由单腰带改为双腰带加强其抵抗能力。同时采取我们在昆山三里大桥灌注桩施工经验，根据实际情况采用先用小钻头后用大钻头，两者相结合的方式，必要时小钻头采用笼式钻，大钻头采用筒式钻，增加钻头摩阻力，钻松土体，套取较大石块。大小钻头结合，用钻、磨、挤等方法钻进碎石土层，将直径较大无法置换出的石块挤入桩侧土中。同时采用扭矩较大的钻机进行施工，进入碎石土层中放慢施工速度，同时加强检查，以防卡钻或钻杆受损。

2. 泥浆控制

由于泥浆循环泵中置换出大量碎石，如果不及时清理将会严重影响泥浆指标。项目部从房建工程筛沙子中得到灵感，在泥浆循环泵出口处设置筛沙用的滤网，轻松简便地解决了这一问题。同时加强进入碎石土层后的泥浆指标控制，采用拌入优质黄土等措施适度加大泥浆的稠度和相对密度，提高泥浆的护壁能力和置换能力。

3. 沉渣控制

由于部分桩基持力层即设置在碎石土层，对碎石含量较多、粒径较大的土层，正循环钻孔工艺排渣能力较差，沉渣小于5cm的设计要求较难满足，特别当孔底沉渣的粒径较大，一般正循环泥浆清孔难于将其携带上来，此时要加强循环工艺，如果长时间清孔，孔底沉渣仍超过规定要求时，应改换清孔方式(如用风压机清孔或喷射清孔等)，达到设计要求。

四、结　　语

通过认真研究正循环钻机在碎石土层施工过程中的主要工序，结合四桥本标段地质情况，同时考虑到工期和经济方面的因素制约，项目部在实际施工中积极灵活地联合运用多种措施保障成孔质量，取得了良好的施工效果，通过桩基声测显示，此类桩基桩身完整，都达到了Ⅰ类桩基的质量要求，同时保证了跨地铁2号线的节点进度并最大程度地节约了增加的措施成本。

参考文献

[1] JTJ 041—2000 公路桥涵施工技术规范[S]. 北京:人民交通出版社,2000.
[2] 迟凤君. 穿越碎石黏土层钻孔灌注桩基础施工工艺探讨[J]. 中国科技信息,2006(4).
[3] 胡正昌. 孙炳云. 王超英. 钻孔灌注桩穿越碎石黏土层的施工[J]. 黑龙江交通科技,2007(3).

74. 南京四桥总体工程建设计划研究及关键线路控制

戚兆臣　魏玉莲
(南京长江第四大桥建设协调指挥部)

摘　要　工程建设总体计划是工程建设管理的主线，工程总体计划制订是否合理直接影响管理者对工程关键节点的把握和最终决策，除决定工程建设进度外，还将间接影响工程的质量和费用。南京长江第四大桥作为国内跨度最大的三跨吊悬索桥，建设规模大，技术含量高，工程风险大，管理过程中工序衔接多。指挥部借鉴南京二桥、三桥管理的成功经验，提前研究工程总体计划，牢牢把握工程关键线路，确保了工程按计划顺利推进。本文将有关做法作一介绍，供国内其他工程建设参考。

关键词　桥梁工程　计划　关键线路　控制

一、工 程 概 况

南京长江第四大桥是国道主干线的重要组成部分，也是南京绕越高速公路的重要组成部分。南京四桥全长28.996km，其中北接线长13.078km，跨江大桥长约5.437km，南接线长约10.481km，跨江大桥为主跨1 418m的悬索桥(图1)。全线采用双向六车道高速公路标准建设，长江大桥设计速度采用100km/h，桥面宽度采用33m(不含布索区)；两岸接线设计速度采用120km/h，路基宽度采用34.5m。

南京四桥全线在横梁、龙袍、栖霞、麒麟等4处设置互通式立交，预留红光、仙林2处互通式立交。

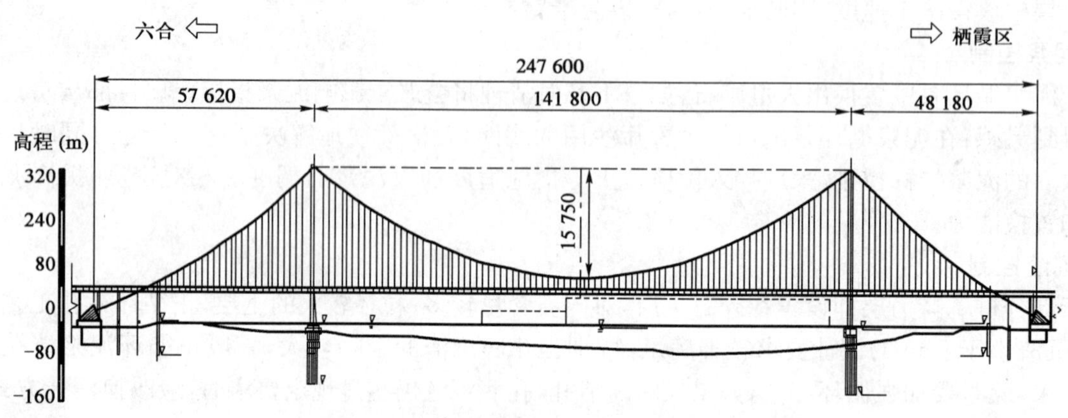

图1　南京长江第四大桥(尺寸单位：cm)

二、工程建设关键线路分析

南京四桥跨江大桥为主跨1 418m的三跨悬索桥，其桥梁结构形式决定了其施工工艺复杂，施工顺序固定单一，工序连接繁琐，施工工期较长。为了在有限的工期内优质完成浩大的工程任务，需要在施工过程中实现有效控制，合理适度地安排施工进度，总体把握施工内容，使施工得以顺利进行。

南京四桥的桥型特点决定了其施工周期较长，国家发改委批准南京四桥建设工期为5年。从南京四桥实际情况来看，此工期基本合理仍稍偏紧。从关键路线图可以看出，按5年工期排，从2008年8月队伍进场起算，由于钢桥面铺装必须在高温季节完成，最迟在2012年10月底前必须完成，而此前的箱梁吊装焊接、主缆架设、主索鞍安装必须按照前后顺序施工，不具备同步施工实施性，由此决定了锚碇锚体和主塔必须同步完成，才能开始缆索施工。由于主塔从基础至封顶施工周期与锚碇(至锚体浇筑完成)施工工期基本相同(约27～28个月)，从而锚碇基础施工和主塔施工分别处于两条不同的施工线路上，必须同步实施，任何一项延误都将导致总工期延长。经分析计算，本项目跨江大桥主桥为控制性工程，其关键线路为：

北锚碇地基处理→沉井接高下沉→锚体施工→索股锚固→钢箱梁吊装→梁段焊接→桥面系及铺装→交通工程→荷载试验及交工验收。

由于主塔基础的施工周期与锚碇基本相同，如果主塔施工有所延误，则关键线路有可能转变主塔施工这一施工线路中。

三、总体建设主要节点

根据交通运输部对南京长江第四大桥初步设计审查意见，南京四桥建设工期为5年。结合南京四桥初步设计推荐建设进度和前期对跨江大桥主桥施工方案征询成果，我们在学习参照润扬长江公路大桥、阳逻长江公路大桥及江阴长江公路大桥等大型锚碇基础施工和南京二桥等大桥索塔基础施工经验的基础上，结合设计文件最终确定的设计方案和南京长江第四大桥现场实际情况，对南京长江第四大桥总体计划、各关键节点等进行了初步安排。

1. 总计建设计划安排

参照江阴长江大桥、润扬长江大桥上部结构安装施工进度实际情况以及初步设计推荐建设计划安排和施工方案征询成果，结合南京四桥双塔三跨钢箱梁悬索桥的实际情况，按照建设总工期5年(内部按照56个月控制)对南京四桥总体建设年度进度计划安排如下(所列投资为建安费投资)：

(1)2008年为主桥开工之年。7月底前完成跨江主桥征地拆迁工作，6～8月完成现场三通一平，11月初正式开工建设跨江大桥北锚碇基础，12月初开始南、北主塔和南锚碇施工。年内完成北锚首节钢刃脚节段制造，争取开始首节钢沉井下沉，开始南、北主塔水上施工平台搭设工作，年底前开始南锚碇地下连续墙导墙浇筑，开始南锚碇地下连续墙基础开挖施工。完成投资9亿元。

(2)2009年为全面建设之年。完成南、北锚碇土方开挖，北锚碇沉井接高下沉就位，力争年内完成沉井封底；南锚碇力争完成连续墙墙体大体积混凝土浇注；年内完成主塔基础桩基及承台施工，开始主塔浇筑；完成管理中心房建土建施工；年内实现全线全面开工；开始鞍座、主缆制造加工。完成投资10亿元。

(3)2010年为攻坚之年。全面建设跨江大桥南、北锚碇，完成80%南北锚碇锚体混凝土施工(第一次进场)，力争完成主塔塔身施工；基本完成主缆、鞍座等制造加工，南北引桥、引线完成桩基础施工，争取完成50%墩身施工和50%混凝土箱梁节段预制，上半年开始钢箱梁制造招标工作，年内完成20%节段制造。完成投资12亿元。

(4)2011年为大干之年。一季度完成南、北锚碇锚固系统施工，完成主塔主索鞍及锚碇散索鞍安装，年初开始猫道架设、下半年完成主缆架设及主缆吊机安装架设。完成80%钢箱梁节段制造；引桥完成50%以上上部箱梁节段拼装及浇筑；接线完成路基填筑和结构物50%上部结构施工。开始沿线其他房建设施建设。完成投资12亿元。

(5)2012年为决战之年。力争上半年完成钢箱梁桥面吊装焊接工作，实现全桥贯通；完成锚碇第二次进场浇筑；一季度完成引桥及南、北接线桥梁上部结构施工；接线完成路面基层施工；下半年完成全线路面铺装及钢桥面铺装，年初全面开始交通工程、绿化和附属工程建设。完成投资12亿元。

(6)2013年为通车之年。一季度完成全部附属工程工程建设任务和工程扫尾工作，完成工程交工验收，4月底具备建成通车条件。完成投资4亿元。

为更好地组织跨江大桥主桥的施工，根据南北主塔、南北锚碇及上部结构安装施工工期绘制出总体施工进度网络图，以便合理、有序地组织各分项工程的实施。具体如附件“南京四桥总体施工进度计划”横道图所示。

2. 跨江大桥各关键控制节点

施工总计划进度以北锚2008年9月初为基准开工日期，同时本着减小施工难度，节约成本，合理安排施工周期的目的，总体上按照北锚碇30个月，南锚碇28个月(至第一次进场完成锚固系统施工)，南、北主塔28个月，上部结构16个月，桥面系及交通工程10个月控制。

各主要控制节点如下：

(1) 主塔基础。2009年5月底完成南、北主塔2/3的桩基施工，南、北塔所有桩基施工于2009年8月底前完成，以确保钻孔平台安全渡洪；2009年9月开始 (汛期后)北塔承台混凝土浇筑，以避开洪水对承台施工的影响。

(2)塔身。2010年1月初开始施工主塔，确保2011年1月底前完成南北主塔塔身施工。

(3)北锚沉井。2009年4月底前完成北锚沉井前四节下沉，尽量在汛期前进行排水下沉；在高水位期进行不排水下沉，2009年底前力争完成沉井下沉就位；2010年5月底前完成沉井填芯混凝土浇筑，以避开高水位期沉井排水下沉及洪水期沉井内抽水填芯施工；2010年四季度完成锚固系统定位及浇筑，施工队伍完成第一次进场；主缆架设完成后进行第二次进场施工。

(4)南锚碇:2009 年 2 月开始南锚碇地下连续墙导墙浇筑,8 月完成地连墙施工,9 月开始基坑开挖,2010 年春节前完成开挖及底板浇筑,2010 年 4 月前完成墙体及填芯混凝土浇筑;避开洪水期深基坑开挖及浇筑底板混凝土;2010 年三季度完成锚固系统浇筑,施工队伍完成第一次进场;主缆架设完成后进行第二次进场施工。

(5)缆索系统。2011 年 3～10 月完成猫道及主缆架设工作,年底前力争完成跨缆吊机及吊索安装。

(6)钢箱梁。边跨箱梁提前排放在栈桥,集中吊装;钢箱梁吊装控制在 2012 年 1～4 月,以保证箱梁安装施工各阶段作业船舶对长江水位的要求,并在台风来临(6 月底)前完成桥面吊装焊接。

(7) 桥面铺装。钢箱梁桥面铺装安排在 2012 年 8～10 月高温季节,保证在 10 月底前施工完成;再确保沥青混凝土铺装质量。

(8)荷载试验。2013 年 4 月底前基本具备通车条件。

3. 南北引桥、南北接线施工计划安排

(1)2009 年上半年开始北接线路线软基处理施工,根据设计要求进行超载或等载预压,可适当延长预压期。

(2)2009 年上半年开始北接线滁河特大桥、下半年开始划子口河特大桥等北接线控制性工程施工。

(3)2009 年年底开始南北引桥、南接线和北接线其他工程施工。

(4)力争 2008 年 9～10 月开工建设麒麟互通(与绕越东南环同步完成跨沪宁高速桥梁施工)。力争年底前开始管理中心房建施工,2009 年春节前力争具备进驻条件(需提前进行管理中心处场平施工)。

(5)南、北接线,南、北引桥上部主体工程 2012 年 2 月底前全部完成。

(6)2012 年 6 月前完成全线路面铺装,2012 年 10 月底前完成主桥钢桥面铺装。

(7)2013 年 4 月底前完成交通工程等附属工程安装调试,具备通车条件。

4. 索鞍、缆索及钢箱梁等供货安排

(1) 索鞍进场计划。根据总体施工进度计划以及绘制的进度计划网络图可知,索鞍安装在 2011 年初开始安装,因此其进场时间按照提前 2 个月准备,安排在 2010 年 11 月底前具备进场条件,索鞍加工应在 2009 年底开始准备,并于 2010 年 12 月底前完成。

(2) 缆索、吊索进场计划。同上所述,缆索计划于 2011 年 4 月开始安装,2011 年 10 月完成,因此缆索应于 2011 年 2 月开始进场,2011 年 4 月底前加工完毕,各索股在安装前 90 天具备进场条件。

吊索提前在工厂加工完成,在缆索进场后立即组织吊索进场、存放,等待安装施工。

(3) 钢箱梁加工进场计划。同上所述,钢箱梁计划于 2012 年 1 月开始安装,2012 年 4 月底完成吊装,考虑钢箱梁加工量大、安装相对集中,因此钢箱梁加工应提前 15～18 个月准备,并至少于 2012 年 2 月底前加工完成,钢箱梁运输根据安装进度、需要分节段船运至现场。

考虑施工的各种不确定性(各工序均有提前、推迟完成的可能性),因此索鞍、索股及吊索、钢箱梁加工在施工筹备阶段,均应按照上述节点日期和加工周期再提前 3 个月组织专业生产厂家开始加工,以防工期提前时材料供应受阻。

四、工程实施中的做法

1. 合理组织招标工作

根据南京四桥总体建设计划安排和工程的特点,根据不同标段建设周期的不同,采取关键性工程提前启动、附属工程后续开建的方式安排建设时序。结合工程特点,通过合理的标段划分,适时启动招标工作。总体建设按先主桥全面开工,引桥随后的时序进行,并先安排软基地段施工,以保证质量。初步考虑各主要标段划分和招标建议计划如下:

(1)主要标段划分

根据四桥工程实际,主桥下部结构划分为四个标段:南塔(含南过渡墩),北塔(含北过渡墩),南锚(含南引桥第一联基础及下部结构),北锚(含北引桥第一联基础及下部结构)。引桥划分为两个标段:南引桥基础、下部及上部结构(不含第一联基础及下部结构);北引桥基础、下部及上部结构(不含第一联基础及下部结构)。引桥节段预制可考虑单独招标。

制造标根据类型不同建议划分为鞍座制造加工、缆索制造加工、钢箱梁制造加工三个主要标段。

南北接线根据工程具体情况划分。

(2)各主要标段招标时间安排

①北锚碇:是工程的关键线路,需提前开工建设,为保证 2008 年下半年开工目标的实现,尽量避免汛期进行北锚沉井排水下沉和封底施工。指挥部于 6 月中旬进行北锚招标工作,10 月初施工队伍进场,使关键线路施工得到了很好的保障。

②南、北主塔:是与锚碇平行的另一条施工线路,如组织不当则有可能成为关键线路;由于水上施工、航运等条件复杂,南塔水深将近 30m,为降低水上施工风险,保证安全度汛,指挥部于 2008 年 9 月中下旬组织了施工招标工作,施工队伍于 11 月正式进场准备,年底开始施工。

③南锚碇:采用地下连续墙方案,相对规模较小,不在关键路线上,相对北锚碇,可晚开工 1～2 个月,指挥部将南锚与南北主塔同步招标,11 月初施工队伍进场施工。

④其他标段亦根据总体计划安排和工程实际进展提前 3 个月适时开展招标工作,确保满足工程建设需要。

2. 合理组织,确保工程建设关键线路得以实现

(1)根据工程进展情况,及时调整工程建设时序,确保工程关键线路顺利推进。工程的建设是一个动态的过程,虽然以前有很多类似工程经验可以借鉴,但由于每个工程的地质条件、建设环境、施工队伍对关键环节的掌控水平不一等,工程建设总体处于一个动态的变化中。在南京四桥建设初期,由于北锚沉井规模大,施工风险高,不可预见因素多,是全桥的关键线路。经过指挥部的充分论证,采取了一系列措施,北锚沉井得以提前下沉就位,从而使主桥关键线路转为南北主塔施工。但在总体研究主引桥施工过程中发现,因引桥采用节段预制梁,而节段预制梁与日后主桥钢箱梁存在码头和栈桥的共用问题,在使用时序上存在冲突。即:在边跨主梁占用栈桥存梁前必须保证节段梁全部上岸,而为降低引桥造价,只能提前完成引桥上部架设。从而引桥上部施工成为关键线路。而为满足引桥施工又必须提前完成南锚锚上墩身施工,为引桥架设创造条件。这一点,是我们在开工之初没有想到的。我们在研究 2009 年计划时及时发现其中的关系,及时安排了引桥的施工,确保了工程总体正常推进。

(2)超前研究,实现工程的无缝衔接。实现工程各工序的无缝衔接是工程管理追求的目标。从二桥开始,指挥部一直努力在建设中予以实现。在四桥建设过程中,指挥部从开工之初就统筹考虑,确保关键线路顺利实现。如在主桥队伍进场前,指挥部提前组织了施工便道和栈桥施工,并为施工单位提前完成了施工临时用地征用,做到了施工队伍进场就可以正式开展工作。对关键线路的标段采取了适当提前招标的措施。在施工过程中,超前研究控制或可能制约工程的工作,并根据实际工程进展及时调整关键线路。如在进行下部结构施工的同时就提前组织上部结构方案征集,研究解决了上部施工预埋问题,并做到了上下部塔吊设备能够共用。及时启动钢结构加工制造,确保钢结构供货满足现场需要等,确保外界条件不影响关键线路,取得了非常好的效果,到目前为止,南京四桥各项建设工作一直比计划有所超前,建设计划得到了非常好的执行。

五、工程建设体会

(1)合理制订建设计划是有效掌控工程的前提,有效的组织管理是保障。

(2)大型桥梁工程建设涉及建设、设计、监理、施工、制造、科研多家单位的协调,需牢牢把握关键线路,共同努力,确保实现。

(3)工程建设是动态管理过程,应超前研究可能出现的情况和制约因素,注意施工过程中关键线路的变化,及时调整建设时序。

附件

跨江大桥主桥施工进度计划安排

(1) 北塔及基础施工计划(总工期 28 个月):

2008 年 10 月 1 日至 2008 年 11 月 31 日　前期准备、临建工程施工
2008 年 10 月 1 日至 2009 年 12 月 31 日　钢围堰加工及下沉就位
2009 年 1 月 1 日至 2009 年 9 月 30 日　钻孔平台搭设及钻孔灌注桩施工
2009 年 9 月 30 日至 2010 年 1 月 31 日　承台施工
2010 年 2 月 1 日至 2011 年 2 月 28 日　主塔塔柱及横梁施工

(2)南塔施工进度计划(总工期 28 个月)

2008 年 10 月 1 日至 2008 年 11 月 30 日　前期准备、临建工程施工
2008 年 10 月 1 日至 2009 年 6 月 30 日　钻孔平台搭设及钻孔灌注桩施工
2009 年 7 月 1 日至 2009 年 12 月 31 日　钢吊箱加工及承台施工
2010 年 1 月 1 日至 2011 年 2 月 28 日　主塔塔柱及横梁施工

(3) 北锚碇施工计划(总工期 30 个月)

2008 年 9 月 1 日至 2008 年 12 月 31 日　前期准备、地基处理
2008 年 12 月 1 日至 2009 年 3 月 31 日　首节沉井施工
2010 年 4 月 1 日至 2010 年 5 月 15 日　沉井接高及下沉施工封底填仓
2010 年 5 月 1 日至 2011 年 3 月 31 日　锚室底板、锚体、锚固系统施工(第一次进场完成)
2011 年 11 月至 2012 年 4 月　锚室顶板、侧墙、前墙等施工(第二次进场)

(4)南锚碇地下连续墙施工计划(总工期 28 个月)

2008 年 12 月 1 日至 2009 年 3 月 31 日　前期准备、导墙及平台施工
2009 年 4 月 1 日至 2009 年 8 月 31 日　地下连续墙施工
2009 年 9 月 1 日至 2010 年 12 月 31 日　基坑开挖及支撑施工
2010 年 1 月 1 日至 2010 年 6 月 30 日　墙体、填芯混凝土施工
2010 年 5 月 1 日至 2011 年 3 月 31 日　锚室底板、锚体、锚固系统施工(第一次进场完成)
2011 年 11 月至 2012 年 4 月　锚室顶板、侧墙、前墙等施工(第二次进场)

(5)上部结构

2009 年 10 月至 2011 年 2 月　索鞍制造、运输
2011 年 1 月至 2011 年 4 月　主索鞍及散索鞍安装及安装
2010 年 1 月至 2011 年 4 月　主缆制造、运输
2011 年 4 月至 2011 年 10 月　主缆架设安装
2010 年 8 月至 2012 年 2 月　钢箱梁制造、运输
2012 年 1 月至 7 月　钢箱梁吊装焊接
2012 年 7 月至 2013 年 3 月　桥面铺装及附属结构安装
2013 年 3 月至 2013 年 4 月　竣工验收

75. 南京长江第四大桥建设工程安全生产管理工作中的创新思路与举措

罗明秋　葛宝翔
（南京长江第四大桥建设协调指挥部）

摘　要　本文根据国家对加强重大建设工程项目安全生产管理工作的要求，结合南京四桥建设工程实际情况，浅议南京长江第四大桥建设工程安全生产管理工作中的创新思路与举措。

关键词　安全生产管理　创新

一、前　言

南京长江第四大桥（以下简称“南京四桥”）是国务院批准的南京市城市总体规划中“五桥一隧”过江通道之一。项目起始于宁通高速公路横梁镇以东，在龙袍以西，经石埠桥（南京二桥下游10km处）跨越长江，跨312国道，止于江宁区麒麟镇，接沪宁高速公路和正在建设的绕越高速公路东南段，全长约28.996km。其中，跨江大桥长约5.437km，南北接线长约23.559km。在横梁（一次规划、分期实施）、龙袍、栖霞、麒麟4处设置互通立交，预留红光、仙林2处互通立交。全线按六车道高速公路标准建设，其中跨江大桥设计速度为100km/h，桥面宽度为33.0m；两岸接线设计速度为120km/h，路基宽度为34.5m。桥涵设计汽车荷载等级采用公路-I级。主桥为主跨1 418m双塔三跨悬索桥；主通航孔设计最高通航水位上的净空高度不低于50m，单孔双向通航净宽不小于690m。根据交通运输部对南京四桥初步设计的批复，本项目概算投资约68.57亿元，建设工期60个月。

南京四桥建设项目规模大、建设环境复杂、时间节点紧、技术要求高、风险难度大，稍有不慎，很容易引发安全责任事故。此外，工程建设还面临水上作业、软基处理、地上和地下管线干扰、施工场地狭窄、交通组织压力大等方面的挑战。怎样确保工程施工安全，如何加强安全管理水平，是项目管理人员十分关心的问题。在延续南京二桥、南京三桥安全工作齐抓共管的良好作风基础上，南京四桥指挥部为进一步加强南京四桥的现场安全管理工作，成立了专门处室，负责工程安全生产工作的监督、管理、检查、考核和协调。在工作中树立“细节决定成败”的理念，强调精细化管理，齐抓共管，将安全生产理念渗入工程的每个环节。本文结合南京长江第四大桥的安全特性及风险分析，浅议安全生产管理工作中的创新思路与举措。

二、南京长江四桥工程安全特性

要保证本工程安全，首先要了解本南京长江四桥工程的安全特性。南京四桥建设工程不同于其他建设工程的特性，主要表现在以下几个方面：

（1）在南京四桥整个施工过程中，施工作业呈不同的节点分布，因此会出现不同的时期里，有不同的工序工法、不同的施工工艺、不同的作业人员、不同的施工机械组合，形式不同的施工环境等。安全生产工作存在“工、料、机、序、环”等方面相互交织的复杂性。

（2）特大型桥梁的施工，在设计、桥址环境、地质水文条件、施工从业人员、工程建设时代等方面存在不可复制性。因此在安全工作上，从组织机构到规章制度，从施工环境到现场工序，南京四桥都有着和其他长江上任何桥梁不同的差异性。

（3）南京四桥作为首座三跨吊悬索桥，加之采用浇注式沥青桥面铺装，就其施工组织设计而言，施工过程中工序转换多、施工难点多、特大型机械设备多、协作单位多。按现代工程建设管理精细化、集约化要求，工程施工难度大，安全控制点多面广，起点高、要求高。

(4)桥梁施工不可避免受到露天作业，天气变化对现场施工的影响，而施工周期长则意味着与附近居民的工作和生活产生交叉影响，时间越长，相互间的影响，干扰越大。

(5)桥梁施工是劳动作业人员密集型产业，务工人员素质参差不齐。因此，除实体工程施工过程中的安全工作管理外，做好参建人员的培训教育、施工环境文明治理、人员生活的统筹安排、临时工程和大型施工作业平台的安全防护、施工临时用电的合理配置、水陆交通的安全管理、长江大堤等既有设施的防护观测等工程实体外的工作，是做好南京四桥安全生产工作的前提条件。

以上五点包括了社会的、管理的、技术的特性，正是这些特性，决定了南京四桥区别于其他工程，也对南京四桥安全管理工作提出了特殊的要求。

三、南京长江四桥工程安全风险分析

在认识南京四桥建设工程安全特性的基础上，我们对南京四桥工程建设面临的施工风险作一些具体分析。

总体而言，工程风险可分为三大类：工程自身的风险，工程影响环境的风险，环境影响施工条件的风险。

1. 自身风险

自身风险是指只与工程相关，而与时间、地点无明显相关性的风险。即不管在什么地方、什么时间，只要工程进行，就存在这种风险，存在发生事故的可能性。工程的自身风险包括常规风险、技术风险和组织风险。

目前安全工作侧重的是常规风险，对后两种风险，还没有引起足够的重视，尤其是还没有上升到风险管理的层面上来考虑。而我们的施工安全管理，基本都是面对施工现场的，着重点就是人身安全和工程实体，以及相应的管理工作。对于技术风险，分部、分项工程的安全专项施工方案，普遍没有得到重视。至于组织风险，行业管理部门作出了一系列规定，但关键在于培养一个管理严、实力强、素质高的总包企业。协作和专业分包队伍的种种问题，实际上反映的是总包企业的管理缺位。

2. 环境风险

环境风险是指由于工程施工，对周边环境造成危害或破坏的可能性。它有许多表现形式：

(1)建筑物风险，南京四桥南锚存在周边粮库沉降、开裂风险，北锚存在长江大堤沉降影响等风险。

(2)管线风险，主要是指各种管线的断裂而引起的危害，南锚北侧输油管线即存在此类风险。

(3)交通风险，如施工便道弯急坡陡、交叉口多，极有可能引起交通堵塞、交通事故等。

(4)环境污染风险，主要有扬尘、弃土、噪声、废气、废水、废弃物污染等。

(5)工程建设过程中必然对沿线人民造成影响，引发地方矛盾。

将施工对环境的影响纳入工程安全管理的范畴。我们必须认识到，由于交通建设工程的特殊性，工程建设对环境的影响将越来越大，风险无法回避，按科学发展观要求，我们只能勇敢面对和预防化解，真正做到工程与环境和谐共生。

3. 条件风险

条件风险是指由于环境、工期等不能满足正常施工条件而引起的风险。这里所说的环境，既包括客观环境，也包括周边社会环境。它同环境风险是呈正比例的，施工环境越苛刻，施工条件越恶劣。南京四桥受环境制约多，我们必须采取科学手段，正确处理好环境对工程建设的关系。

随着环境风险越来越大，条件风险也将越来越大。因此，指挥部应该对条件风险引起足够重视并认真加以研究，这种风险全靠施工单位来承担是不合适的。应通过建设、设计等其他参建主体，从技术、经济等方面采取措施，或采用补偿机制，尽量为施工单他提供一个比较好的施工条件。条件风险在一定程度下可以转化成常规风险。

图1为工程安全风险分析框图。

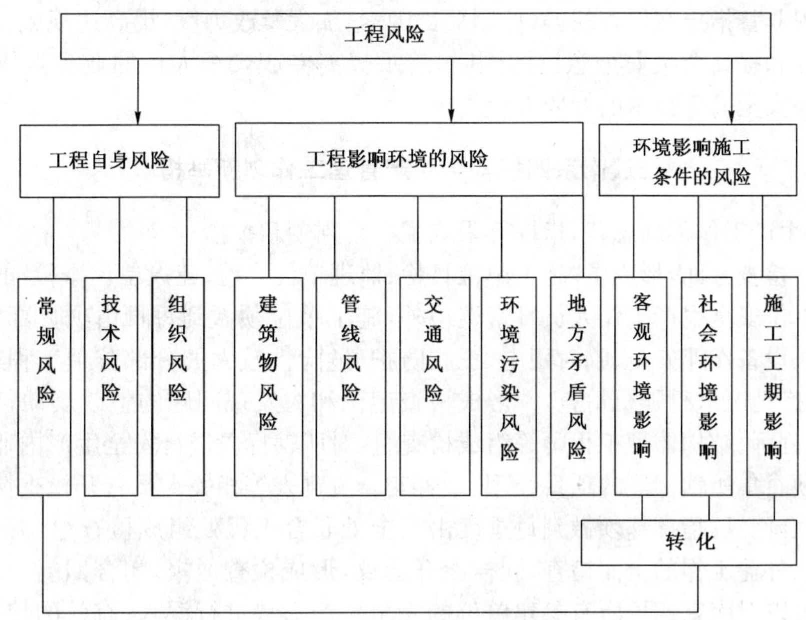

图1 工程安全风险分析框图

四、南京长江四桥安全生产管理工作创新思路

为确保南京四桥建设工程安全，必须高起点、集约化进行安全生产管理工作，把安全管理工作纳入科学长效管理范畴，降低风险系数。安全管理工作要更加规范化、程序化，更加富有针对性和可操作性。南京四桥指挥部按照“安全第一、预防为主、综合治理”的工作目标，细分标准、细分任务、细分流程，对危险源进行分析识别，对安全目标进行分解，制定一系列量化检查考核标准和相应奖惩措施，做好现场管理控制。在此基础上，指挥部针对国家对重点建设工程项目越来越高的安全生产管理要求，通过总结以往工程管理中的经验和教训，借鉴国内外同的宝贵经验，在工程管理实践中不断摸索，集思广益，总结出一套创新的安全生产管理工作思路。

(1)变“免责管理”为“目标管理”。长期以来，安全管理工作中主观色彩浓厚，事故引导工作的局面较为普遍。南京四桥指挥上下统一思想，明确目标，主动出击，以攻为守，努力改变被动的安全生产免责管理局面，切实做好南京四桥安全生产目标管理工作。因为安全生产工作具有动态性，针对这个特点，指挥部将管理目标依据不同时期的施工特点及工作要求分解为不同的目标。譬如，结合2010年度南京四桥的安全生产工作要求，指挥部确定了本年的工作目标：①确保南京四桥全年生产安全零事故；②确保南京四桥建设工程各个标段在江苏省公路水运工程“平安工地”建设达标考核中达标率为100%；③力争根据《江苏省公路水运工程“平安工地”建设达标标准》产生1～2个省级示范工地。这种工作思路的转变可以有效提高南京四桥建设项目安全生产工作的管理水平和工作能力，具有系统性、规范性、科学性和可操作性。

(2)把安全生产管理的范围由施工扩大到设计、科研和设备采购、原材料等各方面，高度重视施工前准备，强化安全生产的预控能力。在设计阶段，指挥部总工办充分吸纳国内外成熟技术，加大对技术方案的研究，改进提高工艺水平，使南京四桥既成为桥梁建设发展科研成果实施载体，又是一项施工风险受控的工程。在施工招标阶段，指挥部计划处组织专家，除了考虑承包人投标价格等因素外，还对投标人建设方案的可靠性、安全性进行严格评估，对施工单位的选择严格把关，从源头上堵住了内部管理不严的队伍进场，奠定了四桥建设安全生产工作的高起点。

(3)工程施工安全管理要突破人身安全的局限，在安全管理人员心中树立起工程安全、人身安全、环境安全三位一体的大安全概念。

(4)进一步加大对施工中常规安全风险的控制力度。突出事前控制，抓责任制落实，标准规范执行和培训教育；强化过程监督指导和检查纠偏；控制关键因素；加大整改力度，提高违规成本。

(5)在努力培养和提高全员安全意识的同时，着重提高专职安全人员的业务素质，通过各类教育培训，培养出一批既懂安全又懂技术的专职安全人员。

五、南京四桥安全生产管理工作创新举措

结合上述安全生产工作创新思路，指挥部采取了一系列创新举措。

(1)在安全生产检查方面，形成了"施工单位日检、监理单位月检、建设单位季检"的"三级检查制度"。具体来说，除了各单位安全生产工作人员日常巡检外，施工单位须做到每日由项目部安全部门组织人员对于工人操作安全、设备作业安全、临时用电、三临防护、危险性较大的分部分项工程有未按照专项方案作业等常规安全生产情况进行随机检查，并形成检查记录和对发现问题的整改反馈；监理单位须做到每月组织安全监理工程师、结构监理工程师等组成检查组，对所辖标段进行安全生产内业、外业工作的全面检查，检查结束后须召集所辖标段的项目经理、主管安全负责人等相关人员召开检查情况通报会，并形成纪要，督促整改，闭合回复；指挥部须做到每季度由安全处联合工程处组成检查组，对全线所有参建单位进行安全生产内业、外业工作的全面检查，同样召开会议，形成检查通报，闭合回复。通过严格执行上述"三级检查制度"，可以对南京四桥所有参建单位的安全生产形势进行深入、有效的控制。能够及时发现并整改存在的安全隐患，并且通过通报、奖惩等形式有效遏止诸如习惯性违章作业等现象的重复发生。

表1为三级检查制度。

三级检查制度表　　表1

检查级别	检查单位	检查频率	检查内容	备注
一级	施工单位	每日	工人操作安全、设备作业安全、临时用电、三临防护、危险性较大的分部分项工程有未按照专项方案作业等常规安全生产情况	形成检查记录和对发现问题的整改反馈
二级	监理单位	每月	在常规安全生产情况检查的基础上，根据本月及下月施工情况重点检查相应的内业、外业工作	检查结束后须召集所辖标段的项目经理、主管安全负责人等相关人员召开检查情况通报会，并形成纪要，督促整改，闭合回复
三级	建设单位	每季度	在常规安全生产情况检查的基础上，根据本季度及下季度施工情况重点检查相应的内业、外业工作	同样召开会议，形成检查通报，闭合回复

(2)在安全生产奖罚方面，形成了"安全生产风险抵押金制度"。实施风险抵押金制度的宗旨是以不出生产安全事故为目标，实行奖罚两条线的做法。即发生生产安全事故在抵押金一定范围中重罚；不发生生产安全事故的条件下，指挥部以抵押金同等数量的资金结合安全生产工作考评结果分期按安全生产工作成绩实施奖励。根据南京四桥全线参建单位所交纳的风险抵押金额，指挥部专门拨划1 600万的配盘资金用于奖励。具体办法分为：①施工单位：施工单位与指挥部签订安全生产风险抵押金责任状后，待其形成实物工程量并完成动员预付款回扣时，从下期计量中扣除其出资额。此笔款项用于对各单位责任事故的处罚。一旦出现生产安全事故，指挥部将根据事故性质、影响大小，并结合安监局等相关部门的定性结果，对相关单位处以此笔款项20%～120%的处罚，所罚或超出部分须从相关单位下期计量中予以补足。上述风险抵押金在工程结束后全额返还。②监理单位：监理单位风险抵押金交纳及返还办法与施工单位相同。一旦发生生产安全责任事故，在其风险抵押金的10%～60%范围内，按照发生事故标段在监理标段所占的比例及事故性质、影响大小，并结合安监局等相关部门的定性结果，予以扣除。此笔款项被扣除后不再予以补足，工程结束后监理单位风险抵押金余款全部返还。同时监理单位应增加专职安全监理人员，以每个标段配备一名为基数，在此基础上，百日无事故奖励按不发生事故标段所占的比例和监理工作情况在当期抵押金份额内予以奖励，该奖励不追溯。同时为了提高专职安全管理人员的工作积极

性，充分发挥其在现场管理工作中的作用，提高其收入，指挥部同时规定各单位安全风险抵押金个人出资部分须占总金额的30%以上，专职安全生产管理人员须有足够比例。所得奖金须全部用于南京四桥参建人员奖励，安全生产工作人员的奖励应重点考虑。安全生产奖金各单位不得截留或挪作他用，奖励名单及金额须向指挥部报备。

(3)常年开展"百日生产安全无事故"活动。为提高参建单位安全生产工作积极性，指挥部在每个工程年度分上、下半年组织"百日生产安全无事故"活动，对无生产安全事故的施工单位按照指挥部之前出台的《南京长江第四大桥安全生产检查考核细则》进行考核考评，并按考核考评结果在当期风险抵押金份额范围内进行奖励，该奖励款不追溯。同时为加强活动的组织领导，指挥部专门成立了"百日安全无事故"活动领导小组，由各指挥长和各部门负责人担任组长和组员。领导小组下设办公室，办公室设在指挥部安全处，具体负责指导、调度、协调和督查各参建单位"百日安全无事故"活动的开展情况。表2为考核评表略表。

考核考评表略表 表2

检查类别序号	检查类别及分值	检查项目(略)
一	安全生产保证体系(10分)	
二	人员配备及持证情况(5分)	
三	安全管理目标(5分)	
四	安全档案(5分)	
五	安全技术方案(5分)	
六	安全技术交底(5分)	
七	安全培训教育(5分)	
八	安全检查(5分)	
九	安全经费(5分)	
十	应急救援(5分)	
十一	施工环境(5分)	
十二	现场作业(15分)	
十三	施工用电(5分)	
十四	大型临时工程、施工机械(15分)	
十五	消防安全(5分)	

(4)在施工方案方面，加强重大技术方案审查工作，必要时指挥部组织进行方案的制定、审查和实施，如钻空平台方案、南锚地连墙方案、北锚沉井方案等。从技术上保障工程施工的安全；针对诸如主桥爬模施工、引桥架梁施工、接线跨线作业等危险性较大的重点作业环节，指挥部在组织施工、监理单位编制针对性、操作性强的施工安全专项方案之后，通常会召开方案审查会议，邀请权威专家论证把关，保证专项方案的指导性，并且根据方案进行现场施工前的准备、现场布置、走道临边的设置、规范人员安全操作行为，尤其是在施工现场阶段性或周期性动态转变中，安全防护措施的落实情况。

(5)增强监理、施工单位安全管理人员的素质、数量和能力，创造条件提高其收入、地位和影响，充分发挥专职安全管理人员在现场管理工作中的作用。充分认识当前安全生产工作的形势和安全生产管理工作的专业性、科学性、人文性、复杂性和综合性要求，把有专业、懂工程、善沟通、能管理的高素质人员充实到专职安全生产管理队伍中，并让其有认同感、荣誉感和成就感。指挥部运用了"风险抵押金制度"中对监理单位倾斜的政策，拨划专款让其增加专职安全监理，确保南京四桥每个标段都配备一名专职安全监理，做到对每个重点工序、危险性较大工序的全程旁站。

(6)改善1%安全生产经费的支付并加强其使用监督。通过对比实施该经费之前安全生产投入情况，切实保障安全经费更多地用于安全教育、安全防护、专项安全方案的研究和投入等方面，让其在促进和提升安全生产管理工作方面起到实质保障作用。

六、结　　语

安全生产工作最能体现科学发展观的理论实质和思想精髓。做好南京四桥安全生产工作，不仅是项目顺利推进的需要，更是落实“以人为本、科学发展”的需要。随着从国家到地方各级政府和相关管理部门安全生产责任制的有效落实，安全生产监督管理部门对安全生产管理力度不断加强，南京四桥建设安全生产管理工作所面临的压力越来越大。要化压力为动力，保证工程安全，就要强化安全生产管理工作的科学性，进一步增强责任意识、使命意识。从贯彻落实科学发展观、扎实推进和谐社会建设的高度出发，从对人民群众和全体建设者的生命财产安全负责、对南京四桥工程建设事业负责的高度出发，从对所在企业的名誉和可持续发展出发，把安全生产工作摆在更加突出的位置。时刻保持清醒的头脑，如履薄冰、如临深渊，以敬畏之心对待工程安全工作，切记“关爱生命、安全发展”主题，切实做到以人为本、安全第一、预防为主、综合治理，确保南京四桥安全生产措施的落实和工作目标的实现，使南京四桥安全生产监督管理工作逐步走上规范化、程序化的科学管理之路，使其成为工程建设管理的一个亮点。

参考文献

[1] 宋大成.安全生产法规培训教程[M].北京:中国石化出版社,2009.

[2] 本书编委会.最新国家安全生产操作技术规程实施手册[M].北京:科学文献出版社,2005.

[3] 金德钧,吴松勤.最新建设工程安全生产与质量监管指导全书[M].北京:中国城市出版社,2004.

[4] 本书编委会.路桥工程安全生产许可达标标准与国家安全生产强制性条例规范实施手册[M].香港:中国科技文化出版社,2006.

[5] 陈肇年,高振辰.建设工程安全生产管理条例编制实施与标准化操作实务全书[M].北京:中国建材工业出版社,2003.

[6] 程庆辉.建设工程施工现场安全生产保证体系标准规范实施与安全管理台账编制手册[M].北京:光明日报出版社,2004.

76. 重大建设工程中现场安全生产目标定位与安全管理方式的探讨

葛宝翔　罗明秋

(南京长江第四大桥建设协调指挥部)

摘　要　本文结合建设工程与安全事故特点，提出安全生产目标应合理定位，通过对南京长江四桥建设安全生产管理实践的分析，探讨在建设现场安全管理中应注意的事项与实行分层次管理的必要性及建设过程中各层次的职责划分、管理方法。

关键词　建设工程　安全生产　目标定位　管理模式　探讨

随着“以人为本、建设和谐社会”理念的深入人心，工程建设中的安全管理工作越来越被建设各方重视。在发展经济的同时，如何提高工程建设管理水平，减少人员伤亡和物资的损耗，如何落实“科学发展观”中有关安全方面的阐述内容，将张德江副总理“不要带血的GDP”指示真正落到实处，是摆在每位建设管理者面前的重要考题。

一、建设工程的行业特点

(1)参与建设的人员多、流动性较大；(2)工种庞杂，设备多样，交叉作业；(3)建设工期时间跨度长，现场工况一直处于动态变化中;(4)施工地域范围广,建设受地质气象情况影响明显;(5)综合学科,既要有多种特种操作人员、技术人员,也有普通民工,人员素质参差不齐;(6)使用物资品种、数量多,投资大。

二、安全事故的特点

(1)不确定性;(2)概率事件;(3)反复性;(4)受影响面多,长期性;(5)社会恶劣影响。

三、安全管理目标的合理定位

重大建设工程多为社会关注焦点,有关信息传播较快,社会影响也较大。鉴于建设工程的行业特点,现场安全管理工作的重点是程序管理、安全方案管理,难点是如何规范个体差异很大的每位现场操作人员的行为。在市场经济条件下,追求经济效益最大和成本最小,是每个企业的自觉行为和目标。企业不会将精力、资金和设施投至貌似没有经济效益的地方。建设工程施工中,施工方并非不知道发生安全事故的后果,他们担心事故发生,但出于生存、利润与发展的考虑,认为抓安全生产要投入,没有利润,没有直接的经济回报,不怎么抓也可能不出什么大事,往往不愿作必要的安全生产投入,不采取有力的措施预防安全事故,而是抱着侥幸的心理对待安全生产问题。

"安全工作一票否决制、杜绝现场一切安全违章操作"是安全管理工作的理想目标,与建设工程中安全生产管理相似的是道路交通安全管理。日常生活中,道路警察的权限与对违章的处罚力度是工程建设中安全管理人员所不可比的。另外,从参与人群上讲,驾驶员的整体素质、对相应法规的了解程度也远较一般工程建设人员高,但即使这样,道路交通中违章现象还是层出不穷。因此建设管理者必须科学、合理地确定安全责任目标,既能将安全风险控制在一定范围,又能调动安全从业人员的积极性,制订实际可操作的岗位职责,避免像湖南涟源市48名、重庆市綦江县26名等现场安监人员因责、权不对称而出现的群体性辞职现象,给社会造成负面形象。安全工作不是配几个安全员就可以消除一切违章现象的,安全管理人员更应从提高每位参与建设者的安全素质着手。

安全事故是项概率事情,安全管理制度不健全的小煤窑未必百分之百出事,安全管理工作规范的国营大煤矿也不可能保证百分之百的不出事。地面再平整也有崴脚的,当然这不是放松安全管理的托词,安全管理工作者首先要问问自己,"地"是否平整了?从严格意义上讲,安全管理工作没有完美只有更好,没有绝对只有相对,安全工作没有边际,它贯穿于生产的全方位、全过程,牵涉每一个参与工程建设的劳动者。由于安全事故带有很大的偶发性和小概率特点,安全违规具有反复性的属性,这给安全管理工作带来很大的挑战。安全管理人员的责任就是从各种预案管理着手,让发生事故的概率从系统上变小,让安全生产的概率变大。

安全为了生产、生产必须安全。在处理安全与工程进度、工程质量的关系时,应清晰厘清这二者的主次关系:生产是目的,而安全则是实现生产目标的保证手段、是服务。工程建设项目中可以提更高的安全生产管理目标,但合理的、切实可行的安全生产考核管理目标应当是:杜绝群体性系统事故、防范个体一般性事故、减少现场违章操作。

四、现场安全管理方法探讨

多年来我国一直实行"企业负责,行业管理,国家监察,群众监督"的安全生产管理体制,这一政策理顺了安全管理体系,明确了安全责任主体,在我国经济建设由计划经济向市场经济转型初期发挥了巨大作用。但随着建设工程市场竞争的加剧,这一管理制度也暴露出了自身的一些不足,如在建设过程中为迎合部分业主对造价、工期的不合理要求,承建单位从自身经济利益考虑,有可能不得不降低对安全的防范和投入,造成工程建设安全隐患甚至发生事故。

在新的社会发展阶段,建设工程现场安全管理工作必须解决"谁来管"、"管什么""怎么管"、"管理效果"等问题。对应到建设工程中的现场安全管理工作,它一般分为三个层面:系统文件的建立完善,操作文件的编制审批,现场管理执行考核。系统文件包括安保网络、管理目标、各项管理制度、应急处理网络、考核办法等，它解决了“谁来管”和“管什么”的问题；操作文件和现场管理执行则根据系统文件中的规定，细化现场安全管理项目，解决“怎么管”和“管理效果”的问题。

建设工程中的现场内部安全管理体系一般由建设单位、监理单位、施工单位项目管理、施工队内部工序管理组成。因为建设过程中涉及专业众多，而专业安全人员配备数量有限，专业安全人员又不可能是精通各专业的“通才”，因此必须厘清各单位的相关职责，对建设现场进行分层次地管理，协调各级安全管理力量和专业技术管理人员力量，各司其职、齐抓共管，才能对建设现场安全状况进行有效管理。

为确保实现这一工作目标，现场安全工作在满足工程需要配备足额专职安全人员外，还应当满足：

(1)专职安全人员应首先树立正确的职业观。交通建设现场一般为开放式施工，人员流动频繁，管理事务琐碎，现场安全管理注重长效管理，注重规范日常行为操作，而追求轰动场面，依靠花俏活动是不可能达到安全管理目标的。省质监站黄淞文在其讲座中提到，“要将安全意识渗透到每个细节”，渗透是个渐变的过程，这也表明安全管理工作没有捷径，只能踏踏实实地从每一项事情做起，项目一天不结束，安全管理就一天不能放松，浮躁的思想是安全管理人员的大忌。

(2)专职安全人员应获得充分的授权，“安全一票否决制”能否得以实现，安全管理人员获得充分的授权是关键因素。在一般建设工程现场，工人的现场调动、机械设备的调运等人、材、物均掌握在生产管理者手中，现场的任何安全设施布设、安全整改都离不开其他部门的配合。

(3)安全工作应归口管理，加强台账管理。作为工地专职安全管理，安全管理部门应掌握工地的所有安全信息，而由于专业知识的限制和人数有限，工程建设中船泊、机械设备、电气、管线、特种设备等均有相应部门管理，因此，这些部门应及时与安全人员沟通，并将相关资料及时报备安全管理部门。

(4)专职安全人员应参与工程中的有关方案的讨论、编排过程，在方案决定过程中及时提出相关的安全意见，或了解生产工艺流程，有的放矢地提前做好安全安排。在现行管理模式下，各个阶段的监督检查制度已经建立起来了，但是各阶段之间还缺乏联系，未实现整个过程的有效控制，而且往往把管理工作的重点放在施工阶段，造成实际管理工作的割裂。应将安全管理工作向两头延伸，一头向前延伸至方案设计、施工图设计阶段，另一头向后延伸至事后总结。

(5)持之以恒地做好安全教育、安全宣传工作。由于工序转换，现场工况和机械设备处于动态变化中，现场施工人员也不固定，对管理能力要求较高。

(6)安全经费投入要及时到位。

建设工程的安全管理涉及建设工程“工、料、机、生产生活区管理”等各方面，它不是一日之功，而是贯穿于建设活动的全过程。长期以来，由于受“发展是硬道理”理念影响，社会上片面放大发展的重要性，从而积淀了较多的重发展、轻安全、轻环保的思维，对待发展过程中出现的安全问题，大多采用“运动式”、“头痛医头、脚痛医脚”式的安全管理模式，以这几年层出不穷的煤矿事故处理为典型，对待安全问题，许多管理者大多时间仅停留在书面上、口号上而不注重真正落实在行动中。

为做好建设工程的现场安全管理工作，对待工程安全必须进行常态化、规范化管理，从制度上保证，在工作中落实。从南京长江四桥建设安全管理实践来看，由于领导重视，将工程安全与工程质量同等对待，四桥工程从建设开始就从制度建立、制度落实、考核考查等方面入手，对现场安全实行分层次管理模式，取得了不错效果。

(1)严格企业项目法人为安全第一责任人制度，这是落实现场安全生产管理的关键。在当前安全意识还不能成为劳动者自觉行为的社会环境中，在安全投入貌似不能直接产生企业效益的情况下，只有项目负责人真正重视安全，才能推动工地安全管理走向纵深。

(2)分清职责，分层管理。现场安全是靠制度管理还是靠“人”管理是个严肃的问题！依靠制度能达到管理效果稳定、长效，而依靠人管理，则会因人事变动造成管理方法的不确定。在现实管理中，要求指挥部人员、监理人员经常拿大喇叭现场指挥工人，则是严重的角色串位，扰乱了现场正常的安全管理体系，是一种浮躁心态的充分体现。授人以鱼，不如授人以渔，示范性的指导必不可少，但由于人数配置、资源占有限制，要解决指挥部、监理人员大喇叭现场指挥的根本方法是完善、落实施工单位的安保体系，努力提高施工单位相应人员的素质水平。

如何才能更好地管理好建设工程现场的安全？从南京长江四桥建设工程的安全管理实践来分析，在工程建设精细化施工的目标要求下，指挥部对工程建设安全管理工作极为重视，明确界定建设活动中，建设工程的各主体方在安全生产和管理上的责任，由于对工程现场工、料、机调度能力的现实区别，指挥部要求"管生产必须管安全"，实行建设工程安全生产押金或安全生产风险保证金制度，并以开展每年两期"百日安全竞赛"活跃工地安全管理气氛。从指挥部、监理到施工单位均建立了专职安全管理部门，施工班组现场配置兼职安全人员，形成安全管理的网络，覆盖生产建设的全过程。借鉴吸收其他类似工程建设项目的经验，四桥工程细化了安保系统文件、操作文件、现场执行管理的条目。系统文件的主要内容包括：安保网络、管理制度、安全教育、安全会议、安全考核、应急预案、安全专项方案编制要求、伤亡事故报告调查和处理办法，安全演练、环境卫生保护、安全监理细则编制等；操作文件的主要内容包括：各类施工安全专项方案、危险源分析、各项应急预案的审核，大型、特种机械设备的进退场审验、特殊工种人员持证率要求等；现场执行文件的主要内容包括：现场各种检查表格填写、工作联系单、现场安全检查记录、安全教育、安全交底记录、现场问题整改通知及反聩等。在实践管理中也可以发现，在面对基层施工班组，特别是面对那些工程劳务协作单位的操作人员时，往往专职安全员讲十句也不如其施工队长讲一句管用，"队长安排，完不成任务，谁给工钱?"工地上工人们时常冒出的类似话语，道出了安全管理工作的难度与问题所在：安全管理必须从各级领导抓起！只有领导重视，从生产安排环节考虑安全因素，才能将安全落到实处。从四桥建设现场看，项目部这一层基本上对安全管理较重视，安全经费由项目部掌握，劳保用品由项目部统一配置，以保证现场工人得到切实安全保护。问题往往出在劳务协作单位和分包单位。劳务协作单位往往规模较小，劳动保护意识较淡薄，一线工人从队长那边拿工钱，工作任务安排由队长决定，虽然说安全工作人人参与，但从管理角度考虑，为避免现场可能的矛盾激化，应当实行分层管理模式，即建设单位发现现场违章，由建设单位处罚施工、监理单位；监理单位发现违章，处罚施工项目部；施工单位发现违章处罚施工队；由施工队伍具体处罚到违章个人，形成一级对一级负责的局面。否则，由于工序转换，工人来源复杂且处于动态变化，如现场跨级处罚，易引起直接矛盾，激化现场抵触情绪，影响工地建设安全。实行安全责任分层管理，必须划定各自明确职责，其中：

①建设单位职责：主要在制度、法规执行、人员到位等方面对各参建单位进行有效检查，对工地现场进行巡查。检查督促施工、监理单位安全管理保证体系及各项管理制度系统文件的建立健全与落实，检查相关单位安全人员的配备是否符合合同规定的数量、资质要求，根据工程进展情况作出专业性的适当调整，并负责国家及地方有关法规、标准的宣传落实检查，重点放在程序管理上。

②监理单位职责：建立自身安全管理网络，对施工单位安保体系进行有效审核，按施工准备阶段、施工阶段、专项方案等对现场进行安全控制，检查审批各类操作文件和现场安全检查，主要内容有情况检查、现场安全防护措施落实、操作人员规范操作等，重点放在操作管理上，并配合指挥部对程序管理进行把关。

③施工单位职责：建立健全并落实各项安全管理制度，确保工程建设按程序操作，根据各项安全制度要求对现场进行有效控制，建立各种管理台账。

④施工班组、施工队职责：检查现场安全防护设施和设备状况，根据工人的体能和技能，合理安排工作内容，现场对每个操作人员的行为进行规范控制。

(3)严格审查专职安全人员资质，提升安全人员地位。安全管理工作必须具有一定的多部门综合协调能力，只有安全人员自身素质过硬，在现场协调时才能更有权威。

(4)坚持齐抓共管的安全管理制度。安全工作没有边际，安全贯穿生产全过程，由于交通建设生产场地一般为开放，施工地域广，施工范围内工序多，所涉学科多，而专职安全人员数量有限，不可能时刻盯住每位施工者的行为，因此，生产一线的安全必须形成全员参与，形成专职安全抓体系、所有管理技术人员抓现场、多方面配合的态势，才能最大程度地确保工程施工安全。

(5)进行常态化、长效管理，坚持综合检查与专项检查相结合。根据工序转换进度，在每月例行综合检查中突出对阶段重点危险源的检查，并根据现场情况不定期安排专项检查。

(6)重视工程安全的提前量、预见性管理，内外业并举。这项工作对现场安全管理影响重大，通过对安全专项方案、各种应急预案进行认真审查，并组织适时安全演练，加强对安全隐患的防控能力。

(7)通过交流提高安全管理水平。“请进来、走出去”，通过与外界交流汲取别人所长，提高自己。

五、结　语

安全管理工作的难点是规范人的行为，而人的行为是千差万别的。一方面，工人的安全意识、安全素质有待提高；另一方面，某些生产管理者的安全意识提高显得更为关键。安全管理人员要牢固树立“管生产必须管安全”的意识，一个小烟头可能引起冲天大火，安全管理工作细节决定成败。安全管理不是现场挥小旗子的简单工作，而是一门综合管理学科，社会需要各种救人于危难的英雄，但如果时间能回放，那些事先将引起大火的烟头默默拣走的人同样值得尊敬，轰轰烈烈不是安全管理的追求，将安全意识渗透到每个工作环节，润物无声才是安全管理的境界。安全管理工作琐碎而又具体，安全管理来不得浮躁，古语讲：修桥铺路是积善之举，那么安全管理者则应耐得住寂寞，认真做好积善之人的生命安全的守望者。

77. 嘉绍大桥 ϕ3.8m 超大直径深长钻孔桩施工技术

曾平喜[1]　于长海[2]　唐　衡[1]　徐生根[2]　陈宏宝[1]

(1. 中交二航局第四工程有限公司；2. 嘉绍跨江大桥工程建设指挥部)

摘　要　结合嘉绍大桥水中区引桥钻孔桩施工，介绍了直径 3.8m、孔深近 120m 的钻孔桩施工工艺，包括钢护筒制作及沉放、钻进成孔、钢筋笼加工及安装、水下混凝土灌注等环节的一些有效技术措施。提出了振动锤选型、导向框设计、钢护筒加强的一些思路，初步探讨强涌潮水域复杂水文条件下桥梁超大直径深长钻孔桩施工技术及控制要点。

关键词　ϕ3.8m 钻孔桩　ϕ4.1m 钢护筒　强涌潮水域　施工技术

一、引　言

深水桥梁钻孔灌注桩基础设计呈大直径、大孔深发展趋势，目前直径大于 ϕ2.5m、孔深超过 100m 的桥梁桩基已较为常见，有的桩径甚至已达到 ϕ3.4m(武汉天心洲大桥)，桩长超过 130m(椒江二桥)。这也带来了施工风险和难度的增大，对相应施工设备、施工工艺、施工组织的要求亦大为提高。笔者结合嘉绍大桥工程，介绍直径 3.8m、孔深近 120m 的钻孔桩施工工艺，包括钢护筒制作及沉放、钻进成孔、钢筋笼加工及安装、水下混凝土灌注等环节的一些有效技术措施，并就振动锤选型、导向框设计、钢护筒加强等方面提出一些思考，初步探讨强涌潮水域复杂水文条件下桥梁超大直径深长钻孔桩施工技术及控制要点。

二、工 程 背 景

1. 工程概况

嘉绍大桥为横跨钱塘江连接嘉兴和绍兴的一座特大型桥梁，长度 10.137km，采用双向八车道高速公路标准，桥梁宽度为 40.5m，计算行车速度 100km/h，荷载标准为公路-Ⅰ级。其水中区引桥下部结构采用单桩独柱的结构形式，墩桩直接相连，无承台和系梁。桩基础采用了直径 3.8m 钻孔灌注桩，每墩左右线各设 1 根，全桥 75 个排架共设置了 150 根。单桩孔深达 118m，桩顶高程－3.00m，基本与河床面平齐，桩端持力层为中风化砂岩或卵石层，按摩擦桩设计。典型桥墩桩基钢护筒布置如图 1 所示。这种结构形式设计，主要是为了适应桥位区复杂的水文条件，减小阻水率，不损害钱江大潮景观。单桩独柱结构基础与传统的“群桩＋承台＋墩身”的基础相比，可明显减小河床断面压缩率，对建设条件适应性好。

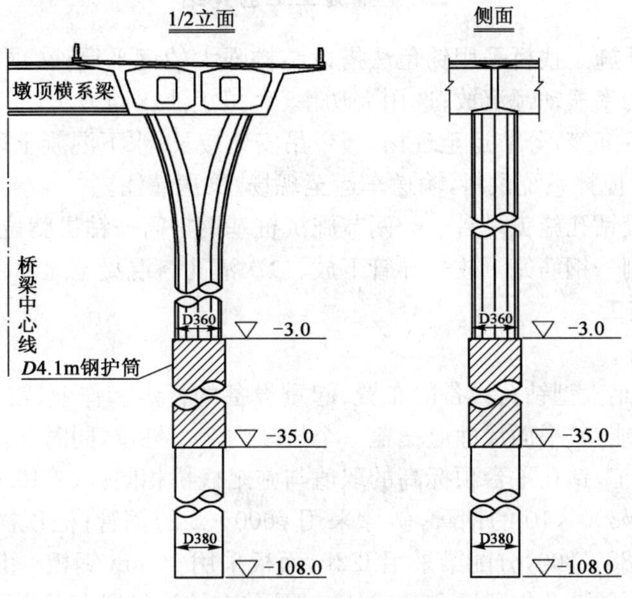

图1 典型桥墩桩基布置图

2. 工程水文、地质条件

嘉绍大桥位于钱塘江尖山河段，离下游的钱塘大潮起潮点约18km，是涌潮急速发展并壮大的区段，具有河床宽浅、潮强流急、涌潮汹涌、河床变化剧烈的特点。最大潮差8.59m，平均潮差6.44m，5年一遇设计涌潮高度为2.5m，最大涌潮潮高可达3m，涌潮产生的水动力对建筑物的作用主要集中在低水位以上1倍涌潮高度范围内，涌潮试验得到桥位附近涌潮流速可达9.0～10.0m/s。桥位水域涨落潮流路分歧，河床底质颗粒较细，起动流速低，易冲易淤，加上上游来水丰、枯变化，河床变化剧烈。施工阶段，钻孔钢平台结构需要抵御大流速和强涌潮的反复作用。

桥址区地层上部为较厚的第四纪松散沉积物地层，下伏白垩系下统(K1)泥质粉砂岩、砂砾岩风化层。典型地层自上而下分布为：粉细砂、淤泥质亚黏土、粉质黏土夹砂、粉砂、粉质土、圆砾、卵石、强风化和弱风化泥质粉砂岩。其中圆砾和卵石交结，强度较大，厚度深达20m左右，对钻机性能和泥浆指标要求较高；桩端持力层泥质粉砂岩整体节理性好，不易破碎成小块，钻进过程中需要加大泥浆比重以便悬浮大块(石)钻渣。

3. 技术特点和难点

(1)在强涌潮河段建桥经验不多，特别是强涌潮发展河段尚无先例。超大直径深长钻孔桩的单桩独柱结构施工风险较高，无预留桩位，钻孔桩施工必须确保成功，如此大规模的采用，应该说对施工是极大挑战；

(2)由于孔深、直径大，桩尖入砾砂岩超过10m，且需穿越厚20m以上的胶结状卵砾石层，孔壁稳定性差，对钻机系统性能要求极高，并需采用优质泥浆护壁；

(3)桩基钢护筒长度45.0m，内径4.1m，单根钢护筒重量达130t，外形尺寸庞大，加工、运输、吊装、沉放等环节存在较多困难。护筒沉放精度要求极高，单桩独柱结构，钢护筒除了是成桩施工的维护结构，同时在墩身施工时还将作为挡水围堰结构，这对钢护筒的施工精度要求极高，本工程钢护筒施工偏差控制为：平面偏位小于5cm、竖直线倾斜小于1/200，较《公路桥涵施工技术规范》规定的“平面偏位小于5cm、竖直线倾斜不大于1/100”精度严格得多；

(4)桩基施工均为水上作业，根据现场情况适宜采用钢平台工艺，由于钻机、起重设备荷载大，并受强涌潮的影响，施工平台的设置要求足够强大，需进行专门设计；

(5)桩基采用海工高性能混凝土，技术要求高，单桩方量达1 250m^3，对混凝土生产供应系统及现场灌注工艺要求较高。现场交通须通过栈桥，点多线长，受相邻标段施工干扰大，对施工组织要求极高。

三、主要施工工艺介绍

总体施工工艺为:依托施工栈桥采用钓鱼法搭设结构强大的钢平台;在项目部驻地设车间加工钢护筒,分节运至现场利用大功率振动锤沉放;选用大功率、大扭矩液压动力头回转钻机,气举反循环工艺成孔;采用长线台座法加工钢筋笼,分节运至现场,履带吊安装接长;水下混凝土采用单导管灌注,于驻地设额定生产能力 360m³/h 的搅拌系统供料,输送车运至现场,泵送灌注。

施工工艺流程为:搭设钻孔施工平台→分两节施沉桩基钢护筒→钻机就位→泥浆循环钻进成孔→终孔、清孔→超声波成孔检测→钢筋笼下放→导管下放、二次清孔→混凝土灌注。

1. 施工平台设计及施工

1)施工平台设计

钻孔施工平台需要满足大型钻孔设备的布置、起重设备的行走和作业、混凝土灌注设备的布置以及混凝土输送车辆掉头等功能,其平面尺寸应覆盖一个排架的 2 个桩位,同时预留车辆,尤其是履带吊的行走区域(车道)。为方便施工,钻孔平台顶标高的取值与施工栈桥相同,取+10.0m;平台桩基采用 ϕ1 200×12 的钢管,桩间平联采用 ϕ800×10 的钢管,斜撑采用 ϕ600×8 的钢管;桩顶横梁采用 2HN900×300 制作,其上搁置梁采用 HM588×300,分配梁采用 I22b,面板采用 10mm 钢板。北岸水中区桩基数量多,施工平台需要周转使用,采用了钻孔作业区和分栈桥布置,并在结构设置上考虑了快速安拆的措施,如装配式桥面和平联,效果不错。典型平台结构布置如图 2 所示。

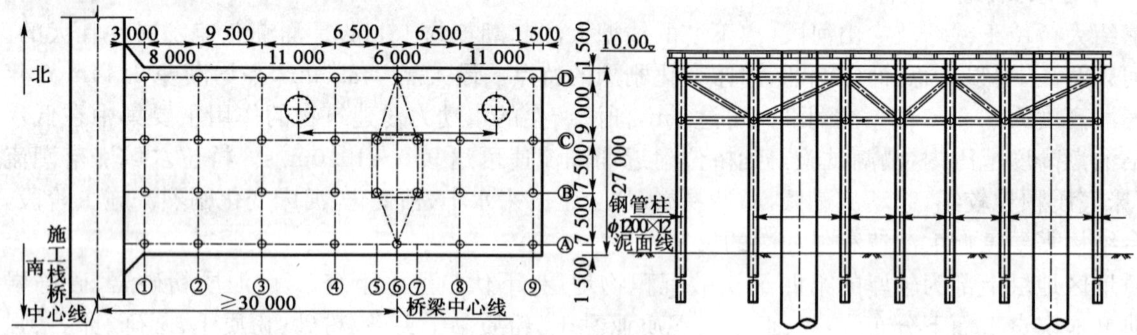

图 2 典型施工平台结构布置图

2)施工平台搭设

依托施工栈桥采用钓鱼法搭设钻孔平台。沉桩设置导向架,振动锤选用 DZ120 型,起重设备选用 100t 履带吊。沉桩安排在平潮时段施工,并及时焊安平联管及上部梁系。

2. ϕ4.1m 钢护筒制作与沉放

特大型跨江、跨海桥梁的钢护筒施工,一般采用专业工厂制作、船运至现场、浮吊吊放下沉的工艺。这种工艺现场只需要设置适当的定位导向装置,操作简便,工效较高,施工安全和质量也容易保证。该工程由于桥位区水文条件限制,工程船舶难以在现场驻位,无法采用水上船舶运输、施沉工艺。经比选,结合已先行布置的施工栈桥结构特点,采用施工驻地设车间加工、平板车分两节运至现场、履带吊下放接长的方案,最大限度的减小了恶劣水文条件的影响,也有效规避了大件陆路运输的超高、超宽问题。

1)钢护筒制作

钢护筒顶口高程与施工平台一致取+10.0m,底高程-35.0m 进入相对稳定不易液化的亚黏土层。护筒底段 12m 材质 Q345C 壁厚 32mm(径厚比 1/128),上端 33m 材质 Q235C 壁厚 27mm(径厚比 1/152)。

钢护筒加工在桥头附近施工驻地内专设的钢结构加工车间内进行,先制作小管节,再焊接接长,焊缝均采用直焊缝型式,要求不低于二级焊缝标准。

2)钢护筒沉放

钢护筒采用振动锤沉放工艺,吊装设备采用200t履带吊,设可移动式双层导向框定位,两台全站仪测控。钢护筒总长达45m,总重量超过130t,一次施沉到位对施工机具的吊重和吊高以及施工栈桥和平台结构均要求极高,明显不经济,考虑选择分节下沉。而分节过多,则增加了现场拼接工作量,工效较低(1道环向拼缝焊接需6～8h),质量控制难度也加大,同时由于恶劣的水文条件影响,存在较大安全风险。经比较,最后分两节施工,即19.8m+25.2m,其中底节长度综合考虑了起重设备性能及强涌潮冲刷的影响,从施工过程来看,分节还是比较合适的。

根椐类似工程经验,对于超长、超大直径钢护筒沉放,宜选用大激力振动锤,使激振力易于到达护筒底端。经国内市场调查,满足条件的振动锤资源不多,最后采用了2台APE－400型或2台ICE－V360型液压振动锤并联方案,总体效果不错。振动锤性能如表1所示。

振动锤性能表　　表1

项　目	2台ICE V360型	2台APE-400型	项　目	2台ICE V360型	2台APE-400型
偏心力矩(kg·m)	130.2×2	150×2	最大上拔力(kN)	2 002×2	2 224×2
最高振频(Hz)	1 500	1 400	系统振幅(mm)	37	30
最大激振力(kN)	3 212×2	3 203×2	总质量(kg)	48 000	47 200

3. 钻进成孔

1)钻机选型

由于工程的特殊性,选择合适的钻机至关重要,可以说是本工程决定性因素。结合试桩施工的相关成果,选用的钻机扭矩应不小于30t·m,同时满足相应的强度和刚度的钻杆外径不宜小于350mm,壁厚不小于25mm。经市场调查,国内满足上述要求的钻机有KT5000、ZSD4000、ZDZ4000、ZJD4000、RC-400H和KTY4000等型号钻机,后选择了KT5000、ZDZ4000、和KTY4000钻机,配加强型刮刀钻头和滚刀钻头。3种钻机使用效果均不错,其中KT-5000相对工效最高,但功耗也最大。钻机性能参数如表2所示。

钻机性能参数表　　表2

项 目 名 称	KT-5000	KTY-4000	ZDZ-4000
钻孔最大直径(m)	5.0	4.0	4.0
钻孔最大深度(m)	300	120	120
最大提升力(t)	3 000	1 800	2 000
额定扭矩(t·m)	40	30	30
总功率(kW)	315	285	295
整机尺寸(m)	11.7×6.4×9.5	8.2×7.4×8.7	7.4×5.2×8.7
排渣方式	气举反循环	气举反循环	气举反循环

2)泥浆制配

杭州湾跨海大桥和金塘大桥钻孔桩均采用海水泥浆工艺,本项目区段江水含盐量虽然较杭州湾大桥低一些,但含沙量大为提高,如直接利用江水造浆,泥浆指标不易控制。考虑栈桥具备管道输送淡水条件,并可连通至各施工墩位,采用了淡水造浆。造浆材料选用优质膨润土、纯碱和PAC,新制泥浆的胶体率≥98%、含砂率<2%。成孔过程中针对不同地层,实时进行监控调整。钻进过程中泥浆指标控制如表3所示。

钻进过程中泥浆指标控制表　　表 3

<table>
<tr><th rowspan="2">地　层</th><th colspan="4">规范推荐值</th><th colspan="4">本工程试桩推荐值</th><th colspan="4">实际施工控制值</th></tr>
<tr><th>比重</th><th>黏度</th><th>含砂率</th><th>pH 值</th><th>比重</th><th>黏度</th><th>含砂率</th><th>pH 值</th><th>比重</th><th>黏度</th><th>含砂率</th><th>pH 值</th></tr>
<tr><td>粉细砂</td><td rowspan="4">1.06～1.10</td><td rowspan="4">18～28</td><td rowspan="4">≤4</td><td rowspan="4">8～10</td><td>1.2～1.23</td><td>19～22</td><td>3～4</td><td>8～9</td><td>1.12</td><td>17～18</td><td>4～8</td><td>7～8</td></tr>
<tr><td>淤泥质粉质黏土</td><td>1.05～1.2</td><td>19～22</td><td>1.5～4</td><td>8～9</td><td>1.08～1.24</td><td>17～18</td><td>4～8</td><td>8～9</td></tr>
<tr><td>粉质黏土夹砂、粉砂</td><td>1.2～1.35</td><td>19～22</td><td>2～4</td><td>8～9</td><td>1.26～1.29</td><td>18～19</td><td>4～4.5</td><td>8～9</td></tr>
<tr><td>粉质黏土</td><td>1.05～1.2</td><td>19～22</td><td>2～4</td><td>8～9</td><td>1.18</td><td>18～20</td><td>2～3.5</td><td>8～9</td></tr>
<tr><td>粉细砂含卵砾</td><td rowspan="4">1.10～1.15</td><td rowspan="4">20～35</td><td rowspan="4">≤4</td><td rowspan="4">8～10</td><td rowspan="2">1.1～1.3</td><td rowspan="2">19～22</td><td rowspan="2">2～4</td><td rowspan="2">8～9</td><td rowspan="2">1.13～1.18</td><td rowspan="2">18～21</td><td rowspan="2">2～4</td><td rowspan="2">8～9</td></tr>
<tr><td>粉质黏土夹砂砾</td></tr>
<tr><td>卵砾石含砂及少量黏土</td><td rowspan="2">1.1～1.25</td><td rowspan="2">19～22</td><td rowspan="2">2～4</td><td rowspan="2">8～9</td><td rowspan="2">1.13～1.16</td><td rowspan="2">19～21</td><td rowspan="2">1.5～3.5</td><td rowspan="2">8～9</td></tr>
<tr><td>泥质粉砂岩</td></tr>
</table>

注：1. 桥规推荐值区分较笼统，分易坍地层和卵石土；

2. 初始进尺在钢护筒内，含砂率较大；

3. 比重单位 g/cm^3；黏度单位 Pa・s；含砂率(%)。

3)成孔作业

(1)护筒内外水头差控制。桥位处潮汐为不规则半日潮，且潮差较大(平均潮差超过 6m)。考虑到钢护筒入土深度较深，不易发生穿孔现象，故主要从防止塌孔的角度考虑，将护筒内水头始终控制在高潮位上 2m 的位置。实际施工中未出现穿孔情况。

(2)钻孔垂直度控制。为了保证钻孔的垂直度，设置了导向钻杆，并加大钻头配重；同时每加 1 节钻杆，检查一次钻机水平度和钻杆垂直度情况。

(3)卵砾石层钻进控制。本工程圆砾层及卵石层比较密实且埋深较深，为减少提钻次数，直接用刮刀钻头钻进，将钻头构造进行了加强，及时调控泥浆性能指标，加大空压机的供风压力，提高泥浆的携带能力和除砂工效，减压钻进控制进尺。

(4)对孔底沉淀的控制。采用增大泵吸量，提高泥浆循环速度，增强泥浆携带钻渣的能力；用优质膨润土提高泥浆粘度，以减缓砂粒沉淀速度；随时对泥浆指标进行测试，及时降低泥浆含砂率；严格要求钻杆接头的密封性，确保泥浆反循环排渣效率。

从桩孔超声波检测结果来看，成孔质量良好，孔径和孔壁倾斜度均满足设计要求和规范规定。

4. 钢筋笼制作与安装

钢筋笼采用目前较常用的长线台座法同槽制作，主筋接头采用镦粗直螺纹工艺。施工难点在于钢筋接头精度控制，由于钢筋笼尺寸庞大，为了确保施工阶段的整体刚度，加劲箍采用不等边角钢(∠90×56×6)进行弯制，间距按 2m 布置。由于角钢需沿其长边方向径向内弯成圆形，无合适的配套机械，采用人工弯制耗工、费时且容易变形，后改成截面模量相近的槽钢制作加劲箍，大大地提高了钢筋笼制作周期和下放的施工工效。

单桩钢筋笼净重接近 70t，与首节钢护筒重量相当，采用 200t 履带吊安装。

5. 混凝土水下灌注

混凝土为 C30 等级，配合比按海工高性能混凝土进行设计，主要控制指标：胶凝材料总用量 420kg/m^3，胶凝材料水泥、粉煤灰和矿粉按 10 ∶ 7 ∶ 3 的比例进行掺加；水胶比 0.35；坍落度 18～22cm；缓凝时间 20h。采用后场搅拌站集中供料、3 台混凝土泵车泵送如仓、单导管灌注工艺。首封需要混凝土 25m^3 左右，配置 30m^3 集中大料斗、2m^3 封孔小料斗各 1 个。首封采用拔球法。

在 ϕ380cm 大孔径内采用单导管工艺进行灌注，可能导致混凝土面产生较大高差，甚至桩周钢筋笼处夹泥。在试桩阶段曾考虑采用双导管灌注工艺，双导管工艺主要缺点表现在：

(1)难以确保两根导管同步封孔;

(2)加大了混凝土在桩孔内的均匀上升控制的难度。实际施工时,适当加大管径至410mm,并确保混凝土的施工性能,同时在成孔阶段加强清孔效果和护筒壁的泥皮清理,在混凝土灌注阶段,多测点监控混凝土面的上升,从严控制导管埋深在4~8m之间,适时进行导管的拔除,取得了较好的效果。

四、关于施工中几个问题的思考

1. 振动锤选型计算方法

选择合适的振动锤是钢护筒能否顺利沉放的关键,一般以振动锤的最大激振力和振幅为控制指标。由于我国振动锤选型的计算理论尚不完备,目前采用多是一些经验公式,而每个工程的相关条件难以避免的会存在差异,如何辩证地套用计算公式,将影响到结果的准确性。以该工程典型墩位为例,比较了几种方法的计算情况。钢护筒穿越土层的相关指标见表4。

典型墩位土层指标　表4

土层编号	土　质	层厚 L	沉桩桩侧摩阻力 q_{lk}	标贯击数 N
①1	粉土	9m	35kPa	11
①2	粉砂	11m	45kPa	19.3
②1	粉质黏土	17m	28kPa	4.8

1)所需振动力的计算

振动锤的振动力 F_V 应能克服桩下沉至要求深度的土的摩擦力 F_R,即 $F_V>F_R$。F_R 的计算国内外均采用经验公式估算,$F_R=U\sum f_iL_i$,式中 U 为桩周长,f_i 为第 i 土层的极限动摩阻力,L_i 为表示第 i 层厚度。关于动摩阻力国内外取值方法有所不同,按国内一般取值方法[1]、法国PTC公司取值[2]、美国ICE公司取值方法[3]的计算结果分别为10 269kN、6 305kN、5 050kN,其中第三种方法系数取0.3。从结果来看,第1种方法偏大不少,第2、3种方法比较接近,这可能与采集数据时所用的锤型和桩型有一定关系。该工程采用大型液压振动锤,数据与现场吻合度较高,实际施工过程也验证了这一点,典型墩钢护筒沉放实际振动力最大为5 270kN。

2)所需振幅的计算

一般来说,振动锤沉钢护筒除了振动力满足要求外,振动体系工作振幅 A 要大于所需振幅 A_0,钢护筒才能下沉到要求的深度,即

$$A = M/q > A_0$$ [4]

式中:M——振动锤偏心矩;

q——振动体系质量(包括振动锤及钢护筒总的质量);

A_0——可按经验公式 $A_0=N/12.5+3$ 进行估算,也可用采用经验值。

典型墩采用2台ICE V360振动锤,$A=M/q=260.4/183\ 500=0.0014$m,即1.4mm。$A_0$ 按经验公式 $A_0=N/12.5+3=4.8/12.5+3=3.4$mm,按经验最大可达7mm。表面看来,该工程钢护筒难以沉到需要的深度,但考虑钢护筒是在水下振沉,经验取值最小可为1mm,实际上仍满足 $A>A_0$ 的条件,施工中也验证了这一判断,所有钢护筒均沉放到位。

该工程选用2台APE-400型或2台ICE-V360型液压振动锤并联方案,应该是成功的,钢护筒沉放施工进展顺利。几种计算方法的适应范围有所不同,由于每个工程的钢护筒结构、土质存在差异,建议选锤时要根据具体条件慎重选用,最好几种计算方法都比较一下,以确保成果可靠。

2. 导向框设计荷载选择

导向框(架)是控制钢护筒沉放位置及竖直度的重要装置,其受力较为复杂。如何合理的分析工况条件并选择荷载,关系到的钢护筒能否顺利精准的就位。一般需要考虑的荷载包括水流力、风压力、钢护筒

与导向装置的摩擦力、护筒倾斜造成的自重水平分力、激振力水平分力等。根据该工程情况，选择最不利工况进行探讨，即第一节钢护筒沉至距上层导向约 1.0m 处，拼接护筒后，将振动锤吊至护筒顶开始起振。受力情况与计算简图如图 3 所示：

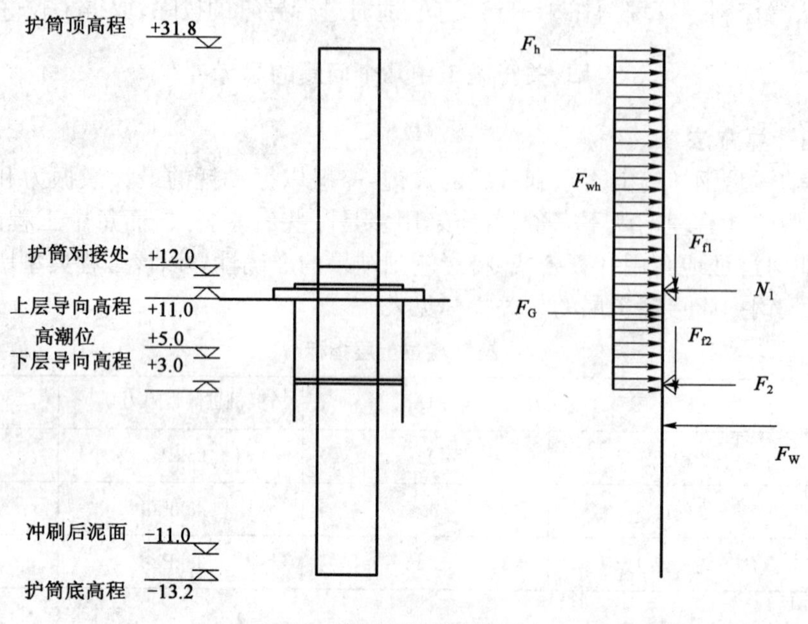

图 3 受力情况及计算简图

经计算，导向框最大支反力 N1、N2 为 -409kN、568kN，其中影响最大的荷载为水流力，其次是激振力的水平分力。如何控制水流力和激振力的影响，将直接关系到导向框的结构设计。实际施工时，护筒下沉及测量定位均选择平潮，有效减小了水流力的影响，至于过程中涨落潮较大流速造成的导向框弹性变形，平潮时能自行恢复，可不予考虑。由于措施得力，钢护筒倾斜度均控制在了 1/250 以内，大多在 1/500，对应的激振力的水平分力 F_h 较小，对导向框的影响很小。导向框最终设计总重量在 20t。

3. 钢护筒加强措施选择

大直径钢护筒由于径厚比较大，振沉过程中极易变形，以致影响成孔施工，一般需要采取局部加强的措施。通常的做法是在护筒顶底口设置加强箍或肋板，基本依据经验确定。由于每个项目的水文、地质条件不尽相同，经验措施有一定局限性，难以保证钢护筒振沉过程不变形。基于本项目的重要性，在借鉴类似工程成功经验的同时，还采用了计算软件估算振沉过程中护筒的最大应力及其部位，以选择合适的加强措施。

在对钢护筒进行受力分析时，一般是按照最大荷载乘以冲击系数的方式进行静力分析，结果与实际情况偏差较大，本项目将激振力按照动力荷载输入，对整个结构进行时程分析，并与静力分析的结果相比较。对比不同分析方法得出的结构的应力峰值与分布情况的区别，最后提出钢护筒的局部加强方案。

钢护筒计算取最不利工况，即钢护筒施振至设计高程时无法再下沉，此时将钢护筒底部约束，将激振力当做动力荷载，取频率 1 500Hz、峰值为 640t。结果发现钢护筒的应力云图（图 4）并非像静载作用下的应力云图一样均匀分布，而是每隔一段距离出现一处应力峰值，两处应力峰值间隔约为 5m，最大应力峰值约为 35MPa。说明钢护筒振沉过程中结构是安全的，但为了确保不变形，还是根据经验设置了 2 道加劲箍，分别位于钢护筒底口及其上间距 5m 处。从施工结果看，效果较好，未出现护筒变形情况。

五、结　　语

超大直径深长钻孔桩在深水桥梁中的应用日趋增多，而在如杭州湾强涌潮恶劣条件下的水域大规模地采用尚属首次，对其施工技术可以说是一次考验。现在看来，该项目 D3.8m 钻孔桩施工工艺的选择是

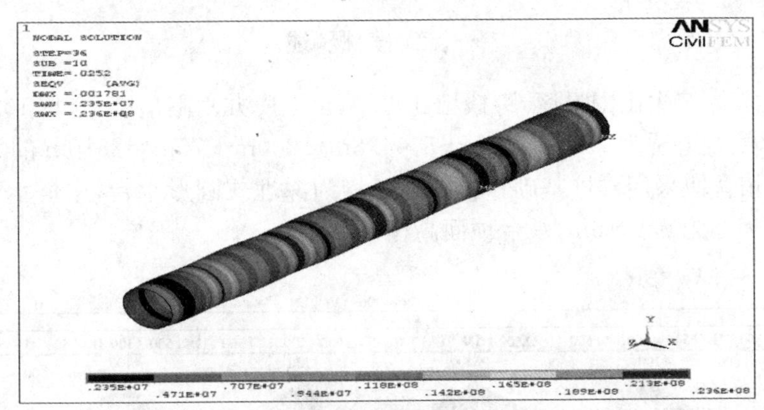

图4 钢护筒典型振沉工况应力云图

成功的，为强涌潮水域的桥梁超大直径深长钻孔桩施工积累了一定的经验。通过该项目的施工，笔者有几点体会和建议：

(1)大直径超深钻孔桩施工的关键在于设备的选择和配置，包括钻机系统、混凝土生产灌注系统、钢护筒加工沉放系统及配套的起重运输设备，性能均应满足需要，最好按高端配置，预留足够潜力。

(2)大直径钢护筒制作及运输难度较大，应根据工程具体情况选取合适的工艺。该项目由于受运输条件限制，采用了现场分节加工的工艺，质量虽然能够保证，但成本投入较大，进度也受到一定制约。如果水上施工条件能满足，建议尽量采用在专业厂家整根制作、船运至现场沉放的工艺，有利于质量、进度的控制。

(3)对于大直径钢护筒的局部加强问题，在借鉴类似成功经验的同时，建议采用软件建模等计算手段，估算振沉过程中护筒的最大应力及其部位，必要时还可设置监控元件实测钢护筒振沉过程的应力，以选择最合适的加强措施。

(4)在强涌潮水域施工，对工况条件的选择至关重要。建议仔细研究分析水文、气象、地质等资料，并结合施工工艺，慎重选取合理的控制参数，规避极端工况条件，确保安全的前提下最大可能的优化施工措施结构。

参考文献

[1] 交通部第一公路总公司.公路施工手册·桥涵[M]人民交通出版社，2000.3.
[2] 法国PTC公司.PTC振动沉桩介绍与说明.2002.
[3] 汤绍和.ICE液压振动拔桩机[J].建筑机械[J]，1999.4.
[4] 于金帆.现代铁路工程师手册[M].吉林科技出版社，2004.10.
[5] 唐衡、陈宏宝.大直进超深钻孔桩施工技术[J].交通工程建设，2010.01.

78. 嘉绍跨江大桥主航道桥主塔承台施工

谭立心[1] 张 敏[2] 罗超云[1] 曹宗勇[2]
(1. 广东省长大公路工程有限公司；2. 嘉绍跨江大桥工程建设指挥部)

摘 要 嘉绍跨江大桥跨越钱塘江，主航道桥为跨径428m的六塔斜拉桥。主塔基础设计为深埋式承台，采用无底双壁钢围堰施工。本文简要介绍了在涌潮汹涌、潮强流急、冲刷严重的恶劣自然环境下大型双壁钢围堰的结构设计、分块加工、整体下放、吸泥下沉的方法，并对承台大体积混凝土的配合比和其他温控措施进行了分析。

关键词 强涌潮 深埋式承台 无底双壁钢围堰 设计与施工

一、工 程 概 述

嘉绍跨江大桥北起海宁尖山围垦区，跨钱塘江水域，至上虞九六围垦区，全长10.137km，采用双向八车道高速公路标准。主航道桥为70m＋200m＋5×428m＋200m＋70m＝2680m的六塔独柱四索面钢箱梁斜拉桥(图1)。主塔桥墩采用群桩基础。主墩承台均为深埋式圆形承台，中塔承台几何尺寸为ϕ40.6×6m，边塔承台几何尺寸为ϕ39×6m，承台顶面高程－4.5m。

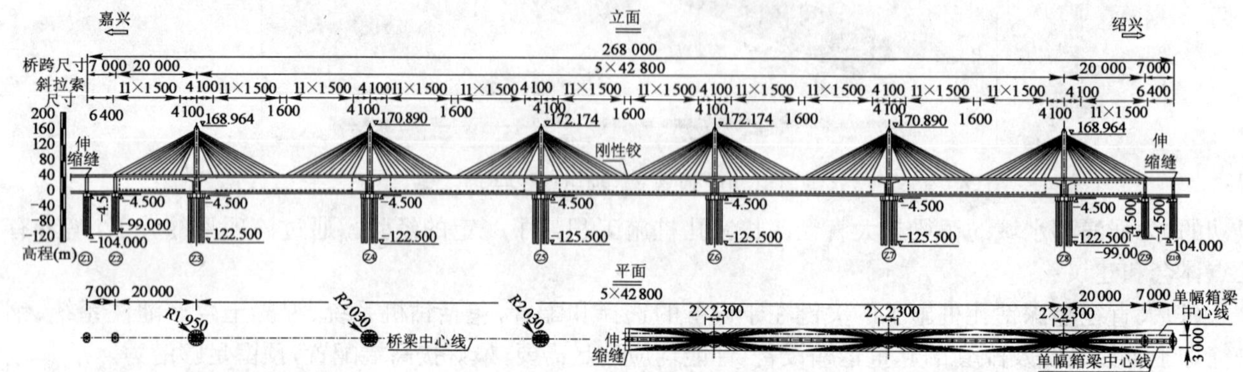

图1　嘉绍跨江大桥主桥桥型布置图(尺寸单位:cm)

嘉绍跨江大桥建设条件特殊，桥位所处的钱塘江河口尖山河段是世界三大强潮河口之首，河床宽浅、潮强流急、涌潮汹涌。桥位区水域涨落潮流路分歧，河床变化剧烈。水位每日两涨两落，涨潮流明显大于落潮流，涨潮时间约3.5h，退潮时间约8.5h，桥址处无长期潮位观测站，依据桥址断面2003年5月短期观测资料，观测期实测最大潮差8.59m。河床原始高程－5.0m左右。

100年一遇设计涌潮高度为3.0m，5年一遇设计涌潮高度为2.5m。涌潮试验得到桥位附近涌潮流速可达9.0～10.0m/s。涌潮产生的水压力可达70kPa。

二、工程特点与难点

(1)桥位区的钱塘江河口尖山河段河床宽浅、潮强流急、涌潮汹涌、冲刷严重、作业时间短，兼有灾害性天气影响，年降水量较大，气温随季节变化明显，冬季出现极低气温，施工条件恶劣。

(2)两岸在桥址附近10km范围内均无合适下海码头，受涌潮和水深条件的制约，且河势变化剧烈，大型船机设备难以为大桥施工提供有效服务，因此承台及钢围堰施工也要因地制宜，在总体方案上必须考虑利用平台上的大吨位起重设备分片、分层进行安装，再选择整体下放。

(3)双壁围堰结构必须能承受5年一遇的涌潮冲击、强大的土压力、至少6.8m/s(实测)的动水压力和高达18m的静水压力。

(4)双壁钢围堰下沉过程中，必须要有强大的定位系统以及有效的吸泥设备，确保钢围堰下沉快速，在涌潮及动水作用下平面精度和垂直度满足专用技术规范要求。

(5)嘉绍跨江大桥单个主墩承台混凝土方量为7 767m^3，由于现场施工条件的限制，运输距离长达8km，方量大，且集中在7～9月份的高温天气浇筑，因此必须严格制定温控措施，加强现场组织，才能确保大方量混凝土的施工质量。

三、双壁钢围堰结构设计

1. 设计原则

嘉绍跨江大桥主航道桥主墩双壁钢围堰设计的主要原则如下：

(1)钢围堰采用无底双壁结构，钢围堰下沉底高程要满足到位后足够的埋深以及全面进入黏土层的要求，钢围堰顶高程要满足天文大潮时潮水不进入围堰内。

(2)钢围堰结构在下放期间要满足整体下放要求，要能承受5年一遇的涌潮冲击、动水压力以及由定位系统传递的水平力。在封底抽水后，除了要满足涌潮力、动水压力外，还要能承受高达18m的静水压力。

(3)为了确保钢围堰的刚度，以及加快下沉的速度，钢围堰在承台顶面以下部位在下沉过程中浇筑舱壁混凝土。

(4)由于水文条件的限制，大型船舶无法进入桥位区施工，因此钢围堰结构设计只能按照横向分块，竖向分层的原则进行，加工好后车运到现场，利用现场的起重设备在原位拼装成整体，再利用千斤顶同步下放系统整体下放。

(5)在围堰不同高度分别设有两种不同类型的连通管，以满足舱壁内外水头差以及围堰内外的水头差平衡，同时调节配重重量。连通管在不同阶段由潜水员根据施工需要和泥面高度进行开关。

2. 设计参数的确定

由于桥位处的特殊水文条件，桥址处无长期潮位观测站，仅2003年5月在桥址断面有短期潮位和流速观测资料。为了充分把握基础数据，为设计提供依据，通过对浙江省水利河口研究院、浙江省重点实验室潮汐泥沙试验基地提供的《涌潮作用力模型试验研究》、《桥墩局部冲刷模型试验研究报告》以及浙江省河海测绘院提供的《水文补充测验报告》的详细研究分析，并实地走访了当地渔民和海宁市水文站，确定了如下参数(表1)：

双壁钢围堰设计参数取值 表1

序号	参 数 项 目	参数取值及依据
1	设计标准	5年
2	围堰高程	顶高程+8.5m，底高程-18.0m
3	设计水位	20年一遇最高水位+6.72m；最低潮位-3.81m
4	设计流速	5年一遇6.8m/s
5	涌潮作用	5年一遇涌潮高度2.5m，涌潮压力60kPa，涌潮作用力作用在低水位以上1倍涌潮高度范围内
6	设计风速	重现期30年，离常水位10m高度30年一遇最大平均风速V_{10}=36.2m/s
7	允许冲刷	冲刷：取10m，起冲高程为原泥面。原泥面高程为-5.56m，施工时冲刷到6m开始进行冲刷防护
8	封底混凝土	C20，厚度4m，底高程-14.5m

3. 计算工况及结果分析

根据无底双壁钢围堰的施工工艺以及使用期间可能出现的水文条件，双壁钢围堰在结构设计时确定了如下四种工况：

工况一：双壁钢围堰安装完毕，在八个起吊点受千斤顶作用开始下放。围堰重量完全由吊点承担，主要验算吊点细部构造的受力情况。

工况二：双壁钢围堰下沉到刚与河床面接触。在入土前围堰以定位系统为水平支撑，此时，围堰的迎水面积最大，验算围堰的局部受力。

工况三：通过水下吸泥及配重，围堰下沉到位。按6m和10m的局部冲刷深度验算围堰的受力。

工况四：封底完毕抽水。按6m和10m的局部冲刷深度验算围堰受力情况。

根据图纸，利用有限元分析软件MIDAS/FEA建立钢围堰整体三维有限元模型，其中斜撑用桁架单元模拟，围堰内壁、外壁、水平环板、竖向次梁、封闭隔舱板和不封闭隔舱板用板单元模拟，刃脚混凝土和舱壁混凝土用实体单元模拟。

边界条件的处理：在钢围堰与土体接触并下降到位阶段，采用土弹簧来模拟相互的作用；封底后考虑钢围堰下端已固结。定位系统与围堰内壁间为面弹性支撑约束。

根据多次验算的结果，工况一、工况二对钢围堰结构的应力不控制，工况三中局部冲刷10m的情况对结构较不利，而工况四中局部冲刷 10m 时第二节段的受力最为不利。

工况四的计算模型及应力情况如图 2、图 3 所示。

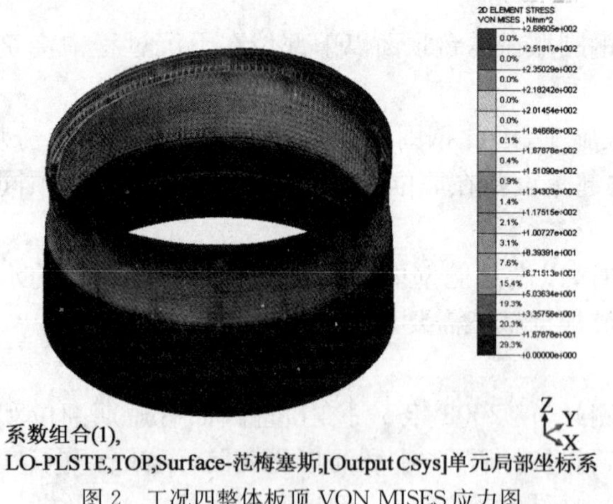

图 2　工况四整体板顶 VON MISES 应力图

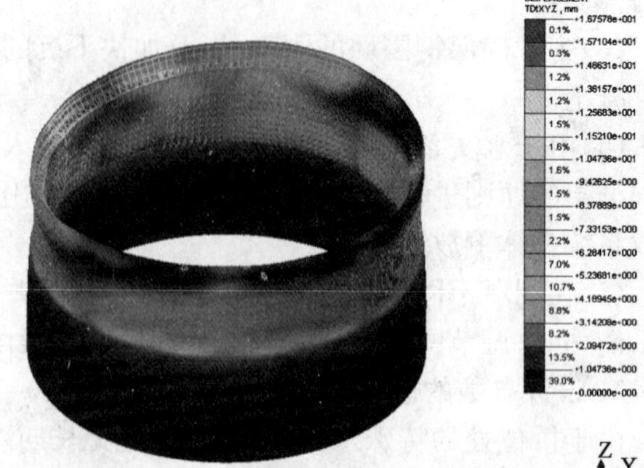

图 3　工况四各向位移总图

从计算结果和模型分析，整体位移和最大应力均满足要求。但由于钢围堰外壁是主要的受力结构，而桥位处的水质含盐度高，尤其在潮位变动区海水对钢结构具有强腐蚀性，因此，为了结构安全，在设计文件中明确对钢围堰的外壁必须进行防腐处理。同时明确，当施工期最大冲刷深度超过 6m 时即采取冲刷防护措施，防止冲刷过大超过 10m，影响钢围堰结构安全。

第二节段各构件最大应力如表 2 所示。

工况四双壁钢围堰第二节段各构件应力表　　　　表 2

验算内容	δ8mm 外壁	δ8mm 内壁	δ10mm 隔舱板	δ14mm 环板	外壁次梁	内壁次梁	斜撑
					L75×50×6		L100×100×10
最大应力(MPa)	181.0	132.6	99.8	123.2	85.9	44.2	86.6/−104.9
最大设计应力(MPa)	215.0						182.75

4. 双壁钢围堰结构设计

双壁钢围堰结构布置：钢围堰由内外壁板、竖向次梁、环向钢板、水平斜撑、井壁隔舱、连通管及其他附属工程组成。

钢围堰主尺寸：双壁钢围堰平面为圆形，内径为 40.6m，壁厚 1.5m；钢围堰双壁部分高度 24m，单壁部分高度为 2.5m，总高度 26.5m。综合运输、安装及拆除的因素，钢围堰竖向分节高度为 7.5m+12m+4.5m+2.5m，主墩围堰每节分成 16 块加工、安装。为了下放过程中方便配重，每两个隔舱通过密闭的隔舱板形成封闭隔舱。

双壁钢围堰内共浇筑舱壁混凝土高 13.5m，约 2 400m^3。钢围堰的主体钢材均为 Q235B 钢，封底混凝土及隔舱内混凝土的等级均为 C20。单个钢围堰钢结构重量 810t。

双壁钢围堰总体结构如图 4 所示。

四、双壁钢围堰加工

钢围堰制作总体采取先进行散件下料加工，在场内按设计分块制作成标准单元块件，再将单元块件进行整体预拼，预拼检查验收完成后运抵施工现场进行组拼焊接成整体的工艺流程。

加工场地分成原材料堆放区、分块拼装整体焊接加工区、成品堆放区等。场地布置如图 5 所示。

钢围堰胎架为弧形，胎架与混凝土采用螺栓连接固定，胎架安装前须采用全站仪进行测量放样。先在场内分块加工出内撑桁架，再依次在弧形胎架上拼装桁架片和内外侧板。弧形胎架加工钢围堰大样图如图 6 所示。

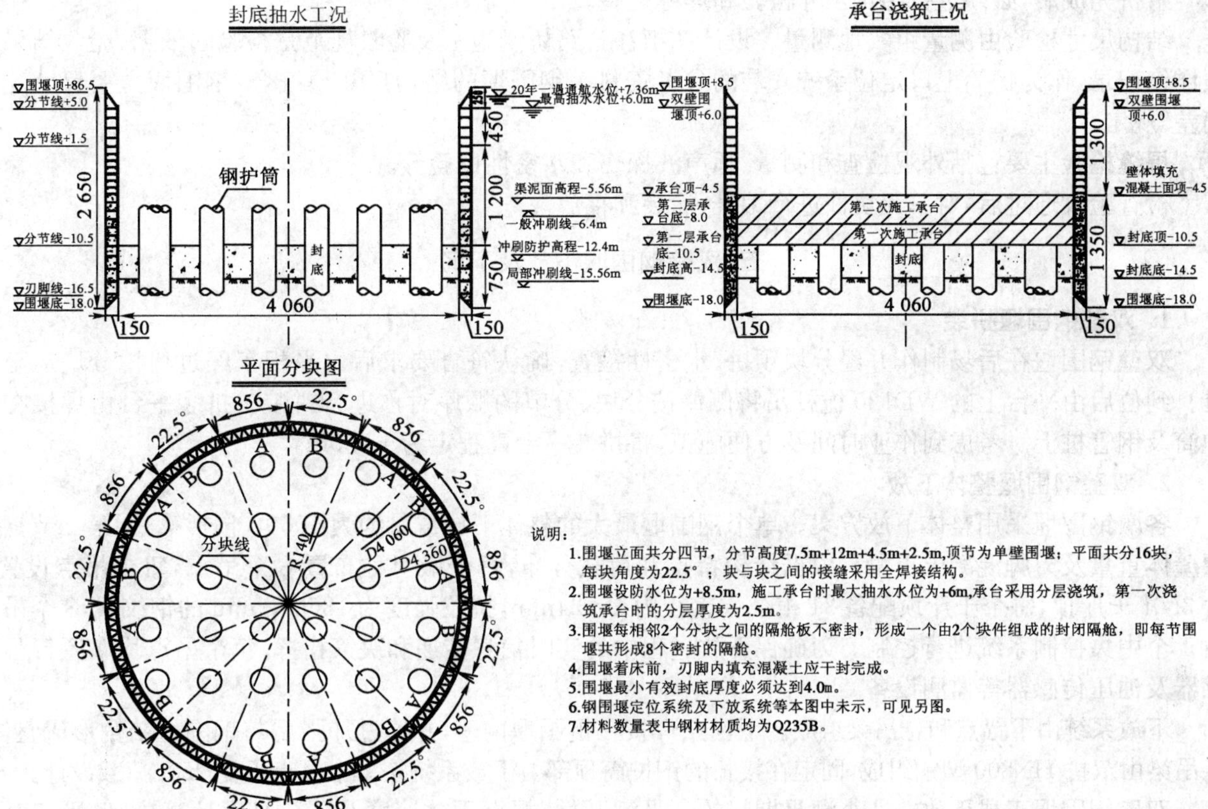

图 4 主墩双壁钢围堰总体平面布置图(尺寸单位：m，高程：m)

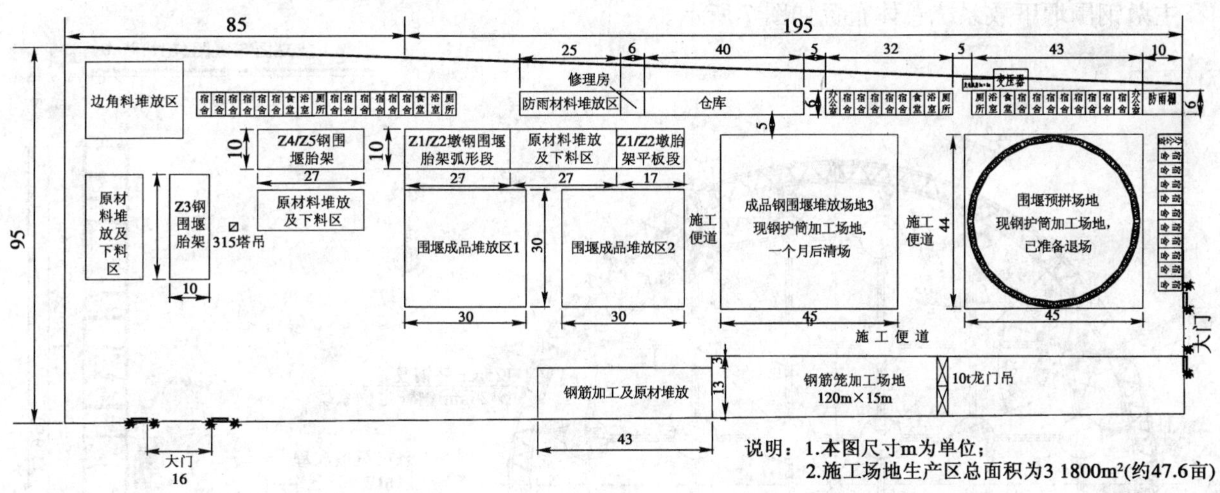

图 5 钢围堰加工、堆放及预拼场地布置图

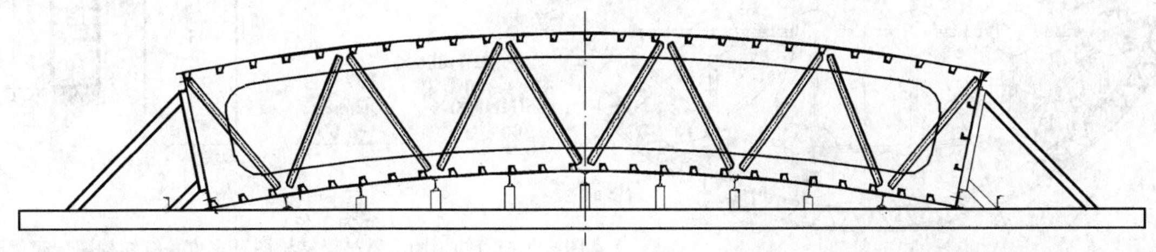

图 6 钢围堰胎架示意图

组拼完成后，必须进行结构尺寸检验和焊缝检验。

结构尺寸检验由测量组实地测量。设计图纸和公路桥涵施工及验收规范是检验的依据，验收结果必须详细记录，作为护筒上口定位系统安装的参考资料。钢围堰的结构尺寸须符合“钢围堰主要尺寸允许偏差”规定。

焊缝检验主要包括外观检查和测量、超声波探伤和水密性试验等。

检查验收通过后，对单元块件进行编号、涂装和存放。

五、双壁钢围堰下放及下沉

1. 双壁钢围堰拼装

双壁钢围堰在后场制作并经分块预拼、水密性检查，确认符合要求后由平板车经过栈桥分块运至墩位。到位后由平台上的 WD120 桅杆吊将侧壁按分块、分节的顺序对称进行拼装。拼装平台由焊接在钢护筒及钢管桩上。考虑到作业时间及方便施工，将拼装平台高程定为＋5.0m。

2. 双壁钢围堰整体下放

各墩钢围堰采用整体下放方案。单个钢围堰最大的整体下放重量约为1050t(包括第一、第二节钢围堰壁体重量及刃脚混凝土重量)，根据结构特点和荷载分布，每个墩对称布置 8 个吊点，每个吊点设置 1 台 350t 千斤顶，每个千斤顶配备 31 根公称直径为 15.24mm，抗拉强度为 1860N/mm 的钢绞线，8 个吊点由 1 个中央控制系统进行控制。为确保下放过程中的实时信息传递和决策指挥，每个吊点均布置行程传感器及油压传感器等监测设备。

下放系统由下锚点和悬吊梁组成。下锚点焊接在钢围堰内壁，并通过加强后与钢围堰结构形成整体。悬吊梁由双拼 HN800 型钢组成，固定在接长的钢护筒顶部。下放系统按单个吊点承受 250t 荷载设计。

双壁钢围堰正式下放选在小潮汛期间的高平潮开始，根据下放速度及下放高度计算，到低平潮时钢围堰正好下放到河床面入泥。平均下放速度约 2～3m/h。

主墩钢围堰下放系统总体布置如图 7 所示。

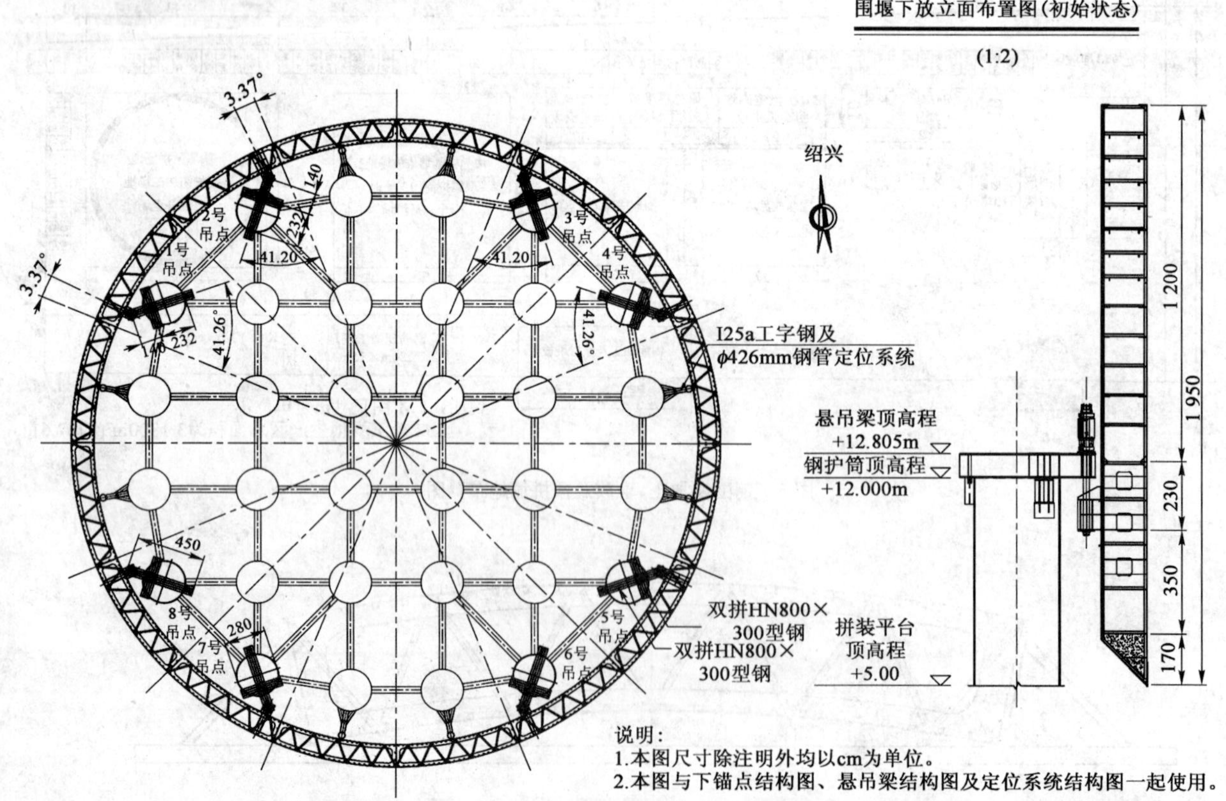

图 7　主墩钢围堰下放系统总体布置图

3. 双壁钢围堰整体下沉到位

钢围堰着床后，根据主要的客观因素分成三阶段下沉，主要如下：

第一阶段：依靠第一、二节围堰壁体自重、刃脚混凝土的自重及注水配重下沉。

第二阶段：注水配重及吸泥下沉。

第三阶段：拼装第三节围堰、浇筑舱壁混凝土配重及吸泥下沉到位。

下沉过程中的纠偏采用下放系统配合吸泥进行。

4. 双壁钢围堰下放及下沉过程中的定位系统

根据《嘉绍大桥专用施工技术规范》，双壁钢围堰下沉到位的精度要求为允许顶、底平面中心偏差10cm，围堰的最大倾斜度不得大于围堰高度的1/300。

由于钱塘江的特殊水文条件，钢围堰在下沉过程中必须经历多次涌潮的冲击和承受强大的动水压力，因此，要确保专用规范要求的精度，必须设置强大的定位装置。

定位装置分上、下定位，共两层，其中上定位固定在桩基钢护筒外侧，根据吊点布置由三至四根钢护筒组成一体形成一个上定位，每个围堰共有四个上定位；下定位焊接在围堰壁体上，位于下锚点的下方，与邻近的钢护筒相对应，下定位随着钢围堰的下沉而下沉，下定位外侧固定一块3cm厚橡胶件，缓冲围堰承受的冲击力。

上定位与钢围堰间以及下定位与钢护筒间的空隙均为5cm，以确保平面精度不超过10cm。

实际施工过程中，上、下定位系统起到了很好的定位和导向作用，主墩三个钢围堰在下沉到位后的精度均优于《嘉绍大桥专用技术规范》要求。

钢围堰上、下定位布置如图8、图9所示。

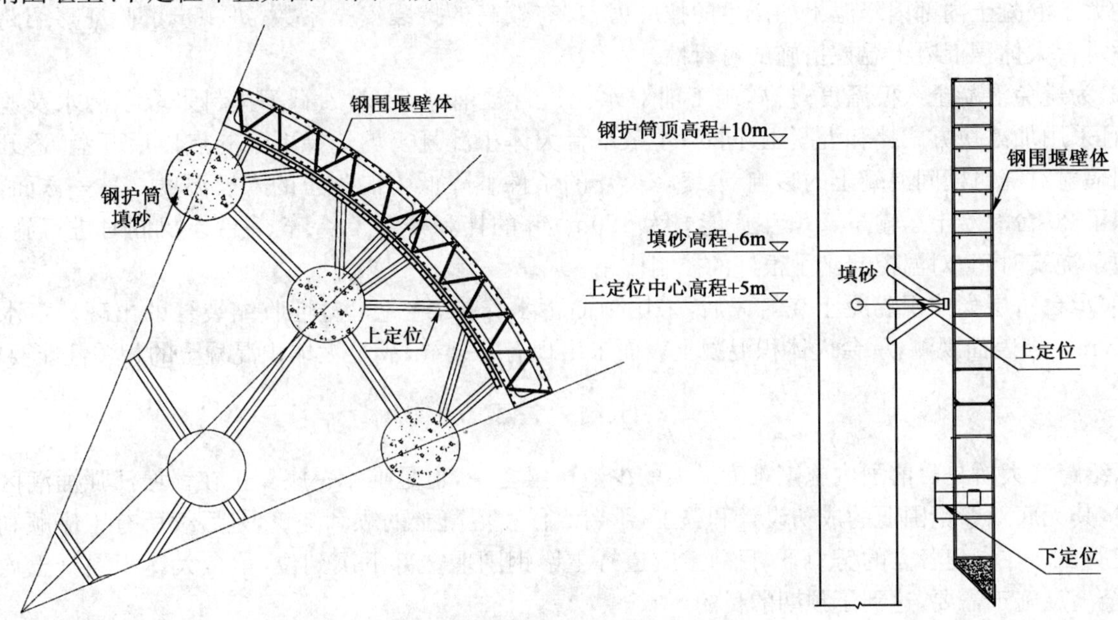

图8 钢围堰上定位平面及立面布置图

六、承台大体积混凝土施工及温控

(1)对于嘉绍大桥主航道桥主墩承台大体积混凝土施工，采用密实骨架堆积设计方法对承台大体积混凝土的配合比进行了优化设计，高掺粉煤灰和矿粉取代部分水泥，降低了每方混凝土水泥用量，大大降低了混凝土的水化温升，提高了混凝土的耐久性能和长期力学性能，并采用了有限元分析软件进行了承台混凝土的温度场和温度应力场计算，根据计算结果采用合理的分层施工，达到了预期的温度控制的目标；根据主墩承台大体积混凝土的温度监测结果，承台大体积混凝土内各层测点最高温度、断面平均最高温度及承台大体积混凝土内表最大温差均满足《嘉绍大桥专用技术规范》要求，混凝土在各龄期下的抗拉

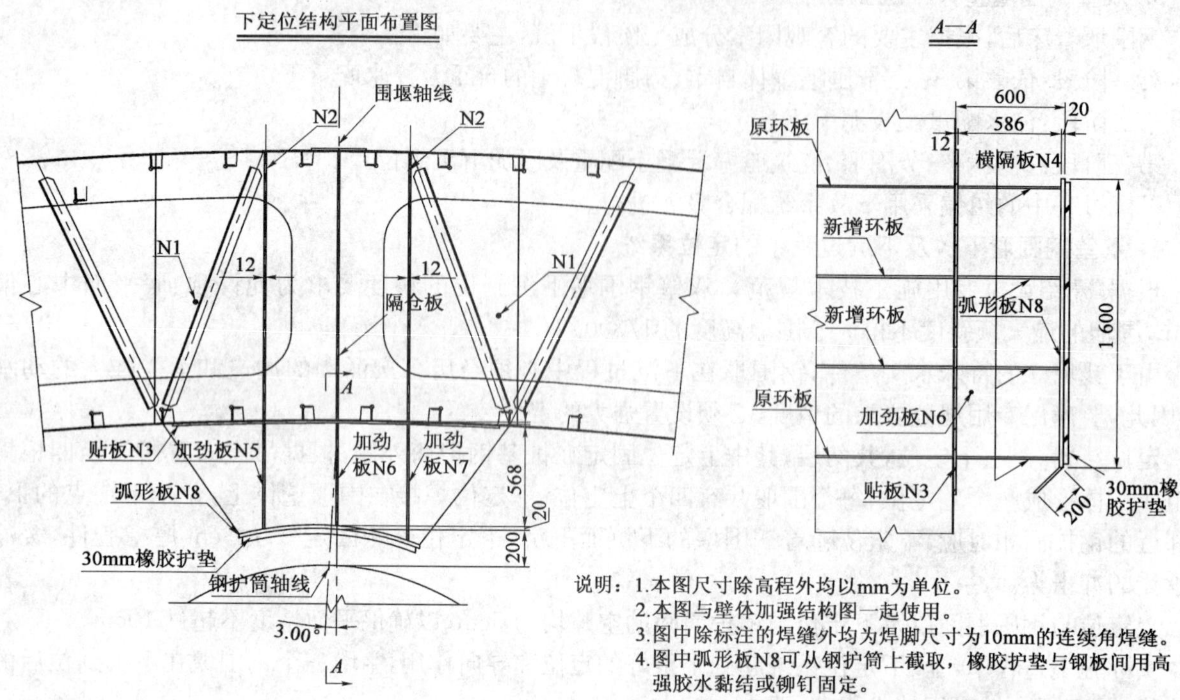

图 9　钢围堰下定位平面及立面布置图

强度均大于混凝土内部因降温不均产生的拉应力，具有较高的抗裂安全系数，进一步了验证嘉绍跨江大桥主桥承台大体积混凝土温控措施的可行性。

(2)为避免混凝土入模温度过高，施工前对水泥进行提前储存，对砂石等集料采取了洒水及遮盖措施，并且采用加冰块方式拌和混凝土，同时，主墩承台大体积混凝土均选择下午6点以后开盘，避开了日间太阳辐射对浇筑期间混凝土的影响，最终在炎热的条件下降低了混凝土的入模温度。另一方面，项目部组织了20台混凝土运输车、2套生产能力为120m³/h的拌和楼、3台泵车、2台泵机同时进行施工，大大缩短了浇筑时间，对温控起到了很好的控制作用。

(3)承台每层大体积混凝土浇筑完后，采用顶面蓄水养护，避免了塑性收缩裂缝的出现。蓄水深度10～20cm。经表面观测，承台大体积混凝土表面未出现有害裂缝，满足大体积混凝土的相关性能要求。

七、结　　语

嘉绍跨江大桥是目前国内施工难度最大的少数桥梁之一，也是唯一一座真正在钱塘江强涌潮区施工的桥梁，其无底双壁钢围堰的成功设计和施工，承台大体积混凝土的顺利浇筑，是后续所有工序顺利施工的关键所在。在参建各方的努力下，目前主航道桥主墩钢围堰全部下沉到位，承台大体积混凝土均已浇筑，完全满足施工需要，达到了预期的目的。

嘉绍跨江大桥主墩承台通过认真必选，利用无底双壁钢围堰作为承台施工的阻水设施，同时通过合理的选择参数以及详细的理论计算，优化了围堰结构和下放系统，单墩节省钢材约1 000t。在实际施工中摸索出的一套利用桩基钢护筒和钢围堰自身互为定位的方法，较好地克服了海上风大、浪高、流急、冲刷大等恶劣环境的不良影响，确保了钢围堰下放的垂直度和平面精度。对于大体积混凝土，通过配合比优化和精确的理论分析，大大降低了混凝土水化热，并在施工中采取多项有效的温控措施，实践证明是行之有效的，而且较好地控制了施工成本，可以为类似桥梁的基础施工提供借鉴。

参考文献

[1] 韩海骞，吴辉，郦丽娟等. 嘉兴至绍兴跨江公路通道杭州湾大桥桥墩局部冲刷模型试验研究报告. 2008.2.

[2] 杨火其,周建炯,金凯良等.嘉兴至绍兴跨江公路通道杭州湾大桥涌潮作用力模型试验研究.2008.3.
[3] 沈尧峰,何文亮等.嘉兴至绍兴跨江公路通道杭州湾大桥水文补充测验.2007.10.

79.节段箱梁短线匹配预制施工技术

杨 晖[1] 王加升[2] 吴 楠[1] 张 牧[2] 高 博[1]
(1.中铁大桥局第四工程有限公司;2.嘉绍跨江大桥工程建设指挥部)

摘 要 嘉绍大桥北岸水中区引桥上部结构共有2878个预制节段,采用短线匹配预制架桥机悬拼施工,单箱双室超宽截面及墩梁固结联系刚构体系为国内首次采用,构造及其施工工艺相当复杂、预制施工精度高、线形控制要求高。本文主要介绍了嘉绍大桥节段箱梁短线匹配预制施工技术,可供类似工程参考。

关键词 短线法 预制 测量控制

一、工程概述

嘉兴至绍兴跨江公路通道嘉绍大桥第VII合同段工程为北岸水中区引桥和北副航道桥的上部结构,孔跨布置为:7×(5×70)m+(70+2×120+70)m+5×(5×70)m+(6×70)m。其中:B13~B48号、B52号~B82号、B82号~Z1号墩之间为13联预制拼装法施工的70m等跨径预应力混凝土连续刚构,合计66孔,桥型均为上、下行分幅设置。

70m等跨径预应力混凝土连续刚构箱梁采用单箱双室斜腹板箱梁形式,梁高为4.0m,箱梁顶板宽19.8m,底板宽10.9m,翼缘悬臂长为3.2m,顶板厚为28cm,从墩顶至跨中,节段底板厚依次为50cm、43cm、37cm、31cm、27cm,两侧腹板厚依次为70cm、63cm、57cm、51cm、45cm。节段箱梁长1.7~3.6m,重69~172t。箱梁顶面设有2%横坡,采用箱梁腹板高度变化形成,箱梁底板下缘横向保持水平。

嘉绍大桥北岸水中区引桥连续刚构箱梁按"T"构统计,单幅共有53个标准"T"构,26个边跨,箱梁节段共计2878节。每个"T"构共有21块预制节段,即0号节段一块,1号~10号节段各两块,每联边跨预制段为12号~22号梁段,中跨合龙段为11号块。

二、软土基础处理

梁场所处钱塘江尖山围垦区,工程开始前,首先委托浙江省地矿勘察院对梁场的岩土工程进行勘察作业。根据地质勘察报告,预制场地质为浅部亚砂土,易发生潜蚀和液化作用,地基承载力和稳定性差,制梁、存梁台座下均需进行地基加固处理。

根据制梁台座最大承载力,采用水泥搅拌桩进行地基加固处理,桩径50cm,桩长10m左右,间距按1.5~1.6m梅花形布置,上设25cm褥垫层,50cm厚混凝土底板,在底模台车轨道区段混凝土底板加厚为110cm。

存梁台座基础采用水泥搅拌桩,桩径50cm,桩长8m左右,间距按1.2m梅花形布置,上设25cm褥垫层,箱梁支点设钢筋混凝土扩大承台,一个台座按4个支点进行支承。

三、梁场总体布置及建设

箱梁节段预制场设在北岸大堤以内,北引桥B6~B9号墩的东侧,预制场长389m,宽184m,总占地面积约107.5亩。场内共设短线法制梁台座13个(其中包括1个预制非标准段制梁台座),钢筋绑扎台座14个(其中包括1个0号块、1个22号块钢筋绑扎台座),单层整修台座18个,288个双层存梁台座,共可存梁594片。

箱梁预制场按2长条布置，存梁区布置在两边外侧，制梁区布置在中间，制梁区的正中间设置一条16m宽的生产通道，自东向西依次排列为5条节段梁预制生产线、材料存放场、钢筋加工车间、2条钢筋绑扎生产线、4条节段梁预制生产线。

场内配备4台20t桁架式门吊负责钢筋加工、半成品钢筋吊运、钢筋骨架吊装入台座施工以及混凝土浇筑；2台200tMDGE200轮胎式搬梁机；配置1台200tTPBC180轮胎式运梁车运输箱梁至提升站龙门吊机跨内。

四、短线匹配模板系统

梁场采用13套全液压系统定型钢模板，模板设计考虑模板使用的通用性以及模板周转的方便。短线法箱梁节段预制的模板系统分为固定端模及支架、活动端模（首节段预制）、外侧模及支架、内模及移动支架、底模及底模台车、液压系统等几部分组成。其总体结构形式如图1所示。

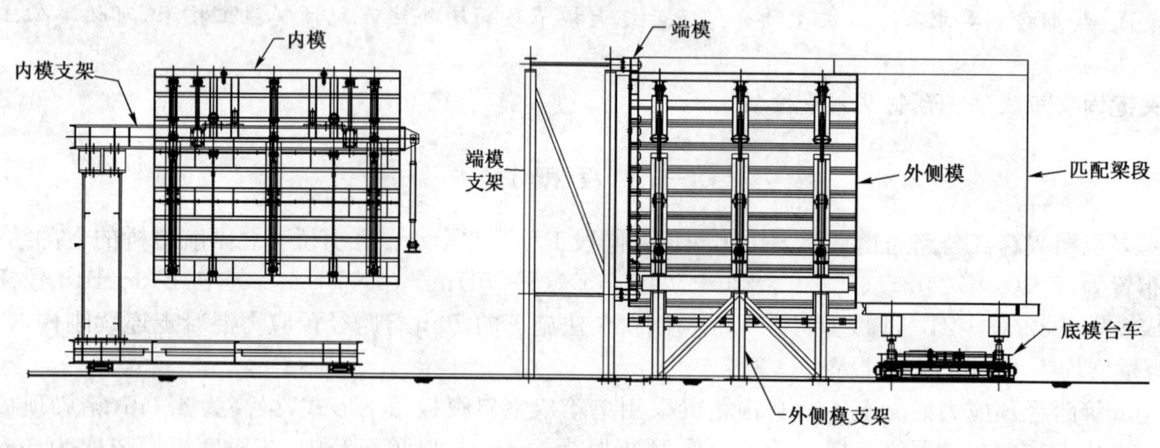

图1　模板系统图

五、预制施工技术

1. 预制施工工艺流程

箱梁节段预制选用短线匹配法，以每两条相邻湿接缝间的所有梁段为一个预制循环单元。一个预制循环单元以0号块梁段预制为起点，向施工桥跨的前进方向进行预制，至相邻的下一道湿接缝时结束。

箱梁节段预制施工的总体操作程序如下：

(1)清理台座、立模、吊装钢筋骨架、浇筑墩顶0号节段。

(2)拆除0号节段模板（侧模及内模），将0号节段移出作匹配梁并编号、调位，立模、吊装钢筋骨架、浇筑下一节段（以下称h1节段）混凝土。

(3)拆除h1节段模板，将0号节段与h1节段分离，编号。将0号节段移出至适当的位置进行养护，满足要求后临时储存（待0号节段作匹配梁时再调用）。

(4)将h1节段移至匹配梁位置并调位，安装调整h2梁的模板系统及钢筋骨架，浇筑节段混凝土。

(5)按标准节段预制的程序完成半个“T”的悬臂节段的预制。标准节段预制的程序如图2所示。

(6)将0号节段起吊并移至另一台座（或等半个“T”的悬臂节段完成后就在此台座位匹配）匹配梁的位置，使其另一端作匹配面，调整其三维空间位置，立模、吊装钢筋骨架、浇筑下一节段（以下称q1节段）混凝土。

(7)拆除q1节段模板，将0号节段与q1节段分离，0号节段运走堆存，q1节段编号。

(8)将q1节段移至匹配梁位置并调位，安装调整q2梁的模板系统及钢筋骨架，浇筑节段混凝土。

(9)按标准节段预制的程序完成另半个“T”悬臂节段的预制。

(10)按以上程序完成所有“T”的节段预制（包括每联边跨非“T”的节段预制）。

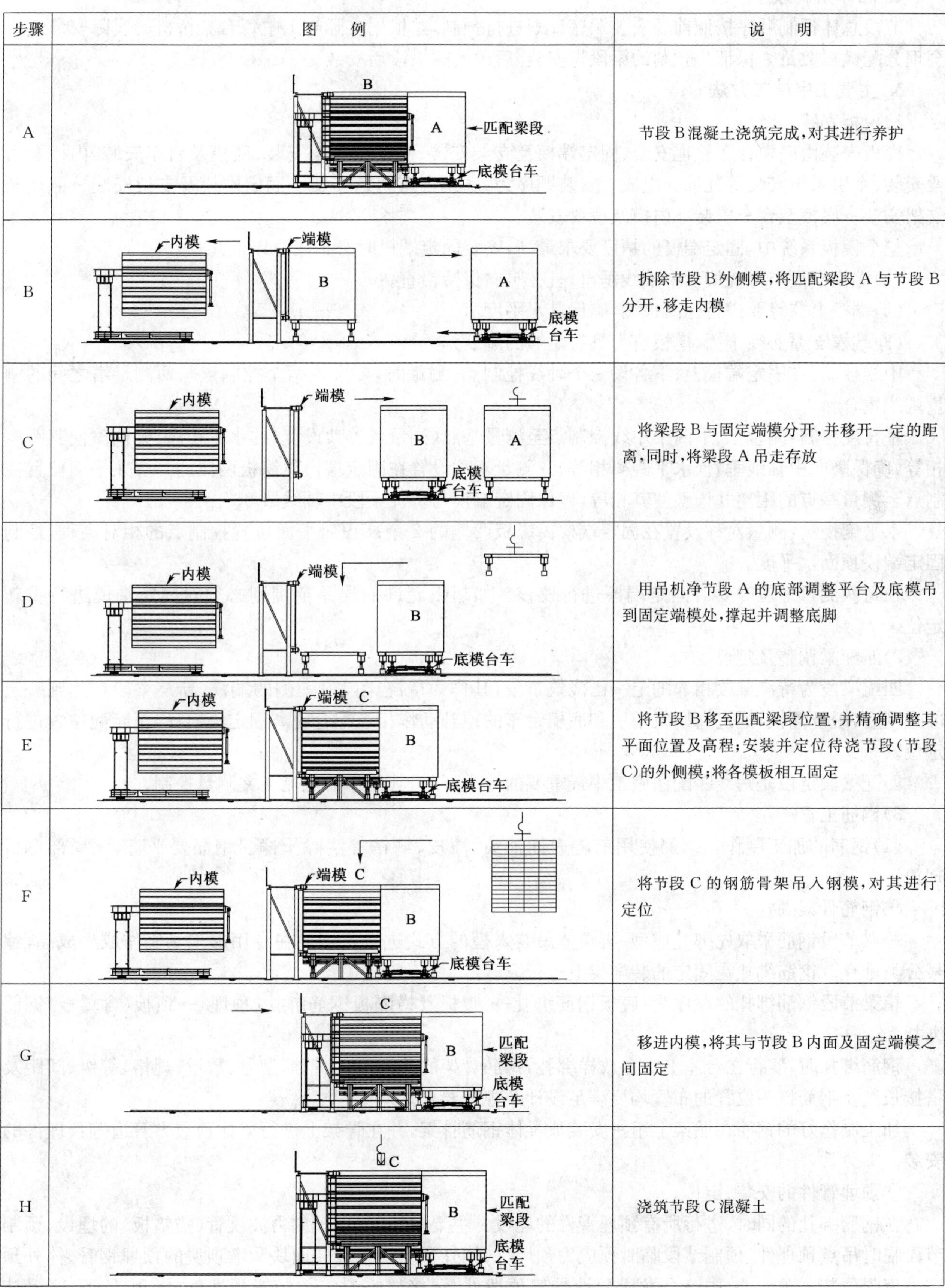

步骤	图例	说明
A		节段B混凝土浇筑完成，对其进行养护
B		拆除节段B外侧模，将匹配梁段A与节段B分开，移走内模
C		将梁段B与固定端模分开，并移开一定的距离，同时，将梁段A吊走存放
D		用吊机净节段A的底部调整平台及底模吊到固定端模处，撑起并调整底脚
E		将节段B移至匹配梁段位置，并精确调整其平面位置及高程；安装并定位待浇节段（节段C）的外侧模；将各模板相互固定
F		将节段C的钢筋骨架吊入钢模，对其进行定位
G		移进内模，将其与节段B内面及固定端模之间固定
H		浇筑节段C混凝土

图2 标准节段预制程序示意图

2. 总体预制顺序

节段总体预制顺序按照前场安装顺序计划进行预制，并根据实际施工中每台架桥机的实际安装进度合理分配模板数量。保证先预制的梁段先安装，后预制的梁段后安装。

3. 主要工序施工方法

1)模板安装

模板安装由底模台车轨道安装、固定端模及支架安装、侧模及支架安装、底模及台车安装、内模及滑梁安装、牵引系统安装等几部分组成。安装顺序为：底模台车轨道安装→固定端模及支架安装→侧模及支架安装→底模及台车安装→内模及滑梁安装。

整个模板系统中，固定端模的精度要求最高，安装固定端模时必须注意以下几点：

(1)端模模面与待浇梁段中轴线垂直，且在竖向保持铅直。

(2)端模上翼缘要进行标高检测，确保其水平度。

(3)端模支撑必须牢固，模板自身具有足够的刚度。

中线控制：在固定端模上、下各设一个轴线控制点，测量时，要求该两个控制点与两测量塔之间的测量基线重合。

垂直度控制：测量上、下两个中线控制点至测量基点(测量仪器架设点)的水平距离，并调整使其距离相等，确保竖向中轴线垂直(水平距离相等)。测量对称设置在固定端模翼缘板两侧的高程兼平面位置控制点至测量基点的距离并调整使其相等，确保固定端模与待浇梁段中轴线成90°。

水平度控制：测量对称设置在固定端模翼缘板两侧的2个高程兼平面位置控制点的相对高程，控制固定端模顶面水平度。

在每次测量定位时要对固定端模进行校核。如超出允许的误差范围则必须对固定端模进行重新定位。

2)匹配梁调整及定位

匹配梁段为待浇梁段相邻的上一已浇筑节段，其作为待浇梁段另一侧的端模，新浇梁段在达到一定的强度后，脱开侧模，通过卷扬机牵引和底模台车的顶升动作相互配合脱离固定端模，移至匹配位置进行定位。

匹配梁段定位是短线匹配法施工中最重要的一个环节，其操作要点见下文测量控制。

3)钢筋工程

(1)钢筋的加工制作。钢筋使用前将表面油渍、漆皮、鳞锈等清除干净。钢筋要平直、无局部弯折现象。

①钢筋骨架绑扎。

箱梁节段钢筋采取先绑扎成型、再整体吊装入模的方式进行。钢筋在专用加工场制作成半成品，编号分类堆存。钢筋绑扎在固定的装配架上进行。

箱梁节段钢筋绑扎的顺序为：底板钢筋绑扎→ 腹板及横隔板钢筋绑扎(预埋)→顶板(含翼板)钢筋绑扎。

钢筋绑扎时，实行在台座上定点放样绑扎，钢筋骨架的几何尺寸、钢筋型号、数量、规格、等级、间距及搭接长度及钢筋接头位置的布置均要满足设计及规范要求。

加工制作好的钢筋在胎架上组拼安装成梁体钢筋骨架，并在骨架上进行梁体预应力管道等预埋件的安装。

②预埋管件的安装、定位。

在钢筋绑扎的同时，进行所有预埋管件的埋设。主要包括：体内预应力波纹管(锚垫板)的埋设、预制节段临时吊点预埋件、预制节段临时预应力预埋件、体外预应力束在转向块和墩顶块的预埋钢管、体外预应力束限位装置预埋件、中跨合龙段劲性骨架预埋件、湿接缝临时定位装置预埋件、墩顶梁段(22号节段)临时固结预埋件、支座垫板、0号块横向连接系施工预埋件、其他附属设施预埋件及通风孔、排水孔的埋设。

③钢筋保护层垫块安装。

钢筋保护层垫块使用梅花形垫块。安装时,垫块按梅花形布置,间距不超过1m,底板与腹板交接处适当加密。

(2)钢筋骨架的吊装。钢筋骨架吊放入模由测量控制其位置,并在顶板钢筋上准确测量放样固定梁体线形测量控制点预埋件。吊装时,保护好各种预埋管件不受损伤。入模时,检查各预应力管道的堵头塑料塞有无松动或掉落。

4)混凝土工程

(1)混凝土配合比的要求。箱梁为C55高强混凝土,采用低碱水泥进行拌制。其主要技术、性能参数为:缓凝时间不小于6h;坍落度为16cm+2cm;1.5天强度达到50%以上,3天强度达到设计强度75%以上,28天强度不小于设计强度;混凝土应均匀,颜色一致,具有良好的和易性,无泌水、离析等现象。

(2)混凝土浇筑。混凝土运输车运输至前场,经卸料到料斗内后,由20t龙门吊吊料斗入模。箱梁混凝土的浇筑顺序为:底板→腹板→顶板(含翼板)。

(3)混凝土养护。混凝土浇筑完成初凝后应及时进行养护,对箱梁顶板、底板进行覆盖洒水养护,拆模后内箱及外侧喷洒养护液进行养护,由于在匹配梁吊离制梁台座前未达到养护时间,为了保证箱梁预制周期,在匹配梁吊离制梁台座前对顶板和底板喷洒养护液,以确保达到养护时间,保证混凝土强度。

(4)模板拆除。箱梁混凝土达到50%脱模强度后开始拆除模板。模板拆除顺序为:内模拆除→外侧模拆除→匹配梁段移开→新浇梁段移到匹配梁位置。

5)非标准节段预制

非标准节段主要指不能利用标准内模一次性进行预制的节段(如G类及设有转向块的梁段),非标准节段均需两次浇筑才能完成。

第一次浇筑时,底模、固定端模及侧模的安装、定位与标准节段的方法相同。内模系统则有所不同,标准节段的内模系统由钢模板、液压装置、顶撑杆、滑梁及台车组成;而G类梁段的内模由部分钢模板、顶撑杆及收口网模板组成,横隔墙范围以外的内模用钢模板,并用顶撑杆支撑,横隔墙范围内的腹板内侧模板用收口网模板,并用脚手管支撑,脚手管水平方向按30cm间距布置,竖向按60cm间距设置。横隔墙钢筋穿过收口网模板进行预留(便于二次浇注混凝土钢筋接长),混凝土浇筑顺序与标准节段浇筑顺序一样,先底板,再腹板,然后浇筑顶板及翼缘板。第一次浇筑完成类似工程照片如图3所示。

图3 墩顶块第一次浇筑类似成品示意图

第二次浇筑是在箱梁节段安装定位后进行(第一次浇筑好的混凝土作为第二次浇筑的外模),接长横隔墙钢筋,完成二次钢筋绑扎,安装二次模板,浇筑二次混凝土。

对于设有转向块的梁段,通过采用滚轧直螺纹接头并利用标准内模系统浇筑的方法进行。具体为:

将转向块预埋钢筋的接头处制作成滚轧直螺纹接头，并安装滚轧直螺纹套筒，套筒端面配带塑料螺杆。模板安装时，套筒端面塑料螺杆顶在内模上，保证模板拆除后套筒端面外露。拆模板后，用螺丝刀拧下塑料螺杆，接长转向块钢筋，安装转向器并支模浇筑转向块混凝土。

六、预制阶段测量控制技术

箱梁节段预制阶段测量控制主要集中体现在箱梁模板精度控制和匹配梁段精确定位两个环节，测量精度控制也是确保线形符合设计要求的必要条件。采用几何控制程序，在预制之前，需要准确计算拼装阶段桥梁变形情况，为程序提供预拱度数据。程序包含了桥梁整体线形、分段情况等必要信息，工程测量控制方式是按照程序进行。

程序的基本概念是预制单元现场坐标与预制单元空间坐标的相互转换，几何尺寸误差由程序控制在一定的范围，并在随后的梁段预制过程进行调整。

1)短线匹配预制线形控制的实现

短线预制法是在工厂或施工现场的同一地方用位置可调的模板逐块浇筑梁段的施工方法，浇筑时必须同已经浇筑完成的前一梁段形成“匹配”拼缝。短线预制法成功的关键在于匹配梁段位置数据精度控制，同时还必须具备精确的测量方法和准确的控制数据库及正确的算法。当浇筑不同特定几何线形的梁段，其实现方法如下：

(1)需要浇筑直线梁段时，匹配梁段 $n-1$ 只需要沿直线从浇筑位置移动到匹配位置(图 4a)；

(2)需要竖曲线时，必须首先把匹配梁段移动开，然后在立面上转动一定角度 α(图 4b)；

(3)需要桥梁平曲线时，必须首先把匹配梁段平移到一定的位置，然后在平面上转动一定的角度 β(图 4c)。

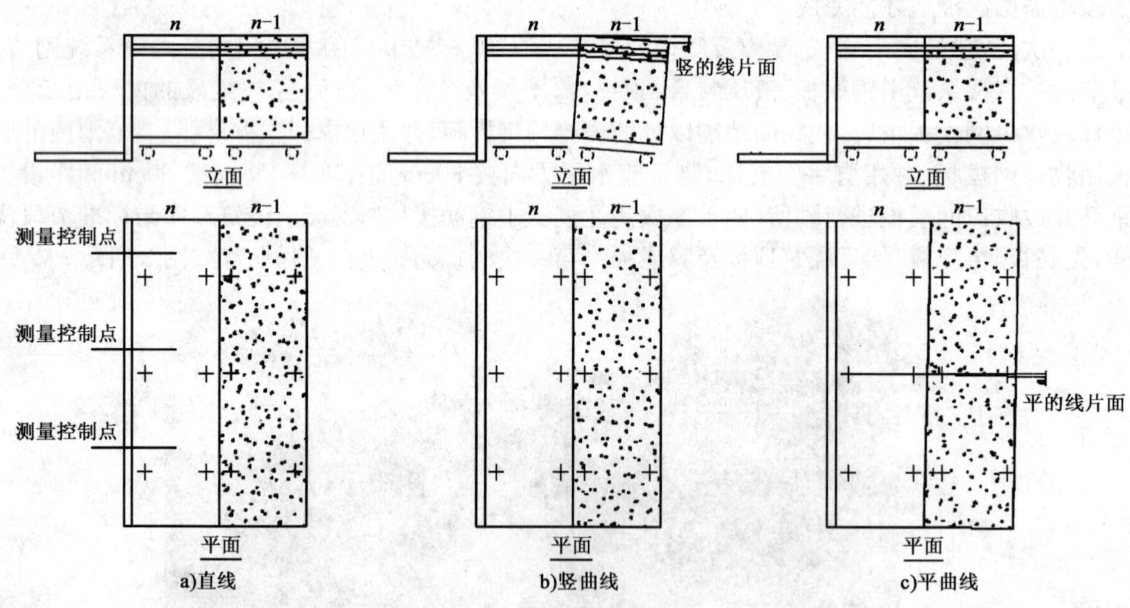

图 4　不同线形梁段的浇筑方法

2)模板精度控制

模板精度控制主要体现在固定端模的精度控制。

固定端模：固定端模模面须保持竖向垂直并与预制单元中线成 90°，其上缘须保持水平。端模高程应以靠近腹板处的两测量控制点进行检查。水平误差和与中线的垂直度误差必须控制在 1mm 之内。

固定端模上共设 4 个控制点：2 个轴线控制点，2 个水平高程兼平面位置控制点。2 个轴线控制点位于固定端模板的顶面和内腔底面正中，通过仪器观察两点是否与基线重合以及两点到基点的水平距离是否相等，可以控制固定端模竖向垂直度并使其中线居中，通过对对称设置在腹板位置处的两个水平高程点兼平面位置控制点到基点的距离以及相对高程的测量，可控制固定端模整个模面与待浇梁段的中轴线垂直并使其顶面水平。

底模：对于等高箱梁，底模需水平安置并与固定端模下缘良好闭合。底模中线必须在水平与竖向与固定端模面成90°。

外侧模：要检查它和固定端模闭合是否良好。

3)匹配梁段定位

短线匹配法施工是一个循环过程，以下以即将新浇筑一个梁段为起点（此时，前一阶段的匹配梁段已经定位，且其精度符合要求）来说明匹配梁段定位全过程。

匹配梁段的定位主要通过6个控制测点来实现，测点设布置如图5所示。

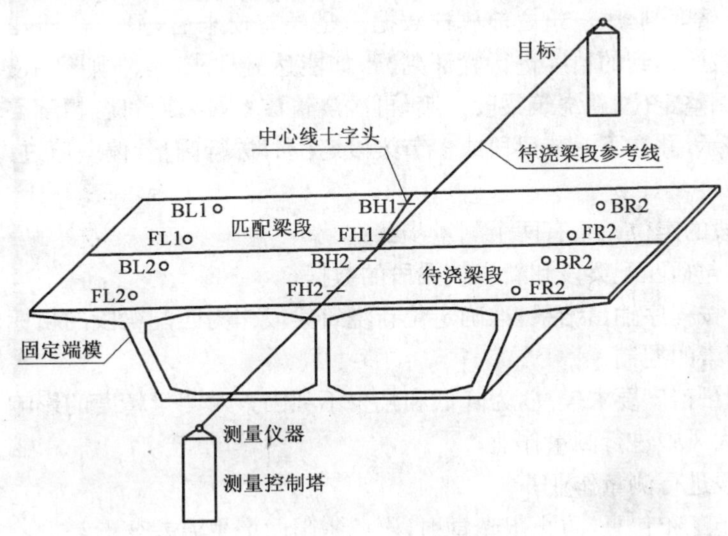

图5 测点布置图

用沿节段中心线的两个测点（FH & BH）来控制平面位置，用沿腹板设置的四个测点（FL，FR，BL & BR）来控制高程。所有控制测点在新浇筑梁段混凝土凝结前安放在梁段顶板上。预埋测点由镀锌十字头螺栓和U形圆钢组成。这些预埋件必须尽量设置在规定的位置，但是并不要求位置绝对正确，因为它们只是相对位置的参考。

新浇筑混凝土梁段在凝固后移动前必须测量的数据有：

(1)XFH，XBH：固定端模和U形圆钢之间的X方向距离；

(2)XFL，XBL，XFR，XBR：固定端模和镀锌十字头螺栓之间的X方向距离；

(3)YI1：端模中线和预制单元中线之间的Y方向距离（须保持零）；

(4)YFH，YBH：端模中线和U形圆钢之间的Y方向距离；

(5)YFL，YBL，YFR，YBR：端模中线和镀锌十字头螺栓之间的Y方向距离；

(6)ZLI1，ZRI1：测量控制点高程；

(7)ZFL，ZBL，ZFR，ZBR：测量镀锌十字头螺栓高程；

(8)SL，SR：新浇节段左右边长度。

这些数据与匹配梁段位置数据均被输入程序中，作为新浇筑梁段在匹配梁段位置的原始数据，由此计算新浇筑梁段作为匹配梁段的目标位置数据。其计算原理为空间几何变位，同时要求考虑误差调整和补偿。空间几何变位能够较方便的实现，而误差的调整和补偿的算法以及相关控制指标则是程序的精华所在。

将原来的匹配梁段吊运、存放后，此新浇筑梁段成为下一个待浇筑梁段的匹配梁段。

新匹配梁段初步定位：匹配梁段的初步定位是通过卷扬机和底模台车来完成的。定位时，启动5t卷扬机，通过导向滑车和设置于底模台座端面上的动滑车牵引底模台车作纵向较长距离的移动，使梁段行至目标位置的大致范围。此时梁段的平面位置主要是通过钢卷尺丈量匹配梁匹配端至固定端模的距离来实现。

匹配梁段精确定位：匹配梁段的精确定位是通过测量仪器观察梁段顶面上的6个控制点，并通过10t手拉葫芦和底模台车上的油压千斤顶进行调整。手拉葫芦主要是精确控制其纵向距离的微调，油压千斤顶主要是精确调整梁段高程和轴线偏角。整个调整过程由专人统一指挥，每一步调整操作均要求缓慢、细致。

新的梁段浇筑完毕后，测试点埋设完毕，随即进行下一阶段的测量工作。测量人员对两节梁段的控制点均进行两组独立的测量，并取平均值。测量数据按表格填写。将测量数据的平均值输入到程序中，算出匹配节段(新浇节段)的目标位置。

此时程序自动进行精度判断(浇筑之前放样数据满足误差要求后，只须存档)：在这些数据输入程序后，程序自动对匹配梁段所达到的精度进行验证判断，如能达到要求，程序则显示通过；对超出精度要求范围的，程序要求重新调整定位(新浇筑梁段报废，再次浇筑该梁段)；对符合精度要求，但偏差值较大的，程序则会以红色数字警示，并在下一节梁段或多节梁段定位时进行调整(偏差值过大时，可能无法一次调整到位)。

综上所述，匹配梁段的定位一共有两个测量步骤：

(1)测量原始数据：包括匹配梁段和新浇筑梁段的数据；

(2)调整定位过程：按程序输出结果，准确定位新浇筑梁段作为匹配梁段的目标位置。

4)影响测量精度因素的控制

因短线匹配梁对测量精度要求较高，为降低和减少不利因素对测量精度的影响，主要采取以下措施：

(1)避免6级以上大风中进行测量作业；

(2)避免在高温时段进行测量作业；

(3)对测量塔实行土工布包裹，防止阳光直射，避免阴阳面产生温差变形；

(4)在测量塔上搭设遮阳棚，避免阳光直照仪器；

(5)测量塔采用钢管桩，四周采用混凝土包裹，减少地基沉降对测量塔的影响；

(6)定期对测量塔进行校核；

(7)观察时采取两人单独独立观测，获取两组独立数据，并取平均值，以降低测量误差，提高精度；

(8)购买高精度测量仪器，能够对在超出其测量精度要求的气象条件下工作能够提示警示，并自动停止工作。

(9)按测量规范规定定期对测量仪器进行检查和校正。

5)测量人员的操作过程

根据经验，匹配梁的精确定位比较困难，这其中除了所有操作人员对流程熟悉的因素以外，在实际操作时，测量人员总结出一套快捷简便而且稳定的实施办法。具体如下：

(1)根据程序输出的控制坐标位置，换算出6个点的高程以及梁边缘到固定端模的距离，(这很容易办到)；

(2)操作人员利用卷扬机将梁段移动到大致位置，此时尽量满足梁边缘到固定端模的距离；

(3)利用架设在固定端模上的水准仪进行高程控制，同时控制梁段两边到固定端模的距离(1)的换算值。此过程为反复调整的过程，通过千斤顶(4个竖向千斤顶，4个横向千斤顶)系统微调实现；

(4)反复调整6个点的高程直至满足要求；

(5)水平移动或水平转动梁段，使固定端模到梁边线的距离满足换算值(此时对高程影响很小)；

(6)测量人员在测量控制塔复核6个控制点坐标，进行微调(一般不涉及高程调整)，直至6个控制点的坐标均在允许的误差范围之类，调整完毕。

通过这一调整技术，完全能够满足快速调位的需要，一节梁段调整控制时间一般不会超过30min，为快速生产提供了有力的保障。

七、结　　语

本文结合嘉绍大桥北岸水中区引桥工程，介绍了节段箱梁短线匹配预制施工工艺，讲述了施工过程中的重点和难点，特别详细说明了短线匹配预制施工测量控制技术及操作要点，可供以后类似工程施工参考借鉴。

参考文献

[1] 郑机，刘德军. 世界桥梁. 帕克西桥节段悬拼关键技术[J]. 2003.（4）. 29-32.

[2] 葛耀君. 分段施工桥梁分析与控制[M]. 北京：人民交通出版社. 2003，1-8.

[3] 中交公路规划设计院. 嘉兴至绍兴跨江公路通道嘉绍大桥施工设计图.

[4] 嘉绍跨江大桥工程建设指挥部，浙江省交通厅工程质量检查局，交通运输部公路科学院. 嘉绍大桥专用施工技术规范.

[5] 中铁大桥局嘉绍大桥 VII 标项目部. 实施性施工组织设计.

80. 三塔悬索桥施工全过程结构理想状态分析

张新军　李明贵　郭　辉

（浙江工业大学建筑工程学院）

摘　要　以目前在建世界最大跨度的三塔悬索桥——泰州长江公路大桥为背景，采用基于分段悬链线理论的数值解析法分析了其合理的成桥和空缆状态，在此基础上采用有限元方法，模拟不同的主梁架设方案，对其施工过程结构的理想状态进行了分析。结果表明：采用基于分段悬链线理论的数值解析法，可以有效精确地确定三塔悬索桥合理的成桥及空缆状态；三塔悬索桥桥面主梁采用桥塔至跨中的施工顺序时，施工过程的鞍座偏移量、主缆索力及其线形变化比较平缓，有利于施工控制，是一种比较适宜的主梁施工方案。

关键词　三塔悬索桥　成桥状态　空缆状态　施工理想状态　数值解析法　有限元方法

一、引　　言

当前，大跨度悬索桥基本都采用基于双塔的单跨或三跨式结构，并利用中间单一主跨来跨越河道或海域的主要部分，因而主跨跨径都非常大。所谓多塔悬索桥，是指桥塔个数多于两个，且中间没有共用锚碇的连续悬索桥。与传统双塔悬索桥相比，这种结构体系主要有两个优点：首先，它的跨越能力非常大，可以达到双塔悬索桥的数倍，用它来跨越宽度和水深都较大的海峡是非常合适的；其次，它有着良好的经济性。由于它具有以上两个重要的优点，因此在很多海峡的跨越工程中都曾提出过多塔悬索桥方案。在国外，美国旧金山—奥克兰海湾大桥、墨西拿海峡大桥、直布罗陀海峡大桥潜坝线以及峡谷线、智利 Chacao 海峡大桥、英法海峡第二跨越工程计划的勃朗公司桥梁方案以及日本在横跨东京湾入口、津轻海峡、丰予海峡及伊势湾的超长大桥的规划中都提出了大跨度多塔悬索桥的方案。在国内，琼州海峡大桥、武汉阳逻长江大桥、马鞍山长江大桥、江苏泰州长江大桥、南京长江四桥、武汉鹦鹉洲长江大桥等初步设计时也提出了三塔悬索桥方案，并在泰州长江大桥、马鞍山长江大桥和武汉鹦鹉洲长江大桥项目中得到实施。

作为悬索结构都存在一个初始状态确定问题，即悬索桥在恒载作用下结构的几何形状与内力状态，有了这个初始状态，才能进行桥梁在施工荷载、使用荷载、风及地震等作用下的结构受力分析，同时也是悬索桥施工控制分析的重要内容。悬索桥施工控制分析需要确定三个重要的初始状态，即主缆架设完成后的空缆状态、主梁吊装过程中各个施工阶段的结构理想状态以及竣工后的成桥状态。目前,对双塔悬索桥施工过程结构理想状态的确定开展了系统的分析和研究,并提出了数值解析法和有限元方法两种主要分析方法。数值解析法基于悬链线理论,以设计成桥状态的关键控制点为目标,通过迭代分析确定出成桥状态的主缆线形及索力、主缆及吊杆无应力长度,并根据主缆无应力长度不变的原则以及鞍座两侧主缆水平力的平衡条件确定空缆状态的主缆的线形及索力、吊点位置以及鞍座预偏量等。该方法概念清楚,当成桥状态的吊杆力已知时其解答是精确的,并具有输入数据少、计算速度快等优点,适用于桥面主梁铰接法施工的悬索桥,但它不能全面考虑施工过程结构的几何非线性效应、主梁刚度和吊杆倾斜等因素的影响,而且无法准确了解主梁及主塔的内力状况。与之相反,有限元分析方法则能克服此缺陷,可以模拟实际的施工方法及过程,并考虑结构的几何非线性和主梁刚度等因素的影响。悬索桥的成桥状态中除了桥面线形以及若干个关键控制点已知外,其余设计参数如主缆线形、主缆及吊杆的拉力及其无应力长度等均未知。此外,由于悬索桥是高度非线性的结构,无法由成桥状态开始通过倒拆分析来得到空缆状态,必须先假定空缆状态通过正装迭代分析确定符合设计要求的最终成桥状态,因此计算比较复杂,耗时长。该方法既可以用来确定成桥和空缆状态,更适合用于施工过程的正装分析。与传统双塔悬索桥相比,三塔悬索桥由于中间桥塔缺乏必要的纵向约束,不像边塔其塔顶被边跨的锚固索有效约束,因而结构刚度更小,尤其在施工阶段,结构非线性效应将更加突出,对施工过程结构理想状态的确定将产生一定程度的影响。迄今为止,对三塔悬索桥施工过程结构理想状态确定的研究很少。

为此,本文以目前在建世界最大跨度的三塔悬索桥——泰州长江公路大桥为背景,采用基于分段悬链线理论的数值解析法分析了其合理的成桥和空缆状态,在此基础上采用有限元方法,模拟不同的主梁架设方案,对其施工过程结构的理想状态进行了分析,并提出了三塔悬索桥施工分析建议和适宜的主梁架设方法。

二、分 析 方 法

目前,大跨度悬索桥基本都采用铰接法施工,因此本文着重对铰接法施工的理想成桥和施工状态确定方法进行研究。

1. 分段悬链线理论的基本方程

使用数值解析法计算悬索桥主缆线形,目前主要有三种方法:①抛物线理论;②悬链线理论;③分段悬链线理论。悬索桥的主缆所承受的荷载除了沿吊杆间弧长均匀分布的主缆自重外,还承受由吊杆所传递的集中荷载(索夹、吊索及锚具等自重以及通过吊杆传递的加劲梁恒载等)。因此,悬索桥成桥状态的主缆线形并非是抛物线,也不是悬链线,而是在吊点之间呈悬链线的分段悬链线。

如图1所示为居于两吊点之间的悬索段,沿索弧长方向作用自重荷载为 q,弹性模量为 E,横截面面积为 A,索段跨度为 l,高差为 h,索段的无应力长度为 S_0。索段 i 端的水平分力为 H_i,竖向分力为 V_i,切向张力为 T_i;索段 j 端水平分力为 H_j,竖向分力为 V_j,切向张力为 T_j。根据几何关系和平衡条件等可得以下表达式:

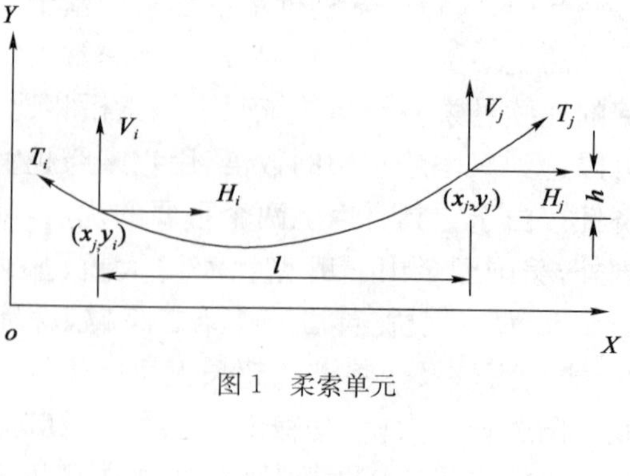

图1　柔索单元

$$l = x_j - x_i, h = y_j - y_i \tag{1}$$

$$H_j = -H_i, V_j = V - qS_{0i}$$

$$T_i = \sqrt{H_i^2 + V_i^2}, T_j = \sqrt{H_j^2 + V_j^2} \tag{2}$$

$$l = -\frac{H_i S_0}{EA} - \frac{H_i}{q}\{\ln(V_i + \sqrt{H_i^2 + V_i^2}) - \ln[V_i - qS_0 + \sqrt{H_i^2 + (V_i - qS_0)^2}]\} \tag{3}$$

$$h = \frac{qS_0^2 - 2V_i S_0}{2EA} - \frac{1}{q}[\sqrt{H_i^2 + V_i^2} - \sqrt{H_i^2 + (V_i - qS_0)^2}] \tag{4}$$

2. 成桥及空缆状态确定的数值解析法

基于上述索段的基本方程，进一步来分析如图 2 所示实际成桥状态的多跨主缆，主缆除了承受沿弧长均匀分布的自重荷载外，还受到由各吊杆所传递的集中荷载。在设计成桥状态中，各索鞍理论交点的坐标、主缆矢跨比以及各吊杆沿桥纵向的水平位置都是确定的。计算成桥状态主缆线形时，一般都先中间主跨后边跨，此时各吊点之间的主缆索段均满足式(1)～式(4)，各索段左端的水平力 H_i、竖向力 V_i 满足下列平衡条件：

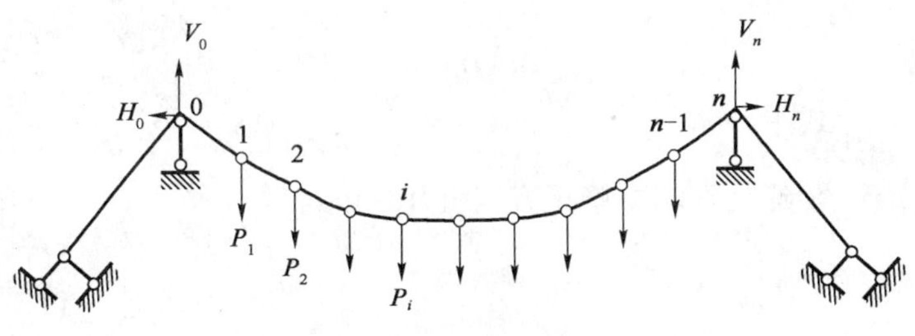

图 2 主缆力学模型

$$H_i = H_{i-1}, V_i = V_{i-1} - (qS_{0i-1} + P_i) \quad (i = 1, 2, \cdots, n) \tag{5}$$

计算时，先假定主缆左端点处的水平力 H_0 和竖向力 V_0 值，通过式(5)和式(3)可以逐步计算出各索段的无应力长度 S_{0i}，再由式(4)计算出各索段两吊点之间竖向高差 h_i 以及各吊点的竖向坐标值，最后判断主缆在跨中和右端点处的竖向坐标值是否与设计值相符。若相符，则说明假定的 H_0 和 V_0 值是准确的，计算结束；否则，需要修正 H_0 和 V_0 值，重新计算，直到满足预定的误差精度为止，具体的计算过程如下：

(1)根据吊杆间距计算各索段的水平长度 l_i，并确定主缆左右端点的竖向高差 Δy；

(2)假定主缆左端点处的水平力 H_0 和竖向力 V_0；

(3)对各索段循环计算：$i = 0 \sim n-1$

①由式(5)计算各索段左端的 H_i 和 V_i 值；

②由各索段的水平长度 l_i、H_i 和 V_i 值，利用式(3)和式(4)计算各索段的主缆无应力长度 S_{0i} 和竖向高差 h_i，并计算各吊点的竖向坐标值。

(4)判断计算结果是否满足几何边界条件：

$$\sum_{i=0}^{m-1} h_i = f, \sum_{i=0}^{n-1} h_i = \Delta y \tag{6}$$

式中：m,n 分别为左端点到跨中和右端点的主缆分段数，f 为主缆矢高。

若满足式(6)，则计算结束；否则，修正 H_0 和 V_0，返回步骤(3)重新计算，直到满足预定的计算误差精度为止。

从以上计算过程可看出，将主缆左端点处的水平力 H_0 及竖向力 V_0 看作未知量，上述求解过程实际上是一个求解二元非线性方程组的问题。在每一次的迭代计算时，可根据前次计算结果采用影响矩阵法计算 H_0 和 V_0 的修正值。若前次计算结果不满足式(6)，设其误差为：

$$e_f = \sum_{i=0}^{m-1} h_i - f, e_y = \sum_{i=0}^{n-1} h_i - \Delta y \tag{7}$$

则下一次迭代计算时，H_0 和 V_0 可以按下述方法来修正，具体步骤为：

①由式式(4)求得各索段的水平力 H_i 和竖向力 V_i 增量对各索段竖向高差的影响值，即：

$$\begin{aligned} \frac{\partial h_i}{\partial H_i} &= \frac{-H_i}{q}\left(\frac{1}{\sqrt{H_i^2 + (qS_{0i} - V_i)^2}} - \frac{1}{\sqrt{H_i^2 + V_i^2}}\right) \\ \frac{\partial h_i}{\partial V_i} &= -\frac{S_{0i}}{EA} + \frac{1}{q}\left(\frac{V_i - qS_{0i}}{\sqrt{H_i^2 + (qS_{0i} - V_i)^2}} - \frac{V_i}{\sqrt{H_i^2 + V_i^2}}\right) \end{aligned} \tag{8}$$

②建立索端力对索段竖向高差的影响矩阵：

$$\boldsymbol{C}=\begin{bmatrix}C_{11} & C_{12}\\ C_{21} & C_{22}\end{bmatrix} \tag{9}$$

式中，$C_{11}=\sum_{i=0}^{m-1}\frac{\partial h_i}{\partial H_i},C_{12}=\sum_{i=0}^{m-1}\frac{\partial h_i}{\partial V_i},C_{21}=\sum_{i=0}^{n-1}\frac{\partial h_i}{\partial H_i},C_{22}=\sum_{i=0}^{n-1}\frac{\partial h_i}{\partial V_i}$　　(10)

③建立索端力修正方程组并求解：

$$\begin{bmatrix}C_{11} & C_{12}\\ C_{21} & C_{22}\end{bmatrix}\begin{Bmatrix}\Delta H\\ \Delta V\end{Bmatrix}=\begin{Bmatrix}e_f\\ e_y\end{Bmatrix} \tag{11}$$

④修正假定的索端力：

$$H_0=H_0+\Delta H,V_0=V_0+\Delta V \tag{12}$$

上述迭代计算中，H_0和V_0初始值的选取很重要，应尽量接近真实值，以减少迭代次数和避免计算结果的不收敛。第一次计算时可先假定主缆线形为抛物线，主缆自重和节点集中力简化为沿桥纵向的均布荷载，计算出主缆端部的水平力H_0及竖向力V_0作为初始值，即：

$$H_0=\frac{wl^2}{8f},V_0=\frac{wl}{2} \tag{13}$$

式中，w为单位桥长的恒载集度，包括主梁、主缆及吊杆等的自重荷载，l为主缆跨度。

边跨主缆的线形计算方法与中跨基本相同，只是已知条件略有不同。计算中跨时，已知主缆的两端点坐标及矢跨比，而计算边跨时只知道主缆的两端点坐标，但此时主缆端点的水平力H一般可以根据塔顶主鞍座两侧的水平力平衡求得，所以计算边跨时可以认为其索端水平力与中跨相等。这样，计算边跨时只有一个未知量即竖向力V，具体计算步骤仍然可以采用中跨计算的步骤，只需作相应修改即可。

在计算得到的成桥状态基础上，根据主缆无应力长度不变的原则以及鞍座两侧主缆水平力的平衡条件可求出空缆状态的主缆线形及索力、吊点位置以及鞍座预偏量等，为后续施工阶段结构理想状态确定的有限元分析提供初始状态。

3. 施工理想状态确定的有限元方法

为了考虑悬索桥施工过程结构几何非线性、主梁刚度以及不同施工顺序对结构施工理想状态的影响，在上述采用数值分析法得到的空缆状态的基础上，建立相应的由主缆和桥塔所组成的索塔结构平面杆系结构有限元分析模型，模拟主梁施工顺序，在索塔结构计算模型上逐步施加相应的桥面主梁一期恒载，进行结构几何非线性有限元分析，获得各施工阶段的结构理想状态。待桥面主梁合龙后，实施主梁刚接，形成由桥面主梁、主缆、吊杆及桥塔等组成的整体结构平面有限元模型，施加桥面二期恒载，进行整体结构的几何非线性有限元分析，最终获得计算的成桥状态。在有限元分析时，桥面主梁和桥塔等采用梁单元模拟，主缆采用基于悬链线理论的精确索单元模拟，吊杆则采用杆单元模拟。结构的几何非线性分析采用CR列式法，以有效地考虑结构的大位移和大转动问题。

三、泰州长江公路大桥简介

泰州长江公路大桥位于长江的泰州至常州段，居于润扬长江公路大桥和江阴长江公路大桥之间，桥跨布置为(390 + 1080 + 1080 + 390)m的两主跨三塔悬索桥(图3)。主梁采用扁平状流线型钢箱梁，梁宽39.1 m，桥面中心线处梁高3.5 m。索塔横桥向采用门式框架结构，两边塔为纵桥向为单柱形的混凝土塔，中间塔则采用纵桥向人字形结构的钢塔。主缆矢跨比为1/9，主缆横向间距为35.8 m，吊杆间距为16 m。该桥的材料和截面特性值见表1。

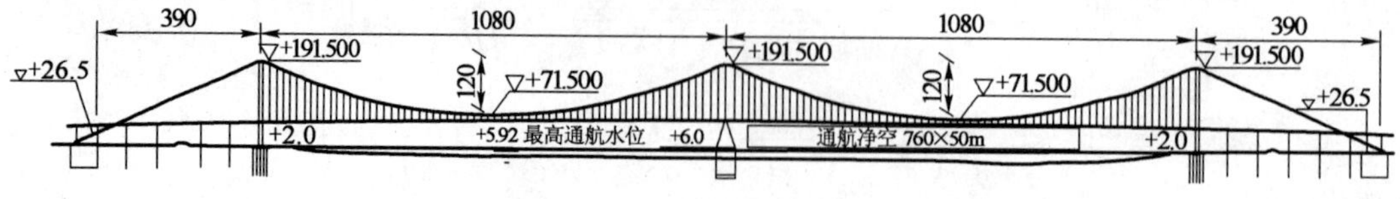

图3　泰州长江公路大桥立面布置图(尺寸单位：m)

构件的材料与截面特性值 表1

构 件	$A(m^2)$	$J_d(m^4)$	$I_y(m^4)$	$I_z(m^4)$	$E(Pa)$	$\rho(kg/m^3)$
主梁	1.5	8.44	192.11	2.91	2.1×10^{11}	13146.67
主缆	0.286	—	—	—	2.0×10^{11}	7850
吊杆	0.00263	—	—	—	2.0×10^{11}	7850

注：A-截面积；J_d-抗扭惯性矩；I_y-侧向抗弯惯性矩；I_z-竖向抗弯惯性矩；E-弹性模量；ρ-密度。

四、三塔悬索桥合理成桥及空缆状态分析

1. 成桥状态

采用本文方法，对该桥成桥状态的主缆线形及索力进行了分析，成桥状态主缆索力见图4，主缆的线形见图5。为了比较不同方法的计算结果，本文同时采用有限元软件MIDAS/Civil对该桥的成桥状态进行了分析，相应的计算结果分别在图4和图5中给出。需要指出的是，MIDAS/Civil采用日本Ohtsuki博士提出的简化方法（节线法）获得主缆的水平张力及初始形状，在此基础上再利用悬索单元的柔度矩阵重新进行迭代分析，最终获得成桥状态主缆的线形、索力及无应力长度等。由于该桥结构严格对称，成桥状态主缆索力分布也是对称的，因此图4中只列出半跨主缆的索力计算结果，图中缆索单元1是靠近索塔第一个主缆索段，而缆索单元34是靠近跨中的主缆索段，其余缆索单元则从索塔向跨中方向依次编号。

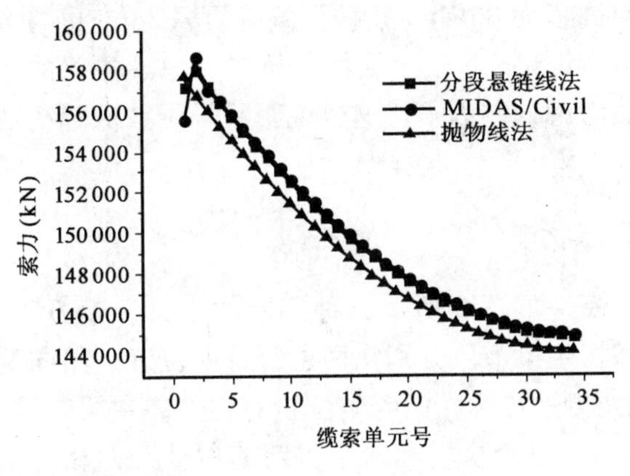

图4 成桥状态的主缆索力

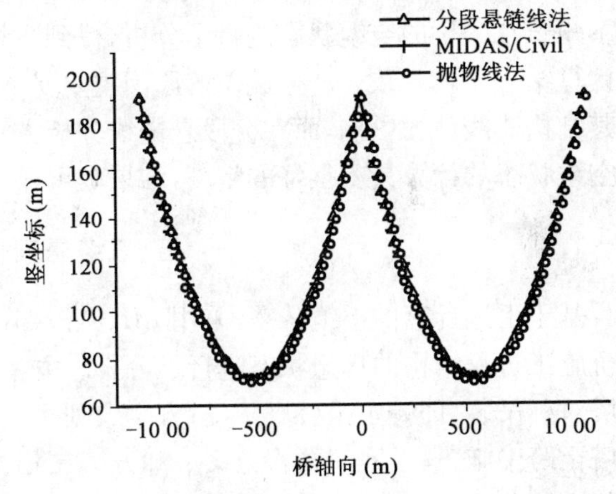

图5 成桥状态的主缆线形

从图4的结果比较可以看出，本文采用分段悬链线法计算的结果与采用MIDAS/Civil分析的计算结果比较一致，说明了本文方法是有效可靠的。相比之下，采用抛物线法计算的主缆索力略偏小。观察图5可以看到，三种方法计算得到的主缆线形比较一致，其中最上方的是抛物线，最下方的是由MIDAS/Civil计算得到的主缆线形，而本文方法计算得到的主缆线形居于两者之间。此外，三种方法得到的主缆线形的最大偏差均出现在两主跨的四分点附近。相比而言，本文计算结果更接近于抛物线，也说明了三塔悬索桥初步分析时主缆采用抛物线线形是合适的。

2. 空缆状态

在计算得到成桥状态的基础上，根据主缆无应力长度不变的原则以及鞍座两侧主缆水平力的平衡条件，进一步求得了空缆状态的主缆线形及索力、吊点位置以及鞍座预偏量等。空缆状态主缆的跨中标高及鞍座偏移量值见表2，主缆的无应力长度值见表3，图6显示了空缆状态主缆的索力沿桥跨的分布情况，而成桥及空缆状态主缆的线形对比如图7所示。

空缆状态主缆标高及鞍座偏移量值(单位:m)　　表2

主缆跨中高程		边塔鞍座偏移量	
分段悬链线法	MIDAS/Civil	分段悬链线法	MIDAS/Civil
79.886	80.186	2.238	2.321

主缆无应力长度(单位:m)　　表3

桥　跨	分段悬链线法	MIDAS/Civil
边跨	422.497	422.358
1/2主跨(缆索单元1～34)	563.880	563.857

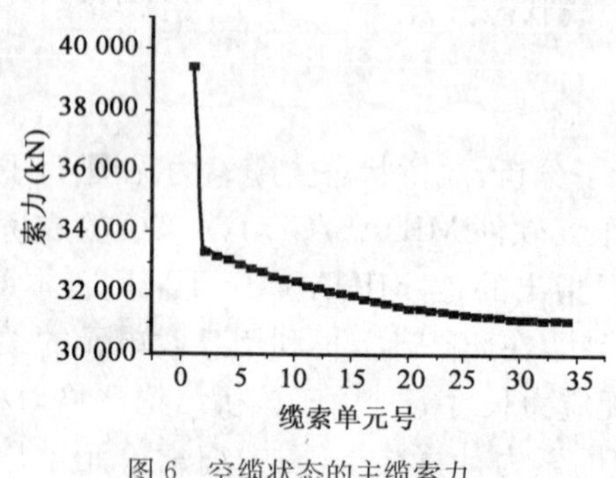

图6　空缆状态的主缆索力

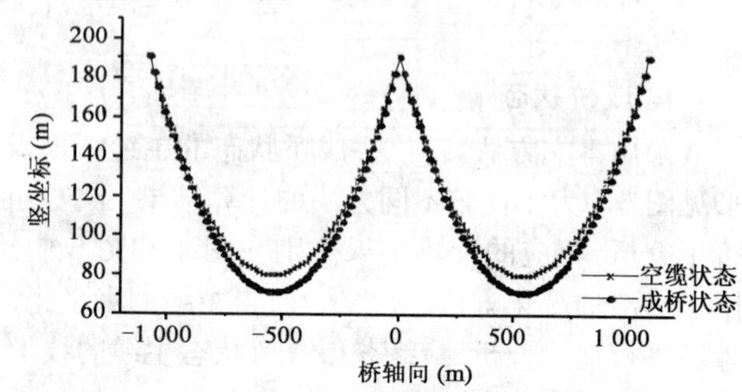

图7　成桥及空缆状态的主缆线形比较

从表2和表3的结果比较可以得到,两种方法得到的主缆跨中高程及无应力长度的偏差均小于0.5%,索鞍预偏量相差3.7%,因此说明两种方法的计算结果是比较吻合的。荀东亮采用ANSYS软件对泰州长江大桥的空缆状态进行了分析,得到主缆跨中点高程为80.4m,索鞍预偏量为2.38m,也与本文的计算结果比较一致。产生偏差的原因主要是MIDAS/Civil和ANSYS软件分析时考虑了主梁的刚度及其结构非线性的影响,而在分段悬链线分析方法中无法考虑这些因素。这也说明了采用数值解析法进行空缆状态的计算具有很好的精度,结果是可靠的。

五、三塔悬索桥施工理想状态分析

基于上述计算的空缆状态,采用MIDAS/Civil软件,模拟如图8所示三种不同的主梁架设方案,对该桥施工过程结构的理想状态进行了分析。方案一施工时,主梁节段分别从两主跨跨中位置开始向两侧桥塔对称吊装,即跨中至桥塔施工;方案二则是从中塔和两侧边塔开始向跨中位置对称吊装主梁节段,即桥塔至跨中施工;方案三则将方案一和方案二相结合,分别从三个桥塔和两个主跨跨中处开始相向对称吊装主梁节段,即跨中桥塔同时施工。不同主梁架设方案的鞍座预偏量和主缆跨中高程随施工过程的变化规律分别如图9和图10所示,各主梁架设方案的主缆索力随施工过程的变化趋势见图11,图12则显示了不同主梁架设方案主缆线形随施工过程的变化情况。

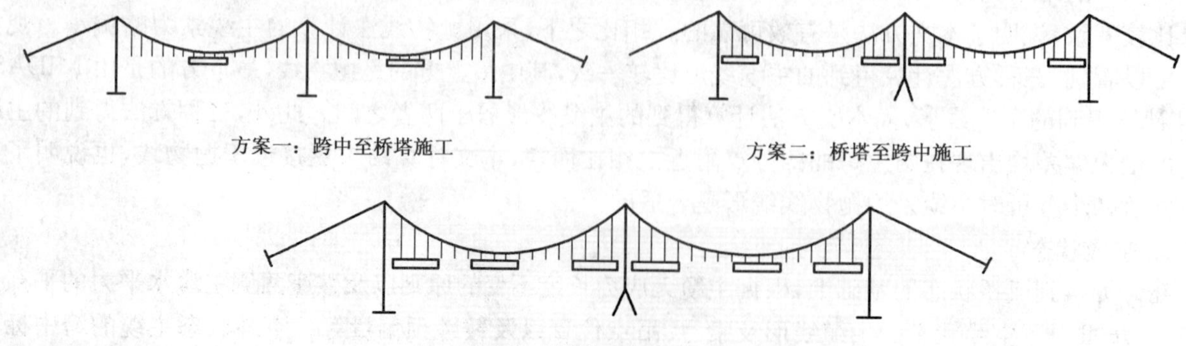

图8　主梁架设方案示意图

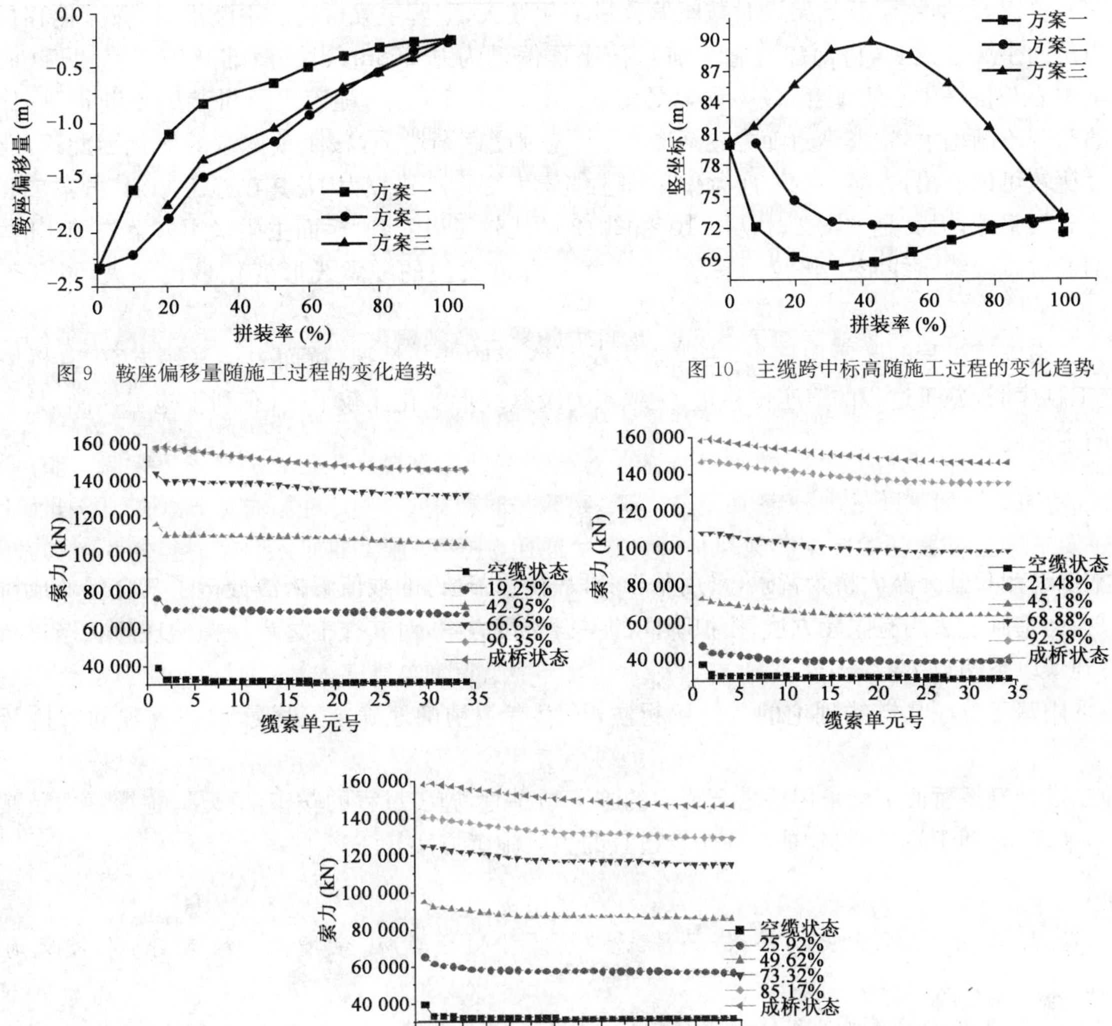

图 9　鞍座偏移量随施工过程的变化趋势

图 10　主缆跨中标高随施工过程的变化趋势

图 11　施工过程主缆索力的变化情况

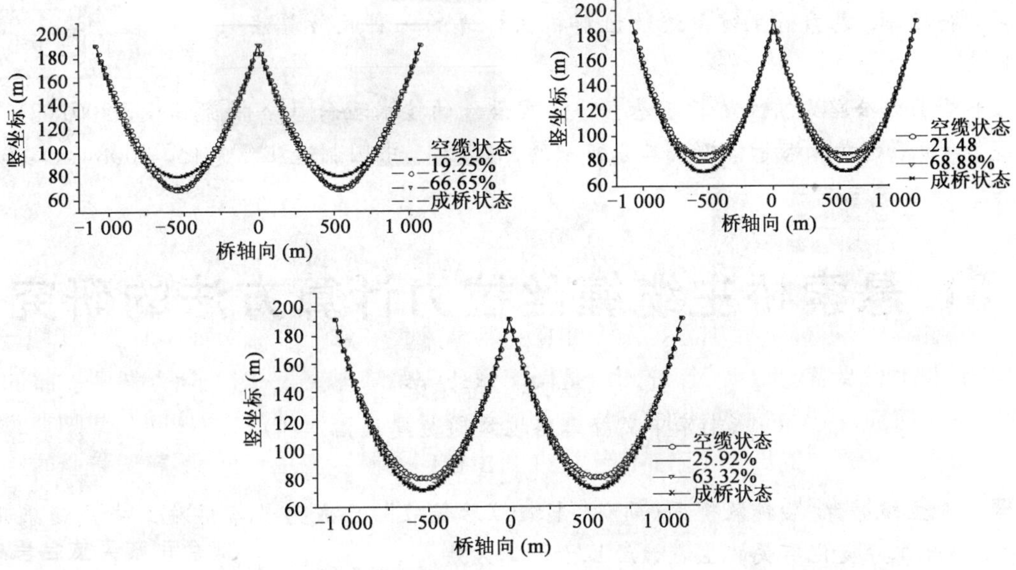

图 12　施工过程主缆线形变化情况

从图9可以看到，主梁开始架设时鞍座偏移量变化较大，随着主梁拼装的不断推进，鞍座偏移量逐渐变小。当桥面主梁合龙后（桥面铺装施工前），鞍座预偏量为0.258m，当桥面铺装施工完成后（成桥状态），鞍座中心与桥塔中心线重合，鞍座预偏量为0。正如图11所示，随着主梁拼装的不断推进，作用在主缆上的荷载不断增大，主缆索力随之逐渐增大，主缆刚度逐渐增强，鞍座预偏量的变化因此逐渐减少。同时通过比较可以看出，方案一的鞍座预偏量和主缆索力变化都比较大，尤其在施工初期，方案二和方案三则变化比较平缓，尤其是方案二。从图10和图12的比较可以看到，桥面主梁采用方案二施工时，从空缆状态到成桥阶段缆索线形变化较为平缓，而方案一和方案三的缆索线形变化量比较大，不利于施工控制。

综合考虑施工过程的鞍座偏移量、主缆索力及其线形的变化情况，桥面主梁采用方案二（桥塔至跨中）的施工顺序时，施工过程的鞍座偏移量、主缆索力及其线形变化比较平缓，有利于施工控制，是一种比较适宜的主梁施工方案。

六、结　　论

本文以泰州长江公路大桥为背景，采用基于分段悬链线理论的数值解析法分析了其合理的成桥和空缆状态，在此基础上采用有限元方法，模拟不同的主梁架设方案，对其施工过程结构的理想状态进行了分析，并得到了以下两点主要结论：

（1）采用基于分段悬链线理论的数值解析法，可以有效精确地确定三塔悬索桥合理的成桥及空缆状态。

（2）三塔悬索桥桥面主梁采用桥塔至跨中的施工顺序时，施工过程的鞍座偏移量、主缆索力及其线形变化较为平缓，有利于施工控制，是一种比较适宜的主梁施工方案。

参考文献

[1] 尼尔斯. J. 吉姆辛. 缆索支承桥梁——概念与设计[M]. 二版. 金增洪，译. 北京：人民交通出版社，2002.

[2] 罗喜恒. 复杂悬索桥施工过程精细化分析研究[D]. 同济大学，2004.

[3] 范立础，潘永仁，杜国华. 大跨度悬索桥结构架设参数精细算法研究[J]. 土木工程学报，1999，32(6)：20-25.

[4] 徐君兰. 大跨度桥梁施工控制[M]. 北京：人民交通出版社，2000.

[5] 李传习，柯红军. 悬索桥主缆系统数值解析法计算的一种收敛算法[J]. 工程力学，2008，25(7)：66-73.

[6] 杨进. 泰州长江公路大桥主桥三塔悬索桥方案设计的技术理念[J]. 桥梁建设，2007(3)：33-35.

[7] 荀东亮. ANSYS在三塔悬索桥施工分析中的应用[J]. 中国制造业信息化，2008(24)：69-71.

81. 悬索桥主缆缠丝拉力计算方法的研究

徐风云　陈德荣
（南京中交纬三路过江通道建设指挥部）

摘　要　先主缆缠丝、后铺装桥面（简称“先缠丝后铺装”）已成为悬索桥施工中广泛采用的施工流程，本文介绍与此工序变化有关的主缆缠丝拉力计算方法。

关键词　悬索桥　主缆　缠丝拉力　计算方法　研究

一、概 述

由于悬索桥主缆的重要性和不可更换性,而被视为悬索桥的生命线。为了减少主缆缠丝拉力损失,确保防护效果,延长主缆的使用寿命,传统施工流程把主缆缠丝和涂装防护及拆除猫道作为最后一道工序,安排在桥面工程及桥面铺装施工,全桥恒载完成95%之后进行,见图1。其主要目的是希望减少主缆缠丝和涂装防护之后施加的恒载造成的主缆的二期拉力,减少主缆横截面二次收缩,保证缠绕钢丝圈对主缆的紧箍力和涂装防护效果,这个概念无疑是正确的。在长期施工实践中,也发现了传统施工流程的重大缺陷,如延长了主缆在大气中裸露的时间,对主缆防护不利;主缆缠丝和涂装防护施工中的油污和防护材散落物会影响已铺装桥面质量和外观;总体施工工期较长。

厦门海沧大桥钢桥面铺装采用双层SMA改性沥青混凝土,厚7.0cm,二期恒载达30%左右,对缠丝拉力损失影响较大。此外,也为了给钢桥面铺装创造良好的桥面施工条件和施工环境,保证桥面铺装质量,对海沧大桥悬索桥传统施工流程的利弊进行了全面分析,在掌握国内外悬索桥施工经验的基础上,提出如图2所示的先主缆缠丝,后铺装桥面,即"先缠丝后铺装"施工新方案。实施该方案需要研究解决的重要问题是主缆缠丝拉力计算方法。

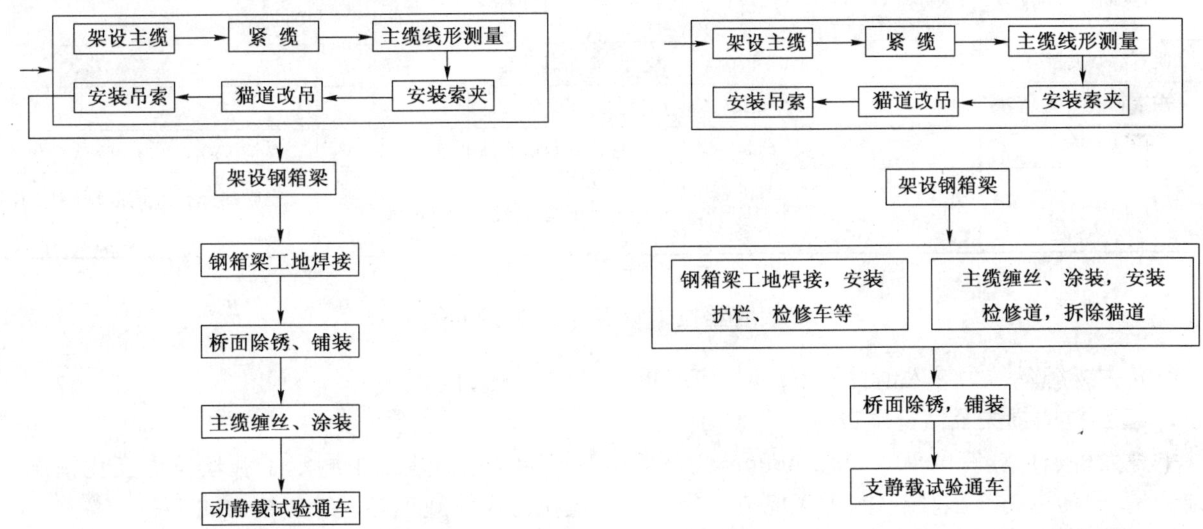

图1 悬索桥传统施工流程图

图2 海沧大桥"先缠丝后铺装"施工流程图

应该说,在对海沧大桥实施"先缠丝后铺装"新技术方案之前,国内外已有十余座悬索桥在部分完成桥面铺装后,就开始了缠丝作业,见表1。但是,这些桥梁只把部分提前缠丝作为一种临时变更措施,没有提高到形成一种新工法的高度,系统论证解决相关的技术问题,形成成套技术成果,故不能推广应用。海沧大桥与此的区别在于,不但提出了"先缠丝后铺装"工法,而且研究解决了关键技术问题,形成了成套技术(详见《厦门海沧大桥建设丛书》第二册)。笔者注意到,在海沧大桥建成之后的十余年中,新建的悬索桥几乎都推广采用了该项技术。说明这项技术是成熟的。由于过去未系统介绍主缆缠丝拉力计算方法,致使有的设计者在未对缠丝拉力控制作全面分析的情况下,以某些新发现(如主缆内部温度场)为理由,片面增大缠丝导入拉力,造成大量断丝。为此,本文针对该项研究成果中关于缠丝拉力的理论问题作简要介绍。

部分铺装后即缠丝的悬索桥 表1

桥 名	国家	跨 径(m)	加劲梁结构形式	桥面铺装厚(mm)	说 明
大海带桥	丹麦	535+1624+535	三跨连续钢箱梁	50	
维拉扎诺桥	美国	370.3+1298.4+370.3	三跨简支钢桁架	钢格框混凝土桥面板	加劲梁架设完成后,即主缆拉力已达恒载拉力的75%后就开始缠丝

续上表

桥　　名	国家	跨　　径(m)	加劲梁结构形式	桥面铺装厚(mm)	说　　明
恒比尔桥	英国	530+1410+280	三跨简支钢箱梁	38	主缆中作用有大部分恒载拉力时就开始缠丝
因岛大桥	日本	250+770+250	三跨简支钢桁架	65	
大鸣门桥	日本	330+876+330	三跨简支钢桁架	75	
大岛大桥	日本	140+560+140	单跨钢箱梁	65	原计划在桥面铺装前缠丝，因工期富裕，后改为完成35mm下层铺装后进行缠丝。缠丝拉力控制在2.0～2.3kN
下津井濑户大桥	日本	230+940+230	单跨钢桁架	75	
北备赞濑户大桥	日本	274+990+274	三跨连续钢桁架	75	
南备赞濑户大桥	日本	274+1100+274	三跨连续钢桁架	75	在主缆缠丝完成前就开始桥面铺装
明石海峡大桥	日本	960+1990+960	三跨简支钢桁架	75	
东京彩虹大桥	日本	114+570+114	三跨钢桁架		
白鸟大桥	日本	330+720+330	三跨简支钢箱梁		缠丝拉力2.0kN
虎门大桥	中国	302+888+348.5	单跨钢箱梁	60	完成部分桥面铺装即转入主缆缠丝

二、缠丝拉力计算中的关键问题

研究主缆缠丝拉力导入值计算方法时，应着重考虑以下关键问题：

1. 缠丝拉力损失及储备系数

平户大桥(日本，跨度102.5m+460m+102.5m，1977年建成)建设中测定了缠丝拉力变化情况，所得结论是：因为主缆有臌胀现象，施工完成后剩余的缠丝拉力仅为施工导入缠丝拉力的1/3。

白鸟大桥(日本，跨度330m+720m+330m，1998年建成)在研究主缆防蚀方案时，应用试验方法测定导入缠丝拉力大小与主缆臌胀效果变化情况。试验导入三种缠丝拉力，分别为1.65kN、2.10kN、2.70kN，测定了在缠丝拉力导入断面90cm缠丝范围内的缠丝拉力变化值，测定结果示于图3。测定结果说明：

(1)缠丝导入拉力越大，损失率就越高。当导入拉力为2.70kN时，损失70%；导入拉力1.65kN时，损失56%。

(2)缠丝拉力损失集中在缠丝断面之后的20cm范围内，大约40～50圈。20cm范围之后的已缠丝部分的剩余缠丝拉力基本不变。

基于上述试验研究成果，日本设计悬索桥主缆缠丝拉力时，偏安全的取缠丝拉力储备系数$n \geqslant 3.0$。

2. 既有缠丝拉力计算公式

对大岛大桥研究得出，如果主缆拉力加大ΔT_c，由于泊松效应，会使主缆缠丝拉力减小ΔT_r(负增量)，以此为依据，得出分析理论缠丝拉力与主缆拉力之间的关系式：

$$\Delta T_r = \mu \cdot \frac{E_r}{E_c} \cdot \frac{A_r}{A_c} \cdot \frac{D_c}{D_r} \cdot \Delta T_c$$

由于文献中未说明本公式的推证来源，所以一直被认为这是一个经验公式。本项研究推导证明，该公式概念正确，是一个理论公式。

白鸟大桥采用理论分析和试验方法来确定理论缠丝拉力T。现将有关计算公式汇集于后：

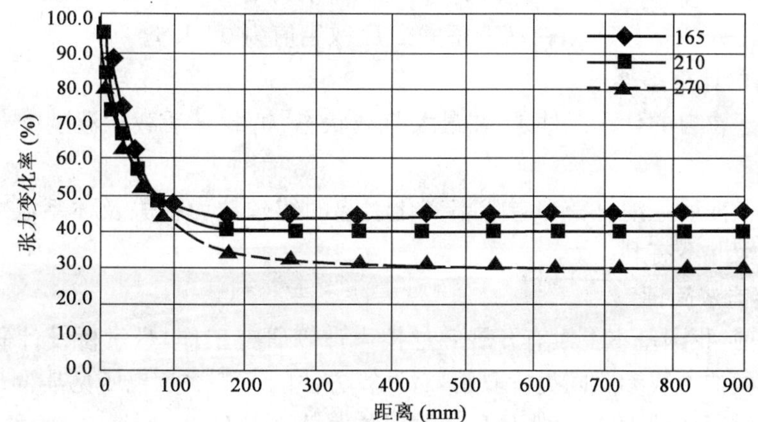

图 3　缠丝拉力损失测定值

$$T=\Delta T_{w}+\Delta T_{wt}$$

$$\Delta T_{w}=\frac{(D'-\beta_{k})\cdot[1+T_{w}/(E_{p}\cdot A_{p})]-(D''-\beta_{k})\cdot[1+T_{w}/(E_{p}\cdot A_{p})]}{(D'-\beta_{k})\cdot 1/(E_{p}\cdot A_{p}+\beta_{k})/(E_{p}\cdot A_{p})}$$

其中：

$$\beta_{k}=\frac{1}{k}\cdot\frac{T_{w}}{A_{P}}\cdot 2t_{p}$$

$$\Delta T_{wt}=\alpha\cdot\Delta t\cdot E_{p}\cdot A_{p}$$

上式中，ΔT_{w} 为缠丝前后主缆直径由 D' 变化为 D'' 所引起的缠丝拉力减小量，ΔT_{wt} 为缠绕钢丝圈比主缆温度升高 5℃时引起的缠丝拉力减小量。k 为与空隙率 ρ 有关的主缆截面弹性常数，用试验方法测得的 k-ρ 相关曲线，如图 4 所示，进而分析出经验公式：

$$\lg k=-0.5899082\times\rho(\%)+15.230349$$

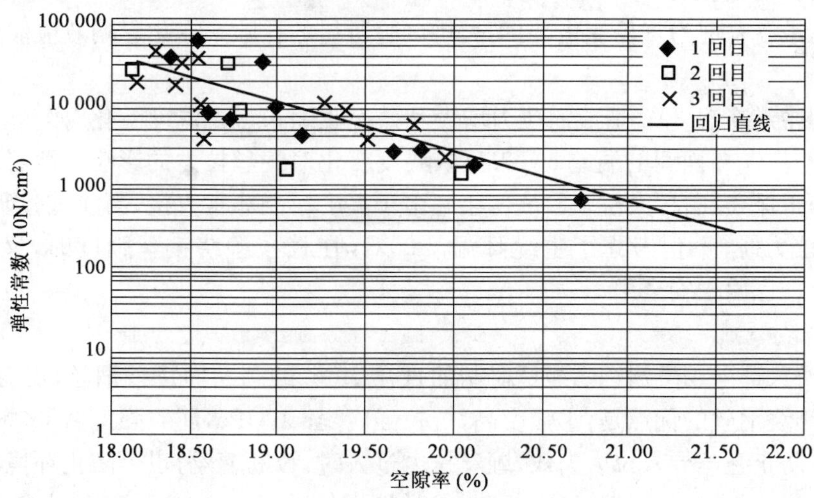

图 4　k～ρ 试验相关曲线

如果忽略缠丝过程中主缆空隙率变化的影响，把主缆视为刚体，取 $k=\infty$，则 ΔT_{w} 的计算式与原日本惯用的计算式相同：

$$\Delta T_{w}=\frac{D'-D''}{D'}\cdot E_{p}\cdot A_{p}\cdot\left(1+\frac{T_{w}}{E_{p}\cdot A_{p}}\right)$$

$$=\frac{\Delta D}{D'}\cdot E_{p}\cdot A_{p}+\frac{\Delta D}{D'}\cdot T_{w}$$

上式说明，缠丝拉力减小量与主缆直径变化量有关，分别由主缆（缠丝圈）直径变化和既有缠丝拉力损失两部分组成。

如按日本惯用公式计算，白鸟大桥的 $\Delta T_w=0.8$kN。若考虑空隙率变化的影响，取修正后的公式计算，$\Delta T_w=0.4$kN，降低一半。施工中，白鸟大桥的 ΔT_w 取用值为0.4kN。

3. 决定缠丝拉力的计算条件

大岛大桥确定缠丝拉力的计算条件是：在最大荷载状态[恒载＋活载＋温度(－30℃)]时，缠绕钢丝内储备的拉力不能为零。

白鸟大桥则由缠丝前后主缆直径和空隙率变化引起的缠丝拉力损失及体系温差5℃来确定缠丝拉力。认为缠丝拉力过大并不有利。

4. 缠丝拉力确定方法简评

厦门海沧大桥之前，我国基本上没有开展缠丝拉力计算研究工作，悬索桥设计研究人员大多引用大岛大桥公式来计算缠丝拉力或参照同类桥取用，对计算方法的评析文章也所见甚少。由于大岛大桥公式及计算条件与白鸟大桥存在较大的差别，且代表着日本悬索桥主缆缠丝拉力的两种计算体系，因此在研究"先缠丝后铺装"新施工技术，解决缠丝拉力合理取值问题时，有必要对国外研究成果进行评析。

(1)平户大桥和白鸟大桥的测试证明，缠丝施工完成后，导入缠丝拉力与剩余缠丝拉力之比为1∶(0.3～0.44)。因此，在确定导入缠丝拉力时，应计入 $n=3.0\sim2.5$ 的储备系数。由于缠丝拉力越大，损失也大，故取过大的储备系数并非最佳选择。海沧大桥偏安全的取用 $n=3.0$。

(2)缠丝所引起的主缆直径和孔隙率变化对缠丝拉力有一定影响，因此，在缠丝施工前应做好紧缆工作，以减少缠丝拉力损失。海沧大桥计算中，采用缠丝前后空隙率变化1%的主缆直径来计算缠丝拉力值。

(3)缠丝拉力损失范围为40～50圈。海沧大桥施工中采用"卡箍"焊固方法，来减少缠丝拉力损失。

(4)推导证明，大岛大桥公式是基于圆环套箍应力的理论公式，而白鸟大桥计算公式则是一个半理论半经验公式，有待通过大量现场试验才能得到合理的缠丝拉力值，否则计算值将会偏大。所以认为大岛大桥公式比较合理、简便、适用。

(5)孔隙率变化最终表现为直径变化，白鸟大桥试验所得的孔隙率变化影响效应似乎偏大，有待更多试验证实。

(6)大岛大桥用主缆降温30℃造成的拉力增大和截面收缩来考虑温度变化对缠丝拉力的影响，而白鸟大桥则用缠丝圈与主缆介面间的温差5℃来反映温度变化对缠丝拉力的影响。两者的实质相同，但大岛大桥依据不足，偏于保守，白鸟大桥则取值偏小。由于温度影响非常直接，当前试验研究不够，所以，海沧大桥在计算缠丝拉力时，不但考虑了主缆降温－30℃，在校核缠绕钢丝强度时，又考虑了体系温差±10℃，这样比较合理也偏于安全。

5. 缠绕钢丝性能

目前国内悬索桥大都采用贵州钢丝绳厂研制的直径4mm的圆断面特种钢丝，也有采用日产S形断面缠绕钢丝。国产缠绕钢丝的优点是：①强度高，抗拉强度≥550MPa，屈服强度≥350MPa。从屈服到破断的强度储备大，可防止缠丝导入拉力失效，缠丝拉力过大时，拉断缠丝；也可防止环境突然降温，当缠丝圈收缩，但主缆断面尚未收缩时，把缠丝"胀断"。②弹性模量低($E=1.45\times10^5\sim1.50\times10^5$MPa)，延伸率大，有利于缠丝施工。③可焊性好，焊接点拉断力达3.8～4.5kN。这些性能优于日产S形钢丝。但是缠绕钢丝处于与主缆直径相关的小半径受力环境，其工作抗拉强度远远低于上述屈服强度。西堠门大桥施工实践证明，当缠丝导入拉力小于2.1kN时，基本可以防止断丝；当导入拉力大于2.4kN时，断丝率就相当高了。

6. 缠丝机性能的稳定性

缠丝机性能是保证缠丝效果和效率的又一关键。如果缠丝机性能不稳定，导入拉力不准确或不可控，缠丝拉力控制将毫无意义。西堠门大桥缠丝作业采用了两种缠丝机。中交二公局研制的缠丝机导入拉力稳定、可控、缠丝质量和效率最好。

三、主缆缠丝拉力导入值的研究

1. 缠丝的作用

主缆缠丝的主要作用是，利用导入较大拉力的缠绕钢丝圈在主缆外表面构成一个具有足够压力的套箍，以固定主缆钢丝位置，保证涂装防护效果，使主缆不受大气腐蚀。如图5所示。

2. 缠丝拉力与主缆拉力的本构关系

缠丝过程中，由缠丝导入拉力 T_r后，在主缆外表面形成了一个闭合的缠绕钢丝圈，导入拉力 T_r则转化为作用于主缆表面的径向压力 σ_r以紧箍主缆(图5b)。相反，主缆表面也对缠丝圈施加反作用力 σ_c，根据作用和反作用原理，在平衡协调条件下，应有 $\sigma_c=\sigma_r$(图5c)、d)，其中 σ_c为主缆对缠丝圈的反作用径向张力。在缠丝之后，当主缆受二期恒载和活载作用及降温影响时，主缆拉力会增大、横截面会收缩，同时使缠丝圈压力减小，严重者，会造成缠丝松弛、失效。所以设计要求导入较大的缠丝拉力，以保证在任何情况下缠丝圈对主缆表面的压力不为零。由此建立关系式：

$$\sigma_{r0} \geqslant \sigma_r = \sigma_c \tag{1}$$

其增量表达式为：

$$\Delta\sigma_{r0} \geqslant \Delta\sigma_r = \Delta\sigma_c \tag{2}$$

式中，σ_{r0}为计入安全系数后的施工导入的缠丝压力。$\Delta\sigma_{r0}$、$\Delta\sigma_r$、$\Delta\sigma_c$分别为施工导入缠丝圈压力增量、缠丝圈对主缆的压力增量、主缆对缠丝圈的反作用压力增量。

缠丝圈与主缆表面的变形协调条件则为：

$$\Delta D_r = \Delta D_c \tag{3}$$

式中，ΔD_r为缠丝圈直径增量，ΔD_c为缠丝后的主缆直径增量。

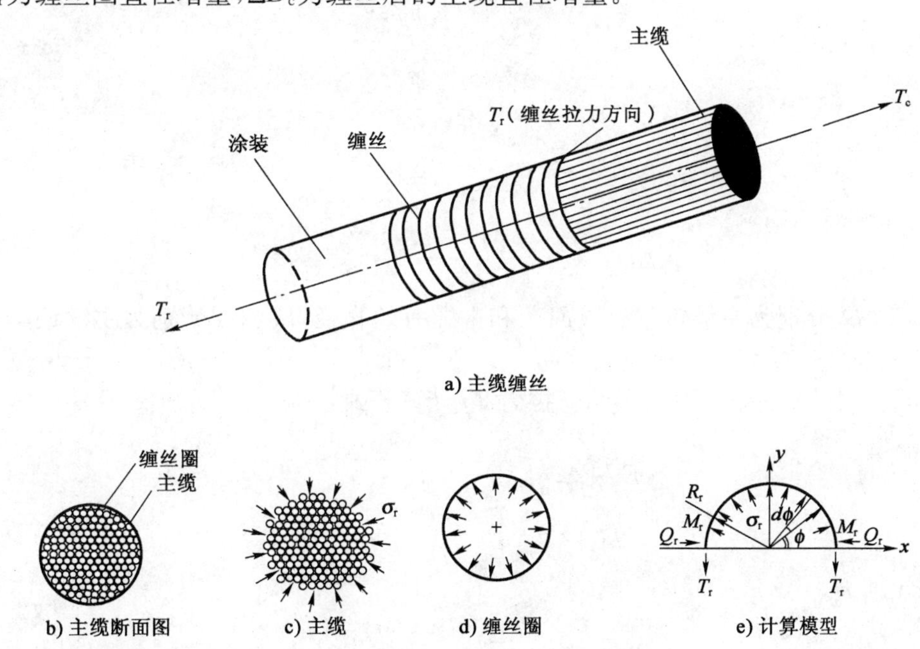

图5 主缆缠丝、涂装结构及力学模型

3. 缠丝拉力计算公式的推证

由上述本构关系可知，导入缠丝拉力 T_r并将缠丝焊接之后，缠丝圈的受力机理与受径向内压力的圆环相似。从半圆处把缠丝圈切开并用三个未知力 T_r(缠丝圈轴向力)、Q_r(缠丝圈剪力)、M_r(缠丝圈弯矩)代替另一半圆环的作用，可得出如图5e)所示的计算模型。

对称结构受反对称荷载作用时，其反对称内力为零，故有 $Q_r=0$、$M_r=0$。由$\sum Y=0$，可建立竖向力平衡方程：

$$2T_r - \int_0^{\pi} \sigma_c \cdot \sin d\phi \cdot ds = 0 \tag{4}$$

把 $ds = R_c \cdot d\phi$ 代入上式，可导出：

$$T_r = \frac{1}{2}\int_0^{\pi} \sigma_c \cdot R_c \cdot \sin d\phi \cdot d\phi$$

$$= -\sigma_c \cdot R_c \cdot \cos d\phi \big|_0^{\pi} = \sigma_c \cdot R_c \tag{5}$$

受 T_r 作用时，缠丝圈周长增量 ΔS 为：

$$\Delta S = \frac{T_r}{E_r \cdot A_r} \cdot \pi \cdot D_r$$

缠丝圈周长增加 ΔS 时，其直径增量 ΔD_r 为：

$$\Delta D_r = \frac{S + \Delta S}{\pi} - D_r = \frac{\Delta S}{\pi} = \frac{\Delta T_r}{E_r \cdot A_r} \cdot D_r$$

$$= \frac{\Delta T_r}{E_r \cdot A_r} \cdot (D_c + d_r) = \frac{\sigma_r}{E_r} \cdot (D_c + d_r) \tag{6}$$

上式中，E_r、A_r和 d_r分别为缠绕钢丝弹性模量、截面面积和直径。D_c和 R_c为缠丝后，主缆空隙率由 ρ_0（设计理论空隙率 $\rho_0 = 20\%$）改变为 ρ_c（缠丝后空隙率）时的主缆直径和半径，有：

$$D_c = D_{c0} \cdot \sqrt{1 - (\rho_0 - \rho_c)};\ R_c = \frac{1}{2}D_c$$

式中，D_{c0}为设计主缆理论直径，D_r为缠丝圈直径，有：

$$D_r = D_c + d_r$$

主缆受拉力增量 ΔT_c作用时，产生的应力和变形为：

纵向应力： $$\Delta\sigma_T = \frac{\Delta T_c}{A_c}$$

纵向应变： $$\Delta\varepsilon_T = \frac{\Delta T_c}{E_c \cdot A_c}$$

横向应力： $$\Delta\sigma_c = \mu \cdot \frac{\Delta T_c}{A_c}$$

横向直径变化： $$\Delta D_c = \mu \cdot \frac{\Delta T_c}{E_c \cdot A_c} \cdot D_c = \frac{\sigma_c}{E_c} \cdot D_c \tag{7}$$

上式中，A_c和 D_c分别为主缆钢丝有效面积和主缆有效直径，E_c和 μ 分别为主缆钢丝弹性模量和泊松比。

把公式(6)、公式(7)代入公式(3)得缠丝拉力 T_r 计算公式：

$$\frac{T_r}{E_r \cdot A_r} \cdot D_r = \mu \frac{T_c}{E_c \cdot A_c} \cdot D_c$$

$$T_r = \mu \cdot \frac{E_r}{E_c} \cdot \frac{A_r}{A_c} \cdot \frac{D_c}{D_r} \cdot T_c \tag{8}$$

写为增量式则为：

$$\Delta T_r = \mu \cdot \frac{E_r}{E_c} \cdot \frac{A_r}{A_c} \cdot \frac{D_c}{D_r} \cdot \Delta T_c \tag{9}$$

式中，ΔT_c 为主缆拉力增量，ΔT_r 为相应的缠绕钢丝拉力增量，E_c 和 A_c 为主缆的弹性模量和截面面积。公式(9)与日本大岛大桥采用的公式相似，只因大岛大桥技术总结中未说明该公式的推证过程，所以被认为是一个经验公式。本文的推论说明，日本公式也是一个理论公式。

4. 导入缠丝拉力

根据日本平户大桥和白鸟大桥对缠丝拉力试验测定结果，施工导入的缠丝拉力，在施工后可能损失2/3，据此，在确定施工导入缠丝拉力 T_{r0}时，应计入安全储备系数 n，n 一般取 3.0～2.5。由此得到施工导入的缠丝拉力 T_{r0}或 ΔT_{r0}计算公式：

$$T_{r0} = n \cdot \mu \cdot \frac{E_r}{E_c} \cdot \frac{A_r}{A_c} \cdot \frac{D_c}{D_r} \cdot T_c \tag{8'}$$

$$\Delta T_{r0} = n \cdot \mu \cdot \frac{E_r}{E_c} \cdot \frac{A_r}{A_c} \cdot \frac{D_c}{D_r} \cdot \Delta T_c \tag{9'}$$

5. 主缆拉力的计算

采用“先缠丝后铺装”新方案时，应尽可能减少二期恒载造成的主缆拉力和变形。最好在钢箱梁现场焊接过程中，就同步完成安装检修车、钢护栏、钢路缘、灯柱等重量较大的附属结构。在拆除猫道前，就完成检修通道工程。这样，可能导致主缆拉力增大的荷载只有桥面铺装荷载、汽车荷载、温度荷载。在均布荷载作用下，主缆线型近似为抛物线：

$$y = \frac{4f}{l^2} x^2$$

用简单求导的方法可得出跨中和塔顶主缆拉力近似计算公式，取两者平均值作为计算缠丝拉力的主缆拉力增量值，则可得到与精确计算结果相差不超过 5% 的计算公式：

$$\Delta Tc_1 = \frac{1}{2}\left(\frac{q_1 l^2}{8f} + \frac{q_1 l^2}{8f} \cdot \frac{1}{\cos\phi_l}\right) = \frac{q_1 l^2}{16f}\left(1 + \frac{1}{\cos\phi_l}\right) \tag{10}$$

$$\Delta Tc_2 = \frac{q_2 l^2}{16f}\left(1 + \frac{1}{\cos\phi_l}\right) \tag{11}$$

$$\Delta Tc_3 = \alpha \cdot \Delta t \cdot E_c \cdot A_c \tag{12}$$

$$\Delta T_c = \Delta Tc_1 + \Delta Tc_2 + \Delta Tc_3 \tag{13}$$

式中，ΔTc_1、ΔTc_2、ΔTc_3 分别为二期恒载、汽车荷载、温度荷载引起的主缆拉力增量；L 和 f 分别为主缆跨度和矢高；α 为主缆温度膨胀系数，一般取 $\alpha = 1.2 \times 10^{-5}$/℃；$\Delta t$ 为主缆温度增量，偏安全的取 $\Delta t = -30$℃；q_1 为二期恒载集度；q_2 为汽车荷载集度：

$$q_2 = \frac{G_2}{a} \cdot k_0 \cdot k_1 \cdot k_2 \cdot k_3 \tag{14}$$

式中，G_2 和 a 分别为主车重量和主车间距；k_0 为车道数；k_1 为多车道横向折减系数，八车道时(本桥按八车道计算)，取 $k_1 = 0.5$；k_2 为汽车荷载纵向折减系数，当跨度为 600～800m 时，取 $k_2 = 0.95$；k_3 为汽车荷载横向分布系数。

6. 系统温差对缠丝拉力的影响

系统温差指缠丝圈与主缆表面之间的温度差。造成系统温差的原因是热传导滞后效应。当环境突然降温时，缠丝圈温度降低了，但主缆因热传导滞后影响尚未降温，造成的介面温差称为负温差。发生负温差时，主缆直径不变，但缠丝圈直径收缩变小，故可能使已经导入较大拉力的缠绕钢丝拉力增大，而被主缆“胀断”。反之，当环境突然升温时，缠丝圈温度升高，但主缆因热传导滞后而尚未升温，所造成的介面温差称之为正温差。发生正温差时主缆直径不变，缠丝圈直径加大，如果导入缠丝拉力较小，就可能使缠丝圈“松弛”失效。因此，白鸟大桥计算缠丝拉力时，采用 +5℃ 作为正温差温度。我们认为正负温差两种情况都应考虑，正温差用以计算缠丝导入拉力，但不与主缆降温 30℃相组合，负温差用以验算缠绕钢丝强度。考虑到热带地区温度骤变的机会较多，故海沧大桥计算缠丝拉力时，取用的系统温差 t_r 为 ±10℃。

由公式(1)可得缠丝圈与主缆介面上的压应力为：

$$\sigma'_c = \sigma'_r = \frac{2\Delta T_{r0}}{(d_r + \Delta d_r) \cdot D_r} \tag{15}$$

式中，Δd_r 为缠绕钢丝间隙，取 $\Delta d_r = 0.05$cm。

当发生负温差，缠丝圈降温 $t_r = 10$℃时，缠丝圈应力增大，缠绕钢丝出现最大拉应力 σ_{mr}，且有：

$$\sigma_{mr}=\frac{\Delta T_{r0}}{A_r}+\alpha\cdot t_r\cdot E_r \tag{16}$$

由此可得，缠绕钢丝强度验算公式：

$$\sigma_{mr}\leqslant[\sigma_{mr}] \tag{17}$$

式中，$[\sigma_{mr}]$为缠绕钢丝屈服强度，ΔT_{r0}为导入缠丝拉力。考虑安全储备系数后的施工导入缠丝拉力，按式(9′)计算。

当发生正温差，缠丝圈升温$t_r=10$℃时，缠丝圈应力减小，缠绕钢丝出现最小拉应力σ_{pr}。

$$\sigma_{pr}=\frac{\Delta T_r}{A_r}-\alpha\cdot t_r\cdot E_r \tag{18}$$

由此可得检验缠丝圈是否"松弛"失效的判断公式为$\sigma_{pr}>0$，即：

$$\frac{\Delta T_r}{A_r}>\alpha\cdot t_r\cdot E_r \tag{19}$$

式中，ΔT_r为理论缠丝拉力，按公式(9)计算。由于计算ΔT_r已偏安全地考虑了较正温差t_r大的主缆降温30℃，所以公式(19)必然成立。也就是说，只要施工保证了理论导入缠丝拉力值，就不会发生缠丝圈"松弛"失效等不良效果。

7. 确定主缆缠丝拉力的原则和计算方法

综合国内外研究成果，得到实施"先缠丝后铺装"新技术方案时，确定缠丝拉力的原则和计算方法如下。

(1)营运过程中，可能发生并对缠丝拉力造成影响的主缆拉力增量ΔT_c由缠丝后发生的二期恒载(桥面铺装等恒载)、全桥满布汽车荷载、主缆降温30℃。可分别按公式(10)～公式(14)计算得出。

(2)当主缆发生拉力增量ΔT_c时，保证缠丝系统与主缆系统介面压力不为零、缠丝圈直径与主缆直径变形协调所必须的缠丝拉力T_r或ΔT_r称之为理论缠丝拉力，按公式(8)或公式(9)计算。

(3)由于主缆初始臌胀或其他原因，缠丝机导入的缠丝拉力在缠丝施工过程中可能损失60%～70%。因此，确定施工导入缠丝拉力时，应考虑2.5～3.0的缠丝拉力储备系数。即施工导入缠丝拉力(又称设计缠丝拉力)T_{r0}或ΔT_{r0}等于(2.5～3.0)倍理论缠丝拉力(T_r或ΔT_r)。按公式(8′)或公式(9′)计算。

(4)缠丝拉力损失范围约20cm相当于40～50圈。为保证缠丝效果，应采用临时卡箍法把缠丝焊固。焊固点间距宜小于2.0m。

(5)缠丝圈与主缆介面间的套箍应力按公式(15)计算。

(6)缠丝圈与主缆系统之间的体系温差t_r取±10℃。

(7)缠绕钢丝强度验算条件为：施工导入缠丝拉应力与缠丝圈降温10℃产生的拉应力组合时，缠绕钢丝最大应力σ_{mr}小于缠绕钢丝材料屈服强度。按公式(16)、公式(17)计算。

(8)缠丝圈"松弛"效应判断条件：最小缠丝拉应力$\sigma_{pr}>0$，即缠丝拉力损失后的剩余缠丝拉应力与缠丝圈升温10℃时产生的压应力组合时，缠丝圈内拉应力大于零，按公式(19)计算。

8. 索夹紧固螺栓拉力损失与补偿的研究

二期恒载使主缆拉力增大后，也会使索夹紧固螺栓拉力减少，因此应研究索夹紧固螺栓拉力损失值计算方法，以便根据计算结果决定是否予以补偿。

索夹对主缆的紧固力是通过紧固螺栓施加法向力形成的，见图6。对此看出，索夹紧固力和导入螺栓拉力之间的关系与缠丝圈套箍力和导入缠丝拉力之间的关系完全相同，因此仍可按前述公式(8)、公式(9)或公式(8′)、公式(9′)的计算

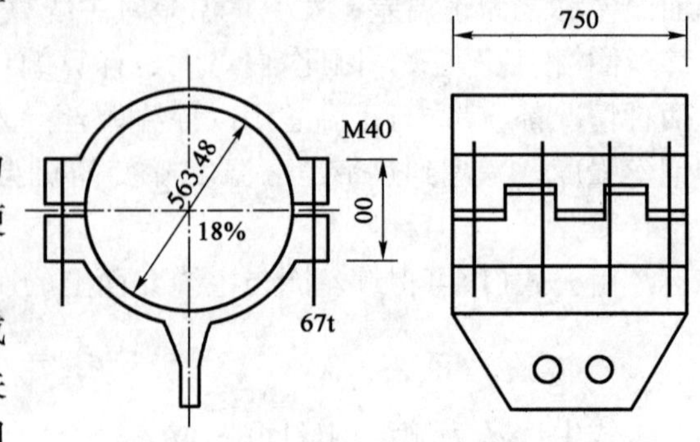

图6　螺栓拉力计算(尺寸单位：mm)

结果来分析研究索夹紧固力和螺栓导入拉力损失问题。在此用 ΔT_b 表示螺栓导入拉力损失值，且有：

$$\Delta T_b = \Delta T_r \tag{20}$$

若索夹一侧的紧固螺栓根数为 n_0、索夹长度为 b，则可得出每根螺栓拉力损失值 ΔT_{b1} 为：

$$\Delta T_{b1} = \frac{\Delta T_b}{n_0 \cdot d_r} \cdot b = \frac{\Delta T_r}{n_0 \cdot d_r} \cdot b = 35.95\text{kN} \tag{21}$$

82. 马鞍山大桥北锚碇沉井降水施工对长江大堤的影响分析

刘　毅　杨炎华　陈富强
（中交第二航务工程局有限公司技术中心长大桥梁建设施工技术交通行业重点实验室）

摘　要　马鞍山大桥北锚碇沉井降水会引起地下水渗流，形成渗流场，新水面线上部的土体由浮重度变化为饱和重度，会增大周边土体固结值，从而引起周边地表沉降，有必要进行专项分析。

关键词　马鞍山大桥　沉井　渗流　抗滑稳定

一、概　　述

马鞍山长江公路大桥位处芜湖长江大桥和南京长江三桥之间，上距芜湖长江大桥约 27km，下距南京三桥约 46km，连接马鞍山和巢湖两市。主桥桥型方案为主跨 2×1080m 三塔两跨悬索桥，如图 1 所示。桥跨布置为 360m＋1 080m＋1 080m＋360m＝2 880m，主桥净宽 33m，设计车速 100km/h。

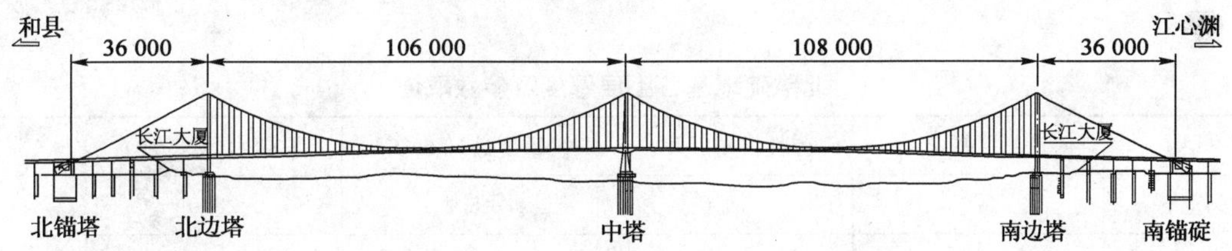

图 1　马鞍山大桥主桥桥跨布置图(尺寸单位：cm)

马鞍山长江公路大桥北锚碇采用沉井结构，如图 2 所示。沉井长和宽分别为 60.2m 和 55.4m(第一节沉井长和宽分别为 60.6m 和 55.8m)，沉井高 41m，共分 8 节，第 1 节为钢壳混凝土沉井，高 8m；第 2～8 节均为钢筋混凝土沉井，其中 2～6 节为 5m 高，第 7 节为 3.5m，第 8 节为 4.5m。沉井封底混凝土厚为 8m。沉井中心里程为 K6＋546.90m，沉井顶面高程为＋4.5，基底高程为－36.5，基底置于中密的中砂层。

二、降排水施工对长江大堤的影响分析

北锚碇沉井基础分三次下沉，混凝土沉井接高至 18m 后需进行首次排水下沉，下沉深度 14.2m，沉井刃脚底标高降至－10.7，此时需将井区水位降至－11.0。根据锚区月水位统计资料，结合施工工期安排，地下水位按＋3.0 考虑，则最大降水深度为 13.7m，有必要考虑降水施工期间，井外土体及长江大堤沉降效应，设置必要的防护措施，并有针对性地布置测点进行监测。

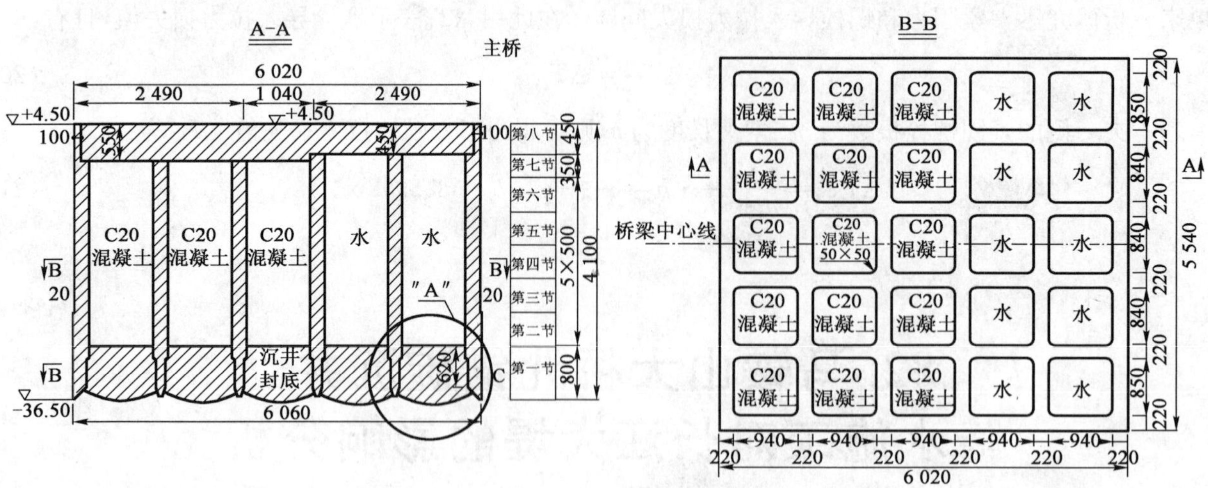

图2 沉井结构图

1. 降水影响半径

有限元渗流分析中，为确定水头边界，需了解降水影响半径 R。根据马鞍山长江公路大桥及接线工程Ⅰ标段详勘资料（左汉主塔墩及南北锚碇），主沉井降深为11.79m时土体的渗透系数 $K=23.84\text{m/d}$，此时降水影响半径为582m，即降水影响已达长江河道。因江水与地下水相通，设定最大降深工况下，降水实际影响半径为320m（距沉井中心）。

2. 沉降计算

从结构计算分析来看，沉井取土下沉，使应力场发生变化，所引起的周边地面沉降较小。但降水措施会引起地下水渗流，形成渗流场，新水面线上部的土体由浮重度变化为饱和重度，会增大周边土体固结值，会引起周边地表沉降，有必要进行专项分析。

（1）有限元模型。选择水位下降最大的横剖面作为模拟对象，建立稳定流条件下剖面二维流模拟模型，如图3所示，土体采用摩尔—库仑本构模型，各层土体参数取值见表1；采用梁单元模拟沉井壁和隔仓刚度。

北锚碇地基各土层厚度及参数取值 表1

土　　层	计算层厚(m)	弹性模量(MPa)	重度(kN/m³)	黏聚力(kN/m²)	摩擦角(°)
粉质黏土	3.0	18.6	18.2	28.0	30.2
淤泥质软黏土	15.0	12.6	18.8	21.0	29.4
粉砂	12.0	30.0	19.8	0.01	30.0
细砂	8.0	33.0	19.0	0.01	36.3
中砂	10.0	31.0	19.3	0.01	31.5
弱风化岩	至模型底部	35 000	23.5	12 000	45.0
江堤填筑土		10.5	18.9	22.0	33.3

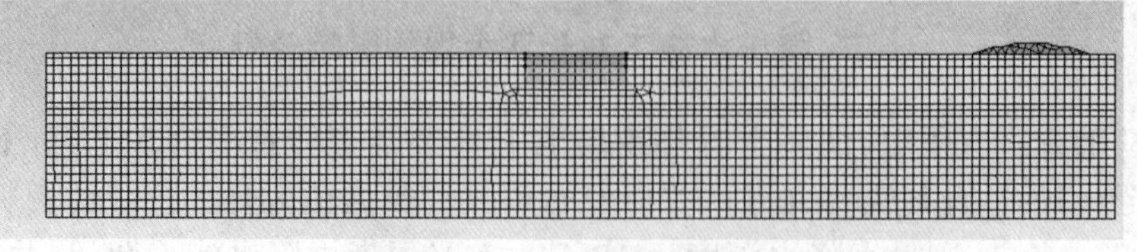

图3 平面有限元计算模型

地表高程设为+6.0,模型高 100m,长 640m,共计 2619 个单元。由于地下水与长江相通,供水充足,降水施工期可认为河道处地下水位不变。渗流分析中,考虑长江及地下水位+3.0,即假定模型边界距沉井中心 320m 处保持水头+3.0 不变。

(2)计算工况。分两步考虑降水施工工况,近似模拟沉井下沉工况,重点分析降水引起的渗流及土体沉降。工况设置见表 2。

计 算 工 况 表 表 2

工况号	工况说明	备 注	工况号	工况说明	备 注
1	初始渗流场	地下水位+3.0	4	第二阶段降水	降深 15m,井底水位-11
2	第一阶段降水	降深 8m,井底水位-7	5	沉井接高下沉	井内取土至高程-11.0
3	首节沉井下沉	井内取土至高程-2.0			

(3)计算结果。如图 4、图 5 所示,从计算结果上来看,沉降情况与水头边界的选取及土层弹性模量取值关系密切,最不利情况下,井周地表最大沉降约 12.8cm,出现在距离沉井边约 25m 处附近。长江大堤中心线处堤顶沉降约为 1.1cm(图 6),堤顶水平向最大位移-0.8cm(指向江侧为正)。工况 5 基础井底最大回弹约 12.9cm(图 7)。

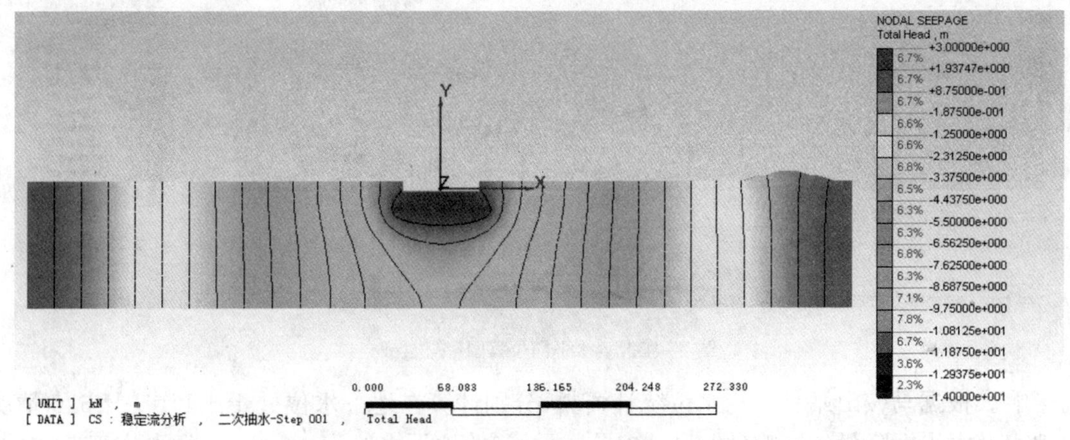

图 4 最大降深工况下渗流场水头势图(单位:m)

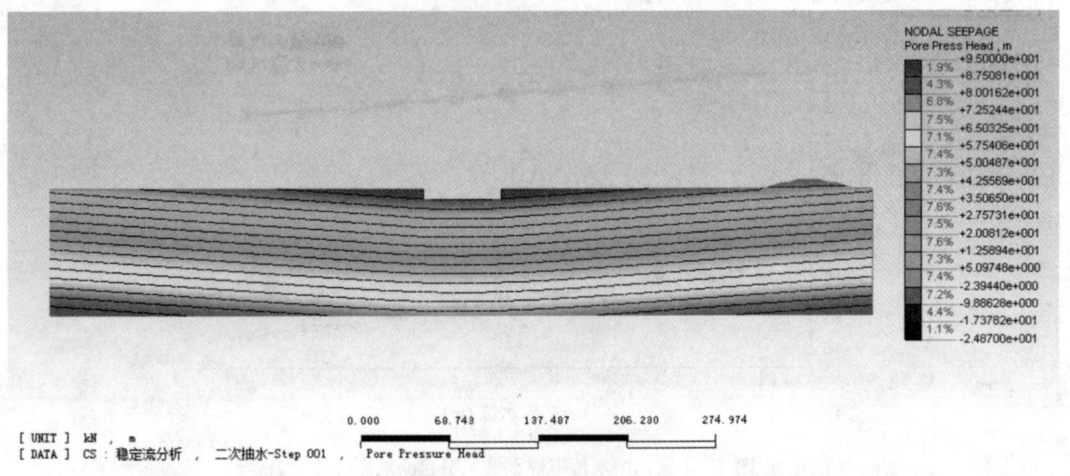

图 5 最大降深下渗流场等流线图(单位:m)

(4)初始地下水位对沉降量影响分析

北锚区毗邻长江,季节不同,地下水位会随长江水位出现较大涨落,不同初始地下水位情况下,井区水位降深及所影响到的土层皆会发生变化,因此有必要分析不同初始地下水位下,降水施工对周边地表

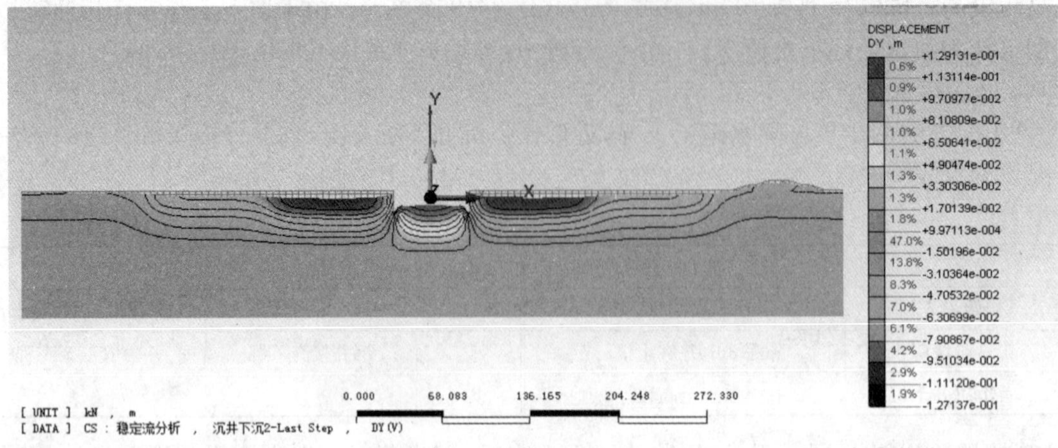

图6　工况5竖向位移图(单位:m)

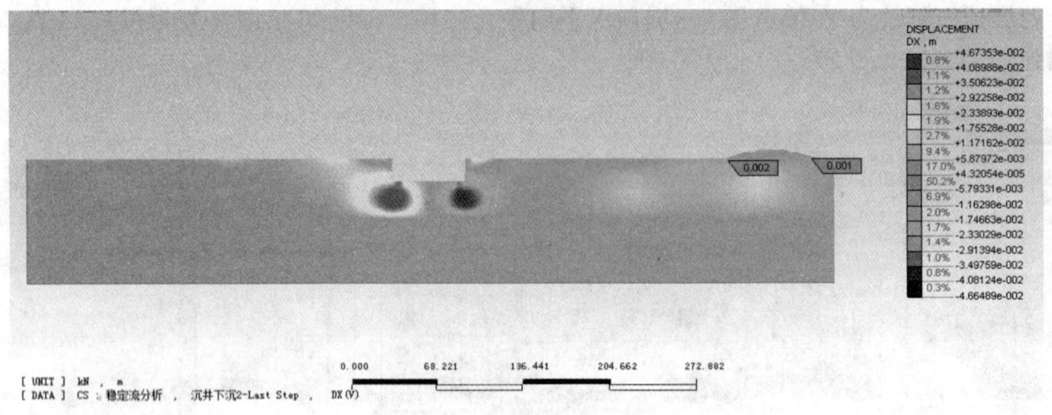

图7　工况5水平向位移图(单位:m)

沉降量的影响。根据马鞍山站月平均水位统计资料,分别计算在地下水位处于+1.0～+6.0情况下,降水施工对地表及大堤沉降量的影响(图8)。结果显示,初始地下水位为+6.0时,降水施工造成的地表最大沉降达15.2cm,大堤堤顶沉降达2.5cm。

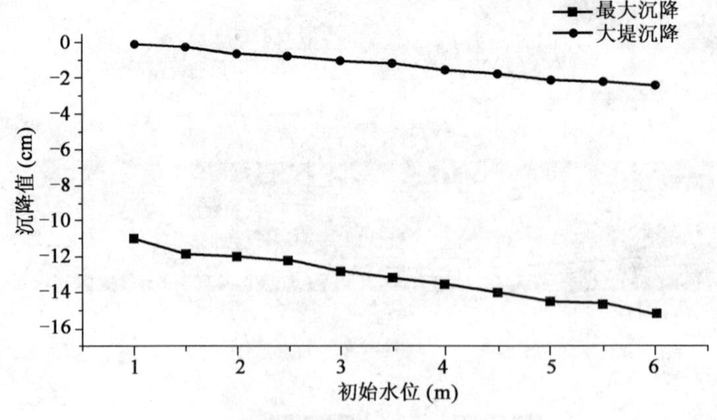

图8　不同初始水位下降水施工引起的地面沉降

对于井壁周边出现的土体下沉,可及时采取砂或石粉进行回填。江堤由土体填筑,属柔性基础,一般认为土堤堤身比较能适应地基的变形。由于对既成江堤的允许沉降值及不均匀沉降值尚没有规范标准,而《堤防设计规范》(GB 50286—98)也仅对土堤应预留的沉降量规定"宜取堤高的3%～8%"。锚碇区江堤高6.8m左右,若江堤的附加沉降量参照这一规定范围,本研究区的沉降量是符合规范要求的。

三、大堤抗滑稳定计算

水位变化与边坡稳定密切相关，随着降水引起的水位下降，在土堤中形成的渗流场会相应发生变化，进而影响到土堤应力场的变化，这将对江堤边坡稳定性产生影响。将渗流分析工况产生的孔隙水压力，用于下一步的边坡稳定计算中，选用强度折减法来验算其抗滑稳定性。计算断面及参数的选取与渗流计算一致，大堤筑土参数取值如表 1 所示。分析区域涵盖离大堤两侧坡脚各 50m 处，模型宽 160m，高 36.8m，其中堤高 6.8m，宽 60m(图 9、图 10)。

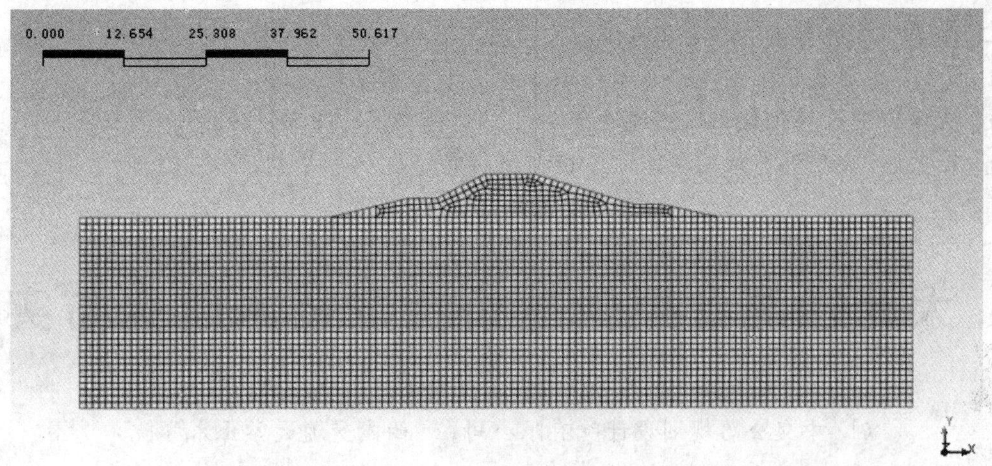

图 9 江堤抗滑稳定计算模型

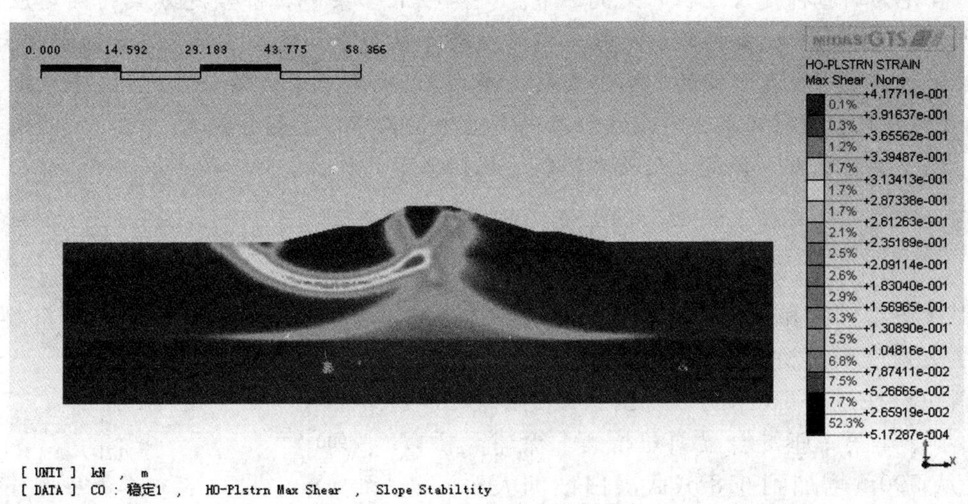

图 10 强度折减法计算得到的滑动面

根据《堤防设计规范》(GB 50286—98)，正常运用条件下Ⅰ级堤防的容许抗滑稳定安全系数 1.30，表 3 中给出了不同初始水位时，最大降水深度工况下的江堤抗滑稳定安全系数，可知均大于江堤正常运用条件下的容许抗滑稳定安全系数。因此，在施工降水过程中江堤的抗滑稳定是安全的。

不同初始水位下降水施工期江堤抗滑稳定安全系数　　表 3

初始水位(m)	1.0	2.0	3.0	4.0	5.0	6.0
抗滑稳定系数	3.109	3.093	3.047	3.018	2.939	2.906

四、结　论

本文通过建立沉井结构以及长江大堤有限元模型，对沉井施工过程中的降水对长江大堤的影响进行数值模拟分析，得出如下成果及结论：

(1) 当初始水位为+6m时，长江大堤堤顶沉降量达到2.5cm；考虑到长江大堤是土体填筑，属柔性基础，一般认为土堤堤身能够能适应2.5cm的沉降变形。

(2) 在+1～+6m的初始水位条件下，将渗流分析工况产生的孔隙水压力，用于边坡稳定计算中，选用强度折减法验算而得的长江大堤抗滑稳定系数均高于《堤防设计规范》(GB 50286—98)中Ⅰ级堤防的容许抗滑稳定安全系数1.30，达到2.9以上。

参考文献

[1] 王彩会. 深基坑降水工程优化设计及渗流场与应力场耦合分析[D]. 河海大学，2001.

[2] 张玉生. 地表微沉降沉井的信息化施工[J]. 结构工程师，2001(4).

[3] 刘杰文，黄龙华. 深水巨型钢沉井基础施工方案[J]. 桥梁建设，2003 (S1).

[4] 黄金枝. 大型沉井数字化监测研究通过鉴定[J]. 施工技术，1999(12).

[5] 王红霞，王德禹. 大型沉井结构施工力学模型的研究[J]. 力学季刊，2003(1).

83. 大跨径混合梁斜拉桥合龙技术研究与实践

刘明虎[1] 谭 皓[1] 徐国平[1] 赵灿辉[2]

(1. 中交公路规划设计院有限公司；2. 西南交通大学土木学院)

摘 要 合龙为斜拉桥建设过程的关键环节。大跨径混合梁斜拉桥合龙方案的确定应综合考虑其桥型结构特点、施工控制方法、细部构造及施工期环境条件等因素。结合主跨926m的鄂东大桥，研究了大跨径混合梁斜拉桥中跨合龙方案的影响因素及关键技术，确定采用加载合龙方案，并在鄂东大桥中实施，取得了很好的效果。研究成果及实践经验对同类型桥梁具有借鉴指导意义。

关键词 混合梁斜拉桥 合龙 无应力控制 配切合龙 加载合龙

一、引 言

混合梁斜拉桥集钢梁和混凝土梁各自优点于一体，满足了大跨度、建设条件及经济性的要求，在千米级乃至更大跨度斜拉桥方案中具有独特的竞争优势。我国混合梁斜拉桥在过去15年间表现出跨度的跨越式发展。自1996年修建第一座混合梁斜拉桥——徐浦大桥以来，主跨跨度从590m增加到618m(武汉白沙洲大桥)，进而到鄂东长江大桥的926m、香港昂船洲大桥的1 018m(图1)。

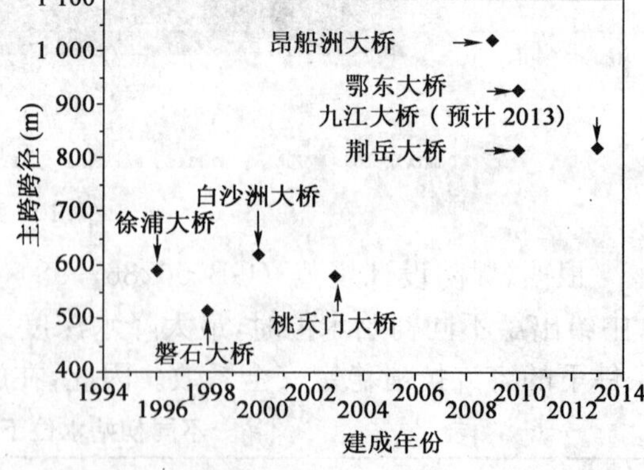

图1 中国已建和在建大跨混合梁斜拉桥

中跨合龙为斜拉桥建设过程关键环节，合龙方案应结合其结构受力特点、施工控制方法、细部构造及施工期环境条件等研究制订。以湖北鄂东长江公路大桥(以下简称"鄂东大桥")主桥为例，对大跨径混合梁斜拉桥中跨合龙方案及关键技术进行研究。鄂东大桥位于湖北省黄石市，主桥采用桥跨布置为(3×67.5+72.5+926+72.5+3×67.5)m的9跨连续半飘浮双塔混合梁斜拉桥(图2)。主梁中跨采用分离双箱(PK断面)钢箱梁，边跨采用同外形的混凝土箱梁，结合部设置在索塔向中跨方向12.5m处。全桥共设置120对斜拉索。边跨混凝土梁采用支架分段逐跨现浇施工，中跨钢梁采用悬臂拼装施工。

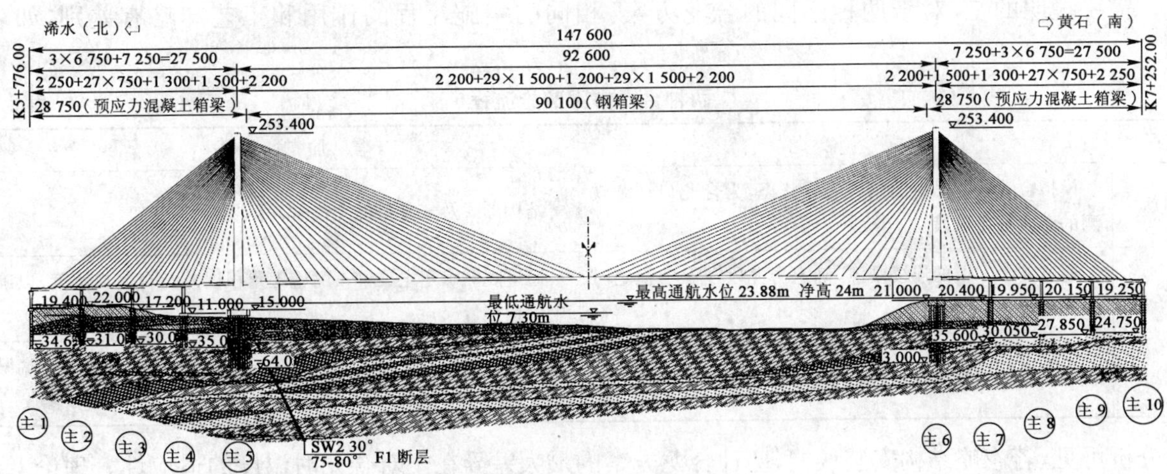

图 2 鄂东大桥主桥桥型布置（尺寸单位：cm）

二、斜拉桥合龙方案

大跨度斜拉桥合龙方案的选择与其施工监控理论密不可分。目前大跨度斜拉桥施工控制通常采用以下两种方法：(1)传统的索力—主梁高程双控法，即在主梁悬臂拼装过程中，逐个梁段控制斜拉索的张拉索力及主梁高程与预测计算结果之差在容差范围内，从而在成桥时逼近设计成桥状态；(2)无应力控制法（或称几何控制法），即预先确定结构的无应力构形，悬臂拼装阶段，主梁通过梁段间夹角匹配，斜拉索张拉通过无应力索长进行控制。该法可消除施工临时荷载及温度的影响，并在理论上能满足多工序同步作业。

对于中跨为钢梁的斜拉桥（全钢梁或混合梁），通常有两种合龙方案：其一为配切合龙，即现场即时配切合龙段以适应中跨合龙口宽度；其二为加载合龙，即合龙段按设计理论长度制造，合龙时根据实际温度，通过施加外力顶推或牵拉来调整合龙口宽度以喂入合龙段。顶推或牵拉可以在合龙口梁端实施，也可以在索塔下横梁处实施。通过刚性构件加载为顶推，通过柔性构件加载则为牵拉。鄂东大桥通过索塔下横梁与主梁之间的刚性构件进行加载，为方便起见，以下加载均称为顶推。上述两种合龙方案的比较如表 1 所列。

中跨合龙方案比较 表 1

合龙方案	主要实施流程	特 点	风 险
配切合龙	①→②→③→⑤→⑥	通过合龙口连续变形观测，确定合龙段精确安装长度； 可在不解除塔梁临时约束条件下实现中跨的合龙	合龙段配切改变构件无应力形状，对成桥线形及内力存在一定影响； 合龙受温度影响较大，存在合龙段无法嵌入合龙口或焊缝宽度过大时难以主动调整等问题
加载合龙	①→②→④→⑤→⑥	不改变合龙段构件尺寸，通过合龙前主梁的整体顶推实现合龙口宽度的调节； 合龙时的结构温度对成桥后结构体系影响小； 能较好地扣合无应力施工控制理论	主梁顶推施工需释放塔梁临时约束，结构顶推变位后不易恢复； 随着中跨跨径增大，顶推力及限位力相应增大，需谨慎考察结构细部的承载能力

表 1 主要实施流程中各数字标号分别为：①合龙口临时劲性骨架锁定（顺桥向自由），合龙口压重；②合龙口长度连续观测；③根据实测稳定时段温度条件下的合龙口长度实施合龙段配切；④顶推主梁，至合龙口宽度满足设计要求；⑤起吊合龙段，稳定时段温度条件下嵌入合龙口；⑥焊接合龙段两端焊缝，实现

合龙。需要说明的是，对于两种不同的合龙方案，相同的实施流程的作用和工艺却略有差别，如表2所示。

两种合龙方案实施流程 表2

流程	配切合龙	加载合龙
①	模拟合龙段起吊后的结构实际状态，为合龙口连续观测的必要准备阶段	结构形式及气象条件允许时，可不设劲性骨架
②	通过48～72h的连续观测，确定合龙段在温度稳定时段的精确长度	通过观测确定主梁梁长的施工累积误差及合龙口宽度，以确定主梁顶推量
⑥	合龙段两端环焊缝须同时施焊	合龙段两端环焊缝可异步施焊，完成一端后可微调另一端梁端顶底口宽度差

分析可见，若忽略结构安装误差，两种合龙方案的最大差异在于对合龙时温度的适应性。理论上，若合龙时温度与设计基准温度一致，且合龙后一段时间内温度保持稳定，则两种合龙方案并无本质区别。

三、鄂东大桥合龙方案研究

结合鄂东大桥主桥结构受力及构造特点、预计合龙时间、合龙方案对合龙时及成桥后结构的影响等因素，对合龙方案进行综合比较研究。

1. 鄂东大桥结构受力及构造特点

鄂东大桥主梁为"中跨采用分离双箱断面钢箱梁、边跨采用分离双箱断面混凝土梁"的混合梁，其结构特点与全钢主梁大跨度斜拉桥存在以下区别：

(1)边跨混凝土梁在提供较大刚度的同时，也提供了较大的重量，能够保证在较小边中跨比的情况下提供足够的压重。

(2)由于其边跨混凝土梁的锚固作用，边、中跨主梁的力学行为存在一定的独立性，同时导致边、中跨索力水平分量的合力不平衡。经总体受力计算分析，为保证合理成桥状态，使施工期拉索水平分量的合力指向中跨侧。

(3)塔梁临时约束在构造上与全钢梁斜拉桥不同。图3分别示出苏通大桥和鄂东大桥塔梁临时约束的构造示意图(仅示出纵向)。可见，鄂东大桥由于边跨混凝土梁伸入中跨，塔梁临时约束可以利用为运营期受力而设置的混凝土限位挡块，在其间填塞临时填充物予以实现。构造简单、经济。

(4)边跨采用排架法施工，在边跨预应力张拉完毕后拆除底模及纵、横向的贝雷桁架，保留设计指定位置的落地排架支墩，即在中跨合龙前形成了小跨径的主梁多点支承。

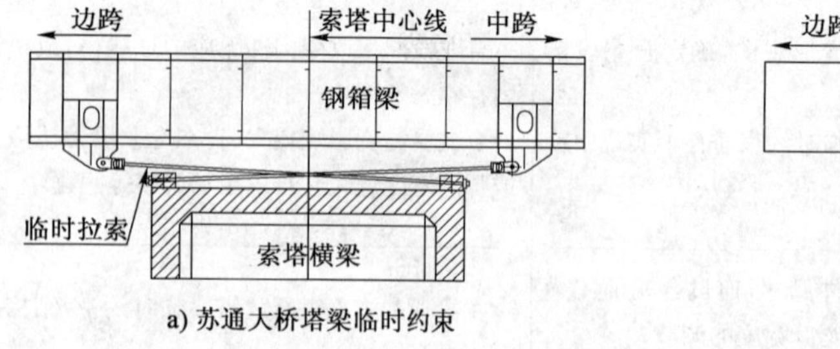

图3 塔梁临时约束构造比较

2. 合龙方案影响因素分析

(1)温度。斜拉桥处于相当复杂的环境温度场中；同时由于多种材料的导热特性及散热条件不同，各主要构件自身的温度分布也存在较大的差别。因此，斜拉桥合龙工况往往选择温度较为恒定的夜间时段，此时钢结构的温度与环境温度较为接近。此外，为了避免合龙后结构中存留较大的附加温度荷载影响，合龙时的气温往往与设计基准温度接近。

计算分析表明：不考虑施工误差及焊缝预留量时，主梁在不同温度情况下，合龙口的顶推变位量（也即合龙段配切量）如图4所示。由图可见，当合龙温度低于20℃（设计基准温度）时，主梁需向中跨侧顶推位移；当温度高于20℃时，主梁需向边跨侧顶推位移；顶推位移量与合龙温度基本呈线性关系。对于加载合龙方案，通过合龙口宽度的调整，部分抵消了合龙时气温的影响，合龙后的结构状态与设计基准温度时接近；对于配切合龙方案，则在主梁中存留了温度的影响，合龙后的结构状态与设计基准温度时相差较大。图5示出不同合龙温度时两种合龙方案对成桥结构线形的影响。

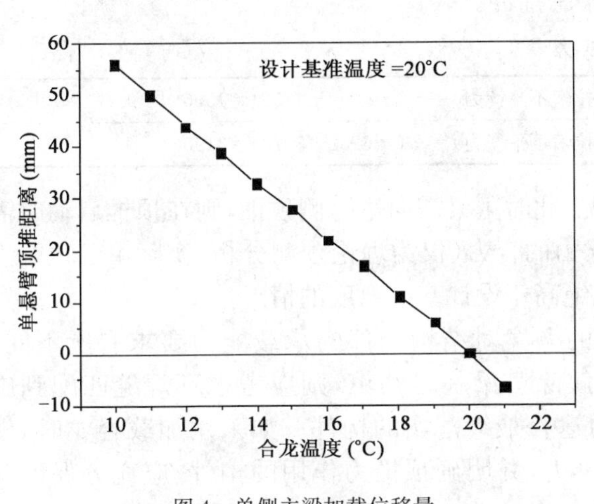

图4 单侧主梁加载位移量

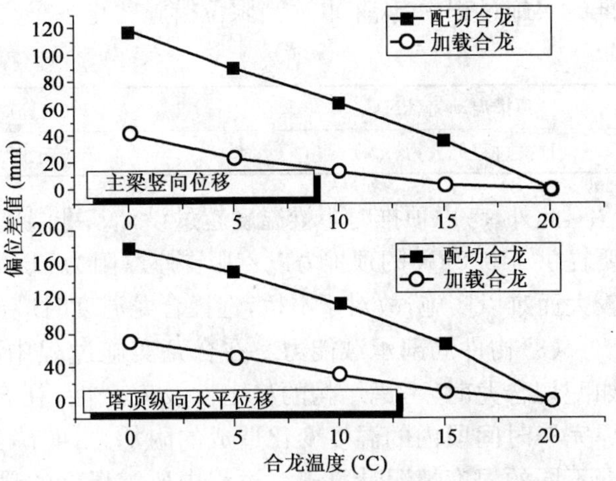

图5 合龙方案对成桥结构线形影响比较

此外，合龙当日的昼夜温差也会对结构产生影响。当夜间温度稳定时，将合龙段喂入合龙口并匹配完成后，通常需要10～14h进行合龙段两端环焊缝的焊接。若昼夜温差较大，对焊缝不利，同时也会存在环焊缝与顶底板U肋施工时间不一致而造成的温度应力差。

（2）顶推力。采用配切合龙方案时，主梁不需顶推。而采用加载合龙方案，则必须对主梁主动施加外力。要确定顶推力的大小，需首先分析主梁顶推时的受力状态。在顶推时，主梁主要受到边跨支座的摩阻力、中边跨拉索不平衡力的水平向合力以及顶推力。

其中支座摩阻力是阻止主梁运动的，对顶推不利。由摩擦力特性决定的，支座的静摩擦系数与动摩擦系数存在较大的差异。根据相关单位提供的试验资料，鄂东大桥所使用的球形钢支座的摩擦系数如表3、表4所列。表中摩擦副为纯聚四氟乙烯板、RA6.3不锈钢板。稳定后静摩擦系数是指多次往复运动后摩擦系数趋于稳定时的摩擦系数。根据全桥总体计算支反力结果得到顶推启动时的静摩阻力最大值为6262kN。

由于中、边跨索力不同，主梁受到中、边跨拉索不平衡力的水平向合力。以向中跨加载顶推为例：在刚开始顶推时，此力的方向向中跨为4756kN，对主梁顶推是有利的；但随着顶推位移量的增大，则由于拉索角度的变化，此力的方向会反向（图6）。

摩擦系数试验值（第一组） 表3

正应力（MPa）	12	18	24
初始静摩擦系数（%）	5.50	4.90	4.26
动摩擦系数（%）	3.52	6.06	2.85
稳定后静摩擦系数（%）	3.23	2.89	2.52

摩擦系数试验值（第二组） 表4

正应力（MPa）	12	24	30	36
初始静摩擦系数（%）	6.7	5.2	4.8	3.9

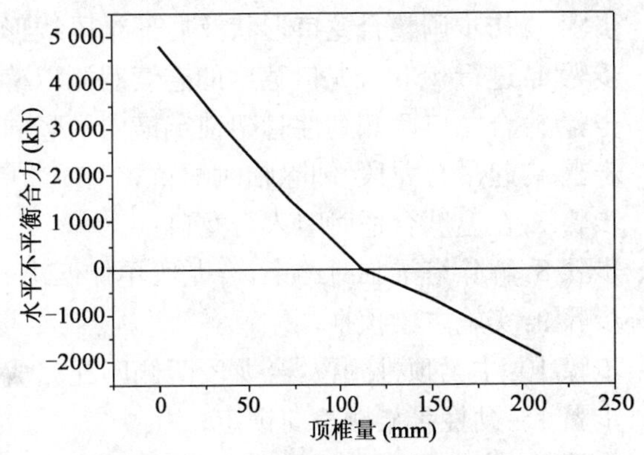

图6 顶推位移量与拉索不平衡力的关系

以湖北黄石地区 3 月下旬平均最低气温 13.5℃为例计算主梁顶推力。该温度条件下,不考虑主梁施工误差及截面温差造成的缝宽差异,主梁需向中跨侧顶推位移 36mm。根据上述分析,得到主梁顶推启动力及顶推过程中的最大力。考虑分级加载过程中存在稳载过程,支座摩阻力均按初始静摩擦系数取用。由表 5 中的计算顶推力可见,顶推初始状态并不是顶推设备提供最大顶推力的工况,随着主梁逐步向中跨侧移动,顶推力逐渐增大直至 3 190kN。此外,值得注意的是,摩擦系数不可避免的存在较大离散性,若取用较小的摩擦系数(表 4 所列),则存在仅边中跨不平衡索力就能使主梁移动的情况。因此,在顶推的实施过程中,应采取适当限位措施防止主梁突然向中跨前冲。

计 算 顶 推 力　　表 5

顶推启动力(kN)	−(支座摩阻力+拉索不平衡力)=−(−6262+4756)=1506
顶推过程最大力(kN)	−(支座摩阻力+拉索不平衡力)=−(−6262+3072)=3190

此外,考虑顶推时主梁温度超过设计基准温度的情况,此时主梁需向边跨侧顶推,则在顶推启动时需要提供 11018kN 的顶推力以克服支座摩阻力和不平衡索力的合力(仅为理论预测分析,实际由于顶推力较大而难以实施,故对于本桥,选择合龙温度时应严格杜绝高于设计基准温度的情形)。

(3)构件局部承载能力。在合龙实施过程中,不同的方案对结构局部的承载能力要求有所不同。如配切合龙时,考虑结构的稳定性及安全性,在合龙后解除塔梁临时约束,则应考虑环焊缝匹配到施焊完毕时间段内的温度变化造成的附加力,明确其传力途径最终落实的构件。如采用加载合龙时,根据不同的温度情况计算施工过程中所需提供的最大顶推力,并明确顶推力作用的构件,应充分保证其承载能力。

(4)综合比较。根据施工进度计划,鄂东大桥预计合龙时间为 3 月底或 4 月初,为季节转换时期,由统计分析,存在昼夜温差大、日平均气温分布较为离散的特点。同时,该地区在本季节不存在台风等极端天气的影响。经综合考虑各影响因素的适应性及实施风险并充分做好预案的前提下,鄂东大桥采用加载合龙方案。

四、鄂东大桥合龙技术实践

1. 中跨合龙实施流程要点

鄂东大桥中跨合龙时根据合龙口两侧桥面吊机实际操作的可行位置,采用单侧吊机起吊合龙段。由此造成的合龙口两侧较大的高程差和梁端顶底口宽度差由施工过程中的部分斜拉索的索力增量和临时配重消弭。鄂东大桥中跨合龙实施流程为:

步骤 1:中跨 26～30 号斜拉索张拉至合龙口调整线形所需的合龙索长,边跨侧相应斜拉索张拉至设计第二次张拉索长并施加主梁自重等代临时配重;

步骤 2:拆除边跨主梁所有落地排架支墩;

步骤 3:桥面吊机前移至吊装合龙段位置;

步骤 4:初步调整合龙口形状及局部梁段线形;

步骤 4:进行 48h 合龙口宽度的连续观测以确定施工累计梁长误差及合龙段喂入合龙口时机;

步骤 5:合龙口两侧劲性骨架锁定横向及竖向,顺桥向仍为放松;

步骤 6:起吊合龙段,卸除临时配重;

步骤 7:在温度合适时喂入合龙口;

步骤 8:解除塔梁临时约束,合龙段单侧匹配;

步骤 9:实施主梁顶推;

步骤 10:主梁顶推到位,合龙段两侧匹配完成;

步骤 11:劲性骨架顺桥向锁定;

步骤 12:合龙段两端环焊缝施焊。

至此完成中跨主梁力学意义上的合龙，后续流程不再赘述。

2. 中跨合龙实施关键措施

(1)合龙口高差及顶底口宽度差调整。由于本桥施工监控采用无应力控制方法，在各构件的制造、安装均纳入该控制体系的前提下，施工期的索力增量及临时荷载的变化，理论上对大桥成桥后无影响。因此，合龙口高差及顶底口宽度差的调整，采用调整中跨26～30号斜拉索索力及施加局部梁段配重实现；合龙段两端环口的局部变形采用马板马平。在合龙完成后卸除局部梁段配重并将斜拉索的索长调整至设计第二次张拉索长。

(2)顶推的实施及塔梁临时约束解除。主梁的主顶推点设置在塔梁临时约束的限位挡块处，在上下游挡块处设置同步千斤顶进行顶推(图7)。从图7中可见，中、边跨侧均安装了千斤顶，并设置由抽插钢片构成的限位装置。其目的在于防止主梁顶推运动后支座摩阻力由静摩阻转化为动摩阻造成的主梁前冲的可能。即采用限位千斤顶置换塔梁临时约束装置的临时填充物；按照连续观测的结果确定顶推量并采用顶推千斤顶分级实施，同时在每一级顶推过程中，限位千斤顶逐级放松，同时抽出限位钢片。将解除塔梁临时约束的过程融合入顶推实施过程中，顶推完成的同时塔梁约束装置的解除也同步完成，从而减小施工期的风险。此外，作为实施预案，在主梁合龙口两侧梁段设置了钢绞线作为辅助牵拉措施，可进行主梁合龙口的微量调整，尤其是合龙口上下游宽度差的调整。

(3)合龙段喂入合龙口及匹配焊接时机。图8示出合龙口一昼夜间梁温的变化，测温时为阴有小雨的天气；并根据短期天气预报，在合龙实施过程中仍将持续阴天。由温度统计情况可见，梁温最大值出现在下午16:00左右，最高温度不超过20℃，低于设计基准温度。同时可以看出，即便是阴天，在该时段主梁的顶底板温差仍超过4℃，主梁昼夜的平均温差超过7℃。由上述温度分析，由于日最高梁温低于设计基准温度，只需留出合龙段两端的导向操作空间，合龙段即能顺利喂入合龙口。当18:00以后，主梁顶底板温差小于3℃，可以保证合龙段的匹配。由于昼夜温差相对较大，因此，需在次日上午8:00前完成合龙段环缝焊接。

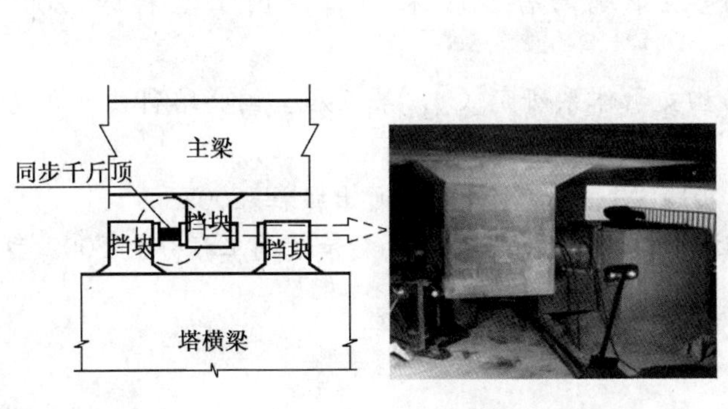

图7 主顶推点布置

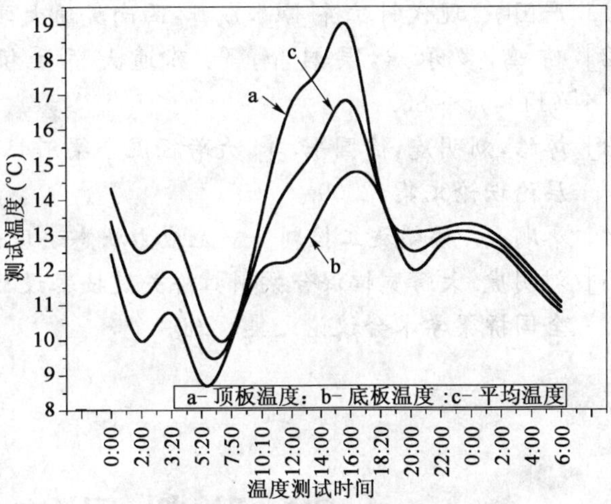

图8 钢箱梁温度变化曲线

(4)合龙口劲性骨架的设置。合龙口劲性骨架在顶推实施过程中起导向作用，应能够保证在顶推完毕后主梁的轴线偏位、合龙口形状均基本保持步骤4调整后的状态。因此，需要劲性骨架具有良好的竖向及横向抗弯刚度。同时，为克服昼夜温差对焊接的影响，在合龙段匹配完毕后，应锁定劲性骨架的顺桥向自由度。劲性骨架横、竖向自由度与顺桥向自由度的锁定功能应分开设置。图9为鄂东大桥合龙口劲性骨架。

3. 中跨合龙实施特点

鄂东大桥中跨合龙采用加载合龙方法，既有国内外已建成桥梁采用的加载合龙的共性优势，也有其自身的特点：

(1)主梁设计阶段即考虑将梁体永久限位挡块作为施工期的塔梁临时约束构造，并能为加载合龙的实施提供明确而可靠的受力点，构造简单、经济性好。合龙顶推即依托该构造予以实施。

(2)主梁顶推实施过程采用"顶推千斤顶＋限位千斤顶＋限位装置"的组合，逐级顶推逐级限位，在顶推完成的同时完成了塔梁临时约束的解除，有效地规避了施工期的风险。

(3)采用合龙口劲性骨架作为顶推过程的导向装置，可以节约顶推完毕后主梁合龙段的精确匹配时间，使得环焊缝的焊接时间较为充裕。

鄂东大桥于2010年4月6日顺利合龙。各主要工序完全按照理论分析和计划时间完成，说明理论分析合理、施工组织实施到位。

图9　合龙口劲性骨架

五、结　　语

(1)斜拉桥合龙是一个系统工程，除了准确可靠的理论分析外，尤为重要的是大桥建设的工程管理。鄂东大桥工程管理者严格按照既定施工进度计划控制工程实施的重要节点，使得合龙实际时间落在预先设定的温度窗口内，给合龙方案的设计与实践创造了良好的先决条件。

(2)合龙方案应综合考虑桥梁结构形式及细部构造特点、力学特性、预计合龙时间以及合龙方法对合龙时及成桥后的影响、工艺实施的风险等诸多因素，趋利避害，在理论分析的基础上制订切实可行的方案。

(3)实践表明：在进行详细的理论分析基础上，加载合龙方法具有较好的温度适应性；对成桥结构线形和受力影响很小，满足无应力施工控制方法的要求；通过切实可行的措施与预案可以有效控制施工中的风险，使中跨合龙始终处于受控状态，适用于大跨径混合梁斜拉桥。

参考文献

[1] 严国敏.现代斜拉桥[M]，成都：西南交通大学出版社，1996.

[2] 陈鸣，罗承斌，吴启和，等.苏通大桥主桥中跨顶推辅助合龙技术[J]，中国工程科学，2009(11)：75～80.

[3] 谭皓，刘明虎，徐国平，等.大跨径混合梁斜拉桥结构支承体系研究[C]//第五届全国公路科技创新高层论坛论文集，2009.

[4] 秦顺全.桥梁施工控制——无应力状态法理论与实践[M].北京：人民交通出版社，2007.

[5] 刘明虎.大跨宽幅混合梁斜拉桥关键技术设计综述[C]//中国公路学会桥梁和结构工程分会2009年全国桥梁学术会议论文集，2009.

84.弹性悬链线解答在混凝土斜拉桥无应力状态法施工控制中的应用

张琪峰[1]　王景全[1]　许　嵩[2]　陆　军[2]

(1.东南大学混凝土及预应力混凝土结构教育部重点实验室；2.江苏省交通科学研究院)

摘　要　斜拉桥在梁段浇筑过程中的调索是一项较复杂的工序，无应力状态法通过拉索的无应力长度建立不同施工状态之间的联系，用拉索拔出量进行调索控制，使得调索目的明确，操作简便。而拉索无应力长度计算必须考虑几何非线性效应，本文采用弹性悬链线解答计算拉索的无应力长度，并将此结果与规范建议的换算弹模方法作对比，两者符合良好，说明将换算弹模法应用于斜拉桥无应力状态法施工控制，可以满足工程所需的精度要求。本文所提到的无应力状态施工控制方法及计算过程可供同类桥梁的建造参考。

关键词 无应力状态法 施工控制 弹性悬链线解答 换算弹模法

一、问题的提出

大跨混凝土斜拉桥的主梁通常采用前支点牵索式挂篮悬臂浇筑施工，这种施工方法要求拉索分次张拉到位，一般都需在混凝土浇筑过程中进行一次张拉。常见的施工控制是以索力作为控制依据，浇筑过程中的索力控制大小与当前浇筑量有关，而实际操作中浇筑量非常难把握，导致浇筑完成后通常达不到预期的变形状态。无应力状态法施工控制则回避了浇筑量这一参数，它的控制依据为拉索的无应力长度，基本思想是只要将拉索调整到预期的无应力长度，那么不管浇筑量多少，都能达到预期的变形状态。

当采用无应力状态法进行施工控制时，容易导致的问题是如何在计算拉索的无应力长度时精确计入几何非线性效应。由于无应力状态法是以拉索无应力长度作为基本参数进行控制，因此对无应力长度的计算精度要求非常高。精确的弹性悬链线解答可以完整描述拉索的变形状态，是一种理想的计算无应力长度的手段。本文首先阐述了精确的弹性悬链线解答计算无应力长度的基本原理，并结合实例将这种方法应用于无应力状态法施工控制，最后将此计算结果与规范建议的换算弹模法作比较，探讨换算弹模法能否直接应用于无应力状态法施工控制。本文所提到的无应力状态施工控制方法及计算拉索无应力长度的精确弹性悬链线解答的应用实例，可供相关从业人员借鉴参考。

二、无应力状态法施工控制

前支点牵索式挂篮悬臂浇筑施工主梁是大跨度斜拉桥常用的施工方法，为了确保施工过程的安全性，要求拉索索力分次张拉到位，通常，其一个标准节段的施工工序为：(1)挂篮前移，第一次张拉拉索；(2)浇筑大约一半节段混凝土，第二次张拉拉索；(3)浇筑全部节段混凝土；(4)待混凝土达到设计强度，张拉主梁预应力；(5)拉索锚固转移，第三次张拉斜拉索至设计初张力。混凝土浇筑过程示意图如图1所示。三次拉索张拉中，前两次张拉只影响主梁线形，第三次张拉既影响线形又影响结构内力，其中第二次拉索张拉对主梁线形的影响最大，结构达到强度后通过索力调整线形通常是比较困难的。常见的施工控制是以索力作为控制依据，索力的大小通过建模计算得到。由于第二次拉索张拉是在浇筑过程中进行的，建模计算时需要假定一种浇筑状态，比如假定先浇筑一半混凝土，如图1b)所示。但是实际操作中无法准确控制混凝土浇筑到这种状态，而且通常误差较大，导致浇筑完成后如图1c)所示的标高状态与原设计偏离。

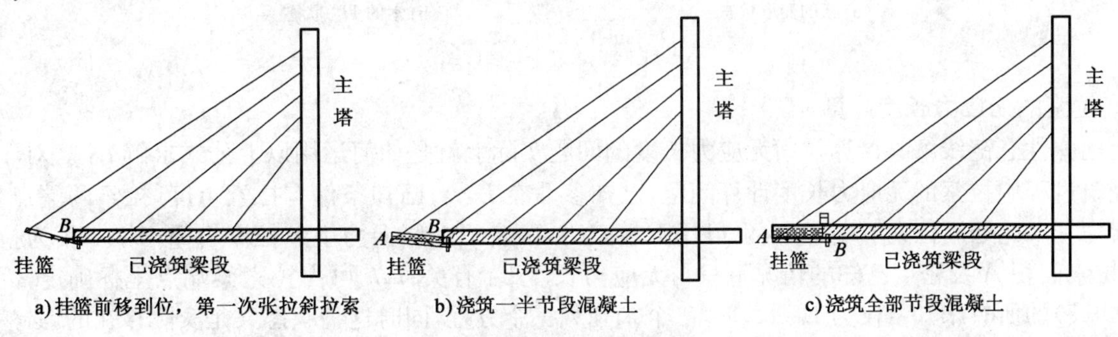

图1 混凝土浇筑过程示意图

当采用无应力状态法进行施工控制时，问题就变得简单。基本思路是：如果能计算得到图1a)和图1c)两种状态的拉索无应力长度，那么只要在浇筑完成前后拉索拔出总量为上述两种状态的无应力长度差，最后都能得到预期的变形状态。当然考虑到先后浇筑的混凝土凝结程度不同，拉索张拉可能影响浇筑质量，宜选在浇筑50%左右进行调索。事实上，如果不考虑拉索几何非线性，只要确定了拉索两端点位置以及索力，那么拉索的无应力长度是唯一确定的，计算也较为简便。计入几何非线性效应，用规范建议的换算弹性模量，使用简便，也可采用精确弹性悬链线解答，只是计算稍显复杂。本文将分别采用弹性悬链线解答和换算弹性模量法来计算拉索的无应力长度，并将两者作对比，进而研究换算模量法的精确度。

三、拉索的弹性悬链线解答

1. 基本理论

如图 2a)所示，弧段 OB 为拉索变形后的状态，A 点为索段上任意一点，x,z 为索段变形后 A 点在笛卡尔坐标系下的(x,z)，s 为 A 点在变形前的拉格朗日坐标，即索段 OA 的无应力长度，p 为 A 点在变形后的拉格朗日坐标，即索段 OA 变形后的长度。B 点在变形后的笛卡尔坐标为(l,h)，变形前的拉格朗日坐标即为拉索全长的无应力长度 L_0。如图 2b)所示，H、V 分别为 O 端索力的水平和竖向分量，OA 段的自重为 W_s/L_0，W 为索的总重。假定拉索的弹性模量为 E，截面变形前面积为 A，建立并求解平衡微分方程，得到以 s 为变量的弹性悬链线解析解答：

$$x(s)=\frac{Hs}{EA}+\frac{HL_0}{W}\left[\operatorname{arcsinh}\left(\frac{V}{H}\right)-\operatorname{arcsinh}\left(\frac{V-Ws/L_0}{H}\right)\right] \tag{1}$$

$$z(s)=\frac{Ws}{EA}\left(\frac{V}{W}-\frac{1}{2}\right)+\frac{L_0}{W}\left[\sqrt{H^2+V^2}-\sqrt{H^2+(V-Ws/L_0)^2}\right] \tag{2}$$

考虑 B 端条件，有：

$$l=\frac{HL_0}{EA}+\frac{HL_0}{W}\left[\operatorname{arcsinh}\left(\frac{V}{H}\right)-\operatorname{arcsinh}\left(\frac{V-W}{H}\right)\right] \tag{3}$$

$$h=\frac{WL_0}{EA}\left(\frac{V}{W}-\frac{1}{2}\right)+\frac{L_0}{W}\left[\sqrt{H^2+V^2}-\sqrt{H^2+(V-W)^2}\right] \tag{4}$$

同时考虑 O 点的静力平衡条件，T_0 表示 O 的索力，则：

$$T_0=\sqrt{H^2+V^2} \tag{5}$$

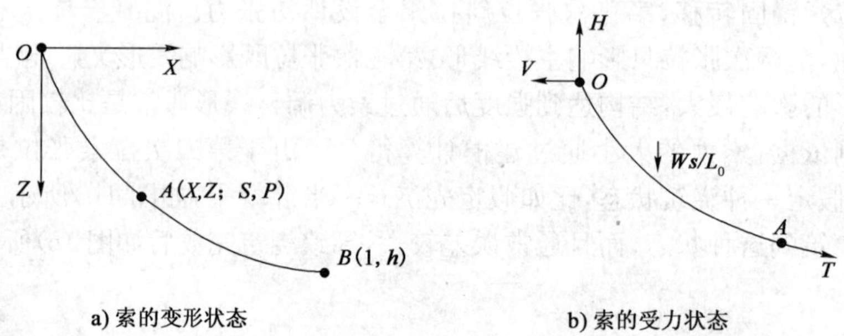

图 2　索段示意图

2. 拉索的无应力长度计算

运用弹性悬链线解答计算拉索无应力长度的问题实际上就是如何运用以上公式求解 L_0。对于斜拉桥在浇筑过程中拉索的无应力长度计算问题，已知参数有 E,A；已知条件有拉索重度，拉索两端点坐标，拉索索力 T_B(此处用拉索下端索力，也可用上端索力，两者只在竖向力上差拉索自重 W)。W 为拉索自重，在拉索面积 A 及密度已知的情况下只与无应力长度 L_0 有关；l,h 可由拉索梁端点坐标确定，因此式(3)～式(5)的所有未知量仅为 L_0,H,V，三个未知数三个方程，同时这种状态又是实际存在的，必然存在唯一实数解答。

虽然理论上存在解答，但是实际计算时，由于参数之间是隐式关系，计算非常困难，甚至用有关数学软件都无法解答。针对这个实际问题，本文提出采用迭代加试算的方法求解，基本思路为：先假定一个拉索无应力长度 L_0，从而确定 W，然后联立式(3)～式(5)返回一个 L_0 值，循环迭代直至假定值与计算值满足误差要求，此为迭代过程；联立式(3)～式(5)求 L_0 是试算过程，由于式(3)和式(4)中 L_0 关于其他变量的函数关系都是显示的，可以先假定 H、V 值，然后用式(3)、式(4)分别计算 L_0，两者相等说明假定的 H、V 值为真实解。将上述计算思路转化为程序化的计算流程，如下：

(1)先假定一个 $L_0(i)$，可由换算弹模等方法初步取值。

(2)计算 W，可由 $L_0(i)$，A 及重度算得。

(3)计算 $L_0(i+1)$，此步骤为试算过程：

①假定一个 H 值，可由索力及拉索倾角初步取值。

②由式(5)算得 V。

③由式(3)和式(4)分别算得两个 L_0 值，分别记为 $L_0(i,3)$ 和 $L_0(i,4)$。

④计算$[L_0(i,3)-L_0(i,4)]/L_0(i,4)$值，如果小于 0.000 1%(对于 100m 长的斜拉索，此精度相当于误差控制在 0.1mm 以内)，则将$[L_0(i,3)+L_0(i,4)]/2$ 记为 $L_0(i+1)$ 进入下一步，反之，则回到步骤(2)重新假定 H 值(需要说明的是，这里重新假定 H 值是有规律可循的，通过观察函数在局部的单调性，进行有目的的试算，一般 10 次以内就能满足要求)。

(4)计算$[L_0(i+1)-L_0(i)]/L_0(i)$值，如果小于 0.000 1%，则计算完毕，拉索的无应力长度为 $L_0(i)$；反之，以 $L_0(i+1)$ 作为新的迭代值，重复步骤(1)～(3)。

通过以上阐述说明，在已知拉索两端点坐标、索自重、索材料截面特性的情况下，索力与索的无应力长度为一一对应的关系。调索实际上就是对索的无应力长度的调整，运用这种思想，可以大大方便斜拉桥的施工控制。不仅在浇筑过程中的调索可以运用此方法，斜拉桥在成桥后的全桥调索也可以运用此方法，其原理是一样的，并且可以实现多对索同时调整，加快施工速度。

四、算　例

1. 工程概况

某座独塔斜拉桥，跨径布置为 123m+75m，主边跨各 16 对索。现在取主跨第 1、9、16 对索进行调索拔出量计算，分别记为短索、中长索和长索。

已知：弹性模量 $E=199\ 950$MPa，面积 $A=120\ 46\text{mm}^2$，索的密度 $\rho=7.85\text{e}^3\text{kg/m}^3$，计算时护套重量取拉索重量的 1/2。参数 l,h,T_B 取值见表 1。

参数 A,l,h,T_B 取值　　表 1

索组号	$A(\text{mm}^2)$	l(m)		h(m)		T_B(kN)	
		调索前	调索后	调索前	调索后	调索前	调索后
长索	12046	114.494	114.488	59.477	59.454	7 055	7 293
中长索	10891	66.926	66.918	49.477	49.446	5112	5438
短索	9275	12.562	12.553	33.025	32.957	3964	4336

2. 弹性悬链线解答和换算弹模法计算拉索无应力长度

《公路斜拉桥设计细则》(JTG/TD 65-1—2007)第 6.2.4 条采用的斜拉索换算弹性模量公式为：

$$E=\frac{E_0}{1+\frac{(\gamma s\cos\alpha)^2}{12\sigma^3}E_0}$$

式中，E 为考虑垂度影响的确定工况斜拉索换算弹性模量(kPa)，E_0 为斜拉索钢材弹性模量(kPa)，γ 为斜拉索单位体积重力(kN/m³，需考虑进防护结构的重力)，s 为斜拉索长度(m)，α 为斜拉索与水平线的夹角(°)，σ 为确定工况斜拉索应力(kPa)。

以长索调索前的无应力长度计算为例，计算过程如下：

(1)采用换算弹性模量方法初步算得：$L_0(1)=128.638\ 7$m。

(2)计算 $W=178.81$kN。

(3)计算 $L_0(2)$。

①假定 $H=7\,055\times\dfrac{114.494}{\sqrt{114.494^2+59.477^2}}=6260.6\text{kN}$。

②由式(5)算得：$V=\sqrt{7\,055^2-6\,261^2}=3\,252.3\text{kN}$。

③由式(3)和式(4)分别算得：$L_0(1,3)=127.905\,2\text{m}$，$L_0(1,4)=131.523\,4\text{m}$。

④计算得：$[L_0(1,3)-L_0(1,4)]/L_0(1,4)=2.781\%>0.000\,1\%$，因此重新假定 H 值，重复步骤(1)～(4)，经过大概4、5次试算后得到，当 $H=6223.6\text{kN}$ 时，$L_0(1,3)=128.649\,1\text{m}$，$L_0(1,4)=128.649\,2\text{m}$，$[L_0(1,3)-L_0(1,4)]/L_0(1,4)=0.0\%<0.000\,1\%$，从而记 $L_0(2)=128.649\,1\text{m}$。

(4)计算 $[L_0(2)-L_0(1)]/L_0(1)=0.008\%>0.000\,1\%$，因此以 $L_0(2)=128.649\,1\text{m}$ 作为迭代值，重复步骤(1)～(3)，一轮过后算得 $L_0(3)=128.649\,0$，此时 $[L_0(3)-L_0(2)]/L_0(2)=0.000\,06\%<0.000\,1\%$，因此拉索的无应力长度为128.649 1m。

运用同样的方法可以算得各索在变形前后的无应力长度，计算结果见表2。

调索前后无应力长度计算值(单位：m) 表2

索组号	弹性悬链线解答		换算弹性模量法	
	调索前	调索后	调索前	调索后
长索	128.649 1	128.636 2	128.638 7	128.626 4
中长索	83.036 2	83.023 7	83.032 2	83.020 0
短索	35.258 5	35.251 5	35.258 1	35.251 0

弹性悬链线解答和换算弹性模量法计算得到的拉索拔出量，以及两者之间的对比见表3。

拉索拔出量计算(单位：mm) 表3

索组号	弹性悬链线解答(L_1)	换算弹性模量法(L_2)	$(L_2-L_1)/L_1$(%)
长索	−12.9	−12.3	−4.65
中长索	−12.5	−12.2	−2.40
短索	−7	−7.1	1.43

从表3中可以看出，运用弹性悬链线解答和规范建议的换算弹性模量法计算得到的拉索拔出量非常接近，误差在5%以内，这样的误差可以满足工程的精度要求。因此，在运用无应力状态法进行施工控制的时候，可以用换算模量法计算拉索拔出量。

五、结论及建议

通过上述理论分析及计算研究，总结得出以下结论：

(1)采用前支点牵索式挂篮施工的大跨度混凝土斜拉桥，传统的索力控制方法由于浇筑量难以把握而影响施工质量，而无应力状态法施工控制则回避了这一问题，通过拉索的无应力长度建立起不同施工状态之间的联系，实际操作中通过拉索拔出量来控制调索。

(2)在运用弹性悬链线解答计算拉索的无应力长度时，由于方程为隐式的，无法直接计算，本文提出可通过试算加迭代的方法精确求解。

(3)通过换算弹性模量法和弹性悬链线解答计算拉索无应力长度，进而求得拉索拔出量，两者的计算结果接近，误差在5%以内，因此在运用无应力状态法进行施工控制时，可用换算模量法计算无应力长度，其精度可以满足工程要求。

(4)本文主要介绍的是无应力状态法运用于斜拉桥主梁浇筑过程中的调索过程，实际上当全桥合龙后，或者运营若干年后进行全桥调索时，也可用此方法，其基本原理仍然是通过拉索拔出量来控制。优点是无需按照一定的顺序逐对调索，可以实现多对索同步施工，加快了施工进度。

参考文献

[1] 秦顺全. 桥梁施工控制——无应力状态法理论与实践[M]. 北京：人民交通出版社，2007.

[2] 魏建东,刘忠玉.拉索的弹性悬链线解答在斜拉桥调索中的应用[J].公路交通科技,2005,22(12).
[3] 魏建东.斜拉桥调索时索的拔出量计算精度分析[J].公路交通科技,2007,24(10).
[4] IRVINE H M. Cable Structures[M]. Cambridge: The MIT Press,1981.
[5] JTG/TD 65-1—2007 公路斜拉桥设计细则[S],2007.

85.灰色系统理论在斜拉桥施工控制中的应用

马　俊
(深圳高速公路股份有限公司)

摘　要　基于灰色系统理论,结合斜拉桥的施工特点和施工控制方法,将施工中的斜拉桥视为受干扰的具有物理原模型的灰色系统,并将随机过程当作灰过程进行处理分析。建立灰色模型,通过反馈信息分析和及时修正灰色模型,对下一个施工阶段的立模标高和斜拉索索力进行预测,以达到对斜拉桥的线形和索力实施控制。

关键词　桥梁工程　斜拉桥　施工控制　灰色系统理论

一、灰色预测系统基本原理

灰色系统理论就是以灰关联空间为基础的分析体系,它以现有信息或原始数列为基础,通过灰过程及灰生成对原始数列进行数据加工与处理,建立灰微分方程即灰模型(GM 模型)为主体的模型体系,来预测系统未来发展变化的一种预测控制方法。这种预测控制法是将灰色理论引入桥梁施工控制技术中,以灰色动态模型 GM(1,1)作为预测模型[1~5],并及时对模型进行滚动优化和反馈校正。其使用过程中,将所有桥梁施工状态影响因素实行灰化处理,将各影响因素集中反映在目标矢量中,从而通过目标矢量来完成预测过程。

而预测控制法是指在全面考虑影响桥梁结构状态的各种因素和施工所要达到的目标后,对结构的每一个施工阶段(节段)形成前后的状态进行预测,使施工沿着预定状态进行。由于预测状态与实际状态间免不了有误差存在,某种误差对施工目标的影响则在后续施工状态的预测中予以考虑,以此循环,直到施工完成和获得与设计相符合的结构状态。

大跨桥梁的施工过程是一个多变量、高阶、时变的复杂过程。要对这种复杂过程建立精确模型极其困难,而预测控制是解决这类建模困难、受控对象复杂的系统控制的有效控制方案。

二、灰色系统模型建立

将施工中的斜拉桥及其各种作用看成是一个系统,那么该系统内有些信息是已知的,有此是未知的。因此这个系统是一个受噪声干扰的具有物理原型的灰色技术系统。本文将基于灰色系统理论的建模理论来讨论建立斜拉桥施工控制系统的有关预测模型。

在灰色系统中,具有预测意义的模型是 GM(1,1)模型,其白化微分方程为:

$$\frac{\mathrm{d}x^{(1)}}{\mathrm{d}t}+a(x)^{1}=\mu \tag{1}$$

式中,$x^{(1)}$ 是原始数据系列 $x^{(0)}$ 的一次累加生产值,即:

$$x^{(1)}=\sum_{k=1}^{i}x^{(0)}(k) \tag{2}$$

因此,预测模型是以生成数据系列为 $x^{(1)}$ 基础建立的。模型的精度检验可采用残差大小检验、后验差检验或滚动检验,若精度不能满足要求,可对模型进行相应的残差修正。模型的反馈校正采用模型的新陈代谢来实施。

三、斜拉桥施工控制

斜拉桥施工过程中，在其他因素得到有效控制的前提下，主梁线形和内力状态只有通过立模高程和索力进行调整，因此，立模高程和斜拉索拉力为系统的两个控制输入。由于立模高程的改变并不对结构的内力产生影响，亦即在不改变结构内力的前提下可通过立模高程的调整来改变结构线形，因此成桥状态线形可以以设计线形作为控制目标不必进行调整。而施工中结构各项参数与设计阶段取值不一致所带来的结构内力变化，只有通过斜拉索拉力的改变来调整以使结构内力分布符合设计期望。故最终的控制目标是成桥状态时主梁线形和结构的内力分布符合设计期望，而内力大小或许会改变。

1. 斜拉索张拉力的调整

斜拉索张拉力的调整原则是通过合理确定下一阶段斜拉索的初张力 $T_r(k+i)$，使得结构在张拉 $T_r(k+1)$ 和浇注的 $k+1$ 号梁段混凝土时悬臂端及已施工的相邻若干节点的竖向位移增量与设计值尽可能一致。将悬臂端即张拉的斜拉索记为第 i 号斜拉索，相应的悬臂端节点为第 i 节点，第 i 号斜拉索张拉前最近施工的梁段亦记为第 i 梁段。$k+1$ 时刻斜拉索初张力的控制值为 $T_r(k+1)$：

$$T_r(k+1)=\beta(k+1)\cdot T_d(k+1) \tag{3}$$

式中，$\beta(k+1)$ 可视为第 $k+1$ 号斜拉索初张力的调整系数。

2. 立模标高的确定

(1)斜拉索张拉前后悬臂端竖向位移增量预测。根据所定义的 x_1 系列，若第 $k+1$ 号斜拉索的张拉力调整值已确定为 $T_r(k+1)$，相应的设计值为 $T_d(k+1)$ 竖向位移增量的设计值为 $\Delta_{1d}(k+1)$，则相应的模型输出值 $\Delta_{1m}(k+1)$ 为：

$$\Delta_{1m}(k+1)=T_r(k+1)\cdot\frac{\Delta_{1d}(k+1)}{T_d(k+1)}x_1(k+1) \tag{4}$$

(2)梁段混凝土浇注前后悬臂端竖向位移增量预测。根据定义的 y_1 系列，若第 $k+1$ 号梁段混凝土浇注前后悬臂端竖向位移增量的设计值为 $\Delta'_{1d}(k+1)$，则模型输出值 $\Delta'_{1m}(k+1)$ 为：

$$\Delta'_{1m}(k+1)=y_1(k+1)\cdot\Delta'_{1d}(k+1) \tag{5}$$

(3)浇注梁段混凝土时挂篮变形的预测。若施工中确定立模高程，则必须对挂篮变形进行合理的预测。定义 $z_1(i)$ 系列为浇注第 i 号梁段混凝土时挂篮变形的实测值与理论值之比，对 $z_1(i)$ 建立 GM(1,1)预测模型并设挂篮变形的理论值为 $\Delta''_{1d}(k+1)$，则模型输出值为：

$$\Delta''_{1m}(k+1)=z_1(k+1)\cdot\Delta''_{1d}(k+1) \tag{6}$$

(4)第 $k+1$ 阶段立模高程 $H_l(k+1)$ 的确定。第 $k+1$ 阶段的立模高程为：

$$H_l(k+1)=H_d(k+1)+\Delta'_{1m}(k+1)+\Delta''_{1m}(k+1)-\Delta_{1m}(k+1) \tag{7}$$

式中，$H_d(k+1)$ 为第 $k+1$ 号斜拉索张拉完毕后悬臂段节点高程的设计值。因此，若第 $k+1$ 阶段斜拉索的张拉力 $T_r(k+1)$ 已确定，并根据过去和现在的信息求出预测值 $\Delta_{1m}(k+1)$、$\Delta'_{1m}(k+1)$ 和 $\Delta''_{1m}(k+1)$，则立模高程 $H_l(k+1)$ 可被唯一确定。

四、灰色系统理论在斜拉索施工控制中的应用

1. 工程概况

马桑溪长江大桥位于大渡口区马桑溪至巴南区花溪镇先锋村石子山区间，距下游李家沱长江大桥6km，西接成渝高速公路，横跨成渝铁路，通过东西立交道与城区各干线连接。本桥主桥采用双塔双索面漂浮体系斜拉桥，主桥全长718m，桥跨布置为179m+360m+179m(图1)。主桥桥面宽30.6m，主梁采用预应力钢筋混凝土分离式三角箱形断面，索塔为倒Y形箱形断面。主梁截面宽高比 $B/h=9.467$，高跨比 $h/l=1/120$，宽跨比 $l/B=12.676$。斜拉索扇形布置，主梁上标准索距6.0 m，拉索采用 ϕ 15.24 环氧喷涂钢绞线，OVM250 拉索群锚锚具，拉索设计安全系数≥2.50。

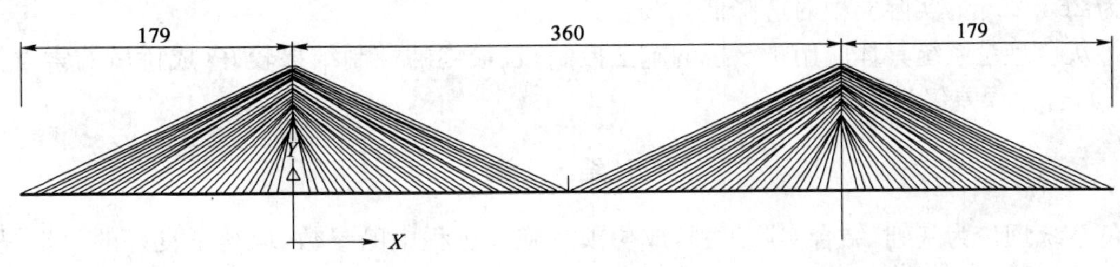

图1 马桑溪长江大桥桥型布置图(尺寸单位:m)

2. 工程应用

现将灰色理论具体应用在斜拉桥施工控制,该施工阶段状态为:第15号斜拉索张拉完毕后,确定浇注下一梁段16号梁段混凝土时的立模标高以及16号斜拉索初张力的预测控制值。

(1) $x_1(i)$ 的确定——张拉16号斜拉索时悬臂端位移增量预测。实测 $x_1(i)$ 系列选用相邻4根(12、13、14、15号斜拉索)已张拉的斜拉索和预测的斜拉索(16号斜拉索)为一组,根据实测数据和理论数据建立GM(1,1)预测模型,其预测结果见表1。

预测结果 表1

序号	斜拉索号	实测位移(mm)/实测索力(kN)		理论位移(mm)/设计索力(kN)	$x_1(i)$	
		岸侧	江侧		岸侧	江侧
1	6	25/2186	27/2180	23/2142	1.121	1.102
2	7	30/2230	31/2224	28/2212	1.023	1.104
3	8	26/2289	26/2281	23/2276	1.204	1.186
4	9	20/2450	22/2456	18/2411	1.202	1.175
5	10			11/2574	(1.232)	(1.169)

同理可得,浇筑10号梁段悬臂端竖向位移增量预测结果:岸侧 $y_1(5)$ 为0.913,江侧 $y_1(5)$ 为0.958。挂篮变形预测结果:岸侧 $z_1(5)$ 为1.46,江侧侧 $z_1(5)$ 为1.46。

(2)10号斜拉索初张力调整值预测。根据所确定的 $x_1(5)$、$y_1(5)$ 的预测值可得到10号斜拉索初张力的调整系数 $\beta_1(10)$ 及相应的索力为:

岸侧10号索: $\beta_1(10)=1.026$, $T_r(10)=1.026T_d(10)=2\,641$ kN

江侧10号索: $\beta_1(10)=1.014$, $T_r(10)=1.014T_d(10)=2\,610$ kN

(3)浇注10号梁段混凝土时立模高程的预测。在对10号梁段混凝土立模高程的预测时,分别对岸侧和江侧进行计算,并将所预测的立模高程与理论标高进行比较。

先计算岸侧,将上面所求的的岸侧 $T_r(10)=2\,641$ kN代入式(4)可得到张拉10号斜拉索时悬臂端竖向位移增量的预测值 $\Delta_{1m}(10)$ 为:

$$\Delta_{1m}(10)=T_r(10)\cdot\frac{\Delta_{1d}(10)}{T_d(10)}x_1(10)=14\text{mm}$$

浇注10号梁段混凝土时竖向位移的预测值 $\Delta'_{1m}(10)$ 根据式(5)得:

$$\Delta'_{1m}(10)=y_1(5)\Delta'_{1d}(10)=261\text{mm}$$

浇注10号梁段混凝土时挂篮变形的预测值 $\Delta''_{1m}(10)$ 根据式(6)得:

$$\Delta''_{1m}(10)=z_1(5)\Delta''_{1d}(10)=25\text{mm}$$

已知张拉10号斜拉索以后悬臂端的主梁梁底的设计值 $H_d(10)=264.92\text{m}$,将上面的计算结果代入式(7),即可得到浇注10号梁段混凝土时的立模高程预测值 $H_d(10)$ 为:

$$H_l(10)=H_d(10)+\Delta'_{1m}(10)+\Delta''_{1m}(10)-\Delta_{1m}(10)=265.192\text{m}$$

已知该梁段立模标高的理论值为265.206m,实际立模时应降低1.4cm。

同理可得,浇筑江侧10号梁段混凝土时的立模高程预测值 $H_l(10)$ 为265.184m,已知该段立模高程的理论值为265.206m,实际立模时应降低2.2cm。

通过将灰色理论系统具体应用于该桥的施工控制,且最终的控制结果较好(成桥后的索力偏差一般不超过8%),合龙误差仅为±5mm。

五、结　语

以灰色系统理论为基础,结合实际工程,成功预测施工过程中的参数,取得了良好的效果,从中可以得出以下结论:

(1)灰色系统理论通过对数据的生成,来弱化数据的随机性,凸显其规律性,采用GM(1,1)模型能对斜拉桥施工过程中一些具有随机性的变量给出较好的预测。

(2)将斜拉索初张力和立模标高作为悬臂浇筑施工斜拉桥的两个控制输入,并能超前一步进行预测,同时根据现场具体情况的及时反馈,对这一灰色动态模型GM(1,1)进行及时的修正,使得斜拉桥的施工控制能达到较好的精度要求,因此可对斜拉桥施工实施索力和标高的双控。

参考文献

[1] 陈德伟,郑信光.混凝土斜拉桥的施工控制[J].土木工程学报,1993(1).

[2] 林元培,卡尔曼.滤波法在斜拉桥施工中的应用[J].土木工程学报,1983,16(3):7-14.

[3] 官万轶,韩大建.大跨度斜拉桥施工控制方法研究进展[J].华南理工大学学报:自然科学版,1999,27(11):14-19.

[4] 方志,刘光栋.斜拉桥施工的灰色预测控制系统[J].湖南大学学报:自然科学版,1997(3):74-81.

[5] 邓聚龙.灰色控制系统[M].武汉:华中工业大学出版社,1986.

86. 系杆拱桥吊杆改革的新构思

李俊伟　徐锡燕　安鸣晓　冯泉钧

(无锡路桥集团股份有限公司)

摘　要　系杆拱桥中,吊杆是与拱肋、系杆同等重要的杆件,可是其使用寿命却远远短于拱桥的设计寿命,严重的可造成断索毁桥,造成重大的伤亡事故,系杆拱桥也因此而失去它往日的光彩。为挽救这种形势,本文对系杆拱桥中的吊杆,作了详细地调查和深入地探讨,并认为通过对吊杆的改革,可以大大提高其耐久性,甚至达到与整体桥同寿命——100年的目的。

关键词　柔性吊杆　刚性吊杆　组合吊杆　圆钢吊杆　剥离腐蚀　轻质发泡剂　冲击韧性　屈强比

一、引　言

众所周知系杆拱桥具有许多优越性,它不仅结构合理、受力明确、竖向刚度大,无论地基情况如何,在全国各地均能建造,甚至在高速铁路上也被采用。这种桥型不但技术经济指标先进,造价低廉,同时桥型美观,反映出力与美的统一,结构形式与环境的和谐,有不少已经建成的梁(包括变截面连续梁)拱组合的桥梁,已成为城市的标志性建筑,增加了城市的景观效应。与变截面连续梁桥相比,系杆拱桥跨中截面的建筑高度可比连续梁桥降低20%~30%,可以缩短引桥长度,降低桥梁的总体造价。所以在一段历史时间内,系杆拱桥可以和连续梁桥相媲美,成为桥梁设计中优先考虑的方案之一。可是近年来系杆拱桥的竞争力已经明显呈下降趋势,其问题的关键主要在于吊杆。20世纪90年代以来国内因吊杆骤然断裂引起整体结构破坏的事例已发生多起。目前使用的吊杆寿命太短,一般仅为3~16年,很少有超过20年的，为当前桥梁设计寿命(100 年)的 1/5 左右[1]。在全桥的设计寿命范围以内，吊杆要进行多次拆换，既严重影响交通，又带来一定的风险，经济上浪费极大，故对系杆拱桥中吊杆的革新已迫在眉睫。本文将首先叙述目前常用吊杆的缺陷，然后再提出对吊杆改革的新构思。

二、拱桥吊杆的病害综述

目前拱桥常用吊杆有柔性吊杆和刚性吊杆两种，今先介绍其缺陷。

1. 柔性吊杆问题[2]

(1)平行钢丝索 PE 护套提前开裂。PE 护套在制作前为零应力状态，当成桥后，护套受钢丝的拉伸而与钢丝同时伸长，在塑料护套中产生拉应力，甚至在活载作用下产生交变拉应力，从而导致 PE 护套提前开裂。

(2)不同的护套材质对耐应力开裂的性能差异较大。相关技术标准规定该项指标(F_0)不应低于 1 500h。然而受诸多因素的影响，目前国内某些工程索类所用护套材质，其指标 F_0 只有 500～800h，个别工程甚至使用低密度 PE，因材质达不到要求使护套在更短时间内开裂。

(3)使用环境的影响。紫外线的照射、雨水冲淋及有害气体的腐蚀，均能影响到护套的开裂。调查发现开裂往往是从索的迎光面开始，甚至迎光面和背光面的颜色也不相同。

(4)施工作业的影响。据了解施工对索体的保护措施均不够，摩擦损伤索体的缺陷时有发生，有时虽进行修补，但经过二次加热成型的护套，其耐环境应力更低，使护套更易开裂。

(5)防水罩失效，使水可直接沿索体进入预埋管内。特别是以前老式的防水罩，它不能适应拉索的拉伸和摆动作用，其密封性能在使用一两年内便失效。

2. 刚性吊杆的问题

早期的刚性吊杆都采用钢绞线现场制作，以无缝钢管内灌注水泥砂浆防护。这种吊杆已使用 20 年左右，近年来桥梁健康检测时发现有些吊杆的端部也产生了不同程度的锈蚀，说明其耐久性也存在问题，主要原因有以下几点。

(1)设计理念问题。有的设计认为钢套管不能承受压力；有的设计则认为钢套管应该承受压力，即使在活载作用下，也应该保持一定量的压应力，以防连接钢套管的钢板受拉而与混凝土贴面分离，形成渗水缝隙。

(2)预埋在拱肋或系杆表面的套管焊接钢板在钢套管电焊安装连接时，钢板因受热骤然膨胀、冷却时骤然收缩，便与混凝土贴面失去黏结，造成渗水通道，雨天肋底淌水时使内部钢绞线锈蚀。虽然钢性吊杆表面看起来比柔性吊杆经久耐用，但由于它的问题都在上下端锚固钢板与混凝土的黏贴处，就变得更加隐蔽，更加不容易加固，更容易造成断索毁桥的患害。

(3)使用钢绞线的夹片锚存在“低应力锚固”问题。一旦夹片锚稍有松动，或被水分浸入，将使连接钢板与混凝土处开裂，使水分渗入、锈蚀钢绞线，造成严重隐患。

总之，以上两种常用吊杆，都应该被改革、创新，向 100 年的耐久性目标要求探索。

三、建立吊杆设计的新理念

同行们常说吊杆是系杆拱桥中的“生命线”，那么这样重要的吊杆就不应与普通橡胶支座、栏杆和路灯之类的零部件等等量齐观，它的寿命应该与整体桥的寿命相同，即也需要达到 100 年的要求。即使是暂时做不到，我们也应该努力奋斗，在设计阶段就应特别重视吊杆的耐久性，以免由于其早期劣化而付出高昂的养护和换索或加固费用。用换索的办法来维护吊杆的生命只能认为是临时举措，不是长久之计，何况换索的代价十分高昂，还会直接影响交通运行，所以现有吊杆必须加以革新。

四、吊杆改革延长寿命的可行性探讨

拱桥吊杆通过改革延长其寿命的可能性必然存在，中国已跨入世界桥梁大国行列，业内专业人士的数量已成为世界之最，而且已有不少相关行家正在研究这个问题，并获得了一些可喜的设计成果，相信这个问题定能在不久的将来得到解决。

从历史的观点看，也是必然可行的。在桥梁建设史上，类似系杆拱桥的结构可追溯到建于1927年的上海杨浦区的定海桥，其主桥就是一座系杆拱桥，严格地讲可称作空腹桁架桥[3]，如图1所示。

图1　定海桥

该桥位于复兴岛上游定海路上，主桥主跨为30.48m的钢筋混凝土系杆拱桥，由两侧系杆拱片与11根钢筋混凝土吊杆、13根钢筋混凝土矩形横梁、现浇桥面板组成。设计荷载相当于现汽车-10级，桥宽为6.3m（车行道）+2×2.0m（双侧人行道），由丹麦人马牙及黄炎工程师设计，使用至今未作任何加固处理，仅对其中的一根吊杆因被汽车撞伤而作了修复。历时83年，其钢筋混凝土吊杆仍然完好无损，此壮举可称是系杆拱桥上的一个里程碑，增强了我们提高吊杆耐久性探索的信心。

其次，我们还调查了一些系杆拱桥中吊杆的类型，发现张家港等运河上的一些机耕桥（轻型系杆拱桥）用的是直接暴露在大气中的圆钢做的吊杆仅靠油漆简单防锈，其腐蚀并不严重；我们在2000年5月在锡澄运河上设计了一座跨径为55m的机耕桥（图2），其吊杆为$\phi 38$的圆钢，仅靠安装时的一次油漆，使用了10年时间，目前仍在继续使用，其锈蚀也较轻微。了解历史才能创造未来，通过以上两个事例，我们提出以下两类吊杆设计改革的新构思。

图2　锡澄运河上的机耕桥

五、对现有常用吊杆进行改革，以大大提高其耐久性

1. 关于柔性吊杆及刚性吊杆的改革

前面叙述的柔性吊杆及刚性吊杆，虽有其严重的缺陷，但也有它们各自突出的优点，如能把这两者结

合起来，将成品索设在钢套管内部就能达到取其精华，去其糟粕，大大提高吊杆耐久性，本文中称此类吊杆为组合吊杆。其主要优点是：

(1)利用无缝钢管护套代替 PE 护套，可大大提高系杆在大气中的防腐作用，仅需简单的油漆，可代替复杂而且代价高昂的换索问题。

(2)无缝钢管可参与吊杆钢丝的结构作用，减小吊杆在活载作用下的拉伸变形，对降低活载振幅大大有利。

(3)吊杆钢丝采用成品索，以墩头锚锚固，大大提高吊杆的锚固作用。

(4)从系杆上吊杆截面处的影响线峰值看，钢套管对系杆受力明显有利。详细数据见文献[4]。

(5)根据双吊杆构造理论[1]，组合后的吊杆同样可以做到断索不毁桥。因为万一内部高强钢丝断了后，钢套管的极限强度仍然能保护吊杆不断。

2. 关于改善组合吊杆的耐久性

1)在结构上需注意构造细节

(1)取消钢套管的连接钢板(图 3)，实践证明这块预埋在混凝土表面的连接钢板与钢套管焊接时，骤变温度很容易使钢板与混凝土的黏结破裂，形成透水路线，直接浸蚀内部钢束或锚头。这是以前调查到的刚性吊杆内部钢绞线锈蚀主要发生在上下端的直接原因。

(2)钢套管上下端的连接管直接预埋到拱肋和系杆内部，并在套管表面缠绕电焊 $\phi10 \sim \phi12$ 的螺旋状钢筋，以加强与混凝土的黏结。连接管管口宜露出拱肋底面或系杆上表面 5～10cm，以防止在与套管连接时烧伤周边混凝土，同时也便于油漆及对焊波的检查。

(3)锚固孔内宜填充 KL-60 无收缩水泥＋芳纶纤维，防止混凝土干缩裂缝，出现渗水现象。

2)关于组合吊杆的张拉力

组合吊杆的张拉力，应取吊杆恒载拉力＋活载拉力，使吊杆焊波长期保持压应力，避免焊波拉裂。同时根据《钢结构设计规范》(GB 50017—2003)规定，钢套管可不考虑疲劳问题。

3)关于钢套管的设计直径

钢套管的设计直径不宜过大，只要能满足在张拉力作用下钢套管不发生纵向失稳便可，壁厚不宜小于 10mm。关于钢套管的计算长度 l_0，可取 $l_0=0.5h$[4](h 为钢套管计算净高)。

4)关于发泡剂

吊杆张拉完毕后，钢套管内部可压注轻质发泡剂(聚氨酯，18kg/m^3)。根据无锡洛南大桥使用经验，这种发泡剂具有两大作用：①因其气孔是球状的相互不连通，具有阻水作用；②活载通过时，对内部钢丝起防振作用。

5)关于短吊杆问题

钢套管具有一定的刚度，因此在恒活载作用下，吊杆上下端存在着端切力和端弯矩，就像图 1 所示的钢筋混凝土吊杆一样，只不过钢套管的端弯矩要小得多。因此严格来说，它近似于空腹桁架[3]。根据计算，钢吊杆的端弯矩均不大，且活载比恒载的数量要小很多(表 1、表 2)，因此在无锡地区未见过短吊杆开裂现象。恒载作用下的端弯矩以拱桥支承端的短吊杆为最大，这是由三种原因造成的：①短吊杆的延刚度 EI/l 为最大；②因拱肋压缩、系杆拉伸的恒载位移量使上下端节点的相对位移量最大，如图 4 中表示的 $\Delta_1 > \Delta_2 > \Delta_3 \cdots\cdots \Delta_{跨中}=0$；③活载造成的拱肋压缩和系杆拉伸，与恒载相比极小。活载仅使系杆发生挠度对吊杆有些转动影响而已。为防止短吊杆开裂，安全起见，可采取以下两条简单措施：①上下端钢管焊接时可先焊横桥向焊波，成桥后再焊接顺桥向焊波；②按长细比相近的条件，通过计算适当减小钢套管的直径。

恒载作用下吊杆钢套管端弯矩表 表 1

吊杆编号		1号(12号)	2号(11号)	3号(10号)	4号(9号)	5号(8号)	6号(7号)	单位
吊杆钢套管	上端	5.952	3.370	2.143	1.364	0.767	0.248	kN·m
	下端	−4.578	−2.788	−1.842	−1.189	−0.672	−0.218	kN·m

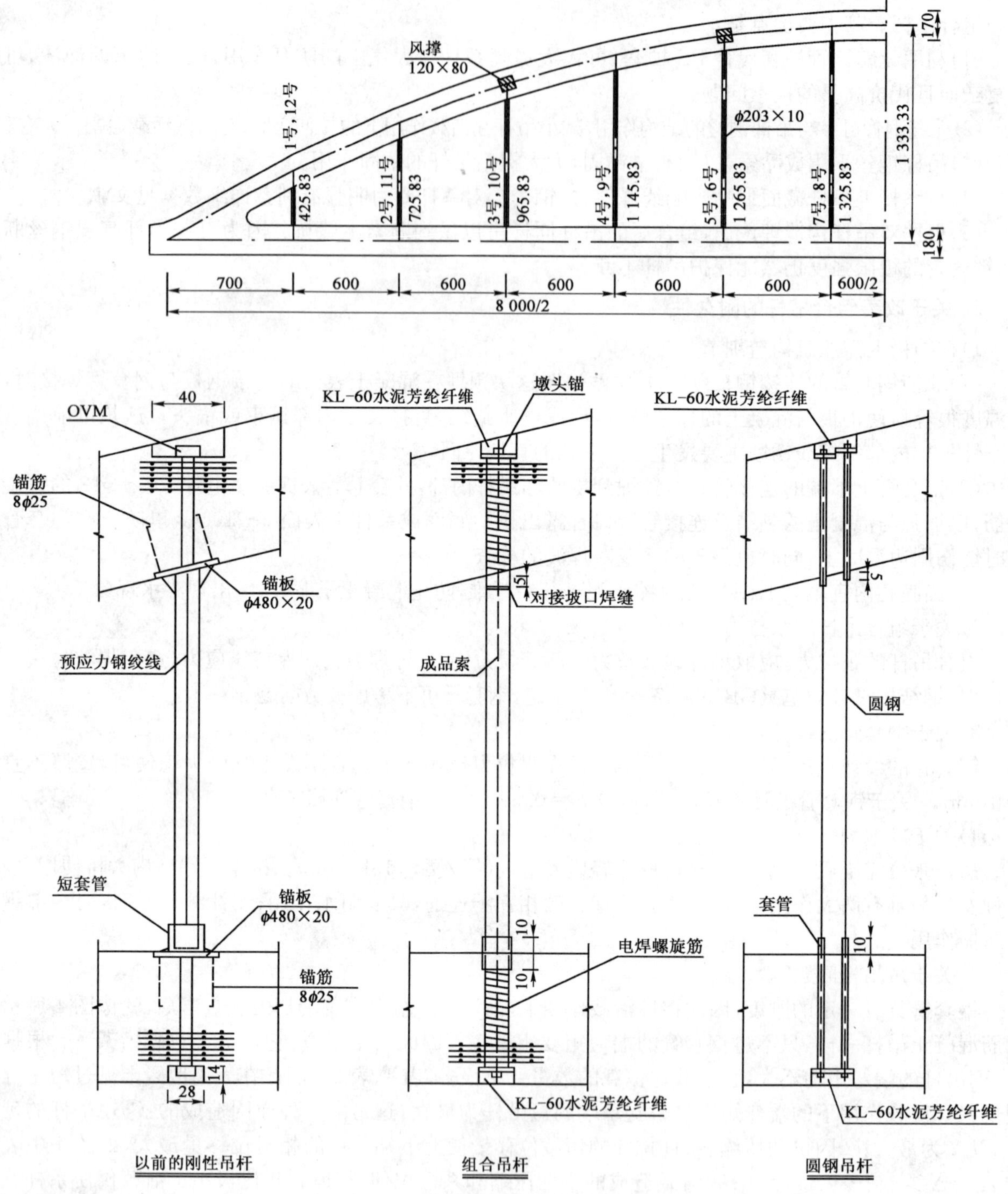

图3　吊杆构造(尺寸单位:cm)

活载挂—100作用下吊杆钢套管端弯矩表　　　　表2

吊杆编号		1号(12号)	单　位
吊杆钢套管	上端	1.373	kN·m
	下端	−1.043	kN·m

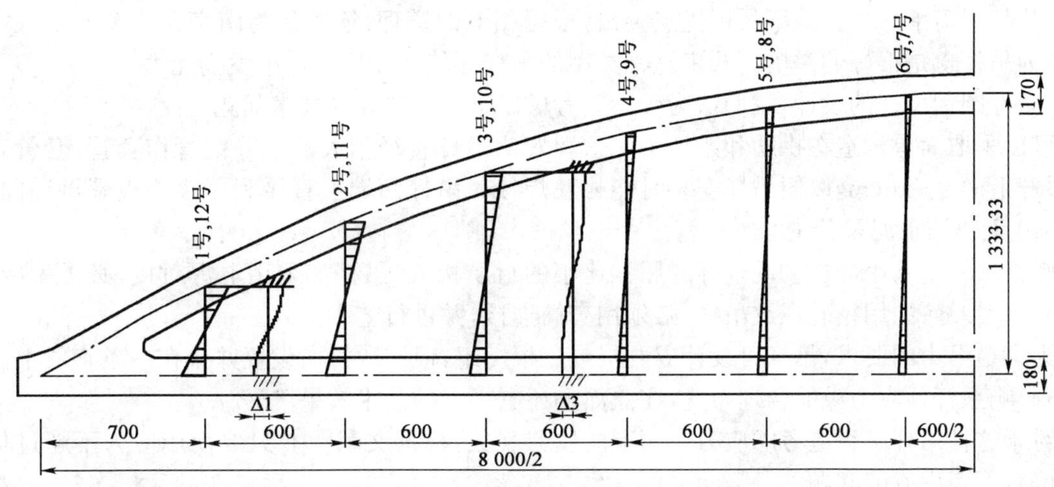

图 4 恒载作用下组合吊杆端的端弯矩

6)钢套管的材质

钢套管的材质应考虑到内部钢丝断裂时,钢套管会从压杆变为拉杆,为防止骤然破断,套管钢材宜选用破断时延伸率较大、屈强比(屈服强度与破断强度之比)较小的材质,即普通Ⅰ级钢或Q235。这种钢材屈曲时稳定系数 φ 比高强钢材的大,价格又较低,比较合算。

7)日照的影响

如果是相同的材料,在温度变化的情况下,拱片各部变形后的形状与原结构形状成相似形,这时可以不考虑温变应力。但在吊杆成了钢套管后,在日照的影响下,由于导热系数和比热的不同,钢套管的骤变温度较大,它与混凝土拱肋、混凝土系杆就会发生温差变形,随之而造成温度内力。这里根据钢套管温度大于混凝土20℃计算[5],可得公路桥的拱肋(图3)和系杆的弯矩图(图5),由图5表明日照引起的温差内力并不大,在设计中可以忽略不计。

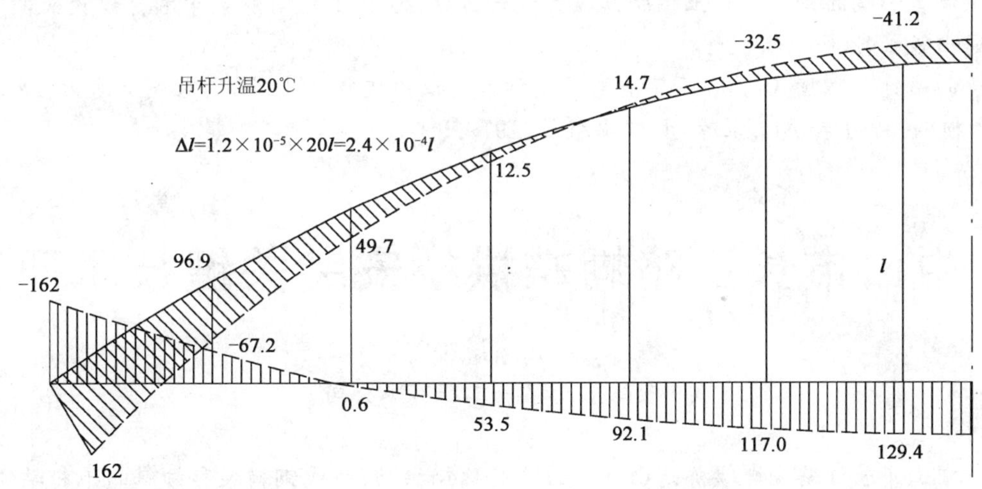

图 5 吊杆升温20℃,拱肋和系杆的内力(单位:kN·m)

3. 圆钢吊杆的系杆拱桥

通过对一些轻型拱桥的调查发现直接利用圆钢作为吊杆,有它独特的优越性。(1)圆钢吊杆的耐腐蚀比高强钢丝好。据了解,金属直接暴露在大气中的腐蚀速度为每年0.1mm,这里我们称它为“剥离腐蚀”,那么如图2所示的吊杆,其直径为 $\phi38$,不防护时10年后其直径变为 $\phi36$,设计计算面积仅减小10%,即10年后还不至于造成致命伤;而 $\phi5$ 的高强钢丝经过10年腐蚀后面积减小64%。结合“应力腐蚀”考虑[6],不到10年即将造成断索毁桥的致命伤。(2)圆钢吊杆仅需油漆防护,工艺简单,费用低,防护时不影响交通。(3)圆钢吊杆虽然设计强度低,但面积大,活载作用下的拉伸小,可以减小活载振幅。(4)

结构和安装都很简单。由于圆钢吊杆优点突出，根据相似的道理，笔者认为南京大胜关长江大桥直接采用型钢作为吊杆也是很好的举措。看来这种类型的吊杆还能在今后设计中发扬光大。

为了做好圆钢吊杆的设计，我们认为今后要考虑以下相关的几个技术问题。

(1)可以采取简单构造在拱肋和系杆中先预埋好比吊杆直径稍大的无缝钢管作套管，套管宜外露出肋底和系杆上面5～10cm，以便吊杆安装时能相互焊接。吊杆两端可直接利用锚垫板螺母锚固，锚固孔可用KL-60无收缩水泥及芳纶纤维填塞。

(2)圆钢吊杆应采用冲击韧性较好的屈强比小的材质构成，吊杆如采用电焊对接，必须做冷弯试验，使焊波不产生裂缝；如用精轧螺纹吊杆，必须用套筒连接，并进行艺术排列。

(3)为满足吊力的要求，吊杆可设计成两根或三根一组，但宜顺桥向设置并排在一条直线上。这样的排列既不影响系杆预应力束的合理布置，在立面上还有一定的艺术效果。

(4)对于这种吊杆是否应考虑应力作用下的疲劳现象，根据文献[7]，只要使用应力不超过材料的耐久极限，可以不考虑疲劳问题。

六、结　　语

就系杆拱桥的整体而言，它是一种十分优越的结构。我们衷心地期望同行们在吊杆这个重要构件上能通过创新实现局部的超越，使系杆拱桥这个品牌大放光芒。

参考文献

[1] 对现代吊杆拱桥设计的新思考2009年全国桥梁学术会议论文集[C].北京：人民交通出版社，2009.
[2] 龙跃，等.拱桥拉索病害研究与对策[J].桥梁建设，2005，(03).
[3] 钱令希.超静定结构学[M].上海：上海科学技术出版社，1958.
[4] 钢性吊杆的优越性及其相关技术的探讨.江苏省公路学会优秀论文集[C].北京：人民交通出版社，2008.
[5] 考虑日照温差影响的钢管混凝土拱肋预应力设计方法2009年全国桥梁学术会议论文集[C].北京：人民交通出版社，2009.
[6] 公路钢桥的腐蚀与防护[C].2005年全国桥梁学术会议论文集[C].北京：人民交通出版社，2005.
[7] S铁摩辛柯.材料力学[M].北京：科学出版社，1979.

87. 中山市长江路蝴蝶拱桥安装关键技术研究

周翰斌
（中交四航局第一工程有限公司）

摘　要　中山市长江路蝴蝶拱桥是由倾斜的非对称钢拱肋、曲线钢箱梁和倾斜的吊杆共同组成的多元空间结构体系，属于特殊的梁拱组合体系桥，受力复杂。针对该桥的安装难点，进行了总体安装方案的比选，选择了跨桥龙门吊的架设方案，并对拱肋及钢箱梁的安装和合龙关键技术进行了研究。实践证明，跨桥龙门吊架设法应作为蝴蝶拱桥安装的推荐方法。

关键词　中山市长江路大桥　蝴蝶拱桥　跨桥龙门吊　技术研究　安装施工

一、概　　况

中山市长江路钢拱桥跨越石岐河，出于城市景观建设的需要，该桥由2条倾斜的非对称钢拱肋、曲线钢箱梁和倾斜的吊杆共同组成多元空间结构，远眺该桥仿若展翅飞翔的蝴蝶，所以又名蝴蝶拱桥(图1)，其主跨110m，位于竖曲线半径2 000m、平曲线半径650m的空间曲线上。该桥外拱肋（远离平曲线圆心）向外倾斜13.5°，平面内矢高37.0m；内拱肋（靠近平曲线圆心）向外倾斜35.5°，平面内矢高30.0m。在国内蝴蝶拱桥中首次采用封闭椭圆形变截面的拱肋，拱脚断面尺寸为长轴×短轴=4.156 9m×3m，拱顶断面尺寸为长轴×短轴=2.078 4m×1.5m，拱脚处椭圆截面的长轴旋转90°逐步过渡变化到拱顶椭圆截面的短轴位置。拱肋内平面分布有20道纵向加劲肋，拱脚段拱肋通过承台预埋筋及钢板与拱座固结。桥型立面及侧面如图2所示。

图1 中山市长江路蝴蝶拱桥

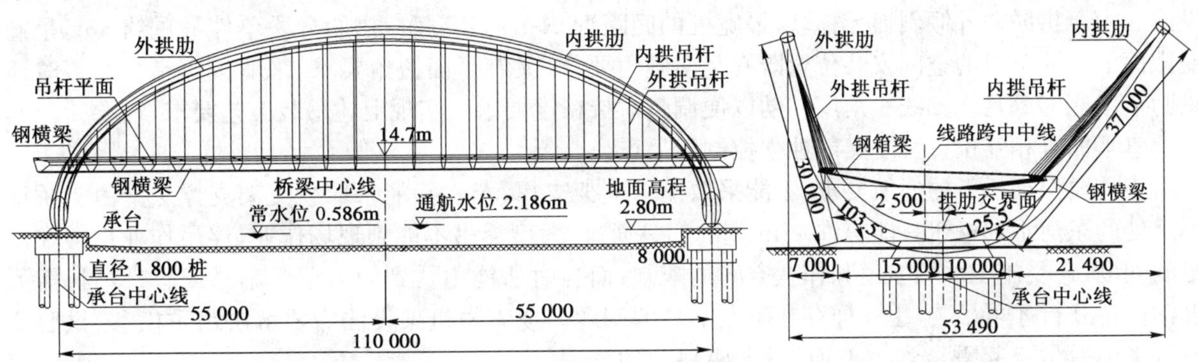

图2 中山市长江路大桥主桥桥型立面及侧面布置图（尺寸单位：mm）

该桥按城-A活载设计，曲线桥面的扁平钢箱梁由正交异性钢板组成，在全部拱跨范围内连续成一个整体，并在两端通过强大的钢横梁与拱肋联结在一起，在其边缘通过暗横隔由吊杆吊住，将重量传给拱肋。钢箱梁顶面全宽30.4m，底板宽9.6m，每侧悬臂10.4m，梁高2.172m。钢箱梁分段单件最重约120t，钢横梁重426.45t。外拱设19根吊杆，内拱设21根吊杆，采用LZM7-55平行钢丝扭绞拉索，间距均为5m，张拉端设在钢箱梁位置，锚固端设在拱肋内，锚具均为冷铸墩头锚。

二、结构特点及安装难度

该桥一改传统拱桥落地生根的拱脚模式，左右拱肋组成一个变截面的封闭钢环，两侧弯起不同的角度，并与曲线桥面钢箱梁组成弓弦关系，平衡水平推力，近乎简支梁般搁在两岸的承台上，犹如腾空展翅的蝴蝶、梦幻翻飞的钢环。该桥由倾斜的非对称钢拱肋、曲线钢箱梁和倾斜的吊杆共同构成一个多元的空间结构体系[1]，给安装施工增加了很大的难度，主要体现在：

①桥面钢箱梁沿曲线布置，主桥的两条钢拱肋向外倾斜角度大，其最宽处的间距近60m且不对称，这种不对称结构重心位置对结构的变形很敏感，钢主梁和拱肋不同的吊装架设方式与工况，对结构内力影响较大，应采取合理的施工方法与步骤，同时需进行严密施工监控[2]；

②拱肋为减少应力集中现象，没有采用较常见的六边形断面，而是采用椭圆形变截面，椭圆截面的长、短轴由拱脚开始逐渐旋转变化，到达拱顶的方位变化为90°，椭圆截面的长、短轴位置互换。此种复杂变化的空间曲面结构不但制造上有很大的难度，也对拱肋安装提出了新的技术要求，这是由于拱肋节段的空间相对位置既有垂向倾角，又有平面扭角，拱肋的节段吊装需有可靠的空间姿态调整和定位调整措施；

③拱肋的面内刚度较大，面外刚度小，且拱肋无风撑，横向迎风面积大，向外倾斜的拱肋自重分力产生使拱向外倾覆的趋势，施工时拱肋的侧向约束不多，拱肋的横向稳定性成为施工中的核心问题，直接影响大桥施工安全和质量，采取措施保证拱肋的面外稳定也成为施工的关键之一。

另外，该桥安装过程中必须保证桥下有两个净高6.5m×净宽16.0m的通航孔双向通航要求，并且还要考虑施工的经济性、方便性和安全性等因素。

三、总体安装方案

该桥为特殊的梁一拱组合体系桥，设计要求采取大节段分段安装成桥。根据其结构特点，采用“先拱后梁”的总体安装合龙方案，拱肋与钢箱梁的具体安装顺序为：拱脚段及钢横梁安装→钢箱梁中间段安装→外拱中间段、合龙段安装→内拱中间段、合龙段安装→拱脚段混凝土灌注→吊杆安装→钢箱梁张拉合龙→吊杆张拉调整→钢箱梁及拱肋的临时支墩拆除。

一般情况下，拱肋采用满布支架法或缆索吊机无支架法安装。本桥拱肋安装，共考虑了三种方案进行比选：满堂支架辅助大吨位船机安装法、缆索吊机无支架斜拉扣挂架设法和少支架辅助的跨桥龙门吊架设法。由于拱肋向外倾斜而无横联，最宽处的间距近60m且不对称，拱肋分段单件最重约85t，呈椭圆形变截面的拱肋节段的空间安装位置既有竖向倾角要求，又有平面扭角要求，采取接口错台对接时还要求拱肋节段能够满足绕轴线小角度转动以便调整对接精度要求。实现上述吊装工艺要求，需要4个不在一个垂直平面且相互位置可变又能独立控制的吊点。

由于需要保证桥下的通航要求，不能采取满堂支架支撑，至多只能采取少支架支撑法。由于桥址东面不远处的东河水利枢纽只能容许12m宽的船只通过，大型浮吊不能到现场作业，浮吊作业也存在吊点不足的问题，还受施工水域航道和作业空间的限制；而当时所能租赁到的大型汽车吊或履带吊机需另外搭设钢栈桥开行才可吊装，也同样存在吊点不足的问题。缆索吊机架设法需要解决吊重横移、拱肋姿态调整带来前后吊点起重索索力不均、无支架斜拉扣挂、吊索横向倾角不同引起吊装桥面箱梁的横向力等技术难题，这需要采用相当大的缆索吊机系统，成本投入巨大。跨桥龙门吊的吊点数量和覆盖面在桥跨内不受限制，以4个独立吊点的吊装工艺，很好地解决了拱肋节段三维空间定位的难题，安全性能相对可靠，而且可以通过提高龙门吊轨道栈桥的标高来较好解决整个施工过程保持通航的问题，不受施工水域航道和作业空间的限制，构件的安装顺序也不受限制。经过多个方案比选，最终确定采用跨桥龙门吊的安装方案(图3)。

图3 中山市长江路大桥吊装施工

四、跨桥龙门吊的结构形式选择及设计

跨桥龙门吊为该桥安装施工的关键设备，若采用特制的桁架结构则成本过高，而采用通用钢结构构件组拼则较为合理。常用于组拼龙门吊的钢结构构件有贝雷桁架和万能杆件。贝雷桁架具有装拆便捷的优点，但其结构单元尺寸较小，用于大跨度的结构不但稳定性差而且不经济。万能杆架结构单元轻巧，便于无吊机配合的高塔组拼，而且组合、配置形式灵活，可根据结构受力情况进行多种截面的组合，组装成等强度梁，钢材力学性能得以充分的利用，因此确定该门吊采用万能杆件组拼的结构形式(图4)。

目前，万能杆件组拼的龙门吊在我国还没有定型设计及相关规范，需要根据拱桥结构特点和吊装工艺要求进行专门设计。根据该桥特点和拱肋、箱梁吊装的分段重量和外型尺寸，基于组合式双梁门吊起重小车平面位置任意可变的特点，采取双梁宽间距连体的门吊结构，两个门架的中心距为8m，每条主梁上配置两辆起重小车，共有4个独立吊点，以适应椭圆形变截面拱节段和梯形平面钢箱梁纵、横向吊点间距变化的要求[3]。吊装作业时，4台起重小车根据构件不同的吊点位置移动变位，实现垂直投影为矩形、梯形或平行四边形的4个吊点，满足各种构件不同吊点位置的要求。拱肋节段吊装时，门吊吊起拱肋节段，旋转至适当的平面扭角，搁置在临时支墩的托架上，转换成4点吊再起吊安装就位，拱肋节段的三维定位通过门吊大、小车的变位和4个吊点的升降，实现拱肋节段竖转、平转和绕拱轴微转的调整，最后完成拱肋安装定位。

龙门吊的主梁底部距轨道栈桥面25.5m，距拱顶约3m，门吊跨度达62m，额定起重为35t×4，吊点可

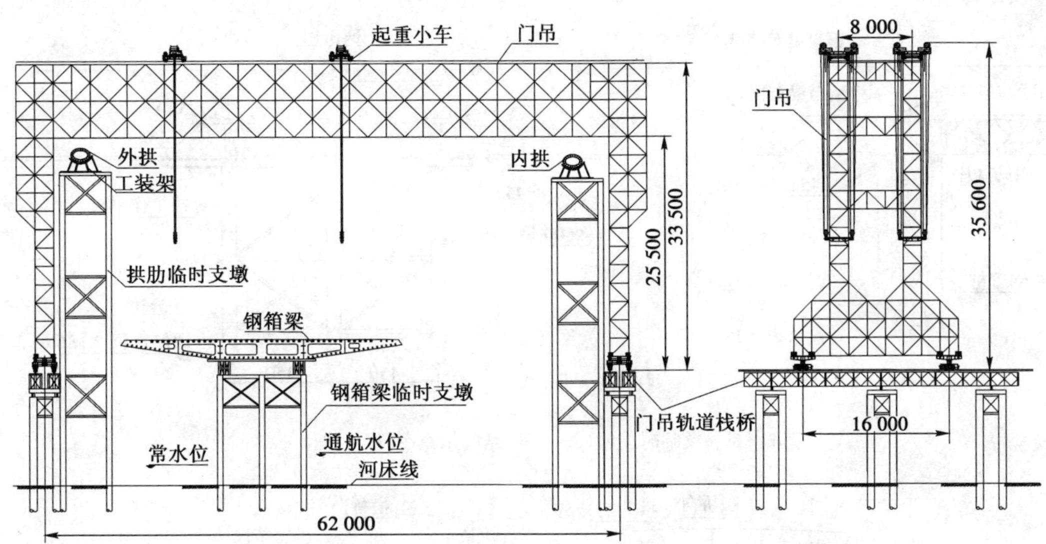

图4 万能杆件跨桥龙门吊架设钢箱梁、拱肋示意图(尺寸单位:mm)

覆盖整座拱桥。门吊四台起重小车起重能力根据各种工况组合的最大值(包括单点、两点、四点吊)确定。万能杆件门吊的门架设计有别于常规门吊,门吊支腿无刚柔之分,门架作为一个刚架考虑,采用SAP2000和ANSYS分析软件建立空间结构模型进行受力分析,再根据各杆件的内力情况调整杆件截面配置。门吊计算模型按三维杆系结构建立,门吊支腿支点的约束按一边固定铰支另一边滑动铰支设置,释放杆件平面内的两端弯矩约束。门吊大车行走系统采用双排轮结构,以降低轨道轮压。为实现双排轮的均匀受力,门吊支腿通过均衡梁与行走台车铰接。门吊大、小车行走机构采用变频控制,以降低门吊起、制动时的惯性力冲击,且便于安装时通过微调准确定位。

龙门吊轨道的栈桥高度根据通航要求确定,顶面标高为+13.5m,基本与桥面齐平。支承桩采用ϕ820×8钢管桩,桩顶横梁采用2I45a工字钢。栈桥普通跨度为9m,断面采用2组四排单层贝雷桁架;栈桥两个通航孔跨度均为19.5m,断面采用2组四排双层贝雷桁架。2组贝雷桁架按轨距2m的中心距布置,钢轨采用P43轨,轨枕采用I20a工字钢按间距为0.5m铺设,以降低钢轨的弯矩。栈桥的水上钢管桩采用60t浮吊和90kW振动锤沉放,陆上的钢管桩则采用25t汽车吊和90kW震动锤施工。每个通航孔两侧设ϕ600mm钢管桩防撞墩及通行浮标、通航警示灯等标志。

该门吊由于跨度大,两条主梁自重超过200t,安装后的梁面距地面高达45m,门吊的安装成为拱桥吊装施工的难点。门吊支腿的安装根据施工场地和起重设备能力采用地面小单元桁架组装、高空对位连接以及人工逐条杆件拼装等方法拼装,主梁采用地面整体组装,再通过起升架提升主梁到达设定高度与支腿对接的安装方法。提升架采用钢管桩搭建,利用门吊原本配置的4台起重小车卷扬机进行主梁提升,很好地解决了门吊安装时场地狭窄、起重设备能力有限而难于解决的主梁吊装问题。

五、钢箱梁及拱肋临时支墩的设计和施工

钢拱肋采用分节制作、少支架安装,节段拱肋在对接平台上对位焊接,对接平台对应于拱肋分段接口,拱肋接口位置设置临时支墩作为接头定位支座。临时支墩采用4根ϕ600×6钢管桩和型钢、贝雷片组成,支架顶设置托架支座,托架支座按钢拱底部弧线形状放样制作,以便钢拱吊装定位。托架标高按设计钢拱标高加拆除托架后钢拱下挠量设定。钢箱梁的安装采取在水上钢管桩支墩上铺设型钢、贝雷桁架作为钢箱梁的临时支架(钢管桩布置间距及数量根据计算确定)。钢箱梁及拱肋的临时支撑顶安设卡位槽钢、千斤顶等以微调钢箱梁和拱肋的侧向位移及标高,在钢支撑上安装安全操作平台,满铺木板,平台四周设置围栏,张挂安全网。临时支墩结构示意图如图5、图6所示。水上临时支墩支架的施工由60t浮吊或门吊和90kW振动锤配合进行。

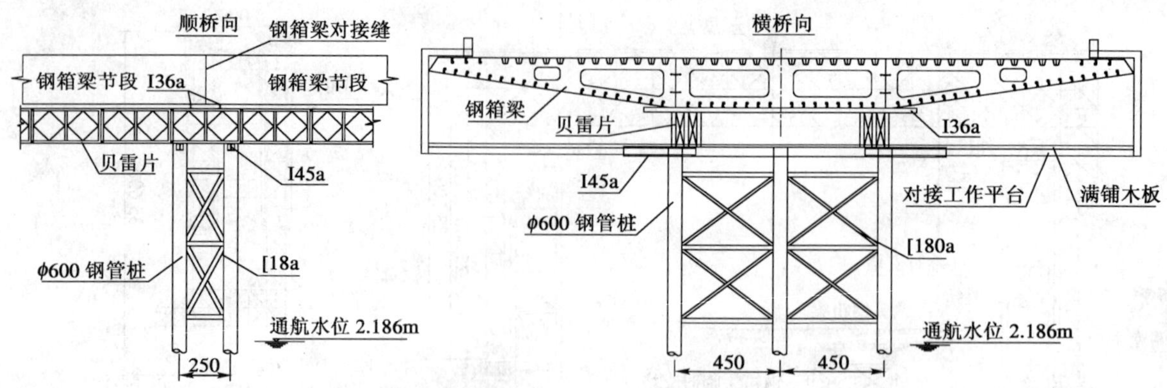

图5　钢箱梁临时支墩(5～7号)结构示意图(尺寸单位:cm)

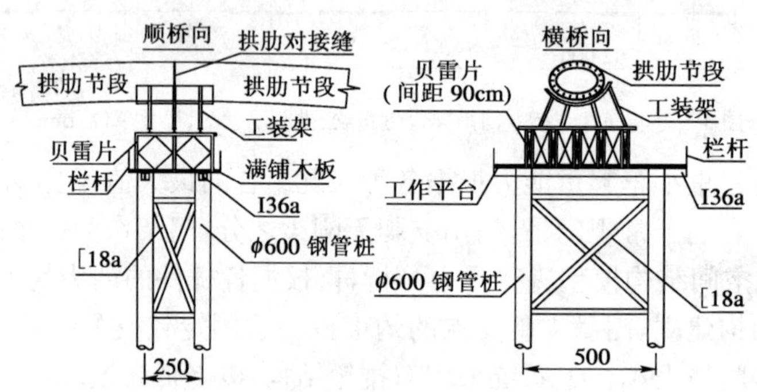

图6　拱肋临时支墩结构示意图

六、拱肋及钢箱梁安装

1. 拱肋拱脚段及钢横梁安装

拱肋的拱脚段以桥的纵轴线为界,分为左右2个节段进行安装。拱脚节段由门吊的4台起重小车通过扁担梁转换为两点吊从停于通航孔的驳船吊起,移至拱座位置,拱脚下端先对准拱座上的对位标线就位,放松该端吊钩,以该端为支点,通过门吊大车和起重小车的走位调整,把另一端吊移至临时支墩的托架上,测量调准位置后,先对拱座端拱脚进行初步定位焊接。以同样的方法接着安装另一侧拱脚。经检测确认拱脚安装定位精度符合要求后,吊装钢横梁,复核其标高(考虑预拱度)准确无误后,完成钢横梁与拱肋的焊接,再进行拱脚段拱肋与承台拱座预埋钢板的最后焊接,完成拱座的刚接。

2. 钢箱梁中间段安装

钢箱梁的安装在拱脚和拱脚处的钢横梁安装完成后,由两端开始向中间推进。钢箱梁节段由门吊的四台起重小车通过扁担梁转换为两点吊从停于通航孔的驳船吊起,移至安装位置,运行门吊大、小车,调准钢箱梁节段平面位置后将其缓缓落于临时支墩上,测量钢箱梁节段标高、平面位置及吊杆孔位置,检测端口位置尺寸误差,再通过门吊和千斤顶精确调整钢箱梁节段位置,最后进行定位焊接。

3. 拱肋中间段安装

拱肋节段由门吊从停于通航孔的驳船吊起,移至钢箱梁面。然后改为扁担梁式可旋转单钩起吊,将钢拱节段旋转一定角度,使钢拱节段2对吊耳(吊耳的焊接位置根据钢管拱在胎架上制作完成时,根据钢拱节段安装最终就位时与门吊2条主梁轴线垂直投影线交点的相关位置定出)分别位于门吊两条主梁轴线的垂直投影线处,并落于预先准备的托架上。卸掉扁担梁后,运行门吊4台起重小车分别对准4个钢管拱段吊耳挂钩起吊。运行门吊大车、小车,将拱段移至安装点临时支架对位安装。拱肋节段的三维定位通过4个吊点的变位,实现其仰角、平面扭角和绕拱轴线微转的调整,期间随着拱肋节段仰角β的变大,需同时运行起重小车改变拱肋节段平面扭角 α 与之相适应,最终调至设计要求的位置,进行对口初步定位焊接。其起吊过程的角度变化见图 7 所示。拱肋中间段吊装完毕后,复核所有已架设拱肋段的标高(考虑预拱度)及拱轴线,确认准确无误后,从拱脚段依次焊接拱肋各中间段,最后吊装外拱和内拱的拱顶合龙段。

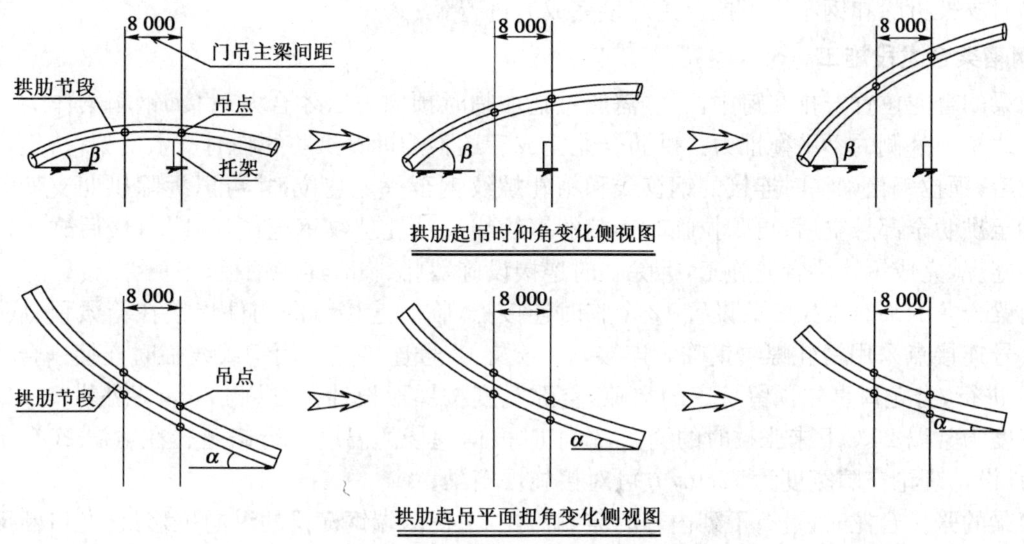

图 7 拱肋安装定位时仰角和平面扭角同步变化示意图(尺寸单位:mm)

4. 拱肋合龙段安装

拱肋合龙段设置在拱顶位置,由门吊 2 台起重小车通过扁担梁转换为可旋转单钩从停于通航孔的驳船吊起,移至箱梁面位置,旋转 90°,落于预先准备的临时支墩支架上,运行门吊 4 台起重小车分别对准合龙段 4 个吊耳挂钩起吊,门吊大车、小车将拱肋合龙段移至合龙位置。拱肋合龙段的三维定位通过 4 个吊点的变位实现其平面扭角和绕拱轴线转动的定位调整,并通过测量复核相关间隙数据、标高值(考虑预拱度)及拱轴线,修正加工余量,在预定的设计合龙温度时段进行对口定位焊接,完成拱肋合龙段的安装施工。

5. 拱肋拱脚段混凝土灌注

拱肋合龙完成后,灌注拱脚段 C50 无收缩混凝土。由于拱肋内混凝土必须充满整个拱肋空间,混凝土配合比设计时主要从高效超塑化减水剂的优选、合理采用掺和料、保证混凝土强度和膨胀率之间的协调发展三个方面进行考虑。

拱肋混凝土采用泵送顶升法灌注,分两次进行,两次灌注的混凝土结合部位插入锚筋,表面进行凿毛处理。横梁以下的部位利用高压混凝土输送泵的压力将混凝土通过输送管及位于拱脚中间部位接口的连接管顶入钢管拱内,当混凝土顶升到横梁底部,并从排浆孔排出表面浮浆后,由于横梁内隔板较多,继续顶升浇注阻力增大,而且混凝土容易产生空洞,横梁部位的混凝土输送改换成输送车,利用输送车泵管的活动性及前端软管,从拱肋桥面上的入孔送料进行浇注,人工使用振捣棒在拱肋内进行振捣。横梁以上部分拱肋的混凝土灌注也使用泵送顶升灌注法,在拱肋内安装泵送插管,以减少泵送压力将混凝土送到高处出浆,混凝土沿着拱壁流下,混凝土输送管顶预留约 3m 的距离,利用混凝土输送泵的压力将混凝土顶升充满整个拱肋,直到混凝土从设置在顶部的出浆口排出均匀连续的混凝土浆,拱肋第二层混凝土顶升浇灌完成。为控制混凝土的升温和减少温差,以防止混凝土的热反应过大引起裂缝,设计要求拱肋内混凝土设置循环冷却水管,混凝土浇注完成后在冷却水管内循环通水,降低拱肋内混凝土的水化热。

6. 吊杆安装及索力调整

吊杆的两头分别销接于拱肋和桥面钢箱梁的耳板上,其张拉调整端位于钢箱梁翼板侧,安装时先用门吊将吊杆的一端吊至拱肋的连接耳板处连接好,再用预先拴在吊杆另一端的牵引绳通过卷扬机将吊杆拖到钢箱梁端的耳板处对位穿销安装，并按设计要求进行初步调索张拉。全部吊杆安装完成后，再分 3 次逐步张拉调整索力达到设计要求，第 1 次张拉到设计值的 50%，第 2 次张拉到设计值的 80%，第 3 次张拉到最终设计值。每次对称张拉内外拱 2 根吊杆，张拉顺序为从拱肋两端向中间推进，即先短索再长索，依次进行。吊杆张拉施工采用拱肋和钢箱梁的位移以及吊杆轴力双控的原则。吊杆索力的最后调整在拱肋临时支架拆除和钢箱梁张拉合龙焊接完成后进行。

7. 钢箱梁合龙段施工

钢箱梁的合龙位置安排在跨中位置，需通过施加临时预应力后才合龙对接(钢箱梁作为刚性系杆)，以平衡曲线桥内外侧的不平衡推力。拱肋合龙完成后还不能拆除拱肋的临时支墩支架，待钢箱梁合龙段吊装就位后，预拉钢箱梁临时连接的钢绞线和精轧螺纹钢至一定吨位，才可以拆除拱肋支架。拱肋的支墩支架拆至拱肋全部悬空后，再张拉临时连接的钢绞线和精轧螺纹钢至设计吨位，最后进行钢箱梁合龙口的对接施焊，完成钢箱梁合龙施工，拆除临时连接设施，割除临时连接钢板。

钢箱梁合龙的临时张拉一共设置 12 个临时连接点，临时连接点的构件焊接在箱梁顶、底板位置，其中 1～10 号连接点采用精轧螺纹钢临时连接，11 号及 12 号连接点采用钢绞线临时连接。合龙设计在常温 20℃下进行，合龙口事先预留一定的空隙，空隙宽度按梯形设计，内拱侧 36mm，外拱侧 24mm。预留的空隙宽度为常温 20℃下未张拉时的缝宽，施工时根据现场的温度进行修正。在常温 20℃下施加临时预应力后，设计理论空隙宽度为 12cm，方可对接施焊箱梁。

钢箱梁的张拉合龙时，进行下列内容的监测监控：主桥两端钢横梁的纵向位移；合龙口断面的梯形缝宽；合龙前后内、外拱肋的变位；拱肋与箱梁监控点的应力。结果表明钢箱梁合龙时内外拱横桥向位移均呈远离钢箱梁的趋势，拱顶竖向位移向上，内拱拱顶横桥向位移与竖向位移之比和外拱拱顶横桥向位移与竖向位移之比均为 0.9∶1；且实测值与计算值较为接近。同时对钢箱梁合龙截面控制点纵桥向位移计算值与实测值进行了比较，结果表明各控制点的实测值除个别点外，基本上呈线性关系，与计算值的位移关系基本相符。

七、结　　语

(1)中山市长江路蝴蝶拱桥在比选了各种安装方案后，采用了万能杆件组拼成跨度达 62m 的双门跨桥龙门吊法进行架设，以门吊具有在吊重状态下纵、横移的功能，能够满足复杂形状构件各种空中竖转、平转和绕轴线小角度扭转精确安装定位的要求，以及 4 个独立变位吊点的吊装工艺巧妙地解决了其他吊装设备难以克服的拱肋节段三维定位困难的一些难题，使拱肋的空间吊装定位变得容易、精确和快捷，一台门吊仅 3 个多月就完成了整座桥所有结构物的安装，体现了其安全、高效的工艺特点，而且设备运行平稳，安全可靠，移位灵活，工作效率高。与蝴蝶拱桥施工常用的满堂支架法相比较，减少三分之二的支架搭设量，门吊的安装和使用成本远低于其他起重设备，有效地降低了工程成本。

(2)目前采用万能杆件组拼如此大跨度的跨拱桥门吊，国内尚属罕见。工程实践证明，该安装技术适用于可搭设施工栈桥(留设通航孔)进行施工的各种拱桥工程，以及具有复杂空间曲线、要求进行三维空间精确定位的构件吊装施工，对于中等跨径的大倾角蝴蝶拱桥其工艺上的适用性和经济性更为明显，应作为蝴蝶拱桥安装的推荐方法。

(3)中山市长江路蝴蝶拱桥采用合龙时预张拉钢箱梁作为“刚性系杆”以平衡曲线桥内外侧不平衡推力的技术，在国内同类结构中尚属首例。该桥的合龙施工监测数据表明了此合龙技术在理论上的可靠性。

参考文献

[1] 张俊平，刘爱荣，李永河，等. 蝴蝶拱桥的模型试验与理论研究[J]. 桥梁建设，2007，(2).

[2] 谷利雄，李新平. 中山市长江大桥蝴蝶拱桥空间稳定性分析[J]. 广东公路交通，2005，(2).

[3] 陈鸣. 35t×4/62m 万能杆件组拼式跨桥龙门吊的设计和安装[J]. 华南港工，2007，(1).

88. 大跨度连续组合拱桥整体顶推施工辅助抗风缆索设计

邹小洁
（上海市政工程设计研究总院）

摘 要 杭州九堡大桥主航道桥为单孔跨径188m，全长608m的大跨度组合梁一钢拱组合体系拱桥。根据桥梁方案特点及建桥条件，本桥采用钢拱、钢梁在岸上先期组拼为一体，利用顶推设备进行整体顶推的施工方法。由于顶推过程中结构体系、边界条件均与运营阶段有所不同，顶推过程中风荷载等附加荷载对结构的影响也与运营状态有较大的区别。本文着重介绍顶推施工过程中对风荷载的考虑和顶推施工辅助抗风缆索的设计要点。

关键词 组合体系拱桥 整体顶推施工 抗风缆索

一、概 述

九堡大桥主航道桥(图1)为组合梁一钢拱组合体系拱桥，主梁连续三跨拱肋支承于V墩上，跨径组合为(188+22+188+22+188)m，桥宽37.7m。钢拱系统由主拱、副拱、主副拱之间的横向连杆以及拱顶横撑等构件组成，材质为Q345qD。主拱跨径188m，外倾12°，立面矢高43.784m；副拱轴线为空间曲线，立面矢高33m。主副拱之间的横向连杆采用圆钢管，间距8.5m。拱桥主梁为组合梁，由钢梁和混凝土桥面板组成，钢梁材质为Q345qD和Q345C，为主纵梁、中横梁、端横梁、小纵梁组成的双主梁梁格体系，两侧主纵梁间距27.6m，中横梁间距4.25m，混凝土桥面板厚26cm。主纵梁内部设系杆索。拱桥吊杆间距8.5m，吊杆上端锚固于主拱，下端锚固于主纵梁。

图1 九堡大桥效果图

二、顶推施工总体方案

根据桥梁方案特点及建桥条件，本桥采用钢拱、钢梁在岸上先期组拼为一体，利用顶推设备进行整体顶推的施工方法。该施工方法具有施工工期短、对通航影响少、施工临时设备较少、总体经济性好、加工质量容易得到保证、适应性强的特点。

主要施工流程如下：钢拱、钢梁以及连接钢拱、钢梁的临时撑杆在岸上先期组拼为梁拱组合体系，在梁拱组合体系端部安装顶推导梁，利用在各个桥墩墩顶上设置的顶推设备进行多点同步整体顶推施工。顶推到位后，拆除临时杆件，分批张拉吊杆，进行桥面板施工。

顶推施工时，桥面板尚未铺设，主纵梁内部的系杆索以及拱、梁之间的吊杆均未安装，钢拱和钢梁形成了一个梁拱组合体系。在主拱与主纵梁之间设置连接主拱、主纵梁的临时撑杆(分为A型、B型和C型三类,见图2),临时撑杆的设置使得拱桥在顶推过程中具有了桁架桥的特点,改善了顶推过程中的受力性能。为了改善顶推过程悬臂状态的受力,在拱桥两端分别设置了长度为45m的顶推导梁。

整体顶推利用了主桥永久墩PN2、PN1、PS1、PS2和北侧引桥永久墩PN3～PN5,在这些桥墩墩顶上设置了顶推设备;引桥永久墩PN6上未设置顶推设备,不作为顶推支墩;PN6以北设置有三个岸上临时墩PD1、PD2和PD3,岸上临时墩上也设有顶推设备。为了减小顶推跨径,在每个主桥永久墩中间设置一个水中临时墩(分别为PLN1、PL0、PLS1),其上安装顶推设备,顶推最大跨径可减小为94m。

梁拱组合体系的拼装在岸上临时墩上搭设的顶推平台上完成。组拼成梁拱组合体系之后利用顶推设备进行多点整体顶推,途经各永久墩和临时墩,最终到达主桥桥位,完成顶推施工。

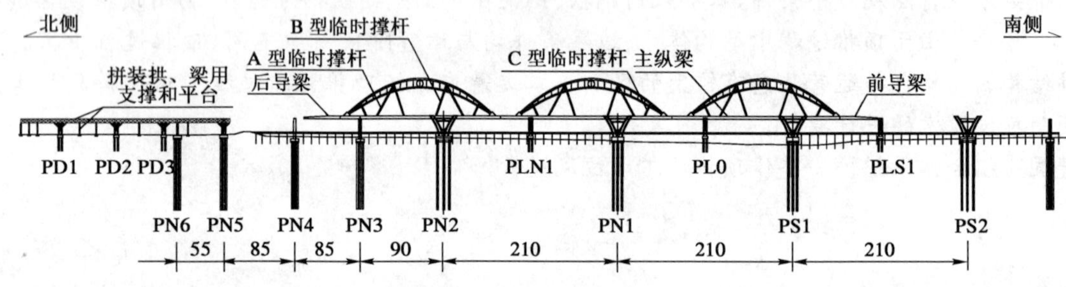

图2　顶推施工立面示意图(尺寸单位:m)

三、顶推施工中对风荷载的考虑

运营阶段通常要求桥梁结构能够直接抵抗重现期为100年的风荷载影响。顶推施工过程中,结构状态不断发生变化,如果要求每个结构状态都具备较强的抗风能力,将会大大增加结构用钢量,很不经济。考虑到顶推施工过程中每一种结构状态持续的时间都不长,对顶推施工阶段,可采取主动与被动相结合的方式对风荷载进行控制。

1. 主动控制

所谓主动,即顶推过程中密切关注风力预报,通过施工控制回避风力作用下受力较为不利的工况。

由于顶推各阶段的支撑条件不同,抵抗风荷载的能力也不同,据此对施工过程进行控制。在无风状态或者风速小于一定值的时候,要求所有顶推阶段均能满足受力要求,即顶推施工可以不采取额外控制措施顺利进行。而在风速较大时,如果依然要求每个顶推阶段均能直接抵抗风荷载作用,将会大大增加主体结构的用钢量,很不经济。因此,根据风力预报信息,结构提前停留在安全的位置以回避大风,确保结构安全。

2. 被动控制

所谓被动控制,指在实施主动控制的前提下,出于安全的目的,额外采取一些效果好、代价低的辅助措施,以确保施工阶段结构在10年重现期风荷载作用下的安全。

本桥采取的辅助控制措施主要为设置临时抗风缆索。其主要作用是减小横向风作用下的拱肋横向位移和临时撑杆的横桥向弯矩。

四、辅助抗风缆索设置方案研究

抗风缆索的作用与其布置方式、布置位置和刚度均有较大的关系。设计从这几个方面对抗风缆索的布置方案进行了分析研究。

1. 缆索布置方式研究

比较了在桥梁横截面上设置连接主拱、主纵梁的交叉缆索和设置连接两片主拱的水平缆索两种缆索布置方式，如图 3 所示。两种布置方案的缆索相关参数取为一致（截面积为 840mm²，弹性模量为 1.95×105 MPa）。分析结果列于表 1。

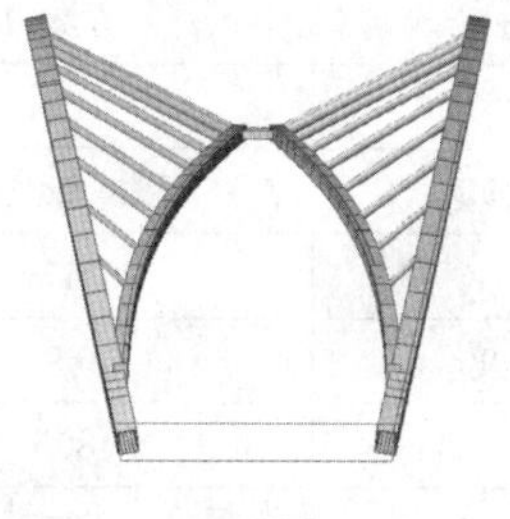

a) 无缆索

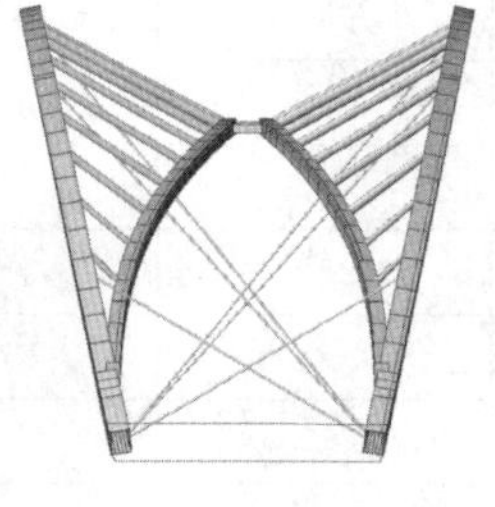

b) 交叉缆索

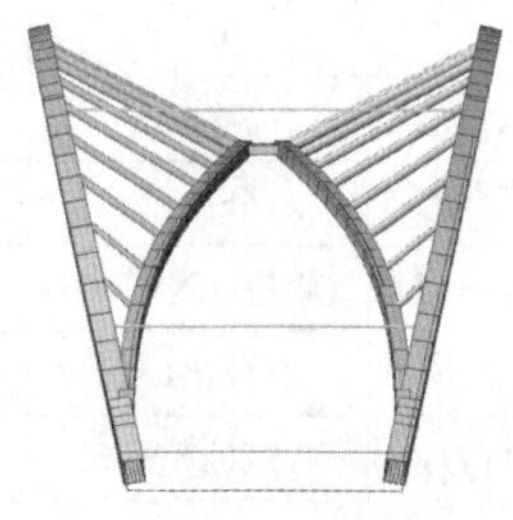

c) 水平缆索

图 3 横截面图（缆索布置方式比较）

缆索布置方式比较分析结果 表 1

风荷载		缆索布置方式		
		无缆索	交叉缆索	水平缆索
主拱拱顶横向位移	位移(cm)	14.7	11.4	14.9
	百分比(%)	100	78	101
A、B 型临时撑杆横桥向弯矩	弯矩(kN·m)	1 605	1 035	1 527
	百分比(%)	100	64	95
C 型临时撑杆横桥向弯矩	弯矩(kN·m)	946	685	941
	百分比(%)	100	72	99

从表 1 可见，水平缆索对于改善桥梁结构的横向受力性能作用较小，而交叉缆索对于减少拱顶横向位移和临时撑杆横桥向弯矩则有较明显的作用。当横截面为 840mm² 时，交叉缆索可以将主拱拱顶的横向位移减少 22%，将 A、B 型临时撑杆和 C 型临时撑杆的横桥向弯矩分别减少 36% 和 28%。如果增大抗风缆索的面积，其作用还会进一步加强。

2. 缆索布置位置比较

抗风缆索的布置位置可以有多种选择，如拱顶截面处、临时撑杆所在断面等。总的来说，缆索规格相同时，缆索设置得越多，在改善结构横桥向受力性能方面的作用越大，但是缆索设置过多则很不经济。对缆索布置位置进行研究，就是在兼顾经济性的前提下，找到在改善横桥向受力性能方面作用最大的位置。设计考虑了如图 4 所示的四种缆索布置位置，缆索相关参数均取为一致（截面积为 840mm²，弹性模量为 1.95×105 MPa）。分析结果列于表 2。

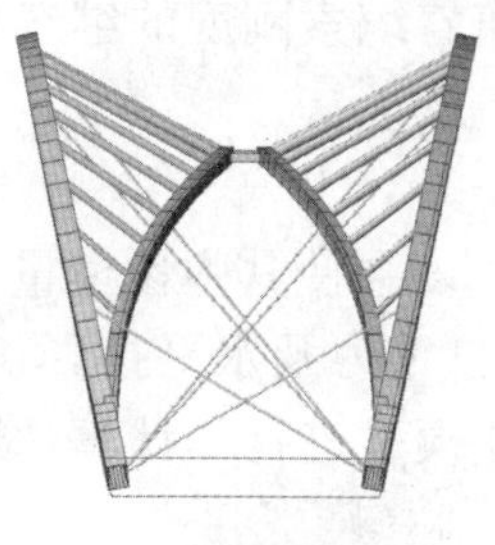

a) 方案 a
拱顶断面
A、B 临时撑杆断面
C 型临时撑杆断面

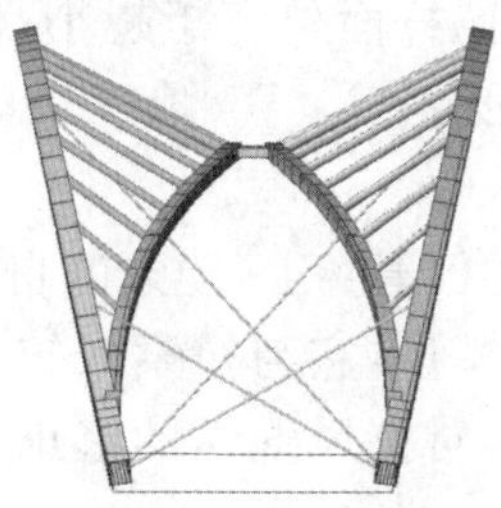

b) 方案 b
A、B 临时撑杆断面
C 型临时撑杆断面

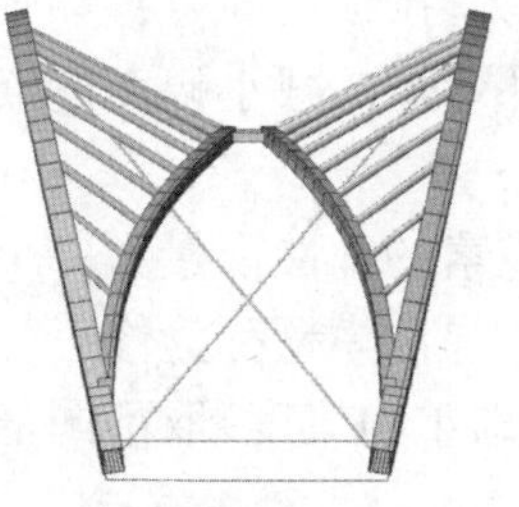

c) 方案 c
拱顶断面

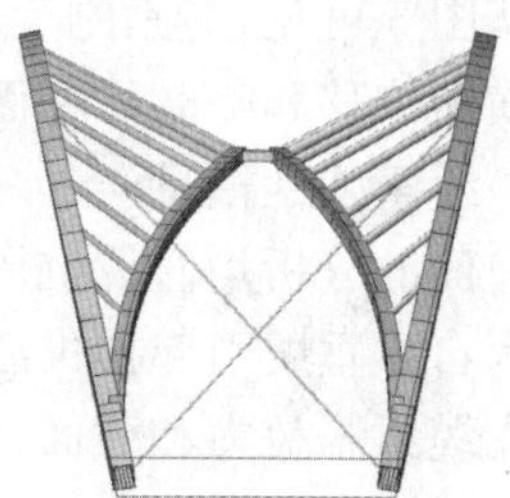

d) 方案 d
A、B 临时撑杆断面

图 4 横断面图（缆索布置位置比较）

缆索布置位置比较分析结果 表2

风荷载		缆索布置位置				
		无缆索	方案a	方案b	方案c	方案d
主拱拱顶横向位移	位移(cm)	14.7	10.8	11.4	13.6	12.1
	百分比(%)	100	73	78	93	82
A、B型临时撑杆横桥向弯矩	弯矩(kN·m)	1 605	952	1 035	1 439	1 112
	百分比(%)	100	59	64	90	69
C型临时撑杆横桥向弯矩	弯矩(kN·m)	946	657	685	889	805
	百分比(%)	100	69	72	94	85

工况a与工况b的差别在于拱顶截面是否设置抗风缆索，对比两者的计算结果可见，拱顶断面设置交叉缆索对减小横桥向位移和弯矩有一定的作用，但作用并不明显。从减少临时撑杆面外弯矩的角度出发，并兼顾经济性，可以认为在临时撑杆附近断面设置抗风缆索效率最高。方案c和方案d的对比也可以得出同样的结论。

3. 缆索刚度研究

除了布置方式和位置以外，抗风缆索的作用还与其刚度有关。对于特定位置的缆索，其刚度只与弹性模量和截面积相关。设计从这两个方面分析研究了缆索刚度对其作用的影响规律。

1)缆索截面积

首先假设弹性模量为定值，即不考虑弹性模量折减，则缆索刚度仅与缆索面积相关。将缆索面积分别取为840mm^2、1 680mm^{2}和2 520mm^2，进行横桥向结构响应分析，结果如图5所示。

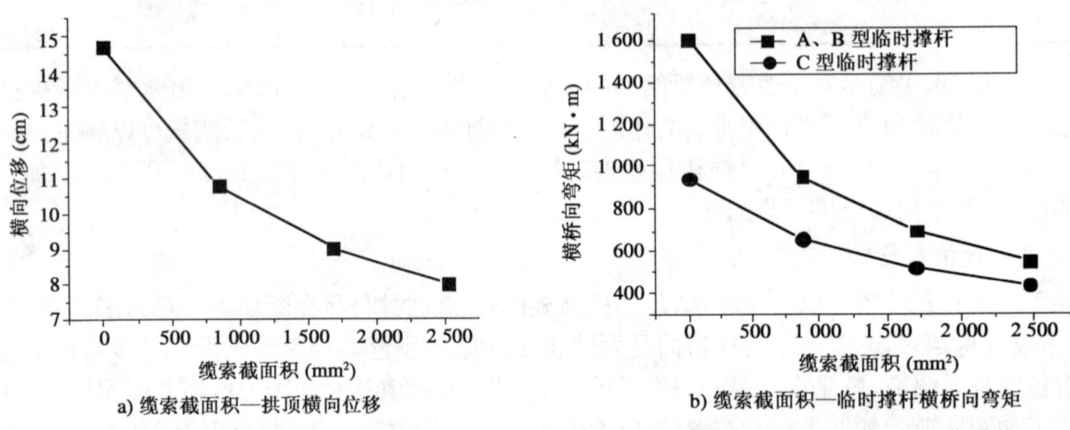

a) 缆索截面积—拱顶横向位移

b) 缆索截面积—临时撑杆横桥向弯矩

图5 缆索刚度影响分析

从图5可见，缆索刚度越大，拱顶横向位移和临时撑杆面外弯矩越小；但随着缆索刚度的继续增加，拱顶横向位移和临时撑杆面外弯矩的减小幅度逐渐降低。

2)缆索弹性模量

前面的分析均假设抗风缆索的弹性模量为一个定值，事实上，缆索的自重垂度会使其弹性模量下降。拉索因自重垂度引起损失后的弹性模量称为修正弹性模量，它与拉索张拉力、自重力及水平投影长度有关。在缆索张拉力和截面积(即重力集度)取不同值时，对抗风缆索的修正弹性模量进行了计算，结果如图6所示。

从图6可以看到，缆索的面积越大(即缆索重力集度越大)，缆索张拉力对弹性模量的影响也越大。总的来说，对于截面积在2 520mm^{2}以内的抗风缆索，如果张拉力在250kN以上，即可保证修正弹性模量不小于1.7×10^5MPa；如果张拉力达到350kN，则修正弹性模量可以达到1.85×10^5MPa以上。

综合考虑图5和图6的计算结果可知：缆索截面积如果取得过小，很可能发挥不出改善横桥向结构受力性能的作用。但缆索的截面积也不宜取得过大，一方面一味加大截面并不能同等程度地减少横桥向

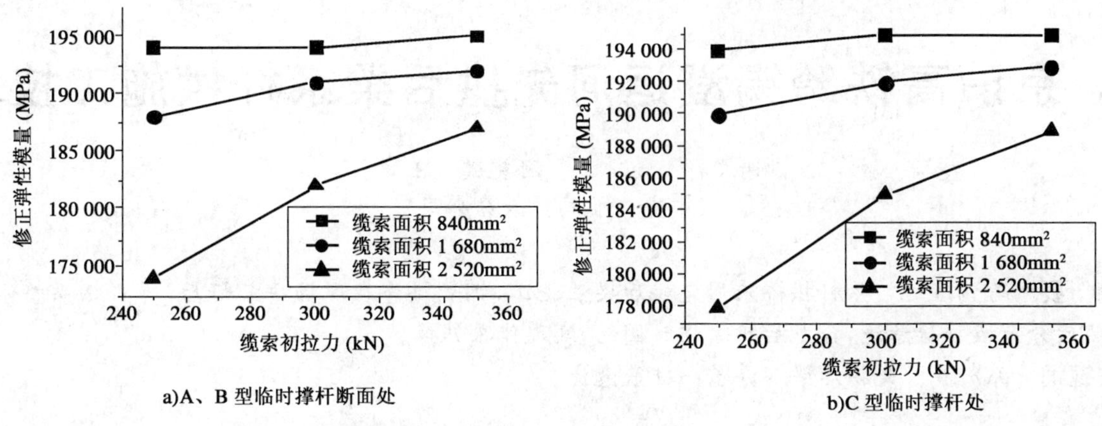

图6 弹性模量分析

的位移和弯矩;另一方面缆索重量增大后,弹性模量的折减也更为厉害,会进一步削弱缆索的作用。

4. 抗风缆索设计

从前面的分析可见,抗风缆索的作用与其布置方式、布置位置和刚度有很大的关系。关于缆索布置方式的分析表明:在横桥向设置连接主拱、主纵梁的交叉缆索,对风荷载下受力状态的改善最为明显;关于缆索布置位置的比较表明:在临时撑杆附近拉缆索,对于减少临时撑杆面外弯矩效果最显著;而对不同缆索刚度的尝试表明:缆索刚度越大,对风荷载下主拱横向位移、临时撑杆面外弯矩减少得越多,但随着缆索刚度增大,减少幅度会逐步降低。因此,考虑受力特性、经济性、构造可实施性等多方面因素,抗风缆索采用 ϕ^s15.2－15 钢绞线(截面积约为 2 100mm²),按照图 7 进行布置,缆索的初始张拉力为 350kN。

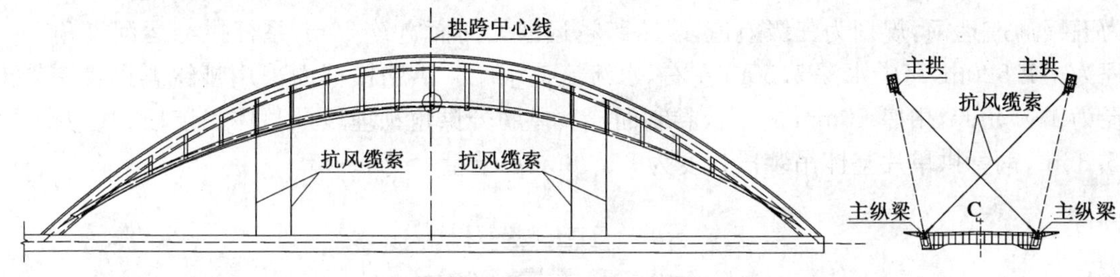

图7 临时抗风缆索布置图(仅示一个拱跨)

计算表明,缆索不需要很大的拉力(只有几十吨的力)就可以将风荷载作用下主拱横向位移和临时撑杆面外弯矩大幅减少,在改善横向受力性能方面效果明显。且由于缆索拉力不大,临时撑杆的轴力增加很小,对临时撑杆不会带来其他方面的不利影响。

五、结　　语

梁拱组合体系整体顶推施工是一种新型的组合体系拱桥施工方法。梁拱组合体系在顶推施工过程中,不可避免地会受到风荷载的影响。除了依据风力预报信息主动回避抗风不利工况之外,还可设置辅助抗风缆索以减少风荷载的不利影响。设计对辅助抗风缆索的布置方式、位置和刚度进行了分析研究,并根据研究结果进行抗风缆索设计。计算分析表明,适当设置抗风缆索可以将风荷载作用下主拱横向位移和临时撑杆面外弯矩大幅减少,在改善横向受力性能方面效果明显。

参考文献

[1] 邵长宇. 九堡大桥组合结构桥梁的技术构思与特色[J]. 桥梁建设. 2009,(6).

[2] 邵长宇. 大跨连续组合箱梁桥的概念设计[J]. 桥梁建设. 2008,(1).

[3] Gerhard Hanswille. Composite Bridges Recently Built in Germany. Composite Bridges[C]. Proceedings of the 3rd International Meeting. Madrid, 2001.

89. 京沪高铁跨锡澄运河先拱后梁系杆拱施工技术

谢文祥　赵　战　孙艳鹏　王孝勇
（中交二航局第六分公司）

摘　要　跨锡澄运河系杆拱桥采用先拱后梁法施工，钢管拱先在现场拼装好后，再将钢拱整体吊装到位，然后分节段挂篮悬浇，合龙后拆除临时固结，实现体系转换。

关键词　系杆拱　先拱后梁　浮吊　挂篮悬浇

一、引　言

锡澄运河系杆拱桥原设计为先梁后拱，由于锡澄运河来往船只非常频繁，不宜采取先梁后拱工艺，只有采取先拱后梁施工工艺。京沪高速铁路设计标准高，先拱后梁施工工艺不是在高速铁路上第一次使用，在钢管拱整体吊装、体系转换、临时固结、挂篮悬浇方面有许多新工艺需要研究和总结，本文重点介绍该工艺。

二、施 工 工 艺

1. 概况

跨锡澄运河系杆拱桥设计（图1）为一跨96m下承式平行系杆拱桥，系杆拱桥面宽为17.10m。锡澄运河现为五级通航运河，规划为三级航道，线路跨越运河处河面宽约50m，系杆拱与运河夹角59°。运河水面高程为+1.520m，跨中水深5.55m左右，水流流速很小。拱肋横截面采用哑铃形钢管混凝土界面，钢管直径为1 000mm，由厚16mm的钢板卷制而成。拱肋分拱角预埋段及整体吊装段，其中拱角预埋段长度为5.36m，钢管拱单片整体吊装段长度为85.28m，总重量为117.45t。

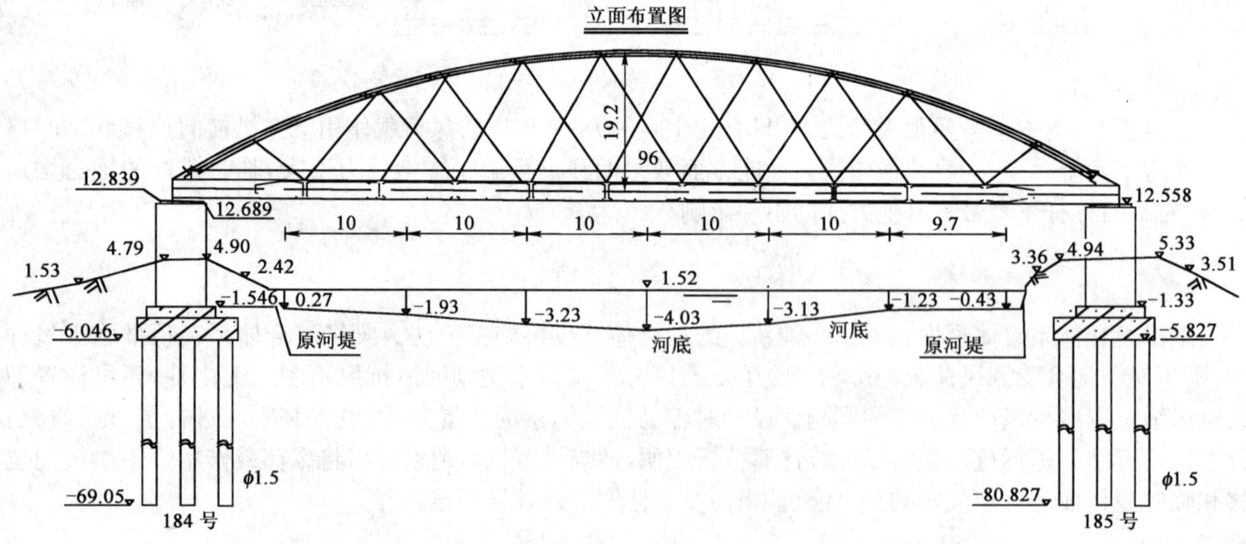

图1　锡澄运河系杆拱桥立面图（尺寸单位：m）

2. 施工工艺选择

主要有“先梁后拱”和“先拱后梁”两种不同施工工艺，结合本桥现场实际情况，可以采用的施工方法主要有：支架龙门吊安装法、缆索吊悬拼、浮吊整体吊装等，各方法的特点见表1。

上构方案对比表 表 1

编号	施工工艺	优　　点	缺　　点	施工成本	工期
1	支架施工	1. 系梁采用现浇，工期最短； 2. 采用支架施工，能够很好地控制拱肋线形； 3. 在施工系梁的同时可以进行拱肋的拼装，缩短了施工时间； 4. 部分占用航道	1. 锡澄运河来往船只很多，且吨位较大，对支架安全性存在很大风险； 2. 需要在河槽内设置防撞设施； 3. 支架钢材使用量大，投入大； 4. 40m 通航孔跨距较大，桁架设计难度较大； 5. 系梁施工完毕以后河道内钢管桩清除较为困难； 6. 需要在河道内搭设支架，对环境影响最大	费用最高	工期最短
2	缆索吊安装	1. 施工对环境影响最小； 2. 拱肋节段可以在厂内拼装成双肋，免除后期横撑安装； 3. 拱肋进场后可以直接吊装；不需要设置拼装场地、临时码头进行二次倒运； 4. 施工工艺较为成熟； 5. 无需设置防撞设施，航道交通对施工影响较小	1. 施工工期较长，塔架设置在承台上，塔架必须在下部结构施工完毕以后才能开始； 2. 扣索塔和缆索塔架合二为一，结构复杂，搭设要求高； 3. 扣索为柔性，拱肋线形控制较难； 4. 占用航道时间最多，每次吊装均需要临时封航，交通管制难度大，与地方协调困难，管制费用高； 5. 影响主墩两侧墩身施工，需要在缆索吊拆除以后方可施工，影响工期； 6. 购置缆索吊投入较大	费用较支架法少，多于整体吊装	工期较先拱后梁法长
3	浮吊整体安装	1. 在施工系梁的同时可以进行钢拱拼装，且钢拱一次安装到位，施工工期较短； 2. 占用航道时间最少，只需要在安装中间拱段和横撑的时候需要进行封航； 3. 无需设置防撞设施，航道交通对施工影响较小； 4. 可以充分利用当地资源，租赁当地起重船舶； 5. 不影响主墩两侧其他墩的施工； 6. 有在本桥下游成功施工的工例	1. 临时系杆设置较为复杂； 2. 占用了河堤，对河堤绿化有一定影响，需要在施工完毕以后进行河岸恢复； 3. 需要对河堤进行加固、护岸处理	费用最省	同缆索吊相似

锡澄运河为无锡内河水运主要航道，运河上过往船只较多，部分船只航速很快，本着“安全第一”的原则，浮吊安装法具有施工成本较小、工期短的特点，故本桥采用浮吊整体安装的施工方法。

3. 主要施工工艺

1)施工工艺流程

施工工艺流程见图 2 所示。

2)钢管拱加工及安装

(1)钢拱加工。根据实际运输条件按照 7 个节段进行划分，最大节段约长 16.8m。

(2)拼装场地。选在运河上海侧右侧大堤上，场地长 100m 左右，宽 20m。

(3)拼装支架。采用碗扣式支架作支墩。

(4)拱肋分段拼装。吊装从两拱脚段开始，用两台 50t 汽车吊先把两边段拱肋吊至现场已经调整好轴线位置及标高的支架平台上，然后依次吊装剩余节段，最后根据线形调整各支点位置标高，调整完毕后吊合龙段(图 3)。

(5)拱肋吊装。安装工艺流程为：线路前进方向右侧拱肋→ 线路前进方向左侧拱肋→ 安装 1 号 K 撑→ 安装 2 号 K 撑→ 安装米撑→ 调整拱肋线形→ 焊接各接头处钢管。

钢管拱吊装：吊装采用两台浮吊同时起吊，一台 150t、一台 130t，主桅杆长 50m。浮吊吃水 2.75m，实测水深 4.3m，可以满足要求。吊点位置如图 4 所示。

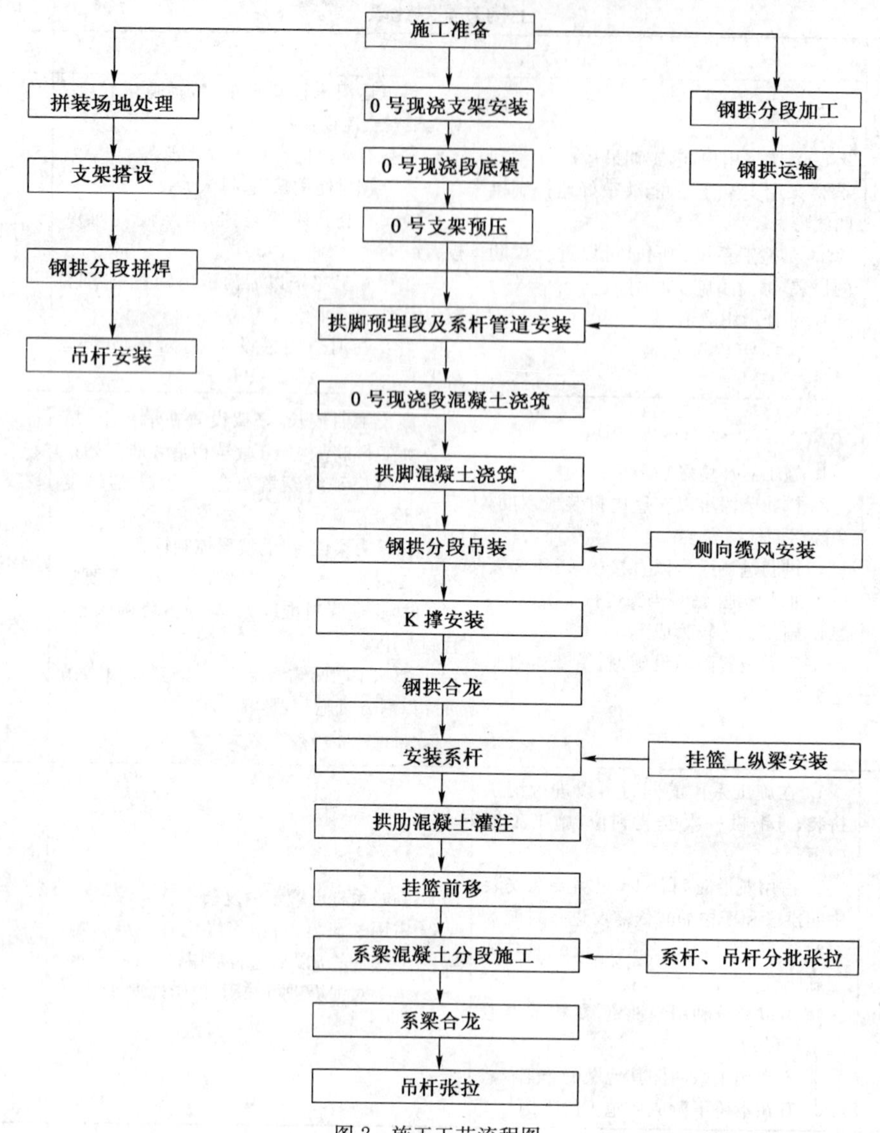

图2　施工工艺流程图

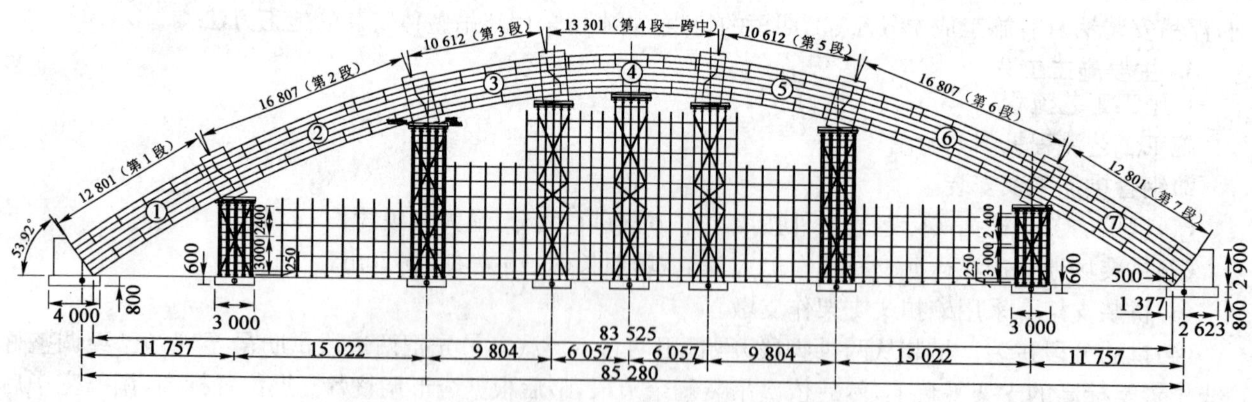

图3　钢管拱分段及支架布置立面图(尺寸单位:mm)

整个中间段拱肋设置四个捆绑点，吊点设置原则是吊点处的负弯矩和跨中正弯矩绝对值相等。选择一天合适的合龙温度进行拱肋的安装，吊装时拱肋一端先与一处拱脚合龙，并用预先在拱脚焊接好的限位板进行定位，然后浮吊将拱肋放下，浮吊吊装就位后，局部用千斤顶调整到位，缆风绳固定，钢拱局部及时进行焊接后浮吊松扣(图5、图6)。

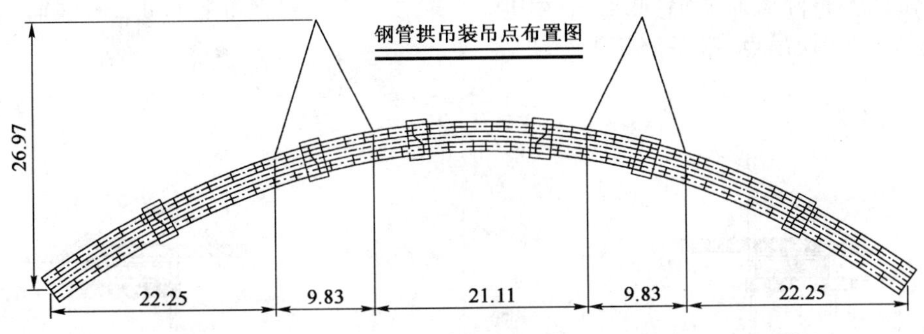

图 4 拱片吊点位置图

注:1. 本图尺寸均以 mm 计;2. 两端最大变形为 7cm

起吊验算如下:

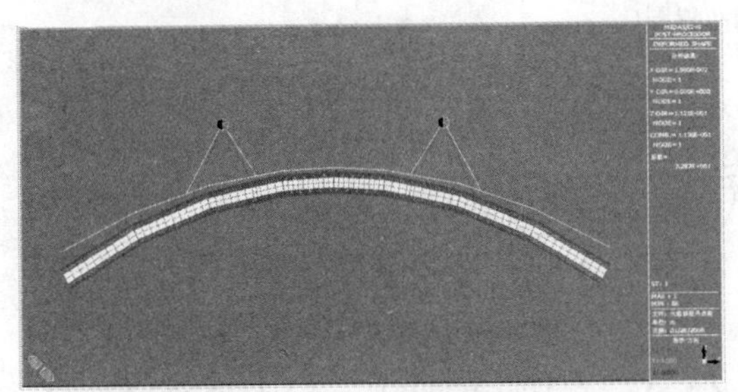

图 5 拱段吊装位移图

注:吊装过程拱脚处产生位移 19mm,方向向内侧吊点。

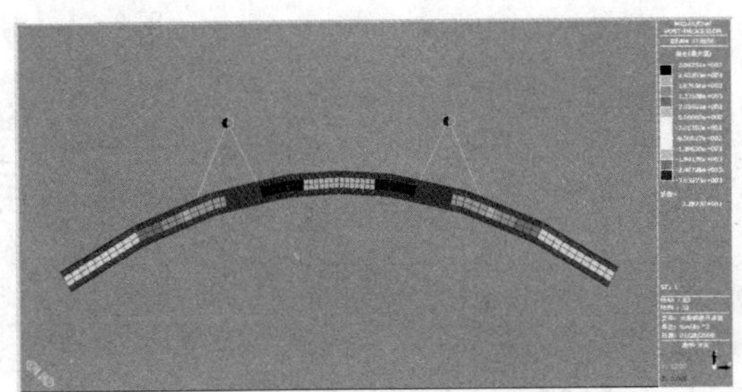

图 6 吊装过程拱段应力图

注:吊装过程拱段应力为 32MPa。

3)临时固结施工

桥梁支座处采用钢筋混凝土将箱梁 0 号块与墩身连接成整体,墩身施工时预埋临时固结钢筋,临时固结混凝土与 0 号块现浇混凝土整体浇筑。临时固结混凝土中须埋设电阻丝及硫磺砂浆,便于临时固结混凝土的拆除。临时固结拆除时须注意不得损伤支座。

系杆拱桥两端临时固结分别采用 4 根 ϕ19 钢绞线预埋在墩身中,钢管拱安装就位后,张拉临时固结钢绞线。由于第二层承台施工时 P 型钢绞线须先预埋,第二层承台预埋钢绞线采用 ϕ100 钢管包裹,预埋时须保证位置准确,由于 0 号块纵横向预应力束较多,P 锚位置不准确将与预应力钢绞线有冲突。

4)钢管混凝土浇注

采用微膨胀混凝土,混凝土压注须一次完成。按先下管、后上管、最后腹腔的总体顺序依次进行压注,上、下弦管混凝土两侧分别同时对称压注,一次压完,且必须在混凝土初凝以前全部压注完毕。

5)挂篮悬浇

牵索挂篮(图 7)前点通过吊杆悬吊在拱肋上,后点锚固在前段混凝土,承受 8m 系梁分段混凝土荷载。

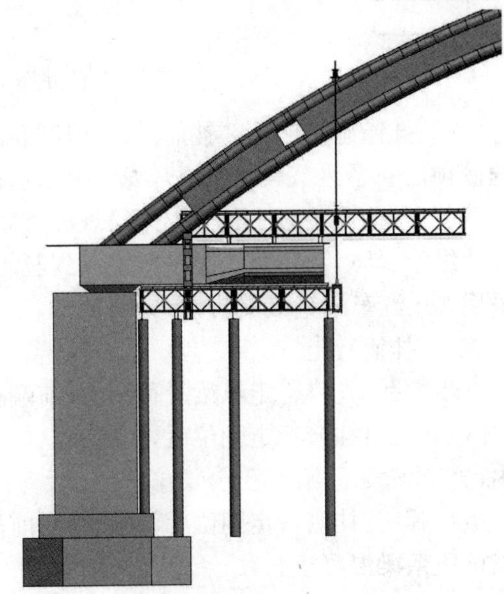

图 7 牵索挂篮施工示意图

(1)挂篮设计。挂篮(图 8、图 9)由底篮系统、锚固系统、行走系统、模板系统组成。底篮系统包括底篮前、后横梁和底篮纵梁。前横梁采用钢箱梁,后横梁采用双 I45b 组合截面,底篮纵梁采用贝雷片。底篮前端支撑为锚固于拱顶的临时吊杆,通过分配梁联系到前横梁上,后端锚固于系梁已浇块段上。行走系统包括行走纵梁、移动横梁、吊索、行走纵梁锚筋组成。模板分为底模、外侧模、内模。挂篮行走顺序为:行走纵梁行走到位，前后端锚固 → 拆除底篮后锚，底篮后端由C型梁悬挂于系梁上准备行走 → 底篮、底模、外侧模行走到位 → 底篮后端转换吊点，准备浇筑下一块段。

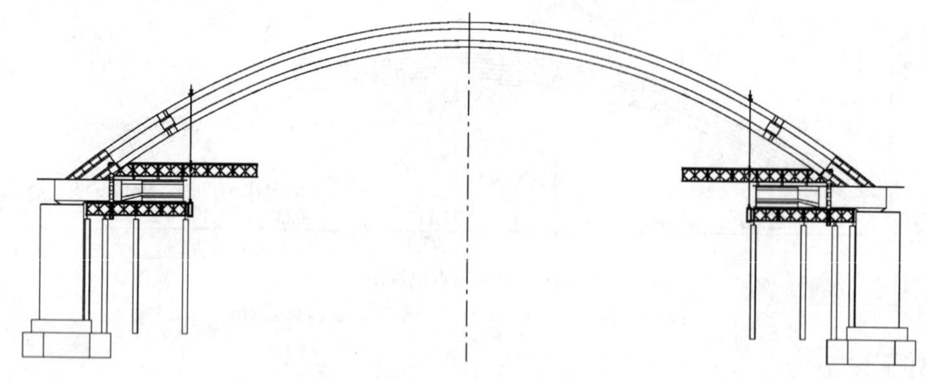

图8　牵索挂篮总体结构布置图(一)

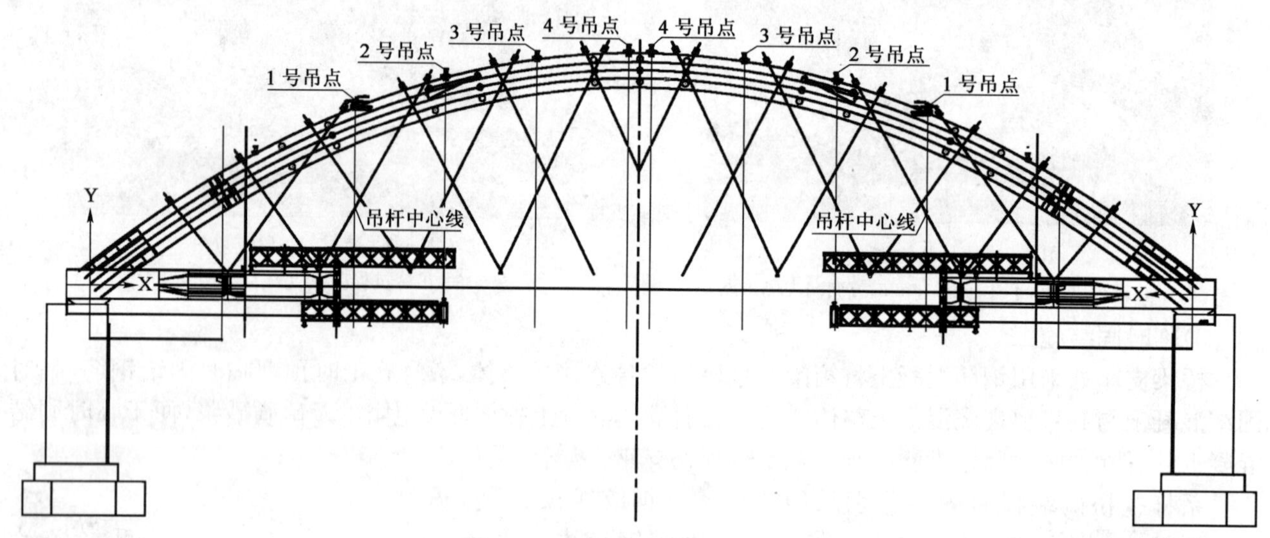

图9　牵索挂篮总体结构布置图(二)

(2)挂篮施工顺序。挂篮设计→挂篮加工→挂篮进场→挂篮拼装→挂篮锚固就位→挂篮锚固检查→挂篮预压→系梁节段浇筑至合龙→挂篮后退、分解。

(3)挂篮安装。安装与第一段现浇支架结合为一起，利用现浇支架作为挂篮的底篮系统，首先安装贝雷片纵梁，然后利用吊车起吊前横梁到驳船上，驳船行至桥下，手拉葫芦牵引前横梁到设计位置，后横梁采用25t汽车吊直接安装。

(4)挂篮行走。

步骤一：先将行走纵梁滑移到位，前端用钢丝绳悬挂在拱肋上。

步骤二：挂篮行走到位后，挂篮底篮前吊点转换，利用精轧螺纹钢锚固于拱上，底篮后横梁锚固于箱内，施工该段系梁混凝土。

步骤三：挂篮行走到位后，挂篮底篮前吊点转换，用临时吊索锚固于拱上，底篮后横梁锚固于箱内，施工该段系梁混凝土。

(5)系梁合龙。合龙锁定在箱室和顶层设4根56工字钢。系梁普通块段施工完毕后，先将其中一套挂篮后退拆除，利用另一套挂篮进行系梁合龙段的施工，挂篮下放时，利用卷扬机整体下放到预先停放在挂篮正下方的船舶上运走。挂篮行走到位后，前后锚点均锚固在箱内，进行合龙段混凝土的施工(图10)。

(6)解除临时锁定。合龙段预应力束张拉压浆后，挂篮前移到沪侧0号块位置，下落到地面后拆除。

张拉 1 号吊杆，然后对称张拉 T1 束，B 索 8 束，解除墩顶的临时固结体外索，并压浆，拆除墩梁临时固结。

6)系杆、吊杆施工

拱肋安装完毕后，安装系杆索，张拉 3 号、10 号系杆方可泵送拱肋上管混凝土。混凝土养生至设计强度的 80% 可泵送下管混凝土，达到设计强度的 90% 可张拉 7 号、14 号系杆，分仓、对称、均匀灌注腹板内混凝土，养生一个龄期，方可张拉 1、1′段内横向预应力索并灌浆，张拉 W3 预应力索并灌浆，依次安装 2、2′吊杆并张拉，张拉墩梁临时固结处体外索，拆除支架，张拉 2 号、11 号系杆，可以安装挂篮，进行挂篮悬浇施工。

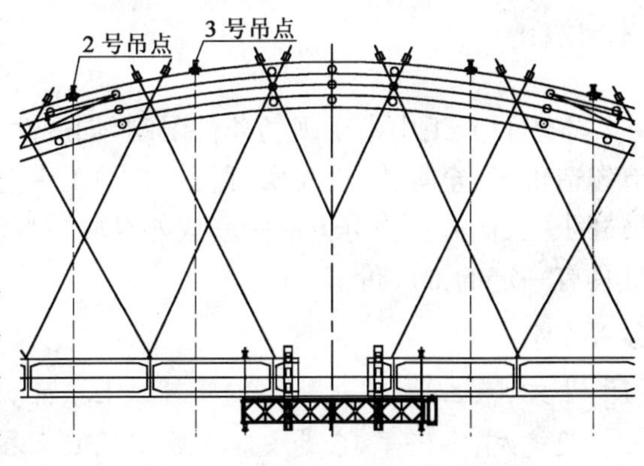

图 10 挂篮施工合龙示意图

系杆穿束：先采用 3 根张拉的钢绞线作为引线，然后卷扬机牵引系杆穿到预定位置。吊杆利用现场布置 2 台 80t · m 塔吊将吊杆安装到位，张拉采用定制连接器接长张拉。施工中系杆、吊杆须包裹，并设立醒目警示标志，防止施工不慎破坏吊杆、系杆。

7)体系转换

体系转换主要步骤如下：

浇筑合龙段混凝土，达到设计强度后张拉横向预应力→拆除挂篮→张拉 1 号、1′吊杆→对称张拉系梁 T1 索 4 束、B 索 8 束→拆除墩梁临时固结体外索并压浆→拆除墩梁临时固结→复查吊杆索力并调整至设计值→分批张拉系梁内全部剩余预应力索达到设计索力→张拉剩余横向预应力索→预应力管道压浆→安装桥面二期恒载→复查吊杆索力并调整至设计值

体系转换注意事项：

①纵向索压浆完毕后方可对横向预应力压浆；

②张拉纵索时须对称同步进行，保证均匀受力；

③施工过程中注意桥面高程复测与监控。

8)施工监控

对于本桥系梁，由于采用挂篮节段施工，与预应力混凝土桥梁挂篮施工基本类似，可根据测量实际值对计算模型进行多次修正，因此可采用自适应控制的思路。施工中每个工况的受力状态达不到设计所确定的理想目标的重要原因是计算模型中计算参数的取值问题，主要是以下几个因素：①混凝土弹性模量；②材料的容重；③混凝土收缩、徐变系数；④永存预应力等。由于理论设计参数与实际参数存在差异，以及施工荷载、线形等不可能与理论计算完全一致，上述前期计算的期望值是不可能达到的，必须在施工现场进行跟踪分析，对已经存在的误差进行调整。跟踪分析按如下过程进行：根据实测线形、应力值，按最优控制理论拟合桥梁控制实际参数值。在新参数基础上重新进行前期计算分析工作，施工后再进行线形应力的实测，根据实测的结果再进行必要的参数调整，用以对后续施工的指导调整。

该桥梁由于监控措施得当，最终钢拱就位、桥梁线形、吊杆索力控制均符合设计要求。

9)施工体会

(1)钢拱拼装由一端向另一端安装，可以保证支架安全，也有利于最终控制拼装长度。

(2)现场具备条件的钢管拱可以采用卧拼拼装，然后整体吊装，这样可以节约支架，节约费用和时间。

(3)钢管拱的短管接头、钢拱排气孔、灌注孔、钢拱挂篮等材料应在钢拱整体吊装前完成，钢拱吊装完成之后再完成上述内容会导致操作不便，且工字钢吊装就位困难。

(4)钢拱隔板除排气孔之外应在隔板附近地方再开一个直径 2cm 左右的小透气孔，防止钢拱浇注过程中气流过大对钢拱造成破坏。

三、结　　语

本项目施工中由于现场条件限制，创造性采用先拱后梁整体吊装钢管拱工艺，该施工工艺合理，具有节省造价、安全等优点，切实可行。在施工中总结了关于先拱后梁工法在临时固结、系杆穿束、体系转换、吊杆张拉、挂篮悬浇等方面一套成熟经验，对以后同等桥梁的设计、施工、监控等方面具有一定借鉴意义，且具有一定的推广价值。

参考文献

[1] 牛宏，慕玉坤，张连锋．钢管混凝土拱桥加固设计与施工[J]．公路，2008，9：261-265.

[2] 关建龙，盛海军，余升友．自密实混凝土在拱桥加固中的应用[J]．公路，2008，7：214-216.

[3] 钟轶峰，殷学纲，陈淮．某大跨径复式提篮拱桥的施工监控[J]．公路，2008，1：59-63.

[4] 裴宾嘉，曹瑞，彭劲根，等．拱桥悬臂浇注挂篮的设计和创新[J]．公路，2008，1：98-104.

[5] 王关明，王伟峰，贾桂兰．软土地基多跨连拱桥的设计与施工[J]．公路，2008，10：22-26.

[6] 谢功元，彭劲，袁长春．支井河大桥C50钢管微膨胀混凝土配合比试验[J]，桥梁建设，2009，4：32-35.

90. 高墩大跨PC连续刚构桥施工监控研究

吴　美[1]　袁　明[2]　颜东煌[2]

（1.深圳高速公路股份有限公司；2.长沙理工大学）

摘　要　目前，高墩大跨PC连续刚构桥因其力学的合理性、与山区环境的协调性、经济、美观等特点迅速发展起来。高墩大跨PC连续刚构桥是一种复杂的空间受力体系，又是一种多次超静定的刚性体系，体系一旦形成，将很难对其进行调整，因此，高墩大跨PC连续刚构桥的施工监控就显得特别重要。本文以跨峡谷特大桥为例，对该类桥型的监控内容从挠度、高墩垂直度及承台基础不均匀沉降、温度、预应力损失和合龙方案优化等方面进行了具体分析。

关键词　高墩大跨PC连续刚构桥　施工监控　挠度　预应力损失　合龙方案优化

一、引　　言

PC连续刚构桥的特点是梁保持连续，墩梁固结，这样既保持了连续梁无伸缩缝、行车平顺的优点，又保持了T形刚构不设支座的优点，同时避免了连续梁和T构的缺点[1]。PC连续刚构桥纵向和横向都具有较大刚度，适合悬臂施工，有利于跨越深谷、大河及其他交通路线，并能满足横向抗风要求，其造价又低，常为大跨径桥梁优选方案之一[2,3]。因此PC连续刚构桥在我国发展很快，特别在中西部地区，由于高山峡谷地形较多，修建了数量众多的高墩大跨PC连续刚构桥。

高墩大跨PC连续刚构桥施工过程复杂，设计与施工高度耦合，施工过程中各种影响结构变形和内力的参数（如梁重、结构刚度、温度场、有效预应力等）存在误差，如果不加以控制调整，这些误差会导致结构变形和受力严重偏离理论计算轨迹，成桥后主梁的线形和结构中内力都将难以满足设计要求，并且施工过程中很易导致超应力情况，造成严重后果。为了确保主桥在施工过程中结构内力和变形始终处于安全的范围内，且成桥后的线形符合设计要求，结构恒载受力状态接近设计期望，在桥梁施工过程中必须进行严格的施工控制。同时通过施工过程的数据采集和优化控制，在施工中逐步做到把握现在、预估未来、避免施工差错、缩短工期、节省投资。

本文以一座山区跨峡谷特大桥为例，它是跨径为130m＋（3×235）m＋130m、最高墩高100m的PC

连续刚构桥，如图 1 所示，对高墩大跨 PC 连续刚构桥施工阶段的挠度、高墩垂直度及承台基础不均匀沉降、温度、预应力损失和合龙方案优化等内容的监控进行介绍。

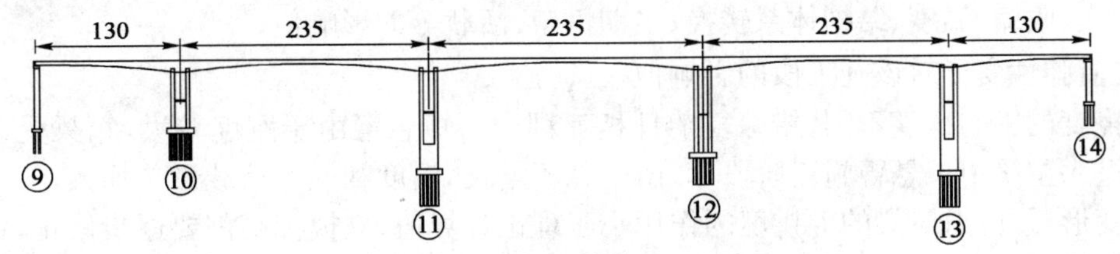

图 1 大桥主桥立面布置图(尺寸单位:m)

二、高墩大跨 PC 连续刚构桥的挠度监控

以成桥时刻为界，将 PC 连续刚构桥的挠度分为短期挠度和长期挠度。施工期间的变形为短期挠度，成桥以后的挠度为长期挠度。短期挠度和长期挠度的影响因素各异、计算理论成熟程度及计算方法不同，必须有针对性地进行控制。挠度控制是线形控制的依据，要根据它来判定梁体受力和变形是否正常及理论计算模型是否符合实际。施工时由于已浇筑梁段后期无法再调整，线形控制显得尤为重要。

1. 长期挠度控制

长期变形受各种因素的影响很难预测和控制，为了不致成桥后变形过大，影响结构的正常运营，目前普遍的方法是通过合理设置预拱度来解决这个问题，属于被动控制长期挠度变形。在高墩大跨 PC 连续刚构桥的预拱度设置中按有限元计算结果将更合理。根据计算结果，设置成桥预拱度分配曲线。

$$f_c = a(d_1 + 0.5d_2) \tag{1}$$

式中：a——修正系数，按照目前相近跨径的桥梁的下挠实际情况确定此系数；

d_1——成桥 5 年后收缩徐变挠度计算值；

d_2——活载挠度计算值。

用式(1)进行计算时，活载的计算可在收缩徐变阶段(成桥后 5 年时间)后加一个阶段，按规范规定的相应车道荷载计算，将计算结果单独分离出来后乘 1/2 的系数。而直接采用 1/2 车道荷载加载的方式是不准确的，因为车道荷载与其产生的挠度不成比例。收缩徐变的计算是将收缩徐变阶段的计算值减去竣工时计算值。

总预拱度是施工预拱度和成桥预拱度两条曲线的和，预拱度加到设计标高上得到指导悬臂施工的立模标高。合理地设置预拱度可以有效地消除长期挠度和短期挠度变形，保证运营期间的结构线形平顺稳定，达到设计目标要求。

2. 短期挠度控制

上部分所得的施工预拱度仅是前期理论预测值，在施工监控过程中还需要结合施工中主梁实测变形及其他实测参数、环境影响(特别是温度)实时修正，并运用误差调整理论，对施工中产生的误差不断进行识别、反馈、调整，以确定更为准确的预拱度。

节段施工的连续刚构桥预拱度设置通过每个阶段的节段立模标高来实现。若采用预拱度总量控制，那么梁段浇筑时各节段立模标高为：

$$H_{lm}^i = H_{sj}^i + f^i \tag{2-1}$$

式中：H_{lm}^i——待浇筑箱梁底板前端立模标高；

H_{sj}^i——待浇筑箱梁底板前端设计标高。

$$f^i = f_s^i + f_c^4 \tag{2-2}$$

式中：f_s^i——施工预拱度值；

f_c^i——成桥预拱度。

成桥预拱度 f_c^i 按计算结果分配曲线，施工预拱度 f_s^i 设置时应考虑所受的各种影响，计算公式可写为：

$$f_s^i = f_1^i + f_2^i + f_3^i + f_g^i \tag{3}$$

式中：f_1^i——本施工段及以后浇筑的各段对该点的影响值；

f_2^i——本施工段纵向预应力束张拉后对该点的影响值；

f_3^i——徐变、收缩、温度、结构体系转换、二期恒载、活载等的影响值；

f_g^i——挂篮弹性变形对该施工段的影响值。

各参数对挠度的影响程度不同，错综复杂且相互耦合。短悬臂由于刚度较大，箱梁受温度影响挠度变形不大。在进入主梁中长悬臂施工阶段后，由于悬臂增长，温度和施工荷载影响加大，节段重量引起挂篮更大的附加变形，预应力对梁的上拱度的作用小于理论计算值，立模标高需要逐步修正，针对施工预拱度的控制将主要从以下三个方面考虑。

①挂篮附加变形的影响：可以通过模拟浇筑施工时梁体变形的线形，计算得到现浇梁段的真实挠度，再从实测的挠度数据中剔除掉此挠度，从而确定挂篮的变形量。

②预应力损失的影响：根据大桥左幅按照有限元计算的预应力张拉理论值与预应力束张拉后实际上抬值的比较，长预应力束张拉效果的误差必须引起重视。处理方法采用实测数据回归分析，并在立模标高中使用直线内插的修正方法对长预应力束张拉误差的影响进行调整。

③温度和施工荷载的影响：日照温差对悬臂端挠度的影响可以通过各施工阶段的温度敏感性分析得到结构随温度改变的变形曲线，根据实际温度变化进行插值计算，对结构变形进行修正；临时荷载影响可以要求施工方将施工荷载堆放在悬臂根部，尽量减少梁体悬臂前端的临时荷载。

三、高墩大跨PC连续刚构桥的高墩垂直度及承台基础不均匀沉降监控

1. 施工阶段的高墩垂直度监控

高墩大跨PC连续刚构桥稳定性应包括高墩自体稳定性、主梁悬浇过程中的稳定性及成桥后全桥稳定性，其中在施工过程中最大悬臂状态结构稳定性最差，成为高墩大跨PC连续刚构桥稳定性控制状态。基于上述理论，施工初级阶段高墩垂直度控制就变得尤为重要。连续刚构桥高墩施工控制标准在现有施工规范中没有明确规定，参照斜拉桥、悬索桥主塔验收允许偏差标准，倾斜度为墩高的1/3 000且不大于30mm，实际控制截面四个角点的纵横偏差值要求均不大于10mm。高墩垂直度虽然只是控制要素，但对稳定性影响很大，因此采用合理、方便、准确的垂直度控制方法是十分重要的。

为对高墩垂直度和基础沉降变形进行严密监控，在理论计算过程中对高墩施工过程中的变形进行预测，准确确定桥墩待浇节段的立模标高，且在各主墩施工过程中，在已浇节段前端布设标高测点进行适时监测。

施工过程中测点布置在主墩各施工节段分段处，在每个主要施工工况下进行测试。主墩施工完成后：在主墩墩顶沿上下游布两个测点，布置在0号梁段顶面的腹板位置，一般每3个梁段检测一次，或在标高异常时进行检测。主墩墩身垂直度的监测通过在墩身的不同高度位置设置测点来测量各测点的三维坐标来计算，墩顶水平变位测量采用全站仪。

2. 施工阶段承台基础不均匀沉降的监测

在承台四角埋设监测点标志，选择附近的高程控制点作为工作基点（要求点位坚固），由高程控制网定期复测。观测方法视现场条件采用几何水准或三角高程测量，一般情况下只选择一个工作基点作为监测基准，以保证监测精度不受基准误差影响。水准基点应远离施工区，并尽可能埋设在基岩上，同时必须保证能长久保存。

四、高墩大跨PC连续刚构桥温度效应分析

1. 混凝土箱梁温度梯度效应分析

计算桥梁结构由于梯度温度引起的效应，由于缺少该地区的温度实测数据，本文拟采用规范的竖向温度梯度曲线[4]，见图2。通常全桥合龙后铺装层未浇筑时，日照温差对主梁受力影响最大，且全桥合龙到铺装层全部浇筑完成一般要经历较长时间，因此进行该阶段混凝土箱梁的温度作用效应分析是很有必要的。本文利用平面杆系有限元程序BDCMS进行了梯度温度作用效应对大桥混凝土箱梁的影响分析，其中竖向日照正温差计算的温度参数取值为：$T_1=25℃$，$T_2=6.7℃$，$A=300\text{mm}$。为了简化输入数据，程

序中不计算温度自应力，而只计算温度次内力，且直接输入引起次内力的 ε_0 和 χ[5]。通过计算分析可知，梯度温度作用将使主梁产生较大的温度次应力，设计时要重点考虑。

2. 混凝土箱墩日照温差效应分析

大桥全桥平面位于直线段，呈东西走向。为了研究该地区日照温差作用下混凝土厚壁箱型墩的温度分布情况，从气象局了解该地区近几年的天气情况，选择了夏季中气温相对最高、太阳辐射强烈、风速小的晴好天气进行了 1 次 24h 连续观测。温度观测间隔时间为 2h，截面所有温度测点测量一次时间约 10min 左右。测试内容包括桥址环境温度、箱墩内部及表面温度，如图 3 所示。

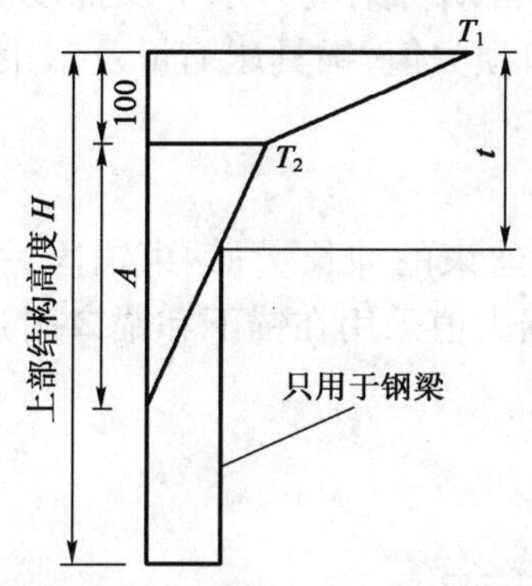

图 2 竖向梯度温度(尺寸单位：mm)

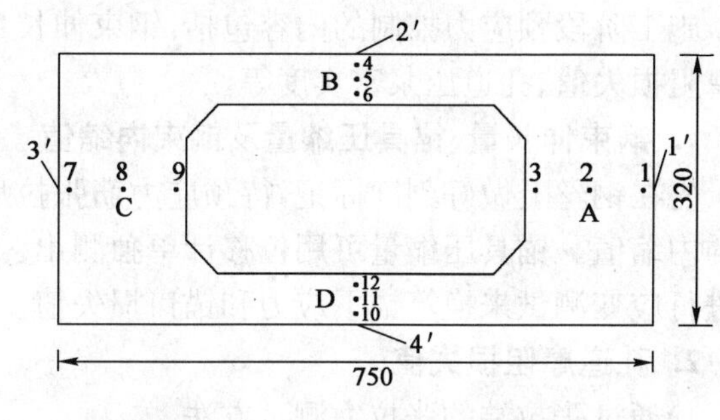

图 3 主墩截面内部及表面温度测点布置图(单位：cm)

如图 4 所示，由于箱墩 A、B 侧受太阳辐射影响较大，面上测点温度变化规律较为明显，而 C、D 侧测点温度均比较稳定，因此采用 A、B 侧各测点的实测温度来研究箱墩沿壁板厚度的温差分布模式。参考国内外规范和一些文献资料，并根据图 4 中所示曲线，拟采用指数形式的温差分布曲线，因而，混凝土箱

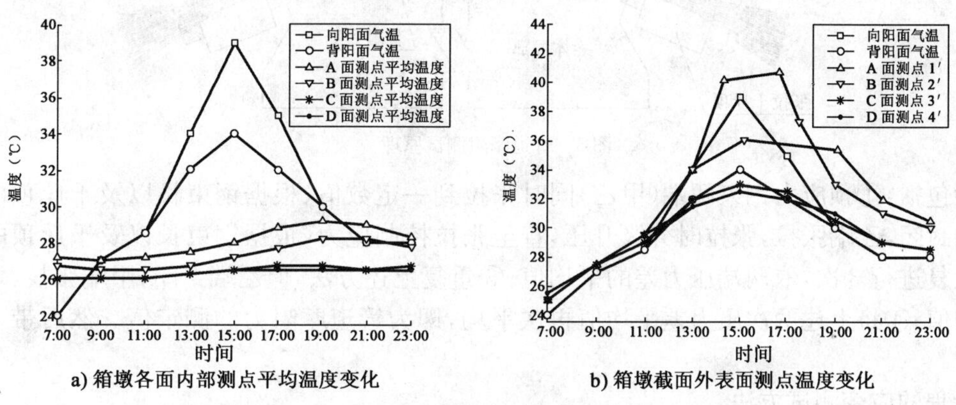

a) 箱墩各面内部测点平均温度变化

b) 箱墩截面外表面测点温度变化

图 4 箱墩截面测点温度变化

墩沿壁板厚度的温差分布形式假定为

$$T_y = \Delta T_{\max} e^{-ay} \tag{4}$$

式中：$\Delta T_{\max}$——箱墩截面沿壁板厚度方向的最大温差值；

y——计算点至箱墩外表面的距离；

T_y——计算点位置处的温差值；

a——分布曲线的指数。

将实测的温度及相应温差数据用数学软件 Matlab 中的曲线拟合箱按上式的指数函数形式进行曲线拟合，可得 A、B 侧最大温差分布曲线分布 $T_y=15e^{-9.4y}$ 和 $T_y=11T_{\max}e^{-10.8y}$。考虑到实际工程中各种影响因素的复杂性，可取 $\Delta T_{\max}=15$℃，指数 $a=10$，即混凝土箱墩沿其壁板厚度的温差分布模式为 $T_y=15e^{-10y}$。

取大桥右幅主桥 12 号主墩靠次边跨一肢为研究对象，桥墩高 79m，用 Ansys 对其进行建模分析，空间单元选用 Solid65。考虑桥墩顺桥向一侧受正晒这种最不利情况，温度作用采用拟合的温度分布模式

$T_y = 15e^{-10y}$，温度作用可按节点位置离散到单元节点上。由计算分析可知，在 $T_y = 15e^{-10y}$ 的温度作用作用下，墩顶将产生较大的偏位，且将使桥墩向阳侧内表面产生较大的温度拉应力，影响桥墩的线形，甚至使桥墩产生温度裂缝，严重影响桥墩的外观和使用性能，对结构造成危害。因此，在高墩大跨 PC 连续刚构桥设计和施工时，除了考虑温度作用效应对上部结构的影响外，还要特别注意温度作用效应对下部墩柱结构的影响。

五、高墩大跨 PC 连续刚构桥预应力损失的监控

PC 连续刚构桥属于三向预应力结构，有效预应力大小对于运营期桥梁应力水平及挠度变形至关重要。施工阶段预应力控制的内容包括：钢束伸长量、锚下应力、锚口损失值、锚具压缩量及钢束内缩值、孔道摩阻损失值、孔道压浆密实度等。

1. 钢束伸长量、锚具压缩量及钢束内缩值

先在钢丝上做好刻度标记，待预应力筋张拉后，再据此测出钢丝束的伸长量；钢束锚固后，测出钢丝束的内缩值。锚具压缩量可用位移计单独测出。锚下应力、锚口损失值采用在锚下和锚口附近埋设应变计进行应变测试来换算锚下应力和锚口损失值。

2. 孔道摩阻损失值

1)通过张拉端的张拉力测试方法

管道摩阻损失测试方法采用文献[6]提供的测试方法，如图 5 所示。

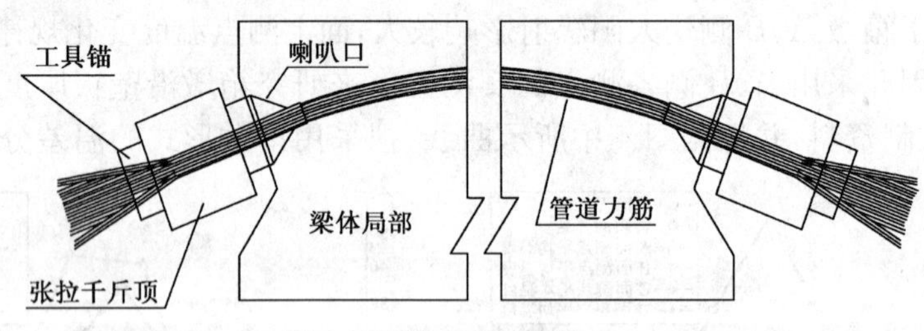

图 5　管道摩阻测试原理

测试步骤包括：①预应力钢束两端（甲乙）同时张拉到一定数值（根据钢束长以及千斤顶的油缸行程确定）；②甲端封闭，乙端张拉，张拉时分级升压，直至张拉控制应力（根据钢束长以及千斤顶的油缸行程确定），如此反复进行 3 次，取两端压力差的平均值；③重复上述方法，但乙端封闭，甲端张拉，取两端 3 次压力差的平均值；④将上述两次压力差平均值再次平均，即为管道摩阻力的测定值。然后带入相应公式计算摩阻系数。

2)通过沿程的应变测试方法

在预应力筋表面不同位置贴应变片，即可测得预应力筋各处的应变值。利用直筋和弯起筋的测试结果，通过计算分析可得预应力筋与管道壁的摩擦系数 μ 和管道局部偏差对摩擦的影响系数 k。但实测数据离散性很大，影响管道摩擦系数的因数很多，如管道直径及其偏差程度、钢筋表面的粗糙度及顺直度，特别是成孔胶管的定位方式及浇筑混凝土震捣等，影响 k 值和 μ 值甚大。所以，监控过程中一定要确保施工质量，以降低摩擦系数。

用钢束伸长量来换算孔道摩阻损失值，是一种简单可行的方法。虽然不能准确地换算出沿程的损失情况，但可以整体上把握预应力的孔道摩阻损失，能基本满足工程要求。

3. 孔道压浆密实度

雷达检测虽然在钢筋检测中得到了应用，但在孔道压浆密实度检测项目中，由于受上下钢筋网和预留管的屏蔽作用，很难奏效。而超声波受钢筋影响较小，因此，用非金属超声波检测仪进行测试是预留管内混凝土密实度检测行之有效的方法。在工程实践中，对预应力管内混凝土的密实度检测，一般采用超声波检测进行混凝土密实度抽查，在抽查有疑问的部位，进行开孔验证，最后依据抽查结果，进行必须的技术处理。

六、高墩大跨PC连续刚构桥合龙方案的优化

1. 施工阶段的合龙顺序优化

高墩大跨PC连续刚构桥在悬臂浇筑阶段，各桥墩都以自身墩身为中心，对称向两边悬臂浇筑，最后进入合龙阶段，选择合理的合龙方案，既保证结构受力性能达到逼近合理状态，又兼顾施工工期与资源配置，是合龙分析的第一步，也是极其重要的一步。

多跨连续刚构桥的合龙顺序对结构受力有影响，体系转换一次，结构的力学计算模型就随之改变一次。对于这种多跨连续刚构桥，影响结构受力的对称合龙顺序共有三种：①先合龙边跨再合龙次边跨最后合龙中跨；②先合龙边跨再合龙中跨最后合龙次边跨；③先合龙中跨再合龙次边跨最后合龙边跨。

比较分析三种不同合龙顺序下成桥状态的应力及位移计算结果可知：永久作用下合龙顺序对主梁受力影响不明显，但对主墩受力比对主梁受力影响稍大。相比较而言，合龙顺序①下结构应力变化范围最小，受力最均匀，合龙顺序②次之，合龙顺序③最大。作用效应组合下合龙顺序②、③的结构受力较接近，但合龙顺序①的桥梁结构受力明显优于合龙顺序②、③。合龙顺序对结构位移影响较大，但这部分位移可以在施工过程中通过一定的施工措施逐步消除。

2. 施工阶段的合龙预顶力优化

大跨PC连续刚构桥合龙后，由于张拉合龙钢束，以及在混凝土长期收缩徐变等因素引起主梁的压缩变形，所以墩顶将发生纵向水平位移并引起墩内不利的附加弯距。为此，可采用在合龙段的锁定支撑刚性固结前对合龙段梁端施加水平预顶力来达到使墩顶预偏的目的，以部分抵消水平位移对墩顶的影响。预顶力太小，对改善结构受力作用不大，太大则又有可能会使桥墩产生过大的偏位甚至开裂，因此有必要计算出能使施工阶段及成桥运营阶段的结构受力都逼近合理的预顶力。

对于预应力混凝土连续刚构桥，一方面，由于混凝土收缩徐变的影响，成桥后相当一段时间内恒载内力状态和主梁线形状态会随时间变化，通常认为5年后才能基本稳定。成桥恒载状态应以混凝土收缩徐变基本完成的稳定状态为准，因此本文以成桥5年后的状态为目标工况1；另一方面，运营期混凝土徐变应变与合龙时全桥瞬时弹性应变有关，所以全桥合龙时的状态为目标工况2[7]。

本文研究对象为五跨连续刚构桥(图1)，需分别在左次边跨、中跨和右次边跨合龙段施工时施加水平预顶力，因此取$\{\Delta T\}=\{\Delta T_1,\Delta T_2,\Delta T_3\}$。

优化计算模型I单独以成桥5年后的状态为目标工况，可以认为墩顶没有偏位时，桥墩处于轴心受压状态，桥墩的受力最优；优化计算模型II以全桥合龙时的状态为目标工况；优化计算模型III使成桥时和成桥5年后的受力满足要求，而且还要尽可能使两个状态的受力达到最优，可以认为能使成桥时和成桥5年后两个状态的主墩受力都均匀，且应力均在设计允许范围内时的预顶力方案为最优方案。由计算结果可知，优化模型Ⅲ的主墩受力均匀，各工况的主墩应力除成桥5年后的10号主墩左肢墩底右缘应力超出规范允许范围外(突变引起)，其余主墩应力都在设计允许范围内，而且在荷载组合下的应力验算也都满足规范要求。

作者参考斜拉桥索力优化的影响矩阵法，提出了适用于大跨PC连续刚构桥合龙段施工时预顶力优化计算的影响矩阵法，并以本文中这种五跨PC连续刚构桥预顶力优化模型为例，计算出能使施工阶段及成桥运营阶段的结构受力都逼近合理的预顶力方案。可以发现：

①预顶力优化计算方法将影响矩阵法与二分法相结合，以主墩墩顶、墩底截面左右缘应力为控制目标，以使全桥合龙时和成桥5年后状态最优的两组预顶力方案为初始量，采用逐步二分法的数学优化方法进行逐步逼近，最终确定使两个状态都逼近合理的预顶力方案。

②预顶力优化计算模型中应同时考虑将成桥5年后的状态和全桥合龙时的状态作为目标工况，但两者的具体权值还有待研究。

七、结　　语

随着我国西部开发战略的实施，西部山区的高等级公路越来越多，高墩大跨PC连续刚构桥因其力

学的合理性、与山区环境的协调性、经济、美观等特点迅速发展起来。高墩大跨 PC 连续刚构桥是一种复杂的空间受力体系，又是一种多次超静定的刚性体系，体系一旦形成，将很难对其进行调整，因此，高墩大跨 PC 连续刚构桥的施工监控就显得特别重要。本文以一座主跨达 235m 的山区跨峡谷特大桥为例，对该类桥型的监控内容从挠度、高墩垂直度及承台基础不均匀沉降、温度、预应力损失和合龙方案优化等方面进行了具体介绍。施工时根据监测所获得的数据，将会确保桥梁结构的安全和稳定，并保证结构的受力合理和线形平顺，为大桥安全、顺利地建成提供技术保障。

参考文献

[1] 邵旭东．桥梁工程[M]．北京：人民交通出版社，2004.

[2] 王钧利，贺拴海．大跨径连续刚构桥主墩类型及设计尺寸的优化[C]．中国公路学会桥梁与结构工程分会 2006 年全国桥梁学术会议论文集．北京：人民交通出版社，2006.

[3] 范立础．桥梁工程(上、下册)[M]．北京：人民交通出版社，1980.

[4] 中华人民共和国交通部部标准．公路钢筋混凝土及预应力混凝土桥涵设计规范(JTG D62—2004)[S]．北京：人民交通出版社，2004.

[5] 颜东煌，李学文，等．桥梁电算[M]．长沙：湖南大学出版社，1997.

[6] 中华人民共和国交通部部标准．公路桥涵施工技术规范(JTJ 04—2000)[S]．北京：人民交通出版社，2000.

[7] 颜东煌，袁明，等．大跨 PC 连续刚构桥合龙段施工时预顶力的优化计算[C]．天津：中国土木工程学会桥梁和结构分会第十八届全国桥梁学术会议，2008：659-663.

91. 高墩大跨弯梁桥的施工监控技术研究

吴　美[1]　向学建[2]

(1. 深圳高速公路股份有限公司；2. 交通部公路科学研究院)

摘　要　结合一座大跨度预应力混凝土刚构—连续组合体系桥梁，基于有限元分析方法和现代监测手段，对主墩和箱梁的线形与应力等进行了施工监控，确保大桥在施工过程中的安全性和成桥后的线形及应力状态符合设计要求。

关键词　刚构—连续组合体系　施工监控　线形　应力

一、概　　述

近年来，随着我国交通和城市建设的发展，弯梁桥在高速公路和城市立交桥的应用愈来愈多，跨径愈来愈大，墩子越来越高，曲率半径愈来愈小，桥型也愈来愈轻巧、经济。代表性的大跨度高墩弯桥见表 1。

代表性的大跨度高墩弯桥　　表 1

序　号	桥　　名	跨径(m)	平曲线半径(m)	备　　注
1	奴格沙大桥	210＋150	R＝200	
2	祥临高速 K194＋460 大桥	55＋100＋55	R＝258.5	
3	云南阿墨江大桥	70＋2×130＋70	磨黑侧 R＝260 元江侧 R＝302.579	最大墩高 103m
4	元墨高速 K306＋185 大桥	77＋140＋77	部分 R＝260，反向曲线	
5	福建马宅顶大桥	30＋2×50＋30	部分 R＝350	超高 7%
6	大保高速 K442＋665 大桥	77＋140＋77	部分 R＝388	

续上表

序号	桥名	跨径(m)	平曲线半径(m)	备注
7	板其二号弯梁桥	44+72+44	部分 R=450	最大墩高 53m
8	九砂希大桥	52.5+2×93+52.5	部分 R=486	
9	陕西长武亭口黑河大桥	60+6×100+60	R=582.963	矩形空心薄壁单墩 57m
10	刘家沟大桥	64+115+64	R=600	
11	贵州上瑞线沙银沟大桥	68+120+68	R=620	墩高 80m
12	广东清连高速路杜步 3 号桥	60+4×100+60	部分 R=635	最大墩高 81m
13	湾沟大桥	64+115+64	部分 R=700	
14	北二高碧潭桥	主跨 160	部分 R=750	
15	石崆山大桥	65+115+155+3×115+65	部分 R=762	
16	绍兴斗门江大桥	50+80+50	R=800	
17	福建船龄祟大桥	85+155+85	R=830	最大墩高 58.4m
18	厦门海沧大桥西航道辅桥	78+140+78	R=900 及缓和曲线	
19	广东清连高速路杜步 2 号桥	60+7×100+60	部分 R=1 100	最大墩高 92m
20	贵州朱昌河大桥	106+200+106	部分 R=1 100	最大墩高 151m
21	陶家沟特大桥	70+120+120+70	部分 R=1 200	
22	太平沟大桥	7×50	部分 R=1 381	顶推施工
23	山西阳城 2 号桥	75+135+75	部分 R=3 200	
24	广东清连高速路杜步 1 号桥	75+6×125+75	部分 R=3 750	最大墩高 110m
25	广东虎门辅航道桥	150+270+150	R=7 000	在建时跨径居世界同类桥梁第一

刚构—连续组合体系大跨度连续弯梁桥属超静定结构，对于这种结构，它的成桥线形、结构内力和施工过程密切相关，不同的施工方法和施工工序会导致不同的成桥线形和结构内力。在设计过程中，设计参数(如:曲率半径、混凝土弹性模量、混凝土的收缩、徐变、预应力损失、施工荷载、温度)往往是根据规范或设计经验设定的，这样的取值难以和实际情况完全吻合。对中、小跨度的桥梁，这些偏差上的影响还不大，但对大跨度连续弯梁桥(多采用悬臂施工)，由于这些偏差的影响，在施工过程中随着悬臂长度的增大主梁的线形有可能会明显偏离设计值从而造成合龙困难。在合龙后，由于对混凝土收缩、徐变等因素计算的不准确，也会导致主梁线形偏离设计值，同时还可能导致次内力而改变结构的内力状态。当上述因素与设计不符，在施工中又不能及时识别时，必然导致目标的偏离，造成扭曲线形或强行合龙的后果，因此为确保此类桥梁安全施工、实际线形与目标线形吻合良好，进行施工监控很有必要。施工监控目的有两个:①采取科学有效的措施对箱梁挠度实施监控、预测分析、实时调整，以达到大桥实际线形尽可能地吻合设计线形;②通过在箱梁、主墩关键部位埋设应力传感器进行大桥应力监控，确保大桥的安全施工。

二、工 程 概 况

广东清连高速路杜步 3 号桥(图 1)是 B5 标合同段上一座大型预应力混凝土刚构—连梁组合桥，跨径组成为(60+4×100+60)m，全长 874.46m，上部采用三向预应力混凝土变截面箱梁，下部采用空心薄壁桥墩、钻孔灌注桩基础、悬臂浇筑施工。平面位于 R=1 100m、Ls=134.654m 及 Ls=140m、R=635m 的反向 S 形缓和曲线及圆曲线内，桥梁跨径按桥梁中心线布置；桥墩、台按径向布设，引桥采用调整预制梁长的方法适应线形变化。该桥集弯桥、坡桥、高墩、大跨径于一身，是典型的山区刚构—连续组合体系桥，因此无论从桥梁设计、施工还是监控都比一般刚构桥要难。

三、施工监控方法及主要内容

杜步 3 号桥施工监控应用现代控制理论中的自适应控制方法，即对施工过程的标高和内力的实测值

图1　杜步3号桥箱梁合龙后英姿

与预测值进行比较，对桥梁结构的主要参数进行识别，找出产生偏差的原因，从而对参数进行修正，达到监控的目的。这种方法的重点在于对影响结构变形和内力的主要设计参数的识别上，而一般只要及时对产生偏差的主要参数进行修正，严格按照确定的施工步骤进行施工，同时，严密监测桥梁结构的线形和应力状况，一旦出现超出设计值或限值的情况，立即重新进行施工步骤调整，就能最终使线形和内力状态符合设计要求。

监控的主要内容有以下几个方面。

(1)线形监控。线形包括主墩和箱梁，主墩线形主要指主墩的垂直度；箱梁线形，由于杜步3号桥是弯桥，上部结构各梁段重心不在一条直线上，使主墩承受偏心压缩、各梁段自重所形成的扭矩、弯桥的转角较大增加了预应力的摩阻力使主墩和主梁发生横向倾斜，为保证主墩、主梁建成后的空间位置满足设计要求，施工中的主墩、主梁横向和竖向都应被监控，所以平面和高程线形同样重要。线形监控的目的是通过数据处理、预测分析和实时调整，以达到大桥实际线形尽可能地吻合设计。

(2)应力监控。应力同样包括墩身和箱梁，应力监控的目的是保证大桥各部分应力状况符合设计要求，从而保证大桥安全施工，并为今后运营阶段的长期监控做准备。

(3)温度监控。温度监控包括两部分内容：箱梁温度～挠度关系曲线的实际观测和箱梁温度场观测。前者为确定立模标高提供温度修正依据；后者为合龙提供可靠温度依据。

(4)三个试验监控：①混凝土材性试验；②管道摩阻系数试验；③挂篮静力荷载试验。

四、施工监控的实施

1. 主墩线形监控

杜步3号桥有5个桥墩，其中1号墩高34.0m，2号墩高73.0m，3号墩高78.0m，4号墩高81.0m，5号墩高52.0m。每个墩面设置两个观测点。主墩清远侧正墩面用A表示，按顺时针方向其他各墩面分别用B、C、D表示。A1、A2表示一个墩面上的两个基准点，A1-1、A2-1表示一个墩面上的两个测点，依次类推。首次测量高度为15m，之后每隔5m观测一次。主墩线形监控方法是使用国产苏州一光制造的DZJ2激光垂准仪现场实测主墩的垂直度，并作好原始记录，备查。从垂直度监测结果来看：①高墩墩身线形垂直度最大偏差为19mm，不大于20mm；②随着施工墩身高度的增加、施工工艺的完善和施工水平的提高，墩身线形趋向好转。

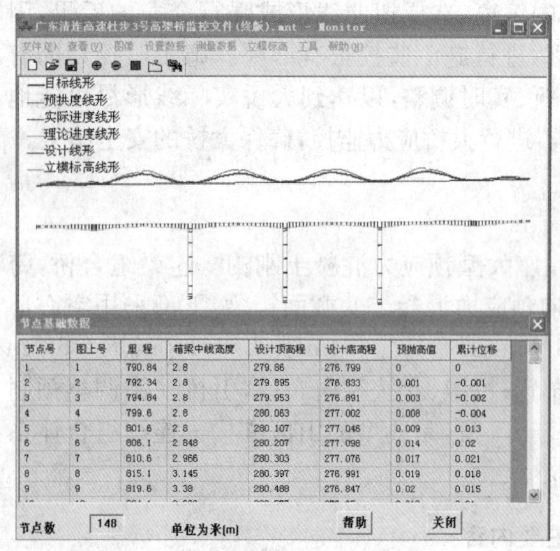

节点号	图上号	里 程	箱梁中线高度	设计顶高程	设计底高程	预抛高值	累计位移
1	1	790.84	2.8	279.86	276.799	0	0
2	2	792.34	2.8	279.895	276.833	0.001	-0.001
3	3	794.84	2.8	279.953	276.891	0.003	-0.002
4	4	799.6	2.8	280.063	277.002	0.008	-0.004
5	5	801.6	2.8	280.107	277.046	0.009	0.013
6	6	806.1	2.848	280.207	277.098	0.014	0.02
7	7	810.6	2.966	280.303	277.076	0.017	0.021
8	8	815.1	3.145	280.397	276.991	0.019	0.018
9	9	819.6	3.38	280.488	276.847	0.02	0.015

图2　杜步3号桥线形监控软件

2. 箱梁线形监控

1)理论线形计算

设计线形由大桥设计单位提供，目标线形(图2)则是在设计线形的基础上，计入活载和长期徐变的作用。一般活载效应按设计规范确定，长期徐变作用则根据计算和国内已建成的同等跨径桥梁设置经验确定。本桥长期徐变效应和活载部分预留预拱度总和最后确定为中跨跨中 10cm，边跨 2cm。预拱度线形的计算要在大桥施工图中施工阶段基础上进一步细化，利用有限元模拟分析，单元的划分依据图纸，共划分了 144 个桥面单元，36 个主墩单元，节点总数为 181 个。预应力束全桥共计 151 个类型。把箱梁一个节段施工过程划分为三个阶段进行，即挂篮移动、浇筑混凝土和张拉预应力。杜步 3 号桥上部结构共有 12 个节段箱梁，其预拱度曲线计算分 50 个阶段进行。

2)箱梁线形监控方法

箱梁线形监控包括平面和高程线形监控。平面线形监控主要是监控施工每一个箱梁节段，桥轴线实际平面坐标是否与设计平面坐标吻合。高程监控是重点，高程监控的最终目的是使箱梁实际施工线形尽可能地吻合目标线形。高程测量的基准点设在各主墩墩顶 0 号块，悬臂箱梁上的测点布置在顶板(图 3)。测点纵向位置：距现浇段前端 10cm；横向位置：截面由箱中间向两边 3.5m。测点桩由 ϕ20 钢筋制作。测量时采用精密水准仪(DS1)和因瓦钢精密水准尺。

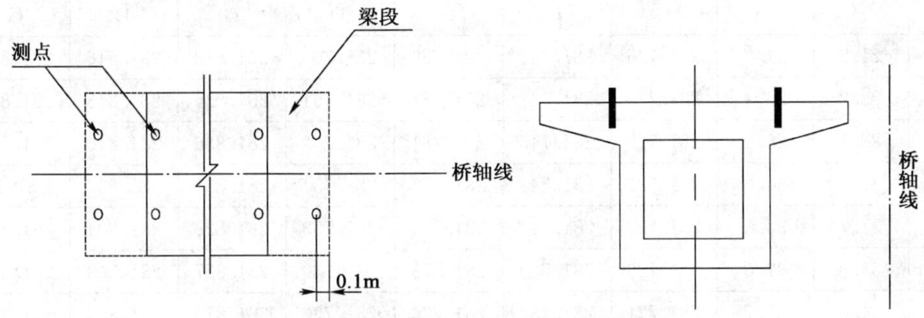

图 3 箱梁高程测点布置示意

箱梁悬臂施工的挠度观测分为三个阶段(图 4)：①挂篮移动后；②张拉预应力前；③张拉预应力后。阶段①、②的测量数据之差反映箱梁节段自重产生的挠度效应；阶段②、③的测量数据之差反映箱梁节段张拉预应力产生的挠度效应；阶段③、①的测量数据之差反映挂篮移动产生的挠度效应。通过三个阶段单项实测值与理论数值的比较可以看到问题出现在哪里，哪个阶段吻合，哪个阶段偏差大一些。根据问题的大小，查找原因。

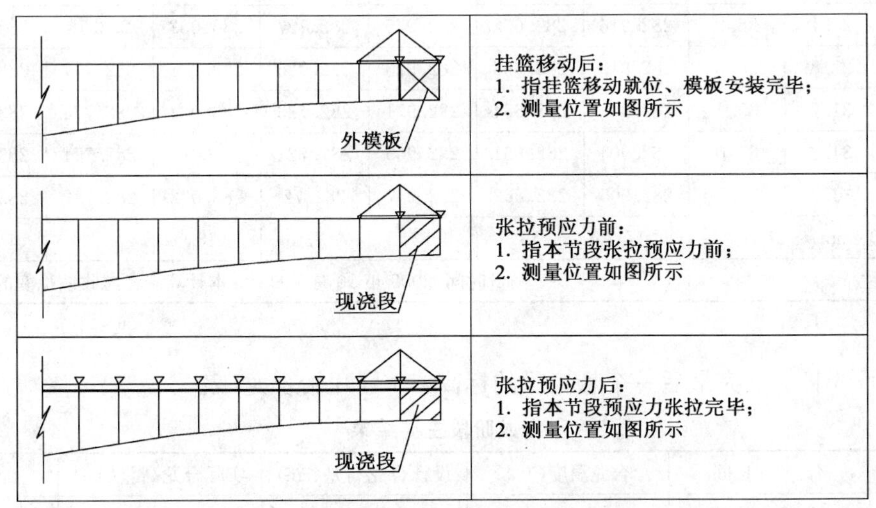

图 4 箱梁悬臂浇筑三阶段测量的位置和内容

3)温度对线形监控的影响

温度对箱梁挠度的影响不可忽视，这已成为共识。有资料表明，在长悬臂施工阶段，由于温度变化产生的悬臂挠度往往超过 40mm，这对挠度观测结果会产生很大干扰，因此施工监控中必须重视温度对箱梁挠度的影响。

从表2实测数据，可以得到以下结论：

①温度变化，箱梁挠度不是马上跟着变化，具有滞后的现象，即当温度升高了，箱梁不是立即跟着下挠；②左右两侧在观测时间内的最大挠度有一定差别，这有可能与薄壁墩由于温差的变化产生的弯曲变形有关；③从表2实测数据来看，温度每升高1℃，悬臂的挠度约1mm；④由于温度的升高，箱梁有普遍下挠的规律，因而对施工阶段挠度观测结果产生很大的误差。为此，施工控制观测应在气温基本相同的情况下进行。根据上述温度观测数据并应用温度～挠度变形测量成果，对立模标高的确定进行修正，取得了较好的效果。

杜步3号桥箱梁温度～挠度随气温变化观测结果　　表2

测试时间	温度测量			标高测量							
	墩左箱梁(℃)	墩右箱梁(℃)	大气温度(℃)	墩左标高(m)							
				28		29		30		31	
				G	D	G	D	G	D	G	D
6:00	21.8	21.9	21.7	281.735	281.749	281.789	281.763	281.842	281.816	281.896	281.870
8:00	23.1	23.2	25.1	281.732	281.747	281.785	281.761	281.839	281.813	281.894	281.865
10:00	24.9	25.1	28.2	281.729	281.745	281.781	281.759	281.836	281.810	281.892	281.860
12:00	27.6	27.8	30.8	281.726	281.743	281.777	281.757	281.832	281.807	281.89	281.858
14:00	31.5	31.7	35.3	281.723	281.741	281.775	281.753	281.828	281.804	281.888	281.856
16:00	34.1	34.3	37.0	281.720	281.739	281.773	281.749	281.827	281.803	281.884	281.854
18:00	34.5	34.7	35.7	281.721	281.737	281.773	281.750	281.829	281.803	281.882	281.853
最大挠度(mm)				15	12	16	14	15	13	14	17
测试时间	墩左箱梁(℃)	墩右箱梁(℃)	大气温度(℃)	墩右标高(m)							
				49		50		51		52	
				G	D	G	D	G	D	G	D
6:00	21.8	21.9	21.7	282.921	282.68	282.979	282.733	283.038	282.785	283.093	282.839
8:00	23.1	23.2	25.1	282.92	282.676	282.977	282.729	283.036	282.783	283.091	282.836
10:00	24.9	25.1	28.2	282.916	282.672	282.975	282.727	283.032	282.78	283.089	282.833
12:00	27.6	27.8	30.8	282.912	282.668	282.973	282.725	283.028	282.777	283.087	282.83
14:00	31.5	31.7	35.3	282.908	282.664	282.971	282.723	283.024	282.774	283.085	282.827
16:00	34.1	34.3	37.0	282.904	282.661	282.969	282.721	283.02	282.771	283.081	282.824
18:00	34.5	34.7	35.7	282.905	282.662	282.967	282.72	283.022	282.772	283.081	282.825
最大挠度(mm)				17	19	12	13	18	14	12	15
备注				1. 测量时间：2008年10月5日；2. 本计算未考虑收缩徐变的影响							

4)合龙高差

2008年10月3日提供完最后一个悬浇段的标高，18号开始合龙(表3)。

合龙阶段主要结果　　表3

合龙段	合龙时间	合龙温度(℃)	设计合龙高差(cm)	实际合龙高差(cm)	合龙精度(cm)
1	2008.10.18	21	4.4	6.0	1.6
2	2088.10.31	20	2.5	4.5	2.0
3	2008.10.23	21	2.5	3.1	0.6
4	2008.10.23	21	2.1	1.0	1.1
5	2008.10.31	20	3.1	1.1	2.0
6	2008.10.21	21	4.7	5.6	0.9

3. 主桥应力监控

应力监控的目的是保证大桥安全施工，通过对箱梁顶、底板以及主墩应力的监测来了解结构的实际应力状态，那么箱梁和薄壁墩的应力测点应本着“少而精”的原则布置在结构最不利位置上。箱梁和薄壁墩应力测点布置如图 5 所示。全桥共有 15 个断面，其中上部 10 个断面，下部 5 个断面。断面的应力传感器布置如图 6 所示，总共 100 个测点。主墩的 1-1～5-1 测试断面是墩底离承台 2.0m，箱梁顶板上的测点、箱梁底板上的测点均顺桥向水平布置了腹板上的测点纵向按 45°方向布置；墩底、墩顶断面测点均按竖向布置。

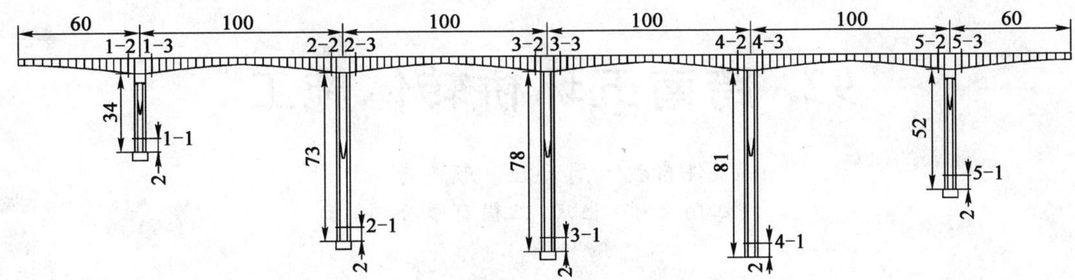

图 5 应力监控断面布置(尺寸单位:m)

应力计随混凝土浇筑埋于结构内，对要使用的应力传感器进行标定，筛选出质量可靠、性能稳定的。对埋入的应力传感器应注意以下几点：①应力计应与主筋同一位置深度、同一走向，且尽量放置于主筋下方以防震捣时损坏；②应力计埋设时选择好合适的初频；③应力计在与主筋焊接时要注意洒水冷却，防止高温传导损坏应力计；④温度传感器应与应力计置于同一位置深度，真实反映应力计埋设位置的混凝土即时温度；⑤应力计引出导线都应编号并制作专门的硬套管与保护盒。

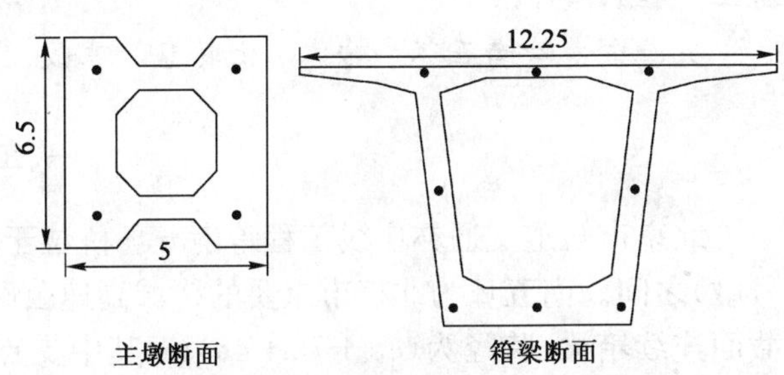

图 6 应力监控断面测点布置(尺寸单位:m)

通过施工阶段的应力监控，可以得到如下结论：①底板、腹板位置的主拉应力、顶板实测数值与理论值相比，基本吻合，变化规律正确；后期偏大，规律性基本一致。这在其他桥上也有类似情况，分析原因：空间分析与平面分析的差异；局部应力影响，比如测点正好靠近某根预应力束；扭矩的影响，弯桥外边缘弯曲应力大于内边缘，受力不均匀；②薄壁墩的应力实测数值与理论数值相比，吻合较好，略有波动，随着全桥合龙及通车运营，结构应力将趋于平稳；③无论箱梁还是薄壁墩，在悬臂箱梁块段增加的情况下，实测应力变化与理论应力变化相比相差不大，说明在悬臂浇筑施工阶段箱梁、薄壁墩应力正常，主桥在施工过程中始终处于安全状态，说明结构是安全的。

五、结 语

杜步 3 号桥主桥施工监控从 2007 年 4 月起到 2008 年 12 月止，历时一年八个月。主桥合龙后线形流畅，预拱度设置合理，各项监控内容均达到预期的效果，监控结果也均满足设计文件及相关规范的规定。施工监控是一项系统工程，单靠施工监控单位一家努力是不够的，应该一桥五方（建设、设计、监理、施工、监控）协调作战，把好每一个关口，这样才能监控好。从这个意义上讲，杜步 3 号桥施工监控成果是一桥五方共同努力的结果。

参考文献

[1] 中华人民共和国行业标准．公路桥涵施工技术规范[S]．北京：人民交通出版社，2004.
[2] 邵容光，等．混凝土弯梁桥[M]．北京：人民交通出版社，1996.

[3] 姚玲森．曲线梁[M]．北京：人民交通出版社，1989.
[4] 姚玲森．桥梁工程[M]．北京：人民交通出版社，1987.
[5] 马保林，李子青．高墩大跨连续刚构桥[M]．北京：人民交通出版社，2001.
[6] 向学建，杨昀，等．广东清（远）～连（州）一级公路升级改造（高速）工程杜步3号桥施工监控监测总报告，2009.
[7] 徐君兰．大跨度连续刚构桥施工控制[M]．北京：人民交通出版社，2000.
[8] 向木生．连续刚构桥梁施工控制分析[J]．武汉理工大学学报，2002(6).

92. 跨南五环桥转体施工

任自放　周天涯　颜　勇
（江阴大桥（北京）工程有限公司）

摘　要　跨南五环桥是一座悬浇箱梁与转体施工相结合的桥梁，本文主要论述了跨南五环桥转体的施工过程。

关键词　跨南五环　转体　上转盘　球铰

一、工 程 概 况

北京市轨道交通亦庄线工程跨南五环桥位于桩号K7＋504.300～K7＋669.300（即JY35号墩-JY38号墩）之间。南五环为北京市重要的绕城高速公路，车流量大，车速快。跨五环桥为三跨预应力混凝土变截面连续箱梁，跨径为(45＋75＋45)m，其中支点梁高480cm，高跨比1/15.6；跨中梁高220cm，高跨比1/34；梁底采用R＝233.5m的圆曲线。

桥梁截面为单箱单室直腹板箱形截面，底宽470cm，顶宽900cm。箱梁截面尺寸：顶板厚27cm，底板厚30cm，近支点处加厚至120cm，腹板厚40～80cm。中跨分为8个节段，边跨为9节段。全桥共设置两个边跨合龙段和一个主跨合龙段。

本工程现浇箱梁分别以36号、37号墩为中心，以挂篮为施工平台，分节段浇筑箱梁混凝土；以主墩为中心向桥跨中与边墩方向同步对称浇筑0～8号节段，转体前先在支架上浇筑边跨9号节段、转体后在吊篮上先浇筑边跨合龙段10号节段，再浇筑中跨合龙段11号节段。本桥为结构不平衡转体桥。

转盘设在承台与墩柱相交处，承台设下转盘，墩柱设上转盘。转盘内设有球形支座、撑脚、滑道、临时支撑等结构。施工完承台、墩柱及上部构造后再进行转体施工。转体牵引索为9根ϕ15.2mm钢绞线。

二、转体施工工艺

转体施工分为平衡转体跟不平衡转体，平衡转体即转体过程中仅由球铰支座单点受力，平衡转体的缺点是由于球铰转动过程中悬臂两侧并不能达到百分之百的平衡，容易造成悬臂两端晃动。根据国内转体桥梁施工经验，大多采用不平衡转体，即转体前先采用配重将撑脚着地，使撑脚跟球铰两点受力，避免了转体过程中的晃动现象。

本桥转体属于不平衡转体工艺，主跨和边跨各截面对称布置，混凝土方量基本相同。主跨混凝土方量为226m^3，边跨混凝土方量为226.6m^3。主墩两侧箱梁线形一致，故两侧转体混凝土对转轴力矩相等。采用配重方式将T形构侧偏一定角度后进行转体施工，转至设计要求位置之后再取下配重块回复T形构平衡状态。本桥的难点在于以往桥梁转体均采用支架现浇，在施工过程中悬臂的重量大部分由支架承担，而本桥采用挂篮加转体的施工工艺，挂篮施工过程中的不平衡力均由活动球铰支座与临时支撑承担。转体施工过程的不平衡力与线形控制是本工程的两个难点。

1. 施工流程(图 1)

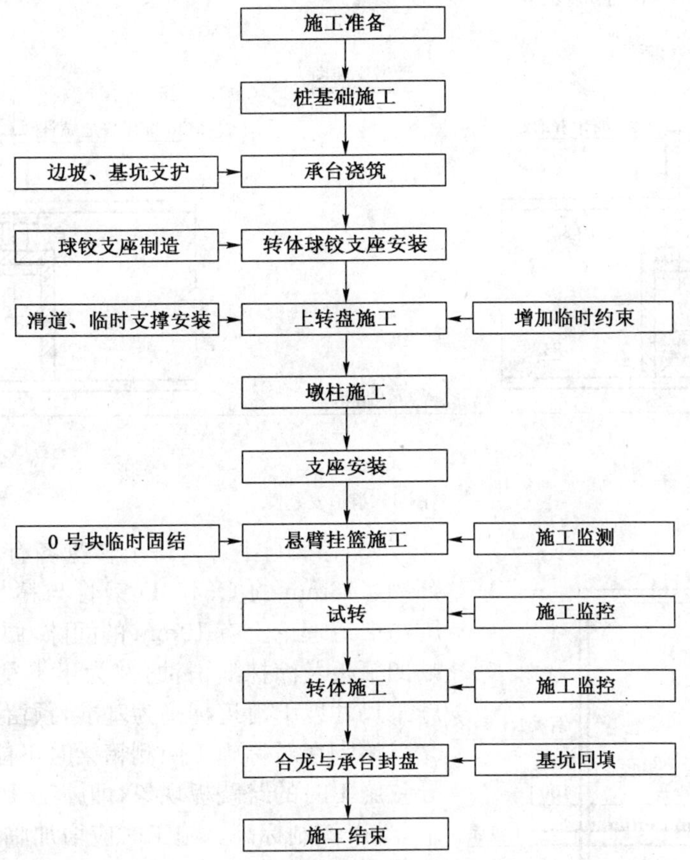

图 1 跨南五环桥转体施工工艺流程图

2. 下部构造与转体球铰施工

转体施工的关键构件就是承载整个转动体重量的转动球铰，而转动球铰摩擦系数的大小直接影响着转体时所需牵引力矩的大小。在转体过程中，转动体的摩擦力及偏心矩对施工过程的安全性起着至关重要的作用。因此下部结构的施工是本桥的关键。

下部结构的施工重点在于下转盘球铰、滑道、撑脚。

(1)下转盘。下转盘即为球铰支座的下盘。球铰如图 2 所示。

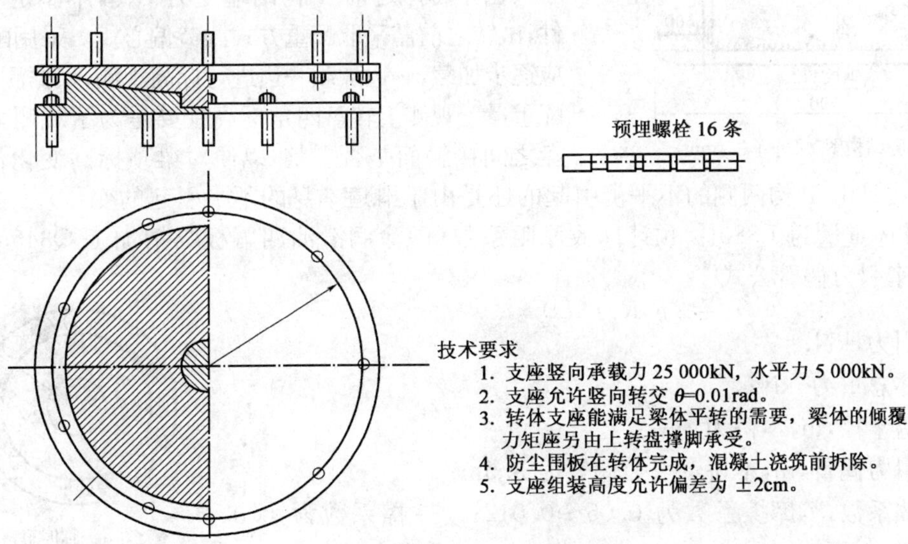

图 2 转体球铰支座结构示意图

(2)滑道(图3)。滑道起两个作用:一是结构平衡的支撑;二是转体时的滑行通道。转体前,仅发挥第一个作用;转体时,两个作用都发挥。

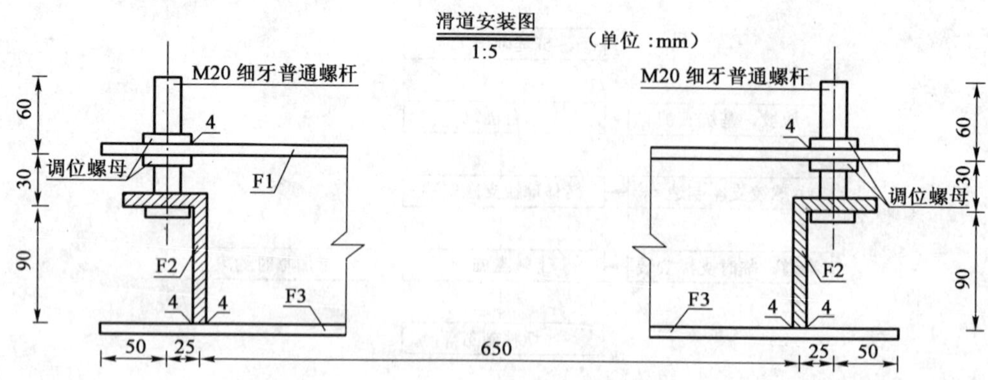

图3　滑道安装图

(3)撑脚(图4)。每个转盘各有8个撑脚。撑脚由1根ϕ500×16mm的Q345qD钢管与精加工走板焊接而成。撑脚与滑道理论上有10mm的间隙,便于在撑脚与滑道之间粘贴四氟板及涂抹润滑油,并为不平衡转体提供偏心矩,实际施工尺寸以下滑道标高为基准,预留至少10mm空隙。

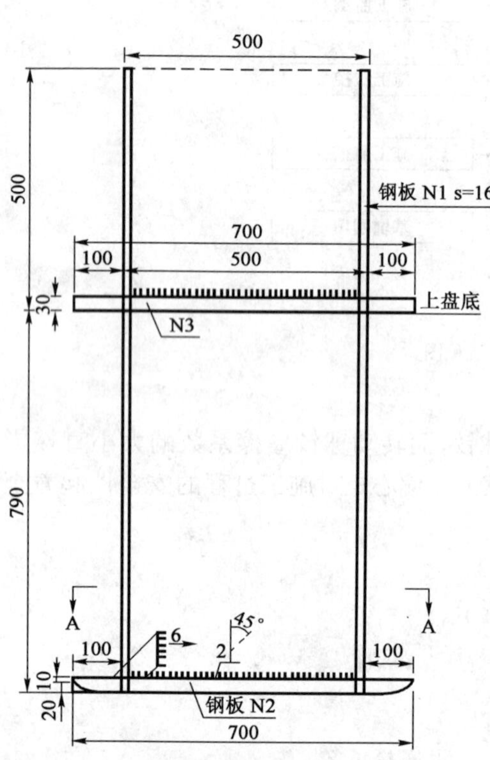

图4　撑脚结构图(尺寸单位:mm)

撑脚在对称施工两侧箱梁时不能与滑道紧密接触,可能导致施工时的跷跷板现象,即施工T构两侧箱梁不时忽上忽下,难以控制标高。施工时应增加临时砂箱支撑。临时砂箱拟设在两撑脚之间,如图5所示阴影部分。临时砂箱共设置6个支腿,布置如图5所示。

3. 试转

待上部箱梁浇筑完毕(即悬臂梁浇筑完毕)之后,即进行转盘的试转。试转的目的是:检查牵引系统能否正常工作,检查各环节施工人员能否相互配合,检查张拉力是否在控制范围内,检查T构的稳定性。

由于转体之前T构两端受力平衡,不满足不平衡转体条件,试转之前需采取配重方式调节偏心矩。采用配重物配重时,应逐步加载,一边加载一边进行标高观测,根据测得的标高确定配重量。观测上转盘四角标高主要是为了观测上转盘与下转盘之间接触面是否平整,以便对梁顶标高变化作出准确判断(梁顶高程的变化是由T构两侧的不平衡引起的还是由于滑道本身的不平引起的变化)。

试运转的转体重量为1 880t。预计球铰摩阻系数(即涂润滑油四氟板与精加工Q345qD钢板之间)在0.1左右,由牵引力偶臂公式

$$T = 2fGR/(3D)$$

式中:T——牵引力,kN;

G——转体总重力,kN;

R——转盘半径,m,本桥为1m;

D——牵引力偶臂,m,本桥牵引力偶臂为3.5m;

f——摩擦系数,静摩擦系数为0.05～0.012;动摩擦系数为:0.05～0.08,本桥取0.1。

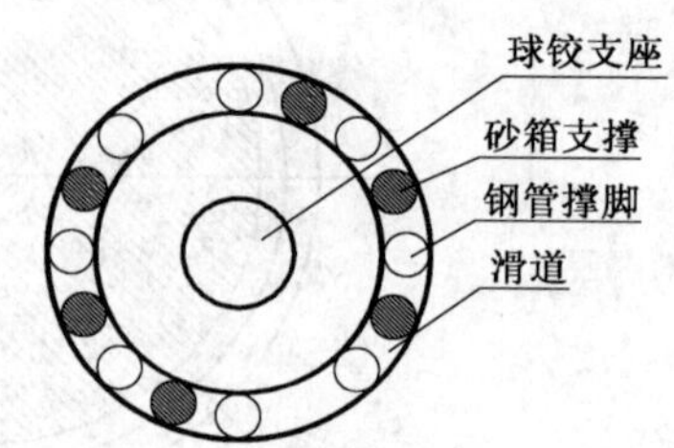

图5　临时砂箱支撑布置图

可知：试转所需牵引力为：2×0.12×1 880×1/(3×3.5)＝43tonf。故两台50t以上千斤顶即可转动，考虑到施工中的不确定因素，采用两台YC100千斤顶，试转5°后若没问题则停止转动。

施工时因各种因素的影响，可能导致实际转动的力偶臂远大于设计值，故需反复磨合。

试转前应在上转盘底部设置刻度及指针，准确记录转盘位置，如图6所示。

图6 标尺的设定

4. 转体施工

试转完成之后，即准备进行转体施工。跨南五环桥转体由两部分组成，一是36号墩T构按顺时针方向旋转58°，二是37号墩T构按顺时针方向旋转54°。采用不平衡转体方式转动。

由于千斤顶的行程为150mm，转角为58°，转盘线位移

$$3.14\times 58/180\times 3\,500=3541\text{mm}$$

因此完成全部转体需3 541/150＝24个满行程。

为保障转体施工时转动不超过设计位置，应加设限位装置(图7)。限位块一端安装在转体外侧，安装转盘时预埋限位钢板，在离设计位置还有5°左右时安装限位器，转体到位后拆除。

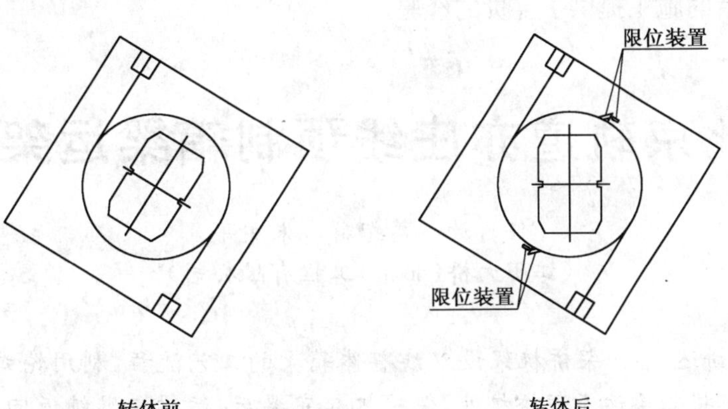

图7 限位块的设置

各项准备工作做好后即进行转体操作。当主控台发出启动信号后，通知各岗位做好准备启动加载。牵引系统加载(以设计计算的牵引力为准)后，若不能启动，则系统暂停，分析原因，排除后再重新启动，直至转体启动。

如计算所得的最大拉力为430kN，考虑到实际施工中的不同步、不可预阻力的影响，将最大拉力控制在2倍设计最大拉力值(即860kN)范围内，超出这个范围则应仔细检查转盘是否有阻挡物增加了转盘的摩擦力。

转体基本到位后利用牵引系反复微调直至结构轴线与设计轴线偏差满足设计及规范要求(±10mm)；同时观测T构两端标高与设计标高的差值是否小于规范要求(±10mm)，如超过规范要求应在高端加配重块来调节标高直至符合规范要求。精确就位后，将滑道与撑脚填实、焊牢，防止风或其他因素产生的结构位移。

转体就位后，应立即连接焊接撑脚与滑道，并按设计要求绑扎钢筋，浇筑上、下盘C40混凝土，并确保封盘混凝土密实。拆除模板体系、回填承台四周土方，完成施工。

转体前、转体中和转体后与监控单位配合，做好结构应力、应变与牵引系统的监控和T构的测量工作，及时为转体提供指导信息。

5. 转动过程中异常情况的处理

如果转体过程中发生下列情况应立即停转，待查明原因并作相应处置后才能继续转体施工。

1)不能正常起动

牵引千斤顶加载，总牵引力超过起动时摩擦力两倍时转动体系仍不转动，此时应查看撑脚与环道接触处是否有杂物将其卡住，环道在此处是否形成局部上坡，在清理排除后，增加牵引力使其转动。

2)混凝土开裂

转体过程中某一部件发生开裂时，应对裂缝的性质进行判断：

①裂缝是否为受力裂缝；

②裂缝对转动体的影响是局部的还是全局的；

③是单纯对裂缝补强还是采用其他加强措施。

3)结构应力应变异常

如监测到结构应力、应变发生异常，监控发出警报后，立即检查异常部位的构件是否是因材质、制作及安装质量、设计缺陷等原因产生异常，同时确认监测结果是否可靠，找出原因后，采取相应的补救措施。

三、结　语

桥梁转体技术在我国已日渐成熟，已有不少工程实例，该技术的关键是根据不同的桥梁结构形式、施工过程和场地及环境条件等特点制订出合理可行的转体方案，以便确保结构的稳定和强度要求，不由于转体而影响到结构的正常受力或导致不可控制的局面。转体施工过程的不平衡力与线形控制是本工程的难点和重点，也为今后的施工提供了宝贵的经验。

93. 北京轨道亦庄线预制箱梁运架技术

任自放　葛绍群　朱文平

（江阴大桥（北京）工程有限公司）

摘　要　此文主要讲述450t架桥机架设双线整体箱梁的工艺流程，利用轮式提梁机将梁喂至桥面上的运梁车，再用运梁车将箱梁运至架桥机处，架桥机起完梁后，运梁车继续返回梁厂运梁，当架桥机落完梁后立即进行支座灌浆，支座灌浆是架设过程中一大重点。2h后浆体强度达到20MPa，则架桥机过孔，如此循环架设箱梁。30m和25m之间的换跨架设，过站及过小半径是此次工程的技术亮点。

关键词　双线整体箱梁　提梁机　运梁车　架桥机　喂梁　落梁　灌浆

一、工 程 概 况

预制梁厂承担箱梁架设工程206片，其中30m双线整体箱梁168片、25m双线整体箱梁38片，架设起始里程桩号为K5+072，终点里程桩号为K13+541。所需架设箱梁均由位于K9+851的梁厂提供，架运里程8.5km。

结合工程任务特点及工期要求，我分部已投入如下设备：450t轮式提梁机1台；450t运梁车1台；450t架桥机1台；25t汽车吊随时调用。

二、架桥机简述

相比一般三支点架桥机，两支点架桥机具有灵活、轻便及机动性强的特点。灵活轻便是因为架桥机主体只有320t，且能适应30m及30m以下跨度的400t级预制梁的架设。而架桥机过小半径曲线段的架梁作业和过站更把其机动性强的特点发挥得淋漓尽致(图1)。

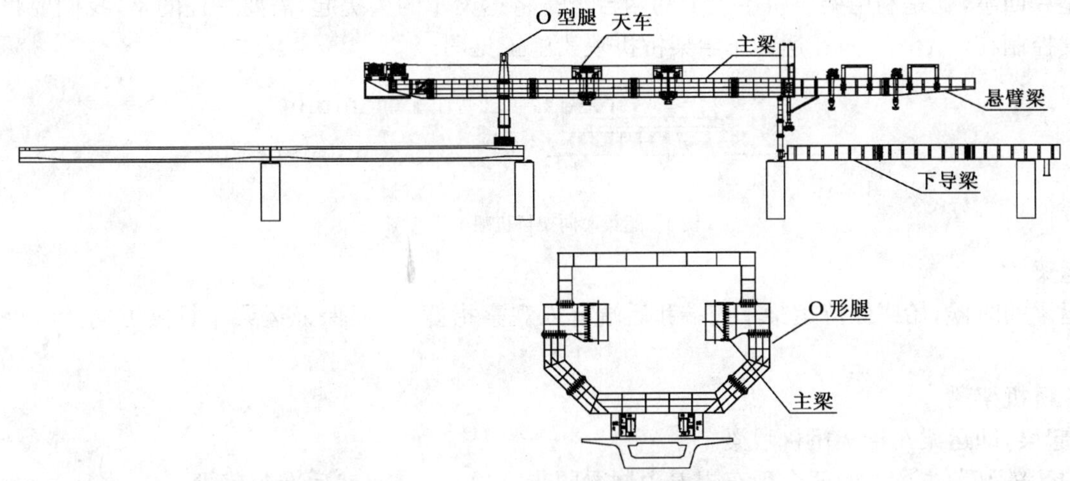

图1 架桥机机架图

如图1所示，利用主梁上的天车将预制梁提起穿越O形腿后落梁，落梁完毕后架桥机前支腿在下导梁上行走完成架桥机过孔，而下导梁过孔则利用悬臂梁天车。下导梁和架桥机无刚性连接，可随架梁方向摆动，完成曲线段架梁。

三、施 工 工 艺

1. 工艺流程(图2)

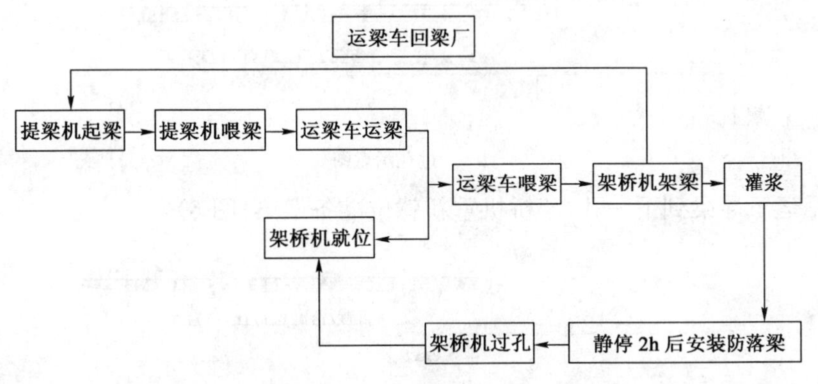

图2 工艺流程示意图

如图2所示，在预制梁完成支座的安装后，由450t提梁机将梁喂给桥面上的运梁车，再由450t运梁车运至450t架桥机处，架桥机提出梁片然后落梁，然后完成支座重力灌浆，2h静停后进行防落梁装置的安装。以下按照工艺流程进行逐一讲述。

2. 梁厂处2孔预制箱梁安装

为了给架桥机组装准备施工场地，给运梁车提供行驶道路，同时实现架梁作业，在预制梁厂处的2孔预制箱梁YW17、YW18采用1台450t轮式提梁机架设。YW17、YW18与现浇段立面关系图如图3所示。

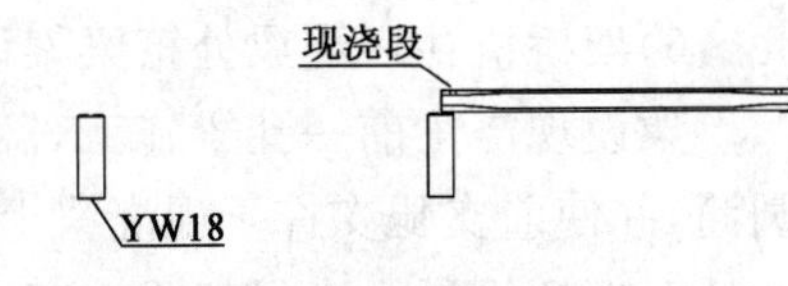

图3 YW17、YW18平面关系示意图

3. 架桥机架梁施工

1)喂梁

喂梁分为提梁机给运梁车喂梁和运梁车给架桥机喂梁两种情况。提梁机给运梁车喂梁需注意把梁提升高于运梁车支撑座上方约20cm,准确定位后即可落梁于支撑座上,主要是为了防止安装好的支座被碰掉,运梁车接梁时顶起4个角上的千斤顶也是一个很重要的环节;运梁车给架桥机的喂梁和架桥机起梁实质是一回事,就是利用架桥机主梁上的两台天车将运梁车的梁提起,需要一提的是,我们要将天车前移的速度控制在3m/min内。运梁车给架桥机喂梁施工见图4。

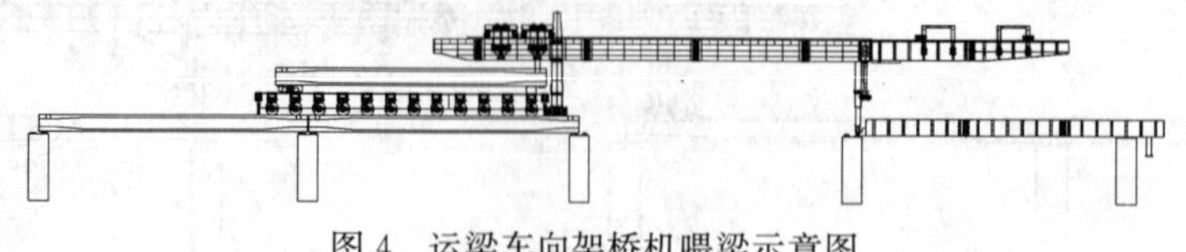

图4 运梁车向架桥机喂梁示意图

2)运梁

在运梁的时候,始终保持运梁车前端和后端有人观察指挥,从而保证运梁车行驶方向始终处于受控状态。

3)架桥机架梁

(1)起梁,即运梁车给架桥机喂梁。

(2)起完梁后,主梁上的两台天车提着预制梁同步穿越O形腿,然后准备落梁。

(3)当落梁至距离支座顶面20cm左右的时候,精确对位,然后就可以落梁到已准确调整高度的临时千斤顶上面,立即进行支座灌浆作业。

4)架桥机悬臂过孔

(1)利用悬臂梁天车将下导梁往后移,后端搁置在已经安装好的箱梁上,前端的支腿落到桥墩上,调正导梁后,桥面铺设架桥机O形腿行走轨道,前支腿行走轮落在导梁的轨道上,架桥机主体进行过孔,直至前支腿行走至下一孔的支座位置上,空出落梁的支座位置(图5)。

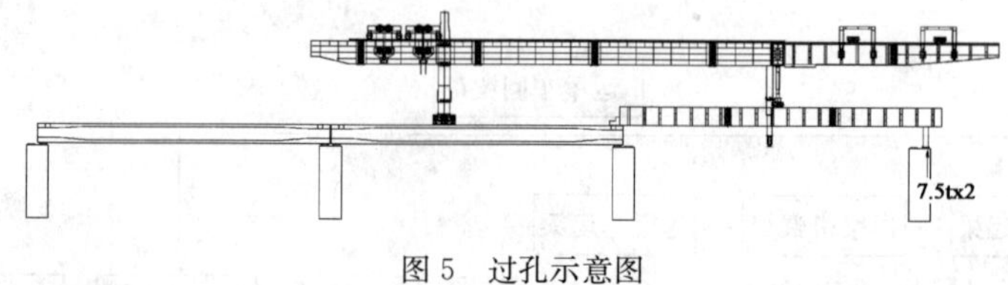

图5 过孔示意图

(2)利用天车吊运下导梁到下一孔,架桥机重新就位准备架梁(图6)。

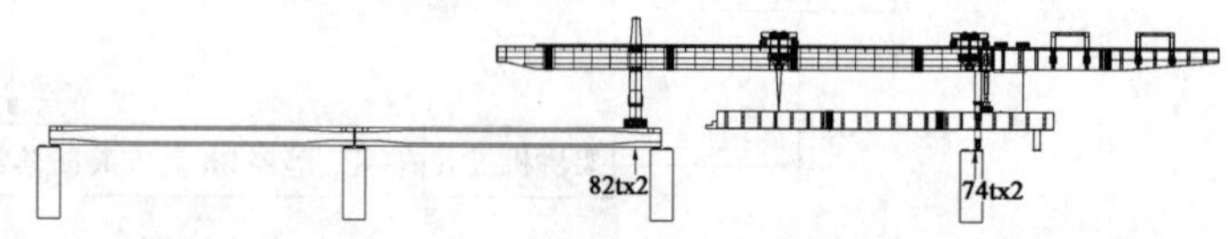

图6 下导梁过孔示意图

5)30m和25m之间的变跨施工

我们的450t架桥机可以轻松地适应30m和25m之间的变跨施工,他们之间的差别只是在架桥机过孔时,将下导梁往后搁置的距离相差了5m,架桥机主体向前移的距离也相差了5m。

6)架桥机在现浇梁处箱梁架设施工

架设现浇梁前一孔梁施工,摘除下导梁支撑,并将下导梁置于现浇梁上;同时去除架桥机前支腿中部圆筒,并使前支腿支撑于现浇梁上,很方便地架设现浇梁前一孔。具体如图7所示,其他步骤同前。

7)架桥机过小半径架梁施工

我们现在所要讲述的过小半径架梁施工,是一般三支点架桥机所不能办到的,在轨道亦庄线工程中,

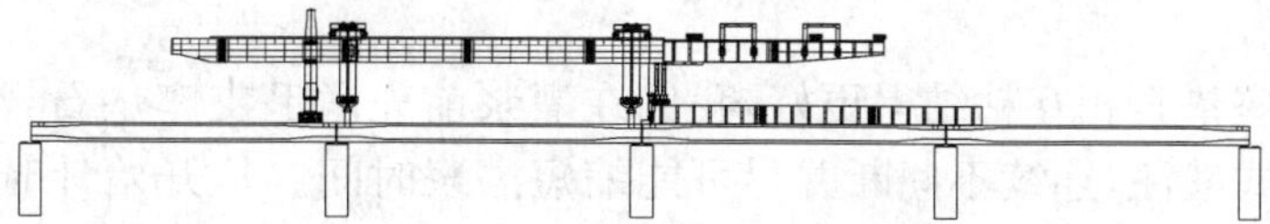

图 7 架桥机架设合龙段箱梁示意图

我们所经过的曲线段最小半径仅为 450m，我们的架桥机机动灵活的特点发挥了强大的作用，方法简单且奏效，只需在过孔时通过汽车吊对下导梁进行定位，从而轻松的完成架桥机在小半径曲线段的架梁作业，其他架梁步骤则是和直线段架梁相同的(图 8、图 9)。

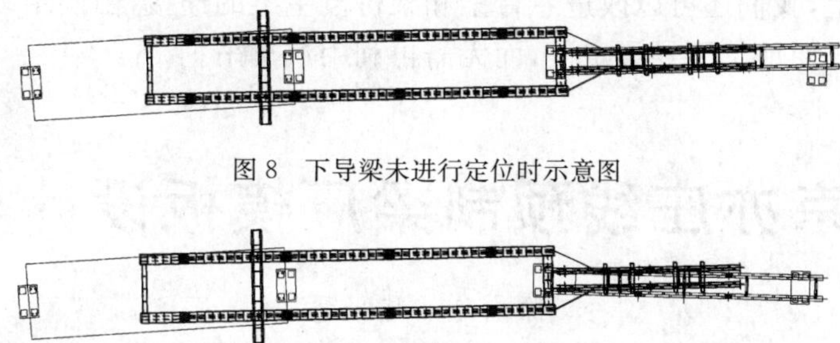

图 8 下导梁未进行定位时示意图

图 9 下导梁定位后示意图

8)架桥机过站

另一个值得骄傲的是就算架桥机过承载力较预制梁要小得多的车站也不是难事，原本架桥机 O 形腿下方的行走位于预制梁腹板处，而预制梁腹板和车站腹板位置是不同的，所以我们通过临时改变 O 形腿下方行走的位置来实现安全过站，把架桥机 O 形腿下方的行走移至车站箱梁两边的腹板处，并在过站时始终保证千斤顶支在两片车站梁接头处。过站施工更进一步印证了我们的架桥机灵活且机动性强的特点(图 10)。

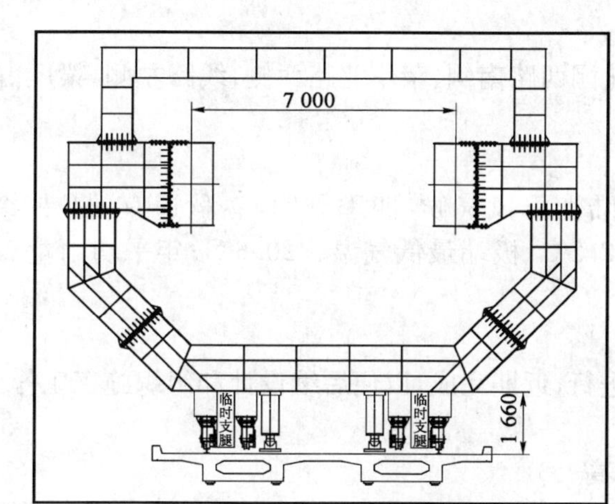

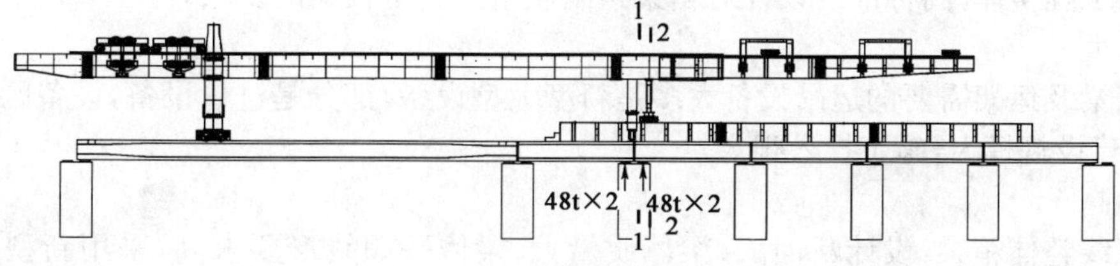

图 10 架桥机过站示意图

9)梁厂内最后 2 孔箱梁架设

先用提梁机提一片梁放置在已架梁上，然后用提梁机提出存梁台上的最后一片梁，把这片梁架设完毕后再把已经放置在已架梁上的箱梁也架设掉。

4. 灌浆

为了使灌浆料和支座垫石相互粘结得更好，我们在灌浆前先凿毛支座垫石，清除预留锚栓孔中的杂物。灌浆时采用重力方式灌注，连续不间断并尽可能缩短灌浆时间。从开始计时起2h后对试块进行强度测试，达到20MPa后我们将支座临时连接和临时千斤顶拆除，此时架桥机方可安全地过孔。

四、结　语

显而易见的，整个架梁的流程比较方便，且灵活多变，面对直线预制梁、小半径曲线段和过车站都可以轻松应对。在此基础上，我们还可以改进悬臂梁和架桥机主梁的连接，由固结改成铰接，利用油顶来控制悬臂梁的角度由此来方便地给下导梁定位，而无需再利用汽车吊。

94. 北京亦庄线预制梁厂模板设计与应用

徐永玲　陈兴慧
（江阴大桥（北京）工程有限公司）

摘　要　预制梁厂预制箱梁总计206片。箱梁模板从设计、组装到使用都严格控制质量，按要求进行施工。考虑安装简单易操作，外模桁架体系尽可能与模板连成整体，现场仅连接模板拼缝处桁架。内模的拆除采用专用的模板车，省时又省力。

关键词　外模　内模　端模　模板车

一、工 程 概 况

1. 场地位置

亦庄梁厂位于亦庄镇文化园西路南侧、荣华北路西侧，线路左侧，梁厂占地64 724m^2。

2. 梁场自然条件

1)气象

本区属暖温带半湿润大陆性季风气候，四季分明，春秋适宜，夏热多雨，冬寒干燥。年平均气温13～13.5℃，极端最高气温42.2℃，极端最低气温－20.6℃；年平均雨量530.8～599.2mm。最大冻深35cm，最大积雪厚度15cm。

2)地质

亦庄梁厂地勘工作尚未进行，近期完成，以便后续设计和组织施工工作。

3. 工程特点

1)设计标准高、质量要求高

本工程项目设计运行速度为80km/h、使用寿命100年；采用双线大断面箱梁、线上无碴轨道结构；高性能混凝土引入工程实体；高标准的设计对箱梁预制质量提出了很高的要求。

2)施工投入大

本梁场预制梁及运架需要的运吊设备大多是新型大型设备，部分是进口设备，设备购置费用高，梁场占地64 724m^2，建设规模大，施工投入很大。

3)管理风险高

轨道交通双线整体箱梁，设计断面大、梁体质量大、梁体平顺线形要求高，采用新型技术，厂房式生产，施工人员数量大而且相对集中，施工管理的重要性和高风险性突出。

二、模 板 配 置

轨道亦庄线预制梁场高架区间桥梁工程起迄里程桩号为K4＋760～K19＋575.218。共预制箱梁

206片，其中30m箱梁168片；25m箱梁38片。制梁台座10个，其中2个25m制梁台座，共配置外模10套(30m的8套、25m的2套)，内模7套(30m的5套、25m的2套)。夏天每套模板使用周期为3天。冬天每套模板使用周期为4天。

三、模 板 设 计

1. 模板选型

本工程箱梁模板拼接全钢式大模板设计，小箱梁底模面板采用10mm钢板，肋采用[16号，侧模面板采用6mm钢板，主背楞采用][14号，内模面板采用6mm钢板，主肋采用12号工形钢。模板按侧模包底模、端模设计。

2. 箱梁外模设计

1)外模分节、分块设计

工程实践证明，任何一个模位上，模板分节数量越多，模板拼装时，在相邻模板拼缝处由于拼装产生的拼缝不严和相邻模板拼装高低差的质量通病越多。为此，本方案设计中，外模的分节设计采取了分长节的分节设计方法。

外模的分块设计是指为方便外模运输，外模在截面方向的分块设计。外模分块设计位置的确定，考虑了相邻模板拼缝处在同一截面时的刚度削弱因素。因此，相邻模板的拼接位置错开同一截面，以保证拼接接缝处的模板刚度补偿。同时，外模在相邻模板连接节点处进行了构造密封设计，以保证拼接接缝处不漏浆，提高构件的观感质量，如图1所示。

图1 相邻模板连接节点处的构造密封设计

2)外侧模强度验算

(1)设计允许荷载。

①假定计算条件；

②混凝土浇筑速度为$v=1.0\text{m/h}$；

③浇筑温度为20℃；

④坍落度为150mm，大于100mm；

⑤混凝土掺加外加剂。

(2)荷载计算。

①侧压力计算。新浇筑的混凝土作用于模板的侧压力，按下列二式计算，并取二式中较小值。

$$F_1 = 0.22 r_c t_0 \beta_1 \beta_2 v^{\frac{1}{2}} \tag{1}$$

$$F_2 = r_c h \tag{2}$$

对普通混凝土来说，新浇筑混凝土自重标准值$r_c=24\text{kN/m}^3$；新浇筑混凝土初凝时间(h)取$t_0=200/(20+15)\approx5.71\text{h}$；混凝土的浇筑速度$v=1.0\text{m/h}$；取混凝土侧压力计算位置处至新浇混凝土顶面总高度为1.6m；外加剂修正系数$\beta_1=1.2$；坍落度影响修正系数$\beta_2=1.15$。

$$F_1 = 0.22\times24\times5.71\times1.2\times1.15\times1.0 = 41.6\ \text{kN/m}^2$$

$$F_2 = 24\times1.6 = 38.4\ \text{kN/m}^2$$

取其小值：$F=38.4\text{kN/m}^2$

②荷载组合。

系数取值：$k_{活}=1.4$，$k_{恒}=1.2$

$$q_{侧计}=k_{恒}\cdot q_{max}+k_{活}\cdot q_{水平}$$
$$=1.2\times38.4+1.4\times4$$

$=51.68\text{kN/m}^2$

$=0.052\text{N/mm}^2$

在此模板侧压力作用下，模板满足使用要求。

3)外模底模验算

如图 2 所示，箱梁底模面板采用 10mm 钢板，肋采用[16 号@300。肋间隔 70cm 加 100×6 的小劲板。

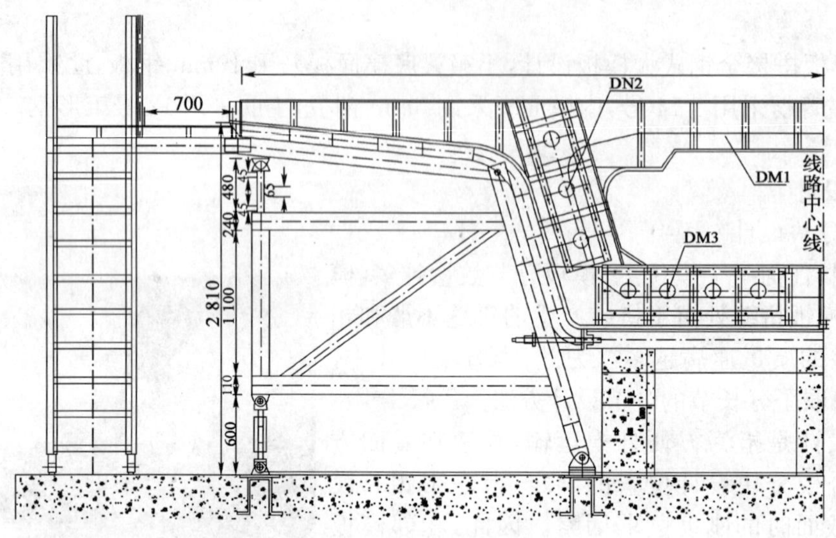

图 2　外模支模示意

荷载：30m 箱梁总重 386t，平均每延米重 386/30=12.87t，考虑箱梁端部加厚区，再加上有一部分质量作用在侧模上，综合考虑取 q=15t/m。底模自重 $q_{钢板}=7.85\times3.9\times0.01=0.306\text{t/m}$

底模面层钢板受力分析：底模面层钢板主要作用在间隔 30cm 的肋上。

$$M_{max}=\frac{ql^2}{8}=\frac{(q+q_{钢板})l^2}{8}=\frac{(15+0.306)\times9.8\times0.3^2}{8}=1.69\text{kN}\cdot\text{m}$$

$$\sigma_{max}=\frac{M_{max}}{\omega}=\frac{1.69\times10^3}{\frac{3.9\times0.01^2}{6}}=25.96\text{MPa}$$

$$f_{max}=\frac{5ql^4}{384EI}=\frac{5\times15.306\times9.8\times10^3\times0.3^4}{384\times2.06\times10^{11}\times\frac{3.9\times0.01^3}{12}}=0.23\text{mm}$$，满足要求。

肋强度验算：底模间隔 30cm 设置一道肋[16，30m 箱梁总共有 100 道肋，平均每道肋承受混凝土自重 386/100=3.86t。考虑一定的安全系数按每道肋承受 5t 混凝土计算。肋搁在三道连续墙上。连续墙间距为 1.3m。

$$q_{混凝土}=5/3.9=1.28\text{t/m},q_{钢板}=7.85\times0.3\times0.01=0.0236\text{t/m},q_{肋}=0.0197\text{t/m}$$

$$M_{max}=\frac{ql^2}{8}=\frac{(1.28+0.0236+0.0197)\times9.8\times1.3^2}{8}=2.74\text{kN}\cdot\text{m}$$

$$\sigma_{max}=\frac{M_{max}}{\omega}=\frac{2.74\times10^3}{1.168\times10^{-4}}=23.46\text{MPa}$$

$$f_{max}=\frac{5ql^4}{384EI}=\frac{5\times1.323\times1.3^4\times9.8\times10^3}{384\times2.06\times10^{11}\times9.345\times10^{-6}}=0.25\text{mm}$$，满足要求。

4)外模的现场组装

外模的现场安装工艺(图 3)过程如下：

底模安装→外侧模安装→外模桁架安装→外模沿口模板安装→外模平台、挑架、爬梯安装→外模质量验收→外模安装完毕为了保证底模在使用过程中的平整度，防止基础沉降引起模板变形，制梁台座结构由地基板接三道连续墙组成，制梁台座按弹性地基梁空间整体模型进行设计。箱梁底模分节制作运到现场，与连续墙预埋件焊接成整体，每节底模间板缝高差不大于 2mm，底模板面平整度不大于 2mm/m，在箱梁长度范围内按二次抛物线预留出反拱值。通过调节底模各段的标高预设反拱值，25m 箱梁反拱值为 9.22mm；30m 箱梁反拱值为 15.61mm。

3. 箱梁内模设计

1）内模构造

箱梁内模由顶板、纵梁、侧板、纵向移动托架及调节系统组成（图 4），分端截面、变截面及普通截面三大类。纵梁为工字钢截面，顶板与纵梁用螺栓固定连接，侧板与顶板在转动处铰接。侧板的直线段和折线段分别转动折叠伸缩。两侧沿截面方向设置 3 道拉杆，用于调节模板截面尺寸，在调整拉杆的长度时，需保证左右两侧模板的对称性，两侧模板同步调整，避免出现单侧受力较大的情况发生。在支模时，F 模板底部需设置垫块（施工方现场配置），保证浇注时模板的整体稳定性。

图 3 模板现场安装

图 4 吊装内模

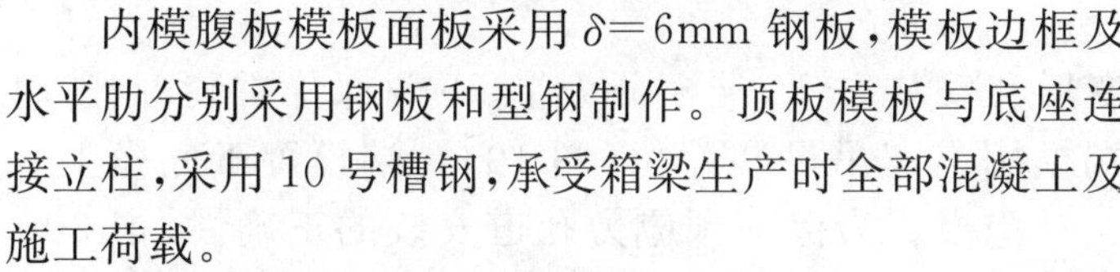

内模腹板模板面板采用 $\delta=6$mm 钢板，模板边框及水平肋分别采用钢板和型钢制作。顶板模板与底座连接立柱，采用 10 号槽钢，承受箱梁生产时全部混凝土及施工荷载。

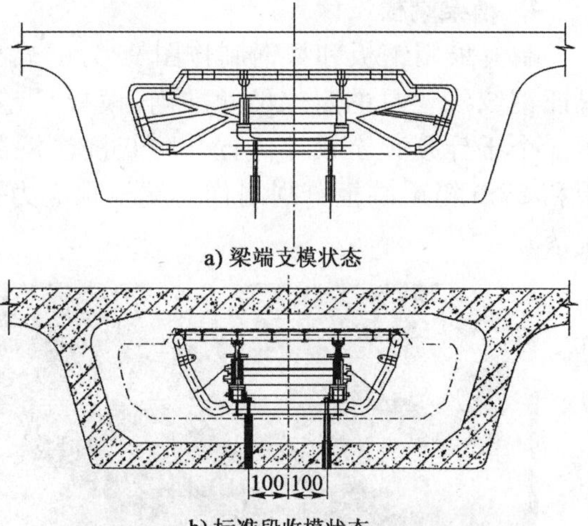

a) 梁端支模状态

b) 标准段收模状态

c) 内模拆、运、装模板车

图 5 内模拆除

2）内模拆除工艺

梁体混凝土强度达到脱模设计要求，且混凝土表层温度与环境之差不大于 15℃，能保证棱角完整时，方可拆除内、外侧模和端模（图 5）。内模拆模顺序为：F 模板先拆除→拆除拉杆拉动将左右 B 板收缩折叠→内模整体下落→利用模板车使内模沿梁纵向抽出梁体。

3）内模支撑验算

（1）截面参数。45 号工字钢的抗弯模量为 0.001 43m^3，惯性矩为 0.000 322m^4，每延米重为 80.42kg。

（2）计算简单模型。根据混凝土的浇筑顺序，结合工艺流程和施工方案，可以选择梁端头部位的工字钢梁为最不利工况，并考虑施工振捣荷载、人群及小型机械荷载为5kN/m，模板及混凝土重 20kN/m。

（3）计算结果。根据以上参数，通过 midas 计算软件简单建模计算，可以得出相应结果，结果如下：

①应力:最大应力为25.92MPa,满足要求,如图7所示。

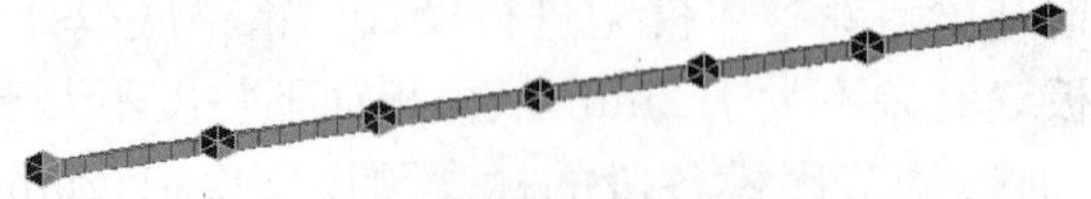

图6 梁端头部位的工字钢梁

②变形:最大变形为:1.71mm,满足要求,如图8所示。

通过以上数据可以看出,模板在浇注过程中,采用双拼45号工字钢大梁能够满足其刚度及强度要求。

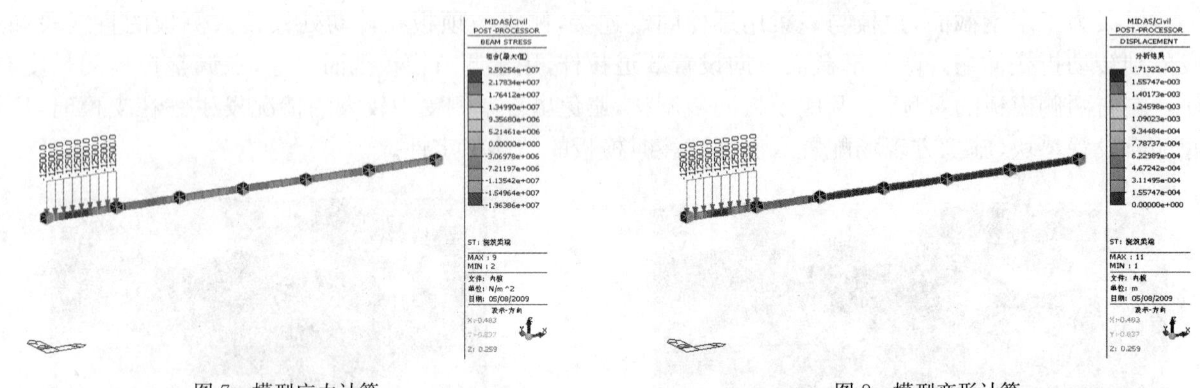

图7 模型应力计算　　图8 模型变形计算

(4)其他措施。因为考虑到模板的整体横向刚度,所以在制作大梁的时候设置两个45号工字钢,间距920mm,保证了侧向的刚度,并在两个工字钢之间用横撑及斜撑相连。

抗上浮措施同样设置在大梁的横撑上,与下面的支撑钢管相连,共设置5道,在拆除模板前拆除。

4. 箱梁端模设计

端模采用钢板和型钢制作图9,为了减小变形和安装方便,端模分为上、下两部分拼装,制造时保证钢绞线锚具的定位尺寸准确,模板平整,端模用汽车吊吊装就位(图10)。端模置于底模上并用5个千斤顶顶至设计位置并防止浇注混凝土时跑模。为保证预应力孔道安装的正确性,把30m箱和25m箱梁端模分别制作。端模预应力孔道位置采用喇叭口形式,防止拆除端模时混凝土磕碰脱落。

图9 端模加工图　　图10 汽车吊安装端模

四、在施工过程中遇到的模板问题和解决方法

(1)翼缘板的安装:在安装翼缘板时应注意使翼缘板有一个向外倾斜的角度保证拆模时不伤害梁体,在翼缘板和翼板的接缝处涂玻璃胶保证不因接缝导致混凝土脱落。

(2)端模的拆除时伤害梁体:在保证钢筋有足够大的保护层的前提下把以前小口径的喇叭口改大,另外在喇叭口的端部贴层双面胶以达到保证梁体不受伤害。

(3)内模的拆运过程中端头起第二块模板的处理:因是变截面拆除时要将第一、二两块全部拆掉才能保证内模顺利拉出。故把第二块模板改成两半,拆除时只拆下部,保证施工简单进行。

(4)模板车拉内模时为了保证不跑偏,故将一端用钢丝绳与地锚固定。

(5)滴水线的弧度,由于以前1/2圆影响梁的外观质量,故改为1/3圆的滴水线槽。

(6)吊装孔位置的偏移现改为焊好的钢筋骨架来固定以保证吊装孔的垂直。

五、结　　语

北京城建轨道交通江阴大桥预制梁厂,用上述模板预制箱梁共计206片,使用效果非常好,梁体表面光滑、平整、颜色一致。

95. 福建樟林大桥主桥V形墩施工及受力分析

吴　云
(中交第一公路工程有限公司)

摘　要　樟林大桥位跨木兰溪蝶型拱桥主墩V形墩由四根对称斜腿构成,单根斜腿为棱柱形钢筋混凝土实体结构,边跨主梁采用单箱双室预应力混凝土变截面箱梁,主墩V形墩采用平衡法施工。根据施工方案,通过对模拟施工阶段内力状态和成桥时内力状态计算,表明V形墩施工阶段与正常使用极限状态下内力均能满足要求。

关键词　V形墩　施工　受力

一、引　　言

樟林大桥位于福建省莆田市城厢区华林工业区,主体工程包括主桥、引桥和引道三大部分。设计总长1 086m,双向四车道。桥的左右两边各竖起一片拱肋,恰似蝴蝶的两只翅膀。横跨在宽阔的木兰溪之上,溪水奔流不息,龙眼林翠绿茂盛,加上这只翩翩起舞的“蝴蝶”,给华林经济开发区增添一些灵气。主桥为40m+100m+40m跨木兰溪的蝶型拱桥,引桥部分为跨堤40m箱梁和堤外多跨21m空心板梁桥。主墩V形墩由四根对称斜腿构成,单根斜腿为棱柱形钢筋混凝土实体结构,V形墩设计根部平行四边形尺寸为4.3m×6.8m,顶部平行四边形尺寸为2.4m×3.2m,竖向净高为12.05m,用任一水平面切斜腿,截面均为平行四边形,斜腿顶、底两平行四边形中心的连线为单根斜腿的轴线,在V撑入梁处设置中横梁,如图1所示。

边跨主梁采用单箱双室预应力混凝土梁变高度箱梁,主墩V撑处梁高3m,边墩处梁高2.2m,横坡2%;其中2 750cm长度为顶板等宽段,3 044cm长度为顶板变宽段。箱梁采用C50混凝土。顶板厚280mm,底板厚280mm,腹板厚400mm。

二、工 程 背 景

1. 由施工单位推荐的施工方案

浇筑承台第一节混凝土(标高从+2.50m至+4.70m)→预埋V腿底节钢筋及劲性骨架,临时支墩立柱预埋件→浇筑承台第二节混凝土(标高从+4.70m至+6.50m)→施工V形及现浇箱梁支架→绑扎锥坡及第一节V腿钢筋,立模浇筑承台及V腿底节混凝土(V腿轴线标高至9.33m)→安装V腿主、次受

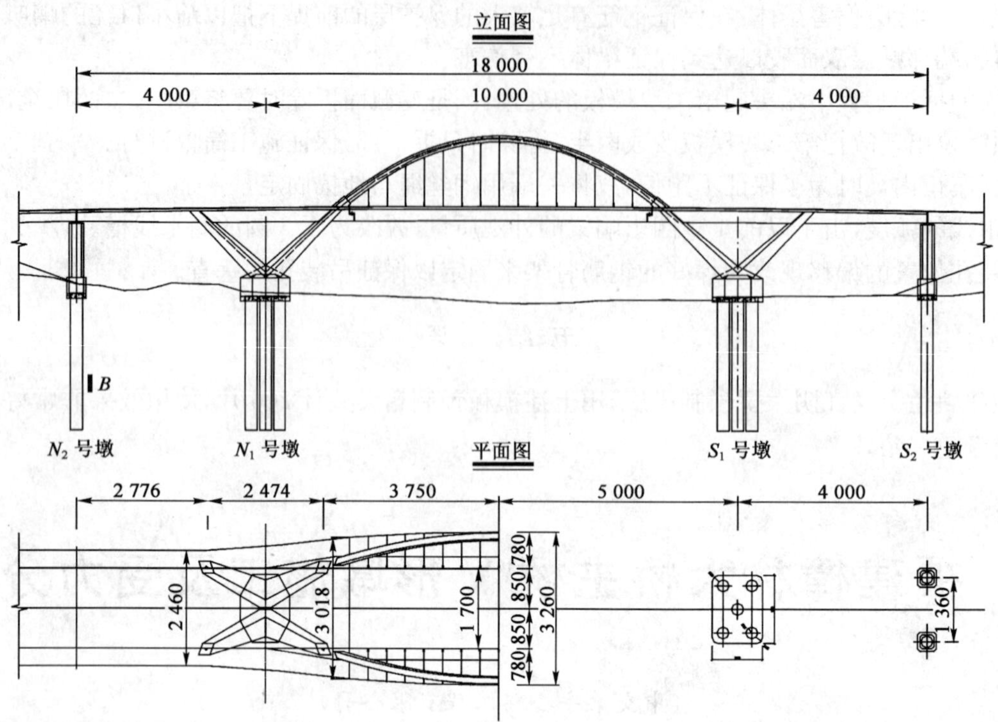

图1 樟林大桥主桥布置示意图(尺寸单位:cm)

力面纵梁、模板→接高绑扎V腿钢筋、安装第二节两个对受力面模板→对称浇筑第二节混凝土(V腿轴线标高至11.5m)→安装第三节对受力面模板,对称浇筑第三节混凝土(V腿轴线标高至15.0m)V形墩混凝土达到100%强度后,对称张拉下排纵桥向(标高为14.50m)、下排横桥向(标高为14.0m)临时预应力索→安装最后一节对受力面模板,对称浇筑第四节混凝土(部分伸入混凝土梁体),混凝土达到100%强度后,对称张拉横桥向(标高为16.50m)、上排纵向(标高为17.50m)临时预应力索,释放模板吊挂体系精轧螺纹钢筋,拆除所有V形墩模板→调整上纵梁贝雷片间距,安装箱梁底模,进行支架预压→绑扎箱梁钢筋、立模、浇筑箱梁混凝土,箱梁与V腿结合部二次浇筑→混凝土达到100%强度后,并达到设计龄期后张拉箱梁预应力束,同时放张V形墩四排(两纵两横)临时预应力索→整体一次落架,主桥边跨成型。

2. V形墩及临时预应力体系

V形墩采用平衡法施工(V腿产生的水平分力主要为系统内平衡),墩身混凝土分四次浇筑成型。第一次为锥坡以上标高到9.33m;第二次为V形中间部分(标高为11.50m);第三次为V形中间部分(标高为15m);第四次为V形腿最上部分(标高为18.55m),比箱梁底略高3cm左右。

施工阶段临时预应力体系经计算沿墩高纵桥向和横桥向共设两道,临时张拉预应力束目的是调节V撑内力状态,使V撑构件在整个施工过程中避免过大的拉应力,并保证V撑成桥时处于合适内力状态。

钢绞线以V腿中轴线布置如图2、图3所示。并应错开拱脚预应力及V形墩主筋。在该段混凝土浇筑完成且强度达到100%后张拉,同排预应力钢束张拉顺序是由构件中心向对称两侧,每次只张拉单根钢束,采用两端张拉。

边跨箱梁均采用支架现浇法,分两次浇筑完成,第一次为全长全断面(除V腿与箱梁结合部分),第二次为V腿与箱梁结合部分。

三、模拟施工状态对V撑进行空间应力分析

1. 模拟计算边界条件

(1)不考虑施工吊挂模板对V撑的影响,即每段混凝土自重均由V撑承受;

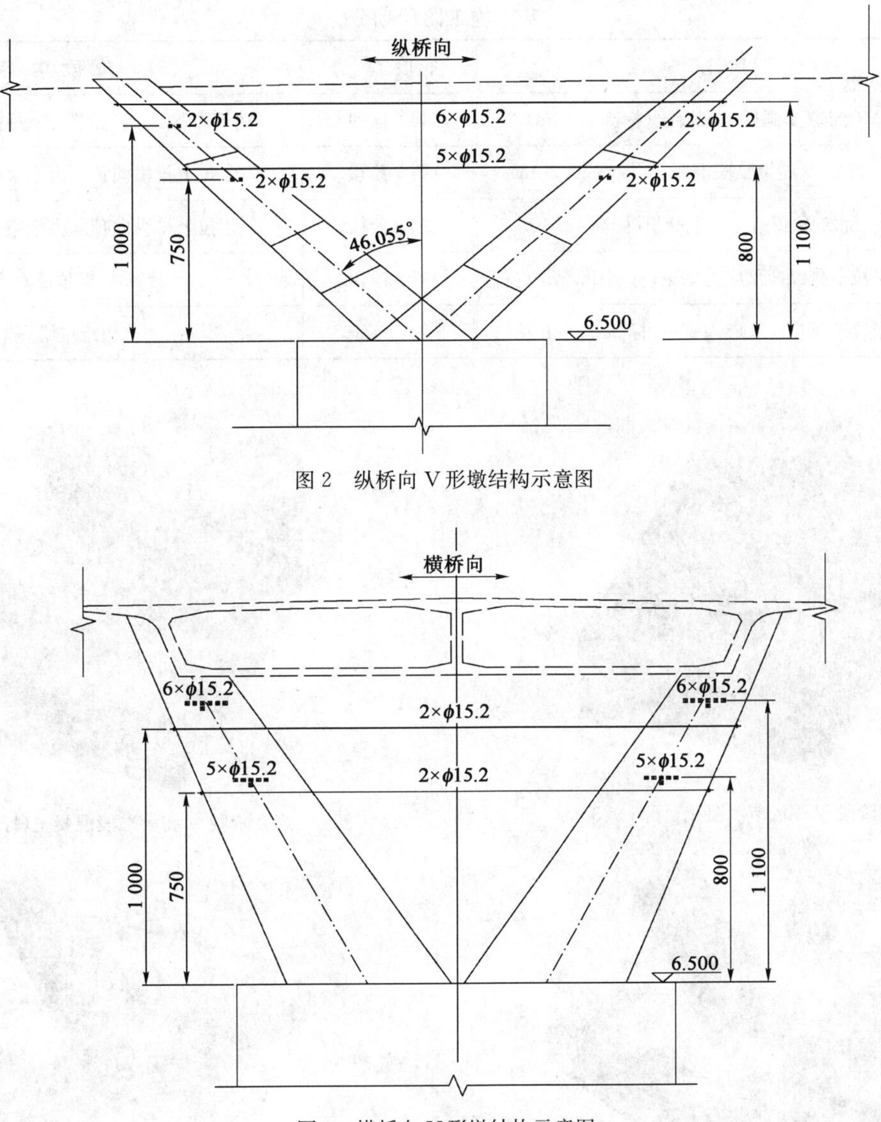

图 2　纵桥向 V 形墩结构示意图

图 3　横桥向 V 形墩结构示意图

(2) 箱梁节点混凝土重量只考虑 V 撑顶缘投影面积内混凝土湿重，其余部分由主梁模板承受；

(3)V 撑临时预应力束全部作用于 V 撑本身。

2. 主要计算参数

临时张拉预应力束采用 ϕ15.24 高强度低松弛钢绞线，F=1 860MPa，E_p=195 000MPa，张拉应力为 1 395MPa。张拉预应力时所浇筑混凝土段强度不得低于设计强度 90%。

临时预应力束下排 14.5m 处纵向预应力设置 5－ϕ15.2 钢束，全桥共 20 根，张拉力共计 976.5kN，横向 14.0m 预应力钢束设置 2－ϕ15.2 钢束，全桥共 8 根，张拉力共计 390.6kN；上排 17.5m 处纵向预应力设置 6－ϕ15.2 钢束，全桥共 24 根，张拉力共计 1 171.8kN；横向 16.5m 预应力钢束设置 2－ϕ15.2 钢束，全桥共 8 根，张拉力共计 390.6kN。

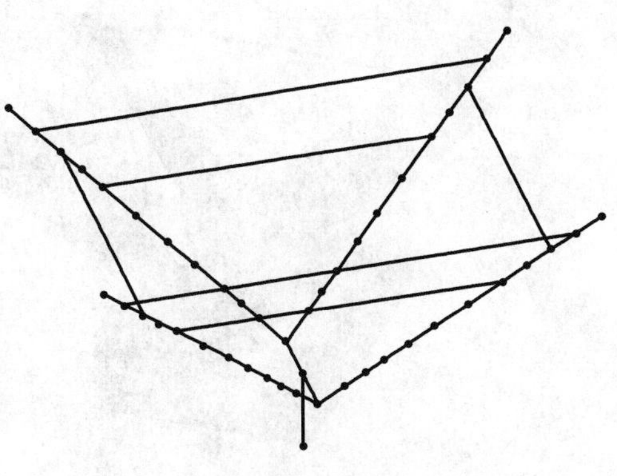

图 4　V 撑计算模型

3. 施工阶段划分

模拟 V 撑施工至边跨合龙这一过程，计算模型(图 4)阶段划分见表 1，如图 5～图 14 所示。

V撑施工阶段划分　表1

阶段编号	阶段内容	阶段编号	阶段内容
第1阶段	浇筑V腿底节混凝土(标高9.33m)	第6阶段	浇筑V腿第四段混凝土(标高18.6m左右)
第2阶段	浇筑V腿第二段混凝土(标高11.50m)	第7阶段	张拉上排横向预应力钢束(标高16.5m)
第3阶段	浇筑V腿第三段混凝土(标高15.0m)	第8阶段	张拉上排纵向预应力钢束(标高17.5m)
第4阶段	张拉下排纵向预应力钢束(标高14.5m左右)	第9阶段	计算V撑顶混凝土湿重
第5阶段	张拉下排横向预应力钢束(标高14.0m左右)	第10阶段	边跨主梁完毕

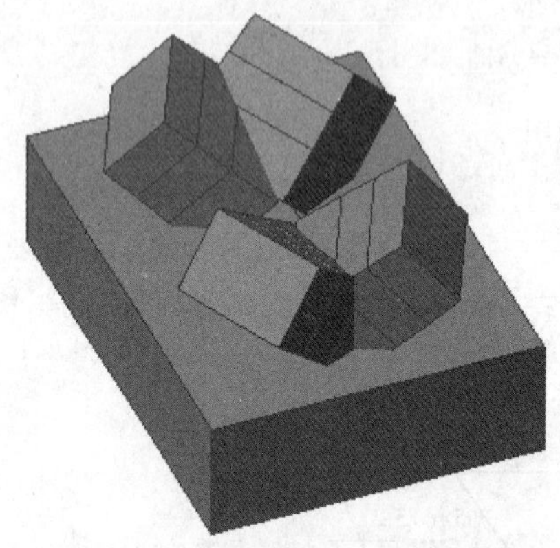

图5　第1阶段V腿底节混凝土(标高9.33m)

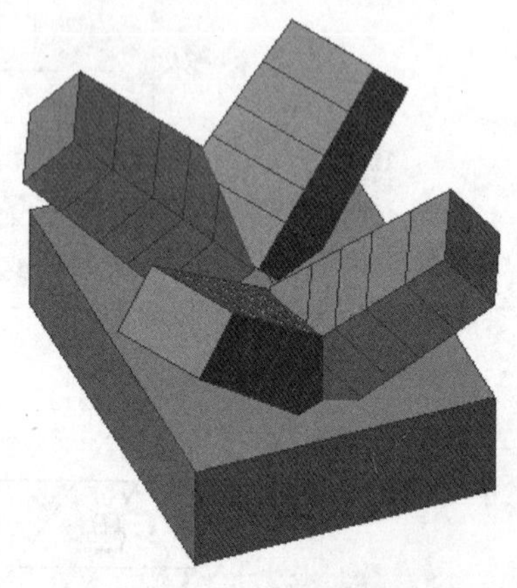

图6　第2阶段V腿第二段混凝土(标高11.50m)

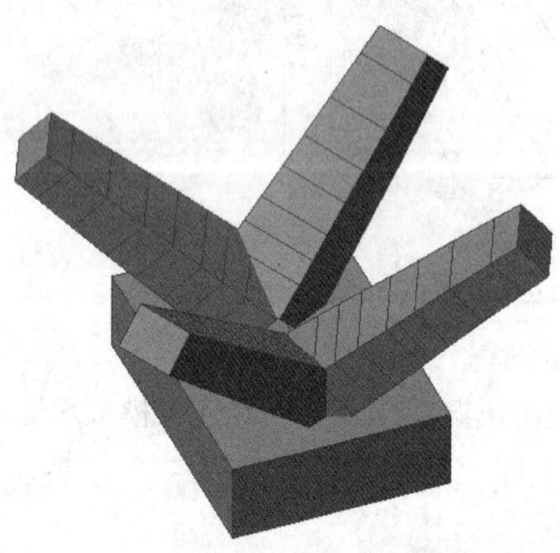

图7　第3阶段V腿第三段混凝土(标高15.0m)

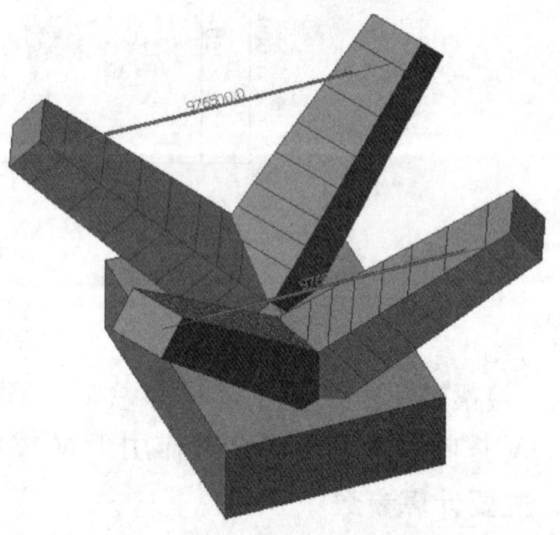

图8　第4阶段张拉下排纵向钢束(标高14.5m)

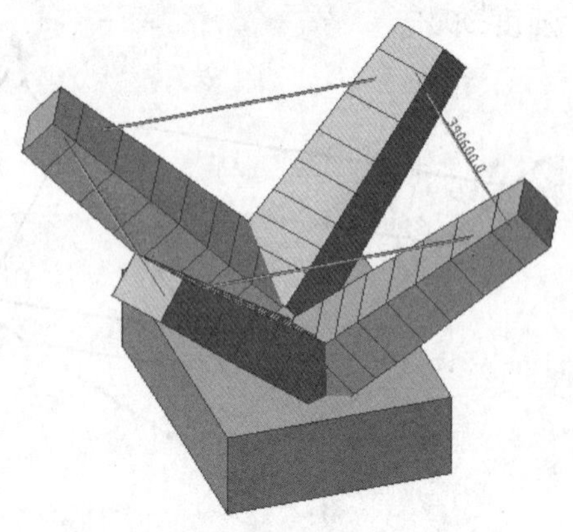

图9　第5阶段张拉下排横向预应力(标高14.2m)

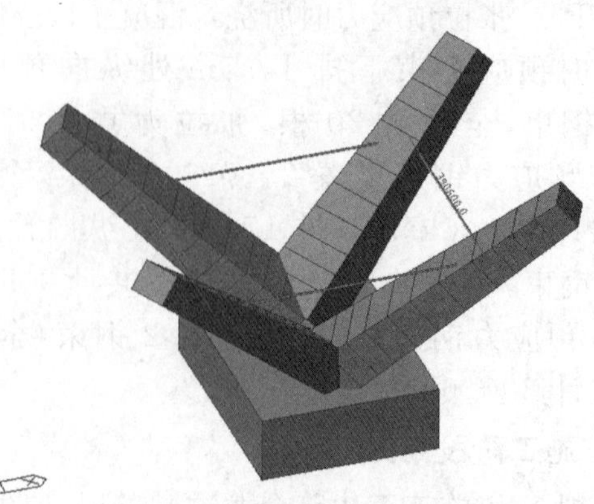

图10　第6阶段浇筑V腿第四段混凝土(标高18.7m)

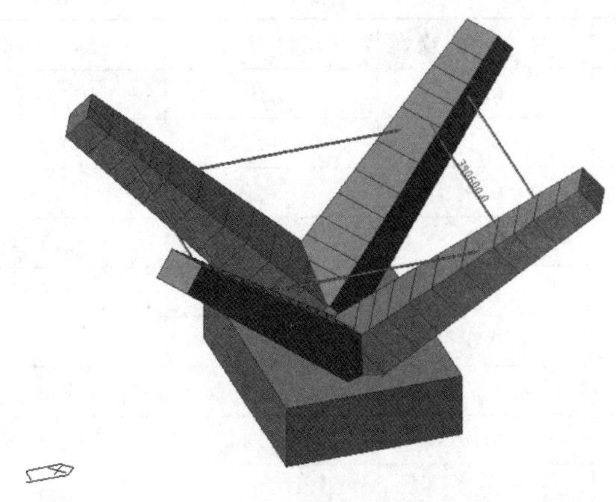

图 11 第 7 阶段张拉上排横向预应力(标高 16.5m)

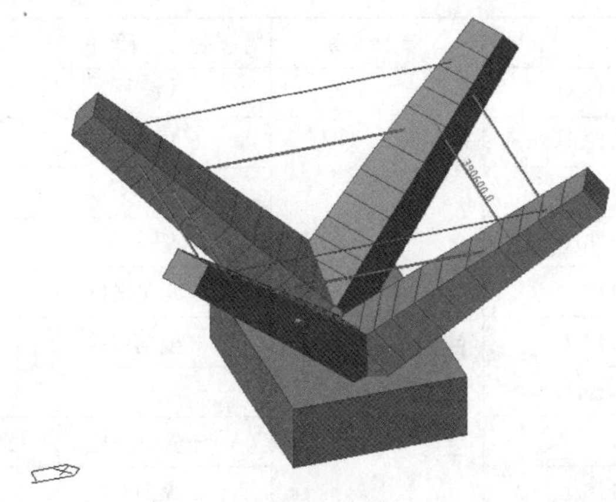

图 12 第 8 阶段张拉上排纵向预应力(标高 17.5m)

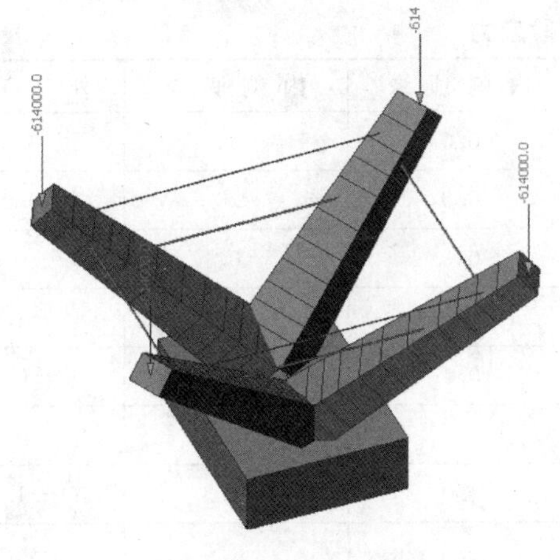

图 13 第 9 阶段计算 V 撑顶混凝土湿重

图 14 第 10 阶段边跨主梁完毕

四、计算结果分析

1. 模拟施工阶段应力计算

根据 V 撑构件各施工阶段及其受力状态，经过计算各阶段混凝土各节点应力控制在 −2.5～2.2MPa之间，满足规范要求(见表 2～表 5)。

V 撑底缘施工阶段应力 表 2

单 元	标 高	阶 段	外侧顶缘	内侧顶缘	内侧底缘	外侧底缘
116.0	6.5m	V0	0.0	0.0	0.0	0.0
116.0		V1	0.3	0.3	−0.4	−0.4
116.0		V2	0.8	0.8	−1.0	−1.0
116.0		V3	2.2	2.2	−2.5	−2.5
116.0		V3—纵向张拉	0.5	1.6	−0.9	−2.0
116.0		V—3 横向张拉	0.7	0.9	−1.2	−1.4
116.0		V4	1.9	2.1	−2.5	−2.6
116.0		V4—横向张拉	2.2	1.3	−2.8	−1.8
116.0		V—4 纵向张拉	−0.4	0.2	−0.2	−0.9
116.0		混凝土湿重	0.0	1.1	−0.8	−1.9

V撑标高7.7m处 施工阶段应力 表3

单 元	标 高	阶 段	外侧顶缘	内侧顶缘	内侧底缘	外侧底缘
116.0	7.7m	V0	0.0	0.0	0.0	0.0
116.0		V1	0.1	0.1	−0.2	−0.2
116.0		V2	0.5	0.5	−0.7	−0.7
116.0		V3	1.8	1.8	−2.1	−2.1
116.0		V3—纵向张拉	0.2	1.2	−0.6	−1.6
116.0		V—3横向张拉	0.4	0.5	−0.8	−1.0
116.0		V4	1.6	1.7	−2.1	−2.2
116.0		V4—横向张拉	1.9	0.9	−2.4	−1.4
116.0		V—4纵向张拉	−0.8	−0.1	0.2	−0.5
116.0		混凝土湿重	−0.3	0.8	−0.4	−1.5

V撑标高10.4m处 施工阶段应力 表4

单 元	标 高	阶 段	外侧顶缘	内侧顶缘	内侧底缘	外侧底缘
204.0	10.4m	V0	0.0	0.0	0.0	0.0
204.0		V1	0.0	0.0	0.0	0.0
204.0		V2	0.0	0.0	−0.1	−0.1
204.0		V3	0.9	0.9	−1.1	−1.1
204.0		V3—纵向张拉	−0.4	0.4	0.1	−0.7
204.0		V—3横向张拉	−0.3	−0.1	−0.1	−0.2
204.0		V4	0.8	1.0	−1.3	−1.4
204.0		V4—横向张拉	1.1	0.2	−1.6	−0.7
204.0		V—4纵向张拉	−1.5	−0.8	0.9	0.1
204.0		混凝土湿重	−1.0	0.1	0.2	−0.9

V撑标高14.5m处 施工阶段应力 表5

单 元	标 高	阶 段	外侧顶缘	内侧顶缘	内侧底缘	外侧底缘
169.0	14.5m	V0	0.0	0.0	0.0	0.0
169.0		V1	0.0	0.0	0.0	0.0
169.0		V2	0.0	0.0	0.0	0.0
169.0		V3	0.0	0.0	−0.1	−0.1
169.0		V3—纵向张拉	0.0	0.0	−0.1	−0.1
169.0		V—3横向张拉	0.0	0.0	−0.1	−0.1
169.0		V4	0.7	0.7	−0.9	−0.9
169.0		V4—横向张拉	0.8	0.3	−1.0	−0.5
169.0		V—4纵向张拉	−1.1	−0.5	0.7	0.0
169.0		混凝土湿重	−0.6	0.3	0.0	−0.9

2. 正常使用状态内力计算

根据设计原则和成桥后V撑受力特性，对成桥后桥梁正常使用状态下V形墩受力进行验算，计算结果表明正常使用状态下，持久承载能力极限状态与正常使用极限状态均能满足规范要求（见表6和表7）。通过相应地施工控制，成桥时内力、位移与设计状态偏差不应该太大。

V 撑轴向最值效应　表 6

单　元	荷　载	成　分	轴向(kN)	弯矩(kN·m)	承载力(kN)
179 (底部)	(承载)C1-C9 总包(最大)	轴向	−16 263	−4 188	OK
180 (底部)	(承载)C1-C9 总包(最大)	轴向	−19 575	−16 307	OK
179 (底部)	(短)C1-C9(总包)(最大)	轴向	−16 437	−3 281	0.05
180 (底部)	(短)C1-C9(总包)(最大)	轴向	−19 732	−14 301	0.05
186 (顶部)	(承载)C1-C9 总包(最大)	轴向	−14 070	896	OK
186 (顶部)	(承载)C1-C9 总包(最小)	轴向	−23 871	−6 005	OK

V 撑弯矩最值效应　表 7

单　元	荷　载	成　分	轴向(kN)	弯矩(kN·m)	承载力(kN)
179(底部)	(承载)C1-C9 总包(最大)	弯矩−y	−22 692	27 603	OK
180 (底部)	(承载)C1-C9 总包(最小)	弯矩−y	−28 644	−38 759	OK
179 (底部)	(短)C1-C9(总包)(最大)	弯矩−y	−18 637	21 415	0.082
180 (底部)	(短)C1-C9(总包)(最小)	弯矩−y	−22 948	−30 821	0.125
190(顶部)	(承载)C1-C9 总包(最大)	弯矩−y	−25 364	6 808	OK
186(顶部)	(承载)C1-C9 总包(最小)	弯矩−y	−21 621	−12 923	OK

五、结　论

(1)尽管施工阶段和正常使用阶段 V 撑应力符合要求,但随着 V 撑临时预应力的释放和箱梁复杂的应力状态作用,V 形墩斜腿固结处受力特性发生了极其微妙的改变。由于桥幅较宽,实际上,该部分的应力状态很难符合上述计算假定或者其计算结果与实际受力结果可能相差甚远,需要综合考虑荷载、施工约束和预应力束的空间效应进行分析计算。

(2)对于 V 撑顶现浇箱梁部分,由于受 V 撑的约束或作用和预应力空间效应及箱梁剪力滞、畸变的影响,在 V 形墩顶部要表现出明显的剪力滞现象、顺桥向在 V 撑之间跨中底板可能存在超出预期结果的拉应力,因此该部分要保持足够的底板厚度。

(3)根据箱梁截面横向正应力分布表明:V 撑在恒载作用下加剧了 V 撑处箱梁底板横向拉应力作用,特别是底板预应力管道周围混凝土收缩较快、截面相对薄弱是产生底板纵向裂缝的主要原因,因此该部分加设一定厚度的横隔板比增大底板厚度的做法更有效果,而且对抗震极为有利。

(4)V 撑顶部斜向深入进箱梁,尽管结构形式美观,但箱梁整体泊松效应和刚度分布不均匀、混凝土收缩徐变应力不均,对于 V 撑之间箱梁相对薄弱的腹板也是一个严重的考验,这部位纵向预应力布置往往沿腹板斜向成 45°或更大角度迅速上行。因此在纵向预应力张拉过程中斜撑和跨中之间腹板极易出现不可逆转的斜向裂缝,在设计时考虑在此沿 V 撑垂直方向加设一定数量的防劈裂钢筋。

(5)樟林大桥主桥结构形式在国内同类型桥梁中比较少见,特别是对主桥 V 形墩施工,施工技术难度很大,因此在制定桥梁施工方案时要经过充分论证。主桥 V 形墩成桥后为偏心受压的梁结构,在不同工况下受力复杂,如在张拉系杆和结构整体降温时其根部极有可能产生拉应力,混凝土出现裂缝,因此 V 形墩施工过程中,不但要保证其几何尺寸和空间坐标准确,还要保证 V 形墩在各受力工况时出现的应力值在设计允许范围之内,同时必须要求蝶型拱桥 V 形墩和拱梁上部结构施工时,提高施工精度,进行严格的施工监控。

参考文献

[1] JTG D62—2004《公路钢筋混凝土及预应力混凝土桥涵设计规范》[S].

[2] JTJ 041—2000《公路桥涵施工技术规范》[S].

[3] 朱卫国．三跨连续梁拱组合体系桥梁的分析及其试验研究[D]．杭州:浙江大学,2003.

[4] 孔庆凯．大跨中承式拱桥短吊杆结构行为研究[D]．四川：西南交通大学，2003.
[5] 唐杰林，肖泽林，陈定平．广西南宁大桥蝶形拱桥施工方案介绍[J]．公路与汽运，2004，04.

96. 节段预制拼装桥墩的技术进展

陈志文　刘　钊
（东南大学土木工程学院）

摘　要　本文概述了节段预制拼装桥墩技术的发展历程、技术特点以及在国内外工程中的应用现状，并探讨了节段预制拼装桥墩在设计施工、抗震和耐久性等方面的若干关键问题。最后，展望了节段预制拼装桥墩在我国的应用前景。

关键词　节段预制拼装桥墩　设计　抗震　耐久性

一、引　言

节段预制拼装技术始于欧洲，1945年法国人Freyssinet首先将这一技术应用于预应力混凝土桥梁中，并在法国巴黎建造了第一座节段预制拼装桥梁。随着匹配预制技术（Match-Casting）的不断完善，节段预制拼装施工技术首先在桥梁上部结构中得到迅速发展，这些也促使了对节段预制拼装桥墩研究的开展。

在20世纪80年代之前，由于对墩柱接缝的强度以及节段墩柱抗震性能及耐久性的认识并不全面，节段预制拼装桥墩技术的应用受到了许多限制。尽管这种桥墩具有潜在的优势，但是对于小跨径桥梁，使用节段预制拼装桥墩技术施工的还非常少。1982年，法国工程师Muller在美国佛罗里达州设计建造了Long Key桥，这是美国修建的第一座采用节段预制逐跨拼装施工方法的桥梁，其桥墩便采用了预制V形墩柱。同年在佛罗里达建成的Seven Mile桥也采用了节段预制拼装桥墩，与Long Key桥不同的是，其桥墩采用了节段预制拼装矩形空心墩方案，并设置了垂直后张预应力与基础相连。随后，在美国修建的许多桥梁中都采用了类似于Seven Mile桥的节段预制拼装桥墩技术。

节段预制拼装桥墩相对于传统的现浇混凝土桥墩有以下几点优势：①墩柱节段的工厂化预制，可以提高墩柱质量，缩短工地组装施工时间，对于处在交通枢纽地区的桥梁可以减小对桥位处的交通干扰；②一些桥墩的施工通常需要施工人员处在高空、海上、高速公路或接近输电线等危险的地带，而节段预制拼装桥墩施工可极大程度地减少施工人员在这些危险地带的时间，从而提高了施工场地的安全保障；③节段预制拼装桥墩能减小跨海、湿地及其他环境敏感地区对桥墩施工的影响，例如通过自上而下（Top-Down Construction）等施工方法可以大大减小施工对桥下和周围环境的影响；④对于一些较偏远的地区，不方便进行就地取材，采用节段预制拼装桥墩相比传统现浇桥墩更具有可施工性；⑤采用节段预制拼装桥墩可降低桥梁的全寿命成本（Life－Cycle Costs）。

然而，节段预制拼装桥墩在一些方面的认识也存在局限性：①耐久性：首先，节段预制墩柱施工一般先预留管道（如PE护套），将墩柱就位好后再插入预应力筋并进行张拉。这种施工方法很容易导致在墩柱就位或者插入预应力筋时护套破坏，以致预应力筋暴露在外影响耐久性；其次，混凝土在使用阶段的裂缝以及节段墩柱接缝位置的开裂也容易导致钢筋腐蚀从而影响其使用功能。②抗震性能：虽然国外对于节段预制桥墩的抗震性能作了一些研究，并进行了一些实验，但在役的节段预制拼装桥墩并没有经受过地震的考验。

二、节段预制拼装桥墩的分类及适用范围

节段预制拼装桥墩根据其施工方法主要分为以下几种类型：

1. 整体预制式桥墩

这类桥墩将整个墩体在预制厂进行预制，并运送到现场吊装，采用导向短柱定位，基础与墩柱通常采用承插式接缝，墩柱内一般不设置预应力筋，如图 1 所示。整体预制式桥墩主要用于墩柱高度较低的桥梁，例如东海大桥非通航道深海区的部分高度小于 13m 的桥墩，都采用了这种施工方法。

2. 无预应力湿接头节段预制桥墩

这种桥墩将墩身分成若干节段，每个节段之间预留一段施工缝，并设置支撑(导向)短柱，在节段安装完成后，后浇混凝土进行连接，如图 2 所示。由于采用湿接头，使节段墩柱之间的钢筋得以连续，这种桥墩主要用于墩柱高度较高的桥梁，例如上海长江大桥的深水区非通航道大于 14m 的桥墩都采用这种技术。

3. 采用匹配预制技术的预应力节段预制拼装桥墩

这种类型的桥墩在国外十分流行，它将桥墩预制成若干匹配块件，然后通过垂直预应力张拉把块件与块件以及桥墩与基础连接起来，节段之间涂有环氧胶以提高耐久性，如图 3 所示。采用匹配预制技术的预应力节段预制拼装桥墩应用相对广泛一些，适用于各种桥墩高度的跨海大桥、高架桥以及施工环境复杂的桥梁。

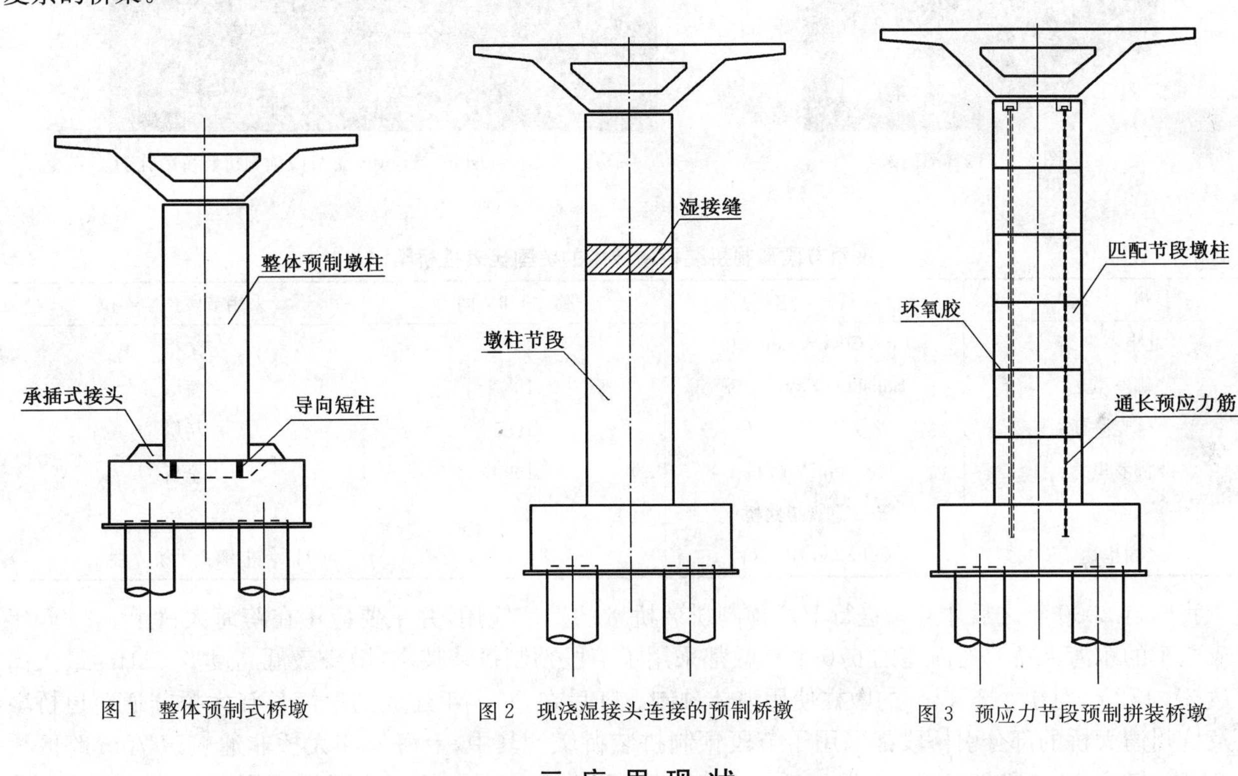

图 1 整体预制式桥墩 图 2 现浇湿接头连接的预制桥墩 图 3 预应力节段预制拼装桥墩

三、应用现状

节段预制拼装桥墩的优势日趋突显，从 20 世纪 80 年代到 20 世纪 90 年代期间，美国陆续修建了一些采用节段预制下部结构的桥梁。在德克萨斯州的 Redfish 湾，将预制桩帽放置在预制钻孔桩上，承包商因此节约了 6 个月的施工时间，避免了将新鲜混凝土运至海上的麻烦。节段预制拼装桥墩技术的发展还促进了桥梁施工方法的创新，将节段预制桥墩与逐段施工方法(Progressive Placing Construction)相结合可使桥梁自上而下施工，即在已施工好的上部结构上吊装下部结构，这样能大大减小施工对于周围环境的影响。在北卡罗来纳州的林湾高架桥(Linn Cove Viaduct)便采用了这种施工方法，空心墩柱构件就是通过预制并且在新建设好的上部结构上吊装就位以减小施工对桥下环境的影响，如图 4 所示。预制桥墩在卡罗拉多 I70(Vail Pass)公路桥梁中得到了应用，以减小对周围环境的影响，该桥桥墩节段采用了 U 形无黏结后张预应力筋连接并在墩帽处锚固。此施工方法继续在佛罗里达瓦卢西亚县的 Sunshine skyway 桥的建设中使用。由于跨海大桥施工中容易受到复杂的环境影响，例如海水中氯离子的腐蚀，恶劣的天气影响施工进度等，因此利用节段预制拼装桥墩技术可在最大程度上减小这些因素造成的危害(图5)。加拿大联邦大桥(Confederation Bridge)是世界上最长的跨越冰封海域的桥梁，它横跨诺森伯兰海峡，全长13km，由于海上的环境给施工带来极大的困难，全桥采用了超大节段预制技术，大型吊机将桥墩、主梁节段预制就位后用后张预应力将其连接成一整体，并在桥墩上采用了特殊的圆锥形破冰护罩来抵抗冰压力。这些桥梁足以体现节段预制拼装桥墩的优越性，20世纪90年代以后，这种技术在美国、欧洲及日本等国家被广泛采用。表1列出了美国采用节段预制拼装桥墩的一些代表性桥梁。

图4　美国林湾高架桥

图5　美国Sunshine Skyway桥节段预制拼装桥墩施工

采用节段预制拼装桥墩技术的美国代表性桥梁　　表1

州　名	桥　名	修建时间	采用节段预制部位
北卡罗来纳	Linn Cove Viaduct桥	1985	全桥
佛罗里达	Sunshine Skyway桥	1987	桥墩
德克萨斯	洛伊塔路立交桥	1998	桥墩
佛罗里达	Garcon Point桥	1999	全桥
纽约	Belt景观道路桥	2002	全桥
内华达	Colorado river桥	预计2010	上承式拱桥立柱

我国自2000年之后才开始进行节段预制拼装桥墩的推广应用，并主要应用在跨海大桥上。2005年建成通车的东海大桥非通航道的670个桥墩都采用了节段预制拼装技术，墩身最低高度6.511m，最大高度达31.172m，对于小于13m的墩柱使用整体预制。随后在2008年建成的上海长江大桥非通航道桥墩以及杭州湾大桥的部分引桥段都采用了节段预制拼装桥墩。其中，上海长江大桥非通航道70m跨区桥墩64座，墩高12m到25m；105m跨区桥墩28座，高度25.7m至40.6m，主要采用了无预应力湿接头节段预制技术。杭州湾大桥共有474个桥墩采用节段预制技术，集中在中引桥和南引桥，墩身采用矩形空心墩。这些成功的工程实例经验必将使该项技术在我国更好的应用和发展。

四、设计与施工

1. 设计要点

节段预制拼装桥墩的受力特点与传统的现浇混凝土桥墩一样，主要承担由上部结构传递的竖向力，设计时主要考虑最大竖向力组合下桥墩的强度和基底应力以及横桥向、纵桥向最大偏心和最大弯矩组合下墩身强度、基底应力、偏心和桥墩的稳定性。节段预制拼装桥墩一般在正常使用荷载状态下来进行控制。美国AASHTO规范中指出桥墩的最大拉应力为零并且在正常使用状态下的最大压应力不应超限，即使在极限荷载状态下预应力筋也不能达到极限强度。在施工过程中，桥墩的设计重点在于控制其应力状态,因为当上部结构梁体施工时会造成不平衡的弯矩施加到桥墩上。

节段预制拼装桥墩的细部设计主要有空心桥墩的最小配筋设计和预制墩帽的锚固区设计,美国AASHTO关于节段拼装桥梁的设计指南中也有详细说明[6]。由于收缩徐变会对竖向受压构件产生较大影响,而设置纵向钢筋可以有效抵抗混凝土的收缩徐变,所以在空心桥墩设计时应设置最小配筋率。预制墩帽处锚固区设计类似于上部结构锚固块的设计,需进行整体受力分析和局部承压验算。目前国外比较流行的受力分析方法是采用拉压杆模型,将力流传递的应力迹线简化成拉杆和压杆,从而指导构造配筋设计。

2. 施工技术要点

Bilington 等人在 1999 年提出了一种节段预制拼装桥墩体系。该体系由三部分组成,即预制墩柱节段、垫块节段(template segment)和倒 T 形墩帽节段。在预制过程中,为了保证节段之间的尺寸误差达到最小,采用了一种短线(short-line)匹配预制方法。这种预制方法使每个预制设备中的节段墩柱都不超过 2 个,在施工完第二个节段后将其放入新的设备中并取出第一个节段,再按此循环施工。

节段预制拼装单柱桥墩的施工过程如图 6 所示,在第一个节段墩柱与承台之间设置临时可调节的支撑以保证墩柱的垂直度。在节段墩柱之间都有后张预应力筋连接并在接缝处涂环氧胶,实施详细的施工工序。在墩帽施工完后,在事先预留的孔道内插入一根贯穿整个桥墩的环形钢绞线并进行张拉。由于运输和吊装设备的限制,节段预制桥墩构件的尺寸和重量都有较严格的规定,这样可以减小在运输和吊装过程中对施工设备的过高要求。

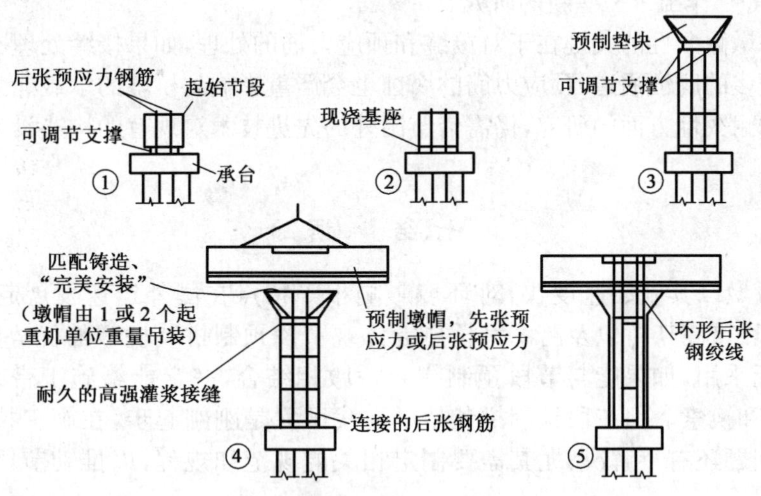

图 6 节段预制拼装桥墩的施工过程

我国在节段预制拼装桥墩的施工方面虽然已有应用,但是其匹配预制施工技术与国外的差距较大,并不能完全将节段预制拼装技术的优势发挥出来。因此,对节段预制拼装桥墩从预制到吊装的整套施工工艺还需进行更加细致的研究。

五、抗 震 性 能

节段预制拼装桥墩的抗震设计一直是工程师们关注的重点,因为节段墩柱在接缝位置的钢筋连续性不足,会影响到墩柱的抗震性能。国外目前主要在节段预制拼装桥墩里加入贯穿接缝的竖向无黏结预应力筋。其优势在于首先,预应力筋给予墩柱节段一个预压应力,以抵抗地震作用产生的水平力,这样可以控制地震后的裂缝宽度;其次,预应力筋给墩柱提供了一个水平回复力以减小震后残余变形,但必须保证预应力筋在地震过程中始终保持弹性状态。在墩帽梁中使用后张预应力也能有效地减小墩帽与墩柱接缝处的破坏。近十年来,国外对于使用无黏结后张预应力筋的节段预制拼装桥墩抗震性能作了大量的研究。

虽然无黏结预应力筋能给节段预制墩柱带来很好的自复位能力(self-centering),但是在循环荷载作用下仅有很小的耗能能力。而一般情况下,墩柱中设置贯穿所有墩柱接缝的低碳钢筋通常能大大提高墩柱的能量耗散性能,这种钢筋通常也称作能量耗散钢筋(ED bar)。因此,需要对无黏结预应力筋和低碳钢筋的最佳配筋比例进行研究,以达到最佳的抗震性能。在混凝土材料使用方面,通常会采用高性能混凝土,例如纤维增强混凝土(FRC),以避免在混凝土受压区过早破坏和混凝土收缩造成的较大预应力损失。在一些关键部位也采用了水泥复合材料(ECC)使裂缝的分布更均匀,并使墩柱具备更好的能量耗散能力。

我国在国外现有的研究基础上对于节段预制拼装桥墩的抗震性能进行了一些实验和研究,并在国内的几座跨海大桥中得到了应用。但是,对于接缝构造、预应力筋布置形式及大小和潜在塑性铰的约束构造等一些关键问题的认识,我国还处在起步阶段,需要进一步研究探索。

六、耐　久　性

桥墩作为桥梁的支撑体系,其耐久性一直是工程师关注的重点之一。2000年佛罗里达交通部门对美国几座采用节段预制拼装桥墩的桥梁进行了耐久性评估,其中包括著名的Sunshine Skyway桥。调查发现,部分桥墩中的预应力筋出现了严重的锈蚀,PE护套也出现了不同程度的破损。最后,将出现这些现象的主要原因归纳为结构细部构造设计存在问题、缺乏相关的规范说明、对预应力筋的保护不足、灌浆材料及灌浆方法不足以及缺乏对灌浆技术人员的培训。近年来,国内外对灌浆材料、套管连接器(duct coupler)和灌浆方法等都作出了一些新的研究。

节段预制拼装桥墩耐久性的关键在于对接缝和预应力筋的处理,如果接缝处理不当会给桥墩内的钢筋和预应力筋增加更多的腐蚀通道,预应力筋的腐蚀也会严重影响到桥墩的承载能力和抗震性能。国内在节段预制拼装桥的耐久性方面的研究,仍需借鉴国外的先进技术对现有的构造设计进行优化以提高耐久性。

七、结　　语

节段预制拼装桥墩以其施工速度快、对环境影响小等特点在国外迅速发展起来。我国正处在桥梁大规模建设时期,城市高架桥以及跨海大桥更能体现节段预制拼装桥墩的优势。目前,体外预应力技术已经在国内广泛采用,如果能与节段预制拼装桥墩相结合,一定能给施工带来极大的便利,也便于日后的检查、补张和换索。但节段预制拼装桥墩在我国只是刚刚起步,在施工技术、设计、抗震性能以及耐久性方面的问题还有待解决,尤其需要制定相关的规范和规程,以推动节段预制拼装桥墩在我国的应用和发展。

参考文献

[1] Podolny, W., and Muller J. M. Construction and Design of prestressed concrete segmental bridges [M], John Wiley &Sons, New York: 1982.

[2] Billington, S. L., Barnes, R. W., and Breen, J. E., A precast segmental substructure system for standard bridges [J]. PCI Journal, 1999, 44(4): 56-73.

[3] Hieber, D. G., Wacker, J. M., Eberhard, M. O. and Stanton, J. F.. Precast concrete pier systems for rapid construction of bridges in seismic regions[R], Olympia, Washington. Washington State Department of Transportation Technical Report WA-RD 611. 1, 2005.

[4] Muller, J.. Ten years of experience in precast segmental construction[J]. PCI Journal, 1975, 20(1):28-61.

[5] Muller, J. M. and Barker, J. M.. Design and construction of Linn Cove Viaduct[J], PCI Journal, 1985, 30(5): 38-53.

[6] Guide Specifications for Design and Construction of Segmental Concrete Bridges[S]. American As-

sociation of State Highway and Transportation Officials, Washington D.C., USA, Second Edition, 1999.

[7] Billington, S. L., Barnes, R. W., and Breen, J. E.. Alternative substructure systems for standard highway bridges [J]. Journal of Bridge Engineering, 2001, 6(2):87-94.

[8] Hieber, D.J., Wacker, J.W.. State-of-the-art report on precast concrete systems for rapid construction of bridges[R]. Washington: Washington State Transportation Commission, Department of Transportation, WA-RD 594.1, 2005.

[9] Billington, S.L., and Yoon, J. K.. Cyclic response of unbounded posttensioned precast columns with ductile fiber reinforced concrete [J]. ASCE Journal of Bridge Engineering, 2004, 9(4): 353 - 363.

[10] Kwan, W. P., Billington, S. L.. Unbonded posttensioned concrete bridge piers Ⅰ: Monotonic and cyclic analysis [J]. ASCE Journal of Bridge Engineering, 2003, 8(2): 92-101.

[11] Kwan, W. P., Billington, S. L.. Unbonded posttensioned concrete bridge piers Ⅱ: Seismic analysis [J]. ASCE Journal of Bridge Engineering, 2003, 8(2): 102-111.

[12] Ou, Y.C., Chiewanichakorn, M., Aref, A.J., Lee, G.C.. Seismic performance of segmental precast unbounded post-tensioned concrete bridge columns [J]. ASCE Journal of Structural Engineering, 2007, 133(11): 1636 - 1647.

[13] 王志强，葛继平，魏红一. 节段拼装桥墩抗震性能研究进展[J]. 地震工程与工程振动，2009，29(4)：147-154.

[14] 葛继平，魏红一，王志强. 循环荷载作用下预制拼装桥墩抗震性能分析[J]. 同济大学学报，2008，36(7).

[15] 葛继平. 节段拼装桥墩抗震性能试验研究与理论分析[D]. 上海：同济大学，2008.

[16] Corven, J. A. and Moreton, A. J.. New directions for florida post-tensioned bridges[R]. Florida Department of Transportation Report, Volume 1 - Post-Tensioning In Florida Bridges, Corven Engineering, Inc., Tallahassee, Florida, 2002.

97. 移动模架高墩整体吊装技术

姚应洪　黄成伟　李赤谋
（中交二航局第六分公司）

摘　要　本文介绍新疆赛果公路第五合同段山坡展线桥两台 ZQM1000t/40m 移动模架（造桥机）高墩整体安装技术。

关键词　移动模架　高墩　计算机控制　整体提升

一、概　　述

用于混凝土连续梁施工的移动模架（又称造桥机）具有部件多、尺寸大、重量重等特点，当遇到高墩桥拼装时往往不能一次吊放到位，空中拼装十分困难，且拼装费工费时，一般用时 50～60 天。而采用地面一次拼装成型、整体一起吊放到位技术，可加快拼装进度，节省设备台班费和人工费。

二、移动模架整体提升工艺原理

移动模架整体吊放技术的原理是钢绞线或精轧螺纹钢筋承载，由计算机或手动控制提升，液压千斤顶借助转换装置(锚梁)实现张拉与放张作业的过程。计算机通过传感器和信息传输电路进行智能化的闭环控制。主要设备有:控制柜、传感器、油缸行程传感器、油压传感器、千斤顶等(图1)。

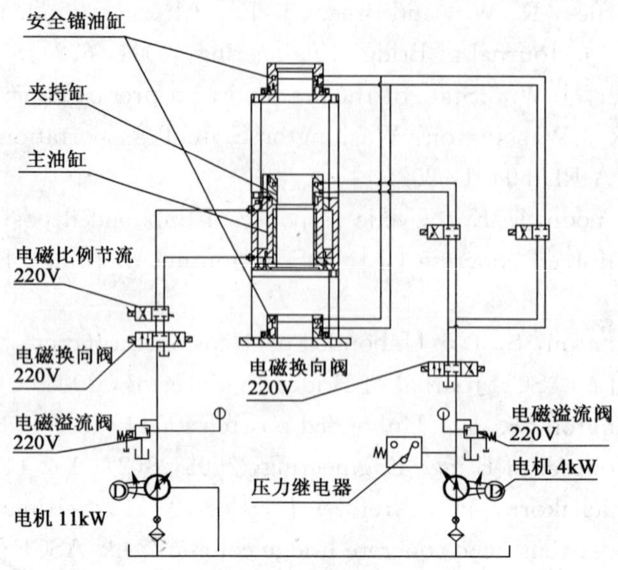

图1　移动模架整体提升系统

控制精度:各起吊点与基准点的高度或位移偏差可控制在2～3mm以内。

大吨位(>600t)移动模架一般采用计算机控制技术吊放,中小吨位模架可采用精轧螺纹钢筋手动吊放。

三、提升设备及主要辅助材料

1. 计算机控制系统

根据工程的要求,选用以CAN-BUS总线技术开发的现场实时网络控制系统。相比传统的集中控制系统,这种分散式的实时网络控制系统,具有如下优点。

(1)控制能力强。

(2)吊点区域分布广。本控制系统设计控制区域在有线控制模式时为10km,无线控制模式时为5km。

(3)控制油缸多。本系统设计控制油缸数量可达200个,满足4台提升油缸的要求。

(4)控制精度高。本控制系统设计同步控制精度在±5mm以内。

2. 提升千斤顶

专用提升液压千斤顶设有三道锚固系统:上锚系统、中锚系统、下锚系统,千斤顶配备两个油缸,伸缸顶升,下锚系统、中锚夹持系统上的夹片如同预应力夹片工作原理。

提升用液压千斤顶工作原理:

①夹持器夹紧时主缸上升,主缸到位后停止;

②主缸停止后主缸下降,延时夹持器松开;

③主缸回到位后停止,然后夹持器夹紧主缸上升;

④重复以上动作。

3. 主要传感器

本控制系统配备多种先进的传感器,以检测提升过程中的系统状况。在每个提升吊点各布置1台20m长距离传感器和1只油压传感器,每台提升油缸布置1台油缸行程传感器和2套锚具传感器。传感器规格与数量见表1。

传感器规格与数量表 表1

序 号	传感器种类	每个吊点数量(台)	每台油缸数量(台)	总数(台)
1	20m长距离传感器	1		4
2	油压传感器	1		4
3	油缸行程传感器		1	4
4	锚具状态传感器		2	8

(1)锚具状态传感器:检测提升油缸的锚具状态(锚具“松”或锚具“紧”),通过现场总线将锚具状态信号传递给主控计算机。

(2)油压传感器:测量提升油缸的工作压力,反映提升油缸的提升或下降负载。

(3)油缸行程传感器:用于实时测量提升油缸在0~250mm内的行程,测量误差为0.25mm。

(4)20m长距离传感器:用于实时测量提升结构的空间位置,测量范围为20m,测量误差为0.25mm。

4. 提升用绳索具

1)钢绞线

钢绞线承载能力按设计承载力的50%计算,如1860级钢绞线承载能力 $0.5\times1860\times n\times A$,$n$ 为根数,A 为单束钢绞线的面积。

钢绞线编束分为左旋和右旋两种类型,数量各半,主要是保证在模架提升过程中进行体系转换时,应力松弛后不发生缠绕。

千斤顶底部与吊物的距离不小于2m,保证钢绞线有一定的“柔性”。

钢绞线穿放时为防止错位缠绕,必须作标记或编号,正确穿入千斤顶的孔道上、中、下三道锚梁内,提升前要逐一检查。

穿束时采用1t手动葫芦预紧钢绞线,以使其均匀受力,然后提升油缸用1MPa压力带紧钢绞线,钢绞线拆除时必须用十字卡捆扎以防止散落伤人。钢绞线在导向架上的分布要对称分开,这有利于导向架均衡受力,结构稳定。

2)精轧螺纹钢筋

提升常用 $\phi32$ 精轧螺纹,其截面积为 $A=803.8\text{mm}^2$,抗拉设计强度 $Rb1=785\text{MPa}$,每根允许承载630kN,破断力为900kN,吊装时每根按照400kN设计,精轧螺纹吊装时必须使用连接器,其尺寸大于螺帽,锚梁及垫板设计必须考虑其过孔的尺寸要求,精轧螺纹施工前必须预先每根经过螺帽的旋拧检查,防止吊装过程中旋拧受阻,精轧螺纹的每个连接器下必须跟随一个螺帽,以便拆除精轧螺纹时及时锚固。

四、工程应用实例

1. 应用工程概述

新疆赛果公路第五合同段山坡展线桥为两座预应力混凝土连续箱梁特大桥,本桥处于山岭峡谷地带,地面起伏大,墩身高度从0m到66.628m不等,且桥梁在沿山坡展线过程中以两个 $R=600\text{m}$ 的反向圆曲线相接进行山坡展线。箱梁采用移动模架进行施工,由于相邻标段隧道施工未能按设计要求提供移动模架的安装场地,经多次专家论证,山坡展线桥预应力连续箱梁采用下行式移动模架右幅从第七联Y28、Y27墩作为浇筑起始跨向第一联方向逐节段现浇;左幅箱梁从第七联Z27、Z26墩作为浇筑起始跨向第一联逐节段现浇,起始跨墩身高度为40~50m。

ZQM1000t/40m下行式移动模架造桥机自下而上可分为墩旁托架、支承台车、主梁、横联、前后导梁、配重、底模、侧模及螺旋顶支撑、前中后扁担梁、液压系统、电气系统、梯子平台及内模系统等组成,移动模架全长104.65m,总重603t,安装高度40~50m,模架单件构件最重为27t,单件构件最长为16m。

移动模架的安装具有重量大、高度高的特点,根据工程特点经多方面论证后采用“地面拼装,整体提升”的安装施工工艺。

2. 移动模架提升吊点选择及荷载分布

移动模架提升吊点选择及荷载分布见表 2。

移动模架提升吊点选择及荷载分布表 表 2

吊　点	Y27 号墩	Z26 号墩	Y28 号墩	Z27 号墩
吊点荷载计算值	352t	352t	241t	241t
选取油缸额定荷载	350＋350	350＋350	200＋200	200＋200
钢绞线数量(根)	31＋31	31＋31	19＋19	19＋19
钢绞线安全系数	4.60	4.60	4.10	4.10
油缸储备系数	1.99	1.99	1.66	1.66

注：1. 钢绞线安全系数＝26t/钢绞线每根最大受力。
2. 油缸储备系数＝油缸提升能力(t)/油缸最大受力。

3. 移动模架提升设备组织及布置

根据移动模架结构特点，在 Y27(Z26)号墩各布置 2 台 350t 提升油缸，在 Y28(Z27)号墩各布置 2 台 200t 提升油缸，共布置四个提升吊点。

图 2　墩顶提升设备布置图

每副移动模架主要提升设备有：2 台 200t 提升油缸；2 台 350t 提升油缸；2 台(TX-P80B 型)液压泵站；1 台计算机控制柜；4 只压力传感器；4 只油缸智能传感器；8 套油缸锚具传感器；若干电线；若干油管。

墩顶提升设备布置如图 2 所示。

在同一墩上的吊点之间布置 1 台 80L/min 流量的液压泵站，采用间歇式的作业方式，提升速度可达3～4m/h。

传感器布置方面，在每台提升油缸上安装油缸位置传感器测量油缸行程，在每个吊点安装 1 只压力传感器测量各点的负载压力。

提升油缸比如穿心式提升油缸主要由主油缸、上锚具、下锚具组成，结构如图 3 所示。

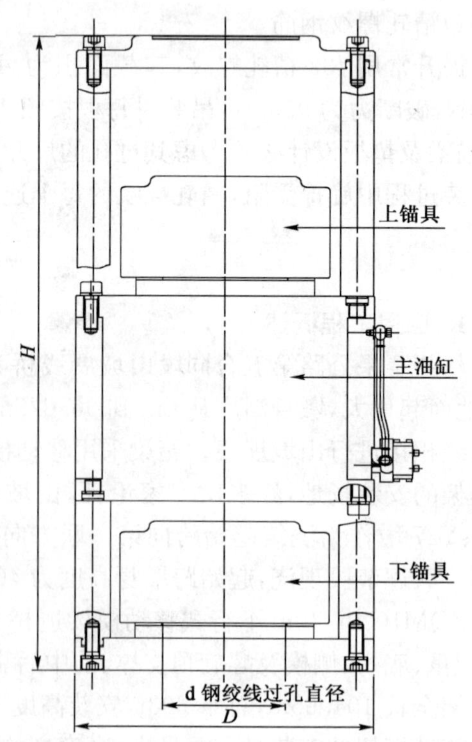

图 3　穿心式提升千斤顶结构图

4. 移动模架整体提升支架设计

下承式移动模架提升吊架是利用移动模架的后横梁和扁担梁或者使用贝雷片作为起吊架。吊架固定在墩顶上较为经济。

墩顶提升支架设计按照提升千斤顶吨位进行设计，支架的设计需结合墩顶平面尺寸、模架下吊点位置、模架提升高度等各因素，另根据起重高度及工程所在地设备能力要求提升支架单件构件重量小于 4t。模架整体提升支架及锚固如图 4 所示。

提升支架的结构验算，主要包括两部分内容：整体计算和局部计算。整体计算运用有限元分析软件 SAP2000 对墩顶提升体系进行结构强度校核；局部计算主要运用有限元分析软件 ANSYS 对墩顶提升梁结构和下部吊点局部加强结构进行更为详细地局部分析。

5. 提升吊点设计

移动模架整体提升吊点利用模架本身预留的前、后横梁吊点孔，使用该吊点可以将模架直接一次提升到使用位

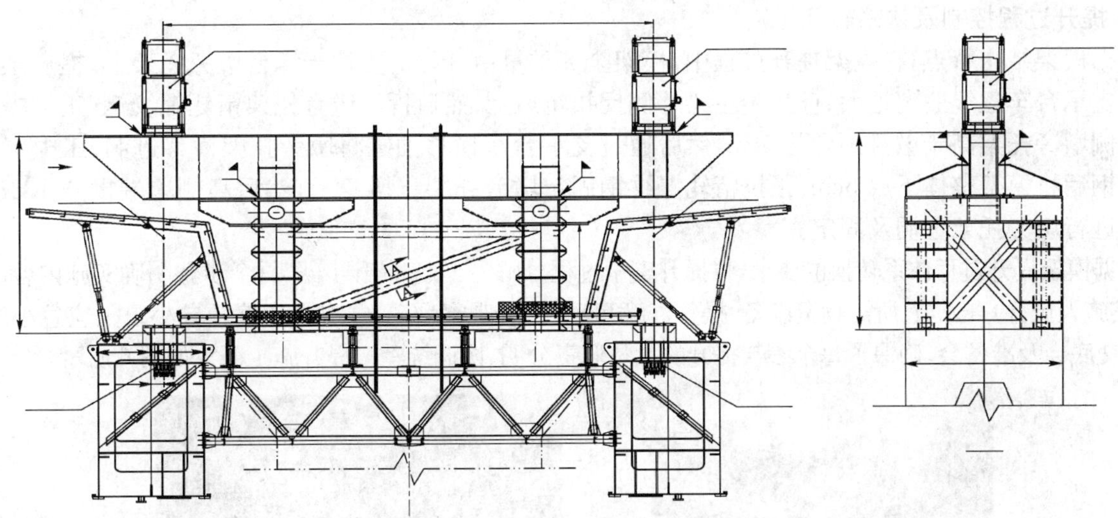

图 4　移动模架整体提升支架及锚固图

置，无需空中纵向移动，缺点是前、后吊架分配吊重不均等，前边将承担 2/3 的模架重量。前吊点单点吊重 350t 时，筋板连接腹板的传力焊缝高度不小于 500mm，吊点集中力附近采用在钢主梁内加强纵横向筋板。吊点结构如图 5 所示。

6. 荷载均衡和位置同步控制方案

在移动模架整体提升时，由于 Y28(Z27)号墩与 Y27(Z26)号墩提升吊点相距较远，为了确保在提升过程中结构的安全，使各点提升时的实际荷载与理论计算荷载基本符合，我们制定了如下控制方案。

图 5　吊点结构图

1)荷载均衡控制

在每一个提升吊点布置 1 个压力传感器，通过压力传感器，中央控制单元可以实时采集各个提升吊点的荷载，从而可以知道各个提升吊点的荷载分配。这样，中央控制单元可以根据理想的荷载分配比例进行实时调整，保证提升荷载分配的正确性。

整个提升荷载的合理分配是通过调节液压系统的比例阀，控制油缸缩缸速度来实现的。由于液压系统调节线性度较好，荷载均衡调节对结构本身带来的附加荷载极小。

2)位置同步控制

除了控制好各个提升吊点的荷载分配之外，控制系统还必须调整好移动模架的空中姿态。移动模架的空中姿态可以通过“绝对”加“相对”的测量方法来确定。

在距离测量系统中，我们使用全站仪来解决长距离的测量问题，来获取“大”的绝对位移，而使用实时性能较好的行程传感器来获取“小”的相对位移。通过这种方法既可以解决长距离的测量问题，又可以解决实时问题。在实际工程应用中取得了很好效果。

7. 整个提升系统提升油缸的动作同步控制

针对移动模架的结构，在整体提升时，控制系统必须有效地、有序地控制提升油缸的动作。在提升系统中，我们通过实时控制网络实时收集各个吊点提升油缸的状态信息(锚具和主油缸)，然后中央控制单元根据一定的控制逻辑顺序控制电磁换向阀，从而控制提升油缸的锚具和主油缸动作。

8. 提升过程控制及体系转换

根据模架结构特点，在模架提升过程中，模架全部重量由开始的支撑于承台墩旁托架上，提升至墩旁托架及支承台车逐级脱离地面、反扣于主梁外侧反扣轨道上，然后拆除墩旁托架精轧螺纹钢，正常提升模架至低侧墩旁托架高于墩身预埋孔5cm，然后通过支承台车横移油缸将墩旁托架横移进洞，工人穿好精轧螺纹钢后将模架整体下放5cm，张拉精轧螺纹钢固定墩旁托架于墩身上，然后高侧单端提升1.3m，相同步骤进行墩旁托架进洞及固定。

根据模架提升过程体系转换的要求，将提升整个过程分解为37个提升步骤，每个步骤明确实施内容、实施目的、实施人员、检查人员、所需物资设备、操作注意事项、检查观察项等，并成立指挥领导小组及应急小组，多次召开交底会及准备会，确保了每个参与提升的人员职责分明、协调统一。提升施工照片如图6所示。

图6 移动模架整体提升照片

9. 提升过程采用的主要技术保证措施

1)提升油缸的安全措施

在钢绞线承重系统中增设了多道锚具，如上锚、下锚、安全锚等；每台提升油缸上装有液压锁，防止失速下降；即使油管破裂，重物也不会下落；安装溢流阀，控制每台提升油缸的最高负载；安装节流阀，控制提升油缸的缩缸速度，确保下放时的安全。

2)液压泵站的安全措施

液压泵站上安装有安全阀，通过调节安全阀的设定压力，限制每点的最高提升能力，确保不会因为提升力过大而破坏结构；

3)计算机控制系统的安全措施

液压和电控系统采用联锁设计，通过硬件和软件闭锁，以保证提升系统不会出现由于误操作带来的不良后果；控制系统具有异常自动停机、断电保护停机、高差超差停机等功能；控制系统采用容错设计，具有较强抗干扰能力。

4)提升结构体系的安全措施

提升支架、提升平台和地锚连接过渡结构，经过精确的设计、计算、施工，确保安全，万无一失。

五、结　　语

新疆赛果五标山坡展线桥移动模架安装采用“地面拼装，整体提升”安装技术，由于技术准备充分，现场准备工作细致，每台模架提升系统的安装时间为3d，提升时间为12h，整个施工过程十分顺利，为同行进行类似工程施工提供了宝贵的施工经验。

移动模架整体吊放所用的吊架就是模架自身的部件，辅助材料是工程中常用的材料(钢绞线或精轧螺纹钢筋)，移动模架整体吊放工艺类似预应力施工，操作简单、安全、可靠，是一项值得推广的技术。

参考文献

[1] 中华人民共和国行业标准 JTJ 215—98 公路与桥梁工程荷载规范[S]．北京:人民交通出版社,1998.

[2] 中华人民共和国行业标准 JTJ 283—99 公路与桥梁工程钢结构设计规范[S]．北京:人民交通出版社,1999.

[3] 中华人民共和国行业标准JTJ 024—85 公路桥涵地基与基础设计规范[S] 北京:人民交通出版社,1985.

[4] 中华人民共和国行业标准 GB 50017—2003 钢结构设计规范[S]北京:中国建筑工业出版社,2003.

98. 预制混凝土底板吊箱围堰在海上桥梁承台施工中的应用

蒲少杰

(深圳高速公路股份有限公司)

摘　要　本文结合广深沿江高速公路(深圳段)第2合同段海上深水承台基础施工实际情况，介绍了其海上深水承台基础施工方案，总结了施工过程中的关键技术和优化措施，取得了较好施工效果，对今后类似工程具有一定的参考和借鉴价值。

关键词　海上承台施工　混凝土底板围堰　预制拼装

一、工 程 概 况

广深沿江高速公路起于广州，经东莞，终于深圳，是继广深高速后珠三角地区又一条南北走向的大通道。机场特大桥位于深圳机场外侧海域深水区，桥梁左右幅为分离式，各幅桥的上下部结构各自独立，桥孔跨组成(自北向南)为:{16×(5×60m)+4×60m+6×(5×60m)}整孔预制箱梁;下部结构单幅为双柱墩，4根ϕ1.8钻孔桩基础，为2排2根布置，承台顶标高+3.10m，承台厚2.8m，采用矩形承台。根据该段地质及水文资料，机场特大桥91号墩～114号墩承台均采用预制混凝土底板吊箱围堰进行施工。

二、承台施工方案选定

1. 桥梁基础结构形式及桥址处水文地质条件

机场特大桥基础设计为高桩承台，采用嵌岩桩基础，桩数为4根，桩径1.8m，顺桥向桩距4.0m，横桥向桩距7.2m，承台为矩形承台，尺寸:10.2m×7m×2.80m，承台底标高:+0.30m;承台顶标高:+3.10m，承台顶部横桥向设置0.5m×0.5m倒角，承台底部设置0.75m混凝土的防腐层。

桥址处属南亚热带海洋性气候。水深8m左右，设计高潮位:+3.526m，设计低潮位:-1.384m。地质条件如下:海床底面标高:-8.500m，以下分别为淤泥层、亚黏土层、粗砂层及花岗岩层。(图1)

2. 桥梁基础施工制约条件及选择混凝土底板围堰施工方案原因

桥梁施工制约条件和施工方案选择原因主要有以下四点。

(1)工期要求紧:根据现场施工进度要求，机场特大桥48个承台基础需在6个月内施工完成，机场互通特大桥海上基础部分需在1年内施工完成，按现场机械和人员配置，采用常规吊箱围堰施工不能满足施工进度要求。

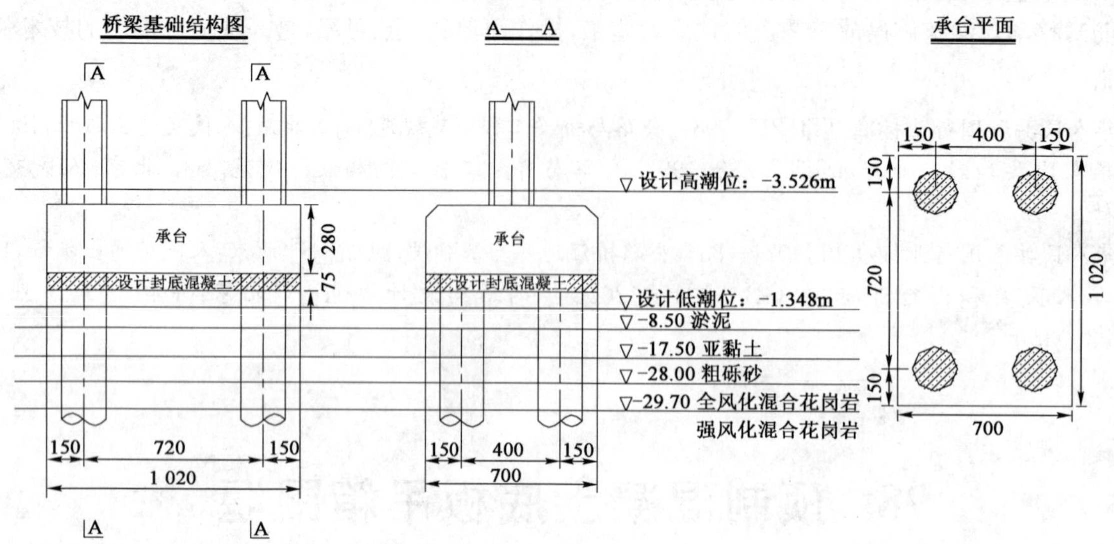

图1　桥梁基础结构图及承台平面图(长度单位:cm)

(2)承台基础设计有0.75m的混凝土防腐层,采用混凝土底板围堰可作为设计的永久防腐层使用,降低施工成本。

(3)现场具有预制底板拼装场地,预制底板围堰的拼装可采用桩基础施工的冲孔平台,无需重新搭设拼装平台。

(4)该项目设置小箱梁预制场,具有混凝土底板的预制场地和设备。

3. 承台施工方案选定

基于以上原因,通过方案比选承台采用预制混凝土吊箱围堰施工。围堰侧板采用钢侧板,高4.5m,大面分为2块,小面为1块,以减少现场侧板的拼接量,在侧板4.2m高度位置设置1道内撑,围堰底板采用0.75m厚钢筋混凝土底板,先预制0.35m厚混凝土底板与侧模现场组拼成型后,下放到设计位置,堵漏抽水后焊接底板与钢护筒间的传力加劲板,拆除围堰吊挂系统,再在无水环境中施工0.4m厚混凝土与预制底板形成整体,共同承受承台施工荷载,侧板施工完成后拆除倒用,混凝土底板作为防腐层使用,围堰结构如图2所示。

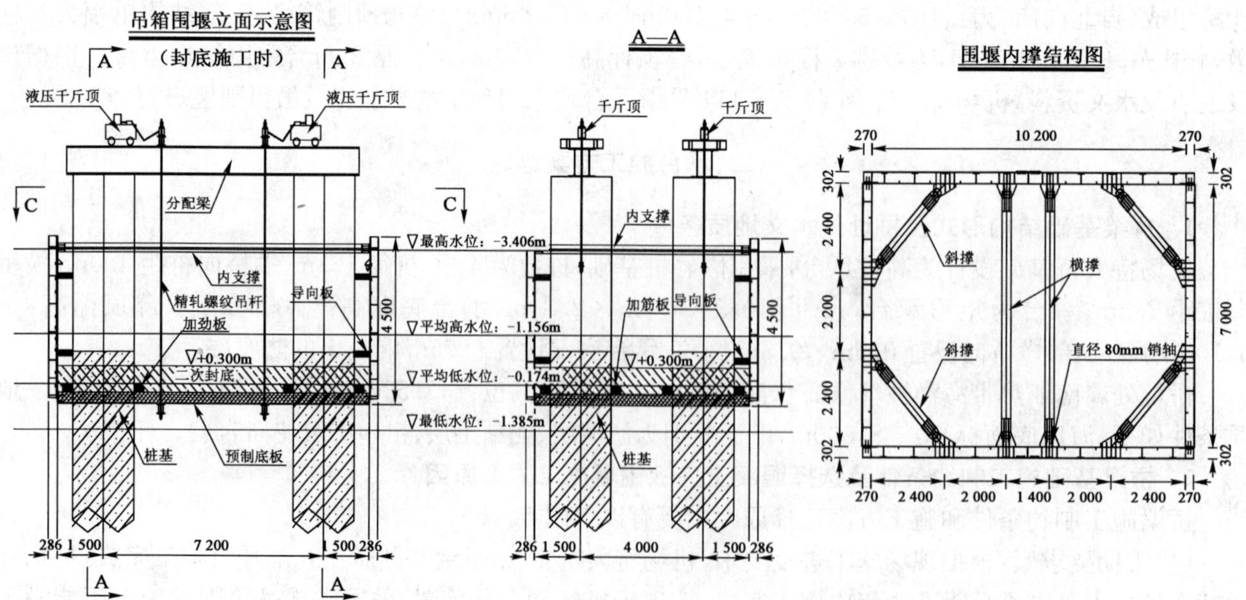

图2　围堰结构图(长度单位:mm)

4. 预制混凝土底板吊箱围堰的施工步骤

(1)混凝土底板预制。混凝土底板在梁场分块预制并运输到施工现场，单个围堰底板分 4 块预制，尺寸为 3.1m×4.4m，并预留钢护筒位置和拼接缝，底板预制厚度为 0.35m，单块重量为 9t 以方便运输和吊装。

(2)预制底板现场组拼。将预制底板吊装到组拼平台，施工底板拼接缝，并拼装侧模，侧模采用螺栓与混凝土底板上的预埋件连接。

(3)围堰下放及堵漏。安装分配梁及千斤顶等围堰下放吊挂系统，拆除组拼平台将围堰下放到设计位置，并在低潮水位时采用袋装细混凝土堵漏。

(4)底板加劲板焊接。在低潮水位时抽干围堰内的水并焊接底板预埋件与钢护筒间的连接加劲板，以固定围堰位置并拆除围堰吊挂系统(在低潮水位时由于围堰自重大于围堰上浮力，围堰不会上浮)。

(5)围堰底板混凝土施工。当加劲板焊接完成后，在围堰内无水环境中施工 0.4m 厚的封底混凝土，使其与预制底板形成 0.75m 的钢筋混凝土底板梁以共同承受承台施工荷载。

(6)钢护筒切除及桩头清理。清理桩头及围堰内杂物。

(7)钢筋绑扎及承台施工。

(8)围堰侧板拆除及承台养护。当承台达到侧模拆除条件后拆除侧模，混凝土底板作为设计混凝土防腐层使用。

三、预制混凝土底板围堰设计

1. 围堰结构设计

围堰设计荷载主要有：水压力、围堰自重、承台自重和施工荷载。

(1)围堰侧板设计工况。围堰侧板取以下两种工况中最不利状态作为控制工况设计：

①设计高潮水位时承台抽水后的侧板受最大水头压力；

②设计低潮水位时承台施工完成时的侧板受最大混凝土侧压力。

(2)围堰混凝土底板设计工况。

①围堰下放到位，围堰内抽水完成，施工水位处于设计高水位时，预制底板受到最大水头压力和自重荷载；

②底板混凝土现场施工完成时，施工水位处于设计底水位，预制底板受到二次封底混凝土荷载和自重荷载；

③承台施工即将完成时，施工水位处于设计低水位，混凝土底板受到承台自重荷载、施工荷载和底板自重荷载。

采用 Midas 计算混凝土底板在三种工况作用下的应力状态如图 3 所示。

工况 a

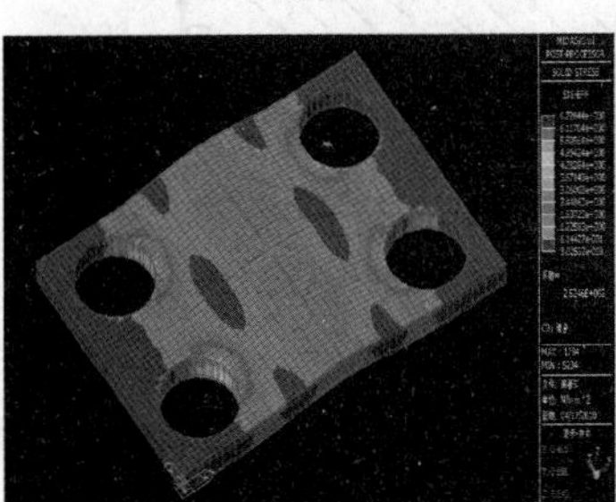

混凝土底板最大压应力：6.73MPa
跨中最大拉应力：0.64MPa
混凝土底板最大变形：1.45mm

工况 b

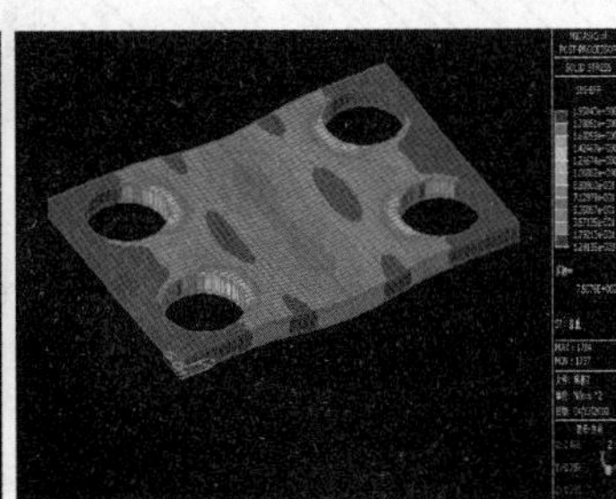

混凝土底板最大压应力：1.96MPa
跨中最大拉应力：0.21MPa
混凝土底板最大变形：0.5mm

工况 c

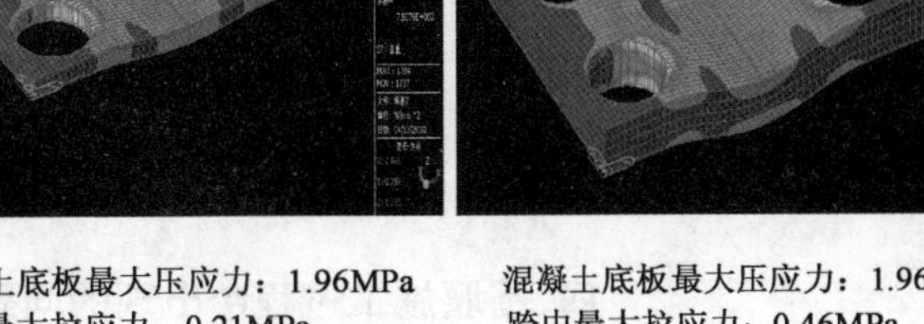

混凝土底板最大压应力：1.96MPa
跨中最大拉应力：0.46MPa
混凝土底板最大变形：2.7mm

图 3 三种工况作用下的应力状态

经分析底板采用C35号混凝土满足要求，混凝土底板与钢护筒连接部分出现小区域的极值拉应力通过加劲板和焊接构造钢筋降低到允许范围内。

2. 围堰细部构造设计

本围堰方案成败的关键有以下两点：

①如何保证预制混凝土与钢侧板的连接在设计高潮水位作用下密封不渗水；

②吊挂系统拆除后作为支撑结构的混凝土底板与钢护筒间传力加劲板设计是否合理可行。

针对以上两个难点在围堰设计中采取了以下措施：

①在预制底板中设置预埋件，侧模与底板预埋件采用螺栓连接，同时底板预留部分槽口，待侧模与底板拼装完成后，现场施工预留槽口，既保证了侧模与底板的连接密封，又便于侧模拆除，如图4所示；

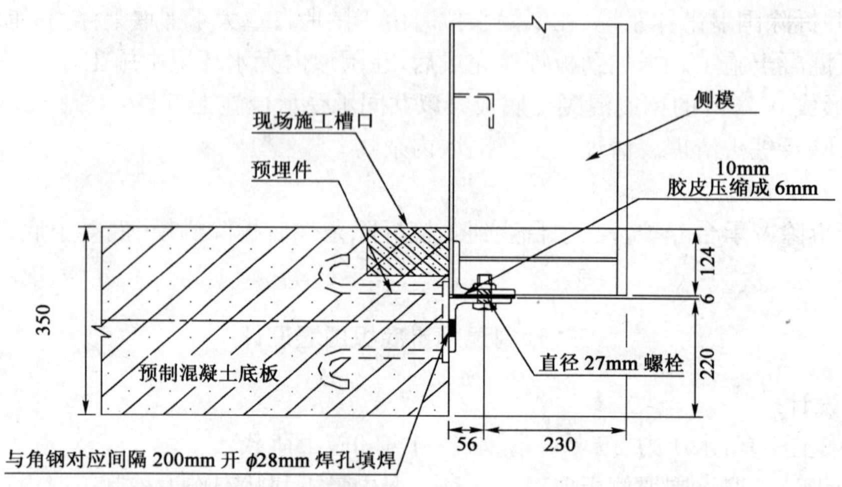

图4　侧模与混凝土底板连接图(尺寸单位:mm)

②此方案在承台施工过程中无吊挂系统，承台荷载通过预制底板焊接的加劲板传递到钢护筒上，在设计中先在预制底板预留钢护筒位置设置环形预埋件，环形预埋件上下采用厚10mm钢板，中间槽钢连接，顶板露出预制底板100mm以便于现场施工焊接，待围堰下放到设计位置后在低潮水位采用袋装混凝土堵漏，并抽水，在无水环境中焊接底板预埋件与钢护筒间的加劲板，确保加劲板的焊接质量，如图5所示。

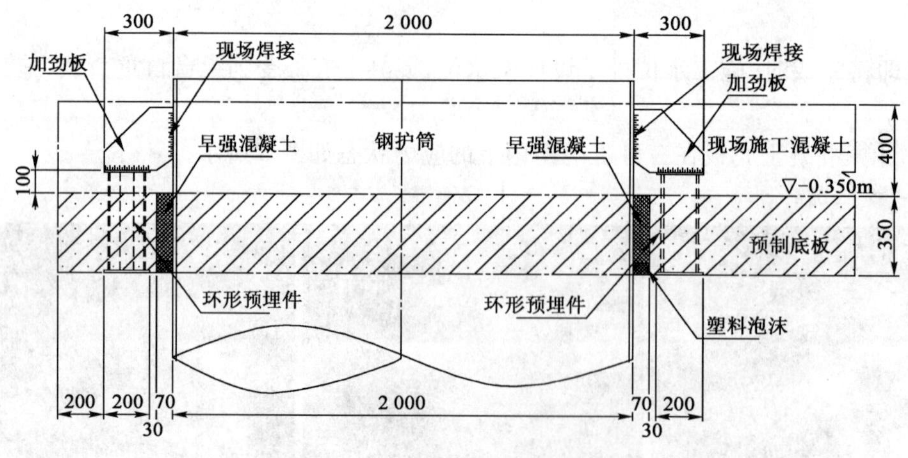

图5　混凝土底板与钢护筒连接大样图(尺寸单位:mm)

四、围堰施工过程中出现的问题及优化措施

在实际的施工过程中第一个围堰施工周期达到25天，存在施工进度慢、承台外观质量较差等缺陷。通过现场分析发现围堰施工主要存在以下三个问题：

①底板预埋件设计不合理，底板与钢护筒间加劲板现场施焊环境差、焊接工作量大；

②钢护筒插打偏位尺寸大，围堰下放困难；

③二次封底现场控制不严，施工质量差导致承台与底板间存在错台现象，承台外观质量差。

针对以上问题采取了以下优化措施：

①改进底板预埋件设计，将预埋件设计高于预制底板 10cm 改善焊接环境同时将加劲板焊接数量从单个护筒焊接 24 块优化为 12 块，以减少现场焊接量，如图 6 所示；

（改进前）

（改进后）

图 6　改进前和改进后的底板预埋件设计

②加强钢护筒的定位测量，在底板预制前对围堰内的每根钢护筒的偏位、倾斜度进行测量，在底板预制过程中按照钢护筒的实际位置预留孔径，保证底板下放过程中不与钢护筒冲突；

③控制侧模与侧模及侧模与底模的连接精度，保证围堰抽水后不漏水，同时加强二次封底混凝土的质量和平整度，防止底板与承台在施工过程中产生错台现象。

通过以上措施对围堰施工产生积极影响，围堰施工周期从 25 天减为 18 天，部分承台施工周期减到 15 天，取得了预期效果，满足了施工进度的要求。

五、结　　语

实践证明，采用预制混凝土底板吊箱围堰施工深水承台基础具有可行性和可操作性，在今后类似工程中采用此方案施工是经济可行的。主要表现在以下几个方面：

①通过混凝土底板预制加快了施工进度；

②采用焊接底板与钢护筒间传力加劲板的新方式，取消了传统吊箱围堰施工中的吊挂系统，简化了施工工序，节省了施工时间，同时改善了施工的操作空间；

③加劲板的焊接在无水环境中进行，操作方便可行，增加了方案实施的安全性；

④巧妙利用承台底部设计的 0.75m 防腐层，通过配筋及二次封底的形式实现了混凝土底板的共同受力，取代了传统吊箱围堰的钢底板，节省了施工成本。

99. 南京胥河大桥水压爆破拆除施工及安全评估

金广谦　龙　源　徐全军

（理工大学工程兵工程学院）

摘　要　旧桥加固、危桥拆除将是今后一段时间内的热点之一。本文研究针对胥河大桥的特点，先采用结构弱化技术，再利用毫秒逐段延时、水压爆破等技术成功拆除危桥，为解决类似桥梁的拆除问题探索出一条新路。

关键词　桥梁拆除　水压爆破　危桥　安全评估

一、引　言

随着交通事业的不断发展，原有桥梁已不能满足日益增长的交通需求，加上超载问题，加快了旧桥改造的步伐。旧桥加固、危桥拆除将是近期乃至今后一段时期不可缺少的工作。但旧桥拆除也出现了像在昆明、湖南株洲等地发生的安全事故，爆破拆除更是给人不安全的感觉，实际上只要考虑周密，爆破拆除方法还是相对安全的，南京胥河大桥等爆破拆除的成功实例就是典型案例。

二、工 程 概 况

胥河大桥位于南京市高淳县东坝镇东500m处，是高望公路上的一座公路大桥，建造于1999年，2000年底竣工通车，迄今投入运营近10年。胥河冬季水位5.6m左右，汛期最高水位8.9m，为五级航道，河岸位于古滑坡地段，历史上曾发生多次不同程度的滑坡和河岸剥落，因为南岸滑坡引起该桥桥墩桩在承台下15m处被剪断，3号墩顶倾斜位移143mm，墩柱底部严重开裂，支座位移达250mm，无法满足通载要求而成为危桥，目前已封锁交通，亟待拆除。

胥河大桥设计荷载等级为汽车20级、挂车100，桥跨结构为1×20m等截面简支梁＋(30m＋45m＋30m)变截面连续梁＋3×20m等截面连续梁，桥梁全长191m，桥面宽度为12m。桥梁位于R＝1 400m的平曲线上，桥面单向纵坡为0.5%，墩台从北到南编号为0号台、1～6号墩、7号台，两端均为埋入桩柱式桥台，主桥桥墩1号～4号为宝瓶形，5号、6号墩为双柱式桥墩，桩基础，如图1所示。

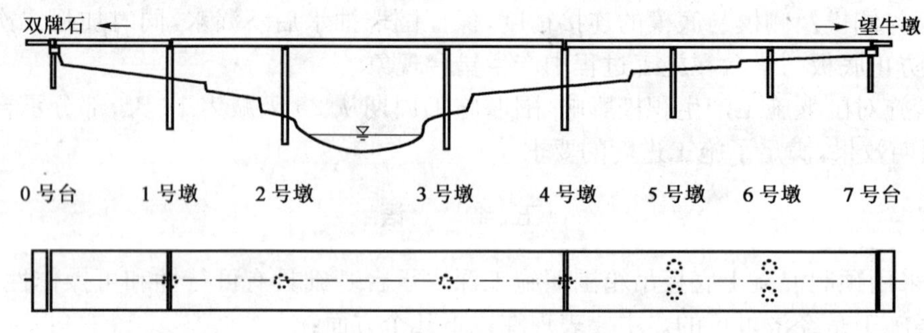

图1　胥河大桥布置图

主桥上部结构为单箱双室预应力混凝土连续箱梁，C50混凝土，梁高1.3～2.5m，桥面宽12m，顶板厚22cm；底板宽7m，厚19cm，局部加厚到45cm；腹板厚31 cm，局部加厚到70cm；两侧翼缘宽2.5m，厚度15～35cm。箱梁配置纵向预应力筋，ϕ15.24钢绞线，每根9束或7束，腹板设通长束，顶底板设局部短束；引桥为一跨20m简支梁，3×20m连续箱梁，梁高1.3m，标号C40；桥面铺装为9cm沥青混凝土，两侧设墙式护栏。

桥梁侧边每20～30m有1条有线电视线，7号台下有自来水管1根，其他无重要建筑物，详见图2。

三、施 工 方 案

根据现场桥位地形现状和老桥结构特点以及周边建筑物情况，主桥采用逐段延时爆破的方法拆除上部结构和主墩，引桥箱梁由于距离地面较近，距离周边建筑物也较近，直接采用镐头机从侧面逐步破除，然后清运。

1. 总体拆除工艺流程和顺序

整体拆除按先主桥后引桥；先中跨后边跨的顺序进行。

主桥拆除施工流程为：拆除中跨护栏→拆除铺装层→凿除中跨2m翼缘板→风镐凿开箱梁跨中段部分顶板(注水、布药用)→立柱钻孔→箱梁注水→水压爆破拆除→清渣。

2. 布孔和装药设置

箱梁中跨采用水压爆破，把条形乳化炸药包沿底板和侧壁连续布置，顶板未切穿部分和腹板处钻双

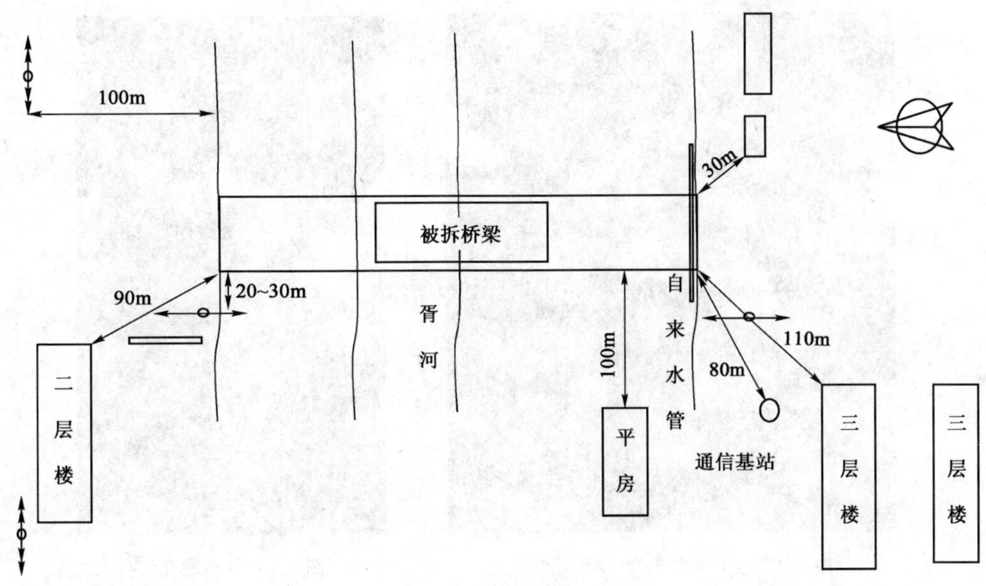

图 2 爆破环境示意图

排孔，深度 100mm，乳化炸药 24kg，布置如图 3 所示。

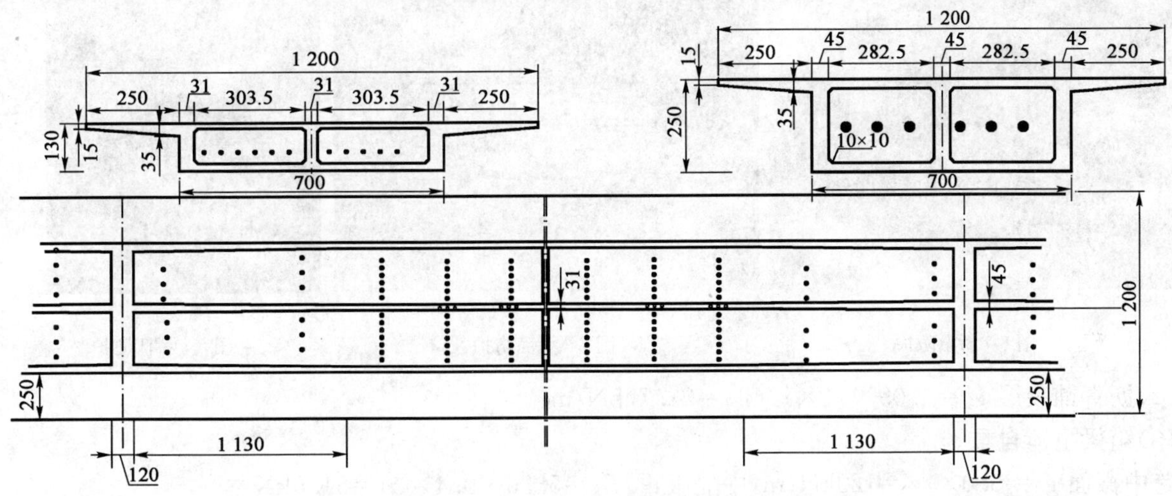

图 3 箱梁爆破切口示意图(尺寸单位：cm)

1 号～4 号桥墩为上大下小的宝瓶式实心结构，高度为 7～14m，底部为圆形，直径为 2.4m，上部宽度为 7.7m，中间以 10.34m 为半径的圆弧过渡。内配 42ϕ32 的钢筋，箍筋为 ϕ12。为保证桥墩倒塌可靠，在距地面 1.4m 以上每隔 0.8m 用液压钻钻 76mm 的水平孔，上部宝瓶部分从箱梁顶部横桥向钻 90mm 垂直孔 3 个，分别为中轴线、左右 1.2m 处，深度分别为 7m、2.5m(墩顶以下起算)，布设粉状乳化炸药 250kg；每个桥墩水平孔 10 个，布设块状乳化炸药。双柱式墩同上。布孔见图 4、图 5。

3. 防护措施

爆破施工防护主要考虑爆破震动、塌落震动、冲击波、爆破飞石等不利影响，除采用分段延时减小一次起爆药量外，选择直接防护加间接防护的综合措施，即直接在被爆柱表面用钢丝网、竹篱笆包裹，挡住飞石、破片；再在立柱周边用土工布、彩条布等遮挡，确保周边人员和环境安全，详见图 6～图 8。

四、桥梁拆除施工验算

1. 桥梁施工荷载计算

(1)护栏自重 $g_1=0.8\times0.8\times1\times24=15.36$kN/m；

图4　宝瓶形桥墩孔位

图5　双柱桥墩孔位

图6　桥墩防护

图7　桥面防护

图8　桥侧防护

(2)沥青铺装层 g_2＝0.09×11×1×23＝22.77kN/m；

(3)箱梁主体自重。

跨中截面 g_3＝5.0×24＝120kN/m，中隔板重：P_3＝5.36×0.4×24＝51.5kN

中支点截面 g'_3＝7.9×24＝189.6kN/m，中隔板重：P'_3＝10.85×1.2×24＝312.48kN

(4)翼缘卸载重量 g_4＝(0.15＋0.31)/2×4×24＝22.08kN/m

(5)镐头机重量。

自重250kN，着地长度3m，冲击系数取2，g_5＝250×2÷3＝167kN/m(3m范围内)

(6)注水重量

跨中：g_6＝5.36×10＝53.6kN/m；支点：g'_6＝10.85×10＝108.5kN/m

2. 桥梁内力计算

荷载工况及组合：

工况1：桥梁自重；

工况2：250kN镐头机按2倍振动力计算；

工况3：拆除桥面铺装＋栏杆＋翼缘2m；

工况4：卸载后中跨注水(液面低10cm)；

工况5：挂车－100；

荷载组合：按拆除顺序组合并与原挂车组合进行比较，以判断上下部结构的承载力是否满足要求。

荷载工况 表1

序号	荷载工况	3号墩反力(kN)	4号墩反力(kN)	跨中弯矩(kN·m)	支座弯矩(kN·m)
1	自重	8 696.60	1 990.50	17 996.30	−28 242.20
2	2×250kN跨中作业	582.85	−123.20	6 598.50	−3 696.50
3	拆除桥面铺装+栏杆+翼缘	−1 957.00	−80.80	−7 418.30	7 822.30
4	中跨注水	2 118.00	−290.00	8 995.20	−8 341.80
5	墩自重	5 954.40	4 399.20		
6	挂车−100在跨中	687.30	133.70	6 139.20	−4 012.30
7	1.2×(1)+1.4×(2)	11 251.91	2 216.12	30 833.46	−39 065.74
8	1.2×(1)+1.4×(6)	11 398.14	2 575.78	30 190.44	−39 507.86
9	1.2×((1)+(3)+(4))	10 629.12	19 43.64	23 487.84	−34 514.04
10	1.2×((1)+(5)−(3))+1.4×(4)	17 774.40	6 018.90		

五、承载能力计算

1. 上部结构承载力验算

由表1可以看出,项目2、7、9中的绝对数均小于项目8挂车组合的极限弯矩值。再按削弱截面验算其承载能力,如图9所示。

跨中预应力筋为306×9=306束,合力中心距下边缘123.8mm,设计强度1 395MPa,弹性模量Es=1.95×10^5MPa,混凝土C50,设计强度f_{cd}=22.4MPa,弹性模量$E_c=3.45\times10^4$MPa。

纵向非预应力筋为II级钢,ϕ12@150mm,保护层30mm。顶板横向非预应力钢筋为II级钢,布置ϕ16@150mm,底板横向非预应力筋为II级钢,ϕ12@150mm,保护层30mm。

1)破除2m翼缘后承载力计算

$$A_p = 306\times140 = 42\,840\text{mm}^2, A_s = 94\times113 = 10\,528\text{mm}^2$$

$$x = 0.4\times1\,176 = 470.5\text{mm}$$

$$M_u = f_{cd}[b_1x(h_0-x/2)+(b-b_1)h_i(h_0-h_i/2)]$$

$$=22.4\times[930\times470.5\times(1176-0.5\times470.5)+220\times6\,070\times(1\,176-110)]$$

$$=4.11\times10^4\text{kN}\cdot\text{m}$$

$\gamma_0M_d<M_u$,跨中截面抗弯满足机械上桥作业的安全要求。

2)顶板保留3m承载力验算

$$A_p = 306\times140 = 42\,840\text{mm}^2, A_s = 94\times113 = 10\,528\text{mm}^2$$

$$M_u = f_{cd}[b_1x(h_0-x/2)+(b-b_1)h_i(h_0-h_i/2)]$$

$$=22.4\times[930\times470.5\times(1\,176-0.5\times470.5)$$

$$+220\times3\,000\times(1\,176-110)]=2.5\times10^4\text{kN}\cdot\text{m}$$

$\gamma_0M_d<M_u$,跨中削弱截面抗弯满足注水承载要求。

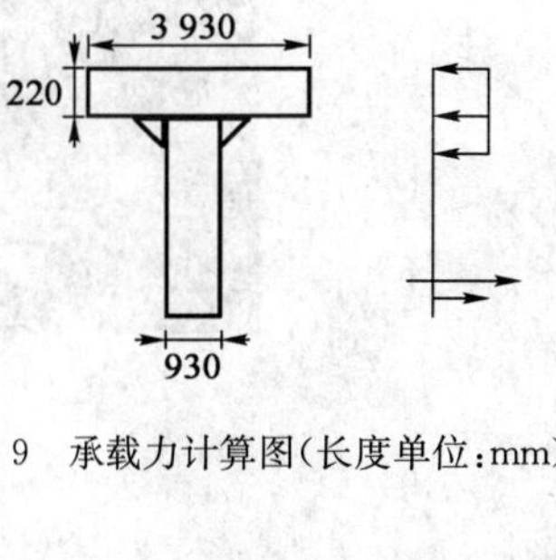

考虑顶板50%压区钢筋参加工作,M_u/M_d=1.14;若保留4m,计入50%钢筋,则达1.36。所以,安全有保证。

3 930
220
930

图9 承载力计算图(长度单位:mm)

2. 箱梁注水底板应力分析

箱体注水后,底板横向受弯,如果应力过大,出现开裂,影响安全。现取$L/4$截面作为计算截面(此处腹板开始由31cm变宽到45cm),底板受水压和自重作用q_d=20kN/m,顶板受自重作用q_s=5.3kN/m,腹板受线性水侧压力作用q_c=15kN/m,底板最大正弯矩为17.2kN·m,最大负弯矩为27.6kN·m。

1)$L/4$ 截面底板极限承载力计算

顶底板钢筋为 $\phi12@150$ 双层，保护层按 3.6cm 计算。

2)支点附近截面

底板受水压和自重作用 $q_d=27.7$kN/m，顶板受自重作用 $q_s=5.3$kN/m，腹板受线性水侧压力作用 $q_c=19.3$kN/m，底板最大正弯矩为 24kN·m，最大负弯矩为 38.3kN·m。底板盛水后的承载力：$L/4$ 板中正弯矩 $M_u=3.4\times10^7$N·mm，$M_u/M_d=2.01$；支点附近负弯矩为 6.7×10^7N·mm，$M_u/M_d=1.92$，满足要求。

跨中顶板压应力 10.1 MPa，底板纵向应力变化 4.0 MPa，合应力还为压应力 6.23MPa，均不会开裂而影响注水效果。

3. 桥墩承载力验算

1)桥墩墩身极限承载力

以偏斜最大的 3 号墩为例，墩柱直径 2.4m，柱高 14m，配置纵筋 42ϕ32，纵筋面积 $A_s=25\ 736\text{mm}^2$，$a=75$mm，$r_g=1\ 125$mm，g=0.9 375，配筋率 $\mu=0.0\ 075$。3 号墩最大偏移量 143mm，墩顶水平分力 383kN(坡+墩斜坡)，折算偏心距 215mm，合计 358mm。再考虑支座向南移量的一半偏心距 125mm，合计 483mm。$\dfrac{l_0}{d}=\dfrac{2\times14}{2.4}=11.7>7$，$\eta e_0=507$mm (676.2mm)

根据 $\eta e_0=\dfrac{BR_a+D\mu gR_g}{AR_a+C\mu R_g}r$，$N_u=Ar^2R_a+C\mu r^2R_g$，$\xi=0.62$，$N_u=32\ 400kN>\gamma_0N_d$，满足要求。在垂直于弯矩作用平面内承载力验算亦满足要求。

2)桥墩墩身打孔后极限承载力分析

高墩的炮孔为水平孔和垂直孔同时布置，孔径为 76mm，水平布置孔间距为 0.8m，成 5 排炮孔布设，排距 0.6m；垂直布置孔为 90mm，从桥面直接穿入经过箱梁进入桥墩，孔深为与水平布置孔顶部相距 0.8m。

在垂直于弯矩作用平面内的承载力：$N_u=\phi(f_{cd}A_h+f'_{sd}A'_s)=61\ 630\text{kN}>N_j$

混凝土面积减小 8.5%，偏心距增加 2.1cm，承载力影响 7%左右，承载力有保证。

六、爆 破 效 果

本工程采用非电起爆网路系统，用导爆管、导爆管雷管和四通联成复式起爆网路，最后用雷管击发。共用炸药 800kg，雷管 500 发，导爆管 500m。该桥于 2010 年 9 月 6 日下午 3 点实施爆破，爆破取得圆满成功，达到预期效果，爆破场景见图 10～图 12。清渣工作正在进行中。

图 10　爆破后全景

图 11　水压爆破后箱梁

图 12　机械破碎作业

七、结　　语

本次爆破拆除危桥的成功实例得出以下两点结论：

①爆破拆除旧桥、危桥具有速度快、成本低、工期短等优点，尤其是采用常规拆除法安全风险大、环境要求高、工期要求紧的工程，应优先选用；

②为保证爆破效果、减少炸药用量、保护环境，爆破前的预处理十分重要。既要保证施工过程中的安全，又要兼顾爆破后的破碎效果。爆破前应集中桥梁、爆破等专业人员精心设计，切不可掉以轻心。

本次水压爆破拆除危桥的方法虽是针对预应力混凝土连续箱梁桥，但对其他桥型、类似环境亦有可借鉴之处。

参考文献

[1] 中华人民共和国国务院．民用爆炸物品管理条例，2008.

[2] 中华人民共和国国家标准 GB 13533—92 拆除爆破安全规程[S]. 1992.

[3] 金广谦．桥渡工程结构[D]. 理工大学工程兵工程学院，2007.

[4] 中华人民共和国行业标准 JGJ 160—2008 施工现场机械设备检查技术规程[S]. 北京：中国建筑出版社，2008.

100. 大型潮汐河道桥梁的基础施工风险评估

吴天真[1] 张婷婷[2,3] 项贻强[2] 吴强强[2]

(1. 台州市公路水运工程监理咨询有限公司；2. 浙江大学土木工程系；3. 浙江省温州市交通局)

摘 要 以灵江大桥 92m＋3×152m＋92m 的四塔单索面五跨预应力矮塔斜拉桥施工为工程背景，在对有台风、潮汐河道等因素影响的桥梁基础施工进行系统的潜在风险因素分析后，提出了该桥基础施工的风险指标体系，在此基础上结合层次分析法和模糊综合评价法的优点，建立了桥梁基础施工风险评估 AHP-FCE 数学模型和算法，提出了利用 Zadeh 模糊算子进行桥梁的风险概率评价和风险损失评价的方法，最终得到桥梁基础施工风险水平等级。最后，通过该桥两种桥梁基础施工方案，即双壁钢围堰结合水上混凝土拌和船施工方案和搭设栈桥进行基础施工方案的风险分析和比较后，得出灵江大桥基础施工方案应优先选择搭设栈桥的施工方案，实践表明该方案既确保了施工安全和质量，又加快了施工进度。

关键词 矮塔斜拉桥 台风 潮汐河道 基础施工 评价指标体系 风险 层次分析模糊评判法

一、前 言

近年来，由于工程质量原因造成的重大事故屡见不鲜，各地相继发生过一些支模倒塌引起的伤亡事故。这一系列事故发生的主要原因是桥梁在施工过程中存在的风险未被很好的识别与防范，为以后的施工与使用埋下了安全隐患[1]。

近年来，国内外学者对施工风险评估方面开展了一定的研究，张谢东[2]等(2008 年)系统地对山区高墩大跨度桥梁施工中存在的风险因素进行了研究；Hyun-Ho Choi[3]等(2008 年)把已存在的大量数据及项目的具体信息与数据的更新结合起来，进行项目施工风险评估研究，并通过对一座斜拉桥的施工风险评估予以说明；Yu Sun[4]等(2008 年)对北京奥运会馆施工的风险因素进行识别与评估，并得出大部分的主要施工风险因素是由承包商与分包商产生的结论；Wang Zeng-zhong[5]等(2008)根据船撞桥影响分级、船撞桥概率及损失对船撞桥的风险进行分析、评估及分级进行了研究；Gary C. Whited[6]等(2007 年)通过对位于美国威斯康星州的密尔沃基市区附近的 Marquette 高架桥重建项目的整个设计过程分析及考虑项目工期的要求，得出钢材的运输是潜在的施工风险项目；Sun GF[7]等(2009 年)通过 ANSYS 的三维有限元单元建立钢管混凝土拱桥的空间模型，并对其在六种不同的荷载条件下，进行线性、几何非线性及非线性屈曲的双安全系数的计算，通过计算结果对桥梁风险进行评估。

在已有的研究中，桥梁基础的施工过程已考虑水下基础需要在无水或静水条件下进行施工的施工特点，采取围堰施工法、地下连续墙施工法及沉井施工法等，以降低地下水位或隔离外界高水位，并采用风险评估方法来选择最优方案[8]。在有台风、潮汐、通航等因数影响的河道上施工大型桥梁，增加了桥梁基础施工的难度与不确定性。因此，有必要对其基础施工方案进行风险评估，并优选方案，对于规避风险或减小风险，尽可能降低风险事件可能产生的损失具有重要的意义。本文以灵江大桥 92m＋3×152m＋92m 的四塔单索面五跨预应力矮塔斜拉桥为工程背景，进行基础施工方案的风险分析评估。

二、桥梁风险评估的 AHP-FCE 模型

1. 建立评价指标集

根据有台风、潮汐等因数影响的河道特点，进行大型桥梁基础施工方案的风险评估指标体系如图 1。

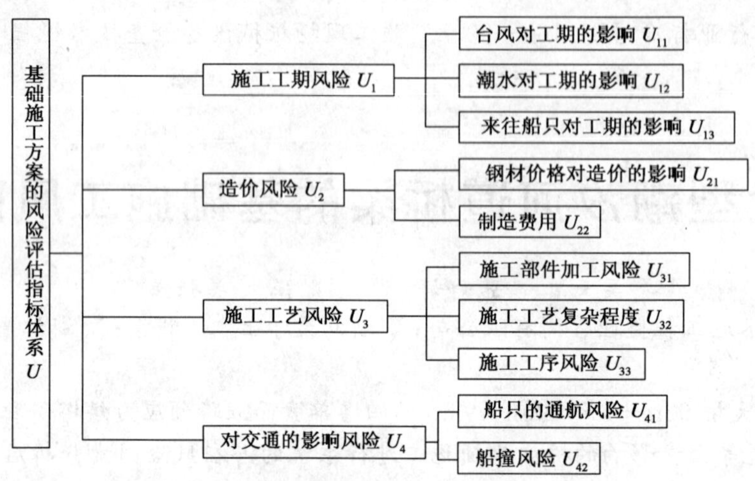

图 1 大型潮汐河道桥梁基础施工方案的风险评估指标体系

于是，将基础施工风险的指标因数集 U 进行分类，分成 m 个因数子集 U_i，$i=1,2,3,\cdots,m$。得到相应的一级指标集 $U=\{U_1,U_2,U_3,\cdots,U_m\}$＝{施工工期风险，造价风险……对交通的影响风险}。其中对应于每一个 U_i 又有 n 个因数，得到相应的二级指标集 $U_i=\{u_{i1},u_{i2},u_{i3},\cdots,u_{in}\}$，其中 u_{ij} 表示第 i 类的第 j 个因数，$i=1,2,3,\cdots,$m；$j=1,2,3,\cdots,n$。如 $U_1=\{u_{11},u_{12},u_{13},\cdots,u_{1n}\}$＝{台风对工期的影响，潮水对工期的影响，来往船只对工期的影响}。这样便把风险指标分为了两级，即为一级指标集及二级指标集。

2. 由层次分析法(AHP)确定各评价因数权重集

1)构造各指标层的判断矩阵

由专家调查法对同一层次不同因数间对桥梁基础施工风险的重要性进行比较和分析，构造判断矩阵。如一级指标集的判断矩阵为 $U=a_{ij}$，其中 $a_{ij}(i=1,2,3,\cdots,m,j=1,2,3,\cdots,m)$为因子 i 相对于因子 j 的重要性，其取值由 Satty1-9 值法[9]来确定。由相同的方法可得到相应二级指标的判断矩阵，在这里不再赘述。

2)确定各层次指标中对应因数的权重

根据判断矩阵提供的信息，利用线性代数知识，可精确地求出矩阵的最大特征根 $\lambda_{\max}$ 及与其对应的特征向量。对于维数比较大的判断矩阵，可采用 Matlab 进行求解。特征向量经归一化处理后即为该层次各评价因素间的相对权重。以一级指标为例，由一级指标的判断矩阵，可得最大特征根 $\lambda_{\max}$ 对应的特征向量

$$C=\{c_1,c_2,c_3,\cdots,c_m\} \tag{1}$$

对式(1)进行归一化处理得一级指标权重集

$$A=\{a_1,a_2,a_3,\cdots,a_m\} \tag{2}$$

其中 $a_i=\frac{c_i}{\sum_{i=1}^{m}c_i}$，$\sum_{i=1}^{m}a_i=1$。

由相同的方法可得出各二级指标的权重集，这里不再赘述。

3)检验各判断矩阵，确保判断矩阵的一致性

风险评估体系的各层次判断矩阵建立以后，要对其一致性进行检验，其一致性指标 CR 的判定公式为：

$$CR=\frac{CI}{RI}=\frac{(\lambda_{\max}-n)/n-1}{RI} \tag{3}$$

式中：$\lambda_{\max}$——判断矩阵的最大特征根；

n——判断矩阵的阶数；

RI——平均随机一致性指标，对于 1～9 阶判断矩阵，RI 的值见表 1。

判断矩阵的平均随机一致性指标值 表 1

阶　数	1	2	3	4	5	6	7	8	9
RI	0	0	0.52	0.89	1.12	1.26	1.36	1.41	1.46

一般认为，满足 CR＜0.1，则判断矩阵可以接受；否则，需重新调整判断矩阵。

3. 确定模糊评判(FCE)评语集

确定因素集中每个因素状态评语的集合，即 $V=\{v_1,v_2,v_3,\cdots,v_k\}$。如 V={良好，较好，较差，坏的，危险}。与评语集 V 相对应的有评分集 $G=\{g_1,g_2,g_3,\cdots,g_k\}$，例如可以取 $G=[100,75,50,25,0]$。

4. 确定各层次的隶属度矩阵 R

本文各因数的隶属度函数采用降半梯形分布函数[10]来表示：

$$r_{ij}=\begin{cases}1 & x_{ij}\leqslant a\\ \dfrac{b-x_{ij}}{b-a} & a<x_{ij}<b\\ 0 & x_{ij}\geqslant b\end{cases} \tag{4}$$

式中：r_{ij}——第 i 因素对第 j 个评语的隶属度，在[0,1]中分布；

x_{ij}——第 i 个因素的绝对量值；

a,b——第 i 个因素指标的最大、最小值。

以一级评价指标为例，评价指标因素集 $U=\{U_1,U_2,U_3,\cdots,U_m\}$；相应评价集为 $V=\{V_1,V_2,V_3,\cdots,V_k\}$。其中，$m$ 为评价指标因素集中的项目数，k 为评价集中的项目数。称矩阵

$$R=\begin{bmatrix}r_{11} & r_{12} & \cdots & r_{1k}\\ r_{21} & r_{22} & \cdots & r_{2k}\\ \cdots & \cdots & \cdots & \cdots\\ r_{m1} & r_{m2} & \cdots & r_{mk}\end{bmatrix} \tag{5}$$

为 U 到 V 上的模糊隶属关系矩阵，R 中元素 r_{ij} 表示 U 中第 i 个因素相对于第 j 个评价的隶属度，可根据式(4)计算得到。由相同方法可得到各二级评价指标的隶属度矩阵，在这里不再赘述。

5. 模糊矩阵运算

1)一级模糊综合评价

首先对各类二级评价指标进行模糊综合评价，可以得到评判集 B_i，即

$$B_i=A_i\circ R_i=(b_{i1},b_{i2},b_{i3},\cdots,b_{ik}) \tag{6}$$

式中："$\circ$"——模糊运算符，其中 $i=1,2,3,\cdots,m$。

本文模糊算子采用 Zadeh 算子，称为主因素决定型，即 $M(\wedge,\vee)$型。这种模型突出了评估中的主要因素而忽略了其余指标的影响，运算过程为：

$$b_{ij}=\bigvee_{j=1}^{n}(a_{ij}\ \wedge\ r_{je}) \tag{7}$$

其中 $i=1,2,3,\cdots,m;j=1,2,3,\cdots,n;e=1,2,3,\cdots,k$；使主要因素起了单因素控制的作用。

最后对 $B_i=(b_{i1}{}^*,b_{i2}{}^*,b_{i3}{}^*,\cdots,b_{ik}{}^*)$，进行归一化处理，使得 $\sum_{j=1}^{k}b_{ij}=1$。

2)二级模糊综合评价

一级评判是对二级指标每一类中的各因数进行综合，还需要考虑一级指标中各类因数的综合影响。因此，需要在一级指标各因数间进行综合评判，即二级模糊综合评价。仍然采用$M(\wedge,\vee)$模型[11]。此时的隶属度矩阵为一级评判结果B_i构成的矩阵R：

$$R=\begin{bmatrix}B_1\\B_2\\\cdots\\B_m\end{bmatrix}=\begin{bmatrix}A_1\cdot R_1\\A_2\cdot R_2\\\cdots\\A_m\cdot R_m\end{bmatrix}=[r_{ij}]_{m\times k} \tag{8}$$

考虑一级指标各因数权重，得二级模糊评判指标D：

$$D=A\cdot R=(a_1,a_2,a_3,\cdots,a_m)\cdot\begin{bmatrix}A_1\cdot R_1\\A_2\cdot R_2\\\cdots\\A_m\cdot R_m\end{bmatrix}=(d_1,d_2,d_3,\cdots,d_k) \tag{9}$$

最后对$D=(d_1{}^*,d_2{}^*,d_3{}^*,\cdots,d_k{}^*)$，做归一化处理，使得$\sum_{i=1}^{k}d_i=1$。

6. 综合评价结果

由于本文需要对设计风险概率及设计风险损失进行度量，需要对结果进行一定的量化，因此，对评估结果采用加权平均法来处理。设$\boldsymbol{M}$为综合评价值，评分集$\boldsymbol{G}=\{g_1,g_2,g_3,\cdots,g_k\}$与评价集$V=\{V_1,V_2,V_3,\cdots,V_k\}$相对应，则$\boldsymbol{M}=\boldsymbol{D}\cdot\boldsymbol{G}^{\mathrm{T}}$[12]。

三、风险概率及风险损失等级标准

风险概率本质是风险事态出现且造成结构或构件失效的条件概率。常用的风险率赋值标准见表2[13]。

常用的风险率赋值标准 表2

概率描述	区间概率	等级	评分区间	定义
V——极低	$P<10^{-6}$	一级	0.2～0.0	看来不可能，但仍有发生的可能性
IV——低	$10^{-3}>P>10^{-6}$	二级	0.4～0.2	不可能，但仍有理由会发生
III——中	$10^{-2}>P>10^{-3}$	三级	0.6～0.4	多次发生
II——高	$10^{-1}>P>10^{-2}$	四级	0.8～0.6	频频发生
I——极高	$P>10^{-1}$	五级	1.0～0.8	接二连三地发生

桥梁工程风险损失估计就是估算风险事件给业主带来的各种损失。桥梁风险事件造成的损失可分为直接损失(包括结构损伤后的维修费用、造成人员伤亡等)和间接损失(包括交通延误、运营商收入减少、名誉损害等)。

如果将风险损失按级进行定义分类，则表3给出了各风险损失等级的标准[13]。

风险损失等级标准 表3

后果描述	等级	评分区间	定义			
			损失	工程附属破坏	工期影响	环境破坏
E——可忽略	一级	0.2～0.0	3万元以下	没有或较少	小于3天	没有或较少
D——低	二级	0.4～0.2	3万至30万元	存在或较轻度	大于3天小于15天	有临时严重破坏

续上表

后果描述	等级	评分区间	定义			
			损失	工程附属破坏	工期影响	环境破坏
C——中	三级	0.6～0.4	30万至300万元	严重破坏，工程主系统轻度破坏	大于15天 小于6个月	有长期的影响
B——严重	四级	0.8～0.6	300万至3 000万	工程主系统破坏	大于6个月 小于24个月	较严重
A——极严重	五级	1.0～0.8	3 000万以上	工程系统破坏	大于24个月	永久严重的影响

四、确定风险水平等级

风险评价就是在风险识别和风险估计的基础上，通过建立系统风险评价模型，对风险概率与风险后果等因素进行综合考虑。再根据相关风险评价标准，对风险进行综合评价，确定系统风险的可接受程度、整体水平与严重等级等，以便确定风险是否需要处理和处理的程度，为风险应对与决策提供科学依据。根据已有的风险概率和风险损失，建立风险评估矩阵，参考文献[13]给出了风险水平等级矩阵表。同时对于不同的风险水平，应采取不同的风险对策。

五、基础施工风险评估实例

1. 工程背景

灵江大桥为浙江省台缙高速公路东延段工程第三标段的一座重要桥梁。起点为临海水洋，路线所经区域均为灵江流域，向东延伸跨灵江，经后泾、梓林至终点，与沿海高速公路(台州段)相接。灵江大桥连接西岑和新亭头，是台缙高速东延段特大跨江大桥。灵江大桥全长1 420.96m，主桥为92m＋3×152m＋92m的四塔单索面五跨预应力矮塔斜拉桥。主梁采用单箱三室大悬臂变高度箱形截面。主墩墩顶处梁高5.5m，跨中等高直线段处梁高3.0m，索塔塔根至梁体直线段之间梁体曲线按1.6次抛物线变化；箱梁顶宽27.0m，单侧悬臂5.0m，跨中等高直线段箱梁底宽15.8m，渐变至根部箱梁底宽14.27m；箱梁外侧腹板采用斜腹板，厚度50cm；内侧为直腹板，厚度为45cm；底板厚度在箱梁根部为100cm，渐变至跨中、边跨等高度梁段处为25cm，顶板厚28cm。其中中室顶板在塔根无索区及锚索区加厚为45cm。主梁在每根拉索锚固点处均设有横隔板，间距为4.0m，厚度30cm。固结墩墩顶设置二道横隔梁，厚度为0.8m；非固结墩墩顶设置三道横隔梁，其中支座顶处横隔梁厚3.0m，临时固结支撑处厚度为0.6m。边支点处横隔梁厚2.0m。索塔桥面以上高23.88m，实心矩形截面。塔根部顺桥向5.0m，横桥向2.0m；塔顶顺桥向4.0m，横桥向2.0m。布置在中央分隔带上，塔上部设有鞍座，以便拉索穿过。每根斜拉索对应1个鞍座，斜拉索横桥向呈双排布置，鞍座亦设双排。索塔基础采用群桩基础，每塔布置18根ϕ2.0m的钻孔灌注桩。根据景观要求，索塔顶部做成临海古长城造型，外表面采用明暗不同颜色涂装形成古长城形式和质感。该桥于2007年7月开工建设，合同工期36个月。灵江大桥的下方宽度为1 331m，下游为一造船厂。每天有两次潮涨潮落的江面，江的深度在高潮位7.37m、低潮位2.94 m，施工期又有遭遇台风袭击的可能，灵江大桥所处区域年降水量1 500～2 100mm，其中梅汛期4～7月的降水量达400～700mm，占全年的22%～40%；台汛期7～10月的降水量达350～1 000mm，占全年的20%～50%。终年无霜期240天。7、8、9月份为台风季节。深秋及冬季有时有雾。区内年平均风速2.5m/s，最大风速25m/s，夏季盛行东南风，冬季盛行西北风。该桥的建设对促进周边地区的经济发展、完善浙江省干线公路网的建设具有重要的意义。

2. 桥梁基础施工方案简介

1)双壁钢围堰结合水上混凝土拌和船施工方案

灵江大桥钢围堰采用分离式双壁自浮钢围堰。根据设计，灵江大桥的主墩承台为八角形。深水基础施工中，围堰通常既是围水结构，又是承台施工的模板结构。据此，确定钢围堰平面与承台平面相同，最大平面尺寸为24.70m×21.10m，较承台大20cm，内外双壁间净距1m。

钢围堰材质：Q235钢，σ_T＝240MPa，水平桁架[σ]＝180MPa，壁板[σ]＝0.9σ_T＝216MPa。

钢围堰结构：外壁板厚6mm；内壁板厚6mm。圆形水平桁架采用∟125×125×12和∟70×70×6(斜杆)角钢；竖向桁架采用∟70×70×6角钢。竖肋为∟100×63×8角钢；水平肋为∟63×63×8角钢。

围堰的高度依据水深，并考虑0.5m的超高和入土深度不小于0.5m确定。双壁钢围堰结合水上混凝土拌和船施工方案，将围堰各部分分块在工厂中加工，然后进行吊装拼装和焊接，最后进行配重对称下沉至下一层钢围堰所需高度，再进行下一层钢围堰施工直至完成所有的组拼，如图2所示。

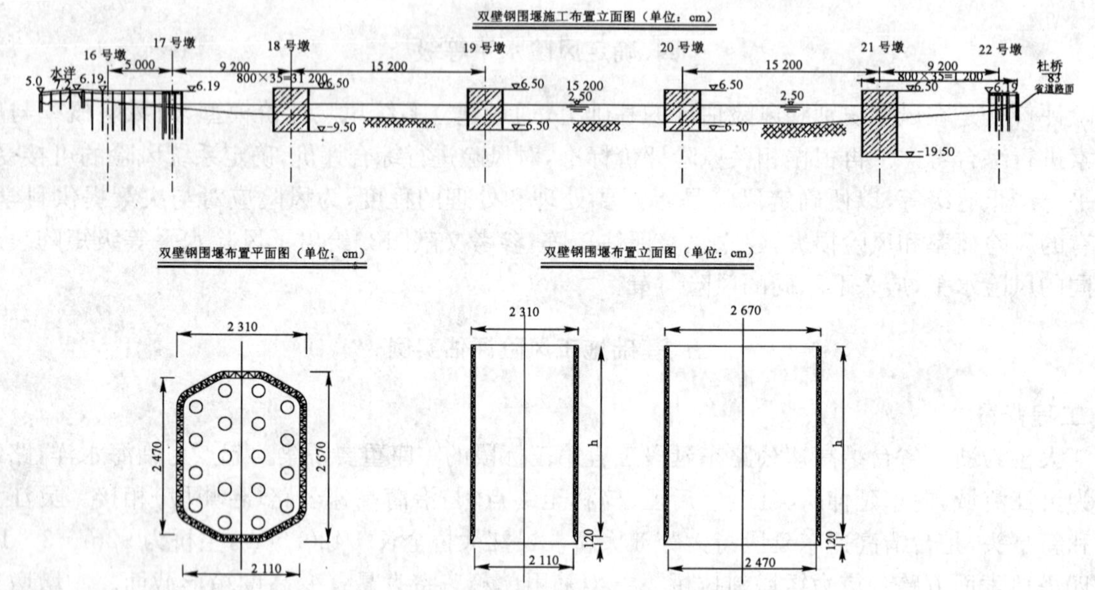

图2 采用双壁钢围堰施工桥梁基础施工方案

2)栈桥施工方案

搭设栈桥施工方案：在桥梁施工期间，仅留出船舶的通航孔，其余搭设栈桥，混凝土的运输及钻孔机械可在栈桥上移动行走，台风季节可将有关机械固定或撤离。施工栈桥由主栈桥、施工平台两部分组成。栈桥桥面标高6.0m，栈桥各部分标高一致。小桩号岸侧防浪堤标高为6.5m，此处栈桥作成斜坡越过。栈桥及平台均采用钢结构拼装焊接，栈桥下部采用ϕ60cm(壁厚10mm)钢管桩，钢管桩穿过淤泥层，活载安挂100和履带50，同时钢管桩打设过程中根据设计，按照双排及单排桩墩，其中双排每墩桩距纵向1.5m，横向2.5m设计(桩底承载力按30t验算)。桩身之间用型钢斜撑连接，桩顶纵向设H70纵梁，纵梁上置跨度9mH60型钢连接作横梁，再在横梁上铺设25cm间距I18型钢作横梁，最后在上面铺设10mm厚钢板作桥面。施工平台与主栈桥连成整体共同受力。

灵江大桥的通航船舶上限为1 000t级海轮，需要的最小通航净空高度为22.5m，最小通航净空宽度为双向209m，单向118m，而栈桥的桥面标高仅为6.0m，19号墩～20号墩和20号墩～21号墩的宽度均为152m，因此可以在3个墩中间设置两个单向通航孔，而出于施工的考虑，仅可将20号墩～21号墩预留一孔(净宽尺寸117.5m)作为通航孔，栈桥与陆地临时道路接通，如图3所示。

3. 各基础施工方案风险水平等级的评定及比较

限于篇幅，在这里不具体展开应用上文中介绍的数学模型(AHP－FCE法)的计算步骤，这里仅给出应用模型的计算结果。灵江大桥基础水上施工方案即双壁钢围堰结合水上混凝土拌和船方案，施工风险概率的综合评判为0.661，风险概率等级属于高级水平，相应地计算得到施工风险损失为0.659 8，风险损失等级也属于高级水平。综合风险概率及风险损失等级，可知灵江大桥双壁钢围堰结合混凝土拌合船施工方案的风险属于高级风险，建议放弃该施工方案。

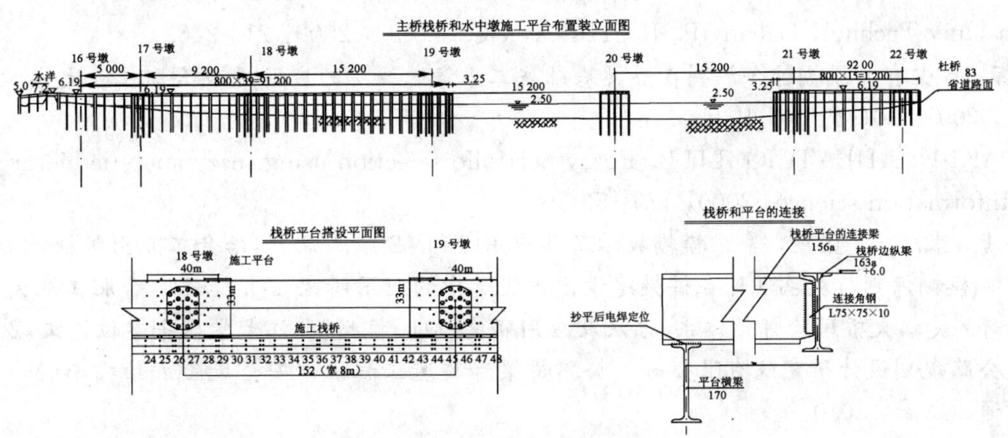

图 3　采用栈桥施工桥梁基础方案(尺寸单位:cm)

而对灵江大桥基础的搭设栈桥施工基础方案,施工风险概率的综合评判为 0.565 3,风险概率等级属于中级水平,相应地计算得到施工风险损失为 0.594 4,风险损失等级属于中级水平。根据风险评估矩阵,属于中级风险,其风险应有条件地接受,削减风险的预防措施应规划在最近实施。从风险控制的角度来说,灵江大桥基础应优先选择搭设栈桥的施工方案。

六、结　　语

本文在充分考虑台风、潮汐河道等因素的影响下,系统地对灵江大桥 92m+3×152m+92m 的四塔单索面五跨预应力矮塔斜拉桥的桥梁基础施工风险进行了分析,建立了该桥基础施工的风险指标体系,在此基础上结合层次分析法和模糊综合评价法的优点,建立了桥梁基础施工风险评估 AHP-FCE 数学模型和算法,提出了利用 Zadeh 模糊算子进行桥梁的风险概率评价和风险损失评价的方法,最终得到桥梁基础施工风险水平等级,并将该方法应用于有潮汐河道的灵江大桥桥梁基础施工过程的风险分析和评价,对桥梁基础施工中可能存在的风险进行了很好的识别,并提出了有效的防范措施。大桥基础施工非常顺利,目前大桥已顺利合龙。

参考文献

[1] 邵等玲．工程项目设计风险控制[J]．铁路工程造价管理，2009，5：25-28.

[2] 张谢东，郭俊峰，余建宜，等．山区高墩大跨度桥梁施工过程中的风险识别[J]．桥梁建设，2008，6：80-83.

[3] CHOI H H，MAHADEVAN S. Construction project risk assessment using existing database and project-specific information[J]．Journal of construction engineering and management，2008：894-903.

[4] SUN Yu，FANG Dong-ping，WANG Shou-qing，et al. Safety risk identification and assessment for Beijing Olympic venues construction[J]．Journal of management in engineering，2008：40-47

[5] WANG Zeng-zhong，WANG Jun-jie，FAN Li-chu，ct al. Risk analysis and management of ship collisions with bridges[J]．Transportation and development innovative best practices，2008：332-337.

[6] WHITED G C，GATTI W J. Owner procured preliminary shop drawings[J]．Practice periodical on structural design and construction，2007：16-21.

[7] SUN Guo-fu，LI Shu-cai，ZHOU Xue-jun，et al. Stability-based risk analysis for the construction phases of long-span CFST arch bridge[C]．Proceedings of 2009 International Symposium on Risk Control and Management of Design，Construction and Operation in Underground Engineering，

Dalian Univ Technol, Dalian, P. R CHINA, OCT 20-22, 2009: 213-216.

[8] 张培辉，叶少有．模糊综合评判在桥梁基础施工方案选择中的应用[J]. 合肥工业大学学报(自然科学版)，2007，30(1)：101-103.

[9] TIRYAKI F, AHLATCIOGLU B. Fuzzy portfolio selection using fuzzy analytic hierarchy process [J]. Information science, 2009, 179: 53-59.

[10] 李安贵，张志宏，孟艳，等．模糊数学及其应用[M]. 2版．北京:冶金工业出版社，2005.

[11] 海涛．模糊评判与灰色理论在桥梁建设方案优选中的应用研究[D]. 合肥：合肥工业大学，2006.

[12] 张婷婷. 灵江大桥风险评估体系、方法及应用研究[D]. 杭州:浙江大学硕士学位论文,2010.

[13] 中交公路规划设计研究院有限公司．公路桥梁和隧道工程设计安全风险评估指南(M). 北京：人民交通出版社，2010.

[14] LUNA R, HOFFMAN D, LAWRENCE W T. Estimation of earthquake loss due to bridge damage in the St. Louis Metropolitan area. I: Direct Losses [J]. Natural Hazards Review, 2008, 9 (1): 1-11.

[15] MOLENAAR K R, BOGUS S M, PRIESTLEY J M. Design/Build for water/wastewater facilities: state of the industry survey and three case studies [J]. Journal of Management in Engineering, 2004, 20(1): 16-24.

[16] 朱刚．矮塔斜拉桥方案设计及分析研究[D]. 杭州:浙江大学硕士学位研究生论文，2008.

101. 桥梁工程高强混凝土强度无损检测技术的试验研究

国天逵[1]　张荣成[2]

(1. 交通运输部公路科学研究院;2. 中国建筑科学研究院)

摘　要　本文详细地介绍了回弹法、超声回弹综合法检测高强混凝土强度的技术开发过程,给出了回弹法和超声回弹综合法检测桥梁工程中高强混凝土强度的测强曲线,解决了现有的2.207J回弹仪不适用于C50及其以上强度等级混凝土强度检测的问题。

关键词　桥梁工程　高强混凝土 回弹法 超声回弹综合法 强度检测 试验研究

一、引　　言

以常规水泥、砂石为原材料并采用常规工艺配制生产的现代高强混凝土,是从20世纪70年代初开始在混凝土组分中引入高效减水剂之后发展起来的,以后又进一步引入细粉矿物掺和料如硅粉、超细矿渣、优质粉煤灰等使其性能更趋完善,解决了以往的高强混凝土因拌料十分干硬而难以施工的困难,在混凝土的工作度、强度与抗渗性等方面具有综合的优良性能,能够有效降低桥梁结构自重并提高结构刚度,也能够适应恶劣环境。

目前,国际上,对桥梁上使用的混凝土,按其强度有两种分法:一种是分为高强混凝土(C50～C100)和普通混凝土(C15～C40);另一种是分为超高强混凝土(C70～C100)、高强混凝土(C40～C60)、普通混凝土(C15～C30)。试验资料表明,抗压强度高于50MPa的混凝土在许多方面包括微观结构和混凝土性能方面均与普通混凝土有差异,因此在本试验研究中采用了第一种分法,这也是我国工程界习惯的分法,即高强混凝土指C50～C100的混凝土。

大跨桥梁的自重往往占总荷载中的大部分，例如50m跨径的预应力普通混凝土梁式桥，自重占总荷载的60%，所以桥梁结构采用高强度混凝土后可以通过减少自重和降低截面高度，获得许多益处，因此高强混凝土在大中型桥梁和城市立交桥中有广泛的应用前景。

国际上，日本、美国、德国、加拿大等许多国家先后用强度超过60MPa的混凝土建成了一批铁路桥和公路桥。如日本1970年建成的Kaminoshima公路桥，最大跨度86m，混凝土强度相当于C70；1974建成的Fukaimitsu公路桥，跨度40.4m，混凝土强度相当于C80；1994的CNT超级公路桥，跨度26m，混凝土强度相当于C100。美国1984年在从西弗吉尼亚到俄亥俄的East Hungtington公路桥，主跨274m，混凝土强度相当于C65；而后在华盛顿州跨越Toutle河的一座公路桥，主跨为49m，混凝土强度相当于C70，使桥梁结构的高跨比达到了1∶30。

值得关注的是美国从1987年实施的战略公路研究项目（简称SHRP），致力于研究和推动应用高性能混凝土（HPC）建造公路桥梁，预期将钢筋混凝土桥梁寿命从目前的40～45年提高到75～100年。其大量的研究与实践表明，高耐久性混凝土同时具有较高的强度，在设计中如果充分利用其强度，则可以减小结构构件的截面、增大桥梁跨度和减少桥梁下部结构，因此使用高性能混凝土建造桥梁的费用就不会增加甚至可能降低，而桥梁的寿命将大大延长，桥梁需要的养护维修费用也会大幅度减少。比如，德克萨斯州的Louetta公路南北线的两座跨线桥，预制预应力U形大梁是使用抗压强度90MPa的高强/高性能混凝土，大梁跨度长达41m，南线桥的造价为248美元/m^2，北线桥造价为269美元/m^2。当地同时期建造的12座同类型普通混凝土桥梁，造价在226～290美元/m^2范围。可见，HSC/HPC公路桥梁的建设成本并没有增加，而桥梁寿命则可以成倍提高。

国内，1980年湘桂线的红水河铁路桥采用了C50混凝土，1986年衡广复线花县的江村南桥40m跨T形简支梁采用了C80混凝土，此后修建的四川省万县长江大桥、武汉长江二桥斜拉桥主梁、广东中山大桥主桥V形连续刚构采用了C60混凝土。

综上所述，开展C60及以上混凝土在公路桥梁上的应用研究，对于缩短我国与世界同行的差距、提高桥梁的使用寿命、降低养护和维修成本是非常必要的。

自从混凝土大量应用以来，为了进行施工质量控制，人们开发出许多种无损检测技术，目前我国无损检测混凝土强度方面的标准有：《回弹法检测混凝土抗压强度技术规程》（JGJ/T 23—2001）、《超声回弹综合法检测混凝土强度技术规程》（CECS 02—2005）等。但是，当前施工现场确认结构混凝土强度质量的无损检测技术只能适用于50MPa以下强度的混凝土，而对于50MPa及其以上强度混凝土的强度检测方面则无能为力，或检测误差过大。因此，我们针对高强混凝土，在北京和山西进行了回弹法及超声回弹综合法检测强度的试验研究。

二、试验概况

1. 试验装置

在超声波试验中，采用了非金属超声探测仪，对高强混凝土进行了超声波测试。在回弹试验之初曾采用标准回弹仪（2.207J）进行了回弹试验，结果发现回弹值与混凝土强度之间离散性很大。针对这种情况我们采用标称动能为4.5J的回弹仪—GHT450型回弹仪进行了高强混凝土测试强度试验。回弹仪器的构造如图1所示。

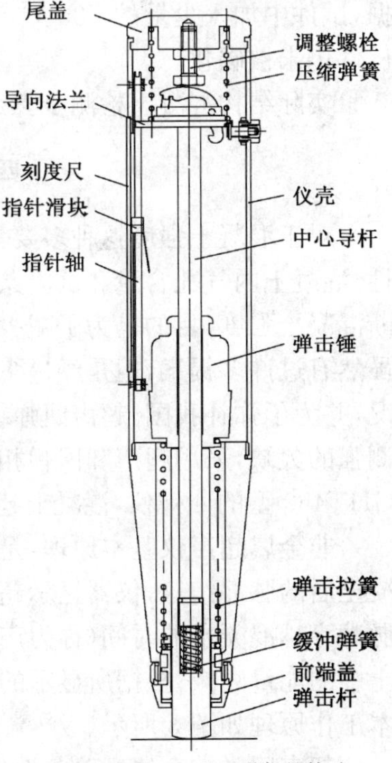

图1 GHT450型回弹仪的构造

2. 试件

试件混凝土强度等级为C50、C60、C70、C80。试件尺寸为边长150mm的立方体。为模拟现场施工情况采用自然养护。

三、回弹法的基本原理及试验结果分析

回弹仪是用一弹簧驱动的重锤，通过弹击杆弹击混凝土表面，测出重锤被反弹回来的距离，并以回弹值作为与强度相关的指标，来推定混凝土强度的一种方法。这种方法之所以应用了几十年而未被其他方法取代，其主要原因是：仪器构造简单、方法易于掌握、检测效率高、成本低、影响因素较少。

回弹法测定混凝土强度的基本依据是回弹值与混凝土抗压强度之间的相关性。其相关关系一般以经验公式或基准曲线的形式来确定。

本次试验步骤如下：

在试件成型侧面各回弹16次→记录每一次回弹值→回弹试验结束后立即进行试件抗压试验并记录抗压试验结果→测量碳化深度。数据处理时，考虑到回弹测点刚好处于石子或气孔上的情况，将最大和最小的三个值剔除后，把余下的10个数据进行平均，作为该试件的回弹代表值。通过对666组（每1组为1个试件，每1组数据包括16个回弹值、1个抗压试验强度值、1个碳化深度值）共11 988个数据处理，进行回归分析后得到如下曲线公式。

$$f_{cu}^{c} = 4.5 + 0.026R + 0.0155R^2$$

式中：f_{cu}^{c}——测区混凝土强度换算值，MPa，精确至0.1MPa；

R——测区平均回弹值，精确至0.1。

曲线公式的相关系数 $r=0.91$，相对标准差 $e_r=14\%$。测试数据分布情况与测强曲线如图2所示，图中纵坐标为试件抗压强度 f_{cu}，单位为MPa，横坐标为试件回弹代表值 R。试验时试件强度在5.8～96.4MPa之间。

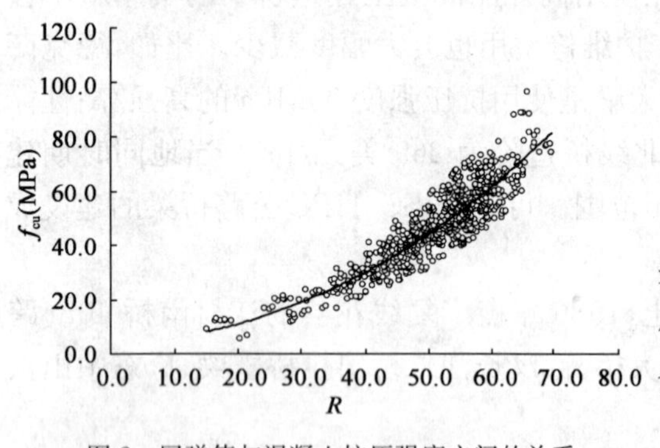

图2　回弹值与混凝土抗压强度之间的关系

试验中发现，高强混凝土在成型后，强度增长速度很快。在夏季（25℃～30℃）自然养护条件下，24h后强度最高可达30.0MPa，10d左右即可达到强度设计值。为了了解在较大强度变化范围内的回弹值与强度之间的关系，在试件成型24h后即开始（即脱模时）进行试验，考虑到尽量在试验中收集到较大强度范围的试验数据，试件中加入少量的C30、C40强度等级试块。试验中也发现高强混凝土抗碳化能力很强，保留1年的试件仍未被碳化。

实际结构混凝土检测步骤、数据处理办法及混凝土强度推定等，可按传统的回弹法进行。

四、超声回弹综合法基本原理和试验结果分析

对于混凝土强度这种多要素的综合指标来说，它与许多因素有关，比如材料本身的弹塑性、非均质性、混凝土内气孔含量和试验条件等等。所以人们从很早以前就采用多种检测手段结合的办法来综合判断混凝土强度，目的是为了减少单一指标判断混凝土强度的局限性。国内外对于综合法检测混凝土强度虽然有过许多提案，但是经过多年工程实践证明，当数超声－回弹综合法的应用最为成功。根据这种情况，并为了弥补我国《超声回弹综合法检测混凝土强度技术规程》(CECS02—2005)不适用于高强混凝土测强的欠缺，采用超声和回弹相结合的办法，对高强混凝土测强进行了试验研究。试验中回弹测试采用GHT450型的回弹仪，混凝土超声测试则采用了非金属超声仪。

非金属超声仪基本原理，是向待测的结构混凝土发射超声脉冲，使其穿过混凝土。然后接收穿过混凝土后的脉冲信号，仪器显示超声脉冲穿过混凝土所需的时间和接收信号的波形、波幅等等。根据超声脉冲穿越混凝土的时间（称为声时）和距离（称为声程），即可计算声速；根据波幅可求得超声脉冲在混凝土中的能量衰减；根据所显示的波形，经适当处理后可得到接收信号的频谱等信息[1]。非金属超声仪基本工作原理如图3所示。

超声回弹综合法试验条件如下：

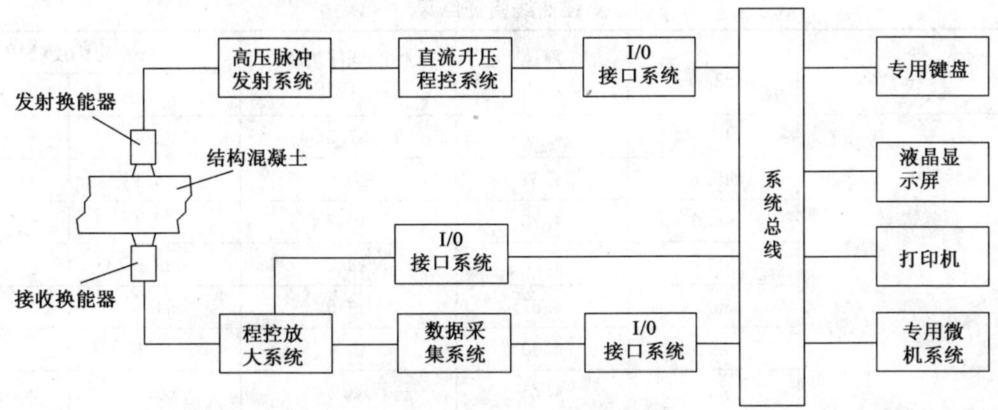

图 3 非金属超声仪工作原理简图

试件为边长 150mm 的立方体，强度等级为 C30、C40、C50、C60、C70、C80，采用自然养护。考虑到高强混凝土强度增长迅速的特点，在浇筑混凝土 24h 后开始进行试验。试块声时测量，取试块浇筑方向的侧面为测试面，并用钙基脂作耦合剂。声时测量时采用对测法，在一个相对测试面上测 3 点(测点布置见图 4)，发射和接收探头轴线在一直线上，试块声时值 t_m 为 3 点的平均值，保留小数点后一位数字。试块边长测量精确至 1mm。

试块的声速值按下式计算：

$$v = l/t_m$$

式中：v——试块声速值，km/s，精确至 0.01km/s；

l——超声测距，mm；

t_m——3 点声时平均值，μs。

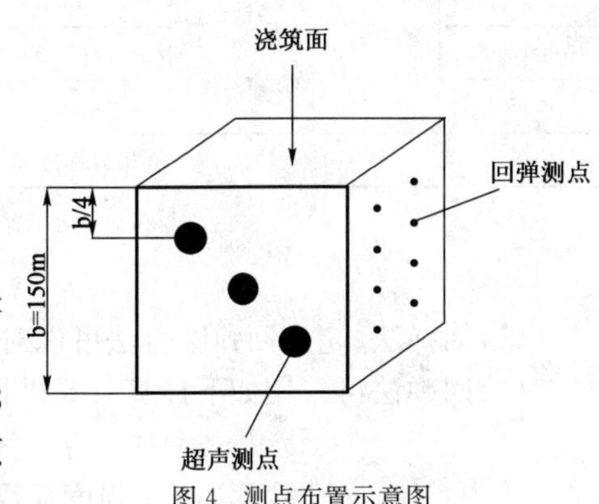

图 4 测点布置示意图

回弹值测量选用不同于声时测量的另一相对侧面。将试块油污擦净放置在压力机上下承压板之间加压至 80kN，在此压力下，在试块相对测试面上各测 8 点回弹值。在数据处理时，剔除 3 个最大值和 3 个最小值，将余下的 10 个回弹值的平均值作为该试块的回弹代表值 R，计算精度至 0.1。

回弹值测试完毕后卸荷，将回弹面放置在压力承压板间连续均匀加荷至破坏。抗压强度值 f_{cu} 精确至 0.1MPa。经过对所取得的 13 500 个数据整理回归分析后得到如下测强公式。

$$f_{cu}^{c} = 0.045v^{0.68}R^{1.5}$$

式中：f_{cu}^{c}——测区混凝土强度换算值，MPa，精确至 0.1MPa；

R——测区平均回弹值，精确至 0.1；

v——测区修正后的声速值，km/s，精确至 0.01km/s。

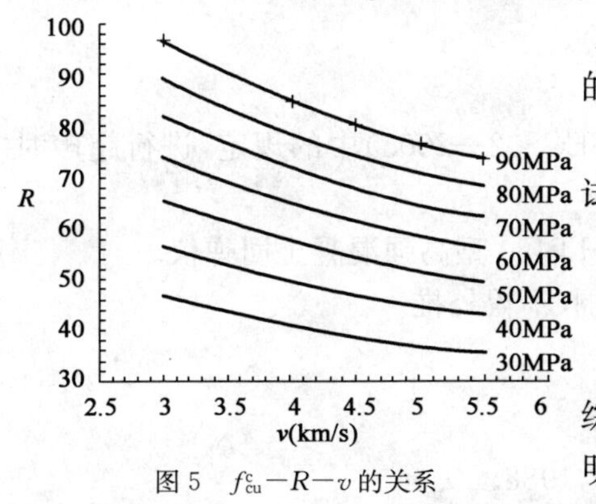

图 5 $f_{cu}^{c}-R-v$ 的关系

作为实际应用的计算公式，不同强度等级的混凝土 f_{cu}^{c}－R－v 的关系如图 5 所示。

曲线公式的相关系数 r= 0.93，相对标准差 e_r＝14％。试验时试件强度在 5.8～96.4MPa 之间。

五、计算公式精度验证

在结束上述试验研究后，又委托施工单位对回弹法、超声回弹综合法计算公式作了施工现场验证工作(表 1)。验证测试结果表明，综合法的相对标准差为 12.1％，回弹法相对标准差为 12.4％，回弹法、超声回弹综合法的相对标准差均满足《超声回弹综合法检测混凝土强度技术规程》(CECS 02—2005)对测强曲线的使用精度要求。

测强曲线验证结果 表1

序号	工程名称	回弹值	声速(km/s)	标准试件抗压强度(MPa)	推定强度(MPa)	
					回弹法	综合法
1	混凝土生产单位实际工程预留标准试件	46.6	4.76	37.5	39.4	41.4
2		45.7	4.61	40.0	38.1	39.3
3		46.6	4.75	40.7	39.4	41.3
4		46.1	4.75	42.2	38.6	40.6
5		55.7	4.57	53.5	54.0	52.6
6		52.5	4.93	46.4	48.6	50.7
7		62.1	4.75	63.6	65.9	63.5
8		58.3	4.65	60.1	58.7	57.0
9		60.8	4.74	63.7	63.4	61.5
10		63.7	5.05	68.4	69.1	68.8
11		64.9	5.34	72.1	71.5	73.5
12		65.0	5.39	72.0	71.7	74.1
13		63.0	4.98	68.4	67.7	67.0
14		61.2	4.68	63.7	64.1	61.5
15		60.1	4.78	64.8	62.0	60.7
相对标准差 e_r(%)					12.4	12.1

六、结　　语

(1)回弹法、超声回弹综合法可以对高强混凝土进行检测。检测精度满足现场质量控制要求。

(2)回弹法可采用如下计算公式进行混凝土强度换算：

$$f_{cu}^{c} = 4.5 + 0.026R + 0.0155R^2$$

式中：f_{cu}^{c}——测区混凝土强度换算值，MPa，精确至0.1MPa；

R——测区平均回弹值，精确至0.1。

实际工程检测时可按传统回弹法进行回弹值测量、强度计算和结构强度推定。

(3)可不考虑高强混凝土碳化对回弹值的影响。

(4)超声回弹综合法可采用如下计算公式进行混凝土强度换算：

$$f_{cu}^{c} = 0.045v^{0.68}R^{1.5}$$

式中：f_{cu}^{c}——测区混凝土强度换算值，MPa，精确至0.1MPa；

R——测区平均回弹值，精确至0.1；

v——测区修正后的声速值，km/s，精确至0.01km/s。

检测时可参照《超声回弹综合法检测混凝土强度技术规程》(CECS02—2005)中的规定，进行超声时值测量、回弹值测量和结构强度推定。

(5)采用上述测强公式进行回弹检测时，应采用本文所述的GHT450型高强混凝土回弹仪。

(6)测强曲线的应用，应控制在建立测强曲线时的试件强度范围，不得外推。

(7)应扩大试验区域，使该技术在更广泛的地区得到应用。

参考文献

[1] 吴慧敏. 结构混凝土现场检测技术[M]. 长沙：湖南大学出版社，1988.

[2] 新编混凝土无损检测技术. 北京：中国环境出版社，2001.

[3] 中华人民共和国行业标准. JTG D62—2004 公路钢筋混凝土及预应力混凝土桥涵设计规范.

102.《公路工程质量检验评定标准》中桥涵工程部分的演变与发展

楼庄鸿 王国亮
（交通运输部公路科学研究院）

摘 要 本文回顾了《公路工程质量检验评定标准》的演变与发展，重点叙述了1994年、1998年及2004年各个版本解决的桥涵工程部分主要问题和内容的变化，也不可避免地涉及总则的有关部分，展望了其前景，并对当前修订情况作一简介。

关键词 工程质量 标准 检验 评定 混凝土强度 分项工程 合格率 交工验收 竣工验收

一、《公路工程质量检验评定标准》的各个版本演变概要

《公路工程质量检验评定标准》（以下简称“标准”）为行业推荐标准，1985年由交通部第一公路工程局编制了该标准的第一版，作为控制施工质量的依据开始实施。此后，由交通部决定改由交通部公路科学研究所负责修订该标准，已经颁布实施的有1994年版、1998年版、2004年版，目前正在对2004年版进行修订。

从25年实施效果来看，一方面，标准对于加强工程技术管理和质量监控起到了重要作用，推动了公路工程建设质量的稳步提高。另一方面，工程实践又促进了标准的不断完善和发展，其修订时间间隔明显小于同行业的其他标准。

二、标准各版本中桥涵工程部分的演变与发展

1. 分项工程个数的大量增加

随着我国桥梁工程技术的发展，尤其是公路大发展时期桥梁技术突飞猛进，新材料、新技术、新工艺不断出现，以及工程划分愈来愈细、过程质量控制的纳入，使分项工程个数大量增长。

1994年版本中，桥梁一章分为29节，共有53个分项工程；涵洞一章分为6节，共有5个分项工程。1998年版本中，桥梁一章分为38节，共有67个分项工程；涵洞一章与1994年版相同。2004年版本中，桥梁一章共有100个分项工程，由于分项工程过多，分节方法上不同于以前几版，其按结构各个部位及各桥型等来分节，共有12节。涵洞一章则由于将每座涵洞作为子分部工程来评定（此前各版按分项工程评定），内容大为增加，分为13节，共有12个分项工程。

可以预期，将来版本中分项工程还会有所增加。

2. 标准各版本中的主要演变

1）1994年版本

最主要的是解决混凝土强度评定的问题。由于当时执行的《公路桥涵施工技术规范》（JTG 041—89）中关于混凝土的评定，与国标《混凝土强度检验评定标准》（GBJ 107—87）不一致，前者试件尺寸用边长20cm的立方体，强度保证率用85％，而且在评定方法中用数理统计法（10组试件及以上）及非数理统计法（10组试件以下）有不衔接的突变现象[5]；而后者试件尺寸用边长15cm的立方体，强度保证率用95％。标准1994年版本跨出了与国标接轨的第一步。

除此以外，1994年版本中增加了混凝土斜拉桥、桁架拱、钢管混凝土拱、顶推法施工、转体施工、刚性骨架法施工拱等内容。

1994年版标准的主要缺点是没有做好向适用于大跨径桥梁的准备，其中一些允许轴向偏位与高程偏差的规定，只能适用于中小跨径桥梁，而无法用于大跨径桥梁。

2)1998年版本

最主要的是将标准向适用于大跨径桥梁的方向转变，具体体现在对大跨径梁桥、拱桥、斜拉桥的允许轴向偏位和高程偏差均与跨径相关联的规定，即跨径大时允许偏差大，以符合实际情况，加强其可操作性。

与此同时，根据已修建悬索桥的实践经验，增加了有关悬索桥的内容。

3)2004年版本

这是一次较大规模的修订，主要内容有：

(1)用合格率来进行评定。过去几个版本中，对分项工程中的实测项目，按其重要程度赋予规定分，将各实测项目的合格率，分别乘以规定分，然后计算其总和，即是该分项工程的得分。这次修订时，根据《公路工程竣工验收办法》的要求，改用合格率来进行评定。与此相应的是将分项工程中的实测项目划分为关键项目和一般项目，关键项目是重要的实测项目，必须满足一定的合格率要求，如果不满足时，该分项工程为不合格。此外，还在一些项目中规定了极值，当任一测点不满足极值要求时，该分项工程即为不合格。用这样的方式来加强对分项工程的质量监督与管理。

(2)标准继续向适用于大跨径的方向发展。在单位、分部及分项工程的划分中，增加了“特大斜拉桥和悬索桥的主体建设项目的工程划分”。增加了钢梁斜拉桥和组合梁斜拉桥的有关内容。

(3)增加了钢桥各构件的制作评定标准，以适用监理到厂的需要，与此同时，提高了对工厂加工制造的桥梁金属构件的合格率要求，而以前版本对工厂加工制造的不进行评定。

(4)对一些特大桥梁的构件，增加了对其分阶段施工时的质量控制要求。而过去只对最终成品进行评定。

(5)将每一涵洞作为一个子分部工程进行评定，其下包含若干个分项工程。以克服过去将每一涵洞作为分项工程时不可避免地发生实测项目缺漏的现象。

(6)在附属工程中，增加了防水层、支座、桥头搭板等内容。

3. 适用范围

1)适用的公路等级

1998年及其以前的版本，适用于三级及以上公路的新建和改建工程，四级公路可参照使用。2004年版本则适用于四级及以上公路的新建和改建工程。

2)是否适用于竣工验收

1998年及以前的版本适用于竣工验收。总则明确规定：“本标准适用于公路工程质量监督部门对工程质量的检查鉴定、监理工程师对工程质量的抽查认定、施工单位自检和分项工程的交接验收，是公路工程交工验收和竣工验收的质量评定依据”[2][3]。

2004年的版本则比较笼统，总则中说：“本标准适用于公路工程施工单位、工程监理单位、建设单位、质量检测机构和质量监督部门对公路工程质量的管理、监控和检验评定”[1]。这是由于《公路工程竣工验收办法》中明确地规定标准仅适用于交工验收及以前的评定，竣工验收则按验收办法进行，强调了竣工验收时另行抽查，并为此取消了分项工程，而以检查批来代替。但同时也规定，凡是竣工验收办法中没有质量标准的项目，可以参照标准执行。

实际执行的情况是：对中小桥梁项目可以严格按竣工验收办法执行，但对于大型、特大型桥梁就有困难，因为《公路工程竣工验收办法》尚缺乏对应的内容。现实可选择的解决途径是为这些桥制订专用的质量检验评定标准，在经过有关交通主管部门批准后，规定专用的质量检验评定标准不仅适用于交工验收，而且仍适用于竣工验收。例如苏通长江大桥、正在施工的泰州长江大桥等皆如此。

三、标准的修订及桥涵工程部分前景

1. 标准的修订

经过2004年版的较大规模的修订，标准改用合格率来进行评定的大框架已建立，经过实践，已证明基本合理。所谓合理，是指将分项工程中的实测项目划分为关键项目及一般项目，并在一些实测项目中规定极值，用这样的办法来控制质量是可行的、有效的；所谓基本，是指在现规定交工验收的质量得分，仅占竣工验收质量分20%的情况，在将来条件成熟时，可以取消分项工程中实测项目的权值，以及取消分部工程中分项工程的权值，既不影响对质量的控制与管理，又可方便评定。这样的做法已在某特大桥的专用质量检验评定标准中实施。

因此，目前正在进行的修订主要是对标准中桥梁部分的内容予以补充，例如钢管桩及其防护、灌注桩桩底压浆、混凝土表面防护、自锚式悬索桥、隧道锚、斜拉桥和悬索桥形成后对塔变位的要求等。

2. 标准中桥梁工程部分的前景

由于专业差别、检测方法和项目不同，在公路建设市场日益开放和与国际化接轨的大背景下，标准可能出现以下情况：

1)形成单独的《公路桥涵工程质量检验评定标准》

由于桥梁内容的不断增多，有可能形成单独的《公路桥涵工程质量检验评定标准》。铁路工程就是这样处理的，有单独的《铁路桥涵工程质量检验评定标准》(TB 10415—1998)[4]。

2)标准与验收办法合并

在竣工验收不评优的前提下，标准与验收办法合并。建筑工程就是这样处理的，《建筑工程施工质量验收统一标准》(GB 50300—2001)将有关建筑工程的施工及验收规范和建筑工程质量检验评定标准合并，组成了新的工程质量验收规范体系[4]。

参考文献

[1] 中华人民共和国行业标准 JTG F80/1—2004 公路工程质量检验评定标准[S]. 北京：人民交通出版社，2004.

[2] 中华人民共和国行业标准 JTJ 071—98 公路工程质量检验评定标准[S]. 北京：人民交通出版社，1998.

[3] 中华人民共和国行业标准 JTJ 071—94 公路工程质量检验评定标准[S]. 北京：人民交通出版社，1994.

[4] 楼庄鸿，王国亮. 工程质量检验评定方法简要综述——《楼庄鸿桥梁论文集》[M]. 北京：人民交通出版社，2004.

[5] 楼庄鸿.《公路桥涵施工技术规范》中混凝土强度的修订意见——《楼庄鸿桥梁论文集》[M]. 北京：人民交通出版社，2004.

103. 松原大桥建设管理

马大明
(松原市松原大桥建设指挥部)

摘　要　松花江松原大桥为城市桥梁，主桥采用独塔双索面预应力混凝土斜拉桥，引桥采用预应力混凝土连续箱梁桥。该桥地处严寒地区，结构耐久性、使用寿命要求较高，桥所在场地烈度高，抗震设计十分重要，本文结合桥位建设条件，介绍了大桥施工管理的经验。

关键词　松原大桥　施工　管理

一、工 程 概 况

松原大桥是松原市跨越松花江的一座特大型城市桥梁，桥梁长度2 546.5m，两岸接线长度1 629.947m，项目总长约4 176.447m。

大桥桥位处河道宽约2 700m，主河道南汊（南航道）、北汊（北航道）、中汊（中航道）均应考虑通航，规划通航等级为Ⅳ级，通航净空标准：单向通航50×8m。

松原大桥主桥采用南、北航道各设一座（2×120）m跨径独塔双索面预应力混凝土斜拉桥，中航道采用55m+90m+55m跨径预应力变截面连续箱梁。引桥为35、40m跨径等截面预应力混凝土连续箱梁，薄壁花瓶墩。

本工程工期为3年（有效工期仅28个月）。

1. 设计标准

本工程主要设计标准：

· 道路等级：城市主干道Ⅱ级。

· 设计车速：40km/h。

· 道路、桥梁标准宽度：双向六车道，全宽27.5m。

· 桥梁设计荷载：城—A级。

· 基本地震加速度：0.2g。

· 设计洪水频率：$H=1/300$。

· 设计通航标准：Ⅳ级，桥下净空为（50×8）m。

2. 桥梁结构

1）主桥结构构造

南、北航道主桥斜拉桥桥孔布置为：（2×120）m，主梁为预应力混凝土肋板式梁，桥塔为钢筋混凝土双柱式塔。结构体系采用塔、梁、墩固结体系，主桥结构由基础、桥塔、横梁、主梁、斜拉索、桥面系结构等组成。

主梁采用预应力钢筋混凝土肋板式梁，梁宽（含锚索区宽度）31.3m，主梁梁高2.2m，桥塔外形为直立式双柱塔，桥塔由下塔柱、上塔柱、锚索区、塔冠等部分组成。为增加索塔的景观效果，在塔柱外侧设有宽1.20m、深20cm的装饰槽。桥塔与横梁固结处设观景平台。

主桥基础由承台与32根直径200cm钻孔灌注桩组成。钻孔灌注桩长70m，考虑冲刷、抗震、施工工艺要求，设置15m长钢护筒。

本桥斜拉索采用平行钢丝成品索，塔上张拉，斜拉索根据索力不同分为4种。拉索采用双层热挤PE护套防护，表层颜色设计推荐采用银灰色。

考虑本桥桥位地震加速度为0.2g，主、引桥均设计了钢阻尼器等减震装置。

2）引桥结构构造

引桥包括中航道桥55m+90m+55m跨径、跨大堤38m+65m+38m跨径的变截面连续箱梁和35～40m跨径等截面连续箱梁结构。桥梁横向布置为双幅桥，上部箱梁采用逐孔满堂支架现浇施工方法。

主引桥水中施工的桥墩，承台施工采用混凝土围堰法施工。

二、本工程主要特点、难点

1. 主、引桥结构形式多，施工方案复杂

主桥为两座独立斜拉桥，桥梁规模大，由于受城市道路规划、航道、堤防工程等影响以及城市景观要求，引桥跨径、结构形式多，所以本桥现浇施工工序、预应力混凝土张拉工艺等施工组织复杂。

2. 建设条件复杂

地质、水文条件和通航要求对桥梁结构形式选择、施工方法确定要求较高，桩基长度达 50～70m，地震烈度为 VIII 度，且存在液化、桥梁防震、减震设施等特殊设计、特殊施工。

3. 桥位建设环境差

桥位地处严寒地区，建设环境差，桥梁结构耐久性设计严格，冬季对结构施工及工程工期影响应给予充分考虑。

4. 工期控制受气候、斜拉桥施工工艺制约

本桥考虑工期控制必须全桥采用现浇法施工，投入设备数量多，施工风险大，工程施工安全必须充分考虑发生大洪水时紧急预案。本项目工期短，加之东北地区冬季 11 月至来年 4 月份之间无法施工，特别是斜拉桥主梁大悬臂状态下不允许跨年度施工，使本项目工期安排更加困难。

5. 基础施工工艺要求高

基础施工的困难有桩基础较长（主桥基础桩长 70 多米）；地质条件差，细沙性覆盖层较厚；桩基钻孔、浇筑施工时间间隔要求较短，对钻机性能要求较高；主桥承台体积、面积较大，施工难度大，施工工艺要求严格。

6. 业主管理经验少、需要协调的单位多

本工程是松原市 1992 年建市以来最大市政工程，业主技术组织管理经验少、专业技术管理力量薄弱。设计、施工、监理间技术协调，现场管理，材料采购，水利、航道、气象、规划、管线等公用设施、工程质量试验、验证管理等协调工作量大。

7. 桥位基础资料缺乏

当地地形图、市政控制网测量精度低，桥位控制测量资料不满足大桥设计要求，必须建立独立控制网。市政基础设施检测、试验等技术控制困难，必须靠外协单位完成。

8. 城市规划与桥梁施工干扰因素多

本工程与其他市政工程规划、施工干扰较大。水利堤防施工，城市规划，道路、管线施工等均需加强协调。工程用电、用水、通讯、土地、林地报批，工程场地临时用地协调等头绪较多。

上述工程特别是多桥型的施工组织，特殊地质条件的长桩基、大型承台施工方案，主、引桥支架施工安全，高烈度、高寒地区等特殊建设条件，对业主施工管理提出了更高的要求。

三、项目管理及造价控制措施

1. 工程指挥部

业主在工程施工阶段项目管理主要是设计、施工、监理及相关单位协调管理及工程施工全过程管理，以实现控制工程的质量、工期、造价三大目标。针对本桥特点业主成立了松原大桥工程指挥部，由主管副市长担任大桥建设总指挥，下设行政管理、工程管理、工程合同和造价管理三个部门。主要功能职责：

1）行政管理

大桥行政管理包括：大桥设计文件、专题研究文件、设计修改文件的保存、管理、归档；施工各阶段主要活动组织、相关会议记录；施工开工、合龙等重要典礼的组织管理；大桥日常大事记、工作阶段日志整理和存档。

行政管理制订了管理目标、分工、职责、质量要求，并且落实到人，达到目标明确，职责分工明了，质量符合要求。做到大桥各阶段过程记录清楚，文件管理有序，原始记录、签字真实、可靠，可追溯性强，便于大桥过程管理、控制。

2）设计、施工、监理协调管理

对设计、施工、监理管理主要由工程管理部门执行，主要职责：

①设计文件技术管理、设计文件审查、设计文件修改、变更批复及设计变更文件管理，设计交底组织，不同设计内容及设计单位间技术协调工作，以及专题研究技术管理工作。

②设计过程管理，设计文件编制所涉及的水利防洪、土地征用、林业、公用设施过桥、市政工程、城市规划、工程拆迁、航道通航标准及要求、抗震、气象、地质、水文等部门技术协调管理。

③业主对大桥功能、景观意见贯彻、执行。工作目标是确保设计过程符合国家规范、法规、规定要求。

④设计与施工主要技术问题协调的管理，本工程技术难度较大，特别是施工工艺复杂，与设计协调工作较多，如主引桥施工程序、主桥施工工艺、引桥施工工艺、预应力张拉顺序、斜拉索施工工艺等都必须与施工单位进行充分沟通，使施工单位充分了解设计意图，合理确定施工方案，确保设计目标的实现。

⑤设计文件修改与设计概算、预算文件编制、调整、控制。

⑥施工方案审查、批准是业主重要工作内容，达到设计目标的施工方法较多，但采用何种工艺方案最优、经济性最好、工程质量最可靠、工期最短是业主追求的目标。重要施工方案调整必须进行专家论证，并经上级主管部门批复。

⑦施工质量控制是业主高度重视的内容，在施工过程中不符合质量要求的工艺、工序、工种必须整改；同时加强材料招标、采购、运输、考察、现场抽检等工作，督促监理现场监督、检查、试验、检测，确保工程材料质量。

⑧施工过程中各专业工程的试验、检测控制。施工试验、检测是控制工程质量的主要手段，现场除施工单位进行质量检测外，业主单位专门组织相关单位进行检测、试验。

2. 工程造价控制管理

造价控制是业主项目管理中关键目标之一，造价控制得好坏，不仅关系到业主的经济利益，而且还关系到业主的社会声誉，因此，造价控制是业主工作的重中之重。工程造价管理是政策性极强的工作，控制好施工各专业、各阶段造价十分重要，主要做法如下。

(1)全过程造价管理。

①无论是决策阶段、设计阶段、招标阶段、施工阶段、还是竣工结算阶段，业主绝不轻易放松对造价的确定与控制。

②重视项目管理的执行，提高业主在项目管理过程中的执行力优势。重视项目造价控制的每一个环节，在兼顾全面的同时，突出例外管理。

(2)重点工程造价管理。

①技术要求高、管理难度大、经验少、不可抗力以及其他一些可能引起造价较大变动的潜在因素坚持认真分析、专家论证，使有限投资达到效益最大化。

②确定管理关键点，工程造价控制过程中关键工程造价控制十分重要，如本项目主、引桥主梁均采用现浇支架施工，支架基础处理费用较高，业主对支架施工工期及施工工艺进行了专门评审，改善了施工工艺，节约了造价。

(3)做好各阶段概预算的审核。各阶段造价审查对控制工程造价十分重要，对项目实施过程人力、设备、机具、材料、工期等控制十分必要。项目实施必须严格进行造价审查，合理规划项目投入资源，保证造价确定准确，既要保证不漏项目，又要保证突出重点，达到投入省、效果好的目的。

(4)变更与索赔控制。施工阶段不确定和例外的工作造成变更和索赔。变更和索赔是工程项目造价控制最为复杂、最为艰难的工作。本项目处理变更与索赔问题采取了实事求是的态度、合情合理的解决方针，以事实为依据、满足规范要求的变更一定给予支付，无法防止的外因致使施工方受到损失时，要求业主方给予赔偿或补偿的项目，一般组织专家进行论证分析，对其合理性进行评价、分析，提出意见和建议，再由业主批准是否赔偿，目的必须保证工程顺利实施。

3. 专题研究管理

桥位建设条件专题研究是新的建桥理念不断提升的表现，作为业主对每项专题的研究目的、方法、结论必须了如指掌，才能主动把握大桥建设脉搏，控制大桥建设质量。

①桥位控制测量就是一个十分重要问题，松原市国家控制点少、精度低，大桥对控制点要求较高，所以必须对大桥建立独立高等级控制网，确保大桥建设精度。

②松原建筑材料缺乏，材质差，而桥梁混凝土标号高、施工工艺复杂，业主专门到大专院校组织相关技术人员进行高性能混凝土配合比研究，为满足大桥质量要求提供了保证。

③松原地区地震烈度为 8 度，桥梁抗震设计必须给予高度重视，业主及时组织地震安全性评价工作，采用新的设计理念对大桥进行了抗震设计，为大桥抵抗高烈度地震危害提供技术保证。

④松原市是一个新兴城市，城市建设日新月异，大桥是新松原标志性建筑，景观设计也是大桥关键设计内容，也是业主要求达到的一个设计目标，业主专门委托专业景观设计单位对大桥进行了景观设计。

业主不失时机地积极开展的专题研究为大桥建设提供了可靠的基础资料和技术保证。

四、施工方案质量措施及现场安全管理

1. 施工技术措施

1)钻孔桩基础、承台施工

松花江河道主流散乱，变迁性突出，洪水位受丰满水电站调节明显，不定因素是嫩江水系洪水顶托作用危险，对基础施工威胁较大(表 1)。

松原大桥洪水计算成果表 表 1

洪 水 频 率	P(%)			
	0.3	5	10	20
流量(m^3/s)	12 030	7 130	4 420	3 900
水位(m)	137.00	136.20	135.00	134.62
流速(m/s)	1.62	1.50	1.38	1.30
流冰水位	解冻水位(3 月末 4 月中)133.1m，淌凌水位(11 月 10 日～11 月下旬)132.7m			

水深条件、流冰水位等水文条件均满足基础施工周期要求。

拟建场地属可进行建设的一般性场地，场地土类型属中硬土，场地类别属 II 类，细沙性覆盖层较厚，本区第(1)层中砂属液化土层，液化深度小于 10m，场地抗震设防烈度为 8 度，设计基本地震加速度值为 0.20g。地震分析结论：近期区域存在发生 6 级左右地震的地质构造条件。

桥位标准冻深 1.72m。建议采用钻孔灌注桩基础并建议以第(13)层强风化泥岩作桩端持力层。

根据上述建设条件及工期要求，桩基础施工主要措施如下：

①全桥 400 多根桩基础必须在一年内完成，整个工程调用了 10 几台悬挖钻机，8 个工作面同时施工，使工程加快了进度，节约了现场劳动力数量，降低了成本，赢得了时间；

②为了确保长度达 70m 长桩基础施工顺利和抗震受力要求，采用了超常尺寸的钢护筒。引桥 1.8m 长桩基础钢护筒长度为 10m，钢护筒直径 2.1m；主桥 2.0m 长桩基础钢护筒长度为 15m，钢护筒直径 2.3m，护筒功能主要是防止钻孔时流沙透水造成塌孔，减少清孔时间，改善桩基础抗震性能；

③主墩承台尺寸为 18.5m×48.6m，横桥向尺寸较大，承台设计标高受流冰水位、施工水位、通航水位控制，施工充分综合了现场的水文地质条件，采用了双壁钢围堰法施工，围堰内采用钢管支撑，双壁内填混凝土加固，直接浇筑封底混凝土，然后抽干水浇筑垫层混凝土及承台混凝土；

④引桥桥长 2 000 多米，基础施工工作量巨大，地质、水文条件差，同时考虑通航规划、城市规划、流冰等问题，承台顶不允许露出地面，跨越大堤桥墩施工应考虑防渗处理等；

⑤桩基同样采用旋挖钻工艺施工，每 3～5 天一根 50～70m 长钢筋混凝土桩基，成桩工艺合理、快捷，质量检验表明均为优质桩。

2)主塔及主梁施工方案、工期控制

主塔、主梁采用了现浇法施工,上塔除横梁分为两次浇筑外,塔身分为4～5m一个节段施工,塔柱采用泵送混凝土。主梁采用支架现浇法施工,原设计采用分段悬臂法施工,每节段长度6m,改为支架施工后梁段长30m,每孔分为4段施工,调整原设计方案的主要原因是:①工期要求紧,采用满堂支架施工梁段较长,能减少由于分段较多引起的养护时间,虽然支架高于挂篮费用,但工期至少可缩短2～3个月;②原设计要求在桥塔施工当年必须完成3号主梁段施工,实际上未能完成该目标,所以必须调整施工方案才能达到在规定工期内合龙的目的。在洪水期主梁采用现浇支架施工存在一定风险,施工方案调整前进行了深入研究、分析并提出抗洪风险预案;设计、监控方案重新进行了调整,给设计、监控带来了困难。

(1)主塔施工。主塔外形考虑景观要求采用变断面结构形式,外侧采用大半径曲线形,桥塔表面设置了线槽。主要施工技术措施:

①施工模板采用了钢模板组成的滑模。塔柱锚索段、横梁对应梁段,预应力锚端与桥塔主筋矛盾较大,施工采用了深埋锚工艺;

②横梁梁高4m,主梁梁高2.2m,横梁与主梁相交部位设置变截面过渡段,改善主梁受力,过渡段施工模板复杂,施工难度较大;

③上塔柱锚索区钢筋、预应力管道密集,索道管施工标高、角度控制严格,施工中锚点采用定位模板施工工艺,确保锚点定位准确;

④塔柱施工采用了劲性钢骨架、临时拉杆等手段作为施工中稳定、内力及变形的控制措施:主要用于控制塔柱的倾斜度,其次是解决锚固区锚箱定位、桥塔模板精确定位。

⑤塔冠采用钢结构一次吊装就位。

(2)主梁施工。主梁施工采用支架现浇法施工,0～3号梁段为变截面梁段,其他梁段为等截面梁段,主梁由纵向主梁、横梁、纵梁组成,主梁、横梁设预应力,主梁上设有斜拉索下锚点。

①现浇主梁裸梁标高控制是关键,现场监控、监理、施工单位分别进行施工控制测量,从施工支架、模板标高控制、裸梁标高、桥面系施工后标高控制等进行详细比对,要求必须精确控制主梁标高,主梁完工后达到了设计预想效果。

②主梁支架采用变形较小的钢管支架,柱顶设沙桶,便于支架卸载、拆除。

③主梁混凝土质量控制十分重要,委托有关单位专门进行多配比研究、试验,采用最优现场混凝土配合比,保证了设计要求的高性能混凝土品质,施工过程中材料品质控制、浇筑工艺、钢筋制作、浇筑后养护等工序均在可控状态,保证了主梁混凝土质量。

3)引桥上部施工

本桥引桥含90m中航道、65m跨大堤变截面连续梁桥以及35～40m现浇等界面预应力连续箱梁桥,工程施工难度较大。

引桥施工结合结构设计,施工程序设计,预应力张拉设计,主、引桥衔接设计等方面综合考虑,现场开展了多工作面施工工艺,缩短了工期,效果较为理想。

2. 施工监测、质量检测评定管理

1)施工监控管理

本项目工程施工方案均采用现浇预应力混凝土结构,施工监测十分重要,也是施工质量重要控制手段,业主结合工程实际,专门委托具有桥梁监控能力的单位进行全桥质量检测。主要检测对象:斜拉桥基础承台大体积混凝土温度;斜拉桥桥塔各阶段应力、变形、垂直度;主梁各施工阶段应力、变形、预应力张拉、灌浆质量;斜拉索施工质量、索力;引桥施工工艺研究与各阶段应力、变形等。业主重点控制监控大纲确定的监控内容、方法、结论是否全部落实到位,从监控单位投入的技术力量、检验检测设备数量是否满足工程需要,与设计、施工单位协调是否到位等方面给予监督检查,并协调监控与施工、设计、监理等各方面衔接问题,使监控单位工作质量得到保证。

2)质量检测评定管理

大桥质量检测管理头绪较多,业主根据桥梁质量检测评定规程要求,细化了质量检测评定细则,并安排有专门检测管理经验的工程师负责管理与协调。重点关注了包括水泥、钢筋、钢材、波纹管等材料设计参数检测,高性能混凝土施工工艺研究、检测、评定,定型产品的检测与实验验证,现场混凝土工程性能包括混凝土坍落度、强度、变形等各种物理指标控制。加强了施工单位、监理现场试验室与城建质量监督站分别进行检测验证制度,城建质量监督站具有一票否决权,强化了大桥材料、定型产品、混凝土工程质量检测评定管理。实践证明大桥建设过程中均未出现一项产品不合格、一项工程存在质量问题。

3. 施工现场安全监督管理

1)施工用电安全监督管理

为了贯彻"安全第一,预防为主"的安全生产方针,保障施工现场用电安全,防止触电事故发生,确保施工现场的安全生产,特制订安全用电规定。施工用电发生事故时,承建单位必须严格按国家有关规定进行统计报告和处理。

2)设备及物资存放安全监督管理

现场监理工程师必须检查、督促承建单位做好设备及物资存放的安全管理工作。物资仓储要符合防火、防盗、防冻、防漏、防雷、防潮的要求,堆放稳固。根据气候变化做好防护工作,如汛期、高温季节,寒冷季节,均要做好防护工作。发料、领料必须办理手续。任何人不得随意进出仓库,私人物品不准存入库内。

五、业主管理体会

项目业主管理工作千头万绪,但重点还是工程质量、造价和工期控制。松原大桥工程质量经检测主体结构质量为优良;本工程结构复杂,施工作业面大,工期仅用 28 个月,工期控制基本合理,本项目工程造价基本控制在批复造价之内。

1. 加强前期技术管理工作,为大桥建设打好基础

本项目前期工作主要是工程立项、资金落实和桥位研究、论证工作。作为业主,对关系国计民生的城市基本建设工程积极做好工程立项工作十分重要。

2. 加强设计过程管理,确保设计方案优秀

设计方案是大桥建设的关键,松原立市以来没有建造大型市政工程经验,特别是大桥工程方案设计完全依靠设计单位成品质量,市政府认识到必须寻找国内一流设计企业,才能保证设计大桥方案的优秀;设计方案优选发挥集体智慧,市政府专门召开市委、市政府、市人大、政协等主要领导集体审查会议,并征询相关市政、规划、建设、水利、公用等部门意见,对多个设计方案进行讨论,提出意见和建议,根据国家相关程序、规定,对工程方案进行了认真的审查,最终形成现状设计方案。

3. 建设过程的质量、工期、造价控制是关键

施工过程的质量、进度、造价控制是业主头等大事,工程施工的关键环节监理必须到场,材料验收、试件试验必须记录完整,主要技术问题、工程事故必须提交讨论,同时加强对施工人员进行深入的质量教育,提高工程质量意识。

4. 加强行政管理是大桥安全的保证

大桥安全是业主工作重点之一,本工程历时三年,投资近 8 亿元,工程规模巨大、技术难度高、建设经验少,但自始至终没有发生任何工程伤亡事故,一方面说明工人安全意识较强;另一方面表明业主现场安全常抓不懈效果明显,建立了土石方作业安全、施工用电安全、设备及物资存放安全等一整套管理细则发挥了重要作用,时刻加强安全检查,避免了重大工程事故的发生。

104. 上海长江隧桥运营养护管理信息化的几点探索

董　敏[1]　孙胜君[2]
(1. 上海长江隧桥建设发展有限公司运管中心；2. 上海巨一科技有限公司)

摘　要　以长江隧桥运营养护管理信息系统为蓝本，介绍对长江隧桥运营养护信息化过程进行的几点探索，以电子化养护手册为核心，进行流程、知识、规范、绩效四位一体的管理，实现主动养护。

关键词　长江隧桥　运营养护　电子化养护手册　主动养护

一、绪　　论

1. 研究背景与意义

随着社会经济的发展，特别是桥梁结构分析理论、计算机技术、土木建筑材料、结构检测技术和桥梁施工技术的巨大进步，建造了一大批结构新颖、技术复杂、设计和施工难度大、现代化品位和科技含量比较高的大跨径桥梁。然而，随着大型桥梁设计的轻柔化、结构设计的日趋复杂化以及桥梁安全事故的频频发生，大跨度桥梁的运营养护问题也越来越引起各国政府的关注。

上海长江隧桥工程属于桥隧结合的特大型工程，大型桥梁的生命过程一般包括总体规划、设计施工和运营管理三个阶段。受经济和技术条件的限制，人们往往把主要精力放在设计施工阶段，而对运营管理阶段的桥梁维护重视不足，我国“重建轻养”的现象仍较严重。一些现有的大型桥梁运营养护管理系统的基本模式沿袭中小桥梁，其主要功能是存储桥梁有关的数据，养护管理的核心是修补桥梁结构部分，包括重新涂刷、修补铺装的凹陷以及因交通事故而损坏的一些设施等，其实质是消极的防御型的养护。而对于大型桥梁，仅仅通过以往简单的养护措施和技术手段显然是不够的。由于缺少对桥梁长期性能变化的科学预测，因此桥梁的养护、维修和管理并未达到理想的效果。

2. 国内外现状

上海长江隧桥进入运营期后，对其进行的运营管理工作主要涉及三个方面：运营管理、设备维修和结构养护。在目前国内外实际使用的系统中，常见于用不同的系统来实现以上三个方面的管理：

①通过智能交通(ITS)系统进行交通管理；

②以财务管理为主进行收费、辅业经营与运营成本核算的经营管理；

③通过机电管理系统进行机电设备的检查、维修与维护；

④通过桥梁、隧道、公路管理系统实现结构养护与维修。

ITS发展情况如下：20世纪60年代末期，美国开始了智能运输系统(ITS)方面的研究，之后，欧洲、日本等也相继加入这一行列。经过近30年的发展，美国、欧洲、日本成为世界ITS研究的三大基地。20世纪80年代后期，这些国家和地区取得了一些研究成果，并逐步将一些研究成果应用于生产实际。实践证明，ITS有着巨大的社会与经济效益，是交通运输发展的趋势。从各研究领域的用户服务功能来看，美国ITS研究领域中的出行及交通管理系统涵盖的范围较广，主要包括路上驾驶员信息系统、路线引导系统、出行者服务信息系统、交通控制系统、交通突发事件管理系统、车辆排放物的检测与控制系统和公铁交叉口管理。而日本ITS研究领域中的先进的导航系统、道路管理效率化和优化交通管理这三个方面服务的内容与之比较接近，但也不尽相同，其中日本ITS研究领域中的优化交通管理突出了交通流优化，道路管理效率化突出了维护管理效率化的服务内容，这两点用户服务功能在美国研究领域出行与交通管理中没有明显体现。我国的ITS研究起步较晚，但ITS理论研究与技术产品开发也正在紧随国际交通运输发展趋势。

设备管理系统根据管理模式的不同，分为自主维护及外包管理两个领域，在此两个方面，历经数十年的发展，国内外都已经有完备独立的设备管理系统将设备及备件的采购、运行、维护、仓储、费用等方面的管理集于一身。

桥梁管理信息系统是近20多年来在世界范围内土木工程界出现的一个综合型系统。一般分为路网级管理和项目级管理两种。路网级桥梁管理是在建立桥梁信息数据库的基础上，通过对整个辖区范围内所有桥梁状况的检查结果进行分析与评定，将桥梁划分成完好、需要检测和需要立即加固维修等几种状态，进行桥梁分级排序，同时根据分级排序对这些桥梁的有限的维护资金进行合理有序配置。项目级桥梁管理则是通过对桥梁的检测或试验结果进行理论分析计算、针对单个桥梁的安全性进行评价，对桥梁的未来状态进行预测，并对桥梁的维护加固提供具有科学依据的决策方案[1]。

目前在美国广泛运用的有 Pontis 桥梁管理系统、Bridge 桥梁管理系统等，它们都采用单元作为桥梁的管理基础，以 Markov 模型分析桥梁的退化，可以预估意外事故花费，车行绕道花费等，并可以采用网络优化模型对桥梁维护和维修作出优化[2]。

Danbro 是丹麦开发并在其他国家运用的桥梁管理系统，它于1987年开发并不断完善。它主要包括桥梁基本数据的收集，能提供在网络水平上的桥梁维修的最经济的方案，通过计算来确定桥梁的承载能力等[3]。

国内桥梁管理系统的研究开始于20世纪80年代中期，四川省公路研究所、广东省公路研究所、交通部公路研究所、北京市公路管理局、同济大学等单位在吸收国外开发的经验的基础上，根据我国的国情，先后开发了四川省桥梁数据库系统、广东省桥梁管理系统、北京市公路桥梁管理系统、上海市城市桥梁管理系统等[4]。这些系统主要包括地理信息系统、桥梁档案管理、技术状况监测、技术状况评价、养护维修对策等功能，并进一步提供统计分析决策辅助等服务[5]。

综上，运营养护管理的各个领域中涉及不同的专业系统，因而运营养护管理是一个综合的、跨学科的系统工程，融智能交通、经营管理、设备管理、隧桥结构养护于一体的量化智能的运营养护管理信息系统，能够以标准化的养护指引提升目前国内养护的规范化程度，实现基于量化分析预测的绩效优化主动养护者，目前未见。

3. 研究目标及主要内容

由上可知，长江隧桥需要建立一个集通行情况、设备、土建结构信息的采集、加工、分析预测于一体的运营养护管理信息化系统，为长江隧桥提供安全运营及养护管理的有效平台，使参与运营养护的各方在量化数据及有效分析预测基础上，对长江隧桥的运营与养护状况作出清晰的判断和及时的决策，以实现长江隧桥的科学养护。

在长江隧桥运营养护管理信息化的过程中，借助于长江隧桥运营养护管理信息系统，进行以下几点探索：

①PDCA 的循环管理；

②以知识管理为基础的养护；

③集成的信息平台、量化分析预测。

二、PDCA 的循环管理

PDCA 循环，也称戴明环，是由美国著名质量管理专家戴明(W. E. Deming)首先提出的。这个循环主要包括四个阶段：计划(Plan)、实施(Do)、检查(Check)和处理(Action)。要实现长江隧桥管理的PDCA循环，长江隧桥运营养护管理信息系统必须具有从信息收集、加工到信息分析预测的整个信息链路，并使管理者可以在系统中实现此 PDCA 的控制操作。因此，长江隧桥运营养护管理信息系统提供了如下功能：

①计划管理；

②任务管理；

③操作反馈；

④工作联系。

以设备管理为例，整个PDCA流程如图1所示。

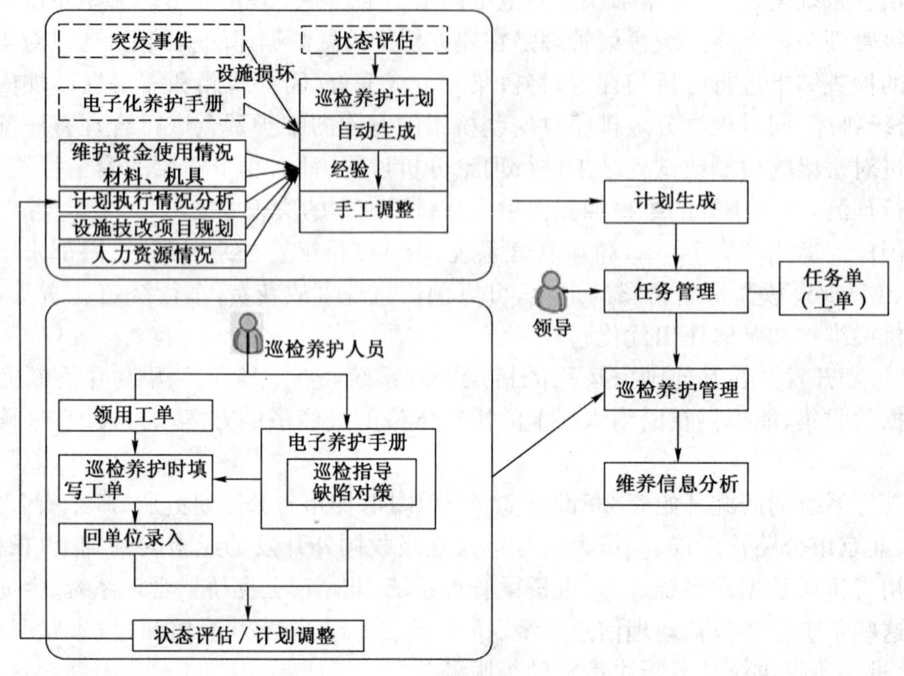

图1　设备管理PDCA流程

计划、执行、检查到改进的整个过程如下：

①由设备的状态、电子化养护手册的养护规定和标准（设备在此种状态下多长时间养护一次）以及突发事件生成系统的设备养护计划建议，经过手工调整后生成设备的年度养护计划、季度养护计划、月（周）养护计划；

②领导根据养护计划，将任务分配到班组，生成任务单并由系统自动在相关班组人员的工作日程表中排定工单；

③巡检养护人员在进行巡检养护操作时只需要进入自己的日程表的当天的日程，就会看到自己当天的任务单；在巡检养护操作时可以参考电子养护手册的养护规范与标准进行巡检养护操作；

④养护工作完成后在线填写相关的工单或离线填写工单后回单位提交到系统；

⑤检查人员对养护质量进行检查和评定，填写养护质量评定表并将巡检养护的情况与计划情况进行比对，填写计划的完成情况；

⑥系统对养护计划的执行情况、设备故障的维修情况、设备的技术状况与缺陷状况等数据进行维养信息分析，辅助进行养护工作的决策及计划；

⑦管理人员根据系统给出的建议优化养护计划。

管理人员可以通过站内短信和手机短信随时通知相关人员，也可以通过“一般业务联系单”等与相关各方进行联系。

三、以知识管理为基础的养护

所谓知识管理的定义为，在组织中构建一个量化与质化的知识系统，让组织中的资讯与知识，透过获得、创造、分享、整合、记录、存取、更新、创新等过程，不断的回馈到知识系统内，形成永不间断的累积个人与组织的知识成为组织智慧的循环，在企业组织中成为管理与应用的智慧资本，有助于企业作出正确的决策，以应对市场的变迁。21世纪企业的成功越来越依赖于企业所拥有知识，利用企业所拥有的知识为企业创造竞争优势，持续竞争优势对企业来说始终是一个挑战。

知识管理关注的是对企业内外部的显性、隐性知识的管理：显性知识包括内外部的研究报告、标准规范、程序文档和数据等；而隐性知识包括隐藏在人的大脑中的经验，和隐含在企业业务中还没有被发现的知识或经验。

长江隧桥运营养护管理系统提供了电子化养护手册的功能，其中既包括显性知识库——以国家、地方对于隧道、桥梁养护管理手册及规范为蓝本结合长江隧桥实际制订的标准化的养护手册，又包括隐形知识库——在长江隧桥运营养护工作中人的经验的积累（缺陷对策库）。

1）电子化养护手册

电子化养护手册示例如图2所示。

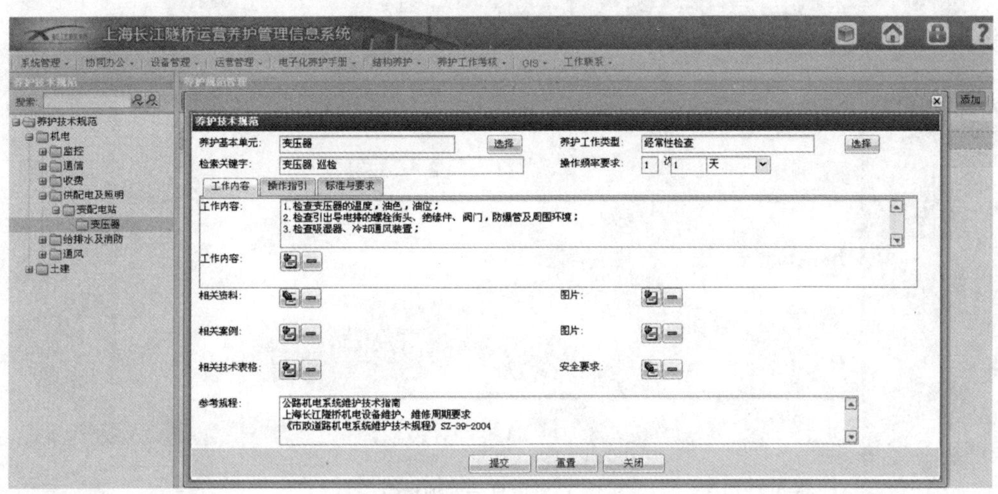

图2 电子化养护手册

在长江隧桥电子化养护手册中，针对某个养护对象（例如：固定式废水泵）提供了针对其需要的不同的养护工作（例如：巡检、经常性检查）的操作频率要求、工作内容、操作指引、工作判定标准与要求、工作安全要求以及相关资料、案例、参考规程等存储在系统中供养护人员随时查阅，以养护手册为标准进行规范化的养护规划、操作、检查、验收。

当在制订某种设备的养护计划时（即计划中的某计划工作项），可以参考该操作频率要求设定该类设备的养护频率，与第一次该计划执行时间相结合，系统可以进行智能化的计划执行时间的建议，并可以自动进行从年度计划到季度计划、月度计划、周计划的分解（图3）。

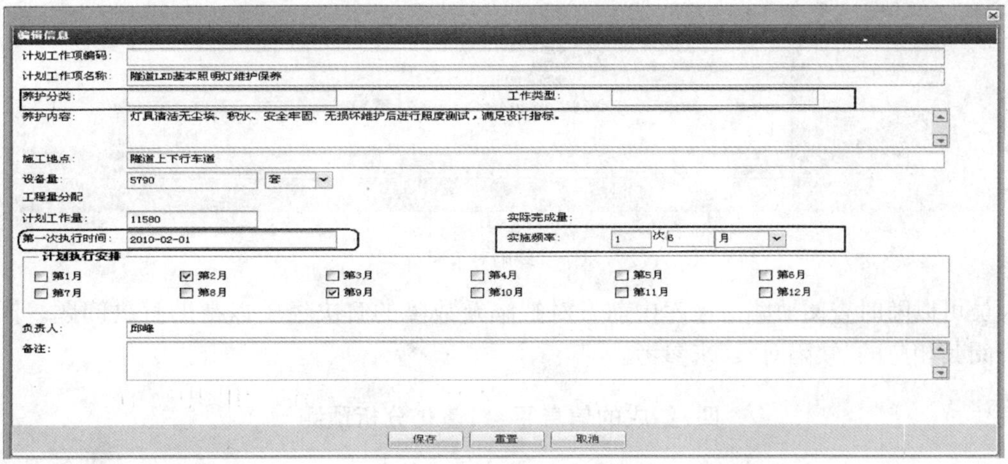

图3 设备计划管理

如图 3 所示，当选择了“养护分类”及“工作内容”后，电子化养护手册中该项工作的“实施频率”就会出现在页面中，结合“第一次执行时间”，系统会在年计划保存时进行“计划执行安排”的自动校验，并提示应安排的时间(如图 3 中第一次执行时间为 2010-02-01，实施频率为 6 个月一次，则系统会提示第二次执行时间应该安排在 8 月份)，当在年度计划中已经选好了时间后，再制定季度、月度计划时，只需要将系统提供的计划工作选项全选即可自动安排好时间，无需再次进行计划执行工作的安排。

通过为设备选择对应的养护分类(如：×××变压器对应的养护分类为“机电→供配电及照明→变配电站→变压器”)，操作如图 4 所示，即可在养护该设备时查阅到其“养护指引”，方便养护人员随时参考进行专业化养护。

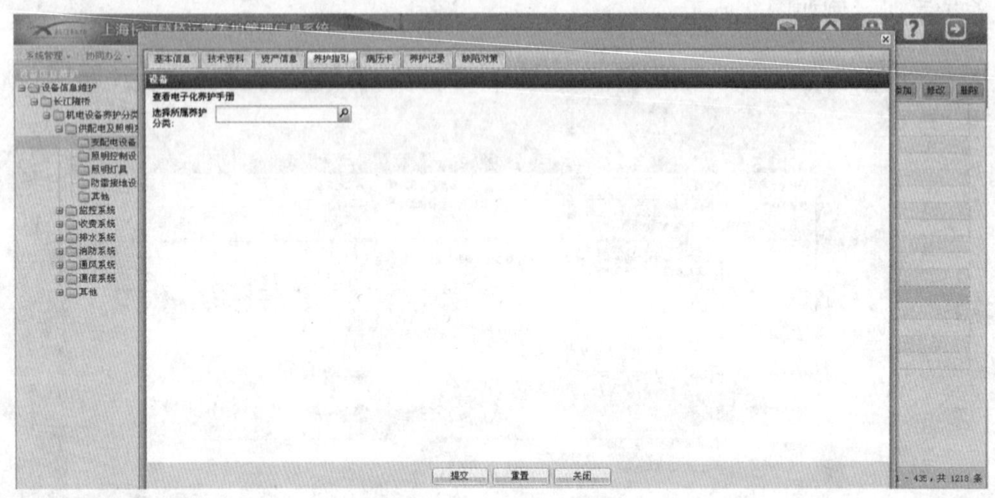

图 4　设备信息—养护指引

2)缺陷对策库

缺陷对策库示例如图 5 所示。

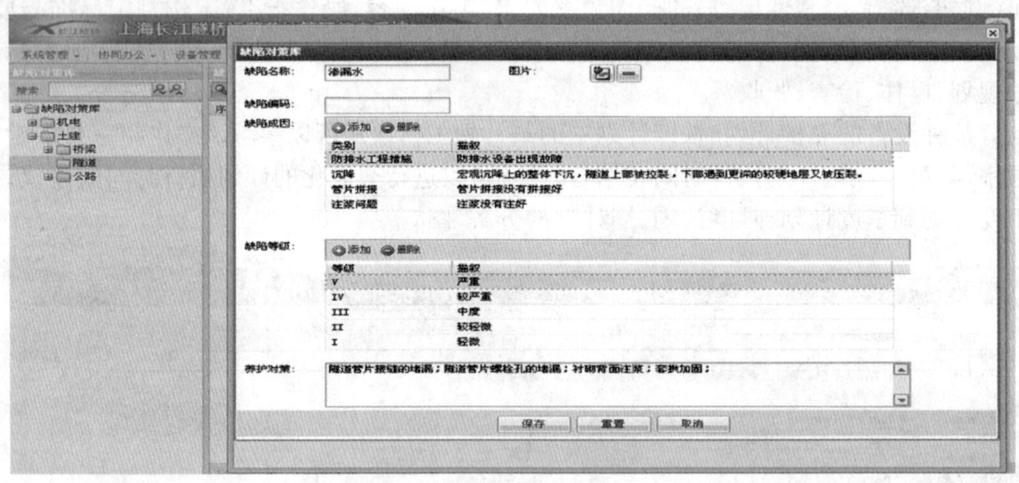

图 5　缺陷对策库

养护人员可以随时查阅缺陷对策库中前人对缺陷及故障的解决经验以帮助解决问题。同样对某个设备可以查阅其相应的“缺陷对策”来参考。

四、集成的信息平台、量化分析预测

在运营养护的过程中，产生大量的数据信息，需要及时上报和沟通，并需要综合不同方面的信息做出综合的分析与判断，因此，在运营养护中产生的数据信息的有效集成显得尤为重要。

在长江隧桥运营养护管理信息系统中，与综合监控、健康监测系统进行了数据集成、应用集成，可以查看到截面流量、收费站流量、COVI、天气预报预警、机电设备、隧桥单元的实时状况，为专业人员与管理人员的管理及时提供参考。如图 6～图 10 所示。

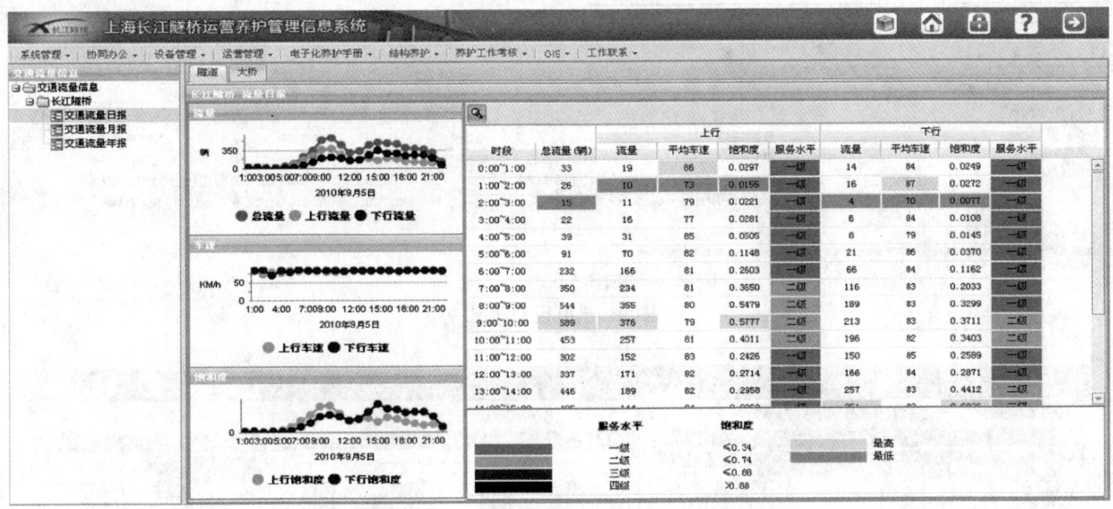

图 6 截面流量

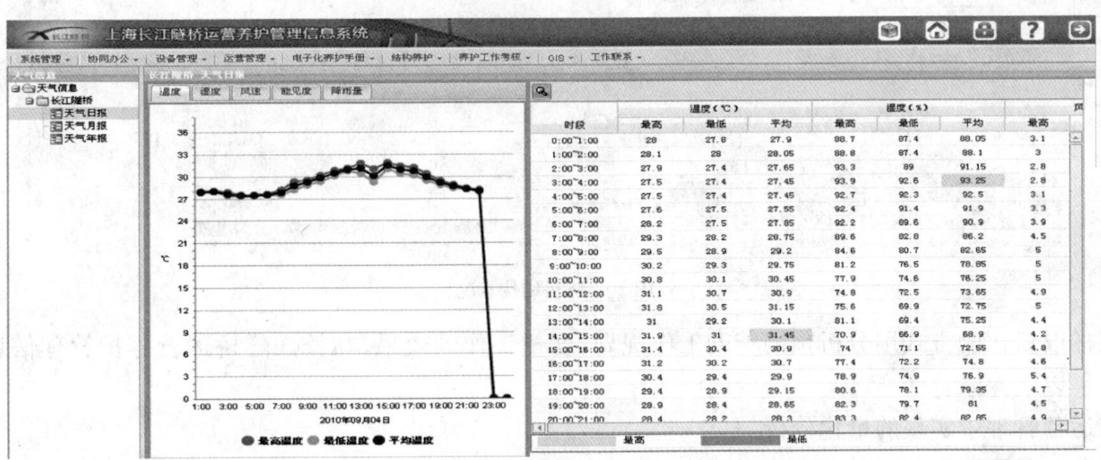

图 7 天气信息

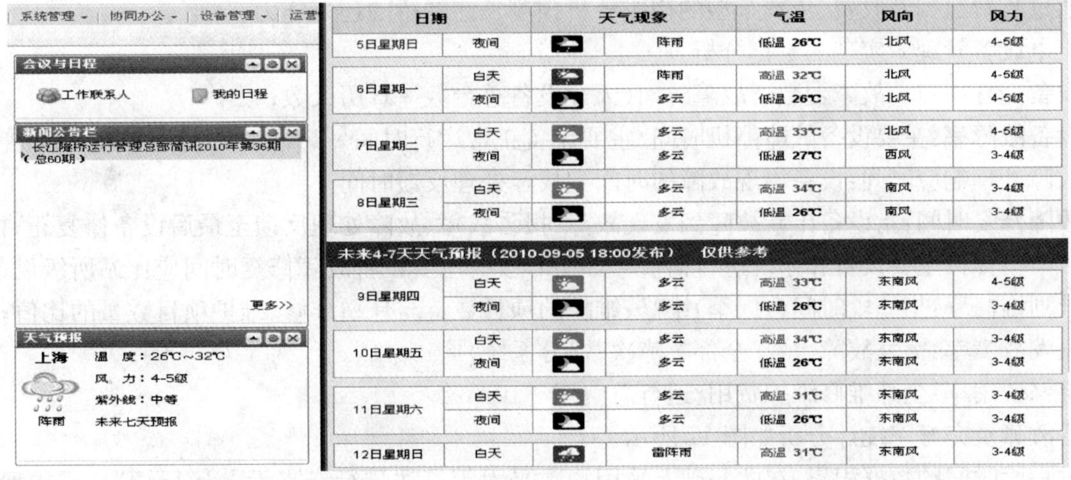

日期		天气现象	气温	风向	风力
5日星期日	夜间	阵雨	低温 26℃	北风	4-5级
6日星期一	白天	阵雨	高温 32℃	北风	4-5级
	夜间	多云	低温 26℃	北风	4-5级
7日星期二	白天	多云	高温 33℃	北风	4-5级
	夜间	多云	低温 27℃	西风	3-4级
8日星期三	白天	多云	高温 34℃	南风	3-4级
	夜间	多云	低温 26℃	南风	3-4级
未来4-7天天气预报（2010-09-05 18:00发布） 仅供参考					
9日星期四	白天	多云	高温 33℃	东南风	4-5级
	夜间	多云	低温 26℃	东南风	3-4级
10日星期五	白天	多云	高温 34℃	东南风	3-4级
	夜间	多云	低温 26℃	东南风	3-4级
11日星期六	白天	多云	高温 31℃	东南风	3-4级
	夜间	多云	低温 26℃	东南风	3-4级
12日星期日	白天	雷阵雨	高温 31℃	东南风	3-4级

图 8 天气预报

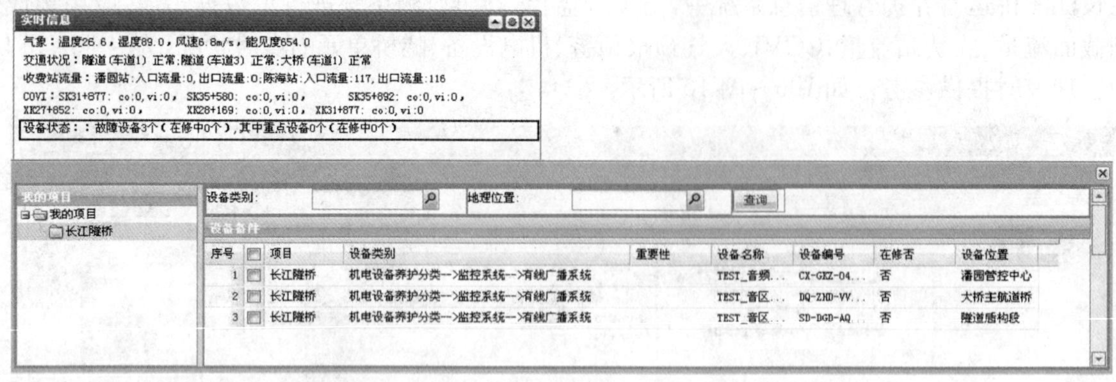

图 9 机电设备状况

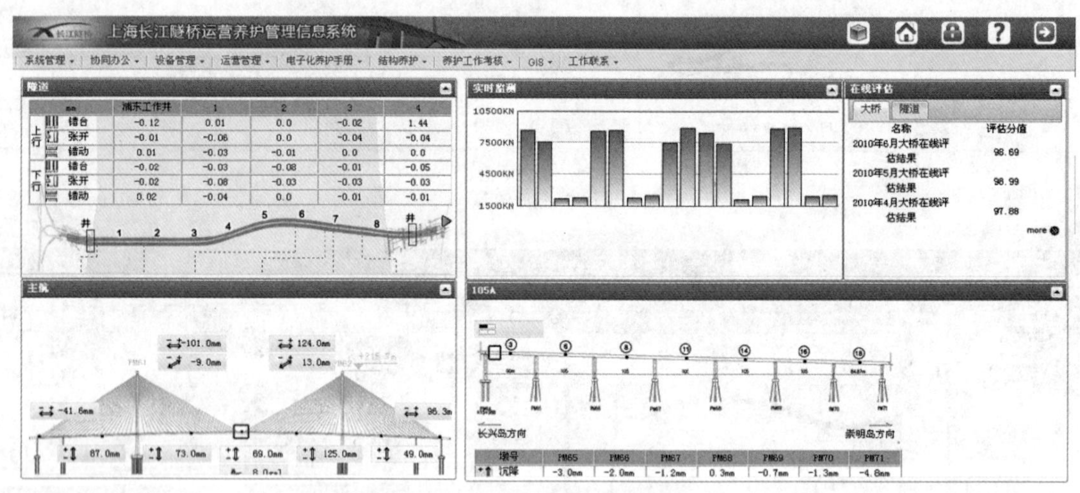

图 10 隧桥结构状况

怎样以量化的方式用分析预测辅助工作规划、度量工作的效果，在长江隧桥运营养护管理信息系统中进行了以下探索。

在运营管理中实现的量化分析：

①通过断面流量、收费站流量进行长江隧桥通行能力的分析预测；

②通过流量、天气、设备状况、事故的综合分析进行长江隧桥交通安全的有效管控；

③通过收费数据及收费、免费车型的构成分析预测长江隧桥的还贷能力。

在机电设备管理中实现的量化分析：

①设备完好率：1－故障台数＊故障时间(天)/设备总台数＊日历天数；

②设备故障率：主要设备故障停机时间/主要设备正常运行时间＊100％；

③故障处理响应时间：设备出现故障的时间到故障处理反馈时间；

④故障修复时间：指设备出新故障到发现故障、报告故障、故障处理反馈至最后设备修复正常工作的时间。该项指标按主要设备和系统进行衡量。如中心级的主要设备故障修复时间应比站所级设备要短；

⑤计划维修率：指一段时间(月、季)维修、维护的项目数量与计划维修、维护项目数量的比值；

⑥突发故障率：突发故障次数/全部故障次数(分系统)＊100％；

⑦维修费用率：全部维修维护费用/运行总费用＊100％。

设备故障及完好率统计分析如图 11 所示。

通过一段时间的数据积累，在此基础上采用指数平滑等算法进行未来设备运行情况、维护费用情况的预测，辅助对机电设备养护的资金、人员、工作、技改的规划。

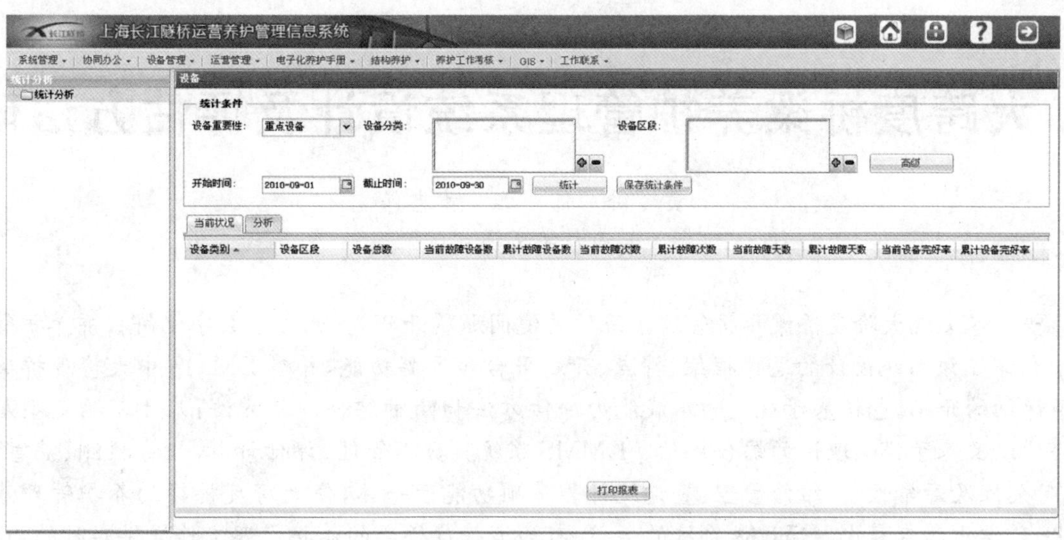

图 11 缺陷对策库

在结构养护中进行的量化分析

①基于层次分析法与变权理论的桥隧养护单元评估与全桥状态评估；

②健康监测与人工检测相结合的数据分析进行桥隧状况预警；

③基于桥隧各部件的养护质量量化评估；

④养护费用与桥梁状况的综合分析预测。

五、结 语

在长江隧桥运营养护信息化所进行的探索，对长江隧桥的运营养护有以下的意义及影响：

①长江隧桥的运营养护工作通过管理信息化实现了流程化的可控的管理；

②通过以电子化养护手册和缺陷对策库为关注点的知识管理，运营养护中的组织知识与人的智慧相结合，从养护计划的制订到养护工作的执行实现了规范化、专业化、智能化；

③以集成化的信息数据为基础进行量化的综合分析预测，为实现运营养护工作的终极目标——主动养护打下了坚实的基础。

参考文献

[1] 符锌砂，李新平，贾德良. 广州城市桥梁管理信息系统总体设计[J]. 华南理工大学学报(自然科学版)，2003，11：41-44.

[2] 梁跃虹. GIS 在桥梁数字化管养系统中的应用研究[D]. 武汉：武汉理工大学，2006.

[3] 黄侨，任远，刘绍云，吴红林. 大跨度桥梁养护管理系统的若干问题研究. 教育部高等学校博士学科点专项科研基金资助项目(20050213008)；黑龙江省交通厅重点科技项目，2004.

[4] P D Thompson et al. The PONTIS Bridge Management System. Structural Engineering International. 1998，8(4).

[5] Yu R，Tzeng G H. A soft computing method f9r multi-criteria decision making with dependence arid feedback[J]. Applied Mathematics and Computation(New York)，2006，180(1).

[6] 任远，黄侨，林阳子. 大跨度斜拉桥综合评估系统的研制与开发[J]. 南京航空航天大学学报，2007，39(4).

[7] 韩永平，李士兵. 高速公路桥梁管理系统(CEBMS)在桥梁养护工作中的应用[C]. 第 8 届中国高速公路信息化管理及技水研讨会，149-156

[8] 马俊峰. 高等级公路隧道运营管理策略[C]. 2006 年公路隧道运营管理与安全国际学术会议论文集.

[9] 赵吉先，吕开云. 3S 集成技术在数字公路中的应用[J]. 测绘通报，2007，2：21.

105. 大跨度桥梁养护管理系统设计及评估方法研究

黄 侨 任 远 黄志伟
(东南大学交通学院)

摘 要 本文就大跨度桥梁养护管理系统的关键问题展开研究,开发了数字化斜拉桥养护管理系统DMMS。介绍了该系统设计的总体框架、特点、开发平台和主要功能,并对DMMS中大跨度桥梁评估理论进行了详细的介绍,包括基于规范的承载能力评估方法和两种综合评估方法:基于不确定型层次分析的综合评估以及基于模糊理论的综合评估。DMMS系统集数据管理、评估计算、检查检测、病害诊断、构件预警、耐久性及寿命预测、维修管理、查询统计等多项功能于一体,使大跨度桥梁的养护管理基本实现了数字化、科学化和专家化。通过该系统的运行,可为大跨度桥梁的养护管理工作提供实时的、详细具体的技术指导。

关键词 桥梁工程 养护管理 系统设计 评估

一、引 言

大跨桥梁结构是交通运输系统中的枢纽工程,对保障"生命线"工程的畅通和保持国民经济的持续、稳定发展起着重要作用。然而,由于大跨桥梁结构体系本身的复杂性,材料自身的缺陷,设计中有限元建模与实际结构的偏差,施工技术、方法、质量问题,环境腐蚀,车辆超载及运营期养护管理不到位等因素,使得一些已建成的大跨桥梁出现各种病害或损伤,导致结构承载能力降低,桥梁线形变化过大,构件老化、破损等情况出现。这不仅影响了桥梁的使用性能和正常运营,甚至会降低桥梁主体结构安全性能,给桥梁带来安全性方面的隐患和耐久性方面的缺陷。为了确保这些大跨桥梁结构的使用安全性和耐久性,减少或避免国家财产、人民生命的重大损失,建立完整的大跨度桥梁养护管理系统是十分必要和紧迫的。大跨度桥梁的养护管理不仅要承担常规意义上的养护,还要承担由于累积失误而带来的额外养护任务。因此必须将大跨度桥梁的养护工作作为独立的领域进行研究。

到目前为止,大跨度桥梁养护管理系统的研究已取得了一定的成绩,但由于其是一个复杂的系统工程,无论国内或国外,该领域的研究仍处于基础性的探索阶段,很多问题没有得到根本解决。基于此背景我们针对大跨度桥梁养护管理系统的关键问题展开研究,开发了数字化斜拉桥养护管理系统,本文将介绍该系统的设计思路,并对系统中大跨度桥梁的综合评估体系进行较为详细的研究。

二、大跨度桥梁养护管理系统的总体设计

近几年来,结合教育部高等学校博士学科点专项科研基金和黑龙江省交通厅重点科技项目,我们以哈尔滨四方台斜拉桥为背景开展了大跨度桥梁的养护、维修、评估和管理方面的研究工作,开发了一套大跨度斜拉桥养护管理系统,与传统的中小桥梁管理系统相比,该系统更强调数字化、科学化、专家化。科学化、专家化的最终亦是通过数字化来实现,因此称之为数字化斜拉桥养护管理系统DMMS(Digital Maintenance and Management System of Cable-stayed Bridges)。

1. DMMS系统的总体设计

DMMS系统总体设计框图如图1所示,该系统既要方便地存储大量的数据信息,又要进行复杂的计算分析,还要具有养护、维修和管理的指导功能。DMMS系统建立了大跨度桥梁养护管理体系,该系统根据人工检查数据库、桥梁基本资料库和健康监测子系统的数据信息,通过对平面和空间有限元模型的修正、计算,采用综合评估方法和承载能力评估方法对桥梁的技术状态进行科学的评价,能够完成桥梁的

病害诊断、构件预警、寿命预测、维修管理等功能。此外，该系统还建立了较为全面的斜拉桥病害维修知识库，提供了较为完整的斜拉桥养护管理指南和实验方法手册，该系统的开发将为大桥的适时评价、养护、管理及维修决策提供强有力的技术平台。

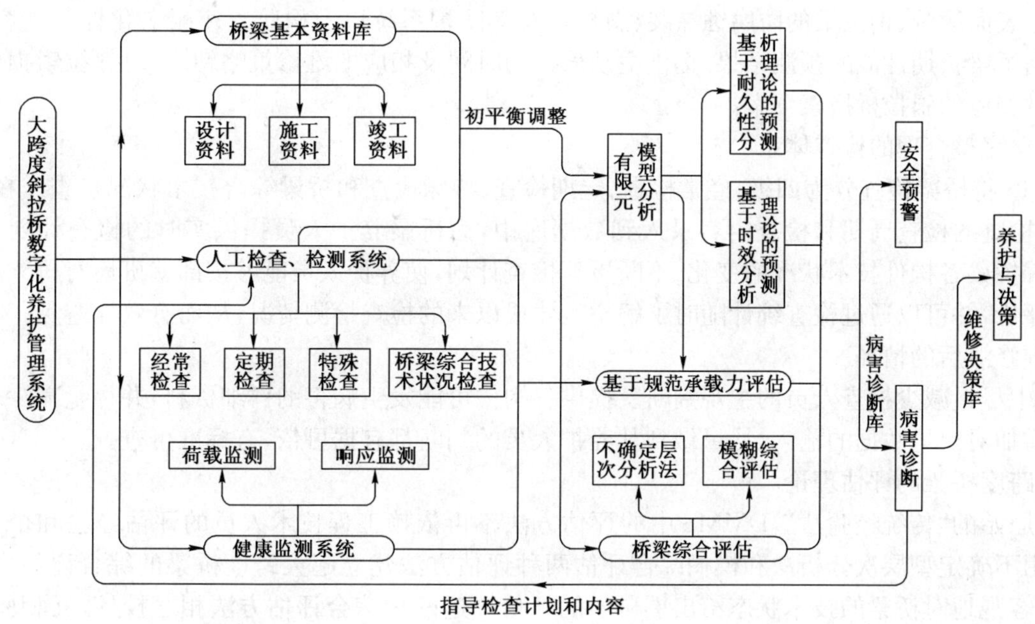

图1 DMMS总体设计框图

2. DMMS系统的特点

DMMS所涉及理论和方法主要有斜拉桥结构分析理论、斜拉桥损伤识别方法、结构检测与监测理论、桥梁综合评估理论、数据库理论等。DMMS针对现有的大跨度桥梁养护管理系统存在的几个关键技术问题进行了深入的探索与研究，在以下几个方面作了相应的理论研究（图2，图中BMS指传统的桥梁养护管理系统）。

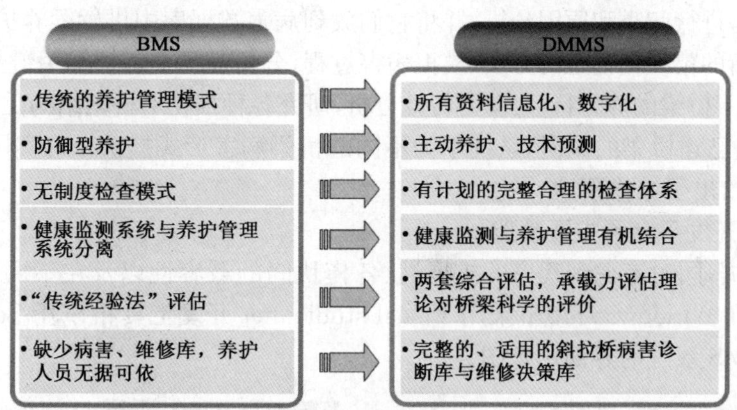

图2 DMMS系统的特点

1）桥梁健康监测数据与养护管理系统的有机结合

DMMS系统中所有的功能都是围绕着数据而开发的，数据的质量决定着整个养护管理系统的质量。由于桥梁健康监测数据和人工检查数据的局限性，使其都不能独立成为养护管理系统的主要数据来源，因此，将大跨度桥梁的基本数据信息、人工检查检测信息、健康监测信息一体化，丰富了数据库内容，为养护管理决策提供必要的数据支持。

2）大跨度桥梁的主动养护理念

大跨度桥梁的养护管理理念应该由传统养护工作的防御性转向技术预测，变以往的消极防御为主动养护，即将现场调查、现场检测与监测、计算识别与判别、维修与预测的整个过程系统化。DMMS系统中综合考虑混凝土的收缩、徐变等时效因素对桥梁结构的影响,运用综合计算时效影响的时效分析数值算法,对桥梁整个运营使用期内,任意时刻的结构应力、挠度、索力等性能长期进行预测。此外,从结构的耐久性理论入手,对桥梁各主要构件的耐久性进行预测分析,包括混凝土构件的碳化深度、混凝土锈胀开裂、混凝土表面涂装、钢主梁的防腐蚀涂装、斜拉索及其防护系统以及橡胶支座耐老化性等内容的预测。最后,根据桥梁长期性能的预测结果,提供主动养护的时间及相应的维修策略,并针对斜拉索损伤严重的问题,提供相应的斜拉桥换索预案。

3)建立完整合理的检查体系

DMMS 将桥梁检查分为四级:经常检查、定期检查、特殊检查和桥梁综合技术状况检查。在系统中,将这四项检查的检查周期和检查内容录入到数据库中,为桥梁养护人员提供实时的检查计划和检查内容,并随着桥梁各构件技术状况的变化,不断更新检查计划,使养护人员能够按部就班地对桥梁进行系统的检查、评价,并可以通过检查统计随时了解桥梁建成以来的检查检测情况,从而有效地避免了检查不及时、养护维修滞后的情况。

系统中尽量减少检查人员的主观判断。提供各构件可能发生病害的详细资料,并尽量减少他们的定性判断,增加对定量数据的输入,尽量做到凡养护人员的判断都有据可依、有标准可查。

4)大跨度桥梁的评估理论

针对原始的“传统经验法”,DMMS 中的评估方法不再依赖工程技术人员的评估经验和个人主观判断,它采用不确定型层次分析法和模糊综合评估两种评估方法建立起大跨度桥梁的综合评估指标体系,能够相对客观地对桥梁的技术状态给出更科学的评价。这两种综合评估方法相互校核,互相验证,有助于判断桥梁评估结论的正确性。此外,该系统对大跨度桥梁的承载能力进行了评估,并在承载能力评定规范的基础上进行了改进。

5)大跨度桥梁病害诊断库与维修决策库的建立

与传统的桥梁养护维修使用手册不同,DMMS 有针对性的对单个桥梁进行病害分析和维修决策。由于大跨度桥梁的复杂性,同一桥型中,构件不同,同一构件中,材料、所处位置、管理养护等方面不同,都会使桥梁产生完全不一样的病害。因此通过调研、收集国内外发生各种病害及事故的多座桥梁的实例,对所需要研究的桥型病害进行归类和原因分析,并将它们放到病害数据库中供桥梁养护管理部门参考。利用建立单独桥梁病害分析的精细化模型的方法,模拟病害过程,分析其易损部位和关键部位,并进行桥梁的特性分析,包括各种工况下桥梁的静力特性、动力特性分析,研究各种损伤对桥梁结构受力性能的影响。

此外,通过对大量已建桥梁的调研,系统中为不同的桥梁病害形式提供相对实用的维修策略,并针对桥梁的长期性能预测给出了维修预案。

3. DMMS 系统的开发平台和主要功能

为存储大量的数据,同时考虑到程序的扩展性、各模块间的兼容性以及在不同计算机上的移植性等特点,DMMS 系统是在 Windows 环境下采用 Visual studio. net 开发工具和 SQL Server2000 数据库联合实现的。图 3 为 DMMS 系统的界面示意图。

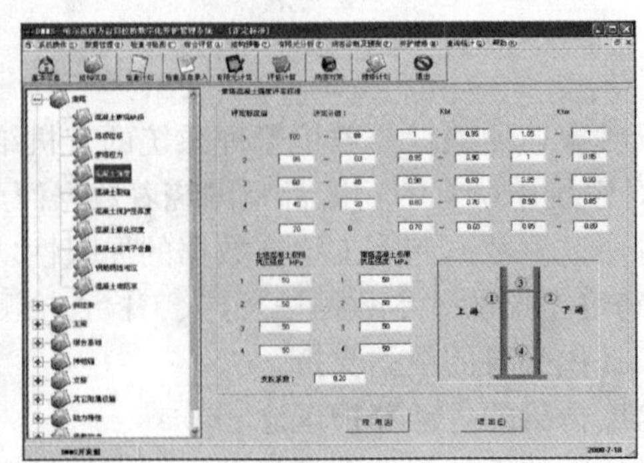

图 3 DMMS 系统部分界面

DMMS 系统包含九个主要模块：系统操作模块，数据管理模块，检查与检测模块，综合评估模块，有限元分析模块，结构预警模块，病害诊断与预测模块，养护与维修模块，查询统计模块与帮助模块。

三、大跨度桥梁评估方法研究

为了保证大跨度桥梁的安全运营，就必须对桥梁进行科学的评估，以实时了解桥梁的运营状态，为进一步制定养护维修决策提供定量的依据。现有的桥梁养护管理系统对大跨度桥梁进行评估，主要根据对桥梁状况的定性了解和工程师的经验来进行，即常提到的"传统经验法"。但具有丰富专业知识和评估经验的工程技术人员十分有限，且这种方法所采用的调查手段及判断准则与专家个人的知识水平和经验直接相关，在不同的背景下，不同的专家对同一问题的评估结果也会出现一些偏差。而现行的桥梁养护规范，如《公路桥涵养护规范》(JTG H11—2004)，其中的评估方法主要应用于中小跨径桥梁，这种仅对桥梁的外观状态和正常使用性能进行的定性的安全评估方法，对大跨度桥梁是不适用的。为此，我们针对大跨度桥梁的评估理论进行了深入、系统的研究。

1. DMMS 评估理论总体设计

DMMS 系统中对桥梁的评估包含综合评估和承载能力评估两部分内容。在评估方法中应用了不确定型层次分析法、模糊理论、集值统计原理、变权综合原理、有限元模型修正等方法，建立了桥梁评估的指标体系和评估模型。图 4 为 DMMS 系统的评估理论设计框图。系统中评估标准的基本依据为现行交通运输部部颁《公路桥涵养护规范》(JTG H11—2004)、建设部部颁《城市桥梁养护技术规范》(CJJ 99—2003)以及《公路桥梁承载能力检测评定规程》(征求意见稿)等技术规程和有关的设计规范。

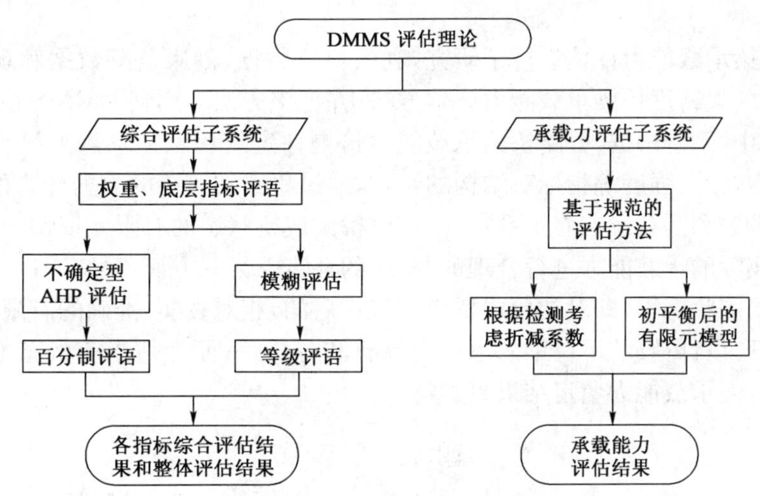

图 4　DMMS 评估理论设计框图

2. 大跨度桥梁综合评估

桥梁综合评估是一个考虑结构损伤和运营状态，并以整个结构体系(上部、下部结构和基础工程)为对象，对桥梁的安全性、耐久性、适用性进行分析评估并做出决策(如正常使用、限制使用、维修加固、改造等)的过程。

目前，大跨度桥梁综合评估理论的研究与应用实践中仍存在着一些缺陷，且国内外对多指标综合评估方法进行系统全面研究的文献极少，基本上都是对某单个具体方法提出各种各样的改进设想或实际应用，甚至有些人认为仅用一种理论就能够解决桥梁综合评估问题。其实，大跨度桥梁的综合评估理论是一种涉及很多个学科的、综合性的理论，目前各种方法在理论上均有一定的局限性，单纯应用某一种方法进行评估，尚难以保证评估结果的可靠性。因而，DMMS 系统中采用了两种方法对大跨度桥梁进行综合评估：不确定型层次分析(AHP)综合评估和模糊综合评估。

1)基于不确定型 AHP 的大跨度桥梁综合评估

大跨度桥梁综合评估的影响因素众多，它们之间相互作用、相互联系，是一种复杂的决策问题。用不确定型AHP法将影响桥梁结构工作状态的各种因素条理化、层次化，并逐级分解为递阶层次结构，这种递阶层次结构能够较好地反映影响因素的层次关系，并把桥梁的工作状态分解为许多较为简单的子问题。

在DMMS的评估理论中通过对不确定型AHP、区间数判断矩阵计算方法、群判断理论、变权理论等诸多理论和方法的联合应用，从桥梁评估指标模型的建立，到判断矩阵的选择与构成、区间判断矩阵计算方法的选择，再到专家意见的综合等等，完成了一套行之有效的基于不确定型AHP的大跨度桥梁综合评估方案，通过该方案的实施能够对桥梁进行合理的、科学的评估。

2)基于模糊理论的大跨度桥梁综合评估

在对大跨度桥梁进行综合评估过程中，影响其工作性能的指标有很多，这些评估指标有的可以用精确的数字来描述，如斜拉索索力、主梁挠度等，有的只能用模糊的语言或模糊量来描述，比如斜拉索锚头锈蚀程度、混凝土表观缺损严重程度等等。由此，引入用来描述、计算、分析模糊量或模糊概念的理论——模糊理论，基于该理论建立了一套适用于大跨度桥梁综合评估的模糊综合评判方法。该方法从评语等级的确定、隶属函数的建立到合成算子的选择等方面，都对大跨度桥梁进行了针对性的研究。

通过对上述两种综合评估方法进行实例对比分析，得到的评估结果基本吻合。这两种评估理论相互验证、互相校核，有助于对桥梁的技术状态给出更科学的评价。

3. 大跨度桥梁承载能力评估

目前，对既有桥梁实际承载能力的评估已成为桥梁安全性和耐久性研究中的热点，而在实际的桥梁养护管理系统中还没有将这一部分纳入其中，承载能力评估对于一套完整的桥梁养护管理系统来说是必不可少的重要内容。

我们对大跨度桥梁承载能力评估进行了研究，利用检测数据、健康监测数据和现有规范的有机结合研究了一种比较实用的大跨度桥梁承载能力评估方法，并把该方法应用到DMMS系统中。

在承载能力评估中，系统根据《公路桥梁承载能力检测评定规程》(征求意见稿)，全面考虑结构构件的表观质量、结构动力特性、强度等指标对结构的影响，通过检测和监测的数据计算得到结构(或构件)的恶化系数、截面折减系数和活载影响修正系数等，并以桥梁成桥状态的有限元模型为基准，对其进行计算和分析，从而对桥梁实际的承载能力进行合理的、实时的评定。另一方面，系统通过结构分析模块得到桥梁的有限元模型，以当前状态下(即对初始成桥模型修正后的)相对真实、准确的有限元模型为基础，采用数值加载的方法，进行“设计荷载”下桥梁的承载力计算和分析，从而评估当前状态下桥梁结构是否依然具备设计的通行能力，使承载能力鉴定结果更加科学。

四、结　语

建立一个系统化、智能化和数字化的大跨度桥梁养护管理系统，可以辅助管理部门对现有桥梁进行有效的管理，包括有计划的检查、检测和监测，桥梁技术状况的合理评估，结构退化的预测，健全、适时的养护维修计划等等，从而有效地促进桥梁管理的规范化和科学化，减少不必要的损失，以带来显著的经济效益和社会效益。

我们开发的数字化斜拉桥养护管理系统DMMS，集数据管理、评估计算、检查检测、病害诊断、构件预警、耐久性及寿命预测、维修管理、查询统计等多项功能于一体。此外，该系统还建立了较为全面的斜拉桥病害维修知识库，并为养护部门提供了较为完整的DMMS用户使用手册、斜拉桥养护管理指南、检测与试验操作手册以及养护管理设备建议清单等，从而为大跨度桥梁的养护管理工作提供了详细、具体的技术指导，为确保桥梁的安全运营提供可操作的技术手段。

参考文献

[1] 黄侨，任远，吴红林. 哈尔滨四方台斜拉桥运营与养护管理系统研究[R]. 哈尔滨，哈尔滨工业大学，2008.

[2] 任远，黄侨，孙永明. Research and development of digital maintenance and management system for long-

span cable-stayed bridges[J]. Journal of Harbin Institute of Technology(New Series),2009,16(1).

[3] 季云峰,张启伟.新一代桥梁管理系统的研究与发展[J].世界桥梁,2004,(1).

[4] 任远,黄侨,林阳子.大跨度斜拉桥综合评估系统的研制与开发[J].南京航空航天大学学报,2007,39(4).

[5] 任远,黄侨,李辉.大跨度斜拉桥的评估理论体系研究.全国既有桥梁加固、改造与评价学术交流及技术研讨会议论文集.南京,2008.

[6] 黄侨,任远,林阳子. Application of Uncertain type of AHP to condition assessment of cable-stayed bridges[J]. Journal of Southeast University(English Edition),2007,23(4).

[7] 黄侨,任远,刘绍云,等.大跨度桥梁养护管理系统的若干问题研究[C].中国土木工程协会桥梁及结构工程分会第十八届全国桥梁学术会议论文集.天津:2008.

[8] 黄侨,任远.大跨度斜拉桥养护管理系统的数字化研究[C].中国公路学会桥梁和结构工程分会全国桥梁学术会议论文集.常熟:2006.

[9] 中华人民共和国行业标准 JTG H11—2004 公路桥涵养护规范[S].北京:人民交通出版社,2004.

[10] 中华人民共和国行业标准 CJJ 99—2003 城市桥梁养护技术规范[S].北京:中国建筑工业出版社,2003.

[11] 中华人民共和国行业标准 公路桥梁承载能力检测评定规程(征求意见稿)[S]. 2004.

106. 印尼苏拉马都大桥结构健康监测系统设计

杨小刚

(中国路桥工程有限责任公司)

摘 要 桥梁结构健康监测系统的设计涉及许多不同领域,如结构分析、信号处理、计算机、通信等。本文讨论了结构健康监测系统的主要功能和组成,结合印尼苏拉马都大桥健康监测系统设计实例,讨论了监测的内容、传感器的布置、数据库的设计以及健康监测系统中的几个关键问题,可供其他大桥健康监测系统设计参考。

关键词 健康监测 系统 传感器 数据处理 数据库 损伤识别

一、引 言

桥梁结构作为大型土木工程结构由于荷载作用、疲劳与腐蚀效应、材料老化以及缺乏及时的维修,在使用期内将不可避免地产生损伤累积、抗力衰退而影响结构寿命,甚至导致突发事故。多年来,桥梁结构的安全状况一直是政府有关部门和公众特别关心的问题。目前国内外许多桥梁都存在不同程度的安全隐患。比如西方发达国家在经济腾飞时期建造的大批桥梁面临剩余寿命的评估问题,其中美国的69万座公路桥梁中有一半以上的使用年限已超过50年;三分之一以上的桥梁使用效率很低或者干脆荒废,每年用在桥梁维修上的费用超过50亿美元。在国内,由于质量控制滞后于桥梁的建设速度致使桥梁倒塌事故逐年增加。

如果能在灾难来临之前进行预测,对桥梁的疲劳损伤进行监测,从而对桥梁的健康状况给出评估,那就会大大减少这些惨剧的发生。桥梁健康监测及诊断系统的研究与发展正是在此基础上应运而生[1]。

20世纪80年代中后期开始建立各种规模的桥梁健康监测系统。例如,英国在总长522m的三跨变高度连续钢箱梁桥 Foyle 桥上布设传感器,监测大桥运营阶段在车辆与风载作用下主梁的振动、挠度和应变等响应，同时监测环境风和结构温度场。该系统是最早安装的较为完整的监测系统之一，它实现了实时监测、实时分析和数据网络共享。建立健康监测系统的典型桥梁还有挪威的Skarnsundet斜拉桥(主跨530m)[2]、美国主跨440m的Sunshine Skyway Bridge斜拉桥、丹麦总长1 726m的Faroe跨海斜拉大桥和主跨1 624m的Great Belt East悬索桥[3]、英国主跨194m的Flintshire独塔斜拉桥以及加拿大的Confederation Bridge桥。瑞士在混凝土桥Siggenthal Bridge建设过程中安装了健康监测系统。我国自20世纪90年代起也在一些大型重要桥梁上建立了不同规模的结构监测系统，如香港的Lantau Fixied Crossing、青马大桥、汲水门大桥和汀九大桥，内地的虎门大桥、徐浦大桥以及江阴长江大桥等在施工阶段已开始安设传感设备，以备将来运营期间进行实时监测[4,5]。

苏拉马都大桥是印度尼西亚连接泗水和马都拉岛的一座特大型桥梁，其主桥为双塔双索面叠合梁斜拉桥，跨径布置为192+434+192=818m；桥面为双向四车道，总宽度为30m。主梁钢结构部分采用钢箱边主梁结构，一般梁段中心处箱梁高2.8m，宽2.3m，两边箱梁之间设工字形横梁，横梁上部设置有厚度为25cm厚的混凝土桥面板。在主梁钢板采用Q345qC低合金结构钢。采用平行钢丝斜拉索，标准索距12m。该桥2009年6月建成通车，是中交集团在海外完全采用中国标准设计建造的最大跨度桥梁，是中交集团在海外的标志性建筑，显示了我国高水平的桥梁设计施工技术。对于这样具有代表性的桥梁，建设一套技术先进的结构健康监测系统，在其运营期间的健康监测、诊断以及损伤评估，具有重要的意义。

二、健康监测系统的功能和构成

桥梁健康监测的基本内涵[6]是通过对桥梁结构状态的监测与评估，从而为桥梁工程在特殊气候、交通条件下或运营状态严重异常时发出预警信号，为桥梁维护、维修与管理决策提供依据和指导。

一个完整的桥梁健康监测系统应具有以下几个方面的功能[6]：

①验证桥梁设计假定，包括设计荷载，结构分析模型；②监测异常荷载，如特大风荷载，超重车辆等，并能及时报警；③监测结构过大反应，如过大的位移，应变，桥塔倾斜等，并及时报警；④协助人工检查，能更快地发现桥梁的结构损伤；⑤突发事件后，能及时提供结构特性和反应数据，尽快评定结构安全性；⑥为研究和改进桥梁结构损伤识别的方法提供实验平台；⑦辅助人工检查，及时调整人工检查间隔时间。

基于此目的，监测系统对以下几个方面进行监测：①桥梁结构在正常环境与交通条件下运营的物理与力学状态；②桥梁重要非结构构件(如支座)和附属设施(如振动控制元件)的工作状态；③结构构件耐久性；④大桥所处环境条件等等。与传统的检测技术不同，大型桥梁健康监测不仅要求在测试上具有快速大容量的信息采集与通讯能力，而且力求对结构整体行为的实时监测和对结构状态进行智能化评估，如图1所示[7]。

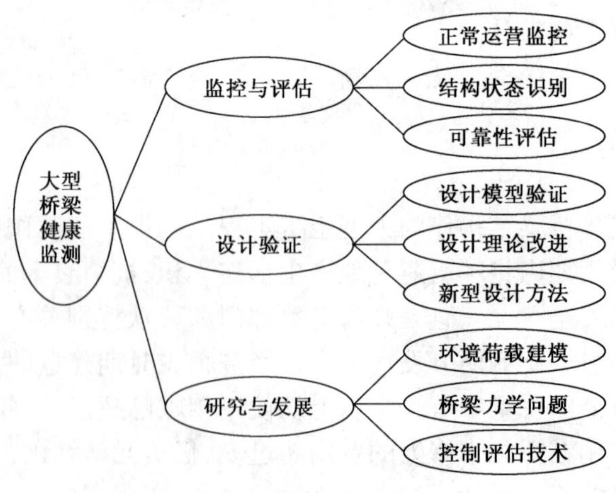

图1　大型桥梁健康监测意义

为了实现以上目的，一个完整的健康监测系统必须包含以下四个部分：

①传感器系统(Sensor System，SS)：用以采集数据，传感器需要满足技术先进、经济合理、可靠使用的标准，且具有良好的耐久性，采集信号不易受外界环境干扰。根据结构特点和计算分析结果，确定各个传感器的性能标准和采样频率；

②数据采集与传输系统(Data Acquisition and Transmission System，DATS)：负责所有传感器信号的采集、调理、预处理、显示、传输和保存等，该系统设计和功能实现应充分考虑传感器种类、数量、安装位

置和监测方法。数据采集单元必须合理地布置以避免传感器信号的长距离传输和确保数据准确、稳定地收集；

③数据处理与控制系统（Data Processing and Control System，DPCS）：负责数据提取、传输、后处理、存储、备份和显示等。通过线缆网络系统，数据处理与控制系统能全面地监测和控制桥梁上的数据采集单元和传感器；

④结构健康评估系统（Structural Health Evaluation System，SHES）：结构健康评估系统是结构健康监测系统的核心部分，用于评估结构的承载能力和动态性能，识别结构存在或潜在的损伤，为桥梁维护和管理提供可靠信息。

此外还需设计其他保证系统安全运营的辅助系统，如供电系统、防雷系统。

三、监测项目和传感器的布设

桥梁结构健康监测系统的设计要兼顾经济性和适用性。安装传感器数量越大，则监测系统能识别出来损伤的概率也就越大，从而整个系统的建设和维护成本会增大很多。反之，如果安装传感器数量过少，系统监测不到足够的用于桥梁健康评估的数据，不能实现健康监测的目的，使得系统失去作用，成为“垃圾系统”。因此，监测项目的选择，传感器的布设是健康监测系统设计的一个重要内容。

根据健康监测的目的，考虑到环境因素和苏拉马都大桥的设计特点，健康监测系统设计监测用以下三个类别的参数：

①荷载的监测：包括风荷载、温度荷载、地震荷载和交通荷载，用于这些荷载监测的相应传感器分别为超声风速仪、温度计、地震加速度计以及动态称重系统（WIM）；

②结构静动力反应的监测：包括桥梁静动力变形和转角、伸缩缝相对位移、主要截面位置的应力应变、索力、加速度。相应的监测传感器为加速度计、磁通量索力计、GPS等；

③桥梁几何监测：监测桥梁各部位的位置、桥塔倾斜、加劲梁线形等。相应的监测传感器为位移计，倾角仪，GPS和数字摄像机。

传感器的布置位置要有代表性，应布置在控制桥梁安全的重要部位的截面，根据以上监测内容，苏拉马都大桥主桥共布设各类传感器404个，各类传感器的布设数量和位置分别见表1和如图2所示。

Suramadu主桥传感器系统　　表1

传感器名称	传感器代码	数量	传感器名称	传感器代码	数量
钢温度计	ST	26	双向加速度计	ACC2	10
混凝土温度计	CT	22	三向加速度计	ACC3	1
钢应变计	SSG	58	地震加速度计	SE－ACC	2
混凝土应变计	CSG	96	双向倾角仪	TLM2	16
应变计	SRG	4	空气温湿度计	AT&RH	6
补偿用钢温度计	ST-C	18	磁通量传感器	EMS	32
补偿用混凝土温度计	CT-C	22	摄像头	DVC	22
双向风速仪	ANM2	2	动态称重系统	WIM	1
三向风速仪	ANM3	2	GPS接收器	GPS-RV	14
位移计	DSP	8	GPS参考站	GPS-RF	2
单向加速度计	ACC1	11			

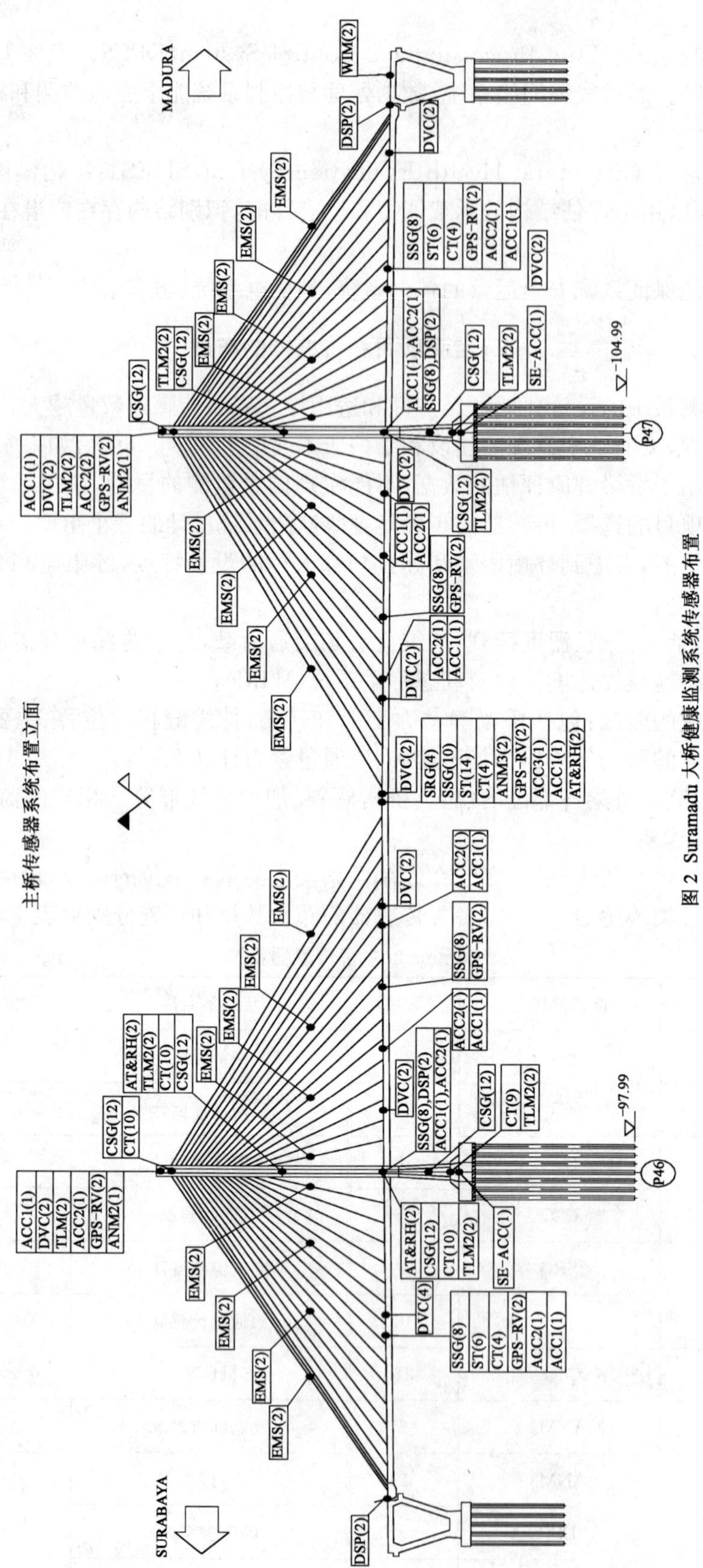

图 2 Suramadu 大桥健康监测系统传感器布置

四、数据处理及数据库的设计

经传感器采集的大量原始数据需要及时进行处理，存入数据库。Suramadu 桥梁健康监测系统的数据处理分为数据预处理和数据后处理两个过程。预处理在信号采集过程中进行，包括工程单位转换、零点修正、数字滤波、突变信号检测以及异常值捕捉。后处理是在预处理数据的基础上，提取一系列结构评估需要的特征参数，如最大最小值、功率谱、风玫瑰等等，不同的信号有不同需要的特征值，此处不再详述。数据采集和处理软件在 LabView 平台下开发。

监测系统产生的海量数据要存入数据库，需要设计安全可靠，结构严密的数据库，库内的数据可以自动完成保存、更新、备份等，并能方便地进行查询和调用。根据存储信息的不同，将 Suramadu 健康监测系统的数据库分为四个数据库，分别为信息库、历史库、实时库和结果库，各库的数据内容如图 3～图 6 所示。

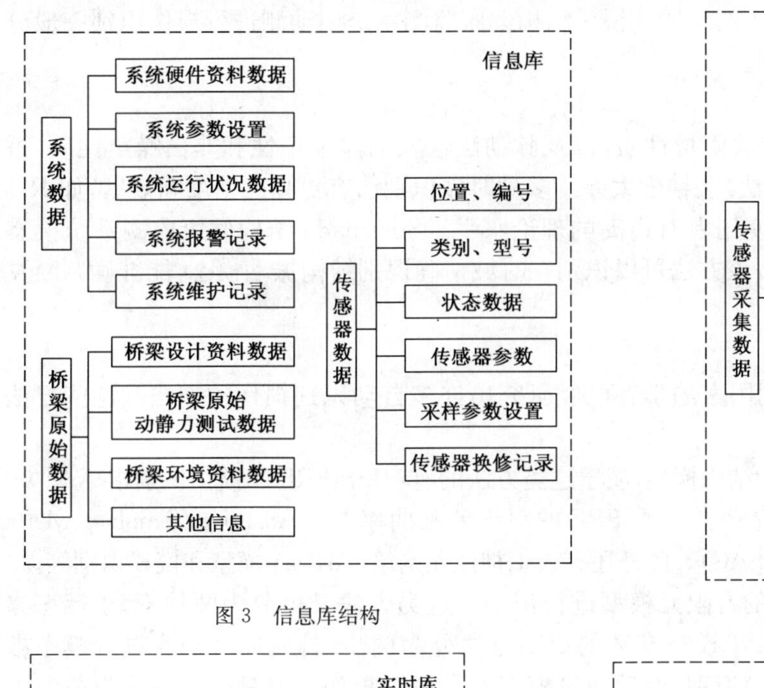

图 3　信息库结构

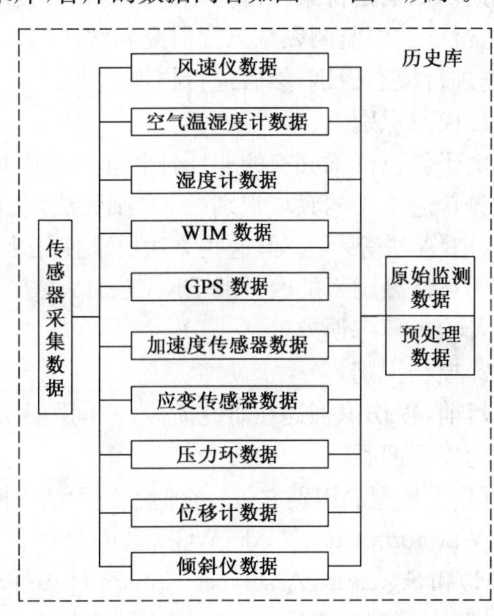

图 4　历史库结构

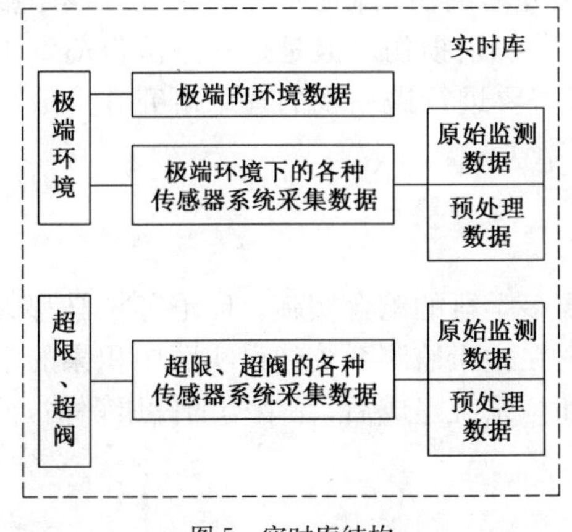

图 5　实时库结构

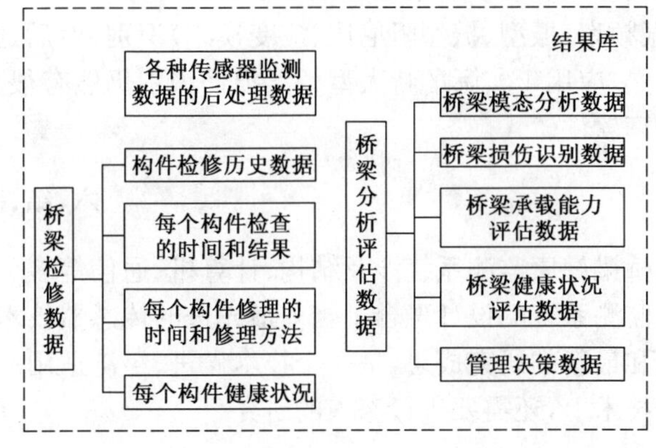

图 6　结果库结构

五、几个关键问题

1. 初始指纹测试

结构损伤识别是桥梁健康监测系统的主要功能之一，损伤识别主要是通过将使用中的桥梁的动力特性（如自振频率、振型以及阻尼等），与结构完好状态下的动力特性一起进行分析确定桥梁损伤的存在并判定位置，所以损伤识别要求保存结构完好状态下的初始动力特性，也就是结构初始指纹。几乎所有的损伤识别理论均认为有初始指纹的损伤识别的能力远远优于没有初始指纹的损伤识别，通过结构当前指纹与初始指纹的对比来发现损伤。可见,在桥梁建成通车前对其动静力指纹进行测试是桥梁结构健康监测系统能否最大限度发挥效能的关键因素之一。桥梁初始指纹是指比较详细的动静力特性测试。桥梁初始指纹测试可以取代桥梁成桥验收试验,但是成桥验收试验代替不了初始指纹测试。

2. 系统时钟同步

为保证采样数据的有效性,必须要同一时刻采集安装于桥梁各个关键部位的传感器输出信号,因此在系统设计时要引入时钟同步技术。要实现以下几个同步:①数据采集仪每个采集板卡上各数据采集通道之间的同步;②数据采集仪各个采集板卡之间的同步;③不同数据采集仪之间的同步。Suramadu桥梁健康监测系统设计中,分别采用GPS和IEEE 1588进行系统同步。

3. 结构模态及损伤识别

损伤识别是桥梁结构健康监测的关键技术,是真正意义上的桥梁监测系统的核心,目前还在研究阶段,是桥梁健康监测领域急待研究和解决的问题。桥梁结构健康监测系统用动测进行损伤识别一般分两步:先进行模态识别,然后进行损伤识别。

1)模态识别

由于斜拉桥梁固有的非线性和非经典阻尼性质,以及脉动法输入的非平稳性和非白噪声性质,桥梁测试界普遍采用的频域识别(FRF函数法)法精度太差。多种时域识别法有更高的精度和效率,如RD函数法、ERA法等[8,9]。但这些方法要求使用者有很高的理论水平。Suramadu结构健康监测系统模态识别采用自然激励下的改进的ERA法[9],该方法可以识别在时域精确识别结构振动模态,能准确判断真假模态及给出模态误差。

2)损伤识别

目前,损伤识别还在研究阶段,不同国家的学者已经研究出许多自动识别损伤的方法。这些方法大致分为以下两类。

(1)无模型的识别方法。它们不使用结构模型,属于这类方法的有:基于FRF的损伤识别指标[10]方法,包括Waveform Chain Code(WCC,其中又包括量测FRF的斜率差和曲率差)、Adaptive Template Methods(ATM)和Signature Assurance Criteria (SAC)。此外还有人工神经元网络、ARMA模型和模式识别等。

(2)有模型的识别方法。使用结构的有限元模型进行识别。这类方法又可分为两种:基于模态参数的识别方法和直接的系统识别方法。基于模态参数的识别方法分为两步,首先通过动测进行模态参数(自振频率、振型、振型阻尼比、应变模态)识别,然后通过模态参数识别损伤。但是这些方法目前都不是很成熟,应用于实际的特大型桥梁损伤识别仍然有很大的难度,需要进行进一步的理论研究并形成相应的计算软件。

六、结　　语

桥梁健康监测系统涉及结构、计算机、通信等多个领域,需要多学科的配合实施。印尼苏拉马都大桥健康监测系统的设计融合了当前最先进的传感器技术,以及国内在健康监测系统建设实践中积累的宝贵经验和最新的研究成果,是一个技术先进、经济适用的系统。同时,系统建成后,在结构的健康评估,损伤识别技术上,还需要进行深入的研究。

参考文献

[1] 张启伟.大型桥梁健康监测概念与监测系统设计[J].同济大学学报,2001,29(1):65-69.

[2] Myroll F, Dibiagio E. Instrumentation for montoring the Skarnsunder Cable-Stayed Bridge[A]. Krokeborg J proceedings of the 3rd Symposium on Strait Crossing[C]. Rotterdam: Balkema, 1994, 207-215.

[3] Andersen E Y. Structural monitoring of the Great Belt Bridge. Krokeborg J proceedings of the 3rd Symposium on Strait Crossing[C]. Rotterdam: Balkema, 1994, 54-62.

[4] 高赞明,孙宗光,倪一清.基于振动方法的汲水门大桥损伤检测研究[J].地震工程与工程,2001,4

(21):117-124.

[5] 张启伟,袁万城,范立础.大型桥梁结构安全监测的研究现状与发展[J].同济大学学报,1997,25(增刊):76-81.

[6] 秦权.桥梁结构的健康监测[J].中国公路学报,2000,2(13):37-42.

[7] 孙晓燕.桥梁结构若干前沿问题的研究[M].清华大学博士后研究报告,2006.

[8] 李惠彬,秦权,钱良忠.青马悬索桥的时域模态识别[J].土木工程学报,2001,34(5),52-56.

[9] 贺瑞.大跨桥结构监测系统的模态识别和误差分析及损伤识别[D].清华大学博士学位论文,2009.

[10] Qin Q. and W. Zhang. Damage detection of suspension Bridges[J]. Proceedings of IMAC XVI. Santa Barbara. USA. ,1998,Feb. 2-5:945-951.

107. 宁波市外滩大桥前塔柱“竖拼竖转”施工技术

全 军[1] 廖德川[2] 鄢 伟[2]

(1. 宁波通途投资开发有限公司;2. 四川路桥华东建设有限责任公司)

摘 要 宁波市外滩大桥主塔采用三角形斜塔结构,针对其异型、超重、大尺寸等特点,结合工程地质、环境及通航等条件,提出采用“竖拼竖转”法进行前塔柱施工,有效地解决了各项施工技术难题。

关键词 前塔柱 竖拼竖转 施工技术

一、工程概况

宁波外滩大桥位于甬江桥下游江北区与江东区交界处,是宁波市中心的一座景观桥梁,建成后将成为宁波市“三江六岸”又一地标性建筑。

外滩大桥主桥采用独塔四索面异型钢箱梁斜拉桥结构,全长337.00m,是跨越甬江的一座特大桥(见图1),跨径布置自西向东为:主跨225.00m+边跨(82.00m+30.00m),除主墩位于甬江浅滩区外,其余各墩均位于陆地上。

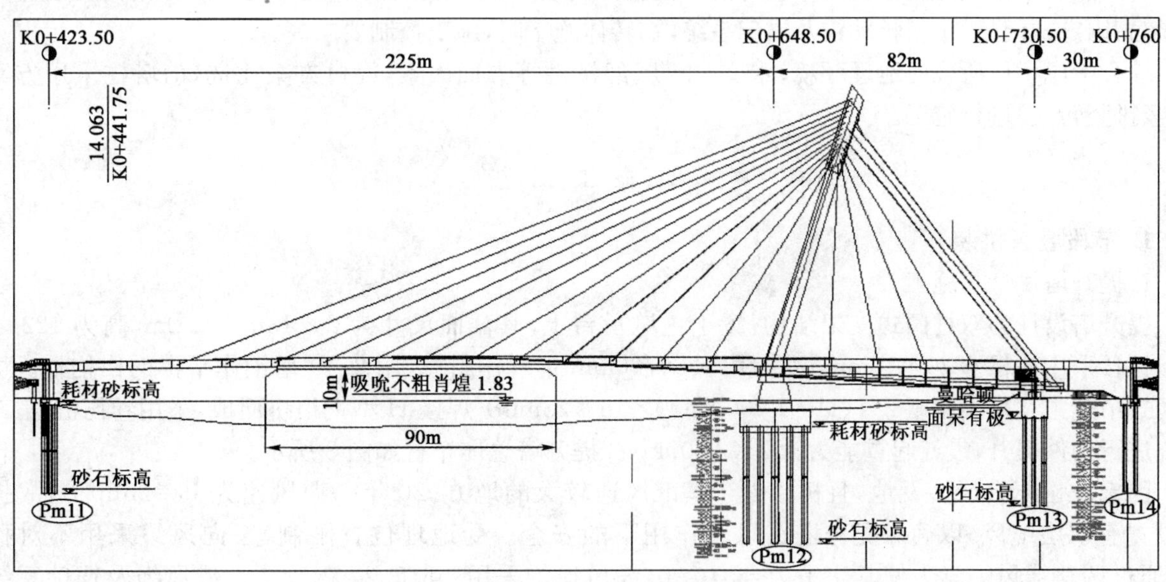

图1 主桥桥型布置图

主桥索塔采用三角形斜塔结构，位于两幅分离式主梁的中间位置，由前塔柱（TA1-TA10）、后斜杆（TC1-TC10）、水平杆（TB1-TB5）三部分组成（见图2），桥面以上主塔高度85.243m。索塔最重节段为前塔柱与后斜杆交汇段TA-9，节段重量为347t。

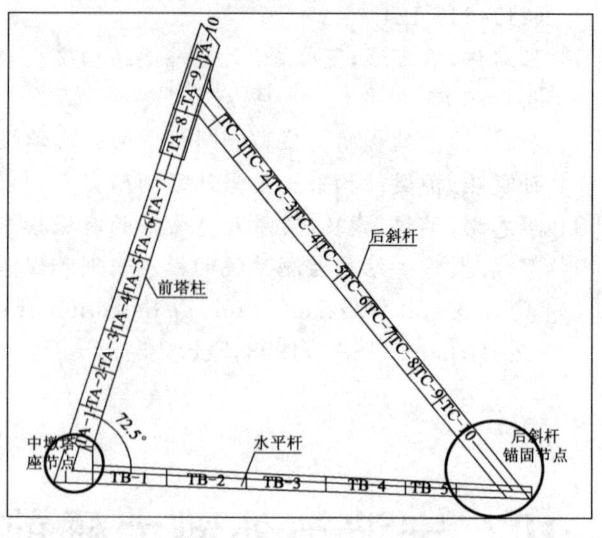

图2　宁波市外滩大桥主塔构造图

二、构造特点、施工重点和难点

1. 构造特点

前塔柱设计为钢结构，与水平线夹角为72.5°，其下端与墩、梁固结，上端与后斜杆相连，塔头为拉索锚固区，由塔底分离式双箱断面渐变至塔头锚固段单箱断面，其结构新颖，造型独特。

TA-9节段为异形节段，其尺寸为10.6m×6.1m×12.3m，重量达347t，因其为前塔柱与后斜杆的交汇段且为斜拉索锚固区，其受力及构造均十分复杂。

2. 施工重点和难点

(1)桥位位于甬江上游，其下游已建、在建桥梁多，受通航净高影响，大型起重船及起重设备进场十分困难，需对设备进行特殊改制后方能进场。

(2)前塔柱部分节段为异形，尺寸大，重量达347t，提升高度达100m，节段的移运、安装十分困难。

(3)主墩位于甬江浅滩区，受涨落潮影响，落潮时泥面出露，涨潮时水深约1m，运输船无法靠近墩位，构件卸船存在问题。

三、总体思路及方案概述

方案一：主墩附近设置大型垂直提升设备，并搭设好前塔柱拼装支架，采用大型起重设备将节段直接拼装到位。因国内现有桥梁施工设备均无法满足吊重347t，吊高90m的要求，故需对提升设备进行专门设计、加工。

方案二：在主墩上设置大吨位、超高固定式门吊，利用门吊先进行节段的竖直拼装（在前塔柱下端设置转铰），然后采用竖向转体施工工艺将前塔柱整体转动17.5°，实现前塔柱就位。该方案需要设置大吨位、超高固定式门吊、重型转动铰及锚碇系统，在转体施工时，施工控制要求高。

综合考虑桥位所处的地理环境、水文、工期、经济性等方面因素，经过方案比选，前塔柱采用方案二（即竖拼竖转法）进行施工。

四、施　工　工　艺

1. 节段竖直拼装

1)提升塔设计与施工

提升塔设计为双柱门式支架结构，置于主墩承台上，其截面尺寸为2×13m×5.2m，高为122.4m。两立柱各采用6根ϕ820×10mm钢管，用ϕ350×6mm钢管作斜撑，用2[40型钢作平撑的格构柱。塔顶移动式吊车主梁采用两组2×(H—1 700×500×15×23mm)焊接H型钢组拼而成，采用卷扬机、滑车组系统进行构件提升，设计起重能力为2×2 000kN。提升塔总体布置如图3所示。

因宁波位于台风多发地，且桥位处于基准风速较大的地方（20年一遇风速为V=26m/s），故提升塔设置有双层缆风，以确保提升塔在风力作用下的安全。受地理位置限制，三向风缆采用不对称布置，通过调整缆风绳索力使其水平力合力为0，缆风绳均采用4ϕ15.24钢绞线。缆风绳及锚碇系统布置如图4所示。

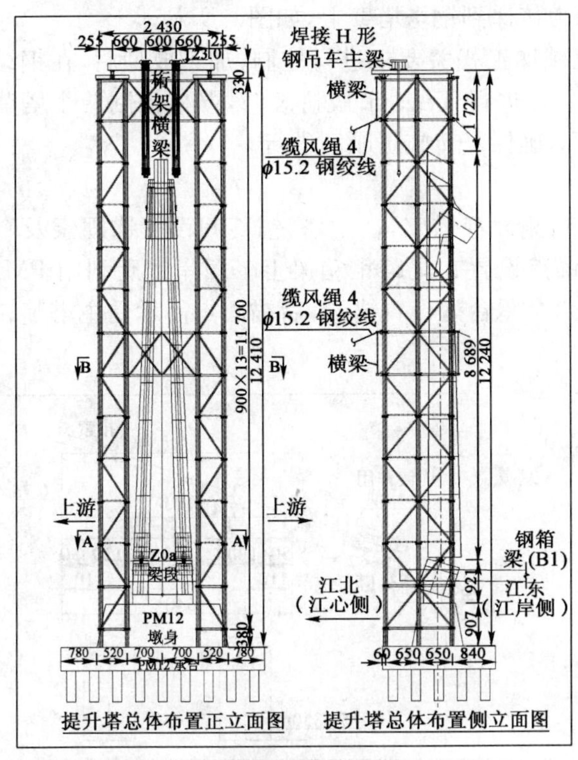

图3 提升塔总体布置图(尺寸单位:cm)

图4 提升塔风缆布置(尺寸单位:cm)

2)节段运输、移运、吊装

钢塔节段在工厂匹配制造完成后，采用平板驳船运输至主墩处，然后利用主墩前端的栈桥进行滑移卸船并移运至提升塔吊点下方。构件安装前，利用双吊点进行节段姿态调整，然后提升、吊运构件至待安装位置进行节段匹配安装。

2. 前塔柱竖转

1)竖转整体布置

前塔柱竖转时，在江东侧(边跨)设置牵引钢束，在江北侧设置后背索，并在前拉索及后背索锚点处设置计算机液压同步控制系统进行前塔柱竖转施工，如图5所示。

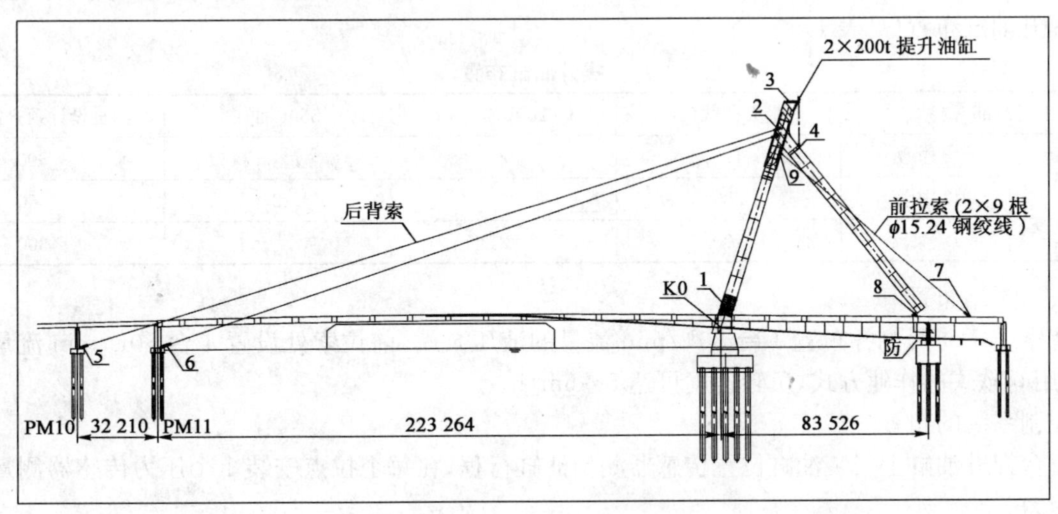

图5 转体施工总体布置

2)竖转铰设计与施工

前塔柱竖转铰采用轴铰，分别设置于双肢钢塔起步段(TA-1)内，为保证钢塔塔壁受力均匀，采用在钢塔节段内设置“井”字形加劲板的方法将铰轴所受的力传递到钢塔塔壁上，如图6所示。

为控制竖转施工精度，竖转铰加工时，严格按照机械加工相关要求进行控制，加工成型后，在钢结构加工厂进行封装，避免在加工及运输过程中引起变形。在进行TA-1节段拼装时，严格控制两个塔节段安装精度，并将竖转铰铰轴的同心度作为重要控制指标，确保竖转施工顺利进行。

3. 牵引及锚固体系

为克服前塔柱竖转施工产生的水平分力，在甬江两侧设置锚碇，在主塔、锚碇间设置锚固索及牵引索，在锚碇处设置张拉千斤顶构成锚固体系。江东侧锚点设置在尾跨钢箱梁上。西岸锚碇利用PM10、PM11墩桩基及承台，施工时，在PM10、PM11两墩共六个承台处设置锚点，后锚固点需承受主塔竖转及后斜杆整体提升时锚固索索力(图7)。

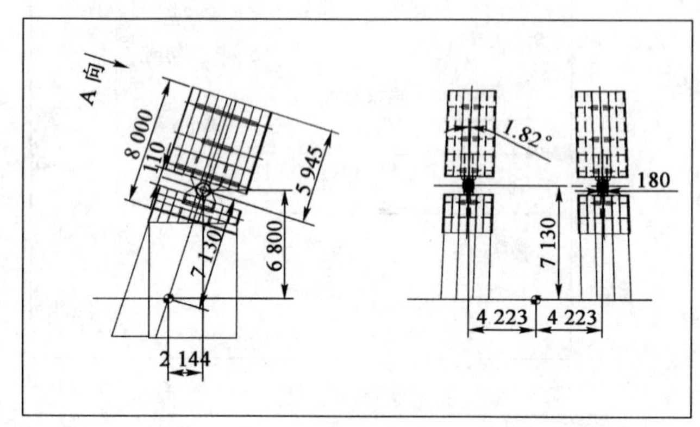

图6 竖转铰构造图(尺寸单位:mm)

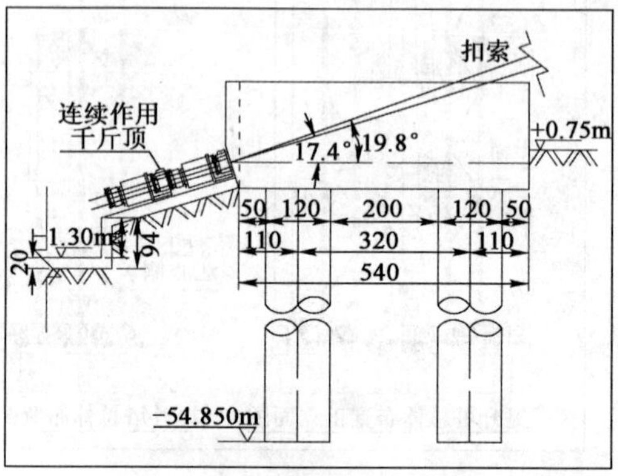

图7 锚固点示意图(尺寸单位:cm)

锚固索及牵引索均采用钢绞线，江东侧牵引索采用2束15-19钢绞线束，西岸两中墩采用15-23钢绞线束，两边墩采用15-15钢铰线束，保证锚固索及牵引索受力均匀。

4. 同步控制系统

前塔柱竖转计算机控制液压同步提升系统由钢绞线及提升油缸集群(承重部件)、液压泵站(驱动部件)、传感检测及计算机控制(控制中枢)几个部分组成。该系统具有如下特点：

①锚具具有逆向运动自锁性，安全可靠；

②系统具有mm级的微调功能，能实现精确定位；

③设备自动化程度高，操作方便灵活，通过计算机界面能适时掌握各点压力、位移等参数，适用性强。

1)提升油缸布置(见表1)

提升油缸布置 表1

工程部位		最大荷载(t)	200t油缸	350t油缸	油缸设计顶升能力(t)
后背索	2边墩	176	2		300
	2中墩	283		2	460
前拉索	B7梁段	100	2		300

2)液压泵站布置

后背索横桥向两侧各布置1台80L/min流量的液压泵站，前拉索处设置1台80L/min流量的液压泵站，采用间歇式的作业方式，负转速度可达5～6m/h。

3)控制系统的布置

在每台提升油缸上安装油缸位置传感器测量油缸行程，在每个拉点安装1个压力传感器测量各拉点的负载压力。

5. 转体施工工艺

①前拉索主动加载，使得前拉索每根钢绞线受力95.8kN，前拉索钢绞线合计受力3 640kN，此时，后背索每根钢绞线受力为38kN；

②前拉索加载到 3 640kN,前主塔已经转体 0.12°;

③前主塔转体到 14.2°时,在前拉索不加载的情况下,后背索的每根钢绞线受力为 40kN;

④分级竖转施工(见表 2)。

分级转体施工控制表 表 2

转体级数		1	2	3	4	5	6	7	8	9	10	11
转体角度(°)		0.12	2	4	6	8	10	12	14	14.2	16	17.5
塔顶位移(m)		0.18	2.98	5.95	8.91	11.87	14.81	17.73	20.63	20.93	23.58	25.79
后背索每根钢绞线受力(kN)		38	40	40	40	40	40	40	40	40	45.6	51
后背索索力(kN)	边墩	1 140	1 200	1 200	1 200	1 200	1 200	1 200	1 200	1 200	1 368	1 530
	中墩	1 748	1 840	1 840	1 840	1 840	1 840	1 840	1 840	1 840	2 098	2 346
前拉索索力(kN)		3 640	3 238	2 641	2 067	1 543	1 030	540	342	0	0	0

五、结　　语

宁波市外滩大桥作为城市中心的一座景观桥梁,其结构复杂,施工限制条件多,且国内无同类桥梁施工经验可以借鉴,索塔(特别是前主塔)能否顺利施工成为本桥施工成败的关键。在施工时,充分利用现有资源,采用竖拼竖转工艺圆满完成了前塔柱的施工任务。该方案在本桥的顺利实施,也为其他城市异型桥梁施工提供了借鉴。

前塔柱自 2009 年 10 月 6 日开始进行节段安装,于 2010 年 1 月 25 日完成,历时 3 多个月,经过全体参建人员的努力,顺利完成了前塔柱的施工,为大桥建成通车打下了坚实的基础。

108. 斜拉桥长期声学健康监测系统

李发明　刘斯琴

(Pure Technologies(China)LTD)

摘　要　斜拉索风雨振动使拉索易出现锈蚀或疲劳断裂破坏,在锚头处尤甚。监测拉索的失效状况是确保斜拉桥整体结构安全的重要措施之一。本文介绍了一种基于声学原理的拉索健康监测系统——SoundPrint 系统的工作原理及其在美国德州弗雷德哈尔特曼桥中应用的实例。实测结果表明,该系统可非常精确地监测到实际工作中的斜拉桥中高强度钢丝的断裂失效状况,是一种斜拉桥安全状况非常有效且准确可靠的监控措施。

关键词　斜拉索　长期声学监测系统　钢丝断裂

一、引　　言

自 20 世纪 80 年代起,我国已陆续兴建了大批长大跨度桥梁,其中有不少处于世界前列。缆索结构是大跨度桥梁的主要承载构件,其耐久性和安全性对桥梁结构正常使用与整体结构的安全至关重要。在拉索体系结构中,经常发生的损伤有锈蚀、疲劳断丝或滑丝等,如广州海印大桥曾发生多根拉索断裂而不得不提前换索。四川宜宾小南门大桥曾因钢绞线应力腐蚀导致多根吊杆发生断裂破坏[1]。拉索体系的耐久性与安全性已引起业界的高度关注,监控拉索体系的健康状况具有十分重大的意义。

对运营中拉索体系的状态，传统的检测方法有人工检测法、磁漏检测法、超声波检测法、磁伸传感技术检测法等。以上检测技术皆有其不足，尤其不能实时提供拉索体系结构的使用状况信息，也不能准确预测拉索体系结构未来的使用状况。本文介绍了一种基于声学原理的长期健康监测系统——SoundPrint监测系统，可以监测拉索体系结构使用期间的“健康”状况，实时报告拉索状况并可用于预测拉索使用寿命。

二、声学健康监测系统的原理与系统组成

处于受拉状态的拉索中某根钢丝因某种原因（如应力腐蚀或疲劳等）发生断裂时，其中储存的能量将以弹性波的形式快速释放，其中部分则以声音的形式向外扩展和传播。如果在拉索上安装声学传感器，这些声音则可被捕捉到。数据采集系统可将采集到的声信号进行存储、传输，并经过分析处理后，即可给出警报等报告。一套完善的监测系统不仅可以侦测到钢丝断裂发生的情况，其发生的位置和发生的频度也可被侦测到。以此开发出来的SoundPrint健康监测系统，不仅有成熟的数据采集体系和相关硬件，还有功能强大的数据分析和管理软件，且已成功应用于桥梁结构健康监测超过15年。

图1 声学传感器

在拉索体系结构上，声学传感器（图1）用来监测斜拉桥斜拉索、悬索桥主缆中高强钢丝断裂时释放的能量。传感器沿拉索有序布置，其间距以钢丝断裂信号至少能被3个传感器检测到为宜。数据采集系统（图2）不仅可用来采集每个传感器所感应到的声信号，还具有过滤周边干扰信号、识别有效钢丝断裂信号的功能。数据采集系统可连续采集、记录所有钢丝断裂的有效信号，并将这些信号经AD系统转换成数字信号后储存起来，再传送到数据处理中心进行分析处理。分析处理的结果则以报告形式提交，或在相关网页上可实时查询到该桥梁结构中钢丝断裂的情况，其过程如图3所示。

图2 数据采集系统

SoundPrint结构健康监测系统已通过多家独立机构验证，包括悬索桥、预应力混凝土桥、斜拉桥等多种结构，证实SoundPrint系统可以有效地监测和定位出钢丝的断裂情况。

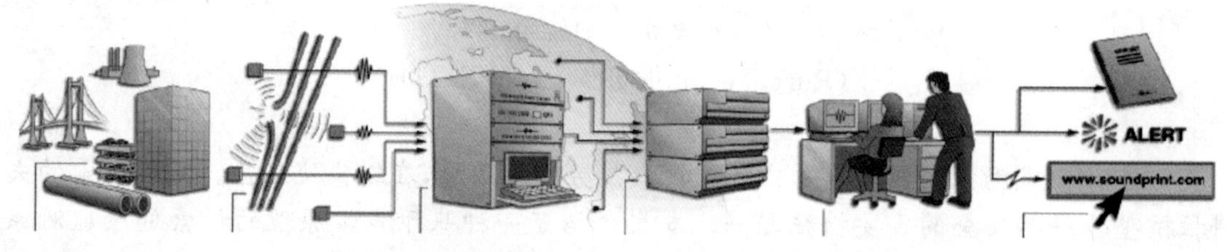

图3 SoundPrint结构健康监测系统组成

三、弗雷德哈尔曼（Fred Hartman）斜拉桥的长期健康监测实例

弗雷德哈尔特曼桥位于得克萨斯州休斯顿，建于1995年，主跨390m，双幅，2对双菱形塔，如图4所示。共有192根斜拉索，每根拉索包含七股钢绞线。斜拉索中灌入水泥浆，应用聚乙烯管作为保护套。由于长期的风雨振动，得克萨斯州交通运输署决定对桥梁结构进行监测，内容主要包括：①在德州大学进行试验，以测定斜拉索在疲劳和风雨振动下的响应；②在所有斜拉索上安装健康监测系统，长期监测斜拉索中的钢丝断裂情况。

1. 德州大学的试验情况

德州大学制作了与弗雷德哈尔特曼桥等比例的斜拉索，安装于试验台上进行动力测试，在斜拉索上施加活荷载来模拟斜拉索受到风雨振动的荷载情况。测试的主要目的是确定斜拉索的弯曲影响，确定斜拉

索是否因为横向弯曲发生疲劳破坏。同时，在测试试验过程中安装了 Pure Technologies 公司的 SoundPrint 声学监测系统，从而可以监测到斜拉索中是否出现钢丝疲劳破坏断裂[2]。

在试验室测试研究中，声学传感器直接粘贴于斜拉索上。声学传感器与数据采集系统连接，数据采集系统能滤掉结构中的噪声信号，得到符合钢丝断裂情况的有效信号数据。对这些数据进行计算分析，可以判断出钢丝是否出现断裂，并确定断裂的位置。

图 4 美国德州弗雷德哈尔曼斜拉桥

在完成测试试验之后，SoundPrint 声学监测系统给出了钢丝断裂的时间和位置报告。之后，德州大学试验人员打开斜拉索验证该系统的监测结果。

图 5、图 6 给出了系统记录的 10 根斜拉索的声学监测数据。

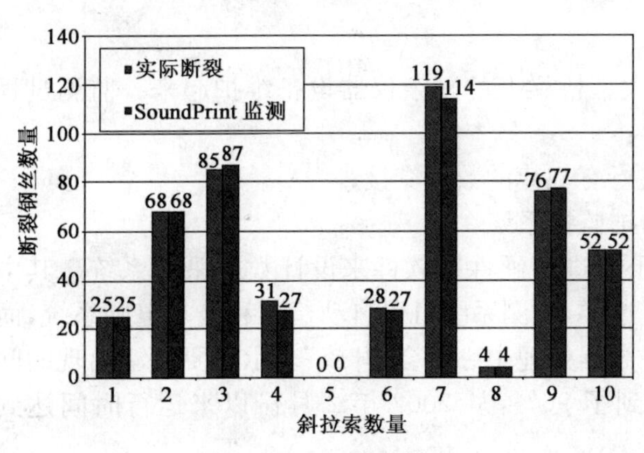

图 5 监测钢丝断裂数量与实际对比

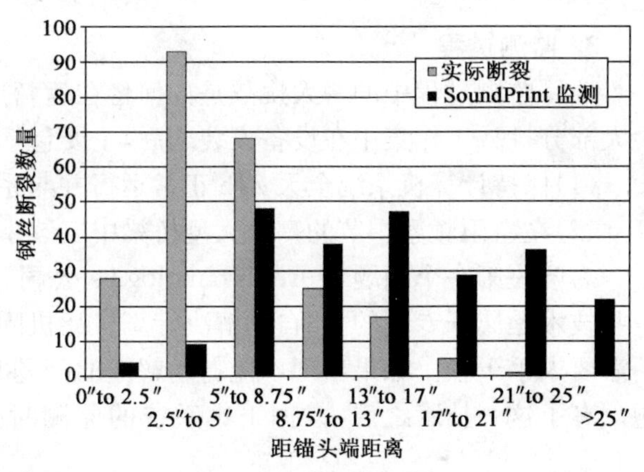

图 6 锚头附近监测钢丝断裂与实际对比

上述结果表明，该系统可精确地监测到斜拉索中钢丝的断裂情况。在测试过程中，总共有 488 根斜拉索疲劳破坏断裂，而该监测系统精确地监测到了 485 根，精确度达到 99.3%，在测试过程中误警只发生了 2 次，仅占是 0.4%，系统给出的断裂位置误差都在 45cm 以内。

2. 弗雷德哈尔特曼桥斜拉索长期健康监测

基于以上结果，得克萨斯州运输署认为 SoundPrint 健康监测系统可有效用于监测弗雷德哈尔曼大桥的斜拉索的健康状况。由于风雨振动，可能引起钢绞线疲劳破坏，同时可能引起钢绞线周边的灌浆破坏，所以德克萨斯州运输署决定在所有的斜拉索上安装声学传感器，监测整个斜拉桥结构。2002 年，Pure Technologies 公司用 SoundPrint 声学监测系统对这座桥中 192 根斜拉索进行长期监测。每根斜拉索上安装 3 个声学传感器，分别布置于底部锚固端、距离桥面板大约 3m 的斜拉索上和顶部锚固端（图 7）。

用环氧树脂将传感器粘贴斜拉索上，并绑扎固定。用同轴电缆作为数据电缆线，将每一个传感器连接到放于桥塔下面的集线盒中。将从集线盒中接出的数据电缆线与位于桥塔下的数据采集系统连接起来。

以已经知道的斜拉索钢丝断裂声音信号为判断标准，数据采集系统可滤掉周边干扰信号。当数据采集系统采集的信号与预先设置的钢丝断裂信号相符，就会发出警报信号，传感器高质量地采集有效信号数据，这些数据被传送到数据处理中心，可以分析出结构上是否发生了钢丝断裂。

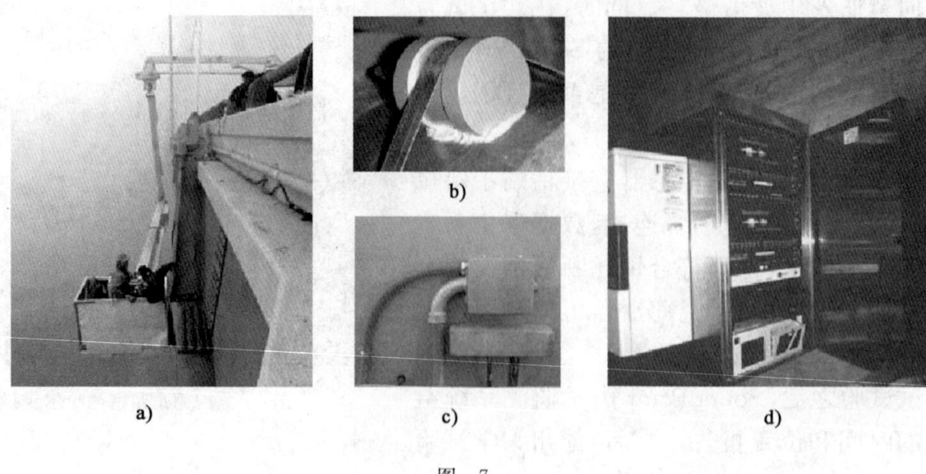

图　7

a)声学传感器安装于斜拉索的底部锚固端；b)在锚头上用环氧树脂粘贴声学传感器并绑扎固定；c)自由导管与数据光缆线集线盒；d)带空调的数据采集系统

3. 监测过程

项目监测过程中的一大挑战是如何将在运营中的大型桥梁上的复杂仪器设备维护起来。监测过程中大部分挑战工作集中在设备安装之后，主要包括如下：

(1)保持计算机系统全天24h正常运行并与系统进行有规律的数据交接；

(2)在雷雨频繁季节的高塔大型桥梁中安装雷电防护监控系统。

为解决第一个问题，Pure Technologies公司采用了先进的硬件和软件来设计数据采集系统。其中一些技术是属于专利的，如自动解决计算机死机问题。这样，监测系统可以自动检测和修复电脑系统，而不需要人手干预。如果出现不能自动解决的问题时，在数据处理中心就会“升旗”表示需要关注出现的问题。有了这一技术之后，数据采集系统的监测时间达到了96%，从2002年2月份以来运行时间达到了95%。

监测系统雷电防护是成功进行监测的一个重要内容。雷电防护设计允许细微损坏，组件能易于维修。这个项目预先的目标是防止接线盒和数据采集系统受到雷电破坏。这一部分费用是监测系统费用中昂贵的一部分。而传感器和数据电缆线被雷电击中破坏后，可很容易更换且费用相对比较小。

2002年，监测系统安装后，因雷电发生过较严重的损坏。此后，在监测系统中增加了雷电防护装置，其中包括数据采集系统和每一个接线盒在线电压保护，在每一个数据通道还用一个二极管和气体放电管进行保护。自从应用了这些装置之后，监测系统再也没有受到雷电的破坏。

4. 监测结果

2002年2月，将SoundPrint声学监测系统安装于弗莱德哈尔曼斜拉桥中，对结构所有的斜拉索进行监测。监测数据给德克萨斯州运输署就斜拉索内部钢丝状态方面提供了重要信息。

从监测数据中可以判断出结构是否发生了截面腐蚀和疲劳破坏。在完成本文时，弗雷德哈尔曼桥并没有出现重大问题，但还是监测到了11次符合钢丝断裂属性的信号。Pure Technologies公司把这些信号归类为“钢丝断裂”。直到现在，还不能通过确定钢丝断裂的位置来验证钢丝是否断裂。然而，在桥塔附近位置处，得克萨斯州运输署通过开口孔插入了一个管道探测镜。结果发现，在这个位置附近的灌浆有一小空隙。但是在到达监测报告的钢丝断裂位置之前，管道探测镜被堵住了。

图8是斜拉索的立面图，取自Pure Technologies公司监测到钢丝断裂位置报告给得克萨斯州运输署的内部网站。

从图8中可知斜拉索中出现了三处钢丝断裂。三角形标志为声学传感器位置。小圆点标志为钢丝断裂位置。

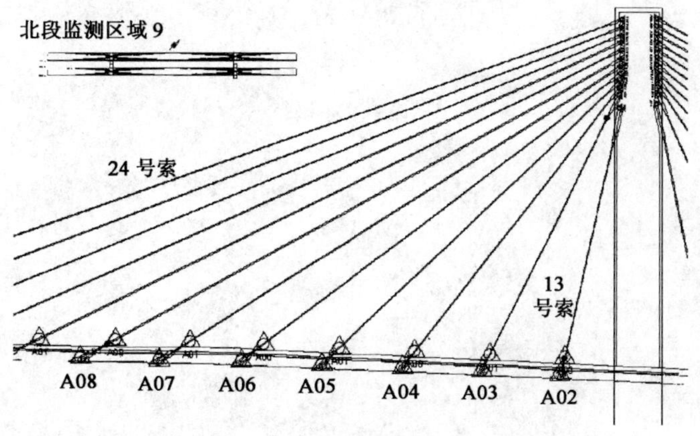

图 8 监测区域 9 钢丝断裂立面图

四、结　语

在弗雷德哈尔曼桥安装 SoundPrint 健康监测系统之后，结果表明该系统可以用于结构长期监测，通过声音信号判断钢丝断裂失效。尽管不能证实弗雷德哈尔曼斜拉桥钢丝断裂的真实性，但从试验室试验结果可以看出 SoundPrint 声学监测系统可以非常准确地监测到钢丝断裂情况。对弗雷德哈尔曼桥的监测经验表明，SoundPrint 声学监测系统可长期运行并能解决雷电等气候问题。通过在拉索支承结构中应用这样一套声学监测系统，可以判断出钢丝在荷载作用下是否发生了因疲劳和应力腐蚀带来的相关问题，并掌握斜拉索中钢绞线的工作状况。

参考文献

[1] 杨少军. 桥梁拉索体系损伤的检测和监测方法[J]. 重庆：交通科学技术，2005，3(6)：130-135.

[2] Alan Kowalik(2008), Acoustic Monitoring on the Fred Hartman Bridge.

III　结构分析与试验研究

109. 南京长江四桥主缆锚固结构模型试验

娄学全[1] 李 乔[2] 崔 冰[3] 赵灿辉[2]
(1. 南京长江第四大桥建设协调指挥部;2. 西南交大;3. 中交公路规划设计院)

摘 要 南京长江四桥采用以PBL传剪器群作为主要传力元件的新型主缆锚固结构,通过1∶1足尺模型试验对新型锚固结构的承载力、传力机理进行了研究。试验中首先通过有限元分析验证了试验模型的相似性,设计、制作了自平衡加载系统,解决了15 000kN大荷载的加载问题;采用滑移引伸系统测量钢—混凝土相对滑移,通过密集应变片群测量锚固钢板内力分布,借此探讨传力机理。试验表明,南京四桥锚固结构承载力满足设计要求,并有适当富余,大缆拉力较为平顺地传递到锚碇混凝土中。

关键词 组合结构 传剪器 承载能力 传力机理

锚固系统是悬索桥将主缆荷载传递给下部结构的重要结构,锚固结构的安全性是影响大桥安全的决定性因素之一。按结构构造,悬索桥锚碇锚固系统分为钢框架锚固系统和预应力锚固系统两种类型。国内外早期的悬索桥,如美国金门大桥、日本东京港联络桥、国内的广东虎门大桥等[1]多采用钢框架锚固系统。而近期修建的悬索桥则大多采用预应力锚固系统。南京长江四桥主缆采用改进后锚梁锚固体系。它的特点是:主缆拉力可通过钢筋混凝土榫传剪器逐步传递到锚体混凝土中,锚体混凝土应力的变化较常规方案平缓,可减小锚碇中混凝土应力梯度急剧变化带来的不利影响。这一锚固体系构思新颖,对其传力关系尚无直观的认识,可供借鉴的资料也不多,通过结构模型试验,研究钢—混凝土连接段的结构行为,探讨其传力机理滑移分布特点,并在此基础上对锚固结构承载力进行验证,对于确保锚固结构的安全,以及这一新型锚固系统的推广应用均有重要意义。

一、改进后锚梁锚固结构简介

南京长江四桥大缆锚固系统由锚固板、传剪器、锚固端组件、锚体混凝土构成,在传力肝上设置了橡胶块,起到阻水作用。单个锚体共9块锚固板,锚固板厚度28mm,采用Q370D材质。除B5锚固板外,均分两块,整体放样拼装制作。索股通过锚固端铸件与锚固板连接,分四索股锚固、二索股锚固和单索股锚固三种锚固方式。铸件端部设有连接用耳板,锚固端铸件通过M27高强螺栓与锚固板连接。

锚固板后部布置10排0.4m×0.4m间距钢筋混凝土榫剪力连接键。前两排钢筋直径为16mm,钢板开孔45mm;后8排钢筋直径20mm,钢板开孔60mm。在锚固板后端设置后锚梁(图1、图2)。

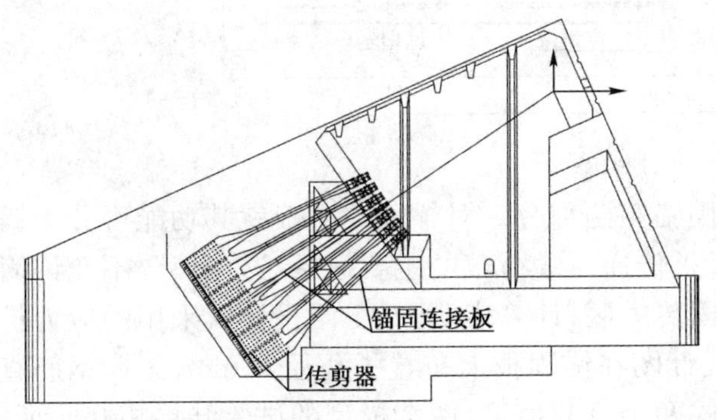

图1 锚固结构立面示意

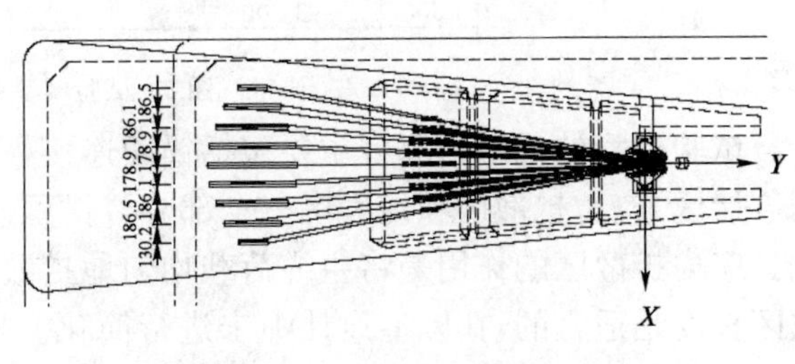

图2 锚固结果平面示意

从传力机理来说，传统的后锚梁是在钢杆后端设置锚固梁，通过锚固梁将荷载传递给锚碇的，改进后锚梁锚固体系则在后锚梁前设置钢筋混凝土榫传剪器，这样，强大的大缆拉力将首先传递给传剪器，然后传递给后锚梁，而且以传剪器作为传力的主要构件，后锚梁作为安全储备，用于承受超过正常使用荷载的偶然荷载。本次试验的目的包括验证锚固结构的承载能力和验证传力机理两个方面。

二、试 验 方 法

1. 试验模型

试验模型设计的一般原则是：模型应能够反映实际结构的主要力学特征，忽略那些次要因素。试件的尺寸一般根据研究目的实现的效果、实验室的设备及场地大小确定。一般来说，采用缩尺模型既可减小模型规模，又可降低对加载设备的要求，在考察整体应力的试验中通常采用这一方案。但是对于传剪器群试验来说，前期研究表明，传剪器的主要力学指标如屈服荷载、极限滑移量与传剪器孔径、芯棒钢筋直径并不存在确定的相似律，缩尺后的传剪器难以准确反映原型的结构行为。基于以上原因，采用缩尺模型有可能影响试验结果的正确性与可靠性，因此试验采用 1∶1 模型进行试验。

由于锚固结构体积庞大，对整个锚固系统进行加载试验是试验设备所不允许的，研究锚固系统构造后发现，9 块锚固连接板是相互独立的，可抽取其中的一块来进行试验，这里选择 B3 连接板来进行试验。即使如此，由于 B3 连接板的高度达 12m，承担的荷载达 40 000kN，从加载能力和模型尺寸来说，依然较大，实施仍较为困难。有限元分析结果表明，B3 连接板 5 个单元中所承担的荷载较为接近，故可抽取其中一个单元进行试验，最终选择了单元 3 进行试验。在设计模型时还应注意，模型的边界条件应与原型结构相似。在原型结构中主缆锚固区混凝土的下端受到下部混凝土的约束，上端为自由面，这一情况决定了模型也应采用这样的约束方式。基于这一认识，设计的试验模型包括底座、混凝土块、传剪器群、锚固钢板四部分，如图 3 所示。底座用于为模型主体提供固结边界条件，钢板长边沿水平方向布置并锚固于传剪器群，外荷载沿钢板长边方向施加，这样可满足模型混凝土块的边界条件与原型结构一致。

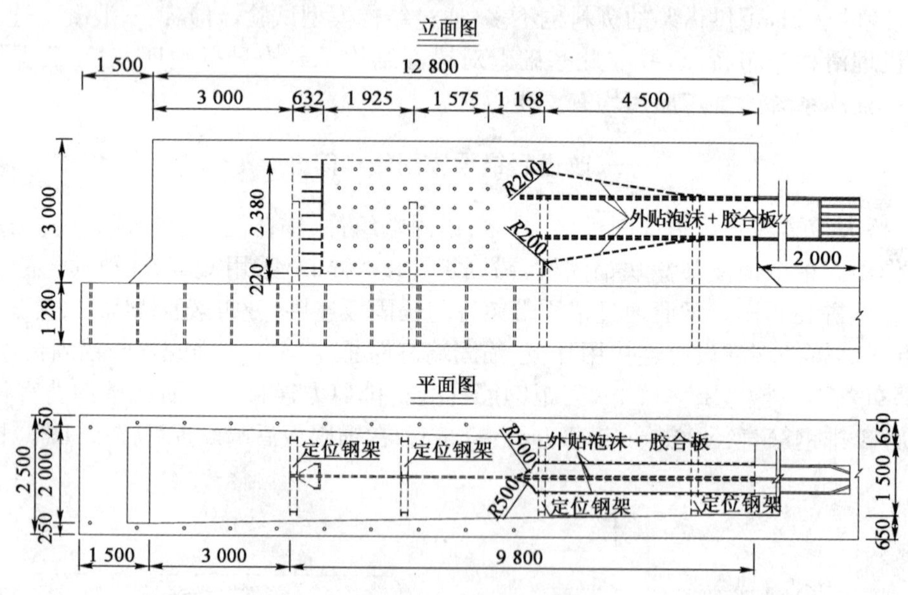

图 3　试验模型一般构造（尺寸单位：mm）

试验模型的钢结构部分主要包括锚固连接板和锚固锚箱两部分。对锚固连接板就其功能可分为锚固连接区、应力扩散区和传力区三个部分。锚固连接区是传递主缆荷载的主要区域，这一部分不允许简化。应力扩散区的作用是将主缆荷载均匀地扩散到锚固传力区，计算表明，施工图设计所采用的应力扩散区长度是适宜的，在模型设计中未进行简化。根据设计图在锚固板上布置了孔径 60mm、芯棒钢筋直径 20mm 的钢筋混凝土榫传剪器。本次试验制作了一式两个试验模型，两个模型的试验结果相互印证，以避免偶然因素对试验结果的不利影响。

混凝土结构包括外包混凝土块和底座两部分。外包混凝土块的构造尺寸对传剪器群的剪力分配有较大影响，其尺寸与施工图设计一致，其宽度与连接板的间距相同。外包混凝土块的高度主要由连接板宽度确定，本次试验所选的B3连接板单元3的宽度为2.38m，最终取外包混凝土块高度为3.0m。在设计外包混凝土长度时，主要应满足在前端(加载端)端面距第一排传剪器应有足够的距离，使应力有足够的扩散空间，此外还应保证第一排传剪器距防崩钢筋的间距与设计图一致；在后端，应尽量减小混凝土块与底座交界处的拉应力，防止外包混凝土块破坏。计算表明，当外包混凝土后端面与连接钢板后端面间的距离为3m时，外包混凝土后端面的主拉应力不大于1.5MPa，当防崩钢筋距前端面的距离为1.9m时，前端面的主拉应力也不大于1MPa(未找到引用源)，已能够满足上述要求。外包混凝土块的总长为12.8m。

底座的作用是为外包混凝土提供固结边界条件，应保证其承载能力大于传剪器群的承载能力，即不能先于传剪器破坏，同时，其尺寸还应与加载设备相配合。由于实验室槽道间距为2m，考虑到底座锚固的需要，其宽度取为2.5m，其厚度主要由承载能力确定，即应保证传剪器先于底座破坏。计算表明当底座厚度为1.2m时其上缘应力不大于1.5MPa，其安全性能得到保障，考虑到与加载设备配合，取底座厚度为1.28m。底座的长度主要由外包混凝土块的长度决定，同时应考虑底座与槽道锚固设施的布置，综合考虑后其长度取为14.1m。模型的一般构造见图3。

2. 加载系统和加载方法

设计计算表明，一个锚固连接板单元需承担8 000kN的荷载，在进行验证试验时，荷载应高于实际使用荷载，对于南京四桥锚固试验需加载到1.7倍使用荷载即13 600kN(试验时实际加载至15 500kN)。由于荷载较大，采用常规的沿反力墙正向加载的方式，是反力墙难以承受，必须另辟蹊径。

由于试验模型所施加的是拉力荷载，必须有强劲的加载座来平衡。反力墙系统限于厚度所能承受的荷载有限。注意到试验模型有较为厚实的底座，计算表明，若轴向加载，加载至13 600kN时，底座的应力仅4.25MPa，远小于其承载能力，因此在底座的基础上设置加载座是一个可行的方法。这样加载座沿加载方向的尺寸不受限制，可以通过较大的尺寸来满足受力要求，而且所施加的荷载通过底座可以自平衡，无需反力墙系统。加载系统的布置如图4所示。

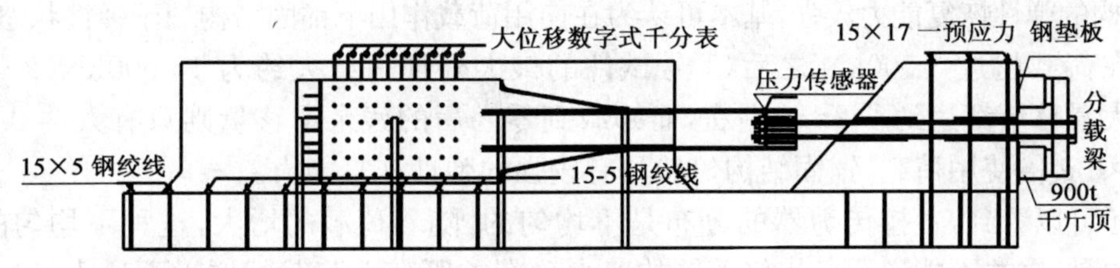

图4　加载系统和测试系统布置示意

本次试验的两个试件均采用单调加载与反复加载相结合的加载方式(图4)。加载采用两个9 000kN千斤顶进行，最大荷载达到了15 500kN。具体的加载方法为：

(1)在第一排传剪器的滑移量小于0.5mm时，以1 000kN的荷载增量逐级加载。

(2)当第一排传剪器的滑移量大于0.5mm时，以500kN为荷载步长，逐级加载至最大荷载。

(3)卸载时分两到三级进行。加载到8 000kN之后，卸载到零，反复循环加、卸载3～5次，再继续加载到最高荷载。加载到最高荷载之后，先卸载到零，然后重新加到最高荷载，再卸载到6 000kN，再加到最高荷载，最后卸载到零。

3. 测试系统和测试内容

根据试验的研究内容，测试内容包括：荷载、传剪器群的剪力分布、滑移分布三个方面。对于荷载量测，考虑到试验精度的要求，荷载将主要通过压力传感器测量，而千斤顶油表读数则作为参考，二者形成双控。测力设备的布置如图4所示。

滑移分布通过密布的大位移数字式千分表，测量每一排传剪器处的滑移。具体方法是在钢板侧面对应于传剪器位置处设置位移引伸钢筋，在混凝土块上缘传剪器对应位置处安装千分表，表头顶于位移引伸钢筋上。滑移测试设备布置如图5所示。

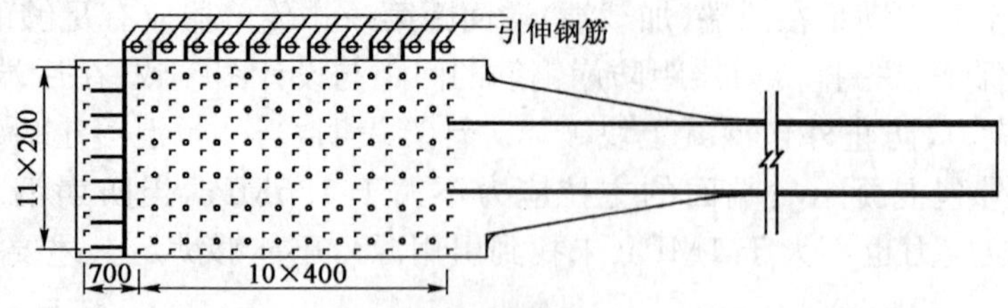

图5　锚固连接板测点布置(尺寸单位:mm)

荷载沿各排传剪器的分布是本次试验研究的重点之一，但直接量测传剪器承担的荷载是较为困难的，试验采用了量测钢板应变的间接方法解决这一问题。其原理是，通过密布应变片群测量钢板的应变分布，由于钢板仍保持弹性，通过应变分布可得到应力分布，然后根据每一排应变片处的应力可推算出该断面的内力，由每一排传剪器前后两排应变片断面处内力，可推算出该排传剪器承担的剪力，从而揭示传剪器群的传力机理。在锚固结构验证试验中，应变片采用双向应变片，一个模型共布置144片应变片。应变测点的布置情况图5。

三、试验现象和结果

1. 滑移情况

试验中测试了每一排传剪器位置处的滑移，限于篇幅在此仅以滑移较为明显的第1～5排传剪器为例来说明滑移测试的结果，详见文[2]。

1号试件第1～3排传剪器在三次从8 000kN卸载到零时的残余滑移量变化幅度一般只有千分之几毫米；2号试件第1～3排传剪器在前三次从8 000kN卸载到零时的残余滑移量变化幅度也很小，第三、四两次之间的时间间隔达到8小时以上，所以变化稍大，而第四、五两次之间的变化量又是微乎其微；两个试件在8 000kN以内的最大残余变形均不到0.2mm。可见当外荷载达到8 000kN的时候整个锚固结构的非线性变形仍然较小，结构的弹性恢复能力较强，基本可认为在使用荷载作用下锚固结构处于弹性状态。

两个试件在荷载超过8 000kN之后(1号试件的最大外加荷载大约为15 500kN，2号试件大约为14 000kN)，最大滑移量都达到了2mm左右，而卸载到零之后的残余滑移量则只有大约0.3mm，可见即使达到了1.7～1.9倍使用荷载，锚固结构仍然具有较强的弹性恢复能力。

从图7中还可以看到，各排传剪器的分布是不均匀的，随着荷载的增大，这种不均匀的趋势还在扩大。但需注意的是，这并不能说明各排传剪器的剪力分布差距随着荷载的增大而增大，因为随着荷载的增大前排传剪器的滑移量在快速增加，但荷载增加得并不快，这从图6和文[3]中可看出，从这一意义上来说，反而表明前排荷载有逐渐卸载给后排的趋势。

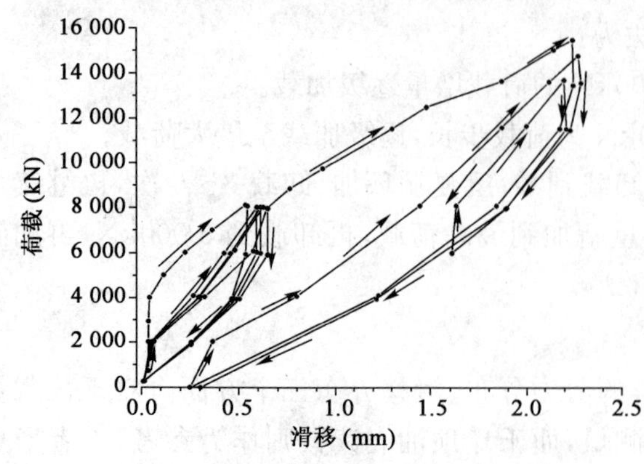

图6　第1排传剪器加载全过程曲线

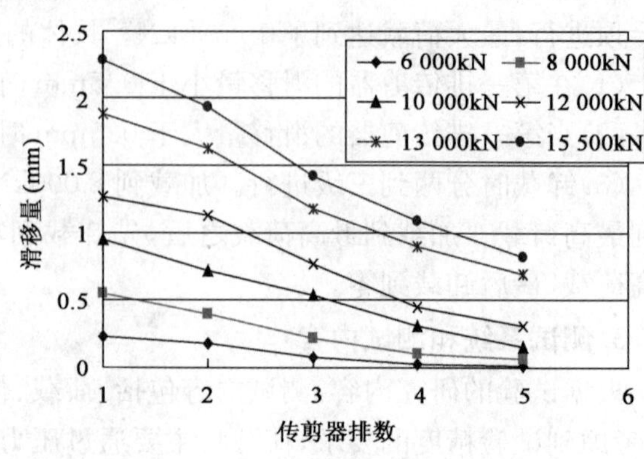

图7　前5排传剪器滑移分布

另一个值得注意得现象是，各排传剪器的滑移均大致呈线性分布，而且这一趋势并不随荷载的增大而增大，这是值得进一步深究的问题。

2. 各排传剪器所承担荷载的分布情况

图 8 中给出了 0～10 000kN 时前 5 个测试截面钢板内力的变化情况。从图中可以看出，随着荷载的增加各测试断面的内力逐渐增加，但相同荷载下各测试断面的内力是不同的，截面 I 的内力与外荷载基本相同，这表明，荷载基本通过应力扩散区传递到了传剪器区域。其余断面自 I～V 依次减小，这表明锚固板上的荷载已通过传剪器逐渐传递到了混凝土中，锚固系统能够实现大缆拉力逐渐传递给锚碇混凝土的目的。

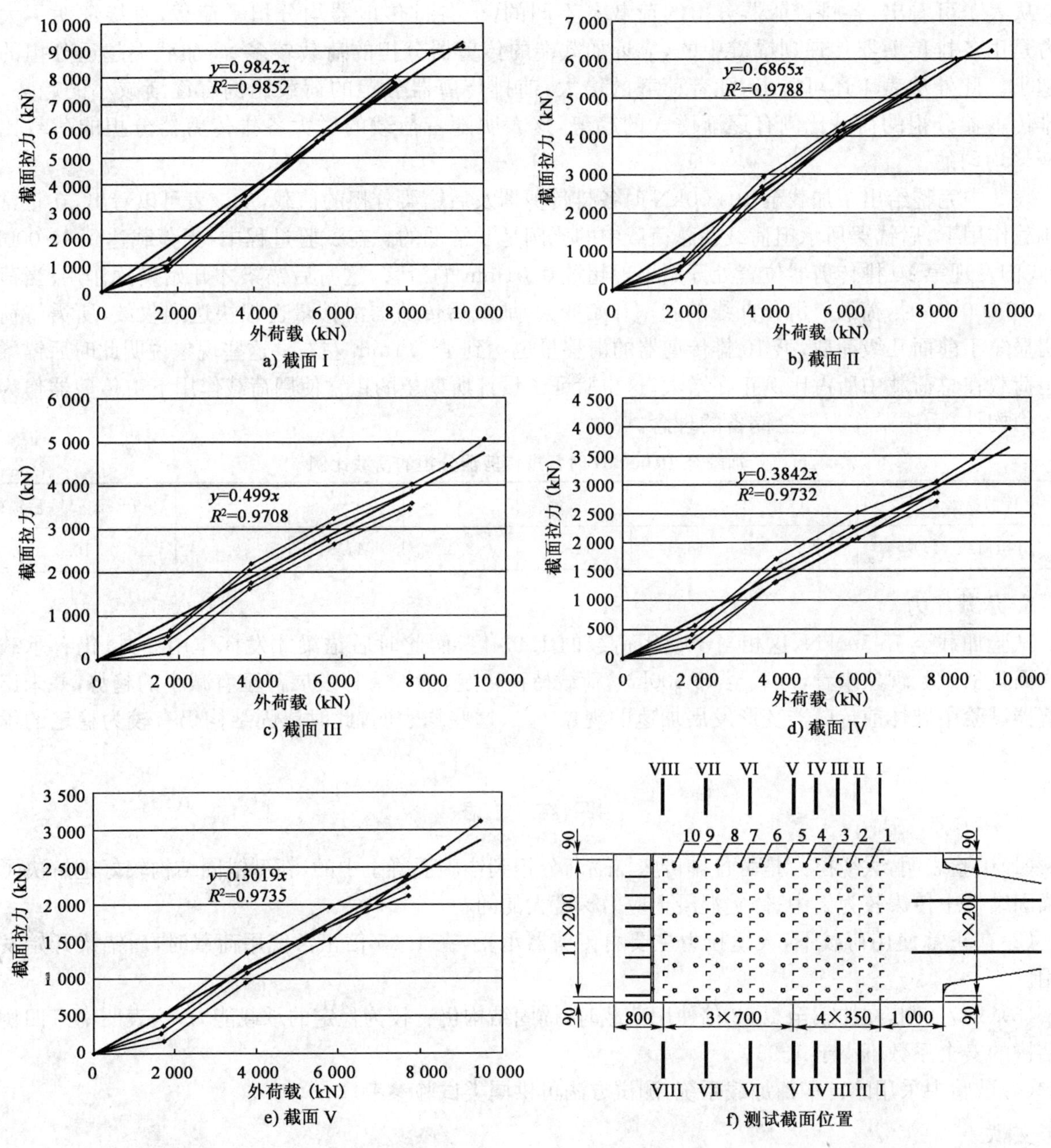

图 8　各测试断面钢板拉力(尺寸单位:mm)

在荷载小于等于 8 000kN 时，各截面处的拉力基本随荷载的增加逐渐增加，而且大致呈线性关系。荷载大于 80 000kN 后，前两排的拉力增幅有下降的趋势，而后排的的拉力增幅有增加的趋势(图 8)。为进一步研究这一问题，通过简单的力学分析不难得出，各截面的拉力差即为截面间传剪器承担的荷载，在

表 1 中进一步给出了荷载 4 000～10 000kN 时前 4 排传剪器分担荷载的比例。

各排传剪器分担荷载比例　　表 1

荷载(kN)	1	2	3	4
4 000	37.5%	17.5%	7.5%	5.0%
6 000	31.5%	20.5%	9.7%	5.2%
8 000	29.8%	20.0%	10.8%	7.3%
10 000	29.6%	18.8%	11.5%	8.2%

从表 1 可看出，各排传剪器分担的荷载是不同的，但各排传剪器均分担了荷载，直接证明了大缆拉力是由各排传剪器传递到锚碇中的，靠近加载端的传剪器分担的荷载较多，离加载端越远分担的荷载越小。此外从表 1 还可看出，随着荷载的增大，前排传剪器分担的荷载比例有逐渐减小的趋势，而后排传剪器分担的荷载比例有逐渐增大的趋势，这表明随着荷载的增大各排传剪器分担的荷载比例是渐趋均匀的。

表 2 中完整给出了加载至 10 000kN 时各排传剪器及后锚梁分担的荷载，从该表可以看出，在正常使用荷载作用下，后锚梁所承担荷载在总荷载中的比例是非常低的。在试验过程中，当荷载达到 10 000kN 时，我们发现第 10 排传剪器位置处开始出现超过 0.01mm 的滑移，这时后锚梁才开始发挥作用；当荷载达到 13 600kN 时，荷载—滑移曲线的斜率开始变大，加载后传剪器滑移量也很快达到收敛，所需持荷时间明显短于前面几级荷载，第 10 排传剪器的滑移量也达到了 0.1mm 左右。这些现象说明此时后锚梁所承担荷载在总荷载中所占比例正在增大，这也验证了设计所期望的正常使用荷载作用下由传剪器作为主要传力构件，后锚梁作为安全储备的理念。

加载至 10 000kN 时各排传剪器分担的荷载比例　　表 2

传剪器编号	1	2	3	4	5+6	7+8	9+10	后锚梁
分担荷载（%）	29.6	18.8	11.5	8.1	11.6	10.4	10.0	

3. 承载能力

试验加载至 15 500kN，这相当于使用荷载的 1.93 倍，而此时后锚梁才发挥作用不久，仍有承载能力。而且从试验现象来看，加载至 15 500kN，荷载持荷稳定，钢板滑移发展甚至有减小的趋势，并未出现传剪器试验中破坏前传剪器变形发展加速的现象[3][4]，这些均表明，此时锚固结构仍有较为稳定的承载能力。

四、结　　语

(1)试验表明，大缆拉力是由各排传剪器逐渐分担到锚碇混凝土中的，新型锚固结构较好地解决了传统锚固结构中传力较为集中、锚碇混凝土应力梯度大的问题。

(2)在正常使用荷载下，大缆拉力主要由传剪器承受，在 1.25 倍正常使用荷载时，后锚梁开始发挥作用。

(3)试验证明，在加载至 1.93 倍使用荷载时，锚固结构仍有较为稳定的承载能力，这表明南京四桥锚固结构的安全系数不小于 1.93。

(4)试验中采用的自平衡加载系统，测试方法可供同类试验参考。

参考文献

[1] 桥梁科学研究院. 悬索桥. 北京：科学技术文献出版社，1996.
[2] 西南交通大学. 南京长江第四大桥锚固结构承载力及传力机理试验研究. 2008.
[3] 夏嵩，赵灿晖等. PBL 传剪器极限承载力的试验研究. 西南交通大学学报，2009(2).
[4] 西南交通大学. 南京长江四桥锚碇传剪器承载力及滑移量试验研究. 2007.

110. 基于 ANSYS 的悬索桥总体分析方法

董 萌 崔 冰
（中交公路规划设计院有限公司）

摘 要 南京长江第四大桥为主跨 1 418m 的三跨连续悬索桥，本文以此为背景，介绍基于 ANSYS 的总体静力分析方法。

关键词 ANSYS 总体分析 南京长江第四大桥

一、工 程 背 景

南京长江第四大桥主桥为主跨 1 418m 三跨连续悬索桥，南北锚碇 IP 点距离 2 476m，其中北边跨 166m＋410.2m＝576.2m，南边跨 118.4m＋363.4m＝481.8m。中跨矢高 157.5m，矢跨比 1/9（图 1）。

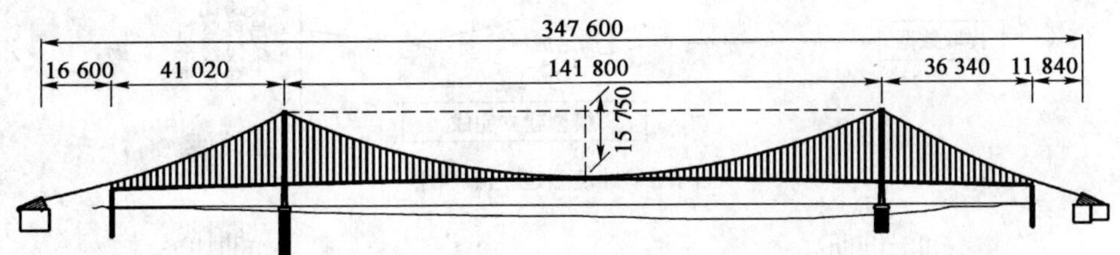

图 1 主桥总体布置图（尺寸单位：cm）

过渡墩处设置限位装置，约束主缆位移；过渡墩上设置竖向拉压支座和横向抗风支座；索塔下横梁设置竖向弹性支座和横向抗风支座（竖向支座铺装完成后安装）；为限制活载作用下主梁纵向荡移，索塔与主梁间设置限位装置，释放温度位移，限制活载纵向荡移。

设计中基于结构特点在通用软件 ANSYS 的基础上，进行深度二次开发，解决了悬索桥分析找形、非线性活载、施工控制分析等诸多难题，并与专用分析软件进行了综合比对，结果精确可靠。该方法利用优秀的通用有限元软件平台，避开繁冗复杂的计算理论和分析方法，技巧性利用 ANSYS 实现悬索桥精确分析。

二、模 型 建 立

悬索桥是高度几何非线性结构，模型的建立异于其他桥梁结构。其典型的结构特点是成桥几何状态、结构各部分自重及刚度已知，如何建立结构模型，使得结构经历一个完整的施工流程后达到理想成桥状态是所有分析的基础和前提。

图 2 表示了基础模型建立的整个流程，其中主缆找形分析是为了确定缆的无应力位置，经过循环收敛后确定的主缆模型在承受已知荷载（自重、成桥吊杆力、索夹及附属设施重量等）的情况下，满足成桥状态的各项指标，如：中跨矢高、索夹位置、索鞍位置等，控制精度是 1mm（可以调整）。主缆的找形分析根据南京长江第四大桥的结构特定分三部分进行：中跨主缆找形、南北边跨主缆找形、南北锚跨主缆找形。主跨主缆找形时控制矢高和索夹位置，边跨及锚跨找形时控制索鞍平衡和索夹位置。

具体的找形过程方法较多，过程较为简单，此处不再赘述。根据该方法在南京四桥中的应用，完成一次图 2 所示的循环约需 2min，在经过不到 10 次循环后，成桥状态几何精度可达 1mm，前后两次吊杆力及缆力差在 100N 以内。

图 3 为加劲梁铰接状态弯矩图，图 4 为加劲梁成桥状态弯矩图，图 5、图 6 分别为一期恒载和成桥状态剪力图。

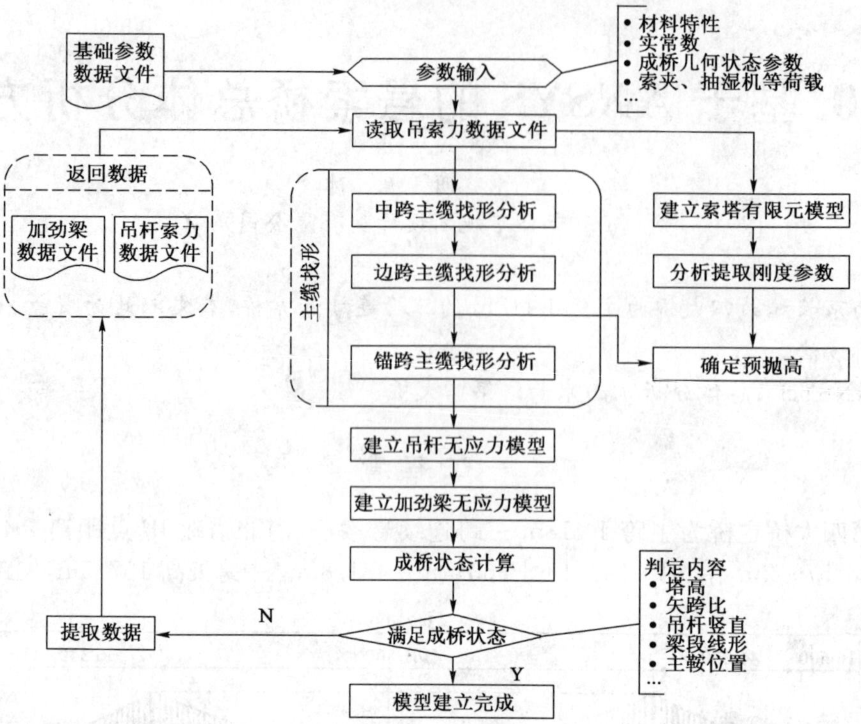

基础参数数据文件
参数输入
• 材料特性
• 实常数
• 成桥几何状态参数
• 索夹、抽湿机等荷载
• …
读取吊索力数据文件
返回数据
加劲梁数据文件
吊杆索力数据文件
主缆找形
中跨主缆找形分析
边跨主缆找形分析
锚跨主缆找形分析
建立索塔有限元模型
分析提取刚度参数
确定预抛高
建立吊杆无应力模型
建立加劲梁无应力模型
成桥状态计算
判定内容
• 塔高
• 矢跨比
• 吊杆竖直
• 梁段线形
• 主鞍位置
• …
提取数据
N
满足成桥状态
Y
模型建立完成

图 2　基础模型建立流程图

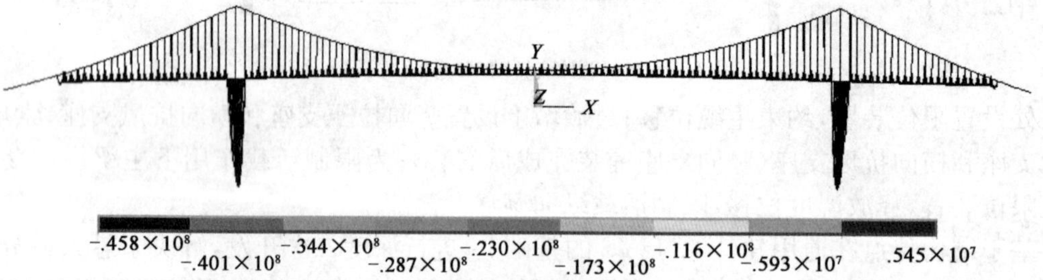

Y
Z
X
-.458×10⁸
-.401×10⁸
-.344×10⁸
-.287×10⁸
-.230×10⁸
-.173×10⁸
-.116×10⁸
-.593×10⁷
.545×10⁷

图 3　一期恒载主梁铰接状态弯矩图(N・m)

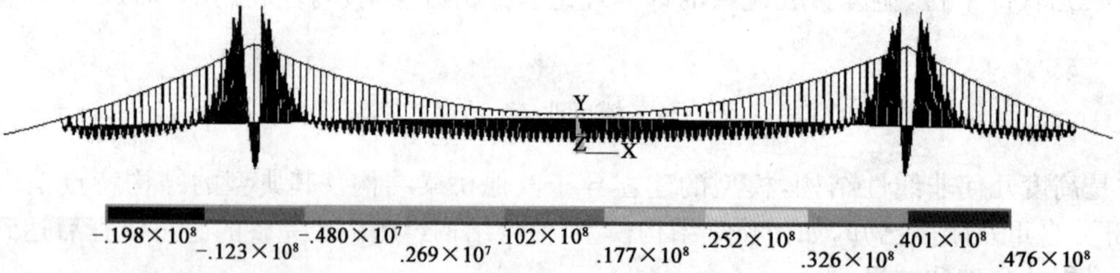

Y
Z
X
-.198×10⁸
-.123×10⁸
-.480×10⁷
.269×10⁷
.102×10⁸
.177×10⁸
.252×10⁸
.326×10⁸
.401×10⁸
.476×10⁸

图 4　成桥状态主梁弯矩图(N・m)

图 5 为加劲梁铰接状态剪力图，图 6 为加劲梁成桥状态剪力图。

Y
Z
X
-.430×10⁷
-.335×10⁷
-.239×10⁷
-.143×10⁷
-477 899
1477 958
.143×10⁷
.239×10⁷
.335×10⁷
.430×10⁷

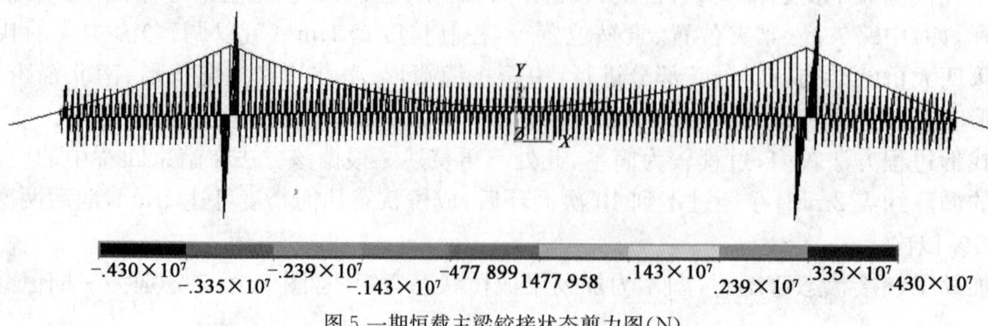

图 5 一期恒载主梁铰接状态剪力图(N)

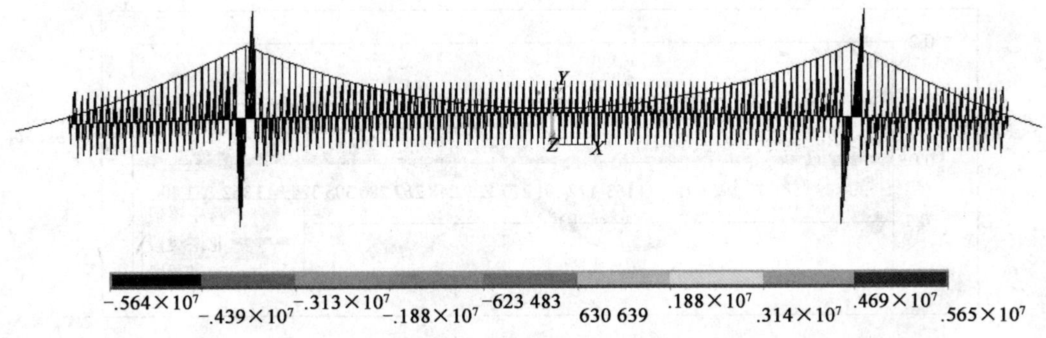

图 6 成桥状态主梁剪力图(N)

三、活 载 计 算

悬索桥是高度几何非线性结构,基于线性叠加原理根据影响线进行活载计算是不适用的。进行活载求解之前,必须首先确定最不利加载位置。

图 7 为非线性活载计算基本流程,整个过程由于涉及到各部分单元各种内力的活载求解,内容十分庞杂,必须进行相应的模块化处理,可以在整个活载计算过程中方便调用。

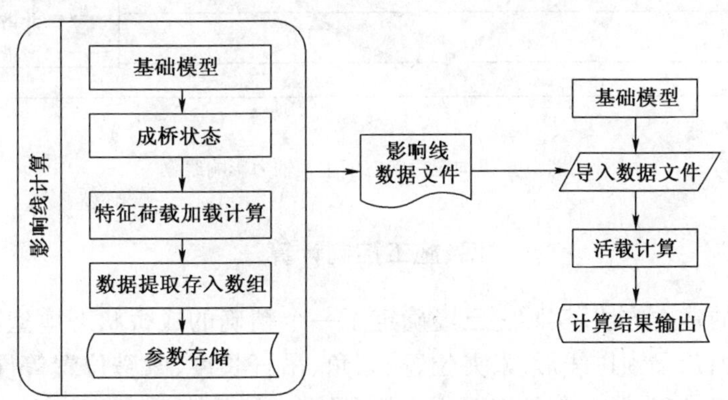

图 7 活载计算基本流程

南京四桥整个活载计算过程需耗费计算时间约 18h,其中特征荷载按 100kN 进行影响线分析计算,活载加载位置按照影响线的正负区间取用,未进行进一步的微幅调整修正。图 8 为恒载+活载主梁弯矩图。

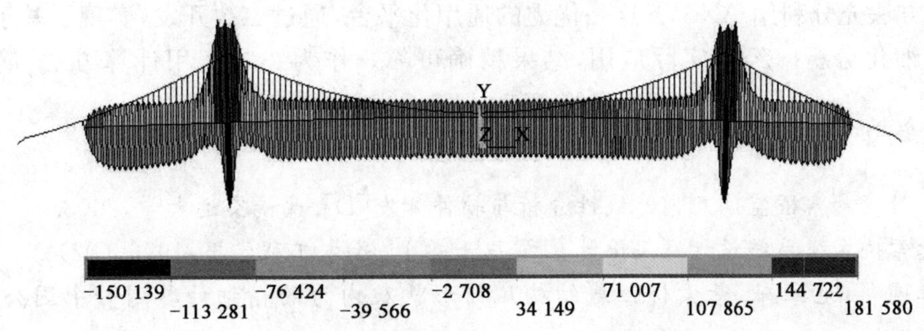

图 8 恒载+活载主梁弯矩图(kN·m)

由于本桥约束结构的特殊性,梁段在索塔位置受到纵向限位约束,常温下,梁段可纵向荡移(±35cm);极端温度下,梁段在索塔位置受限。活载计算尤其是主梁轴力的计算要充分考虑上述情况(图 9、图 10)。

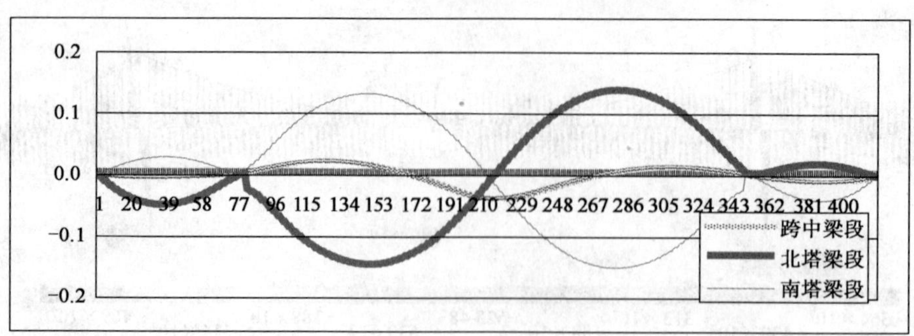

图9　纵向自由状态下主梁轴力影响线

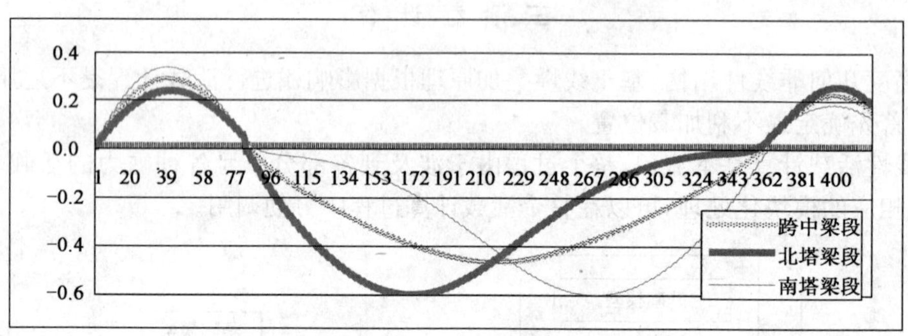

图10　纵向限位状态下主梁轴力影响线

四、施工控制计算

利用前述基础模型的建立方法，实际上已经确定了一个精确的成桥状态模型，利用该模型可以提供如空缆线形、成桥线形、加劲梁预拼线形、索夹位置、倾角、吊杆长度、索鞍位置等设计信息。同时也可利用该模型进行精确的施工过程模拟，准确把握施工状态信息，优化体系转化流程。

由于未涉及索鞍位置的模拟和修正，这会对大缆线形的精确控制带来误差和影响，在进一步的应用中将逐步完善。

五、结　　语

上述计算方法充分利用ANSYS这一优秀的通用化平台，通过二次开发，实现了基于ANSYS的大跨径悬索桥精细化分析。经过实际应用，结果精确可靠。作为一种实用计算方法，简要介绍，以供交流。

参考文献

[1] 唐茂林.大跨度悬索桥空间几何非线性分析与软件开发[D].西南交通大学，2003.

[2] 沈锐利.悬索桥主缆系统设计及架设计算方法研究[J].土木工程学报，1996，(02).

[3] 潘永仁，杜国华，范立础.悬索桥恒载结构几何形状及内力的精细计算[J].中国公路学报，2000，(04).

[4] 罗喜恒，肖汝诚，项海帆.悬索桥施工过程精细化分析研究[J].土木工程学报，2005，(10).

[5] 范立础，潘永仁，杜国华.大跨度悬索桥结构架设参数精细算法研究[J].土木工程学报，1999，(06).

111. 埋入式组合结构 PBL 剪力键力学行为试验研究

李 乔[1] 崔 冰[2] 夏 嵩[1] 赵灿晖[1] 张育智[1]
(1. 西南交通大学土木工程学院;2. 中交公路规划设计院)

摘 要 用作钢—混凝土过渡段的组合结构,其连接部分的钢结构完全埋入混凝土中,传剪器的传力特性与叠合梁中有所不同。为了考查在这种情况下 PBL 传剪器及传剪器群的性能与工作原理,先后分三次设计了 38 个 PBL 传剪器试件和 2 个带有 PBL 传剪器群的大尺度锚固结构试件,对其进行了荷载试验研究。试验结果表明,PBL 传剪器在滑移量较小时主要呈现出混凝土的力学性质,刚度较大;而在接近承载力极限状态时则呈现出明显的延性。PBL 传剪器在滑移量较小时的荷载—滑移量关系可以用一个幂函数来表征,其极限承载力大小受孔中混凝土柱外径的影响相对较小,而受芯棒直径的影响较大。

关键词 组合结构 传剪器 PBL 传剪器 极限承载力

近年来,在土木工程实践中,为了充分利用不同材料的材料特性,出现了许多采用组合结构形式的范例。钢—混凝土组合结构就是其中最为常见的形式。在钢—混凝土组合结构中,荷载必然要在钢结构与混凝土结构之间进行传递。在大多数情况下,这种荷载的传递是通过传递剪力的形式来实现的。

在以往的钢—混凝土组合结构中,最常见的结构形式之一是叠合梁。例如已建成的南浦大桥、杨浦大桥、东海大桥的颗珠山斜拉桥、江津观音岩大桥,等等。叠合梁受弯时,欲使钢纵梁与混凝土板之间的变形相协调,则在钢—混凝土界面上必须传递一定的剪切应力。这些剪应力的传递就是依靠传剪器来实现的。对于叠合梁而言,存在如下特征:

(1)钢与混凝土两种材料之间只有一个接触面,因而互相约束作用相对较弱。

(2)叠合梁所受荷载在整个梁段上分布相对较为均匀。

(3)出于协调变形的需要,叠合梁钢纵梁与混凝土板之间的相对滑移必须严格控制。

因此,在叠合梁中一般应该选用刚度较大、滑移量较小的传剪器,而这些传剪器的极限承载力与荷载—滑移量关系则应采用推出试验的方式来加以考察。

Leonhardt 等于 20 世纪 80 年代提出了 PBL 传剪器,并应用于叠合梁之中[1],[2]。从那时开始,研究者开展了大量与之相关的试验工作[3]~[6]。这些工作都是通过推出试验来研究 PBL 传剪器的极限承载力问题。

但在某些结构中,情况与叠合梁有所不同。例如广州新光大桥[7],其拱肋为钢桁拱,拱肋上下弦钢箱在拱脚处插入下部的三角刚架混凝土内,荷载通过拱肋钢板上的传剪器传递到混凝土中。再如南京长江三桥索塔[8],上塔柱为钢结构,下塔柱为混凝土结构,上塔柱荷载通过钢混过渡段传递至下塔柱。这些组合结构与叠合梁的不同之处在于:

(1)钢—混凝土过渡段内的钢结构埋入混凝土中(本文称为埋入式组合结构),因而钢—混凝土界面上的传剪器所受到的混凝土的约束作用比叠合梁中的强。若采用推出试验来研究这类结构中传剪器的极限承载力,试件破坏形式往往与实际结构不同[9,10],其极限承载力也往往被低估[10]。

(2)钢—混凝土过渡段的加力点集中于结构的一端,一般比较靠上,传剪器则是从上到下逐排传递荷载,而且越靠近加力点的传剪器所分担的荷载比例也越高[11]。

(3)若距离加力点较近的传剪器在达到其极限承载力时仍然刚度过大,则可能造成这些传剪器因分担荷载的比例过大而率先破坏,然后与其相邻的传剪器又转而承受了较大比例的荷载,于是可能进一步发生破坏。造成一种"多米诺骨牌效应",从而危及结构的安全。

因此，在上述一端加载的埋入式组合结构中应该采用在承载力极限状态下刚度较小、滑移量较大的传剪器，而这一类传剪器的极限承载力与荷载—滑移量关系也应该采用不同于推出试验的方式来进行研究。PBL传剪器属于满足上述要求的传剪器类型[10]。

某大跨度悬索桥的锚碇采用了一种新型锚固系统，如图1所示。该悬索桥大缆锚固在锚固钢板上，大缆拉力则通过锚固板上的多排传剪器传递到锚碇混凝土中去。显然，这里的钢—混凝土过渡段的情形与叠合梁不同，而属于上述埋入式组合结构。因此在该锚固系统的设计方案中采用了PBL传剪器。

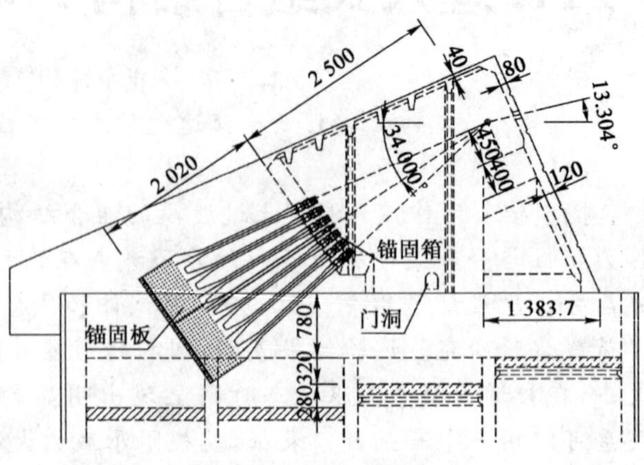

图1 新型锚固系统示意图

文献[10]曾经对南京三桥索塔钢—混凝土过渡段中的PBL传剪器极限承载力进行过研究。南京三桥索塔中的内力以压力为主，因此其中的PBL传剪器也是在压应力背景下工作的。而该新型锚固系统中的PBL传剪器是在拉一剪复合应力背景下工作的，因此其极限承载力也与南京三桥索塔传剪器的情况有所不同。

文献[9]针对新型锚固系统中的PBL传剪器进行了一些初步研究。通过荷载试验的方式获取了传剪器的极限承载力及荷载—滑移量关系曲线，并通过对试验数据的回归分析获得了PBL传剪器极限承载力的计算公式。本文工作是在文献[9]工作基础上的进一步深入研究，通过模型荷载试验的方式研究传剪器的荷载—滑移量关系以及加载全过程中的工作机理。

一、试验概况

传剪器试验分为三次进行，第一次为选型试验，第二次为针对筛选出的两种不同参数的PBL传剪器的性能试验，第三次为针对最终选定参数的PBL传剪器的性能试验。在第一次传剪器试验中，总共设计了12个PBL传剪器试件；第二次试验设计了11个PBL传剪器试件；第三次试验总共设计了15个PBL传剪器试件。试件的主要参数如表1所示。第二、三两次试验中传剪器周围所配钢筋少于第一次试验。表中试件类型编号“SBxx-yyA”或“SBxx-yyB”中的“xx”表示混凝土柱外径，“yy”表示内穿芯棒钢筋直径，均以毫米为单位；“A”表示一个试件中具有两个传剪器，“B”表示一个试件中只具有一个传剪器。图2中以B类试件为例给出了模型的示意图。A类试件与B类试件类似，只是沿着加载方向设置了两个传剪器。钢板埋入混凝土，且在图2所示的无黏结段，钢板表面与混凝土之间隔有消除黏结力的材料。钢板上端焊有引伸钢筋并伸出混凝土外，以便测量钢与混凝土之间的相对位移。加载时所有试件的混凝土浇筑龄期都已超过28天。试验中所有试件均加载到破坏为止。

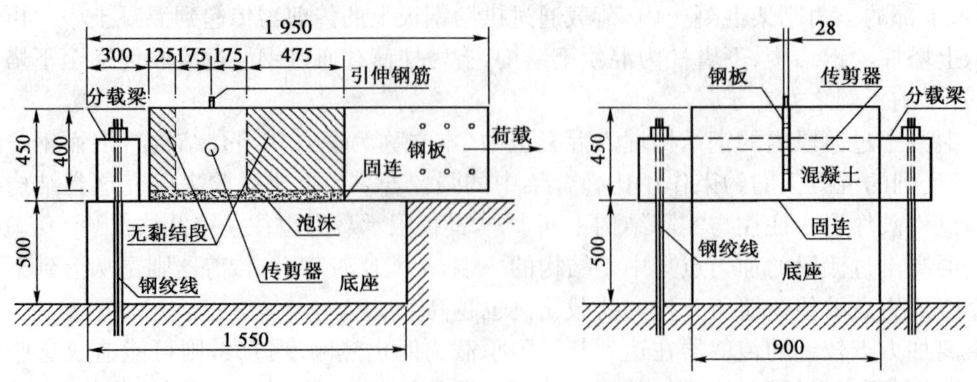

图2 PBL传剪器试件构造图(尺寸单位:mm)

传剪器试验试件主要参数 表1

试 件 类 别	混凝土强度等级	混凝土柱外径(mm)	芯棒钢筋直径(mm)	试件数量	一个试件中传剪器个数	备 注
SB60-22A	C30	60	22	3	2	第一次试验
SB60-16A	C30	60	16	3	2	第一次试验
SB45-16A	C30	45	16	3	2	第一次试验
SB45-12A	C30	45	12	3	2	第一次试验
SB60-20A	C30	60	20	3	2	第二次试验
SB60-20B	C30	60	20	3	1	第二次试验
SB45-16A	C30	45	16	2	2	第二次试验
SB45-16B	C30	45	16	3	1	第二次试验
SB60-20B	C35	60	20	12	1	第三次试验
SB60-0B	C35	60	0	3	1	第三次试验

如表1中所示，传剪器试验的试件分为两种：钢筋混凝土榫试件 SB60-20（钢板开孔直径 60mm，内穿钢筋直径 20mm）和素混凝土榫试件 SB60-0（钢板开孔直径 60mm，无内穿钢筋）。试验过程中的荷载可以通过一个力传感器做到全程实时自动采集，而滑移量则可通过百分表读取，亦即采用百分表读取图2所示的引伸钢筋与混凝土之间相对位移。

二、试验结果分析

1. 荷载—滑移曲线

第一次传剪器试验中获得的荷载—滑移曲线如图3～图6所示。图中纵坐标 P 为单个传剪器所承受的外荷载，横坐标 Δ 为钢板相对混凝土的滑移量。图5图例中的数字组合表示试件编号。在图5b)中，为了进行对比，素混凝土榫试件的荷载—滑移曲线用较粗的实线表示，而钢筋混凝土榫试件的试验数据则采用散点来表示。

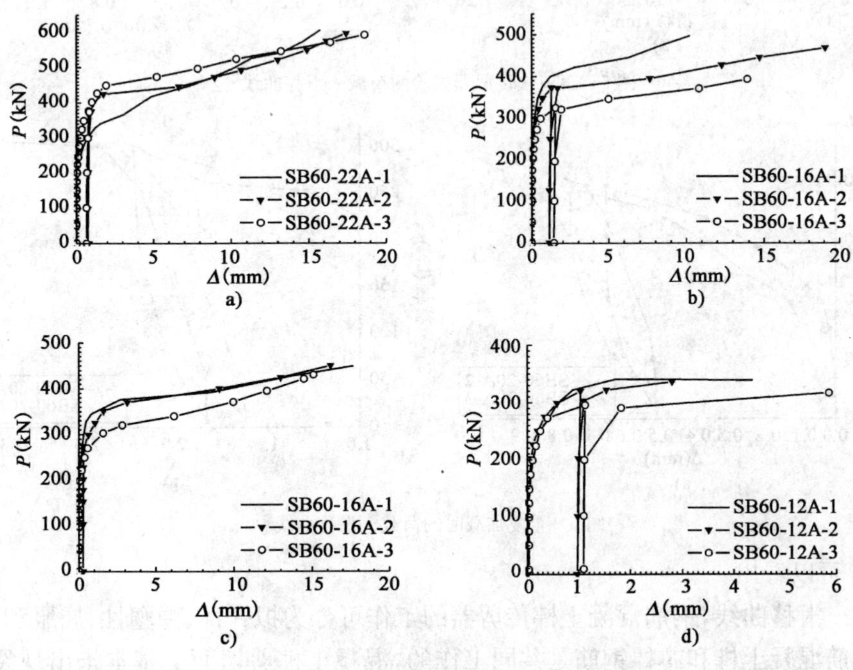

图3 第一次传剪器试验的荷载—滑移曲线

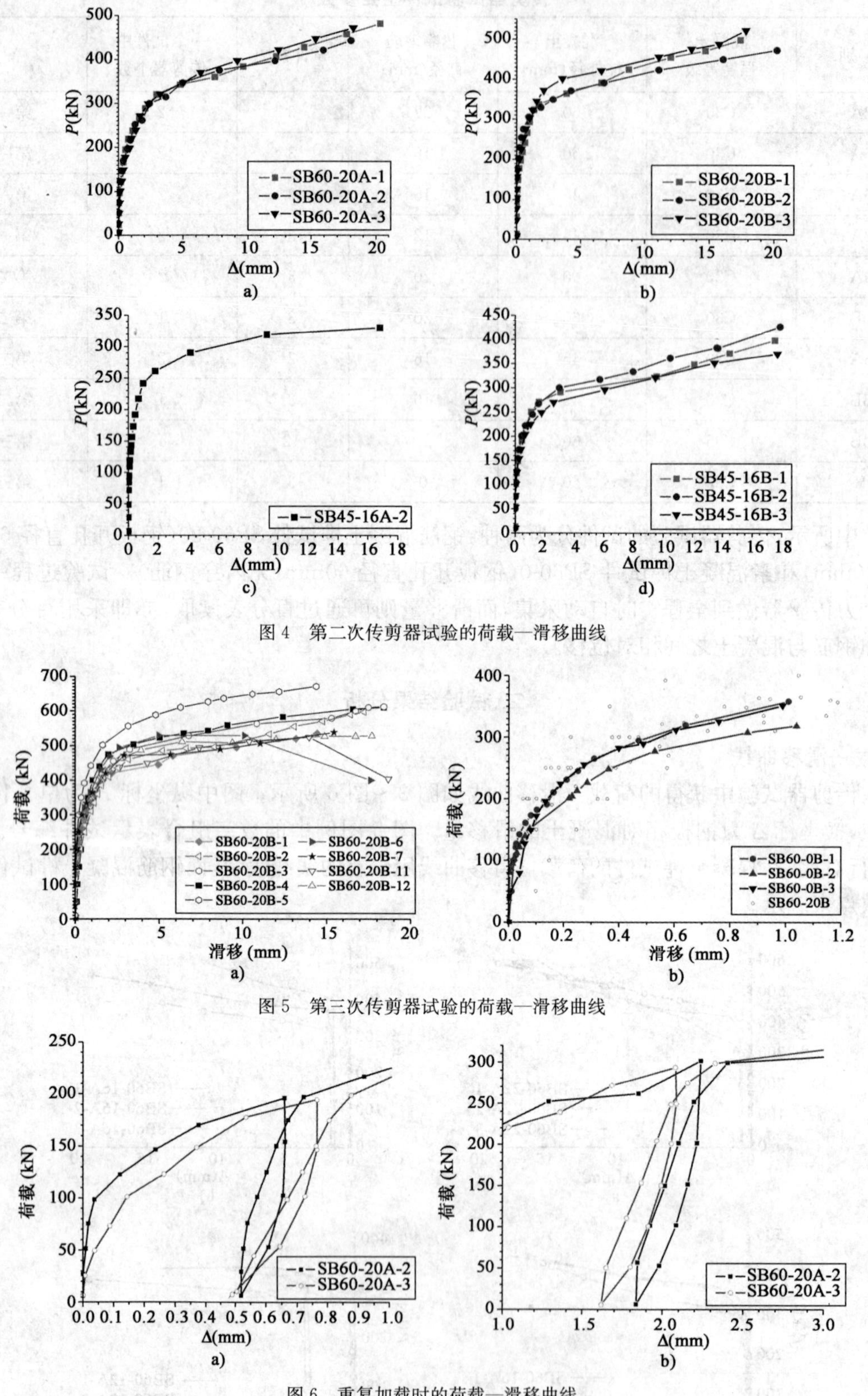

图4 第二次传剪器试验的荷载—滑移曲线

图5 第三次传剪器试验的荷载—滑移曲线

图6 重复加载时的荷载—滑移曲线

从图3~图6可以看出：

(1)根据荷载—滑移曲线，钢筋混凝土榫传剪器的工作可分为拟弹性、弹塑性、屈服和强化四个阶段。在拟弹性阶段，钢筋混凝土榫和芯棒钢筋是共同工作的，混凝土榫剪切面上基本未出现裂缝或仅有少量的微裂缝，混凝土榫的刚度基本未受损，在荷载—滑移曲线上，荷载和滑移仍基本保持线性发展，若此时进行重复加载，则钢板残余滑移很小。弹塑性工作段是混凝土榫剪切面上裂缝逐渐发展的阶段，在这一阶段，混凝土榫剪切面上裂缝的发展，使混凝土榫的刚度逐渐降低，从荷载—滑移曲线上表现为滑移的发展比荷载的增加要快。由于剪切面上的裂缝是不可恢复，因此在重复加载时，钢板的残余滑移可达零点几至一点几毫米。当钢板滑移量达1mm以上时，混凝土榫剪切面上的裂缝逐渐发展为贯通混凝土榫横截面的剪切破坏面，传剪器逐渐屈服，混凝土榫出现贯通剪切面是钢筋混凝土榫传剪器屈服的重要原因。混凝土榫被剪断后，芯棒钢筋的负担加重了，且其刚度较整个钢筋混凝土榫要小，在荷载—滑移曲线上表现出滑移快速增大的趋势。由于混凝土榫破坏剪切面粗糙，通过剪切面上骨料的相互咬合、孔内混凝土榫剪切面与混凝土壁的摩擦以及混凝土壁上剪切面与钢板的摩擦，混凝土榫仍有一定的承载能力。之后，随着荷载的增大，骨料咬合作用和摩擦逐渐被破坏，钢筋的负担不断加重，最后因芯棒钢筋的剪断导致传剪器的破坏。由于混凝土榫的骨料咬合作用和摩擦有一定的随机性，因此，屈服之后荷载—滑移曲线表现出一定的离散性，有的存在明显的强化过程，有的强化过程和屈服有混合的趋势。

(2)在剪—拉复合应力状态下，只要传剪器孔径和芯棒钢筋直径配合适当，钢筋混凝土榫传剪器在屈服段和强化段有较好的变形性能，而且在变形发展过程中，承载力未下降，有较好的延性。对比SB45-12和SB45-16试件的荷载—滑移曲线可看出，前者没有明显的强化段，在经过屈服段后试件即破坏，其极限承载力和极限滑移量也较SB45-16试件明显要小。在SB60-16试件中也存在类似问题。由此可以推论，在钢筋混凝土榫传剪器的设计中存在着混凝土柱直径和芯棒钢筋直径的配合问题，芯棒钢筋直径过小不仅传剪器的承载力会有明显降低，且变形性能也大打折扣。

(3)对比SB60-20A、B两类试件的滑移发展历程可以看出，二者的滑移历程完全相同。从极限滑移量来看，二者均能达17mm以上。在试验中A类试件前后两个传剪器的滑移量差值在0.02～0.15mm之间。从屈服荷载来看，3个SB60-20A的屈服荷载的平均值为329kN，3个SB60-20B的屈服荷载平均值为360kN，也比较接近。因此从滑移量和屈服荷载两个指标看，两个传剪器试件与一个传剪器试件的结果并无实质性差别。

(4)若将SB60-20传剪器的使用荷载限制在300kN以下，则该类型传剪器在使用荷载范围内具有较大的刚度。但在承载力极限状态下的刚度较小，破坏前的滑移量可以达到15mm以上，具有较好的延性。

(5)当滑移量小于1mm时，素混凝土榫试件的荷载—滑移曲线与钢筋混凝土榫试件的荷载—滑移曲线差别不大，说明此时主要是混凝土起到传递剪力的作用。

(6)滑移量超过1mm之后，素混凝土榫试件很快剪断，而大多数钢筋混凝土榫试件则可继续滑移至15mm以上。

(7)如图7所示，对于钢筋混凝土榫传剪器，其荷载—滑移基本满足幂函数关系，这从图中回归曲线较高的相关系数即可看出。图中P为单个传剪器所承受的外荷载，Δ为钢板相对混凝土的滑移量，R为回归分析的相关系数。

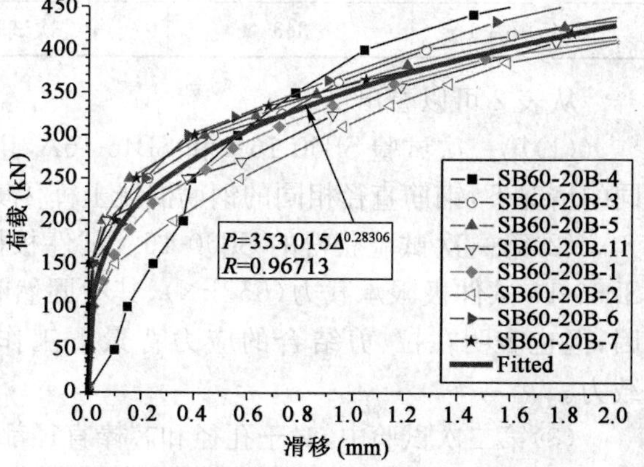

图7 传剪器试验荷载—滑移曲线的回归分析结果

(8)试件在拟弹性段进行重复加载时，卸载后的残余变形很小，加载曲线接近线性，说明此时结构的弹性恢复能力较好，基本上处于线弹性状态。

(9)试件在弹塑性阶段和临近屈服时进行重复加载，加一卸载曲线的形状表现出明显的滞回现象，说明此时混凝土仍在参与传剪器工作，钢筋混凝土榫的混凝土部分尚未剪断。

(10)滞回曲线的形状表明，即使在滑移量较大时卸载，重新加载时的刚度并未下降。

在此应该说明的是，上述回归分析中采用的数据都是滑移量在0～1mm附近的数据。因为前期研究表明，芯棒配置合理的PBL传剪器在滑移量大约1mm以内时的弹性恢复能力较好，刚度较大[9]，所以此时的荷载宜取作设计工作中所采用的最大使用荷载。

2. 极限承载力

传剪器试验各试件的单孔极限承载力如表2所示。

各试件单孔极限承载力　　表2

试件编号	单孔极限承载力(kN)	备注	试件编号	单孔极限承载力(kN)	备注
SB60-22A-1	736	第一次试验	SB45-16A-2	303	第二次试验
SB60-22A-2	656	第一次试验	SB45-16B-1	424	第二次试验
SB60-22A-3	642	第一次试验	SB45-16B-2	406	第二次试验
SB60-16A-1	607	第一次试验	SB45-16B-3	426	第二次试验
SB60-16A-2	476	第一次试验	SB60-20B-1	621	第三次试验
SB60-16A-3	473	第一次试验	SB60-20B-2	642	第三次试验
SB45-16A-1	495	第一次试验	SB60-20B-3	658	第三次试验
SB45-16A-2	497	第一次试验	SB60-20B-4	654	第三次试验
SB45-16A-3	485	第一次试验	SB60-20B-6	633	第三次试验
SB45-12A-1	366	第一次试验	SB60-20B-7	575	第三次试验
SB45-12A-2	388	第一次试验	SB60-20B-8	567	第三次试验
SB45-12A-3	457	第一次试验	SB60-20B-9	630	第三次试验
SB60-20A-1	504	第二次试验	SB60-20B-10	558	第三次试验
SB60-20A-2	524	第二次试验	SB60-20B-11	575	第三次试验
SB60-20A-3	531	第二次试验	SB60-20B-12	595	第三次试验
SB60-20B-1	571	第二次试验	SB60-0B-1	466	第三次试验
SB60-20B-2	627	第二次试验	SB60-0B-2	450	第三次试验
SB60-20B-3	582	第二次试验	SB60-0B-3	522	第三次试验
SB45-16A-1	343	第二次试验			

从表2可以看出：

(1)第一次试验SB60-16A和SB45-16A组试件的单孔极限承载力大致相当，这说明在混凝土强度相同的情况下，钢筋直径相同的钢筋混凝土榫传剪器极限承载力基本相同。

(2)第一次试验获得的SB60-16A试件极限承载力低于南京三桥索塔钢混结合段传剪器试验的SB60-16试件极限承载力(553kN)，其中固然有本试验的混凝土强度小于南京三桥的混凝土强度的原因，但也表明在拉、剪结合的应力背景下工作时，传剪器的极限承载力低于压应力背景下的极限承载力。

(3)第二次试验中，对于孔径和芯棒直径都相同的钢筋混凝土榫试件，A类试件(设有两个传剪器)的单孔极限承载力低于B类试件(仅设一个传剪器)，这是屈服阶段后期两个传剪器的刚度差和荷载分配所致。

(4)第二次试验获得的SB45-16A试件单孔极限承载力(平均343kN)低于第一次试验时的SB45-16A试件极限承载力(平均492kN)，主要原因是第二次试验传剪器周围钢筋配筋率较第一次试验低。

(5)第三次试验中试件构造与第二次试验中 SB60-20B 试件基本相同，只是第三次试验中钢板厚度为28mm，而第二次试验中的钢板厚度为 32mm。通过对比第三次试验各组试件与第二次试验中 SB60-20B 的极限承载力发现，第三次试验钢筋混凝土榫试件的极限承载力(平均 607kN)与第二次试验中 SB60-20B 的极限承载力(平均 593kN)接近，说明钢板厚度相差 4mm 的情况下，两种传剪器的极限承载力相差不大，即表明钢板厚度在此范围内变化时对钢筋混凝土榫传剪器的极限承载力影响不大。

(6)钢筋混凝土榫试件的极限承载力要高于素混凝土试件的极限承载力，这主要是因为钢筋混凝土榫试件与素混凝土试件的破坏形式不同造成的。素混凝土榫的破坏是因为孔内混凝土柱被剪断，钢筋混凝土榫孔内混凝土榫剪断后还有钢筋继续承担荷载，最终破坏是钢筋芯棒的剪断，因此抗剪能力高于素混凝土榫。

三、结 论

(1)PBL 传剪器从加载直到破坏的过程中可以经历拟弹性、弹塑性、屈服、强化和破坏等几个阶段。

(2)在滑移量较小时($\Delta\leqslant$1mm)，混凝土柱尚未开裂，传剪器主要表现出明显的混凝土为主的受力特性，此时传剪器的刚度也较大。

(3)滑移量较大时，PBL 传剪器中的混凝土柱被剪断，传剪器表现出塑性性状，但由于孔内混凝土榫剪切面与混凝土及钢板之间仍然存在咬合、摩擦等机制，所以剪切面处混凝土柱仍然能够承担一定的荷载。

(4)PBL 传剪器在承载力极限状态下可以发生较大变形，其破坏形式属于延性破坏。破坏时芯棒钢筋剪断。在混凝土强度相同的情况下，钢筋直径相同的钢筋混凝土榫传剪器极限承载力基本相同。

(5)在拉、剪结合的应力背景下工作时，PBL 传剪器的极限承载力低于压应力背景下的极限承载力。

(6)PBL 传剪器周围配筋率较低时的极限承载力低于配筋率较高的情况。

(7)对于配有合适的芯棒钢筋的 PBL 传剪器，其荷载—滑移量曲线基本满足幂函数关系。

参考文献

[1] ZELLNER W. Recent design of composite bridges and a new type of shear connector[A]. Proceedings of ASCE/IABSE Engineering Foundation Conference-Composite Construction in Steel and Concrete[C]. Henniker：New Hampshire，1987. 240-252.

[2] OGUEJIOFOR E C，HOSAIN M U. Numerical analysis of push-out specimens with perfobond rib connectors[J]. Computers and Structures，1997，62(4)：617-624.

[3] OGUEJIOFOR E C，HOSAIN M U. A parametric study of perfobond rib shear connectors[J]. Canadian journal of civil engineering，1994，21(4)：614-25.

[4] MACHACEK J，STUDNICKA J. Perforated shear connectors[J]. Steel and Composite Structures，2002，2(1)：51-66.

[5] VALENTE I，CRUZ P J S. Experimental analysis of perfobond shear connection between steel and lightweight concrete[J]. Journal of Constructional Steel Research，2004，60：465-479.

[6] 胡建华，叶梅新，黄琼. PBL 剪力连接件承载力试验[J]. 中国公路学报，2006，19(6)：65-72.

[7] 李跃，罗甲生，张健峰. 广州新光大桥建设概况[J]. 中外公路，2007，27(1)：86-91.

[8] 崔冰，孟凡超，冯良平等. 南京长江第三大桥钢塔柱设计与加工[J]. 中国铁道科学，2005，26(3)：42-47.

[9] 夏嵩，赵灿晖，张育智，李乔. PBL 传剪器极限承载力的试验研究. 西南交通大学学(自然科学版)，2009，44(2)：166-170.

[10] 张清华，李乔，唐亮. 桥塔钢—混凝土结合段剪力键破坏机理及极限承载力[J]. 中国公路学报，2007，20(1)：85-90.

[11] 赵灿晖. 连续刚架—钢桁拱桥静动力结构行为及局部应力研究[D]. 西南交通大学博士后出站报告，2006：132-141.

112. 南京长江第四大桥黏滞阻尼器参数研究

董正方　王君杰
（同济大学桥梁工程系　上海　200092）

摘　要　以南京长江第四大桥为工程背景，研究非线性黏滞阻尼器对该桥抗震性能的影响。利用快速非线性方法，对黏滞阻尼器的阻尼系数C和阻尼指数α进行了参数敏感性分析，并与未设置黏滞阻尼器情况的地震响应进行了比较；另外还计算了增加保险丝后的结果。分析结果表明：在主桥纵桥向设置非线性黏滞阻尼器后，通过选择适当的阻尼器参数，可以有效降低结构在地震作用下关键部位的相对位移，同时改善结构构件的地震力。

关键词　黏滞阻尼器　悬索桥　减震效果　参数优化

长大跨度桥梁振动特性中一个主要特点是自身的阻尼比较低，因此，可以考虑通过增加这类桥梁的阻尼能力来得到有效且经济的设计方案，以增强这类桥梁的抗震能力。增加阻尼能力的一种方法就是在桥梁结构中外加阻尼器。目前阻尼器种类繁多，其中黏滞阻尼器由于有很多优点，因而得到了广泛应用[1]。

在建的南京长江第四大桥（以下简称南京四桥）是一座特大型的桥梁工程，确保其具有合理的抗震能力具有重要的政治、经济和社会意义。因此设计中准备在南京四桥主梁和桥塔横梁之间纵桥向加上黏滞阻尼器，用以改善和提高结构的抗震性能。不同的黏滞阻尼器参数对桥梁结构抗震性能的影响很大。由于地震的特殊性、以及振动台模型试验的困难性，黏滞阻尼器参数的选择目前主要采用计算机仿真方法，通过对不同阻尼器参数组合下结构的地震内力以及变形响应的比较予以确定。

一、计 算 模 型

南京四桥主桥采用410.2m＋1 418m＋363.4m双塔三跨悬索桥，大桥全局立面图如图1所示。两侧锚锭均布置在大堤外，锚锭形式采用重力式锚，主塔采用混凝土门式框架结构，主塔基础采用钻孔灌注桩基础，分别在南、北塔横梁和主梁之间加上纵桥向黏滞阻尼器。采用有限元方法建立主桥仿真模型。主桥的主梁、主塔及横梁、过渡墩及系梁均采用空间梁单元模拟；悬索采用桁架单元模拟，但要考虑垂度效应和恒载引起的几何刚度的影响；支座用连接单元模拟；吊杆采用桁架单元，考虑恒载引起的几何刚度的影响；吊杆和主梁连接处采用主从节点方式约束；主梁顺桥向无约束；桩基础采用空间梁单元模拟，并在冲刷线下一定深度嵌固。有限元模型见图2。

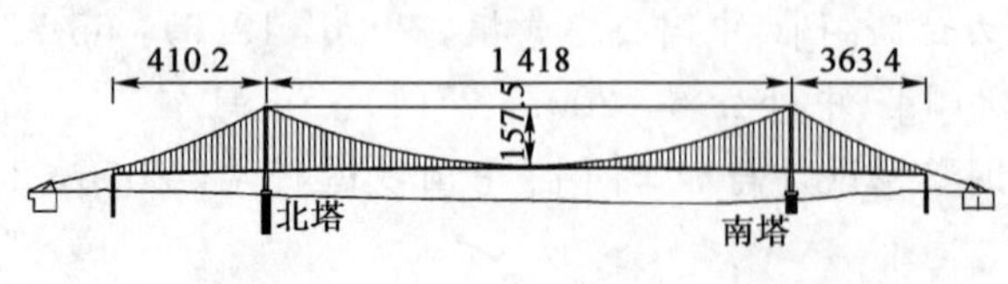

图1　南京四桥主桥全局立面图（尺寸单位：m）

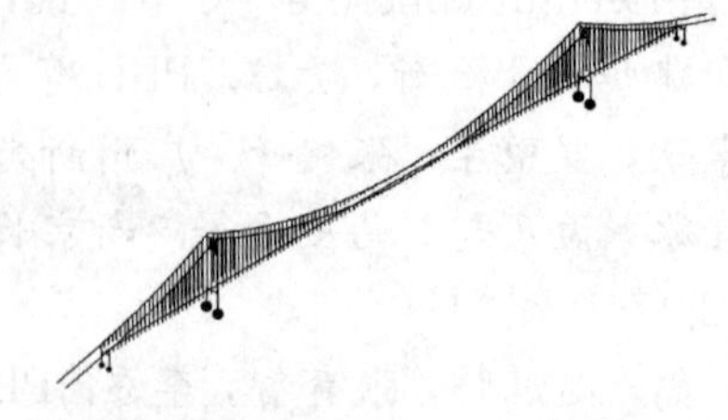
图2　主桥有限元计算模型

二、动 力 特 性

根据上面的有限元模型，采用子空间迭代法对其进行动力特性分析。表1给出了该桥前十阶振型的周期及其振型描述。

主桥前 10 阶振型描述 表 1

序号	周期(s)	频率(Hz)	振 型 描 述	序号	周期(s)	频率(Hz)	振 型 描 述
1	15.6488	0.0639	主梁一阶正对称侧弯	6	6.4629	0.1547	反对称侧弯
2	12.1893	0.0820	一阶反对称竖弯+纵飘	7	5.4809	0.1825	反对称竖弯
3	8.7166	0.1147	一阶正对称竖弯	8	5.4313	0.1841	双塔正对称侧弯
4	8.1734	0.1223	反对称竖弯+纵飘	9	5.3362	0.1874	双塔反对称侧弯
5	6.8288	0.1464	正对称竖弯	10	5.1046	0.1959	反对称竖弯

从表 1 可以看出,其基本周期较长;主梁侧向刚度相对较小,第一阶振型表现为主梁侧弯,周期达到 15.6s;主梁纵漂出现在第二阶振型;第八、九阶出现塔的振型。

三、阻尼器参数优化

在计算动力特性的模型基础上,南、北塔与主梁之间分别加入一个顺桥向的黏滞阻尼器。阻尼器的设计行程应根据主梁在温度车辆等荷载作用下的变形需求来设计,剪切、释放件的位置和强度设计应满足在低于控制力的力作用下不被破坏,而在高于控制力的力作用下时应能破坏,在此我们引入 fuse(保险丝)来感应作用于阻尼器上力的大小。设计的总体思想是满足一般荷载作用下主梁变形,而控制地震等偶然荷载作用下对桥梁产生的破坏作用。

1. 黏滞阻尼器的力学模型

黏滞阻尼器的阻尼力(F)—速度(v)之间的关系理论上可以表示为:

$$F = C \cdot \mathrm{sgn}(v) \cdot |v|^{\alpha}$$

式中 C 是通过试验确定的阻尼系数;α 是指数(其值范围在 0.1~2.0,从抗震角度看,常用值一般在0.3~1.0 范围内),表征流体黏滞阻尼器的非线性特性;sgn( )是符号函数,其力学图示见图 3。文献 2 指出:当 $\alpha=1.0$ 时,阻尼器阻尼力—位移滞回曲线近似椭圆,随着 α 的减小,滞回曲线越来越接近矩形。另外,当速度小于某个值时,α 越小,最大阻尼力越大,滞回环面积越大,耗能能力也越大;而当速度大于某个值时,α 值主要影响滞回环的形状,对滞回环面积影响不大。

2. 保险丝的力学模型[3]

保险丝使用缝隙单元(Gap)来模拟,其力学图示见图 4。缝隙单元的非线性力一位移的关系见式(1):

$$f = \begin{cases} k(d + \text{open}) & d + \text{open} < 0 \\ 0 & d + \text{open} \geqslant 0 \end{cases} \tag{1}$$

式中,f 为力;d 为位移;k 为弹簧常数;open 为初始缝开启宽度,其值必须为零或正值。

图 3 阻尼单元力学图示　　图 4 缝隙单元力学图示

3. 动力方程

桥梁结构上增加附加黏滞阻尼器的动力学方程为:

$$M\ddot{u}(t) + C\dot{u} + Ku(t) + R_{\mathrm{NL}}(t) = R(t) \tag{2}$$

式中 M、C、K 分别是 $n \times n$ 阶的质量、内在阻尼和刚度矩阵;$\ddot{u}(t)$、$\dot{u}(t)$、$u(t)$分别是结构的动力加速度、速度和位移列阵;$R_{\mathrm{NL}}(t)$是阻尼单元力总和的整体节点力列阵;R(t)是结构外力列阵。

对于方程(2)的求解,可以使用文献[4]提出的方法,去掉非线性单元,在非线性单元位置上加上任意刚度的"有效弹性单元",方程(2)变为:

$$M\ddot{u}(t) + C\dot{u}(t) + (K + K_e)u(t) = R(t) - R_{\mathrm{NL}}(t) + K_e u(t) \tag{3}$$

即:

$$M\ddot{u}(t) + C\dot{u}(t) + \bar{K}u(t) = \bar{R}u(t) \tag{4}$$

式中,K_e 是任意值的有效刚度。

经过变换的动力学方程可以进行快速非线性求解。式(4)的求解需要专门的程序,本文采用SAP2000程序。

4. 参数敏感性分析

本文采用重现期为1950年的桥址处的人工地震波,沿桥梁纵桥向输入,图5是地震加速度时程,加速度峰值为2.06m・s^{-2}。

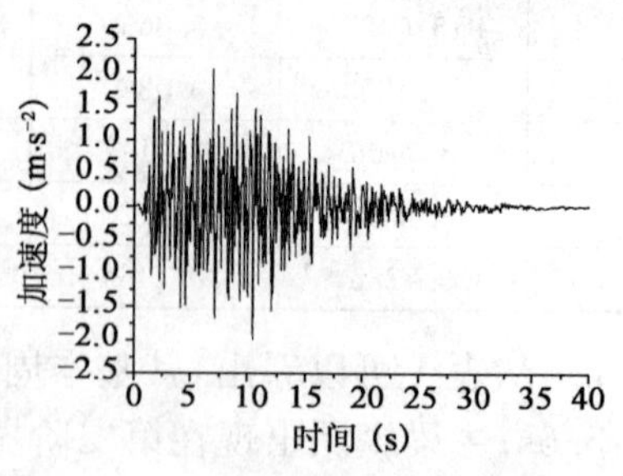

图5　地震加速度时程

从阻尼器的理论表达式可以看出选取不同的阻尼器参数C和α,将对结构响应产生不同的影响,因此,需对其进行参数敏感性分析研究。下面以不设阻尼器的情况作为分析比较的标准,对结构引入阻尼器的情况进行结构响应分析。参数敏感性主要包括两方面的内容[5]:一是阻尼器阻尼指数α不变,改变阻尼系数C;二是保持阻尼系数C不变,改变阻尼指数α的取值。根据阻尼器的使用情况和结构的实际特点,阻尼系数C取为1 000～10 000,阻尼指数取为0.2～0.7,具体分析工况见表2所示。

参数敏感性分析工况　　表2

	C	1 000	2 000	3 000	4 000	5 000	6 000	8 000	10 000
分析工况和分析参数	α	0.2	0.2	0.2	0.2	0.2	0.2	0.2	0.2
		0.3	0.3	0.3	0.3	0.3	0.3	0.3	0.3
		0.4	0.4	0.4	0.4	0.4	0.4	0.4	0.4
		0.5	0.5	0.5	0.5	0.5	0.5	0.5	0.5
		0.7	0.7	0.7	0.7	0.7	0.7	0.7	0.7

各种工况计算出的结果与不加阻尼器时的结果进行对比。根据悬索桥结构内力与变形的特点,主要对以下各最大地震响应结果进行分析比较:南、北塔塔底弯矩和剪力,南、北塔塔顶位移,主梁南、北梁端纵向位移以及各阻尼器最大阻尼力。图6～图10为不同阻尼器参数对应的悬索桥最大地震响应的变化情况,表3、表4分别给出了各种工况情况下悬索桥内力和位移的最大值。

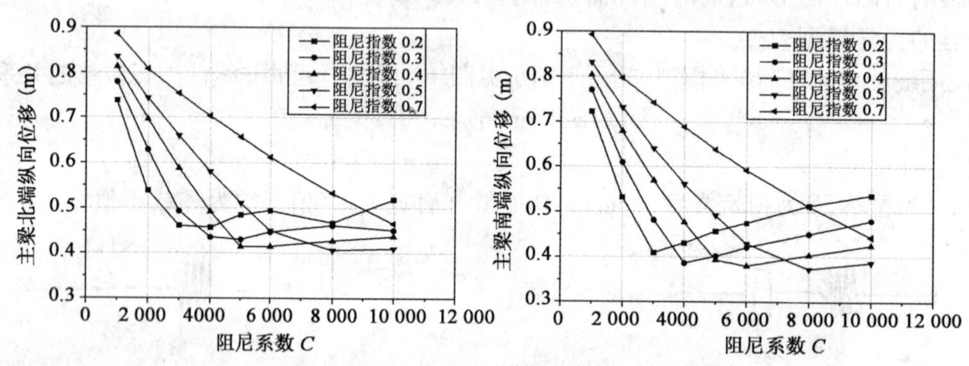

图6　有阻尼器主梁端部纵向位移与无阻尼器时的比值

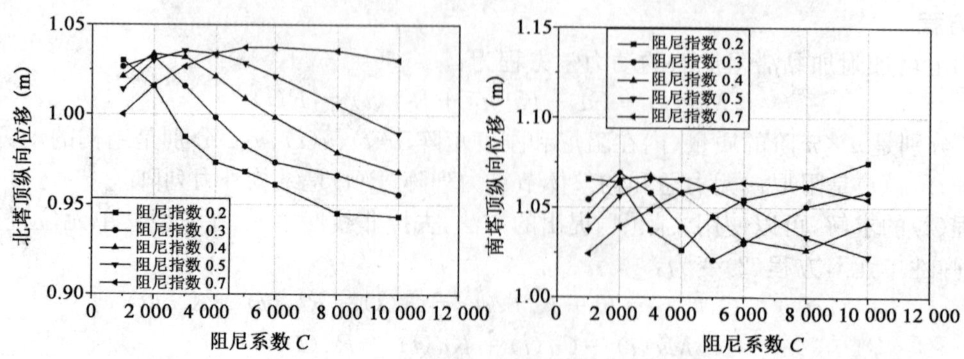

图7　有阻尼器塔顶纵向位移与无阻尼器时的比值

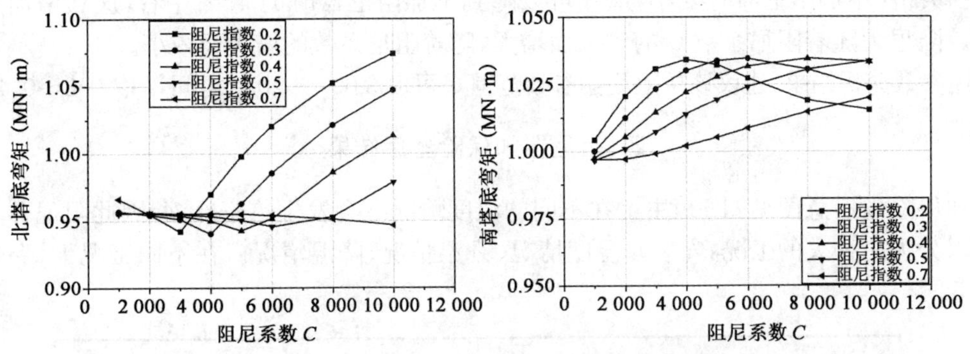

图 8 有阻尼器下塔底弯矩与无阻尼器时的比值

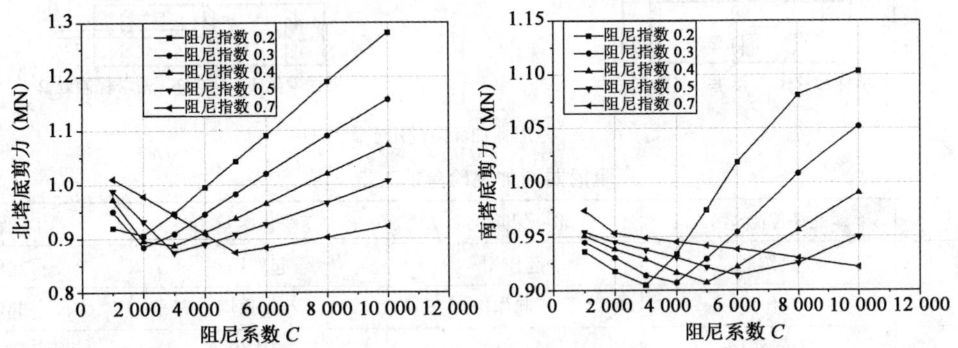

图 9 有阻尼器下塔底剪力与无阻尼器时的比值

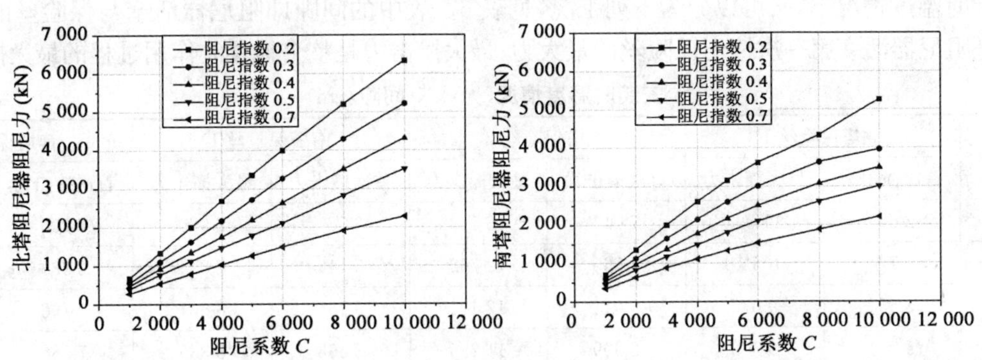

图 10 阻尼器阻尼力

关键截面内力(kN·m;kN) 表 3

截面位置	无阻尼器	有阻尼器	截面位置	无阻尼器	有阻尼器
北塔塔底剪力	5 776	5 049～7 401	南塔塔底剪力	6 678	6 043～7 367
北塔塔底弯矩	353 823	332 739～380 119	北塔阻尼器阻尼力	—	275～6 334
南塔塔底弯矩	451 246	449 873～466 328	南塔阻尼器阻尼力	—	346～5 262

关键点位移(m) 表 4

截面位置	无阻尼器	有阻尼器	截面位置	无阻尼器	有阻尼器
北塔塔顶位移	0.056 4	0.053 2～0.058 1	主梁北端部位移	0.119 0	0.048 8～0.105 4
南塔塔顶位移	0.053 4	0.054 6～0.057 4	主梁南端部位移	0.119 2	0.046 1～0.106 4

从上述图表可以看出以下规律:增加阻尼器后,阻尼器参数的变化对塔底的最大剪力和弯矩影响不大(除个别工况外),波动范围都在10%以内,这一点与阻尼器的自身特性是一致的,增加阻尼器并不会显著改变结构内力。增加阻尼器对塔顶最大位移的影响不大,波动范围在7%以内;对梁端位移的影响

很大，梁端位移都比不加阻尼器时要小，最大可以降到不加阻尼器时的40%左右，这和增加阻尼器的目的是一致的。阻尼力随着阻尼系数C的增大而增大，随着阻尼系数的增大而减小。

综合上述参数分析结果，建议该桥阻尼器参数范围C可取3 000~4 000之间，α取0.3~0.4之间的值。

四、阻尼器加保险丝后结果

阻尼器加保险丝示意图见图11，主梁在不同的温度情况下会发生热胀冷缩，因此阻尼器增加保险丝后的情况可以分为三种大的工况：安装时温度情况、升温情况、降温情况。在不同工况下，保险丝是否发挥作用见表5。

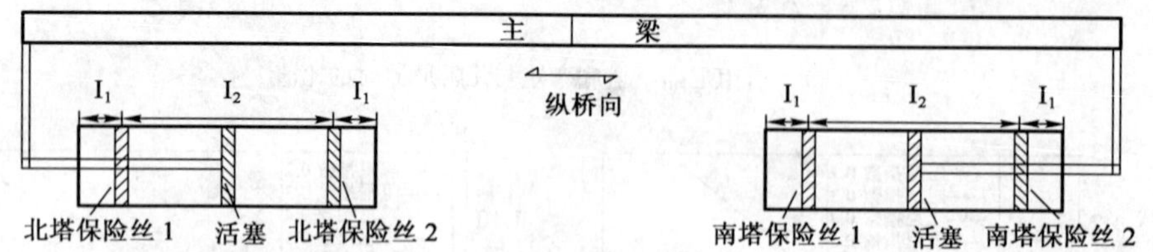

图11 阻尼器加保险丝示意图

阻尼器增加保险丝的工况 表5

工况	北塔保险丝1	北塔保险丝2	南塔保险丝1	南塔保险丝2
安装时温度	起作用	起作用	起作用	起作用
升温	起作用	不起作用	不起作用	起作用
降温	不起作用	起作用	起作用	不起作用

在安装时温度情况下，又可以分为下列工况，见表6。表中的间隙即阻尼器活塞与保险丝的距离；首次撞击力就是阻尼器活塞第一次撞击保险丝的最大力；最大撞击力是整个地震波作用过程的最大撞击力。

安装时温度情况（力：kN；间隙：cm） 表6

工况	间隙	北塔保险丝1		北塔保险丝2		南塔保险丝1		南塔保险丝2	
		首次撞击力	最大撞击力	首次撞击力	最大撞击力	首次撞击力	最大撞击力	首次撞击力	最大撞击力
1	0.5	2 673	11 094	7 042	13 513	3 585	6 960	3 205	6 966
2	1	4 774	10 018	7 565	12 762	5 140	7 924	3 333	7 503
3	2	3 552	9 075	6 011	12 402	3 155	8 521	7 798	8 146
4	3	5 231	9 532	2 999	11 295	3 663	8 385	7 286	9 284
5	4	4 580	7 058	1 978	7 823	2 072	9 182	5 063	7 656
6	5	2 146	2 146	0	0	5 216	5 216	3 275	3 275
7	6	0	0	0	0	2 534	2 534	0	0

在升温情况下，又可以分为下列工况，见表7。

升温情况（力：kN；间隙：cm） 表7

工况	间隙	北塔保险丝1		南塔保险丝2	
		首次撞击力	最大撞击力	首次撞击力	最大撞击力
1	0.5	2 673	7 450	3 205	8 007
2	1	4 774	7 063	3 333	8 054
3	2	3 552	5 657	7 716	7 716
4	3	5 608	5 608	6 949	6 949
5	4	4 567	4 567	5 051	5 051
6	5	2 146	2 146	3 275	3 275
7	6	0	0	0	0

在降温情况下，又可以分为下列工况，见表8。

降温情况(力:kN;间隙:cm) 表8

工况	间隙	北塔保险丝2		南塔保险丝1	
		首次撞击力	最大撞击力	首次撞击力	最大撞击力
1	0.5	6 988	6 988	5 995	8 082
2	1	6 347	6 347	5 467	7 564
3	2	5 781	5 781	3 737	7 965
4	3	2 999	3 911	3 663	7 453
5	4	1 979	1 979	2 072	6 597
6	5	0	0	5 253	5 253
7	6	0	0	2 533	2 533

从上述的表6～表8，可以得到不同间隙下的保险丝上的撞击力，并且撞击力是随着间隙的增大而逐步减小的，这样就可以根据桥梁实际的需要，来设置间隙和保险丝的抗力大小，进而达到预想的控制效果。

五、结　论

(1)该悬索桥的第一振型为主梁的对称侧弯，周期为15.6s左右；主梁的纵漂出现在第二振型；主塔的振动出现较晚。

(2)在主桥的纵向引入黏滞阻尼器，可以有效地减少桥梁的梁端位移，并适当改善桥梁的受力。通过参数优化分析，得到该桥黏滞阻尼器参数的取值范围 C 为3 000～4 000、α 为0.3～0.4。

(3)通过计算保险丝上的撞击力，可以为后面的减震控制提供依据。

参考文献

[1] 周云.黏滞阻尼减震结构的设计.武汉:武汉理工大学出版社,2006.

[2] 叶爱君,范立础.附加阻尼器对超大跨度斜拉桥的减震效果.同济大学学报,自然科学版,2006,34(7):859-863.

[3] 北京金土木软件技术有限公司,中国建筑标准设计研究院.SAP2000中文版使用指南.北京:人民交通出版社,2006.

[4] 爱德华·L·威尔逊.结构静力与动力分析.北京:中国建筑工业出版社,2006.

[5] 王志强,胡世德,范立础.东海大桥黏滞阻尼器参数研究.中国公路学报,2005,18(3):37-45.

113. 大跨桥梁钢桥面铺装病害调查及分析

章登精[1]　杜亚江[1]　王　晓[2]　凌　晨[3]

(1.南京长江第四大桥指挥部;2.东南大学;3.江苏省交通科学研究院)

摘　要　本文收集整理了国内外部分大跨桥梁钢桥面铺装的病害资料，对各类病害成因及危害进行了类比分析，并就各类铺装的主要病害进行分析探讨。

关键词　钢桥面铺装　病害调查　成因分析　现状分析

一、前　言

国内大跨径桥梁越来越多地采用了钢箱梁结构，钢桥面铺装的研究工作也取得了丰硕的成果。特别是南京长江第二大桥采用的环氧沥青铺装，自2001年3月正式通车后，在承受最大交通量达7.09万辆/日（折合中型车约8.5万辆/日，设计通行能力为6万辆/日）的情况下，至今使用状态仍然良好。目前国内实施的钢桥面铺装方案主要有环氧沥青混凝土、改性沥青SMA、浇筑式沥青混凝土和EBCL＋RA05组合铺装（表1）。

国内主要钢桥面铺装一览表　　表1

铺装方案		环氧沥青混凝土				浇筑式沥青混凝土		
序号	建成时间	桥名	序号	建成时间	桥名	序号	建成时间	桥名
1	2000	南京长江二桥	7	2007	杭州湾大桥	1	1997	青马大桥
2	2004	舟山桃夭门大桥	8	2007	武汉阳逻大桥	2	1999	江阴大桥
3	2004	润扬大桥	9	2009	舟山连岛大桥	3	2004	安庆长江大桥（下层）
4	2005	南京长江三桥	10	2008	广州黄浦大桥			
5	2006	湛江海湾大桥	11	2008	武汉天兴洲大桥			
6	2007	苏通大桥	12	2009	武汉白沙洲大桥			
铺装方案		改性沥青SMA（双层）				EBCL＋RA05组合铺装		
序号	建成时间	桥名	序号	建成时间	桥名	序号	建成时间	桥名
1	1997	虎门大桥	5	2000	宜昌长江大桥	1	2004	西陵大桥修复工程
2	1998	汕头宕石大桥	6	2000	武汉白沙洲大桥	2	2007	杭州湾大桥匝道桥
3	1999	厦门海沧大桥	7	2001	武汉军山大桥	3	2008	杭州江东大桥
4	2000	重庆鹅公岩大桥				4	2009	宁波青林湾桥

但是，国内大跨径桥梁的钢桥面铺装是一直未能获得圆满地解决的课题。同样的钢桥面铺装，在不同桥梁上的应用效果存在离散性。钢桥面铺装的病害问题已经越来越突出，一定程度上已经或即将直接影响桥梁的正常运营。南京长江第四大桥建设指挥部为建设好悬索桥钢桥面铺装工程，组织了国内外大跨桥梁钢桥面铺装使用状况的调查研究工作。

二、钢桥面铺装病害调查工作

2010年3月完成国内大跨度钢桥面08～09年度使用状况调研工作，以运营期间各类病害及其养护为重点的调研工作。

2008年8月和10月，先后两次赴日本专题考察钢桥面使用状况，实地考察了采用浇筑式沥青钢桥面铺装的本四连络桥西东中线和东京范围内部分桥梁。

2010年3月，对北美部分大跨度钢桥的铺装进行了现场考察，现场调查了4座环氧沥青钢桥面铺装和2座陶氏（环氧树脂＋聚氨酯）钢桥面铺装的现状。

三、钢桥面铺装现状及病害情况

1. 国内钢桥面铺装

本次国内钢桥面铺装使用情况调查范围为江苏、湖北、浙江和广东地区，共11座大跨度桥梁，基本情况详见图1、表2。

国内部分大跨度桥梁桥面铺装病害调查汇总　表 2

桥梁名称	结构形式	开通时间	主梁形式	铺装使用状况
南京二桥	斜拉桥	2001.3 9 年	钢箱梁	桥面铺装良好。个别鼓包(水或油污残留所致)修补后正常使用,局部纵向裂缝(结构失效所致)和不规则微裂缝(施工缺陷暴露),不影响使用
南京三桥	斜拉桥	2005.10 4.5 年	钢箱梁	桥面铺装良好。局部纵向裂缝(灾害天气重载积压所致)不影响使用
江苏 (不含南京)	悬索桥		钢箱梁	局部重新铺装。局部鼓包多发,导致坑洞后重新铺装,沿施工缝不规则裂缝并铣刨修补,沿桥轴线方向有规律裂缝并修补,局部桥面色泽不均匀但无严重破坏。个别病害修补后再次出现。病害面积 1.5%
	斜拉桥 1		钢箱梁	桥面铺装良好。伸缩缝位置裂缝不影响使用
	斜拉桥 2		钢箱梁	桥面铺装基本良好,沿施工缝不规则裂缝并铣刨修补,沿桥轴线方向有规律裂缝并修补。病害面积 2%
浙江	斜拉桥	2 年	钢箱梁	桥面铺装基本良好,病害较严重,出现 39 处处网状裂缝和 22 处坑洞(多为鼓包引起)
湖北	悬索桥 1	1996.8 13.5 年	钢箱梁	04 年重新铺装,采用 EBCL +1.5cm 树脂沥青混凝土+SMA10 面层。目前发现裂缝、坑洞、滑移、车辙、拥包等病害
	悬索桥 2	2001. 9 年		出现大面积裂缝、车辙、坑洞、滑移等病害,并大面积修补,计划近期大修
	悬索桥 3	2008.12 2 年		总体良好。鼓包病害多发且存在连续鼓包(养护不当会导致局部需要重新铺装),多处裂缝(大多在轮迹位置),坑洞较多修补多处,且个别位置修补不到位
广东	悬索桥 1	1997.5 12.5 年	钢箱梁	多次重新铺装,分别于 98 年 12 月、03 年 11 月进行全桥重铺,08 年 12 月局部采用日本环氧重铺。原 SMA 铺装出现拥包、推挤、滑移、裂缝、坑洞等多种病害。日本环氧发现唧浆、裂缝、坑洞病害
	悬索桥 2	2008.12 2 年	钢箱梁	桥面铺装良好,发现个别鼓包和裂缝,裂缝位置存在唧浆现象
	斜拉桥	2008.12 2 年	钢箱梁	桥面铺装良好

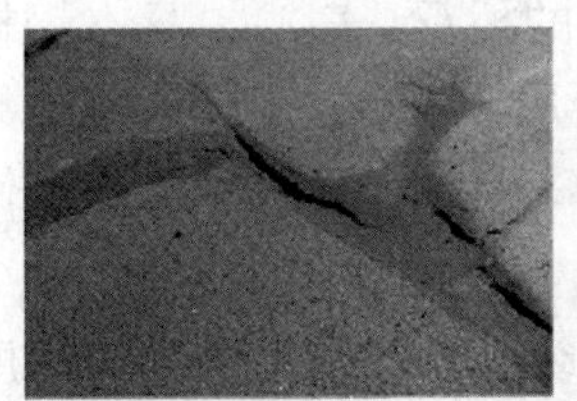
剪切滑移、脱层

车辙

大面积、拥包

推挤后的标线

坑槽、剥落破坏

局部裂缝

沿施工接缝位置裂缝

泛油、光面轮迹

图 1　国内钢桥面铺装部分病害图片

国内钢桥面铺装常见病害见图1,可以汇总归纳为六大类:①剪切滑移、脱层;②车辙;③推挤、拥包;④鼓包、坑槽、剥落破坏;⑤裂缝;⑥泛油、光面轮迹。前三类病害为国内早期设计的钢桥面铺装常见致命病害。其中环氧沥青桥面铺装很好地克服了前三类病害,但后三类病害出现了不少。

南京地区钢桥面铺装的病害以裂缝为主(不影响桥梁运营),也有少量鼓包和硬伤,未出现车辙、脱层、推移等病害。病害(如图2)基本情况是:①裂缝:包括纵向裂缝和短小的微裂纹;②鼓包与坑洞:鼓包病害一般是由于施工时残留在铺装层内部的水分而导致的,后期演变为坑洞;③硬伤:使用期硬物的冲击损伤,一般表现为凹坑。

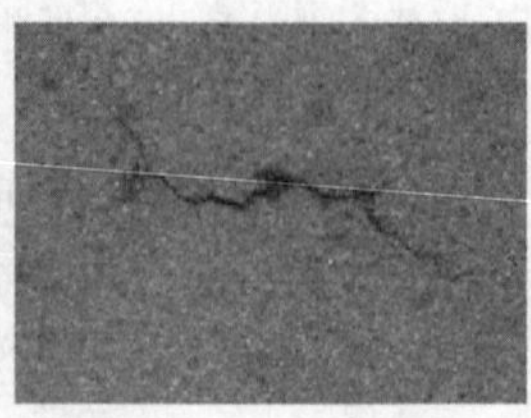

图2 南京地区钢箱梁桥铺装病害

国内调研主要有如下结论:

(1)大跨径钢桥桥面铺装环境条件恶劣,普遍存在超载现象。

(2)钢桥面系的刚度必须适应交通荷载条件,如我国早期的大跨钢桥普遍刚度不足,顶板厚度只有12mm,铺装容易破坏。

(3)钢桥面同一铺装方案在不同桥梁或同一工程的两座大桥之间铺装质量与使用品质都存在较大差异;同期建设的不同桥型上病害类型和数量无明显差别,悬索桥病害虽然较斜拉桥相对严重,但其病害占铺装总面积的比例确略低于斜拉桥。

(4)环氧沥青混凝土桥面铺装的主要病害为裂缝和鼓包引起的坑洞,裂缝病害主要发生于重车道与行车道的轮迹带和施工接缝附近。部分桥梁的环氧沥青铺装通车不足两年后,有局部重新铺装或多处修补情况。

(5)双层SMA铺装和EBCL+1.5cm树脂沥青混凝土+SMA10铺装结构开裂、车辙、脱层、推移、坑洞等病害较为严重。

(6)铺装层与钢板黏结失效的鼓包坑洞病害修补难度大,如修补不当易导致局部铺装完全破坏。

(7)大桥钢桥面铺装大修进入高发期,每年都有大桥桥面铺装全桥重铺或局部重铺。

2. 日本钢桥面铺装

本次调研了本四连络桥和东京地区共17座使用浇筑式沥青桥面铺装的桥梁(表3)。日本钢桥面铺装大多数采用上层高性能改性沥青+下层浇筑式沥青混凝土方案(TLA掺量25%)方案。本四连络桥中大部分桥梁修建于20世纪80年代末90年代初,除因岛大桥桥面铺装损坏较为严重外,其余桥面铺装整体使用状况良好;东京地区的彩虹桥和鹤见大桥桥面铺装发现了较多裂缝,其交通量也很大。

桥面铺装未发现明显的车辙现象,部分桥梁发现纵向裂缝和小面积网裂(图3)。裂缝最大深度仅为改性沥青厚度,下层浇筑式沥青未发现裂缝。大量采用浇筑式沥青混凝土的桥梁,已使用20年左右,并形成相应养护办法。

伸缩缝处开裂

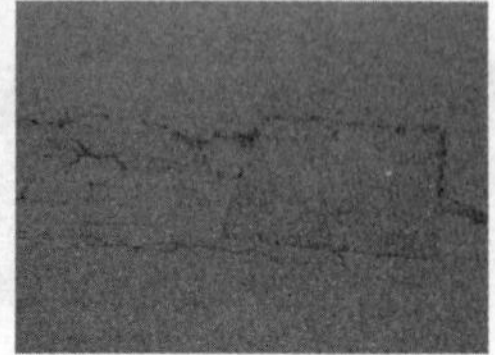
因岛大桥纵向裂缝及修补

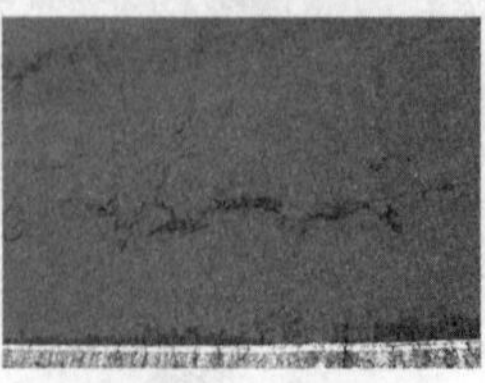
因岛大桥不规则裂缝

来岛二桥行车带处裂缝

图3 日本浇筑式沥青桥面铺装典型病害

本四连络桥和东京地区部分桥梁病害一览表　表 3

桥梁名称	结构形式	开通时间(已运营年)	主梁形式	铺装使用状况
大三岛桥	拱桥,全长 297m	1978.5 30 年	钢箱梁	沿行车道有纵向微裂缝
因岛大桥	三跨连续悬索桥全长:1 270m 主跨:770m	1982.12 27 年	钢桁架	出现较多纵横向和不规则裂缝,有修补
大鸣门大桥	三跨连续悬索桥全长:1 629m 主跨:878m	1985.6 24 年	钢桁架	桥面铺装良好
大岛大桥	三跨连续悬索桥全长:840m 主跨:560m	1987.1 22 年	钢箱梁	沿行车道有纵向微裂缝
伯方桥	简支钢桁架桥,全长 325m	1987.1 22 年	钢箱梁	桥面铺装良好
北濑户大桥	三跨连续悬索桥全长:1 538m 主跨:990m	1987.4 22 年	钢桁架	桥面铺装良好
南濑户大桥	三跨连续悬索桥全长:1 648m 主跨:1 100m	1987.4 22 年	钢桁架	桥面铺装良好
横滨大桥	斜拉桥,全长 860m,主跨 460m	1989 21 年	钢桁架	桥面铺装良好
生口桥	斜拉桥,全长 790m,主跨 490m	1991.3 18 年	钢箱梁	沿行车道有纵向微裂缝
彩虹桥	三跨连续悬索桥全长:918m 主跨:718m	1993.8 16 年	钢桁架	出现较多开裂,局部网裂,有较大面积修补
鹤见大桥	斜拉桥,全长 1 020m,主跨 510m	1994.12 15 年	钢箱梁	一侧出现较多开裂、大面积修补
明石海峡大桥	三跨连续悬索桥全长:3 911m 主跨:1991m	1998.4 11 年	钢桁架	桥面铺装良好
新尾道大桥	斜拉桥,全长 385m,主跨 215m	1999.5 10 年	钢桁架	出现纵横向裂缝
多多罗大桥	斜拉桥,全长 1 480m,主跨 890m	1999.5 10 年	钢桁架	桥面铺装良好
来岛海峡第一大桥	三跨连续悬索桥全长:960m 主跨:600m	1999.5 10 年	钢桁架	局部有微裂缝
来岛海峡第二大桥	三跨连续悬索桥全长:1 515m 主跨:1 020m	1999.5 10 年	钢桁架	沿行车带有微裂缝
来岛海峡第三大桥	三跨连续悬索桥全长:1 570m 主跨:1 030m	1999.5 10 年	钢桁架	局部有微裂缝

3. 北美钢桥面铺装

北美钢桥面铺装多方案并存。美国 20 世纪 60 年代出现过 8 种方案同时在一个项目上施工的情况,现阶段各州铺装方案也各异。

1)环氧沥青桥面铺装

所调研的温哥华狮门大桥和旧金山金门大桥均为环氧沥青钢桥面铺装,分别使用了8年和23年,总体状况良好。但都存在不同程度的病害,以裂缝病害为主,其中桁架结构的伸缩缝位置病害最为突出;大多裂缝及坑洞病害处,其铺装层与钢板的黏结未失效,所以对裂缝病害的养护均未灌缝处理(图4)。

图4　北美环氧沥青桥面铺装典型病害

值得注意的是,这两座桥的铺装下面层方案及施工工艺与国内完全不同,为厚1cm环氧沥青撒铺碎石方案,在厂内桥面板上进行摊铺施工后再运往现场安装。

2)陶氏铺装方案

陶氏铺装方案是以环氧树脂+聚氨酯为结合料的一种薄层桥面铺装方案。美国一些悬索桥梁使用超过一定期限后,主缆锈蚀等原因造成安全系数降低,养护过程中业主选择变更原重量大的混凝土铺装为重量轻的正交异型板+1cm陶氏铺装材料。

San Mateo Bridge混凝土桥面加铺陶氏铺装材料,已使用7年,目前表面均匀,路用性能良好;发现一处长约1m裂缝,未处理;桥头位置有灌沥青裂缝,无明显桥面破坏情况。

Bronx Whitestone Bridge钢桥面采用正交异型板+陶氏铺装材料,施工时间2006年,钢板16mm,铺装10mm,未发现明显铺装破损现象。

四、病 害 分 析

1. 主要病害成因

(1)剪切滑移、脱层病害。主要原因是桥面板与铺装间或多层铺装层间的界面抗剪能力不足引起,是国内早期很多双层SMA钢桥面铺装的主要破坏类型。个别项目上EBCL+RA05组合铺装也出现类似病害.

(2)车辙病害。反映铺装的高温稳定性不足,在重载作用下的变形长期累积而形成,是国内早期的双层SMA和单层浇筑式钢桥面铺装的主要病害,它直接影响行车的舒适性。

(3)推挤、拥包病害。主要是铺装高温稳定性不足和界面抗剪较差而引起,个别因局部铺装质量不均匀也会形成类似病害,也是国内早期双层SMA铺装的典型病害。

(4)鼓包、坑槽、剥落病害。鼓包病害是因铺装内埋入水、涂料等杂物,高温体积膨胀引起;坑槽、剥落病害主要原因是鼓包或局部联结失效导致局部铺装质量较差,而且铺装本身强度大、联结好,未及时养护而形成的病害。鼓包病害初期多出现放射装裂缝,中期表现为环向裂缝,晚期为坑槽。近年通车的环氧沥青铺装,均有不同程度的该类病害,方法得当时可修复。

(5)裂缝病害。可分为两类,一类为非疲劳裂缝,一般在铺装初期出现,并很快表现为其他形式的病害,主要原因是联结层抗剪能力不足、抗低温能力不足或施工控制不到位导致局部铺装质量较差;一类为疲劳裂缝,该类裂缝一定时期存在而不影响行车,成因是高应力下疲劳破坏产生或级配差的铺装体抗疲劳能力较差而出现局部破坏。第一类裂缝在国内早期SMA铺装的初期出现,近期环氧沥青铺装也有不同程度的出现。第二类裂缝是在环氧沥青铺装高应力区域或施工接缝位置发现的病害。

(6)泛油、光面轮迹病害。是混合料高温稳定性不足或施工质量控制不好,抗磨光功能不足而引起铺装抗滑性能不足。国内早期铺装的初期出现,后期发展为推挤拥包;近期环氧沥青铺装,亦发现少量类似病害。

2. 各类铺装的病害现状分析

(1)环氧沥青混凝土铺装。主要病害是鼓包、坑槽、剥落和裂缝病害,个别桥梁存在泛油、光面轮迹病害。选择适当的环氧沥青联结料和结合料,严格控制施工质量,可以避免鼓包、坑槽、剥落病害,但裂缝病害无法避免。裂缝病害是环氧沥青钢桥面铺装长期养护的重点,裂缝病害不引起桥面板与铺装间联结,则无需局部重铺。

(2)改性沥青SMA铺装。在现调查的国内桥梁中各类病害均大量出现过,致使该类铺装在重交通条件下的使用寿命较短,所以需要进一步择优选择铺装的沥青材料。

(3)浇筑式沥青混凝土铺装。单层浇筑式铺装主要病害是车辙和裂缝病害,需要提高高温和低温稳定性。复合浇筑式主要病害是裂缝病害,个别出现鼓包病害,需要加强施工控制并提高上面层抗裂缝能力。养护重点是裂缝的养护。

(4)EBCL+RA05组合铺装。主要病害是车辙、脱层、推移、坑洞和裂缝等病害,需要进一步提高上面层铺装的路用性能,并研究层间的有效联结。

参考文献

[1] 南京四桥指挥部.南京四桥钢桥面铺装前期工作汇报.2010年4月.

[2] 东南大学桥面铺装课题组.大跨径桥梁钢桥面铺装使用情况调研报告.2010年3月.

[3] 江苏省交通科学研究院.南京长江第四大桥浇筑式沥青铺装试验工作报告.2010年3月.

[4] 李丹,余健,章登精.南京地区环氧沥青桥面铺装病害调查分析及养护.第七届国际缆索承重桥梁营运机构会议论文集,2010年5月.

114. 南京四桥钢桥面浇筑式沥青铺装高温稳定性研究

吴 俊[1] 陈 研[2]

(1. 南京林业大学;2. 南京长江第四大桥建设协调指挥部)

摘 要 浇筑式沥青混合料是一种很好的钢桥面铺装的材料,其作为钢桥面铺装的下面层时,必须高度重视其高温稳定性。本文根据南京四桥钢桥面浇筑式沥青铺装的试验数据,对浇筑式沥青混凝土高温稳定性进行了分析,并从TLA含量、沥青用量、预拌沥青碎石等三个方面提出措施对其高温稳定性进行改进。

关键词 钢桥面铺装 浇筑式沥青混合料 高温稳定性

南京长江第四大桥(以下简称"南京四桥")是南京市建设的第一座悬索桥,也是国内目前跨径最大的三跨悬索桥,主跨为1 418m,在同类桥型中居世界第三。主桥跨径布置为(166+410.2)m+1 418m+

(363.4＋118.4)m＝2 476m，加劲梁采用流线形扁平钢箱梁，梁高3.5m，宽38.8m(含风嘴)，顶板厚16(14)mm[1]。大跨径桥梁钢桥面铺装技术是一项世界性难题，铺装使用条件异常严酷，其高温稳定性，抗疲劳开裂性，对钢板变形的追从性，层间黏结及完善的防排水体系等均有极高的要求。由于大跨径悬索桥是一种漂浮结构，相对斜拉桥刚度较小，桥梁较柔，箱梁位移大，而对铺装提出了更高的变形随从性，因此大跨径悬索桥的钢桥面铺装技术更是难点。南京四桥指挥部经过详细的调查研究以及比选，决定引进日本的浇筑式沥青钢桥面铺装技术，并针对南京四桥大跨悬索桥的技术特点提出“下层浇筑式沥青混合料40mm＋上层改性沥青混合料35mm”的铺装厚度及构成，具体铺装形式如图1所示[2]。

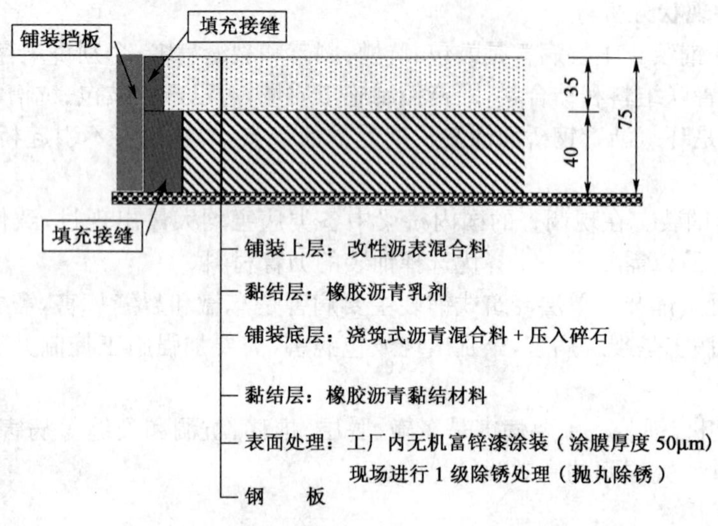

图1　南京四桥钢桥面铺装方案(尺寸单位：mm)

一、浇筑式沥青混凝土

浇筑式沥青混凝土指在高温状态下(约240～260℃)进行拌和及摊铺的一种特殊沥青混合料。该混合料在高温状态下流动性很大，摊铺时依靠自身流动性而成型，无须碾压。混合料本身具有细集料含量高，矿粉含量高，沥青含量高等“三高”特点，较多的沥青及细集料含量使粗骨料处于悬浮状态，成型后混凝土中的空隙率很小，理论上为零。浇筑式沥青具有不透水、不透气性，并且具有良好的防水、防腐、耐久性及追从性的特点。此外，由于含有大量的矿粉，使得铺装具有很强的耐磨性。但是由于具有“三高”的特点，浇筑式沥青的高温稳定性较差。因此，需要在保持浇筑式沥青优点的前提下，适当提高其高温稳定性。

二、TLA含量对其高温稳定性的影响

浇筑式沥青是由集料(骨料、砂子、矿粉按级配组成)以及起到结合料作用的沥青组成。其中沥青结合料通常由特立尼达湖沥青(TLA，Trinidad Lake Asphalt)与石油沥青按一定比例掺配而成。

TLA是一种天然沥青，其中灰份(火山灰矿物质)的含量大约为35%，远远高于普通沥青。矿物质能起到提高沥青软化点、耐磨性，增加沥青模厚度，增大路面摩擦系数的作用，并在浇筑式沥青中形成了沥青胶浆，其相对较高的表面张力，可以很容易与普通石油沥青混合，从而降低普通石油沥青的温度敏感性，使得浇筑式沥青路面具有优良的抗老化性能、低温抗裂性及抗疲劳性能。

南京四桥指挥部对所选TLA与20～40号沥青分别按照(20～40)号：TLA＝75：25与(20～40)号：TLA＝70：30进行试验。所选材料性能指标检测结果分别见表1与表2，TLA与20～40号沥青混合后的性能指标分别见表3与表4。

南京四桥 TLA 检测结果　表 1

试验项目	单位	试验数值	技术要求
软化点	℃	96.0	93～98
针入度(25℃)	0.1mm	0.9	1～4
闪点	℃	243	≥240
密度(15℃)	g/cm³	1.395	1.38～1.42
灰份	%	36.07	—

20～40 号沥青检测结果　表 2

试验项目	单位	试验数值	技术要求
软化点	℃	59.5	55～60
针入度(25℃)	0.1mm	31.9	20～40
延度(25℃)	cm	＞100	≥50
溶解度	%	99.83	≥99
闪点	℃	302	≥260
密度(15℃)	g/cm³	1.037	≥1.0
薄膜加热	%	−0.01	≤0.3

混合后沥青[(20～40)号：TLA＝75：25]试验结果　表 3

试验项目	单位	试验数值	技术要求
软化点	℃	63.2	58～68
针入度(25℃)	0.1mm	22.0	15～30
延度(25℃)	cm	17.6	≥10
闪点	℃	300	≥240
密度(15℃)	g/cm³	1.105	1.07～1.13
薄膜加热	%	−0.37	≤0.5

混合后沥青[(20～40)号：TLA＝70：30]试验结果　表 4

试验项目	单位	试验数值	技术要求
软化点	℃	63.8	58～68
针入度(25℃)	0.1mm	20.6	15～30
延度(25℃)	cm	15.3	≥10
闪点	℃	294	≥240
密度(15℃)	g/cm³	1.122	1.07～1.13
薄膜加热	%	−0.45	≤0.5

从试验结果可以看出，混合后的浇筑式沥青的针入度随着掺加量的增加而降低，软化点随着掺加量的增加而有所升高，这说明适当提高 TLA 含量可以提高浇筑式沥青的高温稳定性。

南京四桥指挥部参照日本试验方法，在 60℃±1℃，0.63MPa 条件下进行浇筑式车辙试验以检验浇筑沥青混凝土的高温稳定性。浇筑式沥青混合料试件中 TLA 掺量分别为 25%与 30%，在不同级配以及最佳沥青用量及±0.5%的条件下进行车辙试验，动稳定度试验结果分别见表 5 与表 6。

车辙试验动稳定度(TLA 掺量为 25%)　表 5

级配	沥青用量(%)	动稳定度(次/mm)	
		平均值	技术要求
细级配	8.3	262	≥350
	8.8	176	
	9.3	125	
中级配	8.0	356	
	8.5	256	
	9.0	208	
增加级配	7.9	269	
	8.4	208	
	8.9	174	
粗级配	8.2	334	
	8.7	220	
	9.2	150	
不连续级配	8.0	466	
	8.3	382	
	8.6	250	

车辙试验动稳定度(TLA 掺量为 30%)　表 6

级配	沥青用量(%)	动稳定度(次/mm)	
		平均值	技术要求
细级配	8.1	371	≥350
	8.6	187	
	9.1	147	
中级配	8.1	348	
	8.6	216	
	9.1	166	
粗级配	8.2	316	
	8.7	267	
	9.2	238	
不连续级配	8.0	621	
	8.3	464	
	8.6	305	

从以上试验结果可以看出,在相同级配条件下,TLA 掺量为 30%的试件高温稳定性明显优于 TLA 掺量为 25%。因此浇筑式沥青混合料中适当提高 TLA 掺量可以提高其高温稳定性。

三、沥青用量对其高温稳定性的影响

浇筑式沥青混合料的组成见图 2。如果沥青混合料中的沥青用量较高,富余沥青所占的比例就大,矿料的内摩擦角就降低,其润滑作用也较强,混合料的流动性也较强,使得沥青混合料的高温稳定性下降。因此适当减少沥青用量可以提高其高温稳定性。

根据表 5 及表 6 的数据制成图 3 及图 4,从图中可以清楚看出在相同级配条件下,沥青用量比较低的混合料其高温稳定性较高。

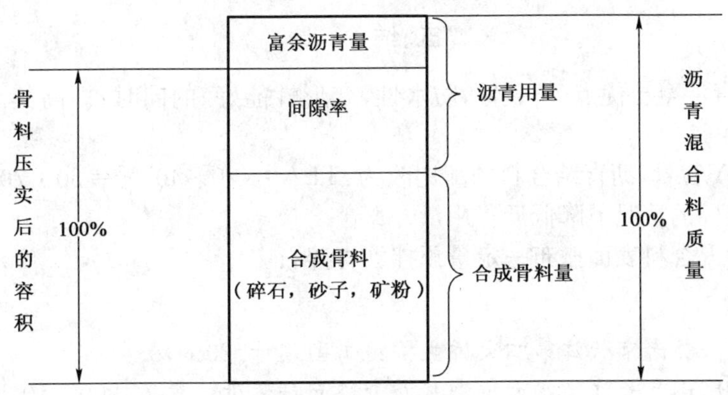

图 2　浇筑式沥青混合料的组成

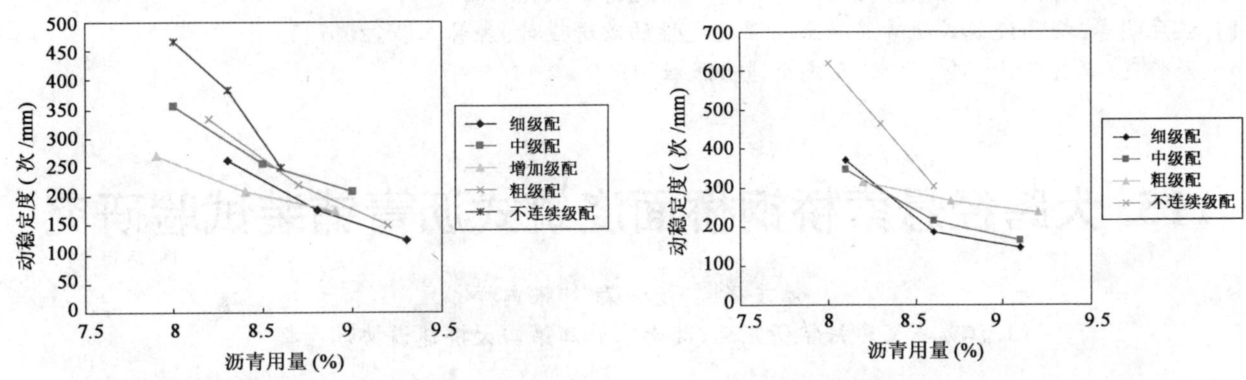

图 3　车辙试验动稳定度图（TLA 掺量为 25%）

图 4　车辙试验动稳定度图（TLA 掺量为 30%）

根据以上试验结果，结合其他指标情况，南京四桥钢桥面铺装下层浇筑式沥青混合料选择 TLA 掺量 30%，最佳沥青用量 8.3%。

四、压入碎石对其高温稳定性的影响

在浇筑式沥青混合料表面压入预拌沥青碎石，可以改变表层级配，使得骨料嵌挤，增加了摩擦力，从而提高其高温稳定性。根据日本相关研究，预拌碎石压入浇筑式沥青混合料时，其撒布量与动稳定度的关系如表 7 所示[3]，从中可以看出，其改善高温稳定性的效果很明显。表 7 中铺装结构与南京四桥结构形式相似，也为上层改性沥青、下层浇筑式沥青的铺装结构。

预拌碎石撒布量与动稳定度关系　　表 7

预拌碎石散布量（kg/m²）	动稳定度（次/mm）	预拌碎石散布量（kg/m²）	动稳定度（次/mm）
0	740	12	1 030
6	820		

南京四桥模拟实际桥面铺装结构，进行了“4cm 浇筑式沥青混凝土＋3.5cm 改性沥青混凝土”复合件的车辙试验，并进行了浇筑式沥青混凝土表面压入碎石与不压入碎石的对比试验。试验方法参照日本规范，试验温度为 60℃，轮压为 0.63MPa，具体试验结果见表 8。

复合试件动稳定度试验结果（60℃）　　表 8

浇筑式表面处理方式	动稳定度试验（次/mm）			
	1	2	3	平均值
压入碎石（撒布量：10kg/m²）	3 500	2 739	2 625	2 955
未压入碎石	1 285	1 260	1 050	1 198

试验结果与日本研究相符合，压入碎石复合试件的高温稳定性提高更加明显。

五、结　　论

在保留浇筑式沥青混凝土优点(抗裂性,防水性,变形性能好)的同时,提高其高温稳定性能,具体措施如下:

(1)适当提高TLA含量,沥青结合料的配比改为:TLA:(20~40)号=30:70;

(2)在满足各项指标的情况下降低沥青用量;

(3)在浇筑式沥青混合料表面撒布一定量预拌沥青碎石。

参考文献

[1] 中交公路规划设计院.南京长江第四大桥主桥施工图设计.2009,8.

[2] 日本长大株式会社.南京长江第四大桥浇筑沥青桥面铺装设计方案.2009,10.

[3] 多田宏行.桥面铺装的设计与施工[M].日本:鹿岛出版会.1996.

[4] 侯彦明等.提高浇筑式沥青混凝土高温稳定性的改进设计.森林工程,2007.1.

[5] 张登良.沥青路面[M].北京:人民交通出版社.1999.

115. 大跨径悬索桥钢桥面浇筑式沥青铺装试验研究

潘友强[1]　杨树荣[2]　张志祥[1]

(1.江苏省交通科学研究院;2.南京长江第四大桥建设协调指挥部)

摘　要　钢桥面铺装是当前国内大跨径悬索桥建设的重点和难点。钢桥面浇筑式沥青铺装具有优良的变形随从性和良好的可修复性,可以作为国内大跨径悬索桥钢桥面铺装的选择方案。课题对钢桥面浇筑式沥青铺装的原材料性能和混合料性能进行了试验,并结合大跨径悬索桥的受力特点,开展了浇筑式沥青钢桥面铺装的界面性能研究、组合结构高温性能和抗疲劳性能研究工作,试验结果表明,浇筑式沥青钢桥面铺装具有优良的抗疲劳性能,但界面的高温稳定性需要深入研究。

关键词　悬索桥　钢桥面铺装　浇筑式沥青　路用性能

一、概　　述

当前我国处于大跨径桥梁建设高峰期,特别是大跨径悬索桥由于其优良的跨越能力在跨海跨江大桥的建设中成为主要桥梁类型。钢桥面铺装历来是桥梁建设的难点与重点,尤其是大跨径悬索桥的钢桥面铺装,目前国内成功的案例不多。大跨径悬索桥钢桥面铺装技术难点包括:其一,大跨径悬索桥是一种全漂浮结构,对铺装提出了更高的变形随从性;其二,大跨径悬索桥桥长一般较斜拉桥长,对铺装层的施工组织和实施提出了更高的要求,施工难度大;其三,大跨径悬索桥桥梁跨径大,对后期桥面铺装的维修保养提出了更高的要求。

钢桥面浇筑式沥青铺装具有沥青用量高、变形随从性好、自愈性能好、后期维保简单等特点,比较适合于大跨径悬索桥钢桥面铺装。钢桥面浇筑式沥青铺装在欧洲、日本等国家具有广泛的应用,特别是在大跨径悬索桥上应用比较成功。但与欧洲、日本等国家相比,我国桥面铺装使用条件更为严峻,对钢桥面铺装带来更大技术挑战。因此,有必要结合国内的使用条件对钢桥面浇筑式沥青铺装在国内大跨径悬索桥中的适用性进行深入研究。课题组参照日本钢桥面浇筑式沥青铺装研究成果对铺装下层采用4cm浇筑式沥青混凝土+铺装上层采用3.5cm高弹改性沥青混凝土的铺装结构进行综合性能研究,分析钢桥面浇筑式沥青铺装在国内大跨径悬索桥上的适用性,具体铺装结构见图1所示。

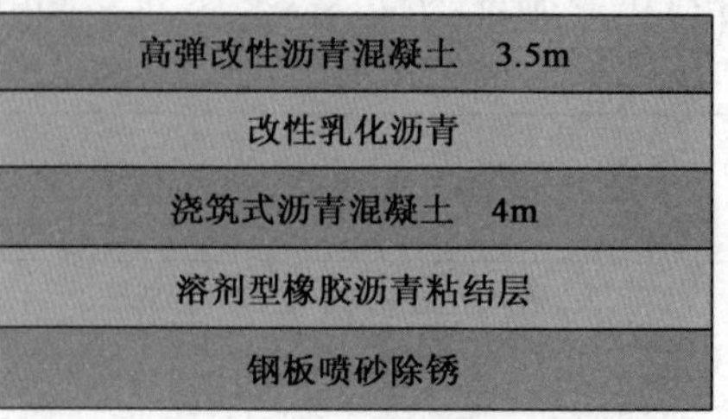

图1　钢桥面浇筑式沥青铺装结构

二、原材料技术要求

钢桥面浇筑式沥青铺装的沥青胶结料与一般的沥青混合料有很大的不同。本文用于浇筑式沥青钢桥面铺装下层的胶结料采用低标号石油沥青(直溜 20～40 号)(见表 1)和湖沥青(见表 2)按一定比例混合后的沥青材料,而铺装上面层的则采用高弹改性沥青(表 3)。

20～40 号沥青试验技术指标 表 1

试验项目	单位	试验结果	技术要求
软化点	℃	59.5	55～60
针入度(25℃)	0.1mm	31.9	20～40
延度(25℃)	cm	>100	≥50
溶解度	%	99.83	≥99
闪点	℃	302	≥260
密度(15℃)	g/cm³	1.037	≥1.0
薄膜加热	%	−0.01	≤0.3

湖沥青技术指标 表 2

试验项目	单位	试验结果	技术要求
软化点	℃	96.0	93～98
针入度(25℃)	0.1mm	0.9	1～4
闪点	℃	243	≥240
密度(15℃)	g/cm³	1.395	1.38～1.42

高弹改性沥青技术指标 表 3

试验项目	单位	试验结果	技术要求
软化点	℃	88.9	55～65
针入度	0.1mm	73.6	60～100
延度(10℃)	cm	85.8	≥50
密度	g/cm³	1.022	≥1.000
60℃粘度	Pa·s	>13 000	≥4 000
闪点	℃	348	≥280
粘韧性	N·m	17.3	≥12
韧性	N·m	11.0	≥10
灰分	%	0.07	≤1.0
薄膜加热(180℃,2.5h)			
质量损失	%	−0.04	≤0.3
针入度比	%	90.2	≥55
软化点比	%	96.6	80～110

三、铺装层沥青混合料性能要求

1. 浇筑式沥青混合料级配及性能要求

本次浇筑式沥青混合料配合比设计完全参照日本浇筑式沥青钢桥面铺装相关技术指标要求进行,其中浇筑式级配见表 4,浇筑式混合料的技术指标要求见表 5。

浇筑式沥青混合料级配　　表 4

筛孔(mm)	通过率(%)							
	16.0	13.2	4.75	2.36	0.6	0.3	0.15	0.075
上限(%)	100	100	85.0	62.0	50.0	42.0	34.0	27.0
下限(%)	100	95.0	65.0	45.0	35.0	28.0	25.0	20.0

浇筑式沥青混合料设计指标　　表 5

试验项目	技术指标	技术要求
流动性试验	流动性(240℃)/s	≤20
贯入度试验	贯入度(40℃,525N/5cm²,30min)/mm	1～4
车辙试验	动稳定度(60℃,0.63MPa)/次/mm	≥350
弯曲试验	极限应变(−10℃,50mm/min)	$\geq 8.0\times10^{-3}$

2. 高弹改性沥青混合料级配及性能要求

钢桥面铺装上面层采用高弹改性沥青密级配，强调混合料的可压实性、密水性和变形性能，级配偏细，沥青用量大。改性沥青混合料中要求掺加一定比例的天然砂以提高混合料的施工性能。改性沥青混合料级配，如表 6 所示，改性沥青混合料的性能要求见表 7。

高弹改性沥青混合料级配　　表 6

筛孔(mm)	通过率(%)							
	16.0	13.2	4.75	2.36	0.6	0.3	0.15	0.075
上限(%)	100	95	55	35	18	10	6	4
下限(%)	100	100	70	50	30	21	16	8

高弹改性沥青混合料设计指标　　表 7

试验项目		设计指标
马歇尔稳定度试验	击实次数(次)	50
	空隙率(%)	3～5
	饱和度(%)	75～85
	稳定度(kN)	10
	流值(1/10mm)	20～40
	残留稳定度(%)	80 以上
动稳定度 *DS*(60℃,0.63MPa)(次/mm)		1 500 以上
弯曲破坏应变(−10℃)($\mu\varepsilon$)		6.0×10^3 以上

四、钢桥面铺装界面处理技术

界面问题是钢桥面铺装研究的重点，为了评价钢桥面浇筑式沥青铺装下层与钢板，铺装下层与铺装上层之间的黏结效果，课题对浇筑式沥青铺装层与钢板之间的拉拔/剪切强度和铺装之间的拉拔/剪切强度进行了试验研究。

1. 铺装层与钢板之间的拉拔/剪切试验

钢板表面进行喷砂处理，去掉钢板表面的锈迹及油分，按要求涂布量涂布溶剂型橡胶沥青黏结层，然后成型 5cm 厚浇筑式沥青混合料，进行拉拔和剪切试验。表 8 是不同温度条件下铺装层与钢板之间的拉拔强度和剪切强度。

铺装层与钢板之间的拉拔/剪切强度 表8

试验类型	试验温度(℃)	平均值(MPa)	界面破坏类型
拉拔试验	20	1.46	黏结层从钢板整体脱开
	50	0.33	黏结层从钢板整体脱开
	60	0.18	黏结层从钢板整体脱开
剪切试验	20	0.77	黏结层与钢板局部剥落
	50	0.08	黏结层与钢板局部剥落
	60	0.04	黏结层与钢板局部剥落

橡胶沥青黏结层在常温条件下具有良好的拉拔/剪切性能，常温条件下浇筑式沥青层和改性沥青层同样具有良好的板体作用，保证了铺装结构不会因为水平剪力而发生破坏。

但在高温条件下橡胶沥青黏结层的抗剪切能力迅速降低。但不可忽视的情况是浇筑式沥青混合料胶结料在高温条件下自身也软化，水平力引起的剪应力在传递过程中迅速衰减，具体由黏结层分担的剪应力有多大需要研究。针对浇筑式沥青钢桥面铺装界面的高温性能有必要开展进一步研究。

2. 铺装层之间的拉拔/剪切试验

为评价钢桥面浇筑式沥青铺装铺装上层与铺装下层结构之间的抗剪强度，课题组制作了4cm的浇筑式沥青混合料＋3.5cm的改性沥青混合料双层复合结构，进行20℃的剪切试验，试验结果见表9。

铺装层间的剪切试验(20℃) 表9

试验类型	编号	拉拔强度(MPa)	平均值(MPa)	界面破坏类型
剪切试验	1	0.819	0.82	浇筑沥青层与上层改性沥青层之间脱开
	2	0.823		

浇筑式沥青铺装下层与改性沥青铺装上层均为沥青类材料，在施工过程中受温度和碾压的共同作用，两层之间可以很好地黏结，保证两层铺装结构具有足够的剪切强度，满足铺装结构受力需要。

五、组合结构高温性能研究

铺装结构高温性能是国内钢桥面浇筑式沥青铺装研究关注的重点，单纯测试浇筑式沥青混凝土往往无法准确地反映铺装结构的高温性能。课题组完全模拟实际桥面铺装结构，开展了4cm浇筑式沥青混凝土＋3.5cm改性沥青混凝土复合件的车辙试验，试验温度60℃,65℃，轮压0.63MPa，具体试验结果见表10所示。

复合试件动稳定度试验结果 表10

试验温度	动稳定度试验(次/mm)			
	1	2	3	平均值
60℃	3 500	2 739	2 625	2 955
65℃	1 575	1 968	1 750	1 764

从试验结果可以看出，组合结构的动稳定度，在60℃试验条件下接近3 000次/mm，在65℃试验条件下超过1 500次/mm，较单纯浇筑式沥青混凝土大幅提高。国内改性沥青混合料的动稳定度要求大于2 800次/mm，目前浇筑式沥青钢桥面铺装组合结构的试验结果满足国内改性沥青的高温性能要求。

六、组合结构疲劳试验

为了评价整个铺装层的抗疲劳性能，课题组开展了带钢板复合件的疲劳试验。试件由钢板(钢板厚14mm)＋4cm浇筑式沥青混合料＋3.5cm改性沥青混合料组成。试验参照国内已有带钢板疲劳试验的研究成果，开展了0和20℃条件下的疲劳试验，试验最大荷载为5kN，具体试验结果见表11，试验过程见图2。

复合件疲劳试验结果　表11

序号	温度(℃)	荷载(kN)	作用次数(万次)	初始动挠度(mm)	铺装表面初始应变(με)	破坏类型
1	0	5	1 500	0.22～0.26	360～470	未破坏
2	20	5	1 280	0.30	580	跨中开裂

从当前已有试验结果看，当疲劳荷载采用南京二桥确定的5kN疲劳荷载标准时，铺装的初始变形量比南京二桥双层环氧沥青铺装层初始变形量大50%，而铺装的疲劳寿命则满足二桥提出的1 200万次的标准，说明铺装层具有优良的耐疲劳性能。

图2　疲劳试验过程照片(0和20℃)

七、结　论

大跨径悬索桥钢桥面铺装对铺装层提出了更高的变形要求、施工和易性要求和后期维保简单的要求。课题组参照日本钢桥面浇筑式沥青铺装的研究成果，从铺装层的界面问题、高温稳定性问题以及抗疲劳性能等方面对浇筑式沥青钢桥面铺装在大跨径悬索桥上的应用进行了研究，得出结论如下：

(1)钢桥面浇筑式沥青铺装在常温条件下，界面的拉拔/抗剪强度均满足桥面铺装的力学性能要求，特别是常温条件浇筑式沥青铺装具有良好的板体作用，保证了铺装层界面的稳定性。

(2)浇筑式沥青混合料自身高温性能较差，但是浇筑式沥青和高弹沥青混合料组合结构动稳定度接近3 000次/mm，满足国内改性沥青的高温性能要求。

(3)在低温和常温条件下，浇筑式沥青钢桥面铺装具有良好的抗疲劳性能。相同荷载条件，更大的变形条件下，浇筑式沥青钢桥面铺装的疲劳寿命达到南京二桥环氧沥青钢桥面铺装提出的疲劳寿命要求。试验过程中也发现浇筑式沥青钢桥面铺装具有良好的自愈能力。

从研究结果也看出，浇筑式沥青铺装采用的溶剂型橡胶沥青黏结层在高温条件下拉拔/抗剪强度较低，需要进一步深入研究。

参考文献

[1] 日本长大公司.南京长江第四大桥浇筑沥青桥面铺装设计方案.2009年.
[2] 日本道路协会.铺装调查·试验法便览(第一、二、三、四分册)，平成18年.
[3] 交通部.公路沥青路面施工技术规范(JTG F40—2004)，2004.
[4] 东南大学交通学院.南京二桥环氧沥青钢桥面铺装研究报告，2001年.

116.新型环氧沥青混合料性能研究

宗　海[1]　魏玉莲[1]　王建伟[2]
(1.南京长江第四大桥建设协调指挥部；2.东南大学交通学院)

摘　要　随着国内大跨径桥梁建设事业的发展，钢桥面铺装也越来越受到人们的关注。文章提出一种新型的环氧沥青材料，并对混合料进行试验研究，为该新型环氧沥青混合料的推广提供技术保障。

关键词　环氧沥青混合料　钢桥面铺装　性能研究

一、概　　况

近十几年来，我国建设了许多大跨径桥梁。其中，正交异性钢桥面板体系由于其自重轻及经济性好而得到越来越多的应用。目前国内建成的江阴长江公路大桥、厦门海沧大桥、虎门大桥、宜昌长江大桥、南京长江二桥等都采用了钢箱梁正交异性面板形式。但是，正交异性钢桥面的桥面铺装问题，是大跨径钢桥建设的关键技术，在国内外尚未得到很好的解决，一直受到国际上工程界和学术界的重视。桥面铺装直接铺设在正交异性钢板上，在行车荷载、风载、温度变化及钢桥面局部变形等因素影响下，其受力和变形远较公路路面或机场道面复杂，因而对其强度、变形特性、温度稳定性、疲劳耐久性等均有更高要求。

目前还不能定论完全适合正交异性钢桥面板的桥面铺装材料。国内长江上的多座大跨径正交异性板钢箱梁桥，大多均采用 SMA 混合料，个别的桥梁采用英国玛蹄酯沥青混凝土铺装。国内采用环氧沥青混凝土作为桥面铺装材料的大跨径钢箱梁桥有南京长江第二大桥，也正是以此为始，拉开了国内应用环氧沥青混合料的序幕，先后已有约 8 座大小桥铺装了环氧沥青混合料。

我们在对目前普遍应用的环氧沥青混合料铺装材料研究过程中发现，由于该环氧沥青的配制工艺非常复杂，施工对混合料的混合时间以及混合料的拌和温度要求十分严格，施工难度很大，给施工造成非常不利的影响，施工中由于混合料超出规定而不能满足施工要求造成的大规模浪费时常发生。如何突破环氧沥青混合料的这个技术瓶颈，是完善钢桥面铺装课题的关键所在。

文章针对新型环氧沥青材料 JEP 进行研究，从材料性能以及施工工艺方面分析 JEP 混凝土的特性，为 JEP 混凝土在钢桥面铺装中的推广打下基础。

二、原　材　料

与以往普遍应用的 AEP 材料相似，JEP 材料也是一种热固性材料，通过各组份的混合，开始化学反应，成型的混凝土强度随时间增长而增加。为了分析 JEP 混凝土力学性能，本研究进行了马歇尔试验与残留稳定度试验、小梁弯曲试验、车辙试验、疲劳试验等，并进一步分析了 JEP 混凝土材料的具体施工参数。

试验采用的原材料为优质玄武岩石料与矿质填料、JEP 环氧沥青材料等。

1. JEP 环氧沥青

JEP 新型环氧沥青是一种三组份材料，由固化剂、主剂以及基质沥青三部分组成，相关技术指标如表 1 所示。在一定范围的温度条件下，按照适当的比例要求混合后即形成环氧沥青混合料。

由表 1 中的试验结果可知，JEP 环氧沥青材料拉伸强度可达 2.6MPa，断裂延伸率 380%，具有非常优异的力学性能。

JEP 环氧沥青材料技术指标　表 1

分项		组份	技术标准	试验结果	试验方法
环氧沥青各组份	比重(25℃)	树脂	1.00～1.25	1.159	参 T 0603－1993
		固化剂	0.75～1.00	0.831	
	黏度(25℃，cps)	树脂(×10^4)	0.2～1.5	1.25	参 JIS K 7117
		固化剂	30～80	43	
环氧沥青(固化)		抗拉强度(MPa)	≥1.68	2.66	参 GB 328.6—89
		延度(%)	≥200	386	

2. 集料

目前普遍应用的环氧沥青混凝土铺装层厚度为 5cm，分两层铺筑，我们选择了优质耐磨耗的玄武岩石料作为试验集料，相关技术指标如表 2 所示。

JEP 集料试验结果　　表 2

技术指标	洛杉矶磨耗值(%)	压碎值(%)	磨光值	吸水率(%)	密度(g/cm³)	抗压强度(MPa)	粘附性
试验结果	12.6	11.3	50	0.9	2.968	112	4 级

3. 矿质填料

用于环氧沥青混合料的矿质填料必须满足《公路工程集料试验规程》(JTG E42—2005)的相关要求。

三、马歇尔试验

马歇尔试验可以确定沥青混合料的最佳油石比，反映了混合料的力学特性与变形能力。为了测定JEP混凝土材料的马歇尔强度指标，可以进行不同龄期的马歇尔试验。即是用最佳油石比成型试件，后放置在不同的环境温度条件下，定期检测试件的马歇尔强度值，以此评价混合料的强度增长情况，并用最终趋于稳定的马歇尔强度值作为混合料最终强度的评定指标。马歇尔试验结果如图 1 所示。

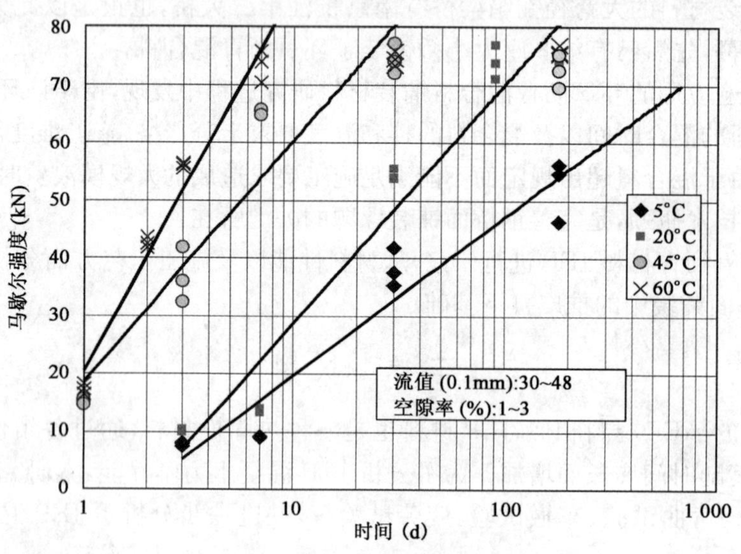

图 1　马歇尔强度随龄期变化情况

由图示结果可知，JEP 混合料最终强度可达约 75kN，且混合料强度随环境温度以及龄期变化较大，20℃条件下，以达到 40kN 为标准，需要约 20 天时间。混合料强度随龄期的增加也逐渐趋于稳定。试验检测的流值与空隙率指标也均满足技术要求。

四、浸水马歇尔试验

沥青混合料在受到水分浸泡后会逐渐产生沥青薄膜剥落，以至于发生混合料坑槽等破坏。为了评价JEP 混合料的抗水损害能力，可以进行浸水马歇尔试验。采用最佳油石比试件，测定浸水 96h 后的马歇尔稳定度值，试验结果如表 3 所示。

浸水 96h 马歇尔试验结果　　表 3

	编号	实测密度(g/cm³)	理论密度(g/cm³)	空隙率(%)	稳定度(kN)	流值(0.1mm)	残留稳定度(%)
JEP 沥青混凝土	1	2.585	2.645	2.3	62.1	36.3	—
	2	2.600	2.645	1.7	53.8	41.7	—
平均值		2.593	2.645	2.0	58.0	39.0	81

由试验结果可知，JEP 混凝土浸水 96h 的残留稳定度比其他类型的混合料要大得多(SMA 混合料48h 后的残留稳定度只有 78.6%[2])，且混合料稳定度也较大，充分说明了 JEP 混合料具有较好的抗水损坏性能。

五、劈裂试验

参照JTJ 052—2000的相关试验要求，进行JEP混合料固化后的劈裂试验，试验结果如表4所示。由表4中的劈裂试验结果可知，JEP环氧沥青混合料的劈裂强度要比其他类型混合料高得多。

JEP混合料劈裂试验结果(15℃) 表4

	编号	实际密度 (g/cm³)	理论密度 (g/cm³)	空隙率 (%)	水平变形 (mm)	劈裂强度 (MPa)	劈裂模量 (MPa)
JEP环氧沥青混合料	1	2.586	2.645	2.2	0.491 8	8.4	1 555
	2	2.565	2.645	3.0	0.521 6	6.5	1 138
	3	2.563	2.645	3.1	0.428 5	6.9	1 458
平均值		2.571	2.645	2.5	0.480 6	7.3	1 384

六、车辙试验

根据已有的统计资料[2]，在夏季的高温季节，钢桥面铺装的使用温度一般能达到约70℃，这对铺装混合料的高温稳定性提出了非常苛刻的要求。本次研究采用车辙试验来评价JEP混凝土的高温稳定性，试验结果如图2所示。

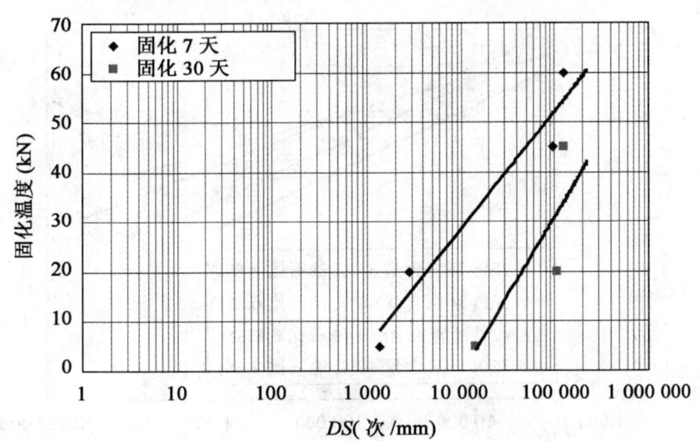

图2 JEP混合料车辙试验结果

热固性环氧沥青材料一个典型的特性就是在高温条件下不会流动，这就能有效避免混合料中沥青存在的迁移现象，不会形成混合料表面泛油与车辙病害。由图3中的试验结果可知，JEP混合料具有优异的高温稳定性。

七、小梁弯曲试验

为了评价JEP混合料的抗弯拉强度特性和弹性特性，按照JTJ 052—2000的试验规程进行了相关温度条件(15℃、-15℃)的小梁弯曲试验。试验结果如表5所示。

JEP环氧沥青混合料小梁弯曲试验结果 表5

温 度	编 号	最大荷载(N)	弯曲强度(MPa)	应变ε	弯曲模量(MPa)
15℃	JEP1	2 166	16.7	0.017 4	959.8
	JEP4	1 697.6	13.8	0.011 3	1 221.2
平均值			15.2	0.014 4	1 055.6

续上表

温　度	编　号	最大荷载(N)	弯曲强度(MPa)	应变 ε	弯曲模量(MPa)
−20℃*	JEP5	4 563.4	33.2	0.002 3	14 434.8
	JEP6	4 394.6	30.1	0.002 0	15 050.0
	JEP7	3 867.6	29.3	0.001 8	16 277.8
	JEP2	3 984.7	31.2	0.002 3	13 565.2
	JEP3	3 130.5	27.8	0.002 5	11 120.0
平均值			30.3	0.002 16	14 027.8

*由于MTS材料试验机温控元件损坏,实测试验温度为−20℃。

对比文献[2]中的相关试验数据可知,JEP环氧沥青混合料除了具有较高的弯曲强度之外,还有非常优异的变形能力,完全能够适应大跨径钢桥面的高柔性使用条件。

八、小梁弯曲疲劳试验

沥青混合料的疲劳是材料在重复荷载作用下而产生的不可恢复的强度衰减的过程。混合料强度衰减逐渐积累,其所能承受的应力或应变值也越来越小,最终必将会出现混合料劈裂破坏。为了评价JEP混合料的疲劳特性,进行三分点小梁弯曲疲劳试验。采用控制应变的加载模式进行试验,试验温度0℃,加载频率10Hz,试验结果如图3所示。

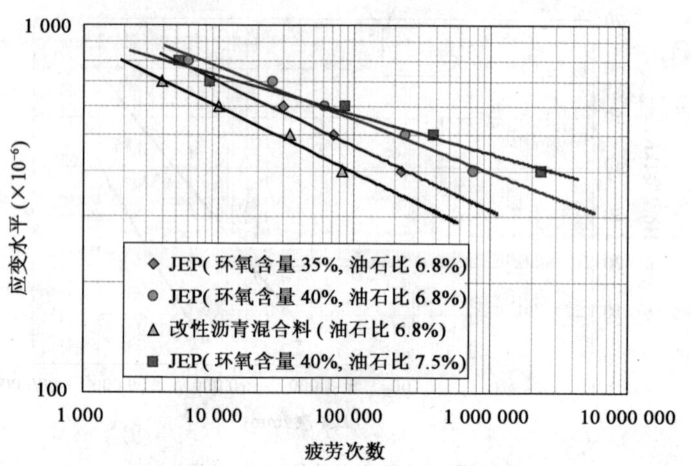

图3　JEP混合料小梁疲劳试验曲线

由试验结果可知,JEP混合料的疲劳寿命要比其他类型混合料高得多,说明JEP混合料具有优异的抗疲劳特性。同时,如果提高环氧含量,混合料的抗疲劳性能有较为明显的增加。

九、施工工艺研究

环氧沥青自各组份混合开始,即发生化学反应,大分子链的胶链体系不断增加,环氧沥青黏度也不断增加,因此对环氧沥青混合料而言,存在时间和温度的要求。确定环氧沥青混合料施工时间和温度范围,最常用的方法就是测定混合沥青的黏时曲线。试验参照JTJ 052—2000试验方法进行,分别测定140℃、160℃的黏时曲线,试验结果如图4所示。

相关的研究资料[3]表明,环氧树脂类混合料在结合料黏度达到10 000MPa·s前对施工的影响均较小。由图4中的检测结果明显看出,JEP环氧沥青材料的黏时曲线随时间增加而逐渐变缓,这表示JEP环氧沥青黏度增加趋势随时间而减缓,与AEP环氧沥青黏度随时间而急剧增加的现象完全不同。在160℃条件下,黏度3小时内不超过10 000MPa·s。这说明,当JEP混合料温度足够时,施工受到的影响要相对小得多。

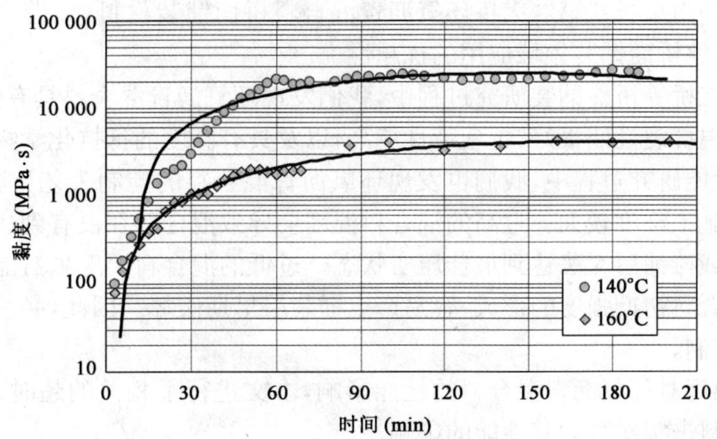

图 4　JEP 环氧沥青黏度—时间关系曲线

十、结　　语

(1)新型环氧沥青混凝土具有非常优异的力学性能和变形能力,完全能够适合大跨径正交异性钢桥面板的使用条件。

(2)JEP 环氧沥青混合料抗水损坏能力较高,基本不会发生由水影响而引起的混合料坑槽等水损害。

(3)JEP 环氧沥青混合料具有优异的高温稳定性,不会出现车辙、泛油等病害。

(4)JEP 环氧沥青混合料施工受温度和时间的限制相对较小,对施工影响不大,是一种性能优异的新型材料,具有一定的应用前景。

参考文献

[1] (JTG E42—2005) 公路工程集料试验规程[S]. 北京:人民交通出版社,2005.

[2] 王晓等. 环氧沥青混凝土性能研究[J]. 东南大学学报(自然科学版). Vol. 31 No. 6 (21-24). 2001 年 11 月.

[3] 本州四国连络桥公团. 本州四国连络桥桥面铺装基准(案)[S].

[4] 沈金安. 沥青及沥青混合料路用性能[S]. 北京:人民交通出版社,2003.

[5] (JTJ 052—2000) 公路工程沥青及沥青混合料试验规程[S]. 北京:人民交通出版社,2000.

117. 时温因子对环氧沥青混合料影响分析

魏玉莲　宗　海
(南京长江第四大桥建设协调指挥部)

摘　要　环氧沥青混合料具有较高的强度,优越的高、低温性能和卓越的抗疲劳特性。然而,由于环氧沥青的化学反应复杂,反应过程受各种因素影响可能性较大。文章从环氧沥青混合料影响因素角度出发,分析了时间、温度等因素对环氧沥青混合料性能的影响,为施工提供技术保障。

关键词　环氧沥青混凝土　钢桥面铺装　影响分析

一、概　　述

随着我国桥梁建设事业的迅猛发展,越来越多的大跨径钢箱梁桥开始重视钢桥面铺装问题。目前仍然无法定论哪种铺装材料完全适合正交异性钢桥面板这样高柔性的使用条件,但是,经过约 8 年的极端高、低温使用条件考验的南京长江第二大桥环氧沥青混合料桥面铺装材料，凭借其优异的路用性能而显示出环氧沥青混凝土在钢桥面铺装领域应用的优越性。

在南京二桥、南京三桥等桥面铺装研究过程中，我们发现环氧沥青混合料具有强度高、高温时抗塑流和永久变形能力强、低温抗裂性能很好、抗疲劳性能高，以及具有高度的抵抗化学物质侵蚀的能力等。

在后续的混合料性能研究过程中，我们也发现环氧沥青混合料的配制工艺比较复杂，施工中对时间和温度要求十分严格，施工难度较大。过高的混合料温度会导致混合料在没有到达施工场地时就已经部分固化，从而无法摊铺或摊铺后无法达到最佳压实状态。过低的混合料温度虽然能够获得较长的施工操作时间，但是不利于混合料初期强度的形成，容易产生铺装层早期破坏。因此，必须对环氧沥青混合料的温度和时间进行严格控制。

为了研究时间和温度对环氧沥青混合料的性能影响，本文进行了相关的超时、超温的混合料试验研究，同时还分析了混合料击实次数对其性能的影响。

二、环 氧 沥 青

环氧沥青是一种热固性聚合物材料，由环氧树脂(组份A)和添加了固化剂的环氧沥青(组份B)两组份组成。各组份材料技术指标如表1所示。

环氧沥青组份技术指标　　表1

技 术 指 标	技 术 要 求		试 验 方 法
	组份A	组份B	
黏度	100～160(23℃,Pa·s)	≥140(100℃,10^{-3}Pa·s)	ASTM D 445
含水量(%)	≤0.05	≤0.05	ASTM D 1744
闪点(℃)	≥200	≥200	ASTM D 92
密度(g/cm³)	1.16～1.17	0.98～1.02	ASTM D 1475

组份A和组份B在一定的温度条件下混合，即开始化合反应，主要表现为混合物的黏度随时间逐渐增大。混合后固化的环氧沥青材料技术指标如表2所示。

固化后环氧沥青技术指标　　表2

技 术 指 标	技 术 要 求	试 验 方 法
抗拉强度(23℃,MPa)	≥1.516 8	ASTM D 638
断裂时的延伸率(23℃,%)	≥200	ASTM D 638
热固性(300℃)	不熔化	特殊方法
膨胀比(23℃)	≤3.5	特殊规程
浸耗率(23℃)	≤35%	特殊规程
吸水率(%,)(7d,23℃)	≤0.3	ASTM D570
在荷载作用下的热挠曲温度(℃)	−18～−25	ASTM D 648
黏度增加至1 000×10^{-3}Pa·s(121℃,min)	≥50	放于容器中搅拌

三、集料与矿质填料

集料与矿质填料的选择满足《公路工程集料试验规程》(JTG E42—2005)的相关要求。本次试验选择的集料是钢桥面铺装专用优质玄武岩集料。矿质填料选择的是优质石灰岩材料，主要技术指标如表3、表4所示。

玄武岩集料技术指标　　表3

技术指标	洛杉矶磨耗值(%)	磨光值(BPN)	针片状含量(%)	视密度(g/cm³)	粘附性
试验结果	≤22	≥44	≤5	≥2.65	不小于4级

矿粉技术指标 表 4

技术指标	比表面积(m^2/kg)	通过 50 号筛(%)	视密度(g/cm^3)	含水量(%)
技术要求	≤133	90～100	≥2.5	≤0.2

四、超温混合料试验

为了研究温度对环氧沥青混合料性能的影响，本文进行了不同温度条件下的马歇尔试验与劈裂试验，测定不同温度条件下环氧沥青混合料的常规指标，以此评价混合料受温度的影响情况。

由于缺少超过 120℃条件的高温试验时间资料，因此，首先应该先进行环氧沥青的高温黏度—时间曲线测定。试验采用 Brookfield 旋转黏度仪，27 号转子，速度 100r/min，主要测试 120℃、126℃条件下的黏度曲线，试验结果如图 1 所示。按照 120℃下的时间范围 45～60min 所对应的黏度上限，即 600×10^{-3} Pa · s，为最佳施工压实的黏度标准，可以推测，126℃条件下混合料的可操作时间不宜大于 50min。

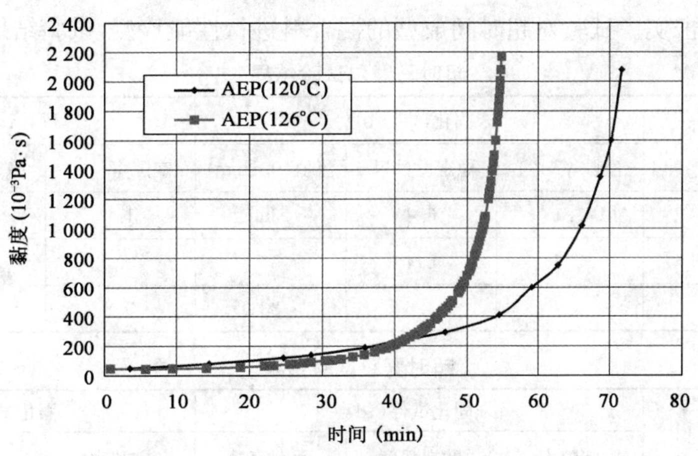

图 1 环氧沥青黏度—时间曲线

试验先按照马歇尔方法确定最佳油石比为 6.7%，再按照最佳油石比进行其他试验项目。试验参照《公路工程沥青及沥青混合料试验规程》(JTJ 052—2000)相关内容进行。试验结果如表 5、表 6 所示。

温度影响的马歇尔试验结果 表 5

成型温度(℃)	成型时间(min)	未固化试件(1d)			固化试件(120℃，4h)		
		空隙率(%)	稳定度(kN)	流值(0.1mm)	空隙率(%)	稳定度(kN)	流值(0.1mm)
120	50	1.2	6.2	38	1.5	56.1	39
126	30	1.1	6.3	36	1.3	56.8	37
	35～40	1.3	5.5	35	1.5	55.2	36
	40～45	2.4	5.1	31	2.1	51.1	33

温度影响的劈裂试验结果 表 6

成型温度(℃)	成型时间(min)	未固化试件(1d)			固化试件(120℃，4h)		
		空隙率(%)	劈裂强度(MPa)	劲度模量(MPa)	空隙率(%)	劈裂强度(MPa)	劲度模量(MPa)
120	50	1.2	0.41	182.2	1.1	6.15	1 110.1
126	30	1.2	0.36	170.5	1.4	6.18	1 115.2
	35～40	1.5	0.31	173.8	1.5	6.01	1 103.5
	40～45	2.2	0.28	163.7	2.4	5.21	1 400.8

由试验结果可知，对于混合温度偏高的混合料而言，缩短混合料的施工时间对于确保混合料的性能有很大的作用。126℃条件下，在满足时间要求的范围内成型的马歇尔试件具有较好的稳定度和劈裂强度特性，与规定温度要求内(120℃)的试验结果相似，所表现出的变化只是混合料试验的马歇尔流值与劈裂应变水平随时间延长而降低，即变形能力有所降低。

五、超时混合料试验

环氧沥青混合料生产过程中，除了拌和温度之外，还有一个重要的影响因素，就是混合料的反应时间。混合料的反应时间是与拌和温度相对应的一个参数，拌和温度高，混合料的反应时间就降低，反之反应时间就延长。但在实际施工过程中，难免会出现这样的情况，混合料拌和温度满足要求，但是由于运输车辆等其他无法预估的问题影响，而导致混合料运输时间延长，因此必须对由于时间而导致的混合料性能影响进行分析。

超时混合料试验也采用马歇尔和劈裂试验来评价。试验温度为121℃，按照规范要求，混合料应该在混合后60min内完成击实。试验对超时间成型的混合料进行性能检测，试验结果如表7、表8所示。

超时马歇尔试验结果 表7

成型温度(℃)	成型时间(min)	未固化试件(1d)			固化试件(120℃,4h)		
		空隙率(%)	稳定度(kN)	流值(0.1mm)	空隙率(%)	稳定度(kN)	流值(0.1mm)
121	50	1.1	6.4	38	1.2	57.2	36
	65	2.6	5.4	36	3.1	48.8	35
	75	4.9	4.6	33	5.2	42.3	32

超时劈裂试验结果 表8

成型温度(℃)	成型时间(min)	未固化试件(1d)			固化试件(120℃,4h)		
		空隙率(%)	劈裂强度(MPa)	劲度模量(MPa)	空隙率(%)	劈裂强度(MPa)	劲度模量(MPa)
121	50	1.2	0.41	192.2	1.1	6.25	1 107.2
	70	2.6	0.26	152.1	2.3	4.95	1 207.8
	75	4.4	0.22	149.8	5.1	4.11	1 058.2

由相关试验结果可知，超时的混合料试验结果主要是强度降低，混合料空隙率增大，混合料变形能力降低等几方面问题。主要是由于超过最佳压实时间，即是超过最佳的碾压黏度后，混合沥青的黏度将继续增大，必将导致混合料无法达到最佳压实状态，形成较大空隙率的铺装层。

六、时间、温度综合影响

在环氧沥青混合料铺装施工过程中，由于温度和时间对混合料的施工操作性能影响较大，根据我们的施工经验可知，如果施工操作不熟练或管理不到位，则混合料超温或超时铺装的现象时有发生，更甚者，出现混合料温度和时间均不能满足条件的情况。本文针对时间和温度复合影响的混合料进行性能评价。试验采用126℃条件下55min和60min进行击实，试验结果如表9、表10所示。

超温超时对混合料马氏指标的影响 表9

成型温度(℃)	成型时间(min)	未固化试件(1d)			固化试件(120℃,4h)		
		空隙率(%)	稳定度(kN)	流值(0.1mm)	空隙率(%)	稳定度(kN)	流值(0.1mm)
126	55	3.6	4.5	33	3.1	44.8	32
	60	5.2	3.3	31	5.6	40.3	33

超温超时对混合料劈裂指标的影响 表10

成型温度(℃)	成型时间(min)	未固化试件(1d)			固化试件(120℃,4h)		
		空隙率(%)	劈裂强度(MPa)	劲度模量(MPa)	空隙率(%)	劈裂强度(MPa)	劲度模量(MPa)
126	55	3.2	0.31	202.3	3.1	4.25	1 300.7
	60	5.6	0.18	172.8	5.3	3.95	1 417.0

由表中的试验结果可知,混合料在温度和时间的复合影响下,空隙率和强度以及混合料的变形能力均有较大的变化。空隙率由于混合料沥青黏度增大而增大,混合料强度和变形能力均有所降低。相比单一时间或温度因素影响的混合料试验结果而言,复合因素作用下的混合料性能更差,因此,必须在施工时严格注意控制这种复合情况的出现,确保施工质量。

七、击实次数影响分析

环氧沥青混合料在铺装后必须及时进行碾压施工,按照规定的碾压工艺,根据不同的层位,采用不同的碾压组合,目的是为了达到最佳的压实状态和表面状况。为了评价碾压对混合料性能的影响,本文进行了不同击实次数的室内模拟试验,通过检测击实后的混合料空隙率和马歇尔强度指标来评价混合料的压实效果。分别测定6.5%、6.7%的油石比试件,试验结果如图2所示。

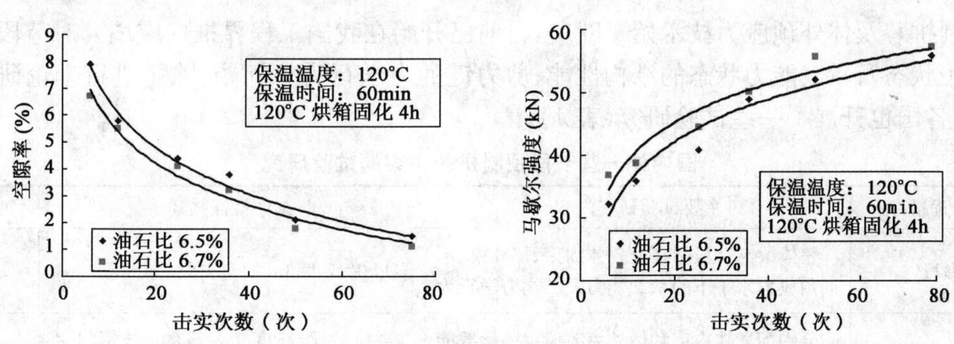

图2 不同击实次数的马歇尔试验结果

由试验结果可知,随着混合料油石比增加,混合料的压实效果会变好,压实后空隙率较低,强度较高。由此可见,在确保混合料温度条件的情况下,适当增加压实次数,对确保混合料性能有很重要的作用。

八、结 语

环氧沥青混合料是一种性能优越的铺装材料,在国外拥有40年的卓越使用记录。但是如何将设计好的铺装材料成功地铺装在桥面上却是一件非常关键的步骤。

时间对混合料的影响更为明显,超出时间要求的混合料一律予以废弃,不得使用。对于超出温度要求范围的环氧沥青混合料,如果无法在较短时间内铺装完成,应及时作为废料处理,避免影响整体铺装性能。

环氧沥青混合料受拌和温度与混合料运输时间的影响特别明显,因此在工程施工中,应严格按施工实施细则进行温度和时间的控制,以确保铺筑的混合料的性能保持在最佳状态。必要时,应通过事先试验段的铺筑,采取多种措施,如控制集料的设定温度、拌和锅的加热温度、预拌干料测温确定结合料的添加等,将环氧沥青混合料的拌和温度控制在110~121℃范围内,以确保环氧沥青混合料铺装完成后的优越路用性能得以充分发挥。

参考文献

[1] (JTJ 052—2000)公路工程沥青及沥青混合料试验规程[S].北京:人民交通出版社,2000.
[2] 黄卫等.南京长江第二大桥桥面铺装材料试验研究报告[R].东南大学交通学院内部资料.2000年.
[3] 黄卫,李淞泉.南京长江第二大桥钢桥面铺装技术研究[J].公路,2001年1月.

[4] 黄卫,等. 大跨径钢桥面沥青混合料特性研究[J]. 公路交通科技,2002年.
[5] 王晓,等. 环氧沥青混凝土性能研究[J]. 东南大学学报(自然科学版),2001年11月.
[6] 宗海. 环氧沥青混凝土桥面铺装病害修复技术研究[D]. 东南大学硕士学位论文,2005年3月.

118. 节段预制拼装桥梁的模型试验研究综述

聂永福 朱小康 王建超 郑开启 惠 卓 刘 钊
(东南大学)

摘 要 回顾了国内外所开展的一些节段预制拼装模型试验研究,概述了泰国曼谷二期快速路工程中的节段预制拼装箱梁桥的足尺模型试验,该项试验历时2年,首先进行的是使用阶段长期性能试验,其后为全过程的破坏性试验,重点介绍了该足尺试验的传感器及测点布置、试验加载和试验观测结果。

关键词 桥梁 体外预应力 预制节段 箱梁 足尺模型试验

一、国内外试验研究概况

节段预制拼装及体外预应力技术始于欧美,目前已开始在我国工程界推广应用。对节段预制拼装桥梁在正常使用状态及承载能力状态的结构性能、剪力键的力学行为等问题,除了进行理论研究和数值计算分析以外,各国也开展了一些试验研究(表1)。

国内外一些节段预制拼装桥梁的试验研究 表1

国家/工程背景	主要试验研究内容	试件特征描述	时间/参考资料
法国/CEBTP	整体梁与节段梁在配置体内束、体外束、不同预应力水平下的承载能力及结构力学行为	11片跨度6m的简支梁	1991/[2]
美国/CTL公司	分别配置体内束和体外束节段梁的承载能力及结构力学行为	共2片梁,跨度9.44m的简支梁,1片配置体内束,第2片配置体外束	1990/[3]
美国/德克萨斯大学奥斯汀分校	体外束在转向块处有黏结与无黏结对体外预应力桥梁的承载力和延性的影响,以及体外束的应力增量	1/4缩尺模型的三跨体外预应力箱梁桥,接缝为胶接缝和干接缝,同时做了12个后张无黏结体内束节段剪力试验	1989/[4]
西班牙/加泰罗尼亚大学	节段梁的抗弯抗剪承载能力、钢束在极限状态下的应力增量、接缝的抗剪性能	模型跨度7.2m,其中5片梁为整体梁,3片为节段梁,分别布置体内、体外束	2002/[2]
泰国/曼谷二期	节段梁的长期观测,梁的承载能力以及预应力增量,体外束和接缝滑移以及接缝张开	足尺模型,简支梁跨度45.25m,全体外束,干接缝,承载能力极限状态恒载持荷2年,然后进行破坏试验	1994/[1]
泰国/曼纳高速	节段梁的抗弯承载力以及抗扭承载力研究	足尺模型,44.4m跨度预制节段全体外束简支梁,箱梁宽度27.2m(双向6车道)弯曲和扭转试验	1998/[2]
中国/上海新浏河桥	截面应力与荷载关系曲线以及梁的挠度	跨度42m,实桥验证性试验,体外束,胶接缝	2001/[5]
中国/南京四桥	弹性阶段结构行为,体内及体外束摩阻损失,锚下局部区域的受力性能及配筋设计,墩顶梁段横隔梁水化热测试分析;体外预应力索换索工艺	48m跨度的简支梁足尺模型,体内—体外混合配束,干接缝拼接	2010/[7]

二、曼谷二期快速道路高架桥足尺模型试验

1. 模型概况

试验模型为 45.25m 的一孔足尺梁，桥面宽 10.2m，由 14 个预制节段拼装而成，接缝间为不涂胶的干接缝。采用全体外预应力结构，有 $12\phi^s15.24$ 和 $19\phi^s15.24$ 两种钢绞线束。体外束采用 HDPE 套管内注水泥浆防护。试验梁的典型截面及结构立面如图 1 所示。

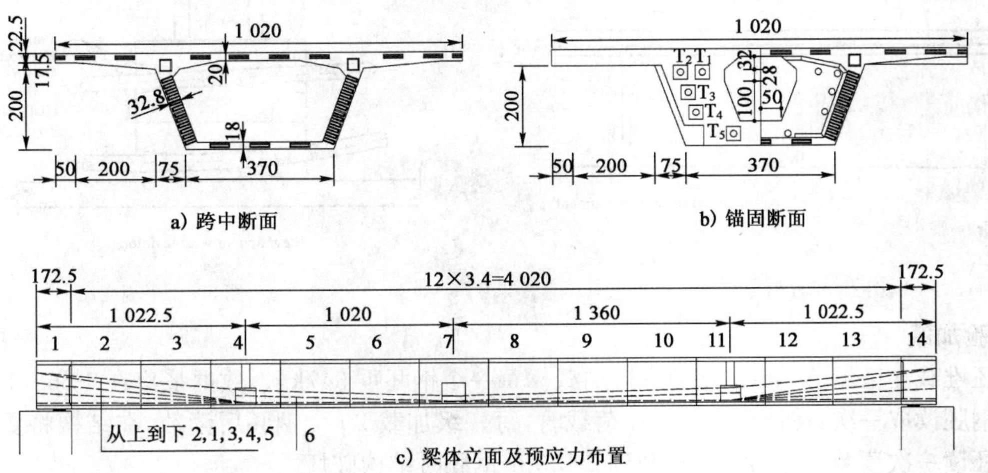

图 1 足尺试验模型（尺寸单位：cm）

2. 传感器及测点布置

1)应变片

共布置了 66 个用来测量混凝土和钢绞线应变的应变片(图 2)。其中的 28 个用来测试跨中节段 8 混凝土的变形特性。在转向块处，三向应变花布置在转向块的顶部和底部测试主应变的方向。

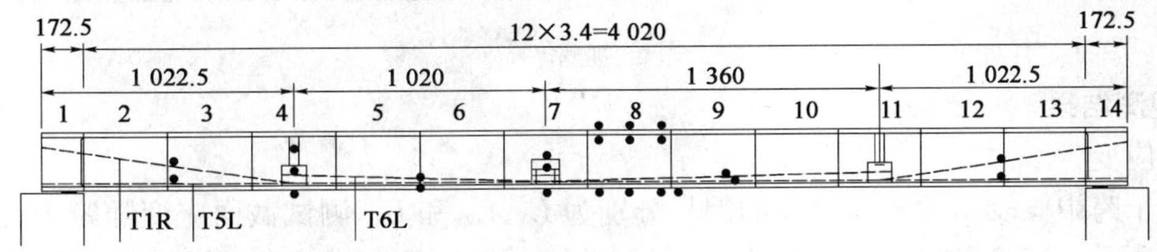

图 2 应变片布置图

钢束在主要部位的应变由两个分别贴在钢绞线表面的应变片测量。测试钢绞线编号为 T1R、T5L 和 T6L(图 2)。T1 和 T5 在转向块处有最大和最小转角，短束 T6 锚固在转向块处。

2)千分表

共使用 24 个千分表来测量节段接缝的张开(20 个)和接缝的滑移(4 个)。测量接缝张开的千分表水平向布置，测量接缝滑移的千分表垂直向布置(图 3)。

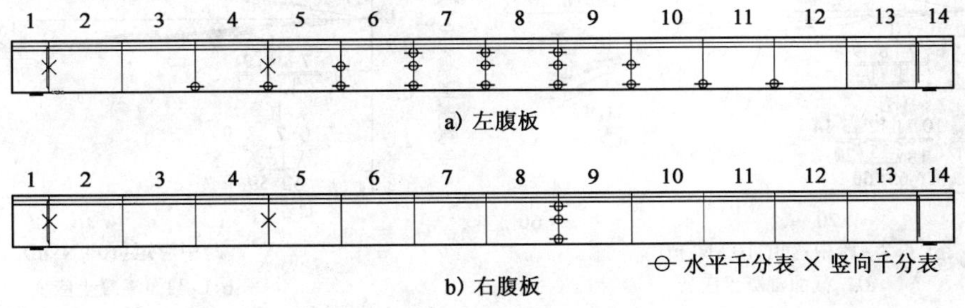

图 3 试验梁左右侧面千分表布置

3)垂直刻度尺

垂直刻度尺布置在 56 个不同的位置，每个接缝布置四个。用水准仪来读数，测量梁的挠曲变形(图 4)。

4)水平刻度尺

布设了 64 个水平刻度尺测量转向块处钢绞线滑移。指针布设在转向块的表面(图 5)。

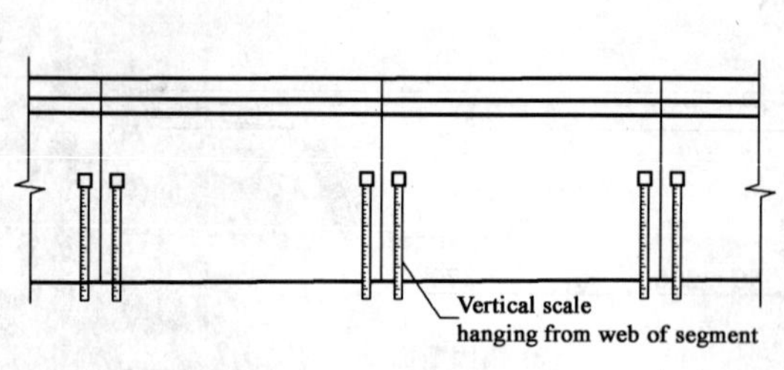

图 4　垂直刻度尺

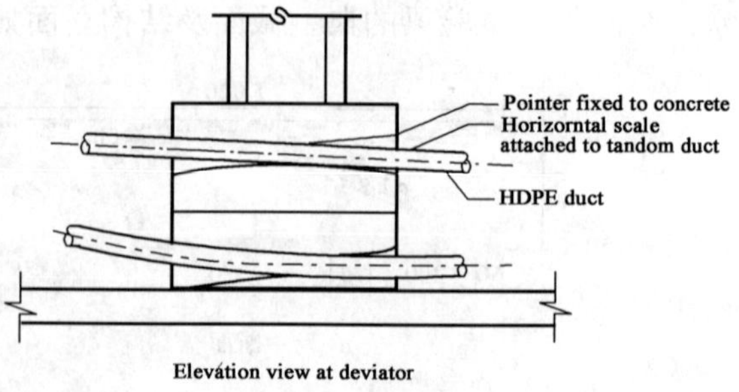

图 5　水平刻度尺

3. 试验加载

用钢胚堆载在区域 A 和 B(图 6)进行加载。每一个钢胚重 347kg。数据采集在 1 560 个钢胚前每加载 120 个钢胚读取一次，在达到预计消压荷载时，每一级加载 20 个钢胚后读数，在结构将要破坏时每加载十个钢胚读一次读数。在第五天加载到 2 620 个钢胚时结构破坏。

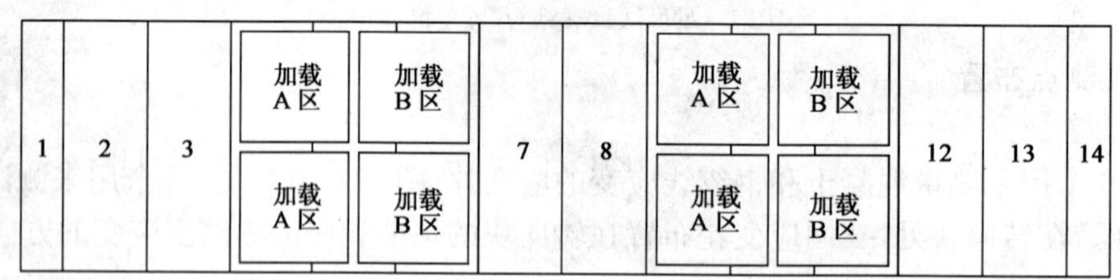

图 6　加载位置

4. 试验观测结果

1)混凝土应变

节段 8 属于跨中梁段，3 个测试截面的编号分别为 L_1、L_2 和 L_3，测试截面应变随跨中弯矩增加的变化曲线如图 7 所示。试验表明，对 L_1 截面(L_3 截面类似)，在弯矩达到 36 500kN・m 之前，对 L_2 截面(节段中央)，在弯矩达 37 250kN・m 之前，箱梁底面应变成基本呈线性拉伸变化。由于温度的影响，梁底的应变呈现了跳跃。顶板测点(编号 0~14)处的压应变随着荷载的增加而增长。顶板底面与顶面的应变存在类似规律。消压弯矩大约为 36 500kN・m，此后曲线开始进入非线性。当截面弯矩达到 56 000kN・m 时，所有的应变读数在这个阶段呈现出波动。箱梁顶板在弹、塑性阶段均存在一定的剪力滞现象。

a) L_1截面混凝土应变　　b) L_2截面混凝土应变

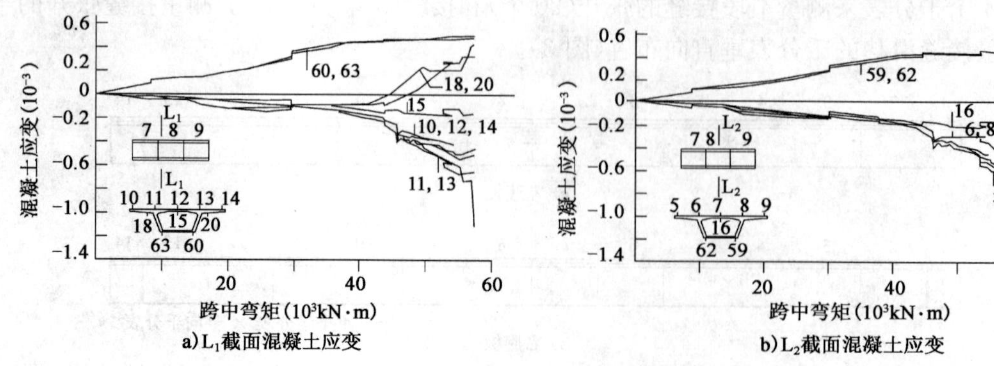

图 7　节段 8 中的截面应变随跨中弯矩变化曲线

2)拉应变

钢束 T1、T5 的拉应变随跨中弯矩变化曲线(图 8)表现为双线性。拐点在荷载水平稍高于 40 000kN·m 时出现。由于钢束 T1 的转角大,其中间部分的应变大。钢束 T5 在转向块处的转角和摩擦较小,应变沿通长重分布。

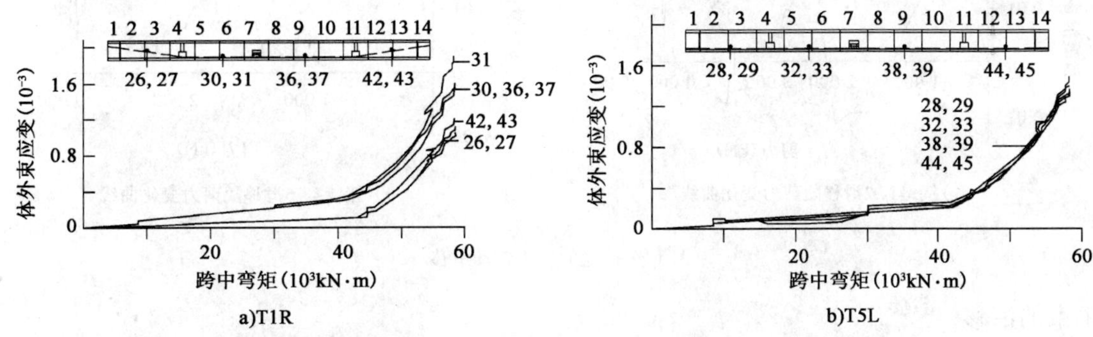

图 8 体外束应变随跨中弯矩变化曲线

3)挠曲

在梁体设置挠度测点 A、B 和 C,这些测点处的挠曲线变化如图 9 所示,梁体挠度在弯矩达到约 40 000kN·m后急剧增大。试验终止前的最大挠度 350mm,出现在 8、9 接缝处的 C 点(图 9、图 10)。

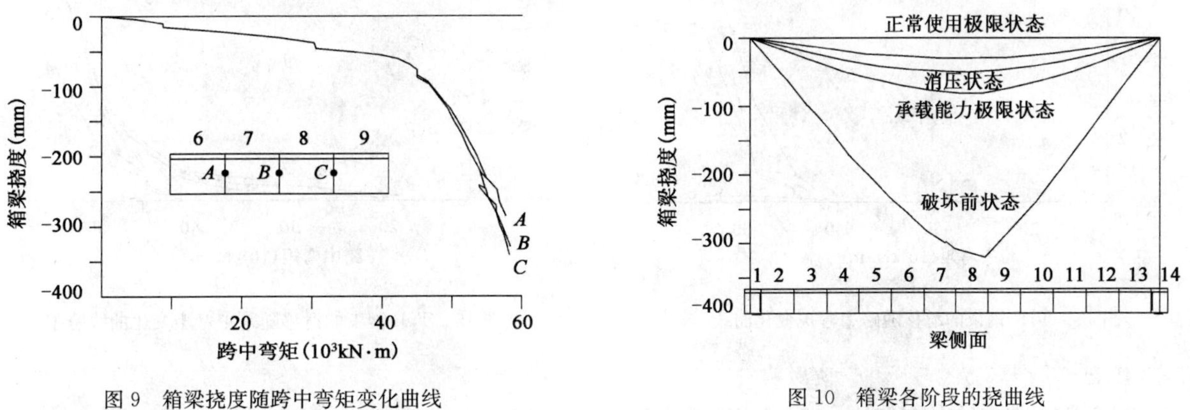

图 9 箱梁挠度随跨中弯矩变化曲线

图 10 箱梁各阶段的挠曲线

4)接缝张开

接缝 8、9 处张开如图 11 所示,分布情况如图 12 所示。最大接缝张开宽度达 40mm,出现在 8、9 接缝处,此时,从箱外可以看到箱梁内的体外束。

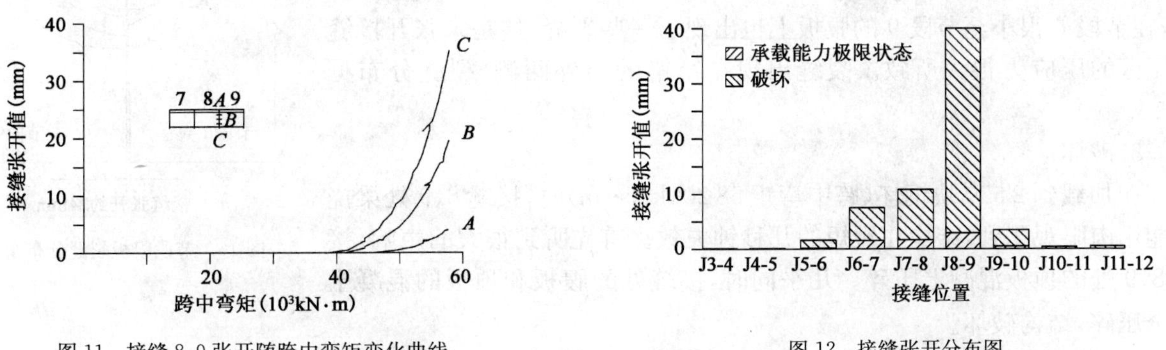

图 11 接缝 8、9 张开随跨中弯矩变化曲线

图 12 接缝张开分布图

5)键齿接缝滑移

当剪力大于接缝面上的摩擦阻力后,键齿接缝面开始有微量滑移,测试结果见图 13。滑移的量值在 0.03mm 之内,并且受温度影响呈现一定的波动。

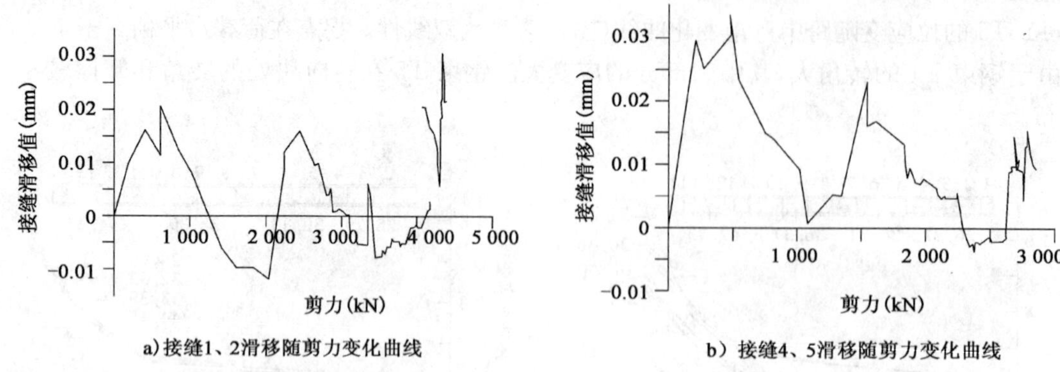

图13　接缝的上下错动滑移

6)钢束的滑移

钢束T1R在转向块处的滑移如图14所示，在弯矩达到40 000kN·m之前，滑移量的测试值都为0。钢束T5L在转向块处的转角较小。在弯矩达到19 000kN·m时出现明显的滑动(图14、图15)。

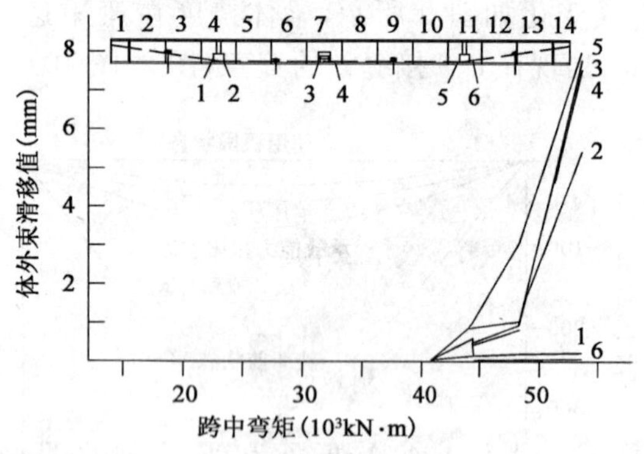

图14　T1R钢束的滑移随跨中弯矩变化曲线

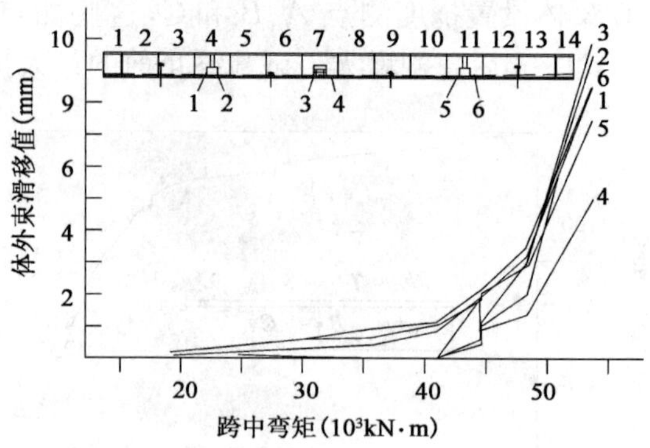

图15　T5L钢束的滑移随跨中弯矩变化曲线跨中

7)开裂

当跨中弯矩达到23 000kN·m时，梁顶开始出现混凝土压碎现象，碎片剥落首先发生在跨中接缝处。在荷载达到25 400kN·m时，在跨中接缝观测到第二次碎片剥落，但是在碎片剥落位置裂缝开展。结构失效前没有更多的裂缝在顶板出现。当跨中截面的弯矩达到45 000kN·m后，在节段6很小至节段9的腹板上也出现了一些裂缝，这是未张开接缝受压区的压应力很大所致。裂缝出现在箱梁的内外两侧，裂缝分布见图16。

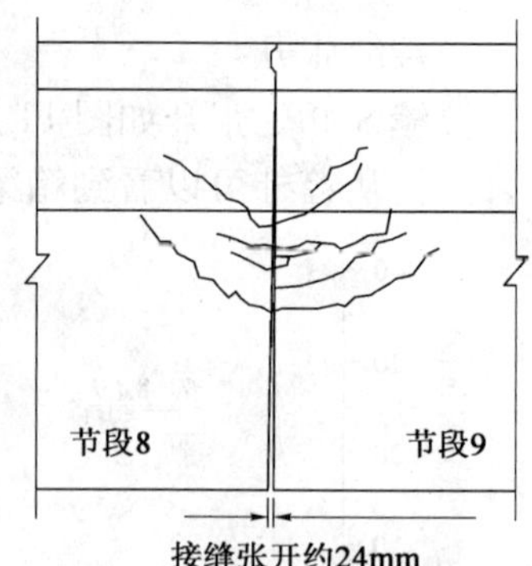

图16　节段腹板裂缝分布图

8)破坏

在加载到2 620块钢坯(跨中弯矩58 200kN·m)时，接缝8、9处梁挠度能用肉眼观测到，结构在短短的几秒钟失效。首先听到很大的声响，接缝8、9处的顶板混凝土压碎。几乎同时，接缝处的腹板和顶板的混凝土完全压碎，结构破坏。

5. 试验结论

1)正常使用状态结构行为

试验观测表明，体外预应力节段预制拼装桥梁，在正常使用阶段结构处于弹性工作范围，钢束的滑移量很小，通常在设计中可以忽略。

根据美国 AASHTO 节段预制拼装桥梁设计施工指南，受拉区的压应力储备不应小于 1.4MPa。测试结果表明，在正常使用荷载下，箱梁底板的压应力为 6MPa。

在消压状态下，根据测试值推算得到的预应力束的总拉力为 38 443kN，较之两年前的初始张拉力，预应力损失为 12%，这主要由于收缩、徐变和松弛所致。

试验结果显示，在正常使用荷载下，接缝始终保持闭合，节段之间没有竖向的相对滑移，因此可以用经典梁理论来计算荷载效应。即使到承载能力阶段，节段间也没有明显的竖向相对滑移，因此设计时可以不考虑接缝滑移影响。

2)承载能力极限状态行为

测试梁段的实际失效弯矩是计自重的设计极限弯矩的 1.18 倍(不计自重为 1.3 倍)。因此证明结构的设计极限承载能力是安全的。

结构的失效始于顶板混凝土的压碎，所有钢束在极限承载能力状态下都有滑移，钢束的滑移量将导致临界状态体外预应力的降低，中性轴移至混凝土受压区。

在最大加载状态，支座附近的最大剪力已经达到了设计极限抗剪承载力的 97%，试验证明，剪力键有足够的抗剪能力。在接缝张开之后，经典梁理论已经不适合用来计算混凝土的压应力。

三、结　语

节段预制拼装桥梁，由于接缝的存在，工程师们对其影响结构的整体性有所顾虑，而试验研究是对结构行为最直接的检验。泰国曼谷二期快速路工程中，进行了 45m 跨径的节段预制拼装梁的足尺试验，得到了一些非常有意义的研究结论。但由于进行了破坏性加载试验，试验梁不能再次使用，试验周期长、投入大。南京四桥所开展的 48m 节段预制拼装梁的足尺模型试验，主要关注正常使用阶段的结构行为，因而试验梁可以再次使用。试验研究成果必将推进我国节段预制拼装技术的进一步发展。

参考文献

[1] Takebayashi T, Deeprasertwong K, Leung YW. A Full-scale Destructive test of a Precast Segmental Box Girder Bridge with Dry Joints and ExternalTendons. Proc Inst Civ Engrs Struct Bldgs 1994;104:297-315.

[2] Angel C. Aparicio , Gonzalo Ramos, Juan R. Casas. Testing of Externally Prestressed Concrete Beams. Engineering Structures 24 (2002) 73-84.

[3] Rabbat BG, Sowlat K. Behavior of 1/5 Scale Segmental Concrete Girders with External and Internal Tendons. ACI External Prestressing in Bridges (SP-120) 1990,305-15.

[4] MacGregor R, Kreger M, Breen JE. Strength and Ductility of a Three-span Externally Post-tensioned Segmental Box Girder Bridge Model. ACI External Prestressing in Bridges (SP-120),1990;315-38.

[5] 陆元春，李坚，黄锦源等. 预制节段混凝土桥梁设计与施工应用研究[C]. 上海市公路学会第五届年会学术论文集，2001.

[6] American Association of State Highway And Transportation Officials. Guide specifications for design and construction of segmental bridges. AASHTO, Washington D. C. , 1989.

[7] 南京长江第四大桥建设协调指挥部，东南大学，中交公路规划设计院有限公司. 体内—体外混合配束节段预制拼装连续刚构桥关键技术研究大纲[R]，2009 年 7 月.

119. 南京四桥48m节段预制拼装箱梁足尺模型试验

武焕陵[1] 刘 钊[2] 童育强[3] 种艾秀[4]

(1. 南京长江第四大桥建设协调指挥部；2. 东南大学；3. 中交公路规划设计院有限公司；4. 中交二航局四公司)

摘 要 本文以南京长江第四大桥引桥为背景，阐述了48m节段预制拼装箱梁足尺模型试验的意义和目的，描述了试验设计方案，简要介绍了体外预应力束孔道摩阻测试、使用状况的加载试验以及梁上运梁加载试验的一些试验结果。

关键词 节段预制拼装 模型试验 体外预应力 南京四桥

一、试验意义和目的

在南京长江第四大桥的引桥建设中，采用了节段预制拼装和体外预应力两项新技术，虽然这些技术在世界范围内已有不少应用，但国内外对该类桥梁的整体受力性能的试验研究依然较少，还有不少问题有待明晰。由于缩尺模型试验自身存在无法回避的局限性，为真实、直接、全面地了解桥梁的整体受力性能，有必要开展足尺模型性能试验研究。

本项目进行了48m跨径的节段预制拼装箱梁桥的足尺模型试验。试验梁为北引桥35号墩与36号墩之间的简支梁，采用干接缝拼装，预应力管道不灌浆，试验后梁段可继续在工程中使用。通过使用性能试验，对桥梁的设计使用性能进行直接、全面的检验和研究，并对节段预制、拼装的施工质量进行检验。主要研究内容包括：通过与设计活载水平相当的静力加载，研究预制拼装桥梁在弹性阶段的结构行为；测试体内及体外预应力束孔道摩阻损失，体外预应力束在外荷载下的应力增量及在转向块位置的相对滑移；研究锚下局部区域的受力性能及配筋设计；进行墩顶梁段横隔梁水化热效应的测试及分析；体外预应力张拉及单根换索工艺的研究。限于篇幅，以下介绍部分试验结果。

二、试 验 设 计

1. 足尺试验梁

模型梁为单箱单室截面简支梁，跨径48m，宽度15.8m，箱梁底板宽度6.2m，梁高3m；翼缘悬臂4m，悬臂端厚度18cm，根部厚度50cm；顶板全跨等厚，为27cm；箱梁跨中截面腹板厚38cm，底板25cm；支座处腹板厚60cm，底板55cm。箱梁在体外预应力钢束转向位置设置转向块，高40cm，顺桥向宽度120cm，转向块肋板厚30cm，如图1所示。箱梁体内束共14束，其中10束为22－ϕ15.2，2束由19－ϕ15.2钢绞

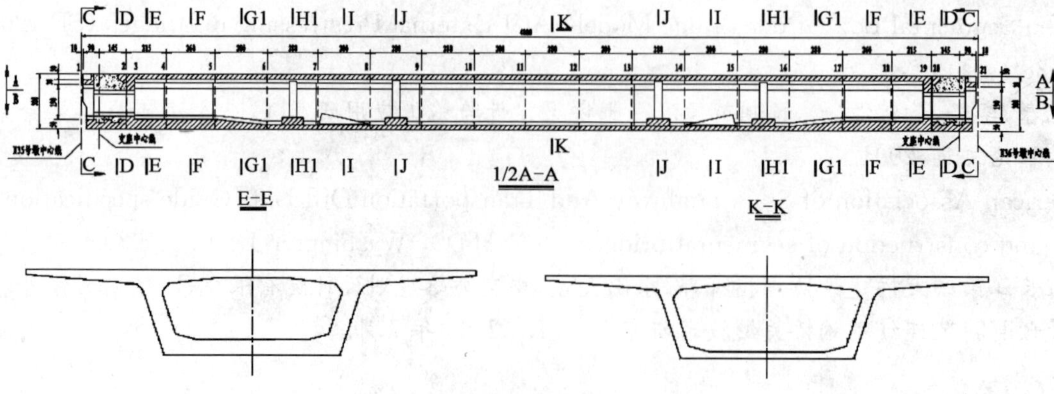

图1 箱梁构造图

线组成，另外 2 束顶板束由 5—ϕ15.2 钢绞线组成。体外束采用无黏结 PE 高强低松弛光面钢绞线，每束为 22—ϕ15.2 钢绞线，共 8 束。

2. 试验加载工况

以模拟正常使用工作状态和施工状态为目的，同时考虑试验梁的再次使用，进行了加载工况设计，见表 1，表中的跨中弯矩以试验梁拼装完成状态为计算起点。

主要试验加载工况 表 1

试验工况	加载	跨中弯矩（kN·m）
1	在试验梁的顶面，施加两片 681kN 的梁段	4 087
2	在试验梁的顶面，再增加两片 681kN 的梁段	10 218
3	在试验梁的顶面，再增加两片 681kN 的梁段	18 392
4	在试验梁的顶面，再增加两片 613kN 的梁段	27 596
5	卸掉所有 8 片加载梁段（拆除体外预应力）	—17 388
6	在 10t 运梁小车上，装载 787.8kN 梁段，运梁车移动加载	8 800

三、体外预应力的孔道摩阻测试

试验中选取 3 束（每束中 3 根）体外束进行孔道摩阻测试，如图 2 所示。在张拉端用 25t 的前卡式千斤顶进行单根钢束的张拉（图 3），在固定端布置一个 20t 的单孔压力传感器（图 4）。以 10%、20%、50% 和 100% 为级数进张拉行，张拉过程中同时记录油压表和压力传感器的读数。

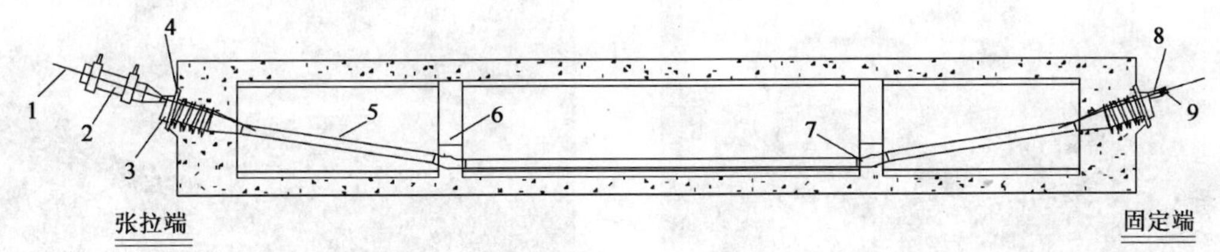

1-单根钢绞线；2-前卡式千斤顶；3-工作锚；4-锚垫板；5-体外束；6-转向块；7-转向器；8-单孔压力传感器；9-单孔锚

图 2 体外束孔道摩阻试验方案示意图

图 3 张拉端设备布置图

图 4 固定端设备布置图

3束9根体外束的测试结果如表2所示。

体外预应力束摩阻损失测试结果统计　　表2

钢束编号	张拉过程	被动端张拉力(kN)	主动端张拉力(kN)	损失比例
E1	50%	76.30	84.63	9.8%
	100%	159.63	169.26	5.7%
E2	50%	78.60	84.63	7.1%
	100%	161.20	169.26	4.8%
E4	50%	75.33	84.63	11.0%
	100%	157.20	169.26	7.1%

根据孔道摩阻损失计算公式，并考虑到体外预应力束的摩阻损失仅在转向块处发生，且转向器管道长度很小(通常为1m左右)，故在计算这部分摩阻损失时可忽略管道局部偏差的影响，即可以假设孔道偏差系数$k=0$。根据3组测试结果并利用最小二乘法对数据进行分析，经计算可得体外预应力筋的孔道摩阻系数为：$\mu=0.22$，大于按图纸给定的$\mu=0.14$。建议加强预制过程孔道定位的质量管理。

四、模拟使用状况的加载试验

在试验中，采用其他预制梁段对试验梁进行加载(图5)，加载共历时4天，每天加载2块，加载节段位置分别距支座中心线6m、9m、12m和15m。加载在每天上午同一时段进行，以减少温度对试验结果的影响。

a）加载2片梁时

b）加载8片梁时

图5　试验加载现场

加载过程中梁体挠度变化如图6所示，实测表明，跨中挠度最大增量为14.3mm，挠度与跨中弯矩基本呈线性关系。梁体实测应力变化情况见图7，实测表明，跨中截面上缘最大压应力增量为1.17MPa，下缘最大拉应力增量为3.00MPa，应力与跨中弯矩基本呈线性关系。

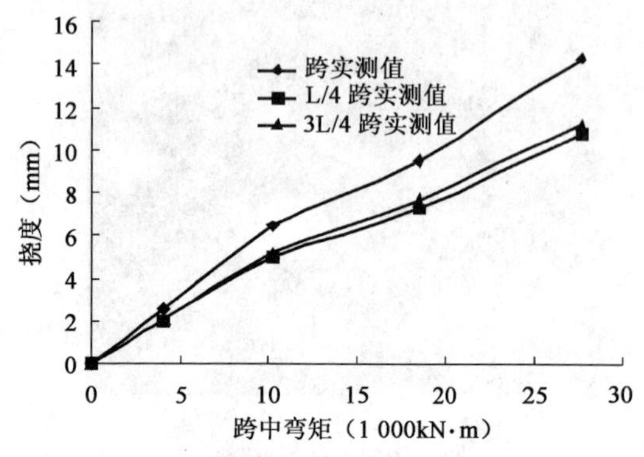

图6　梁体挠度实测值随跨中弯矩变化

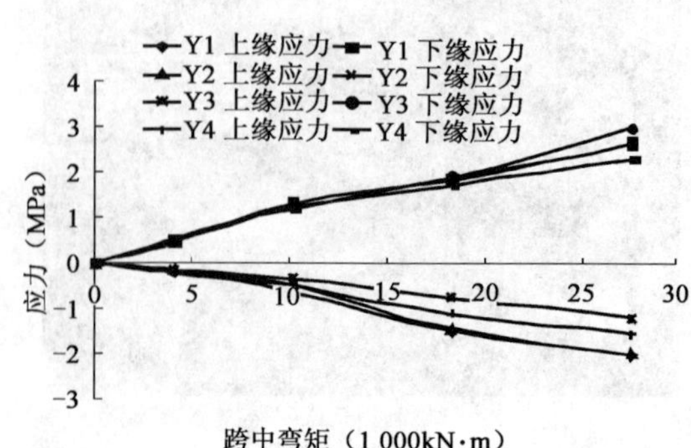

图7　截面应力实测值随跨中弯矩变化

五、模拟梁上运梁的加载试验

为了模拟梁上运梁工况，卸载8片加载梁段，退出体外束，然后将运梁小车吊装到试验梁的顶面，同时，在其上堆放北引桥最重梁段(787.8kN)，模拟实际运梁工况，见图8。

在第2轴分别行驶到距支座中心17.8m、21.4m和23m处进行应力测试。跨中截面应力随跨中弯矩变化如图9所示。在第2轴位于21.4m和23m处，梁的上下缘应力最大，上缘最大压应力增量为1.18MPa，下缘最大拉应力增量为1.29MPa。

图8 模拟运梁工况

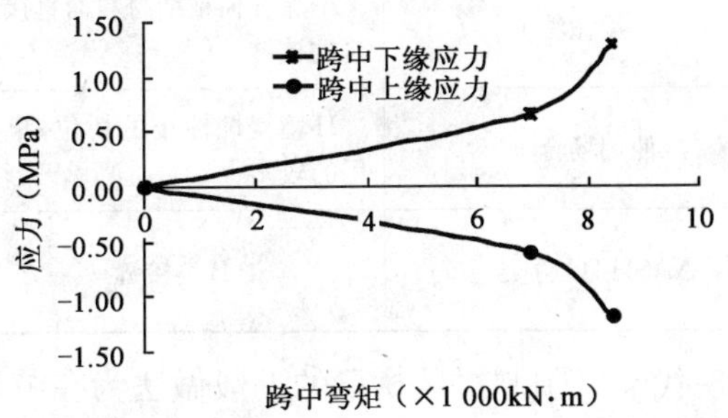

图9 跨中截面应力测试值随弯矩变化情况

六、结　　语

本项目所开展的48m跨径节段预制拼装箱梁桥的足尺模型试验，是目前国内最大规模的节段预制拼装桥梁的试验研究。试验研究成果不仅可用于指导南京四桥节段预制拼装的工程实践，同时，也推动了我国节段预制拼装技术的进一步发展。本课题研究得到了江苏省交通科学研究计划(09Y11)的支持，特此致谢。

参考文献

[1] 南京长江第四大桥建设协调指挥部，东南大学，中交公路规划设计院有限公司：体内一体外混合配束节段预制拼装连续刚构桥关键技术研究大纲[R]，2009年7月.

[2] Guide Specifications for Design and Construction of Segmental Concrete Bridges (Second Edition) [S]. Washington: American Association of State Highway and Transportation Officials, 1999.

120. 节段预制拼装桥梁键齿接缝试验研究综述

殷　扬[1]　王建超[2]　李甲丁[2]　惠　卓[2]
(1. 南京长江第四大桥建设协调指挥部；2. 东南大学)

摘　要　首先，阐述了节段预制拼装混凝土桥梁键齿接缝的类型及构造。其次，总结了国内外一些代表性的键齿接缝抗剪性能试验，讨论了键齿破坏模式、抗剪基本原理和直剪承载力计算方法。最后，认为有必要进一步开展足尺模型试验，研究多键齿胶接缝的抗剪承载力计算方法。

关键词　节段预制拼装　键齿接缝　抗剪　试验研究

与常规的预应力混凝土桥梁相比，节段预制拼装桥梁在构造上一个显著的特点是梁体存在许多纵向拼接缝，而且没有普通钢筋贯通接缝，所以接缝面的抗剪性能是结构设计中必须关注的一个焦点。为此，在此类型的桥梁设计过程中，一般要求进行键齿接缝的抗剪试验，以此作为确定基本设计参数和研究抗剪设计方法的手段。

一、接缝类型及其构造

接缝是节段预制拼装桥梁中的特殊构造，为实现节段之间的匹配连接和保证接缝面上剪应力和正应力的平顺传递，常见的接缝类型见表1所示。

三种接缝形式　　表1

类　型	干接缝	胶接缝	湿接缝
常用做法	不涂任何粘结材料而直接相拼的接缝	涂环氧树脂胶，厚度一般为0.8～3mm	通过凿毛表面，然后填充混凝土来实现连接
使用场合	环境侵蚀性小的桥位，早期用的较多	现今使用广泛	梁跨合龙或拼装误差纠正处
AASHTO分类	B类接缝	A类接缝	A类接缝

现代节段预制拼装桥梁的一般做法为在节段端面上设置剪力键，这种接缝形式称为键齿接缝。与此同时键齿接缝上加涂环氧树脂胶，并要保证接缝处有一定的压应力储备。键齿接缝多采用尺寸较小的密键形式剪力键，如图1所示。

在配筋构造方面，节段预制拼装混凝土桥梁在接缝处普通纵向钢筋不连续，且在极限状态下接缝张开和滑移，所以接缝是节段预制拼装混凝土梁桥的抗剪薄弱环节。如果接缝设计不当，则很有可能出现接缝处的直接剪切破坏(图2)。因此接缝的抗剪设计是节段预制拼装混凝土桥梁设计中的重要环节，而且一直以来也是学者们研究的重点对象。

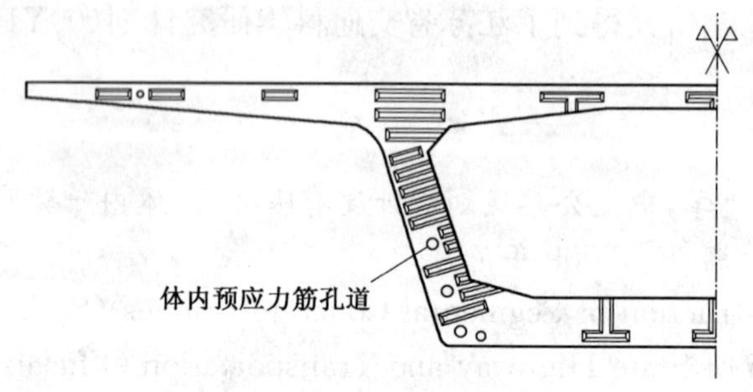

图1　键齿接缝截面剪力键布置图

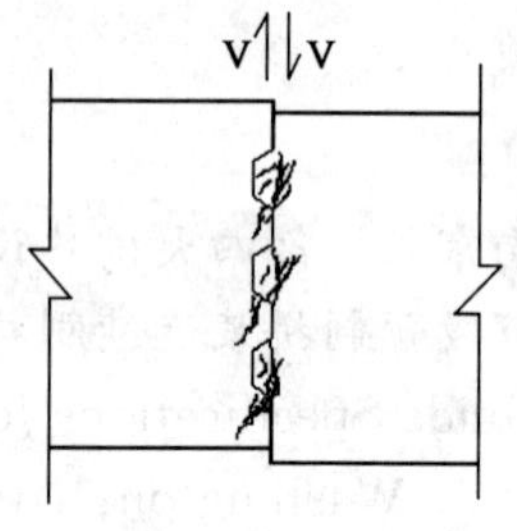

图2　接缝直剪破坏形态

二、键齿接缝直剪试验研究

为了研究键齿接缝的抗剪性能，各国学者开展了键齿接缝的直剪试验研究，以深入了解键齿接缝的抗剪性能。

1. 美国学者J. E. Breen等人的试验

1983年，美国德克萨斯—奥斯汀大学K. Koseki和J. E. Breen研究了平接缝、单键和多键以及干接缝与胶接缝的抗剪性能。试验采用矩形截面试件，其尺寸为典型的节段预制拼装施工桥梁箱梁腹板尺寸的1/4左右，具体试验试件构造如图3所示。

试验结论主要有以下三点：

(1)干接缝试件的破坏模式为接缝处发生过大的剪切滑移或剪力键的直接剪切破坏，为脆性破坏；根据对三种干接缝试件(平接缝、单键齿、多键齿)的对比表明：在接缝处发生滑移之前，荷载位移曲线基本一致，因此剪切摩擦和剪力键对抵抗初始滑移的贡献不是相加的。干接缝试件破坏模式如图4所示。

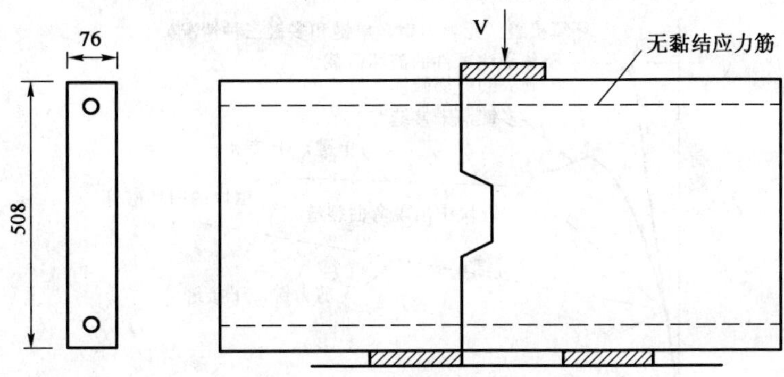

图 3 J. E Breen 等人的试验模型(尺寸单位:mm)

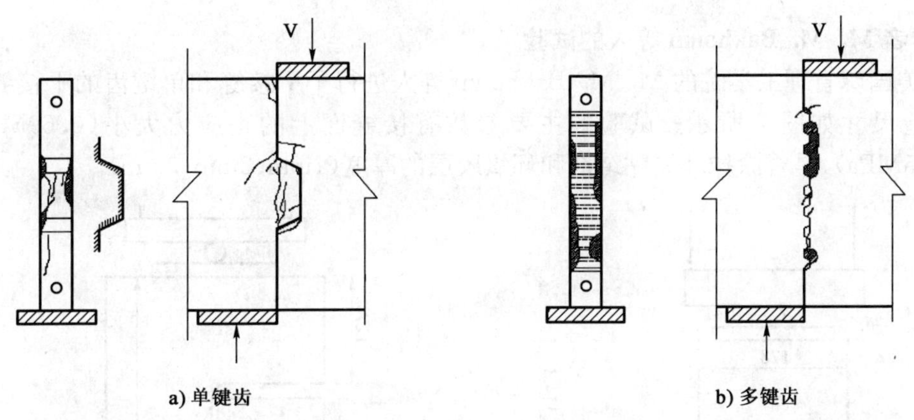

图 4 干接缝试件破坏示意图

(2)胶接缝试件的破坏模式为支座处或腹板的混凝土被压碎,破坏模式同样为脆性破坏,且延性更差。胶接缝试件破坏模式如图 5 所示。

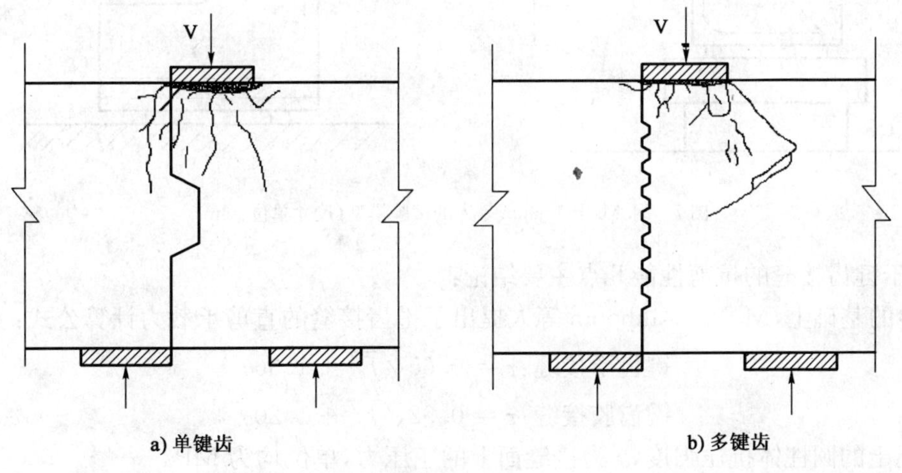

图 5 胶接缝试件破坏示意图

(3)胶接缝试件的承载能力与整体浇筑试件的承载能力接近,而干接缝试件的承载能力则只能达到整体浇筑试件的 62%~76%。试验的主要结论如图 6 所示。

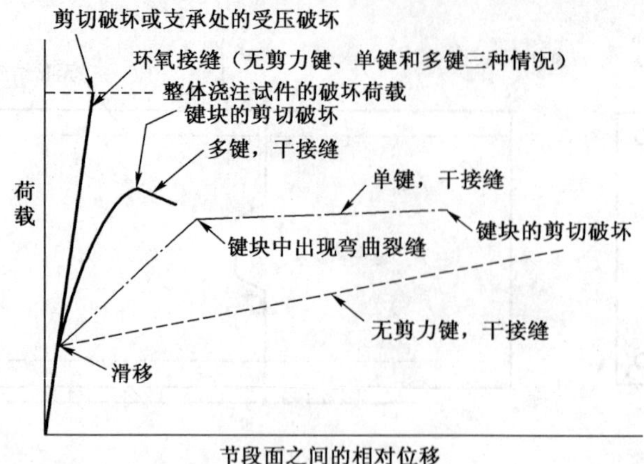

图 6　各类型试件的荷载位移曲线

2. 美国学者 M. M. Bakhoum 等人的试验

1989 年，美国麻省理工学院的 M. M. Bakhoum 等人进行了平接缝和单键齿的干接缝、胶接缝抗剪试验，试件构造尺寸如图 7 所示。试验的主要参数有接缝面上的正应力大小（0.69MPa、1.38MPa、2.07MPa、3.45MPa）、是否涂抹环氧黏结剂和环氧胶层的厚度（1mm、2mm、3mm）。

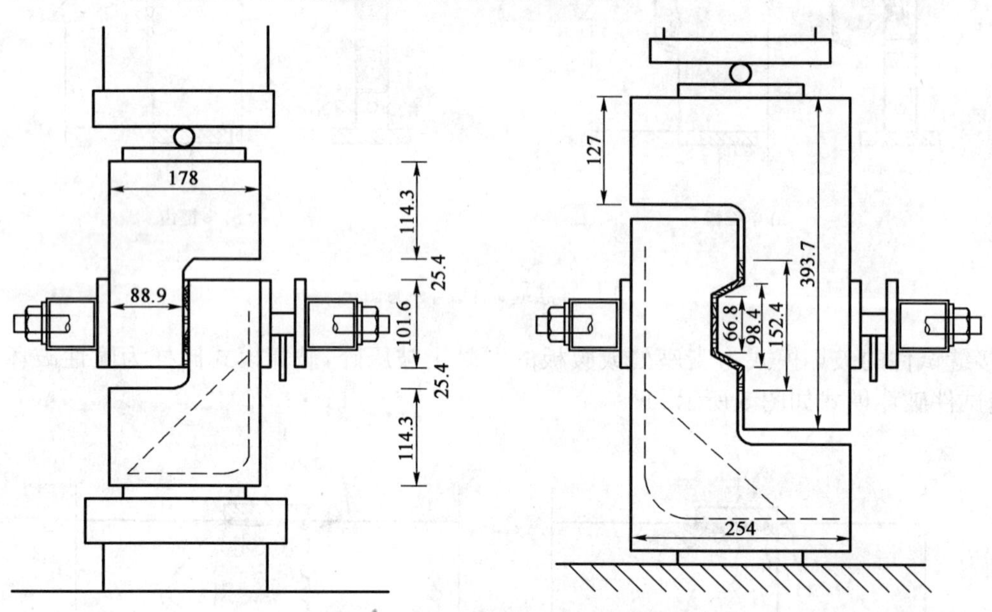

图 7　M. M. Bakhoum 等人的试验模型（尺寸单位：mm）

试验中关于键齿接缝的抗剪性能几点主要结论：

（1）在试验的基础上，M. M. Bakhoum 等人提出了键齿接缝的直剪承载力计算公式：

$$键齿干接缝：\tau = 0.65\sqrt{f_c{}'} + 1.36\sigma_c \tag{1}$$

$$键齿胶接缝：\tau = 0.92\sqrt{f_c{}'} + 1.20\sigma_c \tag{2}$$

式中 $f_c{}'$ 为混凝土的圆柱体抗压强度，σ_c 为接缝面上的正压力，单位均为 MPa。

（2）干接缝的抗剪承载力主要取决于正应力水平，正应力水平越高，抗剪承载力越高。第一条裂缝一般始于键齿根部的下缘，然后沿着与水平方向成 45°左右；随着荷载的增加键齿根部形成一系列短小裂缝，尔后相互连接，从而导致接缝剪切滑移失效，最终的破坏带有一定脆性。裂缝发展和破坏情况如图 8a）所示。

(3)胶接缝的抗剪承载力要明显高于干接缝的抗剪承载力,其同样主要取决于正应力水平,正应力水平越高,抗剪承载力越高。环氧涂层的厚度对接缝抗剪承载影响甚微,其中环氧涂层厚度为2mm的接缝力学性能表现最优越,而1mm和3mm厚的都要相对差一些。第一条裂缝同样始于键齿根部的下缘,而几乎与此同时其他斜裂缝沿剪切面发生,并且速速相互连接起来,从而导致接缝剪切滑移失效,最终的破坏明显表现为脆性破坏。裂缝发展和破坏情况如图8b)所示。

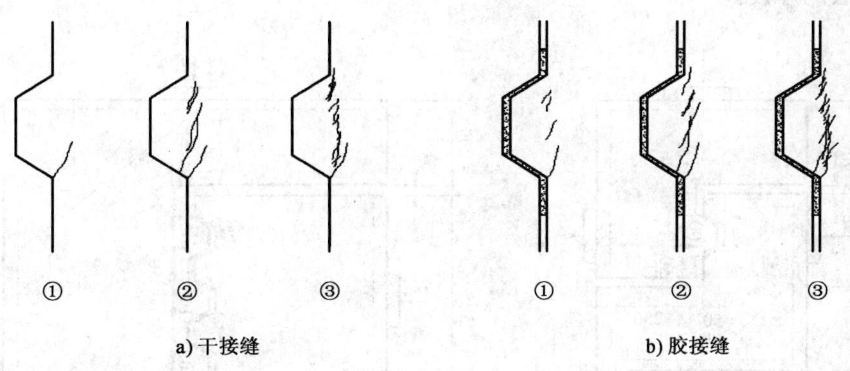

图8 键齿接缝模型裂缝发展破坏示意图

3. 铁道部大桥局汪双炎等人的试验

1996年,汪双炎以石长线湘江铁路桥正桥主跨96m悬臂拼装连续梁桥为依据进行模型设计。由于剪力主要由箱梁腹板传递,模型构件仅考虑箱梁等高的单个腹板。模型构件设计采用的模拟比为1:4,分别制作五键和三键模型各一个,进行干接缝抗剪试验,其构造尺寸如图9所示[11]。试验分两个阶段进行:第一阶段为非破坏试验,研究在键齿数目不同和3种不同正应力水平对接缝抗剪性能的影响;第二阶段为破坏试验,研究在最不利正应力加载工况下键齿接缝的破坏模式及其抗剪承载力。

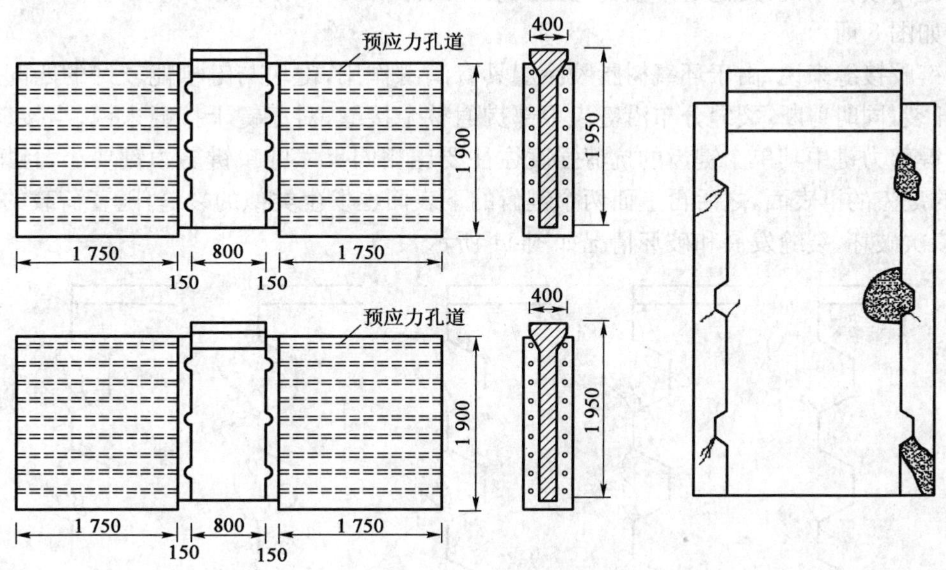

图9 汪双炎试验模型及破坏示意图(尺寸单位:mm)

试验结果表明:

(1)各种加载工况下,五键模型中各键齿的受力都要比三键模型中各键齿的受力要小些,即五键受力的均匀程度要比三键好些。

(2)五键和三键模型的最终破坏模式都为压碎剪切破坏,都是自上而下各键齿依次压碎剪坏,三键的破坏情况比五键的严重。

(3)五键和三键模型的极限破坏荷载相同,说明键齿的数量多少对抗剪破坏荷载影响甚微。

4. 香港科技大学 Xiangming Zhou 等人的试验

2005年,香港科技大学的 Xiangming Zhou 等人进行了平接缝、单键和三键的干接缝、胶接缝剪切试验,其构造尺寸如图10所示[12]。试验总共做了47个试件,试验参数主要为接缝面上的键齿个数、正应力大小和环氧涂层的厚度。

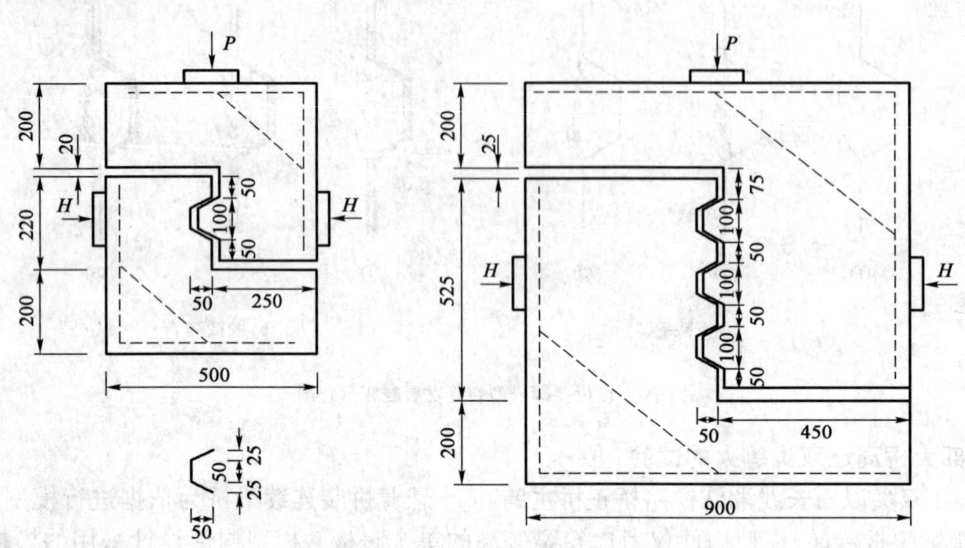

图10 Xiangming Zhou 等人的试验模型(尺寸单位:mm)

主要试验研究结论有:

(1)对单键齿接缝来说,无论是干接缝还是胶接缝试件,裂缝发展和破坏情况与 M. M. Bakhoum 等人试验类似,如图8所示。

(2)对三键胶接缝来说,由于环氧树脂胶涂层具有润滑作用,键块与键槽能较好的匹配,所以三个键齿几乎同时开裂,同时剪断,裂缝分布沿键齿根部贯通整个接缝;对三键干接缝来说,当接缝面上的正压力相同时,多键剪力键中其单个键齿的抗剪强度往往要比相同尺寸的单键剪力键要小,且第一条裂缝发生在最下面的键齿的下表面,之后再上面两个键齿的下表面也发生类似的裂缝,随着荷载的增加,三个键齿由下至上依次破坏,裂缝发展和破坏情况如图11所示。

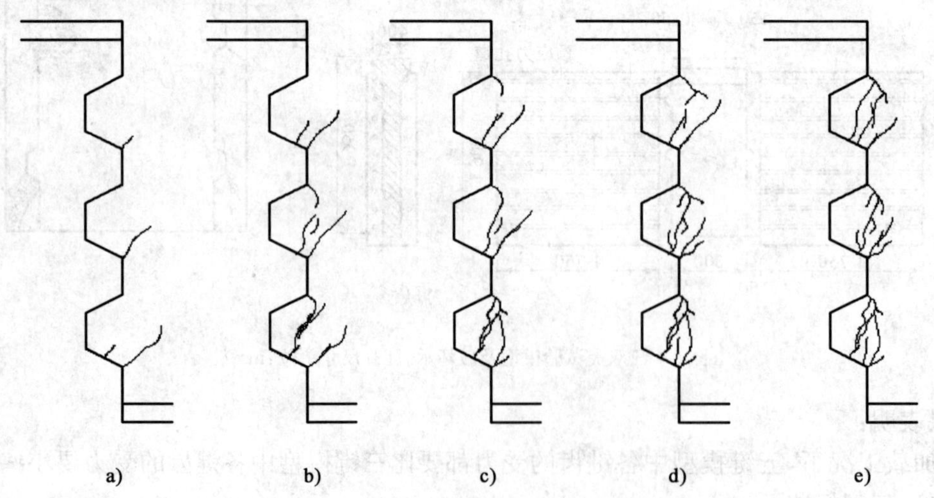

图11 干接缝模型裂缝发展破坏示意图

(3)AASHTO《节段式混凝土桥梁设计和施工指导性规范》(1999)中给出的干接缝直剪承载力公式一般低估了单键干接缝的抗剪强度，但高估了多键干接缝的抗剪强度[13-14]。

5. 西班牙学者 A. C. Aparicio 等人的试验

2006 年，西班牙学者 A. C. Aparicio，J. Turmo 等人进行了多键齿干接缝试件的直剪试验，用以对已有的干接缝抗剪承载力计算公式进行评估和验证多键齿抗剪承载力是否为单键齿抗剪承载力的代数和。试验共做了 3 类 8 个试件，具体构造尺寸如图 12 所示[15]。试验分别研究了混凝土界面摩擦(μ_1)，键齿内部摩擦(μ_2)和键齿本身抗剪(c)对接缝抗剪承载力的贡献。试验中键齿处裂缝开展情况如图 13 所示。

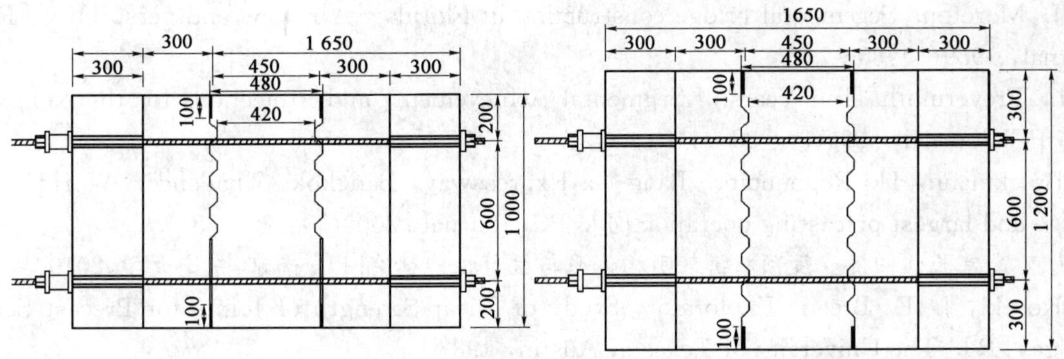

图 12　A. C. Aparicio 等人的试验模型(尺寸单位：mm)

a) 整体破坏情况

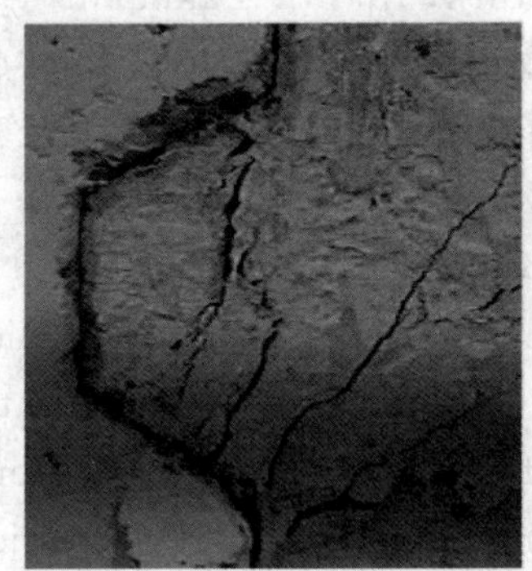

b) 键齿根部斜裂缝

图 13　多键齿试验模型破坏示意图

试验主要得到以下几点结论：

(1)混凝土间的摩擦系数会随着正应力水平的增加而减小，本实验测定的摩擦系数为 0.5～0.6。

(2)相比 M. M. Bakhoum 等学者给出的干接缝直剪承载力计算公式，AASHTO《节段式混凝土桥梁设计和施工指导性规范》(1999)给出的干接缝直剪承载力公式能较好预测干接缝直剪承载力，并且在理论上的解释也非常合理。

(3)多键齿抗剪承载力与单键齿抗剪承载力的代数和成某一比例，即存在一个强度折减系数。

三、结　　论

本文总结了国内外一些较有代表性的接缝模型试验，它们主要集中于干接缝、单个键齿和缩尺模型，并通过试验和理论分析对键齿接缝直剪破坏模式和承载力计算方法进行了较为深入的研究。键齿干接缝的抗剪原理基本已取得共识，即考虑混凝土本身的直剪抗力和正应力条件下摩擦抗力的累加，并提出了相应的直剪承载力计算方法。

而对于目前广泛采用的环氧树脂胶、密键形式的拼接接缝,还需要深入研究其抗剪承载力计算方法,也有必要开展多键齿的足尺胶接缝抗剪试验研究,进一步完善节段预制拼装混凝土桥梁的抗剪设计理论。

参考文献

[1] 严国敏编译. PC预制节段拼装桥梁的现况与其研究动向[J]. 国外桥梁,1998(1):50-53.

[2] W. Podolny. An Overview of Precast Prestressed Segmental Bridges[R]. PCI Journal, 1979(1): 56~65.

[3] J. Muller. Construction of Long Key Bridge[J]. PCI Journal, 1980(6): 97~111.

[4] A. J. Moreton. Segemental bridge construction in Florida－A review and perspective [R]. PCI Journal, 1989(3):36~77.

[5] C. L. Freyermuth. Ten Years of Segmental Achievements and Projections for the Next Century [J]. PCI Journal, 1999(3): 36~44.

[6] C. Brockmann, H. Rogenhofer. Bang Na Expressway, Bangkok, Thailand－ World's longest bridge and largest precasting operation [J]. PCI Journal, 2000(1): 26~38.

[7] 李甲丁. 南京长江四桥节段预制拼装刚构体系与抗剪性能研究[D]. 南京:东南大学,2010.

[8] K. Koseki, J. E. Breen. Exploratory Study of Shear Strength of Joints for Precast Segmental Bridges [R]. The University of Texas at Austin, 1983.

[9] M. M. Bakhoum. Shear Behavior and Design of Joints in Precast Concrete Segmental Bridges[D]. Massachusetts Institute of Technology, 1991.

[10] O. Buyukozturk, M. M. Bakhoum, S. M. Beatiie. Shear Behavior of Joints in Precast Concrete Segmental Bridges[J]. ASCE Journal of Structural Engineering, 1990,116(12): 3380~401.

[11] 汪双炎. 悬臂拼装节段梁剪力键模型试验研究[J]. 铁道建筑,1997(3):23-28.

[12] Xiangming Zhou, N. Mickleborough, Zongjin Li. Shear Strength of Jjoints in Precast Concrete Segmental Bridges[J]. ACI Structural Journal, 2005(2): 3-11.

[13] AASHTO LRFD Bridge Design Specifications (4th Edition) [S]. Washington: American Association of State Highway and Transportation Officials, 2007.

[14] Guide Specifications for Design and Construction of Segmental Concrete Bridges (Second Edition) [S]. Washington: American Association of State Highway and Transportation Officials, 1999.

[15] J. Turmo, G. Ramos, A. C. Aparicio. Shear Strength of Dry Joints of Concrete Panels with and without Steel Fibers Application to Precast Segmental Bridges[J]. Engineering Structures, 2006: 23-33.

121. 南京四桥预制拼装箱梁的现浇横隔梁水化热分析

朱小康[1] 王承江[2] 刘 钊[1]

(1. 东南大学;2. 南京长江第四大桥建设协调指挥部)

摘 要 在节段预制拼装桥梁的墩顶节段,常常采用后浇横隔梁的方式来减轻一次吊装重量。而后浇横隔梁的水化热,会使预制箱梁的一些部位产生较大的拉应力。结合南京四桥的引桥工程,采用三维瞬态温度场理论,利用有限元程序ANSYS对A1梁段现浇块的水化热效应进行了数值模拟,分析了箱梁水化热温度场和应力场的分布规律,结果表明,如果施工控制不当,腹板外侧的拉应力水平足以使混凝土开裂，试验中也观测到腹板外侧的纵向微裂缝。在研究基础上，提出了控制水化热温度应力的合理建议，可为设计和施工提供参考。

关键词 混凝土箱梁 水化热 温度场 应力场 裂缝

南京四桥的引桥为节段预制拼装桥梁，为减轻墩顶梁段（编号 A1）的吊装重量，对其中的横隔梁，在吊装就位后采用后浇方式施工。由于现浇横隔梁的体积较大，水化放热产生的温度应力可能会造成外部箱体和横隔墙的开裂[1][2]。另外梁端部为预应力锚固区，存在应力集中，两种不利效应的综合作用使得端部腹板局部区成为薄弱环节，影响梁的耐久性和使用寿命。因此，有必要对水化热的不利效应进行分析。

一、水化热效应分析原理及数值分析方法

根据能量守恒原理，从微元体表面流入或流出的热量与内部混凝土水化放热产生的热量之和，等于微元体温度升高（降低）所吸收（放出）的热量[3]。因此瞬态热传导基本微分方程为：

$$\lambda\left(\frac{\partial^2 T}{\partial x^2}+\frac{\partial^2 T}{\partial y^2}+\frac{\partial^2 T}{\partial z^2}\right)+q=c\rho\frac{\partial T}{\partial \tau} \tag{1}$$

式中：λ——混凝土的导热系数（kJ/m·d·℃）；

T——混凝土的瞬时温度（℃）；

q——单位质量水泥在单位时间内放出的热量（kJ/kg·d）；

c——混凝土的比热（kJ/kg·℃ ）；

ρ——混凝土的密度（kg/m^3）；

τ——时间（d）。

$$q=dQ_\tau/d\tau=mQ_0e^{-m\tau} \tag{2}$$

$$Q_\tau=Q_0(1-e^{-m\tau}) \tag{3}$$

式中，Q_τ为龄期时的累计水化热；Q_0为水泥最终水化热；m 为水化系数。Q_0由水泥品种以及单位体积水泥用量决定；m 由入模温度决定，入模温度越高，m 值越大。

通过求解放热函数得到任意时刻的温度场分布，再将热分析得到的节点温度作为体荷载施加到结构单元节点上，给予模型适当的约束条件，进行结构分析，即可得到应力场分布。

二、温度场计算

1. 仿真分析模型

采用有限元软件 ANSYS 对 A1 梁段现浇横隔墙水化热不利效应进行仿真分析，模型纵桥向长度取 2.8m(2.35 m ＋0.45m)，设计中预制横隔梁厚度为 0.45m，现浇横隔板厚度为 1.75m，高度为 2m。采用三维温度单元进行瞬态热分析，计算模型如图 1 所示。

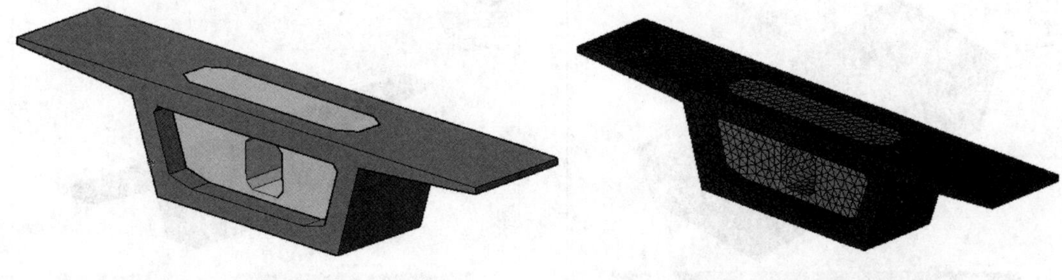

图 1 考虑后浇横隔梁水化热的仿真分析模型

混凝土放热曲线采用试验拟合值，结果如图 2 所示。内部现浇部分的弹性模量取值如图 3 所示。

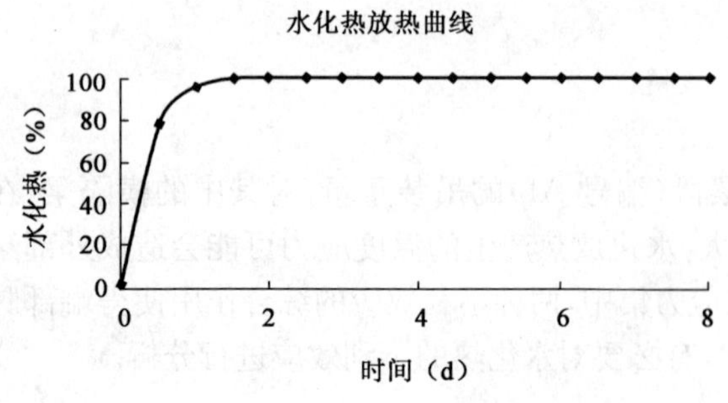

图2 混凝土水化热放热曲线

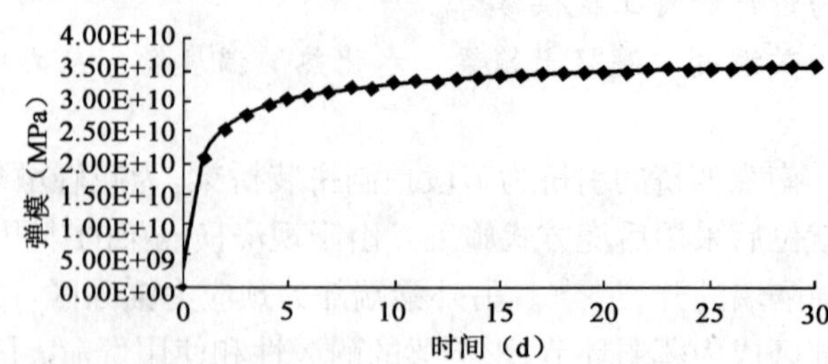

图3 混凝土弹性模量发展曲线

2. 混凝土水化热理论模拟值

在现浇段一侧均布了27个温度测点，用来测试半个横隔板的温度场分布情况。测点分三个截面布置，每个截面布置9个测点，布置方式如图4所示。

图4 温度测点布置图

根据拟合的混凝土放热曲线以及边界条件[4]，计算得到典型测点处的温度场如图5所示。

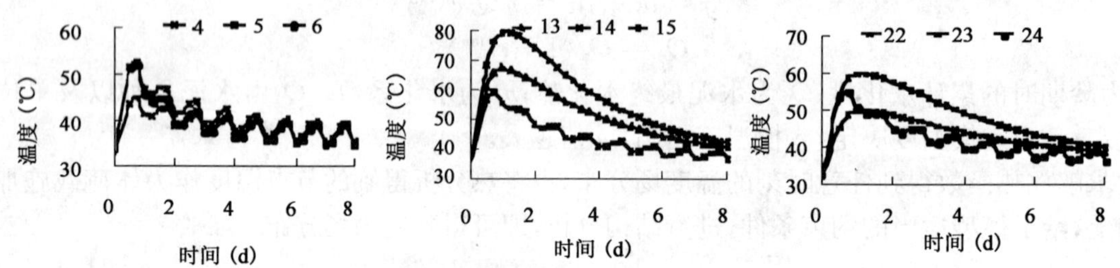

图5 理论模拟水化热放热曲线

在浇筑后24h内，各个测点的温度迅速上升，在第32h出现峰值，随后缓慢下降，7d之后混凝土水化放热基本结束，现浇段内部温度逐步接近环境温度。峰值温度场如图6所示。

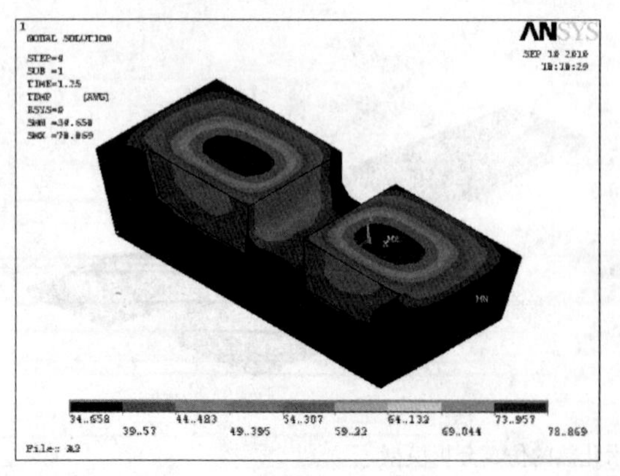

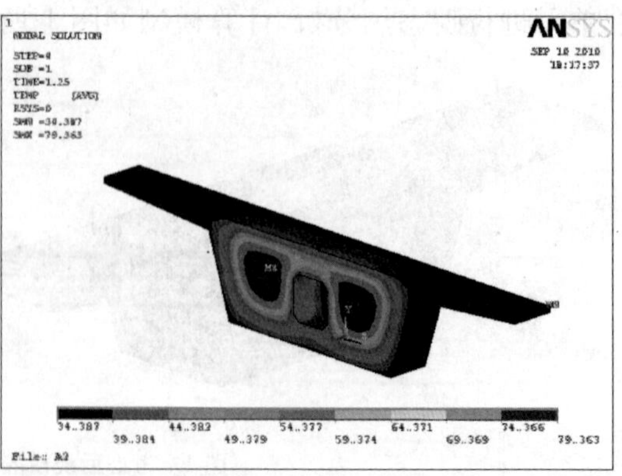

图6 第32小时温度场分布

在仿真分析中，根据实际情况，考虑了端部钢模板和人孔内木模板的散热边界条件。由于端部钢模板的保温作用基本可以忽略不计，所以靠近端部的1～9号测点最高温度较其他位置测点要低，降温也最快。水化热的最高温度出现在现浇段内部中心处，最高温度为79.3℃。

3. 温度场实测值

为分析现浇横隔梁的水化热效应，在南京四桥的芜湖裕溪口预制场，进行了A1梁段后浇横隔梁的温度场测试和试验。横隔梁混凝土开始浇筑的时间为2010年7月30日晚20:00，到当天的22:30全部浇筑完成。混凝土的入模温度为32℃，当时气温为35℃，近几日的平均最高温度为40℃，最低温度为30℃。混凝土的水胶比为0.3，配合比如表1所示。

C55混凝土配合比（单位：kg/m³） 表1

水泥	粉煤灰用量	矿粉用量	水	中砂	粗骨料	外加剂
332	48	95	142	721	1082	3.8

根据布置在现浇段内部的温度传感器得到27个控制点的温度时程曲线，如图7所示。

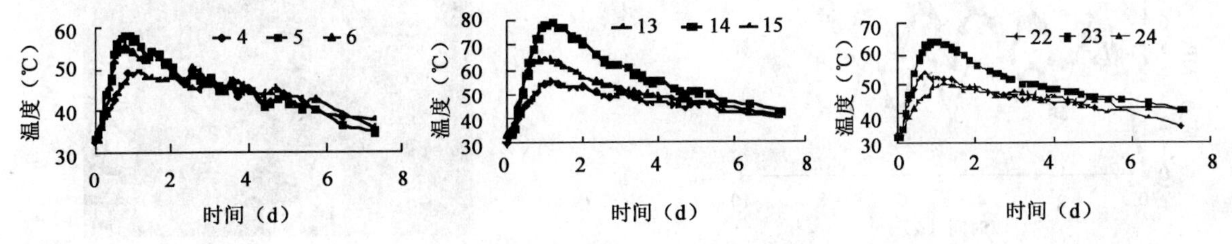

图7 实测水化热曲线

由于在计算中根据实测升温曲线拟合了放热过程，致使实测值和理论值非常接近，核心区最高温度达79.2℃，在温度峰值和温度变化趋势方面，实测值与理论值总体吻合较好。

三、水化热应力场

应力计算时，内部混凝土考虑了弹模的增长，引入温度场作用，计算A1梁段的应力场。在最高温度场时，其应力场分布如图8所示。

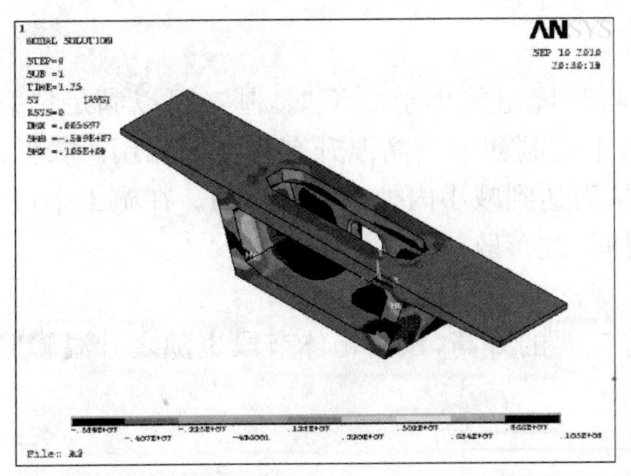

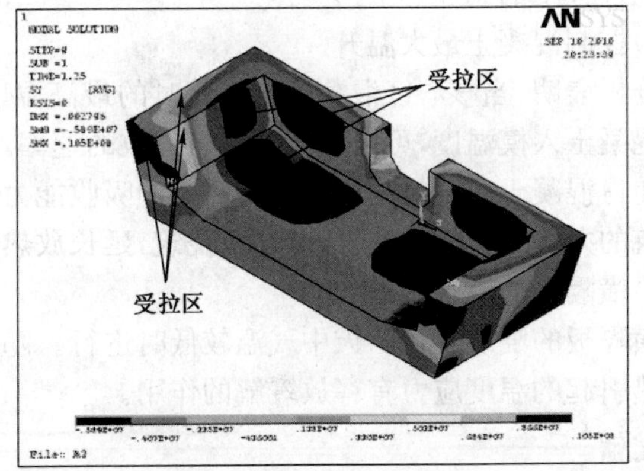

图8 应力场分布

内部混凝土的膨胀使预制梁段框架产生拉弯变形，腹板内侧混凝土受压而外侧混凝土受拉，其受力如图9和图10所示。

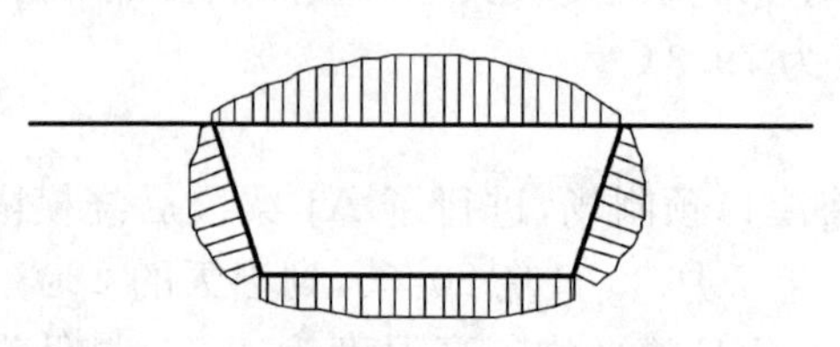

图9　水化热作用下框架弯矩图

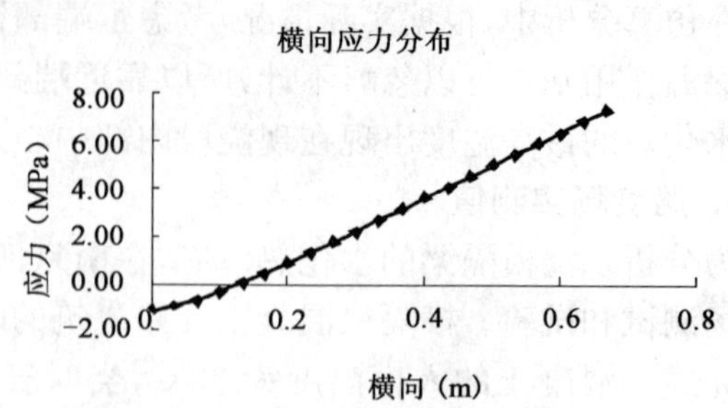

图10　最高温度场时腹板中部内外侧竖向应力

结果表明，由于早期水化热增长迅速，导致箱体腹板外侧拉应力也迅速增长。计算显示在浇筑后腹板外侧出现较大的拉应力，已经超过混凝土的抗拉强度（图11）。由于水化热产生的应力较大，试验中，在腹板外侧观察到了水平微裂缝，如图12所示。

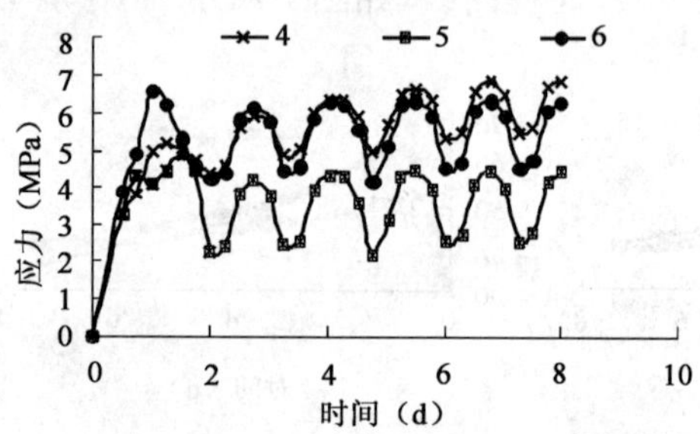

图11　节段中部4～6号测点处应力时程计算值

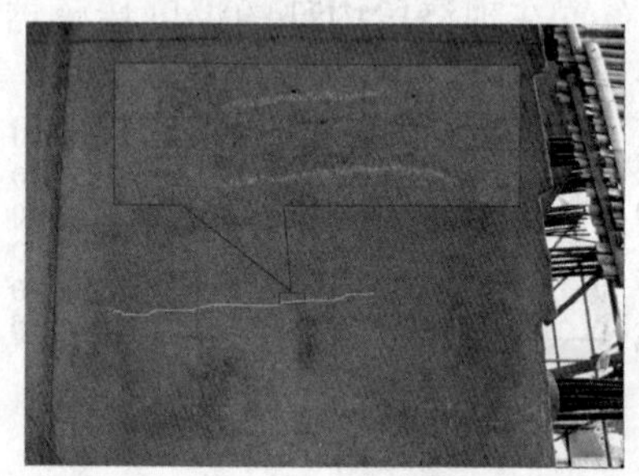

图12　腹板水化热裂缝

四、控制水化热应力的建议

针对南京四桥预制拼装箱梁中现浇横隔梁可能存在的水化热问题，课题组在试验梁段中开展了测试和分析研究，发现水化热升温较快，引起的腹板拉应力较大，为此，建议采取以下控制措施。

1)进一步优化配合比

实测表明现浇横隔板区域升温速度快、温差大，还需要进一步优选水泥品种，优化混凝土配合比，降低现浇过程中的总放热量。

2)控制混凝土最大温升

分析表明，当核心区混凝土在浇筑时的最高温度与环境温差小于20℃时，基本可以满足抗裂要求。控制混凝土入模温度，可以减缓水化热释放的速率，对于控制初期最高温升有明显的作用。较低的入模温度使得混凝土自身对于水化热有一定的吸收能力，从而达到减小内外温差的目的。在施工中可采用分层浇筑的办法，将现浇横隔梁分两次浇筑，延长放热时间，改善散热条件。

3)横隔板的浇筑时间

横隔板的浇筑宜在一天中气温较低时进行。随着气温的升高，预制箱体节段也随之升温膨胀，对于水化热引起的温度应力有释放缓解的作用。

参考文献

[1] 刘钊．桥梁概念设计与分析理论(上册)[M]．北京：人民交通出版社，2010.

[2] 臧华，刘钊，文武松，周新亚．苏通大桥辅桥箱梁节段水化热效应的仿真分析[J]．公路交通科技，2007，24(5)：95～98.

[3] 朱伯芳．水工混凝土结构的温度应力与温度控制[M]，北京：水利电力出版社，1976.

[4] 曾志长．客运专线铁路预制整孔箱梁施工温度监控与防裂研究[D]．中南大学，2008.

122. 体内、体外混合配束设计若干问题探讨

郑开启[1] 钟 瑶[2] 孟少平[1] 王景全[1]
(1. 东南大学;2. 南京长江第四大桥建设协调指挥部)

摘 要 本文比较了体内、体外预应力束各自的优势和缺点,并分析了混合配束箱梁预应力束的应力增量变化特点;讨论了节段预制拼装混合配束箱梁配束比例的主要影响因素,包括:施工方法、结构受力性能、工程经济性等;将配束比例影响因素作为限制条件,给出了较为简便合理地确定配束比例的方法;最后对混合配束设计提出了一些合理建议,可供设计参考。

关键词 混合配束 配束比例 应力增量 节段预制拼装

一、体内束与体外束的比较

随着桥梁工业化水平的提高和人们对耐久性问题的日益重视,体内、体外混合配束技术开始在混凝土桥梁中得到进一步的应用和发展[1]。

配置体外预应力的优势在于:具有较好的耐腐蚀性,施工方便迅速,体外束易于检修和更换。由于体外束布置在截面以外,设计者在设计横截面时,具有更大的自由,而且设计的腹板截面更加轻薄,有利于降低结构自重[2];由于体外束处于截面之外的特点,其预应力摩擦损失也较小。

当然体外束也有它的缺点:比如承载力阶段的应力增量较小,且一般预应力束达不到屈服;通常体外束的抗弯力臂要比体内束小,导致其结构效率较低;体外束的锚具费用昂贵,其综合造价要高于体内预应力方案;体外预应力束在转向块、锚固块处有较大的应力集中,构造设计较复杂,对于节段预制拼装梁桥,其节段预制工艺也会更加复杂。

配置体内束的优势在于:具有较高的抗弯效率,承载力阶段的预应力筋应力增量大,且一般都能达到屈服,这可以提高结构延性和承载力,改善结构受力性能;由于预应力筋效率高,用量少,体内预应力的增加还可以降低工程造价;采用节段预制拼装施工工艺时,体内束的销栓作用还可以提高接缝截面的抗剪承载力。

体内束的不足之处在于:对于曲线布筋的体内束,其摩擦损失较大;而且在节段预制时,每个节段的接缝面都要进行预应力孔道的精确定位,这大大增加了孔道精确定位的难度;在接缝面处的孔道偏差还有可能导致灌浆漏浆、灌浆不密实等。

通过对体内束和体外束的比较可以看出,体内预应力与体外预应力在各自的优缺点上具有互补性,因而,体内、体外混合配束的比例问题就值得关注与探讨。

二、混合配束桥梁预应力筋应力增量

为研究验证体内、体外混合配束桥梁预应力束的应力增量情况,结合南京四桥引桥中某 48m 跨度的简支梁,考察其在预制拼装完成后,在二期恒载下的预应力筋应力增量,说明体内、体外预应力束在抵抗外荷载时的贡献程度。

建立箱梁的计算模型,其中体内束包括底板与腹板内的 B1 至 B6,顶板内的 T1,体外束有 E1～E4,如图 1 所示。为了更好地反映体内、体外束协同受力情况,模型结果中去除了混凝土收缩徐变效应的影响,施工加载顺序依次是:自重力、体内束、体外束预应力和二期恒载等。

这里基于 MIDAS 模型,分析了二期荷载施加前后,体内束、体外束的应力增量变化。根据计算结果,表 1 列出了施加二期恒载前后,预应力束的平均应力及其变化量(平均应力为沿预应力束上选取 24 个点的应力值的平均值)。

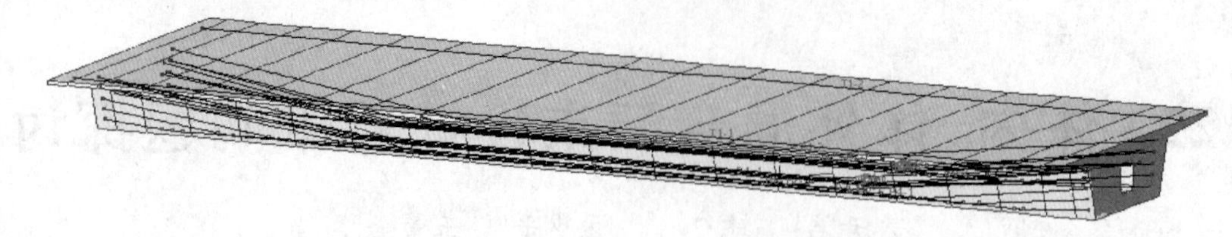

图1　体内、体外混合配束简支箱梁MIDAS模型

预应力束平均应力值及应力变化　　表1

预应力束编号		应力(MPa)			相对变化
		预应力张拉完时	二期恒载施加后	差值	
体内束	B1	1 255.0	1 259.4	4.4	0.3%
	B2	1245.4	1251.3	5.9	0.5%
	B3	1233.9	1241.2	7.3	0.6%
	B4	1231.7	1239.2	7.5	0.6%
	B5	1224.5	1232.2	7.7	0.6%
	B6	1169.2	1182.6	13.4	1.1%
	T1	1293.8	1289.1	−4.7	−0.4%
体外束	E1	1114.6	1115.5	0.9	0.1%
	E2	1120.2	1121.2	1	0.1%
	E3	1121.7	1122.7	1	0.1%
	E4	1113.3	1114.2	0.9	0.1%

由表1可见，在二期恒载施加时，预应力束应力增量有以下几个特点：

(1)体内束应力增量要比体外束大；

(2)下部的预应力束较上部的应力增量大；

(3)顶板束T1应力增量为负值，即应力有降低。

以上几点印证了体内、体外预应力束的受力特点。体内束和箱梁黏结，受力时协调变形，且偏心距也较体外束大，因此应力增量大；体外束仅在转向和锚固处与箱梁连接，在箱梁变形时，体外束存在二次效应，且一般体外束的偏心距都较体内束略小，因此体外束的应力增量较小。体内顶板束出现应力增量为负的情况是由于预应力束位于中和轴以上，在箱梁变形时，预应力束会缩短，导致应力增量为负。

承载力阶段，梁体开裂引起非线性变形，体外预应力筋与混凝土之间的二次效应愈来愈明显，且在转向处会发生滑移，应力增量计算，就需要按照新的方法和思路进行。文献[3]提出了基于能量法的体外束预应力增量计算方法，可供计算参考。

三、影响配束比例的因素

1. 施工方法

桥梁的施工方法对体内、体外配束比例的选取具有较大影响。因为各种施工方法对预应力配置有不同的要求，所以在混合配束预应力设计过程中，应结合各施工方法的特点，针对不同施工阶段的受力需求，选择合适的配束比例。文献[4]针对逐跨拼装施工、悬臂拼装施工和顶推法施工的体内、体外混合配束连续梁桥各自的施工特点，提出了配束比例分配的若干原则。

(1)逐跨拼装施工。常采用简支转连续的方法。推荐混合配束预应力方案，因简支转连续后，需张拉墩顶节段的顶板体内预应力束，以满足结构体系转换后墩顶处受力需求，其他体内束主要布置为底板直线束和箱梁内部折线形束。通常还要设置跨内体外预应力束和通长体外预应力束，以共同承担后续二期恒载和活载施加产生的内力。

(2)悬臂拼装施工。一般是对称悬臂,需在每一个节段都设置顶板预应力筋来保证整体性和稳定性。如果采用体外束,每个节段都要设置凸出的锚块,导致节段预制复杂,此时采用体内束比较方便。在桥跨合龙后,在跨中局部设置一定量的体外束,以满足跨中节段合龙后的受力要求,待全桥合龙后,张拉通长的体外预应力束。

(3)顶推施工。桥梁在施工过程中的受力状态与成桥后受力状态相差较大,但是,体内、体外混合配束可以解决这个问题。在箱梁的顶板、底板配置直线形体内预应力束,以满足成桥后正常使用阶段的需要;顶推施工时过程中,在箱内配置折线形体外预应力筋,作为临时束来抵抗施工过程桥梁内力。在成桥后,即可将这部分体外束退锚拆下,再补充到成桥体外束中,这样可实现材料的最佳利用。

2. 桥梁跨径及桥位施工条件

桥梁跨径及桥址施工条件会影响到施工方法的选择,进而也会影响到配束比例的选择。在节段预制拼装的桥梁中,例如,当采用架桥机逐跨吊挂施工时,适用跨径范围为 30～50m,不需要桥跨内提供支撑;当采用顶推法施工时,一般跨径范围为 30～75m,有时要求桥跨内提供临时墩支撑;当利用跨墩架桥机进行悬臂拼装施工时,跨径一般不宜超过 100m,且不需要桥跨内提供地面支撑。

3. 受力性能及节段长度

体内预应力筋与混凝土黏结,其在极限状态的应力增量较体外预应力筋大,因此可增大关键接缝的极限抗弯承载能力,从而改善结构的在极限状态的受力性能。

同时,当布置有体内束时,体内束的销栓作用使抗剪强度进一步提高。对于节段预制拼装桥梁,因为节段梁的普通钢筋在接缝处不连续,对主要承受剪力的接缝,应考虑体内束的销栓作用对抗剪的贡献。从这一点出发,也可以得到体内束合理配束比例的一个限定范围,值得深入研究。

节段长度也是混合配束节段预制拼装桥梁配束比例选择的一个重要影响因素,而节段长度受到节段的预制和运输条件限制。文献[5,6]研究认为,在极限状态下,体内预应力使得节段预制拼装箱梁受力性能得到改善的表现为:"在关键接缝失效之前,至少有一个关键接缝附近的接缝张开",即在极限承载力状态下,箱梁的破坏模式由变形集中于关键接缝的破坏模式,转变为多个接缝张开,同时关键接缝破坏的模式。为了满足这一受力性能,随节段长度与箱梁跨度的比值增加,体内束配束比例也应相应增加。

4. 工程经济性、工期等其他因素对配束比例的影响

可施工性、工期以及工程经济性等因素也影响到配束比例的选择。例如,体外束由于穿索和张拉过程简单,便于更换和再张拉,且无孔道灌浆施工,可大大缩短施工时间,加快施工速度。

相对于体外束,在正常使用状态和承载力极限状态,体内束的应力增量及偏心距都要大,因此具有更高的受力效率。为达到相同的预应力效果,体内束用量更小,且体外束的锚具及防护体系要更加昂贵,因此适当增大体内束比例,可以降低工程造价。但是过大的体内束配束比例会导致箱梁腹板厚度增加,可能会增大结构自重力,增加恒载弯矩,反而会增大预应力用量。

四、合理配束比例范围的确定

对于采用体内、体外混合配束设计的桥梁,依据对配束比例的主要影响因素分析,可以根据以下步骤进行合理比例范围的确定:

(1)首先根据桥梁跨径及现场施工条件,确定桥梁采用的施工方法;

(2)根据施工方法,确定所需体内束的配束比例 $r\in$ 集合 R_1($r\geqslant 0$);

(3)根据工期要求,以方便施工,降低施工时间为准,确定体内束、体外束荷载分担比例,可得到体内束配束比例 $r\in$ 集合 R_2(先张拉体内束时 $r\geqslant$const,先张拉体外束时,$r\leqslant$const,const 为事先确定的数值);

(4)在工期满足要求,施工方法确定的情况下,以提高结构受力性能、降低工程造价为准,根据参数化分析,可以给出经济体内配束比例 $r\in$ 集合 R_3(const1$\leqslant$r$\leqslant$const2,其中 const1、const2 均为参数化分析确定的数值)；

(5)对以上配束比例集合进行交集运算，见图2，可得较为合理的配束比例范围：$r \in R=(R_1 \cap R_2 \cap R_3)$；

(6)当R为空集时，可以对R_1、R_2、R_3中非关键控制配束比例集合进行适当放宽；当R包含的配束比例范围较大时，应根据其他影响因素及已有设计经验，对配束比例进一步优选。

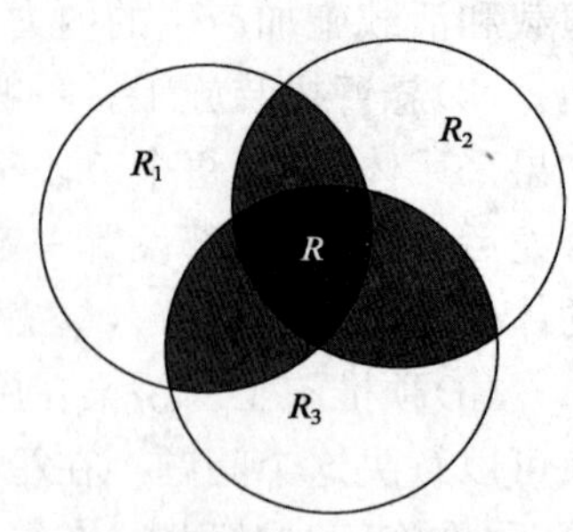

图2 配束比例集合交集运算

五、混合配束设计建议

综上所述，对于采用体内、体外混合配束的预应力混凝土桥梁，在配束设计时，需注意以下几点：

(1)体内束与体外束各有特点和优势，体内束受力性能好，体外束张拉方便、换索容易，综合确定混合配束设计比例。

(2)由于体内束灌浆，与混凝土变形协调，且抗弯力臂要大于体外束等原因，体内束应力增量较体外束大，因此，体内束的抗弯效率要比体外束高。但是，当桥位的腐蚀环境较为不利时，应该加大体外束的比例，发挥体外束可更换性的优势，提高桥梁耐久性。

(3)影响混合配束比例的因素较多，各个工程中的主要影响因素也不尽相同，设计师可综合工程实际情况，结合本文所讨论的确定配束比例的概念和方法，综合优选出合理的配束比例。

参考文献

[1] Clifford L. Freyermuth. Ten Years of Segmental Achievements and Projections for the Next Century [J]. PCI Journal. 1999, May—June：36—44.

[2] BURDET O., BADOUX M., Comparison of Internal and External Prestressing for Typical Highway Bridges[J]. 16th Congress of IABSE, Lucerne, 2000.

[3] 刘钊，贺志启，王景全. 基于能量法的体外预应力梁力筋应力增量研究[J]. 东南大学学报(自然科学版). 2008，38(1)：136-140.

[4] 孙莉，刘钊. PC混凝土桥梁体内、体外混合配束设计原则[J]. 2008年全国桥梁学术会议论文集，2008.

[5] A N A Hindi, R MacGregor, M E Kreger etc. Enhancing the Strength and Ductility of Post—tensioned Segmental Box - girder Bridges[J]. ACI Structural Journal. 1995, 92(1)：32-44.

[6] 郑开启，孟少平，陈佳佳等. 混合配束节段预制拼装箱梁的体内束配束比例下限研究[J]. 第六届全国预应力结构理论与工程应用会议，2010.

[7] 傅琼阁. 苏通大桥体外预应力箱梁施工技术[J]. 公路. 2007，4：77-82.

[8] 柯家满. 混凝土预制节段拼装式桥梁的施工[J]. 华中科技大学学报(城市科学版). 2005.22(Sup)：57-59.

[9] 刘宏文. 五里亭大桥主桥连续箱梁预制拼装顶推施工技术[J]. 桥梁. 2004，4：11—13.

123. 长曲线索预应力摩擦损失的实测研究

濮 卫[1] 曹文生[2] 翟可为[2] 赵启林[2]

(1. 南京长江第三大桥建设指挥部；2. 解放军理工大学工程兵工程学院)

摘 要 为了研究某大桥多跨连续梁的长曲线索预应力摩擦损失情况，对其中2根长索(索长均65m)在预应力张拉全过程中的不同断面的应变变化情况进行连续跟踪监测，并将监测结果与规范理论计算值进行对比。数据分析表明:长索的预应力摩擦损失实测值明显大于理论预测值,而且摩擦损失与预应力状态有密切关系,在低预应力状态下摩擦损失大,在高预应力状态下摩擦损失小。

关键词　预应力　摩擦损失　连续梁

自从预应力混凝土产生以来,关于预应力损失的计算就一直是一个非常重要的问题。在预应力损失值的计算中,实际损失值大于或小于计算值,对结构强度的影响是较小的,但会影响到荷载作用下的结构性能。在使用荷载下,过高或过低估计损失值都是不利的:对预应力损失估计过高,可能使梁端混凝土局部破坏或梁体预拉区开裂,且降低结构的延性;对预应力损失估计不足,则不能有效地提高预应力混凝土梁的抗裂度和刚度,导致桥梁开裂与变形过大[1]。

摩擦损失是预应力损失中重要损失项之一,对于长曲线索来说,一般可以达到总预应力损失的60%～80%[2],可占预应力索张拉控制应力的25%～35%[3]。根据近年来国内外相关文献资料,结合预应力工程实测研究发现,我国规范中的摩擦系数取值过于严格,按国内当前的施工水平通常难以保证预应力摩擦损失满足设计要求[4]。

因此,我国规范规定[5],预应力的摩擦损失宜根据试验确定。当没有可靠试验数据时可以按照经验公式与参数进行计算。本文对某大桥长索的预应力摩擦损失进行了跟踪监测,通过实测不仅反馈了设计,而且得到了几点有意义的结论。

一、工程概况

某大桥南引桥桥跨布置为2联,每联7跨,标准跨为52m,最大跨度为58m,主梁为等截面预应力混凝土箱形梁。结构体系采用单悬臂转连续的方式进行施工,每跨悬臂长度为7.8m,在施工中采用了滑移模架施工法(图1)。

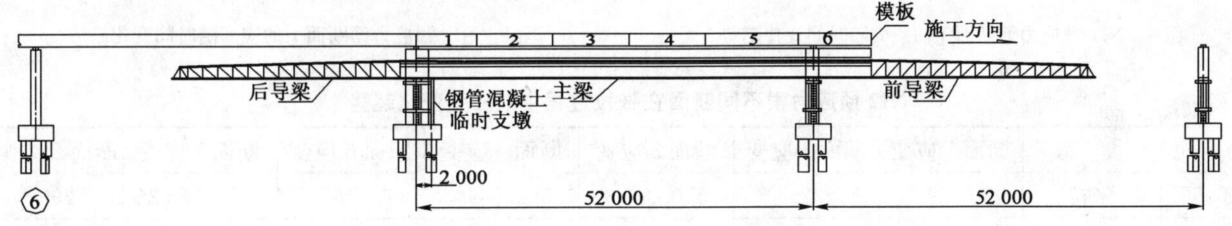

图1　施工方法示意图

为了实测摩擦损失在空间与时间上的分布特性,在52m跨梁中,选择了线形弯折较多的N12、N14这两股预应力筋作为实际测试对象。在预应力钢筋上根据弯折点的位置选择了8个断面作为应变测量断面,并在每个断面上粘贴了3个应变片,最后的断面上应变测值是三个应变片测值的平均值。具体应变片的布置位置分别见图2、图3。

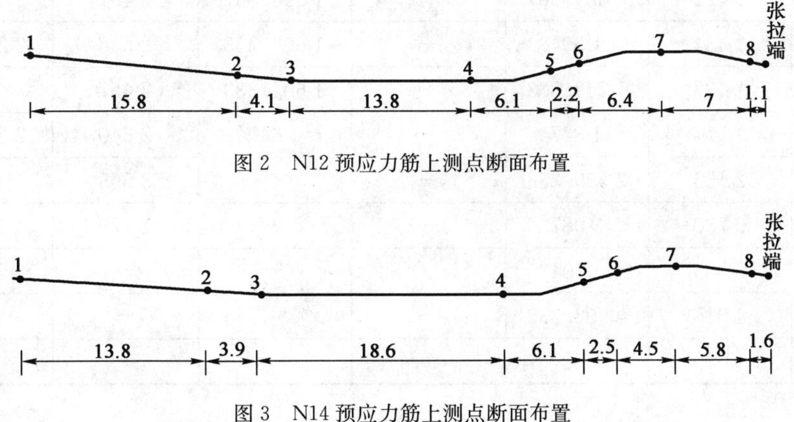

图2　N12预应力筋上测点断面布置

图3　N14预应力筋上测点断面布置

二、实测数据分析

由于油顶的最大伸缩量有限，每根索在张拉过程中都进行两次换顶，于是在 N12、N14 张拉与换顶过程中对每根索 8 个断面的应变值进行了连续跟踪，不仅实测了张拉过程中的摩擦损失，而且记录了换顶过程中的回缩与压缩损失。

1. 实测数据分布特点

表 1、表 2 分别为编号 N12、N14 预应力索不同断面在张拉过程中的应变变化趋势。由表可见：各断面应变片在张拉初期基本正常，断面上的应变值能够客观反映断面的应变状态。但是随着预应力筋的伸长，由于预应力筋与管道摩擦等原因，导致多个断面的应变片逐渐破坏。正常断面的实测应变随时间的变化趋势则明显体现了张拉过程，即第一阶段预应力张拉的应变增加、第一次换顶时的应变平台、第二阶段预应力张拉的应变增加、第二次换顶的应变平台以及第三次预应力张拉的应变增加(图 4)。而且靠近张拉端的断面应变实测值也能够明显体现了在换顶过程中由于预应力索临时锚固导致的预应力索回缩、锚具压缩损失(图 5)。

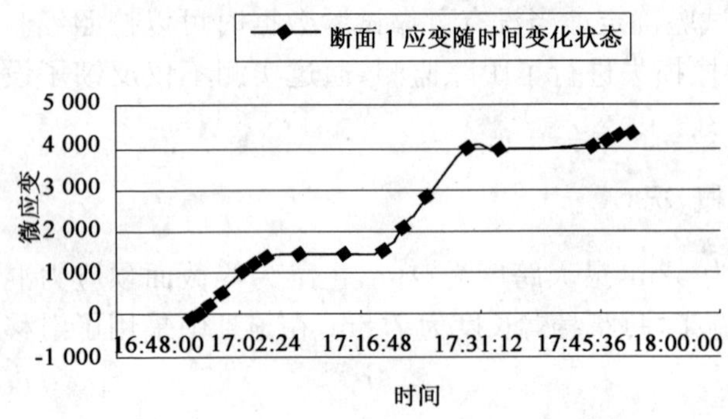

图 4 N12 预应力筋断面 1 的应变随时间变化趋势

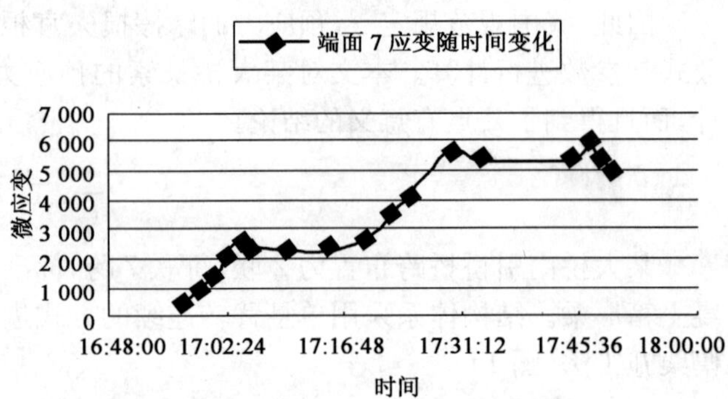

图 5 N12 预应力筋断面 7 的应变随时间变化趋势

N12 预应力索不同断面在张拉过程中的应变变化趋势 表 1

时 间	状 态	断面 1 应变	断面 2 应变	断面 3 应变	断面 4 应变	断面 6 应变	断面 7 应变	断面 8 应变
16:56	张拉	−39	221	510.333 3	382.666 7	−137	458.333 3	299
16:57	张拉	−12	295.666 7	638.333 3	415.333 3	335	576.666 7	507
16:58	张拉	111	444.666 7	726.666 7	723.666 7	538	836.666 7	851
17:00	张拉	505	810.333 3	1 438.667	912.333 3	1237	1 393.667	1 404
17:02	张拉	1 098	1 334.667	1 869.333	1 269	2 060	2 051	3 032
17:04	第一次换顶	1 408	1 675	—	1 475.667	2 481	2 430.667	3 419
17:05	换顶	1 421	1 685.667	—	1 594.667	2 497	2 251.667	2 874
17:09	换顶	1 434	1 694	—	1 604.333	2 506	2 234.667	2 874
17:14	换顶	1 437	1 749.333	—	1 604.333	2 457	2 224	2 872
17:19	张拉	1 517	1 827	—	1 640	2 640	2 603.333	3 549
17:22	张拉	2 155	2 509.333	—	—	3 565	3 479	—
17:24	张拉	2 780	3 087	—	—	4 179	4 126.333	—
17:29	第二次换顶	3 989	4 504	—	—	—	5 689	—
17:33	换顶	4 018	4 502.333	—	—	—	5 404	—
17:44	换顶	4 050	4 527	—	—	—	5 375	—

续上表

时　间	状　态	断面 1 应变	断面 2 应变	断面 3 应变	断面 4 应变	断面 6 应变	断面 7 应变	断面 8 应变
17:46	张拉	4 196	－111 509	—	—	—	5 936	—
17:47	张拉	4 329	4 620.667	—	—	—	5 399	—
17:49	张拉	4 343	4 629.667	—	—	—	5 096	—

注:“—”表示由于应变片损坏而导致无法获取应变值。

N14 预应力索不同断面在张拉过程中的应变变化趋势　　表 2

时间	状态	断面 1 应变	断面 2 应变	断面 3 应变	断面 4 应变	断面 6 应变	断面 7 应变	断面 8 应变
13:06	张拉	291	243	442	305	223	391	498
13:08	张拉	804	633	969	739	692	946	1058
13:13	张拉	1632	1282	1627	1472	1614	1811	2008
13:15	张拉	1847	1387	1737	1664	1660	2025	2194
13:21	换顶	2468	2216	—	2391	2373	2873	2988
13:32	换顶	2234	2114	—	2250	2291	2716	2888
13:35	张拉	2413	2329	—	2495	2508	3015	3250
13:42	张拉	2774	2995	—	3260	3455	3964	4275
13:44	张拉	2643	3070	—	3405	3674	4189	4497
13:52	张拉	1481	—	—	—	4431	4899	5077
13:57	张拉	12	—	—	—	4645	5332	5542
14:01	换顶	−556	—	—	—	5052	5551	6044
14:02	换顶	−656	—	—	—	5025	5531	5951
14:11	换顶	−949	—	—	—	4849	4996	5317
14:18	张拉	−804	—	—	—	5523	5826	

注:“—”表示由于应变片损坏而导致无法获取应变值。

图 6 则反映编号 N12 预应力索锚固端预应力索实测应变(断面 1)占张拉端应变(断面 7)比例随时间变化趋势。由图可见:在较低预应力状况下,锚固端预应力索实测应变(断面 1)占张拉端应变(断面 7)比例较小,也就是摩擦损失大,但是随着预应力索内预应力逐渐增加,该比例逐渐稳定到一个固定值。

2. 实测值与理论预测值的对比

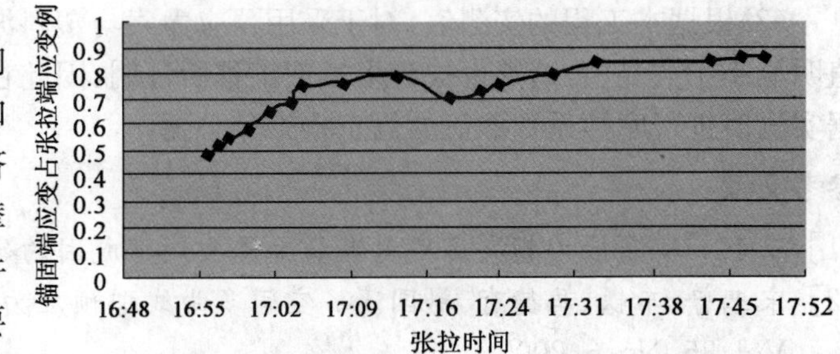

图 6　锚固端实测应变占张拉端应变比例随时间变化关系

理论上认为摩擦损失主要由孔道弯曲影响和孔道偏差影响两部分造成。前者主要是预加应力的预应力筋对弯曲孔道内壁产生的径向挤压力,使预应力筋与孔壁材料之间形成挤压摩擦,一般称为弯道影响摩擦损失,其值较大,并随预应力筋弯曲角度的增加而增大;后者主要是由制孔器或预应力管道定位偏差造成孔道不顺直,使预应力筋与孔壁材料之间形成接触摩擦,一般称为孔道偏差影响摩擦损失,其值较小,主要取决于预应力筋的长度、接触材料间的摩阻系数及孔道成型的施工质量等[6]。总的摩擦损失可以按照以下步骤进行计算:

(1)孔道弯曲影响引起的摩擦力损失

$$\Delta F_{p1} = F_{p10}(1-e^{-\mu\theta})$$

(2)孔道偏差影响引起的摩擦力损失

$$\Delta F_{p2} = F_{p20}(1-e^{-kx})$$

(3)预应力筋因摩擦引起的预应力损失

$$\sigma_{l1} = \sigma_{con}[1-e^{-(\mu\theta+kx)}]$$

式中,σ_{con}是预应力筋锚下控制预加应力;μ是预应力筋与弯曲孔壁之间的摩擦系数;θ是从预加应力端至计算截面孔道的累计偏转角,以弧度计;k是孔道每米偏差对摩擦的影响系数;x是从预加应力端至计算截面的孔道长度,以米计,也可近似取该段孔道在构件轴线上的投影长度。本工程中,预应力筋为钢绞线,预应力管道为预埋塑料波纹管,按照现有桥梁规范取$k=0.001\,5$,$\mu=0.17$[5]。利用前述公式对预应力损失进行计算,并将计算结果与实测结果进行了对比,见表3、表4所示。

N12预应力筋各断面预应力损失百分比 表3

应变片断面编号	1	2	3	4	5	6	7	8
预应力损失的百分比(理论值)	29.94%	20.96%	20.47%	17.42%	13.1%	12.82%	8.18%	0.17%
预应力损失的百分比(实测值)	58%	51%	—	56%	—	27%	29%	0%

N14预应力筋各断面预应力损失百分比 表4

应变片断面编号	1	2	3	4	5	6	7	8
预应力损失的百分比(理论值)	23.1%	19.47%	18.99%	15.75%	10.98%	10.65%	5.81%	0.24%
预应力损失的百分比(实测值)	35%	30%	—	24%	—	19%	7%	0%

注:"—"表示由于应变片损坏而导致无法获取实测值。

由表3、表4可见:实测值普遍大于理论计算值。

三、结 论

通过对某大桥两根长预应力索张拉全过程跟踪监测,并将监测数据与理论预测值进行对比,得到如下两点有意义的结论:

(1)预应力摩擦损失与预应力钢筋的应力水平有关,在较低应力状态下摩擦损失大,随着应力水平提高而逐渐减小,一般达到张拉控制应力的70%后才趋于稳定。因此应该建立考虑预应力大小摩擦损失计算模型,尤其对于大跨度桥梁这种必要性更为明显。因为大跨度桥梁预应力索比较长,远离张拉端断面预应力索应力水平低,那么实际预应力摩擦损失偏离理论值更为明显。

(2)根据本工程的实测值,对于采用预应力索与塑料波纹管的预应力体系,摩擦损失的规范理论预测值明显小于实测值,这点也被许多类似工程所证明,因此在大跨度预应力混凝土桥梁设计中,设计单位根据实测值进行摩擦系数取值的修正将十分必要。

参考文献

[1] 王敏. 从预应力损失角度对混凝土桥梁病害成因的研究. 硕士学位论文,武汉理工大学,2005.3.

[2] 宋玉普、车轶、马德有、赵国藩. 空间多曲线型预应力钢索的预应力摩擦损失研究. 土木工程学报,Vol. 35,No. 6,2002.

[3] 刘永前、张彦兵、王新敏. 后张梁管道摩阻损失测试技术与数据处理. 中国安全科学学学报,Vol. 15,No. 1,2005.

[4] 李伟兴、黄鼎业、李德章. 超长预应力束孔道摩擦的探讨及应用. 建筑工程,No. 3,1999.

[5] 中华人民共和国行业标准(JTG D62—2004). 公路钢筋混凝土及预应力混凝土桥涵设计规范[S]. 北京:人民交通出版社,2004.

[6] 黄棠,王效通. 结构设计原理(上册). 北京:中国铁道出版社,1990.

124. 鄂东大桥主梁钢—混结合部研究与设计

刘明虎　徐国平　刘　峰
（中交公路规划设计院有限公司）

摘　要　为了改善钢—混结合部的结构性能，提高其耐久性，确保大桥整体设计使用寿命，针对世界第二混合梁斜拉桥——主跨926m的鄂东长江公路大桥，以理论分析、数值计算和模型试验为手段，研究了混合梁斜拉桥主梁钢—混结合部的合理位置确定、结构形式以及细部构造等。研究成果应用于鄂东大桥的设计中，对指导同类型桥梁设计有借鉴指导意义。

关键词　鄂东长江大桥　混合梁斜拉桥　钢—混结合部　开孔板连接件

一、概　　述

鄂东大桥位于湖北省黄石市与鄂州市交界区域，是上海—成都和大庆—广州高速公路跨越长江的共用通道[1]，按六车道标准设计，设计行车速度100km/h，桥面宽33.0m，汽车荷载为公路—Ⅰ级。主桥采用布跨为3×67.5m＋72.5m＋926m＋72.5m＋3×67.5m＝1 476m的9跨双塔混合梁斜拉桥。主梁中跨采用钢箱梁，边跨采用混凝土箱梁，均采用分离式双箱断面，梁高3.8m，全宽38.0m。

混合梁通过对两种材料的合理利用，在受力性能、跨越能力、经济性能等方面得到了很大改善，在桥梁建设中得到越来越多的应用[2]。目前已应用于斜拉桥、梁式桥、悬索桥及拱桥等结构中。钢—混接合部是材料特性和结构特性突变处，是混合梁设计的关键技术和重要构造，其设计目标是使钢和混凝土结合牢固、可靠、耐久、方便施工。因此，其设计应遵循以下原则：

(1)应根据结构受力、桥位环境、工程造价、施工、景观等因素综合确定结合部的位置及结构形式；

(2)应连接可靠，能较顺畅地传递截面各项内力及变形；

(3)结合区域的刚度过渡应均匀、平顺；

(4)构造应确保具有良好的抗开裂性、抗疲劳性和耐久性；

(5)应避免应力集中；

(6)应充分考虑方便施工和养护。

钢—混结合部设计关键技术包括三个方面：一是其合理位置的确定；二是结构方案的选择；三是细部构造设计。

二、钢—混结合部位置研究与确定

结合部位置与全桥跨径布置（合理边中跨比）密不可分，两者几乎是同时确定的。而混合梁斜拉桥跨径布置首先必须是因地制宜。

钢—混结合位置一般应从结构受力性能、施工和经济性三个方面来考虑。

1. 结构受力

结合部位置决定了重量及刚度差别很大的钢梁与混凝土梁的长度比例，其对全桥结构特别是主梁整体受力影响很大，合理的结合部位置能显著改善整体结构性能，需综合考虑跨径布置、辅助墩设置、约束条件、斜拉索疲劳性能等因素的影响；此外，为防止结合部混凝土开裂，其位置还应选在主梁弯矩、剪力及应力幅较小的位置。

从结构受力方面研究合理边中跨比，可以从理想成桥内力状态和运营状态两方面进行。文献[3]根据斜拉桥主梁和索塔理想成桥状态的要求，对双塔三跨混合梁斜拉桥的合理跨径进行了分析，其采用的理想成桥状态是:主梁恒载弯矩接近刚性支承连续梁,索塔恒载弯矩接近于零。通过分析,得到了与钢混梁重之比、边跨内钢混梁长之比有关的混合梁斜拉桥合理边中跨比例。对鄂东大桥,对于初步确定的边跨跨度,边跨必须全部采用混凝土梁即结合位置要伸入中跨才能满足理想成桥状态要求。但该文只考虑了钢梁伸入边跨的情形,未考虑混凝土梁伸入中跨的情况,且是根据双塔三跨无辅助墩斜拉桥推导的。如果在边跨内设置辅助墩,则情况将会有较大不同。可以进一步推导伸入中跨和布置有辅助墩的情况,以指导各种情形的设计。

此外,通过分析不同结合位置成桥恒载作用下主梁特别是边跨混凝土梁的弯矩、运营阶段汽车作用下主梁弯矩的大小及分布,可以判断不同结合位置的相对优劣。

鄂东大桥在方案研究阶段,对桥跨布置为3×65m+85m+926m+85m+3×65m的方案研究了结合部设置在近塔辅助墩距离索塔80m处、在中跨距离索塔12m处和在中跨距离索塔92m处三个方案,比较主梁在恒、活载作用下的内力(混凝土梁未计预应力)。

在恒载作用下,主梁弯矩(kN·m)见图1。可见:在该桥跨布置下,方案一恒载作用下主梁特别是混凝土梁的最大正、负弯矩均最小,方案二最大,方案三居中。

图1 成桥状态主梁弯矩比较

在活载作用下,不同方案的边跨混凝土梁的弯矩相差较小,中跨钢箱梁弯矩变化也不大。就中跨弯矩而言,方案一、二、三的最大弯矩之比为:1:1.01:1.02。

对结合部局部,表1为各方案在活载作用下结合部位置钢梁应力及应力幅。还可进一步输出结合位置主梁相对挠度及转角进行比较,分析不同位置的变形优劣。

活载作用下钢混结合位置钢梁应力(MPa) 表1

		方 案 一	方 案 二	方 案 三
上缘	max	12.3	7.4	6.6
	min	−24.6	−3.8	−20.2
	应力幅	36.9	11.2	26.8
下缘	max	8.7	6.9	15.2
	min	−18.4	−45.7	−27.8
	应力幅	27.1	52.6	43

结果表明:在索塔只承受轴力的情况下,由于混凝土梁和钢梁的重力、刚度相差很大,改变结合部位置,即改变主梁沿梁长方向的重力、刚度分布,对主梁恒载弯矩分布影响显著;而对主梁的轴力分布,结合部位置变化影响很小。恒载作用下,方案一最优。结合部位置对主梁活载弯矩和轴力包络分布影响不大,且数值较小。这主要是因为现代密索体系斜拉桥的竖向刚度基本均来自于其缆索体系,在竖向荷载作用下,其基本受力特性是斜拉索受拉、塔梁受压为主,塔梁自身的抗弯刚度作用很小。然而,对于主梁不同的结合部位置,结合部自身截面各内力相差较大。从结合处钢梁应力及应力幅看,方案一较优。从局部看,在边跨距离索塔约65m位置,主梁在活载作用下正负弯矩变化较小,相应的该处主梁应力幅也较小,比较适合设置结合部。

综合分析:对于上述桥跨布置,方案一边跨主梁弯矩最小,且距离辅助墩15m左右处活载作用正负弯矩变化较小,应力幅也较小。若采用方案二,则应优化边跨桥跨布置,使靠近索塔处的边跨跨径不宜过大。方案三综合居中。

2. 施工分析

混凝土梁伸入边跨，应考虑边跨钢梁的吊装架设条件及可实施性；伸入中跨，则应考虑伸入的混凝土梁段应仍可沿用边跨的施工架设方法。

对鄂东桥，根据水文条件，若结合面设在边跨，则南岸边跨钢箱梁难以吊装；设在中跨，若位置合适，则钢箱梁均方便吊装。但若伸入过多，则北岸若仍采用边跨支架法施工，则面临在深水区搭设支架问题，工程量大、施工经济性差、安全风险突出，故结合位置宜设于利用承台搭设膺架的最远范围之内，约在20m以内。

3. 经济性分析

混凝土梁伸入中跨，中跨钢梁长度可相应减小，有利于降低造价；但伸入过长的混凝土梁若采用深水支架或转换工艺进行挂篮悬臂浇筑施工，则施工费用相应增加。对鄂东桥，虽然方案三比方案二用钢量少了，但施工费用相应提高了，总建安费反而增加0.18亿元，且工期增长约5个月。因此，从经济性考虑的最优位置为利用承台搭设膺架施工箱梁的最远位置。

4. 合理位置的确定

鄂东大桥边中跨比较小，为0.297。根据结构受力分析，首先确定较合理的方案，上述方案二是合适的，并根据分析进一步优化了边跨布置。最后结合施工、经济性方面的综合考虑，确定结合部位于伸入中跨距索塔12.5m处。

三、钢—混结合部结构研究与设计

1. 结合部结构形式研究与选择

1)结合部的传力机理和连接形式

结合部承担并传递轴力、弯矩和剪力(及扭矩)。对于承剪，一般通过设置垂直于剪力方向的抗剪连接件来承担。而承担并传递轴力(弯矩转换为轴力矩)，是混合结构最突出的特征。

截面传递压力最直接的方式是承压，也可以将压力转换为剪力在混凝土内传递，当然也可以是两种形式的组合。一般情况下，工程上以单一传剪方式传递轴力的形式较少应用，因此，根据传力机理的不同将结合面传递压力分为完全承压和承压传剪两种方式。对于有空腔的箱形断面，根据是否是外轮廓线内全部面积结合还是仅对应板件的部分面积结合，又可分为全截面连接和部分截面连接。

文献[4]从典型构造特点对结合部连接形式进行了划分，但未抓住其传力的本质。根据上述传力基本机理，文献[5]对于箱形断面混合梁的结合部典型连接形式进行了划分，分为：全截面连接完全承压式、全截面连接承压传剪式、部分截面连接完全承压式、部分截面连接承压传剪式。

2)分析与选择

结合部形式的优劣可按以下几方面进行评定：结构的合理性(全截面接合→部分截面接合)；力学的合理性(刚性突变→刚性渐变)；应力传递(集中应力→分散应力)；制造及施工的方便性(复杂构造→简单构造)。

研究表明：在混凝土箱梁构造基础上增设全截面的厚横隔板对混凝土梁段的受力并没有体现出优势，反而不利于结合面的受力，箱体内部拉应力区域加大；适当减小截面尺寸，有利于箱梁全截面受力。且全截面钢箱梁构造十分复杂，制造困难，可见部分截面连接优于全截面连接。

对于完全承压式，尽管可以做到截面刚度较好过渡，但结合面是直接相接、互不咬合，导致传力突然，缺乏在一定范围内的匀顺过渡。而承压传剪式则：①钢箱梁顶、底、腹板等通过一定范围的刚度过渡后延长适当长度至混凝土梁对应的顶、底、腹板内，通过抗剪连接件与混凝土主梁体牢固结合，形成轴力的逐步扩散传递；②通过端承压板紧贴在混凝土对应顶、底、腹板的端面上，承担部分轴力，并通过设置预应力承担部分弯矩，做到承压与传剪的共同传力；③在钢箱梁顶、底、腹板的U形加劲肋上加焊T(π)肋逐渐变高，两种梁体在刚度上的突变问题经由加劲肋逐渐变高形成刚度过渡而逐渐缓解；④梁中的剪力通过端面摩擦、承压板上剪力钉及咬合范围的钢板共同传递。因此承压传剪式优于完全承压式。

综合而言，全截面连接完全承压式连接处应力较小，但不匀顺，且构造复杂；全截面连接承压传剪式承压板的应力分布更加均匀，相互咬合范围内的应力更顺畅，但构造较复杂，施工操作较困难；部分截面连接完全承压式应力传递直接，但需要较厚的承压钢板，截面的刚度变化比较剧烈；部分截面连接承压传剪式咬合连接牢靠，刚度过渡均匀，应力扩散好，构造相对也较复杂，但对于截面尺寸较大的箱梁，因为空间较大，钢梁制作和混凝土浇筑均不存在问题，完全可保证施工质量。

经上述研究，鄂东桥采用了部分截面连接承压传剪式，以期解决国内类似桥梁目前普遍存在的结合部开裂问题。

2. 结合部构造研究与设计

1）鄂东大桥结合部总体构造

主梁钢—混结合部采用了“钢格室＋开孔板连接件”的部分断面连接承压传剪的总体结构形式，结合范围总长8.5m；其中钢与混凝土互相咬合段2m，钢箱梁过渡段3.5m，混凝土梁过渡段3m。接合面钢箱梁侧梁段采用带变高度T形加劲的U肋进行刚度过渡；接合面混凝土梁侧梁段采用变化顶、底、腹板的厚度进行刚度过渡；钢与混凝土咬合段采用多格室构造，并在格室内浇筑混凝土，通过后承压板、剪力键、格室钢板与混凝土的黏结力传递主梁内力。钢—混结合部纵、横断面见图2、图3。

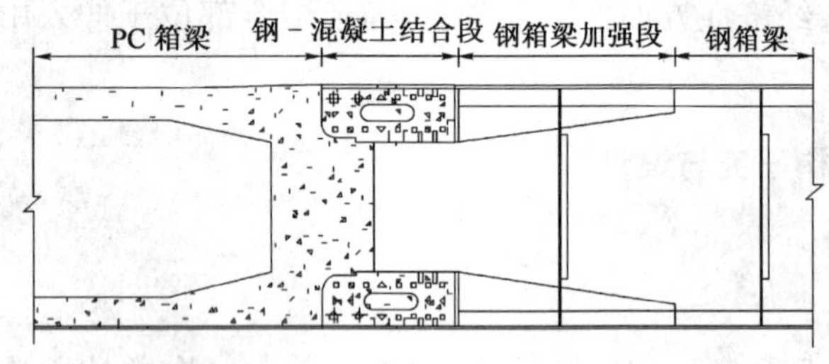

图2　钢—混结合部边箱纵断面（尺寸单位：mm）

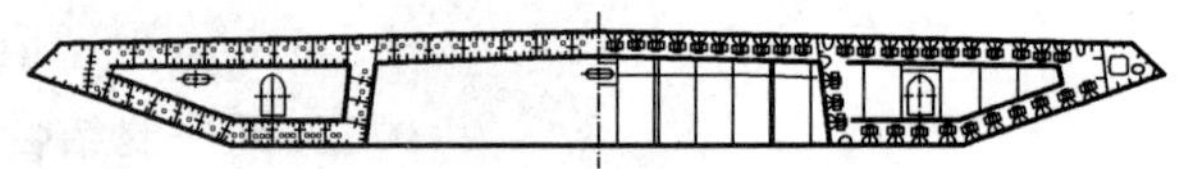

a）结合部混凝土梁端侧断面　　b）结合部钢箱梁端侧断面

图3　钢—混结合部横断面（尺寸单位：mm）

2）采用开孔板抗剪连接件传剪

开孔板连接件（又称PBL键）[6]是指在钢板适当位置开设圆孔，将混凝土浇入圆孔中形成混凝土榫，以此承担钢与混凝土间的作用力的新型连接件。

国内外多次剪力键的推出试验研究表明，与传统的抗剪焊接销钉相比，开孔板连接件具有承载能力高、延性好、抗疲劳性能好、方便施工、同时可以起到对板件的加劲作用、造价相对经济等诸多优点。

因此，在钢—混凝土结合部采用开孔板连接件，将较大幅度改善结合部的力学性能，将钢截面上的巨大轴力及弯矩荷载分配到混凝土中去，使钢截面应力得到很好分散，从钢结构的高应力状态顺利过渡到混凝土的低应力状态。

3）钢格室构造

钢格室是钢—混凝土相互咬合的关键部位，可采用图4的构造。钢格室高度和宽度应综合考虑内部混凝土应力分散所需的必要面积、格室内焊接空间、预应力钢筋张拉及锚固作业空间、浇筑混凝土的方便性及构件加工制作可行性等因素确定，宽度还要满足钢结构的最大宽厚比 $B/t \leqslant \sqrt{3E_s/f_y}$ 的要求，一般情况高度可采用600～800mm，宽度可采用800～1 200mm。钢格室长度应根据计算确定，以需要的剪力键个数、剪力分配的合理性并综合考虑施工因素而确定，根据研究，一般可取高度的2～3倍。

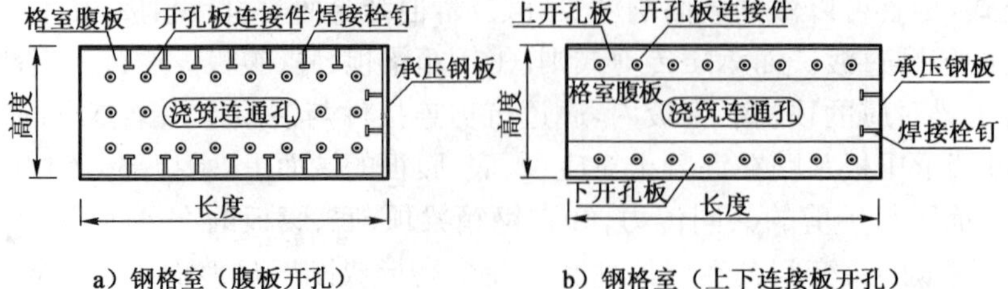

a）钢格室（腹板开孔）　　b）钢格室（上下连接板开孔）

图4　钢格室构造

根据研究，鄂东大桥钢—混结合部在顶、底板及腹板上均设置钢格室，钢格室顺桥向长 2 000mm、高 800mm、宽 1 200mm。

钢格室腹板上的抗剪连接件是传递主梁轴力的最主要构件，为此，在腹板上开设圆孔并贯穿钢筋形成开孔板连接件，以取代传统的剪力钉，这是国内首次将开孔板连接件应用于混合梁斜拉桥的结合部。连接件个数根据承载力计算确定。同时为使混凝土与钢格室更紧密地结合，保证施工和运营阶段的连接可靠性，在钢格室与混凝土相贴的顶板、底板和承压板均设置了剪力钉。顶、底板上的剪力钉主要考虑其防钢板剥离的作用，承压板上的剪力钉则起竖向抗剪作用。采用钢格室构造还可使孔洞中的混凝土处于三向受力状态，提高了剪力键的强度。采用开孔板连接件和剪力钉相结合的方式在工艺上避免了繁琐的工序，简化了构造，具有更强的可操作性与可靠性。

开孔板厚度应以抗剪连接件破坏时，孔中混凝土不发生割裂破坏为准，一般可取 16～25mm。孔中心距以抗剪连接件破坏时，两孔之间钢板不发生破坏为准，一般可取 220～250mm。孔径应确保混凝土骨料能够进入孔洞，一般可取 55～80mm。孔距钢板边缘的净距宜不小于孔中心距的一半。开孔板中钢筋直径一般采用 ϕ20～25mm。钢筋长度宜大于其锚固长度，也可沿孔洞方向通长布置。承压钢板厚度应根据受力计算确定，承压传剪式连接的承压钢板相对较薄，通常采用 22～36mm。

根据研究，鄂东大桥钢格室开孔板厚度取 25mm，孔间距取 225mm，孔径 ϕ60mm，并穿过 ϕ20mmHRB335 钢筋。承压板厚度取 25mm。

为保证混凝土浇筑时在箱体内能够自由流动，在钢格室顶板上开设浇筑孔，隔板上设置连通孔；为保证钢格室角点混凝土密实，在上角点及适当位置设置出气孔，在下角点预留压浆孔；为确保连接的可靠性，钢格室箱体内侧钢板设穿孔钢筋及搭焊钢筋与混凝土梁内钢筋连成整体。

4）T 形加劲构造

研究表明，影响结合部整体刚度的敏感因素是钢箱梁的刚度变化。为了保证钢—混结合部传力平顺、刚度过渡合理，钢箱梁加强段可采用在 U 肋中间加设 T 形加劲或 π 形加劲。T 形肋一般伸入 U 肋内部，π 形肋一般焊接在 U 肋面板上。T 形肋板厚一般采用 16～25mm，π 形肋板厚一般采用 8～12mm。

鄂东大桥采用 T 形加劲，长度为 3.05m。T 形加劲高度在长度范围内从 360mm 至 800mm 渐变。根据局部应力分析，T 形加劲端部的 U 肋面板存在应力集中，故进一步对 T 形加劲端部翼缘板采取了变宽的措施来渐变刚度。

5）预应力布设

应根据主梁结合部断面受力情况确定是否设置预应力，以使在运营阶段各工况下钢一混结合部均处于全截面受压状态。鄂东大桥设置了预应力构造，钢—混结合部腹板钢束采用连接器与混凝土箱梁腹板钢束相连，锚固于结合部钢格室钢箱梁侧。顶底板钢束伸入混凝土箱梁侧一定长度后锚固。

3. 结合部结构计算分析

根据文献[5]确定的计算原则和要求，依照以下三个步骤进行了精细化分析：

（1）在全桥总体模型静力计算的基础上，建立真实模拟钢—混结合部构造及受力特性的三维节段模型进行计算。

（2）建立单个钢格室三维局部模型进行计算。

（3）在局部模型计算的基础上，进行单个 PBL 剪力键的极限承载力验算。

前两项计算均采用 ANSYS 软件。为消除边界条件的影响，节段模型（图 5a）范围为钢箱梁侧取钢箱梁加强段以外 5 个横隔板长度的钢箱梁节段，混凝土梁侧取钢格室外长度为 6m 的混凝土梁段。梁段混凝土采用 SOLID65 单元，钢箱梁及钢格室采用 SHELL63 单元，普通钢筋采用弥散钢筋进行模拟，预应力采用集中力模拟，模型共计 320 000 个单元，节点逾 130 000 个。一个钢格室局部模型如图 5b）。

a）钢—混结合部节段模型

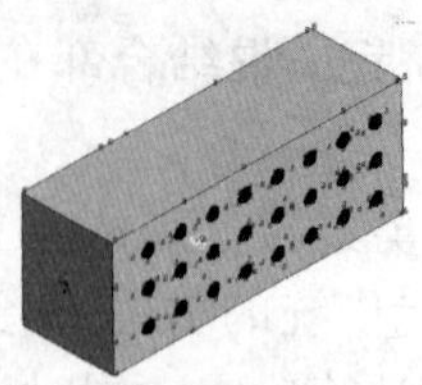

b）钢格室局部模型

图5　受力分析计算模型

节段模型分析表明，最不利组合下混凝土主压应力小于21.2MPa，主拉应力小于2.77MPa，钢构件Von Mises应力均小于容许值231MPa，满足规范要求。

局部模型分析表明，格室钢板内力的传递是不均匀的，呈两端大中间小的趋势，其中以承压板传递的轴力最多，视承压板的厚度不同，传递轴力在总轴力的33%～38%之间变化。PBL键所传递的力也是不均匀的，第一排传递的力最多，之后逐渐递减，至最后两排又有所增加。根据Leonhardt教授给出的PBL键承载力计算公式，不计钢筋作用时，一个PBL键可承担约55.2kN的剪力；考虑钢筋作用时，一个PBL键可承担约152.5kN的剪力，先拟定一个钢格室腹板的PBL键为20个。分析结果表明，混凝土主压应力均不超出21.2MPa、主拉应力不超过2.77MPa；PBL键钢筋最大Von Mises应力为30.8MPa；钢格室外壁最大Von Mises应力为162MPa，均满足规范要求。通过优化分析，确定一个钢格室腹板的PBL键为18个。单个格室内力分布为：格室腹板（含PBL键）承担32.5%，顶底板承担15.6%，后承压板承担51.9%。

四、钢—混结合部试验研究与构造优化

鉴于工程实践尚少，在有限元分析的基础上，进一步通过模型试验进行研究和验证，目前被认为对重大桥梁工程设计及其施工都是必不可少的重要环节。针对鄂东大桥主跨跨度大，主梁为分离双箱断面，并且钢—混结合部采用新型构造等特点，在钢—混结合部正式施工前，进行了以下两种试验。

1. 节段梁缩尺模型试验

选取主桥塔根部至中跨1号索之间约22m长的梁段，制作了1∶2半幅缩尺模型试件。采用几何、物理及边界条件相似进行试件设计，各细节构造模拟实桥。逐级施加荷载直至1.4倍的设计最不利工况下的荷载效应。试验表明，本桥的钢—混结合部具有较大的安全储备，应力和刚度过渡较为平顺；测算结合部顶板格室后承压板轴力分担比例约为45%，底板格室后承压板轴力分担比例约为50%，其余大部分由钢格室开孔腹板承担，内力分担比例与计算分析基本一致；PBL键和剪力钉的布置合理，荷载作用下钢与混凝土结合面相对滑移量很小，两种材料近乎完全结合共同承担作用力。

2. 钢格室足尺浇筑工艺试验

选取钢—混结合部顶板3个钢格室组成一个试验单元，进行了4组足尺浇筑试验。

为了增强钢格室内填充混凝土的抗裂性，钢格室内填混凝土分别采用大流态微膨胀聚丙烯纤维混凝土和高性能自密实钢纤维混凝土进行浇筑对比试验。试验表明：

(1)增加纤维材料后混凝土的工作性能有所下降，但均能在保证强度的前提下，满足密实填充钢格室的要求。

(2)格室钢底板、承压板、腹板与混凝土连接很好，但顶板与混凝土之间存在较多气泡，连接较差，设计进一步对顶板排气孔的数量和位置进行了增加和优化。尽管如此，该问题仍是需进一步研究解决的技术问题。

参考文献

[1] 刘明虎. 大跨宽幅混合梁斜拉桥关键技术设计综述[A]，中国公路学会桥梁和结构工程分会2009年全国桥梁学术会议论文集，2009.

[2] 陈开利,余天庆,习刚. 混合梁斜拉桥的发展与展望[J]. 桥梁建设,2005(02):1-4.
[3] 徐利平. 混合梁斜拉桥的边、中跨合理比例[J]. 上海公路,2002(4):28-30.
[4] 刘玉擎. 混合梁接合部设计技术的发展[J]. 世界桥梁,2005(4):9-12.
[5] 刘明虎,谭皓. 桥梁钢—混凝土混合结构设计[A],中国公路学会桥梁和结构工程分会 2009 年全国桥梁学术会议论文集,2009.
[6] LeonhardtF, AndraeW, AndraeHP, et al. New, Improved Bonding Means for Composite Loadbearing Structures With High Fatigue Strength[J]. Beton-und Stahlbetonbau, 1987, 82(12): 325-331.

125. 基于模态频率测试的桥塔有限元模型修正

张兴标　沈锐利
(西南交通大学土木工程学院)

摘　要　本文介绍了一种基于模态频率残差的有限元模型修正方法,以在建的泰州长江公路大桥北桥塔为工程背景,结合大型通用有限元软件 ANSYS 的优化分析功能,将有限元模型修正的约束优化问题转化为二次规划问题进行求解,通过仿真算例和工程实例,证明了这种模型修正方法的可行性。

关键词　模型修正　桥塔　有限元　灵敏度分析　模态频率　ANSYS

一、引　　言

对土木工程结构而言,一个准确可靠的有限元模型是进行结构所有力学行为分析的基础。随着经济和社会的发展,土木结构日益大型化、复杂化,根据设计图纸建立的有限元模型常隐含理想化假设或简化,例如对材料特性的理想化假定和各组成构件之间连接方式的理想化假定以及对边界条件的简化等使得有限元分析的结果与结构的实测结果之间不可避免地存在一定差异,有时这种差异甚至超出了工程结构所容许的精度范围,从而难以为施工控制、结构动力响应预测、振动控制和结构状态评估等服务[1][2],因而有必要对结构的初始有限元模型进行修正。由于结构实测的静动力信息可以有效地避开有限元建模时的各种假设和简化,通常认为实测结果较之有限元计算结果更加可靠,所以目前通常利用结构的实测静动力信息进行有限元模型修正,使得修正后的结构静动力响应与试验值趋于一致。

有限元模型修正方法根据修正对象的不同,可分为矩阵型法和设计参数型法。矩阵型法通过求解矩阵方程或优化问题来修正结构刚度和(或)质量矩阵,通常假定刚度与质量的变化相互独立。设计参数型修正法的基本思路与结构优化理论相类似,通过构造理论模型与实际模型之间在同一激励下的动力特性的误差,然后选择一定的修正量使该误差满足最小化来达到修正的目的。该方法的修正对象是结构的物理、几何参数及边界条件,修正后的模型物理意义明确,设计参数易于与工程实际对照,已成为目前研究和应用的主流[3]。

本文以在建的泰州长江公路大桥北桥塔为工程背景,利用环境振动测试数据提取结构的模态信息,修正该桥塔根据设计图纸建立的有限元模型,探讨利用环境振动测试数据进行基于设计参数型法的有限元模型修正在大型桥塔结构上的应用。

二、模型修正方法简介

由结构动力学可知,无阻尼结构自由振动方程为:

$$[M]\{\ddot{x}\}+[K]\{x\}=0 \tag{1}$$

式中,$[M]$为结构的质量矩阵;$[K]$为结构的刚度矩阵;$\{x\}$为节点位移向量;$\{\ddot{x}\}$为节点加速度向量。

式(1)经变换后，可得结构的模态特征方程(2)，由此方程可求得结构的第 i 阶特征值 λ_i 及相应的特征向量 ϕ_i 。

$$[K]\phi_i = \lambda_i[M]\phi_i \tag{2}$$

式(1)、式(2)中的刚度矩阵 $[K]$、质量矩阵 $[M]$ 由结构参数决定。这些参数包括结构材料和几何特性以及结构的边界条件等[4]。

对于结构的初始有限元模型，设其初始参数向量为 $P_0 = (p_1, p_2, \cdots, p_n)$，据此参数集经有限元计算分析可得到结构的动力响应 R_a(可以是结构的理论特征值向量、结构的特征向量矩阵等，下标 a 表示有限元模型的理论分析值)，对结构在同样条件下进行模态试验，可得到结构的实测响应 R_e(下标 e 表示实测值)。这两者的差值 $\delta R = R_e - R_a$ 称为残差(余量)。目前用于有限元动力模型修正工程实践的残差主要有基于特征值(模态频率)和特征向量(模态振型)的残差、基于反共振频率和振型相关系数(MAC)的残差等[5]。

在桥梁结构模态试验中，振型坐标的测量值常混有较大的测试噪声而精度不足，而结构的实测模态频率则有较高的精度。由于结构的动力响应和结构参数有关，结构动力响应实际上是结构参数的隐函数，以模态频率为例，将其在 P_0 处按 Taylor 级数展开并略去其高阶项，可得结构参数修正与特征值残差之间的关系：

$$\delta\Lambda = S\delta P \tag{3}$$

式中，$\delta\Lambda = \Lambda_e - \Lambda_a$ 为结构的特征值残差(余量)；$\delta P = P - P_0$ 为结构参数修正向量，P 为结构修正后的参数向量；S 为结构的一阶灵敏度矩阵。特别地，当有参数对测量值(频率)影响非常小，或几个参数对测量值影响相近时，灵敏度矩阵 S 很可能会是病态的。另外，当待修正参数较多或实测数据存在较大误差时，修正的参数往往失去其物理意义。为使修正后参数具有物理意义，引入参数修正向量 δP 的上、下限值：

$$b_l \leqslant \delta P \leqslant b_u \tag{4}$$

通过添加罚函数构造目标函数：

$$J = \delta P^T W_P \delta P + (S\delta P - \delta\Lambda)^T W_E (S\delta P - \delta\Lambda) \tag{5}$$

式中，W_P、W_E ——加权矩阵。

这时，基于参数型法的结构动力有限元模型修正可归结为以下二次规划问题[2][4]：

$$\text{最小化(minimize)} \quad J(x) = \frac{1}{2}x^T W x \tag{6}$$

$$\text{即(subject to)} \quad Ax \leqslant d \tag{7}$$

式中，$x = \begin{Bmatrix} \delta P \\ S\delta P - \delta\Lambda \end{Bmatrix}, d = \begin{Bmatrix} b_u \\ -b_l \end{Bmatrix}, A = \begin{Bmatrix} I & 0 \\ -I & 0 \end{Bmatrix}, W = \begin{Bmatrix} W_P & 0 \\ 0 & W_E \end{Bmatrix}$

即由目标函数的最小化来达到修正目的。通过构造理论模型与实验模型之间的动力学特性残差的目标函数，并选择一定的设计变量，使用特定的方向及步长逐步更改设计变量值，经不断的迭代过程来实现。与直接算法不同，模型修正的迭代算法不仅使用了设计变量，且对设计变量有一定的约束，这样，就保证了修正以后的模型具有较高的精度[6]。

三、仿 真 算 例

以一简支梁为例，如图 1 所示，梁长 $L = 8\text{m}$，横截面为 $b \times h = 0.25\text{m} \times 0.2\text{m}$ 的矩形。材料参数为弹性模量 $E = 32.5\text{GPa}$，密度为 $\rho = 2\,500\text{kg/m}^3$。采用 ANSYS 软件平面梁单元 Beam3 建立该结构的有限元模型，按等间距划分为 16 个单元。根据给定的材料参数计算结构的前 8 阶模态频率作为结构的“实测”值。同时，为模拟结构未知参数情况，将单元 2、4、9、13 的弹性模量分别降低 30%、20%、40%、20%，所有单元密度降低 15%，其他参数不变，以此作为初始值输入，来检验本文模型修正方法的可行性。模型修正迭代计算以改变后的参数值作为迭代初始值，以结构前 8 阶“实测”频率与初始模型计算频率之差的平方和为目标函数，通过设置设计变量的范围和容差，采用 1 阶优化算法，经迭代计算得到修正后的模型参数和计算频率。为方便对比,将各结果列于表1。

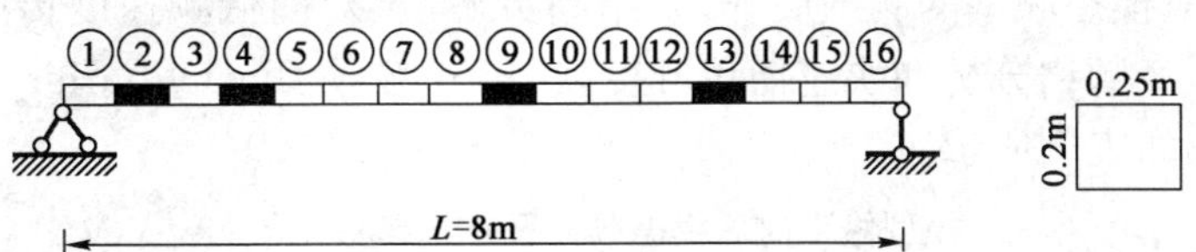

图1 仿真算例简支梁示意图

仿真算例各结果对比 表1

阶次	"实测"频率(Hz)	有限元模型计算频率			
		初始模型(Hz)	误差	修正后模型(Hz)	误差
1	5.108	5.254	2.85	5.102	−0.11
2	20.416	21.301	4.33	20.427	0.05
3	45.880	46.369	1.07	45.865	−0.03
4	81.434	85.390	4.86	81.419	−0.02
5	112.720	115.450	2.42	112.720	0.00
6	127.000	130.920	3.09	126.910	−0.07
7	182.490	187.530	2.76	182.530	0.02
8	247.840	253.740	2.38	247.870	0.01
设计参数修正后的值:2、4、13三个单元弹性模量32.8GPa;9号单元弹性模量32.006GPa;整个结构密度2503.4kg/m^3					

与初始模型相比,修正后的模型很好地复现了修正频段内的模态频率,修正后的设计参数与"实际"结构相比,误差很小。通过仿真算例,证明了本文模型修正方法的可行性。

四、工 程 实 例

1. 动力特性理论分析

对于本文研究的泰州长江公路大桥北桥塔,其动力特性的理论分析采用大型商用通用有限元软件ANSYS进行。由于利用梁单元计算时,需要对桥塔结构的质量和刚度进行等效处理,这会对计算精度差生一定的影响,而利用实体单元时,则可以准确模拟结构的尺寸,能较好地模拟钢筋混凝土结构的动力特性,故本文采用高精度的8节点Solid65实体单元。模型的建立严格按照设计施工图纸,计算中采用全结构模型,边界条件为将塔身在塔柱底部采用全固结处理,约束其全部的自由度。对于桥塔结构的材料特性,考虑到配筋的劲性骨架影响,根据结构各部位配筋率的不同,将桥塔结构大分为11个区域(对塔柱部分,按高程从上往下分为I～IX区,上横梁为X区,下横梁为XI区),各区域在初始有限元模型中相同的材料特性。桥塔结构的有限元模型如图2所示。

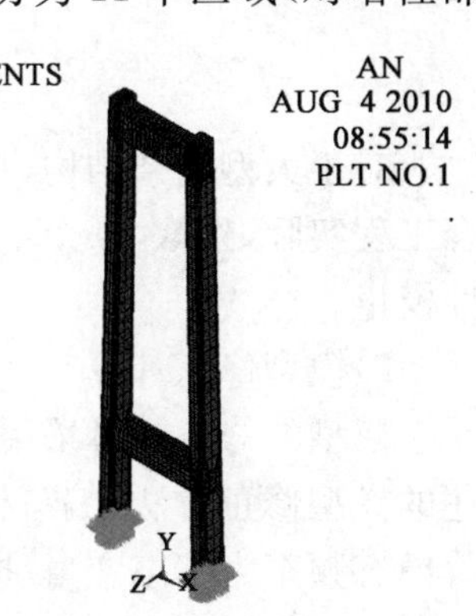

图2 桥塔有限元模型

模态分析采用分块兰索斯法(Block Lanczos Algorithm),提取结构前8阶模态信息,结果如表2所示。

2. 动力特性现场实测

试验模态分析技术的发展使得基于环境激励的模态识别技术成为可能,这已在多座大跨度桥梁上得到了运用[7]。实践表明,模态频率的优点在于识别精度高,模态振型的优点在于数量较多,缺点在于受测试噪声影响大、识别精度低、灵敏度分析计算量大且与模态频率的灵敏度有数量级的差别。此外,单独使用模态频率残差作为目标函数的有限元模型修正，已在大型工程结构中得到了应用[8]~[11]。基于此，结合现场实际情况，泰州长江公路大桥北桥塔的现场动力测试针对模态频率的测试展开，采用高灵敏度、双向低频速度传感器拾取桥塔各测试部位环境激励的响应信息，经频谱分析和快速傅里叶变换(FFT 变换，Fast Fourier Transform)后可得到结构的模态频率信息，结果如表2所示。

模型修正前后模态频率及结构参数比较 表2

阶次	振型描述	实测频率(Hz)	有限元模型计算频率(Hz)及误差(%)			
			初始模型	误差	修正后模型	误差
1	一阶顺桥向弯曲	0.1953	0.1906	2.41	0.1954	−0.05
2	一阶横桥向弯曲	0.3418	0.3354	1.87	0.3404	0.42
3	一阶顺桥向扭转	0.7813	0.7405	5.22	0.7531	3.61
4	二阶顺桥向弯曲	1.1230	1.1623	−3.50	1.1914	−6.09
5	二阶横桥向弯曲	1.4648	1.5326	−4.63	1.5570	−6.29
6	三阶横桥向弯曲	1.7090	1.6381	4.15	1.6596	2.89
7	二阶顺桥向扭转	2.1484	2.0382	5.13	2.0788	3.24
8	四阶横桥向弯曲	2.6855	2.6166	2.57	2.6642	0.79

3. 模型修正及评述

如前所述，初始有限元模型和实测结果不可避免地会存在一定的差异，有限元模型修正的目的就是尽可能地减小两者之间的差异，以期更好地为结构计算服务，因而有必要分析引起两者之间差异的原因。Brownjohn[7]和 Mottershead[12]指出，这种差异主要由三个方面的原因引起：一是模型的结构误差，主要是由影响模型控制方程的一些不确定因素引起，通常与所选择的数学模型有关；二是模型的参数误差，如模型物理参数(密度、弹性模量、截面积等)因环境的变化和生产制作等原因存在误差等；三是将实际连续的结构离散化所带来的阶次误差。对于本文的研究对象，其模型的结构误差可通过寻找合理的数学模型得到解决，阶次误差可通过改变有限元模型网格的疏密得到最大限度的缩小，因此，本文有限元模型修正主要针对模型的参数误差。

1)待修正参数的选取

有限元模型修正过程中，待修正参数的选取是相当重要的一步。待修正参数选取的正确与否，不仅影响到模型修正的效率和结果的精度，而且还是修正后模型是否有效的关键。待修正参数的选取应主要考虑到灵敏性分析的结果，同时兼顾初始模型中设计参数的精度。

先对初始有限元模型的设计参数(弹性模量、密度)进行特征灵敏度分析，由直接求导法结构一阶灵敏度矩阵表达式

$$S_{i,j}=\frac{\partial f_i}{\partial p_j} \tag{8}$$

对于大型复杂结构，常根据一阶灵敏度的定义，将其转化为差分方式计算，根据灵敏度计算结果，结合工程实际，选取10个不同参数作为待修正参数：I、II、III、V、XI区的密度，III、VII、VIII、IX、X区的弹性模量。

2)模型修正计算

模型的修正计算采用大型通用有限元软件 ANSYS 进行，利用软件自身的优化设计处理器，根据前述的模型修正方法，编写相应的 APDL 文件。以1)节选取的10个待修正参数为设计变量，以结构的前8阶模态频率为状态变量，按式(5)构造目标函数：

$$f_{obj}=\sum_{i=1}^{8}(\omega_{ei}-\omega_{ai})^2 \tag{9}$$

式中，ω_{ei}、ω_{ai}（$i=1,2,\cdots,8$）分别为结构的第 i 阶实测频率和计算频率。

为保证修正后的模型具有合理的物理意义，根据实际工程经验，限定各设计变量的范围如下：

$$\text{I、II、III、V、XI 区的密度 } 2\,500 \leqslant \rho_i \leqslant 2\,800 \tag{10}$$

$$\text{III、VII、VIII、IX、X 区的弹性模量 } 34.5 \leqslant E_i \leqslant 38.5 \tag{11}$$

为提高优化精度，同时避免优化结果陷入局部最优解，本文模型修正的优化计算先采用子问题逼近法（subp，零阶法）确定最优解的基本位置，再以梯度法（grad）完成对最优解的精确定位。计算结果如表2所示，为方便对比，一并列出初始模型的计算值和实测值。模型修正前后参数对比见表3。

模型修正前后结构参数对比 表3

修正参数类别	位置	初始值	修正值
密度（kg/m³）	I 区	2 650	2 698.7
	II 区	2 650	2 705.1
	III 区	2 650	2 712.3
	V 区	2 650	2 733.1
	XI 区	2 650	2 758.1
弹性模量（GPa）	III 区	34.5	36.7
	VII 区	34.5	37.3
	VIII 区	34.5	37.6
	IX 区	34.5	38.1
	X 区	34.5	38.3

3）模型修正结果评述

由表2的模型修正结果可以看出，修正后的模型较好地复现了桥塔结构的实测频率，除第4、5阶模态频率外，其余模态频率与实测结果的误差均有所减小，前3阶的误差均在5%以内，可以认为修正后的模型达到了动力修正的目的，可用于动力响应预测、结构振动控制等相关计算。修正后的结构参数和实际结构考虑配筋的劲性骨架作用后的规律较为一致，具有合理的物理意义。修正结果表明，本文的修正方法是合理可行的。

五、结　语

本文结合大型有限元软件ANSYS，将基于模态频率残差的有限元模型修正问题从有约束的优化问题转化为二次规划问题来解决，通过仿真算例和工程实例，证明了这种有限元模型修正的可行性和工程实用性。此外，通过本文方法进行的模型修正，并未能够完全消除理论模型和实测结果之间的差异，这和假定两者之间的差异主要来自于模型参数的误差、待修正参数的选取以及模型边界条件的简化等因素有关。对于桥塔等大型土木工程结构，利用更丰富的静、动力实测数据来进行有限元模型修正还需进一步深入研究。

参考文献

[1] 林恰．基于敏感性分析的悬索桥有限元模型修正[D]．成都：西南交通大学硕士学位论文，2010.

[2] 范立础，袁万城，张启伟．悬索桥结构基于敏感性分析的动力有限元模型修正[J]．土木工程学报，2000，33(1)：9～14.

[3] 袁爱民．基于灵敏度分析的有限元模型修正技术若干关键问题研究[D]．南京：东南大学博士学位论文，2006.

[4] 张启伟．基于环境振动测量值的悬索桥结构动力模型修正[J]．振动工程学报，2002，15(1)：74～78.

[5] 费庆国,张令弥,李爱群,王彤.基于不同残差的动态有限元模型修正的比较研究[J].振动与冲击,2005,24(4):24~26.

[6] 杨智春,王乐,李斌,刘江华.结构动力学有限元模型修正的目标函数及算法[J].应用力学学报,2009,26(2):288~297.

[7] Brownjohn J MW, Dumanoglu A A, Seven R T. Ambient Vibration Survey of the Faith Sultan Mehmet(Second Bosporus) Suspension Bridge. Earthquake Engineering and Structural Dynamics, 1992,21:907~924.

[8] 李岩,盛洪飞,黄新艺.大跨径斜拉桥动力分析基准有限元模型研究[J].公路交通科技,2006,23(9):58~62.

[9] 丁幼亮,李爱群,缪长青,李兆霞,韩晓林[J].地震工程与工程振动,2006,26(2):66~72.

[10] 孙正华,李兆霞,韩晓林.大跨桥梁索塔有限元模型修正[J].工程抗震与加固改造,2006,28(1):50~54.

[11] 朱宏平,黄民水.基于环境激励的桥梁结构动力有限元模型修正研究[J].华中科技大学学报(城市科学版),2009,26(1):1~11.

[12] Mottershead J E, Friswell M I. Model updating in structural dynamics: A Survey [J]. Sound and Vibration. 1993; 167(2):347~375.

126. 桥梁拉索的寿命与安全问题

雷雨宏[1] 石文学[2] 汤国栋[3]

(1. 深圳高速公路股份有限公司;2. 北京交科工程咨询有限公司;3. 四川大学建筑与环境学院)

摘 要 桥梁拉索的破断寿命,迄今的统计为2至16年,很少超过20年;近年的技术改进,尚无根据指望其与桥梁的服役寿命相同。

拉索破断的本质,为环境腐蚀与腐蚀疲劳;基于检测的局限性与载荷的随机性,现有的健康检测、长期监测及寿命预测等,均无法排除拉索骤断毁桥的危险。

核心在于:检测的局限性及问题的随机性,拉索的寿命预测,为非确定性的统计量,无法确定地预知其破断年月,这是问题的性质所确定的。以致每建造一座带拉索的桥梁,使用者就背上一个包袱[1]。

关键词 桥梁拉索 检测 评估 安全性

桥梁拉索的寿命与安全密切相关,本文将就拉索破断寿命、健康监(检)测、双吊杆等安全性问题进行探讨。

桥梁拉索,这里指拱桥及悬索桥的吊杆、拱桥系杆及斜拉桥的斜缆等一维受拉单元。至于悬索桥的主缆,因其轴向及横向二维承载的特点、分析理论及安装工艺等与吊杆、斜缆不属同类问题,将不包括在本文范围内。

索结构桥梁,在大型桥梁中占有相当大的比例,是跨越大江、海峡桥梁项目中不可或缺的桥型,有时甚至是唯一合理的体系。桥梁拉索为关键结构,其可靠性、耐久性,关系桥梁整体的安全。断索事例表明,这一问题迄今未能有效解决,断索毁桥的危险没有排除。

近年,在提高拉索的品质方面,采取了以下措施:

(1)改进钢索的材质、构造与防护,以提高拉索的品质;改进钢索的防护,缓减钢索锈蚀;应用减振技术,增强抗动载能力等。

(2)应用健康检测诊断、健康监测技术。国内“二年一检测,十年一拆换”几为成例,旨在减缓拉索骤断的危险、争取安全服役。

(3)适度提高拉索的设计安全系数,提高安全储备,以延长拉索破断寿命 。

这些措施无疑是有益的,期望宏观地延长拉索寿命。然而,与随机作用下的其他结构一样,理论和实践表明,拉索的根本问题在于:剩余寿命的不确定性,何时破断并不知道。破断寿命长短相差数年至十年以上,以致拉索骤断的危险无法排除。

健康检测与诊断,存在检测技术上的局限性和诊断理论上的不确定性,垮桥(如美国密西西比河大桥)事例对其可靠性提出了尖锐的质疑。

一、桥梁拉索的寿命

桥梁拉索的寿命,为其耐久性的指标,设计、运营、管养均为关注。关于桥梁拉索剩余寿命的确定性预测,为迄今未能解决的难题。

无论是新建或是既有桥梁的拉索或结构,能否确定地预知其服役年限?有过确定预测的实例吗?那怕准确到年的都没有!

目前,关于桥梁拉索寿命问题,简述如下。

1. 桥梁拉索的破断寿命统计

国内外十余座知名大桥拉索破断的寿命统计(表 1)为 2～16 年,很少超过 20 年,平均为桥梁服役寿命的 1/10[1]左右。

拉索的技术改进,可望增加其平均寿命,但没有根据指望其与桥梁的设计寿命相同。

分析表 1 列桥梁拉索破断寿命的统计,可以看出:

(1)统计的破断寿命不长、分散性很大。现有的断索寿命统计,为 2～16 年,平均为 10 年左右,很少超过 20 年;近年国内拉索拆换的寿命,也多在此范围内。

桥梁拉索破断或拆换统计 表 1

序	国家	桥名	结构要点	建成	拆换时间
1	德国	Kohibrand Estuary	主跨单索面	1981	3 年后全部拆换
2	委内瑞拉	Maracaibo	160m+5×235m+160m 多塔	1962	16、26 年二次拆换
3	美国	Pasco－Kennewick	L_{max}=300m 扇形索面		7 年后拆换
4	法国	纳泽尔桥	158m+404m+158m 扇形	1973	12 年后拆换
5	美国	东亨亭顿大桥			2 年后拉索破坏
6	阿根廷	勃拉查、拉果生桥	L_{max}=330m 扇形双索面	1976	2 年后修复防护
7	中国	山东济南黄河桥	L_{max}=220m 扇形双索面	1982	13 年后拆换
8	中国	山东东营黄河桥	L_{max}=228m 双塔双索面	1987	9 年后修补
9	中国	广东鹤山九江桥	L_{max}=160 双索面竖琴式	1988	10－11 年后换索
10	中国	宜宾小南门桥	L=240m R. C 箱肋拱桥	1990	10 年后断杆
11	中国	武汉江汉大桥	L=290m CFST 桁架拱	2003	3 年后系杆破坏
12	中国	广州解放桥	三跨下承式系杆拱桥		施工中断索
13	中国	红水河铁路桥	48m+96m+48m 双塔斜拉桥	1981	20 年后,拆换

注:近年国内数十座斜拉桥及拱桥,已经或正在拆换拉索的实例,表中尚未人。

(2)破断寿命不能确定性预测,表 1 列断索或拆换实例,没有一项被事先预测,或与事后的分析数据相近;甚至没有寿命分析相关的例证。

未来，在不同的情况下，仍然存在不同寿命下拉索发生破断的可能，且目前尚无把握肯定排除。

(3)桥梁拉索的破断寿命是分散的。统计表明，桥梁拉索的破断寿命是分散的、不确定的、无确定性定量规律的。

基于随机疲劳理论的非确定性的寿命预测，不能解决寿命确定性预知的需要；所谓灰色评估等，均不能确定性地预知拉索破断的寿命，哪怕准确到年都没有过。

因此，拉索何时破断迄今不能确定。

2. 桥梁拉索疲劳骤断的危险没有排除

综观承受随机疲劳的工程结构(制造、航空、海工、矿山、石油等)以及桥梁拉索的破断，多是无先兆地骤然发生的。

目前，建立在检测—诊断—拆换基础上的桥梁拉索耐久、安全性措施，只是一定程度地缓减了拉索的骤断，“名义上”延长了拉索的破断时间，并未证明能绝对避拉索的骤断；国内流行“二年一检测，十年一拆换”的做法，也未证明在此周期内就一定不致骤断 。

兹举一例，美国明尼阿波利斯市密西西比河大桥[10]，经明尼苏达大学土木工程系等两个机构的健康监测评估后，得出结论：预测近期不必更换。于是，管理者将更换工程安排到了2020年。

然而大桥却于2007年8月1日，提前13年垮塌了；因桥面检修，垮塌时大桥仅为半幅通车。

密西西比河大桥，为拉、压杆及其连接构件成的钢桁架桥，在腐蚀疲劳问题中，受拉杆件与拉索具有相关性和可比拟性。

有的认为，系节点板破坏所致。桥梁监测评价的对象是“全桥”，节点板也应是检测诊断的对象，否则怎么能得出“桥梁拆换”的时间？这里举例说明的是，健康检测与监测的可信赖程度，不宜期望过高。

为了桥梁的安全服役，目前有一种做法是，应用结构健康监测技术。桥梁运营管理者需要确定性地回答：拉索的剩余寿命为多少？甚么时候需要拆换？现在的监测技术能确定地回答吗？因为何时破断、何处破断不能确知，就无法采取措施。这一随机作用下结构的耐久性问题，迄今在理论上没有确定性地解决。

3. 桥梁拉索拆换的费用很高

桥梁拉索拆换一次的费用可与当年全桥总造价相比拟，加上“二年一检测十年一拆换”，在桥梁全寿命周期内拉索的服役成本，出人意料地令人惊讶！

跨径L＝120m的交叉双吊杆提篮拱结构，建造当年全桥总造价为600余万元。2007年进行了吊杆换拆，其费用统计、分析如表2。由表可知：

(1)拉索一次拆换的费用达全桥当年总造价的一倍左右。2007年该桥吊杆一次换索的费用为740万元，达全桥当年总造价的一倍以上。固然，不同时期存在的价差，但这至少表明换索费用非为小数。

表2中索具成本仅占14％，施工及临时设施费用达30％，铁路安全费用占54％，即施工、安全等一费用之和达80％以上。

(2)不计铁路安全时，拉索拆换的费用也不低。当不计或不存在铁路安全费用时，如表中括号内的数据，则拉索拆换的施工及临时设施的费用达70％，索具费用为30％左右。考查近期的拱桥吊杆拆换，当跨径在100～200m左右时，费用组成基本如此。即一次拆换的费用与当年全桥建造总造价相近。其中，施工费用是主要的，占(70～80)％；索具的费用仅为(14～30)％。

(3)拉索骤断毁桥的修复费用更高。拉索骤然破断、桥梁受损后的修复费用，可为当年拉索造价的几十倍，为全桥当年造价的1倍以上。

此类情况，见诸国内外文献者不乏实例。即拉索骤断毁桥的修复，较全桥拉索一次拆换的费用更高。

文献表明，因拉索骤断损毁桥梁的修复费用，将是全桥总造价的1～4倍[14]。四川宜宾小南门桥断索修复费用为全桥建造当年总造价的1.5倍以上。

L=120m 拱桥吊杆拆换一次的费用及分析　表2

序	项　目	金额(万元)	单　价	比例(%)	备　注
1	索具规格	2×73ϕ7	—	—	取自换索设计
2	索具费用	106.62	2.42①	14.0 (30.0)②	索、锚、PE
3	安装	25.00	0.57	3.4 (7.2)	安装调索
4	临设	218.70	4.97	30.0 (62.4)	施工支架
5	小计	350.32	7.96	47.0 (100.0)	Σ[1+2+3]
6	铁路安全	390.00	8.86	53.0	新建拆换均有
7	总计	740.32	16.86	100.0	Σ[4+5]

注:① 单位为　万元/根;②表中()内的为换吊杆价。

二、桥梁拉索的检测

以下将以实例阐明迄今国内桥梁拉索的检测、诊断的状况。

南方某大桥,为平行双吊杆,吊杆为61ϕ7mm高强钢丝组成。曾委托国内资质很高的专业单位进行二次检测,现将其中有关吊杆索力的报告,摘引整理介绍如下。

1. 基于振频法的索力检测

采用目前国内广为应用的"振频法"检测吊杆索力。其理论依据如下式:

$$T = 4\rho L^2 f^2 \tag{1}$$

式中:T——拉索待测内力;

f——拉索基频;

L——拉索计算长度;

ρ——拉索的线密度。

容易看出,在式(1)中,只需测得拉索的基频 f,即可计算索力 T。据此进行了二次检测(图1)。

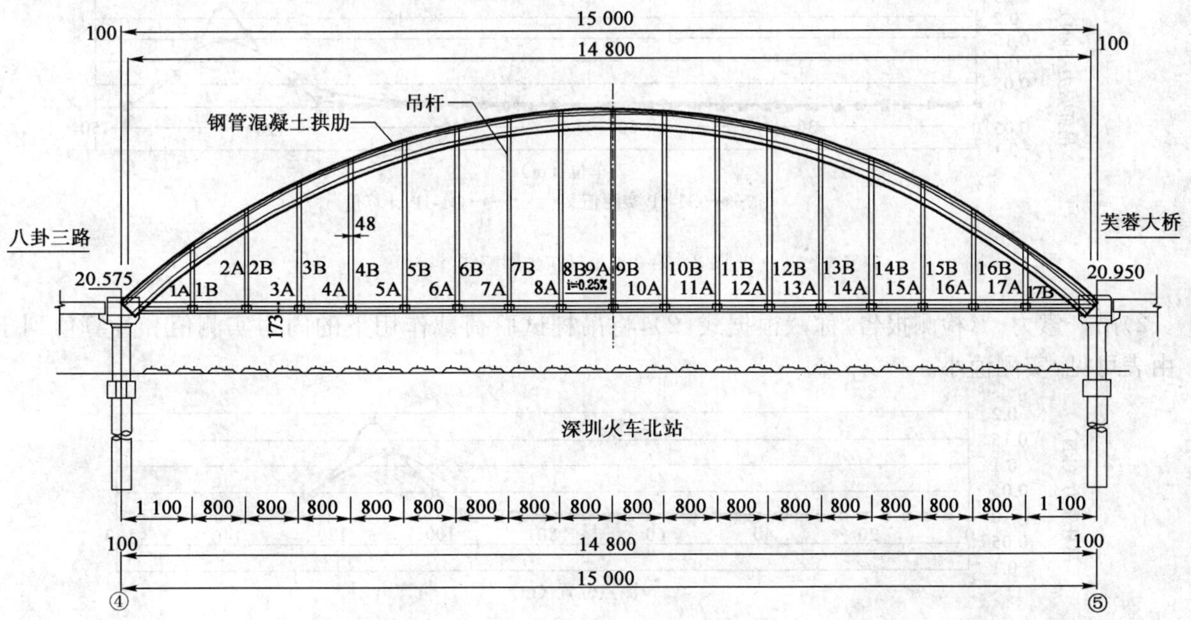

图1　大桥吊杆编号(尺寸单位:cm)

第1次为2005年5月，根据式(1)所作的索力检测。

2006年4月，再度应用振频法式(1)进行检测。《检测报告》提出了大桥"跨中吊杆"索力的综合成果，如表3。

据此，报告得出结论：其极限承载力与实测内力(恒载内力+活载内力)的裕度比值为4.216，因此"跨中吊杆的承载力满足要求"。

2. 吊杆的内力影响线及索力

2006年4月，大桥《检测报告》根据式(2)，作了第2、第4、第9号吊杆的影响线。

$$N = EA(\Delta L/L) \tag{2}$$

式中：N——吊杆拉力；

E——吊杆材料弹性模量；

A——吊杆钢束横截面积；

L——吊杆长度；

ΔL——吊杆伸长量。

2006.4某桥跨中吊杆索力检测 (单位:kN) 表3

吊杆内力	活载内力	恒载内力	恒载内力+活载内力
	212	718	930 [879]
吊杆承钢束承载力	钢束截面积(mm^2)	标准强度 $R_y{}^b$	极限拉力
	2 348	1 670	3 921
钢束承载力/检测内力	3 921/930=4.216		[4.46]*

注：表中[]内为原设计之数据。

(1)索力影响线，图2、图3、图4分别绘出了第2号、第4号及第9号吊杆索力影响线的实测值及计算值。

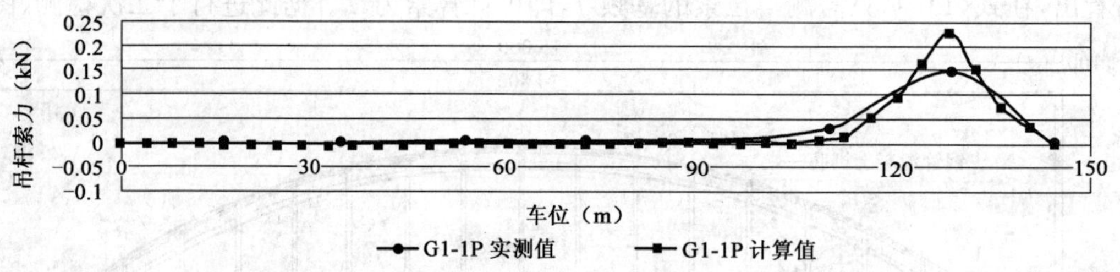

图2 第2根吊杆拉力影响线

(2)吊杆索力。《检测报告》称，"根据式(2)，将吊杆试验荷载作用下的内力实测值和计算值列于表4。由表可见，实测值小。

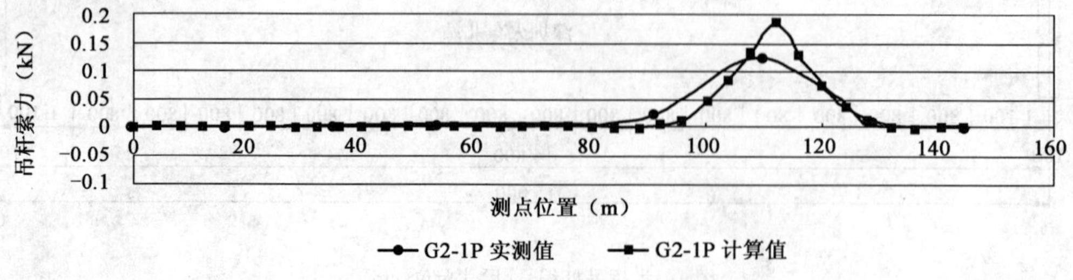

图3 第4根吊杆拉力影响线

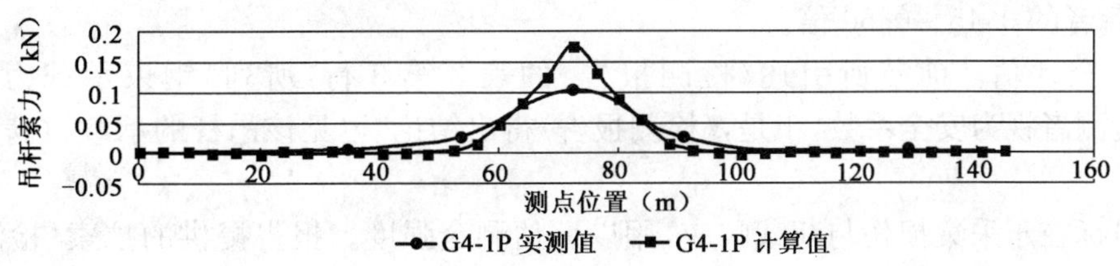

图 4 第 9 根吊杆拉力影响线

检测成果表明:索力实测值较计算值小(27～28)%!

吊杆内力实测值与计算值(kN) 表 4

吊 杆 编 号	G4	G4－1	吊 杆 编 号	G4	G4－1
实测值	209	211	实测值/计算值	0.72 [28%]	0.73 [27 %]
计算值	291	291			

3. 桥梁拉索内力检测讨论

检测报告是拉索剩余强度—剩余寿命诊断的依据,检测成果的可信度将决定诊断的可靠性。

对于大桥索力的检测所依据的理论、技术及检测成果问题,讨论如下。

(1)"振频法"检测索力的理论与技术。关于均质柔索的振频与张力的理论解析式(由报告)为

$$T = 4\rho l^2 \frac{f_n^2}{n^2} - n^2\pi^2 \frac{EI}{l^2} \tag{3}$$

基于理想模型建立的解析表达式,毋庸置疑。

当式中 $EI/L^2 \to 0$,且取基频计算时,式(3)可简化为

$$T = 4\rho l^2 f^2 \tag{4}$$

式中振频由检测确定后,其余为拉索的几何和物理参数,据此即可计算索力 T。

然而,该表达式在应用上,以下问题值得商榷:

①拉索检测的可信度。式中计算长度以 L^2 的量值影响索力。本桥最短吊杆外露(自由)长度 3.5m 左右;而拱肋截面高为 3.000m,桥道内吊杆的锚固长度为 1.410m,二者之和 3.410m 以上,按报告的做法,取净长度或锚具间的距离为计算长度,将有 L=(3.500～6.910)m,相应的 $L_{min}{}^2$=12.250 和 $L_{max}{}^2$=47.748,

则有 $(L_{max}/L_{min})^2$=3.89!

表明:

a. 对于本桥的最短吊杆,不同计算长度取值,其索力之相差最大几达 4 倍左右! 对此,简化式(4)未必成立。《检测报告》对此骤断几率最大、最受关注的短索无法提出数据,也作未交待。

因此,有理由对于振频法在桥梁拉索健康监测或检测中的应用提出置疑。

b. 除(端)短吊杆外,在其余吊杆索力中计算长度 L 的影响仍然存在,有"可能"较小,在应用精度之外。但报告的索力精度多少? 索长影响的界限在哪里? 设计(评估)者如何使用检测成果?

c. 目前,许多桥梁拉索的下端,存在相当长的防护导筒,有的索端还设置了连接钢棒,其计算长度又将如何取定? 目前的表达式(4)尚无法回答。

②内力不是应力。检测的拉索内力,系根据拉索的激振响应的频率,由式(4)计算间接得到的。而拉索的破断为交变荷载扰动下应力热点(Hot Point)的疲劳所致;桥梁拉索的破断的过程为热点应力的疲劳所致,即热点裂纹萌生—扩展—失稳,决定破断的是应力而非内力。

而现行检测,得到内力,进而计算(间接)得出平均的 名义应力。应力热点位置不知道,其应力峰值及循环规律更不知道,根据什么来诊断预测其剩余强度(寿命)?

拉索疲劳破断准则为损伤处循环应力(幅)最大值,超过了材料的疲劳极限;此疲劳极限远小拉索的材料强度,约为后者的0.45～0.50倍。

③拉索的安全评估。前节所引述《检测报告》的表3第3行,所列'钢束承载力/检测内力'为4.216,可能被检测者视为安全系数,于是,《检测报告》得出结论"可见该吊杆的承载力满足要求"。其可置疑处:

a. 检测的目标在于采集损伤与荷载响应,用以评估剩余强度。报告提供的拉索'检测内力'仅与设计值相差5%多一点,这就说明了拉索是安全的吗?

须知,在桥梁设计时,基于新建拉索没有损伤,截面积(A)未改变,其安全系数为材料强度(σ_b)与最大工作应力(σ_{max})之比,也等于钢索破断拉力(N_b)与最大工作内力(S_{max})之比:

$$k = N_b/S_{max} = \sigma_b/\sigma_{max} \tag{5}$$

然而,在拉索服役数年后,截面发生了损伤,则式(5)中之

$$N_b/S_{ma} > \sigma_b/\sigma_{max} \tag{6}$$

亦即,仅就静力的名义强度而言,当计及损伤后式(5)已不成立,而为式(6),其中的σ_{max}较式(5)的要大。至于热点的真实应力就相差更大了。

如上所述,即使拉索的内力不变,并不表明(计入损伤后的)应力就不变。检测的重要任务之一,在于检索损伤。拉索损伤处的应力,将大大超过式(5)之名义(平均)应力或设计值。

承受循环(扰动)应力作用的拉索,其破断的本质:为腐蚀、腐蚀疲劳与应力腐蚀。截面应力及其峰值,是影响拉索剩余寿命的重要因素。

简言之,振频法检测得到的拉索的内力(名义应力),不能用以评估拉索的剩余强度,不能确定拉索的剩余寿命。

b. 索力检测的误导。目前的拉索内力检测,未能反映其损伤,不能回答人们所关心的拉索剩余寿命,亦即还能应用多久等问题。

然而拉索服役过程中,往往存在以下的强度蜕变:

第一,钢索损伤。损伤包括锈蚀、疲劳裂纹萌生及扩展等。而损伤裂纹有可见和不可见的,甚至不可检的。如果未计拉索的损伤,仅依据未必可信的内力'检测',就作出"承载力满足要求"的结论,是存在危机的。

第二,应力腐蚀。吊杆服役已6年多,仅就"静拉应力作用下的应力腐蚀"而言,钢索的强度也有所降低,不再是新建时的了,甚至被认为运营仅十年的拉索骤断的主要原因之一[参阅四川宜宾小南门桥的断索报告]!

桥梁拉索服役,为其剩余强度(寿命)的消耗过程:材料损伤是绝对的,损伤(裂纹)扩展是否失稳,则与应力与寿命有关。

如果以设计的理论内力与检测内力的比较来评估拉索的安全性,将可能是"永远安全"的,这种误导安全,将"使管理者放松了警惕"[10]!

三、关于双吊杆问题

近年,在中、下承式拱桥中,有一种做法:将原有的一个(横梁端部)吊点设一根吊杆,改为设两根吊杆,称为双吊杆(图5)。

常见的双吊杆,有平行双吊杆和交叉双吊杆(图5)。国内绝大多数为平行双吊杆,据称意在增加安全性和方便拆换。

笔者认为:未必如此,其理论依据有待商榷。

1. 平行双吊杆的安全性

图5左侧所示的平行双吊杆,其中S为吊杆内力,A为吊杆截面。因同一横梁端头二吊杆间的距离较之横梁间距为极小

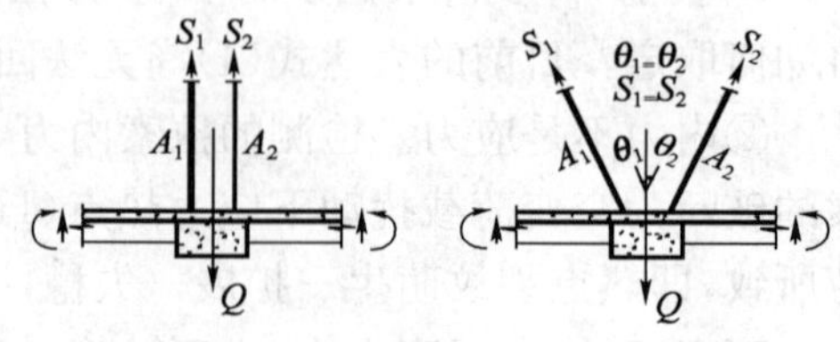

图5　双吊杆的布置

(<0.1),故可视二者竖向载荷作用下的位移:

$$\Delta_1 \approx \Delta_2 \tag{7}$$

二吊杆之长度(L)及材料(E)相同,由 Hooke 定律,可以得到

$$S_1/A_1 = S_2/A_2 \tag{8}$$

$$\sigma_1 = \sigma_2 \tag{9}$$

由式(8)又有

$$S_1/S_2 = A_1/A_2 \tag{10}$$

式(7)、(8)、(9)、(10)表明,作用于一点的平行双吊杆:

(1)若 $A_1 \neq A_2$,即二吊杆的截面积不相等,则其内力也将不同($S_1 \neq S_2$),但满足式(10),此乃超静定结构的特性,内力按刚度分配;但由式(9)有 $\sigma_1=\sigma_2$。

(2)若 $A_1=A_2$,二吊杆截面积相等,上述关系式(7)、(8)、(9)依然成立,$\sigma_1=\sigma_2$。

总之,位于同一点的平行双吊杆,无论二者截面是否相同,二者应力恒相等;环境作用相同,以致二者寿命相同,将同时失效。

(3)结论。位于同一吊点的平行双吊杆,与截面积等于(A_1+A_2)二者之和的单吊杆安全性相同,不能提高安全性,枉然增加了工艺量和构造的复杂性。

2. 交叉双吊杆的安全性

对于图 5 右侧的交叉双吊杆,通常的做法是:S_1 与 S_2 对称布置($\theta_1=\theta_2$),且两吊杆的截面相同($A_1=A_2$),则在竖向荷载作用下,有索力 $S_1=S_2$,亦即二者应力相等 $\sigma_1=\sigma_2$。

由此可见交叉的双吊杆,如果对称布置、截面相同、材料相同,当竖向力作用时,是等强度的,其理论寿命相同,将同时破断,谈不上增加安全性。

3. 双吊杆的拆换

既然现行双吊杆将同时破断,还有拆换的方便可言;倒应警惕,在此误导下,当一根吊杆破断,依赖另一未断吊杆支撑的虚假安全,将潜伏骤断危险!

4. 双吊杆的启示

考查双吊杆在国外的应用,是有强烈的技术意义的,细究其价值,当令人汗颜!

(1)交叉双吊杆的价值。早在 30 年前日本、德国等,在中、下承式拱桥中多用交叉双吊杆,其意义在于,交叉吊杆较平行吊杆:

①成倍地降低拱肋或桥道的弯矩或轴力;

②提高静力刚度,减少竖向位移;

③动刚度提高达 1.5~4.0 倍,减缓结构振动;

④吊杆内分布变化显著,交叉吊杆系统的短吊杆内力为最小,甚至为负(文献[8]之 PP. 79~91)。

20 世纪 70 年代以来,日本对此进行了广泛的研究与应用。

(2)交叉双吊杆的历史启示。交叉双吊杆的历史例证,耐人寻味:早在 1947 年苏联出版的专著[17]中,对于如图 1 右侧的交叉双吊杆(吊杆材料为钢筋凝土),其中较短吊杆的配筋为 $4\phi30+4\phi10$,而较长吊杆则只为 $4\phi30$。这说明甚么?

该桥跨径仅 52m,则在杆长相差仅 10%时,就考虑了它的动力差异;而今跨径达数百米的世界大拱桥,吊杆长度相差达 10 倍以上,而吊杆截面却为全桥相同。

如前所述,上述双吊杆将同时破断,至于将上述配筋的差别加大能否实现先后破断?这恰是笔者未来的工作,参见文献[20]。

参考文献

[1] 唐寰澄．桥梁拉索隐患剖析．桥梁，2005.

[2] 汤国栋等．桥梁吊杆及拉索的健康诊断．公路，2002

[3] 周传月等．MSC. Fatigus 疲劳分析应用与实例，北京:科学出版社,2005

[4] 姚卫星．结构疲劳寿命分析．北京:国防工业出版社,2003.

[5] D. Brock. 工程断裂力学基础. 北京:科学出版社,1980.
[6] 刘瑞堂. 变幅加载下疲劳寿命预测. 兵工学报,1994.
[7] 小西一郎. 钢桥 [2、4]. 北京:人民铁道出版社,1980.
[8] Roy R. Craig,Jr. 结构动力学. 北京:人民交通出版社,1996.
[9] 张启伟."屡检屡过"的大桥为何突然坍塌. 科学时报,2007.8.24.
[10] 美国公路桥梁设计规范[AASHTO]. 北京:人民交通出版社,1998.
[11] (英国)国标BS5400钢桥. 混凝土桥及结合桥. 成都:西南交通大学出版社,1986.
[12] 汤国栋等. 桥梁吊杆的安全忧虑与对策."第一届全国公路科技创新高层论坛"论文集　第5卷,2002.
[13] 张秀成等. 浅析"宜宾小南门金沙江大桥"桥塌原因及修缮方案. 河南城建高等专科学校　学报,2002.
[14] 王文涛. 斜拉桥换索工程. 北京:人民交通出版社,1999.
[15] 李兆霞. 损伤力学及其应用. 北京:科学出版社,2002.
[16] н. и. 波利万诺夫. 钢筋混凝土桥(下). 北京:人民交通出版社,1956.
[17] R. J. 罗克等. 应力应变公式. 北京:中国建筑工业出版社,1985.
[18] 成渝高速公路股份有限公司等. 四川成渝高速公路内江新龙坳提篮拱桥系统-健康诊断报告(内部资料). 2002.
[19] 拉萨市柳梧大桥工程指挥部. 柳梧大桥关键技术."基于破损安全的吊杆系统服役安全性实验研究"研究报告(内部资料) 2006.

127. 基于拉压杆模型的斜拉桥索塔锚固区预应力设计

孟　杰　吴后伟　刘帮俊
(林同棪国际工程咨询(中国)有限公司)

摘　要　斜拉桥索塔锚固区受力较为复杂,若建立该区域拉压杆模型,则可以深入地刻画出其力流的特征。首先阐述了拉压杆模型的原理与思路;以重庆轨道六号线二期蔡家嘉陵江大桥为背景,建立了该桥索塔锚固区拉压杆模型,并依据该模型进行了锚固区的预应力设计。

关键词　拉压杆模型　斜拉桥　桥塔　预应力　锚固区　拓扑优化

一、引　　言

对于混凝土斜拉桥,索塔锚固区往往采用齿块来锚固斜拉索。同时,为了限制锚固区混凝土开裂,设计上较常采用的方法是配置一定数量的环向预应力筋。根据圣维南原理,锚固区域的力流将受到斜拉索锚固力的挠动,这时,经典梁理论中的平截面假定将不再成立。显然,传统的截面设计方法无法对该区域进行有效地配束指导。

国际混凝土结构设计领域将这些由于几何构造上的不连续(discontinuity)或力流受扰动(disturbance)而导致的截面应变分布呈非线性的结构区域统称为D区[1,2]。目前,针对该区域较为流行的设计方法是拉压杆模型法。本文将以重庆轨道六号线二期蔡家嘉陵江大桥为背景,建立了该桥索塔锚固区拉压杆模型,并依据该模型展开了锚固区的预应力设计。

二、拉压杆模型的原理与思路

拉压杆模型可以溯源到早期解决混凝土结构抗剪、抗扭设计的桁架模型。20世纪中期以来,国外学者一直致力于用简化的力流模型来揭示混凝土结构连续体的承载力与破坏机理,寻求混凝土结构D区设计的合理方法。德国学者Jörg Schlaich等在1987年第3期PCI Journal上发表专题报告,全面阐述拉压杆模型的基本概念、D区的分析原则和应用算例,提出应当将拉压杆模型发展成为结构混凝土的统一设计方法[3]。

在荷载作用下,结构内部会形成一系列主压应力流和主拉应力流,随着荷载的增加,混凝土出现开裂,此时主压应力由混凝土承担,称之为压杆(Strut);而主拉应力由钢筋承担,称之为拉杆(Tie);主要杆件的交汇区用结点(Node)来模拟,从而建立一个替代原结构的拉压杆模型,如图1所示。如此形成的拉压杆模型可以让设计者明确结构的传力行为,这样,也就可以经济且有效地指导结构设计。

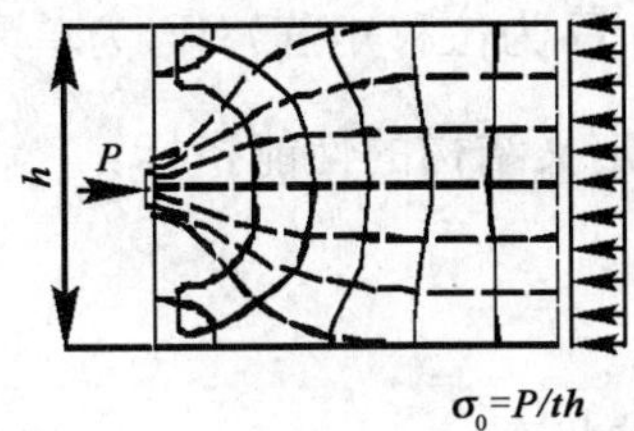

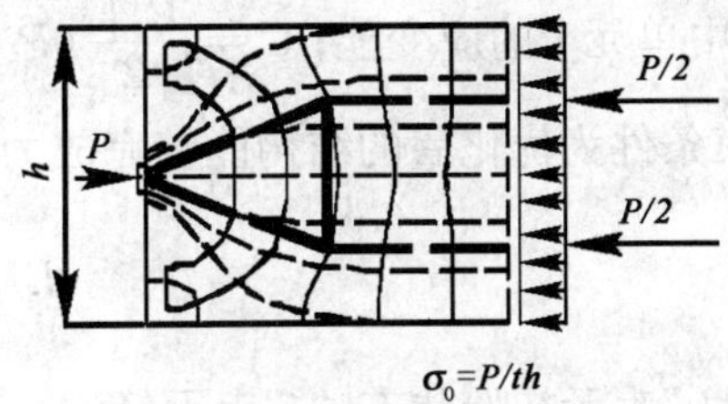

图1　典型的锚固区力流及相应的拉压杆模型(t为梁截面宽度)

拉压杆模型法的基本设计思路是:首先利用有限元分析得到力流分布或直接利用荷载路径(省去有限元分析),抽象出连续结构的拉压杆模型,根据作用在模型上的内外力平衡条件计算出模型内杆件的内力,然后按照拉压杆模型法的具体设计准则进行压杆与结点区的混凝土应力安全验算,从而确定结构截面尺寸是否满足要求,并对拉杆进行配筋设计。

三、工 程 背 景

蔡家嘉陵江大桥是重庆轨道交通6号线连接北碚区和渝北区的重要节点工程,桥梁全长1240m,桥跨布置方案为:2×45m(南引桥)+60m+135m+250m+135m+60m(主桥)+6×60m+3×50m(北引桥)。

主桥结构形式为双索面混凝土斜拉桥,塔梁固结。塔高约为183m,其中桥面以上78m,菱形塔柱;主梁采用单箱单室等梁高箱梁,梁宽15m,梁高3.5m,双线轨道通行。结构立面布置如图2所示。

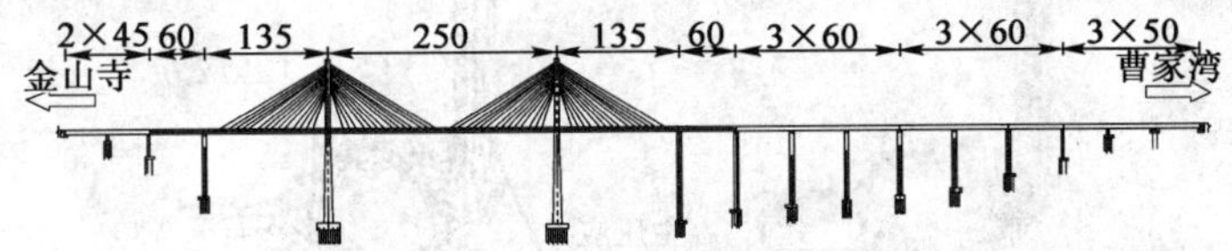

图2　蔡家嘉陵江大桥立面布置图(尺寸单位:m)

索塔采用混凝土齿块锚固斜拉索,锚固齿块构造如图3所示。为了保证索塔锚固区,在斜拉索锚固力作用下不致结构开裂,需要布置一定数量的预应力钢束,以抵抗的斜拉索锚固力。

四、索塔锚固区拉压杆模型构形

确定拉压杆模型的构形是利用该方法进行D区设计的第一步。拉压杆模型的构形方法一般包括:荷载路径法、应力迹线法、拓扑优化法等。其中,荷载路径法要求设计者熟悉结构中几种典型传力模式,因而一般适用于结构几何形体和荷载工况均相对简单的情形。应力迹线方法虽可通过有限元分析适于形体相对复杂的结构,但使用试算的方法通常很难从大量可能的平衡结构中找出正确模型。

图3　锚固齿块节段构造图

拓扑优化方法是近年来各国学者利用计算机软件来建立结构混凝土拉压杆模型的方法，澳大利亚新南威尔士大学的 Qing Quan Liang [4] 及台湾大学 Liang-Jenq Leu[5] 在这方面做了大量的工作，前者认识到结构的最小化应变能等同于结构的极大化总体刚度，从而将拉压杆的自动生成转化为连续体的拓扑优化问题，后者沿着这个思路，研究了三维混凝土结构中的拉压杆设计方法的计算机辅助实现。

在各种拓扑优化方法中，进化渐进优化方法（ESO）是目前最流行的方法。该方法的原理为[6]：不断地从连续体中剔除传力效率不高的单元，最后生成结构的主要荷载传递构架。渐进拓扑优化的目标函数可表示为：

$$\text{Minimize: } \sum C_j W_j \tag{1}$$

式中，C_j 为结构中单元 j 的应变能；$C=\dfrac{\overline{P}^{\mathrm{T}}\overline{U}}{2}$（$\overline{P}$ 为荷载矩阵；$\overline{U}$ 为位移矩阵）；W_j 为单元 j 的重力。

优化的约束条件为优化后的结构能够完成力的传递。若定义结构的性能指标：

$$PI=\frac{C_0 W_0}{C_i W_i} \tag{2}$$

式中，下标中的“0”表示初始状态；“i”表示经过第 i 次优化后的状态。

则优化的目标在于使得性能指标 PI 取得极大值。

由于锚固区预应力设计一般仅考虑索塔截面内作用效应，因此，本文建立了蔡家嘉陵江大桥索塔锚固 1/4 断面板单元模型，结构边界采用对称约束，并采用渐进优化方法得到了索塔在斜拉索锚固力作用下的拓扑优化构形，如图 4b）所示。

拓扑优化得到的构形能够清晰地反映了荷载传递的主要路径，但为实现拉压杆模型的定量化，需逐一确定精细化模型中节点位置、压杆倾角、拉杆位置等参数。本文采用的方法是：通过弹性分析，并结合应力积分的方法来确定关键几何参数的取值。

取出模型断面 A-A 与 B-B 上所有节点的应力值，通过应力积分，可以找到拉应力及压应力的合力点位置，可以定出拉杆 1、3 以及压杆 6 的位置，同时结合如图 4c）主应力迹线的走向趋势，索塔锚固区的拉压杆模型构形可以得到确定，如图 4d）所示。

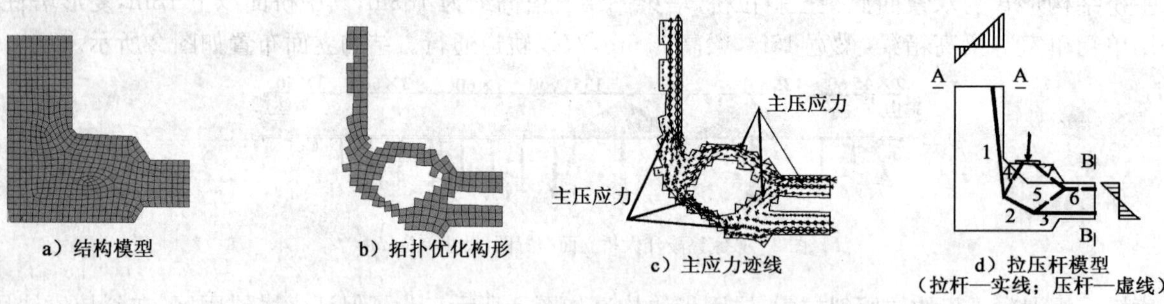

图 4　运用拓扑优化法得到的索塔锚固区拉压杆模型

五、基于拉压杆模型的索塔锚固区预应力设计

依据上述拉压杆模型，通过建立节点受力平衡方程，可以得到模型中各拉杆及压杆受力情况如图 5 所示。

由桥梁总体分析，可得全桥索力最不利工况为 T=3 600kN，对应拉索竖向倾角约为 32°，那么水平分力为 3 053kN。依据上述拉压杆模型，通过建立节点受力平衡方程，可以得到模型中各拉杆及压杆受力情况如下：G1=4 085kN（拉）；G2=1 841kN（拉）；G3=2 693kN（拉）；G4=2 473kN（压）；G5=1 374kN（压）；G6=2 134kN（压）；G7=1 374kN（压）。

若预应力张拉控制预应力取为 $0.72f_{pk}$，转角半径取 1.5m，那么考虑预应力损失后，钢束永存应力约为 850MPa。按拉压杆模型计算所得结果，索塔锚固区预应力布置情况如图 6 所示，其中 M1 及 M2 为 U 形预应力钢束，M3 为直线预应力钢束，钢束型号均为 $12\varphi^{s}15.2$。

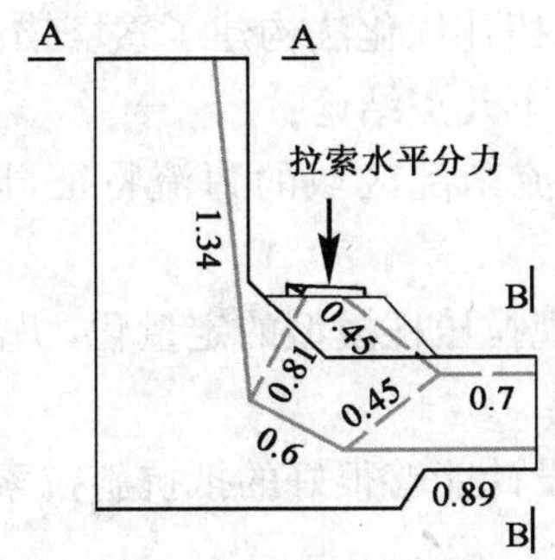

图 5　索塔锚固区拉压杆模型各杆受力分布（图中数值代表各杆受力与拉索水平力的比值）

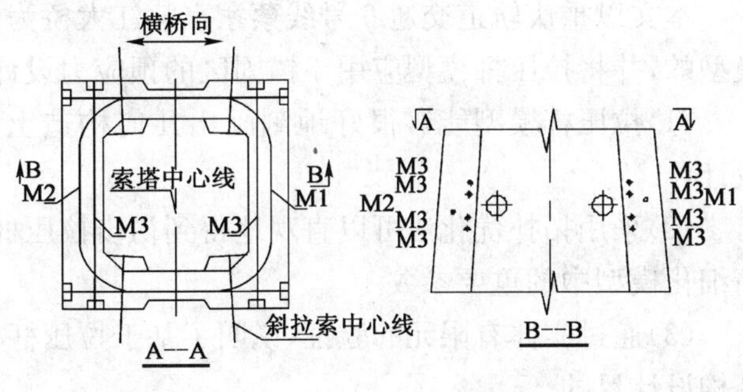

图 6　索塔锚固区预应力布置图

六、实体有限元分析

为了验证采用上述拉压杆模型进行预应力设计的可靠性，建立实体有限元模型，如图 7 所示。模型取桥塔顶部斜拉索锚固齿块节段展开分析。

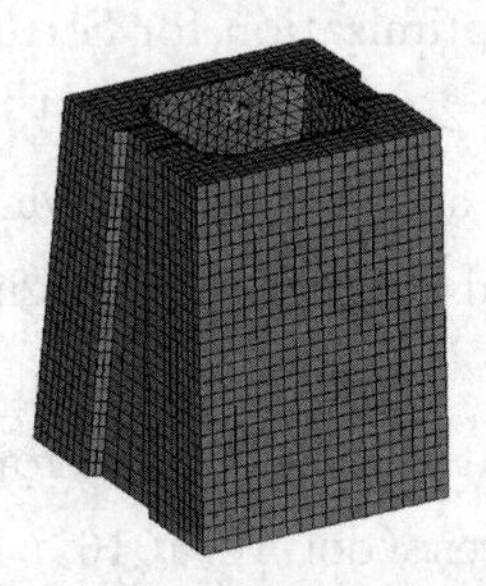

a）结构模型

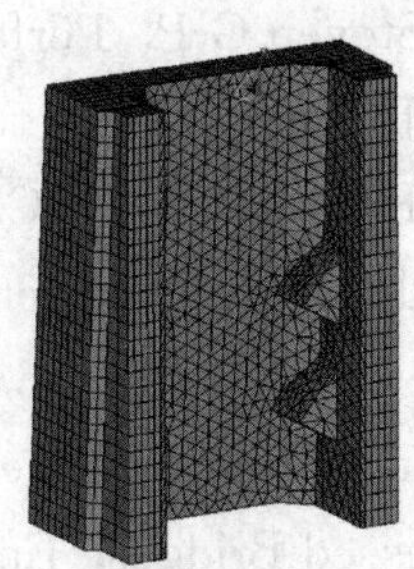

b）半结构模型

图 7　索塔节段模型

模型中，仍取最大索力 $T=3600$kN，环向预应力钢束及纵桥向预应力钢束扣除预应力损失后取为 850MPa。

经计算，索塔节段在索力及预应力共同作用下，结构主拉应力及主压应力云图，如图 8 所示。

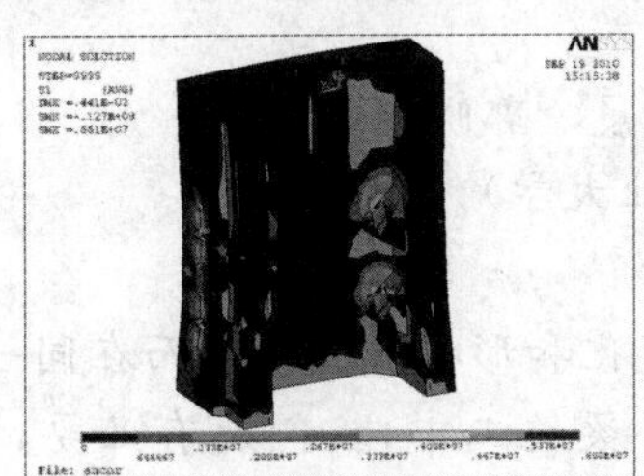

a）主拉应力云图

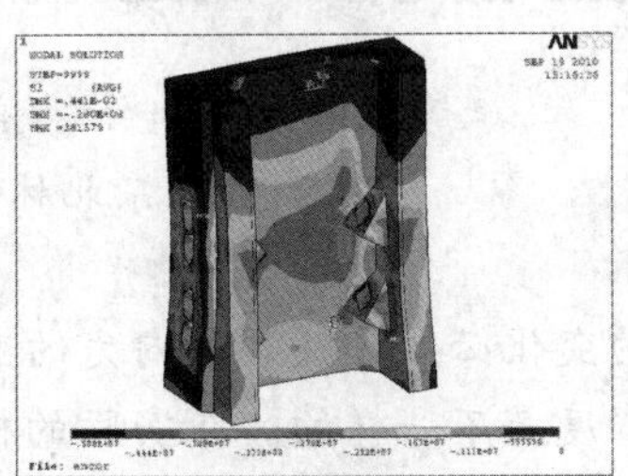

b）主拉应力云图

图 8　在索力及预应力作用下，桥塔主应力云图

在最大索力作用下，考虑预应力布置后，斜拉索锚固齿块局部存在较大主拉应力，如图 8a）所示。该区域主拉应力属于齿块局部受力问题，主要通过普通配筋来限制裂缝的开展。由图 8b）可见，桥塔纵横向截面内有 1.0～3.0MPa 压应力储备，且应力分布较为均匀，这说明基于拉压杆模型的预应力设计能够

很好地抵抗斜拉索索力，并使结构留有一定的压应力储备。

七、总　结

本文以重庆轨道交通6号线蔡家嘉陵江大桥为工程背景，采用拓扑优化法构建了索塔锚固区拉压杆模型的，并将拉压杆模型应用于锚固区的预应力设计。从中得到如下几点结论：

(1)拉压杆模型能够很好地刻画出几何构造上的不连续或力流紊乱区域的力流特征，以指导结构设计；

(2)采用拓扑优化法可以直观地得到初步拉压杆模型，但为实现拉压杆模型的定量化，仍需逐一确定精细化模型中的重要参数。

(3)通过实体有限元的验证，说明了基于拉压杆模型的预应力设计能够很好的抵抗斜拉索索力，达到结构设计目的。

参考文献

[1] AASHTO. AASHTO LRFD Bridge Design Specifications (Third Edition) [S]. The American Association of State Highway and Transportation Officials, 2004.

[2] 刘钊，吕志涛等．拉压杆模型在混凝土梁桥中应用与研究进展[J]. 中国工程科学，2008.

[3] J. Schlaich, K. Schäfer, M. Jennewein. Toward a consistent design of structural concrete [J]. Journal of the Prestressed Concrete Institute, 1987, 32(3): 74～150.

[4] Liang Q Q, Uy B, Steven G P. Performance-Based Optimization for Strut-Tie Modeling of Structural Concrete [J]. Journal of Structural Engineering, 2002, 128(6): 815-823.

[5] L. J. Leu, C. W. Huang, C. S. Chen, et al. Strut-and-Tie Design Methodology for Three-Dimensional Reinforced Concrete Structures [J]. Journal of structural engineering, 2006, 132(6): 929-938.

[6] Zhi-Qi He, Zhao Liu. Optimal Three-dimensional Strut-and-tie Models for Anchorage Diaphragms in Externally Prestressed Bridges. Engineering Strutures. (doi:10.1016/j.engstruct.2010.03.006) j.engstruct.2010.03.006)

128. 无背索混凝土索塔斜拉桥施工控制参数敏感性分析

孙全胜　张清晨　郭晓光
(东北林业大学)

摘　要　结构参数的变化必然导致结构内力的变化和形状的改变。而在同一座桥梁结构中，不同的参数对结构状态的影响程度是不一样的。在实际的桥梁施工中，我们没有必要，也不可能把所有的影响参数全部考虑。通常的做法只是对桥梁结构影响很大的参数加以考虑，因此，我们需要进行参数敏感性研究，确定哪些是敏感性参数，哪些是非敏感性参数。本文以金州无背索斜拉桥为工程背景，对斜拉桥施工监控中结构参数进行敏感性分析。选择的参数包括结构自重误差、索力误差、混凝土收缩徐变及温度变化等。采用桥梁有限元分析软件——Midas civil分析了各参数对这类桥梁线形和内力的影响程度，提出了影响该桥施工监控的主要参数，并据此提出了监控意见。相关结论可为同类桥梁的设计和施工提供参考。

关键词 无背索斜拉桥 施工控制 参数敏感性分析

一、概 述

斜拉桥施工过程复杂，影响参数多，如结构的刚度和重力、混凝土的收缩徐变、温度和斜拉索的张拉索力等。参数误差是造成结构误差的一个重要原因，它对结构造成的影响不可忽视，我们可以通过对参数进行识别、分析和调整来减小其对结构的负面影响。但参数众多，不可能对每个参数都进行识别和调整，为便于施工过程中的偏差调整，使成桥状态最大限度地接近设计理想状态，需要预先确定各误差因素对结构状态的影响程度。

本文以金州无背索斜拉桥为研究对象，运用 Midas civil 有限元结构分析软件，以结构线形及内力作为主要控制目标，分析各设计参数的敏感性，找出施工监控的主要参数。其步骤包括：①将各设计参数的变化幅度控制在±5%左右；②选定控制参数，运用结构分析软件计算参数变化后各控制点的结构响应；③根据影响程度确定主要参数。

二、桥 梁 概 况

金州斜拉桥为主跨 130m 采用墩、塔、梁固结体系的单塔单索面无背索斜拉桥，桥面最大纵坡为 1.38%，其中主跨处于 R=14 000m 的凸形竖曲线上。索塔采用钻孔灌注桩基础、单柱式倾斜钢筋混凝土塔，索塔全高 124.2m，为变截面矩形截面。主梁采用钢混组合箱梁，其顶板为混凝土桥面板，中心线处梁高 3.0m，主梁全宽 30.5m，桥面设 2%的双向横坡。斜拉索采用带 PE 护套的平行钢丝成品索。主桥立面布置图如图 1 所示。

三、金州无背索斜拉桥施工控制参数敏感性分析

无背索斜塔斜拉桥主要是依靠塔柱倾斜来平衡主梁自重弯矩和轴力，所以桥塔的自重变化与普通的直塔斜拉桥相比会对桥梁结构产生更大的影响，而主梁及斜拉索自重和结构刚度误差在斜拉桥中普遍存在，在此不再赘述。故本文只选取桥塔自重力、斜拉索索力、混凝土收缩徐变及温度等参数，并将成桥状态下结构的位移和应力作为控制目标，分析各参数变化对结构的影响。

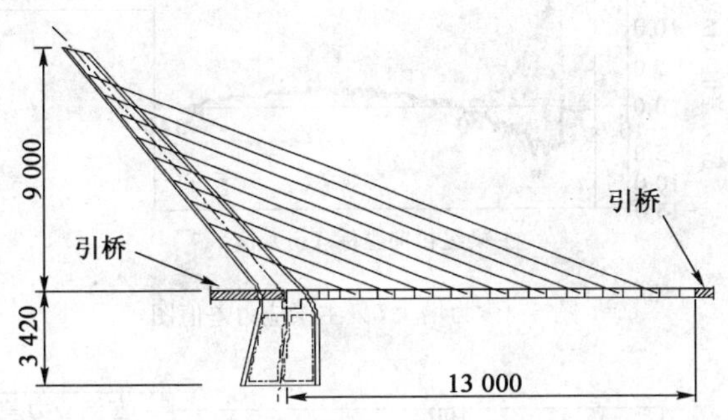

图 1 金州斜拉桥主桥立面图（尺寸单位：cm）

1. 桥塔自重误差敏感性分析

本桥桥塔是由混凝土现浇而成，其自重误差包括重度、尺寸误差。根据多座现浇混凝土的桥梁经验，桥塔自重误差取设计值的 5%，由此可计算得到对成桥状态下桥塔、主梁位移和应力（拉应力为正、压应力为负）的影响，如图 2～图 5 所示。

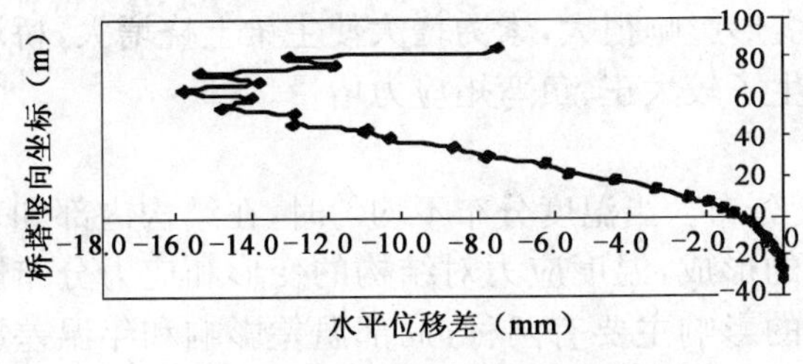

图 2 桥塔增重 5%后桥塔水平位移差

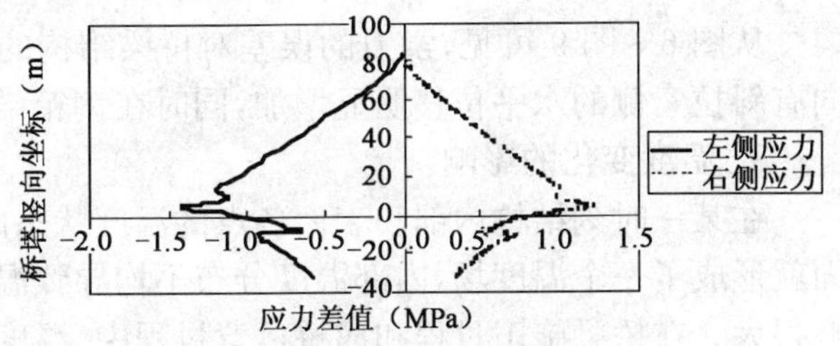

图 3 桥塔增重 5%后桥塔应力差

由图2～图5可知，在全部桥塔自重力增加5%后，桥塔向倾斜侧的水平位移增大，最大增量近16mm，并影响主梁产生一定的上移；同时，桥塔的自重力增加使钢箱梁的上下缘应力增大，应力的最大变化量出现在近塔根处，而桥塔的无索面侧(左侧)的压应力有较大增长，桥塔的另一侧(右侧)的拉应力增大压应力减小，其中拉应力的最大变化量为0.7 Mpa，拉应力的最大变化比例达到近9倍。

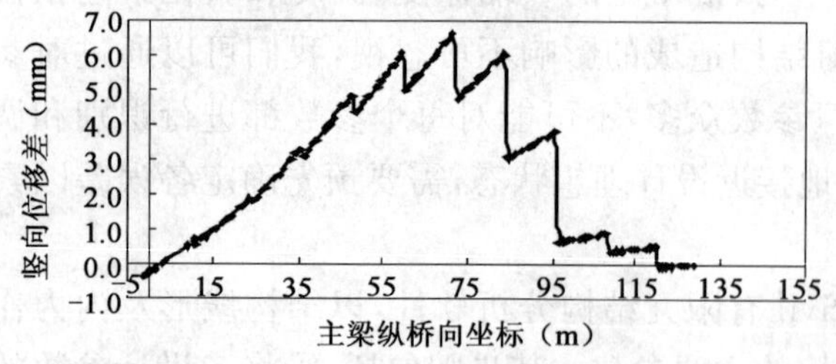

图4 桥塔增重5%后主梁竖向位移差

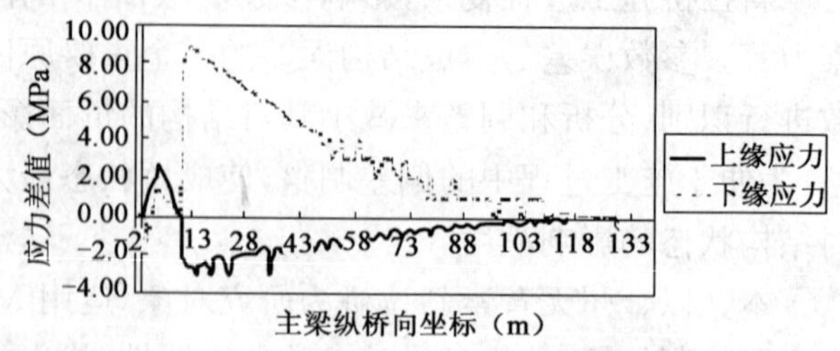

图5 桥塔增重5%后主梁应力差

2. 斜拉索索力误差敏感性分析

斜拉索的张拉力可通过张拉千斤顶的油表读数，或者用频率法通过测定索的自振频率来换算索力，也可以用锚下安装荷载传感器来测定索力。第一种方法误差较大，通常不以此为准；频率法较常用，但换算系数较难算准；第三种方法较准确，但使用成本较高，难以对每根索均使用。除此之外，也还有别的一些测索力的方法。各种方法都有一定程度的误差。另外，斜拉索在张拉操作时也很难拉至指定的理论值，因此，斜拉索的张拉力总是存在误差的。假设二次张拉控制索力增大5%，分别对成桥状态下主梁和桥塔的应力、线形的影响如图6～图9所示。

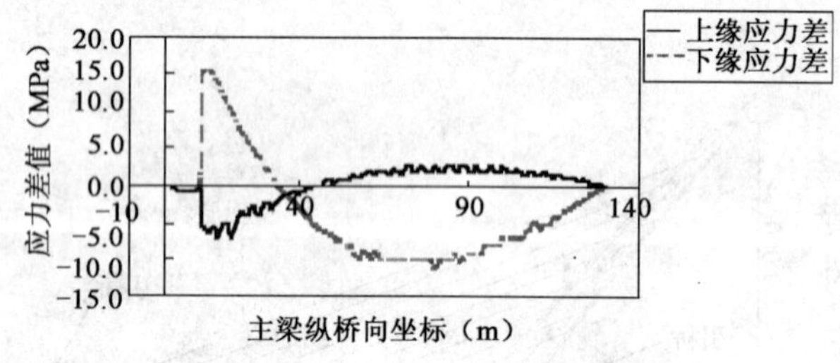

图6 索力增大5%主梁应力差值图

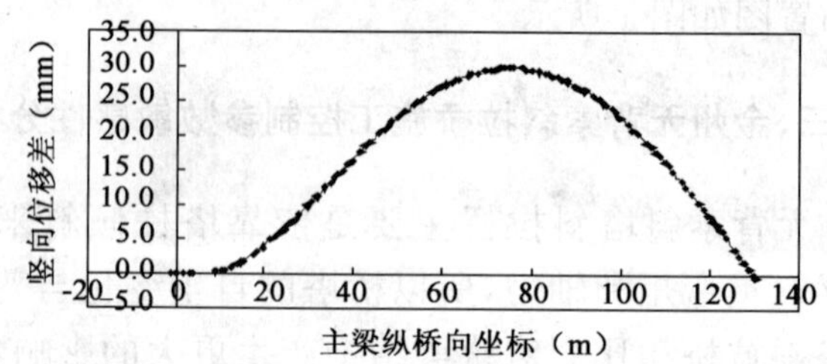

图7 索力增大5%主梁竖向位移差值图

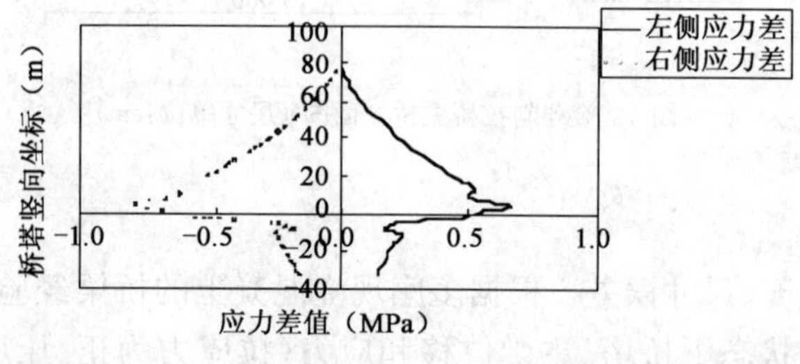

图8 索力增大5%桥塔应力差值图

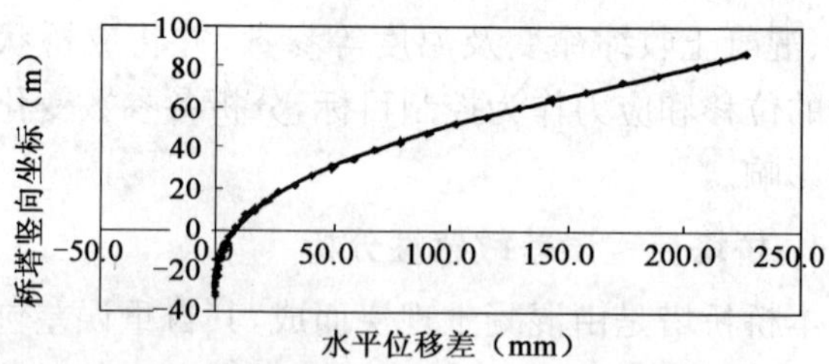

图9 索力增大5%桥塔水平位差值图

从图6～图9可见，索力的误差对桥梁结构的内力和变形影响很大，索力增大使主梁上挠增大，桥塔向有斜拉索侧的水平位移明显增加，同时在钢箱梁段上产生了较大正、负弯矩应力增量。

3. 温度变化的影响

在某一时刻结构内部和表面各点的温度状态即为温度分布。当温度分布不均匀时，在结构内部和表面就形成了一个温度场，内部温度分布不均导致温度应力的形成，温度应力对结构的变形和应力分布影响很大。在桥梁施工过程和成桥运营过程中，温度对桥梁的影响主要有两种：局部温差影响和年温差影响。局部温差一般指的是日照产生的温差。由于混凝土导热系数较小，桥梁结构在日照作用下，结构内部温度变化明显滞后，因而在结构的不同层面会产生一定的温差，这就是桥梁结构所谓的局部温差。局部温差会对结构的内力和变形产生一定的影响。年温差一般指的是季节性的气温变化，它对桥梁的影响是整体性的，即桥梁结构的各部分整体降温或整体升温。

(1)年温差影响。本文假设桥梁结构整体升温10℃，分别计算成桥状态下主梁竖向位移和应力的变化值，如图10、图11所示。

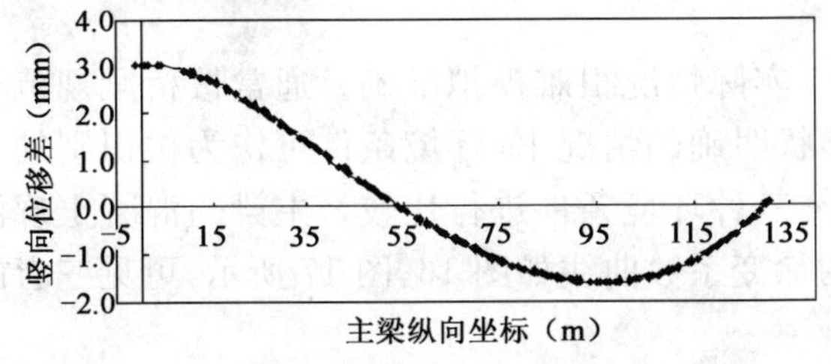

图10 整体升温产生的主梁竖向位移变化值

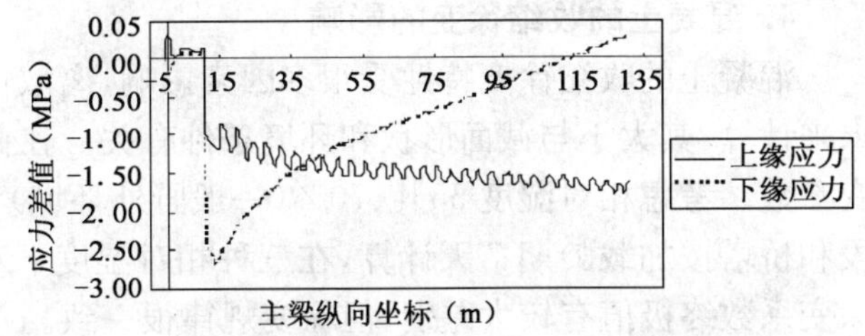

图11 整体升温产生的主梁应力变化值

由图10、图11可知，在结构整体升温10℃时，会使近塔根处主梁产生上挠，最大不超过4mm，主梁有微小的压应力增量。

(2)局部温差影响。局部温差对斜拉桥的影响较复杂，结构各部位温差的变化也较复杂。现假设桥塔阴阳面温差为5℃，索升温10℃。主梁局部温差根据《公路桥涵设计通用规范》(JTG D60—2004)按竖向温度梯度曲线取值，本桥桥面铺装采用10cm的沥青混凝土，故对于混凝土现浇段和桥面板T_1为14℃，T_2为5.5℃，则成桥状态下局部温度差使主梁和桥塔产生的位移、应力值，如图12～图15所示。

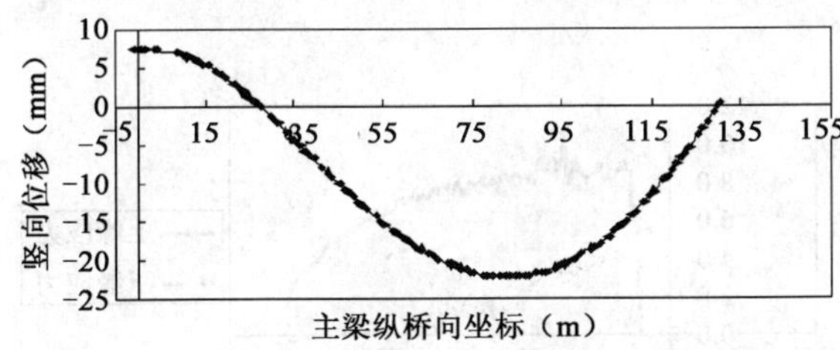

图12 局部温差产生的主梁竖向位移变化值

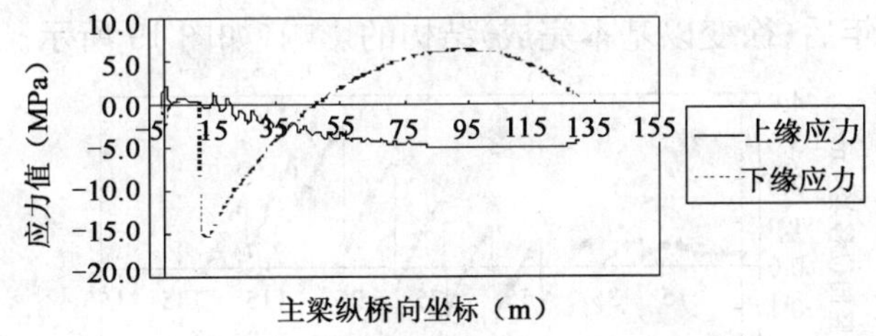

图13 局部温差产生的主梁应力变化值

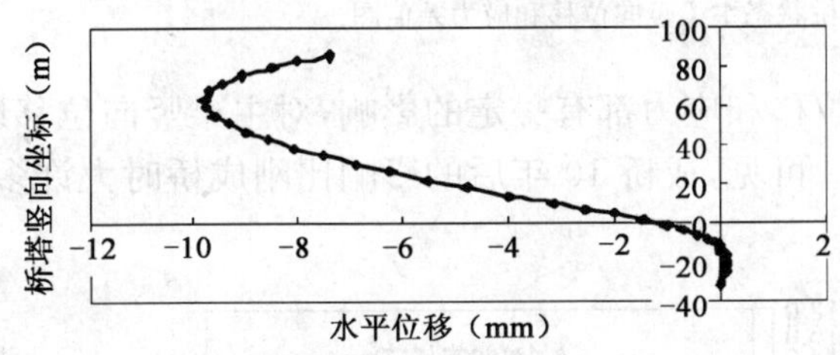

图14 局部温差产生的桥塔水平位移变化值

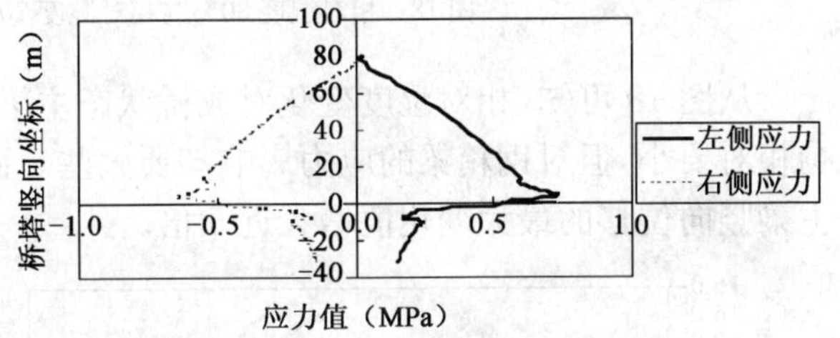

图15 局部温差产生的桥塔应力变化值

通过图12～图15可知，局部温差对桥梁结构的变形影响是比较大的，使主梁产生了20mm左右的下移变化量，并使主梁以上部分桥塔在水平方向上整体向无背索侧移动，最大变化量近10mm，对桥塔的应力也有一定的影响，最大的拉应力变化量为0.7MPa。

从以上分析可见，局部温差比年温差的影响要显著的多，并且局部温差的变化又很复杂，在计算中难以考虑其影响。为了避开局部温差对施工的影响，对于索力控制张拉等对主梁高程和结构受力有重大影响的施工工序，应尽量在结构处于均匀温度状态下进行。对索力和高程以及控制点应力的量测工作也应在均匀温度状态下进行。这样，施工控制计算只考虑年温差影响，而年温差影响又很小，可近似地忽略不计温度场的变化。

斜拉索的温度随大气温度变化比较快，索内钢丝的温度也比较均匀，但主梁和塔内的温度场都分布复杂，随大气温度的变化有滞后性，且日照表面和混凝土内部呈现较大的温度梯度，通常均呈现较明显的非线性温度场分布。如果温度场已知，则可根据平截面假定对截面应变进行分析得到截面的轴向应变 ε^0 和 χ。用 ε^0 和 χ 去分析温度对整体结构的变形和受力的影响，因此，可以把截面的 ε^0 和 χ 取作为温度参数。

4. 混凝土的收缩徐变的影响

混凝土的收缩徐变特性受很多因素影响，离散性较大，实际情况很难模拟准确。通常按桥梁规范要求来计算，其大小与截面形状和环境条件有关。在截面形状明确的情况下，环境条件可作为供识别的可变参数。考虑相对湿度55％、70％(一般野外环境)和80％三种环境条件进行比较。主梁的混凝土现浇段和桥塔按加载龄期7天计算，在三种相对湿度下对应的徐变系数曲线如图16、图17所示，可见三者的徐变系数终极值有较大差别，但徐变规律很一致。

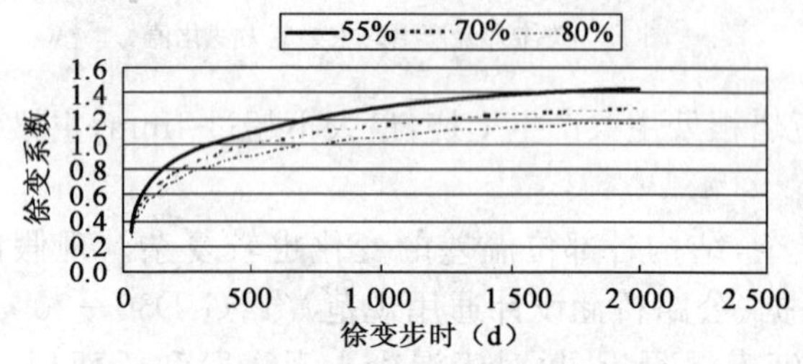

图16　主梁现浇段在三种相对湿度下对应的徐变影响图

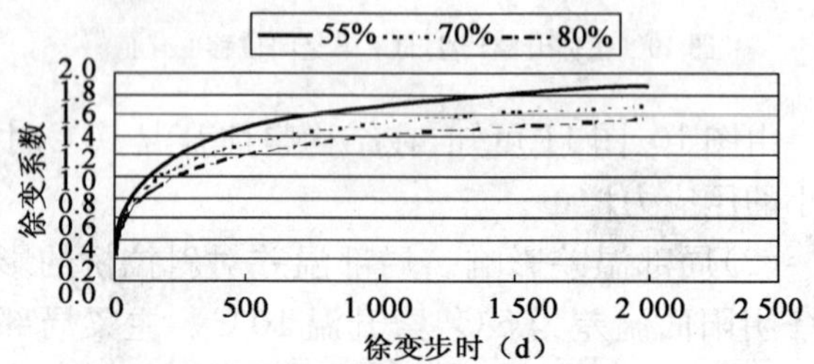

图17　桥塔在三种相对湿度下对应的徐变影响图

现取相对湿度70％与80％相比，徐变对成桥状态下(刚竣工时)结构的影响，如图18所示；对成桥10年后(徐变以基本完成)结构的影响，如图19所示。

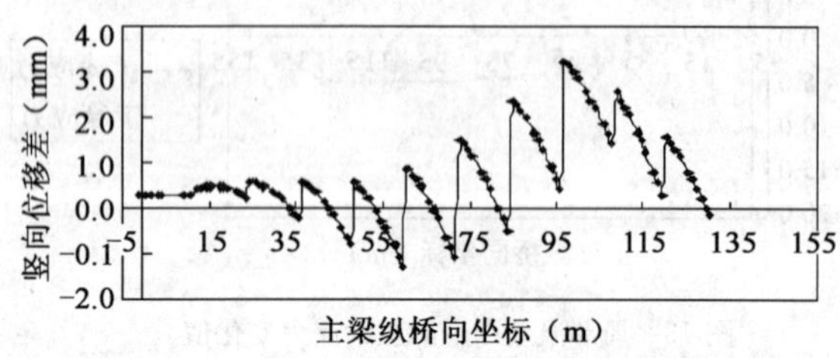

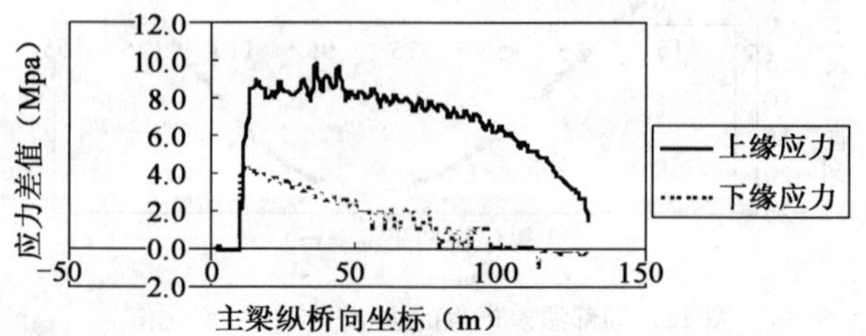

图18　相对湿度80％与相对湿度70％相比，成桥状态主梁竖向位移和应力差值图

从图18可知，相对湿度变化对成桥状态主梁的竖向位移和应力都有一定的影响，对主梁竖向位移影响相对要小，但对钢箱梁的应力影响却要大些。而从图19可见，成桥10年后的影响比刚成桥时大许多，主梁竖向位移的最大变化值增大近5倍。

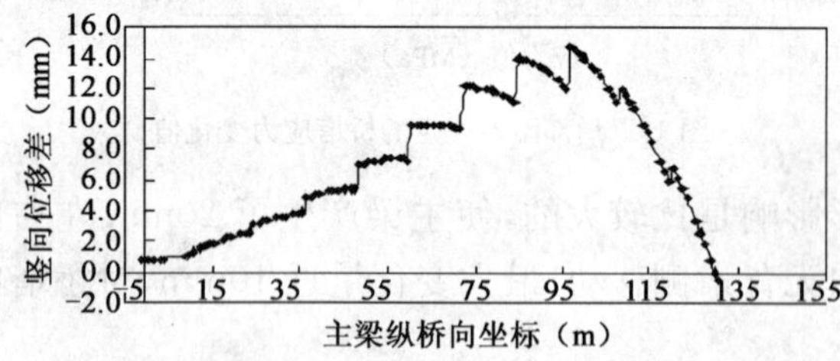

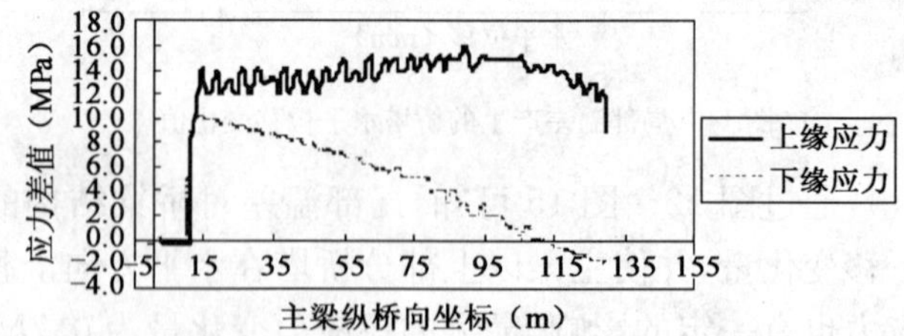

图19　相对湿度80％与相对湿度70％相比，成桥10年主梁竖向位移和应力差值图

5. 主要设计参数的确定

通过以上的参数敏感性分析，可以知道各参数对主梁结构的影响，并可根据监控项目确定出其中影响较大的主要设计参数。现以成桥状态下主梁竖向位移值的最大变化量作为主要的监控评定标准，对各参数的影响程度进行对比分析，具体对比情况如图20所示。

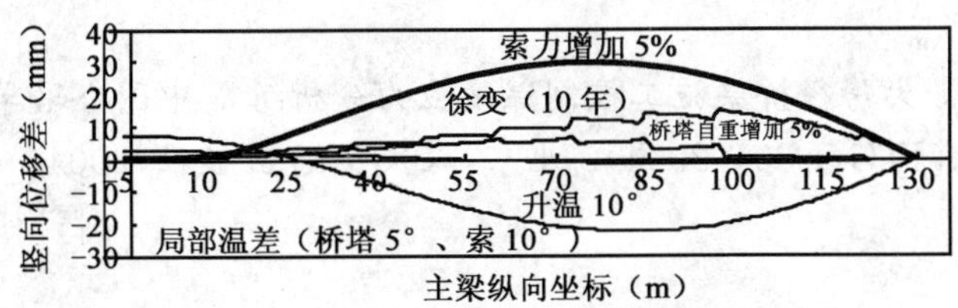

图20 各参数对主梁竖向位移影响对比图

由图20可知，斜拉索的张拉不仅是本桥的施工重点，其索力大小亦是本桥结构状态的主要影响参数，在索力增大5%后主梁整体上移，最大位移在靠近跨中处；与斜拉索的索力误差相比，局部温度变化对主梁状态的影响也较大，使主梁在靠近塔根处产生一定的上移并使跨中附近的主梁有近23mm的最大下移。与此相比，整体温度在施工过程中的变化对结构的影响要弱些。而由湿度变化所引起的收缩徐变变化对结构在成桥初期作用较小，但随着时间的增长在不断变大，成桥10年后湿度变化会让主梁有较大的上移趋势，其在主梁3/4跨附近出现峰值。最后，桥塔自重的变化对主梁位移的影响与上述各参数相比处于中等水平，同样是引起主梁的整体上挠，其中跨中处主梁变化最大，对桥塔自重变化最敏感，同时再结合桥塔本身的应力和水平位移对其反应较大，可认为桥塔自重为一主要参数。

综上，影响桥梁结构状态的敏感性参数主要为桥塔自重力、斜拉索的索力、局部温度和收缩徐变，在施工时应严格控制这些设计参数。

四、结 论

本文在已有研究成果的基础上，以金州斜拉桥工程为背景，着重分析了设计参数对施工控制的影响敏感程度。得到如下结论：

(1)由于金州斜拉桥是利用塔柱倾斜来平衡拉索索力的，所以与一般的直塔斜拉桥相比有一个自身特点，那就是塔的自重对桥梁结构的影响较大，特别是对自身的应力和水平位移的影响。

(2)斜拉索的张拉误差在斜拉桥的施工中是普遍存在的现象，当本桥索力的张拉误差取较为常见的5%时，其对结构的线形和受力影响与其他设计参数相比更为明显，所以斜拉索的索力值是斜拉桥的敏感性设计参数之一，在斜拉索安装张拉时要进行严格控制，以保证桥梁结构的线形和安全。

(3)成桥状态下，斜拉桥为超静定结构，局部温差对结构变形和应力的影响很大。因此施工时的测量工作一定要在早晨太阳未出来之前或阴天进行，避免温差的影响。而年温差在施工过程中对桥梁变形和应力的影响较小。

(4)收缩、徐变对结构的影响主要表现在主梁的竖向位移及应力变化上，对主梁跨中附近的竖向位移影响很明显，并且混凝土的龄期越长，影响越大。收缩、徐变产生对结构应力有一定的影响，时间越长，徐变越大，结构应力和位移变化就越大。

(5)通过对各主要设计参数的对比分析，得出影响金州斜拉桥施工过程的敏感性参数为桥塔自重、斜拉索的索力、局部温度和收缩徐变。此外，主梁在跨径方向上对各敏感参数的反应程度也不尽相同，在近塔根处的主梁对局部温度变化更为敏感，而桥塔自重力、斜拉索的索力和局部温度变化对跨中前后20m左右的主梁作用显著，同时从1/2至3/4跨的主梁对10年收缩、徐变变化也有更明显的反应。

参考文献

[1] 向中富．桥梁施工控制技术[M]．北京：人民交通出版社，2001：11～15.

[2] 徐君兰．大跨度桥梁施工控制[M]．北京：人民交通出版社，2000.

[3] 林智敏．桥梁施工控制中的参数识别方法研究[J]．四川建筑，2004，24(6)：128～130.

[4] 刘旭政，黄平明，许汉铮．独塔斜拉桥参数敏感性分析[J]．长安大学学报(自然科学版)，2007，27(6)：63～66.

[5] 官万轶，韩大建．大跨度斜拉桥施工控制方法研究进展[J]．华南理工大学学报(自然科学版)，1999，

11(11):14～19.

[6] 刘来君,贺拴海,宋一凡.大跨径桥梁施工控制温度应力分析[J].中国公路学报.2004,17(1):21～24.

[7] 公路桥涵设计通用规范(JTG D60—2004).北京:人民交通出版社,2004.

129. 大跨径钢—混凝土组合拱桥设计与节段模型试验研究

王邵锐　周志祥

(重庆交通大学)

摘　要　大跨径钢-混凝土组合拱桥是一种新型桥梁结构形式,它可据受力需要分区段采取不同的组合,充分发挥钢和混凝土的材料优势,节省材料,减轻自重,使拱桥向更大跨度方向发展。本文通过对该类型桥梁进行试设计,并进行节段模型试验,验证了在轴心荷载作用下,组合结构具有良好的弹性恢复能力;通过PBL剪力键,钢与混凝土能较好地共同工作。

关键词　大跨径　钢—混凝土　组合拱桥　试验

一、引　　言

拱桥是我国最常用的一种桥梁形式,特别是在我国西部山区,其式样之多、数量之大,为各种桥型之冠。据不完全统计,我国的公路桥中百分之七为拱桥。拱桥主要为受压结构,但由于拱轴线与压力线不重合,存在附加弯矩,对主拱圈受力不利,使材料不能充分发挥特性,限制了拱桥向更大跨度方向发展。对此,重庆交通大学周志祥教授提出一种钢箱—混凝土组合箱板拱桥,它的主要优点是:可据受力需要分区段采取不同的组合,充分发挥钢和混凝土的材料优势,节省材料,减轻自重;比钢拱桥节省钢材并具有较大的整体刚度;比混凝土拱桥节省支架、模板等措施费并简化工艺;钢—混凝土拱桥较常规混凝土拱桥的抗震性能显著增强。

二、钢—混凝土组合拱桥的设计

钢—混凝土组合拱桥拱肋主要特点:

钢—混凝土组合拱桥的设计思路:根据拱肋不同部位受力需要,采用不同的钢箱与混凝土的组合截面。其试设计如下:

主桥箱板拱结构净跨径160m,净矢高32.0m,矢跨比$\frac{1}{5}$,拱轴系数为2.214,主拱净宽840cm,主拱截面高度为240cm;主拱截面为两边钢箱,中间为混凝土箱的单箱三室钢箱—混凝土组合箱板拱;拱脚区段的钢箱高240cm,跨中区段的钢箱高210cm,其上为厚30cm的现浇混凝土,混凝土中箱顶板和底板厚均为30cm,腹板厚40cm,中箱内部净高1.8m,净宽4m,内部倒角均为30cm×30cm。

拱肋构造如图2所示。

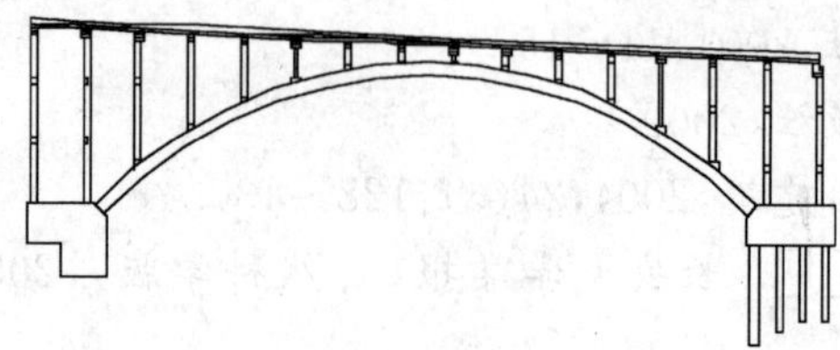

图1　全桥总体布置图

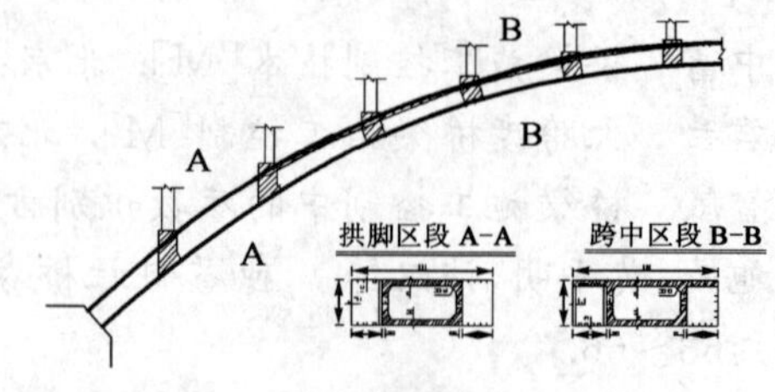

图2　拱肋构造图

单个钢箱宽 180cm；钢箱底板厚 20mm，腹板和顶板厚度均为 16mm。

钢箱腹板和顶板与混凝土的联结：利用钢箱腹板和顶板的加劲肋板等间距开孔后，穿过混凝土腹板和顶板的相应钢筋形成 PBL 剪力键。故钢箱与混凝土联结的钢板的加劲肋板设置在靠混凝土侧，钢箱外露面的钢板的加劲肋板设置在钢箱内侧。

三、钢—混凝土组合拱桥的计算

1. 模型参数

恒载：混凝土自重按 $26kN/m^3$ 计算；

二期恒载：24.38kN/m；

汽车荷载：公路一级，四车道，偏载系数取 1.3，考虑车道折减；

温度：整体升温 20℃及降温 20℃；

混凝土：主拱混凝土均采用 C50 纤维混凝土；

钢材：钢箱拱肋采用 Q345—C 钢。

采用大型结构计算软件 midas cival 7.0 对全桥进行计算，建模时考虑桥面纵坡。

2. 计算结果分析

最不利施工阶段主拱关键截面单元应力(MPa) 表 1

阶 段	截 面 位 置	上缘最大压应力	下缘最大压应力
施工横系梁	钢箱	—46.9	—5.1
施工横系梁	混凝土	0	0
预制板安装	钢箱	—181	—4.58
预制板安装	混凝土	0	0
混凝土达到强度	钢箱	—184	—7.02
混凝土达到强度	混凝土	0	0
安装桥面系	钢箱	—209	—91.4
安装桥面系	混凝土	—5.28	—8.15

在施工和成桥使用阶段，钢材和混凝土应力均满足《公路钢筋混凝土及预应力混凝土桥涵设计规范(JTG D62—2004)》要求(混凝土：拉应力≤1.83MPa，压应力≤22.4MPa；钢：拉应力≤210MPa，压应力≤210MPa)。说明该方案是可行的(表 1、表 2)。

最不利荷载组合下的主拱截面应力(MPa) 表 2

单 元	荷 载	截 面 位 置	上缘最大压应力	下缘最大压应力
左拱脚	汽＋恒＋升	钢箱	—77.1	—75.2
左拱脚	汽＋恒＋升	混凝土	—15.4	—17.2
l/4	汽＋恒＋升	钢箱	—63.4	—66.2
l/4	汽＋恒＋升	混凝土	—14.1	—13.6
拱顶	汽＋恒＋升	钢箱	—47.4	—32.7
拱顶	汽＋恒＋升	混凝土	—10.7	—7.61
右拱脚	汽＋恒＋升	钢箱	—72.3	—79.8
右拱脚	汽＋恒＋升	混凝土	—16.5	—16
3l/4	汽＋恒＋降	钢箱	—75.7	—45.6
3l/4	汽＋恒＋降	混凝土	—15.7	—9.3
右拱脚	汽＋恒＋降	钢箱	—72.2	—81.7
右拱脚	汽＋恒＋降	混凝土	—16.5	—16.3

四、钢—混凝土组合拱桥节段模型实验

试验目的：测试在轴心及偏心荷载作用下，钢-混凝土组合拱桥节段的力学行为及变形性能。

钢-混凝土组合结构试验模型采用与以该桥设计方案相同的钢、混凝土材料（钢板采用 Q345，混凝土采用 C50），为拱角节段模型。

试验梁截面尺寸 3 000mm×1 000mm×400mm，钢箱-混凝土组合结构构造图见图 3。

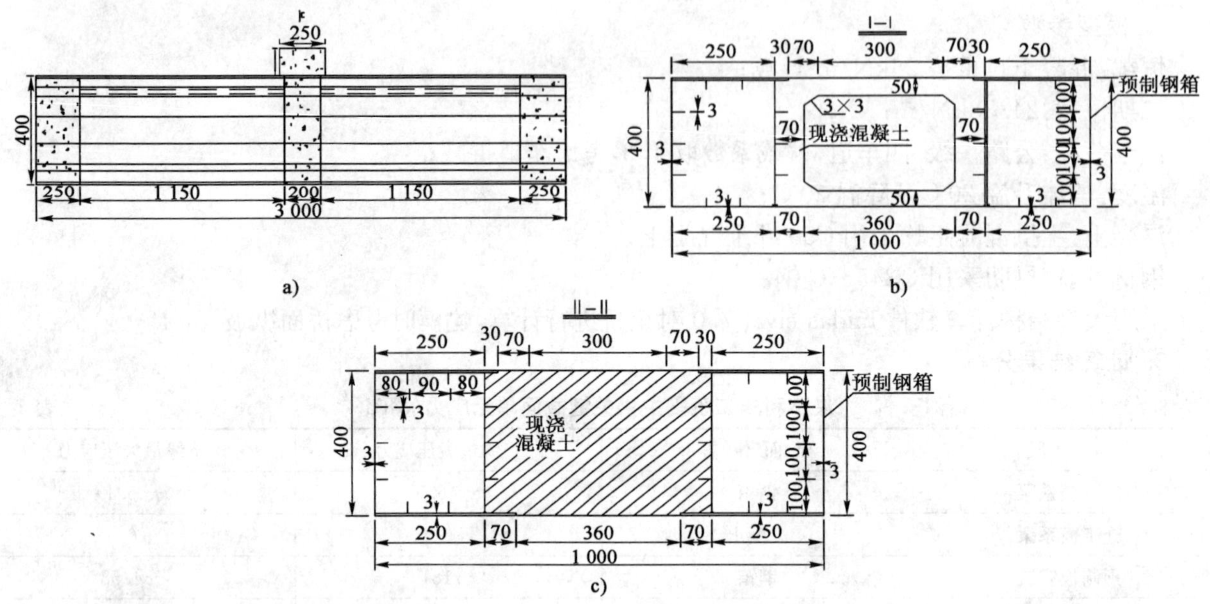

图 3 钢箱—混凝土组合构件一般构造图

试件最终加载方案采用竖直放置加载。

试验方案是采用集中荷载加载方法，竖向力利用型钢作传力支点，直接加载；将试验梁一端固定，一端部布置钢（$\delta=30$mm）施加轴向力，使轴力在试验梁端部截面分布比较均匀。

试验加载时分为五个循环，为研究荷载工况下的力学性能，对每一个循环进行分级加载。分级加载时采用匀速施加竖向荷载。具体分级加载步骤如下：

预压：竖向力 0→100kN→200kN；

循环：以使用应力力作为控制因素加载；

竖向力 0→每十吨一级→1 500kN；如果使用无异常则以后均按照此循环进行五次（图 4）。

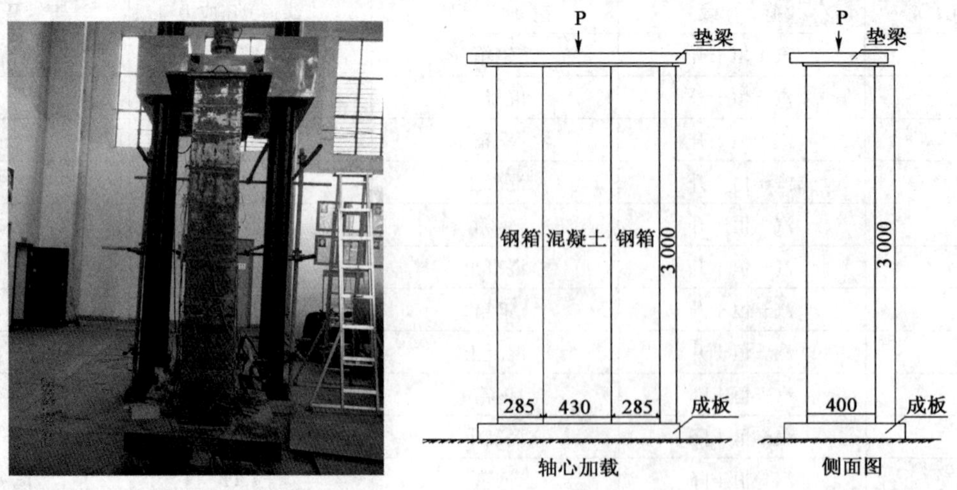

图 4 梁加载示意图

1. 轴心受压试验结果分析

通过百分表量测构件在轴心荷载作用下的压缩变形值如图5所示，实测结果表明，构件在轴心荷载作用下的变形为完全线弹性，而试验过程测量结果与理论上也基本相吻合。

就整个试验过程来看，在荷载作用期间，荷载与变形曲线呈线性关系，组合结构整体工作性能很好，处于弹性工作状态。而根据应变测试结果判断，此时钢板和混凝土仍处于弹性工作阶段，钢与混凝土能够较好地一起工作。

试验过程中，典型的横截面应变关系曲线如图6，横隔板横截面应变关系曲线如图7。

轴力（10kN）
变形（mm）
加载阶段
卸载阶段

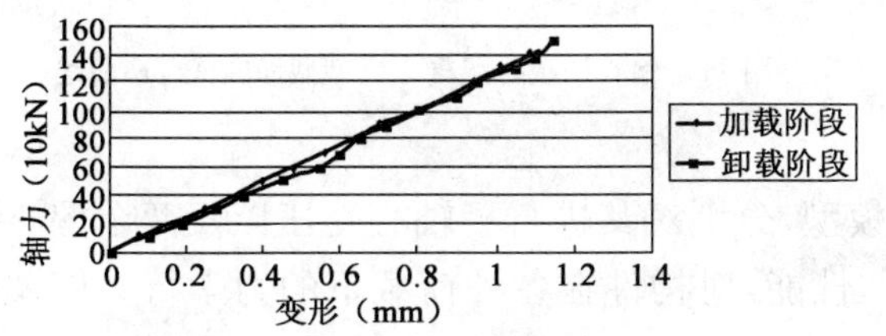

图5　轴心加载时组合结构荷载—变形曲线

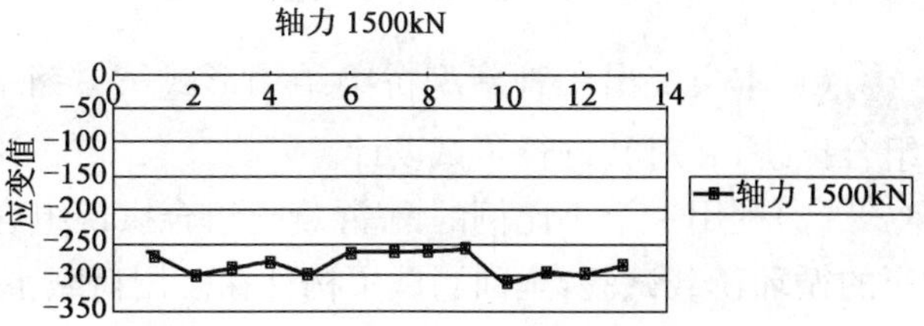

轴力 1500kN
应变值
轴力 1500kN

图6　轴心加载时混凝土典型截面应变（$\mu\varepsilon$）曲线

从图6、图7中可以看出试验过程中在横隔板截面（钢箱与满填混凝土区段）钢与混凝土的应变约在同一水平，同为160$\mu\varepsilon$左右。这说明钢与混凝土的变形情况一致。而在典型截面（钢箱与混凝土箱区段）钢的应变要大于混凝土应变，具体钢为300$\mu\varepsilon$，而混凝土为260$\mu\varepsilon$。在弹性阶段钢要比混凝土应变要大。

2. 偏心受压（沿长边方向）**试验结果分析**

理论构件在轴心荷载作用下的变形为完全线弹性，而试验过程测量结果与理论上也基本相吻合（图8）。

轴力 1500kN 横隔板处
轴力 1 500kN
横隔板处

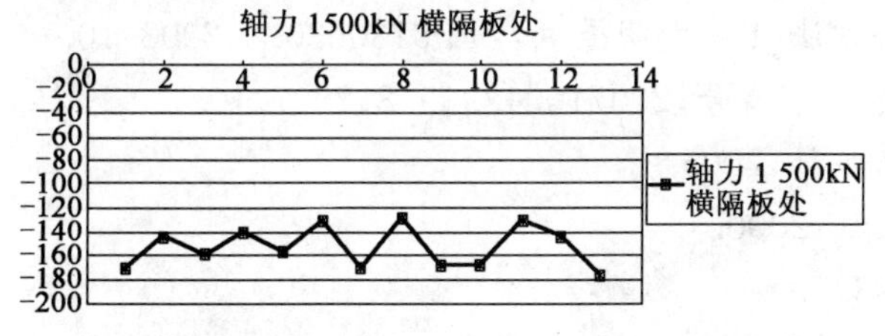

图7　轴心加载时混凝土横隔板截面应变（$\mu\varepsilon$）曲线

轴力（10kN）
变形（mm）
加载阶段
卸载阶段

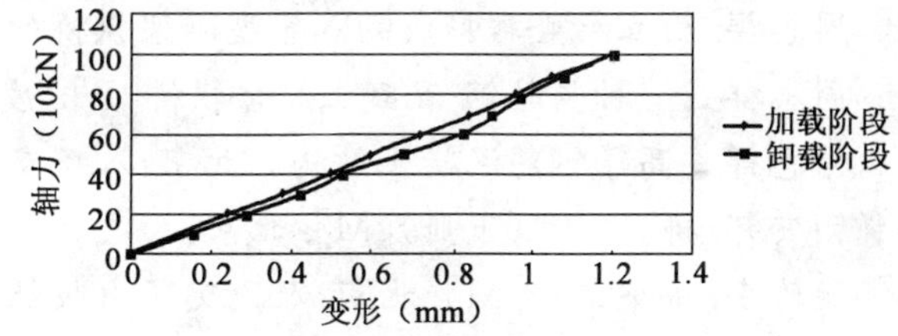

图8　偏心加载时荷载-变形曲线

就整个试验过程来看，在加载作用期间，荷载与变形曲线呈线性关系，组合结构整体工作性能很好，处于弹性工作状态。而根据应变测试结果判断，此时钢板和混凝土仍处于弹性工作阶段，钢与混凝土能够较好地一起工作。

试验过程中，典型横截面应变关系曲线如图9，横隔板横截面应变关系曲线如图10。

偏心荷载 1 500kN
应变值
轴力 1 500kN

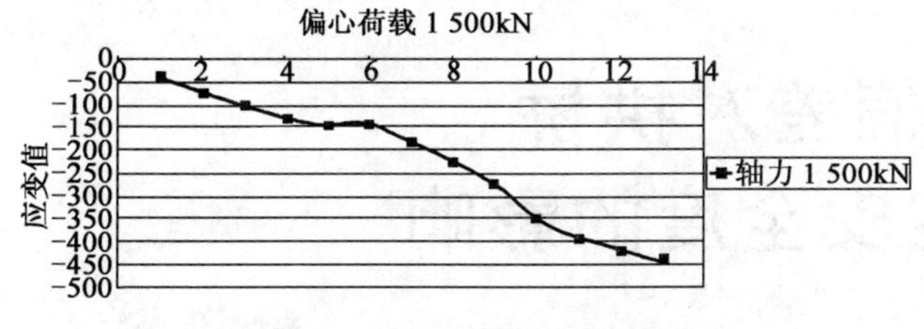

图9　偏心加载时混凝土典型截面应变（$\mu\varepsilon$）曲线

轴力 1 500kN
轴力1 500kN

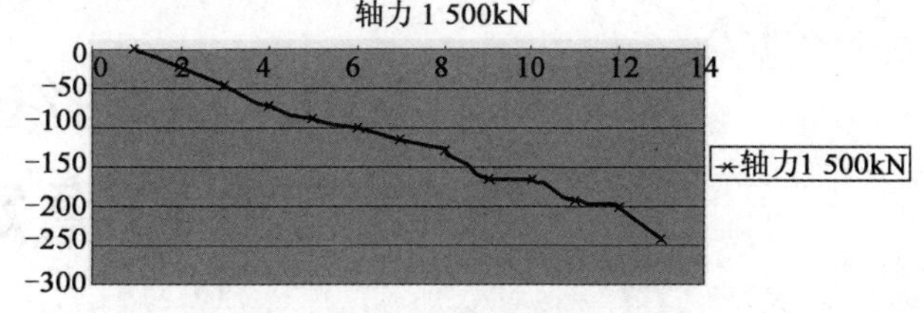

图10　偏心加载时混凝土横隔板截面应变（$\mu\varepsilon$）曲线

从图9、图10中可以看出，试验过程中在横隔板截面（钢箱与满填混凝土区段）钢与混凝土的应变基本呈线性分布，符合平截面假定，说明钢与混凝土传力机制良好，钢与混凝土能较好地在一起工作。而在典型截面（钢箱与混凝土箱区段）钢的应变要大于混凝土应变，钢材的应变基本处于线性，而混凝土的应变也处于线性，其不同点在于钢材应变要稍大于混凝土。

3. 偏心受压(沿短边方向)试验结果分析

理论构件在轴心荷载作用下的变形为完全线弹性,而试验过程测量结果与理论上也基本相吻合(图11)。

就整个试验过程来看,在加载作用期间,荷载与变形曲线呈线性关系,组合结构整体工作性能很好,处于弹性工作状态。而根据应变测试结果判断,此时钢板和混凝土仍处于弹性工作阶段,钢与混凝土能够较好地一起工作。

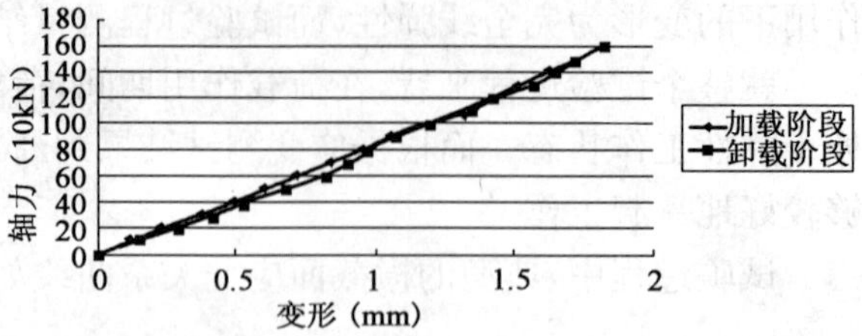

图11　偏心加载时混凝土典型截面应变(με)曲线

五、结　论

(1)本文提出一种新型桥梁结构形式——钢-混凝土组合拱桥,并对其进行了试设计。

(2)利用一个小比例的钢-混凝土组合拱桥组合构件模型,分别对其进行了轴心受压以及两个偏心受压的循环荷载试验,全面测试了构件在使用荷载下的工作性能,对构件在各种荷载下的力学行为以及变形性能等有了进一步的认识。

(3)使用荷载轴心受压作用下,其在荷载作用下的变形在卸载后均能得到恢复,说明组合结构具有良好的弹性恢复性能,其钢箱与混凝土箱截面应变基本保持一致,说明钢箱与混凝土箱在荷载作用下能较好地一起工作,而两个偏心受压的循环荷载下,钢箱与混凝土箱的截面应变均能保持同一斜率,说明组合结构传力性能较好;由于设计时对钢与混凝土连接区域使用了PBL剪力键进行连接,所以在循环荷载作用下钢箱与混凝土箱连接状况良好,钢箱与混凝土箱之间没有出现滑移与掀起现象,说明这种连接件是一种适合于这种结构的连接件。

参考文献

[1] 周志祥.由立柱竖转形成的八字型刚架拱桥的施工方法[P].发明专利,ZL00130630.8,2003.10.

[2] 周志祥.一种竖转钢-混凝土组合拱桥[P].发明专利申请号,200710048919.8,2007.10.

[3] 周志祥.高等钢筋混凝土结构.北京:人民交通出版社,2005.

[4] 顾安邦.桥梁工程(下册)[M].北京:人民交通出版社,2000.1.

[5] 姚玲森.桥梁工程[M].北京:人民交通出版社,1993.7.

[6] 周水兴,向中富.桥梁工程(下册)[M].重庆:重庆大学出版社、新疆大学出版社,2001.10.

[7] 叶见曙.结构设计原理.北京:人民交通出版社.2000年.

[8] 林宗凡.钢—混凝土组合结构.上海:同济大学出版社,2004.

[9] 王连广.钢与混凝土组合结构理论与计算.北京:科学出版社,2005.

[10] 马怀忠,王天贤.钢—混凝土组合结构.北京:中国建材工业出版社,2006.

130. 拱轴线偏差对拱桥承载能力和稳定安全度的影响

徐风云　李向科

(南京中交纬三路过江通道建设指挥部)

摘　要　本文通过计算分析,论证了拱轴线偏差对拱桥承载力稳定安全度的影响,提出用目标函数作为控制条件。

关键词　拱轴线　偏差　拱桥　承载能力　稳定安全度　影响

一、问题的提出和意义

特大跨拱桥拱肋(箱)施工工序繁多,施工条件复杂,且工期较长,受诸多因素的影响,成拱后的实际拱轴线几乎都不可能与设计拱轴线相吻合。对于这个问题历来有两种处理方法。

(1)《标准》控制法。这是国内外质量管理部门采用的方法。监理或质检人员根据某一法定《标准》测量成拱轴线偏差值,来评定该桥质量等级。由于这类《标准》中规定的偏差值甚严,如中国交通部颁布的《公路工程质量检验评定标准》(JTG F80/1—2004),成拱轴线在拱顶的偏差应小于 2cm,对称点误差应小于 5cm,又规定钢管拱拱轴线误差应小于 $L/6\,000$。由于限制太严,几乎所有的大跨度拱桥都会因超标而被降低质量等级。但是,问题并没有因此得到解决。问题的关键在于这些因为超过《标准》而被将降低验收等级的桥梁的使用承载力是否也要因此降低呢?答案是不明确的。如果不是这样,《标准》的约束作用又何在呢?笔者认为,严格执行质量检验标准是必要的,但是作为法规性的质检标准应当宽严适度,科学合理,才能发挥积极的作用。

(2)指定目标函数法。这是笔者在多座拱桥设计、施工中采用的方法。该法的控制目标是拱轴线变位偏差对桥梁承载能力(包括施工阶段和营运阶段)及稳定安全度的影响。在施工图设计阶段就设定几种可能发生的或最不利的偏差线形,计算相应的内(应)力值和稳定安全度,再考虑适当的安全系数,得出施工控制目标函数,作为指导施工、保证施工质量和安全的依据。如果成拱轴线偏差在目标函数控制范围内,施工安全是有保证的,对承载能力和稳定安全度的影响很小,不应降低质量等级。

目标函数控制法也在日本拱桥设计中广为采用。如外津桥(跨度 $L=170$m)设定拱轴线最大偏差±15cm,为 $L/1\,133$;赤谷川桥($L=116$m,铁路桥)设定拱轴线最大偏差±10cm,为 $L/1\,160$;宇佐川桥($L=204$m)设定拱轴线最大偏差±10cm,为 $L/2\,040$;帝释桥($L=140$cm)还设定了四种拱轴线偏差线形(见图 1),最大偏差值±10cm,为 $L/1\,400$,分别计算产生这类偏差时控制截面的应力均符合设计要求,而被认可。

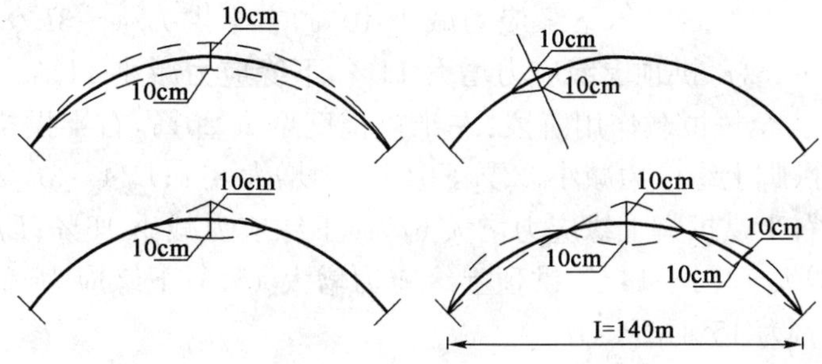

图 1　日本帝释桥成拱轴线设定目标线形

二、成拱轴线初始偏差对应力和变形的影响

广西邕宁大桥设计中设定了四种成拱轴线形式,分别计算钢骨拱桁架成拱阶段、拱肋形成阶段、全桥恒载作用阶段的截面应力,并作对比分析。

(1)拱平面内呈两个半波反对称线形,见图 2。成拱拱轴线对设计拱轴线的偏差值 Δy_1 为:

$$\Delta y_1 = \pm a_1 \sin(2\pi \times /L) \tag{1}$$

式中 a_1 为 1/4 截面的最大偏差,钢骨架成拱阶段 $a_1=\pm L/1\,040=\pm 30$cm. 相应的拱轴线计算坐标 y_1 为:

$$y_1 = y_0 + \Delta y_e + \Delta y_1 \tag{2}$$

式(2)中,y_0 为设计拱轴线坐标,Δy_e 为钢骨拱桁架自重作用阶段、拱肋自重作用阶段、全桥恒载作用阶段的拱轴线已发生的挠度值,详见表 1。

拱轴线偏差值(单位:cm)　表1

序　号	计算阶段	左半拱			拱顶	右半拱		
		$L/8$	$L/4$	$3L/8$	$L/2$	$3L/8$	$L/4$	$L/8$
①	钢骨拱架	−20.42	−31.91	−26.84	−10	+15.58	+27.65	+19.37
②	拱肋形成	−22.02	−38.30	−43.72	−40	−0.13	+21.26	+17.77
③	全桥恒载	−23.08	−42.56	−57.97	−60	−12.55	+17.00	+16.70

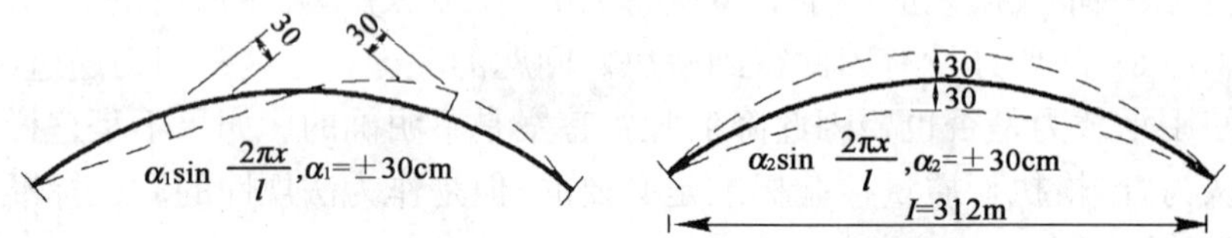

图2　邕宁大桥成拱轴线设定目标线形

表2列出三个成拱阶段的挠度Δy、轴向力N、上下缘应力$\sigma_{g上}$、$\sigma_{g下}$、$\sigma_{h上}$、$\sigma_{h下}$(g表示钢材上下缘应力,h表示上下缘混凝土应力)计算成果。其中①按设计拱轴线坐标y_0计算,②表示按公式(2)计算的纵坐标y_1计算。对此两种计算结果的比值②/①,可以看出:

①拱轴线偏差对轴向力影响很小,最大相对误差不到1%。

②拱轴线偏差对挠度和应力的影响较大。钢骨拱桁架阶段:左半拱$L/8$~$L/4$段挠度增大44%~54%,右半拱减小44%~57%,但拱顶挠度只增大2.6%。左半拱$L/4$~$3L/8$段上缘应力增大12%~11%,下缘应力减小13%~12%,右半拱$L/4$~$3L/8$段上缘应力减小7%~13%,下缘应力增大12%~14%,拱顶应力变化不大,只为2%~3%。最大应力出现在右半拱$L/8$截面下缘,增大8%,为41.1Mpa。拱肋成箱阶段:左半拱挠度增大16%~19%,右半拱挠度减小9.9%~15%,拱顶挠度增大7%。左半拱$L/4$~$3L/8$段上缘应力增大4%~9%,下缘应力减小10%,右半拱$L/4$~$3L/8$段上缘应力减小7%~11%,下缘应力增大12%~13%,拱顶上缘应力增大11%,下缘应力减小11%。左拱脚截面下缘应力最大,为9.17MPa,增大6%。全桥恒载作用阶段:左半拱挠度增大20%,右半拱挠度减小28%~37%,拱顶挠度增大9%。左半拱拱脚上缘应力减小32%,下缘应力增大8%;$L/4$~$3L/8$段上缘应力增大4%~9%,下缘应力减小10%,右半拱拱脚上缘应力增大67%,下缘应力减小16%;$L/4$~$3L/8$段上缘应力减小8%~13%,下缘应力增大13%~14%,拱顶上缘应力增大15%,下缘应力减小20%。最大应力出现在拱顶截面下缘,增大6%,为15.1MPa。

(2)拱轴线对称上凸或下沉,见图2。成拱拱轴线对设计拱轴线偏差值Δy_2及拱轴线计算坐标y_2为:

$$\Delta y_2 = a_2\sin(\pi x/L) \tag{3}$$

$$y_2 = y_0 + \Delta y_2 \tag{4}$$

式中,a_2为拱顶最大偏差值,$a_2=\pm\frac{1}{1\,040}=\pm30$cm

分别按两种线形计算得出:在钢骨拱桁架成拱阶段,最大应力为38MPa,出现在拱脚下缘,增加值为6%;在拱肋成箱阶段,混凝土最大应力为12MPa,出现在拱顶下缘,增加值为4%;全桥恒载阶段,混凝土最大应力为16MPa,出现在拱脚下缘,增加值为7%。

(3)某大桥施工图设计中,根据上述距算分析结果,并考虑到确保施工质量和安全,以及施工难度和可控制程度,规定了两种容许拱轴线偏差限值。

①钢骨拱桁架合拢阶段的拱轴线对以后几个施工阶段结构受力和稳定性的影响最大,且一旦成形,则难以校正。因此对这个阶段的成拱精度,要求应当从严。

在共平面内,拱轴线容许偏差$[\Delta y_1]=\pm y_1/500$,y_1为拱轴线设计纵坐标值。拱顶位置$y_1=f=52$m,$[\Delta y_1]=\pm10.4$cm,$L/4$位置$[\Delta y_1]=\pm7.7$cm。钢骨拱桁架合龙松索后的拱轴线实际偏差值分别为

＋3.8cm(拱顶偏高值)、－5.8cm($L/4$ 处偏低值),均在设计允许范围内。

某大桥计入拱轴线偏差的挠度和应力值 表 2

工况项目		截面位置	左半拱 拱脚	左半拱 $L/8$	左半拱 $L/4$	左半拱 $3L/8$	拱顶截面	右半拱 $3L/8$	右半拱 $L/4$	右半拱 $L/8$	右半拱 拱脚
钢管骨架成拱阶段	Δy (cm)	①	0	2.63	4.90	6.99	7.55	6.99	4.90	2.63	0
		②	0	4.07	7.08	8.66	7.75	6.13	2.70	1.13	
		②：①		1.54	1.44	1.23	1.02	0.87	0.55	0.43	0
	N(t)	①	365.7	334.00	315.70	301.60	298.50	301.60	315.70	334.00	365.70
		②	365.8	334.20	316.00	301.90	298.80	301.90	316.00	334.20	366.00
	$\sigma_{上}$(MPa)	①	34.5	36.98	36.25	37.09	37.41	37.09	36.25	36.98	34.50
		②	34.51	39.55	40.69	40.96	38.30	33.47	31.26	33.89	34.53
		②：①	1.0	1.07	1.12	1.1	1.02	0.93	0.87	0.904	1.0
	$\sigma_{下}$(MPa)	①	34.5	37.99	34.62	30.61	29.60	30.61	34.62	37.99	34.50
		②	34.51	35.47	30.23	26.81	28.78	34.32	39.59	41.13	34.53
		②：①	1.0	0.93	0.87	0.88	1.03	1.12	1.14	1.08	1.0
拱肋形成阶段	Δy(cm)	①	0	2.17	5.30	8.34	9.04	8.34	5.30	2.17	0
		②		2.62	6.34	9.74	9.73	7.58	3.95	1.55	
		②：①	0	1.16	1.19	1.16	1.07	0.91	0.85	0.72	0
	N(10kN)	①	598.40	525.10	495.80	472.30	467.60	472.30	495.80	525.10	598.40
		②	601.10	528.20	499.00	475.50	470.70	475.20	498.40	527.40	600.70
	$\sigma_{上}$(MPa)	①	0.407	6.276	7.073	7.785	7.914	7.785	7.073	6.276	0.407
		②	－0.083	6.016	7.376	8.499	8.773	7.194	6.257	6.414	
		②：①		0.96	1.04	1.09	1.11	0.93	0.89	1.02	1.455
	$\sigma_{下}$(MPa)	①	8.676	8.061	7.009	6.135	6.098	6.135	7.009	8.061	8.676
		②	9.169	8.405	6.800	5.515	5.378	6.869	7.899	7.986	7.662
		②：①	1.06	1.02	0.90	0.90	0.89	1.12	1.13	0.91	0.89
全桥结构恒载阶段	Δy(cm)	①	0	2.83	8.12	14.46	16.27	14.46	8.12	2.83	0
		②		3.40	9.75	16.96	17.88	13.44	5.82	1.76	
		②：①	0	1.20	1.20	1.17	1.09	0.93	0.72	0.63	0
	N(10kN)	①	9109.0	8101.0	7652.0	7314.0	7244.0	7314.0	7652.0	8101.0	9109.0
		②	9083.0	8186.0	7745.0	7395.0	7318.0	7384.0	7706.0	8146.0	9209.0
	$\sigma_{上}$(MPa)	①	2.081	8.850	10.40	12.54	13.17	12.54	10.40	8.850	1.801
		②	1.878	8.618	10.70	13.65	15.13	11.55	8.96	9.091	4.685
		②：①	0.68	0.93	1.03	1.09	1.15	0.92	0.87	1.03	1.67
	$\sigma_{下}$(MPa)	①	11.02	13.27	11.33	9.012	8.529	9.012	11.33	13.27	11.020
		②	11.91	13.73	11.30	8.144	6.802	10.210	12.93	13.15	9.292
		②：①	1.08	1.03	0.97	0.91	0.80	1.13	1.14	0.98	0.84

在拱平面外，容许偏差$[\Delta z_1]=\pm L/6\,000=\pm 5.2$cm，上下弦杆相对偏差$[\Delta z_2]=\pm H_s/150=\pm 3.3$cm。实际偏差值$\Delta z_1=3.3$cm，$\Delta z_2=2.8$cm，均在设计允许范围内。

②拱肋成拱阶段，拱平面内拱轴线容许偏差$[\Delta y_1]=\pm y/500=\pm 10.4$cm，实际偏差值$\Delta y=5.8\text{cm}<[\Delta y_1]$。拱平面外拱轴线容许偏差值$\Delta z_1=\pm L/5000=\pm 6.24$cm，实际偏差值$\Delta z=5.7\text{cm}<[\Delta z_1]$。

三、成拱轴线偏差对稳定安全度的影响

1. 拱平面内偏差的影响

拱的稳定问题与压弯杆件稳定问题相似。成拱轴线的偏差可类比为压杆轴线的偏差，如图3。图中，虚线表示设计拱轴线，实线表示实际成拱轴线。拱轴线偏差线形与反对称失稳模态相似，为公式2所示的两个半波正弦曲线。压杆换算长度$L_0=\beta S$，β值为轴线长度折算系数。

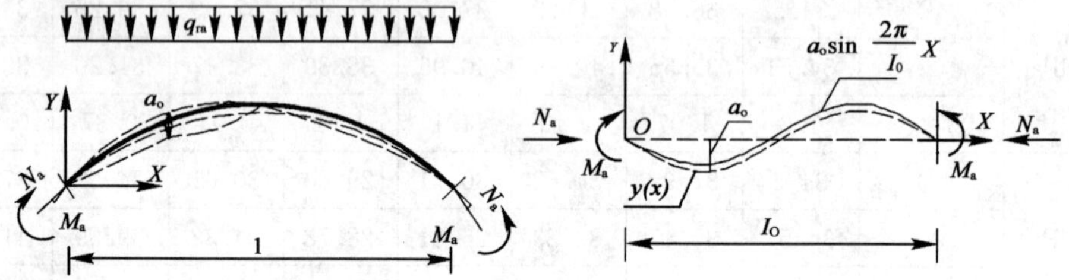

图3　拱平面内拱轴线偏差图示

轴线偏差的压杆挠曲度微分方程为：

$$EI_Z=\frac{dy(x)}{dx^2}=-M(x) \tag{5}$$

式中，I_z为截面对Z—Z轴的惯性矩，$M(x)$为轴向力N_a，对理想轴线的弯矩，有：

$$M(x)=N_a[y(x)+a(x)]=N_a y(x)+N_a a(x) \tag{6}$$

$$\text{令 } k^2=N_a/EI_z \tag{7}$$

由式(5)、式(6)、式(7)可得：

$$\frac{d^2y(x)}{dx^2}+k^2y(x)=-k^2a(x) \tag{8}$$

或

$$\frac{d^2y(x)}{dx^2}+k^2y(x)=-k^2a_1\sin\frac{2\pi x}{L_0} \tag{9}$$

微分方程(9)的一般解$y(x)$为：

$$y(x)=A\sin(kx)+B\cos(kx)$$

因微分方程(9)的非齐次项为正弦函数，故取特解为：

$$y(x)=C\sin(2\pi x/L_0) \tag{10}$$

把式(10)代入式(9)，得：

$$C(k^2-4\pi^2/L_0{}^2)=k^2a_1$$

则

$$C=-\frac{k^2a_1}{k^2-4\pi^2/L_0^2}=\frac{a_1}{(4\pi^2/k^2L_0^2)-1}$$

$$=\frac{a_1}{\dfrac{4\pi^2}{(N_a/EI_z)\cdot L_0^2}-1}=\frac{a_1}{(4H_e/N_a)-1} \tag{11}$$

式中，$H_e=\dfrac{\pi^2EI_z}{L_0^2}$　(12)

为直杆一节失稳(单波失稳)临界荷载。

故式(9)的解为：

$$y(x)=A\sin(kx)+B\cos(bx)+\frac{a_1}{(4H_e/N_a)-1}\sin(2\pi x/L_0) \tag{13}$$

由边界条件：$x=0$ 时，$y(0)=0$；$x=L$ 时，$y(L)=0$，代入上式可求得式(3)中的 $A=0,B=0$。最后得到挠曲线 $y(x)$ 的解为：

$$y(x)=\frac{a_1}{(4H_e/N_a)-1}\sin(2\pi x/L_0) \tag{14}$$

$x=L/4$ 截面的附加挠度 y_a 为：

$$y_a=\frac{a_1}{(4H_e/N_a)-1} \tag{15}$$

$L/4$ 截面处的总附加挠度 y_m 为：

$$y_m=a_1+y_a=a_1\left(1+\frac{1}{(4H_e/N_a)-1}\right) \tag{16}$$

应用公式(15)或式(16)可作出如下分析：

(1)$L/4$ 处的附加挠度 y_m 与初始偏差 a_1 成正比。偏差越大，挠度也成倍增加，稳定安全度也随之降低。

(2)式中，$4H_{ea}$ 为两端嵌固压杆的临界荷载；$4H_{ea}/N_a=\lambda_a$，为稳定安全度。理想直杆的临界平衡条件为 $\lambda_a=1$，失稳条件为 $\lambda_a<1$。但若存在初始偏差 a_1 时，如 $\lambda_a=1$，则 $y_m\rightarrow1$，结构已经失稳，所以临界平衡条件为 $\lambda_a>1$，失稳条件应为 $\lambda_a=1$。这说明轴线初始偏差必将使失稳状态提早出现。

(3)图 4 表示 y_m/a_1 随稳定安全系数 λ_a 的变化关系。图示曲线说明，结构自身的稳定安全度越大，初始偏差对附加挠度的影响越小，当 $\lambda_a=5$ 时，$y_m=1.25a_1$；$\lambda_a=11$ 时，$y_m=1.25a_1$；$\lambda_a=11$ 时，$y_m=1.1a_1$。反之，结构自身的稳定安全度越小，初始偏差对附加挠度的影响越大，当 $\lambda_a=2$ 时，$y_m=2a_1$；$\lambda_a=1.1$ 时，$y_m=11a_1$。应用上述分析也可以对施工阶段要求稳定安全度大于 4 的原因作出理论说明：$\lambda_a=4$，是 y_m/a_1-λ_a 曲线的下拐点，在 $1<\lambda_a<4$ 这个阶段，y_m 随初始偏差剧增，而 $\lambda_a>4$ 之后，初始偏差对附加挠度的影响速度减小。取 $\lambda_a=4$ 作为施工稳定条件控制目标，既可保证施工安全，又最大限度减小初始偏差的影响，换句话说，《规范》或《标准》对初始偏差的限制值也应当是有条件的。结构强大，偏差值也可以大些。

2. 拱平面外拱轴线偏差的影响

假设拱轴线在拱平面外的侧向初始偏差线形为正弦曲线 $b(x)=b_1\sin(\pi x/L_0)$，最大初始偏差值 b_1 位于拱顶，$x=L_0/2$ 处，见图 5a)。同样，用中心轴线位于桥中轴线 ox 的双固端压杆来比拟，见图 5b)，进而可建立侧移微分方程：

$$EI_y\frac{d^2Z(x)}{d^2x}=-N_b[Z(x)+b(x)] \tag{17}$$

式中，EI_y 为两条拱肋(拱箱)对竖轴 $Y-Y$ 的抗弯刚度，I_y 为双肋对 $Y-Y$ 轴的惯矩，I_y 比 I_z 大若干倍。

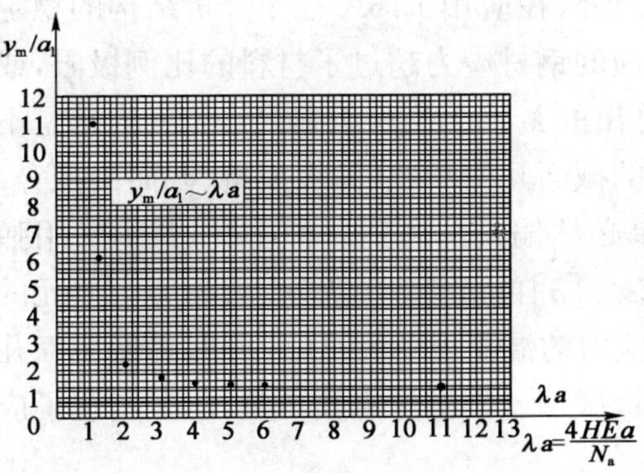

图 4 y_m/a_1-λ_a 相关图

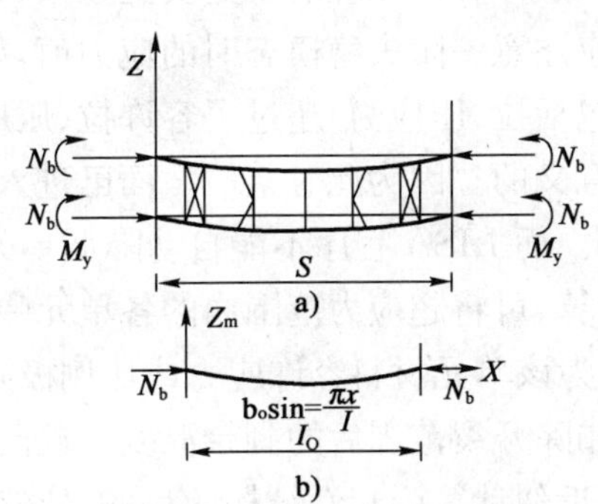

图 5 拱平面外拱轴线偏差图示

仿照解式(16)的方法，可得到拱顶位置最大侧向挠度 Z_m 与侧倾稳定安全系数 λ_b 的关系式：

$$Z_m = b_1\left(1+\frac{1}{(H_{eb/N_0})-1}\right) \tag{18}$$

式(18)与式(16)的计算值是不同的。其一，临界荷载不同，H_{eb} 为侧倾半波失稳临界荷载，$4H_{eb}$ 为拱平面内两个半波临界荷载，H_{eb} 通常比 $4H_{eb}$ 大若干倍，而 N_b 与 N_a 是相等的，均为 $L/4$ 截面的平均轴向力。

3. 按有限元法计算结果

用实际成拱轴线坐标值作为节点坐标值，应用 LISA 程序可以算得任何线形的弹性稳定安全系数 λ_k，表3列出五种偏差线形的 λ_k 值。表值说明：在共平面内，轴线偏差±30cm时，弹性稳定安全系数 λ_k 只减小1%左右；在拱平面外，轴线偏差12cm=$L/2\,600$ 时，λ_k 减小1.5%。以上两种情况都不会影响施工安全。但当拱平面外偏差50cm=$L/624$ 时，λ_k 值将由6.19降低为3.01，减小了51%，则将影响施工安全，不应许可。

五种拱轴线偏差线形的稳定安全系数 λ_k 值　　表3

施工阶段 \ 轴线偏差	稳定安全系数					
	理论拱轴线坐标	初始下沉30cm(抛物线)	初始下沉30cm(正弦线)	初始侧移12cm(抛物线)	初始侧移12cm(正弦线)	初始侧移50cm(抛物线)
钢管骨架成拱	5.05438	5.04946	5.05457	5.04659	5.04660	3.12683
浇筑管内混凝土(上游肋)	3.69732	3.68786	3.69710	3.68497	3.68481	2.08500
浇筑底板混凝土(下游肋)	4.75628	4.73179	4.75728	4.73109	4.73097	3.54969
浇筑下承托混凝土(上游肋)	6.06263	4.01209	4.83308	5.24832	5.24824	2.38499
浇筑中侧板混凝土(上游肋)	5.3498	5.30454	3.66408	4.99001	4.99018	2.65372
浇筑顶板混凝土等(上游肋)	6.98035	6.92405	6.77866	6.92496	6.92468	3.46315
全桥结构	6.19173	6.10969	6.07812	6.10895	6.10894	3.05444
说明	1. 各工况拱轴线下沉量由30cm始，以后比实际大20cm； 2. 各工况拱轴线侧移量为12cm和50cm两种情况，两肋向同侧侧移； 3. 下沉量和侧移量按抛物线和正弦线两种曲线分布					

应当指出，LISA 程序的基础是弹性理论。稳定平衡状态是节点坐标描述的状态，而不是设计规定的无偏差状态。而结构由无偏差状态变化到偏差状态时，结构已经产生了内(应)力。这个因素在程序中不能自动考虑，而需先计算出这个内(应)力所对应的附加弯矩或横向力，把它作为外力作用于有初始偏差的拱肋节点，计算出相应的稳定安全系数，其值必然更小。此外，在应用 LISA 程序分析结构的稳定安全度时，还应注意一阶失稳模态时的应力值，如果此时某一截面的钢材应力超过了材料的比例极限，或混凝土应力(包括拉、压应力)超过了容许拉、压应力，则此时计算出的 λ_k 值无论是否在允许范围内都是不可取的，即无意义的。因为此时某一截面已进入塑性阶段，实际的截面几何参数(弹性模量、截面面积等)都随之减小了。而 LISA 程序不能自动降低单元刚度，计算结果必然偏大。遇到这种情况，若仍然用弹性稳定程序计算，可将超应力范围内的各单元弹性模量降低 $1.2\sigma_m/[\sigma]$ 再试算。这里 σ_m 为超应力单元的最大应力，$[\sigma]$ 为该单元材料容许应力或比例极限。对于承受拉应力的混凝土单元，还应同时降低截面几何性质，采用扣除开裂范围后的剩余混凝土截面计算其几何性质，试算过程虽然麻烦一些，但是实现了应用线弹性程序近似计算弹塑性结构的目的，依然可取。

131. 拱轴线线形对上承式劲性骨架拱桥结构内力影响分析

李 林 马 奎 李忠评
（重庆市交通规划勘察设计院）

摘 要 拱轴线是拱桥的灵魂，它决定着拱桥的受力状态。本文通过分析已设计的上承式劲性骨架拱桥采用不同的拱轴线线形下对应的恒载、活载的内力变化情况，找出其变化规律，可供设计类似拱桥时快速选择合理的拱轴线形提供参考。

关键词 上承式劲性骨架拱桥 拱轴线线形 拱轴系数 悬链线 内力

一、引 言

钢筋混凝土拱桥是我国使用较为普遍的桥型之一，但由于钢筋混凝土自重较大，施工架设问题突出，限制了其跨越能力。随着无支架施工方法的发展，钢管混凝土劲性骨架作为应对大跨径拱桥施工方法改进而出现的一种新型拱桥得到广泛的推广应用。劲性骨架拱桥，以钢管作为施工用的劲性骨架，先内灌混凝土成钢管混凝土，再挂模板外包混凝土形成断面，钢管材料参与建成后的受力，但不是以使用阶段为控制，而是以施工荷载为控制的，这类桥有时也把它归为钢筋混凝土拱桥。对于大跨上承式拱桥来说，由于钢管混凝土拱桥拱上立柱构造复杂，施工工艺要求高，造价也相对较高，而劲性骨架拱桥在拱圈形成后，拱上排架的施工和普通钢筋混凝土拱桥类似，施工要容易得多，故大跨上承式拱桥中，采用劲性骨架拱桥与钢管混凝土拱桥相比有明显优势。目前国内已建成多座这种类型的桥梁，如跨径 160m 湖北的巴东无源洞大桥，跨径 180m 的云南化皮冲大桥，主跨 420m 万县长江大桥，正在修建的有主跨 350m 广元昭化嘉陵江。

二、拱桥常用拱轴线形

目前拱桥常用的拱轴线线形有圆弧线、抛物线、悬链线和样条曲线。圆弧线是对应于径向均布荷载的合理拱轴线，一般常用于跨径 20m 以下拱桥。二次抛物线是对应于沿跨径均布荷载的合理拱轴线，在一些较大跨径为了使拱轴线尽量与恒载压力线吻合，也采用高次抛物线。悬链线是对应于恒载集度由拱顶向拱脚连续分布荷载的合理拱轴线。另外还用函数逼近的思想，构造出样条曲线，尽量逼近恒载压力线，但这些曲线计算麻烦。目前对于大跨拱桥来说，普遍采用的还是悬链线和抛物线作为拱轴线。国内已建成的跨度大于 100m 的钢筋混凝土拱桥绝大多数采用悬链线作为拱轴线；而已修建的钢管混凝土拱桥拱轴线，跨度 100m 以内者大多采用抛物线，而跨度在 100m 以上者多采用悬链线。

三、拱轴线选取的一般原则

在拱桥设计计算中，拱轴线的选择相当重要，拱轴线形状直接影响主拱截面内力的分布的大小，而且与结构的耐久性、经济合理性、施工安全性等都有密切关系。理想的拱轴线是与拱上各种荷载的压力线相吻合，这时拱轴面上只有轴向压力，而无弯矩及剪力作用，应力均匀。但事实上是不可能获得这样的拱轴线，因为主拱受到恒载、活载、温度变化和材料收缩徐变等作用，当恒载压力线与拱轴线吻合时，在活载及其他荷载作用下其压力线与拱轴线就不再吻合了，产生偏心使弯矩不为零。如果偏心较大会对整个主拱圈及结构的受力不利，故在选择拱轴线时要尽量减小弯矩和拉应力，最好是不出现拉应力；并使拱轴线相对于各种荷载的压力线的偏心不大，从而使实际的拱轴线与压力线较接近。对于公路上的钢筋混凝土拱桥来说，针对恒载所占比较大的特点，一般采用恒载压力线作为拱轴线，恒载愈大，这种选择愈合理；对于活载较大的铁路拱桥来说，可采用恒载加一半活载压力线作为拱轴线。

四、拱轴线线形对拱桥结构内力影响分析

对于采用悬链线作为拱轴线的拱桥来说，计算跨径和矢高确定后，拱轴线形由拱轴系数 m 确定。确定好 m 后就可以建立出悬链线方程，计算出拱轴线各个位置的坐标，而且拱轴系数 m 越大，拱圈越陡，拱轴系数 m 越小，拱圈越平坦。下面以一个工程实例分析拱轴系数 m 对拱桥内力的影响，说明控制主拱圈内力和应力求解合理拱轴线的过程。

某上承式劲性骨架拱桥，净跨 200m，矢跨比 1/4，桥宽 9m，拱圈采用单箱 3 室截面，每个箱室中心宽度 2.7m，拱圈高度 3.5m，拱圈顶板和底板均为 40cm，腹板 30cm（图 1）。主拱圈的形成是通过钢管劲性骨架缆索吊装成拱，然后在钢管内灌注混凝土，通过“三环六面”法，即横断面上先底板再腹板最后顶板，纵桥向由拱脚到拱顶分六个工作面同时施工，完成拱圈的施工。拱圈劲性骨架上、下弦杆由共 8 根 Q345C 钢材卷制的 $\phi400\times12$ 钢管组成，腹杆由 L100×80×8 角钢形成，上下平联为 L80×8 等边角钢焊接而成。拱上建筑为钢筋混凝土立柱，每个立柱所对应的拱圈内设横隔板，一般立柱为 120cm×120cm 的矩形截面，由于靠近拱脚的立柱较高，采用 80∶1 的坡率的变截面形式。桥面行车道板均为 16.5m 预制空心板，利用缆索吊装架设，简支结构，桥面连续，引桥为跨径为 35m 预应力简支 T 梁，全桥立面布置如下：

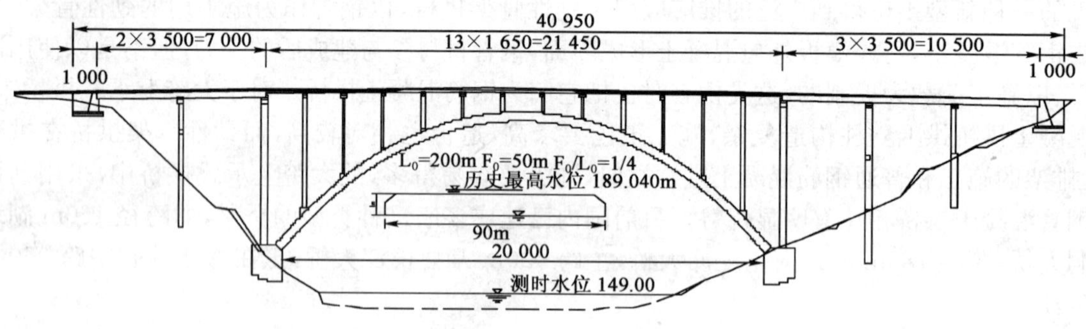

图 1　桥型立面布置图（尺寸单位：cm）

按照拱轴系数 m=1.4、1.6、1.8、2.0 分别建立全桥空间计算模型，运用大型空间有限元程序 midas 进行结构分析。劲性骨架拱圈采用截面换算后按等效的空间梁单元模拟，立柱和盖梁也用梁单元，立柱和拱圈、盖梁和立柱的连接采用刚臂。桥面板采用梁格法建模，其边界条件按照支座刚度等效的原则，用弹性连接与盖梁相连模拟，拱脚按固结处理，全桥共 2 456 个节点，3 728 单元，模型如图 2。

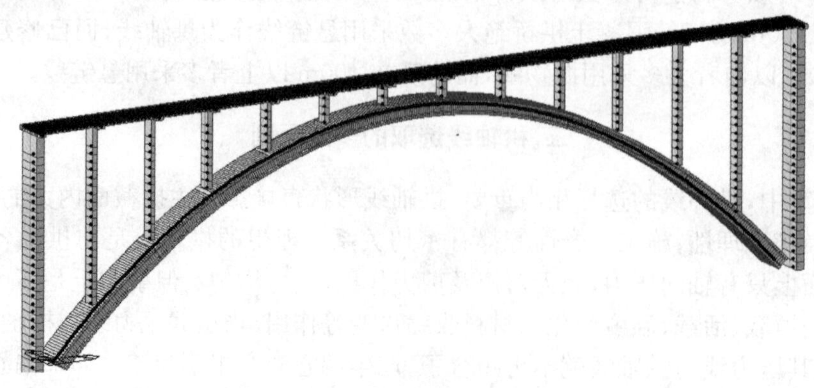

图 2　全桥结构计算模型

从表1的数据我们可以看到，拱轴系数 m 对恒载状态下拱圈弯矩影响很大，随着 m 的增加，拱脚负弯矩绝对值减小，而拱顶正弯矩增加，1/8L 由正弯矩向负弯矩转变，而 3/8L 正弯矩增加，1/4L 弯矩也在反号。另外，我们从绝对值来看，对于上承式劲骨架拱桥来说，拱脚弯矩绝对值随 m 的变化幅度最大，对内力控制来说最为敏感，适当减小 m，能把其余各截面弯矩控制为较小，但拱脚弯矩又嫌过大，如何选择合理的拱轴系数 m 是协调好控制拱脚弯矩以及其余截面弯矩的关键。

恒载状态下轴线系数 m 对拱圈弯矩影响的计算结果(单位：kN·m) 表1

拱轴系数	拱　脚	1/8L	1/4L	3/8L	拱　顶
1.4	−79 111	10 587	12 614	5 537	−7 098
1.6	−60 682	4 369	9 983	8 831	445
1.8	−43 687	−1 557	2 699	12 006	7 563
2	−27 905	−7 239	−1 708	15 042	14 271

分析表2数据，我们可以看到，拱轴系数 m 对恒载下的轴力影响不是很明显，随着 m 的增加拱圈各个截面的轴力都有缓慢的增加，这也与悬链线方程所表达的线形一致，m 的值越大，拱圈越陡，轴力也相应增加。

恒载状态下轴线系数 m 对拱圈轴力影响的计算结果(单位：kN) 表2

拱轴系数 m	拱　脚	1/8L	1/4L	3/8L	拱　顶
1.4	90 652	76 225	65 106	60 589	58 569
1.6	90 859	76 350	65 261	60 757	58 751
1.8	91 034	76 463	65 402	60 910	58 916
2	91 183	76 566	65 530	61 047	59 068

分析表3数据，我们可以看到，拱轴系数 m 对恒载下的剪力有一定影响，随着 m 的增加，拱脚剪力绝对值在减小，拱顶剪力绝对值在增加，1/8L 剪力绝对值和拱脚类似，随 m 值增加而减小，3/8L 剪力绝对值和拱顶类似，随 m 值增加而增加，1/4L 剪力值随 m 的增加而反号。由于剪力绝对值总体来说都比较小，拱轴系数对剪力影响不大。

恒载状态下轴线系数 m 对拱圈剪力影响的计算结果(单位：kN) 表3

拱轴系数 m	拱　脚	1/8L	1/4L	3/8L	拱　顶
1.4	−4 095	−2 792	615	−1 229	−23
1.6	−2 838	−2 534	356	−1 523	−26
1.8	−1 688	−2 302	108	−1 797	−29
2	−630	−2 092	−128	−2 052	−32

从表4、表5数据，我们可以看到活载对拱圈各截面弯矩既有正弯矩效应，也有负弯矩效应。活载效应下，拱轴系数 m 对拱圈弯矩影响不是很明显。对于正弯矩来说，随着 m 增加，拱圈拱脚、拱顶、3/8L 截面的增加；1/8L、1/4L 截面，弯矩在减小；对于负弯矩来说，随着 m 增加，拱圈拱脚、拱顶、3/8L 截面的弯矩绝对值减小；1/8L、1/4L 截面弯矩绝对值在增加。不论对正弯矩还是负弯矩，拱轴系数的变化对活载产生的拱圈弯矩影响都很小。

活载状态下轴线系数 m 对拱圈正弯矩影响的计算结果(单位：kN·m) 表4

拱轴系数	拱　脚	1/8L	1/4L	3/8L	拱　顶
1.4	24 488	6 784	14 572	15 561	10 142
1.6	25 067	6 743	14 510	15 701	10 447
1.8	25 603	6 710	14 455	15 836	10 737
2	26 102	6 684	14 403	15 965	11 013

活载状态下轴线系数 *m* 对拱圈负弯矩影响的计算结果(单位:kN·m) 表5

拱轴系数 *m*	拱　脚	1/8*L*	1/4*L*	3/8*L*	拱　顶
1.4	−25 371	−5 813	−13 155	−11 456	−6 976
1.6	−24 950	−6 118	−13 378	−11 375	−6 818
1.8	−24 565	−6 418	−13 583	−11 297	−6 670
2	−24 209	−6 708	−13 773	−11 221	−6 534

分析表6数据,活载对拱圈各截面轴力产生压力效应,拱轴系数 *m* 的变化,对活载效应下轴力变化不是很明显,随着 *m* 的增加拱圈各个截面的轴力都有缓慢的增加,与恒载效应类似,这也与悬链线方程所表达的线形一致,*m* 的值越大,拱圈越陡,轴力也相应增加。

活载状态下轴线系数 *m* 对拱圈轴力影响的计算结果(单位:kN) 表6

拱轴系数 *m*	拱　脚	1/8*L*	1/4*L*	3/8*L*	拱　顶
1.4	4 333	4 042	3 560	3 355	3 161
1.6	4 336	4 050	3 568	3 362	3 171
1.8	4 338	4 057	3 576	3 368	3 179
2	4 340	4 064	3 582	3 373	3 188

从表7、表8数据可以看到,活载对拱圈各截面剪力既有正剪力效应,也有负剪力效应。活载效应下,拱轴系数 *m* 对拱圈剪力影响不是很明显。对于正剪力来说,随着 *m* 增加,拱圈拱脚、拱顶、1/8*L* 截面的增加;1/4*L*、3/8*L* 截面,弯矩在减小;对于负剪力来说,随着 *m* 增加,拱圈拱脚、1/8*L* 截面的剪力绝对值减小;1/4*L*、3/8*L*、拱顶截面,剪力绝对值在增加。不论对正剪力还是负剪力,拱轴系数的变化对活载产生的拱圈剪力影响都很小。

活载状态下轴线系数 *m* 对拱圈正剪力影响的计算结果(单位:kN) 表7

拱轴系数 *m*	拱　脚	1/8*L*	1/4*L*	3/8*L*	拱　顶
1.4	1 051	616	503	512	770
1.6	1 091	623	497	508	771
1.8	1 129	630	491	505	771
2	1 164	635	487	502	772

活载状态下轴线系数 *m* 对拱圈负剪力计算结果(单位:kN) 表8

拱 轴 系 数	拱　脚	1/8*L*	1/4*L*	3/8*L*	拱　顶
1.4	−1 088	−1 000	−582	−808	−760
1.6	−1 060	−993	−592	−823	−761
1.8	−1 034	−987	−602	−837	−762
2	−1 011	−982	−611	−850	−763

通过以上分析,当 $m=1.8$ 时,拱圈除拱脚弯矩稍大,其他各部位弯矩均较小,分布也很均匀,增大 *m* 时,其他各部位弯矩变化不大,而拱脚增大很多;减小 *m* 时,拱脚弯矩虽减小,但其他各部位弯矩增加较多,最后确定拱轴系数采用 $m=1.8$。对于拱脚弯矩较大的处理,我们通过拱脚到第一根立柱之间采用变截面,顶底板厚度由80cm渐变到40cm,边腹板由55cm,渐变到30cm。在最不利组合(恒＋活＋收缩＋徐变＋降温)下内力包络图和应力图如图3～图6。

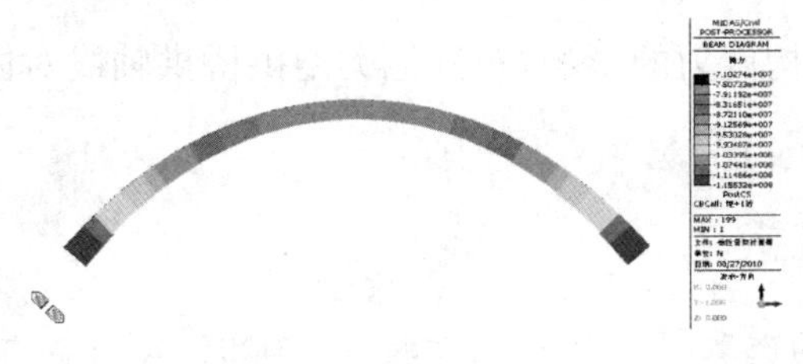
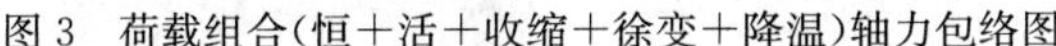

图 3 荷载组合(恒+活+收缩+徐变+降温)轴力包络图

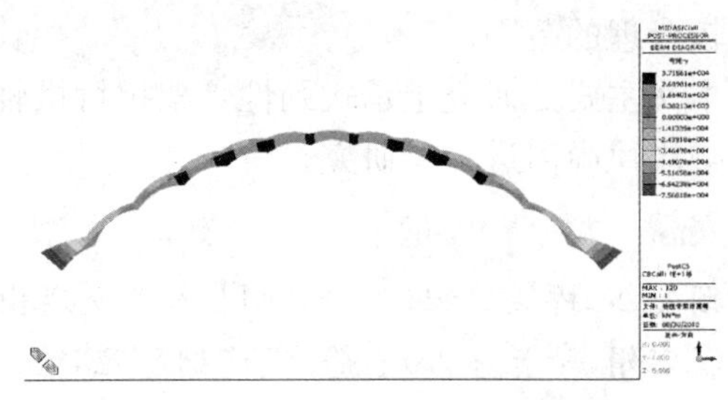

图 4 荷载组合(恒+活+收缩+徐变+降温)弯矩包络图

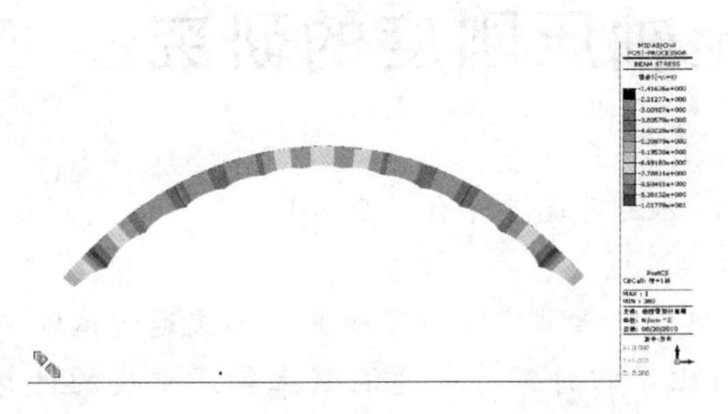

图 5 荷载组合(恒+活+收缩+徐变+降温)上缘应力图

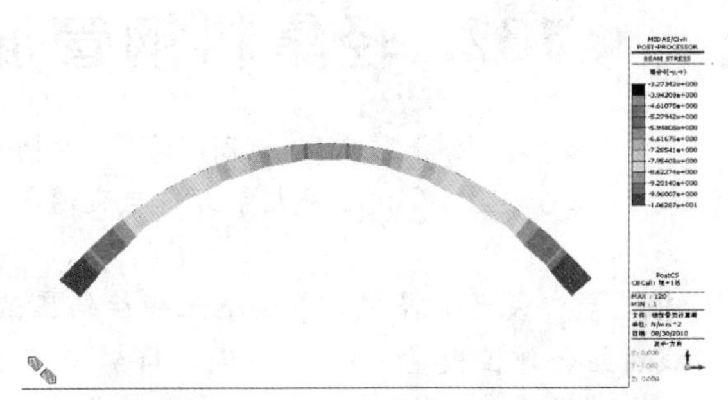

图 6 荷载组合(恒+活+收缩+徐变+降温)下缘应力图

从图 3～图 6 我们可以看到，通过拱脚段构造上加强后，在最不利组合下，拱圈各截面应力均处在合理状态，既没出现拉应力，也没出出现压应力过大的情况，并有一定安全储备。

五、结　　语

通过分析以上计算数据，我们可以总结这几个规律：

(1)恒载状态下，拱轴线线型直接影响拱圈内力的大小，对弯矩影响最大，随着拱轴系数 m 的增大，拱顶正弯矩增大，而拱脚负弯矩绝对值在减小；对轴力、剪力影响较小。拱桥是受压构件，应严格控制恒载弯矩的大小，选择合理的拱轴线，让拱轴线尽量和压力线接近，减小偏心产生的弯矩。

(2)活载状态下，拱轴线形的变化对活载产生的弯矩、轴力、剪力影响不大。

(3)对于上承式劲性骨架拱桥来说，由于拱轴系数对恒载效应影响很大，对活载效应影响不大，且恒载效应在荷载组合中，所占作用最大，因此，为了快速高效的求出的合理拱轴线形，我们可以选择恒载内力分布最合理的线形，作为初步拟定的拱轴线，然后用最不利组合进行验算和微调，得出最终的拱轴线。

(4)虽然我们选取拱轴系数时，遵循拱轴线线形和压力线尽量接近的原则，但实际工程由于各种因素的影响，拱轴线形和压力线不可能完全一致，这样就造成拱圈大部分地方都有或大或小弯矩的存在。而且我们也可以看到，拱脚一部分区段弯矩对拱轴系数最敏感，往往调整拱轴系数时，让其他各截面如拱顶、$1/8L$、$1/4L$、$3/8L$ 弯矩均控制为较小，拱脚又嫌大；让拱脚弯矩较小时，拱顶、$1/8L$、$1/4L$、$3/8L$ 这些地方的弯矩又均稍嫌大，二者不好兼顾，这时，我们就要权衡这种关系。对于上承式劲性骨架箱形拱桥来说，拱脚过大弯矩的处理，可以从两方面入手：①施工方法上，通过分阶段施工，拱脚先铰结后固结，释放一部分恒载负弯矩。②设计上，对拱脚构造上进行加强。拱脚附近拱圈可以顶底板、腹板局部加厚，增加截面特性，让截面上下缘应力均在规范容许范围内。拱脚段过大弯矩可以通过设计和施工中采取措施予以释放和处理，而拱顶和其他截面过大弯矩则难以处理。这样，我们选择拱轴线形时，可以让拱脚弯矩稍大,将其他截面弯矩均控制在较小范围内,最后通过施工方法或构造上的处理使整个拱圈的应力均处于一个较合理的范围。

本文主要是研究上承式劲性骨架拱桥拱轴线线形对结构内力的影响,对其他类型拱桥拱轴线对内力的影响规律尚需进一步研究。

参考文献

[1] 顾安邦.桥梁工程(下册)[M].人民交通出版社,2000.

[2] 霍宏娟,李长林,汤宁静.浅谈钢筋混凝土拱桥拱轴线的选取[J].露天采矿技术,2009(6).

[3] 林阳子,黄侨,任远.拱桥拱轴线的优化与选形.公路交通科技,2009(3).

132. 轻集料钢管混凝土轴压刚度的研究

周　宇[1]　吉伯海[1]　傅中秋[1]　王晓亮[2]

(1. 河海大学土木与交通学院;2. 苏州苏园建筑设计有限公司)

摘　要　基于轻集料钢管混凝土短柱轴压试验,对其组合轴压刚度进行了研究。本文通过试验 $N-\varepsilon$ 曲线对组合弹性模量重新取值,进而得到轴压刚度,并对比了四种钢管普通混凝土轴压刚度的计算公式。结果表明,轻集料钢管混凝土轴压刚度较普通钢管混凝土轴压刚度低 30%左右。钢管的套箍作用对整体刚度影响不明显,当轻集料混凝土弹性模量较低的时候,会略微影响到整体刚度、轴压刚度,计算时宜进行折减,并提出了轻集料钢管混凝土轴压刚度的简便计算公式。

关键词　轻集料钢管混凝土　套箍作用　轴压刚度

一、前　　言

在钢管中填充轻集料混凝土形成的轻集料钢管混凝土与普通钢管混凝土相比,除了同样具有以上优点外,自重还可降低 20%左右[1]。将轻集料钢管混凝土应用在桥梁结构中将大大减轻结构自重力,降低基础荷载,符合现代桥梁结构的发展要求。刚度是材料变形能力的重要指标,也是结构设计及数值分析中的重要参数之一。尽管国内外对轻集料钢管混凝土已经展开了研究,但尚未形成系统的理论体系[2-3]。本文结合轻集料钢管混凝土短柱轴压试验,对实验数据结果进行分析,并结合普通钢管混凝土轴压刚度的公式,得出可供工程实际参考的结论。

二、轻集料钢管混凝土短柱轴压试验

本次轻集料钢管混凝土短柱轴压试验在河海大学结构工程实验室进行。试验中采用 Q235 直缝焊接圆钢管,混凝土为页岩陶粒轻质混凝土。在试验前,将混凝土表面低于钢管的部分用纯水泥浆抹平,并用玻璃片压光,以保证在进行轴压试验时,钢管和混凝土同时受力。试件直接放在压力机上,上端以厚钢板作承压垫板,两端采用平板铰。为了准确地测量试件的变形,在每个试件中部沿周长平均布设纵向及环向共四对电阻应变片。试验时,根据预估的破坏荷载进行分级加载,在预估破坏荷载的 70%～80%之间前,按荷载的(1/10～1/15)分级加载,每级荷载间停 2min 左右,使变形充分发展。在此之后,构件的非线性性能已表现的非常显著,接近破坏时采用慢速连续加载。当荷载达到最大(极限值),试验机上的压力传感器数值开始回落后,仍继续向千斤顶油缸送油,直到试件变形很大。全过程采用数据自动采集系统实行连续采集。

试件具体数据及试验结果见表 1。

轻集料钢管混凝土短柱试件及实验结果 表1

试件编号	钢管外径 D(mm)	壁厚 t(mm)	试件长度 L(mm)	f_y(MPa)	E_s(MPa)	f_c(MPa)	紧箍系数 ξ	N_u(kN)	E_{sc}(MPa)
SC1-a SC1-c	111.2 111.5	2.04 2.11	342	305.6	2.09×10^5	29.21	0.810 0.836	659 675	40.01×10^3 35.55×10^3
SC2-a SC2-b SC2-c	111.4 111.4 111.3	2.06 2.19 2.12	342	305.6	2.09×10^5	37.66	0.630 0.680 0.660	738 689 678	45.28×10^3 40.39×10^3 40.21×10^3
SC3-a SC3-b	113.5 113.4	3.79 3.78	342	274.7	1.97×10^5	29.21	1.398 1.385	852 822	49.52×10^3 49.26×10^3
SC4-a SC4-b SC4-c	113.3 113.4 113.3	3.79 3.81 3.75	342	274.7	1.97×10^5	37.66	1.081 1.089 1.071	884 889 899	51.75×10^3 49.15×10^3 45.78×10^3
SC5-b SC5-c	164.5 164.4	2.64 2.51	495	281.7	2.19×10^5	29.21	0.650 0.616	1214 1403	33.72×10^3 33.28×10^3
SC6-a SC6-c	164.3 164.8	2.63 2.45	495	281.7	2.19×10^5	37.66	0.503 0.466	1475 1540	38.36×10^3 39.44×10^3
SC7-a SC7-c	165.5 165.2	2.99 3.11	495	293.9	2.01×10^5	29.21	0.765 0.805	1410 1547	37.19×10^3 39.16×10^3
SC8-b SC8-c	164.5 165.0	3.11 2.96	495	293.9	2.01×10^5	37.66	0.626 0.594	1647 1629	41.64×10^3 38.18×10^3
SC9-a SC9-b SC9-c	165.2 164.8 165.0	3.98 3.88 3.96	495	275.8	2.06×10^5	29.21	0.978 0.955 0.977	1530 1566 1545	41.66×10^3 41.12×10^3 37.50×10^3
SC10-a SC10-b	164.7 164.5	3.86 3.86	495	275.8	2.06×10^5	37.66	0.740 0.740	1667 1634	39.98×10^3 40.08×10^3
SC11-a SC11-b SC11-c	163.9 163.9 164.4	2.47 2.53 2.49	495	281.7	2.19×10^5	22.90	0.780 0.801 0.783	1113 1123 1122	32.34×10^3 31.10×10^3 32.08×10^3
SC12-a SC12-c	113.3 113.1	3.59 3.56	342	274.7	1.97×10^5	22.90	1.682 1.673	720.5 715.1	40.12×10^3 42.52×10^3
SC13-a SC13-b SC13-c	164.5 164.3 164.6	3.90 3.88 3.87	495	275.8	2.06×10^5	22.90	1.230 1.220 1.220	1335 1329 1331	38.58×10^3 37.28×10^3 37.70×10^3

注：E_{sc}为实测钢管轻集料混凝土组合弹性模量，$\xi=f_y\mathrm{As}/f_cA_c$

三、组合刚度的分析与计算

1. 组合弹性模量的确定

钢材的应力—应变曲线一般可分为弹性段、弹塑性段、塑性段、强化段和二次塑流等五个阶段。混凝土是脆性材料，它的应力-应变曲线包括上升段和下降段。多数情况下测定混凝土弹性模量是进行反复加载，以割线模量来代替弹性模量。轻集料钢管混凝土作为组合材料，其受力情况比较复杂。

图1为本次试验试件的轴力—纵向应变曲线示意图。在加载初期，图中OB段，荷载—纵向应变曲线基本上为直线，可以认为此时试件处于弹性阶段，比例极限约为极限荷载的70%～80%。当荷载增长

至 B 点，钢管表面出现吕德尔斯滑移线，有铁锈剥落现象，此后，曲线偏离初始的直线。当荷载达到最大值 C 点后，曲线随着试件不同的紧箍系数出现三种不同的情况。当紧箍系数 $\xi<1$ 时，由于钢管对混凝土约束力不大，曲线有下降段；当 $\xi\approx1$ 时，曲线平稳；当 $\xi>1$ 时，曲线进入强化段。

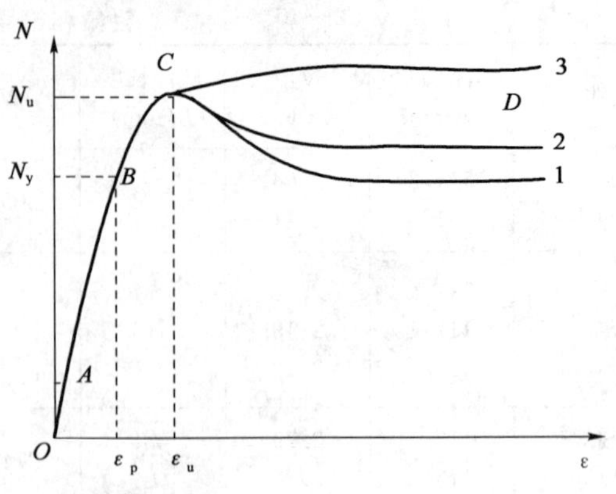

图 1　N-ε 曲线示意图

E_{sc} 为钢管高强轻集料混凝土组合弹性模量，按下式确定[4]：

$$E_{sc}=f_{scp}/\varepsilon_{scp}$$

其中 f_{scp} 和 ε_{scp} 分别为名义轴压比例极限及其对应的应变。

通过试验结果可以看出轻集料钢管混凝土组合结构为弹塑性材料。如图 1 考虑到加载初期 OA 段，或因试件端面支垫层的压实作用，斜率不稳定，并且 OB 段并非完全是一条直线，因此很难得到原点的切线，从而得到试件的实际弹性模量，因此可以通过割线模量近似代替其弹性模量。通过实验结果分析，取极限承载力 10%所对应 A 点和 70%对应的 B 点作为弹性模量的计算点。即：$E_{sc}=(f_{scp}-f_{scA})/(\varepsilon_{scp}-\varepsilon_{scA})$，计算结果见表 1。在目前的试验条件下，用此方法可以较为精确地得到轻集料钢管混凝土的弹性模量。

2. 组合刚度分析及公式对比

在钢管混凝土结构的分析中，一般取钢管和混凝土各自的轴压刚度之和作为试件的轴压刚度。而理论研究中有要提高轴压刚度和折减轴压刚度两种趋势[5]：一种认为钢管和混凝土不能同时发挥各自的材料性能，轴压刚度应进行折减；另一种认为钢管混凝土内有“套箍作用”，套箍作用不但能提高结构的强度，同时也能提高结构的刚度。由于轻集料混凝土的弹性模量比普通混凝土低 25%～65%[6]，实际刚度可能更为复杂(表 2)。

EA 实测值与计算值比较　　表 2

试件号	实测刚度 $E_{sc}A$ (MN)	实测刚度/公式(1)值	实测刚度/公式(2)值	实测刚度/公式(3)值	实测刚度/公式(4)值	试件号	实测刚度 $E_{sc}A$ (MN)	实测刚度/公式(1)值	实测刚度/公式(2)值	实测刚度/公式(3)值	实测刚度/公式(4)值
SC1-a	389.40	1.08	1.26	0.80	1.08	SC8-b	884.94	1.10	1.28	0.70	1.10
SC1-c	347.15	0.95	1.10	0.69	0.95	SC8-c	816.32	1.03	1.20	0.66	1.03
SC2-a	441.37	1.19	1.39	0.81	1.19	SC9-a	892.85	1.02	1.18	0.73	1.02
SC2-b	393.69	1.03	1.21	0.77	1.04	SC9-b	903.78	1.04	1.18	0.70	1.05
SC2-c	391.18	1.04	1.22	0.78	1.04	SC9-c	801.80	0.92	1.07	0.65	0.92
SC3-a	501.00	1.07	1.24	0.74	1.08	SC10-a	902.68	1.02	1.12	0.64	1.02
SC3-b	497.51	1.07	1.23	0.76	1.07	SC10-b	851.84	0.97	1.13	0.66	0.97
SC4-a	521.74	1.10	1.27	0.74	1.10	SC11-a	682.26	0.94	1.10	0.78	0.94
SC4-b	496.45	1.04	1.21	0.70	1.05	SC11-b	656.20	0.89	1.05	0.74	0.89
SC4-c	461.54	0.98	1.13	0.64	0.98	SC11-c	680.91	0.93	1.09	0.77	0.93
SC5-b	716.63	0.93	1.09	0.75	0.93	SC12-a	404.53	0.91	1.05	0.70	0.91
SC5-c	810.48	1.07	1.26	0.74	1.07	SC12-c	427.18	0.96	1.12	0.75	0.97
SC6-a	813.18	1.03	1.21	0.70	1.04	SC13-a	819.99	0.97	1.13	0.77	0.97
SC6-c	841.24	1.09	1.28	0.70	1.09	SC13-b	790.45	0.94	1.09	0.75	0.94
SC7-a	800.00	1.02	1.19	0.74	1.02	SC13-c	802.28	0.95	1.11	0.76	0.95
SC7-c	839.41	1.06	1.24	0.71	1.06	平均		1.012	1.180	0.734	1.014

文献[7]简单地取钢管混凝土中钢管和混凝土两者的轴压刚度之和,作为组合结构的轴压刚度。

$$EA = E_c A_c + E_s A_s \tag{1}$$

文献[8]以含筋率 ρ 为权重,对钢管和混凝土的弹性模量进行加权组合,作为结构的变形模量,同时考虑一定的折减。其轴压刚度为:

$$EA = 0.85[(1-\rho)E_c + \rho E_s]A \tag{2}$$

文献[9]将钢管混凝土作为一种材料,根据抗压模量可建立轴压刚度:

$$EA = E_{sc} A_{sc} \tag{3}$$

其中:

$$E_{sc} = f_{scp}/\varepsilon_{scp}$$

$$f_{scp} = [0.192(f_y/235) + 0.488] \cdot f_{scy}$$

$$\varepsilon_{scp} = 0.67 f_y/E_s$$

文献[10]运用最小势能原理,考虑钢管和混凝土的相互作用,导出了钢管和核心混凝土的修正弹性模量,给出了"正套箍效应"和"负套箍效应"的存在条件。其轴压刚度为:

$$EA = E_c{}' A_c + E_s{}' A_s \tag{4}$$

其中:

$$E_c{}' = \frac{E_c}{1-K_1}, E_s{}' = \frac{E_s}{1-K_2}$$

$$K_1 = \frac{2\mu_c^2}{1-\mu_c+\dfrac{E_c}{Rk}}, K_2 = \frac{\mu_s^2}{1-\dfrac{E_s t}{R^2 k}}, k = \frac{\mu_c - \mu_s}{\dfrac{R^2\mu_c}{E_s t} + \dfrac{(1-\mu_c)\mu_s R}{E_c}}$$

式中,μ_c、μ_s为混凝土和钢管的泊松比(μ_c为试件在弹性极限时核心混凝土底横向变形系数,根据本次试验测得比例极限状态时核心轻集料混凝土 μ_c可统一取为 0.4,钢管材料 μ_s取为 0.283);R 为钢管半径;t 为钢管壁厚。

3. 结果分析

试件轴压刚度的实测值与公式计算值的比较见表 2。

对于公式(1),通过参数对比,结果发现对轻集料混凝土弹性模量较高,强度为 CL40 和 CL50(SC1-10)的试件,实测值与计算值相近,说明钢管的套箍作用对试件整体刚度影响不明显;而对于弹性模量较低,强度为 CL30(SC11-13)的试件,实验值比计算值低 7%左右。这是由于轻集料混凝土的强度越低,弹性模量与同强度等级的普通混凝土相差越大[3],过低的轻集料混凝土弹性模量影响到了整体刚度,使得钢管和混凝土不能同时发挥各自的性能。

对于公式(2),结果发现试验结果要比计算结果高 20%左右,公式(2)低估结构的刚度,造成计算挠度偏大,从而被迫加大结构尺寸,以致造成材料的浪费。

对于公式(3),在计算时不考虑混凝土的刚度 E_c,只考虑到钢材的屈服点 f_y和 f_{scy},因此本公式计算出来的结果更近似为相同参数下钢管普通混凝土的轴压刚度。由于轻集料混凝土弹性模量较普通混凝土低很多,导致整体刚度降低,本次实验值较公式值低 30%左右,可以认为钢管轻集料混凝土的轴压刚度较钢管普通混凝土轴压刚度低 30%左右。

对于公式(4),考虑到"正套箍效应"和"负套箍效应",但对于本次钢管轻集料混凝土试验发现,结果与公式(1)相差不大。

根据试验结果分析,当混凝土强度和弹性模量较小时,可以将公式(1)中 $E_c A_c$部分进行折减,得到以下公式:

$$EA = \gamma E_c A_c + E_s A_s \tag{5}$$

当轻集料混凝土强度在 CL40 以下时,取 $\gamma = 0.8$。重新计算得到的数据结果如图 2,可以发现公式(5)计算精度高且离散性小,并且计算简单。在目前有关轻集料钢管混凝土轴

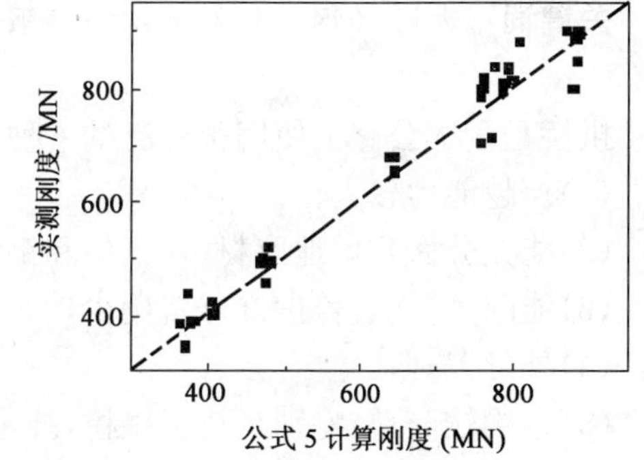

图 2 公式 5 计算刚度与实测刚度比较

压刚度计算公式尚未推出的情况下，建议将该公式作为其刚度的计算公式。

四、结　论

本文通过试验 N-ε 曲线对组合弹性模量重新取值，进而得到组合轴压刚度，通过对比四种普通钢管混凝土轴压刚度的计算公式，经分析得到以下结论：

(1)轻集料钢管混凝土的轴压刚度较普通钢管混凝土轴压刚度低30%左右。

(2)轻集料钢管混凝土的钢管套箍作用对整体刚度影响不明显，在轻集料混凝土弹性模量较低的时候，会影响到整体刚度，轴压刚度宜折减，并建议将公式(5)作为轻集料钢管混凝土轴压刚度的计算公式。

参考文献

[1] 吉伯海，王晓亮，马敬海等．钢管轻集料混凝土短柱轴压性能的试验研究[J]．建筑结构学报，2005，26(5)：60～65.

[2] Shun-ichi Nakamura，Yoshiyuki Momiyama，Tetsuya Hosaka，etal. New technologies of steel/concrete composite bridges[J]. Journal of Constructional Steel Research，2002，58(1)：99～130.

[3] 李帼昌，刘之洋，冯国会等．自应力钢管轻骨料混凝土轴压短柱的承载力计算[J]．东北大学学报(自然科学版)，1997，18(6)：636～639.

[4] 韩林海，杨有福．现代钢管混凝土结构技术[M]．北京：中国建筑工业出版社．2004.

[5] 周晓华，蒋翔．钢管混凝土轴压刚度取值比较[J]．公路．2003(8下)：105～107.

[6] 胡曙光，王发洲．轻集料混凝土[M]．北京：化学工业出版社．2006.

[7] CECS 28：90，钢管混凝土结构设计与施工规程[S].

[8] JCJ 01—89，钢管混凝土结构设计与施工规程[S].

[9] DL/T-5085-1997，钢-混凝土组合结构设计规程[S].

[10] 黄平明，张征文等．内填式钢管混凝土构件受箍机理分析[J]．西安公路交通大学学报，2001，21(4)：43～45.

133. 大跨径钢—混凝土拱桥新技术探索

王　彬　周志祥　蔡景毅

(重庆交通大学土木建设学院)

摘　要　提出了几种大跨径钢—混凝土拱桥的产生与特点，并将钢箱一混凝土组合拱桥与一般拱桥进行对比，从而得出钢—混凝土拱桥是桥梁向大跨径方向发展的趋势之一。

关键词　大跨径钢—混凝土拱桥　钢箱一混凝土组合箱板拱桥

拱桥是我国公路上使用很广泛的一种桥梁体系。拱桥的主要优点是：

(1)跨越能力较大；

(2)能充分做到就地取材，与钢桥和钢筋混凝土梁式桥相比，能节约大量的钢材与水泥；

(3)能耐久，而且养护维修费用少；

(4)外形美观；

(5)结构较简单，特别是圬工拱桥，技术容易被掌握，有利于推广使用。

钢与混凝土组合拱桥的产生更大地增加了桥梁结构的跨径。由于钢—混拱桥兼备了钢和混凝土的有利因素，因此能充分发挥混凝土的受压与钢的受拉性能，同时具有结构刚度大、质量轻、材料节省等特点。

一、几种钢—混凝土拱桥的产生与特点

1. 钢管混凝土拱桥

随着拱桥跨度的不断增大,施工问题日显突出,不断增大的结构自重使传统无支架吊装系统面临诸多问题:过多的划分拱肋节段,虽然减轻重量,却无法满足拱轴线形的要求;减小节段数量,但起吊重量太大,吊装系统难以承受,形成了跨度与吊装重量的突出矛盾,限制了大跨度拱桥的进一步发展。

钢管混凝土作为钢—混凝土组合材料的一种,一方面借助内填混凝土提高钢管壁受压时的稳定性,提高钢管的抗腐蚀性和耐久性,另一方面借助管壁对混凝土的套箍作用,提高了混凝土的抗压强度和延性.将钢材和混凝土有机组合起来。

在施工方面,钢管混凝土可利用空心钢管作为劲性骨架甚至模板,施工吊装重量轻,进度快,施工用钢量省。由于在材料和施工方法上的优越性,将这种结构用于以受力为主的拱桥是十分合理的。钢管混凝土具有自重轻、强度大、抗变形能力强等突出优点,较好地解决了拱桥跨度和施工的两大技术难题[4-5],是迄今为止大跨度拱桥比较理想的结构形式。与传统钢筋混凝土拱桥相比,钢管混凝土拱桥的拱肋吊装重量轻,采用预应力钢绞线千斤顶斜拉扣挂法张拉和固定拱肋,具有弹性模量大、变形小、易于调整拱肋线形等优点,拱肋节段数可由普通钢筋混凝土拱桥最多不超过7段变成10多段甚至更多,使钢管混凝土拱桥向大跨度方向发展成为了可能。此外,斜拉扣索在管内混凝土灌注过程中起调整混凝土应力的作用。不仅如此,钢管混凝土拱桥还有很多优点:钢管本身就是耐侧压的模板,适应先进的泵送混凝土工艺;施工快捷,钢管混凝土拱桥的上、下部结构可同时施工,管内混凝土灌注一般只需一个多月,一旦形成钢管混凝土拱桥,即可开始行车道系和附属设施施工,工期短,投资见效快。钢管混凝土拱桥的上述优点使得其一经出现便受到结构工程师们的青睐。

2. 预应力八字形刚架拱桥

无论是对于各种拱桥类型,还是对于不同类型拱桥的施工方法,都有其一定的优点和适用场合,同时也都存在一定的不足,所以,在选择桥型和施工方法时,应根据具体情况,具体要求,综合考虑,以期达到理想效果。针对在跨越山区深谷或跨越高速公路等特定的地理条件下兴建大跨径拱桥的特点,以优化结构体系,简化施工工艺,增加施工中结构的安全性,缩短建设周期,降低工程造价为主要出发点,由重庆交通大学周志祥教授提出了一种由立柱竖转形成的八字形刚架拱桥——预应力混凝土八字形刚架拱桥[1][11](图1)。

图1 预应力混凝土八字形刚架拱桥的结构形式

八字形刚架拱桥的构思原则[23]是:优化结构体系,简化施工工艺,保证施工安全,缩短施工工期,减少措施费用。

3. 竖转钢箱—混凝土组合拱桥

竖转预应力混凝土架拱桥,即使拱顶段是曲线的,但是仍然存在以下四点问题:

①拱肋的钢—混凝土接头太多，包括拱脚与转折处的，相对与双肋拱来说就有八处；

②施工工艺太多，有预应力混凝土、钢结构以及钢-混凝土组合结构三种；

③混凝土斜腿相对还是重，要求转体力大，转体设施复杂；

④整个结构还是被分为三段，压力线与拱轴线的偏离较大，需通过预应力来调节使压力线逼近拱轴线，不太合理，而且外观不自然。

课题组经过探索创新，决定拱采用连续光滑的曲线钢箱，这样就保持了常规拱桥外观自然协调和受力合理的特点，拱肋竖向施工，由上而下竖转成拱，又继承了八字形刚架拱桥的施工特色。钢箱合龙后，在拱脚附近内填混凝土（也可竖向状态填充），在拱顶区段的箱顶浇筑混凝土板，最后在主拱圈上完成拱上建筑的施工，形成竖转钢一混凝土组合拱桥。这样以来，竖向施工时就避免了浇筑混凝土拱肋，而是分段吊装钢箱，并且无需对拱圈施加预应力，从而降低了施工难度，大大减轻了拱圈自重，简化了竖转设备。

“竖转钢—混凝土组合拱桥”这一结构体系充分利用了钢与混凝土两种材料的各自优点（钢的抗拉性能好和混凝土的抗压性能强），从而取代八字形刚架拱桥中施工较繁琐的预应力体系。而且大大减轻了转体过程中的转体重量，大大提高了转体过程的安全性，其技术可行性、经济实用性得到了郑皆连院士等诸多专家的一致认可。下面将详细介绍“竖转钢—混凝土组合拱桥”的构思目的、主拱结构的构造特征以及技术步骤的实现过程。

1）竖转钢—混凝土组合肋拱桥的特点

由重庆交通大学周志祥教授提出的“一种竖转钢—混凝土组合拱桥”的主拱结构如图 2 所示。其构造特征在于：

（1）主拱结构的拱脚区段为矩形截面钢箱拱肋内满填混凝土的钢—混凝土组合结构。

（2）主拱结构的跨中区段根据受力或构造要求有三种断面形式供选择：

①分别在钢箱拱肋顶面浇筑混凝土形成钢—混凝土组合肋拱结构；

②在钢箱拱肋顶面整体浇筑混凝土板形成钢箱—混凝土板组合拱结构；

③在钢箱拱肋内浇筑底板混凝土，再在钢箱拱肋顶面整体浇筑混凝土板形成整体的钢—混凝土组合拱结构。

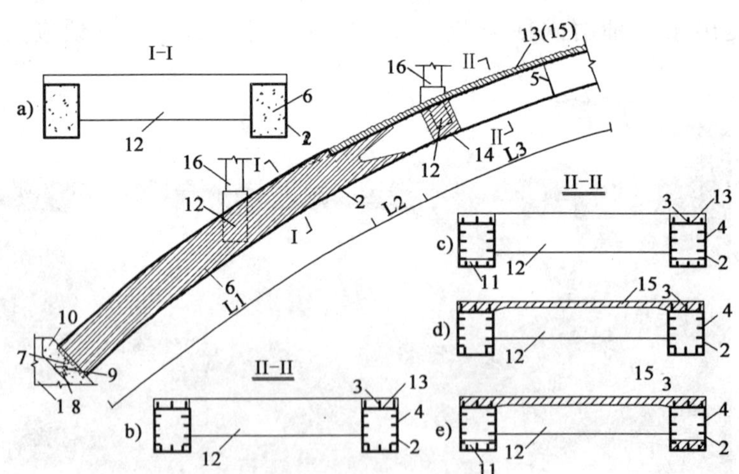

1-拱座；2-拱肋钢箱；3-PBL 开孔钢板；4-钢箱加劲肋；5-钢横隔板；6-拱脚区段箱内混凝土；7-转动铰上座；8-转动铰下座；9-转轴；10-封铰混凝土；11-拱顶段底板混凝土；12-系梁；13-拱顶段分离式顶板混凝土；14-混凝土横隔板；15-拱顶段联合式顶板混凝土；16-立柱

图 2　竖转钢-混凝土组合拱桥拱肋截面形式

（3）拱脚区段与跨中区段之间为过渡区段，钢箱拱肋内由满填混凝土逐渐变化为空箱或仅有底板混凝土，钢箱顶部混凝土的宽度由与钢箱同宽逐渐变化为设定宽度。

（4）除拱脚区段外的钢箱底板和腹板的加劲肋板设于钢箱内侧，钢箱顶板的加劲肋板设于钢箱顶面上，该加劲肋板为开孔加劲钢板，以便后浇顶部混凝土内的钢筋穿过开孔加劲肋板成为混凝土与钢箱顶板联结的 PBL 剪力键，钢箱内底板若需浇筑混凝土，则钢箱底板的加劲肋板也应采用开孔加劲钢板。

(5)钢箱拱肋内隔适当间距设置钢横隔板。

(6)在立柱下方的拱肋处设置钢筋混凝土横系梁。

(7)立柱下方的拱肋局部钢箱内满填混凝土，以便混凝土横系梁的钢筋伸入钢箱混凝土内锚固，同时作为钢箱的劲性横隔板。

2)钢箱—混凝土组合箱板拱桥的特点

但是随着跨径增大普通拱肋截面已不能满足受力与使用的需要，必定是箱梁的组合。为了进一步对钢混组合拱桥进行了优化，提出了钢箱—混凝土箱板拱桥。其总体构思为，主拱采用钢箱与混凝土箱相结合的方式利用竖转施工方法。

“竖转钢—混凝土组合箱板拱桥”的主拱结构如图 3 所示，其构造特征在于：

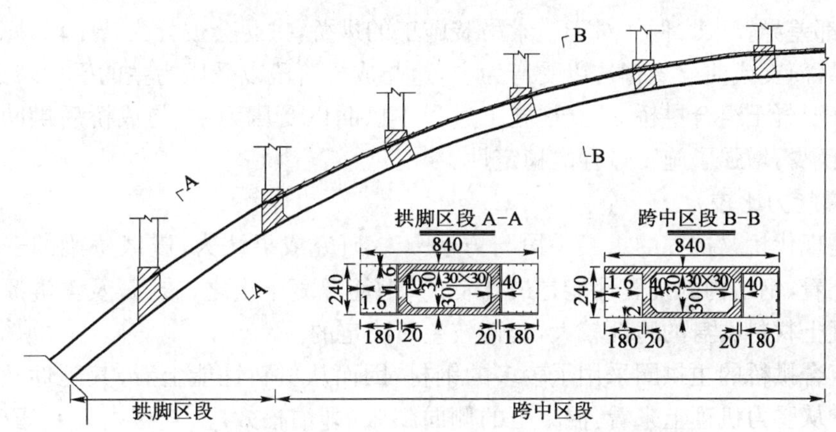

图 3 竖转钢箱—混凝土组合箱板拱桥主拱截面形式

①钢箱—混凝土组合箱板拱结构，包括平行设置的钢箱拱 I 和钢箱拱 II，钢箱拱 I 的底板和钢箱拱 II 的底板之间沿纵向并列布置底部预制板，钢箱拱 I 的顶板和钢箱拱 II 的顶板之间沿纵向并列布置顶部预制板，钢箱拱 I 的底板和钢箱拱 II 的底板分别横向向内侧延伸，底部预制板两端分别担在钢箱拱 I 和钢箱拱 II 底板的延伸部。

②顶部预制板两端和底部预制板两端与钢箱拱 I 和钢箱拱 II 之间、相邻底部预制板之间以及相邻顶部预制板之间通过现浇混凝土形成中间为混凝土箱结构的钢箱-混凝土组合箱板拱结构。

③钢箱拱 I 和钢箱拱 II 内侧腹板外表面分别设置腹板加劲肋板，所述腹板加劲肋板上纵向布置横向通孔，横向通孔内穿入混凝土箱结构的腹板箍筋，在现浇混凝土后形成钢箱拱 I 和钢箱拱 II 与混凝土箱结构腹板联结的 PBL 剪力键。

④钢箱拱 I 和钢箱拱 II 底板的延伸部与混凝土箱结构腹板内的箍筋底边焊接。

⑤在钢箱拱 I 和钢箱拱 II 的跨中区段的顶板上部分别现浇顶部混凝土，所述顶部混凝土与顶部预制板通过现浇混凝土联结为一体。

⑥钢箱拱 I 和钢箱拱 II 的拱脚区段顶板和底板钢板厚度大于跨中区段顶板和底板钢板厚度。

“钢箱—混凝土组合箱板拱结构，采用先制作安装两并行钢箱拱及其横向联系，并以此为支撑布置混凝土箱结构底部预制板和顶部预制板，通过现浇混凝土使两侧钢箱与混凝土箱结构底部预制板和顶部预制板联结成为整体的钢箱-混凝土组合箱板拱结构。由于采用空钢箱成拱，自重轻，设备简，易控制，安全快捷，无开裂忧患，无需大型预制场地及吊运设备，有利于朝大跨径桥梁结构发展；在已形成的钢箱拱空间结构上布置中箱混凝土预制底板和顶板，通过现浇混凝土形成整体的钢箱—混凝土组合箱板拱结构，具有良好的强度和抗变形能力，克服了现有技术中支架现浇混凝土拱箱、预制安装混凝土拱箱或劲性骨架拱外包混凝土的施工复杂、设备要求高、风险大、工期长的弱点，具有很好的综合技术和经济效益。对钢箱的加劲肋板开孔并穿入相应的钢筋兼作联结钢箱与混凝土的PBL剪力键，不另增加因钢箱与混凝土结合所需的专用剪力键，既节省材料，又简化施工，且联结性能可靠，具有较强的抵抗冲击、疲劳和反复荷载作用的能力。

二、钢箱—混凝土组合拱桥与一般拱桥的对比

1. 构造特点比较

从截面形式来看，一般拱桥各部分截面形式通常都是相同的，如混凝土拱桥可以为矩形或者箱形截面，且整个拱肋一般只是一种截面形式。但是竖转钢箱－混凝土组合箱板拱桥则与之不同，它在拱脚附近是钢箱混凝土的截面形式，在跨中附近是钢箱与混凝土箱组合的形式。

2. 受力特点比较

从施工阶段受力来看，常规拱桥在施工过程中受力在不断的发生着体系转换，每个施工过程拱肋的受力与成桥相比，都差异较大。例如对于缆索吊装施工的拱桥，拱肋会被分为若干段，每段在安装过程中的受力相当于曲梁(简支或曲梁悬臂)，以受弯为主，这与成桥阶段以受压为主的受力特点差异是较大的。然而对于竖转钢—混凝土组合拱桥，按立柱施工过程中拱肋以受压为主，与成桥后拱肋的受力状态大致相同，而且体系转换少，增强了施工过程的稳定性。

3. 延性及抗震能力比较

延性及隔震是现代桥梁抗震的重要手段与方法[13]。研究成果认为，震区桥梁的选型对抗震尤为重要。从材料性能上看，钢结构的抗震性能是最优良的，钢筋混凝土次之，砖、石及素混凝土结构最差。这是由于圬工及混凝土材料本身的脆性较大，延性较差所决定的。

竖转钢—混组合拱桥的主拱圈采用了较多的钢材，因而从材料性能上看，其延性及抗震能力要优于常规混凝土拱桥。从受力机理上来看，混凝土的侧向膨胀(即泊松效应)直接引发其压碎，竖转钢—混组合拱桥的拱脚区段拱肋采用了钢箱内填充混凝土的截面形式，钢箱能够阻止混凝土的侧向膨胀，维持核心混凝土的完整，提高混凝土的极限压应力和极限压应变，从而改善其延性；拱顶区段拱肋采用钢箱顶面浇注混凝土的类似叠合梁的截面形式，相当于调整了拱轴线，允许压力线能较大地偏于拱轴线之上，使得拱顶区段的正弯矩较大，受力接近于梁式桥。综上述，与常规混凝土拱桥相比竖转钢－混凝土组合拱桥的延性及抗震性能较好。

4. 施工工艺的比较

从施工工期与安全性来看，常规拱桥的施工工期较长，在此期间支架或拱架可能会失稳，造成群死群伤的重大安全事故。对于竖转钢—混凝土组合拱桥，它的钢箱拱肋可分段在工厂快速制作，采用竖转双肋合龙的方式，高风险转体合龙的过程可在一天内完成，这样就大大缩短了工程的风险期。也就是说，竖转钢—混凝土组合拱桥的施工工期短、安全性高。

三、结　　论

(1)通过对普通混凝土拱桥以及钢管混凝土拱桥优缺点的比较，提出了预应力八字形刚架拱桥。该拱桥具有以优化结构体系，简化施工工艺，增加施工中结构的安全性，缩短建设周期，降低工程造价的优点。

(2)进一步提出竖转钢—混凝土组合拱桥，它结合了常规拱桥的受力均匀的特点，采用了钢—混凝土组合截面，继承了预应力八字形刚架拱桥的竖转施工工艺的优点，充分利用了钢与混凝土两种材料的特性，可根据拱桥不同部位的受力特点，将两种材料进行不同的组合。

(3)为了进一步增大钢混组合拱桥，提出了钢箱—混凝土组合箱板拱桥，通过采用钢箱与混凝土箱结合的截面，钢箱—混凝土组合箱板拱桥保持了竖转的方式，混凝土箱与钢箱组合方式使组合截面刚度更大，提升了钢—混凝土组合拱桥的跨越能力。

参考文献

[1] 周志祥．由立柱竖转形成的八字形刚架拱桥的施工方法[P]．发明专利，ZL00130630.8，2003.10.

[2] 周志祥．一种竖转钢一混凝土组合拱桥[P]．发明专利申请号，200710048919.8，2007.10.

[3] 周志祥．高等钢筋混凝土结构．北京：人民交通出版社，2005.

[4] Zhou Zh X, Li F, Imbsen R. Verti calerection-rotation method for chorded arch bridge [J]. Structural Engineering International, 2009, 19 (2): 142-148.

[5] 周志祥．山区深谷大跨径拱桥结构体系及施工技术研究[R]．重庆：重庆交通学院，2003.

[6] 周志祥，徐勇，李祖伟，等．具有延性抗震性能的新型钢-混凝土复合结构拱桥的探[J]．重庆交通大学学报（自然科学版），2009，28(2)：168-172.

[7] 周志祥，徐勇，高艳梅．八字形钢—混凝土组合拱桥的抗震性能研究[J]．重庆交通大学学报（自然科学版），2009，28(4)：641-645.

[8] 朱世峰，周志祥．钢—混凝土组合拱桥竖转施工体系研究[J]．施工技术，2009，38 (7)：64-68.

[9] 范亮，周志祥拱桥钢箱—混凝土组合受弯构件试验研究[J]．土木建筑与环境工程，2009，31(6)：15-21.

[10] 王勇平．竖转钢—混凝土组合拱桥施工及控制技术研究[D]．重庆交通大学，2008.

[11] 何小兵．复合钢筋混凝土局部增强的结构研究与“放”“阻”结合的裂缝控制新方法．硕士论文，2003.

[12] 陈德坤．钢—混凝土组合结构的应力重分布与蠕变断裂．同济大学，2006.

[13] 申新凯．钢箱—混凝土组合箱板拱结构性能研究．硕士论文，2010.

[14] 李帅．竖转钢—混凝土组合拱桥结构设计方法研究．硕士论文，2009.

[15] 宰国军．竖转钢—混凝土组合拱桥结构优化研究．硕士论文，2008.

134. 双钢管混凝土构件承载力计算公式分析

于 洋 李向科 陈德荣

（中交公路规划设计院有限公司）

摘 要 本文应用试验成果和已有研究成果推导了双钢管混凝土构件承载力计算公式。

关键词 双管混凝土构件 承载力 计算公式 分析

一、双钢管混凝土短柱的极限承载力计算公式

钢管混凝土轴压构件的承载力的计算方法，到目前为止，可归纳为两类：一是确定极限承载力；另一是确定进入塑性阶段的承载力。由于混凝土工作性能的非线性，以及两种材料共同工作的复杂性，求极限荷载的比较简捷的方法，可认为是螺旋配筋钢筋混凝土柱计算原理和方法的移植和发展。其基本概念是：钢管混凝土组合构件达到极限承载力时，钢管纵向应力为零，环向应力达到屈服强度 f_y，此时的约束效应最大[1]。然而，不少的研究者通过实验观察到，试件在达到极限状态时，钢管的纵向应力并未降为零[2]，而环向应力也未达到单向受拉的屈服点。

根据我国《建筑结构可靠度设计统一标准》(GB 50068—2001)中极限状态的规定：“承载能力极限状态对应于结构或构件达到极限承载力或不适用于继续承载的变形，”状态有两个准则：一是最大承载能力；二是虽未频临破坏，但却出现了不适于继续承载的较大变形。

对于钢管混凝土构件，钢管屈服并不意味着钢管丧失承载能力，正好相反，在钢管屈服的塑流过程中，核心混凝土的套箍强化才得到充分发展，在钢管和核心混凝土之间才产生内力重分布而使钢管混凝

土的承载力和变形能力得到明显的提高。因此，计算钢管混凝土极限承载能力，既要考虑承担荷载的能力，又要考虑构件变形条件的限制，这样的极限荷载取值才更为合理。

规程[2]采用了约束效应系数(或套箍系数)来体现构件由于混凝土三向受压带来的承载力提高。通过轴心受压双钢管混凝土柱的荷载—变形全过程分析可以知道，试件受力过程有明显的弹性、弹塑性阶段。对于单钢管混凝土进入破坏阶段后由于套箍系数的不同，存在塑性强化、理想塑性以及塑性下降段 3 种情况。双钢管进入破坏阶段后不会产生下降段，钢管对于混凝土的约束作用是十分明显的。因此在推导柱轴压承载力公式时和现行单钢管公式一样考虑约束效应，但双钢管混凝土柱内外层混凝土受到的约束效应是不同的，由前面受力全过程分析可知，外钢管一般先于内钢管达到屈服，同时内层混凝土受到的约束作用要大于外层混凝土，其抗压强度要大于外层混凝土，这样在柱失效时内层混凝土尚未完全发挥其承载潜力，传统的单一考虑约束效应系数影响的承载力公式并不完全适用。但由于目前双钢管混凝土柱轴压试验数量有限，同时其核心混凝土与外包钢管的受力状态与单钢管构件基本一致(混凝土三向受压、钢管平面内拉 2 压双向受力)，所以以往用于单钢管混凝土中由大量试验得来的经验参数，是可以继续参考的。

双钢管混凝土短柱是把两层钢管同心放置，并在钢管夹层之间和内钢管内同时浇注混凝土而形成的短柱。它的承载能力、变形能力和耐火性能等都优于单钢管混凝土柱，故可用于为了提高单钢管混凝土柱的耐火性能而加固既有的单钢管混凝土柱。其截面图见图 1。

根据文献[3]提供给我们的资料结合实验得出的结论是：

(1)基于文献[4]最后得出双钢管混凝土轴压承载力计算公式为：

$$N_u = f_s A_s + A_{c1} f_{c1}^* + A_{c2} f_{c2}^* \tag{1}$$

$$f_{c1}^* = f_c + kp_1; f_{c2}^* = f_c + kp_2$$

$$p_1 = \frac{2\sigma_2 t_1}{d_{c1}}; p_2 = p_1 \frac{d_{g2}}{d_{c2}} + \frac{2\sigma_2 t_2}{d_{c2}}$$

式中：A_s——内外钢管的横截面面积和；

f_s——钢材的屈服的强度；

σ_2——钢材的环向拉应力；

f_c——混凝土在无侧压时的抗压设计强度；

t_1、t_2——外层与内层钢管的横截面厚度；

d_{c1}、d_{c2}——外层与内层混凝土的横截面直径；

d_{s2}——内层钢管的横截面外直径；

A_{c1}、A_{c2}——外层与内层混凝土的截面积；

f_{c1}^*、f_{c2}^*——外层与内层混凝土三向受压时的设计强度；

p_1、p_2——外层与内层混凝土的侧压力；

k——由蔡绍怀实验确定的侧压系数，$k \in [3,5]$，一般取 4。

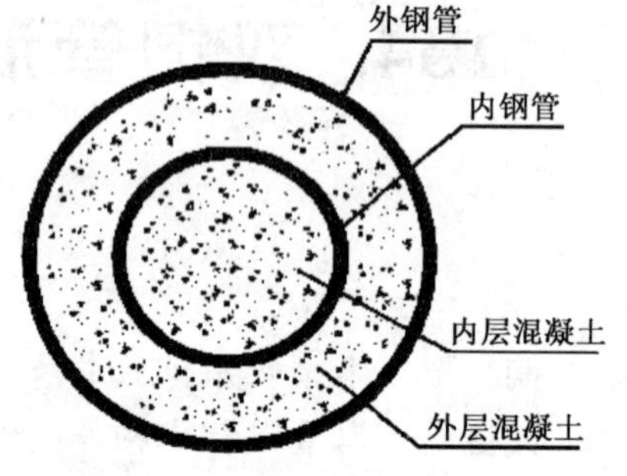

图 1 双层钢管混凝土柱平面图

并且作者做了试验数据与理论数据的对比，证明这个公式可用。

(2)基于文献[5]的研究表明，到达极限承载力时核心混凝土受到的侧压力 p^* 与钢管对混凝土的约束效应系数 ξ 近似呈线性关系，这里将双钢管混凝土柱分为内、外层钢管混凝土柱两个部分。极限承载力公式如下：

$$N_u = \phi[f_{co}A_{co}(1+\sqrt{\xi}+\xi) + f_{ci}A_{ci}(1+\sqrt{\beta\xi+\xi_i}+\beta\xi+\zeta_i)] \tag{2}$$

式中：ϕ——稳定系数；

f_{co}——外钢管混凝土的抗压强度设计值；

A_{co}——外钢管混凝土的面积；

ξ——外钢管的套箍系数；

f_{ci}——内钢管的抗压强度设计值；

A_{ci}——内钢管混凝土的面积；

ξ_i——内钢管混凝土的套箍系数；

β——尺寸影响系数，$\beta=\dfrac{d_2}{d_1}$

本公式也是作者在试验的基础上验证了其可行性。

二、双钢管混凝土结构件承载计算公式推导

当是单钢管的时候经典的承载力计算公式（CECS28：90）：

$$N_u = f_c A_c(1+\xi+\sqrt{\xi}) \tag{3}$$

式中：

$$\xi=\frac{f_y A_s}{f_c A_c}$$

采用极限平衡理论对双钢管混凝土构件的极限承载力进行推导，基本假定[6]如下：

(1)双圆夹层钢管混凝土受压短柱的应变场是轴对称的，因此可将其看成是由内外钢管和夹层混凝土 3 种元件组成的结构体系。

(2)由于内钢管的支撑作用，双圆夹层钢管混凝土与具有相同外钢管的实心钢管混凝土中的核心混凝土所受的约束作用相同。

(3)内外钢管和夹层混凝土的极限（屈服）条件都是稳定的，不因塑性变形的发展而改变或弱化。内外钢管采用 VonM ises 屈服条件；由基本假设(2)可采用式(4)作为夹层混凝土的极限（屈服）条件：

$$f_c^* = f_c + kp \tag{4}$$

式中：f_c^*——为在等侧压力 p 作用下的三向受压混凝土的强度；

f_c——为混凝土无侧压时的抗压强度；

k——为侧压系数。

(4)极限状态时内外薄壁钢管所受的径向应，σ_3 远比 σ_2 小，可以忽略不计，则内外钢管的应力状态可简化为纵向受压、环向受拉（压）的双向应力状态，并沿管壁均匀分布。

(5)为了简化推导过程，在计算钢管的环向力时假设内钢管与外钢管所受的径向压应力大小相等。

由这些假设可知，双钢管混凝土柱是由钢管和混凝土两种元件组成，其承载力由它们决定，根据叠加原理，轴心受压双钢管混凝土柱的承载力为：

$$N_u = N_{ci} + N_{co} + N_{si} + N_{so} \tag{5}$$

即

$$N_u = A_{ci} f_{ci} + A_{co} f_{co} + A_{si} f_{si} + A_{so} f_{so} \tag{6}$$

式中：A_{ci}、A_{co}、A_{si}、A_{so}、f_{ci}、f_{co}、f_{si}、f_{so}——分别为钢管内混凝土的面积，钢管外混凝土的面积，内钢管的面积，外钢管的面积，内钢管混凝土的抗压强度，外钢管混凝土的抗压强度，内钢管的屈服强度和外钢管的屈服强度。

钢管在轴向压应力与混凝土挤压应力作用下单元应力分布如图 2 所示，图中内、外钢管的外径分别为 d_1、d_2，厚度分别为 t_1、t_2；外层混凝土对外层钢管的径向均布挤压压应力为 p_3，对内钢管的挤压应力为 p_2，内层混凝土对内钢管均布压应力 p_1；内、外钢管的环向应力分别为 $\sigma_{sr,1}$、$\sigma_{sr,2}$，因为这里忽略了沿径向

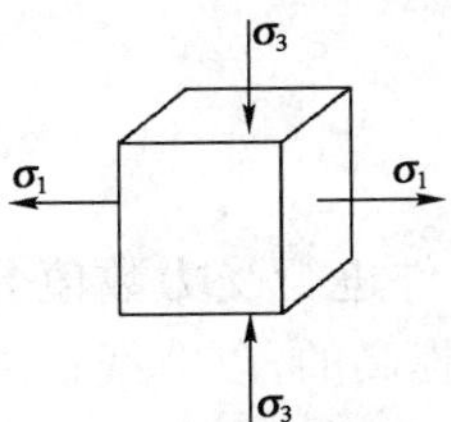

a）内外层钢管应力图

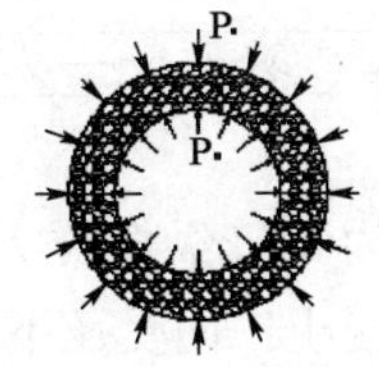
b）夹层混凝土受力图

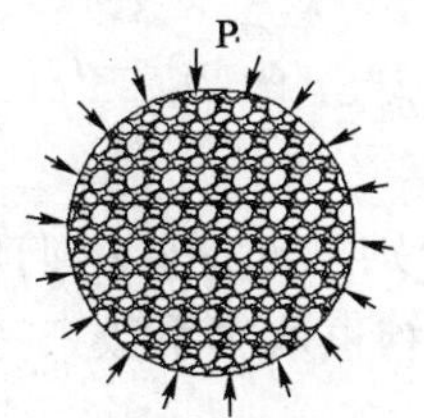
c）内钢管混凝土受力图

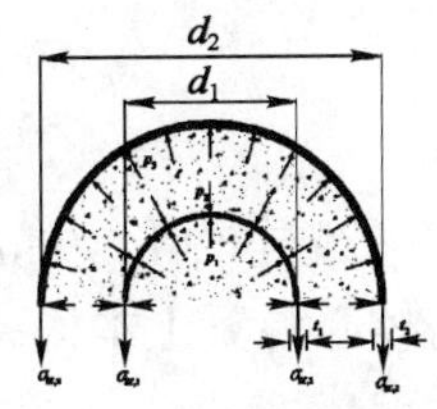

d）双钢管混凝土受力图

图 2 双钢管轴压构件截面内力示意图

的拉应力，由第四强度理论，可知在复杂应力场下，钢材强度公式可由 VonMises 强度准则确定。在图 2 所示的双向应力场下，单元纵向应力表达式如下：

$$\sigma_3 = \frac{\sigma_1}{2} - \sqrt{\sigma_s^2 - \frac{3}{4}\sigma_1^2} \tag{7}$$

$$\sigma_{sr2} = \frac{d_2}{2t_2}p_3 \tag{8}$$

$$p_2 d_1 = p_3 d_2 \tag{9}$$

$$p_1 - p_2 = \frac{2t_1}{d_1}\sigma_{sr,1} \tag{10}$$

可以看出：

(1)由式(9)可知外层钢管混凝土对外钢管的径向挤压应力 p_3 要小于它对内钢管的挤压应力 p_2，即 $p_3 < p_2$；

(2)外层混凝土对外钢管的作用与单钢管混凝土相似，二者之间的压应力只与外钢管尺寸有关；

(3)内外钢管环向受压还是受拉取决于 p_1 与 p_2 之间相对大小，当 d_1 较小时由式(9)知 p_2 值将增大，$\sigma_{sr,1}$ 有可能出现负值，即环向受压；

(4)由上述式(8)、式(9)、式(10)可以推出 $\sigma_{sr,1}$、$\sigma_{sr,2}$ 之间的关系：

$$\sigma_{sr,2} = \frac{d_1}{2t_2}p_1 - \frac{t_1}{t_2}\sigma_{sr,1}$$

当内外钢管厚度相差不大时可以看出，外钢管的环向应力要明显大于内钢管的环向应力，根据 Von-Miss 屈服准则，在纵向位移相同情况下外钢管要先于内钢管进入屈服状态；

(5)在内钢管直径不是非常小的情况下，$p_1 > p_2 > p_3$，内层混凝土受到的约束要大于外层混凝土的，内层混凝土的极限承载力也要大于外层混凝土的。

钢管在轴向压应力与混凝土挤压应力作用下单元应力分布如图 2 所示，这里忽略了沿径向的压应力 p，由第四强度理论，可知在复杂应力场下，钢材强度公式可由 VonMises 强度准则确定。在图 2 所示的双向应力下，单元纵向应力表达式如下：

$$\sigma_3 = \frac{\sigma_1}{2} - \sqrt{\sigma_s^2 - \frac{3}{4}\sigma_1^2} \tag{11}$$

对于外钢管，由式(8)、式(11)得

$$\sigma_{sb} = \sigma_3 = \frac{p_3 d_2}{4t_2} - \sqrt{\sigma_s^2 - 3p_3^2\left(\frac{d_2}{4t_2}\right)^2} \tag{12}$$

对于内钢管，由式(9)、式(10)得

$$\sigma_1 = \frac{d_1 p_1 - d_2 p_3}{2t_1} \tag{13}$$

再将上式(11)代入得到内钢管纵向应力表达式如下：

$$\sigma_{sli} = \sigma_3 = \frac{d_1 p_1 - d_2 p_3}{4t_1} - \sqrt{\sigma_s^2 - \frac{3(d_1 p_1 - d_2 p_3)^2}{16t_1^2}} \tag{14}$$

式(12)与式(14)中，σ_{slo}、σ_{sli} 分别为外钢管纵向应力、内钢管纵向应力。对构件进行受力数值分析时采用的核心混凝土本构关系是以约束效应系数来考虑混凝土三向受压下承载力提高的，以非线性方程来表示：

$$f_{ca} = f_{ck}\left(1 + 1.5\sqrt{\frac{p}{f_{ck}}} + 2\frac{p}{f_{ck}}\right) \tag{15}$$

式中：f_{ca}——三向受力混凝土的强度值；

f_{ck}——混凝土抗压强度标准值；

p——核心混凝土受到的等侧压应力值。

内、外层混凝土部分承载力 N_{ci}、N_{co}分别为：

$$N_{ci}=f_{cai}A_{ci}=\left[f_{ck}\left(1+1.5\sqrt{\frac{p_1}{f_{ck}}}+2\,\frac{p_1}{f_{ck}}\right)\right]A_{ci} \tag{16}$$

$$N_{co}=f_{cao}A_{co}=\left[f_{ck}\left(1+1.5\sqrt{\frac{p_3}{f_{ck}}}+2\,\frac{p_3}{f_{ck}}\right)\right]A_{co} \tag{17}$$

式中：f_{cai}——内层三向受力混凝土的强度值；

f_{cao}——外层三向受力混凝土的强度值。

式(16)、式(17)确定了内、外层混凝土在极限状态下的竖向承载力，由于双钢管混凝土柱轴心受压时应力状态复杂，难以用单钢管混凝土构件采用的约束效应系数直接去衡量核心混凝土尤其是内层混凝土的承载力提高程度，因此，采用混凝土三向受力破坏准则通过侧压力 p 继续考虑钢管对混凝土的约束作用。另外在考虑外钢管对外层混凝土的约束作用时，未考虑由于内钢管存在而带来的约束应力沿径向的不均匀分布，以最外侧挤压应力为参考，对实际构件来说偏于安全，而且外层混凝土开裂压碎后由于荷载在截面上迅速重分布，较为靠近内层钢管的混凝土也将迅速破坏，在推导公式时将该部分被忽略的承载力作为结构的安全储备。根据上述基本假定④、⑤，外、内钢管在达到极限状态时纵向应力表达式只需将式(12)、(14)中的σ_s替换为f_y求出相应的f_{so}、f_{si}即可。外、内钢管承受的N_{so}、N_{si}分别为：

$$N_{so}=f_{so}A_{so}=\left(\frac{p_3d_2}{4t_2}-\sqrt{f_y^2-\frac{3p_3^2d_2^2}{16t_2^2}}\right)A_{so} \tag{18}$$

$$N_{si}=f_{si}A_{si}=\left[\frac{d_1p_1-d_2p_3}{4t_1}-\sqrt{f_y^2-\frac{3(d_1p_1-d_2p_3)^2}{16t_1^2}}\right]A_{si} \tag{19}$$

将式(16)～(19)代入式(5)得双钢管混凝土轴心受压柱承载力，为了保持符号的一致，这里将式(18)与式(19)取绝对值。

$$N_u=f_{ck}\left(1+1.5\sqrt{\frac{p_1}{f_{ck}}}+2\,\frac{p_1}{f_{ck}}\right)A_{ci}+f_{ck}\left(1+1.5\sqrt{\frac{p_3}{f_{ck}}}+2\,\frac{p_3}{f_{ck}}\right)A_{co}+$$
$$\left[-\frac{d_1p_1-d_2p_3}{4t_1}+\sqrt{f_y^2-\frac{3(d_1p_1-d_2p_3)^2}{16t_1^2}}\right]A_{si}+\left[-\frac{p_3d_2}{4t_2}+\sqrt{f_y^2-\frac{3p_3^2d_2^2}{16t_2^2}}\right]A_{so} \tag{20}$$

由上式可见，在构件几何尺寸及材料强度确定的情况下，钢管混凝土柱的承载力只与内、外层混凝土测压力 p_3、p_1有关。对于内层钢管与混凝土，有如下几何关系：

$$\frac{A_{ci}}{A_{si}}=\frac{\pi d_1^2}{4\pi d_1t_1}=\frac{d_1}{4t_1} \tag{21}$$

$$\frac{A_{ci}+A_{si}+A_{co}}{A_{so}}=\frac{\pi d_2^2}{4\pi d_2t_2}=\frac{d_2}{4t_2} \tag{22}$$

再将式(21)、式(22)代入式(20)中进行简化，得到双钢管混凝土柱轴心受压正截面承载力：

$$N_u=f_{ck}\left(1+1.5\sqrt{\frac{p_1}{f_{ck}}}+\frac{p_1}{f_{ck}}-\frac{p_3}{f_{ck}}\right)A_{ci}+f_{ck}\left(1+1.5\sqrt{\frac{p_3}{f_{ck}}}+\frac{p_3}{f_{ck}}\right)A_{co}+\left(\frac{d_2}{4t_1}-1\right)p_3A_{si}$$
$$+\left(\sqrt{f_y^2-\frac{3(d_1p_1-d_2p_3)^2}{16t_1^2}}\right)A_{si}+\sqrt{f_y^2-\frac{3p_3^2d_2^2}{16t_2^2}}A_{so} \tag{23}$$

由式(23)可以看出，轴心受压双钢管混凝土短柱的极限承载力由内、外层混凝土以及内、外钢管各自的承载力组成，要求承载力极值需要求极限状态时的 p_3、p_1，而 p_3、p_1 之间还存在式(8)～式(10)所示的联系，求极值将十分麻烦。通过前面短柱的轴心受压全过程数值分析可以得出双钢管混凝土短柱的工作特性：外钢管与外层混凝土工作状态与具有相同尺寸外钢管的单钢管混凝土柱一致，即外钢管与外层混凝土可以看成等效的单钢管混凝土来分析，其极限承载力只与外钢管对其内部核心混凝土的约束效应有关；内钢管与内层混凝土工作状态同样与具有相同尺寸单钢管混凝土一致，当然内层混凝土受到的约束作用体现在内钢管对其的侧压应力 p_1 上，而 p_1 包含了外钢管对外层混凝土的约束作用，该作用通过外层混凝土传递到内钢管上。在承受轴压荷载时，由于外层混凝土受到的约束作用比内层混凝土要小，外层钢管混凝土将先于内层钢管混凝土达到极限状态，随后轴压荷载将转移至内层混凝土上，这时外层钢管混凝土对内层钢管混凝土的约束作用达到最大并且保持不变，当内层钢管混凝土达到极限荷载时构件整体失效。通过上述分析，考虑将内、外层钢管混凝土分开按极限平衡理论的叠加原则考虑轴心受压双钢管混凝土短柱的极限承载力，这里的关键是要得到外层钢管混凝土对于内层钢管混凝土的约束作用。

外层钢管混凝土极限承载力如下：

$$N_{uo} = f_{ck}\left(1+1.5\sqrt{\frac{p_3}{f_{ck}}}+2\frac{p_3}{f_{ck}}\right)A_{co}+\sqrt{f_y^2-\frac{3p_3^2d_2^2}{16t_2^2}}A_{so}$$

$$=f_{ck}A_{co}\left(1+1.5\sqrt{\frac{p_3}{f_{ck}}}+\frac{p_3}{f_{ck}}+\xi_0\sqrt{1-\frac{3}{\xi^2}\left(\frac{p_3}{f_{ck}}\right)^2}\right) \tag{24}$$

式中：$\xi_0=A_{so}f_y/A_{co}f_{ck}$，为外钢管对内层混凝土的名义约束效应系数；$\xi=A_{so}f_y/(A_{co}+A_{ci}+A_{si})f_{ck}$，为外钢管对内钢管实际约束效应系数。

当外钢管混凝土达到极限承载力时外层混凝土受到的测压应力 p_3^*（*代表达到最大荷载时的应力值）可由式对 p_3 求导并根据极值定理令导数为零得到

$$\frac{dN_{uo}}{dp_3}=0,\text{即}-\frac{3\xi_0\alpha_2^*}{\xi\sqrt{\xi^2-3\alpha_2^*}}+\frac{3}{4\sqrt{\alpha_2^*}}+1=0 \tag{25}$$

式中：$\alpha_2^*=\dfrac{p_3}{f_{ck}}$，

上式精确解析解表达式十分复杂，作为承载力公式将给应用带来不便。α_2^* 的数值解是 ξ 和 ξ_0 的函数，这里考虑实际应用时 ξ 一般在0.3～3.0范围以内，而 ξ_0 一般是 ξ 的1.0～2.0倍。在这个段范围内通过数值解的差值可以得到 α_2^* 与 ξ 以及 ξ_0/ξ 的近似关系。

根据文献，轴心受压外层钢管混凝土柱达到极限荷载时，α_2^* 与 ξ 呈正比关系，而与 ξ_0/ξ 呈反比，当 ξ 越大时，ξ_0/ξ 增大单位数值引起的 α_2^* 降低越多。通过插值法求得 p_3^*/f_{ck} 与 ξ、ξ_0/ξ 之间的近似公式：

$$\alpha_2^*=\left(-0.133\frac{\xi_0}{\xi}+0.52\right)\xi+0.0078\frac{\xi_0}{\xi}+0.047 \tag{26}$$

将式(26)代入式(24)即可求得外层钢管混凝土的极限承载力。

由式(9)可知，处于极限承载力状态时内钢管受到外层混凝土的侧压应力：

$$p_2^*=f_{ck}\xi\left[-0.133\frac{d_2^3}{d_1(d_2^2-d_1^2)}+0.52\frac{d_2}{d_1}\right]+0.06f_{ck}\frac{d_2}{d_1} \tag{27}$$

内层钢管混凝土柱的极限荷载：

$$N_{ui}=\left[f_{ck}(1+1.5\sqrt{\frac{p_1}{f_{ck}}}+\frac{p_1}{f_{ck}})\right]A_{ci}+\frac{d_2p_3}{4t_1}A_{si}+\left[\sqrt{f_y^2-\frac{3(d_1p_1-d_2p_3)^2}{16t_1^2}}\right]A_{si}$$

$$=f_{ck}A_c\left[1+1.5\sqrt{\frac{p_1}{f_{ck}}}+\frac{p_1}{f_{ck}}+\sqrt{1-\frac{3(p_1-p_2)^2}{f_{ck}^2\xi_i^2}}+\frac{d_2p_3}{4t_1}A_{si}\right] \tag{28}$$

式(28)与式(24)十分相似，p_1^* 为 $\xi_i=A_{si}f_y/A_{ci}f_{ck}$ 的函数，根据极值定理将该式对 p_1 求导得到：

$$\frac{dN_{ui}}{dp_1}=-\frac{3(p_1^*/f_{ck}-p_2^*/f_{ck})}{\sqrt{(\beta\xi)^2-3\left(\frac{p_1^*}{f_{ck}}-\frac{p_2^*}{f_{ck}}\right)^2}}+\frac{3}{4\sqrt{\frac{p_1^*}{f_{ck}}}}+1=0 \tag{29}$$

式中 p_2^* 为 ξ 以及 d_2/d_1 的函数，将式(27)化简得到

$$p_2^*=f_{ck}\xi\left(-0.133\frac{\beta^3}{\beta^2-1}+0.52\beta\right)+0.06f_{ck}\beta \tag{30}$$

这样该表达式仅含两个变量：ξ 与 β(p_2^* 为 ξ 以及 β 的函数)。与解式(23)一样，考虑实际应用时 ξ 一般在 0.3～3.0 范围内，β 一般在 1.2～3.0 范围内，在这段范围内通过数值解的差值可以得到 p_1^*/f_{ck} 与 ξ 以及 β 的近似关系。轴心受压外层钢管混凝土柱达到极限荷载时 p_1^*/f_{ck} 与 ξ 呈正比关系，与 β 同样呈正比，当 ξ 越大时 β 增大单位数值引起的 p_1^*/f_{ck} 增大越多。通过差值求得 p_1^*/f_{ck} 与 ξ、β 之间的近似公式：

$$\frac{p_1^*}{f_{ck}}=(1.014\beta-0.925)\xi+0.094\beta+0.008 \tag{31}$$

通过上面的推导可以求得轴心受压双钢管混凝土短柱正截面极限承载力：

$$\begin{aligned}N_u=\phi(N_{uo}+N_{ui})=\phi f_{ck}A_{ci}\left[1+1.5\sqrt{\frac{p_1^*}{f_{ck}}}+\frac{p_3^*}{f_{ck}}+\frac{\beta^2}{\beta^2-1}\sqrt{\xi^2-3\left(\frac{p_3^*}{f_{ck}}\right)^2}\right]+\\ \phi f_{ck}A_{ci}\left[1+1.5\sqrt{\frac{p_1^*}{f_{ck}}}+\frac{p_1^*}{f_{ck}}+\sqrt{\xi_i^2-\frac{3(p_1^*-p_2^*)^2}{f_{ck}^2}}+\phi\frac{d_2p_3^*}{4t_1}A_{si}\right]\end{aligned} \tag{32}$$

式中 ϕ 为考虑内外层钢管混凝土构件到达极限荷载不同步的折减系数，实际上在使用以及实验过程中可以知道，在外层混凝土压碎后，由于外钢管的外鼓导致试件轴向变形急剧增大从而无法满足继续使用的要求，而非公式推导过程中的材料完全破坏导致试件失效，所以试验得到的数据往往小于式(32)得到的理论值，ϕ 取值也包括了这层意思。结合后面的试验结果将 ϕ 调整为 0.8。p_1^*/f_{ck}、p_2^*/f_{ck} 以及 p_3^*/f_{ck} 分别按式(30)、式(31)和式(26)取值。式(32)在形式上与我国现行规程保持一致，充分考虑了混凝土的承载力由于内、外钢管约束作用而提高的情况，并引入双钢管混凝土短柱截面主要参数 β(尺寸效应参数)，用

$$\beta=\frac{(d_2-2t_2)^2-d_1^2}{(d_1-2t_1)^2}$$

来考虑它对极限承载力的影响。不足的是该公式较为复杂，下面对它进一步简化。

研究表明，到达极限承载力时核心混凝土受到的侧压力 p^* 与钢管对混凝土的约束效应系数 ξ 近似呈线性关系，这里将双钢管混凝土柱分为内、外层钢管混凝土柱两部分。极限承载力公式如下：

$$N_u=f_{co}A_{co}(1+\xi_o+\sqrt{\xi_o})+f_{ci}A_{ci}(1+\xi_i+\sqrt{\beta(1+\xi_o)+\xi_i}) \tag{33}$$

其中 $\beta=\sqrt{\frac{(d_2-2t_2)^2-d_1^2}{(d_1-2t_1)^2}}$，其他参数与前文相同。

三、内钢管承压状态下双钢管混凝土结构的承载公式

所谓内钢管承压状态下双钢管混凝土结构，就是在原有的双钢管混凝土结构的基础上，在内钢管承受均布荷载的受力情况，其截面图如图 3 所示。在上述推导公式的基础上，本文新提出内钢管承压状态下双钢管混凝土结构的承载力公式为：

$$N_u=f_{co}A_{co}(1+\xi_o+\sqrt{\xi_o})+f_{ci}A_{ci}(1+\xi_i+\sqrt{\beta(1+\xi_o)+\xi_i}-\frac{d_2-d_1}{d_1}\kappa_p) \tag{34}$$

式中：$\kappa_p=0.9998-0.1669\lambda-0.2924\lambda^2$；

$\lambda=\frac{P}{Af_{sc}}$(内钢管混凝土初应力系数)；

A——内钢管混凝土整体面积，$A=A_i+A_s$；

f_{sc}——混合材料的抗压强度。

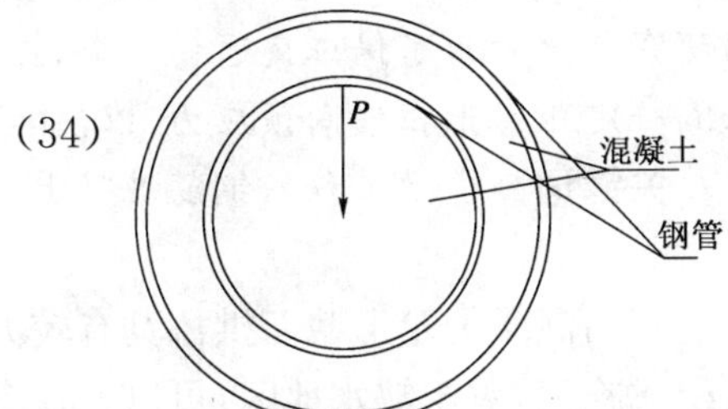

图 3 中间钢管混凝土受均布面压力简化图

实际双钢管混凝土承载力实验值与计算值跟本人推导的公式相对比如表1。

试件承载力计算结果比较 表1

试件编号	钢管(mm)	等效单钢管截面(mm)	承载力(实验值)(kN)	极限承载力计算值(kN)	本文公式值(kN)
SM1	ϕ325×8+ϕ219×6	ϕ325×8.9	6 800	6 103.9	7 019
SM2	ϕ325×8+ϕ219×6	ϕ325×8.9	7 340	6 103.9	7 019
SM3	ϕ325×8+ϕ219×6	ϕ325×8.9	6 130	6 103.9	7 019

根据表1来看,外套钢管混凝土确实提高了钢管混凝土结构的极限承载力。而且本文的公式要更接近实际值。

参考文献

[1] MAZARS J, PIJAUDIER—CABOT G. Continuum damage theory—appli—cation to concrete[J]. Journal of Engineering Mechanics (ASCE),1987,115(2):345.

[2] Tsai Wan T. Uniaxial compressional stress－strain relation of concrete[J]. Journal of Structural Engineering,1988,114(9):2133－2136.

[3] 江韩,左江,程文瀼. 轴心受压双钢管混凝土短柱正截面承载力的实验研究[J]. 工程抗震与加固改造,2006.

[4] 李国祥,程文瀼. 双层钢管混凝土短柱轴心受压承载力的实验研究[J]. 东南大学学报,2006.

[5] 韩林海. 工钢管混凝土结构—理论与实践[M]. 北京:科学出版社,2004.

[6] Leonardo Fernandez Troyano. Bridge Engineering—A global Perspective. Thomas Telford,2004.

135. 钢筋混凝土箱形截面拱桥静动力性能的分析与试验研究

项贻强 李春辉 赵 阳

(浙江大学土木工程系)

摘 要 针对一座净跨为160m的上承式钢筋混凝土箱形截面拱桥的特点,本文进行了静动力分析和试验研究,结果表明,经过6年的运营,该拱桥当大型车辆通行时,由于拱圈结构为装配式的,桥梁整体性较差,因此在动荷载作用下晃动比较严重,试验时桥梁的在卸去荷载后的相对残余挠度超过了规范规定的20%的限值;进一步的理论分析,现行的公路砖石及混凝土桥涵设计规范在验算大跨拱桥纵向稳定影响时,简单的用纵向弯曲系数通过考虑纵向弯曲长度(对无铰拱为0.36S)来计算的规定,可能使结构的纵向弯曲系数偏小,导致该实际拱桥在验算拱脚截面处其稳定性不满足要求,应引起注意和加强有关的研究。同时为了保证交通的安全,应对原结构横向铰接拼装的主拱圈箱段部分在拱箱板的上下缘附近每隔一定距离张拉横向预应力,以使其共同受力。

关键词 桥梁工程 钢筋混凝土 预制装配 箱形截面拱桥 受力行为 分析 试验

钢筋混凝土箱形截面拱桥具有较大的跨越能力,在地基较好地区经常采用。当采用分片分段的预制装配式施工,对于缺水地区,可以先在有预制条件的预制场预制,再运至施工现场进行吊装装配,不但减少吊装的重量、降低施工成本,而且施工进度快。但此类施工的桥梁如果拼装接缝构造设计不合理或施工接缝质量不到位的话,会使其结构的整体性较差,影响结构的正常使用。鉴于上述原因,这类结构较少采用[1]。

本文以一座经过 6 年运营的净跨为 160m 的预制装配上承式钢筋混凝土箱形截面拱桥为研究对象，调查了该桥的现状，发现其在设计施工以及超载等综合因素作用下，原结构各纵向分片箱拱接缝间产生了较大的纵向裂缝，桥梁整体受力性能差，为此对该桥受力行为进行了分析，并进行了静动载试验研究和对比，最终对该桥的加固设计提出了相关建议。

一、桥梁概况及现状

某大桥全长 212.5m，宽 9.5m，双车道两侧设 0.4m 防撞护栏及 0.6m 路缘带，为通往某县城的主要干道桥梁，建成于 2002 年。桥面设 1.5%双向横坡，不设纵坡。桥梁设计荷载等级为汽车－20 级，挂车－100。根据地形及相关施工条件（缺淡水），设计单位对该桥上部结构采用了主孔 1 孔净跨 $L_0=160$m 的预制装配式钢筋混凝土箱形截面拱，净矢跨比 $f_0/L_0=1/8$，计算跨径 $L=161.142$m，计算矢高 $f=20.145$m，拱轴系数 $m=1.543$，拱轴线形为等截面悬链线，预制主拱圈高 2.4m，拱圈全宽 8.0m，由五片闭口箱肋组成，上设钢筋混凝土铰缝，混凝土设计强度等级为 C50；拱圈上腹拱采用预制装配式空心板，板长 10m，板宽1.24和 1.62m，引桥采用跨径 10m、16m 的简支空心板，混凝土设计强度等级为 C40。桥梁总体立面图如图 1 所示。

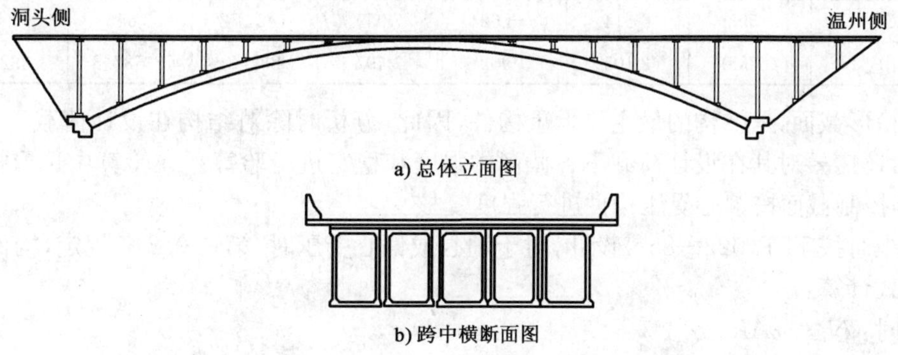

a) 总体立面图

b) 跨中横断面图

图 1 大桥总体立面和跨中横断面图

为了了解该桥现状，便于分析，先进行了桥梁裂缝的现状调查，发现该拱桥主体承载结构存在三种类型的主要裂缝：一种是分片预制箱形拱片与拱片之间存在非常分明的纵向裂缝；另一种是主拱肋腹孔门架横梁有多条贯通的竖向裂缝，形状为倒 U 形，且裂缝宽度较大，最大的约达 10mm 左右；最后一种是主体箱拱圈在拱脚上缘附近出现有沿横桥向的裂缝，且各裂缝宽度都较为明显。

二、静力特性分析及试验对比

为了分析和查找裂缝产生的原因，为承载力评估及后期的加固提供依据，对该桥进行了理论分析和试验研究及对比。

1. 静力特性分析

由于该跨度大、桥梁宽度较窄，故纵向分析时可采用平面方法进行主跨拱结构的受力特性分析，全桥计算模型见图 2，离散成 236 单元，其中桥面系 90 个单元，主拱圈 90 个单元（尽管该拱圈由五片闭口箱肋组成，仍将其在横向视作一整体），其他 56 个单元。桥面系荷载通过竖向联系立柱传递到主拱圈。

图 2 受力分析模型图

分析时考虑实际可能的偏载及扭转效应，计入偏载系数1.15，冲击系数按照原设计规范(JTT 021—85)[2]采用影响线长度来确定。拱脚基础变位考虑2cm水平位移，对装配式施工的主拱圈应计入降温10℃及相应折减系数考虑混凝土收缩徐变的影响，同时考虑设计封拱温度为15℃，系统整体升降温20℃及相应折减系数；各种荷载计算结果见表1，表中弯矩单位为kN·m，轴力单位为N。

各控制截面在各种荷载作用下内力计算值 表1

截面和内力		恒载	汽车—20级		挂车—100		基础变位	温度和收缩、徐变	
			M_{max}	M_{min}	M_{max}	M_{min}		升温	降温
拱脚	$M+$	−11 420	13 350	−13 770	8 948	−11 790	−7 094	5 144	−10 290
	相应 N	56 220	3 050	2 287	1 704	1 055	−465.8	337.7	−675.5
1/8截面	$M-$	−4 614	3 708	−3 714	4 681	−2 882	−2 223	1 612	−3 224
	相应 N	53 080	1 148	3 528	491	2 064	−495.4	359.2	−718.4
1/4截面	$M+$	3 356	8 555	−7 346	9 129	−4 993	1 053	−763.4	1 527
	相应N	51 070	1 505	3 228	1 204	1 928	−514.6	373.2	−746.4
3/8截面	$M+$	6 905	8 296	−6 023	9 177	−4 684	2 939	−2 131	4 262
	相应 N	50 050	2 603	2 340	1 840	1 597	−525.1	380.8	−761.5
跨中	$M-$	3 593	6 514	−3 624	7 959	−2 072	3 556	−2 578	5 157
	相应 N	46 300	2 105	1 902	1 497	887.2	−527.8	382.7	−765.5

主拱圈为箱形截面，是结构的最主要承重构件，因此，分析时除对结构在设计荷载下进行挠度、应力的分析计算外，还需要对其在设计荷载下各截面的强度和稳定进行验算。在验算中选取拱脚、$L/8$、$L/4$、$3L/8$和拱顶等控制截面按偏心受压构件进行强度复核。

由于该桥当时按JTT 022—85[3]设计，对于轴心或偏心受压时，第3.0.2条规定，构件正截面强度和稳定按下列公式计算：

验算强度时：$N_i \leqslant \alpha A R_a^j / \gamma_m$

验算稳定时：$N_i \leqslant \varphi \alpha A R_a^j / \gamma_m$

式中：N_i为组合外力，α纵向力的偏心影响系数，$\alpha = [1-(e_0/y)^m]/[1+(e_0/r_w)^2]$，$m$为截面形状系数，对于箱形截面取8；$\varphi$为受压构件纵向弯曲系数，弯曲平面内的纵向弯曲系数为：$\varphi = 1/1+\alpha\beta(\beta-3)[1+1.33(e_0/r_w)^2]$，$\alpha=0.003$；$\beta = l_0/h_w$，验算结果见表2。

各控制截面强度验算表 表2

截面和内力		荷载组合 I	抗力①	抗力②	荷载组合 II	抗力①	抗力②	荷载组合 III	抗力①	抗力②
拱脚	$M+$	−34 631	111 977	50 501	−48 148	68 410	22 492	−25 376	115 496	53 172
	相应 N	74 199			58 017			57 910		
1/8截面	$M-$	−11 273	109 779	84 713	−15 424	102 878	75 876	−8 040	110 333	85 440
	相应 N	72 067			56 226			55 932		
1/4截面	$M+$	16 804	104 366	77 750	16 478	99 661	71 885	14 119	103 391	76 520
	相应 N	66 561			51 766			52 894		
3/8截面	$M+$	20 895	100 110	72 437	25 185	85 873	55 750	17 752	98 186	70 082
	相应 N	66 889			51 998			52 614		
跨中	$M-$	14 103	105 833	79 615	21 529	88 670	58 891	12 982	103 314	76 423
	相应 N	61 432			47 625			48 431		

注：表中抗力①为桥梁结构强度抗力，抗力②为稳定抗力。

从表2可以得到：按强度验算时，结构的强度满足规范要求，但考虑稳定验算时，拱脚截面不能满足要求。究其原因，JTT 022—85设计规范在验算大跨拱桥纵向稳定时，简单地用纵向弯曲系数通过考虑纵向弯曲计算长度(对无铰拱为 0.36S)来计算的规定,使结构的纵向弯曲系数偏小,导致该实际拱桥在验算拱脚截面处的稳定性不满足要求。而新的 JTG D062—2004[4]对钢筋混凝土拱考虑稳定的验算仍参照考虑稳定系数,其计算长度对无铰拱仍为 0.36S,同样使构件的稳定系数计算值偏小,应引起注意。

2. 静载试验研究

试验选择主拱圈的跨中截面、1/4L 截面和拱脚截面为控制截面,共为 3 个加载工况,应变测量布置在控制截面各箱的上下缘。由于受测试的地形及桥下深水的限制,挠度测点布置在拱顶或主要立柱门架截面的两边栏杆处,纵向布置如图 3 所示。限于篇幅限制,本文仅列出跨中控制截面的最不利加载工况。该工况加载共采用 4 辆 300kN(前轴 60kN,中后轴 240kN,前中轴距为 350cm,中后轴距为 130cm)加重车,加载弯矩控制值为 7 639kN·m,试验荷载效率系数 η=0.98,车辆纵向布置如图 4 所示。根据该桥的现场条件以及结构特点,采用静态电阻应变仪测量混凝土的应变;采用液面连通管观测桥梁各测点的挠度。

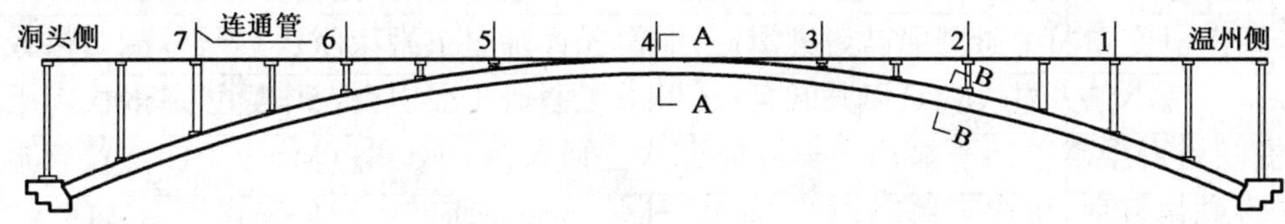

图 3 试验截面以及挠度测点布置图

3. 理论分析与试验结果

1)应变

表 3 给出了跨中典型的加载工况下,各测点的总应力与理论应力值和校验系数。表中理论计算值为采用平面杆系理论计算的应力值。从表中可以看出:在典型的测试工况下,实测应力都小于计算应力,比值在 0.6~0.8 之间。

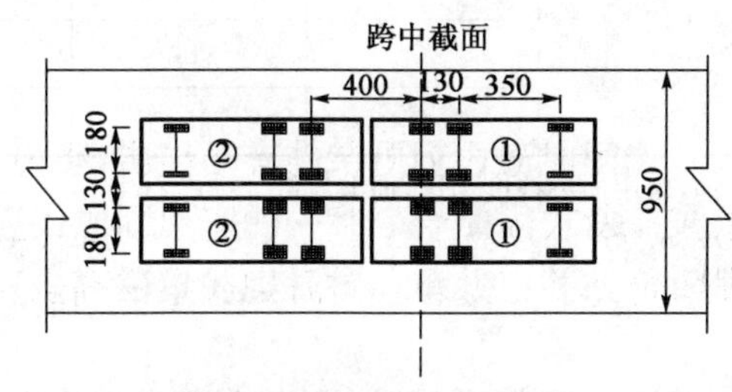

图 4 试验荷载布置图(尺寸单位:cm)

跨中典型加载工况下理论应力和实测应力对比表 表 3

项目		实测应力	计算应力	实测/计算	实测应力	计算应力	实测/计算	实测应力	计算应力	实测/计算
测点	截面	A-A	A-A	A-A	B-B	B-B	B-B	C-C	C-C	C-C
1	上缘	—	—	—	0.21	0.38	0.54	−0.83	−1.20	0.69
	下缘	0.83	1.06	0.78	−0.59	−0.76	0.77	0.45	0.84	0.53
2	上缘	—	—	—	—	—	—	−0.69	−1.20	0.58
	下缘	0.83	1.06	0.78	−0.59	−0.76	0.77	0.41	0.84	0.49
3	上缘	—	—	—	0.21	0.38	0.54	−0.62	−1.20	0.52
	下缘	0.72	1.06	0.68	−0.59	−0.76	0.77	0.41	0.84	0.49
4	上缘	—	—	—	0.24	0.38	0.64	−0.69	−1.20	0.58
	下缘	0.72	1.06	0.68	−0.59	−0.76	0.77	0.41	0.84	0.49
5	上缘	—	—	—	0.21	0.38	0.54	−0.69	−1.20	0.58
	下缘	0.66	1.06	0.62	—	—	—	0.31	0.84	0.37

注:表中拉应力为正,压应力为负,单位为 MPa。A-A 截面在拱跨中,其上缘应力无法布置测点,(—)表示未测。

2)挠度

表 4 给出了典型的跨中控制截面最不利工况汽车荷载作用下各测点的理论挠度和实测挠度。从表中可以得到:在测试工况下,相对残余挠度有相当部分的大于 20%,在 30%~70%左右;校验系数对加载控制截面基本都小于 1.0,但也有个别是大于 1.0。残余挠度较大和校验系数大于 1.0,分析其原因部分与该桥为预制装配式的主拱肋、主拱肋由 5 个小箱在其上缘通过较弱的钢筋并浇筑混凝土连接,而下缘基本没有连接,桥梁的整体较差有关;其次主拱上的板梁及横梁的衔接存在着某种非线性及弹性的变形。

跨中工况汽车荷载作用下桥梁各测点理论挠度和实测挠度对比表　　表4

加载截面	测点编号	实测总挠度 S_t	实测弹性挠度 S_e	实测残余挠度 S_p	理论计算挠度 S_s	相对残余挠度 S_p/S_t	校验系数 S_e/S_s
跨中工况	1	−3.5	−3.5	0.0	−2.3	0.00	1.56
	2	−2.0	−0.5	−1.5	−2.6	75%	0.19
	3	4.0	4.0	0.0	2.4	0.00	1.66
	4	6.5	4.5	2.0	12.7	31%	0.35
	5	4.0	2.5	1.5	4.0	37%	0.62
	6	−1.5	−1.5	0.0	−3.5	0.00	0.43
	7	−3.0	−1.0	−2.0	−3.1	67%	0.32
拱脚工况	1	9.0	6.5	2.5	9.8	28%	0.66
	2	21.0	19.0	2.0	17.3	10%	1.10
	3	15.5	14.0	1.5	20.9	10%	0.67
	4	−0.5	−0.5	0.0	−1.2	0.00	0.41
	5	−11.5	−10.5	−1.0	−14.8	9%	0.71
	6	−14.5	−13.5	−1.0	−15.4	7%	0.87
	7	−6.0	−6.0	0.0	−6.7	0.00	0.90

注：表中向下挠度为正，向上为负，单位为mm。

三、桥梁动力特性分析及试验对比

除静力分析及试验外，本文还进一步采用空间有限元ANSYS分析其动力特性，在计算分析中，立柱基础、拱上立柱、拱上立柱盖梁、空心板、实腹段桥面板和实腹段桥面板横向系梁等均采用BEAM188单元，拱肋顶、底板、腹板、现浇横隔板、预制横隔板和拱上横墙采用Shell63单元进行计算，分析模型如图5。单元总数为43 578个，节点总数为41 275个，其中板单元41 318个，梁单元2 260个。动力分析中，考虑桥面10cm厚C30混凝土铺装层对结构刚度和质量的影响，没有考虑防撞护栏等附属设施的刚度，但考虑其质量对结构动力特性的影响。前十阶理论计算频率与实测频率比较见表5。图6给出了跳车作用时典型的跨中截面竖向加速度的时程曲线及功率谱分析图，从图表中可以得到，实测频率总体大于理论计算频率，个别实测频率稍微小于理论计算频率，表明其动力特性有所降低，但总体来说桥梁的动力特性基本正常。

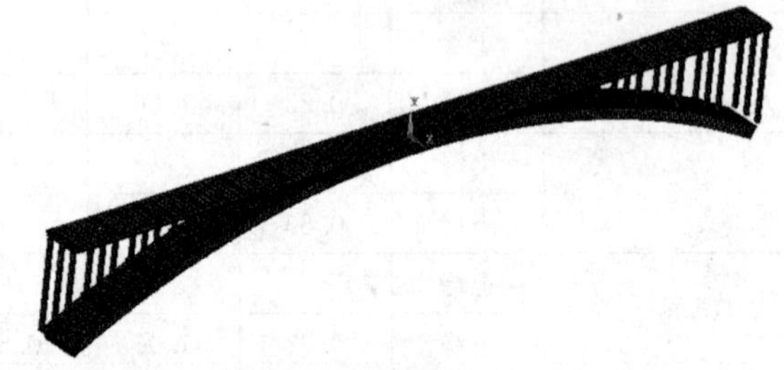

图5　动力分析模型图

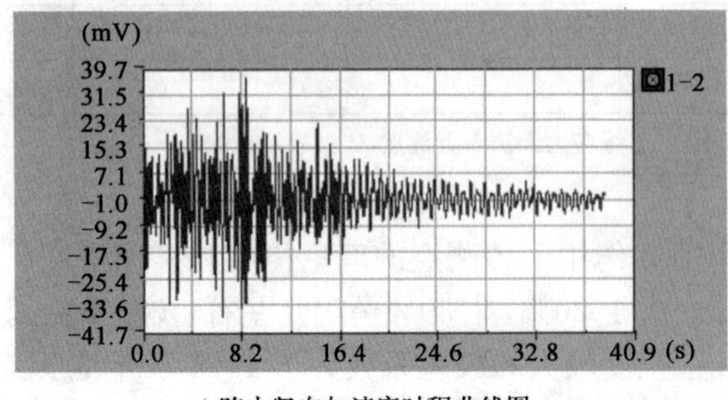

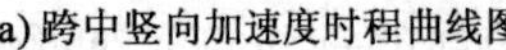

a) 跨中竖向加速度时程曲线图

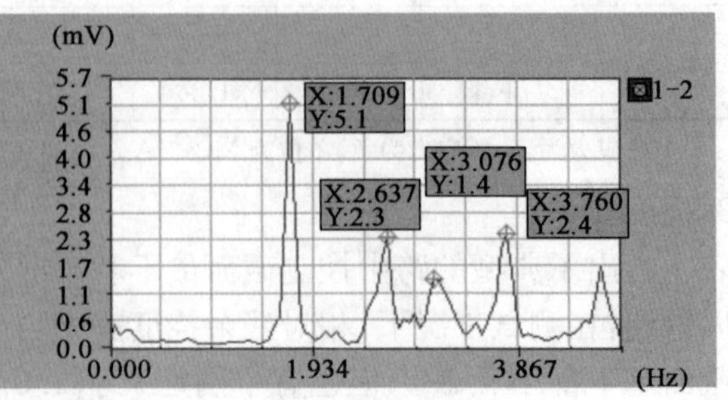

b) 跨中竖向功率谱分析图

图6　跳车时加速度时程曲线及功率谱分析

前十阶理论计算频率与实测频率比较(单位:Hz) 表5

阶　　数	理论频率	实测频率	模　　态
1	0.672	0.732	主拱横向振动弯曲
2	0.850	0.879	主拱反对称竖向振动弯曲
3	1.192	1.172	主拱横向反对称振动弯曲
4	1.427	1.465	桥面对称横向振动弯曲
5	1.564	1.709	主拱对称竖向振动弯曲
6	2.218	2.148	主拱对称竖向振动弯曲
7	2.525	2.637	桥面反对称横向振动弯曲
8	2.795	3.076	主拱竖向振动弯曲
9	3.472	3.76	主拱扭转振动
10	4.185	4.492	主拱对称竖向振动弯曲

四、结　　论

(1)大跨度纵向装配式钢筋混凝土箱型拱桥由于设计、施工以及超载等因素,会在纵向分片的箱形拱片与拱片之间产生纵向的混凝土收缩及变形裂缝,同时其上腹孔门架横梁由于受力和变形不均匀也会伴随出现竖向裂缝。静动载试验研究进一步表明,该大桥挠度变形在卸载后其相对残余挠度最大达到50%~70%,超过了规范规定的20%的限值。另由于上腹孔门架横梁裂缝的出现(部分虽经填缝灌浆处理),使其整体协同受力性能仍较差,从而增大单片箱形截面拱的荷载负担,引起结构受力的不均匀及不安全。

(2)通过对该桥静力行为分析可发现主拱圈结构在各种荷载的组合下,按原设计规范进行强度验算时,结构的强度满足规范要求,但考虑稳定验算时,拱脚截面不能满足要求。究其原因,JTT 022—85设计规范在验算大跨拱桥纵向稳定时,简单地用纵向弯曲系数通过考虑纵向弯曲计算长度(对无铰拱为0.36S)来计算的规定,使结构的纵向弯曲系数偏小,导致该实际拱桥在验算拱脚截面处的稳定性不满足要求,应引起注意。事实上,纵向弯曲系数对纯压的直杆较为准确,而对于偏心受压的拱,理论上应考虑材料和几何非线性效应用非线性分析理论进行极限承载力的分析较为合理。关于这方面的研究,作者将另文探讨。

(3)鉴于该拱桥原设计的纵向装配式箱拱片整体性差,简单的裂缝闭合处理不能加强拱圈的整体受力,故建议对原横向铰接的主拱圈在各拱片箱板的上下缘附近采用每隔一定距离张拉横向预应力,加强整体受力性能,以提高结构的耐久性和整体承载力,确保结构的安全。

参考文献

[1] 马安全.预应力箱拱桥施工简介[J].城市道桥与防洪,2009年4月,第4期90-92.
[2] 交通部.公路桥涵通用设计规范[S],(JTT 021—85),北京:人民交通出版社,1985.
[3] 交通部.公路砖石及混凝土桥涵设计规范[S],(JTT 022—85).北京:人民交通出版社,1985.
[4] 交通部.公路钢筋混凝土及预应力混凝土桥涵设计规范[S](JTG D062—2004).北京:人民交通出版社,2004.
[5] 交通部.公路砖石及混凝土桥涵设计规范[S](JTG D061—2005).北京:人民交通出版社,2005.
[6] 交通部.公路旧桥承载能力鉴定方法(试行)[S].1988.
[7] 顾懋清,石绍甫.拱桥设计手册[M].北京:人民交通出版社,2000.

136. 关于桥梁结构计算分析

黎志忠
（四川省交通厅公路规划勘察设计研究院桥梁分院）

摘　要　结合当代桥梁计算技术的发展，从桥梁结构工程师的角度分析指出桥梁计算从属于和促进了精细化设计。分析计算工作的层次性和动态性特点，强调结构分析的人员对结构概念的掌握尤其重要。指出计算工作需要策划，不同的桥型有其侧重点，计算应有针对性地提出解决方案，并建议了计算工作的一般流程。就具体实施而言，工程计算应该立足于现有的软件硬件资源，探讨如何对待软件工具和判断调试计算结果，总结了一些分析判断经验。通过列举特定案例计算内容和解决思路，给桥梁计算工作同行起到抛砖引玉的作用。

关键词　桥梁　结构分析　解决方案　思路

一、前　言

我国的桥梁建设发展迅猛，其规模和科技水平已紧随世界先进行列。基于有限元方法的软件技术也日新月异，计算已经和理论、试验一起，并列为三大科学方法之一。随着桥梁跨度记录不断刷新、新的结构体系和组合材料的应用以及施工工艺的发展，计算分析不断遇到新的需求和挑战。桥梁结构计算往精细化方向发展，桥梁结构计算面临复杂化。例如逐步抛弃偏载系数的概念，采用空间影响线（面）求解活载效应，梁、板和实体单元以及混合模型广泛应用，计算模型的自由度和机时都在不断增加；例如超长拉索结构的非线性问题及施工控制、钢筋混凝土结构开裂非线性分析、墩水耦合振动分析、钢桥细节构造的疲劳分析[1]、钢混凝土组合结构细部分析[2]、基于并行计算技术的车桥耦合分析[3]、数值风洞计算等，这些问题都相当复杂。

桥梁计算从属于和促进了精细化设计。桥梁设计工作涉及项目需求分析，功能定位，美学，经济性，安全性等要求，以及桥址地形、地质、气象、通航、行洪、地震、道路、管线等其他桥址环境约束和施工条件的应对。桥梁计算工作是为设计服务的，计算分析主要解决结构受力性能问题。有些结构设计也开始提出稳健性、敏感性、冗余度、宽容度和可维护性方面的分析内容，属于设计思路指导的具体方法。精细化计算与新材料应用一样，使桥梁设计水平得到长足的进步。以下从桥梁结构工程师的角度谈谈计算工作的一些特点和认识。

二、计算分析的特点

（1）计算工作具有层次性特点。桥梁设计的各个阶段如前期可行性研究（概念设计），初步设计方案策划，专项技术设计，施工图设计，后期服务涉及的计算工作有其层次性特点，可以大致划分为概略计算、详细计算、施工控制计算以及专题研究包括的计算等方面。不同阶段应该抓住面临的不同问题，要把握好计算的规模程度，权衡耗费机时和计算精度。比如钢结构稳定问题应先区分结构层次的、构件层次的和板件层次的稳定性三个层次，再针对设计阶段采用合适的模型解决方案。斜拉桥概略计算可按照一次落架进行成桥状态优化目标求解，而详细计算则必须进一步完善施工阶段索力求解。

（2）计算工作具有动态性特点。设计过程往往是动态的。例如索结构对恒载的变化较为敏感，悬索桥主梁恒载影响吊索力、主缆线形、索夹和索鞍图纸几何尺寸等，与设计同步跟进的计算需要进行及时调整和反馈。计算工作的纳总与具体分解需要注意信息沟通的及时性，流畅性，与设计同步做好衔接，提高效率，建议做好模型日志和增量备份。

(3)不同参与方对计算的关注点不同。桥梁计算的各参与方,如结构设计、咨询优化、施工监控、检测评估等各方的计算工作都有不同的侧重点。设计阶段计算侧重于结构安全性、设计合理性和施工工艺可行性,计算应该与设计阶段紧密跟进和互动。咨询优化计算相对独立,来自外部的独立核查侧重复核控制性成果的一致性和提出优化建议等。监控阶段是辅助施工和具体体现桥梁设计思想和意图的一个过程,监控阶段的计算属于施工的范畴,一般重点关注的是偏差的调整和安全性控制,具体包括现场量测、参数识别与误差分析、预测和控制手段等内容。检测评估工作包括建立测试系统和选取测试方法,其计算涉及关键部位的选取、影响线计算与加载方案、实测与理论计算的校验系数评判等方面。此外,来自施工期和运营期的结构实测结果的信息反馈可验证此前理论计算,或反思先前认识的不足,汲取教训。

三、计算分析与结构概念

从事结构分析的人员对结构概念的掌握尤其重要,基本概念贯穿于计算分析全过程。整体把握结构体系,排除可能的错误,都依赖于概念的掌握和综合应用。使用软件可以加深对结构概念的认知,例如对结构几何刚度概念的理解,可用程序建立尽量简单的模型,如模拟单摆或一根张紧的弦的一阶频率,与理论公式核对一下结果,达到验证程序正确性的同时熟悉程序操作。

又例如索鞍顶推概念,其实质是通过主缆跨度的改变来改变索塔两侧主缆的内力以及主缆的水平倾角,从而消除或减小两侧主缆的不平衡水平力。顶推时鞍座的移动量很小,主要是塔顶向鞍座的移动,顶推量是两者距离的减小量。从基本概念出发,研究了索鞍结构力学模型的处理方式:通过设置水平刚性连杆,通过降温方式实现索鞍和主塔顶相对移动;通过多次激活和钝化索鞍和塔顶的连接部位实现索鞍偏心竖向荷载传递、索鞍顶推期间位移控制、索鞍锁定期间水平力传递等三个方面的模拟(图 1)。

桥梁结构内力状态与施工过程紧密联系,所以施工过程计算是必须的。很多情况下可以对结构内力进行主动调整,例如通过施工索力调整达到斜拉桥恒载状态目标,连续刚构桥通过跨中合龙前顶推调整墩柱内力,钢混凝土组合梁通过支座反力调整梁的弯矩,拱桥合龙前线形的调整等。罗文大桥(见图 2)设计过程中,为了改善边跨混凝土三角刚架斜腿的内力,分析其最敏感因素在于减小梁端部交界墩上支座恒载反力和系杆力,通过在交界墩位置设置较小刚度的临时支架,调整了三角刚架段的弯矩,得到受力比较均衡的成桥内力状态。

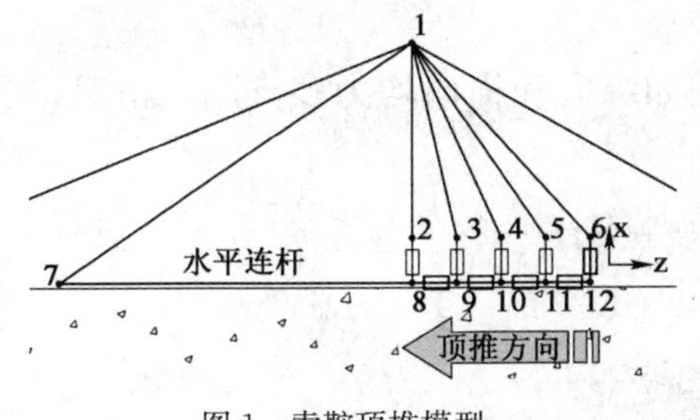

图 1 索鞍顶推模型

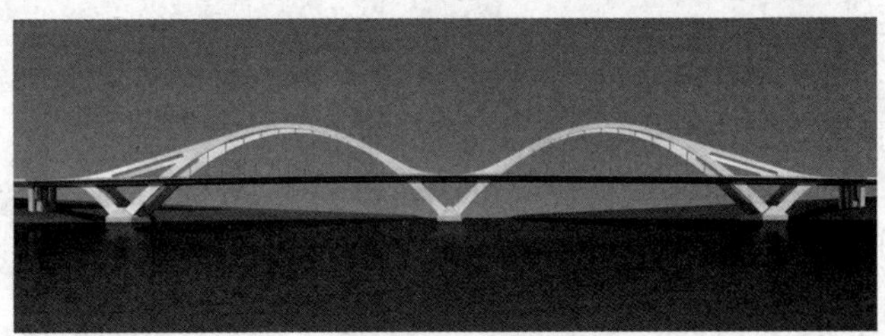
图 2 罗文大桥图

四、计算分析的策划

结构设计需要做好计算工作的策划。结构分析解决方案首要的任务是问题的定义,即分析目的何在?选择什么软件?建立多大规模的模型?我们可以根据其层次性拟定计算规模,在完成一般要求计算内容的同时,结合结构特点有针对性地提出其他计算内容,抓住核心因素进一步深化解决所提出的问题。不同的桥型有其侧重点,例如 PC 梁桥总体计算主要是钢束同恒载、活载的平衡,拱桥最基本的计算工作是拱轴线优化和稳定分析,斜拉桥计算的核心是索力问题,悬索桥最基本的计算工作是缆索系统。

计算工作一般流程包括收集案例的基本资料,收集和阅读相关文献,类似结构受力行为的基本认识,问题的定义与解决方案,建模工作(工作日志,增量备份),计算分析与评判,计算与设计的互动,整理和提交计算成果,外部独立复核,施工和运营期间的信息反馈,经验的总结。

工程计算应该立足于现有的软件硬件资源。精细化分析要求的自由度规模在不断加大，怎么办？除了可以采用边界条件的对称性缩减单元数量，采用自适应网格划分功能或者采用子结构方法增加计算效率之外，可利用圣维南原理建立局部模型，缩减计算规模。为了详细对比计算悬索桥钢箱梁顶板U肋过焊孔部位的不同细节形式的应力集中问题，文献[1]建立总体模型和其他3个层次的板壳局部模型，局部模型依次缩窄范围，依次传递边界力和细化网格，达到缩减计算规模的目的。

如何对待软件工具？通用有限元软件是科学技术从特殊到一般的归纳推理的体现，桥梁计算是使用软件工具从一般到特例的演绎应用。常见的软件工具包括MIDAS、ADINA、ANSYS、ABQUS、SAP、RM、LUSAS等大型通用软件，以及桥梁博士、GQJS、SBSAS、NBLAS、BAP、QXLJS等专用软件。各种软件有相应的长处和不方便之处，设计人员应该有所把握，通用程序和专用程序在一定程度上有所互补。对具体的问题，要具体分析，再选择较合适的软件。通过合适的计算模型揭示结构受力行为，如力流传递的规律，失效模式，评判结构设计的合理性。对不熟悉的软件，使用人员应该首先掌握软件功能及其理论基础，可通过建立简单模型，通过理论解或者不同软件数值解相互核对，从而熟悉使用该软件。

在熟悉软件计算原理，确保数据输入的准确性的同时，应该主动判断输出的数据。软件是积累的技术精华和物质工具，电脑输出的数据只有经过判断才能成为信息，信息加以提炼可以成为知识，知识的融会贯通就成了智慧。对计算输出结果的分析和判断能力是人的主观能动性的体现，需要积累一定的经验和技巧。失去人的主观能动性，单元和节点本身毫无意义，计算工作应该充分发挥人的主观能动性。

如何对待计算结果？验证分析的结果，在任何有限元分析中无疑是最为重要的步骤。明显的结果异常应视为无效的分析结果，应通过模型调试排除可疑的分析结果。下面通过举例谈谈排错的一些经验。

(1)遇到结果奇异时可考虑将模型范围缩小进行调试，例如将模型减半法，从而逐步定位到可能错误的地方。

(2)针对位移值奇异的模型，调试方面可对一定范围内节点施加弱约束或通过模态分析找到刚度很小的自由度。

(3)简支梁抗震计算模型若发现高墩的弯矩大于矮墩的弯矩，可将错误范围锁定到相应部位支座刚度。

(4)边界约束不足与过强、或者不相匹配也是常见的错误，例如纵向和横向均为多支座的情况，支座之间的刚度相对比例关系决定梁的内力图。

(5)还有一些忽视数据单位导致的错误，如将预应力钢束张拉应力误输入为1 395kPa，钢束管道直径误输入为0.9m等。

五、几 个 案 例

1. 案例一：某飞机滑行道桥

某飞机滑行道桥(见图3)跨径22m＋28m＋28m＋22m，宽度44m，荷载等级飞机滑行荷载F类(法国空中客车飞机公司A380货机，最大滑行重量为592t)。桥梁采用搭架现浇的施工方法。

计算模型采用梁格法，进行纵向和横向梁格的设计验算，重点分析了多次弯折的腹板钢束应力损失及其敏感参数。梁格之间建立虚拟板单元适应特定的移动荷载影响面加载。针对飞机主轮轮载集中的问题，建立板单元模型，进行了桥面板局部分析，验算板的抗冲切和抗弯承载力验算。

施工期测试了预应力损失，对比了关键部位的钢束应力实测值和理论计算值，同时对钢束的张拉力和引伸量双控实施情况与理论计算比较吻合，通过数据反馈获得类似情况钢束摩阻系数。

检测试验阶段计算模型确定了加载方案。具体的分正常滑行和偏离滑行两种情况，根据影响面确定检测荷载布置位置。静力荷载测试表明桥梁控制截面的受力状态和刚度满足设计要求，动荷载试验表明各阶实测自振频率和振型与理论计算结果一致性较好，实际振动特性与设计计算理论相符合。

2. 案例二:某连续刚构桥

针对以往大跨径连续刚构桥常见的病害问题,提出了一些列设计对策。相应开展的计算工作包括:

(1)完整的静力计算和构件验算,包括体外预应力索单独的荷载效应,预应力效应与恒载效应的比值。

(2)箱梁横向框架计算和配筋。

(3)实体单元模型(图4)计算了竖向预应力滞后张拉和不滞后张拉典型工况,对比分析竖向应力分布均匀性因素。

(4)结构强健性计算,分析认为挂篮倾覆是悬臂施工最不利工况,应该确保挂篮正常运转。

(5)结构敏感性计算,分析认为结构对预应力度的变化最敏感,施工期间预应力损失最敏感的是管道摩阻损失和混凝土加载龄期。

(6)地震作用和墩柱验算。

(7)动力特性和稳定分析。

图3 某飞机滑行道桥

图4 某连续刚构桥实体分析模型

3. 案例三:南宁大桥

南宁大桥是世界首座大跨径曲线梁非对称外倾拱桥,主跨300m(图5),拱和梁为钢结构,下部为预应力混凝土结构。采用"先拱后梁、斜拉扣挂、缆索吊装"的施工工艺。该项目的计算工作做了较好的前期策划,实施的分析内容主要如下:

(1)整体概念设计阶段结构优化工作,包括拱轴线形、两侧拱箱倾角和主梁平弯半径参数分析和优化调整[4]。

(2)分析研究了合理的施工流程,最终详细计算包括缆索吊装系统、临时塔架验算、斜拉扣挂索力、拱顶横向临时拉索、临时系杆与永久系杆内力转换、临时吊杆与永久吊杆内力转换等。拱箱悬拼考虑节段切线安装,采用基于无应力索长的正装计算方法,根据目标索力来确定一次张拉的施工索力[5]。

(3)动力特性和抗震验算,阻尼器参数分析[6]。

(4)结构整体稳定问题(两类稳定问题),将拱箱节段实体模型嵌入整体模型反映板件稳定。

(5)可维护性分析,包括吊索更换分析,索系杆更换,桥面铺装更换分析。

此外还包括风洞试验与抗风验算,混凝土拱肋段、钢箱拱、钢箱梁以及钢混凝土过渡接头[2]局部分析等方面。

4. 案例四:单索面悬索桥

双拥大桥为双塔单索面悬索桥,单根主缆,A形塔,梁和塔均为钢结构,见图6。其结构主要特点为通过设置主梁边跨连续段、人字形吊索以及提高钢箱截面刚度等方式保证结构抗扭性能。主要施工工艺包括钢塔节段拼装、主梁多点连续顶推以及吊索张拉进行索梁受力转换等工序。

图5 南宁大桥

图6 双拥大桥

策划和实施的计算内容如下：

(1)恒载内力目标状态优化和运营期静力计算。

(2)施工过程：主梁多点连续顶推模拟；针对索梁转换工序问题，建立倒拆模型，拟定索鞍顶推时序和各次顶推量，合理安排吊索张拉次数和张拉力。

(3)动力特性、抗震计算、抗风试验。

(4)参考规范验算主缆、吊索、锚碇、索鞍、索夹、散索套、索塔基础等。

(5)局部分析采用ANSYS软件，计算了索塔索鞍底座、主梁吊点耳板、支座连接构造、顶推构造应力分布以及索夹耳板销孔的接触应力。

5. 案例五：PC斜拉桥索力问题解决思路

斜拉桥的索力问题是该桥型计算工作的核心所在。PC斜拉桥区别于钢箱梁，主梁设计受到收缩徐变影响，其施工过程安全性问题较为突出。在诸多调索方法中，影响矩阵法实现了对多种目标函数的统一，应用最为广泛。优化方法包括最小二乘法、梯度优化法、数学规划法。除了严谨的结构计算分析方法，调索的工程经验也很重要，借鉴类似斜拉桥体系的索力分布规律、塔梁弯矩经验分布规律来判断和调整。

PC斜拉桥恒载索力和施工索力是各阶段受力状态的关键因素。拉索非线性的模拟包括杆单元Ernst折减法、多段杆单元法和悬链线索单元法。对于超长索，应专门研究其施工过程非线性特性，选择合适的模拟方法。索力问题的解决思路分成桥索力和施工索力两个方面。

(1)综合应用最小弯曲能量法和应力平衡法[7]，建立恒载索力优化模型，运用最小二乘法求解成桥索力，计算活载包络图，配置主梁预应力，在主梁设计弯矩可行域内选择主梁弯矩目标，进行主梁验算，上述过程依次修改循环直到满足设计要求，从而确定成桥合理的优化目标。

(2)利用正装迭代法[7]求施工索力，其基本思路：结合具体施工流程及结构受力要求，先初拟一组张拉索力，按正装计算得到一个成桥状态，将该成桥状态与事先定好的理想成桥状态比较，按最小二乘法原理使两个成桥状态相差最小，以此来修正张拉索力，再进行新的一轮正装计算，直至收敛为止，从而确定拉索的分次张拉力。

调整拉索张拉力的过程其实也是改变拉索无应力索长的过程，利用单元原始尺寸确定斜拉桥施工中间状态的方法[8]的主要思路是基于无应力索长的概念，通过循环迭代调整施工期拉索长度消除混凝土收缩徐变的影响，且达到结构各部分应力不超限，最终达到与成桥目标状态一致。

六、结　　语

本文结合工作经验从桥梁结构工程师的角度讨论了桥梁结构计算的一些话题，小结如下：

(1)桥梁结构计算往精细化方向发展，计算分析从属于和促进了精细化设计。

(2)计算工作的层次性和动态性特点，计算工作紧随设计过程问题的提出而开展，计算数据要及时保持更新和设计互动。

(3)强调结构分析的人员对结构概念的掌握尤其重要。

(4)计算分析需要做好策划。结构分析解决方案首要的任务是问题的定义，不同的案例有其侧重点，计算应有针对性地提出解决方案，本文提出了计算工作一般流程。

(5)工程计算应该立足于现有的软件硬件资源，适度缩减模型规模。软件的选择要具体情况具体分析。对软件输出数据的判别无疑是最为重要的步骤，计算工作应该充分发挥人的主观能动性。

(6)探讨如何对待软件工具和判断调试计算结果，总结了一些分析判断经验。

(7)通过列举特定案例策划实施的计算内容和解决思路，起到抛砖引玉的作用。

参考文献

[1] Qi Ye, Guang-Nan Fanjiang; Analysis and Design of Steel Orthotropic Decks[C], IABS, shanghai, china, 2004.

[2] 刘玉擎，周伟翔，蒋劲松. 开孔板连接件抗剪性能试验研究[J]. 桥梁建设，2006(06).

[3] 陈向东,金先龙,丁峻宏.并行计算技术在大型桥梁动力响应计算中的应用[J].高性能计算应用,2008(02).

[4] 蒋劲松.南宁大桥的体系平衡和线形优化[C].四川省公路学会2004年桥梁技术交流会论文集,成都,2005,p5.

[5] Z. Z. Li, J. S. Jiang. A Study of the Non-Bracket Construction Scheme for Asymmetric Arch Bridge[C], Proceedings of China-Japan Joint Seminar on Steel and Composite Bridges, shanghai, china, 2007, page122.

[6] 刘振宇,李乔,蒋劲松,蒋建军.南宁大桥粘滞阻尼器参数分析[C].桥梁建设,2007(08).

[7] 颜东煌.斜拉桥合理设计状态确定与施工控制[D].湖南大学,2001.

[8] 秦顺全,马润平,朱运河.利用单元原始尺寸确定斜拉桥施工中间状态的方法[P].中华人民共和国国家知识产权局:CN200810046943.2,2008.

137.折线配筋预应力混凝土先张梁的研究与应用

李 磊 邓军会

(河南海威工程咨询有限公司)

摘 要 本文重点介绍先张梁的受力性能研究,主要包括折线配筋预应力混凝土先张梁受弯性能、耐疲劳性能、终极徐变特性、先张梁钢绞线预应力损失测定、锚固区钢绞线失效长度分析、钢绞线弯折强度折减特性等。

关键词 折线配筋 疲劳性能 经济指标 终极徐变

一、概 述

预应力混凝土按预应力施加工艺可分为先张法与后张法。先张法是在张拉台座上先张拉预应力筋,然后再浇筑混凝土,待混凝土强度达到设计强度后释放预应力筋的拉力,借其与混凝土之间的黏结力对混凝土施加预应力;后张法则是在构件混凝土达到设计强度后,藉预应力混凝土构件内的孔道,穿入永久性预应力筋,以混凝土构件自身为支承张拉预应力筋,然后用锚具将预应力筋锚固,形成永久预应力,最后在预应力筋孔道内注入水泥浆,使预应力筋和混凝土黏结成整体。

后张法施工虽然技术成熟,应用广泛,但由于预留孔道压浆不实带来的工程质量问题已引起工程界的高度关注。建于1958年倒塌于1985年的英国某桥,在这方面向人们敲起了警钟,英国为此曾一度禁止节段拼装工艺在英国的应用。我国对此问题亦高度重视,21世纪初东南大学交通学院利用沪宁高速公路拓宽改建的契机,对其中实施拆除的三座后张法预应力混凝土桥梁进行了实桥孔道压浆饱满率的调查结果显示:A桥:73.3%、B桥:66.6%,C桥77.7%,三座桥的压浆情况都不是太好,存在较为严重的质量缺陷。其他省市类似调查情况亦如此。2002年根据我国高速公路建设质量检查情况,交通部将后张预应力钢筋管道压浆不实列为高速公路工程建设质量的八大病害之一,可见其情况的严重性。认真解决这一通病已成为设计单位与施工单位共同面对的问题。很明显,如果采用先张法则可以很好地避免这些问题的出现,从而提高结构的耐久性。折线配筋先张法预应力混凝土梁在这个领域里的应用将是更可靠的技术途径。

国外40～50m左右大跨径先张梁的应用比较广泛。我国铁路部门在20世纪末开始了折线配筋先张梁的设计研究,并在台湾高速铁路、青藏铁路,合肥—南京高速铁路等工程中使用。由于折线配筋预应力混凝土先张梁具有施工周期短、工序简洁、节省材料、耐久性好等优点,河南省高速公路发展有限公司以“折线配筋预应力混凝土先张梁成套技术研究”为题，开展了30～70m跨径的先张预应力混凝土梁在公路桥梁中应用的研究。课题组以河南驿宛高速桐柏淮河大桥、岭南高速南召黄鸭河大桥35m跨、湖南岳常高速25m跨折线配筋预应力混凝土先张小箱梁、山东鄄城黄河公路大桥引桥50m跨折线配筋预应力混凝土先张T梁的设计与施工为依托，结合小梁试验、工程监控、工程梁荷载试验，开展了折线配筋预应力混凝土先张梁受力性能等相关问题的研究。经近几年的努力基本解决了在工程中应用折线配筋先张法预应力混凝土梁的关键技术难题，为今后折线配筋先张预应力混凝土梁工程应用提供了理论依据和实践依据。

二、研究成果

折线配筋预应力混凝土先张梁的研究主要包括先张梁的受力性能研究、弯起器设计要点、台座设计与施工工艺四方面。本文重点介绍先张梁的受力性能研究。

折线配筋预应力混凝土先张梁的受力性能研究，主要包括折线配筋预应力混凝土先张梁受弯性能、耐疲劳性能、终极徐变特性、先张梁钢绞线预应力损失测定、锚固长度及局部应力分析，钢绞线弯折强度折减特性等。

关于受力性能研究，课题组共制作了8根试验梁；为进行徐变试验做了4根小梁；为进行疲劳试验做了3根小梁，还有一根12m跨T梁。并结合施工做了1榀35m跨小箱梁，12榀50mT梁的设计荷载试验，其研究成果如下。

1. 折线预应力筋在弯起器处的摩擦损失

传统的先张法用于中小跨径构件，采用直线配置钢绞线束方式。因此《桥规》(JTG D62—2004)中未考虑先张法折线预应力钢束的摩擦损失及计算方法；在《混凝土结构设计规范》(GB 50010—2002)规范中，对于在转向装置处的摩擦损失提出按实际情况确定，也没有相应的计算方法。由于折线配筋先张梁在转向装置处弯折，钢绞线与弯起器之间存在摩擦损失。

课题组对4根折线先张小梁和7根折线先张梁的钢绞线摩擦损失的实测结果进行回归，并实测35m折线配筋预应力混凝土先张箱梁预应力钢筋与转向器之间的摩擦系数μ均为0.28(图1)。为保证梁体抗裂性能可靠，在目前的施工状况下，建议在实际工程中转向装置与钢绞线之间的摩擦损失按下式计算：

$$\sigma_{l1} = 0.3 \cdot \sigma_{con} \cdot \sin\alpha$$

式中：σ_{con}——张拉应力；

α——弯折角。

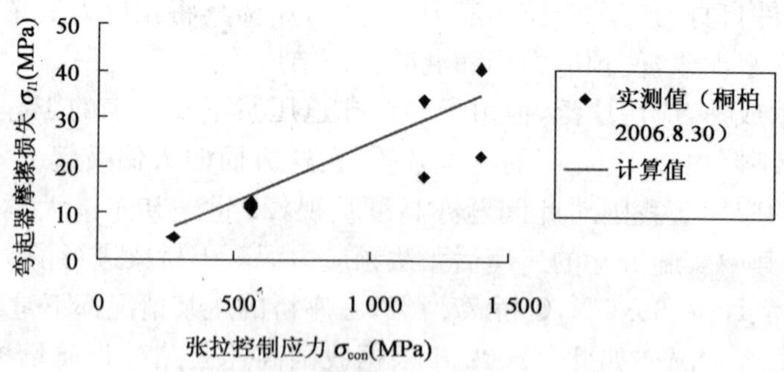

图1　长线台座实测摩擦损失

2. 预应力传递长度及锚固区钢绞线失效长度分析

先张法预应力梁在切断钢绞线放张后，混凝土中的有效预压应力是依靠钢绞线和混凝土之间的黏结力逐渐建立起来的。折线先张预应力混凝土桥梁由于跨度较大，钢绞线的根数较多，切断钢绞线后在构件端头的钢绞线锚固区产生较大的局部应力，当局部主拉应力超过混凝土抗拉强度时，将使钢绞线锚固区的混凝土产生裂缝。我国早在20世纪50年代曾试制过跨度为31.7m折线配筋先张梁，由于锚固处的局部应力产生许多放射状裂缝，导致折线配筋先张预应力梁的研究和生产被搁置。

在泌桐高速公路淮河桥的第一片中梁和第一片边梁的试制过程中由于35m箱梁每侧腹板锚固区的钢绞线多达12～14根，切断钢绞线后在锚固区混凝土曾出现了裂缝，为此课题组采取增大锚固区腹板厚度、合理设置钢绞线锚固失效段后，较好地解决了钢绞线锚固区混凝土出现裂缝的问题，保证了试点工程的成功。

3. 钢绞线弯折极限强度试验研究

与直线钢绞线相比，有弯折角度钢绞线的极限抗拉强度有所降低，且弯折角度越大极限抗拉强度降低程度越大。

考虑到钢绞线极限抗拉强度有一定离散性，经过可靠度分析，实际工程中钢绞线弯折极限抗拉强度计算建议采用下面偏保守的简化公式：

$$f_{pt}^{*} = \zeta f_{pt} \tag{1}$$

降低系数ζ可表示为：

$$\zeta = 1 - 0.0005\alpha \tag{2}$$

式中：f_{pt}^{*}——钢绞线的弯折极限抗拉强度；

f_{pt}——无弯折角钢绞线的极限抗拉强度；

α——弯折角(以度为单位)。

全部试验值与按式(1)、式(2)计算值比值的平均值μ=1.018，变异系数δ=0.015，符合很好，可供工程实际应用参考。

4. 折线先张法预应力梁的受弯性能研究

通过对先、后张预应力混凝土小梁的荷载试验，实测小梁的极限承载力及折线配筋预应力的相关特性，全面了解折线配筋先张梁的受荷工作机理，佐证设计理论，实测设计计算参数。试验结果表明，折线先张法预应力梁临近受弯破坏时，截面应变分布符合平截面假定，破坏时梁顶受压区边缘的混凝土达到极限压应变被压碎，预应力钢绞线和非预应力钢筋的应力均未达到抗拉设计强度。

试验梁受弯性能的主要结论有：

(1)折线先张预应力梁和后张预应力梁一样，预应力度均较好，在超过正常使用荷载后裂缝发展均匀、裂缝宽度一直很小，临近破坏时跨中挠度接近$l/50$，表现出较好的延性；破坏时受压区混凝土被压碎，钢绞线和非预应力钢筋均未发生断裂。

(2)折线先张预应力梁有足够的承载力安全储备，在达到设计破坏荷载的130%以上时(最低132.5%、最高138.0%，平均134.7%)才发生破坏。

(3)折线先张预应力梁的实测开裂弯矩和按桥梁规范计算开裂弯矩的比值M_{cr}/M_{cr}^{c}=0.928～1.058。

(4)折线先张预应力梁的受弯承载力、开裂弯矩、裂缝宽度和挠度均可按《公路钢筋混凝土及预应力混凝土桥涵设计规范》(JTG D62—2004)建议的公式计算。

5. 先张及后张预应力矩形梁疲劳受力性能

通过对两根先张梁和一根后张梁试件200万次的疲劳试验得出以下结论：

(1)折线先张梁XPB-6和曲线后张梁HPB-4在规定的疲劳应力幅值($M_{min}=0.2M_d$，$M_{max}=0.6M_d$)；折线先张梁XPB-6和曲线后张梁HPB-4在疲劳荷载作用250万次后均未发生疲劳破坏，在疲劳荷载作用200万次后，先张梁的疲劳裂缝只出现在跨中两个转向器之间，裂缝较少(两边各出现8条)；后张梁的疲劳裂缝分布在全跨范围，裂缝较多(每边30条左右)。

(2)在相同应力幅值($M_{min}=0.2M_d$，$M_{max}=0.6M_d$)和相同循环次数条件下，折线先张梁XPB-6钢绞线和非预应力钢筋的应变的增量比后张梁HPB-4小，挠度也比后张梁小。

(3)在疲劳荷载作用250万次后的静载破坏试验结果表明：梁仍保留有足够的承载力安全储备，在达到按桥梁设计规范计算破坏荷载的约140%时才发生受弯破坏；破坏时钢绞线和非预应力钢筋均未发生脆性断裂，钢绞线和非预应力钢筋都未达到设计屈服强度，受压区混凝土被压碎。

(4)增大应力幅值($M_{min}=0.25M_d$,$M_{max}=0.9M_d$)的折线先张梁XPB-5在疲劳荷载作用$N_f=38.1$万次时,加载点下方的1根非预应力钢筋发生疲劳断裂;疲劳破坏后继续施加疲劳荷载1万次左右,仍能承受较大荷载,没有出现整根梁断裂的情况。

6. 折线先张法预应力混凝土梁终极徐变性能

徐变是指混凝土在荷载长期作用下随时间而增长的变形。混凝土在荷载作用下的变形分为两部分:一是加荷时产生的瞬时变形ε_{el},也称为弹性变形;另一部分是在荷载作用下随时间增长而增加变形,即徐变变形ε_{cr}。对预应力混凝土受弯构件,徐变将引起预应力损失,并使构件的挠度增大。影响徐变的因素除混凝土的材料性质及构件几何尺寸外,其外部环境与荷载条件为主要影响因素。

试验梁为3根折线先张预应力梁和1根曲线后张预应力梁,折线配筋先张试验梁放张钢绞线48h后,曲线后张梁孔道灌浆48h后,将试验梁移至试验现场。其中2根先张梁(XPB1、XPB)放置实验室内,温度控制在20℃±3℃,相对湿度控制在80%以上;1根先张梁(XPB2)和1根后张梁(HPB1)放置于实验室外的自然环境。试验梁长7.5m,支承点之间距离7.2m,采用三分点堆重(上压混凝土构件)长期加载的方式,荷载值(含梁自重力)相当于桥梁长期作用效应下的荷载。图2为试验梁加载示意图,图3试验梁温度变化曲线。

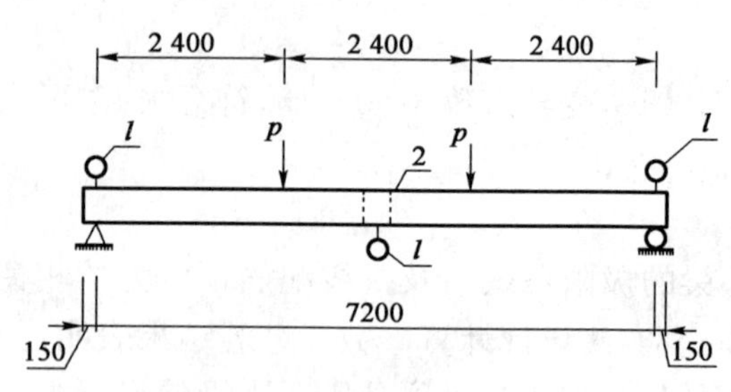

图2　试验梁加载示意图(尺寸单位:cm)

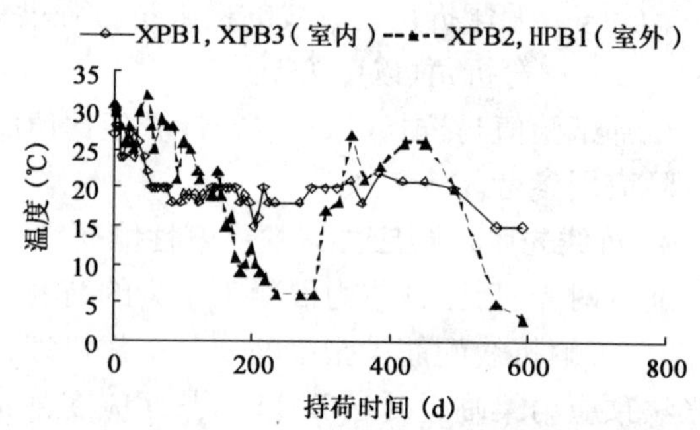

图3　试验梁温度变化曲线

经过对试件的混凝土应变与挠度连续600d的量测和分析结果表明,折线先张预应力梁和曲线后张预应力梁混凝土的徐变(应变)系数实测值与《公路钢筋混凝土及预应力混凝土桥涵设计规范》(JGJ D62—2004)规定的徐变系数计算值十分吻合,其徐变(应变)系数$\phi(t,t_0)$仍可按规范规定的公式计算。相同环境条件下,折线先张预应力梁的徐变(应变)系数$\phi(t,t_0)$小于曲线后张预应力梁(图4、图5)。

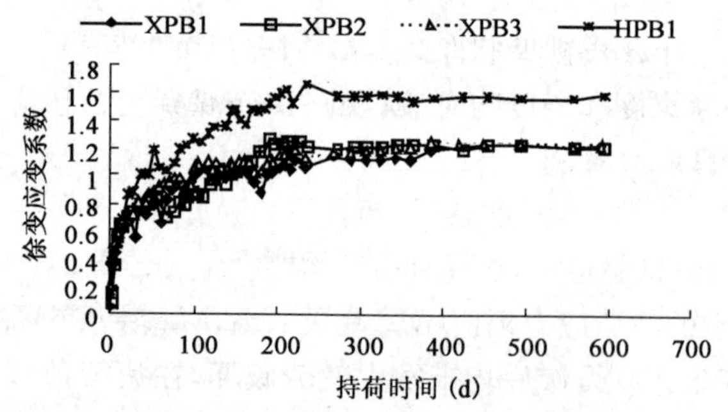

图4　徐变应变系数与持荷时间的变化

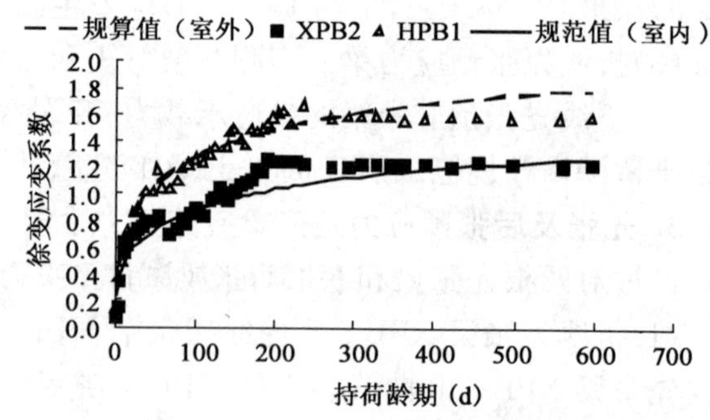

图5　先张梁和后张梁徐变应变系数的比较

从图4、图5两图可以看出,试验梁跨中截面加载后第一个月内徐变应变发展很快,大约为600d总徐变的50%~60%,300d后徐变趋于稳定;处于室内环境的折线先张梁XPB1、XPB3的徐变应变系数最小;处于室外环境的折线先张梁XPB2的徐变应变系数略大于XPB1、XPB3,但不很明显,持荷一年后3根折线先张梁的徐变应变系数已趋于一致;处于室外环境的曲线后张梁的徐变应变系数明显大于折线先张梁。表1给出了按照实测数据推算与按照桥规计算得出的徐变系数终极值比较。

徐变系数终极值比较 表1

梁 编 号	环 境 条 件	相对湿度 RH(%)	推测徐数系数终极值 ϕ_0^c	按桥梁规范计算系数终极值 ϕ_0^c
XPB1	室内标准	80	1.51	1.51
XPB2	室外自然	55	1.51	2.17
XPB3	室内标准	80	1.51	1.51
HPB1	室外自然	55	2.13	2.13

徐变(挠度)系数与徐变(应变)系数的比较:理论分析和试验结果均表明,徐变(挠度)系数 $\phi_f(t,t_0)$ 大于徐变(应变) 系数 $\phi(t,t_0)$,徐变挠度系数 $\phi_f(t,t_0)$ 可由徐变应变系数 $\phi(t,t_0)$ 乘以大于1的系数 λ 求得;徐变挠度系数 $\phi_f(t,t_0)$ 与徐变应变系数 $\phi(t,t_0)$ 的关系为:

$$\phi_f(t,t_0)=\frac{f(t,t_0)}{f_{el}(t_0)}=\frac{c\phi_c l_0^2}{c\phi_0 l_0^2}=\frac{\phi_c}{\phi_0}=\phi(t,t_0)=\lambda\phi(t,t_0) \tag{3}$$

由试验结果统计分析,对室内环境(70%≤RH≤90%,年平均 RH=80%)可取 λ=1.35,对室外环境(40%≤RH≤70%,年平均 RH=55%)可取 λ=1.10。试件证明,相同环境条件下折线先张预应力梁的徐变(挠度)系数 $\phi_f(t,t_0)$ 小于曲线后张预应力梁。

三、折线配筋先张梁的应用

作为传统的预应力混凝土施工工艺之一,先张预应力混凝土的设计理论是成熟的,其设计要点已纳入现行设计规范,唯因折线配筋预应力混凝土先张梁的实际应用在我国尚在探索中,设计中的计算程序功能不如后张法完善,需要做一定的调整。35m 折线配筋预应力混凝土先张小箱梁已成功应用于驿宛高速桐柏淮河大桥,本文重点介绍 50m 折线配筋先张预应力混凝土 T 梁。

1. 50m 折线配筋先张预应力混凝土 T 梁的设计

德商高速公路鄄城黄河公路大桥引桥 50m 折线配筋先张预应力混凝土 T 梁是目前国内建设规模最大的折线配筋先张梁项目,也是目前折线配筋先张预应力混凝土梁的最大跨度。该工程桥跨设置为 9×50m+(70m+11×120m+70m)+58×50m,预应力混凝土 T 梁桥长占了总桥的 70%,50m 跨预应力混凝土 T 梁总数 804 榀,占了本工程混凝土预制安装工作的最大工作量,是为本工程重点工作。

50mT 梁采用了折线配筋预应力混疑土先张工艺,T 梁均采用 270 级 ϕ15.24mm 钢绞线作预应力筋,中梁配直线束 36 根、弯起束 18 根。边梁配直线束 42 根、弯起束 18 根。预应力钢筋布置如图 6 所示。

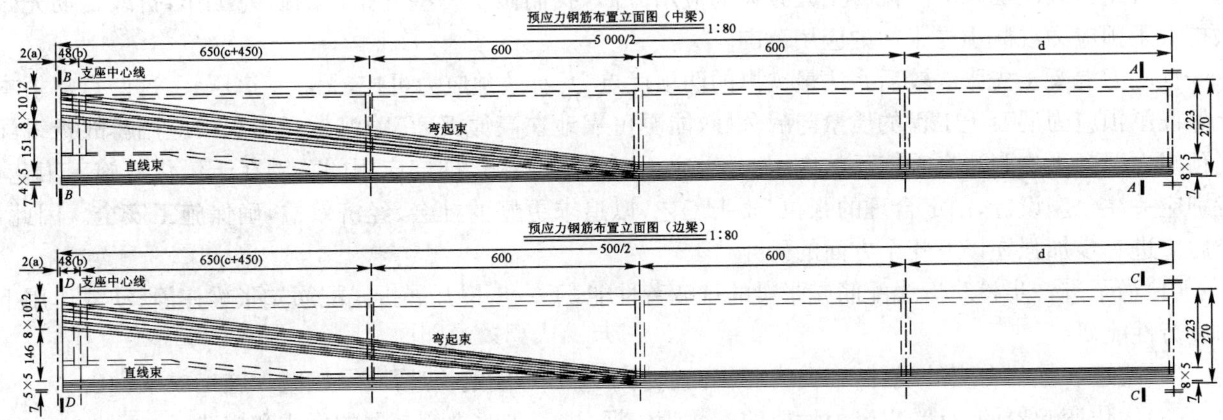

图6 50m 跨先张 T 梁预应力钢筋布置图(尺寸单位:cm)

工程施工中结合质量调查做了 12 榀 T 梁的设计荷载试验,得出平均校验系数为 0.603。

2.50m 折线配筋先张预应力混凝土 T 梁经济指标分析

折线配筋预应力混凝土先张梁较彻底地解决了后张预应力管道压浆不实与预应力控制不准确的两大常见病害，较好地保证了预应力混凝土桥梁的耐久性，此效益是巨大的、无法估量的。表2列出了先张预应力混凝土梁与后张预应力混凝土梁的材料用量对比。

50mT 梁材料对比　　表2

材　料	单位/规格	先　张	后　张	先张/后张
C50 混凝土	m^3	55 540.7	65 342.4	0.902
钢绞线	t	2 644.144	2 877.307	0.919
钢筋	t	8 785.687	10 949.495	0.802
钢材	t	519.708	519.708	1.000
波纹管(m)	ϕ90	0	79 322	0.000
	ϕ90	0	158 645	0.000
	ϕ90	0	107 511	0.000
锚具(套)	15-12	0	3312	0.000
	15-7	0	3 072	0.000
	15-6	0	5 600	0.000
	BM15-5	0	4 352	0.000

节约费用粗估：

(65 342－55 541)×0.3 万元/m^3＋(2 877.3－2 644.1)×1.2 万元/t＋735 万元(锚具、波纹管、压浆等)＝3 955 万元

如果忽略先、后张梁混凝土、钢材数量的差别，先张梁至少可较后张梁节省建安费5%～7%的预应力管道、锚具费用，但要增加张拉台座的摊销费用，故只有当预制先张梁达到一定数量使张拉台座费用得到摊销，才会有可观的经济效益。对一条高速公路若能集中预制构件，这种效益应该很容易达到。

四、结　语

课题研究成果已成功地应用于河南泌桐高速公路桐柏淮河大桥与河南岭南高速公路黄鸭河大桥89榀35m跨折线配筋预应力混凝土先张小箱梁及鄄城黄河大桥引桥804片50mT梁工程中，相应设计极限荷载试验表明了课题研究成果的实用性。依托工程的工程实践表明，当折线配筋预应力混凝土先张梁预制达到一定规模时，折线配筋预应力混凝土先张梁的工程经济效益将是很可观的。

在公路折线配筋预应力混凝土先张梁的应用方面，我们做了一些开拓性的研究工作，折线配筋先张法扩大了预应力混凝土先张法的应用范围。

预应力混凝土先张法较后张法最突出的两项优点为：有效预应力可控，无需管道压浆，这两点从根本上保证了预应力混凝土工程的质量与耐久性，能更可靠地在高原严寒、跨海越洋工程中应用。故折线配筋预应力混凝土先张法有着广泛的应用前景，应予以推广应用。推广应用的关键在于优化其施工工艺，特别应关注台座设计，制定合理的张拉、放张工艺，以追求更好的社会、经济效益，确保施工安全。因此，今后应进一步加强在以下几个方面的研究：

(1)为了进一步检验折线配筋先张梁的抗疲劳性能，下一步拟开展折线配筋先张梁在静、动载作用下的疲劳性能研究。

(2)改进和优化台座的设计，在受力可靠的前提下应尽可能的构造简单，以减少施工成本。

(3)优化弯起器的设计，以受力性能的参数为依据，进一步改进弯起器的形式和构造。

(4)针对本项目提出的钢绞线张拉和放张工艺，在实际工程应用中加强监测，使该工艺进一步优化。

参考文献

[1] 王辉,王健,王用中.公路工程折线配筋先张法预应力混凝土梁的研究与应用.公路,2007(7).

[2] 汪小林,刘立新.折线配筋先张梁疲劳性能试验.华中科技大学学报(自然科学版),2010(5).

138.大跨度预应力混凝土连续刚构桥温度效应分析

张 坤 雷俊卿 张云必 闫燕红

(北京交通大学土木建筑工程学院)

摘 要 本论文按照美国AASHTO规范、英国BS5400规范、新西兰规范、铁路桥涵钢筋混凝土和预应力混凝土结构设计规范确定不同的计算模式,对大跨度连续刚构桥进行温度效应分析,得出在不同温度模式下温度效应对主梁应力和挠度的影响结果。本文以田螺特大桥连续刚构桥为工程背景,建立了桥梁结构计算模型,具体进行了温度应力和变形的分析。并提出了预防大跨度连续刚构桥主梁温度效应开裂等的措施。

关键词 计算分析 温度效应 温度模式 连续刚构桥

引 言

随着我国铁路客运专线的大力发展,大跨度连续刚构桥以其自身的独有的优势得到越来越广泛的应用。但作为墩梁固结的超静定体系,温度效应的存在对主梁的应力分布和挠度都产生重要影响。很多资料表明,温度效应产生的应力达到甚至超过移动荷载产生的应力[1]。温度应力主要由年温差、日照温差等引起,对主梁竖向截面上产生的影响最大,远远超过对纵向和横向的影响。本文将在三种不同的温度模式下,结合田螺特大桥对大跨度连续刚构桥的温度效应进行分析,并提出预防大跨度连续刚构桥主梁因温度效应引起开裂的措施。

一、田螺特大桥概况

温福铁路客运专线田螺特大桥位于云淡门海纯潮区,跨越门夹头海湾,海水最深处达到19m,高潮位时能达到20m以上。每年夏秋之交常受台风暴雨侵袭,最大台风速度56m/s。年平均气温16~18℃,最热7月份,平均气温24~28℃,极端最高气温39.1℃。最冷1月份,平均气温4~8℃,极端最低气温-10.5℃。桥址河段规划VI级航道,通航净空为120m×24m,主桥为88m+160m+88m预应力混凝土连续刚构。全桥立面布置见图1。

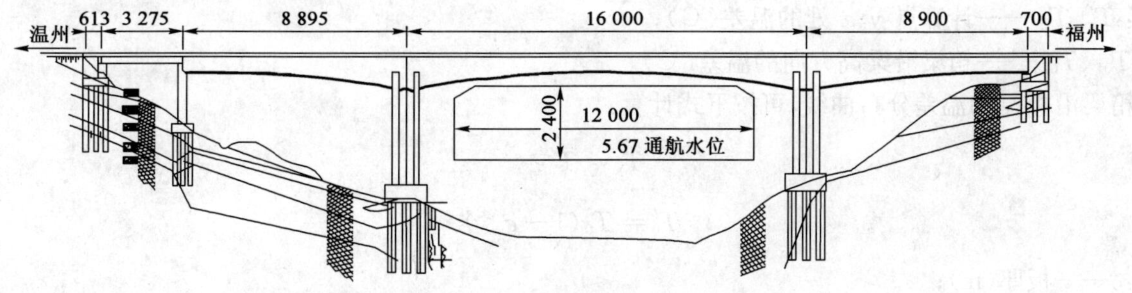

图1 田螺大桥总体布置立面图(尺寸单位:cm)

主桥上部结构为变截面悬浇预应力混凝土箱梁，箱梁截面为单箱单室，箱顶宽13m，顶板9m宽道砟槽内采用2%的双向排水坡，底板宽8.2m；主墩顶梁高为9.8m，边墩顶及中跨中梁高为5.0m，梁底曲线采用1.8次抛物线过渡；箱梁顶板厚45cm，主墩顶附近顶板厚55cm，底板厚50～110cm，腹板厚分45cm、60cm、83cm、100cm四种，主墩外侧腹板厚增至150cm，主墩双壁间主梁底板增厚至200cm；梁端设一厚160cm的横隔板，中跨中横隔板厚80cm，双壁墩顶各设一道与墩壁等厚的横隔板，从悬臂端到0号块根部箱梁高度和底板厚度均按1.8次抛物线变化。箱梁构造如图1、图2所示。

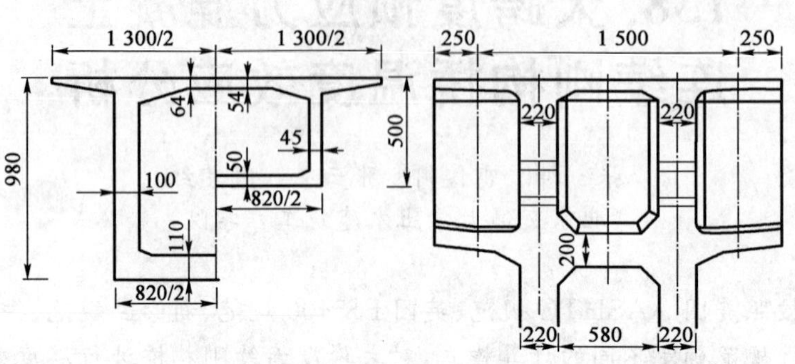

图2　箱梁一般构造和墩顶构造(尺寸单位:cm)

二、温度效应分析

1. 温度效应计算模式

(1)我国铁路桥涵规范

我国《铁路桥涵钢筋混凝土和预应力混凝土结构设计规范》(TB 10002.3—2005)附录B对混凝土箱梁温差应力计算作了规定[2]，箱梁温度场分布如图3所示，箱梁的温度荷载按下列规定计算。

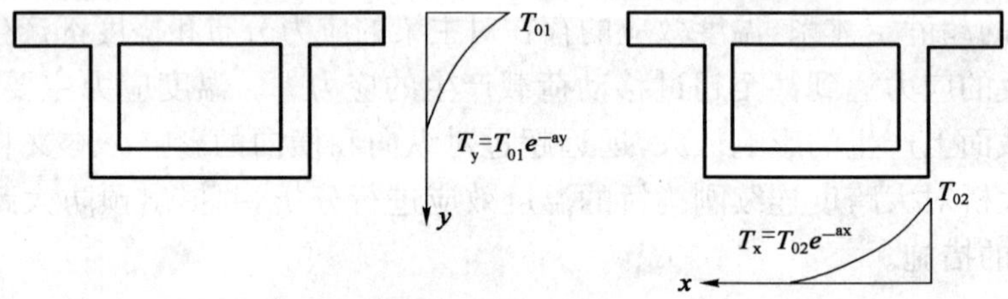

图3　单室箱梁温度场分布图

①日照温差

箱梁沿梁高、梁宽方向的温差分布曲线，按下式计算：

$$T_x = T_{02}e^{-ax}$$

$$T_y = T_{01}e^{-ay}$$

式中：T_y、T_x——计算点y、x处的温差(℃)；

T_{01}、T_{02}——箱梁沿梁高方向的温差(℃)。

箱梁沿板厚的温差分布曲线，可按下式计算：

$$T'_y = T'_0e^{-a'y}$$

$$T'_0 = T_0(1-e^{-a\delta})$$

式中：δ——板厚(m)；

a'——板厚温差曲线指数。

②降温温差

箱梁沿顶板、外腹板板厚温差曲线的指数 a' 采用 14,相应的 T'_0 采用−10℃。

(2)英国 BS5400 规范

英国 BS5400 规范第四部分规定的温度模式如图 4 所示,分别规定了升温模式和降温模式,是迄今为止国内外关于温度梯度规定最为详细的,考虑的因素也比较全面。

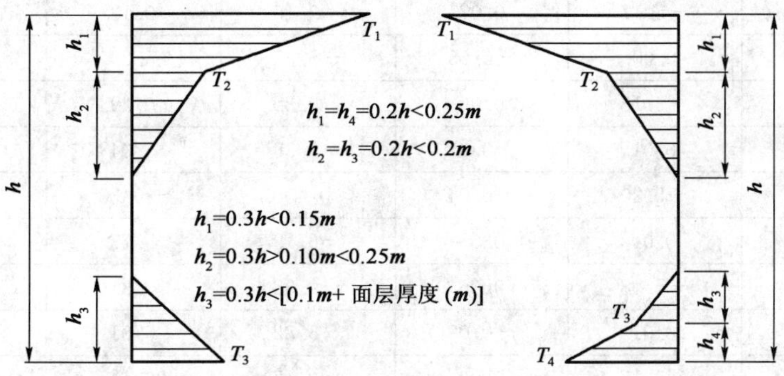

图 4 英国 BS5400 规范温度梯度模式

(3)美国 AASHTO 规范

美国 AASHTO 规范规定的温度梯度模式与中国《公路桥涵设计通用规范》(JTG D60—2004)非常相似,只是具体的温差不同。具体的温差曲线如图 5 所示。

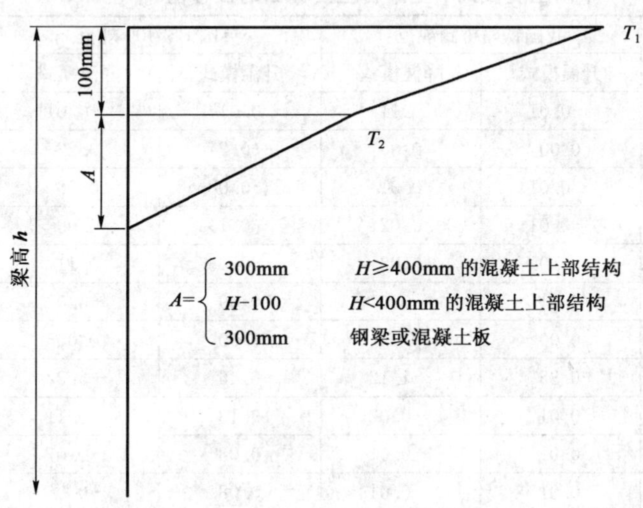

图 5 美国 AASHTO 规范温度梯度模式

(4)新西兰规范

新西兰规范温度梯度模式只考虑升温的状况,并且箱梁和 T 梁的温度梯度模式还不相同,T 梁的温度梯度模式比较简单,只是一直线变化,且范围比较小,在此就不再作介绍。箱梁的变化形式比较复杂,顶面是曲线变化,底部 0.2m 范围是直线变化,如图 6 所示。

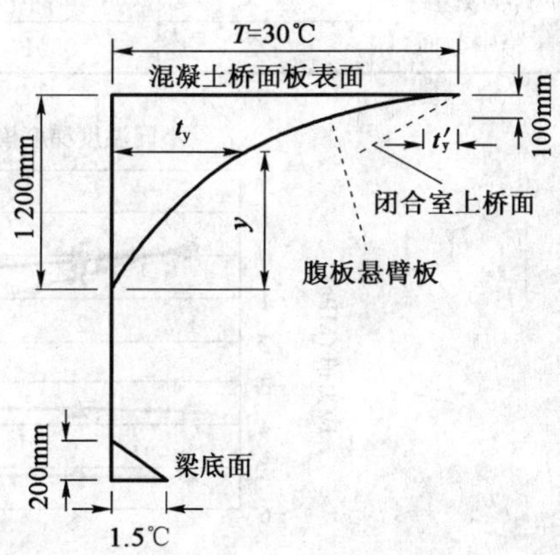

图 6 新西兰规范温度梯度模式

2. 温度效应计算结果

根据以上确定的 4 种温度效应计算模式,采用桥梁有限元软件 MIDASCIVIL2006 建立田螺特大桥有限元计算模型,进行各种温度模式下的温度效应分析,主梁各主要截面上的应力值见表 1,主梁各主要截面上的位移值见表 2,对比分析见图 7～图 10。

不同温度模式下主梁各主要截面的应力值(单位:MPa)　　表1

截面位置		我国铁路桥涵规范		英国BS5400规范		美国AASHTO规范	新西兰规范
		升温模式	降温模式	升温模式	降温模式		
2号墩边跨跨中截面	上缘	−5.24	−0.02	0.06	−0.06	−3.67	0.22
	下缘	0.11	−0.03	−5.45	5.30	0.08	−11.00
2号墩左肢墩顶截面	上缘	−5.17	0.02	−0.16	0.13	−3.62	−0.52
	下缘	0.00	−0.05	−5.55	5.20	0.00	−10.60
2号墩右肢墩顶截面	上缘	−5.18	0.06	−0.35	0.29	−3.63	−1.12
	下缘	0.01	−0.08	−5.36	5.04	0.01	−9.95
跨中截面	上缘	−5.20	−0.04	0.40	−0.33	−3.64	1.27
	下缘	0.01	0.03	−6.19	5.73	0.00	−12.60
3号墩左肢墩顶截面	上缘	−5.18	0.06	−0.38	0.31	−3.63	−1.22
	下缘	0.01	−0.09	−5.32	5.01	0.01	−9.83
3号墩右肢墩顶截面	上缘	−5.17	0.03	−0.17	0.14	−3.62	−0.56
	下缘	0.00	−0.05	−5.54	5.19	0.00	−10.50
3号墩边跨跨中截面	上缘	−5.19	−0.01	0.08	−0.09	−3.64	0.26
	下缘	0.03	−0.02	−5.77	5.40	0.02	−11.30

不同温度模式下主梁各主要截面的位移值(单位:mm)　　表2

截面位置		我国铁路桥涵规范		英国BS5400规范		美国AASHTO规范	新西兰规范
		升温模式	降温模式	升温模式	降温模式		
2号墩边跨跨中截面	DX	−0.01	0.01	0.01	−0.01	−0.01	0.04
	DZ	0.00	0.00	−0.24	0.22	0.00	−0.83
2号墩左肢墩顶截面	DX	−0.01	0.01	−0.08	0.06	−0.01	−0.24
	DZ	−0.01	0.02	−0.11	0.09	−0.01	−0.35
2号墩右肢墩顶截面	DX	−0.01	0.02	−0.13	0.11	0.00	−0.42
	DZ	0.01	−0.01	0.09	−0.07	0.00	0.28
跨中截面	DX	0.00	0.00	0.00	0.00	0.00	0.01
	DZ	0.35	−1.12	6.46	−5.32	0.26	20.66
3号墩左肢墩顶截面	DX	0.01	−0.02	0.13	−0.11	0.01	0.42
	DZ	0.01	−0.01	0.08	−0.07	0.01	0.26
3号墩右肢墩顶截面	DX	0.01	−0.01	0.08	−0.06	0.01	0.24
	DZ	−0.01	0.02	−0.10	0.08	0.00	−0.32
3号墩边跨跨中截面	DX	0.03	0.00	0.00	0.00	0.02	−0.02
	DZ	0.01	0.00	−0.22	0.19	0.01	−0.70

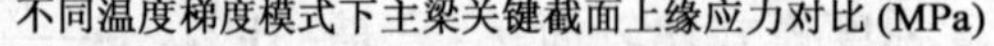

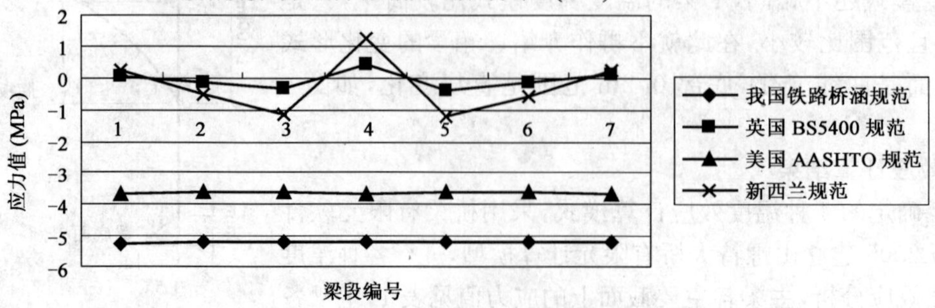

图7　不同温度梯度模式下主梁关键截面上缘应力值

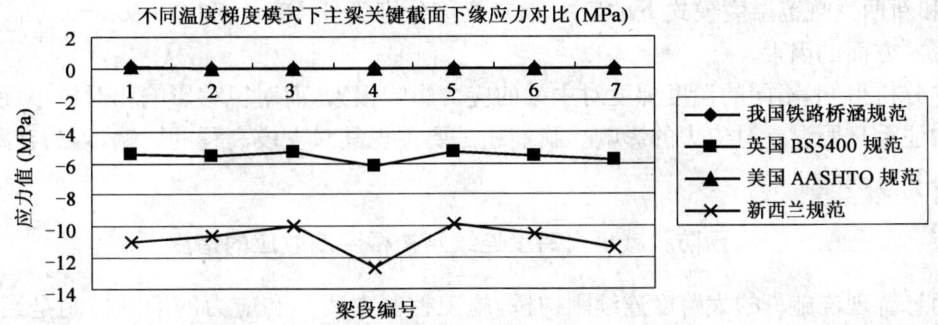

图 8 不同温度梯度模式下主梁关键截面下缘应力值

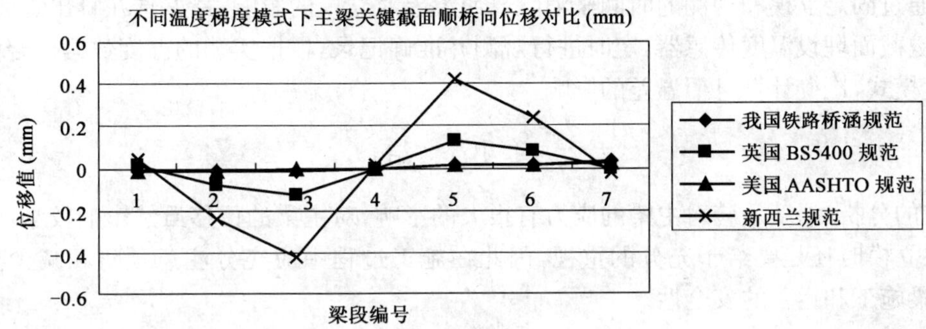

图 9 不同温度梯度模式下主梁关键截面顺桥向位移值

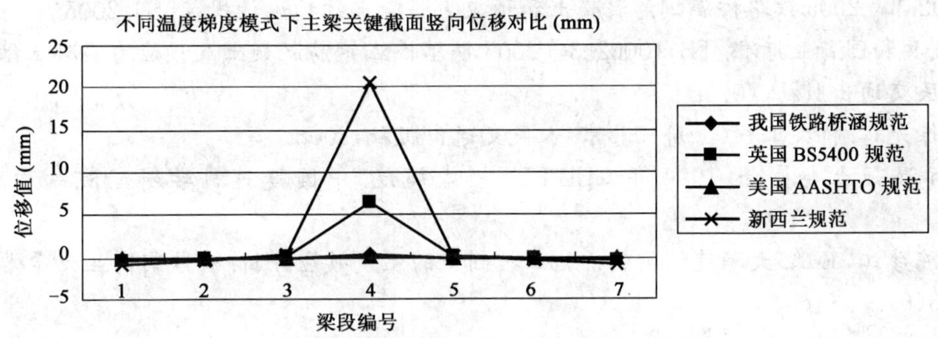

图 10 不同温度梯度模式下主梁关键截面竖向位移值

由以上的图表，我们可以得出以下结论：

(1)从表 1 和图 7、图 8 可知，在我国铁路桥涵规范升温模式下，截面上缘受压，最大压应力为 5.24MPa，产生于 2 号墩边跨跨中截面；最大拉应力为 0.11MPa，产生于 2 号墩边跨跨中截面下翼缘。降温模式下，由于降温温差下温度荷载作用很小，截面产生的应力非常的小。

在英国 BS5400 规范升温模式下，截面上缘有受拉也有受压，最大拉应力达到 0.40MPa，产生于跨中截面；截面下缘受压，最大压应力达到 6.19MPa，也产生于跨中截面。降温模式下，截面上缘也是既有受拉也有受压，最大压应力为 0.33MPa；而截面下缘的拉应力在跨中截面达到 5.73MPa。

在美国 AASHTO 规范温度模式下，主梁上缘截面受压，下缘受拉，最大压应力为 3.67MPa，拉应力较小，最大只有 0.08MPa，都产生于 2 号墩边跨跨中截面。

在新西兰规范温度模式下，主梁上缘截面有受拉也有受压，下缘截面主要受压，在跨中截面应力达到最大值，上缘最大拉应力为 1.27MPa，下缘最大压应力为 12.6MPa。

所以从应力方面来讲，新西兰规范温度模式的温度应力最大，而美国 AASHTO 规范最小；另外，在英国 BS5400 降温模式下截面下缘会产生很大的拉应力，所以我们要有足够的重视。

(2)从表 2 和图 9、图 10 可知，各国温度模式下对顺桥向位移的影响都非常小，最大为新西兰温度模式下的 0.42mm；对竖向的位移影响也不是很大，但是对跨中的竖向位移应引起足够的重视，尤其英国

BS5400规范和新西兰规范温度模式下的跨中竖向位移分别为6.46mm和20.66mm。所以在施工控制中要充分考虑这方面的因素。

从上述的分析得知,不同的温度梯度对主梁的应力影响很大,而对位移影响相对较小,所以我们在施工控制中更加注重日照温差对应力的影响。我们还是要重视其对立模高程的影响,因为在跨中产生的竖向位移还是不容忽视的。

三、预防和减小大跨度连续刚构桥温度效应的措施

对于采用悬臂现浇施工的大跨度连续刚构桥,施工控制中线形和应力的准确控制是最有效的方法。我们一般采取以下几种具体措施来预防和减少大跨度刚构桥的温度效应影响:

(1)尽量通过固定立模和观测的时间来消除日照温差对立模的影响,最好选在日出之前进行测量。

(2)在关键截面埋设温度传感器,定时进行观测并准确记录,根据实测的温度数据拟合出符合实际情况的温度梯度模式,准确计算日照温差的影响。

四、小 结

通过本文的分析,温度效应对主梁的应力有很大的影响,对主梁的位移虽然影响较小,但对跨中竖向位移的影响在立模时还是要给予充分的重视,因此在施工过程中应充分注意预防和减少温度效应的影响,以保证桥梁施工和运营的安全性.

参考文献

[1] TB 10002.3—2005铁路桥涵钢筋混凝土和预应力混凝土结构设计规范[S].2005.

[2] 中华人民共和国行业标准.TB 10002.3—2005铁路桥涵钢筋混凝土及预应力混凝土结构设计规范.北京:人民交通出版社,2005.

[3] 范立础,徐光辉.桥梁工程(上册).北京:人民交通出版社,2008.

[4] 欧洲国际混凝土委员会.1990年CEB-F1P模式规范.中国建筑科学研究院结构所规范室译,1991.

[5] 付玉辉,陈彦江,孙鹏.大跨连续刚构桥施工控制中的温度效应分析.哈尔滨商业大学学报(自然科学版),2006(6).

139. 考虑弹塑性发展的混凝土D区拉压杆模型

刘 钊 林 波

(东南大学土木工程学院)

摘 要 拉压杆模型是解决混凝土D区设计与分析的有效方法之一,考虑弹塑性发展的拉压杆模型可较好地反映结构进入非线性阶段的传力机理。本文以集中力作用下的端部锚固区和简支深梁为例,阐述了考虑弹塑性发展的拉压杆模型构形方法,并提出求解拉压杆模型几何参数的最小应变能准则,完善了混凝土D区承载力极限状态设计方法。

关键词 D区 设计 弹塑性发展 拉压杆模型

一、概 述

在钢筋混凝土及预应力混凝土结构中,根据几何形体以及受力情况的不同,可将结构划分为B区和D区。B区指截面应变分布符合平截面假定的区域,B表示Beam或Bernoulli;D区是指截面应变分布呈

现明显非线性的区域，这些部位具有几何构造上不连续或力流受到扰动的特点，D表示 Discontinuity 或 Disturbance[1]。D区应力场复杂，传统的以截面分析为基础的设计方法不再适用，拉压杆模型法被认为是D区尺寸拟定和配筋设计的有力工具。

拉压杆模型是基于清晰力学概念解决应力复杂问题的有效方法，确定拉压杆模型的几何构形是利用此方法进行D区设计的关键。到目前为止，弹性应力迹线始终是构建拉压杆模型的主要依据[2]。然而，混凝土为易开裂材料，在很多情况下，D区的应力重分布现象十分显著。此时，D区内的传力路径很大程度上偏离了弹性应力迹线指示的力流，为此，有必要构建考虑弹塑性发展的拉压杆模型，以反映混凝土D区在不同受力阶段的传力机理，从而，进一步完善D区承载力极限状态的设计方法。

本文以集中力作用下的端部锚固区和简支深梁为例，阐述D区在不同受力阶段的承载机理，并提出这些区域考虑塑性发展的拉压杆模型构建方法。

二、集中力作用下的端部锚固区

1. 端部锚固区的受力机理

端部锚固区受力机理研究是构建该区域拉压杆模型的理论基础。20 世纪 80 年代，中国建筑科学研究院刘永颐等[2]对端部锚固区进行了大量试验研究和理论分析，在此基础上提出了端部锚固区局部承压的“拱机构”及“楔劈破坏机理”。刘永颐等认为，在集中力作用下，端部锚固区可以比拟为一个带多根拉杆的拱，距承压板较深部位的混凝土位于拱的拉杆部位，承受横向拉力；紧靠承压板下的核心混凝土位于拱顶部位，承受纵向荷载和拱顶侧向内压。当部分拱拉杆的抗拉强度达到极限时，产生局部纵向裂缝(图1b)，但未形成破坏机构。随着荷载的继续增加，核心混凝土区逐步形成由剪切破坏引起的楔形体，同时伴生劈裂力，导致锚固区最终破坏(图 2)。

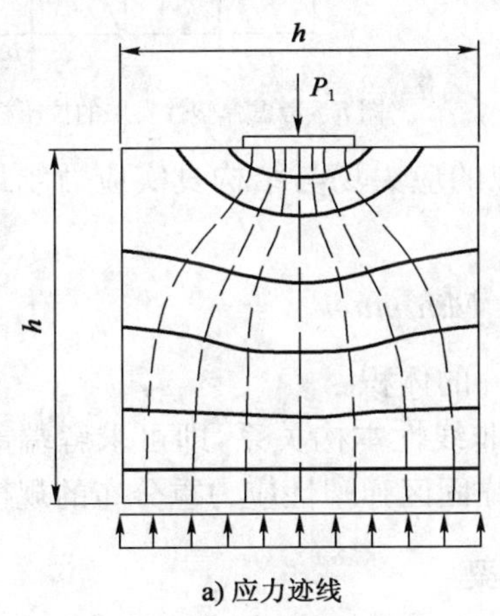

a) 应力迹线

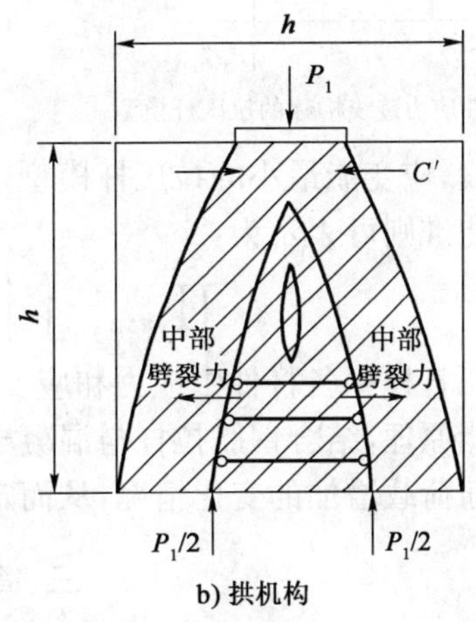

b) 拱机构

图 1 拱机构示意

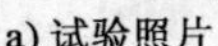
a) 试验照片

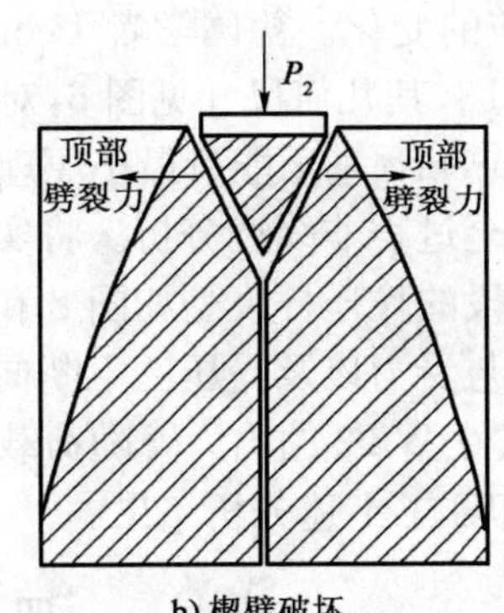

b) 楔劈破坏

图 2 楔劈破坏机理

不同受荷阶段，端部锚固区横向钢筋应变分布，如图3所示。从图中可以看出，随着荷载的增加，锚固区横向钢筋应变存在重分布的现象，尤其临近破坏阶段，靠近锚固端的钢筋应变显著增加。由楔劈理论可知，端部锚固区的应变重分布源于楔形体与母体间楔劈作用引起的顶部劈裂力的作用(图2b)。

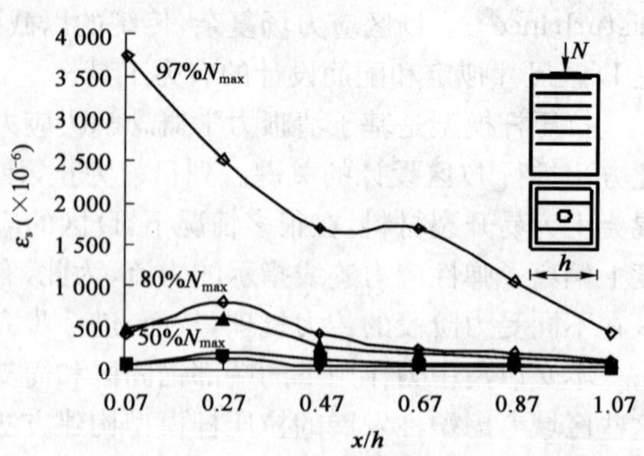

图3　端部锚固区横向钢筋应变分布

2. 端部锚固区的拉压杆模型

目前，国内外学者主要依据弹性应力迹线指示的传力路径构建端部锚固区的拉压杆模型[4-6]（图4），然而，锚固区承载机理表明，在顶部劈裂力作用下，端部锚固区的传力机制很大程度上偏离了弹性应力迹线指示的力流，为此，有必要调整端部锚固区拉压杆模型中锚下拉杆的位置（向锚固端转移），以反映锚下横向钢筋弹塑性应变重分布的规律（图5）。

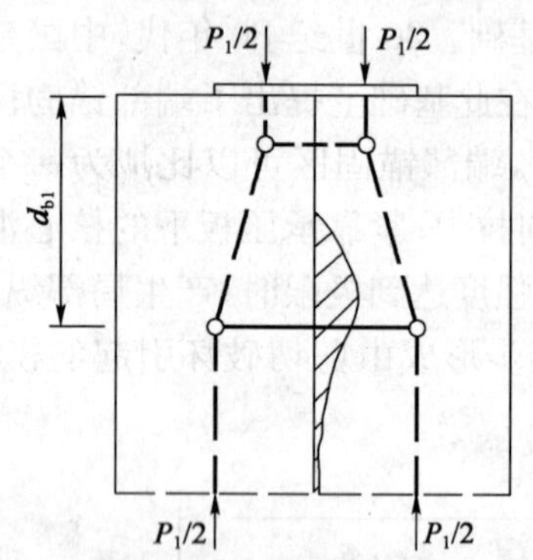

图4　依据弹性应力迹线构建的拉压杆模型

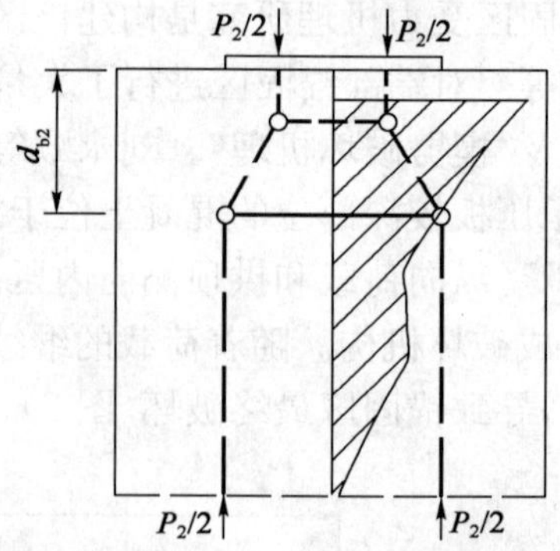

图5　考虑弹塑性发展的拉压杆模型

在不同受荷阶段，应变能最小的拉压杆模型，由其模拟的应力场与结构真实应力场最为接近。拉压杆模型的最小应变能准则可表示为：

$$\prod_{\mathrm{STM}}=\int_{V}\int\sigma\mathrm{d}\varepsilon\mathrm{d}V=Minimum \tag{1}$$

式中，σ、ε 分别为拉压杆模型各杆件中应力和应变；V 为杆件的体积。

利用最小应变能原理，结合钢筋拉杆与混凝土压杆的非线性本构关系，即可求解端部锚固区拉压杆模型中各几何参数随荷载增加的变化情况，从而定量反映锚固区弹塑性应力重分布的规律。

三、简 支 深 梁

对于不同配筋的简支深梁，随荷载的增加，不断产生塑性内力重分布，为此，基于弹性应力迹线的拉压杆模型，也应该有相应的变化。德国学者 Leonhardt 等曾设计了具有不同底部配筋率的两个深梁[7]，分别编号为 WT2 和 WT3，其几何尺寸见图6，对其进行均布加载试验，试验裂缝照片见图7。

葡萄牙学者 M. Lourenco 基于能量最小原理[7]，采用考虑弹塑性发展的拉压杆模型对上述简支深梁进行了从开裂至破坏的全过程非线性分析。将实际作用的均布荷载等效为两个集中力，在此基础上建立两个试件在不同受荷阶段的拉压杆模型如图8和图9所示。从图中可以看出，考虑弹塑性发展的拉压杆模型反映了水平腹筋参与受力以及受压区不断向深梁顶部转移的规律。两个试件的内力臂随荷载的变化情况见图10，显然，试件 WT2 的内力臂随荷载变化显著，这表明 WT2 的内部发生了较大程度的应力重分布，试验裂缝照片印证了上述分析结果。

四、结　　语

(1)拉压杆模型是解决D区设计的一个新颖设计方法。目前，拉压杆模型构形的确定主要依据弹性

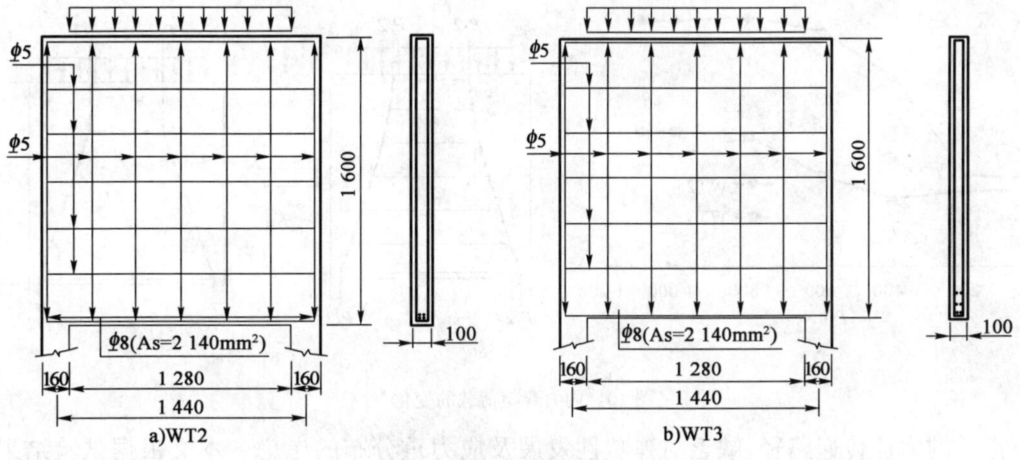

图 6 简支深梁试件的配筋(尺寸单位:mm)

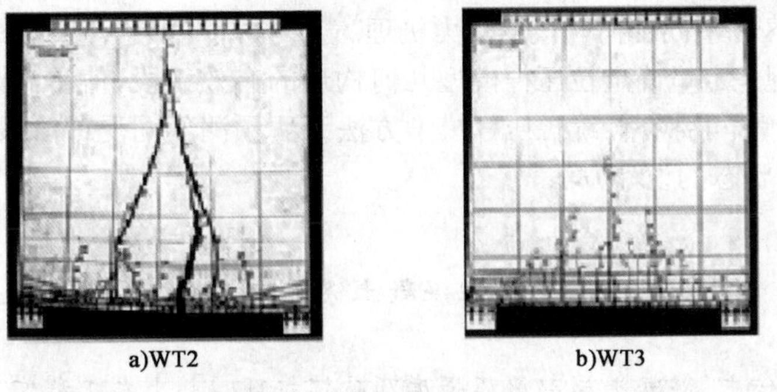

图 7 试验裂缝照片

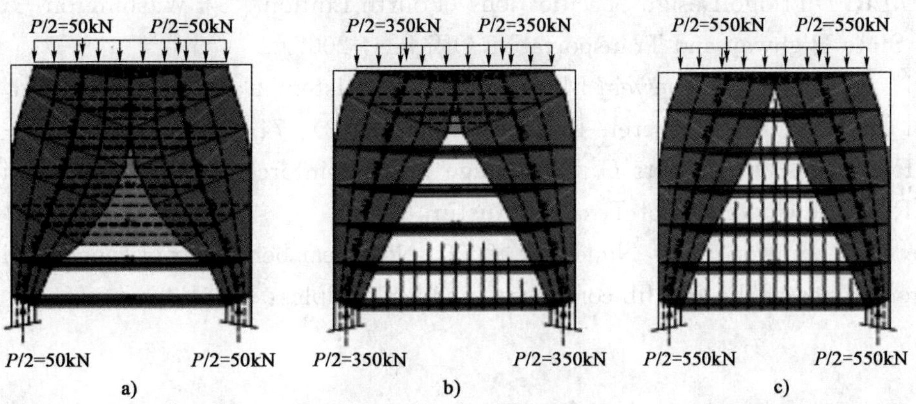

图 8 WT2 的非线性拉压杆模型

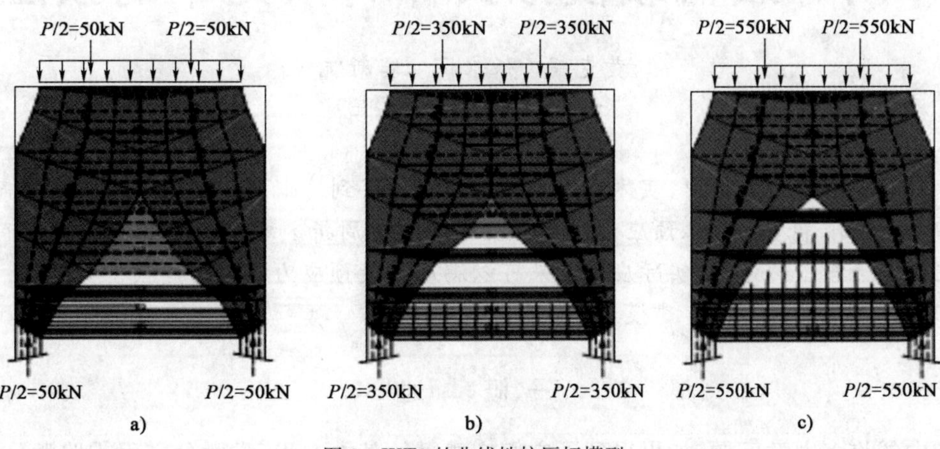

图 9 WT3 的非线性拉压杆模型

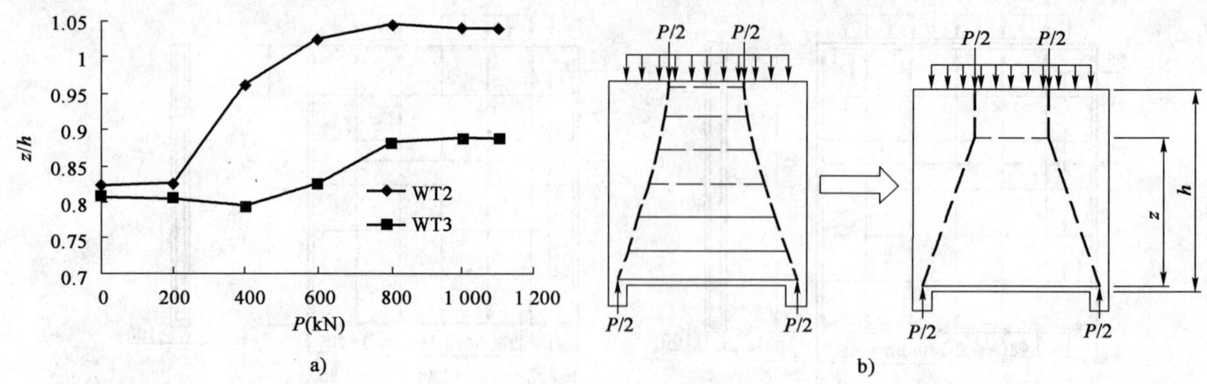

图10　内力臂随荷载的变化

应力迹线所指示的力流传递路径,缺乏对弹塑性发展及应力重分布的考虑。本文根据试验结果观察,认为随着荷载的增加以及裂缝的开展,D区的应力重分布不容忽视,为此,需构建考虑弹塑性发展的拉压杆模型,以反映混凝土D区在不同受荷阶段的受力机理。

(2)最小应变能原理是定量确定拉压杆模型几何构形的有效手段,值得深入研究。据此得到的考虑弹塑性发展的拉压杆模型,可弥补传统拉压杆模型方法无法预测不同受荷阶段结构受力性能的不足,并可完善D区承载力极限状态的设计方法。

参考文献

[1] 刘　钊,吕志涛,惠　卓等.拉压杆模型在混凝土梁桥中应用与研究进展[J].中国工程科学,2008(10):14-21.

[2] 关永颐,关建光,王传志.混凝土局部承压强度及破坏机理[J].土木工程学报,1985,18(2):53-65.

[3] AASHTO LRFD Bridge Design Specifications (Fourth Edition)[S]. Washington: American Association of State Highway and Transportation Officials, 2007.

[4] Schlaich J, Schäfer K, Jennewein M. Toward a Consistent Design of Structural Concrete [J]. Journal of the Prestressed Concrete Institute, 1987, 32(3): 74-150.

[5] Breen J E, Burdet O, Roberts C. Anchorage Zone Reinforcement for Post-tensioned Concrete Girders [R]. The University of Texas at Austin, 1991.

[6] Lourenco, M., Almeida, J. & Nunes, N. 2006. Nonlinear behaviour of concrete discontinuity regions. Proceedings of the 2nd fib congress, June 5-8, Naples: ID 3-44.

140.用等效荷载模拟实体有限元中的预应力

黄克超　张永辉　窦新航
(新疆交通科学研究院)

摘　要　在结构有限元分析中,实体有限单元以其能够得到清晰完整的细部受力状态而备受技术人员的青睐。但实体有限单元在建立预应力力学模型时则颇费周折。本文介绍了利用等效荷载的概念建立实体有限元预应力模型的方法,实际应用效果可以满足一般预应力模型的建模需要。

关键词　实体单元　预应力　建模　等效荷载

一、概　　述

对于结构中的许多力学问题,如果得到了它们应遵循的基本方程(常微分方程或偏微分方程)和边界条件,就能用解析方法求出精确解。但这种方法只对性质比较简单、几何边界相对规整的力学问题比较有效。而对于大多数工程技术问题,由于物体形状比较复杂或者物体的某些特征是非线性,很少能得到解析解。对于这类问题,通常解决的方法有两种:一是进行简化假设,将方程和边界条件简化为能够处理的问题,从而得到它在简化条件下的解答;另外一种途径就是数值解法。数值解法的目标是尽可能地尊重客观事实,在误差允许的范围内获得近似解。所以目前有限元已经成为解决实际工程问题的最有力的工具。桥梁的有限元计算是将连续体理想化为有限个单元的集合体,使单元仅在有限个结点上相连接,即以一个有限单元体系代替一个无限个自由度的连续体。作为物理上的近似,先进行单元分析,用结点位移表示单元内力,然后将单元再合成结构,进行整体分析,建立整体平衡条件,通过结构几何条件、结点荷载等求出结构单元中的结点位移和内力。目前的大型通用有限元分析程序以功能强、使用方便、计算结果可靠而逐渐成为强有力的计算工具,Midas civil 就是其中之一。

在进行有限元分析时,计算者可以根据需要用线(梁)单元、面单元或实体单元组成结构。从计算的效果来看,用实体单元最接近实际,计算结果也最准确。缺点是用实体建模比较复杂,计算单元数量也远远大于前两种单元组成的结构模型。在 Midas civil 中,程序只能对梁单元(或桁架单元)施加预应力荷载,而无法对实体单元准确施加预应力,对曲线形预应力筋尤其如此。所以对用实体单元组成的结构如何施加预应力我们只能另辟蹊径。

二、预应力的等效荷载

按照美籍华人林同炎教授的提法,预应力可以认为是对混凝土构件预先施加与使用荷载方向相反的荷载,用以抵消部分或全部工作荷载。以采用抛物线形预应力筋的简支梁为例(图 1),假定预应力筋对混凝土产生方向向上、单位水平长度为 q 的均布线性荷载(实际上 q 是沿着预应力筋的法线方向,但这样假定误差很小)。取梁的一半为隔离体,对梁端锚头取距,得:

$$N_y f = \frac{1}{8} q L^2 \tag{1}$$

a) 预应力筋梁示意图

b) 取预应力筋隔离体示意图

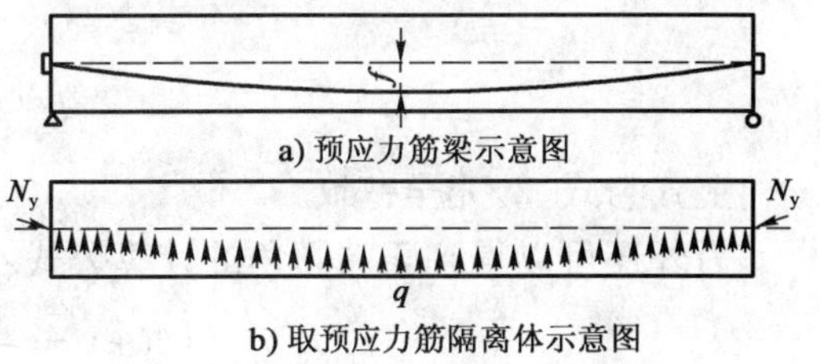

图 1 预应力钢筋隔离体示意图

即:

$$q = \frac{8 N_y f}{L^2} \tag{2}$$

式中:N_y——有效预加力;

L——梁跨径;

f——曲线线筋在跨中的垂度;

q——预应力筋造成的反向等效均布荷载。

上式说明,预应力筋的作用效果可以用外荷载进行等效模拟。

在一般情况下,预应力混凝土梁以配置曲线索较为常见(图 2a、图 2b)。设左端锚头的倾角为 $-\theta_A$ 且偏离中轴线的距离为 e_A,其右端锚头的倾角为 θ_B、偏心距为 e_B。图中的符号做下列约定:索力的偏心距 e_i 以向上为正,向下为负;荷载以向上者为正,反之为负。

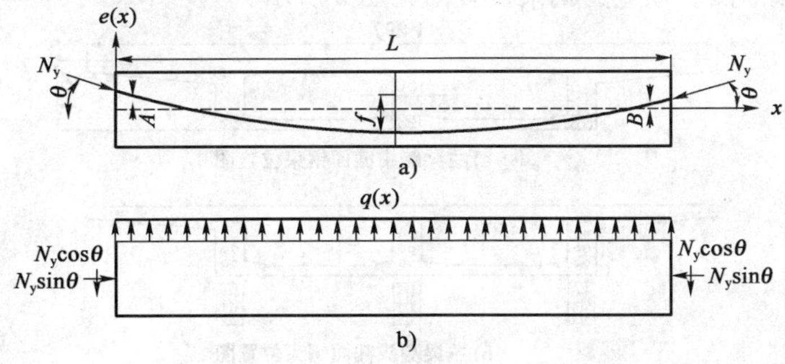

图 2 预应力曲线索与等效荷载示意图

我们可以通过下面的推导得到满足式(2)的曲线索方程 $e(x)$。

由图2得到预应力筋对截面重心的偏心距 $M(x)$ 为：

$$M(x) = N_y e(x) \tag{3}$$

由《材料力学》和式(2)得到：

$$q(x) = \frac{d^2M(x)}{dx^2} = N_y \frac{d^2e(x)}{dx^2} = \frac{8N_y f}{L^2} \tag{4}$$

即：

$$\frac{d^2e(x)}{dx^2} = \frac{8f}{L^2}$$

积分两次得到：

$$e(x) = \frac{4f}{L^2}x^2 + C_1x + C_2$$

由代入边界条件：

$$e(0) = e_A, e(L) = e_B$$

得到：

$$C_1 = \frac{e_B - e_A - 4f}{L}, C_2 = e_A$$

最后得到满足式(2)的索曲线方程：

$$e(x) = \frac{4f}{L^2}x^2 + \frac{e_B - e_A - 4f}{L}x + e_A \tag{5}$$

这是一个抛物线方程。也就是说，只要将预应力索曲线近似看做一个二次抛物线，就可以利用式(2)中的均布荷载 q 进行预应力效应的等效模拟。此时预应力筋对截面重心轴的偏心距 $M(x)$ 为：

$$\begin{aligned} M(x) &= N_y e(x) \\ &= N_y\left(\frac{4f}{L^2}x^2 + \frac{e_B - e_A - 4f}{L}x + e_A\right) \end{aligned} \tag{6}$$

$$q(x) = \frac{d^2M(x)}{dx^2} = \frac{8N_y f}{L^2}$$

上式与式(2)完全一致。

另外还可以得到索端倾角的计算公式：

$$\begin{cases} \theta(x) = \dfrac{de(x)}{dx} = \dfrac{8f}{L^2}x + \dfrac{e_B - e_A - 4f}{L} \\ \theta(0) = \dfrac{e_B - e_A - 4f}{L} \\ \theta(L) = \dfrac{e_B - e_A + 4f}{L} \end{cases} \tag{7}$$

由此可知，我们可以用图2中的 N_y、q、θ_A、θ_B 这4个参数来模拟曲线预应力索产生的效果。一般的曲线预应力索以圆弧和直线组合为多，计算表明，将曲线索用二次抛物线等效后二者的预应力效应差别很小。

三、实体有限元模型中的预应力模拟

有了上面的描述，我们就可以在有限元分析中对实体有限元进行预应力的等效加载。以30m预应力简支箱梁为例，主梁截面图和预应力钢束位置图见图3所示。

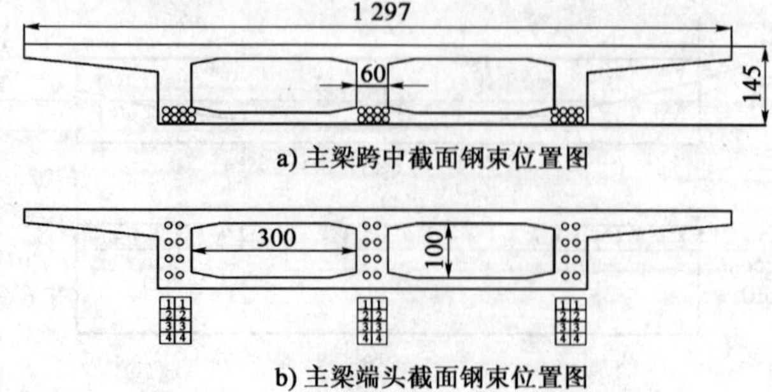

图3　主梁截面和预应力钢束位置图(尺寸单位：cm)

主梁的有限元实体模型如图 4 所示。

该桥总共有 5 种线形的钢束(图 5),张拉形式是一端固定,另一段张拉。张拉控制应力 1 395MPa。根据式(3)和式(5),可以分别得到 5 种线形钢束相应的均布等效荷载 q 及作用在各个钢束端头的水平力和竖直力(表 1)。表中 N_y 是扣除了预应力损失后的有效张拉力。

图 4 主梁有限元实体模型

图 5 预应力钢束形状示意图

5 种钢束相应的均布等效荷载 q 及作用在各个钢束端头的水平力和竖直力 表 1

钢束名称	e_A(m)	e_B(m)	钢束垂度(m)	钢束长度(m)	张拉力 N_y(kN)	$q(x)$(kN/m)	钢束始端水平力(kN)	钢束末端水平力(kN)	钢束始端竖直力(kN)	钢束末端竖直力(kN)
箱梁 1 号钢束	0.27	−0.38	0.61	23.60	3284.3	28.54	3256.5	3275.0	426.0	246.1
箱梁 2 号钢束	−0.03	−0.38	0.46	25.60	3332.9	18.51	3320.9	3327.4	282.2	191.3
箱梁 3 号钢束	−0.33	0.22	0.73	28.80	3348.4	23.41	3337.3	3324.4	272.9	400.2
箱梁 4 号钢束	−0.63	0.22	0.58	28.80	3375.5	18.72	3371.2	3355.3	169.9	368.5
箱梁 5 号钢束	−0.33	−0.33	0.45	8.00	1151.2	64.75	1122.2	1122.2	256.8	256.8

根据表 1 中的等效荷载计算结果,将此等效荷载加到桥的实体有限元模型上就可以进行预应力效应的计算了。具体的加载方式见图 6。

按照预应力效应的常规计算方法,各个截面的轴向预应力效应值为:

$$\sigma_{pc} = \frac{N_p}{A_n} + \frac{N_p e_p}{I_n} y_n$$

$$\sigma_{pt} = \frac{N_p}{A_n} - \frac{N_p e_p}{I_n} y_n \tag{8}$$

式中:σ_{pc}——梁下缘的有效预应力;

σ_{pt}——梁上缘的有效预应力;

N_p——预加力;

e_p——预应力筋的偏心距;

y_n——截面计算处至重心的距离;

A_n——净截面面积;

I_n——净截面惯性矩。

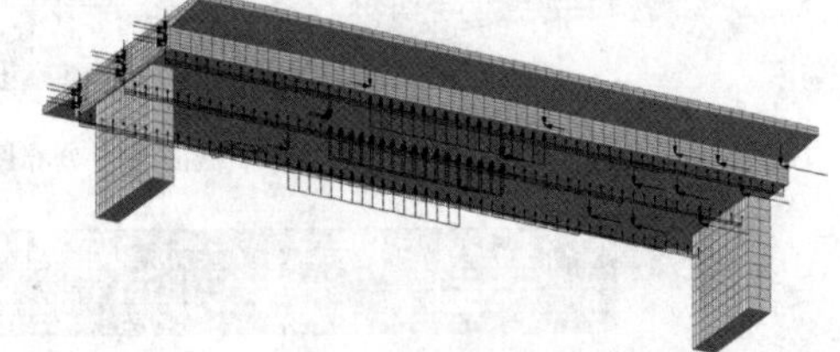

图 6 预应力等效荷载加载图示

我们分别将不同截面的预应力计算值和用等效荷载得到的相应位置有限元计算结果进行了对比,结果如表 2 所示。其中有限元的计算结果取同一截面上各实体单元计算结果的平均值。

实体有限元等效预应力的计算结果的平均值与常规计算结果 表 2

计算位置 / 计算方法	跨中上缘应力(MPa)	跨中下缘应力(MPa)	四分点上缘应力(MPa)	四分点下缘应力(MPa)
实体单元计算结果	4.15	−19.45	2.46	−15.86
常规计算结果	3.93	−19.3	2.1	−16.33

从表 2 的对比可知,实体有限元等效预应力的计算结果的平均值与常规计算结果十分相近,但常规计算结果无法得到应力在某个截面上更详细的分布情况,而实体有限元可以对任何部位的各种应力情况进行提取和分析,这是常规算法所无法办到的。

四、箱梁实体有限元的部分计算结果

图7a)～l)是采用预应力等效荷载对上述箱梁进行受力分析后的部分计算结果图示。结构采用三维有限元空间模型进行分析，计算工况考虑恒载（自重）作用、预应力作用、活载作用（超载）等一些受力状态。从结果的图示中我们可以清晰地看到预应力等效荷载作用的效果以及在各种荷载作用下正应力、主应力、剪应力在全桥的分布情况。如果需要，还可以对不同的截面按不同的方向剖开进行进一步的观察分析。

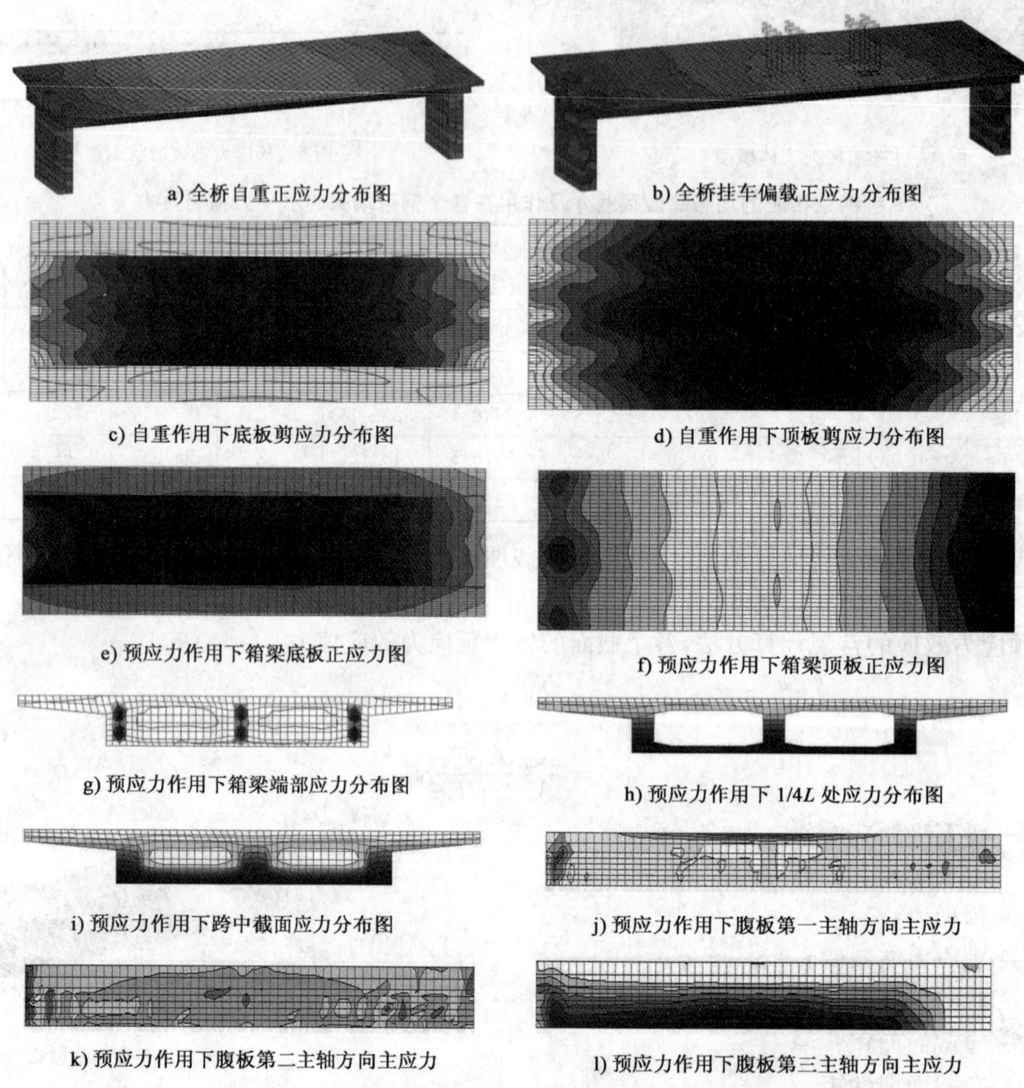

a) 全桥自重正应力分布图　　b) 全桥挂车偏载正应力分布图

c) 自重作用下底板剪应力分布图　　d) 自重作用下顶板剪应力分布图

e) 预应力作用下箱梁底板正应力图　　f) 预应力作用下箱梁顶板正应力图

g) 预应力作用下箱梁端部应力分布图　　h) 预应力作用下1/4L处应力分布图

i) 预应力作用下跨中截面应力分布图　　j) 预应力作用下腹板第一主轴方向主应力

k) 预应力作用下腹板第二主轴方向主应力　　l) 预应力作用下腹板第三主轴方向主应力

图7　用预应力等效荷载箱梁进行受力分析后的部分计算结果

五、结　论

通过以上理论分析和计算验证，实体有限元中的预应力问题完全可用等效荷载进行模拟完成，这样可以准确计算对实体施加预应力后的效应，解决了以往实体有限元计算中曲线索预应力加载困难的问题。如果将这种思路进一步延伸推广到变截面实体有限元的预应力计算中，将会带来更多的方便，使实体有限元的应用范围进一步扩大。

参考文献

［1］江见鲸.混凝土结构工程学.北京：中国建筑工业出版社，1998.

［2］叶见曙.结构设计原理.北京：人民交通出版社，2005.

141. 基于横张增量法的混凝土桥梁有效预应力检评技术研究

郭 琦[1,2] 贺拴海[2]
(1. 西安建筑科技大学 教育部结构工程与抗震重点实验室;2. 长安大学 公路学院)

摘 要 在桥梁运营监控及健康监测中,在役大跨径预应力混凝土桥梁有效预应力量值大小与分布性态与结构的安全性密切相关,桥梁使用阶段对这一量值的依赖程度更高。文中将研发的"预应力钢索张力测试仪"应用于束筋预应力有效值的监测,综合考虑模拟边界条件并结合二级差测定法的误差修正,建立了可实现预应力量值衰减程度及分布性态检测与评定的横张增量法技术。该技术以典型钢束应力测值为接口参数,实现了两类名义预应力损失参数的识别,从而可同步获知结构有效预应力纵向沿程的实际分布状况。大比例模型梁实桥应用结果表明:模型梁纵向沿程的预应力空间分布波动幅值小于既定的目标误差限值,反映出结构中有效预应力衰减状况的一般规律,为完善混凝土桥梁技术状况检测评定成套技术奠定了基础。

关键词 横张增量法 索力 有效预应力 张力测试仪 名义损失参数

引 言

对于大跨径预应力混凝土桥梁结构,具有构件截面分次、纵向分段成型及体系多次变化的复杂共性特征,在自然环境、使用环境以及材料内部因素的作用下,其有效预应力储备状况是不断衰减退化的[1]-[3]。目前,在设计阶段仅仅是靠理论公式估算各项预应力损失而得到其计算值[4]-[5];在施工阶段,主要通过钢束张拉端张拉力与引伸量进行"双控"。总而言之,由于在桥梁建设期内,存在着诸如施工误差、控制误差等不确定的因素;在桥梁服役期内,混凝土的劣化、车辆荷载的反复作用或超载历史造成混凝土的开裂及时间依存效应等诱因,这些都会使有效预应力计算值与实际值之间存在差异,影响到桥梁结构的使用性能和寿命,严重时还会导致结构安全事故。因此需要通过可靠手段对预应力束有效预应力的实际分布性态进行定周期监测并实现其衰变规律的客观评估,以便准确地分析结构的受力状态[6]-[8]。

受限于混凝土和钢筋性能、养护与湿度条件、预加应力的时间和大小以及预应力工艺等诸多因素的影响,目前,关于预应力筋的有效预应力无损检测研究还处于锚下应力的测试阶段,要获得统一的预应力纵向沿程衰减量化规律评估方法更加困难,因此关于在役混凝土梁桥有效预应力衰减规律的系统研究也仅局限于试验研究基础上的统计回归分析方法上[3][9][10]。

为全力推进大跨度 PC 桥梁结构中主受力构件——预应力束筋的劣化状况检测与监测技术,文中重点研究了在局部混凝土及波纹管小范围扰动状态下,依据钢索横向施力下静力参数测试的后张法桥梁钢绞线有效预应力实时监测技术;以有限测点上的钢束应力实测值为基础数据,开展了基于预应力损失瞬时理论的参数识别研究,建立用于不同结构形式及包含各种布束形式的 PC 桥梁在全寿命期内的实际有效预应力衰变行为评估模型。

一、横张增量法检测技术

受索式桥梁结构在桥梁健康监测中索力测试技术及矿业建筑中钢丝绳张力测试方法[11][12]的启发,依据钢索横向张拉下静力参数的测试及静力平衡原理,进行后张法桥梁钢绞线有效预应力的实时监测。

1. 静力平衡模式

在局部扰动混凝土、波纹管及管内砂浆进行接触式横张力与位移增量检测的条件下,图 1 中示出了其静力模拟边界的分析模式。

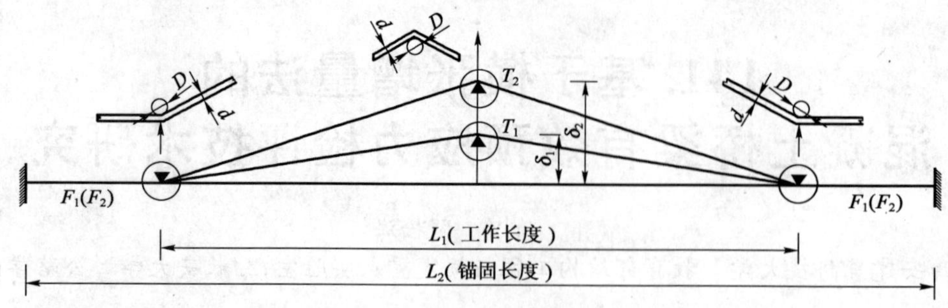

图 1 模拟边界分析模式

虽然此方法为静力平衡条件下的测试，但在模拟边界条件下，有 4 项因素的影响不能忽略：①索的初始形态；②测试系统的附加质量；③由有限的锚固长度 L_2 引起的弦弯曲刚度及轴向刚度贡献；④与钢索被测表面三个接触点处产生了索段的局部强迫变形。这些因素导致了实际边界条件下张力的标准值与张紧弦的索力理论值之间存在差异，可通过增量分析与模拟边界修正来解决。

2. 增量分析

在测试理论公式的建立过程中，通过在同级张力水平下，将同一测点获取的多级横向位移及横向张力数据采用线性条件下二级间增量处理，由级差法分析消除前两项因素的影响。得到索张力分量如式(1)所示。

$$F^{(\mathrm{I})} = \frac{\Delta T L_1}{4\Delta\delta} \tag{1}$$

式中：ΔT ——两级试验工况下的横向张力差值；

δ_1、δ_2 ——两级工况下对应的横向位移值，$\Delta\delta$ 为其差值；

L_1 ——索有效工作长度；

L_2 ——索锚固长度。

3. 模拟边界修正

将计入钢索轴向刚度与弯曲刚度后对索力的负效应定义为拟边界修正项，来考虑后两项因素的影响，得到索张力分量如式(2)所示。

$$F^{(\mathrm{II})} = F_{\mathrm{A}} + F_{\mathrm{I}} \tag{2}$$

式中，F_{A} 为考虑轴向刚度修正项，如式(3)所示：

$$F_{\mathrm{A}} = -\frac{1}{4}E_{\mathrm{p}}A_{\mathrm{p}}\beta\left[\left(\sqrt{4\delta_2{}^4 + \delta_2{}^2 L_1{}^2} - \sqrt{4\delta_1{}^4 + \delta_1{}^2 L_1{}^2}\right) - L_1\right] \tag{3}$$

F_{I} 为考虑三支撑圆心弯曲刚度修正项，如式(4)所示：

$$F_{\mathrm{I}} = -\frac{8E_{\mathrm{p}}I_{\mathrm{p}}\Delta\delta}{(D+d)\left(\sqrt{L_1^2 + 4\delta_2^2} + \sqrt{L_1^2 + 4\delta_1^2}\right)} \tag{4}$$

式中： β—— L_1 与 L_2 的比值；

$E_{\mathrm{p}}A_{\mathrm{p}}$、$E_{\mathrm{p}}I_{\mathrm{p}}$ ——分别为索截面等效拉压刚度与等效抗弯刚度；

D——三支撑点等效直径；

d——预应力钢索公称直径。

综合式(1)与式(2)即得到横张增量法的索张力公式：

$$F = F^{(\mathrm{I})} + F^{(\mathrm{II})} \tag{5}$$

二、基 础 试 验

为检验研究方法的有效性和适用性，应用自主研发的张力测试仪(LCZL-50 型)完成了基础性验证试验。

1. 预应力钢索张力测试仪

针对采用后张法建立的复杂预应力体系混凝土结构，例如采用平衡悬臂施工的连续梁（刚构）桥梁等，研制了与局部混凝土梁体检测开槽相配套的钢索张力实时获取专项设备——预应力钢索张力测试仪。该设备解决了诸如预应力筋（钢绞线）尺寸规格、钢绞线抓拔、横向负载以及操作空间等四项关键技术问题，可有效地实时获取目标钢束横向变位及对应荷载，为实体工程中进行钢束有效预应力检测提供了一种设计合理、灵敏度高、稳定性好、工程实用性强的预应力张力测试设备。张力仪由抓拔器、加载框架、负荷传感器、位移传感器、位置调节装置及测量仪表等六部分构成，主要结构示意见图 2 所示。

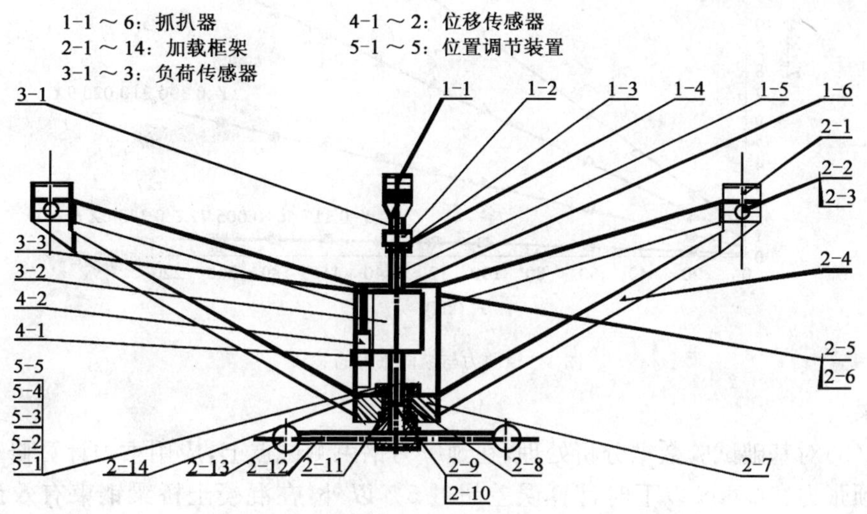

图 2　张力仪结构示意图

2. 标准试验条件

整个基础性试验是在 SYTZ-1000 型预应力张拉试验台上，借助自组配扣架装置完成的（图 3）。

从测试结果精度密切相关的敏感性试验参数指标中最终确定的标准试验条件为：

（1）测试对象

ϕ^s15.2 低松弛预应力钢绞线，抗拉强度标准值 $f_{pk} = 1\,860\text{MPa}$ 。

（2）工作长度

预应力钢索张力测试仪两支撑点之间距离作为工作长度 L_1 取用值，$L_1 = 800\text{mm}$ ；

（3）锚固长度

以实际工程中混凝土梁体检测开槽最优范围作为锚固长度 L_2 调整依据，$L_2 = 1\,100\text{mm}$；

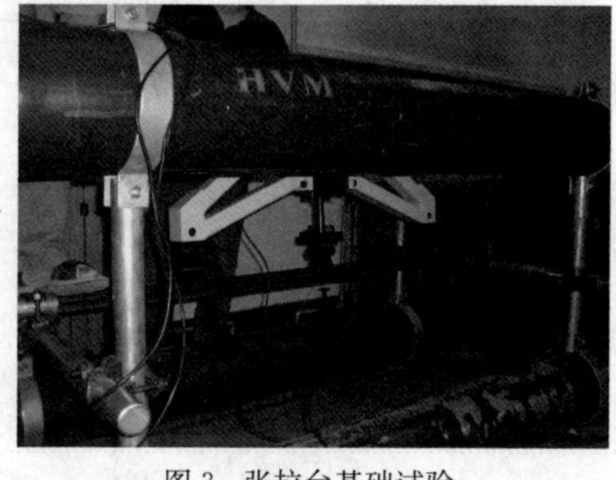

图 3　张拉台基础试验

（4）纵向加载制度

依据工程中单股钢绞线张力控制力和损失范围确定了上下限值，共分 8 级加载，记为 F_i，$i = 1\cdots8$ ；

（5）横向持荷级差

对应每级纵向荷载下工况，综合考虑试验精度及设备负荷，确定横向持荷及对应横向偏位，分别记为 T_{ij}、δ_{ij}（$i = 1\cdots8, j = 1\cdots4$）。并依据实际条件确定上限：横向持荷 $T_{ij\max} = 30\text{ kN}$，横向偏位 $\delta_{ij\max} = 20\text{mm}$。

3. 试验结果与分析

（1）试验现象

以采集到的基础数据横向张力 T_{ij} 与纵向张力标准值的相关关系来分析试验现象及其存在的本质原因。图 4 中示出了 SQ-1 钢束第一组试验关系曲线。可以看出，当横向位移为 5mm 时，横向力与纵向力呈二次曲线关系，而在横向位移大于 5mm 时，横向力与纵向力呈现显著线性关系。因此，可得到的初步结论为：当横向位移较小时，横向力与纵向力之间存在着非线性因素影响，只有在横向位移相对支距而言较显著时，横向力与纵向力才能呈现出理论公式中所映射出的线性关系。

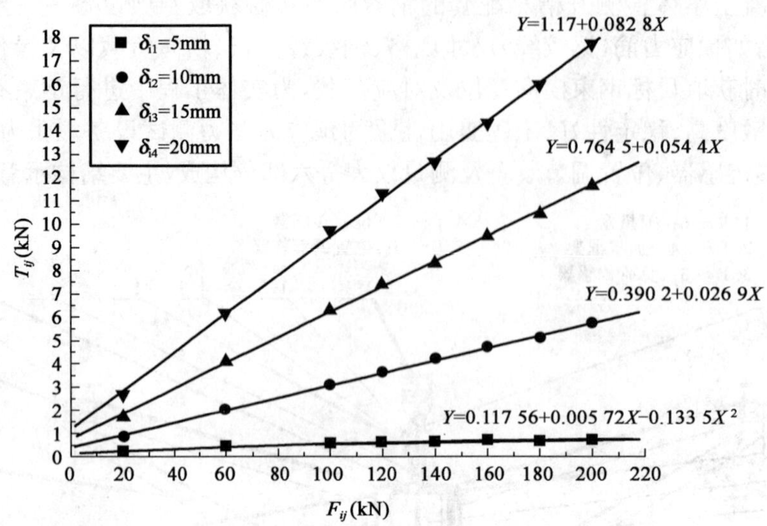

图4　横向力与纵向张力的关系

(2)试验结果

通过应用式(5)对基础试验数据分析处理，在预应力钢束测试点上，应用索力计算修正公式进行钢索预张力检测，除预张力在20kN以下时计算误差超过5%以外，在混凝土桥梁钢束有效预张力常规范围(120～200kN)内相对误差均在3%以内，完全能够满足工程实际需要。同时多样本试验数据表现出了较好的复现性(图5)。

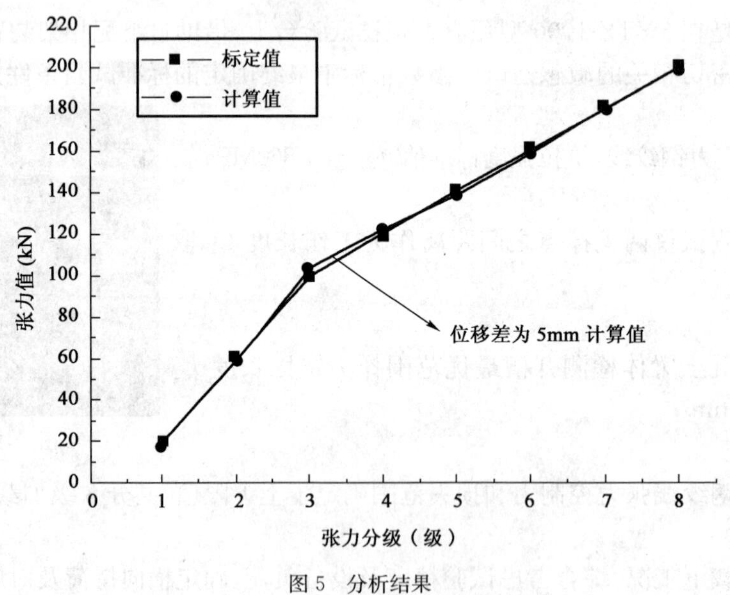

图5　分析结果

(3)两点探讨

基于基础试验中有效预张力监测的有效程度对误差产生理论机理及静力法监测实际结论进行两点探讨：

①在静力法测试预张力的试验过程中，当张力仪的抓拔器实现稳固夹持目标钢束，操作张力弦杆进行横向张拉前，将横向钢索的横向张力和位移均为零且即将发生变化的临界状态定义为初始检测状态。在初始状态下进行张力仪的负荷传感器及位移传感器置零操作，对于理论公式中参数而言即为 $T_0=0$，$\delta_0=0$。然而，在模型试验的具体实施过程中，对于同一张力等级下进行独立的重复试验时，这一初始状

态是很难保证一致的。另外，除模型试验中在顶板测试的情况外，在实际工程中还会遇到对于检测操作平面为侧面和底面的腹板束和底板束进行检测的情况，张力仪自重力以初始荷载的形式部分施加于预应力筋上，部分由外部支撑体系承担。由此可见，相对钢索支距范围内的自身重力而言，部分外载对预应力筋初始状态的影响程度是比较大的。

基础试验数据证实：如果采用绝对的横向张力和对应的位移指标进行有效预张力检测时，由于初始状态的不同将导致测量误差在整个误差系统中将占有较大的比重。

②为解决由于初始状态引起的测试误差问题，引入了由基于静力平衡的检测方法经过级差处理得到的二级差测定法。而其应用的前提条件是预应力筋由于轴向变形引起的张力增量为零且不受弯曲刚度的影响。这一假定仅对于两端为铰支撑边界的钢索体系下是适用的，同时对于轴向伸长量相对钢索自由长度而言小到可以忽略的情况下也是适用的，若要满足这一情况，就需要加大锚固长度 L_2，使得在如图1所示的结构体系下能够忽略轴向伸长对钢索张力的影响，这无疑在实际工程中是很难实现的。

同样通过基础试验数据证实：综合考虑计入钢索轴向变形及弯曲刚度增量的影响因素，得到特定拟边界条件下的静力法监测精度完全满足工程实用性精度要求。

三、有效预应力评估模型

对于同一根钢束，有效预应力测点上的测试值只能反映钢束局部应力状态，而钢束实际有效应力沿程衰变规律决定了对桥梁结构使用性能的影响程度。因此，研究中从有效预应力的反问题——预应力损失（Prestress Losses）入手，建立其衰变行为的评估模型。

1. 复杂预应力体系拟摩阻损失分析

(1)分析推论提出

早在1958年，美国混凝土学会与土木学（ACI-ASCE）提出的“预应力混凝土结构设计建议”对预应力的总损失值作出规定：先张构件取241MPa，后张构件取172MPa。这一损失值为除与摩阻相关的损失外，预应力损失总计估算值反映了依通常范围内的变量所设计的大量桥梁和建筑构件用时间步进法作计算机分析获得的值和趋向。参考这一趋向可以进一步推理提出的简化分析推论为：在役混凝土桥梁中预应力钢束实际有效预应力值与理论值的差异沿纵向长度变化趋向不受 $\sigma_{l4} \sim \sigma_{l6}$ 影响，而由瞬时损失中摩阻损失 σ_{l1} 与锚固损失 σ_{l2} 的沿程变化趋向决定。换句话说，可以通过 σ_{l1}、σ_{l2} 两项瞬时损失之和即拟摩阻损失函数 $\sigma_{lana}(x)$ 的补偿或削弱来模拟实桥钢束有效预应力的沿程分布状况。这一推论是建立文中评估模型的理论前提。

(2)拟摩阻损失分析

在大跨度PC桥梁实际工程中，针对其具有的复杂几何类型钢束在进行拟摩阻损失分析时，首先需对组合曲线钢束进行综合归类，根据其所属的形式拆分为多段简单线形。通过对实际工程中在役及在建多座预应力混凝土桥梁设计图纸综合分析，将普遍采用的组合曲线形钢束归纳，依据几何形式抽象为一个具有代表性的统一数学模型。

以钢束拟摩阻损失函数为指标，将其分解为多个单一线形，分段研究正、负摩阻损失变化规律。分解模型如图6所示，图中 S_i 为分段摩阻损失斜率。

依据分解模型建立的摩阻相关损失函数如下：

①主损失 $\sigma_l^z(x)$

当x位于第i段曲线内时，函数 $\sigma_l^z(x)$ 为：

$$\sigma_{l1}(x) = \sigma_{\mathrm{con}} - \sigma_{\mathrm{pe}(i)} e^{-K_i' x} = \sigma_{\mathrm{con}}\left[1 - e^{-(\sum_{j=1}^{i-1} K_j' L_j + K_i' x)}\right] \tag{6}$$

式中：σ_{con} ——钢束张拉控制应力；

K'——管道参数。

②考虑反摩阻影响的附加损失 $\sigma_l^F(x)$

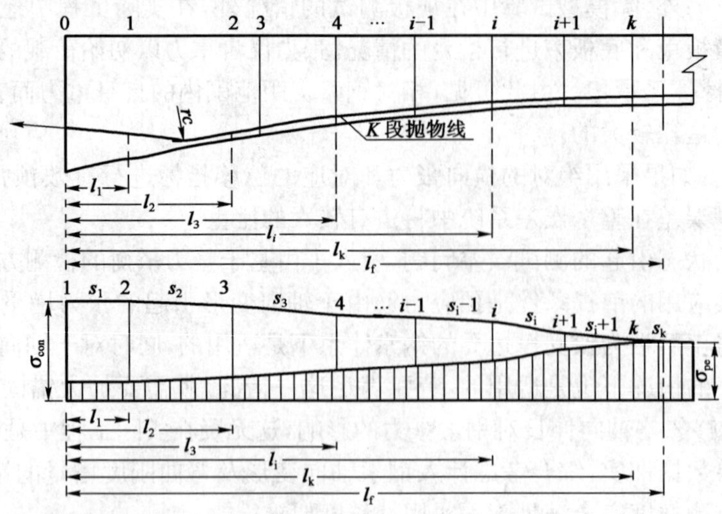

图 6　钢束分解模型示意图

定义判别方程：

$$\sigma^*_{(k)} = \sum_{i=1}^{k}(L_i^2 - L_{i-1}^2) \cdot S_i \tag{7}$$

式中：S_i ——折线段斜率，其值 $S_i = \sigma_{\text{con}} e^{-\sum_{j=0}^{i-1} L_j K'_j} \cdot K'_i$；

L_i ——各段曲线投影长度并令 $L_0 = 0$；

Δ——锚具参数；

E_{p} ——钢束弹模。

将判别方程中 k 从 1 到 n 试算，当同时满足条件 $\sigma^*_{(k)} \leqslant \Delta \cdot E_{\text{p}}$ 及 $\sigma^*_{(k+1)} > \Delta \cdot E_{\text{p}}$ 时，得到反摩阻影响长度 l_{f} 位于的曲线段 L_k。从而由变形协调得到反摩阻影响长度：

$$L_{\text{f}} = \sqrt{\frac{\Delta \cdot E_{\text{p}} - \sum_{i=1}^{k-1}(L_i^2 - L_{i-1}^2) \cdot S_i}{S_k} + L_{k-1}^2} \tag{8}$$

故当 x 位于第 i 段曲线内时，函数 $\sigma_l^{\text{F}}(x)$ 为：

$$\begin{cases} \sigma_l^{\text{F}}(x) = 2S_i(L_i - x) + \sum_{j=i}^{k-1} 2(L_{j+1} - L_j)S_j + 2(L_{\text{f}} - L_k)S_k & (x \leqslant L_{\text{f}}) \\ \sigma_l^{\text{F}}(x) = 0 & (x > L_{\text{f}}) \end{cases} \tag{9}$$

2. 评估模型与实现

(1)评估模型

依据拟摩阻损失定义有：

$$\sigma_{\text{pe}} = \sigma_{\text{con}} - (\sigma_l^{\text{Z}} + \sigma_l^{\text{F}}) \tag{10}$$

由式(10)得到钢束分解模型的有效预应力分布函数。

对于大跨度 PC 桥梁的预应力系统而言，依据预应力钢束所处顶、底、腹板的不同位置，分别选取单根典型束筋为评估单元，当获取其在张拉端及锚固端附近两个测点的有效预应力测值后，便能够通过名义损失参数(管道参数 K' 和锚具参数 Δ)识别实现单根钢束有效预应力值纵向沿程分布规律地模拟。

(2)实现流程

将钢束满张拉控制力扣除理论计算的相关 6 项损失后的有效预应力分布形态定义为设计形态，将通过定周期监测得到的有限测点处的钢束应力值定义为实际点值，基于钢束有效预应力实际值与理论值相关关系，建立起分布衰变的评估模型，并依此得到实用算法以实现快速评估。评估模型的基本评估流程如图 7 所示。

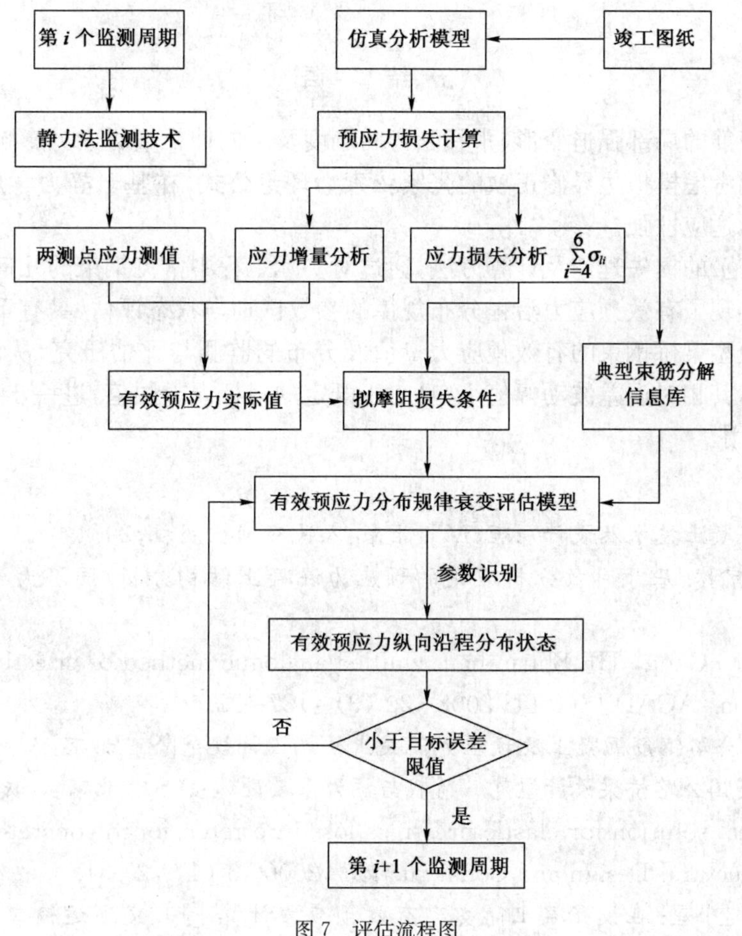

图 7 评估流程图

四、大比例模型梁应用

为检验研究成果，对一座室内大比例模型梁进行了有效预应力衰变行为的监测与评估技术应用研究(图 8)。

限于篇幅，仅以 Z2 组典型钢束测试评估结果为例，得到的评估结果如图 9 所示。

图 8 大比例模型梁

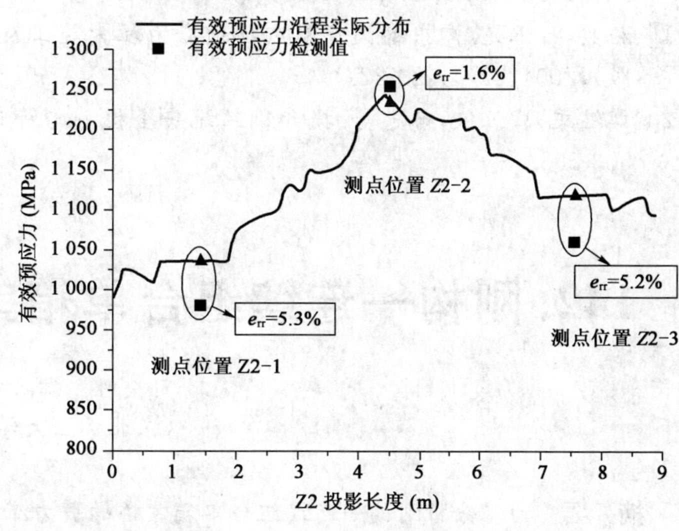

图 9 Z2 号钢束有效预应力分布图

可以看出，基于钢束应力测值的沿程分布与在设计张拉控制应力状态下钢束有效预应力的实际规律达到了较好的吻合。

五、结　语

(1)综合预应力束筋的局部强迫变形、张紧弦弯曲刚度及轴向伸长量对索力影响因素，在级差法分析模式的基础上，推导出考虑模拟边界修正项的张紧弦索力理论公式，在基于静力学原理进行有效预张力监测应用中概念明确，适应性强。

(2)依据现行《规范》的损失理论及计算方法，通过对实际工程中常见钢束的几何类型综合分类，构造出钢束分解模型，并实现了有效预应力沿程分布规律的参数识别与状态评估，具有重要的现实意义。

(3)通过大比例模型梁桥钢束的有效预应力量值及分布的监测与评估研究，从模型梁纵向沿程的索力空间分布曲线来看，其相对误差波动幅值小，且小于既定的目标误差限值，进一步表明文中研究成果可向实桥工程中推广应用。

参考文献

[1] 李国平.预应力混凝土技术及设计原理[M].北京:人民交通出版社,2004.

[2] 黄侨,吴红林,王宗林.基于时效分析理论的预应力混凝土结构分析.同济大学学报,2003,31(7):813-818.

[3] GUO Qi, ZHANG Gang, HE Shuan-hai. Unified analogue method of effective prestress for post-prestressed tendon. ACAD J XJ TU 2008 ,20 (3) :187-192.

[4] JTG D62—2004 公路钢筋混凝土及预应力混凝土桥涵设计规范[S].北京:人民交通出版社,2004.

[5] AASHTO 1994 美国公路桥梁设计规范—荷载与抗力系数设计法[S]. 北京:人民交通出版社,1998.

[6] Harry AC. Direct solution for elastic prestress loss in p retensioned concrete girders[J]. Practice Periodical on Structural Design and Const ruction ,2000 ,5 (1) :27-31.

[7] 刘龄嘉,贺拴海,赵小星.在役混凝土简支梁有效预应力计算 [J].交通运输工程学报, 2005,5(3):47-51.

[8] 郭琦, 贺拴海,白云.基于神经网络的简支梁桥预应力衰减评估模型[J].长安大学学报(自然科学版),2007,27(6):53-57.

[9] 方志,汪剑.预应力混凝土箱梁桥竖向预应力损失的实测与分析[J].土木工程学报,2006,39(5):78-84.

[10] P. Fanning,Nonlinear Models of Reinforced and Post-tensioned Concrete Beams, Electronic Journal of Structural Engineering,(2)2001.

[11] 施兵,孙玉昆.广东番禺百越广场预应力拉索施工及检测技术分析[J].青海大学学报(自然科学版),2004,22(4):20-22.

[12] 谭继文,战卫侠,田志勇.提升钢丝绳安全检测与评价[J].辽宁工程技术大学学报,2003,22(3):503-505.

142. 刚构—连续组合单箱室桥剪力滞效应分析

孙全胜　郑　宇

(东北林业大学)

摘　要　为了分析刚构—连续组合单箱室桥的剪力滞效应，本文以三股线刚构—连续组合桥为工程背景，利用空间有限元程序ANSYS建立箱梁空间网格模型，通过模型对剪力滞效应进行分析，最终得出空间网格法可以很好地分析刚构—连续单箱梁桥的成桥跨中、支点剪力滞效应。箱梁的剪力滞效应为：顶板的剪力滞效应较底板显著；剪力滞效应沿纵向是变化的，总体上边跨截面的剪力滞比跨中截面要突出。相关结论可为同类桥梁的设计和加固提供参考。

关键词 连续刚构桥 空间网格 剪力滞效应

一、概 况

连续刚构是墩梁固结的连续结构，它利用高墩的柔度来适应结构由预应力、混凝土收缩、徐变和温度变化所引起的位移。在结构上常选用变截面，箱形截面的特点是结构轻、抗弯刚度大、纵向配置较大的正负预应力束，在国内外桥梁工程上得到广泛的应用。因特殊的结构特点和受力特点，在连续刚构的结构安全度分析中必须考虑某些力学现象，箱梁的剪力滞效应是大跨径连续刚构桥梁设计分析中较为复杂的内容之一，如果这一影响因素被忽视，可能导致设计的不合理或结构的破坏。

三股线刚构—连续组合桥是绥满公路的一座大型桥梁。该桥桥跨布置为35m＋60m＋90m＋60m＋35m刚构—连续组合梁桥，其中主孔为60m＋90m＋60m连续刚构，边孔为35m连续梁，桥梁全长280m，立面图如图1所示。桥面净宽：净10.5m＋2×0.75m防撞护栏，全宽12.0m。桥梁设计荷载：汽车超—20级，挂车—120，人群3.5kN/m。上部结构采用单箱单室箱梁，箱梁采用C50混凝土，墩顶箱梁高度为5.0m，跨中箱梁高2.0m，其间的梁高在纵桥向按二次抛物线变化。箱梁内设置纵、横、竖三向预应力，下部结构为两个薄壁双柱式墩（图1）。

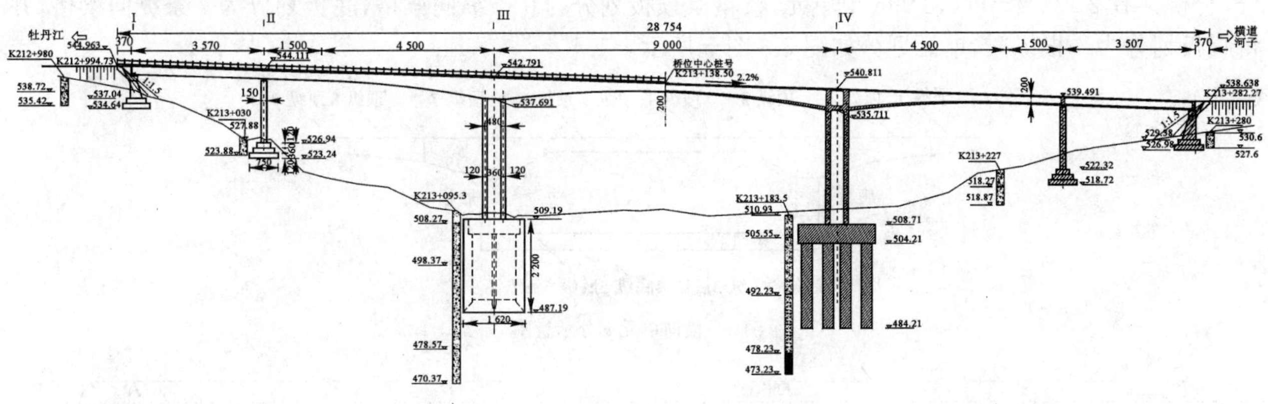

图1 桥型一般布置（尺寸单位：cm）

二、连续刚构的空间分析方法

连续刚构的空间有限元分析方法很多，根据离散模型的不同，常用的空间分析方法有空间梁单元法、板壳元法、三维实体元法、梁格法。

空间梁单元法用一维空间梁元对结构进行离散。这种方法的特点是能直接给出计算截面的内力和变形。但是在宽箱梁桥分析时，用空间梁单元法有很大的局限性。

板壳元法是用板单元或壳单元来模拟桥梁结构，通过分析各单元的受力状态，便可得到实体桥梁的受力状态。在实际应用中，采用板壳元法对桥梁结构进行分析时，需要整理大量的输入、输出数据，容易出错，不便于工程技术人员的使用。

三维实体元法是用四面体或六面体单元来模拟桥梁结构，通过分析各单元的受力状态，便可得到实体桥梁的受力状态。

空间网格法是平面梁格的发展，主要针对箱形梁，它不仅在横桥向对截面进行分割，在截面高度方向也进行划分，对顶板、腹板、底板分别看作板式结构进行板内梁格分析的分析方法。例如一个箱梁可以分解为顶板、底板以及多块腹板构成，这些板可以分别由钢、混凝土或其他材料制作。这些板组成整个箱梁截面。每块板元可以依照板式上部结构的方法由十字交叉的正交梁格组成,这些正交梁格互相连接形成空间网格模型,如图2所示。

空间网格模型的计算优势在于它不仅能反映主梁结构以外对主梁的结构效应和荷载效应,还能反映出主梁内部的薄壁效应(扭转畸变)、剪力滞效应等。以一个空间网格模型的箱梁结构的“内部”效应为例,纵向的效应,如轴力、弯矩等由纵向梁格承受;横向的效应,如畸变、扭转等由横向梁格承受;箱梁截面的扭转、畸变效应实际转化成腹板的剪力差;箱梁截面顶板、底板的剪力滞效应由纵向梁格的受力不同而显现。基于此,本文采用空间网格法建模进行空间分析。

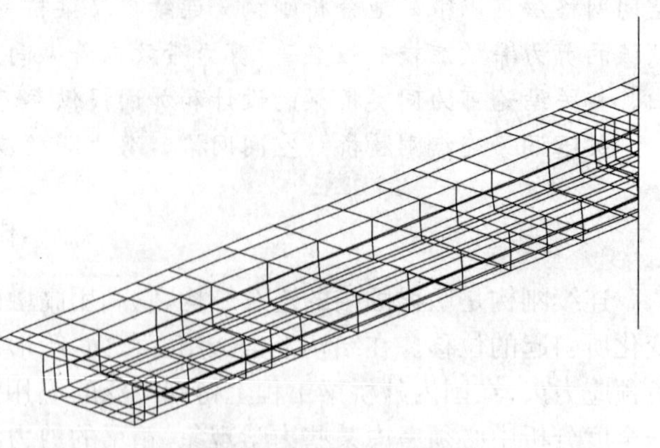

图2 箱梁上部结构的空间网格模型

三、三股线刚构—连续组合桥剪力滞效应分析

1. 三股线刚构-连续组合桥三维仿真模型的建立

本文采用ANSYS结构分析软件进行建模,根据本文仿真计算的需要主要选取了其中的Beam4、Link8三维杆单元,其中主梁选取Beam4,预应力钢筋选取Link8三维杆单元。采用空间网格法进行划分,全桥共有2 282个节点,3 966个单元,将箱梁顶板划分为9条纵向梁格,底板划分为7条纵向梁格,并将腹板划分为一根纵梁,单元划分如图3~图5所示。

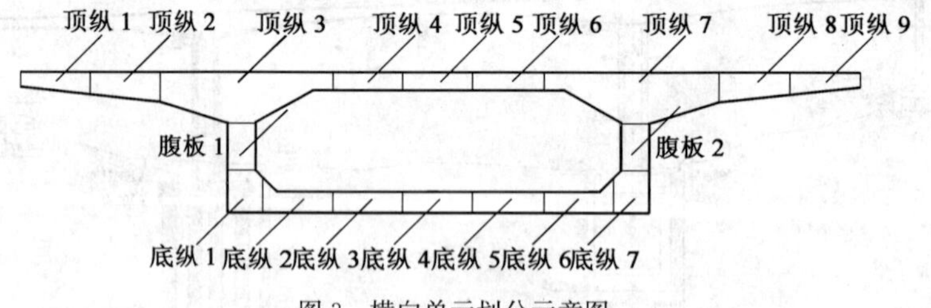

图3 横向单元划分示意图

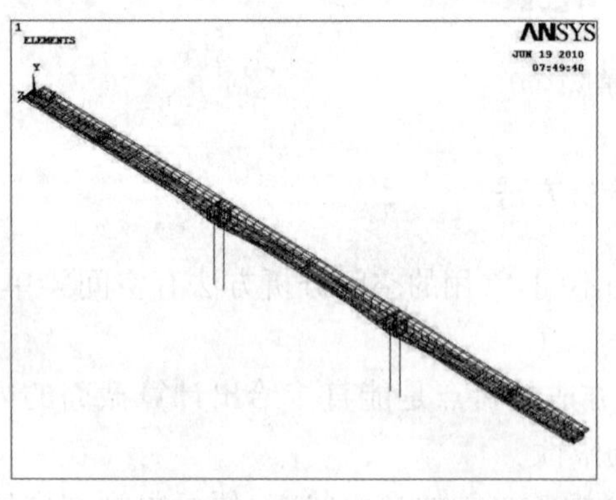

图4 全桥单元划分示意图

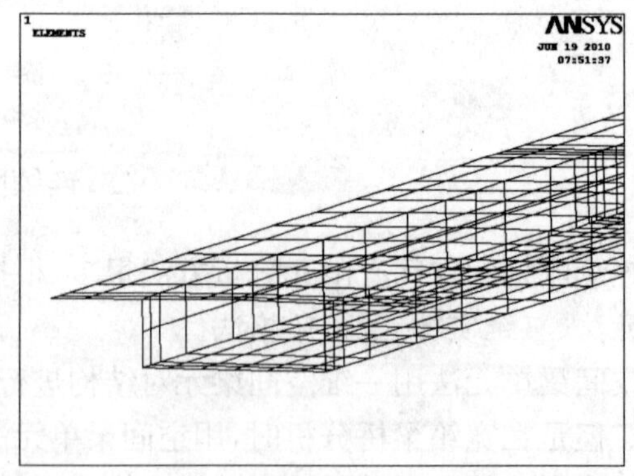

图5 局部单元划分示意图

原设计按照1985年交通部部颁标准《公路钢筋混凝土及预应力混凝土桥涵设计规范》(JTJ 023—85)进行。其采用的主要设计参数为:

(1)箱梁混凝土重度:26kN/m^3;

(2)恒载集度:桥面铺装 q=26kN/m,栏杆防撞墙 q=24kN/m;

(3)钢筋混凝土的弹性模量采用3.5×10^{4}MPa,泊松比采用0.167;

(4)钢绞线的弹性模量采用1.95×10^{4}MPa,泊松比采用0.3,预应力筋的张拉力是1 290MPa。

本文采用选用 Link8 单元模拟预应力钢筋，共有 188 个单元，跨中及主墩顶部预应力钢筋如图 6 和图 7 所示。

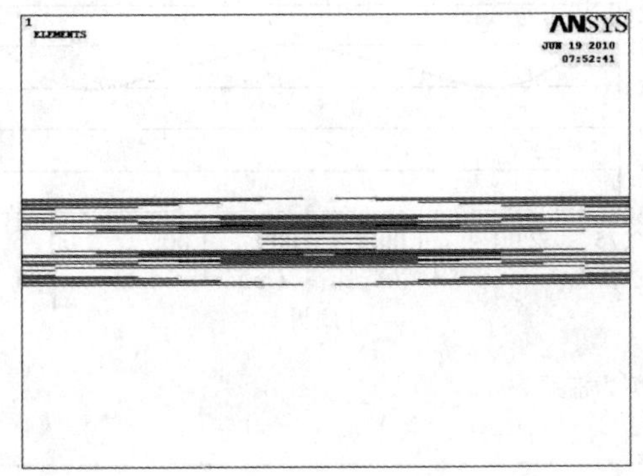

图 6 跨中预应力钢筋示意图

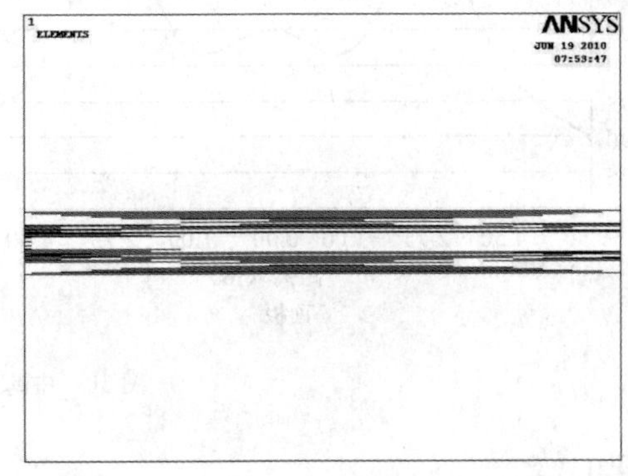

图 7 主墩顶部预应力钢筋示意图

由于该桥箱梁腹板间距较大，因此对该桥进行空间分析应重点研究在恒载作用下的应力行为。恒载主要有：主梁结构自重力，二期恒载（如桥面铺装、人行道栏等），用线荷载来模拟其对结构的作用。荷载施加如图 8 所示。

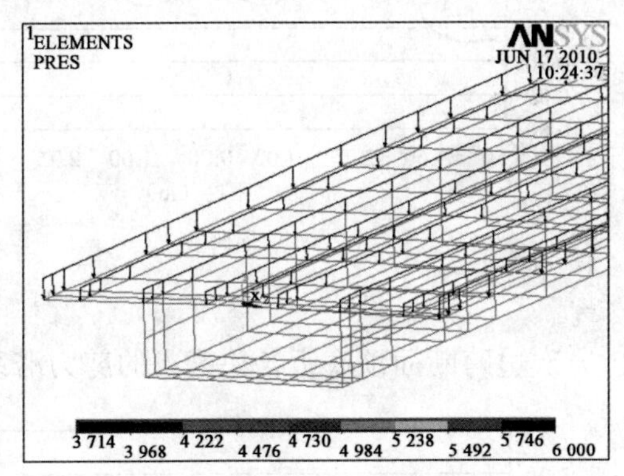

图 8 二期恒载施加示意图

2. 剪力滞效应分析

大跨径连续刚构在对称纵向荷载作用下，截面将产生纵向翘向位移差。由于上下翼缘的剪切变形导致对称荷载弯曲引起法向应力呈非均匀状态的现象。如果翼缘与腹板交界处的正应力大于初等梁理论计算的理论值，称之为正剪力滞后，如果翼缘与腹板交界处的正应力小于初等梁理论计算的理论值，称之为负剪力滞后。因此在设置预应力筋时应该考虑法向应力的不均匀性，否则按等间距等预应力布置力筋，可能造成在应力分布最大处预加力不够，导致混凝土开裂。

为方便描述箱梁剪力滞效应的影响程度，工程上引入剪力滞系数的概念，即：

$$\lambda=\frac{\text{考虑剪切变形(顶底板)所求得的法向应力}}{\text{按初等梁理论所求得的法向应力}}$$

选取横截面顶底板的几个关键点进行剪力滞系数分析，顶板选取 5 个点，1～5 点距离截面中线的距离分别为：5. 5m，4. 5m，2. 75m，1. 0m，0. 0m；底板选取 4 个点，6～9 点距离截面中线的距离分别为：2. 75m，2. 0m，1. 0m，0. 0m，如图 9 所示。

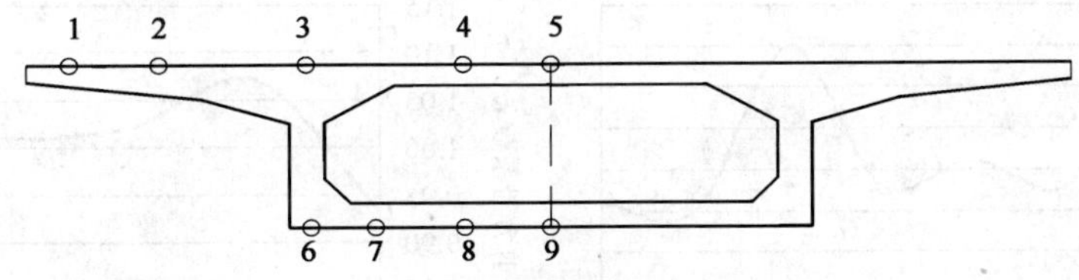

图 9 顶底板比选点位置

纵向截面选取位置为：中跨的根部，跨中；边跨的跨中，边跨的根部。

中跨断面顶底板各关键点的剪力滞系数分布如图 10 和图 11 所示

从图 10 可以看出顶板与腹板交界处的剪力滞系数最大，最大值为 1. 17，底板的剪力滞系数最大值为 1. 03，顶板的变化比底板显著。

从图 11 可以看出顶板与腹板交界处的剪力滞系数最大，最大值为 1. 14，底板的剪力滞系数最大值为 1. 10，顶板的变化比底板显著。

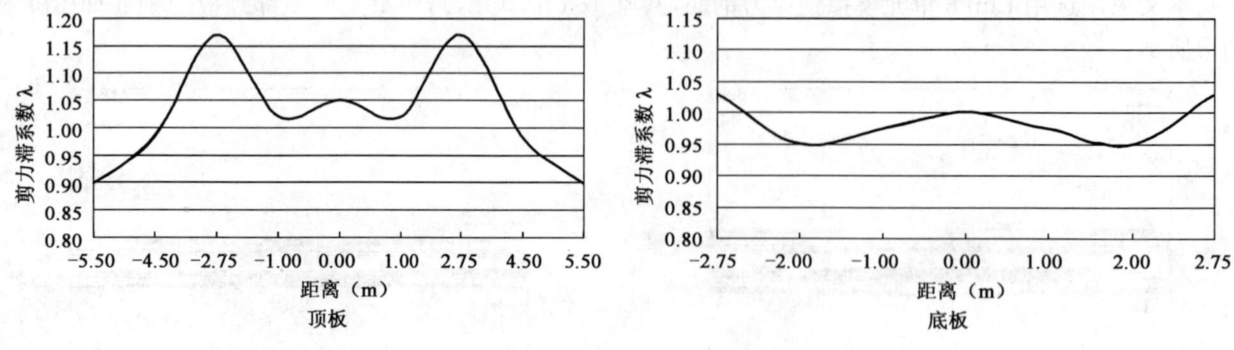

图 10 中跨跨中各关键点的剪力滞系数

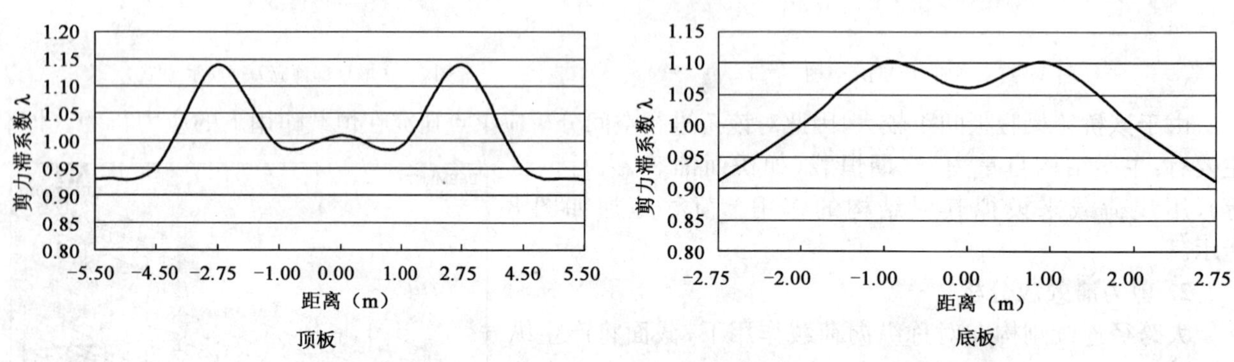

图 11 中跨根部各关键点的剪力滞系数

次边跨断面顶底板各关键点的剪力滞系数分布如图 12 和图 13 所示。

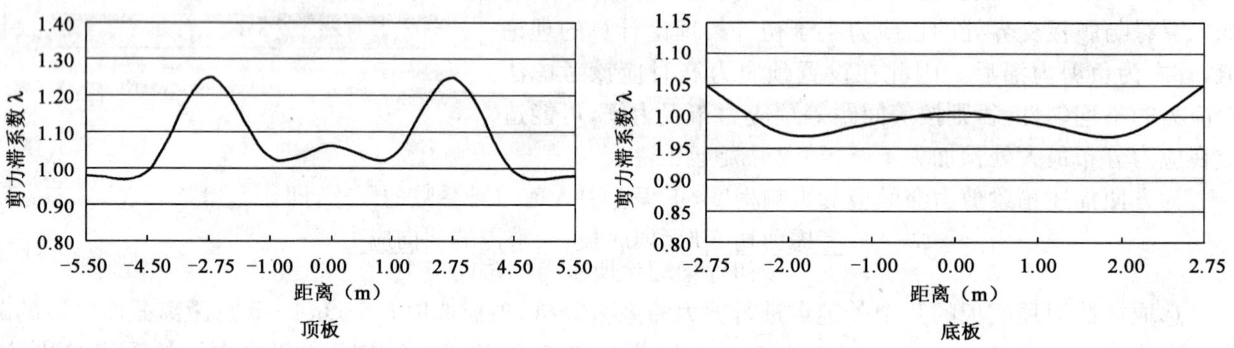

图 12 次边跨跨中各关键点的剪力滞系数

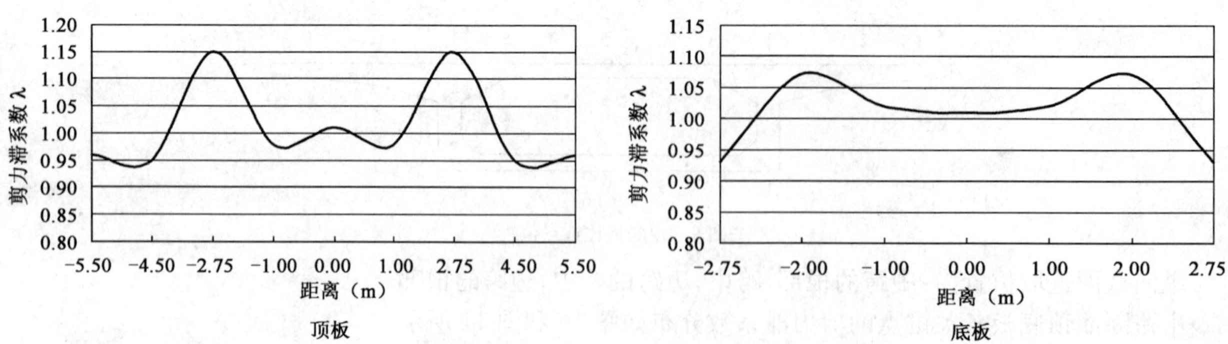

图 13 次边跨根部中各关键点的剪力滞系数

从图 12 可以看出顶板与腹板交界处的剪力滞系数最大，最大值为 1.25，底板的剪力滞系数最大值为 1.05，顶板的变化比底板显著。

从图 13 可以看出顶板与腹板交界处的剪力滞系数最大，最大值为 1.15，底板的剪力滞系数最大值为 1.07，顶板的变化比底板显著。

边跨断面顶底板各关键点的剪力滞系数分布如图 14 和图 15 所示。

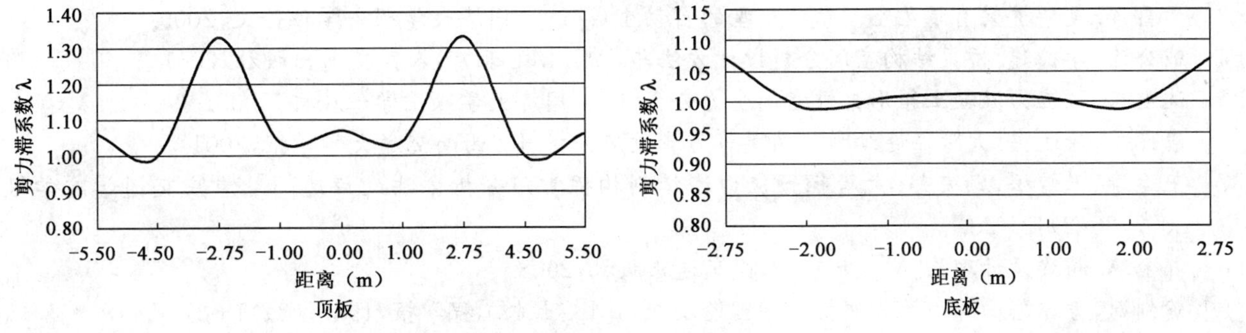

图 14 边跨跨中各关键点的剪力滞系数

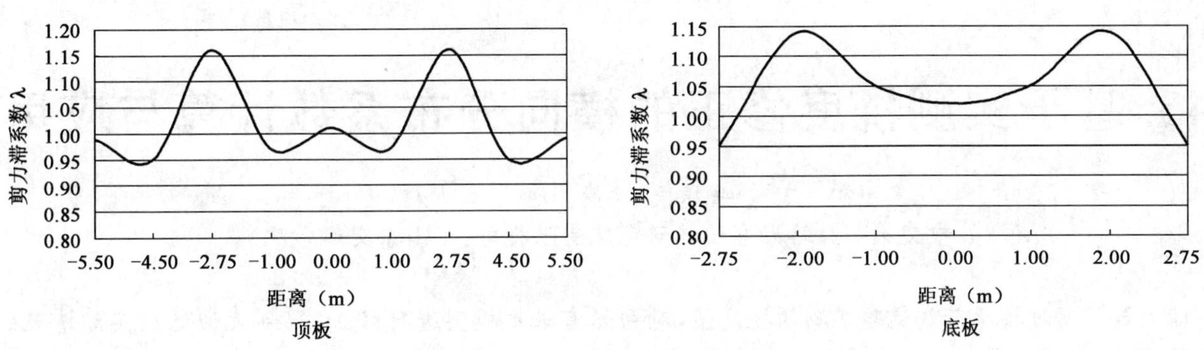

图 15 边跨根部各关键点的剪力滞系数

从图 14 可以看出顶板与腹板交界处的剪力滞系数最大，最大值为 1.33，底板的剪力滞系数最大值为 1.07，顶板的变化比底板显著。

从图 15 可以看出顶板与腹板交界处的剪力滞系数最大，最大值为 1.16，底板的剪力滞系数最大值为 1.14，顶板的变化比底板显著。

通过对此桥剪力滞效应的分析，可知：箱形主梁的横桥向正应力分布不均匀，和初等梁理论的计算结果有差异；顶板的剪力滞效应较底板显著，顶板的最大剪力滞系数达 1.33，底板的最大剪力滞系数达 1.14；剪力滞效应沿纵向是变化的，总体上边跨截面的剪力滞比中跨的要突出。

四、结　　论

本文依托三股线预应力刚构—连续组合箱梁桥：利用空间有限元程序 ANSYS 建立箱梁空间网格模型，通过模型对恒载作用下的剪力滞效应进行分析，得到以下结论：

(1)本文所采用的空间网格法在进行空间分析时具有显著的优点。空间网格法是在平面梁格的基础上发展而来的，将计算模型进行进一步的细化。空格网格模型计算方法包含了全部整体空间效应，得出的结果更精确，能够准确地反映箱梁的剪力滞效应。另外，由于梁系结构计算与现有设计规范框架是一致的，所以这种计算方法所输出的结果较直观，是桥梁工程师容易理解和进行设计应用的计算方法。

(2)在进行结构分析时，选用大型有限元软件 ANSYS 进行结构的分析计算，选用 Beam4 和 Link8 单元分别模拟主梁和预应力钢筋，在进行分析时可以准确地反映箱梁及其预应力钢筋的空间受力状态。

(3)在恒载作用下，箱形主梁的横桥向正应力分布不均匀，和初等梁理论的计算结果有差异，顶板的最大剪力滞系数达 1.33，底板的最大剪力滞系数达 1.14；剪力滞效应沿纵向是变化的，总体上边跨截面的剪力滞比中跨的要突出。

参考文献

[1] 王文涛.刚构—连续组合梁桥[M].北京:人民交通出版社,1995.

[2] 张士铎.桥梁设计理论[M].北京:人民交通出版社,1984.

[3] 于雪晖.复杂桥梁有限元空间结构模型的自动生成[D].同济大学硕士学位论文,2009.

[4] 戴公连,李德建.桥梁结构空间分析设计方法与应用[M].北京:人民交通出版社,2001.

[5] 沈旭东.预应力混凝土箱形梁桥空间受力分析[D].同济大学硕士学位论文,2008.

[6] 唐怀平,唐达培.大跨径连续刚构箱梁剪力滞效应分析[J].西南交通大学学报,2001.

[7] 王运涛,张雪松,顾安邦.大跨径预应力连续刚构桥常用分析方法的评述[J].重庆交通学院学报,2007,26(2):21-23.

[8] 郭金琼.箱梁设计理论[M].北京:人民交通出版社,2008.

[9] 黄剑源,考虑翘曲作用的曲线格子梁理论及应用[J].土木工程学报,1987,(3):18-21.

[10] 钟新谷,曾庆元.箱形梁的研究[J].湘潭矿业学院学报,2001.

143.基于实测挠度修正的横向分布系数计算与应用

常 丁[1] 岳振民[1] 董 旭[2] 成 超[1]

(1.中交第一公路勘察设计研究院有限公司;2.山东交通学院)

摘 要 通过桥梁荷载试验实测的挠度值,对初始有限元模型进行修正,得到近似结构实际情况的抗弯惯性矩 I_i',再计算横向分布系数。通过修正后的横向分布系数可以更加准确地描述结构荷载的横向分布情况,结果亦可以用于分析桥梁各片梁承载力。

关键词 荷载试验 实测挠度 模型修正 横向分布系数

一、引 言

荷载试验是公路旧桥承载力评定的最直接方法。结构的既有承载力可通过荷载试验直接评定,这种现场测试的方法遵从由现象到本质辩证的思想和易于理解、直观性强的特点。此外通过荷载试验所得桥梁结构的挠度、应变、横向分布系数等技术参数,结合有限元模型进行结构损伤识别和承载力评定也得到广大桥梁设计检测人员的广泛应用。在桥梁承载力评定和预测中,建立一个准确的有限元模型是重要一个环节,但是大多数的有限元模型都是基于结构使用前的状况建立,并未考虑实际使用后结构的损伤,并且其中也包含很多简化和假定,这就使得建立的有限元模型得出的结果与通过荷载试验得到的实际结构的响应存在着一定的差异。本文通过桥梁荷载试验所得挠度进行有限元模型修正,提出基于实测挠度修正的横向分布系数计算方法以及其应用。

二、基本原理与方法

1. 横向分布系数计算方法

荷载横向分布计算作为空间内力计算的一种近似方法得到了广泛的应用,其通过把复杂的空间结构转化为平面问题来分析桥梁结构,把影响面 $\eta(x,y)$ 分解成两个单值函数的乘积,即 $\eta(x,y)=\eta_1(x)\times\eta_2(y)$。常用的横向分布系数计算方法有偏心压力法(刚性横梁法)、铰接板(梁)法、刚接板(梁)法、比拟正交异形板法。这几种方法的计算原理都是首先求出各梁的横向分布影响线,然后通过车辆横向最不利布置来计算荷载横向分布系数 m。求出作用于单片梁上的最大荷载后,就能按照结构力学的方法求得主梁的活载内力值。

2. 横向分布系数计算的模型修正

横向分布系数的计算通常是结构在没有损伤的理论情况下进行的，其值反映了活载按横向最不利位置排列后，主梁在横向分配的最大荷载比例。然而桥梁在运营一段时间后，各片梁刚度都有所不同下降，外荷载的分配不再遵循挠度横向分布，因此可以通过荷载试验所得结构实际挠度对横向分布系数进行修正，建立有损伤的结果横向分布模型，得到较为精确的结构现有荷载(内力)的横向分布状况，实现现场荷载试验、横向分布计算理论与有限元程序计算结果的相互补充。

横向分布计算的模型修正法是指首先用通用程序建立梁桥的有限元模型。有限元模型的材料特性按实际结构的初始值建立，加载位置及大小与实际情况相同。运行程序求得加载后梁桥有限元模型中各片梁挠度，进行挠度模型计算值与现场试验实测值的相关性分析，如果相关性好则结束模型的修正，如果相关性差则继续修正有限元模型中各片梁的抗弯刚度，再次运行程序进行相关性分析。反复进行该流程直至相关性好为止。

在上述方法中用通过改变梁的抗弯惯性矩来模拟梁的损伤，从而使得模型中挠度与实际挠度在一定精度范围内相一致，建立符合实际运营情况的桥梁有限元模型，并且通过修正后的实际抗弯惯性矩 I'_i 来计算横向分布系数，得到修正后的横向分布系数。即：

$$I'_i = \frac{B'_i}{E} \tag{1}$$

式中：B'_i——模型修正后第 i 片梁的抗弯刚度；

E——材料实测弹性模量；

I'_i——修正后第 i 片梁的开裂截面抗弯惯性矩。

在模型修正的过程中，从试验挠度的残差的最小化出发，以判断计算的最终荷载横向分布是否可以代表实际结构，是否需要继续修正模型，即将所有梁的挠度残差和 $\omega(f)$ 作为目标函数，如下：

$$\omega(f) = \omega_1(f) + \omega_2(f) + \cdots + \omega_n(f) = \sum_{i=1}^{n}\left(\frac{f_{ei} - f_{si}}{f_{ei}}\right)^2 \tag{2}$$

式中：n——梁的片数；

f_{ei}——第 i 片梁跨中实测挠度值；

f_{si}——第 i 片梁跨中修正计算挠度值。

当目标函数 $\omega(f) = \min\omega(f)$ 时，修正终止，即可认为此时求得的荷载横向分布系数可以近似代表实际结构的荷载横向分布系数。本文中取 $\omega(f) \leqslant 0.1$ 作为是否满足修正要求的条件。

三、计算实例及应用

宁夏某 6×20m 钢筋混凝土 T 梁桥，桥面为净－9m＋2×1.25m 人行道，每孔设置 5 道横隔板，设计荷载为汽车—20 级，挂车—100。该桥荷载试验需 355kN 加载车两辆于跨中布置，结构相关参数见图 1 和图 2。

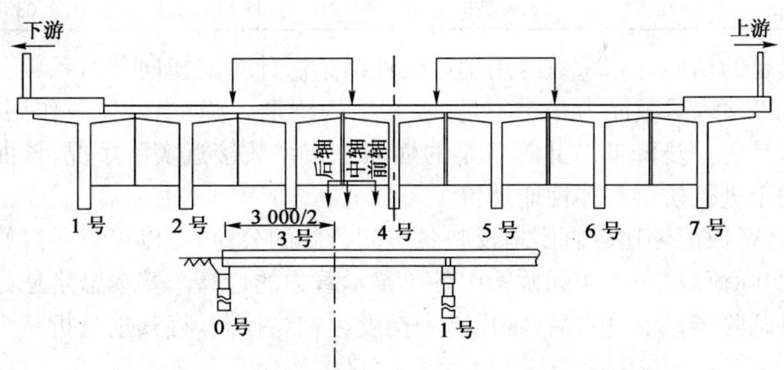

图 1 试验桥跨中截面及试验车位置示意图

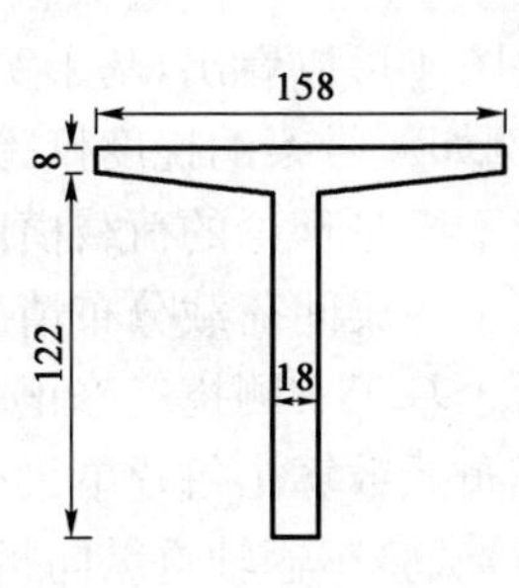

图 2 T梁尺寸(尺寸单位：cm)

采用通用有限元程序对该桥进行分析，全桥主梁用空间梁单元模拟，结构离散图如图3，跨中截面中载挠度值比较见表1、表2。

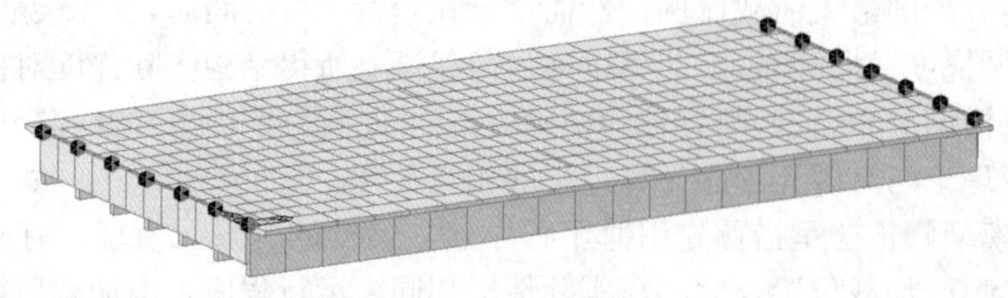

图3 有限元模型

跨中截面中载加载挠度值比较 表1

测点	试验值(mm)				计算值(mm)	校验系数
	二辆车					
	第一次	第二次	平均值	残余值		
	①	②	③		④	③/④
1	1.4	1.46	1.43	0.12	2.00	0.72
2	5.86	5.94	5.9	0.16	7.13	0.83
3	10.03	10.04	10.03	0.15	11.73	0.86
4	12.02	12.00	12.01	0.11	13.62	0.88
5	10.01	10.6	10.03	0.1	11.73	0.85
6	6.10	6.06	6.08	0.05	7.13	0.85
7	1.8	1.83	1.81	0.04	2.01	0.90

有限元模型修正结果 表2

项目 \ 梁号		1号	2号	3号	4号	5号	6号	7号
两辆车加载	实测挠度(mm)	1.43	5.9	10.03	12.01	10.03	6.08	1.81
	模型修正计算挠度(mm)	1.91	6.15	10.64	12.34	10.85	6.15	1.92
	目标函数	0.0735						
	$I'(m^4)\times10^{-2}$	7.33	7.19	7.22	7.21	7.23	7.19	7.14

修正后的各片梁的抗弯惯性矩 I' 可用刚性横梁法计算在试验荷载下的横向分布系数，得到修正横向分布系数，见表3和图4。

横向分布系数对比 表3

梁号	1号	2号	3号	4号	5号	6号	7号
理论横向分布系数	0.074	0.266	0.421	0.478	0.421	0.266	0.074
修正横向分布系数	0.041	0.212	0.302	0.272	0.318	0.198	0.035

由图4可以看出，基于实测挠度修正的横向分布系数与用理论刚性横梁法计算的横向分布系数存在差异，例如4号梁的挠度校验系数达到0.88，承载能力相对不足，故其结构刚度下降，当外荷载作用时，其分配不再是理论的荷载横向分布，而是进一步降低。此时各梁的横向分布系数接近实际情况，该曲线也反映了各梁间荷载分布情况，可被用于进行桥梁整体性能评价。

由于基于实测挠度修正的横向分布系数能够比较真实地反映各梁间荷载的分布，所以可以通过修正横向分布系数算出每片单梁所承受的实际荷载，用于实际桥梁中各单梁承载力的计算。基本思路是：

(1)试验车辆轴重纵向折减。即将试验车辆前、中(后)轴用跨中挠度影响线控制，将其重量折减为作用于跨中位置的集中荷载。

(2)试验车辆轴重横向折减。即可用修正后的横向分布系数计算，这样就可以比较精确地计算各片

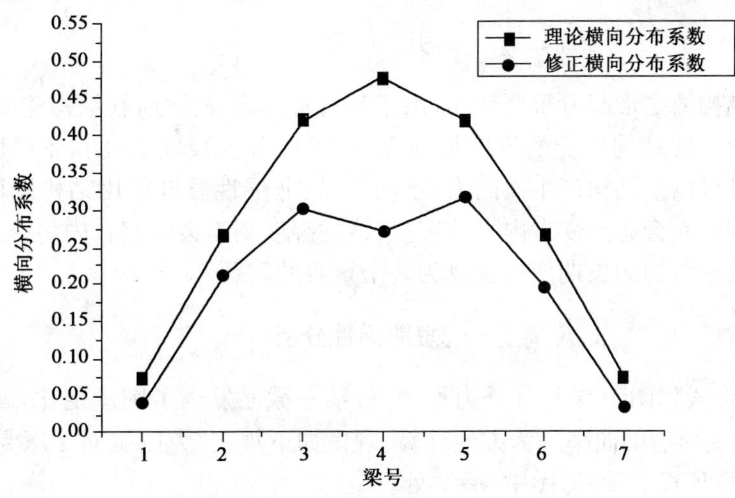

图4　理论横向分布系数与修正横向分布系数对比

单梁的所承受的实际的荷载。具体计算过程本文不再赘述。

三、结　　语

(1)通过桥梁荷载试验实测的挠度,对有限元模型进行修正,进而得到修正的横向分布系数。它能够比较准确地说明各梁间的连接关系,算得每片单梁所承受的实际荷载,避免计算简化、实际结构损伤等因素带来的误差。

(2)修正后的横向分布系数与理论计算横向分布系数存在差异,可以说明桥梁在运营后结构刚度下降,不再遵循原荷载横向分布。

(3)修正后的模型可以用于预测桥梁承载力,对于《公路桥梁承载能力检测评定规程》(报批稿)中所给出的实测荷载横向分布系数计算公式,本文结果未对其进行对比分析,将来需进行进一步验证。

参考文献

[1] 邵旭东,程翔云,李立峰.桥梁设计与计算[S].北京:人民交通出版社,2007.

[2] 廖敬波,唐光武,秦小平,刘怀林.实测横向分布系数在桥梁静载试验中的应用初探.全国既有桥梁加固、改造与评价学术会议论文集[C].北京:人民交通出版社,2008.

[3] 董　旭,常　丁,王均利.基于刚度修正的T梁横向分布计算方法[J].山西建筑,2009,35(28):57-58.

[4] 张连振,黄侨.基于优化设计理论的桥梁有限元模型修正[J].哈尔滨工业大学学报,2008,40(2):246-249.

[5] 韦立林,王建军,王文宁.简支梁桥荷载试验横向分布系数计算方法[J].广西大学学报(自然科学版),2007,32(2):183-185.

144.温度对混凝土结构长期效应的影响分析

许　航[1]　李　飞[2]　于佳玉[2]

(1.中交公路规划设计院有限公司;2.重庆交通大学)

摘　要　本文分析了温度对结构短期及长期变形效应,并分别以同龄素混凝土、不同龄期素混凝土及钢筋混凝土为例分析了其变形与不同形式温度的关系,并得到一些有用的结论。

关键词　温度荷载　徐变　龄期　混凝土　钢筋混凝土　支反力

引 言

温度对于混凝土结构的变形起着重要作用，由于其自身的徐变特性，在结构建成后，温度的持续作用会引起结构的持续变形。就结构所受的温度形式而言，可以分为线性温度和非线性温度。两者相同的是：在超静定结构中，都可以使结构产生次内力；不同的是：非线性温度作用结构的同时由于截面自由变形受各纤维间的相互制约而会有温度自内力的产生，线性温度则不会引起自内力。由此温度自应力和次内力的存在是否会影响着结构的长期变形也成为一个重要的问题。

一、短期弹性分析

取一简支梁，截面形式如图1，结构在外力作用下，某一截面发生了图示变化，ε_{0i} 为 $y=0$ 处的变形值，k_i 为单元梁段挠曲变形后的曲率。为方便计算，现做如下规定：力以截面受压为正，弯矩以使截面下缘受拉为正，参考平面取顶板上缘，即图中 $y=0$ 处。

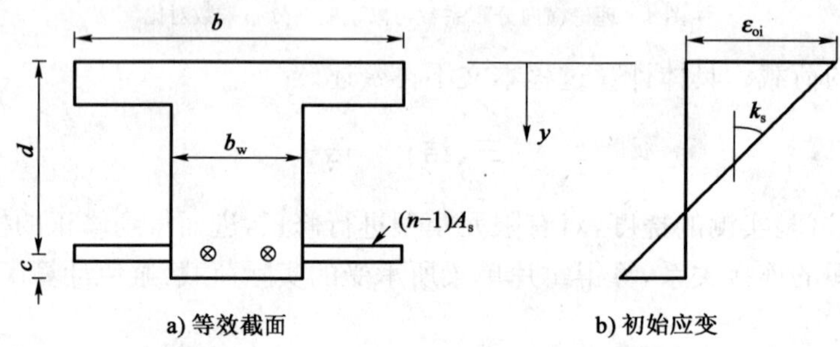

图1 等效截面与初始应变分布

对于图示截面，有埋入式钢筋与混凝土黏结共同受力，为使分析简单化，可将钢筋转化为一定面积的混凝土，其等效面积为：

$$A_c = \frac{A_s E_s}{E_c} = nA_s \tag{1}$$

式中：A_c ——钢筋等效为混凝土的面积；

A_s ——钢筋面积；

E_c、E_s ——分别为混凝土及钢筋的弹性模量。则可将等效面积加于与原钢筋同一水平位置处，见图1。

截面上任一与参考平面距离为 y 处的点的应变为：

$$\varepsilon_i = \varepsilon_{oi} - yk_i \tag{2}$$

相应地，应力为：

$$\sigma_i = E_c\varepsilon_i = E_c(\varepsilon_{oi} - yk_i) \tag{3}$$

截面轴力 N_i 及弯矩 M_i 可由下式求得：

$$\begin{aligned} N_i &= \int \sigma_i \mathrm{d}A \\ &= E_c\varepsilon_{oi}\int \mathrm{d}A - E_c k_i \int y\mathrm{d}A \\ &= E_c\varepsilon_{oi}A - E_c k_i B \end{aligned} \tag{4}$$

$$\begin{aligned} M_i &= -\int \sigma_i y\,\mathrm{d}A \\ &= -E_c\varepsilon_{oi}\int y\mathrm{d}A + E_c k_i \int y^2\mathrm{d}A \\ &= -E_c\varepsilon_{oi}B + E_c k_i I \end{aligned} \tag{5}$$

式中：A——混凝土面积(包括钢筋的等效面积)；

B、I——该截面对参考平面的静距和惯性距。整理式(4)及式(5)得：

$$\varepsilon_{oi} = \frac{BM_i + IN_i}{E_c(AI - B^2)} \tag{6}$$

$$k_i=\frac{AM_i+BN_i}{E_c(AI-B^2)} \tag{7}$$

因为结构外荷载为已知，故 N_i、M_i 可方便求出。

二、时 间 分 析

在荷载作用后的任一时间段(τ_0-t)，由于收缩徐变及钢筋松弛等原因，截面可能继续发生变形，假设在该段时间内，截面顶板上缘处发生的水平位移为 $\Delta\varepsilon_0$，截面的转角变化为 Δk，则可以用发生相同变形时结构所需要的轴力 ΔN 和弯矩 ΔM 来代替收缩徐变等对于结构产生的这种变形效应。

基于以上考虑，并参照式(6)和式(7)，可得：

$$\Delta\varepsilon_o=\frac{\overline{B}_e\Delta M+\overline{I}_e\Delta N}{\overline{E}_e(\overline{A}_e\overline{I}_e-\overline{B}_e^{\ 2})} \tag{8}$$

$$\Delta k=\frac{\overline{A}_e\Delta M+\overline{B}_e\Delta N}{\overline{E}_e(\overline{A}_e\overline{I}_e-\overline{B}_e^{\ 2})} \tag{9}$$

式中：$\overline{A}_e$、$\overline{B}_e$、$\overline{I}_e$ ——分别为龄期调整的截面面积、静距和惯性矩(关于顶板上缘)；

$\overline{E}_e$ ——龄期调整的有效弹性模量。其中

$$\overline{E}_e(t,\tau_0)=\frac{E_c(\tau_0)}{1+\chi(t,\tau_0)\phi(t,\tau_0)} \tag{10}$$

式中：χ——老化系数；

ϕ——徐变系数。

三、素混凝土的长期温度分析

对于任意截面及结构形式的素混凝土结构受到如下形式温度，见图 2。

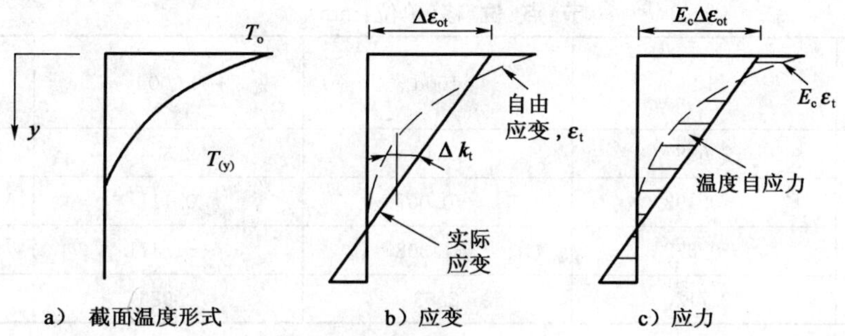

图 2　非线性温度引起的应力应变

则在 t 时刻，$\Delta\varepsilon_{ot}$ 及 Δk_t 可参照式(8)、式(9)得：

$$\Delta\varepsilon_{ot}=\frac{\overline{B}_e\Delta M+\overline{I}_e\Delta N}{\overline{E}_e(\overline{A}_e\overline{I}_e-\overline{B}_e^2)} \tag{11}$$

$$\Delta k_t=\frac{\overline{A}_e\Delta M+\overline{B}_e\Delta N}{\overline{E}_e(\overline{A}_e\overline{I}_e-\overline{B}_e^2)} \tag{12}$$

由于截面全部为混凝土，不含钢筋，故可得 $\overline{A}_e=A$, $\overline{B}_e=B$, $\overline{I}_e=I$，则式(11)、式(12)可改写为：

$$\begin{aligned}\Delta\varepsilon_{ot}&=\frac{B\Delta M_t+I\Delta N_t}{\overline{E}_e(AI-B^2)}\\&=\frac{-B\int\overline{E}_e\alpha T(y)y\mathrm{d}A+I\int\overline{E}_e\alpha T(y)\mathrm{d}A}{\overline{E}_e(AI-B^2)}\\&=\frac{-B\int\alpha T(y)y\mathrm{d}A+I\int\alpha T(y)\mathrm{d}A}{AI-B^2}\end{aligned} \tag{13}$$

$$\Delta k_t = \frac{A\Delta M_t + B\Delta N_t}{\overline{E}_e(AI - B^2)}$$

$$= \frac{-A\int \overline{E}_e\alpha T(y)y\mathrm{d}A + B\int E_e\alpha T(y)\mathrm{d}A}{\overline{E}_e(AI - B^2)}$$

$$= \frac{-A\int \alpha T(y)y\mathrm{d}A + B\int \alpha T(y)\mathrm{d}A}{AI - B^2} \tag{14}$$

可以看出，式(13)、式(14)中，各项均可计算且均为定值，则 $\Delta\varepsilon_{0t}$ 和 Δk_t 与时间无关，即对于龄期相同的素混凝土结构，无论截面及结构形式如何，温度对其长期变形无影响。

四、不同龄期素混凝土的长期温度分析

对于不同龄期的素混凝土的温度作用影响，用混凝土专用有限元软件 Diana 计算，采用空间板单元建模，结构形式及截面尺寸见图3。为更好地说明问题，定义 *AC* 段材料无徐变特性，*CE* 段材料徐变特性采用 ACI209 建议值。

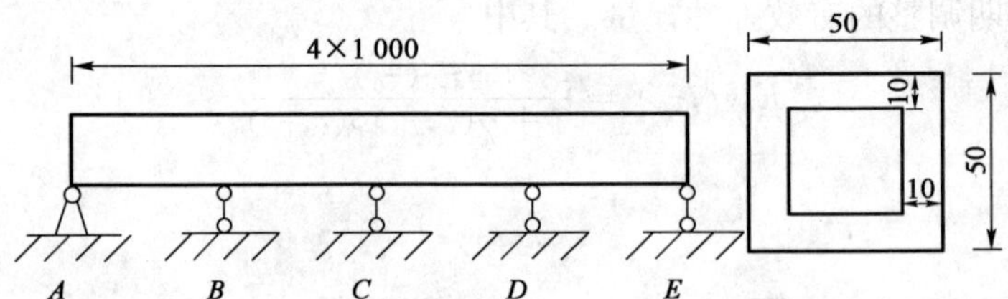

图3 连续梁布置及截面(尺寸单位:cm)

(1)只对顶板升温 30°

节 点 位 移(单位:mm) 表1

节点号 \ 天数	1d	100d	1 000d	$\frac{L_{1\,000d}-L_{1d}}{L_{1d}}$ (%)
N39	2.638	2.42	2.364	10.4
N3402	−0.493	−0.007	0.117	123.8
N3468	−0.672	−1.308	−1.471	118.9
N604	2.712	2.93	2.986	10.1

表1中，N39、N3402、N3468 和 N604 分别为从 *A* 到 *E* 各跨跨中或靠近跨中的单元节点。负号表示位移向下。

(2)全截面受线性温度作用

通过计算令该温度使截面产生与(1)中相同的变形，我们称之为等效温度，其形式见图4。

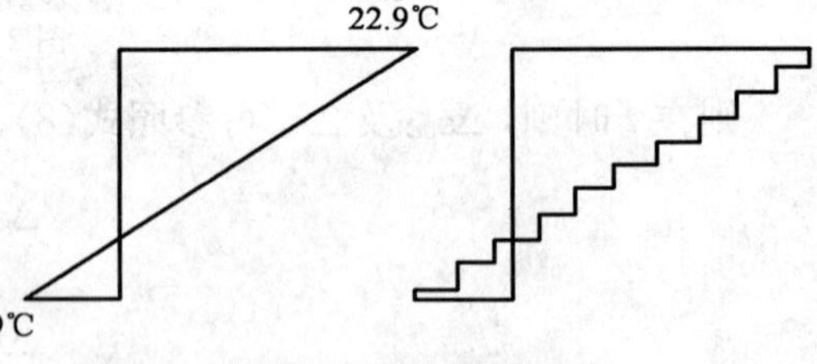

图4 等效温度及近似等效温度

节 点 位 移(单位:mm) 表2

节点号 \ 天数	1d	100d	1 000d	$\frac{L_{1\,000d}-L_{1d}}{L_{1d}}$ (%)
N39	2.751	2.523	2.465	10.4
N3402	−0.479	0.028	0.157	132.7
N3468	−0.669	−1.333	−1.503	124.7
N604	2.827	3.055	3.113	10.1

理论上,式(1)和式(2)中 $t=1\mathrm{d}$ 时各节点对应的位移应该相同或相差很小,但由于式(2)中线性温度在软件中的施加是通过细化单元后用梯度温度来逼近的,即为一种近似的等效温度,见图 3,因此可能产生一定误差,但误差均不超过 5%,故认为这种处理可行,结果可用。

结合表中数据可以有如下分析结论:当温度持续作用于结构时,由于 *CE* 的徐变特性,会引起该段结构支座反力的变化,而支反力的改变必然引起内力的变化,作为一个整体结构,虽然 *AC* 段处材料无徐变特性,但是要与 *CE* 段保持内力和变形的协调(表中体现为 N3468 和 N604 的位移在逐渐增大的同时导致 N39 和 N3402 位移的逐渐减小),其结果就是结构由于材料特性的不同会使变形持续协调发展。

五、钢筋混凝土结构温度分析

结构受到线性温度作用,由于截面各纤维间不受约束,可自由变形,则在任意 t 时刻,截面上任一点的应变为:

$$\varepsilon_t = \alpha T(y) \tag{15}$$

对于非线性温度,参见式(6)、式(7)的推导,且在任意 t 时刻,$\Delta\varepsilon_o$ 和 Δk_t 满足式(8)、式(9),代入并整理得:

$$\Delta\varepsilon_o = \frac{-\int y\mathrm{d}\overline{A}_e\int \overline{E}_e\alpha T(y)y\mathrm{d}\overline{A}_e + \int y^2\mathrm{d}\overline{A}_e\int \overline{E}_e\alpha T(y)\mathrm{d}\overline{A}_e}{\overline{E}_e[\overline{A}_e\int y^2\mathrm{d}\overline{A}_e - (\int y\mathrm{d}\overline{A}_e)^2]}$$

$$= \frac{-\alpha[\int y\mathrm{d}\overline{A}_e\int T(y)y\mathrm{d}\overline{A}_e - \int y^2\mathrm{d}\overline{A}_e\int T(y)\mathrm{d}\overline{A}_e]}{\overline{A}_e\int y^2\mathrm{d}\overline{A}_e - (\int y\mathrm{d}\overline{A}_e)^2} \tag{16}$$

$$\Delta k_t = \frac{-\overline{A}_e\int \overline{E}_e\alpha T(y)y\mathrm{d}\overline{A}_e + \int y\mathrm{d}\overline{A}_e\int \overline{E}_e\alpha T(y)\mathrm{d}\overline{A}_e}{\overline{E}_e[\overline{A}_e\int y^2\mathrm{d}\overline{A}_e - (\int y\mathrm{d}\overline{A}_e)^2]}$$

$$= \frac{-\alpha[\overline{A}_e\int T(y)y\mathrm{d}\overline{A}_e - \int y\mathrm{d}\overline{A}_e\int T(y)\mathrm{d}\overline{A}_e]}{\overline{A}_e\int y^2\mathrm{d}\overline{A}_e - (\int y\mathrm{d}\overline{A}_e)^2} \tag{17}$$

可以看出,由于 $\overline{A}_e$ 是随时间在逐渐增大,所以 $\Delta\varepsilon_o$ 和 Δk_t 随时间也在逐渐变化。利用 Diana 计算,模型同图 3,只是将结构 *AC* 段截面材料特性修改与 *CE* 段相同,后在顶板中性层位置处加入钢筋,配筋率约为 1.6%。

(1)只对顶板升温 30°,见表 3。

节 点 位 移(单位:mm) 表 3

天数 / 节点号	1d	100d	1 000d	$\frac{L_{1\,000d}-L_{1d}}{L_{1d}}$(%)
N39	2.992	3.202	3.287	9.86
N3402	−0.642	−0.687	−0.705	9.81
N3468	−0.630	−0.674	−0.692	9.84
N604	2.992	3.203	3.287	9.86

(2)全截面受到线性温度(表4),温度形式见图4。

节点位移(单位:mm) 表4

节点号 \ 天数	1d	100d	1 000d	$\frac{L_{1000d}-L_{1d}}{L_{1d}}$(%)
N39	2.802	2.811	2.851	0.46
N3402	−0.568	−0.569	−0.570	0.33
N3468	−0.557	−0.559	−0.559	0.40
N604	2.801	2.810	2.814	0.46

对比表3、表4中数据,结合理论分析,可以得出:对于钢筋混凝土结构,非线性温度对结构长期变形有显著影响,而线性温度没有,两组中:①有温度自应力和温度次内力;②只有温度次内力,则可以进一步得出,温度次内力对于该结构长期变形无影响,而温度自应力对结构长期变形作用明显。

六、结　语

本文通过分析并论证混凝土结构在温度作用下的变形及内力变化,得出了一些新的有用结论,这些结论可以为今后桥梁在设计过程中提供一些参考和指导性的帮助。

145. 箱形桥梁日照温度效应理论及降低温度应力技术研究

田　帅[1]　于天来[2]
(1. 辽宁科技大学资源与土木工程学院;2. 东北林业大学土木工程学院)

摘　要　箱形桥梁在太阳辐射和气温变化等环境因素的影响下,引起非线性温度分布,其温度应力与外荷载产生的应力相当,成为箱梁裂损及桥面铺装破坏的重要原因之一。本文在日照温度效应理论研究的基础上,从桥面铺装入手,改善箱梁边界条件,以降低日照温度效应。研究结果表明:以铁尾矿、炉渣为原料制备出的混凝土,轻质高强,导热性能明显低于普通混凝土及沥青混凝土,将其用于桥面铺装,可以降低箱形桥梁日照温度效应。

关键词　箱形桥梁　日照温度效应　桥面铺装　铁尾矿　炉渣

引　言

箱形桥梁日照温度效应是世界级的工程难题。在日照作用下,箱形桥梁的温度变化非常复杂,影响因素颇多,总结起来主要有:太阳的直接辐射、天空辐射、地面反射、气温变化、风速以及地理纬度、结构物的方位和壁板的朝向、附近的地形地貌条件等。因此,箱形桥梁因日照作用引起的表面和内部温度变化,是一个随机变化的复杂函数。表面温度变化具有明显的谐波曲线特性,但又随着壁板的朝向不同而有明显的差别。其中,既有太阳辐射引起的明显的局部性,又有混凝土导热特性带来的不均匀性,因此,难以直接求得函数解,只能进行近似的数值解。从大量的试测资料分析,可得出以下结论:在结构物所在的地理纬度、方位角、时间及地形条件确定的情况下,影响结构日照温度变化的主要因素是太阳辐射强度、气温变化和风速。如何不改变箱梁结构,通过一定措施降低日照温度效应,对箱形桥梁的受力将是十分有益。

一、箱形桥梁日照温度效应理论

1. 基本假定

假定温度与应力和变形非耦合；假定混凝土结构匀质、各向同性和线弹性；假定混凝土热物理性能不随温度变化。桥面铺装层各层间为层状结合体，接触紧密，忽略接触热阻，层间温度和热流是连续的。

2. 热传导基本理论和方程

(1)导热基本定律

在直角坐标系中，物体内部温度在时间和空间上的分布，即温度场，表示为空间坐标 x、y、z 和时间 t 的函数：$T=T(x,y,z,t)$。根据热量传递的基本规律，当物体内部各部分之间存在温差时，就会有热量从温度较高的部分传递到较低的部分，形成导热现象。对各向同性材料，内部导热与温度之间的关系遵从导热基本定律(傅利叶导热定律)，即

$$q_{x}=-\lambda\frac{\partial T}{\partial x} \tag{1}$$

式中：$\frac{\partial T}{\partial x}$——表示物体温度沿 x 方向的变化率；

q_{x}——沿 x 方向传递的热流密度，即热流密度矢量在 x 方向的分量，其物理意义为单位时间内通过单位面积的热量，单位为 w/m^2；

λ——导热系数，单位为 $w/(m\cdot K)$。

导热系数是表征材料导热性能优劣的热物性参数。混凝土是热的不良导体，导热系数很小，因此当其外表受到较大的热流如太阳辐射和急剧的气温变化作用时，由于其内部的热量传递很慢，不能迅速扩散，所以就会产生较大的非线性温度梯度。

(2)导热微分方程

现场试测资料和计算分析都表明，处于外界环境中的箱形桥梁结构不存在稳态的传热状态，因此日照温度效应应按瞬态传热问题进行分析。笛卡尔坐标系中，三维瞬态导热微分方程的一般形式为

$$\frac{\partial}{\partial x}(\lambda\frac{\partial T}{\partial x})+\frac{\partial}{\partial y}(\lambda\frac{\partial T}{\partial y})+\frac{\partial}{\partial z}(\lambda\frac{\partial T}{\partial z})+\phi=\rho c\frac{\partial T}{\partial t} \tag{2}$$

式中：ρ、c、ϕ、t——分别表示物体的密度、比热容、单位时间内单位体积中内热源产生的热量及时间。

箱形桥梁日照温度效应主要研究成桥以后的状态，此时混凝土水化热已经完成，因此不考虑内热源。此外，根据匀质各向同性及常物性的假定，λ、ρ、c 为常数，此时式(2)简化为

$$a\left(\frac{\partial^2 T}{\partial x^2}+\frac{\partial^2 T}{\partial y^2}+\frac{\partial^2 T}{\partial z^2}\right)=\frac{\partial T}{\partial t} \tag{3}$$

式中，$a=\lambda/\rho c$

当只存在一个方向的热量传递时，式(3)简化为如下的一维形式：

$$a\frac{\partial^2 T}{\partial x^2}=\frac{\partial T}{\partial t} \tag{4}$$

(3)导热问题的定解条件

求解导热问题的温度分布，实质上就是在特定问题的定解条件下对导热微分方程求解。对瞬态导热问题，定解条件包括初始条件和边界条件，初始条件给出初始时刻的已知温度分布，表示为

$$T(x,y,z,t)\big|_{t=0}=T_0(x,y,z) \tag{5}$$

初始条件，一般可选择在箱形结构整体温度较均匀的时刻，根据现场实测资料表明，这一时刻约在日出前的1h左右。

箱梁在自然环境条件变化时，其边界面上的热交换状况有如空气的对流换热、辐射换热及吸收太阳辐射能，这些边界条件可统一按第三类边界条件来处理。对于箱梁桥外边界在任何瞬时，其热流遵循下列方程：

$$-\lambda \frac{\partial T}{\partial n} = q_1 + q_2 + q_3 \tag{6}$$

式中：λ——导热系数；

n——外边界法线方向；

$q_1 = \alpha_s I$——材料表面吸收的太阳总辐射能；

I——太阳直接辐射和散射辐射之和；

α_s——表面吸收系数，对混凝土一般取 0.65；$q_2 = \beta_c(T - T_a)$，是外表面与周围空气之间的对流换热；

T——混凝土表面温度；

Ta——大气温度；

β_c——对流换热系数，主要取决于风速、桥位以及材料表面粗糙度；

q_3——梁体表面温度 T 与大气环境温度 T_a 辐射换热，$q_3 = c_s e[(T+273)^4 - (T_a+273)^4]$，其中 $C_s = 5.676 \times 10^{-8} \mathrm{w/m^2 \cdot K^4}$；

e——材料黑度(混凝土取为 0.88)。

箱梁内部是空气，根据空气气体辐射的特点，各种气体在气体层厚度不大和温度不高时的吸收和辐射能力极其微弱，可以略去不计，完全可以认为是透射体，即空气既不辐射，也不吸收辐射热，因而不必考虑箱内温度随壁温而产生的变化以及气体发射和吸收辐射能。因此，箱内无太阳辐射($I=0$)，但有对流换热 q_2 和辐射换热 q_3。

3. 竖向温度梯度模式

箱形桥梁结构与外界的热交换，不仅受到变化复杂的气象条件的影响，而且与所处的地理位置、周围地形地貌以及桥梁本身的几何特征等因素有关，要对此进行全过程的准确模拟和分析是十分困难的。但从确定控制温度荷载的角度来考虑，往往只需针对使结构产生最不利温度荷载的极值气象条件行分析。就箱形桥梁的日照温度效应问题来说，一般研究晴朗无云天气、气温变化较大且风速较小这种不利气象条件下的温度响应。在这种气象条件下，影响结构温度分布的主要气象因素如太阳辐射强度、气温变化和风速等，相对来说较为明确，从而有可能通过适当的数学模型较为准确地描述热传问题的边界条件。各国的桥梁设计规范中都有温度作用的规定，不同国家的温度梯度模式因地区差异而不同，这些模式下所产生的温度效应也存在差别。各国规范的竖向温度梯度模式如图 1 所示。

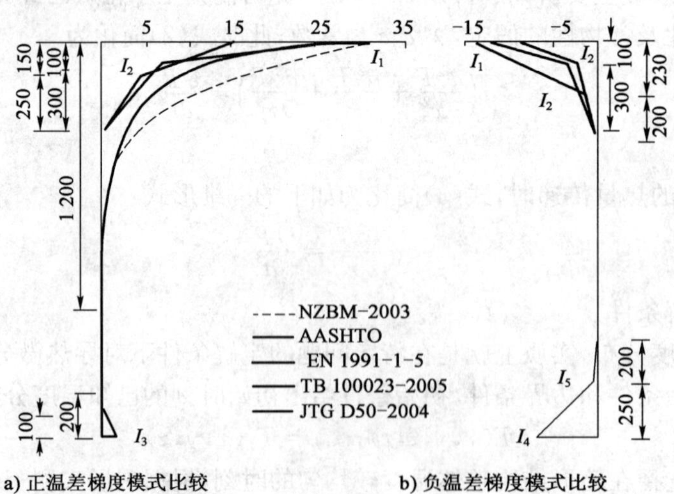

a) 正温差梯度模式比较　　b) 负温差梯度模式比较

图 1　温度梯度模式比较

4. 有待进一步研究的问题

箱形桥梁结构的日照温度效应问题，是一个相对较新的课题，具有复杂性和多学科交叉性的特点，尚有许多问题有待更深入的研究。西南交通大学的强士中教授认为：降低混凝土桥梁日照温度效应、控制温度裂缝产生和发展的技术手段的研究是其中的一个新方向。

箱梁与环境接触为4个面（顶板、两个腹板及底板），上边界条件（顶板）影响箱梁温度场主要有大气和太阳两种因素，其影响远远超过腹板及底板边界条件。若从箱梁铺装材料的导热系数入手，用导热性差的新材料替换普通的铺装材料，则可以从材料上改善顶板边界条件，减小大气和太阳对箱梁温度场的影响，进而降低箱形桥梁日照温度效应、控制温度裂缝产生和发展。在中国，高速公路、一级公路上桥梁的沥青混凝土铺装层厚度一般不宜小于70mm，有许多工程将铺装层设计为双层等厚（上层SMA，下层普通混凝土）。本文研究从此出发，将桥面铺装下层（约5cm）用导热性差的新材料（炉渣、铁尾矿等）取代，以达到既保证沥青路面连续，又能降低日照温度效应的效果。

二、降低箱形桥梁日照温度效应技术手段的研究

1. 材料选取

在土木工程研究中，有许多关于隔热保温新材料的报导。不同的原材料，其导热系数不同，见表1。

材料导热系数[w/(m·K)]　表1

普通混凝土	聚苯乙烯泡沫塑料	炉　渣	铁　尾　矿	橡　胶	沥　青
2.10	0.035～0.047	0.29	0.2～0.38	0.10	0.70

聚苯乙烯泡沫塑料导热系数最小，但其抗压强度为0.14～6.36MPa，不适合应用在桥面铺装上；橡胶导热系数约为普通混凝土的5%，当橡胶掺量为7%时，混凝土强度减小最大幅度达20%，说明橡胶的弹性特点限制其在桥面铺装上的应用；铁尾矿和炉渣的导热系数介于橡胶和沥青之间，据报道以铁尾矿和炉渣研制小型空心砌块，抗压强度达15MPa，抗折强度3.0MPa，说明铁尾矿和炉渣强度较好，具有隔热保温特性，因此选取铁尾矿和炉渣为原材料，进行降低箱形桥梁日照温度效应技术手段的研究。

2. 试验方法

(1)试验用原材料及试件制作

原材料为P.o42.5水泥、齐大山采矿场铁尾矿、鞍山沥青拌和站炉渣及碎石。炉渣破碎筛分，粒径大于5mm为粗集料，反之为细集料。为提高混凝土强度，以矩形剪切型钢纤维为添加剂。遵循(JTJ 041—2000)《公路施工技术手册》、(JTG D60—2004)《公路桥涵设计通用规范》、(JG/T 3064—1999)《钢纤维混凝土技术规程》、(JGJ 51—90)《轻集料混凝土技术规程》、(SL 352—2006)《水工混凝土试验规程》制作抗压、抗折、劈裂抗拉的混凝土力学试件，制作隔热保温试件、线膨胀试件及抗渗试件。

(2)初步试验配合比确定

参照绝对体积法和原材料情况设计4组试验配合比，水灰比取0.4，砂率取0.3，试验配合比设计见表2。

初步试验配合比设计(kg/m³)　表2

类　别	原　材　料							
	水	水　泥	碎　石	粗集料炉渣	细集料炉渣	石　屑	铁　尾　矿	钢　纤　维
1号	190	472	1194	0	0	512	0	0
2号	195	488	0	798	171	0	171	0
3号	195	488	0	798	171	0	171	16.3
4号	190	472	1109	0	238	0	238	20.6

进行混凝土试件力学试验，结果见表3。在(JTG D60—2004)《公路桥涵设计通用规范》规定水泥混凝土铺装强度等级在C40以上。从表3得，碎石作为粗集料，细集料炉渣、铁尾矿作为砂料、钢纤维作为添加剂，即4号试件，混凝土力学性能符合桥面铺装的强度要求。

初步试验配合比力学性能试验结果 表3

类 别	表观密度(kg/m³)	28d抗压强度(MPa)	28d抗折强度(MPa)	28d劈裂强度(MPa)
1号	2400	40.5	5.72	2.13
2号	1770	30.1	3.44	1.27
3号	1840	32.5	2.81	1.55
4号	2330	46.6	4.71	2.52

进行线膨胀系数及抗渗试验,结果见表4。数据表明,满足力学性能要求的4号试件混凝土线膨胀性能较好,抗渗性一般,基本满足桥面铺装要求。

线膨胀系数及抗渗试验结果 表4

类 别	线膨胀系数(10^{-6}/℃)	吸水率(%)	类 别	线膨胀系数(10^{-6}/℃)	吸水率(%)
1号	9.9	3.3	3号	13.5	8.6
2号	12.3	6.3	4号	8.9	5.3

(3)配合比调整

在初步配合比试验中,4号试件制作出的混凝土性能最好。因此配合比调整以4号试件为基础进行。分析钢纤维掺量按20.6kg/m³(1%)、39.8kg/m³(2%)、59.0kg/m³(3%)变化,砂率按0.32、0.41、0.50变化,碎石粒径由小到大变化,三者对混凝土性能的影响。

进行混凝土试件强度、弹性模量测定,试验结果见图2、图3。数据表明:钢纤维掺量39.8kg/m³(2%),砂率0.41,碎石粒径16～26.5mm,混凝土抗压强度最佳,混凝土弹性模量最小,柔度最好。因初步配合比中4号试件性能满足使用要求,但增加钢纤维掺量,提高混凝土导热性,所以最佳配合比选用初步试验配合比中的4号试件。

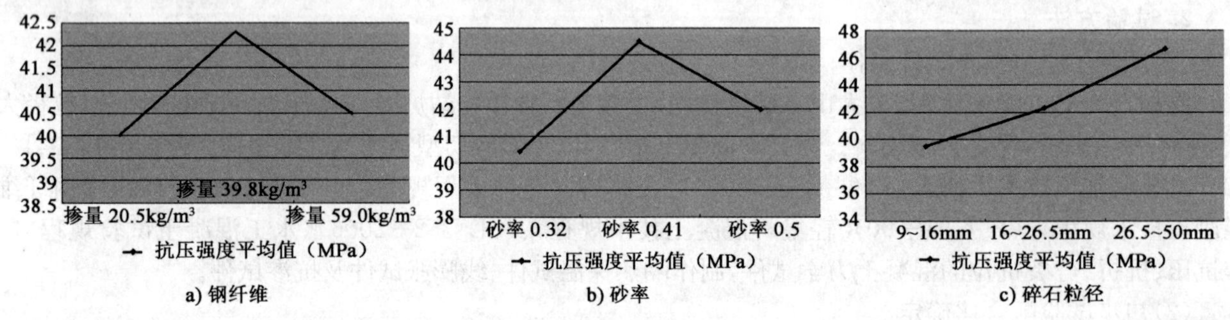

图2 混凝土抗压强度变化图

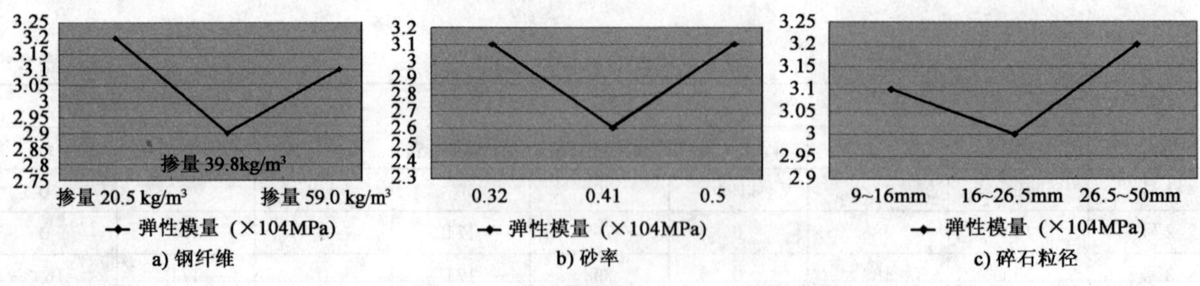

图3 混凝土弹性模量变化图

(4)隔热保温对比试验研究

以初步试验配合比试件为基础,在标准试验条件下,进行隔热保温试验,结果见图4、图5。数据说明,4号试件的导热系数约为1.6w/(m·K)以下,隔热保温性能要好于普通混凝土。

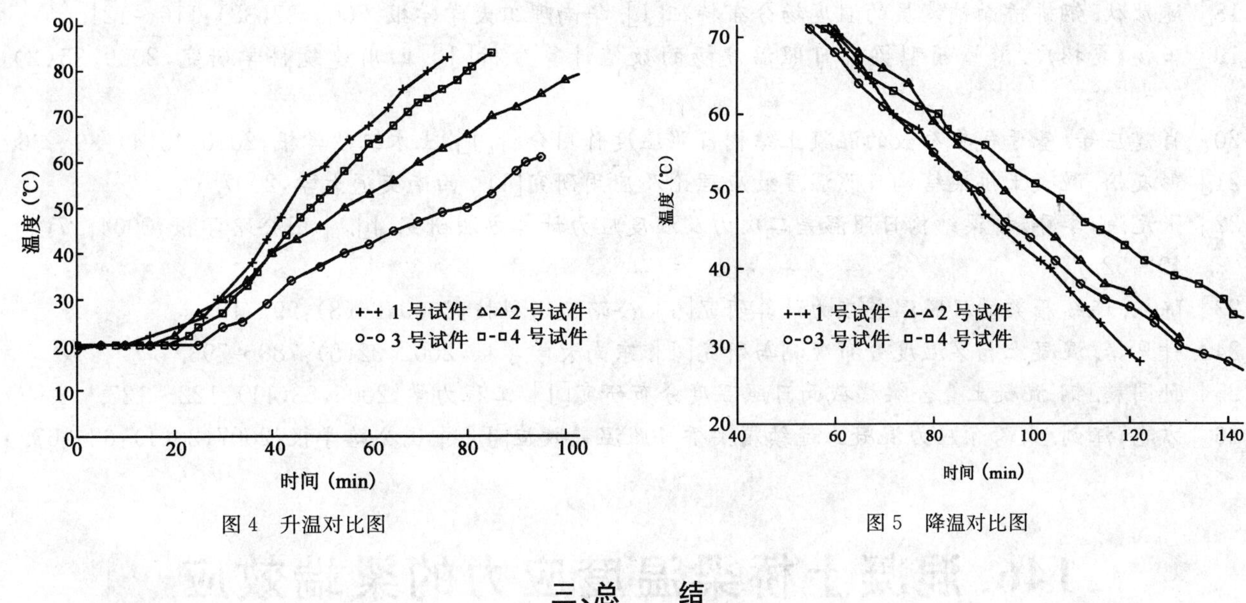

图 4 升温对比图　　　　图 5 降温对比图

三、总　结

本文在总结、分析和汲取既有研究成果的基础上，对箱形桥梁结构的日照温度效应计算理论和方法进行了较为深入的研究。通过试验证明，利用铁尾矿和炉渣（铁尾矿 11.5%，细集料炉渣 11.5%，砂率 30%，水灰比 0.4，钢纤维 1%）配制桥面铺装混凝土，能够降低箱形桥梁日照温度效应，其温度梯度曲线可以改变，见图 6。至于其他控制指标，还需通过实际应用得到验证。

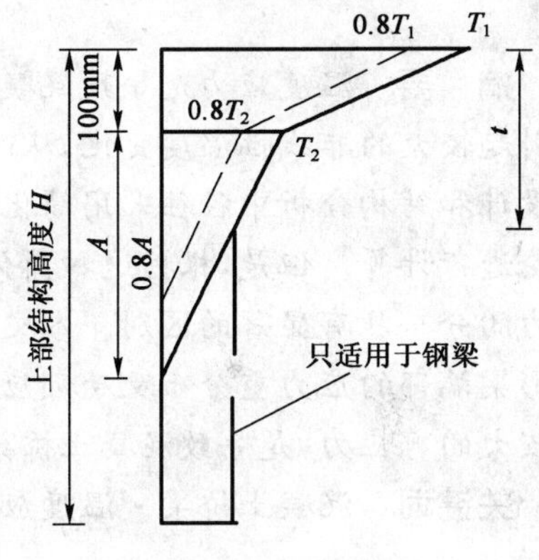

图 6 竖向温度梯度(℃)

参考文献

[1] 范立础. 桥梁工程[M]. 北京：人民交通出版社. 2001.

[2] 王毅. 预应力混凝土连续箱梁温度作用的观测与分析研究[D]. 南京：东南大学桥梁与隧道工程专业，2006.

[3] 康为江. 钢筋混凝土箱梁日照温度效应研究[D]. 长沙：湖南大学结构工程专业，1997.

[4] 李立寒. 道路建筑材料[M]. 北京：人民交通出版社. 2006.

[5] 中华人民共和国交通部.（JTG D60—2004）公路桥涵设计通用规范[S]. 2004.

[6] 中华人民共和国交通部.（JTG B01—2003）公路工程技术标准[S]. 2004.

[7] 闫满志，白丽梅，张云鹏. 我国铁尾矿综合利用现状问题及对策[J]. 矿业快报. 2008，7(471)：9～54.

[8] 中华人民共和国建设部.（JG/T 3064—1999）钢纤维混凝土技术规程[S]. 1999，6.

[9] 张锋. 钢箱梁桥面铺装钢纤维轻集料混凝土的研究[J]. 混凝土. 2005，11(193)：46～49.

[10] 中华人民共和国建设部.（JGJ 51—90）轻集料混凝土技术规程[S]. 1990.

[11] 中华人民共和国交通部.（JTJ 041—2000）桥涵施工技术规范[S]. 2000.

[12] 中华人民共和国水利部.（SL 352—2006）水工混凝土试验规程[S]. 2006.

[13] 张忠球，钱书琨，谢朝学. 利用废泡沫塑料、炉渣研制轻质保温隔热建筑材料[J]. 中国建材科技. 2005，14(2)：13～17.

[14] 谢朝学. 用铁尾矿和炉渣研制小型空心砌块[J]. 昆明理工大学学报，2007，6(3)：21～23.

[15] 王应灿. 铁尾矿制备轻质隔热保温建筑材料的研究[J]. 金属矿山，2007，5(371)：75～77.

[16] 施惠生，娄旻邦. 利用煤渣替代砂研制混凝土小型空心砌块[J]. 新型建筑材料，2005，1(115)：9～11.

[17] 药维东. 煤矸石炉渣在普通混凝土中的应用研究[J]. 工业建筑，2009，S1(39)：975～977.

[18] 逯彦秋.钢桥桥面铺装层的温度场分布特征[J].华南理工大学学报,2009,37(38):116~121.
[19] 田杨,夏招广.薄壁箱型梁桥日照温度场的数值计算分析[J].四川建筑科学研究,2009,35(2):67~70.
[20] 肖建庄等.基于气象参数的混凝土结构日照温度作用分析[J].土木工程学报,2010,43(4):30~36.
[21] 彭友松.混凝土桥梁结构日照温度效应理论及应用研究[D].西南交通大学,2007.
[22] 张元海,李乔.桥梁结构日照温差二次力及温度应力计算方法研究[J].中国公路学报,2004,17(1):49~52.
[23] 陈权.连续箱梁的日照温差应力计算研究[J].公路交通科技,2009,26(8):99~104.
[24] 叶见曙.混凝土箱梁温度分布观测与研究[J].东南大学学报,2002,32(5):788~793.
[25] 孙国晨.钢-混凝土叠合梁横截面日照温度分布研究[J].工程力学,2006,23(11):122~127.
[26] 方志,汪剑.大跨预应力混凝土连续箱梁桥日照温差效应[J].中国公路学报,2007,20(1):62~67.

146. 混凝土桥梁温度应力的梁端效应

彭友松　蒋自强　刘　泉　漆小军
(四川省交通运输厅交通勘察设计研究院)

摘　要　温度应力是导致混凝土桥梁开裂的重要原因之一。太阳辐射、气温变化等会在混凝土桥梁中引起较大的非线性温度变化,从而产生较大的温度应力,甚至可以超过恒载和活载产生的应力。在桥梁设计和结构分析中往往采用简化方法计算温度应力,通常是将其模拟为等截面梁,并采用初等梁弯曲理论进行计算。但是,根据这种简化方法所得的结果只在离梁端足够远的区域比较可靠,在梁端部,温度应力的分布具有显著的区别。本文对混凝土箱形梁温度应力的端部效应进行了研究,用有限元方法,对箱形梁端部的应力重分布及局部应力进行了分析。分析结果表明,在靠近梁端区域,顶板、腹板交界处存在较大的剪应力,是导致混凝土桥梁端部斜裂缝的重要因素。

关键词　混凝土桥梁　温度应力　端部效应　温度裂缝

一、引　言

温度是影响公路混凝土桥梁结构行为和运营性能的重要因素之一。太阳辐射、气温变化等环境气象因素会在混凝土桥梁中产生较大的非线性温度梯度,从而产生较大的温度应力。在混凝土桥梁中由温度变化引起的应力大小可以达到恒载和活载应力的大小,这一点已成为共识。由于梯度温差而引起的过高拉应力往往导致混凝土开裂,特别是在混凝土箱形梁中,往往会出现过高的温度拉应力,也更容易引起混凝土开裂。

混凝土桥梁的温度应力问题越来越受到更多学者和桥梁设计施工者的广泛关注,进行了大量的室内试验、现场试验和研究工作,以确定梯度温差的模式和大小。美国AASHTO的荷载和抗力系数法桥梁设计规范[1]明确规定必须考虑梯度温差的影响,并基于美国交通研究院(TRB)的国家公路联合研究计划276号研究报告"混凝土桥梁上部结构温度效应",提出了梯度温差的取值标准。在我国,公路混凝土桥梁设计规范也对梯度温差问题进行了相似的规定[2]。尽管如此,在温度应力分析方法方面所做的工作相对来说却要少得多,虽然很多国家的设计规范都规定应考虑温度效应,但是多数情况都没有给出如何进行温度效应计算的具体方法和指南,这也说明在混凝土结构中,进行全面的温度应力计算是十分复杂的。

混凝土桥梁中梯度温差引起的温度应力可以分为两类,分别为温度自应力和温度次应力。由于温度梯度的非线性特点,即使是静定结构中也会产生自平衡的温度自应力。在工程实践中,温度自应力的计算往往是将结构模拟为等截面梁，按初等梁弯曲理论进行计算，我国现行公路桥涵设计规范[3]中给出的也是这种简化计算方法。从理论上来分析，这种方法只有对离梁端足够远的截面其计算结果才比较合理。由圣维南(SaintVenant)原理可知，在靠近梁端的区域温度应力的分布会有明显的不同，不再与按梁弯曲理论计算的结果相符。第二类温度应力即温度次应力只有在超静定结构中才会产生。例如，在连续梁中，正梯度温差会使其产生向上凸起的趋势，但由于这种向上位移受到支座约束，从而在梁体中产生附加弯矩，同时引起支座反力重分布。附加弯矩问题已引起了较多的重视。附加弯矩往往较大，因此在预应力混凝土桥梁的设计中需要为此增加预应力，以满足规范对于防止出现混凝土拉应力和裂缝的要求。支座反力重分布会导致端支座反力的增加，由此引起的剪应力与恒载和车辆活载引起的剪应力叠加，会使桥梁上部结构在靠近支座处的腹板中引起剪应力的增加。然而，这种支座反力的重分布问题较少受到重视，在混凝土桥梁端部细部构造设计中也很少对由此引起的剪应力增加予以考虑。

本文对混凝土桥梁端部的温度应力分布问题进行了研究和探讨，以35m跨径预应力混凝土等截面连续小箱梁为实例，用通用有限元软件ANSYS建立三维有限元模型，对梁端温度应力进行了分析，并与按初等梁弯曲理论计算所得结果进行了比较，阐述了两者间的区别。分析结果表明，温度梯度对混凝土桥梁靠近梁端的腹板斜裂和损伤有较大的影响。

二、梁端温度自应力

计算时只考虑竖向温度梯度作用，可以只取单片箱梁进行分析。图1a)所示为等截面混凝土箱形梁的横截面，图1b)所示为按现行公路桥梁设计规范[2]所取的横截面上的非线性竖向梯度温差模式。在进行温度自应力计算时，按静定结构考虑，不考虑支座约束。在静定结构中，尽管温度梯度不会产生次内力，但由于其非线性特性，仍然会在结构内部产生非线性温度应力。因为这种温度应力在任何截面内的合力和弯矩都为零，自相平衡，所以叫温度自应力，见图1c)。温度自应力往往都采用初等梁弯曲理论进行计算。这种简单计算方法以如下两个假设为条件[4,5]：

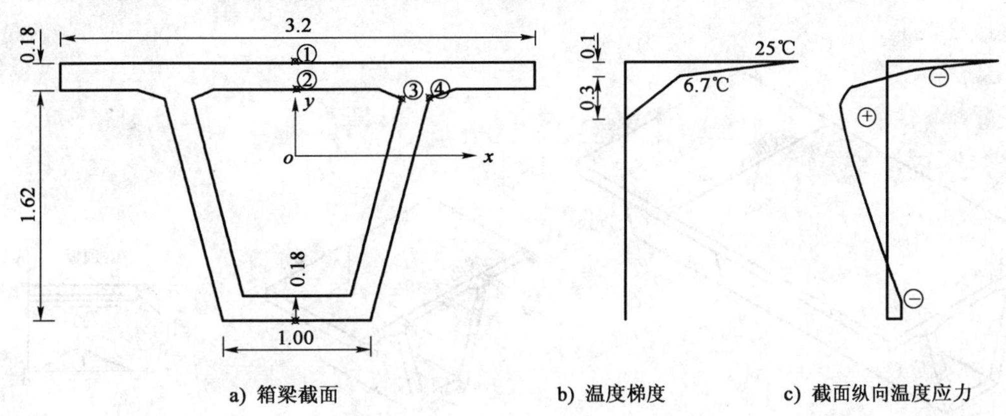

图1　混凝土箱梁的温度作用(尺寸单位：m)

(1)在受非线性梯度温差作用后平截面假定依然成立。

(2)纵向温度应力分量可以单独计算，不必考虑应力分量间的耦合。

这样，纵向温度应力可以按下面的公式计算：

$$\sigma_z = -E\alpha T + \frac{N_T}{A} + \frac{M_{Tx}}{I_x} y \tag{1}$$

式中：E——弹性模量；

α——线膨胀系数；

A——横截面面积；

I_x——绕 x 轴的惯性矩；

N_T、M_{Tx}——温度梯度在横截面 S 上的下列积分：

$$N_{\mathrm{T}} = E\alpha \iint_S T \mathrm{d}x\mathrm{d}y \tag{2}$$

$$M_{\mathrm{Tx}} = E\alpha \iint_S T y \mathrm{d}x\mathrm{d}y \tag{3}$$

式(1)就是传统的纵向温度应力计算公式。但是，如果基于弹性理论进行分析，进一步考虑泊松效应，即纵向和横向温度应力间的相互耦合，则按式(1)计算的结果有所偏低，应作如下修正[6]：

$$\sigma_z = -E\alpha T + \frac{N_{\mathrm{T}}}{A} + \frac{M_{\mathrm{Tx}}}{I_x} y + \nu(\sigma_x + \sigma_y) \tag{4}$$

式中：ν——泊松比；

σ_x、σ_y——横向正应力。

式(4)对于温度梯度沿梁的纵向不变的等截面梁，在离梁端足够远的截面是准确的，且按此计算的结果与用精确的三维有限元方法计算结果吻合良好；对截面变化缓慢的混凝土梁，其计算结果的近似程度也很好；当取 $v=0.2$ 时，由式(4)所得的应力计算结果比按式(1)计算要高25%左右。

然而，式(4)仅对离梁端足够远的截面是准确的，对于靠近梁两端的截面来说，温度应力的分布会有明显的不同。这种应力重分布的现象可以通过图2来说明。图2b)所示为在箱梁截面 A 与梁端截面间的一段梁端，其中截面 A 靠近梁端而且离梁端的距离满足按式(4)计算的结果具有足够的精度的条件。如所知，图2b)所示的隔离体满足受力平衡条件，因为作用在截面 A 上的由式(4)所计算的纵向正应力的合力和合力矩都是零。但是，注意到梁端面上不存在任何形式的应力，如果以一水平面于顶板与腹板交界处再将这一隔离体切分成两个部分，且单独考虑上面部分的平衡，就会发现在切面上必须有剪应力及正应力存在，才能保持其平衡状态。图2c)为切口上剪应力的示意图，这就是靠近梁端部分的应力重分布，这种现象在离梁端更远的部位是不存在的。因为如果在靠近梁的中部截取一个梁段，则两端截面的温度应力分布是一致的，就不会存在如图2c)所示的应力重分布现象。根据剪应力互等定理可知，图2c)所示的顶板下切面纵向剪应力在靠近截面 A 和梁端截面的位置都变为零，因为在这两个截面均不存在剪应力。

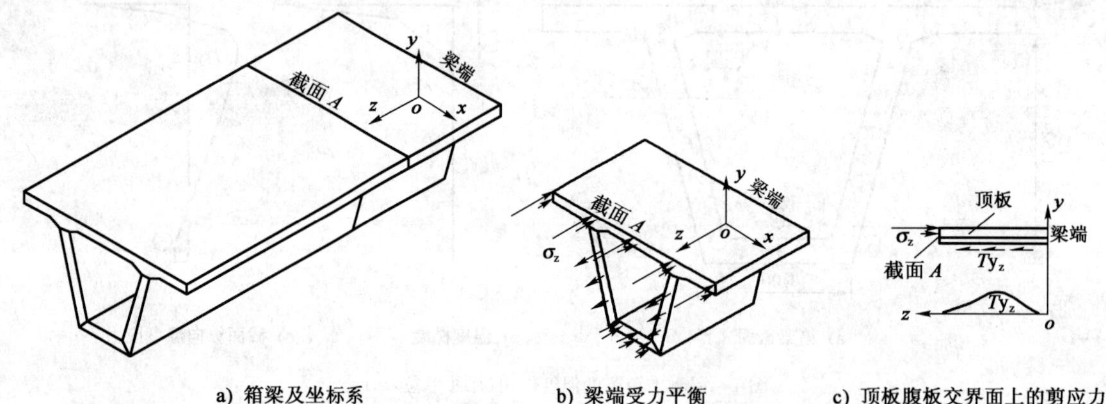

图2　箱梁端部的温度应力重分布

这种应力重分布现象过于复杂，难以直接计算，所以利用有限元建模对梁端的温度应力分布和变化进行分析。图3a)所示为在图1b)所示的梯度温差作用下，箱形梁端部剪应力 τ_{yz} 的分布云图，从中可见，最大剪应力发生在箱梁顶板与腹板交界处，剪应力 τ_{yz} 的最大值为0.96MPa。这种大小的剪应力是不可忽视的，对箱梁腹板开裂具有较大的影响，这个位置的剪应力会导致腹板斜裂缝向上延伸至腹板与顶板的交界处。

图3b)所绘为梁端部不同截面不同位置应力分量沿梁轴线的变化情况，计算点编号见图1a)。其变化曲线明确显示了梁端部的温度应力重分布现象，轴向正应力如 σ_{z1}、σ_{z2} 和 σ_{z3} 沿梁轴线几乎是常量，直至靠近梁端的位置突然降为零；值得注意的是顶板下缘的横向拉应力 σ_{x2} 在梁端增加了50%，可能导致梁端

更容易出现纵向裂缝。

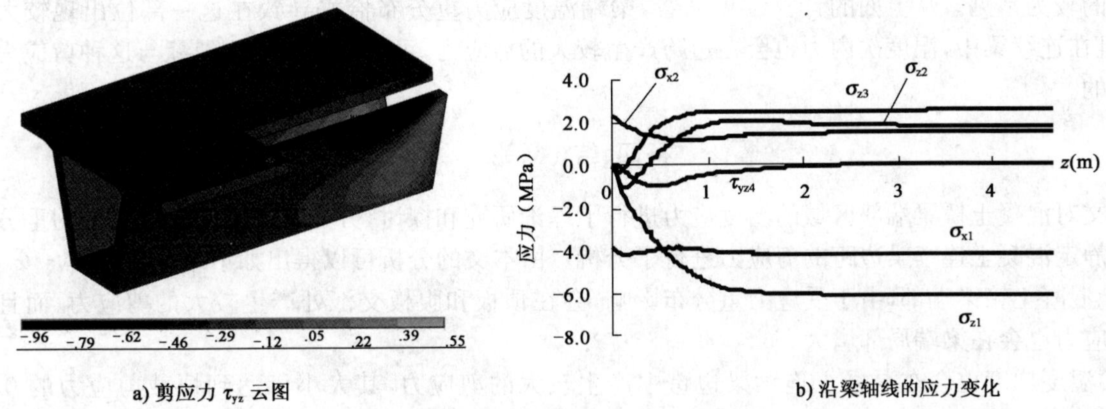

图 3 梁端温度应力有限元分析结果

三、梁端的温度次内力引起的剪应力

对于混凝土连续箱梁，不论是线性的还是非线性的梯度温差都会产生超静定反力和内力，由这种内力和反力所产生的应力即为温度次应力。在温度梯度的作用下，混凝土连续梁会产生一种向上拱起并脱离中间支座的趋势，但是由于重力的反向作用，梁体实际上不会离开支座，因此，中间支座的反力会减小而边支座的反力会相应增加，边支座反力增加会导致边跨剪应力的增加。下面以截面形式如图 1a)的 3×35m 混凝土连续箱梁为例，对温度次应力进行分析。

进行超静定结构的温度次内力和次应力计算时，可将非线性温度梯度 $T(x,y)$ 用如下等效线性温度梯度代替

$$T'(x,y)=\frac{\iint_S T\mathrm{d}x\mathrm{d}y}{A}+\frac{\iint_S yT\mathrm{d}x\mathrm{d}y}{I_x}y \tag{5}$$

而在等效线性温度梯度作用下，温度次应力可以容易地用简单的结构力学方法进行计算。

现将温度次内力引起的梁端剪应力与恒载引起的剪应力进行比较。恒载作用下的截面中性轴处剪应力沿桥轴线的变化如图 4b)所示，在梯度温差作用下的剪应力沿桥轴线的变化如图 4c)所示，而两者的叠加则如图 4d)所示。从计算结果可知，边跨中由梯度温差产生的剪应力已超过由恒载产生的剪应力的 0.5 倍。

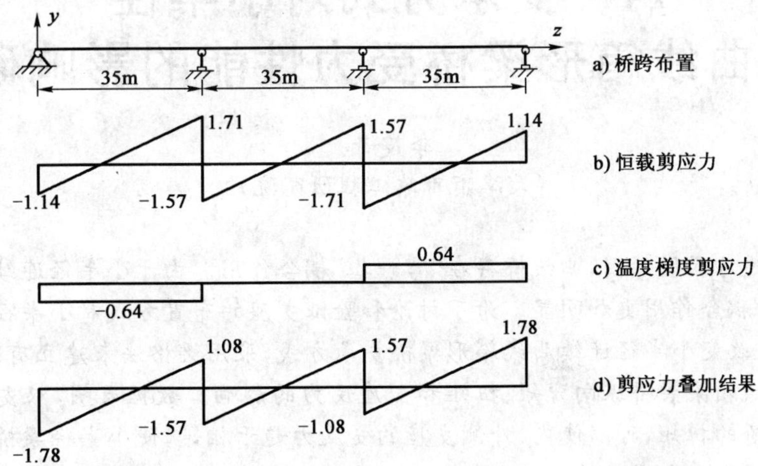

图 4 连续箱梁中温度作用剪应力（单位：MPa）

在已建混凝土桥梁中,梁端附近斜裂缝是常见的一种典型病害,这种斜裂缝往往以发生在顶板腹板交界处的较为常见。从上面的计算结果来看,梁端温度应力重分布恰好导致在这一部位出现较大剪应力,而且在连续梁中,温度次内力也会在边跨产生较大的剪应力,可以认为梁端斜裂缝与这种剪应力是密切相关的。

四、结　　论

本文对混凝土桥梁端部区域的温度应力进行了理论研究和探讨,分别对梁端温度自应力的重分布问题和超静定混凝土连续梁边跨的剪应力进行了分析。由本文的分析可以得出如下结论:

(1)混凝土箱梁端部,由于受应力重分布影响,会在顶板和腹板交汇处产生较大的剪应力,而且顶板横向正应力也会在梁端局部增大。

(2)温度梯度也会在混凝土连续梁边跨中产生较大的剪应力,其大小可达到恒载剪应力的0.5倍以上。

由于边跨梁端至$1/4L$截面范围是腹板斜裂缝的常发部位,因此可以认为上述两种情况的剪应力是导致混凝土梁靠近支座附近出现腹板斜裂缝的重要原因,在混凝土桥梁设计中应予以充分考虑,以防止或减少开裂。

参考文献

[1] AASHTO LRFD Bridge Design Specifications, SI Units, Second Edition, 1998. American Association of State Highway and Transportation Officials.

[2] 中华人民共和国交通部.(JTG D60—2004)公路桥涵设计通用规范[S].北京:2004.

[3] 中华人民共和国交通部.(JTG D62—2004)公路钢筋混凝土和预应力混凝土桥涵设计规范[S].北京:2004.

[4] Priestley, M. N. Design of concrete bridges for temperature gradients[J]. Journal of American Concrete Institute ,1978, 75(5): 209-217.

[5] Elbadry M. M, Ghali A. Temperature variations in concrete bridges. Journal of the Structural Engineering, ASCE, 1983 109(10): 2355-2374.

[6] 彭友松,强士中.混凝土桥梁温度自应力计算方法探讨[J].西南交通大学学报,2006,41(4),452-455.

147.支承方式对小半径连续曲线箱形梁桥受力性能的影响研究

李茂奇
(天津市市政工程研究院)

摘　要　由于构造方面的原因,曲线桥存在"弯—扭"耦合作用。由于小半径连续曲线箱形梁桥曲率半径较小,其"弯—扭"耦合作用更加明显。为了讨论和验证支座的布置方式对小半径连续曲线箱形梁桥受力的影响,本文通过改变小半径连续曲线箱形梁桥支承方式,采用梁格法来建立有限元模型,分析支承方式对小半径连续曲线箱梁梁桥纵向弯矩、扭矩和支座反力的影响。数据表明,双支座可以有效减小小半径连续曲线箱形梁桥的扭矩,可以使内、外侧支座的支反力趋于相等,使小半径梁桥受力更加合理。但是对纵向弯矩的影响较小。本文的结论对今后小半径连续曲线箱形梁桥的设计工作有一定的指导意义。

关键词　小半径　梁格法"弯—扭"耦合　支承方式　受力性能

一、前 言

随着我国交通运输业蓬勃兴起，曲线桥[1][2]因布置灵活、受场地限制较小等特点得到了广泛的应用，已经成为高速公路、立交桥梁和高架桥梁中的一种不可或缺的重要桥型。这些立交桥和高架桥不仅缓解了所在城市的交通，而且还增添了所在城市的环境美观，成为一道亮丽的风景线，满足安全美、功能美、结构美、经济美、视觉美、环境美的要求。高等级公路在路线线形方面要求越来越高，在公路建设中，除特大桥梁外，一般要求桥梁的平面布置服从公路线形，在进行平、纵、断面三方面综合设计时，应做到平面流畅、纵坡均衡、横断面合理。由于受地形、地物和占地面积的影响，在城市中曲线桥多为小半径的曲线梁桥，行车速度小的特殊桥梁平曲线半径可达到25m[3]。通常认为当曲线桥的半径$r<100$m时，就被称为小半径曲线桥。在曲线梁桥下部结构设计时，为减少占用土地、改善下部结构布局、增加视野和桥形美观，其下部墩柱往往采用独柱支承方式，这种形式的曲线梁桥受力状态较为复杂，支承方式的选择对小半径连续曲线箱形梁桥的受力影响较大[4][5]。本文以不同的支承方式对小半径曲线桥纵向弯矩、扭矩和竖向剪力的影响为研究对象，做了一些研究，得出了一些有益的结论。

二、工 程 概 况

绥芬河市通天路新建连续箱形小半径曲线桥是绥芬河市疏散老城区与互市贸易区交通压力的一项重要市政建设工程，也是配合北海公园开发建设的景观需要，是绥芬河市城市规划的重要组成部分。该桥设在一圆曲线上，曲线半径$R=75$m。单孔跨径为25m，孔跨布置为4×25m+3×25m+3×25m，共三联十跨，桥长250m。主梁截面形式采用高1.8m的鱼腹式普通钢筋混凝土连续箱梁，为单箱五室，主梁截面形式如图1所示。桥墩形式为独柱式桥墩，桥墩截面为底部两圆相交，向上横向呈酒杯状扩展。桥面宽度：12m+2×0.5m防撞墙。设计荷载：汽车：城—A级，人群：4kN/m²。桥梁平布置图如图2所示，桥梁支撑情况如图3所示。

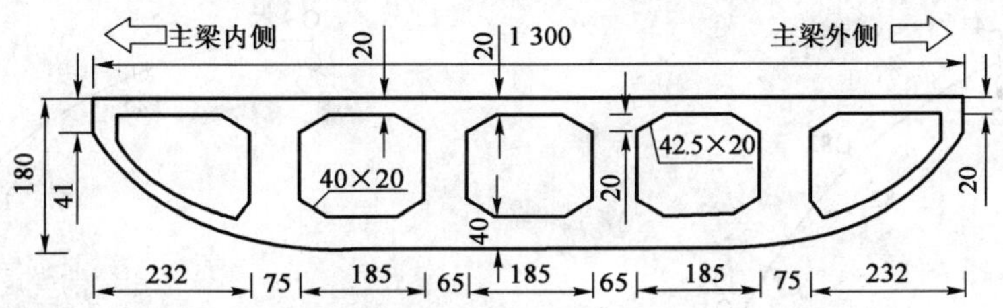

图1 鱼腹梁截面形式(尺寸单位：cm)

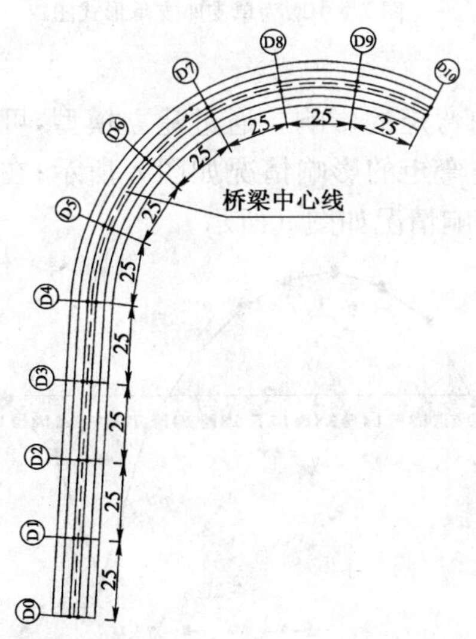

图2 桥梁平面布置图(尺寸单位：m)

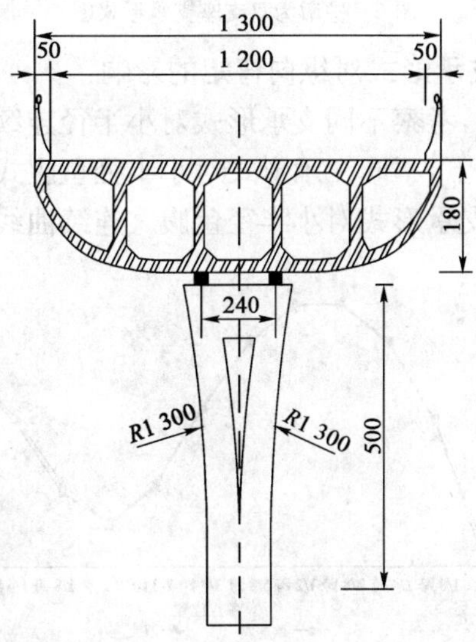

图3 桥梁支撑情况图(尺寸单位：cm)

三、建 模 分 析

该曲线桥受力由主梁、支座、墩柱和基础组成，其中支座为盆式橡胶支座。结构中各部分组成了一个复杂的空间体系，因此，理论分析时采用有限元法进行计算。取第 8、9、10 三跨为研究对象，采用桥梁博士 3.0 计算软件，空间梁格法[6][7]建立有限元模型进行计算分析。为了做到计算模型和实际桥梁受力相似，将全桥进行细化，全桥共划分为 378 个单元。其中，划分 300 个纵梁单元，单元长度为 1m，78 个横梁单元，其中边横梁长度为 2.5m，中横梁长度为 2.6m。根据工程实例桥具体情况，具体梁格划分如图 4 所示，小半径曲线桥有限元模型如图 5 所示。

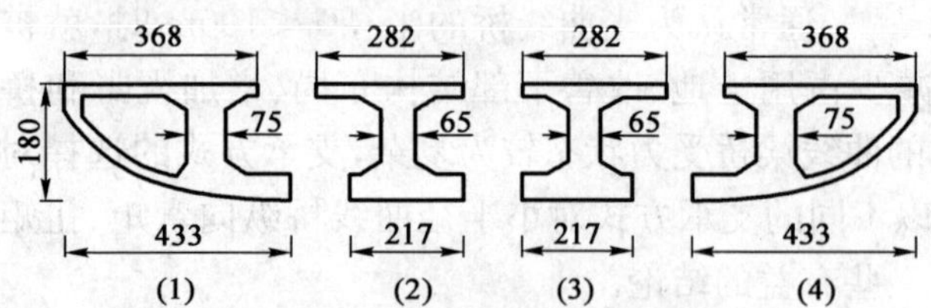

图 4　鱼腹梁梁格图(尺寸单位：cm)

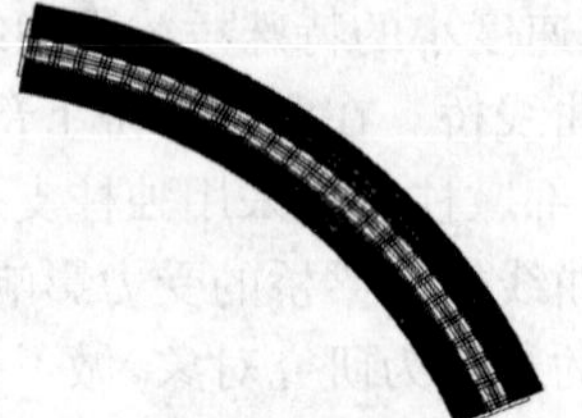

图 5　小半径曲线桥桥梁模型图

四、不同支承方式对小半径连续曲线箱形梁桥受力性能的影响

采用两种支承方式：支承模式一，一联中所有桥墩均采用双支座，如图 6 所示；支承模式二，一联中边跨桥墩采用双支座，中墩采用单支座，如图 7 所示。现在考察这两种支承形式对小半径连续曲线箱形梁桥受力性能的影响。分别考察汽车荷载和恒载作用下的影响，汽车荷载模拟城－A 级。以边肋为例考察不同支承形式对受力的影响，分别取端支点处、1/8 跨、1/4 跨、3/8 跨、1/2 跨、5/8 跨、7/8 跨、边支点、1/8 跨、1/4 跨、3/8 跨、1/2 跨等几个位置作为测点。

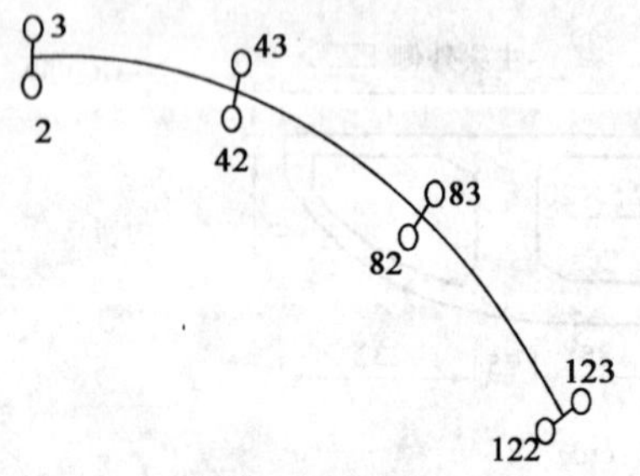

图 6　中墩为双支座支承形式图

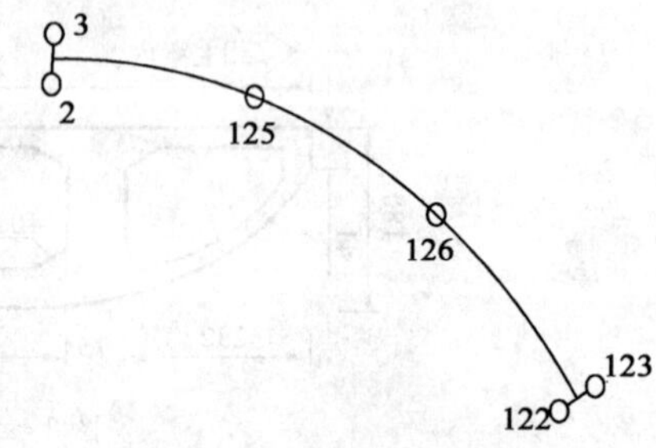

图 7　中墩为单支座支承形式图

1. 支承形式对纵向弯矩的影响

首先，考察不同支承形式对小半径连续曲线箱形梁桥纵向弯矩的影响。通过建立模型，可得在汽车荷载作用下，不同支承形式对小半径鱼腹式连续曲线梁桥纵向弯矩的影响情况如图 8 所示；在恒载作用下，不同支承形式对小半径鱼腹式连续曲线梁桥纵向弯矩的影响情况如图 9 所示。

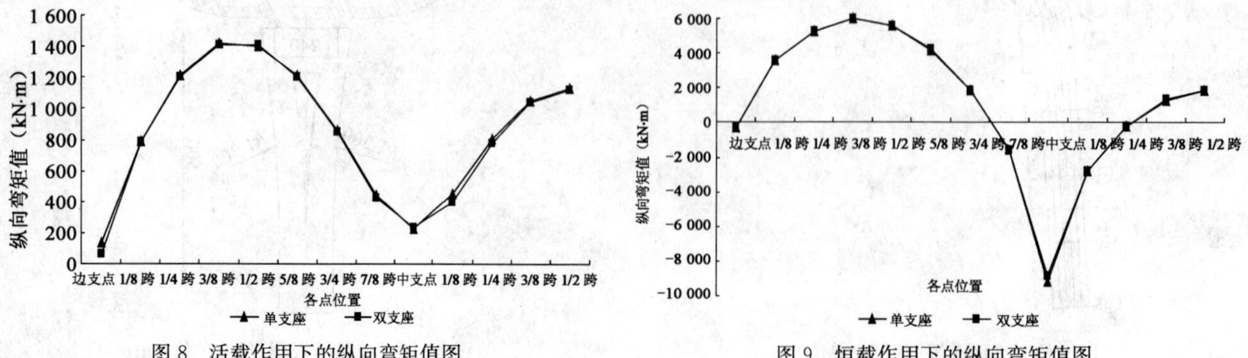

图 8　活载作用下的纵向弯矩值图　　　　图 9　恒载作用下的纵向弯矩值图

由图 8 可知：在汽车荷载作用下，边支点处的弯矩值变化较大，采用单支座时的纵向弯矩值是采用双支座时弯矩值的 2.0 倍；除边支点处纵向弯矩值变化较大以外，中间独柱墩采用双支座和采用单支座对其他各点纵向弯矩值的影响非常小，差值均在 5%以内。

由图 9 可知：在恒载作用下，中间独柱墩采用双支座和采用单支座对其他各点纵向弯矩值的影响非常小，变化值均在 5%以内。

所以，中间独柱墩采用双支座还是采用单支座对小半径连续曲线箱形梁桥纵向弯矩值的影响较小。

2. 支承形式对扭矩的影响

然后，考察不同支承形式对小半径连续曲线箱形梁桥扭矩的影响。在汽车荷载作用下，不同支承形式对小半径鱼腹式连续曲线梁桥扭的影响情况如图 10 所示；在恒载作用下，不同支承形式对小半径鱼腹式连续曲线梁桥扭矩的影响情况如图 11 所示。

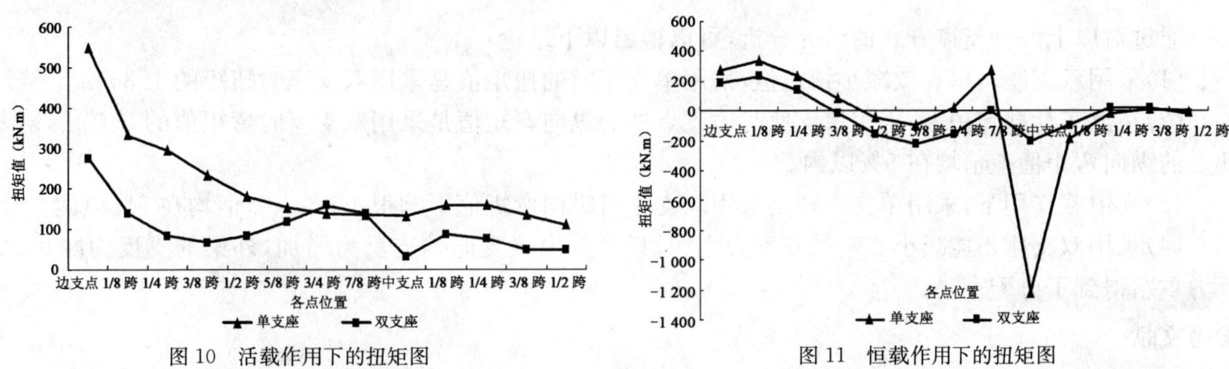

图 10 活载作用下的扭矩图　　图 11 恒载作用下的扭矩图

由图 10 可知，在汽车荷载作用下，除中支点处采用双支座时的扭矩值小于采用单支座时的扭矩值外，其他各点采用单支座时的扭矩值明显大于采用双支座时的扭矩值，单支座时的扭矩值是双支座时扭矩的 1.3～2.7 倍，这是由于采用双支座时，双支座可以大大减小小半径连续曲线箱形梁桥的“弯—扭”耦合作用。在 3/4 边跨和 7/8 边跨处，采用双支座时的扭矩值大于采用单支座时的扭矩值，这是由于双支座的约束作用，扭矩值不能通过支座向桥墩传递，而是向主梁的两端传递，使得扭矩值发生了一个偏位。

由图 11 可知，在恒载作用下，边跨各点采用单支座时的扭矩值明显大于采用双支座时的扭矩值，但是中支点处的扭矩值有一个突变。这是由于采用单支座时，因为小半径连续曲线箱形梁桥存在明显的“弯—扭”耦合作用，使得外梁出现超载现象，扭矩变化明显。

所以，采用双支座可以大大减小小半径连续曲线箱形梁桥的“弯—扭”耦合作用，使其受力均衡，变化平缓，有效避免出现过大的扭矩值。

3. 支承形式对支座受力的影响

最后，考察不同支承形式对小半径连续曲线箱形梁桥支座受力性能的影响。不同支承情况下端部支座反力值见表 1。

不同支承时支座反力情况表(单位:kN)　　表 1

支点位置 \ 支承方式	图 6 所示支承模式	图 7 所示支承模式
2	1 280	1 540
3	4 090	3 830
42(125)	6 720	14 000
43	7 290	
82(126)	6 720	14 000
83	7 290	
122	1 280	1 540
123	4 090	3 830

由表1可知，单支承形式由单支座变成双支座时，外梁侧支座的支反力由4 090kN减小为3 830kN，减小了6.4%，内梁侧支座的支反力由1 280kN增加到1 540kN，增加了20.3%，但是内外支座的支反力和相等；采用双支座时，端支承处的内、外支座反力值之差小于采用单支座时端支承处内、外支座反力值之差。采用单支座时中墩支座的反力为14 000kN，小于采用双支座时内外支座反力之和为6 720+7 290=14 010kN，但是差距不大。通过以上数据可以看出，采用双支座并不能减小支座反力，只是将外侧支座的支反力减小，内侧支座的支反力增加，使得内、外支座的受力相差越来越小，避免出现过大的外梁超载，内梁卸载现象，避免内侧支座出现拉应力。除了采用双支座可以减小内梁卸载，外梁超载现象外，还可以采用对单支座预设偏向的方式，使小半径鱼腹式连续箱形梁桥受力合理。

五、结　　论

通过对以上两种支撑方式的研究分析，可以得出以下结论：

(1)采用双支座可以有效减小扭矩值，采用单支座时的扭矩值是采用双支座时扭矩的1.3～2.7倍。

(2)在汽车荷载作用下，采用单支座时边支点处的纵向弯矩值是采用双支座时弯矩值的2.0倍，对其他点的纵向弯矩值差值均在5%以内。

(3)在恒载作用下，采用单支座还是采用双支座对纵向弯矩值影响很小，各点差值均在5%以内。

(4)采用双支座不能减小支座的支反力之和，只是使内梁支座的支反力增加，外梁的支反力减小，支反力重新得到了分配。

参考文献

[1] 范立础.桥梁工程[M].北京：人民交通出版社，2007.
[2] 高岛春生等著.斜梁桥[M].北京：中国建筑工业出版社，1978.
[3] 新建武汉站工程车站建筑施工图设计.中铁第四勘察设计院集团有限公司，2009(3).
[4] 孙全胜，李茂奇.小半径曲线桥抗扭性能静载试验研究[J].公路，2009，12：43-47.
[5] 刘德华，金伟良，刘斌，张玉香.独柱墩曲线梁桥中的支座分析[J].南京理工大学学报，2006.2：113-116.
[6] Edmund C. Halnby. Bridge Deck Behaviour，London，ChaPman an Hall Ltd，1976：1-89.
[7] 戴公连，李德健.桥梁结构空间分析设计方法与应用[M].北京：人民交通出版社，2001.

148. 预应力混凝土连续箱梁底板崩裂问题研究

俞　胜　陈德伟
（同济大学桥梁工程系）

摘　要　国内经常发生预应力混凝土箱梁底板张拉预应力后崩裂的情况，本文以常用尺寸的预应力混凝土连续箱梁为背景，运用ansys有限元软件进行施工仿真分析。然后用力学公式推导和实体有限元模型分析相结合的方式深入研究崩裂产生的原因，并提出防止类似问题发生的对策。

关键词　连续箱梁　底板崩裂　径向力　曲率　横向拉应力　竖向拉应力

一、前　　言

从近几年大跨预应力混凝土桥梁的发展现状可以看出，变高度连续梁已经成为应用非常普遍的桥型。在外荷载和恒载作用下，连续梁桥的中间支点处承受很大的负弯矩，采用变高度截面能很好地符合这样一个受力的规律[1]。此外，变高度连续梁的外观优美，能增加桥下净空。箱梁底板曲线一般采用抛物线或者圆曲线，而底板预应力钢束线形要与梁底线形基本保持一致。当预应力混凝土连续梁跨径比较大时，配置的跨中预应力钢束比较多，这样曲线筋会产生较大的径向力，如果在预应力管道没有固定、底板厚度的施工误差较大等情况下，这种径向力是底板崩裂的重要原因。

本文以某实际施工的桥梁为背景，进行三维有限元分析，并结合近期研究崩裂的新成果，深入分析崩裂破坏的原因并提出相应的处理措施，希望能给工程技术人员一些参考。

二、有限元模型的建立

首先，以实际施工的某桥为背景建立有限元三维模型，分析底板应力状态，为后面不同深底线形的梁底应力和管道偏差时的梁底应力分析提供参照和对比。

某桥为四跨预应力混凝土变截面连续箱梁，跨径组合为 70m＋120m＋120m＋70m，单箱顶宽 16.38m，底宽 8.28m，翼缘悬臂板宽 3.9m，根部梁高 7.5m，跨中梁高 3.5m，腹板变厚度 90～40cm，底板变厚度 75～30cm，崩裂区位于跨中 14.5m 的范围内。模型混凝土采用 solid95 模拟，预应力钢绞线采用 link10 模拟。由于桥梁在纵桥向和横桥向均有对称性，所以取跨中一侧 14.5m 范围内的一半箱梁建立有限元模型。模型采用映射网格划分，箱梁底板孔道挖空，然后填充混凝土管道单元，预应力筋用 link10 单元约束在混凝土管道中心，采用初应变法施加预应力。在箱梁的跨中和一半箱梁处施加对称约束，距跨中 14.5m 处施加横桥向和竖桥向约束，三维有限元模型如图 1，有限元模型计算参数参见表 1。

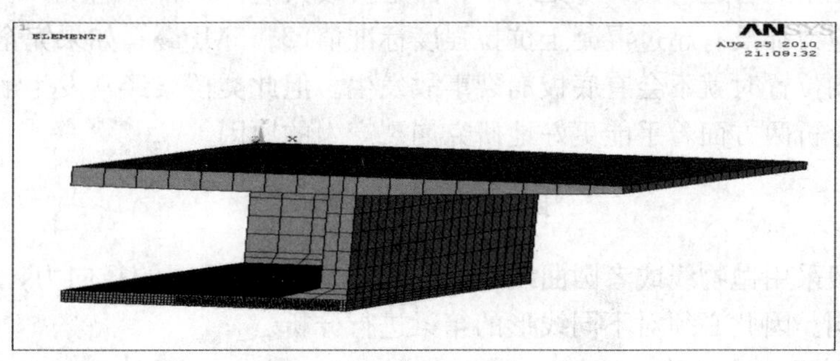

图 1　箱梁有限元模型

主要有限元分析模型的参数特性如下表 1。

模型主要参数　表 1

特性 / 材料	单 元 类 型	弹性模量 (Pa)	泊松比	密度 (kg/m^3)	热膨胀系数
混凝土	Solid95	3.55×10^{10}	0.2	2 600	
钢绞线	Link10	1.95×10^{11}	0.3	7 900	0.000 01

三、有限元模型的计算结果

有限元模型梁段包括悬臂施工的最后 12 号、13 号、14 号梁段和合龙段。总结有限元的计算结果可以得到底板混凝土应力状态分布规律。

1. 底板混凝土应力状态

提取模型底板应力结果，绘制表 2、表 3、表 4 分别表示合龙段、14 号段、13 号段应力状态。现约定压应力为负，拉应力为正。

合龙段应力应力状态　表 2

		最大压应力(MPa)	最大拉应力(MPa)	顺桥向应力(MPa)	竖向应力(MPa)	横桥向应力(MPa)
整个底板	数值	－16.9	4.42	－16.9～－5.97	－0.98～2.52	－1.46～1.04
	备注	底板下缘	底板倒角附近	压应力最大值在底板下缘	拉应力最大在靠近倒角的孔道内	拉应力最大在倒角处

14号段应力应力状态 表3

		最大压应力(MPa)	最大拉应力(MPa)	顺桥向应力(MPa)	竖向应力(MPa)	横桥向应力(MPa)
整个底板	数值	−16.1	1.39	−16.1～−12.4	−0.66～0.88	−0.78～1.19
	备注	底板下缘靠近中线处	底板倒角处	压应力最大值在底板下缘靠近中线处	拉应力最大在靠近倒角的孔道内	拉应力最大在倒角处

13号段应力应力状态 表4

		最大压应力(MPa)	最大拉应力(MPa)	顺桥向应力(MPa)	竖向应力(MPa)	横桥向应力(MPa)
整个底板	数值	−16.8	4.2	−16.8～10.8	−1.1～2.13	−1.46～1.6
	备注	底板下缘靠近中线处	底板倒角处	压应力最大值在底板下缘靠近中线处	拉应力最大在靠近倒角的孔道内	拉应力最大在倒角处

2. 有限元模型小结

表2、表3、表4反映了底板混凝土应力状态的总体情况，进行分析可以得到底板混凝土应力的一些规律：

纵向压应力最大值发生在桥梁中心线处。13号段到跨中合龙段最大纵向压应力−16.8～16.1MPa；横向应力最大值发生在倒角处，13号段到跨中合龙段最大横向拉应力1.04～1.6MPa；竖向应力最大值发生在靠近倒角的管道内，13号段到跨中合龙段最大竖向局部拉应力0.88～2.52MPa。局部横向拉应力和竖向拉应力都没有超过混凝土抗拉强度标准值(2.65MPa)。如果完全按照设计施工，也就是预应力管道在正确的位置时就不会有底板崩裂事故发生。但此类桥梁经常发生崩裂事故，所以从梁底线形分析和施工误差分析两方面着手能更好地研究崩裂产生的原因。

四、梁底线形分析

箱梁底板曲线一般采用抛物线或者圆曲线，不同的线形会产生不同的径向力，底板混凝土受力也不同。因此必须对不同线形的箱梁进行分析。

1. 不同线形梁底的径向力计算

在曲线预应力筋上取一小段力筋进行分析，如图2所示。若划分为微元时，径向力 $q(x)$ 近似相等，列出平衡方程：$2T\sin\theta = q(x)(\theta+\theta)R$，在很小的 θ 时，$\sin\theta = \theta$，有 $q(x) = T/R$。

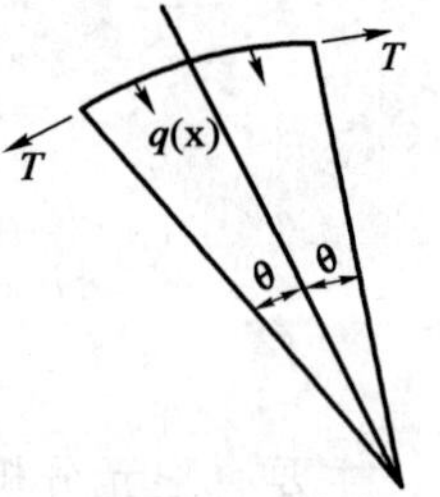

图2 曲线预应力束微段

以梁顶跨中为原点建立梁底曲线方程，具体见图3。

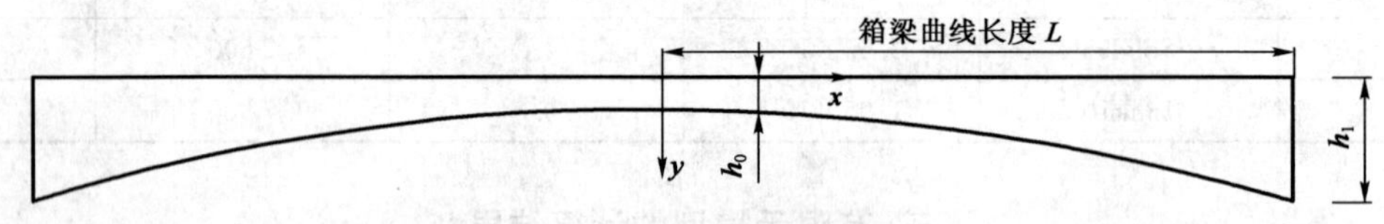

图3 箱梁纵桥向平面图

其中桥梁几何参数假设如下：跨中梁高为 h_0，根部梁高为 h_1，箱梁曲线长度 l，梁底是圆曲线时，半径为 R；梁底是抛物线时，幂次为 k。

梁底为圆曲线时，方程为： $y = R - \sqrt{R^2 - x^2} + h_0$

梁底为抛物线时，方程为： $y = \frac{h_1 - h_0}{l^k} x^k + h_0$

梁底为圆曲线时，曲率半径 R 就是圆曲线半径 R，所以有 $q(x) = T/R$。

梁底为抛物线时，曲率半径 $R = \frac{(1+y'^2)^{1.5}}{y''}$，所以有：

$$q(x) = T\frac{k(k-1)(h_1-h_0)x^{k-2}/l^k}{[1+(k(h_1-h_0)x^{k-1}/l^k)^2]^{1.5}}$$

取 $h_0=3.5, h_1=7.5, l=58$。现在将梁底线形分别假设为圆曲线、1.5 次抛物线、2 次抛物线、2.5 次抛物线，分别计算其径向力沿跨长的分布规律。

梁底为圆曲线时，代入相关参数，可得

$$R=422.5, q(x)=T/422.5$$

梁底为 1.5 次抛物线时，代入相关参数可得

$$q(x)=T\frac{6.79\times10^{-3}x^{-0.5}}{(1+1.84\times10^{-4}x)^{1.5}}$$

同样可以得到 2 次抛物线和 2.5 次抛物线的径向力的表达式。然后用 matlab 绘制不同曲线下的径向力沿跨长变化的图形(图 4)，取一根预应力筋，张拉力 $T=195.3\text{kN}$。

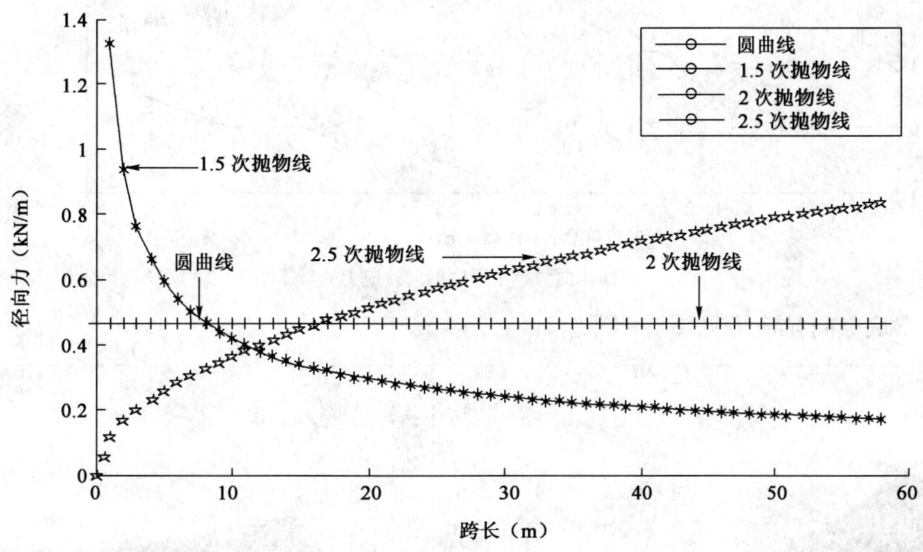

图 4 各曲线径向力沿跨长的分布

从图 4 可知梁底为圆曲线时，径向力为定值 0.462 2kN/m。1.5 次(低于 2 次)抛物线时，在跨中抛物线的起点径向力无穷大，径向力沿跨长的方向递减。2 次抛物线时，径向力基本上是定值 0.46kN/m。2.5 次(高于 2 次)抛物线时，在跨中抛物线起点径向力为零，径向力沿跨长的方向递增。圆曲线产生的径向力基本等于 2 次抛物线产生的径向力。

2. 不同线形梁底的应力分析

为了更好的了解各种曲线的梁底局部受力，用 ansys 建立模型分析。取跨中一侧 14.5m 范围内的一半箱梁按照梁底线形为圆曲线，1.5 次抛物线，2 次抛物线，2.5 次抛物线分析其应力。

不同曲线对应梁段底板混凝土应力如表 5。

不同曲线梁段底板混凝土应力 表 5

曲线	混凝土主压应力			混凝土主拉应力		
	合龙段(MPa)	14 号段(MPa)	13 号段(MPa)	合龙段(MPa)	14 号段(MPa)	13 号段(MPa)
圆曲线	18.6	16.8	17.2	3.5	1.9	1.4
1.5 次抛物线	23.8	17.6	17.9	4.5	3.2	1.3
2 次抛物线	18.3	16.8	17.2	3.6	2.2	1.4
2.5 次抛物线	16.5	16.7	16.5	2.4	2.2	0.9

由表 5 分析可以得到以下结论：

(1)在跨中梁段，随着幂指数的增大，箱梁底板的主压应力减小，圆曲线与 2 次抛物线主压应力基本一致。

(2)在跨中梁段,随着幂指数的增大,箱梁底板的主拉应力减小,圆曲线与2次抛物线主拉应力基本一致。

不同曲线跨中梁底下缘横向应力分布见图5。

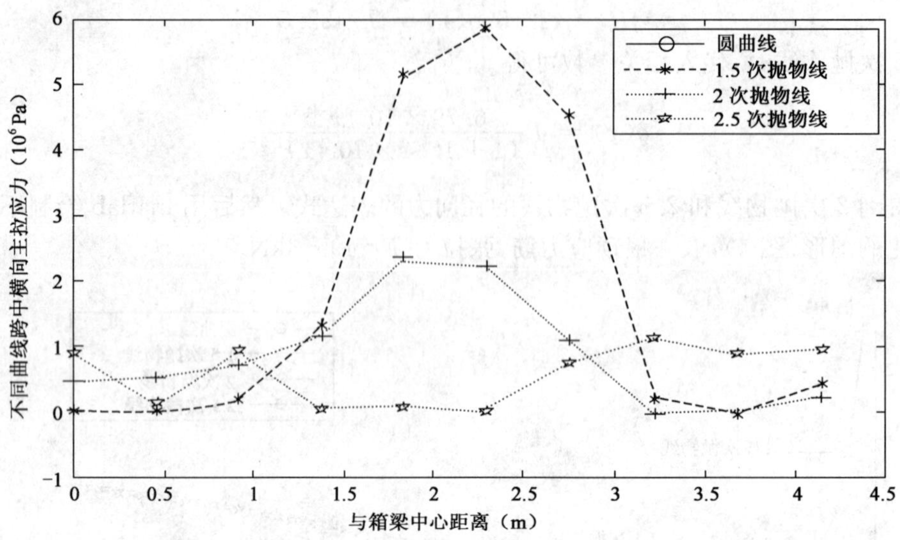

图5　各曲线曲线跨中梁底横向拉应力

不同曲线跨中梁底竖向拉应力见图6～图9。

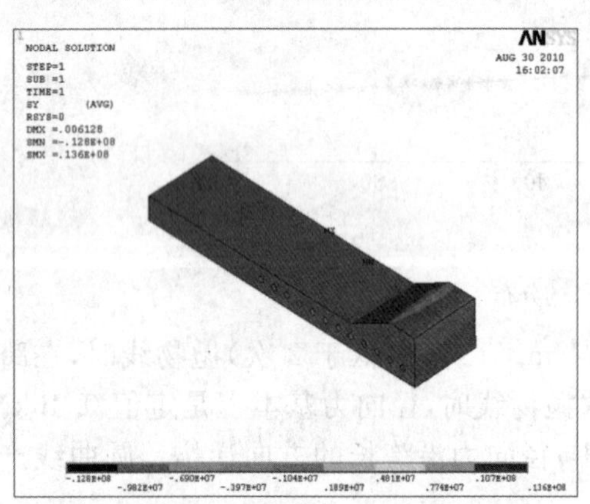

图6　1.5次抛物线梁底竖向拉应力

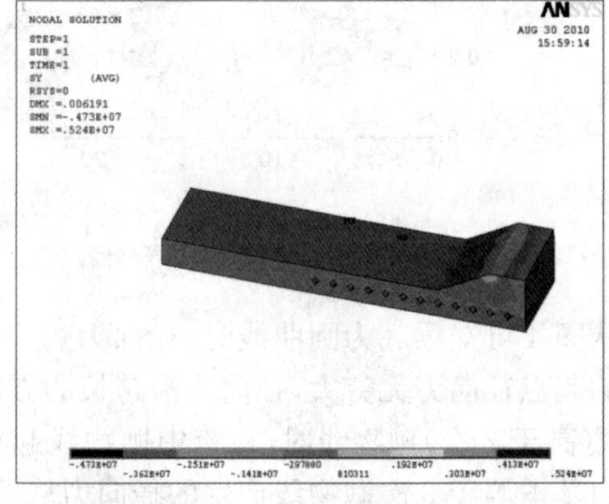

图7　2次抛物线梁底竖向拉应力

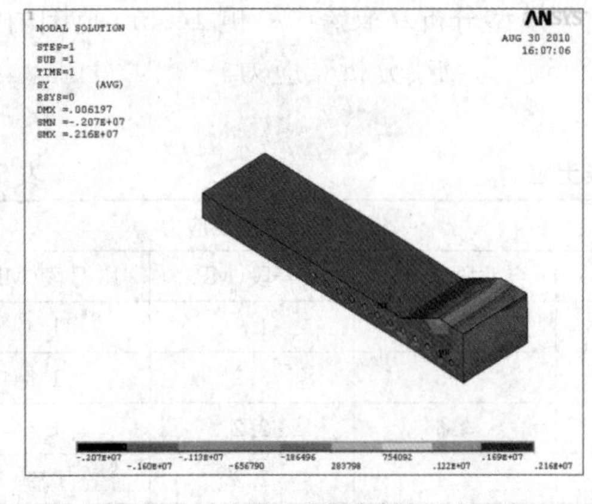

图8　2.5次抛物线梁底竖向拉应力

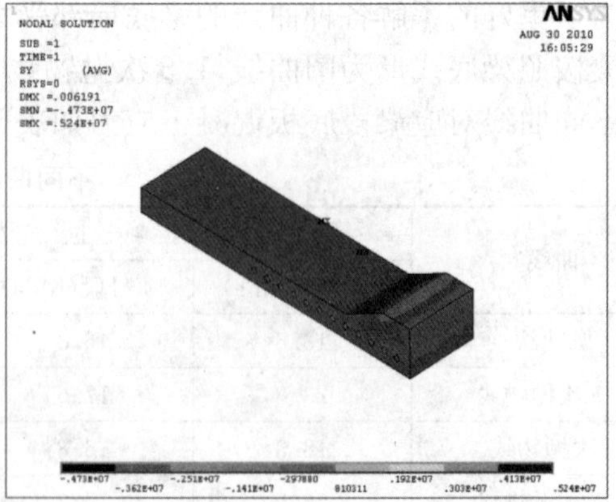

图9　圆曲线梁底竖向拉应力

图5是跨中底板下缘横向拉应力分布,图6到图9是跨中底板竖向拉应力图,由此可以得到以下结论:

(1)在跨中梁段，随着幂指数的增大，箱梁底板的横向拉应力减小，圆曲线与 2 次抛物线横向拉应力基本一致。

(2)在跨中梁段，随着幂指数的增大，箱梁底板的竖向拉应力减小，圆曲线与 2 次抛物线竖向拉应力基本一致。

3. 梁底线形分析小结

对比径向力计算分析的结论和 ansys 建立实体模型的结论，两者结论完全吻合。在跨中梁段，随着梁底曲线幂指数的增大，梁段径向力减小，主压应力减小，主拉应力减小，横向拉应力减小，竖向拉应力减小。在实际施工的桥梁，崩裂事故往往发生在距跨中左右 10m 的范围，低于 2 次的抛物线在这个范围内产生的径向力会很大，2 次抛物线径向力比较小且趋于定值。虽然高于 2 次抛物线在跨中 10m 的范围内径向力更小，但在四分之一跨到梁根部会产生很大的径向力，根部梁高不得不加大。如果受到净空限制不能加大根部梁高，那么在四分之一跨的正应力比较难于控制[2]，所以曲线幂次不要超过 2 次曲线的幂次。由此可知，1.8 次抛物线的梁底线形是比较合理的。

五、施工误差分析

施工中预应力管道的偏差会影响预应力筋径向力的大小，实际中很多崩裂事故的发生是由于管道偏差引起的。理想的曲线预应力束应为平滑的曲线段，但在实际施工中由于少布置或不布置定位筋，而梁段的端面由端头模板固定管道，因此波纹管位置容易出现很大的波动，同时导致预应力钢束发生偏差。这样预应力钢束的曲率就产生局部变化，也就产生了很大的局部附加径向力。

1. 管道偏差时的径向力计算

下面的算例中取梁底线形为 2 次抛物线计算，预应力筋也采用 2 次抛物线：

$$y=\frac{h_1-h_0}{l^k}x^2+h_0$$

假设在跨中 1.5m 范围内波纹管产生误差 c(图 10)，则该范围内的曲线方程为(用抛物线拟合)：

$$y=\frac{h_1-h_0}{l^k}x^2+h_0+cx^2-c$$

曲率为：

$$1/R'=(2/841+2c)/[1+(2x/841+2cx)^2]^{1.5}$$

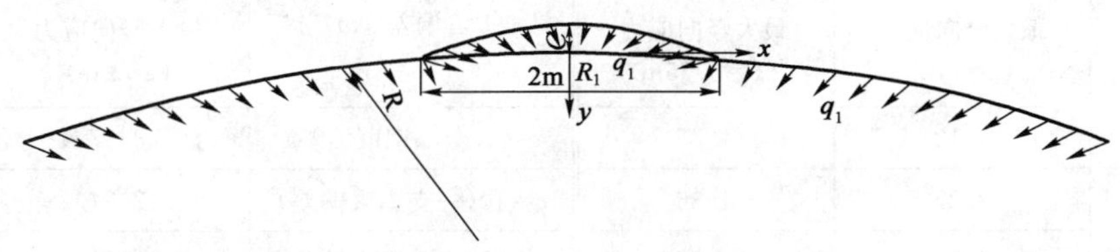

图 10 钢束局部偏差图

调整 c 的值得到跨中 1.5m 范围内径向力的变化，c 分别取 0m、0.005m、0.01m、0.02m、0.05m，因为对称性只要取一侧 0.75m 绘制图 11。

由图 11 可知，对于 c 的改变，径向力是很敏感的。$c=0$ 时，径向力 $q_0=0.464$kN/m；$c=0.005$ 时，径向力 $q=2.417$kN/m；$c=0.01$ 时，径向力 $q=4.37$kN/m；$c=0.02$ 时，径向力 $q=8.28$kN/m；$c=0.05$ 时，径向力 $q=20$kN/m。

由此可知，钢束偏差时的径向力 q 与偏差 c 存在关系，推出公式：

$$q=q_0+390.6\times c$$

其中，q_0是没有偏差时的一束钢束产生的径向力的大小；q 为偏差 c 时产生的径向力。同样钢束曲率与 c 的关系式为：

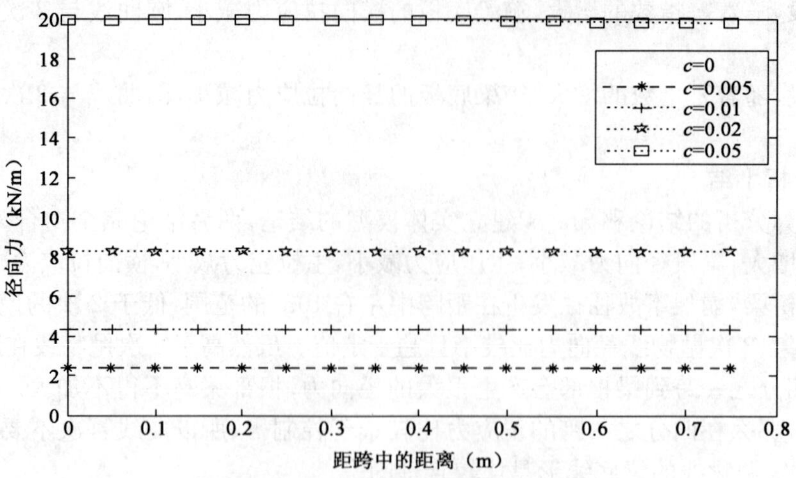

图11　不同的偏差 c 跨中局部径向力

$$1/R=1/R_0+2c$$

其中，$1/R_0$ 是没有偏差时的曲率，$1/R$ 是偏差 c 时的曲率。

为了更进一步了解管道偏差对箱梁局部受力的影响，建立有限元模型进行分析。

2. 管道偏差时的底板应力分析

在有限元模型中取跨中合龙段钢束偏差 c，一侧合龙段长度 0.75m。纵坐标 Z 的零点取在跨中截面，纵坐标的正方向由箱梁跨中指向箱梁根部(图12)。

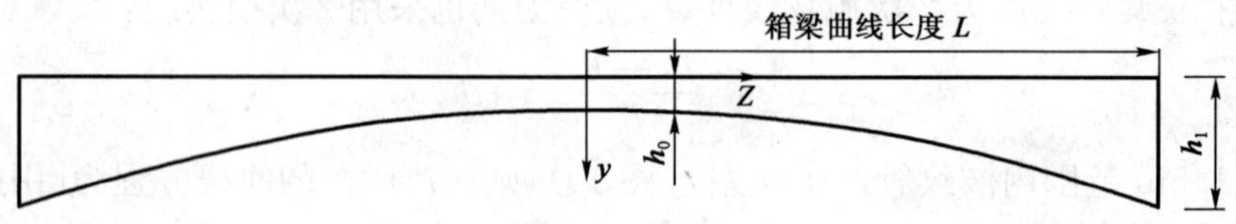

图12　纵坐标 z 标识图

分别对 c 取不同的值，分析底板竖向和横向应力情况(拉应力为正，压应力为负)，列于表6、表7。

不同偏差 c 的最大竖向应力大小　　表6

管道偏差(cm)	底板竖向应力(MPa)		管道偏差(cm)	底板竖向应力(MPa)	
	最大竖向应力(z=0m)	最大竖向应力(z=0.75m)		最大竖向应力(z=0m)	最大竖向应力(z=0.75m)
c=0	2.12	1.35	c=5(全部钢束偏差)	3.57	1.31
c=1(一支钢束偏差)	2.22	1.36	c=10(一支钢束偏差)	2.94	1.33
c=1(全部钢束偏差)	2.52	1.35	c=10(全部钢束偏差)	4.29	1.32
c=5(一支钢束偏差)	2.88	1.32			

不同偏差 c 的最大横向应力大小　　表7

管道偏差(cm)	底板横向应力(MPa)		管道偏差(cm)	底板横向应力(MPa)	
	最大横向应力(z=0m)	最大竖向应力(z=0.75m)		最大横向应力(z=0m)	最大竖向应力(z=0.75m)
c=0	1.7	1.58	c=5(全部钢束偏差)	3.17	1.58
c=1(一支钢束偏差)	1.98	1.57	c=10(一支钢束偏差)	2.79	1.58
c=1(全部钢束偏差)	2.42	1.58	c=10(全部钢束偏差)	3.95	1.58
c=5(一支钢束偏差)	2.68	1.59			

由表 6、表 7 和相关软件计算结果得出以下结论：

(1)随着 c 的增加，竖向拉应力和横向拉应力都会明显增加。特别是在钢束偏差超过 5cm 时，横向和竖向拉应力都超过了混凝土强度标准值(2.65MPa)。竖向拉应力过大会使底板混凝土上下分层，横向拉应力过大会产生纵向裂缝，所以可见钢束偏差是混凝土崩裂的主要原因。

(2)最大横向应力和最大竖向应力随着 c 的增加有相同的变化规律，在数值上也相差不大，这很好地解释了底板分层劈裂的混凝土底板上会有贯通的纵向裂缝的事实。

(3)钢束偏差产生的混凝土横向和竖向拉应力的增加只在钢束偏差的局部区域发生作用，因为在钢束未发生偏差的 $z=0.75$m 的截面竖向和横向应力基本保持不变。

(4)多束钢束发生偏差产生混凝土应力改变的效果比单束钢束发生偏差效果更加显著。

为了更清楚地说明钢束偏差对于底板混凝土应力在横桥向分布的影响，绘出部分底板上缘纵向、横向、竖向应力分布图 13、图 14(其中 s_x 表示横向应力，s_y 表示竖向应力，s_z 表示纵向应力，单位是 Pa)。

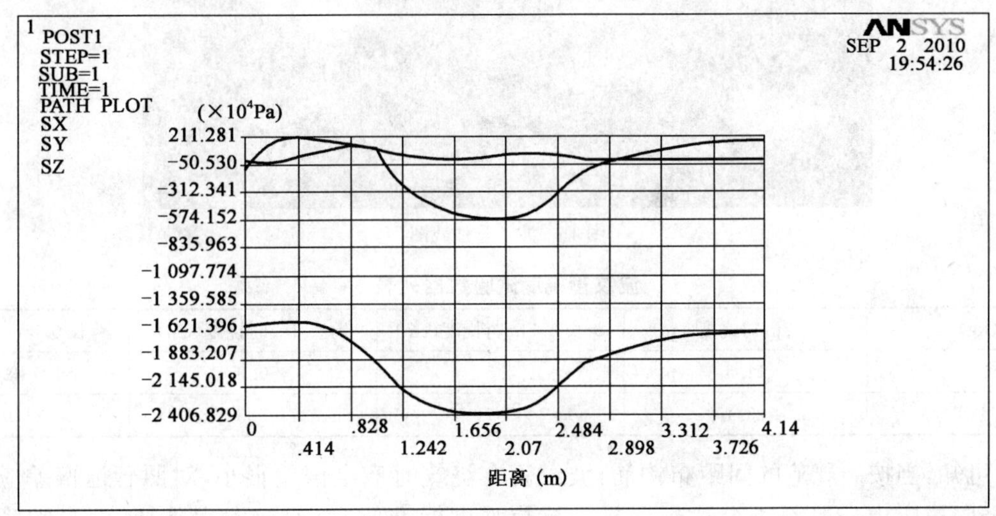

图 13 钢束偏差 $c=0$ 底板上缘应力

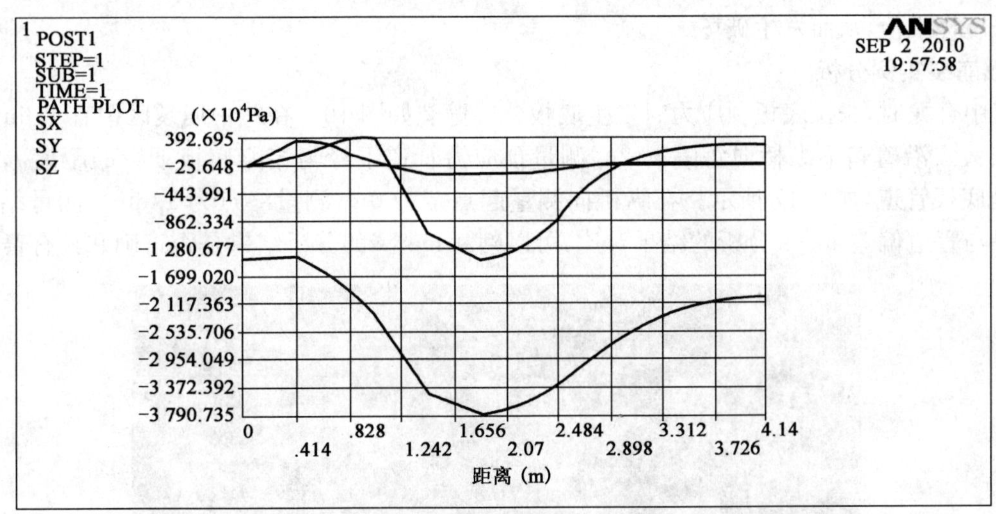

图 14 钢束偏差 $c=0.1$cm 底板上缘应力

由图 13、图 14 和相关软件计算结果得出以下结论：

(1)钢束没有偏差与钢束发生偏差相比较，纵、横、竖向应力在横桥向分布规律相似。

(2)靠近腹板和桥梁中心线的底板上缘有最大横向拉应力出现，同时两者之间的区域也有较大的横向压应力出现。钢束偏差会使得横向拉压应力都增加。

3. 波纹管偏差模拟实验

按照上面的有限元分析可知管道偏差超过5cm时,极有可能发生崩裂。波纹管偏差是由混凝土浇筑时对波纹管的上浮和下压产生的,偏差值的大小与钩筋的间距有关。为了了解波纹管偏差大小与钩筋间距的关系,取常用型号的波纹管做一组实验。在实验中用两端简支波纹管模拟钩筋的作用,在波纹管跨中加载重物模拟浇筑时混凝土对波纹管的作用。按照规范,曲线段钩筋的间距为0.5m,所以实验中跨长分别取0.5m、1m、1.5m、2m,现场实验如图15。实验结果如表8。

图15 波纹管加载图

波纹管挠度试验数据列表 表8

重物(kg)	跨长2m时挠度(cm)	跨长1.5m时挠度(cm)	跨长1m时挠度(cm)	跨长0.5m时挠度(cm)
3.82	11.3	4.5	0.9	0.7
7.64	29.1	9.7	2.3	0.8

由表6可知,当按照规范的间距布钩筋,波纹管在浇筑时产生偏差很小,对照管道偏差应力分析结果,横向和竖向拉应力一般都不会达到混凝土抗拉强度标准值,也不会发生破坏;而当钩筋间距超过1.5m时,容易产生较大的波纹管偏差,对照管道偏差应力分析结果,横向和竖向拉应力都很可能超过混凝土抗拉强度标准值,从而发生破坏。

4. 底板崩裂实例分析

某桥跨中合龙时,张拉底板预应力时发生底板分层劈裂如图16。在跨中崩裂区中有1.6m范围内波纹管偏差很大。沿着箱梁纵桥向每隔0.2m测量预应力管道下缘与箱梁底板下缘的距离t,B1b、B2b、B3b、B4b是底板管道,如图17所示。在纵桥向测量起点定为0m,测量终点为1.6m。测量结果如表9。将实测结果与管道偏差ansys分析的结果对比,可以判断ansys的分析结果是否正确和具有普遍适用性。

图16 底板崩裂图

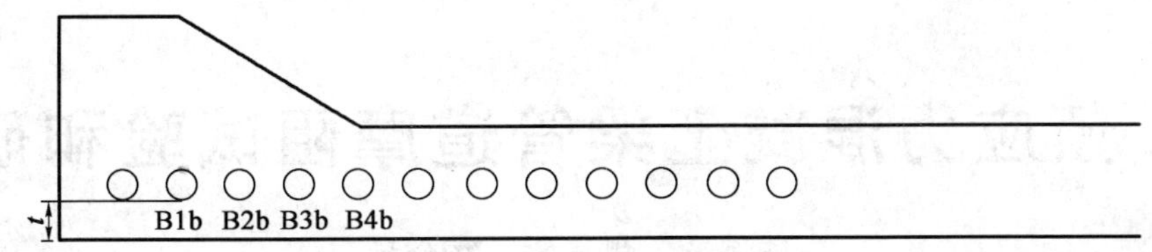

图 17 崩裂底板横截面图

崩裂区管道下缘与底板下缘距离 表 9

纵桥向(m)		0	0.2	0.4	0.6	0.8	1	1.2	1.4	1.6
管道梁底距离 t (cm)	B1b	14.6	16.5	17.2	17.2	17.6	15.9	14.7	13	12.1
	B2b	15	15.6	16	17	17.4	16.3	14.5	13.5	12.9
	B3b	15.9	16.5	16.1	17	16.8	16.5	14.7	13.5	12.6
	B4b	14.5	15.5	15.9	16.8	17.2	16.1	14.4	13.4	12.5

每个截面的预应力管道局部偏差值$=t-10.5$cm(管道下缘与箱梁底板下缘的设计值)。

由表 9 可以知道,在 0.8m 到 1.6m 的范围内 B1b、B2b、B3b、B4b 的最大偏差分别是 7.1cm、6.9cm、6.3cm、6.7cm。这些数据很好地说明了在管道偏差超过 5cm 时,横向和竖向拉应力超过混凝土抗拉强度标准值,底板发生崩裂,验证了 ansys 分析的准确性。

5. 管道偏差小结

综合以上的计算分析,管道偏差能显著增加预应力筋径向力,在管道偏差的混凝土底板局部区域横向、竖向、纵向应力会大幅增加,使得底板受力状态变得很复杂,是混凝土底板崩裂的主要原因。可能出现多种破坏:纵向压应力过大使得混凝土压碎,竖向拉应力产生横向撕裂,横向拉应力导致纵向开裂[3]。管道偏差超过 5cm 时,底板很容易发生崩裂。如果管道固定钩筋按照 0.5m 的间距布置,管道产生偏差很小,不可能发生崩裂;而当钢筋间距超过 1.5m 时,管道偏差容易超过 5cm,底板容易发生崩裂。

六、建议与结论

混凝土底板崩裂问题的研究是工程界的一个热点,以往的研究表明,影响崩裂的因素有很多。本文针对梁底线形和管道偏差两方面做了比较深入的分析,并且认为管道偏差是混凝土底板崩裂事故的主要原因。因此可以采用以下对策:

(1)连续梁桥的底板曲线变化宜采用 1.8 次抛物线。

(2)必须严格控制管道偏差,严防少布置或不布置管道定位钢筋和防崩钢筋,尽量用 U 形筋代替钩筋[4]。

(3)在跨中增加横隔板,加强了对底板的约束,增加局部刚度,防止失稳崩裂。

(4)在跨中加强防崩钢筋的设计以抵抗过大的径向力。

(5)分批张拉预应力筋,并对已经张拉的预应力筋及时灌浆。

参考文献

[1] 范立础.桥梁工程(上)[M].北京:人民交通出版社,2007.

[2] 程 岳.变高度混凝土箱梁底板崩裂成因分析与修复技术.东南大学硕士学位论文,2007.

[3] 王 蒂,庞志华.预应力箱梁底板混凝土崩裂成因分析[J].混凝土,2008.

[4] 包立新,杨广来,杨文军.对连续刚构底板开裂问题的探讨[J].公路,2004(8).

149. 预应力混凝土梁管道摩阻试验和研究

陈海浪　胡　蒙　蔡金标
（浙江大学建筑工程学院）

摘　要　鉴于预应力混凝土梁管道摩阻损失测试的必要性，介绍了预应力管道摩阻损失系数的测试原理和方法。根据现场某一桥梁空间曲线预应力束管道摩阻试验的数据，采用最小二乘法原理求得了管道摩阻系数μ和k。通过对诸多相关文献中不同管道类型的摩阻系数μ和k的取值进行统计，提出了相应的设计参考取值。

关键词　桥梁工程　管道摩阻系数　最小二乘法　空间曲线　塑料波纹管　金属波纹管

一、引　言

预应力损失由5个主要因素组成：混凝土收缩徐变、预应力筋松弛、锚头变形及预应力筋回缩、摩阻、混凝土弹性压缩。对于后张拉预应力混凝土梁而言，管道摩阻损失是各种预应力损失的最主要部分。由于施工过程中诸多不确定因素及施工水平存在差异，虽然管道材质、力筋束种类相同，实测管道摩阻系数却大不相同[1~28]。所以，在正式张拉前，应对结构进行管道摩阻现场测试，并根据测试结果对张拉力及管道进行调整。

武汉市轨道交通一号线跨江岸货场桥梁采用梁拱组合结构，跨径组合为：49.9m＋104.983m＋49.9m。桥址平面位于S形反向非对称曲线上，因此预应力钢束为空间曲线布置。主梁采用槽形箱梁结构，中支点处梁高8.163m，跨中梁高3.0m，中间以4次抛物线连接。纵向预应力采用19ϕ_j15.20mm钢绞线索，抗拉标准强度$f_{pk}=1\,860$MPa，弹性模量$E=1.95\times10^5$MPa，张拉控制应力为$\sigma_{con}=0.72f_{pk}=1\,340$MPa。钢绞线的公称截面积为1.4cm^2。预应力管道采用塑料波纹管成孔。

二、试验原理和内容

1. 试验原理

摩阻损失主要由于孔道的弯曲和孔道的偏差两部分影响所产生。根据《公路钢筋混凝土及预应力混凝土桥涵设计规范》(JTG D62—2004)（以下简称公路规范）[29]，预应力管道摩阻损失按下式计算：

$$\sigma_{l1}=\sigma_{con}(1-e^{-(\mu\theta+kx)}) \tag{1}$$

式(1)中的σ_{con}为张拉端钢绞线锚下控制应力(MPa)；μ为预应力钢筋与管道壁的摩擦系数；θ为从张拉端至计算截面曲线管道部分切线的夹角之和(rad)，空间包角的计算公式：$\theta=\sqrt{\theta_H^2+\theta_V^2}$，其中$\theta_H$为空间曲线在水平面内投影的切线角之和，$\theta_V$为空间曲线在竖向平面的切线角之和；$k$为管道每米局部偏差对摩擦的影响系数；$x$为从张拉端至计算截面的管道长度，可近似地取该段管道在构件纵轴上的投影长度(m)。

根据式(1)推导k和μ计算公式。设主动端压力传感器测试值为P_1，被动端为P_2，此时管道长度为l，θ为管道全长的曲线包角，上式两边同乘以预应力钢绞线的有效面积，则可得：

$$P_1-P_2=P_1(1-e^{-(\mu\theta+kx)}) \tag{2}$$

由式(2)得：$P_2=P_1e^{-(\mu\theta+kx)}$，两边取对数得：$\mu\theta+kl=-\ln(P_2/P_1)$。令$y=-\ln(P_2/P_1)$，则有：$\mu\theta+kl-y=0$。试验时通过传感器测得$P_1$、$P_2$。对不同管道的测量理论上可得到一系列的方程式：

$$\mu\theta+kl-y_1=0$$
$$\mu\theta+kl-y_2=0$$

$$\cdots$$

$$\mu\theta + kl - y_n = 0$$

由于实际测试存在误差，上式右边不会为零，假设

$$\mu\theta + kl - y_1 = s_1$$

$$\mu\theta + kl - y_2 = s_2$$

$$\cdots$$

$$\mu\theta + kl - y_n = s_n$$

利用最小二乘法原理，令 $q=\sum_{i=1}^{n}s_i^2$ 。当 $\begin{cases}\dfrac{\partial q}{\partial \mu}=0\\ \dfrac{\partial q}{\partial k}=0\end{cases}$ ，$q=\sum_{i=1}^{n}s_i^2$ 取得最小值。从而可得到：

$$\begin{cases}\mu\sum_{i=1}^{n}\theta_i^2 + k\sum_{i=1}^{n}l_i\theta_i - \sum_{i=1}^{n}y_i\theta_i = 0\\ \mu\sum_{i=1}^{n}\theta_i l_i + k\sum_{i=1}^{n}l_i^2 - \sum_{i=1}^{n}y_i l_i = 0\end{cases} \tag{3}$$

解方程组得 μ 和 k。

管道摩阻测试原理如图 1 所示。

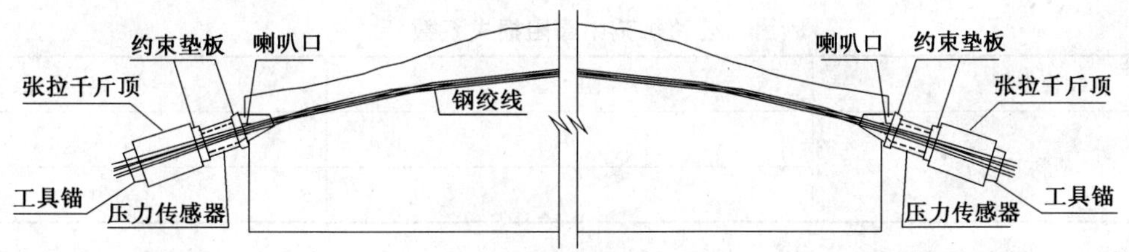

图 1 管道摩阻测试系统示意图

测试仪器和相关的仪器特性如表 1。

传感器特性值 表 1

品 名	型 号	特 点	量 程	灵 敏 度
穿心式力传感器	MXR-1020	六弦智能型	4 000kN	1kN

传感器的计算公式为：

$$P = K(f_i^2 - f_0^2)$$

式中：K——传感器压力系数；

f_i ——荷载实时平均频率值；

f_0 ——初始频率值。

2. 试验内容

本次试验测试对象为 24 号墩 T10、T11 和 23 号墩 T11 预应力钢绞线（皆为由北至南第 2 束）。为了得到多组试验数据，试验采用多次分级张拉法。由于实验钢束较长，而张拉千斤顶量程有限，因此不能张拉到 100%，只能根据现场试验情况尽可能张拉至最大。预应力钢束为 19 ϕ_j 15.20mm 钢绞线，张拉控制应力为：1 860×0.72＝1 340MPa。对应 100%张拉力为：1 340×10^6×0.000 14×19＝3.564 4×10^6N＝3 564.4kN。

实际测试步骤如下：

第一级：左端张拉至 0.2σ_{con}，即 712.9kN；

第二级：右端张拉至 0.5σ_{con}，即 1 782.2kN；

第三级：右端张拉至 0.6σ_{con}，即 2 138.6kN；

第四级：右端张拉至 0.7σ_{con}，即 2 495.1kN。

每级张拉完，记录主动端和被动端的压力传感器读数。

三、数 据 结 果

各钢束的空间长度与总包角见表2。

试验钢束空间长度与包角　表2

墩　号	钢 束 编 号	空间长度 l(m)	竖向包角 θ_V(°)	平面包角 θ_H(°)	空间总包角 θ(°)	空间总包角 θ(rad)
24号墩	T10	82.68	33.0	13.2	35.54	0.620 3
24号墩	T11	88.78	37.6	14.2	40.19	0.701 5
23号墩	T11	86.57	37.6	8.9	38.64	0.674 4

《铁路桥涵钢筋混凝土和预应力混凝土结构设计规范》(TB 10002.3—2005)(以下简称铁路规范)第6.3.4给出了金属波纹管的摩阻损失系数，但未给出塑料波纹管的摩阻损失系数[30]。公路规范第6.2.2条给出了金属和塑料波纹管的摩阻损失系数，其中塑料波纹管摩阻系数见表3[29]。设计采用摩阻系数取值为：$\mu=0.23$；$k=0.002\,5$。

公路规范中摩阻损失系数　表3

波纹管类型	摩 阻 系 数	公 路 规 范
塑料	μ	0.14～0.17
	k	0.001 5

测试结果和计算结果见表4～表6。

管道摩阻测试结果　表4

墩　号	钢 束 编 号	按公路规范计算摩阻损失	按设计计算摩阻损失	实测摩阻损失		
				第三级	第四级	第五级
24号墩	T10	0.190 1～0.205 0	0.303 6	0.255 0	0.235 4	0.232 5
24号墩	T11	0.206 6～0.223 1	0.318 4	0.274 0	0.256 7	0.252 1
23号墩	T11	0.200 9～0.216 9	0.310 4	0.249 5	0.264 1	0.257 0

注：表中"按公路规范计算摩阻损失"是指按《公路钢筋混凝土及预应力混凝土桥涵设计规范》(JTG D62—2004)给出的塑料波纹管的摩阻损失系数计算得到的摩阻损失。

管道摩阻系数计算　表5

墩　号	钢束编号	l(m)	θ(rad)	次序	p_2/p_1	y_i	θ_i^2	$\theta_i l_i$	$y_i\theta_i$	l_i^2	$y_i l_i$
24	T10	82.68	0.6203	第三级	0.7450	0.2944	0.38477	51.286	0.1826	6835.98	24.339
		82.68	0.6203	第四级	0.7646	0.2684	0.38477	51.286	0.1665	6835.98	22.192
		82.68	0.6203	第五级	0.7675	0.2646	0.38477	51.286	0.1641	6835.98	21.879
24	T11	88.78	0.7015	第三级	0.726 0	0.320 2	0.492 10	62.279	0.224 6	7881.89	28.428
		88.78	0.7015	第四级	0.743 3	0.296 7	0.492 10	62.279	0.2081	7881.89	26.337
		88.78	0.7015	第五级	0.747 9	0.290 5	0.492 10	62.279	0.203 8	7881.89	25.789
23	T11	86.57	0.6744	第三级	0.750 5	0.287 0	0.454 82	58.383	0.193 6	7 494.36	24.847
		86.57	0.6744	第四级	0.735 9	0.306 7	0.454 82	58.383	0.206 8	7 494.36	26.548
		86.57	0.6744	第五级	0.743 0	0.297 1	0.454 82	58.383	0.200 3	7 494.36	25.716
总和							3.995 07	515.845	1.750 4	66 636.71	226.074

管道摩阻系数计算结果 表 6

实测计算值		公路规范值		设计采用值	
μ	k	μ	k	μ	k
0.204	0.001 82	0.15	0.001 5	0.23	0.002 5

四、参 考 取 值

关于管道摩阻损失试验的文献很多，也给出了很多摩阻损失系数，可是未有文献对这众多摩阻损失系数进行过归纳。目前，各规范对于摩阻系数的取值未能统一，铁路、建筑规范甚至没有给出塑料波纹管的摩阻系数取值，因此非常有必要对各文献提供的摩阻系数进行统计分析，以便为规范的进一步修正完善提供参考。表 7～表 9 列出了各文献中对于塑料波纹管、金属波纹管、橡胶抽拔成型这三种管道类型下的摩阻系数取值。铁皮管和预埋钢管因文献数据很少，这里不作介绍。

塑料波纹管摩阻系数取值 表 7

文献	μ	k
1	0.268	0.001 38
2	0.188 8	0.001 1
3	0.278	0.002 62
4	0.266	0.003 66
5	0.198	0.005 17
6	0.135	0.000 85
7	0.123	0.001 7
8	0.198	0.001 5
9	0.165	0.002 62
10	0.55	0.001 5
11	0.15～0.246	
平均值	0.211	0.002 01
标准差	0.047	0.000 81

金属波纹管摩阻系数取值 表 8

文献	μ	k
12	0.302	0.002 3
13	0.243	0.001 5
14	0.22	0.002 6
15	0.248 3	0.001 29
16	0.238 9	0.002 72
17	0.310 58	0.009 85
18	0.243	0.001 52
19	0.3	0.004
20	0.22	0.001 86
21	0.10～0.17	0.003 3
平均值	0.252	0.002 48
标准差	0.030	0.000 82

橡胶抽拔管道摩阻系数取值 表 9

文献	μ	k
22	0.468	0.002 4
23	0.413	0.004 2
24	0.602	0.001 3
25	0.418	0.001 52
26	0.579 2	0.002 46
27	0.478	0.001 7
28	0.587	0.001 65
平均值	0.506	0.001 95
标准差	0.066	0.000 40

注：表 7～表 9 中平均值和标准差是指去掉一个最大值和一个最小值后其余数值的算术平均值和均方差。

有很多文献仅注明是波纹管，却未写明是塑料波纹管还是金属波纹管，有些则根本未写明哪种成孔方式，因此未列入上面各表中。将上述表格中的平均摩阻系数取值与相应规范值进行比较，如表 10 所示。

文献平均摩阻系数与规范值对比 表 10

类　别	公路规范 6.2.2 条		铁路规范 6.3.4 条		建筑规范 6.2.4 条[31]		文献平均值	
管道成型方式	k	μ	k	μ	k	μ	k	μ
预埋塑料波纹管	0.001 5	0.14～0.17					0.002 01	0.211
预埋金属波纹管	0.001 5	0.20～0.25	0.002 0～0.003 0	0.20～0.26	0.001 5	0.25	0.002 48	0.252
橡胶抽芯成型	0.001 5	0.55	0.001 5	0.55	0.001 4	0.55	0.001 95	0.506
预埋铁皮管	0.003 0	0.35	0.003	0.35				
预埋钢管	0.001 0	0.25			0.001 0	0.3		

由表 7～表 10 可知，预埋塑料波纹管实测摩阻系数值一般比公路规范偏大；预埋金属波纹管的实测摩阻系数值一般比公路规范和建筑规范取值偏大，与铁路规范基本符合；公路、铁路、建筑规范中抽芯成型管道摩阻系数取值基本相同，对比实测系数，规范中 k 值偏小，μ 值则相差不大。考虑设计安全，建议各规范统一修正和完善各管型摩阻系数取值。根据表 7～表 10 文献中摩阻系数实测值，本文提出表 11 中取值以供设计时参考。

摩阻系数参考取值 表11

类　别	摩阻系数取值	
管道成型方式	k	μ
预埋塑料波纹管	0.001 8～0.002 3	0.19～0.24
预埋金属波纹管	0.002 3～0.002 8	0.23～0.28
橡胶抽芯成型	0.001 7～0.002 2	0.48～0.55

五、结　论

(1)现场试验得到的预应力波纹管管道局部偏差影响系数值 k 为 0.001 82,管道摩擦系数 μ 为 0.204,介于规范值与设计值之间。按设计所采用的摩阻系数计算得出的摩阻损失大于实测摩阻损失值,说明设计充分考虑了摩阻损失的影响,因此能够满足实际工程要求。

(2)各相关规范中关于各管型摩阻损失系数的取值有待进一步完善和统一,本文根据诸多文献的统计,提出以下取值以供参考:塑料波纹管:k=0.001 8～0.002 3,μ=0.19～0.24;金属波纹管:k=0.002 3～0.002 8,μ=0.23～0.28;抽芯成型:k=0.001 7～0.002 2,μ=0.48～0.55。

参考文献

[1] 王鹏,楼普增,范厚彬.悬臂浇筑施工中连续箱梁预应力管道摩阻测试研究[J].铁道建筑,2006,(11).

[2] 李友明,郑杰元,陈建军,王鹏.采用塑料波纹管的预应力管道摩阻试验研究[J].中国测试技术,2006,(06).

[3] 刘金生.大跨度PC连续梁桥孔道摩阻系数测试研究[J].兰州交通大学学报,2008,(03).

[4] 何加江,王军文,刘志勇.后张预应力混凝土梁管道摩阻测试研究[J].石家庄铁道学院学报(自然科学版),2008,(03).

[5] 刘喜元,陈玉骥,罗旗帜,陈　峰.惠州下角东江大桥钢绞线孔道摩阻预应力损失的试验研究[J].中外公路,2008,(02).

[6] 张秋陵,肖光宏.塑料波纹管曲线预应力束摩阻损失系数的试验研究[J].重庆交通学院学报,2004,(S1).

[7] 李昌锋.塑料波纹管预应力摩阻损失测试与分析[J].甘肃科学学报,2009,(02).

[8] 陈小刚,吴文清,姚伟发,钱培舒.斜拉桥索塔锚固区环形预应力束孔道摩阻试验研究[J].现代交通技术,2008,(05).

[9] 李丁立,王根会.悬臂浇筑施工中连续箱梁预应力管道摩阻测试[J].山西建筑,2008,(32).

[10] 李群炎.预应力混凝土箱梁管道摩阻试验研究[J].河南建材,2009,(05).

[11] 王永强,裴志强,徐敏聪.预应力混凝土结构用塑料波纹管孔道摩阻 μ 值的测定[J].中国港湾建设,2007,(02).

[12] 杨孟刚,文永奎,陈政清.32m双线铁路简支箱梁管道摩阻试验研究[J].铁道标准设计,2001,(11).

[13] 彭小明.大跨度连续梁孔道摩阻试验研究[J].重庆建筑,2009,(11).

[14] 吉回照.哈大客运专线预应力混凝土连续梁桥摩阻试验研究[J].科技信息,2009,(26).

[15] 王强,何惟煌,林志春,任伟新.后张预应力混凝土梁管道摩阻参数识别与分析[J].公路交通科技,2007,(01).

[16] 王斌,渠述锋.客运专线32m双线简支箱梁预应力孔道摩阻系数测定一例[J].科技信息(科学教研),2008,(12).

[17] 刘志文,宋一凡,赵小星,贺拴海.空间曲线预应力束摩阻损失参数[J].西安公路交通大学学报,2001,(03).

[18] 张德伟.连续刚构梁孔道摩阻试验数据分析[J].铁道标准设计,2004,(06).
[19] 张瑞森.松花江特大桥预应力孔道摩阻试验研究[J].铁道标准设计,2006,(05).
[20] 吴建军.预应力混凝土箱梁长预应力束孔道摩阻损失的测试[J].福建建材,2007,(03).
[21] 许川江.悬臂施工连续梁管道摩阻测试实践与探讨[J].铁道建筑,2009,(05).
[22] 孙殿国,申爱国,潘海泽,韩红春.高速铁路客运专线后张32m组合箱梁管道摩阻损失研究[J].混凝土,2007,(10).
[23] 张伟雄.后张T梁预应力筋管道摩阻损失测试与分析[J].科技情报开发与经济,2001,(01).
[24] 刘永前,张彦兵,王新敏.后张梁管道摩阻损失测试技术与数据处理[J].中国安全科学学报,2005,(01).
[25] 史振春,孙桂云,赵迎萍.后张预应力混凝土梁管道摩阻及测试[J].西部探矿工程,2001,(03).
[26] 王宏军.客运专线32m后张法预应力混凝土箱梁摩阻试验研究[J].国防交通工程与技术,2009,(04).
[27] 赵少强,别大华,刘建伟.客运专线32m简支箱梁预应力孔道摩阻试验研究[J].铁道标准设计,2008,(02).
[28] 王常峰,陈兴冲,尤凯,丁明波.曲线桥梁预应力束摩阻损失试验研究[J].兰州交通大学学报,2005,(06).
[29] 中华人民共和国交通部.(JTG D62—2004)公路钢筋混凝土及预应力混凝土桥涵设计规范[S].北京:人民交通出版社,2004.
[30] 中华人民共和国铁道部.(TB 10002.3—2005)铁路桥涵钢筋混凝土和预应力混凝土结构设计规范[S].北京:中国铁道出版社,2005.
[31] 中华人民共和国建设部.(GB 50010—2002)混凝土结构设计规范[S].北京:中国建筑工业出版社,2002.

150. 恒载作用下墩的不同高差对结构性能的影响分析

蔡景毅 周志祥 王 彬
(重庆交通大学)

摘 要 目前连续刚构桥设计中,各墩配筋基本相同。由于地形的限制,不等高度桥墩的连续刚构桥越来越多,随着墩高差的增加,各墩受力性能不同的情况愈加显著,其所需要的配筋量及布置形式应有所区别。故通过本文的有限元分析,以期为桥梁设计中桥墩配筋设计提供参考,避免造成不必要的材料浪费或者是结构设计安全性偏低的情况。

关键词 连续刚构 桥墩 高差 有限元 配筋

一、前 言

我国幅员辽阔,大部分以山区、丘陵地貌居多。随着我国经济的发展,尤其是西部大开发战略的提出和付诸实施,大力发展山区高等级公路成为必然。由于我国西部山区地形的限制各桥墩之间的高度差十分明显,其对结构自身力学性能产生了不可忽略的影响[1]。目前有关大跨径大高差墩坡度桥的研究资料比较罕见,为了深入地了解此类桥的受力特点,本文将以一座实际大高差墩有坡度桥为依托,运用有限元计算软件 Midas6.7.1,对桥墩高差变化情况下,分析墩自身受力及主梁受力的影响规律。

二、桥墩高差变化规律

以重庆绕城高速朝阳市大桥(三跨)为例[1],主梁和墩均为用梁单元模拟。有限元软件选用 Midas6.7.1。模型简化后,全桥共 358 个单元,见图 1。单元划分为:桥面系主梁单元编号顺序从左至右依次为 1～90,桥墩单元编号顺序从墩顶至墩底,墩顺序从左墩左支到右墩右支,见表 1。

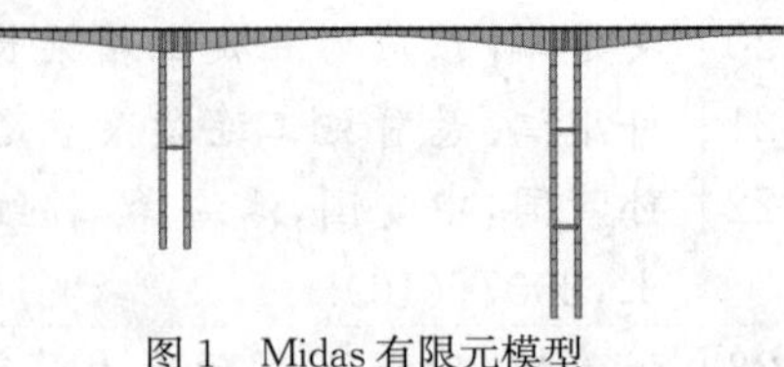

图 1 Midas 有限元模型

资料表明[2][3][4][5],已建连续刚构桥桥墩高差变化均在 20～60m 范围之内,故在此将计算分为 10 个工况,见表 1。

各墩高差计算工况 表 1

工况	左墩高(m)	右墩高(m)	墩高差(左一右)(m)	载荷情况
GK01	67.5	19.5	48	考虑荷载:恒载徐变温度收缩汽车及组合
GK02	67.5	31.5	36	
GK03	67.5	43.5	24	
GK04	67.5	55.5	12	
GK05	67.5	67.5	0	
GK06	67.5	79.5	−12	
GK07	67.5	91.5	−24	
GK08	67.5	103.5	−36	
GK09	67.5	115.5	−48	
GK10	67.5	127.5	−60	

三、成桥状态结构在恒载作用下,墩的不同高差对结构内力的影响分析

通过图 1 有限元的分析计算,如图 2 所示。其中恒载包括:结构自重力、二期恒载(桥面铺装)、预应力荷载、水平顶推力、配重。

(1)通过图 2(图中:纵坐标为弯矩值,横坐标为单元号)所示结果,对墩高差在－60m、0m 和 48m 三工况下对主梁的影响进行对比分析得知:

①左边跨主梁各处弯矩变化值均在 5%以内,左墩顶主梁弯矩变化均在 1.4%以内。

②中跨主梁各处弯矩变化值均在 10%以内。

③右边跨主梁以跨中为界,跨中以左各处弯矩变化值均在 8%以内,跨中以右各处弯矩变化值大部分处于 10%～30%以内。

以上说明,墩高差的变化对右墩顶处主梁及右边跨主梁影响明显,应引起相关工程技术人员注意,而对其他部分主梁影响均在工程精度允许范围之内,可忽略[6][7]。

对比 GK01～GK10 各工况知:随着墩高差的增加,左、右边跨主梁各处弯矩值的变化,除正负弯矩变化处以二次方增加外,其余均随之线性增加。左、右墩顶主梁处弯矩值,靠近边跨部分变化线性增加,靠近中跨部分线性减小,其中以墩顶中心线为界。中跨正弯矩区段(跨中)随着墩高差的增加,弯矩值随之以线性关系减小,在正负弯矩变化处弯矩值变化幅度为等高墩的 3 倍以上,但其值较小,对结构的影响也较小,负弯矩区段弯矩值随之以线性关系增加。

(2)如图 3a)所示,右墩弯矩在墩高差增加时变化剧烈,其墩顶弯矩值增加到原来的 3 倍,墩底弯矩值增加到原来的 4.2 倍。工程设计时应引起注意。如图 3b)所示,左墩弯矩在墩高差增加时变化值均在 5%以内,工程上可忽略。

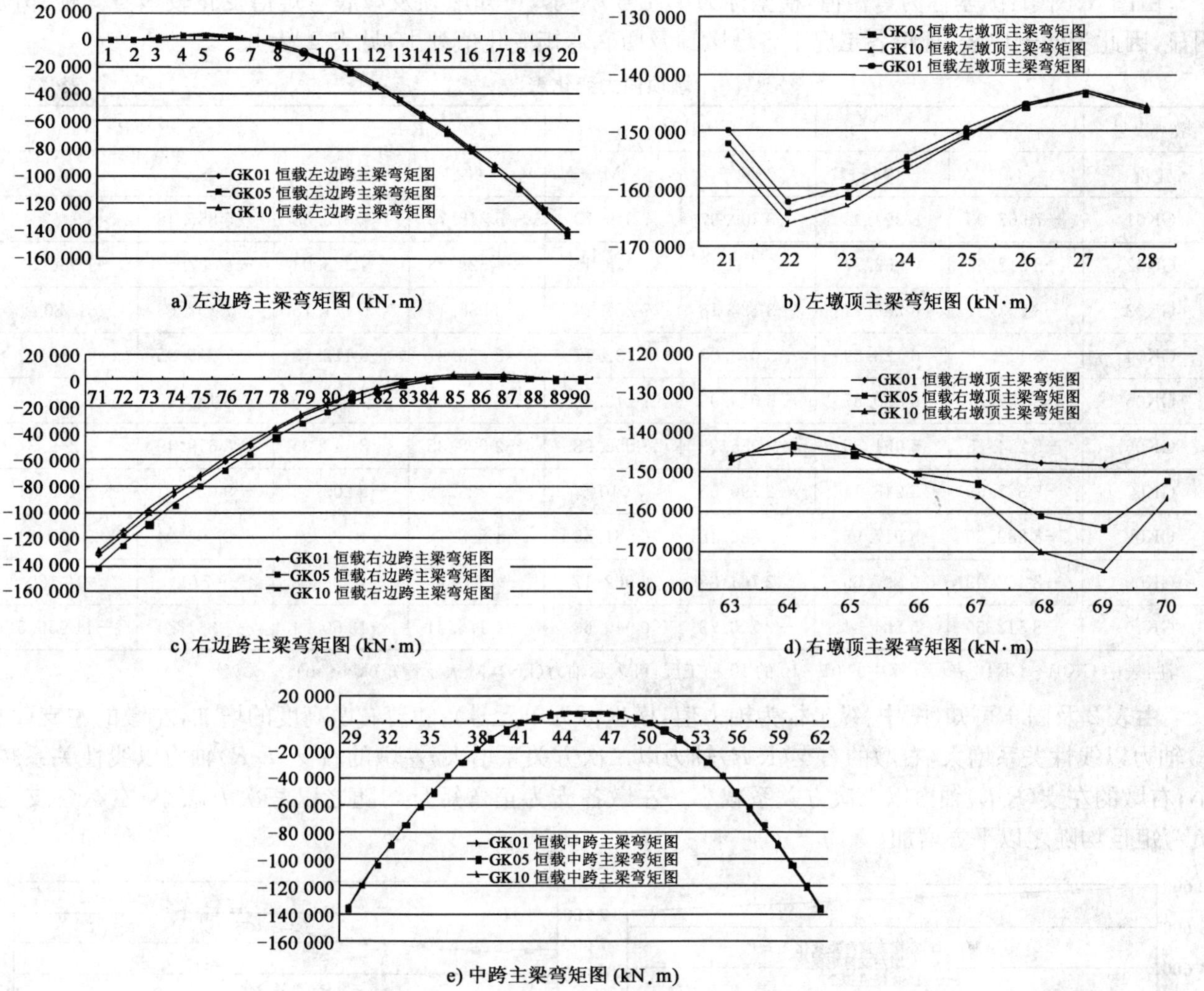

a) 左边跨主梁弯矩图 (kN·m)

b) 左墩顶主梁弯矩图 (kN·m)

c) 右边跨主梁弯矩图 (kN·m)

d) 右墩顶主梁弯矩图 (kN·m)

e) 中跨主梁弯矩图 (kN.m)

图 2 恒载作用下墩的不同高差对主梁弯矩的影响

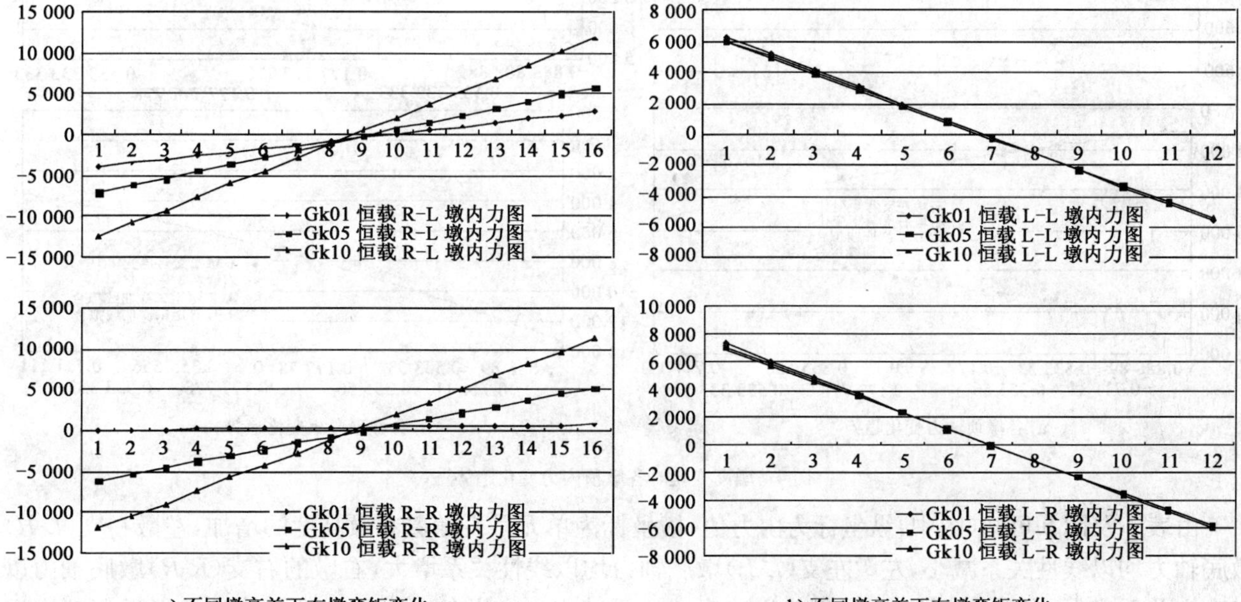

a) 不同墩高差下右墩弯矩变化

b) 不同墩高差下左墩弯矩变化

图 3 恒载作用下墩的不同高差对墩弯矩影响

由图3(图中:纵坐标为弯矩值,横坐标为单元号)所示,可知墩顶及墩底弯矩值变化较墩身其他部位明显,因此为便于比较,现将各工况下各墩墩顶及墩底弯矩变化值列出,见表2、表3。

墩顶内力变化表　　　表2

墩　号	L-L		L-R		R-L		R-R	
工况	N	M	N	M	N	M	N	M
GK01	−7 967.03	6 297.48	−3 209.97	7 349.79	−5 218.75	−4 072.58	−5 856.48	79.57
GK02	−8 012.62	6 263.77	−3 174.48	7 318.49	−4 529.08	−4 373.04	−6 587.53	−1 961.87
GK03	−8 063.91	6 200.71	−3 130.18	7 257.29	−3 958.17	−5 171.75	−7 192.63	−3 480.1
GK04	−8 121.98	6 123.89	−3 078.03	7 182.17	−3 463.87	−6 112.73	−7 715.95	−4 810.02
GK05	−8 186.27	6 050.87	−3 018.99	7 110.75	−3 019.05	−7 110.75	−8 186.19	−6 050.87
GK06	−8 254.15	5 991.66	−2 955.53	7 052.98	−2 608.35	−8 143.35	−8 619.49	−7 249.37
GK07	−8 322.63	5 948.14	−2 890.55	7 010.7	−2 223.33	−9 203.54	−9 024.61	−8 430.11
GK08	−8 389.35	5 917.95	−2 826.48	6 981.55	−1 858.78	−10 287.1	−9 406.94	−9 605.21
GK09	−8 452.93	5 897.69	−2 764.88	6 962.17	−1 510.9	−11 389.8	−9 770.4	−10 780
GK10	−8 512.59	5 884.41	−2 706.73	6 949.63	−1 176.71	−12 508.1	−10 118.1	−11 956.5

注:表中GK01～GK10表示计算中的01～10的10种工况,N表示轴力(kN),M表示弯矩(kN·m)。

由表2及图4可知(图中:纵坐标为轴力值,横坐标为单元号):随着右墩高度的增加,左墩的左支(*L-L*)轴力以线性关系增大,右墩的右支(*R-R*)轴力以二次方关系增大,左墩的右支(*L-R*)轴力以线性关系减小,右墩的左支(*R-L*)轴力以二次方关系减小。左墩各支为正弯矩且均随之以三次方减小,右墩各支为负弯矩且均随之以平方增加。

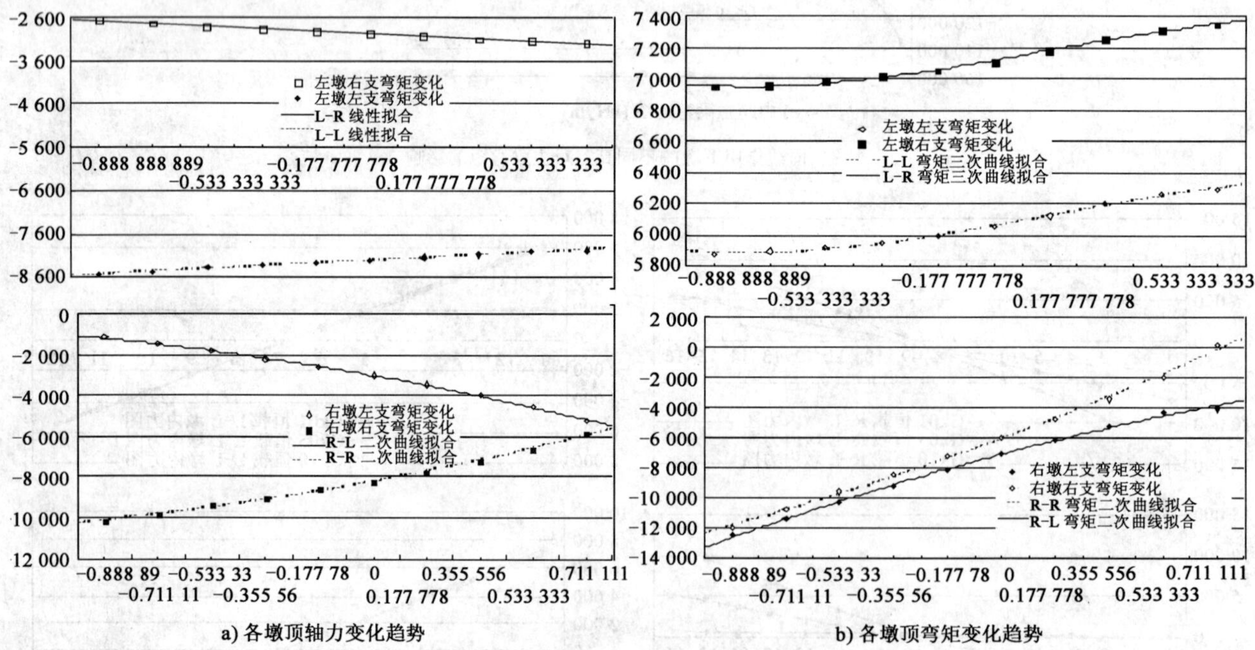

a) 各墩顶轴力变化趋势　　b) 各墩顶弯矩变化趋势

图4　墩高变化时各墩顶内力变化趋势

由表3及图5可知(图中:纵坐标为内力值,横坐标为单元号):随着右墩高度的增加,左墩右支(*L-R*)墩底轴力均以线性关系减小,左墩左支(*L-L*)墩底轴力均以线性关系增大,右墩的右支(*R-R*)墩底轴力以二次方关系增大,右墩的左支(*R-L*)轴力以二次方关系减小。左墩各支为负弯矩且均随之以近似三次方减小,右墩各支为正弯矩且均随之以近似二次方增加。

墩底内力变化表 表 3

墩 号	L-L		L-R		R-L		R-R	
工况	*N*	*M*	*N*	*M*	*N*	*M*	*N*	*M*
GK01	−7 967.03	−5 599.97	−3 209.97	−6 002.14	−5 218.75	2 775.46	−5 856.48	743.73
GK02	−8 012.62	−5 580.39	−3 174.48	−5 983.49	−4 529.08	3 675.7	−6 587.53	2 458.55
GK03	−8 063.91	−5 538.62	−3 130.18	−5 942.43	−3 958.17	4 050.67	−7 192.63	3 373.9
GK04	−8 121.98	−5 487.1	−3 078.03	−5 891.55	−3 463.87	5 552.63	−7 715.95	4 945.24
GK05	−8 186.27	−5 439.64	−3 018.99	−5 844.71	−3 019.05	5 737.63	−8 186.19	5 344.67
GK06	−8 254.15	−5 403.76	−2 955.53	−5 809.38	−2 608.35	7 540.32	−8 619.49	7 138.59
GK07	−8 322.63	−5 380.45	−2 890.55	−5 786.55	−2 223.33	7 780.06	−9 024.61	7 485.17
GK08	−8 389.35	−5 367.45	−2 826.48	−5 773.94	−1 858.78	9 575.64	−9 406.94	9 275.7
GK09	−8 452.93	−5 361.83	−2 764.88	−5 768.66	−1 510.9	10 963.8	−9 770.4	10 683.5
GK10	−8 512.59	−5 361.11	−2 706.73	−5 768.22	−1 176.71	11 652.7	−10 118.1	11 413.4

注：表中 GK01～GK10 表示计算中的 01～10 的 10 种工况，*N* 表示轴力(kN)，*M* 表示弯矩(kN·m)。

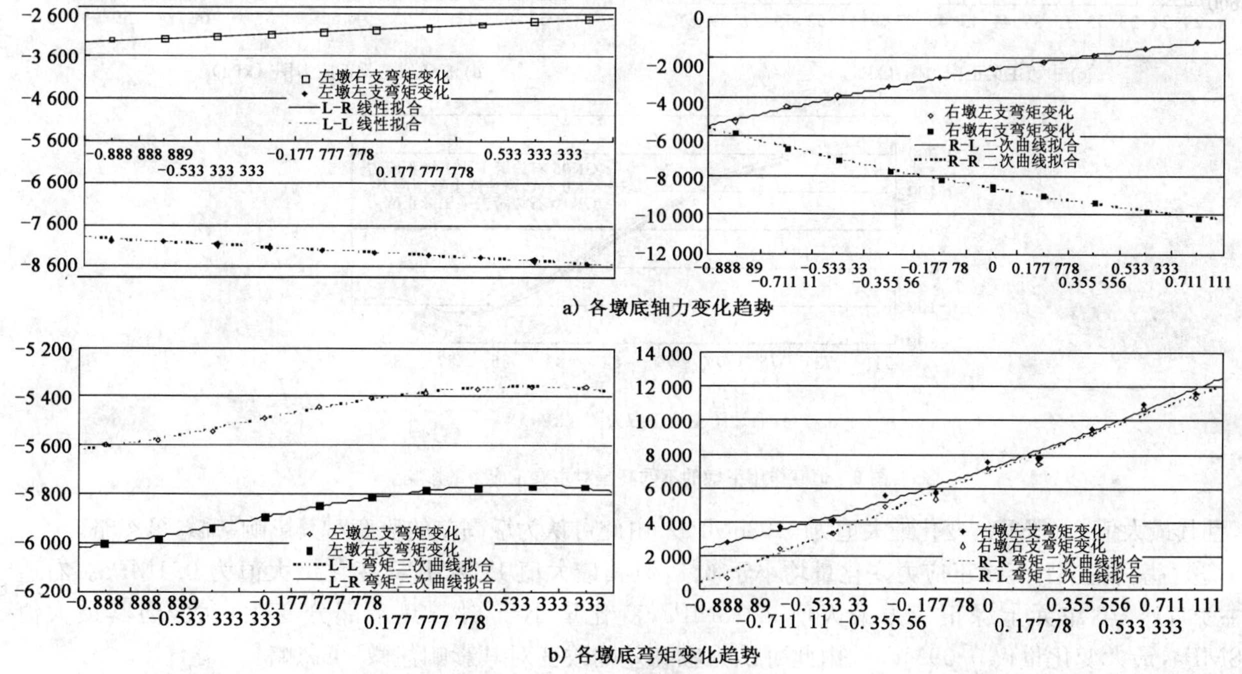

a) 各墩底轴力变化趋势

b) 各墩底弯矩变化趋势

图 5 墩高变化时各墩底内力变化趋势

四、成桥状态结构在恒载作用下，墩的不同高差对结构应力的影响分析

(1)通过图 6 所示(图中：纵坐标为应力值，横坐标为单元号)结果，对墩高差为−60m、24m 和 0m 的三工况下对主梁的影响进行对比分析得知：

①左边跨主梁，3～6 单元上缘正应力减小值均在 5%～30%之间，但其最大值仅 0.19MPa，变化最大值为 0.03MPa；7～10 单元上缘正应力增大值达 50%，但其最大值仅 0.75MPa，变化最大值为 0.04MPa，由此可认为墩高差的改变对其影响甚微，可忽略。对左墩顶主梁上缘正应力为拉应力，变化均在 2%以内，且其最大值 1.77MPa，变化最大值为 0.02MPa，对其影响可忽略。

②中跨主梁，29～40 单元上缘正应力变化量均在 3%以内，其最大值 1.99MPa，变化最大值为 0.02MPa；41～52 单元上缘正应力变化量大部分在 10%以内，在距跨中 10m 左边位置处变化幅度很大，但其最大值变化前后均小于 0.04MPa，变化量值仅 0.04MPa；53～62 单元上缘正应力变化量均在 5%以

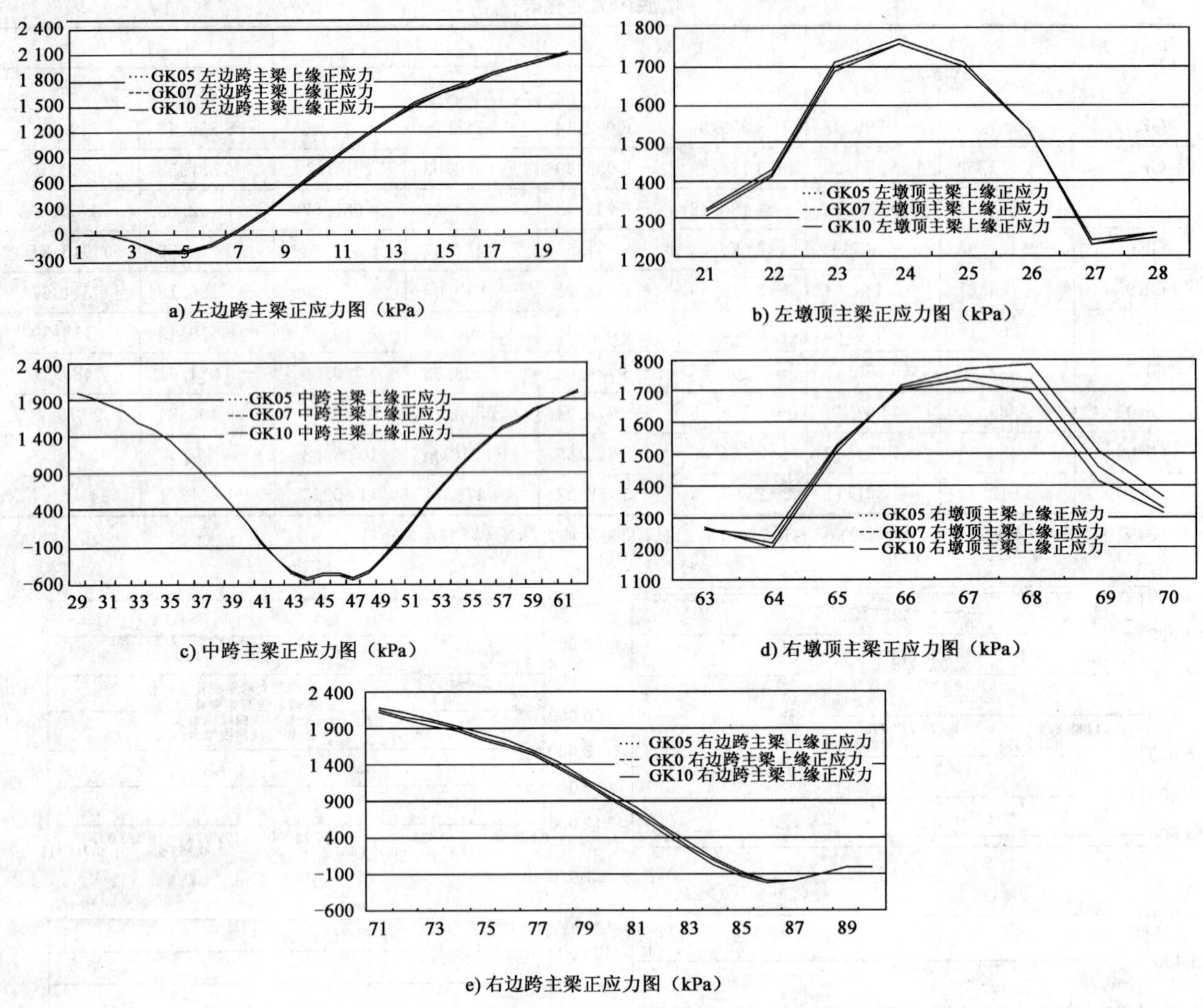

图6 恒载作用下墩的不同高差对主梁正应力的影响

内，且其最大值2.02MPa，变化最大值为0.036MPa。由此可认为墩高差的改变对其影响甚微，可忽略。

③右墩顶主梁，上缘正应力变化量均小于6%，但其最大值1.78MPa，变化最大值为0.1MPa。右边跨主梁71～76单元上缘正应力最大值2.18MPa，变化量小于6%，其余部分变化较大，但其最大值0.8MPa，最大变化量仅0.09MPa。由此可认为墩高差的改变对其影响甚微，可忽略。

对比GK01～GK10各工况知：随着墩高差的增加，左、右边跨主梁上缘主应力值的变化，除正负转换处有较大的变化幅度外，变化均小于5%。左、右墩顶主梁上缘主应力，变化均小于6%。中跨主梁上缘主应力正负转换区段随之变化幅度较大，但其绝对值较小，故对结构的影响也较小。以上说明，墩高差的变化对主梁上缘主应力影响均在工程允许范围之内，可忽略。

(2)如图7a)所示（图中：纵坐标为应力值，横坐标为单元号），左墩左支上缘正应力在墩高差增加时变化幅度均小于7%，其最大值为1.46MPa，最大的变化值0.03MPa。如图7b)所示，左墩右支上缘正应力在墩高差增加时变化幅度大都小于7%，在拉应力向压应力转化区段最大变化幅度达47%，但其最大值为0.18MPa，最大的变化值0.04MPa。如图7c)所示，右墩左支上缘正应力在墩高差增加时变化几乎都大于30%，尤其是在墩顶、底位置，变化幅度分别达50%、44%的同时，墩顶拉应力值由1.02MPa增大到2.02MPa，墩底压应力值由1.12MPa增大到2.01MPa。如图7d)所示，右墩右支上缘正应力在墩高差增加时变化几乎都大于30%，尤其是在墩顶、底位置，变化幅度分别达60%、45%，且墩顶拉应力值由0.56MPa增大到1.43MPa，墩底压应力值由1.35MPa增大到2.46MPa。

由此可认为墩高差的改变对右墩正应力的影响显著，变化幅度较大的同时，拉应力值也较大。对左墩的影响很小，则可以忽略[6][7]。

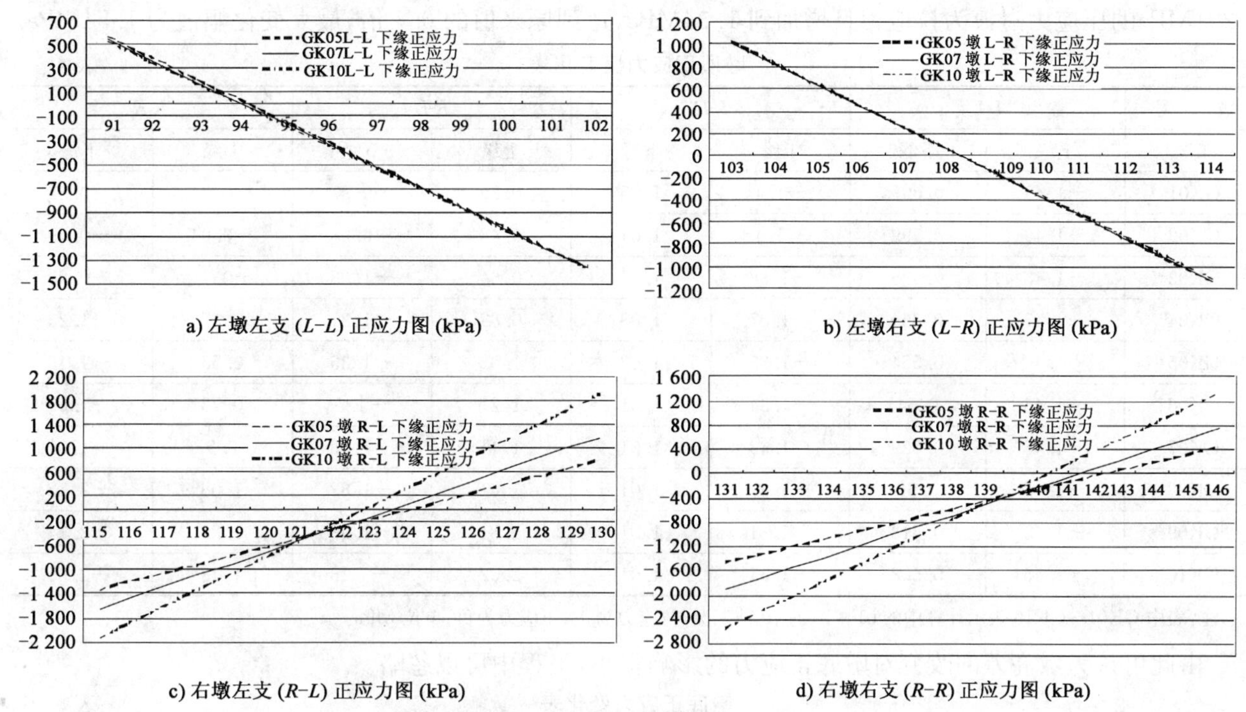

a) 左墩左支 (*L-L*) 正应力图 (kPa)　　b) 左墩右支 (*L-R*) 正应力图 (kPa)

c) 右墩左支 (*R-L*) 正应力图 (kPa)　　d) 右墩右支 (*R-R*) 正应力图 (kPa)

图 7　恒载作用下墩的不同高差对桥墩正应力的影响

由图 7 所示，墩顶和墩底上、下缘正应力变化较墩身其他部位明显，因此为便于比较，现将各工况下各墩墩顶及墩底上下缘正应力变化值列出，见表 4、表 5。

由表 4 可知：随着右墩高度的增加，左墩的左支(*L-L*)上缘正应力一直为压应力且逐渐减小，其值由 1.49MPa 减小到 1.45MPa，最大变化幅值约为 3%；下缘正应力为拉应力，其值由 0.607MPa 减小到 0.508MPa，最大变化幅值约为 16%。左墩的右支(*L-R*)上缘正应力始终为压应力且逐渐减小，其值由 1.40MPa减小到 1.31MPa，最大变化幅值约为 6.5%；下缘正应力始终为拉应力且逐渐减小，其值由 1.05MPa减小到 1.01MPa，最大变化幅值约为 3.8%。右墩的左支(*R-L*)上缘正应力一直为拉应力且逐渐增加，其值由 0.39MPa 增加到 2.02MPa，最大变化幅值为 1.63MPa，高达原来值的 5.2 倍；下缘正应力始终为压应力且逐渐增加，其值由 0.97MPa 增加到 2.15MPa，最大变化幅值为 1.18MPa，达到原来值的 2.2 倍。右墩的右支(*R-R*)上缘正应力由压应力逐渐变化为拉应力且逐渐增加，其值由 0.34MPa 的压应力逐渐过渡为压应力且增加到 1.43MPa，最大变化幅值为 1.77MPa，高达原来值的 4.2 倍；下缘正应力始终为压应力且逐渐增加，其值由 0.32MPa 增加到 2.55MPa，达到原来值的 8 倍，最大变化幅值为 2.23MPa。

由此可认为，墩高差的改变对右墩顶的正应力影响显著，均为大应力值大幅度变化，尤其是拉应力的出现并增大，应引起相关技术人员的注意。对左墩顶的影响很小，则可以忽略。

由表 5 可知：随着右墩高度的增加，左墩左支(*L-L*)上缘正应力一直为拉应力且逐渐减小，其值由 0.491MPa减小到 0.421MPa，最大变化幅值约为 14%；下缘正应力为压应力，其值由 1.38MPa 减小到 1.37MPa，变化幅值小于 1%。左墩的右支(*L-R*)上缘正应力始终为拉应力且逐渐减小，其值由 0.822MPa减小到 0.811MPa，最大变化幅值约为 13%；下缘正应力始终为压应力且逐渐减小，其值由 1.18MPa减小到 1.11MPa，最大变化幅值约为 6%。右墩的左支(*R-L*)上缘正应力一直为压应力且逐渐增加，其值由 0.753MPa 增加到 2.01MPa，最大变化幅值为 1.257MPa，高达原来值的 2.7 倍；下缘正应力始终为拉应力且逐渐增加，其值由 0.173MPa 增加到 1.88MPa，最大变化幅值为 1.07MPa，达到原来值的 11 倍。右墩的右支(*R-R*)上缘正应力为压应力且逐渐增加,其值由 0.449MPa 增加到 2.46MPa,最大变化幅值为 2MPa,高达原来值的 5.5 倍;下缘正应力由压应力变为拉应力且逐渐增加,其值由 0.201MPa的压应力过渡为拉应力且增加到 1.34MPa,达到原来值的 6.7 倍,最大变化幅值为 1.54MPa。

墩顶正应力值变化表　　表 4

墩　号	*L-L*		*L-R*		*R-L*		*R-R*	
工况	上缘	下缘	上缘	下缘	上缘	下缘	上缘	下缘
GK01	−1.49	0.607	−1.4	1.05	0.39	−0.97	−0.34	−0.32
GK02	−1.49	0.599	−1.4	1.04	0.48	−0.98	−0.04	−0.69
GK03	−1.48	0.585	−1.38	1.04	0.64	−1.08	−0.18	−0.98
GK04	−1.47	0.569	−1.07	1.03	0.83	−1.21	0.37	−1.23
GK05	−1.46	0.554	−1.35	1.02	1.02	−1.35	0.55	−1.46
GK06	−1.46	0.54	−1.34	1.01	1.21	−1.5	0.73	−1.69
GK07	−1.45	0.529	−1.33	1.01	1.41	−1.66	0.9	−1.91
GK08	−1.45	0.52	−1.32	1.01	1.61	−1.82	1.08	−2.12
GK09	−1.45	0.513	−1.31	1.01	1.81	−1.98	1.25	−2.34
GK10	−1.45	0.508	−1.31	1.01	2.02	−2.15	1.43	−2.55

注:表中 GK01～GK10 表示计算中的 01～10 的 10 种工况,拉应力为正、压应力为负,单位 MPa。

由此可认为墩高差的改变对墩底正应力的影响很小,工程中可以忽略。

墩底正应力变化表　　表 5

墩　号	*L-L*		*L-R*		*R-L*		*R-R*	
工况	上缘	下缘	上缘	下缘	上缘	下缘	上缘	下缘
GK01	0.491	−1.38	0.822	−1.18	−0.753	0.173	−0.449	−0.201
GK02	0.485	−1.38	0.821	−1.17	−0.864	0.361	−0.776	0.044
GK03	0.475	−1.37	0.817	−1.16	−0.895	0.455	−0.962	0.163
GK04	0.463	−1.37	0.811	−1.15	−1.12	0.733	−1.25	0.369
GK05	0.452	−1.36	0.806	−1.14	−1.12	0.789	−1.35	0.436
GK06	0.442	−1.36	0.804	−1.13	−1.4	1.11	−1.67	0.711
GK07	0.434	−1.36	0.804	−1.13	−1.42	1.17	−1.75	0.746
GK08	0.429	−1.36	0.805	−1.12	−1.7	1.49	−2.07	1.02
GK09	0.424	−1.36	−0.808	−1.12	−1.91	1.74	−2.32	1.24
GK10	0.421	−1.37	0.811	−1.11	−2.01	1.88	−2.46	1.34

注:表中 GK01～GK10 表示计算中的 01～10 的 10 种工况,拉应力为正、压应力为负,单位 MPa。

五、结　　论

为便于说明问题,对照图 8 所示,令 AA' 墩高度 67.5m 并保持不变,对 BB' 墩高度变化范围从 19.5m 到 127.5m(BB′墩高度以 19.5m 为基准)的规律性进行比较如下:

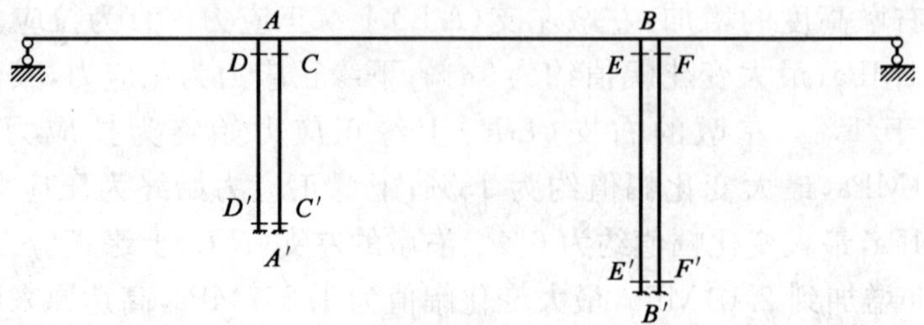

图 8　结构示意图

在 BB' 墩高度由 19.5m 逐渐增加到 127.5m 过程中，有下述结论：

(1)内力变化规律。轴力：D、D' 处近似线性增加，F、F' 近似平方增加，C、C' 处近似线性减小，E、E' 处近似平方减小；弯矩：C、D、C'、D' 处均为正值且近似为 3 次方关系减小，E、F、E'、F' 处均为负值且近似为平方关系增加，应引起相关技术人员的注意。

(2)对主梁上缘主应力、AA' 墩正应力的影响均很小；对 BB' 墩正应力的影响显著，变化幅度较大的同时，拉应力值也较大。

(3)各墩顶、墩底正应力变化比墩身其他部位变化明显，且 E、F 处正应力变化显著，均为大应力值大幅度变化。此拉应力的出现并增大，应引起相关技术人员的注意。

参考文献

[1] 周军生，楼庄鸿. 大跨径预应力混凝土连续刚构桥的现状和发展趋势[J]. 中国公路学报，2000.

[2] 重庆市交通规划勘察设计院. 朝阳市特大桥变更设计，2007.

[3] 四川省交通厅公路规划勘察设计研究院. 渝黔高速公路河耳沟大桥施工图设计，2001.

[4] 廖小文. 大跨宽箱连续刚构桥空间效应分析研究[硕士学位论文]. 重庆交通大学，2007.

[5] 马宝林. 高墩大跨连续刚构桥[M]. 北京：人民交通出版社，2001.

[6] 马朝霞. 影响大跨径预应力混凝土连续刚构桥合龙因素分析与控制[硕士学位论文]. 重庆交通大学，2007.

[7] 马　明. 大跨径连续刚构桥跨中区段性能及问题研究[硕士学位论文]. 重庆交通大学，2007.

151. 桥墩的计算长度系数计算方法研究

谢　晖　周志祥

(重庆交通大学　土木建筑学院)

摘　要　在简支梁桥和先简支后连续梁桥的现行设计中，墩的计算长度系数通常据经验取值，缺乏理论依据，可能造成桥墩设计偏于危险或增加建设投资。笔者基于材料力学推导出了具有弹性支承桥墩的稳定方程和临界荷载，并提出了计算墩计算长度系数的简化计算公式，以供设计参考。

关键词　桥墩　计算长度　拟合

引　言

桥墩是桥梁的重要结构，支撑着桥梁上部结构的荷载，并将它传递给地基基础。桥墩是偏心受压构件，有关设计规范对计算长度系数作了如下规定[1][2]：“构件的计算长度 l_0，当构件两端固定时取 $0.5l$；当一端固定一端为不移动的铰时取 $0.7l$；当两端均为不移动的铰时取 l，当一端固定一端自由时取 $2l$；l 为构件支点的长度。”而对于多跨简支梁桥和先简支后连续的桥梁，桥墩在成桥状态下，基本上是桥墩与基础固结，梁通过支座与墩(台)连接，桥梁结构由于橡胶支座的剪切变形，上部梁结构对墩顶端形成了介于自由端和不动铰支座之间的弹性支承，其计算长度处于 $0.7l$ 与 $2l$ 之间。上述状态与文献[1]和[2]中规定的四种情况有较大区别。而在实际中，常根据工程设计经验取 1.2～2.0，具有较大的随意性。墩的计算长度系数通常据经验取值，缺乏理论依据。计算长度系数若取得太小将会使设计偏于不安全，而取得太大，将会增大投资，影响桥梁的经济效益和社会效益。因此确定合适的桥墩计算长度系数是很重要的。

一、桥墩计算长度 μ 的确定方法

计算长度系数的物理意义[3]是：各种支承条件的轴压杆，其临界力与长度为 μl 的两端铰支压杆的临

界力相等,因此计算长度也就是各种压杆对两端简支压杆的等效长度。临界力计算公式为:

$$P_{cr}=\frac{\pi^2 EI}{l_0^2}=\frac{\pi^2 EI}{(\mu l)^2} \tag{1}$$

式中:EI ——杆件的抗弯刚度;

l_0 ——杆件的计算长度;

l——杆件的几何长度;

μ——杆件的计算长度系数。

因此,杆件的临界荷载与杆件本身的抗弯刚度 EI 、杆件的几何长度 l 和支承对杆件的位移约束程度有关,而杆件的计算长度系数仅与支承对杆件的位移的约束程度有关。从上面的分析中可知,要计算杆件的计算长度系数 μ,可先求出杆件在轴压条件下的临界荷载 P_{cr} ,然后根据式(1)就可得出杆件的计算长度系数。

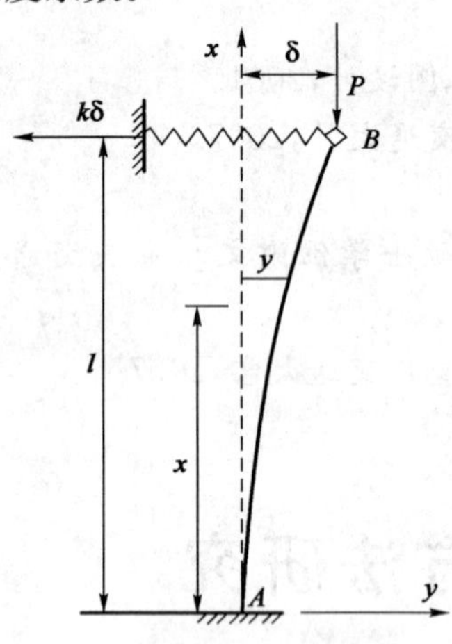

图1　具有弹性支承的压杆的计算简图

1. 临界荷载 P_{cr} 的确定

如前所述,桥梁结构由于橡胶支座的剪切变形,上部梁结构对墩顶端形成了介于自由端和不动铰支座之间的弹性支承,图1为该结构的计算模型。在以下的分析中,先计算出该结构的临界荷载 P_{cr} 然后根据式(1)计算墩的计算长度系数 μ[4][5]。

图1为 B 端为弹性支座的压杆,弹簧的刚度系数为 k。该压杆的失稳状态如图示,按材料力学公式 $EIy''=-M$ 求解。

其弯矩表达式为:

$$M=-P(\delta-y)+k\delta(l-x) \tag{2}$$

代入 $EIy''=-M$,且当墩的截面沿墩高不变化时可得如下微分方程:

$$EIy''+Py=P\delta-k\delta(l-x) \tag{3}$$

令 $\alpha^2=\dfrac{P}{EI}$,其解为:

$$y(x)=C_1\cos\alpha x+C_2\sin\alpha x+\delta[1-k(l-x)/p] \tag{4}$$

式中 C_1、C_2 和 δ 为待定常数。杆两端的约束条件为:

$$x=0 \text{ 时 } y=0、y'=0$$

$$x=l \text{ 时 } y=\delta$$

根据上列的杆端条件,可得出下列方程组:

$$C_1+(1-kl/p)\delta=0$$

$$\alpha C_2+k\delta/p=0$$

$$C_1\cos\alpha l+C_2\sin\alpha l=0$$

因 C_1、C_2 和 δ 应有非零解,故上述方程组的系数行列式等于零,即可求得具有弹性支承压杆的稳定方程:

$$\tan\alpha l=\alpha l-(\alpha l)^3 EI/kl^3 \tag{5}$$

这是一个超越方程,可用试算法或图解法求解,然后根据 αl 的最小值计算临界荷载 P_{cr},这样便可得到计算长度系数 μ。

从公式(5)可知,要求桥墩的临界荷载 P_{cr},就必须先求出该墩的弹性支承刚度,即图1和式(5)中的 k。

2. 弹性支承刚度 k 的确定

现在利用集成刚度法计算周围桥墩对墩的约束刚度,即图1中的弹性支承刚度。按集成刚度法计算图2中曲线所围部分的抗推刚度[6][7]。集成刚度法的主要概念有:一是用串联的和并联的弹簧结构来模拟墩及其支座;二是将若干孔桥梁的总抗推刚度(即集成刚度)推算出来。在公路梁桥系统中的基本假设是在水平荷载作用下，梁视为刚体，水平荷载的传递不计梁挠曲的影响。这个方法概念明确，物理意义清晰，运算过程规律性强，为计算类似结构的一种普遍性的方法。现概略介绍如下：

图2为一具有橡胶支座的梁桥的左端孔，设1号墩顶右侧作用有外力 H_1^B，整个桥孔向右发生位移，各墩、支座和梁端的受力分别注在图上。分析图2a)，在水平力 H 的作用下，传力过程为：左柱→左柱顶支座→上部结构→右柱顶支座→右柱。把1号墩顶的左支座从支座底面与墩顶面切开，全孔分成左右两部分自由体。由图可见：由1号墩顶传到左支座底面的力，在通过梁传到0号墩右支座顶面的力，通过支座传到0号墩顶面的力，如图2a)中曲线所围，其方向和大小都是相同的，而三者的总位移是叠加的，可以用三个串连的弹簧来模拟[7][8]，如图2b)所示。反之，1号墩顶面和其上的左支座的底面(代表左边自由体的活动端)两者位移的方向和大小是相同的，应叠加起来承受外力，因此整孔桥跨可以用两个并联的弹簧来模拟，如图2b)所示。图中注明了每个"弹簧"的刚度，自然不难求得整孔桥的刚度，用 K_1' 表示，成为第一孔的集成刚度。

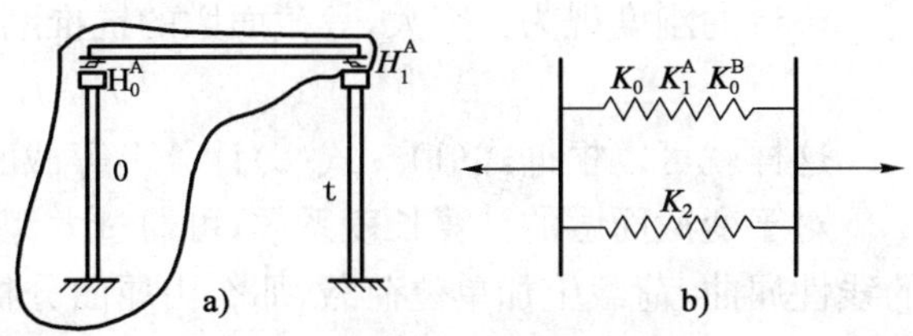

图2 桥孔刚度桥孔模拟模型图

由图2可见，并联的上面那个弹簧，即左部分自由体的刚度令为 $K_{左}$，则：

$$1/K_{左} = 1/K_0 + 1/K_{0B} + 1/K_{1A} = 1/K_0 + 1/K_{1AB} \tag{6}$$

式中：K_{1AB}——第一孔梁两端两支座串联后的刚度，

$$K_{1AB} = (K_{1A} \times K_{0B})/(K_{1A} + K_{0B}) \tag{7}$$

由式(6)和式(7)可得：

$$K_{左} = (K_{1A} \times K_{1AB})/(K_{1A} + K_{1AB}) \tag{8}$$

这样，当要求1号墩的计算长度系数时，即可将图2中曲线所围部分看成1号墩的一个弹性支承，这样依此类推，便可求出桥梁中某墩左右两侧结构的集成刚度。而对于多跨简支梁桥，当求其中某墩临界力和计算长度时，可将该处左右两端的结构分开，分别求出它们的集成抗推刚度 $K_{左}$ 和 $K_{右}$，然后将其并联，即图1中弹性支承的刚度 $k = K_{左} + K_{右}$ 这样便可利用式(1)计算出墩的临界荷载 P_{cr}，并根据式(1)计算出墩的计算长度系数 μ。

二、计算长度系数 μ 简化计算公式推导

下面以3×30m先简支后连续梁桥为例，计算常用墩高(10～90m)的计算长度系数 μ。

3×30m先简支后连续梁桥总体布置图见图3。桥台为重力式桥台墩为混凝土双柱式桥墩(1号、2号墩等高)，墩高不大于40m时为圆柱式墩，圆柱式墩高和墩径见表1；墩高大于40m时为箱形截面空心墩，墩构造见图2。支座选用文献[8]中的GJZ200×450型支座，支座的抗推刚度 K_z：

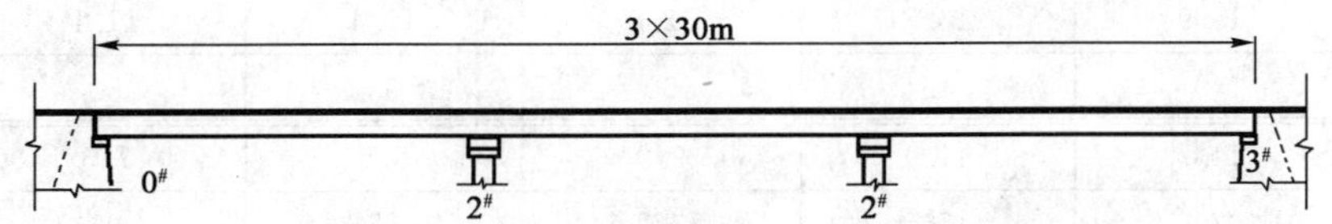

图3 3×30m先简支后连续梁桥总体布置图

等截面圆柱墩墩高与墩径 表1

墩高(m)	10	15	20	25	30	35
墩径(m)	1.2	1.2	1.5	1.8	2.0	2.0

$$K_z = A_z G_z / h_z \tag{9}$$

式中：A_z——橡胶支座的面积；

h_z——支座厚度；

G_z——支座的剪切弹性模量，按文献[8]取值。

桥台的刚度视为无穷大，等截面墩的抗推刚度 k_d 按以下公式计算：

$$K_d = 3EI/h^3 \tag{10}$$

这样就可以根据式(1)～式(8)计算出等截面墩的临界荷载 P_{cr}(表 2)和计算长度系数 μ(表 3)。

对于变截面墩的计算长度系数，可通过大型有限元分析软件 ANSYS 进行计算。在计算中仅考虑墩的线性屈曲，荷载施加单位荷载，那么由屈曲分析计算得出的特征值即为实际屈曲临界荷载。

以下建立屈曲分析的计算模型。墩的弹性支承刚度 k 仍然按公式(1)～式(8)进行计算(其中变截面墩的抗推刚度按数值积分进行计算)。在模型中，墩采用 BEAM188 单元，弹性支承采用 COMBIN14 单元。墩与基础固结，与弹性支承铰接。混凝土的弹性模量 $E=3\times 10^4$ MPa。单位荷载施加在墩顶。有限元模型见图 5。

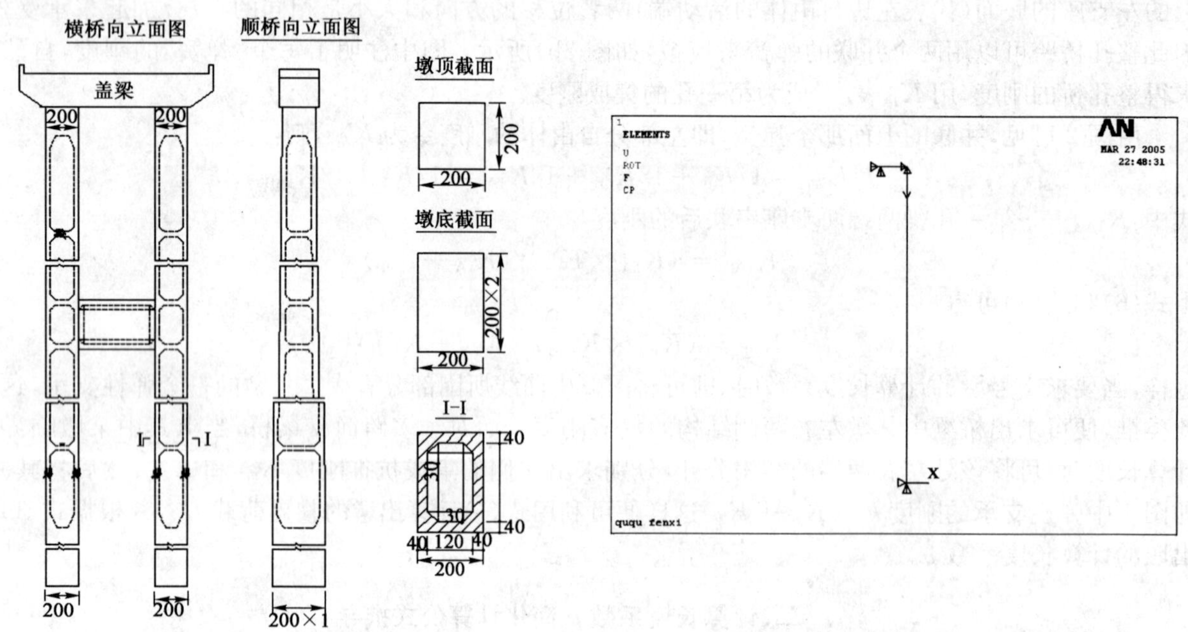

图 4　箱型截面空心墩构造图　　　　图 5　变截面墩(墩高 40m)ANSYS 计算模型

计算结果见表 2 和表 3。

墩的临界荷载 P_{cr}(10^5 kN)　　表 2

墩高(m)	10	15	20	25	30	35
临界荷载 P_{cr}	15.9	13.3	12.0	11.4	11.1	10.1
墩高(m)	40	45	50	55	60	65
临界荷载 P_{cr}	14.7	11.9	9.9	8.6	7.3	6.5
墩高(m)	70	75	80	85	90	
临界荷载 P_{cr}	5.7	5.2	4.7	4.3	4.0	

墩的计算长度系数 μ　　表 3

墩高(m)	10	15	20	25
计算长度系数 μ	1.3786	1.4281	1.4368	1.4811
墩高(m)	30	35	40	45
计算长度系数 μ	1.5065	1.5306	1.5376	1.5619

续上表

墩高(m)	50	55	60	65
计算长度系数 μ	1.5824	1.5896	1.6204	1.6271
墩高(m)	70	75	80	85
计算长度系数 μ	1.6501	1.6574	1.6691	1.6925
墩高(m)	90			
计算长度系数 μ	1.6984			

以下根据表3的数据，对墩等高的3×30m先简支后连续梁桥桥墩的计算长度系数 μ 进行曲线拟合。由于墩的计算长度系数 μ 是无量纲的量，根据前面的分析，该墩的计算长度系数 μ 主要与墩的高度有关，因此按墩高进行拟合。拟合曲线见图6。

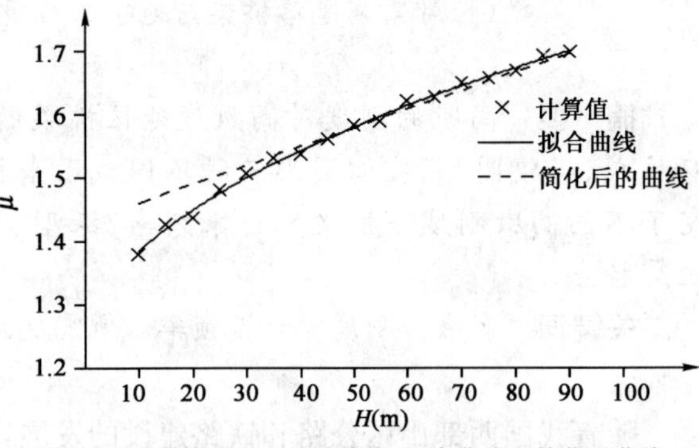

图6　墩的计算长度 μ 的计算值、拟合曲线和简化后曲线

从图6可以看出，墩的计算长度系数 μ 随墩高的增加而增加，但不是线性关系，墩的计算长度系数 μ 的增加速度较慢。因此可选择下面的函数进行拟合。

$$\mu = A\sqrt{H} + B \tag{11}$$

根据曲线拟合的方法[9]，可得 $A=0.0499$，$B=1.227$，因此墩的计算长度系数 μ 为下式：

$$\mu = 0.0499\sqrt{H} + 1.227 \tag{12}$$

式中：H——墩的高度(m)。

将墩的计算长度系数 μ 的计算值与拟合曲线进行比较，可从图6中看出，式(12)的拟合精度较高。为使用方便将式(12)适当简化，得出简化后的拟合式：

$$\mu = 0.003H + 1.4 \tag{13}$$

三、结　语

本文通过分析成桥状态下简支梁桥和先简支后连续梁桥桥墩的力学行为，得出如下结论：

(1)在简支桥梁和先简支后连续梁桥的现行设计中，墩的计算长度系数通常据经验取值，缺乏理论依据，可能造成桥墩设计偏于危险或无为的增加建设投资。

(2)在成桥状态下，简支梁桥和先简支后连续梁桥桥墩的计算长度系数不是一个确定值，应根据墩顶的约束等情况来考虑。

(3)笔者基于材料力学公式 $EIy''=-M$ 求解墩顶具有弹性支承的墩的稳定方程和临界力，并提出了计算墩的计算长度系数的简化计算公式，以供设计时参考。

参考文献

[1] 中华人民共和国交通部标准·(JTJ 023—85)公路钢筋混凝土及预应力混凝土桥涵设计规范(含条文说明)[S].北京：人民交通出版社，1985.

[2] 中华人民共和国交通部标准·(JTG D62—2004)公路钢筋混凝土及预应力混凝土桥涵设计规范.北京：人民交通出版社，2004.

[3] 朱宝华·杆系结构理论[M]·北京：同济大学出版社，1993.

[4] 孙训方等.材料力学(第二版)[M]·北京：高等教育出版社，1987.

[5] 李存权.结构稳定和稳定内力(第一版)[M]·北京：人民交通出版社，2000.

[6] 王伯惠等.柔性墩台梁式桥设计[M]·北京：人民交通出版社，1994.

[7] 李靖森等:集成刚度法在梁桥墩台计算中的应用[J],公路,1985(4).
[8] 颜庆津·数值分析(修订版)[M]·北京:北京航空航天大学出版社,2000.

152. 桥墩刚度对高墩连续梁桥抗震特性的影响

王江胜[1,2] 蔺鹏臻[1,2] 刘凤奎[2] 王根会[1,2]
(1. 甘肃省道路桥梁与地下工程重点实验室;2. 兰州交通大学土木工程学院)

摘 要 高墩的刚度对高烈度地区桥梁的抗震性能、全桥的整体性等有显著的影响。本文采用双柱式、实腹圆形、空心圆形三种不同截面来模拟桥墩刚度差异,通过建立全桥有限元分析模型,研究了不同高墩刚度下桥梁的自振频率、振型、地震反应位移及内力的变化规律,总结了高墩桥梁的抗震特点。

关键词 高墩 刚度 自振频率 地震反应

随着我国西部山区公路和铁路建设的发展,高桥墩日益增多。由于其地形、地貌条件,使得越来越多的高墩在这些地区得到广泛应用。在地震作用下,桥梁由于地震力直接导致的破坏情况较少,大多数是由于桥梁刚度不足而导致落梁。主梁落梁时,会将桥墩砸断,从而引起相邻跨的落梁,这样的连锁反应,最后导致桥梁全部倒塌,因此,对于高烈度地震区的桥梁来说,其刚度必须满足一定的要求。

桥宽、桥跨、桥长、几何约束等会受到交通流量和地形地貌的限制,在抗震概念设计中有时候无法对这些因素进行修正。而桥墩形式却比较灵活,桥墩形式的改变使桥墩的刚度也相应发生改变,从而会对全桥的刚度产出影响,进而影响全桥的抗震特性,如自振频率等。因此,桥墩刚度的变化能否满足桥梁抗震设计的要求就成为设计者关心的问题。

一、高墩抗震特点

高桥墩墩体自重大,柔度大,阻尼小,墩顶还要承载巨大的上部结构和车辆荷载,形成一个对于承受水平作用力,特别是对抗震不利的摇摆式结构。

在纵向地震动作用下,作为一个整体的耦连体系,当桥墩的高度不太大,相邻桥墩变化又不太剧烈时,仅考虑体系的基本振型已有足够的精度。当桥墩的高度较大时,除基本振型以外,还要考虑第二阶振型的影响。对于特高桥墩,而且相邻墩的高度变化又特别显著时,则其他的高阶振型的影响可能成为不可忽略的因素。

二、桥 墩 选 型

普通双柱墩横向抗弯刚度较好,但是纵向抗弯刚度较差,且抗扭刚度更差。另外,当桥墩高度很高时,双柱墩在弯矩、剪力、轴力的共同作用下,很容易发生墩柱的失稳破坏,因此,在桥墩很高时一般较少采用。

实腹圆形桥墩和空心圆形桥墩具有在各个方向刚度都比较大,抗扭刚度大,整体性好,各方向抵抗矩相同的优点,因此,在高烈度地震区桥梁的建设中,具有明显的优势。

本文分三种情况利用 Midas civil 有限元程序建立三维全桥模型。截面尺寸在拟定时考虑三种桥墩质量不变原则,即截面形式的变化不改变桥墩横截面面积。本文的三种桥墩尺寸分别为:采用双柱墩时,墩柱直径为 1.7m;采用实腹圆形墩时,墩柱直径为 2.4m;采用空心墩时,墩柱直径为 3m,壁厚为 0.6m。

三、工 程 实 例

甘沟子右线大桥为武罐高速公路一联中桥梁墩高差别最大的桥梁，该桥梁为1联7×30m连续梁桥，上部采用装配式部分预应力混凝土简支转连续箱梁。该桥荷载等级为公路—I级，桥位处地震动加速度峰值为0.2g，场地类别为II类，按8度设防。

有限元模型以实腹圆形墩为例，如图1所示。

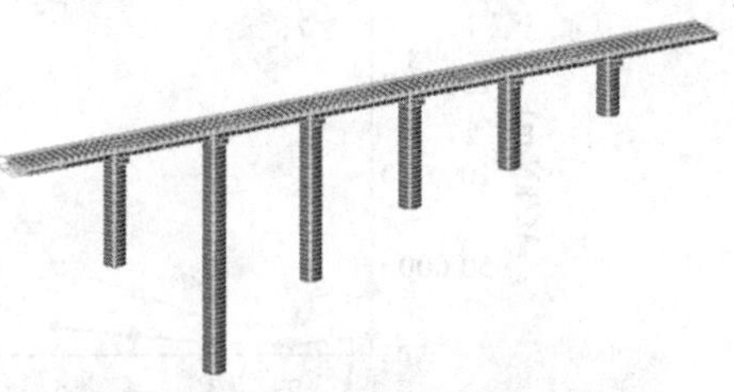

图1 全桥实腹圆形墩有限元模型

1. 自振特性

不同桥墩形式桥梁的前4阶自振特性见表1。

前4阶振型与周期(单位:s) 表1

振型阶数		1	2	3	4
空心墩	周期	0.882	0.867	0.416	0.336
	振型形状	全桥顺桥向	全桥横桥向	全桥横桥向反对称	2号墩顺桥向
实腹墩	周期	1.228	0.993	0.499	0.479
	振型形状	全桥顺桥向	全桥横桥向	2号墩顺桥向	2号墩横桥向
双柱墩	周期	1.931	0.943	0.714	0.663
	振型形状	全桥顺桥向	全桥横桥向	2号墩顺桥向	2号墩弯扭耦合

由表1可以看出：

(1)从各阶振型周期可以看出空心墩周期最小，实腹墩次之，双柱墩最大，说明空心墩的刚度最大，双柱墩的刚度最小，实腹圆形墩的刚度居于二者之间。

(2)与其他墩相比，高墩较柔(本例所选桥梁2号墩最高，达49m)，无论采用哪种桥墩截面，高墩的振动都比较明显，由此可知，桥墩的刚度对高墩的影响较为显著。

(3)前4阶振型中，三种截面形式横桥向振动都较大，说明高墩桥梁横桥向刚度较弱，而顺桥向往往由于各墩的耦合受力，其纵向刚度较大。

2. 地震反应分析

利用前述有限元模型，选用El-Centro地震波进行地震响应分析。根据《公路桥梁抗震设计细则》(JTG TB02-01—2008)规定，纵、横、竖桥向三个方向同时输入地震波，不考虑行波效应。三种桥墩类型计算结果见图2、图3。

从图2、图3的结果可以看出：

(1)随着桥墩刚度的增加，各桥墩的墩顶纵向位移有明显的降低，且三种桥墩类型中2号墩纵、横向位移均较大，主要原因是在所有桥墩中2号墩最高，故其刚度较小所致。

(2)在各墩中5、6号墩的墩底弯矩较其他各墩大，出现以上现象的原因主要是：在地震作用下，5、6号墩较矮，故其刚度较大，承受地震荷载也相应较大。

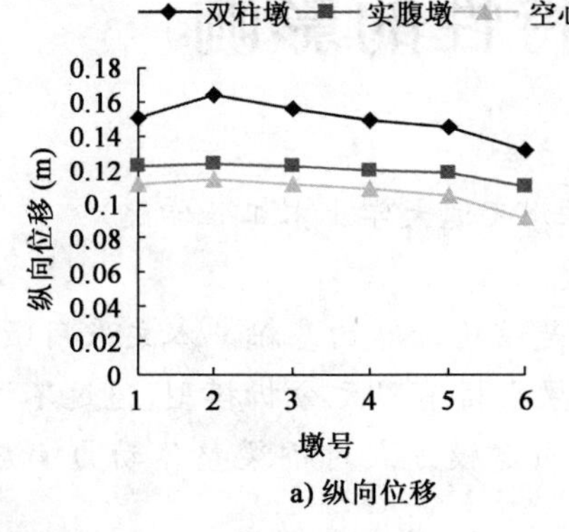

a) 纵向位移

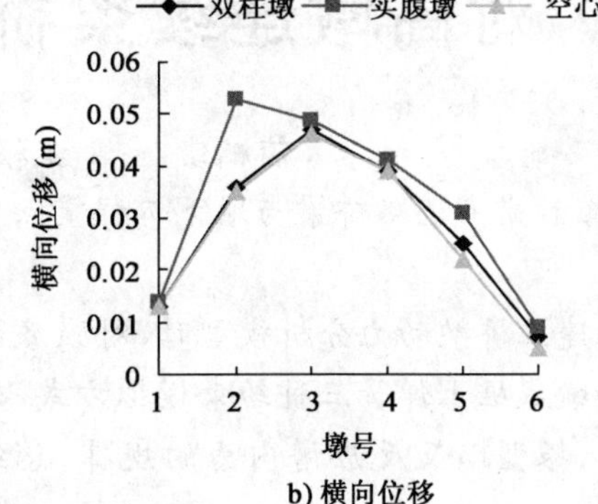

b) 横向位移

图2 各墩位移图

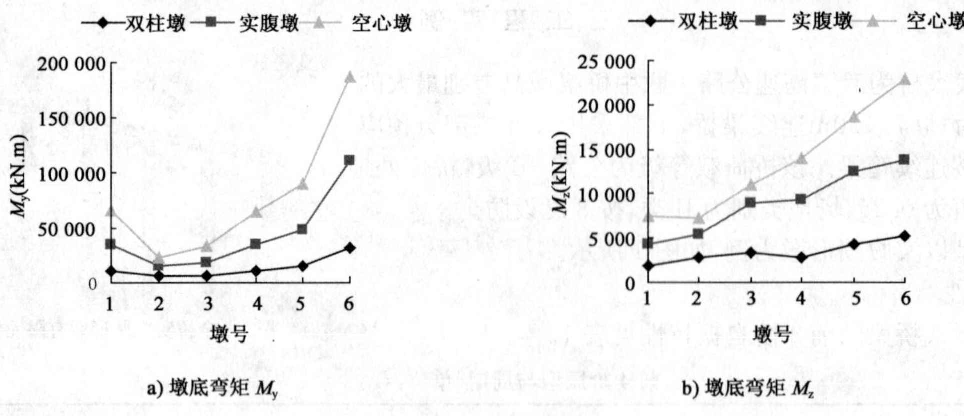

图3 各墩内力图

四、结论及建议

通过以上计算、分析，可得出结论如下：

(1)从表1振型分布来看，选用刚度较大的桥墩可以增加桥梁的整体性，避免较高、较柔桥墩位移过大，造成上部结构落梁。

(2)桥墩刚度对墩底弯矩和墩顶位移有明显影响，当选用刚度较大的桥墩时，各墩内力相比刚度较小的桥墩明显大，而墩顶位移相应减小，这就要求在桥墩选型时要综合考虑刚度和延性能力。

(3)当桥墩比较高时，全桥自振频率较小，横向刚度往往较纵向刚度小，在设计时应考虑通过一些措施增加桥梁的横向刚度。

参考文献

[1] 范立础. 桥梁抗震. 北京：同济大学出版社. 1997.

[2] 李　睿，叶燎原，杨忠恒，杨　清. 高烈度地震区梁桥高墩的选型和设计. 昆明理工大学学报(理工版) 2008，33(1)：52-97.

[3] 李　睿，宁晓骏，叶燎原，李新乐. 高墩桥梁的地震反应分析. 昆明理工大学学报，2001，26(5)：86-89.

[4] 马健中. 高桥墩桥梁抗震分析方法. 公路交通科技，2004，21(12)：66-68.

[5] (JTG TB02-01—2008)公路桥梁抗震设计细则[S]. 北京：人民交通出版社，2008.

153. 墩底约束的模拟方式对高墩连续梁桥动力特性的影响

蔺鹏臻[1,2]　王根会[1,2]　王江胜[1,2]

(1. 甘肃省道路桥梁与地下工程重点实验室；2. 兰州交通大学土木工程学院)

摘　要　在建立桥梁动力分析模型时，对墩底的精确模拟是结构计算的基础。本文采用墩底固结、墩底集中弹簧和墩底桩土弹簧三种约束模拟方式，建立高墩桥梁全桥有限元分析模型，通过不同约束下桥梁的自振频率、振型以及反应谱内力的规律，总结了墩底不同建模方式对桥梁整体动力响应的影响规律。

关键词　桥墩　桩基础　约束　动力特性

桥墩是桥梁结构的重要组成部分，在地震中直接承受地震波的作用，如果桥墩在地震中遭受损坏，会引起上部梁体坠落，从而使桥梁严重破坏。现代桥梁地震反应分析都是建立在合理简化模型的基础上进行的，所以在建立分析模型时能否真实地模拟实际结构是进行地震反应分析的前提。

一、墩底约束的模拟方法

1. 常见的约束模拟方法

目前常用的桩基约束模拟方法有以下几种：

(1)对于刚性地基，认为桥墩嵌固在地基中，将其模拟为墩底完全固结；

(2)对于弹性地基，可以把桥墩视为弹性地基的梁，地基的弹性影响用等代集中土弹簧模拟；

(3)对于大跨、复杂桥梁结构，为提高分析模拟精度，往往考虑墩底桩—土相互作用。

本文拟采取用以下三种墩底模拟方法展开研究：

(1)墩底完全固结；

(2)墩底按照集中弹簧模拟桩基弹性约束；

(3)墩底建立桩基质量—弹簧模型，模拟桩与土的相互作用。

2. 工程及模型概况

以武罐高速公路上最大墩高桥梁——马河右线大桥为例，该桥址位于8度区，为II类场地，桥位地震动峰值加速度为0.2g。全桥为2联4×40m＋4×40m连续梁桥，桥梁上部结构采用装配式部分预应力混凝土简支转连续箱梁；下部结构桥台采用柱式台。本文取该桥第二联为分析对象，共4跨，最大墩高57m，最小墩高41m。桥墩采用双排桩基础，桩深24～35m。

针对马河大桥，建立第二联桥梁的动力分析模型。建模采用MIDAS/Civil软件，桥墩和上部结构均采用梁单元。因4号墩为两联相接墩，分析时将第一联自重对其的影响转化为集中质量，施加于4号墩顶部位。桥梁动力分析模型如图1所示。

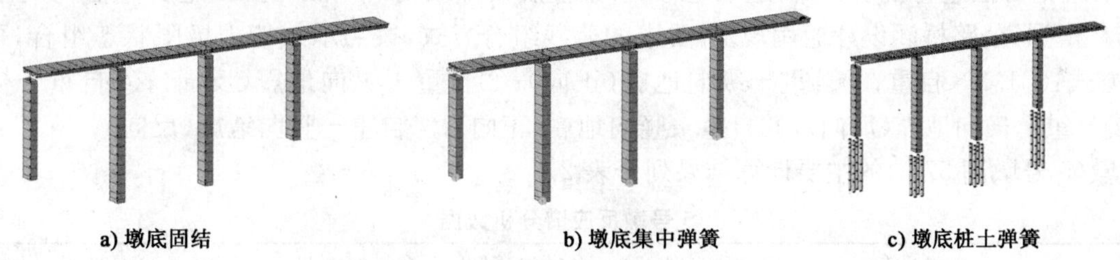

a) 墩底固结　b) 墩底集中弹簧　c) 墩底桩土弹簧

图1　动力分析模型

二、墩底约束对动力特性的影响

1. 自振频率

三种分析模型计算所得的结构前10阶自振频率如表1所示。

自 振 频 率(Hz)　表1

阶数	墩底固结	集中弹簧	桩土弹簧	阶数	墩底固结	集中弹簧	桩土弹簧
1	0.343	0.320	0.304	6	1.516	1.242	1.094
2	0.877	0.729	0.641	7	1.642	1.322	1.173
3	1.143	1.005	0.890	8	1.660	1.465	1.370
4	1.199	1.063	0.993	9	1.774	1.486	1.382
5	1.203	1.114	1.046	10	2.399	1.915	1.716

从表1可以看出，结构自振频率有如下特点：

(1)3种计算模型所得的结构自振频率的规律基本一致。墩底固结的自振频率大于墩底土弹簧，而墩底考虑桩土弹簧的自振频率最小。这一规律符合不同建模方式对结构整体刚度的影响趋势。

(2)结构自振频率密集。第3、4和5阶,以及第6、7和8阶自振频率之间相差较小,反映出高墩桥梁自振特性振型密集的特点。

(3)不同模拟方式主要影响桥墩纵、横向的自振特性,对梁体的竖弯自振特性影响较小。可以看出,固结方式第10阶频率和集中弹簧、桩土弹簧的第11阶频率相等,通过振型比较发现,该振型均为梁体竖弯振型。

2. 振型

以第三种建模方式——桩土弹簧模式的计算结果为例,研究振型特性,限于篇幅只列其纵飘、横弯、竖弯振型,如图2所示。

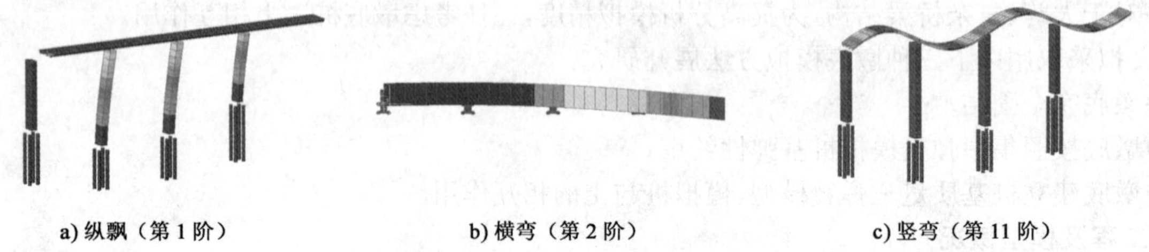

a) 纵飘(第1阶)　　b) 横弯(第2阶)　　c) 竖弯(第11阶)

图2　桥梁典型振型

结构振型具有如下特点:

(1)结构的低阶振动主要为桥墩的自振,且其振动以一阶弯曲为主。桥梁前10阶均为桥墩纵、横向的振动,带动桥面整体纵飘和横弯,且均未出现桥墩二阶及以上振型。

(2)相比桥墩自振而言,桥梁的竖向刚度较大,故桥梁竖弯振型在第11阶及以后出现。

3. 反应谱分析

应用反应谱方法进行抗震分析,选取《公路桥梁抗震设计细则》中规定的E1地震作用,场地特征周期$T_g=0.45$。根据《公路桥涵设计通用规范》要求的荷载组合方式,按照承载能力极限状态组合,采用以下7种组合方式:①1.2×自重;②自重+纵向地震(正向);③自重+纵向地震(反向);④自重+横向地震(正向);⑤自重+横向地震(反向);⑥自重+竖向地震(正向);⑦自重+竖向地震(反向)。

最高墩(5号墩高57m)的主要计算结果列于表2。

5号墩反应谱分析数据　　表2

组合	Fx(kN)			M_y(kN·m)			M_z(kN·m)		
	墩底固结	集中弹簧	桩土弹簧	墩底固结	集中弹簧	桩土弹簧	墩底固结	集中弹簧	桩土弹簧
1	−29136.5	−29127.5	−29132.1	424.7	384.5	351.5	0.0	0.0	0.0
2	−24262.6	−24255.6	−24231.2	47487.7	44414.2	41339.9	0.0	0.0	0.0
3	−24298.2	−24290.2	−24322.3	−46779.9	−43773.3	−40754.0	0.0	0.0	0.0
4	−24280.4	−24272.5	−24192.3	353.9	320.5	293.0	59045.8	52872.9	49870.5
5	−24280.5	−24273.4	−24361.2	353.9	320.5	292.9	−59045.8	−52872.9	−49870.5
6	−22880.9	−21832.4	−23912.3	504.9	489.2	419.4	0.1	0.0	0.0
7	−25679.9	−26713.5	−24641.2	202.9	151.7	166.5	−0.1	0.0	0.0

可以看出,桥梁在设计反应谱下有以下受力特点:

(1)桩的计算模式对组合轴力影响较小,这与轴力主要由恒载贡献有关;而对弯矩有一定影响。计算模式影响最大的是绕着竖轴的弯矩M_z。

(2)与其他墩反应谱分析数据相比,不同墩高和位置,其弯矩特点不同。4号墩从弯矩数值上看,由于受到两联桥梁的影响,其绕着竖轴的弯矩M_z较绕着横轴的弯矩M_y大。中间的5号、6号墩均是M_y大于M_z。

三、结　论

通过以上分析对比，可以得出以下结论：

(1)由于从墩底固结到集中弹簧，再到桩土弹簧，桥梁的整体刚度从大到小，桥梁结构的周期变大，柔性增加，有利于抗震。但在设计中要注意随着柔性增加，结构位移会越来越大。

(2)墩底固结时刚度较大，基本周期较小，在地震作用下，结构内力偏大，造成设计过于保守；桩土弹簧模拟最能反映真实情况，但对特大复杂桥梁在建模时工作量大，耗费机时；集中弹簧与桩土弹簧模拟方式得到的结果基本相同，说明在一般设计中用集中弹簧模拟桩基对墩底的弹性约束能够满足精度要求。

参考文献

[1] 范立础. 桥梁抗震. 北京：同济大学出版社. 1997.
[2] 龚纬，戚冬艳. 桩基础简化模型在桥梁抗震中的应用. 铁道工程学报. 2008(10).
[3] 汪泽文，刘春龙. 基础模拟对桥梁抗震计算的影响分析. 工程结构. 2009(10).
[4] 李茜，王克海，韦　韩. 高墩梁桥地震响应分析. 地震工程与工程振动. 2006(6).
[5] (JTG TB02—01—2008)公路桥梁抗震设计细则[S]. 北京：人民交通出版社，2008.
[6] 梁智垚，李建中. 桥梁高墩合理计算模型探讨. 地震工程与工程振动，2007(4).
[7] 孙剑平，朱晞. 桩基础桥梁的土—结构动力相互作用. 铁道学报，2001(4).

154. 孤山大桥大跨度斜腿刚构铰支承的设计研究

冯刚宪　杨卫锋　宋建平　王　勇
(中国船舶重工集团公司第七二五研究所)

摘　要　本文论述了孤山大桥大跨度斜腿刚构铰支承的工作原理、结构特点、设计原则、材料选择、结构强度校核计算及三维非线性有限元分析，解决了大跨度斜腿刚构桥竖向转体施工转动机构的关键技术，为今后同类桥梁竖向转体施工提供了性能可靠的铰支承解决方案。

关键词　预应力混凝土斜腿刚构　铰支承竖向转体　强度校核　非线性

一、引　言

孤山大桥位于太行山深处，横跨黑砚水河及河北进入山西的重要运煤通道——314 省道，是石太客运专线的控制性工程，为全国第一座预应力混凝土斜腿刚构转体大桥。孤山大桥所处位置河谷深沟，两岸悬崖峭壁，314 省道运输异常繁忙。由于受地形、地势影响及 314 省道根本不可能中断、改道通行的限制，孤山大桥左右两线均采用斜腿刚构预应力混凝土连续梁，最大跨度为 90m，斜腿垂直高度为 23m，斜腿采取竖直施工后再竖向转体到位的施工方法。此种施工方法为国内首次应用，国内外尚无成熟的技术经验可资借鉴，安全风险高，施工难度大。

大跨度斜腿刚构铰支承作为孤山大桥转体施工转动机构的核心部件，既要能保证竖向转体施工功能又能在转体后作为正常支座使用，是保证竖向转体施工安全及转动精度的关键所在。而普通的转体构件无法作为正常支座使用，传统的插销式及滚轴式支座难以满足大跨度、高承载桥梁结构竖向转体的需要，因此，研制满足工程要求的新型铰支承结构是大跨度斜腿刚构安全顺利转体的保证。

二、设 计 要 求

石太客运专线孤山大桥预应力混凝土斜腿刚构铰支承的设计要求为：

(1)既能满足竖向大角度转体,又能承受上部荷载及自动适应正常运营后梁体转动的需求。

(2)单个支座沿斜腿方向设计荷载为18 650kN;顺桥向垂直于斜腿方向荷载为1 530kN,横桥向荷载500kN。

(3)支座安装时螺栓孔位置偏差不超过1mm。

三、铰支承的结构及工作原理

1. 铰支承的结构

本新型铰支承的结构如图1所示,主要由上摆1、铰轴2、下摆3、挡帽4、铰轴螺母5、拉杆6及防尘裙7构成。

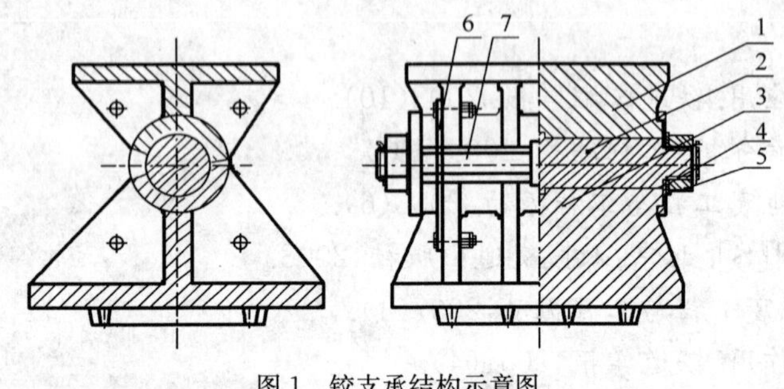

图1　铰支承结构示意图

2. 铰支承的工作原理

本新型铰支承的转动机构由上摆体、下摆体和铰轴构成,在上摆和下摆轴台处采用非对称角度结构,以满足大角度转体的需要;上摆体轴套中部的凹槽、铰轴中部的凸肩及下摆体轴套中部的凹槽配合形成定位机构,以承受来自上部结构的横向水平力;支座下摆底面采用加强筋及井式横向排布方式,增强了铰支承在较大坡度承台上承受沿坡度方向剪切力的能力;上摆与下摆之间采用防尘裙进行密封,以实现支座铰轴部位的防尘密封设计。在上摆、下摆径向肋上加工有连接孔,与挡帽、铰轴螺母及拉杆共同构成支座的锁紧装置,起到支座运输、安装过程中定位锁紧的功能。

本新型铰支承采用非对称摆体能够同时实现上部结构竖向大转角转动及承受各种转角下的上部荷载,结构简洁,运动明确,转动过程安全可靠、转动精度可控,满足了大跨度高承载桥梁竖向转体施工对转动机构的需求。在转体施工后可直接作为正常支座使用,并能自动适应上部结构的转动,且转动平稳。

四、铰支承的结构设计

1. 铰支承的结构特点

与传统铰支座相比,本新型铰支承结构具有以下特点:

(1)新型铰支承能够承受预应力混凝土斜腿刚构竖向荷载、顺桥向荷载及横桥向荷载,在实现预应力混凝土斜腿刚构竖向大角度转体的同时,限制结构的顺桥向及横桥向位移,且转体后能够作为正常支座使用。

(2)新型铰支承采用非对称摆体结构,克服了传统铰支座竖向转动小的缺陷,满足了上部结构大角度竖向转体的需求。

(3)新型铰支承铰轴中间采用凸肩结构,避免了传统铰支座在铰轴中间部位开槽而引起铰轴强度降低及应力集中的弱点。

(4)新型铰支承下摆底面布置加强筋并采用井式横向排布方式,增强了支座在大坡度承台上承受沿坡度方向剪切力的能力。

(5)新型铰支承下锚栓平行截面方向设置有横向短筋,以增强在大坡度承台上锚栓的抗拔力。

(6)新型铰支承在上摆、下摆径向肋上加工有锁定孔,具有在运输及安装过程中锁紧定位的功能,便于运输及转体过程转体位置的控制。

2. 铰支承的结构设计原则

本新型铰支承的结构按照以下原则拟定:

(1)铰支承应满足传递竖向荷载、水平荷载并适应梁部转动功能的要求,同时应考虑加工工艺要求和经济性原则。

(2)铰支承各部件除应满足受力要求外,构造上应使传力均匀。

(3)铰轴设计应满足传递竖向荷载和转动灵活要求,同时铰轴和上、下摆之间应紧密配合。

(4)为了保证铰支承具有充分的刚性,以便使支座的反力较均匀地分布于支承垫石上,支座顺、横桥向方向从铰平面起至支承垫石顶反力的传布角度均不宜大于 45°。

(5)连接螺栓的布置应与铰支承的轴线对称,避免偏心。

根据上述原则初步拟定铰支承的尺寸,并通过强度校核计算及有限元应力分析对尺寸进行优化从而确定支座的设计尺寸。

五、铰支承的主体材料选择

本新型铰支承主体材料的选用考虑了石太客运专线孤山大桥所处地理环境、气候条件及使用状态,铰支承主体材料选用如表 1 所示。

铰支承材料选用 表 1

部 件	上 摆	下 摆	铰 轴	锚 栓
材料	ZGD345—570	ZGD345—570	45 号锻钢	45 钢

六、铰支承结构的强度校核计算

1. 容许应力

依据 TB 10 002.2《铁路桥梁钢结构设计规范》,铰支承材料的基本容许应力如下:

ZGD345—570:$[\sigma_w]=200\text{MPa}$,$[\tau]=120\text{MPa}$;

45 钢(调质):$\tau=125\text{MPa}$;

铰轴径向承压容许应力:$[J]=8.4d_1\text{kN/cm}^2$(d_1为铰轴直径,单位 cm)。

2. 铰支承主要部强度校核计算

(1)铰轴径向承压计算

铰支承通过铰轴传递上部竖向荷载,铰轴径向承压为:

$$J=\frac{V}{L}\leqslant[J]=8.4d_1$$

式中:V——支座竖向荷载;

L——与上、下摆接触的铰轴承压长度;

$[J]$——铰轴径向受压容许应力;

d_1——铰轴承压直径。

(2)铰轴凸肩受压计算

$$\sigma_1=\frac{Q\times10^3}{\frac{1}{2}\times\frac{\pi\times(D^2-d_2{}^2)\times10^{-4}}{4}}\times10^{-6}\leqslant[\sigma]$$

式中:Q——横向荷载;

D——铰轴凸肩横向承压外径;

d_2——铰轴凸肩横向承压内径。

(3)铰轴凸肩抗剪计算

$$\tau_1=\frac{Q\times10^3}{\frac{1}{2}\times\pi\times d_2\times10^{-3}\times t\times10^{-3}}\times10^{-6}\leqslant[\tau]$$

式中:Q——横向承载力;

d_2——铰轴凸肩横向承压内径;

t——铰轴凸肩厚度。

(4)下摆锚栓的抗剪强度计算

铰支承通过下摆锚栓与下部墩台基础连接,传递竖向荷载及水平横向荷载,应对下摆锚栓进行剪切强度校核。下摆锚栓的剪应力为:

$$\tau_3 = \frac{Q \times 10^3}{n_3 \times \dfrac{\pi \times (d_3 \times 10^{-3})^2}{4}} \times 10^{-6} \leqslant [\tau]$$

式中:Q——作用在支座上的横向荷载;

n_3——下摆锚栓数量;

d_3——下摆锚栓直径。

(5)上摆锚栓的抗剪强度计算

铰支承通过上摆锚栓与上部斜腿刚构连接,传递竖向荷载及水平荷载,对上摆锚栓进行剪切强度校核。上摆锚栓的剪应力为:

$$\tau_4 = \frac{Q \times 10^3}{n_4 \times \dfrac{\pi \times (d_4 \times 10^{-3})^2}{4}} \times 10^{-6} \leqslant [\tau]$$

式中:Q——作用在支座上的横向荷载;

n_4——上摆锚栓数量;

d_4——上摆锚栓直径。

(6)计算结果

应力计算见表2。

表2

序号	项目	计算值	容许值	序号	项目	计算值	容许值
1	铰轴径向承压应力 J(kN/cm)	156	210	4	下摆锚栓剪应力 τ_3(MPa)	62	125
2	凸肩压应力 σ_1(MPa)	131.9	200	5	上摆锚栓剪应力 τ_4(MPa)	82	125
3	凸肩剪应力 τ_1(MPa)	11.8	125				

计算结果表明,本新型铰支承各主要受力部位的强度计算结果均小于应力容许值,因此,铰支承的结构是安全的,能够满足孤山大桥工程要求。

七、铰支承结构的三维非线性有限元分析

在工程中,结构自身存在一种与状态相关的非线性行为,从而可能导致结构状态的改变。接触问题是一种普遍的非线性行为,如铰支承的上、下摆凹槽与铰轴存在局部接触的可能性,而非理想状态下的全面接触。孤山大桥铰支承三维整体结构较为复杂,铰轴局部区域刚度变化较大,运用线性有限元分析,不易得到合理的结果,应考虑状态非线性效应,因此对铰支承结构应用三维非线性有限元进行分析,并根据实际情况把铰轴和上、下摆凹槽作为接触问题来处理,以保证计算结果的精确性。

铰支承属对称结构,为了节约运算资源和时间,在保持运算结果准确性的前提下,取其全部模型的1/2进行建模。

1. 铰支承结构的非线性有限元分析

(1)铰支承正常运营状态的应力分析

铰支承正常运营状态下整体结构应力如图2所示,图中上、下摆的轴向肋与轴套接合部及支座上摆外侧的轴向肋底部均出现较大应力集中,主要是由于混凝土边缘对轴向肋与轴套接合部产生较大弯矩所致。

铰轴是铰支承适应上部梁体转动及传递上部荷载的载体,铰轴结构正常运营状态下的应力分布如图

3 所示。铰轴整体应力水平较低，竖向的轴肩处存在应力集中，最大应力为 182.1MPa。

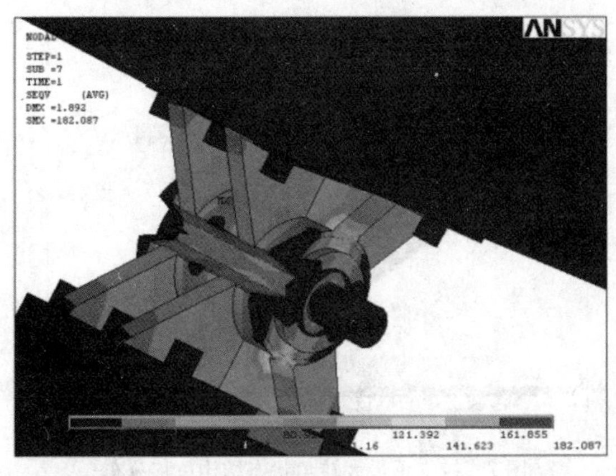

图 2　铰支承正常运营状态整体结构应力分布

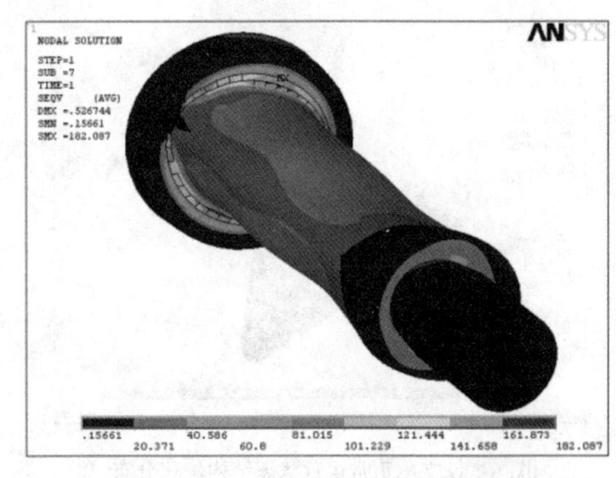

图 3　铰支承正常状态铰轴结构应力分布

(2)铰支承最大转角状态的应力分析

铰支承最大转角状态下的整体应力如图 4 所示。从图中可以看出，下摆右侧应力水平高于左侧应力水平，在上、下摆的轴向肋与轴套接合部存在较大应力集中。

铰轴最大转角状态下应力分布如图 5 所示，铰轴整体应力水平较低，在竖向的凸肩倒角处存在应力集中，最大应力为 185.9MPa。

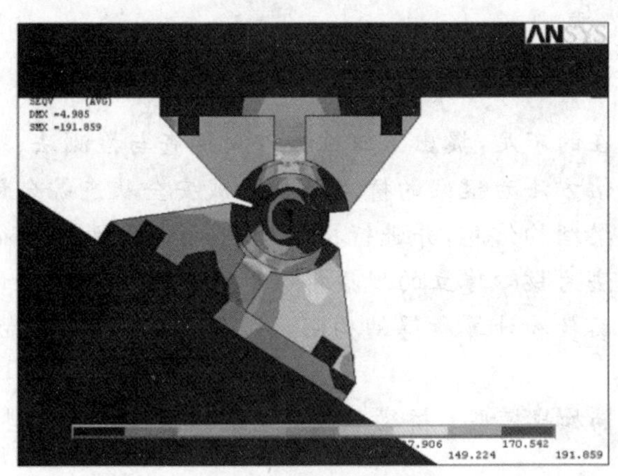

图 4　铰支承最大转角状态整体结构应力分布

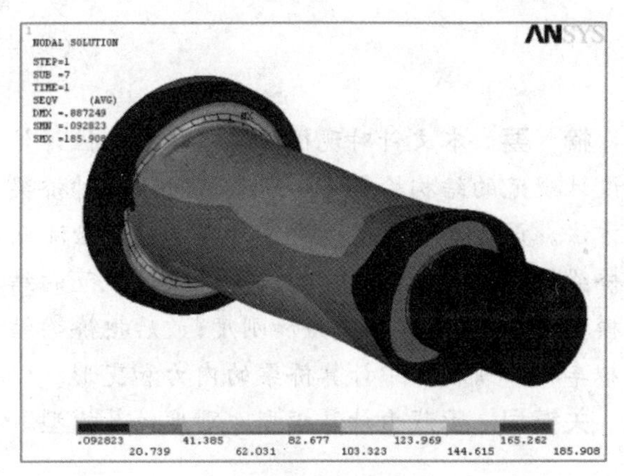

图 5　铰支承最大转角状态铰轴结构应力分布

(3)铰支承结构两种使用状态下的应力分析

有限元应力分析表明，铰支承在两种工作状态下，铰支承主要构件的极限应力的水平相当，且应力发生的部位基本一致。既使不可避免的应力集中部位其极限应力也小于材料的容许应力。

2. 铰支承结构刚度分析

铰支承正常运营状态下的整体结构位移如图 6 所示，整体结构最大位移为 0.95mm；铰支承最大转角状态下的整体结构位移如图 7 所示，整体结构最大位移为 1.62mm。两种使用状态下的整体结构位移云图均表明，铰支承的整体位移变形水平较小，整体结构刚度满足需求。

综上所述，有限元分析表明，铰支承结构的强度与刚度均满足要求。

八、结　　语

本新型铰支承的结构强度校核计算及三维非线性有限元分析结果表明，铰支承的结构设计是安全可靠的，能够满足孤山大桥预应力混凝土斜腿刚构竖向转体施工的要求。

本新型铰支承的研究解决了预应力混凝土斜腿刚构竖向转体施工转动机构的关键技术，为今后同类桥梁竖向转体施工提供了性能可靠的铰支承解决方案。

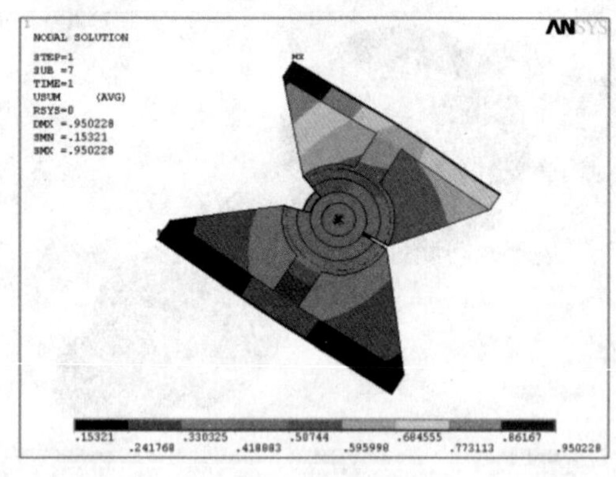

图6 铰支承正常运营状态结构位移分布

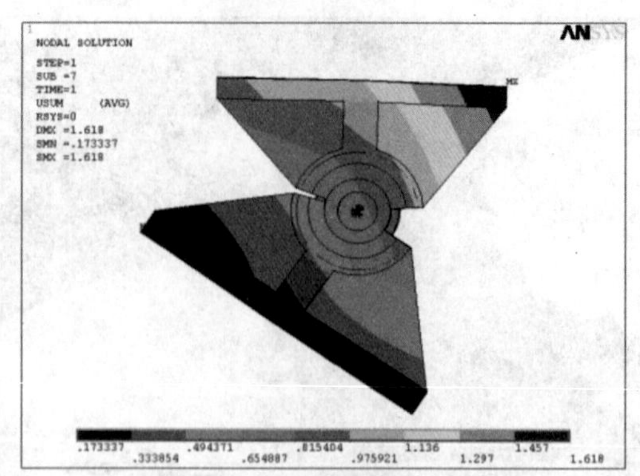

图7 铰支承最大转角状态结构位移分布

155. 梁式桥结构承载安全状态综合评估方法研究

罗 韧 冯 莹

(南京工业大学)

摘 要 本文针对现役桥梁结构安全性评估方法存在的不足,提出了以桥梁外观调查与检测法、基于设计规范的结构检算法和荷载试验法三种桥梁结构评估方法为框架的桥梁结构承载安全状态综合评估方法。该方法首先通过桥梁外观调查与检测法获取桥梁结构信息,并进行技术处理;然后把处理所得的桥梁结构现状参数运用到以基于设计规范的结构检算法为核心建立的现役桥梁结构承载力和刚度计算模型中,计算桥梁承载力和刚度;最后把桥梁结构现状参数和计算所得结构刚度用于替代静载试验的模拟车辆加载软件中计算桥梁的内力和变形。

关键词 承载力计算模型 刚度计算模型 模拟车辆加载模型 桥梁承载安全状态综合评估模型

引 言

桥梁是交通运输网的枢纽,在国民经济和社会生活起着重要的作用。许多现役桥梁因各种因素出现老化、破损等现象导致桥梁结构承载力安全状态不佳,所引起的桥梁安全性问题已成为世界范围的难题[1~3]。探索建立适用于现役桥梁的安全性评估与现状承载安全状态评估方法和技术手段已经成为亟待解决的问题。目前,国内外用于现役桥梁承载安全性评估的方法主要有:①桥梁外观调查与检测法;②基于设计规范的结构检算法;③荷载试验法;④基于结构可靠度理论的方法;⑤基于专家经验评定的方法。但由于现役桥梁自身及外界影响因素的复杂性,合理有效的安全性评估方法仍在不断的研究和完善中。本文结合前①、②、③三种评估方法提出了桥梁承载安全状态综合评估方法,可为桥梁维修加固提供科学、可靠的决策依据。此方法的核心思想是:以基于设计规范理论的结构检算法为核心,建立现役桥梁结构承载力和刚度计算模型,利用桥梁外观调查与检测法获得的桥梁结构承载现状的技术状况信息(例如混凝土的裂缝、局部破损及钢筋锈蚀的程度等)校正各计算模型中的技术参数,形成符合桥梁结构实际承载状况的分析检算模型,并以模拟车辆加载系统(模拟车辆加载模型)替代静载试验,组成完整的桥梁结构承载安全状态综合评估模型,对现役钢筋混凝土桥梁承载安全状态进行评估。桥梁结构承载安全状态综合评估方法应用于梁式桥结构承载安全状态综合评估时，其步骤如图1。

一、桥梁结构承载安全状态综合评估的主要技术参数

对现役桥梁结构进行承载安全状态评估主要是调查在实际运营状态下，现役桥梁结构的承载力是否能满足要求，结构使用状态的控制指标（变形、裂缝、局部应力等）是否超过限值。因此，现役桥梁结构安全性评估的核心是桥梁实际承载力的计算和使用状态控制指标计算，这些计算结果取决于各种相关因素，例如结构材料、结构状况、结构环境等。为了简化承载安全状态评估的理论计算模型，将各影响因素以系数的方式表达。

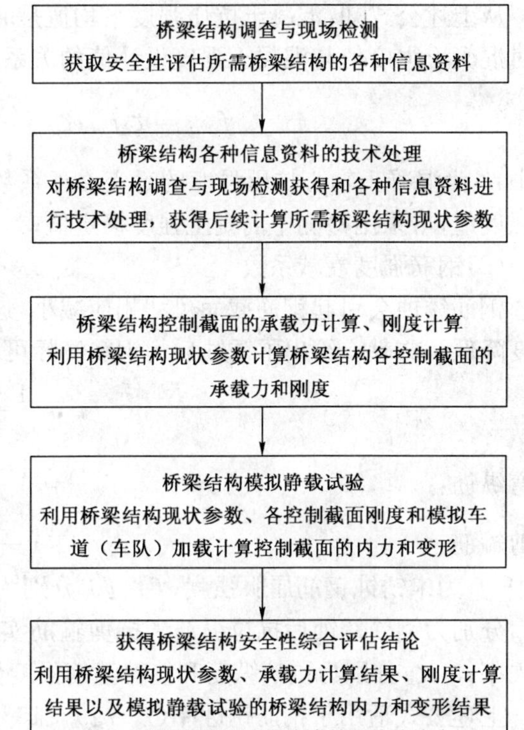

图1 桥梁结构承载安全状态综合评估流程图

1. 截面几何尺寸修正系数

（1）混凝土截面几何尺寸修正系数

钢筋混凝土结构在使用期内会因为钢筋锈蚀或其他因素引起混凝土保护层开裂或剥落，各截面损伤状况也千差万别。根据实际情况，通过钢筋混凝土构件截面裂缝的开展情况、碳化情况以及钢筋锈蚀开裂和剥落情况判断截面的损失，确定混凝土截面实际几何尺寸进行修正。锈蚀开裂或破损后混凝土构件的实际面积可采用下式进行修正：

$$A_{c,t} = \zeta_{ca} A_c \tag{1}$$

式中：ζ_{ca}为混凝土截面面积修正系数；A_c为无截面损伤时混凝土截面面积，$A_c = bh$；$A_{c,t}$为发生截面损伤后的混凝土截面面积，$A_{c,t} = b_t h_t$。

文献[4]提出了锈胀开裂后，根据胀裂宽度对截面尺寸进行折减：

$$h_t = h - (\alpha_1 c_1 + \alpha_2 c_2);\, b_t = b - \alpha_3 c_3 - \alpha_4 c_4 \tag{2}$$

式中：h、b分别为截面原有高度和宽度；h_t、b_t分别为损伤后的截面高度和宽度；c_1、c_2分别为截面高度方向的两侧保护层厚度；c_2、c_3为截面宽度方向的两侧保护层厚度；α_1、α_2、α_3、α_4分别为对应于混凝土保护层c_1、c_2、c_3、c_4的截面几何损伤系数。

（2）钢筋截面尺寸修正系数

钢筋锈蚀会导致钢筋承载截面的减小，锈蚀后的钢筋截面面积可以用下式表示：

抗弯纵筋：
$$A_{s,t} = (1 - \eta_s) A_s = \zeta_{sa} A_s \tag{3}$$

抗剪箍筋：
$$A_{sv,t} = (1 - \eta_{sv}) A_{sv} = \zeta_{sva} A_{sv} \tag{4}$$

式中：ζ_{sa}、ζ_{sva}分别为抗弯纵筋和抗剪箍筋截面修正系数；A_s、A_{sv}分别为未锈蚀的抗弯纵筋和抗剪箍筋截面面积；$A_{s,t}$、$A_{s,t}$分别为抗弯纵筋和抗剪箍筋锈蚀后截面面积；η_s、η_{sv}分别为抗弯纵筋和抗剪箍筋锈蚀截面损失率，钢筋锈蚀截面损失率的计算可分为钢筋开始锈蚀至混凝土保护层锈胀开裂与混凝土保护层锈胀开裂以后两个阶段进行计算，具体计算可参照文献[5]。

2. 材料强度修正系数

钢筋混凝土结构材料强度的变化包括混凝土抗压强度的变化和钢筋强度的变化。

（1）混凝土强度修正系数

相关文献[6]表明，经多年使用后的钢筋混凝土结构其混凝土强度仍然服从正态分布，但强度的平均值和标准差是结构服役时间的函数。混凝土强度平均值和标准值随时间变化的数学模型可表示为：

$$\left.\begin{aligned}\mu_{f_{(\mathrm{cu})}}(t)&=\eta(t)\mu_{f_{\mathrm{cu0}}}=1.4529\mu_{f_{\mathrm{cu0}}}e^{-0.0246(\ln t-1.7154)^2}\\ \sigma_{f_{(\mathrm{cu})}}(t)&=\xi(t)\sigma_{f_{\mathrm{cu0}}}=(0.0305t+1.2368)\sigma_{f_{\mathrm{cu0}}}\end{aligned}\right\}\tag{5}$$

式中：μ_{fcuo}、σ_{fcuo}分别为《桥规》中混凝土28天抗压强度平均值和标准差；$\eta(t)$、$\xi(t)$分别为混凝土抗压强度平均值和标准差随时间变化的系数；t为混凝土结构已使用的时间(年)。

从上述公式知：混凝土抗压强度平均值是时间t的指数函数。根据《桥规》利用上述公式推导可建立现时混凝土强度值与混凝土强度设计值的关系式：

$$f_{cd,t}=\zeta_c f_{cd};\zeta_c=\frac{\eta(t)-1.645\xi(t)\delta_{f_0}}{(1-1.645\delta_{f_0})};\delta_{f_0}=\frac{\sigma_{f_0}}{\mu_{f_0}}\tag{6}$$

式中：ζ_c为混凝土轴心抗压强度的时变修正系数；f_{cd}为混凝土轴心抗压强度设计值；$f_{cd,t}$为混凝土现有实际强度值，可采用检测中混凝土强度推定值；δ_{f0}为混凝土立方体强度标准值的变异系数。

(2)钢筋强度衰减系数

钢筋锈蚀会引起钢筋截面尺寸相应减小，这必然会降低钢筋所能承受的拉力，导致钢筋的名义屈服强度降低。文献[7]给出了锈蚀后的钢筋实际可利用屈服强度与未锈蚀钢筋屈服强度的统计关系：

$$f_{\mathrm{ys}}=\frac{1-1.077\eta_{\mathrm{s}}}{1-\eta_{\mathrm{s}}}f_{\mathrm{y}}=\zeta_{\mathrm{s}}f_{\mathrm{y}}\tag{7}$$

抗弯纵筋：

$$f_{sd,t}=\frac{1-1.077\eta_s}{1-\eta_s}f_{sd}=\zeta_s f_{sd}\tag{8}$$

抗剪箍筋：

$$f_{sdv,t}=(1-1.085\eta_{sv})f_{sdv}=\zeta_{sv}f_{sdv}\tag{9}$$

式中：f_y为未锈蚀钢筋屈服强度；f_{sd}、f_{sdv}分别为钢筋锈蚀前抗拉纵筋和抗剪箍筋抗拉强度设计值；$f_{sd,t}$、$f_{sdv,t}$分别为钢筋锈蚀后抗拉纵筋和抗剪箍筋实际抗拉强度；η_s、η_{sv}分别为抗拉纵筋和抗剪箍筋锈蚀截面损失率；ζ_s、ζ_{sv}分别为抗拉纵筋和抗剪箍筋强度修正系数。

上述公式适用于钢筋锈蚀率(η_{s}、η_{sv})$<15\%$的锈蚀钢筋，当钢筋锈蚀率(η_{s}、η_{sv})$>15\%$时，由于钢筋的屈服点已不明显，伸长率一般小于规范的允许值，可按无屈服点的热轧钢筋确定锈蚀钢筋强度值，或采用现场取样进行试验获得的钢筋强度值。

3. 钢筋与混凝土粘结强度修正系数

钢筋与混凝土间的良好粘结性能是钢筋与混凝土两种不同材料共同工作的基本前提，但钢筋发生锈蚀后，钢筋与混凝土的黏结性能退化，并导致结构承载力下降。钢筋与混凝土协同工作系数反映了钢筋锈蚀引起黏结力下降对两者共同工作的影响，对钢筋混凝土结构承载力的影响。相关文献[8]表明：钢筋与混凝土的协同工作系数主要取决于钢筋锈蚀裂缝的宽度，并根据数据资料统计分析给出了钢筋与混凝土协同工作系数计算表达式：

$$k_{\mathrm{sc}}=\begin{cases}1 & (w\leqslant 0.5\mathrm{mm})\\ (1.1-0.09d/10)(1.2-w/9.4) & (0.5\mathrm{mm}<w\leqslant 2.0\mathrm{mm})\\ 0.7\sim 0.8 & (w>2.0\mathrm{mm})\end{cases}\tag{10}$$

式中：d为钢筋直径；w为纵向锈蚀裂缝宽度[9]，与钢筋锈蚀率有关，且

$$w=\frac{(1-\sqrt{1-\eta_s})\times d/2-0.0175}{0.2345}$$

其中，η_s为钢筋截面损失率；d为钢筋直径。

4. 斜截面混凝土抗剪承载力修正系数

在侵蚀介质的作用下，钢筋混凝土构件中钢筋易发生锈蚀。随着钢筋锈蚀量的增加，构件的破坏形式会从弯曲破坏转变为剪切破坏，而剪切破坏属于脆性破坏，会严重影响构件的安全性。锈蚀的钢筋对混凝土截面抗剪承载力影响主要有：①箍筋锈蚀后截面面积减少及屈服强度降低，可通过采用箍筋面积和箍筋强度修正系数进行修正。②锈蚀纵筋与混凝土黏结的退化、斜截面之间骨料咬合力的损失、产生顺筋裂缝后销栓力的损失等，根据文献[10]可采用下列公式进行修正：

$$\zeta_{cv}=\begin{cases}1.0 & \eta_{sv}\leqslant 5\% \\ 1.106-2.12\eta_{sv} & \eta_{sv}>5\%\end{cases} \tag{11}$$

式中：ζ_{cv}为混凝土抗剪承载力修正系数；η_{sv}为箍筋锈蚀截面损失率。

5. 结构刚度修正系数

由于多方面综合因素作用，钢筋混凝土结构的材料耐久性退化和结构损伤不仅会导致结构承载力下降，也会使结构刚度退化。其中钢筋和混凝土有效截面的减小，强度下降可通过材料有效截面尺寸与材料强度的修正系数进行修正。而由混凝土与钢筋的黏结力下降引起的结构刚度退化根据文献[11]可采用下列公式进行修正：

$$B_t=\zeta_B B_{s,t};\zeta_B=\begin{cases}(1-\eta_s)^2 & \frac{M_s}{M_{cr}}\leqslant 1.0 \\ (1-\frac{M_s}{M_{cr}}\eta_s) & \frac{M_s}{M_{cr}}>1.0\end{cases} \tag{12}$$

式中：ζ_B为等效刚度修正系数；B_t为等效截面刚度；$B_{s,t}$为结构损伤后现有实际等效截面刚度；η_s为钢筋锈蚀截面损失率；M_s、M_{cr}分别为计算截面的弯矩、开裂弯矩。

二、桥梁结构安全性综合评估方法的理论模型

桥梁结构安全性综合评估方法的理论模型包括承载力计算模型、刚度计算模型、模拟车辆加载模型和桥梁安全状态综合评估模型桥。

1. 承载力计算模型

承载力计算模型是桥梁结构安全评估综合方法的核心之一，是评估结论的关键理论依据。本模型以《桥规》所依据的钢筋混凝土结构承载力计算理论为基础，考虑现役桥梁结构在运营使用中出现的各种损伤对桥梁结构承载力的影响，建立现役桥梁承载力计算公式：

$$\gamma_0 S_d(\gamma_G G_k,\gamma_Q\sum Q_k)\leqslant R_t(f_{cd,t},a_{cd,t},f_{sd,t},A_{s,t})\cdot Z \tag{13}$$

式中：Z为桥梁结构承载状态综合修正系数；R_t为现役结构或结构构件的抗力函数；$a_{cd,t}$为混凝土结构或结构构件的实际几何参数；其他参数由于篇幅问题参照上文及《桥规》。

(1)截面抗弯承载力计算公式

以下为矩形截面实际承载力计算公式。T形截面实际承载力计算公式可参照矩形截面进行相应修改。在极限状态下，根据现役钢筋混凝土结构截面平衡条件可得：

$$f_{cd,t}b_t x+k_{sc}f'_{sd,t}A'_{s,t}=k_{sc}f_{sd,t}A_{s,t}$$

$$x_t=(k_{sc}f_{sd,t}A_{s,t}-k_{sc}f'_{sd,t}A'_{s,t})/(f_{cd,t}b_t) \tag{14}$$

根据上式计算混凝土受压区实际等效高度x_t，现役钢筋混凝土梁矩形截面实际抗弯承载力计算公式为：

$$M_{u,t}=f_{cd,t}b_t x_t(h_{0,t}-x_t/2)+k_{sc}f'_{sd,t}A'_{s,t}(h_{0,t}-a'_s) \tag{15}$$

式中：$M_{u,t}$为现役钢筋混凝土梁正截面实际抗弯承载力；a'_s为受压区钢筋合力作用点距受拉边缘的距离；$h_{0,t}$为考虑截面损伤后的截面有效高度，取$h_{0,t}=h_t-a_s$，其中a_s为受拉区钢筋合力作用点距受拉边缘的距离；由于各排钢筋锈蚀程度不均匀，a'_s、a_s在钢筋锈蚀过程中不断发生变化，但其变化相对截面高度而言可以忽略不计。

(2)截面抗剪承载力计算公式

根据《桥规》现役桥梁实际抗剪承载力计算公式为：

$$V_{u,t}=0.75k_{sc}f_{sd,bt}A_{sb,t}\sin\theta_s+\alpha_1\alpha_2\alpha_3\cdot 0.45 \times b_t h_{0,t}\sqrt{(2+0.6p_t)\zeta_{cv}\sqrt{f_{cu,kt}}\cdot\rho_{svt}f_{sdv.t}} \tag{16}$$

式中：p_t为截面纵筋配筋率的百分数，$p_t=100A_{s,t}/(b_t\cdot h_{0,t})$；$f_{cu,kt}$为混凝土现时立方体强度，可直接采用现场检测推定值，或取$f_{cu,kt}=\zeta_c f_{cu,k}$，$f_{cu,k}$为混凝土立方体强度标准值；$\rho_{sv,t}$为锈蚀前后箍筋的配筋率，$\rho_{sv,t}=A_{sv,t}/b_t(s)$，$s$为箍筋间距；$\theta_s$为弯起钢筋的弯起角度。

2. 刚度计算模型

桥梁结构安全性评估的另一个核心是桥梁结构使用状态控制指标的计算，其中最重要的指标是桥梁的挠度指标(或刚度指标)，这一指标同样是桥梁安全性评估结论的关键理论依据。桥梁结构挠度的计算取决于桥梁结构实际刚度的确定。本模型以《桥规》所依据的钢筋混凝土结构计算理论为基础，考虑现役桥梁结构在运营使用中出现的各种损伤、钢筋锈蚀对桥梁结构刚度的影响，建立现役桥梁实际刚度计算公式：

$$B_{s,t}=\frac{B_{0,t}}{(M_{cr,t}/M_s)^2+[1-(M_{cr,t}/M_s)^2]B_{0,t}/B_{cr,t}} \tag{17}$$

式中：$B_{0,t}$为全截面实际抗弯刚度，$B_{0,t}=0.95E_{c,t}I_{0,t}$；$B_{cr,t}$为开裂截面实际抗弯刚度，$B_{cr,t}=0.95E_{c,t}I_{cr,t}$；$E_{c,t}$为混凝土实际变形模量；$I_{0,t}$、$I_{cr,t}$分别全截面和开裂截面的实际换算截面惯性矩；$M_{cr,t}$为实际开裂弯矩，$M_{cr,t}=\gamma f_{tk}W_0$；$f_{tk}$为混凝土轴心抗拉强度；$\gamma$为构件受拉区混凝土塑性影响系数，$\gamma=2S_0/W_0$；$S_0$为全截面换算截面重心轴以上(以下)部分截面对换算截面重心轴的面积矩；W_0为全截面换算截面面积对受拉边缘的弹性抵抗矩；$I_{0,t}$、$I_{cr,t}$、S_0、W_0均应考虑混凝土截面受损，采用混凝土实际截面计算。

3. 模拟车辆加载模型

模拟车辆加载模型是桥梁结构承载安全状态综合评估方法的另一核心，主要解决现役桥梁在当前结构状态和车辆运营(或指定荷载等级作用)状态下，桥梁结构的内力计算和变形计算，其计算结果与桥梁结构各控制截面的极限承载力和变形限值相比较，判定桥梁结构是否满足设计要求、当前的运营要求、结构承载力的要求，同样为桥梁结构承载安全状态评估提供关键评估依据。

本文中模拟加载模型充分运用现代计算机技术和有限元结构模拟分析理论，利用ANSYS件二次开发手段建立了梁式桥结构体系的空间分析模型，在此模型基础上建立车辆模拟加载模型，对现役桥梁进行分析。

4. 桥梁结构安全性综合评估模型研究

桥梁结构承载安全状态综合评估方法的理论模型中的承载力计算模型、刚度计算模型、模拟车辆加载模型属于基本理论模型，桥梁结构承载安全状态综合评估模型是综合理论模型。桥梁结构安全性综合评估模型的功能是根据基本理论模型的计算结果，结合桥梁结构现状参数对现役桥梁结构进行综合评定与评估，最终给出桥梁结构承载安全性状态估结论。

(1)桥梁结构承载力降低系数：

$$\zeta_M=\frac{M_{u,t}}{M_u};\zeta_V=\frac{V_{u,t}}{V_u} \tag{18}$$

式中：ζ_M、ζ_V分别为截面抗弯、抗剪承载力降低系数；M_u、$M_{u,t}$分别为截面损伤前、后的抗弯承载力；V_u、$V_{u,t}$分别为截面损伤前、后的抗剪承载力。

(2)桥梁结构承载力评估系数

桥梁结构承载力评估系数用下式定义：

$$RF=\frac{R_{u,t}}{\sum_i\gamma_{Gi}S_{Gi}+\gamma_{Q1}\zeta_Q S_{Q1}+\psi_c\sum_i\gamma_{Qi}S_{Qi}} \tag{19}$$

式中：$R_{u,t}$为桥梁结构控制截面现有承载力；γ_{Gi}、γ_{Q1}、γ_{Qi}分别为永久作用系数、车辆可变作用系数、其他可变作用系数；ζ_Q为考虑实际车辆影响修正，$\zeta_Q=(\zeta_{Q1}\cdot\zeta_{Q2}\cdot\zeta_{Q3})^{\frac{1}{3}}$，$\zeta_{Q1}$、$\zeta_{Q2}$、$\zeta_{Q3}$分别为交通量影响修正系数、大吨位车辆混入率影响修正系数、轴载分布影响系数；S_{Gi}、S_{Q1}、S_{Qi}分别为永久作用效应、车辆可变作用效应、其他可变作用效应；ψ_c为其他可变作用效应组合系数。

(3)桥梁结构刚度降低系数与挠度增大系数

桥梁结构的刚度和挠度是反映结构正常使用极限状态的相关物理量，结构刚度通常由各截面刚度组合而成，由于各截面损伤状况不同，其截面刚度也不相同。桥梁结构的挠度反映桥梁结构整体的刚度状况，是桥梁结构整体综合变形的描述，其数值与各截面的刚度有关，是各截面刚度的综合反映。通常用下列公式表达：

$$\zeta_{Bt}=\frac{B_t}{B_0};\zeta_{ft}=\frac{f_t}{f_0} \tag{20}$$

式中：ζ_{Bt}、ζ_{ft}分别为截面刚度降低系数、结构挠度增大系数；B_t、B_0分别为现有实际截面刚度、原有截面刚度；f_t、f_0分别为现役桥梁模拟加载条件下的计算挠度、桥规挠度限值。

(4)混凝土开裂程度系数

混凝土桥梁结构受拉区开裂是混凝土桥梁损伤的主要特征之一。由于钢筋混凝土结构允许带缝工作，因此，受拉区混凝土裂缝宽度小于限值时，桥梁可正常使用。如果裂缝宽度超过限值说明桥梁结构未满足正常使用要求。混凝土裂缝宽度会随荷载大小会发生变化，加载会增加，卸载会减小或恢复原状，加载循环后，如果裂缝宽度有所增加说明结构状况不稳定，有恶化趋势，必须予以重视。混凝土开裂程度系数可用下列公式表示：

$$\zeta_{wts}=\frac{w_{ts}}{w_0};\zeta_{wtp}=\frac{w_{tp}}{w_0} \tag{21}$$

式中：ζ_{wts}、ζ_{wtp}分别为主要裂缝加载前、后的开裂程度系数；w_{ts}、w_{tp}分别为主要裂缝加载前、后的开裂宽度；w_0为《桥规》中混凝土裂缝宽度度限值。

上述各参数从不同的角度反映了桥梁结构的实际承载状态，根据这些参数可对桥梁结构承载状态做出合理、有效的评定，对桥梁结构承载安全状态给出综合的评估[12~13]根据上述参数对桥梁结构承载安全状态综合评估的结论参见表1。

桥梁结构安全状态综合评估结论参考表　表1

系数 结论	RF	ζ_{ft}	ζ_{wts}	ζ_{wtp}	ζ_M、ζ_V	ζ_{BT}
满足规范要求	>1.0	<1.0	<1.0	<1.0	该系数反映了承载力的退化程度，供综合评估时参考	该系数反映了结构刚度的退化程度，供综合评估时参考
降级使用	>0.95,≤1.0	≥1.0,<1.1	≥1.0,<1.05	≥1.0,<1.1		
限值使用	>0.85,≤0.95	≥1.1,<1.2	≥1.05,<1.1	≥1.1,<1.15		
暂停使用、维修加固、进一步检测评定	≤0.85	≥1.2	≥1.1	≥1.2		

三、理论分析的现场检测验证

为了验证理论分析模型的合理性，此前已完成了10余座现役桥梁的现场检测，并收集了30余座现役桥梁的现场检测报告。本文给出其中2座桥的检测结果与桥梁结构综合评估方法中理论分析模型给出的结果进行比较，验证理论分析模型的合理性和有效性。下面列出各桥梁检查结果与理论分析结果的比较图见图2、图3。

(1)沐河水漫桥(钢筋混凝土空心板，桥跨布置28×6.8m)；

(2)北十桥(钢筋混凝土空心简支梁桥，桥跨布置2×9.9m)。

现场检测结果与理论计算结果(不考虑截面损失等情况按设计规范计算)及模型计算结果的比较表明：模型计算结果与现场检测结果基本一致，数据的吻合较好，虽有一定误差，但基本上偏于安全。误差主要是由于检测获得的数据有较大的离散型，检测的范围有限，模型中的一些参数需要根据被测桥梁的实际情况进行调整。

四、结　　语

本文提出的桥梁结构承载安全状态综合评估模型以通过室内试验验证了其合理性，并通过多种类型梁桥的大量现场检测验证了其有效性。提出的这种综合评估方法费用较低，可应用于桥梁结构病害普查和筛选中，并能够提高桥梁病害程度评估的可信性，有利于及早发现桥梁安全隐患，及早采取维修养护措施，恢复桥梁安全使用状态，可大大降低桥梁安全事故发生的概率。

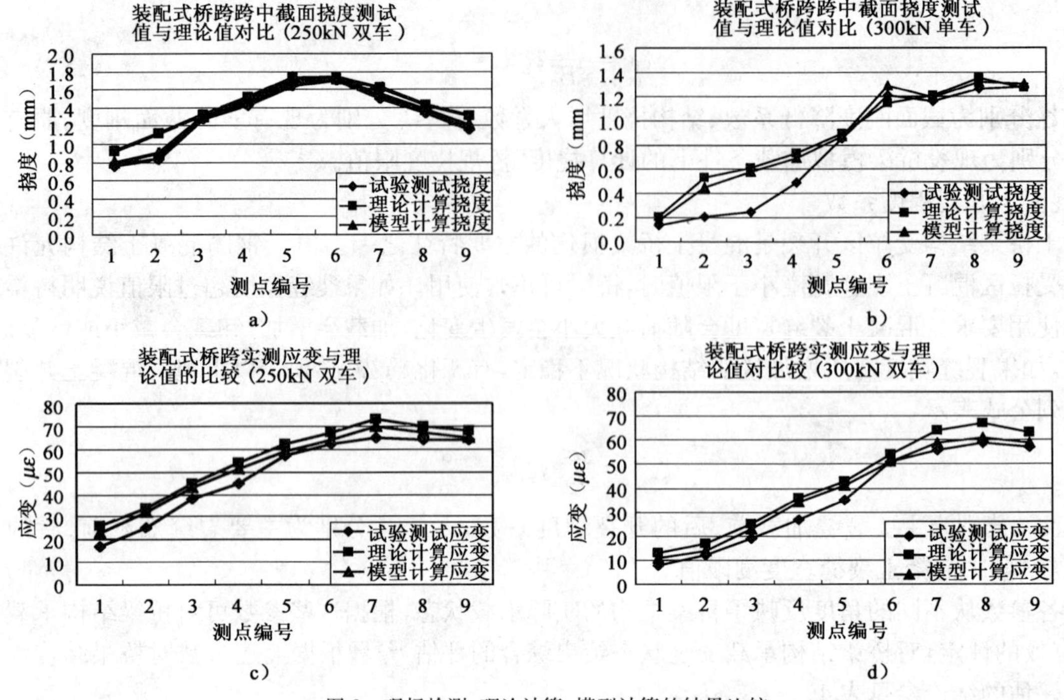

图2　现场检测、理论计算、模型计算的结果比较

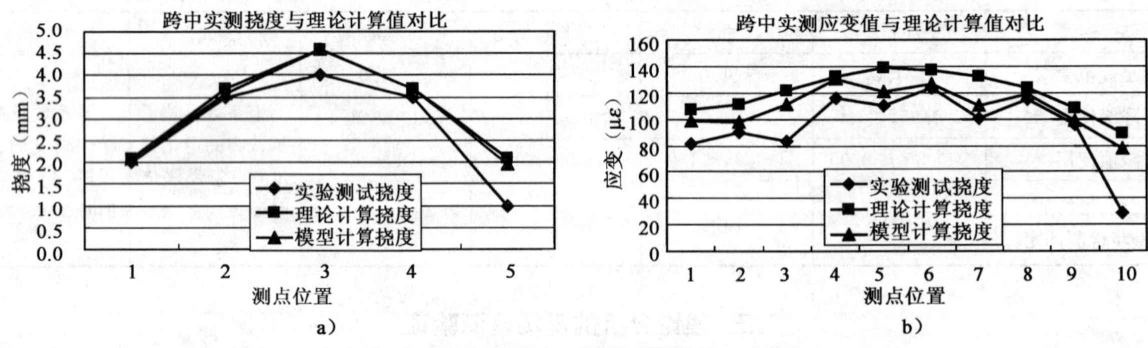

图3　现场检测、理论计算、模型计算的结果比较

参考文献

[1] Robert S. Kirk，William J. Mallett. Highway Bridges：Conditions and the Federal/State [RoleEB/OL].

http://www.fas.org/sgp/crs/homesec/RL34127.pdf.，August 10,2007.

[2] Galambos,C. F. Bridge Design，maintenance and Management ，Pubic Roads[J]. No.4，1987.

[3] 中华人民共和国交通部. 2006年公路水路交通行业发展统计公报. [EB/OL]. 交通财会. 2007.

[4] 张誉，蒋利学，张伟平，屈文俊. 混凝土结构耐久性概论[M]. 上海：上海科学技术出版社，2003.

[5] 牛荻涛. 混凝土结构耐久性与寿命预测[M]. 北京：科学出版社，2003.

[6] 牛荻涛，王庆霖. 一般大气环境下混凝土强度经时变化模型[J]. 工业建筑，1995.

[7] 牛荻涛，卢梅，王庆霖. 锈蚀钢筋混凝土正截面抗弯承载力计算方法研究[J]. 建筑结构，2002.

[8] 惠云玲，李荣，林志伸，全研明. 混凝土基本构件钢筋锈蚀前后性能试验研究[J]. 工业建筑，1997.

[9] 王深，张伟平，张　誉. 从混凝土纵向裂缝宽预测钢筋截面损失的研究[A]. 杭州：中国土木工程学会第九届年会论文集. 2000.

[10] 倪国荣，戎冠纶. 钢筋锈蚀对混凝土梁抗剪性能的影响[J]. 混凝土与水泥制品，2005.

[11] 张建仁，吴晓俊，王磊. 锈蚀率对同类型 RC 梁抗弯刚度影响[J]. 长沙交通学院学报，2008.

[12] 王有志等.桥梁的可靠性评估与加固[M].北京.中国水利水电出版社,2002.
[13] 任宝双,钱稼茹,聂建国,范梁.在用钢筋混凝土简支梁桥结构综合评估方法[J].土木工程学报,2002.

156. 地震作用下混凝土桥梁倒塌破坏机理的研究

许慧荣　罗　韧
(南京工业大学　交通与道桥工程研究所)

摘　要　汶川地震中,有很多桥梁遭受不同程度的破坏。为了研究桥梁在地震中的破坏形态和机理,本文采用非线性有限元软件 ABAQUS 对桥梁在地震作用下倒塌过程进行探索性模拟,运用混凝土塑性损伤模型作为混凝土破坏模型,并且考虑桥梁在倒塌过程中各个部分碰撞,比较真实地模拟了桥梁的倒塌过程,分析了桥梁地震破坏的机理。

关键词　曲线桥梁　混凝土塑性损伤模型　ABAQUS　地震　倒塌　破坏机理

引　言

在震惊中外的汶川地震中,有很多桥梁遭受不同程度的破坏,有的甚至严重坍塌,对人的生命和财产带来不可估量的损失,并且严重影响了抗震救灾的及时展开。为了分析桥梁在地震中倒塌破坏的机理,有许多学者用有限元对其进行模拟,但由于过去计算机计算能力的限制,大部分采用二维或简化的空间有限元模型进行模拟,二维有限元只能模拟直线型桥梁且地震波传播方向为桥梁纵向;简化空间有限元(如空间杆系结构,扩展散体单元法等)对于研究桥梁的破坏机理显得过于粗糙,比较适于结构整体倒塌破坏形态的模拟,对于模拟混凝土结构构件地震破坏过程却不合适。也有学者运用单元的简单失效粗糙地表示混凝土破坏,在单调荷载作用下此方法计算的效果比较好,但由于混凝土在循环荷载作用下,开裂时虽然丧失了承担拉伸应力的能力,但在受压荷载作用下裂缝闭合仍能承担压应力,显然此方法效果不理想。

本文用大型非线性通用软件 ABAQUS 对桥梁在强地震中倒塌过程进行探索性模拟,并考虑倒塌过程上部结构对下部结构的碰撞。为了比较好地模拟混凝土特有的复杂破坏过程,运用了混凝土损伤模型。由于此模型复杂性,并且要研究倒塌过程中碰撞问题,因此选用两跨曲线简支桥模型。

一、桥梁材料模型

1. 混凝土材料模型

ABAQUS 软件应用的混凝土的模型是的损伤塑性模型。混凝土损伤塑性模型是使用各向同性损伤弹性结合各向同性拉伸和压缩塑性的模式来表示混凝土的非弹性行为。这是一个基于塑性的连续介质损伤模型。此模型对模拟在周期荷载或动荷载作用下混凝土结构破坏有比较好的效果。

1)应变率表达式

$$\dot{\varepsilon} = \dot{\varepsilon}^{el} + \dot{\varepsilon}^{pl} \tag{1}$$

式中:$\dot{\varepsilon}$ ——总应变率;

$\dot{\varepsilon}^{el}$ ——是弹性应变率;

$\dot{\varepsilon}^{pl}$ ——是塑性应变率。

2)应变—应力关系

$$\sigma = (1-d)D_0^{el} \cdot (\varepsilon - \varepsilon^{pl}) = D^{el} \cdot (\varepsilon - \varepsilon^{pl}) \tag{2}$$

式中：D_0^{el} ——初始(未损伤)弹性矩阵；

D^{el} ——损伤后弹性矩阵，且 $D^{el}=(1-d)D_0^{el}$ ；

d——刚度损伤变量，$0\leqslant d\leqslant 1$，$d=0$ 时，材料未损伤，$d=1$ 时，材料完全破坏。

根据标量损伤理论，刚度损伤是各向同性质，用标量损伤值 d 表示，损伤变量的发展是根据一系列的硬化变量 $\tilde{\varepsilon}^{pl}$ 、有效应力 $\bar{\sigma}$ ，即 $d=d(\tilde{\varepsilon}^{pl},\bar{\sigma})$ 。

3)单轴荷载弹性模量损伤变量

混凝土弹性模量损伤在受拉与受压作用下是明显不同的，因此，混凝土弹性模量损伤在受拉与受压作用下应单独定义，受拉、受压损伤值分别表示为 d_t、d_c。其表达式为：

$$\left.\begin{aligned} d_t=(\tilde{\varepsilon}_t^{pl},\theta,f_i),0\leqslant d_t\leqslant 1\\ d_c=(\tilde{\varepsilon}_c^{pl},\theta,f_i),0\leqslant d_c\leqslant 1\end{aligned}\right\} \tag{3}$$

式中： $\tilde{\varepsilon}_t^{pl}$、$\tilde{\varepsilon}_c^{pl}$ ——分别为等效塑性拉伸、压缩应变；

θ——温度；

$f_i(i=1,2,\cdots)$——其他预定义的场变量。

4)单轴循环荷载弹性模量损伤损伤变量

周期荷载作用下，损伤力学性状很复杂，这涉及先期形成的微裂纹的张开和闭合，以及它们的相互作用。试验表明，在单轴循环荷载作用下，荷载改变方向后，弹性模量将得到部分恢复。当荷载由拉伸变为压缩时，这种效应更加明显。

对于单轴循环荷载作用下，混凝土损伤塑性模型如下假设：

$$d=1-(1-s_td_c)(1-s_cd_t)(0\leqslant s_t,s_c\leqslant 1) \tag{4}$$

式中：s_t、s_c——应力反向有关的刚度恢复下的应力状态函数，表达式为：

$$\left.\begin{aligned} s_t=1-w_tr(\bar{\sigma}_{11});0\leqslant w_t\leqslant 1\\ s_c=1-w_c(1-r(\bar{\sigma}_{11}));0\leqslant w_c\leqslant 1\end{aligned}\right\} \tag{5}$$

式中：
$$r(\bar{\sigma}_{11})=H(\bar{\sigma}_{11})=\begin{cases}1 & (\bar{\sigma}_{11}>0)\\ 0 & (\bar{\sigma}_{11}<0)\end{cases} \tag{6}$$

权重因子 w_t 和 w_c 假定为材料的参数，其控制着在反向荷载作用下拉伸和压缩刚度的恢复。d_t、d_c 的确定可以根据文献[4]：$d_x=1-\exp(-b_x\varepsilon^p)$，$x\in(t,c)$，$b_x$ 为常数；混凝土塑性损伤模型在 ABAQUS 具体的参数定义方法参照[3]。

5)多轴应力状态情况

通过多轴应力权重因子 $r(\hat{\bar{\sigma}})$ 代替单位阶梯函数 $r(\sigma_{11})$ ，将前面方程给出的损伤因子 d 转化为适用于多轴应力条件，其表达式为：

$$r(\hat{\bar{\sigma}})=\begin{cases}0, & (\hat{\bar{\sigma}}_i=0)\\ \dfrac{\sum_{i=1}^{3}\langle\hat{\bar{\sigma}}_i\rangle}{\sum_{i=1}^{3}|\hat{\bar{\sigma}}_i|} & (\text{其他})\\ 0\leqslant r(\hat{\bar{\sigma}})\leqslant 1\end{cases} \tag{7}$$

式中：$\hat{\bar{\sigma}}_i$——$(i=1,2,3)$为主应力分量；

$\langle\cdot\rangle$ 定义为 $\langle x\rangle=\dfrac{1}{2}(|x|+x)$ 。

类似于单轴循环荷载，s_t、s_c 定义为：

$$\left.\begin{aligned} s_t=1-w_tr(\hat{\bar{\sigma}});0\leqslant w_t\leqslant 1\\ s_c=1-w_c(1-r(\hat{\bar{\sigma}}));0\leqslant w_c\leqslant 1\end{aligned}\right\} \tag{8}$$

6)弹性模量恢复

混凝土试验表明，当荷载由拉伸变为压缩时，只要裂纹闭合就可使压缩刚度得到恢复。另一方面，一旦出现压碎微裂纹，当荷载由压缩变为拉伸时，拉伸刚度就不在恢复。这种现象对应模型相当于 $w_c=1$ 和 $w_t=0$。图 1 给出了单轴循环荷载作用下的变化规律。

7)屈服条件

该模型考虑了在拉伸和压缩作用下材料具有不同强度特征，该模型由 Lublinear 等(1989)提出，并由 Lee 和 Fenves(1998)修改。

$$F(\bar{\sigma},\tilde{\varepsilon}^{pl})=\frac{1}{1-\alpha}(\bar{q}-3\alpha\bar{p}+\beta(\tilde{\varepsilon}^{pl})\langle\hat{\bar{\sigma}}_{max}\rangle-r\langle-\hat{\bar{\sigma}}_{max}\rangle)-\bar{\sigma}_c(\tilde{\varepsilon}_c^{pl})\leqslant 0 \quad (9)$$

式中：

$$\left.\begin{aligned}\alpha&=\frac{f_{b0}-f_{c0}}{2f_{b0}-f_{c0}};r=\frac{3(1-K_c)}{2K_c-1}\\ \beta(\tilde{\varepsilon}^{pl})&=\frac{\bar{\sigma}_c(\tilde{\varepsilon}_c{}^{pl})}{\bar{\sigma}_t(\tilde{\varepsilon}_c{}^{pl})}(1-\alpha)-(1+\alpha)\\ \bar{q}&=\sqrt{\frac{3}{2}\bar{s}\cdot\bar{s}},\bar{s}=\bar{p}I+\bar{\sigma},\bar{p}=-\frac{1}{3}\bar{\sigma}\cdot I\end{aligned}\right\} \quad (10)$$

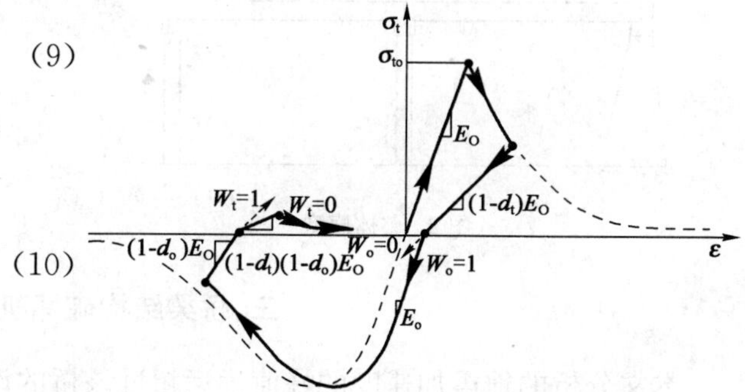

图 1 单轴特征荷载下混凝土应力应变关系曲线

其中：α、r——与尺寸无关的材料常数；

$\bar{q}$——Mises 等效应力；

$\bar{s}$——有效应力 $\bar{\sigma}$ 偏量部分；

$\bar{p}$——有效静水压力；

f_{c0}——单轴初始压缩屈服强度；

f_{b0}——二轴初始压缩屈服强度；

$\hat{\bar{\sigma}}_{max}$——$\bar{\sigma}$ 的最大特征值；

K_c——偏应力屈服平面特征参数。

8)流动法则

混凝土损伤模型采用非关联势塑性流动。模型中所采用的流动势 G 为 Drucker-Prager 双曲线函数，即：

$$G=\sqrt{(e\sigma_{t0}\tan\psi)^2+\bar{q}^2}-\bar{p}\tan\psi \quad (11)$$

式中：$\psi(\theta,f_i)$——p—q 平面上高围压下的剪胀角；

σ_{t0}——失效时单轴拉伸应力；

e——偏心率，表示该函数接近渐近的速率($e=0$ 时，G 趋向与一条直线)。

2. 钢筋材料模型

钢筋材料模型运用理想弹塑性。

二、桥梁结构模型

本例是取之某折线梁桥的其中的两跨，上部为跨径 25.5m 的 T 形梁，桥墩高 15m。本桥倒塌是运用非线性有限元软件 ABAQUS 显式非线性动态分析。除钢筋是用梁单元模拟，其他都为实体单元。桥墩材料本构应用混凝土塑性损伤模型，钢筋材料为理想弹塑性，为了减少计算量，本模型作一下简化：

(1)主梁与盖梁材料为弹性；

(2)地面用刚体单元模拟，桥墩与地面固结(由于不考虑桩土共同作用)；

(3)板式橡胶支座破坏用库伦摩擦力简化。地震加速度方向是平行于整体坐标系 Z 方向；

(4)桥台简化成台帽，其边界条件与地面相同。

整体模型如图 2。

本文运用的地震波其加速度时程曲线如图 3(Koyna 在 1967 年 12 月 11 日 6.5 级地震荷载)。为了使桥梁进入倒塌状态，本文分析中实际输入加速度时程是将Koyna加速度时程曲线按比例放大的。

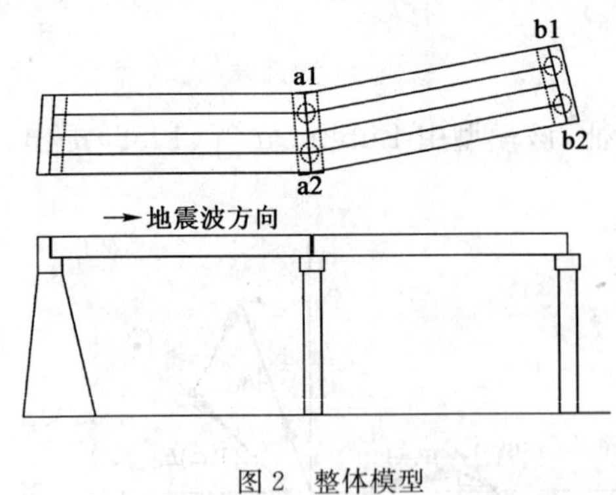

图2　整体模型

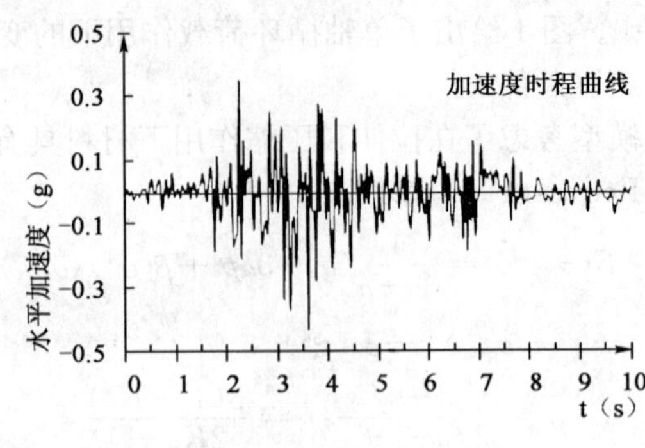

图3　Konya加速度时程曲线

三、桥梁结构破坏机理及倒塌过程分析

本文分析的地震加速度的峰值远远超过该桥的设计要求，这仅仅是为了分析桥梁倒塌的全过程。

1.倒塌过程

图4a)～图4i)为桥梁在地震作用下倒塌的全过程。现象说明如表1。

表1

时　间(s)	现象描述
2	墩底首先出现受拉损伤严重的单元，说明墩底出现裂缝，如图4a$_1$)、a$_2$)
4	开始出现受压损伤严重的单元，说明墩底出有局部的混凝土压碎，并且桥台台帽与主梁出现了较大的相对位移，如图4b$_1$)、b$_2$)
5	1号梁一端脱离桥台台帽开始发生落梁，墩底混凝土破坏也进一步发展，由于地震波方向与两排桥墩角度的差异性，2号墩混凝土比1号墩破坏发展的更快(墩身颜色越浅表示破坏越严重)，如图4c)、d)
6	1号梁落下与桥墩发生碰撞，使1号墩破坏发生突变，碰撞部分混凝土被砸碎如图4e$_1$)、e$_2$)
6.5～8s	主梁与桥墩碰撞，使1号桥墩受扭，墩上部混凝土破碎，从而荷载主要由钢筋承受，1号桥墩迅速倒塌，如图4f)、g)
8～10s	1号桥墩的倒塌，从而使2号主梁落下，带来一系列碰撞破坏最后完全倒塌，如图4f)、i)

2.位移分析

(1)桥台—1号墩相对位移分析如表2。

表2

Time(s)	Z轴向相对位移状态	原因分析
0～2.5	很小(最大0.012m)	①地震加速度很小；②支座限制位移发生
2.5～5	增大，5s发生落梁	①1号墩墩脚混凝土部分压碎，出现塑性铰，刚度下降，如图4b$_2$、c从而发生的相对位移比较大；②桥台台帽与桥墩盖尺寸满足不了此次位移要求
6～8	增大速率变大	6s时1号墩被碰撞后发生严重破坏，桥墩刚度折减比较快，开始倒塌，如图4e$_1$、e$_2$
8～10	趋势稳定	8s后1号墩完全倒塌

(2)1号墩—2号墩相对位移分析如表3、图5。

表3

Time(s)	Z轴向相对位移状态	原因分析
0～6	很小(最大0.015m)	1号-2号墩在Z轴向刚度相差很小，其地震波是沿着Z轴
6～8	增大速度加快	6s时1号墩被碰撞后发生严重破坏，桥墩刚度折减比较快，开始倒塌，如图4e$_1$、4e$_2$
8～10	突变，减小	8s时2号发生倒塌

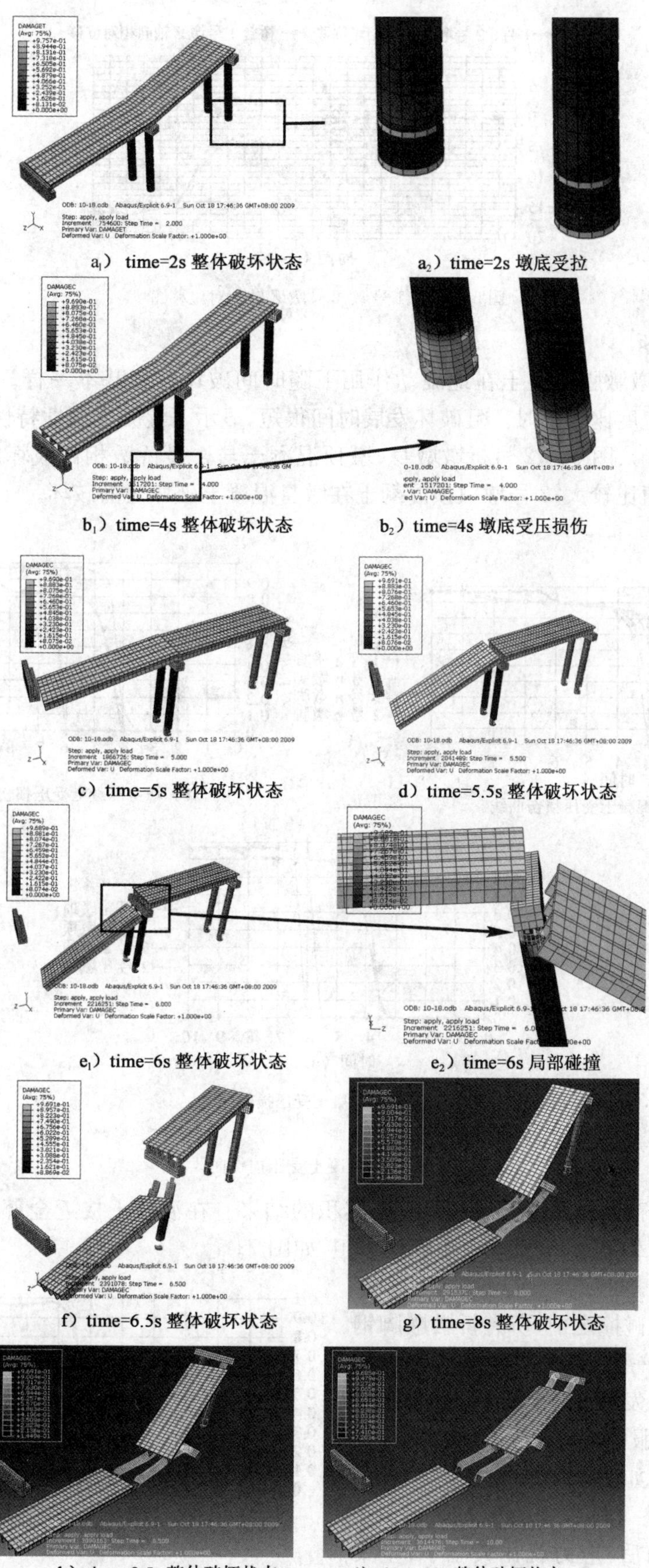

a_1） time=2s 整体破坏状态　　a_2）time=2s 墩底受拉

b_1）time=4s 整体破坏状态　　b_2）time=4s 墩底受压损伤

c）time=5s 整体破坏状态　　d）time=5.5s 整体破坏状态

e_1）time=6s 整体破坏状态　　e_2）time=6s 局部碰撞

f）time=6.5s 整体破坏状态　　g）time=8s 整体破坏状态

h）time=8.5s 整体破坏状态　　i）time=10s 整体破坏状态

图 4　全桥倒塌的过程

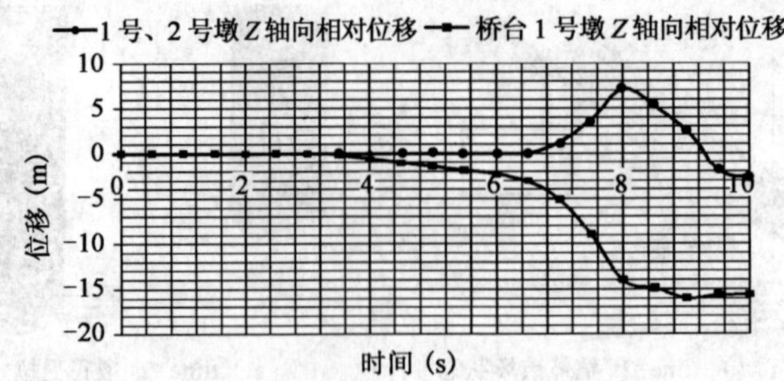

图5　桥台、1号墩、2号墩Z轴相对位移图

3. 混凝土损伤分析

(1)如图6a)，4个墩墩脚混凝土在地震动作用下随时间破坏程度基本一样。破坏速率在2～3s最大，即，发生在地震加速度比较大时。且破坏发展时间很短，显示了混凝土脆性特性。

(2)如图4c)、图6b)、图6c)，2号桥墩墩身、墩顶混凝土与1号桥墩相比破坏的时间早，根据下文分析是由于2号墩受扭值比较大；2号墩墩顶混凝土在墩身混凝土破坏之前破坏。

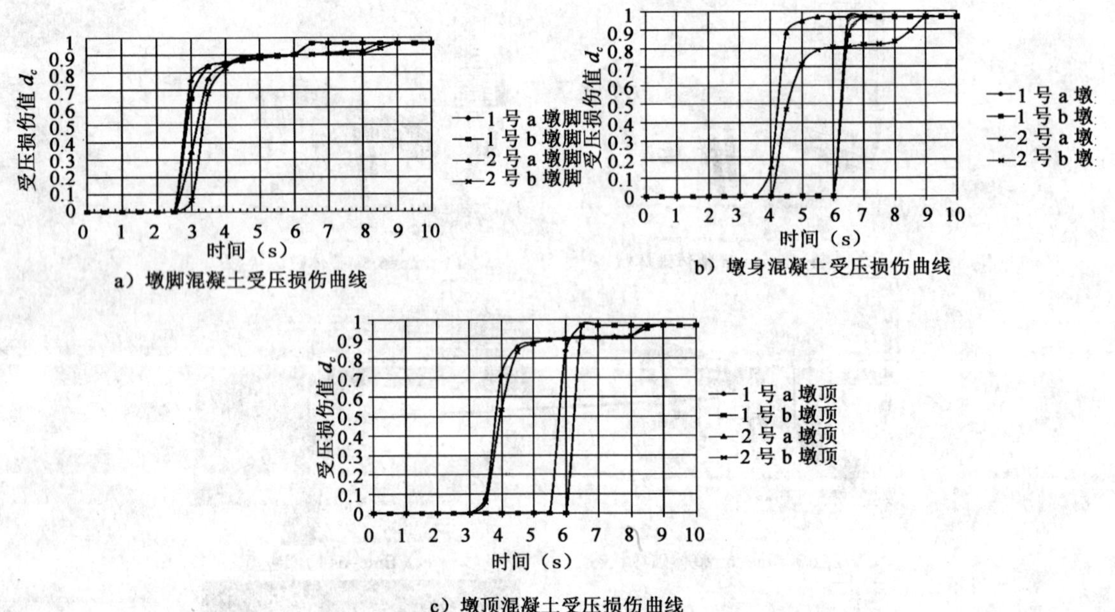

图6　各墩混凝土受压损伤曲线

(3)混凝土在循环荷载作用下的破坏是损伤累积的结果。在混凝土接近全部破坏时，弹性模量折减了很小，从而承受的荷载很小，荷载基本由钢筋承担，如图7。

4. 受力应变分析

(1)在主梁与桥墩碰撞之前，所有桥墩墩脚钢筋应力应变发展比较一致，墩身主钢筋应力也比较一致，但箍筋的应力发展就不同了，2号墩墩身箍筋比1号墩箍筋屈服的早，显然2号墩受扭从而使箍筋应力比较大，如图8a)、8b)。

(2)主梁跨中在整个过程中mises应力小于11MPa，特别在碰撞前后，应力就比较小了，主梁混凝土材料模型运用弹性是比较合理的(图9)。

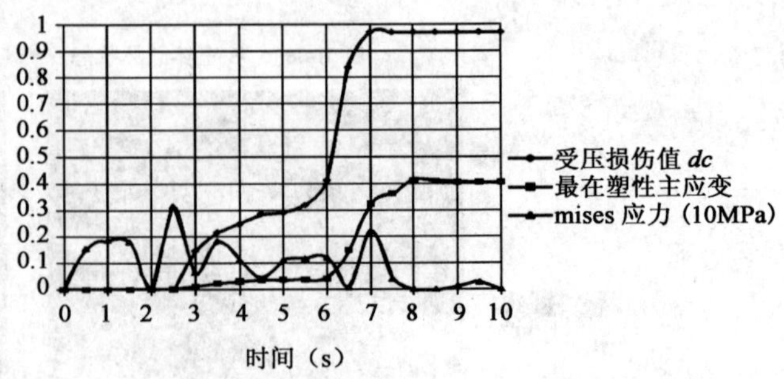

图7　混凝土应力、应变、受压损伤曲线

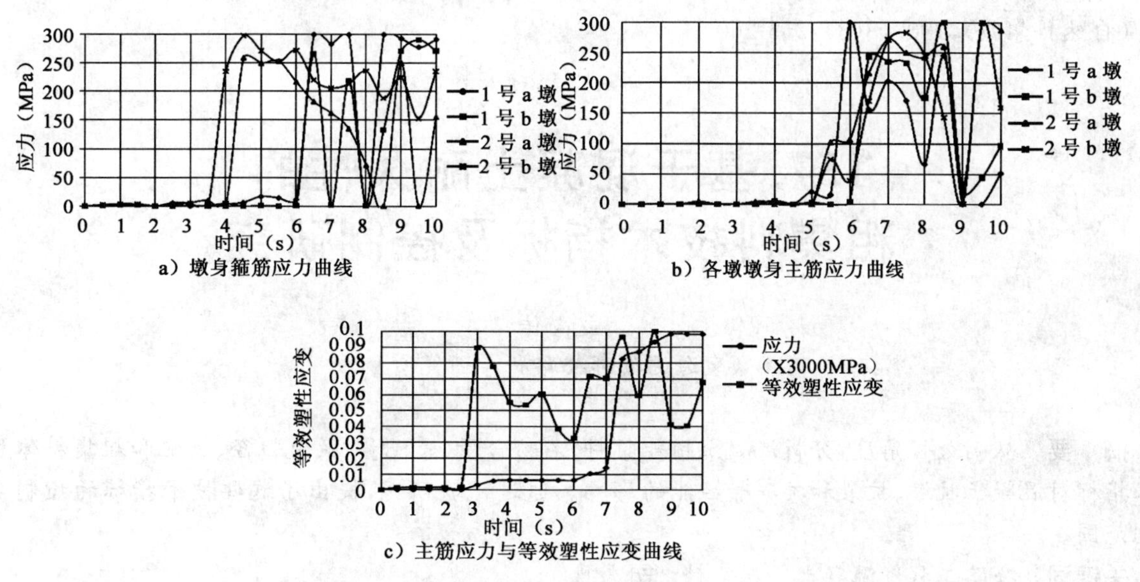

图 8 各墩墩身钢筋应力曲线

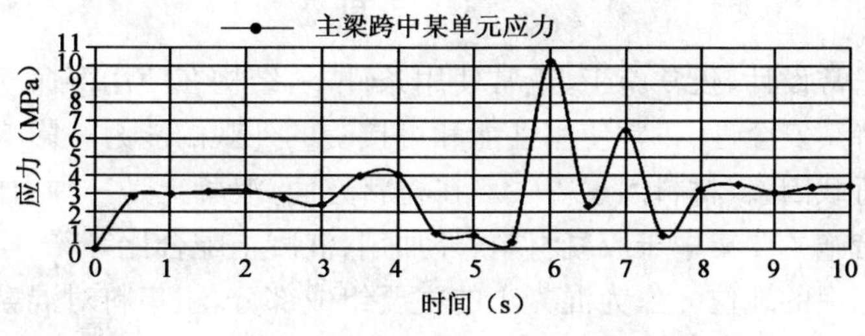

图 9 主梁跨中混凝土应力曲线

四、结论与展望

桥梁在强地震倒塌的全过程通过有限元软件 ABAQUS 有效模拟，并进行了系统的分析得出如下结论：

（1）横型在解决大变形和非线性材料的接触碰撞表现出强大的优势。运用混凝土塑性损伤模型比较好地模拟混凝土在循环荷载作用下混凝土损伤的发展，而不是粗糙地把破坏单元失效，因为混凝土开裂时虽然丧失了承担拉伸应力的能力，但在受压荷载作用下裂缝闭合仍能承担压应力。

（2）曲线桥梁桥墩由于与地震波传播方向存在夹角，从而桥墩在地震动作用下受扭。

（3）桥墩在没有与主梁相碰撞条件下，先是墩脚出现塑性铰，然后是墩顶出现塑性铰。

（4）落梁引起的梁墩相撞对桥墩的破坏比地震动对墩的破坏严重。

随着计算机计算能力的提高，今后可以用更精确模型模拟更大型桥梁在强地震中的破坏。

参考文献

[1] ABAQUS theory manual[M]. ABAQUS, Inc, 2009.

[2] 雷拓，钱江，刘成青. 混凝土损伤塑性模型应用研究[J]. 结构工程师，2008，24(2)：22-27.

[3] 王金昌，陈页开. ABAQUS 在土木工程中的应用[M]. 北京：浙江大学出版社，2006

[4] Jeeho Lee, Gregory L. Fenves, Member, ASCE. Plastic Damage Model for Cyclic Loading of Concrete Structures[J]. Journal of Engineering Mechanic, 1998, 124(8): 892-900.

[5] 孙利明，游新鹏，魏朝柱. 跨越山谷高墩混凝土桥地震倒塌分析[J]. 工程抗震与加固改造，2005.

[6] 秦东，范立础. 钢筋混凝土结构倒塌全过程数值模拟[J]. 同济大学学报. 2001，29(1)：80-83.

[7] 秦方,还毅,张亚栋,陈力. ABAQUS混凝土损伤塑性模型的静力性能分析[J]. 解放军理工大学学报(自然科学版),2007,8(3):255-260.

157. 基于混凝土耐久性的粗集料技术指标及控制研究

赵尚传
(交通运输部公路科学研究所)

摘 要 从耐久性角度,分析混凝土用粗集料、石粉含量、含泥量、最大粒径、级配和粗集料体积率等技术指标对混凝土抗渗、抗裂和抗冻等性能的影响。通过试验研究,提出了这些技术指标的控制要求和控制范围。

关键词 公路工程 混凝土 粗集料 耐久性

一、引 言

混凝土耐久性是指正常设计、正常施工、正常使用条件下,结构在使用寿命期内不需要花费额外费用进行加固处理而能够保持其安全性、正常使用性能和可接受的外观的能力。影响结构混凝土耐久性的因素很多,包括环境因素、荷载因素、材料因素等[1]。在材料方面,混凝土是一种由固、液、气组成的混合体,研究改善耐久性的技术措施主要集中于胶凝材料、外加剂、混凝土配合比等[2~5],而占混凝土体积70%左右的粗集料一直处于被忽视的地位。作为混凝土的主要组成部分,粗集料对混凝土的耐久性存在重要影响。在工程建设过程中,需要控制的粗集料技术指标较多,对混凝土结构耐久性产生影响的技术指标主要可以归为以下三类:洁净度指标,主要影响粗集料与水泥砂浆的粘接界面,从而影响腐蚀介质的侵蚀速率,指标包括粗集料表面石粉吸附量、含泥量;粗集料形状指标,影响混凝土的密实性和砂浆用量,指标包括粗集料最大粒径、粗集料级配;粗集料用量参数指标,影响混凝土的砂浆用量和密实性,指标包括粗集料体积率。本文通过试验研究了这些粗集料技术指标对于混凝土耐久性的影响,并提出了考虑混凝土耐久性的指标控制范围。

二、试验设计与结果分析

1. 原材料

(1)水泥:采用山东"山水东岳"牌42.5R普通硅酸盐水泥。

(2)拌和用水:普通饮用水。

(3)细集料:级配良好的洁净中粗河砂,细度模数2.6,有机质含量合格,含泥量2%,表观密度2 600kg/m³。

(4)粗集料:根据试验要求而确定,若无明确要求,则按表1确定。

(5)混凝土配合比:采用比较常用的C40混凝土,水灰比0.4,砂率35%,其配比见表1。

试验配合比 表1

混凝土各项材料用量(kg/m³)						
水	水泥	河砂	石灰岩碎石			减水剂(1.25%)
			5~10mm	10~20mm	20~30mm	
175	437	619	192	383	575	5.46

2. 石粉吸附量对混凝土耐久性的影响

1)试验设计

将粗集料表面本身自带的粉尘(包括矿粉和泥粉)洗净,然后分四种工况——水洗洁净集料、表面风干状态下吸附矿粉集料、饱和面干状态下吸附矿粉集料、湿润状态下吸附矿粉集料,分别用 K_1～K_4 表示。试验结果见表 2。

不同工况的石粉含量 表 2

工　况	K_1	K_2	K_3	K_4
矿粉含量(%)	0	0.14	1.10	6.39

2)抗渗性能

四种不同工况、28 天龄期混凝土抗渗试件在水压 2MPa 下持压 24 小时渗水高度试验结果见图 1。从结果来看,混凝土抗渗能力并没有明显减弱。因为混凝土配制强度较高,且较为密实。此外,虽然粗集料表面干燥状态吸附矿粉后黏结有所减弱,但包裹在外面的水泥砂浆密实度有所提高。这两部分作用用互相抵消,使得混凝土抗渗能力没有明显的变化。

3)抗裂性能

采用平板约束法对四种不同工况集料拌制的混凝土进行了早期塑性裂缝发展情况的观测,结果见图 2。试验结果表明,混凝土早期裂缝在成型后 8 小时之内生长最快。在这段时间内,混凝土基本上处于由塑性发展到弹性的过渡阶段,刚刚凝结硬化,抗拉强度极低,混凝土因表面失水蒸发或水泥水化等原因引起体积收缩,极易导致开裂。当混凝土逐渐硬化之后,抗拉强度有所增长,裂缝数量趋于平稳。洁净集料出现裂缝的数量最少,从混凝土抗早期开裂的角度表明了对集料洁净度要求的重要意义。

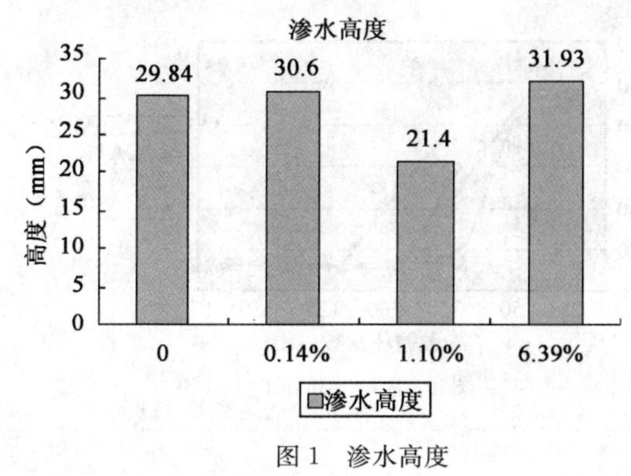

图 1 渗水高度

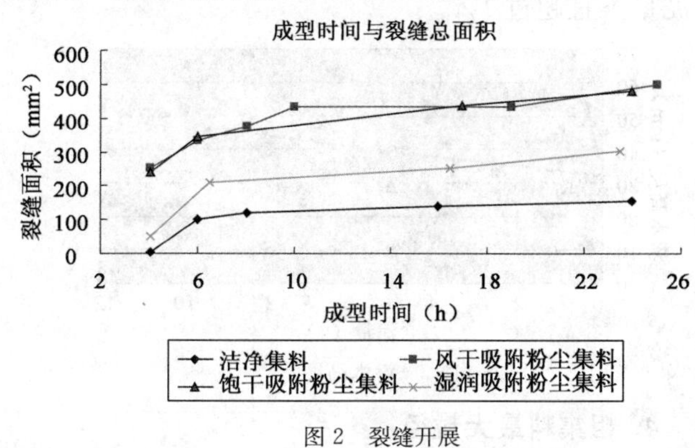

图 2 裂缝开展

3. 含泥量

1)试验设计

试验过程中主要考虑了用水量的变化、水泥用量的变化、泥含量的变化和通过外加剂调整工作性的变化等参数,混凝土配合比及混凝土工作性见表 3。

试验配合比及混凝土工作性情况 表 3

编号	材料用量(kg/m³)						黏聚性	保水性	坍落度(mm)
	水	水泥	砂	石	泥	外加剂			
CA0%	180	440	577	1227	0	1.2	一般	良	65
CA1%	180	440	577	1214.7	12.27	1.2	良	良	42
CA5%	180	440	577	1165.6	61.35	1.2	良	好	7
CA10%	180	440	577	1104.3	122.7	1.2	一般	好	0
CB0%	200	490	566	1204	0	0.8	良	良	51
CB1%	200	490	566	1192	12.04	0.9	良	良	55

续上表

编号	材料用量(kg/m³)						黏聚性	保水性	坍落度(mm)
	水	水泥	砂	石	泥	外加剂			
CB5%	200	490	566	1143.8	60.2	1.3	好	好	40
CB10%	200	490	566	1083.6	120.4	1.8	好	好	32
CC0%	160	390	611	1299	0	0.9	良	好	43
CC1%	160	390	611	1286	12.99	0.9	好	好	30
CC5%	160	390	611	1234	64.95	0.9	一般	好	1
CC10%	160	390	611	1169.1	129.9	0.9	一般	好	0

注:CC系列试验采用大连SIKA三代VisConcrete减水剂。此外均用天津产萘系高效减水剂。

2)抗渗性能

混凝土渗水高度与含泥量的试验结果见图3。混凝土的抗渗性能表明其抵御外界侵蚀介质的能力强弱。试验结果表明,随着含泥量的增加,混凝土的抗渗性能逐渐变差。如前所述,混凝土的抗渗性能主要取决于浆体与集料界面的结合程度。随着含泥量增加,浆体与集料界面结合逐渐变弱,含泥量越大,对界面的弱化性能越明显,当集料含泥量达到了10%时,渗水高度出现大幅提高。

3)抗冻性能

混凝土抗冻性能试验结果见图4。试验结果表明,随着含泥量的增加动弹性模量损失越来越快,尔后趋于稳定。不掺泥和掺泥1%的情况下,试块都是经过100次冻融循环破坏,而掺泥5%和10%的情况只经过75次循环就完全破坏了,这充分说明随泥掺量的增加混凝土的抗冻耐久性变差。从抗冻性角度,含泥量不宜超过1%。

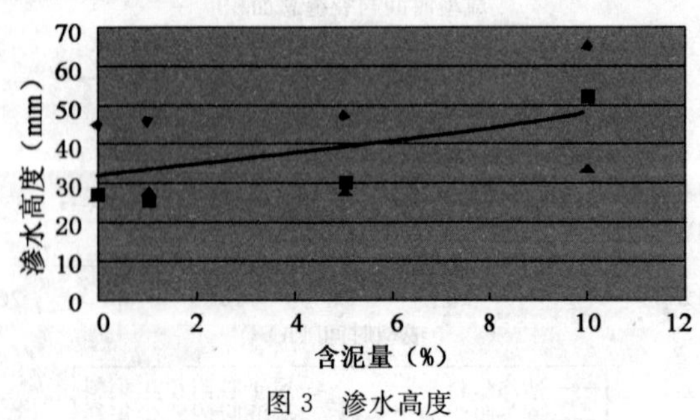

图3 渗水高度

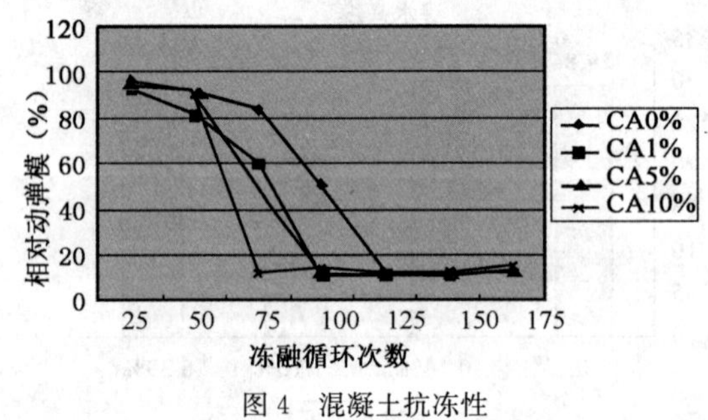

图4 混凝土抗冻性

4. 粗集料最大粒径

1)试验设计

选择5种工况,分别用D10、D20、D30、D40、D50表示,对应的粗集料最大粒径为9.5mm、19mm、26.5mm、31.5mm、37.5mm,基本包含了常用的集料规格。为消除每次试验粗集料级配变化对结果的影响,试验中各工况下粗集料的级配都用单粒级石灰岩碎石进行筛分后掺配得到,满足(JTG F30—2003)[6]里各个粒级粗集料的连续级配中值。对于D50,公路与桥涵混凝土中一般用不到如此大的最大粗集料粒径,借鉴国标中取值。

2)混凝土抗冻性

混凝土的抗冻性是耐久性的一个重要指标,指的是混凝土在水饱和状态下经受多次冻融循环作用而能保持强度和外观完整性的能力。从相关标准规范对集料的技术指标要求来看,混凝土受冻破坏的弱点不在集料本身,而是在水泥石及集料一水泥石界面。集料在冻结过程中存在一个临界尺寸,超过临界尺寸的集料,在受冻时容易破裂,集料的粒级是反映其抗冻性的重要参数。集料粒径越大,比表面积越小,界面处的静水压越大,因此,冻融破坏中常见露石与石子剥落现象。不同粒级配制的混凝土的动弹模在冻融作用下的试验结果见图5。混凝土抗折强度(弯拉强度)是重要的力学性能,本文进行了混凝土抗折强度与冻融循环次数的关系,见图6。

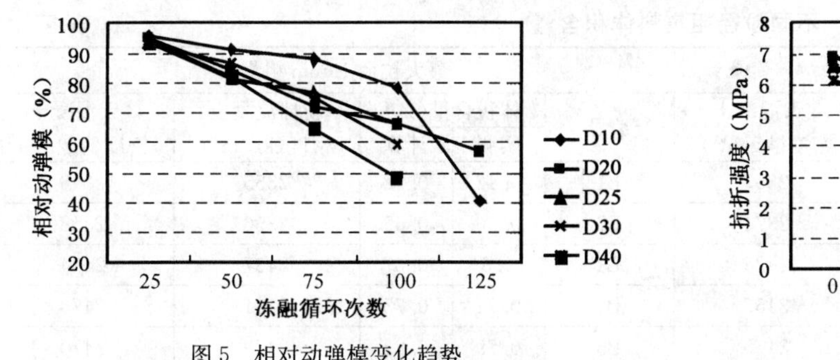

图 5 相对动弹模变化趋势

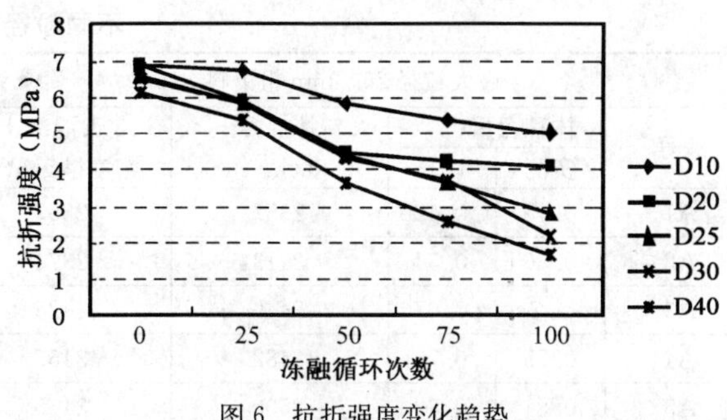

图 6 抗折强度变化趋势

从图 5 和图 6 可以看出，混凝土弹性模量和抗折强度随冻融次数增加明显降低，集料粒径越大，降低的幅度越大。从混凝土弹性模量试验结果来看，D10、D20 和 D30 的冻融次数可以达到 100 次，而 D40、D50 只能达到 75 次；冻融对混凝土弯拉强度影响较大，在 50 次冻融循环后，降幅达到 25%～40%，在 100 次冻融循环以后，混凝土弯拉强度最大降幅达 70%左右。

5. 粗集料级配

1)试验设计与粗集料等效粒度

粗集料采用最大公称粒径为 31.5mm 的连续级配石灰石人工碎石。根据 JTG F30—2003 中对粗集料连续级配的要求，将粗集料按五组不同的级配方式筛分掺配，并用这五种不同级配集料进行试验研究。根据粗集料等效粒度公式计算粗集料的等效粒度，用以表征标准粗集料的相对粗细程度。表征粗集料粗细的粗集料等效粒度计算公式见式(1)[7]。

$$D = \frac{1}{2^{k-1}A_k - \sum_{i=1}^{k-1} 2^{i-1}A_i} D_1 = \frac{d_0 + d_1}{2^k A_k - \sum_{i=1}^{k-1} 2^i A_i} \tag{1}$$

式中，D 为粗集料等效粒度(mm)；d_0 为粗集料最大粒径；d_1 为粗集料公称粒径；A_i 为第 i 级筛孔的累计筛余。

级配组成及等效粒度见表 4。

粗集料级配组成 表 4

方筛孔径 (mm)	累计筛余(%)				
	下限	$S_下$	中值	$S_上$	上限
2.36	95	95	97.5	100	100
4.75	90	92.5	95	97.5	100
9.5	75	80	82.5	86	90
16	60	67.5	67.5	67.5	75
19	40	55	50	45	60
26.5	20	31	27.5	23	35
31.5	0	3.7	2.5	0	5
37.5	0	0	0	0	0
粒度	10.09	12.20	11.67	11.29	13.83

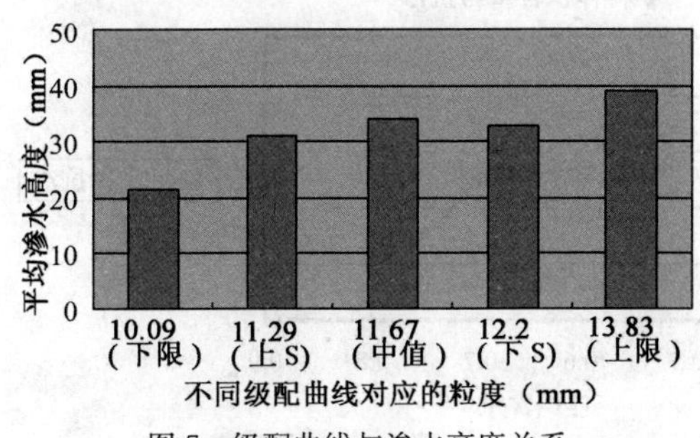

图 7 级配曲线与渗水高度关系

2)抗渗性能

试验对 28 天混凝土试块进行了抗渗水性能研究，水压为 2.0MPa，持压 24 小时，试验结果见图 7。试验结果表明，在同一最大粒径的粗集料级配区域内，粗集料粒度越大，渗水高度则越大，抗渗性能越差。

6. 粗集料体积率

1)试验设计与粗集料表面砂浆包裹层厚度

试验中采用的混凝土中粗集料含量及混凝土见表 5。

不同粒径粗集料体积含量　　　　表5

最大粒径26.5mm粗集料					最大粒径19mm粗集料				
编号	体积含量(%)		新拌混凝土	3天混凝土	编号	体积含量(%)		新拌混凝土	3天混凝土
	实测	计算	密度(kg/m^3)	密度(kg/m^3)		实测	计算	密度(kg/m^3)	密度(kg/m^3)
A1	0.45	0.42	2357	2357	B1	0.42	0.42	2355	2356
A2	0.56	0.54	2413	2374	B2	0.56	0.55	2356	2358
A3	0.7	0.67	2449	2425	B3	0.6	0.67	2437	2434
A4	0.75	0.75	2482	2467	B4	0.71	0.75	2461	2470
A5	0.81	0.82	2500	2476	B5	0.79	0.82	2489	2470

粗集料表明砂浆包裹层厚度与粗集料体积率之间的关系见式(2)[7]。

$$h=\frac{1}{6(1-f)}\left(\frac{1}{k_l}-1\right)D \tag{2}$$

式中，h为砂浆包裹层厚度(mm)；D为粗集料等效粒度(mm)；k_l为粗集料体积率；f为粗集料空隙率。

2)混凝土早期开裂

对A、B两组不同粗集料含量的混凝土采用平板法研究粗集料含量的不同对混凝土塑性裂缝开展的影响。图8列出了A、B两组不同粗集料含量混凝土在水平风吹24小时下，裂缝面积情况。混凝土早期的裂缝主要是由水泥水化和水分蒸发收缩引起的。在相同的试验条件下，混凝土表面的蒸发量基本相同。当粗集料的体积含量增大时，由于混凝土单位面积的砂浆量减少，表面水分供应减少，容易较早地产生塑性裂缝。而砂浆较多时，表面砂浆失水，底部的砂浆中的水能及时补充，故而不容易开裂。另外，在混凝土早龄期，砂浆较软，弹性模量小，而粗集料弹性模量大，起到约束砂浆变形的作用，在表层砂浆量较少的条件下，变形量不能得到有效的扩散，也使得砂浆更易出现可见的裂缝。从图中也可以看出，粗集料的最大粒径越大混凝土越容易开裂。但是，大量现有研究结果表明，随着时间的推移和混凝土内部水分的逐渐蒸发，砂浆含量大的混凝土总的干缩变形量大，虽然早期出现塑性裂缝的时间比较晚，但是后期干缩裂缝多，而且砂浆量大的混凝土的徐变量增加，降低了混凝土的长期性能，因此对于砂浆的用量也要注意控制。从混凝土早期开裂和长期变形的角度，一般控制混凝土的粗集料体积率不小于0.6，不大于0.75。

3)抗渗性能

试验对粗集料最大粒径26.5mm的A组混凝土做了抗渗性能试验。试验水压1.6MPa，持压24小时。试验结果如图9所示。从试验结果可以看出，当粗集料体积含量小于0.75时，随着粗集料的含量增加，砂浆用量减少，混凝土的抗渗性能提高，主要是因为砂浆量的减少限制了砂浆中微裂隙的数量和发展虽然由于粗集料的增多而带来粗集料与砂浆界面增多，但是砂浆裂纹减少而带来的抗渗性能提高效应超过了界面增加带来了负面效应。而随粗集料含量进一步增大，集料间相互接触的概率增大，集料界面容易形成相互连通渗流通道，加快水的渗透，混凝土的抗渗性表现为越来越差。当粗集料体积含量为0.75时，粗集料表面砂浆包裹层等效厚度为1mm，可见，这个厚度仍然能形成有效的包裹层，而且混凝土抗渗性的综合效应最好。对于最大粒径19mm的粗集料而言，其体积含量为0.7时，粗集料表面砂浆包裹层厚度为1mm。从混凝土抗渗性的角度，混凝土中粗集料体积含量宜控制在0.70～0.75。

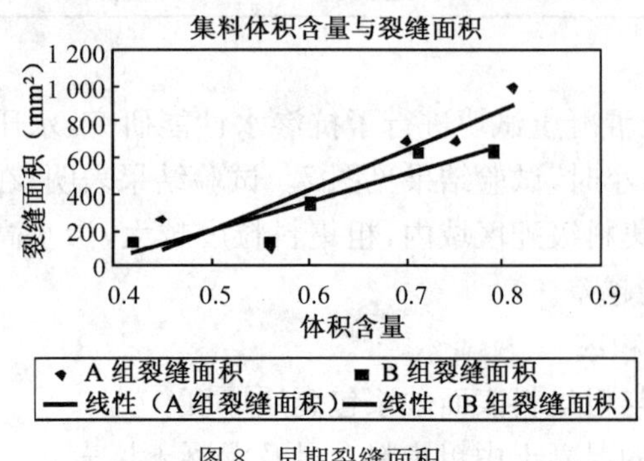

图8　早期裂缝面积

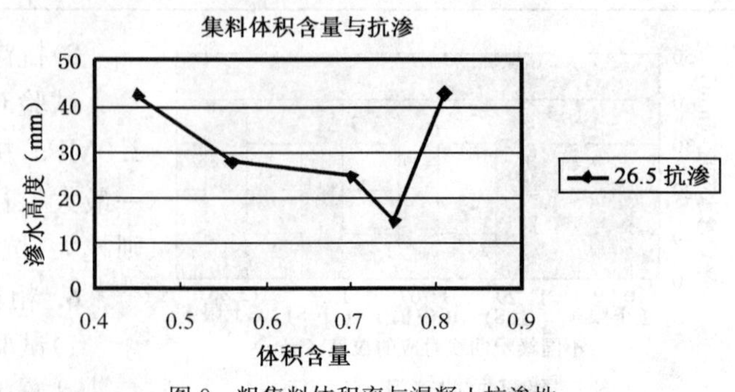

图9　粗集料体积率与混凝土抗渗性

三、结　论

从混凝土耐久性角度，通过试验研究，总结相关技术指标如下：

(1)从粗集料技术指标和混凝土质量均匀性控制的角度，总体考虑粗集料对混凝土工作性、强度和耐久性的影响，粗集料加工过程中宜采用水洗工艺，以保持表面洁净。

(2)混凝土粗集料含泥量不宜超过1%。

(3)混凝土粗集料最大粒径不宜超过26.5mm，一般可选择19mm、26.5mm。

(4)在同一最大粒径的级配范围内，混凝土粗集料应尽可能选择等效粒度较小的级配曲线。

(5)为提高混凝土早期抗开裂性能，粗集料体积率不大于0.75；从提高混凝土抗渗性的角度，混凝土中粗集料体积率宜控制在0.70～0.75。

参考文献

[1] 赵尚传，张劲泉，左志武，梁奎基. 沿海地区混凝土桥梁耐久性评价与防护. 北京：人民交通出版社，2010.

[2] Fracture properties of high-strength concrete with varying silca fume content and aggregates, Zhou, F. P. and Barr B. I. G. Cement and Concrete Research, 1995, Vol. 25, No. 3.

[3] 吴中伟，廉慧珍. 高性能混凝土. 北京：中国铁道出版社，1999.

[4] Mechanical Interactions Between Paste and Aggregate During the Flow of Fresh Concrete. M. Barrioulet, C. Legrand. Properties of Fresh Concrete. Edited by H. J. Wierig, 1990.

[5] How to make today's repairs durable for tomorrow-corrosion protection in concrete repair. Vaysburd A. M. and Emmons P. H. Cement and Building Materials. 2000, 14.

[6] (JTG F30—2003)公路工程水泥混凝土路面施工技术规范. 北京：人民交通出版社，2003.

[7] 赵尚传. 山东省公路工程水泥混凝土集料技术指标研究—粗集料技术指标研究. 交通运输部公路科学研究所，2009.

158. 基于LS-DYNA公路桥梁三维重车耦合振动有限元模型研究

赵　辉　陈水生　桂水荣　任永明

(华东交通大学土木建筑学院)

摘　要　研究公路桥梁在移动车辆荷载作用下的动力响应，车辆(结构)动力特性及各项参数选取对桥梁振动响应具有很大影响。为更真实的体现桥梁在重型车辆荷载作用下的动力响应，本文基于LS-DYNA程序，结合常用重型车辆的结构特性及参数，对橡胶轮胎、轮胎内气体压力、车轮转动和车辆悬架系统进行真实模拟，使得车桥相互作用分析模型更贴近实际。通过将有限元车辆模型的轴载、自振频率及桥梁静力位移的计算结果与实际车辆实验测试值进行对比来验证车辆模型的有效性，进而分析了某一简支梁桥在该车辆荷载作用下的动力响应特征。研究结果表明，运用LS-DYNA程序研究车桥耦合振动响应是切实可行的。

关键词　车桥相互作用　LS-DYNA　有限元模型　动力响应　重载车辆

一、前　言

近年来，随着交通运输事业的迅速发展，大型客车和重载车辆日益增多，车辆行驶速度越来越高，并且桥梁结构的布置和构造形式多种多样，轻质高强度材料的大量使用使整个结构愈来愈轻型化。基于上述情况，进一步研究车辆通过桥梁时所引起的桥梁结构的动力特征就显得尤为重要和迫切。但是，对于车桥相互作用问题的研究，国内外各学者均主要将车辆简化为平面模型进行单点荷载作用下的数值分析[1~10]，而实际的车辆和桥梁都是空间体系，要想更为真实的体现车辆荷载在桥梁上行驶时所引起的桥梁结构的动力特征，将车辆及桥梁简化为平面模型进行分析，具有很大的局限性。本文基于LS-DYNA[11]程序建立重型车辆的三维有限元模型，真实地模拟橡胶轮胎、轮胎内气体压力、车轮的转动和车辆的悬架系统。通过将车辆模型的轴载、自振频率及桥梁静力位移的计算结果与实际车辆测试值进行对比来验证车辆模型的有效性，进而以交通部通用30mT形截面简支梁桥为例，分析了该桥在三维重车荷载作用下，按三种荷载工况行驶时的动力响应。研究结果表明，运用LS-DYNA程序研究车桥耦合振动响应是切实可行的。

二、车 辆 模 型

1. 车辆模型的建立

一辆东风EQ3166三轴自卸汽车如图1所示，车辆空载时前轴重力44.7kN，中轴、后轴总重力112.2kN，整车满载的前轴重力64.7kN，中轴后轴总重力258.8kN。本文取满载车辆进行分析。

图1　实际车辆

车辆模型各组成部分的尺寸从车辆的技术参数说明书中获取，整车参数如表1。建立车辆的有限元模型时，为了节省计算时间和保证车桥接触的稳定性，综合考虑模型材料、接触类型、多点约束、边界条件等因素的影响，合理的选择单元尺寸和单元算法，并设置各种求解参数。目前，大量研究表明车辆悬架系统和车轮的各项参数对桥梁结构的振动有很大影响[3]，因此建立有效的车轮和悬架系统的三维有限元模型，真实体现车辆振动特性就显得尤为重要。

车辆模型参数　　表1

项　　目	质量(kg)	刚度(N/mm)	阻尼系数(N.s/mm)	与车身质心的距离(m)
前轮	594	28000	—	3.4
中轮	932	33900	—	0.2
后轮	932	33900	—	1.4
车身	30542		—	
前悬架		6300	27.3	
中悬架		7900	38.4	
后悬架		7900	38.4	

本文用壳单元模拟车轮的主要组成部分：轮胎、轮辋和轮毂。轮胎模型采用线弹性的橡胶材料，轮毂和轮辋模型使用线弹性钢材材料，建立三维有限元车轮模型如图2所示。为了更真实地体现车轮的特性，根据实际轮胎内的气体压力值，运用LS-DYNA程序的AIRBAG关键词定义了有限元轮胎里的气体压力值为

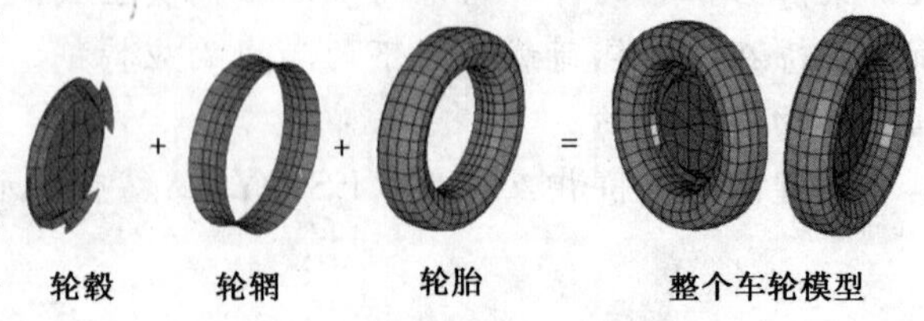

图2　车轮模型的组成

0.66MPa。

由于车辆悬架系统组成复杂且外形不规则，本文采用刚体、梁单元、弹簧阻尼单元和一系列的多点约束来模拟。其中前悬架的钢板设置为刚体，与前轴间用圆柱形约束关节连接，实体及有限元模型如图3a)所示。后悬架刚体格构与中轴和后轴间的连接也采用圆柱形约束关节，实体及有限元模型如图3b)所示。

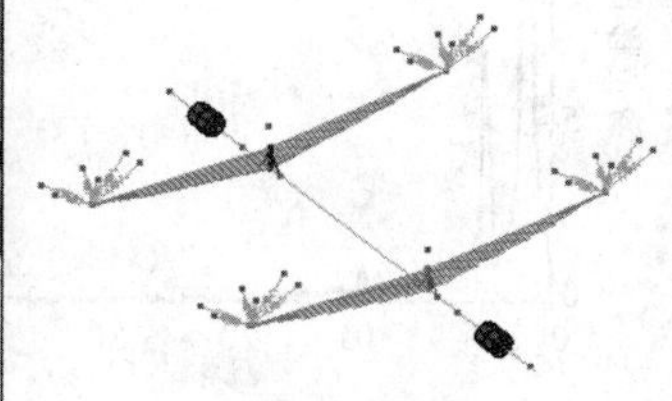

a) 前悬架的实物及 FE 模型

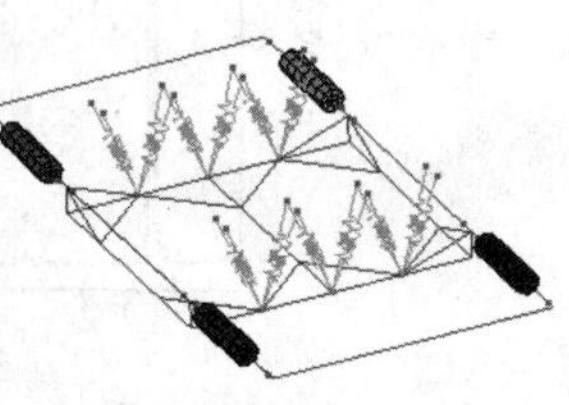

b) 后悬架的实物及 FE 模型

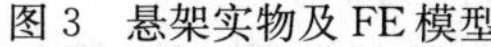

图 3　悬架实物及 FE 模型

图 4　前轮上一点的转动轨迹曲线

车辆行驶过程中，车轮转动的三维有限元模型，本文采用一系列的转动约束关节和车轴上的圆柱形约束关节来实现车轮的转动。图 4 给出了前轮上一节点（节点 105086）的转动轨迹曲线，充分说明了车轮转动的有效性。为了区分车斗和驾驶室的形状，其单元网格用三角形划分，车架部分的单元划分采用规则的四边形网格，整个车辆模型的材料及有限元模型的单元、节点、多点约束数量统计如表 2 所示。

车辆模型统计表　　表 2

统计项目	parts(LS－DYNA)	模型材料	MPCs 多点约束	节点	实体单元	壳单元	梁单元
数量	49	9	106	7008	369	7959	237

2. 车辆模型的校验

在前、中、后三个轴上选择 6 个节点并约束竖向位移，然后对整车施加重力荷载计算约束节点的约束反力。重力荷载的施加会引起车辆瞬时的振动，但通过加大整体阻尼系数，车辆很快会达到稳定状态，进而可以得到每个轴的轴重力。计算出的轴重力与实际满载车辆的轴重力进行比较，如果相差过大，通过调整 FE 车辆模型上混凝土块的质量及加载重心位置，达到与实际车辆轴重力相一致，最终得到的前后轴轴载时程曲线如图 5 所示。FE 模型轴重力与实际车辆轴重力的对比见表 3。

FE 模型轴载和实际车辆轴载对比　　表 3

项　目	FE 模型[kN]	实际车辆[kN]	误差[%]
前轴	65.539	64.7	1.3
中轴	131.926	258.8	－0.24
后轴	126.259		
总重 323.724	323.5	0.07	

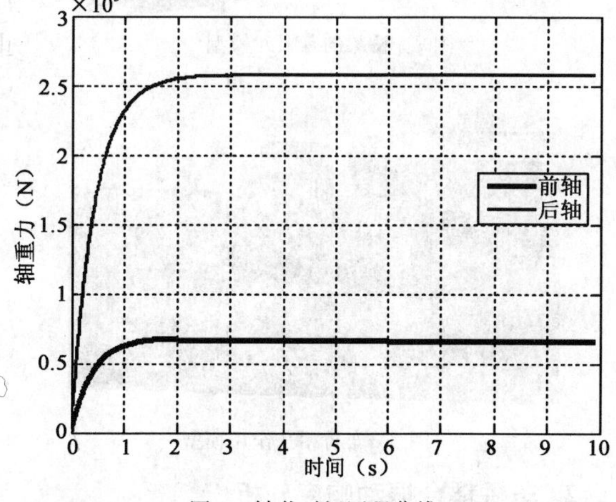

图 5　轴载时间历程曲线

进一步验证车辆模型的动力特性，通过振动信号采集系统 DH5932 配合高灵敏度拾振器测试实际车辆在给定初始激励后车体振动位移，并计算其位移功率谱密度如图 6a)所示。通过位移功率谱密度分析可得该车自振频率为 1.593Hz，而用 LS-DYNA 模拟的有限元车辆的自振频率为 1.5042Hz，如图 6b)所示，两者自振频率误差较小，充分说明了 FE 车辆模型的有效性。

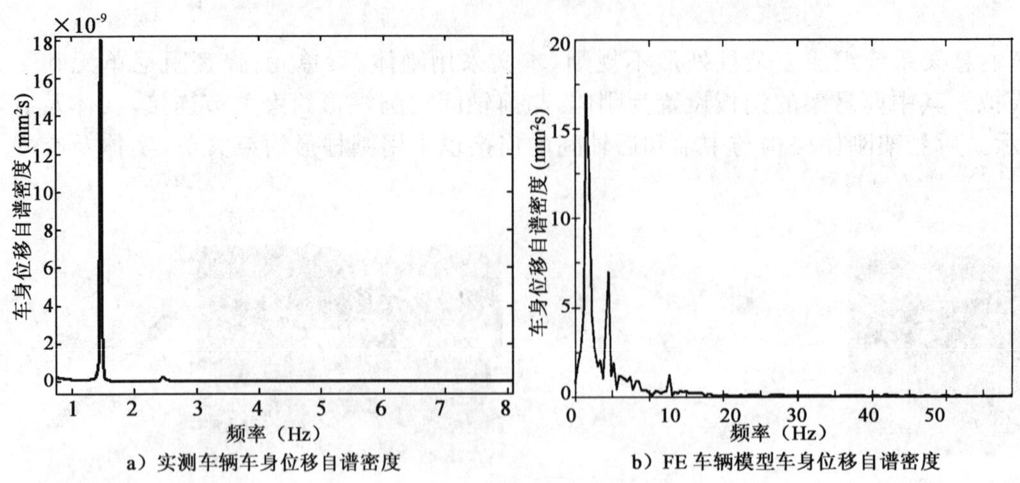

a）实测车辆车身位移自谱密度　　b）FE 车辆模型车身位移自谱密度

图6　车辆位移自谱密度

三、算 例 分 析

1. 桥梁模型建立

为使研究更具一般性，本文选取交通部通用的30mT形简支梁桥，研究该桥在本文的重车荷载作用下的动力响应。30mT梁横断面由5片T梁组成，T梁高2.0m，梁宽1.7m，横向通过横隔板及翼缘板的湿接缝连接成整体。桥梁结构的有限元模型包括4个组成部分：桥面铺装层、T梁、防撞护栏、横隔板。各个组成部分均采用8节点或6节点的全积分实体单元模拟，单元尺寸的划分和数量选取，根据桥梁的支承位置、车桥接触的稳定性及节省求解时间进行设置。为了更真实地研究简支梁桥一整跨的动力响应特征，本文模拟了桥头搭板和第二跨，使车辆的前轮驶入第二跨后，后轮才顺利地从第一跨另一端驶出，有限元模型如图7所示。车辆与桥梁间的相互作用，通过LS-DYNA程序提供的CONTACT关键词定义三维接触算法来实现。图8为车桥相互作用模型。为了使车辆荷载横向位置更具有一般性，本文选取如图9所示荷载工况，计算其动力响应。工况一为车辆按最不利位置行驶，车轮距防撞栏0.5m，车辆荷载分别作用在1号梁（边梁）和2号梁（次边梁）上；工况二为车辆荷载作用在次边梁两边的湿接缝上；工况三为车辆按正常的行车道行驶，荷载作用在2号梁（次边梁）和3号梁（中梁）上。

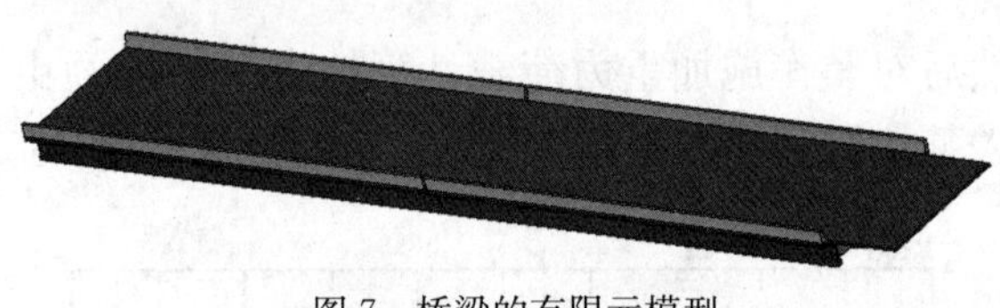

图7　桥梁的有限元模型

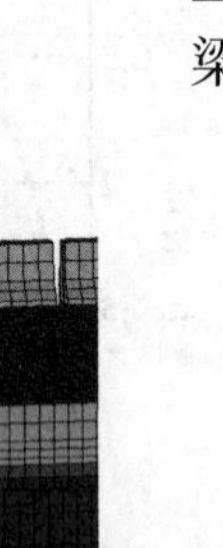

图8　车桥相互作用模型

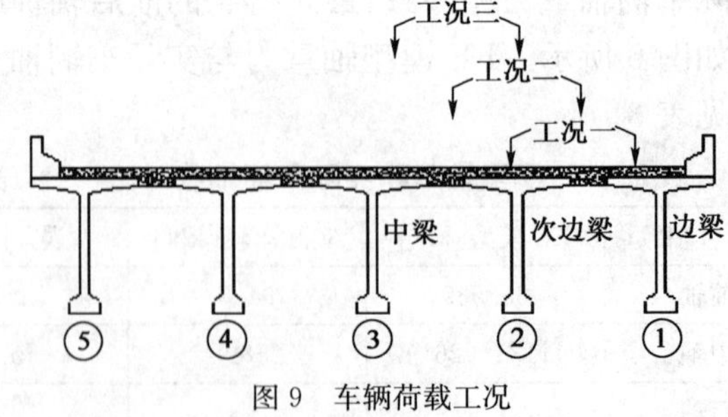

图9　车辆荷载工况

2. 车桥耦合振动响应分析

桥梁的竖向振动响应以一阶振型为主，高阶振型对桥梁竖向振动响应影响不大[3]，本文运用LS-DYNA程序的隐式求解器分析桥梁的模态，该桥的一阶及二阶自振频率分别为 $f_1=4.70\text{Hz}$，$f_2=6.41\text{Hz}$。

重型车辆在高速公路上的行驶速度通常为50～100km/h(13.9～27.7m/s)。本文主要分析车辆以

30m/s 的速度按三种荷载工况下过桥时,各片梁的动态响应。图 10 为三种荷载工况下各片梁的动力响应。从图 10 可以看出,装配式简支梁桥边梁挠度大于中梁,且工况一车辆荷载作用下的挠度值在三种工况中是最大的,分析结果与文献[3]的结论一致,因而下文重点分析工况一荷载作用下,简支梁桥的动力响应。将车辆以 30m/s 的速度过桥时的动态响应与静位移对比,如图 11 所示,可以得出桥梁的动挠度始终围绕着静挠度上下波动,并且最大动挠度发生在车辆位于跨中前后,与文献[3]的分析结果相同。取边梁的速度时程曲线进行功率谱分析,如图 12,说明桥梁的竖向振动响应主要由低阶频率起控制作用。图 13 为不同车辆行驶速度所引起的桥梁动态响应,从图中可知,车辆速度对跨中位移响应影响较明显,速度越低,跨中位移曲线波动就越明显,而且最大挠度相对越小,还可以看出跨中最大挠度与速度并不成线性关系。

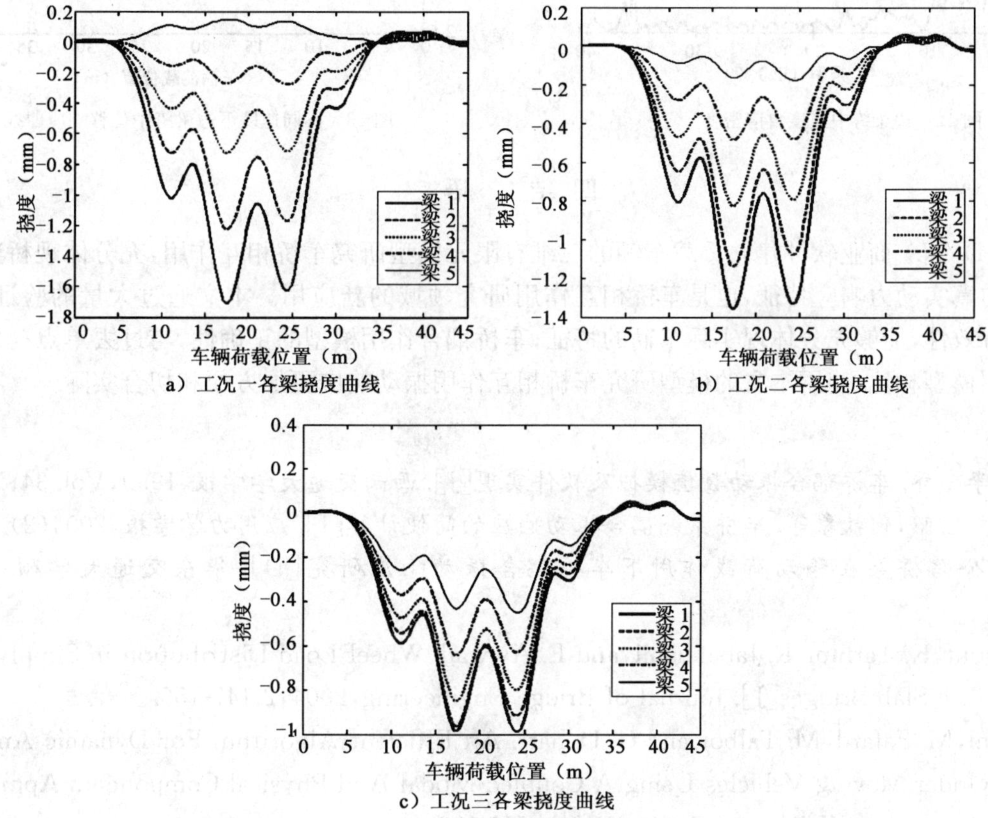

图 10 三种车辆荷载工况下各片梁的挠度曲线

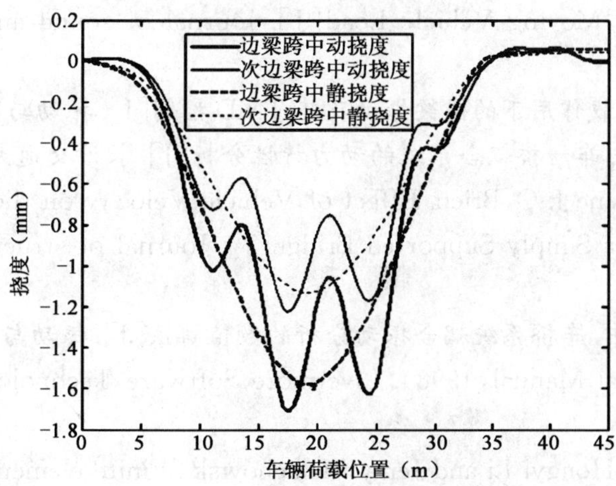

图 11 工况一边梁次边梁动、静挠度曲线

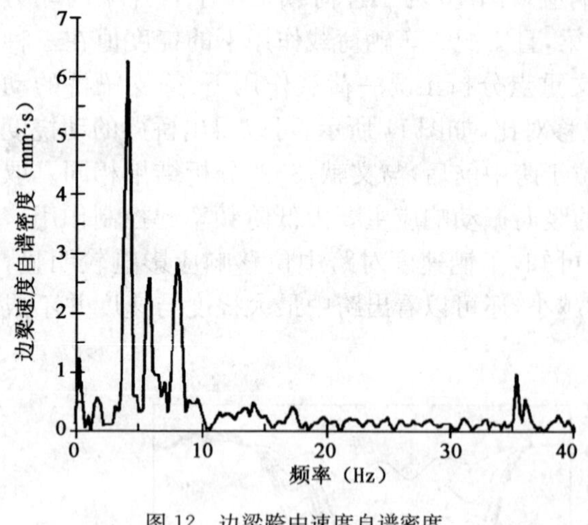

图12　边梁跨中速度自谱密度

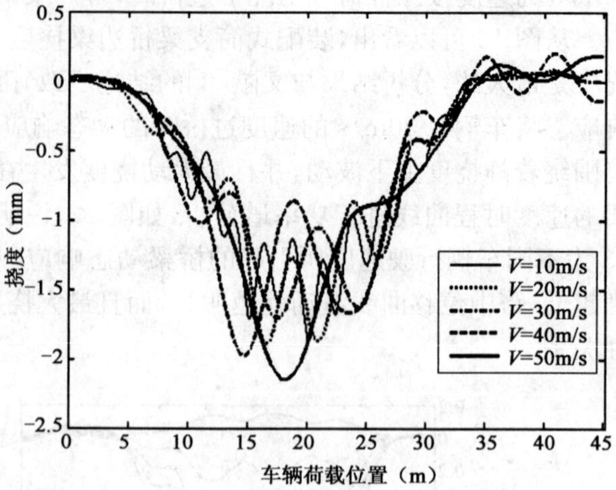

图13　不同速度下边梁跨中位移响应曲线

四、结　　语

基于LS-DYNA商业软件建立重载车辆的三维有限元模型研究车桥相互作用，充分体现桥梁在车辆荷载作用下的真实动力响应特征，也是车桥相互作用研究领域的新应用。本文通过大量的验证，说明了车辆模型的有效性，能够充分体现实际车辆的特征；车桥耦合作用模型的正确性，与过去单点荷载作用的车桥耦合作用模型相比，使用本文的模型研究车桥相互作用振动响应更加方便和切合实际。

参考文献

[1] 单德山，李　乔. 车桥耦合振动数值模拟及软件实现[J]. 西南交通大学学报，1999，Vol. 34，No. 6.

[2] 李军强，刘宏昭，何钦象等. 车桥系统耦合振动响应的简便计算[J]. 应用力学学报，2004(2).

[3] 桂水荣. 公路桥梁在移动荷载作用下车桥耦合振动响应研究[D]. 华东交通大学硕士学位论文，2007.

[4] M. Mabsout，K. Tarhini，R. Jabakhanji，and E. Awwad. Wheel Load Distribution in Simply Supported Concrete Slab Bridges[J]. Journal of Bridge Engineering，2004，2-147-155.

[5] K. Henchi，M. Fafard，M. Talbot and G. D. hatt. An Efficient Algorithm For Dynamic Analysis Of Bridges Under Moving Vehicles Using A Coupled Modal And Physical Components Approach[J]. Journal of sound and Vibration，1998，212(4)，663-683.

[6] J. Hino，T. Yoshimura and K. Konishi. A Finite Element Method Prediction Of The Vibration Of a Bridge subjected To A Moving Vehicle Load[J]. Journal of sound and Vibration，1984，96(1)，45-53.

[7] 肖新标，沈火明. 移动荷载作用下的桥梁振动及其TMD控制[J]. 振动与冲击，2005，Vol 24 No. 2.

[8] 盛国刚，彭　献，李传习. 车一桥耦合系统的动力特性分析[J]. 长沙交通大学学报，2003，04-0010-04.

[9] Sean P. Brady and Eugene J. O，Brien. Effect of Vehicle Velocity on the Dynamic Amplification of Two Vehicles Crossinga Simply Supported Bridge[J]. Journal of structural Engineering@ASCE，2006，2-250-256.

[10] 李小珍，马文彬，强士中. 车桥系统耦合振动分析的数值解法[J]. 振动与冲击，2002，Vol. 21 No. 3.

[11] LS_DYNA Theoretical Manual(1998). Livermore Software Technology Corporation，Livemore，California.

[12] Leslaw Kwasniewski，Hongyi Li and Jerzy Malachowski. Finite element analysis of vehicle-bridge interaction[J]. Finite Element in Analysis and Design，2006，42-950-959.

[13] Leslaw Kwasniewski, Jerry Wekezer and Hongyi Li. Development of Finite Element Models for Ford Eldorado Transit Bus[J]. Theoretical Foundations of Civil Engineering, 10th Polish－Ukrainian Transactions, Warsaw, June, 2002, pp. 255-267.

[14] HongyiLi, Ravi Nimbalkar, Leslaw Kwasniewski and Jerry Wekezer. Finite Element Analysis of A Transit Bus[J]. 8th International Conference on Structures under Shock and Impact, Crete, Greece, March 2004, SUSIVIII, pp. 397-406.

[15] Leslaw Kwasniewski, Hongyi Li and Jerry Wekezer. Reverse engineering of a transit bus for FE crashworthiness assessment[J]. Proc. 7th International Symposium on Heavy Vehicle Weights & Dimensions, 2002: 505-511.

159. 连续钢桁架—桁拱组合桥节点的焊接残余应力分析

周 良[1] 陈 玮[1] 杨允表[2]

(1. 上海市城市建设设计研究院;2. 合乐中国有限公司)

摘 要 焊接结构的桥梁越来越广泛地得到应用,但焊接残余应力是影响桥梁钢结构强度的关键因素之一。本文利用ANSYS有限元分析软件,详细计算分析了上海嘉定蕴藻浜大桥桁架—桁拱结合节点的焊接残余应力和分布情况,并结合该节点局部应力分析的计算结果,为结构设计和钢结构加工提供一些有价值的建议。

关键词 钢结构桥梁 桁架—桁拱结合节点 焊接残余应力 有限元方法 ANSYS有限元分析软件

一、工 程 概 况

上海嘉定蕴藻浜大桥为两跨连续钢桁架—桁拱组合结构,跨径布置66m＋135m＋66m,边孔跨越轨道交通11号线和规划二路,并位于道路缓和曲线段内。中跨为下承式钢桁架拱,跨径135m,下弦拱的矢跨比为1/6,拱桁肋高3.6m;横向采用两榀式桁架拱肋,布置在桥面机非车道之间的设施带内,桁拱中心间距19.4m;拱下设柔性吊杆悬挂桥面体系。桥面系采用箱形系梁、工字形横梁、工字形小纵梁和纵向U形肋组成的正交异性板梁格体系。边跨为下承式变高度钢桁架,桁高由边支点最低处的8.1m,直线变化到中墩支点处的16.5m,横向采用两榀式,与主跨桁拱对齐。蕴藻浜大桥的结构示意图如图1所示。

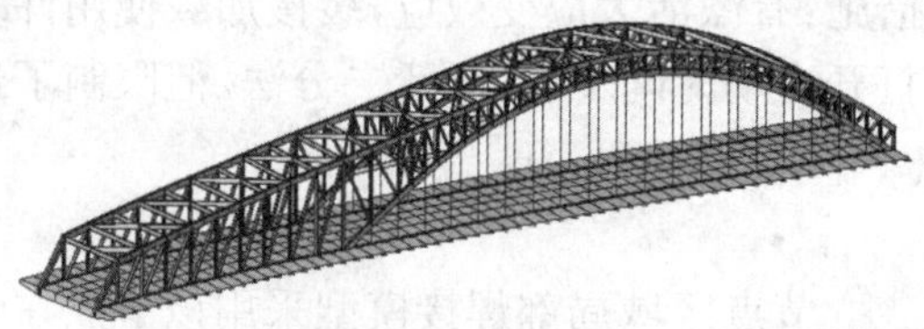

图1 嘉定蕴藻浜大桥结构示意图

为确保大桥设计的安全,探讨细部构造设计的合理性,不但有必要对结构关键节点的受力机理、传力途径进行三维有限元分析,而且也有必要分析关键节点在制作过程中的焊接残余应力。本桥桁架—桁拱结合节点处结构构造复杂,且杆件较多,受力非常复杂,同时也会影响到附近桥面板的应力分布,因此需要做详细的节点局部应力和焊接残余应力分析。只有把局部分析的应力计算结果和节点制作过程中的焊接残余应力计算结果结合起来,才能整体把握关键节点的应力分布情况,了解节点的应力集中部位,提出消除焊接残余应力的有效方法。

二、ANSYS分析焊接残余应力的技术

采用有限元软件进行焊缝残余应力的模拟分析,一般有两种方式:一种是间接耦合分析,即先对结构

进行热分析，再转换计算类型成结构分析，将热分析得到的各节点的温度作为结构分析的外荷载；另一种是直接耦合分析，即选择适当的直接耦合单元，将焊缝处的温度以外荷载的形式直接加于模型上，直接进行热—结构的耦合分析。本文在利用 ANSYS 软件分析节点的焊接残余应力时采用的是间接耦合分析方法。

下面来介绍一下本文利用 ANSYS 软件分析节点焊接残余应力的一些关键技术。

1. 单元生死

采用 ANSYS 程序利用其提供的单元生死功能来实现焊接模拟过程。程序在处理时，并不是真正地移走"死"单元，而是通过一个很小的因子乘以它们的刚度，在荷载矢量中，和这些"死"单元相联系的单元荷载也被设置为零，同时，其质量、阻尼、比热等均被设置为零。当单元"死掉"时，单元的应变也被设置为零。与此相似，当单元"活"的时候，它们也不是被添加到模型中去，而是一种简单的重新被激活。当单元被激活时，其刚度、质量和单元荷载等返回至设置值，但没有应变的历史记录。故在计算过程中，程序并不能产生或去掉单元，而应该在建模时，必须在计算过程中将"死去"或"激活"的单元部分完整地建立。

2. 边界条件的处理

利用 ANSYS 软件进行焊接温度场的模拟时，为了简化算法而又不影响模拟过程的准确性，可将辐射与对流所产生的作用进行合成，用对流系数这一参数体现随着对流系数的变化，焊接熔池和熔宽以及焊接最高温度都有微小的变动，说明它对焊接温度场的形成有一定的影响，但影响并不是很明显。

3. 相变潜热的处理

焊接过程中存在着汽化、熔化、凝固等相变过程，相变潜热对温度场分析会产生一定的影响。ANSYS中处理相变潜热问题的方法是定义不同温度下的热焓，其数学定义式为：

$$\Delta H(T) = \int_0^T \rho c(\tau)\mathrm{d}\tau$$

式中 H 为热焓；ρ 为材料密度；T 为绝对温度；$c(\tau)$ 为材料的比热容，它是温度的分段线性函数。

由于相变涉及金属冶金学的诸多内容，考虑起来比较复杂，为了简化计算、节约计算时间，但又要接近实际情况，本文在分析过程中，通过考虑材料在不同温度条件下的特性已经考虑金属相变的因素来考虑相变问题。

4. 非线性的处理

在焊接过程应力应变场的有限元模拟中，由于焊接时的局部快速热循环、热力耦合的不可忽略以及所包含的塑性、有限变形等非线性因素，使得要保证求解精度和解的收敛性有一定困难。采用的非线性措施：有激活大应变效应，缓慢加载使用许多子步到最终的荷载值；采用修正的牛顿—拉弗森迭代方法，打开自动时间步长，激活二分法，但限制了最小时间步长。以上非线性措施在 ANSYS 中都可直接实现。

三、节点模型建立

节点区域局部焊接模型采用该节点在焊件工厂加工时候的尺寸，构件包括腹板、顶板、底板、加劲板、支座加劲板等，纵桥向尺寸长度为 4.73m。节点部分有限元模型如图 2 所示。

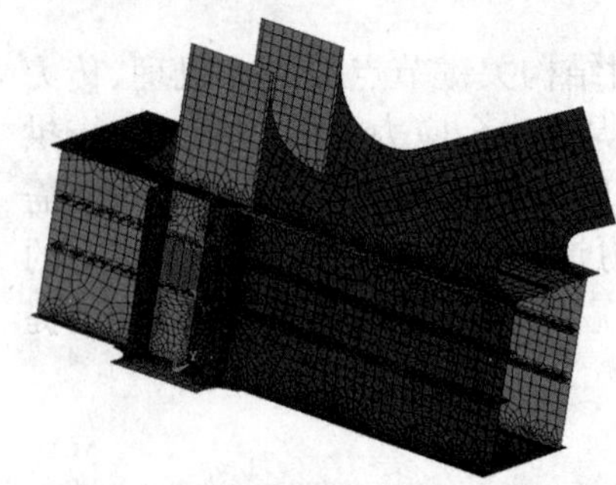

图 2 节点焊接有限元模型

焊缝部分由于温度梯度较大，单元划分得较为细密，同时为了加快计算进度，焊接板件单元划分较大，两者之间采用自适用划分。板壳单元均为四边形单元。

计算模型采用间接法计算，温度场计算采用 SHELL57 号单元模拟。根据焊接顺序和焊接时间，依次对焊缝单元生成热荷载，然后对焊缝部分施加节点生成热荷载。应力场计算时，将 SHELL57 单元转为 SHELL63 号单元，根据焊接顺序，依次调入焊接时计算的温度场，位移边界考虑为底板部分有竖向支撑。节点模型共划分 51486 个单元，59868 个节点。

四、焊接部位及顺序

根据钢结构加工单位提供的中支点桁架节点的加工资料，该节点焊接焊缝共计 44 条。焊缝均采用 CO_2 焊接，焊缝根据焊缝宽度采用电流在 130～280A 不等，焊接电压为 22～30V，焊接速度为 120～300mm/min。在有限元模拟中，采用单元生死的方法，先“杀死”所有焊缝和需要焊接的板件，然后根据焊接顺序依次“激活”所要焊接的板件单元和焊缝单元。

五、计算结果与分析

根据 ANSYS 的计算分析模型，得到节点主要板块的焊接残余应力如以下所述。

1. 腹板焊接残余应力

腹板上的纵向应力分布大致为纵向焊缝边缘区域出现压应力、纵向焊缝之间大部分区域出现拉应力；内侧腹板上的竖向应力分布大致为竖向焊缝边缘区域出现压应力、竖向焊缝之间大部分区域出现拉应力；并且，纵向、竖向应力在纵向焊缝与竖向焊缝交接处为最大。除焊缝部分有较大的焊接残余应力外，内侧腹板最大 Von-Mises 应力在 100MPa 以内，总体上应力在 60MPa 以内；在距离焊缝较远、靠近腹杆和弦杆部分的应力很小，但在横隔板焊缝附近应力较大(图 3)。

2. 底板焊接残余应力

底板上的纵向焊缝主要使底板产生纵向应力，而横向焊缝主要使其产生横向应力。除焊缝部分焊接残余应力较大外，底板最大 Von-Mises 应力在 120MPa 左右，总体上应力在 70MPa 以内；此外，底板距离焊缝较远区域的焊接残余应力较小(图 4)。

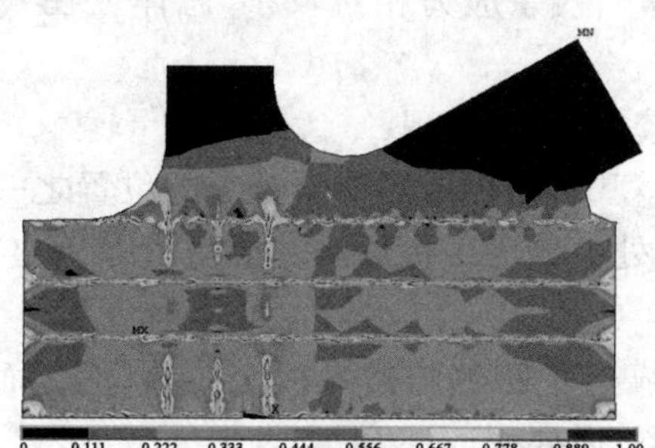

图 3 腹板焊接残余 Von-mises 应力($\times10^8$Pa)

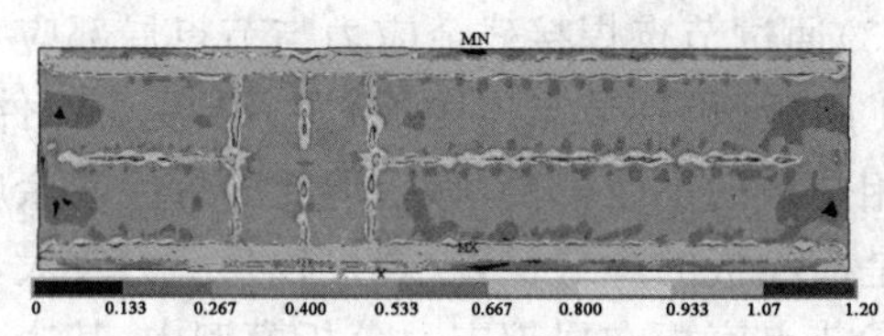

图 4 底板焊接残余 Von-misses 应力($\times10^8$Pa)

3. 顶板焊接残余应力

顶板的焊接残余应力分布如图 5 所示。与底板的残余应力分布情况相类似，顶板上的纵向焊缝主要使顶板产生纵向应力，而横向焊缝主要使其产生横向应力。除焊缝部分焊接残余应力较大外，顶板最大 Von－Mises 应力在 120MPa 左右，总体上应力在 70MPa 以内；此外，顶板距离焊缝较远、靠近腹杆和弦杆区域应力相对较小。

4. 横隔板焊接残余应力

横隔板为中间有开孔的横隔板，其焊接残余应力分布如图 6 所示。除焊缝部分的应力较大外，横隔板 2 的最大 Von-Mises 应力在 140MPa 左右，总体上应力在 80MPa 以内；此外，横隔板 2 距离焊缝较远区域的焊接残余应力相对较小。

综合以上，中支点桁架节点焊接残余应力的计算结果表明，节点的焊缝部分及其附近区域的残余应力比较大，特别是节点腹板(也即节点连接板)的腹杆倒角区域、横梁下翼缘连接板的中跨侧倒角区域的焊接残余应力比较大，应力值达到 100MPa 左右；节点其余部分的焊接残余应力相对较小，总体上在 80MPa 以内。

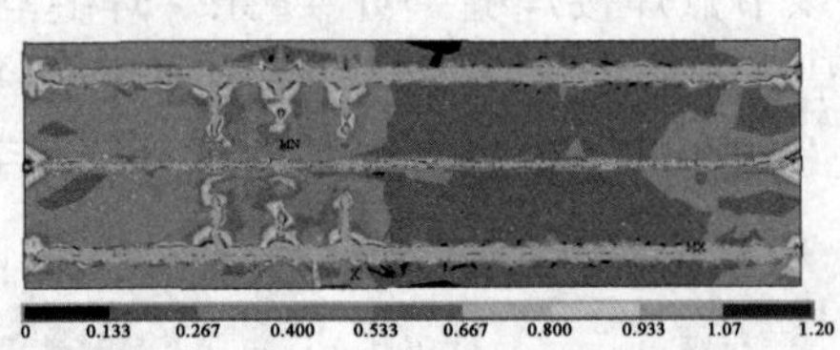

图5 顶板焊接残余 Von-misses 应力(×10^8Pa)

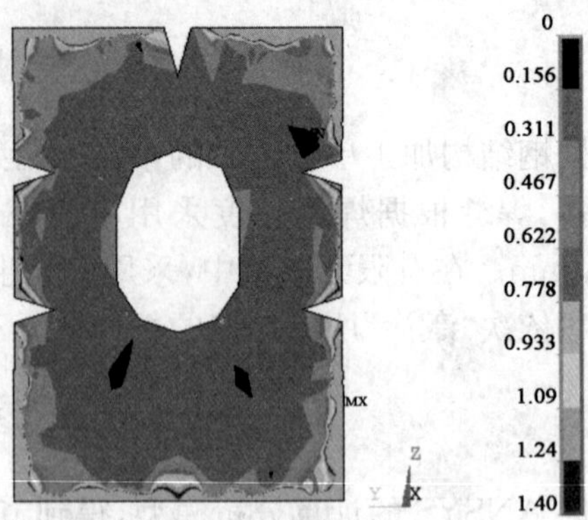

图6 横隔板焊接残余 Von-misses 应力(×10^8Pa)

六、结论及建议

利用大型通用分析软件 ANSYS 对嘉定桃浦路蕴藻浜大桥的钢结构焊接应力进行了分析，并且得到了比较有效的焊接残余应力计算结果。可以得到以下一些初步结论：

(1)利用大型通用分析软件 ANSYS 来分析嘉定桃浦路蕴藻浜大桥的钢结构焊接残余应力是有效的，得到的计算结果能为设计与钢结构加工提供一定的参考。

(2)关于中支点桁架节点的焊接残余应力，可以归纳为：节点的焊缝部分及其附近区域的残余应力比较大，特别是节点腹板(也即节点连接板)的腹杆倒角区域、横梁下翼缘连接板的中跨侧倒角区域的焊接残余应力比较大，应力值达到 100MPa 左右；节点其余部分的焊接残余应力相对较小，总体上在 80MPa 以内。

(3)通过节点焊接残余应力与节点局部应力计算结果相比较[7]，可以发现：

①腹板(也称节点连接板)为主要受力构件。在局部应力计算中，腹板局部应力较大的位置之一为与顶板相交接的下弦杆倒角处，但此处焊接残余应力并不大；另一处位置为腹板靠近底板与横隔板交接处，此处是横隔板的焊缝位置，焊接残余应力较大，需要引起注意。

②节点底板在局部应力分析模型中，其应力较大的位置为靠近主跨侧与横隔板交接的位置，而在节点残余应力分析模型中，此处也是焊接残余应力相对较大的位置，需要引起注意。

③节点顶板在局部应力计算中，应力较大的位置为与横隔板交接区域，而在焊接残余应力计算中，此处也为焊接残余应力较大的位置，也需要引起注意。

④节点局部分析中应力较大的区域，而同时又是焊接残余应力较大的区域，其焊接焊缝必须要经过一定的有效处理方法来减少其焊接残余应力。

参考文献

[1] 王国强. 实用工程数值模拟技术及其在 ANSYS 上的实践[M]. 西安：西北工业大学出版社，2000.

[2] Galatolo R. and Lanciotti A. Fatigue Crack Propagation in Residual Stress Fields of Welded Plates [J]. Int. J. Fatigue, 1997,19(1):43-49.

[3] 张彦华. 焊接力学与结构完整性原理[M]. 北京：北京航空航天大学出版社，2007.

[4] Lahouiy A, Walaszek H. Evaluation of residual welding stress using an ultrasonic method and validation by the conventional methods[J]. Influence of Microstructure, 1999, 96(9):1143-1154.

[5] Lee J H, Lee K, Lee CW. Analysis of residual stresses in multi—pass welding using element generation technique[J]. Key Engineering Materials, 2006,326/328(Pt2):1287-1290.

[6] 嘉定桃浦路蕴藻浜大桥钢结构焊接残余应力分析[R]. 上海：上海市城市建设设计研究院，2009.

[7] 嘉定桃浦路蕴藻浜大桥中墩支点处桁架节点的局部分析[R]. 上海市城市建设设计研究院，2009.

160. 杭州九堡大桥3×210m组合拱桥顶推方案探讨

周光强 詹光善 舒大勇

摘 要 本文主要介绍了杭州市九堡大桥主桥3×210m组合拱桥整体顶推方案的选择及顶推工艺的比选,重点对“步行式平移顶推”工艺进行了说明。通过方案探讨,一是为九堡大桥顶推方案深化获得更深层次的技术支持,同时,使“步行式平移顶推”工艺在大跨径桥梁施工中推广应用打下技术基础。

关键词 九堡大桥 组合拱桥 顶推

引 言

随着桥梁建设事业的飞速发展,桥梁结构不断推出新型式如斜拉桥、悬索桥。拱桥作为一种古老的桥式以其特有的技术优势而常盛不衰,不断发展。据统计,中国已建单跨100m以上的拱桥115座之多[1],最大跨径达552m[2]。拱桥仍是我国公路桥梁大跨度桥梁的主要桥型之一。

拱桥主要施工方法有缆索吊装法、转体施工法、悬臂桁架法、刚性骨架和半刚性骨架法、拱架施工法及顶推施工法等,无支架施工是大跨径拱桥的发展方向,是大跨径拱桥最关键的技术。随着拱桥的发展,造桥技术也在不断创新和发展,顶推施工技术就是其中一例。1959年,前联邦德国的莱昂哈特博士和包尔教授在奥地利的Ager桥中,首次采用顶推法完成混凝土连续梁的架设[3]。此后,前苏联、意大利、法国、奥地利和日本等国相继采用顶推法施工建造了多座预应力混凝土连续梁桥。我国在20世纪70年代后期才开始运用这一施工技术,80年代才逐渐开始推广运用。迄今,世界各国采用顶推法施工的大桥已经超过200座[4]。2004年底,世界第一高桥法国米约大桥采用契进式顶推装置成功完成7跨斜拉桥整体顶推施工,使顶推法发展到一个新的里程碑。

杭州市九堡大桥为三跨组合拱梁带拱整体顶推施工,在国内外尚属首例。主桥210m跨径中间仅设置1座临时墩,其具有顶推跨径大、悬臂长、重心高及重量大等特点,其顶推的顺利实施,将创造顶推法的新纪录,对促进顶推设备研发及推进大跨径桥梁中顶推法的发展都具有重要的意义。

一、工 程 概 况

杭州市九堡大桥属于钱塘江上规划建设的10座大桥之一,位于彭埠大桥(原钱江二桥)下游5km,下沙大桥(原钱江六桥)上游8km处。桥梁全长1855m,跨径布置为:55m+2×85m+90m(北引桥)+3×210m(主桥)+90m+9×85m+55m(南引桥)。

九堡大桥主桥采用梁拱新型组合结构体系、钢与混凝土组合桥面系,并采用钢梁与拱成型整体顶推、桥面板后期安装的施工工艺。主桥为3×210m三孔连续结合梁—钢拱组合体系拱桥,桥宽37.7m。拱肋系由主拱肋、副拱肋、主副拱肋之间的横向连杆以及拱顶横撑等构件组成,主拱肋外倾12°,立面矢高43.784m;副拱肋轴线为空间曲线,立面矢高33m,主副拱肋之间的横向连杆采用圆钢管,间距8.5m。主梁为双主梁等截面钢—混凝土结合格构梁,高4.5m,两侧钢主纵梁间距27.6m,钢横梁间距4.25m,混凝土桥面板厚26cm。钢主纵梁内部设系杆索。拱桥吊杆间距8.5m,吊杆上端锚固于主拱肋,下端锚固于钢主纵梁。主桥布置及结构见图1。

九堡大桥在国内首次全桥大范围采用钢混新型组合结构连续梁桥,并采用3×210m组合拱桥大悬臂整体顶推新工艺来实施。

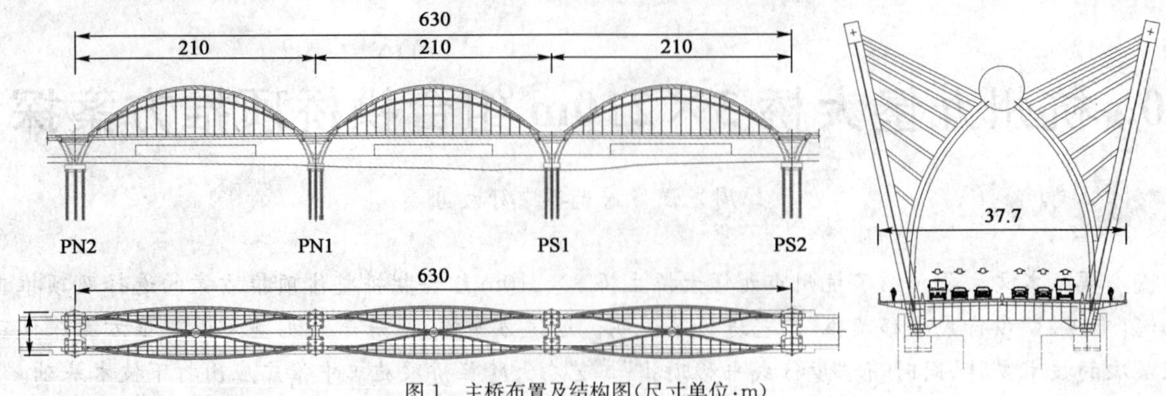

图1　主桥布置及结构图(尺寸单位:m)

二、顶推方案的提出

杭州市九堡大桥横跨钱塘江,其施工建设具有涌潮大、通航交通繁忙、宽广漫滩船舶无法进入等特殊自然条件影响的特点。同时,九堡大桥为新型组合结构城市拱桥,其设计形式新颖、结构美观、桥梁轻盈,因此对施工提出了较高的要求。

根据本工程的建设条件和桥梁方案特点,主桥上部结构施工对支架安装法、缆索吊装法、大浮吊整跨吊装法、先梁后拱法(主梁有支架安装和顶推两种方案)以及梁拱整体顶推法[5]等方案进行了可行性研究和方案比选。在方案可行性研究中,由于钱塘江需通航,且河道浅窄,大型船舶无法进入,因此,支架安装法和大浮吊整跨吊装法无法实现。最后方案比选中主要对缆索吊装法、先梁后拱顶推法和梁拱整体顶推法进行了方案比选,见表1。

主桥上部结构施工方案比选　　表1

项目＼方案	方案一 缆索吊装法	方案二 先梁后拱顶推法	方案三 梁拱整体顶推法
方案摘要	沿桥轴线搭建一座横跨钱塘江的缆索吊机,待桥墩完工后,利用缆索吊逐跨对称逐段进行拼装连接,采用扣索逐段固定,在每跨中合龙成型,最后安装吊杆和桥面预制板	在岸上修建拼装平台,然后逐段拼装主梁逐段向河中墩位处顶推。当主梁全部拼装顶推到位后,再在主梁上搭设主副拱支架,对称逐段拼装完成,最后安装吊杆和桥面预制板	在岸上修建拼装平台,然后逐跨拼装主梁及主副拱,整跨拼装完成后,采用顶推装置向前顶推出平台,逐跨拼装逐跨顶推,直至三跨连接整体顶推到位。最后进行吊杆和桥面预制板安装施工
主要优点	1.该方案是拱桥无支架方案中常用方案,工艺成熟; 2.起吊设备只需要一座缆索吊机,就可以覆盖整个施工区域,需设备相对较少; 3.调位、固定及起吊集于缆索吊一身,工序相对简单	1.梁拼装顶推工艺成熟,国内外有成功案例借鉴; 2.梁拼装及顶推相当于连续梁桥,相比较简单,不需要大型拼装和顶推设备; 3.梁顶推到位后,作为拱支架的支撑平台和操作平台,拱施工不影响航道	1.梁拱均在岸上拼装成型,转水上施工为岸上施工,施工方便; 2.只需在拼装区搭设一跨拼装支架,即可完成三跨拱梁的拼装; 3.拱和梁采用同一设备进行拼装,设备利用率高; 4.在岸上拼装其地势高,桥墩低,拼装设备要求相比前两方案低; 5.施工区域集中,便于管理;工艺简单,重复性操作,有利质量、安全控制
主要缺点	1.缆索吊机横跨钱塘江达2km,长高大,且跨越河漫滩的引桥,浪费大; 2.该缆索吊机需修建较高索塔及锚定系统,费用高; 3.主副拱为空间扭曲型,分别向外和内倾斜,调位扣索繁琐	1.梁顶推到位后,仍需要高、大型起吊设备来拼装拱肋; 2.主副拱为空间扭曲形,分别向外和内倾斜,在主梁上需搭设三跨支架且需外挑,比较庞大; 3.为满足梁顶推和拱拼装受力要求,在顶推墩间需加密临时墩共同受力; 4.在岸上和江面上搭设两座拼装平台支架,费用高,设备浪费	1.三跨拱梁整体顶推在国内外没有先例,无相关资料可借鉴; 2.顶推重量大,重心高,对顶推设备要求高; 3.顶推控制难,时间长,风险较大

续上表

项目＼方案	方案一 缆索吊装法	方案二 先梁后拱顶推法	方案三 梁拱整体顶推法
适用性	适用性一般，但利用率低（2km长缆索吊，主桥只有630m）	适用性一般，本桥可以采用，但费用相对较高	适用性好，能充分利用支架、设备
施工灵活方便性	较好	一般	施工灵活性一般，方便性较好
经济性	费用高	较高	一般
工期	12个月左右	16个月左右	12个月左右
推荐程度	一般	较好	好

通过对以上方案比选和专家论证，择优选择三跨组合连续拱桥整体顶推方案作为本工程设计方案。

三、顶推施工工艺选择

1. 顶推工艺及特点

本工程采用在岸上搭设拼装平台，单跨拼装完成后顶推出平台，继续第二跨拼装顶推，直至三跨拱桥拼装完成整体顶推到位，实现主桥定位安装。桥梁设计结构轻盈，施工受力敏感，同时，采用三跨连续拱桥整体顶推工艺进行施工，结构受力变形复杂，施工控制要求高；顶推中需要顶推设备适应组合梁局部受力要求，无疑对顶推工艺提出了高要求。

2. 顶推工艺及设备要求

鉴于以上结构和顶推施工特点，对顶推设备及顶推工艺提出了以下要求：

(1)顶推设备具有竖向、顶推及横向调位三项调整系统，适应拱梁变形要求。

(2)设备滑移面不能直接在主梁底部，只能在设备内部相对滑移，梁底部需设置≥2.5m长的垫梁进行应力扩散。

(3)顶推为自平衡多点顶推工艺，不得产生较大水平推力传递给墩身。

(4)顶推过程中只在主跨跨中设置一个临时墩，梁体前后设导梁进行过渡。

3. 顶推工艺比选

国内外采用的多点顶推工艺主要有拖拉式多点牵引法[6]、契进式顶推法[7]及履带式顶推法等几种。根据本桥的特点，对几种顶推工艺进行了比选。

(1)拖拉式多点牵引法。是国内外桥梁顶推施工最常用的方法，通过千斤顶(或卷扬机)牵引钢绞线(或钢丝绳)，拖动梁体在支撑墩顶设置的滑道上滑移，牵引梁体安装就位的方法。其具有操作方便、设备简单、工艺成熟等优点而得以大力推广应用。但是，该工艺顶推中存在支撑墩水平反力大、自动化不高、梁体局部受力大、容易产生蛀跳等缺点。本工程通过结构受力计算及工艺要求论证，拖拉法不满足顶推施工要求。

(2)楔进式顶推法。其顶推装置得到很大的改进和发展，设备集成化，自动化程度高，特别在法国米约大桥顶推施工中发挥了重要的作用。该工艺基本原理是两块楔形滑块相对运动实现梁体上升、前进、下降循环过程而实现梁的顶推。该方法解决了高支墩顶推反力大、偏载的难题，真正实现了自平衡顶推。但梁下降搁置时受力大，对梁体底板受力要求高，本工程底板窄且不允许受力，受力不能满足要求。该工艺对宽底板实腹式大箱梁顶推比较实用。

通过以上两种工艺的比较，同时依据本工程的特点和要求，我们提出了“步行式平移顶推”系统。其具有楔进式顶推法的设备优点，同时也具有拖拉法操作的方便性。

四、“步行式平移顶推”方案介绍

1. 基本原理

“步行式平移顶推”是基于以前顶推工艺的基本原理，结合九堡大桥的特点，特别设计的顶推工艺。

其基本原理是利用竖向千斤顶将拱梁多点整体托起，水平千斤顶向前顶推实现拱梁移动，然后下放临时搁置完成拱梁的一步移动，循环“顶”、“推”、“降”、“缩”几个步骤逐步完成拱梁的顶推。其动力是利用液压泵站的驱动来实现顶推的。

2. 顶推设备组成

该顶推设备集顶升、平移、横向调整于一体，实现钢拱梁的竖向、顺桥向、横桥向的移动或调整，从而保证钢拱梁的坡度和全桥线形。顶推设备主要由两大部分组成：一是顶推装置，主要实现“顶”、“推”、“降”、“缩”几个过程运动；二是临时搁置垫梁，主要在“降”过程中临时支承拱梁的作用。

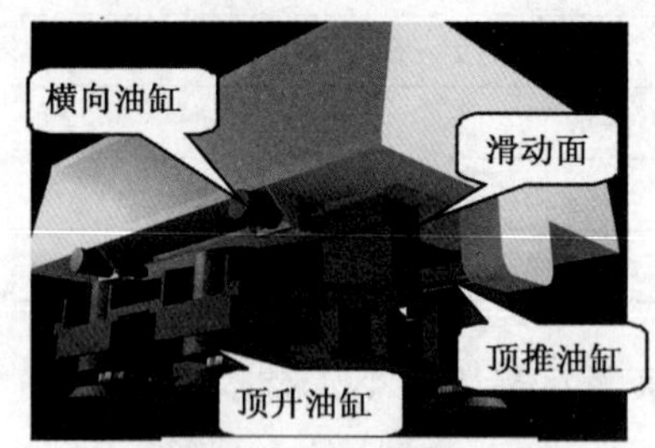

图2　顶推装置构造图

顶推装置主要由一套带支撑顶升油缸、顶推平移油缸、横向调整油缸的机械结构系统，由四氟滑板与不锈钢板提供摩擦副，靠油缸系统来移动，由液压系统提供动力，采用计算机电控系统实现控制统一。主要结构见图2。

3. 主要顶推工艺

顶推过程是“顶”“推”“降”“缩”几个步骤的循环过程，见图3。

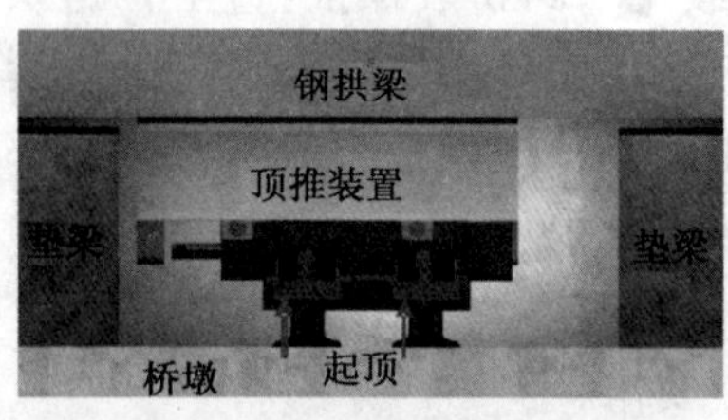

步骤1：顶－开启支撑顶升油缸，使钢拱梁被顶推装置整体托起，脱离垫梁。

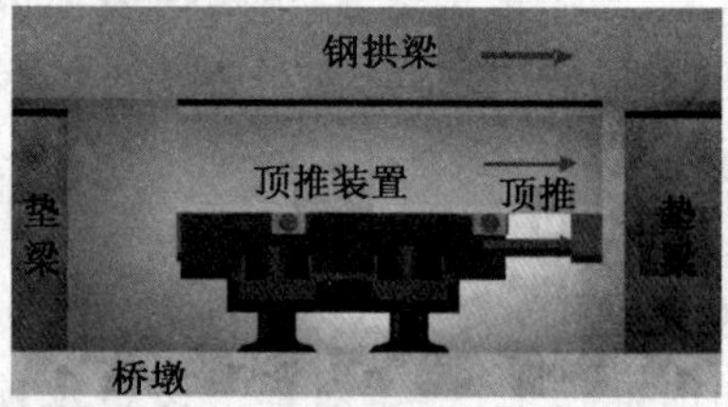

步骤2：推－开启顶推油缸，使钢拱梁与顶推装置上部结构一起向前移动。

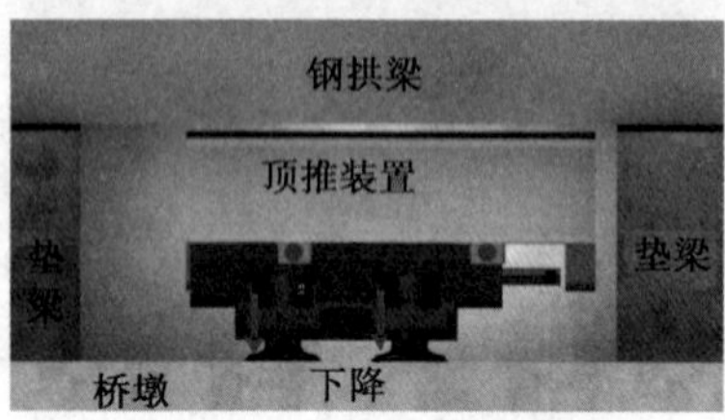

步骤3：降－支撑顶升油缸回油下降，钢拱梁整体下降搁置于临时垫梁上。

步骤4：缩－顶推油缸回缸，顶推装置回到初始顶推状态，完成一个顶推过程。准备下一循环过程。

图3　顶推工艺过程

4.“步行式平移顶推”工艺优点

该顶推采用计算机集中统一控制，同步性高，且配制高精密的液压传感器、行程传感器、角度偏转器及光电轴线偏移扫描，确保了顶推过程的安全和质量。主要优点：

(1)滑动摩擦全部是在顶推设备内部进行，桥墩不受水平荷载；

(2)顶推设备分布在各桥墩上，形成多点推进，保证了钢拱梁的前进方向；

(3)通过两侧支撑顶升油缸调整可以灵活适应钢拱梁的坡度；

(4)整套设备集顶升、平移、横向调整于一体，成本低。

五、遗 留 问 题

三跨组合拱桥带拱整体顶推其具有相当大的技术难度，目前主要是对顶推方案论证和准备阶段，为了安全成功完成九堡大桥的顶推，将对“步移式平移顶推”设备做精细设计及试验，充分考虑工艺的通用性和推广性。建模模拟计算三跨拱桥顶推过程，为顶推控制提供理论依据。

六、结 束 语

通过对3×210m组合拱桥整体顶推方案的选择研究和探讨，为九堡大桥主桥顶推施工顺利实施提供了更深层次的理论依据；同时，对“步行式平移顶推”工艺的推广起着重要作用，也为类似工程提供借鉴之用。

参考文献

[1] 网络,我国拱桥的现状及发展.2007(6).

[2] 世界最大跨度拱桥——重庆朝天门大桥.中国工程咨询,2009(7).

[3] 张晓东.桥梁顶推施工技术.桥梁,2003(9).

[4] 网络,PC桥顶推施工技术的成熟.2008(7).

[5] 杭州市九堡大桥设计文件.2008(7).

[6] 宴顺元.浅谈桥梁顶推施工方法.科技信息(建筑与工程),2008(32).

[7] JL Saxton, REPORT ON THE MILLAU VIADUCT, Proceedings of Bridge Engineering 2 Conference 2007.

161. 深水、大流速条件下大型沉井下沉河床防护技术研究

张 鸿 刘 鹏

(中交第二航务工程局有限公司)

摘 要 泰州大桥中塔采用水中沉井作为基础结构,其规模世界罕见,施工技术难度和施工风险很大。本文根据泰州大桥中塔沉井基础施工情况,通过沉井下沉河床河工模型试验研究与实际施工情况对比,阐述深水大流速条件下大型沉井着床及河床防护技术的研究与应用。

关键词 深水 大流速 巨型沉井 冲刷形态 冲深 着床 渡汛 防护

引 言

随着我国桥梁建设向宽阔水域、外海发展,受地质条件的复杂化和水深的加大等恶劣环境因素影响,使其基础建设的风险加大。

目前,国内外大跨径桥梁深水基础中,较多采用预制沉放箱形基础、群桩基础以及双壁钢围堰、基桩复合基础。日本明石海峡大桥主墩基础,最大水深达60m,是目前世界上规模最大的预制沉放箱基础。我国苏通长江公路大桥主墩基础为目前规模最大的群桩基础。

沉井基础具有埋置深度大,整体性强,结构刚度大,能承受较大的垂直和水平荷载的特点,同时沉井既是永久性结构物,又是施工期间的挡土、挡水结构物,其在大跨度深水基础有着广泛的应用前景。自南京长江大桥建设以来,国内沉井基础应用较少,相应的研究成果也较少,这与国外相关技术应用及发展趋势具有一致性。深水沉井基础建设风险性很大,不仅要面对所遇的复杂地质条件,同时还必须解决水动力问题。当沉井下沉接近河床时,沉井底部与河床间的距离缩小,底部水流速逐步增大,相应河床冲刷加大,河床逐步形成一个迎水向前深后浅且高差悬殊的冲刷坑,如南京长江大桥主墩基础施工期河床冲刷坑达7m,前后最大高差达4m。为使沉井下沉着落河床时的稳定和定位的精度要求,国内外一般采用柴排、碎石或砂袋对河床预先进行防护,期望借此使河床免于冲刷。若采取上述河床防护措施,不仅水下工程量大,同时防护材料也会影响沉井下沉作业。

本文依托泰州长江公路大桥中塔深水沉井基础技术研究,通过河工模型试验,针对河床冲淤变化的特点,采取一种不经河床预先防护的沉井着落河床方法和沉井下沉安全渡汛措施,从而解决了深水沉井着床、安全渡汛的关键技术问题。

一、研 究 背 景

1. 工程概况

泰州大桥主桥中塔采用水中沉井基础，沉井断面尺寸为：58.00m×44.00m，总高度76m，入覆盖层深度55m，为世界入土深度最大的水中沉井基础。沉井结构见图1。

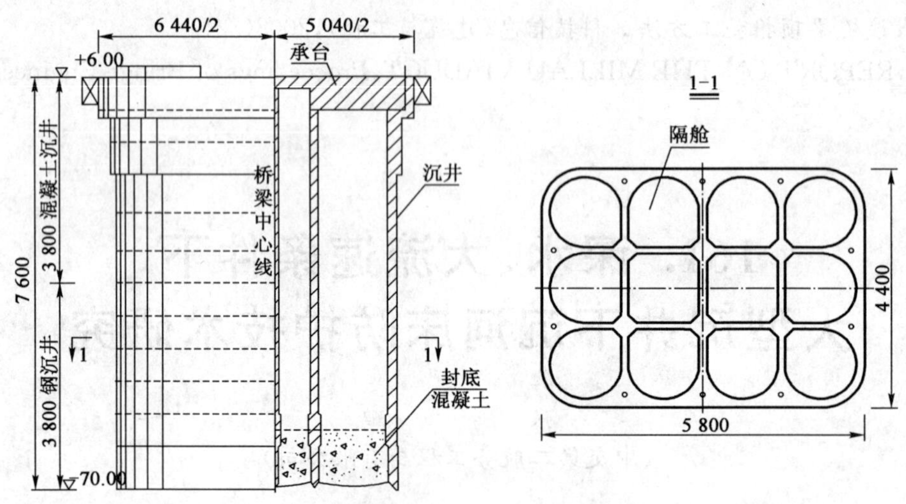

图1 中塔沉井基础结构图（尺寸单位：cm）

沉井所穿越地层均为第四系覆盖层，从河床面以下依次为：细砂、粉砂、中粗砂及砂砾层，持力层为砂砾层。

2. 水文条件

桥位地处长江下游扬中河段，为感潮河段，墩位处水深约20m。

距桥址上游380km的大通水文站流量特征基本代表桥址河段流量情况。大通水文站流量特征值统计表见表1。

大通水文站流量特征值统计表 表1

月　份	1	2	3	4	11	12
多年平均流量(m^3/s)	11000	11700	16000	24100	23300	14200
近10年月最大流量(m^3/s)	30300	26200	43000	37200	41200	25100

为减少沉井着床的施工风险，选择在流速较小的枯水期进行沉井着床，在洪水期沉井下沉到稳定的深度，确保其安全渡汛。水文条件需包括枯季、中水和洪季期，以大通多年年月平均流量为基准，采用频率分析方法推求桥区施工期不同流量所对应的水位、流速，见表2。

沉井施工期局部冲刷试验水文条件 表2

流量(m^3/s)	12000	20000	30000	43000	65000	80000	91000
行近流速(m/s)	0.80	1.00	1.20	1.50	1.96	2.38	2.81
水深(m)	16.10	16.46	17.00	18.30	19.30	20.10	20.63

二、研 究 目 的

沉井下沉过程中，引起墩位附近水流流态的改变，造成河床的冲淤变化，特别是在沉井下沉着床期和下沉过程的渡汛期，水流的作用引起河床的冲淤变化对沉井的精确着床定位和稳定安全有着至关重要的影响。

通过沉井下沉动床河工模型实验，获取不同水流条件下，沉井在着床前悬浮状态、着床后及渡汛期的冲刷形态，为沉井下沉所应采取的应对措施提供依据。

三、河床冲刷防护试验研究

考虑到工期安排及沉井着床时的定位精度要求，为尽量减少水动力作用，拟计划十二月份枯水期进行沉井着床。在此时间段内，其最大流量为 25000 m^3/s，最小流量 12000 m^3/s，相应流速分别为 1.1 m/s 和 0.8 m/s。同时，为确保汛期沉井下沉安全，按最大流量为 91000 m^3/s，对应流速为 2.81 m/s 进行河床防护设计。

1. 沉井着床、下沉过程中的河工模型试验研究

1)沉井悬浮状态局部冲刷最大深度

悬浮状态下和着床后，沉井下沉距河床不同高度条件下，河床局部冲刷最大深度见表 3。

沉井悬浮状态局部冲刷最大深度(单位：m)　　表 3

沉井下沉状态	沉井底部距床面高度(m)	沉井迎水面行近流速(m/s)		
		0.80	1.00	1.20
着床前	6	无冲刷	无冲刷	无冲刷
	4	<1.00	3.80	5.80
	2	3.60	5.20	7.50
着床后	0	—	7.10	—

2)沉井悬浮的局部冲刷形态

根据表 3 成果，着重研究沉井着床前，沉井距床面 2m 时的河床冲刷形态，以便采取预偏量措施。利用高平潮期流速较小时段迅速下沉着床，确保其位置准确及稳定。沉井距床面 2m 时不同流速的冲刷形态见图 2～图 4。

河床冲刷稳定形态图

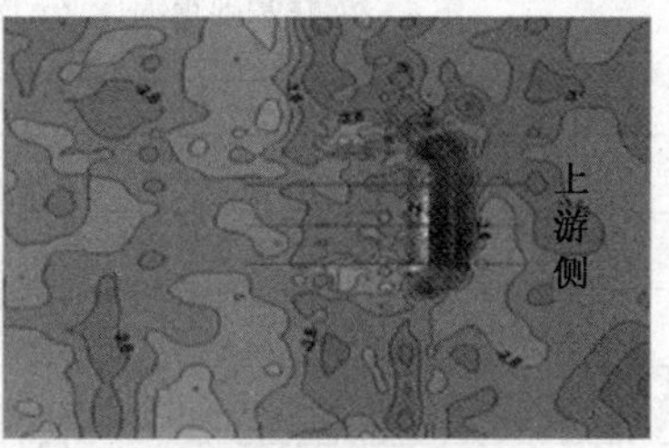

河床冲刷稳定等高线图

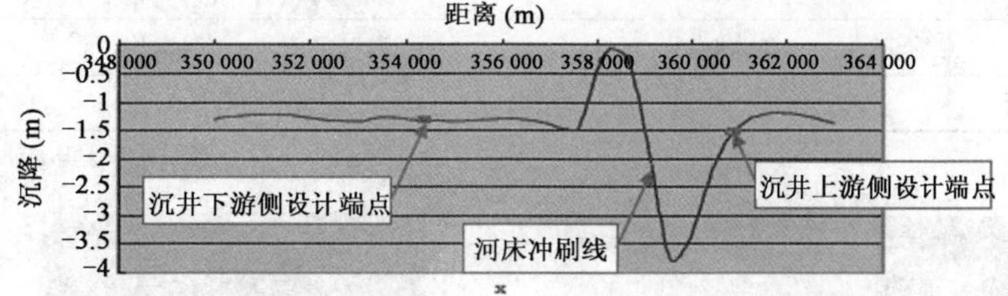

图 2　沉井基础距河床 2m 时局部冲刷形态(流速 0.80m/s)

3)沉井下沉过程中的局部冲刷最大深度

沉井下沉过程中，河床冲刷深度不应大于沉井下沉进度，以免沉井底口露出床面，影响沉井下沉的稳定性。为确保渡汛安全，进行局部冲刷试验，试验成果见表 4，冲刷形态见图 5、图 6。

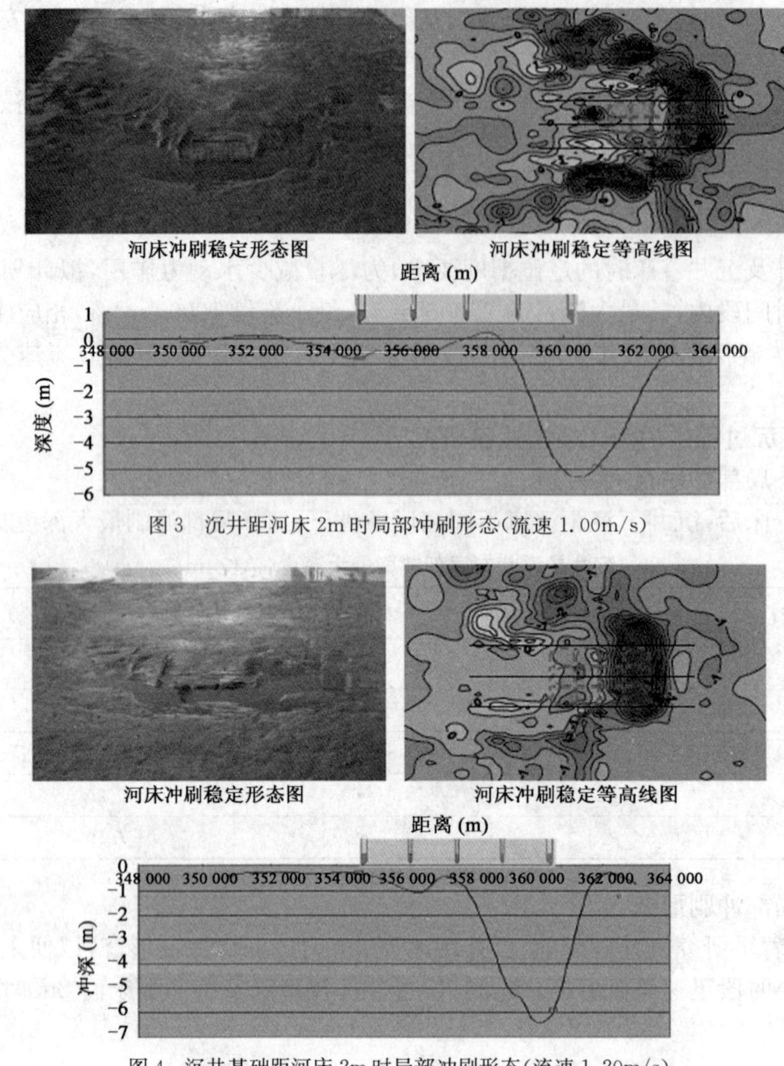

图3 沉井距河床2m时局部冲刷形态(流速1.00m/s)

图4 沉井基础距河床2m时局部冲刷形态(流速1.20m/s)

不同流量条件下河床最大局部冲刷深度 表4

序号	流 量(m^3/s)	行近流速V(m/s)	局部冲刷深度模型试验结果(m)
1	12000	0.8	4.1
2	20000	1.0	6.6
3	30000	1.2	9.20
4	43000	1.5	13.8
5	65000	2.0	23.10
6	80000	2.38	31.70
7	91000	2.81	41.00

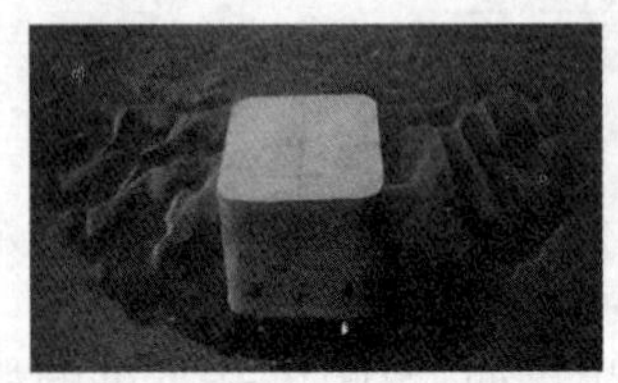

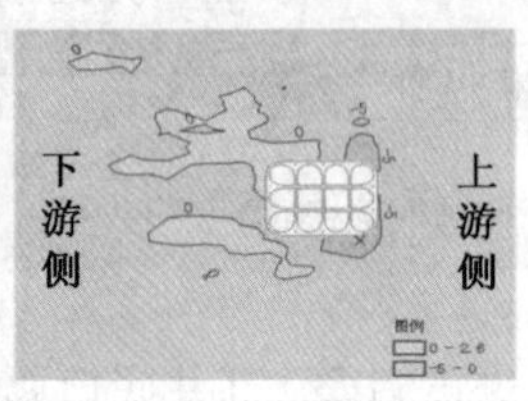

图5 沉井着床后的冲刷形态

在1.2m/s流速条件下沉井着床后，局部最大冲刷深度约10m

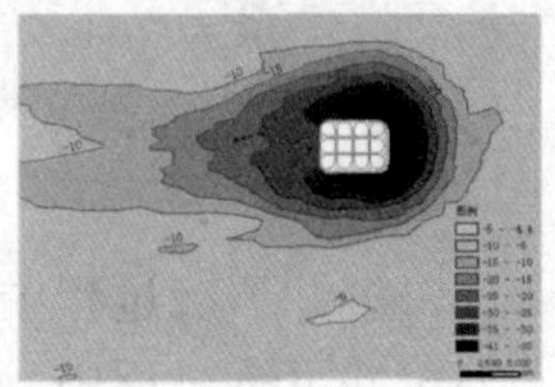

图6 沉井下沉过程中渡汛期局部冲刷形态

在2.81m/s流速条件下沉井着床后，局部最大冲刷深度大于40m

2. 沉井着床过程冲刷形态及施工风险分析

(1)当流速为 0.8m/s,沉井下沉至离河床面 4m 时,床面开始发生冲刷,局部冲刷深度<1.0m;当沉井下沉至离床面 2m 时,流速为 0.8m/s,局部冲刷深度 3.6m,流速为 1.0m/s,局部冲刷深度 5.2m,流速为 1.2m/s,局部冲刷深度 7.5m。

(2)随着沉井离床面距离的减小,冲刷逐步加剧,冲刷坑在沉井上游侧第二排至第一排隔舱间,到一定深度后趋向稳定,下游侧局部区域有少量回淤现象。

(3)当钢沉井第 2、3、4 排隔舱刃脚着床、流速为 1.0m/s 时,沉井第 1 排隔舱及上游侧最大冲深 7.1m,下游逐渐淤积。流速为 1.2m/s 时,最大冲刷深度将达 10m;但沉井底脚与支撑面呈微冲刷状态,沉井着床姿态是稳定的,其定位精度是可控的。

(4)冲刷范围大致在距沉井中心线上游 30～40m 左右,下游 70～80m 左右,左右两侧各在 50m 左右。

(5)根据表 4 的局部冲刷试验结果,在沉井下沉过程中流速超过 1.2m/s 时局部冲深均超过 10m,洪水期流速达到 2.81m/s 时,局部最大冲深甚至大于 40m。明显的局部冲刷会严重危及沉井下沉的安全与稳定,因此为确保沉井下沉施工期的安全与稳定,当流速超过 1.2 m/s 时需对沉井置放床面进行动态的临时护底稳定措施。当沉井着床期间流速小于 1.0 m/s,沉井着床后,其底部泥面大部分未被冲刷,沉井着床后姿态是稳定的。

3. 汛期不采取河床防护措施时沉井下沉的安全性分析

在沉井渡汛施工期,为了保证沉井下沉施工过程的稳定性,沉井底口应埋入冲刷线以下一定深度,以不小于 4.0m 为宜。相应月份流速试验局部最大冲刷深度与根据施工计划安排的沉井下沉过程底口高程线的历时曲线见图 7。

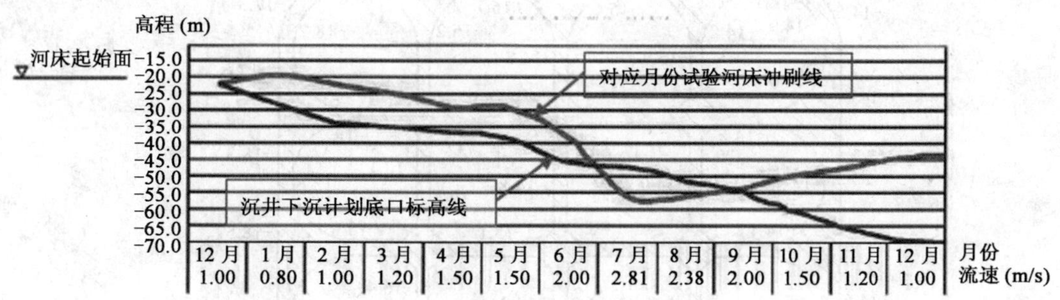

图 7 试验局部冲刷线及沉井底口稳定标高线的历时曲线

由图 7 曲线可知,若汛期河床面未采取稳定措施,当流速达到 2.81m/s 时,沉井底口下沉速度将滞后于床面冲刷速度,因而无法保证沉井下沉稳定要求。

因此在渡汛施工期,若遇到较大的流速,在汛前需采取河床防护措施以保证沉井渡汛安全预案。

4. 沉井渡汛河床防护的稳定性研究

1)试验方案

根据施工实际情况以及确保沉井下沉的安全渡汛,当局部冲深超过沉井稳定的允许值后立即进行碎石护底,作为渡汛期的河床防护方案。需通过试验验证河床护底的稳定性要求。

护底试验方案:当流速达到 2.0m/s 时,将冲刷坑内冲深 10m 以下的部分用块石进行回填,在此回填料的基础上预测沉井在流速 2.81m/s 条件下护底的稳定性。

2)试验成果分析

流速 2.0m/s 条件下进行无防护状态下的河床试验。试验显示:在局部冲刷达到平衡时,局部最大冲刷设为 23.10m,冲刷形态见图 8。

对局部冲坑内所有低于冲坑 10m 的区域抛投直径 15～30cm 块石。

试验显示:抛投碎(块)石回填后,在遭遇洪水期流速 2.81m/s 条件后,沉井基础周围床面的冲刷形态与防护前基本相同,抛投在冲刷坑内的块石护底层保持稳定状态。发生较明显变化的表现在:一是防护区外两侧河床面最大冲深在 7~9m 左右;二是沉井下游防护区外的冲坑最大冲深可达 18m 左右,见图 9。

图 8 沉井基础局部冲刷形态照片

图 9 回填后沉井基础局部冲刷形态

3)试验结论

当汛期局部冲坑冲深超出 10m 后回填块石至渡汛要求高程。在遭遇 20 年一遇洪水时,沉井基础周围防护区基本稳定,可确保沉井基础安全渡汛。

四、工 程 应 用

1. 施工期河床冲刷状态

泰州大桥中塔水中沉井施工从 2007 年 12 月 1 日着床到 2008 年 9 月 1 日下沉到设计高程处,历时 197 天,枯水期沉井着床时实测流速 0.9m/s,实测局部最大冲刷深度 3.3m,冲刷发生在沉井上游第一排隔舱,下游局部区域有少量回淤,沉井着床后姿态正常。下沉过程实测沉井周边河床地形见图 10、图 11(原始河床面平均高程−15.0m)。

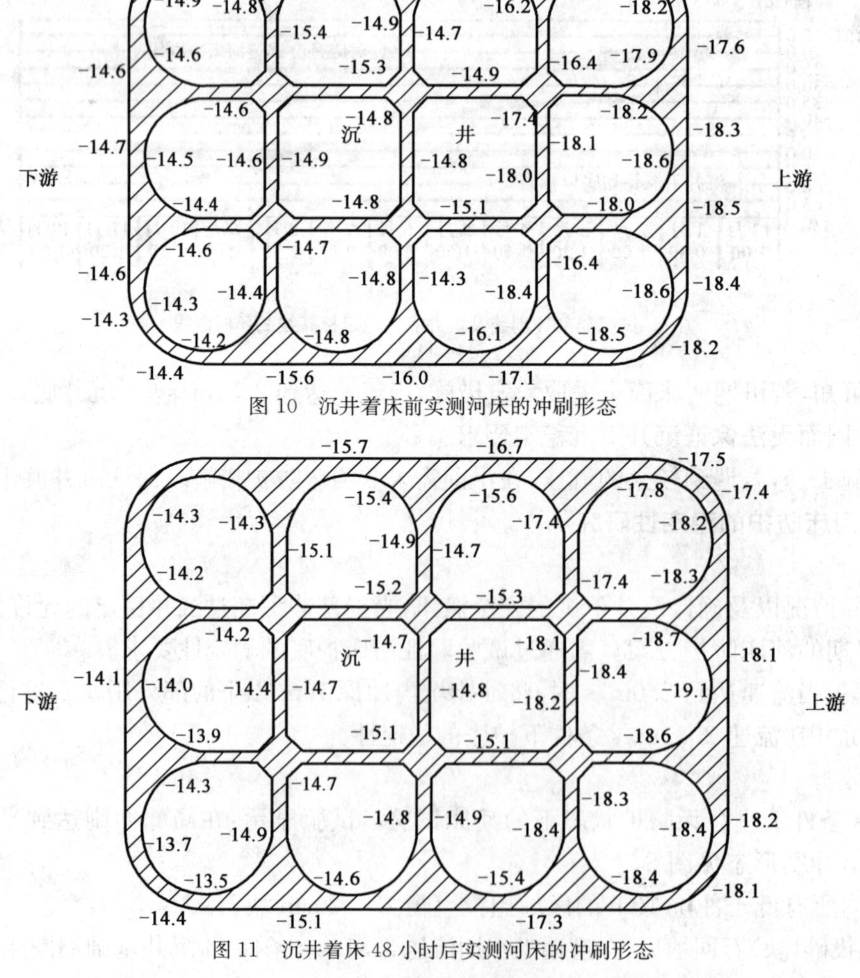

图 10 沉井着床前实测河床的冲刷形态

图 11 沉井着床 48 小时后实测河床的冲刷形态

洪水期实测流速为 1.42m/s 和 1.64m/s，对应局部最大冲刷深度分别为 9.1m 和 17.8m，实测沉井周边河床地形见图 12、图 13。

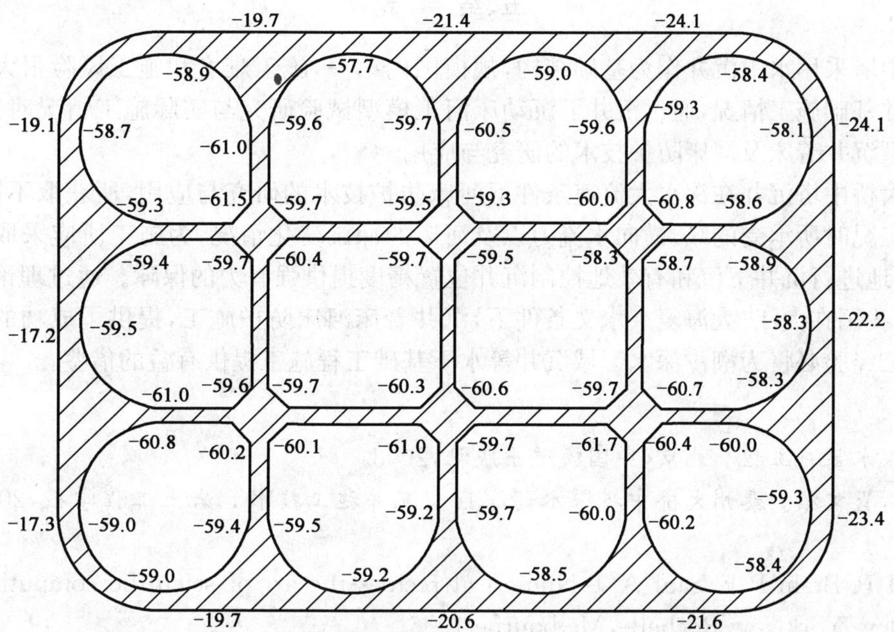

图 12 下沉到－60m 高程后河床的冲刷形态(流速 1.42m/s，冲刷深度 9.1m)

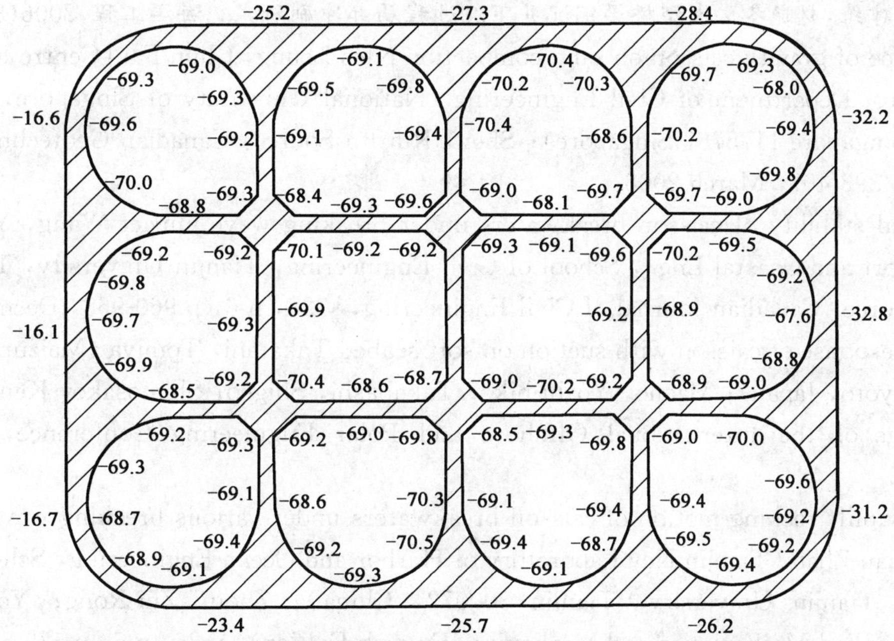

图 13 下沉到－70m 高程后河床的冲刷形态(流速 1.64m/s，冲刷深度 17.8m)

由图 11～图 13 可以看出，沉井施工期实际冲刷形态与河工模型试验结果基本相符：

①沉井着床时的水流流速为 0.9m/s，相应河床最大冲刷深度 3.3m。沉井底部大部分与河床面接触，沉井未发生倾斜，定位精度较高。

②沉井下沉施工过程中，流速为 1.42m/s 时，上游最大冲刷深度约 9m。

③沉井下沉到位后，流速为 1.64m/s 时，上游最大冲刷深度约 17.8m，沉井安全渡汛。

2. 沉井渡汛防护

泰州大桥中塔沉井于 2008 年 6 月 28 日汛前下沉到－60m 高程，2008 年 9 月 1 日下沉到－70m 设计高程。由图 12 可以得出沉井下沉到－60m 时冲刷坑冲深为 9.1m，小于研究提出的 10m 冲坑要求，满足了沉井下沉安全渡汛要求。因此，在实施过程中中塔沉井渡汛期未采取河床防护措施。

五、结　论

泰州大桥中塔采用水中沉井作为基础结构，规模国内第一，施工难度和施工风险很大。本文根据泰州大桥中塔沉井基础施工情况，通过沉井下沉动床河工模型试验研究与实际施工情况对比，阐述深水大流速条件下大型沉井着床及河床防护技术的研究与应用。

随着泰州大桥中塔沉井在深水大流速条件下河床防护技术的研究与应用，所获取不同水流条件下，沉井不同施工工况时所承受的纵、横向水流力以及河床的冲淤变化情况，为施工所应采取的应对措施提供依据；为安全地进行沉井下沉和有效地控制沉井位置精度提供强有力的保障。通过理论研究与施工过程分析对比，为我国在大江、大海复杂水文条件下，沉井着床河床防护施工，提供了成功的案例。本工程总结得出的施工经验必将为潮汐深水区域沉井等水下基础工程施工提供有益的借鉴。

参考文献

[1] 殷万寿．深水基础工程．北京：中国铁道出版社，2003.

[2] 张鸿，刘鹏，肖文福．泰州大桥中塔深水超深巨型沉井施工技术．岩土工程学报，2008. 192(增1)：559-563.

[3] William H P. Brain P F. Saul A T Numerical recipes-the art of scientific computing Cambridge, London, New YorkNew Rochelle, Melbourne 1986.

[4] 陈光福，王海平. 超型深水沉井施工技术. 中国港湾建设，2007(6).

[5] 高正荣，黄建维，赵晓冬．大型桥梁钢沉井下沉过程局部冲刷研究．海洋工程，2006(3).

[6] Performance of gravity caisson on sand compaction piles Leung, Chun Fai (Centre for Soft Ground Engineering, Department of Civil Engineering, National University of Singapore, 1 Engineering Drive 2, Singapore 117576, Singapore); Shen, Rui Fu Source: Canadian Geotechnical Journal, v 45, n 3, p 393-407, March 2008.

[7] Motion and stability of caisson breakwaters under breaking wave impact Wang, Y.-Z. (Department of Port and Coastal Eng., School of Civil Engineering, Tianjin University, Tianjin 300072, China) Source: Canadian Journal of Civil Engineering, v 28, n 6, p 960-968, Decmber 2001.

[8] Dynamic response of caisson with suction on soft seabed Takatani, Tomiya (Maizuru Coll of Technology, Kyoto, Japan); Maeno, Yoshi-hiko; Takahashi, Shigeo; Shimosako, Ken-ichiro Source: Proceedings of the International Offshore and Polar Engineering Conference, v 1, p 536-543, 1996.

[9] Vibrating-uplift rocking motion of caisson breakwaters under various breaking wave impact forces Wang, Yuan-Zhan (Tianjin Key Laboratory of Harbor and Ocean Engineering, School of Civil Engineering, Tianjin University, Tianjin 300072, China); Zhou, Zhi-Rong; Yang, Hai-Dong Source: Applied Mathematics and Mechanics (English Edition), v 26, n 5, p 579-586, May 2005.

[10] Development of Winkler model for static and dynamic response of caisson foundations with soil and interface nonlinearities Gerolymos, Nikos (Department of Civil Engineering, National Technical University, Athens, Greece); Gazetas, George Source: Soil Dynamics and Earthquake Engineering, v 26, n 5, p 363-376, May 2006.

[11] Behavior of gravity caisson on sand Leung, C. F. (Dept of Civil Engrg, Nat Univ of Singapore, Ctr for Soft Ground Engrg, 119260, Singapore); Lee, F. H.; Khoo, E. Source: Journal of Geotechnical and Geoenvironmental Engineering, v 123, n 3, p 187-196, Mar. 2006.

IV 检测与加固

162. 基于有限元和虚拟现实的桥梁垮塌事故场景模拟初探

许 镇 卢 啸 陆新征
（清华大学土木工程系土木工程安全与耐久教育部重点试验室）

摘 要 为准确认定桥梁垮塌事故责任，需要科学而真实地重现垮塌事故过程。有限元分析可以保证事故过程力学模拟的科学性，而基于虚拟现实的场景模拟可提供具有充分真实感的图像。本文在有限元软件 MSC. Marc 中对某一桥梁因车辆超载导致垮塌的过程进行了模拟。基于 MSC. Marc 的模拟结果，提出了在图形引擎 OSG(Open Scene Graph)中实现了桥梁垮塌真实感场景动画的方法。该方法使场景模拟中桥梁垮塌过程与有限元结果一致，保证了模拟的科学性。同时，本文开发了 OSG 环境下的桥梁垮塌场景漫游系统。该系统基于桥梁垮塌场景模型构建了具有真实感和科学性的桥梁垮塌场景，更加准确而逼真地还原了桥梁垮塌事故过程。文中工作为实现基于有限元和虚拟现实的场景模拟提供参考，同时也为桥梁垮塌事故鉴定提供技术支持。

关键词 桥梁 垮塌 有限元 虚拟现实 场景模拟

一、引 言

近些年来，国内外发生了多起桥梁垮塌事故[1,2]，如 2006 年 5 月 16 日，甘肃岷县北门洮河大桥(双曲石拱桥)突然全部垮塌；2007 年 8 月，在建的湖南凤凰大桥发生坍塌，造成 62 人死亡；2007 年 8 月 1 日，美国密西西比河 I-35W 钢桁架拱桥在交通晚高峰时发生垮塌，造成 13 人死亡，145 人受伤。这些事故造成了重大的人员伤亡和财产损失，同时也引起了广大工程人员的关注与思考。科学、高效、准确的桥梁垮塌事故鉴定，对国家建设、经济运行、社会安定具有非常重要的意义。

美国“911”事件中世贸大厦及 Khobar Towers 的事故鉴定过程中使用了大量计算机模拟技术[3,4]，这已经表明基于计算机模拟技术在结构垮塌事故鉴定调查具有可行性强、高效、准确等优点。在桥梁垮塌事故中，美国国家交通安全委员会对美国明尼苏达州密西西比河 I-35W 桥事故进行有限元建模分析，并根据影像资料和检测资料修正有限元模型，再现了桥梁倒塌过程，准确而高效的确定了桥梁垮塌的原因[5]。I-35W 事故的准确鉴定表明了计算机模拟技术在桥梁垮塌事故鉴定中具有重要的应用价值。

桥梁事故鉴定需要通过计算机模拟技术科学而真实地再现桥梁垮塌过程。有限元技术在桥梁垮塌力学模拟上已经有不少成功的案例[6-8]。有限元技术可以保证垮塌模拟具有科学性，但是有限元模拟结果较为抽象，缺乏真实感，特别是非力学专业的人员理解有一定困难，因此，有必要将虚拟现实技术与有限元结合，实现具有科学性和真实感的桥梁垮塌场景模拟，以更加准确而逼真地还原桥梁垮塌过程，用于桥梁垮塌事故分析与结果展示。

目前，有限元与虚拟现实结合主要用于虚拟制造和虚拟医学手术等方面[9,10]，主要侧重于基于有限元提高虚拟现实系统的交互性能。在土木建筑领域，Igor 等人研究了实时虚拟环境下弹性体的模拟，提升了具有大量结点的有限元模型的渲染效率[11]。此外，对有限元的可视化后处理技术研究较多[12]，如陈俊涛等开发的地下结构有限元图形系统，来表现应力云图等有限元计算结果[13]。以上研究在提高虚拟现实系统交互性、模型渲染效率和有限元模型的表现技术上都有一定突破，但都不侧重于提高有限元模拟结果的真实感。

本文基于MSC.Marc有限元软件进行了桥梁垮塌力学模拟。在此基础上，在图形平台OSG中实现了基于MSC.Marc数据的桥梁垮塌过程的场景动画，使桥梁垮塌场景模拟与科学的有限元模拟结果保持一致。同时开发了桥梁垮塌场景漫游系统，构建了具有真实感和科学性的桥梁垮塌场景，以还原桥梁垮塌过程，用于桥梁垮塌事故鉴定。

二、系统介绍

桥梁垮塌事故鉴定不仅需要逼真的桥梁垮塌过程的场景模拟，而且还需要一定的场景交互操作功能，因此一个完整的桥梁垮塌场景模拟系统应该具有良好的模拟效果和交互性能。对于场景模拟，一方面需要有限元数据的支持，作为科学模拟的保证；另一方面由于真实感的需要，模拟场景也需要具有地形模型、纹理数据和垮塌特效等多种要素，并根据桥梁事故鉴定需要开发相应的漫游操作和交互操作。为此，本文将桥梁垮塌场景模拟系统分为界面层、功能层、实现层、模型层、数据层、支撑层及一个外部层，其架构如图1所示。其中，有限元模拟作为外部层，模拟的结果数据和模型数据将应用到该系统中。有限元数据来源于有限元软件MSC.Marc力学模拟得到的桥梁倒塌计算结果，包括节点坐标、单元拓扑关系及节点的位移时程。将节点坐标和单元拓扑在OSG中建立桥梁模型，再利用节点位移时程数据实现桥梁垮塌动画，最后再利用桥梁的垮塌模型建立基于OSG的桥梁场景漫游系统，更具真实感地表现桥梁垮塌场景。

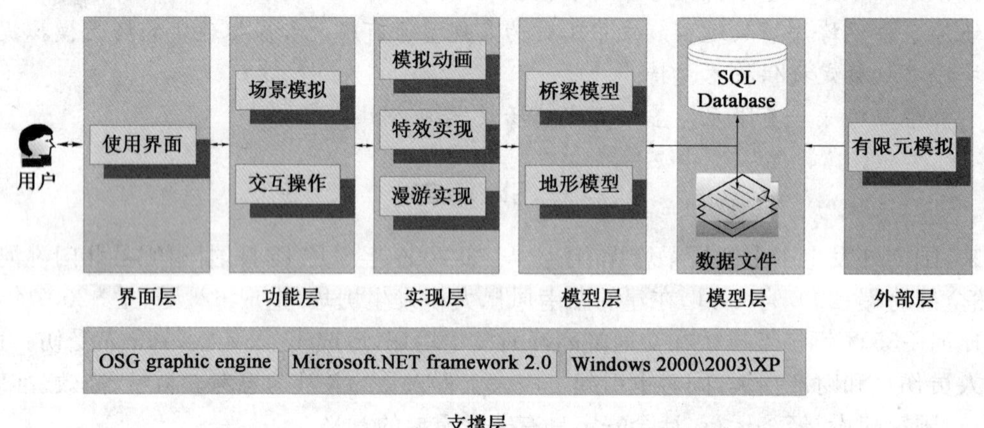

图1　桥梁垮塌场景模拟系统架构图

三、桥梁垮塌有限元模拟

某钢筋混凝土大桥全长191.6m，主桥上部结构为混凝土组合桁架拱桥，跨径138m，用途为公路桥，如图2所示。

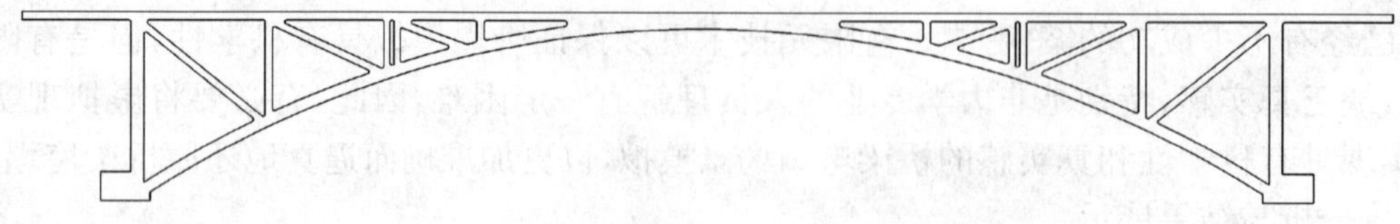

图2　某钢筋混凝土桥梁立面示意图

在MSC.Marc软件中建立桥梁的非线性有限元模型，为模拟该钢筋混凝土桥因超载工况导致垮塌的过程，特意将模型中的标准车(55t)后四轴轴重增加近一倍，形成总轴重为107t的特重车，并由5辆特重车组成的车队，驶上桥梁，构成超载工况，得到的有限元模型如图3所示。

有限元方法适用于连续体，在垮塌过程中，对于破碎、分离等非连续力学行为一般采用“生死单元法”进行处理。在垮塌模拟过程中，当混凝土达到压碎应变或钢筋被拉断，则相应的有限元单元会被“杀死”。

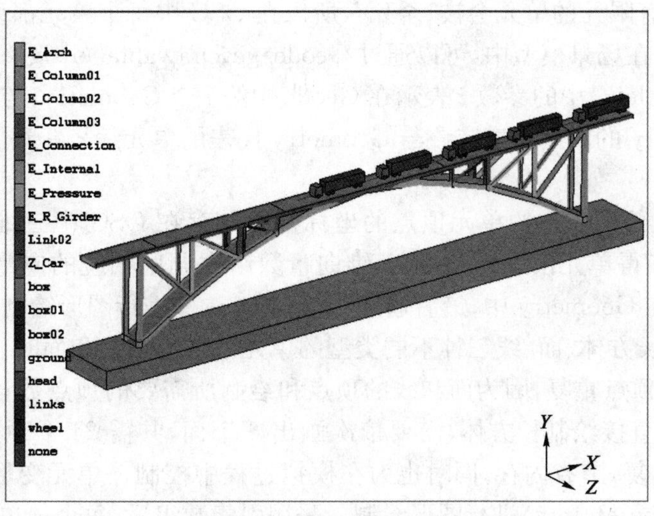

图 3 MSC. Marc 中的桥梁有限元模型

在 MSC. Marc 的桥梁垮塌模拟完成后，MSC. Marc 软件可以输出四种文件，用于虚拟现实模块进行场景真实度模拟，见表 1。

MSC. Marc 软件提供的数据类型 表 1

编号	名称	格式	数 据 信 息
1	DelElem	txt	记录垮塌过程中每个时间步上被“杀死”的单元编号
2	DispOut	txt	记录垮塌过程每个时间步上每个顶点的位移
3	Elem	txt	记录每个单元的类型和顶点编号
4	Node	txt	记录每个顶点的三维坐标

四、桥梁垮塌场景动画

本文的桥梁垮塌场景模拟一方面要结合有限元数据，这就要求要进行大量开发以实现基于有限元数据对场景模拟中的模型、动画等场景要素的控制；另一方面场景模拟是基于虚拟现实技术的，这就要求场景过程要使用纹理技术、场景特效等高级图形功能。所以本文场景模拟所需要的图形引擎一方面需要是较大的开发权限，最好是开源，以便于最大程度的控制场景要素；另一方面要有很多高级图形功能，避免从底层进行开发，降低开发效率。

OSG (Open Scene Graph)是一个基于 OpenGL 的开源的三维图形引擎，提供了一套 C++的 API，具有较完整的高级三维图形功能和丰富的功能插件，满足本文场景模拟的要求。为了精确的表现 MSC. Marc 计算的桥梁垮塌过程，OSG 中的桥梁场景模型根据 MSC. Marc 中的有限元模型建立，并在垮塌动画实现过程中引入 MSC. Marc 的位移数据和“杀死”单元数据，以实现有限元数据对垮塌动画的控制。

1. 桥梁场景建模

桥梁场景建模是根据 MSC. Marc 文件在 OSG 中建立桥梁的场景模型，需要保证两模型的一致性才能实现精确的桥梁垮塌场景动画。合理的桥梁场景模型是实现模拟过程有效控制垮塌的基础。因此，建模过程中要充分考虑桥梁场景模型的控制要素。

1)场景层次

在 OSG 中，场景管理是分层次的，所有的场景数据都会加入到一个 Group 当中，Group 内可以包含很多 Node。其中，几何图元作为一种需要绘制的对象有一个专门的 Geode 节点。绘制几何体的一般层次是设置 Geometry 类，添加到 Geode，然后在 Geometry 设置顶点坐标、法线和纹理等属性[14]，由于在桥梁场景模拟过程中,一些有限元的单元会被“杀死”,所以在 OSG 中每个单元都设为一个 Geometry,整个桥梁模型为一个 Geode。在场景模型中,可以通过 Geode. getDrawable(unsigned int i)来获得 Geometry 的指针。其中,getDrawable(i)中的参数 i 表示在 Geode 中第 i 个 Geometry,与绘制顺序有关。因此,为了控制每个单元,Geometry 的绘制顺序应该与 Geometry 代表的单元编号一致。

2)建模方法

在本系统中,Node 文件中包含的单元顶点的坐标都要储存在 OSG 中三维向量 osg::Vec3 的数组中,然后根据 Elem 文件获得单元顶点编号,在三维向量数组中调用相应的向量构成单元的顶点向量数组 VertexArray,并储存在 Geometry 中,最后通过 DrawArrays()进行图形绘制。

有限元模型中,包括长方体、面、线三种不同类型的单元。在绘制线和面时,通过 DrawArrays()进行绘制并不造成 Geometry 顶点重复,因为面和线的顶点和绘制所需要的顶点数量相同。但是在绘制体单元时,DrawArrays()无法直接绘制长方体,需要依次画出 6 个面,共需 24 个顶点。事实上,长方体只需要 8 个顶点。为了避免重复,节省内存,同时也为在模拟过程中控制体单元变形,在绘制体单元时,采用引索数组方式 DrawElementsUInt()进行图形绘制。采用引索数组后,每个体单元只储存 8 个顶点坐标,而且改变某一个顶点时,该顶点相关的面都会改变。由于 MSC. Marc 中未能提供法线信息,法线向量需要根据顶点坐标计算。为了避免由于法线错误造成的单元不可见,需要获取面单元的渲染状态集 StateSet,在 StateSet 中关闭背面剔除,并且通过 setTwoSided()设置双面光源。

3)场景模型

在 MSC. Marc 的桥梁和车辆有限元模型中,包括体、面、线三种不同类型单元,共计 2 万多个单元。根据上述方法,在 OSG 中建立桥梁的场景模型如图 4 所示。通过图 3 和图 4 进行对比,OSG 的桥梁场景模型和 MSC. Marc 中桥梁有限元模型是一致的。

图 4 基于 MSC. Marc 数据的 OSG 桥梁场景模型

2. 桥梁垮塌动画

在 OSG 的桥梁垮塌动画的实现过程中,主要包括两部分工作:通过 MSC. Marc 的 DispOut 文件实现桥梁垮塌变形控制和根据 DelElem 文件实现对特定单元的“杀死”模拟。

1)垮塌动画控制

在 OSG 中,有专门用于制作动画 Animation 类,但是,Animation 类一般不适合单元数量巨大的有限元模型的变形动画。因此,本文利用 OSG 的更新回调机制来实现桥梁变形动画[15]。

OSG 通过回调(CallBack)完成每一帧在系统中所需工作。在 OSG 中,设有节点(Node)、几何体(Drawable)、镜头(Camera)等多种回调机制,在几何体回调中有一种几何体更新遍历(DrawableUpdateCallback) 可以通过重载函数 update(),实现几何体的内容更新[16]。

继承 DrawableUpdateCallback 类,建立新的 DisplaceUpdate 类。在 DisplaceUpdate 类中重载 update()函数,在每一步回调中,通过 getVertexArray()函数获得 Geometry 的顶点数组,然后将有限元的顶点位移数据在顶点数组中更新,最后通过 dirty()函数更新顶点数组,经过回调后,每个 Geometry 的变形就实现了。

通过 Geode 的 getDrawable()函数可以获得每一个 Geometry 的指针,然后可以通过 setUpdateCallback()可以将每个 Geometry 关联到重载的 update()函数,可以实现整个桥梁模型的变形动画。在 update()可以通过 osg::Timer::instance()－>tick()获取开始执行的时间和更新完成时间,以实现动画的时间控制,如图 5 所示。此外,为了动态调用顶点的内存,桥梁场景模型建模时,要使用 VBO(Vertex Buffer Object)模式,关闭默认的显示列表模式。

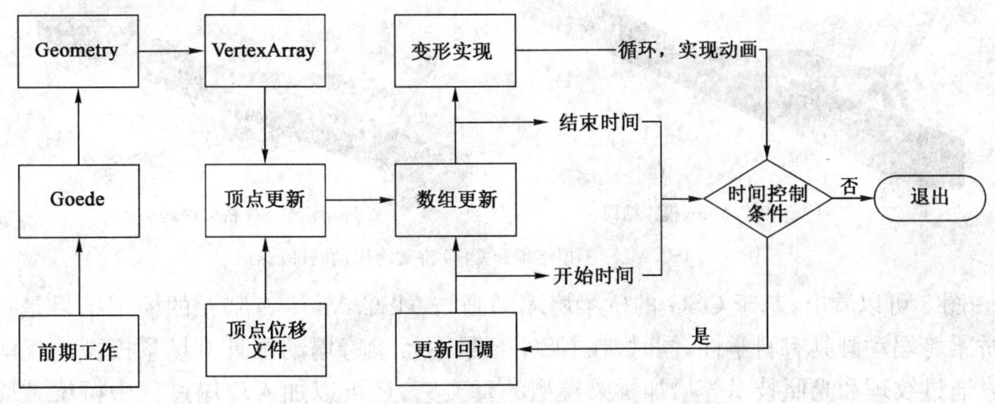

图 5 桥梁垮塌动画实现流程

2)“杀死”单元模拟

在有限元模拟中,在某些时间点上一些单元会因为变形过大而被“杀死”,在场景模拟中表现为单元不可见。本文采用开关节点(Switch)控制“杀死”单元的显隐特效来实现“生死单元”的模拟[15]。

Switch 节点的作用是在场景运行的某一时刻,它的某些子节点被隐藏和忽略,另一些子节点显示并执行相应功能,类似“图层”的概念[16]。在模拟过程中,可以利用 Node 的更新回调,将每个时间步上“杀死”单元,通过 addChild()添加到 Switch 节点中,然后利用 setValue()来设置“杀死”单元和其他单元的显隐性。利用 Switch 节点进行“生死单元”模拟一方面保持了 Geode 中单元顺序与有限元单元编号一致;另一方面隐藏的单元被忽略,降低了系统资源的消耗。

3. 垮塌动画实现

根据本文的方法,使用 MSC. Marc 模型文件在 OSG 中建立桥梁场景模型,通过 MSC. Marc 模拟数据实现了桥梁垮塌过程的场景模拟动画。本文将桥梁垮塌的 MSC. Marc 模拟结果和 OSG 桥梁垮塌动画进行对照,整个倒塌过程持续时间为 9.4s,三种不同时刻的垮塌情况如图 6～图 8 所示。

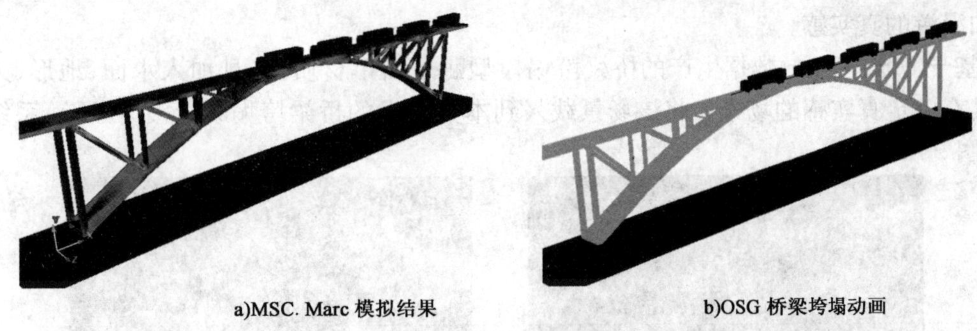

a)MSC. Marc 模拟结果　　b)OSG 桥梁垮塌动画

图 6 MSC. Marc 模拟结果和 OSG 桥梁垮塌动画(2.3s)

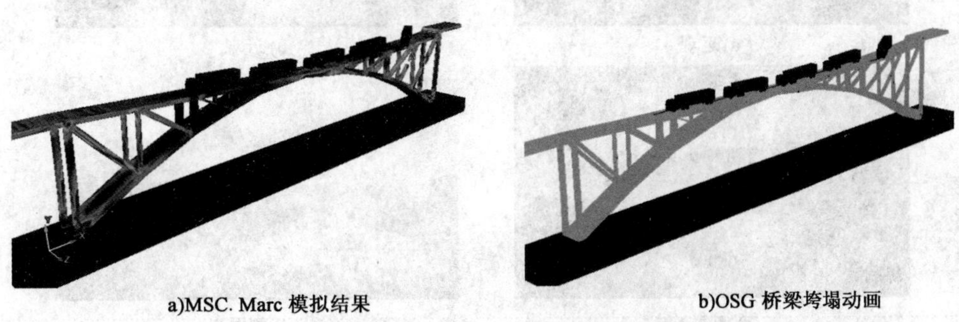

a)MSC. Marc 模拟结果　　b)OSG 桥梁垮塌动画

图 7 MSC. Marc 模拟结果和 OSG 桥梁垮塌动画(7.8s)

a)MSC. Marc 模拟结果　　b)OSG 桥梁垮塌动画

图8　MSC. Marc模拟结果和OSG桥梁垮塌动画(9.4s)

从图6～图8可以看出，基于OSG的桥梁垮塌动画与MSC. Marc有限元的模拟结果是一致的。基于OSG的桥梁垮塌动画具有科学性，同时，在OSG场景中桥梁垮塌动画具有场景模拟的优势。在场景模型中，可以通过纹理和光照技术等增加桥梁模型的真实感，还可以加入垮塌过程中桥梁破碎和烟尘等特效，同时还可以加入地形和周边环境等场景，形成更为逼真的桥梁垮塌场景模拟。

五、桥梁垮塌场景漫游

桥梁垮塌事故鉴定及桥梁力学研究都需要对桥梁垮塌过程进行详细的了解，因此要求在虚拟场景中充分的观察桥梁垮塌情况。本文开发了桥梁垮塌场景漫游系统，可以任意路径、任意角度对桥梁垮塌情况进行观察。

漫游系统首先需要定义漫游操作，如按"W"键前进和按"A"键左移等。漫游的过程可以简单描述为触发事件、事件响应和场景改变三个步骤，在OSG中对应的三个类，管理触发事件类osgGA::GUIEventHandler，管理事件响应并联系场景控制的类osgGA::MatrixManipulator，场景管理的核心类是osg::Viewer。在OSG中，采用osgGA::MatrixManipulator作为基类定义Walkthrough类，在类中定义场景控制要素和与场景管理类osg::Viewer的接口，并且重载osgGA::GUIEventHandler中的handle()函数来定义触发事件，如鼠标移动和按键盘等。最终，利用viewer. setCameraManipulator(new Walkthrough())载入Walkthrough类一个实例就可以实现场景漫游操作了。在漫游系统中，还需要设置碰撞检测，以增加漫游的真实感。

本文对基于MSC. Marc数据生产的桥梁垮塌模型赋予简单材质，并且加入水面、地形、天空等环境要素，构成具有一定真实感的场景。将该场景载入到本文开发的桥梁垮塌场景漫游系统，系统中不同的漫游场景如图9所示。

a) 远观　　b) 近观

c) 侧面1　　d) 侧面2

图9　基于OSG的桥梁垮塌漫游场景

通过图 9 可以看出桥梁场景漫游系统可以实现对垮塌桥梁多角度、多方位的观察，同时构建了一个具有真实感和科学性的桥梁垮塌场景，为桥梁垮塌事故鉴定和事故结果展示提供了技术支持。但是，桥梁垮塌模型纹理技术和垮塌特效技术还有待于进一步研究。

六、结　语

本文通过 MSC. Marc 对某钢筋混凝土桥梁垮塌过程进行了模拟，基于 Marc 数据在 OSG 平台上实现了桥梁垮塌场景动画，并开发了具有一定真实感的桥梁垮塌场景漫游系统。桥梁场景动画与 Marc 模拟结果一致，表明文中基于 OSG 的桥梁垮塌场景动画方法的有效性。基于文中桥梁垮塌漫游系统构建的桥梁垮塌虚拟现实场景，更加科学、真实地还原了桥梁垮塌场景，为准确鉴定桥梁垮塌事故提供技术支持。

参考文献

[1] 陈明宪．从凤凰堤溪大桥事故谈石拱桥[J]. 公路工程，2008，33(3)：1-9.

[2] Zhu S, Levinson D, Liu H, et al. The traffic and behavioral effects of the I-35W Mississippi river bridge collapse[C]. // Transportation Research Board Annual Meeting 2009, 2009.

[3] NIST. Final report on the collapse of world trade centre building 7[R]. 2008.

[4] Baylot, JT. Numerical simulation of alternate scenario for khobar towers[C]. Proceedings of 68th Shock and Vibration Symposium (Limited Distribution), 1997.

[5] National transportation safety board. Highway accident report-collapse of interstate 35W highway bridge [EB/OL]. [2010-08-19] http://www. ntsb. gov/events/2008/minneapolis-mn/presentations. htm.

[6] Isobe D, Tsuda M, Seismic collapse analysis of reinforced concrete framed structures using the finite element method[J]. Earthquake Engineering and Structural Dynamics, 2003, 32(13): 2027-2046.

[7] 陆新征，叶列平，江见鲸，等．考虑地震行波效应大型高架桥梁破坏模拟[J]. 工程抗震与改造加固，2007，29(3)：1-5.

[8] Kumar P, Bhandari NM. Non-linear finite element analysis of masonry arches for prediction of collapse load[J]. Structural Engineering International, 2005, 15(3): 166-175.

[9] 吴祚宝，肖田元．虚拟制造环境下有限元分析的应用[J]. 清华大学学报(自然科学版)，2000，40(7)：66-69.

[10] 吴鹏，赵龙，王勇军，等．一种基于有限元的形变模型算法[J]. 系统仿真学报，2001，13(5)：674-677.

[11] Igor N, et al. Real-time simulation of elastic objects in virtual environments using finite element method and precomputed Green's functions [c] Proceedings of the Workshop on Virtual Environments 2002, 2002: 47-52.

[12] 于巍，吴炜煜．三维可视化仿真技术与灾害虚拟表现[J]. 中国体视学与图像分析，2001，6(2)：122-127.

[13] 陈俊涛，肖明，郑永兰．用 OpenGL 开发地下结构工程三维有限元图形系统[J]. 岩石力学与工程学报，2006，25(5)：1015-1020.

[14] 肖鹏，刘更代，徐明亮．OpenSceneGraph 三维渲染引擎编程指南[M]. 北京：清华大学出版社，2010.

[15] 许镇，任爱珠，陆新征．基于 Marc 和 OSG 的桥梁垮塌场景模拟研究[C]. //第十五届全国工程设计计算机应用学术会议论文集，2010.

[16] 王锐，钱学雷．OpenSceneGraph 三维渲染引擎设计与实践[M]. 北京：清华大学出版社，2009.

163. 山西风陵渡黄河公路大桥加固设计

贾界峰　赵井卫　刘延芳　涂金平　周泳涛
（中交路桥技术有限公司）

摘　要　介绍了国内少有九跨一联87m＋7×114m＋87m大跨长联连续梁桥特殊结构的加固设计，详细分析了病害成因，着重解决桥跨结构永久性变形和梁体开裂这两大难题。根据结构的受力特点，考察工地现场实际情况，提出通过系杆拱吊杆提拉边跨，改变结构受力体系的加固方案。对结构加固前后进行了详细的分析对比计算，结果表明，改变结构受力体系的加固方法，能够有效地缓解桥梁继续开裂和持续下挠，并能提高结构的极限承载能力，对改善旧桥结构的安全性、适用性和耐久性具有实质性的意义。

关键词　预应力混凝土梁桥　大跨长联　病害成因　加固设计

一、引　言

随着交通运输业的迅速发展，要求行车平顺舒适，多伸缩缝的结构已不能满足要求，于是长联连续梁得到迅速发展。大跨长联连续梁桥具有较好的受力性能、较强的整体性和较大结构刚度的优点，适用范围较广，受到使用者的青睐。近些年来，许多此类结构陆续出现梁体开裂和下挠等病害，这在一定程度上限制了该结构体系的生存与发展。桥梁结构在运营期间，由于内外各种因素的影响，导致结构开裂，内力重新分布，结构极限承载能力下降，安全度降低，结构耐久性持续下降。对此类结构剩余承载力的分析和加固方法的探讨亦层出不穷。

二、项 目 概 述

风陵渡黄河公路特大桥位于山西省芮城县风陵渡镇与陕西省潼关县港口镇之间的河道上，是连接晋、陕、豫三省的重要交通枢纽，该桥于1994年11月建成通车，其近期实景照片如图1所示。

图1　风陵渡黄河特大桥近期实景照片

大桥全长1409m，由主孔桥和边孔桥组成，其中主孔桥为国内少有九跨一联87m＋7×114m＋87m大跨长联连续梁桥，边孔桥为五跨一联，跨径组成5×87m。主孔桥上部结构为三向预应力混凝土变截面连续箱梁，箱梁采用单箱单室截面，支点梁高6.5m，跨中梁高2.8m；箱梁底宽7.0m，全宽13.0m；顶板厚25cm，梁底按二次抛物线变化，底板厚59～30cm，肋板厚60～40cm；九跨连续箱梁由八个在桥墩上按“T构”用挂篮分段对称悬臂浇筑的梁段、吊架浇筑的跨中合拢段及落地支架浇筑的边跨梁段构成；下部为空心双室等截面钢筋混凝土薄壁桥墩。

设计时采用的技术标准：

（1）车辆荷载标准：汽车—超20级，挂—120级；

（2）人群荷载：3.5kN/m^2；

(3)设计洪水频率:0.33%;

(4)地震基本烈度:Ⅷ度;

(5)设计通航标准:四级航道,净高 8m,净宽 44m。

我国长联连续梁桥有(75+7×120+75)m=990m 的东明黄河大桥和内蒙古树林召黄河公路大桥(85+6×150+85)m=1 070m(在建),湖北黄石长江公路大桥(162.5+3×254+162.5)m=1 087m,而山西风陵渡黄河公路特大桥主孔桥,无论是单孔跨径(114m)还是一联总长(972m),在当时设计水平和施工条件下都可以说是具有相当难度的大规模桥梁结构了。

三、病害检测[1]

风陵渡黄河公路特大桥也难逃跨中下挠和梁体开裂这两大病害,大桥通车仅 15 年,就出现了此种症状。有关部门于 1996 年、2005 年和 2007 年对该桥进行了检测[1],2008 年 7 月 18~19 日又对该桥进行了定期检查。目前该桥主要存在桥跨结构永久性变形、上部结构混凝土开裂、梁体刚度和强度持续下降以及桥面铺装破损严重等病害。大桥各跨箱梁顶板、底板和腹板开裂外观情况呈现一定规律性:一些跨中位置腹板出现竖向开裂;新增腹板内侧斜裂缝或延长裂缝,全部位于原裂缝区,范围没有扩大;各跨底板底面均新增不同程度的顺桥向短裂缝。

大桥各跨很多裂缝的宽度和长度已超过规定限值,这必将影响到大桥的安全使用,降低结构的承载能力和耐久性。主孔桥主要病害表现形式及分布如图 2~图 4 所示。

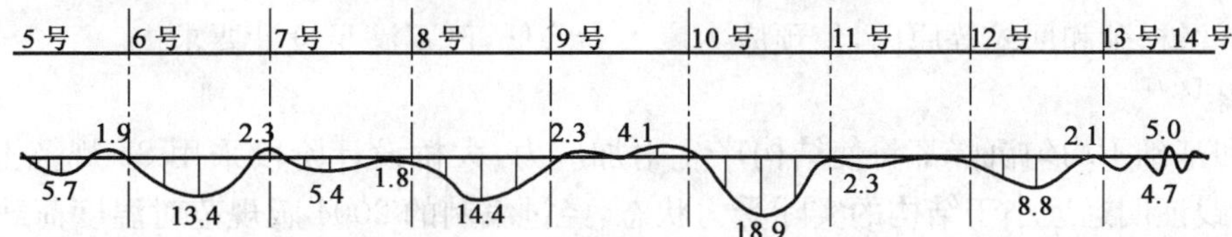

图 2　主孔桥挠度图(尺寸单位:cm)

位置	裂缝方向	裂缝分布范围
主桥简图		5号　6号　7号　8号　9号　10号　11号　12号　13号　14号
箱外腹板裂缝	纵向	
	横向	
	斜向	
箱内腹板裂缝	斜向	
顶板裂缝	纵向	
底板裂缝	纵向	
	横向	
	斜向	

图 3　主孔桥主要裂缝分布图

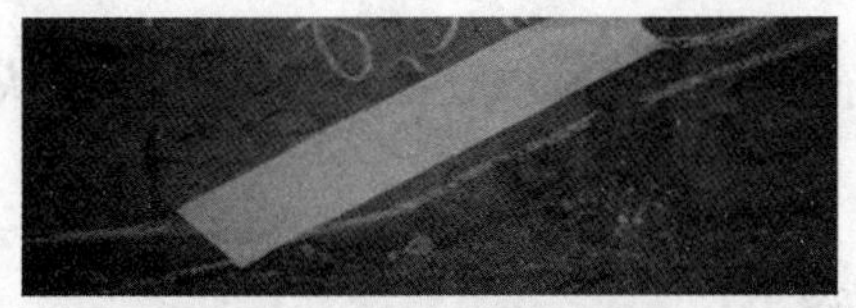

a) 裂缝观测区裂缝宽度继续发展

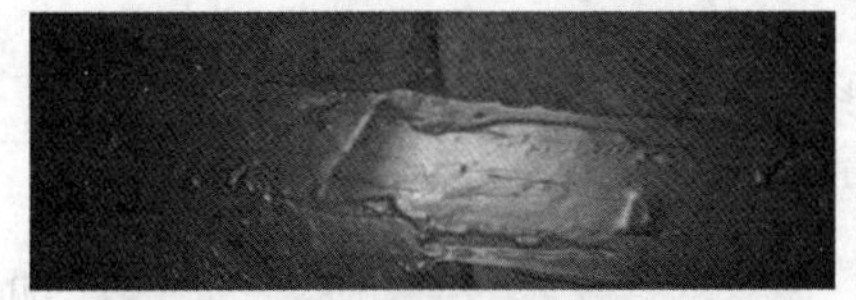

b) 封缝后裂缝继续发展

c) 顶板顺桥向裂缝

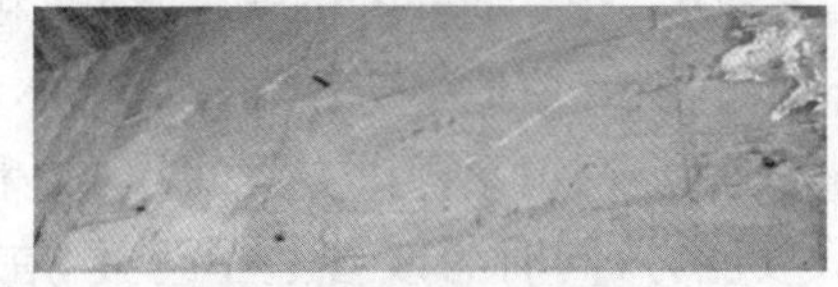

d) 箱梁外侧腹板斜裂缝

图 4　部分箱梁裂缝照片

四、病害成因分析

混凝土最主要的缺点就是抗拉能力差，容易开裂，梁体一旦出现开裂，结构的几何刚度必然降低，容易引起结构下挠，通过对大桥挠度的实际观测，主孔桥梁体出现明显的隔孔下挠态势，中跨最大下挠18.9cm；另外主桥箱梁梁底按二次抛物线变化，抛物线幂次偏大，整体刚度较弱，势必加剧结构的下挠。结构长期下挠又影响结构裂缝的发展。根据对风陵渡特大桥梁体裂缝性状、结构跨中下挠状态和梁体其他病害的综合分析，结合对施工期间各项影响因素的调查，可以判定病害主要成因如下：

1. 设计因素[2]

主孔桥的边中跨比高达0.76，超出了连续梁桥较为合理的边中跨比范围(0.55～0.65)，总体方案布置不尽合理，给具体结构设计造成较大困难。由此导致梁体受力不甚合理，墩顶正弯矩和跨中负弯矩值相差过大，难以配置合理的预应力钢束。为满足规范规定的受力要求，必然在跨中底板和边跨顶板增加很多短束，容易引起梁体局部应力过大，且增加预应力钢束二次应力。同时由于连续梁梁体刚度分配不合理，导致梁体变形过大，过大的梁体变形加大了连续梁的二次内力，从而使梁体出现大量裂缝。

2. 施工因素

在病害调查中，发现有很大比例的竖向预应力孔道漏水，说明竖向预应力可能大部分已经失效，从而导致梁体抗剪能力不足，从设计角度考虑，合理的竖向预应力钢筋对抑制主拉应力有较大贡献，而实际没有做到。这应该是箱梁腹板产生大量斜裂缝的主要因素之一，由此可以推测，可能由于预应力管道压浆不饱满，钢束断丝、松弛和回缩等原因，使预应力度大为降低，已不满足设计要求。

3. 综合因素[3,4]

温差应力和基础不均匀沉降都将使结构产生附加应力，大桥设计阶段采用85规范上下缘5℃的温差荷载，工程实践证明远远小于结构的实际受力状态，经过编制的2004版规范对温度荷载有了更贴合实际的取值。特别是负温差荷载会产生2.0MPa左右的拉应力，使原先尚有压应力储备的梁体变为受拉状态。

挠度实测值高于理论值，表明由于结构长期处于不正常的受力状态，使结构已经产生了较大的塑性变形。混凝土的收缩徐变、碳化、钢筋的锈蚀，以及日益增长的交通量和超载、偏载现象，都使得大桥在多种因素重复作用之下，不能满足大桥正常使用的要求，导致梁体出现了裂缝、下挠等各种病害。1996年和2005年二次对该桥进行了动静载试验，2005年所测指标均比1996年有所增加，增加量见表1。可见，梁体抗弯刚度、强度均呈下降趋势，且尚未稳定。

两次检测对比挠度、应力增大比例　　表1

项　目	主 孔 桥	边 孔 桥
挠度检验系数增大率	36%	17%～25%
上、下缘应力增大率	8.9%～86%	16%～75%

桥梁原有设计强度和刚度都已不能满足现行交通荷载的要求，该桥的加固设计，应从缩短边中跨比和提高梁体的整体刚度两方面入手。

五、加 固 设 计

根据上述病害成因分析，结合大桥施工、交通和运输条件、施工期间的通车问题、施工的难易程度以及技术经济的合理性，从缩短边中跨比和提高梁体整体刚度入手，考虑到新旧结构变形不统一问题，进行多方案比选后，最终确定钢箱系杆拱方案(图5)。利用吊杆提拉梁体改变结构受力体系，增加结构刚度，提高结构极限承载能力，同时为改善边中跨比，在主孔桥边跨桥距离桥台28.5m处增设支墩，并预顶800kN支撑反力改善边跨受力性能；由于主边孔桥相连的过渡墩位于黄河主河槽内不能设置桥墩，所以考虑在过渡墩处箱梁两侧新建钢箱系杆拱，拱脚与箱梁0号块和箱梁端横梁固结，形成刚梁柔拱体系，新增 4 个钢箱拱协同全桥统一变形，不会因新增结构而产生其它负面影响。通过吊杆与梁下新增钢桁架连接，对箱梁施加提升力，防止日后再发生梁体下挠现象。此方案借助钢箱拱提供外力，能很好的解决边中跨比的问题，施工工期短、工艺简便易行，对现行交通影响较小。同时考虑到全桥梁体开裂严重，全桥在箱梁腹板内侧增设 3 对 ϕ_j15～12 的预应力钢绞线改善结构受力状态，并在 4～6 号桥墩处需增设钢托架支撑加长的 0 号块横梁(植筋)，并在(1/4～1/8)L 桥跨范围内箱梁外侧黏贴钢板，抑制斜裂缝发展。

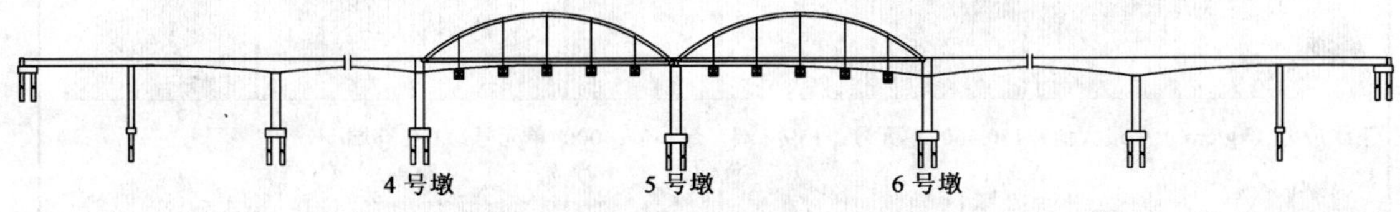

图 5 加固方案总体图(尺寸单位：m)

加固材料为：

(1)主拱圈采用 4 个矩形断面 1.2m×0.8m 钢箱拱肋，拱顶设矩形断面 0.8m×0.8m 横撑；均采用 Q345D 钢材，4～6 号墩钢托架采用 Q235 型钢；

(2)吊杆采用 10 对钢绞线 GJ 15—7 型整束挤压拉索；

(3)系杆采用 8 根 ϕ_j 15～12 预应力钢绞线；

(4)箱梁腹板纵向钢束采用 3 对 ϕ_j 15～12 预应力钢绞线；

(5)钢横梁采用梁高 1.84m，宽 1.17m，长 15.4m 钢结构；

(6)0 号块接长采用 C50 混凝土，新增设的两个支墩采用 C30 混凝土。

风陵渡黄河特大桥加固方案的计算结果和加固效果如下：

1. 静力计算[5,6]

加固后的计算结果如下：

恒+活荷载组合：效果良好，仅在桥台侧边跨主梁下缘出现－0.2MPa 拉应力；最大压应力为 15.0MPa，出现在中跨下缘，如图 6 所示。

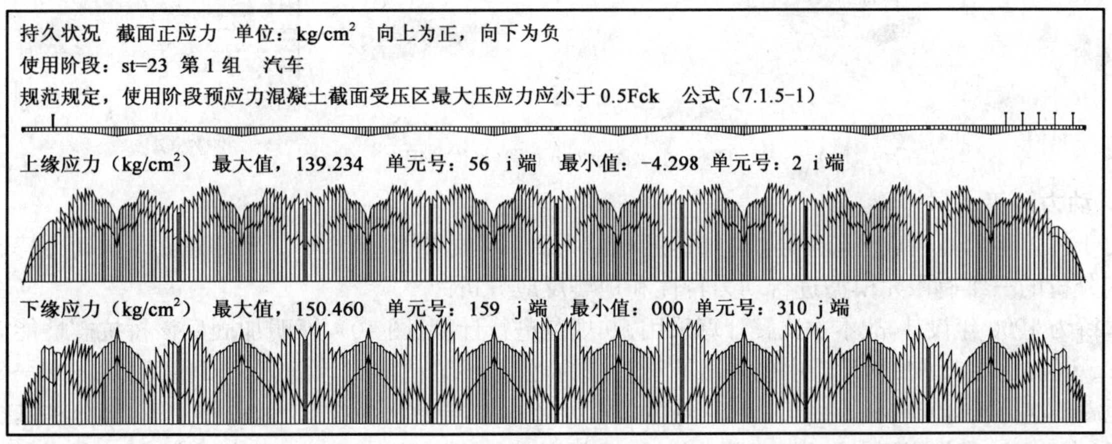

图 6 恒+活荷载组合下截面正应力(单位：MPa)

最不利荷载组合：边跨未见拉应力，中跨跨中底板最大出现－0.3MPa 拉应力；边跨顶板出现 17.9MPa的压应力(含梯度温度应力，温度应力引起边跨底板拉应力增加 0.5MPa，压应力增加 2MPa)，如图 7 所示。

不计温度力时中跨支点附近出现－1.3MPa 的拉应力，计入温度力的拉应力为－1.4MPa，温度力对主应力影响不大。但是跨中支点附近没有模拟横隔梁，所以此处的主拉应力并不能反映实际的受力状态。

2. 主拱圈计算

根据桥梁方案设计，采用空间有限元软件 Midas 对结构进行总体计算。经加固后的桥梁，箱梁在恒

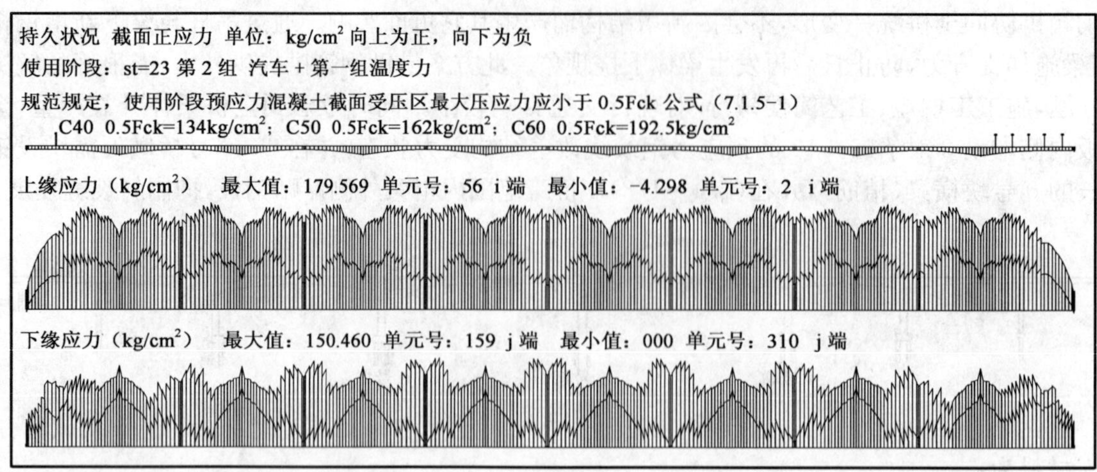

图7 最不利荷载组合下截面正应力(单位:MPa)

活荷载组合作用下正应力效果良好，仅在桥台侧边跨主梁下缘出现－0.2MPa拉应力，最大压应力为15.0MPa，出现在中跨下缘；最不利荷载组合下边跨未见拉应力，中跨跨中底板最大出现－0.3MPa拉应力，边跨顶板出现17.9MPa的压应力。计入温度力的主拉应力为－1.4MPa，加固后结构的极限承载能力完全满足现行规范的要求。钢箱主拱圈最大压应力(图8)为76.5MPa，出现在拱顶和拱脚上缘，其中最大拉应力为15MPa，出现在拱顶下缘；在最不利荷载组合下拱顶向下最大位移32.9mm，单片拱肋下竖直反力为2 395kN，水平力为2 289kN。对结构进行屈曲稳定分析，一阶失稳模态(图9)为拱圈面外失稳，主拱圈稳定系数为3.9。

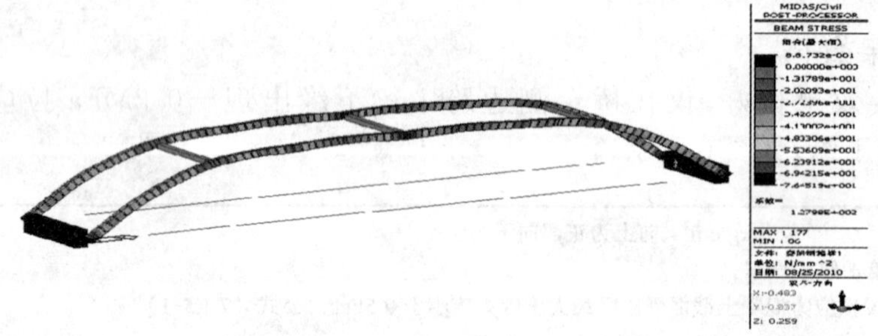

图8 主拱圈应力分布图(单位:MPa)

3. 动力计算

由于桥位地处Ⅷ度震区，地震动力加速度峰值为0.2g，故采用SAP2000软件建立结构动力特性和地震反应分析的三维有限元模型进行动力特性和地震反应分析。

本桥为1990年设计，故本次抗震计算采用89规范进行计算(图10)，证明加固后该桥抗震性能满足Ⅷ度(0.2g)区抗震要求。加固设计中也采用了新颁布的《公路桥梁抗震设计细则》(JTG/T B02—01—2008)，进行地震反应分析计算校核。由于采用了新的抗震设计方法，导致大桥在E1地震作用下，部分桩基抗弯能力不足；在E2地震作用下，桩基出现了上拔力，且桥墩的变形以及支座的变形均不满足细则的相应要求。这其中包含了新的抗震细则中所采用的抗震设计方法及其要求的演变，这其中包含了取消了89规范中的含义模糊的综合影响系数；修订了相应的设防水准和设防目标，采用了两水准设防和两阶段设计的抗

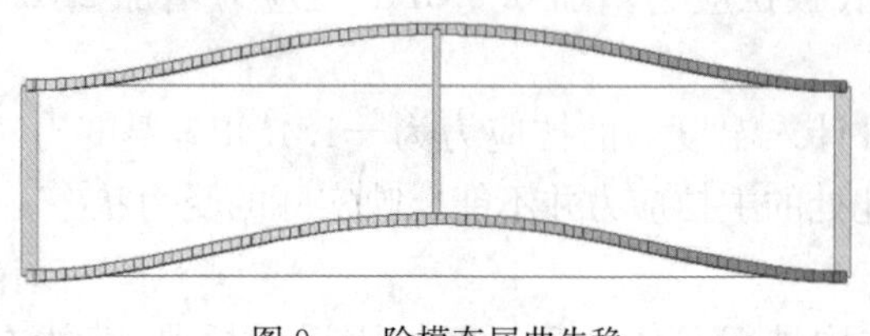

图9 一阶模态屈曲失稳

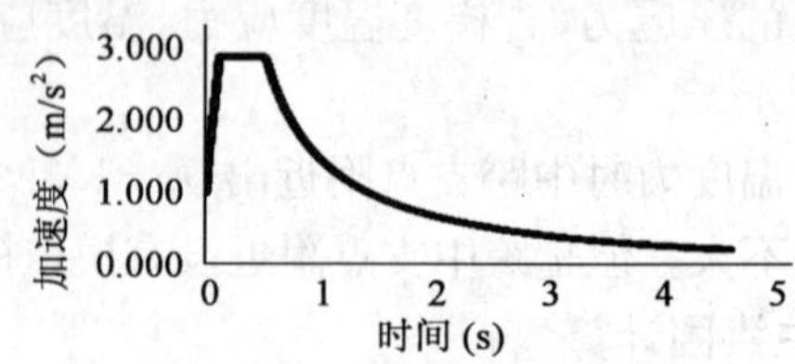

图10 89规范水平向设计加速度反应谱

震设计思想，把原来的单一的强度控制设计修改为强度和变形的双重指标控制；增加了桥梁延性抗震设计和能力保护原则的有关规定等，导致计算结果不能满足新抗震设计细则规定，但该桥已修建多年，原上下部结构、桩基础及配筋率已难以改变，故本次加固设计仅能在新增结构上考虑一定的措施，以保证新增结构的抗震安全。

4. 加固效果

由计算结果可以看出，该加固方案明显改善了主梁的整体刚度与结构的整体受力状况，提高了主梁的极限承载能力，增强了箱梁的抗剪能力，减小箱梁的主拉应力，各项指标均满足现行规范的要求，能够达到本次加固设计的目的，风陵渡黄河公路大桥加固效果如图11所示，目前，项目已经完成A拱段吊装(图12)。

图11 加固效果

图12 A拱段吊装施工

六、结 语

近年来，跨中下挠和梁体开裂已成为连续梁桥常见的病害，尤其以100m以上大跨桥的病害较多，这两个问题不仅影响桥梁的美观，导致养护费用的大幅增加，而且更重要的是造成桥梁安全度的降低、使用寿命的缩短和交通运营不顺畅等不可预见的危害。大跨长联连续梁桥病害更有其特殊性，分析此类桥梁病害应严格检测，认真分析，透过现象，寻找内在规律，有的放矢才能制定出切实可行的加固方案。旧桥的加固维修和养护管理问题应当引起广大桥梁工作者重视，越来越多的桥梁出现不同程度的病害，而现在加固理论和设计方法都不够成熟，剩余承载力的评估、新老混凝土的结合问题、旧桥的模型建立以及施工现场的管控都不同于新建桥梁，加固现场可能随时遇到新的问题，应十分重视施工监控和监测，许多加固措施在对结构进行加固的同时，也对结构造成了一定的二次损伤，应尽可能减小二次损伤。可以预见，新一轮旧桥加固浪潮及其相关产业将迅速发展起来，随着各种问题的不断出现，加固技术也将得到提升。

参考文献

[1] 中交桥梁技术有限公司．山西省风陵渡黄河公路特大桥桥梁检测报告[R]. 2007.

[2] 张志耕．预应力混凝土连续刚构桥裂缝病害分析[J]. 自热灾害学报，2006.

[3] 楼庄鸿．论预应力混凝土连续梁桥裂缝[J]. 公路交通科技，2000(12).

[4] 洪显诚．预应力混凝土箱形薄壁结构裂缝成因分析与处治[J]. 公路，2001(4).

[5] 中华人民共和国交通部．JTG D62—2004 公路钢筋混凝土及预应力混凝土桥涵设计规范[S]. 北京：人民交通出版社，2004.

[6] 张树仁．钢筋混凝土及预应力混凝土桥梁结构设计原理[M]. 北京：人民交通出版社，2004.

164. 有黏结预应力筋加固法的试验研究

马 莹[1] 叶见曙[1] 曹光伦[2] 傅晨曦[1]

(1. 东南大学交通学院；2. 安徽省交通投资集团)

摘 要 介绍了有黏结预应力筋加固法的基本原理及关键技术，并通过试验验证了有黏结预应力筋加固可以显著改善箱梁腹板的受力状态，起到了主动加固的作用。新设置的预应力弯起钢束和箱梁相应区段混凝土截面的增加，可以提高箱梁的腹板抗剪承载力并改善原腹板混凝土的主拉应力。

关键词 有黏结预应力筋 箱梁 悬臂施工 腹板 斜裂缝

节段箱梁悬臂施工法由于其所需的施工挂篮重量不大，施工重型设备及支架较少等特点，在跨度50～70m的中等跨径预应力混凝土连续箱梁桥的施工中得到广泛的应用。但是，由于这种预应力混凝土连续箱梁的梁高不大，往往采用箱梁的竖向预应力钢筋来代替预应力弯起束，这样在箱梁的施工上确实得到了便利，但从已有文献中发现[1-5]，已建的这类预应力混凝土箱梁桥易产生箱梁腹板的斜裂缝。

箱梁腹板混凝土的斜裂缝，主要是由于箱梁腹板厚度不够及采用竖向预应力筋来代替纵向弯起钢筋，且竖向预应力筋的实际有效预应力值偏小引起的[6-8]。对于此类病害，通常需要加厚箱梁混凝土腹板，同时增设弯起预应力钢束来减小腹板混凝土主拉应力，提高腹板斜截面抗剪承载力，从而达到对桥梁进行加固的目的。为此，在总结国内有关体外预应力加固的工程研究和工程实践的基础上，研究并提出了有黏结预应力筋加固这种新的加固方法，该方法主要用于解决腹部斜裂缝的问题，并已在安徽省某大桥预应力混凝土连续箱梁加固工程中成功应用[9]。

一、有黏结预应力筋加固的基本原理

有黏结预应力筋加固是在混凝土箱梁上将增大截面法和体外预应力法联合使用的新加固方法。具体加固方案为：先在原箱梁腹板外侧现浇新增腹板混凝土，并预留下弯预应力束管道，待新增混凝土达到一定强度后张拉预应力束，同时利用新增混凝土进行预应力束的锚固。有黏结预应力筋加固如图1和图2所示。

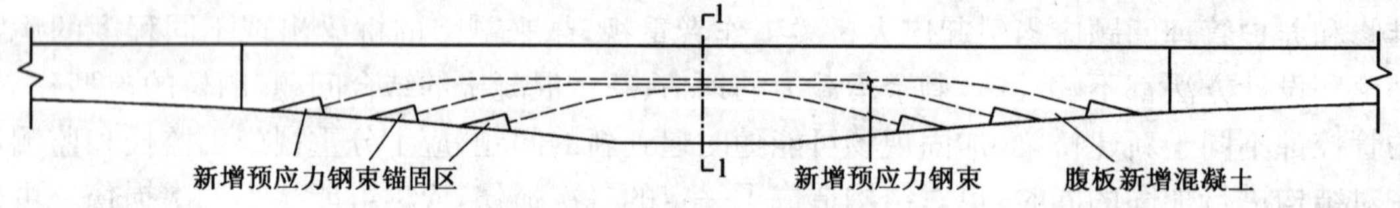

图1 有黏结预应力筋加固法立面图

对于箱梁腹板混凝土主拉应力过大的情况，若仅采用增大截面法对腹板进行加厚，虽然加大了腹板主拉应力的抵抗面积，但考虑到旧桥加固中箱梁分阶段受力的特点，新增腹板混凝土的应力（应变）滞后于既有混凝土的应力（应变），不能充分发挥新增混凝土的作用。同时新增混凝土的附加重力也会对原结构受力产生不良影响。

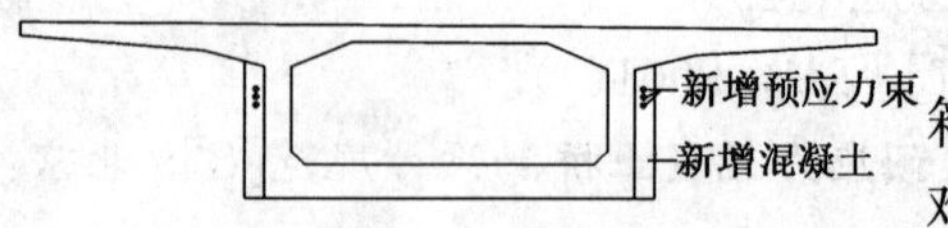

图2 有黏结预应力筋加固法横截面1-1图

中等跨径连续箱梁桥梁高较矮，且多为变高度箱梁，受到箱梁箱内齿块和空间影响，采用箱内布设体外无黏结预应力筋施工困难，锚固块和转向块设置极为不便，仅采用体外无黏结预应力束加固施工环境差，质量不易保证。

若采用喷注高性能抗拉复合砂浆（MTCM）的体外有黏结预应力加固法，该加固方法使用的是小直径预应力筋，且预应力筋一般为直线布置形式，这对箱梁腹板抗裂加固不能起到所需的效果。喷注的高性能抗拉复合砂浆虽然能起到保护预应力筋和增大腹板截面的作用，但这种方法也属于被动加固，同样存在应力（应变）滞后的缺点。

二、有黏结预应力筋加固的特点

有黏结预应力加固法是一种综合加固法，在加固过程中有工程可行性与可实施性的优点：

（1）采用预应力加固技术，针对箱梁腹板斜截面裂缝的典型病害，新增下弯的预应力筋，能够有效地减小箱梁腹板的主拉应力；

(2)新增混凝土加大了腹板主拉应力的抵抗截面,而新增的预应力下弯束是在新增混凝土浇筑完之后再进行张拉并灌浆锚固,这样既能充分发挥新增混凝土截面的作用,使新老混凝土共同承受荷载,又能消除被动加固法中"应力(应变)滞后"的弊端,通过新增预应力束使新增混凝土预先受力,更好的起到主动加固的作用;

(3)设置在各桥墩墩顶段混凝土箱梁的预应力下弯束能弥补旧箱梁腹板缺乏弯起钢筋的不足,提高箱梁抗剪储备,并能有效控制裂缝发展;

(4)在箱梁外侧现浇的混凝土可以采用和原箱梁一样的节段浇筑混凝土的方式,施工便利。

三、有黏结预应力筋加固的关键技术

有黏结预应力筋加固法有以下几点关键技术:

(1)根据被加固结构的受力要求和加固施工条件,合理确定新增腹板混凝土的厚度,并选择新增预应力筋的数量和布置方案;

(2)新旧混凝土的界面处理是新旧混凝土共同受力的基础。原腹板混凝土表面应充分凿毛形成新面,以利于新旧混凝土的结合;

(3)采用在旧腹板上钻孔植筋的方法加强新旧混凝土的黏结作用,施工前必须先探明原结构预应力及纵横向主筋的位置,以便后期植入的钢筋能够避开原有的钢束和主筋;

(4)为尽量少增加荷载,新增腹板混凝土厚度一般较小,顶部有翼缘板或桥面顶板,混凝土振捣困难。因此,新增腹板混凝土一般采用塌落度大、粗集料粒径小、流动度好的混凝土,随着新材料的应用,一般可采用自密实混凝土。其施工性能优异,可大大加快施工速度,减少劳动强度,可以避免因振捣不足而引起原混凝土质量问题,保证混凝土施工质量;

(5)锚固区钢筋设计要合理,充分考虑对混凝土浇筑的影响,避免新增预应力筋锚固区混凝土开裂。

四、有黏结预应力筋加固法的试验研究

有黏结预应力筋加固箱梁腹板是通过新旧混凝土的黏结将新增预应力作用传递到原箱梁中的一种方法,它可以在一定程度上提高原箱梁腹板的抗裂能力。保证新旧混凝土的有效黏结、黏结面上不发生错动是有黏结预应力筋加固方法的关键所在。因此,为了研究有黏结预应力筋加固的效果,以及新增钢筋对旧桥腹板的作用,对一根普通钢筋混凝土小箱梁进行了有黏结预应力筋的加固试验,观测预应力在新旧腹板混凝土中的传力情况。

1. 试件制作

试验梁为 20m 跨径普通钢筋混凝土简支梁,截面尺寸及配筋如图 3 所示,预制完成的试验梁如图 4 所示。试验梁浇筑完成 7d 后,将其顶升搁置在 150mm×150mm×49mm 的板式橡胶支座上,形成简支状态。

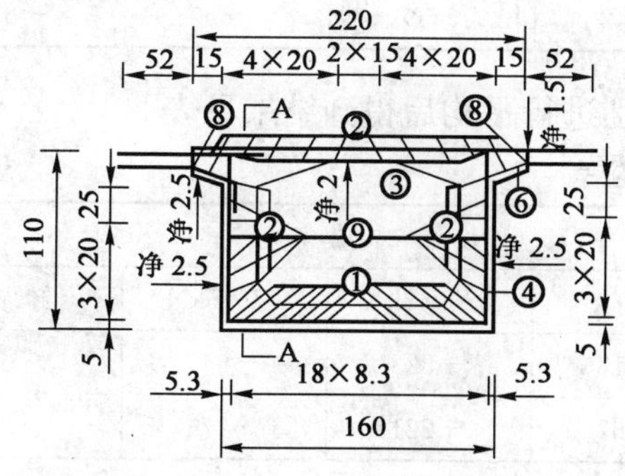

图 3 试验梁截面尺寸及配筋图(尺寸单位:cm)

图 4 预制完成的试验梁

由于时间关系，新增腹板混凝土浇筑选择试验梁混凝土浇筑完成后5～10d进行。新增腹板浇筑完成后的跨中截面如图5所示。

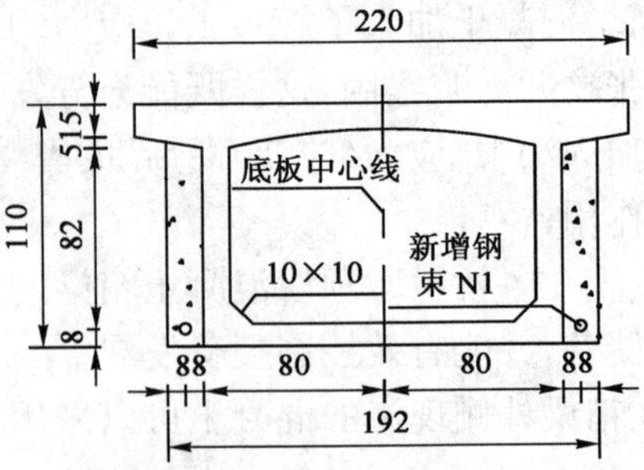

图5 新增腹板浇筑完成后跨中截面示意图(尺寸单位：cm)

2. 试验方法及步骤

有黏结预应力筋加固的试验方法及步骤如下：

1)试验步骤

试验主要分为以下几个步骤：

(1)试验梁的预制；

(2)试验梁腹板的表面凿毛；

(3)腹板植筋并安置新增腹板中的波纹管；

(4)浇筑新增腹板混凝土；

(5)张拉新增腹板中预应力钢束；

(6)进行试验测试。

2)应变测点布置

试验的应变测点主要布置在试验梁跨中截面，每一侧腹板加厚混凝土及箱梁底板各贴2个应变片，共8片，测试预应力张拉前后跨中截面处原箱梁腹板和新增腹板底面的应变，检验新增预应力是否有效传递至原试验梁上，应变片布置如图6所示。

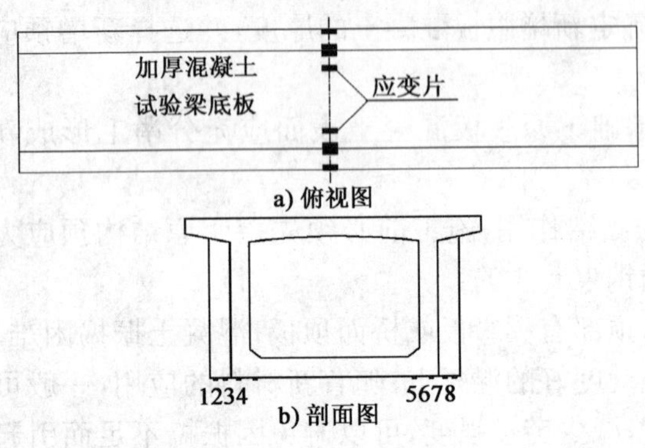

图6 应变片布置图

3. 试验结果

各测点应变随张拉力的变化情况见表1。

张拉力与测点应变(Mε)对应表 表1

测点号	张拉总控制力775.6kN						
	工况1	工况2	工况3	工况4	工况5	工况6	工况7
	77.56kN	155.12kN	310.24kN	465.36kN	620.48kN	775.6kN	卸顶后
1	−62	−141	−296	−438	−555	−680	−662
2	−54	−126	−264	−381	−483	−605	−594
3	−34	−76	−156	−224	−282	−345	−337
4	−17	−37	−83	−119	−156	−203	−194
5	−21	−40	−90	−124	−164	−208	−197
6	−43	−80	−159	−201	−281	−340	−328
7	−59	−140	−270	−397	−493	−611	−595
8	−70	−150	−302	−442	−560	−690	−671

将新增腹板中的四个测点的数据和原腹板中四个数据分别进行平均后得到结果见表2。

张拉力与测点平均应变对应表 表2

测点应变(με)	张拉总控制力775.6kN						
	775.6kN	155.12kN	310.24kN	465.36kN	620.48kN	775.6kN	卸顶后
新底板平均	−61	−139	−283	−415	−523	−647	−631
原底板平均	−29	−58	−122	−167	−221	−274	−264

各工况下新增腹板及原腹板测点平均应变对比如图7所示。

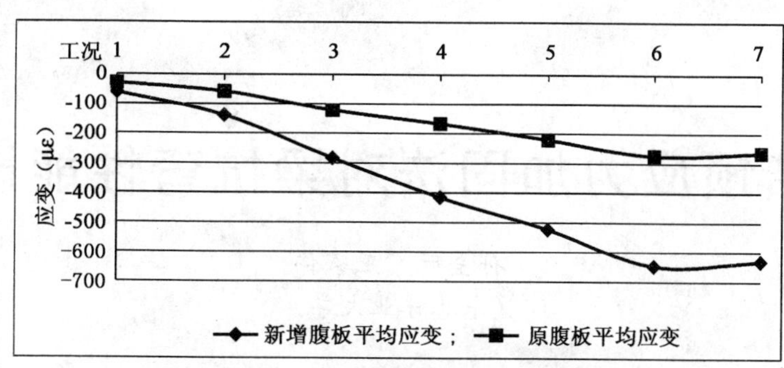

图7 各工况下新增腹板、原腹板测点应变对比图

从图7中可以看出：新增腹板中的预应力均可以较好的传递到原桥的腹板中，起到了对原桥腹板施加预应力的效果。随着预应力钢束张拉控制力的增加，新增腹板与原腹板中的应变均为线性增长，可见，在新增腹板预应力张拉过程中结构均处于弹性工作状态，且卸载后预应力损失较小。

通过对试验数据的整理分析，发现有黏结预应力筋加固法可以显著改善箱梁腹板的受力情况，一方面，新增混凝土加大了腹板主拉应力的抵抗面积；另一方面，新增的预应力束，使新增腹板混凝土预先受力，并且预应力能够有效地传递到原腹板中，更好地起到了主动加固的作用。

五、结　　语

针对中等跨径变高度预应力混凝土连续箱梁腹板斜裂缝病害，提出了有黏结预应力筋加固法。

(1)有黏结预应力加固方法是基于增大截面法和体外预应力加固原理的一种综合加固方法。通过新设置的预应力弯起钢束和增大箱梁相应区段混凝土截面，可以提高箱梁的腹板抗剪承载力并改善旧腹板混凝土的主拉应力。

(2)有黏结预应力加固方法一般可在箱梁外侧施工，大大改善了施工环境，也为提高加固质量创造了条件，具有较好的施工可行性。

(3)有黏结预应力加固方法的新增预应力钢束为后张法，并锚固于新增混凝土上，预加力通过箱梁腹板的新旧混凝土黏结传递，因此，保证新增混凝土的施工质量及界面加工质量至关重要。

(4)通过试验验证，有黏结预应力筋加固法可以显著改善箱梁腹板的受力情况，新增的预应力束，使新增腹板混凝土预先受力，并且预应力能够有效地传递到原腹板中，有效地起到了主动加固的作用。

参考文献

[1] 陈丹华，陈水生，程海根．预应力混凝土箱梁桥腹板主拉应力影响因素研究[J]. 铁道工程学报，2006(6).

[2] 刘山洪，钱永久．大跨PC箱梁桥腹板裂缝的控制研究[J]. 重庆交通学院学报，2005，24(4).

[3] 朱汉华，陈孟冲，等．预应力混凝土连续箱梁桥裂缝分析与防治．北京：人民交通出版社，2006.

[4] 邓志恒，罗志佳，林俊．竖向预应力损失对箱梁腹板斜裂缝影响分析[J]. 公路工程，2007，32(6).

[5] 张建仁，郭坚，等．预应力混凝土连续梁桥腹板裂缝成因分析[C]. // 中国公路学会桥梁和结构工程分会．2006年全国桥梁学术会议论文集．北京：人民交通出版社，2006.

[6] 叶见曙．结构设计原理(第二版)[M]. 北京：人民交通出版社，2005.

[7] 张树仁，王宗林．桥梁病害诊断与加固改造设计[M]. 北京：人民交通出版社，2006.

[8] 黄志鹏．考虑三向预应力效应的混凝土箱梁应力分析[D]. 杭州：浙江大学，2006.

[9] 付晨曦，胡可，叶见曙．有黏结预应力筋加固连续箱梁技术研究[J]. 山东交通学院学报，2009(4).

165. 有黏结预应力加固法对梁抗弯性能影响的研究

孙全胜　王家伟
（东北林业大学）

摘　要　随着桥梁加固技术的发展，旧桥的维修与加固方法正在从被动加固向主动加固方向转变，有黏结预应力加固方法利用复合砂浆优良的物理力学性能及良好的截面黏结作用，使预应力钢绞线和原结构较好的构成一个整体，成为主动加固的新方法。本文通过对不同配筋率的钢筋混凝土空心板梁配制不同的预应力筋个数，得出提高结构的承载能力不仅与加固体系配制的预应力筋的数目有关，而且还与原结构的配筋率等有直接关系的结论。

关键词　旧桥加固与维修　有黏结预应力钢绞线　复合砂浆　桥梁承载能力

一、引　言

有黏结预应力加固体系基本组成包括：预应力钢绞线、预应力筋锚固系统以及体外有黏结补强材料三部分。其中有黏结预应力加固体系的预应力钢筋可采用1×2股高强钢绞线、高强钢丝及小直径精轧螺纹钢等国产材料，加固工程中常用的是预应力筋；锚固系统是体外预应力施加的连接部位，即是传力装置又是受力装置，因此锚固系统的工作性能直接影响到预应力的施加、原加固构件的受力以及加固后的整体受力性能。锚固系统分别由锚垫板、螺栓及锚具等组成（图1）；复合砂浆是掺有改性环氧乳液或其他改性共聚物乳液的高强度水泥砂浆，也称聚合物砂浆（图2），其具有普通混凝土不具备的多项优点。

图1　锚具图

图2　复合砂浆图

二、理 论 公 式

计算有黏结预应力加固后的主梁承载能力的计算方法可参照《公路钢筋混凝土及预应力混凝土桥梁设计规范》（JTG D62—2004）中对钢筋混凝土和预应力混凝土受弯构件的强度计算方法。建议引入以下几点假设：

（1）原梁经用预应力加固之后，平截面假设仍然成立；

（2）在极限状态下，原梁受拉区混凝土退出工作，全部拉力由原梁内非预应力钢筋和体外水平筋承担；

（3）受压区混凝土的应力仍然按照矩形应力块考虑，其应力大小为混凝土抗压设计强度，混凝土极限压应变为 0.003；

(4)原梁中受拉及受压钢筋的应力分别达到其设计强度；

(5)体外预应力水平筋在极限状态下的应力达到极限值，且可以求出。

主梁抗弯承载力示意图(图 3)如下。

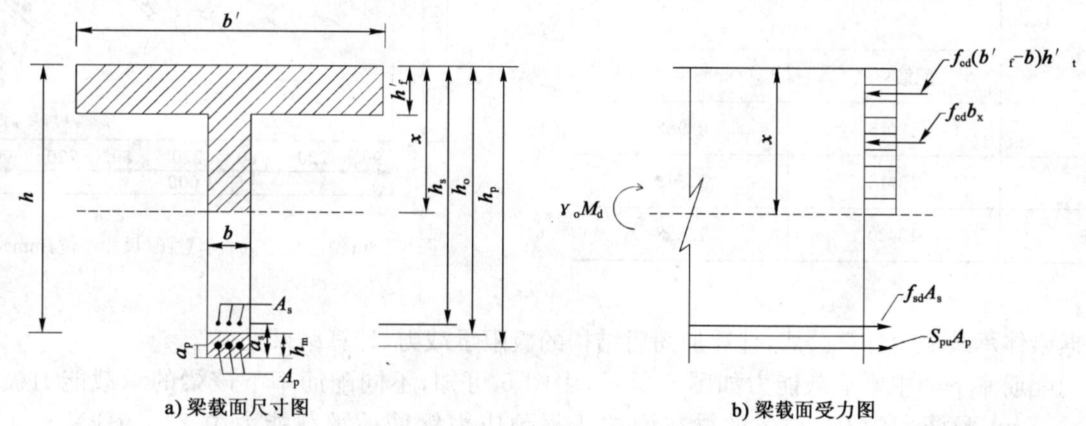

图 3 抗弯承载力示意图

由$\Sigma x=0$ 得：

$$f_{cd}bx+f_{cd}(b'_f-b)h'_f=\alpha_s f_{sd}A_s+\sigma_{pu}A_p \tag{1}$$

由$\Sigma M=0$ 得：

$$\gamma_0 M_d\leqslant f_{cd}bx(h_0-\frac{x}{2})+f_{cd}(b'_f-b)h'_f(h_0-\frac{h'_f}{2}) \tag{2}$$

公式适用条件：$x\leqslant \xi_{b.s}h_s$

式中：M_d——按《桥规(JTG —D62)》计算的弯矩组合设计值；

γ_0——结构重要性系数；

f_{cd}——原梁混凝土的抗压强度设计值；

f_{sd}——原梁纵向受拉钢筋的抗拉强度设计值；

α_s——考虑腐蚀钢筋截面面积减小和屈服强度降低影响的原梁受拉钢筋承载力折减系数；

h_0——后加预应力钢筋和原梁受拉钢筋合力作用点至截面受压边缘的距离；

h_s——原梁受拉钢筋合力作用点至截面受压缘的距离；

h_p——后加预应力钢筋合力点至截面受压边缘的距离；

$\xi_{b.s}$——原梁受拉钢筋的混凝土受压区高度界限系数，对 R235 钢筋，$\xi_{b.s}=0.62$，对 HRB335 钢筋，$\xi_{b.s}=0.56$；

σ_{pu}——极限状态下后加预应力钢筋的应力。

极限状态下后加预应力筋的应力 σ_{pu} 目前国内外有十余种经验计算公式，虽然这些经验公式有一定的局限性，但是在满足一定条件下，作为工程计算还是令人满意的。计算中我们采用新西兰 NIS3 101 规定极限状态下预应力筋的应力 σ_{pu} 为有效应力值加上 100MPa。

三、影响主梁承载能力因素的分析

在实际加固工程中，为了使旧桥承载能力满足交通量的增长，我们需要对旧桥增加预应力钢束来提高其承载能力。提高结构的承载能力不仅与加固体系施加预应力的大小有关，而且还与原结构的配筋率等有直接的关系，因此加固前对原结构进行分析是十分必要的。

为了研究施加预应力筋的根数以及结构普通钢筋的配筋率对结构承载能力提高的影响，现选取旧桥中常见的 8m 钢筋混凝土空心板桥为对象，分别设置三种不同的普通钢筋配筋率，预应力筋采用 $\phi_j 81\times 2$，单根截面面积 23.5mm^2，$f_{pk}=1\,470$MPa。$f_{pd}=1\,000$MPa。不同配筋率见表 1，验证普通钢筋的配筋率与承载能力的关系时每片梁施加的钢绞线分别为4根、8根、16根和32根。

本梁为8m钢筋混凝土空心板梁，截面尺寸如图4所示，混凝土等级为C25，f_{cd} =11.5MPa，钢筋采用HRB335，f_{sd} =280MPa。

梁的基本属性值　　表1

梁号	8m梁	
	配筋形式	配筋率(%)
a	12ϕ16	0.982
b	13ϕ18	1.343
c	13ϕ20	1.658

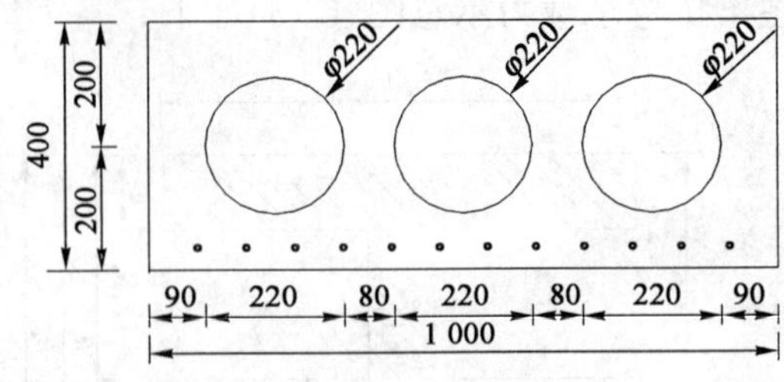

图4　8m空心板梁截面示意图(尺寸单位:mm)

根据梁体承载能力计算公式，计算加固后结构的极限承载力，计算结果见表2。

不同配筋率下的主要承载能力如图5所示，由图5可知，不同配筋率下该梁的承载能力极限值为491.49kN·m，配筋率为0.982%的梁在增加4根预应力钢筋后承载能力由233.91kN·m提高到280.8kN·m，承载能力提高了20%，在增加到8根预应力筋后，承载能力提高了41.6%，增加到16根时，承载能力提高了71.1%，增加到32根时，承载能力达到极限值，提高了120%。同理，配筋率为1.343%的混凝土梁在施加不同预应力钢筋下，承载能力分别提高了20%、32.6%、53.5%和66%；配筋率为1.658%的梁分别提高了19%、29%、37%和38.3%。

8m梁极限承载力数值表　　表2

预应力筋	a梁配筋率0.982%	b梁配筋率1.343%	c梁配筋率1.658%
根数	极限承载力(kN·m)	极限承载力(kN·m)	极限承载力(kN·m)
0	223.91	296.18	354.86
4	280.80	356.88	422.11
8	317.10	392.77	458.87
16	383.22	454.73	487.26
32	492.47	491.49	491.06

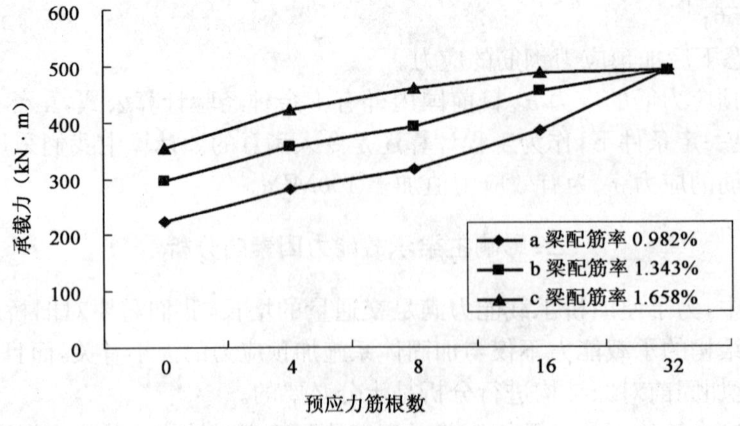

图5　不同配筋率下的主梁承载能力图
(纵坐标单位:MPa　横坐标单位:根)

由上述数据可知：对梁体施加预应力筋的个数越多，承载能力提高的越大，但是截面尺寸相同的板梁极限承载能力值是一定的，并不是无限制增大，因为当预应力钢筋的个数超过一定的限值之后，梁体成为超筋梁，梁体的破坏并不是受拉区混凝土被拉碎或者受拉钢筋屈服，而是受压区混凝土被压碎，界限受压区高度不够所导致的；在相同的预应力筋面积下，原梁配筋率越低的梁，图中斜率越大，其提载效率越高，对梁体加固效果越明显。因此可知极限承载力的提高，不但与后加预应力筋的多少有关，还与原梁的配筋率有着密切的关系。

四、结　语

本文在现有的加固理论的基础上，通过选择不同配筋率的钢筋混凝土空心板梁，施加不同的预应力钢筋，可以得到以下几点结论：

(1)主梁承载能力随着预应力筋的增加，其承载能力也增加；

(2)同一种跨径下，截面尺寸相同的梁体，通过有黏结预应力加固法加固的梁，其最大承载能力是一定的；

(3)原梁配筋率越低的梁，承载能力提高的潜能越大；反之，配筋率越高的梁，承载能力提高的潜能就越低；

(4)在实际加固工程之中，通过计算施加不同个数的预应力钢筋，可以得到最优化的加固方案。

参考文献

[1] 张劲泉，王文涛. 桥梁检测与加固手册[M]. 北京：人民交通出版社，2007.

[2] 赵强. 体外预应力法在梁式桥加固中的应用研究[D]. 昆明：昆明理工大学，2005.

[3] 卜良桃，叶嗪，胡尚瑜，等. 高性能复合砂浆钢筋网抗弯加固 RC 足尺梁试验研究[J]. 沈阳建筑大学学报，2007，23(6)：895-899.

[4] 高俊亮. 有黏结体外预应力加固体系应用研究[D]. 天津：河北工业大学. 2006.

[5] 贯艳敏，高力. 结构设计原理[M]. 北京：人民交通出版社，2004.

[6] 张树仁，宋建永，王彤. 桥梁加固薄弱受弯构件承载力极限状态计算[J]. 公路交通科技，2004，21(6)：64-68.

[7] 曾令宏，尚守平，彭晖. 钢丝网复合砂浆加固混凝土梁抗弯刚度计算[J]. 湖南大学学报(自然科学版)，2003，30(3)：127-129.

[8] 王华德. 后张法预应力钢绞线施加预应力的计算与控制[J]. 甘肃科技，2008，24(15)：105-107.

[9] Paramasivam P, Lim C T E, Ong K C G. Strengthening of RC beams with ferrocement laminates [J]. Cement & Concrete Composites, 1998, 20(1): 53-65.

166. 箱梁体外预应力加固效果的分析

李俊波[1]　张向波[2]　崔振山[2]

(1. 深圳高速公路股份有限公司；2. 中交第一公路勘察设计研究院有限公司)

摘　要　本文通过对某座钢筋混凝土连续箱梁桥上部结构采用体外预应力加固前、后两种状态下的内力及承载力状况进行分析，着重体现体外预应力加固的显著效果，根据分析提出箱梁体外预应力加固设计、施工时需要注意的问题及相关处理措施，为同类桥梁加固设计提供借鉴经验。

关键词　箱梁　体外预应力　加固

一、引　言

目前，国内一些重要高速公路交通运输日益繁忙，经过多年运营，在交通量不断增加和超载车辆的作用下，部分桥梁出现了较为明显的结构性病害，有必要进行处理加固。文中以深圳梅观高速公路改扩建工程中某座钢筋混凝土连续箱梁桥为例，着重研究在采用体外预应力加固前、后箱梁结构内力及承载力的变化情况，说明体外预应力加固效果的可行性及实用性。

二、桥 梁 概 况

该桥上部结构为20m＋30m＋20m的现浇钢筋混凝土连续箱梁，箱梁梁高1.7m，单箱双室断面，顶板宽度为12.0m，底板宽度为7.6m，悬臂长度为2.0m，箱梁腹板厚度为30～50cm，箱梁跨中截面顶板厚度25cm、底板厚度20cm。原桥设计荷载为汽—超20，挂—120。

经过多年运营，各跨底板在桥跨(1/4～3/4)L范围内均有横桥向裂缝产生，缝宽基本介于0.05～0.20mm范围，最大缝宽达0.32mm，缝长基本介于0.20～2.00m范围，裂缝间距介于0.10～0.80m范围，部分裂缝延伸至腹板；另外，腹板除与底板连通的裂缝外，还有大量竖向裂缝，裂缝宽度基本介于0.05～0.20mm范围，最大缝宽达0.45mm，缝长介于腹板高度的(1/3～2/3)H范围，少量裂缝竖向贯通腹板。

三、桥梁上部结构主要病害成因分析

本桥上部为钢筋混凝土箱梁结构，主跨跨径为30m，梁高为1.7m，梁高偏低。承载能力计算结果显示箱梁跨中抗弯承载能力不足，因而导致跨中区域产生大量横向裂缝；底板横向裂缝继续沿伸至腹板，造成腹板竖向开裂。

四、加 固 思 路

通过在箱梁腹板外侧布置齿板及转向块，增设体外预应力钢束，在体外预应力钢束张拉完毕后，浇筑腹板加厚段增大箱梁截面来提高箱梁的承载力。钢束、齿板及转向块布置位置如图1～图3所示。

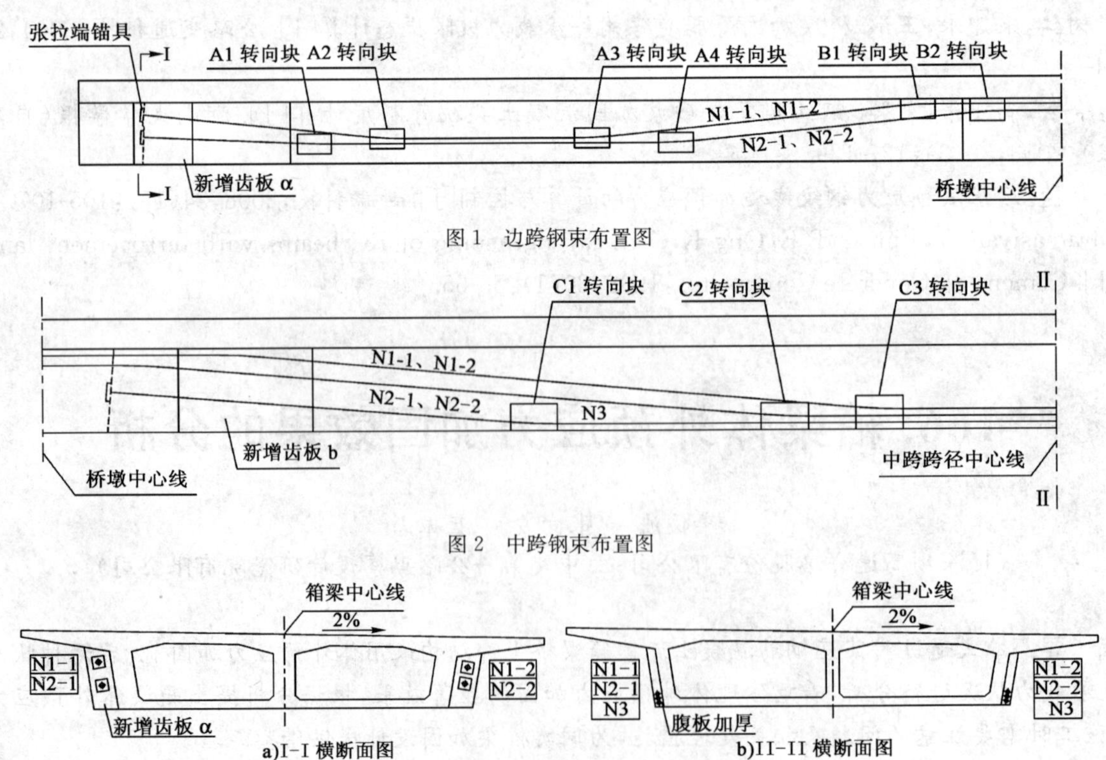

图1　边跨钢束布置图

图2　中跨钢束布置图

图3　箱梁横断面图

预应力钢束设置在箱梁边腹板外侧，N1、N2 钢束两端分别锚固于距梁端 1.3m 处箱梁腹板上，每侧腹板均设置 2 根 5ϕ^s15.2mm 的体外预应力钢束；N3 钢束两端分别锚固于中跨距中墩 1m 处箱梁腹板上，每侧腹板均设置 1 根 5ϕ^s 15.2mm 的体外预应力钢束；全桥 N1、N2、N3 共 6 根钢束。

五、计 算 分 析

1. 有限元建模

采用桥梁通用有限元综合程序 Midas Civil 7.41 进行分析，建立空间梁格有限元模型。

加固前、后结构计算模型图如图 4～图 6 所示。

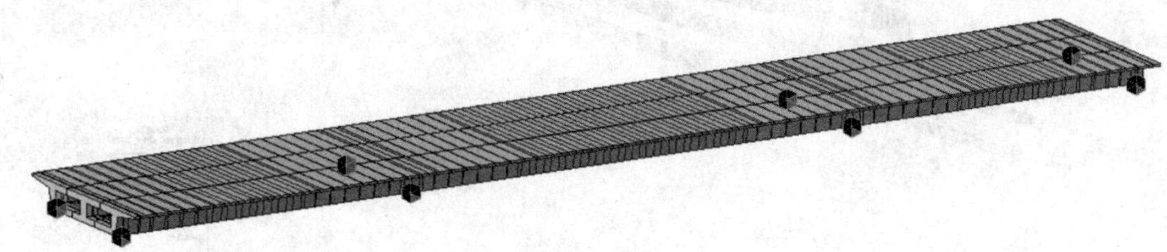

图 4 有限元计算模型渲染图

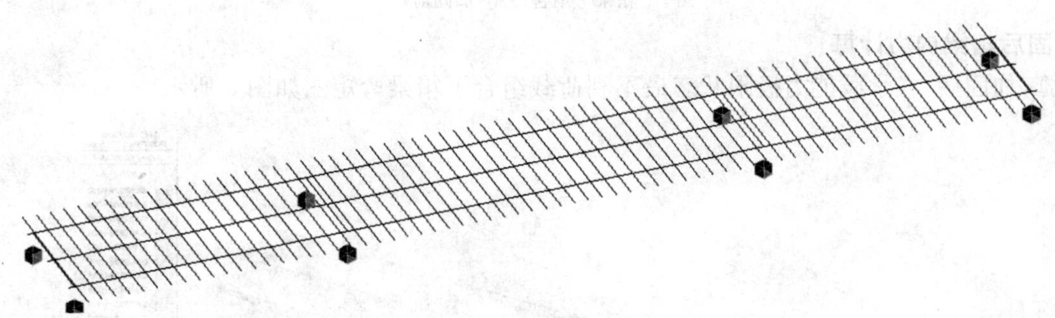

图 5 加固前计算模型离散图

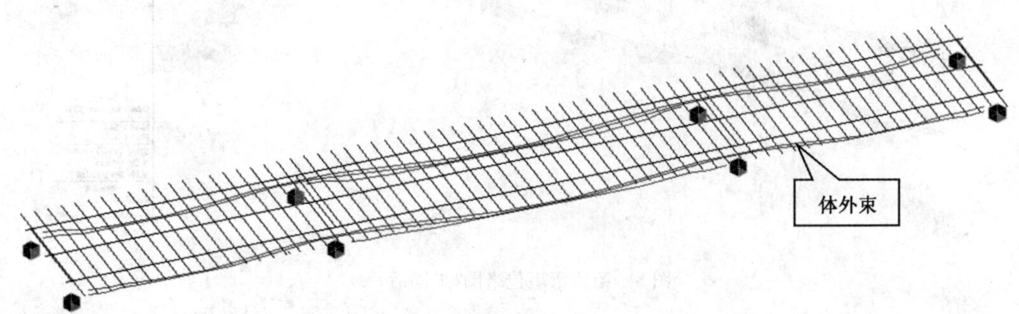

图 6 加固后计算模型离散图

主要计算参数及荷载组合见表 1 和表 2。

主要计算参数 表 1

40 号混凝土弹性模量	3.3×10^{4}MPa
采用温度梯度	升温梯度 T_1=14℃、T_2=5.5℃；降温梯度 T_1=−7℃、T_2=−2.75℃
支座沉降	0 号、3 号台考虑 6.7mm，1 号、2 号墩考虑 8.3mm

荷载组合 表 2

组合Ⅰ	恒载(结构重力)+汽车
组合Ⅱ	恒载(包括结构重力、混凝土收缩及徐变影响力、基础变位影响力)+汽车+温度影响力
组合Ⅲ	恒载(结构重力)+挂车

2. 加固前箱梁内力计算

经计算,加固前,在承载能力极限状态最不利荷载组合下箱梁弯矩图如图 7 所示。

图 7　箱梁弯矩包络图(加固前)

3. 加固后箱梁内力计算

经计算,加固后,在承载能力极限状态最不利荷载组合下箱梁弯矩图如图 8 所示。

图 8　箱梁弯矩包络图(加固后)

4. 箱梁控制截面抗弯承载能力验算

本桥体外钢束张拉控制应力取:$\sigma_{con,e}=0.6f_{pk,e}=1\ 116\text{MPa}$,同时应考虑体外钢束在张拉过程中的预应力损失。

加固后抗弯承载力采用以下公式计算:

$$f_{cd}b'_{f}x+f'_{sd}A'_{s}=\sigma_{pu,e}A_{p,e}+f_{pd,i}A_{p,i}+f_{sd}A_{s}$$

$$\gamma_0 M_d \leqslant f_{cd}b'_{f}x(h_0-\frac{x}{2})$$

其中,体外索的水平钢束极限应力 $\sigma_{pu,e}$ 按下式计算:

$$\sigma_{pu,e}=\sigma_{pe,e}+0.03E_{p,e}\frac{h_{p,e}-c}{\gamma_p l_e}\leqslant f_{pd,e}$$

式中，c为截面中性轴到混凝土受压区顶面的距离，其他参数定义参见参考文献[1]。

箱梁控制截面承载能力计算结果见表3。

加固前后箱梁承载力及内力表 表3

	弯矩(kN·m)	M_u	M_j	M_u/M_j
加固前	边跨跨中	15 067.8	15 474.6	0.97
	中跨跨中	20 748.3	25 302.8	0.82
	中支点	29 152.3	31 352.2	0.93
加固后	弯矩(kN·m)	M_u	M_j	M_u/M_j
	边跨跨中	17 666.2	16 549.3	1.07
	中跨跨中	31 212.8	27 868.6	1.12
	中支点	31 130.5	29 025.2	1.07

六、计算结果分析

验算结果表明，加固后箱梁跨中截面弯矩较加固前有所增大，支点截面弯矩较加固前有所减小，箱梁控制截面承载能力显著提高。加固后箱梁控制截面抗弯承载能力满足规范要求，中跨跨中截面抗弯承载能力安全系数为1.12，边跨跨中截面抗弯承载能力安全系数为1.07。

张拉体外预应力在结构中会产生次内力，导致箱梁跨中截面内力较加固前有所增大，所以在进行体外预应力设计时，要反复对比试算，在满足构造要求的前提下，尽量使次内力最小，同时保证最有效地提高结构承载能力。

七、结　　语

本文通过计算分析可得到如下几点结论：

(1)与黏贴钢板、黏贴纤维材料等加固方法相比，增设体外预应力属主动加固，可有效提高结构的承载力，同时配合增大截面加固法可提高结构刚度，改善结构的受力状态，是目前针对混凝土梁桥的一种有效加固方法。

(2)采用体外预应力对箱梁进行加固时，钢束锚固点横桥向应尽量靠近顶板与腹板的倒角处布置，纵桥向应尽量靠近箱梁端横梁及中横梁处布置，这些位置结构刚度较大，便于预加力的传递。如将锚固点布置在较为薄弱的中间腹板断面位置，在体外预应力钢束张拉力的作用下，锚固点附近原箱梁腹板混凝土会产生较大的拉应力。

(3)体外预应力加固对施工工艺要求较高，应在体外预应力加固施工期间对结构控制截面的应力和变形等进行施工监控，以保证结构和施工安全。

参考文献

[1] JTG/T J22—2008. 公路桥梁加固设计规范[S]. 2008.
[2] JTG/T J23—2008. 公路桥梁加固施工技术规范[S]. 2008.
[3] GB 50367—2006. 混凝土结构加固设计规范[S]. 2006.
[4] 宋宁，牛宏，许宏元. 某大跨径预应力混凝土连续刚构桥的加固设计[J]. 公路，2007(7).
[5] 向中富，黄海东，许宏元. 大跨径连续刚构桥加固技术研究与实践[C]. // 第十八届全国学术会议论文集，2008.
[6] 牛宏，许宏元. 体外预应力在桥梁加固中的应用[J]. OVM 通讯，2000(03).

167. 预应力碳纤维板加固梁正截面抗弯性能分析

吴　美[1]　徐振立[2]　许宏元[2]
（1. 深圳高速公路股份有限公司　2. 西安瑞通路桥科技有限责任公司）

摘　要　张拉碳纤维板技术是国内公路桥梁加固首次采用的技术。本文通过杜步大桥加固工程实践，进行了预应力碳纤维板加固梁的正截面抗弯性能分析，加固施工后进行了荷载试验，通过理论和试验数据的对比，验证了分析理论的正确性和可靠性，并给出了相应的计算公式，为今后推广使用该技术提供借鉴参考。

关键词　桥梁加固　预应力碳纤维板　正截面抗弯

一、预应力碳纤维板加固技术

碳纤维板材是目前建筑材料中耐腐蚀（气候）性能最好的材料之一。已有的研究成果表明：弱酸、弱碱、冻融循环和长时间日照等环境作用对碳纤维的力学性能及耐老化性能影响极小。目前常用的非预应力碳纤维板加固技术，是在结构受拉区域用化学胶黏剂黏贴碳纤维板材，使其与构件混凝土及内部钢筋共同承受拉应力。但这种加固工艺对碳纤维强度的利用率极低，因为碳纤维板材的弹性模量为165～170 GPa，抗拉强度高达2 800MPa，要发挥抗拉强度需要1.7%的拉伸变形；而钢筋的弹性模量一般为200 GPa，抗拉强度仅为300MPa左右，要发挥抗拉强度需要0.15%的拉伸变形。当碳纤维板材与构件内部钢筋共同工作时，不考虑钢筋原有的初始应变，钢筋屈服时碳纤维板材所能发挥的强度也仅为抗拉强度的8.8%；而在让碳纤维发挥全部强度所需要的1.7%的应变下，混凝土结构会产生大的变形及明显的裂缝。

如上所述，碳纤维加固RC梁承载能力的提高是以较大的变形为代价的，因为碳纤维材料弹性模量与钢筋相近、强度是钢筋的10倍，因此碳纤维材料发挥其强度时变形较大。预应力碳纤维加固法可较好的解决该问题，提高开裂荷载和屈服荷载，改善使用荷载下的性能。

国内外许多研究人员及工程师对此技术进行了大量的研究，以期待使得预应力碳纤维加固成为传统碳纤维加固及其他加固技术的良好替代技术。本文研究应用此技术，进行杜步大桥结构加固工程的应用与评估。

二、杜步大桥概况及加固方案

杜步大桥位于原107国道，现清（远）连（州）一级公路上，桥长833m，斜交角度90°，桥宽21.5m，跨径布置为27×30m，上部结构采用预制预应力混凝土T梁，下部桥台采用重力式桥台和扩大基础，桥墩采用柱式墩和桩基础。该桥设计荷载为汽车—超20级，挂车—120。

在清（远）连（州）一级公路升级改造过程中，由于路基施工标段在刷坡施工中防护不当，部分巨石砸落到杜步大桥上，造成右幅桥第一跨桥面及梁体严重破坏。

加固方案采用了在其中3片T梁马蹄侧面张拉预应力碳纤维板以补偿原结构承载力。

具体方安案包括以下步骤：

（1）顺桥向在T梁马蹄位置张拉单层碳纤维板，碳纤维板设计厚度2.4mm、宽度为60mm，抗拉强度≥2 800MPa，弹性模量≥1.65×10^4 MPa，极限承载力为403.2kN，张拉控制力为220kN。

（2）预应力碳纤维板通过固定端与张拉端钢构件与T梁马蹄侧面连接，钢构件采用Q345钢，钢构件表面采用整体镀锌防锈处理，镀锌外面再涂两道红色和银色防锈漆；固定端和张拉端钢构件与混凝土梁采用M20高强锚栓连接。

（3）施工完毕后，应在碳纤维板外表面涂抹涂料作为防护。

碳纤维板张拉位置如图 1 和图 2 所示。

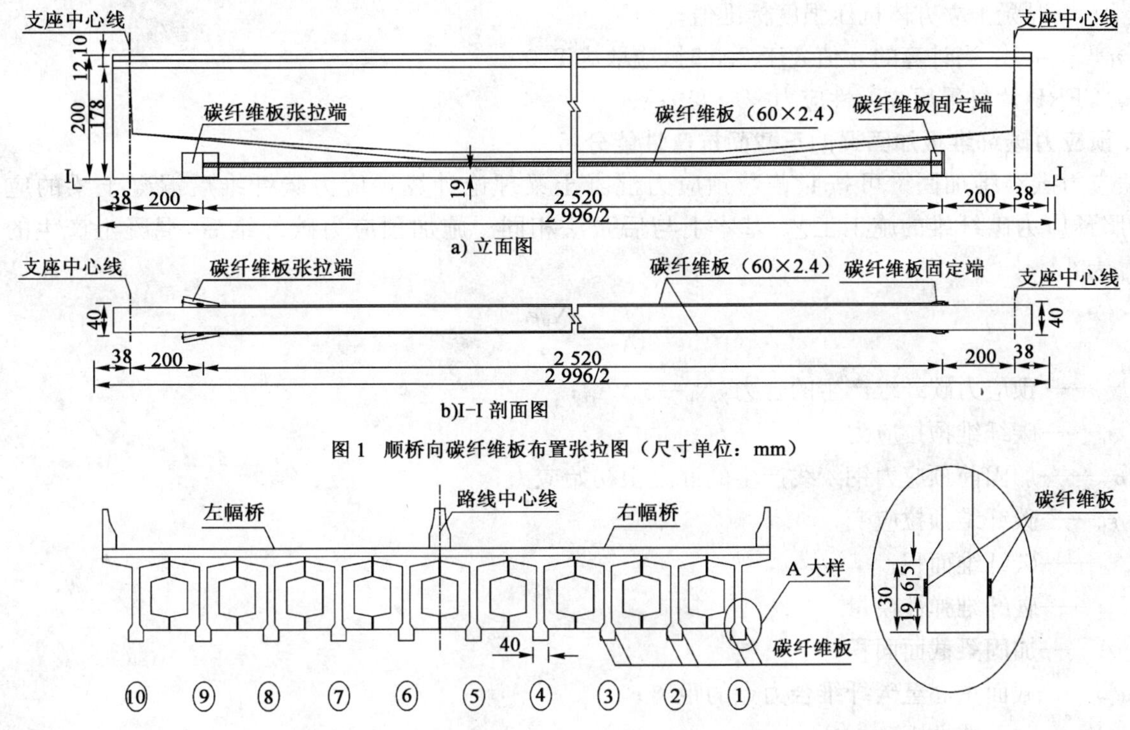

图 1 顺桥向碳纤维板布置张拉图（尺寸单位：mm）

图 2 横桥向碳纤维板布置图(尺寸单位:cm)

三、预应力碳纤维板加固梁的正截面抗弯性能分析

预应力碳纤维板加固梁和非预应力碳纤维板加固梁的正截面抗弯性能对比分析如下：

1. 非预应力碳纤维板加固梁的正截面抗弯性能分析

在分析过程中，考虑了材料的非线性，采用了如下假定：

(1)平截面假定，由试验结果分析及各文献资料可以看出，CFRP 片材加固 RC 梁在纯弯段范围内，其平均应变分布满足平截面假定。

(2)钢筋采用完全弹塑性模型，不考虑强化段，其数学表达式如下：

当 $\varepsilon_s \leqslant \varepsilon_y$ 时，$\sigma_s = E_s\varepsilon_s(\varepsilon_y = \dfrac{f_y}{E_s})$ (1)

当 $\varepsilon_s > \varepsilon_y$ 时，$\sigma_s = f_y$ (2)

(3)不考虑混凝土的抗拉强度。

(4)压区混凝土采用《混凝土结构设计规范》(GB 50010)规定的应力—应变曲线：

$$\sigma_c = f_c\left[1-\left(1-\frac{\varepsilon_c}{\varepsilon_0}\right)^n\right](\varepsilon_c \leqslant \varepsilon_0) \tag{3}$$

$$\sigma_c = f_c(\varepsilon_0 < \varepsilon_c \leqslant \varepsilon_{cu}) \tag{4}$$

$$n = 2-\frac{1}{60}(f_{cu,k}-50) \tag{5}$$

$$\varepsilon_0 = 0.002+0.5(f_{cu,k}-50)\times 10^{-5} \tag{6}$$

$$\varepsilon_{cu} = 0.0033-(f_{cu,k}-50)\times 10^{-5} \tag{7}$$

式中：σ_c——对应于混凝土压应变为 ε_c 时的混凝土压应力；

ε_0——对应于混凝土压应力刚达到 f_c 时的混凝土压应变，当计算的 ε_0 值小于 0.002 时，应取为 0.002；

ε_{cu}——正截面处于非均匀受压时的混凝土极限压应变，当计算的 ε_{cu} 值大于 0.003 3 时，应取为

0.003 3；正截面处于轴心受压时的混凝土极限压应变应取为0.002；

$f_{cu,k}$——混凝土立方体抗压强度标准值；

n——系数，当计算的 n 值大于2.0时，应取为2.00。

(5)CFRP片材采用线弹性应力—应变关系。

2. 预应力碳纤维板加固梁的正截面抗弯性能分析

预应力碳纤维加固梁可按照普通预应力混凝土梁理论计算预应力碳纤维后混凝土梁的应力状态，参照预应力碳纤维的施工工艺，基本上与后张法相同。施加预应力碳纤维后，混凝土产生的法向应力 σ_{pc} 为：

$$\sigma_{pc}=\frac{N_p}{A}\pm\frac{N_p e_{pn}}{I}y+\sigma_{co} \tag{8}$$

式中：N_p——预应力碳纤维产生的合力，$N_p=\sigma_p\gamma A_{cf}$；

σ_p——碳纤维预拉应力；

σ_{co}——加固前预应力钢绞线产生的混凝土初始应力；

ε_p——碳纤维预拉应变；

A_{cf}——碳纤维面积；

E_{cf}——碳纤维弹性模量；

A——加固梁截面面积；

e_{pn}——截面重心至碳纤维合力点的距离；

I——截面惯性矩；

y——截面重心至所计算纤维处的距离；

γ——碳纤维抗弯计算折减系数。

由于碳纤维用量较小，预拉合力不大，张拉过程中对原梁的性能影响较小，假定混凝土在该应力作用下处于弹性阶段，则预应力碳纤维后梁上下截面的应变分别为：

$$\varepsilon_{pcb}=\frac{\sigma_{pc}}{E_c}=\frac{N_p}{E_cA}+\frac{N_p e_{pn}}{E_cI}y+\varepsilon_{c0b} \tag{9}$$

$$\varepsilon_{pct}=\frac{\sigma_{pc}}{E_c}=\frac{N_p}{E_cA}-\frac{N_p e_{pn}}{E_cI}y+\varepsilon_{c0t} \tag{10}$$

式中：ε_{pcb}——加固梁下边缘截面产生的压应变，压为正；

ε_{pct}——加固梁上边缘截面产生的压应变，压为正；

ε_{c0b}——加固梁下边缘截面的初始压应变，压为正；

ε_{c0t}——加固梁上边缘截面的初始压应变，压为正。

相应阶段碳纤维的预拉应变为 ε_p，因此碳纤维钻贴位置处混凝土法向应力为零时的碳纤维应变为 $\varepsilon_{p0}=\varepsilon_p+\varepsilon_{pcb}$，此应变即为碳纤维的超前应变。

参照二次受力的承载力计算方法，改碳纤维的滞后应变为超前应变，即可得预应力碳纤维加固梁正截面抗弯承载力的计算方法。

3. 预应力碳纤维加固梁正截面抗弯承载力的计算

不同破坏状态下抗弯承载力的计算如下。

1)破坏状态为混凝土压碎

参照第二章计算公式，考虑碳纤维的超前应变 ε_{p0}，其极限抗弯承载力为：

$$M=\alpha_1 f_c bx\left(h-\frac{x}{2}\right)+f'_sA'_s(h-a')-f_yA_sa \tag{11}$$

混凝土受压区高度 x 按下列公式计算：

$$\alpha_1 f_c bx=f_yA_s-f'_sA'_s+\gamma f_{cf}A_{cf} \tag{12}$$

其中，$f_{cf}=E_{cf}\left(\frac{h-x_n}{x_n}\right)\varepsilon_{cu}+E_{cf}\varepsilon_{p0}\leqslant f_{cf,u}$ 。

2)破坏状态为碳纤维拉断

当破坏状态为碳纤维拉断时，考虑碳纤维超前应变，取中和轴高度为 $x_n=\frac{\varepsilon_{cu}}{\varepsilon_{cu}+\varepsilon_{cf,u}-\varepsilon_{p0}}h$ ，相对受压区高度 $x=\beta_1 x_n$ 。

对受压区高度的一半取距，忽略受压钢筋产生的作用，所以极限抗弯承载力为：

$$M=\gamma f_{cf,u}A_{cf}\left(h-\frac{x}{2}\right)+f_y A_s\left(h_0-\frac{x}{2}\right) \tag{13}$$

3)破坏状态的判定

(1)采用相对界限受压区高度 ξ_b 判定

混凝土受压区高度 x 采用如下公式计算：

$$\alpha_1 f_c bx=f_y A_s-f'_y A'_s+\gamma f_{cf,u}A_{cf} \tag{14}$$

式中：x——受压区高度，$x>2a'$ 。

界限破坏时中性轴高度 x_{nb} 为：

$$\frac{x_{nb}}{h}=\frac{\varepsilon_{cu}}{\varepsilon_{cf,u}+\varepsilon_{cu}-\varepsilon_{p0}} \tag{15}$$

按照普通钢筋混凝土理论，界限受压区高度 $x_b=\beta_1 x_{nb}$ ，因此相对界限受压区高度 ξ_b 为：

$$\xi_b=\frac{x_b}{h}=\frac{\beta_1 x_{nb}}{h}=\beta_1\frac{\varepsilon_{cu}}{\varepsilon_{cf,u}+\varepsilon_{cu}-\varepsilon_{p0}} \tag{16}$$

若混凝土受压区高度 $x<2a'$ ，则采用计算的受压钢筋应力替换式(14)中受压钢筋强度，从而可计算受压区高度 x。

(2)采用拉、压区合力判定

碳纤维加固梁破坏状态的判断还可采用下述方法：计算界限破坏时压区合力 N_c 及拉区合力 N_t，若 $N_c>N_t$，则破坏状态为碳纤维拉断；若 $N_c<N_t$，则破坏状态为混凝土压碎；若 $N_c=N_t$，则破坏状态为界限破坏。N_c 及 N_t 分别采用下述方法计算：

$$N_t=f_y A_s+\gamma f_{cf,u}A_{cf} \tag{17}$$

$$N_c=\alpha_1 f_c bx+f'_s A'_s \tag{18}$$

$$x=\beta_1 x_n=\frac{\beta_1\varepsilon_{cu}}{\varepsilon_{cf,u}+\varepsilon_{cu}-\varepsilon_{p0}}h \tag{19}$$

$$f'_s=E_s\varepsilon_s=E_s\left(\frac{x_n-a'}{x_n}\right)\varepsilon_{cu}\leqslant f'_y \tag{20}$$

四、静 载 试 验

为检验桥梁实际承载能力和工作状况，综合评价加固效果，结合杜步大桥的特点，进行了桥梁静载试验。

1. 测试方案

测试方案包括以下几个步骤。

1)测试截面的确定

(1)试验荷载作用下，跨中截面的最大应力测试。

(2)试验荷载作用下，跨中截面的最大挠度观测。

2)测点布置

为了测试 T 梁在试验荷载下的应力(应变)状况，在 1 号、2 号、3 号 T 梁跨中腹板下部外侧布设应变片。测点布置如图 3 所示。

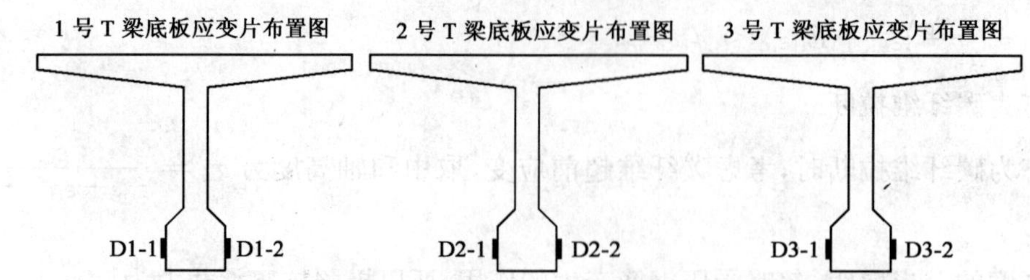

图 3　跨中截面应变测点布置图

对于挠度的测量选用精密水准仪测量，测点布置于跨中截面处。测点布置如图 4 所示。

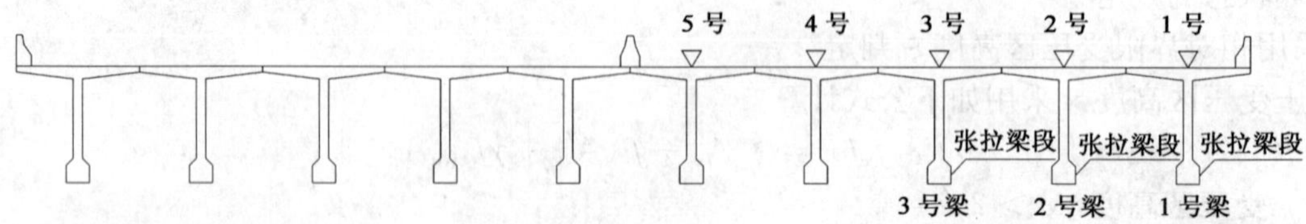

图 4　跨中挠度测点布置示意图

3）试验荷载及试验工况

根据测试截面的活载内力和挠度影响线，按最不利位置布载，在保证加载效率 $1.05 \geqslant \eta \geqslant 0.8$ 条件下，经计算确定静载试验需用 4 辆 20t 载重汽车。现场进行车辆轴距、轮距等量测，装载过磅，并按实际情况布置车辆荷载。

2. 试验成果

试验的挠度及应变结果分析如下。

1）挠度

控制截面挠度实测与理论值对比见表 1 和表 2，其挠度横向分布曲线如图 4 和图 5 所示。挠度以向上变形为负，向下变形为正。

跨中一级偏载工况挠度计算值、实测值与校验系数　　表 1

测点编号	试验值（mm）		理论值（mm）	校验系数	平均校验系数
	加载挠度	残余变形			
1	2.04	−0.69	4.66	0.44	0.46
2	1.84	−0.07	3.89	0.47	
3	1.76	−0.09	3.3	0.53	
4	1.00	−0.01	2.62	0.38	
5	0.92	0.22	1.96	0.47	

跨中二级偏载工况挠度计算值、实测值与校验系数　　表 2

测点编号	试验值（mm）		理论值（mm）	校验系数	平均校验系数
	加载挠度	残余变形			
1	4.32	−0.44	9.26	0.47	0.59
2	4.28	0.16	7.73	0.55	
3	3.64	0.64	6.56	0.55	
4	3.42	0.81	5.21	0.66	
5	2.76	0.39	3.9	0.71	

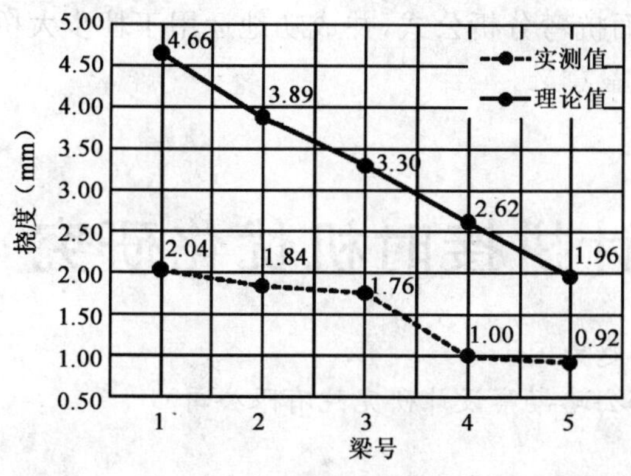

图 4　偏载一级工况跨中截面挠度横向分布图

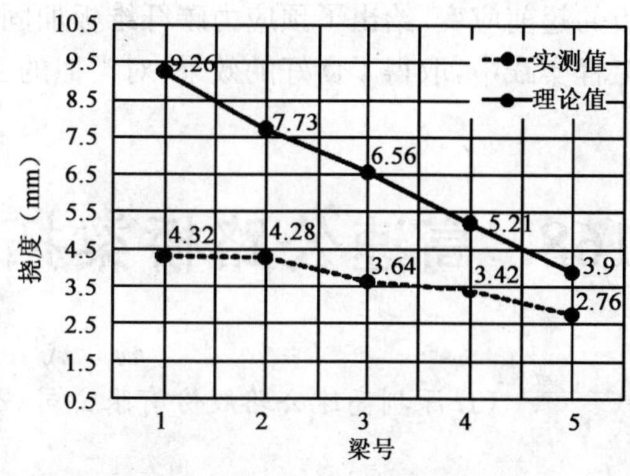

图 5　偏载二级工况跨中截面挠度横向分布图

2）应变

在试验荷载作用下各个工况相应控制截面应变实测值与计算值见表 3 和表 4，应变值以拉应变为正，压应变为负。

跨中一级偏载载工况应变计算值、实测值与校验系数　　表 3

测点编号	实测值(με)	残余应变(με)	理论值(με)	校验系数	平均校验系数
D1－1	23	1	77	0.30	0.44
D1－2	—	—	77	—	
D2－1	29	2	64	0.45	
D2－2	28	2	64	0.44	
D3－1	24	4	54	0.45	
D3－2	29	6	54	0.55	

跨中二级偏载载工况应变计算值、实测值与校验系数　　表 4

测点编号	实测值(με)	残余应变(με)	理论值(με)	校验系数	平均校验系数
D1－1	51	－7	135	0.38	0.51
D1－2	—	—	135	—	
D2－1	60	1	113	0.53	
D2－2	54	2	113	0.48	
D3－1	50	8	96	0.52	
D3－2	64	15	96	0.67	

3. 静载试验结论

通过此次静载试验可得到如下结论：

(1)在几种荷载工况下，挠度测试结果与理论值趋势一致，基本吻合；

(2)结构测试跨中挠度平均校验系数在 0.46～0.59 之间，T 梁跨中下缘应变校验系数在 0.44～0.51 之间，内力分布基本正常，T 梁经过加固后，有一定的安全储备；

(3)试验荷载卸载后无明显的残余变形，说明 T 梁结构在试验荷载作用下处于弹性工作状态。

五、结　　语

本文通过经典混凝土结构理论，结合碳纤维板加固梁的二次受力，将碳纤维板的滞后应变替换为碳纤维板的超前应变，给出了预应力碳纤维板加固梁的正截面抗弯分析公式，并成功地运用于杜步大桥的加固工程实践中，取得了良好的效果，对类似的工程具有借鉴意义。

168. 高速公路桥梁拓宽设计拼接时机优化研究

杨　斌[1]　周新平[2]　赵力国[2]
（1.深圳高速公路股份有限公司；2.中交第一公路勘察设计研究院有限公司）

摘　要　针对桥梁拓宽新旧桥收缩徐变时间间隔较长的情况，结合深圳梅观高速清湖互通主线桥的拓宽实际，利用 Midas Civil 进行拓宽的仿真模拟。分析了在新桥架设后搁置不同时间收缩徐变对新旧桥主梁内力及支座变位的影响，得出收缩徐变作用随着搁置时间的增大而减小，且在搁置6～9个月之间出现拐点；同时得出收缩徐变作用下新桥受拉，旧桥受压，并产生较大的支座变位的结论，这些在设计中应重点考虑。

关键词　旧桥拓宽　连续箱梁　收缩徐变　拼接时机

一、引　　言

随着梅观高速公路交通量的迅速增长，为适应区域经济发展，进一步完善深圳市高快速干线网络及广东省高速公路网功能，需要进行梅观高速公路改扩建，而其中桥梁拓宽建设是工程的重中之重。旧桥已经使用十三年，混凝土的收缩徐变已基本完成，而拼接时新梁的混凝土龄期较短，收缩徐变还没有完成，将产生如下两方面的影响。一方面拼接后新梁的收缩徐变变形受到拼接处旧梁的混凝土及横向抗剪钢筋的约束作用，必然会引起新旧梁之间的内力重分布[1-3]；另一方面新桥混凝土的收缩徐变可使拼接后的新旧箱梁产生平面弯曲变形，从而导致运营阶段可能出现支座脱空现象。新旧桥拼接前新桥搁置时间直接影响新桥混凝土收缩徐变作用的大小，本文分析了清湖互通主线桥在不同搁置时间（分别为3d、15d、1～6个月、9个月、1年和3年）收缩徐变效应（新旧桥主梁内力和新旧桥支座变位），从而确定合理的拼接时机，以减少收缩徐变对拓宽后桥梁影响，并对单独进行新桥设计的方式提出需要考虑的重点。

二、计 算 模 型

1. 桥梁概况

本文分析对象是梅观高速公路清湖互通主线桥，该桥上部构造为17m＋2×21m＋17m四跨现浇混凝土连续箱梁，新拓宽部分为预应力结构，旧桥为钢筋混凝土结构。桥面横向采用现浇湿接缝及桥面混凝土将拓宽的单箱单室截面与原单箱双室截面形成整体。旧桥采用C40混凝土，新拓宽桥采用C50混凝土。新拓宽箱梁底宽3.0m，梁高为1.2m，箱梁断面如图1所示，现浇湿接缝如图2所示。

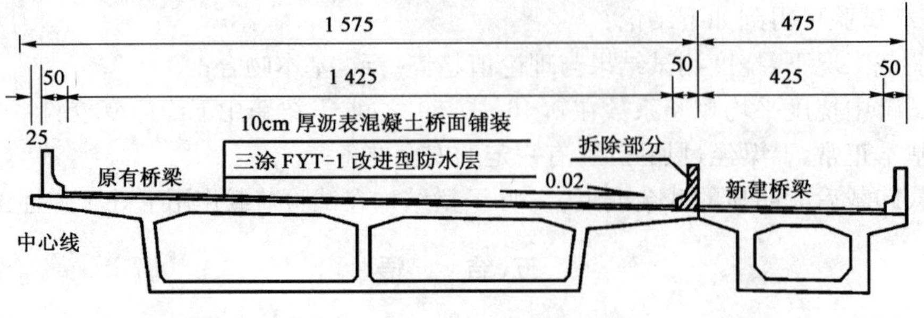

图1　箱梁断面图（尺寸单位：cm）

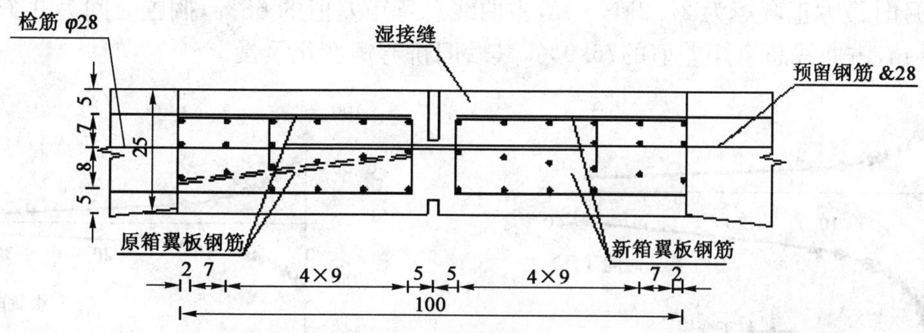

图 2 现浇湿接缝示意图(尺寸单位:cm)

2. 计算模型

本文基于梁格理论[4]进行单元离散,不考虑箱梁畸变影响。梁格划分如下:旧桥为单箱双室截面,划分为三根纵梁,并在箱梁悬臂端部各加一根虚拟纵梁;新加宽桥为单箱单室截面,采用单梁建立,在悬臂端各加一根虚拟纵梁,截面梁格划分如图 3 所示。新、旧桥的刚性接缝采用设置纵梁模拟,即将新、旧桥相邻的虚拟悬臂梁的节点用虚拟的横梁与接缝的纵梁相连。划分后,旧桥共有 452 个单元,285 个节点;接缝处有 134 个单元,45 个节点;新桥有 284 个单元,197 个节点,计算模型如图 4 所示。收缩徐变按照《公路钢筋混凝土及预应力混凝土桥涵设计规范》(JTJ D62—2004)计算[5]。

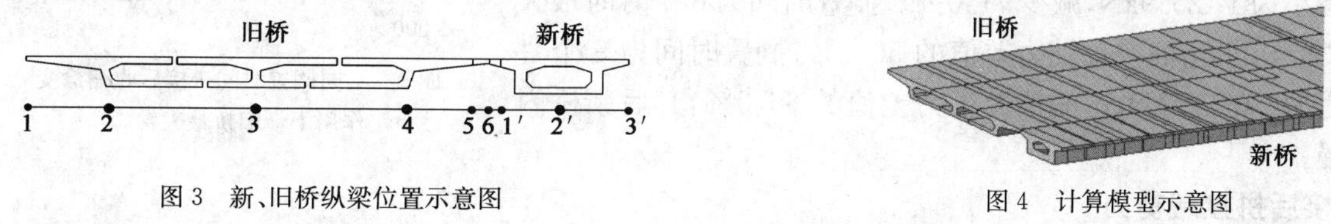

图 3 新、旧桥纵梁位置示意图

图 4 计算模型示意图

三、计 算 分 析

1. 拼接后新旧桥主梁变形

在不同搁置时间拼接后收缩徐变作用下新旧桥主梁变形图相似,本小节仅列出新桥搁置 3d 拼接时主梁横纵向变形图以方便读者理解,如图 5 和图 6 所示。

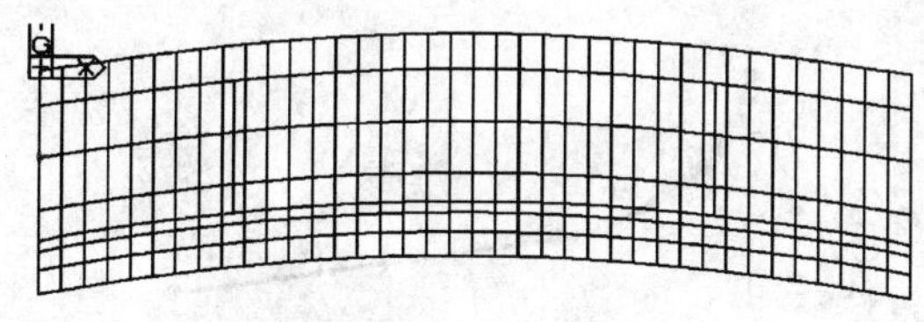

图 5 收缩徐变作用下主梁横向变形

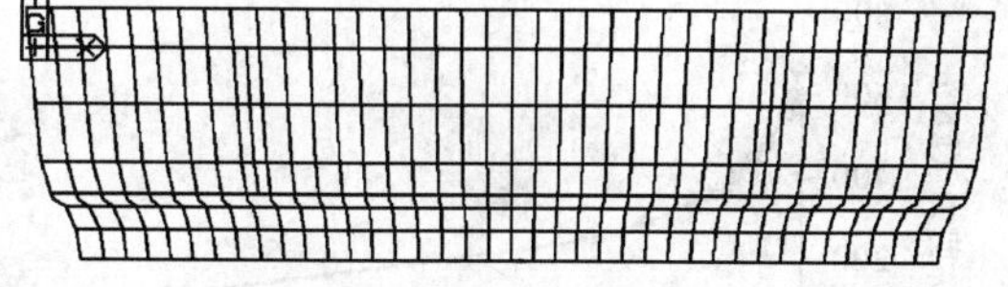

图 6 收缩徐变作用下主梁纵向变形

2. 拼接后新桥弯矩

在不同搁置时间拼接后收缩徐变作用下新桥最大弯矩变化趋势如图 7 所示,从图中可以看出收缩徐变产生的新桥负弯矩大于正弯矩,前者约为后者的两倍。新桥架设后搁置 3d 拼接收缩徐变最大负弯矩为−156.5kN·m,搁置 3 年拼接最大负弯矩减小为−37kN·m,减少 76.4%。从图中可以看出在搁置时间为 6 个月时最大负弯矩为−86.7kN·m,此处弯矩变化明显,占曲线总弯矩差值的 58.4%,其后新桥内力变化缓慢。

3. 拼接后旧桥弯矩

在不同搁置时间拼接后收缩徐变作用下旧桥最大弯矩变化趋势如图 8 所示。旧桥架设后搁置 3d 拼接最大正弯矩为 74.9kN·m,搁置 3 年拼接最大正弯矩减小为 4.8,减少 93.6%。从图中可以看出在搁置时间为6个月时最大正弯矩为27.2kN·m,占曲线总弯矩差值的68%,搁置时间为9个月时最大正弯矩为21.0kN·m,占曲线总弯矩差值的76.9%,其后旧桥弯矩变化缓慢。

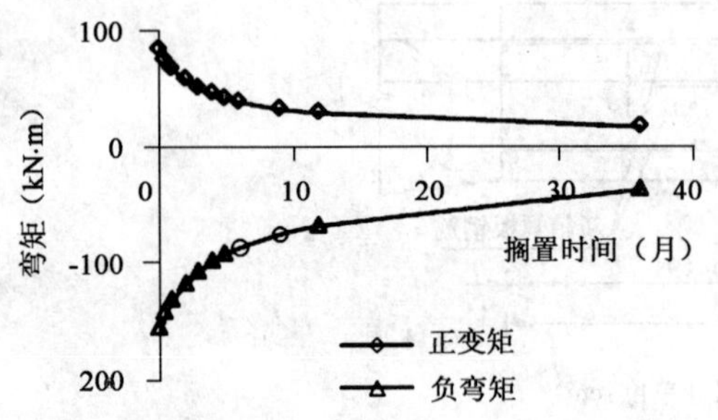

图7　不同搁置时间拼接后收缩徐变作用下新桥最大弯矩

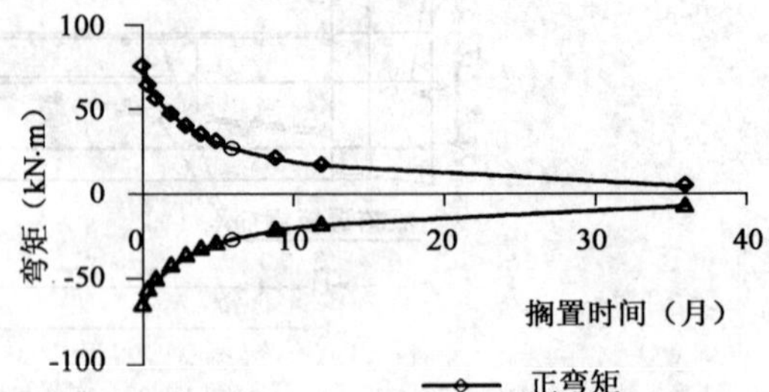

图8　不同搁置时间拼接后收缩徐变作用下旧桥最大内力

4. 拼接后新旧桥轴力

在不同搁置时间拼接后收缩徐变作用下新旧桥最大轴力变化趋势如图9所示,从图中可以看出收缩徐变作用下新桥受拉,旧桥受压。新桥架设后搁置3d拼接最大轴力为3 882.5kN,搁置3年拼接最大轴力减小为1 125.9kN,减少71.0%。搁置时间为6个月时最大轴力为2 232.4kN,占曲线总轴力差值的56.2%;搁置时间为9个月时最大轴力为2 055.5kN,占曲线总轴力差值的66.3%,其后新桥内力变化缓慢。

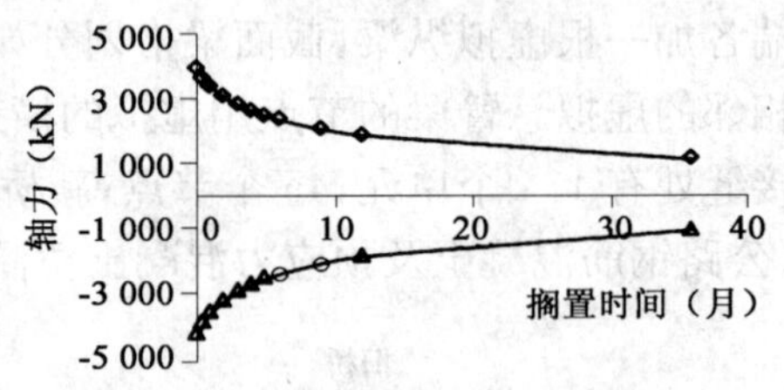

图9　不同搁置时间拼接后收缩徐变作用下新旧桥最大轴力

5. 拼接后拼接缝剪力

在不同搁置时间拼接后收缩徐变作用下拼接缝最大纵横向剪力变化趋势如图10和图11所示,从图中可以看出搁置3d拼接收缩徐变作用下纵向最大剪力为658.2kN,竖向最大剪力为7.4kN,仅为纵向最大剪力的1.1%,因此收缩徐变作用下拼接缝处纵向剪力为控制内力。拼接缝搁置3年拼接最大纵向剪力为161.9kN,减少75.4%。搁置时间为6个月时最大纵向剪力为370.5kN.m,占曲线总剪力差值的58.0%,搁置时间为9个月时最大纵向剪力为321.1kN·m,占曲线总剪力差值的67.9%,其后拼接缝处最大纵向剪力变化缓慢。

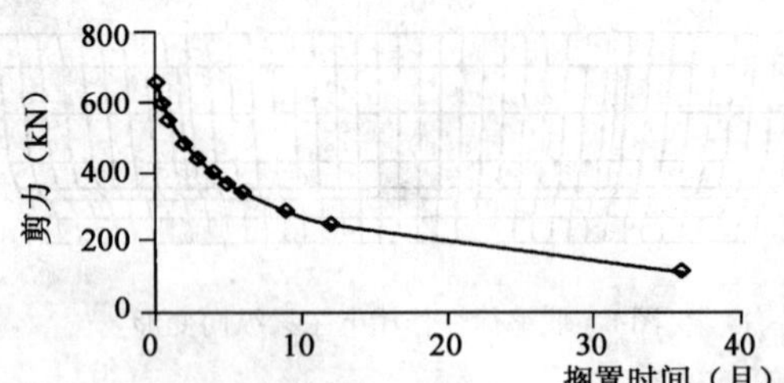

图10　不同搁置时间拼接后收缩徐变作用下接缝最大纵向剪力

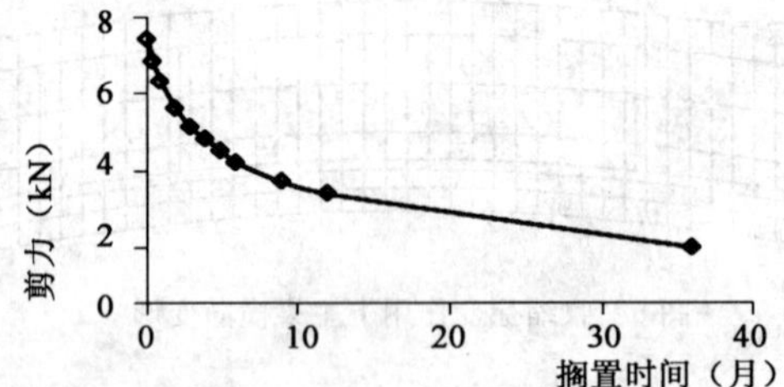

图11　不同搁置时间拼接后收缩徐变作用下接缝最大竖向剪力

6. 拼接后新桥支座变位

在不同搁置时间拼接后收缩徐变作用下新桥支座变位变化趋势如图12所示,从图中可以看出收缩徐变对新桥纵向位移影响大于横向位移,新桥架设后搁置3d拼接最大纵向位移为8.7mm,搁置3年拼接最大纵向位移减小为2.0mm,减少76.7%。搁置时间为6个月时最大纵向位移为4.7mm,占曲线总位移差值的59.8%,其后旧桥内力变化缓慢。

7. 拼接后旧桥支座变位

在不同搁置时间拼接后收缩徐变作用下旧桥支座变位变化趋势如图13所示,从图中可以看出搁置

3d 收缩徐变作用下旧桥支座最大横向位移为 8.1mm，最大纵向位移为 1.2mm 前者远大于后者，因此收缩徐变作用下旧桥支座横向变位为控制指标。新桥架设后搁置 3 年拼接最大纵向位移减小为 2.0mm，减少 76.7%。搁置时间为 6 个月时最大纵向位移为 4.6mm，占曲线总位移差值的 58.2%；搁置时间为 9 个月时最大纵向位移为 4.0mm，占曲线总位移差值的 66.0%，其后旧桥内力变化缓慢。

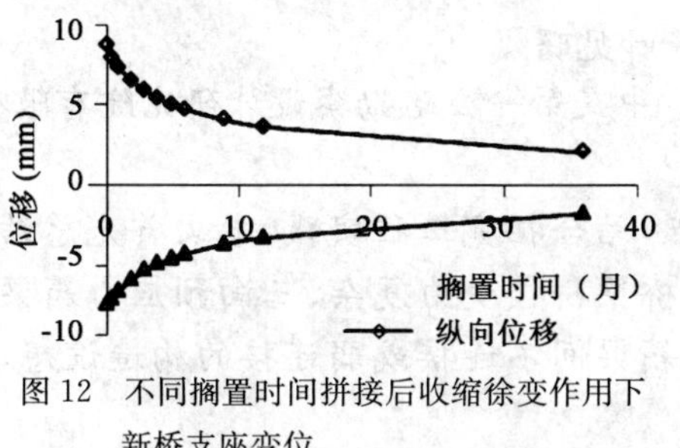

图 12 不同搁置时间拼接后收缩徐变作用下新桥支座变位

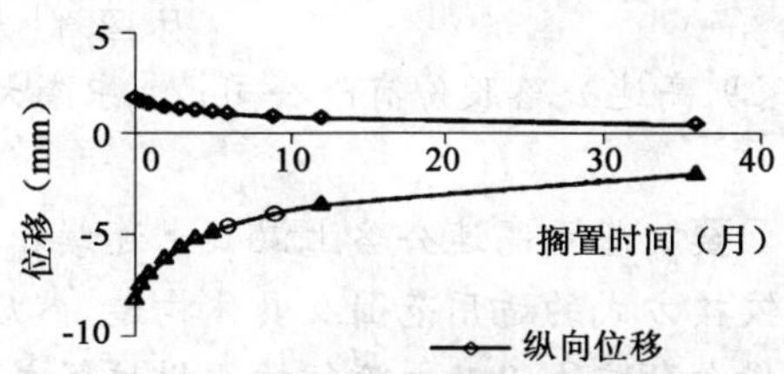

图 13 不同搁置时间拼接后收缩徐变作用下旧桥支座变位

四、结 语

本文通过对一四跨连续箱梁在拓宽过程中，新桥在不同搁置时间的收缩徐变效应进行分析，得出如下结论：

(1)随着新桥搁置时间的增加，收缩徐变效应较小，搁置 3 年拼接较搁置 3d 拼接收缩徐变效应减少 70%～80%；

(2)通过收缩徐变效应随新桥搁置时间变化图示可以看出，收缩徐变效应在搁置时间为 6～9 个月之间出现拐点，之后收缩徐变效应发展缓慢；新桥搁置时间为 6 个月收缩徐变效应约占曲线总效应差值的 60%，新桥搁置时间为 9 个月收缩徐变效应约占曲线总效应差值的 70%；建议在工期允许情况下尽量延长新桥搁置时间，若工期较紧，新桥搁置时间也不应小于 6 个月；

(3)收缩徐变作用下，旧桥受压，新桥受拉，建议在改扩建项目进行新桥设计时应重点考虑；

(4)收缩徐变作用产生拼接处纵向剪力远大于竖向剪力，设计时重点考虑；

(5)收缩徐变作用下新桥支座横、纵向位移均较大，应选择允许变位适当的支座；

(6)收缩徐变作用下旧桥支座横向位移较大，在改扩建过程设计中应对旧桥采取必要的防护措施或更换允许变位较大的支座。

参考文献

[1] 张丽芳，郭涛，等．旧桥拓宽中拼接方式对旧桥受力状态的影响分析[J]. 公路交通科技，2006，23(2).

[2] 温庆杰，叶见曙．新旧混凝土梁横向拼接的收缩徐变效应[J]. 中国公路学报，2007，17(4).

[3] 叶见曙，温庆杰．混凝土桥梁拼接后收缩徐变计算方法分析[J]，计算力学学报，2008，25(6).

[4] 戴公连，李德建．桥梁结构空间分析设计方法与应用[M]. 北京：人民交通出版社，2001.

[5] (JTJ D62—2004) 公路钢筋混凝土及预应力混凝土桥涵设计规范[S]. 2004.

[6] 广东省公路勘察规划设计院．桥梁设计荷载技术标准及新旧桥梁纵缝拼接专题研究[R]. 2005.

[7] 中交第一公路勘察设计研究院有限公司．深圳市梅观高速公路混凝土连续箱梁桥拓宽结构分析报告[R]. 2009.

[8] 吴文清，叶见曙，华斌，等．沪宁高速公路扩建桥梁拓宽关键技术研究[C]. // 全国既有桥梁加固、改造与评价学术会议论文集．北京：人民交通出版社，2008.

[9] 宗周红，夏樟华，陈宜言，等．既有桥梁拓宽改造纵向接缝研究现状与实例分析[J]. 福州大学学报(自然科学版)，2009(4).

[10] 王曦婧．预应力混凝土连续箱梁拓宽结构的分析研究[D]. 南京：东南大学，2006.

169. 混凝土连续箱梁桥拓宽拼接方式研究

林国辉[1] 林　晶[2] 周新平[3] 叶见曙[2]
（1. 深圳高速公路股份有限公司；2. 东南大学交通学院；3. 中交第一公路勘察设计研究院有限公司）

摘　要　基于高速公路上混凝土连续箱梁桥的不同特点，结合拓宽工程实践，本文首先总结了现有刚接及铰接方式的适用范围及具体构造，然后针对错孔布置桥梁拼接受力复杂、三向预应力箱梁拼接不能破坏横向预应力以及大跨径桥梁拼接等工程难题，提出了箱梁间不连接或弱连接的构造设想，以期对同类工程有参考价值。

关键词　拓宽　正桥拼接　错孔布置　三向预应力　构造

一、前　　言

为了缓解公路交通对国民经济的制约状况，满足急剧增长的交通量需求，近年来，各级公路交通技术主管部门开始关注辖区内的各级公路尤其是高速公路的改扩建问题。

桥梁工程是高速公路交通中的控制工程。在高速公路改扩建过程中，桥梁拓宽是整个改扩建工程的重点之一。在已完成的高速公路桥梁拓宽工程中，混凝土连续箱梁桥占有极大的比例，对于此类桥梁，通常采用在其一侧新建桥梁，然后将新旧桥拼接起来的方法来实现拓宽的目的。

目前，新旧桥拼接中对上部结构的处理方式有四种：①刚接；②铰接；③弱连接（指起到支承其上桥面铺装但新旧桥上部结构相互间传力较弱的连接方式）；④不连接。四种方式的优缺点不同，且实际工程中的箱梁桥特点各异，本文结合国内多条高速公路桥梁拓宽实践对以上方式做一介绍，并重点探索旧桥为斜桥正做或上部结构有横向预应力的箱梁桥的合理拼接构造。

二、刚接与铰接方式

1. 适用范围

对于上部结构无横向预应力的混凝土正连续箱梁桥，拓宽时新旧桥不存在错孔布置现象。沿桥梁纵向，两桥的变形趋势一致，受力明确，拼接时一般采用比较成熟的刚接或铰接方式，其中刚接方式曾在佛开高速公路上成功运用[1]，铰接方式曾在沪宁高速公路及沪杭甬高速公路上成功运用[2]。

刚接是理想的拼接方式，既避免了复杂的构造，又可以确保桥面平顺和行车安全。但是拼接后新旧桥混凝土收缩徐变，基础沉降差异都会转化为内力，对结构的局部和整体受力形成较大影响，随着跨径的增大，这种影响变得更加显著。

铰接方式虽然削弱了新旧桥的连接刚度，但拼接后新旧桥混凝土收缩徐变、基础沉降差异以及行车引起的挠度差均以变形的方式在连接处释放。许有胜[3]通过模型试验和有限元计算比较了两跨连续箱梁拓宽刚接与铰接受力性能的差异，论证了刚接的优越性，认为只要采取适当的设计和施工控制方法使两桥沉降差控制在5mm内，便可以实施刚接。

2. 具体构造

两种方式具体构造的形式颇多，比如铰接可以采用企口的混凝土铰或钢板连接等实现[4]，本文以较成熟且已成功运用的示意图，如图1和图2所示。

三、不连接与弱连接方式

1. 适用范围

不连接与弱连接方式一般适用在以下几种情况。

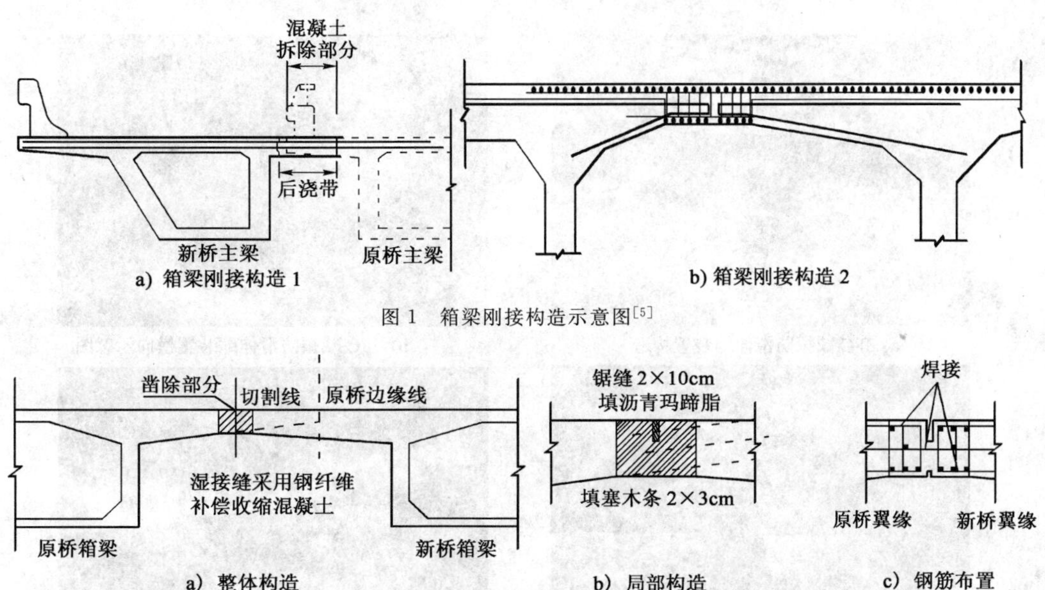

a) 箱梁刚接构造 1　　b) 箱梁刚接构造 2

图 1 箱梁刚接构造示意图[5]

a) 整体构造　　b) 局部构造　　c) 钢筋布置

图 2 箱梁铰接构造示意图

1)斜桥正做的旧桥

当高速公路所跨越的河流或道路方向与桥梁纵轴斜交时,旧桥往往是斜桥正做,为了施工上的方便,拓宽时新旧桥错孔布置。沪宁高速公路上的花桥分离式立交桥、新兴塘大桥、北兴塘大桥以及锡北运河大桥拓宽时均面临着错孔布置的情形[6]。

连续梁错孔拓宽,拼接之前,在自重作用下两者变形不协调,势必造成接缝施工的困难,因施工误差在接缝处产生初始应力,拼接时如采用上述刚接或铰接的拼接方式,将使梁的正负弯矩区域不能一一对应,同时梁的竖向变位不协调,导致内力异常复杂,对旧桥极为不利,设计相当困难。

2)三向预应力的旧桥

已建的高速公路箱梁桥中有些上部结构是三向预应力的,箱梁顶板上纵向每隔一定距离会布置一根横向预应力钢束,如沪宁高速公路上的塘河大桥(拓宽当时采用的构造施工复杂,拼接部位受力计算不明确,有待改进),待拓宽的京沪高速公路上的盐河大桥主桥和苏北灌溉总渠主桥。

考虑到不能破坏横向预应力效应,旧箱梁悬臂板混凝土不宜大面积凿除,因此,便难以采用上述刚接或铰接的拼接方式。

3)大跨径旧桥

高速公路大跨径桥梁(跨径大于 50m)如采用刚接或铰接方式拓宽,受新旧桥梁收缩徐变、活载作用及基础沉降差异等因素影响较大,属于桥梁拼宽中的一个难点。

2. 具体构造

从结构受力和施工方便的角度来看,1 节中三种类型的桥梁拓宽拼接时,采用弱连接或不连接的方式是最为合适的。考虑到在采用这样的拼接方式下,桥面铺装在新旧桥沉降差异和活载作用下,很容易开裂,影响桥面外观和行车舒适性,增加后期的养护维修工作。因此应综合考虑,合理设计不连接或弱连接的具体构造。

1)不连接构造

已成功运用并且效果比较好的不连接构造主要采用纵向伸缩装置连接的方式。纵向伸缩装置能利用自身构造很好地适应新旧桥主梁间纵向和竖向的变形差,使新旧桥平顺过渡,行车安全。欧洲应用较为成功的是 BRITFLEX 系列纵向伸缩装置;国内银川黄河大桥主桥(60m+5×90m+60m 预应力混凝土 T 形刚构,挂梁跨径 30m)拓宽时在其桥梁纵向的不同位置曾使用了三种伸缩装置(弹塑体无缩缝伸缩装置、JFC 减振防滑伸缩装置和 EMR 型钢伸缩装置),拓宽运营 4 年后的调查研究[7]发现上下行线 JFC 减振防滑伸缩装置在 356m 中只损坏了 24m,使用效果良好。具体构造如图 3 所示,使用效果如图 4 所示。

a) JFC 减振防滑伸缩装置构造

b) JFC 减振防滑伸缩装置横向示意图

c) JFC 减振防滑伸缩装置竖向间距示意图

d) JFC 减振防滑伸缩装置螺栓间距示意图

图3　JFC 减振防滑伸缩装置构造及横向、竖向和螺栓间距示意图

图4　横向伸缩缝及其附近的 JFC 伸缩装置使用效果良好示意图

考虑到伸缩缝装置比较昂贵，本文还提出了一种不连接构造的设想，为新旧箱梁横向预留一定距离的缝，新箱梁悬臂伸出一根钢筋，将带孔的木条套在其上，并移至旧箱梁侧，然后在缝内浇筑小收缩量（微膨胀）混凝土，最后在上部结构顶面铺桥面铺装，调平层与沥青混凝土层间设一层土工布，形成不连接构造，此构造形成如图5和图6所示。

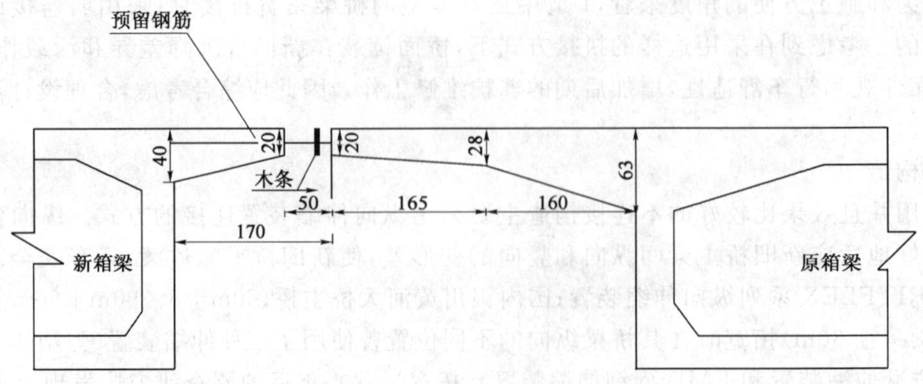

图5　预留钢筋并套移木条示意图（尺寸单位：cm）

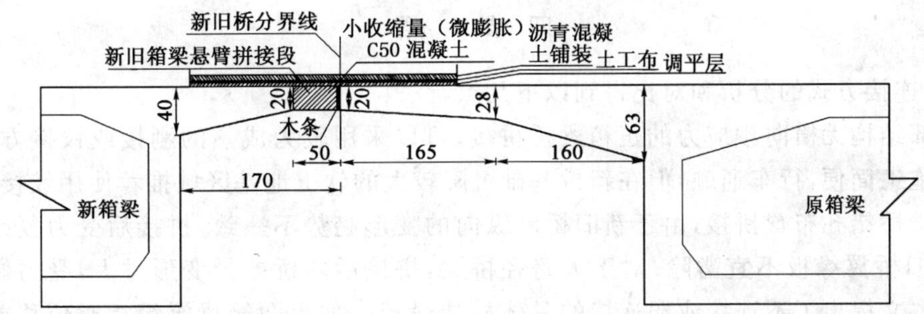

图 6 不连接构造最终示意图（尺寸单位：cm）

拼接施工时，首先凿除旧箱梁外侧的防撞护栏和一定宽度的桥面铺装，然后对旧箱梁悬臂板侧面及顶面的混凝土进行凿毛处理，待新箱梁浇筑完成后，将带孔的木条套入预留钢筋，并将其移至和抵住旧箱梁，然后完成缝内小收缩量微膨胀混凝土的浇筑，最后在上部结构顶面按要求完成桥面铺装。

2）弱连接构造

以上不连接的构造比较理想，但如果新桥基础处于软土地基区域，沉降过大，为了避免桥面铺装开裂，本文继而提出弱连接构造，弱连接是一种支承其上桥面铺装但新旧桥上部结构相互间传力较弱的连接方式。

设想的弱连接构造为新旧箱梁横向预留一定距离的缝，在旧箱梁悬臂板无横向预应力效应区域植筋，纵向每隔一定距离设一根，与新箱梁悬臂伸出的一根钢筋相互焊接，然后在缝内浇筑小收缩量（微膨胀）混凝土，最后在上部结构顶面铺桥面铺装，调平层与沥青混凝土层间设一层土工布。结构连接及钢筋布置如图 7 和图 8 所示。

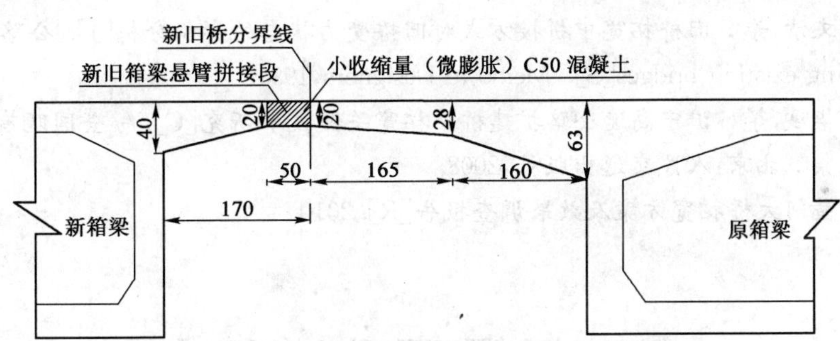

图 7 弱连接构造示意图（尺寸单位：cm）

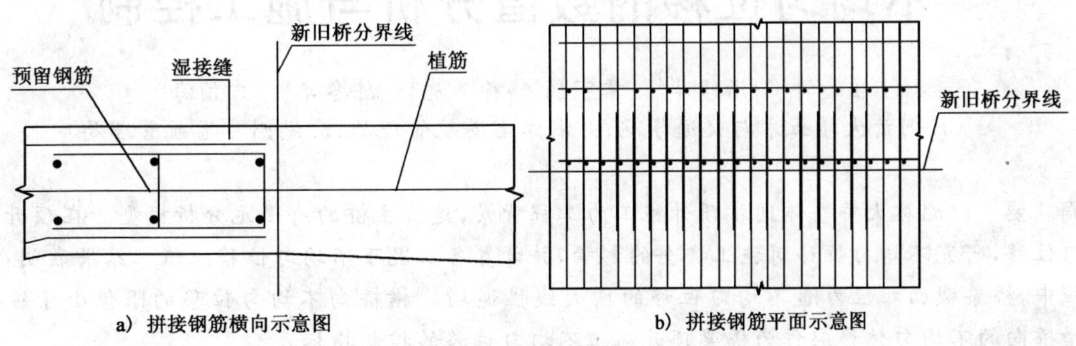

图 8 拼接钢筋示意图

需要注意的是，在两个横向预应力锚固端之间纵向植筋的数量及植筋竖向位置均应根据计算所得的横向预应力影响区域确定。

拼接施工时，首先凿除旧箱梁外侧的防撞护栏和一定宽度的桥面铺装，然后对旧箱梁悬臂板侧面及顶面的混凝土进行凿毛处理，待新箱梁浇筑完成后，依次完成旧箱梁的植筋与预留钢筋的焊接，缝内小收缩量微膨胀混凝土的浇筑等步骤，最后在上部结构顶面按要求完成桥面铺装。

四、结　　语

通过对四种连接方式的分析和对比得到以下几点看法：

(1)对于上部结构无横向预应力的正箱梁桥拼接，可以采用较为成熟的刚接或铰接方式。虽然刚接方式比较理想，施工简便，行车通顺，但在新桥基础沉降较大的软土地基区域推荐使用铰接方式；

(2)对于箱梁桥错孔布置拼接，由于新旧桥沿纵向的变形趋势不一致，拼接后受力复杂；对于三向预应力箱梁拼接，旧桥翼缘板不宜凿除；对于大跨径桥梁，拼接后两桥差异变形过大，受力影响效果显著。针对以上难题，本文提出了不连接或弱连接的具体构造设想。如果两箱梁翼缘相对位移差计算值过大，可以考虑上部结构间弱连接，桥面铺装间使用适应竖向变形能力强伸缩装置的综合拼接措施；

(3)本文所述JFC伸缩装置的不连接构造，用在银川黄河大桥上使用效果良好，可以采取缩小其螺栓的布置间距，在新旧桥纵向上沉降差异过大的地方分段以便损坏更换，此构造能更好地适应其他更大跨径的桥梁；

(4)本文提出的弱连接构造设想，仅仅是从施工上说明了其可行性，拼接部位布置钢筋的疏密，但这种构造传力的程度还需要通过理论和实验进行研究验证，以付诸工程实践。

参考文献

[1] Xuefei Shi, Xiaoxiang Li, Xin Ruan, et al. Analysis of structural behavior in widend concrete cox girder bridges[J]. Structural Engineering International, 2008(4).

[2] 宗周红，夏樟华，陈宜言，等．既有桥梁拓宽改造纵向接缝研究现状与实例分析[J]. 福州大学学报(自然科学版)，2009(4).

[3] 许有胜．公路桥梁拓宽改造纵向接缝研究[D]. 福建：福州大学，2006.

[4] 张丽芳，郭涛，吴文清，等．旧桥拓宽中拼接方式对旧桥受力状态的影响分析[J]. 公路交通科技，2006(2).

[5] Caltrans. Widening existing bridges[S]. Memo to Designers, 1991.

[6] 吴文清，叶见曙，华斌，等．沪宁高速公路扩建桥梁拓宽关键技术研究[C]. //全国既有桥梁加固、改造与评价学术会议论文集．北京：人民交通出版社，2008.

[7] 东南大学．银川黄河大桥拓宽方案及效果调查报告[R]. 2010.

170. 桥梁顶升过程中不均匀位移的数值分析与施工控制

瞿　涛[1]　汤修华[2]　章宇强[3]　徐声亮[1]　陈冬华[1]　吉伯海[1]

(1. 河海大学土木与交通学院；2. 浙江省港航管理局；3. 湖州市港航管理局)

摘　要　以南林大桥整体同步顶升施工为工程背景，建立主桥的有限元分析模型。在顶升点处设置不均匀位移，研究不均匀位移对施工安全的影响，并计算各工况下不均匀位移限值。结果表明：在顶升施工过程中，桥梁截面拉应力随不均匀位移的增大线性递增。横桥向不均匀位移的限值小于纵桥向的限值。横桥向的不均匀位移应作为桥梁顶升施工不均匀位移的控制指标。

关键词　预应力混凝土连续梁　同步顶升　不均匀位移　施工控制

一、前　　言

随着我国经济的持续发展，江浙沪区域内集装箱吞吐量急剧上升，因桥梁净空不足，导致航运不畅通的现象屡见不鲜。航道桥梁通航净空不足已经严重危害到我国商品进出口贸易，因此航道桥梁净空改造工程已迫在眉睫[1,2]。桥梁净空改造主要有两种方法:①拆除重建;②顶升改造。拆除重建需要耗费大量的人力、物力及财力,且施工周期长,破坏自然环境。因此顶升改造势必得到优先采用[3-5]。

桥梁顶升施工过程中,很难实现绝对同步。桥梁在顶升点处会出现不均匀位移,这对桥梁的受力是不利的[6]。本文通过建立南林大桥主跨的有限元模型,代入不均匀位移进行数值计算,最终得到纵桥向和横桥向不均匀位移限值[7,8]。在桥梁顶升施工过程中,可以参照计算得到的数据结果,及时对桥梁的不均匀位移进行调整,确保拉应力不超过混凝土抗拉强度,保证施工质量。

二、工 程 概 况

南林大桥主跨布置图如图1所示。该桥位于湖州市南浔开发区浔练路上,北侧与318国道交接处,南侧与泰安路交叉,是连接运河两岸的重要交通要道。南林大桥主桥结构形式为三跨连续箱梁,跨度为132m(36m+60m+36m),初步估算约5 000t;由于桥梁净空不满足航道要求,计划将全桥17跨整体抬升1.878~3m[1]。

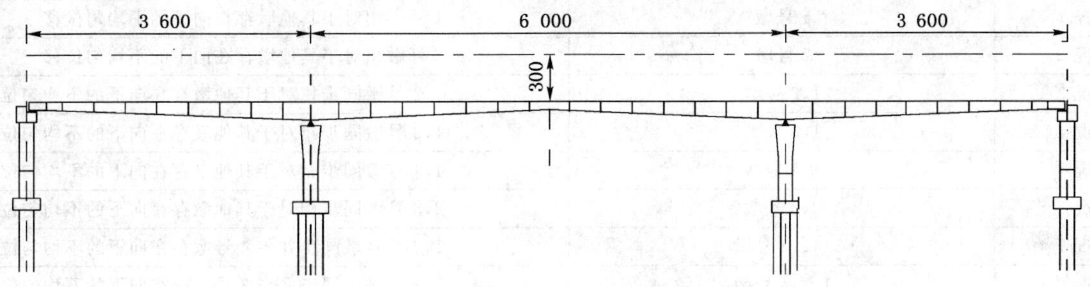

图1 南林大桥主跨布置图(尺寸单位:cm)

三、有限元模型

1. 南林大桥建模

南林大桥主跨的模型如图2所示。利用变截面组表示主桥截面的变化,边界约束条件采用刚性连接来模拟。模型中考虑了结构自重、预应力以及支座的不均匀位移三种作用,由于施工周期较短,未考虑水平荷载。此外,原桥结构竖向支承类型保持不变以及结构施工阶段无水平约束,所以忽略由温度引起的次内力。由于纵桥向和横桥向不均匀位移对桥梁内力的影响不同,因此顶升点的设置也有所不同。

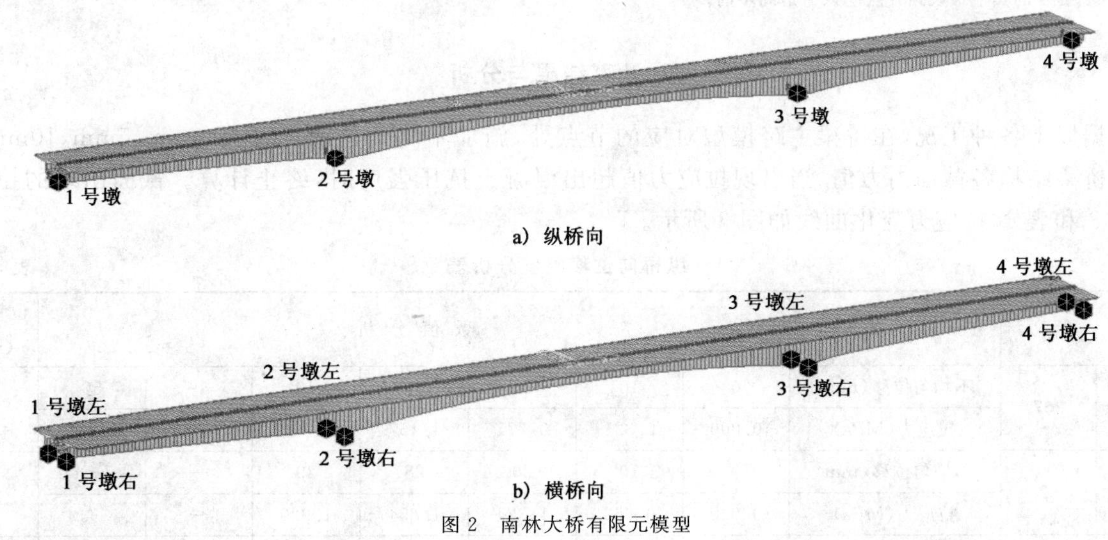

图2 南林大桥有限元模型

2. 评定标准

对于分段浇筑或砂浆接缝的纵向分块构件正截面抗裂性验算,应采用《公路钢筋混凝土及预应力混凝土桥涵设计规范》(JTG D62—2004)[9]的6.3.1计算公式,由于顶升的过程中没有考虑活荷载的影响,使得计算结果显示桥梁全截面受压,这与全预应力桥梁全截面受压特性一致。当桥梁顶升就位后,桥梁将重新承受活荷载作用，同时也将附加承受不均匀位移引起的次内力，这对桥梁受力是不利的。

式(1)为顶升施工安全的评定依据。为了更加合理的评定桥梁顶升施工的安全性及考虑桥梁顶升后的受力特点，运用有限元软件，计算出仅由不均匀位移引起桥梁结构应力 $\Delta\sigma_{ud}$ ，规定拉应力值不超过混凝土的抗拉强度 f_{tk} 。

$$\Delta\sigma_{ud} \leqslant f_{tk} \tag{1}$$

3. 定义工况

纵桥向与横桥向的工况见表1和表2。南林大桥主跨为三跨预应力混凝土连续梁，考虑对称性，纵桥向4个顶升点，有8种工况；在计算过程中，得出横桥向不均匀位移限值只有2种情况，因此仅列出横桥向的5种工况。

纵桥向的8种工况 表1

工　况	顶　升　点	备　　注
工况1	1号墩	1号墩相对于其他墩存在向下的不均匀位移
工况2	2号墩	2号墩相对于其他墩存在向下的不均匀位移
工况3	1,2号墩	1,2号墩同步相对于其他墩存在向下的不均匀位移
工况4	1,3号墩	1,3号墩同步相对于其他墩存在向下的不均匀位移
工况5	1,4号墩	1,4号墩同步相对于其他墩存在向下的不均匀位移
工况6	2,3号墩	2,3号墩同步相对于其他墩存在向下的不均匀位移
工况7	1,2,3号墩	1,2,3号墩同步并与4号墩存在向下的不均匀位移
工况8	1,2,4号墩	1,2,4号墩同步并与3号墩存在向下的不均匀位移

横桥向的5种工况 表2

工　况	顶　升　点	备　　注
工况9	2号墩左	2号墩左相对于其他顶升点存在向下的不均匀位移
工况10	2号墩右；3号墩左	2号墩右；3号墩左同步相对于其他顶升点存在向下的不均匀位移
工况11	1号墩左；3,4号墩右	1号墩左；3,4号墩右同步相对于其他顶升点存在向下的不均匀位移
工况12	1号墩左；2,3号墩右	1号墩左；2,3号墩右同步相对于其他顶升点存在向下的不均匀位移
工况13	1号墩左；2,4号墩右	1号墩左；2,4号墩右同步相对于其他顶升点存在向下的不均匀位移

注：以上提及的其他墩及顶升点均认为是同步的。

四、计算结果与分析

依据以上各种工况，在桥梁主跨模型对应的节点处，施加不均匀位移，$\Delta u = 0\text{mm}, 5\text{mm}, 10\text{mm}\cdots$，计算出桥梁结构各截面内力值，当出现拉应力值超出混凝土抗压强度时，终止计算。截面出现的拉应力值见表3和表4，拉应力变化曲线如图3所示。

纵桥向位移限值分析表 表3

工　况	单　元	项　目	数值分析							位移限值(mm)
工况1	357	不均匀位移(mm)	0	10	20	30	40	49	50	49
		拉应力(MPa)	0.000	0.321	0.771	1.157	1.542	1.889	1.925	
工况2	62	不均匀位移(mm)	0	10	20	28	29	—	—	28
		拉应力(MPa)	0.000	0.662	1.324	1.854	1.920	—	—	
工况3	92	不均匀位移(mm)	0	10	20	30	40	41	42	41
		拉应力(MPa)	0.000	0.454	0.908	1.362	1.815	1.861	1.906	
工况4	354	不均匀位移(mm)	0	10	19	20	—	—	—	36
		拉应力(MPa)	0.000	0.984	1.869	1.944	—	—	—	

续上表

工 况	单 元	项 目	数 值 分 析							位移限值(mm)
工况 5	262	不均匀位移(mm)	0	10	20	30	36	37	—	36
		拉应力(MPa)	0.000	0.523	1.046	1.596	1.882	1.934	—	
工况 6	324	不均匀位移(mm)	0	10	20	29	30	—	—	29
		拉应力(MPa)	0.000	0.632	1.264	1.832	1.896	—	—	
工况 7	324	不均匀位移(mm)	0	10	20	30	35	36	—	35
		拉应力(MPa)	0.000	0.526	1.052	1.578	1.841	1.894	—	
工况 8	93	不均匀位移(mm)	0	10	20	22	23	—	—	22
		拉应力(MPa)	0.000	0.838	1.676	1.843	1.927	—	—	

横桥向位移限值分析表 表 4

工 况	单 元	项 目	数 值 分 析					位移限值(mm)
		不均匀位移(mm)	0	5	10	11	12	—
工况 9	1	拉应力(MPa)	0.000	0.846	1.693	1.862	2.032	11
工况 10	133		0.000	0.828	1.658	1.824	1.99	11
工况 11	1		0.000	0.798	1.596	1.756	1.916	11
		不均匀位移(mm)	0	5	6	—	—	—
工况 12	1	拉应力(MPa)	0.000	1.638	1.966	—	—	5
工况 13	1		0.000	1.628	1.955	—	—	5

注:1. 拉应力为该单元截面的峰值拉应力。

2. 当 1、2、3、4 号墩顶升点位移相同(完全同步)时,支座的不均匀位移为零。

3. 当不存在不均匀位移时,将各截面应力设置为零。

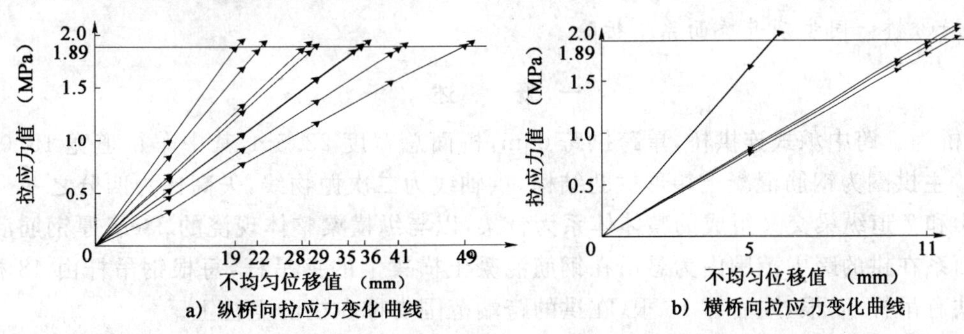

a) 纵桥向拉应力变化曲线 b) 横桥向拉应力变化曲线

图 3 拉应力变化曲线

由图 3 可知,拉应力值随着不均匀位移增长,呈线性增长,这完全符合结构力学相关理论[10],即 $\sigma_{ud} \sim M \sim \Delta u$。拉应力呈线性增长,说明材料处于弹性状态,所产生的变形和内力可以完全恢复。

五、结 语

南林大桥顶升创国内桥梁整体同步顶升跨度最长、高度最高和重量最重三项纪录,通过数值分析及对施工控制的结果得出以下结论:

(1)全预应力桥梁顶升过程中,由于不考虑活荷载,抗裂性验算要在规范的基础上,单独考虑不均匀位移作用及截面产生的拉应力对桥梁结构影响,要求不均匀位移产生的拉应力不超过混凝土的抗拉强度;

(2)经过计算,随着不均匀位移增长,拉应力呈线性变化,这说明结构处于线弹性范围内,在顶升过程中,产生的变形和次内力是可以完全恢复的,不会影响改造后桥梁结构的使用安全;

(3)纵桥向的不均匀位移散落比较均匀,而横桥向则主要集中在 5mm 和 11mm,由此可知,纵桥向顶

升点的位置对不均匀位移限值影响较大,而横桥向顶升点位置对不均匀位移限值的影响不明显;

(4)纵桥向由于顶升点之间的距离远远大于横桥向顶升点的间距,纵桥向的不均匀位移的限值也大于横桥向,所以在顶升施工过程中,要严格控制横桥向的不均匀位移,以此作为顶升的控制指标。

参考文献

[1] 林刚,徐长节,刘耿耿,等. 湖州市南林大桥整体顶升可行性分析[J]. 城市道桥与防洪,2010:45-47.
[2] 吴正菊. 桥梁整体顶升技术在湖州南林大桥整体顶升施工中的应用[J]. 城市道桥与防洪,2010:141-142.
[3] 赵阳,项贻强. 湖州岂风桥整体顶升施工及监控[J]. 公路,2008:13-17.
[4] 韩振勇,等. 桥梁改造工程中同步顶升技术的应用[J]. 中国市政工程,2007:24-25.
[5] 张朝亮,张河新,等. 液压同步顶推顶升技术在桥梁施工中的应用[J]. 液压与气动,2008:65-67.
[6] 李永清,钱国梁. 支座沉降对连续深梁抗剪性能影响研究[J]. 武汉水利电力学院学报,1992:544-550.
[7] 刘兴远. 关于不均匀沉降引起的地梁安全性问题的分析[J]. 工程质量,2010:52-55.
[8] 赵煜,李春轩,张充满. 在役连续刚构桥顶升技术及应用[J]. 长安大学学报. 2007:52-56.
[9] 中华人民共和国交通部. JTG D62-2004 公路钢筋混凝土及预应力混凝土桥涵设计规范[S]. 2004.
[10] 王佳,刘世忠. 顶升技术在钢管混凝土拱桥改造工程中的应用[J]. 兰州交通大学学报,2008:17-20.

171. 太原漪汾桥7跨同步顶升桥面系拆除技术

刘喜勇 王奇峰 李 松
(中交二航局第六分公司)

摘 要 7跨同步顶升桥面系拆除,尤其是在保留原有拱圈的情况进行拆除,是没有先例的。施工时主要考虑如何使7跨均匀卸载,通过计算确定最大不均衡施工的安全点,严格按照方案施工,本文主要介绍其施工工艺。

关键词 漪汾桥 同步顶升桥面系 拆除

一、概 述

漪汾桥主桥为7跨中承式连拱桥,单跨拱跨66m,桥面总宽度22.5m,其中车行道宽15.0m,人行道宽2×3.75m。主拱圈为钢筋混凝土箱形拱肋结构,拱轴线为二次抛物线,矢高比为四分之一。单跨桥面系以21道横梁和7道纵梁交叉组成的整体体系为骨架,以与纵横梁整体现浇的23cm厚钢筋混凝土为桥面板,其中桥面系在拱的跨中范围内为悬吊在钢筋混凝土横梁上的钢吊杆,每根钢吊杆由48根$\Phi5$的钢丝组成,每跨共有吊杆30根,左右各15根,在拱的跨端范围支撑在拱的立柱上。

漪汾桥的总体布置如图1所示,桥面系纵横梁平面图如图2所示,主桥拆除工程量见表1。

主桥拆除工程量数量表 表1

序号	项目名称	单位	数量	备注
1	拆除灯柱栏杆人行道板等	m^3	440	—
2	拆除桥面沥青铺装层	m^3	831	—
3	桥下钢管桩支架	t	240	—
4	同步顶升桥面系	跨	7	98台千斤顶
5	拆除吊杆	根	210	—
6	桥面板切割	m^2	1 730	—
7	纵横梁切割	m^2	600	用链锯切割
8	切割块的吊运	m^3	4 200	—

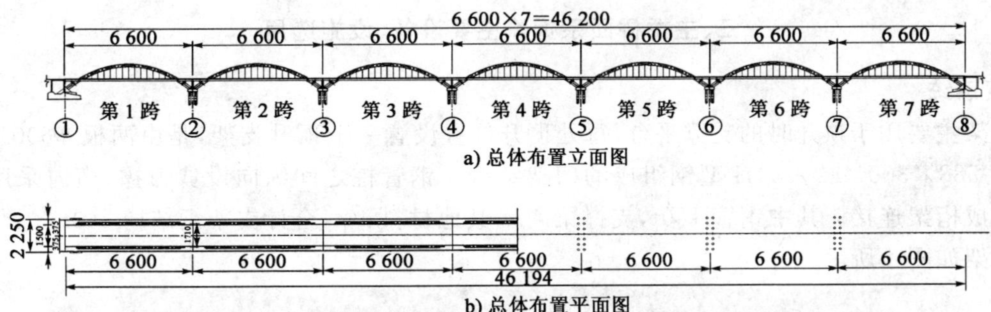

图 1 漪汾桥总体布置图(尺寸单位:cm)

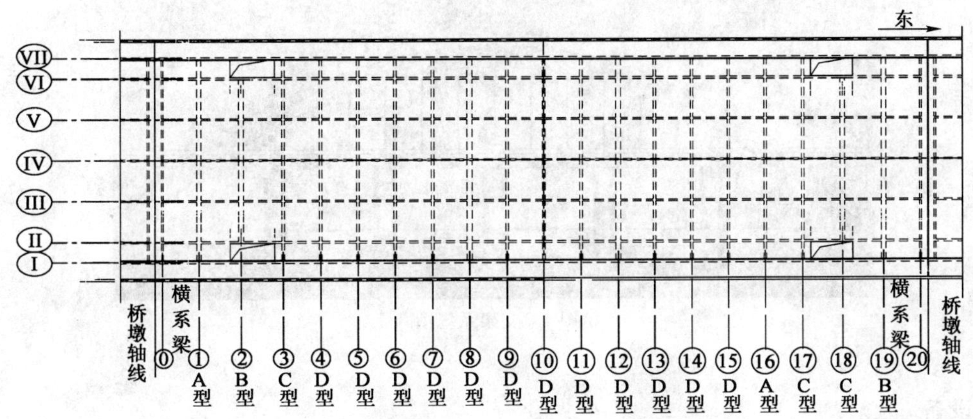

图 2 桥面系纵横梁平面图

二、主桥桥面系拆除施工工艺流程图

漪汾桥主桥桥面系拆除施工工艺流程如图 3 所示。

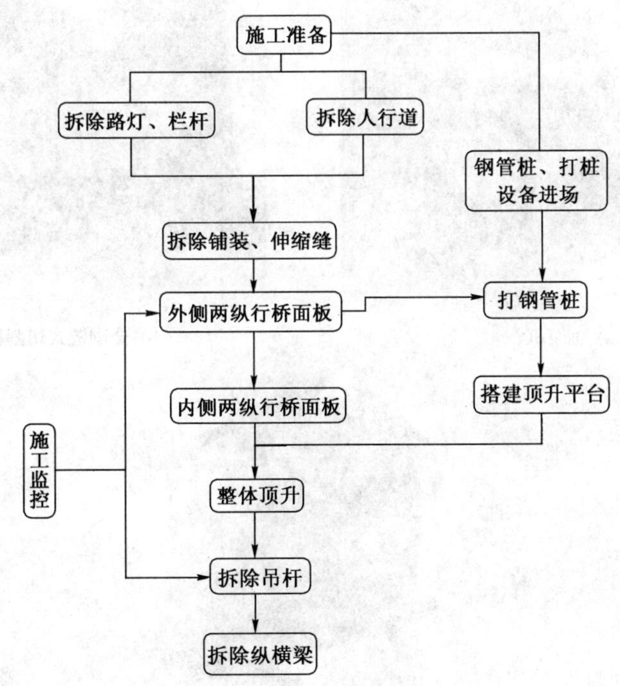

图 3 主桥桥面系拆除施工工艺流程图

三、主桥桥面系拆除主要设备、设施选用

1. 支架系统

顶升支架主要用于顶升时的支撑平台，每处顶升位置设置一个顶升支架，是由两根 Φ600×10mm 钢管桩和一根 588×300×12×20H 型钢组成的门架结构。钢管桩之间纵向设剪刀撑，横向采用 L100×8 的角钢加工成桁架连接。其中钢管 160t，支撑梁 40t，其他材料 40t，合计支架钢结构 240t。

顶升支架如图 4 所示。

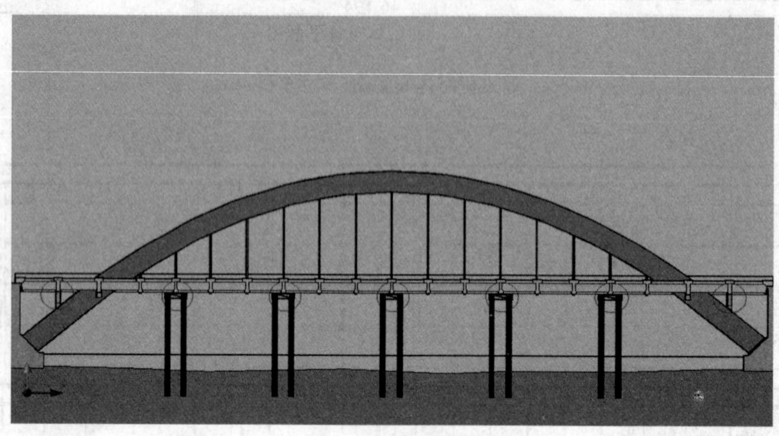

图 4　支架系统图

2. 切割设备

本桥在拆除过程中不能损坏拱圈和基础，要求拆除过程中扰动小，加之是在市区施工，要求对环境的影响也要小，因此选用液压切割设备，该设备施工时速度快、无振动、低噪音、低污染，完全满足施工要求。

切割设备如图 5 所示。

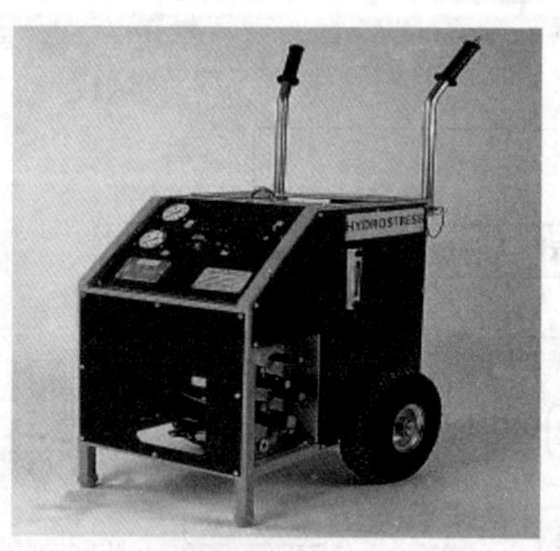

a) 油泵机

b) 金刚链式切割机

c) 金刚碟式切割机

图 5　切割设备图

3. 吊装设备

桥面附属、桥面板拆除采用25t吊车上桥进行吊装切割拆除，纵横梁采用70t吊车桥下进行吊装切割拆除。泄洪通道内采用30t跨龙门吊进行吊装切割拆除。

4. 顶升设备

本桥拆除中，受力体系的转换是此桥拆除的重点和难点。拱桥为沿拱轴线方向的推力体系，相邻跨间的不平衡荷载将对拱座基础产生纵向推力。若产生的不平衡荷载过大将直接影响到结构安全。经认真地分析研究，本桥采用7套同步千斤顶系统，同时起顶7跨的梁体，顶升分5级进行，每一级顶升剩余桥面系重量的20%，使不平衡荷载减至最小，基本对基础无影响。

同步顶升千斤顶如图6所示。

a) 侧面图　　b) 细部图

图6 同步顶升千斤顶

四、主桥桥面系拆除7跨同步顶升施工技术

1. 支架预压

为防止顶升过程中受力不均，必须将支架进行预压，预压过程应定时观察支架沉降量，当沉降趋于稳定后才可进行顶升。分两次对支架进行预压，第一次预压1、3、5列利用千斤顶反力对支架进行预压；第二次对2、5列支架进行预压，预压应7跨同步进行。

预压加载采用千斤顶起顶梁体，单支点加载60t，7跨同步进行。

2. 顶升流程

顶升的流程如图7所示。

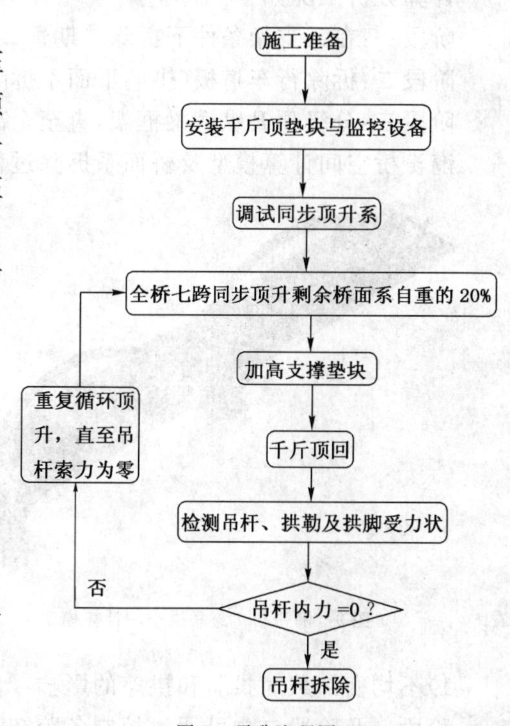

图7 顶升流程图

3. 安装顶升装置

单跨设置14台超薄千斤顶，千斤顶设置在吊杆锚具附近的横梁上，每间隔二根吊杆设置一台，4根短立柱上各设置一台，上下游对称设置，为防止横梁混凝土局部受力过大，在千斤顶上设置一块200mm×150mm×150mm的钢板。

4. 整体同步顶升

为保证7跨顶升的同步性，采用分级顶升，每级顶升力为剩余桥面系重量的 20%，直至吊杆内力为零。7 跨同步顶升控制采用双控法，即顶升力、顶升位移双控，通过有限元分析计算出每一级的顶升力。顶升力通过油压表控制，位移通过设置在桥墩上的百分表测量。控制标准：当每一级起顶到的分级顶升力后，各跨顶升位移与理论值偏差小于 2mm。

整体顶升如图 8 所示。

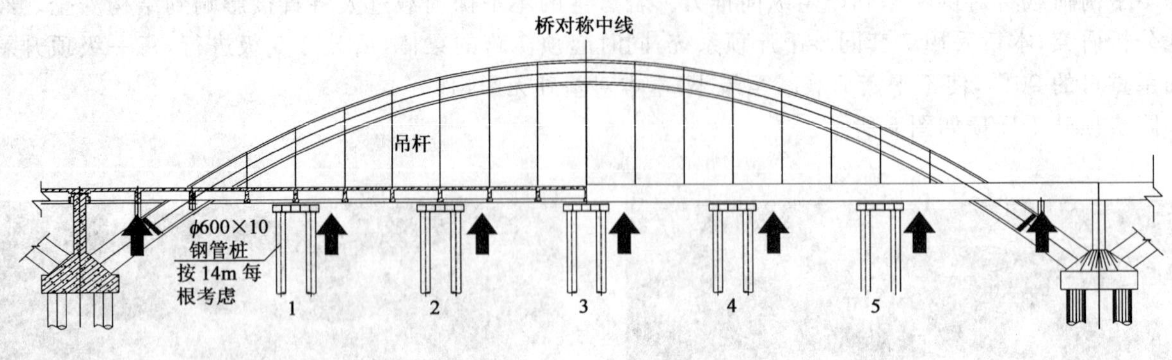

图 8　整体顶升示意图

五、施工重点及难点

1. 7 跨整体顶升同步性控制措施

同步顶升过程控制靠顶升力控制，最终以锚头松动为标准，即：当每一级起顶到分级顶升力后，检查千斤顶行程，当有一台千斤顶行程达到最大时，所有顶升点支垫钢板卸压回油，进行下一循环顶升，最终以锚头松动为标准。

2. 拆桥模型计算分析

为保障在拆除桥面系施工过程中的施工安全，尽量减少对拱肋的损伤，对漪汾桥施工过程进行计算分析。

计算分析工况如下：

阶段一：在无支架条件下拆除二期恒载，拆除栏杆、人行道板以及人行道，板上铺砌面砖和桥面铺装。

阶段二：拆除行车道板（拱肋下面不拆除）。

阶段三：分级顶升纵横梁框架，直至全部顶起。

漪汾桥空间计算模型及桥面系拆除过程中拱肋变形如图 9 和图 10 所示。

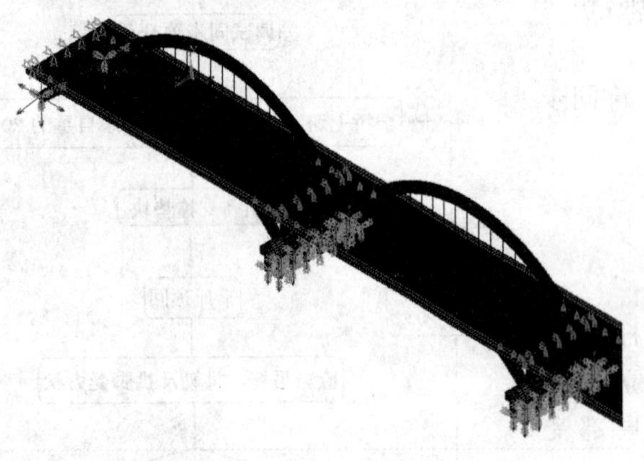

图 9　漪汾桥 7 跨联拱空间计算模型

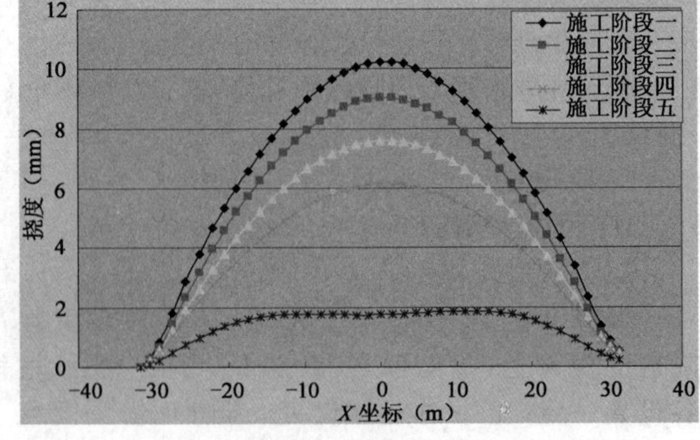

图 10　桥面系拆除过程中拱肋变形

1）不均衡卸载对拱肋和拱座的影响

阶段一及阶段二中可通过控制各跨卸载的进度将各跨间的不均衡荷载控制到最小。

阶段三分级同步顶升由于存在不同步卸载的可能,且由于存在千斤顶操作误差和机械故障等因素,不均衡荷载难以完全避免。为确保拆桥过程的安全,现对拆桥过程不均衡荷载进行模拟分析。

施工过程分五级进行顶升,不均衡荷载为 20%,因此,选 20%的顶升梁体自重荷载作为不平衡荷载进行验算。同时,验算 100%顶升梁体荷载为不平衡时的受力情况。

按四种不平衡荷载方案考虑计算如下:

方案一:边跨不顶升,其他跨全部顶升梁体自重荷载的 20%;

方案二:中间跨不顶升,其他跨全部顶升梁体自重荷载的 20%;

方案三:边跨不顶升,其他跨全部顶升梁体自重荷载的 100%;

方案四:中跨不顶升,其他跨全部顶升梁体自重荷载的 100%。

经计算分析,方案三拱肋受力最不利,其受力情况见表 2。方案三情况下拱肋拱脚的内力为最不利,采用桥梁博士进行验算,受力满足要求。

拱肋受力分析表 表 2

截　面	边　跨		中　跨	
	轴力(t)	弯矩(t·m)	轴力(t)	弯矩(t·m)
拱脚截面	−398.4	148.8	−153.3	77.3
L/4 截面	−302.9	−45.7	−106.0	−9.1
拱顶截面	−276.7	10.1	−95.8	9.2
3L/4 截面	−300.3	−26.8	−106.1	−6.7
拱脚截面	−414.5	244.7	−147.5	45.2

2)不均衡卸载对桩基的影响

20%顶升梁体自重荷载为不平衡荷载时,中跨和边跨拱脚的最大不平衡推力为 47.1t,不平衡弯矩为 51.5t·m。

100%顶升梁体自重荷载为不平衡荷载时,中跨和边跨拱脚的最大不平衡推力为 187.89t,不平衡弯矩为 167t·m。

根据拆桥阶段的计算结果,桩顶截面的最不利荷载为:竖向力 N=1 835.9t(考虑承台和立柱的重量),水平剪力 Q=375.8t,弯矩 M=823.5t·m。

采用 m 法计算,单桩的最大荷载值为 285.6t,而单桩承载力最小值为 310.2t,单桩承载力满足要求。

通过桩基强度验算表明:20%卸载不均衡桩基强度满足要求,安全度大于 2。综上所述,分 5 级同步顶升卸载安全可行。

六、施工完成情况

整个拆桥工作于 2008 年 5 月 25 日正式开工,2008 年 8 月 20 日结束。

七、结　　语

漪汾桥旧桥拆除工艺复杂、技术难度和施工风险高。严谨的方案,精心的组织专业化队伍和良好的管理是桥梁拆除工程得以安全、顺利完成的保障。

172. 旧桥拆除安全性分析及对策

沈永林
（云南省交通规划设计研究院）

摘　要　本文以昆明市小庄立交3号曲线匝道桥在拆除过程中发生坍塌事故为实例，对桥梁拆除过程中结构受力特性做理论上的分析。结果表明，桥梁拆除过程中内力和应力变化幅度大，远远超过原设计控制的内力和应力，是造成坍塌事故的主要原因，并给出确保旧桥拆除安全性的对策。

关键词　安全性　旧桥拆除　坍塌事故

一、概　　述

近年来随着城市道路改造的需要和病害严重桥梁数量的增多，需要拆除许多旧桥。然而由于各种原因，国内在旧桥拆除过程中已发生多起因桥梁坍塌引发的重特大人员伤亡事故，旧桥拆除安全性问题已引起全社会关注。

2002年8月12日16时20分，南京市沧波门旧桥拆除工地的一辆吊车在作业时倾翻，导致整座旧桥坍塌，造成5人死亡、5人受伤，如图1所示。

图1　南京市拆除沧波门旧桥时坍塌

2006年1月3日下午4时45分左右，位于杭州市萧山区钱江农场的一座危桥，在拆除过程中发生坍塌事故，造成1人死亡。

2006年3月11日上午江苏省江都市主跨34m的胜利桥，由于年旧失修已成为危桥，正当民工采用大锤做破碎拆除时发生坍塌事故，造成4人死亡，5人受伤。

2008年12月9日19时30分，为解决昆明市北出口交通问题，决定对小庄立交桥进行改造设计，拆除3号等曲线匝道。立交桥已拆除完第10、9孔，正在拆除第8孔桥面时，第8～5孔发生整体坍塌，造成桥面施工的4名施工人员受伤，桥下一辆客货两用微型车中的2人当场死亡，如图2和图3所示。

图2　昆明市小庄立交桥拆除时坍塌(1)

图3　昆明市小庄立交桥拆除时坍塌(2)

2009年5月17日下午4时24分湖南省株洲市市区红旗路高架桥，由于城市道路改造需要在拆除过程中发生坍塌事故。因桥面坍塌被砸压的包括一辆公共汽车和数十辆小轿车，死亡人数6人，受伤14

人，如图 4 和图 5 所示。

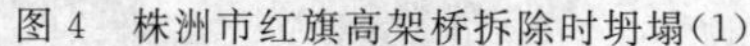
图 4 株洲市红旗高架桥拆除时坍塌(1)

图 5 株洲市红旗高架桥拆除时坍塌(2)

旧桥拆除过程中发生的坍塌事故，让一个又一个鲜活的生命在瞬间逝去。究竟是什么原因导致旧桥拆除坍塌事故接二连三地发生？有的媒体甚至尖锐地提出“高架桥坍塌：是谁让桥梁变成杀人工具!”。造成旧桥拆除坍塌事故发生的原因是多方面的，简单讲有管理不到位和对旧桥拆除工作不重视的原因；也有“无知者无畏”，对旧桥拆除过程中桥梁结构受力复杂、内力会发生迅速变化，导致结构瞬间坍塌特性不了解的原因。

本文以拆除昆明市小庄立交 3 号曲线匝道桥发生坍塌事故为实例，进行理论上的分析，探究桥梁拆除过程中内力和应力变化对结构安全的影响，给出确保旧桥拆除安全性的对策。

二、工程背景与事故回放

1. 工程背景

原设计小庄立交桥于 1997 年 2 月建成，投入使用至 2008 年已经 12 年，设计荷载汽车—超 20 级，验算荷载挂—120，单向双车道。小庄立交桥改造工程是昆明市政府解决昆明北出口交通，并要求 2009 年完工的重点工程。改造工程除保留原设计 2 号匝道外，其余匝道均拆除。发生拆除坍塌事故的匝道桥为原 3 号匝道的第 2 联，为支架现浇普通钢筋混凝土曲线连续梁，孔跨布置 26m＋4×30m＋26m，跨联端边墩各设 2 个盆式支座，其余中墩为圆形截面独柱墩，各设 1 个点铰支承的盆式支座。1977 年新建成的小庄立交和 2009 年改造后的小庄立交见图 6 和图 7 所示。

图 6 1997 年 2 月建成的小庄立交

图 7 改造后的小庄立交(效果图)

2. 事故回放

2008 年 12 月 8 日 14 时 30 分小庄立交改造工程拆除 3 号匝道的工作开始，拆除工作由第 10 孔往第

9孔方向(曲靖→昆明石闸立交方向)进行,桥下依然维持正常交通,施工单位对梁体未采取任何支撑稳定措施。2008年12月9日19时30分,已拆除完第10、9孔,正在拆除第8孔桥面时,第8～5孔发生整体坍塌,坍塌长度116m,造成桥面施工的4名施工人员受伤,桥下一辆客货两用微型车中的2人当场死亡,如图8和图9所示。

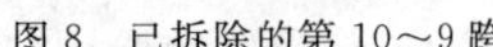

图8　已拆除的第10～9跨

图9　坍塌后的第8跨

事故发生后昆明市委、市政府高度重视,启动应急预案,救援抢险、现场事故调查和桥梁检测等工作在第一时间同时展开,并于2008年12月11日结束。桥梁改造设计单位在设计说明中明确了拆除匝道时应分块锯断拆除,且应设临时支撑。同时指出,拆除方案应经专家论证、报批后实施。但施工单位未按设计要求进行拆除,而采用挖掘机配振动破碎冲击锤做破碎拆除,且施工拆除方案也未经专家论证和审批。事故定性为桥梁拆除现场管理不力、施工拆除方案不当而引发的安全事故。

三、曲线匝道桥拆除过程中结构内力和应力变化分析

1．结构分析说明

3号匝道第2联孔跨布置26m＋4×30m＋26m,为支架现浇普通钢筋混凝土曲线连续梁,平曲线半径128m。如图10和图11所示。混凝土强度C50,跨中和支点横截面如图12和图13所示。

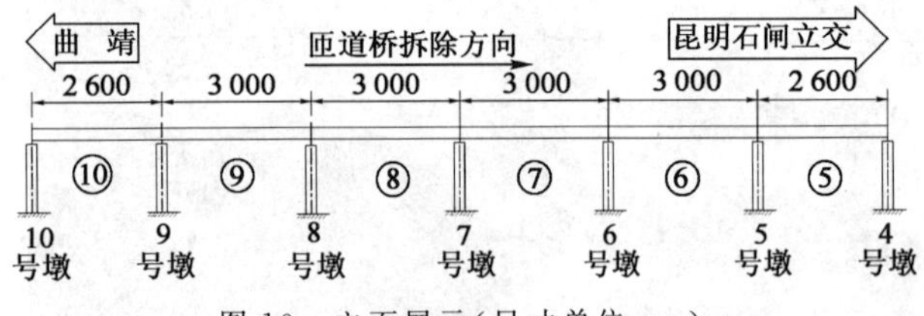

图10　立面展示(尺寸单位:cm)

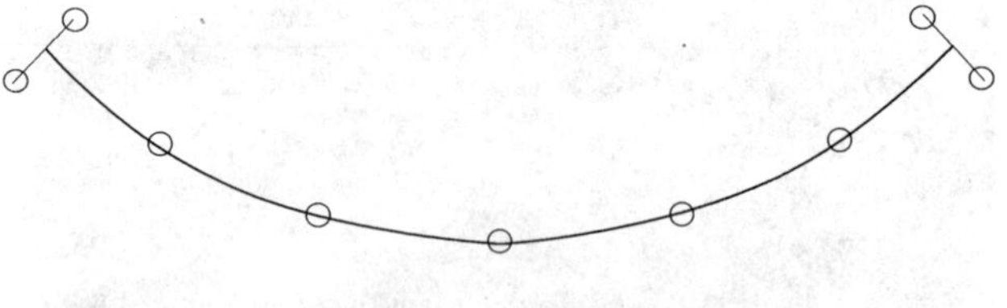

图11　模型平面图

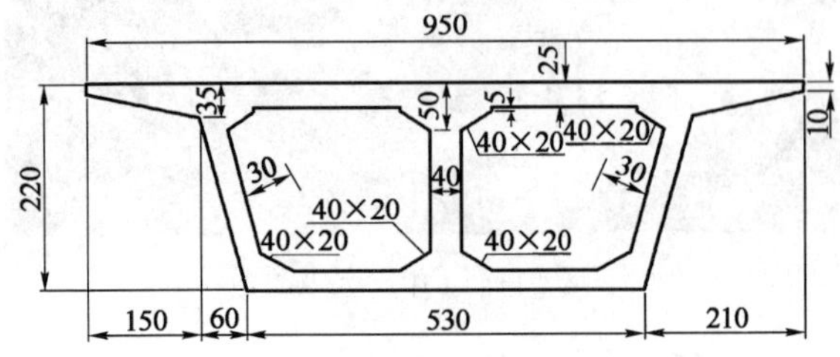

图12　跨中横截面图(尺寸单位:cm)

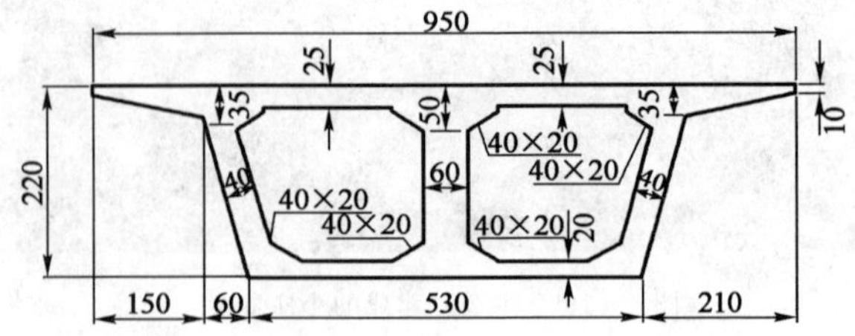

图13　支点横截面图(尺寸单位:cm)

独柱墩位置处横隔梁为后张法预应力混凝土结构。圆形截面独柱墩直径为150cm,混凝土强度为C40。跨联两端各设置2个LYG5000ZX(GD),纵向可移动或固定的抗扭、抗拉压支座;独柱墩顶各设置1个TPZ 8000—DX—150—C多向可移动的点铰不抗扭支座。墩底边界按固结考虑。全桥模型如图14所示。

曲线匝道桥实际拆除时采用挖掘机配振动破碎冲击锤做破碎拆除,梁体未采取任何临时支撑稳定措施。挖掘机重130 kN,振动破碎冲击锤冲击力峰值12.97 kN,振动频率73.32 rad/s,振动周期0.085 65 s。冲击振动波函数$P(wt)=P_{max}\sin(wt)$,波函数图如图15所示。匝道桥拆除过程梁体内力和应力变化分析,考虑如下3个工况:

(1)工况1:恒载作用下未拆除状态;

(2)工况2:恒载作用下解除10号墩2个支座状态;

(3)工况3:恒载+挖掘机+破碎冲击锤自重+破碎冲击锤振动力状态。

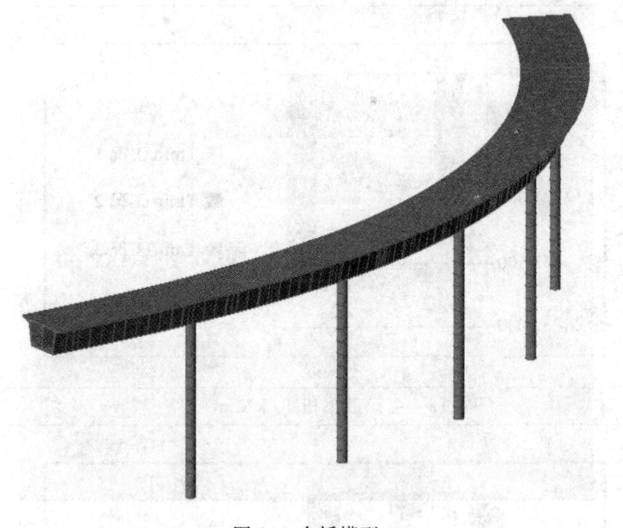

图14 全桥模型

图15 振动波函数

2. 梁体内力和应力分析结果

上述3个工况下,梁体内力和应力计算结果如图16所示。由图可以看出,不同的工况,梁体内力和应力差异较大。对于弯矩,最不利工况为工况2,与工况1相比,最大弯矩增大64 %,最小弯矩增大37.6 %。对于剪力,最不利工况为工况2,与工况1相比,最大剪力增大70 %,最小剪力增大80%。对于最大扭矩,最不利工况为工况2,与工况1相比,最大扭矩增大486 %;对于最小扭矩,最不利工况为工况3,与工况1相比,最大扭矩增大106 %。对于主梁截面正应力,最不利工况均为工况2,与工况1相比,上缘最大名义拉应力增大376 %,上缘最大名义压应力增大64 %,下缘最大名义拉应力增大67 %,下缘最大名义压应力增大375 %。

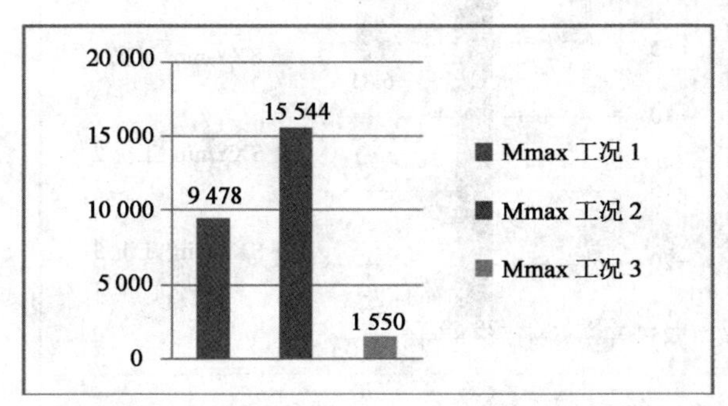

a) 顺桥向主梁下缘最大弯矩(kN. m)

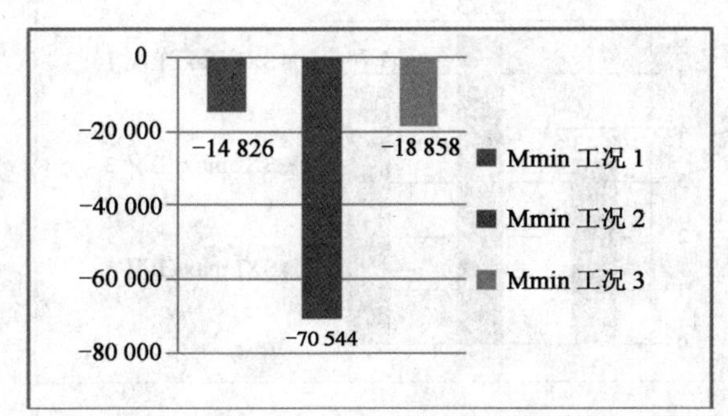

b) 顺桥向主梁上缘最小弯矩(kN. m)

图 16

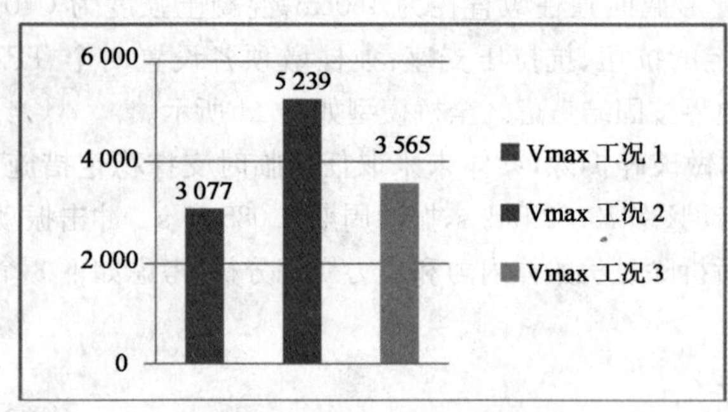

c) 主梁竖向最大剪力(kN)

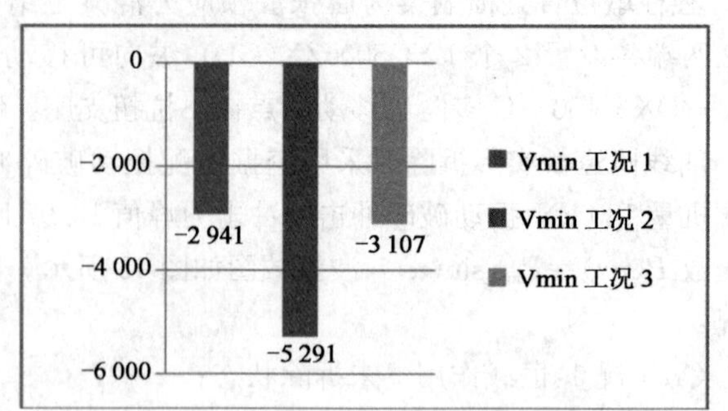

d)主梁竖向最小剪力(kN)

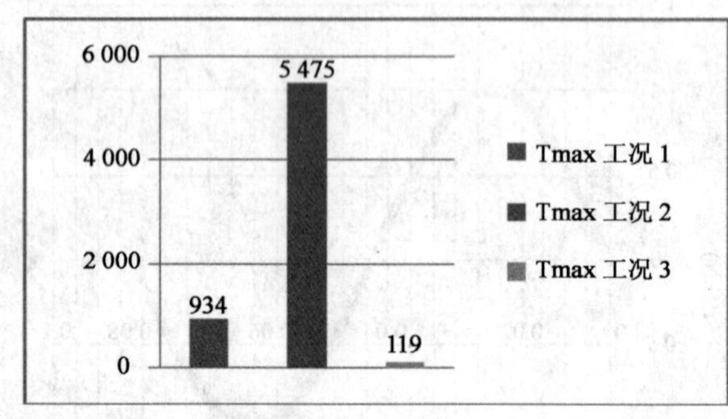

e) 主梁最大扭矩(kN. m)

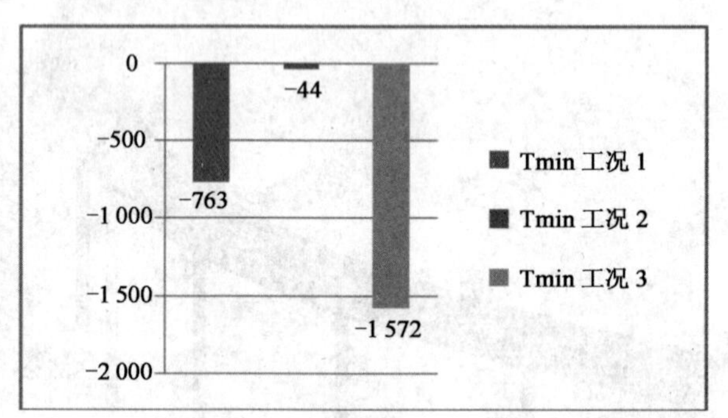

f) 主梁最小扭矩(kN. m)

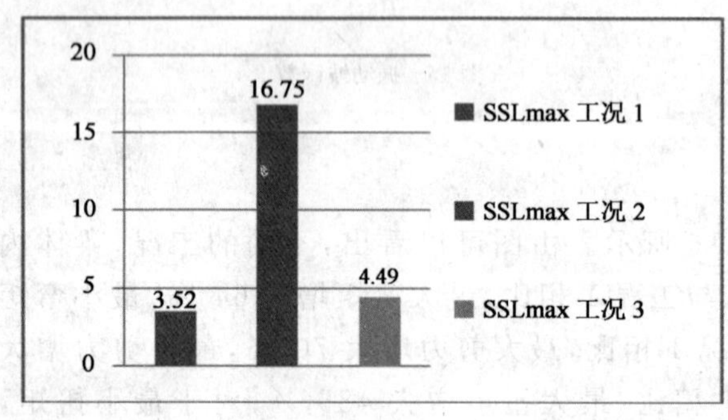

g) 主梁上缘最大拉应力(MPa)

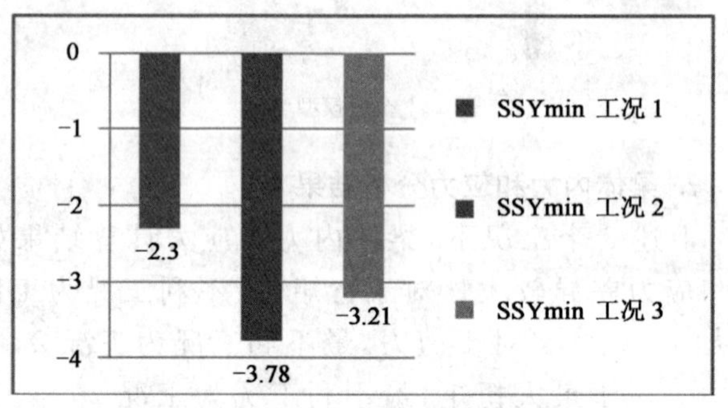

h) 主梁上缘最大压应力(MPa)

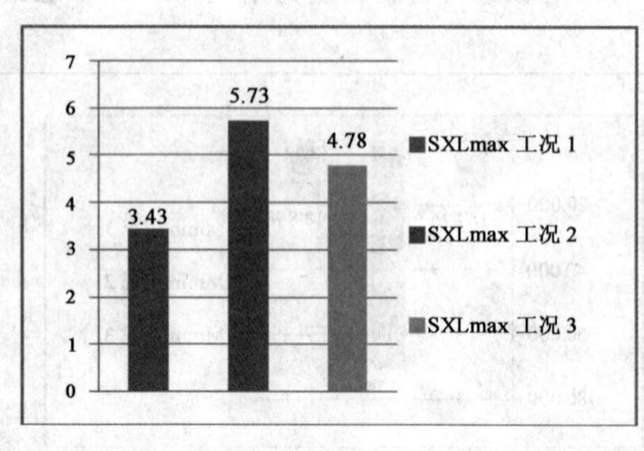

i) 主梁下缘最大拉应力(MPa)

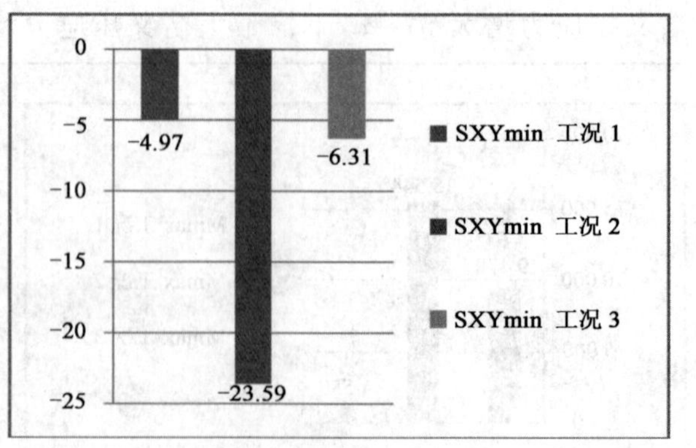

j) 主梁下缘最大压应力(MPa)

图 16 梁体内力和应力计算结果

四、确保旧桥拆除安全性的对策

上述分析表明，桥梁拆除过程中，内力和应力变化幅度大，远远超过原设计控制的内力和应力，对桥梁结构的安全构成较大威胁。如果对桥梁结构体系受力特性不清楚，盲目施工，采用不当的拆除方法与步骤，必然导致拆除过程中发生桥梁坍塌事故。要杜绝桥梁拆除过程中坍塌事故的发生，除了加强管理外，更重要地是要掌握拟拆除桥梁的受力特性。为此，以下给出旧桥拆除过程中确保安全性的对策供参考。

(1)结构工程师要提高自己的专业素养。拆除旧桥梁过程与建新桥梁过程一样，结构体系不同，边界条件不同，施工方法不同，会导致拆除或新建过程中的内力变化也不同。不同体系桥梁结构有着其自身的受力特点，拆除过程中内力和应力变化剧烈，对结构安全影响较大，因此，施工拆除方案应通过计算确定。

(2)独柱墩单支点曲线桥，拆除前未对梁体采取任何支撑稳定措施时，不应首先拆除跨联端抗扭支座。

(3)拆除独柱墩单支点曲线桥过程中，当跨联一端抗扭支座被解除后，应考虑拆除机械振动冲击动力的影响。

(4)拆除规模大、结构受力复杂的桥梁体系时，应对控制截面的变形和应力实施全过程监测。

173. 寒区桥梁破损现象和原因分析

孙全胜　戚元博
（东北林业大学）

摘　要　本文以寒区桥梁为工程背景，对寒区桥梁破损现象进行原因分析，通过对以建成的桥梁上部结构中桥面铺装过早破损；上部结构内积水，导致混凝土白化；空心板翼缘板、铰缝病害；混凝土桥梁裂缝产生，下部结构中钻孔灌注桩的破坏；墩台(身)的破损进行了分析。分析了寒区一些桥梁破损常见原因，并据此提出了一些相关的治理措施。相关结论可为同类桥梁的设计和施工提供参考。

关键词　寒区桥梁　破损现象　原因分析

一、概　述

由于昼夜温差较大，混凝土由于本身的热胀冷缩的特性很容易使寒区的混凝土桥梁发生破坏，其中包括上部结构中桥面铺装过早破损；上部结构内积水，导致混凝土白化；空心板翼缘板、铰缝病害；混凝土桥梁裂缝产生，下部结构中钻孔灌注桩的破坏；墩台(身)的破损。这些常见的病害很容易对混凝土桥梁产生影响，甚至使桥梁发生破坏造成人员伤亡。

本文以寒区混凝土桥梁破损现象的发生进行原因分析，通过对上部及下部一些常见的病害进行比较系统的分析。其步骤包括：①桥面铺装过早破损；②上部结构内积水，导致混凝土白化；空心板翼缘板、铰缝病害；混凝土桥梁裂缝产生；③钻孔灌注桩的破坏；墩台(身)的破损。

二、桥 梁 概 况

改革开放以来我国的交通事业正在迅猛发展，道路里程的增加，养护工作显得尤为重要。随着桥梁的不断竣工和使用桥梁及结构物出现了不同程度的损坏。寒区一月平均气温－25～－15℃，冬季长约6个月，属于季节性寒冷地区。经调查有许多桥梁基础发生冻胀，少则几厘米，多则几十厘米，严重影响了通车。所以有必要在这里对寒区桥梁破损现象和原因进行分析。

三、寒区桥梁破损现象和原因分析

本文选取桥面铺装过早破损；上部结构内积水，导致混凝土白化；空心板翼缘板、铰缝病害；混凝土桥梁裂缝产生;钻孔灌注桩的破坏;墩台出现裂缝等现象进行分析,并将一些常见的防治措施介绍如下。

1. 桥面铺装过早破损分析

近几年,随着高速公路交通量和超载车辆的增加,透水性较强的沥青抗滑层在桥面铺装上的应用冬季除雪剂的大量使用,使寒冷地区高速公路的桥面铺装,均不同程度地出现过早破损的情况。这一病害的主要表现形式为:雨后一段时间内,桥面铺装局部出现沥青面层脱落、坑槽、拥包,逐渐导致桥面铺装大面积破损。我们以寒区混凝土桥梁为依托,对桥面病害展开了调查,在此基础上进行了分析并提出处理方法供大家工作时参考。

1)病害调查情况

出现病害的桥面铺装的结构多为:C30～C50 钢筋混凝土铺装,厚度在 6～8cm;SBS 改性沥青黏层;中面层为 AC20—I 型中粒式沥青混凝土,厚度在 2～4cm;上面层为 AK16—I 型 SBS 改性青抗滑层,厚度为 4cm。该种结构形式满足现行设计规范的要求。

2)病害产生原因分析

沥青抗滑层渗水性较强,骨料级配在连续级配和间断级配之间,施工过程中较易出现局部离析、粗骨料集中、孔隙率较大和透水性增大等不均匀现象。玄武岩中风化面(非破碎面的一种)颗粒含量没有严格明确的控制,使其含量较多。在重荷载车辆(特别是超载车辆)作用下,局部抗滑层中,风化面颗粒上的风化层脱离或破坏,使局部沥青抗滑层的透水性进一步加大,使路表水(雨水、盐水和油水等)较易浸入桥面铺装之中,对中面层进行浸害。由此出现在雨后一段时间内,沥青桥面铺装内部仍有水潴留的现象。浸入沥青桥面铺装内的水分,很难排除,在较多重荷载车辆(特别是超载车辆)作用下,形成具有较高压力的有压水,加之桥面较大振幅的振动,不断对周边进行冲击,促使局部沥青桥面铺装各层分离、中粒式沥青混凝土破坏。冬季来临后,桥面防撞墙处经常积雪,桥面排水不畅,桥面长时间浸水,普通钢筋混凝土桥面铺装的抗渗、抗冻融性能较弱,并有微小裂纹存在,除雪剂形成的盐水较易渗入。东北地区日温差较大,进而形成钢筋混凝土桥面铺装表层冻融破坏,水泥砂浆成粉末状,与水混合形成的白色浆状并上浮,混凝土整体抗压强度衰减。由此使桥面铺装经过冬季后,局部出现白瘢。桥面铺装局部出现白瘢处,各层强度、稳定性和层间连接已大幅度降低,特别是中面层已经破坏。在较多重荷载车辆(特别是超载车辆)作用下,便产生局部沥青混合料桥面铺层的脱落、坑槽和拥包等病害。桥面铺装局部出现病害后,透水性进一步加大,严重地发展到整个桥面铺装层内蓄水。致使桥面铺装大面积破损。简而言之,东北地区高速公路桥面铺装过早破损这种病害产生的原因是在较多重荷载车辆(特别是超载车辆)作用下的水浸害。沥青抗滑层的透水性、施工易出现不均匀性和玄武岩中的风化面颗粒含量过多是病害产生的重要因素,盐水的浸入加速了桥面铺装破坏的过程。所以,做好桥面的防水和排水是防止这一病害的关键。水泥混凝土的抗渗性、抗冻性是延缓桥面铺装破坏的一个主要因素。水泥混凝土的抗渗性、抗冻性较弱,则易较早发生破坏。

2. 上部结构内积水,导致混凝土白化分析

有多数桥空心板、箱梁内有积水,且板内积水较多,积水沿箱梁底板较薄部位或离析处(或从腹板侧面混凝土离析或工作缝位置)向外渗出。空心板或箱梁内积水主要原因为桥面铺装防水性能较差,水透过部分质量较薄、较差的顶板以及从板端封孔处侵入板内;板内积水对整个梁体混凝土污染较为严重,混凝土表面已经白化、剥皮,表面呈现多条细小网状裂缝,结构的耐久性已经大大降低。板内积水已沿板破损处形成冰锥,最后导致上部结构空心板板底混凝土渗水白化,是桥梁上部结构的通病。混凝土白化主要是板内积水通过与混凝土裂缝处中 CaO 发生化学反应生成 $Ca(OH)_2$,$Ca(OH)_2$ 溶解水后沿裂缝渗出,在结构表面与空气中的 CO_2 等酸性气体发生化学反应生成 $CaCO_3$ 晶体,大量晶体沉积在裂缝周围表面,从而在结构表面形成白化,当渗水严重时,结构中 CaO 不断发生化学反应,导致 $CaCO_3$ 大量结晶堆积,长时间后形成钟石。

3. 空心板翼缘板、铰缝病害分析

产生铰接缝破坏的原因有很多,通过对其分析,主要有两方面的原因,一是构造设计方面造成的隐患；二是现场施工质量控制造成的原因。

1)构造方面因素

(1)钢筋混凝土板梁桥由于受建筑高度的限制，它在强度和刚度方面与箱形梁、T形梁等梁式结构比较，相对较小，采用的铰缝结构尺寸断面较小，用铰缝来保证整个上部结构的整体作用就比较薄弱。

(2)桥梁上部结构横向联系钢筋较细，铰缝混凝土标号偏低；铺装层钢筋较细，间距较大，桥面铺装层水泥混凝土厚度小。

(3)铰缝设计理论不够完善，难以真实体现梁板间实际受力情况。从荷载的横向分配理论可知，设计理论是按铰接形式对单个荷载进行横向分的良好结合，但实际受力却介于铰接和刚接之间。

(4)对于采用预应力混凝土结构，由于桥面铺装没有考虑梁板上拱影响，在跨中部位由于板上拱，很多桥梁的实际铺装厚度达不到设计厚度。

2)施工方面因素

在同一路线、同一种结构形式的桥梁，有的发生单板受力有的却没有发生，这说明预制板的"单板受力"与施工质量有密切的关系。施工方面因素主要有以下几点。

(1)预制板时为保证质量，侧模板通常使用钢模，预留的楔状铰缝比较光滑，对铰缝混凝土的联系有不利的作用。根据有关文献介绍，新老混凝土结合面之间的抗拉强度大约为混凝土抗拉强度的1/3，所以混凝土空心板与铰缝之间的连接不可能十分牢靠紧密，本身就是承受荷载的薄弱环节。

(2)桥梁施工质量较差，在出现单板受力的桥梁中，都存在着施工质量问题。如铰缝水泥混凝土振捣不密实；铺装水泥混凝土达不到设计厚度；铺装层水泥混凝土内的钢筋网片绑扎不规范，间距过大，个别部位形成素混凝土。

(3)桥梁下部和预制板梁等各部位高程控制不准，安装后导致梁顶高程偏高。利用桥面铺装层厚度来进行调整高程施工误差，从而造成铺装厚度小于设计值，导致增加了铰缝破坏的机率。

(4)没有设专门的防水层或设置防水层但防水层施工不规范。

(5)每块预制板通常都设四个支座，施工中很难保证四个支座受力完全一致。橡胶支座上有一个较大的接触面，施工时即使是同一支座，也难以保证接触面全面与梁板底面紧密接触，造成受力不均匀，给梁端受剪留下隐患。

(6)水的因素

铰缝破坏病害总是和水损害等其他病害伴随发生，由于桥面上积水得不到及时排泄，雨水、雪水顺着开裂后的防水混凝上层向下渗漏，板底与墩台帽因受到水分侵蚀而碱化，并留下明显的渗水痕迹。由于水分和除雪盐对混凝上的腐蚀作用，桥面渗水者比不渗水者更容易发生铰缝破坏，尤其是我省地区属于北方地区，冬季受到冻融作用影响，渗水导致混凝上形成冻胀，化冰盐的使用更是加快混凝上冻胀破坏速度。同时，铰缝侧面混凝上的 $Ca(OH)_2$ 等有效成分由于受到长时间渗水作用析出，形成缓慢的水腐蚀，渗水作用还会引起板梁穿手筋锈蚀导致铰缝混凝上胀裂，同时引发板梁底混凝上强度降低、结构耐久性下降。水病害的最终结果是铰缝混凝上破坏失去抗剪作用甚至形成单板受力。也有些情况是铰缝混凝上先被剪裂以后才引起渗水的，雨水沿着铰缝混凝上与板梁侧壁问的缝隙渗出。据统计，半数以上板梁结构桥中存在铰缝渗水现象。

4. 混凝土桥梁裂缝产生的原因分析

混凝土桥梁裂缝产生的原因主要有以下三个方面。

1)材料选择不当形成裂缝

混凝土主要是由水泥、砂、骨料、拌和水及外加剂组成。配置混凝土所采用材料质量不合格，可能导致结构出现裂缝。主要表现在以下几点：水泥安定性不合格、强度不足、水泥受潮或过期导致混凝土强度不足，从而引起混凝土开裂；砂石粒径太小、级配不良、空隙率大，将导致水泥和用水量加大，影响混凝土的强度使混凝土收缩加大；拌和水或外加剂中氯化物等杂质含量较高时对钢筋锈蚀有较大影响。

2)施工工艺质量导致的裂缝

在桥梁建设中，有相当一部分的钢筋混凝土桥梁的裂缝是由于施工方面的原因造成的，在混凝土结构构件制作、运输和安装过程中，施工工艺不合理、施工质量较低容易产生各种形式的裂缝。在现场浇捣混凝土时，振捣或插入不当，漏振、过振或振捣棒抽撤过快均会影响混凝土的密实性和均匀性，诱导裂缝的产生；混凝土浇筑过快，混凝土流动性较低，在硬化前因混凝土沉实不足，硬化后沉实过大容易在浇筑数小时后发生裂缝，即塑性收缩裂缝；此外，模板刚度不足，接缝处理不当，保护层厚度不够或钢筋被扰动，模板漏浆，支撑下沉，拆模过早，初期受冻，初期养护不够，硬化前受振动或加荷，养护混凝土时内外温差过大等都是施工过程中容易导致裂缝的原因。

3)温度变化引起的裂缝

目前，温度裂缝产生的主要原因是由温差造成的。混凝土具有热胀冷缩性质，当外部环境或结构内部温度发生弯化，混凝土将发生变形，若变形遭到约束，则在结构内将产生应力，当应力超过混凝土抗拉强度时即产生温度裂缝。在某些大跨径桥梁中，温度应力可以达到甚至超出活载应力，温度裂缝区别其他裂缝最主要特征是将随温度变化而扩张或合拢，引起温度变化的主要因素有：年温差、日照、骤然降温、水化热、蒸汽养护或冬季施工措施不当等。如由于年温差对桥梁结构的影响主要是导致桥梁的纵向位移，一般可通过桥面伸缩缝、支座位移或设置柔性墩等构造措施相协调，只有结构的位移受到限制时才会引起温度裂缝；而日照和居然降温则是导致结构温度裂缝的最常见原因。主梁或桥墩面受太阳曝晒后，温度明显高于其他部位，温度梯度呈非线形分布。由于受到自身的约束作用，导致局部拉应力较大，出现裂缝。此外，在施工过程中大体积混凝土浇筑之后由于水泥水化放热，致使内部温度很高，内部温差太大，也容易致使表面出现裂缝。

5. 钻孔桩产生的原因分析

近年来常发现修建在水中的钻孔灌注桩在常水位及冰冻部分出现混凝土逐层剥落破坏，桩基钢筋严重暴露，从而导致桩柱失去承载能力，严重地影响了桥梁的使用寿命。水中钻孔灌注桩混凝土的破坏原因如下。

(1)寒冷地区冻融的循环作用。混凝土中多余水分受冻膨胀，经反复冻融使混凝土表层逐渐脱落。

①在施工中，为了满足流动性要求而加大用水量，从而有多余水分余留在混凝土的内部。

②在施工中，因水泥计量相对增大时，导致水泥用量过多，在混凝土形成强度期间，水泥的水化速度过快，导致混凝土表层出现龟裂。

(2)酸离子的侵蚀。以硫酸根离子侵蚀为主，酸离子与混凝土的组成成分发生反应形成一种盐类后，盐类结晶膨胀产生胀力，当胀力过大时导致混凝土结构的破坏。

(3)因施工工艺灌注桩混凝土强度低，其抗渗性较差，水在压力作用下浸入混凝土中，水的冻融使其破坏。

6. 墩台(身)的破损原因分析

墩台、身多由钢筋混凝土梁、柱组成，其破坏形态较多。究其各种形态的破坏原因，大都是由于侧向土压力、地基固结沉降和流水冲刷导致的地基变位以及混凝土的低劣等因素所致。

由于水平力作用而产生轻微的损坏，如柱或墙上出现的水平裂缝。当水平力增大时，就会出现混凝土碎裂和钢筋突弯等破坏形态，致使混凝土剥蚀或脱落。这种破坏形态往往出现在墩身中抗弯能力较弱的断面，通常多在受力钢筋截止部位和柱臂的根部。而断面急剧变化的柱顶部位有时因应力集中效应也会发生损坏，因此应加大钢筋截止部位的锚固长度。

对于截面积较小的短柱，抗剪能力低于抗弯能力，破坏时产生斜向裂缝，以致发生全截面剪断破坏。只要混凝土截面上无拉伸力作用，则该截面具有很高的抗剪极限强度；如果有拉伸力作用时，混凝土抗剪能力便很小，可以认为墩台的剪切破坏形态是水平力作用产生弯曲裂缝的发展，可以说这是防止剪切联合作用而引起损坏的有效措施。

因混凝土的干燥收缩和温度应力引起的裂缝宽度通常都很小，为了防止浸水引起钢筋锈蚀，用环氧树脂或其他防水灌浆材料填补裂缝。但由于骨料中含有盐分和有害的矿物质，受到这种盐害和碱一集料反映的墩、台身由于生成物质的膨胀压力而产生很大的裂缝。对于这样的损坏,通常用水泥砂浆或防水涂层修补,裂缝贯通整个截面的损坏严重处应凿掉重新浇筑混凝土。

对于上述桥台的损伤,轻微开裂者可用环氧树脂砂浆填充;而继续开裂以致截面缺失消减的情况,应凿削混凝土表面,加入结合钢筋,用混凝土修复,或者用钢板加固。用砂浆填充断面缺失处。然而,在不中断交通且在桥梁的下方河流中从事补强加固作用,这是相当困难的工作。因此从将来的养护和维修的艰巨性考虑,必须从桥梁设计之初,注意必要的配筋。混凝土的配合比设计需注意集料质量,以期获得耐久性较好的钢筋混凝土。

四、结 语

在已有研究成果的基础上,本文针对寒区混凝土桥梁的损坏进行分析得到如下结论:

(1)由于寒区昼夜温差较大对于桥面铺装的损坏,做好桥面的防水和排水是防止这一病害的关键。水泥混凝土的抗渗性、抗冻性是延缓桥面铺装破坏的一个主要因素;

(2)对于裂缝的产生应控制温度及施工工艺的质量,在日后的养护中也应注意;

(3)对于墩台的损坏应注意控制混凝土的应力,侧向土压力、地基固结沉降和流水冲刷导致的地基变位以及混凝土的低劣等因素。

参考文献

[1] JTJ 021—89. 部公路桥涵设计通用规范[S]. 北京:人民交通出版社.

[2] 郭永琛,叶见曙. 桥梁技术改造[M]. 北京:人民交通出版社,1991.

[3] 冯永乾. 桥面铺装层损坏的原因分析及解决方法[J]. 公路,2004(7):40-42.

[4] 姜雪洁,王书详. 混凝土耐久性的研究及机理分析[J]. 建筑技术,2005(1):41-43.

[5] 王穗平. 桥梁构造与施工[M]. 北京:人民交通出版社,2007.

[6] 孙立军. 沥青路面结构行为理论[M]. 北京:人民交通出版社,2005.

174. 静压桩加固桥梁基础设计

曾 丁 王国亮 杜金生

(交通运输部公路科学研究院)

摘 要 本文分析了某桥基础不均匀沉降的病害原因,根据地质情况采用静压桩加固该基础,对加固设计原理和施工中应注意的事项做了详细的叙述。

关键词 基础 不均匀沉降 加固设计 静压桩

一、桥 梁 概 况

某大桥全长7 100m,由304跨组成,桥面为双向6车道,其中桥面行车道宽为2×12m,中央分隔带及护栏总宽度为2m,两侧混凝土防撞护栏宽0.5m,除主桥斜拉桥外,其他部分按左、右幅分离设计。大桥按地理位置划分为北航道桥、江心岛高架桥及南航道桥等。

设计荷载等级为:汽车超—20,挂车—120。设计行车速度为100km/h。江心岛高架桥为梁体简支、桥面连续结构,跨径布置为:16×16m+8.806m+3×16m+7.299m+13×16m+2×16.101m+3×16m+15.693m+61×16m+3×16m+39×16m+17.68m+5×20m,共149跨,全长2 389.68m,全桥分左右两幅,单幅桥面净宽12m。上部结构在进出口处设计为异形板结构,其他为简支预应力空心板结构,空心板梁以16m先张法预应力混凝土梁为主，梁高70cm，个别采用20m的后张法预应力混凝土空心板，梁高90cm。桥面每4～6跨设置一道伸缩缝，其余墩顶处桥面采用连续构造。桥面结构为10cm厚混凝土加5cm厚沥青混凝土铺装层。下部构造为柱式桥墩，基础为钻孔灌注桩。

二、桥梁主要病害及原因分析

该大桥于1998年5月建成通车，江心岛高架桥从通车后的第3年桥面连续段沥青混凝土铺装开始陆续出现裂缝，虽经多次修补，开裂情况仍比较普遍。2006年3月，对江心岛高架桥进行了全面的外观质量检测，在206处桥面连续结构中有193处发生了不同程度的病害，在桥面连续跨缝1m范围内，呈微陷、破裂、坑洞破损状态，跳车频繁。221号和226号墩有不均匀沉降问题，且沉降尚未呈现减缓的趋势，根据养管部门从2005年5月至2006年2月对226号墩的测量，在将近9个月的期间内沉降量达到了15mm。

221号桩径1.0m，桩长52.7m，226号桩径1.5m，桩长52.6m。2006年6月养管单位委托相关机构对沉降墩位做了实地地质补勘，经计算确认221号、226号桥墩原桩底设计高程均满足承载力要求。从补勘的地质资料来看，只有桩底5.25m左右厚的土层为砂卵石混黏土，其上4.9m左右厚的土层为沙砾石黏土，其余上部厚约42m的土层为淤泥质土类，极限摩阻力为18～24kPa，纵观全桥病害和验算结果，对于221号和226号桩的不均匀沉降，分析后认为是由于地基土质较差，桩的极限承载力储备量不足，桥面连续处缺陷严重，重载车辆高速通过产生的冲击力反复作用造成的。

三、桩基础加固

通过对江心岛高架桥的地基地质情况和桥下可用空间分析研究之后，根据单桩柱墩的特点采用新增预应力静压桩和承台对沉降的桩基础进行加固。其加固方法是在原单桩柱基础周围新增承台，通过对原桩柱环向、径向和竖向植筋，将新增承台与原桩柱连接形成整体，并为压桩提供反力支撑。按照静压桩施工程序把预应力混凝土桩基础压到设计高程，通过对新增桩基础施加预压力，使新增桩基础与原墩桩基础在未继续产生沉降的情况下共同承受所有的荷载，从而达到加固桩基础的目的。该方法可直接观测桩的承载力，工期短可满足桥下净空不足时的施工要求。

具体为221号和226号墩的每一个墩柱增设承台，每个承台以静压桩的方式增设4根桩基。221号墩的新增钢筋混凝土静压桩桩径为40cm，桩长40m，桩底位于沙砾石黏土层中，由检测报告中提供的地质资料按摩擦桩计算得单桩承载能力为550kN，一个墩柱新增承载力2 200kN。原直径100cm单桩柱设计承载力为2 921kN，新增桩基承载力大于原桩承载力的1/2，达到了新旧桩基各承担一半荷载的目的。226号墩的新增钢筋混凝土静压桩桩径为40cm，桩长46m，桩底位于砂卵石混黏土层中，按摩擦桩计算得单桩承载能力为750kN，一个墩柱新增承载力3 000kN。原直径150cm单墩单桩设计承载力为5 466kN，新增桩基承载力大于原桩承载力的1/2，达到了新旧桩基各承担一半荷载的目的。226号墩的基础加固如图1所示。

四、加固施工要求

为了保证加固质量，设计对施工提出了相应的要求。为保证新增承台混凝土质量以及与原桩柱混凝土结构的有效共同作用，在台身混凝土浇筑完成后的72h内禁止车辆通行。

压桩是桥墩基础加固的主体工程，压桩质量的好坏直接关系到该加固技术处治桩基不均匀沉降的效果，因此，应严格按照设计及施工规范要求进行施工，在正式压桩前应做试验性压桩。静压桩主要施工工艺流程为：凿除新增承台范围内原桩柱（包括横系梁）的保护层，凿毛界面——植筋——浇筑承台——安装反力系统——压桩施工——封桩。

同一承台对角线上的两个静压桩同时同步进行施工，每幅桥的每个墩，一次最多只许同时压两根桩，

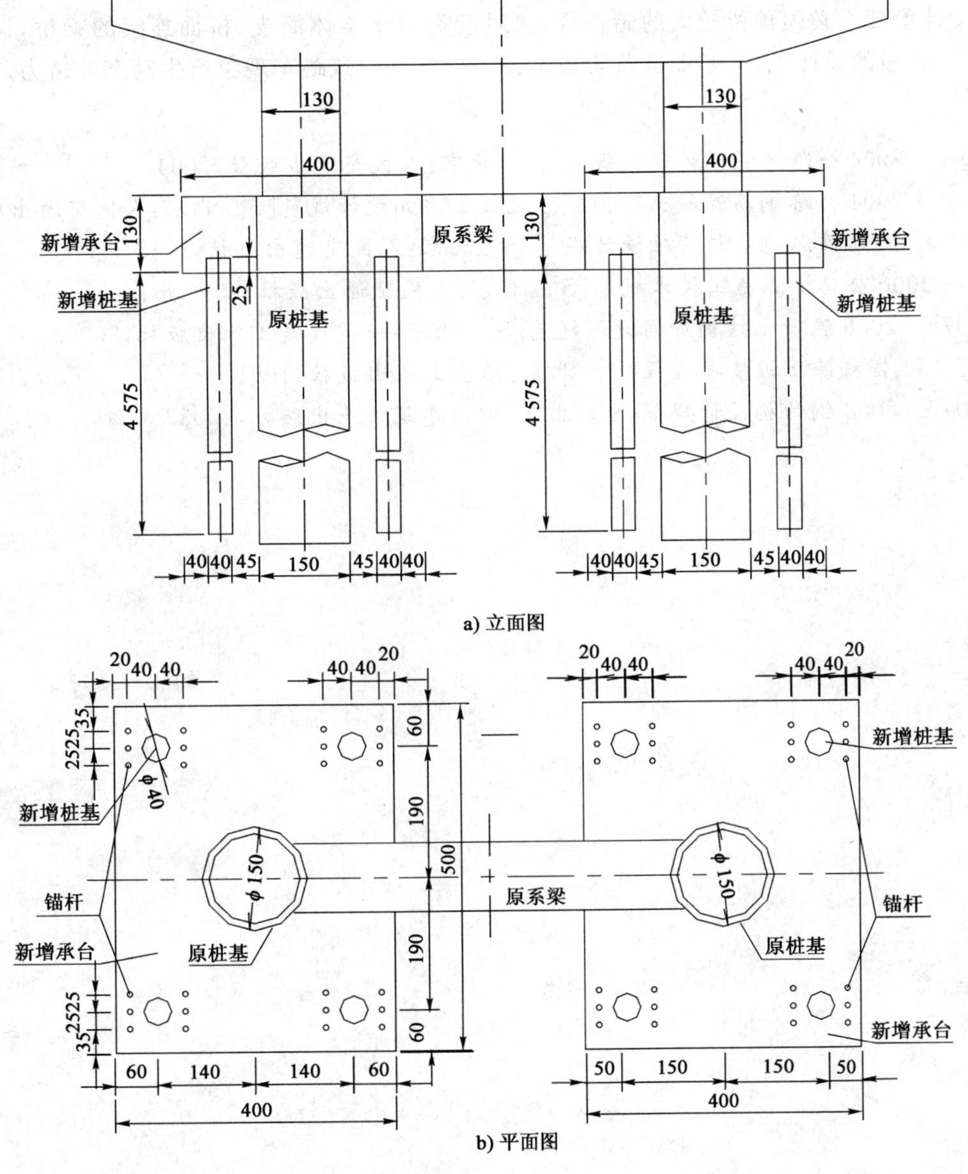

图 1　226 号墩基础加固示意图(尺寸单位:cm)

但不宜在同一时间均达到设计压桩力,同一时间内最大压桩力之和不得大于该墩上部恒载的 80%。设计最大压桩力为桩承载力的 2 倍,压桩施工应该以设计最终压桩力作为控制标准,入土深度辅助控制,压桩承载力满足设计要求后,恒压 1h 后,沉降<0.2mm 即压桩结束。

压桩结束后,桩顶未达到设计高程时,必须进行切除。切除前应先用楔块把桩固定,摘除桩头混凝土,但保留预制桩钢筋,伸入承台,与承台主筋焊接。

封桩时,用千斤顶对桩基施加适当的预加力,最后浇筑微膨胀早强混凝土、捣实并养护。待混凝土强度达到设计强度后,方可卸压。

静压桩施工过程中对墩顶对应位置做高程监测,若高程出现较大的变化,应停止施工,查找原因,进行相应施工调整。

施工结束后,在原钻孔灌注桩位置设置永久观测点,对基础的变位情况进行长期的观测。

五、结　　语

通过对该桥桩基础的病害分析及加固设计,充分认识到在地质情况较差的地基上架设桥梁,为了避免基础的明显不均匀沉降问题，需要注意以下几点：①必须加强地质勘测工作，每一墩位都应进行地质勘探；②桩基设计承载力必须预留较大的储备量；③对于类似于梁体简支、桥面连续的梁桥，设计者必须重视墩顶桥面连续段的设计工作，避免运营阶段由于此处病害导致跳车现象产生动态冲击力。

参考文献

[1] JTG D60—2004 公路桥涵设计通用规范[S]. 北京：人民交通出版社，2004.
[2] JTG D62—2004 公路钢筋混凝土及预应力混凝土桥涵设计规范[S]. 北京：人民交通出版社，2004.
[3] JTJ024—85 公路桥涵地基与基础设计规范[S]. 北京：人民交通出版社，1985.
[4] JTJ041—2000 公路桥涵施工技术规范[S]. 北京：人民交通出版社，2000.
[5] GB 50376—2006 混凝土结构加固设计规范[S]. 北京：中国建筑工业出版社，2006.
[6] YJB227—91 锚杆静压桩技术规程[S]. 北京：冶金工业出版社，1991.
[7] GB 50017—2003 钢结构设计规范[S]. 北京：中国建筑工业出版社，2003.